U0507114

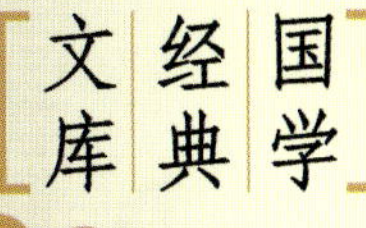


图文珍藏版

# 中国古代情史

探究帝妃的隐私 为女性立传著说

马昊宸⊙主编

图书在版编目（CIP）数据

中国古代情史：全4册 / 马昊宸主编. -- 北京：线装书局, 2014.6
ISBN 978-7-5120-1382-7

Ⅰ. ①中… Ⅱ. ①马… Ⅲ. ①历史故事－作品集－中国 Ⅳ. ①I247.8

中国版本图书馆CIP数据核字(2014)第087871号

## 中国古代情史

主　　编：马昊宸
责任编辑：杜　语　高晓彬
装帧设计：博雅圣軒藏書館 Boyashengxuan Cangshuguan
出版发行：线装書局
　　地　址：北京市西城区鼓楼西大街41号（100009）
　　电　话：010-64045283　64041012
　　网　址：www.xzhbc.com
经　　销：新华书店
印　　制：北京彩虹伟业印刷有限公司
开　　本：710mm×1040mm　1/16
印　　张：112
彩　　插：8
字　　数：1360千字
版　　次：2014年6月第1版第1次印刷
印　　数：0001－3000套

定　　价：598.00元（全四册）

夏桀和妹喜酒池肉林尽风流

商纣王与妲己淫乱亡国

卫宣公纵欲饱淫欲

西施为复国投吴王之怀

秦国太后赵姬淫乱史

多情虞姬独爱楚霸王

西汉陈平偷嫂

汉文帝男宠邓通

司马相如勾走卓文君

飞燕姐妹大摆风流阵

哀帝与董贤同性恋

曹植迷恋“洛神”嫂嫂

晋武帝选美充六宫

贾南风妒杀怀孕宫女

隋炀帝“任意车”上兴云雨

高阳公主爱上了和尚

杨贵妃与安禄山通奸

太监李辅国娶妻

杜牧与湖州妓女私定婚约

宋徽宗独恋李师师

柳永以嫖娼而扬名

明武宗建“豹房”遍淫美女

嫔妃三千的“风流皇帝”乾隆

同治帝死于嫖院梅毒

# 前　言

情史又称艳史，何谓艳史？所谓艳史者，美丽鲜艳之意也：古时也指男女情爱之事。本书所谓艳史也有此意，或圣明之艳，或英烈之艳，或风流之艳，或贞洁之艳……如此种种，不一而论。把中国古代风流艳事搜集成集，谓之艳史大系，供君尝玩，请君评鉴。

总结中国历史的变迁，帝王注定是其主角，后妃注定要被历史大书特书。因为，宫闱是历史演义的舞台，帝后是历史大戏的导演。斗转星移，物是人非。逝去的已灰飞去，留下的则是令人惊诧、费解的陈年往事。

为了满足读者全方位地了解中国历史的需要，我们根据大量的文人笔记等史外资料，去粗取精，去伪存真，分梳糟粕与精华，再加以现代文字的改造与修辑，终于提炼成这部《中国古代情史》。本书揭秘了隐藏在历史背后的历史，展列了大量不为人知的历史内幕和趣闻，记述了那些有其出处和记录的宫闱奇谈，如百官晋见皇帝的礼仪始自何人？皇帝亲自杀猪卖肉动机是什么？武则天身为皇帝为何怕猫？“风流箭”“风流阵”是谁想出来的并用做什么的？帝王的殉葬等级是根据什么安排的？皇宫内廷用什么绝招防止宫女的淫乱行为？皇帝的祭天仪式是怎样进行的？凌迟处死需要经过什么样的程序？“牛眠之地”根据什么判定是风水宝地？明太祖为何总对刘伯温的话洗耳恭听？……书中详尽地描绘出历朝历代各行各业的发迹与发展，如古时的家妓始于何时？她们的命运如何？炼丹是怎么被道家发现并迷恋的？古代先民为何要崇拜生殖器？古时都是什么样的女人需要男妓？人死去为何在唱挽歌？贞节牌坊什么样的女人才有资格建树……总之，历史奇观，书中尽览；怪闻趣事，跃然纸上，它不仅给读者提供了认识历史的望远镜、显微镜、放大镜和透视镜，更重要的是倡导一种全新的观察历史的方法、思考历史的方式，给读者一双穿过重重迷雾，看透历史的慧眼，为广大好奇探秘历史的读者提供了一部中国古代艳史的荟萃集。

# 目　录

## 古代贞洁史

## 古代婚姻史

## 宫廷选美史

## 后宫隐私史

## 先秦情史

## 三国两晋南北朝情史

## 隋唐五代情史

## 宋金元情史

## 明代情史

## 清代情史

中国古代情史

# 古代贞洁史

马昊宸⊙主编

线装书局

# 原始人类的性意识

贞节的发生和发展，是一个渐进的过程。在进入文明时代以后，贞节作为伦理纲常的重要内容，贯穿着中国古代社会的始终。但是，在阶级社会之前，无论是在观念上还是实践中，贞节都没有什么生存空间，这决定于那个时代特殊的历史条件。为了更加深刻地了解阶级社会中套在女性脖子上的枷锁——贞节的本质，必须将触角伸向前阶级社会中的两性结构，以探寻贞节在上古时代微而隐的源头。然而，要清楚地表述早已永诀尘寰的远古人类的两性关系，又颇为困难。且不说了解这一关系本身的历史的复杂性，就是关于它的认识发展史，学者们仁者见仁、智者见智，迄今为止仍未形成较为一致的意见。因此，我们在这里所能做到的只是将文献中支离破碎的记述以及某些民族的风俗遗存进行综合和分析，尽可能地说明它的原貌。

## 两性结构和两性的关系

在当今社会里，人们普遍认为发生两性关系的合法与合理性存在于夫妻之间，当然，不构成婚姻关系的两性交合并不少见，但是，一般地，这种行为被看作是违反道德和法律的，并会受到各色各样的讽喻和谴责。把个体婚姻看成调节两性关系唯一形式的观念根深蒂固，这种传统观念阻碍了人们对原始人类两性关系的认识，在它的支配下，人们难以理解前阶级社会中的两性结构和两性关系的本质。

巨型男根阵

在欧洲历史上，第一个试图解决远古时代两性关系问题的是柏拉图。他对这个问题回答得很明确：在既无文字又无法律的远古时代，两性关系按其实质来说与现在并无多大差异，他引用《奥德修纪》中传说的基克洛普人的生活行为作为自己立论的依据。在亚里士多德的诸多著作中，我们看到的是他始终一贯地发展男性统治女性的“父权制理论”。

中世纪欧洲思想家继承了亚里士多德的理论，以此论证现有的两性关系的亘古性和不可动摇性。随着地理大发现和对殖民地开发时代的到来，人们开始对前阶级社会两性关系有了新的理解。法国传教士丁·拉菲托（1670～1740年）和苏格兰历史学家米拉尔（1735～1801年）根据北美洲印第安人的习俗，说明一系列民族曾存在亲属按母系计算和妇女占有崇高地位的历史阶段，设想人类在遥远的过去有一个婚姻制度还完全没有建立的时代，这个时代的两性关系表现为杂乱性交。对两性关系的科学阐释做出贡献的是美国学者路易斯·亨利·摩尔根，在其光辉著作《古代社会》和《人类家庭的血亲和姻亲制度》中，把原始人类的两性关系划分为四个阶段：乱婚、群婚、对偶婚和一夫一妻制，并根据大量的实证材料令人信服地证明，两性关系在原始社会和阶级社会里有着本质的不同。摩尔根的功绩使原始社会两性结构研究步入了一个新的时代。然而，在科学的征途上，一劳永逸的理论是永远不存在的，随着新材料的逐步发现，人类认识水平的不断提高，摩尔根的理论缺陷日益遭到了针砭。美国学者李柯克说：

《古代社会》……对于美国学者来说是一个比它乍看起来所能表现出来的意义要大得多的事件。这部在将近几十年前问世时曾一度获得普遍赞许的著作，后来却被指摘为把成千上万正在发展的人类文化塞进了硬性模式的铁衫之中，把社会生活的全部复杂性简化到无以复加的程度。……摩尔根试图把现有多种多样的人类文化综合在一种理论的范围内，并描绘出将来的形态。

对摩尔根理论的指责同样可以表明对原始人类两性结构的探索是无止境的。下面，我们扼要叙述远古人类两性关系发展的几个阶段。

1.乱婚阶段

恩格斯在谈及人类性关系第一个形态时说："所谓杂乱，是说后来习俗规定的那种限制，那时还不存在。但是由此决不能说，在这种关系的日常实践中也必然是乱得毫无秩序的。"在原始群阶段，人们已不再像黑猩猩那样，不选择交配的时间，并对自己交配对象的身份和数量抱无所谓的态度。这时候的男女媾和取决于男女双方的愿望，这与通常观念的乱婚相比，具有天壤之别。人类的乱婚阶段只是表明缺乏正面的规定两性关系的社会规范，两性关系表现的是非规范关系。正是由于没有、也不可能有任何调节两性关系的社会规范，原始人群中起因于性本能追求的冲突不仅存在着，而且对正在形成中的社会构成了严重的威胁。"北京人"的很多颅骨皆有被敲击致死的迹象，在爪哇直立猿人的成年男性颅骨上，也有被石制工具打击造成的骨折。美国著名人类学家魏敦瑞指出："早期人类死亡的一个重要原因是他们同伙之间的自相残杀。"当然，我们不能将一切冲突都归于争夺异性的角逐，但有理由认为，许多冲突的根由是性本能的促发。因为性本能与食欲本能不同，食欲本能随着原始群的产生已逐步纳入了一定的社会范围，而性本能却滞留在社会调节的范畴之外。原始群成员之间因性本能而发生的冲突，虽然没有导致原始群的解体，但它使原始群的经济活动陷于混乱状态，阻碍了原始群的环境适应能力。在人类进化的旅程上，我们不知道人类为此踟蹰了多久，但生产活动与原始群中存在的非规范化性关系的冲突，最终是通过在紧张经济活动期间禁止发生性关系（即性禁忌）这一途径克服的。正在形成中的生产关系虽然还没有强大到可以支配调整和组织两性关系的程度，但它毕竟能部分地将非规范化性行为从集体生活中排除出去，这样就使得人们经常性的性行为变得有限了。

民族学资料证明，生产活动方面的性禁忌的产生都伴以男女分开生活的现象，许多民族在实行性禁忌期间不仅禁止性交关系，而且限制了男女之间的其他联系，这样，原始群中逐渐呈现出两个独立的集团：一个包括全体成年男子，另一个包括女性和孩子。生产活动的发展要求越来越长的时期内摆脱性交关系、越来越大的程度上把性交关系从集体生活中排除出去。随着没有性禁忌时期的短暂及有限，人们的性生活要求日趋强烈。因之，没有性禁忌的时期，就成了独特的放荡节日。这些节日特征是疯狂的、毫无拘束的性交。世界上几乎所有民族都有关于放荡节日遗俗的记载。

生产活动方面性禁忌的作用范围逐渐扩大，非性关系愈强化，放荡节日时期愈稀少，性本能就愈受到压抑和控制，它就愈来愈企图冲开缺口。虽然每个原始群都是自我封闭的集体，但它们彼此间的隔绝不可能是绝对的。英国民族学家马利诺斯基在《美拉尼西亚西北部土著人的性生活》中写道：在特罗布里恩德群岛上处处风行这样一种制度，菜园中锄草之类的活计由本村全体妇女集体进行，妇女们有权霸占任何一个她们看到的男人（只要这位男性不是本村的）。妇女们非常热衷于行使这种权利。当她们看到一个男性之后，立即脱光衣服，赤身裸体地向他猛扑过去，随即对他施以暴力，并在他身上做些淫秽的动作。在古代欧洲，有一些只有女性参加的典礼和节庆，妇女们常常把衣服脱光，做一些猥亵的动作，跳一些淫秽的舞蹈，而任何一个有意无意地碰见了这种庆典的男子，都会遭到疯狂的女性的最残酷的对待。由此可见，恰恰是由于生产方面的性禁忌使得长时期忍耐的性本能有了同群外异性交欢的突破口。每一个群体都有自己的约定，这个约定仅仅对自己的成员有效，而对群体以外的人一律无效。所以,女性们在性禁忌时期发生的粗野的性本能突破,不仅没受到群体内部的谴责,反而得到认可。起初,女性的桃色进犯在一定程度上引起了原始群间关系的混乱,甚至可能酿成流血冲突,以后,不同群成员间的媾和关系发展到不可忽视时,原始群间关系的性质就发生了变化。原始群与原始群之间的关系规范化,不仅保障了每个群体内部控制住性本能的震撼,又为群外性本能的满足打开了一条通道。各个原始群间的性关系最直接的效果是出生率的急剧增加,生命力强、体格健壮、繁殖力旺盛的后代大量涌现,生产发展的需要和人类机体间的矛盾得到很好的解决。由此我们想到,传统的观念认为,人类的祖先在认识到近亲繁殖的危害性后才开始族外群婚,实乃颠倒了因果关系。人的认识不可能是先验的,更何况远古人类,没有性禁忌期间蓄之既久的性本能勃旺的喷发,族外交合的优越性后果无论如何是展示不出的。所以,原始群之间的性交起初是双方默默地进行,到后来便公开进行而无所顾忌,最终其作为两性关系的规定一代又一代地延续下来。

2.群婚阶段

代替原始群而出现的氏族是人类第一个联合体。在这个历史阶段,物质生产仍不能直接调节两性关系,进行生产活动的集体并非性的集体。由于实行完全的非性关系,氏族就不能单独存在,必须有两个或两个以上的氏族结成联合体。这个联合体不是由于生产的社会关系,而是基于两性关系联结起来的。可见,在氏族社会初期,与物质资料的生产社会关系并存的还有两性的社会关系,前者是在经济上把氏族成员们联系在一起,后者则把两性组织联系在一起。生产关系和生产人的关系是互相排斥的。凡是属于同一个经济集体的人们,他们之间就不能有性交关系,而性交关系只有在经济方面完全独立的人们之间才能进行。因此,氏族之间人们的两性关系是一种脱离经济关系和经济单位的性交关系。族外群婚在世界上许多民族中可以找到遗迹。如居住在我国大兴安岭的鄂伦春人在历史上就曾经存在过族外婚,族外婚在两个集团中进行,每个集团内部都分成男女两部分,与另一集团的男女各自为婚,凡属同一集团内部的成员不能彼此交合。

应当指出,性交关系和婚姻关系远不是同一种东西。性交关系可以在没有婚姻关系的情况下发生,婚姻关系包含性交关系,但不归结为性交关系。婚姻是两性关系的一定社会组织形式,它必须以结婚双方负有一定的为社会所承认的权利和义务为前提。凡未经社会认可的两性关系都不是婚姻,即使这种关系具有长久的性质。如原始群阶段上的配偶就不存在婚姻关系,因为这种配偶之间不负有任何权利和义务。

族外群婚却互有一定的权利和义务。每一个氏族,在严禁自己成员间发生性交关系的同时,却责成自己的男性集团成员与另一个氏族的女性集团成员发生性交关系,相应地,也责成自己的女性集团成员与另一氏族的男性集团成员发生性交关系。但是,这种联系只是作为氏族与氏族之间的关系被组织起来,而不是作为个体与个体的联系,任何一个个体都没有权利与另一个氏族的个体发生性交关系。不同氏族的人们发生了性交关系,并不赋予此人对彼人的任何权利,也不对他们讲以此人对彼人的任何义务。对于个体间的性交关系而言,这还不是婚姻,充其量只能叫作性伴侣。

在群婚的初期阶段,两个氏族集团的接触仅仅是以男性集团与女性集团短暂相遇的形式进行的,因而在那时还不可能产生稳定的性交关系。随着氏族双方在空间上的接近,关系进一步巩固,才能使成双配偶的形成成为可能。男女之间的对偶是使两性关系稳定下来的唯一可行形式,它可以防止因性本能的震荡而造成的多种冲突。但这一时期的对偶性质与对偶婚阶段的对偶性质完全不同,真正的对偶婚是存在着家庭关系的。

3.对偶婚阶段

对偶婚以族外群婚作为自己的母体,是向一夫一妻制过渡的桥梁和媒介。由于它是群体两性关系向个体两性关系的过渡形态,必须克服群婚的强大惰性,跨越群婚设置的重重障碍,因而历程显得漫长而曲折。

对偶婚最初的萌发是伴侣式的性关系。女性达到成熟期后,就可同其他氏族的男性发生性交关系。一个女人可有若干个相对稳定的男伴侣,这些伴侣都可以到她那儿过夜。每一个男伴侣只能在晚饭以后才可到该女亲族的住所里,而且必须在第二天早饭前离去。谁到女子那里过夜,谁就将武器或其他物品留在她房间的门口,以作为对后来者的一种预告。这类关系取决于发生性关系的人的良好愿望,且可以在任何时候不经过任何手续终止这层关系。同样地,建立这种关系也只要双方同意即可。因此,一个女的男伴侣是可以变换的,这一批消失了,又接受另一批。除了这些比较经常的伴侣以外,女性还可以随意与其他男性发生偶然性的性交关系。与女性一样,男性也有几个比较经常的女伴侣。在我国云南省永宁纳西族残存的原始母系家族公社里,两性关系就是这种伴侣式:

男女双方无所谓嫁娶,而是各居母家,不单独成立家庭,过着男不婚,女不嫁的自由偶居生活。他们通常是男子夜间到女子家里访宿,第二天一大早匆匆返回母家,同母亲一起生产生活。这种偶居关系称之为“阿注”,即亲密伴侣的意思。这种“阿注”关系的建立和解除,没有固定的条件和方式,只要双方同意就住在一起,有一方不愿或不再往来,关系就算结束。……“阿注”在时间上,可以保持数月乃至十多年不等;在人数上,一个人终身既可和几个、十几个异性发生关系,也可以和几十个、上百个异性偶居。

这种形式,展示了早已成为往事的族外群婚晚期的浪漫情景,众多的男女,各自分属于不同的氏族,双方除彼此爱慕外,除不受时间和物质条件约束的集体化性交关系外,不结婚,不成家。“阿注”们还没有从原始遗存中分离出来,还没有只属于他们这一对情人的家庭,对于所有子女,认其母不认其父,父亲和子女分属不同的氏族。

我国古代表现对偶婚萌发期而别具情调的典型莫过于黄帝婚配的传说:

黄帝……娶于西陵氏之女,是为嫘祖,嫘祖为黄帝正妃,生二子。

黄帝子二十五人,其同姓者二人而已,惟青阳与夷鼓,皆为己(姬)姓。青阳,方雷氏之甥也;夷鼓,彤鱼氏之甥也。其同生而异姓者,四母之子,别为十二姓。

黄帝二十五子,其得姓者十四人。

以上引材料看,黄帝二十五个儿子,分别由六个母亲所生,如此众多的儿子只有十四个为他们的母亲氏族所承认,这样看来,与黄帝发生两性关系的远不止六个。一方面儿辈均有明白无误的父亲血统,另方面又分属不同的氏族(姓),这正是对偶婚初期的特殊现象。

除伴侣式外,还有一夫多妻与一妻多夫式。社会的进步,必然会促使人们越来越缩小共夫共妻的范围,为此,只有大大削减异性伴侣的数目,把成十上百的“阿注”裁汰为少数几个钟情者的自由同居。基于群婚的压力太大,不可能马上就做到一男一女的单独结合,最先走出的一步,便是几个合得来而又深情缱绻的男女临时姘住在一起,组成一个小规模的两性共同体。宋人周去非《岭外代答》卷十云:

(钦州)男子形卑小,颜色黯惨,妇人则黑理充肥,少疾多力。城廓墟市,负贩逐利,率妇人也。而钦之山民,皆一夫而数妻,妻各自负贩逐市,以赡一夫,徒得有夫之名,则人不谓之无所归耳。为之夫者,终月抱子而游,无子则袖手安居。群妇各结茅散处,任夫往来。曾不之较。

这儿不是一夫一妻制下作为男人奢侈品的多妻,而是群婚向个体婚过渡中两个纠葛在一起的一种粗犷的对偶婚初期形式,一种受到文明气息熏陶——

“徒得有夫之名，则人不谓之无所归耳”——需要有一名义上的正式丈夫以迎合一夫一妻制的社会舆论而出现的别开生面、风姿独具的对偶婚形式。群婚的习气依旧在或明或暗中保持着，并未受致命的伤害，外观上“一夫而数妻”，但背地里，材料未予披露的，那就是群妇在本夫之外，亦可各自另觅爱侣，才不致有醋意盎然的嫉妒，而是“曾不之较”，实际上，双方过的都是多夫多妻的生活。

群妇联合养活一个丈夫，一个共同名义上的丈夫，这是群婚时代妇女掌握经济大权在新的两性关系下的继续。妇女是社会的全权代表和头面人物，她们比男子能干，体魄也较男子健壮有力。如宋代峒族聚居的邕州宣化、武缘两县樵苏种禾和夫贩趁墟，皆付之妇人，而为丈夫者，却反“抱哺炊爨，坐守茅庐，盖其气力反妇女之若也”。男子没有后来一夫一妻制下的丈夫气概，他是作为装饰品、附属物、生儿育女的工具和被支配者而存在的，由于不负担社会的主要责任，充当“家庭妇男”的角色，天长日久，自然体弱多病。

对偶婚达到成熟阶段的重大标志是对偶家庭的出现。在形成对偶家庭的过程中曾有过巨大的障碍，其中最重要的障碍是氏族关系。对偶家庭的产生不再单纯地表现了两性的交合关系，它开始存在着经济的联系。对偶家庭的产生动摇了氏族本身的基础，丈夫同妻子及子女的关系使不同氏族、不同原始经济集体的成员之间的关系发生了变异，因此，加强家庭内部的联系，必然意味着削弱氏族成员的经济联系。对偶家庭从一开始就是处在氏族之外并与氏族相独立的地位。和文明时代奉行的原则相反，在母系血统的支配下，嫁娶现象不是男娶女，而是女娶男；不是重男轻女，而是重女轻男。清人王锡祺辑《小方壶斋舆地丛钞》中有大量的资料说明这一点：

真腊……每嫁娶，则男归女舍。

暹罗……妇人多智，夫听于妻，……婚则迎婿至女家。

生番婚姻，男往女家，如中国赘婿然。

（安南）其俗生女则喜，男则忧，男则娶于人，妇则娶人……盖女贵于男。

宋卡国……男多赘于女家，俗以生女为喜，以其可赘婿养老也，若男则赘于妇家，不获同居矣。

这一时期，只有女性才能传宗接代，而且可以娶婿，增加劳动力，使父母老有所依。男性长大则要离开父母嫁出去替别人干活，所以人们的观念便是爱女而恶男。族外群婚时代，无论男女都有自己所属的氏族，对偶关系兴起后，未婚男子，族人以为他是要嫁出去的，不能受到同等待遇；已婚男性，妻族认为他系外来人，同样以非我族类待之。男性没有强大的血缘集体替他撑腰，自然要受到歧视，男性不过是团聚在一系列女性周围的“二等公民”。倘若男性杀死了自己的父兄，是不会有人追究的，但杀死了一位女性，问题就非常严重，会引起广大同族的愤恨而受到严厉的惩治，因为女性是社会和两性关系的核心，是本族存在的象征和血缘关系的体现者。

在对偶婚阶段，两性的交合关系虽然比群婚时代具有对象性和稳定性，但交合关系的基础仍很脆弱，离异乃是常事。由于男性没有继承权，每逢反目，处境则极为狼狈；女性的优越地位，使她在两性生活中稍有不洽，就可以随时叫男人滚开而另觅新欢。对偶婚形式下的两性易合易分的情况，在世界各地大都如此。林则徐《四洲志》记载非洲的阿迈司尼国，“妇人用事，能约束其夫，然结褵不难，分衿亦易，故伉俪鲜克有终。”两性关系之所以易于夭折，难以承久，群婚的孑遗作崇是一大因素，它往往影响着两性关系的巩固，是以在同居期间，偶有小隙小故，便各自另抱琵琶。

群婚时代是妇女当家做主的时代，但男女地位基本是平等的。男性地位的一落千丈，在两性关系中由主动变为被动，是发生在对偶阶段，与男性地位沦落的同时，妇女的身份和地位被推举到空前未有的高度。

## 对女性崇高地位的肯定

前文说过，在原始社会，女性享有崇高而光荣的地位，这并非仅仅由于经济上的原因，更主要的也许是由于她们是新生命的直接生产者，是人类繁衍的无穷无尽的源泉。

在法国、西班牙毗邻的拉斯科、阿尔泰米拉等岩洞里，保存了大量的原始壁画，其内容之丰富，造型之准确，令现代人感叹不已。除了众多惟妙惟肖的动物刻像外，还有很多具有各种风格的女性刻像。在诸多的女性刻像中，造型十分简练粗略，不表示任何动作，没有五官，简略了一切次要部分，甚至连头部都省略了，然而对女性的性特征则进行了极为夸大的强调，这从她们的巨腹大乳，宽大的骨盆，生殖器的精雕细刻以及象征女性发辫的绳纹中可以看出来。我们知道，原始社会的艺术最初并不是为了审美欣赏的需要而产生的，这些裸体的女雕绝不是为了表现女性的健美，也不是性诱惑的变态宣泄，它的功利作用无疑是对女性崇高地位的肯定，是女性崇拜的象征。

在远古时代，赞美女性、崇拜女性是很自然的。由于自然分工所形成的女子采集经济和原始农业比男子所从事的渔猎经济更稳定，更有保障，使之成为生活来源的主要承担者。而且,女性除从事采集和农业生产之外,还要管理、守护住所,保护供人们加工食物、取暖、驱逐野兽用的火种,从事缝制衣服和制陶工作。所有这些,造成女性无论在经济生活中,还是家庭生活中的统治地位。但是,更重要的,是女性所扮演的角色,因为她们是女人,能生育这个原因也许比其他原因重要,否则就难以解释原始艺术对女性特征的全神贯注。

恩格斯说过,根据唯物主义观点,历史中的决定性因素,归根到底是直接生活的生产和再生产。但是,生产本身又有两种。一方面是生活资料即食物、衣服、住房以及为此而所必需的工具的生产;另一方面是人类自身的生产,即种的繁衍。在这两种生产中,物质生产固不必说,人类自身的生产,即在种的繁衍上,女性扮演了绝对重要的角色,有着直接的贡献,这就决定了妇女不但在母系氏族公社里享有最大的尊敬和光荣,而且从进入文明时代以后,人们仍不能忘怀她们的功绩,通过各种形式表达了对她们的怀念和敬意。因为,在人类的童年时代,关于生命无限的意识,关于"性"这个永恒课题,正是通过她们最早向人类展示出来的。

马克思在《1844 年经济学——哲学手稿》中曾有精确的分析:男女之间的关系是人与人之间最直接的、自然的、必然的关系,是一群人和自然的关系,是对自己的自然的规定。当人类越处在低级阶段,生产越不发达,人本身越愚昧、野蛮时,那么人就越受人的自身自然所制约、所支配;而随着人类越文明越理性,这种自身自然将离人越远。因此,在原始社会里,尚未开化的原始人群为这种自身自然所控制,把男女之间这种最自然的两性关系视为最重要、最本质的事并加以最大的关心,是很容易理解的。从当时的实际情况,我们可以推想,在生产力极不发达,生活条件十分恶劣的情况下,在与大自然的凶险搏斗中,人们面临着严重的死亡威胁,群婚制又造成大批孩童的自然夭折,因而,非常自然地使人想到,没有比繁衍后代、兴旺整个氏族更重要、更迫切的事了!而妇女正是新生命的产生者、哺育者和保护者,要使生命得到兴旺,使人类得到延续,要使与大自然搏斗的力量得到壮大,就得靠她们。因此,她们受着普遍的尊敬和崇拜就成了非常自然的事。但是新生命究竟怎样来的?人们还是迷茫无知的,于是,原始群对女性崇拜的方式在很大程度上就这样决定下来了。

马克思

原始社会的女性崇拜实际上就是人类自然崇拜的一部分。为了维持个体生命的存在,为了逃避饥饿寒暑,原始人必须和大自然作严峻、激烈的对抗。大自然有时给他们以恩惠和希望,有时给他们带来痛苦和灾难。在它的风云变幻、喜怒无常面前,原始人显得是那么的渺小、愚昧、自卑和困惑,而同时,生存的欲望又使得他们强烈地要把握它为自己造福,祈求和意愿是常用的方式,这就产生了对人类生活最密切的、有经常的利害关系和自然对象的宗教意识和崇拜行为,以一种歪曲的和幻想的形式来表达自己对大自然的认识与期冀。由此,他们造出了日神、月神、谷神、河神、猎神、火神等,并加以最原始的顶礼膜拜。

出于同样的原因,由于人的自身自然是属于大自然的一部分,原始人对待自身自然的态度也必然表现为"自然宗教"的形式。他们惧怕死亡,渴望生存,为同族人的大批死亡而悲哀、凄恻,为婴儿的诞生和成长感到无限欢欣。生命繁殖,人种不灭,这对人类来说是多么紧迫、多么重要和神圣的课题呀!但人在自然面前,却显得那样的被动和听任摆布,因此,他们一方面对生命的直接生产者和哺育者抱有深沉的敬爱,一方面为无尽的生命来源的神秘和伟大所慑服。于是,又一种原始宗教崇拜——女性崇拜及作为实体的女性性器官的崇拜出现了。

这种崇拜,我们可以找到大量例证。上述那些雕像外,类似这种雕像被发掘了很多,分布区域也很广大,如欧洲的大部分地区、西伯利亚、埃及巴达利以及叙利亚等地区均有发现。虽然各地雕像形状、风格有所不同,但却有共同的特点:即对女性性特征的强调和夸张。在我国出土的石器时代文物图案上也有很多描写妇女巨乳和多乳的。这在当时医学尚未发明的情况下,不可能是作为畸形病例的记录,比较合理的解释还是在于对母亲哺育功绩的赞颂。

对女性性器官的象征性的崇拜是非常广泛的。有些原始部落的人群在高高的山岩上雕刻着巨大的女性生殖器形象,希罗多德在《历史》中也提到一些古代建筑仿形于此。看来,它们都是作为神物来供奉的。我国此种遗迹亦有可寻,如湘西辰溪县城畔有巨石风流岩,形似女性下部。印度为祭祀加兰(KaLi)女神,有瞻仰膜拜性器官的仪式,仪式上由祭司先向女神私处亲吻,并献上祭品。墨西哥的农人常以木杆作成女性性器形状,插于田间,以此作为灵物,祈求田地肥沃,庄稼茂盛。尤其令人感兴趣的是古代贝壳的用途。贝壳被作为殉葬品是屡见不鲜的,但往往被解释为由于它的美丽花纹和装饰作用,后来,贝壳作为货币,有人对此解释为是由于作为装饰品的使用价值的珍贵性,或者认为:中国的文化发源于西北，而贝壳产于沿海，在内地是甚为难得之物，物以稀为贵，故以为币。如果说贝壳作为殉葬品和装饰品仅仅由于它花纹美丽，那并不见得，在现实生活中比贝壳美丽的东西有的是，为什么独独选中贝壳？把贝壳当作货币的原始形态，也并非因为它们是难得物品，世界上不管产贝或不产贝的地区均用它作为交换媒介，可见，贝壳作为殉葬品、装饰品、货币是别具深意的。国外有些专家认为，根据贝壳的形象，原始社会的人以它象征婴儿出生的门户，把它看成生命的源泉，作为繁荣兴旺的滥觞。大家佩戴在身上，作为一种吉利的护身符，对妇女来说，可以助产或多产；对孩子而言，可使其健康迅速的成长；有时用以伴葬，可使死者获得新的生命力。结合我国许多地区仍以蛤蜊、蚌等贝类作为女性性器的代称来看，我们觉得这种解释是颇有见地的。中国发掘的古贝，有花纹的一面或被磨平，或被穿孔，如果不是贝壳别有深意的象征作用，仅由于它美丽的花纹，就不应该破坏它的花纹。原始人之所以那样做，正是因为贝壳所体现的象征意义太神圣了。

在这种氛围里，原始人对自己的性器官并没有像现代文明人那样有强烈的羞耻感，男女裸体是常见的。虽然有许多女子用一小块掩盖物遮蔽着下体，但主要并不是为了遮羞，而是为了保护，甚至是为了炫耀。因为她们并不认为这是不好的地方，不能暴露或不能引人注目的地方，相反，常见她们用骨珠、海贝等华丽的装饰物来美化它、突出它；有的蔽体小布片上还画着精美的图案并掩着色彩绚烂的流苏，成为全身最显眼的部位，显示着她们天经地义的骄傲！这些无疑是她们对生命、生殖和性的崇拜的表现形式。

在文明人看来，所有这一切都不过表现了一种野蛮。这当然是“正确”的，因为野蛮人只能用野蛮的形式。但在野蛮的形式里却表现了并不野蛮的、对我们文明人来说同样重要的内容，那就是对生命繁衍的关注、对性的赞美、对女人的感激和对母亲的膜拜。无疑，这些都是人类永恒的话题。

这里，我们还想对人类初年另一饶有趣味的崇拜花些笔墨。1974 年，在我国青海乐都柳湾的新石器时代的遗址中，出土了一件彩陶壶，上有一个堆塑和彩绘相结合的裸体人像。该像乳房突出，手置于腹部，而生殖器兼备男女两性的特征，既有阴茎，又有阴唇。有人认为这种男女合体像应称为“双性像”，它表现的仍是一种宗教观念，这种宗教观念出现于原始社会后期，是母系向父系过渡的产物，但是它并不是男性崇拜的象征，而是从女性崇拜中演变出来的。

到了新石器时代，女性崇拜衍变为“母神”(Mother Goddess)崇拜，即原始先民想象主宰繁殖和丰收的超自然力量、具有女性形象的神灵。在这一时期，虽然男子在生育中的作用尚未被认识,但人们在实际生活中都可以看到女子只有在和男子交合后才会怀孕的现象。他们认为图腾精灵是通过男子才进入女子体内,遂使女子受孕的。在古亚述境内格瓦拉(Gawra)遗址中,曾发现有男女交合而旁伴一蛇的图像,这个图像的含义是蛇(图腾)的精灵乘男女交合时进入女子体内。

可能是由于生产力提高,犁或耜的使用,使男子在生产中的作用增大,其地位也因之提高的社会因素在宗教观念中反映的缘故,虽然母神是人们的主要崇拜对象,但这时人们认为有必要加上男性的因素,使她成为具有双重性别的丰产神。丰产神是双性神,这在宗教学中可以找到一些依据。如古代迦南人把金星看成是丰产女神阿丝塔特,认为她夜间是女性,白昼则是男性。古代埃及人认为他们的丰产女神伊西丝有时也呈现男身。著名的希腊情欲女神(原型是丰产神)阿芙罗狄特有时以长着胡须的形象出现,而罗马神王约夫却有时呈现女身。在古罗马的雕塑中,也有长着男女生殖器的女神。从古代传说中,我们也可以找见后来人对双性神崇拜的一种追忆,柏拉图曾经谈道:远古时代人类除有男女两种性别外,还有一种兼有男女两种性别的人。这种人的形体是圆形,四臂四腿,两张面孔和两个生殖器,精力充沛,反应敏捷,经常与神作战。神王宙斯为了削弱人类的力量,使其不成为对神的威胁,将他们劈为两半,成为现在的人类,于是只有两种性别,双性人不存在了。

双性神崇拜是一定历史观念的产物,当它赖以存在的基础发生了变化,它也就随之销匿。原始社会向阶级社会过渡以后,原来的丰产神由女性、双性变为男性的农业神,而原来的母神则成为男性神的母亲、妻子或女儿。再到来后,女性和双性的丰产神被人统统地遗忘了。

## 男人所要求的两性关系的实现

由于渔猎活动流动性大,虽然颇耗体力,收获却不稳定,相对而言,采集和农业生产的收获则较为稳定。因此,采集和农业生产能够提供氏族成员经常性的食物来源。食物的依靠和生殖的神秘使女性在氏族中具有举足轻重的作用。然而,地位的崇高和光荣并不能消弭生理上的差异。男女生理不同,女性的四期(月经期、怀孕期、产期和哺乳期)造成了妇女在高强度劳动中的诸多不便。生产力愈跃进,女性天赋体质的局限愈会反映出来。至母系氏族晚期,人类经历了第一次大分工,农业和畜牧业的发展使渔猎经济逐渐降为辅助性生产。在耜耕和犁耕普遍推广的情况下，只有体魄健壮的男子才能胜任高强度的生产活动。这样，在生产领域内，男子的作用大为加强，女子则从广阔的劳动领域退居到服务于社会劳动的辅助性劳动中，支撑女性崇高地位的两根支柱（物质和人的生产）一旦折断一根，另一根不是同时被折断，就是会发生畸变。

以往，学术界普遍认为，原始社会即将解体，阶级、国家将要出现的时代，才会出现剩余财产。其实，在母系氏族公社繁荣时期已达到有剩余财产的历史阶段。当开始出现剩余财产时，因为数量很少，所以人们对于财产的价值、财产的欲望、财产的继承等方面的观念很淡薄，财产的占有欲尚未在他们的头脑中形成。在基本生活需求得到满足之后，所剩少量财物归整个氏族所有。而剩余财物无论从数量上或品种上都越来越多时，为了便于保存管理、合理分配和使用，氏族内部出现了母系大家族和家族所有制。每个大家族，既是生产单位，也是一定财产的占有单位。应该指出，大家族所有制出现之后，并没有完全否定氏族所有制的存在，在相当长的时期内，大家族所有制与氏族所有制并存不悖。在大家族所有制下，家族内部成员间对财产的享有权，也不是均衡的，这从墓葬遗址的随葬品上可以清楚地看出来。据半坡、北首岭等地的单人墓葬统计，有随葬品者占三分之一左右，没有随葬品者占三分之二。在有随葬品的三分之一人中，数量和品种亦不一样，有的仅一件简单的器皿，有的则多得惊人。如有一女墓中随葬品共有二十三项，其中石珠十二粒，玉耳坠两个，石刀一把，陶钵、陶罐、尖底瓶各一件，还有用八千五百六十三颗骨珠串成的装饰品等。随葬品的有无以及数量上的差异，在相当程度上反映了当时人们占有剩余财物的不平均。从我国考古资料看，凡有丰富随葬品的，女性居多，这亦表明在母系氏族时期，女性在财产上有更多的控制权。

有了剩余财产就会产生财产继承关系，当时尚没有以夫妇关系组成的个体家庭，丈夫和妻子还分别属于两个氏族或家族，他们的财产也分别属于各自的氏族或家族所有。摩尔根在《古代社会》中谈道：“丈夫和妻子的财产和所有物都分得清清楚楚，死后则分给各自所属的氏族。”至母系氏族中期，财产继承关系才演化为母女继承制，这在民族学上可以找到大量例证：

在易洛魁人中，倘若一个妇人死后而遗有丈夫及子女，则由她的子女、她的姊妹、她的母亲的姊妹继承她的财产，但大部分，则分给她们的女儿。

乌尔萨阿卡或克洛部落的妻子自己所首创的财产或取得的财产，在她死亡后传与她的子女，丈夫的财产，在其死亡后则归于氏族的亲族之手。

在阿吉布娃人中，母亲的财物都分配给她的子女，如果她的子女的年龄达到能够使用这些财物的话；反之，如果子女没有达到这个年龄，或是没有子女，便分给她的姊妹、她的母亲以及她母亲的姊妹，她的兄弟却被除外。

我国云南拉祜族同样如此，血统根据母亲划分，财产由女儿继承，儿子因外出结婚，无继承财产的权利。

女子的财产除手创外，其中大部分来自氏族或家族的分配。在阶级社会里，生产资料和消费资料的分配关系是分离的，前者决定后者的性质，而前阶级社会不存在这种分割。无论是生产资料还是消费资料，分配关系的性质取决于社会产品的数量，取决于生产力发展的水平。原始社会分配关系的第一个形式是酌量取用关系，它的实质在于，一切食物不问是谁的，以及怎样取得的，统统归集体所有。因而，不论是用以获取食物的工具，还是为制作这些工具而使用的一切劳动资料，全都是集体财产。集体中的每一个成员，单单由于他（她）是属于该集体的，就有权取得为保障生存所必需的那份生产成果，每个成员获取的生产品，并不能成为个人的所有物，他（她）纯粹是为了消费它。在这一发展阶段，劳动成果对于个人来说除了使用价值外不具有任何别的价值，各人所得产品的份额，并不依个人对产品所做贡献的大小为转移。虽然各人得到的份额可能不一致，但这些份额的大小比例主要取决于需要量的大小比例，因之，集体总是能保障母亲得到足以养育孩子的份额的。酌量取用关系是以所有生产品都是必需品为基准的，一旦生产品突破这一界限，即剩余财物的出现，这种分配关系就会发生变化，其中最大的变化是在分配产品时开始考虑个人对创造产品所做的贡献大小。此时，作为集体成员不仅能够消费他（她）的那份生产品，还能够支配这份生产品，能够把它用在纯粹的社会需要上。女子占有财物之所以较男人为多，是因为她们是氏族或大家族团结的核心，是原始农业的发明者，也是原始手工业——制陶业的经营者，又是剩余财产的保管者和分配者。

显然，我们不可能更详尽地分析原始社会的经济结构及其演变，这超过了本书的范围。我们做了上面的论述是为了下文考察的需要。

我们知道，当人类从乱婚过渡到族外婚时，集体的每一个成年成员至少与另一集体的异性成年成员有两性关系，维护这种关系除本能的召唤外，还有物质的利害关系或以物质表达和巩固感情的关系。在生产只能维持人的肉体生存所必需的产品数量时，集体绝不允许任何一个成员把食物馈赠给自己的异性；而当剩余财物出现后，这种限制就没有必要了。结果，两个集体的异性成员开始交换食物，继而交换其他劳动产品。两性之间一旦交换了物品，他们的关系就不再仅仅归结为交合关系，同时成为经济的、社会的关系。在这种情况下，经济关系是稳定、巩固性交关系的手段，只要男女双方交换物品，他们也就在性交领域有了相互的权利和义务。只有在停止了经济联系后，他们在这方面的权利和义务才会丧失。美拉尼西亚人和南美洲的西里奥诺人就是以赠送礼品作为稳定性交关系的手段，使偶然的性交行为变为长久性的对偶关系。在世界上的其他民族可以找到例证，甚至在文明时代也可以寻见它的痕迹，如交换订婚戒指就是最明显的一例。

母亲是孩子的天然供养者，起初她用自己的乳汁喂养他们，然后她又担负起保障子女食物的任务。在酌量取用阶段，孩子的生活所需份额由母亲代领，而当分配关系考虑到以贡献的大小为转移时，再将供养孩子的重担压在母亲身上，自然承受不了，因此每个成年女性希望有一个成年男性与她保持经常的经济联系，以便通过这种关系获得更多的食物。从社会角度来说，把充当丈夫的男性作为供养者合并到以女性为中心的供养关系中也是十分必要的。当丈夫提供的食物比从妻子那里消耗的食物更多时，他就变成了孩子的抚养者之一，即成为完整意义上的父亲了。

在以女性为中心的妻方居住的条件下，丈夫们是不受人尊敬的，为子女们改变传统的财物继承制度更是无法实现，因为在母系氏族及其属下的大家族或对偶家庭中，财物和子女的支配权都操纵在女性手中，即操纵在最年长的女性直至妻子手中。从血缘关系上说，丈夫们不属于妻子的氏族，而是从别的氏族嫁过来的，丈夫在妻子的氏族里创造了许多财富，但不能拥有它；在他真诚地尽义务赡养子女时，这些孩子也不属于他，甚至当他在失去妻子的宠爱时，不管他曾创造了多少财富和对子女尽了多少义务，仍要随时听候命令，收拾行李，准备滚开。男子不断增强着的经济地位而产生把财富直接传给子女的意图与母权制的传统法则构成了不可调和的矛盾，随着财物的增多和各个家庭对财物占有程度的愈益加重，这个矛盾只有通过向父权制过渡才能解决。在夫妻居住的问题上，男子不愿意再嫁到妻方氏族去受窝囊气，而是希望把妻子娶到自己的氏族中来，并按照父系血统计算世系和确认子女的财产继承权，以男性为中心建立家庭。这一切从“从夫居”对“从妻居”的否定首先明确起来。对传统的从妻方居住的否定，是父权制对母权制具有决定性意义的胜利。

“从妻居”转变为“从夫居”经历了漫长的旅程，男子所要求的新的两性关系战胜了旧的两性关系，但旧时的行为规范仍顽固地徘徊下去，其生动表现就是我们常在民族学中看到的“不落夫家”的习俗。“不落夫家”习俗是指女子初嫁后，又立即返回娘家居住相当长的日子，多为有孕时才到夫家落户。我国境内的壮、瑶、侗、傣、苗、彝、黎、布依等族都曾不同程度地存在此俗。明邝露《赤雅》记载:广西一些地区的壮族女子"娶日,其女即返回家,与邻女作处。闲与其夫野合,有身乃潜告其夫,作栏以待生子,始称为妇也"。清乾隆《独山州志》载:贵州的布依族夫妻在新婚之夜,"新妇不与新夫会合,明早携瓮出汲,登梯上楼,即随送亲群妇一路同归。遇插秧日、收禾日方住夫家,夜则与小姑同宿,不一二日即转。得三五年后,始相交合,生育后,同室偕老。"胡朴安《中华全国风俗志》说:番禺"乡中女子习染归宁不返之风,回软即返母家,……自然是除过年节外,以在母家之日为多,必俟有子,始肯居夫家,否则迟至十年八年者有之"。聚居在海南岛北端的临高女子婚后三天,新娘回娘家长住,直至怀孕临产前才回夫家。四川省盐源县的普米族人,男方接回新娘一次,新娘逃跑一次,再接,再逃,如此反复,称之曰"三回九转"。头几次迎娶时,新娘有女伴同住,夫妻不同房,至第四次接回后,新郎想方设法与新娘同宿,尽力挽留她多住几日,使其受孕。有趣的是,贵州镇宁扁担山一带的布依族至今仍存在戴"假壳"的风俗:新娘在大喜时只在夫家住几天(不与新郎同房)就回娘家,仅在农忙时,新郎的母亲或姊妹才把她接回来住几天。当丈夫需要她来家里长住时,就给她戴"假壳"。"假壳",布依人叫"更考",是一种形似撮箕,前圆后矩的女帽,以竹壳为架,用青布包扎制成,使用时外加一块花帕。成年女子一般在婚后二三年才开始戴"假壳",未戴"假壳"就生下孩子是被视为违反规矩的羞耻行为。戴"假壳"只能在每年八九月至第二年四月这一段时间进行。男方对此的一切准备是秘密进行的,到时候,男方的母亲、嫂子(或在亲戚中找两三位中年女子)携带鸡鸭和"假壳",悄悄地溜到女家躲藏起来,等待时机,乘新娘不备之时,突然出去,将新娘抱住,同时解开她的发辫,戴上"假壳",仪式便告成功。如果发辫未被解开,新娘挣脱,这一次就不作数,改期重新举行。往往戴"假壳"要经过几次方能成功。男方未经戴"假壳"就强迫新娘落入夫家会被族规所不容,但一经履行仪式,新妇就必须到夫家长住。"不落夫家"习俗反映了母权制向父权制过渡时期男子要求女方归属自己的强制和女子对这种独占的反抗,结果,从夫住的习惯逐渐被固定下来,新一代的男女们与传统的母系氏族的联系被削弱。

"从妻居"转变为"从夫居"并未立即导致一夫一妻制,两性对偶性质的变化是缓慢的,这时两性关系有三个特点:其一,离异性仍在很大程度上保留着,不仅仅是女方,男方此时亦有了离异的决定权;其二,婚前性自由依然存在;其三,同一氏族男子对外氏族女子的共同使用权依然残存,已婚妇女并不恪守贞操。如希罗多德《历史》记载:纳撒摩涅斯人在新婚之夜,新娘可以跟任何来宾发生性关系,玛撒该塔伊族的女性毫无贞操的观念。

由此我们想到,女性地位的变化是人类文明的进步带来的?还是男子的胁迫?抑或女性自身的生理差异?在人类的历程中,这一幕不该诞生的悲剧该如何阐释,要靠我们一起来思考。

## 特殊社会关系的产生

如果说,在原始时代的早期和中期,物质生产和人的生产,经济关系与两性关系是相隔离、相并行,又间接地相制约的话,那么在原始时代的晚期,尤其是私有财产出现以后,经济因素的优势作用日益发挥出来。恩格斯说:一夫一妻制是不以自然条件为基础,而以经济条件为基础,即以私有制对原始的自然成长的公有制的胜利为基础的第一个家庭形式。在这种新的社会动力的作用下,妇女地位的一落千丈势不可免。

第一,供养关系上的变化。在对偶家庭中,丈夫和妻子共同担负着供养孩子的任务,无论作为一定集体的成员还是作为劳动者,他们两人都包括在最初的分配关系体系中。但是,私有制的产生,"意味着生产资料分配关系的被割裂、意味着生产资料变成了生产品的分配关系的基础。"这里,决定社会产品分配的因素已经不是集体成员的资格,劳动本身不再赋予获得一份社会产品的权利,只有生产资料的占有权才能提供这种权利。在父系氏族晚期,生产资料的占有者业已由男子充任,只有他们才能担当供养者的责任,女子被排除在这种分配关系以外,不仅不能作为供养者的身份出现,自己反而由供养者来供养她们。她们自己的那份社会产品只能从男人的份额中得到(出嫁前从父母那里得到,结婚后从丈夫那里得到)。丈夫与妻子之间的关系便演化成供养与被供养之间的关系。女性在社会经济关系体系中被排挤出来,绝不意味着她们不再参加劳动,可以说,在许多劳动者家庭中,女人的劳动仅仅是在家庭生产的范围内进行的。社会生产和家庭生产的根本区别在于,一个属于社会经济关系,一个属于家庭经济关系。家庭经济不是社会经济的组成部分,而是与社会经济相独立的。家务劳动只是在家庭经济关系的范围内进行,不在社会经济关系的范围内进行;而只有社会生产的产品才是社会产品,家务劳动不能创造社会产品。从这个意义上说,家务劳动不是生产劳动,它不是整个社会的事务,仅仅是各个家庭的私人事务。也许,有人要问:既然这样,母系氏族社会时期女子从事家务劳动该如何解释？在母系社会，连她们本身也被包括在社会经济关系的体系中，因而她们的这种劳动同其他生产劳动一样，是生产劳动，那时这种劳动并不带有私有性质，是属于全社会的。恩格斯说："随着家长制家庭，尤其是随着一夫一妻制个体家庭的产生，情况就改变了。家务的料理失去了自己的公共的性质，它不再涉及社会了。它变成了一种私人的事务，妻子成为主要的奴仆，被排斥在社会生产之外。"

第二，私有财产的增多使人产生了蓄财的欲望，掠夺财产和人口的战争渐趋频繁。男子在战争中是掠夺他方或保护己方的主要力量，妇女成了被保护的对象。

第三，作为战争胜利者的男子把女俘带回家中，也会影响两性的平等关系。如果男子尚未有妻室，他就可能将女俘变为自己的妻子，这种妻子只是丈夫的战利品，女子对自己的丈夫无任何权利可言；若男子有了妻子，不仅不会影响他对女俘肉体的占有，反而连原来的妻子也因此沦落到与女俘同样的地位，作为男人的泄欲对象和生育工具。

按照通常的观念，巩固私有制必须来自两方面：一方面是私有者在财产的数量上获得满足，这可以通过掠夺和生产来取得；另方面是在时间上满足私有者永久占有财产的欲望。然而，人生有限，去日苦多，只有依靠子女来延续自己的生命，延续占有财产的时间，这就涉及财产的继承问题。为了实现按父系血统继承财产，男子可谓煞费了一番苦心。"产翁制"便是一大表现。"产翁制"就是男子模仿妇女生育孩子以达到子女归属父亲的行为。《太平广记》卷四八三引《南楚新闻》：

南方有僚妇，生子便起，其夫卧床褥，饮食皆如乳妇。

越俗，其妻或诞子，经三日，便澡身于溪河，返具糜以饷婿，婿拥衾拥雏，坐于寝榻，称为产翁。

《马可波罗行记》说：

傣族女子产子，洗后裹以襁褓，产妇立起工作，产妇之夫抱子卧床四十日。卧床期间受诸亲友贺。

雍正《顺宁府志》卷九记载：

（傣族妇女）生子三日，贵者浴于家，贱者浴于河，妇人以子授夫，己仍执爨，上街，力田理事，至志非疾笃不敢少休。

这种父亲确认子女的产翁遗俗，不只我国有，在世界许多民族中都出现过。如南美洲亚马逊河和俄利诺科河流域的印第安人，"在大多数部落里，母系氏族和妻方居住婚占着优势。但是,已开始向父系氏族过渡。与此有关的是他们中存在着产翁坐褥的习俗:在妻子生产的时期,丈夫躲在床上并仿效产妇的样子,享受好些日子的护理和照顾。”法国与西班牙交界处的巴斯克人也有这种风俗,法国学者沙尔·费勒克曾对此有过精彩的描述:

古代有着夸张性器的陶隅

这个习俗就是当女子生了小孩子,是父亲坐床,是父亲假装作痛,大家也是照应父亲,几乎是很相信真是父亲生了小孩子了,并且邻舍男女来贺喜的也是贺父亲。……并不挂念母亲,母亲仍然是专心去做她的家务。

装产的习惯,是男子用来夺取女子的财产和她的品级之欺骗的手段中之一种。因为女人生小孩子,就是家庭中享有特权的原因。男子其所以装产,因为他要使人相信他是生小孩子的人。这种行动的方法,供给了男子做他承认父权之用。

之所以存在这类风俗,是由于母权制的传统势力特别强大。当父权制已经确立,尚未十分巩固之时,妇女总是利用她们生产子女这个显而易见的方式来进行顽抗,增强对子女的权力,动摇父权的地位。于是,男子就采用了这种象征性手法,做出一副似乎孩子是他所生的样子,其目的是以变更事物的名称来改变事物,来削弱和改变母权制的影响,夺取子女的归属权。

财产继承权进一步刺激了人们存蓄财产的欲望,财产的拥有者对自己死后无后顾之忧,便转而绞尽脑汁大量掠夺财富。拥有私有财产愈多,传宗接代的念头愈强烈,独占生育子女的工具——妇女的欲望就愈为加剧。云南永宁纳西族一夫一妻制家庭产生以后,男子为了捍卫对妻子的所有权,产生了要求妻子恪守贞操的观念,妻子如果同其他男子通奸,便认为是对夫权的侵犯,丈夫有权责打妻子,奸夫要向丈夫及其家庭送礼,作为赔偿名誉上的损失。一些民族认为女子未婚而生育子女会触犯村落的神灵,会给村落带来灾难,为了弭灾,当事人要杀猪宰牛,求得神灵的宽恕。

一夫一妻制的最终确立是女性具有世界意义的历史性失败,然而,女性从原来享有至高无上的威信、受社会普遍重视的地位转变为失掉原有的一切权力、变成男性附庸的过程中，两性之间并没有为此发生激烈的血与火之战，经典作家诙谐地指出这是“历史的狡黠”。其一，文明愈发达，两性关系愈严格地受到经济关系的制约。在这个意义上，处在社会经济体系之外的妇女的一切反抗都会以败北告终。其二，男性对女性的压迫经常处在特殊的关系中，它是一种普遍的社会行为，几乎发生在所有的家庭中，发生在所有的男女之间，其复杂性远非阶级压迫所能比拟。其三，夫妻关系是一种特殊的社会关系，不管男性具有多么崇高的地位，在组建家庭，生育子女方面，女子的重要性是不可替代的。正是由于血缘上的联结关系和两性上的协同关系，使两性之间命运攸关，一损俱损，一荣共荣。其四，在性生活上，男女各自对异性的特殊生理和心理需要使两性之间产生一定的温情色彩，在温情脉脉的帷幕下对女性的歧视、压迫和摧残的行为，都会使人陷入是非莫辨的混沌境界。

我们不厌其烦地追溯上古时代的两性关系，目的仅仅在于揭示：在阶级社会尤其是封建时代被奉为道德伦理的坚固原则和主要内容之一的贞节，并非与生俱来，而是经过了一个相当长时间的发生及发展过程。如前所述，在人类漫长的历史进程中，女性尊崇地位的丧失是必然的趋势，女性所遭遇的历史性的失败——一夫一妻制的确立，亦是不以人们意志为转移的结果。这一演进所带来的最直接的后果就是，人类社会不仅日益分化为两个对立的阶级，而且为了维护统治阶级的特权，在以男性为中心的世界里，一系列以牺牲女性、牺牲人性为代价的法则及道德规范纷纷出台。贞节冰山的浮出海面便是最明显的例证。

## 关于“贞”和“贞节”

### “贞”的要素

贞，最早出现于甲骨文中，《说文解字》释曰：“贞，卜问也。从卜，贝以为贽。”这是“贞”的原意。先秦的典籍中多有类似之意。《周礼·春官·天府》：“冬季，陈玉，以贞来岁之媺恶。”郑玄为之作注曰：“问事之正曰贞。”同篇《大卜》载：“凡国大贞，卜立君，卜大封。”郑玄注引郑司农云：“贞，问也。国有大疑，问于蓍龟。”因此，从语源学的角度来看，“贞”的原意是占卜，国家遇有重大问题，在做出决策之前，进行占卜活动，“问于蓍龟，”以释疑定心，这类活动称为“贞”。所以清代王夫子在其所著《续春秋左氏传博议》中说：“故君子以恐惧修省，贞其异而弭其灾。”亦取此意，但是，仅从甲骨文及《周礼》中还难以尽观早期“贞”的全部意义。在早于《周礼》成书的《周易》中,“贞”字频繁出现,尤其是在《易传》中其含义要丰富得多。如果说,作为占卜活动的“贞”还难以显露用于后世“贞节”的迹象,那么,从《周易》里则可以找到这种源头,或者可以看出用来附会“贞节”的可能。这里,不妨多说几句。

《周易》,是中国古代一部至奇之书,历来受人器重。汉儒曾谓“皇皇五经,同出大《易》”;胡适说:“孔子学说的一切根本,依我看来,都在一部《易经》”;范文澜先生也指出:《周易》是儒家的思想本原。一句话,“它被奉为古代中国一切思想的圭臬;所有大的思想家几乎无不从它的命题中抽引出自己构思的根基。”可以认为,《周易》的高明之处是在概括性的符号中包含了远古先民对自然现象和历史经历的经验描述和理解,对它们做出哲理性的提升和阐释,并赋予自然以人的品德色彩,构建了一个完整的既理性又情感的哲理世界。同时,我们还可以从《周易》中发现,它对世界观和人生观的精思是基本划一的,成为中国哲学中世界观与人生观相统一的特征的滥觞。

乾坤哲学是贯穿整部《周易》的核心。《系辞传》说:“乾坤其易之蕴邪!乾坤成列而易立乎其中矣。乾坤毁则无以见易,易不可见,则乾坤或几乎息矣。”乾坤二卦蕴含着深刻的易理,正因为有了乾坤才确立了易道的嬗变,如果没有乾坤也就无以见易道之用。乾坤反映的不是一般的问题,而是历史的理性,它客观地记述了历史的变迁和人道的由来,反映了以天地为代表的宇宙整体。从男女交合到家族制度,从人伦其序的君臣礼义到顺时而倡的伦理教化,还有造舟楫、服牛马、建宫室、立文字以及生死、鬼神、吉凶等等,全部能够容纳在以它为核心的概括性符号中,成为可理解可阐释的部分,从而强调宇宙自然与人类存在构成一个和谐的整体。当然,它本身则高于一切。

郭沫若先生说过:

八卦的根底我们很明显地可以看出古代生殖器崇拜的孑遗。画一以像男根,分而为二以像女阴,所以由此演出男女、父母、阴阳、刚柔、天地的观念。

这一推断尽管正确地道出了八卦与阴阳的关系,却颠倒了天地、阴阳之序。其一,《易·序卦》说:“有天地然后有万物,有万物然后有男女,有男女然后有夫妇,有夫妇然后有君臣,有君臣然后有上下,有上下然后礼义有所错。”其二,具有高度哲理化的乾坤两卦的产生基于人们的感性认识,仰瞻是天、俯视为地,是首先通过人们视觉的作用而进入感官的。天地的概念先于其他任何事物,因而,对天的覆釜印象的简练刻画便是“乾(-)”,对地的平莽一片并有日出日落的形象的描绘便是“坤(--)”。乾卦象征太阳、白天和男性,具有运动、生长、活力、刚强等性质或功能；坤卦象征月亮、夜晚或女性，具有抚育、接受、柔顺、安宁等性质或功能。虽然《易》强调的是两者的不可分离，乾中有坤，坤中有乾，阴阳互含，刚柔相济，但都确定乾为主导，坤为基础，在主导和基础中更强调前者。所以，乾卦被《易》推为首卦，并一再予以赞叹："大哉乾元，万物资始，乃统天下，""大哉乾元，刚健中正，纯粹精也，"从而在乾坤阴阳这二对矛盾构成中，乾、阳成为矛盾发展的动力方面。

乾坤阴阳的观念体现在男女两性上，则为：

乾，天也，故称为父；坤，地也，故称为母。(《说卦》)

乾，阳物也；坤，阴物也。阴阳合德而刚柔有体，以体天地之撰，以通神明之德。(《系辞下》)

乾，健也；坤，顺也。(《说卦》)

成象之谓乾，效法之谓坤。(《系辞上》)

天尊地卑，乾坤定矣。卑高以陈，贵贱位矣。(《系辞上》)

乾道成男，坤道成女；乾知大始，坤化成物；乾以易知，坤以简能；易则易知，简则易从，易从则有功；有亲则可久，有功则可大；可久则贤人之德，可大则贤人之业；易简而天下之理得矣，天下之理得而易成位乎其中矣。(《系辞上》)

依次看来，天道为乾，地道为坤，乾为阳，坤为阴，阳成男，阴成女，男性取刚，女性尚柔。所以，中国古史系统中的伏羲——太昊——高阳——帝俊——帝喾——黄帝，都成了至高无上的天神和日神。尤其是黄帝，在诸多古代典籍中，都记载了黄帝及其名臣制器观象的传说。中国文化的许多发明权都归之于黄帝，而且，"黄帝"本身就包含有日神的意思。《说文解字》指出，黄，从古人"光"字，亦读作"光声"。《风俗通》说："黄，光也。"《释名》说："黄，晃(日光)也，犹晃晃，象日光色也。"这就是说，日光的本色是黄色，黄帝就是"光明之神"，亦即日神。历代黄帝的龙袍，不用红而尚黄，以及将杏黄和黄作为五色中最尊贵的颜色，其俗盖本于此。与日神和天神相映衬的是月神和地神。女娲——女娥——嫘祖——西王母便是月神和地皇。《说文解字》："娲，古之神女，化万物者也。"《淮南子·览冥训》高诱注："女娲，阴帝，佐宓牺治者也。"

由于不脱开人事经验而思索矛盾与变化的实用理性特征萦绕、弥漫着人们的思维和实践，使得《周易》中高度哲理化的精言妙语在现实生活中都得到了各种各样的尽情理解和应用。不可否认，在这种理解和应用中，有许多阐释基本上从《周易》本身的哲理和学理出发，较为贴切、适宜地引申了其原意，这有助于人们以客观而平静的态度来审视《周易》这部奇书。但是，在阶级社会里，由于政治及思想统治的需要，由于思想者们所处的环境、地位、阶级阶层的差异及思考目的的不同，将《周易》中乾坤、阴阳等观念与现实生活中的某些观念、事物无节制地生拉硬扯在一起的现象绝不在少数。这种附会牵强走向了另一端，它使得对《周易》的理解和应用趋于庸俗、消极化，其不良影响广泛而深刻。在阴阳、男女关系上的随意揣测和推演是最为典型的例证。诸如：从“坤化成物”而推为女子能够也必须生育，不能或不愿生育便是悖理的罪孽；从“坤以简能”“简则易从”而推为“夫唱妇随”，女子无独立的人格；从“阖户之谓坤”而推为女子应深居闺中，不闻外事；从“坤者，顺也”而推为女子只能柔顺、服从丈夫，不得违逆；从“天尊地卑”而推为“男尊女卑”等等。这样，便把视万物为“刚柔相摩，八卦相荡”以求和谐的动态哲学变为冷峻、凶悍的纲常伦理，把玄奥精妙、抽象概括的理性思维变为简单直接却异常“实用”的制度和习俗，以适应现实的需要而最大限度地“服务”于现实。于是，当政治要求和功利色彩渗入对《周易》及其他中国古代文化之源的思索时，人们距离其原生态的旨趣越来越远，而形形色色的次生态及衍生物则使这种庸俗化、消极化发挥到了极致。于是，人类智慧的结晶物转变为幽闭、禁锢女性和人性的牢笼。对于一种饱含性灵的理论来说，这不能不算是莫大的悲哀。

“贞”的含义，除用作“占卜”外，在包括《周易》在内的先秦典籍中，还有许多其他意思。其一，指《易》卦的下体，即下三爻。《尚书·洪范》：“曰贞曰悔。”孔传解释道：“内卦曰贞，外卦曰悔。”其二，指女子未许嫁。《易·屯》：“女子贞不字。”其三，贞，正也，不失其宜，开通和谐。《广雅·释诂一》：“贞，正也。”《尚书·太甲下》：“一人元良，万邦以贞。”《吕氏春秋·贵信》：“百工不信，则器械苦伪，丹漆染色不贞。”都是这个意思。其四，坚定不移，多指意志或操守。如《释名·释言语》：“贞，定也，精定不动惑也。”《易·系辞下》：“吉凶者，贞胜者也。”

可以看出，贞的这些含义，极少与女子联系在一起，后世使用较多的是“坚定不移”“忠诚”“正”等意。但这些用法已经提供了足够的发挥空间，如《易经》中“恒其德贞，妇人吉”之句，被解释为指夫妻关系应该长久保持下去，不恒其德是自得其羞，难为社会和丈夫所容，这一点已经有了“从一而终”“不事二夫”的思想萌芽；《易·姤》中的“姤女壮，勿用取女”已经涉及性的问题，不过，此处说的是女子性壮而乱，对男子不利，所谓“阴伤阳、柔消刚、阴息剥阳，以柔变刚”，所以不能娶其为妻，而宋代朱熹在《周易本义》中将其曲解附会为“一阴而遇五阳，则女德不贞。”这种种阐释显示了“贞”的演变趋势。

私有制确立、一夫一妻制形成以后,财产占有形成的异化之一就是男子对女子从精神到肉体的占有,社会对女子贞的要求亦开始提出并日益坚固。逐渐地,释“贞”为“贞操”“贞节”,并且特指女子对男子的贞,成为主要内容。而不具有性别意义的“贞固”“贞确”“贞静”“贞士”“贞白”等则退居次席。于是,本书所要讨论的“贞”的含义已经定型。《史记·田单列传》说:“贞女不更二夫,”《列女传·宋鲍女宗传》:“妇人一醮不改,夫死不嫁……以专一为贞,以善从为顺,”已经道出了“贞”意的主流。

从此,贞成为套在女性脖颈上的枷锁,越缠越紧,中国古代社会里,作为“第二性”的女子几乎无一例外地置身其中,无所逃避。

## 套在女性脖子上的枷锁

节,气节、操守之谓,常指一个人能够坚守信念、不污于事。左思在《咏史》诗中写道:“功成耻受赏,高节卓不群。”所谓“节义”“节士”“节操”等都是这种意思。《韩诗外传》卷十有一句“吾闻之,节士不以辱生”,比较明确地指出了“节”的一部分内容。《汉书·孝平皇后传》记载,孝平皇后不与被看作是“篡逆”的王莽合作,“为人婉瘱有节操,自刘氏废,常称疾不朝会。”显然,在这些地方,作者褒扬的对象只是具备了可资嘉许的气节,尤其是在困难处境、危急关头那些舍生取义,置生命于度外而坚守气节者,就可以加以表彰。一旦在需要坚守气节的时候苟且偷生,就会遭到舆论的贬斥和唾弃,称其为“失节”。这里,保持节操或失节者没有性别的差异,芸芸众生都被纳入了同样的道德评判体系,用同样的评判标准加以裁量。甚至这种评判对男性提出了更高的要求,因为,在社会生活中,男性往往与刚强、坚定、勇敢等词联系在一起,在必须做出取舍的地方,男性的选择更为引人注目。历代对奸臣、叛徒、道德沦丧者的抨击和谴责,正是基于这样的出发点。

贞、节连用而成的“贞节”,有两层含义:一是指坚贞的节操。如张衡在《思玄赋》中所咏:“伊中情之信修兮,慕古人之贞节。”同样,这个“贞节”并没有带上性别的色彩。贞节的坚守和取得与性别无涉,男性也可以在“贞节”项目的前提下得到表彰。《宋书·孟怀玉传》记载,孟怀玉的弟弟孟龙符跟随宋武帝刘裕出征,勇敢力战,终于因为寡不敌众而战死。刘裕下表褒勋,说孟龙符“忠勇果敢,陨身王事,宜蒙甄表,以显贞节”。中国古代史籍中,这种事例俯拾皆是,历朝历代均是如此。当然,贞节的这种含义不在本书讨论的范围,因此不需赘述。我们要关注的是贞节的第二层含义，即用来指女子不改嫁或不失身，从一而终。在这个意义上，贞节与贞操是同义词。北周文学家庾信在他的《彭城公夫人尔朱氏墓志铭》中写道："用曹大家之明训，守宋伯姬之贞节。"就是在表彰尔朱氏坚守贞操，丈夫死后坚决不改嫁的行为。

贞节用作特指对女性的要求，流布极广。从先秦时代贞节观念与行为的产生，一直延续了二千多年，自始至终地伴随着中国古代社会，甚至还向下延伸了很长时间。其中，贞节观念的流弊以极大的渗透力，给各个时代的女性以不同程度的束缚和影响。在贞节之下，女性的生活与它紧密相关，她们被笼罩在贞节的黑幕中，厚重的贞节之墙严实地包裹着女子的人性，压抑、窒息、悲愁、幽怨、孤愤，是她们挥之不去的情感体验。当然，贞节下女性的生存状态并不是永远地暮气沉沉、死水一潭。在历史的发展进程中，许多东西如过眼烟云，转瞬即逝，但总有些什么可以穿越历史的时空隧道，获得永恒。其中，人性无疑属于可以永恒的一种。女子人性的张扬是恒久的要求，在这种要求下，女性对贞节的束缚不甘屈从、奋起反抗，于是，为历史的发展增添了许多亮点，贞节的厚墙有时也被捅破数处。当然，这种抗击的力量是微弱的，因为女性解放的基础还很薄弱，冲决网罗的历史条件尚未具备。这些，我们将在以后的篇幅中详细讨论。

## 贞女、节妇和烈女

在考察贞节的历史演进时，有几个概念必须首先加以界定、划分。自贞节产生于阶级社会中后，史籍中屡见记载，但名词、说法颇多，如贞女、贞妇、节妇、烈女、烈妇等等。

贞女，较早的称呼见于《易・屯》，"女子贞不字，"指的是没有出嫁前的女子，后来这一称呼用作对未出嫁而能自己坚守贞节的女子的通称，《战国策・秦策五》中引用姚贾的话说："贞女工巧，天下愿以为妃。"秦以后，套在女性项上的枷锁又紧了一圈，人们开始泛称有节操的妇女为贞女，在这些被称道的"有节操的妇女"的品质中，从一而终是首先看重的，所以《史记・田单传》中，王蠋倡言："忠臣不事二君，贞女不更二夫。"这句话不断地被后世鼓吹礼教的人们转述、引用，一度被奉为封建伦理的圭臬之一。封建统治者不断地褒扬其中的原则与精神，贞女开始成为封建祭坛上的牺牲。

贞妇，指从一而终，丈夫死了却不改嫁的女子。早在《礼记・丧服四制》中就曾说道："礼以治之，义以正之，孝子、弟弟、贞妇，皆可得而察焉。"以后的史籍中可以看到很多关于贞妇的记载,或者叙述作为贞妇的事迹,或者明确阐述对贞妇的要求,内容不外乎女子的苦志守节。目的是通过法律规范和道德伦理的力量营造独特而残酷的社会气氛,迫使女子驯服于贞节之下,而不能有丝毫的忤逆之举。如《晋书·礼志中》说:"贞妇不昧进而苟容,"就是对女子在遭遇丧夫之痛后愈加泯灭人性的要求。

节妇,与贞妇的含义大致相同,也指丈夫死了以后而不改嫁的女子。这个概念的出现同样较早,随着封建社会的逐渐发展,为了旌表贞节的需要,统治者开始对贞节的情形、旌表资格给予一些法律上的标准。明太祖朱元璋建国后,倡导女子坚守贞节,他在洪武元年(1368年)所颁布的关于妇女守节的诏令中指出:"令民间寡妇三十以前夫亡守节,五十以后不改节者,旌表门闾,免除本家赋役。"所以,把年纪在三十岁以前丈夫死亡而不改嫁,守节至五十岁以上者称为节妇已成为通例。明代俞汝楫所作《礼部志稿》卷六五《旌表备考》中对此也有明确记载。清朝《大清会典》中也把符合这种条件的贞节妇女称作节妇。当然,节妇一词也用来指有高节的妇女,如《乐府诗集》卷三十六收录的西晋傅玄《秋胡行》诗:"奈何秋胡,中道怀邪。美此节妇,高行巍峨。"这里傅玄所咏的"节妇",强调的是她巍峨的"高行",与一般意义上的守节不同。但是,这种用法在史籍中并不多见。

烈女,或称烈妇,原来的意思是指重义轻生的女子。《史记·刺客列传》讲述了聂政刺杀朝相侠累的故事,同时说道:"非独(聂)政能也,乃其姊亦烈女也。"按书中所述,聂政的姐姐聂荣舍身取义,所以被人们称为"烈女"。《战国策·韩策二》对此事也有记载,但写作"列女"。到了后来,烈女的含义逐渐固定为对舍弃性命、拼死保全贞节的女子的称呼,《大清会典》中有专门的条款旌表烈女、烈妇,其中对"拒辱致死"者的表彰即属此类。

从以上对几种称呼的分析中,我们可以看出,自贞节观念产生且付诸实践以后,对坚守贞节的妇女称呼的方法颇多,或者说,中国古代(主要是封建社会)妇女守节的方式有很多种。为了叙述、分析的方便,我们在本书中不妨大致地将贞节妇女划分为几种类型,在此基础上,相对固定地使用几种称呼来对她们进行表述。自然,划分类型的依据主要是历史的习惯及守节具体情形的差异,同时注意几种称呼在意义上的差别,分别有所侧重,而又力求能够基本包含形形色色的坚守贞节中的妇女。

我们选择以下几个概念来进行表述:贞女、节妇、烈女(烈妇)。这些概念所包含的意思大致与上面的分析相同。需要区别的是,贞女主要指女子为死去的未婚夫守节；节妇主要指已婚妇女的守节；烈女或烈妇则指为守节付出生命代价的女子，“女”“妇”用以区分女子的未婚或已婚。我们还将使用另外一个概念——室女。即居室未出的女子，也就是不出嫁、老死室中而守节的女子，她们从未有过未婚夫，这种形式是贞节的极度变异。在本书以下的篇幅里，我们将使用这几个概念来描述贞节妇女的生活实际。对于形形色色的守节的具体情形，第四章中将有详细阐述，此处暂且略过。

## 贞节观念的演变

中国古代社会的发展是各种历史合力作用的结果，在种种影响力中，观念因其极强的穿透力而具有无比的重要性，所以，要考察贞节的历史，我们先从探寻贞节观念的演进过程入手。

我们已经知道，上古时代的两性关系相对宽松，还没有什么贞节观念，没有对女性强制的毁灭人性的贞的要求。但是，随着社会经济的发展，人类的婚姻形式开始向一夫一妻制转变。与女子主导社会地位的丧失相伴随，她们越来越向屈从地位的“第二性”走去。贞节观念的产生，最终肇因于社会的经济条件，其发展也依托于社会的经济基础。经济活动中主导地位的取得和丧失，必然导致多种社会关系尤其是两性关系的根本变动。与男子对财产的占有相伴生的是女子社会地位的日渐衰落，最终演变为男子对女子的占有，这时，女子已不再作为具有独立人格的社会性别，而是始终处于屈从、被支配的地位，甚至作为私有财产的一部分。从此以后，女性的社会处境就可想而知了。在女子遭遇世界性失败以后，贞节观念逐渐成为阶级社会伦理教化的重要内容。

贞节观念的从无到有、由弱到强的过程启示我们，用以束缚女子、摧残人性的贞节的发展是一个渐进的过程。如果把中国古代社会做整体考察，可以将贞节观念的发展划分成四个阶段：先秦、秦汉至隋唐、宋元、明清。这些阶段中，贞节观念的演进呈现出了历史的反复，或居波峰，或处波谷，有强化之时，也有淡薄之际。但是，总观之则可以看出，贞节观念大致是沿着由弱至强的轨迹推进的，而它所划出的运行轨迹又大致与封建专制的变化而同步。也就是说，一般地，当专制主义中央集权强化，皇权对国家政治、思想有较强控制力时，作为思想教化一部分的贞节观念趋于加强；反之，当中央集权削弱，国处乱世、时代动荡之际，贞节观念亦随之减弱。当然，也有特殊情形，如魏晋南北朝等纷争之世中央集权衰落,贞节观念却呈现了加强的迹象。因此,贞节观念的产生及演进有着极其深刻的社会根源和广阔的时代背景。

需要指出的是,在贞节观念的作用下,女性社会地位的低下是毫无疑问的,但是同时,她们也在尽一切努力追求自由、张扬人性,向扼杀生命的封建伦理做不懈的抗争。所以,当我们观察历史时,就会见到两种看起来是彼此对立的现象并存于现实中,一方面,女性在贞节观念的层层束缚、步步紧逼下不幸地生活着;另一方面,女性又拥有许多宽松的生存空间,她们可以嫉妒、挑剔、风雅、洒脱,改嫁、再嫁,甚至女主政治曾经勃兴。

综上所述,我们可以看出,贞节观念的强化并非一蹴而就,对女子的生存状态的考察需要结合历史条件的差异,而作具体的分析,只有这样,才能较为完整、准确地把握历史的真实面目。

## 贞节观念渊源

先秦时期,贞节观念已经产生,其前提是男尊女卑思想的形成。尤其是进入阶级社会以后,女子地位下降,屡屡出现对女子社会生活包括贞节的要求。较准确地说,贞节观念的基本形成在春秋战国时期,而贞节妇女的出现也主要在此时,其前奏曲是由统治者宣扬男尊女卑的思想开始的。

成书于西汉的《礼记》大致地反映了先秦时代的社会情况,其中有大量的对女子行为规范的要求,从中我们可以看出先秦统治阶级加在女子身上的束缚。

《礼记》明确强调,所谓“妇人”,就是“伏于人者”,宣称“父者,子之天也,夫者,妻之天也”。《说文解字》释曰:“妇,服也,从女持帚洒扫也。”这种区分男女的说法随处可见。在《礼记》的许多篇幅中都对男女特别是夫妻之间的关系作了具有代表性的解释,而且还对女子的义务做了详细的规定。我们不妨征引几条并略做分析。

壹与之齐,终身不改。故夫死不嫁。男子新迎,男先于女,刚柔之义也……男女有别……出乎大门而先,男帅女,女从男,夫妇之义由此始也。妇人,从人者也:幼从父兄,嫁从夫,夫死从子。夫也者,以知帅人者也。(《郊特牲》)

这里说明的主要是“夫妇之义”,其中非常明显地表露了男尊女卑、夫主妇从的思想。尤其是“夫死不嫁”的说法,则几乎是贞节观念的代名词。它要求在婚礼中处处突出男子的地位,并且将男尊女卑的思想染上了神秘的色彩,因此，从夫妻结合之始，女子就处于屈从的地位，不得居先，不得逾序。这种思想也出现在《易经·家人》中："女正位乎内，男正位乎外，男女正，天地之义也。"

《礼记·内则》具体而微地提出了女子在夫家的行为规范：

妇事舅姑，如事父母。鸡初鸣，成盥漱，栉縰，笄总，衣绅。左佩纷帨、刀砺、小觿、金燧，右佩箴、管、线、纩，施縏帙，大觿、木燧。衿缨、綦屦。以适父母舅姑之所。及所，下气怡声，问衣燠寒，疾痛苛痒，而敬仰搔之。出入，则或先或后，而敬扶持之。进盥，少者奉般，长者奉水，请沃盥，盥卒授巾。问所欲而敬进之，柔色以温之。

男不言内，女不言外。……外内不共井，不共湢浴，不通寝席，不通乞假。男女不通衣裳。

女子出门，必拥蔽其面。

子甚宜其妻，父母不说，出。

凡妇，不命适私室，不敢退。妇将有事，大小必请于舅姑。子妇无私货，无私畜，无私器，不敢私假，不敢私与。……妇若有私亲兄弟将与之，则必复请其故，赐而后与之。

男女不同椸架，不敢悬于夫之楎椸，不敢藏于夫之箧笥，不敢共湢浴。夫不在，敛枕箧簟席襡器而藏之。

不必引述太多了，这些规定已经遍及女子生活的方方面面，可以说是"无微不至"。此时，在对女子的种种要求中，柔顺是最基本的一条。《礼记·昏义》说："妇顺者，顺于舅姑，和于家人，而后当于夫，以成丝麻布帛之事，以审守委积盖藏。"它提出了妇顺的四点要求：言慎、行敬、工端、整容，它与《郊特性》中女子从父兄、从夫、从子，合称为"三从四德"。类似的表述还见于其他史籍中。

《孟子·滕文公下》："女子之嫁也，父母命之，往送之门，戒之曰：'往之女家，必敬必戒，无违夫子。'以顺为正者，妾妇之道也。"

《穀梁传》隐公二年："妇人谓曰归，反曰来归，从人者也。妇人在家制于父，既嫁制于夫，夫死从长子。妇人不专行，必有从也。"

凡此种种，都是对女子行为规范的单方面要求，而构成两性关系的另一方——男子则要自由得多。他们拥有对女子的绝对权威，娶妻之外，可以天经地义地纳妾，甚至狎妓，而且可以几乎不受约束地出妻。先秦时期，婚姻的发生多通过一定的程序和方式，但婚姻关系的解除则较为随便。婚姻关系的维系与解除的主动权掌握在男子手中，女子在其中处于绝对的劣势，差不多没有任何权利。《仪礼·丧服》记载了丈夫出妻的七个条件即通常所说的"七出"：

七出者，无子一也，淫佚二也，不事姑舅三也，口舌四也，盗窃五也，妒忌六也，恶疾七也。

《大戴礼记·本命》也说：

妇有七出，不顺父母去，无子去，淫去，妒去，有恶疾去，多言去，盗窃去。

“七出”原则的确立，为男子随意休妻提供了借口。因为女子没有离婚的主动权，故而所谓的出妻实际上就是弃妻。它反映了女子社会地位的低下、两性关系的极端不平等及男性权利的膨胀。在这种情况下，贞节观念必然产生。

先秦阶级社会是以男子为中心的社会，男子对财产的占有最终包括了对女子的占有。当女性沦为社会财产的一部分时，很难想象两性关系还能存在什么平等。按男性的价值观塑造女性的社会形象，女性惟男性之命是从也就是正常的社会现象了。孔子提出了“男女授受不亲”的命题，要求女子保持贞节，他说妇女“无再醮之端”，就是在特定的历史条件下产生的思想。《礼记·郊特牲》也曾说：“夫死不嫁。”这些观念明显地带有要求女子性洁的内容，或者说，贞节观念已经产生。

当然，先秦时代贞节观念的产生有深刻的时代背景。诸侯争霸，兵燹不绝，礼崩乐坏，社会凋敝，面对动荡不安的现实，孔子鼓吹“复礼”“正名”，要求君臣、父子、夫妻之间建立一定的秩序。对女子的压迫是人类进入阶级社会以后的必然现象，反映在人们的观念中，孔子也不例外，所以他提出了一整套包括贞节在内的对女性的要求，如“三从四德”“夫死不嫁”。晚于孔子一百多年的孟子同样强调男女授受不亲，他把男女之间“不待父母之命、媒妁之言，钻穴隙相窥，逾墙相从”的行为看成是“父母、国人皆贱之”的非礼之举，他提出了演变成后世“五常”的“五伦”：父子有亲，君臣有义，夫妻有别，长幼有叙，朋友有信。由春秋的孔子到战国的孟子的思想发展，表明两性关系进一步失去平衡，妇女社会地位愈加降低，男性对包括女性在内的世界的绝对统治建立。

在男性独尊的先秦时代，男子对女子的要求表现在许多方面。值得注意的是，当时存在着对女性的双重道德标准。《战国策·齐策三》中“楚人两妻”的故事读来颇耐人寻味：

楚人有两妻者，人诋其长者，詈之；诋其少者，少者许之。居无几何，有两妻者死。客谓诋者曰：“汝取长者乎？少者乎？”“取长者。”客曰：“长者詈汝，少者和汝，汝何为取长者？”曰：“居彼人之所，则欲其许我也；今为我妻，则欲其为我詈人也。”

很显然，这位“诋者”在判断女性德行时使用了双重标准。在他看来，楚人的两妻中，“詈之”是为妻的正确反应，而“许之”虽遂其一时之愿，但不是女子的本分。这样，他就陷入了自己的悖论：选择妻子，他使用惯常的标准；逞自己的私欲，又使用了充满龌龊的标准。这个事例对考察先秦特别是春秋战国时期的节贞观念具有典型意义，它反映了两性关系的大致情形，“詈”或“许”正是两种基本对立的观念的体现。一方面，已经有了贞节的要求；另一方面，贞节观念还很淡薄，所以“诮者”能够不以为羞地挑逗他人之妻并毫无掩饰地评头品足。这也反映了春秋战国时期社会动荡、礼崩乐坏局面下道德标准的混乱与沦丧。“诮者”正是孟子所抨击“逾东墙而搂其处子”的人，这类人多出现于统治阶级内部，所以孔子说：“礼失而求诸野。”孔子、孟子对男女大防的强调正是基于当时特殊的历史条件，是他们力图重建的道德体系的一个部分。因此，春秋战国时期，一边出现了贞节观念的首次强调，一边又对贞节并无太多的实质性的要求。

应该注意到，一夫一妻制是先秦社会主要的婚姻形式，但是这种形式的遵守主要发生在民间，而贵族及其他统治者是不遵循此规则的。同样地，弃妻、贞节等观念和行为在普通民众身上并不十分明显，它们主要活跃在上层社会。另外，由于贞节观念尚处于初始状态，远未达到强化的地步，所以第一，有关贞节的表述并不多见，而且此时的贞节主要是针对婚后的女子，并不适用于未婚女性；第二，再嫁、改嫁之事屡有发生，社会舆论亦不做过多谴责。因此，先秦时期的两性关系还存在着相当的自由，这反映了贞节观念初期对女子的束缚并不十分紧固。即使是在上层社会，改嫁、再嫁也是比较容易的，春秋战国时期，许多国君都曾经娶寡妇为妻，而且，据《管子·人国篇》记载，许多诸侯国都设有机构以管理婚姻，其重要职掌之一就是“合独”——帮助丧夫失妇的人重新组建家庭。

尽管如此，春秋战国时期还是出现了贞节的实例。最具典型意义的是春秋的“贞姜殉节”：

贞姜者，齐侯之女，楚昭王之夫人也。王出游，留夫人渐台上而去。王闻江水大至，使使者迎之，忘持其符。使者至，请夫人出，夫人曰：“……今使者不持符，妾不敢从。……妾闻之，贞女之义不犯约，勇者不畏死。”使者取符，则大水至，台崩，流而死，乃号贞姜。

贞姜是后世屡屡褒扬的对象，但细细究来，她的以死守节却让人感到莫名其妙。“贞女”“节妇”的概念显然不适合于她，把她称为“烈女”似乎也不恰当。虽然她的死颇有悲壮色彩，但她并未遭遇来自破坏贞节的直接威胁。正是这种无谓和无价值的殉节，才完全显示了贞节对女性的残害，而后世对贞姜之事大加褒扬和鼓吹，分明带有引导妇女走向愚昧、自我屈从与毁灭之途的用心，难逃谋害女子性命之灾。类似贞姜的事例，先秦时代还有一些。如贞女伯姬家中失火，众人劝她出来躲避，但她坚持认为父母不在，"宵不下堂"，宁肯死于火中，也不愿意毁坏自己的贞节。吴国的一位浣纱女，因为伍子胥逃亡时向她讨了点饭，就自认为失节而跳水自杀。

种种迹象表明，贞节观念已经产生并开始部分地影响妇女的社会生活。但此时的贞节观念还较少性贞的内容，与后世完善的贞节观念还不可同日而语。人们往往有一种误解，即以为"严男女之大防"是儒家的一贯主张，儒家一开始就反对和禁止男女情事。如果真是这样，先秦时代只注重德性贞，而不强调肉体贞的观念就难以解释。实际上，影响中国文化达两千余年之久的儒家哲学，在其草创阶段不仅全部宇宙观念建构于阴阳二元交合的基础上，而且其根本思想出发于"生殖崇拜"。儒家哲学是生的哲学。《易·系辞下》说："天地之大德日生；"又说："生生之谓易。"就是说，万物化生，人群繁衍，完全在于生殖，倘若生殖停止，则一切都将随之毁灭，那便无所谓社会、无所谓宇宙了。在儒家看来，两性交合而生育子女，与天地的化生万物同样伟大和神圣。《礼记·郊特牲》说："万物本乎天，人本乎祖，"郊祀天地和祭祀祖先处于同样的原则上。对于不信鬼神的儒家来说，注重祭祀仪式和宗庙制度，难免有自相矛盾之嫌，其实，诚如周予同先生所指出的，儒家所推崇的并不是祖先的本身，而是祖先的生殖之功。也可以说，是在纪念祖先所给予我们的生命。正因为如此，儒家推崇婚制，主张敬妻，反对无后，这些思想遍见于儒家经典中：

君子之道，造端于夫妇，及其至也，察乎天地。(《中庸》)

天地絪缊，万物化醇；男女构精，万物化生。(《易·系辞下》)

归妹，天地之大义也；天地不交，而万物不兴。(《易·归妹》)

夫乾，其静也专，其动也直，是以大生焉。夫坤，其静也翕，其动也辟，是以广生焉。(《系辞上》)

在这些文字里，"儒家是在用哲学而又文学的笔调，庄严地纯洁地描写了本体的两性，歌颂本体的两体之性交，赞叹本体的两性之性交后的化育。"而在另一些文字里，儒家则宣扬敬妻、敬身、敬子。《礼记·哀公问》记载：

……孔子对曰："古之为政，爱人为大；所以治爱人，礼为大；所以治礼，敬为大；敬之至矣，大昏为大。大昏至矣！大昏既至，冕而亲迎，亲之也。"……公曰："寡人愿有言然。冕而亲迎，不已重乎？"孔子愀然作色而对曰："合二姓之好，以继先圣之后，以为天地宗庙社稷之主，君何谓已重乎？……天地不合，万物不生。大昏，万世之嗣也，君何谓已重焉！……昔三代明王之政，必敬其妻子也有道。妻也者，亲之主也，敢不敬与？子也者，亲之后也，敢不敬与？君子无不敬也，敬身为大。身也者，亲之枝也，敢不敬与？不能敬其身，是伤其亲；伤其亲，是伤其本；伤其本，枝从而亡。"

这种对生的渴望，对生殖之功的大唱颂歌，注定了在当时人们的眼光中，男欢女爱是天经天义的事情。孟子说："不孝有三，无后为大。"既然以生殖为头等大事，那么，两性关系中敬妻的成分也就顺理成章了。所以，郑玄在注《礼记·内则》时说："妻之言齐也，以礼见问，得与夫敌体也。"这才道出了夫妻关系的本义。设置种种障碍桎梏人生、抨击两性平等关系的观念在先秦时代的儒家学说中极为黯淡，因此对贞的阐释，只会注重德性，而不可能注重肉体。

不过，在儒家经典的许多语录中，由于过分强调生殖的伟大，讲求性的结合着重点不在于男女两性本身的愉悦、幸福和人性的完善，而在于男女交合后的生殖功能，这样，它明显地要导致两个极端：一方面赞成"仲春之月，令会男女，于是时也，奔者不禁"；一方面主张"不孝有三，无后为大"，无子出妻。接续烟火成为女性地位能否确立的基本准则，生育——继嗣遂给后世留下了肆意设置禁规的充足余地。在贞节观念产生的种种缘由中，这是一个方面。观念的东西往往先行，它践行于社会生活需要一个过程，这就是先秦时代贞节实例还不太普遍的原因。

## 女性对贞节观念的认可

贞节观念的产生并践行于女性的社会生活，其根本原因在于社会经济的变动，以及这种变动下构成的两性关系中男性与女性的地位和权利的迁转。一方面，男子主导及支配地位的确立和男性权势欲的膨胀，使他们视天下的万物为私有财产，以至于把本应与之相平等的女子也括入了财产的范围，他们将女性作为财富的一部分，因此可以任意支配和使用。娶妻与出妻、纳妾与赠予，一切决定于男性的个人意志。尤其是在动荡不安的社会局势下，男子甚至以女子为实现权势欲、取得功名富贵的砝码与工具，社会观念也为这种行为提供了理论根据。仅就"出妻"而言的所谓"七出"，可以让男子非常容易地找到残害女子的借口而不必担心任何谴责与限制。再添上"子甚宜其妻，父母不说，出"的规定，女子更是雪上加霜、几无生路了。男性的放纵与女性的物化是同步进行的，而乱世中变异的价值评判标准又为这种运行提供了巨大的空间并加快了其速度。吴起"杀妻求将"的故事,就是男性占有欲与权势欲恶性膨胀的结果与典型表现。吴起是战国时期的著名人物,他曾历任曾、魏、楚国的将领,而在楚国的变法则使他跨入了成功者的行列,虽然最终身死不测,但人们仍给了他许多赞扬。正是这样一个成功者,却在实现权势欲的过程中无所不用其极。据《史记·孙子吴起列传》记载:

齐人攻鲁,鲁欲将吴起。吴起取齐女为妻,而鲁疑之。吴起于是欲就名,遂杀其妻以明不与齐也,鲁卒以为将。将而攻齐,大破之。

从这个故事里,我们可以看出,在吴起及鲁人的眼中,妇女的地位是如何的低下。吴起的残忍举动并没有受到鲁国人的丝毫谴责,可见在当时的人们尤其是上层统治者的观念中,已将女性的受残害视为平常之事。在两性关系的冲突中,女性是永远的受害者,作为吴起的妻子,她的齐人身份似乎是直接的死因,细究之,最根本的、最终的原因只在于她是女人。

男性占有欲与权势欲极度膨胀的另一面,是女性对劣境的认同与屈从。这使她们在包括贞节在内的陷阱内越陷越深,而且更加纵容、刺激了男性的占有欲与权势欲,最终形成了两性关系的恶性循环。当然,女性的被淹没和吞噬仍可归根于社会经济因素,但是当她们心甘情愿地依附于男性、以求得庇荫与供养时,所付出的代价是自由、人格乃至生命。这样的代价是极其惨重的。《韩非子·内储》记述了一则事例:

卫有夫妇祷而祝者,曰:"使我无故得有百束布。"其夫曰:"何少也?"曰:"溢是,子将买妾。"

为了阻止丈夫纳妾而导致自己地位的急衰,这位妇人只能用这种十分消极的办法做出一点软弱的反应。

《孟子·离娄下》说:

齐人有一妻一妾而处室者。其良人出,则必餍酒肉而后反。其妻问所与饮食者,则尽富贵也。其妻告其妾曰:"良人出,则必餍酒肉而后反。问其与饮食者,尽富贵也,而未尝有显者来。吾将瞷良人之所之也。"蚤起,施从良人之所之,遍国中无与立谈者。卒之东郭墙间,之祭者乞其余;不足,又顾而之他:此其为餍足之道也。其妻归,告其妾曰:"良人者,所仰望而终身也。今若此!"与其妾讪其良人,而相泣于中庭。而良人未之知也,施施从外来,骄其妻妾。

在这个故事里,面目可憎、举止卑劣的丈夫是讽刺的对象。他极其龌龊地满足着自己的虚荣心,维护着男子、丈夫所谓的尊严,"骄其妻妾",全然不以为耻为羞。这一点，我们不必说得太多，我们要关注的是两位女子在整个事件中的表现。她们在得知丈夫的不耻行径后，显露得相当无助，只是“相泣于中庭”，而这样的结局显然来自对丈夫“仰望而终身”的思想观念。对男子尊崇地位、男尊女卑的认同，必然导致女子种种屈从的行为，这二位齐人的妻妾甚至不敢当着丈夫的面表露自己的怒气，最多在背后怨詈其夫，很明显，这样的反应不会对男子的地位造成任何的冲击。而隐于妇女消极反应背后的，正是我们前面反复强调的种种因素。

女性的退让、收缩，男性的出击、扩张，都不是单个的女性或男性所能扭转的社会趋势，重要的是，在逐渐丧失社会地位时，女性如何尽可能地保有一份自我，而让自己拥有一点活动空间。对权势、金钱乃至贞节的抗拒或接纳，不仅会改变女性自己，而且会影响男性。苏秦发迹前后，妻、嫂对他的态度迥然相异。苏秦落魄无闻时，“妻不下纫，嫂不为炊，父母不与言”，而当他得志以后，“妻侧目而视，侧耳而听”，“嫂蛇行匍伏，四拜自跪而谢”，甚至公开宣称自己的卑恭是因为“季子位尊而多金”。苏秦妻嫂前倨后恭的行为很值得深思，毫无疑问，她们的举动只会鼓动、刺激男子的权势欲，与之相伴随的则是女子地位的愈加低下。所以，女性对权势、金钱的认同与屈从，在男尊女卑的发展过程中的作用不可忽视，至少，无所逃避的女性在自我失落时不自觉地推了自己一把。因而，先秦时代贞节观念的产生及种种贞节实例的出现就可以理解了。

在先秦时代尚不多见的贞节事例中，我们几乎都可以看出女性的“自愿”或“自觉”。因为贞节观念虽然产生，但影响并不十分广泛，也没有太大的强制力，而在这种情况下坚守贞节就更加令人扼腕了。如春秋时期楚人白公胜的妻子，在丈夫死后“纺绩不嫁”，吴王羡其美貌，想用重礼聘她为夫人，遭严辞拒绝，誓死不从，“吴王贤其守节有义，号曰‘贞姬’。”贞姬的故事反映了先秦时代开始对坚守贞节进行褒奖，也透露了女性对待贞节的心态。当时，这类事例还有一些，汉代赵晔所著的《吴越春秋》卷三《王僚使公子光传》记载：

（伍子胥）乞食溧阳。适会女子击绵于濑水之上，筥中有饭。子胥遇之，谓曰：“夫人，可得一餐乎？”女子曰：“妾独与母居，三十未嫁，饭不可得。”子胥曰：“夫人赈穷途，少饭，亦何嫌哉？”女子知作恒人，言曰：“妾岂可逆人情乎？”即发其箪筥，饭其盎浆，长跪而与之。子胥再餐而止。女子曰：“君有远逝之行，何不饱而餐之？”子胥已餐而去，又谓女子曰：“掩夫人之壶浆，无令其露。”女子叹曰：“嗟乎！妾独与母居三十年，自守贞明，不愿从适，何宜馈饭而与丈夫？越亏礼仪，妾不忍也。子行矣！”子胥行五步，反顾女子，已自投于濑水矣。

此处的情节已丝毫不逊色于后世的烈女，壮烈之外，让人平添许多感慨，因为对生命的漠视与轻贱实在是人性扭曲的结果。所以，观念的力量是强大的。但是，毕竟，先秦时代的贞节观念刚刚产生，其影响初露端倪，而当贞节观念逐渐渗透于女性的思想深处时，悲剧会越来越多。

当然，把女性的认同与屈从完全归咎于女性自身的软弱是毫无道理的，因为，女性也罢，男性也罢，各种表现都从属于时代条件，反映在女性身上的种种"不应该""自愿"的背后，掩藏着深刻的社会背景。

## "郑风"中的淫荡

先秦时代的贞节观念上，存在着两种倾向：

第一，贞节观念已经产生并一定程度地作用于妇女的社会生活。首先，它表现在青年男女的交往上，女青年的自由交往受到了一些限制，尤其是贵族女性往往被限制在家庭的狭小范围内，不得自由地出入门户，更不能自由地同男青年谈情说爱。楚昭王的妹妹季芊避难时曾被钟建背负而逃，后来昭王要她出嫁，她提出要嫁给钟建，理由是："所以为女子，远丈夫也。钟建负我矣。"女子不能再随便地同男子接触，要远离男子，甚至有了这样的规定："男女之别，国之大节也。"其次，婚后妇女的贞操开始受到重视。季康子的妹妹嫁给了齐悼公，齐悼公即位后派人来接她到齐国去。当季康子得知妹妹已与叔父季鲂侯私通后，不敢把妹妹送到齐国。女子婚后与别人私通已被视为不道德的行为，背弃丈夫会受到惩罚，因此季康子不敢送妹妹归嫁。另外，秦穆公送五女给晋公子重耳，其中包括怀嬴。怀嬴原为圉之妻，所以重耳不愿意用正式的婚礼与她成婚，最终怀嬴只得充任媵妾。再次，这种朦胧的贞节观念还表现在再嫁方面。楚文王的妻子息妫是再嫁之妇，终日沉默寡言，文王询问原因，她说："吾一妇人，而事二人，纵弗能死，其又奚言？"在息妫看来，自已本应从一而终，嫁了两个丈夫是不光彩的事情，所以才整天不言不语。

第二，贞节观念相淡薄。《左传·定公十四年》记载，卫灵公有三个夫人，南子最受宠爱。南子本来是宋国人，未嫁前就与宋公子朝相好并同居，嫁到卫国后依然眷恋旧情，郁郁寡欢。于是，卫灵公把宋朝召至卫国与南子相见。看来，卫灵公是不计较南子的贞操的。公众舆论评价的焦点是女子的德行，而不是性贞。所以人们并不嫌弃更不鄙视改嫁或再嫁，相反，人们普遍认为，如果一个遭休弃的女子能不出里巷就被人娶走，无疑可以证明这个女子的出色和优秀。此外，被后世称为“淫荡”之举的事例在春秋时代比比皆是，以下即是从《左传》中信手拈来的几条：

鲁季公之妻与飨人通。(《昭公二十五年》)

晋祁胜与邬臧彼此通室。(《昭公二十八年》)

卫大叔出奔，卫人立其弟遗，使室其妻孔姞。(《哀公十一年》)

楚襄之子黑要，烝其母夏姬。(《成公七年》)

鲁穆姜与大夫叔孙侨如通。(《成公十六年》)

齐声孟子与大夫庆克通。(《成公十七年》)

郑文公报其叔妃陈妫。(《宣公三年》)

周狄后与夫弟叔带通。(《僖公二十四年》)

晋献烝其庶母齐姜。(《桓公二十八年》)

这些广泛存在的私通，一方面是前阶级社会的孑遗和孔崩乐坏局势下道德的颓废，另一方面也反映了先秦时期女子贞节观念的相对淡薄。而被后世视为“淫泆”的郑声则集中而典型地展示了先秦女性社会生活的一个侧面。

据粗略统计，《诗经》中《国风》161 篇，其中涉及男女关系的有 79 篇，而且大部分作品着墨于女性，描写了她们的喜怒哀乐与理想追求。在各国的“风”中，郑风的言情诗占的比例最大，也最为大胆热烈，历来为封建卫道士们所痛心疾首。荀子说：“郑卫之音，使人心淫。”《礼记·乐记》说：“郑声好滥淫志。”《吕氏春秋·孟春记》说：“靡曼浩齿，郑卫之音，务以自乐，命曰伐性之斧。”许慎《五经异义》说：“郑诗二十一篇，说妇人者十九矣，故郑声淫也。”《汉书·礼乐志》说：“周道始衰，怨诗之起，……郑、卫、赵、宋诸国，亦皆有淫声。”对郑声论述最为详细，抨击得最为激烈的当推朱熹，他在《诗经集注》中说：

郑卫之乐皆为淫声，然以诗考之，卫诗三十有九，而淫奔之诗才四之一。郑诗二十有一，而淫奔之诗已不翅七之五。卫犹为男悦女之辞，而郑皆为女惑男之语。卫人犹多刺讥惩创之意，而郑人几于荡然无复羞愧悔悟之萌。是则郑声之淫有甚于卫矣。

人们往往认为《诗经》中描写男女关系的诗篇遭到厄运是与孔子认为“放郑声”“郑声淫”有关，这样，他们就陷入了既惑于孔子“删诗说”，又对《诗经》中保存了大量言情诗的现象不可理解的矛盾境地。其实，孔子所谓“郑声淫”，其原意并不见得是在申斥郑声是淫荡之词，更不会像朱熹所称的是“淫奔之诗”。《论语·为政》说：

子曰：“《诗》三百，一言以蔽之，曰：思无邪。”

所谓“邪”，按《左传·隐公三年》“碏谏卫庄公宠州吁”所说：“臣闻爱子，教子以义方，弗纳于邪，骄奢淫逸，所自邪也。”很显然，“邪”指的是“骄奢淫泆”。孔子认为整部《诗经》都没有淫泆的成分，当然也包括郑声在内。《论语·阳货》也说：

子谓伯鱼曰：“女为《周南》《召南》矣乎？人而不为《周南》《召南》，其犹正墙面而立也与！”

孔子要求儿子认真学习《周南》《召南》，否则就好像面朝墙壁而无法行走一般。《周南》和《召南》计25篇，其中言情诗15篇，比例仅次于《郑风》和《卫风》。从一般特征来看，“二南”的言情诗比较委婉含蓄，不像郑声那样热情、大胆、泼辣。但“二南”中也不乏情感炽烈的率真之作。如《摽有梅》：

摽有梅，其实七兮。求有庶士，迨其吉兮。

摽有梅，其实三兮。求有庶士，迨其今兮。

摽有梅，顷筐塈之。求我庶士，迨其谓兮。

这首诗生动地表现了少女亟待出嫁时缠绵悱恻、如怨如慕的心情，意真情切，沁人肺腑。它表明，怀春年龄的少女假如没有得到男子的追求，就会大胆地、毫无顾忌地唱着这样的歌，主动地向自己喜欢的男子求爱。她们丝毫不掩饰自己求偶的迫切心情，果断表示：“求我庶士，迨其谓兮！”只要是个如意郎君，立即就可以跟随他去，这种渴望爱情、表白坦率的做法，只能说明她们早已意识到青春的宝贵和生命的价值，所以她们迸发出的热烈的情爱之欲是那样顺乎人性、顺乎自然，而毋须遮遮掩掩。再如《野有死麕》，描写了一个男子用鹿皮等礼物讨得了姑娘的欢心。一天，俩人终于在姑娘的屋侧会面，她嘱咐情人：“舒而脱脱兮，无感我帨兮，无使尨也吠。”寥寥数语，勾画了女子微妙的心理：既欣喜激动，又羞怯紧张；既愿意顺从男子，又矜持忸怩。类似的感情真挚的恋诗，“二南”中还有一些。然而，孔子非但没有指斥它们“淫荡”，反而深情地赞美和推崇，并让自己的儿子认真地学习和领会。很显然，在孔子的心目中，言情的诗篇绝对不能与“淫荡”画等号。准确地说，孔子所谓“郑声淫”乃是指郑声的节奏多变，过分奇巧，而与内容淫靡无涉。

郑声生动而又比较全面地再现了先秦下层民众对歌言情、自由恋爱的社会现实。朱熹说过：“闻皆为女惑男之语，”那是他戴着有色眼镜的夸张之辞，但他的说法却反映了一个事实，即郑声的情诗中女子更为主动。《郑风》的特色之一就是情诗的女作者多，它向我们展示了四个不同系列的恋女形象群：(1)大胆、坦率、泼辣的恋女；(2)天真、活泼、热情的恋女；(3)矜持、深沉、温柔的恋女;(4)胆怯、犹豫、幽怨的恋女。一般说来,女性的爽快、热情、大胆、奔放是社会环境比较开通、宽松的主要表现之一,郑声所反映的正是先秦时代下层女性没有受礼教过多的束缚、压抑和扭曲,天性未遭摧残的历史实际。宋玉《登徒子好色赋》说:

臣少曾远游,……从容郑、卫、溱、洧之间。是时向春之末,迎夏之阳。鸧鹒喈喈,群女出桑。此邻之姝,华色含光,体美容冶,不待饰装。臣观其丽者,因称诗曰:"遵大路兮揽子祛,"赠以芳辞甚妙。于是处子恍若有望而不来,忽若有来而不见。意密体疏,俯仰异观,含喜微笑,窃视流眄。

宋玉诗意的妙笔刻画了郑国女子美丽多情的动人风姿。据记载,自仲春三月桃花水到三月三日上巳节,直至春末夏初的采桑季节,是郑国青年男女聚会相欢、对歌言情的良辰佳日。《溱洧》向我们展示了一幅欢愉的图画:

溱与洧,方涣涣兮,士与女,方秉兰兮。女曰:"观乎?"士曰:"既且。""且往观乎?洧之外,洵讦且乐?"维士与女,伊其相谑,赠之以芍药。

溱与洧,浏其清兮,士与女,殷其盈矣。女曰:"观乎?"士曰:"既且。""且往观乎?洧之外,洵讦且乐?"维士与女,伊其相谑,赠之以芍药。

通过这首诗我们可以想见,春光明媚的季节,在依山傍水的溱洧流域,郑国青年男女成群结队地手握兰花,互相戏谑,馈赠芍药,永结盟好的生动情景。在这男女欢乐相聚的日子里,男女双方在认真地挑选言情对象:

出其东门,有女如云。虽则如云,匪我思存。缟衣綦巾,聊乐我员。

出其闉阇,有女如荼。虽则如荼,匪我思且。缟衣茹藘,聊可与娱。

郑女是欢跃、多情的,她们和情人时而在水边游乐,时而在山林相会;时而纵情高歌,时而翩翩起舞。她们的举动常常带有强烈的野味,体现了少女对恋人主动而大胆的追求。在恋人面前,她们往往占据优势,是强者、操纵者。她们泼辣、大胆、娇憨、粗犷而且诙谐,无拘无束,率直天真。"伊其相谑"的场面有着生动和洽的气氛,它充分展示了青年男女对青春与人性的追求。

在郑风中,也有一些胆怯、犹豫、幽怨的恋女形象,她们渴望获得爱情,却又畏首畏尾,踌躇不决。"将仲子兮,无逾我里,无折我树杞。岂敢爱之?畏我父母。仲可怀也,父母之言,亦可畏也。……仲可怀也,诸见之言,亦可畏也。……仲可怀也,人之多言,亦可畏也。"爱而不敢,姑娘的心被苦苦地折磨着。从她的顾虑、踌躇中,似乎已经看到一些礼教束缚的影子。应该承认,在《诗经》其他国风诗中,存在着部分受礼教之害、性情开始扭曲的恋女形象,以及她们的爱情苦歌,但郑风中的爱情欢歌都从总体上表现了未被扭曲的男女交往群像。

其实,无论是郑国还是其他诸侯国,都不会给描写男女爱情的恋歌扣上“淫荡”的帽子,因为先秦时代两性接触相对自由合乎情理,社会在两性问题上没有很多限制,《诗经》中许多感情真挚、质朴自然而热情奔放的言情诗就是当时特定历史的产物。周代统治者的“礼不下庶人”的原则也使得国家权力较少地将繁琐复杂、循规蹈矩的各种礼仪向民间推行,客观上使下层人民能较多地生活于自然之性中。“仲春之月,令会男女,于是时也,奔者不禁;若无故而不用令者罚之,司男女之无家者而会之。”统治者不仅不限制、废止民间的自由婚姻,还利用行政手段鼓励没有成家的男女自由相会,以结成盟好。这样,就为民间较为自由的两性关系提供了良好的条件。

显而易见,透过郑声的一斑,可以较全面地观察先秦时代两性关系的真实情形。我们可以说,其时的贞节观念对社会生活的影响还很微弱,至少上层贵族与下层民众的两性关系及对待贞节的态度是迥然有别的。

## 贞节观念淡化的时期

### 秦汉时期对贞节的鼓吹

在中国传统文化中,伦理道德占有重要地位,原本只属于人与人之间关系范畴的伦理观念几乎涵盖一切。黑格尔在《哲学史讲演录·中国哲学》中明确论道:“在中国人那里,道德义务的本身就是法律、规律、命令的规定。”孟德斯鸠也说:“中国人把整个青年时代用在学习这种礼教上,并把一生用在实践这种礼教上。”礼教是伦理道德的核心和基础,是封建统治者褒奖贞节的前提和出发点。

从孔子的言论中看,至迟在夏代已经形成了较为详备的礼制。郭沫若在《十批判书》中概括了古代礼制的演变过程:“愈往后走,礼制愈见浩繁,这是人文进化的必然趋势,不是一个人的力量可以呼唤得过来,也不是一个人的力量可以把它叱咤得回去的。”先秦时代的礼制和后世的封建礼教不同,礼制不仅作为各种行为规范的准则,更重要的是社会典章制度的总汇。随着时代的嬗变和推延,礼制的包罗万象和日渐形式化的特征日益加强,因而产生了五花八门的礼仪制度。春秋战国时代是礼制演变的“拐点”,王纲不振、礼崩乐坏的历史表象，蕴含着上古以来的器物仪注和典章制度，一切徒具形式的揖让周旋之类的礼仪只能被视为礼的末节，而经过长期积淀的“上下之纪”的等级观念，经过改造后发扬光大为礼的主要内容。从此，作为典章制度体现物的古代礼制不复存在，用以“教化万民”的礼教则应运而生。从注重器物礼仪到讲求纲常名分，从崇尚形式的多样化到推崇“教民”“化民”的实在内容，反映了历史变易的丰富内涵。

到了汉代硕儒董仲舒那里，封建礼教开始具体化和系统化。他承继了孟子“父子有序，君臣有义，夫妇有别”的“三伦”，明确提出了“三纲”的概念，并从“三道之三纲，可求于天”出发，把“三纲”的道德原则说成是依据“天意”“天道”建立起来的，“三纲”之间的主从关系来自天的规定。人间的一切尊卑贵贱因阳而序位，而且“天以阴为权，以阳为经”，权是可以随时变化的，经则具有不可改变的特征。而且，董仲舒将封建宗法等级关系的“三伦”从政治原则发展为包括道德关系在内的普遍原则。政治要求的是单方面的服从，道德关系在表现上呈现出的是双方的责任和义务。董仲舒赋予天以道德属性，以天道比附人道，不仅可以达到支配与服从的目的，而且具有很大的迷惑作用，这正是道德不同于政治的重要表现。在夫妻关系上，董仲舒认为夫妻的位次不可颠倒，“丈夫虽贱皆为阳，妇人虽贵皆为阴”。他用这套阳尊阴卑的理论印证人世间的尊卑贵贱，以表明封建社会统治阶级的一切特权和宗法关系皆由天道和阴阳来确定。对于夫妇之伦，董仲舒没有展开论述，这方面被《白虎通义》弥补了。

《白虎通义》特重人伦礼制，对三纲意义的论述甚为详备。一方面它效法董仲舒将“三纲”纳入阴阳的统绪中，进而配合天、地、人三统，构成以宇宙观为中心的伦理观；另一方面又强调“三纲”得以施行乃出于人怀五常之性、亲爱之心的缘故。两方面的合一，遂使“阳尊阴卑”的观念免于全然沦入绝对的、僵化的窠臼中。夫妇之伦是人伦之始，所以《白虎通义》十分重视。《嫁娶篇》说：“情性之大，莫若男女；男女之交，人伦之始，莫若夫妇。人承天地施阴阳，故设嫁娶之礼者，重人伦，广继嗣也。”对于男娶女嫁，它做了进一步的具体解释：

男娶女嫁何？阴卑不得自专，故就阳而成。故《传》曰：阳唱阴和，男行女随。（《嫁娶篇》）

夫者，扶也，扶以人道也；妇者，服也，服于家事，事人者也。（《嫁娶篇》）

夫妇者，何谓也？夫者，扶也，以道扶接也；妇者，服也，以礼屈服也。（《三纲五纪》）

这番对夫妇关系的别有用心的解释得到了社会的许可和承认，在这样的理论前提下，强调和褒奖贞节就是显得十分自然而可以理解了。

先秦时代贞节观念的产生依据于历史条件的变化，但仍然是“不诛不贞”“奔者不禁”，因此贞节观念的初萌只会首先体现在贵族阶层的女性身上。作为一种规范，起初来自道德的驯化。秦汉大一统的实现，宗法特征的加强，使统治者在封建伦理道德中抬升了忠、孝、贞的地位，并且使之成为最基本的社会道德规范。秦代开始用政治行为来强制约束广大女性，而这些政治行为对贞节观念的发展作用巨大。

(1)宦官的使用。在阶级社会里，统治阶层中的女性具有双重人格，她们既是统治阶层的一员，又是统治阶层中男性的奴隶。男性贵族不仅要独占她们的感情，还要独占她们的身体，为了保证妻妾的贞洁，就制造出了可供驱使而不会同其妻妾发生性爱的中性人——宦官，或称寺人、阉人、宦人等。这些宦官精气闭塞，“为宫室，辨外内，男子居外，女子居内，深宫固门，阍寺守之。”按照规定，“令阉申宫令，审门闾，”“谨防事，”“省妇事。”使用宦官的目的很明确，就是“将以其体非全气，情感专良，通关中人，易以役养”。宦官的出现，是道德上的野蛮，是贵族阶层为确凿无误地生出自己的继嗣而设置的，是贞节观念的扭曲表现。秦代以前已经出现宦官，而秦朝以后则更为普遍。

(2)会稽铭石。秦始皇巡游天下，到处刻石鼓吹他的盖世伟绩，其中有几处刻石提出了对女性的苛刻要求。

泰山刻石云：(公元前 219 年)

贵贱分明，男女礼顺，慎遵职事。昭隔内外，靡之清净，施于后嗣。

琅玡刻石云：(前 210 年)

尊卑贵贱，不逾次行。奸邪不容，皆务贞良。

碣门刻石云：(前 215 年)

男乐其畴，女修其生，事各有序。

而会稽刻石则直接提出贞节问题并规定了防范措施：(前 210 年)

饰省宣义，有子而嫁，倍死不贞。防隔内外，禁止淫泆，男女洁诚。夫为寄豭，杀之无罪，男秉义程。妻为逃嫁，子不得母，咸化廉清。

很显然，会稽铭石尤其强调女子要谨守贞节。对此原因，陈东原在《中国妇女生活史》中指出：始皇废封建为郡县，非但没有脱离宗法的影响，而且其万世思想及尊君抑臣的手腕，更加重了宗法的组织，社会日趋复杂，不如此便不足以安其尊位，其于贞节的重视，也由此点出发。陈先生从宗法和永葆尊位的角度论及贞节很有见地。其实，不惟秦朝，就是秦以后的历代封建王朝，强调贞节的宗旨都是类似的。

(3)怀清台。秦始皇重视贞节,不仅仅对上层女性堵塞所谓淫乱之隙,还力求在民间树立男女有别、谨守贞节的榜样,为寡妇清封筑怀清台便是一例。清是巴蜀地区的一位寡妇,她青年丧偶,靠着祖传丹穴作为生计。《史记·货殖列传》说,寡妇清"能守其业,用财自卫,不见侵犯"。最终因为她矢志守节,"秦始皇以贞妇而客之",并修筑了怀清台加以申扬。

会稽铭石、怀清台之类,实质上就是秦代以政治行为来倡导、规范人们的性行为和夫妻之伦,劝诫人们坚守贞操。公元前 228 年,与太后私通的嫪毐被处死,说明贞节的控制范围已扩张到最高统治阶层的女性,连太后也不例外,借此也可以看出贞节观念已经为当时许多人认可。

政治胁迫、利益引诱往往比道德驯化要有力、有效得多。尽管秦始皇的上述行为对清除原始婚俗、巩固一夫一妻制起到了不可忽视的作用,却单方面给女性套上了枷锁,谨守贞节成为女性立身为人的重要准则。

到了汉代,更是通过形形色色的方法规范女性的行为,以使她们的立身处世合乎天尊地卑、男贵女贱的礼法。西汉博学家刘向全面注意并研究了女性的品行,撰写了《列女传》,其缘由是:

向睹俗称奢淫,而赵(皇后)、卫(婕妤)之属起微贱,踰礼制。向认为王教由内及外,自近者始。故采取《诗》《书》所载贤妃贞妇,兴国显家可法则,及孽嬖乱亡者,序次为《列女传》,凡八篇,以诫天子。

刘向所撰的《列女传》现存七篇,即母仪、贤明、仁智、贞顺、节义、辨通和孽嬖。前六篇按刘向设定的标准采录妇女事迹,极力彰显女性谨守女德的行为,后一篇罗列历史上的所谓淫女荡妇,予以申饬。

按刘向在书中的叙述,母仪的标准是"行为仪表,言则中义,胎养子孙,以渐教化。既成其德,致其功业"。如有虞三妃、弃母姜嫄、启母涂山、齐女傅母、卫姑定姜、鲁之母师、楚之发母等十七位女子就是这一方面的典范。《鲁之母师传》记载:"母师者,鲁之九子之寡母也。腊月休作,岁祀礼事毕,悉召诸子谓曰:'妇人之义,非有大故不出夫家,然吾父母家多幼稚,岁时礼不理,吾从汝谒往监之。'诸子顿首许诺。又召诸妇曰:'妇人有三从之义,而无专制之行,少系于父母,长系于夫,老系于子。今诸子许我归视私家。……诸妇其慎房户之守'。"刘向对母师的"三从"之行大为赞许。

贤明要求女子"廉正以方,动作有节,言成文章,咸晓事理,知世纲纪,循法兴居"。《宋鲍女宗传》记载:女宗是鲍苏的妻子,对公婆、丈夫十分恭敬。鲍苏仕卫三军后另娶新妇,有人就对女宗说:丈夫既然另有所爱,你干吗不与他分手呢?女宗回答道:"妇人一醮不改,夫死不嫁,执麻枲,治丝蚕,织纴组紃以供衣服,以事夫宗。……以专一为贞,以善从为顺。贞顺,妇人之至行也。岂以专室之爱为善哉?若其以淫意为心而扼夫室之好,吾未知其善也。……今吾夫诚士也,有二,不亦宜乎?"女宗不仅认为丈夫有二室是天经地义的事,而且还以一醮不改、不生妒意来要求自己。这一言行被刘向说成是"好礼知理"的表现。

仁智的含义是"豫识难易,原度天道,祸福所移,归义从安,危险必避,专一小心,永惧匪懈,夫人省兹,荣名必利"。如许穆夫人、曹僖氏妻、卫灵夫人、赵将括母等,都是深明大义、居安思危、贵德尚义、仁智显明的女性榜样。

贞顺的内涵是"修道正进,避嫌远别,为必可信,终不更二,天下之俊,勤正洁行,精专谨慎"。《黎庄夫人传》记载:卫侯的女儿嫁给了黎庄公为夫人以后,"既往而不欲,所务者异",也就是二人合不来,因此她郁郁有失落之感。傅母对黎庄夫人深表同情,对她说:夫妇之道,有义则合,无义则去,现在您与郎君不洽,何苦迁就下去呢?不料黎庄夫人听后十分气愤,冲着傅母大发脾气:"妇人之道,一而已矣。彼虽不吾以吾,何可以离于妇道乎?"黎庄夫人的回答并不具有也似乎并不需要很强的说服力,她只需尽妇道就可以了,哪怕是生活于冷漠、不和谐中。《息君夫人传》云:"夫人者,息君之夫人也。楚伐息,破之,虏其君,使守门将,妻其夫人而纳之于宫,楚王出游,夫人遂出见息君。谓之曰:'人生要一死而已,何至自苦,妾无须臾忘君也,终不以身列贰醮。生离于地上,岂如死归于地下哉。'……息君止下,夫人不听,遂自杀,息君亦自杀。"息君夫人成了"从一而终"的牺牲品。

节义的规则是"必死无避,好善慕节,终不背义,诚信险诐,义之所在,赴之不疑"。《列女传》记载了人们十分熟悉的秋胡戏妻的故事。秋胡娶妇五日便仕宦于陈,五年后在归家途中遇见一位桑女。桑女丰姿绰约,一颦一语都使秋胡心荡神怡,便许愿与桑女结为夫妇。回家后发现桑女正是五年前自己的结发妻子,极为尴尬。桑女讥讽道:"子束发修身,辞身仕五年乃返,当所悦驰骤扬尘疾至,今也乃悦路旁妇人,下子之装,以金予之,是忘母也;忘母孝,好色淫泆,是污行也,污行不义。夫事亲不孝,则事君不忠;处家不义,则治官不理。孝义并亡,必不遂矣。妾不忍见,子改娶矣,妾亦不嫁。"说完疾趋河边,投水而亡。在刘向看来,秋胡妻的行为是符合节义标准的,因为节义重于生命。

以上五个方面就是女性立身处世的五大品行,是对女子行为的要求和标准,但刘向的取舍并不要求女子面面俱备,只要有一善就值得称颂而为其收录。

刘向也强调节义，但内容宏泛，而后世史书或野史所做的《列女传》大多偏重所谓贞节，取材偏狭，与刘向的见解相比要低了许多。《列女传》后两卷中，“辨通”是说女子应善于辨通事理，以应付临时的吉凶祸福；“嬖孽”是取那些“淫妒荧惑，背节弃义，指是为非”的例子供女性鉴戒。

继刘向之后，东汉的班昭又做了《女诫》。班昭出身于诗礼簪缨之家，父亲班彪和哥哥班固都是当时的鸿儒，她本人也极富才华，在丈夫曹世叔死后，被汉和帝召纳入宫，为皇后、王室贵人之师，倍受公卿们的尊敬，连当时的一些名儒如马融等都投于她的门下受业。班昭以女子的身份总结了礼教对妇女的要求，领悟其中的核心和本质，撰成《女诫》一书。在此之前，男尊女卑、夫为妻纲以及三从之道等观念已经提出，但都零碎不全。虽然刘向抛出了束缚女性的六条规范，但他只是以传记的形式罗列了一些事实，尚不能成为系统的理论，而且其中悖论甚多。有鉴于此，班昭对东汉以前的有关言论作了重新审查，使之系统化和理论化，在继续倡导三从之道的基础上，又提出了四德之仪等。

《女诫》共有七篇，包括卑弱、夫妇、敬慎、妇行、专心、曲从、和叔妹，连序在内不过1600多字，内容却相当丰富，对女性的要求异常全面。我们不拟对《女诫》作详细引述，仅将班昭与刘向二人的理论做些比较就可以看出《女诫》在束缚女性、鼓吹贞节方面的地位。

(1)刘向是从客观上对女性做出要求，提倡她们贤明和仁智，在平凡的生活中有明辨是非、深明大义的能力；班昭则对一系列生活琐细做出具体要求。一般说来，客观性的指导中存在着相当大的弹性，何况贤明和仁智非人都能达到，众人望其难而却步；而具体性的规定指向性明确，人人易做，束缚的作用就能直接地发挥出来。

(2)为了应付临时的祸凶，刘向主张女子应辨通事理，对男子的恶行可以据理力争，因此，这样的女子不会一味服从指派。班昭却认为女子不必辩口利辞，尽管她深知事情总有是非曲直，但作为女性，直者不能争，曲者不能讼，只有这样才能保持女性的德行。

(3)在《女诫》中，班昭在三从的基础上，又推出了四德之仪，即妇德、妇容、妇言、妇功，极言女性卑弱的必要。女孩一生下来就要遭受与男孩迥然不同的待遇，睡在地上，拿纺轮做玩具，班昭认为这是妇人的常道。于妻子而言，丈夫是至尊至高的，是天的象征，事夫如同孝子敬重父母、忠臣礼顺君王一样，根本不能有平等之念。所以，她极力鼓吹贞节观念，推崇“夫有再娶之义，妇无二适之义”的原则，强调“天固不可逃，夫固不可离”。这样，贞节就成了《女诫》的题中之义。

(4)班昭认为,维护夫妇关系仅仅赢得丈夫的欢心是不够的,还要处理好与公婆、叔姑的关系。事无巨细大小,一任公婆指令,不好自作主张。在《女诫》中详细规定了女子对公婆、叔姑应尽的义务,后代烦琐的媳妇之礼都嚆矢于班昭的这部女教"名著"。

班昭的理论使女性处于令人窒息的生活氛围中,在两性关系上又人为地把男性与女性的距离拉开,让女性的形神俱服于男子。她将男尊女卑的思想理论化、系统化和具体化,为整个封建社会压迫女子定下了基调,并且使之成为后世中国妇女摆脱不了的牢固的精神桎梏。班昭的理论深得封建统治者的宠爱,她与刘向一起被视为"女教圣人"。二千多年来中国女性遭到的种种苦难,始作俑者的班昭难逃罪责。

## "文君私奔"现象

秦汉对贞节观念的鼓吹与其时的社会历史条件紧密相连。此时,中央集权还处于早期状态,在此前提下的贞节观念也处于早期发展时期,而观念渗透于并控制实践还需要一个过程,所以史籍中所见的节妇、烈女数量还不多。根据统计,秦汉四百多年间见于后世记载的节妇、烈女共 42 人,远远少于后代。可以看出,汉代某些人对贞节的提倡与鼓吹,与社会上人们的普遍观念以及两性关系的实际状况还有不少的差异。我们只能说,从观念发展的角度看,秦汉时期的贞节观念还没有凸显出来,它多是纳入女德等的范围内被提倡。这个时候,社会舆论更多地强调男尊女卑、夫强妇弱,而对后世片面突出的女子性贞的要求则相对宽松,所以才会出现秦汉社会妇女改嫁与再嫁比较自由的现实状况。

秦代存在的时间极为短暂,史籍中可供使用的资料也较少,所以这里着重考察汉代妇女们改嫁与再嫁的情况。我们先从著名的"文君私奔"入手。

卓文君是西汉临邛首富卓王孙的女儿,擅长鼓琴,多才多艺,年仅十七岁便丧失了丈夫。一天,居住在父家的卓文君在屏风后面偷觑来访的客人,见到其中久负盛名的司马相如人品出众、举止雅适。特别是听了他所弹唱的《凤求凰》以后,神情激荡,愁肠百结,联想到自己年少寡居,独守空房,形影相吊的不幸处境,顿时对他生出爱慕之情。于是她下定决心,"中夜相从",悄悄地奔到司马相如的寓所,与他一起离开临邛,逃往成都。

“文君私奔”的故事被后世传为佳话，同时也历来为硕儒们所切齿。这个故事的背后掩藏的是汉代妇女的改嫁、再嫁比较自由的实际情形。上自皇亲国戚、下到黎民百姓，对待婚姻大多采取有义则留、无义则去的态度，妇人再醮无人谴责和制止，男性再娶少有舆论压力和心理负担。卓文君与司马相如私奔的原因是他们的相恋不被卓王孙许可，而卓王孙反对的理由并非是认为“妇无再适之义”，只是不满相如的贫困和出身微贱。私奔、反对、时人的赞许等态度，都是自然地流露，而没有用贞节枷锁禁锢妇女。

《汉书·朱买臣传》记载，朱买臣家境贫寒，以采樵为生。其妻认为找到这样的丈夫太苦了自己，打算跟他离婚。朱买臣说：我五十岁就能得到富贵，今年已经四十九岁，你再等一年不行吗？其妻听了很生气，揶揄道：我都快饿死了，能等你到五十岁吗？朱买臣知道无法强留，就与妻子离了婚。“其后买臣独行歌道中，负薪墓间，故妻与夫家俱上冢，见买臣饥寒，呼饭饮之。”朱买臣发迹后任会稽太守，入吴界，见前妻与其夫一起在修治官道，“呼令后车载其夫妻至太守舍，置园中，给食之，经一月，妻自经死。”贫寒不能养家，朱买臣只得听任妻子离去，朱买臣的妻子可顺利离婚、改嫁，一切说明汉代贞节观念的淡薄。同样，朱买臣妻子的自杀仅仅是羞愧于自己的目光短浅，而与贞节无涉。

汉代，离弃女子再嫁的例子还很多。《玉台新咏》收录的长诗《孔雀东南飞》中，焦仲卿妻刘兰芝不得公婆欢心而被遣回娘家，太守、县令一再派媒人前去议婚。汝南邓元义的妻子事姑甚谨，幽闭空室，节衣缩食，仍不讨公婆喜爱，被遣出夫家，官阶很高的华仲娶她为妻。一日，华氏夫妇乘车出游，邓元义站在路旁观看，对人说：“她是我的前妻，”华仲不以为意。可见当时是没有再嫁为耻观念的。

诚如学者所指出的：“汉人不讳改嫁，故虽皇帝后宫，亦恒出之。”汉文帝十二年（公元前168年）二月，出惠帝后宫美人，劝令改嫁；文帝死时，遗诏夫人以下全部遣归故籍，另适他人；景帝常出宫人归家，并且免去她们的终身赋税；哀帝曾下令掖廷官人年三十岁以下出嫁。甚至皇帝还设法帮助公主改嫁。《后汉书·宋弘传》记载，光武帝刘秀的姐姐湖阳公主寡居后，让刘秀为她寻觅新夫，刘秀郑重其事地将宋弘召来征求意见，只是因为宋弘认为“贵贱之交不可忘，糟糠之妻不下堂”而终于“事不谐矣”。帮公主招夫不成，刘秀只好听任她养宠。武帝的姐姐馆陶公主寡居后宠幸董偃十余年，武帝到公主家后直呼董偃为“主人翁”。馆陶公主要求死后与董偃合葬一处，俨然夫妻。昭帝之姊安邑盖公主，私通了外人，昭帝与大臣霍光充耳不闻，佯装不见，还诏令了外人好好地侍奉公主。

检核两汉典籍，仍然可以发现一系列有关妇女改嫁、再嫁的记载，如王昭君出塞、张负孙女五嫁、蔡文姬再嫁等，都说明当时社会风俗的认可。尽管贞节观念已经被提倡、鼓吹，但此时的贞节更多的是德性上而非生理上的要求。

两汉时代，虽然女性地位日渐低落，但还没有完全成为“女不二适”的牺牲品，男子的眼睛也未被妇德的宣扬所遮蔽。有些女性在遭到休弃后，不但没有羞于再醮，反而历数前夫的丑行。《后汉书·黄允传》说：黄允很有才艺和声名，显宦袁隗对他说，我要有你这样的女婿，便心满意足了。黄允听后顿生邪念，回家后便休弃了妻子。其妻悲痛欲绝，上堂拜见婆婆说：今日被弃，与您长别，想会会亲友，以展离诀之情。在三百多位亲友、宾客面前，妇人提裙上前，历数黄允十五件隐私和秽恶，然反登车而去。从此，黄允名声扫地，再也无人理会。黄允妻的果敢作为表明汉代女性的人格尊严并没有丧失，她们以严肃的生活态度反对轻浮、放荡、见利忘义的行为，并进行应有的抗击。

总的说来，两汉时期贞节观念的主要含义是“女不二适”，社会上对离婚改嫁与夫亡再嫁的宽容认可证明这一时期是贞节观念由宽渐严的过渡时代。因此，鼓吹贞节观念与这种观念的淡薄两种看似互相牴牾的现象并行不悖，就不足为怪了。

## 性观念的保守与开化

魏晋南北朝隋唐妇女的观念中，存在着两种现象：一是男性对女性喋喋不休，对男性权威的强调造成了女性从本能到情操诸方面的强烈抑制；一是传统镜影的一线光芒复照在两性结构上，使其呈现出开化的色彩。相对而言，魏晋南北朝与隋唐这两个历史时期，前者保守，后者开化。当然，有时候保守中夹杂开化，开化中亦包含保守。

魏晋南北朝是个乱世时代，刀锋四起，兵燹遍地。世事无常的氛围使人类的进取心处于萎靡状态。社会的上流人物浮华任诞，荒淫放纵，懒惰懈怠，醉生梦死。君临天下的儒家礼教思想在现实生活中弊端丛生，不仅受到下层民众的猛烈冲击，也受到了进步思想家们的尖锐批判和揭露。有人认为，这样杂乱的时代中，贞节观念是很松散的。论者多举出许多与礼教不符的所谓“品行不端”的例子，借以说明两性关系的混乱。其实，那只是问题的一个方面。我们同时应该注意到，越是社会动荡、世风日下，在观念上对贞节重视的程度就会越深,对两性关系的束缚就会越保守和严密,因为那时的统治者更需要通过褒扬包括贞节在内的封建伦理教化,以规范舆论、引领民意,把社会纳入他们所设定的运行轨迹,进而更好地维护封建统治。魏晋南北朝时期贞节观念的再度"弘扬"就是基于这样的时代背景。

首先,一些文人不遗余力地鼓吹贞节。代表者为张华和裴頠二人。西晋末年的张华在《女史箴》中说:

妇德尚柔,含章贞吉。婉嫕淑慎,正位居室。……人感知饰其容,而莫知饰其性;性之不饰,或愆礼正。出其言善,千里应之;苟违斯义,同衾以疑。欢不可以黩,宠不可以专。专实生慢,爱极则迁;致盈必损,理有固然。

这里,张华提出女性应当柔顺,男子对妻妾不可专一,要保持若即若离的态度。与张华同时代的裴頠也写过一篇《女史箴》,认为女子的贞节是社会所爱之美,对女性提出了超过张华的要求:

膏不厌鲜,女不厌清,玉不厌洁,兰不厌馨。尔形信直,影亦不曲。尔声信清,音亦不浊。绿衣虽多,无贵于色。邪径虽利,无尚于直。春华虽美,期于秋容。水壁虽泽,期于见日。浴者振衣,沐者弹冠。人知正服,莫知行端。服美动目,行美动神。天道祐顺,常于吉人。

裴頠以物拟人,告诫女子要注意品行修养。张、裴二人对贞节观念又做了新的片面阐释,从而将女教再向前推进了一步。《北史·列女传》序说:"盖女人之德虽在于温柔,立节垂名咸资于贞烈。"女人不参与社会事务,却唤起她们"垂名"的欲望,这种"垂名"只有靠为男子守节才能得到。

其次,人们尚美的观念中也间接地反映着贞节观的严密。

在古代中国,尽管对女性有各种规范和约束,但仍不乏讴歌女性的作品。先秦时代,人们对女性的赞美坦率而无所顾忌。如《诗经·卫风·硕人》描写女子"手如柔荑,肤如凝脂,领如蝤蛴,齿如瓠犀,螓首蛾眉,巧笑倩兮,美目盼兮"。而宋玉的《神女赋》《登徒子好色赋》则直接赞叹了女性之美。汉魏时期,讴歌女性美的角度发生了变化,对女性身体各部位纯任天然的赞叹越来越少,而代以对修饰后的女性的赞美。曹植《洛神赋》云:"奇服旷世,骨像应图,披罗衣之璀璨兮,珥瑶碧之华琚。戴金翠之首饰,缀明珠以耀躯。践远游之文履,曳雾绡之轻裙。"曹植笔下的女性,全身为华贵珍美的物件所装饰,耀眼、精致的饰品掩住了女性本身之美。从质朴、自然到修饰、装扮的女性审美观念的变化,一方面反映了妇女的修饰较前代为工及女性崇美内容的丰富;另一方面又表明贞节观念强调之后,对身体直接抒发近慕之情会沾上轻薄之嫌,因此为人们远离。

反过来，它又促进了贞节观念的发展。

再次，统治者利用各种方式促成女子守节。

《北齐书·羊烈传》记载，羊家为了使妇女守节，专门建造了一个尼姑庵，女子在失去丈夫后就出家为尼。这种强制妇女守节的方法竟然为许多人效仿。《北史·高聪传》载，高聪临死前为了不让自己的十几个乐妓再跟从别人，迫使她们全都烧坏手指，弄哑嗓子，出家做尼姑。这种野蛮、残酷的行径不胜枚举。这一时期还出现了曲意表彰烈女的行为。《魏书·列女传》载：泾州贞女兕先氏许嫁彭老生为妻，尚未嫁娶，彭老生相逼通奸，兕先氏不从被杀。撰史者不从女子抗暴的角度加以评述，反而褒扬她的贞节，社会用意十分明显。

隋唐时期，贞节观念渐为松弛，整个社会对女性贞节的要求并不强烈，尤其是唐代，女子再嫁相对自由，几乎没有什么约束。仅以《新唐书·公主传》收录的公主为例，唐代公主计二百一十一人，除去十六位未嫁先亡和四位出家为道以及事迹不详者之外，出嫁者一百二十三人，其中再嫁者达二十四人，分别是：高祖女四人、太宗女六人、中宗女二人、睿宗女二人、玄宗女八人、肃宗女二人；三嫁者四人：高宗、中宗、玄宗、肃宗女各一人。时人认为，再嫁是合乎礼仪的。《旧唐书·列女传》记载，楚王死后，灵龟妃的兄弟对她说："妃年尚少，又无所生，改醮异门，礼仪党范。"不独皇室女子再嫁自由，而且统治阶级及普通民众均少受贞节观念的束缚。就连一向讲究礼法、重视门第的山东望族也视再嫁为常事。如山东著姓卢氏嫁给崔绘为妻，"绘早终，卢年少，诸兄欲嫁之，卢辄称病固辞。卢亡姊之夫李思冲，神龙初为工部侍郎，又求续亲，诸兄不之拒。"又《大唐新语》载：魏元忠的儿子娶荥阳郑远女为妻后为乱兵所杀，郑远便"以此乃就元忠求离书。今日得离书，明日改醮"。魏、郑两家并未受"妇无二适"的束缚而死守贞节，对再嫁习以为常。

由于贞节观念的淡薄，唐代妇女的名节不如后世之重，淫泆之事时有发生，也没有见到有什么处罚。《新唐书·公主传》记载，太宗女儿合浦公主下嫁给房玄龄子遗爱。一次，夫妻俩畋猎时遇到辩机和尚，公主"见而悦之，具帐其庐，与之乱。更以二女子从遗爱，私饷亿计"。又智勖和惠弘两位和尚以及李晃道士"皆私侍立"。中宗女安乐公主下嫁武崇训，崇训死后，"主素与武延秀乱，即嫁之。"肃宗女部国公主下嫁裴徽，又嫁萧升，萧升死后，"公主与彭州司马李万乱，蜀州别驾萧鼎、澧阳令李恽、太子詹事李昇，皆私侍公家。"如果说公主淫乱未见严惩，是因为挟其势位，而有些官僚夫妻双方都自找情人、婚外私通，就更能直接说明唐代名节之轻了。《开元天宝遗事》中有一则滑稽故事读来颇值玩味：

杨国忠出使于浙江，其妻思念至深，荏苒成疾。忽昼梦与国忠交，因而有孕，后生男为朏。洎至国忠使归，其妻具述梦中之事。国忠曰："此盖夫妻相念情感所致。"时人无不讥诮之。

所谓"梦中有孕"，不过是骗人的幌子，所以时人"无不讥诮"。而杨国忠对妻子的这种行为不仅不怪罪，反而为其百般掩饰、开脱，除了顾及自己的名誉以外，只能说明他们夫妻间在性乱方面存在着某种默契。有些官僚还为女子淫乱提供方便，还是《开元天宝遗事》所载：

李林甫有女六人，各有姿色，雨露人家，求之不允。林甫厅事壁间，开一横窗，饰以杂室，缦以泽纱。常日使六女戏于窗下，每有贵族子弟入谒，林甫即使女于窗中自选可意者事之。

其他如武则天的性乱更是骇人听闻。当时，社会上一般妇女私奔、私通之事屡见不鲜。如许敬宗以侍婢为继室，而其子子昂与之私通不绝。郎中裴珪妻赵氏，常与合宫尉卢崇道私通。唐人笔记小说中，这类材料俯拾皆是。可以看出，唐代婚姻中一夫一妻制不仅对丈夫未成约束，而且对妻子的限制也不太严格。女子在不禁忌的情势下，常常享有同男子对等的婚外恋情的自由。皇室及官宦的淫乱说明了统治阶级的腐朽，它同时也从一个侧面反映了唐代社会在两性关系、贞节观念上的宽松态度。

细究唐代贞节观念淡薄的原因，有以下几点值得注意：

第一，唐朝皇帝先世本属西北胡化很深的六镇集团，他们是以军功、武装力量为基础而取得政权的新贵，入主中原后胡化色彩仍很浓厚，留存着许多原始习俗。唐皇室中多次出现乱伦事件，如高宗以其父太宗的才人武则天为昭仪，玄宗以其子寿王之妃杨玉环为贵妃，这与鲜卑、突厥等少数民族的"妻后母"习俗颇为类似。《朱子语类》说："唐源流出于夷狄，故闺门失礼之事不以为异，"指的就是这种状况。由于胡化色彩较为浓厚，所以统治者不太讲究礼法，对于离婚改嫁、夫死再嫁诸事皆等闲视之。如高祖十九女，招胡人为婿者约半数，再醮者四人。代宗的沈后曾两度被胡人掳去，直到德宗即位若干年后，仍空太后之位以待归。

第二，贞节观念的淡化与唐朝统治者有意排斥、压抑山东士族有关。士族在唐代虽已失去政治特权，经济地位也已衰落，但在婚姻、礼法等方面仍然存在一定的社会影响。他们往往通过婚姻的形式结成对唐王朝离心的政治势力，对唐中央集权造成不利影响。因此，唐太宗及其后继者们曾三次下诏官修氏族志，压抑士族，使得以经学、礼法、婚宦、门风为特征的山东旧士族受到打击，从而影响了整个社会观念，当然贞节观念也在其列。

第三，唐代民族融合空前加强，民族间频繁的接触和通婚使得先进的唐文化同化了少数民族，同时少数民族不讲礼法、不重贞节的习俗和观念也给唐人施加一定的影响，冲击着汉族的贞节观念。

第四，武则天的所作所为推动了贞节观念的淡薄。武则天并非出身于夙重礼法的士族，以一妇人身份临朝称制，遭到了旧士族和唐皇室的极端反对。在不断翦除反对势力的同时，她也必然对意识形态做出一番改造，为妇女地位的提高做出一些努力。武则天称帝，是历史上少有的壮举，在男尊女卑的社会里，她需要具有无比的胆略和气魄来冲决礼教的网罗，其本身就是对包括贞节观念在内的封建伦理道德的挑战，它也从另外一个侧面反映了唐代妇女的活跃和贞节观念的淡薄。

但是，贞节观念的相对淡薄并不表明统治者放弃维护封建礼教的努力。唐代时期，女教书籍增多。据《新唐书》《旧唐书》《唐语林》《唐诗纪事》记载，长孙皇后编《女则》十卷；武则天命人治《列女传》；宋若莘撰《女论语》十二篇；侯莫陈邈妻郑氏编《女孝经》十八章；刘氏著《女仪》一篇；吉氏著《女训》；杨氏著《女戒》等等，其余散佚不传的可能还有很多。在众多的女教书籍中，对唐代乃至后世影响最大的无疑当推《女论语》，著者宋若莘也被后人称作女教圣人。

《女论语》分立身、学作、学礼、早起、事父母、事舅姑、事夫、训男妇、营家、待客、和柔、守节十二篇，四字一句，很多地方运用白话俗语，所以流行甚广。全书继承了班昭《女诫》的思想，并且做了进一步的发展，它以“贞节柔顺”为主旨，内容比《女诫》还要详尽切实。如《立身》篇说：

凡为女子，先学立身，立身之法，惟务清贞。清则身洁，贞则身荣。行莫回头，语莫掀唇，坐莫动膝，立莫摇裙，喜莫大笑，怒莫高声。内外各处，男女异群。莫窥外壁，莫出外庭，出必掩面，窥必藏形。男非眷属，莫与通名，女作善淑，莫与相亲。立身端正，方可为人。

这里，宋若莘明确主张女子做人应当羞羞答答、遮遮掩掩。她举出了十个“莫”字，囊括了女性的行、言、坐、立、喜、怒、出、入、交际等动作行为和情绪控制的规范，并认为这是女子立身之道。这样琐细、严格的规定，《女诫》中是没有的。班昭只是反对女子动作轻佻、扭捏作态，要求女子庄重沉实，而《女论语》对女性的束缚比之《女诫》有过之而无不及。在女子守节问题上，《女论语》极为重视，专门列出“守节”一章，挖空心思，杜撰出许多更加苛刻的要求。《守节》篇说：

夫妇结发，义重千金，若有不幸，中路先倾，三年重服，守志坚心。保持家业，整顿坟墓，殷勤训后，存殁光荣。

班昭在《女诫·专心》中推崇古语中"夫有再娶之义，妇无二适之文"的训示，仅仅是要求女子注意品行贞操，但《女论语》却将守节的内容具体而微并极力扩充，尤其是将服孝、持家、理坟、训子等全都列为女子守节的要求，则是前所未有。与高深艰涩的《女诫》相比，《女论语》通俗易懂，因而影响更大，它是中国封建社会后期规范女性的主要范本，从观念上将贞节提升到了相当的高度，从而把妇女驱入更加严密、牢固的精神囚笼之中。尽管《女论语》以前秦韦逞母代孔夫子，以曹大家代孔门诸弟子，讴歌女界是其用意之一，但书中以"贞节柔顺"为务，为了迎合男子的口味，对女子的规范琐细具体而易于操作，其消极影响不可低估。

以唐代后期为转折点，贞节观念淡化的现象有了改变。以崔、卢、李、郑为代表的山东旧族在政治上重新崛起，其重门第、礼法的观念波及整个社会。仕必由进士、婚必为高门，成为社会时尚。士族"犹自矜伐""潜相聘娶"，甚至不愿与皇家结亲。为了适应士族对婚姻的要求并从礼法上维护日暮途穷的唐王朝，统治者开始注重名节并倡导妇女守节，而且通过诏令形式限制妇女再嫁。如唐前期公主淫乱者甚多，而获罪者甚少，到穆宗时，襄阳公主淫乱事泄，被"幽于禁中"。以前公主骄横跋扈之事很多，皇帝一般佯装不知，不予理论，宣宗时，永福公主偶尔生气，"怒折匕箸"，便遭到皇帝申斥："此可为士人妻乎！"并下令取消她下嫁于悰的资格。以往公主再嫁、三嫁习以为常，宣帝时规定"其公主县主有子而寡，不得再嫁"。自唐代宗以后，已经看不到公主再嫁之事，这说明唐代后期政令和社会舆论对妇女再嫁有了较多约束，贞节观念开始回潮，由淡薄复归于严格。

## 六朝女子的风雅

魏晋南北朝时期，社会分裂，动荡不安，名教衰落，虽有张华、裴頠等人对礼教的鼓吹，但总的看来，贞节观念对女性的束缚与禁锢并不明显。其时的士人洒脱风雅、飘逸自如，追求美，崇尚自由，以各种方式表现了自我意识的觉醒和思想解放的成果。而这种成果也包含了女性的努力，其最典型的展示形式就是六朝女子的风雅。她们敢爱敢恨，不甘寂寞与低落，勇于冲决礼教的网罗，大胆、率真地表达自己的思想感情，充分展示了女子的人性之美。在层层推进的女教及逐渐收紧的贞节枷锁下，她们的欢歌欣悦恰与某些妇女悲苦的愚贞形成鲜明的对比，在逐渐沉闷的古代妇女生活中划出一道亮丽的风景。考察、审视六朝女子的风雅，无疑可以帮助我们从一个侧面了解其时贞节观念的程度和女性的生存状态。

谈及六朝女子的风雅，首先要注意的当然是谢氏名媛、才女谢道韫。《晋书·列书传》收录了两晋妇女近四十位，传文大都简略到寥寥数行而已，唯独谢道韫的传文长达八九百字，可见她的地位之重。而她的地位之重完全不似女教圣人班昭、宋若莘之流因鼓吹贞节所致，恰恰相反，她是以自己的才情、机智、风雅赢得了异常挑剔的史传作者们的敬重与赏识，也赢得了受礼教影响颇深的世人们的感佩和钦羡。关于谢道韫的美谈很多，“咏絮”之事颇为人称道，据《世说新语·言语》所载：

谢太傅寒雪日内集，与儿女讲论文义。俄而雪骤，公欣然曰：“白雪纷纷何所似?”兄子胡儿曰：“撒盐空中差可拟。”兄女曰：“未若柳絮因风起。”公大笑乐。

文中，谢太傅即东晋名相谢安，“兄女”即谢道韫，是谢安的侄女，后来嫁给王凝之为妻。因为谢道韫的聪颖机敏、风姿雅致，深得谢安喜爱，世人也对她钦羡有加，特别是当时的女性纷纷效仿她。嫁到王家后，她不拘世俗的礼节，多次展露自己的才华。《晋书·列女传》记载：

凝之弟献之尝与宾客谈议，词理将屈。道韫遣婢白献之曰：“欲为小郎解围。”乃施青绫步障自蔽，申献之前议，客不能屈。

这就是著名的“步障解围”的故事。从中我们可以看到谢道韫的果敢、机敏与才智，也可以发现魏晋南北朝时期女性生活环境的相对宽松，男女交往的相对自由。当然，礼教的影响还是明显的，否则谢道韫就可以出来与客人面对面地辩论，而用不着“施青绫步障自蔽”了。《世说新语·贤媛》还记载了当时人们对她的雅评：

谢遏绝重其姊，张玄常称其妹，欲以敌之，有济尼者，并游张、谢二家。人问其优劣，答曰：“王夫人神情散朗，故有林下风气。顾家妇清心玉映，自是闺房之秀。”

看起来，济尼的评价同时赞赏了谢、张二人，实际上她说谢道韫有竹林名士的俊才，超凡脱俗，而张氏只不过是妇人之中的秀出者而已。相较而言，谢道韫多了一份神俊，所以余嘉锡先生评论济尼之语“不言其优劣，而高下自见”，确实如此。从此以后,“林下之风”就被用作对超迈雅致女子的称呼。在清谈成风、竞相标榜的魏晋时代,谢道韫能占有一席之地且声名远播,其社会背景是明显的,其对女性尊重自我、崇尚自然的引领作用也是异常显著的。

史籍中还有许多关于六朝女子“任情而动”、率真风雅的事例。《世俗新语·排调》说:

王浑与妇钟氏共坐,见武子从庭过。浑欣然谓妇曰:“生儿如此,足慰人意。”妇笑曰:“若使新妇得配参军,生儿故可不啻如此!”

这段记载深为后世道学家们所诟病,清代的李慈铭责难道:“闺房之内,夫妇之私,事有难言,人无由测。然未有显对其夫,欲配其叔者。此即倡家荡妇,市里淫姏,尚亦惭于出言,赧其颜颊。”这是李慈铭戴着封建道学的有色眼镜看待六朝女子的洒脱、逸致。殊不知,钟氏与王浑的戏言正反映了当时女性对礼教的藐视,一句戏言形象地勾勒出钟氏性情活泼、心胸开朗的精神风貌。

六朝时期两性交往、婚姻相对自由,从一而终、妇无二适的要求显得淡薄,所以女子才能够直率地表达自己的感情,展露自己的风雅。《世说新语·惑溺》所载的王戎妻子与他“卿卿”的故事十分有趣:

王安丰妇常卿安丰。安丰曰:“妇人卿婿,于礼为不敬,后勿复尔。”妇曰:“亲卿爱卿,是以卿卿;我不卿卿,谁当卿卿?”遂恒听之。

王戎的妻子全然不顾所谓礼的规范,坦然地用狎昵的“卿”称呼丈夫,率由自然而没有丝毫矫揉造作之感,充分表露了夫妻间的爱恋、亲昵、温情。与矫情、虚伪、禁锢的礼教相比,她的真情流露显然要迷人得多。

延及隋唐时期,女子的风雅依然存在,女性在文坛上乃至政治舞台上都显得非常活跃。男女交往仍有着较大的自由度,崔颢《长干曲》描写了一位船家女和一个陌生人大方地交谈的情形:“君家何处住,妾住在横塘,停船暂借问,或恐是同乡。”白居易的《琵琶行》则记述了一位商妇于丈夫外出时半夜在船上接待一群陌生男子,弹奏琵琶并吐露心声的事情,洪迈在《容斋三笔》中对此评论道:“瓜田李下之疑,唐人不讥也。”这些事例都说明了那个时候女子在社会生活中尚拥有一定的自由,贞节观念等封建礼教虽然正在渗入并影响着女性的言行,但在它完成对女性的牢固控制之前,女子的人性还可以得到某种程度的释放。

魏晋至隋唐的贞节观念时张时弛,总体来看,还处于比较淡薄的时期,仅仅从女子风雅中就可以略见一斑。

# 贞节观念强化的时期

## 存天理灭人欲

贞节观念发展到宋元时期,被抬升到了一个新的高度。随着理学的逐渐形成,贞节观念也步步推进,最终成为理学的重要内容。对贞节观念的阐发首先源于理学先驱周敦颐的“主静”“无欲”。

宋理学的开山鼻祖周敦颐最早提出性命义理之微言,他对孟子的寡欲论进行了发挥,在儒学中掺入了新的思想因素,指出完善人性的修养必须做到“无欲”“主静”。他在《通书》中说:

礼,理也;乐,和也。阴阳理而后和。君君、臣臣、父父、子子、兄兄、弟弟、夫夫、妇妇,万物各得其理,然后和,故礼先而乐后。

治天下有本,身之谓也;治天下有则,家之谓也。本必端,端本,诚心而已矣;则必善,善则,和亲而已矣。家难而天下易,家亲而天下疏也。家人离,必起于妇人,故睽次家人。

在这里,周敦颐申明了君臣、父子、夫妇的三纲,要求从家庭关系人手,正其所谓伦理,进而推广到国家的规范,以使“万物各得其理”。很显然,在周敦颐眼里,万物有序、各守本分的要求在夫妻关系上的表现就是妻子绝对顺服丈夫,其中当然包含对妇女贞节的首肯。但是,周敦颐的主张中并没有突出“天理”与“人欲”的对立,更没有片面强调贞节观念。一切问题的明朗化要到二程兄弟那里。

程颢、程颐兄弟是继周敦颐之后理学思想的代表者。二程哲学的最高范畴是“理”或“天理”,他们提出了“性就是理”的哲学命题以及“明天理,灭私欲”的人性论说教。

在理学世界里,“理”或“天理”与“人欲”或“私欲”无疑是一对重要的伦理范畴。这对范畴最早的提出是在《礼记·乐记》中:

人生而静,天之性也;感于物而动,性之欲也。物至知知,然后好恶形焉。好恶无节于内,知诱于外,不能反躬,天理灭矣。夫物之感人无穷,而人之好恶无节,则是物至而人化物也。人化物也者,灭天理而穷人欲者也。于是有悖逆诈伪之心，有淫泆作乱之事。……此大乱之道也。

“性”静“欲”动，然后有好恶，倘若“无节”于“好恶”之欲，便是灭天理。《乐记》作者把“穷人欲”“灭天理”作为“悖逆诈伪之心”和“淫泆作乱之事”的根源，视为“大乱之道”的表现，因而穷天理、灭人欲便是作者理想中的道德准则。但是，《乐记》并未自觉地把“灭人欲”当作“存天理”的前提条件，在早期儒学思想里，还注重人性的保护，所谓“食色，性也”。但是，宋代诸儒从天理和人欲的矛盾冲突中得到了启迪，并且将这种对立推向片面、极端，既然天理必存，不可更改，那么毁灭的只能是人欲了。

《河南程氏遗书》中有许多关于“天理”和“私欲”的阐述：

人之为不善，欲诱之也。诱之而弗知，则至于天理而不知返。（卷二十五）

人心莫不有知，惟蔽于人欲，则忘天德也。（卷十一）

视听言动，非礼不为，即是礼，礼即理也。不是天理，便是私欲。（卷十五）

也就是说，一切不符合封建伦理道德的言行都是人欲，都应该驱除。“天理”与“私欲”不能并存，只有去掉了“私欲”，才能留存“天理”。总而言之：

人心私欲，故危殆，道心天理，故精微。灭私欲，则天理明矣。（卷二十四）

理学的集大成者朱熹同样主张“圣贤千言万语，只是教人明天道、灭人欲”。他的所谓“天理”是指人们崇奉、遵循并服从的规律、规则和秩序，尽管理与万物同存，但在逻辑上先于、高于、超越于万事万物的现象世界，构成事物的本体存在。“天理”是“心之本然”，是“善”，是“三纲五常”；而“人欲”则是心之“疾疢”，“恶底心”，是“物欲所昏”和“嗜欲成迷”。在朱熹的理学中，为了适应封建统治者的要求，把原来应该无所对抗的天理和人欲截然分开，视为水火不容。从而，短暂的、特定社会时代的统治秩序被当作永恒不变、至高无上的天理而顶礼膜拜。同时，严格否定人的自然欲求，将伦理本体与现象划清界限。朱熹强调“天理存则人欲亡，人欲胜则天理灭”，“学者须是革尽人欲，复尽天理，方始是学”。他把封建伦理解释为：“纲，网上大绳也。三纲者，君为臣纲，父为子纲，夫为妻纲，”“三纲之要，五常之本，人伦天理之至，无所逃于天地之间。”

由周敦颐、二程到朱熹，理学系统化地建立起来，对于“天理”与“人欲”之间矛盾冲突的思考变得绝对化甚至别有用心。既然要灭“人欲”以存“天理”，那么，一切属于人的自然的感性欲求都必须被清除掉，人只有无所求、无所欲，才能体悟天理，天下才能有常，社会才能进步。较为严密的理学体系从根本上是反人性、反自然的。与逐渐收紧的思想禁锢相一致，它在道德伦理中掺入政治伦理的因素，并将后者凌驾于前者之上，这样它就带有浓厚的功利主义色彩和强烈的实用理性。因此,它为封建统治者所推崇和提倡就是自然之事了。以理学原则覆盖一切思想,以“存天理,灭人欲”为伦理核心裁量所有人性,成了宋元时期乃至以后的明清时期思想、文化领域运行的最基本特征。

## 宁可饿死也不再嫁

从“存天理,灭人欲”出发,对女子贞节的鼓吹和提倡纳入理学范围,并成为其主要内容之一。《近思录》中记载了程颐关于贞节观念的答问:

或问:“孀妇于理,似不可取,如何?”伊川先生曰:“然!凡取,以配身也,若取失节者,是己失节也。”又问:“人或居孀贫穷无托者,可再嫁否?”曰:“只是后世怕寒饿死,故有是说。然饿死事极小,失节事极大!”

从此,“饿死事极小,失节事极大”成了传世名言。朱熹对此观点极力推崇,当时有个叫陈师中的人死了妹夫,朱熹写信给他,让他设法叫妹妹守节:

令女弟甚贤,必能养老扶孤以全《柏舟》之节,此事在丞相夫人奖劝扶植以成就之。便自明设为忠臣,而其室家,生为节妇,斯亦人伦之美事。计老兄昆弟,必不惮赞成之也。昔伊川先生尝论此事,以为饿死事小,失节事大,自世俗观之,诚为迂阔,然自经识理之君子观之,尝有以知其不可易也。

朱熹这封信的深层含义是:人世的伦理道德、行为规范均来自天理,它与功利、幸福、感性快乐无缘;无理、伦常是以它与个体的快乐和愉悦相对峙、相冲突中才显示出超乎一切经验世界的无比强大的本体力量。朱熹对二程“饿死事小,失节事大”的世俗与理性的两方面解释,正是为了突出理性本体的统帅、决定作用。宋代诸儒模糊天理人欲之分,是为了替统治阶级的纵欲、淫泆及其社会秩序开脱、辩解和寻找理论根据。统治者往往强调“竭人欲而存天理”的观念,突出宣扬两者之间的不容并立,因此,程朱理学将饮食男女纳入与天理相对立和冲突的内容而予以扼制,给社会各个阶层尤其是下层民众带来了诸多痛苦和灾难。而他们所鼓吹的贞节观念则成了套在女性脖颈上的绳索,扼杀、毁灭了无数个鲜活的生命。翻开史籍,人们会看到所谓表现天理的禁欲主义、等级制度、封建道德伦理等规范对人进行的全面压制和摧残,而广大妇女更是深受其惨祸烈毒,活贞、死节、麻木般地柔顺正是这些痛楚情感的凝聚。

“饿死事极小,失节事极大”已将贞节观念推向了极端,理学这一内容被统治阶级片面发挥,成为禁锢妇女一切欲望的有力工具,女子身上的枷锁愈益坚牢。夫生保贞,夫死守节,差不多为每个女性应尽的义务,贞节观念弥漫于女子的社会生活中，不断地吞噬着女性的青春与生命。

其实，宋之前的五代时期贞节观念的加强已见端倪，唐代后期开始对淡薄贞节观念的改变在五代得到了充分的体现。其时的正史及野史中留下了种种关于女子贞节的记载，其中“节妇断臂”的事例最为典型：

王凝妻李氏，……凝家青、齐之间，为虢州司户参军，以疾卒于官。凝家素贫，一子尚幼，李氏携其子负其遗骸以归。东过开封，止旅舍。旅舍主人见其妇人独携一子而疑之，不许其宿。李氏顾天已暮，不肯去。主人牵其臂而出之，李氏仰天而长恸曰：“我为妇人，不能守节，而此手为人执耶，不可以一手并污吾身。”即引斧自断其臂，路人见者，环聚而嗟之，或为其弹指，或为之泣下。开封府尹闻之，白其事于朝官，为赐药封疮，厚恤李氏而笞其主人者。

李氏断臂的故事是悲壮、凄怆的实例，它说明贞节观念对人的浸淫是多么地可怕。宋代对礼教大厦的重建，将一切有利于封建统治的伦理道德纳入极力鼓吹的范围。朱熹曾经几次要求地方官吏将事迹显著的节妇“即仰具申，当依条旌赏”，对于不守贞节的女性也要上报官府，予以惩治。在《知南康榜文》中，他推崇节妇陈氏的行为，写道：“婺女陈氏，守节不嫁，遂蒙太宗皇帝赐以宸翰，宠以官资旌表，门闾蠲除徭役，此足见其风俗之美也。”贞节观念经过程朱等硕儒的进一步强调并得到朝廷的褒扬，对社会生活的影响越来越大。

有宋一代，见于《宋史·列女传》及其他传中的贞节妇女有55位，而清人辑录的《古今图书集成》中载宋代贞节妇女达274人，远远超过以前各代，至于不见于史书著录、湮没无闻的贞女节妇则难以数计。宋代对贞节妇女的分类愈益明确和详细，贞女、节妇、烈女、孝女、孝妇等称呼均已出现，守节的情形越来越复杂，或夫亡守寡，或全贞而死，惨痛的悲剧一幕接着一幕。如《宋史·列女传》记载：

崔氏，合淝包繶妻。繶，枢密副使拯之子，早亡，惟一稚儿。拯夫妇意崔不能守也，使左右尝其心。崔蓬垢涕泣出堂下，见拯曰：“翁，天下名公也。妇得齿贱获，执浣涤之事幸矣，况敢汙家乎！生为包妇，死为包鬼，誓无它也。”

同传中还记载：

林老女，永春人，及笄未婚。绍定三年夏，寇犯邑，入山避之。猝遇寇，欲污之，不从。度不得脱，绐曰：“有金帛埋于家，盍同取之？”甫入门，大呼曰：“吾宁死于家，决不辱吾身。”贼怒杀之，越三日面如生。

类似事例宋代还有很多，如果说一些妇女为抗拒邪暴或在宋世变乱之际抵制元军之辱而坚守贞节、勇于就死，尚可理解并可加以适当褒扬的话，那么生活于平静中的妇女因夫丧而矢志守节，从一而终，则没有丝毫的积极意义可言。它只能表明贞节观念带给妇女的毒害。即令前者有合适理由的守节，而最终受残害的仍是妇女。

及至元代，贞节观念进一步强化。蒙古贵族在建立统一政权的过程中，逐渐摈弃了落后的生产方式和生活方式，接受先进的汉文化。尤其是以三纲五常为核心的封建伦理，对于蒙古统治者建立新的统治秩序，完成对汉地民众的控制，具有重大作用。因此，当较为落后的少数民族实现对先进地区的征服后，自己也为先进地区的文化所同化和征服。元代统治阶级虽然实行民族歧视和民族压迫政策，但他们深知以汉法治理汉地、汉人的重要性，不仅接受了程朱理学，而且使以理学为核心的封建礼教成为专制主义统治的主要思想工具。很快地，贞节观念作为理学的主要内容之一被吸收、接纳并加以推广、强化，并且同样适应于汉族与蒙古族及其他各民族的妇女。元代社会里，出现了众多的贞节女子实例，其中涉及了各个民族。由此可见，元代的贞节观念已经深刻地影响着社会生活，而原先存留于蒙古民族生活中的与贞节观念相悖的如嫡娶庶母、侄子娶叔母等习俗被抛弃。元末陶宗仪的《南村辍耕录》中有一则“高丽氏守节”的故事：

中书平章阔阔歹之侧室高丽氏，有贤行。平章死，誓弗贰适。正室子拜马朵尔赤悦其色，欲妻之而不可得，乃以其父所有大答纳环子献于太师伯颜，此物盖伯颜所属意者，伯颜喜，问所欲，遂白其事。伯颜特为奏闻，奉旨命拜马朵尔赤收继小母高丽氏。高丽氏夜与亲母逾垣而出，削发为尼。伯颜怒，以为故违圣旨，拜命省台洎侍中府官鞫问，诸官唯谨，锻炼备极残酷。时国公阔里吉思于鞫问官中，独秉权力。侍正府都事帖木儿不花数致语曰：“谁无妻子，安能相守至死，得有如此守节者，莫大之幸；而反坐以罪，恐非我治朝之盛典也。”国公悟，为言于伯颜之前，宛曲解释，其事遂已。

这则记载内容十分丰富，它集中反映了蒙古人不重贞节的婚姻旧俗，同时也反映了贞节观念对旧习俗的冲击和对统治者思想观念的渗透。伯颜是个典型的维护蒙古旧俗的统治者，他曾主张用杀戮几大汉姓的极其野蛮的方式来统治汉地。在伯颜、拜马朵尔赤看来，嫡子妻庶母实为平常之事，所以请旨将高丽氏嫁给拜马朵尔赤。但是伯颜请旨的本身也反映出蒙古旧俗在新的时代条件下的变化，因为这类事情在蒙古人未人主中原之前是不需要通过强力来维持执行的。而高丽氏守节、帖木儿不花求情、伯颜最终放弃前见等情节则明确地显示，贞节观念对元人的影响已逐渐加深，其作用已遍及各个社会阶层，甚至连最为保守的官僚也对它做出了让步。同时，这则故事也揭露了作为征服者入主中原的蒙古统治者接受汉族封建伦理规范的动机。另外，它更加明确地显示了阶级社会中贞节观念产生以后，在统治者不断地推动下，由弱到强、自淡变浓的真实意图。

“高丽氏守节”的事例发生于元代初年，其情形还不惨烈，随着贞节观念的不断强化，贞女、节妇及烈女不断增多，情节越来越复杂，也愈加触目惊心。元代统治者没有为“饿死事极小，失节事极大”的贞节观念增添新的内容，但元代种种贞节实例却成为日益强化的贞节观念的丰富注脚。《元史·列女传》收录妇女 187 人，而现代学者董家遵从《古今图书集成》中统计的元代节妇烈女则达到 742 人，其数量是宋代的二倍多。可见宋代一直鼓吹的贞节观念在元代得了申扬和践行，从一而终、夫死不嫁、遇辱殉节等守节行为已为社会广泛认可和接纳：仅从《元史·列女传》中所载的关于少数民族女子守节的事例就可以看出元代妇女的贞节情形，兹略举一二：

只鲁花真，蒙古氏。年二十六，夫忽都病卒，誓不再醮，孝养舅姑。逾二十五年，舅姑殁，尘衣垢面，庐于墓终身。至元间旌之。

移剌氏，同知湖州路事耶律忽都不花妻也。夫殁，割耳自誓。既葬，庐墓侧，悲号不食死。

贵哥，蒙古氏，同知宣政院事罗五十三妻也。天历初，五十三得罪，贬海南，籍其家，诏以贵哥赐近侍卯罕。卯罕亲率车骑至其家迎之。贵哥度不能免，令婢仆以饮食延卯罕于厅事，如厩自经死。

少数民族女子尚且如此，遑论深受封建伦理影响的汉族女子！

元代妇女几乎效法了前代贞节妇女的一切行为，并走向极端。马氏“乳疡不疗”之事，堪与五代时期的“节妇断臂”相“媲美”，据元朝明善所做的《节妇马氏传》记载：

大德七年十月，（马氏）乳生疡，或日当迎医，不尔且危。马氏曰：“吾杨氏寡妇也，宁死，此疾不可男子见。”竟死。

“节妇断臂”虽然受到礼学先生们的极力赞扬，但影响还不广泛，而马氏“乳疡不疗”之类的行为却在当时带有普遍性。守节的妇女不但不能涉及性的“淫行”，而且连皮肤也不能被男子接触、看见，否则也是有失贞节了，这类汩没人性的举动在实践上对贞节观念做了进一步的诠释。更有盛者，元代女子殉夫十分盛行，单《列女传》所记，殉夫的妇人就不下五六十人之众。如：

高丽氏，宣慰副使孛罗帖木儿妻也。至正二十七年十二月，其夫死于兵，谓人曰:"夫既死矣,吾安能复事人乎!"乃积薪塞户,以火自焚而死。

这种寡妇自焚、自戕的偏激行为在宋代以前虽然也有,但极为罕见,而元代以后情形就大大改变了,有关烈妇殉夫的记载可谓连篇累牍。宋元烈女及烈妇的急剧增加正反映了已经强化的贞节观念对人们的影响。元代殉夫的行为几乎遍及各个阶层的妇女,既有王妃贵妇,又有寻常百姓,她们的行为多出于自愿。而贫民阶层妇女的守节则更加反映贞节观念影响之巨。《元史·列女传》说:

衣氏,汴梁儒生孟志刚妻。志刚卒,贫而无子,有司给以棺木。衣氏给匠者曰:"可宽大其棺,吾夫有遗衣服,欲尽置其中。"匠者然之。是夕,衣氏具鸡黍祭其夫,家之所有悉散之邻里及同居王媪,曰:"吾闻一马不被二鞍,吾夫既死,与之同棺穴可也。"遂自刭死。

衣氏的殉夫有细密的安排,而体现在其行动中的自愿成分更加令人感到悲哀。元代妇女多在万念俱灰的心境中殉夫,丈夫生时,还可以在依托下存身;丈夫死后,生活无着,只有归于亡途;或者大祸突然临头时,与其在屈辱中偷生,不如在节烈中毁灭。她们的行为属于伦理范畴,是贞节观念将她们推向了死亡。大抵看来,一个落后民族在接受先进文化时有个生吞活剥的过程,吸收精华以外,有时也会将糟粕推向极端。所以由少数民族所建立的统一或割据政权在与汉文化融合时,贞节观念等封建伦理不仅不趋于淡薄,反而愈加浓厚,原因正在于此。

发生在元末的一件事,直接而充分地反映了妇女的可悲命运。元朝末年,潘元绍跟随张士诚在江浙一带起义,并做了张的女婿。张士诚受到朝廷招安后,官授太尉,潘元绍也接受了官爵,镇守姑苏。潘元绍有一妻七妾,当朱元璋部将徐达围攻姑苏时,他把妻妾叫到跟前,对她们说:"我受国家的重托要固守这座城池,顾不上家里的事。倘若遇到什么不测,你们要自己裁决,千万别受人侮辱,以免遭嗤笑。"其中一位妾答道:"君待我们恩重如山,我们不会三心三意的,请死在你的前面,以免受君嫌疑。"于是趋室自刭,其他六位也相继自缢而死。极具讽刺意味的是,既然有如此节烈妇人的勖勉,潘元绍自该捐躯沙场,可他却倒戈归顺了明朝。反复地咀嚼这件事,不禁令人生出许多痛楚与苦涩。

种种迹象表明,宋元时期,贞节观念已经强化。宋代以文治国,致力于礼教大厦的重建,封建伦理道德的倡导尤为紧要,元代几乎不加甄别地接纳了前代的礼教规范,并加以极力申扬,因此,贞节观念的强化就是一种必然趋势了。

## 禁锢中的宽弛

宋元时期,日趋牢固的贞节铁幕还不是密不透风、坚不可摧,此时的贞节观念仍有松懈之时之处。“存天理,灭人欲”“饿死事极小,失节事极大”等观念的提出。并不标志着其在实践中立即走到极端,而是需要一个逐渐严密的过程。宋代完全忽视个性欲求的狂暴泛滥带来的历史性损伤在明清时代反映的比较明显,而对当代及其后元代的影响还没有异常严重。在走向贞节观念宗教化的过程中,妇女在社会生活中还拥有一定程度的自由,两性权力的不平等和男性对女性的垄断与禁锢尚未达到极致。

经历了唐末五代混乱局面而建立的宋王朝,面临着一系列社会问题,其中,重建礼教大厦、恢复封建统治秩序尤为重要。因此,对个性欲求的某种程度的满足即为封建伦理的题中之义。宋初的李觏在其《礼论》中强调礼应该“顺人之性欲而为之节文者也”,他提出了“饮食男女,人之大欲”的观点。在类似观点的影响下,宋初的贞节观念还很宽泛。例如名臣范仲淹的义庄《田约》中规定,寡妇再醮可以从义庄中支取费用以作资助,而男子再娶则不在资助之列。范仲淹本人也没有再嫁非礼的思想,他的母亲曾改嫁到朱家,由于家境困顿,他跟着母亲,改名朱悦,入仕以后方复为范姓。他丝毫不因母亲的再嫁而有什么耻辱之感。他的儿子死了,不久以后,他的门生王陶死了妻子,于是,范仲淹便将自己的寡媳许嫁给王陶。宋代中期,贞节观念仍未见格外推重,宋人王辟之所撰的《渑水燕谈录》记录了王安石的一则故事:

宋王荆公之次子名雱,为太常寺太祝,素有心疾,取同郡庞氏为妻。逾年生一子,雱以貌不类己,百计欲杀之,竟以悸死。又与其妻日相斗哄,荆公知其子失心,念其妇无罪,欲恐其误被恶名,遂与择婿而嫁之。王安石将媳妇改嫁,出发点在于重视人性,这种行为在以后各个朝代越来越少。

自二程倡导崇尚“天理”而灭绝“人欲”以后,贞节观念逐渐严格起来,但是理学的规范尚未与实际完全统一。宋代,禁锢途中的宽弛仍很明显,连高擎理学大旗的程颐家中也有再嫁的妇人,他的侄媳、外甥女都曾改嫁,何况其他人呢?据杨万里《诚斋杂记》记载:

扶风马元正妻尹氏,天水人也。元正早死,欲从者久之。其父劝之嫁,尹氏哭指铁井栏曰:“此上生花,我则再醮。”三年而黄芝生于栏上,遂嫁为李暠继室。

这则带有喜剧意味的趣闻中,父亲劝女儿再嫁,且尹氏最终也再嫁成功,可见那个时代对于妇女再嫁的基本态度。如果不是再嫁被社会所容许和接受,这种事情是断然不会发生的。司马光在《训子孙》中说:“夫妻以义合,义绝则离,”此种看法在当时颇具有普遍性。史籍中记载的妇女改嫁、再嫁事例很多。按照宋人的说法就是:“膏梁士俗之家,夫始属纩,已欲括奁结橐求他偶尔适者多矣。”仅以洪迈《夷坚志》为例,其中所载的妇女改嫁事例就有六十一起,其中再嫁者五十五人,三嫁者六人。由此可见宋代贞节观念之一斑。

即使是在贞节观念已经加强的南宋,妇女改嫁、再嫁也很普遍。宰相贾似道的母亲胡氏先后三次嫁人,后来又被接回贾家,尊贵异常,死后被朝廷追谥为“柔正”。南宋末年,一位乡民李孝德状告寡嫂阿区“以一妇女三易夫”,审理此案的胡颖说,阿区之夫“既死之后,或嫁或不嫁,惟阿区之择”,而李孝德“小人不守本分,不务正业,专好论诉”,须加严惩。结果阿区被宣布无罪,李孝德则“杖一百”。妇女再嫁没有被视为失节、失德的丑行,社会舆论还给予妇女的生活以一定的自由度。在法律规定上看,也不禁止妇女改嫁,“夫亡改适,寡妇再嫁”不受处罚。所以朱熹评论程颐的“饿死事极小,失节事极大”是“自世俗观之,诚为迂阔”。

宋代宫室也不以再嫁为非,秦国长公主初嫁朱福德,再适高怀德;荣德帝姬,初适曹晟,再嫁给习古国王,这些都是正常之事。《宋史·宗室传》记载,汝南王允让曾针对限制宗室妇女再嫁的习俗上奏:“宗妇年少丧夫,虽无子不许嫁,非人情,请除其例。”表明在人情世理上,再嫁是无可厚非的。宋治平、熙宁年间,朝廷多次下诏宗室女子只要不给人家做妾,可以再嫁。

在贞节观念还不十分严密的社会氛围中,宋代妇女的社会交往范围还比较广泛,尤其是两性之间的交往还很随便。如宋代的元宵灯会上,观灯之人如织,其中就有大量的妇女。她们不分贫富贵贱,与男子摩肩接踵,共同享受节日的愉悦。青年男女往往借此良机互生情愫,或结织意中之人,或与情人相会,甚为相得。宋人欧阳修名词《生查子·元夕》中的“月到柳梢头,人约黄昏后”之句就描写了一位女子与情人在元宵节相依相恋的情形。再如其他一些节日期间,妇女们出行游玩,无所顾忌。

清人徐士銮辑录的《宋艳》中,有大量事例表明宋代从一而终的观念尚未禁锢一切,人们对男女关系抱有比较宽容的态度。从该书所举的宋代“薄于操行,放浪狎邪”的风流韵事看,上自皇帝,下到官宦名流,都较为看淡两性关系的禁忌。

其实，从贞节观念强化的轨迹中，我们也可以反观出不守贞节的严重，因为这正是宋儒们鼓吹贞节的前提和原因。宋代淫侈之风盛行，尤其是偏安的小朝廷醉生梦死，“商女不知亡国恨，隔江犹唱《后庭花》，”这种社会气氛必然对逐渐加强的贞节观念产生巨大冲击。与历史条件相关联，无序、混乱的宋代要完成对贞节观念的最后封闭绝不是容易的事。

与宋代相比，元代的贞节观念要强得多，但若与明清相比，又要弱得多。《元史·列女传》收录妇女187位，而清人在修《明史》时，收罗到的贞节妇女不下万余人。元代淡薄贞节、红杏出墙之事也时有发生。元曲中有许多描写男女恋情、两性交往的内容，一方面表达了贞节观念下人们对情爱的渴望和赞扬，另一方面也说明了礼教束缚中女性的部分自由。

# 被宗教化的贞节观念

## 明清理学的正统化

明清时期，产生于宋代的理学思想正统化，并成为社会占主导地位的统治思想，封建伦理规范走到极致，针对女性的贞节观念也开始宗教化。与以前的历史时期相比，明清时期的贞节观念对女子的束缚与禁锢尤为严密，女子的社会生活亦最为凄苦。

明朝建立后，程朱理学继续向前发展。明初极力恢复“君臣父子夫妇长幼之伦”，希望通过强调封建伦理来将社会纳入有序、稳定的运行轨道。理学因其适宜于封建统治的维护而被推崇。明朝政府规定，“一宗朱子之书，令学者非五经孔孟之书不读，非濂洛关闽之学不讲。”恢复科举考试后，一律以朱熹的《四书集注》为准，出题、答题均不得超出朱熹思想的范围。明成祖朱棣还命令大臣编纂《四书大全》《五经大全》《性理大全》等书籍，作为各个社会阶层学习、思考的范本，将它们“行之于家，用之于国”，如果“言不合朱子，率鸣鼓而攻之”。这样，理学成为封建社会的主流意识形态，其中的贞节观念也得到进一步的申扬。在此思想前提下，褒奖贞节，倡导妇女“从一而终”“守身不二”，就是很自然的事了。一些文人鼓吹贞节观念，如宋濂、方孝孺等人撰写了节妇或贤母的传记；朝廷极力奖掖贞节行为，旌表制度趋于完善；女教学说进一步发展，在历代女教已有成果的基础上,又出现了多部女教著作。所有这些,都极大地推动了贞节观念的前行,并且使它变得宗教化。

清代同样尊崇理学,并将它作为箝制人们思想的最有力的工具。在文字狱盛行的时期,人们噤若寒蝉,只能皓首穷经,孜孜于封建礼教之中。清圣祖玄烨统治的康熙年间,文化氛围相对宽松,但就是在这样的时期,理学对众人的禁锢仍然十分明显。据《清圣祖实录》记载,玄烨曾经亲自为《朱子全书》作序,称朱熹的文章言谈全部是"天地之正气,宇宙之大道"。认为孔孟之后对儒学、封建伦理贡献最大的就是朱熹,因此朱子之学必须加以弘扬。他还前往曲阜孔庙拜谒,授予某些大臣"理学名臣"的称号。他强调:"治天下以人心风俗为本,欲正人心,厚风俗,必崇尚经学。"康熙的主张和治国原则为后代所继承,并且上升到了一个新的高度。于是,表现在两性关系上,"朝廷每遇覃恩,诏款内必有旌表孝义贞节之条。"贞节妇女众多,贞节祠堂、贞节牌坊遍布各地,这些现象都是那种思想前提下的必然结果。

## 《内训》及《古今列女传》

明代奖励贞节十分卖力,在教化典籍方面,又出现了几部具有代表性的著作。

其一为《内训》,明成祖朱棣仁孝文皇后所作。仁孝文皇后是中山王徐达的长女,读书颇多,进宫以后深得婆婆高皇后的疼爱,经常朗诵刘向的《列女传》给高皇后听。高皇后死后,徐皇后作了《内训》二十章,将历代有关妇女的见解重述一遍。《内训》最终只是给宫人阅读,好让她们懂得事君之道。明成祖在她死后很思念她,便将此书颁赐天下,后来逐渐流行。与《女诫》和《女论语》相比,《内训》只是对前代女教理论的重复,没有什么新意,而且其内容偏重于对后妃们的训诫,与一般女性相去甚远,所以影响不及班、宋之书。但是其思想与前代一脉相承,《母仪》篇中说:"女德有常,不逾贞信;妇德有常,不逾孝敬。"书中还强调:"夫上下之分,尊卑之等也;夫妇之道也,阴阳之义也;诸侯大夫士庶人之妻,能推是道以事其君子,则家道鲜有不盛也。"这些都为明代鼓吹、奖掖贞节提供了极大的空间。尤其是到了清朝初年,王相将此书与班昭的《女诫》、宋若莘的《女论语》及王相母亲的《女范捷录》合在一起,称作《女四书》。此后,《内训》流传愈加广泛。

其二是《古今列女传》。明初即重视对妇德的劝奖,朱元璋曾命儒臣考订

《列女传》,但没有成功。永乐年间,徐皇后在撰写《内训》的同时,要求成祖继太祖之余业。于是,解缙等九人奉命继续《列女传》的考订工作。由于有徐皇后作监督,这本书编辑很审慎。其所收内容上自三代,下迄元、明,汉代以前,以刘向《列女传》作为蓝本,后代则略取各代正史《列女传》,并将明初节烈妇女作为附录。书成之后,定名为《古今列女传》,于永乐年间由明成祖御制序文,刊印发行。此后的近二百年间,《女训》《古今列女传》都是女教的必读书籍。

其三为《闺范》。作者吕坤,万历年间进士,曾任山西巡抚,留意风教,专心研讨,终于修成《闺范》一书。该书的著述原因,在序言中有阐述:

女训诸书,昔人备矣,然多者难悉,晦者难明,淡无味者不能令人感惕,闺人无所持循以为诵习,余读而病之,乃拟《列女传》,辑先哲佳言,诸贤善行,绘之图像,以警后学。

也就是说,吕坤感到以往的各种女教著作语义深奥、艰涩难懂,非一般知识水平的妇女所能够阅读、领会,于是他作了一些普及化的工作。《闺范》的写作,适应了明朝开始出现的"女子无才便是德"的思想,并且对此做了推动。该书文字浅显,又配以图像,更易于为普通民众所接受,因此流传甚广。其影响及于明代后期的八九十年,并延续到清朝。清人陈宏谟曾经对它的作用进行了评论:

《闺范》一篇,无非欲儿女见之喜于观览,转相论说,因事垂训,实具苦心。当时士林乐诵其书,摹印不下数万本,直至流布宫禁。其中由感生愧,由愧生奋,巾帼之内相与劝于善而改不善者,盖不知凡几矣。所载之懿行,可以动天地、泣鬼神,至今读之,凛凛然尤有生气。诚哉地维赖以立,天柱赖以尊,孰谓女德无关轻重哉!

满清贵族入主中原后,迅速地接受了汉文化中的礼教思想,愈益加强对女性的控制。清代相继出现了几部女教著作,集前代女教之大成,且有了新的发展。

《女学》,蓝元鼎作,成书于康熙十一年(1712年)。蓝元鼎父亲早卒,幼年随母亲习书,尤其擅长古诗文,著述甚多。蓝元鼎在通览古籍的基础上,采汇前人诸家学说,撰成《女学》一书。《女学》共六卷,开篇为寥寥数语的《女学总要》,其次为妇德、妇言、妇容、妇功四篇,分类引述,间杂按语。该书自序说:

妇以德为主,故述妇德独详。先之以事失、事舅姑、继以和叔妹、睦娣姒。在家则有事父母、事兄嫂,为嫡则有去妒,处约则有安贫,富贵则有恭俭,可常可俭则有若敬身、若重义,若守节,若复仇,为人母则有教子,为人继母则有慈爱前子，为人上则有待下，巫视尼媪之宜绝则有若修正辟邪，而以其余者为通论，此则妇德一篇之大概也。

妇言不责多，要于当，则有若勗夫，若训子，若几谏，若守礼，若贤智，若免祸。

妇容贵端庄敬一，婉娩因时，则有若事亲之容、敬夫之容、起居、妊子、居丧、避乱之各种容饰。

妇功先蚕绩，次中馈，为奉养，为祭祀，各执其劳而终之以学问，各以其余者为通论。此则妇言、妇容、妇功三篇之大概也。

由此可见，《女学》只是在前人基础上的集大成，并没有什么新的发明。

《教女遗规》，陈宏谟作。观点、内容与《女学》相似，仍是以对女子施教为主，鼓吹女子的“三从四德”，大力倡导、扶植节义纲常。

《女学言行录》，李晚芳编，成书于乾隆十六年(1751年)，但直到乾隆五十一年(1786年)才付梓印行。该书的写作目的是用以家教，李晚芳感到以前各种女教女籍“类皆择焉弗精，语焉弗详。既经有宋周程朱张诸大儒，皆以风俗人心为己任者，间亦议论及此，而卒未有全书，是亦闺教一缺憾事也”。所以，她采集旧说，“谨纂周汉以来名儒淑媛之佳言善行，可以补《周官戴记》之阙而有裨于齐家之助者，采辑成书，间附己意。”全书的内容继续《女诫》《女论语》等书的说教，并糅合明清时期的封建伦理思想，结合新的时代特点加以申扬，因此对清代的女性产生了极大的影响。

《女范捷录》，王相母亲刘氏作。这本书共分统论、后德、母仪、孝行、贞烈、忠义、慈爱、秉礼、智慧、勤俭、才德等十一章。它融前人女教思想与清代的贞节观念为一体，集中说明女子必须遵守的伦理规范。特别是其中提出的“忠臣不事两国，烈女不更二夫，故一与之醮，终身不移，男可从婚，女无再适”的思想，把两性关系中对女子贞节的要求与政治关系中大臣对君主的忠诚相提并论，这样，夫妻、家庭伦理被上升为政治伦理，妇女是否守节与国家的治乱兴衰、生死存亡紧密相连，贞节观念被抬升到社会生活中无以复加的高度，而且愈加显示出践行于实际的必要、重要和可能。与“饿死事极小，失节事极大”的观念相比，“忠臣不事两国，烈女不更二夫”的思想更加丰富、完善，政治功利色彩也更加明显。因此，《女范捷录》成书后，就受到清朝统治者的大力褒奖。在清代各种女教书籍中，《女范捷录》流布最广，贻害最深。后来，王相将该书与《女诫》《女论语》《内训》合订，称为《女四书》，直到民国初年，它们都是女子启蒙的必读书籍。

## 贞节成为天理的时代

明清时期的贞节观念，经过女教圣人们的鼓吹与封建统治者的申扬，完全地抛弃了仅有的理性成分，越行越窄，充斥着迷信、神秘主义色彩，终于走到了宗教化。

明代社会上出现了种种守节感天的舆论，贞节被纳入天理的范畴。《明史·列女传》记载：

玉亭县君，伊府宗室曲柄女。年二十四，适杨仞。不两月仞卒，号恸不食，或劝以舅姑年老，且有遗孕，乃忍死襄事。及生男，家日落。万历二十一年，河南大饥，宗禄久缺，纺绩三日，不得一飧，母子相持恸哭。夜分梦神语曰："汝节行上闻于天，当有以相助。"晨兴，母子述所梦皆符。颇怪之。其子曰："取屋后土作坯，易粟。"其日掘土，得钱数百。自是，每掘辄得钱。一日，舍傍地陷，得石炭一窖，取以供爨。延两月余，官俸亦至。人以为苦节所感。

玉亭县君在丈夫死后准备以绝食殉夫，经人剖析她尚有养老扶幼的重任方活下来。本来，掘土得金、地陷露炭这些生活中的偶然事件并非奇闻，但被人附会上神秘的色彩，说者有意，听者有心，影响甚远。明清时期，这种守节或不守节的因果报应流传很广，它使得妇女的守节变成下意识的自觉行为，特别是加上神力的笼罩和现实的诱惑，贞节观念流布更为深广。

刘向《列女传》、范晔《后汉书》所记录的列女，不仅仅从贞节着眼，而是取才显德秀的女性；魏晋南北朝隋唐的史家多取患难颠沛之中仍然能够保持良好德操的女性，弘扬正气；而自宋元以来，上自国制史乘，下达乡语巷议，莫不以贞节为贵，而且，守贞要守得苦，尽节要尽得烈。二十四史中，列女传及其他传中附及，《元史》以上，《宋史》最多，计 55 位。《元史》是明朝宋濂等人主持撰修的，明代人极力倡行贞节，搜罗的节烈事迹较多，所以《元史·列女传》记载了 187 位女性。对于当朝妇女，明实录及志书多予记录，到清朝修史时，女性守贞尽节的有万余例，掇其尤者，《明史》仍收录了 308 位。等到修《清史稿》时，所见节烈女子也不下万人，而入史者达 616 人。可见明清贞节妇女之盛及贞节观念影响之巨。

明清宗教化的贞节观念，已完全脱离了其本意，变成迷信和教条，妇女为贞节而贞节，盲目遵从，不讲理性，不顾事实。"妇道惟节是尚，值穷之变，不溺与刃耳，"成为举国上下母诫其女、婆诲其妇的根本内容。明代嘉定的宣氏，丈夫对她素来狂悖残忍,宣氏却晨夕恭敬侍奉。丈夫死了,她要以身相殉,别人劝她:"人家夫妇和睦恩爱,所以丈夫死了,妻子以死相报。你的丈夫一贯对你不好,你为什么要为他殉节呢?"宣氏叹道:"我只知道自己要尽妇道,哪管丈夫贤与不贤、好与歹呢!"清代乾隆年间,有一人名叫李矩祸,娶妻陈氏。因他生来就生理功能不健全,有"隐宫"之疾,不能过夫妻生活,因而陈氏愁肠百结,不安于室,常常逃回娘家。其父陈维善见女儿常回来,一住下来便旬日不归,怕女婿怪罪,就亲自送女儿回夫家。没想到不几天女儿又跑了回来,陈维善大为恼怒,一气之下将女儿缢死了。

为什么宣氏明知丈夫虐待自己却不能反抗,反而殷勤服侍,并且在他死后还要以死相殉?为什么陈氏应该死守一个生理不健全的男子,一醮终身,不能离婚再嫁?为什么李某身体有疾还要娶妻,并且死拴着陈氏不放,让她做有夫的寡妇?为什么陈父忍心将女儿缢死?妇女守节不需询问是非对错,没有条件、没有理由却有足够的条件和理由,贞节被抬升到如此地步,麻木的世态中却又包含着宗教般的狂热,其不讲理性的孽毒,真正是无以复加了。

明清贞节观念的攀上顶峰,还表现在"女子无才便是德"思想的提倡上。

在女子读书问题上,自古以来虽有不同的见解,但一般都认为读书并非为了参与政事,仅是自身的修养和道德驯化的需要,所以分歧不大。明末清初"才德之辩"中表现了"女子无才便是德"的论调,女子读书受教才引起了社会的关注。

"女子无才便是德"给妇女生活带来了很大影响,细究这句话的起源,最早不过于明朝末年。早在汉代,女教圣人班昭就曾经说过:"妇德,不必明才绝异也。"但她撰写《女诫》的目的是为了自己的女儿,并要求她们"各写一通",说明当时的女子是知书识字的;六朝女子的风雅颇为后世瞩目,她们甚至在才学上与男子相抗衡;唐代女子之能诗不为社会所禁止;宋代虽有司马光等人主张"今人或教子女以作歌诗,执俗乐,殊非所宜也",反对女子作词执乐,但正反映了社会上女子喜爱歌咏作词的实际。明代以前,《女教》著作大多文字艰涩,欲使女子学习领会,必须先教她们识文认字,所以,女子的读书受教乃平常之事。明代末叶的吕坤在《闺范》中说:

今人养女多不教读书,盖防微杜渐之意。然女子贞淫,却不在此。

这里方看出当时社会已经有了不让女子读书的趋向,而在那样的社会环境里,才有了产生"无才是德"思想的可能。仅从我们所见到的明末典籍看,当时还没有直接说出这句话,只是隐约地表达了这样的主张。一直到了清代,王相母亲《女范捷录》、陈宏谋《教女遗规》、章学诚《妇学篇》等著作里才明确地出现这句话，并很快为社会普遍接受，成了人们常常挂在嘴边的警语。

这句话的出笼并很快为社会所接受，原因很复杂，主要的是以下两个方面：

其一，一些反映男女交往的传说故事的影响。唐代著名诗人元稹谋取崔莺莺而不得，作《会真记》以排郁。这本是文人的伎俩，与道德问题毫不相干，可是经过文人的艺术加工，演变为传奇。董解元作《西厢记诸宫调》、王实甫作《西厢记》、关汉卿作《续西厢记》，都成为元曲中最有名气的著作。明代又有《南西厢记》，可见明人对这一故事仍感兴趣。时人认为莺莺不贞，完全是由于她善诗会吟，如果她不会诗文，绝不会与张生相互酬答、情投意合，而"待月西厢下"一句尤为失身的张本。所以，《西厢记》的盛行，人人都觉得女性学诗知文的不妥。

其二，当时的妓女都擅长于歌词曲赋，遂使世俗眼光认为有才是不幸的事。固然能诗会文不是女子下海为娼的原因，但那些"吟风弄月""和李酬张"的行为毕竟不是良家女子应做的事，而且，女子能诗会歌，多少有些薄幸。妓女善诗使人们逆向认为知文的女子难有善果，在心理上视女子有才即为丧失妇德。

明清时期，"女子无才便是德"已成为世俗的普遍观念，它使女性放弃知识修养的权利，愚昧驽钝，只知道盲目顺从而不思进取与反抗。封建统治者极力提倡"女子无才便是德"，正是看中了其愚弄妇女的作用。它推动了贞节观念宗教化的过程，又稳固、加剧了宗教化的贞节观念在社会生活中的践行。所以，它使男尊女卑的观念愈益深入人心，女性的社会地位和处境更加低下与艰难。

在社会普遍欣赏"女子无才便是德"的时候，也有人提出了反对意见。因为如果以此来作为衡量女性立世的准则，那么有些女性的行为就难以訾议。如袁枚的妹妹袁素文很有才学，未满周岁时指腹为婚，许给了高家，高氏子长大成人后却是个流氓恶棍。高家为素文着想，几次要求退约，而素文死守"从一而终"的观念执意不肯。嫁到高家后，素文受丈夫百般酷虐，始终逆来顺受，直至丈夫要卖她抵债时才离婚回到娘家，不到四十岁就抑郁而死。袁枚在《祭妹文》中说："使汝不识诗书，或未必坚贞若是"，袁树的《哭三姊》诗中也有"少守三从太认真，读书误尽一生春"的句子，二人都认为袁素文之所以能坚守贞节，是知书明礼的结果。

明清时期反对"女子无才便是德"的还有一些人，如明朝赵源的《古今女史·序》说："夫'无才便是德'似矫枉之言，'有德不妨才'真平等之论。"而清朝女教圣人王相母亲的《女范捷录》则详细论述了女子"德"与"才"的关系：

男子有才便是德，斯言犹可；女子无才便是德，此语殊非。盖不知才德之经与邪正之辨也。夫德以达才，才以成德，故女子有德者固不必有才，而有才者必贵乎有德。德本而才末，固理之宜然，若夫不善，非才之罪也。……由是观之，则女子知书识字，达礼通德，名誉著乎当时，才美扬乎后世，宜其然哉！

尽管“才德兼备为善，知书方能识礼”比“女子无才便是德”更加全面和完善，也更加有利于封建伦理的巩固及贞节观念的推广，但观念的特点往往是先入为主，不易改变，当时的人们宁愿女子闭守闺门、家室，而不愿她们识文学字，以免有太多的“非分”之想。所以，“女子无才是德”的思想影响中国社会达三四个世纪之久。

种种因素的共同作用，使得贞节观念在明清时期被申扬到了极点，形形色色的守节妇女人数众多，据《古今图书集成》的收录，明代的节烈妇女多达三万五千多人，而清朝仅仅在雍正三年(1725年)之前，节烈妇女已经有一万二千多人。翻开她们的传略来看，守节的情形异常繁多，割股疗夫、夫死殉节、伤肢守节、望门守寡……，其惨烈的程度令人不寒而栗。然而她们又大多主动地将自己的一切——精神、意志、感情、青春、身躯乃至生命毫无保留地献上封建道德的祭坛，并不需要更多的直接的外力强制，可见观念的浸淫是多么强烈。《明史》《清史稿》的《列女传》中，妇女的守节无所不用其极，试看两例：

崇祯中，兴安大水，漂没庐舍。有结筏自救者，邻里多附之。二女子附一朽木，倏沉倏浮，引筏救之，年皆十六七，问其姓氏不答。二女见筏上男子有裸者，叹曰：“吾姊妹依木不死，冀有善地可存也，今若此，何用生为！”携手跃入波中死。

季斌敏聘妻蔺，……斌敏未婚卒，蔺年十八，矢不嫁。居二年，闻有媒妁至，截右耳，逾三日，又截左耳。其父春以告季氏，迎以归。女事姑甚孝，为夫补行丧服。丧终，归诀父母，谓当死从夫，父母力劝喻之。女复还，见姑，言笑如平时，即夕饮毒死。启箧封所割两耳，识曰“全归”。

以上事例中的姐妹仅仅是因为“筏上男子有裸者”就舍弃了生命来坚守所谓的贞节，而蔺女的守节更是饱含了愚昧和盲目。明清时期这类事情不胜枚举，随处可见的贞节牌坊正是贞节观念泛滥的写照。

人类区别于动物的重要之处在于人类具有理性思维和情感活动，贞节观念的宗教化以理性和情感的泯灭为前提，并且使得社会更加漠视人性和生命，而对于情感更丰富的女性来说，其压抑愈甚，生活中也就充溢了痛苦、艰难与不幸，这时，生命便不再有活生生的意义了。即使作为男性，在压抑人性的社会里，也不可能充分地体现出自己的价值，并得到升华。人的创造性被压抑必然使人变得麻木不仁，整个社会也就必然被窒息了活力，中国近代百年屈辱的历史正可以从明清封建伦理极端化对社会造成的伤害中找到部分因由。

## 人性的醒悟

就女性而言，自我觉醒意味着女性开始认识到自尊的重要和对独立提出要求。所谓独立即指自己支配自己，毫无依赖他人之心。独立分有形独立和无形独立两种，有形独立是指物质上的独立，即在经济上不再仰仗他人；无形独立是指精神上的独立，即不随便地附和别人的意见和行为，自己有辨别是非、处理问题的能力。当历史的步履缓缓迈入明末的界限时，虽然女性仍无法冲破男子所设置的重重障碍（尤其是性束缚），却有了要求摆脱性商品的卑贱地位和精神自立的偏向，这些偏向发轫了人们对人、情、欲的重新审视。

在这个趋向出现之前，男子欲求女性不外是追求女性无与伦比的使用价值，即：(1)性交（如果说男性是为了满足自己的性欲才觅取妻子，那么，妻子本质上与娼妓毫无二致）；(2)玩偶（尤其是娇小玲珑的女性，倍受男人喜爱，能使男性感到欢欣，并且有装饰的效用）；(3)再生产手段的媒介（妻子通过生育使男性有了财产继承人）；(4)保姆（妻子负责家务，使男性无后顾之忧）；(5)廉价的劳动者（妻子作为家庭经济的辅助者，从事家庭手工业和其他副业，以弥补丈夫的收入）。此五项都是在掩盖或亵渎女性人格的基础上才得以实现。但在资本主义关系萌芽之后，这种畸形的价值观念开始受到强烈的震撼，尤其是一大批“借男女之私情，发名教之伪药”文学作品问世之后，虚伪的贞节观出现了裂纹。人、情、欲的重新审度使人们具备了从人格价值上看待女性的群体意识。冯梦龙《警世通言·金明池吴清逢爱爱》中爱爱的故事颇能说明问题：这篇小说描写了卢爱爱对吴清的爱慕之情。爱爱与吴清一见钟情，因不得结合抑郁而死，死后变成了艳鬼继续追求吴清。当吴清的父母发现后，请道士皇甫真人前来斩鬼驱邪。尽管道士足智多谋，但最终仍被鬼魅识破并击败，那“皇甫真人已知斩妖剑不灵，自去入山修道去了”。描写道士与魔鬼相斗的作品古已有之，然而像这类鬼魅战胜全能道士的作品实属罕见，它率真地表现了“隔断生死终不泯，人间最切是深情”！

男女两性间真情的披露和提倡，使贞节观愈显陈腐不堪。蒋兴哥出外经商，其妻王三巧受人诱骗，与陈大郎私通。蒋兴哥知隐情后，怒气填胸，“面如土色，说不得，话不得，死不得，活不得，"但写了休书之后，见到家中的细软箱笼，"见物思人，何忍开看？"等到蒋兴哥吃了冤枉官司，王三巧不忘前情，极力张罗营救。后来两人书房相见，抱头痛哭，重修旧好，破镜重圆。这里，贞节观已不是心中的唯一主宰了。人的行为受其真情的支配，爱情始与贞节观锋刃相对，应该说这是历史的进步，也是当时现实生活的反映。

对人世间真情的赞颂使一些思想家和文学巨擘不避矫枉过正之嫌，鼓吹当事人的爱慕应高于一切的情感观念。"结识私情弗要慌，捉着了奸情奴自去当；拚及到官奴膝馒头跪子从实说，咬钉嚼铁我偷郎！"语言如此大胆明快，果断坚决，并出自一位女性之口，完全置封建名教于不顾。在明代文学作品中，像这样对于男女真挚欢爱的歌颂是常见的。汤显祖《牡丹亭》便有这样的题辞：

情不知所起，一往而深，生者可以死，死者可以生；生而不可与死，死而不复生者，皆非情之至也！

汤显祖把爱情看成了超越生死界线的伟大力量，从而肯定了爱情的合理性和神圣性，向人们展示了：爱情，是人类的一种高贵、深沉、纯洁的情感，绝非如道家所指责的卑俗，须加以遏止的"劣欲"。

情的重视自然影响着欲的追求，难能可贵的是，在明代的文学篇章中，有不少作品直接地对封建男性特权提出抗议，并以此为指导思想，对女性的"偷情""外遇"寄予深切的同情；同时也有大量篇章坦荡地对肉欲进行描述，其中有市井无赖的寻花问柳，有佛徒道士的犯科纵欲，有已婚男女的作奸私通，这些作品表现了市井中人对肉欲的疯狂追求，流露出作者对色情的欣赏玩味。这种艺术现象，不能一概斥之为"封建糟粕"，它是市民情趣和婚恋观念的真切反映，也是社会在朝资本主义方向进化过程中难免的道德风尚。尊重女性人格，追求精神之爱和本能的肉欲迷恋，无论是哪方面都是对程朱理学和僧侣主义的一种冲击。

在明末历史变迁之下，人、情、欲的重新思考包蕴着历史的必然性。资本主义萌芽的滋生和市民阶层的扩大，使人们的道德精神和社会生活画面发生了质的变异，同时，社会思潮的转变也为这一思考创造了新的角度和新的依据。明代前期，程朱理学气势之盛，可以说到了炙手可热的程度，统治者极力彰扬，并以此作为治国方略。然而，朱学极盛之时，恰恰是朱学自身弊端暴露之时。朱熹提倡"格物穷理"，主张广泛考察，其后学如果缺乏统御力，便会失之于支离破碎，从而一叶障目，走向反面；主张穷尽天理，后学往往会放松自身修养，尤为严重的是，强调一味崇奉朱学，更养成学人的恭顺附和，缺乏创新的动力和独立的人格。当时代政治步人中衰时期,学者中的忧国之士,面对国运不济,苦苦探索着缘由,终于归咎于“人心不正”,于是一种力图抛却朱学,另觅新义的要求在思想界酝酿着,王阳明的心学便应运而生。王学的主旨,清儒刘宗周曾有过十分洗练的概括:

先生承绝学于辞章训诂之后,一反求诸心,而得其所性之觉曰良知,因示人以求端用力之要,曰致良知。良知为知,见知不囿于闻见。致良知为行,见行不滞于方偶。即知即物,即动即静,即体即用,即工夫即本体,即下即上,即心即物,以救学者支离眩鹜务华而绝根之病。可谓震霆启寐,烈耀破迷。自孔孟以来,未有若此之深切著明者也。

王阳明高张心学旗帜,使明代思想界发生了很大的转变,根源于一味诠说经典、玄谈天理的程朱理学已无助于解除明代政治的危机,而以拯救人心为矢的,竭力宣扬理性、精神作用的王学,让士人耳目一新,能使明朝统治机体得以复苏,所以自嘉靖以来,王学风靡宇内。

王学兴盛持续半个世纪之后,到万历中期,也发生了变异。究其根本,是王阳明提出了“致良知”的学说,但未做详尽阐发。因而在王阳明归阴之后,王门弟子在这一问题上歧见迭出,形成不同学派。其中给明代晚期社会生活带来较大影响的是泰州学派。泰州学派有一特别之处是学派成员除有上层人物外,多有下层人物参加,其成员出身有盐丁、庸工、窑匠、樵夫、田夫、商贾、戍卒等,这是泰州学派能吸引下层人物的优势所在。本来,作为与程朱理学相颉颃的王学,虽然也是为统治者的长治久安服务的,而到了泰州学派,这一层意义更加明朗,并对礼教教条提出了相当尖锐的批评和嘲讽,形成了一种有悖于三纲五常的异端色彩。泰州学派之所以能造成很大势头,主要是在于这一学派将王学中的“人皆可为圣人”的意蕴着力发挥,把程朱玄渺的“天理”拉回到人们日常生活之中,提出了“百姓日用即道”的命题,并肯定了物质欲望的合理性,反对程朱及其后学将人欲说成是罪恶。

肯定了物欲的合理性,自然也会对物欲之外的人类本能欲望表明态度,李贽的一系列言行便具有代表性。这位被人称之为“自相冲突的哲学家”,在对待人欲的问题上,尤其是男女之间的私情,态度十分明确。据记载,李贽从三十岁做县学的教师起,从事了四十年的教学活动。他接收的学生中不仅有儒生,也有女性。山西总督梅国桢孀居的女儿梅澹然曾拜李贽为师,而且交情尤好;梅家的其他女眷也和李贽频繁接触。这种超越习俗的行为,在男女授受不亲的社会环境中,引起众人的侧目而视是自然的。但李贽对舆论的压力似乎感觉不到，或者说是不予理睬，仍毫无顾忌地与梅澹然及其妯娌们频频往来，切磋学问和为人之道，即使离开了梅氏所居的麻城，也鸿书频传。李贽著作中所提及的“澹然大师”“澄然”“明因”“善因菩萨”等都是指这几位女性。他屡屡向人说起梅澹然是出世丈夫，“虽是女身，男子未易及之，”又说“此间澹然固奇，善因、明因等又奇”。他甚至把澹然比作观世音，并把和这几位女性谈论佛学义理的专稿刊刻于世，题名为《观音问》。在一首题为《绣佛精舍》诗中，他对梅澹然大加称赞：

闻说澹然此日生，澹然此日却为僧。
僧宝世间犹时有，佛宝今看绣佛灯。
可笑成男月上女，大惊小怪称奇事。
陡然不见舍利佛，男身衰隐知谁是？
我劝世人莫浪猜，绣佛精舍是天台。
天欲散花愁汝着，龙女成佛今又来！

李贽不仅频繁与女性来往，对女性的一系列问题的见解也与时人大相异趣。针对历史上“妇人见短”的论调，提出了男女见识和智力平等的主张，在列举周文王的妃子太姒、周武王的王后邑姜、女诗人薛涛等人的事迹后评论道：对这类女子，“恐当世男子视之，皆当羞愧流汗，不敢出声矣。……今反视为短见之人，不亦冤乎！”在寡妇再嫁问题上，他热情地歌颂了卓文君与司马相如的自由结合：“斗筲尔人，何足计事。徒失佳偶，空负良偶，不如早自抉择，忍小耻而就大计。”在《初谭集》中，我们更明显地看到这位思想家的态度。庾亮的儿子死后，儿媳的父亲诸葛道明打算让女儿改嫁，征求庾亮的意见，庾亮回答：“贤女尚少，故其宜也。”欣然同意儿媳改嫁。这一做法李贽甚为赞赏，干净利索地批曰：“好！”王戎的儿子同裴遁的女儿订亲，尚未过门，儿子夭折，王戎“不许人求之，遂至老无敢娶者”，李贽愤然斥责：“王戎不成人，王戎不成人！”

尽管李贽在其著作中声称自己正直无邪，理直气壮地辩解自己同几位女性的交往完全合乎礼法，毫无男女混杂之嫌，但在他的文章中所流露的挑战性语气以及有关“山居野处，鹿豕犹以为嬉，何况人乎”之类语句，无疑为社会所难容。李贽的论敌据此认为这些纯属伤风败俗之举，联系李贽在青年时狎妓以及率领僧众到一位寡妇卧室化缘等行为，证明他的行止不端是一贯性的。因此，在李贽七十岁时锦衣卫捉拿了他，罪名是：

肆行不简，与无良辈游于庵。挟妓女白昼同浴，勾引士人妻女入庵讲法，至有携衾枕而宿庵观者，一境如狂。……后生小子喜其猖狂放肆，相率煽惑，至于明劫人财，强搂人归，同于禽兽而不之恤。

罗织的这些罪状大多是子虚乌有，纵然李贽有行为不轨甚至涉及淫乱，在封建时代这本是所在多有，毫不足怪。关键的是李贽毫无忌惮的态度，他竟敢将那些惹是生非的情节和文字刊刻流传，这就等于向当时社会以及行之千年而不衰的伦理道德观公开挑战，他的名声愈大，其挑战性就愈显得强烈。李贽的思想和行为准则虽本于泰州学派，但他对社会生活和社会观念的影响远非泰州学派所能比拟，因而遭到鸣鼓而攻之，甚至以“七十老翁何所求”的自嘲脱离苦海，乃是必然之事。

李贽的悲剧不仅仅属于他个人，也属于那个时代。人、情、欲的重新审视使封建道德出现了松动，贞节观念受到了猛烈的震撼。然而，贞节观念的现实基础未受到任何损伤，这株带有新时代气息的嫩芽无可避免地夭折于寒风冷雨之中，贞节观念仍朝着宗教化的极端方向发展。

# 贞节制度与习俗

在贞节用作对女性的束缚和禁锢的过程中，仅仅体现于观念的层面上是远远不够的。尽管观念因极强的渗透力而对人们的社会生活产生巨大的作用，但它主要依靠舆论等不具有强制力的方式施加影响，其存在的较大伸缩的弹性可以被人们用作两种解释，既可要求贞节观念的强化，又可在实践中表现贞节观念的淡薄，因此，它难以直接地施压于民众的践行。毕竟，道德伦理的裁量如果没有规章制度的保证，力度终究有限。在充分探讨了贞节观念的产生及发展过程以后，我们必须将目光集中于贞节的运行机制上。自然，古代社会里统治者为了保证贞节的履行和效用而采取的一系列措施应该首先关注。

## 两性关系涉及的律令

作为统治阶级意志的集中表现，中国古代社会的法律所调节的范围相当广泛，它涵盖了包括两性关系在内的所有社会关系。贞节的内容属于两性关系的范畴，因此，对贞节所做的法律规定体现于调节两性关系的法律中，尤其是在婚姻法等法律中。在中国古代社会里，法律形成及其演变过程十分复杂，大致看来，秦汉以后才有了较为完备的法典，法律的主要形式如律、令、格、式等逐渐定型。其中，与两性关系相涉的是律和令。律是社会的基本规范，相对稳定而简单；而令即君主的诏令，尤为复杂，随意、即时、内容丰富。此外，各个时代的判例也作为“例”的法律形式对其后的判决发生作用，所谓“援例”即是这类情形。法律对社会关系的调整，有强大的国家机器作为支撑和保证，因此具有强制性，它对人们社会行为的约束力极强。这种来自上层建筑的统治阶级的意志一经产生，就必然成为全社会共同遵守的规范，若有违反，则将受到国家力量的制裁和惩罚。在对两性关系进行调整时，它可以用倡导或禁止的方式来规定贞或不贞，而这种规定往往与贞节观念的发展同步，从内外两个方面完成对贞节的要求。由于贞节的产生和发展始终与男尊女卑、夫贵妻贱等内容紧密相连，所以在考察关于贞节的法律规定时，不可避免地要以夫妻关系作为主要讨论对象，这里，我们将依时代顺序着重考察以下几个方面的内容：其一，夫妻双方的地位和义务；其二，妇女的离婚与再嫁；其三，国家政权对贞节的态度和措施。

先秦时期，还没有完备的法律，用来调节不同阶级的法律规范是“礼”和“刑”。在内容有限的禹刑、汤刑、周之九刑及一些载有法律判例的铭文中，没有见到调节两性关系的内容。这部分内容主要体现于“礼”——《周礼》《礼记》等由后人整理成书的先秦典籍中。为了维护男性对女性的占有，先秦社会对女性的贞节提出了种种要求，《诗经·卫风·氓》说：

士之耽兮，犹可说也，女子耽兮，不可说也。

也就是说，男子在外面行为放荡、寻欢作乐是可以原宥的，不必追究，而女子的所谓不贞洁的行为必须受到舆论的谴责和法令的约束。如《穀梁传》所言，妇女“惟以贞信为务”，而保证女子贞信的方法和途径有很多。《礼论·内则》中对此做了详细的规定。首先，“男不言内，女不言外，”“男子居外，女子居内，深宫固门，阍寺守之。”这是从总体上设定了女子在家庭中的地位。在此前提下，还有更为复杂的女子的行为规范。其次，“女子出门，必拥蔽其面，夜行以烛，无烛则止，”女子必须防备与男子的接触，而这种防备在女子出嫁前就已经开始实施，“女子十年不出，姆教婉娩听从，”在家中学习妇女应该具备的种种技艺和事夫、事公婆的道德品质。当然，先秦时期对女子贞节的要求主要内容是婚后之贞，《易经》说：

夫征不复，妇孕不育。

对此，吕振羽先生的解释是：“在丈夫出征的期间内，他的留在家中的妻，若和其他男子偷偷摸摸发生着两性生活；若因而怀孕、生子，是不能得到她的丈夫和当时社会的承认的，因而她只能把腹中怀着的小生物，用人工方法给他小产出来，抛置到厕所里，或者……才算妥当。”妇女“有三从之义，无专用之道，故未嫁从父，既嫁从夫，夫死从子”，这种“三从”是妇女的伦理信条和两性关系的法律准绳。阻止妇女再嫁的规定也在先秦时代提出，夫死不嫁、从一而终已经被纳入对妇女贞节的要求，所以《礼记·郊特牲》说：“壹之与齐，终身不改，故夫死不嫁。”正是众多关于女子贞节的法律的出台，才使得女子的社会生活有了各种限制和束缚，套在女性脖颈上的有形和无形的锁链越铸越长。

当女子违反统治阶级的道德伦理规范时，将会受到一定的惩罚，有关离异出妻的规定就是赋予男子单方面的权力以控制、规范女子的行为。《仪礼·丧服》《大戴礼记·本命》《孔子家语·本命》等篇章都列举了丈夫出妻的七条理由，其中重要的一条就是女子的所谓“淫泆”“淫僻”。而女子则没有离婚的权利，她们只能听任男子的安排而接受命运的不公，因为按照宗法制度的惯例，她们生下来就不能取得与男子平等的地位。事实上，男子的出妻十分随便，他们拥有离婚专利之权，可以任意选择一个理由而将妻子逐走，例如孔子家曾三世出妻，曾子因为妻子蒸梨不熟而出妻，孟子看到妻子在家中张开两腿蹲在地上就气得要将她休掉。连这样一些十分微小的事由都可以成为出妻的借口，何况“淫僻”呢？因此，所谓的出妻实际上是弃妻的制度，它从一个侧面体现了妇女地位的低下及当时对女子贞节的要求。

当然，先秦社会的经济、文化还很落后，政治制度还很不完善，礼的规范远未深入到所有的社会阶层，它主要在统治阶级内部起作用，而普通民众则较少受到礼的束缚，所谓“礼不下庶人”，就是这种情形的真实写照。因此，对妇女贞节的法律规定所影响的范围还很有限，其作用也不十分明显，这一点从先秦时代妇女贞节的实例较少的现象中就可以得到说明。而且，为了保证社会的稳定与进步，必然要求统治者重视人性、民心，保护婚姻，鼓励生殖，使得“内无怨女，外无旷夫”，以达到儒家思想中“发乎情”而“止乎礼”的要求。《周礼·地官·媒氏》规定：“令男三十而娶，女子二十而嫁。”《墨子·节用》说：“古者圣王为法曰：丈夫年二十无敢不处家，女子年十五无敢不事人。”《国语》甚至说：“女子十七不嫁，其父母有罪；丈夫二十不娶，其父母有罪。”在这种情况下，贞节并没有被抬升到很高的地位，国家政权倡导民众不违时节以行嫁娶，而如“中春之月，令会男女，于是时也，奔者不禁。若无故不用令者，罚之”。则与贞节更是相去甚远。贞节的影响所及，贵族妇女首当其冲，她们有着种种辛酸、苦涩的遭遇。而民间妇女则不然，她们虽不享有富足的生活，却也不必拘泥于礼法的约束，在两性关系上，她们还拥有一定的权利和自由，法律对她们还鞭长莫及。此外，先秦时还有“合独”的做法，《管子·入国》说：

凡国都皆有掌媒，丈夫无妻曰鳏，妇人无夫曰寡，取鳏寡而和合之，予田宅而家室之，三年然后事之，此谓之合独。

“合独”的存在，表明统治者从现实的社会情况出发，不仅不禁止妇女的再嫁与改嫁，而且设置专门的媒官管理婚姻，鼓励合独，它既是保证人口增殖的有效措施，又是在两性关系上的务实态度。《仪礼·丧服》云：“继母如母，”《诗经·小雅》云：“不思旧姻，求尔新特，”都说明了这个问题。很显然，贞节在这里被抛到了一边。

秦汉时期，着力修饰礼法，对女子的贞节有了远超前代的明确规定。秦始皇曾多次巡游刻石，宣扬教化，要求“男女礼顺”“女修其业”，尤其是在会稽刻石中提出：“饰省宣义，有子而嫁，倍死不贞。防隔内外，禁止淫泆，男子洁诚。夫为寄豭，杀之无罪，男秉义程。妻为逃嫁，子不得母，咸化廉清。”显然，这已经十分明白地规定了女子的贞节义务，并且对不贞行为提出了法律惩处的要求。秦朝时，有了倡导贞节的具体举动，巴蜀寡妇清“能守其业，用财自卫，不见侵犯”，于是秦始皇以其为“贞女而客之，筑女怀清台”。对女子信守贞节做出了示范。秦朝承继了先秦时期法家的思想和治国措施，形成了较为完备的《秦律》，在现存的成文法典中，《秦律》首次出现了调节两性关系的婚姻法的内容。《秦律》禁止夫妻之外的性关系，它规定，如果“女子去夫亡”，而与他人“相夫妻”，即妻子私奔与情夫同居，就要处以“黥为城旦”的重刑。如果已婚妇女与别人通奸，双方均为犯罪，将被“捕校”送往官府进行惩治。而“同母异父兄妹相奸”者，则要遭受弃市的极刑。《史记·吕不韦列传》记载，吕不韦、嫪毐与秦始皇的母亲华阳夫人私通，后来被始皇以此罪名诛杀，可见当时对犯奸之罪已经可以施以任何的惩处。1975 年 12 月，睡虎地秦墓竹简出土，其中有较多的关于两性关系的法律规定，更加丰富了我们对秦朝法律的认识。

汉代进行了大规模的修律活动，特别是汉武帝时期任用酷吏张汤、赵禹修订法律，制成了内容浩繁、条目庞杂的系统的《汉律》。虽然至唐朝时《汉律》已基本散佚，其内容难以尽晓，但它多为《唐律》所吸纳，是中国封建社会的法律蓝本。根据散见的史料佐以考古发现特别是“汉简”的记载，学者们已基本趋于一致地认为：包括沿袭和创制在内，“武帝时的法律形式已基本上定为律、令、科、比四种”。尤为值得注意的是，“春秋决狱”经过汉武帝及董仲舒等人的倡导，成为法律的重要形式，这样，儒家经典文献中的思想都成为汉代法律的内容。自然，先秦儒家所鼓吹的女子贞节也在《汉律》中有了具体的体现。从《汉书》《后汉书》、“汉简”等的零星记载和《唐律》来看，婚姻法是汉代法律的重要内容之一。汉律规定，丈夫可以随意打骂妻子，妻子只能保持“敬顺”，“男以强为贵，女以弱为美”；丈夫可以休妻再娶，女子却不能休夫再嫁，“夫有再娶之义，妇无二适之文，”如有违反，则要加以惩治。对于女子的贞节，汉代统治者恩威并施，奖惩并用。西汉宣帝刘洵于神爵四年（公元前58年）下诏赐“贞妇顺女帛”，这是中国封建社会褒奖贞节的滥觞。法律制度的保证与申扬，使得汉代贞节实例逐渐增多，也给后来的帝王下达褒奖贞节的诏令提供了参照。王莽摄政时，“乃令太后（汉元帝王皇后）四时车驾巡狩四郊，存见孤寡贞妇。”而到了东汉时期，褒扬贞节的次数多了起来，根据统计，东汉政府先后五次奖励贞妇，其详细情况见下表：

| 皇帝 | 年代 | 内容 |
| --- | --- | --- |
| 安帝 | 元初元年（114年）正月 | 赐贞妇帛，人一匹 |
| | 元初六年（119年） | 赐贞妇粟，人十斛，甄表门闾，显厥行。 |
| | 延光元年（122年） | 赐贞妇帛，人二匹 |
| 顺帝 | 永建元年（126年）正月 | 赐贞妇帛，人三匹 |
| 桓帝 | 建和元年（147年）正月 | 赐贞妇帛，人二匹 |

可以看出，汉代统治者对贞节的褒扬比前代要强得多，而且这种行为不仅仅局限于君主，某些地方政府也订立制度，倡行贞节。据《三国志·魏书·杜畿传》记载，河东太守杜畿“班下属县举孝子、贞妇、顺孙，复其徭役，随时慰勉之”；《袁涣传》载，梁相袁涣教令诸县“务存鳏寡高年，表异孝子贞妇”。上行下效，在东汉的画像石、画像砖和壁画上，节妇与孝妇的题材占有颇为重要的地位。山东武梁祠画像石上，就有“梁节姑姊”“齐继母”“京师节女”“钟离春”“梁高行”“鲁秋胡”“齐姑姊”“楚昭贞妻”等众多贞节妇女的形象。说明政府奖励贞节的举动已经产生比较大的社会效果。

但是，统治者对贞节的鼓吹并不能够充分说明贞节观念在社会各阶层的普及，对贞节的褒奖也不能证实贞节行为的广泛。事实上，极力鼓吹、褒扬贞节的时期恰恰映照着贞节观念比较淡薄的社会现实。正如我们在上一章讨论贞节观念的演变过程时所指出的那样，两汉时期贞节对女子的要求还很宽泛，女子还有较大的社会活动空间。在采取种种措施褒奖贞节的同时，汉代统治者也从法律上肯定了妇女再嫁、改嫁的自由，而并没有死守着“从一而终”的教条。汉代妇女社会地位较高，再嫁、改嫁之风盛行，律令中并未见到禁止的条文。汉宣帝在神爵四年的褒奖贞妇,已是汉代立国一百多年以后的事了,即如奖励贞节最力的东汉,妇女再嫁也比比皆是,而且如曹丕、刘备、孙权等人都曾纳娶寡妇为妻。《三国志·魏书·后妃传》载,甄氏原为袁熙之妻,袁熙死后,再嫁曹丕;《三国志·蜀书·二主妃子传》载,刘备夫人穆氏,先适刘瑁,刘瑁死后,穆氏寡居,后嫁给刘备;《三国志·吴书·妃嫔传》载,孙权徐夫人,"初适同郡陆尚,尚卒,权为讨虏将军在吴,聘以为妻。"再嫁被时人视为平常之事,并没有受到什么非议和责难,可见当时的舆论和价值取向。贞与"不贞"的内容交织出现,说明汉代社会全面倡导贞节的条件还不具备,时机还不成熟。法令对贞节的褒扬还处于初始状态,远未将贞节的帷幕合围。

魏晋南北朝时期,兵燹频仍,社会纷纭扰攘,动荡不安的局势下,虽然仍比较重视立法工作,但法律比较散乱,而且多是在汉代法律的基础上有所损益。在留存于今的十一部正史中,《晋书》《魏书》有"刑法(刑罚)志",从其中及散见于史籍的记载中可以约略观察魏晋南北朝时期在法律上对贞节所做出的规定。《晋书·刑法志》载,三国魏"承用秦汉旧律","傍采汉律,定为魏法"。因此《汉律》中关于嫁娶的婚姻法的内容也必然为后世继承。吴、蜀的情况也大致相似。人西晋以后,依然以汉律作为蓝本,修订法律。此后,东晋、刘宋、萧齐代代相袭,变动不大。梁代的《梁律》及陈代的《律》《令律》亦不出汉魏旧律的范围。北朝的法律受魏晋及南朝的影响极大,所不同的是加入了北方少数民族的某些习惯,北魏、北齐、北周均是如此。

魏晋南北朝各个时代的法律中都设有"户婚"(或称"户""婚户"等)之律,用以调节夫妻关系,另外如"杂律"等其他的刑律中也涉及了两性关系。此时虽然礼教有了衰落的迹象,但贞节观念却得到了再度弘扬。晋代规定,"妇人有三从之义,无自专之道","在室之女,从父母之诛,既醮之妇,从夫家之罚"。女子的社会地位进一步下降,而在此之前的汉魏,甚至追罚已经出嫁的女子与父家同罪。晋代重申女子顺行贞节,若犯有"淫泆"的罪名,不仅要被丈夫"出妻",而且还要遭受法律的惩处。同时,还明令禁止男子的犯奸,"重奸伯叔母之令,弃市。淫寡女,三岁刑。"显然,对男子的惩罚仍然偏轻,只有在触动封建伦理的核心如五服以内的奸情,或者危害了门阀等级的根本时,才施以重刑。而女子则不然,封建法律的重要特征之一就是维护男尊女卑,压迫和奴役女性。北齐时,华山王高凝在诸王中"最为孱弱",其妃王氏"与包头奸,凝知而不能限禁。后事发,王氏赐死,诏杖凝一百"。至于男子因奸情而处死的,史籍中却鲜于记载。《北齐书·刘逖传》载,刘逖在天保初年"行定陶县令,坐奸事免"。这种处罚已经算偏重的了;很显然,对待男女在两性关系上的不洁,封建法律使用了双重标准。

对于贞节妇女进行褒奖的举动,也屡见于魏晋南北朝的史籍中。统治者通过政府行为引领社会舆论,倡导贞节,极大地影响了妇女对贞节的态度。如《北史·列女传》记载:

荥阳史映周妻耿氏者,同郡耿氏女也。年十七,适于映周。太和二十三年,映周卒,耿氏恐父母夺其志,因葬映周,哀哭而殒。见者莫不悲叹。属大使观风,以状具上,诏标门闾。

此类愚贞的事例还有不少,褒奖贞节的流弊所致,是对无辜女子的戕害。在"妻无去就,一醮终身"的观念和制度下,不知酿就了多少女性的悲剧。

另一方面,魏晋南北朝时期对女子的禁锢仍不严密,"宋世闺门无礼""六朝女子风雅"等都反映了女性社会生活的某些自由度。同时,统治者也采取适当措施鼓励两性的交往及婚姻,以促进人口的增殖和社会的发展,离婚改嫁、夫死再嫁的事情也所在皆是。《晋书·武帝纪》载,晋武帝下诏令"女年十七,父母不嫁者,使长吏配之。"《魏书·高祖纪》载,太和二年(478年)二月,高祖(孝文帝元宏)"行幸代之汤泉,所过问民疾苦,以宫人赐贫民无妻者",太和二十年(496年)七月,诏:"夫妇之道,生民所先,仲春奔会,礼有达式,男女失时者,以礼会之";《世宗纪》载,正始元年(504年)六月,诏令"男女怨旷,务令媾会";《肃宗纪》:正光二年(521年)七月下诏"男女怨旷,务令合偶"。史籍中还有多处"诏听离婚"的记载。更有甚者,曹魏时还有录送寡妇的制度,即命令郡守将守寡的妇女许配给立过战功的士兵。由于战事频繁、官吏滥用职权,录送寡妇之外,甚至强夺有夫之妇,走向另一极端。《三国志·魏书·杜畿传》注引《魏略》载:

初畿在郡,被书录寡妇。是时他郡或有已自如配嫁,依书皆录夺,啼哭道路。畿但取寡者,故所送少;及赵俨代畿,而所送多。文帝问畿:"前君所送何少,今何多也?"畿对曰:"臣前所录皆亡者妻,今俨送生人妇也。"帝及左右顾而失色。

不仅曹魏如此,北齐时也曾录送寡妇二千六百多人以配军士,并且其中也强取相当部分的有夫之妇。显然,录送寡妇的制度与信守贞节是背道而驰的。

隋唐时期,法律制度已经相当系统、完备,尤其是修成于贞观、永徽年间的《唐律》及《律疏》,影响了其后的整个封建社会。五百余条的《唐律》内容十分丰富,其中专设《户婚律》四十六条对家庭、婚姻关系做了较为详细的规定,另外，在其他的各篇如《贼盗律》《斗讼律》《杂律》等中也有关于户婚方面的内容。与以前历代的法律相类似，《唐律》显示了明确的男尊女卑、夫贵妇贱的观念，而且有了进一步的发展。《唐律·斗讼律》对丈夫伤害妻子与妻子伤害丈夫提出不同的量刑标准：

诸殴伤妻者，减凡人二等。……殴妾折伤以上，减妻二等。……过失杀者，各勿论。

诸妻殴夫，徒一年；若殴伤重者，如凡斗伤三等。

也就是说，丈夫对妻子的侵犯与妻子对丈夫的侵害在法律上须作相异的量刑，它反映了夫妻双方法律地位的不平等。

唐代法律中出现了鼓励女子从一而终的内容。《唐律·户婚律》规定：

诸夫丧服除而欲守志，非女之祖父母、父母而强嫁之者，徒一年；期亲嫁者，减二等。各离之。女追归前家，娶者不坐。

诸娶逃亡妇女为妻妾，知情者与同罪，至死者减一等。离之。即无夫，会恩免罪者，不离。

枉法娶人妻妾及女者，以奸论加二等。

诸和娶人妻及嫁之者，各徒二年；妾，减二等。各离之。即夫自嫁者，亦同。

可以看出，以上的几条规定分别对强嫁守节之妇、娶逃亡妇女(多为有夫之妇)、娶他人之妇等行为做出了处罚，虽然没有明确要求妇女从一而终、夫死不嫁，但却是从不同的侧面和角度对妇女信守贞节进行提倡，因为禁止了导致“不贞”的举动，即是对贞节的默许或倡导。

从《隋书》《旧唐书》《新唐书》的《列女传》及其他篇章看，政府对贞节妇女的褒奖比前代有了明显的增加。

当然，隋唐时期的贞节观念还很淡薄，法律制度上对贞节的褒奖和提倡还很有限，男女之间的交往、妇女的改嫁与再嫁比较自由。《隋书·列女传》记载，杨坚第五女兰陵公主阿五，“初嫁仪同王奉孝，卒，适河东柳述，时年十八。诸姊并骄贵，主独折节遵于妇道，事舅姑甚谨，遇有疾病，必亲奉汤药。高祖闻之大悦。”从“高祖大悦”及唐代将兰陵公主的事迹收入《列女传》来看，隋唐之人并不以妇女再嫁为非。甚至再嫁与改嫁之风一度曾十分盛行，以至于统治者不得不颁布诏令加以部分约束。《隋书·高祖纪》载，隋文帝杨坚于开皇十六年(596)“诏九品以上妻，五品以上妾，夫亡不得改嫁”。但是这类诏令在隋唐时期并不多见。

由于妇女改嫁、再嫁之事习以为常，《唐律》中对某些情形的离婚提供了法律上的保证。其一为和离，即夫妻双方自愿离婚。《户婚律》规定："若夫妻不相安谐而和离者，不坐。"既然允许和离，则妇女就有了部分离婚的权利，而世人对改嫁的宽容，又使她们能够对自己的生活做出重新选择。其二为义绝，即夫妇之义已绝而应该离婚的情形，实际上是一种强制离婚的措施。《户婚律》规定："诸犯义绝者离之，违者，徒一年。"《户婚律》之"疏议"说："夫妻义合，义绝则离。"义绝的说法，最早见于汉代。《汉书·孔光传》说："夫妇之道，有义则合，无义则离。"而至唐时则有了制度化的规定。《名例律》"疏议"："义绝者，官遣离之。"根据《户婚律》之"疏议"所引唐令，义绝的条件包括：丈夫殴打妻子的祖父母、父母和杀妻子的外祖父母、伯叔父母、兄弟、姑母、姐妹，夫妻双方的祖父母、父母等互相杀害，妻子打或骂丈夫的祖父母、父母或杀伤丈夫的外祖父母等，妻子同丈夫的五服之内的亲戚或丈夫同岳母有奸情，妻子想要害死丈夫等等。这些条件里，将夫妻双方的犯恶均作为惩处对象，给予妻子以一定的权利，虽然对妻子的惩处理由要多于丈夫，但是已经可以看出唐代法律对于妇女离婚的部分态度。

唐代关于离婚的规定已为社会各阶层所知悉，晚唐文人范摅的《云溪友议》记载了一件民间女子请求离婚的诉讼案：

颜鲁公(颜真卿)为临川内史，浇风其竞，文教大行，康乐以来，用为嘉誉也。有杨志坚者，嗜学而居贫，乡人未之知也，山妻厌其馕不足，索书求离。志坚以诗送之曰："平生志乐在琴诗，头上如今有二丝。渔父尚知溪谷暗，山妻不信出身迟。荆钗任意撩新鬓，鸾镜从她画别眉。今日便同行路客，相逢即是下山时。"其妻持诗诣州，请公牒以求别适。鲁公按其妻曰："杨志坚素为儒学，遍览九经，篇咏之间，风骚可摭。愚妻睹其未遇，遂有离心。王欢之廪既虚，岂遵黄卷；朱叟之妻必去，宁见锦衣。污辱乡闾，败伤风俗，若无褒贬，侥幸甚多。阿王决二十后，任改嫁；杨志坚秀才，赐布绢各二十匹，米二石，便置随军。仍令远近知悉。"

这件事表明，唐代离婚也可以由女子主动提出，形成"弃夫"之局。《唐律》规定，女子不准随意离开丈夫，"即妻妾擅去者，徒二年；因而改嫁者，加二等。"言外之意，符合规定、通过一定手续解除婚约而离异者，不在法律惩处范围内。所以，据《云溪友议》的这条记载推测，"唐代社会的离婚案件一定很多，否则一民间山妇绝不会通晓'索书求离'后，还要去官府换取正式'公牒'的法律程序"。

改嫁与再嫁的相对自由，离婚法律的相对完善，一定程度上反映了隋唐时期社会对贞节所持的淡薄态度。

宋元时期,贞节观念趋于强化,反映在法律上有着两个方面的表现。

其一是部分地禁止妇女再嫁。北宋仁宗庆历四年(1044 年),定立了宗室大功以上者之妇不得改嫁的制度。宋仁宗嘉祐四年(1059 年)规定:“故事,宗室妇女丧夫,虽无子,不许更嫁。”元武宗至大四年(1311 年)规定:“妇人因夫、子得封郡县之号,……若夫、子不幸亡殁,不许本妇再醮,立为定式。如不遵式,即将所受宣敕追夺断罪,离异。”另外,《元典章·户部四·婚姻》还有其他禁止再嫁的规定,如“命妇夫死,不许改嫁”;“出征军妻不得改嫁”,等等。这些限制妇女再嫁的规定对上层贵族及出征军士的妻子具有法律效力,虽然对全社会不具有广泛性,但对作用范围内的妇女们的伤害相当明显。其目的无非是为了维护封建特权的“纯洁血统”,以及保证国家机器的重要组成部分——军队的稳定,以便更好地实现对民众的统治。

其二为对贞节行为的倡导和褒奖。程朱理学逐渐盛行后,宋元统治者开始采取措施申扬妇女守节。《元曲章·圣政一·旌孝节》载,大德十一年(1307 年)五月,武宗“钦奉登室位,诏书内一款节,该义夫节妇,孝子顺孙,具实以闻,别加恩赐。”对贞节褒奖的范围已扩大至全社会,而旌表贞节的制度则已经初见端倪。褒奖措施的定立并不局限于中央政府,各地方官僚也有类似举动。如朱嘉于宋光宗绍熙元年(1190 年)就任漳州知县之前,发布了一道劝谕榜,其中即有奖励贞节的内容;“孝子顺孙,义夫节妇,事迹颠著,即仰具申,当依条格旌赏。其不率数者,亦仰具举。”这类褒奖贞节的规定不在少数,特别是地方官上任伊始或遇有重大活动,往往发布榜文,奖劝封建伦理所推崇的孝子顺孙、义夫节妇,以倡导风化,引领时尚。所有这些,都反映了宋元时期贞节观念的强化在统治阶级意志上的表现。

在宋元诸儒极力鼓吹的“饿死事极小,失节事极大”思想尚未普遍影响社会各个阶层之前,封建政府从法律上对贞节的申扬仍然十分有限。宋代的法律虽有禁止妇女再嫁的内容,但这种禁止是有条件的。《宋刑统·户婚律》规定了禁止妇女再嫁的几种情况。(1)居丧改嫁。“诸居父母及夫丧而嫁者,徒三年。”(2)强令欲守志妇女改嫁。“诸夫丧服除而欲守志,非女之祖父母、父母而强嫁之者,徒一年。”(3)妻子未经合法手续,背离丈夫而擅自改嫁。“若夫妻不相安谐而和离者,不坐;即妻妾擅去者,徒二年,因而改嫁者,加二等。”(4)嫁娶有夫之妇。“诸和娶人妻及嫁之者,各徒二年。”可以看出,这些限制妇女改嫁的法令针对的是违反封建伦理规范、妨碍婚姻关系稳定的行为,其作用范围较小，影响的面也较窄，而且，其惩处对象也不局限于女子，因此，并未构成对全体妇女的强力约束。《宋刑统》中的这些规定与《唐律》的思想是一脉相承的。元代建立以后，蒙古贵族很快接受并采用了宋代的统治方式，元律的基本精神与宋律相差不大，《元典章》中关于妇女再嫁的限制与《宋刑统》大致相同。

事实上，宋元时期的法律并不笼统地禁止妇女的离婚和改嫁，相反，有一整套法令保证离婚和改嫁的进行。即使是在理学兴盛、贞节屡经强调的南宋时期，妇女离婚改嫁及夫亡再嫁仍有较大自由。《名公书判清明集·户婚门》引宋法说："已成婚而夫移乡编管，其妻愿离者听；夫外出三年不归，亦听改嫁。"《宋会要辑稿·食货》载："凡为客户身故，而其妻愿改嫁者，听其自便。"《续资治通鉴长编》也说："律有夫亡六年改嫁之制。"《元典章·户部四·婚姻》也有类似规定："夫逃亡五年不还，听离。"而始于宋代初期禁止宗室妇女再嫁的法令也很快废止。据《宋史·礼志十八》记载，宋英宗、神宗都曾下诏允许宗室妇女再嫁、再适，以后的宋元法律中已不见对宗室、官宦妇女再嫁的限制。寡妇再嫁的最后一道防线被突破，表明宋元时期贞节观念强化过程中妇女社会生活的某种宽弛。

另外，作用于家族内部的家法族规也对妇女改嫁持有宽容态度。如范仲淹订立的义庄《田约》就充分理解寡妇的难处，允许寡妇再嫁，并且规定在她们再嫁时由义庄予以资助。《袁氏世范》也肯定了"夫亡改适，寡妇再嫁"的合理性。

宋元时期有许多允许妇女离婚、改嫁的判案实例。仅以宋朝为例，据《夷坚丙志》记载，比阳富人王八郎因为与一名娼妓关系暧昧，其妻就"执夫袂，走诣县"，县官判决他们离婚，并且"中分其资产"。《湖海新闻夷坚续志》前集载，有个叫林莘仲的人"因事编管而六年并不通门"，妻子卓王姐"与议和离，立定文约"，后来林莘仲要求复婚，被地方官严厉斥责："揆之于法，自合离婚。……使卓氏已嫁他人，今其可取乎？"认为："林莘仲可谓妄词，合行收罪免断。"由此可见那个时候对妇女离婚权与改嫁权的肯定。

总的来说，中国古代社会法律对贞节的规定始宽渐严，尤其是进入封建社会以后，以几部具有代表性的法律如《汉律》《唐律》《大明律》为典型，提出了种种限制妇女离婚、改嫁的条令。由于贞节是封建道德伦理的主要内容，厉行教化时必然将它作为世风醇正的标志之一来进行要求，所以在某些诏敕、劝谕令榜、判例中都可以找到对贞节的奖励，这也可以看作是封建统治者从法律上对贞节的规定。但封建法律制定和实施的前提及出发点是为维持社会稳定、保护封建特权，对于两性关系特别是婚姻关系的调节以保持家庭伦理的顺利建立为主要原则，而强调贞节则不是封建法律的核心内容。所以，体现于法律之中对贞节的倡导并不十分丰富，而关于妇女离婚、改嫁等的法律却较为完备。因为第一，优扶鳏寡、减少怨女旷夫是儒家思想的基本要求之一，也是封建统治者施政的基本原则之一。第二，在封建社会里，繁重的劳役和困窘的生活使得丈夫“离乡编管”或外出长期不归，独守空房的妻子变成了实际上的寡妇；因“不相安谐”而造成的夫妻感情破裂；各种原因尤其是纷飞的战火而致的丈夫亡故等情形经常性地存在着，离婚改嫁、寡妇再嫁的要求也就挥之不去。如果不顾及实际情况，片面强调从一而终、夫死不嫁，以贞节裁量妇女的社会生活，斩断离婚及再嫁的所有途径，不仅违背道德人情，而且会给社会安定带来许多不利影响。在维护专制统治、促进社会发展的思考下，统治者更多地选择给予妇女们以一定的自由，而不将贞节之网罩住一切。秦汉至宋元，虽然一再强调贞节，但妇女的离婚与改嫁仍较为自由，法律对妇女贞节的约束与限制相对较少，正是出于以上的理由。

明清时期，情况发生了根本变化。一方面，贞节在观念层面上的长期积累，此时更多地体现于实践层面；另一方面，与专制主义的巅峰状态相联结，对贞节的要求纳入了宗教化轨道，所有针对贞节的法律规定特别是旌表制度严密而完善。贯穿于贞节发展史中的冷酷、残忍全部释放出来，对女性思想和人性的禁锢无所不用其极，贞节铁幕终于合围。

虽然明清法律并未完全禁止妇女的离婚与改嫁，如明代《户令》规定：“夫逃亡三年不还者，并听经官告，给执照，别行改嫁。”清代的律例也与此相同；而且明清时期妇女离婚或改嫁的事例也不鲜见，但是，与以往的各个历史时期相比，此时笼罩着妇女社会生活的贞节之网异常严密。系统的旌表贞节制度的确立，社会舆论对贞节的极力鼓吹，守节而致的现实利益的诱惑，都在明清时期达到了极致。种种因素的交互作用，使得各种社会力量共同将妇女推向贞节的泥淖，而且越陷越深，无可逃避。

## 对贞节的“依式标榜”

产生于封建社会的旌表制度，是指封建统治者通过行政手段对忠孝节义之人表彰、奖励，以显其行，并倡导社会效仿之风。它是封建社会推广教化、愚弄民众的重要方法和途径，其内容十分广泛。根据较为完备的清代的旌表制度来看，其种类包括：节孝旌表、乐善好施旌表、累世同居旌表、百岁旌表、急公好义旌表、一产三男旌表等。本处要讨论的是旌表制度中的一个重要部分——对贞节的旌表。

在贞节之风渐盛的过程中，封建统治者往往采取种种措施、订立各项制度，力倡教化、奖掖贞节，以引导妇女信守贞节。对贞节行为的褒奖，肇始于秦汉时期的部分诏令。秦始皇时对巴蜀寡妇清"以贞妇而客之"，并修筑了怀清台加以申扬，是史籍中见到的最早事例，但它仅是作为特例出现，并未形成制度。西汉宣帝神爵四年，下诏赏赐贞妇顺女帛，可以看作是封建社会在法律制度上褒奖贞节的开端。

自西汉以后，对贞节的旌表成为褒奖贞节的重要内容。见于记载的对贞节的最早旌表是东汉安帝元初六年(119年)二月，"诏赐贞妇有节义谷十斛，甄表门闾，旌显厥行。"此后历代盛行不辍，至南北朝时，旌表守节寡妇已成通例，并且已经有了较为规范的格式。《魏书·列女传》载：

荥阳刁思遵妻，鲁氏女也。始笄，为思遵所娉，未逾月而思遵亡。其家矜其少寡，许嫁已定，鲁闻之，以死自誓。父母不达其志，遂经郡诉，称刁氏吝护寡女，不使归宁。鲁乃与老姑徒步诣司徒府，自告情状。普泰初，有司闻奏，废帝诏曰："贞夫节妇，古今同尚，可令本司依式标榜。"

所谓"依式标榜"，就是按照一定的格式对贞节加以旌表，或者由地方官员根据妇女坚守贞节的情形即时上报朝廷，以求旌表，如上引之例；或由中央、地方政府定期派遣到民间巡行搜集"嘉行"的特使将妇女贞节行为呈报皇帝，加以旌表。如《魏书·列女传》说，荥阳史映周妻耿氏，十七岁时丈夫死去。耿氏害怕父母"夺其志"，在埋葬了史映周以后，哀哭而亡。"属大使观风，以状具上，诏标榜门闾。"大致看来，南北朝时期对贞节的旌表体现在两个方面：

第一，在道义上通过赐名、立碑、改易居里名称、表彰家族等方式，彰显贞节妇女的行为，加以精神褒扬，并鼓励世人效仿。《魏书·列女传》中记载，泾州妇兕先氏，许嫁彭老生为妻，因反抗彭老生婚前的强暴被杀。后来，彭老生被司法部门"劾以死罪"。皇帝下诏："(兕先氏)守礼履节，没身不改，虽处草莱，行合古迹，宜赐美名，以显风操。其标墓旌善，号曰'贞女'。"卢元礼妻李氏在丈夫死后守节不嫁，"追亡扶存，礼无违者，事姑以孝谨著，"死后"有司以状闻"，皇帝诏令表彰："……可追号曰'贞孝女宗'，易其里为孝德里，标李、卢二门，以惇风俗。"

第二，在经济上赐予贞节妇女或其家庭粟帛，蠲免租税，进行物质奖励。如《南史·孝义传上》载，吴翼之母丁氏，"少丧夫，"矢志不嫁，宽仁待人，其长媳王氏守寡后也“执志不再醮”。于是，“州郡上言，诏表门闾，蠲租税”。乘公济妻姚氏，夫死不嫁，恤养子侄，“明帝诏为其二子婚，表闾复徭役”。

相较而言，南北朝时期对贞节妇女偏重于名誉、精神上的褒扬，并且几乎成为定制，而经济上的资助和奖励则较为少见。

隋唐时期，沿袭了前代的做法，没有太多的变更。《隋书·列女传》记载，韩觊妻于茂德十八岁丧夫，哀毁骨立，恸感行路。“及免丧，其父以其幼少无子，将嫁之。誓无异志。复令家人敦喻，于氏昼夜涕泣，截发自誓。”此后，她深居谨出，严守贞节妇道。隋文帝“闻而嘉叹，下诏褒美，表其门闾，长安中号为节妇阙”；覃氏十八岁时丈夫死去，她信守贞节，谨事婆婆，“上闻而赐米百石，表其门闾”。唐代虽没有对旌表贞节做出更多的具体规定，但对烈女的褒扬有了抬升，她们中的部分人可以与忠臣义士一起被供奉在设于特定地点的寺庙里，接受世人的膜拜。《旧唐书·礼仪志》载，唐玄宗天宝七年（748 年）五月下诏：“三皇以前帝王，宜于京城共置庙官。历代帝王肇迹之处，德业可称者，忠臣义士，孝妇烈女，所在亦置一祠寺。”

宋元时期，旌表制度得到了进一步的发展，诏表门闾、赐名立碑等方式自不待言，尤其是到了元朝时，对贞节的旌表趋于制度化、系统化，旌表的程序和条件也有了初步规定。《元典章·礼部六·孝节》“旌表孝义等事”条载：

今后举节妇者，若三十以前夫亡守志，至五十以后，晚节不易、贞正著明者，听各处邻右社长，明具实迹，重甘保结，申覆本县牒委文质正官，体覆得实，移文附近不干碍官司，再行体覆，结罪回报，凭准体覆牒文，重甘结保，申覆本管上司，更为核实保结，申呈省部，以凭旌表。

这条记载说明了元代旌表贞节的主要内容。首先是旌表资格的取得，即旌表的条件和要求：1、妇女三十岁以前丧失丈夫，至五十岁仍然守节不嫁；2、坚守贞节，义节堪嘉。其次是旌表的手续或程序：乡里基层组织的“各处邻右社长”将妇女守节事迹具文上报本县长官，并由社长具结作保，经反复审查，符合实际情况者，即呈报中央，以最终确定是否进行旌表。如果地方官在申报时弄虚作假，经查验后情况不实，不仅要驳回申报，而且还要对相关人员加以治罪。与前代相比，元代旌表贞节制度的推进之处在于政府变得更加主动，将搜罗贞节事例作为乡老社首的职责之一，而且订立了一套较为固定的法律程序，奖惩兼及，给予奖励贞节以有力的保证。很显然，宋元统治者对贞节的旌表愈加积极，社会上的贞节观念亦大为强化。

虽然元代旌表贞节的程序已初具端倪，但在实践中的运用并不广泛，而且奖掖内容仍较多地局限于精神上的慰藉与申扬。贞节妇女(更多的是她们的家庭与后人)除了可以获得荣誉的满足外,较少有物质上或其他方面的实利。

明清时期,妇女坚守贞节被罩上神秘的色彩,成为宗教化的行为,对贞节的旌表变得制度化、系统化,内容也详备和完善,达到了封建社会的顶峰。《明会典·旌表门》载,明太祖朱元璋于洪武元年(1368 年)下诏:

凡孝子顺孙,义夫节妇,志行卓异者,有司正官举名,监察御史按察司体核,转达上司,旌表门闾。……凡民间寡妇,三十以前夫亡守志,五十以后不改节者,旌表门闾,除免本家差役。

显而易见,明初旌表贞节的诏令对明代贞节之风的盛行起了巨大的推动作用,它表明宋元以来理学家们孜孜以求的局面终于出现。明代统治者对贞节的旌表不仅显示并引导社会舆论及价值观念,更为突出的是,寡妇守节,不但本人可以得到旌表的荣誉,令名远播甚至载于史册,而且全家人都可以跟着沾光,获取经济上的实利。在劳役繁重、苛政猛于虎的封建社会,“免除差役”的现实诱惑异常巨大,前代虽已出现此项规定,但只是个别现象,明代使其成为定制,所有的守节寡妇只要符合条件,就可以享受这种待遇,那么,即使寡妇本人不愿守节,家族其他成员也会对她施加种种压力,强迫她守节不嫁。精神与物质的双重奖励,远比单纯的道义鼓舞与观念渗透要有力且有效得多。后来,朝廷又派遣巡方督学将地方节妇上报朝廷,予以旌表。旌表制度的推广,很快就产生了很大的实效。《明史·列女传序》说明了明政府奖励贞节的盛况:

明兴著为规条,巡方督学,岁上其事。大者赐祠祀,次亦树坊表,乌头绰楔,照耀井闾,乃至于僻壤下户之女,亦能以贞白自砥。其著于实录及郡邑志者,不下万余人,虽间有以文艺显,要之节烈为多,呜呼,何其盛也!岂非声教所被,廉耻之分明,故名节重而蹈义勇欤?

贞节之风劲吹,甚至蔓延到了少数民族居住的边远地区。《明史·列女传》记载:

招囊猛,云南孟琏长官司土官舍人刁派罗妻也。年二十五,夫死,守节二十八年。弘治六年九月,云南都指挥使奏其事。帝曰:“朕以天下为家,方思励名教以变夷俗。其有趋于礼义者,乌可不亟加奖励。招囊猛贞节可嘉,其即令有司显其门闾,使远夷益知向化,无俟核报。”

由于寡妇守节能给许多人带来利益和荣耀,地方上屡屡出现冒填、更改寡妇年龄的情况,以至于明宪宗成化元年(1465 年)不得不下诏:“如有夫亡时,年纪三十以上,及寡居未及五十妇人,增减年甲举保者,被人告发或风宪官覆勘得出,就将原保各该官吏里老人等,通行治罪。”冒伪现象的出现,更加说明片面、极力奖励贞节弊端丛生且难以避免。

明初朱元璋的诏令中已经明确规定了旌表资格:妇女三十岁以前丧夫,坚持守寡至五十岁者,即守节不嫁至少二十年。这一点承袭了元代的做法,没有什么新意,此是旌表的第一种类型;第二,对不受奸污而自杀身死的旌表。明武宗正德六年(1511 年)下诏:“近年山西等处,不受贼污贞烈妇女,已经抚按查奏者,不必再勘。仍行有司各先量支银三两,以为殡葬之资。仍于旌善亭傍,立贞烈碑,通将姓字年籍镌石,以垂久远。”对“烈女”的旌表,正德之前就已出现,但没有像现在这样具体并且制度化。

清朝入关以后,吸收了明代旌表贞节的成例,于顺治五年(1648 年)规定:“孝子顺孙义夫节妇,自(顺治)元年以后曾经具奏者,仍行巡按,再为核实,造册报部,具题旌表。”清代,旌表贞节的制度完全成熟,它在明代的基础上又前进了一步,内容十分详备,从旌表的资格和条件到旌表的手续和方法,应有尽有。清朝的典籍中,旌表贞节的诏令和事例很多,尤其是《大清会典》收录的事例及《礼部则例》中记载了旌表贞节制度的详细状况。近代已有学者对旌表制度进行了梳理,如刘纪华发表于 1934 年《社会学界》第 8 卷的《中国贞节观念的历史演变》,曾铁忱发表于 1935 年 7 月《中国社会》第 1 卷第 5 期的《清代之旌表制度》等文章中都述及清代对贞节的旌表。接下来我们依据以上两文及其他资料,对清代旌表贞节的制度作大致考察,借以了解中国历史上旌表贞节制度的主要内容。

旌表资格的取得必须具备一定的条件,如守节年限、守节行为的贞烈情形等,由此。又可以划分出贞节妇女的种类。清代对妇女贞节的旌表十分广泛,《大清会典》规定的旌表范围,已经涵盖了各种类型的贞节妇女:节妇、烈妇或烈女、贞女等等。具体来说,符合以下条件的妇女即可得到政府的旌表。

第一,节妇,即妇女丧夫后守节不嫁者。题请旌表的寡妇有守节年限的规定,这是旌表节妇的核心条件。一般地,要求寡妇自三十岁以前守节至五十岁,即连续守节不短于二十年。如《大清会典·嘉庆会典事例》记载,康熙六年(1667 年)议准:“民妇三十岁以前夫亡守节,至五十岁以后完全节操者,题请旌表。”此项规定与元、明时期相同。关于守节年限的细化和具体化,使得旌表贞节易于操作,但同时也带来了难以裁量的一面。因为在众多的守节妇女中,由于种种缘故,有不少人亡殁于五十岁以前,而她们的守节情形又完全值得申扬,所以,康熙以后根据实际情况,对守节年龄的限制有了松动和变通。雍正元年

(1723年)诏令:"至节妇年逾四十而身故,计其守节已逾十五载以上者,亦应酌量旌表。"乾隆时,遵循雍正成制,《大清会典·乾隆会典》规定:"旌表节孝之礼,……其节妇自年三十至五十,或年逾四十而殁,守节已阅十五年以上者,赐'清标彤管'四字,以表其闾,仍于节孝祠内,汇姓氏,勒贞珉。"此后,对于较早亡殁的守节妇女的旌表,在守节年限的要求上趋于放松,且越来越短。道光四十年(1824年)议准:"安徽全椒县民妇王杨氏守节十三年身故,按照成例计小二年,应援已故贞女不拘年限之例,比照现存节妇二十年限例之半,为守节十年,一体旌表"同治十年(1871年)复准:"嗣后孀妇守节至六年以上身故者,一体旌表,其未及六年身故者仍行扣除。"由此可见,对亡故节妇的旌表,守节年限自清初的二十年一再降低为十五年、十年,到了清末甚至守节六年即可旌表。

守节年限的降低表明:一方面,寡妇守节现象愈益普遍;同时,守节的苦烈程度愈益加深,以至于早亡之例时有发生。旌表贞节的流弊,促使寡妇广泛地守节。守节现象的增多与守节情形的坚贞,推动了封建政府不断降低旌表条件,以笼络人心。尤其是清朝中衰以后,统治者更是希望借助频繁地旌表贞节,来为封建特权的维护及腐朽统治的稳定增添砝码。守节年限的历史变动,也可以成为我们观照清朝由盛转衰运行轨迹的一个小小的侧面。

第二,贞女,分二种情形:

其一,未婚夫死之后,居家或往夫家守节者。对她们进行旌表时,在守节年限上的要求与节妇之例相同。《大清会典·乾隆会典》载:"旌表节孝之礼,……贞女烈妇与节妇同。"《道光礼部则例》载:"未婚贞女,及在夫家守贞者,俱照节妇例,一体准其旌表。"乾隆时期,旌表此类贞女的年限要求有所放宽。《大清会典·嘉庆会典事例》记载,乾隆二十七年(1762年)议准:"八旗未婚贞女,其在夫家守节病故者,未符年例,而立志已贞可悯,无论年岁,该旗核实报部,即行题请旌表,以慰贞魂,庶满汉旌表之例,均归画一";乾隆三十六年题准:"凡直省贞女未符年例而身故者,其完全节操,与白首完贞本无歧异,应与八旗定例,一体旌表,以始画一。"另外,因为未婚夫长时间外出不归、杳无音讯而矢志不嫁的妇女,也可以参比相关法律、援用类似事例,加以旌表。

其二,未婚夫死,闻而自尽者?这种情况又特称为"贞烈"。为未婚夫殉节的举动是妇女守节的极端化,其中所蕴含的愚贞已达疯狂地步,虽然封建统治者极力鼓吹贞节,封建伦理无孔不入,但因这种轻易舍弃生命的行为实在不足为训,所以清代在相当长的时间里一直明令禁止。《大清会典·嘉庆会典事例》记载,康熙二十七年(1688年)谕示:"夫亡从亡,前已屡行禁止,近见京城各省从死者尚多,人命关系重大,死亡亦属堪怜,修短闻其自然,岂可妄损躯体?况轻生从死,事属不经,若再加褒扬,恐益多摧折,嗣后夫殁旌表之例应停止。”但是,因贞节观念宗教化所致的迷信、愚昧及利益的驱动,为未婚夫殉节的贞女仍时有出现,统治者禁行旌表的态度也有了松懈。连发布禁令的康熙帝也在五十一年(1712年)题准:“镶红旗有受聘未婚之女,闻讣剪发成服,居夫墓侧,从容自缢,与寻常轻生者不同,奉旨照例旌表。”第二年,复准:“民间贞女未婚闻讣,矢志守节,绝食自尽,照例旌表。”其后,关于此类贞女是否予以旌表的争论一直持续不断、多有反复。雍正四年(1726年),镶白旗曾经上奏:“贞女未婚,闻婿病故自尽,家人救醒,至日剪发摘环,哭往婿家,愿终身守墓。”请求朝廷予以旌表。雍正皇帝览后下诏:“如此贞节,正属可嘉,理应旌表。”而九年以后,雍正却又颁发谕令:“凡烈妇轻生从死,昔年圣祖仁皇帝曾降旨禁止,朕于雍正六年,又降旨晓谕,……仍有不顾性命,轻生从死者,概不予旌表。”乾隆元年(1736年),顺天府尹将未婚之女自缢殉夫的事例上报中央,题请旌表,礼部议定:“节烈轻生事在奉旨禁止之后,不便准旌表具题。”事情上报到皇帝那里,根据实情加以通融,诏令“著加恩旌表”。

旌表贞女殉夫态度的摇摆,反映了统治者在奖励贞节问题上指导思想与现实状况的内在矛盾。统治者一方面极力将封建伦理主要内容之一的贞节推广向全社会,使妇女皆敦行教化,驯服于贞节藩篱之下,支撑起以男性权力为中心的专制主义统治结构;另一方面,贞节泛滥所产生的极端行为如贞女轻生从死又毫无积极意义可言,而且会给社会带来不良影响,所以统治者不能不有所顾忌,在诸多场合严申禁令。但是,间杂于禁止中的倡导,无疑会加剧这种极端的愚贞,现实利益的巨大诱惑使得所有的禁令都变成一纸空文,贞女殉夫的增多仍是那个时代的主流。

第三,烈妇和烈女,指以死守节的女子,“妇”“女”用以区分女子的已婚与未婚。此类旌表分二种情形:

其一,拒辱致死者。指女子反抗凌辱,以死守节,清代对这类女子的旌表不遗余力。《大清会典·嘉庆会典事例》载,康熙十一年(1672年)议准:“强奸不从以致身死之烈妇,照节妇例旌表”,并且由地方官“给银三十两,听本家建坊”;乾隆七年(1742年)议准“童养之媳,尚未成婚而能以礼自持,坚拒夫之私奸,因而致死,应照例旌表”,并且“令建坊于烈女父母之门”。可见对拒辱致死的妇女是否旌表取决于二个条件,一是妇女的死节,即所谓的“烈”;二是强奸的事实并未发生,即奸辱未成。妇女没有以死拒奸,不论强奸既遂、未遂,均不具备“贞烈”的因素，因而不予旌表。如果强奸既遂，女子即使已死（自杀或被杀），照清朝的律例，亦被摈弃于旌表之外，因为在统治者看来，此时的女子已经失去贞节。这是多么荒唐的逻辑！嘉庆时期，开始放松要求，对被奸成后自杀或被杀的妇女也加以旌表。如嘉庆八年（1803年）复准：“向例凡妇女强奸不从而被杀者，皆予旌表，其猝遇强暴竟被奸污，虽始终不屈，仍复见戕，则例不旌表。揆情度理，不无偏袥。嗣后凡强奸已成本妇被杀之案，如凶手在两人以上，则显然孱弱难支，当略其被污之迹，原其抗节之心，应与强奸不从因而被杀者，一体旌表。倘凶手仅止一人，则当详究被奸之妇，有无捆缚情形。被奸之时，有无别生枝节。各省督抚于题本内详细声叙。”虽然此项规定有所宽宥，但仍然没有摘去偏重性贞的有色眼镜，对被奸妇女抱有歧视，如同篇律例规定：“至强奸已成，强徒业已远飏，而该妇女衔冤茹愤刻即捐躯者，应由各督抚一体详悉声明，……减半给予；倘死在越日，即行扣除，以示限制。”即在给予建坊银时降低标准，或予半数，或全部扣除，显示统治者的基本态度。后来，对“死在越日”的限制，也有放松之例。嘉庆九年，广东遂溪县民妇周氏被邓咏贵等人轮奸，“羞忿莫释”，当时就欲寻死，但她的父亲极力劝阻安慰并派人盯守，防止周氏轻身。第二天，周氏乘隙自缢身死。礼部议定：“复其情节，死志之定，虽死在越日，实与立即捐躯者事同一例，可否准其旌表，给予减半建坊银两？奉旨：周氏准其旌表。”

另外，妇女被人调戏因而羞愤自尽或被逼卖淫矢志不从致死者，节妇被亲属逼嫁而致死者，均可归人烈妇或烈女的范围，依例旌表。如嘉庆十一年（1806），直隶省妇女范张氏，被婆婆屡次逼令卖奸，矢志不从，最终被殴打烙伤致死，由礼部加以旌表。

妇女在遭遇暴力凌辱时，拼死抗争，本有其合理性与积极意义，值得褒扬，但封建社会的旌表并不侧重于妇女反抗强暴的勇敢节义，而是纠缠于对女性极不公平的名节，鼓吹妇女舍生拒辱的目的是要求她们不失贞节（主要是性贞）。这样就远离了旌表的本意，而使之成为套在妇女脖颈上的枷锁，使众多无辜女子在遭受凌辱时或之后，将自己仅存的生命作为牺牲，献上封建道德伦理的祭坛。事实上，这种旌表的残忍与阴毒丝毫不逊色于一切针对女性的暴力，甚至因其隐蔽性和欺骗性而成为戕害女性的最大杀手。

其二，夫死殉节而亡者。此处只有“烈妇”之称，因为未婚女子殉夫之死者已如前之所称为“贞女”（偶尔也有称为“烈女”之例，但极为少见）。与对待贞女夫死自尽的态度类似，清代也屡屡禁止已婚女子殉夫。如前面所引康熙二十七年、雍正十三年的谕令中都包含有这方面的内容。同样,随着对贞女殉夫限制的放松,殉夫之死的烈妇也可以得到旌表。雍正八年,江西巡抚为夫亡从死者及未婚烈女请旌,经礼部"具题请旨,仍准予旌表"。乾隆五十二年,下诏:"给事中刘谨之妻汤氏,因夫亡殉节,殊属可悯,""着该部照例旌表,以示轸恤。"在嘉庆、光绪两朝的《会典事例》中,类似的例子还有很多。如嘉庆六年,江苏溧水县人濮琼之妾李氏夫亡殉节,礼部"奉旨:李氏准其一体旌表"。二年后,安徽亳州指职布政司理问何永泽之妾陈氏、历城县生员范文煦之妾佘氏"夫亡典节","准其一体旌表"。即使当朝已经颁布禁止夫死殉节的诏令,统治者仍可找出种种借口通过"加恩"的方式,予以旌表。道光元年(1821年),山东济宁州民妇王于氏在丈夫死后,上吊自杀,"事在奉旨禁止之后","著加恩旌表"。直至咸丰年间,此类旌表仍有发生。咸丰元年(1851年)下诏:"朕向来烈妇夫亡无逼迫等情遽行殉节者,例不准旌。……该烈妇等身旌其夫,舍生取义,究属人所难能,而各省岁终汇题,不过二三十人,未必遽开轻生之渐,若给予旌表,亦足以激薄俗而励纲常。"既然找到了自圆其说的理由,旌表之事自然顺理成章地施行了。殊不知这种模糊的态度和做法轻而易举地冲开了本就薄弱的堤防,与统治者无力的借口相悖,轻生殉夫的妇女不断增多。

以上就是旌表贞节的大致范围,仅从这些情况来看,清代对妇女贞节的要求已经相当广泛而严密。除此之外,对女子的旌表还包括殉家室之难的烈妇或烈女、确有孝舅姑之行的孝妇、终身不嫁以事父母的孝女。系统而详备的旌表制度结成了一张严实而厚重的网,罩人女子全部的社会生活,使她们无可逃避。而旌表贞节所形成的巨大推动力,则使妇女们在苦难的生命旅程中越走越远。

## 旌表贞节的手续和方法

清代对贞节的旌表,有一套较为完备的制度。关于旌表的手续和方法,《道光礼部则例》规定:

直省孝子顺孙义夫节孝贞烈妇女,应旌表者,由该督抚同学政具题,由礼部复议题准后,令地方官给银三十两,听本家建坊,并设位于祠中,地方春秋致祭。

从这项规定中,结合其他资料,我们可以大致了解清代旌表贞节的手续和方法。

第一,旌表贞节的手续。一般地,首先由各地都督巡抚会同学政具题请旌,也就是将旌表对象具体事迹汇总,并提出初步意见如归属种类、旌表等第等,上报礼部;礼部由仪制清吏司掌办旌表之事,核实情况,证明无误以后,即议定旌表的方法,在地方申报文件上题准,最后,由各相关部门实施旌表。

这样的步骤仅就一般的情况而言,主要适用于直省妇女。清代阶级区分明确,不仅统治阶级与被统治阶级之间等级森严,即使统治阶级内部也有着严格的划分,特别是满清贵族享有极大的特权。另外,由于统辖序列的差异,各类妇女也分由不同的机构管理。因而,表现在旌表贞节的手续上,也有一些区别。如宗室觉罗妇女的旌表,由宗人府具奏,交给礼部题请旌表;在京八旗及各省驻防处所的妇女应旌表者,由礼部在每年三月咨查在京的都统及各省的将军都统,根据事实造册上报,最终由礼部核议题准。

第二,旌表贞节的方法,主要指给予旌表对象的待遇。

颁给敕谕。主要针对宗室觉罗妇女,是一种特别的奖励,其他妇女无权享受。由内阁撰拟,皇帝批准后颁发。

给银建坊。给建坊银,建立牌坊,自清初以来就有明确的定则。一般地是由户部或地方官给官银三十两,听任应旌表的贞节妇女本家建坊,如前引《道光礼部则例》的规定。再如《大清会典·嘉庆会典事例》载:“顺治十年(1653年)题准:凡旌表节孝在直省府州县者,官给银三十两,满洲蒙古汉军支部库银三十两,听其自行建坊。”《乾隆会典》载:“旌表节孝之礼,……各赐银三十两,建坊里门,春秋祭于祠内。”给建坊银三十两的定制之外,另有特殊处理的规定。其一,宗室妇女不仅给建坊银,还按照等第赐予银缎。其二,处于社会最下层的妇女如乞丐、奴婢等,只能给予党规建坊银的半数,即给银十五两。如《光绪会典事例》记载,道光二十年(1840年),四川仁寿县一无名丐女被丐民李在川强奸,受伤身死,礼部议准:“照例旌表,给予减半坊银,停止祠内设位。”其三,妇女被强奸已成,当日自杀者,建坊银减半给予;第二天才死去的,建坊银全部扣除。其四,由于统治者倡行贞节,贞节妇女激增,而封建政府的财政困境使地方官给银三十两、建立专坊的成规难以顺利执行,所以自嘉庆年间开始,有了归并众多贞节妇女于一处,只给银三十两建立总坊的做法,并且很快成为制度。如嘉庆四年(1799年),湖南省乾州、永绥、泸溪、溆浦、保靖、武陵等地在战乱中守节致死的妇女众多,政府规定于“各厅县每年总建一坊,每专给银三十两,交各该地方官支领,于通衢大路择地克期建立,所有大小妇女姓氏,全行镌刻于其上”。此后专坊之建逐渐减少,总坊之建成为普遍现象,如道光七年(1827年)礼部复准:“江苏省武进、阳湖两县,自道光元年起,搜采贞孝节妇共三千一十八口,该绅士等购地捐建专祠,春秋致祭,补请旌表,应照总坊之例,给银三十两,于祠外总建一坊，以垂不朽。”这样，封建政府在减少财政支出的同时，也达到了旌扬贞节的目的。

择地营建节孝祠，将贞节妇女在祠中标名或设位，接受春秋二祭。于祠中祭祀贞节妇女，明代即已出现，如《明史·列女传》说，明初旌表贞节后，“大者赐祠祀，”但它仅是将贞节妇女的名位列于祠中，与其他各类人共同接受祭祀，并不专为她们建祠。清代则不然，贞节妇女据《嘉庆会典事例》记载，雍正元年(1723 年)，敕谕各府州县衙各建立二祠：其一为忠义孝弟(悌)祠，用以表彰男子的卓行，“建于学宫 之内，祠门内立石碑，将前后忠义孝弟之人，刊刻姓氏于其上，已故者设位祠中”；其二则为节孝祠，专用于旌表妇女，“别择地营建，祠门外建大坊一座，将前后节孝妇女，标姓名于其上，已故者设位祠中”。建节孝祠的费用，或由官府拨出专款；或由地方乡绅富商捐款，如前引道光七年礼部允许江苏武进、阳湖两县绅士捐款，购地建立专祠，表彰“贞孝节妇女”。根据一般的原则，节孝祠建立以后，接受旌表的贞节妇女均可列名和设位于其中，但是，遭到歧视的社会下层的妇女虽然可以予以旌表，却不得设位于祠中受祭。如嘉庆四年下诏令各地的节孝祠内，“除婢女外，余俱照例设位致祭”；道光二十年议准，四川仁寿县无名丐女抗辱致死，虽然照例旌表，但“停止祠内设位”；《道光礼部则例》：“仆妇、婢女、雇工之妇，及尼僧、道姑有拒奸自守，不为强暴所污，因而致死者，俱准旌表，给银建坊于本妇墓前，毋庸祠内设位致祭。”由此可见，在封建统治者看来，婢女、仆妇、尼僧、道姑等的社会地位低常人一等，若设位于祠受祭则于礼教不合，会给“高尚纯洁”的伦理活动带来不洁，污人耳目，因此将她们排斥于节孝祠之外，任由无数个无所归落的冤苦孤魂在凄风冷雨中四处游荡。另外，在节孝祠中设位受祭的贞节妇女还有年龄的限制，即十岁以下者不得入祠，如嘉庆五年(1800 年)规定：“向例各省殉难劣士庶民，于本邑忠义孝弟祠内设位致祭，妇女于节孝祠内设位致祭，嗣后应分别定例，年届十岁以上者人祠设位，春秋致祭，其未及十岁者，均毋庸设位。”

给旌表匾额。由于贞节行为的急剧增加，给银建坊的定制加重了封建政府的财政负担，旌表时往往因为各种缘故而取消了建坊银，统治者就采取折衷的办法，给予贞节妇女旌表匾额。乾隆十五年(1751 年)礼部复准：“寻常守节之节妇，于题准后，照钦定‘清标彤管’字样，给予匾额。”这样，旌表之事愈益增多，所书文字也丰富起来，如“盟心古井”“松筠节古”“荼苦筠清”“玉洁筠清”“冰檗清操”“巾帼完人”等不一而足。高高悬起的匾额，为阴冷的封建伦理做出了更为丰富的诠释。

## 贞节牌坊——封建伦理的最高盛誉

在形形色色的中国民俗文化中，牌坊文化无疑是极为独特的一种。有人说："牌坊这种中国特有的门洞式建筑，长久以来，不论是在中国还是在世界其他地方，都被公认为是古老的中华文化的一个象征和标识，在中国传统文化中具有特殊的地位。"是的，在留存至今的古建筑中，牌坊可能是数量最多、分布范围最广的。其实，这些留存下来的牌坊还只是曾经建起的极小部分，可以毫不夸张地说，凡是有人们集中聚居的地方，就有牌坊存在。21 世纪 30 年代，一位学者在他的论文中饱含深情地写下了这样的开场白：

贞节牌坊

旅行中国社会的观光者，差不多在游踪所到的城邑乡村或郊外墓门之前，总可以看见一种旌表的牌坊或牌楼，在市声鼎沸中或苍烟落照中直立着，这些都是古色古香的前代遗物。这些古色古香的遗物，有的因为年代太荒远了，石柱或已倾倒在碧草黄沙之中，在风露中微喘着，有草虫在其下低唱着不知名的曲调，顿使旅人们油然生思古的幽情，微感到人世沧桑之悲绪；有的仍然巍然独秀，在夕阳里发挥无限的光辉，无形中流露着一幕悲壮热烈的史实，使人临风悼意，使人起舞低昂；有的则又华美如新，它那壮丽的雕刻和古意的构图，都表现出中国古代建筑美术的轮廓，又绩大，又伟严，如同鹤立鸡群似的，又如同鲁殿灵光似的，岸然痴立在镇市乡村生活的迷惘里。

世事苍茫，六十多年后的今天，观望着形制各异、耸立风雨之中的牌坊，我们仍然挥不去这份凝重的思绪。这里，我们要将目光投注于其中最为沉重和冷酷的一种——贞节牌坊。

牌坊的源头可以追溯到春秋中叶的"衡门"，经过漫长的发展过程，至宋代时成为较为固定的形制。贞节牌坊的建立缘于封建统治者对守节妇女的旌表，其出现较迟。东汉时期，最早对贞节做出旌表，《后汉书·安帝纪》载，元初六年，“诏赐贞妇有节义谷十斛，甄表门闾，旌显厥行。”唐人对此做注曰：“里门谓之闾。旌表者，若今树阙而显之。”可见，唐代对贞节妇女“表其门闾”，习惯于树阙以显。实际上，这种旌表方法在唐代以前已见雏形。如北魏时，泾州女兕先氏被下诏旌表，“标墓旌善，号曰‘贞女’”；卢元礼妻李氏被“追号曰‘贞孝女宗’，易其里为孝德里，标李、卢二门”。隋代韩觊妻于茂德被“下诏褒美，表其门闾，长安中号为节妇阙”。标墓、改易里名阙名，即与唐人的“树阙”相类似。而且，唐人认为东汉时期亦有了类似于树阙以显的方法，如果照此推算，则在唐代以前，这种方法已经延续了五百年。但是，包括唐代的方法在内，都不能看作是贞节牌坊的建立。

贞节牌坊的建立成为定制最早见于明代的记载。明初朱元璋下诏旌表贞节后，“大者赐祠祀，次亦树坊表，乌头绰楔，照耀井闾，”建立贞节牌坊有了法律制度上的保证，因而逐渐兴盛。清朝初年则明确规定，旌表贞节时，由官府拨银三十两，专用于建立贞节牌坊。从此以后，贞节牌坊开始泛滥，甚至无处不在。

贞节牌坊建立的方法，明代法律没有做出具体的规定，只是笼统地述及“乌头绰楔，照耀井闾”。清代是建贞节牌坊最有力的时期，并且已经有了较为详备的方法。根据《大清会典》的规定，获准旌表后，由地方官拨出官银三十两，“听本家建坊。”按这种方式建立的是专坊，一般为一人一坊，偶尔也有“双节坊”“三节坊”等将贞节妇女二人或三人合并建坊加以旌表的情况。专坊建立的地点，一为贞节妇女的居处附近，如家门、街道口。这是早期的方法，甚至在南北朝时就已经出现了雏形。如《南史·孝义传》记载，梁代卫敬瑜妻王氏，十六岁时丈夫亡故，“父母舅姑咸欲嫁之，誓而不许，乃截耳置盘中为誓乃止。……雍州刺史西昌侯藻嘉其美节，乃起楼于门，题曰‘贞义卫妇之闾’。”这里的“起楼于门”并题名，就是在王氏所居的街门前建立类似于后代牌坊的建筑，以彰显王氏的贞节行为，申扬教化。清代前期，这种方法已相当普遍。二是贞节妇女的墓前。此类贞节牌坊的建立多为生前未得旌表，而于身后树坊以显，加以申扬。也有的是活着的时候已获旌表，但由于种种原因，未能建立牌坊，由后世追建。三是贞节祠、节孝祠门。这种专坊与旌表贞节的专祠合建，用以旌扬显宦之家或节烈行为特别堪嘉者。由于专祠的建立并不普遍，所以祠坊合建尤其是被旌扬家族的荣耀。

自贞节牌坊诞生以后，直至清朝前期，所建多为专坊。由于统治者对贞节的大力申扬，获得旌表的家庭既有声名上的美誉，又有物质上的实利，而官府所给的三十两建坊银往往在建立牌坊后，尚有相当节余，各种有形和无形的诱惑使得许多妇女、家庭对贞节牌坊趋之若骛，节烈妇女激增，贞节牌坊亦呈建不胜建之势。大量的建坊银的支出使人不敷出的封建财政更加困顿，所以清朝后期，专坊之建越来越少，而代之以总坊。嘉庆四年在湖南乾州、永绥、泸溪等地，"各厅县每处总建一坊，每坊给银三十两，交各该地方官支领，于通衢大路择地克期建立，"将所有需要旌表的妇女的姓氏，镌刻在总坊上。从此以后，遭遇突发变乱，殉难妇女人数较多时，一般不再建立专坊，而是按嘉庆故例建立总坊。逐渐地，这种情形又扩展开去，将某一地方的部分贞节妇女集中旌表，如道光十八年(1838 年)，清政府旌表山东曲阜节烈妇女孔王氏等 67 人，建立总坊。道光后期，建立贞节总坊已成定制，而专坊之建基本废弃。《光绪会典事例》记载，"道光二十五年奏准:嗣后各省汇题节妇一项，查明隶何府州厅管辖，统计所属节妇若干口，题准后给银三十两，于各该州县厅内，官为总立一坊，毋庸按口给银。"《同治户部则例》记载，道光二十七年户部奏准，"直省孝子顺孙义夫孝悌贞孝节烈妇女，礼部年终汇题后，在各州县内总建一坊，毋庸按口给银三十两;续行题准，镌刻姓名于上。已满，再行建立。"可见，在各地建立贞节总坊已成一般定制。当然，建立总坊主要是因为政府财力困拙所致，而对于有钱有势的显宦或富商之家，则仍然可以依靠自己的财力建立专坊，如上道光二十七年"户部奏准"就明确规定:"如本家绅士愿捐建者，听其自便。"贞节本在统治者旌扬之列，既然不需政府出钱又可达到申扬教化的目的，封建政府自然乐此不疲。实际上，显门望族建立的牌坊往往雄伟巨大，花费远远超过三十两白银，因为区区费用对有着显赫地位的家族来说只是微薄之资，而且显贵富贾们往往借建牌坊之机互相攀比，满足自己膨胀的怪异欲望。所以，道光以后，专坊并不鲜见。

清朝后期，各地习惯于搜罗历代贞节妇女，总建一坊，加以旌扬。这类建坊带有拾遗补缺的性质，大多是将该地历代有苦节堪嘉情形而未能获得旌表者加以补充旌表。因为建总坊资费较少，刻名于坊上也比较简单，所以在建总坊时集中旌扬的贞节妇女尤其众多，如道光十九年，苏州于郡学西部杨家巷建立总坊，旌表所采访的"城乡苦节合例未旌者"3400 多人。道光十八年，婺源县城建立孝贞节烈总坊，旌表宋代以来贞节妇女 2658 人，至光绪三年(1877 年)重建时，人数又增加到 5800 多。

总坊建立的地点，一为通衢大路、市井繁华之处，其用意十分明显，就是将旌表的影响扩展至民众,从而在人们观念中渗入忠孝节烈的成分,以便通过倡导封建伦理来维持统治秩序的稳定。二是宗族祠堂或贞节专祠前。宗族建立祠堂祭祀祖先,是中国礼法中历史悠久的现象,明清时期更加普遍且制度化,成为维系宗法关系的重要内容。在宗族祠堂外建立贞节总坊,题名、致祭,对家庭的吸引力直接而持久,因此它对贞节之风的推动更加巨大。贞节祠堂的设立自清朝始成为通例,雍正元年谕示:"旌表节义,给银建坊,民间往往视为具文,未曾建立,恐日久仍至泯没,不能使民有所观感。"所以下令建二祠,其中之一就是节孝祠。节孝祠建立后,于"祠门外建大坊一座,将前后节孝妇女,标姓名于其上,已故者设位祠中"。逐渐地,这类牌坊演变为总坊,如道光七年户部复准"江苏省武进、阳湖两县,自道光元年起,搜采贞孝节妇女共三千一十八口,该绅士等购地捐建专祠,春秋致祭,补请旌表,应照总坊之例,给银三十两,于祠外总建一坊,以垂不朽"。再如顾震涛《吴门表隐》记载:"总节孝祠在郡学西杨家巷。道光十九年,巡抚裕谦、郡绅董国华倡建,祀钦旌三邑历代贞节烈孝妇女总位祠。外给帑,汇建总坊。"

牌坊的形制,按照金其桢在《中国牌坊:独特的人文景观》一文中的叙述,最早的雏形是春秋时期两根柱子架一根横梁的"衡门"。至隋唐时期,出现了用于里、坊门的"乌头门"(亦称"棂星门"),即把"雕工相当精致、形制赫然华贵的华表柱移植到了坊门上来,成为两根立柱",形成了"这种由两根高过门顶的高大华表柱中间连一至两根横梁及门扇组合成"的"乌头门"。"乌头门"华贵庄重、气势威严,在宋代的《营造法式》中称为"阀阅",有旌表门第的意思,非一般家庭所允许使用,而有严格的等级限制,如《唐六典》规定,六品以上官员的府第才准用乌头门。早期乌头门(棂星门)的立柱都与实墙墙体相连接并安装门扇,并不是独立的建筑。北宋中期,经济的发展打破了城市中封闭的里坊制的格局,开放的街巷制不再需要坊墙,但是坊墙拆除以后,位于干道上的坊门却被保留下来,这时,拆除门扇以后的坊门成为跨街的独立牌坊。此后,自成一体的牌坊就变成了中国古代独具特色的建筑。明清时期,牌坊的建立达到鼎盛,双柱单间的简单形制日趋复杂,出现了多柱多间的大牌坊和建有楼顶的牌楼。牌坊规模越来越宽大,由两柱单间变为四柱三间甚至六柱五间;用料越来越考究,由木材而改为砖、石,甚至汉白玉;装饰越来越华美,额坊上起楼,修筑斗供和屋檐,由单檐而重檐或三重檐,然后再装上各种檐角小兽。融入中国古代建筑艺术和人文精神的牌坊,已不囿于建筑的范围,它开始成为中华民族传统文化的独特风景,折射出各个时代的社会观念。从中,我们可以看出世事变迁的风雨沧桑。

贞节牌坊属于众多牌坊种类中的一种,它的形制演变与上述过程相一致。宋代以前对贞节妇女"树阙而显"、表其门闾,就是在被旌表者所居住的坊、里门上题名,或改易里名,但并不是牌坊的建立。宋代以后,"乌头门"演变而成的牌坊为历代所沿袭,用于旌表贞节时即出现了贞节牌坊。如安徽歙县和山东单县至今还保存有建于元代的贞节牌坊。明清时期,统治者对贞节的奖励最为卖力,贞节牌坊亦最为兴盛,《明史·列女传序》说,"乌头绰楔,照耀井闾",清代则更盛于明代。此时,不仅贞节牌坊的规模、用料、装饰有了发展,甚至还出现了令人惊叹的牌坊群。它们一般为权势显赫、财力雄厚的家族历经数代建成。在留存至今的牌坊群中,歙县棠樾村的明清牌坊群最为著名。据金其桢所记:"从村外向村里100多米的大道上,井然有序地耸立着7座巨型牌坊。它们是明清时代财势浩大的官商门第鲍氏家族所建。前5座为三间四柱冲天石柱式清代石牌坊,后两座为明代卷草型纹斗脊式三间四柱三楼石坊,7座巨型石牌坊逶迤成一个气势宏伟的牌坊阵。"其中,鲍文龄妻节孝坊和鲍文渊妻节孝坊保存得尤为完整。

贞节牌坊建成后,或在坊额上题写"贞烈可风""汇表幽潜""玉洁筠清"等旌表之语,以示申扬;或在坊额上标明旌表种类,《吴门表隐》所收录的苏州城内175座贞节牌坊中,就有节孝坊、贞节坊、贞孝坊、贞女坊、烈妇坊、双节坊、三节坊、贞烈坊等的差异。一般地,均以"奉旨""敕谕"等字样悬于坊额之上,以显隆重。有些牌坊上则更加明确地书明被旌表者的身份。如山东单县著名的百寿坊,建于乾隆三十年,主梁前后雕有100个不同书体的寿字,是为"旌表敕受仕佐郎原任翰林院孔目覃恩敕赠儒林郎湖北安陆府沔阳州州同朱叔琪妾孔氏节孝"而立;建于乾隆四十三年的百狮坊,坊座上雕有形态各异的狮子100只,是为"旌表例贡生覃恩敕赠文林郎四川保宁府广元县知县张蒲妻覃敕封儒人朱氏节孝"而立。这些题写坊额不厌其烦地书写被旌表者的所谓身份的做法,对于倡行旌表的统治者来说,无非是要砥砺风俗、使天下人都乐守苦贞;而对于被旌表者的家庭乃至家族来说,则炫耀与荣光的满足更甚。因为,对贞节妇女的褒扬,获取实利的并不是她们本人,享受荣耀的只是贞节的推动者和支撑者。

贞节牌坊之建,在中国封建社会后期日见泛滥,一座座高耸的贞节牌坊全部凝结着悲苦妇女的血泪,是贞节妇女们不幸生活的历史见证,它们昭示了曾经的荣耀,引导万千妇女甘受封建礼教的束缚与摧残。在贞节的演进历程中,作为封建伦理物化象征的贞节牌坊，既是其果——倡行贞节后引起的贞节牌坊泛滥；又是其因——这种有形的旌扬成为众多妇女与家庭的“梦想”，所以人们不惜以牺牲妇女为代价，换取阴冷而残酷的怪物。在各种史料中，关于贞节牌坊的材料有很多。如清代金友理的《太湖备考·坊表》中记载，苏州一带有节妇烈女 1743 人，其中 107 人被钦赐旌表，在太湖东山上建立岩石牌坊。《吴门表隐》收录了苏州城中各类贞节牌坊 175 座，而建于道光十九年的总坊则使 3400 多名未得旌表的贞节妇女得以题名。《光绪会典事例》记载。自道光元年至道光七年间，江苏武进、阳湖两县搜采贞节妇女 3018 人，题名总坊之上。虽然随着岁月的流逝，许多贞节牌坊或毁或废，湮没无闻，但仍有许多顽强地挺立下来，向后人们诉说着历史上的无尽沧桑与愁苦。今天，当我们驻足于各地的贞节牌坊之前，除了惊叹其庄严精致以外，定然会发生出一些凝重、悲凉的感觉。

## 贞节堂

在各种与贞节相涉的封建伦理的物化象征中，贞节牌坊、贞节祠最为常见，庄重的荣光以外，也包含着冷峻的成分。但是题名、致祭的贞节妇女或守于苦节，或惨烈而亡，人们在崇奉、景仰的同时，也会感到惊颤，因为生命的美好毕竟可以冲决许多坚固的网罗。所以封建统治者往往从物质上奖掖贞节，对守节者给予经济资助，发展到封建社会末期的清朝，便演变成为专门救济寡妇的贞节堂制度。作为封建伦理物化象征之一的贞节堂，与贞节牌坊、贞节祠相比，是封建社会旌扬贞节的发展和完善，同时更具有温情脉脉的色彩，因此它对贞节的推动绝不可小觑。

据现代民俗学家高迈考察，贞节堂的兴办始于清代，“大抵因为政府的极力提倡，社会人士的极力推崇，贞节观念已成宗教化，贞节观念在社会上的势力已达最高峰；再加之社会经济的没落，依赖者需要救济更为急切，所以这种专门化的贞节堂组织才应运而生。”清代的贞节堂最早出现于京师，黄彭年《畿辅通志》卷一〇九记载，同治年间京师在保定府和天津县设有二处全节堂，其中，天津县全节堂的大致情况如下：

天津府属天津县全节堂在县东门外南斜街，同治七年署。天津知府任信成创立。共房廿余间。

通商大臣崇厚，运使恒庆，天津道周家勋具捐廉以助善举。拔上年捐账项下余银五千两发当商生息。又于陈家沟船捐项下，酌提二成，每岁约京钱千缗。又各盐商按包捐制钱一文，每岁约京钱千缗，约按月交付首事。

收养节妇贞女，无论流寓土著，先询明年岁门氏，有无父母翁姑亲属子女，详细登记。节妇年在三十以内者方准入堂。有子妇者准携带。男则附义学读书，纸笔等费堂中筹备，女长成任母择配。

每个饮食日定京钱二百五十文。初二、十六两日设荤菜。每十人用仆妇一人，月给工钱一千五百文。每号月给灯油一斤。如有患病及病故者，医药棺殓堂中购备。节妇贞女入堂后，不能无故出堂。每春秋二季，由堂筹集京钱一千文以作纸锞，雇觅代步之用，派年老仆妇随赴各墓前祭扫，设有不耐羁苦者报明府县。通知原保亲族具领出堂，不许复入。

堂中设司事二人，每月工钱六千文，遇闰照支。令绅董、公保年五十以上老成朴实之人。不得在堂宴会嬉笑。日用各款，按月报府。并公举端谨殷富三四人轮流稽查，以防弊窦。

堂内设立转桶梆门一座，竟日封锁。三尺之童，概不许入。梆门铁锁两把，司事各掌其一。开门拆封，须两人会齐，梆门内每院设水缸二，每日开门二次，送水传递物件；外有木梆，内有云板。服役人等必由司事稽查，不得任意启闭。节妇所带在幼童大十岁以上者，不得居住内堂。如各亲眷探望，必先通知司事，击梆传唤仆妇，告知探望何人，在转桶处相见。如节妇贞女患病势危，亲眷来堂看视者，方准开门进内。凡堂内事宜，司事通知首事办理。至收养之数，统计现时酌定。以垂久远。

保定府全节堂的规约更为严密：

保定府全节堂在椿树胡同，计房屋一百六十六间，发商生息银二万七千两，每月以息银作堂中费用。绅董十六人，自备资斧，入堂办事。正司事一人，每月薪俸京钱七千文，副司事一人，每月薪俸京钱五千文；内堂司事一人，每月薪俸京钱三千文，教读三人，每月共致送束脩费用京钱四十八千文。内堂门夫二名，每月工价京钱三千五百文。长班一名，内堂女仆二名，每月工价具一千五百文。节妇每名月费钱六百文，每月表被钱一百五十文，茶水钱一百文。所带子女每人月费钱一百文，每月衣被钱一百二十四文，冬令月给炭资钱三千文，烧炕柴钱一千文。妇女食米面，六人一席。蔬菜四大盘，外厨做熟，由转筒递进。元旦至初五暨端午中秋冬至各节内外饮食较寻常加丰。

是堂之设，凡妇女三十以内丧夫，无论已未出嫁，有坚志守贞，家道贫寒者，到堂开报，司事秉公确查，由地邻具结保荐入堂。有子女者准携带其子即在本堂读书,十二岁以内随母住宿,十二岁以外随师住宿。准其子早晚赴转筒见其母。十八岁读书无成,即令出堂,自谋生路;女及笄任母择配,出嫁时本堂给奁资京钱十六千文。妇女痛故给予棺木,埋葬等费由堂酌给。如遗有子女择堂中与该故妇生前亲厚者扶养,每名月津贴京钱四百文,查有凌虐等情即行更换。妇女入堂后,男亲族无论长幼,概不准入堂见面。(本堂内外界限严肃。内堂门锁匙,正副司事各掌其一,不得无故开启,如有公事须两人会齐,方许拆封启钥。内堂门将开,预先吩咐门内仆妇。令各妇女归屋回避,毋得在院行走。有预做铺中针黹者送司事处挂号,由转筒送入,作成后仍由转筒送出司事转给。该铺工价,仆妇人等不得沾染分文。有亲族馈送饮食等类,回明司事看明,由转筒送交,购买应用之物,亦由仆妇传梆告知门外服役人等回明司事遣人代买,内外仆妇人等倘有私相授受等弊,一并撵逐。)惟本妇之姑,亲生之母,定以一月二次到堂会晤。翁姑父母子女病危,准其告知司事回家省亲,身故回家祭葬亦如之。春秋二季,准其出堂扫墓,每人每次给费用京钱四百文,派堂中仆妇相随,务令当日回堂。又遴选节妇二人轮流值月,遇有口角患病等事,妥为排解照料;倘有难处之事,可告司事,轻则扣罚月钱,重则即令出堂,至住堂妇女无论存殁,均俟年岁合例之日,请建总坊以旌苦节而归简易。

从以上二处贞节堂的规条中,我们可以看出清代贞节堂的大致情况。

其一,贞节堂的经济来源。兴办贞节堂的经济支撑,来自官宦、乡绅、富商们的捐款。一般地,将数额较大的捐款作为基金,将这笔款项"发商生息",以息钱及其他常入款项作为贞节堂的日常费用。

其二,贞节堂的机构设置。贞节堂中有专门的管理人员,如天津县全节堂设司事二人,"绅董、公保年五十以上老成朴实之人"在堂中服务,另外又"公举端谨殷富"者三、四人"轮流稽查";保定府全节堂的机构则要严密得多,其中的工作人员多达十人以上,而且分工明确、细致,包括了正副司事、内堂司事、教读、内堂门夫、长班、内堂女仆等名目。入堂寡妇的一切事宜均由贞节堂中的工作人员负责。

其三,寡妇入堂的条件和程序。贞节堂的规条明确规定,贞节堂的功用在于"收养节妇贞女"。妇女在丈夫死后愿意"坚志守贞"(包括已婚的节妇和未婚的贞女),并且家境贫寒、无所依靠者,可以申请入堂。同时限定,入堂寡妇必须是三十岁以内丧夫者,此条规定是为了与清代旌表制度的有关内容保持一致。寡妇入堂的程序或手续是,先由符合条件的寡妇自行申请,"到堂开报";后由贞节堂的管理人员如司事等"秉公确查",查核的主要内容是:节妇贞女的

“年岁门氏”“有无父母翁姑亲属子女”；再由“地邻具结保荐”，然后即可入堂。

其四，入堂寡妇的生活方式。这是贞节堂规约的核心内容。贞节堂的设立，目的在于“收养节妇贞女”，入堂妇女也必须是丈夫死后能够“坚志守贞”者，所以，如何使入堂妇女安心守节，心无他骛，就成了制定贞节堂规约者所精心考虑的事。二处规约都用大部分篇幅对入堂寡妇的行为准则作了严格的限制。首先，保证入堂寡妇们最基本的生活需要。规约明确规定了堂中寡妇们生活费用的大致标准。名目包括饮食、灯油、衣被、茶水、炭薪、医药、殓葬等资费。这样，入堂寡妇的生活可保证无虞，有了安心守节的基本物质前提。同时，为了解除她们的“后顾之忧”，贞节堂还对其子女做出安排。准许入堂时寡妇携带子女。天津县全节堂规约说：“男则附义学读书，纸笔等费堂中筹备，女长成任母择配。”而保定府全节堂则对入堂寡妇所携子女的生活、教育、婚嫁等做出更加详细的规定。对子女的生活安排，为寡妇们在堂中安心守节加上了一枚重重的砝码。其次，严格限定入堂寡妇的活动范围和社会交往。节妇贞女们进入贞节堂后，就几乎断绝了与外界的一切交往。她们的活动空间基本上仅限于贞节堂极其狭小的范围内。不仅入堂寡妇居住、活动的内堂的大门“不得无故开启”，即如作为缓冲地带而专设的转筒（转桶）梆门也“竟日封锁”。堂中寡妇绝大部分时间里所见的只是贞节堂的管理人员，不但“男亲族无论长幼，概不准入堂见面”，而且“三尺之童，概不许人”，甚至节妇们的子女尤其是男童在十岁（或十二岁）以后也不准与母亲同住。遇有特殊情况，如公务、生活用品传递等，则定立了确保堂中寡妇不受“污染”的方法。规约中虽然也允许亲眷探望，但只能由司事安排在转桶处相见。只有“本妇之姑，亲生之母”，或“节妇贞女患病势危，亲眷来堂看视者”，才被特许进入内堂，但次数亦极少。偶尔，堂中寡妇也可以步出贞节堂的大门，但仅限于“翁姑父母子女病危”时的“回家省亲”和春秋二季的出堂扫墓。所以，入堂寡妇实际上并没有任何严格意义上的社会交往。

其五，入堂寡妇的出堂。一般情况下，寡妇入堂后，不得无故出堂。如果“不耐羁苦”或犯有“难处之事”（多指违反堂规等）而情节严重者，前者报明府县，由原保亲族具领出堂，后者作为惩罚，“即令出堂。”不管是自愿还是被惩。出堂后均不得再次入堂。

其六，入堂寡妇的归宿。贞节堂所恤养、收容的寡妇中，或病殁，或自然寿终，总之，生命的终点是她们最后的归宿。唯一的“希望”或“亮点”是在经过长时间的守节后，如果“年岁合例”，可以“请建总坊以旌苦节”。但是，在众人看来，入堂寡妇有外力的帮助，许多忧虑得以解除，守节的苦烈程度似乎要淡薄得多，因而身故的入堂寡妇并不能够得到普遍的旌表。其实，即使获得旌表，其荣耀及实利亦留给了身后的活人，对于入堂的寡妇来说，她们一无所有。

不可否认，贞节堂设置的初衷包含了恤济寡妇的成分，而且客观上也救济了一部分生活艰难的寡妇，但是，寡妇们获得救济时必须接受苛刻的条件，她们要严格遵循封建伦理的道德规范，信守贞节。在得到最低的生活保障、维持生存以外，她们必须摈绝一切心理上和生理上的欲望，只是机械、麻木地运转于生活之途。贞节堂森严的门墙阻挡了所有可能发生的"越轨"之举，也推走了作为社会的人的所有内容。与世隔绝、形同囚徒的生活使她们所受的禁锢远甚于外界的妇女，所以，她们的生命充满了死寂。虽然她们远离了"饿死"的"小事"和"失节"的"大事"，没有生存的忧虑和道德伦理的担心，但是，失去光彩与活力的生命已经抛弃了人类最为珍贵的生机，变成世间毫无意义的物件。虽然贞节堂的规约也允许妇女自愿出堂，但是第一，这些妇女本来就是因为生活困顿、孤苦无依才无奈入堂，出堂后生活压力不会有丝毫的减轻，所以她们在贞节堂之外并无太多的生路；第二，清代已经达到宗教化的贞节观念深刻而巨大地影响着社会各个阶层，从一而终、夫死不嫁已成为天经地义的信条。社会成员的绝大部分中，不仅男子根深蒂固地歧视寡妇再嫁和妇女改嫁，而且女子也坚定不移地奉守封建伦理对她们的要求。社会制度和舆论的巨大压力和女性的内在欲望下，妇女们大多竭尽全力避离"不贞"，而入堂寡妇作为特殊的群体，则更加没有回旋的余地。如果她们果真因"不耐羁苦"而出堂，就将遭受到来自社会各个方面的谴责与制约，生存环境将更加恶劣。所以从贞节堂中出来的寡妇并不多见。至于那些因遭惩罚而被遣出堂的寡妇，境遇则愈加凄惨。

同治以后，全国的大部分地方都设立了贞节堂，虽然名称各异，如全节堂、崇节堂、保节堂、清节堂、立贞堂等，但其实质相同，大致情形也与我们以上所看到的二处全节堂相似。贞节堂兴盛于清末的数十年中，表面上看，似乎是贞节制度的完善与补充，世人愈重贞节并且加入了更多的慈善之心；实际上，这种补充与完善正从一个侧面反映了腐朽的封建制度的没落，因为，愈是衰颓的东西，在它退出历史舞台之前，就愈加表现得强固。清朝末年，闭关锁国的局面被列强的枪炮所打破，在救国图强的呼声下，人们也开始向贞节观念发起冲击。危机中的统治者和封建卫道士们，一方面出于强化封建伦理的需要，承继了中国古代恤灾济困的做法，突出对寡妇的恤济，作再倡贞节的最后尝试；另一方面，又借鉴和吸收了外国救济组织的某些内容，才创办了贞节堂。但是贞节堂的兴办，只是为封建伦理又增加了一个物化象征，并没有为式微的腐朽统治注人活力。清朝以后，贞节堂制度日渐废弛。尽管如此，它还是苟延残喘至民国年间。那时，各地还有许多行使贞节堂职能的机构。据高迈的统计，1931年江苏省各县还有贞节堂及其异名同实的机关如师仁堂、保节堂、清节堂、全节会、全节堂、崇节堂、恤嫠会、恤嫠局、恤嫠所、妇女救济所等19个，或公办、或私办，收养、救济寡妇见于统计的就有近2000人。类似贞节堂类专门救济寡妇的机构，直至新中国的建立才最终消亡。

恤灾济困，扶贫救急，是中国古代儒家思想合理成分的内在要求，恤养鳏寡孤独，给他们以最大的帮助，也是社会进步的标志之一。其中，寡妇作为承受社会困难的特殊群体，生活压力尤其巨大，生存环境远较常人恶劣，确实需要特别的关爱和特殊的帮助。所以，救济寡妇的专门机构的出现，本应是值得庆幸的事，然而，清末诞生的贞节堂却将束缚、禁锢入堂寡妇作为第一要义，它对宗教化的贞节观念作了更为丰富的物化阐释，在为封建伦理的践行推波助澜以后，成为贞节杀人的帮凶。对那些无奈进入贞节堂的寡妇们来说，是幸运还是不幸？透过历史的迷雾，我们分明可以看到笼罩、充斥于贞节堂的那种阴冷的死寂。

## 忍苦赴死的女性

### 贞节杀死无数人

在贞节的发展史中，作为社会上层建筑核心的礼教是戕害女性的最直接和最大的凶手。特别是进入封建社会以后，道德伦理上升为政治伦理，社会的一切关系都被笼罩在封建礼教之下，社会的观念、制度和习俗等都围绕着它来运作。而作为封建礼教主要内容的贞节观念逐渐深入人心并统辖着世人的一言一行，各种社会力量——社会舆论、法律制度、乡约族规、道德伦理、教育内容等等，都把推动贞节的发展引为己任，所有的利刃都指向女性，从而为他们营造了一个不得不坚守贞节的社会环境。礼教束缚日益强固，贞节之风越来越盛，礼教杀人，贞节杀人，为封建道德殉道的女性层出不穷。而女子的家人亲友，坐视女子苦烈、死节却不加劝止，不施援救，听任她们将青春和生命舍弃，更是残害女性的帮凶,"族人欢笑女儿死,请旌藉以传姓氏!"翻开二十五史的《列女传》,满眼的贞节妇女,各种守节花样让人触目惊心。妇女不能与外人接触,即使是盗贼、乱兵、洪水来了,也必须坐守闺房等死;身体不能被男子看见,所以有病宁死不治;夫死不嫁已为平常之事,夫死殉节亦在情理之中;未婚夫死,女子也要为他守节,甚至殉死;丈夫未死,或病或远行,妻妾须先行自尽;一遇变乱,女子必须自尽以守贞节,等等等等。林林总总,不一而足的守节方式,造就的是一个个冤苦的灵魂。据统计,二十五史《列女传》及其他传中收录的贞节妇女达1437人。

由于正史的篇幅所限,收入的贞节妇女远比现实生活中的人数少得多。如修《明史》时,所见妇女"著于实录及郡邑志者,不下万余人,虽间有以文艺星,要之节烈为多"。修《清史稿》时,所见节烈妇女亦不下万人,掇其尤者,仍收录了616人。而据董家遵对修于清代中叶的《古今图书集成》所做的统计,其中收录的节妇、烈女(烈妇)的人数则多达49383人。

实际上,《古今图书集成》也仅收录了历史上贞节妇女的一小部分,尤其是该书仅汇集了清代中期的资料,因此难以反映清代贞节妇女的全部状况。

贞节笼罩之下,忍苦赴死者众多,正史及一些类书已无法记录,二十五史收录的1437人和《古今图书集成》收录的49383人仅是历代贞节妇女中事迹彰显者,只占极小的一部分。历史的编撰者大多实话实说,交代了遗漏舍弃的实情及采录的原则。如《新唐书·列女传序》说:"今采获尤显行者著之篇。"《元史·列女传序》说:"元受命百余年,女妇之能以行闻于朝者多矣,不能尽书,采其尤卓异者,具载于篇。"明清正史更是记载了贞节遍地的"盛况"。《明史·列女传序》:"乌头绰楔,照耀井闾,乃至僻壤下户之女,亦能以贞白自砥。其著于实录及郡邑志者,不下万余人。"《清史稿·列女传序》:"清制,礼部掌旌格孝妇、孝女、烈妇、烈女、守节、殉节、未婚守节,岁会而上,都数千人。军兴,死寇难役辄十百万,则别牍上请。捍强暴而死,爰书定,亦别牍上请,皆谨书于实录。"

正是由于以上的原因,正史以外的史籍如地方志等中都有专门的篇章收录贞节妇女。就明清时期的情况看,贞节观念恶性膨胀,贞节现象极度泛滥,节烈妇女的多少甚至直接影响地方官治理民政的成绩,所以一有节烈妇女出现,即大张旗鼓地极力宣扬、褒奖,表节义、列志谱、修牌坊、立祠堂,无所不为。无处不在的贞节牌坊就足以形象直观地展示明清时期的贞节实况。据记载,清代一个普通的乡里,高耸的贞节牌坊就有一百多座。如清人金友理的《太湖备考·坊表》说,当时苏州一带被颂为"节妇烈女"者共1743人,其中107人得到旌表,在太湖东山上立有岩石牌坊。而清人顾震涛的《吴门表隐·坊表》记载了苏州城内175座贞节牌坊，书中并且说明了“坊表”之撰的缘由：“孝子及贞烈节孝妇女等坊，仰蒙宪德，上达圣恩，赐帑建立，足以表扬万世。因不列志书，往往惑于风水，或甃人墙，或盖以屋，坍废亦多，殊失褒彰本意。兹就有所见，敬记其地，不叙先后年月，但传其名，以备考续焉。”仅总节孝祠外的节孝总坊，就旌表了“城乡苦节合例未旌”者3400多人。当时的江苏巡抚裕谦于祠中题匾：“汇表幽潜”，苏州知府李璋煜题联：“节烈阐孤寒，补五百年吴中阙典；春秋崇享祀，慰三千人泉下贞魂。”似这种探赜索隐、拾遗补阙的工作，许多地方志及野史中都曾做过。如贞节甚盛的徽州，节烈妇女尤多，妇女失去丈夫后，“动以身殉，经者，刃者，鸩者，绝粒者，数数见焉，或称未亡人而代养，而抚孤，嫠居数十年终。”清《休宁县志》记载，当时全县有“节烈”妇女2200多人。民国所修《歙县志》有四分之一的篇幅为《列女传》，“新安节烈最多，一邑当他省之半。”再如上海，据元明清地方志的《列女》卷记载，该地区有节妇7215人，贞女96人，烈女、烈妇666人，而且这些数字只是上海籍的贞节妇女，不包括迁居本地的客籍者。以节妇为例，元代上海仅有节妇6人，明代则增至296人，清代更高达6913人，从中就可以看出上海地区明清时期的贞节之盛。道光十二年（1832年），上海还设立了专门的“采访节孝公局”，聘请乡绅专门搜罗节孝贞烈，并且拨款建立碑坊、设祠致祭。

各种史籍所载贞节妇女的人数、情节已经令人瞠目，然而，未载人史籍的守节者又要远远为多。她们或者是因守节年限不足、情节未符律例等旌表条件所限；或者由于官宦乡绅徇私舞弊，不予上报；或家境贫寒，势单力孤而不受重视；或因家人族人贪图钱财，领取建坊银后却不建坊，难以显名乡里；或因访采力度有限，未暇搜求……。种种原因使得更多的贞节妇女被无情的岁月流水冲逝远去，在历史上湮没无闻，杳无踪迹。贞节屠刀所至，礼教杀人无数，追思历史，不禁使人产生无尽的悲凉。

## 柔肠寸断愁千缕

当女性丧失了在经济生活中的主导作用，遭遇世界性的失败后，就注定了她们将始终处于屈从的地位，她们的生活道路上将充满坎坷和荆棘。由于多种社会条件的共同作用，在古代女性丰富复杂的情感体验中，带有较多负面影响和消极意义的“愁”上升为主要的一种，覆盖、排挤着其他情感体验，于女性社会生活中充斥四溢，挥之不去。

“女子以柔顺为务”，顺从是女子生活的核心内容。虽然女性的社会角色在女儿、妻子、母亲之间依次转换，但顺从的本质要求是不会变的，从父、从夫、从子，她们必须以男子为轴心在社会中运转。中国古代道德伦理提出了一整套从宏观指导到具体操作的对女子的要求。体现在具体典籍中，《礼记》及《女诫》等女教著作集中了女性言行举止的基本规范。其中，“女主内，男主外”，是主要的指导原则之一。其用意是将女性束缚于庭户、家室之中，限制她们的活动空间，减少她们的社会交往，使她们安心地接受柔顺的教化，侍奉父母、公婆，相夫教子，自觉自愿地服从以男子权力为中心的社会现实而没有任何非分之想之举。她们不能参与政治，不能参加祭祀，不能对家庭重大事情发表意见，不能与外界特别是男子有太多的接触，同时，她们还要遵守众多的“必须”和“应该”。总之，在女性的人生辞典中，使用最为频繁的是“不能”“必须”“应该”，而极少使用表明权力的“可以”。随着时代的推进，对女性的人身束缚和思想禁锢日趋严密和坚固，压抑、窒息之下，愁怨、悲愤自然而然地笼罩女性的社会生活。

在世界的万物中，人类的出现打破了黑暗和沉寂，带来了生机和活力，而人类区别于动物的最基本特征在于他们能够思想，在于他们有着极为丰富的情感。在人类的两性中，女性的情感又比男性要丰富、细腻得多。相对于男性来说，女性对生活尤其是感情生活充满了更多的希望和理想，她们更企盼温存、体贴。当礼教的禁锢尚未坚固、贞节铁幕尚未合围时，女性还有一定的活动空间，她们的感情还能得到一定程度的满足。封建伦理道德对女性的束缚和压制逐渐加强、贞节观念逐渐支配女性身心以后，女性的活动空间越来越小，社会交往日益狭窄。出嫁之前，封闭于闺房之中，实践着“男女授受不亲”的信条；出嫁以后，限制在庭院之内，夫生保贞、夫死守节，杜绝一切“出格”的言行。无边的压抑使女性的感情理想与实际生活产生了极大的矛盾，她们的丰富情感被阻隔、抑制，化作千丝万缕的愁怨。束缚愈甚，愁怨越重，无法解脱，无可逃避。

女性愁怨的情形甚为复杂，就引起愁怨的直接原因看，大致有以下几种：

第一，缺少社会交往，足不出户，感事伤时。深居闺阁、锁闭庭户之中的少女、少妇们的生活极其枯燥乏味，她们渴望接触外面的世界，享受自然、享受生活。当冷酷的礼教捆缚住手脚，她们只有愁怨满怀。这种愁怨一直是历代文人骚客所咏叹的内容。仅以唐诗为例，如薛维翰的《春女怨》说：“白玉堂前一树梅，今朝忽见数枝开。几家门户重重闭，春色因何得人来？”最需要温情的年龄、最具有生机的时节，女子只能独居深深的庭院中，几无感觉地体验时光的流转和世事的变迁。再如李端《闺情》：“月落星稀天欲明，孤灯未灭梦难成。披衣更向门前望，不忿朝来鹊喜声！”杜牧《秋夕》：“银烛秋光冷画屏，轻罗小扇扑流萤。天阶夜色凉如水，坐看牵牛织女星。”一切可以引起联想的物事似乎都可以触发女子的愁怨，孤灯冷月，无边的寂寞袭来，徒然又增加了几分幽怨、悲愁。

第二，丈夫远行未归，妻子的别怨离愁。由于种种原因，如差役、出征、经商等，丈夫远离长久不归的现象相当普遍，妻子独居空房守“活寡”，单调孤苦的生活更使心中的愁怨无法排遣。封建社会里，差役繁重，战事无常，旷夫怨女无数。仍以唐宋文人的作品为例，如王昌龄的《闺怨》：“闺中少妇不曾愁，春日凝妆上翠楼。忽见陌头杨柳色，悔教夫婿觅封侯。”沈如筠的《闺怨》：“雁尽书难寄，愁多梦不成。愿随孤月影，流照伏波营。”刘方平《代春怨》：“朝日残莺伴妾啼，开帘只见草萋萋。庭前时有东风人，杨柳千条尽向西。”或直露、或含蓄，几首诗都描写了征夫远戍后妇女的怨愁。“商人重利轻别离，”是封建社会又一个经常的现象，白居易的《琵琶行》就用极为细腻的笔触提供了这种妇怨的例证。民国《歙县志》卷一《舆地志·风土》记载了这样一件事情：

邑俗重商，商必远出，出恒数载一归，亦时有久客不归者。新婚之别，习为故常。然妇女类能崇尚廉贞，保持清白，盖礼俗渐靡为时久矣。汪于鼎作《新安女史征》言：“吾乡昔有夫娶妇甫三月即远贾，妇刺绣为生，每岁积余羡易一珠以记岁月，曰此‘泪珠’也。夫还，妇殁已三载，启视其箧，积珠已二十余颗。……只此一事，而其时礼教之谨严，生计之迫压，家族之苦痛，交通之闭塞，皆可见矣。其通常三岁一归者，固不敢怨商人重利轻离也。”

汪于鼎提供的事例，说明了怨妇的忧愁和苦痛，而他为此所作的诗则更加婉约悲凄、愁绪无限：

鸳鸯鸂鶒凫雁鹄，柔荑惯绣双双逐。
几度抛针背人哭，一岁眼泪成一珠，
莫爱珠多眼易枯。
小时绣得合欢被，线断重缘结未解。
珠累累，天涯归未归。

另外，由于礼教特别是贞节观念的束缚，甚至丈夫犯罪远徙，妻子也必须从一而终，在守活寡中进行漫长的等待，并且还要做出节烈的举动，表明自己坚守贞节的决心。《新唐书·列女传》记载，贾直言犯罪后将要贬到岭南去，他还算开通地对妻子董氏说：“我这次被远徙岭南，生死难料。我走后，你可以改嫁他人,不要再等我了。”听了丈夫的话,董氏一言不发,找来一根绳子把头发扎起来,再用布帛包裹严实,让贾直言做上记号,说道:“只有你的手才能解开它。”二十年后,贾直言才从岭南归来,董氏头上做了记号的布帛一如当初。等到沐浴时,董氏的头发纷纷脱落,丝毫不剩。似董氏的苦节,已不单是二十年的怨愁,而更加充满凄惨了。

第三,弃妇之愁。在古代的婚姻关系中,丈夫居于绝对的支配地位,妻子必须低眉事夫,尽心侍奉公婆,稍有不慎,即有可能被丈夫以“七出”之条休弃。弃妇之事,史籍中屡有记载,所谓合理的出妻姑且不论,甚至妻子并没有犯下什么过错,也会因公婆不悦等荒唐的理由遭休弃。如长诗《孔雀东南飞》中的刘兰芝,贤惠通达,只是因为婆婆不喜欢而被逐出夫门,最终死于愁怨。《后汉书·鲍永传》载:“永事后母至孝。妻尝于母前叱狗,而永即去之。”《后汉书·列女传》载:姜诗十分孝顺母亲,妻子庞氏也谨慎地侍奉婆婆。姜母喜欢喝江水,而长江距姜舍有六七里远,庞氏就经常溯流而上,汲水奉婆,有一天恰巧遇到大风,庞氏没有及时赶回。姜母口渴了而未能喝上江水,姜诗一怒之下,就休了妻子。诸如此类休弃妻子的行为,简直毫无人性可言。弃妇的生活异常艰难,愁怨的情感体验无疑是主要的一种。古代许多诗文都咏叹了弃妇之苦,如王粲的《出妇赋》中有“君不笃兮终始,乐枯荑兮一时;心摇荡兮变易,忘旧姻兮弃之”之语;曹植的《出妇赋》说:“悦新婚而忘妾,哀爱患之中零。……恨无愆而见西,悼君施之不忠!”唐代顾光的《弃妇词》亦很著名:

古人虽弃妇,弃妇有归处;
今日妾辞君,辞君欲何去?
本家零落尽,痛哭来时路。
忆昔来嫁君,闻君甚周旋。
及与同结发,值君适幽燕。
孤魂托飞鸟,两眼如流泉;
流泉咽不下,万里关山道。
及至见君归,君归妾已老;
物情弃衰残,新宠方妍好。

随意的出妻,造成无数的不幸婚姻,愁苦之下,不仅使女性沉浸在怨江愁海中,而且覆盖了男性,男女双方往往是同时的受害者。历史上著名的因出妻而致的不幸婚姻,陆游和唐琬的故事颇具有代表性。据周密《齐东野语》卷一记载:

陆务观(游)初娶唐氏(琬),闳之女也,于其母夫人为姑侄。伉俪相得,而弗获于其姑。即出而未忍绝之,则为别馆,时时往焉。姑知而掩之,虽先知挈去,然事不得隐,竞绝之。亦人伦之变也。唐(琬)后改适同郡宗子(赵)士程。尝以春日出游,相遇于禹迹寺南之沈氏园。唐以语赵,遣致酒肴。翁(陆游)怅然久之,为赋《钗头凤》一词,题园壁间云。

宋人陈鹄《耆旧续闻》卷十亦载陆、唐悲剧,说陆游迫于母命而出妻,但“夫妻之情,实不忍离”。而类似的悲剧在古代社会又何止千万!陆游未向造成“人伦之变”的母亲进行劝阻,就在母亲的意志下轻率地休弃了妻子,唐琬无端成了弃妇。离异后的陆游却旧情难忘,极不负责任地在沈园与唐琬相遇时流露旧情,题词于壁,倾出自己郁积多年的情感,不顾一切地寻求宣泄的快意。“一杯愁绪,几年离索。”“山盟虽在,锦书难托。”陆词产生了极坏的效果,在唐琬改嫁后的生活中掀起了轩然大波。《历代诗余》卷一一八引夸娥斋主人之语:“妇(唐琬)亦答词,……未几,以愁怨死。”弃妇之愁苦、前夫的无端指责和唐突之举也许还有后夫的不理解,共同加在柔弱的唐琬身上,她的生命之舟终于被倾覆。吞噬唐琬生命的当然是封建礼教,但陆母、陆游都是直接的凶手。在贞节观念尚不强大的宋代,唐琬尚且毁灭于其带来的愁怨,何况以后的时代呢?陆游的《钗头凤》不仅损害了唐琬,也给自己的心灵留下了难以愈合的创伤。晚年时分,他深悔当初对唐琬的妄念和冒失,陷入深深的强烈的自责和悔恨中:

坏壁醉题尘漠漠,断云幽梦事茫茫;

年年妄念消除尽,回向蒲龛一炷香。

《钗头凤》的悲剧揭示了封建礼教的狰狞,同时也向我们展示了封建社会里男性心灵的扭曲。在世俗的征程上,爱与不爱、结合和离异都充满了愁绪苦痛。残忍的封建礼教剥夺了人们许多快乐、幸福,作为其核心内容之一的贞节观念不但欺凌了一切女性,也伤害了不少男子,人性的扭曲,是封建社会里极为普遍的现象。

第四,寡妇的无尽愁绪。封建社会里,众多的寡妇生活于愁怨与伤痛之中,是女性也是人类中最为苦难的人群。她们“辞父母而言归,奉君子之清尘,如悬萝之附松,似浮萍之托津”,一切言行都必须中规中矩,比一般女子更要谨慎从事。沉重的生活压力、狭窄的生存空间、孤独的情感体验、动辄得咎的社会习俗,这一切都使得寡妇满怀无边的愁怨。关于寡妇之愁苦,下面将要详细述及,这里我们仅以宋代女词人李清照的事迹为例,略做说明。“易安居士”李清照四十五岁丧夫,寡居数十年。其所作的词中充满了离愁别恨及丧夫之痛。如夫亡以前，曾写下了“花自飘零水自流，一种相思，两处闲愁。此情无计可消除，才下眉头，却上心头”(《一剪梅》)、“生J怕离怀别苦，多少事，欲说还休。……凝眸处，从今又添一段新愁”(《凤凰台上忆吹箫》)、“独抱浓愁无好梦，夜阑犹剪灯花弄”(《蝶恋花》)等抒愁名句。夫亡后，更有“小风疏雨萧萧地，又催下千行泪。吹箫人去玉楼空，肠断与谁同倚”(《孤雁儿》)、“道人憔悴春窗底，闷损阑干愁不倚”(《玉楼春》)、“物是人非事事休，欲语泪先流”(《武陵春》)等语。虽然李清照的作品有着深刻的社会背景，家愁之外，更兼国恨，但她的生活经历却颇具有代表性。她才学甚高、婚后与丈夫长久分离、中年丧夫、身经覆国之难，这一切都在她的生活中不断添加新的愁绪，尤其是在守寡以后，更是愁情满怀了。如果抛却其他因素不论，李清照的千古名篇《声声慢》可以拿来部分地说明寡妇们典型的情感体验：

寻寻觅觅；冷冷清清，凄凄惨惨戚戚。乍暖还寒时候，最难将息。三杯两盏淡酒，怎敌他晓来风急。雁过也，正伤心，却是旧时相识。

满地黄花堆积。憔悴损，如今有谁堪摘？守着窗儿独自，怎生得黑！梧桐更兼细雨，到黄昏点点滴滴。这次第，怎一个愁字了得！

以上所列举的几种情形，远远不足以涵盖礼教特别是贞节樊篱下女性主要的感性体验——愁怨，因为现实生活中女性的不幸要复杂得多。其他如宫女、优伶等特殊人群所怀的愁怨亦丝毫不减，限于篇幅，本处已难以涉及。但是，一叶知秋，一斑窥豹，也许我们可以从中对女性的愁苦得出大致的印象。

## 性痛苦的寡妇群体

作为历史上特殊女性群体的寡妇，在漫长的守节过程中，要遭遇、忍受异常巨大的艰难。守节之苦，绝非常人所能想象得到。

生存条件的恶劣，是守节寡妇之苦的第一方面。按照封建社会法律规范、宗法制度、贞节观念的要求，首先，妇女必须从一而终、夫死不嫁，寡妇守节是社会认可和提倡的惯常做法。其次，寡妇守节时，有子从子，无子从夫家的其他人，如果说寡妇的生活中还存有什么希望的话，那就是通过抚育子女延续自己的生命，一旦无子女或子女亡殁，则生命之火几乎全被扑灭，所剩的只有靠自己的苦节为家族赢得一座贞节牌坊或一块贞节匾额了。再次，男子对社会的支配最根本地归功于其经济生活中的统治地位，特别是对财产的占有。同样地，在财产继承权方面，也以男子为唯一的权利享有者，女子完全被排除在继承之外。

有子者尚能依靠儿子继承一部分财产，无子者只有寄夫家之篱下，近乎靠接受施舍过活。而且，“嫁出去的女，泼出门的水，”娘家不对已嫁之女承担制度上的责任和义务，至多是一些道义上的责任和亲情方面的寄托。因此，寡妇守节缺少物质条件的基本保证。所以，历史上常常出现没有儿子的寡妇，在无所依靠的情况下一死了之的现象。也许，对于守节之苦来说，死也未尝不是一种解脱，但是，死亡岂是轻而易举之事？寡妇之死，一要及时，二要壮烈，稍有迟滞和犹疑，不但得不到旌表，还有可能引来嗤笑。况且，求生是人类共同的本能，大部分的寡妇仍然选择忍辱负重地活着。

利益驱动之下，继承财产的寡妇往往面临着被剥夺的威胁，而这种威胁又往往来自家族内部。《元史·列女传》记载，武用的妻子苏氏年轻而寡，与四岁的儿子守着一些家资，相依为命。但是，“夫之兄利其资，欲逼而嫁之，不听。”又载，霍荣妻子段氏二十六岁守寡，尽心奉养公婆，抚育养子。公婆死去后，霍荣的叔父觊觎她的财产，对她说：“你的养子只能视作‘假子’，可以让他回归自己的宗族去。你既然没有儿子，就应该改嫁他人，霍氏的财产你是没有资格享有的。”逼迫之下，段氏只得“退入寝室，引针刺面，墨渍之，誓死不贰”，如此才得以保住了自己安身立命的资产。这里，二位男子泯灭人性，欺凌孤苦无依、柔弱无助的寡妇，其自私、贪婪、卑劣暴露无遗。苏氏、段氏尽管以各自的方式抗阻了贪婪的剥夺，但更多的寡妇并没有她们幸运。《元史·列女传》还记载了一件事：

冯氏，名淑安，……山阴县尹山东李如忠继室也。如忠初娶蒙古氏，生子任，数岁而卒。大德五年，如忠病笃，谓冯曰：“吾已矣，其夸汝何？”冯氏引刀断发，自誓不他适。如忠殁两月，遗腹生一子，名伏。李氏及蒙古氏之族在北，闻如忠殁于官，家多遗财，相率来山阴。冯氏方病，乘间尽取其赀及子任以去。冯不与较，一室肃然，惟余如忠及蒙古氏之柩而已。朝夕哭泣，邻里不忍闻。……

李氏及蒙古氏族人的举动，迹近于无耻的抢劫。孤儿寡母，无依无靠，冯氏生活中的艰辛和苦难，是可想而知的。

寡妇生存条件的恶劣，不仅表现在物质上，还有来自精神上的重负。首先，社会舆论和习俗普遍歧视寡妇，使寡妇的生存空间更小，精神束缚愈紧，这是外在的因素。早在先秦时代就有歧视寡妇的事例，《孔子家语·好生》记载：“鲁人有独处室者，邻之嫠妇亦独处一室。夜，暴风雨至，嫠妇室坏，趋而托焉。鲁人闭户而不纳。”后世歧视寡妇的现象更加普遍，涉及面亦更广。如有些地方将寡妇称为“鬼妻”或“鬼婆”，认为她们有着“克夫”之命，而且故夫的魂魄经常附着妇身，是不祥之人。民间流传的“一马不背两鞍，好女不嫁二夫”“买牲口不买老骡子，娶媳妇莫娶后老婆子”“寡妇门前是非多”等鄙陋习语就是对寡妇进行精神歧视的反映。其次，在各种外力的压迫下，寡妇大多相当自卑，这是来自内心的重负。寡妇常称自己为“未亡人”，似乎跟随丈夫同赴黄泉路才是应该之举，自己的生存只是苟且偷生而已。自卑自缚，不敢追求，不敢抗争，来自寡妇思想深处的压力更使她们始终生活于灰暗、阴冷之中。

守节之苦的第二个方面在于女性自身的柔弱，在生活重负之下，苦难更盛。寡妇既要在生活的夹缝中保存自我，又往往要奉养公婆、抚育子女，女性自身的柔弱需要她们付出比他人多得多的努力，凄风冷雨中，她们心力交瘁，形神俱损，几无生机和活力，而肌肉僵直、表情木讷是最常见的“寡妇相”。寡妇不堪重压的生活，史料不胜枚举，此处仅引二首唐诗加以说明。白居易《妇人苦》借一位妇人之口倾诉：

人言夫妇亲，义合如一身；
及至生死际，何曾苦乐均？
妇人一丧夫，终身守孤孑。
有如林中竹，忽被风吹折；
一折不重生，枯身犹抱节。
男儿若伤妇，能不暂伤情；
应似门前柳，逢春易发荣；
风吹一枝折，还有一枝生。
为君委曲言，愿君再三听，
须知妇人苦，从此莫相轻。

白居易的这首诗还比较委婉，而杜荀鹤的《山中寡妇》则更清楚地描述了一位寡妇孤苦无依、艰辛窘迫的困境：

夫因兵死守蓬茅，麻苎衣衫鬓发焦。
桑柘废来犹纳税，田园荒后尚征苗。
时挑野菜和根煮，旋斫生柴带叶烧。
任是深山更深处，也应无计避征徭。

实际上，所有的文笔都难以完全描述寡妇之苦，所有关于苦难的形容词都拿来用于寡妇，均不会显得过分。

此外，寡妇守节还要忍受感情需要和生理欲望的煎熬，这是守节之苦的第三个方面。贞节观念的笼罩下，守节妇女除了克服生活中的艰难以外，还必须泯灭一切欲望。贞节天理存留之际，便是世俗人欲灭绝之时，禁欲、绝欲，是对守节者的基本要求。而且许多妇女的守节是因迫于各种压力而为，内心自觉自愿的成分不足，要抵抗人欲的诱惑，就更显得痛苦。对于曾经有过性经验的寡妇来说，生理欲望的煎熬益发令人难以忍受。为了在性压抑状态下顺利地守节，寡妇们一方面加强思想自律，从观念深处扼杀人性的释放；另一方面采取一些奇特、怪异的方法消耗精力、困乏身心，通过自虐甚至自残的途径来达到自我节制，把自己的行为严格限制在贞节的要求中，以终身的痛苦去换得"节妇"的美名。清人纪昀《阅微草堂笔记》卷十一载：

交河一节妇建坊，亲串毕集。有表妹自幼相谑者戏问曰："汝今白首完贞矣，不知此四十余年中，花朝月夕，曾一动心否乎？"节妇曰："人非草木，岂得无情？但觉礼来可逾，义不可负，能自制不行耳。"一日清明祭毕，忽似昏眩，喃喃作呓语，扶掖归，至夜乃苏，顾其子曰："顷恍惚见汝父，言不久相迎，且劳慰甚至，言人世所为，鬼神无不知也。幸我平生无瑕玷，否则黄泉会晤，以何面目相对哉！"……此妇子孙颇讳此语，余亦不敢举其氏族。然其言光明磊落，如白日晴天，所谓皎然不自欺也，又何必讳之？

"交河节妇"之语道出礼欲交战、灵肉煎熬的实情，所以被思想通达的纪昀所称赞。但世风却讳言寡妇节欲之苦，视而不见，其实这正是封建礼教不敢正视现实的怯懦表现。该节妇通过思想的自律及对未来世界的虚幻希望挣来了一座贞节牌坊，其守节情形似乎还算平静。然而更多寡妇的守节充满了不平静，所以，情节就要丰富得多，也"壮烈"得多。《清史稿·烈女传》记载：

胡源渤妻董，临清人。源渤卒，董年十五，为嫠八十年，年九十五乃卒。里妇或问："守节易乎？"曰："易。""如无夫何？"曰："如未嫁。""如无子何？"曰："如有子而死若不孝。"曰："何以制心？"曰："饥而食，倦而寝，不饥不倦，必有事焉，毋坐而嬉。吾尝为人佣，治女红，必求其工。求工，则心专；心专，则力勤；力勤，则劳而易倦。倦即寝，寤即兴，毋使一息闲，久之则习惯矣。"

董氏是采用"劳神倦身"的方法使自己整日处于疲倦状态之下，没有闲暇"胡思乱想"，以压抑不断勃发的欲望（主要是性欲望）。清代文人青城子的《志异续编》卷三中的一则记载，与上引董氏之例有异曲同工之处，不过其内容更为"生动"：

一节母，年少矢志守节。每夜就寝，关户后，即闻撒钱于地，明晨启户，地上并无一钱。后享上寿，疾大渐，枕畔出百钱，光明如镜，以示子妇曰："此助我守节物也！我失所天，孑身独宿，辗转不寐，因思鲁敬姜'劳则善，逸则淫'一语，每于人静后，即熄灯火，以百钱撒于地上，一一俯身捡拾，一钱不得，终不就枕，及捡齐后，神倦力乏，始就寝，则晏然矣。历今六十余年，无愧于心，故为尔等言之。”

此节母的怪方法仍是通过劳心乏身使精力消耗殆尽，反复浇灭人性之欲。与董氏相比，她的方法更为单调、枯燥而无聊。二位节妇在倦乏中度过了数十年，生命之泉在强制的节欲中枯竭，虽然获得“完节”，但原应充满生机与活力的生命亦因此变得毫无意义。清人沈起凤《谐铎》卷九“节妇死时箴”条记载了一位节妇在守节时遏制欲望的详细过程：

荆溪某氏，年十七适仕族某，半载而寡，遗腹产一子。氏抚孤守节，年八十岁，孙曾林立。临终召孙曾辈媳妇，环侍床下曰：“吾有一言，尔等敬听。”众曰：“诺。”氏曰：“尔等做我家妇，尽得偕老百年，固居家门之富；倘不幸青年居寡，自量可守则守之，否则上告尊长，竟行改醮，亦是大方便事。”众愕然，以为昏瞀之乱命。氏笑曰：“尔等以我为非耶？守寡两字，难言之矣！我是此中过来人，请为尔等述往事。”众肃然共听。曰：“我居寡时，年甫十八，因生在名门，嫁于宦族，而又一块肉累腹中，不敢复萌它想。然晨风夜雨，冷壁孤灯，颇难禁受。翁有表甥某，自姑苏来访，下榻外馆，我于屏后观其貌美，不觉心动。夜伺翁姑熟睡，欲往奔之。移灯出户，俯首自惭；回身复入，而心猿难制；又移灯而出，终以此事可耻，长叹而回。如是者数次。后决然竟去，闻灶下婢喃喃私语，屏气回房，置灯桌上，倦而假寐。梦入外馆，某正读书灯下，相见各道衷曲，已而携手入帷，一人趺坐帐中，首蓬面血，指枕大哭，视之，亡夫也！大喊而醒。时桌上灯荧荧作青碧色，谯楼正交三鼓，儿索乳啼絮被中。始而骇，中而悲，继而大悔，一种儿女之情，不知销往何处。自此洗心涤虑，始为良家节妇。向使灶下不遇人声，帐中绝无噩梦，能保一生洁白不贻地下人羞哉！因此知守寡之难，勿勉强而行之也。”命其子书此，垂为家法，含笑而逝。后宗支繁衍，代有节妇，间亦有改适者，而百余年来，闺门清白，绝无中媾之事。

这则材料详细地描述了寡妇守节时的心理状况。一边是自然流露的人性之欲，一边是礼教浸渍的“理智”，互相争斗，惊心动魄，最终还是根深蒂固的贞节观念占了上风。在泯灭人性的时代，这样的结果其实早已设定，此位节妇的思想矛盾和犹疑只不过告诉人们，人欲难绝但不得不绝。不过，这位节妇总算在临死之前认识到守寡的艰难和痛苦，并以自己的感受告诫后人。其真情的最后流露是以六十余年的苦寂生活为代价，由此，我们更加能够理解守节者刻骨铭心的苦痛了。《谐铎》卷三还有一条“两指题旌”的记载，其中充满了浓烈的血腥味：

赵蓉江未第时，馆东城陆氏。时主妇新寡，有子七岁，从蓉江受业。一夕秉烛读书，闻叩户声，启而纳之，主人妇也。叩所自来，含笑不言。固诘之，曰："先生离家久，孤眠岑寂，今夕好风月，不揣自荐，遣此良宵。"蓉江正色曰："妇珍名节，士重廉隅，稍不自爱，交相失矣，汝请速回，人言大可畏也。"妇坚立不行，蓉江推之出户，妇反身复入，蓉江急阖其扉，而两指夹于门隙，大声呼痛，稍启之，脱手遁去。妇归，阖户寝，顿思清门孀居，何至成此丑行，凌贼乃尔？转辗床褥，羞与悔并，急起引佩刀截其二指，血流奔溢，濒死复苏。潜取两指拌以石灰，什袭藏之。而蓉江不知也，即于明日卷帐归。后其子成进士，入部曹，为其母请旌。时蓉江已居显要，屡申屡驳。其子不解，归述诸母，母笑曰："吾知之矣。"出一小檀盒，封其口，授其子曰："往呈尔师，当有验。"子奉母命，呈盒于师，蓉江启视之，见断指两枚，骈卧其中，灰土上犹隐然有血斑也。遂大悟，即日具题请旌。

以自虐、自残的方式来遏制、禁绝欲望，在守节中相当普遍，然而正史大多不载，因为封建礼教认为，既然守节，就应该禁绝一切欲望，而任何存留欲望的思想或做法都是对礼教特别是贞节观念的悖逆，更不用说欲望的偶尔宣泄了。统治者漠视、掩盖自然的人性之欲，营造了一个虚幻的世界，让女性在压抑、窒息中遵循封建礼教的规范，不敢奢望、不敢追求，心甘情愿地死守着三从四德的信条，成为男性驯服的奴隶，以供他们炫耀权势和施展淫威。但是，"食色，性也，"人性之欲是世界最根本的生机，无节制地纵欲和无条件地禁欲都是危害社会的极端。贞节观念对女性特别是寡妇欲望的禁绝，违背了人性的基本要求，不仅残害了女性，也损伤了整个社会。在"两指题旌"的事例中，节妇将两根手指与感情需要、生理欲望一同斩断，以外在的压抑达到内心的自律，虽然取得了成功，但泯灭人性后的生命个体还有什么意义？除了求得充满死寂的旌表以外，确乎是一无所有了。人欲难断，良知未泯，野史的几条记载为我们提供了守节之苦的一个侧面。

## 贞节观念的牺牲品

在封建礼教的浸濡下，社会各种力量的利刃都刺向贞节中的妇女，整个社会以贞节妇女的青春和生命作为牺牲，合力将她们推上封建道德伦理的祭坛。无可逃避的妇女们，或被迫、或自愿，以各种方式坚守贞节，成为罪恶制度的祭品。

推动贞节妇女走向祭坛的主要力量来自封建制度本身,包括封建社会的经济条件、思想观念、法律规范、价值导向、社会习俗等。这里,我们不暇详论各种因素,只撷取几条史料来看一看封建制度对女性的残害。随着贞节观念的推进,受其影响的女性越来越多,贞节、节妇、烈女、烈妇层出不穷。尤其是到了贞节观念宗教化的明清时期,贞节残害的女性难以数计,而且年龄越来越小,甚至连幼女、少女也成为戕害的对象。不但统治阶级、社会舆论要求女子守节,而且亲属甚至父母也丧失了道德良知和人伦之情,将女子推向绝路。明代以正直、功绩闻名并为后世称颂的海瑞就曾用贞节观念杀害了亲生女儿。一天,他看见五岁的女儿食饼,就询问饼的来历,其女答曰:“某僮。”海瑞立即大怒,呵斥道:“女子岂容受僮饵,能即饿死,方称吾女。”此后,其女被饿了七天,终于死去。海瑞作为封建礼教的帮凶,将年幼的女儿饿死,其中的残忍和丧失人性已经到了无以复加的地步。《儒林外史》还讲述一个类似的故事:王玉辉女儿的未婚夫死了,他就让女儿去自杀。女儿不愿意,他便把女儿锁在房间里,要把她活活饿死。开始的时候,女儿在里面撒心的哭喊,一下下地鞭笞在王玉辉的心上。一段时间以后,他已麻木,不再有任何感觉。等到房中完全没有了动静,人们打开房门,抬出一具几乎没有人形的少女的尸体。后来,少女的死被以“自殉”的情节上报,得到了朝廷的旌表。当县官为她在烈女祠中设立了牌位而举行仪式时,年老的王玉辉难过得谢绝参加。在封建礼教的淫威下,不唯女子,男子也同样受到伤害,白发的王玉辉逼死黑发的亲生女儿,其余生残年中,无尽的悔恨和自责常伴,能让他的灵魂平静吗?

《清史稿·列女传》中有许多年幼女子守节、自殉的事例,有的幼女不仅是贞节观念的受害者,而且转过来又把侵害的矛头指向其他女性甚至自己的母亲,例如:

吕氏女,平陆人。父卒,母且嫁,女生七年,痛哭谏其母,母不听,则日长跪母前,且哭且言,母意终不回。一日晨,潜出,家人求之勿得;暮,途人或言蟠问有幼女死焉。家人就视,则女哭父瘗所,死矣,泪血溢两眶,遍地尽碧。及敛,视其寝处,枕上血深渍数重。

这则材料里,吕氏女是褒扬的对象,她在母亲再嫁时极力劝阻,甚至以死相谏。至于她“且哭且言”不让母亲再嫁的理由,史籍中不得而知,但是,除了说明自己将要无依无靠之外,强调从一而终、夫死不嫁无疑也是重要的内容。她的死,以母亲再嫁为羞耻的贞节观念是罪魁祸首。区区七岁的幼女,竟然如此

“悲壮”地驯服于贞节观念，甘赴死地，可见吃人的礼教对世人的毒害是多么地深刻和可怕。信守贞节则受肯定、申扬和褒奖，不守贞节便遭谴责、歧视和惩罚，是封建社会的一般原则。褒奖的受益者是家人（主要是男子），而惩罚的受损者则是女子，因为男子是无所谓“贞”与“不贞”的。明代文人陆容的《菽园杂记》中就有一则离奇荒唐的“杀奸成义”的事例：

洪武中，京城一校尉之妻有美姿，日依门自炫。有少年眷之，因与目成。日暮，少年入其家，匿之床下。午夜，促其夫入值，行不二三步，复还，以衣覆其妻，拥塞得所而去。少年闻之，既与狎，且问云：“汝夫爱汝若是乎？”妇言其夫平昔相爱之详。明旦别去，复以暮期。及期，少年挟利刃以入，一接后，绝妇吭而去。家人莫知其故，报其夫，归乃摭拾素有仇者一二人讼于官。一人不胜锻炼，辄自诬服。少年不忍其冤，自首伏罪云：“吾见其夫笃爱如是，而此妇忍负之，是以杀之。”法司具状上请。上云：“能杀不义，此义人也。”遂赦之。

校尉之妻“依门自炫”的举动自然不足为训，与其相狎成奸的少年同样应该是道德谴责的对象。如果给予法律的惩处，“奸夫”应该与“淫妇”同罪。但荒唐的是，少年调奸既成，又以十分正当且显高尚的理由杀死与其相奸的妇人，俨然以“正义”和“公理”自居。封建统治者亦不辨是非，以少年为“义人”而不予惩戒。这样，女子的性罪错（即不贞）须施以“淫妇者，人人得而诛之”的道德和法律原则，男子的性罪错（同为不贞）则可以得到宽宥。显而易见，封建制度竭尽全力保护男子的性占有，对他们来说，无所谓“贞”与“不贞”。而女子是强力控制的对象，她们必须严格遵循妇道，保守贞节，若有差错，则成为“始乱终弃”者，罪不容赦。对待男女两性的双重道德标准和法律标准，反映了封建制度压迫女性的本质特征，同时也说明了贞节观念泛滥下女性的境遇更为困迫，男性专制已上升到顶峰，整个的社会氛围就是琢磨着如何将女子推上祭坛，以满足男性恶性膨胀的权势欲和占有欲。

当然，为了生存，女性也曾极力与不公的命运抗争，从而在贞节的夜空中划出道道亮痕。但是，因为封建制度以压迫女性为本质特征之一，女性的抗争是极其无力的。外有一整套的国家机器作为压迫女性的强大保证，女性的反抗无异于以卵击石；内有琐细复杂的宗法之礼形成严密控制，三从四德、三纲五常，自上而下的层层禁锢，形成罩向女性的铁幕，厚实而坚固，使得女性的努力十分有限。只要产生贞节观念的土壤没有被铲除，支撑贞节的社会基础没有被打破，女性所受的蹂躏、摧残和苦难就不会彻底消除。所以，在以阶级压迫、性别压迫为基本内容的封建社会里，要根除女性生命献祭的现象，条件还不成熟，女性的解放还有待时日。

女性生命的献祭,还有来自女性自身因素的作用。翻开正史的《列女传》,女性自愿受礼教束缚且加以推动者,俯拾皆是。当然,这些“自愿”的背后掩藏着更多的“不愿”和无奈,是封建制度将妇女逼上绝路而不是女性甘心受欺凌和残害。但是,史籍中的记载也一定程度地反映了女性自卑与自缚在她们走向祭坛过程中所起的推波助澜的作用。关于这方面的内容,我们在前面的篇幅中已多次涉及,此处不拟详述,只略举例一二说明女性将自己的生命奉献于封建道德祭坛时的愚昧和麻木。如《宋史·列女传》记载,建炎三年(1129年)春天,盗贼掳掠临淮县,王宣让妻子曹氏与他一起逃走避难,曹氏宣称:“我听说妇人至死都不应该走出闺房。”盗贼来了以后,王宣逃避,曹氏却躺在床上,坚决不肯起来。最终为盗贼所劫持杀害。《明史·列女传》载,松江府华亭县邓林之妻、上海县人汤慧信,二十五岁时守寡,家资被族人剥夺殆尽,“躬绩纴以给,”与女儿相依为命,后来发大水,她所居住的荒僻低湿之处将被大水吞没,其已经出嫁的女儿驾船前来营救,她却坚决不走。女儿请母亲暂且到船中休息,汤氏同样未允,并且说道:“我在此守节六十年,不能离开一步。现在因为洪水所浸而追寻你的亡父,正是我心甘情愿的事,不必再往他处求生!”正在母女牵扯之际,洪水骤至,汤氏终于溺水身亡。史籍中这类愚而赴死的事例还很多,仅《清史稿》卷五一一《列女传》中就记载了类似因抱持“男女授受不亲”、女子足不出户等信条而死的妇女16位,而她们勇于赴死的情节都异常荒唐,如:避兵祸出城,被门卒卷车幔“媟语”即以言相侮,绝食死;夏日独寝时,大风吹开了窗帘,怀疑是有人偷看,自杀;家里失火,因为“救者众”“衣履不具”“卒不得衣”“外襦不得”等原因,分别坚不出户,终被烧死;遭遇洪水,拒绝男子的伸手援救甚至不接男子抛来的救生物,拒绝让男子背负,因为屋上有人裸身,自己未穿衣服或“恶男女相杂”,分别死于水中……。凡此种种,确实令人哀怒并生。

贞女守节,夫死不嫁,夫死殉节或是其他无谓地赴死,室女守志;贞女,节妇,烈女,烈妇,贞节作用的种种方式和形形色色的守节,都显示了女性的悲剧并不全由外力造成。“哀其不幸,怒其不争”也应成为考察贞节妇女的一个视点。

# 女性对贞节的叛逆

就贞节发展的总体情况而言,贞节观念、制度等对女性的束缚是沿着自宽至严、由松而紧的轨迹运行的。尤其是进入宋代以后,封建统治者对贞节的鼓吹渐达极致,贞节制度日益完备,各种社会因素合力将女性推向绝境。但是,在压抑、禁锢和残害女性的社会氛围中,始终存在着与贞节要求相悖的另一种声音。一些有识之士从重视和张扬人性的要求出发,怀疑、抨击封建礼教的原则和规范,揭露、谴责贞节观念的虚伪和罪恶,主张尊重女性的地位和权利,建立平等的两性关系。物极必反,在鼓吹贞节最有力的时期,这种反叛的呼声也越来越强,由此引发的对贞节的清算和妇女解放运动日趋兴盛。及至本世纪中叶,贞节作为一种制度终于在中国社会中消失,女性获得了根本性的解放,从此开始了崭新的生活。在清算贞节的漫长过程中,贯穿着女性的不懈抗争,同时也渗透了男性的艰辛努力。

## 对贞节观念的冲击和背叛

在贞节对女性的束缚和禁锢越来越紧、贞节铁幕逐渐合围的过程中,反叛封建礼教和贞节观念的思想也一直存在着。不过在近代以前,这种思想只是零散地表现在一些代表人物身上,它对封建制度冲击的力度还很有限。但是,其对贞节的清算已经成为女性挣脱桎梏的先声。

近代以前,关注女性苦难、对女性的不幸投注同情目光并提出独到见解、形成系统理论者,首推宋代的袁采。

袁采,字君载,南宋信安(今浙江常山县)人,生卒年不详,约与朱熹同时代。《衢州府志》载:“(袁采)登进士第,三宰剧邑,以廉明刚直称。”所著《袁氏世范》(或称《世范》)留存于今。据南宋陈振孙《直斋书录解题》著录《世范》时说:“(袁)采尝宰乐清,是书即其在乐清时所作。”《世范》共分《睦亲》《处己》《持家》三个部分。在该书中,袁采阐述了自己的妇女理论和婚姻、家庭思想。《睦亲》对妇女的社会生活寄予了深切的同情,并谴责了造成妇女不幸的封建伦理道德;《处己》反映了作者既关注女性疾苦又无法超越封建道德的矛盾思想;《持家》则指摘了两性关系中存在的种种社会弊端。我们不拟对袁采的妇女理论作详细的分析，仅就其思想中对封建礼教和贞节观念的冲击略加说明。针对封建礼教对女性的禁锢，袁采进行了抨击和谴责。他首先指出了妇女生活中尤其是暮年的痛苦，《睦亲》中说：

人言光景百年，七十者稀，为其倏忽易过。而命穷之人，晚景最不易过。大率五十岁前，过二十年如十年；五十岁后，过十年不啻二十年。而妇人之享年高者，尤为难过。大率妇人依人而立，其未嫁之前，有好祖不如有好父，有好父不如有好兄弟，有好兄弟不如有好侄。其既嫁之后，有好翁不如有好夫，有好夫不如有好子，有好子不如有好孙。故妇人多有少壮富贵而暮年无聊者，盖由此也。凡其亲戚，所宜矜念。

封建社会里，妇女没有独立的人格，她们必须依附于他人而生活，在失去使用价值以后，往往成为社会的弃妇。所以，经过一生的操劳和禁锢，暮年的妇女通常会陷入孤独、凄凉的境地。这里，袁采指出了妇女痛苦的根源在于束缚女性的"三从"，已经触到了封建伦理道德的核心。"女主内，男主外，""妇女不预外事，"是封建礼教及鼓吹贞节者所极力倡导的，目的是限制妇女的活动空间，切断妇女"越轨"的途径和可能。袁采对此进行了批驳，他说：

妇人不预外事者，盖谓夫与子既贤，外事自不必预。若夫与子不肖，掩蔽妇人之耳目，何所不至？今人多有游荡赌博，至于鬻田，甚至于鬻其所居，妻犹不觉；然则夫之不贤，而欲求预外事，何益也。子之鬻产，必同其母，而伪书契字者有之，重息以假贷，而兼并之人，不惮于论讼；贷茶盐以转货，而官司责其必偿，为母者终不能制；然则子之不贤，而欲求预外事，何益也。此乃妇人之不幸，为之将奈何？苟为夫能念其妻之可怜，为子能念其母之可怜，顿然回悔，岂不甚善！

所以，袁采主张社会应该给予妇女一定的活动空间，至少在家庭事务中必须享有一定的权利，以更好地保持家庭的和谐与稳定。而对于妇女自身来说，袁采要求她们"知书识字，方可持家不坠"：

妇人有其夫蠢懦，而能自理家务计算钱谷出入不能欺者；有夫不肖，而能与其子同理家务不至破荡家产者；有夫死子幼，而能教养其子敦睦内外姻亲料理家务至于兴隆者，皆贤妇人也！而夫死子幼，居家营生最为难事矣。托之宗族，宗族未必贤；托之亲戚，亲戚未必贤。贤者又不肯预人家事。惟妇人自识书算，而所托之人衣食自给，稍识公议，则庶几焉。不然，鲜不破家。

传统的伦理道德要求女性"以柔顺为务""惟务清贞"，女子必备的"四德"即妇德、妇容、妇言、妇功都是服务于家庭内部的义务，而不涉及权利。妇女不能参与政治，不能进宗族祠堂参加祭祀，不能干预丈夫甚至成年儿子的活动，由此造成了女子许多的不幸。而一旦丈夫和儿子不贤，女子则会陷入更加艰难的处境。袁采看到了这一点，他所称赞的“贤妇人”，都是贤能的预外事者。他强调妇女知书识字、自主自力，尤其是对于夫死子幼而全力持家的寡妇来说，则更为重要。他认识到，封建礼教和宗法制度都存在着极大的虚伪性，宗族、亲戚未必贤，即使贤者，对孤苦无依的寡妇也不愿援手相助，所以，寡妇“居家营生最为难事”。对寡妇艰难处境的深切同情，使袁采充分理解寡妇的再嫁，并仔细体味了她们的心理状态：

寡妇再嫁，或有孤女年未及嫁，如内外亲姻有高议者，宁若与之议亲，使鞠养于舅姑之家，俟其长而成亲。若随母而归义父之家，则嫌疑之间，多不自明。

在袁采的理论中，看不到贞节对妇女的束缚，他大胆的揭露封建社会对待女性的不公，驳斥封建礼教的某些主张，发出了妇女解放的呼声。袁采所生活的南宋时期，“饿死事极小，失节事极大”的贞节观念已经被鼓吹了一百年左右，对女性的摧残逐渐加深。在全社会都倡导贞节、以女子自立为非的环境里，袁采能够提出这样进步的主张，于令人窒息的气氛中划出了一道亮光，无疑是非常难能可贵的。

明清时期，奖励贞节最力，贞节观念走到了宗教化的顶峰，就是在这种极为压抑的环境中，对贞节的冲击也达到了封建社会的最高水平。

明代文人归有光首先对贞节进行了直接的冲击，他在《贞女论》中指出：“阴阳配偶，天地之大义也。天下未有生而无偶者。终身不适，是乖阴阳之气，而伤天地之和也。”认为贞女守节的行为是违背天地之义的荒唐之举，必须加以摈弃。而儒教“叛逆”李贽则尖锐地揭露和批判了封建礼教的罪恶，他在《答邓石阳》中说：“穿衣吃饭即是人伦物理，除却穿衣吃饭，无伦物矣。”将矛头直指宋儒以来一直鼓吹的“存天理，灭人欲”的信条，肯定人性之欲的合理和必要，并认为“穿衣吃饭”是人生首要的大事，朴素地显示了唯物主义的观点，与“阳为道学，阴为富贵，被服儒雅，行若狗彘”的虚伪的理学家针锋相对。

清代也出现了更多的封建礼教的“叛逆”，他们从各个方面以多种形式对贞节进行了清算。在众多进步思想家中，清代前期的戴震（1723～1777 年）首发其端，以充满理性之光的《孟子字义疏证》向封建礼教发起强劲的冲击。他首先肯定了人欲存在的必然性，“君子亦无私而已矣，不贵无欲。君子使欲出于正，不出于邪，不必无饥寒愁怨、饮食男女、常情隐曲之感，”宋儒所极力鼓吹的“理欲之辨，适成忍而残杀之具”，对社会造成极大的祸害。而且，这件残忍的杀人工具由权贵们掌握,锋刃所指,倒下的是广大的民众。"尊者以理责卑,长者以理责幼,贵者以理责贱,虽失谓之顺;卑者幼者贱者以理争之,虽得谓之逆。"欲加之罪,何患无辞,统治者正是用理学的软刀子戕害了众多性命,"上以理责其下,而在下之罪人人不胜指数。人死于法,犹有怜之者;死于理,其谁怜之!"戴震可谓一针见血地揭露了理学杀人的本质。另外,戴震深刻地批驳了禁欲主义的虚妄和由此造成的普遍虚伪,他说:

举凡民之饥寒愁怨、饮食男女、常情隐曲之感,成视为人欲之甚轻者矣。轻其所轻,乃曰"吾重天理也,公义也",言虽美,而用之治人则祸其人。至于下以欺伪应乎上,则曰人之不善,胡弗思圣人体民之情、遂民之欲,不待告以天理公义而人易免于罪戾者之有道也!孟子于民之放辟邪侈无不为以陷于罪,犹曰"是罔民也",又曰"救死而恐不赡,奚暇治礼义"!古之言理也,就人之情欲求之,使之无疵之为理;今之言理也,离人之情欲求之,使之忍而不顾之为理。此理欲之辨,适以穷天下之人尽转移为欺伪之人,为祸何可胜言也哉!

戴震从阐发多有民本思想、顺乎人性之欲的《孟子》出发,对当时甚嚣尘上的"理欲之辨"做彻底的审视、解剖与批判。他的理论中虽未直接对贞节观念进行直接的清算,但"理欲之辨"在明清贞节观念宗教化的进程中居功甚伟。揭露了"理欲之辨"的罪恶本质,也就触及、撼动了封建伦理道德与贞节观念的根基,因此,戴震对早期的妇女思想解放做出了极大的贡献。

紧随戴震之后的晚清学者俞正燮(1775~1840年),在《癸巳类稿》《癸巳存稿》二部笔记中对摧残女性的贞节观念和制度进行了更为猛烈的抨击,其中的许多篇章如《贞女说》《节妇说》《妒非女人恶德论》等都是著名的倡导妇女解放的檄文。他在《妒非女人恶德伦》中说:"夫妇之道,言致一也。"妇女之妒是因为男子妻妾成群造成的,因此"妇人之妒为常情",既然允许丈夫纳妾,就应容忍妻子之妒,而妒忌正是妻子对丈夫专一之爱的表现,如果妻子对丈夫丝毫不以为意,则家道必将衰落。所以他要求实行夫妻平等的一夫一妻制,这才是去妒的正途。清代贞节的泛滥,使妇女守节无所不用其极,为各种利益所驱使,甚至家族为求得旌表的荣耀而不惜逼迫妇女自杀以守贞节,对这种泯灭人性的可耻行径,俞正燮痛心疾首,他在《贞女说》中斥责这种"光耀门楣的可耻":

后世女子不肯再受聘者,谓之贞女,其义实有难安。未同寝而同穴,谓之无害,则又何必亲迎,何必庙见,何必为酒食以召乡党僚友,世又何必有男女之分手?此盖贤者未思之过。……尝见一诗云:"闽风生女半不举,长大期之作烈女;婿死无端女亦亡,鸩酒在尊绳在梁。女儿贪生奈逼迫,断肠幽怨填胸臆;族人欢笑女儿死，请旌藉以传姓氏。三义华表朝树门，夜闻新鬼求返魂。”呜呼！男儿以忠义自责可也；妇女贞烈，岂是男子之荣也！

俞正燮还极力反对贞节观念，批驳在男子再娶和女子再嫁上的双重道德标准。他认为“夫有再娶之义，妇无二适之文”的贞操观是“理意不明，苛求妇人”，“夫妇合体而同尊卑”，夫妻双方的地位应该是平等的，在婚姻关系中应该享有同样的权利，如果禁止妇女再嫁，那么也不能允许男子再娶。因此，他对妇女再嫁寄予了深切的同情，而对戕害妇女的举动深恶痛绝。在《节妇说》里，他说道：

再嫁者不当非之；不再嫁者，敬礼之斯可矣。……妇无二适之文固也，男亦无再娶之义；……古言终身不改，身则男女同也。七事出妻，乃七改矣，妻死再娶，乃八改矣；男子礼义无涯矣，而深文以网妇人，是无耻之论也。

俞正燮是近代以前对贞女、节妇等贞节问题做出较深刻思考的进步思想家，他的妇女理论具体而直接地指向束缚和蹂躏女性的贞节观念和制度，因此对贞节的清算也就最为突出。

另外，一些文学家还通过文学作品表达了对男尊女卑、贞节观念的谴责。如李汝珍在《镜花缘》中塑造了一百个大胆否定男尊女卑的才女形象，对现实生活中压迫女性的现象进行了大胆的讽刺，并无情鞭挞了女子缠足等社会恶习。而冯梦龙则在《二刻拍案惊奇·满少卿饥附饱飏》中直指贞节中女子的不幸和男子的丑恶：

天下事有好些不平的所在，假如男子死了，女子再嫁，便道是失了节，玷了名，污了身子，是个行不得的事，万口訾议；及至男人家丧了妻子，却又凭他续弦再娶，置妾买婢，做出若干的勾当，把死的丢在脑后，不提起了，并没人道他薄幸负心，做一场说话。……所以，女子愈加可怜，男子愈加放肆。

近代以前，一些具有进步思想的知识分子看到了封建礼教的罪恶和社会现实的黑暗，关注人们特别是女性的苦难，提出了一系列具有反叛精神的理论和主张，对封建礼教和贞节观念发动了初步的冲击。在专制统治日益加强、思想箝制逐渐严密，社会气氛越来越令人压抑的历史时期，这些冲决网罗、追求思想解放的主张和举动，将厚重的贞节铁幕捅破数处，给窒息的人们送来丝丝新鲜的空气，从而成为近现代妇女解放运动的先声。当然，由于妇女彻底解放的历史条件远未具备，这些初步冲击的成果是很有限的，因为第一，封建礼教的力量过于强大，长期发展的贞节观念和制度已经广泛而深刻地影响着人们的思想及行为，并且在封建制度日益衰落的情势下，统治者对人们的禁锢更加强化，以维护摇摇欲坠的封建大厦。而在贞节的倡导方面，统治者尤为卖力，目的是褒扬贞节，并在腐朽的社会肌体中注入活力。这样，我们就可以理解封建制度走向终点时贞节之风却最盛的因由了。第二，此时的进步知识分子自身存在着理论缺陷。他们对封建制度的认识还较肤浅，只是对一些社会表象进行了关注，所提出的理论、观点还不深刻，虽然已经触及封建礼教的本质，但并未对其进行全面彻底的清算。历史条件及自身的局限使他们的冲击大多停留在理论上，而缺少实践的支撑，所以在振聋发聩之外，尚未在实践中产生很大的直接影响。第三，社会民众的觉悟程度还很低，所以这些先行者们孤立无援，他们往往以自身的微薄力量向腐朽制度挑战，但又往往以沉寂和失败告终。所有这一切都表明，清算封建礼教、清算贞节还需要付出更多的努力，还有很长的路要走。

## 近代新的突破

鸦片战争以后，屈辱中的中国人民发出救国图强的呐喊，妇女解放运动一浪高过一浪，对贞节的清算有了新的突破。

太平天国运动是中国新式农民革命的起点，运动领袖洪秀全将朴素的农民阶级平等观念与基督教的思想相结合，提出了男女平等的主张，并将其作为太平天国的纲领之一。他在《原道求世歌》中说："普天之下皆兄弟，灵魂同是自天来，上帝视之皆赤子。"又在《原道醒世训》中进一步阐发："天下多男人，尽是兄弟之辈；天下多女子，尽是姊妹之群。"要求男女平等，享有相同的权利，这种主张也反映在太平天国的施政纲领上。《天朝田亩制度》规定："凡分田照人口，不论男女。"在其他的一些律令中，还有"天下婚姻不论财"，"禁缠足、禁娼妓、禁买卖奴婢"等内容。这些朴素的男女平等思想和进步的婚姻、家庭观念不仅被提出，还在一定范围内进行了实践上的尝试，有力地冲击了封建伦理道德。但是，太平天国农民革命的性质决定了其反封建的不彻底。与解放妇女的要求相悖，洪秀全等人又用新的封建道德束缚女性。如领袖们广泛蓄纳妃妾，洪秀全还在《天父诗》中对妃妾制定了不逊色于"三从四德"的"十诫"，把妃妾服事不虔诚、硬项不听教、起眼看丈夫、躁气不纯净、讲话极大声等都列为"该打"的违礼之举。当时的教本《幼学诗》则更加体现了封建纲常的内容，其中鼓吹"妻道在三从，无违尔夫主，牝鸡若司晨，自求家道苦"，"女道总宜贞"，"子道刑于妻"，"妇言终莫听"等信条，几乎是封建女教著作的翻版。浓厚的封建色彩冲淡了太平天国在妇女解放上的贡献。

“西学东渐”给中国社会带来了巨大的冲击，早期的维新志士们不仅在器物上向西方学习，而且从思想深处反思封建伦理道德的痼疾，倡导变法，倡导革新。其中，妇女问题是一个重要的突破口。维新派的许多代表人物都对妇女解放做出过理论贡献，其中又以康有为、谭嗣同等人为突出。

康有为在《大同书》中对妇女问题做了大量的详细理论阐述。他首先从资产阶级人道主义出发，批驳了程朱理学中“存天理，灭人欲”的唯心主义思想，充分肯定了人欲的正当与合理，要求重视人性和人欲，讲求人道。这样，他就抽去了宋元以来统辖中国封建社会意识形态近千年之久的程朱理学的核心，撼动了封建礼教的根基。他认为：“普天之下，有生之徒，皆以求乐免苦而已，无它道矣。”任何统治者在施政时，都要从这一点出发，“立法创教，令人有乐而无苦，善之善者也；能令人乐多苦少，善而未尽善者也；令人苦多乐少，不善者也。”在康有为看来，那些摧残、压迫民众的统治阶级都可以归入“不善者”之列。他肯定了人性中趋众求偶之欲，“人为有知之物，则必恶独而趋群；人为有欲之物，则必好偶而相合。”“人有男女之质，乃天之生是使然。人道者，因天道而行之者也，有以发挥舒畅其质而乐，窒塞闭抑其欲则郁。”所以，贤明的统治者必须“顺天之道，因人之欲”，保障人们的“天授自由之权”，禁锢了人性之欲，就是剥夺了人权、违背了天理。

康有为关于理、欲、性、道的理论对虚伪、残冷的封建道德伦理做出了彻底的批判，在此基础上，他大声疾呼男女平等，鼓吹妇女解放。他说，封建统治者极力压制、束缚女性，对她们“忍以害之，抑之，制之，愚之，闭之，囚之，系之”，使女性遭受异常之苦，“不得自主，不得任公事，不得为仕官，不得为国民，不得预议会，甚至不得事学问，不得发言论，不得达名字，不得通交接，不得预享宴，不得出观游，不得出室门，甚至斫束其腰，蒙盖其面，刖削其足，雕刻其身，遍屈无辜，遍刑无罪，斯尤无道之至甚者矣。”这里，康有为淋漓尽致地揭露了封建制度对妇女的箝制与戕害。为了实现她的“大同世界”，必须给予女性与男性同等的权利，因为“男与女虽异形，其为天民而其授天权一也”，男女同为天生，“其聪明睿智同，其性情气质同，其德义嗜欲同，其能执事穷理同。”任何轻贱压迫女性的思想和行为都是“损人权，轻天民，悖天理，失公益”的，都必须加以谴责和摈弃。

康有为还特别同情寡妇的不幸境遇，忿声斥责残害女性的贞节。他指出，封建礼教强令寡妇守节害处甚多，“一、苦寡妇数十年之身，是为害人；二、绝女子天与生育之事，是为逆天；三、寡人类孳生之数，是为损公；四，增无数愁苦之气，是为伤和。"

另一位维新志士谭嗣同，也猛烈地抨击了封建伦理纲常，深切关注妇女的疾苦，把矛头直指杀人的贞节观念和制度。他在《仁学》中说："重男轻女者，至暴乱无理之法也，男则姬妾罗侍，纵淫无忌，女一淫罪则至死。"封建法律和伦理道德在男女两性上使用了双重标准，男女极度不平等，封建礼教的浸淫及贞节观念和制度的推动，使得"俗间妇女，昧于理道，奉腐儒古老之谬说为天经地义，偶一失足，或涉疑似之前，即为人胁逃，为人鬻贩，或恶为婢媵，或流为娼妓，或羞愤吭以死。……而为之君者，乃真无复伦常，……尤可愤者，至则渎乱夫妇之伦，妃御多至不可计，而偏喜绝人之夫妇，如所谓割势之阉寺，与幽闭之宫人，残暴无人理，虽禽兽不逮焉"。谭嗣同对封建制度进行了无情的批判，极大地推动妇女解放理论的发展。

19世纪末、20世纪初，资产阶级维新派揭露封建礼教的罪恶，倡导学习西方的先进思想，破旧并且立新，掀起了一场轰轰烈烈的道德革命和女权运动，将包括妇女在内的广大民众从封建思想的桎梏中解救出来。在冲破思想囚笼的同时，还将一些要求付诸实践，从现实着手，冲决贞节的网罗。如始于19世纪末的"不缠足运动""女学运动"，就是针对束缚女子的陋俗弊端而展开的。反对缠足，提倡天足，首先从自然之体上解放了妇女，使她们独立自主，有能力参与社会活动，突破封建樊篱对女子人性的束缚。兴办女学，使女子有受教育的机会，从而认识世界、认识自我，追求自我解放与发展，从根本上唤醒了女性生命中郁积已久的活力与希望。资产阶级维新运动中对贞节的清算，是近代历史上妇女解放运动的一个重要内容，在否定了男尊女卑封建道德的基础上，人们的思想观念发生了根本变化，逐渐解放的人性犹如决堤之水，猛烈地冲击着腐朽的一切，势不可挡。虽然它还存在着种种缺陷，但其对中国妇女的解放所起的作用绝不可低估。

戊戌变法失败以后，曾经积极倡导进步的康有为、梁启超等资产阶级维新派转向保守、倒退。但是，沉寂的气氛很快就被打破，以孙中山为首的资产阶级革命对封建礼教发起了更为猛烈的冲击。至1911年辛亥革命爆发，妇女解放运动更加高涨，对贞节的清算取得了新的突破。这期间，献身革命的仁人志士们进一步坚持男女平等，倡导女权运动。孙中山在《同盟会宣言》中说，所以民众，不论男女，"一律平等，无有贵贱之差，贫富之别。"他所提出的民权主义中，男女政治地位平等是重要的内容。邹容在《革命军》中主张"凡为国人，男女一律平等，无上下贵贱之分"。并将男女平等视为"革命独立之大义"。他们批判

“三纲五常”“三从四德”的封建伦理道德,要求摈绝“男尊女卑”的思想观念,抛弃旧式婚姻和女子缠足的陋习。对于摧残女性的贞节要求,更是进行了驳斥和清算。当时的一篇文章这样厉声质问道:“试问天下男子,有一人为女子守节者否?冢土未干,新人在抱。凡若此者,滔滔皆是。而妇女丧夫,则必终其身不嫁,岂公理哉!”

辛亥革命前后,冲击封建礼教、清算贞节更多地体现于实践中。尤其引人注目的是,勃发出生机的女性以极大的热情投入到自身解放中,逐渐展示出中华女性勇敢、刚毅、坚强的美德。如《女报》主编陈撷芬,“鉴湖女侠”秋瑾,《中国新女界》主撰、“炼石女士”燕斌,《女界钟》作者、被誉为“中国妇女界之卢梭”的金天翮(“爱自由者金一”),组织女军的吴淑卿、沈警音、唐群英等,都是名噪当时的女界斗士。这些妇女解放运动的先驱者们,勇敢地冲破封建礼教的网罗,将男尊女卑、夫贵妇贱等陈规陋俗抛在一边,以崭新的面貌出现于革命运动中,一扫二千多年来中国女性的沉寂、灰暗,为女性世界里增添了一道道亮丽的风景。虽然妇女解放的内容没有特别多地直接表现于扫除贞节观念、制度和习俗,但女性投身革命的本身就表明了肆虐妇女社会生活的贞节已被打破,贞节之网再也不能像以前那样紧密地笼罩着妇女。妇女运动所显示的希望令越来越多的女性走向觉悟,走向自身的解放。

当然,这一时期的突破仍有种种局限,特别是参加革命的妇女大都属于中上层的知识女性,而下层妇女往往态度冷漠,对社会变革无动于衷。封建道德伦理的长期毒害,使绝大部分女性仍习惯于在旧传统的覆盖下生活,驯服于贞节的统辖,麻木愚昧,不思进取。这也充分说明了辛亥革命中妇女解放的成果还相当有限,妇女的普遍觉醒和彻底解放还有待时日。

## 男女平等的呼声

1911 年的辛亥革命,推翻了在中国社会存在二千多年的封建帝制,建立起了资产阶级共和国。但是,由于反动势力过于强大,革命果实很快被袁世凯所窃夺,有限的妇女解放运动的成效亦消失殆尽。孙中山等人曾极力要求男女平等,倡导女界革命,但由于旧势力的阻挠和干扰,男女平等的内容并没有在《中华民国临地约法》中得到反映。而袁世凯篡权后,封建势力卷土重来,一股复辟的逆流骤然掀起,已经被冲击得千疮百孔的贞节铁幕再次合围。

1914 年 3 月 11 日,热心于复辟的袁世凯颁布了《褒扬条例》,沿袭了明清时期旌表贞节的内容，将贞节铁幕又罩向广大女性。《褒扬条例》第一条列举了九种可供褒扬的名目，其中的第二款规定：凡"孝行节烈贞操可以风世者"，按照等级由大总统袁世凯颁赐"匾额、题字并金质或银质褒章"。后来，副总统冯国璋又颁布了《修正褒扬条例》作为《施行细则》，更加具体地对褒扬贞节妇女的内容做出规定。其中明确罗列了褒扬贞节的范围：

第二条：《褒扬条例》第一条第二款所称之"节"妇，其守节年限自三十岁以前守节至五十岁以后者。但年未五十而身故者，其守节已及六年者同。

第三条：同条款所称之"烈"妇"烈"女，凡遇强暴不从致死，或羞愤自尽，及夫亡殉节者，属之。

第四条：同条款所称之"贞"女，守贞年限与节妇同。其在夫家守贞身故，及未符年例而身故者，亦属之。

可以看出，《褒扬条例》对妇女的"褒扬"完全是清代旌表贞节制度的翻版。此后，封建势力的代表们粉墨登场，一时间，沉渣泛起，恶臭熏天。

但是，历史的进步并不以少数人的意志为转移。经过半个多世纪的冲击，封建制度的罪恶显露无遗，民主、共和的观念已经逐渐深入人心，追求男女平等、挣脱贞节桎梏成为包括男性在内的广大民众的共同心愿。在复辟逆流涌动之时，一场声势浩大的思想解放运动——五四新文化运动勃然兴起。运动的参加者们高扬民主与科学的大旗，追求个性解放，彻底、无情地揭露和批判封建礼教的孽毒，对封建主义的思想、观念、文化、道德、习俗等进行了更为猛烈的冲击，在中国现代史上影响极为深远。新文化运动的代表人物如陈独秀、胡适、李大钊、鲁迅等人更是勇敢地冲锋陷阵，功勋卓著。

妇女解放是新文化运动的主题之一，《新青年》创刊号将"女子参政运动，求女权之解放也"看作与社会的政治、宗教、经济解放同等重要。《新青年》创刊后，更是成为鼓吹妇女解放、倡导女权运动、清算贞节的阵地。从 1916 年的第一卷第五号开始，《新青年》将妇女解放问题作为思想解放运动的一个重要突破口，用大量的篇幅专论妇女问题，对贞节进行了前所未有的清算。

《新青年》第一卷第五号中，陈独秀发表了《一九一六年》，号召妇女自强自力，不要甘心委身他人，"自负为一九一六年之男女青年，势将以铁血一洗浃髓沦肌为奇耻大辱。"这篇文章开新文化运动中清算封建道德、倡导妇女解放的先声，是《新青年》向旧道德和旧文化的宣战书。紧接着，陈独秀又在《新青年》第二卷第三号和第四号上分别发表《宪法与孔教》和《孔子之道与现代生活》二文，讨伐当时逐渐泛起的礼教沉渣。在后一篇文章中，陈独秀痛斥礼教对寡妇的残害:“西人孀居生活,或以笃念旧好,或尚独身清洁之生涯,无所谓守节也。妇从再醮,决不为社会所轻。中国礼教有‘夫死不嫁’之义,男子之事二主,女子之事二夫,遂共目的失节,为奇辱。礼又于寡妇夜哭有戒,友寡妇之子有戒。国人遂以家庭名誉之故,强制其子媳孀居——不自由之名节,至凄惨之生涯,年年岁岁,使许多年轻有为之妇女,身体精神俱呈异态者,乃孔子礼教之赐也。”

1918 年,《新青年》掀起了讨论妇女问题的热潮。是年 1 月,第四卷第一号刊载了陶孟和的《女子问题》,从社会学的角度讨论妇女问题,指摘封建礼教压抑了女子的才能,使女子无法奋发策励。5 月的第四卷第五号上,刊发了周作人翻译的日本女学者与谢野晶子的《贞操论》。文中,与谢野晶子认为,如果只是女子守贞,那就是人生的一大破绽,而这种失调的旧道德是不足为信的。她说,“在男子一方面既没有贞操道德自发的要求,也没有社会的强制,”夫妻之间即使没有任何感情,也必须守着丈夫,做个贞妇。因此,贞操不是道德,而是一种趣味、一种信仰、一种洁癖。这篇译文是中国出现的第一篇以贞操(贞节)为题的论文,虽然与谢野晶子的思想认识还不深刻,论析也不详备,但她对贞操观的大胆否定,在倡行贞节二千多年的中国社会里恰似一声惊雷,振聋发聩。从此,新文化运动的斗士们,集中力量猛攻杀人不见血的贞节观念,发起了对贞节全面彻底的清算。

1918 年 7 月,胡适在《新青年》第五卷第一号发表《贞操问题》一文,猛烈抨击“全无心肝的贞操论”和“野蛮残忍的法律”,提出了新的贞操伦理观念。在这篇文章里,胡适首先痛斥“替未婚夫守节和殉烈”的风俗,认为“要做具体的贞操论,第一步就该反对这种忍心害理的烈女论”,要“公认这是不合人情,不合天理的罪恶”,还要“公认劝人做烈女,罪等于故意杀人”。接着,他条分缕析,逐步抨击罪恶的封建贞操。他说:“贞操不是个人的事,乃是人对人的事;不是一方面的事,乃是双方面的事。女子尊重男子的爱情,心思专一,不肯再爱别人,这就是贞操。贞操是一个‘人’对另一个‘人’的一种态度。因为如此,男子对女子,也该有同等的态度。若男子不能照样还敬,他就是不配受这种贞操的待遇。”胡适认为,贞操可以存在,但必须以爱情为基础和前提,并且同样适用于男女双方。他反复强调:“贞操乃是夫妇相待的一种态度。夫妇之间爱情深了,恩谊厚了,无论谁生谁死,无论生时死后,都不忍把这爱情移于别人,这便是贞操,夫妻之间若没有爱情恩意,即没有贞操可说。若不问夫妇之间有无可以永久不变的爱情,若不问做丈夫的配不配受他妻子的贞操,只晓得主张做妻子的总该替她丈夫守节;这是一偏的贞操论,这是不合人情公理的伦理。”胡适一一分析了寡妇再嫁、烈妇殉夫、贞女烈女等问题，坚决反对盲从、愚贞，反对法律对贞操别有用心的褒扬，要求彻底抛弃封建贞操这种"男子专制的风俗"。最后，他明确阐述了对于贞操问题的基本态度：第一，旧的贞操"可以彻底研究，可以反复讨论"。第二，合理的贞操，"乃是双方交互的道德，不是偏于女子一方面的。由这个前提，便生出几条引申的意见：（一）男子对于女子，丈夫对于妻子，也应有贞操的态度；（二）男子做不贞操的行为，如嫖妓娶妾之类，社会上应该用对待不贞妇女的态度来对待他；（三）妇女对于无贞操的丈夫，没有守贞操的责任；（四）社会法律既不认嫖妓纳妾为不道德，便不该褒扬女子的'节烈贞操'。"第三，"绝对的反对褒扬贞操的法律"，这种"野蛮残忍的法律"，"在今日没有存在的地位"。胡适的《贞操问题》击中了封建贞操的要害，虽然全文语气平和，较少厉辞激语，但理性审视中的合情合理的论证更加能够使人信服。

1918年8月，《新青年》第五卷第二号发表了鲁迅的《我之节烈观》。文中，鲁迅以其犀利之笔为"匕首和投枪"，勇敢地刺向封建礼教，对二千多年来残害女性的贞节作了无情、彻底的批判和揭露。他首先阐述了封建礼教下"节烈"的内容：

节烈这两个字，从前也是男子的美德，所以有过"节士""烈士"的名称。然而现在的"表彰节烈"，却是专指女子，并无男子在内。据时下道德家的意见，来定界说，大约节是丈夫死了，决不再嫁，也不私奔，丈夫死得愈早，家里愈穷，她便节得愈好。烈可是有两种：一种是无论已嫁未嫁，只要丈夫死了，她也跟着自尽；一种是有强暴来污辱她的时候，设法自戕，或者抗拒被杀，都无不可。这也是死得愈惨愈苦，她便烈得愈好，倘若不及抵御，竟受了污辱，然后自戕，便免不了议论。万一幸而遇着宽厚的道德家，有时也可以略迹原情，许她一个烈字。可是文人学士，已经不甚愿意替她作传；就令勉强动笔，临了也不免加上几个"惜夫惜夫"了。

总而言之：女子死了丈夫，便守着，或者死掉；遇到强暴，便死掉；将这类人物，称赞一通，世道人心便好，中国便得救了。大意只是如此。

鲁迅看穿了封建贞操节烈的实质，平实明确地阐述虚伪的封建统治者们不愿也不敢明言的贞节内涵。接着，他发出一连串厉声质问："不节烈的女子如何害了国家？""何以救世的责任，全在女子？""表彰之后，有何效果？""节烈是否道德？""多妻主义的男子，有无表彰节烈的资格？"同时，鲁迅对这些问题做了详细的回答。他严辞斥责倡行贞节的统治者的虚伪奸诈和残忍刻毒，"只有自己不顾别人的民情，又是女应守节男子却可多妻的社会，造出如此畸形道德，而且日见精密苛酷，”“即如失节一事，岂不知道必须男女两性，才能实现。他却专责女性；至于破人节操的男子，以及造成不烈的暴徒，便都含糊过去。”鲁迅对女性所遭受的贞节摧残和戕害怀有深切的同情，他饱含痛楚和愤慨地分析道，首先，在残酷、阴冷的社会里，“社会的公意，向来以为贞淫与否，全在女性。男子虽然诱惑了女人，却不负责任。……所以历史上亡国败家的原因，每每归咎女子。糊糊涂涂地代担全部的罪恶，已经三千多年了。……女子身旁，几乎布满了危险。”所以，女子的节烈很难。其次，“凡人都想活；烈是必死，不必说了。节妇还要活着。精神上惨苦，也姑且弗论。单是生活一层，已是大宗的痛楚。……有钱尚可，贫人只能饿死。”所以，节烈很苦。再次，不节烈也很苦。因为“社会公意，不节烈的女人，既然是下品；他在这社会里，是容不住的”。节烈的女子死在“无主名无意识的杀人团里”，不节烈的女子即便在生前“也要受随便什么人的唾骂，无主名的虐待”。鲁迅最后断定：节烈之事“极难，极苦，不愿身受，然而不利自他，无益社会国家，于人生将来又毫无意义的行动，现在已经失了存在的生命和价值”。鲁迅的论述，揭露了贞节的实质，并对它进行有力的鞭挞，为唤醒民众、解放思想做出了突出的贡献。

新文化运动中，无产阶级革命先驱李大钊运用马克思主义的观点和方法更加深刻地论析了妇女问题，将妇女解放理论上升到了崭新的高度。在1919年和1920年的二年间，他先后发表了《战后之妇人问题》《妇女解放与Democcacy》《物质变动与道德变动》等文章，批判了封建制度和礼教的罪恶，同时又指出了资产阶级理论的局限性。在《物质变动与道德变动》中，李大钊从历史唯物主义社会存在决定社会意识的基本原理出发，指出一切社会关系中，经济关系是决定性的因素，道德的产生和变动最终归由于社会经济关系的变动，而属于道德范畴的贞操问题同样受物质关系变化发展的支配。他论述道：

女子的贞操问题也是随着物质变动而为变动。在男子狩猎女子耕作的时代，女子的地位高于男子，女子生理上的性欲的要求强于男子，所以贞操问题绝不会发生，而且有一妻多夫的风俗。到了畜牧、农业为男子独占职业的时期，女子的地位降下去，女子靠男子生活，男子就由弱者地位转到强者地位，女子的贞操问题从而发生，且是绝对的、强制的、片面的。又因农业经济需要人口，一夫多妻之风盛行。到了工业时期，……资本主义的产业组织分配的方法极不平均，造成了很多的无产阶级。贫困迫人日益加甚，女子非出来工作不可。男子若不解放女子，使她们出来在社会上和男子一样工作，就不能养赡她们。女子的贞操，就由绝对的变为相对的，由片面的变为双方的，由强制的变为自由的。

李大钊以物质关系为基点，考察了贞操问题历史变迁的一般规律，第一次科学地解剖了贞节产生及发展的根本原因。与新文化运动中其他人的思想相比，由于有科学的理论作为指导，李大钊的论述显然更加充满了思辨色彩和理性精神，显示了真理的亮点。同时，李大钊对广大女性充满了希望，他在《战后之妇人问题》中热情地号召妇女们团结起来，自我解放，自我发展。只有"合妇人全体的力量，去打破那男子专断的社会制度"以及"合世界无产阶级妇人的力量，去打破那有产阶级（包括男女）专断的社会制度"，才是妇女问题彻底解决的途径，才能求得妇女的根本解放。

五四运动前后，中国正经历着一场巨大的社会变革，而贯穿于20世纪一二十年代的思想解放运动意义尤为深远。它揭露和批判了封建制度和封建礼教的罪恶，为五四运动的爆发和深化打下了思想基础，并且巩固了五四运动的成果，直接导致了马克思主义思想在中国的传播，为以后的无产阶级革命作了理论准备。表现在妇女解放特别是贞节问题上，封建礼教的堤防被冲决，朽腐之气、历史积秽被荡涤，残害女性的贞节被彻底清算，禁锢中国妇女二千多年的贞节樊篱终被砸烂。而且，妇女思想解放运动的巨大成效很快在革命实践中充分展出来。五四运动中，许多妇女勇敢地冲破礼教的桎梏，接受先进思想，投身革命运动，焕发青春后的女性越来越显示出自己的活力、生机与价值。

## 女性的解放

五四运动的爆发及其后中国共产党的建立，开辟了中国历史的新纪元，从此，在中国共产党的领导之下，中国人民团结奋斗，挣脱帝国主义、封建主义和官僚资本主义的枷锁，外御强寇，内抗强权，经过近30年艰苦卓绝的斗争，终于使民族独立、人民解放。同时，妇女解放运动也经历了一个崭新的时期。五四运动以后，仁人志士们继续对封建伦理道德发起强烈冲击，启迪人心，唤醒民众。特别是中国共产党领导的新民主主义革命，解放了广大的下层妇女，使她们认识到旧礼教、旧道德的残忍和阴毒，挺身而起，反抗压迫，打破囚笼，越来越广泛地参加到解放世界、解放自我的斗争中。这一时期，破除男尊女卑，追求男女平等；摈弃封建婚姻，倡导自由、自主婚姻；扫荡残害女性的贞节、观念制度和习俗，建立新型、进步的两性关系等妇女解放的实践不断推进，并成为时代的主旋律。女革命家的涌现，妇女团体和组织的建立，妇女参加各项活动、参加革命等现象，构成了中国社会一道道独特的风景。可以说，没有妇女的普遍觉醒和广泛参与，中国革命不可能取得胜利。

新民主主义革命中妇女解放的成果也在法律上得到了确认。1930 年 12 月 26 日，国民党政府颁布了《民法》，其中的重要组成部分就是调节婚姻关系的《民法·亲属编》。它对婚姻关系的建议及解除等做了较为详细的规定，其基本精神是婚姻自由等，反映了婚姻关系上的时代要求。《民法·亲属编》吸收了德国、日本等资本主义国家民法典中的有关内容，完成了由封建婚姻向现代婚姻的法律转变，终结了封建贞节制度，具有巨大的进步意义。自 1931 年 5 月 5 日开始实行后，《民法·亲属编》成为调节国民党统治区内婚姻关系的主要法律规范。但是它也存在着浓厚的封建残余，如承认一夫多妻的合法化、保留男尊女卑的部分内容等，显示了这部法律的局限性。

1934 年，《中华苏维埃共和国婚姻法》正式颁布并在中国共产党领导下的各个革命根据地内实施。它是中国历史上第一部调节婚姻家庭关系、保护妇女权益的专门法。其中确定了婚姻自由的基本原则，规定了结婚和离婚的法律程序，实行男女平等、夫妻平权等，它彻底扫荡了封建婚姻制度和贞节要求，体现了无产阶级婚姻制度的精神，成为新中国建立后婚姻法律的蓝本。

自封建礼教肆虐、贞节枷锁套上女性脖颈的那一天起，冲破樊篱、反抗贞节的斗争就没有停止过。但由于历史条件的限制，贞节残害女性达两千多年，无数的妇女成了贞节的牺牲品。清算贞节、实现妇女解放是一个漫长的历史过程，有形的贞节制度可以很快摧毁、废除，而无形的贞节观念和渗透于人们生活中的贞节习俗，却不可能在短时间内涤荡。毕竟，贞节的发展史延续了二千多年，根深蒂固的观念和习以为常的陈规陋俗需要长时间的不懈努力才能清除干净。历史的惯性中，20 世纪三四十年代，一边是轰轰烈烈的妇女解放运动，贞节制度被彻底否定；另一边却是贞节沉渣时时泛起。即使是在妇女成为社会主义的新中国，仍可看到贞节观念的作祟，男尊女卑、夫主妻从，歧视、压制女性的死灰不时地复燃。一切都在表明，封建思想的余毒仍存留于一部分人的观念中，旧道德伦理的阴魂仍未完全驱散。

历史的潮流不容逆转，男女完全平等、女性彻底解放终将实现，这一点是毫无疑问的。同时，女性的前途与国家、民族的命运休戚相关，妇女解放的步伐归根到底取决于社会进步和人类解放的进程。所以，妇女的解放需要包括男性和女性在内的全体社会成员长期的坚持不懈的共同努力。

中国古代情史

# 古代婚姻史

马昊宸⊙主编

线装书局

# 原始群婚

## 只知其母不知其父的性关系

中国历史上，三代（夏、商、周）以前的时代，可统称为远古时代，距今有4000年以上的历史了。远古到底是一个怎样的时代呢？不少古书曾记载了在当时极端落后的生产力和生产条件下，我国古代先民生活条件极其恶劣困苦的情景：

上古之世，人民少而禽兽众；人民不胜禽兽虫蛇……构木为巢，以避群害……（《韩非子·五蠹》）

野居穴处，未有室屋，则与禽兽同域。（《新语·道基》）

昔者，先王未有宫室，冬则居营窟，夏则居增巢；未有火化，食草木之实，鸟兽之肉，饮其血，茹其毛；未有丝麻，衣其羽衣。（《礼记·礼运》）

远古先民生活和劳动条件既然如此差，那么，彼时的所谓“婚姻”，所谓“家庭”，其形态又是怎样的呢？由于年代的久远，更无文字的记载，我们已难确切地对此给以科学的叙述。所幸的是，我国古籍中曾记下了远古时代的不少神话和传说，这些传说，从不同的方面记述了我们祖先在中国这块土地上生息和繁衍，并孕育出中国古代灿烂文明的历史。透过这些神话传说周围的层层离奇的光圈，我们看到了我国远古时代先民婚姻家庭形态所具有的两个最基本的特点：血缘群婚和知母不知父。

我们先从我国古代传说中人类的始祖伏羲、女娲讲起吧。

传说远古洪水泛滥，人们全被淹死了，只留下伏羲和女娲兄妹俩，后来他们结为夫妇，使大地上的人类得以繁衍。东汉王延寿有一篇《鲁灵光殿赋》，就提到这座建在曲阜的灵光殿里，有这对兄妹夫妻的壁画。现今留存的汉代石刻画像与砖画中，同一题材的画面还有不少，这些画像里的伏羲和女娲，腰身以上通做人形，穿袍子，戴官帽，腰身以下则为蛇躯，两条尾巴紧密地缠绕在一起。有的画像还饰以云景，男的手捧太阳，太阳里面有一只金乌，女的手捧月亮，月亮里面有一只蟾蜍；有的画像还在中间画一天真烂漫的小儿，手拉两人的衣袖，给我们呈现了一幅非常美妙的家庭行乐图。这些画像正是伏羲女娲兄妹夫妻传说的最好说明。

另外，东晋干宝《搜神记》里有这样的记载：高辛氏，也就是黄帝的曾孙帝喾，把自己的小女儿嫁给了有功的五色神犬盘瓠。过了三年，他俩生下了三男三女。盘瓠死后，他的儿女“自相配偶，因为夫妇”，“其后子孙昌盛，号为犬戎之国”。

像这类伏羲女娲、盘瓠子女兄妹婚配的传说，正是我国上古时代存在过血缘婚家庭的折光反映。

还可以举舜及其弟象的传说来说明。

舜是远古时代五帝之一，是中国人心目中贤明君主的化身。据《史记·五帝本纪》载，舜在社会上做了很多好事，尧听说舜的名声很好，就把女儿娥皇、女英一起嫁给了他。可是，舜在家中却很不为父亲瞽叟所喜，他的同父异母弟象也时刻想谋害他。一次，瞽叟与象诱骗舜去掏井，他们乘舜在井下时，就赶紧往井里填土扔石。象以为哥哥已死，就计议将娥皇、女英娶过来。正在此时，舜却安然回到了家中，原来他是从相邻的一口井中脱险的。根据这个传说，我们可以看出舜所处时代婚姻家庭制度的特点来。舜一次就娶了尧的两个女儿，象也是一次就想将娥皇、女英娶过来，这种一群兄弟以另一群姊妹为妻的婚姻形态，不正符合亚血缘群婚制的特点吗？姊妹共夫，或兄弟共妻，表明我国在舜的时代尚处于群婚制的高级阶段。另外，象以为哥哥已死，就要将两个嫂嫂娶过来，这种“兄终弟及”的收继婚现象，也正是群婚制高级形态的孑遗。

正因为远古先民处于这样一种杂乱的性交关系状态之中，子女当然只能知其母，而无法知其父了。

昔太古尝无君矣，其民聚生群处，知母不知父，无亲戚兄弟夫妻男女之别，无上下长幼之道。（《吕氏春秋·恃君览》）

古籍中描述的正是一幅典型的母系氏族社会的图像。在这种社会中，妇女在生产和生活中处于领导的地位，世系也是按母系计算的。氏族成员过着共同劳动、共同消费的平等生活。由于生产力很低，也就没有多少剩余的产品，阶级也还没有出现。

远古的母系社会，给我们留下了许多“圣人无父，感天而生”的传说。

例如，关于中华民族始祖黄帝的出生是这样讲的：远古，有个叫附宝的女子，天快黑了还在野外采摘果实，忽然间，大地一片光明，原来是北斗星被炽烈的电光围住了。此时，附宝感到身上有了触动，回去后就怀孕了。25 个月后，在青邱生下了黄帝轩辕氏。

此外，中华民族的另一个始祖炎帝，其母叫女登，乃是“感神龙而生炎帝”。其他如女枢“感瑶光”而生颛顼；女嬉“吞薏苡”而生大禹，这些圣人们的母亲无一不是因神力的感应才生下儿子的。

有关殷商民族始祖和周族始祖诞生的传说也主要只是与他们的母亲有关。据传帝喾有四个妻子，次妻简狄一次在河中沐浴，见玄鸟（燕子）从天空堕下一蛋，简狄把蛋捡起来吃了下去，后即怀孕生下了商族的始祖“契”，契后被子孙们尊称玄王。这则吞蛋而生契的传说很早便被记载在《诗经》之中。类似的传说也可在《史记·秦本纪》中找到。据记载，秦的先祖大业，也是因他的母亲女修织布时吞下了燕卵而诞生的。

周民族始祖后稷诞生的传说就略微染上了点人世间悲苦的色彩。据传姜嫄是帝喾的第一个妻子，她也是在郊外踩了巨人的足迹，受了感应，生下儿子后稷的。以上是《史记·周本纪》的记载。在《诗经·大雅·生民》篇里，还有关于后稷出生后的传说。后稷从母体生下时，像羊的胞胎，又不裂开，人们当作不祥之物，就将他抛弃了。但扔在狭窄的小巷，牛羊避开他；扔进森林，砍柴人捡回他；扔在冰上，又有大鸟用翅膀为他蔽寒。因为他曾被抛弃过，后来就被取名叫“弃”。

以上这些传说中，虽然有的母亲有丈夫，如女枢是昌意的正妃，简狄与姜嫄亦都是帝喾的妻子，等等，但无论有夫无夫，她们的怀孕却无一例外地是受了神力的影响，这实际上表明，这些圣人与母亲的丈夫间并不一定存有血缘关系。在那时，人们在观念上并无“父亲”这种概念。由于孩子的母亲可能同时有几个性对象，所以孩子们都不知道自己和哪一个成年男子有血缘关系，也从未想到要去弄明白。而且在当时的条件下，父亲与孩子生理上的关系，更是难以确认的，故而才产生了那么多上天神灵赐子的传说。

## 人类终于找到了父亲

我们从姓氏上也可看出母系社会遗下的痕迹。炎帝是姜姓，夏是姒姓，周是姬姓，秦是嬴姓，都有个女字旁，是从女的。商是子姓，虽没有女字旁，但它是由燕卵（子）而来，也和吞燕卵的简狄这位女性有关。就连“姓”这个字本身，也是由女、生相合而成，表示“人所生也”（《说文解字》）的意思。

母系家庭和父权制产生以后的家庭不同，如果说那是家庭，倒不如说是氏族，即母系氏族。在那个时候，女子（母亲）是整个氏族的领导人，掌管全部家产，而不固定的丈夫们。则来自其他氏族，这样生出的孩子，自然只知有母，不知有父，他们只是母亲的子女，只用母亲的姓。

母亲氏族社会在我国大约存在于两万年之前，而于距今约 7000~5000 年前进入了繁荣时期。此后，约 5000 年前，居住在黄河和长江流域的各个部落，先后进入了父系氏族社会，即世系按父系计算，财产按父系继承的氏族社会时期。在父系氏族社会，男子开始替代女子在生产和氏族公社中的中心地位，并形成了以男子为支配者的父权制大家庭。以后，随着生产力的发展和私有财产的积累，父亲要求由确立的亲生子女继承财产，因而夫妇之间必须有独占的同居，对偶婚制也就逐渐让位于以一夫一妻制为特征的个体婚制，并最终形成了女嫁男、从夫居的婚姻家庭形式。人们不但能识其母，而且能识其父。在我国，倘追溯到远古祖先的身世，则从禹、契、后稷开始，人们方有了意义明确的父系血统、父系继承的概念。之后，随着财产分配和继承的多寡。社会不平等现象出现了，阶级产生了。

## 一男多女的性关系

夏朝是我国奴隶社会的开端。从禹和启王位父子相传开始，到桀灭亡为止，一共传了 14 代，17 帝，大约经历了 400 多年。由于还没有文字，至今发掘出的考古文物也极少，我们只能从后人的记载和传说中得知一些简略情况，但那时父权制已经确立、政权以父系血统相传则是毫无疑义的了。

继夏而起的商朝从汤开始，到纣为止，共传了 17 代，31 王，约经过了 600 多年。由于盘庚时迁都于殷（今河南安阳小屯一带），所以又称殷商。从殷墟中发现的甲骨文、铸在青铜器上的金文以及其他文物中，我们可以知道，在商朝，一夫一妻制的婚姻已经确立，奴隶主贵族在一夫一妻制原则下，已有了妻妾嫔妃的区别。

公元前 11 世纪，周族在其首领武王的率领下，推翻了商朝，建立了周朝。周又分为西周和东周两个时期，以公元前 770 年周平王东迁洛邑为界。东周又经历了春秋（公元前 770~前 476 年）和战国（公元前 475~前 221 年）两个时期，直到公元前 256 年为秦所灭，周代共传了 18 代，34 王，历时 800 多年。

西周时代，自周文王的儿子姬旦（周公）创“礼”以后，社会制度逐渐完备。周礼并将“婚礼”提高到“礼之本也”（《礼记·郊特牲》）的高度，从而建立了比较完整的婚姻制度。周代的婚姻家庭虽然与从原始社会直接脱胎出来的夏朝、与保存着浓厚的原始社会习俗的商朝有了明显的区别,但是,从整个社会来说,还是无法完全摆脱原始社会遗下的印记。

## 一夫一妻和小老婆

由父权制大家庭向一夫一妻个体婚制演进经历了一个漫长、渐进的过程。我国的夏、商二朝,就处在这个演进过程之中。夏第一代君王禹,他不像传说中的帝喾、帝尧各有四个妻子,也不像舜可以同时娶娥皇、女英姊妹俩为妻,他只有一个妻子,即涂山氏。在商代的 30 多个国王中,多数也是一人一配,如商汤配妣丙、太甲配妣辛等。但到商朝后期,已实行一夫一妻多妾制度,如商武丁,除正妻外,还有 64 个妾。

到了周代,婚姻形式是以多妾制为补充的严格的一夫一妻制。实行这一制度,反映了东西周社会奴隶主贵族在政治上的特权地位和生活上的荒淫无度。古籍中"天子有后、有夫人、有世妇、有妻有妾","公侯有夫人、有世妇、有妻有妾"(《礼记·曲礼》)的记载,是奴隶主贵族实际生活中妻妾合法化的有力证明。

商、周奴隶主贵族实行一夫一妻多妾的婚姻,是与当时实行的媵嫁制度相联系的。

按照周礼,由于天子和诸侯地位的重要,他们婚姻的示范作用也就受到特别的重视,娶妻应该只能是一次性的,这种一次性表现在:第一,天子诸侯正妻去世不得再娶;第二,天子诸侯"出妻"的条件较之其他阶层的人要受到限制,即"天子诸侯之妻,无子不出,唯有六出耳"(《仪礼·丧服疏》)。天子诸侯当然不会因正妻亡故或无子而断了香火,于是规定应当从娶妻时陪嫁来的女子中按顺序补上一个为妻,从陪嫁女所生子中挑选一个为继承人,这样,媵嫁制度就产生了。

什么叫"媵"呢?《仪礼·士昏礼》解释道:"媵,送也,谓女从者也。"由送的意义又引申到陪嫁之人。可见,"媵"就是诸侯女儿出嫁时随嫁的人。媵嫁制度规定,诸侯之女出嫁,要由她的妹妹(娣)、侄女(姪)随嫁。此外,还要由两个与女方同姓的诸侯国各送一女随嫁,称为"正媵";正媵也要由娣、姪相从随嫁。这就是所谓"诸侯壹娶九女,诸侯不再娶"(《公羊传·庄公十九年》)。这种婚姻制度,既反映了原始婚俗的遗迹,又成了奴隶主贵族借联姻扩大政治势力的手段。

媵嫁制在当时的文学作品中也有所反映。《诗经·豳风·七月》是西周初年的作品，其中“女心伤悲，殆及公子同归”一句，清人姚际恒、王先谦是这样解释的：公子，指豳公的女儿，伤悲之“女”呢，就是其娣侄及女奴，她们之所以伤悲，就是害怕随女主人出嫁去做媵妾啊。

媵嫁制实际上就是一夫一妻制名义掩盖下的多妻制。在周代，多妻妾的状况被周礼固定下来以后，就带有了强烈的等级制特点。妻妾的多寡同奴隶主的身份、地位、权力、财产等成正比。处于最高地位的天子可以“后立六宫、三夫人、九嫔、八十一御妻”，并说“此之为盛德”（《礼记·昏义》）。诸侯是一娶九女。比诸侯地位低的卿、大夫则是一妻二妾，士也可以娶一妻一妾，他们与天子、诸侯不同，被允许妻死再娶，所以不采取一次娶足的“媵嫁”制。

到了各自争霸的战国时代，诸侯们已不理会一娶九女的规定，有的一娶就是 12 女，有的则一娶再娶，媵嫁制度也就成了虚文。尽管在整个封建社会中一直存在着随嫁现象，仍将陪嫁的女子称为“媵”，而且其地位比一般的妾要高，也叫贵妾，但以侄娣相从、一娶数女为标志的媵嫁制度从战国时代以后，还是一去不复返了。

在商周社会，只有在庶人（平民）阶层中，才普遍实行真正的一夫一妻制，这是由他们的社会地位和财产状况所决定的。《论语·宪问》篇中的一句话就说明了庶人的这种情况：“岂若匹夫匹妇之为谅也”。匹夫匹妇，就是讲庶人，庶人无妾，只有夫妇可以相对。

从夏朝到春秋时代的 1700 多年间，还有过人数众多的奴隶，他们大多为战争中的俘虏。奴隶归奴隶主所有，因而，在奴隶主家庭中还包括了奴隶家庭。奴隶的一切，包括所创造的劳动产品、自己的身体和生命，自然也包括婚姻在内，都完全受奴隶主支配。奴隶主为了保证自己掌握的劳动力得以繁衍，往往让一些男女奴隶配对“成婚”。周代金文中常见的“鬲十家”“仆十家”“臣十家”等文字记录，便是这种情形的真实写照。对于男奴和女奴所生子女——“奴产子”的称谓，一直延续到秦末汉初。

### 以婚姻家庭固定的性关系

在中国古代，成文法典的制订和公布较晚，奴隶社会中的婚姻家庭关系，主要是由维护宗法等级制度的礼，以及为统治阶级所认可的习惯来调整的。周代是礼仪的创始时代，为了巩固周王室的统治，西周初年，贵族们就开始从政治到文化制定一系列完整的典章制度和礼乐规定，这就是人们通常所说的“周礼”。

周礼首先注意的是“谨夫妇”，认为“婚礼，万世之始也”（《礼记·郊特牲》）。所以，婚姻制度被视为社会制度的基础，一切的社会关系由此推展而出，《易·序卦》对此讲得很清楚：

有天地，然后有万物；有万物，然后有男女；有男女，然后有夫妇；有夫妇，然后有父子；有父子，然后有君臣；有君臣，然后有上下；有上下，然后礼义有所错。

婚姻家庭制度在礼制中占有重要的地位，同奴隶主贵族“家国一体”的政治观和伦理观、同利用血缘纽带维护宗法统治的实际需要都有着极为密切的关系。周礼除了设置媒官管理万民的婚姻大事之外，有关婚姻家庭，它还着重强调以下几个方面：

1.婚姻的宗旨

《礼记·昏义》将“合二姓之好”与“上以事宗庙，下以继后世”作为婚姻的最高宗旨。《礼记》中这两句话已清楚地告诉人们，婚姻的实质就在于宗族的延续，也就是对婚姻生殖功能的极端重视。从宗族的功利角度出发，娶妻是为了有后，纳妾是为了多子，有后是为了本宗族时间上的后继有人，多子是为了本宗族空间上的庞大兴盛。后世封建社会将“不孝有三，无后为大”奉为经典，其渊源也在于此，并成为中国婚姻生殖功能心理最深刻的揭示。自从周礼逐步完善以后，祭祀仪式与宗庙制度也被提高到无以复加的地位来加以注重，其实，后人推崇的主要不是祖先本身，而在于祖先的繁衍之功。

周礼除了强调婚姻的繁衍功能，还重视联姻在政治上的意义。“合二姓之好”就说明了周礼对择偶地位的注重。社会地位相近的二姓之间的联姻，可以借此友好相处，互相支持和依靠。这样，天子与诸侯、诸侯与诸侯、诸侯与大夫，以及士大夫之间盘根错节、密如蛛网的联姻关系，构成了周天子的家天下。

2.家礼

在周代，由于宗法制度的完备，在每一个家庭中，家庭成员之间的相互关系在礼制上都有明确的规定。大权操于家长之手，男女、上下、长幼之间尊卑有序，各遵其位，不得僭越。

家长在家庭中处于最高的地位，拥有绝对的权力，这种权力是独占的和不可分割的。《孔子家语·本命解》说：“天无二日，国无二君，家无二尊。”不论是家庭中的财产，还是家庭中的成员，都由家长支配，家庭内部的纠纷由家长判断曲直，对犯过失的家庭成员，由家长按家规给予处罚。

礼制要求子女恪遵孝道,对父母家长绝对服从,不得蓄有私人财产,即使在生活起居方面,也受到许多繁琐复杂仪礼的束缚。子女的主婚权也操于男女双方尊长之手。婚姻是关系到宗族蕃衍与合二姓之好的大事,所以,主婚大权自然只能由当事人父母垄断而不由婚姻当事人来决定了,既然如此,为人父母者要成就儿女的婚事,就只能通过说媒者去联络和撮合了。成婚后的夫妻,无论是否和睦,婚姻解除与否的最终决定权也操于家长之手。《礼记·内则》规定,即使做儿子的十分喜爱自己的妻子,但如果父母不喜欢,儿子就得"出"妻;儿子不喜爱妻子,但父母若认为儿妻很好,两口子就得厮守一辈子。

家礼对妇女的束缚较男子更甚,《礼记》规定了"男帅女,女从男""嫁从夫",另外,"三从四德"也是发端于周礼。"三从"就是女子在家服从父兄,出嫁后服从丈夫,丈夫死了要服从儿子。"四德"指"妇德、妇言、妇容、妇功"。即要求女子在"德"的方面应遵从孝悌忠信,关键在于"忠"和"顺";"言"要"恭""和",不可乱说;"容"应"婉娩",不可轻佻。同时还要求善操纺绩、刺绣、缝纫等"女功"。

家礼还要求妇女片面遵守一夫一妻制。与男性贵族多娶的制度相反,女子只能嫁给一个丈夫而不能同时拥有两个以上丈夫,这是一种规定,虽然这一规定并未形成文法,但它肯定了这种男女在婚姻地位上不平等的合理性,从而使这一不合理的现象成为合法的制度。

高居于全体家庭成员之上的家长,通常由祖父或父亲担任,这样,夫权、父权、家长权就操之于这个充任家长的男子一人之手,对于这个家庭,他有着至高无上的统治权威。

3.继承

家长身份的取得,是按照嫡长继承制来确定的。这种制度,严格说来,产生于商末而形成于西周。在这之前,子袭父位并不被认为是天经地义的。传说夏第一代君王禹在病危时让其助手伯益接位,只是伯益自感才能不如禹的儿子启,启才做了夏朝第二代君王。一直到商朝,兄终弟及的现象还是很普遍。据近代学者王国维先生考证,商朝自成汤至帝辛(纣),31 帝中以弟继兄者共 14 帝。商朝后期,国王除正妻之外,还娶了众多的妾,众王子间争夺王位的事时有发生。于是,从武乙起开始实行较严格的父死子继制度,而且有了首先由嫡长子继位的规定。这一规定,又是以嫡妻制的确立为前提的。商朝末代君王纣并非其父帝乙的长子,但因他是帝乙的正后所生,所以才继承了王位。从殷墟出土的卜辞(甲骨文)来看,妃、嫔、妾、娣等字都已出现了,这是商朝后期实行嫡妻制度的有力佐证。

嫡妻制的确立，保证了一个家庭只能有一个丈夫、一个嫡妻，从而说明了在商朝，一夫一妻家庭作为一种制度业已稳固。

西周社会，私有制经济更加发展，为避免因多子带来的继承权的矛盾，统治阶级规定了更加严格的嫡长子继承制度。为保证得到实施，该制度同时又用宗法等级制度固定下来。

按照周制，以天子为天下大宗，封诸弟为诸侯，即为小宗；诸侯在本国为大宗，封诸弟为卿、大夫，即为小宗，依次递降。从天子起直到士为止，合成为一个庞大的宗族，而就其基层的每一个大宗、小宗来说，则都是一个家长制的大家族，大家族下又有小家族，小家族下还有更多的小家庭。这样，大宗率小宗，小宗率群弟，俨然小枝附大枝，大枝附树干，天子——诸侯——卿（大夫）——士，形成严密的家族统治体系，而每个家庭又都成为宗法系统中的细胞组织。嫡长子继承制度保证了宗法等级制度的实施和沿袭，它所包含的主要内容为：

第一，实行宗祧继承。宗祧，指宗族宗庙，即后世所称祖庙。宗祧继承，就是明确宗族即祖宗的正统后嗣，从而使后嗣取得宗族——祖宗正统后继人的名义和祭祀祖宗的权利。宗祧继承行之于全社会，对奴隶主贵族来说，可以获得贵族身份地位、政治权力及物质财富；对平民来说，继承了平民的身份、有限的财产或债务；而对奴隶来说，接受的仍是奴隶身份以及和父辈一样的作为奴隶的义务。

第二，正确确定嫡长子的身份。宗祧继承权属于嫡长子，因此正确确定嫡长子的身份便极为重要。确定嫡长子身份的准则是：在嫡子不止一人的情况下，以长为重，即所谓“立嫡以长不以贤”（《春秋公羊传·隐公六年》）；在嫡庶子并存的情况下，以嫡为贵，即所谓“立子以贵不以长”（同上）；在均为庶子的情况下，有时立其长者，有时用占卜的方式来决定。

嫡子、庶子是因其母亲的身份而划分的。妾在家庭中的地位很低，不能同妻相比，身份比奴婢略高，但不被看作家属中的一员，没有资格参加宗族的祭祀，她不同家长的亲属发生亲属关系，互相之间没有亲属称谓。妾除非有了子女，丈夫的嫡子才勉强称她为庶母。至于庶子，其身份高于自己的母亲，因血统按父系算，他自然是家庭成员，但其地位终究低于嫡子，特别在继承方面表现得很明显。

第三，排除妇女的继承权。在西周的继承制度中，处于最优越地位的继承人是嫡长子，而妇人则不在继承顺序中。“妇人，从人者也”（《礼记·郊特牲》)。妇女不具有独立的人格,也就无继承权可言。

嫡长子制度的确立,使得家庭成员之间的各种关系得到明确的规定,与此同时,妾望妻位,庶子争相立嫡的事也屡屡发生,动摇了宗法继承制度。春秋以后,随着这种合宗族组织、政权组织、经济结构为一体的宗法等级制度的崩溃,由这种制度所造成的贵者恒贵、贱者恒贱的社会格局也被打破了,但该制度的许多实质性的内容还是部分地被继之而起的封建宗法继承制度所吸收,并为后世封建社会法律的制定提供了基础与依据。

## 野蛮的婚俗

兴于周代,延续于整个中国封建社会的聘娶婚,是为封建礼法承认的唯一的婚姻成立方式。然而,古籍记载和考古发掘出来的成果都证实,在聘娶婚流行以前,掠夺婚、买卖婚和交换婚曾是我国古代奴隶社会流行过的几种婚姻成立方式。

1.掠夺婚

这是指在未得到女方本人及其亲属的同意下,男子凭借武力抢夺女子为妻的一种婚姻成立方式。中国古代的掠夺婚大约在父系社会确立前后即已出现,进入奴隶社会后,仍流行了一段时间。周代的卜筮之书《易经》中曾这样描写:“乘马班如,泣血涟如,匪(非)寇婚媾。”意为听到踏踏的马蹄声,女子啜泣不止,再一细听,原来不是强寇,而是前来抢亲的人马。寇婚同称,表明了掠夺婚的存在。抢婚,以天色晦暗的黄昏时候为佳。其时,暮色苍茫,正是进行突袭和掠夺的大好时机,所以,婚姻一词最早写作“昏因”“昏姻”;此外,甲骨文中的“娶”,是一只手举着大斧,对着屈膝女子,表明娶只不过是武力相逼罢了。“娶”字的字形、字义的演变,也说明了掠夺婚确是人类早期婚姻发展阶段中曾广泛流行过的一种婚姻成立方式。

2.买卖婚

买卖婚是与生产力得到发展后,私有财产有了积累联系在一起的。由于有了私有财产,男子们骑马执弓,公然前去抢亲的情形逐渐消失,买卖婚随之而兴起了。买卖婚是一种将女子当作货品,用其他货物来换取她作为妻妾的一种婚姻成立方式。

我国奴隶社会中确实存在过买卖婚,也可以从“妃”与“帑”这两个字的字义上得到证实。

“妃”,是当时社会中对男子配偶的称谓。《说文解字》对“妃”字的解释是“匹也”,而匹又可代指“帛匹”,帛匹正是货物的一种。一字二义,说明物与妻之间紧密的联系。以物易妻,或以女易物,这就是买卖婚的特点。古人还常以“帑”来称妻子。《左传·文公六年》载:“贾季奔狄,宣子使臾骈送其帑。”《疏》文对此处“帑”字的解释是“妻子也”。而“帑”的原义是“金币所藏也”(《说文解字》)。由原义到引申义,其间的媒介正是“视妻子为货物”这个事实。

买卖婚是我国婚姻发展史上的一个重要阶段,后来的聘娶婚则是由它发生演变而来。所谓聘则为妻,买则为妾的规定在中国历史上曾长期存在。而且事实上,买卖婚与聘娶婚相互渗透,很难区分,它的劣性残余——封建包办买卖婚姻,在中国大地上曾统治了数千年之久,至今仍未完全绝迹。

3.交换婚

交换婚是双方父母各以女儿交换为儿媳,或者男子各以其姊妹交换为妻子。交换婚的兴起也是以私有制的形成为前提的,只有将女子视为私有财物,才谈得上交换。古代典籍中常以“婚媾”二字连用,也是我国古代交换婚所存的遗迹。《说文解字》称“媾”为“重婚”,清代学者段玉裁《说文解字注》讲得更为透彻:“重婚者,重叠交互为婚也。”周代尚未开国时,姬、姜二姓世代联姻,可能就是古老氏族外婚制交换婚的延续。

4.聘娶婚制的确立

进入周代以后,随着生产力的发展、阶级的分化,社会上贫富之间的鸿沟逐渐加深了。社会上一度盛行过的买卖婚与交换婚已不能满足社会各阶层对婚姻成立方式的不同需求了:富有的奴隶主家庭的子女,光以财货的多寡来论婚嫁已不符合他们的身份和地位,交换婚对他们的局限又过大;赤贫的奴隶本来就只是由主人指配成婚;平民家庭也由于境况不一,子女多寡,面临着诸多择偶障碍。社会的发展,礼治的需要,都迫切要求奴隶主贵族用一定的制度来管束人们的婚姻大事,于是,聘娶婚制这一绵延中国历史达数千年的最重要的婚姻成立方式应运而生了。

聘娶婚,简而言之,是男子以聘的程序娶妻,女子按聘的方式出嫁。聘娶婚的最重要的特征,即通常谓之的“父母之命,媒妁之言”。

媒妁,据《说文解字》的解释,谓斟酌谋合二姓之好的意思。媒妁的作用,在《礼记·曲礼》中是这样说的:“男女非有行媒,不相知名;非受币不交不清,故曰月以告君,斋戒以告鬼神,为酒食以召乡党僚友,以厚其别也。”在我国最早的诗歌总集《诗经》中,更对媒妁的作用做了十分形象的描述。《卫风·氓》篇写道："氓之蚩蚩，抱布贸丝。匪来贸丝，来即我谋。送子涉淇，至于顿丘。匪我愆期，子无良媒。将子无怒，秋以为期。"意思是一个小伙子兴冲冲抱着布匹去换丝，实际上是有事要和我商量。送你过淇水，直到顿丘不忍回。不是我故意拖延，而是你没找到好媒人，请你别生我的气，到凉秋季节再订婚期。这首诗表明，在聘娶婚制度下，即使青年男女私下相爱，难分难离，但若要正式结婚，还是非得有媒人在中间牵线、撮合不可。

在《诗经》中，还有好几首诗以砍树必须有斧作喻，表明娶妻一定要靠媒人。如《豳风·伐柯》就说："伐柯如何？匪斧不克。娶妻如何？匪媒不得。"《齐风·南山》写道："析薪如之何？匪斧不克。娶妻如之何？匪媒不得。"从此，做媒缔婚就被称为"伐柯""作伐"或"执柯"，媒人又被称为"伐柯人"。

在聘娶婚中，媒人固然重要而不可或缺，但根本上还是要有"父母之命"。所谓包办婚姻，指的主要是父母的垄断。这一点，在《诗经》中也有深刻、形象的反映：人们以种植大麻必先深耕细作来比喻娶妻必须首先征得父母的同意。《诗经·齐风·南山》写道："蓺麻如之何？衡从其亩。娶妻如之何？必告父母。"没有父母的同意，甚至与意中人相会也很困难。《诗经·郑风·将仲子》中就描写了一个少女由于畏父母、畏诸兄、畏人言而不敢与意中人相爱的痛苦心情："将仲子兮，无逾我里，无折我树杞。岂敢爱之？畏我父母。仲可怀也，父母之言亦可畏也。"意思是：仲子仲子我求求你，可不要跨进里墙来，也不要踩断杞树杈，我岂是疼爱杞树枝？我是惧怕父母亲。仲子仲子我想你，可爹妈说话也可怕呀。这首诗深切地揭示了"父母之命"的严酷性。

从西周开始，"父母之命，媒妁之言"的婚姻意识已深深地浸渍于人们的灵魂深处，不经过父母同意，不通过媒人的说合，这个婚姻就是不合法的，也是违背伦理道德的。春秋时，鲁桓公未通过媒人介绍到齐成婚，就被后人讥为"非礼也"，"丑恶极矣"。齐王遇害，其子法章变名姓，当了敫太史家的家佣。太史女与法章私通，在法章成了齐襄王后，她当上了王后。尽管如此，敫太史仍耿耿于怀，指责其女不通过媒妁自嫁是"非吾种也，污吾世，终身不睹"（《史记·田敬仲完世家》）。所以，到战国时代，孟子总结性地说："不待父母之命，媒妁之言，钻穴隙相窥，逾墙相从，则父母国人皆贱之。"

在周代，国家还专门设置了管理男婚女嫁的职官，这就是地官媒氏。《周礼》中，就有关于媒官职责的规定："媒氏，掌万民之判。"判，是"半"的意思，媒氏主合其半，让男女双方合起来成为夫妇。《周礼》并且规定了媒氏行使职责的范围是：(1)根据出生文书，催促年满30岁的男子和年满20岁的女子成婚；

(2)仲春佳月,组织男女婚嫁;(3)掌握聘礼的数量;(4)禁止不合礼制的冥配等。媒氏的官制,春秋之后,逐渐湮没而无所闻。

## 婚姻成立的条件

1.同姓不婚

在今人看来,姓和氏是一回事,但在春秋以前,姓和氏是两个不同的概念。最初,姓是用来表示母系血统的,一直到西周,还有女子称姓、男子称氏的规定。最初的姓可能是部族的名称,后来有些部族得到了发展,人口繁衍,分支众多,分化成许多不同的部落以至国家,这时候的姓只能单纯作血统关系的标志了。

得姓的原因比较复杂。例如,夏朝的祖先禹因其母吞薏苡怀孕而生,所以姓姒;商朝祖先契因其母吞燕卵而生,所以姓子。传说黄帝因居住在姬水之滨,故以姬为姓,后来独有后稷承袭了姬姓。西周初年大封诸侯,其中姬姓国就有53个。不过这些姬姓国的后人大多改以国名、封邑名或以父亲的名号为姓氏,所以后来姬姓反而不多了。

氏本来是同姓各部落的名称,后来则专指部落的首领。以后,由于国家的产生,出现了不同的官职,这些官职后来有不少也成了氏的名称。这时候的姓氏是代表一个人的地位和身份的,所以只有贵族有,平民与奴隶则与之无缘。由于封国和官职有世袭的传统,因此氏也可以世袭。由于一个姓可以分化出许多氏,而同一氏的后人还可以繁衍出不同的氏,因此氏的数量就大大超过了姓的数量。战国以后,因为人们一般称氏而不称姓,于是就出现了姓氏合一的现象。

同姓不婚大约是古老的族外婚的演进形式。商代在血缘关系上也强调近亲不婚,要五世以后方可以通婚。周武王的曾祖、祖父、父亲都是同异姓联姻,武王本人娶的是吕望(姜太公)之女,是姜姓。周礼对"同姓不婚"规定得非常严格,只要是同姓,"虽百世而婚姻不得通"(《礼记·大传》)。因此,周天子及同姓的姬姓诸侯,只能同异姓的诸侯国,如齐国(姜姓)、陈国(妫姓)、杞国(姒姓)、宋国(子姓),以及西方兴起的秦国(嬴姓)、南方兴起的楚国(芈姓)等国家通婚联姻。春秋时鲁昭公从吴国娶了个夫人,但鲁国姓姬,吴国也姓姬,当时就有人指责鲁昭公说"君而知礼,孰不知礼?"甚至鲁昭公夫人死了,也没有按常规讣告诸侯吊唁,不能行夫人一级的丧礼。《左传》记载说:"昭公夫人孟子卒,昭公娶于吴,故不书姓。""不书姓",就是回避违礼娶同姓的一种手法。当时不但娶妻要辨姓，就连买个无从知其姓氏的妾，也要用算卦的方式来解决这至关重要的问题。可见同姓不婚的观念在周代重视到何等地步。

对于同姓不婚，当时就有人从生理上做了解释："郑叔儋曰：男女同姓，其生不蕃"（《左传·僖公二十五年》）。《国语·越语》也说："同姓不婚，惧不殖也。"

比生理原因更为重要的是政治原因。贵族们可以借同姓不婚来联结权势和维护宗族伦常关系，这点，《礼记·郊特牲》讲得很明白："娶于异姓，所以附远厚别。""附远"指的是异姓间的依托，"厚别"则是指同姓内的区别，以免将同姓内的嫡庶、长幼、亲疏等尊卑关系打乱。

2.规定成婚年龄

商代以前的成婚年龄已不可考。到了周代，礼制规定了成婚年龄：男子20岁行冠礼（男子的成年仪式），30岁成家，"始理男事"；女子15岁行笄礼，"二十而嫁"，如果有特殊原因，可以到23岁才嫁。礼制上的规定与事实上的嫁娶年龄很不一致，在实际生活中，周代人的初婚年龄是很低的。据有关的史籍记载，天子诸侯往往不到20岁就成婚了。如鲁桓公是大约18岁时结婚的，鲁襄公和鲁宣公结婚更早，大约十四五岁就已经结婚生子了。在士大夫阶层，也往往20岁左右就成婚了。据《孔子家语》载，孔子是19岁娶妻的。有时，统治者为了人口的增殖，还强行规定不得晚婚。如春秋末年，越王勾践战败以后，为厉行"十年生聚，十年教训"的复国计划，除了和将帅们带头多生育外，还规定凡男子20不娶，女子17不嫁的，要惩办其父母。正因为实际上的初婚年龄与周礼中规定的晚婚年龄相差很远，所以后来有人便将"三十而娶，二十而嫁"理解为"三十不娶为鳏，二十不嫁则为过时"了。

3.遵守礼制规定的婚礼程序

中国的婚姻礼仪出现于对偶婚制的末期。最初的婚礼十分简单，以后日渐繁缛。原始社会末期，渔猎还是人们谋生的主要手段，当时以兽皮为贵。兽皮不仅能御寒，并且象征着男子的勇敢和智慧，因此就有了"伏羲制嫁娶，以俪皮为礼"（《史记·补三皇纪》）的传说。俪，是成对的意思，"俪皮"，就是两张鹿皮。

到了夏商时代，已有了"亲迎于庭""亲迎于堂"的说法（见杜佑《通典》卷五八）。到了周代，婚礼日趋完善、繁琐，《礼记·仪礼》对此做了明确的规定："婚有六礼：纳采、问名、纳吉、纳征、请期、亲迎。"这就是通常所称的"六礼"，即婚姻所必须遵循的六种礼节、程序，一一实践之后，这个婚姻才算是严肃的、正式的、合法的结合。

纳采。这是婚礼的第一项，即开始婚议阶段。男家相中某女为议婚对象，即请媒人到女家说亲，并请媒人“贽雁”为拜见之礼，说明来意，征求女方家长的意向。为什么要送雁为礼呢？雁是候鸟，南迁北往必有定时，男属阳，女属阴，雁南来北往顺乎阴阳，以雁为礼，象征男女双方阴阳和顺。六礼中除了“纳征”，其他礼节都用雁为贽见之礼，到后世，雁越来越难得，遂渐渐以鹅、鸭、鸡三禽来代替。

问名。女方纳雁之后，若觉得男家是合适的，就开具女子的年庚八字，交媒人持返男家，找卜卦术士合算。由于“纳采”“问名”的程序主要靠媒人完成，所以后来又叫“合婚”“说媒”。

纳吉。男家在问名后，即通过巫师用龟甲蓍（shi 师）草卜卦，因而也称“卜吉”。卜算之后，男女婚配是否和顺即已得知，如果没有相冲相克之处，再派使者或媒人去女家告知。纳吉到后世就演变成交换庚帖、定亲。这是一项正式订立婚约的程序。

纳征。纳指纳聘财，征即“成”。纳征也就是“先纳聘财，而后婚成”的意思。这项程序在东周时亦称纳币、人币（币是货物的通称），并对嫁娶人币的物质数量按等级不同做了明确规定。那时，人们通常用帛作为礼物。后世将这种仪式称作“聘礼”“下财”或“过大礼。”

纳征礼，是男女成婚的关键，没有经过纳征的男女双方，有“非受币不交不亲”“无币不相见”之说，所以双方都看得很重。

请期。也称作告期礼。男家择定迎娶吉日。这个日子在周代往往定在春暖花开以后夏初之时，具体日子既由巫师卜定，也要由双方家庭同意。

后世的“催妆”，就是由请期演变而来的。佳期将临，男方派人通知女方，及早为新娘置妆，以便及时亲迎成婚。女方接到催妆通知后，就要送嫁妆到男家“铺房”，一一布置停妥，等待成立家室。

亲迎。六礼中的最后一礼。周文王成婚时曾亲迎于渭水，所以周代以此为婚姻定制。男子在成婚之日须亲自到女家以礼相迎，所以才叫“亲迎”。成婚当日，男家派马车（后世改用轿子）去迎娶新娘，新郎则骑马去亲迎。后来历经演变，新郎往往并不去亲自迎娶。

回家后，新郎新娘祭拜天地、祖宗牌位、高堂、夫妻双拜，然后饮合卺酒成婚。

## 女性卑微的家庭地位

宗法家长制确立以后，女子地位开始明显下降。礼制规定国家政权、家庭产业都由父子相继，世代相承。既然血缘按父系计算，只传其子，不传其女，所以女儿生还是不生是无所谓的，生了女儿有时还是家庭的累赘，但继嗣的可靠性却是要保证的。所以每个家庭都非常重视生养儿子，而对女儿的出生表现出无关痛痒的态度。《诗经·小雅·斯干》写道："乃生男子，载寝之床，载衣之裳，载弄之璋。""乃生女子，载寝之地，载衣之裼，载弄之瓦。"孩子一生下来，就因性别的差异受到了父母不同的待遇，男孩睡在床上，给他包的是衣裳，玩的是玉璋；而女孩只能被置于地上，包的是衣褂，玩的是纺线用的瓦。重男轻女，男尊女卑，表现得竟如此泾渭分明，后人称生男孩为"弄璋之喜"，生女孩为"弄瓦"，典故就出于此。《斯干》还说生了男孩就希望他成龙成虎，能"室家君王"，而生了女孩，就"唯酒食是议"，"无父母贻罹"了，意为你长大了只能在厨下操劳，只要不给父母丢脸也就罢了。

由于担心儿子养不大，中途夭折，所以即使生了儿子，还要再生，祈求能够多子多福。在《诗经》中，常可见到祝人子孙众多、绵延不绝、家室兴旺的祝辞。如"君子有孝子。孝子不匮，永锡尔类""永锡祚胤"等等。"锡"，这里是赐的意思，"祚胤"，泛指子孙后嗣，可见周人对生养儿子看得何等之重了。在这种情况下，做妻子的若不能为夫家生子，那她就很难逃脱厄运了，不是被弃，就是被冷落，而丈夫则可以再娶。妻子因"无子"被"出"的原因，《大戴礼记·本命篇》说是"为其绝世也"。接续烟火成了女子地位能否有保证的基本准则。

在离婚问题上，女子的地位也下降了。两周以前，贵族妇女还保留着部分的出夫权，如刘向的《说苑》里，就记载姜太公是"故老妇之出夫也"。到了宗法家长制确立的周代，这种权利变为男子所独享，出妻之例，社会各阶层都有。宗法家长制将权力高度集中于男子之手，夫妻间形成了统治与被统治的关系，哪怕是特受宠幸的嫡妻，也无法料及自己是否被出，何时被弃。《诗经·邶风·谷风》就刻画了一个妇女被丈夫遗弃后的悲痛感情。诗里写道，那个男子刚结婚时，对妻子很好，"宴尔新婚，如兄称弟"，但过了不久，就"反以我为仇"，将妻子当作了卖不出的货品与毒物。《毛诗序》认为这类"淫于新昏而弃其旧室"的事情是当时的制度造成的，"夫妇离绝，国俗伤败焉。"《诗经·卫风·氓》的题旨与《谷风》相似，叙述了一个女子从恋爱到被弃的经过，感情十分悲愤。对于未婚女子来说，她们最怕的是"父母之命，媒妁之言"的婚姻给自己带来不合适的丈夫，《诗经·王风·中谷》有蓷就描写了女子错嫁男人后莫可奈何的叹息："嘅其叹矣，遇人之难矣……"后悔也来不及了。

在周代，女子在家庭中已开始逐步受到三从四德的束缚，家庭中"男外女内"的格局已经形成，《易经》中就说："女正位乎内，男正位乎外，男女正，天地之大义也。"治内之妇必须以治外之男的意愿为依归，没有独立的自主权利，只有从属的家庭地位，而且要遵守"外言不入于梱，内言不出于捆"（《札记·曲礼》）的准则。即使在这种情况下，一旦国家出了乱子，或者家庭破败了，男子还要将责任推在妇女头上，认为一切都是妇女这股祸水所导致的。据《尚书·牧誓》记载，还在周武王伐纣灭商的时候，就在誓词中说："牝鸡无晨。牝鸡之晨，惟家之索。"说母鸡打鸣，这个家就要败掉了，用来比喻妇女不能参与政事。武王声讨纣王罪状的头一条，就是"唯妇言是用"。后人将西周的灭亡也归之于周幽王的妃子褒姒，说："赫赫宗周，褒姒灭之"（《诗经·小雅·正月》）。到了战国时代的《汲冢周书》里，甚至将应时季节现象不出现与妇人必做坏事联系起来，说什么"清明又五日，虹不见，妇人苞乱；小雪之日，冬虹藏，妇不专一"，真可谓奇谈怪论了。

## 看管住妻、妾的性器

周代的礼制，提出了妇女要"贞"的要求，汉代郑玄也将《周礼·天官·九嫔》中的"妇德"解释为"贞顺"。这就说明，一夫一妻制的家庭，要保证继嗣的可靠，除每个家庭必须生有一个以上的儿子外，父亲血统的纯真性，也越来越受到重视，必须是本血统的儿子才能立为后嗣。作为男子，可以同若干个配偶发生性关系，生育出自本人的子女；作为女性一方，则必须严守一夫制，只能为现在的丈夫生育子女，而不能生出其他任何人的子女。如果妻子与丈夫以外的男子发生性关系，生得异姓子，则上不能奉祖先之祭祀，下不能传血统于永远。这是周代对"贞"的解释，这种解释，比起后世封建社会越来越严格的贞操要求，比起逼迫女子"从一而终"的贞操观念，是比较宽泛的，它没有对女子的改嫁、离婚提出限制。

在周代，离婚再嫁属于寻常的事情，夫死不嫁、从一而终的观念在当时显然还没有形成。孔子的儿子伯鱼死了，伯鱼的妻子就改嫁到了卫国，孔子并没有表示反对，而且《论语》通篇也没有一处妇女不能再嫁的主张。

《左传·桓公十五年》载，郑厉公命令雍纠去刺杀岳丈祭仲，雍纠的妻子雍姬得知此事后，就去问自己母亲："夫与父孰亲?"她母亲回答："人尽夫也，父一而已。胡可比也?"于是，雍姬就将谋刺计划泄露给了父亲，导致了丈夫的被杀。"人尽夫也，父一而已"，既表明了当时人们对血缘关系的看重，也说明了改嫁现象之普遍。如被后世视为淫乱妇女典型的夏姬，就曾先后做过子蛮、御叔、连尹襄老、申公巫臣的妻子。当然，时人对于夏姬是不满的，不过在抨击的言辞中也只是流露了"女人是祸水"一类的观念，并未涉及夏姬的贞节问题。

在那时，不但夫死可以改嫁，夫未死也可离婚再嫁。《左传·文公十二年》载："齐桓公来朝，始朝公也；且请绝叔姬而无绝婚，公许之。"此处"无绝婚"，是指夫妻虽离绝，但男女两家的婚姻关系依旧存续，这是符合古之婚姻乃"合二姓之好"的准则的。所以《注》就解释道："不绝婚，立其娣以为夫人"。娣，是随叔姬陪嫁的媵妾。到第二年正月，"杞叔姬来归"。所谓"来归"，是当时的特定用语，指女子离婚回到娘家。

离婚再嫁在民间也被视为常事。《韩非子·说林上》记载：卫人嫁女前总要嘱咐女儿：以后要有点个人积蓄，出嫁后遭离弃是常有的，若能合得来住下去，那就值得庆幸了。《战国策·赵策》载，贵为赵太后者，在将女儿嫁到燕国后，祭祀时总每每祝祷："必勿使反"。反，即返。离婚的风习，可见一斑。也诚如《礼记》所说："夫妇之道，有义则合，无义则去"。为了纠正这种风气，同时也是为了增殖人口，管仲相齐后，对离婚再嫁作了限制，规定，凡"士三出妻，逐之境外"，"女子三嫁，入于舂谷"(《管子·小匡篇》)。

当时甚至有妇女改嫁后又回到前夫那里去的。鲁国有个叫声伯的人，已经把自己的妹妹嫁给了施孝叔。晋国有个叫郤犨的，一定要和声伯结亲，声伯就把妹妹要回来嫁给了郤犨，生了两个儿子。后来郤犨死了，晋国人又把这个女子给施孝叔送了回去。

先秦时代，特别是在"礼崩乐坏"的春秋战国大动乱时期，"不贞"也就是后世称为淫乱的事例也层出不穷。《左传·定公十四年》记载，卫灵公有三个夫人，南子是他最宠爱的。南子本是宋国的女子，未嫁前，与宋公子朝相好并同居，嫁到卫国后，依然眷恋旧情，郁郁不欢，卫灵公为此特地召宋朝来洮池，召见的目的连乡野之人也都知道，以至编了童谣来讽刺。类似的通奸、私奔仅《左传》所载，就有数十处，在这类事实中，多为君通臣妻、叔通侄媳、父通子妇、子通父妾、兄妹相通等。

人伦关系的这种混乱，在当时有两个特定的词来形容："烝"与"报"。

烝，是春秋时代家长制家庭的一种婚姻形态，专指子、侄、弟辈上娶父、伯、叔、兄的妻妾（生母除外）的一种婚姻行为。史书记载的例子如卫宣公烝庶母夷姜、晋献公烝庶母齐姜（均为嫡子烝庶母）、晋惠公娶嫡嫂贾君（弟烝嫂）等。《公羊传》也记载了一件弟娶寡嫂的事：郲娄彦为人所杀，彦妻恨而发誓：谁能为我杀死仇人，就嫁给谁。彦弟叔术设法将仇人杀死，把被国人誉为"国色"的嫡嫂娶来做了妻子。《左传》还将侄娶婶称作"报"。如郑文公"报"叔父子仪的妃子陈妫，还生了子华和子臧两个儿子。

所"烝"或"报"的妇女，并非是没有地位的。在无正夫人的时候，她们的地位便相当于正夫人；在正夫人无子的情况下，她们就相当于贵妾，所生之子可以立为太子。如晋献公与齐姜所生的儿子申生就被立为太子，所生的女儿嫁给秦穆公为妻，称秦穆夫人。

上述所举亲属间相通的行为，一方面说明当时贞操观念的淡薄，另一方面也说明了原始社会群婚习俗影响之深厚。

春秋战国时代，在贞操观念淡薄的同时，守贞的妇女也开始出现了，如春秋时楚昭王夫人因守约持信而死，被封为"贞姜"。《公羊传·庄公二十四年》中甚至出现了"男女之别，国之大节也"一类的语句。有的妇女再嫁之后，有了耻辱感。如息妫原是息国国君的夫人，后来楚文王灭了息国，娶息妫为妾，并生养了两个儿子，可是息妫却一直不开口讲话，后来文王问她这是为什么？她回答道："我作为一个妇人，嫁给了两个丈夫，现在苟且活着，还有什么话可说呢？"随着后世贞节观念的强化，有人认为息夫人仅仅不开口说话，那算什么保持贞节呢？于是，附会她后来又见到了息君，终于自杀（见西汉刘向《列女传》）。

## 视自由的爱情为放荡

在婚姻已经非由"父母之命，媒妁之言"不能成立的周代，两性间自由接触已开始受到很大限制，但由于原始社会的遗风绵绵不绝，这种自由接触还是普遍被看作天然的、合乎情理的，视男女自由相爱为淫荡举动乃是秦汉以后逐渐形成的社会观念。另外，周代统治者奉行的是"礼不下庶人，刑不上大夫"的政策，对民间旧俗干预得也不多，为了人口增殖的需要，还鼓励青年男女在特定的时候相会。在这样较为宽松的大背景下，男女青年婚嫁之前自由接触往来是比较普遍的。

据载，自仲春二月桃花水到三月三日上巳节，以及夏初的采桑季节，是青年男女们聚会相欢，对歌言情的良辰佳日。《诗经·郑风·溱洧》对当时的情景是这样描绘的：

溱与洧，方涣涣兮，士与女，方秉兰兮。女曰："观乎？"士曰："既且。""且往观乎？洧之外，洵訏且乐！"维士与女，伊其相谑，赠之以芍药。

春光明媚的季节，在依山傍水的溱洧流域，郑国的青年男女们，成群结队，手握兰花，笑言相谑，互赠美丽的芍药花，这真是一幅欢娱的图画。《诗经·卫风·木瓜》也描写了青年男女在劳动中相爱并互赠定情物的场景："投我以木瓜，报之以琼琚（玉佩）。匪（非）报也，永以为好也。"

当时的女子对爱情常常是热切盼望，大胆追求，在尚未定情时是缠绵悱恻，如怨如慕，一旦到了情场上，又力求占据优势。《诗经·邶风·静女》就描写了一个少女到了幽会的日子，先在城角悄悄地藏起来，让来赴约的男子"爱而不见，搔首踟蹰"地在那儿等待，眼看情人挠耳捉腮，焦急不安了，姑娘才笑吟吟地摘棵嫩草送给他。有的少女还喜爱用戏谑嘲笑的口吻与情人打情骂俏，嘲弄揶揄他们是"狂童"、是"狡童"。《诗经·郑风·褰裳》写道：

子惠思我，褰裳涉溱。子不我思，岂无他人。狂童之狂也且。

少女用这种似娇似嗔、似亲似怒的口吻来考验小伙子的真情实感：你若不想我，不爱我，不用"褰裳涉溱（揭起衣裳淌过溱水）"的行动来证实你的爱情，难道就没有别人了吗？真是娇憨之态溢于言表。

《诗经》中有关爱情的诗篇，内容十分广泛，真实地反映了当时较为开放的男女相恋，其气息是清新健康的，可后世封建时代的卫道者们却不理解，也不愿看这些诗篇，并一律斥之为"淫奔"，倒是孔子由于感受到了《诗经》时代的氛围，能够理解这种男女相恋的状况，所以公正地评价道："《诗》三百篇，一言以蔽之，曰：'思无邪'。"（《论语·为政》）

## 婚姻的禁忌

### 严禁同姓为婚

秦汉至唐，禁同姓为婚仍十分严格，实行宗族外婚制，这当然是对周礼"同姓不婚"原则的继承。如唐律规定："诸同姓为婚者，各徒二年，缌麻以上以奸论”。缌麻以上按亲等为五服内的亲属，属“同宗共姓，皆不得为婚”之列。与禁同姓为婚相关联的是严禁尊卑为婚，法律明定：“若外姻有服属而尊卑共为婚姻，及娶同母异父姊妹，若前夫之女者，亦各以奸论”（《唐律疏议》）。法律在实行同姓不婚的同时，并不严格禁止异姓平辈近亲结婚，表兄弟姊妹之间的中表婚在中国历史上长期流行。从遗传和优生学角度看，表兄弟姊妹与堂兄弟姊妹的血缘关系是相同的，同属近亲婚配，对后代成长极其不利。

汉唐间，也存在过不禁止同姓通婚的短暂时期。汉末两晋，战祸连年，人口锐减。晋武帝便一反前代同姓不得通婚的禁令，允许同姓可以通婚。南北朝时期，由于强调门第，士族间的婚姻范围越搞越窄，以至出现了为数不少的血缘异辈婚、中表婚。南朝后期士族因此变得“肤脆骨柔，不堪行步，体羸气弱，不耐寒暑”（《颜氏家训·涉务》），在智力上则是“笔则才记姓名”（同上书《勉学》）。南朝士族衰败，此为原因之一。

## 严禁良贱通婚

严禁良贱通婚即严禁有钱有势的人和无钱无权的人通婚。封建等级制度的核心是尊卑贵贱。所以，严禁良贱通婚是周秦以来历代在婚姻条件上奉行的一条准则，在汉唐期间则尤为统治阶级所注重，每每被列入法律条文之中。秦灭六国，秦始皇刻石记功。泰山刻石规定，在婚姻关系上要“贵贱分明，男女礼顺”。汉代，大力提倡和维护封建伦理关系，婚姻讲究等级门阀之风愈盛。魏晋南北朝时期，法律明确严禁贵族和平民结婚。北魏文成帝和平四年（公元463年）冬诏令“皇族肺腑王公侯伯及士庶之家，不得与百工伎巧卑姓为婚，犯者加罪”（《北史·魏本纪二》）。至唐，法律对严禁良贱通婚也做了明文规定。唐代的贱民包括部曲、乐人、杂户、官户、奴婢等。比如杂户隐瞒身份与良人为婚，要杖一百。良人私娶官户女者，徒一年半。法律并禁止娶犯罪后逃亡的妇女为妻妾。

在严禁良贱通婚的同时，等级婚和门阀婚开始盛行起来。等级婚的特点是婚姻双方十分看重对方是否有与自己相近的经济地位，特别是有与自己相近的政治和社会地位。如两汉时期颍川地区的富户大姓就“相与为婚”。东汉时期，家资殷富的郭举家族就与家产丰厚的窦宪家族互相通婚。

在汉代，各个阶层中最为重视婚嫁中政治、社会地位的是皇族。按照汉制规定，与公主缔婚者的政治身份应是朝廷明定的列侯。与皇族男性成员结婚成亲的家庭,也应当是当朝列侯。外戚阶层凭借与皇帝的特殊关系,通婚对象也往往选择朝廷高官或皇族成员。

官吏和地主阶层的成员,一般也都是彼此间缔结婚姻。西汉昭帝时大将军幕府军司马杨敞娶太史令司马迁女儿便是众多例子中的一例。

小农、小手工业者也是如此。《汉书·朱买臣传》载,朱买臣家贫,其妻娘家也很贫寒。朱妻离婚后,嫁的也是一介贫民。

在汉代,这种等级婚又与统治阶级的联姻风交织在一起。联姻除了要考虑社会地位之外,更主要的目的在于保障和强化自己已有的政治和军事势力。三国时孙(权)周(瑜)联姻,婚姻关系重重叠叠,便是典型的例子。

门阀婚是从等级婚中演化出来的一种特别讲究门第阀阅的婚姻。门第阀阅,指封建社会中的世代贵显之家。贵显之家在封建社会中称为"高门",卑庶之家则称为"寒门",其中又各有高低等第。东汉时期,任用官员及交际等均讲究门第高低,并形成制度。魏晋南北朝时更盛,讲究门第阀阅几达到空前凝固化的程度。门阀婚,便是世代贵显之家的通婚。如东晋时望族谢姓与王姓的通婚,东汉后期就已"世有高位"(陈琳:《檄吴将校部曲文》)的江南顾、陆、朱、张四族彼此间的通婚等。门阀婚的界限是极严的。有的庶族即使资产丰殷,政治地位显赫,士族也不会与之通婚,以生恐低门血统的混人。有所谓"士庶之际,实自天隔"(《宋书·王弘传》)的说法。士族如果不严守士庶不婚的限制,便被士族社会视为"婚姻失类",受到排抑与诋斥。南梁大姓王源将女嫁给了"士庶莫辨"的富阳满氏,引起满朝轩然大波并被弹劾,便是一例。

隋文帝杨坚统一中国后,曾对崇尚阀阅的山东、江南名门大姓进行过抑制,但直到唐代,门第观念仍十分浓厚,依然是"民间修婚姻不计官品,而上(尚)阀阅"(《新唐书·杜兼传附杜中立传》),前朝旧族仍"恃其族望,耻与他姓为婚"(《隋唐嘉话》)。这种状况到唐末农民大起义,才受到致命打击,并崩溃瓦解。

## 婚嫁程序

秦汉至隋唐,婚娶程序仍基本沿用古之"六礼"。"六礼"以"纳征"为中心,所以婚姻论财,婚礼讲排场,成了封建社会婚娶的主要条件和特点,聘娶婚也就往往成了变相的买卖婚。汉代婚礼是很隆重的,皇室贵族的婚礼,车队绵延数里,行进时鼓声大作,最后则一定要大摆酒宴。晋代,尽管政局动荡,在缔结婚姻上仍沿袭以往的一应礼法规定。南北朝时期,婚姻论财的风气变本加厉。一些过去婚姻上崇尚门阀的士族,此时却是"姻娅沦杂,罔计厮庶"(《六臣注文选》卷四〇)。上文提到的王源嫁女满氏,满氏"下钱五万,以为聘礼。源先丧妇,又以所聘余直纳妾"(同上),就是一例。为此,南北朝末年的颜之推在《颜氏家训·治家》中说:"近世嫁娶,遂有卖女纳财,买妇输绢,比量父祖,计较锱铢,责多还少,市井无异。"由此可足见当时社会婚嫁计较钱财风气的浓重程度。

唐代,婚礼铺张之风也颇盛行。唐律对此的解释是:"妻者,传家事,承祭祀,既具六礼,取则二仪。"可见,以纳征为中心的"六礼"是男女双方结为夫妻的必备条件。缔结婚姻崇尚聘财,"多纳货贿"的风气在唐代一直是盛行的。唐《通典》引太极元年(公元712年)一名大臣的上表说:"士庶亲迎之礼……邀其酒食以为戏乐,近日此风转盛,上及王公。乃广奏音乐,多集徒侣,遮拥道路……财物动逾万计,遂使障车礼贶过于聘礼,歌舞喧哗,殊非助感。"寥寥数行,婚礼的奢靡铺张,已无须再多作说明了。

## 婚配年龄

为增加人口,中国封建社会在婚姻立法上都实行早婚。汉初,由于长期战乱,人口减少,高祖七年(公元前200年)下令"民产子"免除徭役两年(《汉书·高帝纪》)。惠帝六年(公元前189年)诏令"女子年十五以上至三十不嫁,五算"(《汉书·惠帝纪》)。汉代还对生育规定了一些优待的政策。

魏晋南北朝时期,长年的战争和内乱,使得人口大量死亡和隐漏,统治阶级因此而采取了更加严厉的早婚政策。晋武帝泰始九年(公元273年)下诏令:"女年十七父母不嫁者,长吏配之"(《晋书·武帝纪》)。北魏为了鼓励百姓成婚早育,由皇帝下诏,以"礼有达式"为名,令男女"仲春奔会","男女失时者以礼会之"(《魏书·高祖纪》),所以,南北朝时期法定婚龄更趋提前。北魏皇族中,太子拓跋晃15岁生拓跋濬(文成帝),献文帝拓跋弘13岁生拓跋宏(孝文帝),可见婚育年龄之早。北齐统治者还以严刑迫使百姓早婚。《北齐书·后主本纪》中曾有"女年二十已下、十四已上未嫁,悉集省,隐匿者家长处死刑"的条文。北周武帝建德三年(公元574年)也诏令男年15,女年13,为嫁娶之期。

隋末唐初,连年混战,人口锐减。唐皇朝建立后,统治阶级也实行鼓励及时婚配的政策。唐太宗贞观元年(公元627年)下"令有司劝勉庶人婚聘及时诏",诏令说:男子20以上,女子15以上未嫁娶的,都要由州县地方官员负责使他们以礼聘娶。因贫穷无力婚娶的,要由邻里亲近的富有之家资助成家。诏令还规定，当地行政长官如使婚姻及时，减少鳏寡人数，增加户口数，还能作为政绩而获得提升。这个诏令，对于唐初人口增殖，起了很大作用。唐玄宗开元二十二年（公元734年），又将婚龄改为男15，女13以上听嫁娶。

## 烈女不更二夫

从秦汉到唐朝，中国的封建社会尚处于上升阶段，由发展到鼎盛，多种社会因素互相作用，互相制约，一方面对男尊女卑和妇女贞节观的强调都逐步系统化、理论化；另一方面，在社会上，在实际生活中，男女交往与择偶改嫁在一定程度上、一定范围内仍旧呈现出其相对自由与松懈的状态，这与由汉及唐的整个文化大背景有着密切的联系。

秦始皇统一六国后，开始用朝廷的名义表彰寡妇，力求树立男女有别、谨守贞节的榜样。清是巴蜀地区的一个寡妇，她青年丧偶，靠着祖传丹穴作为生计，“用财自卫”，使财产和肉体都得到了保护。秦始皇称巴寡妇清为“贞妇”，还特地为她筑了女怀清台。秦始皇首开此例，汉因秦制，对于贞节更加提倡，汉宣帝就有赐给贞女帛匹之举。汉平帝和汉安帝，也都曾专门颁布诏书，表彰贞妇。

《礼记》对贞妇的要求是“一与之齐，终身不改”，即妇女一经嫁人，终身不得改嫁。妇女的“贞名”与男子的“气节”，同为汉代儒家礼法观念下的行为。西汉刘向的《列女传》，用传记的形式提出了束缚女性的六条规范，其中表彰了许多从一而终的寡妇，而且把宁肯烧死也“宵不下堂”的宋伯姬等推为妇德的典范。董仲舒的《春秋繁露》、班固编写的《白虎通义》也突出宣扬了从一而终。特别是班固的妹妹，被称为曹大家的班昭所撰《女诫》，更是将这一点提到理论高度。她说，丈夫有再娶的道理，妻子则没有改嫁的依据；丈夫是天，天是笼罩一切的，所以妻子不可与夫离异。

从《后汉书》开始，历代绝大多数正史都立有《列女传》。《后汉书·列女传》中，为守节者列传虽然只占少数，但为宋代以后将列女传变为节妇烈女传的做法打下了基础。

圣贤们的遗训，成了套在妇女身上的枷锁，限制了寡妇的再嫁。从汉代开始，历代都出现了一些断发、毁容、誓不再嫁的“烈女”，成为礼教中“烈女不更二夫”信条的牺牲品。东汉刘长卿早死，留下的儿子也夭折了，他妻子桓氏怕父母要她再嫁，非但不肯归宁父母，而且预先割耳毁容，以示决不再嫁。东汉荀采17岁嫁给阳瑜，19岁时产下一女，之后不久，丈夫亡故。采父荀爽骗她回家，强令改嫁。荀采誓不相从,结果自缢身亡。

在班昭等圣贤们的影响下,后世一些寡妇自觉守节,不但不再与任何男子发生性关系,而且连皮肤手臂也不再与男子接触。到五代时,就流传出“节妇断臂”的事:李氏运送丈夫灵柩回乡,夜投旅店,店主认为不吉利,牵了李氏的手,要她出去。李氏就手持利刃,将被店主牵过之臂砍去了,说是此臂已被男子玷污。当然,这类例子是极其个别的。

至于“女圣人”班昭本人,更是守节、遵守“妇德”的典范。她14岁出嫁,年轻守寡。汉和帝召她入宫,分别为皇室贵人和学者授课。她为了显示“男女授受不亲”,就自己坐在阁上,让学者们站在阁下阶前,讲解的内容阁下人听不见,只好由侍女阁上阁下,一一复述转递。

尽管统治阶级不断奖掖贞节,法律上对夫妻的离异也做了种种规定,可整个社会在这漫长的1000多年时间里,上至皇亲国戚,下至黎民百姓,对女子的贞节还是看得比较淡薄,改嫁现象还是比较普遍的。秦末汉初的陈平,娶的是一个曾五次出嫁,丈夫都一一亡去的寡妇。“文君夜奔”在历史上也很有名,讲的是西汉前期,年方17的新寡卓文君与当代名士司马相如双双私奔的故事。

两汉时朱买臣妻离婚再嫁的故事流传也很广。据《汉书·朱买臣传》载,朱买臣家境贫寒,朱妻觉得生活太苦,提出要跟朱买臣离婚。朱劝阻不成,终于离了。之后不久,朱买臣在砍柴途中,遇到了他前妻和她的新夫在上墓,他俩见买臣饥寒交迫,还拿饭食给他吃。后来买臣发迹,做了会稽太守,就把正在服官差的前妻及其丈夫接到府邸,供给饭食。朱的前妻羞恨交加,不久就自杀了。

在两汉的皇家亲戚中,再嫁现象也常可见到。汉景帝的皇后,以及这个皇后的母亲,都曾是再嫁之人。

魏晋南北朝时期,统治者为增殖人口,用行政命令迫使寡妇再嫁。有时还征集各地寡妇,配给军士。行政手段加上较为开化的社会风气,使人们将寡妇再嫁视为寻常的事情。东晋庾会遇难身亡,庾妻的父亲诸葛道明就写信给庾会的父亲庾亮,谈及了女儿想改嫁的事,庾亮马上回信说,您女儿年纪尚轻,这样做是十分适宜的。一问一答,清晰地表明当时的风俗所尚。

到唐代,虽然像《女论语》一类要求妇女三从四德、保持贞节的“圣书”不断出现,朝廷对改嫁也做了一些限定,如隋文帝时就规定,九品以上官员的妻子,夫死不得再嫁,唐宣宗时也规定,公主有子,丧夫不得再嫁,但无论在宫廷内外,还是在民间里巷,人们对贞节还是不太看重。据《新唐书·诸帝公主传》载,唐公主共201人,除早夭、做女道士不婚及事迹不详者外,曾经婚嫁的共121人,其中再嫁者有27人之多,几乎占了1/4。如果说公主再嫁与挟其势位有关,那么在官宦、平民中,这种现象也十分普遍。如诗人韩愈的女儿就曾先适李氏,后嫁樊文懿。韩林独孤郁娶了大臣权德舆美貌的女儿,连皇帝都艳羡,其实权女还是个寡妇。

# 不同民族间的通婚

## 嫁到吐蕃去的十个公主

中国历史上的绝大部分时期,政府对于不同民族之间的通婚持宽容态度。中华民族的形成,与族际间的通婚有着密不可分的关系。先秦时代,纳"夷狄"之女为妻的事例已有很多。到秦汉时代,统治阶级对民族间的通婚采取了纵容和鼓励的政策,民族通婚呈现出多种形态,其中,有迁居内地的少数民族与汉民族通婚的,也有汉民族迁往少数民族聚居区与当地少数民族通婚的,另外,在多民族杂居的边境地区,不同民族的男女互相通婚的情况也不少见。

文成公主

民间族际通婚的情况与统治者推行的"和亲"政策有着很大关系。

西汉初年,匈奴族屡犯北境,汉高祖刘邦依从娄敬的计策,选一宗室女子为公主,嫁给冒顿单于,首开和亲之举。之后,汉代历朝皇帝,都有这类举动,最出名的就是"王昭君出塞"。昭君是汉元帝时的宫女,她远嫁给了匈奴呼韩邪单于。

两晋南北朝时期,民族间的通婚也十分常见,特别是北朝历代,本是由北方少数民族入主中原相继建立的,统治者往往以汉族后代自居,改服易名立姓,加速了汉化的进程,此时族际间的通婚更是十分频繁,呈现出民族大融合的态势。

唐代是个开放的社会,疆域辽阔,与少数民族接触频繁,尤其与吐蕃、回纥

(he 合)、南诏等保持着密切的关系，汉族和边疆民族的心理、文化距离日益缩短，民族通婚的政策一再受到提倡，并被积极实行。据载，唐代前期，仅京都长安，定居的“胡客”就有4000余人，而且皆娶汉人为妻，繁育后代。陈鸿在传奇《东城老父传》中描述道：“今北胡与京师杂处，娶妻生子，长安中少年有胡心矣。”

唐代对和亲政策也十分看重，如果说汉代的和亲还带有被动性和防御性的话，唐帝国的民族通婚就呈现出盛世风貌，即不仅仅是为了“招抚”与“开拓”，也有文化交融与睦邻的愿望，带有相当的主动性。唐代的后妃中就有一些是少数民族人，著名的如唐太宗的长孙皇后。唐代还先后有10余位公主为和亲而下嫁吐蕃、回纥、突厥等族的首领。其中最著名的就是太宗时代文成公主入藏。

唐初，吐蕃民族兴起，他们十分向往富庶昌盛的唐帝国，吐蕃王（吐蕃语称为赞普）松赞干布几次遣使向唐求婚，贞观八年（公元634年）唐太宗派礼部尚书李道宗持节护送宗室女文成公主入藏联姻。松赞干布亲自到柏海（今青海鄂陵湖、札陵湖）迎接。文成公主入藏时携带了大量金银器皿、丝绢、营造工程和医药方面的书籍，以及许多工匠。文成公主带去的唐代文化和先进生产技术，对藏民族社会的发展起了极大的促进作用。拉萨城至今还以其独特的风姿向人民诉说着民族友好通婚的历史。

## 二十八位公主出嫁蒙古

与唐代视“和亲”为盛举不同，在“积贫积弱”、国力不盛的宋代，反而以“和亲”政策为非，认为汉开其端，“实君臣”“莫大耻辱”（欧阳修等：《新唐书·突厥传》）。所以宋代未曾有过和亲之举。在民间，宋时汉族与少数民族通婚的事例也显著减少，宋太宗甚至还颁诏禁止西北边缘诸州人民与内属戎人通婚。

元代是一个带有强烈民族歧视色彩的朝代。蒙古统治者为了确保自己政权的巩固和保障蒙古人对于其他各族人的优越地位，制定了以民族歧视为基准的社会等级制度。但蒙古统治者并没有中止民族通婚这一历史进程，始终没有立法禁止蒙古人或色目人与汉人通婚。见于史载的汉人与蒙古人、色目人通婚的实例很多，共有232起，包括了社会上各个阶层。朝廷对民族通婚的要求是：同一民族内的通婚，其婚姻礼节按本民族本地区的风俗，如若是不同民族相互间的通婚，则依从男方的习俗办理。这样，汉族和少数民族相互补充、吸收对方的文化和风俗习惯，对民族交融产生了很大作用。

明代也是允许各族人民通婚的。明初，洪武五年（公元1372年）时，明太祖即诏令全国："蒙古、色目人民，既居中国，许与中国人结婚姻。"明律禁止蒙古人、色目人自相嫁娶，"违者杖八十"。这恐怕是防其种族日益繁盛、对新政权造成威胁而采取的措施吧。

在历代封建王朝中，最善于运用和亲联姻的方式来巩固统治或达到某种政治目的的，莫过于清政府。清军入关，逐鹿中原，一批降清的汉族将官，被倚为重要的借助力量。为笼络这些明室旧将，皇太极第十四女、肃亲王豪格第七女、贝子苏布图长女、安郡王岳乐之女、承泽亲王硕塞之女，分别嫁给了平西王吴三桂、靖南王耿继茂和平南王尚可喜的几个儿子。清初，还有一些汉军旗人被招为额附（清宗室的婿）。

清政权巩固以后，便致力于边疆防务，为此，实行了与广袤数千里的蒙古各部贵族频繁缔姻的政策，乾隆时达到了高峰，当时王公之女半数以上皆出嫁到了外藩蒙古。根据清皇族族谱《玉牒》记载，清代，聘于蒙古贵族的皇族女子共306名，其中公主28名，宗女278名。这个数字超过了以往各代王朝和亲人数的总和。清皇室不仅出嫁皇族女儿，也娶蒙古贵族之女为后妃、福晋。清统治者这种主动的遣嫁联姻，对稳定边防、密切民族关系起到了作用。清帝室还常以汉人投旗者为妃嫔，如康熙帝的妃嫔中有年佳氏、王佳氏、陈佳氏，嘉庆帝的生母孝仪后魏佳氏等，她们的父兄，都是汉军旗人。"佳"是"家"的谐音。

清统治者在奉行贵族联姻的同时，又采取民族隔离政策，首先就是所谓"满汉不婚"。清开国前，关外的满洲尚处于奴隶制阶段。满洲贵族大量劫掠关外边民为他们的奴隶，当然也就禁止满汉民族之间的通婚。入关以后，满族统治者把"满汉不婚"作为民族歧视政策的一部分加以推行。规定，满人如娶汉人为妻，就要取消他享有的特权，不能上档上册、领红赏，也不能再领钱粮；如果满族姑娘嫁给汉人，不仅会被取消享有的特权，还会受到舆论的非议。清初，顺治皇帝曾下谕，准许满汉官民可自相缔结婚姻，可是，"满汉不婚"的政策仍被推行了很长一段时间。随着满汉杂居，满汉间的民族融合已是不可阻挡的趋势，民间满汉通婚的事例已不可胜数。面对这种事实，清政府不得不表示"满汉通婚，宜切实推行"（《清德宗实录》卷五七七），随即就在光绪二十七年（公元1901年）取消了对旗民通婚的禁令。

除推行过"满汉不婚"的政策外，清政府还曾禁止蒙古各部之间自行联姻，禁止汉人与蒙古族结亲。清开国后很长一段时间，还曾禁止汉人与苗人通婚，直到乾隆二十六年（公元1761年），才撤销了这条禁令。清统治者实行民族隔离政策的目的，主要是为了防止民族通婚对清政府统治可能造成的不利影响。

## 婚姻家庭制度的改良

中国封建社会经过漫长的发展阶段，到清道光（公元1821年~1851年）后期进入了“日薄西山，气息奄奄”的垂暮之年。1840年鸦片战争后，随着外国列强的侵入，中国终于沦为半殖民地半封建的国家。中国社会的性质和阶级关系从此都发生了变动。为了能在新的条件下继续维护专制主义统治，清政府于1900年前后对原有的法律制度进行了一系列的修订、调整和改革，其中涉及婚姻家庭的条例分列于《大清现行刑律》《大清新刑律》和《大清民律草案》中。这些修订的新律有的颁行一年多，清王朝即告覆亡；有的直至清亡都未及颁行，所以在清末实际生活中并未起什么作用。纵观史实，晚清70年（公元1840年~1912年），从政府方面来说，仍实行《大清律》中关于婚姻家庭制度的各项规定，封建的婚姻家庭礼法一如既往，禁锢、摧残、吞噬着人的生命。

19世纪中叶，爆发了太平天国农民起义，历时14年。起义领袖们制定、颁布了男女平等的法令，确立了“凡天下婚姻不论财”和废除一夫一妻多妾制、严禁娼妓等制度，在中国历史上自有其一定的进步意义。但起义领导人自己并没有贯彻婚姻立法的要求，而是沿袭封建体制，实行一妻多妾制，表明了农民起义的历史局限性。

将男女平等、妇女解放提上议事日程并提供实践机会的是1911年的辛亥革命。辛亥革命是由伟大的革命先行者孙中山先生领导的资产阶级民主革命，它的成功，宣告了清王朝的灭亡，从此结束了在中国长达2000余年的封建君主专制制度，同时也为中国妇女第一次在较为广泛的范围里参与政治和社会活动提供了契机。1912年元旦，南京临时政府成立之后，就在同年2月5日的临时政府公报第八号中阐述了天赋人权、男女平等的主张，并强调了妇女在“奔走国事”“勇往从戎”中发挥的作用，认为“女子将来之有参政权，盖事所必至”。同年3月13日，颁布了大总统孙中山签署的关于劝禁缠足的公报，提出此种恶习流传，“害家凶国”，因而须“先事革除，以培国本”。南京临时政府利用法律革除腐败的社会陋习、倡导男女平权的实践，对中国妇女，主要是社会中上层知识妇女挣脱封建礼教桎梏、投身政治和社会活动产生了深远的影响。

辛亥革命后，袁世凯攫取了辛亥革命的成果，中国进入北洋政府统治时期

(公元1912年~1928年)。这一时期,在婚姻家庭中传统伦理和制度仍为主流。

北洋政府垮台后,南京中华民国国民政府(公元1927年~1949年)曾制定了大体以资产阶级国家亲属制度为蓝本的民法,但并没有对旧婚姻家庭制度进行根本的改革。封建礼教、封建宗法制度在婚姻家庭领域中仍然具有很大影响。

晚清和民国时代是新旧思想激烈斗争、法律制度不断变革、妇女开始走上求解放的一个时代。浸透封建礼法的婚姻家庭制度,同统治整个中国的封建专制制度一样,已在下坡的道上滑行,虽然仍气势汹汹,但毕竟已难以抵挡改革的大潮了。19世纪末,以康有为、梁启超、谭嗣同为首的一批资产阶级维新派,在向西方寻求变法的同时,对在中国大地上已经沿袭了数千年的封建宗法家族制度和男尊女卑等封建纲常进行了猛烈的批判,并提出了男女平权、废除男尊女卑、反对早婚等进步主张,由此开了中国近现代史上思想意识方面变革中国传统婚姻家庭伦理和制度的先河,对后世在这一方面的思想认识和变革实践产生了积极的影响。

20世纪初至30年代,也正是西方科学与民主思想在中国传播的时期,知识界中主张男女平等、反对封建礼教的呼声日趋强烈。1919年"五四"运动前后的新文化运动,唤起了民众对封建婚姻家庭制度的不满与痛恨。流传数千年的封建的家庭伦理道德观念如"夫唱妇随""三从四德""贞节观"等成了运动所抨击的主要目标。在新文化运动的影响下,中国城市的婚姻家庭在许多方面发生了积极的、在当时可称为革命的变化,诸如妇女地位的提高、妇女由丈夫手中,也包括由公婆手中争得若干自由与解放等。人们的婚恋和贞操观念,以及婚俗心理和模式此时处在了一种新旧交替的、变革的状态之中。

新文化运动在反对旧式礼教对妇女的压迫与束缚、倡导个性解放、争取妇女人格独立的同时,没有更多地触及封建主义婚姻家庭制度在中国赖以生存的社会基础。所以,就整个国家来说,特别是广大农村地区,在晚清至民国时代的100余年间,封建主义婚姻家庭制度没有根本的变化。"三纲五常"作为社会关系的基本准则仍然统治着整个中国社会。

## 法律对纳妾的保护

晚清的达官贵人仍然实行多妾制,而且受到法律的庇护。无论是《大清律》,还是《大清现行刑律》,都对"妻妾失序"和重婚做了明确的规定,但晚清的法律对违法者的处分明显地轻。如《大清律》说："凡以妻为妾者，杖一百"，《大清现行刑律》改为："凡以妻为妾者，处十等罚"。对有妻又娶妻，即"重婚"，前者是"杖九十"，后者是"处九等罚"。晚清也无明律中关于普通百姓年40以上无子者方许娶妻的规定，所以妾制在当时民间的殷富之家也是流行的。

晚清的妾制遭到了主张改良婚姻的资产阶级维新派及继之而起的资产阶级革命派的抵制和反对。康、梁等维新派领袖都主张婚姻自由，反对男子纳妾。梁启超变法失败后出游美洲，曾邂逅一华侨姑娘，彼此都产生了感情，但梁最终还是笃守自己的信念，他对姑娘说："我和谭浏阳首倡不纳妾。我已有妻子，不能违背自己的主张和你结婚。"著名资产阶级女革命家秋瑾，不仅写诗著文，反对包办、买卖婚姻，反对男子宿妓蓄妾，还身体力行，挣脱封建婚姻束缚，投身革命事业，并最终英勇献身。

北洋军阀政府掌握全国政权后，沿袭清末法制，尊崇孔教，在全国范围内继续推行封建主义的婚姻家庭传统伦理与制度。清宣统三年（公元1911年）颁布的《民律第一次草案》和《大清现行刑律》中的许多条文在当时仍继续有效并在实际中施行，所以北洋历届封建军阀无一不是妻妾成群，在法律的保护下过着腐朽奢靡的生活。如袁世凯，光在册的妻妾就多达15个。

1915年，北洋政府法律编查会编成《中华民国民律亲属编草案》（未作为正式法典公布施行，由各级法院作为条例内部援引），内中有对"重婚者"可以判断决离婚的规定。其实，对男子来说，既然可以纳妾，自然就无所谓"重婚"，只是不允许"有妻更娶妻"，有形式上的两个妻子。所以，这条规定形同虚设，在实际生活中并无多大意义，它也理所当然地遭到主张革新旧式婚姻的进步力量的反对。1919年"五四"运动后活跃于北京的妇女同志会在行动纲领中曾鲜明地提出应制定"以恋爱为原则的婚姻法"，"纳妾以重婚罪论"，便是对政府仍倡行封建妾制的抗议。

国民党政府对于妾制法律上虽已否定，实际却允许其存在。1930年7月国民党中央政治会议通过的《民法亲属编立法原则》第七点"妾之问题"，先是说："妾之制度，亟应废止，虽事实上尚有存在者，而法律上不容承认其存在。"接着又说："其地位如何，毋庸以法律及单行法特为规定。"国民党政府1935年1月公布的《中华民国刑法》，有关于"妨害婚姻家庭罪"的"重婚罪"，在判例和解释例中是这样补充规定的："重婚罪之成立，必须以正式婚姻为前提，若仅买卖为婚，并未具备结婚方式者，本不发生婚姻效力，自不成重婚罪。"另又在民法的判例、解释例中说："纳妾并非婚姻，不能作离婚理由。"这样政府就为男子重婚纳妾提供了法律上的保护和依据。

这里举一个杨森纳妾的例子。杨森是国民党三星上将，曾任二十军军长、二十七集团军副司令、贵州省主席、重庆市市长等职。他依仗权势，一生共娶妻妾12名，子女达43人。被他纳为妾的女子，当初年龄都在18岁以下，这既是国民党官场生活糜烂的写照，也是对国民党法律允许纳妾的最好注释。

同历代封建王朝一样，晚清和民国时代的上层统治者可以公开或私下纳妾，生活极尽奢华，与此同时广大贫苦百姓却处于无力娶妻的境地。这一点，连国民党政府也不得不承认。1928年7月政府颁发的《改良婚姻制度令》中说："我国婚姻制度于今尚甚黑暗，在女子一方面，则为婚姻中之商品，且为父兄之一部分之财产。他省不知者姑勿论，其闽粤诸省之婚姻买卖制度富者得三妻四妾，贫者则至三四十岁而未婚者处处皆是，因而变成和尚者亦时所有闻……海外华侨背井离乡，积数十年所得金钱，而欲回国娶一妻尚难偿愿，其在国无力娶妻之贫民子弟艰难愤怨可想而知矣。"

## 买妻和买猪的价格等同

1.改良后的婚姻制度

晚清和北洋政府时代，聘娶婚制仍是当时符合国家法律规范的唯一合法婚制。清末修订的《大清现行刑律》中，明确规定男女须"依礼聘嫁"，与《大清律》的规定一般无二，不同者只是晚清刑律对违法者多以较轻的罚金刑代替明清时代的杖刑。

北洋政府承袭晚清法制，同样实行"结婚须由父母允许"（《中华民国民律亲属编草案》第1338条）的包办强迫的聘娶婚制，同时附条又说如果继母或嫡母故意不允许结合，子女可以经亲属会的同意而结婚；另规定如果当事人不愿结婚而父母强迫的，则婚姻无效（同上，第1341条）；因欺诈或胁迫而结婚的，只有当事人可以撤销婚姻（同上，第1345条）。以上条文，从字面上看，反映了婚制在由旧式向新式过渡中的矛盾现象。

较之北洋政府，国民党政府时代在实行旧式婚姻制度上出现了松动的迹象。1930年12月政府公布的《中华民国民法第四编亲属》，在一些条款上体现了婚姻契约的原则，其中"婚约，应由男女当事人自行订定"（第972条），肯定了男女双方可以自主决定自己婚姻的权利，但该《民法》又说："未成年之男女，订立婚约，应得法定代理人之同意"（第974条），在解释中又声称："习惯上之买卖婚姻如经双方合意”，得“认为有效”，事实上就是为在当时实际生活中居统治地位的封建聘娶婚制辩护。至于订婚以“婚书和聘财”为形式要件的规定，则无异于公开倡行买卖婚姻。

聘娶婚制对高官豪富之家是一次借机敛财和炫耀家财的机会，对平民百姓，则无异于一场劫难：“凡娶一妻，均先讲一猪仔价，至少聘金三四百大元，且有私加其原定价至近千元，其余酒食费、媒妁费二三百元，其婚姻费用浩大可见一斑矣。”（国民党内政部：《改良婚姻制度令》，1928 年）

正因为聘娶婚要花费大笔资财，一般穷苦百姓难以承当，所以在晚清至民国年间，已经流行数百年的典雇妻女陋习在民间仍难绝迹，政府虽颁法令禁止，收效也很微弱。在江南一带农村，还残存着元明以来流行的养媳制，养媳的男方家庭通常是因家贫娶不起媳妇，于是只好先从其他同样是穷苦人的家里领养女孩。倘领养来的女孩子年龄小于男，这个女孩就被称为“童养媳”；年龄大于男，则被称为“等郎媳”。无论是“童养媳”，还是“等郎媳”，年龄很多与男方存在不小差距，她们择吉过门时，一般只拜天地、祖先，男女同拜的完婚仪式则要等男女双方长大成人后再进行。安徽等地流传过这样的民谣，来形容这种不相匹配的婚姻：

十八岁大姐周岁郎，半夜三更要奶尝，是你妻子不是你娘，如何向我要奶尝？不看亲娘待我好，刷头刷脑几巴掌。（舒城）

井里开花不露头，妻大郎小夜夜愁，等到日后郎长大，奴家已经白了头。亲妈哟，俺心的日月哪天过到头？（颖上）

另外，在浙江等地，直至民国，还残存着抢亲习俗。抢亲的直接原因多为男家穷。婚姻虽然已聘定，但出不起财礼，办不起酒席，难以堂而皇之迎娶。男家在这种情况下便只能趁女方在家时，驾一叶小舟或雇一乘小轿，由媒人带班，至女家附近隐蔽，再伺机将姑娘抢进船舱或轿内，到男家后草草拜堂成亲。

2000 多年来贯穿历朝历代始终的封建聘娶婚制，以其特有的包办强迫性在人间演出了一幕又一幕的悲剧。在江南农村，晚清至民国年间，最不人道且具影响的是一种名为“霍亲”的婚姻。所谓“霍亲”，从字义上理解，意为完姻于仓促之间。“霍亲”的原因，大致有三：一因男子本人或其父母病危，医治无效，男家纯粹出于封建迷信观念，以为让男子和已聘定的女子突击结婚，喜神会驱逐病魔，病人便能霍然而愈。这种“霍亲”又叫“冲喜”。“冲喜”当时在我国北方一带农村也是流行的。“冲喜”的女子通常会因丈夫病殁而成为封建礼教“从一而终”的牺牲品。二因男家主妇病重，但家里无合适的女性对病人护理，以及病人一旦病故后家务缺少主妇操持，男家为使家中主妇有继而“霍亲”。三因男家的父或母暴卒，而按封建丧制，男子三年内不得背礼结婚，于是只好匿丧不报，并赶在入殓前“霍亲”。

凡“霍亲”，也须遵守礼制。但又考虑到此种婚姻系男家发生特殊情况所引致的，择日迎娶为时间所不允许，男家便须央请媒人向女家说明情形，以取得女家的谅解和支持。一旦花轿到家，虽也须花烛交拜，但一切礼仪从简。从女家来说，也可以猝不及备为由少送许多陪嫁物品，所以一般也都不反对女儿去“霍亲”。

如果说“霍亲”体现了聘娶婚制的野蛮性与包办买卖性，那么，直至清末民国在广东仍流行的“以鸡代婿”婚陋俗，则还应加上“荒唐至极”四字：按彼地习俗，如遇男子聘定某女为妻，后因出门贸易，长期不返，不能行合卺礼，但又考虑到不能让未婚妻在娘家终老，夫家就以一尾雄鸡代替新郎，与迎娶过来的新娘拜堂。“成亲”之后，新妇就将侍奉翁姑终生。

封建聘娶婚制下中国妇女有着怎样的悲惨命运，已无须多加置评了！

2.家庭关系的变化

晚清至民国的100余年，随着中国社会性质的变化，家庭关系也经历了深刻的变化。从政府方面来说，清末和北洋时代，固然仍把封建性的《大清现行刑律》作为家庭关系的基础，以后编定的《大清新刑律》《大清民律草案》以及《中华民国民律亲属编草案》，也都充满浓重的家族主义、夫权至上、男尊女卑等封建气味。例如，《大清民律草案》关于“家制”规定，“家长以一家中之最尊长者为之”（第八条），“家政统于家长”（第11条）；关于婚姻效力的立法，先是规定“妻于寻常家事视为夫之代理人”（第39条），接着又说：“前项妻之代理权，夫得限制之”（第39条）；还规定对妻子的财产，丈夫有管理、使用和收益的权利（第42条）等等。在《中华民国民律亲属编草案》中，还把妻子与行为能力受限制的未成年人和精神病人相提并论（第九条），并规定，妻子如果需要从事不属于日常家务的行为，必须经过丈夫的允许（第六条、第七条）。然而，从另一面看，这些法令条例，较之前代，在夫妻权利、夫妻关系、家长和子女权力分配等方面多少有了些许调整。例如，关于子孙别立户籍，过去历代法律对此都限制较严，但在《大清民律草案》中，仅规定为“父母在，欲别立户籍者，须经父母允许”（第七条），并没有说父母不允可告官惩治的话。又如立法多以夫妻互为关系的一方订立条文，较之前代完全以夫为中心规范妻子的行为毕竟已有所区别。

晚清时仍长期实行“出妻”“义绝”的法律，直至民国初年，这种对妇女极其不公的强制离异制度仍为北洋政府的判例所沿用。后来,北洋政府依《大清民律草案》规定:"夫妻不相和谐而两愿离婚者,得行离婚"(第43条),但紧接着又说:"前条之离婚,如男未及三十岁,或女未及二十五岁者,须经父母允许"(第44条),这就在实际上限制了男女两愿离婚的离婚权利。法律同时还规定妻子也可以向丈夫提出离异,并订立了九条准允夫妻中任一方提出离婚的"情事"。当然,所谓准允提出离婚请求的九条"情事",无一不偏于男方,如第一点"重婚者"(法律既允纳妾,何来重婚);第二点"妻与人通奸者"(只提妻而不提夫,何来公平);第三点"夫因奸非罪被判刑者"(所谓奸非罪,指夫与有夫之妇通奸而被本夫告发才论的罪,若本夫不告,官府就不究)等等,均偏袒男方。更何况,北洋政府在上述九条"情事"之外还附加了许多偏袒和保护丈夫及其家族利益、不利于妇女提出离婚的种种限制,加上民众法律观念和知识的极端缺乏,而执法者事实上仍是站在传统卫道士立场,维护宗法利益和夫权主义的。尽管如此,从历史发展的目光看,北洋政府的"离婚"规定,相对于周秦以来只有男子可以抛弃妻子,而无所谓男女双方两相离异,自然也是一种进步。

国民党时代的《民法·亲属编》从法律上对"一夫一妻"制和夫妻平等地位给予了肯定,这较北洋政府时代自然是进步了。与此同时,在家庭关系方面,它在维护夫权和族权统治的趋向上又十分明显,与丈夫相比,妻子在家庭中的地位十分低下。如,作为妻子,没有姓名权:"妻以其本姓冠以夫姓"(第1000条);没有居住权:"妻以夫之住所为住所"(第1002条);缺少教育子女权:"对于未成年子女……父母对于权利之行使意思不一致时,由父行使之"(第1089条)。此外,为维护封建家长制统治,还规定"家置家长"(第1123条),家长"以家中之最尊辈者为之"(第1124条),而家务、子女特有财产均由家长管理(第1124、1088条)。民法还以"亲属会议"的形式,加强族权统治。

国民党时代的民法将离婚分为两愿离婚和由法院判决离婚两种不同方式。民法未对两愿离婚后男女双方生活问题做规定,事实上这就大大限制了当时社会中那些生活无来源的妇女的离婚权利。

在判决离婚方面,对夫妻中任何一方规定了10项可请求离婚的理由:(1)重婚者;(2)与人通奸者;(3)夫妻之一方受他方不堪同居之虐待者;(4)妻对于夫之直系尊亲属之虐待,致不堪共同生活者;(5)夫妻之一方以恶意遗弃他方在继续状态中者;(6)夫妻之一方意图杀害他方者;(7)有不治之恶疾者;(8)有重大不治之精神病者;(9)生死不明已逾三年者;(10)被处三年以上之徒刑,或因犯不名誉之罪被处徒刑者(第1052条)。从形式上看,上述法律条文似乎于男女双方都同等对待，但所举判例和释例却歧视妇女，加之男女双方在社会和家庭地位上的不同，故实际执行起来往往只是有利于男方而不利于女方。以妇女受虐待来说，国民党大理院的解释是：妇女受到婆家虐待，但如果不至手脚折断，造成残废，就不能申请离婚；而且即使手脚残废，但如果仅仅是婆婆所致，丈夫并未参与，也构不成请求离婚的理由。法律偏护哪一方，已不言自明。

总的看来，肇始于北洋政府而南京国民政府又有所发展的"离婚"说，是政府迫于社会进步所做的有限让步。所以，尽管当时"离婚"刚刚开禁，而且国家政策事实上也尽可能设法限制离婚，但一些受革命思潮影响较深的地方，离婚事件仍频有发生。如浙江镇海，"离婚之案，自民国以来，数见不鲜"，浙江鄞县，"迩来则离婚之风渐行"；河北雄县，"离婚之诉，日有所闻"。在离婚后费用的分担上，"大抵离婚出自男子则予妇赡养费用；出自女子者，女须偿还聘金。"（《中华风俗志》下篇卷三）

受社会进步思潮和社会风气变革的影响，民国时代的家庭，主要是文化经济较发达地区的城镇家庭，慢慢接受起"自由""平等""婚姻自主"等新观念。维系封建婚姻家庭制度数千年之久的根基封建礼教开始动摇，礼教革命在一些家庭中开始悄悄进行。部分思想较开明的家长在婚姻问题上尊重起儿女的选择。在夫妻关系中，"三从四德"首当其冲地遭到抨击，妇女们特别反对"从夫"一项，开始不甘心受丈夫和公婆对自己的摆布和奴役，夫妻关系在部分家庭中得到了改良。不仅一些具有新思想和人权观念的丈夫对自己妻子表示尊重，而且在一般普通的市民中，也开始稍具夫妻关系平等、应善待儿女婚姻的意识。饶有意味的是，此时期具一定教育水准的妇女，虽知道男女平等、保障妇女人权等概念，但她们中多数并不特别反对传统式的夫妻关系。她们的最基本的要求，是丈夫对自己尊重和爱护，家庭中应有自己的一席之地，当然也不应受公婆和家庭其他亲属的欺凌。在此前提下，她们非但不与丈夫分庭抗礼，还愿尊丈夫为首，服从其领导。并非以爱情为婚姻基础的传统的中国家庭所以稳固，和这种态度直接相关。

民国以后，中国的家庭在规模上也经历了由大到小的变化。直至民国初年，中国仍多大家庭。书香门第及豪富之家，尤以多代同居共炊为荣，儿辈提出"分家"，非但会受到法律的非难，也会遭到公众舆论的谴责，会被斥为"不孝"，受亲友邻里的唾骂。"五四"运动以后，中国一些地方的大家庭逐渐解体，经济独立的小家庭日见增多。以浙江省萧山县（今萧山区）为例，1911 年，全县平均每户规模为 5.03 人，到 1948 年，已降为 4.48 人。（《萧山县志》）

3.家庭财产的继承

晚清和北洋政府承袭了前代宗祧嫡长子继承制，“无子者许令同宗昭穆相当之侄承继，先尽同父周亲，次及大功、小功、缌麻，如俱无，方许择立远房及同姓为嗣。若立嗣之后，却生子，其家产与原立子均分。”还规定了嫡庶子与非婚生子承继财产的差别：“嫡庶子男分析家财田产不问妻妾所生以子数均分。奸生之子依子量与半份，如别无子立应继之人为嗣，与奸生子均分；无应继之人，方许承继全份。”同前代一样，法律也根本无视妇女对财产的继承权：“妇人夫亡无子守志者，合承夫份。须凭族长择昭穆相当之人继嗣。其改嫁者，夫家财产及原有妆奁并听前夫之家为主。”

国民党时代民法参照欧美、日本等国将夫妻财产制定为法定和约定两种制度。法定制为联合财产制。约定制分共同财产制、统一财产制和分别财产制三种。民法规定夫妻于婚前或婚后若以契约订立夫妻财产制的，可就约定财产制之中选择其中一制为其夫妻财产制。倘未以契约订立夫妻财产制的，则以法定财产制为其夫妻财产制。以上规定由过去的完全以夫为中心的财产制转为夫妻财产制，给予妻子法定的地位，自然是进步了许多，但在具体立法时它又处处露骨地维护男子的权益，其结果自然是妻子财产权的削弱甚至丧失。例如，在最通行的法定财产制中，第 1017 条规定：“由妻之原有财产所生之孳息，其所有权归属于夫。”第 1018 条把联合财产管理权交给了夫，接着又说：“夫对于妻之原有财产，有使用收益之权”（第 1019 条）。在共同财产制和统一财产制中也有类似的规定。可见，按国民党时代的民法，夫妻财产实际上完全掌握在丈夫手中，丈夫握有对夫妻财产的管理、收益和大部的处置之权。

## 丈夫对妻子肉体和财产的同时占有

在中国，禁同姓为婚从商周时起一直沿用了数千年，从晚清起，才改为同宗者不得结婚。另外，晚清还将禁官员及荫袭父祖官职的子孙娶乐人为妻改为禁娶娼妓为妻，不过违者处罚明显减轻。同时还取消了禁良贱为婚的法令。到国民党政府时代，始把古代以宗法分亲属（宗亲、外亲、妻亲）的旧观念打破，改为配偶、血亲和姻亲三类，再于血亲、姻亲分出直系、旁系，定出亲等，并以此作为结婚限制条件的基础。显然这比过去来得科学合理，尽管由于考虑中国传统，还在字面上写明“表兄弟姊妹不在此限”。

由晚清起至国民党政府时代，都将男女成婚的最低年龄定为男 18 岁，女 16

岁。国民党民法又说:“未成年人结婚,应得法定代理人之同意”(第981条),这里并未明确规定“未成年人”的年龄界限,事实上无异宣布只要取得法定代理人的同意,低于法定婚龄结婚也并不违法;而且,规定“父母为其未成年子女之法定代理人”(第1086条),这就更进一步确认了家长制下强迫、包办和变相买卖婚姻的合法化。

同前代一样,晚清至北洋政府,凡订婚,均要“写立婚书,依礼聘嫁”,悔者、违者要受到不等的惩罚。国民党时代的民法除在实际生活中变相倡行“依礼聘嫁”的聘娶婚制外,另规定“结婚应有公开之仪式及二人以上之证人”(第982条),这无异于说,若具这个条件,即使婚姻不合当事人意志,也是合法婚姻;反之,无此条件,即使当事人双方系自愿结合,婚姻也是非法的。婚姻的自主性因此受到了很大的限制。

由上可知,相对过去完全封建制的婚姻家庭制度来说,民国时期的人们只是获得了某种程度的婚姻自由。尽管如此,一些注入了近代意识的青年和部分接受了新思想的家长倒是利用起了这种有限的自由,在某种范围内对婚姻实行变革。当然,这种变革与其说要求实现婚姻自主,不如说更多地要求婚姻程序和婚礼形式的删繁就简。流行数千年的婚姻论财、婚礼讲排场、以“纳征”为中心的“六礼”,以及后来简化了的“三礼”“四礼”“五礼”,遭到了热心西方文明的青年知识分子的反对,带有西方文化色彩的、在当时被称为“文明结婚”的婚礼形式在大城市的部分青年知识界中出现了。

文明结婚是一种摒除以往婚礼旧俗,兼具中西婚俗特点的婚礼模式,兴起于民国成立前后。以文明结婚方式行婚礼的新郎新娘,一般都穿西装,婚礼中,有宣读婚书誓约、交换饰物、行鞠躬礼、奏乐、接受宾客祝贺等形式。不少人在订婚、结婚时还分别在报纸上刊登订婚、结婚启事,以示公开和文明。由于此种婚礼兴起未久,所以当时有的报纸杂志还对婚礼的各项程序详做介绍,其意大概也是在宣传和普及这种礼仪:

①司仪员入席,北面立;②男宾入席,西面坐,奏琴;③女宾入席,东面坐,奏琴……⑥新郎新娘入席,北面并立,奏琴;⑦主婚人展读证书;⑧新郎新娘用印;⑨主婚人用印;⑩介绍人用印;⑪主婚人为新郎新娘交换饰物;⑫新郎新娘对立,行鞠躬礼;⑪主婚人颂词,新郎新娘谢主婚人及介绍人;⑭主婚人介绍人退,奏琴;⑭贺客拍手。

文明结婚这种新式礼仪逐渐流行于文化经济较发达的江苏、浙江。如浙江萧山,在“五四”运动之后知识界便兴起“文明结婚”。订婚时,分别由订婚人、介绍人、证明人和家长逐一在订婚书上签名盖章。结婚时大都租用礼堂，请亲友中资望较高者证婚。婚仪完毕，设宴庆贺。民国时期，萧山知识界还有过“集团结婚”，参加婚礼者先向民政部门登记缴费领证，到结婚之日凭证由亲友陪同参加婚礼。

文明结婚的风气后来甚至蔓延到了河北、北京等地，不过比起南方来，那里婚礼中的中国传统文化色彩似更加浓重，场面也要铺张得多。最令人感到有趣的，新郎及陪客的穿戴打扮往往中西参半，显示出了新旧观念交替时代人们的一种婚俗心理：新郎头戴礼帽，脑后却是一根长长的扎着红丝辫绳的发辫；伴郎陪客，有穿西装的，有穿便服的，也还有穿长袍马褂清制服饰的。至于新郎，仍是乘轿，轿用传统工艺装饰得十分喜气华丽，一路上前呼后拥，确是热闹非凡。

文明结婚作为一种改良了的婚礼模式当时并没有来得及波及广大农村地区，农村青年男女在结婚时，仍履行旧的礼仪，其程式和内容主要包括：

请庚。庚指年庚八字。请庚，即男家托媒向女家提婚，女家同意后，便将写有姓名、生辰八字、籍贯、祖宗三代的庚帖送到男家。

探问。请庚之后，男方双方对对方家境、人品做进一步了解。有时男方还要请算命先生“合肖”，占卜吉凶，认为男女年庚八字无“冲克”，男方即遣媒议聘。

定亲。指选择吉期行订婚礼。定亲仪式在一些地方也很隆重。江浙一带，男方择吉日，将议定的聘金和新郎生辰的庚帖放入小匣内，匣外裹红布或红绫，上插一丛连根万年青，连同各色财礼由媒人护送至女家。女家收下聘金、财礼和男方庚帖后，在原匣内放入女方庚帖，连同回送的衣着、喜果，再由媒人带回娘家。

告期。男家选定婚娶日期后，派人送期帖于女家商定成婚的日期。

行盘。结婚前数天，男家送首饰、银币、衣服等礼品给女家，女家受礼后回礼男家，一般是赠新郎礼帽、礼鞋及喜糕。

妆奁。指结婚前一日，女家将嫁妆送到男家。也有在结婚前二三天，择双日，男家派人至女家接妆奁的。

迎娶成婚。迎娶按约定的吉日进行。迎娶那天，男女两家张灯结彩，堂前挂着诸如“天成佳偶永结同心，鸾凤和鸣天作之合”“品德祥明德性坚定，事理通达心气和平”等喜庆对联，两家各自设宴请客。新郎衣饰一新，由亲人陪同，带着花轿或彩车到女家迎娶。新娘此时已开容、梳妆，轿到之后，哭别家人，红巾蒙面上轿。轿到男家之后便是依规次由司仪发令唱拜天地、祖宗、父母，新人对拜。拜毕，江浙一些地区（如萧山）还流行由男方家人在地上次第传送麻袋（取“传代”之意），新娘引新娘踏着麻袋进入新房的仪式。新房红烛高照，墙上照例是“金屋笙影偕彩凤，洞房花烛喜乘龙”或者“天赐良缘百年好合，金玉满堂五世其昌”等吉祥对偶语句。坐定后，伴娘取酒一杯，给新郎新娘各喝一口，谓之“交杯酒”。酒毕，伴娘献吉词。入夜，不少地方还有逗引新娘、“闹洞房”的习俗。也有的地方，如浙江绍兴，入夜之后，新娘不仅要向各尊长请安，而且要到婆婆房间里去“坐夜”。婆婆启齿放行，新娘方能回房休息。

三朝回门。到新婚第三天，新娘又要与夫家的老老小小、甚至与整个房族的尊幼行见面礼。新娘自坐上花轿后，即失去言论、行动的自由，而任凭舅爷、伴娘等的摆布。直到这次向公婆等行礼，才能开口说话（俗称“开金口”），恢复言谈和举止的自由。与夫家人见礼之后，新郎随新娘去岳家，即所谓的“三朝回门”。至此，旧式嫁娶礼仪才告结束。

由上可见，民国时代婚礼婚俗的种种繁文缛节，基本一仍其旧。对新娘来说，清规戒律尤多，如江浙一带农村，新娘婚后“下厨”先得添柴烧火，取其“火红”“兴旺”的意思。裁剪缝补，应先做裤袜。“裤”与“富”谐音，说法是“若要富，先做裤；若会发，先做袜”。有的地方逢新媳妇回娘家，其兄弟、子侄辈一定要向着她放鞭炮，除有欢迎的意思外，还寓有放一响，发一发，子孙繁衍，千秋万代人丁兴旺的意义。总而言之，直到民国，中国的婚礼仍严格体现着企求传宗接代、多子多福的封建婚姻道德观和长幼有别、大小有序的封建人伦关系，起着维系家族与宗族制度、巩固家庭关系的作用。旧婚礼旧婚俗的一些场面，在我国有的农村地区至今仍不同程度地有所保留。

## “五四”对不平等婚姻的冲击

### 对贞节观念的抨击

南宋起泛滥于世的寡妇守节陋习，至清末民初开始受到社会抨击。晚清著名近代资产阶级启蒙思想家、翻译家严复严肃批判了三纲五常的封建道德。他认为，夫为妻纲只是妻子对丈夫的片面义务，完全成了男子压迫女子的工具，中国的女子不能自己选择丈夫，但却要终身以之为纲，是极不合理的。清末著名资产阶级改良主义政治家谭嗣同更是明确提出男女平权的要求，愤怒斥责“饿死事小，失节事大”的反动节烈观。他认为，男女应有平等的权利。重男轻女、歧视和迫害妇女是违背人性与理性的。到辛亥革命前夕，一大批进步的资产阶级思想家、革命家如蔡元培、秋瑾等已是身体力行，通过宣传、教育和革命的手段启迪妇女的良知，使她们认识包办、买卖婚姻和封建贞节观对自身与社会的毒害。辛亥革命爆发后，革命浪潮直接波及的南方诸省，甚至出现了砸毁贞节牌坊的革命事件，反动贞节观受到了一次震动。辛亥革命的成果为袁世凯篡夺后，妇女重又被套上了封建礼教的枷锁。民国六年(公元1917年)10月北洋政府颁布的《褒扬条例》，便是这方面的一个明证，其对女子的褒扬范围是：

甲.良妻贤母：行谊足为乡里矜式者。

乙.节妻：年在30岁以内，守节至50岁以上者；若年未50而身故，以守节满10年者为限。

丙.女子未嫁，夫死自愿守节者。

丁.烈妇节女：凡遇强暴不致从死，或羞愤自尽，及夫亡殉节者属之。其遭寇殉节者同。

与“褒扬条例”相结合，北洋政府对孀妇改嫁也做了诸多限制：“孀妇自愿改嫁由夫家祖父母、父母主婚。如夫家无祖父母、父母但有余亲即由母家祖父母、父母主婚。如母家亦无祖父母、父母，仍由夫家余亲主婚。”寡妇的改嫁无丝毫自由可言。

不仅政府提倡封建贞节观，民国时代的报纸也多有封建卫道士鼓吹、宣扬节妇烈女殉节的荒唐文字，来为政府这种逆潮流而动的封建伦理道德规范推波助澜。如有的报纸称某烈妇采用各种手段自杀最后达到殉夫的目的是“百折不挠”，“堪称烈妇之典范”，甚至竟提出应“帮助”烈女去“死”方是烈女之“幸”的杀人逻辑。人间善恶美丑，是非曲直，被扭曲到了无以复加的地步。

倒行逆施的社会现实，激起了追求民主科学、倡导新文化、新思想的中国先进知识分子的愤怒与抗议。1915年，代表新一代文化与思想的《新青年》由新文化运动的领导者陈独秀创办问世。第二年，陈独秀即以“一九一六年”为题，在杂志上呼吁打破“三纲”，号召妇女不要甘心受人摆布和支配，而应由被征服地位起来居于征服地位。他还针对当时的尊孔思潮，连连发表文章，指出强制青年妇女孀居，致使许多有为妇女“身体精神俱呈异态”，根源全系孔教。著名思想家胡适也在杂志上先后发表文章，抨击上海县知事为某17岁殉夫烈女“壮举”向江苏省省长呈请“按例褒扬”事，“是中国法律明明鼓励妇人自杀以殉夫”,“无论如何,法律总不该正式褒扬人自杀殉夫的举动”。因而他说:“我绝对的反对褒扬‘贞操’的法律”。新文化运动的闯将鲁迅深刻剖析了贞节观产生的社会根源在于封建社会只把妇女当作男人的私有财产和传宗接代的工具,指出:“节烈这事是:极难、极苦,不愿身受,然而不利自他,无益社会国家,于人生将来又毫无意义的行为”,故而“要除去虚伪的脸谱,要除去世上害人害己的昏迷和强暴。”李大钊、刘半农、吴虞、周作人等许多进步知识分子也对以“三纲五常”为中心内容的封建礼教和当局提倡的“国粹”进行了猛烈的批判,在提倡“人权”和“科学”、进行妇女解放的宣传方面做了许多开创性工作,对近代中国人婚姻家庭观和生活道德观产生了很大影响。

肇始于反对旧文化的新文化运动终于导致了 1919 年“五四”运动的爆发。一批具有初步共产主义思想的革命知识分子,成了运动的中坚和领导者。广大女性,特别是先进的知识女性也投入到了这场伟大的运动之中。她们中一些人如向警予、蔡畅、邓颖超、郭隆真等后来成了中国共产党历史上最早的一批女共产党员。

“五四”运动和随之而来的轰轰烈烈的革命运动虽然给旧的婚姻家庭观念和制度以猛烈冲击,但是已在中国历史上肆虐数千年的封建贞节观并不可能因此而马上退出历史舞台,它的影响和流毒在全国许多地区,主要是广大的农村地区,仍不同程度地继续存在。

## 一夫一妻与婚姻自由

南京国民党政府统治中国大陆的 22 年间,在中国大陆上还并存着另一个政权,这就是由中国共产党领导的农村革命根据地。

20 年代末 30 年代初,在经济文化十分落后的湘、赣、川、陕、闽、桂、豫、皖等农村,广大穷苦百姓,特别是劳动妇女,受着政权、族权、神权、夫权的沉重压迫和束缚,整日挣扎和煎熬在痛苦的生活之中。革命兴起后,不少地区的工农民主政权发布了取缔娼妓制度、解放奴婢、实行男女平等,禁止买卖婚姻等决议和法令。1931 年,中华苏维埃共和国成立后,即于同年 12 月制定了《中华苏维埃共和国婚姻条例》,这是中国共产党彻底变革旧中国婚姻家庭制度的第一个法律文献。1934 年 4 月,经过几年实践,并加以修订和补充,《中华苏维埃共和国婚姻法》正式在苏区公布施行。该法基本内容包括:

第一,男女婚姻自由。第一条规定:“确立男女婚姻,以自由为原则,废除一切包办、强迫和买卖的婚姻制度,禁止童养媳”。第四条规定:“男女结婚必须经过双方的同意,不许任何一方或第三者加以强迫。”“违反本法的,按照刑法处以应得之罪。”

第二,实行一夫一妻制。婚姻法强调,一切公开或变相的一夫多妻的婚姻,均属非法,有妻还有妾者,以重婚论罪。

第三,规定了结婚的条件和程序。结婚的实质要件有:双方自愿、达到法定婚龄(男满20岁,女满18岁)、无禁止结婚的血族关系、无禁止结婚的疾病。结婚的程序是:男女双方须同到乡苏维埃或市区苏维埃办理登记,并领取结婚证。还规定“废除聘金、聘礼及嫁妆”。此项规定对结婚自由原则的贯彻起到了保证作用。

第四,规定了离婚的原则和程序。第十条规定:“确定离婚自由,凡男女双方同意离婚的,即行离婚。男女一方坚决要求离婚的,亦即行离婚。”在程序上,规定男女离婚须向乡苏维埃或市区苏维埃登记,一经登记,婚姻关系即可废除。

第五,着重保护妇女利益。鉴于旧社会农村妇女在社会和家庭中地位尤低,一般缺乏经济来源,因而法令偏重于保护妇女规定,离婚后,男女同居时所负的共同债务,由男子负责清偿。还具体规定了妇女和子女的合法权益及财产处理等问题。

以后,在抗日战争和解放战争时期,各抗日民主政权和解放区根据当地社会、经济和政治情况,又相继颁布了一些地区性的婚姻条例,这些条例在基本原则上,同苏区时期的婚姻立法是完全一致的,但在若干问题上做了更加具体和详尽的规定,从而丰富和完善了苏区的婚姻立法。如关于结婚年龄,各地区略有不同。陕甘宁边区为男满20岁,女满18岁;晋冀鲁豫边区为男满18岁,女满16岁。关于离婚条件,男女一方如有充当汉奸者、重婚或与他人通奸者、恶意遗弃或谋害他方者、生死不明已过三年者、感情意志根本不合无法继续同居者,另一方可向政府请求离婚。女方怀孕期间或产后一年内,男方不得提出离婚等。

在继承方面,贯彻了男女平等和养老育幼的原则。早在第二次国内革命战争时期,革命根据地政权在确定农民土地所有权之后,便规定:“土地遗产任土地所有者生前自由处理,或分给子女,或送给继承亲属,或捐办公益,政府不加干涉”(《土地问题提纲》,1931年3月,江西省)

抗日战争和解放战争时期,有关继承权的基本原则得到了进一步的发展。《陕甘宁边区地权条例草案》规定:“地权之继承权,得依被继承人之意志或遗嘱支配之,如被继承人无上项决定或遗嘱时,得依下列决定配合边区内习惯法施行之:(一)夫妻有相互继承权;(二)嫡系卑亲属有同等继承权;(三)养子女之继承权与婚生子女同。”为了保护妇女继承权,1945 年 3 月、5 月、6 月先后发布的《山东省女子继承暂行条例》《冀鲁豫行署关于女子继承等问题的决定》和晋察冀边区的《关于女子财产继承权执行问题的决定》等法规性文件都进一步确认了女子有遗产继承权的原则。规定,如被继承人生前有女无子,其死亡后的全部遗产,都归其女继承,而无论被继承人是一女多女,已嫁未嫁。任何人不得阻止或强做嗣子,分继其财产。法律并对继承人奉养父母的义务做了规定。继承人对被继承人有虐待和遗弃行为者,司法机关可以剥夺其继承权。在遗产分配上,则是按各家庭情况参照男女双方在家庭中应尽义务与所享受的待遇,来具体研究分配的比例。此外,法律还就遗产继承的方式(法定继承和遗嘱继承)、法定继承的范围和顺序等做了详细规定。

革命根据地的婚姻立法标志着婚姻家庭制度变革的曙光已在中国这块古老的土地上出现了。当然,由于历史条件的限制,革命根据地的婚姻立法还有不成熟、不完善的地方,对家庭关系的性质和内容以及夫妻、父母、子女、祖孙、兄弟姊妹间的权利和义务等也还缺乏相应的规定和解释。尽管如此,其立法和实践为 1949 年后在全国范围内彻底变革旧的婚姻家庭制度积累了宝贵的经验。

中国古代情史

# 宫廷选美史

马昊宸⊙主编

线装书局

# 史前人类性冲动下的美感

人体美是客观存在的，是人体作用于审美主体而产生的美感评价。它是历史发展和社会环境的产物，是人类实践的产物，是历史“积淀”的结果。因而，我们必须从我国的史前时代起，来考察中国女性美的历程。

原始时代，混沌初开，尚无法分别考察女性美与男性美，只有综合考察人的美。史前时代史料缺乏，年代久远，许多情况都无法说清道白，只好大体上，模糊地说个大概。

史学界、考古学界一般认为，中国的史前时代是指距今一百八十万年至距今四千年的漫长时期，其中又可分为旧石器时代、中石器时代、新石器时代和铜石并用时代四个大阶段。

“人猿相揖别”是从人类直立行走开始的。人类直立行走，两只手开始灵活起来，学会了劳动和创造，开始了向自然索取、利用自然、顺应自然同时也改造自然，“人化”自然的艰难而又漫长的旅程。让我们从“直立行走”说起吧。

## 美产生于两性的交合

人类始祖从爬行到直立行走，从人体美的角度看，这场人类进化中的“飞跃”，引起了人体自身的一场大革命。直立行走使人的前爪演化为灵活实用而又万能的手，从此人类开始了劳动和创造，并在劳动和创造的漫长实践中，不断改善着自身的体型、体魄和体力，人体逐渐变得高度灵活和柔韧，逐渐形成了客观存在的人类形体、容貌、姿态的自然美；同时，直立的人类，站得高，看得远，可以面对面地观察、审视自己的同类，尤其是异性，在数十万年、上百万年的实践中，人们互相观察，发展了彼此的观察力和审视技巧，在历史的长期积淀中，逐渐产生并发展了对人体自身的美感评价、产生并发展了人的美感观念。

直立行走同时引起了人类性行为的一场大革命。直立的姿势迫使人类改变了灵长类传统的性交方式。灵长类的性交姿势是雌性翘起臀部，雄性生殖器由后方插入，性学上叫作“后入位”。人类直立行走后，由于体形上的变革，人类开始了与动物完全不同的性交方式，即面对面的性交，性学上称为“前入位”。这种性交姿势的改变，使人类开始“以不同的观点来评判什么叫作

‘美’。”也就是萌生了人体性审美观念。

在人类沿袭灵长类的“后入位”性交姿势时，男人只能看到性伴侣的背面，只能感受到女性丰满的臀部给他的美感满足；而女性则什么也看不见，处于被动状态。当性交姿势改为“前入位”后，“男人对臀部的热情就慢慢转移到富有弹性的腹部和乳房上面去了。”而女性也对男性强有力的双臂和丰健的胸部、腹部产生了热情。“而脸部也开始显出它的重要性，成为两性审美的共同标准之一。”

“前入位”的性交姿势，充分发挥了人类双手的技巧，男女性伙伴把性的爱抚、触摸和抚弄发展成人类所独有的“爱的艺术”，使得动物本能的性交，变为充满情感的性爱。而这种爱抚无不充满了美的享受。同时，这种爱抚又促使人类身体构造发生进一步巨变，这主要表现在女性乳房从青春期开始不断发育增大、成熟，成为女性美的重要标志之一。

动物的性吸引，大多数是由雌性散发出含有性引诱激素的特殊气味来吸引雄性的。人类则在长期的性实践中形成了以视觉和触觉为主的性吸引方式。视觉形象的性吸引方式，“产生了人类最基本的性审美观念——‘美全在观看者的眼中’”（心理学家互拉斯之语）。古往今来，天生的丽质，姣好的面容，婀娜的身姿，高雅的风度，典雅的气质，柔媚的神态，成为人类性吸引的极重要的方面。而这一切又逐渐强化了人体美、女性美的观念。

## 性吸引感知的异性美

我国历史的童年是旧石器时代。考古材料表明，中国的旧石器时代从一百八十万年前就已出现，延续到距今一万至两万年之间。旧石器时代，人类学会制造、使用粗糙的打制石器，采集、狩猎和捕捞是当时生存的主要方式。据推测，旧石器时代早、中期的社会形态可能是原始群团，晚期可能出现了氏族组织。

大多数史前学家和人类学家都认为：“原始的人类社会的基本特点在于它建立在血族关系的基础上。它与灵长目动物的社会截然不同，是合作的、公有的社会。”这种血族社会又称狩猎一采集社会。我们祖先的狩猎、采集原始群团，每个群体平均是25~50人左右。它的基本特征是：一、劳动按性别分工。男性狩猎、女性采集，是当时的社会通则。在一般情况下，女性采集提供给人们所需食物的大部分，同时女性还承担食物的运输、保存、贮藏、蒸煮等任务；尤其要承担生育和喂养儿童的任务;二、食物共享,平均分配。每个群体成员都能得到一定的食物,食物共享具有明显的生存价值;三、营地成为日常生活的中心。旧石器时代的早、中期,人类迁徙不定,有的以洞穴为栖息地。旧石器时代晚期,我们的祖先已在河谷和湖边构筑临时营地和建造简陋的房屋。

旧石器时代,混沌初开,大自然莽莽苍苍,人类的生存环境十分险恶:江河泛滥,洪水横流,火山喷发,大地震动;雪雨冰雹,酷暑严冬都在向人类挑战;毒虫猛兽不时向人类进攻。为了生存和发展,人类要与险恶的自然环境斗争,与猛兽毒虫搏斗。最初男女两性都以采集植物果实、根、茎、叶为主,同时也捕捉小动物、昆虫等。跋山涉水,追逐兽类;翻山越岭,登高爬树,遍尝百草,采集食物。这就要求原始人类肢体发达、体魄健壮、刚健有力、勇猛顽强;同时要求人类动作敏捷,机智灵活。因而,健壮、硕大、刚健、勇猛、机敏是男女两性共同的审美标准。

事实上,刚刚进化成人类不久的原始先民,男女差异并不太大。除外生殖器和在体魄上男性略显强壮高大外,没有太大的差异。男女两性都可以从事狩猎或采集。男狩猎、女采集的性别分工,是由于女性需要生育子女、哺育儿童,只好留在孩子身边,从事采集劳动。而由男性专门从事风险较大的狩猎劳动。狩猎活动要远离营地,活动范围广,流动奔波性强,更需要健壮的体格、敏捷的动作和勇猛顽强的精神。长期的,在男性间世代相传的狩猎活动,锻炼并发展了男性的体魄,使得男性一代比一代更强健勇武、顽强傈悍;相反,女性世世代代从事采集和保存、烹煮食物工作。相对来说,风险性小,活动范围狭小,流动性差,则充分发展了女性灵活机敏,心灵手巧的特长。更重要的是,女性要长期地连续地哺乳养育后代,需要身体脂肪多(女占全身的27%,男仅占15%)、肌肉少(女40%,男52%)。因而,女性一代代越来越向胖而弱的方向发展,双乳、腹部,特别是臀部变得丰满而肥大。结果是男女两性的体形向刚、柔两个方向发展。因而也就出现了刚柔异趋的男女两性不同的人的审美标准——男性以强健勇武为美,即后来人们常说的阳刚之美;女性以柔弱精灵为美,即所谓的阴柔之美。

## 史前人类的美感观念

二十世纪七十年代,在欧洲东南部发现上百个旧石器时代和新石器时代文化遗址。在这些遗址中留下许多彩陶小雕像和壁画,其中到处都有裸体的维纳斯小雕像。而且这些小雕像都被安置在遗址的中心地位。这些情况,反映的是原始人的一个重要观念:女性的身体是生命之源,是有起死回生力量的圣杯。这是母系社会文化对女性、母亲和女神崇拜的反映。七十年代,不列颠考古研究所在卡塔尔的惠雅克和哈希拉两地发掘新石器时代遗址,出土大量石雕、浮雕和泥塑的女神像和许多供奉女神的祭坛和神龛。这说明,新石器时代已产生了女神崇拜文化和宗教。1980 年,考古学家们又在地中海里的克里特岛发掘出传说中的米诺斯文明。出土了"宏伟的宫殿、别墅、农场、居民区和规划整齐的城市、港口设施、贯穿全岛的公路网、教堂和秩序井然的墓地"。在宫殿遗址里占据中心位置的是女神或女祭司的雕像,站在她身旁的两排男人向她奉献贡物。那时宗教渗透全部生活,可是到处供奉的全都是各类女神。总之,那时的"上帝是一位妇女"。

无独有偶。最近十余年来,在我国的一些新石器时代和铜石并用时代的遗址中,也发现了一批陶塑女像和石雕像。这些中国的"维纳斯"女神像的出土,反映出女神崇拜在中国史前时代也是相当普遍的:一、辽宁省喀喇沁左翼大凌河西岸东山嘴村,发现了一组石砌的祭坛和两件女性陶塑裸体像。两件陶像均为裸体立像,腹部凸出,臀部肥大,显示孕妇形象,左手贴于上腹,并用记号将女性外生殖器表现出来。二、辽宁西部牛河梁女神庙,可惜庙里供奉的神像已被砸坏。但从塑像的残块看,肩臂均具有女性特征,乳房形态各异,但都是女性乳房。这些泥塑雕像约分属五六个个体,表明她们是一群形体大小不一的女神像。三、河北省后台子村,发掘出土六件石雕女像,有四件相当完整。其中有五件为裸体孕妇像,其共同点是:双乳外鼓,腹部隆起,两只手抚在隆起的肚子上,臀部后面有一个小座,为坐姿像;有的还用凹坑突出女阴。

这些被考古学家和艺术史家们称作"维纳斯"的雕像,经美国文化人类学家理安·艾斯勒等多年研究,认为她们不是史前期的美神,她们是反映史前母系社会女性崇拜、女神崇拜的女神。

我们从史前人体美、女性美的角度考察,这些女神像反映出史前期人类女性美的某些观念。首先,人们崇拜的对象,也便是人们心目中美的形象。在当时,裸体的孕妇反映了人们对女性,特别是对生育女性的崇拜。在原始人的观念中,生育本身就是美的。裸体孕妇展示了女性美与生育美的双重美感。欧洲、西亚等地和中国的史前维纳斯像,以裸体、大乳、隆腹、肥臀的孕妇最为普遍。我们如果以今天的审美标准来看这些史前维纳斯,当然会大失所望。但是,正如《人类性爱史话》的作者唐娜希尔所说:"若看一看今日原始部落中生育过的妇女，松垂的乳房、腹部及鼓出的臀部，和这些史前的维纳斯倒有几分相像，也许它所要表示的只是一个‘真正的女人’而已。”是的，这些史前维纳斯像，可能就是史前的“艺术家”们“现实主义”的杰作，是当时活生生的孕妇的真实而生动的写照，正反映了史前期人类的女性美观念。

其次，这些维纳斯女神像逼真地反映了史前期母系社会的女性孕妇形象。这说明当时的神像制作者对女性人体的观察已经达到相当细微而准确的程度。反映了那时的人类对人体的观察，对人体美的感受已达到相当的水平——当然还是原始的、素朴的水平。

第三，在原始时代的人体美、女性美中，主要突出强调的是女性独有的生殖魅力，即突出大乳、隆腹和肥臀，而不注意脸部的表情和姿态的描绘。这反映出史前人类的人体审美，是以直接的性感观刺激为主，而这些又都与生殖和养育密切相关。他们对体形、体态、体表的差异和特点并不在意，这些尚没有成为他们审美的主要对象。肥大下垂的乳房，接近产后女性的真实乳房，它体现了女性的养育之美；凸出的腹部正孕育着新的生命，这正是原始人类最感神秘，也最崇拜的生殖之美；宽大肥硕的臀部，是母亲的荣誉象征，体现了母性之美。

这些女神像状貌古朴、体态稚拙、内蕴丰厚、混混沌沌、朦朦胧胧，仿佛从远古走来的一群天然、纯真、古拙、素朴的原始女儿，给人一种浑然天成，返璞归真的独特美感，为我们带来了数千年前原始女性美的独特“信息”。

## 不平等的审美关系

原始群团和母系氏族社会，其社会成员由男人、女人和孩子(未成年人)三部分人组成。由于一、男女都参加劳动，共同控制自然资源；二、食物共享，平均分配。所以，男性和女性是平等互补的“伙伴关系”。两性之间没有压迫剥削，也不存在统治或歧视。两性之间是平等、互补、互助，互相依存的关系。这种平等的“伙伴关系”，决定了男女在对人物的审美上，两性也是平等的，那就是男女同为审美主体，又同为审美对象。这突出的表现在母系氏族的婚姻形式上。现以母系社会的活化石——我国云南永宁纳西族的母系制氏族外婚的情况加以说明。

永宁纳西族是以称为“衣杜”的母系亲族为最小社会单位的。每个“衣杜”世系按母系计算，成员为同母所生的兄弟姊妹及姊妹的子女；财产共有，集体劳动，共同消费；有公共墓地；实行外婚制，“衣杜”内部严禁性关系，更不存在婚姻关系。

这种外婚制是以“走访婚”，当地称为“阿肖”婚的形式实现的：成年女子居住在母系衣杜为她们专设的“客房”里，每个女子一间房子；女子的性伙伴（阿肖）夜晚到女子的房间内留宿，白天又回到自己的“衣杜”去生活、劳动。

“阿肖”关系极不稳定，容易建立也容易解除。“阿肖”婚姻实际上是群婚制，男女阿肖都有多个配偶，有长期阿肖和临时阿肖。男女都有相当程度的性自由，有的年轻人，只过临时阿肖生活，性自由度更大。

“阿肖”婚姻实行自主、自愿原则。男女青年结交性伙伴（阿肖）关系完全由当事人自己做主，长辈一般不主动干涉。从审美的角度看，男女“阿肖”完全有审视和选择自己的性伙伴的自主权，都是审美的主体。只要一方在外貌、形体、情态方面相不中对方，“阿肖”关系便不能成立，而且，已经建立的“阿肖”关系也可以随时解除。

“阿肖”婚姻，实行非经济原则。男女“阿肖”双方分别生活、生产在不同的“衣杜”里，基本不发生经济关系。这就决定了“阿肖”婚姻基本摆脱了经济即钱财关系的制约。

“阿肖”婚姻实行非权势原则。母系社会，人人平等，排除了权力、暴力等因素对婚姻的强制、包办和干涉。男女青年选择“阿肖”一般不考虑地位、权力、名誉等因素，摆脱了权力关系的制约。

因而，“阿肖”婚姻仅仅以男女双方的性爱为基础。双方没有产生性爱，或者性爱转移、消失，“阿肖”关系便不能成立，或者宣告结束。

在基本摆脱经济、权势和长辈的制约、干涉的情况下；在自主、自愿的原则基础上，男女选择对象，便必然把注意力、审视力聚焦在对方的身体素质和个人品德上。因而在对象的选择方面，无论男女，形体、容貌、情态、年龄、健康状况等身体素质成为考虑的重要因素，人体美成为“阿肖”关系的重要条件。年轻、美貌、能干的人物，找“阿肖”容易。相反，长相不美，或身体丑陋残缺者，找“阿肖”困难。同时，母亲对女儿男“阿肖”的相貌和身体素质历来非常关切。这是因为“阿肖”婚姻所生子女归女方，是女方“衣杜”的成员。女儿的性对象的选择，关系到“衣杜”后代的容貌、体质状况。这种选择是符合优生原理的。因为代代进行优生选择，所以，永宁纳西人的身体素质普遍较好—硕大、美丽、健壮。

以民族外婚、世系按母系计算、财产共有为基本特征的母系民族社会，大概是人类历史上，真正实行以“性爱”为基础的婚姻的时代，也是人体美、人格美在性爱选择上最受重视，男女两性都有平等的选择自主权的时代。这个时代男女两性同为审美主体,都有选择的自主权;又同为审美对象,都要接受性爱对象的审美选择。

当人类社会进入农业文明以后,以个体家庭为单位的一夫一妻(或一夫一妻多妾)制婚姻代替了原婚群婚或"对偶婚"。这时,男性用利剑摧毁了母系文明,或者母系制被在农业生产中逐渐占据主导地位的男性所推翻,人类进入了以男性为主宰的"男性压迫女性的统治关系的社会模式"。于是,性别歧视,阶级压迫,民族种族歧视和压迫的统治与被统治关系代替了平等互助的"伙伴关系",人类进入不平等的社会。

从此,女性丧失了审美的主体地位,被扭曲成单纯的审美客体,审美对象或玩物。

## 被神话的现实女性

女娲是中国史前时代流传至今的最古老、最重要的女性神话人物。她是我国史前母系社会,母系时代的代表,是母系社会女性群体的代表。

战国时代楚国伟大诗人屈原在《楚辞·天问》中问道:"女娲有体,熟制匠之?"有关女娲业绩的神话,主要有两个:一是女娲造人,女娲是华夏的创世英雄。

《说文解字》说:"娲,古之神圣女,化万物者也。"女娲是孕育万物的创造之神,生育之神。《太平御览》卷七八引《风俗通》说:"俗说天地开辟,未有人民,女娲抟黄土做人,剧务,力不暇供,乃引绳于垣泥中,举以为人。"

女娲是一位生育人类的伟大母亲;女娲又是化育万物的伟大神灵。她集中体现了母系社会的女性崇拜、生育崇拜和女神崇拜。她是母系世族社会"神化"了的现实女性。这是因为,在氏族公社和母系公社时期,每一个氏族都有自己的图腾作标志。那时的人们认为自己就是图腾,图腾就是自己。他们一方面把神话当作真实;同时又把人本身神化。女娲就是中华大地上母系时代女性的"神化"人物。她使人联想到红山文化时代的女性孕妇神像,那些华夏史前时代的"维纳斯",从某种意义上说就是神话中的女娲。她是上古华夏母系时代女性生育之美、创造之美的代表。

二是女娲补天,女娲是上古华夏战天斗地的女英雄,反映了史前女性的创造之美、奉献之美。

《淮南子·览冥训》:"往古之时,四极废,九州裂;天不兼覆,地不周载;火爁炎而不灭,水浩洋而不息;猛兽食颛民,鸷鸟攫老弱。于是女娲炼五色石以补苍天,断鳌足以立四极,杀黑龙以济冀州,积芦灰以止淫水。苍天补,四极正,淫水涸,冀州平,狡虫死,颛民生,背方州,抱圆天……"

补天的女娲,是一位与各种自然灾害做斗争,与各种伤害人类的猛兽、毒虫、猛禽搏斗的女英雄。这个神话形象,正反映了母系氏族时代,女性在生产劳动中,在与自然界的斗争中居于主导地位的情况,反映了母系时代女性在人类生产劳动中的地位和作用,表达了当时女性的奋斗之美,奉献之美。

马克思主义认为,人类社会有两种基本的再生产,即物质再生产和人口再生产。这两个有关女娲的神话,刚好反映了母系时代女性在物质生产和人口生产中的巨大作用和伟大贡献。美产生于创造,创造本身也就是美。

在父系氏族代替母系氏族的历史演进过程中,女娲神话也发生了变化。女娲似乎"死了",她化生出一些其他神话人物。例如,《淮南子·说林训》说:"黄帝生阴阳,上骈生耳目,桑林生臂手,此女娲所以七十化也。"就是说,黄帝、上骈、桑林的化生现象都包含在女娲的"七十化"中。也就是说,女娲是黄帝、上骈、桑林的母体,女娲化生为黄帝、上骈和桑林,而他们再去化生人类的肢体器官——阴阳、耳目、臂手。这里,男性神话人物占据了人类生育的主导地位,但仍不能排除女娲(女性代表)在生育中的始祖地位。又如,《山海经·大荒西经》说:"有神十人,名曰女娲之肠,化为神,处栗广之野,横道而处。"女娲"死"后,她的肠化为十个神话人物,活动在"栗广之野"。

女娲神话反映了女性在母系时代的创造精神和奉献精神,到了父系时代,女性地位下降。女娲生育之神的地位逐渐被男性神话人物所代替。但是,女娲"死"而不已。她又化作许多神话人物,活跃在华夏大地上。

女娲的美,是生育之美,创造之美和奉献之美。作为神话人物,女娲不是希腊神话中的那种爱神、美神维纳斯。女娲的形体是"人首蛇身",是原始图腾的形象,谈不上形体之美。

不知是什么原因,在华夏神话传说中,女性神话人物较少,而且似乎没有爱神、美神的影子。

于是,人们在上古神话人物中,寻找着爱神和美神。

## 男性膜拜的女神

在希腊、埃及、巴比伦和印度的古代神话传说中,都有爱神或美神。在世界几大古代文明地区中，似乎唯有中国的神话中没有爱神和美神。

我国古代神话传说中到底有没有爱神或美神？我们不妨在我国古代神话传说中寻觅一番。在中国的神话传说中，除了母系时代神话人物女娲外，在父系氏族时代还可寻找出羲和、常羲（嫦娥）、女魃、精卫、西王母等。

羲和。《太平御览》卷三引《山海经·大荒南经》："东南海之外，甘水之间，有羲和之国。有女子名羲和，帝俊之妻，生十日，常浴日于甘泉。"她是太阳的母亲，并生了十个太阳。郑慧生先生认为，她是我国历法的创始者，是十日"天干"的创造者，是主日之神。她显然与爱和美无关。

常羲。她是月亮的母亲，也是帝俊的妻子，并生了十二个月亮。《山海经·大荒西经》说；"有女子方浴月，帝俊妻常羲，生月十有二，此始浴之。"郑慧生先生认为，她也是"天干地支"纪日法的创造者，她是司月女神，其任务是观察月亮的变化。她也与美、爱无涉。

此外，还有一个常羲，即人们熟知的嫦娥。《淮南子·览冥训》说："羿请不死之药于西王母，姮娥窃以奔月"，就是民间传说的"嫦娥奔月"。嫦娥奔月的神话很美，后来人们便把嫦娥视为美的化身。但她原本不是美神。据郑慧生考证，她是我国"第一个反抗一夫多妻的女性"。

女魃。她是黄帝的女儿，形象奇丑，"秃无发"而且"所居之处，天不雨也"。是个旱神。她曾帮助黄帝战胜蚩尤。是个丑陋勇武的女性形象，更与爱和美沾不上边。

精卫。《山海经·北山经》记载："发鸠之山，其上多柘木。有鸟焉，其状如乌，文首、白喙、赤足，名曰精卫，其鸣自詨；是炎帝之少女，名曰女娃。女娃游于东海，溺而不返，故为精卫，常衔西山之木石，以堙于东海。"精卫雄心不已，坚定不移，决心衔石填平东海。"精卫填海"的神话，反映古代女性的坚韧不拔的精神美。但是，也与爱和形体美无关。

此外，神话女性西王母是我国西部地区母系氏族的代表。《山海经·大荒西经》说，昆仑之丘，"有人戴胜，虎齿，有豹尾，穴处，名曰西王母。"这显然是图腾化了的人物，更不具有女性形体美的特征。

在我国古代的女性神话人物中，仅有一位与希腊的爱神相仿佛。她就是炎帝的女儿瑶（姚）姬。

关于瑶姬的材料，有三条：

1.《山海经·中山经》说："姑媱之山，帝女死焉，其名曰女尸，化为䔄草，其叶胥成，其华黄，其实如兔丘，服之媚于人。"瑶姬殁亡后，化为瑶草。女人吃了瑶草的果实,可以媚人。这里透露出瑶姬与性爱的一点信息。

2.《文选·高唐赋》注引《襄阳耆旧传》云:"赤帝女曰姚姬,未行而卒,葬于巫山之阳,故曰巫山之女。楚怀王游于高唐,昼寝,梦见与神遇。自称是巫山之女,王因幸之。遂为置观于巫山之南,号为朝云。后至襄王时,复游高唐。"这个姚姬一与楚怀王发生了性爱关系,更贴近性爱女神一步。

3.《渚宫旧事》引《襄阳耆旧传》则记述得更为详细:"昔者先王游于高唐,怠而昼寝,梦见一妇人,嫣乎若云,皎乎若星,将行未止,如浮忽停,详而观之,西施之形。王悦而问之。曰:'我夏帝之季女也,名曰瑶姬,未行而亡,封乎巫山之台。精魂为草,摘而为芝,媚而服焉,则与梦期。所谓巫山之女,高唐之姬。闻君游于高唐,愿荐枕席。'王因幸之,既而言之曰:'妾处之羭,尚莫可言之,今遇君之灵,幸妾之搴。将抚君苗裔,藩乎江汉之间。'王谢之,辞去。曰:'妾在巫山之阳,高邱之岨,旦为朝云,暮为行雨,朝朝暮暮,阳台之下。'王朝视之,如言。乃为立馆,号曰朝云。"

这里所描绘的巫山神女,足以与古希腊神话中的性爱女神阿弗洛狄特相媲美。巫山神女见到楚怀王后,先是自我介绍,接着便"愿荐枕席",大胆的、主动的向怀王求爱,充分表现了性爱的主动性和自主性。她成为性爱或肉欲之爱的化身。这个巫山神女也很美:"叆乎若云,皎乎若星,将行未止,如浮忽停,详而观之,西施之形。"她又具有古罗马神话中美神维纳斯的美色特征。后来,楚国诗人宋玉又在此基础上,以巫山神女为原型,塑造了高唐神女形象。在《高唐赋》中,神女自荐枕席,与楚怀王发生了性爱关系。这个形象尽管离迷虚幻,但她仍不失为原始群婚制下女性性自由的象征,可以说是中国神话传说中的性爱女神。

叶舒宪先生在《高唐神女:中国的维纳斯》一文中提出,"中国上古神话体系中原有一位性爱女神,其功能同埃及、巴比伦、希腊和印度的爱神别无二致。只是到了周秦礼教文化兴盛之后,中国的爱神才逐渐丧失了本来面目,演化成封建意识形态的核心范畴。"他认为宋玉笔下的高唐神女就是中国的维纳斯。这是很有见地的。

可是,这位性爱女神却在中国社会进入文明时代后,隐退了,变形了,转化了。

她是怎样隐退、扭曲、变形的呢?

是文明社会的婚姻家庭制度使然。

文明时代的一夫一妻制婚姻家庭制度,在本质上排斥群婚的孑遗一婚外性生活。而性爱女神是原始群婚制的历史遗迹，是性自由的偶像，她不被文明时代的婚姻家庭制度和社会道德规范所接受或容忍。因而，她从远古神话中一闪而过，隐没了。只留下巫山神女这朝云暮雨，变幻莫测的影子。她或隐或现，暗藏潜游在婚姻家庭体制的夹缝中，成为婚内性关系的补充，"云雨"也成了性生活的代名词。

巫山神女从性爱之神转化为美的化身。宋玉的《神女赋》以细腻的笔触，详尽地描绘、夸饰女性的形体、容貌和姿态之美，成为我国先秦时代女性美的集中表现。但她已不是性爱女神，她拒绝了楚襄王的非礼要求，成为一位"不可乎犯干"的守礼的女性，是美而不淫，止于礼义的典型。但是，她也没有成为中国文化中的美神，更没有"活化"在中国人的心目中，而是像幽灵一样忽隐忽现地出现在文艺作品的婚外恋或婚外性关系的描绘之中，成了奔女、淫荡女性的象征。

华夏远古时代为什么没有产生爱神、美神？

我们可以做些推测或猜想：在华夏远古神话传说中，以女娲为代表的女性神话人物，主要展示了远古女性的创造之美、奋斗之美和奉献之美。这些美，到了文明时代得到社会的认可，并发扬光大为女性的道德美——善。华夏远古神话传说中，确实寻觅不到女性外在美、形体美的影子。《神女赋》中的巫山神女，不过是早期封建社会文人的艺术创造，与神话时代流传下来的"神话"不可等同视之。

那么，中国远古神话中，为什么没有美神和爱神。这可能是千古之谜。我推测：华夏民族主体，进入文明时代初期，为了禁止和肃清原始群婚遗迹，实行了一系列礼仪规范，压抑性自由，忽视女性的外在美，形体美。致使爱神"变型"，美神失踪，并形成了重善轻美的女性审美倾向。

华夏族主体地处黄河中下游的黄土高坡，以农为本，定居较早。封闭的生态环境，定居生活，比较容易利用居住条件隔离男女，封闭女性，使得美的女性闭锁闺房，藏娇金屋，隔绝了美的传播途径。因而，闭锁了美神，扼杀了神话中的爱神、美神；或者压抑了对美神的"创造"。

我们祖先的主体居住的黄河流域，四季分明，寒冷干旱。人们出于御寒的需要，发明了有衣领、长袖，采用掩襟式的上衣、下裳衣制，把身体包裹起来，免受风寒沙土的袭击。久而久之，形成了羞于裸露人体的习俗，形成了对人体的强烈的羞耻观念，人体成为不可裸露、不可谈论、不可表现的禁忌。因而，华夏民族忽视甚至否定、厌恶裸体美；相反，赞美、表现华服盛装之美。这在有关女性的绘画、诗赋等创作中表现得十分明显。同时,华服盛装还有封闭女性形体,隔绝男女,起到"以服制欲"的"礼教大防"作用。因而,西方式的裸体美神形象不可能在古代华夏文明中诞生。

华夏民族是个求实的民族,它终于在先秦时代,在现实生活中为我们民族树起了一面女性形体美的旗帜。她就是美女西施。她成为中华女性美的典范和化身。

## 先秦时期与女性相关联的"蒙昧美"

近年来的研究成果表明:华夏民族大体上从黄帝开始至大禹(即五帝时期)基本完成了从母系氏族社会向父系氏族社会,再向阶级社会的过渡。

在这段过渡时期,部落与部落之间战争频繁,部落逐渐融和扩大,并逐步发展成强盛的部落集团。到大禹后期,实行了"禹传子",父系世系制真正确立并巩固起来。从此,中国历史进入文明时代。

经夏、商、周三代的进一步发展,"终于形成以黄河中下游为中心的华夏族体。华夏的衣冠礼乐明显地高出四周的夷、蛮、戎、狄,并逐步形成了中国的传统文化。"而人的美观念便是中国传统文化的重要内容之一。

关于人的美观念产生于何时? 这可能是个千古难解之谜。

原始时代的人的美观念是个混混沌沌、朦朦胧胧的观念,是一种蒙昧状态的人物美观念,有人称其为"蒙昧美"。

人类进入文明时代,人们对自然的认识和改造,人们对自身的认识都大大深化一步。人们也开始利用自己创造的文字和图形等符号来表达自己的思想或观念。据专家考证,这与原始时代羊图腾崇拜有关。这些崇拜羊图腾的部落在举行巫术仪式时,部落首领或巫师往往要戴上图腾标志羊头,或插上羊角,跳起图腾舞蹈。人们认为这种巫术舞蹈是"美"的,这种观念反映到甲骨文上,便用"羊人"合体来表现"美"。可见,美起源于人们的社会实践,起源于人对其自身及其祖先(图腾)的崇拜和肯定。因而,人类的美感首先来源于人类对自身,对自身的创造能力的肯定或崇拜。

此后,"美"又有"羊大为美"(《说文解字》)成为"美味"的美。到了春秋战国时期,人们考察了"五味""五色""五声"之美的起源和构成,并提出了"和"的观念。接着,产生了"诸子百家"的各家美学。

最初，美好的东西，往往与女性相关联，许多形容美好的字，都在“女部”，女字旁，如《说文解字》：“好，美也，从女子。”还有“姝”“妙”“姣”“妍”“嫣”“娟”“娴”“婉”“娥”“娧”“婳”“婠”“娙”“媄”等等；此外，还有联绵字如“婀娜”“娉婷”“妩媚”“娇娆”，叠字如“姗姗”“娓娓”等等。可见，造字之初，人们便把“美”与女性联系起来，以女性的体态、举止、容貌等为美。

西周末年，春秋战国时期就出现了有关人物美、人体美的记载，如宋公子朝的男性美，西施、毛嫱等的女性美，比人们对自然美的认识要早。

## 以男性为主体地位的审美

夏、商、周三代开创了中国人的最基本的生存方式和生活方式、文化传统，是中国文明的奠基时期，逐步形成了以农业文明为基础，以“家国同构”的“家天下”为主要上层建筑，以财产包办婚姻为连接人际关系的主要纽带；以父权制家庭为社会基本单位的社会基本结构。

华夏族主体生活在黄河中下游的黄土地上。这里雨量适度，气候干燥，四季分明，适于农耕，形成了旱地农业文化模式。农耕生活比较稳定，流动性小，易于定居，加上生态环境比较封闭。因而，华夏主体的流动性、迁徙性较小，“守土重迁”，有保守的一面。从人的体质和素质上考察，华夏主体的身体素质远不如北方蒙古高原上的游牧民族强健(无论男女)。

游牧民族在“天苍苍，野茫茫”的大草原上流动迁徙，锻炼出剽悍粗犷的体魄和灵活善射的身体。他们常常蜂拥南下，掠夺农业区的粮食、衣物和女人。这种情形史不绝书。中原王朝很难打击游牧民族的有生力量。造成这种情况，原因是多方面的，但中原民族体质弱化，守土恋家不能不是重要原因之一。

更加可悲的是，由周代基本定型的规范人际关系的基本制度一礼教和道德规范，利用居室条件隔离男女，以便使“男女授受不亲”，定了许多“内外有别”“内言不出于阃，外言不入于阃”等清规戒律，把妇女，特别是上层妇女封闭在闺阁绣缕之上，“金屋”之中，使其大门不迈，二门不出。致使中国上层妇女体质越来越弱化。宋以后，在女性美观念上，形成了“弱不禁风”，“小鸟依人”的女性病态美观念，导致民族体质进一步弱化。

生产力的发展，农业的进步，使得以父系家庭为生产单位和生活单位成为可能。农业是提供家庭生活资料的基本保障，父权制一夫一妻多妾制家庭便在农耕基础上发展起来。

父权制的一夫一妻多妾制婚姻家庭体制的基本特点是:

第一,婚姻以私有财产为基础,家庭成为物质生产和人口生产两种生产的基本单位。家庭是以父系计算世系的,财产和权力在父系(男子)间传递、继承;女子被剥夺了财产与权力的继承权。女子婚后从夫居,成为依靠丈夫家庭提供生活资料的被供养者。于是,女子地位下降,成为男子的奴仆和生育工具。

开启华夏文明的夏王朝王位传承世系是,从禹传启开始到桀,共传十六王。其中有十三王传位于子,二王传位于弟,一王传位给兄子,基本上是"父死子继"为主,"兄终弟及"为辅。王位完全在男子(父子兄弟)间传承,而其妻、女根本被排除在王位传承之外。商王朝传承四十四王,也基本上以"父死子继"为主,"兄终弟及"为辅,绝对排除女性。父权在王位继统制度上表现得至高无上。周代则制订了嫡长子继承制和分封制,使得财产和权力严格按照"分别嫡庶、尊尊、亲亲、疏疏"的原则按等级分配或再分配。更是绝对排除女性。贵族家庭的继承原则与王室相似。平民大体上也是父子相传承。此后,父系传承制一直延续至近代。

财产、权力的父系传承,是造成妇女地位下降的根本原因。由于妇女地位的下降,妇女的审美主体地位也随着丧失。妇女失去了婚姻自主权和配偶选择权。她们无权审视考察配偶的美丑善恶。

第二,男子,尤其是家长,为了保证家庭的财产和权力在自己的后代中传递和继承,就必须确保其妻、妾生育的是自己的后代。为保证种的纯洁性,必须要求妻、妾没有婚外性关系,要求女性在性生活上"专一"守贞。于是便产生了与这种婚姻、家庭体制相适应的性道德——人们的性活动必须由婚姻来制约和支配,否则便不被社会所接受或容忍。

为杜绝女性婚前、婚外性活动,唯一的办法是封闭妇女。周礼的"男女有别"最初指婚姻中的"男女辨姓",以便实行"同姓不婚",后来则强调以居室内外来隔绝男女,以便实施男女大防。实施男女大防,主要是封闭妇女,禁锢女性。从此,皇宫禁苑,禁锢着千百宫廷美女;闺阁绣楼,深藏着众多名门闺秀;深深庭院,封闭着无数小家碧玉。只有茅屋柴门才锁不住广大劳动阶级的荆钗布裙。

封闭禁锢女性是中国女性体质逐步弱化的根本原因,更是中华女性从朴素健康之美向柔弱病态之美嬗变的根本原因。封闭禁锢女性严重扭曲了中国女性美的历史走向。

第三,一夫一妻制婚姻家庭制度,为男性留下较多性自由和主宰女性的特权。在婚内,男性统治者实行妻妾制、多妾制,而且是合“礼”合法的。周礼规定:天子一娶十二女,诸侯九女,其他贵族依次递减。自秦汉以后,最高统治者皇帝,大大发展了妻妾制,还制订了一整套遴选后妃的制度,使得多妻制恶性膨胀。

在婚外,男性统治者,官僚士大夫,以至风流才子都以嫖娼、玩弄良家女子为风流韵事。

于是,男性统治者由审美主体异化为女性美的审美主宰,他们的审美观念、审美情趣决定或影响着女性美的审美标准和审美趋向;女性被剥夺了审美主体地位,被异化为男性的单纯的审美客体。“人类独有的、女性必须兼具的审美主客体双重身份、复合结构剥离,男人僭取并独霸了审美主体地位。”使得女性成为“单纯的审美观照对象,无异于一具雌性的生物个体。”

权力和经济地位的高低,决定男性主宰女性美的程度。权力越大,财富越多,选择、霸占、玩弄美女的范围越大,数量越多。

“千红一哭”“万艳同悲”,一部女性美的历史,实质上不过是我国历代男性统治者,尤其是最高统治者遴选、霸占、掠夺、玩弄、践踏女性美的历史,是中华美女的血泪史。

第四,以“乾坤”“阴阳”学说为依据,从周礼开始,制订了一整套以“男尊女卑”“夫为妻纲”“三从四德”为主要内容的女性道德行为规范,形成一整套从精神上、身体上束缚、麻痹女性的“妇学”“礼教”,成为套在中国古代妇女脖子上的具有中国特色的枷锁。这条精神枷锁直接影响、规范、制约着中国女性美的历史趋向。使中国古代妇女形成以温柔、和顺、恬静、典雅为主要特征的中和之美,含蓄之美,即令人神往的东方女性之美;而缺乏率直、奔放的热情之美。

女性仍然有审美的能力,女性也追求美,追求男性美。但她们被剥夺了审美的主动权和自主权。女性无权选择丈夫,婚姻天定,全靠父母之命,媒妁之言;女性失去了性自由,要“从一而终”,不能有婚外情和婚外恋,因而也不能有婚外的审美选择;沦为娼妓的女性,虽然有一定的性自由或选择异性的机会,但她们主要是男性玩弄、欣赏的共同对象,处于被污辱,被玩弄的地位。她们的人体美则完全变成了男性权势者的审美对象和观赏对象。

“爱美之心,人皆有之”,女性在失去了审视男性的自主权和主动权以后,她们便把自己的审美情趣集中到妆饰、服装、体态等自我美化方面,而且是按照男性权势者的审美要求来美化自己。“楚王好细腰”,宫人便节食减肥,造成“宫人多饿死”的后果;男人喜欢小脚,女人便拼命缠足;“女为悦己者容”,连美容也是为了给男人看。总之,女性的服饰美也成了男性欣赏的“专利”品。

第五,华夏民族主体以农耕为本,在定居的条件下,形成“男耕女织”的性别分工的自然经济形态。自夏、商以来,妇女便利用葛、麻等韧皮植物的纤维织布,制衣;并学会了养蚕抽丝。精美、轻软、柔和、飘逸的丝织品为中国上层统治者提供了优美的衣着,也为中国女性增添了飘逸的神采,形成风格独具的中国古代服饰美。

“男耕女织”的性别分工格局,使得女性,即使是劳动妇女也局限在家庭居室内部或者院落内部,从事纺织和家务,“唯酒食是议”,大大限制了女性的活动范围和眼界',影响了女性体质的锻炼和改善,是形成“女以弱为美”观念,导致女性纤弱美、病态美的重要原因。

总之,农业自然经济基础、父权制婚姻家庭结构和制度及其与此相适应的社会规范、家庭性别分工格局,导致了女性地位的降低,并且从而导致了女性审美主体地位的丧失。从此,女性成了被禁锢在家庭内部的“审美客体”和被劫夺的美的“尤物”。

## 原始色彩的性攻击

随着私有制的发展,战争和掠夺也频繁起来。美女与土地、财物一样,成了劫夺的对象。

夏初有位有仍氏之女,名叫“玄狐”,又称“纯狐”,长得一头黑发,黑而又美,她先后被三个男子霸占,被男性抢来夺去。

夏启传子太康。太康一味淫乐,家室被东夷有穷氏的后羿赶走,这就是历史上的“太康失国”。不久,后羿沉溺于打猎,重用坏人寒浞。寒浞与后羿的妻子“纯狐”勾结,杀死了后羿。寒浞霸占了后羿的妻妾:

夏桀的三个妻妾,都是掠来的:“昔夏桀伐有施,有施人以妹喜女焉”,“后桀伐岷山,岷山女于桀二人,曰琬白琰”。

商代卜辞中,商王称先王配偶为“妾”,同时又把女奴(战俘)称为妾。很可能这些被称作“妾”的商王配偶就是从女奴中挑选出来的佼佼者。以美丽的女奴为“妾”,这些“妾”便是通过战争掠夺来的。商纣王宠爱的妲己,也是掠来的:“殷辛伐有苏,有苏氏以妲己。”周幽王所宠爱的褒姒,是幽王伐褒国时掠来的褒国美女。

此外,贡纳奉献美女,也是常有之事。“九侯有好女,人之纣”,商纣囚禁西伯周文王,“西伯之臣闳夭之徒,求美女奇物善马以献纣,纣乃赦西伯”,夏桀“既弃礼义,淫于妇人,求美女积之后宫”。这些后宫美女,多半也是靠战争抢掠,或者诸侯贡纳而来。无论是抢掠或是贡纳,都是把美的女子当作玩物对待。

诸侯之间,以强凌弱,灭人国,夺人妻女。楚文王听说息君夫人漂亮,便出兵伐息,俘虏了息君和息夫人,“将妻其夫人而纳之于宫”,逼得息夫人息君双双自杀身亡。

就是在奴隶主、贵族之间,也是以强凌弱,以上欺下,夺人妻妾。宋国太宰华父督,路遇他的下级官员司马孔父嘉的妻子,对孔妻的美貌垂涎三尺,说:“美而艳。”第二年,华父督在光天化日之下,带着家将闯入孔父嘉家中,杀死孔父嘉,夺去了孔的妻子,收为妾侍;鲁庄公在高台上,发现党氏家的女儿孟任美貌非凡,便强娶她做夫人;齐懿公当太子时,见平民阎职的妻子美丽,便抢来做妾;楚公子围,发现大司马芳掩的妻妾美艳,便杀了大司马芳掩,夺其妻妾和全部财产。

更有甚者,族兄竟抢夺族弟的妻子:郑公孙黑听说族弟公孙楚聘定了一位漂亮姑娘,便仗着自己是族兄,又是上大夫,派人硬送聘礼,要将这位美丽小姐据为己有。姑娘的哥哥徐吾犯觉得事情难办,便求执政子产做主。子产说,让姑娘自己挑选。姑娘选择了公孙楚。不料,婚后,公孙黑公然穿上皮甲,上门抢人,被公孙楚打了出去。他们又去找子产评理,子产却说:“年龄小地位低的有罪,罪在公孙楚。”公孙黑是上大夫,又是族兄,伤害他就是以贱犯贵,以幼凌长。结果,公孙楚被放逐到吴国,公孙黑逍遥法外。原来,在奴隶制时代,贵者、长者抢夺贱者、幼者的妻妾是正常现象,是受贵贱、长幼、上下有别的等级制度保护的。不要说贵族、王者与平民之间,就是奴隶主、贵族之间也是如此。总之,权势越大,霸占,掠夺别人妻女的机会越多,垄断美女越多。

于是,父亲夺儿子的妻子,哥哥霸弟弟的妻子都成了平常现象。例如,卫宣公为儿子急子“娶于齐,而美,公取之”把儿媳据为己有。蔡景侯替儿子娶来一位楚国姑娘,见儿媳美艳,便“扒灰”。楚平王为太子建娶秦国妻子。平王听说新娘美艳无双,便在迎亲的路上,自己娶了作为夫人。也有夺弟弟之妻的,鲁穆伯为族弟襄仲聘娶莒国女子。他到莒国会盟,顺便迎娶弟媳,却在鄢陵“登城见之,美,自为娶之”。

此外,为了美女,统治阶级内部淫乱丑闻,比比皆是:儿子烝其庶母的;父亲下淫儿媳的;甚至兄妹通奸的;有互淫妻妾的;有君臣同淫一妇的。丑态百出,无奇不有。

这些被男性争来夺去的女性，有一个共同特点，那就是“美”，或者“美而艳”，是“天生丽质”“国色天香”，也就是具有女性的自然美，外在美。当时，人们把女性的外在美、容貌美，称为“色”或者“女色”。由于“女色”能给男性带来美感享受和“性”的享乐，因而，“美色”也和淫声、畋猎、狗马等给男性统治者感观享乐的东西一样，成为男性统治者、权势者的消遣品和“性”玩物，成为男性统治者的掠夺对象。

可是，第一，“女色”毕竟是活生生的人，她不但“迷惑”主人，而且还可能干政、参政，给男权统治带来危险；第二，由于抢夺“女色”，常常引起男性统治者之间的矛盾，引发国家内乱和家族内部祸乱，破坏、削弱男权统治，影响统治者的长治久安。

因而，统治者把祸国乱家的罪名统统推给了被劫夺的女性，制造了“女祸论”；同时，树立了贤母良妻的“母仪”样板，从正、反两方面来规范妇女的思想、言论、行为、举止。

自从进入文明时代之门的夏王朝开始，关于女性的“德”与“色”的矛盾，亦即女性的内在美与外在美的矛盾便突现出来。这个矛盾一直贯穿于中华文明史的始终，直至今日。这个矛盾，实际上就是美学史上美与善的矛盾的具体表现。正如《中国美学史》的作者所指出的，美与善的矛盾，“就中国美学史来说，这个矛盾反复地表现为对‘声色之美’的追求同社会伦理道德要求的矛盾”。

儒家美学，主张美与善的统一，但重善轻美，在妇女问题上表现为“重德轻色”。“重德轻色”，也正是先秦时代女性美的特点。而“周室三母”则是先秦女性道德美的典范。

## 美女祸水论的产生

美女祸水论是夏、商、周三代片面总结历史经验得出的历史结论。《尚书·夏书》中就警告帝王不要“内作色荒”，《商书》中则劝告：“惟王不迩声色”，要求统治者，不要过度迷恋美女，以免遭到灭国亡家的祸乱。到了周代逐步形成“女祸论”。“女祸”的代表人物，是周代为后世妇女树立的“反面教员”。

夏桀的妃子妺喜，是“女祸论”的第一个“祸首”，夏桀亡国的替罪羊。

妺喜是夏桀伐有施时掠夺来的美女，《国语·晋语一》：“昔夏桀伐有施，有施人以妺喜女焉。”

妺喜与夏桀结合后，受到夏桀的宠爱。《太平御览》卷八二引《帝王世纪》

说：桀“日夜与妹喜及宫女饮酒，常置妹喜于膝上”。刘向《列女传·孽嬖·夏桀末喜》说妹喜“美于色，薄于德，乱孽无道，女子行丈夫心，佩剑带冠”，妹喜见人醉而溺死于酒池中则“笑之以为乐”。妹喜的“罪状”不过是她做了夏桀的掌中玩物，陪伴夏桀饮酒行乐而已。商汤灭夏后，“放桀与妹喜嬖妾同舟流于海，死于南巢之山。”妹喜最终随夏桀而死，却成了“亡夏”的历史罪人。

“桀伐蒙山，何所得焉？妹喜何肆，汤何殛焉？”屈原对“妹喜亡夏”发出质疑。

《国语·晋语一》说：“妹喜有宠，于是乎与伊尹比而亡夏。”《太平御览》卷一三五引《竹书纪年》说：“后桀伐岷山，岷山女于桀二人，曰琬、曰琰。……而弃其元妃于洛，曰末喜氏。末喜氏以与伊尹交，遂以闻（间）夏。”

原来，夏桀又掠来岷山二女，把原妃妹喜抛弃在洛。妹喜因受到桀的冷落便与商汤派来的间谍伊尹相勾结，颠覆夏王朝。桀便被汤赶走，夏亡。照此看来，妹喜有“罪”于夏，却有功于商。她帮助商灭了夏，不仅无功，反而被商看作亡夏的祸首。妹喜是个被人利用者，又被绑上“女祸”的耻辱柱。

商纣王的妃子妲己，是“女祸论”的又一典型人物。

《国语·晋语一》说：“殷辛伐有苏，有苏氏以妲己女焉。妲己有宠，于是乎与胶鬲比而亡殷。”妲己与妹喜差不多，也是掠夺来的美女，帮助周灭亡殷。刘向《列女传·孽嬖·殷纣妲己》注，列举妲己“罪状”说：妲己“美而辩，用心邪僻，夸比于体，戚施于貌”，是个貌美而无德的女子；商纣王“好酒淫乐，不离妲己，妲己之所誉贵之，妲己之所憎诛之”，纣王听信妲己的话，也成了妲己的罪过；纣王造酒池肉林，使人裸形相逐，为长夜之饮，妲己非常高兴；纣王为炮烙之刑，妲己见了大笑。妲己的这些“罪过”，充其量不过是“助纣为虐”。可她却成了亡商的祸首。

周武王伐纣，在声讨纣王的檄文《牧誓》中说：“古人有言曰：‘牝鸡无晨；牝鸡之晨，惟家之索。’今商王受，惟妇言是用……”把听信妇言列为纣王的一条主要罪状。武王灭商后，商纣王自杀，“武王遂致天之罚，斩妲己头，悬于小白旗，以为亡纣者，是女也。”周武王把纣王灭亡的责任全推到了妲己身上。武王是“女祸论”的积极倡导者和制造者。此后，“女祸论”便在周贵族上层流行起来。

周幽王的王后褒姒，又是一个“女祸”典型。

褒姒是一位孤苦无依的私生女，被褒人收留养大。后来，“周幽王伐有褒，褒人以褒姒女焉，褒姒有宠，生伯服”。周幽王宠爱褒姒，便废了王后申侯之女，而立褒姒为后，废太子宜咎，而立伯服为太子。周幽王迷恋褒姒，不恤国事。褒姒总是闷闷不乐，幽王便千方百计想使褒姒笑："戎寇至，周幽王举烽，诸侯皆至，褒姒笑。王欲褒姒之笑，数举烽。诸侯至，无寇，褒姒益大悦而笑。及真寇至，举烽而诸侯不来"。

由于周幽王废申侯之女和太子宜咎，引起申侯不满，申侯便与缯、西夷、犬戎联兵攻打周幽王。幽王举烽燧征兵，诸侯不至，被杀死在骊山之下，褒姒被俘虏。申侯与诸侯共立太子宜咎，这便是周平王。平王东迁，西周亡。

周幽王与褒姒

西周的灭亡，与幽王废立王后、太子有关，但主要是当时阶级矛盾及各种矛盾尖锐化的结果。周人便把西周灭亡的责任全推到了褒姒身上。"赫赫宗周，褒姒灭之！"《诗经·大雅·瞻印》写道：

哲夫成城，哲妇倾城。
懿厥哲妇，为枭为鸱。
妇有长舌，维厉之阶。
乱匪降自天，生自妇人。
匪教匪诲，时维妇寺。

此外，卫宣公夫人宣姜，鲁桓公夫人文姜，鲁庄公夫人哀姜，晋献公夫人骊姬等，也都是祸国亡家的"女祸"。

最突出的例子是夏姬。夏姬是陈大夫夏御叔的妻子，夏征舒的母亲。御叔早亡，夏姬"其状美好无匹，内挟伎术，盖老而复壮者"。这位风流寡妇，具有极强的诱惑力和对异性的吸引力，国君大夫，多人为她倾倒。她曾三为王后，七为夫人。"公侯争之，莫不迷惑失意"。夏姬在陈国同时与陈灵公、大夫公孙宁、仪行父私通。每当夏征舒上朝离家后，陈灵公等三人便轮流到夏家与夏姬幽会。夏姬还把自己的内衣分别赠送给她的三个情人，而陈灵公等三人竟无耻地穿着夏姬赠送的衣服上朝，并在朝廷上公开谈论与夏姬通奸的风流艳事。一次，陈灵公等三人到夏征舒家饮酒，公然谈论起夏征舒到底是他们三人谁的孩子。夏征舒受辱不过，杀死陈灵公。公孙宁、仪行父逃到楚国。楚庄王以此为借口兴兵灭陈，杀死夏征舒，掠走了夏姬。

夏姬到了楚国，楚国君臣又被她的美艳所征服。楚庄王见夏姬美艳绝伦，想纳入后宫。申公巫臣劝谏说：“不可，王讨罪也，而纳夏姬是贪色也；贪色为淫，淫为大罚，愿王图之。”楚王放弃了夏姬。将军子反见夏姬美艳，也想霸占她。申公巫臣又劝说子反道：夏姬“是不祥人也，杀御叔，弑灵公，戮夏南，出孔、仪，丧陈国，天下多美妇人，何必取是”。子反也听信巫臣的劝告，放弃了夏姬。

后来，楚庄王把夏姬赐给了连尹襄老，不久，襄老战死。襄老的儿子又与夏姬私通。

可笑的是，申公巫臣一直以大道理劝说别人勿纳夏姬，他自己却对夏姬垂涎三尺，最后，设下计谋，终于夺得夏姬，并与她一起叛离楚国，逃到晋国。可是，巫臣的家却被子反等剿灭。

事情还没有完。夏姬与巫臣到晋国后，生了一个漂亮的女儿。晋大臣羊舌子的儿子叔向要娶她为妻。叔向母亲羊叔姬坚决反对这门亲事。她认为：“有奇福者，必有奇祸；有甚美者，必有甚恶”，娶了夏姬的女儿，必然会给家族带来祸患。她还说：“夫有美物，足以移人，苟非德义，则必有祸也。”吓得叔向不敢娶夏姬的女儿。羊叔姬本人是女性，她却把美女祸水论发挥得更彻底。

汉代的王充在《言毒篇》中，把美色列为四毒之一，声称“妖气生美好，故美好之人多邪恶……美色之人，怀毒螫也。”美女祸水论，越发挥越荒谬。

所谓美色，是指女性的自然美，容貌美。“造化钟神秀”，她是大自然赋予少数女性的一种“自然资源”。美色本身，何罪之有？但是“尤物移人”，美色确实能给人以感观的刺激，动摇那些好色之徒的意志。从我们上面举的例子看，美女是被动的，是被掠夺，被玩弄的对象。就是夏姬，她也不过是男性争来夺去的玩物、宠物。为了生存，她也只能任人抢夺、玩弄。而那些争夺夏姬的男性，才是主动者，抢夺者。特别是巫臣，他是个女祸论者，自己却抵挡不住美女的诱惑。可见，他们是自愿拜倒在夏姬裙下的。巫臣的言行，足以说明“女祸论”的虚伪性。

司马迁在《史记·外戚世家》中总结历史经验教训时说：“自古受命帝王及继体守文之君，非独内德茂也，盖亦有外戚之助焉：夏之兴也，以涂山，而桀之放也以末喜；殷之兴也，以有娀，纣之杀也嬖妲己；周之兴也，以姜嫄及太任，而幽王之禽也，淫于褒姒。”从此，“女祸论”正式写入正史。

司马迁从正、反两方面总结了后妃在夏、商、周三代王朝兴衰中的作用。但是，他显然夸大了女性的历史作用，特别是夸大了“女祸”的作用。

首先，三代的兴亡，是历史发展中，各种矛盾斗争的结果，是中原王朝与周边诸侯国之间矛盾斗争的结果。

其次，由于经济的发展，财富的积累和高度集中，由于权力的膨胀，便在统治阶级上层形成周期性腐败的现象，最高统治者荒淫无道，以致破国亡家。但是，沉湎酒色正是统治者腐败没落的表现之一。他们越是腐败，便越是以美女为玩物，为娱乐荒淫的工具。美女和美味、美酒、狗马、淫声一样，都是统治者淫乐的工具。荒淫者的败亡，咎由自取，与被他们玩弄的美女，又有何干？

第三，某些女性干预朝政，参与废立的政治斗争，导致祸乱发生，这在历史上屡见不鲜。但是，这也不能完全归罪于“女祸”。在这些祸乱中，女性往往也是被动的，她们至多起了“助纣为虐”，推波助澜的作用，不能对王朝的灭亡负主要历史责任。而“女祸”的代表人物，她们自己首先是受害者，多半成为政治斗争的工具，王朝灭亡的牺牲品，却反而背上“女祸”的罪名。这是历史的不公。

## 王宫中的美女

在介绍“周室三母”之前，我们先考察一下，夏、商时代的女性美问题。

汉代刘向著的《列女传》，把舜的两位妻子娥皇、女英，弃的母亲姜嫄、契的母亲简狄、启的母亲涂山氏和汤的妃子有娎与“周室三母”同列在“母仪”类中，作为“母亲的楷模或表率”。她们的事迹，或者帮助丈夫成就事业；或者培养儿子成为“人才”，既后世所谓“相夫教子”是也。

商代妇女虽已失去了母系世系继承权，已成为男性的附庸。但是，商代的贵族妇女，特别是王妇，还保留一定的经济权利、军事权力，还参加祭祀和整理甲骨。如，武丁诸妇之一的妇好，就率众征伐过羌方、东夷、土方、巴方等商朝周边部族；她还主持重要的祭祀活动，如主持侑祭、燎祭和宾祭等。

此外，商王妇还有封地，她们还要管理封地内的农业生产。

武丁的配偶妇好，不仅在卜辞中赫赫有名，她的墓葬也证明她生前是个显赫的人物。妇好墓随葬品丰富而精美，总数达一千九百二十八件，包括铜器、玉器、石器、陶器、骨器、象牙器、玛瑙器、水晶器等。其中青铜器多达四百六十八件，有兵器一百三十多件，兵器中的大铜钺，重达九公斤。说明她手握重要军权，南征北战，战功赫赫。

妇好墓出土文物和有关妇好活动的卜辞，似乎为我们描绘出一位尊贵豪奢而又杀伐决断的贵妇形象。从她所从事的祭祀、征战、管理农业等活动来看，妇好绝不会是个弱不禁风的弱女子，而是一位高贵奢华而又英武豪爽的人物，是一位女中英豪的形象。

从妇好的活动可以看出，她仍然是一位“社会活动家”，参加当时的征战、祭祀、管理农业等社会性活动。卜辞中还有关于妇好生育孩子的记录，这是她从事“家务”活动的情况。

总之，从妇好等商王诸妇的情况看，商代贵族妇女参加社会活动、家务活动两种活动，扮演着“社会角色”“家庭角色”两种角色。因而，她们的形象还不是单纯的家庭妇女的形象。她们的美，仍具有社会活动者的动态之美，英武之美。她们的体魄，也应当是健壮魁伟，质朴刚健的。

然而，周代妇女的典范——“周室三母”，则完全是“家庭角色”的典型。

周代提倡尊母孝亲。尊母是以尊重母职、尊重母亲生育、养育子女的功能，延续和壮大家族为前提的。同时要求母必贤良，守礼法，否则便不会受尊重，相反会受到挞伐和谴责。

尊母的实质，是把妇女牢牢地捆绑在家庭之内，让妇女尽母职和妻职。从此，女性丧失了“社会角色”职能，而大大发扬了“家庭角色”职能。“周室三母”便是周王朝为女性树立的三个“家庭角色”的典范，女性道德美的样板，未来贤妻良母的“标兵”。

“周室三母”，即古公亶父（既太王）的妻子、王季的母亲太姜；王季的妻子、周文王的母亲太任；文王的妻子太姒。

太姜是有邰氏之女，嫁给古公亶父为妃。据刘向《列女传·母仪·周室三母》注说：太姜“有色而贞顺”“贤而有色”。看来，太姜是个德色兼备，美丽而又善良的女性。她的主要功绩是：生育了太伯、仲雍、王季等三个儿子，并且把三个儿子都教育成贤德之人；“太王谋事、迁徙，必与太姜”，太姜还是丈夫太王的好帮手，好谋士，太王每遇大事，或者决定部族是否迁徙，都要与太姜商议。太姜“广于德教”。

太任是周文王的母亲，挚任氏的二女儿。“太任之性，端一诚庄，唯德之行”，她的主要功绩是善于“胎教”。当她身怀文王时，“目不视恶色，耳不听淫声，口不出敖言”，生了个聪明透顶，“教一识百”的周文王，成为周王朝的始祖。

太姒是周武王的生母，大禹的后代有莘姒氏的女儿，“仁而明道”。嫁给周文王后，对婆婆、太婆婆太任、太姜非常孝顺，“旦夕勤劳，以进妇道”，被人们敬称为“文母”。“文王治外，文母治内”，辅佐文王，管理内事。太姒还是位“高产”的母亲，为文王生育了十个儿子，她“教诲十子，自少及长，未尝见邪僻之事”,“卒成武王、周公之德”。太姒培养了两位周朝开国明君、贤臣。

周室三母的主要贡献是:1.“文武之兴,盖由斯起”,她们生育、教育了好儿子,为周室的兴盛做出了贡献;2.她们还辅佐丈夫,帮助儿子成就建国兴邦大业;3.她们循教守礼,孝顺婆母,善于搞好家庭内部关系。总之,生子、育子、教子;辅佐丈夫成就事业;搞好家庭内部人际关系;遵循礼教妇道,这就是周代为后世树立的妇女的典范。

男主外,女主内,“内外有别”的男女家庭内外分工,看来是从周代开始的。从此,主内事的妇女,便只扮演“家庭主妇”或“家庭妇女”的角色,而丧失了“社会角色”。此后的所谓《内则》《女诫》之类有关妇职、妇德的女性道德行为规范,都只不过是女性的家庭生活规范。女性内在的美,女性的自我修养等也是女性“家庭角色”熏陶的美。

至于女性外在的美,形体美,自然美往往被社会主流意识形态所轻视,表现为重德轻色,而且还制造了“美女祸水论”,以此来提醒、警告统治者要节制女色。

西施越溪女,出自苎萝山。
秀色掩今古,荷花羞玉颜。
浣纱弄碧水,自与清波闲。
皓齿信难开,沉吟碧云间。
勾践征绝艳,扬蛾入吴关。
提携馆娃宫,杳渺不可攀。
一破夫差国,千秋竟不还。

——唐·李白《咏苎萝山》

西施是我国四大美女的第一人,是我国传统女性美的代表或化身,是女性形体、外貌美的象征。

先秦诸子,例如《管子》《墨子》《庄子》《孟子》《慎子》《尸子》《韩非子》等先秦文献都记载或者提到过西施。在谈论到有关美的问题或者美好的事物时,常常以西施为例或者以西施做比喻。但是,对西施的生平、时代、国别多无说明。在先秦诸子的记述中,西施只是美的化身,美的象征。

东汉赵晔撰《吴越春秋》,东汉袁康、吴平辑录的《越绝书》中才对西施的生平有了较为详细一点的记述。

《吴越春秋·勾践阴谋外传》说:越王勾践十二年(公元前485年),越王想出了打败吴国的策略,便对大夫文种说:“孤闻吴王淫而好色,惑乱沉湎,不领政事,因此而谋,可乎?”文种建议越王选择美女两人,献给吴王。

于是,勾践便派遣相面的人在越国选择美女,在诸暨县南五里的苎萝山选到了卖柴的女子西施、郑旦。这便是中国历史上第一次“选美”。

西施已经是远近闻名的漂亮姑娘,“西施衣褐而天下称美”,她因家里贫穷,常常穿着粗布衣服。可是,粗布旧衣掩不住她的天然朴素之美。她貌似天仙,光彩照人。

越王选择了西施、郑旦后,便给这两个质朴绝美的姑娘披上轻软的罗纱,打扮得如花似玉。越王还在会稽县城外的土城建了一座美人宫,让西施、郑旦在美人宫里接受培训,学习宫廷礼节法度和歌舞伎艺。经过三年的培训,这两个纯朴的农村姑娘已脱去了“朴鄙”的土气,学会了宫廷礼仪和歌舞伎艺。

于是,越王派相国范蠡带着两位美女到吴国进献。于是,两位纯朴美丽的农村姑娘成为越王施行“美人计”的工具,成为越、吴两国政治、军事斗争的“武器”。

范蠡进见吴王时说:“越王勾践窃有二遗女,越国湾下困迫,不敢稽留,谨使臣蠡献之。大王不以鄙陋寝容,愿纳以供箕帚之用。”吴王大悦,说:“越贡二女,乃勾践之尽忠于吴之证也。”果然达到迷惑吴王的目的。

吴国忠臣伍子胥坚决反对,并发表了一通美女祸国论,他说:“不可,王勿受也。臣闻五色令人目盲,五音令人耳聋。昔桀易汤而灭,纣易文王而亡,大王受之,后必有殃。……臣闻贤士国之宝,美女国之咎:夏灭以妹喜,殷亡以妲己,周亡以褒姒。”可是,吴王不听,遂受其女。越王终于实现了用美女迷惑吴王,削弱吴王斗志的目的。

夫差自从打败越国后,更加不可一世。他连年征战,弄得民穷财尽。夫差得到美女西施、郑旦便神魂颠倒。夫差把西施更名为“夷光”,郑旦更名为“修明”,“越即入吴,二人方止苑中,兵士望见,以为神女。”

吴王夫差为了满足贪欲,为了淫乐大修宫室,筑姑苏之台,横亘五里,并建春宵宫,为长夜之饮;又建天池,池中造青龙舟,舟中大摆妓乐,轻歌曼舞,日夜与西施为水嬉;又在宫中造海灵馆、馆娃宫,用珠玉装饰宫室的楹槛,金碧辉煌。还在宫中造响屧廊,使廊下虚空,让西施、郑旦和宫女们穿着屧绕行廊上,发出叮咚的响声,吴王大悦。

一边是吴王的腐败淫乐;一边是越国君臣“十年生聚,十年教训”,励精图治,很快改变了吴强越弱的局面,终于越国反弱为强,向吴国发动进攻,灭了吴国。

西施助越灭吴,吴亡后西施的命运又如何呢?

对吴亡后西施的下落,有三种不同的说法:

一种是杜牧诗:"西子下姑苏,一舸逐鸱夷。"范蠡离开越国后,自称鸱夷子皮,相传西施随范蠡而去。

二是《修文殿御览》引《吴越春秋》逸篇说:"吴亡后,越浮西施于江,令随鸱夷以终。"杜牧等人误将"鸱夷"当作范蠡,故有西施随范蠡而去之说。

"鸱夷"即皮口袋。吴王杀忠臣伍子胥,将其尸装入皮口袋,沉于江中。越灭吴后,为表扬伍子胥的忠心,便把有功于越国的西施装入皮口袋,沉入江中,以此为伍子胥报仇。

"狡兔死,猎狗烹",越王勾践不过把贫民女子西施当作他灭吴的工具。吴国灭亡,西施也便失去了"使用价值",留着美女西施反而可能给越国带来祸乱,因而,处死西施对越王来说是顺理成章的。吴亡后,越国忠臣范蠡出走,隐居不出;文种被越王逼迫自尽。文种下场如此,西施又怎能留在人间?悲剧,是把美毁灭了给人看。美女西施,只能演出人间悲剧。

《墨子·亲士》说:"比干之殪,其抗也;孟贲之杀,其勇也;西施之沉,其美也;吴起之裂,其事也。"《曼子》成书年代与西施生活年代相去不远,文中所提及的比干、孟贲、吴起等人的事,均与史实相符。因而,"西施沉江"之说是可信的。《吴越春秋》《赵绝书》虽出自东汉时人手笔,但赵晔是越人,对本地发生的事件比较熟悉,而且搜集了许多文献和民间传说。《吴越春秋》所述基本史实应该是可信的。

第三种说法是西施故乡诸暨的传说,吴国灭亡后,西施回到了苎萝村,重新过起浣纱的生活,一次到溪边浣纱,不慎失足掉到溪里,不幸死去。这反映了人们的良好愿望。

在先秦时代,西施已成为美的化身或象征。与西施齐名的还有毛嫱。相传毛嫱是越王的爱妾。

《管子·小称》:"毛嫱、西施,天下之美人也,盛怨气于面,不能以为可好。"

《庄子·齐物论》说:"毛嫱、丽姬,人之所美也;鱼见之深入,鸟见之高飞,麋鹿见之决骤,四者孰知天下之正色哉?"原意是说美是相对的,毛嫱、丽姬虽然美,鱼、鸟等却不知道她们美。后来唐朝诗人宋之问有诗云:"鸟惊人松萝,鱼畏沉荷花。"此后,更出现了所谓"沉鱼落雁之容,闭月羞花之貌",成了古典小说形容女性容貌美的套语。

《庄子·天运》还讲了一个"效颦"的故事:"西施病心而瞭其里,其里之丑人见而美之，归亦捧心而矉其里，其里之富人见之，坚闭门而不出，贫人见之，挈妻子而去之走。彼知美矉而不知矉之所以美。”后来形成“东施效颦”的成语。

《韩非子·显学》说：“善毛嫱、西施之美，无益吾面，用脂泽粉黛，则倍其初。”

《淮南子·修务训》云：“今夫毛嫱、西施，天下之美人。”《淮南子·说林训》说：“西施毛嫱，状貌不可同，世称其好美均也。”《抱朴子》也说：“西施心痛，卧于道侧，兰麝芬芳，见者咸美其容。”

西施、毛嫱是古代美的象征。后来，毛嫱逐渐不为人知，西施却一直是人们心目中美的化身。明代剧作家梁辰鱼以西施的故事为题材，写成传奇《浣纱记》，民间流传着许多有关西施的民间故事。许多诗人词客留下了咏吟西施的名句。

中国虽无美神，西施虽非美神，但她是千古以来美的化身，美的象征。她就是我国活在人们心中的“美神”。

## 刺激感观的直觉美

先秦时代，人们把女性的内在美，即女性的才能、智慧、精神以及符合礼仪规范、道德规范的修养和美德，称为“德”；人们把女性的外在美，形体美，容貌美称为“色”。

所谓“色”，孔颖达说：“经典通谓女人为色”，当代学者一般也认为“色”主要表示“女色”“女性魅力”。它是一种刺激人们感观的直觉美，外在美，包括人物的形体、容貌、仪态、服饰、举止、风度、语言、声音等许多方面。

以孔子、孟子为代表的先秦儒家，强调德与色的统一，当德色冲突时，强调重德轻色。

第一，先秦儒家承认“色”是客观存在的，而且“好色”是人的本性或本能。

孔子在《论语》中两次说过：“吾未见好德如好色者也。”又说：“君子有三戒：少之时，血气未定，戒之在色。”孔子承认人们“好色”比“好德”更厉害，他希望人们像“好色”一样“好德”。

孟子则说：“好色，人之所欲”；《礼记·礼运》说得更明确：“饮食男女，人之大欲存焉。”好色，是人之大欲，是人的本性或本能。

先秦儒家充分肯定“色欲”存在的合理性，充分肯定满足个体官能欲求的合理性和必要性。

第二，但是，当时的统治者往往人欲横流，重色轻德，好色胜于好德。因而，先秦儒家，特别是孔子，主张"以礼制欲"，把人们的"色欲"控制在"礼制"规范、道德规范以内。因而，先秦儒家，特别是孔子，主张"克己复礼"，一切按周礼的规定行事，努力把个体官能欲求的满足，导向符合于社会伦理的道德规范。"个体的心理欲求同社会的伦理规范两者的交融统一，成为孔子美学的最为显著的特征。"表现在德与色上，即主张德与色的统一。《诗经·周南·关雎》"窈窕淑女，君子好逑"，正是从德与色两种标准的和谐统一来要求当时的良家淑女的。

然而，在现实生活中美与善，德与色往往是矛盾的。因为个体对美色的追求，只有通过社会才能得到满足，并且必然要受到个体所属的社会、阶级、阶层普遍利益的制约和限定。统治者"色欲"特权的膨胀往往危及他所属阶层甚至他本人的统治，荒淫亡国的暴君历史上屡见不鲜。

为了维护统治秩序、社会秩序，因而，先秦儒家重德轻色，提倡"以礼制欲"。

孟子主张人格精神美与外在美的统一。他认为内在的道德精神，只有表现于外在形体时才能被人感受到；反之，外在的形体美也只有当它显示了内在的高尚道德精神美时才会"生色"，才会成为美。他说："西子蒙不洁，则人皆掩鼻而过之；虽有恶人，斋戒沐浴，则可以祀上帝。"西施形体虽然很美，但她的道德精神如果染上肮脏。也只能引起人们的憎恶；相反，一个丑陋的人，如果有高尚的美德，也是可以祭祀上帝的。

总之，先秦儒家主张德与色的统一，但是，当德与色矛盾时，则强调重德轻色，"以礼制欲"。

以老子、庄子为代表的先秦道家，以自然无为为本，"法天贵真"，推崇天然美，赞赏"大巧若拙"，"大朴不雕"，以个体人格和生命的自由为最高的美。在对待女性美的看法上，庄子学派提出以"全德全形"为女性美的最高境界。"全德"是指具有道家精神——清心寡欲、虚静谦冲，追求个体人格和生命的自由；"全形"就是在形体上保持完整，不因修饰而破坏形体或者因劳神力而使形貌衰敝，要保持形体的天然美本色，反对雕饰。"天子之诸御，不爪剪，不穿耳"，认为穿耳剪爪，会破坏"形全"，失去了天然美。

"形全"是先秦道家对女性形体美的最高要求。但是，形不全而"德全"，也是受到赞扬的；如果美貌而无美德，就要受到人们轻视。可见，道家也是重德轻色的。《庄子·山木》云：

阳子之宋，宿于逆旅。逆旅人有妾二人，其一人美，其一人恶，恶者贵而美者贱。阳子问其故,逆旅小子对曰:“其美者自美,吾不知其关也;其恶者自恶,吾不知其恶也。”阳子曰:“弟子记之,行贤而去自贤之行,安往而不爱哉!”

这段寓言故事,是说只具有形体美而没有谦虚美德的人是不美的,会受到人们的贱视;相反,形体不美而有自谦美德的人,这个人本身是美的,受到了人们的尊重。可见,道家是重视“德美”而轻视“形美”的。道家的“美德”,是指对个体人格和生命的自由的追求。

庄子认为美与丑是相对的,从“道”的观点看,丑女与美女没有什么区别,“厉与西施,恢桅费怪,道通为一。”同一个对象,即使多数人认为是美的,也会有人认为不美,“毛嫱丽姬,人之所美也;鱼见之深入,鸟见之高飞,麋鹿见之决骤,四者孰知天下之正色哉?”人们不知道什么是真正的美色,真正的“正色”,一切都是相对的。

而且,美与不美是有条件的,是“应时而变”的,西施瞑眉显得美,丑女瞑眉则显得更丑。“西施病心而瞑其里,其里之丑人见而美之,归亦捧心而瞑其里。其里之富人见之,坚闭门而不出,贫人见之,挈妻子而去之走。”

一切美都是相对的,只有内德即精神美才是永恒的,绝对的,这种精神美也就是追求“个体人格的自由的实现”。如果具备了“全德”即使形体不美,也比形体美而德行欠缺的人要美。如果具备“全形全德”,德与色统一,内在美与外在美一致,这便是道家女性美的最高标准。

道家强调内在的精神美,把内在的、常住的、本质的、绝对的精神美置于外在的、易逝的、现象的、相对的引起感官快乐的美之上。这种注重精神美、内在美的审美观念,对后世女性美观念有着深远的影响,使得后世女性注重飘逸之美、才智之美和风骚之美。

道家与儒家的女性美观念是互相对立又互相补充的。儒家提倡的美德,实际上是让女性恪守礼教规范,道德行为规范。一方面,这种要求具有一定合理性。人类社会进入父权制家庭阶段,必须建立与此相适应的社会规范,以便抵制原始群婚遗存的影响;但是,这些礼教又是建立在父权、夫权和男尊女卑基础上的,而且过于繁琐,对女性束缚过严,严重的束缚了女性的身心自由发展,宋明理学更是变本加厉。

相反,道家主张的精神美,是倡导个体人格和生命的自由,追求个体人格自由的实现。这种思想本质上是反礼教束缚的。这与儒家的主张是对立的,同时,刚好补充了儒家在这方面的不足。所以,每当社会上道家思想有相当影响或者居于主导地位时,儒学礼教对女性的束缚也就相对减轻,如魏晋时期女性的放达和林下风气，盛唐时代女性的开放和活跃、风骚与多才，都与道家思想影响有关。

在对待刚与柔，素朴美与修饰美方面，儒家主张朴素刚健之美，同时主张适当的合乎“礼仪”的修饰，主张“文质彬彬”。

《论语·八佾》记载孔子与其弟子讨论《诗经》中的《卫风·硕人》一诗的情况：

“子夏问曰：‘巧笑倩兮，美目盼兮，素以为绚兮。何谓也？’子曰：‘绘事后素。’”孔子认为这两句描绘“硕人”容貌美的诗，就像绘画一样，是先有白底子然后画花，也就是说，先有朴素的自然美，然后再稍做修饰。看来，孔子是承认女性的形体美的，也不反对在自然美的基础上做些修饰，但是要合乎“礼仪”规范。

《周易》认为男刚女柔、男动女静，但女柔中也有刚，静中亦有动。“夫坤，其静也翕，其动也辟，是以广生焉。”阴坤虽然静，但也有“开、合”之动；“坤，至柔而动也刚，至静而德方。”女性“至柔”中也含有刚。女性在静美、柔美之中也含有动态美和刚健之美。这便是《周易》中女性美的辩证法。

道家崇尚自然，尚柔崇母。道家哲学本质上是“女性哲学”，反映了原始的母性崇拜。老子认为“道”是至柔的，“天下之至柔，驰骋天下之至坚。”但是柔能胜刚，“弱之胜强，柔之胜刚。”

“清水出芙蓉，天然去雕饰”，李白的这两句诗，可以概括先秦道家的美女观。道家主张天然朴素之美。老子认为“服文彩”是“盗夸”“非道”，主张返璞归真，抱朴守素，不事修饰。庄子主张不用脂粉芳泽而天生姿悦的自然美才是真美，反对“以美害性”，因修饰而迷失本性。

先秦法家也不注重修饰。他们从功利出发，认为过分修饰，反而达不到目的。韩非主张功利第一，文饰第二，不“以文害用”。同时，韩非又认为适当的修饰也是必要的。他说：“善毛嫱、西施之美，无益吾面，用脂泽粉黛则倍其初。言先王之仁义，无益于治，明吾法度，必吾赏罚者亦国之脂泽粉黛也。”

在先秦时代，《诗经》所反映的黄河流域，从西周初至春秋中叶的五百年间，大体上以刚健素朴的女性为美，如硕人，健康，硕大，体长，色白，面貌姣好，巧笑可掬。似乎这时期除头发擦油（膏）外，没有更多的化妆品。

先秦时代战国末期的楚国，地处南方，以“小腰秀颈”的柔弱为美，同时已有粉、黛、脂、朱等化妆品，宫廷妇女，尤其是女乐、舞女更是浓妆艳抹，美艳异常。这时期，由于“礼崩乐坏”，社会从奴隶社会向封建社会“转型”，旧的奴隶主“礼乐”被破坏,新的社会道德规范正在重建中,社会道德失范;同时,由于经济的发展,商品交易的扩大,奢侈之风开始盛行,女性美观念也有由刚健质朴向雕饰奢侈转化。《史记·货殖列传》记载说:“赵女郑姬,设形容,楔鸣琴,揄长袂,蹑利屣,目挑心招,出不远千里,不择老少者,奔富厚也。”为了经济利益,一些以歌舞声色取悦于人的职业女性出现了。这些女性为了招揽生意,就必然在修饰美容上下功夫,在如何取悦观众方面的下功夫,“长袖善舞”,“明眸善睐”,这些歌伎舞女往往成为新的发型、时髦衣装、时髦化妆“新潮流”的倡导者或带头人,推动女性雕饰美的发展。

## 先秦女人的风骚

一般认为《周易》本经是西周初年作品,《易传》七种,均作于战国时代。因而,《周易》是先秦时代的一种哲学著作,有其独特的思想体系。《周易》以乾坤、阴阳、刚柔等对立的观念突出了“二元分立与合二而一的世界观”。

《周易》认为天地万物是由于阴阳、乾坤的相互作用而发生变化的,阴阳、乾坤各有其相辅相成的性质、特征。

乾、阳、天、男、父、夫、高、贵、动、刚、健是属于一类的,乾道代表男、父、夫,其特征是高、贵、动、刚、健;

坤、阴、地、女、母、妻、卑、贱、静、柔、顺为一类。坤道代表女、母、妻,其特征是卑、贱、静、柔、顺。

易传中说:“乾,阳物也;坤,阴物也。阴阳合德,而刚柔有体。以体天地之撰,以通神明之德。”这是说,乾坤与阴阳相对应。

“天尊地卑,乾坤定矣;卑高以陈,贵贱位矣;动静有常,刚柔断矣。”这是说,乾坤与天地相对应,而天地的性质是:天高、地卑;天贵、地贱;天动,地静;天刚、地柔。

“乾道成男,坤道成女”,乾坤与男女相对应。

“乾,天也,故称乎父;坤,地也,故称乎母。”乾坤又与父、母相对应。

“坤,地道也,妻道也,臣道也。”坤又与妻相联系。

总之,坤道代表阴、地,也代表人世间的女、妻、母。而女、妻、母刚好是女性一生所要度过的三个阶段。

《周易》所概括总结的女性的特质是:静、柔、顺。

坤卦的符号是☷。“坤,元亨。利牝马之贞。”“元亨”是说地有善、美之德。“牝马行地”表现女性的美德,大地既是母亲,大地的美德也即母亲的美德,女性的美德。

“彖曰:至哉坤元,万物资生,乃顺承天。坤厚载物,德合无疆。含弘光大,品物咸亨。”地德之善到极点了,她顺承天道变化而生养万物。大地体厚能浮载万物,能包容万物而广大无边。万物因此得以皆美。大地生养万物的美德,也既是母亲养育孩子的生养之美德,母性的美德。

“牝马地类,行地无疆,柔顺利贞。”牝马是雌性生物,与地同类,它在大地上奔驰,可以跑到最遥远的地方。它有柔顺贞正之美德。这也正是女性的美德,是阴柔之美,既优美。

《周易》指出“坤”,“含章可贞”。她的美的特点是含蓄的,不外露的,是“至柔”的,是驯顺的,是一种母性的美。她是以柔顺、含蓄、和悦、安静为其特征的。静、柔、顺正是中国古代女性美的传统观念。

这种女性美的观念,是《周易》作者把当时社会夫妻、男女以至人的性格、气质、道德精神等等的观念,把男尊女卑,男刚女柔等观念与对自然现象的观察附会到一起而形成的。

这种观念是对自进入父系社会之前就已形成的在人体上男强女弱、男刚女柔的基本事实的肯定,是对进入父系的阶级社会后,对早已形成的男尊女卑,男动女静,男健女顺,男刚女柔的基本性别状态的直观肯定或一定的概括。

进入阶级社会以后,女性社会地位、家庭地位的卑下,社会家庭身份的微贱,活动范围的狭小,造成女性心理上、性格上、生理上、体态上的静淑、柔弱和温顺。《周易》把这些社会历史文化所造就的女性的某些特征与天地的某些自然现象附会到一起,把它“理论”化,说成是“天经地义”的,永恒不变的。《周易》强化了这些女性特征,反过来又以此来进一步规范女性的道德美、行为美和形体美,使女性进一步向静淑、柔弱、温顺的“弱化”方向发展。

从此,《周易》有关乾坤定位,阴阳定性,男刚女柔的观念便成了社会主流意识形态,推广到全社会,影响了此后几千年的男女性别观念。也影响了此后的女性美观念,逐步形成“女以弱为美”的观念,影响了中国传统女性美的历史走向。

《周易》还提出“冶容诲淫”说,认为妖冶的容貌,是诱导淫者来淫的一种诱惑。因而主张女性不必太注意修饰。这固然有好的一面,有劝人节俭的一面;但这句话成了“女祸论”的精神支柱。

《周易·坤卦》还说:“君子黄中通理,正位居体,美在其中,而畅于四肢,发于事业，美之至也。”周代以黄色为美，以黄裳比喻人的内在美，内心美。君子正位居体，安分守己，便是美德存于内心，表现于行动，发挥于事业，这便是美的极点。由此可见，《周易》是主张人的内在美更为重要，是重德轻色的。既反对“冶容”，又主张“内美”，正是先秦重德轻色在哲学上的反映。

《诗经》是我国第一部诗歌总集。它所反映的历史时代为自西周初期到春秋中叶，约五百年。《诗经》分风、雅、颂三部分。《风》是地方民歌土调，《雅》为朝廷乐调，《颂》是庙堂乐章，也可以说是舞曲。《诗经》与音乐、舞蹈有密切关系。《诗经》中的“婚歌、恋歌、思妇诗和弃妇诗四类诗基本上概括了《诗经》与妇女相关的内容”。《诗经》中有关女性美的描绘，反映了从西周初到春秋中叶五百年间，人们对女性美的看法或者说审美观念。

《卫风·硕人》是赞美卫庄公夫人庄姜的诗，反映了国君夫人的庄重、高贵、素朴的美。

| 原文 | 译文 |
|---|---|
| 硕人其颀， | 那美人呀身长长， |
| 衣锦褧衣。 | 绉纱的外衣披在锦衣上。 |
| …… | |
| 手如柔荑， | 她的手指儿嫩芽样， |
| 肤如凝脂， | 皮肉像凝脂般的润而光， |
| 领如蝤蛴， | 白嫩的颈子像蝤蛴， |
| 齿如瓠犀， | 整洁的牙齿像瓠子， |
| 螓首蛾眉， | 方正的额儿弯弯的眉， |
| 巧笑倩兮！ | 笑一笑，现出两个小酒窝！ |
| 美目盼兮！ | 眼儿呀，黑白分明多么美！ |
| 硕人敖敖， | 那美人呀个儿高， |
| 说于农郊。 | 停车休息在近郊。 |

庄姜身材高大硕壮，穿着朴素，毫无矫揉之态和豪华的修饰，给人一种庄重、高贵、朴素的美感。

从诗人对“硕人”的容貌的描绘来看，当时是以硕大健壮，高高个子，皮肤白嫩、面貌端庄、方额弯眉，牙齿洁白整齐为美。微微一笑，脸蛋上露出美丽的酒窝，眼睛明亮而黑白分明，这也是古典美人的重要条件。

《鄘风·君子偕老》写的是国君夫人在正式场合的繁饰盛装，反映了先秦时代贵族妇女的服饰之美。

“副笄六珈”，毛亨说，“副者，后夫人之首饰，编发为之。笄，衡笄也。”朱熹注云：“副，祭服之首饰，编发为之；笄，衡笄也，垂于副之两旁当耳，其下以统悬瑱；珈之言加也，以玉加于笄而为饰也。”杜芳琴在其所著《女性观念的衍变》中说“副笄六珈”，“是王后、夫人的首饰，是用六只玉装饰束发的器物，戴在头上，表示尊贵”。毛注、朱注和杜芳琴的说法，都是说“副”是“编发为之”的首饰。“副”到底是什么样子，乃不清楚。

《中国古代服饰风俗》作者，认为“副笄六珈”中的“六珈”是否就是步摇一类的首饰，现在已无从判断。他认为：在汉代以前，“珈”字通写作“加”，就是说，先秦时期的“副笄六加”，也可以理解为在假髻上另加六笄，以便使假髻——“副”与真发相连。把“副”释为假发髻。这种解释得到有关出土文物的有力证明：河南密县打虎亭汉墓出土的画像石上，有一组妇女形象，她们每人头发上都绾一假髻，髻上各插六枝发笄，山东沂南汉墓出土的画像石上，也有这种女性形象。他们认为，这“应当是‘副笄六珈’的遗型”。

看来，“副”是假发髻，“笄六加”既假发髻上插六枝发笄，有汉画像石为证。

《君子偕老》中的国君夫人，有着一头浓密如云般的黑发，她不用假发髻（髢），而是在云环般的真发髻上插上六枝发笄，每枝笄上又悬挂着玉瑱。头上戴着这样繁盛美丽的首饰，走起路来，首饰委蛇曲折，摇摆颤动，显出一种飘动流畅之美，显得端庄而又秀丽。“副笄六珈”的头饰再配上色彩鲜明艳丽的华贵衣服，更显出贵妇人的天然之美和高贵气度，这便是先秦时代贵族妇女的奢华、高贵、端庄的美。

先秦时代平民女子的美貌在《诗经》中也有所反映。如：《陈风·月出》《唐风·椒聊》等。

《郑风·出其东门》描写了一位穿着极为朴素的贫家姑娘，却最让那小伙子喜爱。东门外“有女如云”，只有那位“缟衣綦巾”“缟衣茹藘”的女郎，才引起小伙子的爱慕之情。“缟，白色。綦，苍艾色”穿白上衣，披淡绿巾是贫家妇女、下层妇女的打扮。打扮虽然朴素，但是也很漂亮可爱。

从国君夫人到一般平民，直至贫家姑娘，各阶层妇女的容貌美、体态美、修饰美在《诗经》中都有所反映。

《诗经》十五国风，从地域上看，基本上反映黄河流域各诸侯国的情况；从时间上看，自西周初到春秋中叶；《诗经》中所描绘的国君夫人、贵族妇女、平民妇女，都是为人女、为人妻、为人母的良家妇女，没有涉及“女乐”巫、歌妓舞女等等专供统治者玩乐或娱神的女性；也没有反映南方楚文化、吴越文化地区的女性美情况。战国末期的《楚辞》所反映的女性美，刚好补充了《诗经》的不足。《楚辞》和赋，以浪漫主义的手法反映了另一类女性之美，即巫、女乐、歌伎舞女、女神之美。

巫是以歌舞事神、娱神的女子，《说文解字》说："巫，祝也，女能事无形，以舞降神者也，像神，两袖舞形。"到了夏代，又出现了以歌舞为业的女奴隶，叫作女乐。据说夏桀就有"女乐三万人"。到春秋时代，特别是战国时代，女乐已经充斥后宫和士大夫的私邸。女乐是专供奴隶主贵族享用的女歌舞者。她们以歌舞为职业，以优美的舞姿，迷人的体态，柔顺娇弱的表情神态，让观赏者销魂失魄，给人一种特殊的"美色"享受。《楚辞》以宫廷文人的笔触，浓墨重彩的描绘了女乐。例如《大招》的一段文字，对舞女的迷人之处，作了细腻而又生动的描绘：

朱唇皓齿，嫭以姱只。比德好闲，习以都只。丰肉微骨，调以娱只。魂乎归来，安以舒只。嫮目宜笑，娥眉曼只。容则秀雅，穉朱颜只。魂乎归来，静以安只。姱修滂浩，丽以佳只。曾颊倚耳，曲眉规只。滂心绰态，姣丽施只。小腰秀颈，若鲜卑只。魂乎归来，思怨移只。易中利心，以动作只。粉白黛黑，施芳泽只。长袂拂面，善留客只。魂乎归来，以娱昔只。青色直眉，美目媔只。靥辅奇牙，宜笑嗎只。丰肉微骨，体便娟只。魂乎归来，恣所便只。

朱唇皓齿，神密而悦人的微笑，眼睛含情脉脉地斜视着，眉毛用黛色画得又长又弯，舞动的长袖半遮羞红的脸，开口一笑脸上露出浅浅的小酒窝。"小腰秀颈"，纤细的腰肢，秀长的脖子；"丰肉微骨"，四肢圆润丰满，柔若无骨。"楚灵王好细腰，而国中多饿人"楚国一向有"细腰"的习俗。"小腰秀颈"，长袖掩面，她们的舞姿足以使观赏者魂销神迷。这种描写是前无古人的，"在此之前，还从未有一个诗人从欣赏的角度对美女的容色体态做过如此生动逼真的摹绘。"开后世诗词描绘美女的先河。

其实，《楚辞》对女乐的描写，是诗人以当时女舞蹈者为模特所塑造的艺术形象。这些形象已不是现实中的任何一类女性，而是"女色""美色"的化身。它反映了战国末期宫廷文人的美女观，开了"艳情"诗词的先河。

宋玉在《登徒子好色赋》中为我们描绘了当时楚地良家美女的形象：

天下之佳人，莫若楚国，楚国之丽者，莫若臣里。臣里之美者，莫若臣东家之子。东家之子，增之一分则太长，减之一分则太短；著粉则太白，施朱则太赤。眉如翠羽，肌如白雪。腰如束素，齿如含贝，嫣然一笑，惑阳城，迷下蔡。

这位美女高矮适度，面色不白亦不红，眉眼、肌肤、牙齿和笑容都与《诗经》

中的美人差不多，只是“腰如束素”，具有楚国“细腰”的特色。

再让我们看看宋玉笔下神女的形象。“神女”不过是人间各类美女的集中而又典型的“神化”，她是一位艳丽端庄的宫廷佳人，表现了女性“飘逸娴雅之美”。

《神女赋》中的神女，是一位绝世佳人，美得无与伦比，无可挑剔：

茂矣，美矣，诸好备矣。盛矣，丽矣，难测究矣。上古既无，世所未见。瑰姿玮态，不可胜赞。这似乎是一段“总概括”，接着写“神女”出场亮相：

其始来也，耀乎若白日初出照屋梁；其少进也，皎若明月舒其光。须臾之间，美貌横生，晔兮如华，温乎如莹，五色并驰，不可殚形，详而视之，夺人目精。

“神女”的服饰华丽异常：

其盛饰也，则罗纨绮缋盛文章，极服妙采照万方。振绣衣，袿桂裳，襛不短，纤不长。步裔裔兮曜殿堂。忽兮改容，婉若游龙乘云翔。

作者将“神女”与古代美女做比较：“其象无双，其美无极。毛嫱鄣袂，不足程式；西施掩面，比之无色。”古代美女西施、毛嫱在“神女”面前显得黯然失色。

接着，宋玉使出浑身解数从“神女”和各个细部和体态、表情上详细地展开描写：

貌丰盈以庄姝兮，苞温润之玉颜。眸子炯其精朗兮，瞭多美而可观。眉联娟以蛾扬兮，朱唇的其若丹。素质干之醲实兮，志解泰而体闲。既姽婳于幽静兮，叉婆娑乎人间。宜高殿以广意兮，翼放纵而绰宽。动雾縠以徐步兮，拂墀声之珊珊。望余帷而延视兮，若流波之将澜。奋长袖以正衽兮，立踯躅而不安。澹清静其愔嫕兮，性沈详而不烦。时容与以微动兮，志未可乎得原。意似近而既远兮，若将来而复旋。

作者把“神女”看作自然界所生成的最美丽的存在来描绘。“造化钟神秀”，大自然把一切神奇和秀美都集中体现在女性身上，体现在“神女”身上。宋玉拿出他所有描写手段来描绘“神女”的美貌，似乎仍感力不从心。宋玉笔下的“巫山神女”集中展现了先秦时代女性美现实和女性美观念。“高唐神女”，“在汉民族集体无意识中确实积淀为一个具有永久生命力的原型，从曹植的《洛神赋》一直到《金瓶梅》和《红楼梦》，每当文人欲表达女性的性爱和美艳时，总是自觉或不自觉地回溯到这个原型。”

“巫山神女”形象是宋玉按照楚国宫廷舞女的形象塑造出来的，“神女的模特就是舞女。”

《诗经》中的良家妇女之美，和《楚辞》中女乐、舞女之美刚好表现了先秦时代两类妇女的两种女性美。良家妇女，为女为妻为母，生活在家庭中，与家人是一种血缘伦理关系，她们一般要受到社会、家庭伦理道德的严格束缚，一般以道德美、内在美为主，形体美处于第二位，表现为庄重、闲雅、含蓄的淑女之美。

女乐、舞女、歌伎和后来的艺人、妓女，她们被排斥在家庭伦理关系之外，成为供上层统治者或权势者玩弄、欣赏的工具。她们中的许多人多才多艺，是我国古代的女艺术家。她们为生活所迫，大胆泼辣地表现女性的热情，甚至色情，往往体现了女性热情奔放、飘逸健美的一面，成为淑女型女性美的补充，可称为“奔女”型女性美。

## 秦汉时期对美的掠夺和压迫

先秦社会的宗法制度保留了大量原始氏族社会的传统风习，人与人的关系既是一种经济上、政治上的剥削与被剥削，统治与被统治的关系，同时又是一种和氏族血缘相联系的伦理道德上的情感关系。而且，伦理道德原则成了人际关系和处理人际关系的最高准则。这样，就在人与人的统治与被统治的关系上涂上了一层血缘色彩，蒙上了一层温情脉脉的亲情面纱。

“六王毕，四海一”，秦灭六国，建立起专制主义中央集权制统一的大帝国，打破了战国时期地缘上的分割状态，也冲击了建立在氏族血缘关系上的旧伦理道德——礼。

由于秦实行法家的酷刑峻法，把法家的功利主义与专制主义结合在一起，使得统治者对人民的压迫更加残酷，终于导致人民反抗，使得秦王朝短命夭亡。

汉王朝总结了秦亡的教训，采取了道家“无为”而治的方针，与民休息，废除秦王朝的苛刻刑法，减免赋税，保护并鼓励发展生产；同时恢复和提倡先秦时代的亲族血缘的伦理道德，提倡“孝”治，以维持和调节人际关系，并把“礼”与法家的思想糅合起来，形成“礼法一体”的新的社会伦理体系。

在思想文化方面，汉初采取了宽松的政策，在提倡推崇道家思想的同时，也不排斥其他各家思想，并开始整理、研究文化典籍。汉文化还吸收了大量楚文化，给北方文化注入了保存在楚文化中的原始巫术、神话中的浪漫主义精神，从而“产生了把深沉的理性精神和大胆的浪漫幻想结合在一起的生气勃勃、恢宏伟美的汉文化”。这种恢宏的汉文化，对汉代女性美产生了重要影响。

汉武帝“罢黜百家，独尊儒术”，使得儒家思想成为统治思想。“独尊儒术”

严重的束缚了人们的思想，同时也保存了儒家思想中的人道主义精神并使之流传下来，成为中华民族的传统精神。其中包括从先秦“礼”中发展起来的“礼教”“妇德”。

## 让女人驯服地为男人服务

一般所说的“封建礼教”，源于周代奴隶主制定的周礼。

礼就是制度规范。周代建立了三种基本制度：“一曰立子立嫡制，由是而生宗法及丧服之制，并由是而有封建子弟之制，君天子臣诸侯之制；二曰庙数之制；三曰同姓不婚之制。”

这三种基本制度中，关系到妇女的似乎仅有第三条，“同姓不婚”。要贯彻同姓不婚，保持“立子立嫡制”的实行，就必须限制妇女，注重婚姻。因而，便产生了以“男女有别”为中心的“男女大防”。

别男女，或称“男女大防”。其关键是防止男女之间的婚外性关系，以保证周代奴隶主贵族血统的纯洁性，进而保证“立子立嫡制”的施行，否则生了个别人的孩子来继承权力和财产，还谈什么“立嫡”。

因而，周礼非常重视婚礼，“婚礼者，礼之本也”。婚姻实行严格的外婚制，“同姓不婚”，“娶于异姓，所以附远厚别也”；《礼记·坊记》也说：“娶妻不娶同姓，以厚别也。”这是“男女有别”的第一层意思。

“男女有别”的第二层意思是防止男女婚外性关系，实行男女大防。“男女有别，然后父子亲；父子亲，然后义生；义生，然后礼作；礼作，然后万物安。无别无义，禽兽之道也。”又说：“男女有别，而后夫妇有义；夫妇有义，而后父子有亲；父子有亲，而后君臣有正。”这里的关键是“父子有亲”，明确父与子的纯正血统关系，使父子关系成为人伦关系中最亲密的关系，以保持或巩固父权制和父系继承制。“父子亲”然后才能产生“义”和“礼”，有了“礼”然后才能“万物安”，家庭稳定，统治秩序井然，天下安定。可见，“父子亲”的作用多么大！

于是，周礼采取了许多隔绝男女的具体措施：利用居住条件，隔绝男女，“为官室，辨外内。男子居外，女子居内，深宫固门，阍寺守之，男不入，女不出”；实行性别回避制，男女七岁开始，“不同席，不共食”；“外内不共井，不共湢浴，不通寝席，不通乞假。男女不通衣裳”；“男子入内，不啸不指，夜行以烛，无烛则止。女子出门。必拥蔽其面，夜行以烛，无烛则止。”家庭之内异性亲属之间也要回避，如：“嫂叔不通问；诸母不漱裳”；“女子许嫁，缨。非有大故，不入其门。

姑姊妹女子，子已嫁而反，兄弟弗与同席而坐，弗与同器而食。”还要隔绝内外语言，“外言不入于梱，内言不出于梱”，“男不言内，女不言外”。无亲属关系的男女之间更要严格隔绝，“男女非有行媒，不相知名，非受币，不交不亲。”

这些隔绝男女的规章制度，十分繁琐麻烦，就是权势之家也很难完全实行。春秋战国时期，上层贵族男女之间淫乱之事，风流之事所在多有。足见这些制度实际效用不大，或许是儒家为了“复礼”而编造的。

明妇顺。“礼”要求妇女要顺从，主要是要求妇女顺从公婆。“妇顺者，顺于舅姑，和于室人，而后当于夫。”“妇顺备而后内和理，内和理而后家可长久也。”媳妇对待舅姑之命，“勿逆勿怠，若饮食之，虽不耆，必尝而待；加之衣服，虽不欲，必服而待。”“妇将有事，大小必请于舅姑。子妇无私货，无私蓄，无私器，不敢私假，不敢私与。”总之，媳妇一切都要服从公婆，顺从公婆，对同辈的人则要和，讲团结，这样就会使家庭和睦长久。

倡妇德。妇德主要指“三从四德”。“三从四德”早在先秦时代就提出来了。《礼记·郊特牲》：“妇人，从人者也，幼从父兄，嫁从夫，夫死从子。”《礼记·婚仪》说：“古者妇人先嫁三月，祖庙未毁，教于公宫，祖庙既毁，教于宗室。教以妇德、妇言、妇容、妇功。”“四德”虽然提出来了，但似乎仅在贵族妇女中实行。“三从”不过是当时良家妇女的生存状态。

讲贞节。先秦时代就提倡妇女贞节。《礼记·郊特牲》在讲到婚礼时，说男女结婚后，“壹与之齐，终身不改，故夫死不嫁。”提倡寡妇不改嫁。《周易·恒》说：“妇人贞洁，从一而终也。”要求女性“从一而终”。但是，在先秦时代对妇女“贞”的要求不严，十分宽容，不仅婚外性关系颇为多见，妇女改嫁、再婚都不受社会舆论谴责。

先秦时代，夫妻关系似乎还保留一点亲情，《礼记·婚仪》说：夫妻“共牢而食，合卺而酳，所以合体同尊卑以亲之也。”夫妻“合体同尊卑”这样彼此才能“亲密”起来，颇有点夫妻平等的味道。所谓“妇顺”也只是“顺于舅姑”，而是“当于夫”即与丈夫相当。

周代是我国父权制家庭建立和巩固时期，周礼中的“男女有别”的礼制：(1)对巩固父权制个体家庭，肃清原始群婚的影响，推动社会走向文明是有进步意义的；(2)对维护奴隶主阶级内部等级秩序，维护社会安定是有益的；(3)对保护妇女不受抢掠，也是有益的。

但是，礼制是男性统治者为维护父权、夫权制而制定的，是建筑在男外女内的性别分工模式和男尊女卑的思想观念基础上的，因而“礼”是扬男抑女的，是封闭女性,压抑女性的,对妇女的身心发展是严重的束缚。

到了汉代"礼教"发展成与封建专制主义相结合的"封建礼教",成为套在中国妇女脖子上的枷锁,南宋以后对妇女的束缚尤为酷烈。

## 给女人戴上锁链的女人

先秦时代重视以血缘为基础的自然人伦,《周易·序卦·右上篇》说:"有天地然后有万物,有万物然后有男女。有男女然后有夫妇。有夫妇然后有父子。有父子然后有君臣,有君臣然后有上下。有上下然后礼义有所错。"这段话,把"夫妇"关系看作是人伦之始。儒家认为夫妇是"人伦之始,王化之基",又说:"君子之道,造端乎夫妇。"都强调夫妇关系的重要性。

但是,随着妇女地位的进一步降低和夫权的强化,夫妇关系逐步降至次要地位。到了汉代,封建专制主义中央集权制在完善的过程中,形成与封建专制主义相适应的"三纲五常"伦理体系。汉代大儒董仲舒提出:君为臣纲、父为子纲、夫为妻纲。他还制造出仁、义、礼、智、信"五常",作为调整"三纲"关系的基本原则。到了东汉初年,《白虎通》又把"三纲"发展成为"三纲六纪":"三纲者,何谓也?谓君臣、父子、夫妇也。六纪者,谓诸父、兄弟、族人、诸舅、师长、朋友也。故《含文嘉》曰:'君为臣纲,父为子纲,夫为妻纲。'"

首先,与封建专制主义相适应,人们的血缘关系让位给统治关系,权力关系。君权无限,君臣关系成为人际关系之首,父子血缘关系次之,原为"人伦之始"的夫妻关系降到最后。

其次,先秦时代的夫妻关系,强调"夫妇有义",夫妻各自遵循各自名分,各尽其职,遵守性别角色分工。夫妇"合体同尊卑",还有点互相尊重和"平等"的味道。汉代的"夫为妻纲"则把夫妻关系变成了丈夫统治妻子的统治关系。"纲"是网上的主绳,"夫为妻纲"即夫是妻的主宰者,妻一切都必须服从夫,妻的生死荣辱都操在夫的手中。夫妻关系成了统治关系,专制关系。

在"夫为妻纲"思想的指导下,汉成帝时刘向著《列女传》,讽喻赵飞燕姊妹得宠,以警诫世人。

现存《列女传》七篇:母仪、贤明、仁智、贞顺、节义、辩通、孽嬖。刘向把先秦妇女分为七个类型,除"孽嬖"是"反面"形象外,其他六类都是刘向所赞扬的正面典范。刘向对妇女不求全责备,只要在某一方面突出,便受到称赞,正如《明史·列女传序》所说:"刘向传列女,取行事可为鉴戒,不存一操。"不拘一格的表扬女性,可代表西汉的女性道德美标准。

母仪传的“按语”说:“惟若母仪,贤圣有智,行为仪表,言则中义;胎养子孙,以渐教化,既成以德,致其功业。姑母察此,不可不法。”母仪是贤妻良母的典范,她们教子有方,辅助丈夫成功立业。

贤明传的“按语”说:“惟若贤明,廉正以方,动作有节,言成文章,咸晓事理,知世纪纲,循法兴居,终日无殃。妃后览焉,名号必扬。”她们深明大义,通达事理,行为廉正,有的能劝诫丈夫,有的能识大体举贤才,有的能拯救国家的危难,是后妃学习的榜样。

仁智传的“按语”说:“惟若仁智,豫识难易,原度天道,祸福所移,归义从安,危险必避,专专小心,永惧匪懈。夫人省兹,荣名必利。”她们见识远大,能见微知著预见未来。有的能辨识贤才,有的忧国忧民,都是妇女中的聪明智慧者。

贞顺传的“按语”是:“惟若贞顺,修道正进,避嫌远别,为必可信,终不更二,天下之俊,勤正洁行,精专谨慎。诸姬观之,以为法训。”她们是恪守封建礼教的妇女,有的为守礼教而死;有的夫死不嫁,守节终生;有的为夫殉节。她们便是宋、明以后特别受表彰的节妇烈女。

节义传的“按语”为:“惟若节义,必死无避,好善慕节,终不背义,诚信勇敢,何有险设,义之所在,赴之不疑。姜姒法斯,以为世基。”她们是牺牲个人成全他人的妇女,她们为道义而献身。她们之中有义仆、义妾、义姑、义继母等等。

辩通传的“按语”说:“惟若辩通,文辞可从,连类引譬,以投祸凶,推摧一切,后不复重,终能一心,开意甚公。妻妾则焉,为世所诵。”她们能言善辩,长于辞令,机敏过人。她们之中有的凭借辩才参预政事;有的凭借能言为自己或者亲属辩诬,免除灾祸和屈辱。

母仪、贤明、仁智、贞顺、节义、辩通这六者之中,女性只要具备其中的一二项,便是当时受表彰的女中榜样。母仪、贤明、仁智和辩通,特别是后三项,主要是从才识、气质、能力、精神风貌等智力因素、人格因素来评价女性的。只有“贞顺”和“节义”才是纯粹从道德的角度来评价女性的。

刘向对妇女的分类,说明在西汉时期人们对妇女的评价是多元的,宽容的。在西汉,聪明才智、气质能力、精神风貌,甚至语言能力等,德、智、才、辩诸方面,仍是女性内在美的评价标准。

孽嬖传的“按语”是:“惟若孽嬖,亦甚嫚易,淫妒荧惑,背节弃义,指是为非,终被祸败。”孽嬖是“女祸”的同义语,所列多为先秦时代“女祸”的典型女性,以此来警诫世人,预防“女祸”。孽嬖类充满对这类妇女的偏见。这类女性多是容貌美丽，内德不修的人。可见，刘向也是重德轻色的。

到东汉和帝时，我国历史上出现了一位“女圣人”。她就是班昭。班昭字惠班，又名班姬，是我国著名史学家班彪的女儿，班固的妹妹。班昭“博学高才”，家学渊源颇深。班固著《汉书》，其中《八表》及《天文志》尚未完稿，班固就去世了。汉和帝令班昭到东观藏书阁续写《汉书》，她终于将《汉书》完成。此后，汉和帝又多次令她入宫，给皇后、诸贵人当老师，号称曹大家：和熹邓太后临朝，又令她到后宫教授经、史并“与闻政事”。

班昭是位熟读儒家经典的知识妇女，受周秦以来传统的儒学礼教熏陶很深，又在宫中教授后妃妇德、经、史，因而对前代有关妇德的记述也颇为熟悉。她早年丧夫，多年守寡。婚后四十余年，她“战战兢兢，常惧黜辱以增父母之羞，以益中外之累，夙夜劬心，勤不告劳，而今而后，乃知免耳”。积四十余年做媳妇的经验，结合她所学经、史，写成《女诫》。集先秦、西汉有关“妇德”“礼教”之大成，又加上她自己的亲身体会，因而《女诫》文字简练，亲切自然，影响久远。

《女诫》的出现，标志着我国封建妇德的完善。

从西汉前期贾宜提倡家庭和谐，恢复礼制（他在《新书·礼》中说：“夫和则义，妻柔则正，姑慈则从，妇听则婉，礼之质也。”），到董仲舒提出“三纲五常”，中经刘向的《列女传》及东汉《白虎通》：“三纲六纪”，直到《女诫》问世，中间经过约三百年，封建妇德最终完善。

《女诫》的直接写作目的是写给班昭自己的女儿看的，“伤诸女方当适人，而不渐训诲，不闻妇礼，惧失容他们，取耻宗族”，因而著《女诫》七篇，以供诸女学习妇礼、妇德之用。使班昭始料不及的是《女诫》成了此后一千余年封建时代妇女的第一本教科书，影响极为广远。全书共七章。

卑弱第一。专门论述女性在家庭中的卑微地位，是全文的总纲。明确女人的一生在家庭中的三个为人之道：第一“卑弱下人”即“谦让恭敬，先人后己，有善莫名，有恶莫辞，忍辱含垢，常若畏惧，是谓卑弱下人也”；第二，“习劳主执勤”，即“晚寝早作，勿惮夙夜，执务私事，不辞剧易，所作必成，手迹整理，是谓执勤也”；第三，“继祭祀”，即“正色端操，以事夫主，清净自守，无好戏笑，洁齐酒食，以供祖宗”。要求媳妇成为“卑弱下人”的奴才；成为终日劳作的奴隶和祭祀祖先的工具。

夫妇第二，敬慎第三和专心第五，都是讲夫妻关系的。“夫妇第二”认为夫妻关系是夫驾驭其妻，而妻要事夫，“夫不贤则无以御妇；妇不贤则无以事夫。夫不御妇，则威仪废缺；妇不事夫，则义理堕阙。”夫妻之间的关系是驾驭与被驾驭的关系,即统治与被统治的关系,亦即“夫为妻纲”。先秦时代“夫妇有义”的影子一点不见了。

敬慎第三,是说妻要敬夫顺夫,强调男强女弱,女方要不问是非曲直地顺从男方,委曲求全,以免发生夫妻冲突。专心第五,要求妻从一而终,“妇无二适之文”,“天固不可逃,夫固不可离”;妻对夫要“专心正色”,“耳无淫听,目无邪视,出无冶容,入无废饰,无聚会群辈,无看视门户”,一心一意忠于丈夫,事奉丈夫。

曲从第六,要求媳妇不分是非曲直,一味曲从于公婆。因为公婆主宰家中一切,获得公婆的好感,才能巩固与丈夫的关系。和叔妹第七,因为叔妹(丈夫的弟弟妹妹及妯娌)的称赞或毁谤直接影响媳妇与公婆的关系,“是故室人和则谤掩,内外离则恶扬”,搞好与叔妹的关系,会受到公婆的赞扬和丈夫的称赞。

以上六章,讲的都是家庭关系,只有“妇行第四”是对《礼记》中所讲“四德”的解释。

“女有四行:一曰妇德、二曰妇言、三曰妇容、四曰妇功。”

所谓妇德:“清闲贞静,守节整齐,行己有耻,动静有法,是谓妇德”,“妇德,不必才明绝异也”;

所谓妇言:“择词而说,不道恶语,时然后言,不厌于人,是谓妇言”,“妇言,不必辩口利辞也”;

所谓妇容:“盥浣尘秽,服饰鲜洁,沐浴以时,身不垢辱,是谓妇容”,“妇容,不必颜色美丽也”;

所谓妇功:“专心纺绩,不好嬉笑,洁齐酒食,以奉宾客,是谓妇功”,“妇功,不必工巧过人也”。

“四德”从品德美、语言美、容貌美、勤劳美四个方面规范妇女的道德和行为,成为封建时代中国女性的道德规范和行为准则。这四种“美”的修养,要求妇女在日常家庭生活中施行,但是又有四个“不必”作为限制,每一“德”,都要求做得适度,恰到好处,不要过分。

抽象地看,这四项美德似乎确实是优秀的,是值得肯定和发扬光大的。但是,“四德”是以“夫为妻纲”和“三从”为前提的。汉代以后“三从四德”成为不可分割的整体。“四德”是在男尊女卑,女性服从男性,女性在男性的压制、歧视下实现的,是男性对女性的片面要求,因而是不可取的。

今天,在男女平等的条件下,古代女性的勤劳、节俭、适度修饰、语言美等美德还是应当继承或光大的。

《女诫》从整体上看过分强调妇女的卑弱和屈从,使女性完全丧失了“自我”意识，丧失了独立人格。它由女性写成，是女性在男权压抑下自我弱化，自卑自贱的产物。

《女诫》是我国第一篇专门规范妇女行为的著作，是我国第一部“女教”书籍。它把散见于先秦古籍和汉代大儒著作中的有关妇德、礼教、“三从四德”等零星的思想观点集中起来，并使之系统化、理论化。因而，《女诫》的问世，标志着封建妇德的完善。

《女诫》实际上写的是当时好媳妇的标准，规范了女性家庭角色。《女诫》是班昭积四十余年做媳妇的经验写成的，较为真实地反映了当时媳妇“战战兢兢”，小心翼翼，左右为难的处境。它又成为进一步束缚女性，奴化女性的精神枷锁，对后世妇女的教育影响颇为深广。

《女诫》详细生动，可操作性强，实践性强，成为此后一千余年来上层家庭女性自我修养，自我约束的教科书，对中国上层女性自我封闭、自我弱化起了不良作用。

班昭在《女诫》中提出“女以弱为美”的观点。她说：“阴阳殊性，男女异行，阳以刚为德，阴以柔为用；男以强为贵，女以弱为美，故鄙谚有云：生男如狼，犹恐其尪；生女如鼠，犹恐其虎。”她强调男强女弱。

班昭特别强调女性要卑弱下人，她把《诗经·小雅·斯干》中的“乃生女子，载寝之地，载衣之裼，载弄之瓦。”解释为女人一生下来就“卑弱下人”，总之是强调女性应当柔弱。

先秦时代，特别是春秋以前，女性是以硕大体长为美的，如《诗经·硕人》所反映的那样。《周易》强调阴柔之美，提倡女性要静、柔、顺，但这是与男性的动、刚、健相对应的，并非要求女性一概的静、柔、顺。班昭所处的时代，女性地位更为低下，强调“夫为妻纲”，要求妇女更加柔顺软弱。适应这种社会需要，班昭才提出女性要卑弱下人，“女以弱为美”。

“女以弱为美”，一方面强调女性的体态要柔弱无力，“生女如鼠，犹恐其虎”。《周易·姤卦》说：“女壮，勿用取女”，似乎主张男子不要娶强壮的女子，“勿用取女，不可与长也。”娶了强壮的女子，不能长久。班昭主张女子卑弱，是要求女性顺从丈夫，委曲求全。

“女以弱为美”，又要求女性性格柔弱，宽容顺从，对丈夫要“敬顺”，语言恭顺，忍让、屈从，不愤怒，不生气，维持夫妻和睦。

软弱是顺从的前提，如果女性生性刚直，就可能“侮夫”，因而要求女性软弱。

怎样做到“以弱为美”呢?

唯一的办法是要求女性克制自己,实行自我压抑,削磨自我意识,泯灭独立人格和个性。多年守寡的班昭,有着深刻地自我压抑的感受。当她写到“从一而终”时说:“夫者天也。天固不可逃,夫固不可离也。行违神祇,天则罚之。”字里行间流露出几多无奈!只因怕上天的惩罚,女性才被迫守节。可见,守节绝非女性的自愿或“自觉”。

班昭作为女性写出《女诫》这样的压抑女性的妇德文章,说明东汉时期上层女性对父权、夫权的认同和屈从。她提出“女以弱为美”是女性在父权、夫权压抑下自我弱化的表现,对女性柔弱美、病态美观念和实践的发展都起到了推波助澜的作用。

“女以弱为美”的观念,在汉、唐国力强盛时期其影响力并不大,到南宋以后这种“以弱为美”的病态美观念和自我弱化思想才在社会上层流行起来。

先秦时代,帝王、诸侯的妻、妾,大体上是通过聘娶、媵婚、武力掠夺和诸侯贡纳等方式得到的。聘娶的为妻,天子之妻称为后,诸侯之妻称为夫人。其他配偶都是妾,而且各有称号。三代以来,宫中有所谓“内职”,《礼记·婚仪》说:“古者天子后立六宫、三夫人、九嫔、二十七世妇、八十一御妻,以听天下之内治,以明章妇顺。”后、王者的嫡妻,在宫闱中其地位相当于天子,三夫人如同三公,九嫔如同九卿,世妇如同大夫,御妻如同士。“夫人坐论妇礼;九嫔掌教四德;世妇主丧祭宾客;女御序于王之燕寝”颁官分务,各有典司,各负其责。

先秦时代,帝王、诸侯的妻妾,无论是聘娶的,还是媵婚的,或者诸侯贡纳、武力掠夺的,多数是帝王与诸侯之间,或者各诸侯之间的政治联姻,或者贡纳。王、诸侯纳民女为妻、妾的不多。

秦始皇统一六国后,将六国诸侯美人全都纳入后宫,“后宫列女万余人,气上冲于天。”“官备七国,爵列八品”。皇帝之母称皇太后,祖母称太皇太后,妻称皇后,妾皆称为夫人,又有美人、良人、八子、七子、长使、少使等称号,从皇后到少使共分八级。

西汉初年,因汉高祖起于布衣,不注重礼仪,后宫制度大体继承秦制,因循秦时的称号,“妇制莫釐”,没有建立起完备的选后妃制度。西汉初年“选纳尚简,饰玩少华”,后宫生活尚数节俭。

到汉武帝时,增加了婕妤、娙娥、容娥、充依四个爵位,汉元帝又加昭仪等称号。至此,后宫嫔妃多达三千,扩充至十四个等级:昭仪、婕妤、娙娥、容华、美人、八子、充依、七子、良人、长使、少使、五官、顺常、无涓(娱林、保林)等。

东汉光武帝刘秀对后宫实行“精简”，六宫称号除皇后、贵人有俸禄外，还有美人、宫人、彩女三等，没有爵秩俸禄。后宫人数也从西汉的数千人，减至几十人。

秦汉以来，天下一统，实行郡县制，先秦时代王与诸侯联姻，或者诸侯之间的联姻都已不可能，媵婚、掠夺，献纳也不再可能。然而，统一的大帝国，给皇帝遴选后妃提供了更广阔的天地。于是，自汉开始逐步形成从民间遴选后妃的制度。

从汉高祖到汉武帝，遴选民女不太严格，对所选民女的出身、家庭地位、长相等没有明确要求，甚至连歌妓舞女都可入选。

汉武帝的卫皇后子夫，就是一位女歌手。卫子夫原是平阳主家的“讴者”（即歌手）。一次，武帝出巡，路过平阳主家。平阳主把她从民间选的良家美女排列在武帝面前，以供武帝挑选，可是武帝一个也不喜欢。酒席筵上，歌妓舞女献艺，武帝一见卫子夫，大悦，便于轩车中“幸之”，纳入宫后，后来又立为皇后。武帝的李夫人，也是一个歌舞者。李夫人的哥哥李延年是宫廷歌舞人。一天，他给武帝唱了一首“佳人”歌：“北方有佳人，绝世而独立，一顾倾人城，再顾倾人国。宁不知倾城与倾国，佳人难再得。”武帝叹曰：“善，世岂有此人乎？”平阳主告诉武帝，李延年的妹妹就是绝世佳人。于是，“上乃召见之，实妙丽善舞，由是得幸。”钩弋夫人，也是汉武帝巡视路途中得到的。

汉昭帝以后，遴选民女逐渐开始严格，规定遴选良家妇女，即不从事商业和倡乐业的人。对后妃的家庭出身、地位也有一定的要求。

东汉以后，遴选后妃，形成制度。每年秋季八月开始从民间遴选良家女子。并派遣专门的官员参与遴选，“遣中大夫与掖庭丞及相工”到民间阅视良家童女。遴选的地区是当时的洛阳周围，实际上有半数以上是从洛阳乡间选择的。入选对象的年龄规定为“十三以上，二十以下”；相貌要求是：“姿色端丽，合法相者”。在容貌姿色的要求方面，汉代非常迷信“相工”的相面之术，后妃传记中多有有关相士相某女“当大贵”之类的记载。相工的看法，反映了当时社会上有关女性容貌的看法。

在妇德方面，也有严格要求，特别是汉明帝时，“宫教颇修，登建嫔后，必先令德，内无出阃之言，权无私溺之授。”东汉统治者总结西汉时的教训，提出“明慎聘纳，详求淑哲”，遴选贤德的后妃，以便辅助皇帝执政，把选妃制度与封建统治的稳固联系起来。

如何遴选后妃？正史无详细记述：东晋时某人所撰《汉孝惠张皇后外传》，

记述颇详，其文云："汉沿秦制，每纳后妃，必遣女官知相法者审视。秋八月，诏鸣雎侯许负至宣平侯第。许负者，河内老媪，以善相封侯者也。"

负引女嫣至密室，为之沐浴，详视嫣之面格：长而略圆，洁白无瑕，两颊丰腴，形如满月，蛾眉而凤眼，龙准而蝉鬓，耳大垂肩，其自如面，厥颡广圆而光可鉴人，厥胸平满，厥肩圆正，厥背微厚，厥腰纤柔，肌理腻洁，肥瘠合度，不痔不疡，无黑子创陷及口、鼻、腋、足诸私病。许负一一书之册："尔后密呈太后和惠帝。经吕太后和惠帝决定，册封张嫣为皇后。"

这种通过"相工"对备选民女进行体检的遴选后妃方法，实际上就是宫廷中的"选美"活动。

在妇德方面，往往要经过较长时间的考察，皇后往往从有德而又生子的嫔妃中遴选。例如，明帝明德马皇后，十三岁时入太子宫，"奉承阴后，傍接同列，礼则修备，上下安之"，对阴皇后，对其他嫔妃，上下左右都搞好关系，恭顺小心，动有法度，得到上下左右的一致好评。显宗即位后被封为贵人。当显宗立皇后时，"帝未有所言，皇太后曰：'马贵人德冠后宫，即其人也。'遂立为皇后。"马贵人是经过长期考察，被皇太后看中，才册封为皇后的。

和熹邓皇后邓绥，十六岁入宫为贵人。她"恭肃小心，动有法度，承事阴后，夙夜战兢，接抚同列，常克己以下之"，她对阴皇后更是小心翼翼，有时发现自己与阴皇后穿了同色衣服，自己马上换衣服；有时与阴皇后一起见皇帝，"则不敢正坐，离立行则偻身自卑"。和帝叹曰："修德之劳，乃如是乎！"阴皇后被废后，改立皇后，和帝曰："皇后之尊，与朕同体，承宗庙，母天下，岂易哉！唯邓贵人德冠后廷，乃可当之。"遂被立为皇后。

遴选后妃的"妇德"标准，也就是儒家礼教、妇德所谓"三从四德"的标准在皇宫中的具体化。

德、容兼备是遴选后妃的主要条件。但在实际上，汉代遴选后妃过程中，亲上加亲的外戚联姻，用金钱收买选官等现象多有发生。

## 汉代宫廷妇容的标准

《后汉书·后纪·序》说，汉代遴选后妃，对于候选对象的容貌、形体要求是"姿色端丽，合法相者"。所谓"姿色端丽"也就是容貌端庄秀丽，具有庄重之美，"姿相丰端，体格颀硕，庄重而弥觉其丽。""汉后张嫣以淑静而绝艳"。这种庄重颀硕之美，也就是《诗经·硕人》所描绘的端庄、高大、颀硕的传统女性美。

《汉孝惠张皇后外传(一、二)》充分描绘、展示了这种端庄颀硕之美。

汉惠帝的张皇后名嫣,字孟媖,是汉惠帝姐姐鲁元公主的长女,惠帝的外甥女。此女"生而妩媚",自幼便"温默贞静,未尝见齿,足不下阁","善气迎人,举止端重"。当汉惠帝商议立皇后时,吕太后为了亲上加亲,便决定让张嫣入宫为皇后。

张焉"秉姿懿粹,夙娴礼训,有母仪之德,窈窕之容",是容德皆备的古代女性。她的容貌端庄秀丽:"其额广圆而绝艳,其准丰隆而绝美","蛾眉凤眼,蝤领蝉鬓,两颐丰腴,耳自如面","明眸皓齿,倩辅微晕如指痕,如浪波之沄沄。不傅粉黛,而颜色若朝霞映雪,又如梨花带雨","诸体位置,亦各极其妙"。

张嫣身穿皇后礼服,"上绀下缥,深领广袖,鞏带霞帔,衣长曳地,不见其足。首戴龙凤珠冠,黄金步摇,簪珥步摇"。理妆之时,按惯例当用假发髻,"傅姆以后鬓发如云"因而不用假发。展现了汉代妇女盛饰之美。

张皇后行路的姿态也美妙无双:"云髻峨峨,长袖翩翩,罗衫淡妆,足践远游之绣履","其行步若轻云出岫,不见其裙之动也。"张皇后成年后,身长汉尺七尺三寸(约一·七〇米),这在当时算得上是大高个儿了。

汉代女性不仅以身材苗条颀长为美,而且还赞美天足大脚。一次,两宫人为张皇后洗足。惠帝"坐而观之,笑曰:'阿嫣年少而足长几与朕足相等矣。'又谓宫人曰:'皇后趾跗圆白而娇润,汝辈谁能及焉!'"这在南宋以后的缠足时代,是不可想象的。

"张皇后之美,端重者逊其淑丽;妍媚者让其庄严;明艳者无其窈窕。虽古庄姜、西子,恐仅各有其一体耳。"

《汉孝惠张皇后外传(一、二)》,虽是东晋时人著作,但它大体上反映了汉代宫廷遴选后妃的妇容、妇德标准。《后汉书·后纪》所载明德马皇后"身长七尺二寸,方口美发";和熹邓后,身长也是七尺二寸,"姿颜姝丽,绝异于众"。正史多不描绘后妃容貌,但是,这些极简单的概括,大体反映的也是她们的庄重之美,可看出后汉仍以体长颀硕为美。(外传)系野史,界乎信史与小说之间,可补正史之不足。

端庄颀硕之美,是汉代宫廷选美的正统的妇容标准。然而,一些风流帝王却往往选择那些能歌善舞的纤柔风流,仪态万千的女性。

如果说汉王朝是按庄重之美来遴选后妃的话,那么风流皇帝自己却往往要打破这一选择标准,选择自己心目中的美人。汉高祖刘邦最宠爱的戚夫人,就是一位"善为翘袖折腰之舞,唱《出塞》《入塞》《望归》之曲"的能歌善舞的风流美妇。汉武帝的卫子夫皇后，也因善于歌舞而又美艳被武帝看中；李夫人亦“妙丽善舞”，被武帝纳为夫人。这几位都是能歌善舞，纤柔俏丽的风流人物。

西汉成帝的皇后赵飞燕、昭仪赵合德更是以纤细、轻柔、体态轻盈，美丽善舞著称。

赵飞燕“长而纤便轻细，举止翩然”。《飞燕外传》中写道：赵飞燕“家有彭祖分脉之书，善行气术”，在风雪之夜，“飞燕露立，闭息顺气，体温舒，亡疹粟。”汉成帝说她“丰若有余，柔若无骨”。赵飞燕身材娇美，舞姿婆娑，“舞腰婉转，若流风之回雪”；《赵后遗事》也说：“赵后腰骨尤纤细，善踽步行，若人手执花枝颤颤然，他人莫能学也。”纤柔俏丽，风流飘逸是她的特色，尤以体态轻盈，飘飘欲飞而著称。据《奁史》卷六十四载：

帝与赵后游太液池，帝御流波文縠无缝衫，后衣南越所贡云英紫裙，碧琼轻绡。后歌“归风送远”之曲，帝以文犀簪击玉瓯，今后所爱侍郎冯无方吹笙以倚后歌。歌酣，风大起，后扬袖曰：“仙乎？仙乎？去故而就新乎？”帝曰：“无方为我持后。”无方舍吹，持后履，久之，风霁，裙为之绉。他日，宫姝襞裙为绉，号曰：“留仙裙。”

这段文字活画出一位飘飘欲仙，风吹欲飞的轻盈美态，证明赵飞燕是西汉时代我国著名的女舞蹈艺术家。

赵飞燕的妹妹赵合德更是以温柔著称，“尤善笑语，肌骨秀滑”汉成帝称她为“温柔乡”，并说：“吾老是乡足矣，不能效武帝求白云乡也。”

卫子夫、李夫人；赵飞燕、赵合德都出身于歌舞艺人，按照汉代的遴选后妃标准，她们属于非良家女子，是没有入选资格的。但是，皇帝本人却看中了她们。可见风流皇帝是喜欢纤柔艳丽，体态轻盈，能歌善舞的风骚型女性的。这类女性与先秦《楚辞》中所描绘的女乐、舞女、神女一脉相承。

庄重之美与纤柔之美，端丽之美与艳丽之美相互补充，交相辉映，形成璀璨的中华古典女性美。

## 女性美的三个典范

王昭君是我国古代四大美人之一，名嫱，字昭君，西汉时南郡秭归人（今湖北省秭归县）。父王穰是齐的大商人。昭君十七岁时，丰姿俊秀，楚楚动人，被选入汉宫。《后汉书·南匈奴传》记载：

“昭君字嫱，南郡人也。初元帝时以良家子选入掖庭。时呼韩邪来朝，帝釉以宫女五人赐之。昭君入宫数岁，不得见御，积悲怨，乃请掖庭令求行。呼韩邪临辞大会，帝召五女以示之。昭君丰容靓饰，光明汉宫，顾影徘徊，竦动左右。帝见大惊，意欲留之而难于失信，遂与匈奴。”

美丽动人的王昭君，正当青春年华而被深锁在后宫禁苑之中，入宫数年连汉元帝的影子也没见到。冷宫的寂寞生活使她悲痛怨恨，因而，她主动要求远嫁南匈奴，自愿“和番”。

王昭君入宫多年，为什么不被元帝召见？据《西京杂记》记载：汉元帝后宫美人太多，弄得元帝无法挑选，于是“乃使画工图形，按图召幸之”。闭锁深宫的不幸女子，为了得到皇帝召见，便贿赂画工。昭君自恃容貌，而且忠实、正直不肯贿赂画工。画工毛延寿等便将她画得平淡无奇，因而不得元帝召幸。

王昭君远嫁匈奴，对巩固汉与匈奴的关系，维护民族团结是有利的。但是，远嫁漠北异族，对昭君本人却是不幸的。闭锁深宫是她的不幸，远嫁匈奴也是她的不幸，即使汉元帝宠幸了她，她这个无权无势的平民女子，仍不过是皇帝的玩物，而且也避免不了“色衰爱弛”的命运。

才貌双全，美丽善良的王昭君远嫁漠北，引起人们的深切同情。因而，两千年来以昭君为题材的文学作品、绘画作品数不胜数，描写昭君的诗词有六百余首，戏曲有二十多个，绘画作品也很多。风沙弥漫，故国依依，骑在马上的年轻女子王昭君，悲悲切切，热泪横流；她一步一回首，故国远去，心情惆怅，心绪哀怨凄楚……

王昭君以哀怨悲壮感人，杜甫的《明妃》诗，着重写出了昭君哀怨的悲剧之美。诗云：

群山万壑赴荆门，生长明妃尚有村，
一去紫台连朔漠，独留青冢向黄昏。
画图省识春风面，环佩空归月下魂，
千载琵琶作胡语，分明怨恨曲中论。

相传东汉末年，我国又出了一位绝代美女貂蝉。貂蝉其人，史书上没有记载，始见于元人《三国志平话》，宋、元戏文有《貂蝉女》、元代杂剧有《连环记》等。在《三国演义》中，貂蝉是着墨较多的女性人物，是能歌善舞，体态轻盈，舞姿美妙的少女。其第八回有一首词云：“原是昭阳宫里人，惊鸿宛转掌中身，只疑飞过洞庭春。按彻梁州莲步稳，好花风袅一枝新，画堂香暖不胜春。”貂蝉一曲清歌，令人销魂，翩翩起舞，宛若惊鸿，好似花枝招展，给人一种柔弱飘逸的美感。

貂蝉深明大义，机智果敢，帮助王允巧施连环美人计，除掉了权奸董卓。

貂蝉是戏曲小说中的艺术形象，是经过文人艺术加工的典型人物。她是我国古代歌伎舞女中深明大义，为除灭权奸而甘愿牺牲自己的烈性女子的典范，成为我国四大美女中最为刚烈的一位。作为一个歌伎舞女，是权贵们掌中的玩物，最后又成了政治斗争的工具和牺牲品。貂蝉的命运也是悲剧的命运，她的美也是悲剧美。

貂蝉像

在女性沦为女奴的中国古代社会中，美女的命运总是悲剧性的：西施成了越国灭吴国的工具；王昭君成为“和番”的工具；貂蝉也不例外，成了东汉末年权贵、军阀政治斗争的工具和牺牲品。她们都逃不脱“红颜薄命”的历史性悲剧命运。

王昭君、貂蝉和先秦美女西施一样，都出身于民间乡野，美丽善良，而又都因为美貌出众才招致不幸。人们同情她们，美化她们。她们都成了美的化身，美的象征，千百年来活在人们的心目中。

西施以美貌动人，昭君以哀怨感人，貂蝉以大义撼人。她们各有千秋，成为我国古代女性美的典范。

## 东汉艳后

按照东汉时期主导意识形态儒家礼教和妇德的要求以及汉宫遴选后妃的容貌标准来衡量，东汉时期的汉明帝的明德马皇后，汉和帝的和熹邓后（邓绥）都可称为德容兼备的人物。

明德马皇后是汉伏波将军马援的小女儿，十岁时就能井井有条的料理家务，管理用人，十三岁被选入太子宫。

马皇后端庄秀丽，“身长七尺二寸（约一·六八米），方口美发”。她那一头乌黑的秀发，在后宫中是出了名的。据《东观汉记》记载：“明帝马皇后美发为四起大髻，但以发成尚有余，绕髻三匝。眉不施黛，独左眉角小缺，补之如粟。”

马皇后被册封为皇后以后，生活仍很节俭，“常衣大练，裙不加缘。朔望诸姬主朝请，望见后袍衣疏粗，反以为绮縠，就视乃笑。后辞曰：‘此缯特宜染色，故用之耳。’”马皇后身穿厚缯制作的衣服，是为了给后宫众多妃妾作节俭的榜样。

马皇后喜读儒家经史，“能诵《易》，好读《春秋》《楚辞》，尤善《周官》、董仲舒书。”深受儒家礼教熏陶，自觉地辅助汉明帝，常常提出高明的见解，使汉明帝很佩服。例如，楚王英密谋造反嫌疑案，没有调查清楚，却牵连许多人。“后虑其多滥，乘间言及恻然”。明帝采纳了她的意见，制止了这类事件的恶性发展。

马皇后自觉要求自己做个贤后，她也希望汉明帝成为尧、舜一样的明君。曹植在其所著《画赞》的序中写了这样一段故事：

“昔明德马后，关于色，厚于德，帝用嘉之。尝从观画，过虞、舜之像，见娥皇、女英，帝指之戏后曰：‘恨不得如此人为妃。’又前见陶、唐之像，后指尧曰：‘嗟乎！群臣百僚，恨不得戴君如是。’帝顾而咨嗟焉。”

这段故事告诉我们，明德马皇后时刻以古代贤妃、贤后为榜样来约束自己，同时她也希望皇帝也能像古代的尧、舜一样成为一代明主。

在封建社会里，明君贤后的统治较之暴君悍后的统治相对来说要好些，无论对社会发展，经济进步还是对人民生活的安定都有好处。

马皇后认真汲取西汉女主临朝，外戚专权并走向败亡的历史教训。明帝驾崩，马皇后被尊为皇太后。汉章帝继位后，几次打算给几位舅父加封爵位，一些拍马屁的大臣也怂恿皇帝给马氏舅父晋封爵位。马太后却坚决不同意。她说：“昔王氏五侯同日俱封，……田蚡、窦婴宠贵横恣，倾覆之祸为世所传。故先帝防慎舅氏，不令在枢机之位。”“吾岂可上负先帝之旨，下亏先人之德，重袭西京败亡之祸哉！”

在章帝的一再要求下，马太后想出了一个两全其美的办法：让章帝鼓励舅氏们沙场立功，凭军功升任官职。舅氏马防屡建战功，被任命为车骑大将军。后来，章帝终于将三位舅父封为列侯。但是，马太后却让他们“退位归第”，终于保全了马氏子孙。整个东汉时期外戚保全的只有光武帝郭后、殷后和明德马皇后三家。

明德马皇后能够自觉地按照礼教、妇德的要求辅佐丈夫，帮助儿子治理国家，维护汉家天下，是被史家称赞的所谓“贤后”。

和熹邓后，名绥。“六岁能史书，十二通《诗》《论语》”。十五岁时被选入宫，“长七尺二寸，姿颜姝丽，绝异于众”。邓绥被册封为皇后不久，和帝崩逝。她把刚满百日的婴儿立为皇帝。邓绥便以皇太后的身份临朝称制，代行皇帝的权力。从此，东汉形成太后临朝的传统，而且还将其制度化、合法化。

邓绥尊崇儒术，按儒家经典行事，自入宫后便请班昭入宫教授经、史。她自己也向班昭学习经书和天文、算数，“昼背王政，夜则诵读”。她还请刘珍等儒学家、史学家五十余人在东观校雠经史典籍，并让中官近臣到东观学习经史，回宫后教授宫人习诵经史。她还让皇族子弟、外戚子弟学习儒家经典，从中汲取历史教训和学习统治经验。

邓绥掌权后，注意节俭，减少服御珍膳之物，减少各郡国向皇宫进献的贡品，宫中减少了许多珍奇的玩物；不兴土木，不造离宫别馆，减轻了一些人民负担。

汲取前代外戚权重的历史教训，抑制外戚权势。邓绥要求有关部门对太后兄邓骘等人的家属、亲戚、宾客等“明加检敕，勿相容护”，对其中的罪犯决不宽容，严加惩处。

邓绥总结前代重用外戚的教训，采取了外戚、宦官、名士官僚并重的政策，防止外戚专权。让其兄邓骘等“各还里第”，不问政事。

为了缓和统治阶级内部矛盾，她赦免了一些前代被禁锢的外戚家属为平民；为缓和阶级矛盾，她平反了一些冤狱。

汉和帝以后，东汉走向衰败。邓绥临朝称制的二十年间，正是东汉走向下坡路的时期，“水旱十载，四夷外侵，盗贼内起”，经济困难，人民困苦，农民起义，外族侵扰。而对这些困难，邓绥还是巩固或维护了汉王朝的政权，而且颇有政绩。《后汉书·后纪》说她：“持权引谤所幸者非己，焦心恤患自强者唯国。”她所做的一切，是为了国家的富强和汉王朝的巩固。这个评价还是中肯的。

按照自周礼以来的传统礼教、妇德的要求，妇女是不能执政的。但是，封建皇统的承继，有时需要母后临朝，女主执政。自西汉以来，“东京皇统屡绝，权归女主”。东汉仍然如此。

历史证明，执政者无论男女，只要有政绩，有利于国家的巩固和社会发展，就是应该肯定的。因此，邓绥执政符合封建妇德的要求，也符合历史发展的要求。她是德、容兼备的有为之主。

邓绥临朝称制受到肯定,历史家把她临朝称制称为“和熹故事”,她的执政被当时和后代视为合法,被社会所认可。

## 私奔的女人

进入阶级社会以后,女性虽然从总体上失去了人体审美主体的地位,失去了选择丈夫的自由和权力。但是,作为个体的人,她们仍然有审视男性的能力,一些有权势的女性或特殊女性也有选择丈夫的自由和权力。

尤其是那些贵为皇族、贵为公主的女性,由于她们处于权力的峰巅,往往有权选择丈夫。公主选驸马,便是我国封建时代常见的现象。

此外,一些敢于冲击礼教束缚的女性,如卓文君等,也勇敢地自选郎君。

且看,刘邦、吕后的女儿鲁元公主是如何选丈夫的。

鲁元公主出生于乡间,汉高祖刘邦起义前,家境贫困。鲁元公主少时曾从事田间劳作或者照看弟弟(汉惠帝)。“公主德性窈窕,周旋进退亦颇楚楚可观,惟素居乡野,不惯容饰耳。”这位出身贫困的少女,一旦册封为公主,她便得到选择驸马的权力。

汉高祖由荥阳入关后,便为鲁元公主选择丈夫:

召年少貌美者三十人,入内廷听选。张耳之子敖,年方二十一,神清如冰玉,状貌雅丽,仪度翩翩。帝(汉高祖)见之曰:“美哉!古之子都、徐公不能过也。”

选婿开始了。候选人入内殿射鹄,射中者便被召为驸马。汉高祖让鲁元公主垂帘观看。公主羞畏不肯出来。高祖骂她,她才肯出来,坐在帘后默默观看。

张敖连放数箭,都中靶。另外还有四人,皆中靶。

高祖问公主喜欢哪个,鲁元公主却不回答。汉高祖指着张敖说:“此真佳公子矣!”“公主不觉举眸一望,若微解颐者。戚夫人曰:‘公主已心许之矣’。”于是,汉高祖便召张敖为鲁元公主的驸马。

鲁元公主招婿,实际上是刘邦替她选择的。刘邦选婿对象是自己部下子弟中的佼佼者。他看中张敖,主要是张敖美貌过人。他是以貌取人,才貌并重的。

汉武帝的姐姐平阳公主寡居,再嫁时选婿,更是别有情趣。据《史记·外戚世家》载:“平阳主寡居,当用列侯尚主。主与左右议长安中列侯可为夫者。皆言:‘大将军(指卫青)可。’主笑曰:‘此出吾家常使令骑从我出入。尔奈何用为夫乎?'左右侍御者曰:'今大将军姊为皇后,三子为侯,富贵振动天下,主何以易之乎?'于是主乃许之。"

卫子夫被汉武帝册封为皇后以后,其弟卫青受到武帝重用,屡建战功,升为大将军,被封为长平侯。

平阳公主再嫁时,竟然与她手下人公开议论选谁为丈夫,真可谓开通之至。她手下人都认为卫青可入选。平阳公主觉得卫青曾经是自己的奴仆,嫁给曾是自己奴仆的人,似乎不太光彩。当左右侍御者都说卫青已经大富大贵时,平阳公主才同意了。看来,平阳公主选婿的标准是富贵荣华,而不考虑其出身。

贵为公主,有极大的权力,因而也就有了选婿的自主权。在我国封建时代,人的阶级、等级身份重于男女性别的尊卑身份。"皇帝的女儿不愁嫁"。公主们虽然身为女性,但她们贵为皇族,其身份、地位便高于异姓王侯中的男性,当然更高于一般的男性。总之,权力的大小,决定婚姻自主权、选择权的大小。

在汉代,一般百姓是没有婚姻自主权的,平民女子更没有选择丈夫的自由。但是,也有少数特立独行的奇女子,敢于冲破"父母之命,媒妁之言"和礼教束缚而自行择配。

例一:《后汉书·梁鸿传》记载:"同县孟氏有女状肥丑而黑,力举石臼,择对不嫁,至年三十。父母问其故。女曰:'欲得贤如梁伯鸾者。'鸿闻而聘之。"

孟光年至三十岁而不嫁,终于自己择偶,嫁给了自己仰慕的梁鸿。

例二,《史记·司马相如列传》记载:司马相如到卓王孙家饮酒,"酒酣,临邛令前奏琴曰:'窃闻长卿好之,愿以自娱。'相如辞谢,为鼓一再行。是时,卓王孙有女文君新寡,好音。故相如缪与令相重而以琴心挑之。相如之临邛,从车骑雍容闲雅甚都。及饮卓氏弄琴,文君窃从户窥之,心悦而好之,恐不得当也。既罢,相如乃使人重赐文君侍者,通殷勤。文君夜亡奔相如。相如乃与驰归。"

这就是大史学家司马迁关于文君夜奔的记述。文君私奔司马相如,已成为千古传颂的佳话。文君自择夫婿,爱的是司马相如雍容闲雅的风度和都丽的容貌。卓文君的体态容貌,司马迁没有记述。据《西京杂记》记载:"文君姣好,眉色如望远山,脸际常若芙蓉,肌肤柔滑如脂,十七而寡,为人放诞风流,故悦长卿之才,而越礼焉。"两人真是才貌相当的一对好夫妻。

秦汉时期,女性自由择偶的极少。从上述四例来看,女性选择男性,以德、才为主,但其外貌风度也是重要条件之一。所谓"郎才女貌",大体是封建社会晚期,明清时代的选择配偶标准。

汉代皇室和官僚权势之家的男性，在选择皇后或妻时，以德为主兼及才、色；以德、容兼备为最高标准。一般百姓大体也以重德轻色为择偶标准。梁鸿选择了又黑又丑的孟光为妻，就是娶妻重德的典型。

在家庭之中，妻子承担着主持家政、奉养舅姑、养育子女的重任。因而要求妻子"四德"兼备。

在妻、妾并存的家庭中，妻是主妇，处于尊位；妾是小妻，处于卑位；妻只有一个，而且必须明媒正娶；妾可以有多个，可用钱购买，或通过赠送、抢掠等途径取得；妻在名分上"妇与夫齐者也"，夫妻齐体同尊卑；妾则处于半主半奴的地位，任主人赠送或者出卖；妻以德事夫；妾以色事夫。

在选择妻子时，往往是由父母包办，由父母或家长做主，由"媒妁之言"决定。在进入洞房成亲以前，夫妻往往无法见面，因而无从在容貌方面选择对方。

妾则不然，男子买妾可自由选择。买妾是有权有势有钱的男性的特权。财产越多，权力越大就有可能买到或抢夺到更多、更美的妾。

妾以色事夫，以色事人，是供男性玩弄的工具和淫欲的奴隶。因而，选妾重色、艺而不重德，也不问出身、门第。

汉武帝的李夫人，"本以倡进"，是位"妙丽善舞"的歌舞伎。她深知以色事人，色衰爱弛的道理。她在临终前总结了"以色事人"的经验或教训。《前汉书·外戚传》记载："李夫人病笃。上(武帝)自临候之。夫人蒙被谢曰：'妾久寝病，形貌毁坏，不可以见帝，愿以王及兄弟为托。'"

武帝想见李夫人最后一面，可是李夫人却蒙头不见。弄得武帝很不高兴。于是，李夫人的姊妹都责怪她说："贵人独不可一见上，嘱托兄弟邪，何为恨上如此？"

李夫人答曰："所以不欲见帝者，乃欲以深托兄弟也。我以容貌之好，得从微贱爱幸于上。夫以色事人者，色衰而爱弛；爱弛则恩绝。上所以挛挛顾念我者，乃以平生容貌也。今见我毁坏颜色非故，必畏恶吐弃我，意尚肯复追思闵录其兄弟哉！"

李夫人深悉"以色事人，色衰爱弛"的道理，为了在汉武帝的心目中留下往日的美丽形象，因而不让武帝看见她病重时的病态丑貌。李夫人这一着果然灵验。她去世后，李夫人兄弟都升了官。汉武帝因思念李夫人而作《李夫人赋》。

"色衰爱弛，爱弛恩绝"，深刻地揭露了上层统治者玩弄女色，家庭生活无真情实感，无爱情可言的本质，揭示了"以色事人"的美女的不幸命运。美女的青春暂短，美色易逝，色衰以后便是被遗弃，被冷落的命运。

东汉时期,一些权贵之家已开始蓄养歌伎舞女等家伎。家伎更是权贵们玩弄的工具、玩物。家伎一般以色、艺双绝为最高标准。她们多以色、艺、才来事奉达官贵人,过着任人摆布,任人蹂躏的生活。

汉代文化气势雄沉,粗豪古拙,感情炽烈。尤其是汉赋,表现出一种大气磅礴的"巨丽"之美,其"包括宇宙,总揽人物"的宏大气魄,为后世所难以企及。汉赋在中国艺术史上,第一次突出了艺术作为一种自觉的美的创造的特征,使艺术首次摆脱了政治伦理道德的附庸地位。汉赋是对汉代经济、文化繁荣发展所创造出来的美的再现或赞颂,洋溢着信心和力量。

汉赋和汉乐府民歌等文艺作品,充分反映了汉代繁富瑰丽的女性之美。

汉赋以其博大恢宏的气度,充分展现了汉代宫廷女性的雍容华美。枚乘《七发》这样描绘宫廷歌伎舞女的翩翩美态:"使先施、徵舒、阳文、段干、吴娃、闾娥、傅予之徒,杂裾垂髾,目窕心与,揄流波,杂杜若,蒙清尘,被兰泽,嬿服而御。此亦天下之靡丽皓侈广博之乐也。"让西施、徵舒等天下知名美女穿上各色各样的长桂,梳着燕尾状的发髻,眉目挑逗传情,心中暗暗相许。她们用流水把自己洗濯得干干净净,衣服上散发着阵阵杜若的香气,身上像披上一层薄纱,头上擦着芳香的油脂,穿着便服前来侍奉。这也是天下靡丽豪奢广大的乐趣啊!

傅毅的《舞赋》生动地再现了宫廷舞女的盛大歌舞场面:"于是郑女出进,二八徐侍。姣服极丽,姁媮致态。貌嫽妙以妖蛊兮,红颜哗其扬华。眉连娟以增绕兮,目流涕而横波。珠翠的砾而炤耀兮,华桂飞髾而杂纤罗。顾形影,自整装,顺微风,挥若芳。动朱唇,纡清阳,亢音高歌,为乐之方。"惟妙惟肖地描绘出歌女的美妙情态。

再看看舞女的舞姿:"其始兴也,若俯若仰,若来若往。雍容惆怅,不可为象。其少进也,若翱若行,若竦若倾。兀动赴度,指顾应声。罗衣从风、长袖交横。骆驿飞散,飒噶合并。鶣鷅燕居,拉搭鹄惊。绰约闲靡,机迅体轻。姿绝伦之妙态,怀悫素之洁清。修仪操以显志兮,独驰思乎杳冥。"经过特殊训练的歌舞艺人们,穿着奇丽的服装,装饰得妖冶迷人,舞起来飘飘欲仙,香风四溢。舞女们创造出一整套媚态柔姿的艺术,从服饰、化妆和舞蹈动作、姿态上制造出一种飘逸的美感,以供帝王和豪富们娱乐。这里展现的是古典舞蹈艺术美。

汉代的后宫生活豪奢极侈,美女争宠。张衡在《西京赋》中描绘西汉后宫生活,写道:

然后历掖庭,适骓馆。捐衰色,从嬿婉。促中堂之罐坐,羽觞行而无罐,秘舞更奏,妙材骋伎。妖蛊艳夫复姬,美声畅于虞氏。始徐进而赢形,似不任乎罗绮。嚼清商而却转,增婵娟以此豸。纷纵体而迅赴,若惊鹤之群罢。振朱屣于盘樽,奋长袖之飒缅。要绍修态,丽服飏菁。酩藐流眄,一顾倾城。展季桑门,谁能不营?列爵十四,竞媚取荣。盛衰无常,唯爱所丁。卫后兴于鬓发;飞燕宠于体轻。尔乃逞志究欲,穷身极娱,鉴戒唐《诗》,他人是媮。自君作故,何礼之拘?增昭仪于婕妤,贤既公而又侯。许赵氏以上,思致董于有虞。王闳争于坐侧,汉载安而不渝。

后宫里集中了全国的奇珍异宝,深藏着从各地选来的美女,她们衣饰豪华艳丽,能歌善舞,争宠斗奇,过着穷奢极欲的生活。经济的发展,财富的积累和集中,使得帝王的后宫生活更为奢侈,更为腐朽,也更为糜烂。最终导致王朝的更替换代。

司马相如的《美人赋》则描绘了民间美女的美妙奇丽。他说:“臣之东邻,有一女子。云发丰艳,蛾眉皓齿,颜盛色茂,景曜光起。”这位美女追求司马相如达三年之久,司马相如却毫不动心。司马相如还遇见一位独处一室的美女:“有女独处,婉然在床。奇葩逸丽,淑质艳光。”这位美女几乎是裸体呈现在他眼前,“女乃驰其上服,表其亵衣。皓体呈露,弱骨丰肌。时来亲臣,柔滑如脂。”司马相如仍不为所动,决然与美女告辞。

以表白自己“不好色”来写美色,这是战国时期的宋玉《登徒子好色赋》所采用的写作手法。司马相如仿此手法写成《美人赋》,展现了美女的卧态和半裸态,却没有写出裸态美人。在礼仪之邦的中国古代,在礼教的束缚下,就是司马相如这样的浪漫作家也不敢直接描绘女性的裸体美,而是采取迂回的写作手法。尽管如此,宋玉、司马相如等辞赋大家仍然被腐儒们视为“无行”,认为《美人赋》等下流、淫荡。《美人赋》不是淫滥之词,而“是用文学语言所描绘出来的一幅比伦布郎充满空气和光色的微妙变化的油画还要美丽的画卷,并且有着中国式的古典风味,绝非六朝绮丽轻佻的宫体诗赋可比。就描写的技巧说,也并不亚于荷马史诗中对绝世美人海伦的描绘”。

关于《美人赋》的写作动机,《西京杂记》说:“长卿素有消渴疾,及还成都,悦文君之色,遂以发痼疾。乃作《美人赋》,欲以自刺,而终不能改,卒以此疾至死。”这种说法,是否可信,不得而知,略备一说。

汉代乐府诗反映了汉代广阔的社会生活,其中有关女性的作品,主要有两类,一是描绘采桑女,二是描绘织作女,也可称为桑妇和织妇。按着男耕女织的基本的性别分工,古代劳动妇女主要从事蚕织和主中馈两项劳作。蚕织即是采桑和织作,采桑和织作是古代妇女所从事的主要劳动,也是社会给妇女规定的家庭角色职能的重要方面。采桑和织作那样成为古代文学反映女性生活的重要题材。而做饭等家务劳动远没有采桑和织作那样成为文学作品的描写对象。采桑主题有两大主旨:“欣赏桑妇的美貌,赞美桑妇的美德。”从色、德两方面歌颂采桑女。其中《陌上桑》是代表作。

《陌上桑》从发型、首饰和服装等几方面突出描绘了女主人公罗敷的外在美。

罗敷善蚕桑,采桑城南隅。

青丝为笼绳,桂枝为笼钩。

头上倭堕髻,耳中明月珠。

缃绮为下裙,紫绮为上襦。

行者见罗敷,下担捋髭须。

少年见罗敷,脱帽着帩头。

耕者忘其犁,锄者忘其锄。

来归相怨怒,但坐观罗敷。

罗敷打扮时髦,头发挽成下垂式的堕马髻,耳珰垂着明月之珠,下穿浅黄色带花纹的裙子,上穿紫色带花纹的短褂,手提着用桂枝作钩的采桑篮子,步态从容,落落大方。

罗敷的美貌和人时的打扮吸引了过路行人的目光,使他们忘记了手中的活儿。用来往行人的被吸引,反衬出罗敷的美。诗中虽然没有正面描绘罗敷的相貌,但从行人的眼中,可以看出她一定是一位美貌女子。

罗敷的美德:一是她热爱劳动,勤劳机智,擅长采桑;二是她机智地用夸夫的办法拒绝了那位“使君”的调戏,抗拒了男人的挑逗,保持自身的贞洁。

《孔雀东南飞》中的庐江府小吏焦仲卿妻刘兰芝,是中下层妇女。她的修饰打扮也很入时:

鸡鸣外欲曙,新妇起严妆。

著我绣夹裙,事事四五通。

足上蹑丝履。头上玳瑁光。

腰若流纨素,耳著明月珰。

指如削葱根,口如含朱丹。

纤纤作细步,精妙世无双。

刘兰芝容、德兼备,不仅长得标致,而且又很勤劳,自幼就有良好的教养:“十三能织素,十四学裁衣。十五弹箜篌,十六诵诗书。”她嫁给焦仲卿后,终日勤劳,劳作不止:“鸡鸣入机织,夜夜不得息,三日断五疋。”这样一位美丽、贤惠、勤劳的媳妇,仍不能获得婆婆的欢心,终于被逼离异。

汉代最底层的劳动妇女——婢女,地位卑贱,卖身为奴婢,但她们也很美丽、勤劳、智慧。蔡邕的《青衣赋》则描绘了这种地位卑微的婢女。青衣婢女面貌姣好,体态妩媚,而且做事干练:“精慧小心,趋事如飞。中馈裁割,莫能双追。”道德高尚,“关雎之洁,不蹈邪非。察其所履,世之鲜希。宜作夫人,为众女师。伊何尔命,在此贱微。”德、容、言、功四德俱佳,可惜命运不佳,处于微贱的地位。地位卑贱者,容、德却都丽高尚,犹如“金生砂砾,珠出蚌泥”。

汉代的绘画中也有反映妇女生活题材的作品。长沙马王堆《西汉帛画》的中部,画有墓主人软侯的贵夫人,她身穿有云气纹的彩衣,长得肥胖臃肿,行走不便不得不拄着拐杖,装出一副雍容华贵的风度,表情高傲而伪善。她的头发上戴着树枝状的“步摇”,深衣广袖,正是西汉时贵族妇女的时髦装束。三个侍女,跟在软侯夫人身后,头戴步摇,曲裾深衣广袖,身材细高,体态大方,表情自然,是一幅纯朴善良的形象。

汉代绘画多有表现节妇孝女的内容,如表现节妇的有梁节妇、齐义母、京师节女、无盐丑女、梁高行、秋胡妻、鲁义姑、楚真姜、李善等故事。汉武帝在甘泉宫图画休屠王阏氏的像。汉成帝时,把刘向《列女传》中的人物,画在屏风和墙壁上,以此为鉴戒教育的典范,使得《列女传》故事广为流传。

总之,汉赋、汉乐府民歌和汉代绘画等文艺作品都在一定程度上反映了汉代妇女的内在美和形体、容貌美,为我们留下许多有关汉代女性美的形象资料。

## 魏晋时期的女的性

魏晋南北朝时期,社会分裂、动荡,战乱频仍,人民生活极不安定,妇女更处于水深火热之中。

以宗族血缘关系为纽带的世家大族庄园经济独立而迅速地发展起来,财富高度集中于世家大族手中。统治阶级分为士族和庶族,士族之间互通婚姻,士族与庶族不通婚,形成门第婚姻;官僚、士族权贵们畜养大量家妓,过着腐朽生活。

对儒学信仰的危机以及社会动荡给人们带来朝不保夕的危机感,使魏晋产生了玄学。玄学一反汉代把群体、社会放在首位的思想,而把个体人格的独立自由提到了第一位。门阀士族们,自命清高,注意教养和风度,推崇和考究人的才情、思理和品貌、智慧等等，带来了“人的觉醒”，使得魏晋时期大讲人物品藻，追求一种超脱的“玄远”“神明”的人物美以及人物审美。这对魏晋时期的女性美有着至关重要的影响。这期间，女性的多才善辩，飘逸风雅之美，主要是魏晋风尚影响的结果。

由于魏晋时期玄学、佛教的流行，虽然儒学礼教的束缚，尤其是对女性的禁锢仍然存在，但是其影响力，控制力已大大减弱。礼教束缚的相对松弛，使得魏晋上层妇女飘逸、放达，因而出现了多才善辩，飘逸风雅的女性之美，同时女性“妒”的社会现象大大增强。

魏晋南北朝时期，北方少数民族入侵，北方民族融和。少数民族的某些原始风习和婚姻习俗，剽悍的风格等对汉族妇女也有一定影响。

东晋灭亡后，自刘宋开始，庶族地主登上政治舞台，掌握了大权，把“市俗”气带人统治阶级上层，商人妇、市井妓女所唱的情歌被引入宫廷，产生了艳体诗，追求一种柔弱慵懒的艳情（或色情）女性美。女性美走向艳化、病态化。·

**权贵的高级玩物**

汉末魏初，社会上非常重视品评人物，到魏晋南北朝时期更重视人物品藻。

魏晋时期的人物品藻，据《中国美学史》一书作者对《世说新语》及其他有关材料的分析，概括为重才情、崇思理、标放达、赏容貌等四个方面。

所谓“重才情”，包含人物的个性、才能、情感的美；所谓“崇思理”，包含人物的智慧、语言美，有辩论的口才；“标放达”，包含着具有哲理意味的超功利的人生境界的美；“赏容貌”包含着人物的形体、风度、举止等外在的美。

魏晋时期的士族豪富之家，非常讲究仪容、举止，追求所谓名士风度，追求所谓高雅的生活方式。《世说新语·容止》等记录许多美容止的男性。士族大家非常注重仪容修饰，喜欢搽粉熏香。姿容俊秀，风度翩翩，就会受到人们赏识和尊重；有的人出入要侍从搀扶着才能走路，摆出一副弱不禁风的样子，追求仪容举止女性化，反映出士族阶层男性的审美情趣。

例如，《世说新语·容止》描绘著名名士嵇康的体貌：

嵇康身长七尺八寸，风姿特秀。见者叹曰：“萧萧肃肃，爽郎清举。”或曰：“肃肃如松下风，高而徐引。”山公曰：“嵇叔夜之为人也，岩岩若孤松之独立；其醉也，傀俄若玉山之将崩。”

描绘当时著名美男子潘岳（即潘安仁，俗称潘安）：

潘岳妙有姿容，好神情。少时挟弹出洛阳道，妇人遇者，莫不连手共萦之。

潘岳这样的美少年，走在路上，受到妇女的围观，可见，当时妇女是可以在公众场合欣赏美男子的。女性也在追求男性美。

但是，男性美与女性美的价值却很不相同。美男子当时受到社会重视和尊重，甚至因此而升官发财。美女的命运则不然，她们往往成为帝王、权贵、士族大家的争夺对象和玩弄对象。即使受到宠爱，也不过是高级玩物，最终难免于色衰爱弛的结局。

据有关资料分析，魏晋时期的女性美特征，可概括为多才善辩，飘逸风雅。

魏晋南北朝时期的上层妇女，尤其是知识女性在魏晋风气和玄学辩论的影响下，往往多才情，富有个性，能言善辩，很有智慧。而魏晋风气又赞美、鼓吹女性的这种智慧和才情。因而，多才善辩成为魏晋南北朝时期女性美的重要特征。

诗才、文才、书画才能都被视为女性的才艺之美。这与秦汉时期有很大差别。汉代妇女的才能侧重于对儒家《诗》《书》《礼》等典籍的熟悉和运用，实际上是恪守儒学礼教。魏晋南北朝妇女却表现出多方面的才能和情感，而且很有个性。被传为佳话的“咏絮之才”就是这一时期女性文才、诗才的代表。这则故事发生在东晋才女谢道韫身上：

谢太傅（谢安）寒雪日内集，与儿女讲论文义。俄而雪骤，公欣然曰：“白雪纷纷何所似？”兄子胡儿曰：“撒盐空中差可拟。”兄女曰：“未若柳絮因风起。”公大笑乐。

谢道韫的才能表现在她的比喻更为贴切，回答得机敏。

当时大书法家卫夫人（名铄）的书法才能大受人们赞美。人们称“卫夫人书如碎玉壶之冰，烂瑶台之月，宛然芳树，穆若清风”。“卫夫人书如插花舞女，低昂芙蓉；又若美女登台，仙娥弄影；又若红莲映水，碧沼浮霞。”美不胜收。谢道韫也有书法才能，其书法“雍容和雅，芬馥可玩”。

语言机敏，善于应对，富于智慧，语音优美动听是魏晋时期上层人士崇尚的才能之一。许允的妻子阮氏便是一位善于应对，富于智慧的女子。

许允的新妇，长得奇丑。新婚之夕，许允因新妇太丑，不想进洞房，家人都以此为忧。“会允有客至，妇令婢视之，还答曰：‘是桓郎。’桓郎者，桓范也。妇云：‘无忧，桓必劝入。’桓果语许云：‘阮家既嫁丑女与卿，故当有意，卿宜察之。’许便回人内，既见妇，即欲出。妇料其此出无复人理，便捉裾停之。许因谓曰：‘妇有四德，卿有其几？’妇曰：‘新妇所乏唯容尔。然士有百行，君有几？’许云：‘皆备。’妇曰：‘夫百行，以德为首。君好色不好德，何谓皆备！’允有惭色，遂相敬重。”丑妇的辩才和智慧使得丈夫敬重她。婚后，这位丑妇给丈夫出了不少好主意。诸葛诞的女儿出嫁时，洞房中与新郎的对话，也很机智：

王公渊娶诸葛诞女。入室，言语始交，王谓妇曰：“新妇神色卑下，殊不似公休。”妇曰：“大丈夫不能仿佛彦云，而令妇人比踪英杰！”

王公渊，即王广，有风度、才学，名气颇大，其父字彦云。新婚之夕，他说新妇神态卑下，不如她父亲。新妇却反唇相讥，说，你不能像你父亲彦云，却要求妇人与英雄并驾齐驱。她的回答，机敏而智慧，既回击了丈夫，又赞美了自己的父亲。

最有辩论才能的女性，要算谢道韫。她公然与男性辩论玄理：“凝之弟献之，尝与宾客谈议，词理将屈。道韫遣婢白献之曰：‘欲为小郎解围’，乃施青绫步鄣自蔽，申献之前议，客不能屈。”“太守刘柳闻其名，请与谈议。道韫素知柳名，亦不自阻，乃簪髻素褥坐于帐中。柳束修整带造于别榻。道韫风韵高迈，叙致清雅，先及家事，慷慨流涟，徐酬问旨，词理无滞。柳退而叹曰：‘实顷所未见，瞻察言气，使人心形俱服。’”谢道韫的清雅风韵和语言能力、辩论才能使得当时著名的“清谈”名手刘柳从心里佩服。

这时期，妇女的聪明才智、远见卓识、个性、气质受到社会的重视、强调或赞美。如晋代的辛宪英，“聪朗有才鉴”，很有预见性；严宪“贞淑有识量”；钟琰“数岁能属文，及长聪慧弘雅，博览记籍”；刘臻妻陈氏“聪辩能属文”；刘丽华“幼而聪慧，昼营女工，夜诵书籍”，“每与诸兄论经义，理趣超远，诸兄深以叹伏。”

北魏中书侍郎崔览的妻子封氏，“有才识，聪辩强记，多所究知”。当时的知名人士李敷、公孙文叔等都要向封氏请教有关“近世故事”；还有一位崔元孙的女儿，“性严明有高节，历览书传，多所闻知。亲授子景伯、景光九经义。”使得她的两个儿子都成为当时的名士。

魏晋南北朝时期，女性的个性、气质受到社会的重视，一反“女以弱为美”的观念，强调女性的刚烈。如：魏、晋之交，贾充前妻因她父亲被杀而受株连，被流放到边远地区。贾充则另娶新妇。不久，前妻遇赦返回，于是发生了如下故事：

充先已取郭配女。武帝特听置左右夫人。李氏别住外，不肯还充舍。郭氏语充，欲就省李，充曰：“彼刚介有才气，卿往不如不去。”郭氏于是盛威仪，多将侍婢。既至，入户，李氏起迎，郭不觉脚自屈，因跪再拜。既反，语充，充曰：“语卿道何物！”

贾充的两个妻子戏剧性的见面，郭氏带了许多随从婢女，为自己助威，可是，一见李氏，还是被李氏刚强正直的气质所慑服，身不由己地跪了下去，向李氏行大礼。可见，人的精神风貌、人的气质风度多么重要。魏晋南北朝时期特别注意人的"神明"，即精神风貌。王羲之夫人已经年迈了，但仍注意精神风貌："王尚书惠尝看王右军夫人，问：'眼耳未觉恶不?'答曰：'发白齿落，属乎形骸；至于眼耳，关于神明，那可便与人隔！'"

这种重才识，崇智慧，赏辩才，推崇精神风貌的女性美标准或观念与汉代的重妇德，轻才能的女性美观念很不相同，这给上层妇女的身心发展创造了一定条件，使得魏晋上层女性的才智得到一定程度的发挥。

### 父子同抢一美女

魏晋门阀士族追求教养和风度。以阮籍、嵇康等"竹林七贤"为代表的一部分人，逃避当时的残酷而激烈的政治斗争、集团争夺的现实，追求一种超脱、自由的人生境界，一时成为士人中流行的风尚，即所谓"林下风气"。这种风气对女性的精神风貌也有相当影响，使得魏晋时期的一些女性形成飘逸风雅的独特风格，成为这时期女性美的特色之一。

这种飘逸风雅一方面表现在女性的才智气质上，同时也表现在体态、容貌上，大约是才与貌的结合。

魏文帝曹丕的甄皇后，就是三国时期著名的才貌双全的美人。曹操早就听说袁绍的儿媳甄氏美艳。灭袁绍时，曹操就想夺占她。可是，却被他儿子曹丕占了先：

魏武下邺，文帝先入。袁尚府有妇人，披发垢面垂涕，立绍妻刘氏后。文帝问之，云是熙妻。顾揽发髻，以巾拭面，姿貌绝伦。遂纳之。

这时，曹操也来到了邺城，《世说新语·惑溺》记载："魏甄后惠而有色，先为袁熙妻，甚获宠。曹公之屠邺也，令疾召甄，左右曰：'五官中郎已将去。'公曰：'今年破贼，正为奴。…"曹操曾称攻打邺城就是为了夺取美丽绝伦的甄氏。可是，他儿子曹丕却先于他把甄氏夺走。于是，曹操便将甄氏纳为儿媳。

据说甄后美丽聪明，她创造了美妙的灵蛇髻。《采兰杂志》记载："甄后既入魏宫，宫廷有一绿蛇……每日后梳妆，则盘结一髻形于后前。后异之，因效而为髻，巧夺天工。故后髻每日不同，号为灵蛇髻。"这故事很离奇，但灵蛇髻却确实流行过。晋代大画家顾恺之的《洛神赋图》中的洛神，就是梳着灵蛇髻。而曹植《洛神赋》据说就是为思念甄后而作的，飘逸风雅的洛神，就是现实中甄氏的神化。看来,甄氏的美态神韵是相当迷人的,竟使曹氏父子全都被她倾倒。

陈后主贵妃张丽华,也是一位相貌绝美的女子。她"发长七尺,鬓黑如漆,其光可鉴。特聪慧有神采,进止闲暇,容色端丽,每瞻眄盼睐,光彩溢目,照映左右。常于阁上靓妆,临于轩槛,宫中遥望,飘若神仙。才辩强记,善候人主颜色"。据《烟花记》记载:陈后主为张贵妃造桂宫于光昭殿后。"使丽华恒驯一白兔。丽华被素袿裳,梳凌云髻,插白通草苏孕子,靸玉华飞头履,时独步于中。谓之月宫。帝每入宴乐,呼丽华为张嫦娥。"张丽华能言善辩,端丽闲雅,飘逸若仙,是飘逸富丽之美的典范。

北齐文宣皇后李祖娥,"容德甚美",其遭遇却很不幸。初嫁北齐文宣帝,后又被成帝纳入后宫,最后被成帝打得鲜血淋漓并被投入渠水,终于被迫为尼。鹅湖逸士认为她是中国历史上五大美女之一,"北齐文宣皇后李祖娥,不幸生于季世,又嫁高氏无礼之家,迭遭污辱,几至玉碎花残。""李祖娥以秀慧而绝艳。"是属于"亘古所无,所谓横绝千古之丽也"。

宫廷妇女以飘逸富丽为美;民间士族妇女则以飘逸淡雅为美。晋王湛的妻子郝氏,出身庶族,因她贤淑有风度而嫁给了士族出身的王湛。"既婚,果有令姿淑德。生东海,遂为王氏母仪。或问汝南(即王湛)何以知之,曰:'尝见井上取水,举动容止不失常,未尝忤观,以此知之。'"郝氏平时参加挑水等家务劳动,可见是劳动妇女。劳动妇女美容止,也会被士族男子相中。

这位郝氏就是著名才女钟琰的妯娌。钟琰"亦有俊才女德。钟、郝为娣姒,雅相亲重。钟不以贵陵郝,郝亦不以贱下钟。东海家内,则郝夫人之法;京陵家内,范钟夫人之礼。"两位出身不同的女子,互相敬重,都成为各自家庭的母仪典范,都具有飘逸淡雅的女性美特色。

魏晋时代人物美的最高标准是所谓竹林名士的风致。而达到竹林名士风致水准的女性,似乎只有谢道韫一人而已。《世说新语·贤媛》记载:

谢遏绝重其姊,张玄常称其妹,欲以敌之。有济尼者,并游张、谢二家,人问其优劣。答曰:"王夫人神情散朗,故有林下风气;顾家妇清心玉映,自是闺房之秀。"

王夫人即谢遏的姐姐,王凝之夫人谢道韫;顾家妇便是张玄的妹妹。尼姑济尼称赞谢道韫神情闲适清雅,生来有竹林名士的风致,而张玄的妹妹只是一位心境清纯,美玉无瑕的名门闺秀而已,当然不能与谢道韫相媲美。所谓"林下风气"实际是指一种精神境界,一种超功利的生活态度。这对于被束缚于礼教和家庭之内的女性是很难达到的。所以,仅有极少数女性在精神境界上达到了这样的高度。

**红颜薄命的女子们**

魏晋南北朝时期战乱不已，朝代更替频繁。战争，总是以夺取权力、财物、土地为目的，而妇女也成为战争的掠夺对象和牺牲品。“马边悬男头，马后载妇女”。战乱之中，许多妇女，特别是姿容美丽的女子更难逃脱战争的掠夺。君临天下的帝王或独霸一方的地方势力，有时大规模地掠夺妇女。秦始皇灭六国，将原六国后宫里的美女和六国贵族的妻妾和女儿，几乎全都被当作“战利品”掠进始皇后宫，供他一人淫乐。

魏晋南北朝时期，由于战乱发生的频繁，妇女遭掠夺，遇强暴的就更多了。曹操在军阀混战中常常掠夺美女，夺人妻妾，他夺占了何晏的母亲，张绣叔父的美妾，还想夺占袁绍的儿媳甄氏，结果甄氏被他儿子曹丕先夺到手。吴主孙皓杀了张布。又夺张布女儿封为美人，并很宠爱她。后来，孙皓盛怒之下，杀了张美人；听说张美人的姐姐很美，便把张美人的姐夫杀死，夺占了她姐姐。孙皓后宫中有美女五千。晋武帝灭吴，把吴宫美女掠人晋宫，据为己有。于是，晋武帝后宫人数突破一万。

南匈奴灭晋，晋后宫妃嫔宫女，官员妻妾及女拥都成了掠夺对象。政权更替频繁，新上台的帝王便把前朝后宫嫔妃美女掠为已有或分配给将领。整个北朝，包括北魏、北齐、北周，后宫美女的来源之一便是掠夺。至于，战乱中掠夺、强奸民间妇女更是难以计数。

这就向人们提出了一个问题，面对强权势力的掠夺和强暴，妇女应该怎么办？是顺从，还是反抗？在实际生活中，被掠后顺从者有之；苟且偷生者有之；义不受辱反抗而被杀或自杀者有之，参与抗敌或组织抗敌者也有之。

中华民族历来有抗暴不屈，义不受辱的精神，涌现出抗暴、反暴的英烈人物。妇女中的抗暴人物或事迹被人们传颂，称其为“贞烈”。《北史·列女传·序》非常强调“贞烈”：“盖妇人之德虽在于温柔，立节垂名咸资于贞烈。温柔，仁之本也；贞烈，义之资也。非温柔无以成其仁，非贞烈无以显其义。”温柔和贞烈成为这时期女性的两大美德，而尤其倡导“贞烈”之德，认为只有贞烈，才能“立节垂名”。《北史·列女传·论》进一步认为，妇人“其德以柔顺为先”，是一般的标准，而最高的标准应该是贞烈，即“明识远图，贞心峻节，志不可夺，唯义所高”的女子。据正史的列女传所载人物分析，这类女性可分为勇毅与刚烈两种类型。

勇毅的奇女子,面对强敌勇敢参战,成为抗敌的女战士。

西晋末年,晋将杜曾叛乱,围困襄城。襄城兵力不足,粮食也快用完了。襄城太守荀嵩打算派人突围请求救兵。荀嵩十三岁的女儿荀灌,“乃率勇士数十人,逾城突围”,乘夜色且战且走,终于杀退追兵,请来救兵,解了襄城之围。少女英雄荀灌的英名流芳青史。

南北朝时,前秦皇帝苻坚率军进攻东晋,大军直逼襄阳城下。襄阳守将朱序仓皇应战,秦军攻入外城,并且又有增兵。襄阳危急万分!这时,朱序的母亲韩氏,颇通兵略,亲率儿媳妇和婢女仆从登城视察,发现城西北角城墙不坚固。她便率领百余婢仆在中城增筑一道斜城,作为防御工事。人力不足,她又出资招募城中青壮年妇女帮助筑城。经过一天一夜的努力,终将斜城筑成。当秦兵攻破城的西北角时,晋军退守斜城,方将秦军阻挡住。军民齐呼新城为“夫人城”。

晋吴郡太守张茂,被沈充所害。张茂妻陆氏“倾家产,率茂部曲为先登,以讨充”。终于击败了沈充。

前秦苻登的妻子毛氏,“壮勇善骑射”。苻登被羌人姚苌击败,“营垒既陷,毛氏犹弯弓跨马,率壮士数百人与苌交战,杀伤甚众”,终因寡不敌众,兵败被杀。

北魏任城王太妃孟氏,在罗城被敌兵围困时,她“乃勒兵登陴,先守要便,激厉文武,安慰新旧,劝以赏罚,喻之逆顺”,鼓舞士气,使得士气大振。她还“亲自巡守,不避矢石”。敌兵久攻不下,只好退走,终于保住了城池。

北魏梓潼太守苟金龙妻刘氏,也是一位守城女英雄。当梁兵围攻梓潼时,苟金龙病重,不能率军应战。刘氏“遂率厉城民,修理战具,一夜悉成,拒战百有余日,兵士死伤过半”,这时,守城副将阴谋叛变:刘氏斩杀此人及党羽数十人,稳定了军心。危难之际,水井被梁军攻占,内城绝水,渴死多人,幸遇大雨。刘氏下令用器具接雨水,用衣服、布绢悬于城中吸收雨水,再绞水注入容器中储存。这样,人心稍稳。这时,救兵赶到,敌人退走。

西魏武功县孙道温妻赵氏,在叛军围闲岐州时,城池被围许久,救军不到。赵氏“乃谓城中妇女曰:‘今州城方陷,义在同忧’遂相率负土,昼夜培城”。终于协助守军守住了城池。

在“女主内,男主外”的古代中国,战争是男子分内之事,是男性的“专利”。参与战斗,并组织妇女坚守城池的女子,史书记载少如凤毛麟角,其勇武刚毅之气更值得赞扬,成为魏晋南北朝时期“妇德”的重要内容之一。

刚烈的女子,面对灭国亡家,将被凌辱的危难时刻,义不受辱,有的拒敌而死;有的自杀身亡。她们"不以存亡易心,不以盛衰改节",大义凛然,是战乱时期妇女们展现的美德。这类贞烈女子史书记载较多,现举其刚烈而有智慧者为例:

西晋灭亡前夕,前赵将领刘曜等率军攻陷洛阳,晋愍怀太子妃王惠风被刘曜等人掠走,并把她赐给部将乔属。乔属要纳她为妻,面对凶残的匈奴族猛将,王惠风拔剑拒属曰:"吾太尉公女,皇太子妃,义不为逆胡所辱。"遂被害。西晋散骑常侍梁纬被刘曜杀害,其妻辛氏有殊色,刘曜想霸占她为妾。辛氏据地大哭说:"妾闻男以义烈。女不再醮,妾夫已死,理无独全。"乞即就死。随后自缢而死。

前赵西扬州刺史王广女,"容质甚美,慷慨有丈夫之节。"蛮帅梅芳攻陷扬州,王广被杀。王广女才十五岁,梅芳欲纳她为妾。王广女在暗室中刺杀梅芳,可惜没有击中。"芳惊起曰:'何故反邪!'王骂曰:'蛮畜,我欲诛反贼,可谓反乎?吾闻父仇不同天,母仇不同地,汝反逆无状,害人父母,而复以无礼陵人。吾所以不死者,欲诛汝耳。今死自吾分,不待汝杀,但恨不得枭汝首于通逵,以塞大耻。"话刚说完,举刀自杀。

东晋才女谢道韫抗暴,别有一股豪壮之气。孙恩义军攻下会稽,身为会稽内史的王凝之,却信奉天师道,既不出兵,也不设防。结果,王凝之(谢道韫的丈夫)及诸儿子被杀。谢道韫面对事变,"举措自若","方命婢、肩舆抽刃出门,乱兵稍至,手杀数人,乃被虏。"乱兵又要杀她的年仅数岁的外孙子。谢道韫说:"事在王门,何关他族,必其如此,宁先见杀。"孙恩闻听此言,为之改容,便放了她及其外孙。

这类女子抗暴的事例,史书记载尚多,其情节大都雷同,多数为骂敌被杀,也有骂敌后自杀的。无论被杀,还是自杀,都是面对强暴,义不受辱,视死如归。这种抗暴精神,在动乱时代更具有美德的意义。

勇毅和刚烈成为魏晋南北朝大动乱时代妇女美德的重要方面。如果说温柔的妇德,是封建礼教压抑妇女,熏陶妇女的结果,是不足为训的。那么,勇毅和刚烈则是中华民族传统的美德,是值得发扬光大的。

## 帝王公开抢美女

三国时期,由于三国鼎立争雄,各国没有大规模从民间选取民女入宫。后宫佳丽除少数从民间选送外，宫人多靠战争中掠夺女子、籍没罪臣妻妾、女儿入宫等方式取得。

晋武帝夺得皇帝宝座后，为了纵情淫乐，大肆扩充后宫。泰始九年(273)七月，他下诏："聘公卿以下子女以备六宫采择。未毕，权禁断婚姻。"这次选择民间美女的范围还不大，主要是公卿以下、中级以上文武官员家中的未婚女子。晋武帝"自择其美者，以绛纱系臂"。大概没有选够数目，第二年又扩大范围，从下级文武官员及士族家庭中选拔未婚女子，共五千人入宫。他还派遣宦官乘车、骑马到各州郡去，把中选者召到后宫，让杨皇后挑选。

这次遴选民间美女，虽然仅限于士族家庭以上者，但其规模却是空前的，而且还为此下诏"禁天下嫁娶"，这在中国历史上是仅有的一例。选美的结果，司徒李胤、镇军大将军胡奋等的女儿及"世族子女并充三夫人、九嫔之列"。又选"司、冀、兖、豫四州二千名将吏家"的未婚女子，补充后宫"良人"以下各级嫔妃的名额。这次大规模的遴选宫廷美女的行动，弄得朝野名门显贵和士族大家人心惶惶，"名家盛族子女，多败衣瘁貌，以避之。"

按照晋武帝的要求，人选的美女必须出身显贵，是士族家庭中的未婚女子；相貌要美；个子要高；肤色要白的"美而长白"者。

这次选美的主选人是晋武帝的皇后杨琼芝。后宫佳丽越多，对皇后来说，情敌也就越多。因而杨皇后在具体挑选过程中"唯取洁白、长大"者，而那些"端正美丽者，并不见留"。美貌端丽的美女，却往往评选不上。就是晋武帝看中了的，杨皇后也设法阻止。如晋武帝看中了卞藩的女儿，便对杨后说："卞氏女佳。"杨皇后却反对说："藩三世后族，其女不可枉以卑位。"晋武帝只好作罢。

经过这次大规模的选美，晋武帝后宫美女多达五千余人，达到了东汉桓帝创造的后宫美女五千人的纪录。晋灭吴后，又把东吴孙皓后宫美女五千余人，全部接收下来，使后宫人数达到一万，创造了新纪录。后宫人数这么多，怎么"幸御"却成了问题。汉元帝，后宫三千人，他"创造"了"按图幸御"法；晋武帝则"发明"了"羊车所止"法。每当夜色降临，他便坐上羊车。羊拉着车走到哪位宫人门口，他便宿在哪里。于是，聪明的"宫人乃取竹叶插户，以盐汁洒地而引帝车"。

晋武帝还提出了选择后妃的新标准。白痴皇帝晋惠帝为太子时，武帝与杨皇后在为太子选妃问题上发生了分歧。晋武帝想为太子娶卫瓘的女儿，杨皇后却想为太子娶贾充的女儿。武帝说："卫公女有五可，贾公女有五不可。卫家种贤而多子，美而长白；贾家种妒而少子，丑而短黑。"于是，种贤、多子、美丽、长、白便成了选择后宫佳丽的标准，也成了士族权贵们选择妻子的新标准。种贤，是指出身于权贵、士族；同时也指不妒。美、长、白则是自先秦以来传统的女性外在美标准。所不同的是，晋武帝强调了“不妒”和多子两条。这大概与魏晋时期上层妇女“妒”性强烈有关，“多子”则是自古以来的传统观念。

西晋灭亡后，我国北方进入极度动乱的“五胡十六国”时期。战乱不断，王朝迅速更迭。战乱中无数妇女遭到抢掠、奸污。一些少数民族上层统治者进入中原后，在战乱中大肆掠夺民女，充实后宫，或者分配给部下将吏。后赵的羌人石世龙上台后，增置女官二十四等；东宫十二等；石世龙分封其部下诸公侯七十余国，各国均各置女官九等。为了充实女官数额，石世龙下令从民间强行掠夺十三岁以上，二十岁以下的女子三万多人。把她们分为三等，分配给后宫、东宫及诸公侯国，充当“女官”。各郡县官员，为了从民间搜罗美女，竟然抢掠有夫之妇九千余人，致使大批家庭夫妻离散，家破人亡，许多人被逼自杀。石世龙的部将石宣和公侯们还私令采集民女，又掠获民间女子一万人。这四万民女，由各地被押往邺。路上石世龙的部将把她们的丈夫杀死，逼得女子自缢的又有三千余人。真是血迹斑斑，尸横遍野。

这四万名妇女被押送到邺后，石世龙临轩检阅诸女，大悦。并从中挑选一千名会骑马的女子，组成仪仗队，“皆着紫纶巾，熟锦裤，金银镂带，五文织成鞾，游于戏马观。”供石世龙享乐。

石世龙这样大规模地从民间搜罗、抢掠妇女的强盗行径在中国历史上是空前绝后的，给人民生活带来极大苦难。后进民族在战乱中，抢掠财物，同时也抢掠妇女。在他们心目中，妇女与财物一样，都是掠夺的对象。

宫廷选美与公开掠夺民女并没有本质区别，都是对妇女实行“性”掠夺和“性”压迫。

宫廷选美是只有皇帝才有的特权。它实质是对女性进行“性”掠夺、“性”占有和“性”奴役，是极为野蛮的行径，是统治者权力膨胀和腐朽没落的表现。权力、奢侈、荒淫三位一体，而权力又是后两者的前提。有了权就可以凭借权力，霸占、掠夺财物（钱），在物质生活上大肆奢侈；有了权就可以凭借权力，霸占、掠夺妇女（性对象），过着荒淫的生活。奢侈、荒淫的结果又往往导致统治权力的丧失和转移，发生动乱和改朝换代。新上台的统治者，往往汲取前代教训，提倡节俭，限制后宫人数。可是，这种做法不会维持很久，随着财富的积累和集中，最高统治层又会腐化起来，于是又是奢侈和荒淫，再次导致动乱和改朝换代，形成权、钱、性周期性循环的“怪圈”。

## 家妓招来杀身祸

上行下效，皇帝荒淫无度，把成千上万的美女纳入后宫。皇帝以下的官僚、权贵、世家大族、豪门巨富、富商巨贾也凭借特权或财富抢夺、霸占，购买大量妇女，供其淫乐。魏晋南北朝时期的王公贵族、世家大族都畜养大量家妓，供他们歌舞淫乐。权贵、富豪们畜养的妾、家妓和婢女中，有许多是才貌出众的青年女子。她们有的能歌善舞，有的善演奏乐器，有的才识超群。这些美女成为权贵巨富们的淫乐泄欲的工具，而且还成了权贵巨富们竞奢斗富的“宝物”，成为权势者地位、权势和财富的象征。“王侯将相，歌妓填室；鸿商巨贾，舞女成群。竞相夸大，玄有争夺，如恐不及，莫为禁令”。如晋尚书梅陶“家庭侈靡，声妓纷葩，丝竹之音流闻衢路”；刘宋的颜师伯“多纳货贿，家产丰积，伎妾声乐尽天下之选”；阮佃夫家有“妓女数十，艺貌冠绝当时”；北魏的元雍“妓女五百”、元琛妓女三百；齐萧嶷的家妓更多，妓妾千余。西晋著名富豪石崇有妓女“美艳者千余人”。石崇又从中选择出数十人，“装饰一等，使忽视之，不相分别。刻玉为蛟龙骊；萦金为凤凰钗，结袖绕楹而舞”，极尽奢侈淫乐之能事。

豪门巨富家中的美婢家妓，绝大多数是从民间购买来的贫苦农民的女儿。每个家妓几乎都有一本血泪史。石崇的家妓绿珠，就是广西博白的一个贫苦农民的女儿。她长得眉清目秀，能歌善舞，又善吹笛。石崇任交趾采访使时，用三斛珍珠把她买了来，安置在河南的金谷园中。石崇的另一美婢随风，“魏末于胡中买得，年始十岁”，就被石崇买到家中加以培训，使其成为“以文辞擅爱”的美人。

这些女孩子被家里卖出，告别父母乡亲，那情景是惨不忍睹的，可惜史书多无记载。晋人王嘉的《拾遗记》中，记述魏文帝曹丕所爱的宫婢薛灵芸（后更名薛夜来）被卖入宫时的惨况：薛灵芸的父亲是常山掷乡亭长，家道贫寒。灵芸十几岁便“聚邻妇夜绩，以麻蒿自照”。十五岁时，灵芸已长成“容貌绝世”的美丽姑娘，远近闻名。这时，魏文帝选良家女子入宫，常山郡守谷习便用千金购买了灵芸，并把她献给魏文帝。“灵芸闻别父母，赦欷累日，泪下沾衣”，哭得死去活来。她坐上文帝派来接她的华丽的车子，仍然哭个不停，“以玉唾壶承泪，壶则红色”，她已泪尽泣血了。“既发常山，及至京师，壶中泪凝如血。”这玉壶中的血泪就是成千上万个宫女、家妓、婢女的血泪的集中写照。

宫女、家妓、婢女中的许多人不仅美丽多姿，而且才艺惊人，或者有一技之长。例如,魏文帝喜欢的宫人莫琼树擅长美容,“乃制蝉鬓,缥缈如蝉”;段巧笑“始以锦衣丝履作紫粉硃面”;田尚衣“能歌舞”;薛夜来“善为衣裳”在宫中号为“针神”。石崇的家妓绿珠“能吹笛,又善歌明君曲”;翱风有一专长,“妙别玉声,能观金色”擅于识别金玉宝器的真假及产地;又善于文辞。一般的家妓多能歌善舞,或者擅丝竹管弦等乐器。她们之中的一些人实际是我国古代的歌舞演唱家和器乐家。由于她们的社会地位十分低下,成为权贵富人的娱乐工具,因而被历史所埋没。

宫人、家妓、婢女中的美艳者,她们的命运往往是悲惨的,有的被杀,有的被夺,有的被送给他人,有的色衰爱弛被遗弃。

靠劫夺抢掠致富的西晋大富豪石崇,禽兽不如,视美女如草芥,随便杀害:“石崇每要客宴集,常令美人行酒;客饮酒不尽者,使黄门交斩美人。王丞相与大将军尝共诣崇,丞相素不能饮,辄自勉强,至于沉醉。每至大将军,固不饮以观其变。已斩三人,颜色如故,尚不肯饮。丞相让之,大将军曰:‘自杀伊家人,何预卿事!’”

两个恶人以杀人取乐。一个视美女的生命为儿戏,随便斩杀;一个则故意不饮酒,看他能杀多少人,拿美女的生命开玩笑。金钱、权势使他们失去了人性,变得禽兽不如。西晋王恺有一次请客,席间命一女妓吹笛,该女子吹奏中略有遗忘,王恺便把她活活打死。

石崇的家妓绿珠,因为美艳和善歌舞而被权势者争来夺去。晋赵王司马伦叛乱后,他的爪牙孙秀便派人向石崇索要绿珠。石崇“出侍婢数百人,以示之,皆蕴兰麝而披罗郇。”石崇让来人任意选择。可是,来人指名索要绿珠。石崇却不肯给,结果招致杀身之祸。绿珠跳楼身亡。石崇也被比他权势更大的恶棍赵王伦杀死。恶人自有恶人降,石崇死有余辜,而美丽善歌舞的绿珠成了权势者们掠夺的牺牲品。封建文人们称绿珠是“有贞节者”,实际上绿珠的死是对掠夺者的抗议和控诉。石崇的另一爱婢翱风到三十岁时,便被石崇一脚踢开,让她当“房老”,管理新来的少年美妓。翱风心中不快,便作诗一首云:

春华谁不美,卒伤秋落时,
突烟还自低,鄙退岂所期!
桂芳徒自蠹,失爱在娥眉。
坐见芳时歇,憔悴空自嗤!

感叹色衰爱弛,被冷落,被遗弃的悲凉!

绿珠的弟子宋讳,“有国色,善吹笛”。后来,到晋明帝后宫中,仍逃不脱被玩弄的命运。

宫女、家妓和婢女，她们是地位低下的下层妇女，多数出身于下层农民家庭，或者是罪臣的妻、妾、女。她们与玩弄她们的权势者们不属于同一阶级或阶层。权势者购买、掠夺平民间的美貌女子，实际上是对劳动人民的“性”剥削和“性”掠夺。被掠夺的女性仍然摆脱不了被奴役，被蹂躏，被污辱的命运。

## 变态畸形的女性美

魏晋时期，从曹丕、曹植到两晋文人雅士，常常以诗、赋等文学形式来表现、描绘女性之美，到南朝时期在统治阶级上层出现了“宫体诗”或称“艳诗”。“宫体”实际是梁、陈的宫廷文学的总称。“宫体诗的特征是风格‘轻艳’，即在形式上尚文藻和声韵，追求构思的新奇巧妙，在内容上则集中写宫中生活和闺房世界。”形成了以娇艳的女性为歌咏对象的美文学传统。梁时，徐陵把从汉至梁几乎所有与女性有关的诗作编为一集，名为《玉台新咏》。诗集中的许多诗，便是“艳情”诗的代表作。

从“风骚”型到“艳情”型的转化，正是在魏晋南北朝时期完成的。《风骚与艳情》一书的作者康正果认为：“艳情型”诗歌是娱乐和消遣的艺术，歌妓的形象和感人的恋情始终是它的中心内容；同时它把妇女题材全面艳化，发展成一种唯美的和唯女性的“描写诗”——艳诗。

艳诗所表现的内容，是一种艳情化了的女性美观念，有人称其为“色情”诗。又因为艳诗产生在梁、陈时期，人们把它与亡国之君爱好宫体诗联系起来，因而宫体诗也便成了“亡国之音”。于是，“美女亡国论”与“艳诗亡国论”在美与艳上重合在一起，使得艳诗、美女都成了亡国的“罪人”。

曹植的名作《美女篇》《洛神赋》，是属于“风骚”型的诗、赋。《美女篇》：

美女妖且闲，采桑歧路间。
长条纷冉冉，落叶何翩翩。
攘袖见素手，皓腕约金环。
头上金爵钗，腰佩翠琅歼。
明珠交玉体，珊瑚间木难。
罗衣何飘飘，轻裾随风还。
顾眄遗光彩，长啸气若兰。
行徒用息驾，休者以忘餐。

诗人用极为华丽的辞藻、雕琢的语句描绘了美女的衣服、首饰等华贵的服饰,同时尽力描绘美女的娴雅、优美和飘逸的情态和某种感伤的气质。这位美女好像一位娴雅的时装模特,成为美的化身。

《洛神赋》是继《神女赋》之后,又一描绘"神女"的作品。作者充分发挥了他那夸饰和铺陈的手法,妙绝千古的描绘了洛神的形体、情态和精神气质,体现了魏晋的审美趣味理想。

《洛神赋》描绘洛神出现时的情景:

其形也,翩若惊鸿,婉若游龙,荣曜秋菊,华茂春松。仿佛兮若轻云之蔽月;飘飘兮若流风之回雪。远而望之,皎若太阳升朝霞,迫而察之,灼若芙蕖出绿波。

接着。又"近镜头"的具体描绘洛神的形体、容貌之美:

秾纤得衷,修短合度;肩若削成,腰如约素;延颈秀项,皓质呈露;芳泽无加,铅华弗御;云髻峨峨,修眉联娟;丹唇外朗,皓齿内鲜;明眸善睐,靥辅承权;瑰姿艳逸,仪静体闲;柔情绰态,媚于语言。

诗人对洛神的服饰、举止、步态都做了绝妙的描绘,充分展示了魏晋时期人们所崇尚的女性飘逸娴雅之美。

陆机的《艳歌行》,淋漓尽致地描写美人的外貌、动作和她活动的场景,而对美女的内在美,美女的品德却一点不涉及,似乎是为写美而写美,已经有了"艳化"的味道了。

到南朝齐、梁时期,齐、梁新贵族的生活方式和思想感情与魏晋门阀世族有很大不同,他们多是从低微的布衣素族发展起来的宫廷新贵。他们一上台便尽情享受已取得的荣华富贵,过着穷奢极欲的生活。另外,南朝时期市井之中的倡女、歌女、舞女进入宫廷,把艳歌、艳曲如吴声、西曲,以及民间舞蹈等带进宫廷中,于是形成了"艳情型"的宫体诗。

宫体诗把美女看作一件美丽的玩物来加以描绘,美女往往被安排到各种虚拟的环境中,如闺阁、宫殿、园林等华美的景象。美女与艳丽的场景构成绮丽的画面。如萧纲的《美人晨妆》写晨起梳妆的丽人;《拟落日窗中坐》写落日余晖中窗下的美女;萧纶的《车中见美人》则写正在路上行走的美人;庾肩吾的《咏美人自看画》,描绘了观画的美女。睡美人更是艳诗常常表现的题材。如萧纲的《咏内人昼眠》:

北窗聊就枕,南檐日未斜。

攀钩落绮障,插捩举琵琶。

梦笑开娇靥，眠鬟压落花。

簟纹生玉腕，香汗浸红纱。

夫婿恒相伴，莫误是倡家。

诗人把午睡中的后妃，完全视为一件美妙的玩物，把美人的各种姿态尽情地细腻描绘，就像一幅工笔美人图。美女的梦中的笑靥，手腕上的席印，散垂的鬓鬟，浸汗的纱衣全都精雕细刻，浸透着无聊的审美趣味。这就是南朝新贵们眼中的女性美。在他们的观念中，有血有肉有思想的女性完全成了一件美丽精巧的玩物，一件供他们玩赏淫乐的工具。而宫中美女的悲欢苦乐、悲惨命运全都淹没在美丽的辞藻之中。

这些"艳情"诗，并没有写"情"，实际上是所谓"咏物"诗，是把女性物化为"咏"的对象，成为他们雕章琢句的一种玩物，是女性美的畸形化、病态化。

最能代表这种没落审美情趣的是《玉台新咏》序中的一段话："东邻巧笑，来侍寝于更衣；西子微颦，得横陈于甲帐。陪游驺娑，骋纤腰于结风；长乐鸳鸯，奏新声于度曲。妆鸣蝉之薄鬓，照堕马之垂鬟。反插金钿，横抽宝树。南都石黛，最发双蛾；北地燕脂，偏开两靥。……金星将婺女争华，麝月与嫦娥竞爽。惊鸾冶袖，时飘韩掾之香；飞燕长裾，宜结陈王之骊。虽非图画，入甘泉而不分；言异神仙，戏阳台而无别。真可谓倾国倾城，无对无双者也。"把诸种美女的风情靓姿、美色艳饰，诸般情态描绘得颇有声色，极尽"轻艳"之能事，集中代表了宫体诗派的审美趣味和女性美观念。

魏晋南北朝时期，人物画有很大发展，出现了许多描绘妇女的画卷。

北魏司马金龙墓出土的木板漆画，是依据汉代刘向《列女传》的内容画的。现存十八幅画面，每幅都有题记和榜题。如"汉成帝班健仔""李充妻""灵公夫人"等，是列女传故事画。意在宣传、褒扬列女。人物多为"褒衣博带"的衣冠风度。

晋代大画家顾恺之为我们留下了数幅有关妇女的名画。如《女史箴图卷》，现存九幅画面，其中比较突出的有第一幅，画的是冯昭仪为汉元帝挡熊的故事；第二幅表现的是班姬不与汉成帝同辇的故事；第四幅为宫廷妇女化妆；第五幅表现夫妇之间要"出其言善，千里应之"，否则"同衾以疑"，等等。

《洛神赋图卷》是依曹植《洛神赋》而画的，画中的洛神的发型是"灵蛇髻"即魏文帝甄皇后常梳的发型。显然，画家在画面中表现了曹植爱恋甄氏的传说故事。画卷从曹植和他的随从们在洛川见到洛神起，画到洛神离去止，交织着哀怨、怅惘与欢乐的感情，表现了人神异路，既难以割舍，又无法实现的爱情。

顾恺之的这些作品，对人物神情的描绘生动、自然，尤其是对宫廷仕女的描绘，具有魏晋所推崇的飘逸淡雅、超尘脱俗的风姿。

顾恺之在绘画理论上，提出："作女子尤丽衣髻，俯仰中，一点一画皆相与成其艳姿"，他又说："美丽之形，尺寸之制，阴阳之数，纤妙之迹，世所并贵"，主张画妇女要画得美丽，有艳姿，具有魏晋时期女性飘逸淡雅的风姿。

到南朝梁、陈时期，与宫廷盛行"宫体"诗相适应，在绘画上也产生了"宫廷"派的作风，还出现了一些善画妇女的画家。他们按宫廷贵族的要求，把新贵们在宫体诗中用语言描写的"神女""佳人"逼真地画出来，甚至达到难辨真伪的地步。如梁简文帝的《咏美人观画》所写：

殿上图神女，宫里出佳人。可怜俱是画，谁能辨伪真。分明净眉眼，一种细腰身，所可持为异，长有好精神。

南朝时期，宫廷生活腐化，嫔妃们的服饰争奇斗妍，经常变换花样，"顷来容服，一月三改，首尾未周，俄成古拙"，弄得宫廷画家赶不上宫人们容饰服装花样的变化。尽管南朝画家所画仕女惟妙惟肖，但却缺少魏晋时期女性的飘逸闲雅的风姿。

## 隋唐时代的性摧残

隋、唐时期，结束了三百余年的各民族政权分裂、割据、混战的局面，建立了疆域空前辽阔的统一的多民族国家，众多北方游牧民族进入了中华民族大家庭。"胡人"汉化，北方的汉人也在一定程度上"胡化"。隋、唐统治者，都发迹于关陇军事贵族集团，本身就有胡族血统，在文化习俗上有着武功传统。隋、唐由于国力强盛，统治者自信心很强，采取了开放国门的政策。国内各民族间，国际间的交往都空前活跃，各民族文化风俗的交融，对外来文化的广泛汲取，使得唐代形成了多元的文化与雄健豪放的时代精神。唐代在思想领域，儒、佛、道三家兼容并包，儒家思想及儒学礼教没有成为统治思想和绝对权威，因而礼教观念相对淡薄，对妇女的束缚相对较轻，加之"胡风""胡俗"的影响，传统的儒家"妇德"的相对失范，两性关系呈现较为宽松的状态。

隋、唐时期，政治统一，经济发达，农业、手工业、商业空前繁荣，商品经济也有较大发展，国力空前强盛。中国封建社会进入了它自身发展的鼎盛时期。

在这种繁荣昌盛的社会大环境里，在多元开放、雄健豪放的文化氛围中，给隋、唐妇女的生活提供了较为宽松的社会条件，为隋、唐妇女多方面才智的发挥提供了前提。因而，形成了隋、唐妇女容才并茂，丰腴健硕，颇具阳刚之气的女性美风范。

隋唐五代时期，妇女受礼教的束缚相对松弛，“夫为妻纲”“三从四德”等封建妇德受到来自男女两性双方面的挑战。

1.首先是男性不重视礼法和女性的是否贞节。隋炀帝淫乱无度，烝其庶母，乱伦失德。就连唐太宗在杀死弟弟元吉后，也纳元吉妻为妃；卢江王李瑗因谋反被杀，其妻也被太宗纳入后宫，陪侍左右。唐高宗李治在当太子时便与唐太宗的才人武则天暗中相恋。太宗去世后，李治当了皇帝便纳武则天为昭仪。唐玄宗看到自己的儿媳杨氏美丽无双，便霸占为已有，封其为贵妃。他们都不重视贞节，甚至违背礼法道德。

唐代的诗人、才子、进士、举子更是不拘礼法，经常出没于妓馆青楼。他们还常用艳诗新词来记述他们狎妓的风流韵事。

这种不拘礼法，不重贞节的社会风气，自然促使女性也不重贞节。唐代公主再嫁者达二十三人；三嫁者四人；官僚士大夫家的女儿改嫁的也很多；庶民的妻子，夫死后也可改嫁；有的甚至提出离婚；还有夫妻不合，协议离婚的。封建礼教大防，最重要的一条是要求妇女守贞节，“从一而终，夫死不嫁”。贞节观念的淡化，刚好说明唐代礼教大防的松弛，女性获得了一定程度的性自由。

2.封建妇德要求“女主内”，家庭主妇只能关心纺织、做饭一类的家务事；身为后妃的女性则要求不得干预国家政事，自觉遵守“牝鸡无晨”的礼教规范。唐太宗的长孙皇后，就是后妃中的“模范”人物，典型的贤后。她自觉遵守“不干政”的信条。一次，唐太宗与长孙皇后谈论起赏罚的事情。长孙皇后回答说：“牝鸡之晨，惟家之索，妾以妇人，岂敢豫闻政事。”太宗坚持让她发表意见，她竟闭口不答。

3.封建妇德要求，后妃要做帝王的贤内助，劝谏皇帝施行德政。长孙皇后和徐贤妃都是太宗的贤内助，帮助唐太宗“纳谏”，规劝太宗要节俭。徐贤妃上书说：“有道之君，以逸逸人；无道之君，以乐乐身”；又说：“珍玩伎巧乃丧国之斧斤；珠玉锦绣实迷心之鸩毒”，劝诫太宗要爱惜民力，厉行节俭，对太宗帮助颇大。

到了唐高宗时期，情况发生重大变化。武则天才干出众，先是帮助高宗治理国家，接着便实际上控制了中央政权，垂帘听政；最后实现“牝鸡司晨”，当上了女皇帝，完全冲破了“女主内”的妇德规范。中宗复位后，韦皇后又想步武则天的后尘,当女皇帝。结果因为她才干不足以统治驾驭朝臣而失败了。

唐代后期,女不干政的后宫信条又得到恢复。如唐宪宗懿安皇后郭氏,是中兴名将郭子仪的孙女。穆宗继位后被尊为皇太后,权力很大。当穆宗崩逝后,太监们都劝郭太后临朝称制。太后大怒道:“吾效武氏邪! 今太子虽幼,尚可选重德为辅,吾何与外事哉!?”郭太后坚决不临朝称制,甘心辅佐幼帝。这是唐代后期汲取了武则天称帝的历史“教训”,开始严防母后干政的结果。

4.不忌妒是后妃的又一个美德。长孙皇后又是不忌妒的典范,她带领后宫嫔妃,和睦相处,不妒不嫉。每逢嫔妃或宫女有病,她甚至亲自探视,送药医治。她自觉遵循封建礼教,自觉地维护皇帝的多妻妾制度。

到了唐高宗时期,后宫中先是王皇后与萧淑妃争宠,斗得你死我活。武则天入宫后不久,便与王皇后、萧淑妃展开了争宠和争夺后位的激烈斗争。最后,武则天害死了王皇后、萧淑妃,夺得皇后宝座。这些后宫斗争,按封建妇德的要求,当然是有失妇德的,是对妇德的冲击。其实,皇帝的后宫充满嫉妒和仇杀是封建后宫制度的产物,是一种常态。只有少数所谓“贤后”主持后宫内事时,后宫才相对安静一些。官僚权贵家的主妇妒性也很强烈。

5.抑制外戚是后妃的美德之一。唐太宗的长孙皇后,就曾多次谏劝太宗不要委她兄长长孙无忌以重任。她说:“妾既托身紫宫,尊贵已极,实不愿兄弟子侄布列朝廷,汉之吕、霍可为切骨之诫。”她接受了汉代外戚干政造成动乱的教训,尽量抑制其兄长的权力,使之不再重蹈汉代外戚专权的覆辙。

武则天当皇后时,害死了自己的异母兄长,并声称抑制外戚,可是她称帝后重用武氏子侄,最终导致武氏的败亡。杨贵妃受宠后,她的姊妹及堂兄杨国忠等五家财富、权势都达到极点,“炙手可热势绝伦”,都不能抑制外戚势力,当然是不符合封建妇德要求的。

总之,唐代初期唐太宗朝的长孙皇后、徐贤妃都是贤后妃的典范,能较为自觉地遵循礼教和后妃之德。初唐时期礼教约束比南北朝时期有所恢复。从唐高宗,中经武则天到唐玄宗开元天宝年间,无论是宫廷还是全社会,礼教束缚松弛,妇德失范。

安史之乱以后,汲取武则天称帝和所谓“杨贵妃美色祸国”的教训,宫廷中加强妇德教育,抑制母后或后妃干政;并设法预防“美色祸国”。例如,《唐语林》记载这样一件事:

宣宗时,越守进女乐,有绝色。上初悦之。数日,锡予盈积。忽晨兴不乐,曰:“明皇帝只一杨妃,天下至今未平,我岂敢忘?”召诣前曰:“应留汝不得。”左右奏“可以放还”，上曰：“放还我必思之，可赐鸩一杯。”

唐宣宗为了预防“美色祸国”竟残忍地把一年轻美貌女子毒死。

还在唐德宗时，就加强了对后宫嫔妃的妇德教育。德宗下诏把女学士宋若昭等姐妹五人召进后宫。这姐妹五人，是儒学先生宋庭芬的女儿。这五位女子，都聪明过人，能做文章。其中若莘、若昭“文尤淡丽，性复贞素闲雅，不尚纷华之饰”。老大宋若莘著《女论语》十二篇，模仿《论语》的体例，宣扬妇德。全书分为：立身、学作、学礼、早起、事父母、事舅姑、事夫、训男女、营家、待客、和柔、守节等十二章。其内容远比班昭的《女诫》更为详尽具体。其中的“立身”章，要求妇女“清则贞洁，贞则身荣，行莫回头，语莫露唇，坐莫动膝，立莫摇裙，喜莫大笑，怒莫高声，……莫窥外壁，莫出外庭，窥必掩面，出必藏形”。女子的一言一行，一举一动都要遮遮掩掩，羞羞怯怯。这样的“立身”，简直把女人看作木偶人了，连一点点行动自由都被剥夺竟尽。

但是，《女论语》的学作、早起、营家等章中的鼓励妇女勤劳、节俭，反对浪费和奢华等内容还是有可取之处的。

宋氏五姊妹中，若昭尤“通晓人事”，从唐德宗时起，她历经宪宗、穆宗、敬宗三帝，都被称为“先生”。“六宫嫔媛、诸王、公主、驸马皆师之，为之致敬”，号曰宫师。宋若昭虽不是《女论语》的作者，但她为《女论语》作注释和订正，并在宫中以此书教育后宫嫔妃。

因而，我们说，唐代后期儒学礼教和封建妇德又在后宫中得到恢复和发展。这种情况也反映在后妃的遴选上。唐后期，后妃遴选也开始恢复“重德轻色”的标准。

我们从《旧唐书·后妃传》《新唐书·后妃传》中，得出这样一种印象：即唐代皇帝遴选后妃，大体分为：1.以德入选；2.以才入选；3.以容色人选三类。而以以色入选者为多，总的倾向是“重色轻德”的。但是，唐代后期确也出了几位有德的后妃。如，唐德宗的韦贤妃，“性敏惠，言无苟容，动必由礼”。唐顺宗庄宪王皇后，更是一个遵循妇德的“贤后”。王皇后“以良家选入宫”，《新唐书·后妃传》说她，“性仁顺，宫中化其德，莫不柔雍。”“后谨畏，深抑外戚，无丝毫假贷，训厉内职，有古后妃风。”《旧唐书·后妃传》，说她“言容恭谨，宫中称其德行”，“性仁和恭逊，深抑外戚，无丝豪假贷，训厉内职，有母仪之风焉！”。总之，她是一位“贤德之后”。唐敬宗的郭贵妃，则“容德冠绝”，德容并美。

唐代后期，礼教约束开始恢复，妇德规范重新树立。五代时期，社会动荡，国君往往沉湎酒色，当然更注重女色。但是，五代时也有少数守礼的“贤后”，如后唐太祖李克用的曹皇后"性谦退而明辨","恭勤内助,左右称之"。

## 隋炀帝用"童车"奸淫少女

隋朝开国之君隋文帝,在未做皇帝时,与妻子独孤氏感情很深,两人曾发誓"无异生之子"。也就是说,杨坚保证一生不再与独孤氏以外的女性发生性关系。后来,独孤氏又在杨坚夺取皇权的斗争中起了举足轻重的作用。

杨坚作了皇帝以后,后宫佳丽成百上千,可是,他却受到独孤皇后的制约。独孤后总是与他形影不离,弄得文帝无法接近后宫女色。而且独孤皇后还大大裁减了后宫人数,"虚嫔妾之位,不设三妃,防其上逼。自嫔以下置六十员,加又抑损服章,降其品秩。"后宫嫔妾不仅人数减少,而且品位降低,又多以老、丑的女子充当。由于独孤皇后有效的控制,使得"后宫莫敢进御"。隋文帝前期基本过着一夫一妻式的生活,这是中国帝王之中仅见的。

独孤皇后去世后,文帝后宫人数大大增加,又宠幸"姿貌无双"的宣华夫人陈氏和"容仪婉嫕"的容华夫人蔡氏。

隋炀帝是我国历史上最著名的荒淫奢侈的皇帝。他一上台便极力扩充后宫,"参详典故,自制嘉名",设各级嫔妃共一百二十四个。此外,还有宫女三四千人,一个个"端容丽饰,陪从宴游"供其淫乐。随着帝位的巩固和经济的发展,隋炀帝日趋陷入奢侈荒淫之中。他下令在东都洛阳宫中分设五湖、十六院,以美女充实其中。又在长安至江都途中建造行宫四十多处,征集民间美女充实其间。据《隋书·炀帝纪》记载:大业八年(612),炀帝"密诏江淮南诸郡,阅视民间童女姿质端丽者,每岁贡之"。此后,每年都有大量美丽的女童被强迫纳入行宫之中,供炀帝一人淫乐。又造迷楼,"诏选后宫良家女数千,以居楼中"。

隋炀帝南巡江都,随他南下的有上千名嫔妃宫女供其淫乐。南巡队伍浩浩荡荡,"蛾眉作队,粉黛成行"。从京城到汴郡的路上,隋炀帝坐在御女车上,让御车女袁宝儿驾车。宝儿"年十五,腰肢纤堕,呆憨多态,帝宠爱之特厚"。当炀帝行进在大运河上时,"帝御龙舟,萧妃乘凤舸,锦帆彩缆,穷极侈靡"。"每舟择妙丽、长白女子千人,执雕版镂金楫,号为殿脚女",为御船牵缆,真是荒淫至极点。当他发现"善画长蛾眉"的"殿脚女"吴绛仙时,"喜其柔丽"而亲幸之。

到了江都以后,隋炀帝,"荒淫益甚,宫中为百余房,各盛供张,实以美人,日令一房为主人……帝与萧后及幸姬历就宴饮,酒卮不离口,从姬千余人亦常醉。"终日沉醉于酒色之中。他还常用淫具"童车"奸淫少女。这个蹂躏、摧残女性美的恶棍皇帝，终于在荒淫之中被叛将缢死，隋朝也因他的淫乐无度而灭亡。

旧时代的史官、文人总喜欢把某帝王的亡国与他宠幸的某美女联系起来，制造"美女亡国论"，把某一王朝的消亡责任推给女性。隋炀帝这个我国历史上的著名昏君，荒淫皇帝，他的灭亡，又能归罪于哪个女性？他完全是咎由自取。可见，亡国之君之所以亡国，除了许多客观原因，历史因素外，主要还在于帝王本身是英明，还是荒淫，过度的腐化、荒淫必导致败亡。

唐朝开国之初，太宗君臣总结隋亡的历史教训，其中之一便是厉戒荒淫，提倡节俭。唐朝初年不再从民间采选民女，而且还曾有放宫女出宫之举。

唐太宗贞观十三年(639)，尚书省进奏说："近世掖庭之选，或微贱之族，礼训蔑闻；或刑戮之家，幽怨所积。请自今，后宫及东宫内职有缺，皆选良家有才行者充，以礼聘纳；其没官口及素微贱之人，皆不得补用。"唐太宗采纳了这个意见。此后，唐各代皇帝在为后宫或太子、诸王选妃时，都很重视家世，常常是选自良家妇女。例如，贞观十七年(643)，唐太宗见太子李治的东宫中缺少宫人，便"敕选良家女以实东宫"。可是，李治派于志宁向唐太宗表示推辞。太宗说："吾不欲使子孙生于微贱耳。今既致辞，当从其意。"为太子选美之事便放下了。

唐玄宗时期，国富民强，财用富足。当玄宗发现太子宫中"左右使令亦无妓女"时，便"诏力士，令京兆尹亟选人间女子颀长洁白者五人，将以赐太子"。

高力士复奏说："臣宣旨京兆尹阅女子，人间嚣然，而朝廷好言事者得以为口实。"为了避免在民间选秀女引起混乱，也为了避免朝廷大臣们的反对，高力士建议从掖庭妇女中选拔："臣伏见掖庭中，故衣冠以事没人其家者，宜可备选。"玄宗听了很高兴，便让高力士"诏掖庭令，按籍阅视，得五人，以赐太子"。唐肃宗的吴皇后，就是在这次选美之中，被选入太子宫的。

唐玄宗开元年间，承平日久，财用富足，玄宗也开始腐化起来。为了充实后宫，玄宗秘密下令"岁遣使采择天下姝好，纳之后宫，号花鸟使"。元稹《上阳白发人》一诗便揭露了"花鸟使"胁迫民女入宫的暴行。这些年轻美貌女子，被迫入宫后，便成了被奴役的宫婢。由于年复一年地从民间采选民女入宫，开元、天宝年间宫女人数大大增加，长安大内、大明、兴庆三宫；皇子十宅院；皇孙百孙院；东都洛阳大内、上阳两宫，"大率宫女四万人"，《新唐书·宦者传》也说："开元天宝中，宫嫔大率至四万。"唐文宗为太子选妃，曾下令百官各自"举言十岁已来嫡女及妹、侄、孙女"，为庄恪太子选妃时，专"求汝、郑间衣冠子女为新妇。”大批良家女就这样一批批被选入宫中,少数有幸成为妃嫔,多数便成为宫女。

此外,唐朝教坊等机构中的宫妓,也是从民间挑选来的。如唐宪宗元和七年(812),“教坊忽称密旨,取良家士女及衣冠别第妓人,京师嚣然。”这是唐代后期又一次选宫女。

五代时期分裂动乱,战乱不休,政权更替迅速,所以后宫人数远比唐代为少。但也时有选美事件发生。例如,据《新五代史·伶官传》记载,后唐庄宗李存勖占据洛阳后,居住在唐故宫里,而嫔妃未备。宦官们造谣说,唐时后宫万人,而今后宫空寂,经常闹鬼,须住满宫人才能把鬼震住。于是,庄宗幸邺时,便“采邺美女千人,以充后宫”。弄得“军士妻女因而逃逸者数千人”。后蜀孟昶“好打球走马,又为方士房中之术,多采良家子以充后宫”。“民间惧其搜选,皆立求媒伐而嫁之,谓之‘惊婚’焉”。

汉代开创的从民间未婚女子中遴选后妃、宫女的办法,到隋唐五代时期仍然时断时续。除隋炀帝下诏采选美女数千,后唐庄宗李存勖采选美女千人外,其他历次采选后宫佳丽的人数都较少,影响亦不大。从民间采选美女是封建帝王对广大群众的人口掠夺和奴役,同时也是对广大女性的“性”掠夺和“性”奴役,是很不得人心的扰民政策。每次大规模选美,都弄得被选地区人心惶惶,有女人家将女儿东躲西藏,有的便仓促婚配。

## 一生没见过男人的宫女

自汉代开创从民间选女入宫的制度以来,历代皇帝的后宫都有成百上千,甚至数千宫人被深锁在皇宫禁苑中。她们之中除极少数有机会得到皇帝的宠幸外,多数人终生得不到“幸御”,在宫中为皇帝、后妃们服劳役,直到白发满头。唐玄宗时,后宫嫔妃、宫女达到四万人,这是历史上罕见的。

宫人的来源,主要是从民间良家女子中挑选的,所谓“以良家选入宫”者。其次是没入掖庭的罪臣妻、女及亲属等。如著名的宫人上官婉儿,其祖父、父亲被杀,她自幼随母亲郑氏没入掖庭为官奴婢。第三,少数嫔妃或有名号的宫人,也有由后妃、公主、大臣等推荐入宫的。这些人多为官僚的女儿,有的因容止美丽,有的因才华出众,被推荐入宫。如唐高宗的王皇后,就是同安长公主“以后婉淑”而向唐太宗推荐成为晋王妃的(当时高宗李治封为晋王)。宋若莘、宋若昭姊妹五人则是因为才华出众,由于昭义节度使李抱真上书推荐,才被唐德宗召入禁中的。这些被推荐入宫的女子，多因才貌出众，又有后台而成为嫔妃甚至皇后。

被选入宫，或者被推荐入宫的民女，多数是容貌出众，多才多艺的人。这是因为皇帝选民女，入选的首要条件是形体、容貌美丽。隋炀帝采选民间童女的标准是“姿质端丽者”，“殿脚女”也是由“妙丽、长白女子”充任。唐玄宗为太子选宫人，选的是“颀长洁白者”。可见，隋唐时期仍以美丽、体长、肤白为选择宫人的主要标准。

宫人中的许多人多才多艺，才艺双绝。

有的以诗、文著称。如唐太宗的贤妃徐惠，“生五月能言，四岁通《论语》《诗》，八岁自晓属文”。她入宫后经常做文章，写诗，“其所属文，挥翰立成，词华绮赡”。曾上书谏唐太宗爱惜民力，厉行节俭。其中有“卑宫菲食，圣主之所安；金屋瑶台，骄主之为丽”；“志骄于业泰，体逸于时安”等名句。上官婉儿也是一位才华出众的奇女子。十四岁时，武则天召见了她，让她做文章，她挥笔立就。从此，武则天便把她留在身边，“内掌诏命，掞丽可观。”并经常参与议论政事。宋氏五姊妹若莘、若昭、若伦、若宪、若荀，都善于做文章，写诗赋。唐德宗能诗文，每当他与群臣作诗唱和时，亦令若莘姊妹应制。她们姊妹的诗作，常受到德宗的称赞。

唐朝是盛产诗歌的时代，一些普通宫人也能写诗，抒发自己久困深宫的苦闷心情。唐玄宗开元年间，让宫人为边防战士制作棉衣。某宫人作诗一首，缝在短袍中，其诗云：

沙场征戍客，寒苦若为眠。
战袍经手作，知落阿谁边。
蓄意多添线，含情更著绵。
今生已过也，重结后身缘。

这首诗抒发了宫人对不相识的战士的思慕之情，表达了闭锁深宫的宫女对爱情的渴望和对家庭生活的向往。

唐僖宗年间也曾发生过征袍题诗的佳话。这位宫女的题诗是写在一枚金锁上的。其诗云：

玉烛制袍夜，金刀呵手裁。
锁寄千里客，锁心终不开。

除了征袍题诗的佳话外，还有红叶题诗的趣闻。一是诗人顾况在洛乘门御沟边拾得一大梧桐叶，其上题诗云：

一入深宫里，年年不见春。

聊题一片叶，寄予有情人。

二是唐僖宗时，读书人于佑在御沟中拾到一片红叶，其上题诗为：

流水何太急，深宫尽日闲；

殷勤谢红叶，好去到人间。

这些征袍题诗，或者红叶题诗，其主题都是抒发宫人独守深宫的空虚寂寞的心情，渴望冲出深宫的“牢门”，获得自由，获得平民的夫妻生活。我们读了这些诗，觉得深宫就是困锁宫女的“金丝笼”，又像一座华美的大监狱，把成千上万的年轻美貌女子禁锢在其中。她们没有爱情的温存，没有家庭生活的乐趣，没有父母兄弟的天伦之乐。她们更难耐青春年华和性的饥渴，向往爱情和家庭生活。她们似乎饥不择食，只要是男性收到她们的诗，她们似乎就找到了爱的归宿。这些诗，无疑控诉了后宫制度的罪恶和血腥，也表现了普通宫人的诗才。

宫女中的歌舞妓人，更是多才多艺，能歌善舞，色艺俱佳。隋炀帝为了自己淫乐，收罗周、齐、梁、陈各朝的乐工子弟，设置教坊，开创了教坊乐舞制度。唐代沿袭隋制，实行教坊制。唐高祖武德年间开始设内教坊。到玄宗时大大扩展了教坊机构，除了在宫中设内教坊外，还在长安、洛阳设立四处外教坊。教坊中的女艺人，依据艺术水平的高低，分为上下等级。宜春院里的宫妓色艺最佳，因为她们常在皇帝面前表演，被称为“前头人”，因其在宜春院内，又称为“内人”。这些高级女艺人数量较少，所以，每当有大型歌舞演出时，“即以云韶添之。云韶谓之宫人，盖贱隶也。”她们只能夹在歌舞队伍中当“群众”演员。唐玄宗每赐宴设酺会，则御勤政楼，“令宫女数百，饰以珠翠，衣以锦绣，自帷中出，击雷鼓为《破阵乐》《太平乐》《上元乐》。”教坊妓中还有专门演奏器乐的，她们是“平人女以容色选入内者，教习琵琶、三弦、箜篌、筝等者，谓㨃弹家”。她们是器乐演奏艺人。

天宝年间，唐玄宗又在宫廷中设梨园，其中有数百名宫女为梨园弟子，居住在宜春北院。这些梨园女弟子与教坊宫人不同的是，教坊宫人偏重于歌舞表演，梨园女弟子则偏重于器乐演奏。

除歌舞、器乐表演、演奏外，玄宗时宫内还出现了表演绳技、百尺竿的女子。据《唐语林》记载：“明皇开元二十四年(736)八月五日，御楼设绳技。”“技女自绳端蹑足而上，往来倏忽，望若飞仙。有中路相遇，侧身而过者；有着履而行，从容俯仰者；或以画竿接胫，高六尺；或蹋肩蹋顶，至三四重，既而翻身直倒至绳，还往曾无蹉跌，皆应严鼓之节，真可观也。”这是有关我国杂技艺术中的绳技表演的最早记录。这些绳技女艺人的演技已经相当高超。据《明皇杂录》记载，唐玄宗时，“教坊有王大娘者，善戴百尺竿，竿上施木山，状瀛洲、方丈，令小儿持绛节出入于其间，歌舞不辍。”这是杂技艺术中百尺竿表演的最早记录。远在唐玄宗时期，我国杂技女艺人就能表演技艺复杂的绳技、竿技。“安史之乱”以后，这些杂技又传播到各地去。

唐玄宗以后，教坊和梨园女艺人人数减少，但仍然较为兴旺。至唐代宗时因经济衰退，无力供养梨园弟子，便下令解散了梨园，但教坊仍然存在。教坊和梨园培养了大批色艺俱佳的歌唱、舞蹈、器乐和杂技女艺人。她们对我国表演、器乐、杂技艺术的发展起了推动作用。

宫人中的绝大多数是采选自下层的劳动人民的女儿。她们在深宫中，终生为皇帝、后妃们服劳役，最后默默地老死在宫中。唐代大诗人白居易的《上阳人》一诗，真实地反映了久禁深宫的宫女的悲惨命运。“上阳人，红颜暗老白发新。绿衣监使守宫门，一闭上阳多少春。玄宗末岁初选入，入时十六今六十。同时采择百余人，零落年深残此身。”自唐玄宗开元年间就派遣“花鸟使”到民间采选美丽少女入宫。这位白发老宫女，进宫时才十六岁，可现在已经六十岁了。她的一生默默地被消磨在空虚寂寞之中。与她同时入宫的百余人，已走的走，死的死了，只有她还活着。“未容君王得见面，已被杨妃遥侧目。妒令潜配上阳宫，一生遂向空房宿。宿空房，秋夜长，夜长无寐天不明。耿耿残灯背壁影，萧萧暗雨打窗声。春日迟，日迟独坐天难暮。宫莺百啭愁厌闻，梁燕双栖老休妒。莺归燕去长悄然，春往秋来不记年。”一位年轻美貌的少女就这样一夜夜，一天天，一年年地在宫中寂寞地打发日子，直到白发满头，最后老死宫中，被埋到后宫墙外的墓地“宫人斜”中。王建的《宫人斜》诗云：未央墙西青草路，宫人斜里红妆墓。一边载出一边来，更衣不减寻常数。

老的宫女死了，新的宫人又被抢进宫来，补充宫妃的“定额”。皇宫对于这些下等宫女来说无异于消磨生命的“流水线”。

也有少数宫女，遇到“放宫人”的机会，被放出宫，过上平民的夫妻生活。我国历史上的开明君主唐太宗，就曾主张放宫女出宫。贞观二年（628），中书舍人李百药建议放还宫女。唐太宗很是赞同。并说：“妇人幽闭深宫，诚为可愍。洒扫之余，亦何所用，宜皆出之，任求伉俪。”在这种开明的政策下，开始放还宫人，“前后所出三千余人。”此后，唐玄宗开元二年（714），又放出宫人三千人；唐代宗大历十四年（779），“出宫人百余人”；唐德宗贞元二十一年（805），

"出后宫人三百人";唐敬宗宝历二年(826),"敕在内宫女,宜放三千人";等等。但是,被放还回家的宫女,为数不多。统治者放还宫女:一是为了粉饰自己行"德政";二是为了减灾免祸。因为皇帝和大臣们往往迷信,宫女太多,宫中怨气冲天,会造成旱灾、水灾等灾祸。被放出宫的宫女,有的婚配成家,过上正常人的生活;有的出家为尼,在寺院中度过余生。

一般女子,深知后宫是囚禁妇女的牢笼,多不愿入宫。就是得到皇帝召幸的,也有不恋宫室的。比如,《唐语林》记载这样一位奇女子:

王承升有妹,国色,德宗纳之,不恋宫室。德宗曰:"穷相女子。"乃出之。敕其母兄不得嫁进士朝官,任配军将亲情。后适元士会,以流落终。

这位有"国色"的女子,宁愿嫁给下级军官,以流落受穷而终,也不愿在宫中"守活寡"。

出家为尼,是宫女的又一条悲惨的出路。特别是被皇帝召幸过的宫人,或者有封号的嫔妃,她们必须为皇帝"封存"自己的贞操,不能嫁人。如唐太宗去世后,"其年即以安业坊济度尼寺为灵宝寺,尽度太宗嫔御为尼以处之。"唐太宗的嫔妃都被送到安业寺(又称感业寺)出家为尼,伴着青灯、黄卷、古佛打发余生。武则天也被赶到安业寺为尼。后来,高宗到安业寺进香,才把她再次纳入后宫。唐玄宗以后,上阳宫人有许多到政平坊安国观出家为尼,直到唐懿宗咸通年间,观内还传出上阳宫人演奏笙磬之音。当时人作诗云:夕照纱窗起暗尘,青松绕殿不知春。闲看白首诵经者,半是宫中歌舞人。

被派遣到陵园去守陵的宫女,其命运更为悲惨。唐代规定,皇帝崩逝后,宫人无子者都要到皇帝陵园去守陵,供奉朝夕,就像侍奉活人一样侍奉死人。"山宫一闭无开日,未死此身不让出",进了陵园就要一辈子在高坟松柏的阴影下度过余生,直到死去。

战乱或天灾也使得宫人离散流落。如唐玄宗开元八年(720),上阳官被洪水淹冲,"宫人死者十七八。""安史之乱"中,宫人大都离散或被虏。也有少数宫女因得不到皇帝的宠幸而自杀。如隋炀帝后宫的侯夫人,颇有姿色,因得不到隋炀帝的宠幸而自杀。还留下了数首短诗,抒发她不被宠幸的悲愤心情。

闭锁深宫中的下层宫女,她们实际上是皇帝或后妃的官奴婢。她们在皇宫中身受帝王的性别压迫和阶级压迫,是受双重压迫的女奴婢,其中的许多人被鞭打、蹂躏,甚至处死。长期的禁锢生活,使她们的身心遭到扭曲、变态。她们是万恶的后宫制度的牺牲品。

我们在具体考察古代社会(主要是男性中的统治阶层)对女性的审美视野

时，发现从总体上看有四种审美标准：一曰道德标准，即礼教、妇德，简称为“德”；二曰形体、容貌标准，简称“容”或者“色”；三曰才情标准，即女性在政治、诗、文、书、画等方面所表现出的才干、才能和才情，简称“才”；四曰技艺标准，即女性在歌、舞、器乐、杂技等方面表现出的表演才能，艺术才能，简称为“艺”。德、色、才、艺四个方面，基本上概括了我国古代妇女的全部审美价值。

先秦时代，女性以道德朴素、形体刚健为美；两汉时期德容并重，庄柔兼行；魏晋南北朝时期开始重视女性的风雅才辩；隋唐五代时期则色、艺、才并重，姿色、装饰、才情、技艺并重，呈现出多姿多彩，博大华贵的气魄。

唐代最高统治者在遴选后妃时，表面上也是以重德、重才为主的。但是，实际上是以容色为主要标准，表现出重色轻德的倾向。

我们在“礼防松弛，妇德失范”一节中，已经介绍过唐代的贤后、贤妃：如唐太宗的长孙皇后、徐贤妃；唐德宗的韦贤妃；顺宗的王皇后；敬宗的郭贵妃等。总的情况是，唐代贤后、贤妃数量不多，而以容、色著称，或者以容、色选入宫的却不少。

仅据新、旧唐书《后妃传》中所载，后妃容色艳丽者颇多。如，唐太宗的武才人，是“太宗闻士擭女美，召为才人”的，武则天是因为姿色美艳被太宗召进皇宫的，并赐号“武媚”；唐高宗的废后王氏，因“有美色”被同安长公主推荐为晋王李治王妃的；睿宗顺圣皇后窦氏，“姿容婉顺”；唐玄宗的后妃更是美艳丰姿，“赵丽妃以娼幸，有容止，善歌舞”，杨贵妃“姿质丰艳，善歌舞，通音律”；唐肃宗张皇后“辩惠丰硕，巧中上旨”，章敬吴皇后“容止端丽”；唐代宗贞懿皇后独孤氏“以姝艳进”，“以美丽入宫，嬖幸专房”；唐敬宗郭贵妃，“以姿貌选入太子宫”，“又淑丽冠后廷”；唐武宗王贤妃“状纤颀，颇类帝”，“善歌舞，得入宫中”；唐昭宗的何皇后则“婉丽多智”；等等。唐代皇帝的遴选后妃，实际上把容色之美放在首位，同时兼顾道德美和才艺美。这种重色轻德的倾向是与儒家重德轻色的女性美观念相悖的。

唐代后宫嫔妃也很重视才艺，唐太宗的长孙皇后、徐贤妃都是才华出众的女子。武则天时期的上官婉儿亦颇有文才，尤其善于评论诗词，是古代的一位诗文评论家。

尤其值得一提的是，唐代后妃中出了几位很有政治才干的女性，其中以武则天最为突出。武则天“素多智计，兼涉文史”，“巧慧，多权数”。她足智多谋，颇有封建时代政治家的权谋诈术。她对臣下恩威并施，以一个女性而君临天下，制服了唐宗室、太宗老臣及一切反对她的人们，终于登上帝位，成为中国历史上唯一的女皇帝。在封建时代,女性是绝对不能当皇帝的。可是,武则天却突破了这个女性的禁区,以女皇的身份驾驭男性群臣,统治男性臣民:没有政治才干,她是绝对不能巩固其统治权的。她杀伐决断,“挟刑赏之柄以驾御天下,政由己出,明察善断”,恩威并施,巩固了自己的统治。《廿二史札记》的作者赵翼称赞武则天说:“至用人行政之大端,则独握其纲,至老不可挠撼。”“知人善任,权不下移,不可谓非女中英主也。”此外,长孙皇后、徐贤妃、上官婉儿等也都有一定的政治才干,她们也能著文作诗。杨贵妃则以能歌善舞,精通乐器著称。五代时期后蜀主孟昶的花蕊夫人,即美丽得像花蕊,又擅长写诗填词。后蜀亡后,她被宋太祖纳入后宫。相传宋太祖曾问她蜀国为什么会亡国?花蕊夫人作诗答云:君王城上竖降旗,妾在深宫那得知?十四万人齐解甲,再无一个是男儿。

花蕊夫人的这首诗,有力地批驳了“美女亡国”的谬论。那个时代,“男主外”,保国作战是男人的事情,被禁锢在深宫中的美女又怎能知道呢?后蜀灭亡了,那是因为十四万蜀军之中竟没有一个是抵抗到底的男子汉!这首诗充分表现了花蕊夫人的诗才和见识。

唐代女性的容色之美、技艺之美和才情之美集中地体现在唐代青楼中的风尘女子和女冠身上。唐代社会风气比较开放,男女两性关系比较宽松,比较自由,尤其是文人才子与青楼妓女间的感情交流更是前代所没有的。唐代的风尘女子和道观中的女冠有许多是色、艺、才都很出众的。她们在宽松、自由的氛围中将她们的美貌、风度、才华、技艺发展到封建时代的最高水平。

唐代除了宫廷中的歌舞妓女外,还有官妓、营妓,权势者家中亦有家妓。官妓隶属于各级官府的乐籍。唐时,不仅长安、洛阳两京有大批官妓,各大州府,有些县级政府也设有官妓。营妓则是供军营淫乐的妓女。不论官妓、营妓一人乐籍,便成了官属贱民。她们的任务主要是参与官府的“社交”活动,为官府送往迎来,参与官府的宴宾典礼,陪伴官员们聚会吟诗、游山玩水,为达官贵人献艺、献诗、行酒令、陪酒,以至侍寝。她们由于参与“社交”活动,送往迎来,游历名山胜水,又常与诗人名士诗酒唱和,所以,见多识广,才华横溢,其中涌现出许多有才华的诗妓、艺妓。

唐代佛教、道教都很兴盛,形成了庞大的女尼、女冠(女道士)群体。这些女尼、女冠的生活比较宽松、自由,甚至浪漫。她们往往广交诗人名士,与名人诗酒唱和,经常游历名山大川,阅历丰富。所以,她们之中也涌现出一批能诗善文的才女。如李冶、鱼玄机等。

诗妓之中则以薛涛、刘采春、关盼盼、杜秋娘、徐月英、赵鸾鸾、王苏苏、张窈窕等等较著名。其中薛涛、李冶、鱼玄机、刘采春等更为知名。《全唐诗》中收录有二十一位妓女诗人的诗作，共一百三十六首，足见唐代妓女中诗才横溢。

薛涛聪颖善诗，又善书法，曾与当时的诗人名流如白居易、牛僧孺、令狐楚、裴度、刘禹锡、元稹、张籍、王建、杜牧等二十余人相互交往唱和，与诗人元稹的关系尤为密切，两人互相引为知己。元稹曾写诗赞美薛涛的才华：锦江滑腻蛾眉秀，幻出文君与薛涛；言语巧偷鹦鹉色，文章分得凤凰毛。纷纷词客皆停笔，个个公侯欲梦刀，别后相思隔烟水，菖蒲花发五云高。

诗中没有男女狎玩的淫词滥调，也无南朝艳诗的香艳色情描绘，更没把薛涛视为观赏的玩物，而是讴歌她的语言才能和文辞才华，表现出元稹对薛涛人格的某种尊重和对她的才情的赞美。

元稹赠刘采春诗，赞美了她的天生丽质和巧样新妆，讴歌她的风雅举止和秀媚的风度，特别醉心于她的歌舞天才：新妆巧样画双蛾，慢裹恒州透额罗。正面偷输光滑笏，缓行轻踏皱纹靴。言辞雅措风流足，举止低回秀媚多。更有恼人肠断处，选词能唱《望夫歌》。

诗人笔下的美人，美而不俗，高雅秀媚而又多才多艺。在唐代，社会风气较为开放，人们赞美女性的才艺之美、容止之美、道德之美，形成德、容、才、艺四美竞奇的综合的女性美观念。不仅女性的文才、诗才、歌舞才能受到文人欣赏，社会赞美，就是某一方面的特殊技艺，也受到人们的赞美。如公孙大娘的剑器舞，琵琶女的琵琶演奏技艺都得到诗人的赞赏和社会的认同。这种社会环境，正是唐代诗妓、女冠得以发挥其才干的土壤。

唐代的一般妓女，也颇有才华。孙棨在《北里志》中记载唐代长安平康里妓女的情况。平康里类似今天所谓"红灯区"，是唐代长安城中妓院集中的地方。这里的妓女也常有才华出众的人。如天水仙哥"善谈谑，能歌令"，"其姿容亦常常，但蕴藉不恶，时贤雅尚之"；楚儿，"辩慧，往往有诗句可称"；郑举举，"亦善令章"，"但负流品，巧谈谐，亦为诸朝士所眷"；颜令宾"举止风流，好尚甚雅，亦颇为时贤所厚"；福娘"丰约合度，谈论风雅，且有体裁"；等等。即使是冶游狎妓，唐代文人雅士、达官贵人也欣赏那些善言谈，能作诗的风雅女子。可见崇尚才华风雅，是唐代社会较为普遍的女性美观念。

## 妖艳的肥美人

唐代，尤其是盛唐时期，经济发达，文化发展，国力强盛，到处充满活力与生机，形成了雄健豪放的时代精神和文化氛围。在这种生气勃勃，雄健豪放精神的影响下，女性美观念也产生了微妙的变化，人们开始崇尚一种健康、丰硕、肥胖的女性形象，这在绘画、雕塑等人体造型艺术上表现得最为明显，肥硕丰满的妇女形象，成为唐代仕女画的典型，也成为唐代雕塑妇女形象的典型。

浓丽丰肥之态，是唐代上层社会妇女形象的特点，武则天、杨贵妃都是丰腴肥硕之美的典型。尤其是杨贵妃是我国最著名的胖美人，所谓“燕瘦环肥”中的“环肥”就是指丰丽肥艳的杨贵妃。

在现实生活中，女皇武则天就是一位“方额广颐”的丰满健硕的女性。《资治通鉴》卷二百四，记载：太平“公主方额广颐，多权略，太后以为类己”。这就是说，武则天本人也是宽宽的额头，丰满圆润的面颊，容貌丰润健美。武则天年事已高，但仍“善自涂泽，虽左右不悟其衰。”她还善于保养和美容，使得臣子们不觉得衰老。此外，唐肃宗的张皇后，“辩惠丰硕”，也是一位丰腴肥硕的女性。

最能反映唐代女性丰腴肥硕之美的是杨贵妃。《旧唐书·后妃传》说她“姿色冠代”，“太真姿质丰艳，善歌舞，通音律，智算过人。”《新唐书·后妃传》则说她“姿质天挺”，天生丽质。唐人陈鸿撰《长恨歌传》这样描绘杨妃的丰腴美态：

鬓发腻理，纤秾中度，举止闲冶，如汉武帝李夫人。别疏汤泉，诏赐藻莹，既出水，体弱力微，若不任罗绮。光彩焕发，转动照人。

大诗人白居易的长诗《长恨歌》描绘杨贵妃“色压六宫”的情景：天生丽质难自弃，一朝选在君王侧。回眸一笑百媚生，六宫粉黛无颜色。春寒赐浴华清池，温泉水滑洗凝脂，侍儿扶起娇无力，始是新承恩泽时。云鬓花颜金步摇，芙蓉帐暖度春宵。春宵苦短日高起，从此君王不早朝。承欢侍宴无闲暇，春从春游夜专夜；后宫佳丽三千人，三千宠爱在一身。

杨贵妃的美貌压倒了后宫三千佳丽，得到唐玄宗的专宠，使得玄宗“不早朝”。

杨贵妃丰硕浓艳，“素有肉体，至夏苦热，常有肺渴，每日含一玉鱼儿于口中”，用来润肺解热。她是一位艳丽的胖美人。

贵妃“有姊三人，皆丰硕修整，工于谑浪，巧会旨趣，每入宫中，移晷方出。”

这三姊妹也是丰硕的胖美人，分别被封为韩国夫人、虢国夫人和秦国夫人。“虢国不施妆粉，自衒美艳，常素面朝天。”当时杜甫有诗咏道：

虢国夫人承主恩，平明上马入宫门。

却嫌脂粉涴颜色，淡扫蛾眉朝至尊。

虢国夫人不施脂粉，仅仅淡扫蛾眉，以天生姿质去讨得玄宗的宠爱。

杜甫在《丽人行》一诗中，描绘了杨氏三姊妹的体态之美和服饰的奢华：

三月三日天气新，长安水边多丽人。

态浓意远淑且真，肌理细腻骨肉匀。

绣罗衣裳照暮春，蹙金孔雀银麒麟。

头上何所有？翠为匐叶垂鬓唇；

背后何所见？珠压腰极稳称身。

杨氏姊妹神态凝重而高雅，体态丰肥而肌肤细腻，服饰华美而浓艳，反映出盛唐时期贵族妇女的豪华奢侈生活情景。

尽管社会的审美追求是丰腴肥硕之美，但是，自然生成的人的形体千姿百态，不可能每个女性都丰肥健硕。然而，绘画、雕塑等艺术品，却可以充分反映出丰肥健美的女性美形象特征。

唐代以前的仕女画，人物形象大都体形稳重敦实，脸型多呈椭圆形。隋代、初唐的女俑也都比较清秀，表现出女性亭亭玉立的清癯之美。

唐高宗、武则天以后，仕女画和女俑开始出现“丰腴肥硕”的形象。这时期仕女造型特点是，脸型圆润丰满，体形肥胖，肥硕丰满；女俑的形象也都是丰腴肥美，形态安然的样子。

唐玄宗天宝以后，丰腴之美的审美观念更加扩展，人物衣服也比较宽大，出现了肥胖的“胖姑娘”女俑形象；绘画中的女性形象也都丰腴肥美。到唐代末期、五代时期，绘画、女俑的女性形象又都恢复到适中的程度，“肥硕”的形象消失了。

盛唐时期，社会审美主潮流是以丰硕为美，但是，女性美是千姿百态的，纤细、长白也是美。大诗人白居易畜养两个家妓，一名樊素，善于唱歌；一名小蛮，善于跳舞。白居易有诗云：“樱桃樊素口，杨柳小蛮腰。”从此“樱桃小口”，“杨柳细腰”便成了女性美的一种范式。其时“小蛮方丰艳”，白居易年事已高，最后他还是把这两个家妓放还回家。

雍容华贵、艳服盛装，丰腴肥硕是唐代贵族妇女的形象。至于一般劳动妇女，则以勤劳、节俭、健壮为美。因旧史和旧时代的笔记小说等极少涉及劳动妇女，史料不足，不能对劳动妇女的形体美加以详述。

绘画、雕塑艺术最能反映一个时代的女性审美观念，尤其是那些绮罗人物画，即仕女画和女俑更能较为直接地反映某一时代的女性美的真实境况。

我国早在汉武帝时在宫廷中就开始了仕女画的创作活动。民间的仕女画出现得更早，晚周帛画中的《龙凤美人》图，汉马王堆帛画上的轪侯夫人像，北魏时的木版漆画烈女、节妇等等。南北朝时期也出现许多仕女画。但是，唐以前的仕女画，在内容上多为烈女、节妇、孝女等具有浓重鉴戒意义或是道德说教，借绘画宣传女性美德。

唐代的仕女画开创了现实主义画风，无论是宫廷绘画还是民间绘画，都以现实中的妇女生活为描绘对象，例如韦顼唐墓中出土的石刻妇女图像，永泰公主墓出土的许多壁画的仕女图像，都是描绘当时现实生活中妇女的真实形象。

张萱和周昉是唐代最著名的仕女画家，以画当时上层妇女的生活情况而著称。如盛唐时期的张萱画的》《《虢国夫人游春图》《唐后行从图》等，都有摹本流传至今。周昉的仕女画，现存的作品有《簪花仕女图》《纨扇仕女图》《听琴图》等。张萱、周昉和其他仕女画画家，多反映上层妇女的游春、横笛舞蹈、围棋、烹茶、凭栏等生活情景。他们的画有一共同特点，那就是“把现实生活中的贵族妇女画得庄容华贵，画出那种闲情无聊的形象，表现出那种娇、奢、雅、逸的气息和柔软温腻动人的姿态，甚至丰腴的肌肉都赤裸裸的画出来”。这些仕女画的造型特点是肥硕丰满，脸型圆润丰满，体形丰硕肥胖。丰腴肥硕是唐代仕女画的典型。《捣练图》《虢国夫人游春图》等，其中的妇女都具有浓丽丰肥，健硕丰满之态，妇女们都酥胸穿团花长裙，从“披帛”中显露出丰肥细腻的肌肉，具有温润柔软的质感，这正是唐上层社会妇女真实形体的特点。杨贵妃就是这类丰肥型女性的典型。

唐代的墓室壁画，也有许多表现侍女题材的作品，而且妇女形象多姿多彩，生动自然。如永泰公主墓壁画中的宫女形象就千姿百态，生动活泼：她们都穿着当时最时髦的服饰，脸颊丰满腴润，红晕的朱唇，青黛细长的八字眉，高耸的翠髻，肩背披着“披帛”，上身着贴身罗衫，下身穿绛裙，裙裾垂地，双头履露出裙外。给人一种生动、健康、活泼的美感。

唐代雕塑家雕塑的菩萨像，是现实生活中唐代少妇的写真，具有婀娜优美的女性特点。那赤裸的上身，那圆润丰满的乳房，背部、手臂、腿部也从那“出水”的衣裙里露出来，都丰腴圆润，织花缎面衣裙，轻轻覆盖在微胖的肢体上，前胸披戴缨珞，显得雍容华贵，透露出女性美的无限魅力。

隋唐的陶俑也各有特色。隋代女俑，大都穿窄袖长裙，裙腰高齐胸口，身材修长秀丽，眉目也很清秀。盛唐女俑则以“丰腴肥硕”为美，有的穿窄袖绿衣，袒胸；有的着黄色长裙，有的系绿色花裙；也有的着宽袖绿衣，袒胸。都穿尖靴，靴尖上卷如钩形，正是白居易诗中“小头鞋履窄衣裳”的写照。唐玄宗天宝年间及天宝以后，唐女俑更为肥胖，衣服也比较宽大，出现了宽博大衣的装束。

唐代仕女画，女俑，甚至菩萨像都反映出唐代丰腴肥硕，健康艳媚的女性美观念。

五代时，南唐画家顾闳中的《韩熙载夜宴图》，揭露南唐韩熙载沉湎于声色的腐朽生活。画中反映了南唐时韩熙载家伎的生活情景，有演奏琵琶的艺伎，有妓妾与韩熙载同室休息的情景；也有韩熙载更衣后，坐听诸女伎奏管乐的场面；还有韩熙载的客人与女伎们调笑言情的场面。画面上的妇女已不再是丰腴肥硕的形象了。五代时，女性美观念已有了改变，出现了纤细苗条的势头。

唐代是个盛产诗歌的时代，是我国文学史上诗歌的“黄金时代”。唐诗以其博大的气魄较为深刻地反映了唐代的现实。唐代的现实主义诗人，从不同的角度反映了唐代各阶层妇女的生活情况，展现了各阶层女性的丰姿美态，同时也揭示了唐代社会中的妇女问题。在诗人的笔下，宫廷上层女子的争宠斗富，豪奢娇艳；下层宫女的孤苦寂寞，悲哀愁怨；歌姬舞女，艺术女性的歌姿舞态，悲欢生死；官妓家妓的诗文才艺；普通妇女的人品美德；贫女、织女的悲惨命运都在一定程度上得到了真实的反映。唐诗中的女性，更接近于唐代现实中的女性。

宫怨诗是个古老的诗题，用以抒写宫中美女失宠后的孤寂和哀怨。君为臣纲，夫为妻纲。君与臣，夫与妻都是统治与被统治关系。特别是帝王的后宫，其后妃的争风吃醋与争权夺利，争王位继承权的斗争纠结在一起，更具有残酷的政治斗争性质，与朝廷君臣之间，大臣之间的政治斗争有许多共同之处。被打入冷宫的失宠的宫人的遭遇与失意被贬的士人的境遇也有某些相似之处。于是，诗人往往有意无意借宫怨诗词来抒发自己的胸臆，或意含讽喻。如白居易《后宫词》：泪湿罗巾梦不成，夜深前殿按歌声。红颜未老恩先断，斜倚熏笼坐到明。

年轻的失宠宫人，在深沉黑暗的后宫中，一直寂寞地坐到天明。杜牧的《宫词》则揭露了皇帝对宫女的禁锢：蝉翼轻绡傅体红，玉肤如醉向春风。深宫锁闭犹疑惑，更取丹砂试辟宫。

青春少女被深锁在后宫中，又有太监看守着她们。可是，皇帝却仍不放心，还要在她们身上涂抹“守宫”，把禁锢的烙印印在她们的身体上。所谓“守宫”，即壁虎。相传，用丹砂喂养壁虎，它会变得通体皆红，将它捣烂，抹在宫女身上，这种红色便终生不灭。如果宫女跟男人发生了性关系，这红色就会消失。宫中用这种无耻而可笑的办法来禁锢宫女。高墙和太监的监督和禁锢还嫌不够，又用了“守宫”替皇帝封闭宫女。

白居易的《上阳白发人》真实地揭露了宫女的悲惨遭遇。上阳人从十六岁被选入宫，把青春，直至一生全都消磨在上阳宫中。当年她初入宫时，“脸似芙蓉胸似玉”，也是位如花似玉的人儿。可是，还没有见着皇帝的面，就被“妒令潜配上阳宫，一生遂向空房宿”，注定了她一生守空房的悲惨命运。诗人悲痛地写道：“上阳人，苦最多。少亦苦，老亦苦，少苦老苦两如何。”比上阳人命运更悲惨的是为死去的皇帝守陵园的陵园妾。白居易在《陵园妾》一诗中不仅揭露了守陵宫女的悲惨命运，他还对比了宫廷妇女中的两种不同命运，为守陵宫女喊冤：“雨露之恩不及者，犹闻不及三千人。三千人，我尔君恩何厚薄？愿令轮转直陵园，三岁一来均苦乐。”

可是，宫中与外界一样，都是苦乐不均的世界。少数宫廷妇女，靠着美艳和善于献媚而得宠，因而全家鸡犬升天，权势绝伦。如杨贵妃等。由于杨贵妃的受宠，她的兄弟姊妹都飞黄腾达。“金屋妆成娇侍夜，玉楼宴罢醉和春。姊妹弟兄皆列土，可怜光彩生门户。遂令天下父母心，不重生男重生女。”杜甫在《哀江头》一诗中，追叙“安史之乱”前杨贵妃得宠情况：“忆昔霓旌下南苑，苑中万物生颜色。昭阳殿里第一人，同辇随君侍君侧。辇前才人带弓箭，白马嚼啮黄金勒。翻身向天仰射云，一笑正坠双飞翼。”一旦得宠，贵妃们便成了穷奢极侈，权势极大的人物。在深宫之中，失宠与得宠形成鲜明的对照。于是，更促使宫廷斗争激烈进行。然而，得宠者毕竟是极少数，而且宠爱又难以持久。杨贵妃还算是受宠时间较长的一位。可是，她终于成了“安史之乱”的牺牲品和替罪羊：“明眸皓齿今何在？血污游魂归不得！清渭东流剑阁深，去住彼此无消息。人生有情泪沾臆，江水江花岂终极？”杨贵妃专宠骄奢，导致缢死马嵬驿的历史悲剧。杨贵妃是值得怜悯，还是应该谴责？她是亡国的“祸水”，还是“替罪羊”？历史确实让人难以定论。总之，她与那些失宠的宫人一样，她们都是万恶的后宫制度的牺牲品，值得怜悯，这是从“性别”的视角看问题。从“阶级”的视角看问题，受宠者是剥削阶级上层的一分子，她们的穷奢极欲是应该受到谴责的。而腐败，穷奢极侈是导致她们自身败亡的最重要的原因。

唐代诗人以其生动细致的笔触，描绘了许多女艺人的形象，刻画了舞女的舞艺、歌妓的歌艺、琵琶演奏者的演技等等，生动形象，令人至今读起来仍如见其人，如闻其声。例如，杜甫笔下的公孙大娘的舞艺：昔有佳人公孙氏，一舞剑器动四方。观者如山色沮丧，天地为之久低昂。㸌如羿射九日落，矫如群帝骖龙翔；来如雷霆收震怒，罢如江海传清光。

杜甫为我们再现了女舞蹈家的美妙的舞姿舞态、高超的舞艺，使我们依稀想象出当年公孙大娘舞剑器的情景。该诗，把舞女起舞的美妙的瞬间化为永恒，留给了后来的读诗者。再看大诗人白居易笔下的琵琶女：

千呼万唤始出来，犹抱琵琶半遮面。
转轴拨弦三两声，未成曲调先有情。
弦弦掩抑声声思，似诉平生不得志。
低眉信手续续弹，说尽心中无限事。
转拢慢捻抹复挑，初为霓裳后六幺。
大弦嘈嘈如急雨，小弦切切如私语。
嘈嘈切切错杂弹，大珠小珠落玉盘。
间关莺语花底滑，幽咽泉流冰下滩。
冰泉冷涩弦凝绝，凝绝不通声渐歇。
别有幽愁暗恨生，此时无声胜有声。
银瓶乍破水浆迸，铁骑突出刀枪鸣。
曲终收拨当心画，四弦一声如裂帛。
东船西舫悄无言，唯见江心秋月白。

读了这些诗句，我们仿佛真的在月夜中听到一曲时而如泣如诉，时而如万马奔腾，时而似高山流水，时而像莺歌燕语似的琵琶曲；我们也似乎听出了演奏者的悲凉心声和遭遇。

此外，刘晏曾作诗咏教坊王大娘百尺竿表演。诗云：楼前百戏竞争新，唯有长竿妙入神。谁得绮罗翻有力，犹自嫌轻更著人。

唐代诗人用诗描绘歌妓舞女的更多。如初唐诗人卢照邻的《长安古意》，则着力描绘了长安城内富豪之家的舞女和平康里卖笑的娼妓的形象。

元稹的《梦游春七十韵》详细地描写了妓女的时世妆：

睡脸桃破风，汗妆莲委露。
丛梳百叶髻，金蹙重台履。
纰软钿头裙，玲珑合欢裤。
鲜妍脂粉薄，暗澹衣裳故。

最似红牡丹，雨来春欲暮。

李商隐的《赠歌妓》之一，则赞美了歌妓的色艺之美：

水精如意玉连环，下蔡城危莫破颜。

红绽樱桃含白雪，断肠声里唱阳关。

以水精如意、玉连环起兴，给人一种玲珑、晶莹的美感，接着写歌妓美貌倾国倾城，再写她“樱桃小口”唱出了“阳春白雪”般的高雅歌曲《阳关三叠》，盛赞歌妓的色、艺、才之美。

唐以前的诗、赋极少描写平民妇女和贫苦妇女。诗人笔下的桑女、织妇也都是打扮入时的人，如秦罗敷、刘兰芝等。唐代某些现实主义诗人，他们的笔触已触及下层劳动妇女、普通妇女。如秦韬玉的《贫女》，为我们描绘了不事修饰的贫女的自然美、人格美：

蓬门未识绮罗香，拟托良媒益自伤。

谁爱风流高格调，共怜时世俭梳妆。

敢将十指夸针巧，不把双眉斗画长。

苦恨年年压金线，为他人作嫁衣裳。

贫女的美，既不是华服盛装的修饰之美，也不是恪守妇德的道德美，而是一种靠双手劳动，自立的人格美。这里，贫女的自食其力，贫女在逆境中的自立精神与寒士的清贫独立精神有许多相似之处。因而，诗人借助于贫女形象来抒发自己心中的不平。

唐彦谦的《采桑女》与孟郊的《织妇词》用古老的采桑、织妇的主题揭露了勤劳的采桑女和织妇受官府重税剥削的本质。这两首描写劳动妇女终日勤劳而又“自着蓝缕衣”的诗，揭露了劳动妇女与统治阶级之间的阶级矛盾，比揭示性别压迫和歧视的诗更具有深刻性。因为，在封建时代，劳动妇女与剥削阶级、统治阶级的阶级矛盾远远大于劳动阶级内部的性别矛盾，政权、族权对劳动妇女的压抑大于夫权对女性的压抑。这类揭露妇女身受阶级剥削和压迫的诗，更具有深刻的现实感，更接近唐代劳动妇女的实际状况。

历史往往惊人的相似。到了晚唐时期，特别是唐昭宗年间，宫廷内外危机四伏，唐王朝走向衰亡。这期间就如同南朝梁、陈时期一样，艳情诗又兴盛起来。韩偓把他早年创作的艳诗编成《香奁集》，并在序中宣扬：“柳巷青柳，未尝糠粃；金闺绣户，始预风流。咀五色之灵芝，香生九窍；咽三危之瑞露，美动七情。若有责其不经，亦望以功掩过。”反映出没落时代，没落阶级的女性美观念。在韩偓的笔下，美女再次被物化为供人观赏的玩物。在韩偓的香奁诗中，美人总是以病容、愁态、媚姿、柔情和慵懒来展示她的美。这是一种病态的美、慵懒的美、娇艳的美,表现出处于没落时代的统治阶级的感伤情绪和以无病呻吟为美的美感。

自五代以后,唐帝国兴盛时期的丰硕健康的女性美观念被柔弱无力、病愁慵懒、萎靡哀怨、缠绵幽婉、纤细清癯的女性美所代替。

## 女人的裹脚布

纵观从先秦到隋唐的女性形体美的观念与实践,总的倾向是以体态健硕丰满,仪容端庄典雅为女性美的主潮流,到了唐代出现了丰腴之美,使得健硕之美达到最高峰。同时,从先秦的楚王好细腰到唐代的"杨柳小蛮腰",纤柔之美、瘦弱之美也同时流行着,与丰硕之美互相补充,汉代的赵飞燕就是纤柔之美的典型。

唐末、五代时期,中国封建社会走过了它的鼎盛时期,开始走下坡路。宋代以后,由于国势不振,呈现出萎靡哀怨的衰败气氛,在女性美的观念上也出现了以病愁瘦峭、纤细孱弱为女性美之正宗的倾向。从此,健硕之美让位给清癯之美,纤柔病弱之态成为女性美的主潮流。随着缠足的出现和普及,弱不禁风的小脚女人成为明、清时代女性美的典范,诗歌、小说中到处弥漫着病态美的呻吟。然而健康丰硕之美却始终是我国劳动妇女形体美的样板。

从丰腴健硕之美到纤细孱弱之美的转变其最主要的标志是女子缠足的出现和普及。而女子缠足刚好产生在中国封建社会由盛转衰的历史转折时代——五代时期,这不是偶然的。

经清代、近代人的考证、研究,目前比较一致的看法是中国妇女缠足肇始于五代南唐后主李煜。其根据是元末明初人陶宗仪在《辍耕录》中的记载:"张邦基:《墨庄漫录》云:'妇人之缠足,起于近世,前世书传,皆无所自。'""唯《道山新闻》云:李后主官嫔窅娘,纤丽善舞。后主作金莲,高六尺,饰以宝物细带缨络,莲中作品色瑞莲。令窅娘以帛绕脚,令纤小屈上作新月状,素袜舞云中,回旋有凌云之态……由是人皆效之,以纤弓为妙。以此知扎脚自五代以来方为之。"这段文字指出五代时已有女子缠足。但是,这时期缠足尚未流行开来,直到北宋神宗熙宁、元丰(1068~1085)以后才逐渐在社会上传播开来并形成风俗。

五代时期正是中国封建社会由盛转衰的历史转折时期。这期间,社会动荡不安，李煜一类统治者承袭晚唐以来的腐败风气，终日沉湎于酒色之中。晚唐的"香奁诗"的颓唐萎靡气氛在南唐小朝廷中弥漫着，男性统治者对女性的审美情趣也由盛唐时期的健硕丰腴之美逐渐向孱弱纤柔的病态美方向转化。因而，"纤丽善舞"的赵飞燕型的窅娘才能成为李后主心爱的玩赏对象。南唐后主李煜精通诗词，喜欢歌舞，生活十分糜烂。宫嫔窅娘，纤弱小巧，美丽善舞。为了使窅娘的舞姿舞态更为婆娑动人，后主便命她用帛缠脚，使脚"纤小屈上作新月状"。缠足的最初动机是为了使舞姿优美，使得女性的肢体更符合男性统治者的审美要求。它是男性统治者玩弄女性的产物。尼采曾说："男性为自己创造了女性的形象，而女性则模仿这个形象创造了自己。"缠足便是男性统治者按照他们的病态女性美标准诱导或强制女性改变自身肢体形象的典型例证。

缠足的出现，正是女性美观念从丰硕之美向纤柔病态之美转化的产物。北宋中、后期，特别是南宋以后，缠足陋俗能够渐渐风行起来，这与宋代那种萎靡不振，淫侈卑琐的精神状态和崇尚瘦弱柔媚、病弱愁怨的病态美的社会风气有很大关系。小脚纤细，走起路来扭摆婆娑如风吹弱柳，本是一种被扭曲了的女性畸形形象，病态形象。然而，这种形象正合乎娇羞纤弱的女性病态美的审美标准，审美情趣。于是，男性统治者们便利用文学的、舆论的、行政的及其他手段倡导、鼓吹、赞美妇女缠足，使得缠足陋俗渐渐风行起来，终于在元、明以后弥漫于全社会。

女子缠足的产生并非偶然，它至少与以下三个女性美因素有关：

1.从一定意义上说缠足由尖头舞鞋演化而来

我国古代妇女日常生活中常穿方头或圆头的履或屐。但是，古代舞女跳舞时一般不穿履或屐，而是穿一种尖头的"舞屣"或称"利屣"。这种尖头舞屣与妇女缠足和小脚弓鞋有着"亲缘"关系。也可以说妇女缠足和穿尖头弓鞋的陋俗是从这种尖头"舞屣"演化而来的。

远在先秦时期就有歌妓舞女一类女艺人穿着前端尖小的舞鞋翩翩起舞，以卖艺为业。《史记·货殖列传》记载：先秦中山地区的女子"鼓鸣瑟，跕屣，游媚贵富"，又说："临淄女子弹弦跚履"；汉代"赵女郑姬，设形容，揳鸣琴，揄长袂，蹑利屣，目挑心招，出不远千里，不择老少者，奔富厚也"。《史记·集解》解释说：利屣"舞屣也"。舞屣花文薄底，头利锐缀珠。张衡《西京赋》曰："振朱屣于盘樽"；卞兰《许昌赋》有"振华足而却蹈"；顾野王《舞赋》则说："顿珠履于琼筵"。这些古代女舞蹈家的"朱屣""华足""珠履"等等都是跳舞时专用的尖头舞鞋。

南唐李后主令窅娘缠足做新月状，就如同古代女舞蹈者穿利屣一样，为了使舞鞋更尖更小，所以要缠足以适履。清代人俞正燮指出："舞先见足，故言屣。履靴利屣本纤，因而裹之。窅娘裹足者，舞人也。""大足利屣，则屣前锐利，有鼻而弓。古弓靴履不弓足。南唐弓足，束指就屣鼻利处而纤向上。"就是说，南唐以前就有了弓鞋，但它是舞鞋，其形状是前端尖利，有鼻而向上弯翘。窅娘缠脚，不过是把脚趾缠拢，使其沿着鞋尖向上弯翘而已。浙江衢州南宋墓出土的银制小脚弓鞋，鞋头高翘，鞋底前尖，与窅娘的弓鞋相去不远。这证明北宋、南宋时期女子缠足并非如同明清以后把脚缠得骨断筋折，缠成"三寸金莲"，而是略微缠得纤直上翘，以适应弓鞋而已。最初，女子缠足是为了穿弓鞋，认为鞋尖上翘的弓鞋美观。为了脚鞋的美观，是女子缠足产生的原始动机。

2.唐末、五代女子纤柔之美为缠足开风气之先

缠足作为一种社会风俗，它的产生不可能是突发性的，而应该是逐渐形成的。缠足作为一种畸形的审美情趣，有一个相当长期的形成、发展、演化过程，有一个从特异化向普遍化演变的过程。

盛唐以后，妇女的鞋、袜式样有逐渐向纤细尖小方向发展的趋势，社会上开始崇尚妇女脚的纤细尖小。特别是唐玄宗天宝年间，从宫廷到民间似乎吹起了一股"小脚"风。白居易在《上阳白发人》中写道："小头鞋履窄衣裳，……天宝末年时世妆。"说明天宝末年已开始流行"小头鞋履"。《诚斋杂志》记载：天宝年间桃源女子吴寸趾，因脚小而得名。可见，当时人们已有欣赏小脚的审美倾向。特别值得注意的是杨贵妃。南宋以后的人，多有认为缠足起源于杨贵妃的。南宋人东若冰在《脚气集》中说，缠足"或言自唐杨太贞起，亦不见出处。"王明清在《挥尘余录》中也说，向宗厚"缠足极弯，长于钩距"，脚像杨玉环的脚。还有关于马嵬老妪的女儿玉飞，拾得杨贵妃雀头履，长仅三寸的传说，都说杨贵妃的脚小。杜牧诗《咏袜》："钿尺裁量减四分，纤纤玉笋裹春云。"盛唐时期的女俑形象，她们都穿尖靴，靴尖上卷如钩形。这种尖靴的样式与上述窅娘的舞屣差不多。这些材料都说明，唐代天宝年间，社会上已流行欣赏妇女鞋、袜纤小尖细，欣赏小脚的审美倾向，为五代窅娘缠足开风气之先。

3.文学作品的审美导向，促进缠足的产生与流行

在我国古代，社会缺少新闻媒介，更没有影视传播媒体。因而，文学作品便成为引导社会舆论的最重要的工具。文学作品的审美导向，对妇女装束、女性美标准的影响是很大的。文学作品所描写、吟咏、倡导的女性形体、服饰、发型、脚型等等往往成为某一时期妇女追求的时髦新潮。

清代、近代以来，有人曾对中国文学史上描写女性身段、体态的有关女性美的作品进行过初步分析，发现在春秋以前女子的脚不被文人所注意。《鄘风·君子偕老》和《卫风·硕人》是《诗经》中描写女性美最出色的两篇作品。《君子偕老》着重描绘了国君夫人的装束、首饰；《硕人》则把健美硕大的庄姜的手、皮肤、脖子、牙齿、头额甚至眉毛都描绘了一番，却没有提到她的脚。可见，春秋以前，人们以健康朴素为美，尚不注意女性的脚。

战国时期，《楚辞》作者屈原、宋玉等对女性的修饰美、仪容美的描写可谓多姿多彩，但仍没有描写到脚。

然而，这时期已开始着力描写女性走路的姿态和神情了。如宋玉的《神女赋》："步裔裔兮曜殿堂……婉若游龙乘云翔"；"既姽婳于幽静兮，又婆娑乎人间"；"动雾縠以徐步兮，拂墀声之珊珊"；"奋长袖以正衽兮，立踯躅而不安"；等等，把女子走路的姿态，安闲的神情描绘得惟妙惟肖。虽然仍没有直接描写女性的脚或鞋，但已向"脚"靠近了一步。

西汉时，描写女性美的诗文也不算少，如：汉武帝的《李夫人赋》，司马相如的《美人赋》《长门赋》，古诗《青青河畔草》，古乐府《陌上桑》等等。但是，这些诗文也仅仅描绘到女性走路的姿态，并没有描写女子的脚。值得一提的是，西汉末年班婕妤的《捣素赋》中写道："红黛相媚，绮组流光；笑笑移妍，步步生芳。"这是女性写女性自身的作品，"步步生芳"，可以看出当时的妇女已经相当注意对脚的修饰和美化了。

东汉、三国时期已出现描写妇女鞋、袜的文学作品，如张衡《西京赋》云："纷纵体而迅赴，若惊鹤之群罢，振朱屣于盘樽，奋长袖之飒缅。"穿着红色的鞋子，又可振于盘樽，看来舞女的脚是不大的。又如张衡《东京赋》写女侍者的鞋时，说"履蹑华英"，鞋上满是花朵，对鞋的修饰已很讲究；杨修《神女赋》有"靴若芙蓉"之句；卞兰《美人赋》有"金蕖承华足"之词。用"芙蓉""金蕖"形容靴履，而芙蓉、金蕖又都是莲花的别称，已含有"金莲"之意。六朝时，潘贵妃"步步生莲花"的故事，大概是受到文学作品的女性美导向影响的结果。刘桢的《鲁都赋》："纤纤丝履，灿烂鲜新"；曹植《洛神赋》："凌波微步，罗袜生尘"。再如"足下蹑丝履"；"足下双远游"；"践远游之文履，曳雾縠之轻裙"；等等，都是描写妇女鞋、袜的文字。而"纤纤""微步"等词语已有崇尚鞋、袜纤小的意味了。然而，在晋、南北朝以前，尚不见直接描写女性脚的文字。

晋、南北朝时期，出现了直接描写女性脚的文字。大诗人陶渊明大概是描写女性的脚的第一位文学家。他的《闲情赋》中有句说："愿在丝而为履，附素足以周旋。”又如谢灵运的《东阳溪中赠答二首》之一云：“可怜谁家妇，绿水洗素足。”这里的“素足”就是脱去鞋、袜露出的雪白的一双天足，具有朴素自然之美。乐府诗《双行缠》云：“新罗绣行缠，足趺如春妍。他人不言好，独我知可怜。”有人把这首诗当成咏裹足之作。但据明朝人胡应麟考证，应是咏缠脚布的。胡应麟在《丹铅新录》里说：“乐府双行缠，盖妇人以衬袜中者，即今俗谈裹脚也。……以罗为之，加文绣为美观。以蔽于袜中，故他人不言好，独所欢知之。”以此可知：南北朝时，妇女已用裹脚布裹足了。这时期，女子脚的美观，已大为一般人所注意。因而，才出现了齐东昏侯造金莲花贴地，让潘贵妃行走其上，称为“步步生莲花”的行乐故事。

唐诗中，李白《越女词》五首，其中有：“屐上足如霜，不着鸦头袜”，“东阳素足女，会稽素舸郎”之句；李白《浣纱石上女》写道：“玉面耶溪女，青娥红粉妆；一双金齿屐，两足白如霜。”吟咏天足女子的脚如何白。可见盛唐时期以白白的天足为美。

但是，盛唐以后，社会上出现了赞美女性脚的纤小的审美倾向。如唐玄宗天宝末年，宫廷妇女中已流行“小头鞋履窄衣裳”，妇女鞋的式样在向纤小发展。李商隐《送崔珏往西川》诗云：“浣花笺纸桃花色，好好题诗咏玉钩。”用“玉钩”来比喻妇女的脚。这时妇女的脚大概已开始崇尚“新月”的形状了。杜牧《咏袜诗》：“钿尺裁量减四分，纤纤玉笋裹春云，五陵年少欺他醉，笑把花前出画裙。”更是在赞美女人脚的纤小。晚唐毛震熙《浣溪沙》词：“碧玉冠轻袅燕钗，捧心无语步香阶，缓移弓底绣罗鞋”，晚唐时已出现了弓底绣鞋。看样子，这时期妇女的脚已在文学作品的审美导向和社会舆论的诱导下向纤细尖小的方向发展。

文学的审美导向、社会的审美舆论都希望妇女的脚纤细尖小。于是，一些妇女为了使自己的脚纤细尖小，便开始用帛布当裹脚布裹足了。但可能还没有达到改变脚的自然形态的程度。到了五代，终于出现了李后主令窅娘以帛缠脚，把脚缠成“新月”状的缠足事实了。窅娘的脚已开始改变其自然形态，向畸形化发展。她是中国妇女肢体畸形化的第一人。

因而，我们说妇女缠足的出现和普及是中国古代女性美从丰腴健硕之美到纤细孱弱之美转变，从健康之美到畸形之美的转化的主要标志。从此，弱不禁风的小脚女人，成为中国女性美的典型范示。这不能不说是中国女性的悲剧。

# 宋元时期美被扼杀了人性

宋辽金元时期，中国封建社会走过了它的鼎盛阶段，开始走下坡路。一方面经济继续发展，商品经济也有较大发展；方面，中国版图上辽宋、金宋并立，战乱不已，宋朝始终处于辽、金的侵扰之下，国势不振。

宋太祖以发动"陈桥兵变"而夺得政权。为了巩固自己的统治，他大大强化了中央政治集权制度，以防藩镇割据的重演。宋太祖、宋太宗相继采取了一系列措施，以加强中央政治集权制度，巩固赵宋的统治。宋代集军权、财权于中央，派文官知州事，把军、政权分离开来，强化了中央权力，防止了藩镇割据。北宋削弱宰相的权力，强化皇权，以解决历史上由来已久的皇权与相权的矛盾。为了避免"女祸"和外戚乱政，"宋法待外戚厚，其间有文武才谞，皆擢而用之；怙势犯法，绳以重刑，亦不少贷。"同时严禁后妃干政。因而，宋朝比较有效地防止了藩镇割据、外戚专权、朋党之争等祸乱，维护了国家的统一，稳定了中央政权。

宋代也加强了思想统治，在宋朝创建五十余年后逐步形成了"程朱理学"，并成为中国封建社会后期的统治思想。"理学"的主要观点是"存天理，灭人欲"的禁欲主义思想，加强对人们的思想统治和精神束缚，以巩固政治上的中央集权制度。

为了防止武官权重，宋代实行重文轻武政策，宋太祖又鼓吹功臣们"多积金帛田宅，以遗子孙；歌儿舞女以终天年"。因而，宋朝贵族官僚豪奢腐败，大肆纵欲，地方官吏"监司郡守，类耽于逸豫，宴会必用妓乐"。宋代的文人、词客也同唐代的诗人们一样与歌姬舞女们交往，与妓女诗酒唱和。官僚们的豪奢淫逸，大肆纵欲，与理学家们的禁欲主义形成鲜明的两极。

北宋王朝虽然巩固了对内的统治，但是，面对北方、西北方重武功，善骑射的强悍的辽、西夏和金政权，北宋总是处于被动挨打的地位。南渡以后，南宋又偏安江南，不思收复中原，更是江河日下，朝野上下笼罩在一种萎靡不振、哀怨缠绵的气氛之中。在这种时代氛围之中，形成了娇羞纤柔、慵懒无力、娇小瘦弱的女性美观念。对女性从身、心两方面施行"弱化"政策，以培养造就温柔贤淑、娇羞无力的病美人。

封建专制主义，本身就是阶级专制与性别专制的统一体，具有阶级、性别专制的两重性。宋代强化封建专制，也就必然强化性别压迫和歧视。其表现是：

第一，宋代皇帝在后妃遴选上，出现重德轻色倾向，同时强调其出身，后妃宫人多选自大官僚之家。宋代后妃多自觉辅政，自觉抑制外戚。

第二，"程朱理学"提倡"存天理，灭人欲"，实行禁欲主义。其中针对妇女的，主要是要求妇女守节，寡妇不改嫁。加强对妇女的禁锢和精神束缚。宋代是我国两性关系从宽松到严谨的转变时期。西周开创的，经汉儒系统化了的儒家礼教到宋代才开始真正强化起来，经宋代理学家的一再倡导，到明、清时代达到了极点。

第三，宋代也强化了对妇女的身体禁锢，倡导妇女缠足，施行对妇女的肢体束缚。北宋中期，缠足开始走出宫廷传播到民间，南宋以后缠足开始在南方普及。原本是为了"美观"的缠足，自宋以后成为束缚妇女，防止"淫奔"的重要手段。

第四，宋代及其以后，纤柔病弱的女性美观念成为社会的主流女性美观念，缠足畸形美观念广为流行，弱不禁风的小脚女人成为女性美的典范。

## 被杀死丈夫抢入后宫的女人们

宋代开国以后，鉴于汉代外戚之祸和唐代武、韦"女祸"，对后妃的选择采取了重德轻色，重出身门第的政策。宋太祖的母亲昭宪杜太后，"治家严毅，有礼法"。此后，宋代的后妃也多娶自权臣名门之家，且多治家有礼法，是恪守封建礼法的所谓"贤后""贤妃"。因而，《宋史·后妃传》说："宋三百余年，外无汉王氏之患，内无唐武韦之祸，岂不卓然而可尚哉。"

宋代没有大规模的从民间选择宫女、后妃的举措。宋代皇帝的后妃几乎都是娶自将、相、节度使等高官显贵之家。宋代偶尔举行的选民女活动，也是从"将相家"或"世家"大族的女儿中选拔。如宋真宗的沈贵妃"大中祥符初，以将相家子被选"入宫。宋哲宗时，"初哲宗既长，宣仁高太后历选世家女百余人入宫"。尔后再从中物色后妃人选。也有的后妃是因为与皇后或者太后有"姻连"关系而被选入宫。如宋仁宗杨德妃，"以章献太后姻连选为御侍"；周贵妃"生四岁从其姑入宫"，都是皇亲国戚亲上加亲，被纳入宫。

因为经过比较严格的选择，所以，宋代的后妃多数恪守封建礼教，温柔恭顺，有礼法。例如，宋太祖孝惠贺皇后，"性温柔恭顺，动以礼法"；孝章宋皇后，"性柔顺好礼，每帝视朝退，常具冠帔候接"。宋太宗明德李皇后，"性恭谨庄肃,抚育诸子及嫔御甚厚”。宋真宗章穆郭皇后,“谦约惠下,性恶奢靡,族属人谒禁中,服饰华侈,必加戒勖”。宋真宗李宸妃,“庄重寡言”;杨淑妃“通敏有智思,奉顺章献无所忤”。宋仁宗慈圣光献曹皇后“性慈俭,重稼穑,常于禁苑种谷,亲蚕”;张贵妃“巧慧多智,数善承迎”;苗贵妃则“以容、德人侍”,容德兼备。宋英宗宣仁圣烈高皇后,“临政九年,清廷清明,华夏绥定”,“人以为女中尧舜”,更是封建时代恪守礼法的著名“贤后”。宋神宗钦圣宪肃向皇后,也是一位尊礼守法的皇后。宋哲宗登基后,她被尊为皇太后。这时宣仁高太皇太后下令为她修葺庆寿故宫,她推辞说:“安有姑居西而妇处东,渎上下之分,不敢从。”便住进了庆寿后殿,连居室也要遵守法度礼制。宋神宗钦慈陈皇后“幼颖悟庄重,选入掖庭为御侍”。南宋高宗宪圣慈烈吴皇后,“博习书史,又善翰墨”,“尝绘古列女图置座右为鉴,又取诗序之义,扁其堂曰:‘贤志’。”又是一位按古代礼教行事的皇后。

宋代后妃中,以美貌出众而得宠,被封为后妃的为数极少。宋太祖孝明王皇后,“善弹筝,鼓瑟”,通音律;宋太宗李贤妃,“有容、德”,容德皆备。宋仁宗的苗贵妃,“以容、德入侍”;杨德妃“端丽机敏,妙音律组紃,书艺一过目如素习”,是位既美丽又有才艺的女子。宋哲宗昭怀刘皇后,“明艳冠后庭,且多才艺”,也是位丰艳美丽而又多才多艺的女子。宋徽宗郑皇后,“好观书,章奏能自制”,颇有文才;刘安妃,出身微贱,但她“天资警悟,解迎意合旨,雅善涂饰,每制一服,外间即效之”,是一位百灵百俐,善于美容的女性。她大概是两宋宫廷中最美艳风骚的女子,但比起唐代的杨贵妃来则要黯然失色了。

我们分析了《宋史·后妃传》中有关后妃德、色方面的记述,可以肯定地说,宋代皇帝后妃的遴选是重德轻色的,是按照儒家重德轻色的传统标准来遴选后妃的。

宋代皇帝的后妃,也有预政、听政的,但她们的预政、称制、听政大都是在严格的理学纲常伦理的约束下行使的。她们都严格认真地维护赵氏皇统。她们不再以皇权和外戚的双重身份执政,而是以赵宋皇家的儿媳的身份为赵家掌权的。她们已牢固地树立起夫家正统意识,自觉的代表赵宋皇家的利益,多能主动抑制外戚。

宋真宗章献明肃刘皇后,当真宗生病时,刘皇后预政,“事多决于后”,“后裁制于内”。真宗死后,仁宗即位,刘太后“军国重事权取处分”,称制十一年。史书称,“刘太后称制,虽政出宫闱而号令严明,恩威加天下,左右近习亦少所假借,宫掖间未尝妄改作,内外赐予有节”。刘太后称制之初,有大臣上书请依唐武后故事，立刘氏庙，又有人向她献武后临朝图。刘太后掷其书于地曰：“吾不做此负祖宗事。”她称制处处依所谓祖宗成法办事，因循守旧，并没有大作为。刘太后尊崇儒学，宋仁宗初即位，她便令辅臣诏名儒为仁宗“讲习经史，以辅其德”。

宋朝从真宗刘后起，太后不再临朝称制，一律实行“垂帘听政”的体制，多与幼主、辅政大臣一同听政，很少太后专断。

宋仁宗曹皇后，英宗即位后曾生病不能理朝政，曹以太后身份“权同处分军国事”垂帘听政。可是她遇事不独断，“大臣日奏事有疑未决者，则曰公辈更议之，未尝出己意”，决定军国大事，完全依靠辅臣。在政治上，曹后更为保守，宋神宗即位后，支持王安石变法。这时曹后已被尊为太皇太后，她多次劝神宗说：“祖宗法度，不宜轻改”；并认为“青苗法”给百姓带来苦难“宜罢之”；还建议宋神宗把王安石“暂出之于外”；神宗想收复燕蓟失地，曹太后却认为：“苟可取之，太祖太宗收复久矣，何待今日。”神宗只好作罢。可见，曹皇后更是一位只守祖宗成法，不思进取的人物。

宋英宗宣仁圣烈高皇后，神宗去世，哲宗即位，她听政九年，起用老臣，“以复祖宗法度为先务”，“凡熙宁以来政事弗便者，次第罢之”，把宋神宗时王安石变法的成果完全推翻，恢复旧制。有大臣奏请高太后与皇帝皆御殿，她禁止，说：“母后当阳，非国家美事，况天子正衙岂所当御，就崇政足矣。”依儒家学说，母后为阴，“母后当阳”并非国家的好事，因而她主动退避，不与皇帝同殿御事。这些都说明，高皇后自觉地依照理学的纲常伦理行事。旧史称赞她“临政九年，朝廷清明，华夏绥定”。她抑制外戚，“抑绝外家私恩，文思院奉上之物，无问巨细，终身不取其一。人以为女中尧舜。”“女中尧舜”，按照儒家的标准，是对女性的最高评价。

宋代的另几位预政、听政的皇后，也都能恪守礼教，遵循祖宗家法。综观宋朝后妃，仅有光宗李皇后，“性妒悍”，曾割宫人双手，杀死受宠的黄贵妃。掌权后。封李氏三代为王，家庙逾制，推恩亲属二十六人。宋宁宗杨皇后与史弥远合谋，诛杀大臣韩侂胄，造成史弥远“遂专国政”的局面，又立理宗，以皇太后垂帘听政。按照儒家的观念，她们的行为似乎越轨。但比起汉、唐的某些后妃来，她们的行为则算不了什么。

宋代的后妃，为什么多能恪守封建礼教、遵循祖宗家法呢？原因大体有四：

一，宋代的后妃选拔严谨，多选自出身大官僚或者外戚之家，又多自幼接受礼教熏陶，性情柔顺谦恭。二，入宫后接受宫廷中的礼法教育，学习祖宗家法。

如宋哲宗孟皇后，十六岁入宫，受到太后喜欢，并“教以女仪”，接受礼教熏陶。老一代后妃（太后、太皇太后等），把她们的循礼守法行为言传身教，传给下一代后妃。三，是宋代理学兴起，“存天理，灭人欲”，恪守儒家礼教和“纲常伦理”，要求妇女守礼、守节，在这种社会大环境和文化氛围中，宋代宫廷自然更笼罩在“理学”儒教的氛围中。四，帝王、皇室不断总结汉、唐以来外戚干政和“女祸”的教训，在后宫中强化对后妃、宫人的管理和统治，培训后妃们自觉维护皇室利益，成为皇权的代表。因而，后妃们更加谦卑、驯顺，更具有工具性，成为皇权的驯服工具。

辽是契丹族人建立的政权。辽代皇族耶律氏世代与后族乙室拔里氏为婚。辽太祖慕汉高祖刘邦，因而将耶律俨改称刘氏，以乙室拔里比萧何，遂为萧氏。《辽史·后妃传》二十位后妃中，除太祖淳钦皇后述律氏、世宗妃甄氏外，其余十八位后妃，皆为萧氏女。因而，辽没有从民间遴选后妃的做法。金，是女真族人建立的政权，“金代后不娶庶族，甥舅之家有周姬、齐姜之义”，基本上也是皇族与后族世代为婚。金海陵淫乱无度，比之隋炀帝有过之无不及，妃子增至十二位，此外还有昭仪至充媛、婕妤、美人等多人。海陵专在宗族亲戚中恣意淫乱，甚至杀其父、杀其夫而纳之；凡宗室被杀者皆纳其妇于后宫。有的是他的叔母，有的是他的从嫂，也有的是他的从姊妹。海陵淫乱，禽兽不如，但他不从民间选民女。

元朝虽然是蒙古族人建立的政权，但元时也曾依汉族皇室旧制，有从民间选秀女的举措。据《元史·耶律楚材传》载：元太宗时，“侍臣脱欢奏简天下室女，诏下，楚材尼之，不行。帝怒。楚材进曰：‘向择美女二十有八人，足备使令，今复选拔，臣恐扰民，欲复奏耳。’帝良久曰：‘可’，罢之。”元太宗时，已从民间选美女二十八人。太宗下诏再次选秀女，因耶律楚材谏劝而止。元世祖时，耶律铸奏言，“有司以采室女乘时害民，请令大郡岁取三人，小郡二人，择其可者厚赐其父母，否则遣还。”世祖接受了耶律铸的建议，每年从大郡选三人，小郡选二人，落选者遣还。此后，御史中丞崔彧上言，“并罢各路选室女”。据《辍耕录》记载，元顺帝至元年间，民间讹言采秀女，一时间童男女婚嫁殆尽。《廿二史札记》作者赵翼认为，“或世祖虽罢，而累朝尚间行之耳。”元代各朝间或仍有从民间选秀女之事。

元代还有选高丽女入宫之例。元文宗曾以宫中高丽女赐给丞相雅克特穆尔。元顺帝次皇后奇氏完者忽都，本是高丽美女，被选入宫，受到元顺帝宠爱，被封为皇后。当时，选高丽美女入宫没有停止。有大臣上言说，“国初高丽首先效顺，而近年屡遣使往选媵妾，使生女不举，女长不嫁，请禁止”。顺帝采纳了这个建议，停止从高丽选秀女。

宋、元两朝从民间选秀女的次数和规模远比汉、晋、隋、唐时期为少为小。但是，皇帝利用其无限特权，从民间选美女的制度却始终没有绝迹。

元入主中原后，在大都（今北京）大建宫室，规模宏大，建筑雄伟。大内有德寿宫、兴圣宫、翠华宫、择胜宫、连天楼、红鸾殿、人霄殿、五花殿等宫殿楼阁。后宫佳丽选自全国各地，其中也有南宋宫人被选人元朝后庭。

元朝后妃侍从，各有定制。皇后一人，有侍从二百八十人，“冠步光泥金帽，衣翻鸿兽锦袍”；妃有侍从二百人，“冠悬梁七曜巾，衣云肩绛缯袍”；嫔有侍从八十人，“冠文縠巾，衣青丝缕金袍”。元代宫婢人数不及隋、唐多，但也不在少数。

元顺帝的宫嫔进御无数，“佩夫人、贵妃印者，不下百数。如淑妃龙瑞桥、程一宁、戈小娥；丽嫔张阿玄、支祁氏；才人英英、凝香儿，尤见宠爱。所好成之，所恶除之，位在皇后之下，而权则重于禁闱。宫中称为七贵云。”其中的凝香儿，“本部下官妓也。以才艺选入宫，遂充才人，善鼓瑟，晓音律，能为翻冠飞履之舞。舞间冠履皆反复飞空，寻如故。”她是一位多才多艺的女舞蹈家。

看来，元代后宫嫔妃的遴选并不严格，出身艺妓的女子，也能以才艺被选入宫。这些做法与隋、唐时代差不多。

## 男人看重处女膜

魏晋、隋唐以来，社会对妇女贞节的要求并不十分严酷。尽管提倡女子“从一而终”，但是，寡妇改嫁被看作是平常之事，一些做父母的甚至鼓励、逼迫“守节”的女儿改嫁。唐代人的贞节观念更为淡薄。

魏晋、隋唐以来，要求妇女德、言、容、工，四德兼备；德容才艺多方发展，并不十分强调女子的贞节。

宋代是我国两性关系从较为宽松走向严谨的过渡时期。其中最突出的表现是，宋代自程颢、程颐、朱熹等人创立了理学以来，“以理杀人”，其中针对妇女的是提倡极为严酷的贞节观，反对寡妇再嫁。自宋代以后，似乎“贞节”与否成了评价女性的唯一标准。程颐首先提出寡妇“饿死事小，失节事大”的极端主张。《近思录》云：

或问：“孀妇于理，似不可取，如何？”伊川先生曰：“然，凡取以配身也，若取失节者以配身，是己失节也。”又问：“人或居孀贫穷无托者，可再嫁否？”曰：“只是后世怕寒饿死，故有是说。然饿死事极小，失节事极大！”

程颐把寡妇是否守节，看得比寡妇的生命更重要，失去了起码的“人性”，真是“以理杀人”不见血。女人婚后死了丈夫，本来就不幸，如果再嫁就是“失节”，天理不容。于是，寡妇只有守节或者殉夫两条路。这就彻底堵截了寡妇再嫁之路。

程颐还提倡，男子不娶寡妇为妻。寡妇改嫁就是失节，谁娶了寡妇，他本人也就成了失节者。寡妇没人敢娶，那么她们也就只能守节或殉烈了。

朱熹也极力鼓吹寡妇守节。陈师中的妹夫死了，他便写信给陈师中，建议他设法使其妹守节。信中写道：“令女弟甚贤，必能养老抚孤以全《柏舟》之节，此事在丞相夫人奖劝扶植以成就之，使自明没为忠臣，而其室家，生为节妇，斯亦人伦之美事。计老兄昆弟，必不惮赞成之也。昔伊川先生尝论此事，以为饿死事小，失节事大，自世俗观之，诚为迂阔，然自知经识理之君子观之，尝有以知其不可易也。”

“知经识理”的宋代理学家们，不知为什么专门在寡妇改嫁问题上做文章，似乎世上所有的寡妇都不改嫁，便会“存天理，灭人欲”，国富民强，长治久安了。这真是中国古代大儒们的悲哀！

“程朱理学”极力反对寡妇改嫁。寡妇的“价值”再次遭到贬损。相反，宋儒开始鼓吹处女贞操，把贞节与女性生殖器官联系起来。从宋代起社会才开始重视未婚女子的童贞，这是宋代为贞节观念增添的新内容。《厚德录》记录了这样一件事：

张定公咏知益州，单骑赴任。是时一府官属，惮张之严峻，莫敢蓄婢使者。张不欲绝人情，遂自买一婢，以侍巾帻。自此官属稍稍置姬侍矣。张在蜀四年，被召还阙，呼婢父母，出资以嫁，仍处女也！

这段文字赞美了官员张咏不沾女色的品德；同时它也赞赏了那位侍婢仍是处女的可贵，实际上也在赞美“处女”之可贵。

赵忠简公秉政日，使臣关永坚趋承云：“久乃丐官淮上，贫不办行，欲货息女。”公怜之，随给所须。永坚乞纳女，公却之。力请不已，姑留之。后永坚解秩还。公一见语之曰：“尔女无恙。”永坚谓宿逋未偿。公笑不答，且助资送费，嘱求良配。遂归监平江梅里镇宗室汝霖。女言虽累年日侍丞相巾栉，及嫁尚处子也。

这个故事也是在同时赞扬男子不近女色和女子“童贞”之可贵。宋代以后，男人们开始有了“处女”的嗜好。从此，在未婚女子的身上又加了一重枷锁。由于男子看重“处女”，寡妇再嫁也就更为困难了。

宋儒在提倡寡妇守节的同时，也主张男子死了妻子，不再娶。《性理大全》云：

问：“再娶皆不合理否？”

曰：“大夫以上，无再娶理。凡人为夫妇时，岂有一人先死，一人再娶，一人再嫁之约？只约终身夫妇也。但自大夫以下，有不得已再娶者，盖缘奉公姑或主内事耳。如大夫以上，自有嫔妃可以供祀礼，所以不许再娶也。”

也就是说，二程主张：有妾的人不许再娶，无妾的人为了家族的利益可以再娶。尽管“男不再娶”的主张很不彻底，但比起“夫有再娶之义，妇无二适之文”来总算是一种进步。

宋儒为实现其“存天理，灭人欲”的禁欲主张，要求男子克己修身，洁身自好，在家不好姬妾，在外贱妓远倡，不近女色。这种主张针对宋代官僚豪富们人欲横流，纳妾、宿娼风习大盛的社会现实，应该说是有积极意义的。

清人徐士鸾在他编辑的《宋艳》的一条按语中说：“盖当时监司郡守，类耽于逸豫，宴会必用妓乐”，所以官妓盛行。“当时相习宴乐者多，清议有所不畏。”官僚文士们宴会必用妓女佐酒行令，理学家的说教是没人听的。而且就连他们自己也很难做到不纳妾、不近妓。“二等圣人”朱熹就曾“诱引尼姑二人以为宠妾，每之官则与偕行”。

宋儒主张不嫖娼，除了禁欲外，还认为娼妓是贱类，嫖娼辱没自己的人格。例如，“周恭叔于酒席间，属意一妓”，“伊川归，和靖偶言及之。伊川曰：‘此禽兽不若也，父母遗体，以偶贱娼可乎？’”

陆九渊见谢伋狎妓，便指责他：“士君子朝夕与贱娼居，独不愧名教乎？”认为嫖娼有愧名教，有伤风化。但是，谢伋竟调侃他说：“自逊抗机云之死，而天地英灵之气，不钟于男子，而钟于妇人。”谢伋的话虽是调侃之语，但他也反映了谢伋对女性的看法。他认为天地英灵之气，钟于女子，表现了对女性，甚至妓女的某种尊重，而道学家却是贱视妓女的。

贱视妓女是为了制淫防淫。可是，当时官僚文士们宴会，社交必有妓女陪酒，宋儒们很难不与妓女打交道。《人谱类记》记载：

二程先生，一日同赴士夫家会饮。座中有二红裙侑觞。伊川见妓，即拂衣起去。明道同他客尽欢而罢。次早，明道至伊川斋头，语及昨事。伊川犹有怒色。明道笑曰：“某当时在彼与饮，座中有妓，心中原无妓，吾弟今日处斋头，斋中本无妓，心中却还有妓。”伊川不觉愧服。

这个“大程心中无妓”的故事，是文人常用的典故。“心中无妓”不过是对妓“视而不见”罢了，他与其弟第二天仍在谈妓，又怎能说“心中无妓”，不过是自欺欺人罢了。

在宋代女子“失节事大”的影响力并不十分强大，程颐的甥女及侄媳都曾改嫁。但是，由于理学家的鼓吹，寡妇守节者逐步多了起来。元代以后，守节者就更为普遍了。

对于宋儒提倡“守节”的社会效果，清初人方苞有一个估价，他说：“尝考正史及天下郡县志，妇人守节死义者，秦、周前可指计，自汉及唐，亦寥寥焉。北宋以降，则悉数之不可更仆矣。盖夫妇之义，至程子然后大明……而‘饿死事小，失节事大’之言，则村农市儿皆耳熟焉。”

自宋代以后，特别是自“二程”提倡寡妇守节以后，守节的妇女逐渐多了起来。在《二十四史》中，《列女传》及其他传中提到的女性，《元史》以前没有超过六十人的，《宋史》最多只有五十五人，《唐书》五十四人，而《元史》竟达一百八十七人之多。宋以前各史的《列女传》中，真正为夫守节、殉烈的并不多，到了《元史·列女传》守节、殉夫的“模范妇女”数量大增。《元史·列女传》中记载因丈夫病死而殉夫的妇女有四十八人，而《宋史·列女传》中只有两人。《元史·列女传》还记载了因兵乱盗匪等暴力侵扰而殉烈的妇女八十三人。又据《古今图书集成·闺媛典》的“闺烈”“闺节”所载节、烈妇女数：宋代以前总计才一百八十七人，宋、金时期三百零两人，而到元代达到七百四十三人，超过了宋、金以前的总和。可见，理学的影响在南宋时刚发挥作用，到元代以后才在社会上普及起来，到明、清达到了极点。

宋、元时代是理学初倡和逐步成为社会统治思想的过渡时代，对妇女守贞、守节、殉烈的极端要求也逐渐强化起来。强化妇女守贞、守节、殉烈意识，主要手段是一种精神上的束缚和摧残，从思想意识上，把贞节烈观念灌输给妇女，通过理学的宣传和社会舆论的压力，迫使妇女“自觉”的接受。到了元代，所谓“忠臣不二君，烈女不二夫”，“丈夫死国，妇人死夫，义也”成为当时流行的观念。

与此同时，宋、元两朝也强化了对妇女肢体的束缚，残害妇女的缠足恶俗在宋、元时期开始传播，并普及开来。

## 妙不妙看小脚

五代末年，南唐李后主宫嫔窅娘缠足，还只是宫廷舞女中的个别现象，并没有在南唐后宫中流行起来。公元 960 年，北宋建国，975 年宋灭南唐。所以，窅娘缠足的时间应在五代末年，北宋初年。但是，北宋初年缠足尚没有流行开来。至今史料和出土文物中都尚未发现北宋初年妇女缠足的迹象。

陶宗仪在《南村辍耕录》一书中说，“熙宁、元丰以前，人犹为之者少。”熙宁、元丰是宋神宗赵顼的年号（1068～1085），即十一世纪七十年代。这期间北宋已有少数妇女缠足。北宋前期妇女缠足的更为少见。徐积在《睢阳蔡张氏》诗中咏蔡张氏云：“手自植松柏，身亦委尘泥；何暇裹双足，但知勤四肢。”缠足起源于宫廷，是上层妇女被玩物化的结果，一般劳动妇女，由于终年劳动，根本没有闲暇时间去缠足。上层社会的畸形审美情趣也要经过相当长的时间才会弥漫于全社会，被下层人民所认同。因而，北宋中、后期的少数缠足妇女，多为宫廷妇女、贵族妇女或者富贵人家的家妓。

北宋时期已出现文人词客吟咏缠足的诗词。大词家苏轼的《菩萨蛮·咏足》大概是我国诗词史上第一首咏小脚之作：涂香莫惜莲承步，长愁罗袜凌波去。只见舞回风，都无行处踪；偷穿宫样稳，并立双趺困；纤妙说应难，须从掌上看！

这是一首吟咏教坊乐籍舞女之足的词。词中所谓“宫样”就是指宫廷中流行的“内家”式样。可见，缠足是由宫廷传向民间的。诗人秦观也有“脚上鞋儿四寸罗”的词句。都是说脚小鞋也小的。

北宋末年，统治阶级生活日渐腐化，妇女装束，花样百出。《枫窗小牍》记载说：宣和（1119～1125）以后，“汴京闺阁妆抹，花靴弓履，穷极金翠，一袜一领，费至千钱。”其鞋式也千奇百怪。陆游《老学庵笔记》记载，宣和末年，“妇人鞵底尖，以二色合成，名曰错到底。”在这种淫靡的社会氛围中，缠足之风开始流行起来。但是，在北宋一代，缠足仍是少数上层妇女的“专利”，很不普遍。

南宋时期，缠足开始在南方流行、普及。

宋高宗南渡以后，君臣们不思奋发图强，抗金救国，收复失地，反而把北宋时期的淫靡不振之风带到了南方，缠足之风也在江南流行起来。《鹤林玉露》一书记载：宋高宗建炎四年（1130），“柔福帝姬至。以足大疑之。颦蹙曰：‘金人驱迫，跣行万里，岂复故态？’上为恻然。”据《宋史·公主传》记载，柔福帝姬是一位公主，靖康之变，被金兵俘虏至北方五国城，并死在那里。这里的“柔福帝姬”是开封尼姑李静善冒充的。她竟然骗过了宋高宗，被封为福国长公主。这则故事，说明北宋末年宫廷妇女缠足是很普遍的，公主们大约都缠足，否则高宗不会“以足大”怀疑她。其次，也说明当时缠足妇女的脚，与不缠足妇女的脚差别不大，所以尼姑李静善的“大足”竟以“金人驱追，跣行万里，岂复故态”一语蒙混过关。

缠足妇女的南下，把缠足的风习带到了江南，并在南方传播开来。同时还把瘦金莲方、莹面丸、遍体香等妇女缠足、化妆的方法和化妆品传到了江南。这时，江南的妓女也开始缠足。《艺林伐山》记载：“谚言：杭州脚者，行都妓女皆穿窄袜弓鞋如良人。”看来，北宋时缠足女子多为上层良家女子，南宋以后才在妓女中流行起来。

《宋史·五行志》记载，南宋理宗朝，宫妃束脚纤直，名曰：快上马。妇女缠足又细又直的样式始于宋理宗时期。有人据此推测：可能理宗时宫廷中妇女缠足已经形成制度。

南宋时，民间妇女缠足也相当普遍。当时，妇女的画像，脚作弓足的比比皆是。如宋人画的《搜山图》《杂剧人物图》等中的妇女图像，双足无不纤小，有的还带有明显的弯势，上翘做新月状。

南宋妇女的弓鞋实物，在各地墓葬中也有发现。例如，福建省福州出土的文物，墓主是年轻的贵妇人黄升。在她的随葬物品中，有六双鞋子，鞋头尖锐，并明显地朝上翘起，前面用细绳挽成蝴蝶结。鞋子长13.3~14厘米，宽4.5~5厘米。出土时墓主人的脚上还缠有裹脚布带，是妇女缠足的重要物证。浙江衢州南宋墓还出土一双银制弓鞋：鞋面和鞋底都是用银片焊接成的，鞋头高高翘起，鞋底前尖后圆，全长14厘米，宽4.5厘米，高6.7厘米。此鞋虽属随葬冥器，但整个造型、装饰与真鞋相似。用小脚银鞋随葬，反映了当时社会上男子对妇女小脚的崇尚。

文献记载和实物发掘都证明南宋时期妇女缠足已相当普遍，不仅“行都”所在地的浙江妇女缠足，福建等地的妇女也有缠足者。文献记载和实物又都说明，南宋时期妇女缠足以纤瘦为主，而且鞋尖上翘与窅娘的“新月式”差不多，而与明、清时期的“三寸金莲”还有相当差距。

可以说南宋是妇女缠足由个别现象向普遍化发展，由特异化向广泛化发展的时期。从此，缠足开始逐渐形成风气，成为风俗。

南宋时期缠足为什么普遍化了？

有一种传说认为，金人南侵，俘获大量汉族妇女。金人驱赶她们北行，因缠足妇女行路困难，金人便把她们释放了。于是，汉族妇女便纷纷缠起脚来，使得缠足之风迅速传播开来。

缠足流行的原因，可能有多种因素。但是，认为小脚美观这种畸形美观念，恐怕是缠足流行的主要原因。金朝的中原地区上层妇女，仍循北宋旧俗，"花靴弓履，穷极金翠"。可见，妇女缠足还是为了美观。

南宋时期，吟咏缠足的诗词也多了起来。如刘过的《沁园春·咏美人足》：

洛浦凌波，为谁微步？

轻尘暗生，让踏花芳径，乱红不损；

步苔幽砌，嫩绿无痕；

衬玉罗悭，销金样窄，载不起盈盈一段春。

嬉游倦，笑教郎款捻，微退些跟，

有时自度歌韵，悄不觉微尖点拍频。

忆金莲移换，文鸳得侣，绣茵催衮。

舞风轻分，懊恨深遮，牵情半露，出没风前烟缕裙。知何似，似一钩新月，浅碧笼云。

赵德麟的《浣溪沙》词，其题注云："刘平叔出家妓八人，绝艺。乞词赠之。脚绝、歌绝、琴绝、舞绝。"在赵德麟眼里，家妓的脚与她们的色、艺同等重要。其词石：

稳小弓鞋三寸罗，歌唇清韵一樱多，

灯前秀艳总横波，指下鸣琴清杳渺；

掌中回旋小婆娑，明朝归路奈情何？

这首词中已出现"三寸罗"字样，看来南宋时期有些缠足妇女的脚与后来的"三寸金莲"相去不远了。"三寸金莲""樱桃小口"，女性美观念朝着小巧、病弱、慵懒的方向发展。

到了元代，缠足更加盛行。汉族妇女中缠足风气愈演愈烈。"弓鞋""金莲"等小脚的代名词常见于元人杂剧、词曲之中。如萨都剌《咏绣鞋》诗云："罗裙习习春风轻，莲花帖帖秋水擎；双尖不露行复顾，犹恐人窥针线情。"看样子，元代妇女的小脚比宋代的"快上马"式还要纤小。

元代已经出现了崇拜小足的拜脚狂。元末的杨铁崖，以腐臭为神奇，常常在酒席筵上脱下小脚妓女的绣鞋载杯行酒，号称"金莲杯"。崇拜小脚的变态审美情趣更加风行起来。

从宋代开始,纤柔瘦弱的病态美人逐步成为我国汉族女性美的正宗。

在我国封建社会中,封建统治阶级的上层社会,始终弥漫着一种颓废的享乐主义。北宋时期,由于经济的发展和商业的发达,中小地主阶级的兴起,社会财富也积累起来,并集中在统治阶级上层人物手中;另一方面社会上尚没有出现大规模的商业投资和社会再生产的经济机制,因而上层社会便把他们积聚的社会财富几乎全部投入消费,大肆享乐;加之北宋皇帝鼓吹君臣共享升平之乐,使得宋代朝野上下更是弥漫享乐之风。士大夫们把人生的乐趣都集中在花间、月下、美酒、女人上面。官僚权贵们大养家妓,就是中小地主的家中也是姬妾成群,文人词客也以有家妓美妾为人生乐事。

官僚文人们常常宴饮终日,通宵达旦。每有宴会必用家妓、官妓或私妓佐酒助乐。酒酣耳热后,妓侍们常请文人词客为她们填写新词,歌妓以有词客为其赠词而身价倍增;诗人也借着为歌妓填词而显示诗才,张扬诗名。

在诗人词客为歌妓、舞女、侍妓所写的诗词中,充分的反映出士大夫和文人们的女性美观念。

晋武帝以美、长、白作为选后妃的标准;唐代以丰硕健肥为美;在宋朝诗人词客的眼中,娇小、柔弱、细腻、白嫩才是美的典范。如秦观赠某家婢妙奴诗云:西湖水滑多娇娘,妙奴十二正芬芳。肌肤雪白发黑长,含语未发先有香。溪上夜宴侍簪裳,皎如华月坠沧浪。

雪白的肌肤,黑而长的头发,娇弱的身姿是构成宋代美人的重要特征。向子諲席上赠侍儿轻轻,更把美女写得轻轻,柔柔。《殢人娇》:

白似雪花,柔于柳絮,蝴蝶儿镇长一处。春风骀荡,蓦然吹去,争得倩游丝。半空惹住,波上精神,掌中态度。

分明是彩云团做,当年飞燕,从今不数,只恐是高唐,梦中神女。

白如雪花,柔似柳絮,飘若蝴蝶,赵飞燕式的瘦弱纤柔之美成为宋代及其以后封建末世美女的典型模式。刘克庄咏舞妓的《清平乐》也是赞美纤柔之美的:宫腰束素,只怕能轻举,好筑避风台护取,莫遣惊鸿飞去一团香玉温柔,笑颦俱有风流,贪与萧郎眉语,不知舞错伊州。

自春秋起直到汉、晋、隋、唐,高大颀长是我国北方、中原地区女性美的重要条件之一。到了宋代及其以后,女性的高大颀长似乎不再是女性美的必要条件,甚至反而成为文人们取笑、嘲讽的对象。大词家苏轼就曾作诗取笑一位身材高大的美女。苏轼有一次到一位豪士家饮宴,这位豪士"出侍姬十余人,皆有姿技。其间有一善舞者名媚儿,容质虽丽,而躯干甚伟。豪士特所钟爱,命乞诗于公”。以“豪放”词人著称的苏轼却不喜欢身材高大的美女。作诗戏之云:舞袖翩跹,影摇千尺龙蛇动;歌喉婉转,声撼半天风雨寒。

嘲弄得这位舞女红着脸悻悻而去。

黄庭坚《浣溪沙》词,赠官妓盼盼,有“脚上鞋儿四寸罗,唇边朱麝一樱多”之句;赵德麟也有“稳小弓鞋三寸罗,歌唇清韵一樱多”之词。可见三寸小脚,樱桃小口,也是宋代女性美的范式。

容貌俊美是女性形体美的重要因素,甚至是核心因素。“杏腮桃脸黛眉弯”;“远山眉黛长”。容止端丽俊美仍是宋代文人讴歌的女性美的主要内容之一。

花容月貌,肤白发黑,杏腮桃脸,樱桃小口,杨柳细腰,三寸小脚,娇小瘦弱,身轻似燕,体柔如絮,这便是宋代士大夫、文人词客心中、笔下女性形体美的主要特征。

宋代的良家女子、名门闺秀也以闲愁病瘦为美,愁云惨雾同样笼罩着良家女子。著名女词人李清照一阙《醉花阴》写尽闺中女子的离愁别恨:“东篱把酒黄昏后,有暗香盈袖。莫道不消魂,帘卷西风,人比黄花瘦。”她自道自己比菊花还要清瘦。把瘦与菊花联系起来,使瘦蕴涵了美的意味。“新来瘦,非干病酒,不是悲秋。”用“瘦”来写“离怀别苦”真是神来妙笔。国破家亡,给流离失所的李清照带来无限愁绪,使得她一天天憔悴凋零。“感月吟风多少事,如今老去无成。谁怜憔悴更凋零。”“如今憔悴,风鬟雾鬓,怕见夜间出去”。瘦、愁、病是李清照词中常常出现的内容。另一位女词人朱淑真由于婚姻的不幸,更是愁肠百结,病瘦交加。她的一首《伤春》写道:“览镜惊容却自嫌,逢春长是病恹恹。吹花弄粉新来懒,惹恨供愁近日添。”病、懒、愁、恨集于一身。

纤柔瘦弱,慵懒无力,多愁多病正是宋代及其以后上流社会男性的女性美审美情趣。这种审美情趣也深深地影响了宋代少数知识女性。这种情趣再与国破家亡,家仇国恨,个人不幸联系起来,使得宋代女词人们深浸在愁云惨雾之中。

慵懒娇羞、多愁多病是宋代女性气质、情态、神韵之美的集中表现。在宋代文人词客笔下,美人的娇羞、困倦、慵懒、哀怨、幽恨、柔媚、缠绵、羞怯、愁病等各种情态都成为文士们欣赏、吟咏的绝妙美态。

北宋末年,东京汴梁出了一位名妓李师师。宋徽宗闻其艳名,曾“微服私幸”李师师。李师师美名扬天下。当时的词人墨客秦观、周邦彦、刘学箕、张子野等人都有诗词吟咏李师师。这些诗、词比较集中地体现了宋代官僚士大夫、文人们的女性美审美情趣。例如，刘学箕《贺新郎》词云：

午睡莺惊起，鬓云偏，髮松未整，凤钗斜附。宿酒残状无意绪，春恨春愁似水。谁共说。厌厌情味？

手展流苏腰肢瘦，叹黄金两钿香销臂。心事远，仗谁寄？……幽恨积，黛眉翠。

这首词写李师师午睡后懒于梳洗，困困倦倦，残妆不整，懒懒散散，厌厌无聊的情态，突出表现女性的柔弱和娇羞、懒散。这不过是按照士大夫的艳情审美情趣塑造出来的妓女形象罢了。

秦观赠李师师《生查子》，写李师师的妆饰云："远山眉黛长，细柳腰肢袅，妆罢立春风，一笑千金少。"张子野《师师令》，写李师师的修饰之美："香钿宝珥，拂菱花如水，学妆皆道称时宜，粉色有天然春意。蜀锦衣裳胜未起，纵乱霞垂地，都城池苑夸桃李。……不须回扇障清歌，唇一点小于朱蕊。"秦观《一丛花》词，写李师师醉态："年来今夜见师师，双颊酒红滋。……簪髻乱抛，偎人不起，弹泪唱新词。佳期谁料久参差，愁绪暗萦丝。"

宋代词人的笔下，美女总是娇小病弱，含娇带愁，懒懒散散的情态。北宋陈师道的《南乡子》或许最能代表宋代官僚士大夫的审美趣味。其词云："花样腰身宫样立，婷婷，困倚阑干一欠伸。"其"自注曰：周昉画美人，有背立欠伸者，最为妍绝"。周昉画的《欠伸美人图》，薄妆淡抹，意态闲逸。两袖互举作欠伸状，回身侧顾，略露半面，微馨袭人。宋代士大夫认为她是美女的极致。

有学者指出，"在很多艳词中，作者不再把他的佳人描绘成珠翠满头，而更喜欢把她打扮成素服淡妆，以淡雅的装饰显示她天生的媚态。或者让她显得懒懒散散，不加修饰，故意把散乱的长发披在肩上，从而塑造一种'此时模样不禁怜'的形象。"这大体上反映出宋代士大夫、文人的女性美审美趣味。

形体方面的纤柔瘦弱，精神气质神韵方面的慵懒娇羞，大体上可代表宋代封建士大夫、文人们的女性美审美情趣。

其他阶级、阶层，特别是劳动人民的女性美观念，因史料欠缺，目前很难考察。但是，有一点大体可以肯定，那就是统治阶级上层的审美情趣，往往逐步成为弥漫于全社会的审美情趣。

"天苍苍，野茫茫，风吹草低见牛羊。"生活在我国北方、西北方大漠一带的各族儿女，多过着逐水草，驰骏马的游牧生活，或者奔驰在山川荒野以狩猎为生。艰苦险恶的生活环境，流动奔波的生活方式造就了北方人民刚健勇武、粗犷豪放的风格和悲壮苍凉的情调，与南方的文弱缠绵的风格大不相同。北方的女性大都也具有勇武刚健，粗犷豪放的风格，驰马荒野，征战南北。

北方的辽、金、元三朝的契丹、女真和蒙古族妇女都具有刚健勇武、粗犷豪放的英武风姿，与南方女性的纤柔瘦弱、慵懒娇羞的柔态形成鲜明对比。北方女性大都以刚健勇武、粗犷豪放为美。辽、金、元三朝的后妃之中，颇出了几位智勇双全，能征善战的勇武女性。

辽代契丹女子，多"以鞍马为家"，不仅一般女子英勇善战，就连皇帝的"后妃往往长于射御，军旅田猎未尝不从"。勇敢的后妃们，常常参与行军作战，驰马狩猎，表现出极大的勇气和智谋。例如，辽太祖述律皇后，"简重果断有雄略"，她常常为辽太祖"行兵御众"出谋划策。一次，辽太祖率兵去攻击党项，后方兵力空虚。室韦的黄头、臭泊二部乘虚前来袭击。这时，述律后"勤兵以待，奋击大破之，名震诸夷"。著名的萧太后萧绰，"明达治道，闻善必从"，"习知军政，澶渊之役，亲御戎车，指麾三军，赏罚信明，将士用命"，一直攻到北宋的澶渊城下，与北宋订立"澶渊之盟"，得胜回师。仁懿皇后萧挞里，曾"亲督卫士破逆党"，及时扑灭了重元父子的叛乱。

金代的女真族也是勇猛善战的民族，妇女中多有勇毅刚强之人。如金昭祖威顺皇后徒单氏，"性刚毅，人莫敢以为室"。此人刚烈异常，以致无人敢娶她为妻。这时，刚好金献祖要为儿子昭祖娶妻，他说："此子勇断异常，柔弱之女不可为配。"于是，他便决定为昭祖娶刚烈异常的女子徒单氏为妻。两位勇猛刚烈的人刚好配成一对。金景祖昭肃皇后唐括氏，为人大度，"好待宾客"。景祖每与人饮酒，宴会中有醉酒而噪闹的，她便"自歌以释其忿争；军中有被笞罚者，每以酒食慰谕之；景祖行部辄与偕行；政事狱讼皆与决焉"。她几乎参与一切军政大事的决策。

元代的蒙古族人，以放牧为业，驰马草原，勇猛善战。蒙古族妇女也大都强悍刚毅，骑马善射。如元世祖顺圣皇后弘吉剌氏，虽然没能随军征战，她却"率宫人亲执女工"把旧弓弦改制成绸布，制作衣服；又用羊皮合缝为地毯，亲自参加劳作。蒙古游牧民族以骑射征战为荣，后宫佳丽歌舞游戏，也具有剽悍勇武的风格。如某仲秋之夜，元武宗与诸嫔妃泛舟于禁苑太液池中。"画鹢中流，莲舟夹持。舟上各设女军。居左者冠赤羽冠，服斑文甲，建凤尾旗，执泥金画戟，号曰凤队；居右者冠漆朱帽，衣雪氅裘，建鹤翼旗，执沥粉雕戈，号曰鹤团。"酒至半酣，骆妃起舞欢歌，歌曰："五华兮如织，照临兮一色，丽正兮中域，同乐兮万国。"武宗大悦，下令两军水击为戏。于是，凤队与鹤团"风旋云转，戟刺戈横。战既毕，军中乐作，唱龙归洞之歌而还"。

蒙古贵族入主中原后，后妃们深居华美壮丽的后宫之中；贵族妇女也都过上贵妇的豪华生活。定居而奢华的生活逐步改变了蒙人原有的勇猛剽悍习性，并开始接受儒家思想及汉族上层统治者的礼仪。一些后妃也开始以儒家后妃之德、母仪自律，如元顺帝的伯颜忽都皇后，“性节俭，不妒忌，动以礼法自持”，已经具有儒家所说的后妃之德了。

元朝中、后期，以皇帝为代表的上层统治者日趋腐败。他们也逐渐接受了宋代统治者的审美观念，开始喜欢柔弱慵懒的女性。他们的女性美观念也转向病态化，甚至也开始喜欢汉族妇女的小脚，喜欢观看小脚舞女的娇羞慵懒，弱不禁风的舞姿。例如，元人李洞的《舞姬脱鞋吟》一诗，本是应制之作，从中可看出君臣相谑的风尚和他们的女性美情趣：吴蚕八茧鸳鸯绮，绣拥彩鸾金凤尾；惜时梦断晓妆慵，满眼春娇扶不起。侍儿解带罗袜松，玉纤微露生春红。翩翩白练半舒卷，笋箨初抽弓样软。三尺轻云入手轻，一弯新月凌波浅。象床舞罢娇无力，雁沙踏破参差迹。金莲窄小不堪行，自倚东风玉阶立。

晨妆不整，娇羞懒散，娇弱无力，小脚难行，倚风玉立，这就是蒙元统治者眼中的美人。此时，那种剽悍勇武的女性形象早已从蒙元统治者心目中消失了。足见汉族上层统治者的腐朽的女性美观念具有多么大的腐蚀力。

两宋是词这种文学形式最发达的时代，词家辈出，创造了许多优秀的词作。在宋词中占有相当大比重的艳词，继承了南朝艳诗的传统，以写艳事艳情为主，以写闺房世界和歌妓舞女为主。大体有三类艳词：一是把女性作为狎玩的对象来描写，反映了士大夫、文人的女性美情趣；二是摹拟女子的口吻，代替女子抒发她的痴情或闺怨；三是女词人发出的女性自己的心声或呼声，反映女性的愿望或希冀。

闺怨词，写良家妇女的生活状态和情趣，代替女子抒发其闺愁、闺怨。如《鹊踏枝》：

庭院深深深几许？杨柳堆烟，帘幕无重数。玉勒雕鞍游冶处，楼高不见章台路。

雨横风狂三月暮，门掩黄昏，无计留春住。泪眼问花花不语，乱红飞过秋千去。

这首词没有描绘闺中佳人的美色和服饰，而是突出描绘了闺中人的生存环境：用三个重叠的“深”字，写出了佳人居住环境的封闭性。“庭院深深”，居处幽深而又封闭，再加之重帘的密掩，真是被封闭得又幽深又厚重，简直密不透风，真实的表现了封建时代深闺中的佳人被封闭的典型环境。在这种封闭环境中独守空房的妻子又怎能不寂寞难耐。

与妻子的被封闭形成鲜明对比的是，她的丈夫把她丢在家中，留守空房，自己却在外到处冶游，寻花问柳；妻子甚至都不知道他此时身在何处？“楼高不见章台路”。这首词的深刻意义，在于它使人联想到处在封闭状态下的封建上层妇女被封闭的人生境遇，带有很大的普遍性。

柳永的《定风波》写出了闺中佳人的心愿：

自春来、惨绿愁红，芳心是事可可。日上花梢，莺穿柳带，犹压香衾卧。暖酥消，腻云亸，终日厌厌倦梳裹。无那！恨薄情一去，音书无个。

早日恁么、悔当初，不把雕鞍锁。向鸡窗，只与蛮笺象管，拘束教吟课。镇相随，莫抛躲。针线闲拈伴伊坐，和我，免使年少光阴虚过。

词的上半首写闺中美人的慵懒羞娇，容颜憔悴而又无心梳妆。这正是宋代士大夫、文人的女性美情趣。下半首则写出了美人的愿望：丈夫读书习文，妻子陪坐在丈夫身边做针线活，一幅和美的幸福家庭图。郎才女貌，“妻子尽心妇功，丈夫苦读诗书”。这正是封建时代理想的夫妻关系和幸福的家庭模式。

周邦彦的《烛影摇红》写歌妓：

芳脸匀红，黛眉巧画宫妆浅。风流天付与精神，全在娇波眼。早是萦心可惯，向樽前，频频顾盼。几回相见，见了还休，争如不见。

烛影摇红，夜阑饮散春宵短。当时谁为唱阳关？离恨天涯远。争奈雨收云散，凭阑干，东风泪满。海棠开后，燕子来时，黄昏深院。

这首词描写了歌妓的动人神态，她善于用眼神传达自己的心思。但是，她与观看歌舞的人，只不过是酒席宴上的逢场作戏，并没有什么深情厚谊。“几回相见，见了还休”，还不如不见。这是歌妓在卖笑生涯中的真实感受和体验。下半首写出酒席宴散场后，歌妓的空虚寂寞：酒散人空，酒席宴上的男子们有谁是她的知心人？可能谁也不是。她只好在黄昏时的深院中，凭阑独自流泪。周邦彦的另一首《美人春睡》写出了这位御用文人眼目中的美人的睡态：象牙筠簟碧纱笼，绰约佳人睡正浓；半抹晓烟笼芍药，一泓秋水浸芙蓉。神游蓬岛三千界，梦绕巫山十二峰；谁把棋声惊觉后，起来香汗湿酥胸。

这首诗完全以男性观赏者的视角描写纱笼中酣睡中的佳人的美态，如芍药，似芙蓉，反映了宋代文人的审美情趣。

两宋男性的病态审美情趣，也深深地影响着女性的审美情趣。她们也以病、愁、瘦、羞、慵懒作为闺中佳人的样板。如宋朝女词人吴淑姬的一首《祝英台近·春恨》：

粉痕销，芳信断，好梦又无据。病酒无聊，欹枕听春雨。断肠，曲曲屏山，温温沈水，都是旧看承人处。

久离阻，应念一点芳心。闲愁知几许！偷照菱花，清瘦自羞觑。可堪梅子酸时，杨花飞絮。乱莺闲，催将春去。

宋代的士大夫，文人们似乎形成了一种女性美的模式：娇羞病瘦，慵懒闲愁。他们笔下的美女总是笼罩在一片闲愁之中，表现出一种富贵无聊的闲雅的情调，一种有闲阶层的闲情逸致。这种不健康的闲雅病弱的审美情趣逐渐浸润于全社会，使得社会的上层人士逐渐弱化、软化。女性病弱无力，男性也失去了阳刚之气，逐步女性化，软弱化。宋元以来，文学作品在描写男女爱情时，逐渐形成了所谓“才子佳人”模式，才子多愁多病身，佳人倾国倾城貌，娇羞多病身，而且三寸小脚，弱不禁风。试想，这种“才子佳人”，遇到了北方辽、金、元的慓悍勇猛的“英雄美人”，在铁骑横扫之下，又怎能不败亡。

富贵而又文弱的汉族上层统治者，在封建末世，已开始走向衰落。财富的积累，文明的成果都成为他们享受的对象。他们在深宫庭院，金樽美酒，美女红唇中消磨时光，打发日子，闲得无聊，闲得生愁。因而他们越发欣赏慵懒羞娇，病弱无力的女性美。

## 明清时期美女满腹辛酸泪

明、清时期，中国封建社会走向末世，统治阶级日趋腐败，走向没落。同时，明中叶以后，中国经济中出现了新的经济因素，产生了资本主义生产关系的萌芽。

明初、清初，统治阶级都曾励精图治，推动经济发展，强化封建专制。理学成为明、清时期的统治思想。明、清统治者都强化了对后宫的管理，防止后妃干政；同时在全社会倡导贞节观念，大力表彰贞妇烈女，强化性别歧视。

明、清中期以后，统治阶级日趋腐败，阶级矛盾尖锐化。封建上层统治者更加沉湎酒色，玩弄妇女；随着商品经济的发展，城市的繁荣，娼妓业大盛，色情文化泛滥，世风日下。

随着资本主义生产关系萌芽的出现，市民阶层逐渐壮大，市民意识逐渐萌生，文化思想界产生了反传统的原始的民主主义思潮，涌起了同情妇女的思潮，产生了男女平等的思想萌芽。

封建士大夫的女性美观念日趋腐败,汉族地主阶级极力鼓吹妇女缠足。小脚已成为女性美的第一标准,在没落文人中产生了小脚癖和拜脚狂。与此同时,清代后期,随着男女平等思想的萌生,也产生了反缠足思潮,逐步萌生了健美的女性美观念。

明、清时期的女性美表现出极为矛盾和多样性的特色。一方面,统治阶级强化封建礼教和妇德,极力提倡贞节;另一方面,腐朽的统治者又极力追求美色,崇拜畸形美,大倡缠足,德与色的冲突十分突出。上层统治者极力倡导缠足妇女的柔弱之美。但是,与此同时,随着商品经济的发展,女性的活动范围增大,社交活动增多,社会上逐步产生了刚健之美的女性美观念。刚与柔两种女性美观念与实践在斗争中消长,终于在晚清时期,在西方文化的影响下发动了不缠足和兴女学活动,进而形成了近代意义的新的健美的女性美观念。

## 帝王的选美仪式

出身贫寒的朱元璋,当了皇帝后,总结历代帝王兴衰的历史经验和教训,加强中央政治集权,把权力更集中于皇帝手中。而加强对后宫的管理,强化对后妃的控制,便成为朱元璋加强皇权的措施之一。正如《明史·后妃传》所载:"明太祖鉴前代女祸,立纲陈纪首严内教",防止女主干政"洪武元年,命儒臣修《女诫》,谕翰林学士朱升曰:'治天下者,正家为先,正家之道,始于谨夫妇。后妃虽母仪天下,然不可俾预政事;至于嫔嫱之属,不过备职事,侍巾栉,恩宠或过则骄恣犯分,上下失序,历代宫闱政由内出,鲜不为祸。唯明主能察于未然,下此多为所惑。卿等其纂《女诫》及古贤妃事可为法者,使后世子孙知所持守。'"明太祖严订后宫"家法",防止后妃预政,以强化皇帝的权力。太祖孝慈马皇后,是朱元璋的贤内助。她"勤于内治,暇则讲求古训,告六宫以宋多贤后,命女史录其家法,朝夕省览",马皇后以宋代"贤后"为榜样,以"仁厚"治理后宫。在她的影响下,明代后宫"内治肃雍,论者称明家法远过汉、唐"。

在后妃的遴选方面,明代严格筛选那些德、容兼备的良家女子。"凡天子、亲王之后、妃、宫嫔,慎选良家女为之,进者弗受,故妃、后多采之民间。"而且所选民女,多出身于贫寒之家。明时人于慎行《笔尘》认为,后妃出身微贱,多能节俭自爱,来自民间,则习见闾阎生计,可以佐人君节俭之治;若必出于勋旧,则勋而兼戚,戚而兼勋,王氏祸汉,贾氏祸晋,可为前鉴。后、妃选自民间,出身贫寒,不仅可帮助帝王厉行节俭,还可以防止"女祸"。

由于后妃，嫔御选自民间，所以每当新皇帝登基，便有选秀女之说。现以明熹宗懿安张皇后从民女被选为皇后为例，看明代后宫选美的制度，方法是何等严格。

明懿安皇后张氏，名嫣，字祖娥，小字宝珠，河南祥符县人，出身贫寒。明熹宗天启元年被选入宫，成为皇后。

明熹宗天启元年(1621)，熹宗将举行新婚大礼。在这之前，就派遣太监到全国各地挑选十三至十六岁的良家女子五千名。主管熹宗婚事的有关部门用银币若干作为聘金，令被选少女的父母把她们送到京城。这年正月。初选合格的五千名少女齐集京师，准备应选。

于是，一场规模浩大的选美活动开始了。皇帝分遣太监进行第一次筛选。只见太监们把少女每百人排成一行，按年龄大小排列，逐个察看，把那些稍高、稍矮、稍肥、稍瘦的少女淘汰掉。第一次便淘汰了一千人。

第二天，留下的少女仍按上一天那样列队。太监们用极挑剔的目光仔细察看她们的耳、眼、口、鼻、头发、皮肤、腰部、颈项、肩膀、背部，只要有一项不合规定，便被除名。接着又让她们自报其籍贯、姓名、年龄，以考察她们的音色和神态，把那些嗓音粗浊，窳劣，口齿不清，或应对慌张的淘汰掉，这样又筛去二千人。只剩下二千人了。

第三天，太监们各拿尺子，量这些美女的手和脚。然后让她们走几十步，以观察她们的步态、风度，把那些手腕稍短，脚稍大的，举止稍轻躁的去掉，这样又淘汰了一千人。至此，仅剩下一千人了。

这一千名美女便被召入宫，让宫人(稳婆)做最后的身体检查。"分遣宫娥之老者，引至密室，探其乳，嗅其腋，扪其肌理"。经过这次体检，人选者仅剩下三百人了。这三百人都入选为宫人。这三百名美女，被留在宫中一个月，皇帝派专人详细考察她们的性情言论，进而评判她们的性格刚柔，智慧还是愚蠢，贤惠还是妒忌，于是入选者仅剩五十人。这五十人都是妃嫔。

这时，主管选美的司礼监秉笔太监刘克敬把这五十人引见给昭妃刘氏。"昭妃方摄太后宝，亲召五十人，与之款语。试以书算诗画诸艺，得三人为最上选，后及王氏、段氏也。太妃幕以青纱帕，取金玉条脱系其两臂，复遣宫娥引至密室中复视，循旧例也。"于是，张嫣入选。"是时，后年十五，厥体颀秀而丰整，面如观音，色若朝霞映雪，又如芙蓉出水；鬓如春云，眼如秋波，口若朱樱，鼻如悬胆，皓齿细洁，上下三十有八，丰颐广颡，倩辅宜人；领白而长，肩圆而正，背厚而平；行步如青云之出远岫，吐音如流水之滴幽泉；不痔不疡，无黑子创陷诸病。”

刘太妃把张嫣等三人的美态转告给皇上，“帝复引见三人，自谛选之。”熹宗乳母客氏，认为张嫣“他日长成，必更肥硕，少风趣，安得为正选?”帝意早属后，乃复请赵选侍决之。赵选侍说:“三人皆姝艳绝伦，古之昭君、玉环不能过。若论端正有福，贞洁不佻，则张氏女尤其上也。”于是乃立张氏为中宫，而以王氏为良妃，段氏为纯妃。

经过这番严格挑选、从五千名初选美女中，选出了最美的天下第一美女——张嫣为皇后。

关于明代皇帝选后的选美方式，《明史·后妃传·庄烈帝愍皇后周氏》传中有所记载:“故事宫中选大婚，一后以二贵人陪，中选则皇太后幕以青纱帕，取金玉跳脱系其臂;不中即以年月贴子纳淑女袖，侑以银币遣还。”这大概说的是选美的最后一幕，由皇太后决定皇后的人选。陪选的两位美女，有的便被封为妃，如张嫣皇后的陪选者分别被封为良妃、纯妃。又如明武宗夏皇后的陪选者被封为沈贤妃、吴德妃。毛奇龄《胜朝彤史拾遗记》记载:“故事选后以二女陪选。正德改元，上(武宗)大婚，二妃陪后进。慈圣太后，即命封为妃。”

陪选的两位美女，也有被赐给银币退回本家的。据赵尔沂《刘大姑传》记载:刘大姑，京师人。明光宗为太子时，于万历二十九年选太子妃。刘大姑与郭皇后及郭后的妹妹三人同时人选。在最后一轮选美角逐中，郭氏被选为太子妃。郭后的妹妹与刘大姑落选，赐给金币后返回家中。当时的风气，以进宫备选为荣，凡是落选的女子，富贵人家争着出重金礼聘。郭后的妹妹便作了成山伯夫人。而这位刘大姑认为自己才貌出众，仅次于郭后，便不愿嫁人。“贵戚纳聘悉却之。谓母曰:被选后，与今元妃同卧起三月，外间何等子，乃议婚耶！遂守贞以殁。”这位刘大姑自觉入宫备选，身价百倍，再不肯嫁给除太子外的其他权贵人物，当了一辈子老处女。

有关明代宫廷选美的趣闻、异事还有几例。《明稗类钞》载:明朝成化年间，命妇入朝，尚书施纯的妻子长得十分漂亮、端庄。皇太后一见到她，被她的美貌所震动，仔细看了她许久并对左右说:当年选妃时，怎么把她漏掉了。可见，明代虽重视妇德，但美貌仍是选后、妃的最重要标准。又据《涌幢小品》记载，明宪宗选妃时，江南嘉兴姚善的女儿被选中。当时，这位女子的头发还不到一尺长。当她路过距吴江二十里的地方时，一晚上头发竟长到八尺长，这个地方从此便被称为八尺。此人入宫后，被册封为端懿安妃。

明太祖为加强对后宫的管理和控制，减少了后宫女官的人数和机构，设六局一司。其中的尚寝局专管皇帝的住宿事宜。尚寝局的文书房内官,每晚要登记皇上幸宿的地方及所幸宫嫔的年、月、日,以便考察宫嫔的妊娠情况。即便是贵为天子,也必须遵守这些祖传家法,规章制度。但是,历朝历代也出了一些破坏宫中传统的荒淫皇帝,明武宗就是自明一代最为荒淫的皇帝。他下令"除却省记注,掣去尚寝诸所司事",取消皇帝夜幸的记录,取消尚寝局的工作。他便"遍游宫中","随所住,辄饮宿不返",在宫中到处寻欢作乐。不久,武宗又设置"豹房",从民间抢掠民女,充实其间,供其淫乐。武宗在宫中、"豹房"玩厌了,又到各地巡幸,"凡车驾所至,近侍先掠良家女以充幸御,至数十车在道,日有死者",弄得人心惶惶,"远近骚动,所经多逃亡"。

武宗听说马昂的妹妹"美而艳",也不管她已嫁人而且已怀孕,就下令把她纳入"豹房"。"马氏善骑射,解于阗、龟兹诸乐,能道番语,遂绝幸。"一天,武宗至宣化,微服出行,见当垆卖酒的少女李凤姐"丰神绰约,国色无双,不禁迷眩",趁其酒肆中无人,便将凤姐拥抱入室,强行奸污。并说:"朕为天子,苟从我,富贵可立至。"少女听了这话,不敢再反抗,遂被奸。武宗又要封凤姐为嫔妃。凤姐称自己命薄,享不了富贵,不愿进京。武宗竟强迫她随其还京。走到居庸关,雷雨交加,这个少女因惊吓致死。

正德十二年,武宗至大同,驻跸偏头关,到太原去寻索女乐,得到乐户刘良的女儿,晋府乐工杨腾的妻子刘氏。武宗"悦其色",又喜欢听她的歌声,"遂从榆林还,再召之,载以归,命为美人,大见宠幸。初居豹房,后渐人西内专寝"。宫廷选美,是帝王利用自己的特权"合法"的占有民女;而像明武宗那样的昏君淫混便公然强抢民女,强奸民女,选美于是变成了抢美、掠美。

明朝后宫中的女官,也是由民间选拔来的。不过,后妃的遴选重在德、色,女官的选拔重在才学见识。明朝初年,朝廷有考选女秀才的举措。据《静志居诗话》云:明初识字妇女,得举女秀才,入尚功局。《万载县志》云:万载县民敖用敬妻易渊碧,洪武二十六年,举女秀才,以疾还乡。这是中国历史上仅有的"举女秀才"制度。

明代宫廷选美,并不是在全国各地普遍进行,而是主要在京师附近选取。最初南京、北京并重,后妃中多有出生于南方的。后则多为从北京附近选择。如明英宗周妃,昌平人;景帝汪后及宪宗吴后,都是顺天人;世宗杜妃,大兴人;穆宗李后,昌平人,陈后,通州人。有的后、妃原籍南方却出生于北京附近各州县。明中期以后,选妃多在京师附近,不及远方,是为了防止滋扰地方安宁。

宪宗邵贵妃曾经说过:"女子入宫无生人乐,饮食起居,皆不得自由,如幽系然。以后选女入宫,毋下江南,此我留大恩于江南女子者也。江南人家,亦幸无以丐恩泽送女子入宫。”或许是因为邵贵妃的话起了作用,此后便不在江南选美女了。

清太祖努尔哈赤创业之初,并没有建立后妃制度,汗王的妻室既没有名位,也不分等级,一律按满人风俗称为福晋。皇太极改国号为“大清”后,开始建立后妃制度,“五宫并建,位号既明,等威渐辨”。顺治十五年采纳礼官的建议,乾清宫、慈宁宫各设嫔妃若干等,又循明制设六局一司之制,但没有施行。康熙以后,典制大备,后宫号位定制严明。皇后居中宫,主内治。以下设皇贵妃一人,贵妃两人,妃四人,嫔六人;贵人、常在、答应无定额,分居东西十二宫。东六宫是:景仁、承乾、钟粹、延禧、永和、景阳;西六宫为:永寿、翊坤、储秀、启祥、长春、咸福。各宫都有大量宫女供使令。

清朝入关后,便建立了选秀女制度。清朝实行满、汉不通婚的民族隔离政策,宫中守祖制,不蓄汉女,因而清代选秀女不选人数最多的汉族女子,只从满洲、蒙古、汉军八旗官员之中选取秀女。每三年选一次八旗秀女,由户部主持;每年选一次内务府属旗秀女,由内务府主持。

据《大清会典》载,八旗满洲、蒙古、汉军官员、男户军士、闲散壮丁中选取的秀女,每三年选一次,由户部行文八旗二十四都统、直隶各省八旗驻防及外任旗员,把应选女子的年龄、籍贯等情况逐一具结呈报给都统,再汇咨户部。户部奏准日期行文到旗,各具清册。委派参领、佐领、骁骑校、领催、族长及本人父母或亲伯叔父母兄弟、兄弟之妻,送至神武门,依次序列,候户部交内监引阅。有记名者,再行选阅,不记名者,听本家自行聘嫁。未经内监阅看的女子及已记名女子,不得私相聘嫁。如果私相聘嫁,自都统、参领、佐领及本人父母族长,都要受到处罚。

清朝规定,凡是贫困的旗人,家里有八至十四岁的女孩,都可以到内务府申报登记,等到挑选时,由内务府通知去接受初选。只要五官端正,口齿清晰,行动敏捷的,都可以名登初选,册送入宫。初选合格者,进入复选。复选是由皇后指派贵人、嫔妃率领嬷嬷们主持。入选者,由内务府与宫女家属立契存证。

晚清上海刊印的《点石斋画报》上,刊有一则《秀女候选》新闻画,其中的文字说明,介绍了清末时期朝廷选秀女的情况:

我中国前年有选秀女之举,一时世家淑媛、阀阅名姝无不翘首跂足,冀荷宠荣。本报已珥苇恭纪之矣。兹闻三月初一日,皇太后在南海畅和园复看秀女,是日八旗满、汉各宦家长,将年已及闺中之淑女,均于黎明时垂坐绣憾(车幔),

停车神武门外，候选者共一百二十余乘，将车排成雁翅，车门均有木牌，书明第几号，系某旗某甲某佐领某某之女，由内务府起居注司员带领内侍，按号唱名宣召，挨次鱼贯而进，预备复看选择。闻已选得宫女三十六人，其不入选者，仍令各旗章京领出，交其家长领回，俟下次再选……

从这段记述中，可看出清代选秀女的具体情况。在清代，参加秀女选拔是一件光耀门庭的事情，满、蒙、汉八旗官员家中有闺女的，无不跃跃欲试，报名参选。由于只从少数旗人中选秀女，所以清代选秀女的范围十分狭小。选秀女实际上成了旗人的一种特权。因为选择范围小，所以清代宫女人数比汉以来历代都要少些。

被选取的秀女入宫后，“或备内廷位，或为皇子、皇孙拴婚，或为亲、郡王及亲、郡王之子指婚。”这些秀女有的将成为后、妃；有的成为皇子、皇孙的妃、嫔；也有的成为皇帝近支宗室的妻子。

按规定，每次选秀女的人数为三百人以上，但各个时期人数不尽相同，如康熙时有宫女四五百人，而乾隆朝只有一百三十四人。秀女被选入宫后，出身于八旗世家的一般可得到贵人或嫔妃的封号；出身于下层旗人家庭的只能得到答应、常在等下级封号，而后再逐级晋升到妃嫔。

清宫的宫女人数比汉、唐以来历朝历代都要少些，大约在两千人左右。宫女如果没有被皇帝看中，没被召“幸”过，到了二十五岁，可以退还本家，另行出嫁。这比起汉、唐以来，让宫女老死宫中，作“上阳白发人”来，要“仁慈”一些。

清宫中不用汉族女子当宫女，更不能充妃嫔，但也有例外。清世祖“尝选汉官女备六宫”。世祖恪妃石氏，便是吏部侍郎汉族官员石申的女儿。

清代后期，由于国力艰难，外敌入侵及腐败无能等多方面原因，同治、光绪两帝妃嫔较少，并且没有进行大规模的“选美”活动。从此，封建帝王的“选美”活动史接近尾声。

中国历史上的“选美”活动，主要是帝王行使特权遴选后、妃及宫嫔的活动。其次，王公大臣们娶妻、买妾也要经过一定程度的挑选，从一定意义上说，这也是“选美”之一种。

此外，宋、明以来在妓院中又出现了“评花榜”的评选妓女活动，也是一种“选美”。明、清时期，北方缠足盛行地区出现了“赛脚会”一类比赛小脚的活动，则是下层良家妇女中的一种畸形“选美”“赛美”活动。

## “牌坊”重压下的小脚女人

“牌坊要大,金莲要小”是流行于明、清时期的一句俗语。它比较准确的概括了我国封建社会末期女性道德美与形体美的“完美”标准。

明、清的统治者都极力强化封建专制制度,强化性别压抑,极力鼓吹封建礼教,尤其大力倡导、表彰妇女贞节。上层统治阶级、中小地主,乃至全社会,几乎都把贞节看作是妇德的首要条件,第一标准。同时,把“三寸金莲”看作女性形体美的第一标准。节妇烈女的贞节牌坊越大越好;女子的小脚缠得越小越好。

明朝是奖励、表彰贞节最积极的时代。明太祖朱元璋登上皇帝宝座不久,即把表彰妇女贞节当作维护其封建专制制度的大事来抓。于洪武元年下达诏令:“民间寡妇三十以前夫亡守制,五十以后不改节者,旌表门闾,除免本家差役。”不久,又“著为规条,巡方督学,岁上其事,大者赐祠祀,次亦树坊表”,巡方督学每年都将地方上的节烈妇女上报朝廷,朝廷便按照贞节的程度给予封赏,有的赐给祠祀,有的树立坊表。

由于朝廷的大力表彰,寡妇守节,不仅自己荣耀,而且给家族带来光荣,又给全家带来“除免差役”的经济利益。于是,人们纷纷效尤,寡妇“自觉”守节。由于经济利益的推动,即使寡妇自己不愿守节,家族也往往会逼迫她守节。有些人甚至弄虚作假,虚报寡妇年龄,骗取旌表。

明代统治者在大力表彰节烈的同时,还惩处那些所谓不守贞节的人。明天顺年间,山西提刑按察司佥事刘翀,因娶再婚妇女为妻,竟被人告到京城。明英宗直接过问此案,下令将刘翀削官为民。明朝统治者对于妇女贞节表彰与镇压并施;同时又大造社会舆论,把妇女贞烈与宗教迷信等联系起来,制造许多守节感天、因果报应一类“神话”来毒害妇女,使得寡妇不敢再嫁。

清朝统治者入主中原以后,强化民族压迫和封建专制,大搞文字狱。他们继承汉族地主阶级的统治思想,推崇“理学”,鼓吹礼教,表彰妇女贞节。“清制礼部掌旌格孝妇、孝女、烈妇、烈女,守节、殉节、未婚守节,岁会而上,都数千人;军兴死寇难役辄十百万,则别牍上请;捍强暴而死爰书定亦别牍上请,皆谨书于实录。其征之也广、其襮之也显,流风余韵绵绵延延。”清朝由礼部掌管旌表节妇烈女的事宜,年年表彰,共表彰了数千人之多。对贞女、节妇旌表门闾,设立贞节牌坊,并记载于《列女传》《实录》和各地地方志中加以弘扬。清代同治以后,推崇贞节达到极点。各地纷纷设立“全节堂”“崇节堂”“贞节堂”“清节堂”

"保节堂"等名目不一的机构,收容安置贞女、节妇。这些机构的章程,一般都规定凡女子年在三十岁以上,有守贞决心的方准入堂。"节妇、贞女入堂后,不能无故出堂。每春秋二季,由堂筹集京钱一千文以作纸锞,雇觅代步之用,派年老仆妇随赴各墓前扫祭。"这些人"贞节堂"的妇女失去了行动自由,除春秋二季在仆妇陪同下回乡祭墓外,不能无故出堂。

由于明、清政府旌表节妇、烈女制度化、经常化,使得明、清时期节妇、烈女空前增多。明代的烈女、节妇非常之多,"乃至于僻壤下户之女,亦能以贞白自砥,其著于实录及郡邑志者,不下万余人。"清代修明史的人员,经多次筛选,选入《明史·列女传》的三百零八人,几乎是《元史》的一倍。而《古今图书集成》的"闺节""闺烈"两部收入明代节烈妇女竟达三万六千人,足见明代提倡妇女贞节达到何种地步。清代的节妇烈女的数量没有较完备的统计数字,据《清史稿·列女传》载,仅各地旌表的贞节妇女达"数千人",死于战乱的烈女竟多达"千百万"。据唐力行统计,仅安徽歙县一地,明清两代(至咸丰年间)旌表与未旌表的烈女共计八千六百零六人,其中清代又是明代的十倍左右。又据《休宁县志》记载,清代仅安徽休宁县一个县就有二千二百多个节烈妇女。就此推算,清代的"节烈"妇女人数将大大超过明代。

明、清表彰节烈不仅数量多,而且品类繁、等级严、贞节得更为酷烈惨毒。有以身殉夫的,也有守节终身的,还有反抗强暴致死的。以身殉夫的已嫁妇女为烈妇;夫死不嫁,守节终身的为节妇;为未婚夫守贞的"望门寡"为贞女;为未婚夫殉节的为烈女等等。而且节得越酷烈越好,烈得越惨毒越妙。贞节已经被倡导到重于女子生命的程度,已成为一种迷信。贞节与否,已成为妇德的最高标准。

明、清两代,除大力表彰贞节外,还全面提倡"妇德",女教书籍大量编辑、刊刻,全面强化对女性的性别统治。强化性别统治成为强化封建专制的重要内容。明成祖孝文皇后编撰的《内训》,解缙等编辑的《古今列女传》,吕坤的《闺范》《闺戒》,徐士俊的《妇德四箴》等成为明代的女子读物,其内容都是宣扬"夫为妻纲","三从四德"的封建妇德的。

清代的妇女教科书更为完备,如蓝鼎元的《女学》、陈宏谟汇编的《教女遗规》、李晚芳的《女学言行录》,而流毒最广的是王相母亲的《女范捷录》。王相将《女范捷录》与《女诫》《女论语》《内训》三书合刻为《女四书》,成为封建末世的女子启蒙读物,流毒颇广。清代还有人专门研究如何压制和束缚新婚女子,写了《新妇谱》《新妇谱补》等教训女子如何作新媳妇的书,严厉约束、压制新婚妇女。而写这类书的人又都是男人,他们以父亲教训女儿的身份和口气来教训新婚妇女。这是强化对青年女子性别压制的一种手段,成为封建末世男性压抑女性的一种新特色。

强化贞节观念,强化妇德教育,都是封建末世强化封建专制和性别压制的表现。

为什么在封建社会末期会强化贞节观念和妇德教育?这是一个很值得探讨的问题。

礼教与政治集权关系密切,也可以说礼教是强化封建政治集权的手段之一。

第一,建立在农业文明基础上的,家国同构的专制主义政权,它在本质上既是阶级统治、阶级压迫的工具,同时它也是性别压抑,男性统治女性的工具。根据恩格斯的观点,阶级压迫与性别压抑是与私有制同时产生的。建立在个体家庭基础上的私有制,既是阶级的又是性别的不平等制度。因而,强化专制制度,强化政治集权,也就必然同时强化压抑女性的礼教。

第二,儒家学说,把齐家、治国、平天下看得同等重要。平天下,要从齐家做起,而要齐家就得强化礼教,强化家庭内部男性对女性的控制。因而,强化专制集权也就必然要同时强化礼教。"皇帝要臣子尽忠,男人便愈要女子守节。"两者是同样道理。

第三,儒家认为,礼教是调节家庭中人际关系,社会上人际关系的准绳,而女子的贞节又是维系社会风化的重要手段。因而,强化礼教,提倡贞节可使家庭稳定,进而达到社会安定,巩固封建统治。加强政治集权是为了巩固封建统治;强化礼教,提倡贞节同样是为了巩固封建统治。因而,统治者往往在加强政治集权的同时大力提倡礼教,使两者相辅相成,达到巩固摇摇欲坠的封建末世的统治之目的。封建制度越是走向没落,封建统治者越是感到危机,他们便越加乞灵于礼教,越是鼓吹贞节。这就是封建末世大肆鼓吹妇女贞节,大倡礼教的原因所在。

"金莲要小",是明、清时代女性形体美的首要条件,第一标准。

明代妇女缠足之风比元代更为流行。

明代宫人皆穿弓样鞋,上刺小金花。但是,后妃、贵人等却不以缠足入制。明代皇帝、官员也没有明令鼓吹妇女缠足。可是,缠足之风却越演越烈。明太祖朱元璋的马皇后,因出身贫寒,自幼天足,而且脚很大。一年,上元节张灯,朱元璋微服出行,来到南京聚宝门外,发现有一家挂的灯笼上画着一位大脚妇女,怀里抱着西瓜而坐。观灯的人都围着这盏灯哗笑。朱元璋弄明白了这幅灯谜画的谜底是:淮西妇人好大脚。是在嘲笑马皇后脚大。于是,明太祖龙颜大怒,便将这家人满门抄斩,杀死三百余口。这件事说明了封建专制多么残酷;同时也说明当时人们崇尚小脚的程度之深,就连皇后大脚也难免受到耻笑。此后,百姓揣摩朱元璋杀灯谜制作者全家,意在鼓励妇女缠足。于是,缠足之风刮得更厉害了。

明代人胡应麟指出:“宋初妇人尚多不缠足者,至胜国而诗词曲剧,无不以此为言,于今而极。至足之弓小,今五尺童子咸知艳羡。”明代还形成了妇女以缠足为贵,以不缠足为贱的社会舆论。《万历野获编》说:明时“浙东丐户,男不许读书,女不许裹足。”把不准缠足作为对丐户妇女的一种惩罚。可见,这时不缠足已被社会舆论视为卑贱之事。

明朝人认为,女子“柳腰莲步,娇弱可怜之态”是最美的。这种美女可以惑溺男子,甚至可以软化北方的鞑靼人。万历年间,北方的鞑靼人屡次侵扰中原。名士瞿思九向万历皇帝献策说:“虏之所以轻离故土远来侵掠者,因朔方无美人也。制驭北虏,唯有使朔方多美人,令其男子惑溺于女色。我当教以缠足,使效中土服妆,柳腰莲步,娇弱可怜之态。虏惑于美人,必失其凶悍之性。”这位瞿名士的主张当然是行不通的。既然知道,“柳腰莲步,娇弱可怜之态”,可以“惑溺”男子,刚好证明了喜欢这类弱美人的明代统治者们自己早已“惑溺于女色”,腐朽不堪。对此反思,便可得出禁止女子缠足,不近女色,强身强国的结论。可惜,明、清汉族士大夫却在这种病弱无力的女性美观念中愈陷愈深,不能自拔。

清代妇女缠足之风达到了登峰造极的程度,其流行范围之广和缠足尖小的程度均已超过元、明时期。在汉族上层统治者和封建文人中,崇拜小脚的风气十分浓重,出现了一小批小脚癖和拜脚狂。

明末清初的戏剧家李渔十分赞美小脚。他认为女人的小脚“瘦欲无形,越看越生怜惜,此用之在日者也;柔若无骨,愈亲愈耐抚摩,此用之在夜者也”。他的看法大体上可代表明、清汉族士大夫和文人崇拜小脚的心态。李渔还认为,小脚以“直而正者”为最好。“直则易动,曲即难行;正则自然,歪即勉强。直而正者,非止美观便走,亦少秽气。”

清代文人方绚还写了一本品评小脚的“专著”——《香莲品藻》。内载香莲宜称、憎疾、荣宠、屈辱等五十八事,以及香闺韵事,步莲三昧等凡二十余类。把“香莲”(小脚)分为十八种,还有什么“香莲十友”“香莲五客”“香莲九品”“香莲三十六格”等等。视丑陋为神奇，对妇女的一双小脚不厌其烦地进行描摹、品评和赞美，真可称为小脚的“圣经”了。清代晚期，还有一些文人写了《采莲新语》《莲话》《足话》《玉钩艳话》《琼钩忆语》《莲国遗规》等等所谓“香艳”文字，对小脚进行品评、赞美，反映出封建社会末期封建士大夫淫靡、颓废的精神状态和病态的、畸形的审美情趣。

明、清时期，特别是晚清时期，以妇女小脚为美的畸形女性美观念已经弥漫于全社会，不仅富家女子缠足，贫家女子也缠足。小脚癖们还制定了小脚美的七字标准：瘦、小、尖、弯、香、软、正。山西大同地区的妇女小脚被认为天下第一，有“大同小脚甲天下”之称。

明、清两代妇女缠足之风愈演愈烈，小脚已成为男性眼中标准美人的主要条件，甚至唯一条件。富家子弟不仅娶妻要选择小脚姑娘，而且连纳妾、嫖妓也要选择小脚女人。风俗所渐，久而久之劳动群众中，男子择偶也以小脚为主要条件。

明、清两代，统治阶级日趋腐化，色情泛滥，纵欲成风。达官贵人，豪门子弟，富商大贾以狎妓宿娼，寻花问柳，玩弄女性为“风流韵事”。嫖客欣赏小脚，明代坊曲中的妓女无不以三寸金莲为讨好嫖客的资本。《板桥杂记》中留下不少妓女小脚的无聊记载：什么“顾媚弓弯纤小”；张元“纤腰踽步，人称为张小脚”等等，对小脚妓女赞不绝口。相反，顾喜因为“趺不纤妍”，被人称为顾大脚；名妓马湘兰脚稍长，竟被嫖客作诗嘲笑。清代妓院中，妓女仍以小脚争妍斗媚。《秦淮画舫录》《续板桥杂记》中多有记述。有一个妓女尽管长得“明眸善睐，肤如凝脂”可惜她的脚不太纤妍，她只好常常貌小刀鞋，以便掩盖她的一双大脚。相反，如果妓女金莲不满三寸，尽管长相平常也会受到那些豪门浪子、富商大贾的青睐。清代乾嘉时期，嫖客、妓女都以金莲纤小为唯一美品，双脚不甚纤妍，则为妓女的绝大憾事。

“民学官，官学妓”，这种腐败、淫靡的社会病也传染到民间，致使一般男子择偶也以小脚为女性形体美的唯一标准或者第一标准。

上层人士，不仅妻子要缠足，而且纳妾也要纳小脚女人。清乾隆时期，赵钧台买妾，有个姓李的女子，长得眉清目秀，又会作诗，可惜没有缠足。赵钧台嫌她脚大。

追求女子的“三寸金莲”，已成为一种社会恶习，就连下层劳动人民也极力追求。

从流传于各地的有关小脚的民歌中，可以看出人们喜欢小脚，以小脚为美的普遍心态：

云南个旧歌谣："豌豆开花角对角，我劝小妹裹小脚。妹的小脚裹得好，歌的洋烟断得脱。"

河南卫辉歌谣："高底鞋扎的五色花，看了一人也不差。娘呀，娘呀！咱娶吧，没有钱，挑庄卖地还要娶她。"

河北歌谣："小红鞋儿二寸八，上头绣着喇叭花。等我到了家，告诉我爹妈，就是典了房子出了地，也要娶来她。"

江西丰城民歌："粉红脸，赛桃花，小小金莲一拉抓。等得来年庄稼好，一顶花娇娶到家。"

顾颉刚《吴歌甲集》："佳人房内缠金莲，才郎移步喜连连。娘子呵，你的金莲怎的小，宛比冬天断笋尖，又好像五月端阳三角粽，又是香来又是甜；又好比六月之中香佛手，还带玲珑还带尖。"

这类男性喜欢小脚的歌谣，广泛流传于全国各地，流传于下层群众之中，说明崇拜妇女小脚的畸形美，病态美观念已得到下层群众的广泛认同，成为弥漫于全社会的普遍的女性美观念。

小脚女人，脚愈小就愈受到人们的赞美和夸奖；相反，大脚女人长得再漂亮，也会因为脚大而遭到人们的嘲笑。各地广为流传嘲笑大脚女人的话，诸如："一个大脚嫂，抬来抬去没人要"；"大脚婆，没人要她做老婆"；"脸儿倒还俏，大脚太可笑"等等。

女子脚的大小还直接影响到她的婚姻大事，而且还影响到她婚后的家庭关系、夫妻关系，以至邻里关系。小脚媳妇常常受到公婆的夸奖、丈夫的爱恋、亲友的赞美和同伴的羡慕；相反，大脚媳妇往往受到公婆的冷遇甚至虐待，遭到丈夫的嫌恶和亲友的非议、嘲笑。

新婚之日，新娘子下轿后，脚的大小、美丑便成为亲友们品评、判断新娘美丑的唯一标准。脚小的受到亲朋好友的赞美、夸奖；脚大的就要当场遭到人们嘲笑、讥讽。李荣楣在《浭南莲话》中，介绍河北丰润一带的风俗说：丰润"境内莲风盛时，新嫁娘之夫家，重纤莲逾于姿首。入门后，足之大小，荣辱系之矣。初娶至门，村众环喜轿或喜车凝眸逼视者，首为莲足。吉时既至，舒足下车，纤妙者立邀高誉，戚朋以为赞，翁姑以为慰。拜堂后，新郎已睹真相，小则安，大则戚，爱憎已预判焉。"

洞房花烛之夜，当新郎发现新娘的脚大时，有的竞泪眼红肿，泣不成声；有的干脆离家出走，逃之夭夭；也有的逼令新妇缠足，百般虐待；还有的因公婆嫌恶媳妇大脚，致使家庭关系不和睦。例如，丰润县某村有个老孝廉，他儿子娶媳妇那天，新娘一下轿，因双脚肥大被围观的亲友、村民们嘲笑。这位老孝廉顿时气得晕了过去。从此，终生讨厌这个大脚儿媳妇，造成家庭不和睦。正如《听雨丛谈》一书所说：妇女脚大是要遭人讥笑、歧视的，“母以为耻，夫以为辱，甚至亲串里党，传为笑谈，女子低颜，自觉形秽”。缠足畸形美、病态美观念到明、清时代，特别是晚清已成为全社会的女性美观念，深入到穷乡僻壤，弥漫于千家万户，已成为一种社会性的病态，毒化了全社会。

贞节观念的迷信化、宗教化，是女性道德美的畸形化、病态化。明清时期女性道德美与形体美都已经走进畸形的、病态的死胡同，预示着新的女性道德美、形体美观念的诞生。

## 奇异的“赛脚会”

妇女缠足风俗，经过数百年的流行、演变，到明、清时期，几乎流毒全国。在其流行的过程中，由于男性的不断倡导、鼓吹和美化，各地妇女不断地“自觉”加工、改制，使得小脚的大小、样式千姿百态，花样翻新，在不同地区形成各具特色的风格。

在那些缠足最盛行的地区，一般群众，甚至贫家妇女，都以小脚为美，小脚病态审美意识，畸形审美情趣已经弥漫于大小城镇，直到穷乡僻壤。一些地区还逐渐形成比赛小脚的风俗，看谁家妇女的脚最小、最美。哪位妇女的脚最小，最美，她便要受到人们的羡慕和赞美；相反，大脚妇女长得再漂亮，也只能算是“半截美人”，因怕遭到人们耻笑，她们甚至连逛庙会都不敢去。久而久之，在我国北方的一些缠足盛行地区逐渐形成了比赛小脚的赛脚会等奇异风俗。

所谓“赛脚会”，是我国北方一些缠足盛行地区的小脚妇女利用庙会、旧历节日或者集日游人众多的机会，互相比赛小脚的一种畸形“赛美”活动，一种变态了的娱乐活动。

相传“赛脚会”原为“晾脚会”，起源于明代武宗正德年间(1506～1521)。其源头有两种传说：一种说法是远在宋、辽对峙时代，宋与辽议和后罢兵休战，让士兵休息，称为“晾甲会”，后来讹传为“晾脚会”；另一种说法是，明朝驻守北部边疆的军队的休息日，称为“晾甲之期”。每逢“晾甲之期”，往往要举办庙会，称为“晾甲会”，后来以讹传讹，将“晾甲会”讹传为“晾脚会”。妇女们便在这天晾晒小脚。后来，又演变为“赛脚会”。

"小脚甲天下"的山西大同,晾脚会、赛脚会名闻遐迩。大同的赛脚会几乎是每次庙会都要举行,而以阴历六月初六日和八月中秋节二次最为盛大。

北方人称到庙会上游玩为"逛庙"。大同地方,每逢庙会妇女们便穿上节日盛装,三五成群地到庙会上逛庙。大同妇女逛庙时,对自己的一双小脚要分外精心修饰,穿上极为考究的绣鞋、罗袜。平时被禁锢在家庭中的妇女,难得外出参加庙会这样的交游活动。所以,她们个个异常活跃,欣喜欲狂。在庙会上,她们三三两两结伙搭伴,有的听大鼓书;有的购买胭脂花粉或者时兴布料;有的便你看看我的脚,我看看你的脚,互相品评彼此的小脚和绣鞋,比赛小脚。

阴历六月初六日,是我国民间传统的晾晒节。大同风俗,每年六月初六日隆重举行赛脚大会。

这天上午,那些认为自己有可能在赛脚会上"夺魁"的小脚妇女,便睡上三四小时。起床后对镜梳妆,有钱人家的妇女还要熏香沐浴。但最重要的是要着力修饰自己的小脚,穿上最华贵时髦的绣鞋和绣袜,以便到庙会上去参加小脚竞赛。

相传,大同有十二大古刹,各庙每十二年轮流值班一次。六月初六日这天,值班的庙中要举行盛大庙会,要请戏班唱戏。届时,妇女们便环绕舞台下看戏。庙里的戏台,都设在楼上,俗称"天台"。

这时,一些男青年便来到女士丛中,观看妇女的小脚,品评比较,挑选出优胜者数人。被选中的妇女,得意扬扬,喜形于色。没有中选的妇女,往往垂头丧气地返回家中。而后,再将初选者集中起来,进行复选,最后公决第一名,称为"王";第二名称为"霸";第三名称为"后"。此时,当选者欢呼雀跃,以此为莫大荣幸。她们的父兄或者丈夫也十分高兴,咸以为荣。

评比完毕,"王、霸、后"三位小脚女人坐在指定的椅子上,让游人观看她们的小脚。比赛场上有一条不成文的规则:男人只能观赏当选妇女的小脚,却不准看这些妇女的脸。如果哪个男子偷看了这些妇女的脸,群众便认为这个人不规矩,对他群起而攻之,并将其赶出会场,此后永远不许这人参加赛脚会。

在观看小脚之际,一些男青年把一束束凤仙花掷向这三位小脚女郎。三位一一接受,散会后,携花归家,于当天夜里捣凤仙花汁将自己的小脚染成红色。

秋季的赛脚会在每年阴历八月十五日中秋节这天举行。这天,大街小巷里的妇女纷纷将自己的身体藏在自家门帘里边,不让外人看见,却把一双小脚伸向门外,任游人观赏品评,以得到游人的赞美、夸奖为荣幸。

这时,一些青年男子成群结队,评品妇女的小脚,选择最小最秀气的评为第一名，并赠送给该女子彩帛花粉等物品，以资奖励。谁家女子的小脚受到众人的夸奖和奖励，不仅她本人觉得光彩，就连她的父兄、丈夫也感到荣幸，而且互相标榜，父夸其女，夫宠其妻。

这项比赛也有一项不成文的规则：观看小脚的人，不能揭开门帘看妇女的头脸，违者要遭到辱骂，甚至挨打。

山西省太原的赛脚会更为奇特：每逢赛脚之时，参赛妇女都卧于车内，仅将双脚伸出车外，任游人品评，互相比赛。谁家女子的脚受到游人称赞，谁家便会感到荣幸。晋南运城的赛脚会，是在每年的元宵节前后三天举行。元宵节期间，妇女们傍晚到街上观灯，白天便坐在家门口，把一双双小脚伸于门外，让日光曝晒，名曰晒小脚这时，罗袜绣鞋争奇斗妍，引来一些青年男子徜徉街头，相互评品妇女的小脚。

河套地处北部边陲，妇女的文化娱乐活动更少得可怜。每逢旧历年节，如中秋、端阳、二月二、九月九（重阳节）以及酬神庙会之期，妇女们便盛妆艳抹，奔走若狂，前去观看。这时节，妇女们的一双小脚，要极力修饰，穿上赤红碧绿的绣鞋，鲜艳动人。一些青年男子三五成群，围观妇女的小脚，指手画脚，互相品评。妇女们则谈笑自若，落落大方，任男人们品评。有些大胆的女子往往坐在石台或土坡上，将两只小脚伸向外边，任人评奖。受到夸奖后，她们眉飞色舞，欣喜异常。河套地区虽然没有定期的赛脚会，但每逢盛会妇女们便一定比赛小脚，与赛脚会异曲同工。

陇东一带也有赛脚会一类活动。每年阴历二月初二日为“社火”日，这天村村要耍龙灯。陇东西峰镇的“社火”远近闻名。每年从元宵节开始，一直要闹到二月初止。每当“社火”时节，平常谨守闺门的妇女便纷纷浓妆艳抹上街游玩、观灯。附近四乡数十里外的妇女，也都早早起床，梳妆打扮，有钱的乘车或者骑驴，贫困户妇女只好步行，冒着春寒，踏着泥泞，纷纷拥向西峰镇街头。她们来到西峰镇后，便一字排开，坐在街市两旁店铺门前，把一双小脚显露在路边，任游人品评。该地妇女喜欢穿红、蓝色面料绣满小花的绣鞋，鞋尖上还缀以彩色线球，再配上红色或者藕荷色袜子，争奇斗妍，颇为美观。当地人常用小、尖、瘦、软、正五条“审美”标准来品评妇女的小脚。小脚妇女则以被人称赞为荣。

河北宣化的赛脚会，由来已久。清代乾嘉时人俞鸿渐在《印雪轩随笔》中记载说：“游宣化者，竞言宣化有小脚会。乙酉余客吴小匏（增嘉）大令署，得逢其盛。其会于五月十三日举于城隍庙。庙前长街数里，两旁民居稠密。先会数日，其亲串之靓妆炫服而至者，络绎不绝。届期庙中演剧酬神，百戏竞集，游人杂眛，与士女之进香者，肩相摩踵相接也。其不往游及既游而回者，大率排坐门前，多或十余人，少亦五六人，粉白黛绿，弥望皆是，视其裙底莲钩纤小者居多，遂至此称著于远近。"这便是小脚会。

河北邯郸、武安等地也有赛脚会，民国年间仍然举行。卓然曾亲临其境，作赋记之：

时维九月，节届重阳，……则燕赵佳人之地，武安富庶之区，有所谓晾脚会者：色相同瞻，风情共见。小家碧玉，大户红妆，潇洒风流，雍容华贵，成静坐于门首，或闲步于街头……都是樊口蛮腰，蛾眉皓齿；面则朝霞和雪，头则笼雾盘云；竞尚时装，共夸绣衣之黼黼；保存旧式，蓦见珠履之纤纤；或态度轻盈，或丰姿袅娜。环肥燕瘦，嫱关施颦，各擅其长，各极其妙。麝兰十里，与黄花争芳；粉黛三千，同红叶共艳。…及观夫石榴裙下之窄窄莲钩也，凌波三寸，赛月双弓；凤鞋绣鞋，雀袜罗袜，矜奇斗巧，改旧翻新。靓窗娘之遗形，群夸玉笋；见潘妃之胜迹，共舆金莲……或美张女之尖，或赞李妇之俏……而况论足评头，不以为亵；传情流盼，不以为嫌。凭轻薄之阳秋，听狂且之月旦，果然声价十倍，全在品题一言。夫婿见之而增荣，家人闻之以相贺。唯只容相见，不许相亲为可恨耳！

赛脚会是明、清时期我国北方缠足陋俗风行地区的一种流行很广的风俗。这种风习是伴随着全社会都以小脚为美的扭曲的、畸形的、变态的审美意识或女性美观念产生的，这种畸形的变态的女性美观念，把女性的"美"全部集中到她的一双小脚上。因此，审视女性美不美的审美标准和女性价值也全都以脚的大小美丑为转移。

人人都有爱美之心，人人都有竞美意识。凡是人们普遍认为美的东西，往往成为竞赛的对象。因为美不美需要经过人们的比较、鉴别和评判。既然几乎全社会都认为女性的小脚为"美"，于是，小脚便成了评比、竞赛的对象，于是也便产生了赛脚会。赛脚会与近代西方的赛美会虽然其社会背景不同，但都是通过比较、鉴别、评判来选择"美者"。从这一点说，两者有相似、相通之处。

赛脚会风俗的形成，是长期被禁锢在家庭中的妇女要求返回社会，希望社交公开的结果，也是社会对男女社交的某种程度的认可。赛脚会是旧社会男女社交的一种机会，是男女利用旧式节日、庙会、集日等欢庆场所进行社交的一种交往形式。

旧时代男女授受不亲，青年男女之间更是难得有自由见面，自由交往的机会。赛脚会上，男青年对妇女评头品足，是那时男女青年间仅有的一点交际，赛脚会也便成为男女之间交际的场所。常有在赛脚会上结识的男女青年,后来喜结良缘。

赛脚会也是旧时代妇女们的一种大型文娱活动形式。旧时代,妇女闭锁深闺,极少参加文体活动或娱乐活动。参加旧历的年、节庆祝活动,或者参加逛庙会、赶集等活动就成了妇女们唯一的大型娱乐活动。因而,她们欢呼雀跃,欣喜异常地利用社会所允许的这点可怜的机会,尽情游乐,尽情参加社交活动。小脚比赛便成了缠足风行时代小脚女人唯一可能进行的比赛项目。

## 东京汴梁的名妓

病态的社会,便产生病态的"选美"活动。妓女似乎是一种无法根治的社会病,在妓女中"选美"也只能是一种病态的"选美"。

远在盛唐时期,诗人墨客便常常与名妓歌女相往来,诗酒唱和。诗人们常常赠诗给名妓,赞扬她们的美色和诗才,品评她们的才艺品貌。到了宋代!词人们专门用艳词来品评妓女的美貌与才艺。经常出入于妓馆征歌选胜的才子名士们,常常品题、评价各处妓院的妓女,往往将她们互相对比,在比较中品评妓女的等级次第,于是便产生了品评妓女等次的"评花榜"现象。

最初,出入于妓院的才子们,一时兴致所至,对他们所熟悉、欣赏的妓女加以比较品评。有的用名花来比拟妓女,评选花魁;有的用科举考试的功名桂冠来排列妓女等次,并逐一题诗填词或写出评语来概括妓女的品貌特征,然后公之于众,以此作为寻欢作乐的风流韵事。后来,逐渐演化成一种品题,评选名妓的"选美"形式。

在"评花榜"评比之前,主持评选者首先要选好花场,订立章程条例。评选之时,召集全市名妓赴会,一时间花枝招展,千姿百态的名妓汇于一堂。一边饮酒行令,觥筹交错,欢声笑语;一边品题高下,题写诗词或评语。评写完毕,当场唱名,公之于众。此时,围观的人往往成千上万。妓女们"一经品题,声价十倍,其不得列于榜首者,辄引以为憾"。真是名士品名花,名花借名士而扬名。

大约在北宋熙宁(1086~1077)年间汴京就已有评花榜。叶申芗《本事词》云:"刘几伯寿,素精音律。神庙时,与范蜀公重定大乐。熙宁中,以秘监致仕。《洛阳花品》曰:'状元红为一时之冠。'乐工范日新能为新声,汴妓部懿以色著。一日春暮,值牡丹盛开,伯寿携范日新就部懿赏花欢饮。因制《花发状元红慢》以记之,云:'三春向暮,万卉成荫,有嘉艳方坼。娇姿嫩质冠群品,共赏倾城倾国。上苑晴昼暄，千素万红尤奇特。绮筵开会，咏歌才子，压倒元白。别有芳幽苞小，步障华丝，绮轩油壁。与紫鸳鸯、素蛱蝶，自清旦，往往连夕。巧莺喧脆管，娇燕语雕梁，留客武陵人。念梦役意浓，堪遣情溺。'郜懿第六，当时人皆呼郜六，生女蔡奴，色艺尤著。"

汴京名妓郜懿，以美色著称，被文人词客品评为"状元红"，称一时之冠。此事发生在北宋神宗熙宁年间。因而，可以说北宋熙宁年间已有"评花榜"出现，已开始评选名妓。又如《醉翁谈录》戊集记载："丘郎中守建安日，招置翁元广于门馆，凡有宴会，翁必预焉；其诸妓佐樽，翁得熟谙其姿貌妍丑，技艺高下，因各指一花以寓品藻之意，其词轻重，各当其实，人竞传之。"这位翁元广，因经常参加官府宴会，熟悉了前来佐酒陪客的官妓或者私妓，因而能对她们的容貌、才艺进行品评，并以名花作比拟，写成"花榜"，人们争相传阅。

宋代不仅对妓女（包括官妓、私妓）进行品评比较，就是对官僚富豪们家中的家妓、侍儿，也进行品评。如《本事词》记载：

友古有侍儿，色艺冠群。孙仲益见之，题作第一流。友古谢以《采桑子》云："奇花不比寻常艳，独步南州：往事悠悠，辽鹤重来忆旧游。仙翁不改青青眼，一醉迟留。妙墨银钩，题作人间第一流。"

对家妓、侍儿的品评比较，实际上也是一种"选美"方式，或者说是"赛美"的雏形。

明朝中叶后，娼妓大盛，"花榜"又盛行起来。如冯梦龙《情史·情痴类》所记："嘉靖间，海宇清谧，金陵最称富饶，而平康亦极盛。诸姬著名者，前则刘、董、罗、葛、段、赵；后则何、蒋、王、杨、马、褚，青楼所称十二钗也。"这金陵十二钗，即是当时文人才子评品后得出的结果。曹大章《莲台仙会品叙》，则记述了"莲台仙会"品评妓女的盛况："金坛曹公家居多逸豫，恣情美艳。隆嘉间尝结客秦淮，有莲台之会，同游者毗陵吴伯高、玉峰梁伯龙诸先辈，俱擅才调，品藻诸姬，一时之盛，嗣后绝响。"

一些才子名流集结在某大妓院。品评名妓，开设"花榜"竟成为一时之盛事。例如，明万历二十五年，冰华梅史、方德甫等人在北京开设"花榜，"规模颇大，极有声势：以东院、西院、前门、本司、门外等处妓女共四十名，配叶以代觥筹，声势浩大，轰动一时，而且品评方式也与此前不同。事后，冰华梅史还做了《燕都妓品》。天启元年，潘之恒总结他品评名妓的实践，作《金陵妓品》，把三十二名金陵妓女分为四类：一日品，典型胜；二日韵，丰仪胜；三日才，调度胜；四日色，颖秀胜。品、韵、才、色概括了妓女的四种风格，也可以说是品评妓女的四条标准。崇祯年间,桐城孙武公在南京,“于牛女渡河之明夕,大集诸姬于方密之侨居水阁。四方贤豪,车骑盈闾巷;梨园子弟,三班骈演。水阁外环列舟航如堵墙。品藻花案,设立层台,以坐状元。二十余人中,考微波(王月字微波,南京珠市名妓)第一。登台奏乐,进金屈卮。南曲诸姬皆色沮,渐逸去。天明始罢酒,次日各赋诗纪其事。余诗所云:‘月中仙子花中王,第一嫦娥第一香’者是也”。这次评选名妓,颇为隆重,中第一名者号为“状元”,在鼓乐声中登台就“状元”座,用金杯饮酒,颇为荣耀。

清代虽然在前期采取了某些禁娼措施,但收效甚微;后来娼妓愈来愈盛,“评花榜”也仍然盛行不衰。例如,顺治年间仅苏州一地就曾两度开设花榜,品评妓女的优劣高下。清代人蜀西樵也在《燕台花事录》中记载:“朱霭云,字霞芬。京师人。年十五。丙子花榜状头”;“孟金喜,字如秋,……甲戌花榜第二人”;“王喜云,……甲戌花榜第三人。”

评花榜的盛行,说明娼妓制的兴盛;也是一些知识分子不满现实的表现。他们用名花异卉来比喻这些在当时社会上最低贱的女子,用科举考试的荣耀头衔“状元”等为她们排名次,这也是“对社会的一种揶揄和讽刺”;同时,也应指出,“评花榜”是封建士大夫、封建文人进一步腐朽、没落的表现。“评花”的标准,反映了自南朝以来,特别是自宋、元以来封建士大夫的病态的、畸形的女性美观念。

大概是由于“礼教”大防的原因,或者还有我国汉民族主体生活于寒冷干旱的黄河流域的缘故,古代中国人多以身体裸露为羞,而以华服盛装为荣。中国人并不是缺乏欣赏人体美,特别是女性人体美的传统,而是缺乏像古代希腊、罗马那样欣赏裸体美的传统。

古典诗、赋,特别是艳诗、艳词有许多描绘女性容貌、修饰、衣着以及步态、舞态、睡姿、懒态的作品;小说、散文中更把女性的体态写得活灵活现。但却很少有描绘女性裸体美的。中国古典绘画、雕塑中裸体人像作品也不多,只有晚明以来的春宫图,多为裸体画,但仍是人体比例失调、头大身小的形象。

由于古代中国人认为欣赏裸体美不光彩,于是,中国古典文献中留下的有关裸体美的文字记录或绘画,便几乎全都与“淫秽”结缘,裸体几乎成了“淫秽”的同义语。试举几例。《赵后遗事》:“昭仪(赵合德)方浴……帝自屏罅觇,兰汤滟滟,昭仪坐其中,若三尺寒泉浸明玉。帝意思飞扬,若无所主。”

《拾遗记》载:“汉献帝初平三年,游于西园,起裸游馆千间……帝盛夏避暑于裸游馆,长夜饮宴……宫人年二七以上,三六以下,皆靓妆,解其上衣,唯着内服,或共裸浴。"

这两条记载出自野史,不一定是史实,但说明了作者对女性裸体的兴趣。《宋书·后妃传》记载:南朝宋明帝,常常"宫内大集,而裸妇人观之,以为欢笑"。并且还让后、妃及皇亲等一起观看。这倒有点像当代西方的观看脱衣舞了。这几条记录,都是在记述皇帝淫乱无度时留下的。

明代人假托汉代人著的《汉杂事秘辛》一文,可能是中国古代一篇描绘女性裸体美的最完整的文字,反映了当时某些文人的裸体美观念:"时日晷薄辰,穿照蜃窗,光送著莹(梁莹)面上,如朝霞和雪,艳射不能正视。目波澄鲜,眉妩连卷,朱唇皓齿,修耳悬鼻,辅靥颐颔,位置均适。姁(吴姁)寻脱莹步摇,伸髻度发,如黝髹可鉴,围手八盘,坠地加半握。……肌理腻洁,拊不留手,规前方后,筑脂刻玉。胸乳菽发,脐容半寸许珠;私处坟起,为展两股;阴沟渥丹,火齐欲吐。此守礼谨严处女也。约略莹体,血足荣肤,肤足饰肉,肉足冒骨。长短合度:自颠至底,长七尺一寸,肩广一尺六寸,臂视肩广减三寸,自肩至指长各二尺七寸,指去掌四寸,肖十竹萌削也。髀至足长三尺二寸。足长八寸,烃跗丰妍,底平指敛,约缣迫袜,收束微如禁中……不痔不疡,无黑子创陷及口鼻腋私足诸过。"

《汉杂事秘辛》描绘的是汉桓帝懿献皇后梁莹被选入宫的情景。通过保林吴姁对她进行身体检查,具体地描绘了青年女子的容貌、头发及裸体,从头至足做了全面描绘,集中地反映了明代文人、士大夫的女性美、裸体美的审美趣味。文中所载美女身高、肩、臀等的尺寸与当代选美的所谓美女身高标准,胸围、腰围、臀围所谓"三围"标准等似有异曲同工之处。西方有达·芬奇的人体几何学;近代费雪的"人体均衡论"等,都对西方美女身高与身体其他各部分的比例有过相当细致的研究。我国古代宫廷选美,以及士大夫、文人学士对古代女性美,主要是出于欣赏、玩弄的动机来加以描绘,而没有作为形体美的研究对象加以考察研究。《汉杂事秘辛》中有关美女身高及身体各部位尺寸的记录,应该说也是我国古代士人对女性形体美初步总结所得出的唯一数据标准,所谓"长短合度"是也。

至于人体绘画,有学者指出"在明王朝最后的三四十年间,出现了不止一部在人体艺术上远迈前人的作品"。一种是大约刻于 1630 年的《新刻绣像批评金瓶梅》,其中有二百幅线描木刻插图。这些插图可以说"是迄今所发现的古代中国同类作品中的艺术顶峰","其中有几十幅图上出现了男女裸体,人体比例都非常匀称美观"。而第十二回"潘金莲私仆受辱"中裸体跪地受罚的潘金莲,画得尤为出色，“比之西方经典的人体绘画也无多逊色”。另一部作品是大约刻于1640年的春宫图集《江南销夏》，其特点是把人体画成苗条修长形状，虽然稍有夸张，但是人体全身比例仍很匀称适当。

人体画的比例匀称适当精巧美观，说明画家对女性人体美的把握更为准确，对女性人体美的认识更加深化。我们从明代的《汉杂事秘辛》及明末的女性人体画的进步中，似乎可以嗅到一些近代人体美学的味道。

## 扬州美女辛酸泪

明、清时期，社会上广泛流传着“扬州出美人”的一句俚语。所谓“扬州美人”又称扬州“瘦马”。她们本是出生于苏北一带贫苦农家的女孩。由于明、清时期苏北一带连年闹水灾。洪水过后，灾民流离失所，房倒屋塌，家业荡然无存，只好卖儿卖女。被卖掉的男孩为奴、为仆；被卖的女孩更多，她们的命运是为婢、为妾、为娼。天灾人祸为“扬州出美人”提供了源源不断的“货源”，破产农民们到扬州去卖儿卖女。更严重的是许多人口贩子应运而生，他们雇船深入到穷乡僻壤去大量贩卖女孩。清嘉庆时诗人顾仙根在《买人船》中记述了买人的惨景：“荒岁市不通，来有买人船。船不上码头，常泊野水边。买妇不买男，口不惜多钱……岂无许嫁者，亦已及笄年。至爱岂能割，好语为缠绵。”这些人口贩子，又哄又骗，把穷人家的女孩骗上船，有的竟用绳子捆绑强买的女孩。“捆起来，捆起来！论贯青蚨赁女孩。雏莺年仅十三四，大艑载自盐城回……”

这些被人贩子买来、骗来、抢来的女孩子，一个个面黄肌瘦，野性不改，不通文墨，不懂上层社会的礼仪，必须经过一番“培训”才能成为上层统治者、达官贵人、诗人墨客、富商大贾们所需要的“美人”。于是，扬州城里出现了许多专以“蓄养女娃”为业的“专业户”。他们用低价从人贩子手中把灾民的女孩买来，居为奇货，对这些女孩进行调教、培训。这种培训大体有两方面：一是对其进行封建妇德礼仪方面的教育，“自幼演习进退坐立之节，即应对步趋亦有次第，且教以自安卑贱，曲事主母。”培养她们做奴婢的奴性，以使她们安于自己的奴婢地位，做富人的玩物，一是对其进行“美育”与“智育”，“束足布指，涂妆绾髻，节其食欲，以视其肥瘠，教之歌舞弦索之类，以昂其身价。”把她们培养成杨柳细腰，唇红齿白，能歌善舞的小脚美人，成为富人的高等玩物。

明万历年间，王士性对“扬州美人”作了概括性的总结与评价：

天下不少美妇人，而必于广陵者，其保姆教训，严闺门，习礼法，上者善琴棋歌咏，最上者书画，次者亦刺绣女工。至于趋侍嫡长，退让侪辈，极其进退浅深，不失常度，不敢憨戆起争，费男子心神，故纳侍者类于广陵觅之。

经过严格管教和培训的扬州“美人”，很受官僚、富豪、地主、富商的青睐和赞赏。于是，这些有权、有势、有钱的“上流”人物便纷纷到扬州来纳妾、买婢，“扬州出美人”的俗语便传遍全国。

经过严格培训的“扬州美人”，再次进入人口市场，高价出卖。这时，卖主不再是贫苦农民，也不是人口贩子，而是那些培训“美女”的经营者、“专业户”。买主则是达官贵人，富商大贾们。在买主与卖主之间还出现了中介人，即牙婆驵侩或媒人。经媒人介绍，买卖双方见面，人口交易开场了。明末清初的文学家张岱在《陶庵梦忆》中，对扬州“瘦马”的交易有详细记述：“至瘦马家，坐定，进茶。牙婆扶瘦马出，曰：‘姑娘拜客’——下拜。曰：‘姑娘往上走走！’曰：‘姑娘转身’——转身向明立，面出。曰：‘姑娘借手睄睄！’——尽褫其袂，手出，臂出，肤亦出。曰：‘姑娘睄相公！’——转眼偷觑，眼出。曰：‘姑娘几岁了？’——曰几岁，声出。曰：‘姑娘再走走！’——以手拉其裙，趾出。然看趾有法：凡出门裙幅先响者，必大；高系其裙，人未出而趾先出者，必小。曰：‘姑娘请回！’一人进，一人又出。看一家必五六人，咸知之。看中者用簪或钗插其鬓，日‘插带’。看不中，出钱数百文，赏牙婆，或赏其家侍婢，又去看。牙婆倦，又有数牙婆踵伺之。一日，二日，至四五日不倦，亦不尽。”

这场交易分明是牲口交易，奴隶交易。扬州“美人”完全被物化为“物”，为商品。她们的人格被侮辱，灵魂受践踏，任人摆布，任人评头品足。她们身体的各个部位都要一一被人检查、考察与评判，如同市场上的牲口交易。

交易成功了，“蓄养女娃”的“专业户”吸血鬼们获得厚利。扬州“美人”便被卖为婢女、侍妾或者娼妓，投入新的水深火热之中。无论是为婢、为妾、为娼都是人间最下层，最卑贱的人。有的可能再次，或多次被转卖。

其实，这种培训“美女”的勾当，在宋代就出现了。据宋人笔记《踢谷漫录》记载：“京都中下之户，不重生男，每生女，则爱护之如捧璧擎珠。甫长成，则随其资质，教以艺业，用备士大夫采拾娱侍。名目不一：有所谓身边人、本事人、针线人、堂前人、杂剧人、拆洗人、琴童厨子等等级，截然不紊。就中厨娘，最为下乘，然非极富贵家，力稍不足，不能用也。”

宋代京都中下等家庭，把自家女儿培养成“专门”人才，以供士大夫阶层选用，已有变相卖女的味道了。到明代则发展为购买女童进行培训，则是一种转卖妇女的犯罪行为。不过，在封建时代却是“合理合法”的。

“扬州美人”的被多次转卖,透视出古代美女,尤其是妾、婢、妓中的美女的普遍的悲惨命运。

## “万艳同悲”“红楼女”

从妇女问题的角度看,《红楼梦》是反映封建社会末期妇女问题的百科全书。它抒发了对封建制度桎梏下的妇女悲惨遭遇的极大同情和对残害妇女的封建制度的不满情绪。“万艳同悲”是封建末世姿色美丽的女性的共同遭遇。曹雪芹用饱蘸着血、泪、情的笔触描绘了一群聪明伶俐、姿色艳丽的青年女性的悲剧命运,表现了“万艳同悲”的主题。

《红楼梦》第五回,贾宝玉神游太虚幻境,是全书反映妇女问题的总纲。金陵十二钗,全是“薄命司”中人;贾宝玉在太虚幻境中饮的茶,名“千红一窟(哭)”;喝的酒,名“万艳同杯(悲)”。“千红一哭”,“万艳同悲”是曹雪芹对封建制度、封建礼教摧残下的中国妇女悲惨命运的总概括。所谓“红颜薄命”,概括了封建社会有姿色的女性的较为普遍的遭遇,特别是下层妇女中有姿色者的悲惨遭遇。在中国古代,有姿色的女性被看作是统治者、有权、有势、有财者玩弄、欣赏的工具和玩物。女子的色相、容貌成为她们获得男子欢心、垂涎的一种“资本”,同时也是一种被掠夺的“资源”。美貌的女子往往成为权势者争夺、抢劫、选美、收买、赠送、玩弄、摧残的对象。于是,“红颜”便给女性带来了“薄命”的恶果。在“红颜薄命”的背后,是广大妇女普遍受歧视、受压迫、被污辱、被损害的社会现实。“红颜薄命”现象反映了中国古代性别压迫、性别歧视的普遍性和严重性。

《红楼梦》对女性美的描写,比较集中地反映了我国古代文人的女性美观念。书中的两位女主人公薛宝钗和林黛玉,代表了自先秦至清代古典女性美的两种典型。薛宝钗是庄重丰艳型的美人,代表了以《诗经·硕人》到汉孝惠后张嫣,再到唐杨贵妃的端庄丰艳之美。宋代以后,纤柔病弱之美成为统治者、士大夫、文人女性美观念的主流。但是,庄重丰艳之美仍是社会上许多人所追求的女性美典型之一。

且看《红楼梦》中对薛宝钗的描写:“生得肌骨莹润,举止娴雅”;(第四回)“品格端方、容貌美丽”(第五回);“宝钗原生的肌肤丰泽,……脸若银盆,眼同水杏;唇不点而含丹,眉不画而横翠:比黛玉另具一种妩媚风流”(第二十八回)。第二十七回的回目“滴翠亭杨妃戏彩蝶,埋香冢飞燕泣残红”,则干脆把薛宝钗比作杨贵妃;把林黛玉比作赵飞燕。“环肥燕瘦”两种典型昭然若揭。

再看曹雪芹笔下的林黛玉:“两弯似蹙非蹙笼烟眉,一双似喜非喜含情目。态生两靥之愁,娇袭一身之病。泪光点点,娇喘微微。闲静似娇花照水,行动如弱柳扶风。心较比干多一窍,病如西子胜三分”;“举止言谈不俗,身体面貌虽弱不胜衣,却有一段风流态度”(第三回)。这是自先秦《楚辞》到汉赵飞燕直至宋以后,特别是明、清时期纤柔病弱,弱不禁风的病态美的典型。

其他如贾迎春“肌肤微丰,身材合中,腮凝新荔,鼻腻鹅脂,温柔沉默,观之可亲”;探春“削肩细腰,长挑身材,鸭蛋脸儿,俊眼修眉,顾盼神飞,文彩精华,见之忘俗”;王熙凤“一双丹凤三角眼,两弯柳叶掉梢眉,身量苗条,体格风骚:粉面含春威不露,丹唇未启笑先闻”(第三回)。这些女性各有千秋,各具美态,表现了女性美的多样性。

《红楼梦》在描绘人物时,把女性与其所处的环境联系起来,不同性格,不同情趣的女性其居室陈设,室外园林景色亦各有特色。潇湘馆与蘅芜院各具风格,并与其主人的个性、情趣相和谐一致,体现了“天人合一”,人与自然景色相协调的哲学观念。

《红楼梦》中的女性也注意德、色、才的统一。薛宝钗不仅容貌丰艳美丽,而且颇具封建妇德修养,“只留心针黹家计等事,好为母亲分忧代劳”(第四回);林黛玉的“妇德”恰恰在于她具有反礼教的叛逆品格,是一种刚刚萌生的新的“妇德”观念。薛、林两人都才华出众,诗词兼通,口齿伶俐,堪称“才女”。在她们身上体现了德、色、才的统一。

《红楼梦》的女性美观念,从女性形体美、外在美上看,它继承了中国古代士大夫、文人们的传统女性美观念,是其集大成者。但是,从女性内在美,道德美方面考察,《红楼梦》突破了旧礼教的束缚,萌生了新的女性道德观、婚恋观,赞美歌颂男女青年间的爱情,追求有爱情的婚姻,向“三从四德”旧道德提出挑战。这正是《红楼梦》反封建的进步性的表现之一。

## 品头论足玩女性

人类在认识、改造自然,认识、改造社会,认识、改造人类自身的长期历史实践中,逐渐形成审美意识。这种审美意识,是经过几千年的历史积累沉淀而形成的,是人类世代相传的审美经验的升华。对女性人体美的审美意识,审美观念也是几千年历史积淀的结果。

当这种审美意识积淀到一定程度，一些艺术家或者文人，便会对其进行总结、提炼，写出反映某个民族、某一历史时期、某一阶级或阶层有关女性形体美、修饰美的著作来。西方的许多艺术家、学者研究人体美，总结出许多有关女性形体美的标准和数据来。我国古代的一些文人才子，也曾用他们的审美观对我国古代女性形体美、修饰美进行总结、提炼，写出一些著作来。

唐代段成式的《髻鬟品》，宇文氏的《妆台记》就是我国古代较早的记述妇女发髻、画眉以及面部化妆特征的书籍，简略勾勒出古代妇女头饰、面饰演变的轨迹。明代徐士俊的《十眉谣》《十髻谣》则是用歌谣的形式描摹古代妇女十种美丽眉毛、发髻的作品，“摹写尽致，点染生姿，捧读一过，令人喜动眉宇，手不忍释。”他把古代妇女的画眉分为鸳鸯、小山、五岳、三峰、垂珠、月棱、分梢、烟涵、拂云、倒晕等十种类型，从中反映出古代妇女画眉的形状和情趣。《十髻谣》描绘了我国古代妇女十种发髻的形状、情态及其典故。这些著作，集中描绘女性发饰、眉毛、面饰的情状，说明我国古代非常注重女性头、脸部五官的美，注重女性的容貌美。所谓“花容月貌”，突出的便是容貌之美。

明代以来，人们开始注重女性形体的完整的美。明代才女叶小鸾著有《艳体连珠》，分别吟咏妇女的发、腰、足和全身。叶小鸾的母亲沈宜修又作《续艳体连珠》，除发、腰、足外，又吟咏了妇女的眉、目、唇、手四个部位或器官，使得女性人体美更为完备。叶小鸾所吟咏、描绘的女性发、腰、足之美，正是明代重视缠足时期，士大夫们欣赏女性形体美的最重要的人体部位。头、腰、足三者皆美，则女性的整体形象也必然是美的。黑而长的秀发，柔软纤细的腰身，纤细窄小的脚就构成了明代标准的瘦美人。叶小鸾特别注意到女性全身整体形象的美：“盖闻影落池中，波警容之如画。步来帘下，春讶花之不芳。故秀色堪餐，非铅华之可饰；愁容益倩，岂粉泽之能妆？是以蓉晕双颐，笑生媚靥，梅飘五出，艳发含章。”美丽的女子，整个身影具有整体的美，而且她的美不是靠脂粉铅华所能打扮出来的，是一种“天然去雕饰”的自然之美；优美的身姿，如花的双颊，柔媚的笑容构成了整体的美，就像梅花的美是五个花瓣共同构成的和谐的美；更重要的是，女性的美丽来自优秀的内在品质和修养，来自内在的美。

身为女性，而且是容貌出众，才华超群的少女叶小鸾，她的女性美观念，比起当时的士大夫、文人来要进步得多。她不是从观赏、玩弄女性的角度来看待女性美，而是把女性美看作一种客观存在的，和谐的整体美、自然美与内在美相一致的完美形象。这是难能可贵的。

明末清初人卫泳的《悦容编》（又名《鸳鸯谱》），是一篇有关女性美的不可多得的好文章。分为：随缘、葺居、缘饰、选侍、雅供、博古、寻真、及时、晤对、钟情、借资、招隐、达观等十三部。

文章对美女的选择、美女的居住环境、室内陈设、识字女子室内的书画、书籍，直到美女的修饰、化妆都有所论述。特别对美女的各种情态，作了淋漓尽致的描绘。

卫泳认为女子的美丑，没有绝对的、僵死的标准，是人们的一种主观感受。他说："大抵女子好丑无定容，唯人取悦，悦之至而容亦至，众人亦收国士之享。"女子的美丑，只在于男人的主观爱好。有喜欢她的人，她的容貌在喜欢者的眼中就变得美丽了，众人也就跟着说这位女子美貌出众。也就是所谓"情人眼里出西施"。

基于这种对女性美审美标准的相对性的认识，作者提出选择美女（妻、妾）"要以随其所遇，近而取之，则有其乐而无其累"。而不要苛求，不要对女子吹毛求疵。主张选择女子要随缘分，而最美的女子是不容易遇到的，不要过分追求。"天地清淑之气，金茎玉露，萃为闺房。遇之者，若前世，若梦中，瑟鸣铁跃，剑合龙飞，一切关河岁月，都不能间隔。然非奇缘不遇。"没有"奇缘"是难于遇到绝色美女的，因而不能刻意追求她。遇到差不多的女子，只要有缘分就是好的妻、妾。"无才便为德，大贞出于淫，皆当弃短取长，安知不买骨致马，而天龙降于好画者哉！"提出了"弃短取长"的选择妻、妾的原则，主张要看到女子的长处，不要看其短处。这是颇有见地的看法，也是对女性的一种尊重。差一点的，甚至丑一点的，只要自己认为她美，她就是美女。这就是卫泳的美女观。

对于妇女的修饰、美容，卫泳主张"饰不可过，亦不可缺，淡妆与浓抹，惟取相宜耳"。女子的修饰、美容要与她的身份、体形及时令、场合等相适宜。"首饰不过一珠一翠一金一玉，疏疏散散，便有画意。"如果满头珠翠金玉，反倒显得俗不可耐。"春服宜倩，夏服宜爽，秋服宜雅，冬服宜艳。"如果是贫家妇女，"钗荆裙布，自须雅致。"修饰也要考虑经济状况，量财力而行。他的这些看法，至今仍有现实意义。

《悦容编》对女性的情、态、趣、神作了淋漓尽致、惟妙惟肖的描绘，可视为封建士大夫、文人女性美审美情趣的集中代表。他说："美人有态、有神、有趣、有情、有心。"她们的"态"多种多样，丰富多彩："唇檀烘日，媚体迎风，喜之态；星眼微瞋，柳眉重晕，怒之态；梨花带雨，蝉露秋枝，泣之态；鬓云乱洒，胸雪横舒，睡之态；金针倒拈，绣屏斜倚，懒之态；长颦减翠，瘦靥消红，病之态。"美女的"情"也是多种多样的："惜花踏月为芳情，倚栏踏径为闲情，小窗凝坐为幽情，含娇细语为柔情，无明无夜，乍笑乍啼，为痴情。”美女还有各种各样的“趣”：“镜里容，月下影，隔帘形，空趣也；灯前目，被底足，帐中音，逸趣也；酒微醺，妆半卸，睡初回，别趣也；风流汗，相思泪，云雨梦，奇趣也。”除六态、五情、四趣外，美女还有五“神”“神丽如花艳，神爽如秋月，神清如玉壶冰，神困顿如软玉，神飘荡轻扬如茶香，如烟缕，乍散乍收。”

卫泳认为，态、情、趣、神、心“数者，皆美人真境。然得神为上，得趣次之，得情得态又次之”。然而唯有得心，与美女心心相印，才是最难得的。所谓得心，即今天的“爱情”，男女真心相爱是最难得的。“故有终身不得，而反得之一语，历年不得，而反得之邂逅。厮守追欢浑闲事。而一朝隔别，万里系心。千般爱护，万种殷勤，了不动念，而一番怨恨，相思千古。或苦恋不得，无心得之；或现前不得，死后得之。故曰：九死易，寸心难。”

在明末清初，男女没有恋爱自由，选美女只是男性主动选择女性，所以很难得到女性对男子的真实爱情。在旧式婚姻中，绝大多数是无爱情的婚姻，以爱情为基础的婚姻是极少数。因而，卫泳慨叹得女人的心最难。看来，卫泳是主张追求纯真爱情的。他认为“情之一字，可以生而死，可以死而生”，他是以情反“理”的“理学”叛逆者。

卫泳强调美女的一生都是美的，反对“美人迟暮”，“人老珠黄”的说法。他说：“美人自少至老，穷年竟日，无非行乐之场。”他把女性的一生分为少、壮、半老三个阶段，每个阶段都有其美的特色。“少时盈盈十五，娟娟二八，为含金柳，为芳兰蕊，为雨前茶，体有真香，面有真色”，是美丽女人的花季，是美女最美的时期。但是，美女壮年时有壮年时的优点，“及其壮也，如日中天，如月满轮，如春半桃花，如午时盛开牡丹，无不逞之容，无不工之致，亦无不胜之任。”女性的壮年时期，最为成熟，最旺盛，干什么都能胜任。“至于半老，则时及暮而姿或半，色渐淡而意更远，约略梳妆，遍多雅韵。调适珍重，自觉稳心。如久窖酒，如霜后橘。知老将提兵，调度自别，此终身快意时也。”女性半老以后，更是别有一种情趣。卫泳所谈美人，实际上是指妻、妾。他认为女人一生都是美的，因此要与所爱的女性终生相伴，春、夏、秋、冬一年四季相守；从晨至夜，时时刻刻相伴。

尤为可贵的是，卫泳主张对自己所爱的女性要有真挚的感情，要热爱，要钟情。他说：如果得到一位美人，而对她没有真挚的感情，那就会造成宋代才女朱淑真写断肠诗那样的悲剧。对待自己所爱的女子要特别爱护、关怀，“喜悦则畅导之，愤怒则舒解之，愁怨则宽慰之，疾病则怜惜之。他如寒暑起居，殷勤调护，别离会晤，侦讯款谈，种种尤当加意。”对自己所钟爱的女性要特别关爱，因为她要与自己相伴一生,“盖生平忘形骸,共甘苦,彻始终者,自女子之外,未可多得。”这里,卫泳实际上是讲的夫妻关系,主张丈夫对妻、妾要始终关怀、照顾、爱护。这里,没有一点大男子主义或男尊女卑的意味。

卫泳甚至认为,“美人有文韵,有诗意,有禅机”,不仅可以助兴增趣,而且她的一颦一笑还可以启迪人的灵感和思路。能够看透这其中奥妙的人,“文无头巾气,诗无学究气,禅亦无香火气。”写出的文章、诗词,或者参禅都会清新、自然而无俗气。卫泳还认为,美女是文人隐居的好伙伴,“一遇冶容,令人名利心俱淡。”与红粉知己为伴,最易消磨时光,过好隐居生活。

卫泳还批驳了禁欲主义,为“好色”辩护,驳斥了“美色祸水论”。他说,尧、舜之子,没有像夏桀和商纣王那样宠爱美女妹喜、妲己,但他们失去天下的时间却比夏桀、商纣更快;吴王夫差被美人计灭亡了,而巧施美人计的越国也灭亡了。可见,国君的败亡与美女无关。相反,汉代的司马相如与卓文君私奔,而他的才气名声并没有减少;唐代的郭子仪,妻妾满堂,朝廷仍然倚重他。他们都没有因为“好色”而受到影响。所以,“好色”并不会给男人带来了什么危害;美女也并不是害人的“祸水”。

卫泳还驳斥了“好色”“伤生短寿论”:“彭祖(姓篯名铿)未闻鳏居,而鹤龄不老;殇子何尝有室,而短折莫延。”因而,他认为“好色”并没有什么害处,而且有好处,“缘色以为好,可以保身,可以乐天,可以忘忧,可以尽年。”

卫泳所说的“好色”是指喜爱自己的妻、妾,而不是寻花问柳。

《悦容编》初刻于明天启年间,是一篇反对“理学”束缚,冲击禁欲主义的奇文,是明末讴歌情欲,冲击礼教的作品之一。

清代大戏剧家李渔的《闲情偶寄·声容部》,是专论妇女生活起居的著作,可看作是清代妇女研究的一部专著,其中对女性美多有论述。

李渔的女性美观念可以说是我国古代士大夫、文人女性美观念的集大成者。

如果说卫泳的女性美观念是注重女性的神、态、情、趣之美,注重男女相亲相爱,以心相交的精神方面。那么,李渔的女性美观念则注重于女子的容貌、形体之美,注重外在美。李渔认为,“妇人妩媚多端,毕竟以色为主”。

女性的美色第一在肌肤,而以肤色白为最难得。“妇人本质,惟白最难。常有眉目口齿般般人画,而缺陷独在肌肤者。”生为黄种人的汉民族,自先秦以来就以肌肤白为美,到明、清时代,这种“一白遮百丑”的观念更为强烈。李渔经过多年观察,总结女演员化妆的经验,认为某些肌肤不白的人,也可以使其变白。他把皮肤是否白嫩看作是女性美的第一标准。

其次是眉眼。“面为一身之主，目又为一面之主”。眼睛是心灵的窗户，“察心之邪正，莫妙于观眸子。”李渔认为，女人的眼睛大小粗细与其人的情性刚柔，心思愚慧有密切关系。眉眼以细长清秀为最美，其性格必然柔和聪慧。

再次为手足。手以“纤纤玉指”为最美，但具有“纤纤玉指”的女子太少，“十百之中，不能一二觏也”，因而在“或嫩或柔，或尖或细之中，取其一得”就可以了。美女的脚“但求窄小”而又善于走路者为最美。“直而正者，非止美观便走，亦少秽气。”

第四，女性最美的是“媚态”。“媚态之在人身，犹火之有焰，灯之有光，珠贝金银之有宝色，是无形之物，非有形之物也。”是天之“尤物”。“女子一有媚态，三四分姿色，便可抵过六七分……试以二三分姿色而无媚态之妇人，与全无姿色而止有媚态之妇人同立一处，或与人各交数言，则人止为媚态所惑，而不为美色所惑，是态度之于颜色，犹不止于以少敌多，且能以无而敌有也。今之女子，每有状貌姿容一无可取，而能令人思之不倦，甚至舍命相从者，‘态’之一字为祟也。”李渔把女性的“媚态”说得神乎其神，并认为选美的第一要着在于选“态”。“是知选貌选姿，总不如选态一着之为要。”“态”是天生的，不可强造，但经过朝夕熏陶，也可以感染成“态”。

李渔所描绘的“媚态”，可能就是今天所说的迷人的“魅力”，或者是所谓“性感”。

最后是修饰。李渔认为女人“无论妍媸美恶”，都要讲究修饰。但他同时又指出，修饰不能太过分，也“不可不及”，而要适度。对妇女的衣着，提倡洁和雅。“妇人之衣，不贵精而贵洁，不贵丽而贵雅，不贵与家相称，而贵与貌相宜。”他特别强调衣服的色调要与人的脸色相协调，“面颜近白者，衣色可深可浅；其近黑者，则不宜浅而独宜深，浅则愈彰其黑矣。”

值得注意的是，李渔主张女性美是德、色、才的统一，反对“女子无才便是德”的旧说。他认为“无才是德”是“前人愤激之辞”，是“见噎废食之说”。“吾谓才德二字，原不相妨，有才之女，未必人人败行；贪淫之妇，何尝历历知书?”才与德是可以统一的，兼备的。他主张妻为正室，应当以德为主；妾婢“原为娱情而设，所重在耳目”，因而婢妾更侧重于色与才。明末文学家叶绍袁认为“德才色为妇人三不朽”，李渔把德归属于妻，才色属妾，更接近于封建时代男性权势者娶妻纳妾的实际标准。

李渔主张妇女所学技艺“以翰墨为上，丝竹次之，歌舞又次之”，而女工则是必修课。女子除了学会过硬的女工外，最好能读书识字，又能懂得琴棋书画，兼通歌舞，才艺双全，便是全才；稍懂些技艺也比一点不懂要好。主张女性要较全面的发展，这是颇有见地的。

清初人徐震，著有《美人谱》，按照他的妇女观和审美情趣，排列了从古自明的美女名单。在徐震看来，自古美丽的女子就不多，很难寻找，更难得到。古代美女多集中于皇宫禁苑，或者世家豪门，"芙蓉别殿，曾居窈窕之姝；杨柳深闺，不乏轻盈之媛。"皇帝和富豪们凭借权势霸占了大量美女。但是，"偏长易获，全美难臻，必欲性与韵致兼优，色共情文并丽，固已历古罕闻，旷世一见。"十全十美的丽人千载难逢。而且，美人一生之中，也只有十年最美的时光。"美人艳处，自十三岁至二十三，只有十年颜色。譬如花之初放，芳菲妩媚，全在此际。"过此花季，只剩下可怜之态了。因而，美女更为难得。

徐震以为美女有十条标准和情态，即容、韵、技、事、居、候、饰、助、馔、趣。容，就是容貌，以"螓首、杏唇、犀齿、酥乳、远山眉、秋波、芙蓉脸、云鬓、玉笋、荑指、杨柳腰、步步莲、不肥不瘦长短适宜"为最美。这是形体美的标准。韵，说的是韵致，如帘内影、歌余舞倦时的柔弱之态，倚栏待月的美态，等等。技，即琴、棋、书、画、刺绣一类技艺。事，是指女性煎茶、焚香、看花、扑蝶等活动。居，是指美女居住环境，如金屋、玉楼、象牙床、芙蓉帐等。候，说的是美女在不同季节，不同时令的美态，如画船明月、雪映珠帘、夕阳芳草、雨打芭蕉等，把女性美与自然美景结合起来。饰，即美女的修饰，如珠衫、绡帔、凤头鞋、玉骊、明趟等装饰品及衣物。助，说的是梳妆、用具、书籍等辅助用品，如像梳、菱花、玉镜台、端砚、玉箫、毛诗、韵书等，甚至把"俊婢"也列入此类。馔，即美女的食物，如鲜荔枝、山珍、海味之类。趣，则是指美女的情趣，如醉倚郎肩、兰汤昼沐、眼色偷传、微含醋意，等等。徐震等人，是把美女作为一种高级的欣赏、玩弄的物品来看待的。文人们往往把美女的情趣与她所处的居住环境、自然景致以至日常生活情趣联系在一起。从中可看出封建士大夫们日常的生活状况和他们的审美趣味。

按照徐震的审美标准和审美情趣，他排列了从古到宋代的美人谱：古来美人中，值得人们怀念的，有二十六人：西子（即西施）、毛嫱、夷光（即西施）、李夫人、卓文君、班健伃、王昭君、赵飞燕、合德、蔡琰、二乔、绿珠、碧玉、张丽华、侯夫人、杨太真、崔莺莺、关盼盼、苏蕙、非烟、柳姬、霍小玉、贞娘、花蕊夫人、朱淑真。古来名妓中的美女有六人：红拂、李娃、薛涛、紫云、苏小小、琴操。古来婢妾中的美女，有四人：翾风、樊素、小蛮、朝云。

徐震所列古代美女，除去重复者有三十五人，其中又有四人为传奇小说中人物，实际仅有三十一人。大体上可以反映从先秦至宋代，我国古籍中记述的美丽女子的基本状况。

清代鹅湖逸士的《老狐谈历代丽人记》，借跨越时空达两千余年的狐狸精之口，叙述了中国历代美女概况。

文章认为，“大抵天地菁英之气，所萃在男，则为才士；在女则为丽人。”他把中国古代丽人分为三个等级：“有超轶一时之丽；有跨越一代之丽；有横绝千古之丽”。其中有先秦的卫庄夫人庄姜；晋献夫人贾姬；晋文夫人文嬴；秦穆公女弄玉；息君夫人息妫等五人，“皆艳丽绝伦，德性贞淑”。

超轶一时之丽者，有三十五人。其中又分为庄重、妍秀、窈窕、俊俏四种类型。1.庄重一流有：汉之邢夫人及昭帝之上官后；蜀先主之吴后；晋穆帝之后何法倪；宋哲宗之孟后；辽道宗之后萧观音，后女苏克滴公主；明武宗之夏后，太康伯张国纪第三女宝珠。“此数人者，类皆姿相丰端，体格颀硕，庄重而弥觉其丽”。2.妍秀一流的有：鲁昭夫人吴孟子；秦武王之后魏贞姬；汉成帝之许后；蜀李势之女；晋之绿珠；北齐李莹娥、文宣李后之女温慧公主；陈之张丽华；周世宗之小苻后；宋钦宗之后朱淑贞；金卫王之女歧国公主；元泰定帝之萨都巴拉皇后；明之费宫人及福王选后徐瑶英。“此数人者，类皆仪容婀娜，丰韵嫣然，妍秀而共见为丽。”3.窈窕之美的有：汉的鲁元公主及公主之次女佩琬、哀帝之后傅黛君、平帝之王皇后；三国时孙翊妻徐氏、吴景帝之后朱佩兰。“此数人者，类皆淡雅绝俗，举止大方，窈窕而不失为丽”。4.俊俏之美的有：西楚之虞姬；汉之李夫人、卓文君；三国时之孙夫人；北魏的木兰；隋的红拂女。这几个人，“类皆体质修颀，纤腰绰约，或具英雄之侠气，或称巾帼之名流，俊俏而适成为丽。”

跨越一代的丽人，有十人：楚平王夫人伯嬴“明眸秀项，面如鹅蛋”，伯嬴之女季芊亦酷类其母；汉武帝后陈阿娇“蛾眉檀口”；阴丽华“隆准丰颐”；三国甄后及二乔“皎若朝霞，灼若芙蓉，修短得中，秾纤合度”；隋宣华夫人“琼姿花貌”；唐杨玉环“艳质丰肌”；崔莺莺“绣口锦心，垂鬟接黛”。“凡此十人，皆两间精气所萃，孕育数百年而一出者。”

横绝千古的美人有：西施、汉惠帝后张嫣、王昭君、北齐文宣后李祖娥、明熹宗皇后张宝珠。“此五人中，以张嫣、张宝珠为最颀长，肌体亦最丰艳，论德性亦以两人为最优。汉后稍偏于柔，明后稍偏于刚，然皆有淑圣之德”。五人之貌，具有庄重、妍秀、窈窕、俊俏多种特色。张嫣“以淑静而绝艳”，张宝珠“以端严而绝艳”，李祖娥“以秀慧而绝艳”，西施“以靓雅而绝艳”，昭君“以丰整而绝艳”。她们都称得上“横绝千古”的美女。

《历代丽人记》所记丽人多不见于史书。该文认为史书所记载的美女,一是因为被皇帝、王侯、将相所宠爱,因而声势烜赫;二是被文人学士所吟咏而流传广远。该文中所列美女十分之七是被历史所湮没的,不见史书的。但多数是野史、外传中所记述的。

这篇文章,用孟子“五百年必有王者兴”一类唯心史观,考察了中国古代的美女,发掘了被历史遗忘的绝代丽人,提出了对女性美的分类标准。作者以丰艳颀硕的唐代以前的女性美观念来考察古代美女,摆脱了明、清时期病态美的影响,是有独到之处的。

此外,鲍皋的《十美诗》,把美丽的女性与所处环境结合起来,写女子楼上、灯下、墙头、舟中、马上、帘内、池上、花间、月下、林下的不同情趣,在人与景物的统一中描绘女性美,追求美人与美景的和谐统一。

清中叶以后,特别是晚清时期,一些封建文人迷恋小脚,写了不少品评、吟咏、玩赏小脚的文字,如方绚的《香莲品藻》等(本章第一节已经介绍,此不赘述)。女性美走向畸形。

总结明、清士大夫、文人的女性美观念,大体上有以下几点:

一、年龄。以年轻为美,大约以青春期为最美;也有人主张不同年龄段,各有长处;

二、容貌。中国古代最重视容貌美。头发以黑而有光泽为美;额以宽为美;眉以细长而弯为美;目以弯细含笑为美;口以小为美;齿以整齐洁白,形如扁贝为美;脸以鹅蛋形为美;肌肤以白皙柔嫩为美。所谓五官端正,眉清目秀,唇红齿白者便是美;

三、体态。先秦至唐,大体以体长个高为美,所谓颀硕丰艳之美。宋至清,多以体材适中为美,“修短得中,秾纤合度”,“不肥不瘦,长短适宜”是最理想的身材。腰以纤柔为美,所谓“杨柳细腰”;手以纤细柔嫩为美;足以纤小正直为美。整个体态,以身材苗条而肉体丰满,体态轻盈、舒徐优雅如弱柳临风为美。中国古代女性美标准中,一般不太注意身体的曲线美及身体各部位的比例,而以体态婀娜多姿为美。

四、情态。古代文人才子很注重女性的“态度”美,李渔所谓的“媚态”,也有称为“神韵”美的,这是一种难以用语言表达的“韵味”,如《美人谱》所说的“嫣然巧笑”,“临去秋波一转”等;卫泳所说的美女的态、情、趣、神、心等。这是中国古代士大夫、文人们追求的一种精神境界。

五、修饰。古代文人一般多主张适度修饰。修饰要与女性的体貌相协调；要与其家境，经济条件相适应。这一点至今仍有现实意义。

六、德、色、才、艺的完美统一。一些文人，尤其是唐代文人多追求女性的才、艺之美，追求德、色、才、艺的完美统一。李渔还具体地论述了德、色、才的关系，主张女性应多才多艺，全面发展。清人吴震生，提倡“色期艳，才期慧，情期幽，德期贞”的德、色、才、情统一的女性美标准。

七、美女与环境的统一。中国古代士大夫、文人们往往追求一种人与自然的和谐之美。在女性美方面，则追求美丽的女子要与她的居住环境、室内陈设、园林景致、自然景色相协调一致，和谐统一。如所谓“画船明月”“雪映珠帘”“夕阳芳草”“雨打芭蕉”等。卫泳在《悦容编》中还专门谈到美女的“葺居”。

追求美人与美景的和谐一致，是我国古代“天人合一”，人与自然协调的哲学观念在女性审美观念中的具体表现，体现了人与环境相和谐的美学思想。这与中国古典建筑的园林艺术之美是相一致的。

明、清时期，我国古代女子道德美、形体美标准都走入畸形的死胡同。贞、节、烈成为“妇德”的首要标准；缠足成为女性形体美的第一标准。物极必反，随着资本主义生产关系萌芽的出现和人文主义、人道主义思潮的出现，明、清时期也涌起同情妇女的思潮，产生了男女平等思想的萌芽。

这股同情妇女的思潮，恰恰是以批判贞节观和反缠足作为突破口的。贞节观对女性心灵的束缚，缠足对女性肢体的摧残均达到无以复加的程度。于是，一些反封建的进步思想家或文学家高举起批判的武器，向封建贞节观和缠足陋俗冲击。

明代中叶归震川作《贞女论》，反对未婚女子为未婚夫守贞。他指出：“阴阳配偶天地之大义也，天下未有生而无偶者；终生不改适，是乖阴阳之气，而死天地之和也。”认为贞女不嫁是违背“阴阳和合”的自然规律的，鼓励贞女出嫁。明代人韩君望也著文论证“女未嫁而殉未婚之夫为背经渎礼”。他们都是以古代经书为依托，阐明新义，反对室女守贞。

对于节妇、烈女，也有人痛加批驳。李贽首先起来反对理学家的“饿死事极小，失节事极大”的谬论，赞许寡妇改嫁。庾亮支持儿媳改嫁。李贽对此大加赞许，批了个“好！”字。王戎的儿子死了，王戎却让儿子的未婚妻守贞。李贽读书至此，对这种残忍行为十分愤慨，骂道：“王戎不成人，王戎大不成人！”这两段批语虽短，却表达了李贽对节妇、贞女的明确态度。明人徐汝廉在《枕余·嫁议》一文中指出，强迫妇女守节不近人情，他说：“古者娶妇，亦无常准焉！娶而处子,其善也。即与再醮者遇,亦无所嫌忌。”对待寡妇改嫁,不但不应阻止,反而劝其改嫁。这在贞节观念极盛的晚期时期,实为振聋发聩之论。

到了清代,反对妇女守贞、守节,主张寡妇可以再嫁的呼声更为高涨。清初,毛奇龄大声疾呼:“禁止未婚女子守志、殉死并与未婚夫合葬。”张履祥主张“寡妇……再适可也”。阮葵生也认为寡妇是否再嫁,“任其自身为之”。俞正燮深刻地指出,要求妇女片面守节是不合理的,《礼记·郊特牲》说:“一与之齐,终身不改”,应该同时要求男女双方共同遵循,单方面要求妇女终身不改,这是“苛求妇人,遂为偏义”。他主张,寡妇是否再嫁,要由她自已选择,“其再嫁者,不当非之;不再嫁者,敬礼之斯可矣。”对于室女守贞、殉死,俞正燮更是竭力反对。他利用古礼,批驳室女守贞,说:“未同衾而同穴,谓之无害,则又何必亲迎,何必庙见,何必为酒食以召乡党僚友,世又何必有男女之分乎。”

明、清时期,少数先进分子开始批判片面要求、束缚女性的贞节观,主张寡妇可以改嫁,开始冲击畸形的妇德标准,为近代妇女新道德的创立准备了条件。

新的女性形体美观念是在提倡禁缠足的呼声中萌生的。自宋到清,以缠足的小脚女人为美的畸形的,变态的女性美观念已深入到汉族居住地区的穷乡僻壤。在清代以前,虽然有少数汉族妇女不曾缠足,也有个别人对缠足一事提出疑问,如南宋的车若水曾说:“妇人缠足不知始于何时,小儿未四五岁,无罪无辜,而使之受无限之痛苦,缠得小束,不知何用?”但是,还没有人发表言论,反对缠足。到了清代,反对妇女缠足,认为缠足不美观的呼声才逐渐高涨起来。

清初著名诗人袁枚,首先起来反对妇女缠足。他指出,女子缠足并不美观,使女性失去了自然美。他在《答友人娶妾书》中写道:“足下托仆访美,而首载一条:拳拳于弓鞋之大小。甚矣!足下非真好色者也……从古诗书所载,咏美人多矣,未有称及脚者……今人每入花丛,不仰观云鬟,先俯察裙下,亦可谓小人之下达矣。”他痛斥喜欢小脚的人为“小人下达”。他还进一步驳斥了女子脚小才能体态娉婷的女性美观念。他说:“或云足不小,则身不娉婷,此言尤误。夫女子所以娉婷,为其领如蝤蛴,腰如束素故耳,非谓其站不稳也。倘弓鞋三寸,而缩颈粗腰,可能望其凌波微步,姗姗来迟否?”袁枚正是从女性美观念入手,来否定所谓“缠足美”的合理性,进而否定缠足本身。袁枚还指出,缠足是“戕贼儿女之手足以取妍媚”的残忍而丑恶的行为,是极可悲的。

钱泳也是清代反缠足的文人之一。他指出,女性之美,美在自然,“贵乎起步小,徐徐而行”,缠足使妇女“行步蹒跚,丑态毕露”,不但不美,反而显得丑。他还认为,缠足与妇女的道德美毫无关系,“女人之德,自以性情柔和为第一义;

容貌端庄为第二义；至足之大小，本无足重轻。”缠足与否，与女子的德、容之美没有多大关系。他还指出，缠足是违反人类自然本性的“造作”行为，“天下事贵自然，不贵造作；人之情行其易不行其难。唯裹足则反是，并无益于民生，实有关于世教……真所谓戕贼人以为仁义，亦惑之甚矣！”缠足是违背自然规律，摧残人类肢体的丑恶行为，应当禁止。尤为可贵的是，钱泳指出缠足使妇女成为畸形人，不利于人民健康，而且会使后代柔弱。“盖妇人裹足，则两仪不完；两仪不完，则所生男女必柔弱；男女一柔弱，而万事矣！”缠足的恶果会使民族弱化，会使中国国力减弱。因而，他呼吁政府禁止缠足。

俞正燮是明、清之际同情妇女的著名思想家之一，反对女子缠足是他同情妇女思想之一。他认为，古代妇女天足，“有贵重华美之履”，是非常自然，非常美观大方的。他指出，缠足出自古代舞屣，而舞屣是贱服。女子缠足等于穿贱服。女子贱了，男人也就必然贱视女子。因而，女子不应当缠足，应当恢复天足。

另外，清代作家李汝珍在其所著《镜花缘》中，强烈反对妇女缠足并驳斥了妇女缠足“美观”的畸形审美观念。书中第十二回写道：“谁知（缠足）系为美观而设；若不如此，即不为美！试问鼻大者削之使小，额高者削之使平，人必谓为残废之人；何以两足残缺，步履艰难，却又为美？即如西子、王嫱，皆绝世佳人，彼时又何尝将其两足削去一半？况细推其由，与造淫具何异？此圣人之所必诛，贤者之所不取。惟世之君子，尽绝其习，此风自可渐息。”指出缠足是残害人类肢体，制造“淫具”的恶劣行为，号召仁人君子带头禁止缠足。

清代道光时期，龚自珍提倡妇女天足，认为天足女子美，从女性美观念上否定缠足。他咏天足道，如：

姬姜古妆不如市，赵女轻盈蹑锐屣。

侯王宗庙求元妃，徽音岂在纤厥趾？

又如：

娶妻幸得阴山种，玉颜大脚其仙乎？

再如：

大脚鸾文勒，明妆豹尾车。

龚自珍笔下的天足妇女，玉颜大脚，行走如仙，风度翩翩，活泼洒脱，与扭扭捏捏，弱不禁风的小脚妇女形成了鲜明的对照。从龚自珍的这些诗句中，我们已经看到自然、健康、潇洒、大方的新型女性的形象。一种新型女性美观念正在萌生。

自鸦片战争以后，随着西方殖民主义势力的侵入，男女平等观念传入中国。它与中国固有的同情妇女的思想相融合，在戊戌维新运动中形成了兴女学、不缠足运动。从此，新的女性道德美、形体美观念及实践在与旧道德、旧美女观的不断斗争中形成并发展起来。

中国古代情史

# 后宫隐私史

马昊宸◎主编

綫裝書局

# 后宫风纪

## 供历代帝王淫乐的后宫之制

1.皇帝的后妃之制

中国古代专制制度是根据阴阳相生的宇宙观念制定的。《周易·系辞》:“一阴一阳谓之道。”在“道”的指导下,建立了专制制度和人伦、礼仪。人们称古代专制帝王为“天子”,“天子”者,天之所生。称帝王之妻为“皇后”,“皇后”,就好比土地承接上天。《汉书·外戚传》颜师古注:“天曰皇天,后曰后土。故天子之妃,以后为称,取象二仪。”妃,配偶。二仪,是阴阳、日月的意思。皇帝表示上天,皇后表示下土。皇帝如日,皇后如月。日与月统率众星。

因此,专制的家庭制度和社会制度,二者相辅相成。《礼记·婚仪》称:天子立六官:三公,九卿,二十七大夫,八十一元士,以听天下之外治,以明章天下之男教。故曰:外和而国治。

这是古代专制社会的社会制度,像金字塔一样。而君王的家庭结构却是:古者天子,后立六宫:三夫人,九嫔,二十七世妇,八十一御妻,以听天下之内治,以明章妇顺。故天下内和而家理。

这些皇帝的后妃制与专制王朝的官制是一样的。

皇帝的正妻称为皇后。皇后像君王一样统领六宫。六宫女子分为四等,是皇帝的妾——小妇。

皇帝妻妾成群,大寝一,小寝五。天宫是皇帝正妻——皇后所居住的地方,皇帝一般大寝于此;小寝在地宫、春宫、夏宫、秋宫、冬宫,是三夫人、九嫔、二十七世妇和八十一御妻所居住的地方。

2.后妃御妻多如牛毛

帝王有多少妻妾?《礼记》:“后立六宫、三夫人、九嫔、二十七世妇、八十一御妻。”郑玄注:其数,三而倍之。阳始于三,而成于九。

即帝王除了正妻——皇后之外,又把后宫小妾分为四等,每个等级的人数以“三”的几何数递增,三、九、二十七、八十一,加在一起是一百二十人。

此种后宫制度是周朝所制定的。它基于天文星相之学,星辰、官吏、妻妾三者数字相等。一百二十人的后宫之制,总是随着时间推移而不断增加。同时,由于历代帝王是特殊之人——天子,故早把他从这个品种中抽取出来了。他以制度统治人民,却不以制度约束自己,周朝之后的历代帝王很少能真正遵守礼典中规定的周代之制。至东周时就已经“礼坏乐崩”了。齐国管仲帮齐桓公设置三归、八佾舞于庭的规模,在孔子看来已经超越了天子的礼制,禁不住气愤地骂道:“是可忍,孰不可忍!”三归,以姓氏不同的三位女子为夫人;八佾之舞,每队由八人组成的八队舞女。这些为天子所专门享用,因而诸侯王是可望而不可及的。

后宫人数大增,最根本的原因在于天子自己。周朝之后,以秦、汉为例,后宫的人数和等级,是周朝的几倍。

秦国统一天下后,夺取六国诸侯美人充人后宫。《史记·秦始皇本纪》:“秦每破诸侯,写仿其宫室,作之咸阳北阪上。南临渭,自雍门以东至泾渭,殿屋、复道、周阁相属。所得诸侯美人、钟鼓,以充入之。”建造如此大的宫室,夺取所有诸侯的美人来“充人”后宫,那人数必是无法估计的。因此,张守节《史记正义》引《三辅旧事》道:“始皇表河以为秦东门,表汧以为秦西门,表中外殿观百四十一,后宫列女万余人,气上冲于天。”“万余人”,只是笼统表示,并没有做精确计算。所谓“气上冲于天”,指后宫美女这股强烈、庞大的“阴气”或脂粉之气冲上了天。秦始皇嬴政死后,胡亥虽然愚蠢无知,却也懂得“凡所为贵有天下者,肆意极欲”的道理,后宫数目,成百上千。

汉兴,汉朝继承了秦朝的制度,《汉书·外戚传》注:

帝母,称皇太后。

祖母,称太皇太后。

嫡,称皇后。

妾,皆称夫人。

又有美人、良人、八子、七子、长使、少使之称焉。

嫡,皇上的正妻,称皇后。妾,称夫人。妾从夫人起共分七个等级,用“三九”之数来计,汉高祖刘邦以后,后宫妻妾数目为:夫人三人,美人九人,良人二十七人,八子八十一人,七子二百四十三人,长使七百二十九人,少使二千一百八十七人。

《汉书》颜师古注曾解释过八子、七子，“八、七，乃是禄秩的差别”，指她们的官俸数目，所以称为“八子”“七子”。请看，这个数目就有三千二百七十九人，大约是《礼记》规定数目（一百二十人）的二十七倍之多。

刘邦创立西汉，史称：“高祖帷薄不修，孝文（刘恒，刘邦之子）衽席无辨，选纳尚简，饰玩少华。”

“选纳尚简”规定的规模达到了如此地步。不过虽然设立了此种制度，但刘邦、刘恒实际上却并没有妻妾成群。

汉武帝刘彻、汉元帝刘奭以后，后宫等级增加到十四等：武帝制婕妤、蛇娥、容华、充依，各有爵位。而元帝加昭仪之号，凡十四等云。

刘彻

汉武帝刘彻，汉元帝刘奭，他们已不再像其先辈刘邦、刘恒那么土里土气了，他们知道以女色取乐，并且越多越好，“天予不取，反受其咎”，后宫数目成倍地增长。

刘奭后宫妻妾的等级、秩禄、官爵，分别为：

昭仪：位视丞相，爵比诸侯王。

婕妤：位视上卿，爵比列侯。

娙娥，视中二千石，比关内侯。

容华，视真二千石，比大上造。

美人，视二千石，比少上造。

八子，视千石，比中更。

充依，视千石，比左更。

七子，视八百石，比右庶长。

良人，视八百石，比左数长。

长使，视六百石，比五大夫。

少使，视四百石，比公乘。

五官，视三百石。

顺常，视二百石。

无涓、共和、娱灵、保林、良使、夜者，皆视百石。

上家人子、中家人子，视有秩斗食。

五官以下，葬司马门。

石，是盛米的度量单位，十斗为一石。古时把米作为官俸授予大臣。爵，代表着官僚爵位、社会地位与权力。比，视，都是“等同”的意思。

汉元帝刘奭的后宫，如按照三九之数计算该有多少妻、妾、美人呢？

《后汉书·后纪序》称：武（汉武帝）元（汉元帝）之后，世增淫费，至乃掖庭三千，增级十四。

掖庭，是皇帝妻妾居住的地方。除皇后以外，后宫之数，增加到十四个等级，人数超过三千人！其实“三千”这数字，是“数千”的代称。“阳始于三”，人们称“三千”，其实后宫人数已超过数千人。

后汉光武帝刘秀，大量裁减六宫的数目，除皇后外，只置贵人、美人、宫人、采女四个等级，这相当于周朝后妃的数目。但是只有后汉第二代皇帝之前实行“斫雕为朴”的制度，到第三代皇帝——后汉章帝刘炟，就把它废除了，即“孝章以下，渐用色授。恩隆好合，遂忘淄蠹”。淄，黑色、污染的意思，比喻人的道德品质之恶；蠹，是以木为食的一种蚁虫，比喻政治将毁。章帝刘炟以后，后宫数目远远超过了四等三、九、二十七、八十一之数。

在制度上唐代后妃数目与周期定额一致，但事实上还包括其他一些制度之外的。“夫人”有四种称号：贵妃、淑妃、德妃、贤妃。九嫔，则包括九种：昭仪、昭容、昭媛、修容、修仪、修垦、充仪、充容、充媛。

世界上任何国家都有国家制度。但在中国专制社会，制度对帝王毫无约束力。制度只是一种帝王统治天下的工具，因此皇帝可以根据个人意愿而随便加以解释和变更。实际上，秦始皇、秦二世、汉武帝、汉元帝、汉成帝、晋武帝、唐玄宗等帝王的妻妾人数，都数以万计。

3.为什么妻妾成群？

皇帝之所以妻妾成群，原因有三：

第一，帝王的欲望。

“食色，性也”，“饮食男女，人之大欲存焉”，这两句出自古代典籍《礼记》，指出人是物质欲望的总和。这个关于人的本质的定义，相对于西方所有哲人的定义来讲更直接、精辟。皇帝享有天下，无论他是人子还是天子，至高无上的权力激起了他的情欲。他既然拥有天下,也就拥有天下的女色和食物。

第二,君权世袭的需要。

帝王所享有的国家政权,是其宗族与个人的政权,帝王天子称寡道孤。天子去世,其子世袭皇位。因此,对于帝王来说,生儿育女以继承帝位,非常重要。如果没有女人为其生子,则没有人继承皇位。对帝王来说,其他一切不在话下,唯其无子,断绝根脉,对不起列祖列宗。"不孝有三,无后为大",因此帝王要妻妾成群。

第三,个人专制,裂土封王的需要。

在中央集权与个人专制下,全国又分为诸侯列国并以之为屏障,使其像篱笆一样从全国各地把最高统治者围在中央。皇帝的同姓氏族——兄弟、子孙担任诸侯国王,因此如果皇帝子孙后代越多,国家的至高无上的权力就越集中于自家之手,其下根脉纵横,其上浓荫笼罩,这是君权茂盛的征兆,有利于家国稳固和永存。

如上所述,帝王妻妾实际上承担两种使命:一是生产子嗣的工具;一是以色貌躯体作为帝王之美食幸御的工具。帝王后宫御女数以千百计,为得到帝王的宠幸,她们之间展开殊死争斗。获胜者荣耀无比,并且有旺盛的受种生育(主要是生男)的能力。拥有这种能力才可以立于不败之地。

所谓"不败",是非常短暂的。帝王妻妾,没有一个女人的宠幸不是昙花一现、转瞬即逝的。由于容颜易老,尽管对手们奈何她不得,但是随着岁月的流逝,以前的获胜者,终究会为新宠所取代。

4.天下兴亡系于后宫

因帝王的妻妾实在太多,所以她们都有严格的等级之分。然而事实上,帝王的情欲是无止境的,总是与御妻制度发生冲突。既然妻妾众多,便会从中挑选。真正的欲望移向最能吸引他的女色,从而扰乱了六宫的秩序。这是一个矛盾。帝王妻妾争宠,女人之间的利益冲突,加上人性中的嫉妒,这又是一个矛盾。矛盾重重,导致帝王仅凭自己的力量无法驾驭众多宫人,所以"听天下之内治"只是空话而已。自古没有任何帝王能把他庞大的后官治理好,更何谈"天下之内治"!因此天下兴亡与后宫治乱有密切关系。政治衰败,人们常归结为"祸水""女祸",这是中国专制政治理论中最荒谬的理论了。

把制度本身的问题归咎为这个制度中最可怜、最柔弱的受害者和牺牲者,这种强词夺理和不仁不义的谬论，不应该称为“理论”。不幸的是，这种“理论”运气非常好，从夏、商、周开始，数千年来一直统治中国人的头脑。人们总是把国家的灾难归罪于她们，而她们的丈夫却仍然神圣、高尚、伟大。

虽说后宫女人是最柔弱的，但也出现了赫赫有名的刘邦之后吕雉、一代女皇武则天等。这些女人之所以能在政治条件允许时夺取政权，一方面是因为她们个人的资质，另一方面更是因为制度本身。与之相对的则是以“色相败德”的那些女子，如夏桀的宠姬妹喜、殷纣的宠妃妲己、周幽王的宠姬褒姒，《史记·外戚世家序》：桀之放也，以嬉喜；纣之杀也，嬖妲己；幽王之擒也，淫于褒姒。

夏、商、周三代王朝的兴衰消亡，与末代帝王的后妃有很大的关系。嬖，即宠信。不仅仅司马子长一人持这种见解，《二十四史》中，关于家国兴亡、大权旁落、阴盛阳衰、外戚专权的叙述，几乎全是这样的观点，连语言文字都一字不差。这些女子既然分别是她们丈夫的妻妾，则丈夫宠幸她们，完全合乎情理，然而却成了她们的罪过。真是太冤枉了！

假使没有那一套六宫制度，没有那么多三、九、廿七、八十一之数目；官与宫完全不是一码事；女人只在家里呆着，无论美丑，只要丈夫喜欢；生男生女也全不重要，那又与他人何干？这样大家都会满意。又假如她们的丈夫不是夏帝、殷帝、周帝、汉高祖、唐高宗，而只是刘邦、李治、姬宫涅，又怎会有滔天大“水”让她们去“乱”而“祸”呢？

不幸的是，她们一旦成了“天子”的妻妾，也就进入了一个曲折复杂、等级森严的鸡笼。更不幸而荒谬可笑的是，人们认为她们导致了国家败亡，并且造成了天上的日蚀、月蚀。如前面所提到的那样，天上的日月星辰，地上的朝廷六官，后庭的六宫妻妾，三者数目均等，即“阴阳相复而成”。《礼记·婚仪》：天子与后，犹日之与月，阴之与阳，相复而后成者也。天子修男教，父道也。后修女顺，母道也。故曰：“天子之与后，犹父之与母也。”

中国专制政治学最鲜明、独特之处是将天文星相、国家政体、家庭制度这三者并列等同起来。帝王天子与他的妻子，就像天上的日与月、天下万民的父与母一样。当天子和皇后去世后，大臣和子民要为他们服孝。《礼记·婚仪》：为天王服斩衰，服父之义也。为后服齐衰，服母之义也。

古代孝子在父母死亡时分别所穿的孝衣是斩衰、齐衰。世间之男女，适于天庭，《礼记·婚仪》：男教不修，阳事不得，适见于天，日为之食。妇顺不修，阴事不得,适见于天,月为之食。

朱熹写道:王者修德行政,用贤去奸,能使阳盛,足以胜阴。阴衰,不能侵阳,则日月之行,虽或当食,不食也。若国无政,臣子背君父,妾妇乘其夫,小人凌君子,夷狄侵中国,则阴盛阳微,当食必食。虽日行有常度,实为非常之变矣。

食,即蚀。言之凿凿,帝王的妻妾与臣子、小人、奸邪、夷狄,都是"阴"物。倘若不对她们严加管制,帝王就会受制于她们,阴盛阳衰,从而形成了天上的日月之蚀。反之,只要帝王牢牢地控制着大权,严厉地统治她们,便不会有天际应当出现的日蚀和月蚀了。

所谓"天人感应,阴阳相荡"里面有一套学问,且载籍浩繁,皓首穷经之士,派系林林总总,各有家传,耗尽了多少人的精力,却没有人敢说:皇帝也是活生生的血肉之躯!

5.防止后宫淫乱的寺宦制度

"乘御"一词,是骑乘、驾御的意思。帝王乘御妻妾美人,就像骑马奔驰,必须有良好牢固的缰绳与坚韧的鞭子,也就是一套使之"贞顺"的制度和理论。

中国的专治制度原始于礼。礼起于饮食、夫妇、男女。《礼记·内则》:礼,始于谨夫妇。"谨夫妇"的原则是:男女有别,各居内外。《礼记·内则》:为宫室,辨内外,男子居外,女子居内。

在男女之间,须加以约束以防有不轨行为,不仅要把他们的居处隔开,而且必须把帝王妻妾的宫室用高墙围起来,并有阍寺宦人在外把守。《礼记·内则》:深宫固门,阍寺守之,男不入,女不出。其中之"男",不包括帝王,他贵为"天子",不能算作普通男女。

天子后官的妻妾美人既然有规定的数目、等级,那么其所居、所行,也都有约束,总的标准是:不能与外界接触和来往。宫室外面筑有高墙,并有重门深掩。男子居宫外,女子居宫内。女子居住的地方,叫作"深宫""固门",又有阉寺阍人把守着。阍人,即把守掖庭的门卫,当时由"寺人"来充当。寺人,是生殖器官被割掉的男子。之所以阉割他们,是为了让他们只成为名义上的男人。既然女子不可以走出深宫,男子又不得进入,因此女子居住的官门内,保护侍奉皇后之人既不能是女子,也不能是男子,而只能是寺人了。这是专制社会的另一大独特之处:寺人制度。他们还有一个名字——宦者。阉寺阉人,始于夏、商、周三代,他们在历代中国政治中,作用非同小可。由于他们在生理上让帝王放心，因此是帝王天子值得信任、可放心使用的人；又由于他们职责特殊，与帝王、宫人关系甚密，所以也是帝王最亲近的人。他们的能力和实际掌握的权力，更是超过王公大臣。明末学者王士桢所著《宦寺小史》，还有《弇山堂别集》中所列《中官考》十一卷，都详细记载了寺宦制度。

男女之别之所以如此严格，是为了真正落实帝王妻妾制度，使她们为帝王所独享，而不为别的男子所玷污。在男女夫妇之间，又有许多规定：男女不同椸枷。不敢悬于夫之梓椸。不敢藏于夫之箧笥。不敢共湢浴。

椸，横竿，宫中男女不同用的器具。不能把妇人的衣服与丈夫的搭放在一起，也不能把它与丈夫的衣物放在一起。男女更不可以用同一浴室。又有：夫不在，敛枕箧、簟席、襡器而藏之。少事长，贱事贵，咸如之。

丈夫如不居住在宫中，则要把他用过的衣物、枕席甚至襡器，都收好保存起来。橱襡，即涤器，包括溲器、便器。除此之外，后宫妻妾、美人也要分等级，年纪小和等级低的要侍候年长和等级尊贵的。

6.嫔妃轮流享受与帝王同寝的恩泽

接着，该是帝王天子如何"乘御"他的妻妾了。《礼记》中规定的后妃分四等，共一百二十人之多，天子如何享用她们中的每一个人呢？

《礼记·内则》郑玄注：天子轮流寝接妻妾美人，半个月轮回一次。至于后宫女子，则耐心等着帝王君临，一旦帝王驾到，则沐浴更衣，欢颜承接，称之为"当夕"。"当夕"也有制度：后，当一夕，三夫人，当一夕。九嫔九人，当一夕。世妇二十七人，当三夕。天子之御妻八十一人，当九夕。

天子轮流寝接妻妾美人，其制度呈宝塔形，有三九之数，从皇后以下机会依次递减：以半个月为一个轮回，皇帝与其正妻，寝接一整夜；而每位夫人，每半月只得三分之一整夜；每位九嫔、世妇、御妻，有九分之一整夜。在十五天内，天子与他的妻妾们轮流寝了一遍。

可是，这种"当夕"的制度，皇帝真要必须遵守吗？若按照"当夕"规定去做，皇帝当真能做到吗？与后寝接是可行的；"与三夫人，当一夕"，以及"与九嫔九人，当一夕"等等。三分或九分一夜，分别在相应的时间里寝接每位妻妾，岂不是很滑稽？

这种规定，只是表明后、夫人、九嫔、世妇、御妻地位高低尊卑的不同，因此所分享的帝王的"恩泽"也不同。地位高贵的皇后，分享的恩泽最多，从夫人开始，逐级递减。

按照这样的规定，皇后每半月才能与帝王同寝一夜。每位夫人，则要等一个半月才能与帝王同寝一夜。每位九嫔、世妇和御妻，则等四个半月（一百三十五天）才能轮流与帝王同寝一夜！

帝王要在有限的时间内，分别与妻妾中的每一个同寝，依次轮流，分配恩泽。可是，帝王实际上也是一个有血有肉的、活生生的人，而不是一个只为妻妾分配恩泽的机器。他要为国家的繁荣昌盛处理政事；他也有自己的喜好，有自己的宠幸、厌恶之人；他也有疏懒之时，也要生病等等。一般而言，即使后宫美人数千，他所钟爱的也只是其中的一个或几个，处理完政事，他要和他最宠幸的人厮守在一起，那么，其余女子的命运就可想而知了。

7.“守宫”与贞洁

在帝王的后宫中，有一种爬行动物有非常大的作用，美其名曰“守宫”。颜师古注：守宫，虫名也。术家以器养之，食以丹砂，满七日，捣治万杵，以点女人体，终身不灭。若有房室之事，即灭矣。言可以防闲淫逸，故谓之“守宫”也。今俗呼为“辟宫”，“辟”亦御扞之义耳。

由此可知，第一，“守宫”是一种虫子。第二，有专门、饲养“守宫”这种虫子的人，称“术家”，以饲虫之技而谋生，相当于今天的蛙、猪、鸡、鱼等养殖专家。第三，饲养“守宫”不像现在的养殖专业户那样是为了提供美味佳肴，而有更重要的用处：对付专制帝王那些成群的妻妾，防止她们与别人私通（“防闲淫逸”）。“守宫”的名字就是这样得来的。“守宫”如何确保帝王后妃们的“贞洁不染”呢？首先，饲养者把虫子盛养在“钵盂”之中，并喂它们丹砂，过了七天后，再把虫子们“捣治万杵”，捣成细末。女人用此粉点身，在身上出现一红点，如果女人与别人发生性关系（“有房室之事”），则红点褪去。因为有这种效用，“守宫”专用于守卫宫禁，为帝王效劳，“防闲淫逸”，保持帝王血统的纯正和后妃们的贞洁。

“守宫”其实就是现在的蜥蜴。汉武帝之臣东方朔，博学多才。他自十三岁开始读书，三年之后而“文史足用”。十五岁学习击剑，学习《诗》《书》，已能诵诗二十二万余字。一次，汉武帝令博学之人“射覆”，即猜谜语。先使人把“守宫”扣在一个盆盂下面，然后让大臣们猜里面装的是什么。大臣们一直猜不出来。问到东方朔时，他猜道：

“它既不是龙，也不是蛇，因为它没有长角，但有脚。它走起路来曲曲弯弯，善于缘壁爬墙。如果不叫它‘守宫’，那就叫‘蜥蜴’吧。”

东方朔猜中了，汉武帝称赞道：“好！”于是赐东方朔“十四锦帛”。

蜥蜴用丹砂喂养之后，变成了“守宫”虫。“守宫”粉为何点在女子身上而不褪色，替帝王守宫？其道理高深莫测。古时，人们的聪明才智被大大发掘出来“显于帝王”，也各有千秋，科技之“发达进步”，让今人感叹。不过，“守宫”早已废弃不用。

8.后宫女子最难当

专制的制度和理论，在把帝王从人类分离出来，凌驾天下的同时，却又全然不顾他也是一介血肉之躯，是个有感情、有个性的活人，而不是寝接妻妾、传宗接代的器具。这种制度在给帝王带来困难的同时，也给国家带来了灾难，使中国社会在数千年中进步不大。

面对三千后宫这样庞大的妻妾群，任何精力充沛、才能杰出的圣明君主，都无法尽施他的恩泽。因此，封建伦理给妇女套上了种种美德的缰索：妇德、妇言、妇容、妇功。郑玄在《札记》中注：德，贞顺也。言，辞令也。容，则婉娩。功，则丝麻。

妇德是指女子的道德，无非是男女有别、授受不亲。一方面是约束自身，另一方面要服从夫君，而且是无条件地绝对服从。妇言，就是让她们低声下气地说些恭顺的言语。“功则丝麻”一项，重在限制女子的行为，除了做些女红，不可以从事其他任何事业。专制多妻制尤其摧残了女子的人格、心灵、才能、智慧和创造力，并且还要求女人缠足。缠足，一是为了方便帝王享用女色和迎合变态的审美观；二是从专制伦理出发，对女人行为加以限制。而变态的审美观植根于长久统治中国社会的专制俗理观念。没有任何一个国家的诗人像中国专制社会下的诗人那样长篇累牍地歌唱过美人的纤足、细腰——足称“金莲”，腰称“楚腰”。杜牧诗云：“楚腰纤细掌中轻。”即细腰宫女能翩然在掌中起舞。楚灵王时宫女称为“楚腰”，因“楚王好细腰，宫中多饿死”。掌中起舞，源于汉成帝美人赵合德、赵飞燕姊妹，能跳仙人承露之舞，舞于用金制成的仙人手掌间。

帝王乘御众女，自己不能做到的，便让女人去做。除了“四德”，既让她们多生孩子，又让她们有楚楚细腰、纤纤“金莲”，就好比让马儿跑却不让马儿吃草了。虽然专制制度中规定了“秩视丞相，爵比诸侯王”“秩视二千石，爵比关内侯”等,然而家门富贵却是以她们自己的牺牲为代价的。

总而言之,在古代专制制度的淫威下,人人都可能受害,然而受害最深的莫过于女人。尤其是后宫女人,受害最深,更为难当。

9.妇德的缰索

帝王妻妾,既有“三从四德”严加约束,又有阉人寺宦昼夜把守。虽久居深宫,纤足细步,不堪行走,但仍要受到严密的看防。一旦帝王携带她们出宫,出入宴席,席间所有男子不许对其“平视”。即使看一眼,也是对帝王的亵渎。一旦有人为其色所迷,她就不再是“贞洁”的女人了。

魏文帝曹丕的皇后甄荣,天姿国色,美貌绝伦。甄荣本是袁绍之子袁熙的妻子。曹操攻克冀州之后,把她纳为太子妃。裴松之引《世语》云:太祖下邺,文帝先入袁尚府,有妇人披发垢面,垂涕立(袁)绍妻刘氏背后。文帝问之,刘答:“是(袁)熙妻。”顾视发髻,以巾拭面,姿貌绝伦。既过,刘谓后:“不死矣。”遂见纳,有宠焉。

曹操打败袁绍,攻下冀州,他的儿子曹丕带兵攻入袁绍的宫府。有一妇女披头散发,泪流满面地藏在袁绍妻子刘氏的背后。曹丕问刘氏,那位女子是谁。刘氏答道:“她姓甄,是袁熙的妻子。”曹丕让她不要哭泣,并为该女子梳理头发,用毛巾拭干其眼泪,见她国色天香,不禁为之惊叹。曹操知道曹丕的心意后,就为曹丕迎娶甄氏,纳其为太子妃。甄氏很得曹丕宠爱。任何别的男人连看她一眼都是大逆不道。有才之士刘祯,就因为看了一眼甄氏而差点被处死。

刘祯,是魏朝的一名写公文的官员。他有文才,为曹操诸公子曹丕、曹植等所喜爱。曹丕当上五官中郎将,被立为太子时,已纳甄氏为太子夫人。裴松之引《文士传》云:太子尝请诸文学,酒酣坐欢,命夫人甄氏出拜。坐中众人咸伏,而桢独平视。太祖闻之,乃收祯,减死,输作。

有一次,太子曹丕请诸位官员饮酒,喝得正酣畅,曹丕命夫人甄荣出来谒见客人。在座的都伏在地下,只有刘祯抬头看着甄荣。魏武帝曹操知道后,大怒,派人逮捕刘祯,并将其囚于狱中,准备处死刘祯,后来减其刑,罚他去干苦役。《三国志·刘祯传》云:祯以不敬被刑,刑竟,署吏。

所谓“以不敬被刑”,就是指刘祯因“平视”甄荣而被“减死输作”这件事。在《续古文苑》中载有刘祯的《磨石对》一文,写刘被减刑后,被罚去推磨,魏武帝曹操想杀死他,问他:“磨石究竟是怎么一回事?”他在回答中替自己辩护,以磨石为喻:石,出自荆山元岩之下,外有五色之章,内有卞氏之珍,磨之不增莹,雕之不增文。禀气坚贞,受之自然,雇理枉屈纡绕,独不得申!

刘祯说:“这用作磨石的石头,出自荆山巨石高山之下,外表华丽,五颜六色,内含珍奇的和氏之璧,这石头含有大自然的坚贞之气,却有人不识宝物作践于它,这道理向谁去诉?”

由于刘祯威武不屈,大义凛然,结果幸免于死,“刑竟,署吏”。服完苦刑后,又接着去做他的文学官了。中国古代文人非常钦佩他的文才,崇敬他的气节。唐代诗人杜甫、李白,都曾作诗歌颂他。明清年间,大作家蒲松龄专门写了《甄后》一文,讲甄荣死后,成了仙女,下凡与读书人刘仲堪——刘祯死后之化身结合:美人(甄荣)……遂命侍者,以汤沃水晶膏进之,刘受饮讫。忽觉心神澄彻。既而曛黑,从者尽去,息烛解襦,曲尽欢好。

他们终于如愿。这自是蒲松龄在为刘祯喊冤,通过想象来弥补历史的不公正。

10.“窈窕淑女”——后宫女子的标准

顺、贞,是专制道德对妇女的要求,它的另一层意思是不嫉妒。《诗·国风·关雎》云:窈窕淑女,君子好逑。

儒家研究诗经,首推此篇,也就是人道之大伦,妇女之高义,《关雎》彰明后妃之德。什么是后妃之德?其实就是“窈窕”。朱熹注:窈窕,幽闲之意。贞洁之操,情欲之感,不介于容仪。

整日悠闲自在,无所事事,但要对丈夫贞洁驯顺,唯命是从。她们明明知道自己的丈夫轮流向别人施加恩泽,又怎能没有“情欲之感”?有“情欲之感”却不能“介于容仪”,这就是“窈窕淑女”的标准。《周易·剥卦》:贯鱼,宫人宠,无不利。

后宫妻妾成群,帝王轮流乘御她们,来往于她们之间就像穿梭鱼间,“贯鱼,宫人宠”,刻画得惟妙惟肖。那么,她们被如此对待,心里能不嫉妒吗?

帝王做不到“贯鱼,宫人宠”,女人们也做不到窈窕幽闲而内心不嫉妒。有一个女子名为郭圣通,更始二年(公元 24 年)被刘秀纳为妃,深得刘秀宠爱,生下刘强。两年后被立为皇后。同时,刘秀选貌美的阴丽华为贵人。阴丽华,南阳新野人,非常美丽。当初,刘来到新野后,听说阴氏貌美,心中暗喜。刘秀到长安,见到西汉朝廷的皇家卫队,车骑很盛,威武雄壮,叹道:“仕宦当作执金吾,娶妻当得阴丽华。”刘秀纳阴丽华为贵人。阴丽华也得光武帝宠爱。皇后郭圣通因此心里嫉妒阴丽华。《后汉书·后纪》:其后,以宠稍衰,数怀怨怼。十七年,遂废为中山王(刘强)太后。

刘秀因此废了以前的皇后郭圣通,立阴丽华为皇后,下诏陈述郭氏的嫉妒之心,郭氏被当作后宫“鸟群中的一只恶雕”。《后汉书·后纪》:皇后(郭氏)怀执怨怼,数违教令,不能抚循它子,训长异室,宫闱之内,若见鹰鹯鸟,既无关雎之德,而有吕霍之风,岂可托以幼孤,恭奉明祀?

窈窕淑女之中,出了一只“恶雕”,帝王岂能容忍她。郭圣通因为“宠稍衰”而心怀怨恨,从而被废。但由于她是中山王刘强的母亲,所以未被处死,实属幸运。前面提到的被刘祯“平视”过的甄荣的丈夫曹丕后来当了皇帝——即历史上的魏文帝。文帝新纳山阳公二女为妃,后又纳郭氏、阴氏为妃,并非常宠爱她们,“后(甄荣)感失意,有怨言,帝大怒,遣使赐死,葬于邺”。也是因嫉妒而招来杀身之祸。

凡因嫉妒她人得宠,并心中不悦、口出怨言,而被关、被废、被杀的,光是皇后,在西汉十四位皇帝的三十二位皇后中,就有十九位;在后汉十四位皇帝的二十九位皇后中,就有十七位。

由于皇帝妻妾成群,后、妃被废黜之后,总有新得宠的宫人晋升上来,年年又有姿貌绝伦的女子源源不断地选入掖庭。所以帝王从十六岁结婚,到当上太子,再到即位,直至驾崩,一生中所纳入的妻妾,实际上是无法计算的——不仅史官无法计算,即使皇帝本人,也不知道他的妻妾的具体数目。在他成群的妻妾中,绝大部分人一生中从未见过皇帝,更不用说被“亲幸”了。所谓“宠稍衰”“色衰爱驰”而嫉妒的心理,她们是没有机会体验的。

11.美人幽居深宫盼幸临

美人入宫后,就期盼着君王的临幸,这种渴盼之情,史书是不会记载的。唐代诗人王昌龄在《西宫秋怨》中有记载:芙蓉不及美人妆,水殿风来珠翠香。却恨含情掩秋扇,空悬明月待君王。

“却恨”,不是对得宠后又失宠的嫉妒,而是嫉妒没有得到帝王的宠幸,空悬明月以待君王。然而青春不再,因此更感到度日如年:金井梧桐秋叶黄,珠帘不卷夜来霜。薰笼玉枕无颜色,卧听南宫清漏长。

春去秋来,天气转凉,树叶枯萎变黄了。整日无所事事,深夜难眠,只听得叮咚叮咚的水声,时间像流水一样悄悄流逝了。

可是她们心里明白君王总在幸临着他所宠爱的人:昨夜风开露井桃,未央前殿月轮高。平阳歌舞新承宠,帘外春寒赐锦袍。

君王又要幸御新入宫的人了。汉武帝刘彻的皇后卫子夫出身卑贱,曾是刘彻之姊平阳公主家的歌女。《史记·外戚世家》:

武帝祓霸上还,因过平阳主。主见所侍美人,上弗悦。既饮,讴者进,上望见,独悦卫子夫。是日,武帝起更衣,子夫侍尚衣轩中,得幸。上还坐,欢。赐平阳主千金。

主因奏子夫奉送入宫。子夫上车,平阳主拊其背曰:"行矣,强饭,勉之!即贵,无相忘!"

入宫岁余,竟不复幸。

武帝择宫人不中用者,斥出归之。卫子夫得见,涕泣请出,上怜之,复幸,遂有身,尊宠日隆。

祓。帝王临水祓禊,游水自洁,可免除灾难,是一种仪典。有一次汉武帝刘彻去祓禊,归来,路过平阳公主家,见到卫子夫。当天,卫子夫侍候武帝更衣,得到宠幸。

卫子夫的命运与别人没有什么不同,不久也青春逝去。有人诬陷卫子夫所生的儿子刘据"诅咒"汉武帝,犯了罪。刘据因此被杀。卫子夫受到牵连,武帝令她自杀了。

上述诗中,用"平阳歌舞"卫子夫新承恩宠这一典故,以卫子夫比喻新得宠的宫人。就在与终日等待帝王幸临的宫人相邻的前殿里,新承恩宠的宫人接受帝王赏赐的锦袍。天气已凉,帝王关怀备至,而其他人却得不到君王的宠幸,相比之下,何等凄清!

如此凄凉悲惨地等待,年复一年,日复一日,直到白头。在《宫词》中,唐诗人张祜云:故国三千里,深宫二十年。一声何满子,双泪落君前。

唐朝时《何满子》是一种歌曲的曲名。《白乐天诗〈保满子〉自注》:"开元中,沧州歌者临刑,进《何满子》曲,以赎死,竟不得免。"可见张祜诗中所写的这位女子幽居深宫"二十年",是个能歌善舞的人。她的故乡离皇宫甚远(或者她是旧时代的宫女,新王朝已取代了那个旧王朝),几十年来一直被幽闭在帝王的深宫中。当她唱起《何满子》这首歌,想到自己所受之苦,不禁泪流满面。

还有元微之写的一首唐诗《行宫》:寥落古行宫,宫花寂寞红。白头宫女在,闲话说玄宗。

诗中讲的是一位年老以后无家可归的宫女,只能住在京城以外的上阳宫里。尤其是第二句“宫花寂寞红”,说出了她独守空房、期盼一生的遭遇。她此时已满头白发,向人叙说多少年以前唐玄宗美女如云、后宫繁盛的故事。故事中讲的是别人还是她自己呢?

明月当空,期盼君王,鲜花凋零,帝王却不顾恩情。古代文人常以佳人自喻,叹其命运多舛。屈原《离骚》云:惟草木之零落兮,恐美人之迟暮。

草木随季节变化而凋零,美人随着时间的流逝而渐渐衰老了。杜甫亦有《佳人》:绝代有佳人,幽居在空谷。

此句以貌美却幽居空谷,比喻怀才不遇。诗最后一句云:“天寒翠袖薄,日暮倚修竹。”在日暮黄昏,独倚修竹,这副寒风瑟瑟中薄袖飞扬的模样,实在让人觉得可怜!

## 皇后的尊贵地位

中国皇帝在举行大婚的同时要册封皇后。有些皇帝在即位前已结婚便不再举行大婚仪式,而直接将以前的太子妃升为皇后。如果皇帝不愿将他原在东宫时的正房立为皇后,也可改立皇后。对于那些登基前还未娶妻的皇帝,最为隆重的大典莫过于大婚了。

皇帝一般在十六七岁时举行大婚。皇帝大婚日期由皇太后决定。对于皇帝什么时候结婚并无严格限制,如果皇太后觉得皇帝应该结婚了,便开始物色合适人选,为皇帝筹办婚事。

皇后是大婚的中心人物,大典之后,皇后便成为皇帝正式的配偶,母仪天下,统领后宫。中国古代极其重视伦理,因此皇后在女性中居于至高无上的地位。皇帝、皇后分别代表天与地即乾与坤。皇帝是天下之父,皇后为天下之母。“后”是王的意思,夏禹被称为夏后。从商朝开始,不再称国君为“后”,“后”成了帝或王的配偶的名号。在皇帝家族中,皇后与皇帝一样地位高贵。谁若能当上皇后,便可以和皇帝并驾齐驱,恩泽天下,处于极其尊贵的地位。当上皇太后,地位就更加尊贵。皇太后是当朝皇帝生母或上一个皇帝的皇后,与皇后相比,地位更显赫。

皇后地位尊贵,极具吸引力,一直是贪恋权势的家族倾力追逐的目标。在中国,宫女与皇后的地位差别极大,民间贫穷人家的女儿都不愿入宫。当皇帝要从民间征选宫女时,百姓们生怕女儿被选中不得自由,因此提前将女儿嫁出去。于是皇室在宣布征宫女时,先命令民间暂停嫁娶。然而,若是哪家的女儿被选为皇后,她的家族就会因此荣耀无比。当朝的勋臣、外戚以及豪门富室,为了巩固地位,成为皇亲国戚,争相将自己的女儿嫁与皇室。不少人家为此召来术士,给自己女儿看相,如相出大福大贵来,便将女儿视为珍宝。

对于谁为皇后这个问题,一般由皇太后决定。第一次册封皇后时,由于皇帝年纪小,所以对于皇后的决定权很小。由于种种原因,在他成年后,可独断地废掉原有的皇后,改选自己喜欢的人为皇后。

太后和皇帝出于不同的考虑,因此选择皇后的角度不同。皇帝因年轻,争强好胜,情窦初开,往往喜欢比较亮丽惹眼的女子。太后在选皇后时,则多方思考,有自己的标准。在选后之时,她要考虑到皇后家族势力的大小,会不会对自己家族的权势地位构成威胁。如果太后重视权势,便会先考虑自身家族利益而不顾皇室利益。因此,很多太后先从自己家族中挑选女子,一旦她们成为皇后,便不会担心新的皇后族势力超过太后族的权势。汉高祖的吕后将自己外孙女,即惠帝姐姐鲁元公主的女儿立为惠帝皇后。此外还有汉文帝的母亲薄氏将内侄孙女嫁给汉文帝。傅太后将自己的侄女立为汉景帝皇后。东汉和帝的阴皇后也是其太祖母家族中的人。清慈禧太后将自己侄女隆裕册封为光绪皇后。在大婚之前,光绪早已看中江西巡抚德馨的女儿,并已吩咐内务大臣奎俊主婚。但是光绪当时只能听从太后的安排,奎俊无法向德馨交代,便让自己的儿子娶德馨的女儿为妻。

太后通过近亲联姻,即从自己家族中选定皇后来巩固权位。太后的家族倒是荣耀,但是因为皇后与皇帝有一定的血缘关系,所以其命运大多是非常悲惨的。汉惠帝的张皇后嫁给舅舅惠帝刘盈以后,刘盈始终没有宠幸自己这个可爱的外甥女。他们只是名义上的夫妻,张皇后死时,仍保持贞洁之身。张皇后十五岁进入后宫为皇后,二十五年后,即四十岁时死去。二十五年中独有熬过日复一日的漫漫长夜,其中凄苦是无法想象的。

如果太后公正且谨守礼法,那么她选择皇后时,往往重德而不重色,未来皇后要相貌端庄而不能妖艳,气质应凝重而不能轻佻。如宋仁宗选后时,仁宗欲将美艳的张美人立为后,刘太后觉得她的美艳可能会导致少年皇帝因纵欲、贪图女色而荒废政事,因此张美人未能成为皇后。

宋理宗选后时,候选人中有一女谢氏。谢氏皮肤黝黑,而且一只眼睛黑眼珠上长有白色的东西。她被选为宫女时忽然得了一场湿疹,病愈后一层黑皮肤脱落,皮肤变得细腻白嫩,并且眼上的白东西也除去了。这种相貌也刚能入选。其中还有一女贾氏,美貌绝伦,理宗看上了贾氏,欲立她为皇后,然而太后却说"谢女端庄有福,宜为皇后"。理宗只得听从太后的安排。因此谢氏被立为皇后,贾氏则为贵妃。

中国各个朝代选定皇后的具体方式也不一样。明代规定,先挑选一正二副三位貌美端庄的女子为候选人,再交由太后选定皇后。太后看中谁,便将其头上罩上青纱帕,再在胳膊上做一记号。未能选中的,则将年月帖子放在该女的袖中,给银数十两,即刻将其送回家中。清代选后时,谁的头上插着金如意便是皇后。竞选皇后的女子,即使未被选中,其身价在该地也会倍增,上门求婚者络绎不绝。

除了太后,权位甚高的辅政大臣为了驾驭年轻的皇帝,也会把本族女孩送与皇帝作为妻妾。西汉上官桀将孙女嫁给汉昭帝,当时,小皇后只有六岁。九年后,汉昭帝却已驾崩。当初上官桀为了保证其孙女生出皇子来。竟然让宫女们统统缝紧裤裆(汉宫女裤原为开裆),以免皇帝宠幸别人。外戚王莽也将自己的女儿立为平帝皇后。

当皇帝还没有掌握大权时,所选皇后,都具有强硬的靠山和高贵的出身。穷人家的女儿是不会被选为皇后的。如若皇后是一个出身贫贱的女子,那就说明皇帝已经掌握了朝政大权。虽然此时也可能遭到各方面的反对,但最后还是由皇帝决定。

历史上确有一些皇后是贫穷人家的女儿。汉武帝的卫皇后本是公主家的歌女,被武帝选中,将其立为皇后。汉成帝赵皇后出生后,因父母不愿养育,长大后曾当过歌舞伎。汉成帝欲立赵飞燕为后,向太后请示,太后嫌其出身低贱。后来汉成帝明白了太后的意思,立即封赵父为成阳侯。几个月后,赵飞燕以侯爵之女的身份被立为皇后。然而,皇帝初婚的皇后都不是出身贫寒的女子,出身低贱的女子只能以美色打动皇帝,成为第二任或后几任的皇后。

中国历朝历代只有明朝在选定皇后时,规则与其他朝代不同。在《皇明祖训》中,明太祖朱元璋已有规定:皇后必须从民间挑选,必须是出身普通人家的良家女子。其目的是控制皇后家族势力的扩张,从而避免外戚之祸。

## 皇后在情爱上的尴尬处境

皇后坐镇后宫,母仪天下,既有实权,又有名义上的象征意义。古代非常重视阴阳夫妇,皇后统率六宫,辅助皇帝,代表着人间的秩序与和谐。除太后以外,在宫中,皇后可对任何后宫女子发号施令。每月朔望,皇后便升座于内殿,接受嫔妃的参拜。在古代生产分工原则是男耕女织,因皇后代表全体女性,所以每年皇后都要举行亲蚕仪式,为全国妇女做出表率。所以,皇后是不能缺少的,并且是不可替代的。

皇后与皇帝之间存在着制度上的联系。那么,二者之间究竟有没有情爱上的联系,这就有些微妙而复杂了。同样坐在皇后的宝座上,但是其命运是不同的:有的权限超过皇帝;有的只是虚设;有的风光无限;有的寂寞终生。

不论选太子妃,还是选皇后,他们的第一个正妻都不是自己选定的,而是由他人(父皇、母后、皇太后)决定的。也可以说,绝大多数皇帝的第一个皇后,嫁给皇帝时,两个人是没有感情基础的。

很明显,皇帝不会很乐意别人为其选定皇后的。然而出于对长辈的尊重,皇帝只能同意这种婚事。皇后们大多出身高贵,甚至与皇帝是近亲。这些皇后,相貌平平,有的还不如常人,因为她们只是在很小的范围内选出来的。皇后们虽然出身高贵,在礼仪、学识上的修养很好,但性格有些高傲,不肯刻意取悦于皇帝;或者以持重代替了娇羞,以修养掩盖了柔媚。这样,皇后们虽拥有国母的至尊地位,然而却失去了作为一个普通女性所应该享有的快乐,而皇帝们的宠妃却享有这种快乐。皇帝的嫔妃(入宫时为宫女)出身不同,她们为了获得皇帝的宠爱,费尽心机,使用种种可能的手段引诱皇帝宠幸自己。如果她们能够得逞,就会使皇帝一时钟情于她,有的会进一步施展自己的手段,最终成为皇后。不过皇后也有其他妻妾所没有的优势,她们作为正妻与皇帝接触多,因而有更多的机会接近皇帝。

然而皇帝大多掌握主动权,皇后们大多心有余而力不足。大多数情况是,在礼仪上皇帝尊重皇后,然而在情爱上冷落皇后。作为皇帝第一位正妻的皇后,在感情上往往是不幸的。有的皇后在新婚几年中,与皇帝也曾有过恩恩爱爱、出双入对的生活,然而好景不长,接着是无尽的冷落。失宠的皇后极有可能被废。而不少皇后从来都未被宠幸过,皇帝对其往往敬而远之,这些皇后却一般不会被废。

对于一个握有实权的皇帝来说,他如果不喜欢现有的皇后,便有权改立皇后。废后的事,史书上多有记载。如果皇帝和皇后没有感情而并未将其废掉,那么可能是由于以下几种原因:

其一,废后之事非同小可。当初立后典礼盛大隆重,皇后的地位是不能轻易改变的。

其二,废后的前提是皇后德行上有缺陷。如果皇后在这方面无可挑剔,皇帝便很难废掉她。皇后的正统风范与持重,会使皇帝对她敬重。因此,虽然皇帝厌恶她,也难以将其废掉。

其三,因皇后生下太子,所以皇后的地位受太子地位的保护。如汉元帝皇后王氏,被皇帝冷落多年而未被废掉,原因就在于她所生的儿子为元帝长子,被立为太子。汉武帝卫皇后因年老色衰而失宠,但因是太子之母,仍为皇后。

尽管在色相上皇后并不能吸引皇帝,但如皇帝尊重礼法便会觉得,持重、守礼的女人应该立为皇后,妖媚的嫔妃们才是自己纵欲享受的对象,而这种女人是不能做皇后的。例如明神宗非常宠幸郑贵妃,却没有改立郑贵妃为皇后。唐玄宗与杨贵妃的故事堪称帝王爱情生活的绝唱,但杨贵妃虽然甚是得宠,也没有当上皇后。

如果皇后与皇帝有近亲关系,则其命运非常悲惨。这些人成为皇后,一般都不是由皇帝决定的。古人虽然并不厌恶近亲联姻,但这种亲上加亲的皇后,往往并不是因为美丽而迷倒皇帝。更难办的一件事是,由于近亲结婚她们往往很难为皇帝生儿育女。如汉惠帝张皇后,“欲其生子,万方终无子”;武帝陈皇后则“十余年而无子”;汉景帝薄皇后“无子无宠”。但宫廷讲究皇嗣,因此这种悲剧又时有发生。然而无子与无宠之间,又有着因果关系。她们最初以家族为依靠,天长日久之后,家族没落,皇后们既不貌美又不能为皇帝生子,所以处境更加悲惨。

一直未能得宠的皇后大都生活得很痛苦,回转的余地很小。历史上最无奈的皇后莫过于清光绪帝的隆裕皇后。隆裕是慈禧的侄女,非常丑陋。据说光绪幼年登基时,见到隆裕就不喜欢,这正好和汉武帝“金屋藏娇”相反。慈禧太后强迫光绪娶隆裕为妻，这对于双方来说都是不幸的。光绪早料知这是一场名存实亡的婚姻，悲痛万分。对隆裕来说，苦难和荣华同时降临，结婚之日，便开始寡居。在宫廷内，人人皆知帝后不和。在权势上慈禧太后可以驾驭光绪，然而她却无法令光绪宠幸隆裕。

那些昏庸或者荒淫无道的皇帝，其皇后都有自己的痛楚。

隋炀帝是历史上有名的昏君，而皇后萧氏却是一个明义理、有知识的女子。她亲眼见到炀帝滥用民力、铺张奢侈、失德于天下的行为，觉得他不应该这样，却无法劝阻，于是痛心地写下了一篇《述志赋》，以抒发自己如履薄冰、如临深渊的心境。他整日在扬州游乐的同时，各地纷纷起来造反。而炀帝却只顾享乐，根本不理睬外面真实的情况。萧皇后忧心忡忡。一次，一位宫女听说外面人人都要起来造反，便禀告萧后。萧后让她告诉皇帝这个消息，不料炀帝龙颜大怒，将该宫女斩首。自此萧后不再对炀帝抱有任何希望，实际上一切都为时已晚。当有人报告说宫廷卫士也想要谋反时，萧后冷静地说："如今事已至此，大势已去，无可救也。多说无益，徒令帝忧烦耳。"亡国之势已不可挽回，萧后对此也无可奈何，只能听从命运的安排。

杨广

宋徽宗时，整个皇宫沉浸在一种纸醉金迷的气氛中。徽宗附庸风雅，挥金如土，奢侈至极。奸佞投其所好，推波助澜。妻妾们为得皇帝宠爱，争风吃醋。唯独王皇后始终端庄俭朴、洁身自好。王皇后在冷落和压抑中，默默死去，当时只有二十五岁。

明熹宗昏庸无能，不辨善恶，宦官魏忠贤与乳母客氏横行宫中。熹宗皇后张氏因想将客氏绳之以法，而遭客、魏二人诬陷。张后忍辱负重，但对此无可奈何，只能以读书、教宫女识字来解闷。一次熹宗到张后宫中，正巧张氏正在读书，遂问道："你所看何书？"张后答道："《赵高传》。"张后意在影射魏忠贤，对于昏庸的熹宗，她也只能如此。

历史上皇后的数量超出皇帝许多。不少皇帝一生中有几个皇后。之所以出现这种情况，一是皇后英年早逝，皇帝只能另立新后；再就是因为废掉原来的皇后，改立新的皇后。

历朝历代，都有一批不幸的皇后，被迫离开其宝座。皇后一旦被废，其地位还不如宫女。被废了的皇后，有的被幽禁；有的迁往别宫，修行佛、道；有的甚至被赐死。

绝大多数皇后皆因失宠而被废。如果一个掌握大权的皇帝废掉其宠信的皇后那真是不可思议。只有曹操挟天子以令诸侯，迫使汉献帝废掉了伏皇后。因为伏皇后曾给其父写密信，令他设法秘密除掉曹操。曹操闻知后大怒，逼汉献帝废后，还代汉献帝写废后的策书，称伏皇后“心怀嫉妒，包藏祸心，必不能承天命，奉祖宗”。

历史上虽然一部分皇后未因失宠被废，但失宠与被废之间却有一定的因果关系。皇后因失宠产生怨恨，因此就容易与皇帝发生冲突，冒犯皇帝。从皇帝的角度说，皇后一旦失宠就失去了其自身的价值，很难再得到皇帝的尊重，其在皇帝心目中的分量也会大打折扣。又因为在宫廷中讲究母以子贵，若皇后未能生子就更加得不到皇帝的重视。

得宠与失宠之间，差别极大。一切人的命运都取决于皇帝，尤其是后宫女子，把自己的希望都寄托在皇帝的宠爱上，一旦失去宠爱则一无所有，连性命都不保。《后汉书》的作者范晔深有感慨地说道：“物之兴衰，情之起伏，理有固然矣。而崇替去来之甚者，必惟宠惑乎？当其接床第，承恩色，虽险情赘行，莫不德焉。及到移意爱，析嬿私，虽惠心妍状，愈献丑焉。爱升，则天下不足容其高；欢坠，则九服无所逃其命。”皇后虽然是皇帝的正妻，但并不是一定能得到宠爱。皇后失宠或被废的悲剧在历朝历代都有发生。

## 韶光年华尽留深宫

民间美女在入选后宫时，年纪都特别小。《后汉书·后纪序》云：阅视良家童女，年十三以上，二十以下……

她们入宫时，都还幼小，正好在后宫度过最美艳的时期，到成年时则芳华早逝，至年老色衰时便被少年美色所取代。有一个叫王翁须的入太子宫时仅十三四岁。许平君，乃汉宣帝刘询之皇后，入宫时也不过十四五岁。《汉书·外戚传》称:许广汉有女平君,年十四五岁,当为内者令欧侯氏子妇。临当入,欧侯氏子死。其母将行卜相,言当大贵,母独喜。掖庭令张贺闻许啬夫(许广汉有罪被刑,沦为啬夫)有女,乃置酒请之,酒酣,为言"曾孙(谓刘询也,是汉武帝之曾孙)体近,下人,乃关内侯,可妻也。"广汉许诺……一岁,生元帝。

起初,掖庭令张贺想把女儿嫁与皇曾孙刘询为妻,其弟右将军张安世以为不可。而刚巧许广汉有一女许平君,年仅十四五岁,张贺设宴请许广汉说:"皇曾孙刘询,是汉皇帝的嫡系血亲,最不济也会被封王晋爵,有女儿可以嫁给他为妻。"许广汉应允了。许平君曾被许给宫中内者令欧侯氏之子为妻,未及出嫁,欧侯氏之子便死了。许广汉遂请媒人,将其女许平君嫁给皇曾孙为妻。过了一年,许平君便生下汉元帝刘奭。同年,皇曾孙刘询即位,即汉宣帝。刘奭被立为皇太子,许平君因为是太子之母被立为皇后。

伏波将军马援之女马氏是后汉明帝刘庄的皇后,她十三岁入太子宫(当时,刘庄乃后汉光武帝刘秀之太子)。伏波将军马援统兵征战五溪蛮,不幸殉职,而黄门侍郎窦固、虎贲中郎将梁松等诬陷马援,从此马家失宠,又屡次为朝贵所歧视。马援之侄马严认为,窦固、梁松皆因贵为皇亲国戚(其宗族姑、姊是皇帝妻妾)权高位重,而目空一切、恃强凌弱。马严愤愤不平,于是禀告太夫人:退掉与窦家的婚约,将马援的女儿送与太子刘庄为妻。

马援战死后留下三个女儿,当时年龄分别是十五岁、十四岁、十三岁,都美貌绝伦。马援的两个姑母都曾侍奉过汉成帝。马严希望他的三个堂妹即马援的女儿亦能被选人后宫,并请皇帝派相工亲临察看、择选。皇帝刘秀派相工亲临马家,选中马援的三女儿并将其纳入太子刘庄宫中。《后汉书·后纪》云:由是,选后(马皇后)入太子宫,时年十三。奉承阴后(汉光武帝刘秀之皇后,太子刘庄之母阴丽华),傍接同列,礼则修备,上下安之,遂见宠异。

如此承接侍奉,有礼有则,上下安心,然而受宠信的太子妃,竟然才十三岁!

《东观汉记》曾这样描写马皇后的形貌:明帝马皇后,美发,为四起大髻,但以发成,尚有余,绕髻三匝。眉不施黛。独左眉角小缺,补之如粟。尝称疾,而终身得意。

书中道出马氏的肤、发、相貌之美:她一头浓密的黑发,盘为四个高高的发髻,仍然还余有长发,又绕发髻三匝。她肤色嫩白滋润,因此不施脂粉。只是左眼眉目之间稍有小小的不足,然而补上米粒大小的黑点,就很完美了。马氏曾有疾病,然而始终得君王宠幸。

《后汉书·后记》写马氏才貌云:身长七尺二寸,方口,美发。能诵《易》,好读《春秋》《楚辞》,尤善《周官》、董仲舒书。

这是一位才貌俱全、有文化的少女,而且品德高尚。马氏未能为皇帝生育子嗣。马氏前母之姊有女,姓贾,亦被选人掖庭。马氏、贾氏为姨姐妹,二人同为太子妃,共同侍奉一主。贾氏生一子,即汉章帝刘炟。汉明帝令马氏抚养刘炟。马氏尽力抚育,待他如自己亲生儿子。而刘炟对马氏如自己生母,非常孝顺。

马氏最突出的优点是不嫉妒。《后汉书·后纪》:后(马氏也)常以皇嗣未广,每怀忧叹。荐达左右,若恐不及。后宫有进见者,每加慰纳。数所宠引,辄增隆遇。

马氏自己未能生育子嗣,又深感皇帝子嗣不多,因此竭力把身旁的宫女们推荐给皇帝,以侍奉君主,为其生育子嗣。但凡刚进宫的女子,马氏则对她们十分宽容并安慰她们。马氏多次向丈夫刘庄引见美貌的宫女,而这些宫女都享受了刘庄的恩泽和宠幸。

太子刘庄登基后,成为汉明帝,欲立皇后。皇太后阴丽华对汉明帝说:“马贵人才貌兼备,品德甚好,可为皇后。”因此汉明帝将马氏立为皇后。马皇后总穿着粗布衣裙,其边沿也不加修饰。后宫妻妾拜见皇后,看见皇后衣裙粗糙肥大,都在暗暗地嘲笑她。皇后说:“我穿这衣裙只为它的缯帛易于染色,容易清洗干净。”六宫妻妾对其非常佩服。

马氏还有很多美德,如严格要求自己家族的兄弟,不许他们有特权,不许封王晋爵,不许恃强凌弱等。汉明帝刘庄死后,汉章帝刘坦即位,尊马氏为皇太后,刘庄后宫嫔妃们随之迁居于南宫。马氏甚是悲伤,迁居前赐给她们红绶带,并赐鞍车驷马,以及杂帛两千匹、白越布千端、黄金十斤。

女工在纺织间养蚕、织布,皇太后马氏经常去看她们劳作,和她们一同谈笑。平时,亦与汉章帝刘炟谈论政事或教皇子们读《论语》和其他经书。马氏这样既才貌出众又品德良好的帝王后妃,非常少见。遍览前后汉书,百名女子中,亦仅此一人而已。

大多数女子在十三、十四、十五或十六岁时被选入宫。有刚一入宫,就得到皇帝宠幸,被立为皇后或太子妃的。以西汉、北周为例,按序排列如下:

西汉

昭帝刘弗陵八岁时,被立为皇帝。所选皇后上官氏,年仅六岁。上官氏十六岁时,汉昭帝驾崩。

汉宣帝刘询之皇后许平君,初入掖庭时,才十四五岁,过了一年,生下汉元帝刘奭,遂被立为皇后,而三年后被害而死,年仅十八九岁。

汉平帝刘衎即位时才九岁。王莽将其小女纳入宫,立为皇后,年仅十四岁。过了一年,刘衎驾崩。汉宣帝刘询之曾孙刘婴被立为皇帝,王氏被尊为皇太后,当时她才十五岁。

后汉

光武帝刘秀的皇后郭圣通,被选入宫时才十五岁。一年后升为贵人,并于当年生下皇子刘强。两年后即十八岁时被立为皇后。后因渐渐失宠,心怀嫉妒,被废。

汉明帝刘庄的皇后马氏,纳入后宫时年仅十三岁。三年后被立为皇后。马氏是伏波将军马援之女。马氏美貌绝伦,"身长七尺二寸","美肤发"。

汉章帝刘炟的皇后梁氏,被选入后宫时,年仅十六岁。被立为贵人后,生汉和帝刘肇。

汉和帝刘肇的皇后邓绥,纳入后宫时年仅十六岁。史书记载:邓绥"六岁能史书,十二岁通《诗经》《论语》","身长七尺二寸,姿颜姝丽,绝异于众,左右皆惊"。

汉顺帝刘保之皇后梁妠,与其姑一同被选入后宫,时年十三岁。梁皇后为大将军梁商之女,史称:"后(梁妠)生,有光影之祥。少,善女工,好史书。九岁,能诵《论语》,治《韩诗》,大义略举。"皇帝选妃时,派相工茅通阅视梁妠,茅通见之,非常惊讶,拜贺曰:"此乃日角偃月之相也,极贵。臣所未尝见也。"皇帝之史官为她卜兆,得寿房之占,是高贵永久之义。为她卜筮,得坤之比,是《易经》坤卦六五爻,比之吉位正中。

汉顺帝刘保之妃虞美人,乃良家女子,选人后宫时,年仅十三岁。刘保之夫人陈氏,乃歌伎,入宫后,生汉质帝刘缵。

梁莹乃汉顺帝皇后梁妠之妹,被立为汉桓帝刘志之皇后。刘志初为蠡吾侯,梁妠将其妹梁莹送与蠡吾侯为妻,当时梁莹年龄不过十三四岁。然而刚巧汉质帝驾崩,朝廷有忌,未能娶。被立为皇后时,年仅十五六岁。史称:梁莹"籍其姊、兄荫执，恣极奢靡，宫幄雕丽，服御珍华巧饰，制度兼备前世”。及其姊皇太后梁蚋去世，稍有失宠。

在《后汉书·后纪》序中曾明确指出，凡入选宫女者，年龄必须在十三岁到二十岁之间，而并未标明每个女子入选的年龄分别是几岁。至于她们的美貌、“合法相”，也并未一一提及。所提及的，仅此数人而已。

北周

在南北朝时期，有一个少数民族统治的王朝，即北周。它沿用西周的官制，有浓重的复古色彩，所以有典型意义。

北周静帝皇后司马氏，立为皇后时，才六七岁。大象元年，静帝在正阳宫即位时，年方七岁。同年七月纳后司马氏，司马氏的年龄与静帝的年龄差不多。

建德二年，周宣帝立杨氏为后。此时杨氏年仅十三岁。杨皇后于大业五年卒，时年四十九。

“蜀国公尉迟迥之孙女，有美色。初，适（嫁）杞国公亮之子西阳公温。以宗妇入朝后，宣帝逼而幸之。及亮起事，帝诛温，进后入宫拜为长贵妃。”据记载，尉迟氏初嫁杞国公亮之子，才十四岁。她被封为长贵妃时，年仅十五岁。

周宣帝皇后元氏，“开府元晟之第二女，年十五被选入宫，拜为贵妃……陈后与后（元氏），同时被选为入宫，俱拜为妃，年齿复同，特相亲爱”。可推知皇后陈氏，入宫时也只有十五岁。

## 后宫嫔妃命运变幻无常

1.宫廷选美成制度

在春秋时代诸侯帝王的妻妾中，卫庄公的妻子齐庄姜是一个典型。无论“重亲”，还是“娶先大国”，君王之妻，从王侯之美女中挑选，实属常见。以美艳女子嫁与帝王后，若有王侯为靠山，更能巩固她在后宫中的地位，从而达到其政治目的：使姻亲两国包括二族之间的关系更加密切。《春秋》所书，“娶先大国”，是指群雄争霸时期各诸侯王之间的婚姻关系。“重亲”，只适用于帝王的正妻、原配，非常讲究出身，而且必须门户相当。出身低贱的臣家女子和普通百姓的“良家子”，只能充当妾和奴婢，除非特别漂亮被帝王宠幸，才能逐步上升为夫人和皇后。她们的入宫，在西汉时代开始叫选良家子，到后汉光武帝刘秀后，才称为制度。

《后汉书·后纪序》:汉法常因,八月闻人。遣中大夫与掖庭丞及相工,与洛阳乡中阅视良家童女,年十三以上、二十以下,姿色端丽、合法相者,载还后宫,择视可否,乃用登御。

宫人要选民间之“良家女”,是汉代之法律制度,后汉沿袭。筭,古“算”字。《汉仪注》:“八月初为筭赋,故曰筭人。”即每年的八月初,朝廷向天下征收捐税、租赋,便开始结算赋税。朝廷中核算赋税之官,称为“筭人”。朝廷向民间征收美女,就像征收赋税,是每年都要照例进行的。

每年八月是征收“良家子”的时候,此时朝廷派中大夫、掖庭丞、相工三种官员,去洛阳周围的乡间,“阅视”年龄在十三岁到二十岁之间的“姿色端丽”“合法相”的女子,“载还后宫”。

在派下去征收“良家女”的官员中,“相工”之官,应多加注意。从周代起,帝王的婚姻一般由“禖人”决之。禖是一种典仪官,在古代祭祀中为帝王向天地、鬼神、宗庙献祭,其作用叫“荐”,是联系沟通人与鬼神的人。禖,也写为谋,筹划、计算的意思。“禖人”相当于“算人”这种官,谋与媒成为同一个字后,则是“介绍”“中介”的意思,是“禖”的延伸。“禖人”,是专为帝王筹措婚姻的一种官员。“相工”,顾名思义,是看相貌的人。关于相貌,其中专有一套学问,帝王妻妾的相貌,有理论可依,这套理论,称为“法相”。所以范晔《后汉书·后纪序》称“阅视良家童女,姿色端丽,合法相者”。“合法相”,即性格可通过相貌体现出来,是否合乎贤淑、文静,以及是否吉祥等。姿色端丽,则是容貌与体态都要美丽。相工,必须是宦寺阉人。需要注意的是:租赋与女色是一起计算和征收的。她们是一种男性泄欲和传宗接代的工具。因此,在中国几千年的封建社会中,女子没有受教育和学习知识的权力。对于她们来说,“无才便是德”,愈愚昧无知,就愈是道德高尚。而她们的德包括妇德、妇言、妇容、妇功。这四种“妇德”,只是对她们的日常行为加以限制,并没有上升到道德、理性的高度,犹如对动物的要求:老老实实,恪守本分,不能乱说乱动,当然包括言语、表情在内。

2.薄姬与戚氏

薄姬是汉文帝刘恒的生母,汉高祖刘邦的第二位妻子。她的相貌亦非常出众。

薄姬是其父与秦朝魏王宗室的女儿魏氏的私生子。薄姬生父去世后,魏氏把女儿薄姬送入魏王魏豹的后宫。当时天下群雄起事，背叛秦朝。有一位善相者许负给薄姬看相说："薄姬乃贵人之相，当生天子。"魏豹闻知，大喜。

这使魏豹误以为薄姬是他的宫人——小妻，其子必是他的后代。于是魏豹在刘邦和楚王项羽之间保持中立。后来魏豹与楚王联合，攻打汉王刘邦。结果，汉王刘邦的将军曹秀打败了魏豹。魏豹在战败后被俘，其宫女也被置人纺织工作间，替汉王做苦工，薄姬也在其中。刘邦胜利后，在巡视魏王宫女们时，见到薄姬，下令把薄姬纳入自己的后宫。

薄姬年少时，有女友赵子儿、管夫人。刘邦去纺织间时将三人同时纳入后宫。薄姬入后宫后，一年多不得刘邦的宠幸。而赵子儿、管夫人二人，已得刘邦宠幸。她们三人小时候曾经相约"苟富贵，毋相忘"。一次，在成皋的灵台上，管氏、赵氏二女正在谈笑，忽然提起与薄姬早年相约之事，此时刘邦也在旁边，遂想到薄姬，立即差人令薄姬前来，欲一亲芳泽。《汉书·外戚传》：薄姬曰："昨暮，梦龙据妾胸。"上(刘邦)曰："是实征也。吾为汝成之。"遂幸，受身。岁中，生文帝。

至此，许负为薄姬之所相终于得到了应验。

其实善相者看相，就是看女子的相貌是否超群，也就是说，女子是否具备非凡的魅力。这在《后汉书·后纪序》中，已经写得很详细了。容貌、身姿的艳丽、端庄，乃是先决条件。如果不具备以上条件，就不存在是否"合法相"的问题。

后官女子是有权势的男子——帝王的私有物，因此不允许别的男子平视；接近的男子，必须割去生殖器官；她们与珠宝、金银、土地、权力一样，被帝王争来夺去。另外，大臣、亲戚们为取悦于帝王，把自己的美人送与他。张敖就曾把美人赵氏献给岳父大人刘邦。这与专制道德加在她们身上的节操——贞洁、窈窕、贤淑等戒律与规范，形成鲜明的对比，专制伦理道德的卑劣、虚伪，由此便一览无遗。

除了吕雉、薄姬，刘邦做了汉王以后，还宠幸戚夫人。戚氏生赵王刘如意。戚氏非常美丽，因此吕雉非常嫉妒她。史称"汉王作楚歌，令戚夫人楚舞"，可知她是一位貌美并善舞蹈的女子。吕雉嫉妒至极，在刘邦死后将她囚于永巷(永巷：长巷，与外隔绝，幽闭深邃)，令戚氏穿旧衣，终日持杵臼舂谷。戚氏作歌曰：

子为王，母为虏，

终日舂薄暮，常与死为伍。

相离三千里，当谁使告汝？

吕后听说此歌大怒说："你是不是想倚仗你儿子来救你？"下令召赵王刘如意。吕后的亲生子汉惠帝刘盈，心地非常善良，知道太后要杀刘如意，亲自去霸上迎接赵王，并将其带入自己寝宫，与他共起居、饮食，吕太后因此没有机会下毒手。几个月之后，有一天，惠帝早起外出射箭，赵王仍熟睡未起。吕太后令人持鸩酒，灌入赵王腹中。她还令人削断戚夫人手足，割掉其耳朵，剜掉其眼睛，用药将其变聋，令居窟室中，称为"人彘"。惠帝刘盈听说吕太后杀死了他的弟弟赵王刘如意；又见到"人彘"，问及别人，才知道是戚夫人。于是大哭，遂得病，一年多卧病不起。刘盈传话说："此非人所为。臣为太后子，终不能治天下！"惠帝从此郁郁寡欢，整日饮酒淫乐，七年间一直不听政，最后驾崩。

吕雉原本是一个美貌的女子，并为刘邦生下鲁元公主和惠帝刘盈，应该是非常幸福的。可是做了皇后、太后后，由于刘邦的宠妾成群，而且宠妾们又生育了爱子，因而威胁到她的地位，唤起了她内心的邪恶力量——这是一种人性的邪恶，是外在环境逼迫所致，是帝王多妻制造成的，而不应当归咎于吕后一人。

刘邦的宠妾成群，据史书记载，刘邦在外有曹氏，为他生了齐王刘肥；赵姬生了淮南王刘长；有的姬妾姓氏都不知，生了赵共王刘恢、赵幽王刘友、燕灵王刘建等等。史书中没有记载未能生育子嗣的姬妾。因为刘邦姬妾太多，所以有些女子虽然见过一次面，但是很多纳入后宫以后就被忘记了，薄姬就是其中一例。

淮南王刘安雕像

除了姬妾外，刘邦还有男宠。

虽然如此，史书称刘邦"玩饰少华"，"选纳尚简"，其余中国帝王的奢靡淫侈，就更不用说了。

3.窦氏、王娡阴差阳错成皇后

汉景帝刘启的生母窦氏，是汉文帝

刘恒之皇后。《汉书》称“吕太后时,窦氏以良家子选入宫”,可知西汉初年,朝廷已有相术者赴民间选宫人的制度。窦氏初进宫时,为太后吕雉的宫女,侍候吕太后。窦氏作为宫女中的一名,被吕太后分赐给他的子侄——诸侯王们。她当时很年轻,由于生于赵国清河,因此愿意到赵王刘如意的宫中去,以便离她的家乡近些。她向遣送宫女的宦者说:“一定要把我分配到赵王那儿去。”可是宦者忘了此事,把她分配到了代王刘恒那儿,宦者把分配名单上奏吕太后,吕太后准奏。临行前,窦氏泪流满面,埋怨宦者,不愿意到代王去,但最后被迫与诸宫女一起出发到了代王刘恒的宫中。幸而刘恒非常宠信窦姬,窦姬为其生下长女刘嫖,又生了汉景帝刘启。汉惠帝刘盈死后,代王刘恒被立为皇帝,即汉文帝;窦姬所生子刘启被立为太子;窦姬则立为皇后。刘恒崩,汉景帝刘启即位,窦姬于是升为皇太后。

窦姬有位哥哥叫窦长君,有个弟弟叫窦广国。窦氏家境贫寒。广国四五岁时,窦姬被选入宫,姊弟二人在传舍中依依惜别。传舍,是朝廷在各地设立的驿站,官差到各地办事暂时驻留的地方。窦姬与其弟分别后,被带到京都长安,并被送入吕太后宫中。弟窦广国被先后卖给了几个主人,最后到了宜阳一家人中,为主人入山烧炭。

窦广国与百余人,一天傍晚卧于河岸下面,河岸突然崩塌,所有人都被压死,窦广国却侥幸生存下来。广国深感庆幸,遂为自己占卜:数日内当封侯。宜阳主人要迁往京都长安,广国陪同来到此地。窦广国闻知:新立的皇后,姓窦,是清河观津人。广国与其姊分别时年龄虽小,但记得自己的姓氏和故乡的县名,也记得幼时与其姊窦姬采桑,从树上摔下来等一些琐事。于是,他给窦皇后写了一封信。皇后读完信,告诉皇帝,要皇帝下令召见窦广国。问及小时候的事,广国说:“记得姊离我入宫时,与我诀别于传舍中,借沐具为我洗了澡,还买饭给我,然后我们才分别的。”窦皇后听到这里,上前握住广国的手大哭,左右侍御被他们感动得直流泪。皇帝于是大大赏赐窦广国,让他居住在长安。大将军灌婴、绛侯周勃说:“我们的生死将悬决于此两人,此两人出身低贱,必须为他们选择优良的老师,否则就会重演吕雉兄妹专权,谋害将相的悲剧。”于是为窦氏之弟选操行端正的人和他一同居住,一同相处。窦氏之弟成了谦谦君子,不敢仗势欺人。

后因窦皇后得病,双目失明,汉文帝刘恒又宠幸尹姬和慎夫人。但二人都没有生儿子，因此汉文帝将窦皇后所生的儿子刘启立为皇帝，即汉景帝；将少子刘武封为梁孝王。封其女刘嫖为馆陶长公主。窦皇后的哥哥窦长君，早年死亡，有一子名叫窦彭祖，被封为南皮侯。封弟弟窦广国为章武侯。窦皇后的本族子侄窦婴，封为魏其侯、大将军，至汉武帝时，窦婴又升至丞相。

纵观窦姬一生，真是旦夕祸福。如果不是当初宦官把她的名字错写在代王刘恒的宫人中，她真的去了赵王宫中，那后果就难以预料了。赵王刘如意被吕太后杀死后，他的宫人们大都受到牵连。但是，其中才貌俱佳的良家女子，后又被挑选送入太后宫，赐给诸王。从这一点来看，她们的命运是变化莫测的。被逐、被杀、被废者大有人在。窦姬的幸运，实属例外。

王娡乃汉景帝刘启的皇后，她也是一个幸运儿。她的母亲叫臧儿。她是以前燕王臧荼的孙女，嫁给槐里人五众为妻，生二女一子，分别为王娡、王儿姁、王信。

丈夫死后，臧儿再嫁与长陵田氏，生了两个孩子田蚡、田胜。臧儿长女王娡，是金王孙的妻子，生一女名叫金俗。

臧儿看到两个女儿生得美貌超群，便找术士为两个女儿卜筮，卜筮的结果：两个女儿乃富贵命。臧儿欲靠她们的富贵而得尊宠，就从金王孙家夺回王娡，以便再攀高枝。金王孙不答应，于是把王娡送入太子刘启宫中。金王孙这样做的目的，起初是为了拒绝臧儿，不料臧儿却如愿以偿。王娡纳入太子宫后，得太子宠幸，先后生下一男三女。太子即位后即为汉景帝，王娡为皇后，其子为汉武帝刘彻，三个女儿分别为平阳公主、南宫公主、林虑公主。

臧儿又把小女王儿姁，通过其姐王娡，送入景帝后宫。儿姁被景帝宠信，生四男，皆封王。

王娡当了九年的皇后后，汉景帝驾崩，武帝即位，王娡为皇太后。王娡之母臧儿为汉武帝外祖母，被尊封为平原君。武帝亲舅王信，即王娡的哥哥被封为盖侯，同母异父的舅舅田蚡、田胜，分别被封为武安侯、周阳侯，后来田蚡升至丞相。

王娡早年嫁给金王孙为妻时，有一女名金俗。金王孙把王娡送入太子宫，没有让人知道王娡有一女。王娡得宠，臧儿也没向皇帝透露王娡之女金俗。帝王见王娡年轻美貌，立即心猿意马，更不问她来历如何、曾否嫁人、生育等详细情况。

武帝刘彻即位后，听说此事，亲自驾车前往民间，找寻其姊金俗。金俗居于长安长陵小市。皇帝驾车，直奔金俗家，大路两帝车马行人为之回避。武帝在其姊门前停住车，皇帝左右的侍卫、官员，入金俗家找寻金俗。金俗家人不知何事都惶恐不安，金俗与家中女人全都逃匿藏躲，被官员找到后，出门拜见皇帝。皇帝下车说："大姊为何躲藏至此？"把金俗带回长乐宫，谒见太后王娡，母女相见痛哭流涕。武帝献酒祝贺，赐金俗奴婢三百人、钱千万、公田百顷及长安国都中最好的住宅——甲第，并赐封汤沐邑，号"修成君"，将金俗的女儿嫁与诸侯王为妻。金俗的儿子名叫子仲，因其是皇太后的外孙、皇帝的外甥，贵为皇亲国戚，横行京都。

帝王从天下选宫人，幸运者才能入宫。即使入宫，皇帝妻妾成群（杜甫诗所谓"先帝侍女八千人"），受帝王之宠幸者，更是幸运。即便如此，还有人存在侥幸心理，甘愿以女儿的牺牲为代价，可谓孤注一掷。白居易《长恨歌》诗中说得好：

天生丽质难自弃，
一朝选在君王侧。
姊妹弟兄皆列土，
可怜光彩生门户。
遂令天下父母心，
不重生男重生女。

但是，存有侥幸投机心理的人往往会突然得到报复，不得以寿而终，甚至满门抄斩，株连九族。命运总是变幻莫测，这也正是事物变化之规律。

## 从"爱妾换马"看后宫女子的不幸

美女被争来夺去。充作宫人，为帝王之玩偶，其实与珍禽异兽并无差别，可像马牛一样在集市上交易。李白诗《襄阳歌》云：

千金骏马换少妾，
醉坐雕鞍歌落梅。

第一句诗，为倒置，是以俊美之妾换骏马，用西汉淮南王刘安、魏彭城王曹彰的故事为喻。据《乐府诗集》梁简文帝萧纲《爱妾换马》诗题解云：爱妾换马，旧说淮南王所作，疑淮南王即刘安也。

在淮南王刘安所作《爱妾换马》这首诗中,一“疑”字,乃古辞不传之过,因此事迹也难考证了。又据《独异志》载:后魏曹彰,性倜傥。偶逢骏马,爱之,其主所惜也。彰曰:“予有美妾,可换,惟君所选。”马主因指一妓,彰遂换之。马号曰“白鹘”。后因猎,献于文帝。

魏武帝曹操之中子,曹彰,封彭城王。曹彰遇到一匹骏马,非常喜爱,但马主不愿意把好端端一匹骏马白白地送给曹彰。曹彰说:“我有美妾,你可以挑选来换你的马。”马主从中挑出一名美妾,与曹彰约定:曹彰美妾归马主,骏马归曹彰。这匹马名叫“白鹘”。曹彰曾经骑着它与魏文帝曹丕一同打猎,把“白鹘”送给了魏文帝。这个“爱妾换马”的典故,被用来表明曹彰的风流倜傥。

汉高祖刘邦之孙,淮南王刘安,喜爱文学,著有《淮南子》,也是倜傥风流,其作《爱妾换马》诗,在曹魏时代以前。可知自古就有帝王以美女换骏马,并非始于曹彰。梁简文帝喜爱文学,亦倜傥之辈。帝王后宫,妻妾千百计,以一人换马,因为骏马难寻,美妾易得。梁简文帝萧纲《爱妾换马诗》云:

功名幸之种。何事苦生离。谁言似白玉,定是愧青骊。

即使美人颜如玉,恐怕也不如青骊神骏。梁简文帝萧纲既歌此诗,梁王之臣庚肩吾、刘孝威亦有诗和之。隋僧法宣也有“爱妾换马”之诗,红妆、朱鬣并而咏之,云:朱鬣饰金镳,红妆束素腰。似云来躞蹀,如雪去飘飘。

一、三句形容骏马,金镳躞蹀,似云而来;二、四句描述美人,素腰如雪,飘飘而去。唐诗人张祜《爱妾换马诗二首》,其二诗云:

绮阁香消华厩空,忍将行雨换追风。

体怜柳叶双眉翠,却爱桃花两耳红。

侍宴永辞春色里,趁朝休立漏声中。

恩老未尽情先尽,暗泣嘶风两意同。

这首诗写的就是美女的悲惨境遇。帝王爱美人,可更爱骏马,忍将暮行雨、朝行云的娇妾。去交换追风之快马;爱双耳削长之桃花骓胜过怜爱双眉翠黛之艳丽。美人离去,不再侍候君王。供君王御幸之劳未断,而恩情先断。骏马嘶鸣,美人暗泣,那是同样的心绪啊!

至于帝王为换取骏马而送与养卒的宠妾,则有赵王之美人。齐谢眺诗云:

生平闺阁里,出入侍丹墀。

开笥方罗縠，窥镜比娥眉。

初别意未解，去久日生悲。

憔悴不自识，娇差余故姿。

梦中忽仿佛，犹言承燕私。

前四句写赵王美人当初在王宫中享受荣华富贵。五、六句写卖给（或是被用来交换骏马）养马人为妻，她离别了君王，跟着陌生的养马人走了，自己却一点也不知道，日子久了，才感到悲伤。最后四句，写美人日渐憔悴，惟娇羞如故。在梦中遇见君王，仿佛又得到宠幸。

李白亦有诗云：

妾本崇台女，杨娥入丹墀。

自倚颜如花，宁知有凋谢。

一辞玉阶下，去若朝云没。

每忆邯郸城，深宫梦秋月。

君王不要见，惆怅至明发。

这是以第一人称语气写的。“崇台”，即高台，可知她是王侯家女，出身高贵，又有姣美容貌，因此做了赵王妾妇。哪知青春已逝，被换与养马人，过去的日子如烟云一样而去。每忆邯郸赵王宫阙，便夜夜惆怅难眠。李白的诗，写美人玉颜凋谢才被抛弃，与淮南王、彭城王以爱妾换马是不一样的。既称“爱妾”，可见美人正艳，甚得帝王宠幸，非玉颜凋谢之女子。马主从曹彰宫人中随意挑选，其选中者必是绝美之人。

## 帝王妻妾淫乱的性生活

封建帝王大肆玩弄女性，其妻妾也大搞淫乱活动，宫闱丑闻接连不断。

就拿统一中国的一代枭雄秦始皇来说，其母虽和吕不韦私通，但并不满足，因此吕不韦又为她找到一个叫嫪毐的男子，拔去他的须眉，让其冒充宦者，服侍太后。“太后私与通，绝爱之，有身，太后恐人知之，诈卜当避时，徙宫居雍……生子二人，皆匿之。”后来秦始皇知道这件事后，将嫪毐和他与太后生的两个孩子都杀了。据说秦始皇的母亲，原来是吕不韦的小妾，怀孕后，吕不韦为仕途而将其献给秦庄襄王。

赵飞燕为汉成帝的皇后，是历史上有名的淫荡女性。她在进宫前就和一个羽林射鸟者私通。入宫后皇帝居然未发现她不是处女,还宠爱她,后来她又和她的妹妹合德和宫奴燕赤凤私通。后来越来越不成体统,她以祷神为幌子,别开一室,只允许左右侍婢入内,而用小牛车载美貌男子,装扮成女子进宫为其享用。据记载,“日以十数,无时休息,有疲怠者,辄代之”。每天与之通奸的男子竟达十个以上,这真是闻所未闻。

西晋惠帝时的贾皇后也并不比赵飞燕逊色。她要和许多男子通奸才能满足其性欲,并且为了不走漏风声,竟将伴寝男子杀了灭口。有个洛南小吏,长得很俊秀,贾后也非常喜欢,将他带入宫中供其享用,并时常送给他一些财物。后来有人发现了贾后送给洛南小吏的财物,因为这些财物非同寻常,就怀疑是小吏偷盗所得,于是告知官府查办。小吏分辩道:“先行逢一老妪,说家有疾病,师卜云宜得城南少年压之,欲暂相烦,必有重报。于是随去,上车下帷,纳簏箱中。行可十余里,过六七门,开箱簏,忽见楼阙好屋。问此是何处,云是天上,即以香汤见浴,好衣美食将入,见一妇人,年可三十五六,短形青黑色,眉后有疵。见留数夕,共寝欢宴,临出赠此众物。”因此,贾后一时间臭名远扬,人们从小吏口中知贾后玩弄的花样后,都讪笑而去。但因贾后非常宠爱这个小吏,故没有将其杀死。

南北朝时期,刘宋有个山阴公主,耐不得寂寞,在各个方面,尤其是性欲方面敢和男子比高低。有一次,她向刘子业诉苦道:“妾与陛下,皆先帝之子。陛下六宫万数,而妾惟驸马一人,事不均平,一何至此!”刘子业听后万般无奈,只好满足她的要求,让她任意挑选了三十名年轻貌美的男子,养在后宫,供她一人享用。对于这件事,古人认为山阴公主生性放荡,淫乱至极;但是在今天人们看来,这山阴公主似乎是在追求男女平等、争取女子的性权利和“性自由”“性解放”。除了上述以外,历史上其他人的淫行也多有记载,如郁林王何妃、梁元帝徐妃、北齐武成皇后胡氏、魏灵太后等。有一男子名杨白花,容貌俊秀,身姿雄伟,魏灵太后甚是喜爱,要与之私通。他心中害怕,担心大祸临头,更改名字投奔梁国。魏灵太后为怀念他,作《杨白花》歌,令宫人作曲吟唱。歌词曰:“阳春二三月,杨柳齐作花。春风一夜入闺闼,杨花飘落落南家。含情出户脚无力,拾得杨花泪沾臆。秋去春来双燕子,愿衔杨花入窠里。”此事是雅是淫,难下结论。

中国古代“半老徐娘,风韵犹存”的成语,在梁元帝萧绎的王妃徐昭佩的身上体现得淋漓尽致。据《南史》记载,她是梁朝将军徐琨的女儿,前齐国太尉的孙女，她嫁给萧绎时，萧绎还在做湘东王。现在分析看来，她有严重的性苦闷，对性生活和婚姻生活是不满的，她自恃出身名门，为发泄性苦闷敢嘲笑皇帝。萧绎少一目，是个“独眼龙”，因此她以“半面妆”面见皇帝，其理由是一只眼睛只能看一半。她喜欢饮酒，并常常喝醉，呕吐在皇帝的龙袍上。梁元帝实在吃不消她，便移情于别的女子而渐渐疏远了她。

她不甘心独守空房就去找别的男子。先是在荆州瑶光寺结识了一个风流道士智远，后来又看中朝中一美大臣暨季江。这时她已步入中年，所以暨季江说：“萧溧阳马虽老犹骏，柏直狗虽老犹能猎，徐娘虽老犹尚多情。”“徐娘半老”即出自此。暨季江竟然把女人和马、狗相提并论。从这番话也可看出他们之间也只是相互玩弄。此后，徐昭佩又在一个尼姑庵与一个叫贺徽的诗人偷偷约会，随即在“白角枕”上一唱一和。萧绎知道后龙颜大怒，最后下定决心，借口她嫉妒另一宠妃并对其暗下毒手，令其自杀。她只好投井自杀。萧绎还不解恨，又把她的尸体送还她娘家，声言是“出妻”。徐妃的风流生涯最终以悲剧告终。

在宫廷的女性中，有些人不仅生性淫荡，而且由于争宠、争权，相互残害。例如汉高祖刘邦的妻子吕后出于嫉妒，竟在刘邦死后，设计陷害刘邦和他最宠爱的妃子戚夫人所生的儿子赵王如意，并将其杀死。又弄聋其母戚夫人，逼她喝下毒酒而变哑，并挖去她的双目，砍去她的手足，将她扔入粪池中，让她在那里打滚、蠕动，名曰“人彘”。西晋时生性淫荡的贾后，嫉妒心也极其强烈。在她还未当上皇后时，就曾杀死几个受丈夫宠爱的宫女，如果哪个宫女有喜，她就以长矛戳其腹部，将母子二人统统弄死。

在西晋以后的各个朝代中，类似情况也时有发生。如隋朝的开国皇帝隋文帝杨坚之妻独孤氏。人很聪明，但她嫉妒到了变态的程度。她协助杨坚处理政事，但不许杨坚宠幸别的女人或和别的女人生孩子。他们的五男二女都是独孤氏所生，而历朝历代帝王很少只有嫡子而无庶子的。《洛阳伽蓝记》记载，高阳王元雍拥有“僮仆六千，妓女五百。隋珠照日，罗衣从风。自汉晋以来，诸王豪侈所未有也。出则鸣驺御道，文物成行，饶吹发响，笳声哀；入则歌姬舞女，繁竹吹笙，丝管迭奏，连宵尽日”。

## 隋唐后宫多才女

先秦时期,女子以道德朴素、形体刚健为美;两汉时期则要求德容并重、庄柔兼备;魏晋南北朝时期非常注重女性的文学修养;隋唐五代时期则姿色、装饰、技艺、才情并重。

唐代帝王在遴选后妃时,名义上以重德、重才为主,但实际上是以容色为主。重色轻德在当时是不可避免的。故唐代皇后、妃子以容色著称。

新、旧唐书《后妃传》中记载了许多后妃,她们大多容色艳丽。如武则天因为容貌超群而被太宗召进皇宫,称为"武媚娘"。睿宗顺圣皇后窦氏,"姿色艳丽"。至唐玄宗,其嫔妃更是艳丽多姿,光彩照人:赵丽妃原为歌伎,因色美且善歌舞而被纳为妃,并深得帝王宠幸;安史之乱时,有赫赫有名的杨贵妃,丰盈俊美,多才多艺。唐肃宗张皇后风雅高贵善辩论。唐代宗贞懿皇后独孤氏娇艳无比,被纳入宫,得皇帝宠遇。唐敬宗郭贵妃,姿貌俊秀,立为太子妃,又以淑丽闻名于掖庭。唐武宗王贤妃"状纤颀,颇类帝",能歌善舞,被纳入后宫。唐昭宗的何皇后则聪慧秀丽。重德轻色的儒家的女性美观念,与以上重色轻德的倾向是相悖的。

唐代后宫嫔妃在把色貌放在首位的同时,也很重视才艺,唐太宗的长孙皇后、徐贤妃都是才华横溢的女子。武则天时期的上官婉儿也是一才女,并且善于评论诗词,是古代的一位不可多得的诗文评论家。

陈后主有一妹乐昌公主,嫁与徐德言为妻。当时陈朝政治混乱,德言对公主道:"以公主之才容,国亡必入豪家。倘情缘未断,犹期相见。但宜以物为信。"乃破一镜,两人各执一半,并相约他年以正月望日,于都市卖出。及隋代陈,乐昌公主落入杨越公家。德言到都城,有个苍头高价卖半镜,德言拿出半镜与之相合,并为苍头题诗一首。公主得诗悲痛欲绝,越公得知详情后,召德言与之饮酒,令公主作诗,还成全他们,并把他们送回江南。公主诗云:今日何迁次,新官对旧官。笑啼俱不敢,方信做人难。

又有某少女寄夫诗云:自君上河梁,蓬首卧兰房,安得一樽酒,慰妾九回肠?

北魏文明文太后,善作诗赋,在登台时正值风雀啄食,乃作《青台歌》云:青台雀,青台雀,缘山采花额。

突厥沙钵略娶北周赵王宇文昭女千金公主为妻。隋灭周,公主对此深感悲伤，胸怀大志，常劝说沙钵略，率众起事。后以力弱内附，赐姓杨氏，改封大义公主。即周之后，隋又灭陈，赐公主陈国一屏风，公主心中不满，题诗屏上云：

盛衰等朝暮，世道若浮萍。
荣华实难守，池台中自平。
富贵今何在？空事写丹青。
杯酒恒无乐，弦歌讵有声！
余本皇家子，飘流入虏庭。
一朝睹成败，怀抱忽纵横。
古来共如此，非吾独申名。
唯有《明君曲》，偏伤远嫁情。

隋主闻后非常不高兴，给她的赏赐越来越少。公主又同西突厥加强联系。隋主怕其生事，遂巴结突厥，陷害公主，终为沙钵略之侄所杀。她虽为一个弱女子，但有这样"富贵不能移"的坚定意志，也是不可多得的女英雄了。但她最后还是以失败告终。

唐人诗可分为初唐、盛唐、中唐、晚唐四期，这种划分是不适用于女诗人的。不过在盛唐以后，受整个诗坛的影响，女诗人比较多。五代是词的时代，花蕊夫人是词家兼诗人，本节就用她来结束这个近体诗的时代。

隋文帝时统一南北，国内一时太平。文帝虽治国有方，但掖庭以内。颇多不可告人之隐，最终为儿子所弑。炀帝弑父篡位后，整日沉迷于女色之中，不理政事，大异于文帝。晚年时，又大兴土木，建造迷楼，比秦始皇的阿房宫更为富丽堂皇。《迷楼记》（不知何人所作）里说：楼阁高下，轩窗掩映。幽房曲室，王栏楯，互相连属，回环四合，曲屋自通。千门万户，上下金碧。金虬伏于栋下，玉兽蹲乎户旁，壁砌生光，琐窗射日。工巧云极，自古无有也……

颜师古《隋遗录》：因此乃建迷楼，择下俚稚女居之，使衣轻罗单裳，倚槛望之，势若飞举。又辒名香于四隅，烟气霏霏，常若朝雾未散，谓为神仙境不我多也。楼上张四宝帐，帐各异名：一曰散春愁，二曰醉忘归，三曰夜酣香，四曰延秋月。妆奁寝衣，帐各异制。

因此炀帝日夜留连在内，更不问政事了。

迷楼中宫女既多。后宫的宫女便没有机会受皇帝垂青。其中有一位侯夫人，姿色艳丽，富有文才，可谓才貌兼备，但未能入迷楼得皇帝宠信，自知将终生空房以待。而春华秋月何时了，与其受监禁之苦，不如选择短痛，就自缢于楼

下。死后,左右从其身上找到一个锦囊,便呈于炀帝,里面有许多诗稿。《自感》三首之二云:

庭绝玉辇迹,芳草渐成窠。
隐隐闻箫鼓,君恩何处多?
欲泣不成泪,悲未翻强歌。
庭花方烂漫,无计奈春何。
春阴正无际。独步意如何?
不及闲花草,翻承雨露多。

《看梅》二首云:

砌雪无消日,卷帘时自颦。
庭梅见吾有怜意,先露枝头一点春。
香清寒艳好,谁识是天真。
玉梅谢后阳和至,散与群芳自在春。

《遣意》一首云:

妆成多自惜,梦好却成悲。
不及杨花意。春来到处飞。
秘洞扃仙卉,雕窗锁玉人。
毛君真可戮,不肯写昭君。

《自伤》一首云:

初入承明日,深深报未央。
长门七八载,无复见君王。
眷寒入骨清,独卧愁空房。
飒履步庭下,幽怀空感伤。
平日新爱惜,自待聊非常。
色美反成弃,命薄何可量?
君恩实疏远,妾意徒彷徨。
家岂无骨肉,偏亲老北堂。
此身无羽翼,何计出高墙?
惟命诚可重,弃割良可伤。
悬帛朱栋上,肝肠如沸汤。
引颈又自惜,有若丝牵肠。

毅然就死地。从此归冥乡！

炀帝看后，非常悲伤，就亲往后宫去看她。她虽已气绝，但容貌仍艳丽如前。炀帝非常悲痛，说："她死了还美若天仙，生前就更不用说了。"炀帝想到"毛君真可戮，不肯写昭君"这句诗，乃急召中使许廷辅来责问道："你身为朝廷要臣，本应替朕认真办事，为什么偏偏没有发现侯夫人？"遂将许廷辅打入狱中，令其自尽，方解心头之恨。同时厚葬侯夫人，将其诗交于乐府吟唱以传后世。

炀帝整日荒淫玩乐，不免厌倦，于是在大业十二年（公元616年），谎称征辽东，临幸江都。宫中宠妾多半不能随同前去，遂执意挽留，软硬兼施，但炀帝始终未改初衷。炀帝自都城到汴京后，改乘龙舟。船上有千余名艳丽女子，持雕版镂金桨，称殿脚女。一日，炀帝见殿脚女吴绛仙非常美丽，甚是喜爱，不知不觉愣在那儿。遂将她叫到船上，欲纳为宫人，但她此时是别人的妻子，只好作罢。于是让她站在船头，称为崆峒夫人。炀帝常常倚着帘子看绛仙，久久不肯离开，曾经对左右说："古人云，'秀色可餐'。得绛仙，便可疗饥了。"炀帝既到江都，绛仙便不能侍奉炀帝左右。宫中常有人送合欢果，炀帝命小黄门快马加鞭送与绛仙。因马急而散落。绛仙乃作诗谢云：驿骑传双果，君王宠念深。宁知辞帝里，无复合欢心！

炀帝看后非常不高兴，向小黄门询问，知因合欢果已破散，所以多有抱怨，乃说道："绛仙不但姿貌甚好，而且善写诗，真乃一才女。"

杭静，也是隋炀帝宫人。当时唐势日渐强大，炀帝却一味沉迷于女色，不考虑江山社稷。她于半夜在江都迷楼作歌云：

河南杨柳树，江北李花营。

杨柳飞绵何处去？李花结果自然成。

唐代乃诗歌的黄金时代，其间不仅民间的女诗人数不胜数，就是在帝王的深宫里，也有不少女诗人。徐贤妃、上官昭容二人的作品都可与当时的男作家相媲美。五宋与鲍君徽所作乐府与近体诗，大都曲折婉转、清静秀丽，尽显女性本色，堪称佳作。武则天为一代大政治家却擅长文学，更为后宫文学增色不少。

## 册立皇后母仪为先

经历了五代十国五十三年的变乱，公元960年，后周殿前都检点赵匡胤发动陈桥兵变，推翻后周，建立了曾经在历史上盛极一时的宋王朝。

由低级军官逐步成长起来的赵匡胤,做了华夏大地的最高层领导人物。他对广大劳动人民的艰苦和王公贵族统治的弊端有很深的了解。母亲从小对他的教育使他更能了解这些。他母亲杜氏是一个知书达理的人。据史料记载,由于她的教育,赵匡胤既孝顺又节俭,性情朴实自然,不矫情。在如此开明的君主的领导下,宋朝与汉唐相比更加重视对下层官吏的起用提拔以及孔学和儒教的发展。在皇权方面,注重防范宦官、宗室和外戚擅权,保持宫闱的严肃性,重视皇后的德。因此,宋代以来,从未出现女后的专权之祸和外戚、宦官之乱,皇后的母仪之正,在历史上也是十分少见的。

宋太祖的一生有三个皇后。原配妻子贺氏,开封人,她父亲贺景恩与赵匡胤的父亲赵弘殷同在后晋军中从军,自小就定了娃娃亲。贺氏温柔善良,知书达理。婚后,赵匡胤十分地尊重她。但不久,赵匡胤因参军而离开了她,常年随军参战。贺氏有一个儿子(名赵德昭),两个女儿(秦国公主和晋国公主)。在周世宗显德三年(公元956年)的时候,赵匡胤任定国军节度使,贺氏也被封为会稽郡夫人。但不幸的是,在赵匡胤登基的前两年,也就是她三十岁的时候,她得病死了。赵匡胤十分怀念她,在登上帝位大封列祖列宗时,追封她为皇后。

贺氏死后,身居殿前都检点的赵匡胤,又娶后周彰德军节度使王饶的女儿为继室。结婚那天,王氏身穿周世宗亲赐的凤冠霞帔,并被册封为琅琊郡夫人,非常荣耀。王氏心地善良,待人仁厚,孝敬婆母,杜氏非常喜欢她。赵匡胤当上皇帝后,身为正室的她理所当然地成为皇后。

当了皇后的王氏,仍勤劳节俭,每天早起拜佛诵经,并且常常穿上宽大的衣裙,为赵匡胤下厨做菜。她多才多艺,擅长弹筝鼓瑟。当宋太祖操劳国事的时候,她常为夫助兴,亲自弹奏一曲。可惜这位皇后活的时间也不长,在乾德元年(公元963年)十二月,刚刚二十二岁的时候,便得病而死,所生三个子女也都夭折。

值得指出的是,王皇后虽然贤淑,但他的弟弟王继勋却是个豺狼般的人物。食女人肉是他的嗜好,这一点史书上留下了惊人的记载。

据说,在王继勋出生前,他母亲梦见过一个红发鬼怪闯进卧室。长大之后,王继勋沾了他皇后姐姐的光,在官运上十分顺当,做过内殿供奉兼州刺史、团练使、都指挥使、防御使等官。他一贯无视法规,在汴京强抢百姓子女,使京城日夜不宁。宋太祖知道后勃然大怒,想狠狠地惩罚他,但因为王皇后刚去世,不忍加罪,于是王继勋部下一百多名士兵成了他的替罪羊,被斩首示众。

乾德四年，王继勋被部下控告，中书令照太祖的命令审问后并将他降职留用。王继勋认为自己失意，心情压抑，于是杀奴婢、食女人肉成了他的一大嗜好。府内很多婢女相继被杀死，闹得人心不安。有一天他家的一面围墙被大雨冲倒。众婢趁此机会纷纷突围而出，跑到皇宫门前向皇帝哭诉。宋太祖几乎不敢相信这骇人听闻的消息，立刻派人前去查问。果然，王继勋罪恶多得几乎数不清，于是，他被罢免了官职，并被勒令回家等候发落，且派人看管。不久，又下令将他流放登州。然而，王继勋还没来得及走，太祖又收回流放的命令并且让他做了一个小官。到开宝三年，又授予守卫西京洛阳的重任。

在皇帝的庇护下，王继勋吃人魔王的本性暴露无遗。他肆意抢掠百姓家的女儿，一不称心就杀死煮着吃了。吃完后把人骨装进棺木，扔到荒凉的地方。由于被杀的人太多，一时间卖棺木的人纷纷出入他的家门，洛阳城里人人都万分痛恨他，但却没有人把这件事告诉皇帝。

当时，宋太宗赵光义还任职藩王，听说了这件事。但为了保全自己的职位，他没有管这件事。宋太祖死后，赵光义当了皇帝，有人对他说王继勋的罪恶，他丝毫不顾情面，令户郡员外郎雷德骧去洛阳捉拿王继勋。王继勋对自己的罪行全部承认。他说，开宝六年至太平兴国二年一共四年的时间里，一百多名被他亲手杀死的奴婢全部被他以清炖人肉的方法吃掉。宋太宗一怒之下，下令马上将这恶魔绑至闹市斩首示众，同王继勋一起吃人肉的十一名从犯也得到了同样的下场。一个人肉宴席上的常客，来自洛阳长寿寺的名字叫广惠的和尚，不但被斩首而且还被打断了小腿。

王继勋的死虽然没有给其女子带来祸患，但家境从此开始衰败。宋真宗当政时，王继勋的孙子王惟德不能独自谋生，以乞讨维持自己的生活。真宗可怜他，就让他做了一个小官。

王皇后死了没多长时间，宋太祖大举进攻后蜀。蜀主孟昶和他最喜欢的妃子花蕊夫人投降。宋太祖早就听说花蕊夫人长得非常漂亮，而且多才多艺，非常倾慕。因为这个原因，孟昶得到了很好的待遇，不仅得到了秦国公的封号，而且还任检校太师兼中书令，得到了一所有五百间屋的住宅。宋太祖所做的这些都是为了讨好花蕊夫人，好在她进宫谢恩时见见她。果然，赵匡胤一见到国色天香的花蕊夫人，魂都快没了，从此再也忘不了她。

过了些日子，宋太祖在大明殿摆了一桌酒席，邀请孟昶入殿喝酒。但没有想到第二天孟昶即得了痢疾，又吐又泻，最终不治身亡。宋太祖为孟昶隆重发丧并追封他为楚王,又强迫他的宠妃花蕊夫人做了自己的妃子。

和赵匡胤的前两位妻子相比,花蕊夫人有娇人的美貌,又擅长诗画。有一次,她作了一首含有“十四万人同解甲,更无一个是男儿”的诗来纪念她已经灭亡的国家,太祖十分喜欢,一时宫廷上下流传很广。她的可爱使宋太祖想立她为皇后,但是,他怕引起大臣的不满,便偷偷地去找宰相赵普商量。赵普不支持他,并劝他说:“花蕊夫人是被灭掉了国家的皇帝的宠妃,陛下封她为妃子,已有大臣不满,怎可立为皇后,让天下人笑话呢?”

宋太祖只好不再提这件事情。

但是,立谁做皇后却让太祖一时拿不定主意,此时的太祖,眼里只有花蕊夫人。忽然,一个人影在他脑中晃过,美丽可爱,小巧大方,那是左卫上将军宋偓的大女儿。几年前的长春节时(宋代皇帝的生日),她曾随母亲入宫朝见,她的美貌和性格,太祖至今记忆犹新,于是立即下令,命令宋偓将女儿送进宫。

入宫时的宋氏只有十六岁,学习宫廷礼仪十分用心。第二年,即开宝元年(公元968年)二月,由太史挑了一个良辰吉日,册立她为皇后,那时候她十七岁。四十二岁的赵匡胤特别喜欢这个小妻子,她不但年轻美丽单纯,而且性情特别柔顺,讲究礼法。赵匡胤下朝回到后宫的时候,她总是穿戴皇后的冠服,恭恭敬敬地迎接丈夫的归来,还亲自为他做饭并陪他一起吃。这样,赵匡胤的全部爱心都转移到了她身上,以前曾让他迷恋万分的花蕊夫人也被他忘得一干二净。

宋氏一共当了八年的皇后。太祖在开宝九年病死以后,宋氏迁居西宫,被赐为开宝皇后。此后她孤独地过了十九年,在四十四岁的时候死去。

## 后宫中最先与皇帝发生性关系的女人

中国君主制从夏王朝开始,一直持续到1911年,其制度完备至极。君主制度以儒家思想作为统治思想来治理全国。忠孝在儒学思想中一直占据重要位置,孝的核心是传宗接代,也就是常说的“不孝有三,无后为大”。因此,传宗接代在中国一向受到特别的重视。这一观点在以一姓血统统治一个王朝的皇帝之家根深蒂固,传宗接代就显得更加至关重要了。

中国历代的皇家很注重生育子女,繁衍后代。多生早生是广衍后嗣的最为重要的办法。广衍后嗣也就成为中国历代帝王纵情声色的一个极好的借口。

帝王们打江山、坐江山的一个目的就是纵享衣食男女之本欲，所以生活在女人群中的皇帝，终日沉迷于女色，也没有人为此而惊奇。小皇帝和太子也不例外。

良好的教育在小皇帝和太子很小的时候便开始实施，性启蒙也开始于他们的青春期以前。经过精挑细选的贴身宦官成为他们性知识方面的最早的启蒙人。中国宫中藏有许多的春宫图，还有许多栩栩如生的男女交合的雕塑，如欢喜佛等。宦官负责给小皇帝或太子看这些图画和雕塑，讲解它们是什么意思。宫中还专门新建一些宫殿，里面有许多生动的两性交合的塑像和壁画。在这种性启蒙中，小皇帝和小太子逐渐地步入了青春期，开始了另一种前所未有的生活。更值得一提的是，有的时候，皇帝或太后还派出贴身侍女前去开导不太懂事的太子或小皇帝，教授他们怎样做爱。这些侍女往往比太子或小皇帝大几岁，明白男女之事，并且很擅长。这样做的结果往往使一些侍女因此而怀孕。但小皇帝或太子似乎并不喜欢这些侍女，事后对她们不闻不问。也许，这些侍女使他们感到害怕，使他们不愿去想与她们初试之夜的那些感觉。据《万历野获编》记载，明宫内廷的欢喜佛有两种来源，要么是外国进贡的，要么是上代遗留下来的。“两佛各璎珞严妆，互相抱持，两根凑合，有机可动”。皇帝在结婚之前，在宦官的陪同下进入此殿，首先要行礼，行礼后，告诉他让他抚摸隐处，暗暗想那些交接之法。为了勾起皇帝的性意念，促使他们的性欲的激发，还绞尽脑汁地做了多种努力，如在宫中饲养小动物，用小动物们本能的活动，提示皇帝和太子什么叫两性关系。明代《禁御秘闻》中记载：皇宫中养猫的目的，是专门为了子孙，他们深恐长在深宫中的子孙不知道如何做，而耽误了传宗接代，于是让他们看母猫公猫的行为，以此来激发他们的性欲。还有鸽子房，也是有同样的目的。

皇室中男性结婚的年龄一般在十八岁以下，最普遍的是十三至十七岁。但是差不多所有的皇帝（太子、皇子）在结婚以前已经“临御”过女人了，有的甚至子女都很大了。例如十七岁结婚的北魏文成帝，在他十三岁刚刚步入青春期的时候便与宫女发生过性关系，十四岁的时候已有了孩子。西晋的傻子皇帝惠帝为太子时，十三岁结婚。在这之前，后宫才人谢玖奉当时皇上的命令到东宫，教太子如何做房帏之事。离开太子时，谢氏已经怀上了太子的孩子。几年后当惠帝见到这个孩子的时候，他的父母才告诉他这是他的儿子。清朝在制度上规定，在皇帝结婚的前一段时间，先选年龄稍微大一点的宫女八名，备皇帝“进御”用。她们的名分是司账、司寝、司仪、司门，是四个宫中女官的称呼。这种制度，目的是使皇帝在婚前对于男女房事有所了解，以便在和皇后的生活中能够游刃有余，不至于出现什么意外。

一般来说，制度上并没有明确规定哪些女人最先和皇帝或太子发生性关系。对于青春年少的皇帝来说，在性问题上是完全开放、没有任何顾忌的。对于太子，十四五岁行冠礼以后，便被当作成年人来对待，只有皇帝同意之后才能出入后宫，以防与妃嫔、宫女出现不应该的事情。但是太子可以任意猥亵自己宫中服侍自己的宫女。

那么皇帝或太子的第一个女人是谁呢？可能是皇上身边的宫女，也可能是皇帝的乳母。这两种人都没有名分。如果宫女得宠，会有一定的名分；乳母会得到长期出入宫禁的待遇，但名分依然不会更改。

一般说来。皇帝对于他的第一个女人，是不会有很深的感情的，交往一段很短的时间后便会转向其他目标。例如明神宗十七岁那年，路过慈宁宫，偶然碰见宫女王氏，也许是命中注定，她竟然得到了宋神宗的"私幸"。而王氏竟怀上了神宗的孩子。像这样重大的事情，太监那里都有明确的记录。但神宗却从此对王氏没有了任何的兴趣，反而是抱孙心切的慈圣太后关心这件事。一次太后提起此事的时候，神宗却不闻不问。由于王氏受宠的时间短暂，因此她的儿子自然也没有什么高贵可言，处处受到冷落。但是明代的另一位皇帝宪宗，却一直迷恋着他的第一个女人——万贵妃。万贵妃成为宫女时才四岁，服侍英宗的母亲孙太后。少女时期的她，长得十分美丽，楚楚动人，加上聪明伶俐，以至于孙太后非常喜欢她，成为孙太后身边的"小答应"。英宗的儿子宪宗在非常小的时候就成为太子，万贵妃被派去服侍太子，宪宗比万贵妃小十七岁，在这个几乎相当于乳母的女子的照料下，宪宗渐成长为一个风度翩翩的少年。天性聪明伶俐的万贵妃不知怎样勾引了少年太子。自此，宪宗对她更加依恋，万贵妃既当情人又当监护人。在宪宗十八岁当上皇帝时万贵妃已经三十五岁了。宪宗对她既依赖又敬畏。在宫苑中，人们常能看到在宪宗的驾前，有一位肥硕的中年妇人戎服前驱。凭借着宪宗对她的尊宠，万贵妃在宫中毫无顾忌，而且即使宪宗私幸别的宫女，也要尽可能地不让她得知。在五十八岁时。她因为怒打宫女而气血不调，加上因肥胖造成心脏的负荷量过大突然死亡。宪宗知道后，心里十分悲痛，怅然叹道："万贵妃死了，我也活不了多长时间了。"果然应了他说的话，几个月之后，宪宗郁闷伤怀而死。

据分析，明熹宗（即天启帝）最初与奶妈客氏发生过性关系。客氏在明宫中以淫乱而出名,她与熹宗之间绝非一般的奶妈与养子的关系。可以从下列推断中看出客氏与熹宗的关系的不一般。因此可以肯定弱冠的熹宗在一开始是被客氏“勾引”的,至熹宗二十三岁去世,两人的关系始终不清不白。

首先,皇帝是由客氏和其他奶妈喂养大的。很显然,皇帝长大以后。就不再需要奶妈日夜服侍左右了,而据史料记载,客氏“每天早上都要到乾清暖阁服侍皇帝,午夜才回到咸安宫”。从照顾皇帝的角度上说,这是没有道理的,因为成年皇帝自有宦官服侍。如果说客氏是因为慈爱每天服侍熹宗,那么又和下面的事实相矛盾:客氏后期与魏忠贤私通。一天,当她和魏忠贤在太液池上欢饮时,不远处上树捕鸟的天启帝忽然摔在地上,脸和手都划破了,客氏与魏忠贤却仍在谈笑风生,一点也不在乎。此时,客氏作为一名奶妈一点也没有尽职尽责。其次,客氏在熹宗面前完全没有母亲的形象。客氏四十多岁时。面色仍然像二十八岁的大姑娘,而且打扮得与她的身份完全不相符,妖冶艳丽令年轻的宫女大为惊奇。平时,她为了保持头发的乌黑光亮而用宫女的唾液梳头。再者,客氏连续害死了数个曾被熹宗“临幸”过的嫔妃。例如,张裕妃快生孩子的时候,客氏竟然不给她饭吃,也不派人接生。张裕妃饥渴难耐,一个有暴雨的夜晚,爬到屋檐下接雨水喝,最后哭喊着断了气。还有三位皇子、两位皇女,都因为客氏的缘故而夭折,这与历代后妃之间争相残杀没有什么不同。如果客氏仅仅作为奶妈。可以凭借皇帝的威光在四邻中称霸,而不必与后妃争宠。第四,从客氏与魏朝、魏忠贤的关系来看,客氏是一个性欲很强的女人。前面讲的两个宦官头领入宫前,“净身”做得不彻底,刚开始客氏与魏朝私通,后来知道魏忠贤性功能强于魏朝,便又投向魏忠贤,这些事情做得很是明目张胆。那么试想,既然客氏向刑余的宦官求欢,对年轻健壮的皇帝怎么会无动于衷?客氏常常将龙卵(马的外肾)烹制好了献给熹宗,是为大补,滋补的目的难道是为了让熹宗多养几个爱妃?让皇帝多生育子女?

## 嫔妃被皇帝临幸身不由己

1.敬事房太监

皇宫里等待着皇帝宠幸的妃嫔不计其数,又有那么多宦官,当然包括一些痴男怨女,所以必须加强对性的管理,使之不至于发生负面影响。这种管理,到了明代发展得比较成熟,达到了近于制度化的水平。可是,其中不可避免地充斥着荒唐、无耻和压迫。

这种管理,首先表现在对一国之君——皇上的管理上。在明朝,设有专司即敬事房,敬事房太监是这一机构的最高官,负责安排、记载皇帝的性生活。皇帝在皇后寝宫过夜时,敬事房太监必须丝毫不差地记下年、月、日,以便为日后受胎作凭证。皇后和皇妃是不一样的,皇妃都各有一张绿牌,也就是末尾染成绿色的名牌。在敬事房太监侍候皇帝吃晚饭时,他会把十几张乃至几十张绿牌放在同一个大银盘中,和晚餐一起呈给皇上。饭后,太监就跪请旨意,如果皇帝不想到任何一个妃子那儿过夜,他会让敬事房太监“退下”。如果皇上把某个妃子的名牌翻转过来,再放回银盘,这就代表着他要到那个妃子那里去过夜。敬事房太监再把名牌交给别的太监,由他负责通知这个被选中的妃子做一些漱洗之类的准备工作。皇帝该就寝了,就帮妃子脱去全身衣服,用羽衣裹住她赤裸的身体,把她背进皇帝的寝宫。这种办法能够有效预防将暗藏的武器带入皇帝寝宫。然后,太监们就在皇帝寝宫外面守候,如果时间到了,太监就会传达一声“时间到了”,如果皇帝没有回应,他就再次提醒,如此三次,就无论如何要把妃子背回去。同时,敬事房太监要清楚地记录年、月、日,是否怀孕,这些对妃子日后的身份有至关重大的影响。

到清朝,依然承袭着这种始于明朝的制度,因为清世宗认为它对于确认子女是否是皇帝血统,对于太子的废立有很大影响,同时也可对皇帝进行一些性欲方面的约束。

由此可知,敬事房太监的权力还不小呢!大家可能认为,皇帝的性生活完全由皇帝自己说了算,但是在一些详细情节上如名牌放置、准备工作、掌握时间、运送妃子、档案记录等方面都可以做手脚、钻空子。妃子们对敬事房太监都毕恭毕敬,大献殷勤,半点不敢得罪,否则就可能倒大霉,所以巴结敬事房太监是司空见惯了的事,太监们的好处可真没少收。除此之外,在后宫中,皇后还是具有一定实权的,皇帝不能毫无顾忌地去妃子的住处,首先必须有皇后的指示后,才通知那妃子,同时,那些文件上须盖上皇后的印信才行。否则皇帝即使到了妃子门外,也不能进去。在后宫中,皇后左右着皇帝和妃子的关系。

这些制度似乎有些不近情理。明朝中兴之主——明孝宗,未纳皇妃,招致了许多大臣、王公们的极力劝谏,劝他仿照古制,招纳12个皇妃,以使皇孙满堂。当时,孝宗虽然没有反对,但最后还是由于皇后的限制而没有纳妃。所以历朝历代皇陵中,皇帝都有许多皇妃陪葬,而唯独孝宗只有皇后陪葬。

从某种意义上说，封建皇帝具有至高无上的权力，怎么还要受这种制度的约束呢？这可能是因为，如果违反了古制、祖训，大臣们就会上奏表示反对，而在这一问题上被臣下说三道四，那是十分不体面、有失尊严的。尽管这些皇帝荒淫无度，但极少有愿意背一个“淫”名的。通观明朝，只有武宗置这些制度于不顾，随心所欲，荒淫无度。而有些皇帝则是暗地里纵欲，从不敢明目张胆，如微服私访，即是一个结识民间美女的机会。清朝时，乾隆帝就三天两头地离宫去搞“性自由”。

2.女官

在内廷，女官和宦官是并列的，虽然从表面上看，她们好像不如宦官，但是即使是重权在握的宦官，如果和女官的关系不好，也只能怀才不遇。但如果女官和宦官勾结，那朝廷也得抖三抖了。

明朝的公主出阁后，就迁居到宫中的十王府。这时，皇帝就会将一个贴身服侍的“管家婆”，也就是一个老女官安置在她身边。对许多事情，这个女官都有很大的管理权。公主召见驸马从皇城宅第去宫中叙夫妻之情时，都要重金贿赂这个“管家婆”。因为倘若没有她这个中介，驸马与公主就无法相见。

由此也引发了许多不幸。明神宗亲妹妹的夫君就是因为对女官“重视”不够，导致无法与公主见面，最后怀恨而去，公主也因此孤零零地过了一辈子。无独有偶，神宗最宠爱的一位公主召驸马入宫时，她的“管家婆”正与其勾结的宦官饮酒作乐，驸马就擅自走进了宫内。老女官对此事非常气愤，便趁着酒意未消把驸马赶出宫外，但还怒气未平，于是又把公主狠狠地责骂一顿。公主气不过，打算第二天去向母后诉苦，但想不到老女官已先行一步，在母后面前恶语中伤公主，公主反被母后责备。可怜的驸马想入朝替自己讨回公道时，那个和老女官饮酒取乐的宦官早已带人守候在门外，把驸马打得浑身是血，伤痕累累。这件事闹得满城风雨，最后，驸马被冤，被人斥为无礼之徒。并对其进行再教育，并且罚他三个月内不准进入宫廷。不准与公主相见；老女官则被调职；那个宦官却依然逍遥自在。由此可知女官与宦官们是何等跋扈。

3.稳婆和医婆

除了女官以外，宫廷中还有稳婆和医婆。稳婆俗称接生婆，也常被叫作“老娘”。蒋一葵《长安客话》卷二中说道，宫廷里的稳婆都是从民间挑出来的，然后把她们登记在册，以备应急。这些稳婆除了接生以及选乳娘时派上用场之外，还重点负责宫廷选美，不仅要辨别美丑，而且要对女性做彻底检查，如乳房、皮肤、阴部等，在贞节观念很重的明代，要严格检查所选女子是否保持贞洁。

东汉皇帝刘志要娶梁莹（其哥哥梁冀是刘志的大将军）为后，那时梁莹年仅15岁。刘志随即派遣一稳婆吴姁去对梁莹进行身体检查。吴先检查梁莹的走姿，但瞧那梁莹轻移细步，举止优美，婀娜多姿。吴接着摘下她的两只耳环，散开她的发丝，查其有无脱落。继而检查其秘密部位，命其裸体，但见她皮肤滑腻，有如凝脂，冰清玉洁，如芙蓉出水，证明皮肤良好。乳房隆起，基本发育成熟，表明发育正常。肚脐优美，能容下半寸珍珠。之后，吴又检查她的前后阴处，见肛门、后阴没有异样，前阴发育正常。吴对她的腋窝与脚底都检查了，结果令人满意，于是梁莹就堂堂正正地成了皇后。

明代大大推行这种检查程序，常常是兴师动众。例如天启元年，明熹宗16岁，按传统将举行隆重婚礼，于是举国上下进行了空前绝后的选美活动。朝廷派了许多爪牙到全国各地选拔出13岁至16岁的少女五千人，在付出一些聘礼后，就让其父母过年之后把她们送到京师待选。在皇宫里，皇帝分遣太监第二次挑选，一行一百人，按年龄排好，逐个检查。第一批里一千名稍高、稍胖、稍矮、稍瘦的女子被淘汰下来。第二天，留下的女子们仍像前一天那样列队，太监们仔仔细细察看她们的眼、耳、鼻、口、头发、皮肤、脖子、肩膀、背部，并且极其挑剔，只要有一处不完美，即遣回家去。然后命她们自我介绍，以观察她们的语言表达能力和神态表情，如果说话吞吞吐吐，声音晦涩，或神情慌张，无法应对的，又被第二轮淘汰，这样就有2000民间女子被赶出宫门。第三天，太监们开始察看秀女的手脚，叫她们走几十步来察看她们的走路姿势，这样就又有1000名秀女被除名。那剩下的1000人又被稳婆带入隐蔽的屋子，“探其乳，嗅其腋，扪其肌理”，又是一番难以启齿的折腾之后，只剩300人了。这些人被禁在宫中30天左右，以便进一步察看她们的性情，进而判定她们是否贤惠大方，端庄聪明。之后，差不多有50个“聪慧压众，秀色夺人”的佳丽，被皇上封为妃嫔。50：5000，真是百里挑一。在挑选过程中稳婆的作用当然是不可或缺的。

在那时，除宫廷外，稳婆在官府里的作用也不小，如办案时给女孩验尸，检验私处的事就常常交给稳婆去做；当遇到女子遭人强奸的案子，也常常由稳婆进行检验。

医婆就是卖药给人治病的女子。明代时，由于传统的贞节观念，妇女有病不能请男医生来治，万不得已时，也只能间接搭脉观察病情，不得看女子容貌，由此，医婆就产生了。卖药治病本来是替天行道的好事，但医婆们却走家串巷，挑拨离间,不干好事。卖假药、卖春药、堕胎等是常有的事。有的还威逼利诱,以揭露隐私相逼而敲诈勒索。被选入宫中的医婆,医德、医术还行,态度认真负责,不敢马虎,但帮助那些有不可告人疾病的妃嫔宫女,帮助她们激发性欲、压抑性欲甚至堕胎。但还没有记载有医婆参与政事、控制大权、祸国殃民的。

4.幽闭的宫女生活

宫女们一旦被选入宫内便如笼中之鸟,失去自由,干一辈子苦差事,与亲人分离,不得相见。苛刻繁多的礼节、森严的规章制度、突如其来的凌辱等,黑暗至极,毫无出头之日。她们最害怕的就是生病,一旦病了,得不到医生诊治,病会愈来愈重,因为明朝律例明文规定:"宫嫔以下有疾,医者不得入,以证取药。"宫嫔既然是这种待遇,宫女就更不必说了。《明宫史》记载:在棂星门迤北、金鳌玉蛛桥西羊房夹道,有内安乐堂,"有掌司总其事者二三十人。凡宫人病老或有罪,先发此处,待年久方再发外之浣衣局也"。这句话的大体意思是,宫女和太监们生病了,或是岁数大了,或是犯了法,就被遣到这里,自生自灭。如果有极少的人偶被皇帝看中,当了皇帝的女人,身份会稍微有些与众不同,如果生了孩子还可能得到晋封,否则就会在这幽深的皇宫中度过一生。

明朝末年陈悰的《天启宫词》唱道:

六宫深锁万娇娆,多半韶华怨里消。

灯影狮龙娱永夜,君王何暇伴纤腰。

这首诗淋漓尽致地抒发了宫女的凄清怨恨的心情。在宫廷中还有一些黑暗的争宠与斗争,对宫女来说,被皇帝幸宠,也许是大祸逼身。这种情况历史上有很多记载。

宫女们居于深宫,供帝王享用,她们的命运与前朝的宫女没有差别。宫女死后,如果是那种平平常常的,一律不立墓,火葬了事。阜成门外五里许的静乐堂是明代火葬宫人的一个地方。静乐堂前有两个砖砌的小屋,无资格进墓地的宫人,都在这里被火葬。嘉靖年间有一个贵嫔花钱从农民那买了几亩地,不愿把骨灰撒到井里的,就埋在这里。在北京西便门外大约二十里的诸葛庄南边的"娆娆坟"是另一处火葬之所。清朝的刘廷玑在《国杂志》中说:"墙固垒垒,碑亦林立……每于风雨之夜,或现形,或作声,幽魂不散。"清朝初年的沈椿在《宛署杂记》中说,宫女生命垂危时,都嘱咐不要把棺材埋得太深,她们认为,埋得浅可以重新过有意义的人生。这种宫女的命运是相当令人同情的。

历史上也不乏一些宫女反抗压迫虐待的。有书记载,嘉靖帝对宫女十分残忍,稍有过错,就施以鞭笞,由此丧命的竟达二百多人。嘉靖二十一年十月十几个宫女刺杀嘉靖帝的大案就是由此发生的,历史上称之为“壬寅宫变”。宫女一般比较柔弱,由这些柔弱女子来谋杀皇帝的事的确罕见,倘若不是备受欺凌,无路可走,她们是不会孤注一掷、不顾一切的。由于宫女身份卑微,她们的名字从不载入史册,唯独这十几个宫女被载入文献,根据《明实录》记载,她们是杨金英、蓟川药、杨玉香、姚淑翠、刑翠莲、杨翠英、刘妙莲、关梅秀、陈菊花、王秀兰、张金莲、徐秋花、邓金香、张春景和黄玉莲。

## 后宫嫔妃生子后由奶妈哺育

1.帝王之家选奶妈的标准

帝王之家是如何选奶妈的呢?明朝时,北京东安门的北边,有座礼仪房,许多奶妈住在里面,专候皇宫里的调遣。礼仪房又叫“奶子府”,是旧锦衣卫的管辖范围。奶子府的总管是“提督习礼”太监,他的手下还有掌房、贴房等官。奶子府里有四十名“坐季奶口”,另外还有八十名专门登记备用的“点卯奶口”,是坐季奶口临时出现意外情况时备用的。坐季奶口因皇家的需要而随时准备进宫,不用则每三年全部更新。皇宫里嫔妃怀孕临盆是随时都有的情况,因此奶妈是皇宫里随时都可能需要的。但不管是不是可以派得上用场,奶子府里永远有四十名坐季奶口随时准备被召进宫,八十名点卯奶口被登记下来随时准备补缺,这一百二十名奶妈的更替周期是三个月。

在北京奶子府每季选奶妈的前一段时间,分别由宛平和大兴两县衙门在民间广泛地征选,标准是有丈夫的妇女,年龄介于15岁到20岁之间,丈夫和小孩都身体健康,相貌举止端庄大方,并且生下第三胎的时间不出三个月。由稳婆检查报名的奶妈,有疾病的被删除,再让司礼监以乳汁的厚薄为标准选出四十名坐季奶口,八十名点卯奶口,并注册登记。

入选的奶妈可以得到什么有利于自己的东西呢?一个人一天可以向光禄寺去领米八合、肉四两,以及由两县召商办送的生活日用品。

如果内廷将有孩子出生,就先铺好月子房,选几名坐季奶口在内直房等候。奶妈一进宫,必须先把发髻梳成宫髻,并换上宫女的衣服,在内直房等候差遣。皇家添丁后,女孩由生女胎的奶妈来喂养;男孩由生男胎的奶妈来喂养,刚开始是由几个奶妈轮着喂养,专门的奶妈将在一个月之后选定。

入选奶子府是一件很值得炫耀的事,如果成为皇太子的奶妈,一生的荣华富贵便享受不尽,死后还有厚葬、封诰、专人守坟、报情报功等很多待遇。即使不能喂皇太子,但只要被召入宫,穿过宫装,将来回到民间便可比乡里的人高贵好几倍,争着请她们当自己小孩奶妈的富人更是络绎不绝。由于这个原因,每年每季朝廷选奶妈时,报名的都很积极。

但是皇家的奶妈也有很多说不出口的苦衷。平时照顾婴儿要分外留心,绝对不能有丝毫差错,甚至奶妈吃什么东西都要受到严格的限制。奶妈每天必须要吃许多既不放盐,又十分油腻肥厚的东西来保证自己有充足的奶水。因为按照古老的说法,吃了咸的东西产生的乳汁对婴儿健康有影响。例如清宣统皇帝的奶妈王二嬷,为了奶大溥仪,每天都吃一碗不放盐的肘子,连续吃了九年,直到溥仪断奶为止。

2.受封的奶妈

奶妈虽然身份低下,可是因为肩负着养育贵公子的重任,所以地位很高。晚明人凌蒙初写的短篇小说集《拍案惊奇》卷二十中,在“李克让竟达定函,刘之普双生贵子”那一回里。刘家的奶妈在小丫鬟不小心跌哭了小公子时,仗势破口大骂丫鬟,显得十分神气。这种情形是很常见的。

富贵人家的奶妈尚且如此,在皇宫里哺育太子的奶妈,地位当然更加显赫,哺育太子的奶妈被封官之类的事情屡见不鲜。例如东汉安帝封奶妈王氏为“野王君”,顺帝封奶妈宋氏为“山阳君”,灵帝封乳母赵娆为“平氏君”。唐中宗封乳母干氏为“平恩郡夫人”,封乳母高氏为“脩国夫人”,睿宗封其子(玄宗)乳母蒋氏为“吴国夫人”,莫氏为“燕国夫人”。元朝时,世祖封皇子燕王乳母赵氏为“豳国夫人”,甚至连乳母的丈夫巩性禄也被封为“性育公”。成宗封乳母之丈夫为“寿国公”,仁宗封乳母丈夫杨性荣为“云国公”,英宗时封乳母为“定襄郡夫人”,其夫阿来为“定襄郡王”。明朝时,明成祖封乳母冯氏为“保重贤顺夫人”等等,都是这一方面的极好的佐证。

奶妈由于受到宠幸而变得骄横跋扈,做出不符当时法令的事,历代也是不乏其人。西汉武帝的奶妈,由于在宫外胡作非为而受到汉武帝的追究,她求东方朔给她想办法。东方朔对她说:“当皇帝宣你去,下令惩罚时,你什么话也不用说,只要在临走时装作十分不舍的样子再三地回头看皇上就可以了,这样子说不定能救你。”奶妈听了东方朔的话,站在武帝身边的东方朔趁机开口了:“你还看什么？现在皇帝依靠吃你的奶而活吗?”汉武帝听后,想起奶妈哺乳的恩情,动了恻隐之心,便下令赦免了她的罪,她因此逃脱了惩罚。

东汉灵帝的奶妈赵娆因为跟宦官曾节、王甫有过节,便设计将他俩陷害入狱,其跋扈程度可见一斑。

南北朝时的北魏,宫廷中有一种极为残忍的制度。拓跋氏认识到东汉时太后、外戚宦官祸乱朝政的危害,害怕自己的国家重蹈覆辙,规定立太子后,太子的母亲赐死,防止外戚或宦官利用皇太后干政而带来恶果。北魏道武帝将立明元为太子的时候,便把太子叫来对他说:“以前汉武帝册立他的儿子为太子,却将儿子的母亲杀死了,是不想让她干预朝政。你将继承皇位,我也应该像汉武帝那样做。”明元母刘贵人于是被赐死,从此这便作为一条法令传了下来。

母后赐死却给奶妈带来极大的好处。因为没有太后,奶妈便被尊称为“保太后”。明元帝的儿子太武帝的保姆窦氏,本来因丈夫犯法而进入皇宫,后来成了太武帝的保姆,等太武帝当上皇帝后便尊为保太后。后来竟然又被尊为皇太后,太武帝的生母被赐死是她尊贵的主要原因。

太武帝的儿子文成帝,也因奶妈常氏劳苦功高,即位后便尊为保太后,再后来进为皇太后。当时文成帝妃李氏所生的儿子子洪(即后来继位的献文帝),将立为太子,做皇太后的奶妈竟依惯例,下令将李氏赐死,其权势之威赫可见一斑。

3.太监与奶妈狼狈为奸

奶妈一般仅仅是飞扬跋扈而已,明熹宗的乳母客氏,勾结东厂太监魏忠贤,在宫中无恶不作,则直接危及朝廷的生存和国家的安全了。

客氏的丈夫是定县县民候二,客氏十八岁时进宫做了熹宗的奶妈,候二在两年之后死了,于是客氏成了寡妇。明熹宗当皇帝的时候是十六岁,即位后一个月之内,便依先前的做法封奶妈客氏为“奉重夫人”,她的儿子候国典、候光先也因此享尽了荣华富贵。

魏忠贤

受封后的客氏,在宫中毫无顾忌,随心所欲。据清初人谷应泰《明史纪事本末》卷七十一记载,客氏在宫中,也要乘坐小巧的轿子,由宦官在一边侍候着她,地位身份跟嫔妃差不多,在她过生日的时候,皇帝必定亲自去看她，并陪她喝酒，即使是宫中的贵族也比不上她。客氏回自己家时，内侍宦官王朝忠等数十人着红玉带前驱，客氏盛服倩妆，彩舆由嘉德门经月华门，至乾清宫前亦不下舆……随从的人数盛况空前，黄白相间，衣服华丽，俨然天上的神仙。客氏回到家后，坐在大厅里，从管事到身边的贴身丫头，轮流给她磕头，"太祖太太千岁"的呼声不绝于耳，无论是谁，一律赏钱。而皇帝平时赏赐客氏的金币珍玩更是多得不计其数。

奶妈客氏这样猖狂，皇帝熹宗为何不闻不问呢？原来熹宗是个无能愚蠢的皇帝。他平时对政事提不起一点精神，却有一手手工绝活，每日忙着制造各种手工艺品，做成的木器连巧匠也觉得比之逊色三分。权宦魏忠贤往往在熹宗忙着做木工的时候，站在一边传奏上书。皇帝经常不耐烦地听完后说："你们认真做你们的事情去吧，我知道了。"魏忠贤因而得以在宫中横行霸道，独断专权。

熹宗的裕妃张氏因为惹恼了客氏，被关在别宫里，客氏要活活饿死她。饿了几天，遇到下雨，实在支撑不住的张氏爬着去楼檐喝雨水解渴，但由于雨水太脏，以至于细菌侵入了她的体内，又因为身体虚弱，便死了。熹宗皇后张氏怀孕之后，客氏暗暗地派遣自己的心腹，用邪恶的手段让张氏流产，熹宗因而后继无人。她甚至趁皇帝出宫郊游时把皇帝的宠妃冯贵妃杀害，皇帝也拿她没办法。

熹宗死后，他的弟弟明思宗即位，魏忠贤被放逐之后死在了半路上；客氏被抄家，然而在其家发现了七个怀孕的宫人。原来熹宗在死之前没有继承皇位的人，客氏想效法吕不韦，令自家女侍和一些风流、无所事事的男人苟合怀孕后，装成宫女出入后宫，准备找个机会冒称是熹宗的"龙种"。没想到熹宗死得太快，这个阴谋没法实施，于是又匆匆把这些人召回家。明思宗查明真相后大发雷霆，把客氏提到浣衣局活活打死，家属也全部斩首示众。后来明朝重新颁布命令，要求奶妈在皇子七岁的时候，必须离开皇宫。

## 历代殉葬的嫔妃不胜枚举

### 1.后妃殉葬始于虞夏殷商

从虞夏殷商之际开始，后妃便被中国的专制帝王用来殉葬，直到清朝，这个制度实施了几千年。1935 年殷墟考古团报告称：殷朝习惯以人殉葬，在西区大墓道中发现许多排列整齐的无头之尸，及没有身体的头颅。在东区小墓中，发现专埋人头骨及专埋肢体骨的墓穴。

殷商甲骨文专家董作宾考察报告称：在殷墟西区八个大墓中，以第一个亚形墓中的殉器物又多又贵重，从其杀人最多来看，应该是一个很出名的君主……由此，我们完全可以想象，当一个君王驾崩之后……必须为他举行一个盛况空前的葬礼，把他生前一切享用，都送进他的坟墓中去。

“他生前一切享用”，其中最重要的部分就是他的美妻艳妾。把这些好端端活着的人推到坟墓中去殉葬，就是为了保证他的“灵魂”可以永远“使用”她们。

周幽王死了数百年之后，人们发掘坟墓的时候，发现了他和殉葬者们的尸体。

幽王的坟墓又高又结实。墓门打开之后，所看到的都是石垩。挖掘了将近有一丈深的时候，可以看见云母。再挖深几尺，有数百具尸体纵横交错，都没有腐烂。

其中只有一个是男子，其余的都是女子，有的站着，有的坐着，还有的躺着。所穿衣服以及神色跟活人一样。

2.东周晚期以后殉葬盛行

东周晚期。诸侯不再服从周王的命令，殉葬十分盛行，在有所记载的书中，最著名的有秦穆公，秦穆公死了之后，葬礼非常隆重，陪葬的人有一百七十七人之多。

为秦穆公殉葬的一百七十七个人中，最主要的是他的后宫姬妾，也有忠实的大臣如奄息、仲行和鍼虎。秦人为了纪念三位良臣，作了一首《黄鸟》诗讽刺秦穆公。史学家司马迁、应劭、张守节，儒者朱熹，都批评过这种没有人性的做法。

但是，在秦国用活人殉葬的先例并不是从秦穆公开始的。秦穆公的伯父秦武公开了以活人殉葬的先例。武公死了之后被埋葬在平阳。开始用人殉葬，陪葬的有六十六人。

秦武公和秦穆公只是诸侯王，秦始皇嬴政，则是皇帝了，他死时殉葬的规模更是史无前例的。

秦始皇的后宫，除了有子女的不宜殉葬之外，其余的都被强令陪葬，陪葬的人数非常多。

据《史记·秦始皇本纪》载，秦始皇“后宫列一万多人，气上冲于天”。对此，宋代的学士朱熹感叹道：唉，旧的礼俗的缺陷啊！秦始皇死了之后，他的妃子都被迫殉葬，工匠死在墓中，有什么可以奇怪的呢？

秦朝灭亡，西汉建立，帝王照样让自己的妻妾妃子殉葬。

汉武帝时，从民间选数千人做妃子，等他死了以后，把这些人都送入了陵墓。

晋人张华曾记载：汉朝末年，关中出现了战乱，有挖掘西汉的陵墓，发现有的宫女竟然活着，出来以后，又像正常人一样。

张华所记非常奇怪。如果“汉末”是东汉末年，其所说的似乎可以让人相信。百十年期间，陵寝内部极宽阔，空气流通，内藏金鼎、玉樽、鱼鳖、牛马、禽鸟之类，食物充足，不会因饥饿和窒息而死。

两汉、魏晋、六朝、隋唐、宋辽金等朝，沿袭了用后宫活人殉葬的做法，至元代达到最高峰：

蒙古大汗死的时候，杀最好的马让大汉来世享用。

蒙兀死的时候，送葬的途中，只要在路上遇见的人便被杀死，总数在两万人以上。

蒙古部落首领都叫作“可汗”。“大汗”是元帝国的皇帝。元宪宗蒙哥即蒙兀，蒙哥的祖父元太祖成吉思汗驾崩时，经过灵柩的地方，所遇之人全都被杀死，所以，这并不是蒙哥的首创，而是沿用祖制。

将领们在将成吉思汗的棺材运回蒙古的时候，对其死的消息十分保密，在途上，遇到的人也全部被杀死。

那么，究竟在途中杀死了多少人呢？史书也没有详细记录。元太祖成吉思汗在征战中死去，其灵车从死处到葬地，大约有一万里的路程，所遇之人全都被杀了，那数字大得实在是难以计算。铁木真还用美女和良马陪葬，杀了四十个出身名门的美女以及属于大汗的骏马。

真正的殉葬者是贵族美女和骏马。运灵途中被杀的人，不过是为了“秘其丧”而被冤杀的。专制君王把人的生命看得一文不值，竟至于如此。

朱明王朝建立后，沿袭元朝的旧俗，殉葬之风极为盛行。从首任帝王明太祖朱元璋至明宣宗朱瞻基六任皇帝，前后总共六十年间，均用后宫活人殉葬。史称：

正统元年八月，追赠：

皇庶母惠妃何氏为贵妃，谥端静，

赵氏为贤妃，谥纯静，

吴氏为惠妃,谥贞顺,

焦氏为淑妃,谥庄静,

曹氏为敬妃,谥庄顺,

徐氏为顺妃,谥贞惠,

袁氏为丽妃,谥恭定,

诸氏为淑妃,谥贞静,

李氏为充妃,谥恭顺,

何氏为成妃,谥肃僖。

册文曰:“兹委身而蹈义,随龙驭以上宾,宜荐徽称,用彰节行。”盖宣宗殉葬宫妃也。

宣宗即明宣宗朱瞻基。正统是朱瞻基的儿子,即明英宗朱祁镇。这段文字做了如下的记录:朱瞻基死时,新即位的皇帝朱祁镇在为他父亲举行盛大的葬礼的同时,又将他的庶母等十人杀死为其父陪葬。在名义上又表彰她们“委身蹈义”,给她们追加谥号(美名)。历史还记载:

初,太祖(朱元璋)崩,宫人多从死者。

建文、永乐时,相继优恤。若张凤、李稀、赵福、张璧、汪宾诸家,皆自锦衣卫所试百户、静骑带刀舍人,进为千百户,带俸世袭,人谓之“朝天女户”。

这段文字讲的是明朝首任帝王朱元璋用宫人殉葬,她们的父兄们从中得到好处和恩惠,原来的锦衣卫等小官变成了高级官吏,并且封为世袭之官,人们称这些人家是明太祖之“朝天女户”——因为他们的女儿活活被埋入朱元璋的坟墓去“朝天”了。

在朱元璋之后,他的后代子孙继续沿用前人的先例,在明成祖之后,明仁宗,明宣宗都用活人来陪葬。并且不但最高统治者死时以宫人殉葬,诸侯王死后,后宫姬妾也要为他殉葬景帝以簏王薨,犹用其制,盖当时王府皆然。

景帝,即明朝第七任皇帝朱祁钰,后来成为廊王。朱祁钰死时,还是继续用活人殉葬。并且当时的诸侯王都这样。

前面所说的明英宗朱祁镇在《册文》中称赞为其父殉葬的宫嫔们“委身蹈义”,好像她们真是心甘情愿活活地跳入坟墓而奋勇献身的,但事实上并不是这个样子。明成祖朱棣生前,非常宠爱一个姓韩的妃子。韩妃是朝鲜美女,是朝鲜的贡品。与她一起来的朝鲜女子还有权氏、任氏、李氏、崔氏等许多人,朱棣死,殉葬的后宫美女约有数十人,韩氏也是其中的一个。朝鲜史很详细地记叙了这件事的经过：

明成祖朱棣死后，挑选了三十多个女人为他陪葬。她们死的那天，宫中设宴为她们送行，她们吃完之后，跟随主持此事的宦官来到一间大厅里。当她们知道她们要在这儿死的时候，禁不住号啕大哭起来，哭声震天。这间厅堂里有很多大床和小床，宦官让她们站到床上去。房顶上有几十个绳圈悬吊着，她们被逼着把头伸入圈中。宦官们把床撤去，她们就被活活地吊死了。朱棣的爱妃韩氏在快死的时候，哭喊着对她的乳母金黑说："娘，我要离开！娘，我要离开！"她的喊声还没有停止，床就被宦官撤掉了，韩氏与崔氏等人都死了。当她们刚刚被领到大厅的时候，朱棣的儿子、新即位的皇帝朱高炽（明仁宗）来和她们告别。韩氏哭着哀求说："我的母亲年纪大了，我愿意回家去侍候她。"朱高炽答应了她，并且好言安慰她。但是，这是骗她的。韩氏最终还是成了朱棣的陪葬品。

上面文字中提到的金黑，是韩氏的乳母，当初随年幼的韩氏从朝鲜而来。明人王世桢《弇山堂别集》记载，她们来中国时大概是"永乐年中"，即在1415年前后，韩氏最多不超过十二三岁。而她的丈夫朱棣却已经五十五岁。十年以后，韩氏被逼为朱棣殉葬时，只有二十二三岁吧。

韩氏死后，金黑又在中国生活了大约二三十年，其间经历了永乐、洪熙、宣德三代，正统年间受到恩准，回到故乡朝鲜去了。上述引文，应该是她回国后的回忆。

3.殉葬自明英宋开始逐步废止

前面曾引《明史》记载，明朝的皇帝和诸侯王都在死后用嫔妃们殉葬。到明英宗朱祁镇做了皇帝以后，他向其父朱瞻基的嫔妃诀别时，毫无疑问，他也经历了那样"哭声震殿阁"的悲惨场面，当时，朱祁镇只是一个九岁的小孩子，那个场面极大地震动了他，他一生都没有忘记。十三岁那年，朱祁镇的哥哥朱有燉去世。朱祁镇不允许用宫人为朱有燉殉葬。他给另一位哥哥朱有爋写了一封信。史载：英宗赐其吊有爋书曰："王（周王朱有燉）在日，尝奏：身后务从俭约，纪夫人以下，不必从死。"然，燉死，妃巩氏、夫人施氏、欧氏、陈氏、张氏、韩氏、李氏、氏死殉。

此事，明人王世桢也记录得很详细：

正统年六月，周王有燉薨，无子。乙酉，上（朱祁镇）贻书王弟祥符迁有爋，令其自夫人以下不必从死，年少有父母者，各遣归其家。

又十日，乙未，宪王府以正室巩氏等死殉事闻，赐谥贞顺，赠夫人。予祭及葬，用一品礼。

这两段引文的说法是一样的。周王朱有燉死了之后，明英宗朱祁镇给兄弟朱有爝写信，明确禁止殉葬这一做法，结果，朱有燉的正妻和庶妻们还是免不了殉葬的命运。朱祁镇只好依照旧俗表彰她们。

那么，朱祁镇的命令为什么没有起作用呢？王世桢及明史都说是不知道皇上的命令。这可能是真的，因为"禁令"是写给祥符王朱有燉的，周王府没有及时地知道这个消息。但更可能的是，以活人殉葬是千百年来沿袭的制度，违背它是朝廷及各宗室诸侯王都不愿意做的。尽管他们生前表示过要"务从俭约，不必从死"，但是真正做起来就不是这个样子了。

明朝的殉葬制度，从明英宗朱祁镇开始被废止。他虽然阻止不了朱有墩，但他可以让自己不去做同样的事。朱祁镇死前留下遗嘱：用活人殉葬，让我实在不忍心，这样的事从我开始禁止。

于是从朱祁镇开始，明朝的殉葬制度取消，但是后来仍有人违反。王世桢举了两个例子。

这两个例子分别发生在成化四年（公元 1468 年）和成化二十二年（公元 1486 年），是明英宗的儿子明宪宗时代的事情。第一个是辽王朱豪盛上奏皇帝，请求皇帝说，他儿子朱恩铺死了，想要以他的妻冯氏、妾曹氏殉葬，希望朝廷能够答应。明宪宗朱见深对奏折大为恼火，回信对辽王严加批评，并且派人保护冯氏和曹氏，不得被拿去殉葬。

第二个例子发生在十八年后，宁河王的宫人王氏、杨氏、张氏、段氏因宁河王的死而"自杀"。这件事上报皇帝后，皇帝朱见深褒奖了她们的行为，封她们为"夫人"，赐以祭礼和葬仪。但是，这些宫人们实际上是"从死"殉葬的。朱见深或许是被欺骗了，或者虽然知道却并没有追究。毕竟历史的弊端也不是一时能革除的。

满清专制王朝建立之后，以活人殉葬之风又盛行了将近五十年。

清太祖努尔哈赤驾崩，他的皇后纳拉氏和庶妃阿济根和代因扎为他殉葬。史书上说：

天命十一年七月，太祖有疾，浴于汤泉。八月，疾大渐。乘舟自太子河，召大妃纳拉氏出迎，入浑河。庚戌，舟次艾鸡堡，同崩。辛亥，大妃殉葬，年三十七。同殉者二庶妃。

《太祖实录》中的皇后兀拉氏就是大妃纳拉氏。早年,清太祖努尔哈赤创建政权的时候,被他灭掉的地方部落首领的女儿都成为他的妻妾。清太祖的元妃佟佳氏、继妃富察氏、高皇后纳拉氏,都在大妃纳拉氏之前成为清太祖的妻妾。高皇后纳拉氏的儿子皇太极,为努尔哈赤的第四个儿子。高皇后很早就死了,死时年仅二十九岁,纳拉氏于是被册立为皇后,即为上面引文中提到的殉葬者。

纳拉氏皇后为纳拉国满泰贝勒的女儿,归于清太祖时,才十二岁。她有三个儿子,分别是:阿济哥、多尔衮和多铎。清太祖努尔哈赤是六十岁的时候死的,当时纳拉氏皇后年仅三十七岁。纳拉氏机智聪明,美丽大方,在清太祖晚年很受宠爱。

清太祖生前规定不予先立太子,而以王子中的最为贤明者作为继承人。临终时,因为他最宠爱纳拉氏皇后,自然也最眷爱她生的少子多尔衮。多尔衮是他的第九个儿子,称"九王"。清太祖有意立"九王"为嗣君,九王年龄小,太祖命令长子大贝勒代善协助处理政事,等九王长大以后,再还权于九王。

清太祖死时,他的儿子们(除九王之外)都已长大成人,都想做皇帝,因此他们之间的矛盾十分尖锐。大贝勒代善性格老实,没有威严,而四贝勒皇太极阴险狡诈,广结党羽。皇太极强令代善让位于他。皇太极做了皇帝,就是清太宗。

清太宗的继位,违背了他父亲清太祖的本意。而纳拉氏知道皇上本来想立多尔衮为继承人,皇太极害怕纳拉氏作乱,为了解除后顾之忧,就通过各种手段强迫纳拉氏自杀。

太祖实录中记载,皇太极的生母死了之后,纳拉氏被立为皇后。

纳拉氏虽然很漂亮,可是嫉妒心很强,皇帝经常被她惹得不高兴,觉得她是一个隐患。于是在临死之前立下遗嘱,让纳拉氏为他陪葬。

纳拉氏虽然不愿,可是帝命不可违,只好违心而死,死前请求诸大臣照顾她的儿子多尔衮和多铎。

纳拉氏死的时候三十七岁,和皇上同处一个棺材,同时陪葬的还有阿济根,代因扎两个妃子。

《实录》编于清太宗天聪十年,是站在皇太极的立场上说话的。细读这段文字,就不难发现很多疑问。第一,大妃纳拉氏美艳多姿,是清太祖最宠爱的,只会引起后宫的嫉妒,她嫉妒别人是不可能的。第二,里面所说的清太祖因为不高兴而觉得她会作乱,从而告诉诸王在他死后让纳拉氏为他殉葬。这是不必要的。如果真想杀她,为什么又会等到死后才杀呢?第三,殉葬的嫔妃,往往是帝王所宠爱的女人。她们生前已经为他所讨厌,那么他死后也不愿意和她们呆在一起。第四,清太祖最爱少子多尔衮,因此他临终时遗命大贝勒代善摄政,为后来移交帝位给多尔衮做准备,这是不可违背的历史史实。那么,清太祖又怎么会让对多尔衮将来成长和继位起重大作用的纳拉氏为他陪葬呢?

引文真实之处也有两点:当诸王们向纳拉氏说清太祖遗命以她殉葬时,她犹豫不决。首先,纳拉氏还不想那么快就死;其次,纳拉氏明白,这遗命是假的。她不想服从假造的遗诏。但是现在的她已没有庇护所,她只有照着去做。这时,小儿子多尔衮和多铎的生命最让她担心,所以,为了保全他的两个儿子她没有反抗,她立即穿上“礼服”,走向死亡,她提出的别杀多铎和多尔衮的请求也得到了允许。

纳拉氏是专制统治下宫廷斗争的牺牲品,这一点,不是最初“殉葬”的真正含义,就像前面所说的那样,古代的殉葬的目的,是为了帝王死后的灵魂在天国继续享用他们生前所享受过的东西。有些帝王认为殉葬过于残酷,不想让他所爱的人为他而死,可是别人却出于夺权的目的硬要逼她殉葬,如果他们真地下有知的话,他们又该怎么做呢?

作为殉葬者的纳拉氏,得以“乃与帝同柩”,这是皇太极给她的特殊的待遇。因为一般从死者,不可以和她的丈夫同一个棺材,必须另外装殓而葬。这位生前不为皇帝喜欢的女人,死后却享有“与帝同柩”的恩宠和幸福,令人感到不可思议。另外一点也值得注意,以皇后作殉葬者,在历史上是很少见的。古代帝王一般只以嫔妃从死,皇后却很难从死的。

满清入关后的第一任皇帝顺治也以妃嫔从死殉葬。顺治棺柩在前,嫔妃的棺柩在后,一同出殡。看过顺治丧礼的中书舍人张宸记说:“皇帝后面的棺材是贞妃的棺材,用紫花绸缎覆盖,大概因为从先帝而死,所以赐她的谥号为‘贞妃’。”

后宫女有三十多人为顺治从死殉葬。康熙皇帝对此深恶痛绝,严令禁止。自此之后,这种风气才杜绝。以活人殉葬的野蛮风俗在中国历史上终告停止。这时候已是 18 世纪初了。

## 普通宫女的生活

1.初入宫廷

皇帝有三宫六院，有数不清的嫔妃，这些嫔妃平日的生活，都需要有人照料。请男人吧，皇帝怕戴绿帽子，请太监也不能都照顾周到，皇家便不定期地从民间征选宫女。

皇帝究竟需要多少宫女？各个朝代都不定。汉灵帝、晋武帝、宋苍梧王、齐东昏侯、陈后主、隋炀帝、唐玄宗、金海陵王等几个皇帝时比较多，宫女总人数在万人以上。明人谢肇淛《五卷俎》卷八上记载，唐明皇当政时，长安城中的大内、大明、兴庆三宫，再加上东都的大内、上阳两官，这五个官的宫女就有四万人。

别的朝代都比较少，但至少也有一千人。其少又以清朝为最，据近代的瞿兑之《人物风俗制度丛谈》里《清后宫之制》记载，宫女的分配并不是相同的，皇太后十二人，皇后十人，皇贵妃各分八人，妃嫔分得六人，贵人分得四人，常在分得三人，答应只有两名。这些宫女都是从世家或宿卫家里无事的女孩中挑选出来的。

清朝宫女为什么少？是因为清人不信任汉族女子，怕汉族宫女夺权、泄密，宫女一般都是由八旗女子轮流着去担当的。

朝廷的宫女一般三年一选，叫作“选秀女”，但也要根据实际需要而定。

清朝的宫女全部都是从旗族女孩中选出来的，这件事由内务府负责。只要是贫困旗族家里的女孩子，年龄在八岁到十四岁之间，都可到内务府申请报名登记，由内务府通知参加初选。初选时，只要五官端正、口齿清晰、行动敏捷，都可以通过，然后册送入宫。复选是由皇后指派贵人、嫔妃率领嬷嬷们主持，一旦被选中，就由内务府跟宫女家属签订契约，立下凭证。

宫女进了宫，首先就得剃头洗澡，把头发全部剃光，算是小宫女，等年纪稍长一点，灵巧一点了，上头的人准许留发，才能把头发留起来。

刚选进来的宫女，最大的忌讳是尿床，可是这些没见过世面的女孩，刚来到新的环境，整天生活在紧张严肃的气氛中，即使是一些平素不尿床的，到了宫里也会犯这个忌。如果谁一个月里尿床三次或更多，就会被赶出宫去。

管理宫女的是伺候嫔妃的嬷嬷们，嬷嬷分管事嬷嬷、细做嬷嬷、粗做嬷嬷等等，分别教宫女打粉底、搽雪花膏等化妆术和应付进退的宫廷礼仪。聪明机灵的经过三个月的学习就可以值班当差了。当了差，就可以拿月例（工钱），最低四两，最高二十两，而且内务府还提供衣履、花粉和饭。

宫女的月例没有什么标准，也许本来拿八两银子，因某一件事做得好，下个月就拿二十两，也可能因某一件事违背了主子的意思，月例由二十两降到最低，其实宫女并不在乎月例的多少，她们的主要收入来源于各宫的赏赐。

宫女在宫里当差，每月有一次家属进宫探望的机会，宫女会见家属的地方就在北平故宫顺贞门外通道上那一排又小又矮的房子中。

最得宠的宫女昼夜不离地伺候主子，一般宫女并不是每天都有差要当，有三天一次的、有五天一次的，越红的宫女，当差的机会就越多。所得的钱就越多。宫女当差，不能出丝毫差错，生活过得都非常紧张，所以轮到休班、放假的时候，大家都要好好地轻松一番。

2.宫女大摆“风流阵”

在节日及其庆祝方式方面，宫廷中与宫外的不太一样。正月上辰、三月上已、七夕、八月四日、九月九日、十月十五日，都是汉朝皇宫里很隆重的节日，都要举行许多别致的活动来庆祝。晋代的葛洪在《西京杂记》有这方面的记载，大意为：戚夫人（汉高祖宠妃）让贾佩兰出宫之后嫁给扶风一位书生当妻子，……（贾佩兰）说在宫内时，曾经弹奏或吹奏一些乐器伴舞、唱歌进行娱乐，意思是使妖怪屈服，使美好的时光更加有趣。十月十五日，一起到灵女庙去，用豚肉、黍供奉神，吹笛，敲击筑，唱上灵的歌曲，然后一起手挽着手，脚踏地为节拍，歌唱红色的凤凰的到来。到了七月七日，到百子池边上，演奏于阗乐，等演奏完了，用五色的丝线把人相系，这叫“相连爱”。八月四日，从北边的房子里出来，围着竹子下围棋，赢了就一年有福，输了就一年有疾病，手拿五色丝线对着北辰星祈求长命就可以免灾了。八月九日，戴茱萸，吃蓬饵，喝菊花酒，可以使人长寿。菊花开时，将它的茎叶和黍末一起酿造，到第二年九月九日才好，所以叫它“菊花酒”。正月初，到池边洗澡，吃蓬饵可以驱除妖气。三月中旬，在流水边弹奏乐器。这样就过了一年了。

唐代宫中的娱乐，以唐玄宗时为代表。五代人王仁《开元天宝遗事》里记载唐玄宗时后宫娱乐，有射角黍、阵仗戏等等。宫中每到端午节，用面粉将角黍包在里面，然后放在金盘子中，用箭射盘里的面粉团，射中的人就可以吃。但那些粉团很滑不好射，所以大家对这项游戏很感兴趣。

唐明皇与杨贵妃喝酒喝到最高兴的时候，就命贵妃率领一百多名宫女，自己率领一百多名贵人，在庭院中排开两阵，叫作"风流阵"，用霞帔当旗帜，互相攻击，输了的就用大酒杯喝一大杯酒，互相逗笑。

明清时，斗叶子很流行，这种纸牌很受宫女们的喜爱。宫中的纸牌，是太监们闲下来的时候，自己刻板印制的，牌分大、中、小三种，不但画面非常清晰，而且绝不褪色，和坊间的制品比，当然好看精致数倍。

除了斗叶子，宫女们还喜欢升官图一类的纸上游戏。

更有趣的，还有宫女和太监在宫里玩"上菜市场"的游戏。梁元帝《金楼子》说，汉灵帝在后宫开了许多铺子，有许多民间女子来做买卖，偷盗的情况多了起来，争斗的声音都传到了宫外。皇帝有时穿着商人的衣服，在铺子喝酒吃饭。五代十国时，王宗衍也下命令在宫中开铺子做买卖，命令嫔妃穿青布衫，挂帘子卖米，男男女女陆陆续续地出入其中，皇帝经常与嫔妃一起以此为乐。

3.如何排解性苦闷？

"男大当婚，女大当嫁"，宫女们的生活其实很苦闷，其主要原因就是得不到异性的慰藉和爱情的滋润。

正因为宫女生活寂寞无聊，得不到爱情的滋润，"缝袍赠诗"和宫女"红叶题诗"的故事就发生了。

什么是"缝袍赠诗"呢？唐玄宗时，命令宫女缝战袍给御边的将士穿，有一个士兵发现战袍里藏了一首诗："沙场征战客，寒夜苦为眠。战袍经手作，知落向谁边？蓄意多添线，含情更著棉。今生已过也，领结后生缘。"这个士兵将这件事报告给主帅，主帅又将它报告给了玄宗。玄宗问宫女是谁作的诗，并保证绝不怪罪。有个宫女承认了，玄宗怜悯地把她嫁给了那个幸运地得到这首诗的士兵。

"红叶题诗"又是怎么一回事呢？一位姓韩的宫女，在一片红色的枫叶上写下了一首诗："流水何向急？深宫尽日闲。殷勤谢红叶，好去到人间。"枫叶从宫中的沟里流出宫，被读书人于祐所得，他很有感触地在另一张枫叶上题道："曾闻枫叶题红怨，叶上题诗寄阿谁？"而后把它从宫中水沟的上游流进宫去，没想到这片红叶竟然被韩氏所得，更没想到韩氏二十五岁被放出宫后，居然嫁给了于祐。这一段枫叶缘，真是令人慨叹。

关于宫女在深宫中的性苦闷，明代洪昇的杂剧《长生殿》曾对此加以描绘过。书中第二十一出"窥浴"对宫女偷看唐玄宗和杨贵妃一起洗澡的描写里，开场“字字双”借宫女的口说：自己从小生下来就非常美丽。后来进宫当了宫女，在宫女中也是数一数二的，每次在台阶前碰到太监，总要聊一会。伸手去摸他的裤边，却什么也摸不着。形容宫女很无奈，竟吃起不算男人的太监的豆腐。

“窥浴”中有一段对话是在太监与宫女之间进行的，说两名宫女偷看明皇与杨妃共浴，正看得高兴，一旁的太监走过来调戏她们说：“两位姐姐看得高兴呵！也让我们看看。”宫女说：“我们伺候娘娘洗浴，有什么好高兴的？”太监笑说：“只怕不是伺候娘娘，而是在那里偷看万岁爷哩！”一语道出了宫女们的性饥渴。

正因为宫女们得不到异性的慰藉，渴望爱的她们只好与宫中太监结为假夫妻（称“莱户”），对这种缺憾进行稍微的弥补。清初人秦征兰在《天启宫语·注》中说官里“莱户”就像老百姓中的夫妻一样。清初人毛奇龄《西河诗话》也记载明代时，太监与宫女，都有结为夫妇的，叫作“对食”，又叫“莱户”。如果只是临时夫妻，叫作“白浪子”。由此可见宫女与太监匹配为夫妻，在明朝时不再是秘密了。

皇帝不干涉此事吗？他们似乎采取充耳不闻的态度，因为太监终究不是真正的男人，办不了什么大事。何况这些宫女数目太多，皇帝们自己根本无暇“照顾”，何不顺水推舟做个“顺水人情”呢？《明史》卷一一四《懿安后传》中载，没有儿女的宫女，就在宫中选择一个太监当伴侣，称为“莱户”，而且两个人相亲相爱，财产都故在一处，跟真正的夫妇一样。妃嫔以下的宫女很多都选了太监，组成这样的家庭。

国学经典文库

# 中国古代情史

探究帝妃的隐私　为女性立传著说

图文珍藏版

马昊宸⊙主编

线装书局

中国古代情史

# 先秦情史

马昊宸⊙主编

綫裝書局

# 夏桀和妺喜酒池肉林尽风流

## 妺喜艳装入宫

夏桀讨伐了彤庭，威巡天下，回来后天天寻欢作乐，仍不满足。先王在时，命桀娶洛氏之女为妃，即洛元妃。洛元妃貌美而严肃，神态温和、举止端庄，是贤德的后妃。但与桀性情不合，相处并不很融洽。前年桀巡狩回来，带回很多美貌女子。桀在内院大摆宴席并且让元妃相陪。命诸美人歌舞行酒，桀指着一个非常美者，对元妃说："此女子亦和卿一样美丽。"元妃避席，面谢说："妾闻事君以德，未闻以色也。"桀默然不悦。

又去岁春，百花灿烂，桀携元妃同游内苑。见双蝶相合，桀狎元妃："此物亦有人的性情，交互媚悦，奈何朕与卿不似此般？"元妃敛衽正色曰："君王乃万方之主，为万民所仪型。若内廷正闺肃阃，则万方顾化而成治；若亵狎不检，自身不正，则会内宫淫乱，国家动乱，天下之人叛乱！"桀说："这里会有谁看见、听见呢？"元妃说："国君的言谈举止，有细微的差错便会天下皆知，内宫中若有，外面必会得知。故古之帝王，德谨于微而治起于闺阃也。"桀又默然不悦。桀虽不悦，却没有正理，亦不敢诟怒元妃。宫中诸美人虽多，不过只是歌舞之媚色罢了，却没有知书识礼、能言能作、可以御众女而代替元妃的人。桀又时引幸臣侯知性、武能言二人入宫，巧言令色，调皮说谎，元妃又恶之，经常将其赶出宫去。桀心又不悦。

一天晚上在内宫设宴时，桀又狎元妃，元妃避席而入。桀整晚不悦，于是与二幸商议怎样得一个言色俱佳的女子做偏妃。二幸告诉了于辛，于辛说蒙山国有女施氏，面貌美于嫦娥，体态妙于姑射之仙，诗书技艺无所不通，与主万般匹配。桀大喜，即召赵良、曹触龙与二幸等同于辛商议。赵良说："蒙山国兵强马壮，且以东海为险要，未必肯奉命来献。不如先以礼求之。"曹触龙说："若让他们知道，把那女子嫁给下人，虽得之，也没有用了！"于辛曰："不如暂且不告诉他们，只找其过失讨伐。一面胁之以兵，一面遣人游说，此事必成。但只怕其兵强反抗！"桀大声说："朕一人有万夫不当之勇，何虑其强哉？"触龙说："但恐兵出无名，奈何？"赵良说："想治他的罪怎会没有借口？只使人问豕韦氏，找他的过失,自然有了。"遂遣于辛去问豕韦氏。

于辛一月后归来,果然得其过失。原来有施用琉璃瓦造屋,乃擅天子之仪;有施之宫有三妃九嫔,乃效仿天子享有妻妾;有施用珠盖玉杯,乃效天子用器皿,可以伐矣。桀大喜,遂一面传令东方各国诸侯起兵从征,一面亲自率六师演练。

桀手下有四猛将虎、豹、熊、罴,皆有举二千斤之力,能持一百斤兵器,弓箭精强。四将之兵器,桀可一手持三件,双手可以舞动四件,如随风舞袖一般。再将他所持的二丈长三百斤重的大铁钩,两头架上大石,命四将用力拉钩的中间,钩皆不屈,石亦不坏。桀双手用力一拉,钩曲如弓;用力一吊,两边大石皆裂。将钩屈圆,任为钩,四将各扯一头伸之,钩仍弯如弓。桀用手一扯,即伸。观者无不骇服。桀大笑说:"朕亲做大将讨伐天下,宁有敌哉?"遂择日起兵。

消息传到各国,各国都服从命令。惟商国遣大夫来告,商侯患病,并问为何讨伐有施。桀恐天下议之而不言。除了豕韦氏外,各国皆不知其伐有施之故也。商大夫恐桀降罪,故贿赂赵良,赵良为其用计得以不出兵。商大夫请命,桀遂遣之说:"既病不能兴师,姑免尔国。"于是商国可以不出兵征讨。大夫归国。

桀于四月一日举兵,命熊将在前,罴将在后,虎将在左,豹将在右,各率领一支军队。桀与赵良等亲自率领二师在中。另外遣于辛先行游说,留触龙等守护国都。军队旬日行到兖方,豕韦、孔宾等诸侯来会,率领军队同行。又数日来到东海近地,十五日后六师及诸侯之师把蒙山国团团围住。

于辛奉命先到蒙山国。国君施独,夫人屈和氏,单生一女,名曰妹喜。巧笑则林下风生,轻语如黄鹂妙啭,真是闭月羞花之貌,沉鱼落雁之容,简直是人间的最美,无法形容。

于辛来见施独,以礼相待,送施独金银而求其女,果然不允。施独说:"寡人只此一女,留以选善婿专门养老,立子继国,怎能献与大王,终生怨恨,受一世凄凉?尔王好色而荒废国治,不久败亡,何礼之有?"却礼不受。

边境随即传来消息,夏王亲率大军来犯。施独说:"王设计求女,又起兵,此何故也?"有人报告他说:"问僭用王者宫室、妃嫔、器用之罪而来。"独大怒,即令大将昌勇、乔英二人领数百乘兵车迎战,一面将于辛囚禁了。

施独有个叫雍和的贤臣,已告老还家,得知有大难故来询问,对施独说:"吾君仔细考虑。夏王虽然无道,毕竟乃各诸侯之主。怎能相敌?且安可囚其使也?不若派一善于讲和之近臣,陪使者于馆,暗自软禁。且看战况如何?若不利,还需这使者解和。且君之女终要嫁人,况于王乎?女之美闻于天下,此非常人能有。事物的极端，藏于幽密而耀于四海，非大善即为大凶，如果没有高尚的美德便不能长久。今君去一女，未必是祸。王得君女，未必是福。君当裁之。”施独依计，命内臣葛天生陪于辛入馆居住，将其从人俱监守在内。

于辛带有珍宝币缯，馈送葛天生，并赏赐守馆之人。于辛对葛天生说：“施君不知时势，妄自执王。吾王非问罪也，实为娶施君之女而来。”天生说：“为何入兴兵？”说：“恐施君不肯从命，乘机将其嫁人。且王之娶此女，玻非做宫女实做王妃。”天生说：“为何不早言之？”于幸说：“恐诸侯不服，则主之名损。王之具师朝中，实不知来之故也？独我知之。让我先来以礼相求，实大有益于施君，而施君不知。”天生大悦，将此告诉了屈和氏。屈和氏对施独说：“且看胜败如何，再作商议。”说犹未罢，报至兵败城危。

施独慌忙出问，报者说：乔英、昌勇各率三百乘兵车分左右出战。乔英接住夏王兵，昌勇接住豕韦氏兵。乔英杀败夏王前军熊将。夏王自持长大铁钩乘大车出阵，直奔乔英阵中。绰划刷刺杀伤数人，所向披靡，如入无人之境。乔英于车上用戟架隔不住，被夏王一钩穿心挑起。从兵大败，逃入城内。右边昌勇大战豕韦氏，左师已败，夏王率兵夹击，昌勇慌忙逃跑，大败进城来了。当时是四月十八日。

施独大为惊慌，急令四门紧闭。命三军坚守不出，唤雍和等来商量。雍和说：“二十年前便不敌夏王之勇，更何况今日？君为何爱一女而亡国，国亡女何往乎？君莫若及今献女，还能与夏王交好。”施独使葛天生问夫人。屈和氏问妹喜，说：“汝可知数日来外间祸事？”妹喜说：“窃闻战鼓之声，心甚忧之，安能不知？”屈和氏说：“你可知兵从向来？”妹喜说：“我听说是夏王之兵。”屈和氏说：“你可知夏王为何而来？”妹喜其实知道，只是故作羞态不言。屈和氏说：“夏王实为你而来。你父与我只汝一女，当择良婿与汝。汝常随父母，父母迂执，误汝青春，使汝到现在还未嫁人，惹来此祸端。若当初将汝择人下嫁，怎会至此？昨日夏王先遣人来聘汝，汝父不应。恐汝进宫受一生凄凉，不许他。却不料夏王率兵来犯，兵败城危。昨葛天生转述夏王的意思：‘夏王实图汝去做正妃。’不知真假如何？但事势危急，老父母及城中数万人性命也，非汝不能救，汝意下如何？”因涕泪俱下。妹喜掩袂隈腮，颦蹙低首，跪下哭道：“儿身乃父母所生，却反贻祸于父母，如若可以免难，就死在父母前，亦甘心焉！如果这样都不能免除祸事，任从父母主张。”屈和氏泣扶起，言说：“儿勿伤心，我告诉你父使人禀报夏王，答应此事。将你嫁他必以礼迎娶。汝这般乖巧，只怕有好日子做过，也未见得。”妹喜拭泪而起。屈和氏命葛天生报施君可以把女儿嫁给夏王，求和免战。施独遂使雍和请于辛到庭上，陪礼谢罪，说明愿将女儿嫁给夏王，并停战求和。于辛大喜，请施独派使者同行见夏王，施独为于辛整饬车马、仪卫，派雍和去，并携珠宝及牛羊犒劳军师，开门出城，直诸夏王军前，纳款请罪。

于辛先见了桀，将事之始终告于桀。桀见于辛来了，早已五分欢喜。又知肯以女求和，便喜十分，命雍和进见。雍和陈辞婉转，桀又喜，便收下施君璧帛犒师等物，赏雍和纻丝表裹。

十九日命于辛领侯知性、武能言二内臣带着珠冠、金花、宝帔、币帛、文锦、酒果、牛羊等各种礼物进城，当日便要迎娶施女。施独接待了来使，收了礼物。屈和氏说："过几日才好，为何这般急？"施独告于辛。于辛说道："我王性急，这话不能回复他。君只从命便是。"施独与夫人俱无计可以疏缓时间，只得来问女妹喜。妹喜说："此非难事？父可垂帘于堂中，叫他内臣到帘外。母可引儿上堂，立于帘内。儿自有办法。"施独听从女儿，在堂中间设下帘子，命群臣远立堂下。请于辛及侯、武二人远立帘外，妹喜与母出堂，于辛等使臣只听得环佩铿然之声。侯、武立于帘下，听得妹喜命葛天生说："请夏王使臣到帘外。夏王娶我，我便是他们之主。"于辛闻言大惊。天生引侯、武二人面北而立，就帘而拜。妹喜于帘中南面受拜。拜后，命使者站立而听。妹喜说："天子命贤使臣来，问罪讨伐还是以礼相待？"侯、武二人对说："君王闻内主令淑，特遣下臣以礼迎娶，作为正妃，非有他也。"妹喜说："既以礼相待，礼法吉祥，战事凶恶。吉则缓以情言，凶则暴以威劫，必不俟矣！现在兵临城下，今日便娶人，这不是威胁吗？又安所云札？今王命娶女，怎会不从吉纳福？国君生女，上嫁于王而不择吉，非是吾父与妾之过，实乃夏王之过失。敢烦贤使返于王前，说明我的意思，告罪于夏王。若王宽我罪，三五日以为期，使得顺父母之命。若其不许，我便自死而已。虽然国破家亡，实在有负大王之意，枉劳贤使矣！"言毕而退。妙舌轻调，娇喉婉转，呜呜嘤嘤，如泣如诉之声，犹在帘际。

于辛等听之，心志尽丧，魂魄俱飞，不能端正地站立，伏在地上拜送其退下，领命下堂。三人说："这是生来便是与我主相配的异人。我等此行必成大功！"三人皆喜，说："这样告诉夏王，他必定会听从妹喜的。"于是三人同出，复命于桀，详述妹喜所言之情，又极夸妹喜之言，婉转清澈，有妙才雅致。桀闻之，亦魂魄飞动，大喜，说："这真是我的爱妃啊！"即命三人再入城通好，许以退兵三十里，约定三日后妹喜跟随大王起驾。

当夜夏桀退兵三十里。次早二十日，施独命其夫人治女行奁，自己率领臣下出城朝见桀。桀以礼接见，仍然命其速将女儿送来。施独唯唯而退。

桀手下臣士将帅，都纵容军士劫掠蒙山地方周围士大夫百姓人家，淫其妻女，食其酒肉，夺其财物。诸侯之兵也都效仿他们，倚仗桀的凶威，一概妄为如此。这蒙山国只为了一个美女，城内虽幸免杀戮，已成和好；城外却遭这等荼毒，逼得吊死多少不受辱的贞女烈妇，又坑杀多少倔强的士民。施独知道这些，对屈和氏说："不如早打发女儿去吧。"

遂于二十一日，施独夫妻自送着艳装的妺喜出城，来到桀的行营朝见桀。桀便想让妺喜在营中留宿，缓缓发遣诸侯。妺喜便令葛天生传奏道："天子至尊，岂宜野宿路处？愿先发一军，护臣妾先行回国，君王自发遣诸侯振旅还国。臣妾于国门之外而待君王。"桀既见妺喜妩媚妖娆，心神已昏。又闻奏说婉转真情，虽思难禁，不忍相离。但喜之至极，不得背其意。同意所奏。施君夫妻不能遽舍女独行，便请亲送女到夏国。桀喜从之。

桀命多分宫娥二十人往伴妺喜。又命武能言与施君夫妻一同护送。护送军队有一师之众，百乘之车。施君亲送女，留臣下守国。桀自发放诸侯，犒赏卒徒，班师而归。三军遂行，五月五日便到安邑夏国。

六日，设朝。施独、屈和氏同妺喜入朝朝拜，桀命曹触龙厚赏施氏夫妻，早谴之归国。桀自携妺喜入宫，便命于别宫设宴，立妺喜为妃，合卺为乐。妺喜亲拜奏说："臣妾幸不被斩刈，更得至禁宫，以山野腐草，却受泽于甘露，望处以得所使。得稍睬微命，长侍君王之侧。虽为承满，亦幸矣！奈何骤不循轨，过施恩宠？恐令臣妾反不能为生。愿君王命驾先相会元妃，便引臣妾向元妃朝见。然后君王与元妃会燕，让臣妾能够捧小酒杯，跪侍席下，以奉君后，妾之分也。"桀听得这般温柔软美微妙娇辞，越发昏了，哪顾得这多道理。只口地夸妺喜乖巧，只今日且不能如是。朕务必少慰，思慕爱卿之意。遂独留平素极爱狎的小宫娥，尽叱内臣及宫嫔之稍长者皆去。引妺喜并坐，行起酒来。坐间，桀便恣意谐谑调弄妺喜，妺喜娇羞妩媚，弱不能胜。数巡酒后，桀不待毕宴，携新妃入锦帐。令小宫娥代脱衣卸妆，裸身嫣然，一枝如昆山片玉，把妺喜轻轻偎抱着。

## 夏桀夜淫昼歌

桀既求得美艳才巧超过天人的妺喜，哪复知世间要紧事，甚至顾不得死亡且在旦夕。昼夜为欢，无有断绝。日午而起，以为未晨。起而新妃妆色，王以为才刚刚天亮。梳妆后即饮宴，饮宴必定歌舞。众姬之歌，桀不以为乐，妺喜辄自起舞。妺喜一举袖而天下无容矣；妺喜一开喉而天下无人矣。拟其歌为七言十绝。

其一：

苍虬飞海涝天街，输得龙宫度晓眩。

三十六环齐舞袖，一时吹拥上阳台。

其二：

一天春雨度春风，带日舞风上玉楼。

二八云鬟低揉乱，不禁恩爱泪交流。

其三：

娇羞初度入君门，入得君门便爱君。

一度君恩零乱后，意慵难复理春云。

其四：

君因好处不胜愁，意又怜君脸又羞。

嫩柳啼莺声款款，落花随水恨悠悠。

其五：

落红如泪锦斑斑，赢得君王带笑看。

几度对君合玉泪，欲言还怯又承欢。

其六：

不知窗外日头西，犹替君王揽玉衣。

生怕晓寒侵悄梦。更将温玉代柔丝。

其七：

柔荑温玉服君王，初夏重衾尚怯凉。

几度玉龙翻暖浪，君身何但锦衾良？

其八：

深宫乐事夜漫漫，梦里还应唱合欢。

觉听午鸡疑是晓，却将纤手动罗幔。

其九：

晓起深宫日已斜，雕龙宝烛绍春华。

朝饔尚未停歌舞，又卜开筵玩玉蟆。

其十：

欢歌妙舞乐洋洋，愿得君王万载长。

留恋春风玉清里，莫教春雪度垂杨。

自此桀与妹喜昼夜行乐不绝，不知日月星辰。半月之后，外面击鼓有奏事者日多。以前均由赵良摄理国事,众人不服。积事甚多,击鼓日多,良亦不能禁。激得桀出来上朝,果见有奏国事之无数臣民,都是田赋兵车,奇冤异枉的事。桀大怒说:“有何要急,击鼓惊动宫中。”命武士尽斩告奇冤异枉的人,以绝后来奏免惊扰驾。尽发太师赵良处问田赋兵车事,命左右将大鼓吹破,再不设鼓。吩咐方毕,看见关龙逢等领几个臣士在殿下,似要陈谏,桀即忙命罢朝。各位臣工免朝,由太师处理国事。自己转身入宫去了。自此后,自出自入,任桀意,再无人来惊动。时五月廿二日也。

## 夏桀因美色逐贤臣

商侯在商,尚不知桀伐有施为何故,大夫旬范回报行命,报与免征,亦不知夏都也。商侯聘伊尹,本要佐天子,以兴天下。正与尹商议化诲夏王之道,却没有想出办法来。闻说夏王得有施服而班师,于是让伊尹到夏都。

尹亦极知夏王及夏均无可挽救,此去亦无功而返。商侯也知此理,只是说道:“尽先公之心,尽小子之意,尽夫子之才,且试之也。”尹承命而行,商侯命大夫寿常随行。上书推荐贤士并贺胜师之事,且观王近日行事。于是尹与寿常至夏城。

夏桀的淫乱

及五月廿三日乃旬日后也,夏王忽然临朝。费昌与国中元士辈陪伊尹、寿常,跟随关龙逢等进朝。正见桀盛怒,处罚百姓。堂下士民塞路,上朝的大臣无法向前,而桀已杀多人矣!伊尹叹说:“噫!是尚可以复生乎?乃有奇冤求明而自益之。活着不能明达,诚不如死以诉于上帝也。”龙逢等直待到发落完,急忙带臣士们上谏,而桀已免令退朝。伊尹曰:“心性被美色迷住了,便不再好德理,不如且去。”于是辞别费昌返归商侯。费昌送尹三十里,洒泪而别。

尹与寿常自还商国,以五月廿四日离安邑,六月二至商丘。商侯听说亲自到外面相迎。问道:“夫子何以速返?”尹说:“因桀之爱色误朝!尚未获一见也,尽诛冤民。”侯拊膺而悼:“呜呼!斯民之不幸而至此乎!”尹说:“夏的殆亡将会更严重,予往获其国之贤臣费昌矣!有治国之能,却静观其变。”侯仍奉尹于馆。尹问有无贤才来投靠商侯,侯说:“无之。”伊尹弯曲手指计之曰:“是将有来者矣!我投奔您已经三个月了,天下岂无一知君者乎?”

果未出半月,莱朱至矣。莱朱于奚祁之后,始封于薛。后被豕韦氏并吞,宗亲逃到莱夷,即今莱州也。奚氏客居于莱土,而生子,有赤蛇之祥故名莱朱,故字仲虺。仲虺小时便与众不同,长而博洽,有雄才伟略,不拘泥于小节,深知帝王治国之道,看不起庸俗的东西。谓天下,上无君,下无民,不可有为,将观点隐藏而不显露。及闻商侯三聘伊尹之事,遂叹说:“似尧舜一样贤能的人终于出现了。”凭借自己的学识来投商侯。

侯闻之,与伊尹同车出迎于东门之外,同坐一车,一同谈论治国之道。尹所言,朱所契。朱所言,尹所契。与侯三人,想法一致。侯大悦,请朱附尹而居。自是侯以尹为师,朱为傅,一德为政。而后半载,庆辅自徐杨来投。又后一年,湟里且自雍州来。

汤尹一德,使得览身俱来投奔。庆辅者,是垂的后人,世封于南。湟里且者,是番禺的后人,在西为仕。近日诸侯横霸,二人贤善而才,俱不能保其国家。因闻商侯好贤之风,故远来相投。才至境内,即有人迎于郊外,大夫迎入。商侯与语,为其才智而非常欣喜,让他们居元士之位,后居大夫。庆辅进言曰:“商丘土脉浮薄,不能建立帝王的事业。且三面靠河,有水灾泛滥之隐患。臣闻君侯之地,七十里即古帝喾之地。臣昨至境内,详观之。此城南三十里,成就帝王之所,便是亳城。自帝喾与帝而后,六百余年矣。天地之气必散而复聚,必有新的帝王兴起。臣望其气郁郁葱葱,真王者之都也。及臣见君之圣神智睿而喜,上天造就您必成帝王。天下百姓没有贤良的国君,非君,有谁为此帝王?愿迁都亳城,行王政以救天下之民。”商侯闻之,愕然而起,退出席位而曰:“小子奉先君之教,惟自陨坠,不能承先之德,并不能辅王室,来报答古代受王俸禄来提醒自己。吾子不以台卑鄙,而俨然就教,此吾之幸也。乃议及此台。虽狂昧,奈何自绝于天?敢闻教乎?”伊尹曰:“王者之事,未宜遗言败在人自己去做,成败由上天来定而已。惟都城之议,固当从也。天下既乱,强凌弱,邪恶吞并良善。商丘之地,城不高,池不深,土地疏薄,水灾泛滥,固当迁也。使不为天子,难道不为祖宗宗庙着想吗?”商侯于是听从其提议。即日令臣民士从者,挈老幼向南迁居亳都,今归德府城南。商侯迁都,是夏桀二十一年,乙丑之元月也。

伊尹自夏都归,将两期矣。又得莱朱一同佐商侯论道。商侯用美德仁义来治理国家。城中百姓欢悦,此间已二年了。闻命迁都,家家人人欢天喜地。跟随商侯像跟随父母,甚至连鸡狗猪羊也踊跃而从。定居亳都后,施行仁政,百姓更加拥护。又两岁终,忽闻夏王出宫临朝,对臣士们进行赏罚升降。明年诸侯当大朝,商侯遂先期治行,莱朱等同太丁守国。自请伊尹同行,欲将伊尹亲自推荐给夏王。奉圭璧、币帛、户口、图籍,入朝对夏桀讲述六年中的精忠职守。

夏桀自癸亥年五月二十三日避谏还宫,与新妃为乐一连十余日,并不见元妃。桀一往时乳媪来视桀,于宴上乘间问为何不见元妃共宴?桀不应。妹喜恐事久有变,外人议论,乃求自往见元妃。桀不往,就命乳媪领妹喜朝元妃洛氏,二十宫娥从之往正宫。乳媪先入告知洛氏,洛氏留之,命宫娥合外门。妹喜至正室不见乳媪出内门。元妃使人辞妹喜道:"寡君有小疾,不能勉强起身来接见新妃。"于是开启外门,仍使乳媪引妹喜走出去,到别宫归桀。桀一闻妹喜来,起身出接。本欲媚有温手而人,乃见妹喜俛首捧袂,婉转悲泣,跪下去不能起来,伤心地说不出话来。桀大为惊讶,叱退左右媪姬,独使幸娥二人掖入寝内。桀将其抱入怀里,用手拭其泪,问道:"爱妃何以伤心至此?"妹喜跪抱桀足,顿首于其膝,说:"儿得君王骤宠,反而令臣妾不能生存了。愿君王做主救儿。"桀愤懑道:"是洛氏的缘故吗?"妹喜呜呜而不言,但求生求死,如怨如慕,以使桀迷惑。桀召乳媪问之,乳媪为元妃百方遮盖,桀不听。乃问同行彩娥,彩娥同妹喜亦受苦者,一一畅言妹喜苦状,更增设元妃傲狠处,以让桀怨恨元妃。桀大怒,欲杀元妃。妹喜则抱膝泣谏曰:"大王为妾而惩罚元妃,朝臣多言,天下不服。且万一后悔,也来不及了,惟愿赐贱妾一死为安。"言毕,又抱桀膝泣。桀抱之,不能舍去,亦不欲逆一语也。又斥退诸媪娥,自己温和地安慰妹喜,妹喜悲愤稍止。

桀乃命武能言、侯知性二幸臣来,谓之曰:"尔二人之所知洛氏倨傲不顺于朕,今又妒害我新妃,即是害我也。尔往问太师,何以处之?速来回话。"二幸领命先到太师府,问赵良。赵良曰:"此君王家内事,不必问臣子,任从君王。"乃往少师府问曹触龙。触龙说:"此事任由君王自由处理。骨肉之间,作为臣子又怎能议论呢?"乃往问卿士于辛,于辛想使三人说做一团,欢欣庆幸,得立妹喜为正妃,则我三人宠益固矣!于辛便有意教桀赐元妃死。

适值有夏国奇烈男子下士黄图者,在于辛所,闻得此事,偷偷告诉关龙逢,说:"君王不见群臣,君等虽忠,却无法上谏!平时国事,尽由赵、曹诸人处理,今日之事,实迫不得已的事。君王为新妃,欲赐国母元妃死。杀元妃,是杀一国之母也。母得罪于父,不过是命其出门,归于母家,其子只是涕哭罢了。若父见杀于非辜,人子亦当从死。于母何独不然?公怎可坐视不救?"龙逢大惊,说:"嗟乎!事竟至如此地步!没想到你竟如此忠义刚烈啊!奈君王不得见吾辈,纵死又奈何？”黄图说道：“君王之议，决之于赵、曹、于三人。公等时常守义，不往交见。今国母有大难，不是按规矩办事的时候，请辅公往，以极陈于三小人，让其稍稍良心回转，或许可以保全国母性命。”龙逢揽涕步出，不待驾舆。

黄图叩太师之府，而见赵良。赵良曰：“噫！下人怎会到我这里？”龙逢及图见良，涕泣号哭而拜。良大惊：“夫子为何如此？”龙逢说：“突闻君王将杀元妃。下臣无法面见君王。只有您可以救她了。且国之母犹公之母也，公忍坐视其母之死而不救？龙逢只有死在公之门中，天下将闻公之恶重耳！”黄图又激烈涕曰佐辞。良虽狠戾，亦感动地说：“夫子勿忧，只何以言之？”黄图说：“妇得罪于夫，不过归宁母家，从大的方面讲是顾全人伦之理。士民且然，况天下君乎？”赵良曰：“先生是天下贤士，我会将此进言的！”惟是侯、武二幸，正从于辛处回宫。赵良使人邀之来，俱以此语道之。二幸臣亦感于此言，领辞而去。

原来赵、曹二人虽肆恶于外，内边大事只随桀自主，不敢专意恣为。外边大事，亦待桀命，自己只行小恶，把大恶都留与桀自为之。故桀谓二人忠，尽托以国事。朝士虽恶二人，却不能寻得他们与桀的隔隙。龙逢、费昌等平日羞见权奸，故不闻政事。只此事黄图游说龙逢，而费昌犹未知。龙逢说动赵良，而曹、于二人犹未知。于、曹操念和赵良一样苟且鄙恶，却不能像赵良等人那样有此气候，所以桀也不全都倚重他们。以赵良、触龙、龙逢、黄图、于辛等各议进。桀愕然说：“龙逢安得知之？”二幸说：“不知其何以知之？但痛哭流涕进言极忠，如此如此。”桀亦心存恻然说：“好吧。”遂命二幸，领宫监二十人，捧敕往正宫，追夺金章、诰命、玉册，及金冠、圭璋、霞帔、元黄，削去元妃之称，自归有洛。元妃奉敕，将上项一一检付宫监。自命随身内使役婢，收拾自服、车囊、布裳、缣衣，携所生三岁太子与乳媪，远远地拜别夏桀而去。关龙逢率费昌、育潜、逢元、黄图等臣士于国内等候，在车下涕泣朝见，请求相送。元妃垂帷而泣，告辞说：“贱妾得罪于君，应该被处死的。赖诸贤之力，苟延其身。以归见父母、兄弟、姐妹、姑姨，其亦幸矣！嫌疑所在，无累诸贤远送。愿诸贤普事君王，以保国家。”泣止，命御叱驭而去。龙逢辈已命妻辈具车于城外候送。自己诸人随车泣送至城外。命其妻辈朝元妃，元妃辞谢。关妻等坚持相送二十里到郊外方还。时癸亥，六月初五日也。

桀当日在内廷将妹喜册封为元妲。初六日，相陪而出告祭祖庙。赵良等跟在桀后，其妻等跟在妹喜之后，皆盛服紧随。关龙逢等皆素服远立，并不参与。桀引妹喜于列祖前，正下拜时，忽一阵厉风，将各主前的俎豆等器物卷起吹出门外。妹喜不能起立，仆地良久乃建。桀心不喜，没等到拜奠结束，引妹喜还宫。

自是专宠新人，歌舞愈繁。尽日追欢，费用愈奢。民生困极，国事废弛。三五日一朝，并无固定时间。要出之时，必定保密时间，不令关龙逢等人知。先通知赵良等，大事预先安排定了，忽然出来，只待一会儿，将事发放，事完便转身回宫。唯恐他臣来谏，亦不去他，只叫他备位饰观而已。

## 巧宫人婉转护旧主

直至冬至之日，桀又带妹喜盛装去拜庙。关龙逢与费昌等贤臣士皆相陪同。但见桀与妹喜方拜天帝，情形与拜祖庙时一样，一阵怪异的旋风从坛间卷起俎豆等器，飞在半空中良久，倒立地插入地下，直至没底。妹喜仍昏眩不能起立，桀命扶之入舆中，亦颇狼狈，毕事乃退。

关龙逢等一起拦驾，进谏说道："古初圣王配合之义，向天地乾坤取法。以求传宗接代，只人伦而已，非淫乐也。是以择配，要重其品德。故合于天地而可祭天地，则其郊祀也。皇上承祖先的保佑，而可以祀祖宗，以求禘祫。君后迪吉也，告庙先于立妃，立妃先于设嫔，筮吉先于册立。既以明礼，且迎天地之福，承祖宗之佑。今君王为求一女而年里动兵。既不吉矣！既得以归，先受宠后告庙，先立妃后朝后。甚至俘虏之丽色，倾一国之母仪，逐端淑之元妃，立娇姬为正配。三纲五常均不顾，天性亡而人欲横。故祖宗愤恨，神鬼为厉气，亦可畏矣！愿君王即日贬新妃为宫嫔，立诏还元妃以奉祭祀，承天之福。请君王细察。"辞毕，而涕泣俱下。桀虽凶顽，亦动色。先见天风凶起。心亦惊怖。见这极诚流涕之言，亦不发怒，但命左右麾开臣士，驱车回朝去了。

妹喜回宫，痛恶臣士之恶词，便渐发阴毒，对桀说："外人多为旧妃党谋，欲害臣妾耳。君王何不遣心腹人探听旧妃？"桀说："的确如此，人由卿选好了。"妹喜遂细细挑选内臣，并让其愿往者自荐。而皆无胆志者，又不知君妃意思，久无人应。其中有一人幼事桀，亦事元妃，名阿离，有心机，藏义气。心想道：此必妖物，要害杀元妃。若他人去，恐成其恶事。遂自陈愿往。妹喜唤至密室，亲自详细探问看得，阿离便承担了此任。且其又能谨秘。遂多私与金珠，使至洛。以桀之名，以酿酒赐元妃毒，杀之。却于桀前假装嘱咐阿离说："尔善视旧妃、太子是否安乐？"阿离慨诺而去。去洛国询问元妃。

元妃自六月五日洒泪告别夏都，诸贤臣之妻送出关而回。元妃母子独自悲凄，至洛。路上但有闻知者，无不悲泣，拥车如子送母。元妃早宿晚行，并不入城衙馆舍，只在车中饮食。护从之人，环车张棚而已。十余日后到家，素布服拜见母，见了兄弟、姐妹、姑姨。自与幼子及乳媪一人，老婢二人，幽居一所静室，自已耕种劳作以足衣食。每旦望而朝，常祷祝于天地，愿夏王安乐，幼子克成，戚宗戚儿女来候视者，亦不相见，曰："罪人也，在这里等死，怎敢见人。"所食用衣装，都是低劣变质的，弟亦时给之。亲戚所赠，拒绝不敢接受。噫！贤矣。后人钟伯敬以七言十绝悲吊。

其一：

当年王辇度金銮，君是吴仙妾彩鸾。

二十年华零乱去，不胜霜露夜漫漫。

其二：

六宫春树自依依，芒草连天望眼迷。

不似金笼绿鹦鹉，年年犹傍翠华啼。

其三：

西风剪地蔼花秋，败叶珊珊散不收。

还想君王湖上乐，绿波轻漾采莲舟。

其四：

玉笙犹在耳边响。吻目还疑金殿光。

良夜不知河洛远，飞禅悄度又昭阳。

其五：

梦里深宫觉尚猜，君王何遂赦前非？

荒鸡嘹乱知非旧，却恨芳魂去复回。

其六：

深宫想得住娇人，巧作游龙乱雨云。

前度阳台今密锁，也应难人旧精魂。

其七：

旧国于今春艳阳，旧时人远锢幽房。

宵宵但仰勾陈畔，犹祝君王万岁长。

其八：

燕鸿常去有归期，去妇终生遂别离。

一隔君门便千里，况是矛里哪胜悲。

其九：

大河东下水如斯，只见东流不见西。

去国时光偏缕缕，举头望漠自离离。

其十：

桐花落尽蓼花飞，俱已如今事已非。

二十年前浑是梦，只今犹是未醒时。

阿离到洛，访得元妃如此艰苦。先亲自叮嘱洛地执政曰：“君王旦夕欲召元妃，但新妃忌之，若有人来察访，你让人们都说元妃去世了。以保全元妃，等夏王将其召回。”离乃来幽室叩门，元妃开小窗牖见之，一同落泪痛哭。元妃泣问：“君王乐乎？新妃有命来杀我乎？”阿离说：“无有也。”元妃曰：“那你怎会到此？”曰：“来探视元妃与太子是否安乐？昨因天变，并满朝贤臣皆请君王召元妃复还，故命我亲来探视。”元妃说：“君王命来则有信物，这不过是暗地里派人来刺探罢了！幸亏是你来，若他人来，则我今日必死。然君王尚有这点血脉在此，只此不放心也。”因复泣，阿离亦泣，无法抑制。请求探视太子，无恙。求玉扣一枚去。

回都，入宫，以玉扣先复妹喜说：“已杀之矣。然不可对君王言，否则夏王知道了必定追查，那时时就无法摆脱祸患了。只可言安。”妹喜从之。阿离遂见桀，哭着嗇诉桀元妃的情形。元妃悲苦，并太子安乐。桀不觉亦动情，只碍妹喜在前，便打断离说：“她既贞苦，只不杀她，任由她自己生死吧。”阿离遂乞安太子之命。桀遂命以玉块、金环各一面去。妹喜于背后问其原因，阿离说：“若不如此，恐怕会出问题。”妹喜加赏之。

阿离遂复来洛国，以君命实告之，安慰元妃、太子。益嘱洛人护卫，以后非我来，有自称是夏主使者的，皆盘诘，若是伪装的杀之，勿容也。于是元妃、太子赖以安。而阿离又于夏宫中遥护巧全，此事得以没有暴露。二十年后，阿离终，太子既长，妹喜终未起疑，以妹喜之妖，而又有神手能掩之者，则至诚之感天地，运鬼神也。后人余季岳有诗咏之：

莫道宵君悉佞谀，其中也有义仁徒。阿离救母还全子，多少贤臣未得知。

## 长夜宫夏桀醉生梦死

妹喜既意适心安，只一味邀宠于桀。与桀居容台之中，久不以为乐。又欲设法取乐，谓桀曰：“妾受君王之宠，如天地般广厚，虽死难忘。但愿君王万岁，臣妾得以终身相报。”桀说：“百岁之人，世亦罕有。百年之众，人更难逢。如夏日虽长，夜又短；冬夜稍长，日又短。人虽欲为日夜之不休欢乐，奈长庚西坠，启明东升，人生苦短不如愿也！”妹喜说：“妾欲为缩日舒夜之法。以月为日，以年为月。灭烛为暮,张烛为旦。君王意如何?”桀说:“甚妙。”

遂定计宫中,役数万民夫,开一长约四五里的隧道,用砖石圈成一巷,巷中只闻人声,不见天日,曰聆隧。由聆隧而进,内筑砌一宫,名曰长夜宫,二十里阔。宫中器用什物俱全。宫四围,俱设廊房,男女轮值把守。宫门悬合抱大烛。昼则燃之,夜则熄之。入宫之后。以五日为夜,五日为昼,一日而十日。乃出容台居长夜。或设朝,即复人长夜宫。长夜宫中,灯烛辉煌,实无分昼夜,总为夜也。长夜之乐,另一世界。夏则开辟长巷,以引入地面之风,不知其热;冬则以炭火相围,不觉寒冷。喧阗鼓吹,外间不闻。外虽动地喧天,内亦不闻。间间阁阁,俱有灯烛。嫔娥成队从游。男女排队候役。桀携妹喜,脱衣光体,纵欲成欢,不再复有人伦天理。在阎君地府设宴,讴歌似鬼国咿呜。桀乐之而忘死,妹喜乐舞袖。自歌。

其一:

长夜兮绵绵,君王兮分旃。

乾坤兮改立,日月兮悠延。

其二:

二曜兮无功,二仪兮郁蒙。

厌风尘兮欲避,辟宇宙兮幽宫。

其三:

暑寒兮不知,霜露兮无期。

春秋兮易换,安有兮伤悲?

其四:

重扃兮洞天,旧馆兮群仙。

此间兮一日,人间兮十年。

其五:

只有兮眷温,更无兮夏冬。

居此间兮万年,又何始兮何终?

其六:

长夜兮曷旦?漫漫兮何已?

笑昔人兮无居,患猛兽兮洪水。

洪水兮蚩尤,居是兮无由。

天地兮崩颓。忽不觉兮何忧?

后人钟伯敬叹之:

穷民度日已如年，暴主将年作日延。

似此光阴能几日？南巢应有谁恨天。

桀费半年造这长夜宫，杀百余民夫之不中用者，累杀千余人。于长夜宫中居七十余日，人间便又过了两年多。桀乃领妹喜出长夜，又居容台。方出了聆隧，忽然地裂天崩，聆隧五里崩作深潭。桀等大惊，庆幸及早出来，听见外边臣子噪嚷，桀心恶之。遂命武能言往问赵太师，为何事噪嚷？何以处之？赵良专政之久，然每留大事给桀。故忠贤之臣，并不附依赵良。良心实恨之，便用毒计，对武能言说："臣子敢哗噪者，缘由君王仁慈，法令不严耳。前年法令严肃，民便不敢哗。郊天之日，放纵诸臣拦驾，便惯了他们。君王必严刑，方安静为乐。"能言说："然。"桀遂命明日大朝，赏罚诸臣工，因此大告天下。商侯入朝。天下诸侯多畏桀者，亦只得来。时桀二十三年。

龙逢等皆来进谏说："赏罚不明，则天下不服。请君王大赦天下，禁其喧哗。若不悔改，再杀未迟。且君王初进贤圣之士，随便杀害臣工，恐天下人议论。"

桀见说者伊尹，正立恭肃。桀心自愧，下令暂且拘押诸臣等待处理。乃坐内朝，召伊尹，赐坐，赵、曹、于俱侍坐。桀问尹："子圣人也！何以辅佐朕？"伊尹回答说："君王亦治天下而已。"桀说："何以治天下？"伊尹回答说："对百姓施以仁政。"问："怎样对百姓实行仁政？"答曰："任用贤能之人。"问："怎样知其贤能？"答："正直而忠谏者贤。"桀默然。尹亦不言。桀遂罢朝入宫。心愧于尹，命释诸臣士囚。

二月，又役数万民夫开聆隧，修长夜宫，凿五十里池，天怒人怨。关龙逢对朝士说："今吾不得不服言，若进谏便一定会死。然居乱世，苟活何益。"朝士黄图说："不可。旧臣中今惟公可维持宗社。愿公自留，予将先之。"

三月朔日，黄图升棺披发。待桀一出，上朝臣即大哭而呼："呜呼！夏国将亡，百姓将会怨恨君王。烈士先死，不忍见天子被别国戮杀。"桀大怒，命武士拽图入棺，盖之。关龙逢力救。桀说："都是一党恶徒。"遂囚龙逢，而焚黄图。伊尹闻之，告别费昌而去。只救得关龙逢缓死数月而已。又回到商汤之处，对商侯说："贤士杀矣！无法拯救夏王"。

且说自朝士黄图死后，百姓都喧闹着不去应役。桀说："万民如此不法，且待农事之毕。"商侯闻之说："国事还是有希望拯救的。"只得复请伊尹来夏就桀。桀召尹，与他商量说："卿前让直谏为贤，彼邀名誉实逆君命，奈何？"尹对说："美名者，言之必美言；行之者，必美人。君行之，则君得美名！臣安得有美名哉？"桀默然悦服，罢朝，命释龙逢。自是数月间，三五日一出，略听伊尹数言稍宽民力,赦罪过。赵良嫉恨伊尹,为其不为自己的利益。乃进密曰:“君宽群臣,恐复有哗者。”桀颔之。

## 酒池肉林中的“阴阳大会”

九月,桀又大役民夫,沿长夜宫而为池,征酒米。妺喜设法开池二十里,堆土四周,移富于池上,用砖石砌池周围。植树木于池上,宫室间错。又以圆池四围大池,各俱广阔池周三里,以沟池通之。中间做墩,墩中做井通泉。以泉酿酒,注于池。酒深及人颈,谓之酒池。墩外作山,置之以糟,曰糟丘,高可望十里。置数十小艇于池,又于池上为肉林,树木遍挂熟禽兽肉。设鼓乐于亭榭中。从游者,千六百少男,千八百少女,各样打扮,用人代替马来拉动辇车。纷纷嚷嚷成群张挂禽兽的,哄哄嘈嘈办治肴馔的,咿咿哑哑摇舟泛酒的,各衣彩衣于池中间周游。冬则周围设火坑大炉,柴堆烧炙融热,夏则为广棚蔽日。春秋无雨,则去棚。桀与妺喜乘辇、拥鼓、旌旗、吹道,穿行于肉林之中,游玩于亭堂之间,任意设筵张乐。让从人射下兽禽熟肉用刀割了来吃。登小舟游酒池,汲酒而饮。舟绕糟堤而游池上,池内皆鼓吹奏乐。酒醉之后,命内臣数人擂鼓,其余男女皆脱衣裸身趴伏于地,将手插在酒池中,用口喝酒。于是三千人一鼓而牛饮。妺喜大笑,酒池中酒浅下数寸,男女皆醉。又命下水游泳。俱颠倒浮沉,捉摸相逐,酒中戏舞欢合,曰醉淫。靠近岸边扶住小舟,称为醉颠。在酒中浮动跳跃,称为醉蟆。大醉而沉入池底,称为醉溺。桀大乐,亦解衣而狎,称为醉狂。妺喜大悦,扭动身体作舞,称为醉舞。带酒声而歌,称为醉歌。

其一:

世路多愁兮,人生兮几何?

一行乐兮糟堤,合欢兮酒池。

其二:

桂棹兮兰桡,苣席兮棠舟。

周游兮酒泉,登望兮糟丘。

其三:

锦幕兮为天,醇醴兮为渊。

游人兮醉暖,酒造兮坤乾。

其四:

酒满兮天河,肉满兮山阿。

乐取兮无尽，鼓棹兮行歌。

其五：

酕醄兮酩酊，溺酒兮忘生。

醉死兮极乐，笑人兮惺惺。

其六：

披发兮解衣，闹欢兮醉迷。

弄来兮给浆，养来兮啜醨。

神禹来兮治水，莫误疏兮酒池。

问主人兮云未知？

酒池之造又费半年。累杀数千民夫。行歌作乐，一连二十余日不登朝。间臣士又哗，桀怒而出曰："赵太师所言极是。"关龙逢对费昌说："吾死，公等自存，吾不死无益，公死亦无益。吾为夏明臣，望公为夏保存自己，保存贤能人。"遂直谏说："夫人君者，敬信谦恭，爱人节用。故而社稷，固天下安。今君王用财无穷，杀人无数，恐君王无法世代延续下去。人心已去，天命不佑，亡在旦夕。犹不少悛为醉迷乎？"桀大怒说："吾固谓日亡，你怎让我死？"喝武士杀之。时桀之二十四年，戊辰三月九日，关龙逢遇害而薨。伊尹闻之，脱帽辞去。复就汤。对商侯说："杀忠臣矣！决不可为也。"

## 囚商侯妹喜遇鬼容颜变

伊尹复归商侯。商侯叹息说："关龙逢死矣乎！夏朝要灭亡了！"使大夫巫轶往夏，哭龙逢而向桀进谏。时桀有令，有吊龙逢者死。费昌等哀求三小二幸，方仅得收龙逢尸，瘗之，不敢公开吊念行礼。

巫轶至，对费昌等说："吾奉君命而哭龙逢，即便死也在所不辞。即使夏至无道，其死吾亦哭之，更何况是龙逢？"费昌说："君行君之志，予也何言？"轶敬就其家，设位发哀，吊念龙逢，礼毕方退。桀闻之大怒，命武士斩巫轶。时桀之二十四年，戊辰四月也。

巫轶遇害后，桀又命熊、罴二将领甲士一千，槛车一乘来擒商侯。商侯欣然就车，即日起行。商之民，老幼数万，拥车号哭，死阻囚车不放。二将、甲士用戈戟开道，击打百姓，不许商民号哭阻挡。商民被伤者，至流血满路，仍全不放。商侯哭着对百姓说："汝等何必如是？君王圣明，我犹归也。"众耆老请从往夏请命。伊尹说："夏王必定以为众人叛乱，如此则反为害矣！那该如何是好？"

老幼哭送五十里,伊尹等慰谕使还。耆老随诸臣子送百二十里。是时商侯惟次子仲壬、外丙与寿常等在国,而长子太丁、伊、莱等俱在途。四月十一日发,十二日至汴阳。商侯力遣旬范、莱朱,以太丁劝谕耆民回归亳,而伊尹及湟里且、庆辅从行。廿一日至夏。夏桀欲于朝上面詈商侯而戮之。

天乃犬雨如倾,糟堤成泥,酒池成海,肉林生蛆,烈风摇城,雾迷朝市,迅雷摧殿,宫中有鬼出没于白昼,宫城内大水泛滥。妹喜惊悸匿无地。桀见妹喜被鬼惊吓,保护妹喜还来不及,哪敢出朝。伊尹于是乘机往说曹触龙曰:"以前救龙逢缓死,是为国家立功。今者救天地之变,您的功劳是为天地和君王百姓。商侯水德之神也。每鼻指出滴血,或滴泪及地,则必大雨数日。泪多则久,大雨接连不断。故天下有旱,商侯哭雨必能求得雨。若没有触动深情而假哭,则无泪。昨至都,诚望君王,欲诉衷请罪,得不到允许。遂发至诚而哭,哭之不已,我担心雨会连续不断!且商侯爱君之情甚殷,而未逆君,君王必不杀之。为何不让他早回商国?是在公之力也。"触龙以为然,言之二幸。二幸亦以为异,安副之地以前从未雨下三日不绝的。他们将这些告诉桀,天雨原来如此。桀说:"南有夏台,下有窒室。远僻囚之,勿与饮食,让其饥饿而死,泪水干枯,彼安能雨乎?"遂命熊、罴二将领甲士囚商侯于夏台。夏台,筑县地,少康所筑窔室,其台下窖。少康牧时,放破旧衣服的地方。

商侯往夏台,又留伊尹辅桀,而以湟从尹,以庆辅自从。庆辅为夜逃,藏数月粮食于自台窔室,复闭之。然后自己混杂在百姓之中。中原之民素闻商侯之圣,远近之人听说其被擒,皆叹泣。夏台之民闻其来因,皆愿为其周旋,且愿服侍他。

商侯至夏台,夏芒氰之民八九里外迎。熊、罴二将驱散百姓,将商侯关入窔室。商侯入,他人不敢入。室内极黑而周遭草莽、地穴、毒蛇、怪狐。二将说:"商侯入,必食诸物矣!"二将安处于台上,而商侯亦安处于台下。二将每早视商侯,商侯不饮食也,仍健康。二将以为商侯神异。商侯五月五日离夏都,是日夏都即止雨。雨随商侯而来。初七日至夏台,夏台原本干旱,雨遂不止。

雨并不遍及各地,独摧夏台。台土皆滜,而窔室不湿。二将惊骇。又有奇风异雨,不能做饭。囚押商侯的兵士反而受饥饿,辗转有死者。既而夏台因雨崩,二将坠死,甲士死半,而商侯仍无恙。其余甲士皆以为神,害怕至极逃归夏都,告三小。

赵良厌恶商侯的功德,于辛怀疑,独触龙自喜。其前言之验,直告于二幸,二幸告桀。桀惊且疑,命于辛往监之。伊尹担心于辛奸险会加害商侯,于是见于辛，对他说："君王素爱于卿，今命卿往守夏台，怎么不会有人进谗言/离间君王与您的关系呢？而以死力命卿，何也？因为商侯并不宜被囚禁，前二将、甲士然矣！卿国家重臣、枢要，所关机密，恐怕会丢失！"于辛闻言，求于二幸，婉转托疾，推辞命令不就。桀乃命费昌。费昌暗喜，接受命令急赶去，遂得周旋商侯之左右矣！

昌至夏台，雨早已停了而天气晴朗，盖汤非能雨，是上天故意成全贤良的人！若能雨，后来怎会有七年之旱？庆辅与夏台之民以已经很好地侍奉商侯。而费昌又至，商侯相与喜甚。就窔室而谈，不忍暂别。遂就窔室而处，商侯内而费昌外，不敢违王命也。诸人供服食。如果服食美丽，商侯必定拒绝，曰："惟取延命待戮而已。"

六月，夏台庄稼喜获丰收，天和人悦。而夏都自商侯去后，虽息雨，却浓阴终日，以至于十月。桀与妹喜稍出，便会有雷电风雨一同而下。城宫内外水湿异常，烟雾异常。昼夜常有鬼怪惊吓市民，宫民皆苦。无干柴，不能烧火做饭。麦烂禾黍不生，民无食而逃者、死者将半。朝则童谣，夕则鬼哭。其童谣唱道：

天上水，何汪汪？地下水，何洋洋？黑黑天，无青黄。万姓嗷嗷无食汤，东西南北

走忙忙。南北东西路渺茫，云雾迷天无日光。时日曷丧？予及尔皆亡！

此盖欲桀之亡，情急而喧唱。其鬼歌唱道：

不黑不红刀与戈，日月浮沉天上河。

天上河，不可过。五杂色，四隅侧。半夜间，闲失门。当年百海精及魂，今日无依居野坟。怨气焰滔天帝闻，四月空城野火焚，东风吹血血碧磷。呜呜乎！血碧磷。

此言汤成桀灰之意也。桀闻之，虽不解，心甚畏恶，兼恶儿谣，许多时不乐。

## 释商侯天霁云开

直至十月十日，费昌使人从夏台来报桀，向桀陈说："商侯在囚，自悔罪过。每天早晚向国都的方向朝拜大王，向上天祈祷大王福寿，衣食皆不敢得心安适，只是取以延命罢了。初时二将在此，不许商侯饮食，商侯担忧而连天阴雨。今夏台之地，大丰稔，不知王都何如?"桀笑著说："天下怎会有如此之怪物，若其饮食能止雨，便令其饱食而死亦可。何少许为也?"乃召伊尹，问曰："子圣人也，能够得知天意。今朕都中何以五六月而不霁?"尹回答说："臣闻钟山之阳，

有烛龙之神。视则昼,瞑则夜。故天地之造化,随神而变动。圣人亦属神异之人,是其乐为霁,忧为阴,怒为雷霆,血泪为雨。臣非圣人,而商侯圣人也。自奉王命之日,泣之以血,故为雨;心中愤怒,故为雷;心忧天下,故为阴也。”桀王说:“是非商侯之故?商侯今在夏台,既喜矣!即霁矣!而吾所居夏都天不得此晴,大概你也是圣人,是忧商侯之忧,故作阴也。朕将释商侯,让你高兴。”伊尹拜,稽首说道:“善哉!君王是圣明的神人。夫君王释商侯,岂是臣之乐?实在是君王之乐事。家有才子则父乐,国有贤臣则诸侯乐,天下有神圣之士则天子乐也。更何况以天下没有神圣之人而加害于神圣之人,同于有神圣之人而不合于心意。今君王释商侯,是合商侯也,是必君王固神圣,乃合商侯之神圣也。君王成全了作为臣子的神圣,使自己成为神圣的君王,何乐如之?”桀说:“既然朕为子释商侯,你可为朕让夏都天晴吗?”尹惶恐稽首说:“君王者,天之子也。子孙贤良而让其父喜悦,君王神圣自能让上天晴朗。臣子又怎能做得到?”桀乃入宫。尹出,夜祷于天:“但愿桀不会食言,天空也会随之晴朗。”

十一日,桀王设早朝。早气朦胧,重雾如羹,三步之外不能见人。桀王特召伊尹至,近视之。尹惨容犹然,惟惧桀言,不信天变不回。桀王仔细地观察伊尹,对他说:“子犹然不乐,因此天仍还阴沉!”乃命元士育潜往夏台召费昌与商侯来,回来以赦其罪,以祷告上天晴朗,看何如?育潜方拜命,而尹已喜。忽尔朝风微卷,重雾如扫。晓日晶光,似赤珠之出渊。豁然青天,似明镜之扫去尘埃。半载朗霾,在一早上的时间里豁然开朗。桀王大喜,看着伊尹说:“你果然是神圣之人,你高兴天便晴朗了!”伊尹稽首说:“此君王合道于天,天眷君王有道,因而能恢复正常,此呈万世太平之征也。微臣贱如草芥,怎敢贪图天的功名而掩君王的美德?”桀王大喜。于是满朝皆喜,士跃于阶,民歌舞于巷,都说:“没想到今日能够重见天日。”虽赵良、于辛之阴狠,也不自觉地相信并喜悦不已。

桀见天转晴朗,心便想到妺喜每忧天阴,今必欣快地出来看日色。即时罢朝入宫,果见妺喜在廷前瞻望天日,色喜欣欣。桀大喜说:“卿愁不见天日,今见天日了。”乃抱妺喜于晴光之下,仔细观看妺喜容色,比前大减,是数月来所受惊吓所致。桀温和地对她说:“今赦商侯,乐伊尹,得以天放晴朗,爱卿但保重芳容,无复惊疑。”妺喜说:“您想如何赦免商侯?”桀说:“召来面赦之。”妺喜摇手说:“快莫惹他来。万一待他不到处,又惹他优泣,天又变得阴沉,不如使人持敕于路,赦使之归国,永免祸患也。”桀说:“卿言甚善。”即日传命,使逢元持敕,在路上赦免商侯使其归国。对商侯说:“速回本国,不必来都。”伊尹闻之,更加高兴，使湟里且与逢元俱往欣赏晴日。

商侯与育潜等北行，未百里，遇逢元持敕于路，赦免商侯，让其归国。商侯望敕，稽首谢恩。自与庆辅等归亳。与费昌洒泪而别，天并没有下雨。圣人之泪，也不一定都会灵验！费昌等洒泪，送侯十里。乃与育潜、逢元等，回夏都向桀王复命。而桀在禁中，复于容台寻乐，深居简出。

二幸于朝欺骗百官，三小于外残掠百姓，无所不至。百宫之趋承二幸，而群下之畏慑三小，亦无所不至。唯独伊尹以贤良圣明的品德才能独立于朝，不吐不茹，不偏不啼。费昌以故旧处旧酬，不激不诡，不浮不沉。逢元、育潜以善士隐于将仕，不笑不啼，不明不昧。这些人，皆大器盛养，善于在危难中生存。不趋不议，不畏不倨，所以能够保全其身，以候太平也。后人钟伯敬赞曰：

天地之道，莫不皆圆。何独人之道方？而必介介其守，乃熠熠其光。倘亦或焉，

不硁硁然。随世而动，应时而言。言化其时，动化其世。化不可为，德岂易至？挫其锐，解其纷。和其光，同其尘。盖不今不古之间，先老子而已有是人。

伊尹在夏，能使邪险于辛不谋害，阴狠赵良不妒恨，庸俗低劣的曹触龙喜欢他并用他做事；又能使费昌、育潜、逢元、终古等贤善相时守道，各自在职位上安守；又能使凶顽之桀敬服。桀每设朝，见赵良等大官，皆倨侮詈骂，用及伊尹，认为他是神圣的人，即暂消其暴戾，与他讲话像一个长者。又每于宫中干极丑事，而出见伊尹时，必自具赧色，有细微愧念。伊尹见便知道桀的内情，不敢言。虽人问，亦不敢言，所以无过。这便是他为什么是真正的圣人的缘故。后人冯犹龙赞道：

鱼不能飞，鸟不能驰。
化工则成，下愚弗移。
乃有圣人，自为化工。
鸟奔若兔，鱼飞若龙。
又如盛冶，顽金亦化。
又如澄潭，怪影俱涵。
大如江河，粪溺所归。
厚如华嵩，不惊倾摧。
大音无声，至道无言。
气囊不隙，其身自圆。
无口之羊，遂不可杀。

戒哉戒哉！曷为癸癸？

因为伊尹在朝中，桀不好太过怠慢，不好久不出。出来时，伊尹并不说些琐碎的事而不休，只等桀王问法。问及，乃看浅深、喜怒、轻重、缓急之自然，然后发言。言必中理而不至逆桀意，规劝桀王而不触怒于他，正言不使其厌以为迂。所以桀于伊尹，虽不倚重他，亦不厌弃他。虽然不能按伊尹说的实际做事，但也不明显地反对他。

自是，三五日一出朝，朝毕即复入。出则决事，大抵从三小所请。人则行乐，大抵及妹喜所为。外虽多刑罚颠倒，亦不会大有杀戮。内虽年年修理别院、容台，整顿酒池、糟堤，亦不曾大有有工役。这样度守了六年，皆是伊尹在朝默化之功也。

受巧计大建倾宫

至二十九年癸酉，按夏朝的制度当巡狩，妹喜不欲与桀相别，故欲桀不巡狩。妹喜乃天生妖物，只能谗媚桀王却不能怀孕。以桀之淫，施于妹喜之身，十余年而不生一子女。所以即使能专宠桀，也不会满足。桀见她舍不得离别，便不欲巡行。各位上朝的臣工又皆喧哗。太史等又皆执旧法，来争说要巡行，又将桀激怒。赵、于、曹等实欲巡行，便有一番生意。守护境土的军队，亦好任意要几年贿赂。从驾者，得去四方游玩，又得天下奇珍异物，多收各国赠贶。却奈何桀不欲行，又不敢触怒。乃阴激朝士，哗于大庭，以请驾；而阳于内臣之前，辩折朝士，夸圣主不欲巡行之意。盖将归罪于朝士，自己却用此以劝王驾巡狩。

元月三日，桀尚未出朝，诸臣士廷聚议盈。有司土之官说："巡行各国，先王之典，奈何废之？"武能言说："今君王不行先王之典者多矣！酒池、容台、肉林，这些难道也是先王的典制吗？水行则酒池，陆行则肉林，登封则容台，又何必根据国家的典制？"司仪之官说："不巡行则无以告于天地、宗庙。"侯知性说："往年，君王以新妃告天地、宗庙，怪风连起。至今新妃亦无恙，天地、宗庙难道有鬼神吗？便有鬼神，难道过问了吗？"司乐之官说："不巡行则无以备管弦。"于辛说："君王深宫，旦夕自乐，媚歌巧舞，何必朱弦乐也？难道没有管弦便不吃饭了？"司户之曰："不巡行则不清天下之户口，民俗不知，天下便会大乱。"曹触龙说："然则一巡行，而户口即清，民俗即尽，天下便会清平？"司马之官说："巡行则诸侯服，天下安定。不巡行则诸侯乱，天下危急。"赵良说："然则尧舜治天下，皆日日巡行之。故而黄帝阪泉之战，这难道也是巡行不勤的原因？"余臣士纷纷者不计。伊尹从旁以一言而决："太师诸公之言是也。君王诚有道，便使久居深宫，也对天下无害。不巡行，亦未必非福也。"众便不再作声。赵良等本意原非如此，按照伊尹的话便是如此了，俱只得服贴。

二幸以臣士之哗告桀，桀甚怒，欲出而戮之。说到诸小之辩折，则疑。以伊尹之言告之，桀即得意而喜，唯尹所言得其心意。遂命罢巡行，而天下之民省三四年驿骚矣。

夏桀随即宣布不再巡行，后来自于宫中思量无趣，又悔不应罢巡行。又不好再旧事重提，三小亦不敢复请他，便又想方设法地游玩。妹喜又献巧，对桀说："君王与妾深处宫中，虽然很高兴！凡宫内宫外及四远之地，一有奸伪窃，却怎能知道呢？何不起一座楼能阁，上接青宵，日夕登眺，那么远近都可以看见，远处的烽烟亦能看见。如是则君王虽不设朝，亦可见群臣之然。虽不巡狩，亦可见四方之动静矣！这样不就可以长久地享福吗？"桀高兴地说："朕久有此意，你的想法很有见解。"

遂命侯、武等又役数万民夫采木，于宫中拆去容台，建作倾宫。但见那：

万桷千楹。四面八方皆有门。户下广上，高翔入云宵。乘高而望，居民若蚁蛭，行道如蚁群。山河线线，尽万里之观。灯火荧荧，照半空之上。

塔中深幽，而外飘飘，在风中像要倾倒一般，故名倾宫。按宫的结构建造，而为上、中、下三层，每层又各有上、中、下三层，实九层楼也。后人余季岳有一绝，笑之：

层楼却唤作倾宫，亡国宫名也不同。

倾国倾城人有意，欲将天地总为倾。

于是桀与妹喜天凉之时则在下宫，曰暖倾；于热之时则在上宫，日凉倾；不凉不暖则在中宫，日温倾。倾宫之乐，每层俱有不同的景致。凭栏俯瞰，谓之倾游；张乐大奏，云宵皆响，谓之倾乐；每游有宴，谓之倾宴；酒后妹喜便跳舞唱歌，谓之倾歌。拟为九层之歌。下宫下层之歌唱道：

仙馆兮幽灵，下游兮九京。

重渊兮寂锁，日月兮深扃。

下宫中层之歌唱道：

鲛室兮微暹，上行兮九泉。

烛龙兮鼓焰，水谷兮炎天。

下宫上层之歌唱道：

绿树兮碧檐，歌管兮哈哈。

雪飞兮天地，不到兮珠帘。

中宫下层之歌唱道：

首出兮山河，绕梁兮浩歌。

木林兮暖浪，日爽兮风和。

中宫中层之歌唱道：

本末兮云巅，下视兮闾阎。

暮烟兮朝雾，四望兮苍尘。

中宫上层之歌唱道：

倚柱兮凭栏，飘渺兮飞观。

嵩华兮蚁蛭，俯瞰兮心寒。

上宫下层之歌唱道：

扩天地兮横开，舞日月兮往来，

云霞四照兮低徊。

广乐兮空中，磅礴兮风雷。

上宫中层之歌唱道：

远立兮虚空，风云兮下从，

摘日星兮上霓虹。

鼓吹兮暂停，惧惊惧兮帝宫。

上宫上层之歌唱道：

渺舞袖兮游烟，入歌声兮九元。

宛天妃兮笑言，掌上兮飞旋。

乘坱北兮翩跹，呼彩娥兮系绵，

怖弱体之飚罡风兮上天。

倾宫之成，费一载工力。又累杀数千民夫，民怨既深。又兼桀与妹喜乘高视下，见城中人家但有美貌男女、古玩玉器，即时搜刮进去。稍有不满意之处，即杀。渐渐只管胡作非为。二幸、三小效此风范，越发大家乱做起来。伊尹自知在夏无益，日日思去。犹不去，欲观天象如何。

## 重修长夜宫广选美男女

适至三十一年乙亥，有彗星长竟天。太史上言，当勤修德操、广行仁义以挽回天数。桀大笑道："天象不过偶尔巧合，何足畏哉？"伊尹听到后说："嗟乎！竟不畏天变！又何可为也？"遂去，此第四就。出商侯于难，默化桀，勉强六年未尝穷凶。遂无能为力。尹仍归亳就汤。是时商侯得尹归，大喜。及言夏事，大与咨嗟叹息。尹曰："天意已略有显现，地下还未有变动。君当修德以待之。"

且说尹既去夏，夏之黎民皆日日盼望夏亡。祸害于年，偏不速亡。一般昏昏怅怅，又缠了几年。直至三十四年戊寅，诸侯当来朝见，却有大半不来。盖自丁卯而后十二年间，诸侯相攻，叛离极矣，桀都贪于玩乐而不知。今之来者，非商侯之贤则有仍等之亲，或豕韦等之阿党而已。桀当朝问诸侯，欲征讨不来之诸侯。商侯劝桀修文德，弃武力。桀即遣商侯归国，自留豕韦等计议。桀盛怒诸侯之不全来，甚悔许久未到各诸侯处巡行。遂不遵十二年一巡狩之制，便于大朝之后，统四国之兵，征伐有仍。重修夏台，坐召豫、雍二方诸侯。诸侯一半未至。

有缗国者，侯名忠新，少康之后也，立五年，素闻桀无道。领军自西方来会，欲观之。见桀行宫锦帐，妃妾环绕，鼓吹不绝，如此侈泰，遂竞自引去。赵良教桀道："若容有缗氏，则将威令不行！"遂率诸侯西攻有缗。商侯又托辞生病而不往。助恶者，则东豕韦氏、西顾、北昆吾、南常、中葛五方之恶党。并集肆凶，遂灭有缗之国，侯忠逃遁。

桀大快意，抢夺财物，掳掠子女，赏劳恶党，班师而归。益与妹喜极欲穷奢。又役民夫增修宫殿，以琼瑶饰之，寝房饰以象牙。制龙床、凤辇，饰以宝玉。以珠翠饰女冠。罗致万方珍奇，以悦妹喜。而前日六师西南行，经有洛国，亦问元妃与幼子。

妹喜性极淫荡，乘桀出师之后，固已无所不至矣。于是常思淫乱，更设法以迷惑于桀。因酒池已坏，倾宫亦厌，对桀道："君王往时在长夜宫中，何等安乐？数年以来，无长夜宫，便有许多烦扰。妾念人生苦短，前事不可再得，君王何不更涤酒池，复为长夜宫，聆隧更高广之，以复前欢？以年为月，以月为日，用此终生，亦不枉也。"桀大喜道："朕亦思之。"遂又役数万民夫，修聆隧及长夜宫。又憎食用之物不足，遣二将往四方诸侯处取办。东方取禽兽、果菜、谷粟、虾蟹、鱼鳖各异食物，及布帛、茧丝、监铁各异用物。南方取异兽、珍禽、稻粱、巨鱼、酒酱各异食物，及布帛、纻丝、金银、锡铁、象牙、珠玉各异用物。西方取熊牲、羊狗、蔗果各异食物，及罽绒、金玉、文锦、万乐品、大木材各异用物。北方取薏黍、牛羊各异食物，及驼马、羊裘、貂狐、兽皮等各异用物。凡所索，轻贵之货百车，重贱之货千车。皆命四霸，各取其属近之国，总集进供。而中原之各国，自派专人取之。

于是霸国承命，王后将其摊派至小国。大国借名尽取于小国，小国不能应，又搜刮百姓。小国不能够数，又被大国杀伐。大国不够数，只取之于民，即便够数，诸侯大夫仍借此抢掠百姓。君卿大夫各相争相杀，令百姓益加困顿，争斗下国，不知多少死亡逃散？天下人皆丧身失国矣！

取办数年，桀以食用既足，又厌人旧。妹喜要广选天下娇女姣男，于长夜宫中共乐。桀又派遣诸侯取办，各霸国君大夫亦借机抢掠百姓。先择美者自奉，十之一二才得以献桀。桀所命取于中原各国子女、食用、货物亦皆如此。天下人又皆失男失女矣！似此数年，民怨愈深，天变亦大作。

乃是四十年甲申岁，又当诸侯来朝见，只来小半。商侯来，伊尹请望夏都，亦复同来。正当朝际时，桀方怒诸侯有不来者，欲带兵征讨。突然天降黄雾，对面皆都不得相见，来见之诸侯皆不辨颜色。且日甚一日，至十余日不解。桀使召伊尹，问伊尹："子谓圣人忧而天阴。今无圣人忧，何以有此大雾？"尹答道："万民之忧，亦使然。"桀道："彼皆愚昧之人，岂能动天乎？"尹道："圣人之为圣人也，集万民之灵气于一身，愚民亦有灵含愚民之灵者，亦圣人矣。况愚民之忧较之圣人为尤甚！"桀道："然则何以解之？"伊尹道："施恩以惠便可回天。"桀问："如何施以恩惠？"道："勿用其力，勿取其财恤其疾苦，免其罪过，斯愚民也。"桀问："吾今方欲征伐诸侯，怎能如此？"尹道："此正以君王之杀气，合万民之忧心，故在变益甚！君王且勿征伐，遣诸侯，必少复其常矣！"桀王道："且如此。"命遣诸侯，罢征伐，雾果解。商侯归，复留伊尹就桀。

伊尹五就桀，只罢征伐以散黄雾，终不肯抚恤百姓。毕竟拣取天下货财以再造长夜宫，齐备乃将入宫。其宫制径十余里，广三十里。中用砖石结顶，顶培土作高山状，护之以奇花异草，宫门在倾宫之下。下层一穴，而入是为聆隧，但闻声而不见人。人隧五里许乃是宫门。门外左右，一红烛笼，一白烛笼，各大如车轮五倍，以代日月。长夜宫中以月当日。宫门之烛点十五日，宫内大明，是为一昼，息十五日则为一夜，仅存小灯，各间阁上荧荧而已。宫室有大柱三千，小者无数。其中高者，桀与妹喜居之，称之为夜台。自顶窗，自床至地，皆以珍宝饰之。周围环室曰夜廊，皆雕楹画宇也，役者居之。廊之中台之下，周台设幕，皆绮锦也奏乐之人居之。昼则摆宴奏乐，悦则宽衣就欢，倦则眠，饮食俱任意。夜则息烛而酣乐，昼纵男女三千杂交。甚则尽灭小烛，使得男女不辨面目，遇合交错，以为快。而妹喜纵欢尤甚矣！伊尹闻之，叹道："人伦丧矣！"后人钟伯敬吊之以一俚律：

夏桀为欢亦异哉，三千活肉一坟埋。

娈童姣女交加合，兔穴鲛宫屈曲开。

但把淫精浇粉髑，那能生气上葭灰。

南巢凄惨终身事，好是孤魂觅夜台。

桀入长夜宫时为甲申三月朔日，出时为四月朔日，谓是只住得一日，实人间一月。这一月中，桀不知夏国多少天变，五星皆陨，天降雨血，又雨日并斗，又平柱矢流，又雨木冰。太史终古日日前来报天变，不得见桀。三旬乃得一见，遂执天文图占侯法谏桀道："古时明君一日三朝，与贤善公卿议论政事，凡以遏邪萌、养道德也。今君王远明就暗，男女交纵，澌灭人纪。人伦不复存，则天数尽。灾变异常，亡无日矣！"桀大怒，不待其言竟，命武士擒绑，将杀之。朝士二人，史佐三人又苦谏以救终古。桀道："此皆关龙逢、黄图等恶党惯造妖言者也。"命悉缚群臣，将杀之。后人冯犹龙口占一绝笑之：

善类常将恶党看，正言却道是妖言。

赏罚是非如此用，哪愁天下不安全？

# 商纣王与妲己淫乱亡国

## 妲己亦艳亦淫终得"妖狐"恶名

话说帝乙之幼子商王受辛，以朝歌为都。帝乙有三子，微子启为长子，微仲衍为次子，皆是庶出，三曰受辛，正宫所生。帝乙常欲立微子启为太子，群臣皆谏不宜立庶，宜立嫡，遂立受辛为太子。及帝乙既崩，群臣奉受辛嗣位，是为纣王。纣王聪明勇猛，才力过人。身能跨骏马，手能格禽兽，言足以饰非，智足以拒谏。常自以为人中之龙。当时天下小镇诸侯共有八百余国，四方各设一大镇，为诸侯之伯。每岁一贡，三年一朝，各大镇率各小国诸侯入商朝见。两班文武乃有比干、微仲、微子、胶鬲、箕子、雷开、梅伯、商容，及同恶来、蜚廉、费仲等相与辅弼。即位七年，是岁癸丑，诸侯当入商朝见。于是东伯侯姜桓楚、西伯侯姬昌、南伯侯鄂宗禹、北伯侯崇侯虎各率本方小国入朝。当时纣王纵欲声色荒废朝政。待诸侯来朝见时，纣令四方侯伯各举五十名美女，选入后宫洒扫。北伯侯崇侯奏道："臣闻冀侯苏护有一女，仪容绝世，可为君王歌舞。"纣王大悦，即降诏召苏护归冀，送女入朝。护谓同僚道："主上荒淫无道，必有亡国之患。吾女岂可入宫作妾，而陷丧身之祸乎？"遂回冀州，不再进贡拜朝。不觉一年，各方俱进美女，独苏护未献其女。蜚廉奏道："苏护故违王旨，不进宫女，又绝朝贡。主上若不征讨,何以控驭各国。"纣王然之,遂令蜚廉聚集军队,发驾亲征。左司空箕子进谏道:"苏护诚有大罪,不可不讨。令本方侯伯征讨足矣,何必亲劳圣驾。"纣王然之,遂诏西伯侯姬昌、北伯侯崇侯虎二镇合兵以征苏护。

妲己

姬昌既接诏书,谓群下道:"苏护忤旨失贡,天子诏我合兵征之。不如先遣书令其上贡赎罪。但谁愿一往?"大夫散宜生道:"臣愿往。"姬昌即遣宜生往冀州,一面又遣使以阻崇侯虎起兵。

散宜生至冀州,苏护延入而坐。护道:"大夫屈辱以来,有何教谕?"宜生道:"贤侯屡次不上朝贡。天子诏西伯加兵征伐。西伯不忍杀戮百姓,故未起兵。先命宜生督公人朝。公若入商请罪,则可保全性命,否则二镇之兵合至,公之一家及百姓旦夕便亡。"苏护道:"主上无道要挟吾献入宫,此吾所以恶其非理,故绝朝贡。今诏西伯征吾,吾宁死于西伯台下,绝不入朝上贡?"宜生道:"主上既慕令爱姿色,明公即送入宫。令爱受宠幸,公贵为国戚,岂不为美?何必抗拒王命而取大祸?"护道:"人伦之首乃夫妇之义,商王不选令德,而强夺官民之女,丧失礼教,灭绝人伦,必有亡国丧身之咎,我岂可为图富贵而害吾女!"宜生道:"普天之下,莫非王臣。公当曲从王命,亲送令爱入朝,化凶成吉,不可抗命偏执。"苏护俯首良久,道:"吾本誓不朝商,今受西伯侯教诲,敢不从命。吾当亲送小女入商请罪。"散宜生大喜,相辞而别。

次日,苏护收金帛,修谢表,香车一辇,壮士二百,亲送女入朝。女名妲己,年十七,姿色冠世,音乐、绣工无不通晓。登车之日,父母弟兄俱各悲痛,不忍分别。

车驾行至朝歌,先进表文,于朝外待罪。纣王览罢表文,宣妲己入朝。相传妲己乃妖狐所变。纣王见其花貌绝群,仪容娇艳,欢喜万分,道:"献此女足抵尔之罪,何必再献金帛?"遂赦苏护,归复原职,又赏姬昌以金帛。崇侯虎怨恨姬昌专功,遂生害姬昌之念。

却说纣王既得妲己,当日便封为贵妃。妲己陪宴谢恩。纣王细观其貌,卓冠宫廷,歌乐无所不精,心中大喜。嬖臣师涓奏道:"大王得此贵妃,不啻天仙下凡,宜在掖庭建受仙宫,令贵妃独处,以昭隆宠。”纣王纳其言,即建受仙宫,与妲己昼夜作乐。令师涓作靡靡之乐,乐声暗含北鄙杀伐之意。每令师涓歌弹,妲己娇舞,纣王即鼓掌大笑道:“观卿等歌舞,诚如下凡之天仙。”于是,纣王益荒朝政,日与妲己宴游不辍。

## 淫邪妲己抢正宫

时宫中建楼高十余丈,称“摘星楼”,昼夜与妲己游宴其上。妲己广博百家,精通书史。纣王见其举止,欲立其为后,而废皇后。一日,请正宫皇后于受仙宫会宴。皇后乃东伯侯姜桓楚之女,性好雅重,不喜淫乱。见妲己妖媚得宠,本不欲往。然主上降诏,只得勉强赴宴。妲己亦陪宴,位在姜后下,酒过数巡,纣王命师涓奏靡靡之乐。师涓拊节而歌,妲己举袖而舞,纣王不胜欢悦,左顾右盼。宦官嫔御皆呼万岁,独姜后俯首不观。纣王问:“朕新制此乐,又得师涓善歌,苏妃善舞,诚如仙界一般,尔何不观朕之所宝?”姜后答道:“妾闻明王以贤人君子为宝,未闻以淫乐邪色为宝者。若以淫邪为宝,必有宫闱之患。”纣王颇有怒色,问:“何为淫乐邪色,岂会患及宫闱?”姜后道:“太史累奏妖贯紫微,其气落在深宫。大王全然不听,反宝妲己邪色,信师涓淫乐,斩杜元铣以塞忠谏之口,妾忧社稷倾危而不暇,何暇观此淫邪乎?”

纣王默然。姜后辞归本宫。嬖臣费仲知纣有废后之意,乘机奏道:“皇后妄诽圣乐,实为嫉妒苏妃,大王怎能置之不理呢?”纣王道:“吾欲废姜后而立苏氏久矣,只是担心群臣上谏诤议。今其抗拒百端,吾必废之。”次日,王与妲己宴于摘星楼,姜后复具谏表,直上摘星楼,劾妲己、师涓。纣王览罢,掷表于地,大骂:“妒妇,安敢妄谤吾之左右!”遂左手揽其衣,右手揪其发,震其四肢,仰投十丈楼下。

姜后坠于楼下,头破脑裂,片刻便殂。时太子商郊年方十三,得知母亲惨死,直奔楼下,抱尸号哭。纣王抚慰道:“你母亲因嫉妒而抗旨,因而自己坠下楼去,不必痛哭,以免伤情。”太子说道:“未闻母后失德,父王信谗而陷至死。今又不葬其尸,为何抛弃结发妻子,令人伦灭绝!”闻太子之言,纣王亦为动情,即收姜后之尸,厚以葬礼。遂册苏氏为正宫。群臣廷议纷纷,皆尽力劝阻。纣王不听,竟册立之。太子恸母死于非命,又见立妲己为正宫,昼夜号哭不止。费仲奏道:“姜后之父姜桓楚现为东方侯伯,封地广大,兵多将广。若闻大王杀皇后立苏妃,太子哀思,必定用东镇之兵起兵谋反。不如诈称国有大政,宣四侯伯入朝同议。桓楚若至,即斩首,以绝后患。"纣王大悦,即遣诸侯遍宣四方侯伯。

纣王被妲己所惑

西伯侯姬昌闻纣王失德,每每想入朝进谏,却没有机会。待使者赉宣诏至,遂谓群下目:"商王诏吾并非议政,而是另有他事。吾尝观先天之数,知吾有七年之厄。此行倘陷不测,汝等宜布德政安守西镇,不必派人寻我。若待灾满,自当西回。"群臣道:"既知不利,为何不托辞不去?"西伯侯道:"君命所召,焉敢故拒?"即日,发驾出岐州。群臣护送至子城外,忽一后生拥住马头,哭谏曰:"父亲不可去朝歌赴召。"百官视之,乃官西伯侯之长公子伯邑考也。西伯侯抚慰道:"吾儿不必忧虑,尔弟兄和睦,共守国家,不久即归。"伯邑考道:"吾父必欲入商,不肖之子愿随父同去。"西伯侯亦不许,但说道:"吾若七年不返,汝可去寻找。"于是,父子百官无不挥泪,车马遂出潼关。

车马至朝歌,时鄂宗禹、姜桓楚、崇侯虎陆续到京,四侯相会,约次日入朝。当时城中百姓都为姜后无罪而死哀伤,厌恶妲己册封为正宫,议论纷纷。桓楚知姜后被投摘星楼而死,放声大哭。次日,即带了谏书入朝,以斩正宫、宠妲己、嬖费仲、荒国政四事数纣王。纣王大怒,喝道:"朕还未及杀尔,尔竟先诽谤于朕!"遂喝令斩却桓楚。惊得姬昌、鄂宗禹及满朝文武皆进谏道:"桓楚所谏并无不是之处,大王不可加以重罪。"

纣王犹豫未决。妲己在帘内忙劝纣道:"群臣皆桓楚之党,联合抗旨,大王若不醢桓楚之尸,何以示法?"纣王即令醢桓楚为肉酱,贬其子姜文焕以守潼关。命杨越奇代桓楚守东镇于青州。鄂宗禹谓姬昌、崇侯虎道:"吾等世食国禄,今主上溺于酒色,妄杀皇后而醢大臣,吾然怎可因怕死而陷君王于不义?"崇侯虎本来便怕死,又恨从前西伯侯专功受赏。次日,先向纣王奏道:"大王昨日醢姜桓楚,群臣皆服王刑,独鄂宗禹与姬昌心存不满。且姬昌与其长子发、仲子旦皆圣人也,三圣合谋,大王恐须虑之。"

纣王怒,正欲令武士监捉,二侯正来谏。鄂侯与纣王争论激烈。纣喝令推出斩首。监斩押出二人,鄂宗禹大骂:"昏君,我虽死无恨,可惜成汤的基业毁于今朝。"群臣谏道:"姬昌向来以德政治理西方,诸侯皆服之。今大王一旦斩之,西土百姓必生叛乱。万乞宽恩,以赦其罪。"纣王乃令斩鄂守禹,解还姬昌。纣王对姬昌道:"本欲将尔同斩,念尔对西方百姓有德,姑将尔赦免。"姬昌拜了两拜,出朝而去。崇侯虎谏道:"久闻姬昌欲叛,且精通伏羲之数,能知未来之事。今赦其西归,如同纵虎归山,姬昌若不叛乱,臣愿受罚。"纣王遂令雷开率数十刀斧手追捕姬昌。

时姬昌已出城三十里,自思身有七年之厄,又为何安全脱身?正在疑惑不定,忽见后面一彪人马追至,知其必来捉己,乃停车候问。雷开说道:“天子有旨,令西伯侯回京。”西伯从容登车跟从,转入朝歌,与雷开见纣。纣王道:“适闻尔知天数与朕之兴衰,尔可知自己将绝于何地?”西伯说:“十二年后将于床上安然死去。”纣道:“吾为万乘之君,尚且不知在何地而死,汝乃知安床而死,何其荒廖!”喝斩之,大司徒胶鬲道:“生死一系于天,西伯虽有轻言之罪,乃泥数孝之过,其罪不应至死,大王宜赦之。”纣道:“姬昌狂妄之言,岂合天数?朕今斩之,亦不为过。”胶鬲道:“大王定以为姬昌为妄言,可令其推算目下吉凶。如准,即赦之;如不准,再定其妖言惑众之罪。”

纣即命姬昌占朝廷今日吉凶如何,姬昌袖传一课,大惊“以臣占之,今日酉时,成汤祖宗祀庙当有火灾。”纣王不信,命令将姬昌囚禁于南牢,以验凶吉。又令人打探太庙动静,不许人在庙中燃火。殆及黄昏,不见火起。满朝文武疑心甫定,只听得半空中一声霹雳,山河震动。忽巡城兵马来报,奏报祖庙果然起火。纣王惊得魄散九霄,魂飞天外。遂尽发卫士救之。风威火烈,须臾之间,七座宗庙烧成焦土。纣王暗自羡慕姬昌料事如神。次日,欲放西伯归,费仲又奏道:“西伯精明通神,终将成为祸患,大王不杀,也应将其囚禁。待其臣子来赎,然后赦回,庶可服其叛意。”纣王纳其言。

次日,降诏囚西伯于羑里城。西伯谢罪而赶赴菱里。百姓闻西伯含冤被贬,争相远接,皆愿上书纣王表明姬昌无罪。西伯劝阻道:“吾罪当诛,赖天子圣明贤达,谪此羑里城而免死,岂敢再亵渎圣旨?”于是,西伯入于城中。叹道:“七年之厄,实是定数。吾惟明天人之道而顺之矣。”因取伏羲氏六十四卦,次序演之,为卦下之辞,垂世立教后人。钟伯敬诗云:

七栽艰难羑里城,卦爻一一变分明。

玄机参透先天秘,万古留传大圣名。

唐人韩退之作《文王拘囚琴操》道:

目窕窈兮,其疑其盲;耳萧萧兮,听不闻声;昼不日出兮,夜不见乎月与星;有知无知兮。为死为生。呜呼!臣罪当诛兮,天王圣明。

却说纣王醢姜桓楚、斩鄂宗禹,又囚西伯侯,留崇侯虎在朝议政,满朝文武皆缄口不言。在朝言者,独佞臣崇侯虎、蜚廉、费仲、恶来、雷开而已。故纣王无所不作,肆无忌惮。

## 裸身歌舞尽风流

纣王每欲广开苑囿，建造高台，又恐群臣诤谏，故先修宗庙，复遣费仲、蜚廉，于都城南阳社环三里之地筑千尺高台。上造琼室玉门，尽饰白璧金珠；下建琼林御库，以贮藏货物。又令在都城建造钜桥，另建大仓数千余间。三年未能成就，纣王不悦。崇侯虎奏道："大王乃万乘之君，造一台榭，何患不就！令郡外糖税户役各增一倍，都城百姓则税役不增，但调其用工服役。如此财力具备，不上三年，台榭可成，库藏亦满。"纣王大喜，即出诏书，劳民重敛。

费仲、蜚廉含畿内之民，家有三丁则一丁服役，独有一丁则独服役。富者虽年少体壮却以钱代役，贫者虽老弱必驱而用之。监督之人互相替换，昼夜不息，百姓不堪劳苦，劳死于台下者，纵横枕藉。不胜重敛者，卖妻鬻子，甚至逃走流亡。及至七年，始得成功。费仲、蜚廉请纣王游玩。纣王驾至台上，见此台高耸广阔，画饰琅开，翡翠珠玑，白玉皆格，欣然叹道："若没有崇侯虎献策，费仲蜚廉效力，怎会有如此高台？"遂名其台为鹿台，封崇侯虎为大司徒，费仲、蜚廉为左右镇殿大将军，令其敛取百姓财物，以充鹿台之库；多收取粟麦之粮，以实钜桥之仓。日与妲己赏宴于上，自认为天下崇台美室皆不及此台。然不知乃焚燎天下之财，疲苦万民之力，始能成就。后人曾有四六之词一篇，以讥之：

台高插汉，榭耸凌云。九曲阑干，饰玉雕金光彩彩；千层楼阁，朝星映月影溶溶。轻卉奇花，香馥四时不卸；珍禽异兽，声扬千里传闻。游宴者，姿情欢乐；供力者，劳悴艰辛。涂壁脂泥，尽是万民之膏血；华堂彩色，皆收百姓之精神。丝颖锦席，空尽织女机杼；丝竹弦歌，变作野夫啼哭。真个以天下奉一人，须始信独夫公万姓。

一日，纣王与妲己于鹿台设宴，调六宫妃嫔，赴于台下，令她们自行脱光衣服，裸身跳舞，互相欢谑。纣与妲己望之，抚掌大笑。独姜后宫中嫔御七十二人，痛哭流涕，不愿一裸体歌舞。妲己奏道："此姜后之宫女，怨恨大王杀母后，想要谋叛，来谋杀大王！妾殆不信，今违王命，可见其意！是当加以严刑，用惩将来！"纣王问："如何严刑惩罚？"妲己道："依妾之见，可在摘星楼前，挖地方数百步，深五丈余，令取百般蜂虿蛇蝎之类，群聚穴中，将此宫女，投入坑中，与百虫啮咬，号作虿盆之刑，方可儆众。"纣王大悦，即令费仲开掘虿盆，收集无数毒虫，将此七十二名宫女，齐投坑中，宫女悲痛惨号，惨不忍睹。纣王大笑道："若非妲己之计，则无法除此叛妾。"

太子殷郊闻知，忙入鹿台，进谏说："国法惩有罪之人，今众妾无谋逆之罪，而施以极刑，此皆妲己蒙敝皇上之举，使天下百姓以父皇为无道。请将妲己斩首，以正朝纲！"妲己忙奏道："太子与众妾同谋，故敢强词，妄毁小妾。"纣王喝令，欲锤死殷郊。比干闻知，慌忙进谏："太子乃未来之君，父王何忍加刑？"纣王俯思半晌，贬太子与姜文焕共守潼关。太子悲号，宁死不愿离宫！比干又进谏道："太子乃社稷之主，不可远谪边关。"纣王不允，比干挽殷郊出朝，慰之道："君父之命不可违，殿下先赴潼关，待大王回心转意，吾自当保你还朝。"太子泣辞比干而出，忽一人拉住马头。众人见是大夫梅伯。太子道："吾知不可往，但君命不可违。"梅伯道："殿下请回东宫，臣向大王请求，若大王不听，吾愿以死相谏。"殷药不从，骑马出城，来到潼关。

梅伯入见纣王道："皇后无失德之处，为何受刑，太子无罪过被谪，主上若不追回太子，复立东宫，臣愿替其受死。"妲己又奏道："梅伯与太子本是一党，所以互相救助。"纣王道："如何可绝此党？"妲己道："群臣辱蔑朝廷皇权，只因刑罚轻微，依妾之见，可铸铜柱，内置焰火，外涂脂液，令犯人梅伯裸体抱柱，则皮开肉烂，粉身碎骨，如此下方畏惧，朝无奸党矣！"纣王道："此法甚妙！"于是树立铜柱，煽火涂腋，将梅伯解衣抱柱，梅伯痛哭受刑。顷刻间肉焦骨碎化为飞灰。后人有诗云：

炮烙当庭标，火威乘势烧。

开肢未抱搏，一胆先摧裂。

须臾化骨肋，顷刻竭膏血。

吾知纣山河，随此烟烬灭。

梅伯既死，众臣皆心惊胆寒。纣王大笑道："此刑极美！当以何名之？"妲己道："可称之为炮烙。"又道："炮烙不可概用，可制铜斗，亦加火其中。其罪不应处死者，令其手持熨斗，则手足焦烂，以别轻重。"纣王然之。即立铜柱、铜斗各数十号，置于大殿前，凡有罪之人，便用此惩罚。满朝文武皆畏惧而缄口不言。

妲己见群臣畏刑不谏，于是更加胡作非为，与纣旦夕欢宴不息。一日，于摘星楼设宴，又令宫女裸身歌舞，各相争戏。妲己又奏道："此戏不足以使大王尽兴，可于台下开二坑穴。一则中置垒槽为丘，四周引酒为池；一则悬肉为林，令各嫔妃，裸衣戏于酒池，各相扑打，胜者溺于酒池，败者投于虿盆。"纣王即依言所行，宫人投死者，不计其数。纣与妲己抚掌大笑道："此乐尤合朕意！"遂令费仲南拒朝歌，北抵邯郸，纵横数千里内，五里建一离宫，十里建一别馆，自与妲己共乘逍遥车，歌韵管弦，前后簇拥，昼眠夕宴，号作长夜之饮。不拘官民，如有谏者，不投虿盆，便受炮烙，于是天下骚动，百姓逃亡，诸侯亦有叛者。

后人有诗八句云：

先王制律为民忧，商纣淫奢祸自求。
炮烙刑标尸骨朽，虿盆法立血膏流。
离宫别馆生民衅，舞榭歌亭动寇仇。
可惜成汤锦绣业，年来敛手属西周。

## 宠妖妲己失天下

西伯囚于羑里将近七年，岐周之臣商议赎还。大夫散宜生道："主公离岐下之时，曾言有七年灾厄，令群臣子弟不得入朝探访，等七年之后方可去赎还。"群臣皆以为然，独长子伯邑考道："君父受困在外，臣子却不怜惜，忍心害伦，实不应该！"遂携数从者，直出岐州。姬发、姬旦劝阻道："父侯有命，不许吾等过问，待其灾期满时，才可迎还。"

伯邑考不从，携赎罪之表直投朝歌，先见纣王。纣王宣人，伯邑考道："臣之父忤怒天颜被囚七年，臣痛父困苦，愿以身代。"纣谓妲己道："此忠孝之士，当赦西伯侯之罪。"妲己道："吾闻伯邑考善弹琴，妾欲闻其雅操，请大王命其演奏一曲，然后放回。"纣王然之。即取琴与伯邑考，令其弹奏一曲。伯邑考辞推道："臣闻父母有疾，不御琴瑟。今父囚七年，臣心痛如刀割，岂敢抚琴？"纣王道："皇后念尔有此雅技，不能推辞，试操一曲，即可父子归国。"伯邑考救父心切，只得接琴弹奏。然自思纣王无道，因在琴中寓音以谏。其辞为：

明君作兮，布德行仁；未闻忍心兮，重敛烦刑；炮烙炽兮，肋骨碎粉；虿盆惨兮，肺腑外倾。万民精血，以灌酒池；百姓膏脂，以悬肉林。机杼空兮，鹿台毋满；犁锄折兮，钜桥粟盈。吾愿明王，去谗逐淫，振顿纲纪兮，而天下和平。

妲己闻其曲音，对纣王道："伯邑考专刺时政，诽谤大王过失，若不除却此子，必助西伯为乱。"伯邑考破口大骂："淫妇！贱妇！蛊惑吾王，吾死青名不朽，可惜成汤社稷将亡于汝手！"遂以琴击妲己，妲己越席而避，纣王大怒，命武士斩杀伯邑考。妲己道："妾闻圣人不食其子，西伯素称先知，可将伯邑考醢为肉酱，送与西伯，若西伯不食，则果为圣人，必杀之以绝后患；倘其不知而食，则一常人而已，放其西归，引起妄杀重臣的诽议。"伯邑考破口大骂，顷刻死于乱刀之下。后人有诗哀曰：

孤身出西岐，万里探亲灾。

未入羑里城，先登纣王台。

辞琴孝志在，击王怒心摧。

可惜青年杰，化为异国灰。

纣王命人将伯邑考醢为肉酱送往羑里。

当时，西伯已被囚禁七年，杜门不出，镇日演伏羲之卦。忽一日，有怪鸟鸣于庭前，西伯立即演卦，测知将损一子。故谓随行之人道："数日以来，心惊肉跳，吾惧长子来朝，为吾赎罪，必中妲己之计。"从者对答未终，大王使臣忽至。西伯迎接入堂，使臣将肉酱送与西伯："大王知汝无大过，囚于僻城数年，故赐奇珍品尝，不日可西归。"西伯拿肉在手，心知是子之肉，然又知妲己试探之意，于是面对使者勉强吃下，并向北磕谢大王恩赐，使臣告别而去。并对其从者道："世人皆谓西伯是圣人，子之肉尚不知而食之，有何可赞？"从者回告西伯，西伯哭道："吾非不知是吾子之肉，若不食之，则吾必死矣！"悲哀地痛哭呕吐，昏死过去。从者忙急救，始醒转谓从者："吾灾将满，大王闻吾食子肉，定有赦免之意。"尔等且快收拾，以待西归。又遣使人岐州告知伯邑考此事。

使者回朝后，诉说此事，合朝痛哭。有人商量出兵伐纣，以迎西伯。散宜生道："长公子因不听父训而遭横祸。今主公灾数已满，最好上奏大王赎回，不宜起兵作乱。"群臣道："谨遵公命！"宜生选美女十人，良马千匹，金银十车，派闳夭入商去赎西伯。

闳夭领贡物，直投朝歌馆驿安下。闻听朝政把持在费仲手中，于是他将良马八匹、金宝一车、美人二名送给费仲。费仲正入府中，闳夭道："吾主囚陷七年，国中政事尽废，臣子日夜悲号，仰望西归。今以小物敬献，愿司寇在主上面前，赞一美言，则西土君臣感德不浅。"费仲欣然收下礼物，道："大夫次日进上贡物，吾定当保奏。"闳夭相辞出府。次日，即上表贡。纣王观后大喜，道："欲赎姬昌，十美人足矣！何必更用他物？"于是赦免了姬昌。妲己谏言不可，费仲道："姬昌虽有罪过，然已囚七年，西方百姓无主，如不能早日归放，日久必生叛乱。"纣纳费仲之言，赦免了西伯。西伯闻诏，出羑里城，向纣王谢罪。纣王道："吾念尔为西方之主，又有德政。今赦尔前罪，赐尔白旄黄钺，有征伐之权，速回西岐，谨守尔职。"后世史臣有诗一首记录此事：

商德滋昏周德昌，脱囚羑里系兴亡。

神龙独为祥云起，灵凤偏因瑞气祥。

他日飞熊频入梦，此时文豹早亡商。

戎衣不举传孙子，八百苍姬作肇光。

明东屏居士咏史诗六：

盛德拘幽国步艰，天心无系独夫残。

卦辞毕系闳夭入，铁钺雕弓一路还。

西伯车马回归岐州，群臣听说后迎出国都百里之外，满城百姓，牵牛担酒，欣然迎接道："今日复见吾之父母矣！"西伯入朝，先拜见列祖列宗，再受众臣道贺。群臣诸子参见臣观后，右班一人忿怒奏道："臣观商纣无道，灭绝人伦，吾主无罪，却受七年牢狱之灾，今吾主已平安返回，何不兴兵伐纣，为民除害。"此人正是辛甲将军。

西伯大惊道："卿何出此言？商王乃君父，吾等乃商臣子。有不慈，后不可不孝。君有不明，臣亦不可不尽忠。岂有反叛之道理？"于是诸侯因为西伯能敬上恤下，遂率归西伯。

西伯广行仁政，厚恤下民，以耕作为生者什一而税，有才德奉禄。画土为安，刻木为吏，不设刑罚而百姓皆守法纪。百姓有男不能婚，女不能嫁者，则出公钱助其完婚；有老而无子，幼而丧父者，皆予钱帛以抚恤。由是，西方百姓家给人足，一派太平盛世。

又令辛甲率领二百士兵，在都城修建高台深沼，以观灾祥。辛甲领命出朝，将要兴工，百姓闻听皆来助之。西伯闻知，乃遣上大夫太颠亲赏百姓以酒食，劝其休息。百姓闻命，愈加用力，不日而成。凿就池沼，深至五尺。忽见一付枯骨，百姓欲抛枯骨于沼外。西伯急止之问道："是何人骸骨？"军吏答道："远年枯骨，不知何方人氏。"西伯忙令埋之。军吏答道："此无主守，何必掩埋。"西伯勃然变色道："有天下者，乃天下之主，有国者，乃国之主。今此枯骨，寡人即是其主，又怎称无主？"遂命裹其骨葬之。"西伯对枯骨尚且施恩，何况人呢？"于是，有三十三国归依西伯。

百姓效力，不日沼囿皆成。周围七十里，有鸿雁、麋鹿、鸟兽、鱼鳖在沼囿中。西伯大宴群臣于台上，散金钱以赏百姓。百姓欢悦而指其台沼道："此乃吾王灵沼也。"后人钟伯敬有诗云：

沼凿深深囿僻开，经营不日万民来。

要知商丧西周振，须察灵台与鹿台。

西伯自葬枯骨，施仁政于四方。时虞、芮二国百姓争夺国界上之田地，多年未决。虞侯乃遗书与芮侯道："吾等之疑狱难以判决。当今西伯乃仁人君子，泽及枯骨，西方鳏寡孤独不致失所。此事非西伯不能明决，能否同去拜见。"芮侯得书快然，便携从者与虞侯在峭山相会。至岐州界上，见农夫耕于陇上者，相让而遗其畔田。二侯召而问之，农夫答道："西伯以仁让教化四方百姓，吾等怎能为田地相争？"二侯乃啧啧称羡，遂驱车马沿路遍察。种田者皆相让田地，走路者皆相让路径。及至都中，百姓往来者男左女右而行。年至五十以上者并不肩负或手提重物。二侯访问乡民，乡民皆答："此西伯教化之功。"虞、芮二侯互相说道："吾等不能躬率教化，使民积年争讼，实乃德行低微之人。不若此地田中农夫皆有君子之风，吾等既为小人，焉可轻践君子之庭乎？"便转身离开，相辞各归本国。虞侯以所争之地送还芮侯，芮侯不受，又送至虞。两国坚不肯受，致使田地变为荒田。天下闻之，皆称："西伯教化，使人良善而不自知，此诚真圣人也。"相率而朝于岐者四十余国。时有彩凤于岐山鸣叫，以昭西伯仁政之祥瑞。后冯犹龙有诗云：

教化默融远国民，风行革动总归仁。
朝鸣彩凤岐山下，灵瑞须昭大圣人。

当时西伯日行仁政，百姓争相依附。纣王日行暴政，民多背叛。

当时纣王不理国政，与妲己日夜饮宴行乐不辍。妲己乃狐狸之魄所依，每日教唆纣王杀无罪之人，彼则夜吸其膏血，其貌鲜妍。一日，于摘星楼上饮宴，时当隆冬，遥见河边有数人将渡。二三老者揭衣涉河，中有后生者，于岸上徘徊不敢下水。纣问妲己："河水虽寒，少者却比老者怯冷，此为何故？"妲己答道："妾谓人受父母精血，方得成胎。然阴阳之理，要在父壮母盛。故生子气脉充盈，其胫髓满，虽至年老，耐寒傲冷。若阴阳交媾，父老而母衰，故生子气脉衰微，髓不满胫，略至中年，必先怯冷怕寒也。"纣王道："道如此？"妲己道："大王不信，即将此一起渡河者之腿斩断，视之便知端的。"纣王允之。即令蜚廉将五人活捉至楼下，一人一斧，新去两胫。果然老者髓满，少者骨空。

纣王抚掌大笑道："卿真乃料事如神。"妲己道："妾不只能辨老少阴阳，亦能辨腹中所孕阴阳。"纣王问："怎样知道？"妲己曰："此亦不外父母之精血而已。夫阴阳交媾之时，父精先于母血至者为男，母血先于父精至者为女，是以知之。"纣王不信，妲己道："大王不信，可搜城中孕妇，臣妾与大王验之。"纣即令费仲捉得孕妇数十于楼下，妲己逐一指道："其妇生男，此妇生女。"纣令剖孕妇而视之，果然与妲己所说一般。纣王大喜，愈宠妲己，妲己便愈加胡作妄为，无所忌惮。

一日，纣于琼林苑宴群臣，忽见一狐隐于牡丹丛下，纣王急令蜚廉射之。蜚廉曰："只须放出金笼之雕便可擒住。"纣即令开笼放雕，狐之面颊被抓破，遂匿沉香架后，不见踪迹。令武士掘地搜狐，但见一大土穴，骸骨堆积，狐已不见。纣亦不究。群臣宴罢，各归本府。

却说纣王入宫，见妲己两腮俱破，以花叶贴之，乃问其故。妲己笑道："适早被白莺儿抓破耳。"纣亦信之，却不知是在牡丹丛下被雕鸟抓破。自是，妲己之狐形夜夜出入宫廷，宦官嫔御多有看见，城中谣嚷。

时年，武王兴诸侯之兵伐纣，东兵阵上虽有八十万精兵，皆怨恨商纣王残暴。三位大将接连折损，东兵皆无斗志，倒戈自相攻击，以至血流漂杵。又因朝歌百姓久怨纣王之虐，一闻西兵入城，鼓舞欢欣，如同久旱得雨，母子相见，各个牵牛担酒，争来犒劳。因此武王之兵得以长驱直入朝歌，如入无人之境。

却说纣王兵败之后，奔入皇城。至甲子，得知城池已丢，手足无措，急宣神策、羽林等诸卫军护驾。时诸卫军都无心厮杀，反而自相践踏。文武各个奔窜，死尸横陈于阶上，不计其数。纣王知大势已去，性命无望，乃举火焚烧宫室，自登鹿台之上，身披珠宝，投入火中而死。

## 周幽王千金买一笑

宣王出朝听政，近臣奏曰："畿内有四句童谣，传播于六街三市，兵马司录其歌以闻。"宣王观其辞曰："月将升，日将浸，檿弧箕服，实亡周国！"宣王惊恐万分，问群臣曰："此事是福是祸？"左宗伯召公奏曰："檿是山桑木名，可以为弓。箕是草名，可结之为箭袋。依臣之见，国家将来必生战乱！"王曰："要是这样，杀尽京师中做弓之人，烧掉兵库中的箭矢，怎么样？"太史令伯阳上奏曰："臣观天象可知，其先落在陛下宫中，与弓矢之事无关，必主后世有女主乱国！请勿妄杀无辜而焚军旅之器。"

周幽王千金买一笑

王宣姜皇后南朝，问她宫中可有奇怪的事发生，姜后奏曰："宫中没有什么怪事，惟先王宫内一嫔妃卢氏，七岁怀孕，至今一十八年，方生一女。"宣王说："这真是怪事！"传旨宣卢氏问其故，卢氏回答说："妾闻夏桀王时，褒城有乡人，化为二龙，以降王庭，对桀王说，吾乃褒城二君，桀王十分害怕，杀其二龙，收其浆聚以藏椟中，自殷朝传经二十八王，历六百四十四年，皆不敢发其椟而视之。至先王厉王末年始开椟，则龙浆横流于上庭，化为元龟，妾当时年仅七岁，因踏龟迹而有孕，至今方生下一女。"王说："此女定是怪物，汝抱出视之！"卢氏曰："我也疑心她为妖怪。所以，我命宫女把她投于皇城御河中淹死了！"王曰："这不是你的罪过，皆先王所贻之祸！"喝退卢氏，又谓太史伯阳父说："此女孩已死，卿试占之，看妖气是否消失？"伯阳父占之，说："妖气虽然出宫，然未尝除也！"王传旨，令皇城兵马司，领兵搜寻皇城御沟内外，但有在道旁、路沟拾到女婴的人，都杀掉。又出榜文，挂于各城门外，不拘官民匠人等，但有拾得御沟之内婴孩而没有报官的人，满门抄斩。

却说西城兵马巡至西长安街尾，见一个负山桑木弓的男子，一个负箕草织成的箭袋的女子，在街上叫卖。兵马司看见，心下思量："今朝廷大臣断谣歌乃是山桑木弓箕草之袋，今天所见二人一定与此事有关，但闻伯阳有为乱之言，吾放其男子，捉此女子，并所卖弓矢去见天子。"那男子无端遇此灾祸，也不想办法解救他妻子，抱头便走，走至十里外，听到群鸟在林中喧噪，有婴儿啼哭之声。此人奔入林中看到，一女婴在百鸟守护下躺在草地上，心中思量："我妻被朝廷捉去，定不能生还，我抱此女婴归家，抚养成人，亦有所望。"于是赶去群鸟，抱起婴儿，直奔褒城，逃难而去。

却说西城兵马司，押解妇人和弓矢，前来见宣王。王自思："一定是这个妇人作怪了！"下令杀掉妇人并奖赏其巡访兵马。是岁秋七月，宣王有疾，宣大宗伯召公穆、左司寇尹吉甫托孤。王崩，在位四十六年。二臣受遗诏，奉太子宫涅即位，是为周幽王。

幽王为人冷薄无情、暴劣异常，召公、吉甫尽心辅之。虢公、尹球、祭公三人在朝，此皆小人，几使周亡。幽王即位，拜虢石父为上卿，尹球为大夫，祭公为司徒，大宴群臣。正好三川守臣有表到，说大地震动异常。幽王笑着说："山川地震乃是常事，不必告朕！"遂退朝。太史令伯阳父就此事与赵叔带手语："昔者伊洛竭而夏亡，河竭而商亡，今周若二代之季矣！"叔带惊恐地说："何以见之？"伯阳父说："源塞必川竭，川竭必山崩，山崩乃主崩之兆，吾知二十年后周室天下将易姓矣！"叔带对伯阳父说："父子不恤国政，我职居言路，必尽臣节以力谏方可！"

是岁冬，岐山复崩，三川又竭，赵叔带上表进谏："山崩地震，国家不祥之兆，望陛下广开贤路，抚恤下民，以消天灾人祸，以保社稷安危。"虢石父奏："山崩地震，诚陛下所谓天道之常，何不祥之有？叔带迂腐，枉测天意，望陛下明见！”幽王听从了石父的奏议，遂罢叔带，贬到田间。叔带罢官，往投晋国，后为赵氏之祖。右谏议大夫褒姁进谏：“若罢叔带之官。恐塞谏诤之路？”幽王大怒，令囚褒姁于狱。朝中自此再无敢谏之臣。王在宫中朝夕作乐。

却说褒姁，褒人也。家中妻子闻其下狱，一家痛哭，其子洪德告诉母亲说：“吾闻天子好女色。吾褒城中，有小民家，即前卖弓矢之人，有绝色女子，家贫无资，欲将此女鬻于他人。望母将百金买此女子，送于幽王，以赎父之罪，如何？”其母大喜，遂将百金，购此女子。时，此女年方十四岁，令其梳妆打扮。洪德即修表，将此女子赍到京师，以赎父罪。天子升殿，近臣奏道：“谏议大夫褒姁之子褒洪德到！”王宣入，洪德奏：“臣父因罪圣上，现囚天牢，臣不忍父陷死牢中，故将美人进上以赎父，望陛下宽恩，赦臣父死罪，罢官还乡。”幽王闻奏，宣美人于殿下，王见此美人媚态可人，因褒地所进，赐名褒姒，纳为宫妃。群臣进谏：“不可！美色可令国家颠覆，自古有之。夏因妹喜而亡，商因妲己而丧。陛下须鉴前朝得失，不可纳其入宫。”尹球、石父上奏：“田舍郎多收禾麦，尚且三妻四妾，陛下贵为天子，受一宫人，群臣何故多言？”王大怒，传命：“有再谏受美人者斩！”群臣遂无人敢谏。

王退朝，与褒姒朝夕饮宴，申皇后因此失宠，一日与褒姒宴于翠华宫，申后遽至，褒姒与王只顾欢娱，全不起身迎接，申后怒而不敢言，归宫中忧容不展。太子宜臼见母忧闷，跪而问：“吾母贵为万民之母，何事忧心？”后答：“汝父宠爱褒姒，尊卑不分，每日于翠华宫欢宴，见我至，褒姒全不退避，仍饮酒自乐，此吾不悦也。”太子说：“此事易处，母亲勿忧。次日可引数十宫人游御苑赏花，若褒姒来，吾母令宫人乱打此贱婢，待她奏父王，父王若听信之，孩儿必杀之，方可干休！”

申后听信其言，果将褒姒打了一顿。褒姒不动声色，含羞回宫，宣虢石父相告此事。石父奏曰：“娘娘可将此事奏于天子，臣自当全力保奏，废申后而立娘娘！”褒姒见退朝，垂泪奏道：“申皇后无故令官人痛打小妾！”王怒说：“皇后焉敢无礼！”虢石父、尹球说：“臣闻皇后失德，因嫉生恨，或有此事？”王问何故，褒姒陈述旧事。王大怒，遂下诏废皇后申氏，册立褒姒为正宫，不纳群臣之谏，太子宜臼仇恨不平，要杀石父。石父逃走，告知天子。天子龙颜大怒，命尹球来捕太子。太子从后宰门逃走，奔于邓州母舅家。王命发兵围申，群臣谏曰：“太子虽违王命杀大臣，乃是因孝母所致，今走申国避之足矣！何故更发兵围申以杀之？”王听之，令囚皇后于冷宫，立褒姒之子伯服为王太子，废太子宜臼。太史令伯阳父曰:“三纲不复存!”告老归田。群臣上书请求辞官返乡者甚多。

王既立褒姒,忠臣尽走,朝中惟尹球、虢公、祭公等一班谗臣在侧。王与褒姒朝夕作乐,千方百计,褒姒终不开口一笑。王问:“卿何故不笑?”姒说:“妾平生不好笑。”王私与石父说:“卿若能博褒后一笑,赏汝千金!”石父献计说:“先王于皇城外,五里置一烽火墩,本备寇也,若寇至,则举烽火为号,沿路相照,诸侯必发兵,至而无寇,皇后看后必笑!”幽王十分高兴。第二天命令点燃烽火。群臣都笑:“烟墩乃先王备患所造,所以诸侯臣服,如今无故而举烽火,是戏诸侯也,若他日果真寇至,以何物取信于诸侯?”

幽王不听,仍旧点火与褒姒在望边楼设宴饮酒。不几天,离京近的诸侯带兵而至,却不见敌寇,褒姒于楼上见诸侯不宣而至,抚掌大笑,众诸侯大怒而归。申侯于途中上表就幽王弃皇后、废太子、立褒姒、戏诸侯四事谏幽王。虢石父奏说:“申侯欲与太子宜臼谋反,故讪王之过。”王问:“何以处之?”石父奏:“应速发兵征讨,以除后患!”

幽王命令三军讨申。有人报告申侯说:“王将起兵伐申国!”申侯大惊:“国小兵微,以何抵挡?”大夫吕章进言:“今申国近西夷犬戎,主公速致书于犬戎,令其起兵伐无道,可救申国之患!”申侯下书给西夷犬戎。西夷主说:“中国天子失政,申侯召我以诛无道之君,正合我意!”于是带领五万戎兵,杀奔京师而来,将城团围三匝,水泄不通。

近臣上奏给幽王知道,幽王大惊说:“机不密,祸先发!我兵未起,戎兵先至,此事如何是好?”虢石父奏曰:“速发烟墩令诸侯派遣救兵!”幽王命令点燃烽火,数月后,诸侯之兵俱无片甲到来。盖因从前被烽火所戏,此时又以为诈,故不发兵。幽王见救兵不至,犬戎每日加急攻城,遂命虢石父说:“事情紧迫!卿速令兵守城,率将士出城迎敌,朕率大军继后,以破犬戎!”虢石父本非能战之士,被迫带兵出阵,开西城门杀出。申侯望见虢石父,向石戎说:“此欺君之贼,不可令其逃走!”犬戎主听到,拍马直取石父,石父斗不能胜,被犬戎主一枪刺死,戎兵乱杀进城。

幽王正率军出午门,听到石父战亡,十分害怕,于是大军奔后宰门,向监漳逃跑。戎兵在城中放火焚烧宫室,掳掠库内财物。申侯从火光中见幽王从后宰门逃跑,引一队戎兵赶至骊山下杀之。幽王在位十一年。胡曾先生有诗云:

恃宠娇多得自由,骊山举火戏诸侯。

只知一笑倾人国,不觉胡尘满玉楼。

东屏先生咏史诗云:

多方图笑掖庭中，烽火光摇粉黛红。

自绝诸侯犹似可，忍俾国祚丧羌戎。

潜渊居士读史诗云：

女色常云丧国城，幽王何事若迷心。

恣情贪笑轻烽火，继恣忘忧召甲兵。

万邦生灵沽羯臊，千官冠盖陷胡尘。

郑桓不动勤王剑，八百苍姬已尽倾。

又有东屏先生诗讥幽王失政，谣言有验云：

易储废后败纲常，烽火招戎势獗猖。

指妇倾城奇祸远，压孤箕服验周亡。

申兵与戎卒杀人翠华楼，把褒姒在楼下处斩。宫中士卒嫔妃，死者不计其数。犬戎在城中大肆剽掠数月，竟生灭周之意。

郑桓公听说犬戎将攻陷王城，出兵征剿，与犬戎战不数合，桓公中箭落马而亡。潜渊居士读史诗云：

臣子勤王水火师，君危臣陷岂宜迟。

郑桓虽为周幽殒，史册英名万古存。

## 齐襄王与亲妹宣淫乱伦

齐僖公有两个非常漂亮的女儿。大女儿嫁到宣，名卫宣姜。而二女儿文姜，生得神若秋水，面如芙蓉，有着沉鱼落雁、闭月羞花的容貌，真乃绝世佳人，古今国色，而且才貌双全，因此号为文姜。世子诸儿，原是个贪酒好色的人，虽与文姜为兄妹，却各自一母。诸儿长于文姜只二岁，自小在宫中戏耍顽皮。文姜长大后，出落得如花似玉，诸儿又是情窦初开，见文姜如此才貌，况且举动轻薄，每有调戏之意。那文姜放荡成性，是个不顾礼仪的人，言语戏谑，对一些低俗之事全不避忌。诸儿生得玉面桃花，虎背熊腰，天生的美男子，与文姜倒是人品一对，可惜是近亲，不得配合成双。现在每天呆在一起，男女无别，遂至并肩携手，无所不至，只因碍着左右宫人，就差一同睡觉了。齐侯夫妇也是太过溺爱子女，不预先防范，以致儿女成禽兽之行，后来诸儿身弑国危，都是由此引发的祸。自郑世子忽大败戎师，齐僖公在文姜面前经常夸奖他的好，现在谈到婚事，文姜不胜之喜。听说世子忽坚辞不允，心中郁闷，染成一疾，精神恍惚，半坐半

眠,不吃不睡。当时有诗写道:

二八深闺不解羞,一桩情事锁眉头。

鸾凰不入情丝网,野鸟家鸡总是愁。

世子诸儿借口看病,时时闯入闺中,挨坐床头,遍体抚摩,表面是问候,实际在一起亲热。一日,齐僖公偶到文姜处看望女儿,见诸儿在房,对他严厉地说:“你们虽是兄妹,但也要避嫌,今后要仆人来就可以了。”诸儿唯唯而出,从此很少见了。不久,僖公为诸儿娶宋女,诸儿爱恋新婚,兄妹见面机会更少了。文姜深闺寂寞,怀念诸儿,病势愈加,却是哑巴吃黄莲,有苦说不出。当时有诗写道:

齐襄王

春草醉春烟,深闺人独眠。

积恨颜将老,相思心欲燃。

几回明月夜,飞梦到郎边。

鲁桓公即位之年,年龄不小了,却没有成亲。大夫臧孙达说:“古代,国君十五岁就有了儿子,现在您却仍没有成婚,以后指望谁呢?”公子翬说:“我听说齐侯的女儿文姜并没有嫁给世子忽,您认为她怎么样?”桓公说:“好。”即派公子翬求婚于齐。齐僖公以文姜病中,请求缓期。宫人却将鲁侯请婚的喜信告诉文姜。文姜本是相思之症,得此消息,病情稍有好转。及齐、鲁为宋公一事共同商议,鲁侯当面又以姻事为请,齐侯答应第二年再办。鲁桓公三年,又亲至嬴地会齐侯,齐僖公被他的真诚感动了。鲁侯出手也非常大方,僖公大喜,约定秋九月,亲自送女儿成婚。鲁侯乃使公子翚至齐迎女。

齐世子诸儿听说文姜将嫁他国,不觉复萌从前狂心,教宫人假送花朵给文姜,并把诗放在花中:

桃有华,灿灿有霞。当户不折,飘而为苴。吁嗟兮复吁嗟!

文姜得诗,已解其情,也写了回诗:

桃有英,烨烨其灵。今兹不折,讵无来春?叮咛兮复叮咛!

诸儿读其答诗,知文姜仍很想他。不久,鲁使上卿公子翚如齐,迎娶文姜。齐僖公因为爱女之故,准备亲自送女儿。诸儿听说后对父亲说:“我听说妹妹要嫁到鲁去,这是好事。但鲁侯既不亲迎,必须亲人往送。父亲国事在身,不便远离，让孩儿去吧！”僖公说：“我已答应亲自送女，怎可出尔反尔？”还没说完就有人报告：“鲁侯停驾亩篚邑，专候迎亲。”僖公说：“鲁国很懂礼貌，怕麻烦我们，我不可以不往。”诸儿默然而退，姜氏心中亦如有所失。那时是九月，离婚期很近了。文姜别过六宫妃眷，到东宫来向哥哥告别。诸儿整酒相待，四目相视，各不相舍。只是元妃在座，而且父亲又派人守候，不能交言，暗暗嗟叹。临别之际，诸儿来到车前只说声：“妹子留心，莫忘‘叮咛’之句。”文姜许诺：“来日定能相见。”齐僖公命诸儿守国，亲送文姜到言藩，与鲁侯相见。鲁侯叙甥舅之礼，设席款待，并且重重赏赐了齐僖公的随从人员。僖公回国，鲁侯带文姜回国成亲。一来齐是个大国，二来文姜如花绝色，鲁侯十分爱宠。三朝见庙，大臣及王室宗妇都来朝见国君夫人。僖公又命夷仲到鲁国，问候姜氏。自此齐、鲁两国异常亲密。

且说僖公薨，诸儿继位，称齐襄公。当时齐国强盛，周庄王欲笼络齐国，于是想嫁王姬于襄公，并命鲁桓公做主婚。襄公闻知，便派使臣去鲁迎桓公至齐协商婚事。

鲁夫人文姜见齐使来迎，更想念她的兄长，想借机会与桓公同行。桓公溺爱其妻，只好从命。大夫申绵上谏说：“‘女有室，男有家’，这是古已有之的制度。礼无相渎，渎则有乱。父母若在，出嫁女子应每年回去拜望一次。今夫人父母俱亡，哪有妹妹拜望哥哥的道理呢。”桓公已许文姜，就没有听从申繻的意见。夫妇同行，车至泺水，齐襄公早在那里等候。各问寒暖之后，一同乘车来到临淄。鲁侯奉周王之命，将婚事议定。齐侯厚礼，款待鲁侯夫妇，然后以相会旧日宫嫔为由，将文姜迎入宫中。谁知襄公造下密室，另治私宴，与文姜叙情。席间，四目相视，你怜我爱，还顾什么天伦之理，两下迷恋不舍，文姜便留宿宫中。日上三竿，两人仍相拥床上，撇却鲁桓公在外，冷冷清清。

鲁侯心中疑虑，命人详细打听，回报：“齐侯未娶正妃，只有偏宫连氏，是大夫连称的妹妹，并且不得齐侯的欢心。姜夫人自入齐宫，只是兄妹相处，并未与其他宫嫔相见。”鲁侯心知不妙，恨不得一步跨进齐宫看个究竟。恰好有人报：“国母出宫来了。”鲁侯满腔怒气，便问姜氏：“昨夜和谁一起喝酒了？”“同连妃。”又问：“几时散席？”答：“久别话长，直到月上高楼已经半夜了。”又问：“你兄可曾来陪饮？”答：“我兄不曾来。”鲁侯笑问：“难道兄妹之情，不来相陪？”姜氏说：“我兄在酒宴中来过一次，敬我一杯酒就走了。”鲁侯说：“你席散如何不出宫？”姜氏说：“夜深不便。”鲁侯又问：“你在何处安置？”姜氏说：“这些都是君侯安排的，您又何必如此追问呢？宫中这么大，难道还没有安置我的地方？我昨夜住在西宫，就是我未嫁予您以前的闺房。”鲁侯说：“你今日如何起得这么迟？”姜氏说：“夜来饮酒劳倦，今早梳妆，就耽误了些时辰。”鲁侯又问：“宿处谁人相伴？”姜氏说：“宫娥。”鲁侯又说：“你兄嫂何处睡？”姜氏不觉面赤曰：“为妹的怎管哥哥睡处？言之可笑！”鲁侯说：“只怕为哥的倒要管妹子睡处。”姜氏反问：“何出此言？”鲁侯曰：“自古男女有别。你留宫中，兄妹同宿，寡人已经打听了事实，你还有什么可以隐瞒的？”姜氏哪敢承认，啼啼哭哭，心中却也十分羞愧。无奈鲁桓公身在齐国，心中虽然愤恨，却敢怒而不敢言，即遣人告辞齐侯，打算回到鲁国，再作处理。

齐襄公自己做了好事，也不放心。姜氏出宫之时，便密遣心腹力士石之纷如跟随打听。石之纷如如实回复鲁侯夫妇相见的谈话，襄公大惊说：“我亦料到鲁侯久后会有耳闻，没想到他这么快就知道了。”一会儿，齐侯见鲁使来辞行，心里明明知道事情败露，仍要请齐侯游中山，以作饯行。齐侯派人几次逼请，鲁侯只得命驾出郊，文姜自留邸舍，忧心忡忡。

齐襄公一来舍不得文姜回去，二来担心鲁侯怀恨成仇，一不做，二不休，吩咐公子彭生待席散之后，设法在车中杀死鲁侯。彭生记起战争时一箭这之恨，哪会不从。这天牛山大宴，盛陈歌舞，襄公百般殷勤，教诸大夫轮流劝饮，又教宫娥内侍捧樽跪劝。心中郁闷的鲁侯也要借杯浇愁，不觉酩酊大醉，别时不能成礼。襄公命公子彭生抱鲁侯上车，并在车中侍候。离国门约有二里，彭生见鲁侯熟睡，挺臂以拉其胁。他天生神力，双臂如铁，鲁侯被拉断肋骨，惨叫流血而死。彭生对众人说：“鲁侯醉后中恶，请快骑入城，向公主禀明。”众人虽觉蹊跷，却无人敢言。史臣有诗云：

男女嫌微最要明，夫妻越境太湖行。

当时或听申缩谏，何至车中六尺横？

齐襄公听说鲁侯暴薨，心中大喜，却在众人面前哭得昏天暗地，又命人厚殓鲁侯，派使臣报鲁迎丧。鲁侯的随从回国后，都说君主在车中被杀的原因。大夫申编说：“国不可一日无君，且扶世子同主张丧事，鲁侯丧车一到，立即行继位大礼。”公子庆父字孟，是桓公的庶长子，他说：“齐侯乱伦无礼，祸及君父，我愿率军向齐国兴师问罪！”大夫申繻对他的话也不敢肯定，背地里问谋士施伯能不能伐齐。施伯说：“此暧昧之事，不能被邻国知道。现鲁弱齐强，若不取胜，反彰其丑。不如先忍让一时，先追查车中弑君这件事的责任，让齐国杀死公子彭生，以向各国有个交代，齐国一定听从。”申缩把这些话告诉了庆父，于是下令施伯拟定国书草稿——世子守丧不便行动，才用大夫的名义——派使臣向齐国递交国书。国书上说，我们的君主奉天子之命，到齐国议婚，却有去无回。现在人们对车中之变议论纷纷，被众诸侯耻笑，又找不到罪魁祸首，请求杀了彭生谢罪。

齐襄公当着使臣的面骂彭生，说："寡人看鲁侯醉酒，命你扶他上车，你为什么不小心侍候使他猝死，你是难逃罪责。"于是下令杀了彭生。彭生大骂："淫亲妹而杀其夫，都是你这个无道昏君的罪行，今日又把罪名强加于我，我死后，化作厉鬼也不会放过你！"齐襄公掩住耳朵不敢听，众人偷笑。襄公一面遣人往周王处谢婚，并订娶期，一面遣人送鲁侯丧车回国，文姜仍然留在齐国。

鲁大夫申繻率世子在城外迎接灵柩，并在灵柩前完成即位大礼，这就是历史上的鲁庄公。申繻、颛孙生、公子溺、公子偃、曹沫一班文武，重整朝纲。庶兄公子庆父、庶弟公子牙、嫡弟季龙俱参国政。申繻推荐施伯的才能，鲁庄公也封他为士大夫，第二年定为庄公元年，实际上是周庄公四年。

鲁庄公集群臣商议迎婚之事。施伯说："鲁国有三耻，君侯知道吗？"庄公说："什么是三耻？"施伯说："先君虽已归天，却遭世人耻笑，这是第一耻；君夫人留齐未归，遭人诽议，这是第二耻；齐国与我有不共戴天之仇，况且君侯在衰绖之中，仍要主婚，推托就是违逆王命，答应则遭人耻笑，这是第三耻。"鲁庄公无奈地问："有什么好办法吗？"施伯说："欲人勿恶，必先自美；欲人勿疑，必先自信。先君确立时，没有得大王的封赏，如果借主婚的机会，请求周王封先君一个名号，则第一耻就免了。君夫人在齐国，主公以礼迎回，以尽孝道，这样第二耻也免了。惟主婚一事，最难两全，然亦有策。"庄公问："如何？"施伯说："可在城外修建王姬的馆舍，主公以守丧为由，命大夫迎王姬并送到齐国。这样，对大王而言，主公遵从了他的命令，同时又显示了我们大国的风范，还不失您的居丧的礼节，第三耻也就不存在了。"鲁庄公说："申繻说你有过人的才智，果然所言不虚呀！"于是一一施行。

鲁国使臣颛孙生见周王，请迎王姬，同时请求赐予先君黻冕圭璧的荣耀，周庄王应允。周公黑肩愿意使鲁国，庄王不允，而别派大夫荣叔代行。原来周庄王的弟弟王子克曾深得先王的宠信，周公黑肩曾受临终之托。周庄王怀疑他私通外国，成就王子克的势力，所以才不答应。黑肩不知道周庄王不信任自己，连夜赶到王子克家，商议乘嫁王姬之机，杀庄王立王子克。大夫辛伯得知消息，密告庄王，于是庄王杀黑肩并驱逐王子克。王子克被迫到了燕国。

鲁颛孙生送王姬到了齐国，就奉鲁侯之命，迎接夫人姜氏。齐襄公碍于公论，只得放回。临行之际，十分难舍难分说："相见有日！"个个洒泪而别。姜氏贪欢恋爱，不舍齐侯，又悖理人伦，羞回故里，真可谓举步维艰。车至禚地，见行馆整洁，不禁赞叹："此地不鲁不齐，正是我的安身之处呀。"吩咐从人回复鲁侯："未亡人性贪闲适，不乐还宫，要想我回宫，须等到我死后。"鲁侯就为她在祝邱建筑宫馆，这样，姜氏就往来于两地之间，鲁侯常派人慰问。后来史官议论，以为鲁庄公之于文姜，论情则生身之母，论义则杀父之仇。如果文姜归鲁，反而让鲁侯为难，只有徘徊在两地，才能让鲁侯尽孝道。髯翁诗云：

弑夫无面返东蒙，禚地徘徊齐鲁中。

若使砚颜归故国，亲仇两字怎融通？

齐襄公杀了鲁桓公，国人沸沸扬扬，尽说："齐侯无道，干此淫残蔑理之事。"齐襄公自知心愧，想安抚国人，急使人迎王姬至齐成婚，国人议犹未息。又想做几件大事，以服众心，想："郑弑其君，卫逐其君，两件都不是易事。但卫公子黔牟是周王的女婿，自己刚娶王姬，不好与黔牟作对。不如先讨伐郑国的罪行，诸侯必然畏惧自己的武力而臣服。"但他又没有必胜的把握，于是派使臣致书子亹，骗他在首止相会，两国结好。子亹大喜说："齐侯下交，我国可安枕无忧了！"欲使高渠弥、祭足同往，祭足称疾推辞。

原繁背地里问祭足说："我们的新君主想与齐侯交好，您应辅助他一臂之力，为什么不去呢？"祭足说："齐侯为人凶残狡诈，齐又是大国，现在证明显然已有了谋反的念头。况且先君昭公曾有恩于齐，齐国应念旧情。但毕竟大国难测，大国主动结交小国，其中必有奸情。恐怕我君还要在此行中被人杀戮了。"原繁说："如果真如您所言，郑国该由谁接管？"祭足说："一定是子仪，他有君主之相，先君庄公也曾这样说。"原繁说："人们都说您足智多谋，我就用此事试试您吧。"

到了会期，齐襄公命王子成父、管致两员大将，各率百余名勇士环侍在左右，力士石之纷如紧跟在他的身后。高渠弥引着子亹同登盟坛，与齐侯叙礼已毕。嬖臣孟阳手捧血盂，跪在地上请命。齐襄公看了他一眼，孟阳突然站了起来。襄公握着子亹的手说："先君昭公死于什么原因呀？"子亹大惊，不能作答。高渠弥代答说："先君病故，您问这些干什么呢？"襄公说："我听说昭公曾遇贼人，而与病无关。"高渠弥无法遮掩，只好硬着头皮说："昭公原有伤寒病，再加上受贼人惊吓，才暴亡的。"襄公说："昭公出行总是戒备森严，又怎会被贼人惊扰？"高渠弥回答："众子争位已经很久了，各有势力，明枪易躲，暗箭怎防？"襄公又问："抓到贼人了吗？"高渠弥回答："没有，仍在追查。"襄公大怒，说："贼人就在眼前，还用追查吗？你受国恩，却以私怨弑君，到寡人面前，还敢骗寡人。寡人今天要为你的先君报仇！"高渠弥不敢再辩驳。石之纷如将高渠弥绑了起来。子亹叩首乞求说:“这件事我完全没有参与,都是高渠弥一个人干的,请饶我一命!”襄公说:“既然你知道高渠弥的罪行,为什么又不讨伐他?你今天就去黄泉路上辩解吧。”襄公一招呼,众将勇上前乱刀砍死子亹。随行护驾众人见势不妙,纷纷溃逃。襄公问高渠弥:“你的主子已经死了,你还想活命吗?”高渠弥回答:“自知罪重,不求独活!”襄公说:“一刀砍了你,就太便宜你了。”于是将高渠弥带回齐国,在南门外车裂。襄公想用这一义举来震动诸侯,所以才用了这一极刑,来扩大影响。

高渠弥已死,襄公下令将他的首级挂在南门,并题字:“逆臣视此!”一面使人收拾子亹尸首,藁葬在东城外,一面遣使到郑国说:“贼臣逆子,周有常刑。汝国高渠弥主谋弑君,擅立庶孽,寡人深为郑先君感到悲哀,如今已经为郑殊杀奸贼,愿改立新君,以邀旧好。”原繁听说后,感叹说:“祭足的智谋,我赶不上呀!”各位大夫共同商议立新国君的事情。叔詹说:“原来的君侯在栎地,为什么不把他迎回来呢?”祭足说:“逃亡的君主,不能再让他给宗庙蒙辱,不如立公子仪为好。”原繁也赞成这样做。于是公子仪在陈继位。祭足,叔詹,原繁分别为上、中、下大夫。子仪将国事托于祭足,体恤下民,修整战备,并派人出使齐、陈各国。又向楚国保证,年年进贡,永为属国。厉公得不到可乘之机,郑国从此有了稍微安定的局面。

王姬生性贞静幽闲,言行高雅。襄公是个狂淫之辈,成婚后,两人并不和睦。王姬进宫数月时间,屡次听闻襄公奸淫亲妹妹,默然叹息:“这样悖理乱伦,真是禽兽不如的家伙。我不幸错嫁给这样的人,真是命苦呀!”她积郁成疾,不到一年就死了。

王姬死后,襄公更是肆无忌惮。常以狩猎为名,不时派人前往禚地密迎文姜,昼夜淫乐。又怕鲁庄公盛怒之下派兵威胁,就亲率大军夺取郑、鄑、部三地。兵移酅城,使人告纪侯:“速写降书,免至灭绝。”纪侯叹息说:“齐国是我的世仇,我不能跪在仇人面前活命!”于是命夫人伯姬写信向鲁国求救。齐襄公扬言:“有救纪的国家,我先率军讨伐他!”鲁庄公派使臣前往郑国,约他共同抗齐救纪。郑伯子仪因为担心栎的厉公偷袭郑国,所以不敢出兵,只好推辞。鲁侯自觉力量单薄,行军到滑地,后来又收兵。纪侯得知鲁国兵退,知道城池难守,就一个人逃走,而将一切交于弟弟嬴季。

嬴季对各位大臣说:“亡国和保存宗庙哪一个更重要?”众人都说:“保存宗庙为重。”嬴季说:“若能保全宗庙,我又何在乎受些委屈呢?”于是写投降书,愿意向齐称臣,只守酅宗庙,齐侯应允。嬴季把纪国土地户口全部交给齐。齐襄公收并纪国的土地私人口，在纪庙附近割三十户以供纪祭祀，封嬴季为庙主。纪伯姬受惊吓而死。为了讨好鲁国，齐襄公下令以夫人之礼厚葬伯姬。伯姬之妹叔姬从嫁而来，襄公想送她回鲁国。叔姬说："出嫁从夫，是女子的本分。我活着是嬴氏的人，死为嬴氏的鬼，我怎么能离开这回去呢？"襄公允许她居酅守节。叔姬数年后死去。史官赞云：

世衰俗敝，淫风相袭。齐公乱妹，新台娶媳。

禽行兽心，伦亡纪佚。小邦妾媵，矢节从一。

宁守故庙，不归宗国。卓哉叔姬，《柏舟》同式！

齐襄公灭纪国那年，正是周庄王七年。

同一年，楚武王熊通因为随侯不朝贡而兴兵讨伐，身死路上。令尹斗祈、莫敖屈重奉王命直击随城，大军既济汉水，然后发丧。子熊赀即位，史称文王。

齐襄公灭纪凯旋，文姜于路迎接其兄，到了祝邱，行两君相见之礼，彼此酬酢，大犒齐军，又与襄公同至禚地，留连欢宿。襄公让文姜写信召鲁庄公来禚地相聚。庄公恐违母命，就到禚地谒见文姜。文姜命庄公对齐襄公施舅之礼，见襄公，谢过厚葬纪伯姬一事。庄公勉强答应，襄公很高兴，设宴款待庄公。当时襄公新生一个女儿，文姜以庄公无夫人为由，让他们记下婚约。庄公说："那女孩还是幼儿，不能与我相配。"文姜大怒，说："你要疏远母族吗？"襄公也嫌两人年龄相差太大，但文姜一再坚持，两侯不敢不从。从此二君更加亲密。二君并车驰猎于禚地之野，庄公矢不虚发，九射九中，襄公称赞不已。野人窃指鲁庄公戏说："这是我君的假儿子！"庄公大怒，命人追过去杀了那人，襄公亦不嗔怪。史臣论庄公有母无父，忘亲事仇，作诗诮云：

车中饮恨已多年，甘与仇雠共戴天。

莫怪野人呼假子，已同假父作姻缘。

文姜自鲁、齐同狩之后，更加大胆，常常与齐襄公相聚，或于防，或于谷，或直至齐都，公然像夫妇一样在宫中留宿。国人作《载驱》之诗，以刺文姜，诗云：

栽驱薄薄，簟茀朱韩。鲁道有荡，齐子发夕。

汶水滔滔，行人儦儦。鲁道有荡，齐子游遨。

薄薄，是疾驱的样子。簟，席，所以铺车。茀，车后户。朱鞹，以朱漆兽皮。这些都是车的装饰品。齐子指文姜。意思是说文姜乘车到了齐国。儦儦，众貌，是说仆从众多。又有《敝笱》之诗，以刺庄公。诗云：

敝笱在梁，其鱼鲂鳏。齐于归止，其从如云。

敝笱在梁，其鱼鲂屿。齐子归止，其从如水。

笱是一种渔具，是说简陋损坏的罟，不能捉到大鱼，以喻鲁庄公不能阻挡文姜，任其仆从出入无禁。

齐襄公自禚回国，卫侯朔迎贺灭纪之功，问襄公讨伐卫国的日期。襄公说："现在王姬已经死了，征伐卫国也就没了阻碍，但不能联合诸侯，就不是正义的行动，您先等待几天吧。"卫侯称谢。过数日，襄公遣使约会宋、鲁、陈、蔡四国国君，一同伐卫，共享战利品。檄文说：

天祸卫国，生逆臣泄、职，擅行废立。致卫君越在敝邑，于今七年。孤坐不安席。以疆场多事，不即诛讨。今幸少闲，悉索敝赋，愿从诸君之后，左右卫君，以诛卫之不当立者！

当时是周庄王八年的冬天。

齐襄公率军五百乘，同卫侯朔先驻扎在卫国边境，宋闵公捷，鲁庄公同，陈宣公杵臼，蔡哀侯献舞也各带兵来会。卫侯听说五国兵临城下，与公子泄、公子职商议，派大夫跪去周国求救。庄王问群臣："谁可救卫？"周公忌父、西虢公伯都说："王室自从伐郑受挫之后，一直元气大伤，现在齐侯之辈，不念王姬一脉之亲，鸠合四国，又有借辞，怎能相敌呀。"左班最下一人挺身而出，说："二位的话不对，四国只是兵强，哪有理由打卫？"此人就是下士子突也。周公说："诸侯失去国家，就有权收回，有什么不对？"子突说："黔牟登位，已禀告大王，既然立黔牟为侯，就必须废掉子朔。二位以纳诸侯为理，而不以王命为理，这就是子突所不解的地方。"虢公说："兵戈相见，应量力而行。王室不振由来已久。伐郑之战，先王亲自督军，并且中了祝聃的箭，到现在，已换两主，仍大仇未报。何况四国的力量，远在郑国的十倍以上，孤军奋战，如卵击石，只是自讨苦吃，于事无补呀。"子突说："天下的事情，理胜力为常，力胜理为变。王命就是理呀，力只能决定一时的强弱，而理能决定千古的胜负，若无理却能得志，那么颠倒了千古是非，天下就不再有大王了！各位又有什么颜面称为王朝的卿士呢？"虢公无言。周公说："如果现在兴兵救卫，你能率军吗？"子突说："司马氏握有重权，子突位微才劣，真的不能胜任。但苦无人前往，子突只好代司马一行。"周公又问："你有胜利的把握吗？"子突说："我今日出师，已有胜理。若以文、武、宣、平之灵，仗义执言，四国悔罪，王室之福，并非子突的功劳。"大夫富辰说："子突言语雄壮，可派他前往，也可使天下知道王室能人辈出。"周王先让宁跪回卫国，援军随后就到。

周、虢二人嫉恨子突的功劳，只给了二百乘的兵力。子突却不在意，拜别太庙出发。当时四国军队已围攻卫城，公子泄、公了职昼夜巡守，等待王朝援兵解围,却没想到子突兵微将少,如何能挡住四国强大的军队?子突的军队还未扎营,便在一场厮杀下全军覆没,子突杀敌数十后自刎而死。髯翁有诗赞叹:

虽然只旅未成功,王命昭昭耳目中。

见义勇为真汉子,莫将成败论英雄!

卫国守城军士听说王朝的军队已败,各自逃窜,卫国城破,公子泄、公子职阿守跪收拾残兵保护公子黔牟逃走,又路遇鲁军,三公子被擒,宁跪逃走。他自知无力回天,只好逃入秦国。齐襄公杀泄、职二公子,念公子黔牟是周王的女婿,又与齐有连襟之情,才将他放回周国。卫侯朔重登侯位,重谢齐襄公。襄公将收赂的宝玉分一半给鲁侯,又让卫侯另外酬谢宋、陈、蔡三国。这是周庄王九年的事情。

齐襄公兵败子突、释放黔牟之后,担心周庄公派兵兴讨,于是派大夫连称和管至父驻守葵邱。齐襄公允诺一年后派人替换二将。一年后,连称遣心腹进城打听,待知齐侯在谷城与文姜作乐,大怒。因为王姬死后,理应由连称的妹妹继承正室,而襄公却在外日事淫乱,不予理会,激怒了连称,使他起了杀心。管至父对他说:“凡做大事都是先所失,然后才能成就。公孙无知是公子夷仲年的儿子。先君因为国母的原因宠爱仲年,并且喜爱无知,从小就让他在官中,像世子一样生活。主公即位以后,一日无知与主公角力,主公败给无知,很不高兴。又因为一次无知与大夫雍廪争论,主公怒气之下,将无知黜免。无知早已怀恨在心,常常想到谋反,却苦于没有帮手。我们不如密通无知,里应外合,定能成功。”两人当下又商议,乘襄公出游时动手。连称又让在宫中的妹妹与无知会合,确保万无一失。于是心腹送信给公孙无知,信上说:

贤公孙受先公如嫡之宠,一旦削夺,世人不平。况君淫昏日甚,政令无常。三军将士苦守葵邱,及瓜不代,皆愤生反心。如有间可图,称等愿效犬马,竭力推戴。称之从妹,在宫失宠衔怨,与公孙做内应,勿失天机!

公孙无知得书大喜,即复书说:

天厌淫人,以启将军之衷,敬佩里言,迟痰奉报。

无知暗地里派亲信女侍从给连妃送信,并一同献上连称的书信:“若事成之日,当立为夫人。”连妃同意。

周庄王十一年冬十月,齐襄公知姑棼之野有一座叫贝邱的山,禽兽众多,可以游猎,乃整顿车徒,准备下个月去狩猎。连妃派人给公孙无知送信,无知夜传信给葵邱,通知连管两位将军,在十月初旬,一起举事。连称说:“主公出猎,国中空虚,我们乘虚而入,拥立公孙无知怎么样?”管至说:“主公与邻国交好,若搬来援兵，怎么防御？不如在姑棼设下伏兵，先杀了他，然后再推公孙即位，这样才是万全之计。”当时，葵邱守军出门在外，无不思家。连称密传号令，各备足粮，往贝邱行事，军士人人乐从。

齐襄公于十一月朔日驾车出游，只带力士石之纷如，及幸臣孟阳一班，架鹰牵犬，准备射猎。他们先到姑棼建好的行宫玩一日，居民馈献酒肉，襄公留宿饮酒。第二天，前往贝邱狩猎，在焚林时，出现一只大豕，如牛无角，似虎无斑，蹲踞车驾之前。众人射这个怪物，只有孟阳大惊，说：“这不是豕，乃是公子彭生！”襄公连射三箭不中。大豕直立起来，效人步行，放声而啼，哀惨难闻，襄公吓得从车上摔下来，摔伤左脚，一只丝文鞋被大豕衔走，一下子就不见了。髯翁有诗云：

鲁桓昔日死车中，今日车中遇鬼雄。

枉杀彭生应化厉，诸儿空白引雕弓。

徒人费与从人把襄公扶到车上，襄公传令收营，又回到姑棼离宫住宿。襄公自觉精神恍惚，心下烦躁，因左足疼痛，二更时仍辗转不寐，对孟阳说：“你扶我走几步。”不知失鞋，到此方觉，问徒人费取讨。费说：“那只鞋被大豕衔去了。”襄公忌这句话，大怒说：“你既然跟随寡人，怎么能看不住鞋呢？如果真的衔去，为什么不早说？”于是拿起皮鞭，把徒人费打得全身血肉模糊才停手。

徒人费被鞭打，含泪出门，正遇连称引着数人打探动静，将徒人费捆住，问他襄公在哪。费说：“在寝室。”又问：“已睡了吗？”徒人费说：“还没有。”连称举刀要砍死他，费说：“别杀我，我可以先入，为你做耳目。”连称不信，徒人费说：“我刚被他用鞭子打过，也想杀他呢。”让连称看他的背。连称见血肉模糊，就让他做内应。接着招管至父率众将士，杀入宫中。

徒人费翻身入门，正遇石之纷如，把连称作乱的事告诉了他，石之纷如又告于襄公。襄公大惊，孟阳愿以身代死，假冒襄公，让襄公逃走。襄公躲在窗户后面，问徒人费将要怎样，徒人费说他要与纷如奋力抗敌，襄公颇受感动。徒人费令石之纷如引众守住中门，自己单身挟着利刃，诈为迎贼，想要偷袭连称。

此时众贼已攻入大门，连称持剑开路，管至父压阵，以防变故。徒人费见连称来势凶猛，不暇致详，上前一步便刺。谁知连称身被重铠，刃刺不入，却被连称斩杀。石之纷如便挺矛来斗，连称边斗边进，纷如渐渐退步，误绊石阶脚腟，也被连称斩杀。连称进入寝室，侍卫都已逃走，见帐中一人，举剑就刺，举火细看，才知道此人不是襄公。众人搜索房中，连称见户槛之下有一只丝文鞋，正是襄公蹲在那里。地上的丝文鞋，正是被大豕衔去的那只，分明是冤鬼所为。连称将诸儿扔在地上，细数他的罪行，并将他砍成数段，以床褥裹其尸，与孟阳同埋于户下。襄公在位只五年，史官评论此事，说襄公疏远大臣，亲昵群小。石之纷如、孟阳、徒人费等，平日受其私恩，昏乱之际，虽视死如归，却难成大器。连称、管至父，徒以久戍不代，才起杀机，正是襄公恶贯满盈的下场。彭生临刑大呼："死为妖孽，以取尔命！"大豕见形，也不是偶然的。

## 卫宣公纵欲饱淫欲

卫宣公为公子时，与其父庄公之妾夷姜私通，生下一子，取名急子，寄养民间。宣公即位之日，原配邢妃失宠，只有夷姜得宠，就立急子为嗣，属之于右公子职。急子16岁时，卫宣公为他娶僖公长女。使者返国，宣公听说齐女有绝世之姿，贪色却难于启口，乃命名匠筑台于淇河之上，取名新台，朱栏华栋，重宫复室，极其华丽。先以聘宋为名，遣开急子，然后派左公子泄到齐国将姜氏接到新台，自己纳为妃妾，是为宣姜。时人作新台之诗，以讽刺他的淫乱：

新台有泚，河水瀰。燕婉之求，籧篨不鲜！

渔网之设，鸿则离之。燕婉之求，得此戚施！

说姜氏原本求得一个理想的伴侣，却不曾想配到这么丑恶的家伙。后人读史至此，言齐僖公二女，长女宣姜，次女文姜，长女淫于舅，次女淫于兄，人伦天理，至此灭绝，有诗感叹：

妖艳春秋首二姜，致令齐卫紊纲常。

天生尤物殃人国，不及无盐佐伯王！

急子自宋回家，又被招到新台，宣公命他以庶母的礼节拜见姜氏，急子几乎没有怨恨之意。宣公自纳齐女，只往新台朝欢暮乐，将夷姜又撇一边。一住三年，与齐姜生下寿、朔二子。自古道"母爱子贵"，宣公因偏宠齐姜，将昔日怜爱急子之情都移在寿与朔身上，心中便想百年之后，把卫国江山传与寿、朔兄弟，他便心满意足，急子倒像一个多余的人。公子寿天性孝友，与急子亲如同胞，常在父母面前称赞急子。那急子又温柔谨慎，无有失德，所以宣公只是私下嘱托左公子泄以后将公子寿为君。那公子朔虽与寿一母所生，天性却完全不同，天生狡猾，依仗母亲得宠，心怀叵测。心里不仅嫉恨急子，连亲兄公子寿都不放过，只是事有缓急，先除急子要紧，所以常说话挑激母亲，说："父亲眼下虽然宠信我们母子，有急子在先，他为兄，我等为弟，异日传位，长幼之序是不能破坏的。况夷姜被你夺宠，心怀积忿，若急子为君，他就是国母，到那时我母子就无安身之地了。”齐姜原是急子所聘，今日跟随宣公，也觉得急子是眼中钉，便与公子朔合谋，屡次向卫宣公进谗言，诋毁急子。

这一天是急子的生日，公子贺治酒祝贺，朔也在席上。急子与公子寿说话甚密，公子朔插不上嘴，就以身体不适为由先行离开。一来到母亲齐姜面前，他便双眼垂泪，扯个大谎，说道："我兄弟好意与急子上寿，急子饮酒半酣，竟戏称孩儿为儿子。孩儿心中不平，说他几句，他说：'你母亲曾许配给我，你便称我为父，于理应该。'孩儿再待开口，他便奋臂要打。幸亏哥哥在，孩儿才免受殴打。受此大辱，望母亲禀知父侯，与孩儿做主！"齐姜信以为真，待宣公入宫，便上前哭诉，又装点几句道："他还要玷污妾身，说：'父亲可以收我母夷姜为妻，况你母亲原是我旧妻，只是先借予我父亲，少不得与卫国江山，一同还我。'"宣公召公子寿问之，寿否定。宣公半信半疑，但遣内侍传谕夷姜，训斥他不教子。夷姜又恨又委屈，投缳而死。髯翁有诗叹曰：

父亲如何与子通？聚麀传笑卫淫风。

夷姜此日投缳晚，何似当初守节终！

急子痛念母亲，又担心父亲责怪，只能偷偷哭泣。

公子朔又与齐姜谤说："急子因生母死于非命，竟说日后要为母亲报仇。"宣公本不信有此事，但朔与齐姜日夜撺掇，定要宣公杀急子，以绝后患，宣公也不得不听。但想来想去，还是没有杀急子的理由，须假手他人，死于道路，方可掩人耳目。当时，适齐僖公约会伐纪，在卫国征兵。宣公乃与公子朔商议，假以去订师期为名，派急子去齐国，授以白旄。莘野是到齐国的必经之路，舟行至此，必然登陆，在这里暗算急子，他定不设防。公子朔向来私蓄死士，正好有了应用之时，教他们扮成莘野一带的强盗，只认白旄过去，便赶出一齐下手，带白旄回来复命，必有重赏。公子朔安排已定，回复齐姜，齐姜喜出望外。

公子寿见父亲摒去从人，独召弟朔议事，心怀疑惑。入宫来见母亲，探其语气。齐姜对自己的儿子尽吐实情，嘱咐说："这是你父亲想要除去我母子后患，不可泄漏他人。"公子寿知其计已成，多说无益，私下来见急子，也以实言相告："此去莘野必由之路，杀机重重，不如出奔他国，别作良图。"急子说："为人子者，以从命为孝，弃父之命，即为逆子。世间岂有无父之国？即使出逃，又能有哪安身呢？"于是就整装上船，毅然就道。公子寿泣劝不从，便想："我兄真是仁义之人！此行若死于盗贼之手，父亲立我为嗣，何以自明？子不可以无父，弟不可以无兄。我应代兄而死，我兄必然获免。倘若父闻我死能感悟，慈孝两全，落得留名万古。"于是另备一船酒菜，急往河下，为急子饯别。急子说："君命在身，不敢逗留。”公子寿乃移樽过舟，捧杯相敬，未及开言，不觉泪珠堕于杯中，急子忙接酒杯一饮而尽。公子寿说：“酒已经被污染了。”急子说：“我喝下的正是你我兄弟深情。”公子寿拭泪说：“今日此酒，乃吾弟兄永别之酒，鉴于小弟之情，请哥哥多饮几杯。”急子说：“敢不尽量！”两人泪眼相对，彼此劝酬。公子寿有心留量，急子到手便吞，转眼之间，醉倒于船上。公子寿对从人说：“君命不可违，我代我兄前往。”即取急子手中白旄，故意建于舟首，用自己仆从相随。他将一竹筒交给急子随从，并嘱咐用心守候，等急子醒后方可呈看，即命发舟。

行近莘野，刚想整车登岸，那些埋伏的死士望见河中行旌飘飏，认得白旄，一声呼哨，如蜂而集。公子寿挺然出喝：“我乃卫侯世子，奉使往齐，何人胆敢阻劫？”众贼齐声说：“卫侯命我等取你首级！”挺刀便砍。从者见势头凶猛，不知来历，一时惊散，可怜贼人砍下寿子头颅，盛于木匣，一齐下船，偃旄而归。

急子酒量原浅，很快醒来，不见公子寿。从人将简缄呈上，急子拆简，上云：“弟已代行，兄宜速避。”急子泪如泉涌，说：“弟为我犯难，吾当速往，保我弟性命。”喜得仆从俱在，就乘了公子寿之舟，催促急行，舟行似箭。其夜月如水，急子心念其弟，双眼死盯前方，望见公子寿之舟，高兴地说：“感谢上天，我弟尚在！”从人禀告，这是来舟，不是去舟，方向不对呀。急子心疑，教拢船上去，两船相近，楼橹俱明，只见一班贼人坐于舟中，并不见公子寿。急子愈疑，于是谎称：“主公交给的任务，完成了吗？”众贼听得说出秘密，以为是公子朔差来接应的，捧着木匣说：“干净利索。”急子取匣启视，见是公子寿之首，仰天大哭：“旷世奇冤呀！”众贼骇然，问道：“父杀亲子，有什么冤情？”急子曰：“我乃真急子，得罪于父，父命杀我。这是我弟公子寿，他有何罪，竟要杀他？可速断我头，归献父亲，可赎误杀之罪。”贼党中有人认得二公子，于月下细认说：“真的错了。”众贼又杀急子，并把头装入匣中。从人亦皆四散。《卫风》有《乘舟》之诗，正咏兄弟争死之事，诗为：

二子乘舟，泛泛其景。愿言思子，中心养养。

二子乘舟，泛泛其逝。愿言思子，不瑕有害。

诗人不敢明言，借想乘舟之人，以寓悲思之意。

众贼连夜奔入卫城，向公子朔呈上白旄，然后犹恐误杀之罪，详述二子被杀经过。谁知一箭射双雕，正中了公子朔的私怀，于是自掏腰包，重赏众贼。公子朔入宫来见母亲说：“公子寿载旄先行，遭到误杀，喜得急子后到，天教他自吐真名，才不让哥哥白死。”文姜虽痛公子寿，却也庆幸拔掉了急子这颗眼中钉，正是忧喜相伴。母子商量，过后再告诉宣公。

左公子泄，原受急子之托，右公子职，原受公子寿之托，二人各自关心，遣人打探消息，各自回报。起先未免各为其主，到此同病相怜，合在一处商议。等到宣公早朝，二人跪地大哭，将急子与公子寿被杀情由，细述一遍，乞收拾尸首埋葬，以尽当初相托之情。说罢哭声愈烈。宣公虽怪急子，却还怜爱公子寿，但二子同时被害，竟也让他面如死灰，难发一言。痛定生悲，泪如雨下，连声叹息："齐姜妖孽，齐姜妖孽呀！"即召公子朔审问，朔说不知。宣公大怒，就着公子朔拘拿杀人之贼。公子朔虽口中应承，贼党是他的心腹，哪肯交出？

宣公忧郁成疾，闭眼便见夷姜、急子、寿子一班人在眼前哭诉。祈祷无效，半月而亡。公子朔发丧袭位，即惠公。当时朔15岁，将左右二公子贬为庶民。庶兄公子硕，字昭伯，心中不服，连夜奔齐。公子泄与公子职怨恨惠公，常思为急子及公子寿报仇，却难得手。

卫侯朔初即位之年，因助齐攻纪，被郑国击败，正在气头上。忽闻郑国使者来访，问明来使目的，知郑厉公出奔，群臣迎故君忽复位，心中大喜。即发车徒，护送昭公还国。祭足再拜，为昔日不能护驾谢罪。昭公虽不治罪，但心中不快，恩礼稍减于昔日。祭足亦觉踢踏不安，每每称疾不朝。高渠弥素失爱于昭公，等到昭公重登侯位，担心被他所害，阴养死士，暗筹谋反。当时厉公在蔡，以厚礼拉拢蔡人。遣人传语檀伯，欲借栎为巢窟，檀伯不从。厉公让蔡人假扮商贾，于栎地往来交易，因而厚结栎人，暗约为助，乘机杀了檀伯。厉公于是住到栎地，增城浚池，大治甲兵，准备讨伐郑国。祭足闻报大惊，急忙向昭公禀报，命大夫傅瑕屯兵大陵，以扼制厉公前进。厉公得知郑有准备，派使者向宋国认罪，许诺复国之后。补交所有未交纳的款项。使至宋，宋庄公贪心又起，勾结蔡国和卫国，共同接纳厉公。当时卫侯朔送昭公复国有功，昭公并不修礼往谢，所以亦怨昭公，反而与宋国合谋。因即位以来，并未与诸侯相会，乃自将而往。

公子泄对公子职说："国君远出，我们夺位，正是好时机！"公子职说："如想夺位，必先立主，民有主方可不乱。"正在商议的时候，有人禀告："大夫宁跪有事来访。"两公子迎宁跪入府。宁跪说："二位公子忘了乘舟的冤情了吗？现在的机会不可失去呀。"公子职说："正在商议拥戴新主之事，只是还没有人选。"宁跪说："我看众公子中，只有黔牟仁厚，是可辅之材，并且是周王的女婿，位高他人。"三人于是密约急子、寿子旧班，假传谍报，只说："卫侯伐郑，兵败而死。"于是公子黔牟即位。百官朝见已毕，接着宣读卫朔谋害二兄，使其父郁郁而死。重为急、寿二公子发丧，遣使向周王报告。宁跪率军在郊外驻扎，以防止惠公来袭。公子泄要杀死宣姜，公子职止之。

宋、鲁、蔡、卫,四国合兵伐郑。祭足自引兵至大陵,与傅瑕合力拒敌,随机应变,未尝挫失。四国不能取胜,只得引回。

公孙无知奉命同公子硕一起回卫国,拜见新君黔牟。当时公子硕的内子已死,无知把齐侯的意思传给卫国上下,包括宣姜。宣姜倒也心肯。卫国众臣,素恶宣姜僭位中宫,现在要贬她的名号,都很高兴。只是公子硕念父子之情,坚决不肯。无知私下对公子职说:“此事不成,何以回复寡君的命令?”公子职怕齐国不悦,定下计策,请公子硕饮宴,使女乐进酒,灌得他烂醉,扶入别宫,与宣姜同宿,意乱中成就苟且之事。醒来后悔莫及,却来不及了。宣姜与公子硕就这样成为夫妇。后生男女五人:长男齐子早卒,次戴公申,次文公殿;女二,为宋桓公、许穆公夫人。史臣有诗叹云:

子妇如何攘作妻,子烝庶母报非迟。

夷姜生子宣姜继,家法源流未足奇。

此诗说昔日宣公烝父妾夷姜,而生急子。今其子昭伯,亦烝宣姜而生男女五人。这是家法相传。

## 桃花夫人息妫引兵祸

蔡哀侯名叫献舞,与息侯一样都娶了陈女。蔡侯先于息侯娶。息侯的老婆妫氏非常漂亮,回家途中经过蔡哀侯的领地。蔡哀侯曰:“吾姨至此,岂可不相见?”于是派人去请来做客,哀侯对她非常轻薄,根本没有尊敬的意思。息妫大怒而去。及自陈返息,遂不入蔡国。息侯闻蔡侯怠慢其妻,想要报复他,于是派人趁着向楚进贡之际,向楚文王密告:“蔡哀侯因为有中原之地,不愿交款。您先假装攻打我,我求救于蔡,蔡侯只是一勇之夫,必然亲来相救。我因与楚合兵攻之,献舞可虏也。既虏献舞,就不怕蔡国不朝贡了。”楚文王大喜,乃兴兵伐息。息侯求救于蔡,蔡哀侯果起大兵,亲来救息。安营未定,楚伏兵齐起。哀侯不能抵挡,急走息城。息侯不让其进城,于是大败逃跑。楚兵从后追赶,直至莘野,活虏哀侯归国。息侯款待楚军,把楚文王一直送到边境。蔡哀侯方知中计,从此对息侯记恨在心。

楚文王要杀掉哀侯以祭奠祖上。鬻拳谏曰:“大王刚刚雄霸中原,如果杀了他,恐其他诸侯不满。不如归之。”再三苦谏,楚文王只是不从。鬻拳愤气勃发,乃左手执王之袖,右手拔佩刀对王说:“臣当与王俱死,怎么忍心看大王败于诸侯呢!”楚王惧,连声说:“孤听汝!”鬻拳说:“大王听了我的话是楚国之福。但臣对君无礼，当死。请伏斧锧！”楚王说：“您忠心为国，我不怪罪你。”鬻拳说：“王虽赦臣，臣何敢自赦？”即以佩刀自断其足，大声叫道：“如果臣子对大王无礼就和这一样！”楚王将断足保存起来，以识其讳谏之过！使医疗治鬻拳之病，虽愈不能行走。楚王让他做了看城门的大阍，尊之曰太伯。遂释蔡侯归国，大摆筵席，为之饯行。酒宴中间又有舞作乐。楚王指着一个弹筝的仪容秀丽的女子对蔡侯说：“这女人色艺俱佳，可进一觞。”即命此女以大觥进蔡侯，蔡侯一饮而尽。还斟大觥，亲为楚王寿。楚王笑说：“您见过绝世美女吗？”蔡侯记恨息侯大仇，于是对他说：“天下女色，未有如息妫之美者，真天人也！”楚王问：“她哪里漂亮呀？”蔡侯说：“目如秋水，脸似桃花，长短适中，我没有看到有比她再漂亮的了。”楚王说：“寡人得一见息夫人，死不恨矣！”蔡侯说：“大王的雄威，就是齐国姬子、宋国美人想要得来也不难。何况息国一妇人乎？”楚王大悦，当天大家畅饮而别。蔡侯遂辞归本国。

桃花夫人

楚王思蔡侯之言，想得到息妫，便去巡方，来至息国。息侯恭敬地迎接，亲自设宴在朝堂之上。息侯执爵而前，为楚王寿。楚王微笑着接过爵说：“以前寡人曾效微劳于君，今寡人来了，为何您夫人不出来，为寡人进一觞乎？”息侯惧楚之威，不敢违抗，于是传话到宫中去。不一时，但闻环佩之声，夫人妫氏盛服而至，别设毯褥，再拜称谢。楚王答札不迭。妫氏取白玉卮满斟以进，素手与玉色相映，楚王一看果然国色天香，人间罕见，便欲以手亲接其卮。妫氏将卮递给了宫人，转递楚王。楚王一饮而尽。妫氏复再拜，请辞回宫。楚王心里想着息妫，不能尽欢，回去又睡不着觉。

次日，楚王也设立了酒宴，暗中藏兵甲于馆内。息侯赴席，酒至半酣，楚王假装喝醉，对息侯说：“寡人有大功于君，今三军在此，君不能为寡人犒劳乎？”息侯推辞说：“国内褊小，没有可以服侍大王的，请容我寻找。”楚王拍案说：“你这匹夫，敢蒙骗我？左右何不为我擒下！”息侯正待分辩，伏甲猝起，蘧章、斗丹二将，就席间擒息侯而絷之。楚王亲自带兵来找息妫。息妫闻变，叹道：“引虎入室，吾自取也！”遂奔入后园中，欲投井而死，被斗丹抢先一步，牵住衣裾说：“能救息侯的只有夫人一人了，您怎么能死呢？”息妫嘿然。斗丹引见楚王，楚王好话说尽，又许诺不断息后，不杀息侯。遂即没等回到国中就立了息妫为夫人，载以后车。以其脸似桃花，又曰桃花夫人。现在汉阳府城外的桃花洞上有一桃花夫人庙就是息妫的。杜牧曾作过这样一首诗：

细腰宫里露桃新，脉脉无言几度春。

毕竟息亡缘何事？可怜金谷坠楼人！

楚王将息侯派到汝水，看守其祖坟。息侯在忧郁中死去。

楚文王熊赀宠幸息妫到了极点。三年之内，生下二子，大儿子叫囏，二儿子叫熊恽，息妫虽然身在楚宫，三年来却未和楚王说一句话，楚王怪之。一日问她为什么不说话，息妫垂泪不答。楚王固请言之，回答说："吾一妇人而事二夫，纵不能守节而死，又哪有脸和别人说话呢？"言讫泪下不止。胡曾的诗曾说道：

息亡身入楚王家，回看春风一面花。

感旧不言常掩泪，只应翻恨有容华。

楚王说："这都是献舞的罪过，孤当为夫人报此仇也，夫人勿忧。"于是起兵攻打蔡国，打到了郛。蔡侯献舞肉袒伏罪，用尽珠宝来贿赂楚王，楚师方退。正赶上郑伯突遣使告复国，楚王说："突复位二年，乃始告孤，盟孤甚矣。"复兴兵伐郑。郑谢罪，楚王答应了。

周釐王四年，郑伯突畏惧楚国势力，不敢向齐国进贡。齐桓公派人催促。郑伯使上卿叔詹如齐，对桓公说："敝邑困于楚兵，早夜守城，未获息，是以未修岁事。君主能以大国之威强加楚国，郑君一定会朝夕立在齐廷侍候您。"桓公恶其不逊，囚詹于军府。詹视隙逃回郑国。自是郑背齐事楚。

周釐王在位五年崩，子阆立，是为惠王。惠王二年，楚文王熊赀荒淫无道，好大喜功。先前曾与巴君同伐申国，而惊扰巴师。巴君大怒之下，攻打并夺下其城池。守将阎敖坐水桶逃走。楚王杀阎敖。阎氏之族怨王，于是约巴人伐楚，愿为内应。巴兵伐楚，楚王亲迎之，大战于津。不提防阎族数百人，假作楚军，混入阵中，竞来跟寻楚王。楚军大乱，巴兵乘之，遂大败楚。楚王因面颊中箭而逃跑。巴君也未追赶而收兵回国，阎氏之族从之。

楚王回到方城叩打城门。鬻拳在门内问道："君得胜乎？"楚王曰："败矣！"鬻拳说："自先王以来，楚兵战无不胜。像巴这样的小国，大王亲自带兵攻打而败岂不让人笑。现在黄不朝，那么攻打黄国是有理由的。"遂闭门不纳，楚王大声对军士说："此次不胜则不回去！"乃移兵伐黄。王亲鼓，士卒死战，败黄师于踖陵。是夜，宿于营中，梦息侯怒气冲冲地来到近前说："我犯了什么罪你杀我，又占我疆，霸我妻室，吾已请于上帝矣！"乃以手击楚王之颊。楚王大叫一声，清醒过来,箭疮迸裂,血流不止。急传令回军,到了湫地,在夜中就死了。鬻拳迎丧归葬。长子熊藉嗣立。鬻拳曰:“我冒犯大王两次,即使大王不加罪,我也没脸活了。吾将从王于地下!”对其家人说:“我死后要将我葬于经皇,使子孙知我守门也。”于是自己抹了脖子。

穆公的夫人张氏生有一个女儿,名叫素娥,视若心肝,无比疼爱。时光飞逝,十五六年的光阴使素娥由牙牙学语的黄毛丫头,出落成一个可人的美人,蛾眉凤眼,杏脸桃腮,袅袅娜娜。

青春妙龄的她夜间忽然梦见一个大花园,园中百花齐放,非常美丽。正当她流连忘返之际,一美少年突然出现在花间,两人脱衣解带,苟合在一起,不亦乐乎。两人正在酣畅高潮之时,素娥忽然惊醒,原来是南柯一梦。素娥一生的风流历程却从此拉开了帷幕。

就像杜丽娘、贾宝玉,这梦只不过是一种标志、一种预示,标志一种生命性的诞生,预示着他们将在情爱场上走完无尽坎坷。但是,到了明代,一些文人发挥道家的采补之说,竟给素娥加上了羽衣道士教授采补之术的经历,一部题为《株林野史》的小说把她描绘成一个得道幻化的神仙妇人,而她成仙的方式竟是采阳补阴,有关“采补”的说法,不论是认为真正以阴阳互补,还精补脑,以健身长寿,还是借题发挥,满足个人淫欲,都与本书所述的男妓秘史有关,是必须面对的问题。

在中国古代,人们对女性生殖器的生理功能认识模糊。他们不知道男子的精子与女子的卵子结合才能受孕。连普通的阴道分泌物和卵子他们都不能区分,人们把阴道的所有分泌物和子宫统称为“阴气”,而这“阴气”就是男子的精液在子宫中发展成胚胎的必需物。所以男人的精液才是“精”,而卵子则被看成是“气”或“血”。进言之,一个错误结论诞生在古代国人的哲学世界中:男人的精液需严格地限制排泄数量,而女子的阴气总也取之不尽。

基于这种认识,性交便具有了双重目的:一是为了使妇女怀孕生子,繁衍生息;二是性行为使男子通过从女子身上采阴而起到增强活力的作用,同时,女子也可以激发潜在的阴气,达到强身健体的目的。

当然,这两个目的是密不可分的。为了得到健康的子嗣,男子阴气达到最盛时才能射精,而他就应该经常和不同的女子性交而守住精液,用她们的阴气来补充自己的阳气才能使之处于最充盈的状态。与阴气感应的阳气会更充盈,并会沿着脊柱“上行”而使全身机能增强,这就是人们说的“还精补脑”。反之,如果女子与众多男子性交,她的阴气的激发就会被不断强化,身体也会更强健。

明代的淫秽小说家们和市井坊间书贾们的"艳情小说"也正是借此来作为庇护伞或幌子撰写、出版的。我们还注意到，这类小说在很大程度上影响了当时"传授采补方法"的春宫画，有的画册上的配文或配诗就是直接来自这类小说。

那么，历代艳情小说家是如何处理素娥的青春萌动的呢？这里有一段《株林野史》第一回上的文字：

五月的天气。暑热难耐，使女荷花收拾凉床玉枕。到了晚间，素娥脱衣解带，命菊英掩了房门，赤条条地休息，叫荷花打扇，一时甚觉凉快。忽然自顾如花容颜，却又孤枕难眠，在意乱情迷中睡去。忽梦见到一花园，园中百花竞秀，景色异常。柳绿桃红，鸟语齐喧，走到一松下，见有一亭子，亭内有竹床一张，石椅四把，石案两架，石枕二个，似是仙家境地。又见中间挂着一张古字，远远望去竟有龙蛇之体，上写一七言绝句，素娥走近前去念道：

垂杨面面草萋萋，曲掩回汀复几重；

莫道无情春日鸟，花前直欲作先容。

素娥读罢，方欲出亭，忽见一身穿羽衣、手执鹅翎大扇的伟岸男子现身，飘然有仙家之气象。他见了素娥，深深一揖道："小仙终于把你盼到了。"素娥只得还礼。那人道："小仙久慕卿美貌，有缘一会，还请珍惜。"素娥笑而不答。那人手抱香肩，一亲芳泽，又把素娥抱在床上，剥衬退裙。如此这般了一番。那素娥原是一个不谙人事的女孩，却在梦中由那人言传身教，肆意诲淫。那人自称是一个在终南山修炼了一千五百年终于得道成仙的高人，熟知采战之术，可采阳补阴，却老还少。正当素娥与仙郎一来一往欢欣之时，忽见荷花、菊英手拿灯笼走到亭内，叫道："公主怎么在此处？娘娘宣公主进见呢。"素娥惊醒，冒了一身冷汗。看了看荷花、菊英俱睡着，才过四更天，暗自道："事有玄机，虽然每夜都有神驰之时，今夜却格外真切。"细想采战之法都历历在目。此真太奇了。颠颠倒倒独自思想，不知不觉天就亮了……

《株林野史》上说素娥从这场梦幻之后便开始了她的风流历程。《株林野史》毕竟只是一部小说，在无形中宣传了道家的"采补"思想，是不足相信的。那么，素娥在历史上又是怎样的呢？她从一个公主发展列么个蓄养男妾的荡妇，其中又经历了哪些变故呢？

素娥长到十五六岁，已是一个绝世美女，又懂得男女之事，做下难以启齿的丑事也在所难免。一天，她在宫内楼下的竹林中纳凉，轻风徐徐，花香阵阵，好不惬意。正当双鸟交啼的情景让她心驰神往时，她的表哥子蛮不知何时站在了她身边，问道："妹妹，此处风景可好？"素娥一向与表哥眉来眼去，别有用心，便答道:“此处实在凉爽,表哥不妨也坐坐。”子蛮一听正中下怀,但又装作不懂风情。素娥又说:“兄妹不是外人,一起坐坐有何不可?”这一坐可就坏了事,那子蛮本是一淫浪好色之徒,这素娥也不是单纯无知的少女。两人谈着谈着便说起了下流的事情,并且一拍即合,不顾伦理,做下苟且之事。有一次丫鬟荷花撞见了他们的好事。为了堵上荷花的嘴,在素娥的设计下,子蛮诱奸了荷花,从此,德伦无形,主奴无界,常常通宵达旦,淫声浪语不堪入耳。终于,子蛮渐渐身体不适,一天比一天憔悴了。不到两年时间,就一命呜呼。沉湎于色必自毁于色,子蛮就是最好的例子。

后来,素娥嫁给了邻邦陈国灵公的公子夏御叔,人称夏姬。不久,生了一个儿子,取名征舒。御叔本是一好色之徒,见素娥样貌勾魂,便朝朝相狎,夜夜泻淫,渐渐病倒,两年后也命归黄泉。临死前,御叔拉着素娥的手说:“你有这么动人的容貌,日后定难守妇道。只是这幼小的征舒无人照管,我心难安。这个孩子气宇不凡,将来必成大器。你可以让我的好友孔宁来照顾征舒;至于你,就请便吧。”夏姬拉住御叔的手,满面泪水说:“相公放心,即便你有什么不幸,我也会恪守妇道,我要保住这夏家的门风。常言道:好马不乘二主,烈女不嫁二夫,我决不会做那种负心不要脸的妇人!”御叔听了这番话,欣慰地去了。

孔宁是御叔的好友,参与操办了御叔的丧事,他对夏姬的美貌早就动了心。

现在,孔宁见御叔死了,也就有机会勾搭夏姬,心中不禁乐开了花。果然,孔宁很快得手,御叔刚刚入土,两人便勾搭成奸。

有一次,孔宁在苟合时偷拿了夏姬一条绣裤,并在他的朋友仪行父面前吹嘘自己床上功夫如何之高,把他与夏姬之间的事讲得绘声绘色。仪行父听得心痒意乱,却将信将疑,孔宁就拿出绣裤,说:“你还不信,喏,这可是那美人送的锦裤。”

据史载,仪行父生得潇洒健壮,又整日与风流的陈灵公在一起,随主游玩,整日在酒色中滚打。听了孔宁的话,他买通荷花,与夏姬勾搭成奸。仪行父对夏姬说:“你只口说与我恩爱,为什么不赠我一件贴身的信物?”夏姬说:“孔大夫是偷的我的锦裤!我岂会亏待你呢?”说着,夏姬脱下贴身的碧罗襦赠给了仪行父。仪行父如获至宝,忙揣进怀里掖好,兴高采烈地走了。

夏姬把孔宁、仪行父两个泄欲工具牢牢控制在手里,仍不满足。夏姬只顾与仪行父欢爱,疏远了孔宁,孔宁心怀嫉妒。这两方面的因素,竟促使宫闱演出一场一女三男连床会战的丑剧。

仪行父也像孔宁当时向他夸耀锦裤一样,拿着夏姬赐给他的碧罗襦,在孔宁面前把自己与夏姬如何如何吹得云山雾海一般，差一点把孔宁活活气死。孔宁气恼万分之际，忽然计上心头。他想：陈灵公贪于淫乐，早就垂涎夏姬的美貌，曾多次在自己面前表露想与夏姬成其好事的愿望，只恨这么多年来没有碰到夏姬的机会，我何不从中穿针引线，促成好事，陈灵公一定会感激我；而这陈灵公有狐臭的暗疾，夏姬虽不敢拒绝，但也不会开心。我跑前跑后做个贴身的帮闲，其中定有好处！

于是孔宁跑到陈灵公那儿，话题总在夏姬身上，盛赞夏姬体态娇美，性喜风流，天下无双。陈灵公说："她在我心里装了好久了。但听说她已年过四十，恐怕已经是雨色的桃花，无多颜色了。"孔宁说："夏姬懂得房中术，所以至今与年少处女一般。"陈灵公被孔宁煽动淫兴，第二天便传令要临幸竹林。

第二天一早，陈灵公便随身只带孔宁一人，微服来到竹林。夏姬见国君要来自己这里，早就做了充分准备，穿一身礼服在厅前等候。灵公一到，连忙上前拜谒致辞："征舒读书在外，臣妾孤居于此，不知主公驾临，有失远迎，还请恕罪！"其声莺呖，其姿如仙，灵公一见，顿觉后宫嫔妃佳丽都黯然失色，无一可看可亲。但作为一国之君，灵公又不免装腔作势一番："寡人偶尔出来闲游，只是途经贵府，打扰了。"夏姬俯身敛衽请求道："主公光临，大增竹林之色，贱妾备有酒肴，还请主公赏光？"说着便领着灵公、孔宁在园中漫游。这时夏姬换上了便装，如月下梨花，雪中梅蕊，风姿绰绰。到了后园，这里有乔松、奇石、秀柏、名花，荷池一方，花亭几座，中间有一宽敞清雅的高轩。这里就是夏姬与男人们宴乐的地方。她执盏定席，三人围坐，开怀畅饮。酒不醉人人自醉。席间，灵公目不转睛地盯着夏姬看，夏姬也是顾盼有情，暗送秋波。不觉太阳落山，灵公喝得醉倒在床上，呼噜一阵一阵地。孔宁对夏姬说："圣上很久前就希望见到你的花容月貌，今天他是专门来找你共赴巫山的，你一定要把他侍候舒服，让他满意。"夏姬微笑不语，心中想着："还不知道让他满意，还是让我满意呢？"孔宁不方便在此逗留，他回避到别处寻欢去了。

孔宁一走，夏姬就用热水洗净身子，换上美丽的衣装，准备灵公召幸。灵公睡了一会，酒醒了就让荷花带自己到夏姬的卧室。夏姬知道今天是大鱼上钩，正可供自己饱饮鲜羹，只是迟迟不见灵公到来。忽然听到脚步声，还没等她开口，只见灵公已穿门而入。两人竟然相视无语，只听到窸窸窣窣的解衣宽带声和一粗一细的喘气声。灵公把夏姬抱上床，手脚齐动把夏姬一阵抚弄，只觉得她的肌肤像雪一样触手即化，柔若无骨，真是美不胜收。论起灵公，实在不如孔宁、仪行父二人，况且灵公又有狐臭，夏姬心里并不愿与他行鱼水之欢，但灵公毕竟是一国之君,夏姬哪里敢厌恶、拒绝呢?只好曲意奉迎,百般献媚,哄逗灵公使出浑身解数,一夜几番云雨,直至四肢难举,变成一堆烂泥,躺在床上。

天刚黎明时分,夏姬就把灵公叫醒,要他起身回宫,免得被外人知道奸情。灵公尝到鲜味,再也不肯离开,他说:"我认识你,真是我的幸运啊,再看六宫粉黛真如粪土一般!也不知何时可以再一亲芳泽。"此问正说到夏姬的心里,她一直担心淫行败露,无处容身,她还希望能通过控制灵公而享受荣华富贵,并使自己的儿子有出头之日。于是她含泪回答说:"我不敢欺骗圣上,自从我丈夫死了后,不能控制自己,前前后后同孔宁、仪行父有过鱼水之欢。现在我幸运地得到你的爱护,我应该专门侍候主公而把其他往来断绝。"灵公笑笑说:"难怪孔宁向我说起你的床上功夫时绘声绘色,就如亲身体会一样。既然你告诉了我实情,我也不生气,只要我能常常见到你,和你共赴巫山,我一点也不在乎你同他人行欢。"夏姬听了,十分高兴,忙脱下自己的贴身汗衫,给灵公穿上,说:"但愿主公见到此衫,就如同见到我素娥。如果圣上有兴趣,可同二大夫同时来找我,咱们三个人来个连床混战,不是很好吗?"

第二天,早朝结束,百官走后,灵公把孔宁留下,感谢他能让自己一亲夏姬芳泽。又召来仪行父,对孔、仪二人说:"你们二人为什么不早点把这种美事告诉我呢?你们有什么理由比我占先?"孔宁、仪行父一起推说并无此事。灵公哈哈大笑,说:"夏姬都告诉我了,还有什么好瞒的?"孔宁回说:"譬如说有一味佳肴,大臣先尝尝,知道好吃后,才敢进献圣上,不好,也就不敢进献了。"灵公马上反驳说:"不对。你明知道这是块熊掌,味道特好,先给我尝尝也不妨嘛。"说着灵公颇为得意地掀起外衣说:"你们两人虽比我占了先,但你们有美人赠的信物吗?"孔宁一看,是夏姬的贴身内衣,便扯开裤子,露出里面的锦裤给灵公看,对灵公说:"这一点也不稀奇,你有,我也有,行父也有。"灵公哈哈大笑,说:"现在我们三个都有信物在身,都成了夏姬的男妾了,赶明儿我们同赴竹林,来个会战骚妇吧!"

三个笨蛋只知高兴,却不知道已是大难临头。灵公、孔宁、仪行父一君二臣在朝堂上一点也不加约束地戏谑,一点也没有君臣的仪态,而陈国正直的大臣泄冶正气得咬牙切齿,恨不能生啖他们的肉。泄冶素来刚正不阿,他忍无可忍,持笏赶进朝门,抗颜进谏说:"我听说君臣有主次,男女有分别。现在你们互相宣传淫行,互相标榜,哪里还有君臣、男女之别?伦理不存,国家必遭灭亡,圣上应该改正。"又责骂孔、仪二人说:"大王有圣名,你们应多传播。大王有不对的地方,大臣们应该劝阻。现在你们却助纣为虐,误导主公,并在朝堂上宣扬淫乱，你们不感到羞耻吗？”灵公与孔、仪一主二臣由此对泄冶怀恨在心。灵公说：“我宁肯得罪贤臣，也不愿失去竹林乐土！”孔宁、仪行父心领神会，赦免了一个死囚，让他暗杀泄冶。

君臣三人在泄冶死后更不加控制，不时同往竹林。刚开始还掩人耳目，后来就习惯了，对外人也毫不避讳。

这个时候，夏征舒已长大成人，得知母亲的所作所为，心如刀绞，但又碍于陈灵公也是其中一个淫夫，所以没有什么办法。转眼征舒已到了成年，他身材雄伟，勇敢善射。一天，灵公与孔宁、仪行父三人又来竹林寻欢，正好遇到来看望母亲的征舒，他偶尔从屏风后经过，听一主二臣窃窃私语，停下细听。灵公说：“行父，征舒身材魁伟，有些像你，难道是你的逆子。”孔宁插话说：“主公和行父年纪都不太老，不可能是他的老子。征舒的老子最多，到底是哪个生的，恐怕夏姬也不知道吧！”征舒听了恼羞成怒，暗暗回身把母亲夏姬锁到屋里，转过来直扑三人的住所，叫手下人来捉拿淫贼。三人正不三不四地耍笑，听到室外嘈嘈杂杂，孔宁探头看到情形不妙，三人起身就跑，从马厩旁的短墙翻过去，直往竹林奔去。征舒大叫一声：“昏君还想再跑。”扯箭射向灵公后背，飕的一声，灵公被射中心脏，倒地而死。孔、仪二人穿过竹林，从狗洞钻出来，连家也不敢回就逃到楚国去了。

征舒把灵公杀死后，带兵入城，告诉人们灵公醉酒后得重病死了。他留下遗言让子午继承王位，子午也就是成公。成公虽心里痛恨征舒，但由于制伏不了他，也只好忍气吞声。征舒也害怕诸侯的讨伐，便强迫陈侯去同其他诸侯结盟修好。再说楚国的使臣按照楚王的命令去辰陵赴盟约，还没有到陈国，就听说国家叛乱，只好回去。正好孔宁、仪行父二人也到了，见了庄王，隐瞒了君臣乱淫的事情，对楚王说：“夏征舒造反，杀了陈侯。”这同使者的话一致。庄王召集大臣们讨论商量此事。

楚国有一位王公大臣叫屈巫，字子灵，是一个浪荡之人。这个人长得英俊、漂亮，能文能武，只是贪恋美色，爱好房事。几年前他到过陈国，遇到夏姬出游，见到了她的美貌，并且听说她善于男女采炼的方法，虽然年龄大了，却依然容颜漂亮，心里十分羡慕。这时听说征舒造反，想借这个机会得到夏姬，他力劝庄王出兵讨伐。令尹孙叔敖也说：“应该讨伐。”庄王于是决定出兵。这时正是楚庄王九年，陈成公元年。楚王发檄给陈国，檄上说：征舒造反杀君主，神仙都感到愤怒。陈国制伏不了他，就让楚帮陈讨伐他。这是他一个的罪过，其他的臣民一律无罪。

陈国人见到檄文，把罪过全栽到征舒身上，恨不得借刀杀人，所以一点也不做抵抗。

楚庄王亲自率兵，带着公子婴齐、侧、屈巫一班大将像风一样地进攻，直接来到陈国都城下。到过的地方出榜安抚人民，一点也不侵犯。征舒知道人们都怨恨他，逃到竹林。这时成公正在晋国还没回来。大夫辕颇与各位大臣商量，“楚国的讨伐只是为了夏征舒一个人，不如我们把征舒抓来献给楚王求和，保全国家才是好计呀！”大臣认为可以。辕颇于是命令他儿子侨如，率兵到竹林，捉拿征舒，兵马还没走，楚国兵马就到了城下。陈国国君不在，百姓自己打开城门欢迎楚兵。庄王进城。大将们把辕颇等官员抓到庄王面前。庄王问：“征舒呢？”辕颇说：“在竹林。”庄王问：“你们这些做臣子的怎么能容忍他这个反贼呢？”辕颇回答说：“不是不想讨伐而是力量不如他大呀！”庄王立刻命令辕颇做向导带兵到竹林去，却把公子婴齐留下，屯扎城中。

征舒正想收拾银钱，带母亲夏姬逃奔郑国。此时，楚兵围住竹林，捉住征舒。庄王命令将其囚在车中，问：“夏姬呢？”将士搜她的家，在园中抓到她。夏姬向庄王再拜：“由于不幸，国家混乱，家破人亡，我是一个妇人，我的命放在大王手中。如果大王愿意，我希望充当大王的丫头！”夏姬美丽迷人，语言恳切，庄王心志迷惑，对各个将领说：“楚国后宫中可没这样漂亮的人，我想把她纳到宫中，你们说好吗？”屈巫劝说：“不可以。大王对陈发兵是因为她的罪过。现在若是纳了她，就是贪恋她的美色。讨伐她的罪过是为正义，贪恋她是淫乱。以义开始而以淫乱结束这样做是不正确的。”庄王说：“你说得对，我就不纳她了。只是像她这样漂亮的女子，若是我再看到她，必然控制不住。”命令士兵把后墙凿开，让她逃走。这时公子侧见到夏姬的美色，又见庄王不纳她，于是跪倒说：“我到了中年还没有妻子，求大王把她赐给我做妻子。”屈巫又上奏说：“大王不可允许。”公子侧大怒，说：“你为什么不让我娶夏姬呢？”屈巫说：“这个妇人是天地间的祸害，你看她克夫克子，杀陈侯，出孔仪，丧陈国，还有很多你我不知道的事！天下美女多的是，为什么非要她呢？免得以后后悔！”庄王说：“子灵说得对，我都害怕她了！”公子侧说：“那就算了。只是你说主公和我都不能娶她，难道你就行吗？”屈巫连忙说：“不敢！”

庄王说：“东西没有主人，人们一定会抢夺。听说连尹襄老最近老婆死了，不如赐给他吧！”这时襄老带兵出征正在后队。庄王把他叫来，把夏姬赐给他，夫妇两个叩头谢恩走了。公子侧也就算了。只是屈巫阻止，本想自己娶她，看到赐给别人，心里说：“可惜，可惜！”又偷偷想，这个老儿怎么能经得起这个骚妇呢？大不了一年半载变成寡妇，到时又回到我这里，但屈巫并不说出。

夏姬嫁给连尹襄老还不到一年，襄老出兵把守郧地。夏姬就同他儿子黑要发生乱伦。等到襄老战死沙场，黑要因为贪恋她的美色而不去迎接父亲的尸体，楚国人都议论纷纷。夏姬认为这是件羞耻的事，于是想借迎尸的名义而想办法到楚国去。申公屈巫于是花钱买通左右的人，让他们传话给夏姬说："申公十分敬慕你的美貌，若是你早晨到了郑国，他晚上就会下聘来娶。"又派人对郑襄公说："夏姬想到郑国来，应该派人去接！"襄公果然派人去迎接她。楚庄王问大臣们说："郑襄公为什么要派人迎接夏姬呢？"屈巫单独对楚王说："夏姬想给襄老收尸，郑国人不阻挡她，认为可以，所以去迎她。"庄王说："尸首在晋国，去郑国从哪里得到呢？"屈巫回答说："荀罃为荀首的儿子。罃是楚国的囚犯，首思念儿子。现在首新佐中军，他同郑国大夫皇戌的关系非常好，他一定是让皇戌去楚国讲解，而用王子和襄老的尸首换取荀罃。郑国君因为郧之战而害怕晋国讨伐，也用它来向晋国讨好，这一定是真正的原因。"话还没说完，夏姬就来辞别楚王，向他奏回郑的缘由。流着说："我若不能得到尸首，就是发誓不回楚国。"楚庄王因为可怜她，也就答应了。

夏姬刚走，屈巫就给郑襄公写信说想求聘夏姬做妻子。襄公不知道庄王和公子侧都想纳夏姬的前因后果，他见屈巫刚刚被楚国重用，想结交他，于是接受聘礼，楚国人没人知道。屈巫又派人到晋国，给荀首写信，对他明说了让他在楚国以二尸换荀罃。荀首给皇戌，让他作为中间人。庄王想得到他的儿子縠臣的尸首，于是把荀罃送到晋国，晋国也把二尸首运到楚。楚国人相信屈巫的话，一点也不怀疑有别的缘故。等到晋国讨伐齐国时，顷公向楚求救，正赶上楚国发丧，还没有发兵。后来齐国大败，佐国之任已到了晋盟，楚庄王说："齐被晋灭，因为楚没有去救的原因，而不是齐国本意。我想为齐国讨伐卫、鲁，来一雪前耻。谁能替我告诉齐王呢？"申公说："我愿为大王效劳。"庄王说："你这一去一定路过郑国，就顺便告诉郑国，到冬天十月十五日在卫国边境共同攻打齐国，就把这个时间告诉齐王吧！"

屈巫接受王命回到家中，就说要到新邑收赋，先把家属和财物装了十多车，陆续出城。自己则坐着轺车在后面，披星戴月地赶路到郑国，告诉与楚国军队会师的日期。接着同夏姬在旅馆成亲，二人的欢乐是可想而知的！有首诗这样说：

佳人原是老妖精，到处偷情旧有名。

采战一双今作配，这回鏖战定输赢。

夏姬在枕畔问屈巫:“这件事你已经告诉楚王了?”屈巫把庄王和公子侧都想娶她的事告诉她:“我为了夫人费了不少心机,到今天才得到你,就是死了也值得!我不敢回楚国了,明天我同夫人到别的地方安身立命,白头偕老不是很好吗?”夏姬说:“原来是这样呀!夫君既然不回楚国,那出使齐国的使命怎么办呢?”屈巫说:“我不到齐国了。现在能与楚国相抗衡的也只有晋国了,我与你到晋国吧!”第二天早晨,屈巫写下了一封信,让身边人送给楚王,于是和夏姬一同跑到晋国了。

## 西施为复国投吴王之怀

伯嚭献上图画说:“吴都胜景,都不如姑苏,王若能重建姑苏台,让它高达百里,宽可容纳六千人,何愁不乐?”吴王同意,于是让人告诉列国以求得木材。早有人报给越王。范蠡上奏说:“此天将启灭吴兴越之端,大王应把握此机!”越王说:“何谓也?”蠡说:“夫差对内疏于朝政,对外不除敌患,又沉迷于酒色,让我们有囤粮积兵的机会,等到他荒淫无度时,一举而灭吴,易如反掌!”王说:“好!”范蠡又说:“臣闻将有夺人之心者,必先投人之好,夫差筑台必得美材,王若把好木材送给吴国,吴王必倾心悦我而不疑。”

西施

越王十分高兴,于是让木工入山采高大之木二百余株,又选美女五十人。其中有一美人名叫西施,乃是西海滨渔家之女,年方十四,无比娇媚,管弦音律全都精通。越王见之,喜不自胜。即令木工将材木雕琢妆饰,修表让文种献给吴国。文种领贡物由小路而来见吴王,说:“寡君感激您大赦他回国,每怀图报,恨邦微土薄,没有什么可贡献的。现在听说大王重建姑苏,敬采良材二百余株,美女五十人,聊充备用,希望大王能接受!”吴王鉴表,受其贡物,厚馈遣归。

吴王自得良材、美女，对越国更是相信。遂令王孙雄引三千工匠，重建姑苏之台。伍子胥第二天上表谏吴王。表曰：

臣闻奢者祸之基，淫者殃之本，昔者桀筑夏台而国随亡，纣王建鹿台而身亦丧，此崇台丧国之明验也。况三代之季，皆由美色而倾，故夏因妹喜而亡，商以妲己而丧，周因褒姒遂至东迁，此皆因色亡国之明鉴也。今王不度明德，外纵强越，内兴土木，殚费财力，资益寇仇，大为不可。且越人进贡财物，王自以为倾心慕德，臣窃以为助桀为乱。愿大王罢台榭，远谗佞，黜美人，理国政，则社稷生民无疆之福，否则，臣陨首阶墀，甘心就戮，上既无愧于先王，下不见辱于强越，臣之肝胆披露，乞惟圣德，照臣愚悃，万死无恨。

吴王看到伍子胥的奏章，多有不逆的话语。吴王本来要诛杀他，因他是先朝功臣，听从他又害怕不能建成台榭，只得不动声色地收下奏章。子胥磕头退下。吴王召伯嚭商议，忽报："列国听到吴越讲和，遣使入贺！"伯嚭说："乘此机会，遣子胥往列国报聘，则此台可成！"吴王十分高兴。次日，给子胥金银衣帛命令子胥往列国报聘。子胥知道是伯嚭下的计策，但是又不能违背，只能对被离说："主上惑伯嚭之说，重建台榭，吾出使列国，不能进谏，子可尽职进谏，勿陷君于不义！"被离听从，互相告别。

吴王于是下令王孙雄引工匠修建台榭，一定要雄壮秀丽，高可望三百里，宽可容六千人：台上雕梁画栋，台下金柱玉栏，四围种植奇花异草，畜养珍禽怪兽，又把太湖水引到这里，围绕台四周，通舟往来。右有百花洲，左有香水溪，三秋九夏花香不绝，此台积三年之财，聚五年之力，方能有成就。被离因为屡谏吴王而被吴王杀死示众，群臣十分害怕，无人敢说什么。吴王日游姑苏之台，旁边有十几名善于歌舞的美女陪着。这时，西施因舞跳得好，人长得又漂亮，吴王把她召入后宫，十分宠爱，在仪制上同后妃没什么区别，天天与西施宴游欢乐。群臣都认为不可以，这是扰乱后宫，贵贱不分的表现，夫差听后十分不高兴。又令王孙雄于灵岩山筑西施台，开玩花池，建馆娃宫，凿碧泉井，辟采香径，遂挈西施，游于八景。

春天命令十多个嫔妃拥着西施前行，自与伯嚭、奚斯跟在后面，游于采香径、玩花池，五十步一亭，八十步一榭，逢亭便宴，遇榭便歌，四周百花竞相开放。夫差亲自挑选最美的花朵折下来，插在西施之发上，说："卿站在花下，孤真不知道是卿漂亮还是花漂亮。"伯嚭上奏："让我说，百花怎比西施之美貌呢？"夫差十分高兴，取酒赏嚭，因为他能观察美丑。明人有诗：

徘徊驻马百花洲，日丽花妍玩未休，

西子娇容今不在，教人赋罢枉凝眸。

明姚广孝先生《题百花洲诗》：

水艳接横塘，花发碍舟路。

波红映晴霞，沙白寒栖鹭。

缘汀渔网集，隔渚菱角渡。

不见昔游人，风烟自朝暮。

夏天就坐一乘小船，上面放着各种乐器，和西施在香水溪观赏莲花。命令嫔妃脱掉衣服在溪内采莲，西施与夫差则拍掌大笑。既而西子酒酣，以手攀隔船之莲，不小心掉在溪中。夫差敢忙命令嫔妃救起，夫差亲自扶入舟中说："卿落水像花落入水中一般美丽！"西子再拜叩谢，夫差即令奚斯在香水溪内方圆数丈砌上白石。又引清泉，每当盛夏时，命令西施在泉中洗浴，泉水香馥不散，于是起名为"香水溪"。高启先生亦有诗云：

粉痕凝水春溶溶，暖香流出铜沟宫。

月明曾照佳人浴，影与荷花相向红。

秋天就携着西施的手攀登灵严之山，住在馆娃宫，整日歌舞不断，赏宴不绝。西子早晨对着池水化妆，夫差在她背后站着亲自为她撩发施妆。他对西子说："因为卿的美艳，映于水中，水也变得妩媚了。"西子又磕头拜谢。高启先生又有诗云：

曾闻鉴影照宫娃，玉手牵丝带露华。

今日空山僧自汲，一瓶寒供佛前花。

冬天就居住在灵岩山西施洞，每当遇到下雪的日子，夫差与西施自着狐裘，命令十多嫔妃拉车寻梅，只有遇到陡峭的山壁，车不能通过，然后才返回。高启先生也有诗：

雪争清腊正浓，吴王车出馆娃宫。

西施不惜芙蓉面，曾向灵岩冒朔风。

一年四季夫差都不理政事。或者到姑苏台上登高览胜，或者在馆娃宫设宴，唱歌跳舞，高兴地乐不思蜀。

等到子胥报聘回来时，台榭都已建成，国政荒废。子胥忙在姑苏台下进谏劝阻。吴王丝毫不理。子胥出来叹口气说："吴之末，如桀纣之世，安能不亡乎？"于是冒称有病而不再上朝。

世人传说吴王夫差在苏州城南，建造了一个酒城，酿酒与西施宴饮，等到越王入城，取出，这些酒，犒赏军将。高启先生《题酒城诗》：

酒城应与酒池通，长夜君王在醉中，

兵入馆娃犹未醒，越人宜赏武夫功。

越王灭吴后，抢掠宝器以及美女。范蠡上奏说："色倾人国，自古有之。吴王因迷恋西施，大王因此才能灭吴，大王为什么不引以为鉴呢?"越王不服气。范蠡感叹说："越王为人，长颈鸟啄，但可同患难，不可共安乐，我现在功成名就不退身，怎能保平安呢? 但是西施不除，我越国灭国的危险也不远了!"于是设下计策，及大驾至右湖，密令越王近侍把西施诱上小舟载到湖心，溺西子于此。第二天对越王说："大王外患既除，可与二三良臣，营立家国，臣请从此谢恩以出，再不入越都矣!"越王惊奇地说："孤辱承教诲，才能报得大仇，正是你我共享太平盛世，子何弃寡人之速耶?"蠡说："臣闻为人臣者，精勤以不使主担忧，已死亦不使主受辱，大王以前在会稽受辱，被囚石室待罪，臣所以不死者，为吴未灭故也! 今吴已灭，君辱已削，怎敢偷生?"王说："相国先回去，孤现在便分封土地给你。相国若依然不听，则必是自取灭亡!"蠡再拜谢恩以归。在夜里乘一叶轻舟，逃入五湖之中。胡曾先生咏史诗：东上高山望五湖，云涛烟浤接天隅。不知范蠡归舟后，曾有忠臣寄迹无。

## 先秦同性恋君王的杰作

春秋时的卫灵公和战国时的魏王是先秦时有名的同性恋者，相对应地，弥子瑕和龙阳君是那时最出名的同性恋外嬖，他们给后世留下了"分桃"和"龙阳"这两个重要典故。

《韩非子·说难》中说：从前弥子瑕得宠于卫君，卫国王法规定，偷偷乘坐国君的车应受刖刑。弥子瑕母病，有人听说了告诉他。他假借圣旨驾着君王的车出城。卫王听后认为他是贤人，说他是为了孝道而不怕王法。又一天，同卫王一起在园游玩，弥子瑕吃到一个很甜的桃子，于是把吃剩的另一半给卫王。卫王说："爱我呀，先替我尝尝酸甜才给我。"

卫灵公与弥子瑕就像真的夫妻一样。只是像夫妻也未必会长久相依，灵公只是爱好容颜的秀美，而子瑕没有好好保护，后来弥子瑕"色衰爱弛，得罪于君"，卫灵公变了态度，无情地对他说："你曾经假借我的名义用我的马车，又给我剩桃吃!"同是一半桃子，吃的时候香甜，现在却觉着恶心。

关于弥子瑕的失宠还有另两种说法。《韩诗外传》卷七说：卫大夫史鱼病得要死时，对他儿子说："我多次举荐遽伯玉的贤能而不受录用，弥子瑕没有本事却享受高官。做臣子的不能推举贤人而贬退愚人，死后也不用在正堂发丧，把我的尸体停到偏房就行了。卫王问他原因，他儿子按照父亲的话说给大王听。卫王果然召遽伯玉授以高官而贬掉了弥子瑕。《韩非子·说难四》说：卫灵公时，弥子瑕受宠。有个侏儒见到卫王说："我的梦太准了。"王问："什么梦呀？"侏儒说："我梦见灶火，今天就见到主公了！"大王发怒说："别人梦见君主都为太阳，为什么见到我却梦到灶火呢？"侏儒说："太阳普照天下没有什么能阻挡，大王掌管全国，谁也不能决定他的意志，所以见到人主而梦到太阳。而灶是一个人用的，别人见不到。您是一个人的大王啊！我梦到灶，不是应该的吗？"大王说："好吧！"于是贬掉弥子瑕的官而重用司空狗。

按照上述两种说法，弥子瑕没有本事却位居高官，结果受到了公卿大夫们的强烈指责，甚至连拿来开玩笑的侏儒都说他的不是，灵公就只得俯允众议了。

卫灵公的外嬖并不是只有弥子瑕，他还喜欢宋国公子朝。孔子曾说："不有祝鮀之佞而有朝之美，难乎免于今之世矣！"意思是：在当今的世界，如果没有祝蛇的能言善辩之舌，反而像宋朝那样貌美身娇，你一定会受世人歧视，而大祸临头！这说明宋朝在当时是十分有名的一位美男子。卫灵公夫人名南子，她本是宋国人，生性放荡，原来就与宋朝有奸情，并且南子对往日情人还一直念念不忘，而卫灵公竟毫不生气地为夫人而召宋朝。灵公为什么不但不生气反而力成此事呢？有一种说法认为这是由于他本人与宋朝的关系也非同一般。既然是他的外嬖，也就同他没什么分别了，哪怕让自己妻子加入进来成为三人一体，也是没什么大不了的！这就是"娄猪艾豭"的典故。事情是这样的：南子与宋朝的奸情全国人都知道。一次，灵公的大儿子蒯聩路过宋国，宋人对着他歌唱说："既定尔娄猪，何归吾艾豭。""娄猪"是发情的母猪，喻南子，"艾豭"指漂亮的公猪，这是说宋朝。蒯聩听后认为这是他的耻辱，于是想杀掉南子，结果事情败露，自己只好逃到国外。在明清时期，有人认为宋朝是和弥子瑕一样的外嬖。"艾豭"也就成为既与家主妻妾（娄猪）存在异性关系，又与家主本人存在同性恋关系的人的别称。清代小说家蒲松龄曾就此发表评论说："人必室有侠女，而后可以畜娈童也。不然，尔爱其艾豭，彼爱尔娄猪矣。"

《战国策·魏策》讲了"龙阳"故事：

魏王（此王或许是魏安釐王，但根据不充分）与龙阳君坐同一艘船钓鱼，龙阳君钓到十多尾鱼就坐了起来。大王说："你有什么不安的？要是有，为什么不告诉我呢？"回答说："我不敢不安。"大王说："那为什么哭呀？"龙阳君说："我是为了我钓到的鱼呀！"大王说："为什么？"回答说："我刚刚钓到鱼时十分欢喜，后来又钓到更大的,现在我很想把前面得到的小鱼抛掉。因为我的美貌而受到大王宠爱,得以陪同你。现在我的官位只是一人之下万人之上,而世界上的美男子多的是,他们若听说我受你的宠爱,一定都会来服侍大王。我就像我前面得到的小鱼一样,马上就被扔掉了,我哪里还能忍住而不悲痛呢?”魏王说:“不对!你有这样的心思为什么不早告诉我呢?”于是下令全国说:“有敢向我进献美人的,杀他全族!”

龙阳君的固宠手段完全可以当作宫中美女的榜样,而他却是位美男子。

## 秦国太后赵姬淫乱史

秦始皇嬴政是中国几千年封建社会第一位君临天下、拥有万方、叱咤风云的皇帝。他崛起于西秦,统帅强大的秦军挥师东进,横扫六合,威服四海。六国养尊处优的王公贵族和嫔妃侍妾无不揖首跪伏,俯首称臣,四海豪杰英雄也是无不归顺。秦始皇真正成为顶天立地、睥睨四海的第一人。

然而,傲视天下的秦始皇内心却并不像外表一样刚强,他的身世一直不明不白,令他汗颜——他的母亲是一个被商人玩弄的歌伎,怀孕后再被商人送给秦王而后生下了他,当他夺得天下后,这个女人也从一个歌舞伎一跃成为母仪天下的太后,秽行和绯闻始终伴随着她,从而使君临天下的秦始皇一直为此胆战心惊,蒙受不可言表的羞耻。

秦国太后赵姬

秦始皇的母亲赵姬是怎样的女人?她是如何从一个美艳风流的歌伎一跃成为母仪天下的太后的?这是强大的秦王朝深宫中一个令人迷惑的宫禁之谜。

秦的先祖是周天子的牧马官,周天子因其牧马有功,赐给采邑。周天子赐给嬴姓,称为秦嬴。

经过几百年的风风雨雨，到群雄角逐的战国末年，秦逐渐强大起来，经过不断地吞并和扩张，终于成为势力强大的七雄中的老大哥。

秦的辖域辽阔，国力雄厚，兵威强盛。此时，周天子已是名存实亡，号令只行于王畿。周天子惶惶终日，知道自己的命运捏在诸侯的手里，若是触怒诸侯，则自己命运可想而知。周天子小心谨慎地度着日月，苟且偷生地守护着小小的王畿，生怕冒犯了拥兵自重的诸侯，尤其是其中虎视眈眈的强秦。

公元前256年，周天子终于激怒了秦王，秦王横眉冷对，周天子吓破了胆，赶紧献出自己赖以存活的王畿和三万民户给秦王，以保全自己天子的虚名。秦昭襄王欣然地接受了一代天子王畿重地的进献，堂而皇之地统治了王畿的三十六城和三万民户。

周天子委曲求全，只想保存天子之位。可是，诸侯却是得陇望蜀，最终想得到的是天子之位。周天子终于后退无路，随着周走向灭亡。中国历史便进入了战事不断的战国争雄时代。群雄之首的强秦自然取天子而代之，秦昭襄王一跃而为诸侯的领袖。

七十高龄的秦昭襄王驰骋沙场五十多年，他知道自己快要死了。谁来接替王位呢？太子柱封为安国君，未来王位的继承人自然是太子。但昭襄王仍有隐忧，太子柱沉淫女色，后宫美臣侍妾盈庭，对细腰丰腴的楚国美女最为宠爱。昭襄王对秦的未来十分担忧。

在太子柱的众多姬妾中，夏姬最受歧视，其儿子子楚自然也不得宠。子楚在太子柱的众多儿子中排行居中，在昭襄王眼里也并不优秀。当时是群雄角逐的时代，各国互相猜忌，又互相利用，于是，各国之间便互派王族子孙作为人质，以此确保彼此的信任。子楚被昭襄王作为人质送到赵国。

因秦将白起一次坑杀赵国四十万降卒，秦赵关系便一直紧张，赵国人痛恨西秦。在这种情况下作为人质生活在赵国，可想而知子楚是多么狼狈。秦、赵两国相邻，攻伐征战时有发生，而且赵国几乎难以取胜，满腔仇恨的赵人无法对子楚以礼相待。

正当在苦难中挣扎的子楚对生活失去信心的时候，遇见了智慧过人的大商人吕不韦——从此以后，子楚的命运出现了彻底的改观，政治地位逐步提高，并一举登上了王位，君临天下，而子楚的夫人赵姬也因此发迹，生下了吕不韦的儿子嬴政。

韩国大商人吕不韦是阳翟人。他为人精明，常在韩、赵两国贩运货物，赚了不少钱，名气传遍赵都邯郸，能在皇宫大院自由出入。吕不韦既有商人的精明又有政治家的敏锐，他熟知秦、赵的关系和强秦的重要深宫内幕。吕不韦在积累了大量的财富以后便转而投机政治，把赌注压在一向在秦宫中没有一席之地的子楚。吕不韦相信自己能够成功。

吕不韦和他父亲的对话充分显示了吕不韦的卓绝才华和非凡见识。吕不韦问，他的父亲作答。

“耕田力作能获几倍的利益？”

“年成好的话，能获利十倍。”

“买卖珠宝能获几倍？”

“如会做买卖，能获利百倍。”

“如果投资一个人，帮他取得王位，君临天下，这种大投资如获成功，又能获多少利？”

吕不韦的父亲一时不能回答。是的，这样的问话只能当笑话或者痴人说梦。吕不韦的父亲也为此呵斥吕不韦，希望他能踏踏实实地做生意，别白日做梦，想入非非。

吕不韦决计要做一场白日梦。他骑着高头大马，身穿美艳的衣服，直奔在赵都邯郸作为人质的子楚官舍，求见这位陷入绝望的秦国王孙。子楚见来人气宇轩昂，衣冠华丽，便询问他有何见教？不料来人直截了当，说有办法让子楚脱离苦海登上王位。

一番试探以后，吕不韦把自己的计划和盘托出：秦昭襄王已经七十有余了，太子入主王位为时不远。然而，太子宠幸正妃，而正妃却没有儿子。安国君有儿子二十余人，子傒居长，并有士仓辅佐，声望极好，被立为嫡嗣的可能性最大。公子在诸兄弟中排行居中，又被作为人质，不能亲近皇祖与父亲，宫中又没有人相佐，一旦安国君即位，再想立为嫡子就是不可能的了。要想改变目前的处境，结束这种囚禁的生活，当今之计，只要努力，事在人为，还来得及！

吕不韦终于打动了子楚。接着，吕不韦表示他要竭尽全力，为子楚谋取王位继承人的宝位。先资助重金，到秦都为子楚四处活动，对华阳夫人极力笼络，华阳夫人没有儿子，只要能得到她的帮助，由她在安国君面前说句话，子楚被立为嫡嗣的可能还是很大的。

子楚为这套计划所激动，对吕不韦许诺：有朝一日为秦王时，必以秦国所有和阁下共享，吕不韦终于放下了心。吕不韦随后送给子楚五百两黄金，让他多方结交秦国和各国重要人物，礼贤下士，获取名声。尤其嘱他要对秦王宫中的使臣用重金加以笼络，言谈话语中充分表达对安国君和华阳夫人的思慕，谦卑礼让,以让贤声传扬内外。

计划进行得十分顺利。子楚获得了华阳夫人的喜爱,安国君刻一玉符作为信物确定了他的嫡嗣地位,子楚的王位继承人地位指日可待。吕不韦也由一个贩运货物的商人变成了子楚的傅保。

吕不韦富甲一方,府第金碧辉煌,美女无数,对能歌善舞的绝色佳人赵姬尤为宠爱。吕不韦和赵姬形影不离,纵情享乐,赵姬不久有了身孕。这时,子楚到吕府赴宴,意外地见到了美艳夺人的赵姬,子楚一下子爱上了赵姬,要吕不韦割爱。见识过人的吕不韦慎思以后,慷慨相赠。子楚十分高兴,对吕不韦更是感激。不久,被子楚宠爱的赵姬生下了吕不韦的儿子。子楚不知真相,不胜欢喜,取名嬴政。这就是后来的秦始皇。

公元前255年,秦、赵爆发战争。秦大将领兵把邯郸围得水泄不通。困在城中的子楚和吕不韦岌岌可危。吕不韦用重金买通邯郸门吏,和子楚顺利逃生,回到秦国。子楚夫人赵氏为保全性命只得化装逃匿,带着儿子隐于民间。

公元前250年,昭襄王去世,安国君继位,就是秦孝文王。华阳夫人被立为王后,立子楚为太子。孝文王派人出使赵国,迎子楚夫人赵氏和其子回国。不到一年,孝文王病逝,子楚继位,为秦庄襄王。华阳夫人尊为华阳太后,子楚的母亲夏氏尊为夏太后,夫人赵氏立为王后,儿子嬴政立为太子。庄襄王拜吕不韦为相国,封文信侯,食邑十万户。

三年后,庄襄王去世,太子嬴政继位,时年13岁,嬴政尊母亲赵氏为太后,吕不韦依旧为相国,尊称为仲父,总揽全国政务。这时的天下已非秦的天下,而是吕氏父子和赵姬的天下,但嬴政却是蒙在鼓里,只知道自己是庄襄王的儿子,是秦王族的血脉。

赵太后自然知道谁是他的父亲,她爱儿子,但盛年寡居,更眷恋当年云欢雨合的恋人吕不韦。深宫长夜寂寞,赵太后生活在皇宫,时常在白天和黑夜召见相国吕不韦,他们相见当然不是商讨军国重事,而是叙述离情,共行云雨之欢。这种偷情欢爱比以前更加刺激。

以往的赵氏不过是地位低下的歌舞伎,是商人吕不韦的一件软体玩物,招之即来,挥之即去。吕不韦对歌舞伎赵氏十分宠爱,但那时赵氏理所当然属于吕不韦,是吕不韦的私人宠物,想如何欢爱就如何欢爱,谁也不能如何。

但是今天却不同了,赵氏是君临天下的秦王的母亲,是天下盟主的强大秦国的太后赵氏生活在九重深宫,这时,吕不韦内心当然对这个风韵犹存的女人依旧难以割舍。但是,他们的欢爱却不能光明正大,只能在尽可能的掩人耳目的情况下偷情。这种滋味当烈是又新鲜，又刺激，又兴奋，又不解渴，越偷越不过瘾，事后也更想再来。

渐渐长大的嬴政却日渐令人畏惧。他长着鹰鼻、长目，壮硕的身躯上生就一副鸡胸声音细如豺声，为人狠毒阴冷。忘情欢爱的赵太后却是欲望不止，变本加厉，恨不得天天拥着吕不韦，不停地交欢。然而，吕不韦却是早有算计，他尽管喜好赵氏的美色，但决不会沉溺其中不能自拔，他知道如何防患于未然。事实上，吕不韦是个富有谋略、城府榜深、未雨绸缪的智人，他当然看到了和一代太后偷情的险恶，尤其是发现了秦王一天天长大，吕不韦更明白面应当机立断，挣脱出太后的怀抱。

赵太后的性欲是非常强的。吕不韦深知，只要赵太后能得到满足，不一定非要吕不韦不可，能取吕不韦而代之又能使她忘掉吕不韦的人物，自然是一位"本事"出奇、性功能栖强的人，若有这样一个男人，吕不韦深信自己便能顺利脱身，不仅不会开罪太后，还会更得太后的信任。

吕不韦派人到外寻找，就在自家舍人中发现了一个名叫嫪毐的人，嫪毐原是一名邯郸的浪人，算来还是太后的同乡。吕不韦得知他有出众的"本事"，见识以后也相当满意，便将嫪毐留在了身边，以上客身份相待，并不时招来娼女，让他们大肆行乐。

嫪毐的"本事"让女伎们十分叹服，但只让这些女伎们知道还是不够的。吕不韦便宴请京师好友。酒过三巡，吕不韦唤出嫪毐，让他脱去衣服，当着众宾朋和娼优演示他那无人可比的性功能。他们将一个有相当重量的用桐木做成的木轮套在嫪毐勃起的阳物上，嫪毐挂着这个木轮，绕庭室三周，轻松自如，不当回事，阳物依旧蓬勃如故。众人无不叹服。嫪毐的伟力很快传到太后耳中。太后得到奏报，一时心痒难忍，极想得到这个床上能人。太后终于憋不住，让吕不韦想办法把嫪毐弄进深宫。

吕不韦等的就是这句话。吕不韦派人指控嫪毐犯有重罪，审讯以后立即对他判了宫刑。太后和吕不韦重金贿赂负责行刑的官吏，让他掩人耳目，假行宫刑，只是把嫪毐的胡子、眉毛全都拔了，而保留了应阉割的东西。于是，嫪毐以太监的身份进入深宫，被送到了太后身边。寂寞多日的太后根本把持不住，立即行淫，快活得死去活来。从此，嫪毐始终跟在太后身边，终日欢爱，吕不韦顺利地退出了这场险恶的情感旋涡。

太后和嫪毐不分昼夜、不分场合地忘情行淫。结果，很多年都没有怀孕的太后又一次怀孕。太后知道以后，却并不害怕，但寡居怀孕毕竟不是好事，还是不让人知道为好。太如果想打掉孩子,也是可以的,但奇怪的是,太后贪恋嫪毐竟痴情地想生下他的儿子。她不怕因此而失去秦王嬴政。

太后对嬴政说,她请人算了一卦,卦象指示应该把宫室搬到别处,才能避免灾祸。嬴政还小,对她言听计从,太后就带着嫪毐,搬到雍城。雍城是个独立的城市,富饶美丽,别具风格,又十分隐秘。到雍城后,太后和嫪毐公然住在一起,就像一对恩爱夫妻。

太后长年在雍城和嫪毐欢爱,生下了两个儿子。太后对嫪毐很痴情,但她知道,儿子都生下来了,肯定不会隐瞒多久,一旦事情败露,该怎么办呢?太后和嫪毐谋划,如果事情被秦王知道,就干脆起兵造反,杀了秦王,夺取王位,并让两个私生子做继承人。

嫪毐获得了太后的宠爱,太后对嫪毐的赏赐有增无减。封嫪毐为长信侯,把富饶的河西太原郡赐给嫪毐,给他作封地。雍城宫中的所有事情都由嫪毐决定,而且,雍城的军政也都全部交给嫪毐决断,实际上,嫪毐成了这个小小王国的国君。嫪毐非常富有,威风凛凛。他的僮仆有数千人。投奔他的门客舍人也有千余人。嫪毐有权有势,就忘乎所以。

嫪毐在太后的娇惯下,忘乎所以,结果招来了杀身之祸。秦始皇九年,嫪毐一次和朝臣一起喝酒,酒醉以后,两个人吵了起来。嫪毐借着酒劲,抖出了自己的隐私。嫪毐自己是当今太后的心上人,是太后难以割舍的情夫,是当世秦王的假父,这样的身份,你一个小小的朝臣还敢顶嘴?

嫪毐的隐私暴露以后,消息很快传开了。有人就把这些告诉了秦王嬴政,说嫪毐不是真太监,而是冒充的;嫪毐和太后私通多年,并且公然生下了两个儿子,养在雍城;这些还不算什么,嫪毐还同太后密谋,一旦情况不好,就发动兵变,夺取王位让儿子继承。

此时的嬴政已成年,他得报以后,非常愤怒,立即派人去查实。调查的结果与举报的一样,而且此事还牵涉到了相国吕不韦,秦始皇便着手了结母亲这件令他汗颜的奸情。

长信侯嫪毐拥有河西太原郡,享受着五侯才有的宫室车马,过着锦衣玉食的生活。嫪毐不能失去这些。他就先发制人。四月,嬴政在雍城蕲年宫举行冠礼。嫪毐出其不意,发动兵变,窃取秦王玉玺和太后玺,快速调集县卒、宫卫官骑袭击蕲年宫。嬴政闻变以后,沉着应战,命令相国带领咸阳士卒平息叛乱,攻打嫪毐。两方人马在咸阳城打了起来。

关键时候,善于打仗的嬴政颁令悬赏:凡有战功的都拜爵厚赏;太监参战的官升一级；有抓到嫪毐的赐钱一百万；杀死嫪毐的，赐赏五十万。经过一番惨烈的激战之后，嫪毐被活捉，叛军死伤无数。

嬴政对嫪毐施以重刑：五马分尸，灭九族。嫪毐的死党卫尉竭、内史肆、佐弋竭、中大夫令齐等二十余人被砍头；追随嫪毐的门客罪轻的为供役宗庙的取薪者——鬼薪，罪重的四千余人免去官职，发配到西蜀，服役三年。两个私生子装入囊中杀死。太后赶出皇宫，搬到城外萯阳宫，断绝母子关系，永远不再见面。嬴政还特地下达命令，谁敢因为太后的事进谏，立即杀死，砍掉四肢，把尸首挂在宫外。

赵太后虽然过分，但这毕竟是情理中的事，而且她也毕竟是嬴政的母亲。嬴政处死了假父，杀了两个弟弟，又这样对母亲绝情，朝臣们觉得不好。虽然有禁令在先，但朝臣们还是委婉地进谏，结果，先后有二十七人因此被处死，并真的被悬尸在宫墙外。

秦宫血雨腥风，阴气逼人，在这种情形下，宫室走出了齐国茅焦，从容不迫，视死如归，直接来到宫门外求见嬴政。嬴政知道他来干什么，让侍从告诉茅焦："宫墙外的二十七具尸体看见了吗？这二十七人都是替太后说话的，都已经被处死了，你还想送死？"

茅焦从容地说："天上有二十八星宿，现在是二十七人，我正好凑足二十八个；如果我怕死，我就不来了！"嬴政一声冷笑，吩咐准备好油锅，把油烧开。嬴政阴冷的脸露出一丝笑意，心想满二十八个正好，此后不会再有大臣因此事进谏了。

茅焦跟着侍臣走进了宫门。过道两边的花木轻轻摇曳，好像在向这位仁义侠士告别。茅焦走进大殿，秦皇嬴政面容阴冷，正威严地坐在龙椅上，怒气冲冲地注视着茅焦。

茅焦不慌不忙地走到秦始皇面前，行了大礼以后说："臣之所以敢来见陛下，是因为臣觉得，从古到今，爱惜生命的人不怕别人说死；同样，一个以国家为重，明白国家兴盛与灭亡道理的君主，也不会忌讳别人说国家危亡。道理很简单，如果忌讳别人说死，不一定就能够长生不老；如果忌讳别人说亡国，国家也不一定就会不亡。所以，贤明智慧的君主都想知道，世间生死存亡的道理，陛下难道不想知道吗？"

嬴政默默地看着他，神情已经是默许，表示愿意听听。但是，嬴政的脸色还是那么阴沉，而且，油锅已经沸腾，白烟滚滚升起来，显得很恐怖。茅焦发现嬴政已听进了自己的开场白，心里放松了许多，茅焦更有把握了，他觉得自己有能力说服这位不听劝告、不可一世的君主。

茅焦停顿片刻，继续说："陛下圣明，但最近有好多过分的行为，而陛下自己却不知道——陛下把假父五马分尸，杀了二位弟弟，将亲生母亲赶出深宫，又残忍地杀戮进谏的大臣。陛下想想，这不是比商纣、夏桀还残忍吗？如果天下臣民知道这些，他们能心服吗？失去民心，天下崩溃，还有谁来支持秦国？臣只是替陛下担心。"

茅焦说完以后，走向油锅，从容不迫地脱去衣服，准备下油锅。秦皇嬴政听了这番话，看到茅焦夺人的风采，心中佩服，觉得这真是一位顶天立地的英雄豪杰。嬴政的脸色已经缓和，走下座位，将茅焦扶起来，诚恳地说："请起来吧，先生，你说的有道理，我愿意听从你的忠告。"于是，嬴政封茅焦为上卿。一场即将发生的残酷惨烈的杀戮转眼烟消云散，茅焦的义风侠胆扫除了笼罩皇宫的血腥阴霾。茅焦不愧是一代英杰。

秦皇嬴政命令准备好车马，亲自驾着马车前往关押母亲的赟阳宫，去迎回母亲。母子相见，抱头痛哭。赵氏依旧做太后，返回咸阳深宫——南宫甘泉宫。赵氏从此重新过上了富贵优裕的生活。赵氏在甘泉宫又生活了十年，这十年里她锦衣玉食，却空落寂寞。对赵氏来说，这十年时光，既是三千多个阳光灿烂的日子，也是三千多个难熬的漫漫长夜。

# 刘邦玩弄女性

## 刘母貌美遭强暴

今天的江苏省被长江划分为南北两部。江北以麦粟为主，江南盛产稻谷，楚人多居江南，主食稻米，短发短衣。江北位于长江、黄河之间，当地人长衣长发，绾髻，喜食麦面，与北方风俗相近。沛地在江北，大秦帝国时期设立"沛县"。沛县丰邑是刘邦的故乡。

丰邑一地，在秦代被分成若干里。刘邦出生于中阳里。这个村庄不大也不小，大约有上百户人家，也算中等规模。

刘邦本名刘季，他的长兄名刘伯，次兄名刘仲。古代以伯、仲、叔、季排行，就是今天的老大、老二、老三、老四。刘家的老三大概早年夭折，故《史记》中没有提及过刘叔。刘邦是幼子,因而称刘季。刘太公晚年又得子,取名刘交,是刘邦之弟。刘邦是他即汉王位后改称的,因为刘季这个名字实在是太普通了。“邦”源自“定国安邦”,很有气派。刘邦称帝后,讳邦不讳季,如季布就并未因讳“季”而改姓。

汉高祖刘邦

有人根据这一点认为刘邦出身卑微,因为刘家兄弟的名字都来自排行,这种说法主观性太强。“伯、仲、叔、季”常用于周代贵族男子的名字中,例如伯禽、仲尼、叔向、季路等,也有只以排行为名字的,如管仲、鲍叔、范叔等,他们都是大臣,有的还是一代名相。这说明在秦汉及其以前的时候,也有以排行为贵族命名的。只有到了元代,只有贱民才以排行命名,这在当时的贫苦人民中普遍存在。但若把元代的情况与秦代混为一谈,那就不切实际了。

刘邦父亲名执嘉,母王氏,名叫含始。执嘉为人忠厚,里人有口皆碑,故年老之后,人们都叫他太公。王氏与太公同龄,所以称为刘媪。刘家虽然是农民,家境也算宽裕,除自耕土地外,还雇有帮工。原本以“太公”称上了年纪的地主,贫雇农即便年龄再大,辈分再高,也不会被人这样称谓。刘太公虽然以务农为主,但也经商,做些小生意,憨厚、猥琐中有几分精明和狡猾,是个有点见识的农民。

关于刘邦的身世,有这样一个传说:一天刘媪外出办事,路过大泽,感觉劳累,于是就坐在堤上闭目养神,半睡半醒之中,忽然发现从天而降一个金甲神人,立在身旁,便吓得昏了过去,也不知神人干了些什么。太公在家见妻子久出未归,心急之下便要出门去找。正打算出门,忽然电闪雷鸣,太公更加焦急,忙携带雨具,迅速赶到大泽。遥见一人睡在堤上,像是自己的妻子,但云雾笼罩半空,回环浮动,鳞甲隐约露出,似有蛟龙往来。于是心慌意乱,又停住脚步,不敢靠近。过了一会云开雾散,重见庆日,方敢前往瞧个究竟,见的确是妻室如媪,如梦方醒,便加以追问。刘媪好像失去知觉,待至太公问了数声,才睁开双眼开口称奇。太公又问她有没有受到惊吓,刘媪答道:“我在此休息,忽见神人下降,然后就吓晕了,不知后来发生何事。现在才知道是一场梦。”太公告诉她雷电蛟龙等状,刘媪一无所知,休息了一会儿便和太公一道回家。

没料到她却从此怀孕,过了十月,竟得一子。长颈高鼻,左股有七十二黑糕。太公认为他不同寻常,就以邦命名,因他最年幼,就以季为字。

难道刘邦真是天生龙种吗?这只是前人附会罢了。实际情况并非如此。

刘媪年轻时很标致,不像太公其貌不扬,人们见了都为刘媪惋惜。村里的无赖对刘媪动了心思。有一天,刘媪送饭去田间,忽然下起了雷阵雨,风雨交加,电闪雷鸣,刘媪到树林里避雨,没想到那个无赖早已在大树背后躲藏,趁这机会,跳出来把刘媪强暴了,随后扬长而去。妻子送饭久久未到,刘太公一路找过来,发现刘姐正在整理衣裳。太公怒不可遏,声色俱厉地责问刘媪到底发生了什么事?刘媪只是低头哭泣,沉默不语,太公更加心神不宁。

毕竟女人比男人更机智,具有善于隐瞒和说谎的本能。刘媪见太公生疑,便说是刚才经过大泽旁的树荫下时,天色突暗,雷电交加,一条蛟龙经过缠绕住她,她被压倒在地,随后便昏迷过去了。等到她苏醒过来,发现赤身裸体。她整衣衫之际,太公来到,就是如此。

太公对此并不完全相信,但刘媪平时举止尚称端庄,从未有过伤风败俗的行为,即便有人垂涎她的美色,故意用轻薄言语来挑逗她,她也从不理睬,而是低着头走进屋里。在这风雨大作的旷野丛林旁,无论是天上的蛟龙或者是人间的恶棍企图强暴她,她孤身一个弱女子,无论如何也无法抗拒。所以,太公也就只能装作没事。他是个精明的庄稼汉,决不会为追究那些旧事自讨没趣。

没料到刘媪因此怀了孕。至于强暴她的无赖,早已没了踪影。太公在村中很有地位,那无赖大概因为害怕太公的报复,索性一走了之,不知去向。

十月临盆,一朝分娩。

那个生下的婴儿便是刘邦。这一年是公元前256年。

## 刘父谎称儿子是龙种

刘邦长大后,身材魁伟,高鼻梁,宽额头,长颈项,是个美男子,与太公没有一点相似之处。所以,当刘邦逐渐长大时,村里人禁不住议论纷纷。这也不能怪别人,刘邦的确是私生子,不知道真正父亲是谁,太公仅仅是他名义上的父亲。刘邦自己后来是否清楚这一点,也不得而知。

太公表面上憨厚、猥琐,其实十分精明。他见村里人背地里指手画脚,对此十分恼火,却又毫无办法。假如完全放任不管,势必影响他在村中的威望,使他没脸见人。于是,为了掩人耳目,太公逢人就将自己妻子的谎话讲述一遍,当然是经过添枝加叶,讲得活灵活现。久而久之,人们都知道了刘邦是龙种的传说。

时人迷信,也就多少有些信了。

私生子被人瞧不起,龙种却令人敬畏。刘邦兼野种、龙种于一身。于是,人们便不免对他另眼相看,那目光中鄙夷和敬畏并存。

时光飞逝,刘邦转眼间已长成为一个身强体壮的高大汉子,鹰视虎步,顾盼自如,颏下蓄着黑而漂亮的长须,更显仪表堂堂,虽然有时衣冠不整,但他的勃勃英气仍然掩盖不住。

刘邦虽然相貌英俊,但他的为人却很无赖的。他集酒、色、赌于一身,要么在酒肆中醉醺醺地高谈阔论,要么出入妓院风流快活,或者在赌坊中一掷百钱。刘家虽然宽裕,毕竟是农民,既非豪富,又非世族,哪里禁得起他如此挥霍,父母兄嫂都看不惯他这种行径,不再接济他。但刘邦却不以为然,仍然我行我素。缺钱花时,便干些鸡鸣狗盗之事,至于借了邻里的钱谷不还,那就更是家常便饭。乡里耆旧都不喜欢他,认为刘家家门不幸,出了个败家子。太公多次劝导,他仍屡教不改,只好由他去。伯仲娶妻以后,伯妻为人刻薄,见刘邦身强体壮却游手好闲,坐耗家产,心中十分反感,口中不免怨言。太公得知,干脆分家,使伯仲从家里搬出。刘邦仍是孤身,就随着父母。

## 无赖好色好赌引得刘嫂故意刁难

时光飞逝,转眼他已不再年轻,仍是恶习不改,依然整天游荡,好吃懒做。他经常用家里的钱结交酒肉朋友。太公原来认为刘邦非同一般,寄予厚望,如今却一事无成,虚度年华,便视他为无赖,甚至不愿供他衣食。刘邦却满不在乎,有时恐父责罚,不敢回家,便投宿两兄家。毕竟是手足,不便拒绝。不料伯忽得疾病身亡,伯妻本反感小叔,自然不再留他。刘邦胸无城府,直来直去,不管她心里怎么想。仍常去长嫂家吃饭,长嫂尝借口孤寡,通常加以拒绝,刘邦尚信以为真。一日他把一帮朋友带到长嫂家,时正晌午,长嫂见他又来,已恐他来扰午餐,讨厌得很,再加上这么多人,越发不快,想出对策,赶紧进了厨房,用瓢刮釜,假装饭已吃完了。刘邦本乘兴而来,忽闻中有刮釜声,后悔来晚了。友人倒也知趣,纷纷告辞。刘邦送友去后,返回长嫂厨内,看个究竟,见釜上蒸气腾腾,约有大半锅羹汤,才知长嫂故意刁难,一声长叹,掉头就走。

到了后来,刘邦如果没有在全家吃饭的时间回来,他的长嫂便绝不为他单独做饭。你刘邦肚子饿,自己到厨房吃冷饭去,绝不可能吃碗热气腾腾的羹汤!因此,刘邦对此一直耿耿于怀,直至后来称了帝,遍封亲戚,独长侄不得封。太公时为太上皇,向刘邦提及此事,才封其为颉羹侯,此是后事。

此后他再也不去嫂家,而长年在邻家两酒肆中吃饭。有时邀客共饮,有时自往独酌。两酒肆的老板都是妇人,一呼王媪,一呼武妇。二妇虽是女流,却因刘邦是邻居,也不便斤斤计较,而且刘邦入肆中,能为其增加不少客人,比往日多挣几倍的钱。二主妇心中暗喜,所以刘邦要赊酒,全都答应。刘邦生平最爱酒,见二肆都愿意赊,通常不醉不归。喝醉了不想走,干脆假寐座上,大睡一晚。王媪、武妇,本打算叫醒他,但又怕刘邦醒后恼怒,更何况刘邦的无赖行径尽人皆知,所以只好作罢。每到年底结账时,也不向刘邦追索。刘邦本没钱偿还,历年宕账。

虽然刘邦对他的长嫂耿耿于怀,他平时却对朋友十分大度。别人得罪了他,他通常付之一笑,并不介怀,更不会以牙还牙。他尽管不富有,但若别人生活困难求助于他,只要他手头有钱,马上慷慨解囊,毫不迟疑。重义轻财使他赢得朋友的尊重。当他从中阳里闯向沛县县城时,他因这种豪放豁达的性格而在当地的无赖中迅速脱颖而出,并成为他们的首领。

在那时,民间崇尚迷信,刘邦那所谓龙颜的容貌,即高鼻、宽额、长颈、美须,对他成为当地的无赖头子帮助不小。说来很有意思,刘邦的左股上有七十二颗黑痣,这竟出人意料地使他在沛县城中声名大震。

那一日,刘邦在城墙根下乘凉,上身光着膀子,下身只穿了一条牛犊裤,一群游手好闲的市井子弟围在身边,漫无边际地闲谈。正好沛县城内有个相士走过。一眼发现刘邦光腿上的黑痣,忽然来了兴趣,要刘邦拉起牛犊裤让他点数。

点数完毕,正好是七十二颗黑痣。

相士数得饶有兴趣,那批市井子弟可按捺不住了,你一言,我一语,七嘴八舌地讥讽他说:

“从来只听说相士相面,哪有相人家屁股的?”

“刘大哥大腿上的黑痣你为什么这么感兴趣?”

“你有完没完?这是黑痣,不是宝贝。你再喜欢也没有用,这可换不来钱呀!”

“你如此认真地相屁股,是不是想舔刘大哥的屁股?”

话越来越不堪入耳,但那相士却一直笑着不动声色,既不生气,也不羞惭,不紧不慢地说:“诸位兄台,大家注意到这些黑痣没有?正好七十二颗,这七十二颗黑痣可是大有学问。”

这批市井子弟对此十分好奇,便要他解释清楚。这一下相士可该神气了,他清了清嗓子，将周围人打量一番，一本正经地说：

“依照阴阳五行的学说，木、火、土、金、水各居一方，称作五行，一年三百六十日，称作周天。五行中的每一方各分得七十二日。五方各有主宰。中央戊已土，主宰是黄帝。东方甲乙木，主宰是青帝。西方庚辛金，主宰是白帝。北方壬癸水，主宰是玄帝。南方丙丁火，主宰是赤帝。这位赤帝形似朱雀，脸却是龙颜，即高鼻、长颈、宽额、美须，身上多黑痣。刘大哥左股有七十二颗黑痣，应火德七十二日的征兆，实在是大福大贵之相哪！”

相士振振有词，眉飞色舞，唾沫横飞。众人听了，个个面面相觑，目瞪口呆，他们的大哥竟大有来头，实在出乎他们的意料。一时间一片静寂。刘邦倒是挺沉得住气，哈哈一笑，将这沉寂而尴尬的局面打破了，对相士说：

“先生言重了，刘某乃草莽野夫，在沛县混日子，就是吃了熊心豹胆，也不敢如此异想天开。先生美言，是勉励刘某不要自暴自弃，在下心领了，走，走，请先生赏光，喝杯水酒去！”他边说边把相士拉向城里酒肆，众人见此情景，纷纷散去。

这件事很是奇怪，这位相士莫非真会神算，能识真命天子于市井之间？

难说。只有天晓得此事。

从刘邦后来在政治生涯中的表现来看，“火德当运”的谶言他曾多次运用，自称赤帝之子，可见他对相士之言印象深刻。

## 与曹氏结露水姻缘

刘邦上任泗水亭长以后，在维持治安秩序方面，堪称卓有成效。但在行为上仍恶习不改，诸如醉卧酒肆之类，实在不成体统。这种情况自然会有人向沛县衙门举报或反映，但由于沛县衙门的事务由萧何一手把持，当然不会向县令反映。时间久了，县令也听说刘邦的放荡轻狂，但当他问询萧何时，萧何始终一心维护刘邦，为他解围。朝中有人好做官，刘邦在县里有了萧何，便稳坐泗水亭长的位子。

秦始皇统一天下后，在京城咸阳大兴土木，从全国各地征人去咸阳服徭役。沛县当然也在其中，要向咸阳派遣役夫。这可是个难题，役夫们早已习惯了在本乡居住，忽然千里迢迢去京城，水土不服，再加上旅途疲劳，生活艰苦，途中免不了有人逃亡。因此，必须派遣一个精明强干的吏带队。沛县县令前思后想，认为刘邦这位亭长将混乱的泗水亭治理得井井有条，倒颇有能耐，便命刘邦带领本县役夫去咸阳服役。

刘邦在沛县呆了这么久，既有在县城内当无赖头子的经历，又有当泗水亭亭长的经验。他集盗贼与捕快于一身，实在觉得沛县无法让他大展其能。这次得以带领役夫们去咸阳见识世面，他像出笼的小鸟一样兴奋。

刘邦受命后，准备行装，招募役夫，编制队伍，择日动身。出发的那一天，一班相识县吏都来送行，并且每人送二百文钱作为路费。独萧何给的最多，有五百文。刘邦一一谢过，告辞而去。

刘邦的咸阳之行是他一生中的转折点。抵达咸阳城，办完公事，他就在城里闲逛。高大的城墙，如龙的车马，使他觉得大开眼界，感慨万千。这时始皇健在，架车巡视于都城中。刘邦得以在旁遥望，的确威武异常，至御驾经过，他仍然瞧个没完，大发感叹："大丈夫原当如此也。"

刘邦出身农民，地位卑微，没有项羽那样显赫的家世背景，所以他说不出"彼可取而代之也"这种大逆不道的话，反而羡慕地感慨"大丈夫当如此也"，含蓄地流露了自己的抱负。他说的"大丈夫"到底指谁？是指秦始皇，还是指他自己？大概刘邦当时也没仔细想过。但无论如何，他内心的躁动毕竟反映了出来，他再也不满足于在小县城中当无赖头子或地方小吏了。这种刚刚萌生的模糊愿望，一旦外部条件改变，便上升为他孜孜以求的人生目标了。

同样对秦始皇出巡发表感慨，项羽开门见山地说"彼可取而代之也"，而刘邦却拐弯抹角地说"大丈夫当如此也"。两人的不同的表达方式与所用语言，不仅体现了两人在年龄、经历和气质上的差异，也体现了两人不同的性格特征：项羽阳刚而刘邦阴柔。这种不同的性格特征深刻地影响着两人各自的命运和结局。

刘邦完成使命后，带领役夫们平安返回故里。沛县县令对刘邦大加赞赏，但并没有给他升官，仍让他继续做泗水亭亭长。

刘邦已当了数年亭长，年过三十，仍旧尚未娶妻。他本好色之徒，怎耐得住寂寞，便经常光顾娼寮。但他还不满足，又与一个曹氏女子关系暧昧。往来多时，曹氏有了身孕，生了一子，刘邦给取名为肥，交由曹氏抚养。此事人人皆知，自然无人愿意下嫁刘邦。刘邦既有外妇，又有儿子，觉得有没有家无所谓，自己独身反过得自在。于是对娶妻一事，根本不放在心上。

## 天上掉下个美娇娘

恰好萧何等过来闲谈，提及单父县中，来了一位吕公，名父字叔平，与县令交好，此次到此避仇，携家带口。县令便安置他们住在城中，凡为县吏，应出资相贺。刘邦即答道："贵客驾到，理应重贺，我一定赴约。"说毕，大笑不止。萧何不知道刘邦的心思，匆匆告辞。

那么吕公是何等人物呢？

吕公是单父县的豪门望族，家财万贯，土地千顷，十分富有，并且为人乐善好施，爱结交江湖侠士，在当地影响很大，所以大家都尊称他为吕公。

单父县另一家姓卞的，也是豪门富户。他仗势欺人，蛮横霸道，乡民都敬而远之。

吕、卞两家田地相邻。一天，两家的庄户为了争夺毗连土地上的田垄而争吵，互不相让。双方先是对骂，言语不堪入耳，连对方的庄主也受牵连。随后，双方大打出手，挂了彩。事后，吕公听了庄户的哭诉，试图劝慰庄户就此作罢。卞姓大豪却不这么想，他向来觉得一山难容二虎，早对吕公心怀不满。这次听庄户哭诉，声称吕家轻视卞家，他家的庄户连我家庄主都敢当面辱骂，不禁恼羞成怒，命本庄庄丁抓来吕家的那名庄户，吊在厅堂的屋梁上拷打，打得吕家庄户哭天喊地。卞姓大豪却仍不罢休，扬言要打狗给主人看，看究竟谁厉害。等到他尽了兴，放下那名庄户时，庄户已是两眼翻白、奄奄一息了。

卞姓大豪命庄丁抬送那名被打得半死不活的庄户到吕家去，灭灭吕公的威风，给他一点颜色看看，让他知道姓卞的厉害。

吕公虽为人谦和，但也不怕强硬。别人都欺负到头上来了，他当然要为自己的庄户讨个说法。卞姓大豪根本不屑一顾。吕公怎肯善罢甘休？正所谓不是冤家不聚头，两人在路上相遇。吕公严厉斥责卞姓大豪，那姓卞的满不在乎，冷冷地说："姓吕的，你竟然想维护自己的庄户？你难道骨头发痒，也想挨揍？在单父县，本老爷想干什么谁都管不着，知趣的话，快跪下磕头求饶。不然，那庄户就是你们的下场！"

吕公恼羞成怒，上前一把揪住卞姓大豪胸口的衣服，要拉他去官府评理。卞姓大豪挥手就是一拳，吕公及时躲闪，两人便大打出手。双方的随从也相互厮打起来。卞姓大豪虽值壮年，但因酒色虚耗了身子，不堪一击，刚几个回合，便已上气不接下气，而吕公早晚锻炼身体，精通拳棒，反而占了上风。卞姓大豪见无法招架,便拔出佩剑刺向吕公。吕公飞起一脚,将他手中佩剑踢飞,顺手捡起来一刺,正中心脏,卞姓大豪便一命呜呼。

这一下事情闹大了,吕公眼见无法在单父县继续待下去,为了躲祸避仇,便携家带口迁往沛县。他与沛县县令交好,这次全家投奔沛县求他相助,沛县县令自然不会怠慢,为他安排住宿,并多方奔走,尽力平息此案。当时民间的刑事案件,只要肇事者远走他乡,最后也就不再追究。吕公家财万贯,宁愿花钱消灾,又得沛县县令庇护,自然有惊无险。

吕公在沛县境内是新迁入的外地人。沛县县令为了使吕公能跻身当地士绅之列,便为他在县署大排筵宴,并以县令的名义,广邀沛县的乡绅与豪杰赴宴,庆贺吕公落户沛县,并为他接风洗尘。沛县有势力的人得知此事,纷纷致贺,争先恐后赴宴,很想一睹吕公风采。

这一天,刘邦如约进城,打听到吕公住处,便直接进了门。萧何已在厅中,替吕公收受贺礼,刘邦到来时,他正向众人宣布:"贺礼少于千钱,须坐堂下!"刘邦仗着与萧何相熟,便在名帖上故意写着"贺钱一万",前往拜见,却并不带一文。

当有人人报,吕公接过一看,见他贺礼尤为丰厚,不禁大吃一惊,便亲自迎接,请他上坐。经过一番端详,见他日角斗胸,龟背龙股,实在与众不同,便礼敬有加,特别优待。萧何知道刘邦缺钱,在旁边嘀咕:"刘季爱说大话,恐怕是假的。"吕公听到不以为然,待至酒肴已备,居然请刘邦坐首位。刘邦也不客气,居然心安理得地充当首席嘉宾。

萧何虽维护刘邦,但内心也认为刘邦今日之举实在过分,倒是吕公认为刘邦胆识过人,豪气盖世,始终对他另眼相待,礼敬有加,频频劝酒,反而冷落了众吏。至于刘邦本人,连县令也不买账,更何况其他人。他洋洋自得,高谈阔论,目空一切,在宴席上大出风头。

酒过三巡,醉意已浓。不少宾各已经告辞退席。

刘邦正打算离开,只见吕公使眼色挽留他。他想,今天在酒席上,自己出尽风头,接下来祸福难料,吕公固然对自己一片盛情,那县令却一肚子气,不知道日后会如何还以颜色。想到这里,不免消退了三分豪气。他原本已起身,又重新坐下。这时,他再次起身,正欲告辞,只见吕公再次用眼色知会,表示挽留。这一下刘邦有些摸不着头脑,不明白吕公究竟为何挽留他。好吧,既来之,则安之,听天由命,留下就留下吧。

席终人散。宾客们都已离开。

刘邦醉意甚浓，是席上留下的最后客人。

主人一方，只留下县令、吕公、萧何三人在场，别的人都已退席。

吕公一语惊四座。他对刘邦说：

"仆自幼爱好相术，相人甚多。季兄之相尚无人能及，愿季兄自爱，自有一番作为。小女吕雉，才貌不俗。仆愿命小女为季兄奉箕帚，不知季兄意下如何？"

此语让县令与萧何大吃一惊。"奉箕帚"是嫁人的谦称，指嫁人后做家务，每天要手持簸箕、扫帚扫地。吕家乃豪门，竟将爱女下嫁无赖刘邦，真是不可思议。

刘邦听后，也出乎意料。他递进"贺钱一万"的名帖，其实没拿出一文钱，实有捣蛋之嫌，结果不但没有受到责打，却反而被以上傧相待，美美饱餐一顿，已经占尽了便宜，不料一个妻子又从天而降，真是太难以置信了。他连忙推辞："小人何德何能，敢娶吕公爱女？吕公岂可当真。"

吕公微微一笑，说："季兄千万别误会。婚姻大事，岂可儿戏？小女虽富家出身，却遵循礼教，深谙三从四德，嫁后必定孝顺公婆，伺候夫君，绝不会刁蛮任性。季兄不必有所顾忌。"

刘邦见吕公很有诚意，心花怒放，连忙拜倒在地，说："岳父大人在上，受小婿一拜。"

吕公立刻搀扶，说："贤婿请起。"

县令、萧何见婚事已成，又是一喜，先后祝贺双方。接风宴变成了订亲宴。于是，县令命重新设宴，尽欢而散。

这桩婚事的影响非同寻常。从此沛县县令对刘邦另眼相待。他曾向吕公求娶其女吕雉，遭吕公婉拒。如今吕公竟将女儿下嫁刘邦，他不由对刘邦起了戒心。

萧何虽原本就重视刘邦，但也有几分轻视。自此以后，轻视之念全无，反而敬畏刘邦，甘心对他唯命是从。

吕公告知妻室，已将娥姁许配刘季。娥姁即吕女小字，单名为雉。吕媪得知后很不高兴："君谓女儿天生贵相，必配贵人，沛令与君相熟，却拒绝他的求婚，而下嫁刘季？难道贵人便是刘季吗？"吕公道："这事你无从得知，我自有眼光。"吕媪心中仍有不满，但最终还要随夫，只好听吕公备办妆奁，静待吉日。吉期转瞬间即至，刘邦身穿礼服，前来迎娶。吕公即命女雉装束停当，送上花轿，随刘邦同去。刘邦回到自家，接女下轿，夫妻交拜后，拜见太公、刘媪，便引入洞房。掀掉盖头,却是美丽端庄,光彩照人,顿生爱怜之心,就携了吕女玉手,同上阳台共度良宵。

吕雉当时是十六七岁的少女,容貌虽然俏丽,却是英气多而妩媚少,女人味少了点。刘邦娶了吕雉后,对她也有几分敬畏,偶尔仍在外寻花问柳,却收敛了许多。

吕公的话一点不假。吕雉虽富家出身,但知书达礼,安守本分。刘家是个庄户大家,由大哥刘伯安排田里的活,家务则由长嫂即刘伯之妻管理。长嫂不喜欢刘邦,吕雉也遭连累,被长嫂任意使唤,整天忙碌。吕雉生性刚毅,能忍辱负重,既然已嫁人刘家,便逆来顺受,脱下嫁衣后立刻下厨、做饭、洗衣,什么都干,又送给各位嫂子一些陪嫁中的首饰,以示敬重。长嫂当然要多送一份。刘伯之妻出身小户人家,见识短浅,自此便善待这位弟媳,吕雉的日子也好过多了。

后来,吕雉就做了皇后,称为吕后。

## 斩白蛇率众起义

秦二世元年,二世皇帝胡亥大兴土木,加紧秦始皇骊山陵的建造,大规模地向全国各地征发役夫。刘邦过去曾率沛县役夫去京城服徭役,这次又当此任。沛县县令命刘邦以亭长的身份率领沛县三百役夫去骊山陵服役。

骊山陵即秦始皇的陵墓,其修建始于秦始皇初即位时,历经十余年,使用多达七十多万役夫,规模之大,空前绝后。

秦始皇的陵寝是骊山陵的主建筑。在地表部分,要在骊山山麓建造一座全长两公里、高达一百米的土台;而地下的秦始皇的地宫是最艰巨的工程。在地宫内,寝殿周围,浇铸铜壁。地宫内上具天文,下具地理,日、月用玉石做成,高悬穹顶,点缀其间的星星用明珠做成,地面上用水银灌注成百川大海,依靠机械的力量,使水银永远流转。地宫中还用娃娃鱼的鱼膏制成蜡烛,日夜不熄,把人工制成的日月星辰、山河大地照亮。寝殿内各种珍宝古玩,明珠黄金遍地都是,并按照宫殿的体制,设置御座和百官的席位。为了防止后人盗墓,地宫内机关重重,一旦有人进入,机关必定触动,立刻使其丧命。二世皇帝下令:凡是先帝后宫中的妃嫔宫女,没有生儿子的,全部殉葬。

有三种人参与建造骊山陵:一是役夫;二是犯人;三是各种工匠。骊山陵工程庞大,地宫最先造好。奇珍异宝遍布地宫中的寝殿内,为了保守寝殿与地宫开关的秘密，工匠们全部被关闭在墓道内，关闭通往寝宫与外出的两道门，他们便被活活闷死、饿死。然后堆土在地面上造山，种上草木，而身与其事的役夫也都无一幸存。这样一部分建筑造好，参与修建的役夫就被处死。骊山陵工程浩繁，直至秦朝灭亡，外围工程尚未竣工，如秦俑四号坑没有完工而遭废弃，便可证明。所以没来得及完全处死参与建造骊山陵的徭徒、罪犯。不然，假如杀完了建造骊山陵的人，陈胜起义时，秦将章邯又如何发动骊山之徒去平定周文向咸阳的进军呢？

刘邦奉命领役夫去骊山陵时，秦始皇的地宫已经竣工。但是地表堆土造山以及外围工程如兵马俑坑等尚未完工，秦二世为了同时扩建阿房宫，急于结束骊山陵的工程，因此从各地不断征发役夫。当时已逐步传开秦廷处死工匠、役夫的消息，骊山工地的官吏又不断催促，役夫不分昼夜地做苦工，大批死亡。所以，人们一听说去骊山陵服徭役，就知道性命难保。

刘邦虽然只负责遣送役夫去骊山，完成交接队伍的手续后可以回来。但是这批役夫明知去送死，又怎么能服服帖帖赴骊山陵工地报到呢？假如有人中途逃亡而又未追回的话，依据秦律，带队的亭长将受严处，甚至可能被处死。因此，刘邦这次面临的任务不同于上次，是个大难题。沛令任命刘邦带队，或许是仍对当年情场失意耿耿于怀吧！

刘邦率领三百名沛县的役夫动身，赶往遥远的京城咸阳。

旅途的艰辛不必多提，最可怕的是一路上听到不少传闻，声称骊山陵是一座大坟墓，有进无出，不少活生生的健壮汉子都死在里面。在那里，劳累和疾病杀死了许多人，即便熬到工程竣工，为防止泄密同样要被处死。所以，一出县境，便有好几名逃走了，再前进数十里，又不见了好几个，到晚间投宿客栈，第二天早上又有几人走失。

为了避免逃亡，便手押送，役夫的双手都捆在背后，并且用长绳将役夫们逐个连在一起，但即便如此，仍然有人逃走。尤其是晚上，他们串通值班的一块儿逃亡，根本无从防范。

派人追捕吗？追捕的人也有去无回。

刘邦清楚地知道他去报到无异于送死。押送役夫严重失责，依照秦律当斩。刘邦孤身一人，既然不便追赶，又不能禁压，实在无可奈何，边走边想，到了丰乡西面百呔泽中，干脆停下不走了。泽中有亭，亭内有人卖酒，刘邦最爱喝酒，何况心中正愁闷，正要借酒消愁，立刻席地而坐，并让大家都歇息，自己独自痛饮，一直到太阳下山，仍未上路。

既而来了酒兴,对众人说:“君等假如去骊山,必充苦役,性命难保,又不能回家,我现在把你们全放了,可好吗?”大家正求之不得,听了刘邦言,真是感激涕零,连连道谢。刘邦把他们逐个解开,挥手让他们离去。众人担心刘邦因此而获罪,便问刘邦道:“公可怜我们,放了我们,此恩此德,永世不忘,但公将如何复命?”刘邦大笑道:“你们都走了,我也只有远走高飞,难道还回去送死吗?”众役夫便纷纷逃去。

戍卒们也一块儿逃掉。秦律严厉,去报到必死无疑,逃跑后被抓住也是死。总归一死,不如逃走,也许能侥幸活命。

说到这儿,十几个壮士异口同声地说:“刘公如此仁义,我数人愿意跟随,共同保卫,怎可轻易离开。”刘邦道:“去留由你们决定。”于是数十人留下来,其他的谢过刘邦,纷纷离开。

刘邦乘着酒兴,夜间赶路,十几个壮士前后相从。因为担心县中人知道,他们不从正道走,而是从沼间小路依次行进。小径坎坷崎岖,天又黑,便放不开步子。刘邦又醉眼蒙眬,缓步向前,忽听前面一阵喧哗,疑心油然而生。正要详加问询,那前行的回来报告说有一数丈长的大蛇挡在道上,不如走别的路。刘邦没等他说完,便勃然道:“咄!壮士行路,怎么能被一条蛇吓住?”说着,独自冒险前进。

探路者所言属实,果然有一条大蛇盘踞在沼泽小径上。这时,那大蛇正微闭着眼在小径中蜿蜒游动着。刘邦酒后有胆,冲上前去就是一剑,正好砍中那大蛇的七寸处。剑光闪过,蛇已身首异处,断处一股鲜血喷出,流在地上凹处,形成一个血泊。他复又用剑把蛇拨到一边,辟开一条路,安然通过。走了大概数里,酒气上来了,疲惫不堪,就找了个僻静地方,坐下打盹,后又卧倒地上,酣睡一晚。一觉醒来,天已亮了。这时众人来到了刘邦睡觉的地方,叫醒他,其中一个人说:“怪极!怪极!”刘邦连忙询问,那人道:“我们遇到一个老妪,在那边哭得很伤心,问为何悲伤,老妪说我儿子被人杀了,当然伤心。我们问她的儿子为何被杀,老妪用手指着路旁死蛇,向我们哭诉说她的儿子是白帝子,化蛇挡道,今被赤帝子斩杀,说完又老泪纵横。想老妪是不是疯了,把死蛇当作儿子,于是便要打她,我们没想到我们还来不及动手,她就不见了。这实在是咄咄怪事。”刘邦默不作声,心想蛇为我杀,怎么会说什么白帝赤帝,虽然荒诞,但也必定事出有因,将来必有验证,莫非我真要做皇帝吗?刘邦后来乘秦朝大乱时机,率众造反,很快就成为有名的将领,世人称其为“沛公”。

## 进咸阳饱食美色

咸阳地处关中盆地的渭水岸边。灞水是渭水的支流，它发源于蓝田县东秦岭北麓，流经咸阳，通过灞桥后流进渭水。灞上是灞水上游的小镇，附近土地贫瘠，被当地居民称为白鹿原。刘邦大军在灞上驻扎时，全军人数已从三四万人猛增到十万人。

这时正是十月间，秦王子婴依照秦旧例，更改年号，大庆一番，不料秦兵连连败退，报称刘邦军已兵临城下。子婴大惊失色，忙召集大臣商议。臣下都束手无策，沉默不语。子婴心急如焚，不一会儿，有军书递入，乃是沛公招降。子婴前思后想，无奈之下只好依书出降。于是乘素车，骑白马，用带套颈，捧着传国玉玺，流泪出城，守候沛公于路旁。刘邦率全军整队驰入，无比威武。他到了子婴面前，子婴跪倒在地，俯首请降。刘邦接了玉玺，命他起身，一同进入咸阳，众将中有人建议除掉子婴以绝后患，刘邦道："怀王遣我人秦，正因宽大容人，况人已投降，又岂能再杀！"说着，派人看管子婴，自率将入殿。子婴总共只做了四十六天的王，便丢了江山。这并非子婴误国，而应当归咎于秦二世造孽太深。

再说刘邦进了秦宫，与众人一起休息，将士们乘着间隙取财，分别去各处府库，一起分用。

萧何却不同，他并没有大肆劫掠，而独自带人进入丞相与御史的官署，接管秦朝的律令、图籍，并将它们收藏起来，以备日后检索。后来在楚汉相争中，这些律令、图籍发挥了重要作用，使刘邦得以详知天下的山川形势、关隘险要、户口多少以及强弱之处等。同时，萧何通过研究这批律令、图籍，深刻了解了秦代的政治制度、官僚机构、法令法规等，建立汉朝后，兴利除弊，建立了西汉初期的政治体制。历史学家称之为汉承秦制。刘邦也趁着闲暇，巡视宫中，但见雕梁画栋，曲榭回廊，别具一格，引人入胜。到了内外便殿，真是壮美非凡，巧夺天工，所有鲜艳帷帐，珍奇古玩，数不胜数。一班美人儿，羞答答地前来迎接，有的千娇百媚，有的柔情似水，有的娇羞可人，有的婀娜多姿，刘邦左顾右盼，色心油然而生，一面命令免礼，一面步入正寝，长久不见出来。

众人皆醉我独醒。张良看到咸阳城内如此混乱，担忧不已，如此将民心尽失，岂不与秦二世殊途同归？射人先射马，擒贼须擒王。要改变这种局面，首先必须劝刘邦从秦宫搬出。但张良聪明过人，知道不易劝止刘邦，于是他找樊哙，问他如何看待当前局势。樊哙粗中有细，也认为必须改变局面，否则成了一群草寇，如何夺天下？他很赞同张良的看法。于是两人一道进入秦宫。

刘邦正在饮酒，怀里搂着一个妙龄宫女，那宫女喂他饮酒，刘邦的手却在那宫女身上乱摸。另外几个宫女一旁侍候着。

突有一将趋入道："沛公是想夺天下呢，还是只满足于做个富家翁？"刘邦看是樊哙，便呆坐着，默不作声。樊哙又道："沛公一入秦宫，竟如此沉迷！秦所以败北，正因有如此奢丽，沛公要这些干什么，请立刻还军灞上！"刘邦慢慢地说："我累了，就在这儿休息一夜吧！"哙有些恼火，又恐失言，便转身趋出，寻找张良。张良正好进来，便告知他刚才情形，要他进谏。良于是进去对刘邦说道："公因秦无道才能在此，公除残去暴，首先应该革除弊政。如今刚进入秦都，便急于享乐，只怕公要步秦的后尘。古人有言：良药苦口利于病，忠言逆耳利于行，愿公听樊哙言，免得自取灭亡。"

刘邦可以不理会樊哙，却必须重视张良的意见。他一声不响立即推开怀中的宫女，起身离开，封府库，闭宫室，派人看守，任何人不准入内。同时，他立即还军灞上，只留少量部队在城里维护治安。咸阳城内，从此井然有序。

## 逃命之际仍不忘为戚女宽衣解带

秦国灭亡后，刘邦被项羽封为汉王，他不甘心，便起兵和项羽争夺天下，一次在战败后逃到了灵璧以东。

败逃彭城之时，汉军有十几万人的损失，但多为诸侯之军，刘邦从关中带出来的部队只损失了两万多。到了灵璧时，韩信就地建造工事，再收缩、集中两翼军队，收集残兵，又多达十六七万。

但是，项羽穷追不舍，不给刘邦以喘息的机会，汉军只要一听见"项王来了"，就望风而逃。范增所率的军队，在这时从灵璧的西北地区楔入，使荥阳的汉兵无法和刘邦所率之军会合。汉兵人数虽比楚军多，但在战场上面对楚兵，战斗力全无。尤其是只要一出现项羽的帅旗，便吓得魂飞魄散了。每日都有汉兵逃亡，诸侯军士兵逃走的更多。

楚军再次发起强攻，冲破汉军的防御阵地，进行穿插、分割，打得汉军一团混乱，退往睢水岸边。楚军呈半月形包围，不断逼近。

号角吹响了，发起了冲锋。汉军挤作一团，无法摆开阵势。楚军猛烈攻击。落后的汉军大多难逃一死，于是大家拼命向前挤去。但睢水在前面，又无渡船，岸边的人纷纷失足落水。楚军步步逼近，竟多达十余万人相继落水，造成睢水断流。剩下的人则踏着伙伴的尸体逃到对岸。

刘邦逃了一程，楚兵追了上来，并里外围成三圈。而他只有数百士卒跟随，自然难敌。不由仰天长叹道："我今日死在此地了！"话音未落，天上忽然狂风大作，尘土飞扬，自西北吹向东南，转眼间天昏地暗。楚兵无法站立，又分不清敌我，被迫撤退。刘邦趁机得以逃生，便高声呼道："两贤可必相残？不如放我一条生路。"说罢，又掉头急奔，后面的楚将却不追击，返了回去。这楚将叫作丁公，知道刘邦是贤人，愿意放他生还，收兵返回。不料丁公此时放过刘邦，刘邦称帝后，却斩杀丁公，声称丁公为楚将不忠于项王，放他生还，因此杀之以警戒今后为臣不忠者。

刘邦逃脱丁公追击后，只有十余骑相从了。他们经过沛县，心想不如顺便回家，接回老父娇妻，以免遭不测，便立刻赶至丰乡，走近家门，只见大门紧闭外加封锁，不禁大吃一惊，立刻询问四邻，却都说不知。一个人独自徘徊，犹豫许久，心想无处可找，只有离去。

不一会儿走了数十里，已近黄昏，刘邦感到又饿又冷，精疲力尽。本打算下马休息又担心楚兵来追，只有继续前行。又过了好几里，远远听见犬吠声，料知前面定有村落，抬头一望，果然发现前方有一树林，灯光从林隙处露出，有村落隐隐出现。刘邦立刻快马向前，想借宿村中。事有凑巧，正好遇上村内老人，于是殷勤问讯，求宿一夜，老人见刘邦仪表非同寻常，就把他带到家里，请他上坐，询问他的姓氏，刘邦如实相告。老人说道："老朽不知贵人驾到，有失远迎。今因参加里中的喜宴晚归，得遇大王尊架，荣幸之至。"说着，便要跪拜。刘邦立刻扶他起来，询问老人家世，老人道："老朽姓戚，定陶县人，前因秦项交兵，避乱至此，当时妻子都已失散，现只有小女相伴，寓居此地，遭遇乱世，真是苦不堪言。"说得十分凄惨。刘邦已饥饿难耐，急欲求食，便对老人说："此处可有酒饭？"老人道："此地偏僻，没有市镇，大王若不嫌弃，寒家尚有薄酒粗肴。"刘邦连声说好。老人便向屋内招呼女儿准备酒饭。过了一会儿，便有一个十八九岁的美貌姑娘携着酒食走了过来，刘邦看她穿着简陋，却也体态轻盈，不由啧啧称赞。老人命女儿放下酒肴，便向刘邦行礼。刘邦起身相答，那戚女行完礼，转身返入。老人遂与他饮酒，他连饮数觥，有了精神，问及戚女是否许人。老人道："小女尚未许人。前有相士说小女颇有贵相，今日大王到此，正好应验，理应跟随大王，大王尊意如何？"刘邦道："寡人到此逃难，承蒙留宿，已感激不尽，怎好再委屈令嫒？"老人道："只怕小女没有这个福分，大王不用过谦！"刘邦于是说道："既承老丈人美意，我即领情便是了。"当下赠之玉带，作为聘礼。老人又唤女儿出来,女儿羞答答地接受了玉带。老人叫她为刘邦斟酒,刘邦一饮而尽。至戚女斟至第二杯时,刘邦就命戚女酬饮,戚女也不推辞,慢慢地喝干,这便叫作交杯酒了。随后戚女又入内为汉王取饭,刘邦饱餐了一顿。夜已深了,老人却甚知趣,便令该女陪着汉王就寝。刘邦借酒兴,留她同宿。戚女也解其中之意,且已许身于他,又渴望富贵,便任由他宽衣解带,揽入怀中。

第二天早上起床,出见戚公,吃过早饭,刘邦便要告辞,戚公父女,一再挽留,刘邦道:"我军溃败,将士等下落不明,我不可久留于此。等我收整兵马,等有大城可住,便来迎接老丈人父女,决不食言。"戚公不便强留,送别刘邦,只有戚女仅得了一宵恩爱,就要分离两地,不免有些伤感,依依难舍。刘邦到了此时,也禁不住英雄气短,儿女情长,握着戚女的手,难舍难分。最终一狠心,嘱咐了一声珍重,策马而去。

## 薄命女自伤薄命遭刘邦强暴

刘邦打仗时犹如神助,一次次死里逃生,并且逐渐强大起来,并将魏王击败。

平阳就是魏都,魏王豹在都中居住,东张安邑败事相继传来,不免仓皇失措,派人追回伯直等军,亲自率兵迎敌。魏王到了曲阳,正巧遇到汉军,双方立即交战。汉军已经深入,清楚没有退路,只有拼死杀敌,何况有数万之众,又有韩信、曹参两将帅亲自督阵,战斗力极强。魏王豹缺勇少谋,眼见败局已定,仓皇逃走。汉兵穷追不舍,在东垣围住魏豹。豹拼死突围,却不成功,韩信于是唤魏兵投降。魏兵放下兵器,纷纷请降。魏豹走投无路,只好抛下面子,下马伏地,束手就擒。

韩信用槛车囚禁豹,抵达平阳城下,令曹参押豹出示,要守兵出降,守兵无心恋战,举城奉献,以保性命。韩信、曹参,依次入城,安抚兵民,同时尽数捉拿魏豹家眷,与豹一处关押。魏将伯直等恰好引兵回援,路上得知汉军袭人,连连取胜,活捉魏王,都惊慌失措。正好韩信招降,指出一条生路,他们束手无策,只得进平阳降汉。韩信命灌婴与曹参平定魏地,各处城邑纷纷归附,魏地大定。信打算趁机攻赵,留兵不返,只将魏豹全家悉数押解返回荥阳,交由刘邦处置。自请增兵三万人,攻打赵国,并说从赵人燕,从燕人齐,平定了东北,就可以全力攻楚。刘邦答应了,立刻命张耳带三万部兵,会同韩信等击赵。刘邦一审问魏豹便破口大骂,要将他斩首,豹俯地不住叩头求饶。刘邦转怒为笑道:"汝胆小如此，也难以有所作为。我今日暂且饶汝，汝若再生二心，必定诛灭九族。”豹又叩了几个响头，才告退。

刘邦又命除年迈老母之外的魏豹家眷全部充作奴仆，豹妾薄姬，尚有姿色，充作织工。后来刘邦发现并相中了她，使她进入后宫。说起来，这个薄姬却与汉魏关系不一般。姬母薄氏，本为魏国宗女，秦灭魏后，背井离乡，私通吴人薄姓，生下一女，出落得亭亭玉立。魏豹得立为王，薄女被召入宫中为豹妾。河内有个老妪许氏，善于相面。豹特召她进来，为每个家属相面。许氏看到薄女，吃了一惊：“将来必生龙种，当为天子。”豹喜出望外：“真的吗？给我相面看看。”许氏笑说道：“大王今已为王，自然是贵相。”豹听了料知自己仅仅为王，却生子为帝，倒也感到欣慰。当下厚赠许氏，送她回去，并且极其宠爱薄女，像对待正室一样。他想有子为帝，自己必须先立基业。如果一直追随刘邦，如何称帝？所以决定反汉自立。偏偏事与愿违，导致国亡家破，那相亲相爱的薄女，竟充当汉王宫妃。薄女也顾影自怜，身为罪人，充作织工，继人汉宫，也没有时来运转，只得无可奈何，做个白头宫人，了此余生。不料居然梦见苍龙据腹，大吃一惊。不知是吉是凶，内使忽然召她入侍，只好略略整妆，奉命而去。及见过刘邦，侍立在旁，刘邦一边痛饮，一边不停地打量她，酒后竟将她扯入内寝。此时薄女身不由己，只能由着他，交欢之时，薄女才告知刘邦昨晚梦兆。刘邦道：“这是贵征，今天就应验了。”说也奇怪，经此一宵，薄女便怀胎，果生一男，取名为恒，便是后来的汉文帝，可怜魏王豹，到头来一无所有。可见人生命运，自有天定。

## 多情虞姬独爱楚霸王

### 虞姬舞剑解王忧

傍晚来临，项羽回到内帐，一身疲惫。他从战地返回后，清点人数，重整旗鼓，待部署好一切，才回到内帐。他浑身都是汗水和血水，但此刻已被体热烘干，硬绷绷地，散发出一股酸臭气味。

虞姬早已在内帐中等候。虞姬是项羽帐下的美人，项羽十分宠爱她。她原是楚将虞侃之女，虞侃在秦灭六国时被杀，妻女被带进秦宫，母充当奴仆，女人伎乐班。那女儿成年后，成为秦宫伎乐班中的佼佼者，舞剑一流。项羽掳掠秦宫妇女东归时,发现了那女儿,被她倾国倾城的容貌和婀娜多姿的体态深深吸引住了,收留她在身边,她就是虞姬。虞姬天姿聪慧,知书达礼,乘车跟随项羽出兵打仗,寸步不离。此刻在内帐,守候项羽归来。项羽战败而归,虞姬迎着,见他垂头丧气,惶惶不安,也大吃一惊。项羽坐定后,喘了口气,虞姬才询问战情。项羽叹息道:“败了!败了!”虞姬安慰他:“胜负乃兵家常事,大王无须忧虑。”项羽道:“连我都未经历过如此恶战。”虞姬本已吩咐准备酒肴,想为项羽洗尘。此时项羽败还,更想为他解忧,便立刻搬出酒肴,请项羽上坐小饮。项羽根本没有心情,但虞姬深情厚谊,不便拒绝,便坐在席间,让虞姬陪伴。才饮了三五杯,就有士兵通报汉兵围营。项羽道:“汝传令将士坚守勿动,待我明日决一死战!”士兵奉命而去。

虞姬塑像

天已黑了,项羽又同虞姬相对饮酒,平时此情此景,惬意开怀,今日大败而归,愁闷不已。项羽喝了一会儿便昏昏欲睡。虞姬善解人意,请项羽安卧榻中,闭目养神。项羽于是躺下休息,虞姬坐守榻旁,也觉心神不宁。帐外寒风呼啸,凄凄惨惨,令人不寒而栗,更添烦愁。又传来一片歌音,凄婉哀怨,此起彼伏,犹如四野鸿哀。虞姬禁不住柔肠寸断,潸然泪下。回头看项羽,已经酣然入梦,虞姬急得有口难言,悲痛欲绝,这歌声究竟来自何处?乃是汉中张良,编出一曲楚歌,教军士至楚营旁,四面唱和,字字凄惨,一班楚兵,被打动了,思乡心切,相继退散。离昧、季布等人,多年跟随项羽,也悄悄逃走了,甚至项羽季父项伯,也偷偷投奔张良,以保性命。只有项羽八百骑亲兵,镇守营门,没有叛离。

歌声虽凄惨,却情真意切。虞姬明知这歌声来自汉营,但禁不住想听,楚歌,久违了,那字字句句都勾起她的思乡之情,她心平气和地听了下去。这时,项羽酒意已消,从梦中惊醒。听到楚歌,大吃一惊,出帐细听,那歌声来自汉营,更是疑惑不解:“汉已尽得楚地吗?汉营中怎么会有许多楚人呢?”说着,有人通报称将士纷纷逃亡,仅存八百人。项羽大惊失色:“果真如此吗?”立刻返回帐内,见虞姬一旁站立,已泪流满面,也禁不住落泪。见尚未撤去席上残肴,壶中还有不少酒，于是命厨人烫热，唤过虞姬，同她再饮。

酒意正浓，项羽对虞姬说："卿好久没有舞剑了，愿卿为我一舞，为我助助酒兴如何？"

"臣妾遵命。"虞姬回答。她提起衣裙，来到席间，左手从容执双剑，右手挽了个剑诀，向项羽敬礼。随后，双手分执双剑，轻歌曼舞。

歌声越来越低，犹如耳语。剑舞却越来越快，剑光闪闪。到后来，人剑难分，只见在席间一团白花滚来滚去。过了一会儿，剑光忽收，现出虞姬身影，左手仍持双剑，右手挽着剑诀，镇定自若。虞姬将双剑插回腰间剑鞘，款步上前，为西楚霸王斟酒。她知项羽百般愁闷，已到了这个地步，还有什么可说的呢？不如借酒浇愁，喝个酩酊大醉，倒能暂时忘却忧愁。

项羽欣赏虞姬舞剑后，顿生豪气，面露笑容："很久不见卿舞剑，卿的剑技更加精湛了！来，来，来，寡人敬你一杯。"

虞姬接过酒，一口气喝完。这时，忽从帐外传来一声长嘶，那是项羽的乌骓马在悲鸣，仿佛为它的命运而哀叹。项羽听到马嘶，大吃一惊，回首看虞姬，越发凄凉。于是，他对虞姬说："卿为我舞剑助兴，无以回报，为卿唱一曲楚歌怎么样？"

项王喝了几杯酒，便随口唱道：

"力拔山兮气盖世！时不利兮骓不逝！骓不逝兮可奈何！虞兮虞兮奈若何！"

乌骓马和虞美人是项王生平的最爱，这次被围垓下，自知必死无疑，只是舍不得美人骏马，所以悲歌慷慨，呜咽欷欺！虞姬在旁聆听，了解项王歌意，也以歌相和：

"汉兵已略地，四面楚歌声。大王意气尽，贱妾何聊生！"

## "虞美人"芳名得流传

虞姬的歌声凄婉悲凉，荡气回肠。虞姬连唱数阕，泪如雨下，悲痛欲绝。

虞姬唱完潸然泪下，项羽也忍不住落泪。左右侍臣，也都泣不成声。忽然听到营中击了五下更鼓，便对虞姬道："天快亮了，我当拼死一战，卿该怎么办呢！"虞姬道："妾蒙大王厚恩，生是大王的人，死是大王的鬼，若能归葬故土，死也瞑目！"项王道："卿如此娇弱，如何出围？卿可自寻生路，我当与卿永诀了。"虞姬忽然站起来，竖起双眉，喘声对项王道："贱妾与大王生死相随，愿大王多多珍重!”说到这儿,就拔出项羽腰间佩剑,向颈一横,香销残垒。

项羽已来不及相救,痛哭流涕,命左右掘地成坑,埋葬虞姬尸首。至今安徽省定远县南六十里,有其香冢流传于世。文人墨客,因虞姬坚贞不屈,谱入词曲,以虞美人三字,作为曲名,美人已逝,足慰芳魂。

又传说有一种香草生于楚地,花叶两两相对,若有人对着他唱“虞美人”曲,此草便翩翩起舞,所以又叫作“虞美人草”。清人谢启昆有诗咏虞姬道:

八千子弟失江东,止有虞兮效始终。
死共乌骓埋骏骨,生怜红粉是英雄。
花间名字留芳体,帐下悲歌泣晓风。
若使当年成帝业,宁同吕雉祸深宫。

项羽见虞姬已亡,自言自语道:“我如果被困在这里,坐以待毙,一世英名岂不尽丧。这也太不值了。不如趁早突围,若能返回江东,重整旗鼓,报仇雪恨才是上策。不然,战死沙场,也算死得壮烈!”于是,项羽看已安葬完虞姬,强忍泪水,跨上乌骓,趁天还没亮,率亲兵八百骑,越过楚营,一路南逃。及汉兵得知,立刻报告韩信。大已亮了,韩信听说项羽脱逃,急令将军灌婴,领五千兵马去追击。项羽也担心汉兵追到,匆忙赶到淮水滨,寻船渡江,又有大半部骑散去,仅存一二百人。走到阴陵,见前面有岔路,不知哪条通往彭城,犹豫不决。恰好有老农在耕田,便向他问路,老农认出了项羽,对他的暴虐十分憎恨,竟朝西指道:“向这边去!”项羽信以为真,策马西奔,约跑了好几重地,凛冽的寒风扑面而来,前面传来流水声,仔细一看,乃是一个大湖,拦在路上。至此才知上了当,赶紧撤退,返回原地,又向东走。经过这一番折腾就被汉将灌婴追了上来,一阵冲击,又丧失了百余骑。项羽凭借乌骓马,得以及时逃生。寥寥无几的几个人跟了上来。到了东城,项羽回头清点,只剩下二十八骑。那四面的金鼓声、呐喊声,不绝于耳,越来越近。项羽自知无法逃脱,引骑来到一山前,登上山岗,摆成圆阵,对骑士慨然说道:“我自起兵以来,转眼已有八年,大小七十余战,所向披靡,百战不贻,所以占有天下。今日被困在这里,想必我气数已尽,而非战之过。我决心拼死为诸君再决一战,定要三战三胜,替诸君解围,斩将搴旗使诸君知我善战,今日我亡皆为天意,并非我的过错,免得归罪于我!”

## 楚霸王杀出十面埋伏

说完以后,汉兵已从四面八方赶来围住了山。项羽于是分二十八骑为四队，迎战汉兵。东面有一汉将，吃了虎胆，率众登岗，企图生擒项羽。项羽对骑士说：“君等看此将如何死法！”说着拍马要走，又回头道：“诸君要四面驰下，至东山下取齐，再作三处驻扎罢。”于是大喝一声，飞奔而下，一遇汉将，便奋力戳去。汉将躲避不及，一下子被刺中，滚下山去，一命呜呼。汉兵见了纷纷撤退，项羽骑马下山。山下的汉将，凭借人多势众，将其重重包围，项羽把他们逐一杀退。汉骑将杨喜，上前追赶，项羽返身一喝，吓得他倒退了一两里。项羽部下的二十八骑，也都赶过来，先招呼项羽一声，随后三处分驰。汉兵又从后赶来，不知项羽在什么地方，分兵三路，追围项羽。项羽左手持戟，右手仗剑，斩一汉都尉和百战不殆数百名汉兵，仍冲破重围，又搭救了两处部骑，聚在一起，清点数目，只少了两个骑兵。便笑着问他们：“我仗打得怎么样？”部骑皆拜伏道：“正如大王所说！”项羽自山上杀下，总共连续九战，汉兵遇着项羽，都纷纷溃逃，这座山因而被后人称为九头山，又叫作四溃山。

## 乌江前思虞姬不肯独生

项羽冲出了重围，来到乌江。

这里地处长江北岸，在今日安徽和县境内，临近南京上游，对面便是江南。这里原属于楚国，曾设乌江亭，但地方偏僻，人迹罕至，放眼望去，只见滔滔江水，近岸枯苇败草，一片凄凉。

二十余骑残众跟随项羽来到江畔。水流湍急，惊涛骇浪。

风清寒。

江水急。

项羽站在岸边，任由那浪花扑向他的身上，逆风吹浪，他身上的衣甲被吹得簌簌直响。此刻，他心潮澎湃，比这江涛更加激烈。项羽仿佛看见江对岸风华绝代而又温柔多情的虞姬正站在那里召唤他，喃，还有一批已经阵亡的爱将站在她旁边……

项羽乌江前思虞姬不肯独生

正好乌江亭长在岸边有泊船，请项

羽渡江过去，并催促说："江东虽小，大王尚有立足之地，现臣有一船，愿大王立刻渡江！"项羽听了，笑着对亭长说："天意亡我，我又何必渡江！且籍与八千江东子弟，渡江西行，今全军覆没，即便江东父老，能够原谅我，仍愿拥戴我，我又怎么有脸见他们？"说着，后面尘土飞扬，汉兵又追来了，亭长又敦促项羽上船。项羽叹息道："我知公忠厚仁义，你的盛情我心领了，我无以为报，只有坐下的乌骓马，与我相伴五年，日行千里，英勇无比，我不忍杀此马，将它赠送给公，见马犹如见我。"边说边跳下马来，令部卒把马牵给亭长，又命部骑下马步行，各持短刀，转身等候汉兵。汉兵蜂拥而至，项羽又奋勇出战，左冲右突，连毙数百汉兵，自己也被砍伤了十几处。忽然发现有数骑赶来，认出其中一人是吕马童，凄声对他说："你不是我旧友吗？"吕马童匆匆望了项羽一眼，却不敢正视，对旁边僚将王翳道："这位就是项王。"项羽又说道："我听说汉王悬赏千金征我首级，并封邑万户，我今日就让汝得封赏吧！"

说毕，便挥剑自刎。一时间，鲜血喷涌，周围的土地都被染红了，但是尸首却岿然不动。

天地晦冥，风云变色，江水呜咽，群雁悲鸣，似乎在哀悼英雄的死去。

这幕情景极大地震撼了汉军将卒，大家目瞪口呆，无人敢移动一步。

过了半晌，汉将才愣过神来，开始争夺项王尸首，甚至自相残杀，好几十人因此毙命，最终王翳夺取了头颅，吕马童与杨喜等四将，各得一体，持向刘邦报功。刘邦命将五体凑合，果然相符，便立刻分封五人，命吕马童为中水侯，王翳为杜衍侯，杨喜为赤泉侯，杨武为吴防侯，吕胜为涅阳侯。

## 悲凉之情泣鬼神

项羽已死，剩下的二十六骑，也纷纷逃亡。后来，刘邦下令厚葬项王，就在谷城西角，告窆筑坟，亲自为他发丧。并命文吏写了一篇祭文，无非是说曾经情同手足，本无仇怨，拘太公吕后而不杀不犯，留养三年，尤见盛情，泉下有知，应视此觞等语。临祭读文，刘邦也不禁潸然泪下。将士等也都被打动，祭祀完后便返回。今河南省河阳县有项羽墓，就是项羽自刎的地方，便系今日的乌江浦，在安徽省和县东北，留有祠宇，叫作西楚霸王庙。

斯人已去，千载悠悠。

项羽虽有拔山之力，还是在楚汉战争中败在了刘邦手上。

项羽勇悍，无人敢敌，但垓下之败，英雄无不为之扼腕！

霸王别姬，乌江自刎，最为悲壮，其情苍凉，令人悲咽。虞姬刚烈赴死，项羽慨然决死，正是英雄美人，各播千秋，项羽也可足以慰藉平生了。

但是，项羽的残暴乖戾也丝毫不逊色于其英雄气概。项羽之坑降卒，杀子婴，弑义帝，种种不仁，其败亡也是咎由自取。项羽之败，其罪非战，亦非天，而在其暴。

项羽死时年仅三十一岁，后人有诗叹道：

争帝图王势已倾，八千兵散楚歌声。
乌江不是无船渡，耳向东吴再起兵。
不修仁政枉谈兵，天道如何尚力争？
隔岸故乡归不得，十年空负拔山名。

## 西汉陈平偷嫂

陈平是阳武县户牖乡人，年轻时家里很穷，有田三十亩，但和韩信的家境比起来要好得多了。陈平父母早丧，与兄伯同居，兄已娶妻，从事耕作，平时十分喜爱读书。兄见他诚心好学，便让他去拜师学习，宁愿一个人负担这个家，但兄妻却对此不满。一日陈平在家，有里人看他面色红润，开玩笑说："君家一向很穷，你吃了什么这般丰肥？"陈平还没来得及回答，其嫂却突然出来答道："我叔只是吃些糠粞罢了，这样的叔，有没有都一样。"这几句话明显是在讽刺，陈平感到面红耳赤，几乎无地自容。正好他哥哥进来，听到那些话，斥责他的妻子离间兄弟，立即要把她休掉。陈平赶紧劝阻，他哥哥却执意赶走了妻子。这事传出去以后，一些人无事生非。他们私下议论纷纷，声称陈平长得英俊，他嫂嫂看上了他，和他关系暧昧。她当着外人数落小叔子，只是掩人耳目。他哥哥陈伯听说自己的妻子私通兄弟，愤愤不平，但因手足情深，只得将妻子休掉。实际上是嫂叔不和，私通情事绝对没有，何况陈平后来娶了一个美妻，是同里富翁张负的孙女。陈平不进行耕作，年逾弱冠，仍没有娶妻，富家不肯与陈平联姻，陈平自己却又嫌弃贫家。这样一来，高不成，低不就，也就耽搁了陈平的婚姻太争。年纪不小了仍孤身一人。

户牖乡有位财主叫张负，家财万贯。他有个宝贝孙女，长得既漂亮又聪明乖巧，很讨人喜欢。却没有好命，十六岁上嫁人，新婚未满一个月，丈夫患疾病而死。夫家为抢财产，把她赶了回去。张家是豪门，这位姑娘聪慧美丽，上门提亲的人不少。第二次嫁人后,不料,不久丈夫又是身亡,她再次守寡。就这样嫁一次人,守一次寡,连续嫁了五次,五个丈夫都死了,到了二十岁,仍是个小寡妇。这一下可出了名,人们私下说她是丧门精、白虎星,天生的克夫命,娶他的人必然倒霉。于是,没有人再上门提亲、说媒。人人都希望娶个漂亮、有钱的妻子,但保全性命毕竟更重要。那些王孙公子对她敬而远之,看来这位娇俏的小寡妇是只能独守空房,了此一生了。

世上有人愿意拼死吃河豚,却无人愿意舍命娶娘子的。但陈平却是例外。他很想娶到这位漂亮而有钱的小寡妇,无奈没有机会自荐,因为自己家境贫寒,张负不一定看得上他。有一次邑中有人办丧事,陈平没钱送丧礼,便每天帮忙干活,早出晚归,以此表达自己对丧家尽哀礼的心意。

陈平尽心尽力地主持丧礼,吸引了张负。他觉得陈平这个人不仅相貌堂堂,也有很强的办事能力,善于把复杂的事办得有条不紊。陈平发觉自己被张负注意,更加精神抖擞,在众多宾客中格外引人注目。

办完丧事后,张负悄悄跟随陈平到他的家去。陈平住在一条穷陋的小巷里,以破席为门。但是,门外车辙的痕迹却不少。从车迹来看,并非那种运输物件、货品的载重车,而是那种长者乘坐的安车,说明探访陈平家的并非凡夫俗子。于是返回家中,召子仲对他说:“我打算将孙女嫁与陈平。”仲吃了一惊,说:“陈平家境贫寒,为邑人嫌弃,不愿联姻,为什么却把我家女儿嫁给他呢?”张负摸着胡子笑着说:“像陈平这样英俊而又能干的人,怎么会永远贫贱呢?”仲仍不愿意,问他的女儿,女儿却并不反对。再经张负找媒人定约,张仲即使再不乐意,也只有筹备婚事,送女儿出嫁。张负又暗中给陈平财物让他以此作为聘礼。陈平喜出望外。迎亲这一天,张负嘱咐孙女,叫她谨守妇道,不可嫌贫爱富。孙女到了平家,两人情投意合,恩恩爱爱。陈平之兄再娶后妻,仍然是乡村俗女,无法与张女相比,偷嫂情事,由此可知,纯属无稽之谈。

陈平自从娶得张女,生活大大改善了,交游也越来越广,里人也对他刮目相看。恰逢里中社祭,陈平被一致推举为社宰,他公平分配,令父老赞不绝口:“好一个陈孺子,不愧社宰。”陈平听了感叹说:“假如我拥有天下,也必如分肉一般,公平办事。”

陈胜举事后,派周市攻打魏地。周市拥立魏咎为魏王,秦将章邯率军围魏王咎于临济。陈平当时带领一部分少年辞别其兄陈伯,投奔魏王咎,魏王咎见他仪表不凡,封他为太仆,管领车驾。陈平是个智士,当然并不满足于任职太仆。他多次献计于魏王,魏王却不接受。有人进言魏王,污蔑陈平有谋反之心。

魏王便对他有了疑心,他感到无法在魏王那里待下去,便悄悄地从临济溜走。

章邯不久灭了魏王咎。楚将项梁率兵大破章邯,但后来因骄傲轻敌,反而败亡。项羽秉承叔父遗志,除掉宋义以后,略地至黄河边。陈平投奔项羽,随之入关破秦,被封为卿,却没有实权。项羽东归彭城以后,汉王刘邦收复三秦,继而东进。殷王司马卬见汉军势大,便反叛西楚霸王项羽。项羽派陈平率领留在楚军中的魏王咎旧部平定殷王,并封陈平为信武君。陈平善于出谋划策,却不通用兵。他决定发挥自己的所长,说服殷王向陈平谢罪,并发誓永远效忠项羽。陈平回报项羽,说是殷王见自己兵临城下,不战自降,并称愿效忠于项羽。于是,项羽派项悍为使者,封陈平为都尉,赐金二十镒。

# 吕后养"性奴"

## 吕雉偷试风情

公元前 205 年,刘邦已拥有一支大军,能与各路起义军分庭抗礼。他从汉中挥兵东下,趁项羽后方空虚,一下子就攻占了彭城,取得前所未有的胜利。怒火中烧的项羽迅速回军,在皖北灵璧打败了刘邦汉军。刘邦溃逃时只有几十个护卫保护。逃经沛县东泗水乡,刘邦想把妻儿带着一同逃命。可是项羽已经先下手,派兵抓住了刘邦家小。本来,局势很乱,警惕的太公和吕氏已经逃脱,但没想到逃跑中走错了路,碰到了楚兵,被楚兵抓去,交给了项羽。而刘邦的儿女刘盈兄妹却逃上了另一条路,遇上了刘邦,脱离危险。

刘邦的父亲只好带领一大家子,避楚奔难,子妇孙女之外,尚有一个门客,他就是审食其。

审食其与刘邦是同乡同里,并没有什么才干,只不过长得面目清秀,口齿伶俐,善于逢迎。刘邦起兵后,因家中无人照料,于是用他为门人,代为处理家务。审食其得了这个美差,便整日厮混度日。刘邦外出,家政统统由吕雉主持,吕雉怎么说,审食其就怎么做,奉命唯谨,深得吕雉欢心。于是日夕聚谈,视若亲人,渐渐地两人眉来眼去,心逗目挑,居然勾搭成奸。刘邦的父亲年事已高,老眼昏花,管不了什么闲事;一儿一女两个又很小,也不懂得秘密情场。两人更加胆大,一番偷试,便成习惯。好在刘邦由东人西,去路越远,音信越稀,两人乐得相亲相爱，双宿双飞。灵璧一仗，刘邦军损失很大，几乎全军覆没。但刘邦逃回关中后，迅速招兵买马，又重新拥有了强大的兵力，与项羽争夺天下。汉军、楚军在荥阳对峙，呈胶着状态。汉、楚对峙三年，双方都不能打败对方，汉大将韩信率领一支军队，杀出太行山，过河北，飞奔山东，攻打项羽的大后方。项羽没办法了，想到了俘获在营中的刘邦的父亲。

项羽威风凛凛地来到广武城下，牵出刘邦的父亲。刘邦看到了这一切，仍然不慌不忙。项羽对刘邦说，除非汉、楚两军立即决出胜负，否则，就把刘太公煮了。想不到的是，刘邦竟然回答，项王以前和我一起为楚怀王做事，情同手足，胜过兄弟；如今，我的父亲就是你的父亲，如果你要煮了你的父亲来吃，你就分给我一碗汤喝吧。

项羽听了这番话，无言以对。谋士项伯说："现在争夺天下的人，多数都不顾家室，如果杀了他们，刘邦反而没了牵累，而且对你更为仇恨，不如不杀。"项羽没办法，便听从项伯的建议。

这年九月，汉、楚达成停战协议，从鸿沟往西归刘邦，从鸿沟往东归项羽。两军停止打仗。项羽很义气地把刘太公和吕雉送还。刘太公和吕雉就回到了汉宫。从被俘获到回到汉宫，吕雉和刘太公在楚军营中待了整整二十九个月，没有死在敌营。大难不死，必有后福，大福大贵将降临给吕雉。

汉王元年十月，刘邦军到达灞上，逼秦王子婴投降。刘邦与秦民约法三章，废除秦的严刑苛法，受到了人民的拥护，关中人民十分欢迎刘邦。项羽入关以后，刘邦听从张良的计策，和项羽讲和，隐忍当了汉王，统治巴蜀、汉中。接着，便是长达四年的楚汉战争。汉王五年，刘邦战胜项羽，在定陶当上了皇帝，定都洛阳，随后把首都迁往长安。

## 风情万种的戚夫人

铡邦当上皇帝以后，封吕雉为皇后，长子刘盈为皇太子，女儿为鲁元公主。项羽乌江拔剑自刎以后，强大的楚军完全被消灭了，汉帝国只有一个强敌匈奴。匈奴当时由冒顿单于统治，勇猛善战的冒顿单于借中原大乱的时机，不断地侵犯北方边境郡县。汉朝刚刚创建时，匈奴依旧屡屡侵犯边境。

刚刚夺得天下的刘邦决定亲自率领军队，去消灭匈奴。公元前200年，匈奴单于率领铁骑三十万围攻晋阳，就是今天的山西太原。刘邦亲自率领三十万大军，迎战匈奴。汉军来到白登山，突然被匈奴包围，差点全军覆没。后来买通了单于皇后,刘邦才逃回了汉宫。

刘邦一时无力对付强大的匈奴,很是忧愁。大臣刘敬给刘邦出主意,以和亲来改善和匈奴的关系,就是把汉皇室的公主远嫁给匈奴单于,以求取和平。刘邦觉得不错,接受了这个建议。但嫁谁呢?当时贵为公主年龄又合适的只有鲁元公主。刘邦当然不忍心把自己的女儿嫁给野蛮的匈奴人,他想用一个有皇族血统的女子冒充公主,嫁给匈奴。

但大臣们却不同意,尤其是大臣刘敬,认为这样不仅达不到目的,还会坏事——试想,如果单于发现自己被骗,岂不更要疯狂报复?而且,那时再要和亲,就得不到匈奴的信任了。刘邦听了这番分析,目瞪口呆,说不出话来,但不得不承认有理,就只好决定嫁鲁元公主。

实际上,这时鲁元公主已经出嫁,她的丈夫是张敖。如果听从刘敬的建议,就要拆散女儿和女婿,把女儿远嫁给匈奴,来换取边境的和平。吕后听到这个消息,非常生气。吕后怎么会容忍用自己的女儿来换取边境的安宁?她坚决不同意。刘邦束手无策,只好放弃。

鲁元公主能平静地生活了,刘盈的太子地位却受到了严重威胁。山东定陶县有一个美女,驻军定陶的刘邦将这位美女占有,她就是戚夫人。事实上,英雄刘邦是离不开美人的。在吕雉之外,刘邦有过许多女人,但在这众多的臣妾中,他最宠爱的还是戚夫人。

戚夫人受到刘邦的宠爱,怀上了身孕,生下了一个儿子,取名如意。刘邦和戚夫人共同生下的儿子,刘邦当然更是非常疼爱。孩子一天天长大,刘邦越看越像自己,举手投足简直就是小时候的自己,刘邦对他非常宠爱。

如意十岁这年,刘邦封如意为赵王。这个时候,吕后已经年老,青春年华已逝,而戚夫人却正处于年轻美丽的年龄,风情万种,而且比以前更有风韵。吕后一直留在长安,守着太子刘盈。刘邦南征北战时总是带着戚夫人同行。戚夫人是个很有心计的女人,她知道眼前的幸福是享用不尽的,但以后呢?一旦刘邦死了,太子刘盈即位,厉害的吕后岂能放过自己?戚夫人就借着刘邦的宠爱,经常啼哭,要刘邦改立如意为太子。

刘邦早就有这个打算。太子刘盈性格仁厚,和刘邦相差太远,刘邦一直不怎么喜欢他,认为他懦弱无能,没有能力治理天下。刘邦将改立太子的意图告诉大臣,希望能得到大臣的支持,起码也要不反对,因为太子的废立不仅仅是皇家的事,太子是国家未来的君主,未来的君主决定着国家未来的兴亡,大臣们不能不参与决策,更不会不管不问。

没想到的是，朝臣全都反对，认为刘盈被封为太子已经八年，名位早就确定，而且为人仁慈忠厚，对人很宽容，如果无缘无故把他废了，一定会失去民心，动摇根本。大臣反对的奏章越来越多。刘邦宠爱戚夫人，没有改变废立的决心。太子的废立在刘邦、戚夫人、如意和吕后、刘盈、朝臣之间僵持不下，谁也说服不了谁。

危急时刻，御史周昌挺身而出，力争保留刘盈的太子地位。周昌有些口吃，但在拥护太子的争论中，在所有大臣里面，数他最卖力。刘邦非常生气，故意当着众大臣的面质问他，为什么不能改立太子？周昌结结巴巴，但还是表达出了他坚决反对改立太子的意图。周昌言语结巴，一番严肃的争辩被这滑稽的气氛冲淡，怒气冲冲的刘邦也忍不住笑了起来。这场争论不欢而散，仍然是谁也没有说服谁。在后面偷听的吕后很是着急，事后召来周昌，向他行礼说："如果不是你的力争，太子就被废去了，感谢先生的据理力争。"

刘邦改立太子的决心很坚定，加上宠妃戚夫人在旁边哭哭啼啼，刘邦的这个决心更加不可动摇。仅靠大臣能改变这个事实吗？吕后不敢相信。吕后终日担惊受怕。这时，有谋士献计，说留侯张良很有计谋，这件事为什么不去请教他？吕后密遣她的哥哥建成侯吕释之到留侯府请教张良，叩请他一定帮忙出谋划策。吕释之肩负重托，前往留侯府。

## 吕后给戴"绿帽"

经过一番谦让和口舌交锋，张良想出了一条妙计：皇上刚得到天下时，有四位高士东园公、夏黄公、绮单季、角里先生，为躲避战乱，在高山隐居。因为四人德高望重，又是年老的高士，所以远近闻名，当时的人称他们为商山四皓。皇上曾经郑重请他们下山，他们嫌皇上经常骂儒生，没有答应，不愿意出山做臣子。如果太子能谦虚一点，礼貌地对待他们，请他们出山，到太子府中做太子宾客。如果皇上知道，他不能请到的商山四皓愿意追随太子，必然会增加太子的声望，皇上也就不会再废掉太子。

吕释之心悦诚服，依计而行。太子写了一封情真意切的信，派一谋士带厚礼前去商山，诚恳地请四皓出山。四皓深深地被太子感动，很高兴地接受了，出山到太子府中做了太子的宾客。吕后这才松了一口气。

汉高祖十一年，即公元前196年，淮南王英布造反，当时刘邦正在生病，他想让太子刘盈领兵攻打叛军。刘盈一直生长在歌舞升平的皇宫，从来没有打过仗，怎么能对付久经沙场的英布？英布曾经是项羽手下的一员勇将，由于功劳很大，被封为九江王。楚汉战争时，据有大片领地的英布经刘邦劝说后投降，反击项羽。项羽灭亡之后，刘邦封英布为淮南王。

仁厚的太子无法担此重任，又不能推让，因为刘邦会借机废了他。面对这种困境，四皓之一东园公献计，请吕后的哥哥释之去见吕后，由吕后婉转劝说刘邦，说如果让太子一个人去，领导的都是当年刘邦手下的老将，要对付的又是老谋深算的英布，这些老将恐怕不会心服，又怎么能一下子就消灭叛军呢？而且英布得知后会更加猖狂，会更加放肆地进攻；皇上虽然有病在身，但如果能随军筹划扶持，诸将自然会听令；当然，这样的话皇上会受点苦，但是为了妻儿和社稷，皇上就苦一点吧。

东园公出这样一条计策是因为，如果太子独自领兵，成功了不会再升高地位，失败了有可能被废，因此，不如不冒险。吕后听了吕释之的说法，觉得很有道理，就找了一个机会劝刘邦。刘邦心里当然不乐意，想不到年纪这么大了，还指望不上早已成年的太子，太说不过去了。刘邦愤然地说："哼，什么太子，这小子没什么用，不能担当这个重任，还得老子亲自出征。"

刘邦让太子留在长安，亲自领兵征讨英布。第二年，英布叛乱被彻底消灭。刘邦回到长安，又重提废除太子的事。朝廷大臣还是坚决反对。谋士张良也劝说刘邦，说这样不行。刘邦不听，情况对太子十分不利。这时，朝廷举行大规模的庆功宴会。得胜归来的刘邦和群臣一同喝酒，庆贺胜利。刘邦不经意地发现，在太子刘盈身后，跟着四个须发全白的老人。

刘邦召来太子和那四个老人，发现四位老人精神饱满，胡子、眉毛全都白了，一看就知道是四位饱学之士。刘邦问四人是谁。四皓说了自己的姓名。刘邦很奇怪，这不是自己请不来的商山四皓吗？刘邦惊问："我以前请你们，你们躲避我，现在怎么却追随我的儿子？"

四皓恭敬地回答说："皇上统一全国，全国人民都佩服你。但是，皇上一直不尊敬儒生，动不动就骂人，我们不愿受辱，当然只能逃避皇上。太子礼貌待人，仁慈孝顺，待人宽容，礼贤儒生，远近闻名，天下的英雄豪杰都愿为太子做事，所以，我们自愿追随太子。"

大宴结束后，四皓簇拥着太子不慌不忙地离去。刘邦目送太子他们远去，对身旁的戚夫人说："我一直想废了太子，但是，现在太子有这四个高士辅佐，声望很高，已经很有势力，恐怕很难动摇了。"太子刘盈就这样保住了太子的地位，从而决定了日后的结局，吕后统领后宫，注定了戚夫人不可逆转的悲惨命运。

刘邦打败了项羽后，称帝建汉，所有将领，依次加封，吕后少不得从中怂恿，乞封审食其，高祖念他保护家属确有功劳，因此封他为辟阳侯。

审食其喜出望外，他没有料到侍奉吕氏于床笫之上，竟能封侯得官，于是倍加感念吕后，入宫侍寝也更加卖力。只要太后需要，审食其什么都愿奉上。

吕后生性淫荡，只要能躲过高祖的眼睛，她便偷寒送暖，推食解衣。高祖又常常出征在外，加上专宠戚氏，亦不去缠扰吕后，直把这太后寂寞得如坐针毡，又恨得咬牙切齿。她既然要发泄淫欲，又要报复刘邦，更加恣肆淫乐，朝欢夕娱，后宫淫欲横流，云笼雨覆。有几个宫娥彩女，明知吕后厮养审食其，也不敢泄漏，且更从中帮忙穿针引线，好得些好处，所以高祖戴着绿帽，到死也不知道。朝中有几个大臣，虽有所察觉，但碍于是国母丑闻、汉宫秽事，说穿了怕丢皇帝佬儿的面子，加之吕后心狠手辣，一旦多语，便会遭其毒手，所以大家都是敢怒而不敢言。

## 戚夫人成“人彘”

吕雉不是一般的女人。她的政治手腕和果断狠辣早在做太后以前就表现了出来。她协助刘邦，收拾拥有重兵的彭越、韩信，连刘邦都对她刮目相看，并深深担心自己死后宠妃戚夫人的命运。

太子刘盈得到商山四皓辅佐，保住了太子宝座。刘邦去世以后，刘盈继承皇位，为汉惠帝，吕雉就成了皇太后。刘盈小时候，为人太仁慈，朝中大事都由吕后决断。吕后一直对戚夫人恨之入骨，她掌权后的第一件大事便是处理戚夫人。

她剪去了戚夫人的一头秀发，给她戴上了沉重的镣铐，穿上一身破旧的衣服，每天罚做苦工。吕后毒死了戚夫人的儿子赵王如意。接着，她又让侍从砍去了戚夫人的手脚，残忍地挖去了她的眼睛，用毒药弄聋了她的双耳，强迫她喝下哑药变成了哑巴。戚夫人被折磨得人不人鬼不鬼的，然后被放在厕所中，称为人彘。

仁厚的刘盈上厕所，无意中发现了她，看到当年容光焕发，令他十分仰慕的戚夫人变成了这个样子，刘盈的心仿佛被人挖去一般难受。刘盈愣愣地站在那里，放声大哭。刘盈觉得自己的母亲太过分、太残忍了。刘盈愤愤地说：“太后的所作所为太残忍了，我身为太后的儿子，还有什么脸面治理天下！”从此以后，刘盈不问朝中政务，沉醉于酒色。

吕后这样心狠手辣地收拾戚夫人是因为强烈的嫉妒，而由妒生恨。吕后本是个普通的女人，她本能地维护着身家性命，护卫着儿女的安危，而一旦有人侵犯到她的利益，她就会毫不留情，不惜干出伤天害理的事情。

刘邦想把女儿鲁元公主远嫁匈奴以换取边境的安宁。这对吕后刺激很大，她这时才明白，妻子、女儿不过是刘邦手上的一件东西，只要对自己有利，他随时都可能扔出去。刘邦宠爱戚夫人，险些把太子刘盈废掉。吕后生活在惶惑、惊恐中，心中充满愤怒，失去了平静和安宁，不再相信任何人。吕后只是隐忍着怒火，期待着刘邦死去，儿子刘盈当上皇帝，自己便可以无所顾忌，为所欲为了。

刘盈是因为皇后所生才被册封太子的，他还有个长兄刘肥。刘肥是刘邦结婚以前生下的一个儿子。刘邦当皇帝以后，封刘肥为齐王，把山东七十多个城作为他的封地。因为刘肥是刘邦与外妇通奸时生下的儿子，吕后本来就看不惯他。再封他为齐王，食邑七十多个城，吕后一直对此耿耿于怀。

惠帝刘盈召见刘肥。刘肥很高兴，进入后宫。惠帝刘盈、刘肥和太后共同进餐。这是一次普通的家庭私宴，因刘肥比自己大，仁爱宽厚的惠帝刘盈将刘肥让到上座。刘肥竟真的坐在了上首。

惠帝虽然不介意，但吕后将这些都看在眼里。吕后让人斟了两杯酒，酒中放了毒，让刘肥敬酒上寿，刘肥端起酒杯，站起来，走向太后。刘盈也随着刘肥站起来，向太后走去。两兄弟各拿起一杯酒，举杯就要喝。吕后非常惊慌，自己的儿子如果喝下了这杯酒，不也会死吗？吕后走下座来，一把夺过刘盈的酒杯，扔在一边。刘肥见到这场变故，吓得也不敢喝自己手中的酒了。

刘肥回到住处，听说刚才那两杯酒都有毒，吓得魂不附体。刘肥知道太后怨恨他，肯定不会有好日子过，不知道该如何是好。如果不离开京师，回到封地，那一定不会有一日安宁。

刘肥每天担惊受怕。刘肥的随从看出了事态严重，向刘肥献计，说吕太后有一个视为掌上明珠的女儿——鲁元公主，您的封地有七十多座城，而鲁元公主只有几个城，吕后一定是对此不满。如果您拿出一个郡送给鲁元公主，太后一定会很高兴，这样，您就可以离开京师，回到封地。

刘肥接纳了这一建议，表示要献出阳郡，送给鲁元公主，并愿意以母礼侍奉鲁元公主，尊称公主为齐王太后，吕后非常高兴。刘肥这才得到允许，离开京城，回到自己的封地。

## 吕后的“面首”入狱

吕后自从高祖刘邦死了以后，自己年纪大了，常常秘密地召审食其到宫里陪她睡觉，只是对惠帝有些顾虑，怕他知道，就派了很多自己的心腹监视惠帝，看到惠帝要进来，心腹们就赶紧去告诉她，她就急忙把审食其藏起来。所以，惠帝一点都不知道，也没有人敢告诉他。

后来惠帝因为看见人彘，气愤得生病了。这正合吕后的心意，她竟然让审食其住在宫里，两人像夫妻一样生活。后来惠帝病好了，但吕后已经习惯了和审食其同居，惠帝进来时，他也不再回避。幸好惠帝每天寻欢作乐，根本不留意其他的事，所以吕后就更加肆无忌惮了。审食其仗着太后宠爱他，与太后的亲戚勾结在一起，横行霸道。人人都知道这件事，只瞒着惠帝一个人。时间一长，惠帝也对此起了疑心，就查问别人，但别人害怕吕后。都不敢说，惠帝没有证据，也没什么办法。正好有一个大臣跟审食其有仇，他偷偷地把所有的事情都告诉了惠帝，惠帝不能把吕后怎么样，就拿审食其开刀。他就借审食其的其他罪行，把他抓了起来，而且让廷尉判他死罪。

吕后听说审食其被抓了起来，心里舍不得，想自己去找惠帝为他说情，放他出来，又明知惠帝就是为了这件事才生气的，自己做了亏心事，心里惭愧，说不出口，只希望朝中大臣出面替审食其说情。但是曹参、周勃等人，平时就憎恨审食其品行不好，听说他要被斩首，心里都高兴还来不及呢，怎么会救他？惠帝又催促廷尉，早点判决。眼看审食其就要被处死了，谁知他命不该绝，竟真的有人来救他。

这个人叫朱建，是楚地人，以前是淮南王英布的丞相，因为犯了错被罢免了，后来又成为英布的近臣。当时英布想造反，朱建曾经劝他不要造反，但他不听。高祖打败英布之后，听说朱建曾经劝阻英布，就封他为平原君，让他全家搬到长安。朱建很有口才，而且廉洁刚直，不肯与别人同流合污，虽然住在京城，但不与贵族们来往，只有一个好友陆贾。偏偏审食其听说了他的名声，想结交他，就托陆贾介绍，陆贾就向朱建转述了审食其的意思。朱建知道审食其品行不端，就让陆贾婉言拒绝了，没跟他见面。审食其也没办法。

后来朱建的母亲死了，他家里很穷，只好向亲友借钱，埋葬母亲。陆贾听说后，到朱家吊唁。看他丧事一点都没办，心想好朋友有困难，自己一定要帮他，但他也不富裕，必须向别人借。他想起审食其曾经托他介绍，就去找审食其。

见了他,就向他贺喜。审食其不知道怎么回事,就问:"我有什么喜事?"陆贾不慌不忙地说:"平原君的母亲死了。"审食其听了,更是不明白,就问:"平原君的母亲死了与我有什么关系,为什么祝贺我?"陆贾说:"前些天你想结交平原君,他因为母亲还在世,必须留在母亲身边,不敢接受你的恩惠。现在他母亲刚死,你如果能准备一份厚礼送给他,他一定会感激你,报答你。"审食其这才明白,就让人送了一百两黄金给朱建,让他办丧事用。这时朱建正因为没钱办丧事又伤心又着急。审食其送来一百两黄金实在是帮了大忙,虽然他平时看不起他的为人,但他这次送礼,名正言顺,不好拒绝,只好收下了。果然有钱就好办事,没用多长时间,就把丧事全都办完了。还有一些朝臣,趋炎附势,得知审食其是太后宠爱的人,竟向平原君送厚礼。他们想要讨好审食其,都各备礼物前来。朱建收到许多礼物,估起价来,可值五百两黄金,丧事办得很热闹。朱建因此非常感激审食其,这才跟他结交。

审食其被囚在狱中,知道情况不妙,想向别人求救,这才想起朝中大臣们没有一个与他关系要好。只有朱建曾经受过他的恩惠,但也到现在还没来看过他,不知是什么原因。他就让人通知朱建,到监狱里来一趟。朱建对派来的人说:"案子办得太严,我实在不方便去。"这个人回去告诉了审食其。审食其听说朱建不肯来见他,以为他背叛了自己,很是生气,大骂朱建忘恩负义,看到他有难不仅不想办法救他,甚至连面都不肯见。他越想越生气,现在吕后无能为力,朱建又这样,知道自己没有希望了,只好等着判决了。

那天,朱建听说审食其被关在监狱里,正在想搭救的方法,这时审食其派人来请他去狱中见面。朱建想要救他,必须秘密行事,到监狱里与他见面,并没有好处,而且如果泄露风声,被别人知道了,说他们是同党,反而不好再想办法。于是,他拒绝了来人,不去见审食其,也不说明理由,一个人想办法,忽然想到了一条妙计。

朱建想,这个案子除了找个合适的人去向惠帝求情,没有其他办法。只是现在惠帝正在生气,吕后是他母亲,此案与她有关联,所以她不敢说情,至于朝中大臣,不用说,都不肯保救。即使肯站出来保救审食其,惠帝不听也没用。因此必须要找一个能劝服惠帝的人,但是到哪里去找呢?还有,审食其被抓起来,是因为和吕后私通,惠帝拿吕后没办法,就拿审食其开刀。吕后权力本来比惠帝大,但因为这件事与她自己有关,她心中有愧,不方便过问,如果审食其被处死,吕后一定怀恨在心,一定会找出告发这件事的人,替审食其报仇。如果查不出来,她一定会寻找一个借口,把惠帝宠爱的人杀死几个,才能解恨。到那时,惠帝也没办法解救,这样看来,想要救审食其,就必须在惠帝宠幸的人中找一个人替他求情。

## 吕后强迫自己的皇帝儿子乱伦

自那次审食其入狱又被放后,吕后收敛了一段时间,但没过多久,就忍耐不住,又私召审食其入宫。为避惠帝耳目,吕后通过给惠帝册立皇后,达到母子各居一宫的目的。而这个皇后,竟然是皇帝的亲外甥女,即鲁元公主之女张嫣。

汉高祖五年夏,公主嫁给张敖,次年生下一女。出生当日,王宫被五彩云霓笼罩,而且有仙乐从天空中传来。因生得妩媚娇艳,取名张嫣。

汉高祖九年,作为皇帝女婿的张敖被废。当时正逢高祖采纳娄敬与匈奴和亲的谋略,高祖想把鲁元公主嫁给匈奴。公主得知后,痛哭流涕,张嫣也哭得楚楚可怜。高祖很怜悯,后经吕后极力劝阻,这才取消了这个计划。

五六岁的张嫣,容貌就已娟秀绝世。张敖被废黜后,吕后总觉得他很可怜,想为他结一门重亲,便提出把他女儿嫁给皇帝,张敖同意了。定好良辰吉日,祭告了祖庙,张嫣便当上了皇后。皇后刚刚十岁,比皇帝小九岁,所以身为中宫皇后的她一直未曾留宿。每逢皇后早晨起来梳妆打扮,窗外就聚集许多五彩小鸟。皇帝经常在这种时候到皇后的房间观看皇后洗脸梳妆,皇帝对宫中之人说:"皇后的容貌可以跟白玉盘相媲美。"每次皇帝将要来时,照看皇后的侍母一定先捧着吐痰的金盂,装上紫薇露给皇后漱口。皇帝常常将皇后抱在怀里,给她数皓齿,上下共四十枚,还给皇后点上口红。一天,皇帝来到了皇后宫中,两个宫女正为刚卸下衣服的皇后洗脚。坐在一旁观看的皇上对宫女们说:"皇后的脚又圆又白,娇润美丽,简直天下无双啊!"

汉惠帝五年六月,闷热的天气使皇帝久久不能入睡,他不禁想起宠爱的美人来。由于美人住在东宫,便令婢女带一床锦被,一块红手帕,前往东宫。皇帝叮嘱道:"如果美人睡了,也要把她用锦被裹来。"因中宫与东宫发音相近,于是东宫在婢女耳里变成了中宫,于是婢女径直将皇上的旨意带到了中宫。侍女们打开宫门后,婢女们到皇后的床榻前,将皇后裹人锦被,把头用手帕蒙住。皇后被惊醒,询问事情缘由,得到的回答是:"这是皇帝的命令。"皇后说:"既然皇帝想见我,就应该容我稍稍整理一下服饰呀,这样子去见皇上怎么行呢?"婢女们请求她不要出声,很快就到了皇帝的寝宫,手帕一揭开,皇帝见到的是张皇后。于是皇帝笑着抚摸着她道:"你受惊了吧?"皇后不回答,皇帝命人把皇后安排到御床之上。婢女们退下后，皇帝叫着皇后的小名问："淑君，你现在一定很恼恨我吧？"皇后徐徐答道："妾既然是皇后，陛下就是想传召臣妾，也应该提前一天告诉我。这样随意怎么行呢？宫中妃嫔们会笑话我的，以后怎么能母仪天下，得到天下人敬重呢？"皇帝道歉道："这是我的过错，我只是想消消暑热才召你来的。"当时皇后年仅十二，她陪皇帝一起清谈到黎明。早晨侍女们来后，皇后命侍女取来衣服，整理了自己的仪容。打这以后，皇后夜奔皇帝寝宫的传言在宫中不胫而走，谣言传到宫外，吕后的怨恨者们，都私下里议论张皇后，说吕后的外孙女和吕后一样，果然不是什么好东西，现在年幼尚且如此，今后的德行也肯定端庄不到哪里去。

汉惠帝六年，皇帝的那些嫔妃已生下四个皇子。那些妃子得宠，使吕后很不满意，她想让皇后生子，于是派使者向神灵祷告。每晚派人劝皇帝留宿中宫，皇帝体弱多病，皇后劝他静养，所以仍然没与皇帝同床共枕。吕太后一直被蒙在鼓里。

## 太后的"面首"偷窥皇后玉体

闳儒是皇帝宠幸的男童，十五岁的他，相貌清秀。他向皇帝请求道："皇后天姿国色，臣早有耳闻，希望能够一见。"他的要求得到皇帝的允诺。当时正值中秋时节，皇后去上苑观赏秋海棠。闳儒按照皇帝的吩咐，穿着打扮都跟皇后一样，提前来到上苑。他异常华贵美丽的形象使宫人们非常惊疑。闳儒登上假山，看见下车后步行的皇后，然后见皇后登上阁楼凭栏眺望。皇后的头发乌黑亮丽，挽在头上峨峨如山，宽大的衣袖随风飞扬，身穿香罗衫，抹了一层淡妆，穿着一双绣花鞋。随皇后一起来上苑的还有五六个美人，皇后年龄最小，也最端庄美丽。闳儒见到皇后，自叹不如。他说："皇后姿色胜过我们百倍，为何陛下还用我和那些后宫美人呢？"

皇后有洁癖，每当溺尿时，皇后便讨厌香木做的便壶声响太大。于是将落下的花瓣垫在壶底，小便后就让侍女立即刷洗干净。

汉惠帝七年春，正月，皇帝去上苑巡猎，让皇后和众美人都骑马一同前往。皇后上着青衣，下着黄裤，外面披一红锦袍，额头系一红绡布。众美人骑马来回嬉戏，景佳人妍，花草也为之生光。见到的人不知道她们就是皇后及众妃嫔，更不知那美艳绝伦的人就是皇后。过了一会儿，皇后卸装如厕，被一头突然闯入的野猪咬碎了下衣，她的脊骨下端也受了点轻伤，皇帝惊骇得手足无措。皇后自己拔剑将野猪刺死,众美人皆赞叹不止。皇后并不知道下衣被撕裂,肉体裸露了出来。皇帝指着露出的部位笑道:“那是什么,何以又白又肥?”这时皇后才突然醒悟,羞得满脸通红,不知所措,急忙命侍女换了下衣,半天默然无语。

汉惠帝七年五月,吕后又听说后宫有美人怀孕,她恼怒万分,就想将其杀掉。皇后苦苦哀求,她才罢休。太后忽然想了一个办法,让皇后佯装已经有了数月身孕的样子,将那位美人所生男孩夺来称说是皇后生的,立做太子。皇后没办法,只好按照太后的意思去做。六月,果然一男孩诞生,但他立即被太后的人抱到皇后宫中藏起来,然后孩子的亲生母亲被杀掉。当天,太后让宫女教皇后佯称腹痛,不久那个男孩便成了皇后所生。吕后祭祀宗庙,告知神灵,立此子为皇太子,群臣齐来祝贺。第三天皇后准备药物、绸缎及黄金一百两想送给那个美人。有人告诉她,美人已被太后杀掉了。皇后听后,又惊又惧,痛哭不已,泪水湿透了衣袖。皇后偷偷地告诉惠帝道:“妾只是为了救下这个孩子方才如此隐瞒忍让,现在孩子的母亲还是难逃一死,难道是天意吗?”

汉惠帝七年八月,皇后前往探视在病中的皇帝。皇帝让皇后登上御床,一边抚摸着她的乳房一边叹息道:“你现在已经长成了大人,真让人怜爱万分,你那凝脂般滑润的身躯,恐怕日后要因我而消瘦了,你如此貌美,但夫妻之间的快乐我们一天也未享受过,怕也是命中注定吧。”戊寅日,二十三岁的汉惠帝驾崩于未央宫,十四岁的皇后遵从宫廷礼仪为皇帝守灵,披麻戴孝,不着任何装饰。这样一来,她的容貌更显得美艳绝伦。皇宫上下都为之耸动。

皇后生性惧怕暑热,每当暑热之时就要在一间屋子里避暑。审食其便凿一条一直通到皇后避暑的房子后面的曲折的通道,暗中营建一室,在墙上钻一孔以窥视皇后。皇后穿的衣服都是极薄的丝纱做的,所以透明。在阳光的照耀下,映出雪白的肌肤,能够清晰地看到她的全身。皇后身体丰满美艳,胸前有黄绢遮住,七宝金镂锁挂在她的腹间及脖颈之下。手臂上戴着碧玉手镯。审食其偷偷地将他看到的告诉了别人。不久这传闻也被皇后得知,于是严厉询问侍女们,又在太后面前哭诉。审食其被太后敕令悔过自新。

五岁的小皇帝已即位四年了,此时皇后十八岁。母亲这样年轻使小皇帝感到奇怪,便偷偷地从左右侍从那打听到自己并不是皇后亲生的。小皇帝便公开对人说:“太后怎么能杀掉我母亲呢,这个仇我长大一定要报。”这句话被吕太后听到了,小皇帝便被秘密地杀掉了。惠帝的第三个儿子常山王刘宏,被立为“后少帝”。

看到惠帝的六个儿子已夭逝过半,吕后便将吕姓的一个孩子吕太假冒成汉惠帝的遗腹子，先封平昌侯，后又晋封吕王，大臣们多有怨言。

这时，惠帝的兄弟对惠帝的早逝表示哀悼。赵王刘如意、赵王的好友梁王刘恢、燕王刘建都是在本人死后取消了封国。只有代王、淮南王还留着。如果不是张皇后保护他们，恐怕半难逃此祸。

## 处女张皇后

后少帝四年七月，吕后病危。吕后对张皇后说："大将吕产、吕禄都是可托以重任之人。吕禄的女儿可以许配给后少帝为皇后。你可以在我死后统理朝政。"皇后当时二十二岁，她泪流满面，拒不同意。等到吕后驾崩，张皇后不肯归附吕产，吕产怨恨在心，于是便在皇后宫中安排了几个美男作宦官，并且特地嘱咐侍女秘密地告诉皇后："那几个宦官个个年轻貌美，为何不把他们召到身边侍候您呢？当年，辟阳侯审食其等人进入宫中服侍太后时，太后已年过六十，现在皇后正是风华正茂，这样孤独寂寞地生活了这么多年，外人是不会知道和理解您的。"最后这几个宦官全部被皇后驱逐出宫，那几个侍女也受到严厉的斥责。

吕产害怕被皇后谋算，便想先下手为强，打算占据长乐宫，挟皇后以令"诸侯"。有人阻止道："如果皇后反抗的话，那又如何是好？"吕产说："囚笼中的鸾凤，还有能力反抗吗？"于是便派人游说皇后道："皇后和吕相国如果能齐心协力，荣华富贵自然不在话下，否则可要大祸临头啊！"皇后大怒，收管了两宫的钥匙，宣布加强戒备，严禁相国吕产入内。

后少帝曾想尊封皇后为皇太后，但亲生母亲尚在人世，便向大臣们征求意见。大臣们的建议还未来得及禀告，就发生了政变，九月庚申日，大臣们发兵讨伐诸吕。长乐宫已有准备，所以吕产想进未央宫，但他在门口徘徊了很久不敢入内，最后他声称孝惠皇后有密令，要他诛杀群臣，企图以此来号召大家，但大家没有一个人响应。他便又假借小皇帝的信符，将长乐宫的守尉吕更始杀掉，屯兵宫中，围困孝惠皇后。辛酉日，吕禄、吕须和樊伉也被他斩草除根。

张皇后二十五岁以后，便患了忧郁之症。汉元帝元年三月，突如其来的肝病使得她香消玉殒，时年四十一岁。皇后驾崩之时，侍女们听到有奏乐声从空中传来，一股奇香袭来，数日不散。皇后身旁没有自己的骨肉之亲，因此殓尸时就由侍女们为她沐浴更衣。侍女们查验皇后下身时发现皇后竟还是个处女，无不感叹。皇后的身躯实在太美丽了，宫中之人舍不得立即把她收殓起来，都来观赏她的裸体，都说："如此美貌之人，往后恐怕再也见不到了。"皇后身体的各个部位的长短、粗细都有人测量后记录下来，甚至包括一些隐私之处，看后之人无不赞叹。这样大家看了一天方才收殓。皇帝和群臣讨论了如何置办丧礼之后，决定尸首不用珠宝绸缎玉匣盛裹，而是将皇后和美人们葬在一起，不起坟头。这根本不是皇后的丧礼。

一百五十余年后，长安被赤眉军占领，他们大肆挖掘汉朝皇陵，那些用玉匣装盛的尸体都没变质，面目和活着时没什么两样。吕后和许多年轻后妃的尸体被贼军奸污。为了奸尸，竟有好几百个强盗在互相残杀中死伤。只有孝惠皇后因为没有起坟的缘故，所以幸免于难。

魏晋时期，张皇后被关中人民奉为蚕神，也有的将她奉作花神，许多庙宇都供奉她。

## 吕后的"面首"身首异处

吕太后去世时，遗诏指示吕产为相国，审食其为太傅，吕禄的女儿立为皇后。吕太后想以遗诏的形式确立诸吕的势力和地位，维护吕氏天下的局面。此时左丞相陈平、太尉周勃审时度势，当机立断，平定了诸吕叛乱，然后拥戴刘恒为王，稳定了国势，刘汉的江山社稷才不至于颠覆。

审食其在这场刘吕两派的最后决战中终于被拉下马，被免去了左丞相之职。审食其曾被吕雉厮养后宫，供其享乐；曾身居高位，权倾天下；曾屡兴屡黜。最后终于随着以吕太后为首的诸吕势力的消失而结束了他戏剧性的官场生涯。

审食其知道自己失势，平日在宫中无恶不作，朝廷上下很多人与自己不共戴天，他们一定巴不得自己速死，所以他格外小心，深居简出，循规蹈矩，以求安然度过晚年。但是，他的这一企图是不可能的，有人正谋划着要杀他报仇。

当朝的文帝有个同父异母弟弟刘长，被封为淮南王。他是高祖刘邦与赵姬所生，为刘邦的第五个儿子。当年，汉高祖从东垣来到赵时，赵姬本在赵王张敖的宫中，被高祖发现，张敖就让赵姬侍奉高祖。高祖生性好色，见了美丽的赵姬，欢喜万分，当即令她侍寝。一夜欢爱，赵姬怀孕，生了一个男孩，就是后来的刘长。

刘长何以痛恨辟阳侯审食其，必欲杀之而后快呢？

原来，贯高等人谋反被高祖觉察，张敖也受到牵连，一并下狱，其家眷连同赵姬等也被拘禁起来了。这时赵姬所怀高祖的孩子即将出生，赵姬向狱官详细禀告了事情的缘由，以求宽赦。狱官据实将事情上奏高祖，但却一直没有消息。赵姬有个弟弟叫赵兼，先前与审食其有来往，这时只好入都，奔走营救。来到辟阳审府中，恳求审食其代为向吕后说情。不料吕后最恨刘邦在外面寻花问柳，不但不营救，反把审食其挖苦数落了一顿。无可奈何，赵姬自杀身亡。刘长刚出生便没有了母亲，后又听说审食其不肯代为疏通，于是将仇恨牢记在心，立志要杀他为母报仇。

多年来，刘长被迫将这个愿望埋在心底，他等着时机的到来。等到诸吕被诛，文帝即位，他知道时机到了，是下手的时候了。

于是他暗中携带铁锥，带领手下魏敬等去"拜见"审食其。此时淮南王来访，审食其哪敢怠慢，忙整衣冠出门相迎。

刘长见到昔日的仇人审食其，一跃下了车，快步走向审食其。审以为刘长是上前来行礼的，赶忙拱手作揖，欲俯首下拜。不料刘长乘机抽出铁锥一击而中，审食其顿觉痛彻心扉，头晕目眩，倒在地上。魏敬上前一步，将其首级砍下，上车绝尘而去。

审食其府中，倒也有些门役兵卒，但因事发突然，无法应变。更何况刘长是皇帝的弟弟，权高势大，怎好擒拿？

刘长直接趋车入宫，拜见文帝，光着臂膀，跪在殿下请罪，文帝甚为惊讶。刘长将事情的缘由一一禀告，并列数审食其三大"罪状"："其一，辟阳侯明知我母亲赵氏与贯高谋反无关，但他却不肯将冤情代为陈明；其二，赵王如意和她的母亲戚氏被吕太后残害致死，辟阳侯却不肯力争求免；其三，吕太后封诸吕为王，意欲以吕代刘，辟阳侯又沉默不语，听其胡为。辟阳侯身受国恩，专营私欲，不知为公，身有三罪，按法律当斩，我特诛死国贼，不但清除了国家的罪臣，也为母亲报了仇，只是没有请命擅自将其诛杀，愿受责罚！"文帝素来厌恶审食其，现在见其惨死，倒也高兴，而且刘长是为母报仇，虽是专擅，情有可原，不好将其治罪，便让他回淮南去了。

刘长历数审食其的一大堆罪状，未免有点不近人情。试想，在吕雉淫威下，他除了俯首听从，供其驱使淫乐外，还能做些什么？可悲可叹而又可恶的审食其，就这样身首异处，遭到报应。他做梦也没有想到，昔日花前月下，权倾天下，擅作威福，而今会落得如此下场。

# 汉文帝男宠邓通

汉承秦制，连其严刑苛政也一并继承了，惟汉文帝主张无为而治，笃信黄老之术，百姓暂且有些平静日子过。汉文帝在位二十三年，遇事平和，以节俭为美德，人称好皇帝。但他也非完人，有其自身的缺点，由信奉黄老之术进而迷信，以致犯了虽不贪女色却玩弄臣侍的错误。

有一天，文帝做了一个梦。梦见自己腾空而起，越飞越高，似乎飞到了九霄天外。正要登上天界，却没了劲头。就在欲上未上、欲下未下之时，来了一位头戴黄巾的男子，将文帝双脚一推，他便登上了天界。黄头郎就是水手，因水手带黄帽而得名。文帝上了天，很高兴，不由地低头看那黄头郎，黄头郎已离开，只看到了个背影，似乎衣服上还有一个洞。文帝正想喊他，忽然被一声鸡叫惊醒，醒来后念念不忘这个美妙离奇的梦。心想，我一定要找到这个帮我升天的人。于是，汉文帝决定到渐台巡视御航，希望能碰见那个梦中的人。

汉文帝

渐台水色苍茫，在未央宫两侧，经常有御用船只停泊，有约数百水手。文帝一到，便召见全部黄头郎。黄头郎不知为什么召见他们，一个个心惊肉跳地前来，从右到左，依次在汉文帝面前慢慢走过。走着走着，文帝突然叫住其中一个人，拉过来一看，衣服上果然有一个大洞。文帝问："你叫什么名字？"黄头郎赶忙伏身回答："臣邓通。"文帝笑嘻嘻地说："找的就是你，你就做我的侍臣吧。"邓通虽然不知是怎么一回事，但听说当侍臣，自然喜出望外，连忙谢过龙恩，起身站在皇帝身边。

邓通是四川人，只会驾航，别无本事，没想到因文帝一梦而一步登天，得享富贵。文帝虽然也看出邓通没什么安邦定国之才，但毕竟梦中此人助他登天，还是封他为中大夫。有时闲游，文帝还顺便到邓通府休息，高兴了就赏赐珠宝，把他作为自己最贴近的人。

文帝这样做,群臣们自然不满。老丞相申屠嘉属高祖旧臣,为人公正廉洁,正直无私,守法不阿,一见邓通就有气。有一天申屠嘉进宫奏事,见邓通迷迷糊糊地站在文帝身边,便生气地说:“陛下宠爱侍臣,让他得享富贵罢了,但怎能让这等货色在朝廷上卖弄?”文帝赶忙说:“我知道了,你下去吧。”申老丞相见文帝护着邓通不让自己说话,更是生气。回到相府后越想越气,便派人召邓通议事,想乘机惩罚他一下。邓通也不傻,知道他没有什么善意,便将此事告诉了文帝。文帝一听笑起来,说:“你但去无妨,我让人再把你要回来便是。”邓通没办法,只好硬着头皮去。邓通进正厅一见申屠嘉,就不免胆战心惊。只见大厅森严,老申头坐在高堂之上,满脸杀气,而且没等邓通开口就连声说“斩、斩、斩”,下边的人又连声助威,吓得邓通不断地叩头,直至前额磕得青肿流出血来。此时,文帝派人来传旨:“邓通不过是朕的侍臣,请丞相手下留情。”申屠嘉这才放了邓通,放的时候还说:“你要再放肆,主上饶得,我不饶得。”邓通又去见文帝,文帝又好笑又可怜他,嘱咐他日后注意礼仪,千万别去招惹那个老头,并下令把他升为上大夫。

照实说,汉文帝喜欢邓通,也并不全是因为他迷信那个梦。邓通虽说无德无能,却十分精通拍马屁的功夫。邓通擅长察言观色,从不逆着文帝行事。文帝有痔疮,而且严重得流脓溃烂。邓通见到,知道是巴结文帝的机会到了,便主动要求为文帝解除痛苦,愿意为文帝吮吸脓血。痔疮里的脓血又臭又腥,邓通却面不改色,而且见文帝舒服,他还装成一副快乐的样子。有一次邓通为文帝吮脓后,文帝十分有感触地说:“我是天下的主人,你认为谁最爱我呢?”邓通想了想说:“世人最亲的莫过于父子,按理说太子最爱您了。”第二天太子入宫看望文帝,正赶上文帝痔疮发作,便对太子说:“你能为我吮吸脓血吗?”太子听后虽然十分不情愿,但转念一想父亲太痛苦了,而且又不能违抗圣命,还是吸一次吧,于是屏住鼻息,向疮痔上吸了一口。脓血一入口,太子便忍不住大吐,赶忙跑去漱口。文帝见太子这样不乐意,便生气了,命他退出,仍召邓通来为他吮吸,邓通轻车熟路,毫无难色,令文帝十分感动,于是更加宠爱他了。

文帝因为喜欢邓通,所以想知道他的命运如何,于是请了一位有名气的相士给他看相。相士直言不讳,他说邓通面貌不佳,一副穷相,日后会饿死的。文帝听后大怒,说:“我只要说一句话,他就能成为最富有的人,怎么会饿死呢?”于是下了一道诏书,将四川的铜山赐给邓通,并给他铸造铜钱的权力。就这样,邓通成了汉朝最富有的人。

文帝死后，太子继位，这就是景帝。景帝因为当年吮吸痔疮的事，十分痛恨邓通，一登基就下令免去邓通的官职，收回铜山，抄没家产，打入死牢。多亏公主还记得文帝的遗言，为他出面讨人情，景帝这才放了他。邓通出狱后已经变得身无分文，只好拿起文帝当年赐给他的饭碗乞讨为生，后来真的饿死了。“端着金饭碗讨饭”的歇后语就是这样来的，一般人把这句话理解为“傻瓜一个”，其实原意应该是“活该饿死”。

## 慎夫人仗美艳夺爱情

汉文帝三年(公元前 177 年)秋，长安郊外的上林苑鹿肥豚装，繁花似锦。文帝游兴大发，在窦皇后和他最宠爱的慎夫人的陪同下前往上林苑游玩。

慎夫人是邯郸城出了名的美女，妖媚动人，能歌善舞，又会鼓琴弄瑟。文帝集万千宠爱于她一身，渐渐疏远了窦后。出身低微的窦后费尽千辛万苦才当上皇后，所以做事小心谨慎，处处谦让，不同慎夫人争宠。日子一久，恃宠而骄的慎夫人便不把皇后放在眼里。文帝心知肚明，也不加干涉。

那天，文帝带着窦后和慎夫人在上林苑游玩了半天，有些疲乏。管上林苑的郎官为皇帝备下了盛宴。在宫中慎夫人就和皇后平起平坐惯了，凡文帝外出游幸，窦后可以不去，但她必定伴文帝左右。所以，上林郎官照例在文帝席位旁为窦后和慎夫人各布置了一个座位。等到文帝入席后分坐左右，慎夫人想坐在皇后身边，谁料没等她坐下，中郎将袁盎一挥手，几名内侍在他的吩咐下将慎夫人的座位撤到了下首。慎夫人大怒，站在那里不肯入席。她怒气冲冲地问袁盎到底是什么意思。袁盎还没来得及回答，愤怒的文帝拉起慎夫人，二话不说就走了。窦皇后也只得跟在后面登上凤辇，一起回宫。这次游幸竟然如此收场，的确出人意料。

大臣袁盎是个刚直不阿的人，曾数次因直谏而冒犯龙颜，幸亏文帝从谏如流，未曾怪罪，反将他屡屡升迁。文帝平时宠幸姬妾，疏远皇后，袁盎早有不满，又见慎夫人一贯尊卑不分，盛气凌人，凌驾于皇后之上，便想灭一灭慎夫人的威风，提醒一下汉文帝。

一天夜里，袁盎进宫劝谏汉文帝道：“臣以为，国家要想兴旺发达，内外和睦，首先要做到尊卑有序，上下有别。既然皇后早已册立，慎夫人就是姬妾，与尊贵的皇后同坐一席成何体统呢？既然慎夫人深得陛下喜爱，您可给她丰厚赏赐，但决不能打乱上下秩序，使夫人恃宠而骄，做出有背法纪之事。陛下本是一片爱心，结果却害了她，可不能忘了'人彘'的教训啊！"

"人彘"这两个字使汉文帝大惊失色，袁盎的一片苦心他这时才完全明白。回到后宫，他把袁盎讲的一番话在慎夫人面前重复了一遍。慎夫人也是明白事理之人。她也被袁盎的一片忠心所动，忙命内侍赠予袁盎黄金五十斤，感谢他的提醒，她任意妄为的脾性从此收敛了。

汉文帝统治期间，由于有宽容豁达、善于自制的窦皇后在身边，基本上没有生出什么醋波情浪，宫内始终风平浪静。

但是，窦后的爱情毕竟被慎夫人夺走过。有一次，窦后从她一名贴身宫女那得知这样一件事：

一天黄昏，文帝带着慎夫人兴趣盎然地在城外游幸。在灞陵桥边，文帝和慎夫人携手下车，一起站立桥头，远处风景尽收眼底。在夕阳的映照下，千条弱柳，百啭流莺，使人心旷神怡。慎夫人依偎在文帝身旁，文帝指着笔直的新丰驿道，对慎夫人说；"这条大道是通向长安的，你的故乡就在这条道的尽头！"他想起在大漠风尘之中，同母亲度日如年的情景，真是今非昔比！许多感慨，许多情怀填满了他的胸膛，使他一时也不知该说什么好。

少顷，文帝命内侍取过一架瑟，让慎夫人坐在桥上弹奏，自己唱歌。那歌调和着瑟音，凄婉哀恻，余音缭绕山水间，似有不绝的回声。

山水爱情令二人沉醉其中，忽然一人从桥下站出来，吓得慎夫人惊叫起来。文帝大怒，圣驾所到之处，平民无不闪避，谁敢如此胆大包天违背戒严令呢？他命武士立即把此人抓起来，送廷尉张释之处审讯。

惊动皇上的是个长安县民，他吓得全身发抖，供道："圣驾到此时，他正走到桥边，惊恐之中不知朝哪里躲，慌乱之下就钻进了桥洞。等了许多时候，不见动静，以为圣驾离了此地，便跑了出来。"此人说的都是情理之中的事，张释之便按法令罚了他一笔钱。

文帝看了呈报上来的奏章，心下十分恼火。他想，如此不识时务的刁民，破坏了我的好事，不重罚难解心头之恨。他把张释之召来斥责一通，命他处死此人，张释之从容对答道：

"法令出自天子，天下人共同遵守。今若不按法令而按皇上旨意重罚此人，那么法令怎么能取信于民呢？若陛下当时就将此人杀了倒也罢了，既送廷尉处审讯，廷尉必然要秉公执法。若不公，执法者轻重不一，陛下的天下将如何统治？"文帝被说得哑口无言，只得作罢。

这件事很快传开,成为朝廷内外的一段佳话。

敏感是女人的天性,这个故事不禁触动了窦后的心事。她同文帝已有多年不曾这等亲密了。她明白,帝王都是朝三暮四的,她同文帝的那种感情已成为历史,再难重续了。从此,三个儿女成了她的感情支柱。

皇太子刘启和弟弟——当时被封为代王的刘武在她的溺爱下骄横跋扈,在长安城中胡作非为,赌博、跑马、饮酒、打人、抢占民女民妻,做了许多违法之事。蛮横成性的刘启竟将吴王刘濞的世子打死。

吴王刘濞是刘邦的侄子,长年镇守东南,因挖铜山、煮海盐,所以经济实力雄厚,故国力日益强盛。他并不把堂弟文帝放在眼里,文帝当了十多年皇帝从未见他来朝拜过。后来,他为了顾全礼仪,便派世子刘贤到长安来问候皇帝,顺便陪伴皇太子刘启玩乐几天。

一天,刘贤和刘启在东宫对弈。吴王世子带了一批随从,太子身后也有一班侍臣,大家各自为自己的主人出谋划策,各有胜负。刘启太子求胜心极强,刘贤不输给他,他不肯罢手。在关键之时刘启走出一败着,被刘贤乘机将住,眼看这一盘又要输了,刘启想悔子,刘贤不依不饶,引发一场激烈争执。盛怒之下的刘启顺手操起棋盘猛力掷向刘贤头部,刘贤不及闪避,头颅被击个正着,当场脑浆迸流而死。

刘启自知闯了大祸,赶快躲进窦皇后的长乐宫。文帝得知后震惊万分,试图将太子严罚,以息吴王之怒,但在窦后哭哭啼啼的哀求下,太子毫发无损。只得将刘贤厚葬,然后派人把灵柩送回吴国。

又悲又气的吴王刘濞拒绝收受灵柩,文帝只好将刘贤埋葬在长安,草草了事。刘启即位后不久就爆发了吴楚七国之乱,这件事是一重要因素。七国之乱被史家归罪于吴王争夺皇位,其实,吴王起兵还有为子报仇的原因,刘启残杀兄弟,倒是天理不容。

## 汉武帝金屋藏娇

金屋藏娇的故事在中国流传广泛,可谓家喻户晓,老少皆知。

中国的文人骚客对风花雪月特别敏感,这一类帝王恋佳人的艳事更为他们津津乐道,一个平常的故事常被他们用诗词歌句渲染得曲折离奇,五彩缤纷。

唐代的大诗人们自然不会放过对这段艳事的题咏。白居易在《续古诗》中

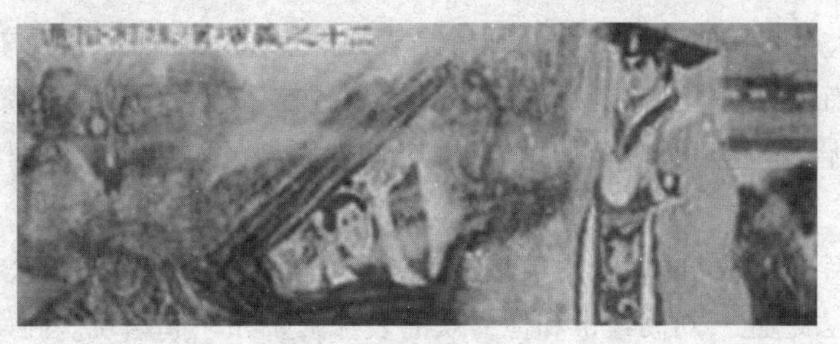

汉武帝金屋藏娇

云："岁暮望汉宫，谁在黄金屋？"李白在《怨情》诗中称："请看陈后黄金屋，寂寂珠帘生网丝"。李商隐《无题》诗："黄金堪人屋，何不作重楼？"黄金屋作为典故，此后就和汉武帝金屋藏娇联系在一起。

李贺在《上云乐》诗中这样描述："三千宫女列金屋，五十弦瑟海上闻。""帘重不知金屋晚，信马归来肠欲断。"这是张先《木兰花》中的词句。只有大诗人才有如此细致入微、轰轰烈烈的手笔。洪昇在作品《长生殿》第二出中有这样的句子："金屋妆成，玉楼歌彻，千秋万岁捧霞觞。"

《荆棘中杏花》是元诗人元好问之作，诗中写道："阿娇新宠贮金屋，明妃远嫁愁清笳。"黄溍则在《贫妇谣》中称："君不见，人间宠辱多反复，阿娇老贮黄金屋。"阿娇贮金屋就代表了变幻莫测的人生。

明高启的《春夜词》中有这一名句："屋贮娇愁锁幔纱，青丝嘶骑醉谁家。"诗人李商隐《茂陵》诗称："玉桃偷得怜方朔，金屋修成贮阿娇。"赵翼身为史学家也曾赋诗戏言："冶游喜有藏娇屋，侨寓兼为避债台。"

金屋贮娇、金屋藏娇、贮桥、藏娇、阿娇贮金屋、金屋、黄金屋等，都是作为新娶娇妻美，极为宠爱，或者是妻妾失去宠幸，而被冷落幽室的含义，这一典故风行中国。

那么，金屋藏娇到底讲的是什么呢？千百年来为何这么多文人学士为它魂牵梦萦呢？风流多情、雄才伟略的汉武帝为何将自己许诺的这个金屋藏娇女抛弃呢？

汉武帝刘彻的第一任皇后陈阿娇就是金屋藏娇的主角。馆陶长公主是阿娇的母亲，即汉文帝刘恒和窦皇后所生的女儿刘嫖。刘嫖与邑侯陈午结为夫妻，两人十分恩爱，生下了这个聪明过人、骄横任性的女儿阿娇，被他们视为掌上明珠。

汉景帝刘启和馆陶长公主是兄妹关系。刘彻是汉景帝刘启的第九个儿子，也是后来的汉武帝，刘彻曾经许诺建造金屋贮阿娇。按血缘关系刘彻应叫刘嫖姑姑,那么刘彻和他姑姑的女儿阿娇是表兄妹。刘嫖之所以喜爱刘彻,是因为刘彻对阿娇有爱慕之心,刘嫖说服了汉景帝,立刘彻为太子,后来登上皇位。十年恩爱以后,金屋阿娇被刘彻抛弃,一个任性骄傲的金屋娇女深居幽宫长年以泪洗面。

刘彻字通,年幼时就长得英俊威武,惹人喜爱。姑母馆陶长公主家是刘彻年幼时常去之处。刘彻经常和他喜欢的表妹阿娇在一起嬉玩。阿娇十分漂亮,有一双迷人的眼睛。刘彻被景帝刘启封为胶东王时还不到七岁,封王以后的刘彻去姑母家找表妹阿娇更加频繁。

有一次,馆陶长公主刘嫖见年少的胶东王刘彻十分可爱,非常喜欢,便把他抱在自己的膝盖上,问刘彻:"给你找个媳妇怎样?"刘彻点点头。馆陶长公主觉得他很有意思,小小年纪也知道要个媳妇!馆陶长公主兴致勃勃地叫来了左右一百多名侍女让刘彻挑选。

谁料,刘彻抿着嘴表情严肃地将这些宫女一一否决,小脑袋摇得像个拨浪鼓似的。馆陶长公主不禁心中十分高兴,对王子的品位大加赞赏,也更加喜欢他了。一百多名侍女他都看不上,只剩下自己的女儿阿娇。馆陶长公主指着阿娇,问刘彻:"你看阿娇如何?"刘彻非常认真地点了点头。

馆陶长公主高兴地笑道:"没想到你年纪轻轻竟有如此心计,这么小就要定了阿娇!"馆陶长公主乘兴再问刘彻:"阿娇好吗?""好!"刘彻回答说。接着,刘彻像小大人似的说:"我一定要造一座金屋,让阿娇嫁给我后住在里面!"

馆陶长公主被刘彻逗得笑了半天,万分高兴的馆陶长公主就将这件趣事叙述给刘彻的母亲王夫人。王夫人精明过人,巴不得促成这门亲事,两家就这样定了亲。儿女联姻,自然就是一家人。馆陶长公主和景帝关系密切,可以肯定景帝最终会立刘彻为太子。

馆陶长公主在景帝面前一有机会就谈及刘彻,赞誉他有过人之资。刘彻引起了刘启的注意,刘启仔细观察了这第九个儿子刘彻,的确从他身上看到龙凤之资,是个可造之才。刘彻7岁时,刘启更立刘彻为太子。文帝刘恒46岁时去世,当了23年皇帝。景帝刘启也是天命不长,在位仅16年,去世时48岁。16岁的刘彻登上皇位,为汉武帝。

刘彻做太子时,14岁的阿娇陈氏嫁给他,当上了太子妃。刘彻即位,册封太子妃陈氏为皇后。阿娇陈皇后一直过着高贵奢华、养尊处优的生活,在家被父母宠爱着,撒娇使性惯了,根本不知忧愁、谦让为何物。做了皇后以后,武帝刘彻对她更是宠爱有加。美丽迷人、风情万种的阿娇将正值情欲旺盛之年的武帝迷得神魂颠倒，武帝既眷恋她，又有些怕她。

娇宠使性的阿娇每天过着与武帝纵情享乐、游赏后宫的生活。愉快的日子如流水般流逝，转眼十年过去了。十年间，武帝给予阿娇享之不尽的快乐和受之无尽的恩爱雨露。可奇怪的是，整整十年，阿娇一直没有身孕。

在皇上的恩爱下，阿娇每天过得无忧无虑，对自己一直没有身孕倒不太注意，总觉得皇上的恩爱无尽，幸福的日子还长着，何不慢慢消受，何况要不是因为母亲说情，刘彻怎么能够登上皇帝的宝座？阿娇觉得武帝刘彻在自己的操纵之中，刘彻决不会移情别恋，怀有二心，一定会一心一意，死心踏地地爱着自己。

胸怀大志的汉武帝刘彻怎会任人摆布。他聪慧、果断，处理朝政总是凭自己的判断和性情，在感情上，这个表妹很让他着迷，过去青梅竹马、总角相交的日子使他怀念。尤其是姑母馆陶长公主的鼎力相助，才使得他从诸兄弟中脱颖而出，被立为太子。刘彻一直宠爱、放任着阿娇，容忍着她的种种任性胡闹，甚至于无礼冲撞，用自己巨大的控制力和宽容心原谅着这位娇艳迷人的表妹。

十个春秋来去匆匆，在陈皇后阿娇看来，这十个春秋仿佛是一眨眼功夫。然而，这十年对于武帝刘彻来说，是如此漫长，又是如此充实。刘彻从 16 岁不经事的少年成为一个文韬武略、富有魄力、能征善战的一代天子。驾驭朝政、处理政务，刘彻已是轻车熟路，对朝臣政党、繁复的后官更是了如指掌，并能游刃有余地将其协调好。

刘彻发现自己的感情发生了一些变化，连自己都为之惊叹。以前那般迷人、光彩夺目的阿娇在他眼里变得只不过是个任性的贵族女子罢了，两人之间时常产生不快，和她在一起经常感到压抑，甚至于有些厌恶。精力旺盛的刘彻变得空虚寂寞，移情别恋的念头不时在脑海中闪烁，使他下朝以后的脚步不像以前那么从容。他不想走向皇后阿娇的寝宫，宁肯享受孤独。

沉鱼落雁的卫子夫的出现犹如一道灿烂的阳光射入刘彻那阴沉沉的生活之中。这个娇艳可人的美女形象填满了刘彻那寂寞的心灵，刘彻孤独的心终于找到了寄托。刘彻离阿娇越来越远，他俩的感情就如风中蜡烛，等到阿娇感觉到这种变化时，一切都晚了。

## 卫子夫遭汉武帝强奸

卫子夫出身低微，经历也很曲折。卫子夫的母亲卫媪也是一个人物，漂亮多情。平阳侯曹寿是武帝刘彻的妹丈，卫媪是曹寿家的一位姬妾。卫媪生性多情，一个男人无法满足她，于是她经常与别的男人私通。

和卫媪发生性关系的男人太多，结果孩子的父亲是何许人，卫媪也不知道，于是便干脆让孩子跟自己姓。

霍去病雕像

这个漂亮的女人生育能力非常强，她先后生下了六个孩子：三个儿子，三个女儿。长子名卫长君，次子名卫青，三子名卫步；长女名卫君孺，次女名卫少儿，三女名卫子夫。日后卫子夫连续在宫中怀孕，或多或少是继承她母亲的特点。

这些孩子虽是卫媪和众多男人私通所生，但这群孩子长大以后，都成了赫赫有名的人物。三个儿子中，出了一个抗击匈奴、维护汉王朝广大疆土的卫青，在历史上享有盛名。

卫媪的三个女儿也非庸俗之辈。长女卫君孺嫁给公孙贺，公孙贺是位胡人，以才华出众，风流倜傥闻名士林。第二个女儿卫少儿，简直就是卫媪的翻版，不仅漂亮而且与卫媪爱好相同，也与男人私通偷情。最初卫少儿和霍仲孺相好，奸情不断，结果生下了一个儿子，于是又一位汉王朝的令后世敬仰的民族英雄诞生了，他便是令匈奴闻风丧胆的霍去病。

霍去病出生后，卫少儿又将感情转移到更为年轻漂亮的陈掌身上。陈掌的曾祖父是丞相陈平，官至詹事的陈掌在卫少儿看来前途无量。卫少儿看上了陈掌，便毫无顾忌地与陈掌公然姘居。卫少儿敢想敢为的勇气从此可见一斑。

卫子夫比姐妹卫君孺、卫少儿更为迷人。卫子夫天生有一副极好的歌喉，尽管她没受过什么教育。年幼的卫子夫被送到平阳侯曹寿家中学习歌舞，平阳公主非常欣赏这位亭亭玉立、色艺俱佳的绝代美人，便要卫子夫侍从左右。

一天武帝刘彻觉得孤独寂寞，于是出去散散心，不经意走到了嫁到平阳侯曹寿家的姐姐平阳公主家中。平阳公主受宠若惊，立即摆酒上菜，招待这位皇帝弟弟。刘彻坐在那里一边喝酒，一边欣赏平阳公主为他收罗而来的美女，但没有一个能看上眼的。

平阳公主似乎胸有成竹，她从容地为刘彻斟酒，并吩咐手下让歌女卫子夫献歌一曲。卫子夫的出场，犹如一轮红日照亮了整个厅堂。刘彻简直有种惊艳的感觉，呆坐良久，一句话也说不出来！

卫子夫确实是太美了！弯弯的柳叶眉，一双含情脉脉的大眼睛，一头黑色的秀发扎成双髻，飘逸轻盈，白嫩细腻的瓜子脸，仿佛是水做成的，鼻子小巧挺拔，配着一张樱桃小嘴，十分动人。

雄心勃勃的刘彻就喜欢卫子夫这种小巧玲珑。天生的好歌喉更使她增色不少，她的声音清亮圆滑，优美动听，令听者心旷神怡。卫子夫唱得声情并茂，一双眼睛风情万种。刘彻如醉如痴地听着，眼睛直勾勾地看着卫子夫，神情恍惚。

武帝刘彻很久未近女色，此时难免有些身不由己。刘彻起身更衣，点名要卫子夫侍候。卫子夫当然求之不得，但心里也有些紧张。她做梦也未曾想到，一个万民景仰、高高在上的天子竟然就在自己面前，而且还要自己为他更衣，的确有种受宠若惊的感觉。

卫子夫糊里糊涂地被刘彻带入更衣室，还没搞清楚是怎么回事，就被刘彻压在身下。刘彻疯狂地将她剥得一丝不挂，扔在床上。赤身裸体的刘彻在这简陋的更衣室中用非常粗暴的方法占有了卫子夫，直到尽兴为止。

发泄兽欲后的刘彻穿好衣服重新入席，他满面春光十分惬意，赏赐一千斤黄金给姐姐平阳公主。平阳公主谢恩以后心想：皇帝弟弟一定是为这美人儿动了心，不然也不会为这一时的欢乐赏赐千金，何不送个人情，将这美人送进宫里？

平阳公主告诉弟弟这个想法，刘彻非常高兴，又重赏了平阳公主。第二天，平阳公主将卫子夫打扮得光彩照人，赠送大量衣物，卫夫子就如同她出嫁的女儿，被郑重其事地送进皇宫。临行时，平阳公主煽情地说："放心去吧，日后有享不完的荣华富贵，可别忘了我。"卫子夫十分感激地看着平阳公主，流下了眼泪，别过平阳公主，她带着无限的憧憬进入了重重深宫。

那一回更衣室内，刘彻性急疯狂的举动使卫子夫一回想起来心就如小鹿般猛跳，进了皇宫，皇帝宠谁只有皇帝自己清楚。卫子夫带着几分羞涩向往着、期盼着那激动的时刻。

## 汉武帝迷恋卫子夫

然而，进了深宫，每天锦衣玉食，生活倒还安逸，可那激动的时刻一直没有出现，连皇上的声音都听不到。

一个又一个漫漫长夜转眼过去，独守空房的卫子夫渐渐心灰意冷了。卫子夫明白，皇宫美女如云，皇帝顾不了这么多，自己只是皇上喜爱的众多美人之一，在更衣室不过是皇上心血来潮、一时冲动而已，并不是自己有什么特别之处。痛苦、寂寞、悲伤、失望伴随着卫子夫度过了一年多的日子，这期间她从没有见到过刘彻。

以泪洗面的卫子夫忍受着被冷落的痛苦和失望的煎熬，然而她又要面临更大的痛苦——武帝刘彻觉得后宫美女实在太多了，于是决定遣散一部分出宫。皇帝下诏遣宫女出宫，历来是皇帝的一大德政。这些青春年华的女子，久居深宫却得不到皇帝宠爱，倒不如出宫嫁人，这也是这些女子所期盼的。

然而，卫子夫等待与自己有肌肤之亲的刘彻已有近四百个日日夜夜，这个消息对她来说实在太过残酷。卫子夫简直不敢相信这个消息，自己满怀期望进入皇宫，最后就是这样一个结局，落得如此下场吗？

她已被列入遣散出宫之列，面对如此残酷的现实，伤心、悲痛已没有丝毫的作用。收拾完行李，泪光盈盈的卫子夫艰难地走向宫门，临到门口，她禁不住深情地打量着这个自己生活了四百个日日夜夜的宫室。

永别了，这独一无二的红墙碧瓦，这温馨舒适的宫室。卫子夫最留恋的还是这寂静的院落，院中盛开的丁香花，还有红绿相间的纹窗，美妙绝伦的缤纷檐画，春天盛开的鲜花，秋天鸣叫的小虫。

正在胡思乱想的卫子夫来到了一个开阔的广场，眼前到处都是长发披肩的女子，一个个长相俊美，泪眼朦胧。卫子夫明白了，这些女子和自己的命运相同，都以为以自己的姿色能得到皇上宠爱，不料都是红颜苦命。卫子夫一颗伤痛的心似乎要平衡一点。

卫子夫抬起头，发现在众人的簇拥下，高坐着一个威严、英武的男人，此人正是那天疯狂地占有自己的刘彻。卫子夫呆在了那里，不禁又触动了心事，泪水如雨水般流下，在一大群女子中间卫子夫这种绝色的美人如鹤立鸡群。武帝似乎感应到卫子夫的哭声，在人群中发现了卫子夫，甚至看见卫子夫可怜无助的悲泣。卫子夫那楚楚动人的样子一下子让刘彻铁石般的心肠酥软了。

武帝刘彻的到来看似给遣散出宫的女子做一次辞别，实际上是最后察看一下有没有好点的佳人也被放出去。没想到，竟然发现了这位绝世的美女。刘彻仔细看了卫子夫几眼，才想起这是在姐姐平阳公主家使自己着迷的那位歌喉动听的美人。

见刘彻朝自己走来，卫子夫非常激动，眼中充满喜悦和歉疚的神情。紧张的感觉使卫子夫觉得自己飘飘然仿佛像一片秋日的落叶，她快要晕过去了。刘彻赶紧走近，扶起了卫子夫娇弱的身躯，无声地走向了富丽堂皇的宫室。

窗前飘动着美丽的丝帘，五色的光彩在重重的帐帘中闪动，帐幕深处，便是豪华的龙床。这华丽的寝宫飘散着沐浴后的卫子夫身上独有的幽香。她拥着那日思夜想的强壮的身体，借着最令人兴奋、最令人忘情的运动，那般沉醉，那般投入。

在更衣室中做爱怎会知在色彩耀目的宫室中更令人销魂，况且是如此柔嫩的肌肤，如此丰满的躯体，如此飘逸的秀发，如此国色天香的女子！一种从未有过的喜悦在刘彻心底产生，酥麻迷醉的舒适感弥漫全身。从此以后，卫子夫的美色将刘彻完全征服，两人夜夜风流，卫子夫也从此集后宫万千宠爱于一身。

暴风骤雨般的男欢女爱使卫子夫不久就发现生理上有了显著的变化，她惊奇地发现，自己竟然有了身孕！卫子夫喜极而泣。真是月有阴晴圆缺，人有旦夕祸福。在平阳公主的家宴上，居然见到威服四方的皇上；原以为皇上会看不上自己，谁知皇上偏偏从众多美女中选择了她，并带入更衣室中一阵疯狂；原以为入宫后能和皇上天天在一起，可入宫后一年都未见皇上踪影；遣散出宫本来伤心绝望，却恰在出宫前遇见了皇上；没完没了的风流快活，如今竟身怀六甲，皇后可是一直想怀却怀不上！

孩子生下来了，经过十个月的期盼和等待，悲喜交集的卫子夫终于等到了这一天。然而孩子娇嫩的啼哭声打碎了卫子夫的一个美梦：是个女儿。令人欣慰的是，女儿很好看。卫子夫的梦并没有完全破碎，她又看到新的希望：既然能生下这个女儿，那说明生理很健康，怀孕并不难，这样下去总会生一个儿子的！

皇上本就宠爱卫子夫，如今她又怀上皇上的骨肉，这无疑使久久不孕的陈皇后感到了严重的威胁，也使她和皇上之间本已岌岌可危的感情进一步恶化。卫子夫怀孕后，建章宫被刘彻下旨腾出，让卫子夫居住。豪华舒适的建章宫中，所有生活用品应有尽有，而且离刘彻很近，卫子夫觉得很舒适、惬意。

## 公主也需壮男人

由于卫子夫得宠，三兄弟卫青也升任建章宫护卫。卫子夫怀孕，陈皇后的母亲馆陶长公主的满腔妒火正无处发泄，于是卫青便成了“替罪羊”。长公主命人将卫青捕获，关入大牢，准备杀死他以泄愤恨。卫青被好友骑郎公孙敖率几名平日和他要好的宫廷卫士救出，性命得以保住。

卫子夫闻知此事非常恼怒,便将这一切都对武帝哭诉了,并称她和她的兄弟处境非常危险,希望刘彻想办法保护他们。刘彻立即召见卫青,当面封卫青为建章宫总管。高大健壮、武艺高强的卫青升任总管后更是兵权在握,建章宫的侍卫都由他统领。有卫青守护建章宫,谁还敢寻衅?建章宫的主人卫子夫更没有人敢进犯。

后来武帝刘彻封卫青为侍中,成为心腹近侍。接着,卫子夫的姊妹兄弟一一被加官晋爵。卫子夫有姐弟三人,大姐卫君孺的丈夫、胡人公孙贺任职太仆;二姐卫少儿再嫁陈平的曾孙陈掌,也占据一要职;卫青后由侍中晋升大中大夫。

公元前129年,汉武帝二十年,武帝刘彻任卫青为车骑将军。汉王朝休养生息一百多年,武帝认为已经有足够的财力和强大的兵力对付匈奴。武帝给卫青一万精骑,命他进攻塞外。卫青在沙场上纵横驰骋,杀死、俘虏匈奴七百余人,取得了汉王朝对匈奴的首次大捷。武帝刘彻十分高兴,下诏封卫青为关内侯。

卫青在此后十年间领精骑十次北击匈奴。卫少儿改嫁陈掌之前,和霍仲孺生的霍去病是卫青的亲外甥,卫青第五次出征时,年仅十八的霍去病也随同前往,并以英勇无畏在军中树立威名。霍去病曾亲率骑兵八百人,深入匈奴军中,匈奴被他杀得血流成河,死伤二千多人。捷报传来,刘彻欣喜无比,在和卫子夫共享欢乐之后颁下诏书,封霍去病为冠军侯。

武帝的姐姐平阳公主家是卫子夫发迹之地,卫青当初也不过是平阳公主的骑卫随从,后因卫子夫的得宠而位居要职。卫青统军作战的才华十分出众,立下汗马功劳,封官拜爵,最后封大将军,赐长平侯,成为武职中最显赫的人物。平阳公主一直对自己的丈夫平阳侯曹寿不满意,因为体弱多病的曹寿满足不了平阳公主的欲望。平阳公主便声称曹寿有恶疾,将他休掉——皇帝的姐姐要退婚,没有人敢阻止。

离了婚的平阳公主,当然守不住空房,耐不住寂寞。那么,再嫁谁呢?普通的女人如果离婚后再嫁,就没什么选择的余地,只要大致过得去就可以。可平阳公主是什么身份,满朝文武自然任她选择,而此人既要年轻健壮又要位高权重。

平阳公主提出地位高,有贤名,封侯爵的条件。平阳公主要心腹侍人帮她推荐。"大将军卫青!"侍从几乎是异口同声,他们认为卫青体格健壮,正当盛年,官拜大将军,封赐侯爵,功劳盖世,青史留名,这些都是无人能比的。平阳公主听后不禁大笑:"选他作驸马,未免屈尊下嫁了吧,当年他还是我的骑从呢!"

左右心腹侍从并不同意她的看法。此一时，彼一时也，侍从们认为，卫青武功超群，身强体壮，拜官封侯，就单凭是当今皇后卫子夫的至亲和如此年轻就官列武职之首的大将军这两条，就能配天下至贵的公主。平阳公主嘴上虽是那样说，心里却是十分满意，而且满朝文武谁也比不上卫青。这样，平阳公主便暗示卫子夫，卫子夫会意以后自然不胜欢喜：弟弟娶上皇上的姐姐，自己和皇上关系更加密切，在宫中地位更加稳固，况且平阳公主也有恩于自己。皇后卫子夫就把这番美意转告刘彻，刘彻为他们做主，促成这桩婚姻。

武帝即位后的第十三年，连生三女的卫子夫终于生下了一个儿子，取名刘据。这一年，刘彻年方 29 岁，卫子夫终于被刘彻封为统领后宫的皇后，6 岁的儿子刘据也被册立为太子。太子相貌俊朗，聪明可爱，饱读诗书，深得武帝喜爱。他特地令人在太子宫中造一处博望苑，供太子读书学习，广纳文士。

## 阿娇苦相思

阿娇心中的苦涩、伤感、寂寞、愁苦随着刘彻的移情别恋，随着刘彻对卫子夫和其他美女的宠爱而一点点地增加。

比起别的得宠又失宠的女人，阿娇内心更多一层伤痛。刘彻和她从小青梅竹马，她将刘彻看作自己十分信赖的朋友，刘彻背弃她，无异于背叛了他们当年的纯真感情，无异于将那份藏在她记忆深处的美好而又纯洁的感情毁灭。阿娇曾忘情地拥有过刘彻，享受过别的女人享受不到的快乐。仿佛是瞬息之间，十年构筑的五彩金屋土崩瓦解，似有一把匕首插入阿娇心口，血在无声地滴落。

别的宫室传来的欢声笑语，使本已茶饭不思的阿娇更是寝食难安。阿娇每天期盼着，她已记不清有多久没看见过刘彻，也不知道上一次见面是何年何月。阿娇更记不起是从什么时候开始，她终日望眼欲穿，苦等刘彻的驾临。

阿娇苦熬着一个个漫漫长夜，原本国色天香的她变得容颜憔悴，眼睛红肿，眼圈发黑，脸色灰白。一位名叫楚服的女巫来到了皇后寝宫，皇后的心境，皇后的痛楚，楚服自然知道。楚服传授阿娇巫蛊秘术，每日念咒，能咒死痛恨之人。

神思恍惚的阿娇如同一个不会游泳的人掉入水中突然发现了一根稻草，自然紧抓不放。巫蛊秘术使阿娇如获至宝，巫女楚服得到阿娇的重赏，而阿娇按她的法子做了一个叫卫子夫的小布人，每天用针扎着、刺着。

巫蛊秘术在汉宫是绝对禁止的。按照巫师的说法，行巫蛊秘术后，被诅咒的人会受蛊而死。阿娇宫中的宫人将皇后阿娇在深宫行巫蛊之术、诅咒卫子夫之事告发出来。

武帝刘彻勃然大怒，命人立即查证，调查的结果果真属实。卫子夫为刘彻生了三个女儿和一个儿子，深得刘彻宠爱，刘彻早就想另立皇后，只是找不到借口，如今有巫蛊一事，陈皇后阿娇无疑是撞在刀口上了。

皇后之位不保，印玺被收走，阿娇痛苦不堪地被迁往长门宫。长门宫即偏僻又荒凉，远离皇宫，宫门漆都已脱落，散发出一股腐朽的气息。阿娇住进了这里，长年以泪洗面，说不出的悲凉。

刺眼的朝阳照耀着长门宫，如血的夕阳吞食着长门宫，长门宫的花草树木就像阿娇的心一样失去了生机，失去了希望。阿娇的泪流干了，经过一段日子的休整，她心里又找到了一丝希望。阿娇不甘心就这么离开刘彻，她要让刘彻回忆起他们美好的过去，她要和刘彻重温旧梦，她要做一个温柔体贴的好女人。

## 痴情怨妇难动武帝“色心”

阿娇知道，刘彻有一大爱好，就是读赋，尤其是司马相如的赋。当年一篇《子虚赋》令刘彻赞叹不已，感叹能欣赏这么飞扬的文采，竟不能一睹作者风貌，实在是人生一大憾事！侍从告诉他，《子虚赋》的作者就在人世，还是陛下的子民。刘彻立即召见司马相如，从此司马相如就留在朝中，伴随刘彻左右。

阿娇和她的母后集团用重金聘请大才子司马相如。司马相如听了阿娇倾诉的凄凉遭遇，被这个痴情的女子深深打动，于是一篇流传千古的《长门赋》就此诞生了。

夫何一佳兮，步逍遥以自虞。
魂喻佚而不反兮，形枯槁而独居。
言我朝往而暮来兮，饮食乐而忘人。
心慊移而不省故兮，交得意而相亲。
伊予志之慢愚兮，怀贞慈之欢心。
原赐问而自进兮，得尚君之玉音。
奉虚言而望诚兮，期城南之离宫。
修薄具而自设兮，君曾不肯乎幸临。
廊独潜而专精兮，天漂漂而疾风。
登兰台而遥望兮，神恍恍而外淫。
浮云郁而四塞兮，天窈窈而昼阴。

雷殷殷而响起兮，声像君之车音。
飘风迴而起闺兮，举帷幄之襜襜。
桂树交而相纷兮，芳酷烈之闺。
孔雀集相而存兮，玄猿啸而长吟。
翡翠胁翼而来萃兮，鸾凤翔而北南。
心恁噫而不舒兮，邪气壮而攻中。
下兰台而周览兮，步从容于深宫。
正殿瑰以造天兮，郁并起而穹崇。
间徙倚于东厢兮，观夫靡靡而无穷。
挤玉衣以憾金铺兮，声噌吰而似钟音。
刻木兰以为榱兮，饰文杏以为梁。
罗丰茸之游树兮，离楼悟而相撑。
施瑰木之栌栌兮，委参差以慷梁。
时仿佛以物类兮，像积石之将将。
五色炫以相曜兮，烂耀耀而成光。
致错石之瓴甓兮，像瑇瑁之文章。
张罗绮之幔帷兮，垂楚组之连纲。
抚柱楣以从容兮，览曲台之央央。
白鹤噭以哀号兮，孤雌踌于枯杨。
日黄昏而望绝兮，怅独讬于空堂。
悬明月以自照兮，徂清夜于洞房。
援雅琴以变调兮，奏愁思之不可长。
案流微以却转兮，声动眇而复扬。
贯历览其中操兮，意慷慨而自印。
左右悲而垂泪兮，涕流离而纵横。
舒息悒而增欷兮，蹝履起而彷徨。
揄长袂以自翳兮，数昔日之臭鸟殃。
无面目之可显兮，遂颓思而就床。
抟芬若以为枕兮，度荃兰而茝香。
忽寝寐而梦想兮，魂若君之在旁。
惕寤觉而无见兮，魂廷廷若有亡。
众鸡鸣而愁予兮，起视月之精光。

观从星这行列兮，毕昂出于东方。

望中庭之蔼蔼兮，若季秋之降霜。

夜曼曼其若岁兮，怀郁郁其不可再更。

澹偃蹇而待曙兮，荒亭亭而复明。

妾人窃自悲兮，究年岁而不敢忘。

一幅催人泪下的怨妇思夫图。武帝刘彻十分欣赏这篇赋，但他只称赞是一篇上乘好赋，并没有被赋中的怨妇情怀感动。阿娇依然被冷落在长门，没被刘彻记起，望穿秋水的阿娇已经心灰意冷。

长门怨妇的痴情没有将武帝刘彻那颗心打动，却令一代又一代的文人着迷，众多典故在文人们的妙笔下产生。从此以后，失败、失宠有了许多代名词，如长门事、长门泣、长门掩、长门闭、长门隔等。而千金买赋、黄金买赋也成了文人的才能、作品被人赏识的代名词。

## 汉武帝对相貌英俊的男人如狼似虎

史册上对汉代皇帝贪恋男色也有记载，痴情、热烈是他们的一大特点。汉高祖刘邦有男宠籍孺；汉惠帝刘盈有男宠闳孺；黄头郎邓通是有贤帝之称的文帝刘恒的男宠；文才武略的武帝刘彻宠侯孙韩嫣、韩说兄弟，乐人李延年更是被他宠得死去活来；汉哀帝宠太子舍人董贤。这些美貌的男人和皇帝都是同性恋关系。

汉代皇帝汉武帝刘彻在男宠和女宠上双管齐下，做得十分了得。刘彻文武双全，文才有目共睹，令文人们叫绝，武略更是前无古人后无来者。在男女情事上，刘彻也做得非常绝。

刘彻小时候就和侯孙韩嫣非常要好。韩嫣皮肤白皙，一双眼睛水灵灵的，像女人一样漂亮。由于朝夕相处，两人日久生情，这种情超出了一般的友情变成了感情。成年以后，韩嫣更令好色成性的刘彻着迷。刘彻 16 岁即位，韩嫣侍从左右。后来，更多的男宠出现在刘彻身边，音乐艺人李延年尤其出名。

李延年是中山人，清秀俊朗的相貌有点像美女，音律、歌唱、舞蹈无不精通。相貌姣好和多才多艺是李延年的资本，凭此他一直吸引着武帝，供职宫中。有一次，李延年触犯了宫规，如果无钱赎罪就要按律施以宫刑，延年无钱，只好接受了宫刑。李延年如同一只脚踏入了黄泉，宫刑的悲哀和痛苦不是语言所能描述和形容的。

奇怪的是,李延年宫刑以后越发漂亮了,嗓音和舞姿也更有韵味。看看宫刑后的李延年是否更加迷人也是刘彻的目的,没想到李延年竟真的变成了一个绝色的佳人,武帝刘彻对李延年更加宠爱了。李延年随侍刘彻左右,随时为刘彻唱歌跳舞,成了刘彻的一个玩物。

李延年心里清楚,男色不过是皇上一时的喜好,只有美女才能真正抓住皇上的心,让皇上神魂颠倒。皇上那颗孤独而骄傲的心只属于聪明又美艳的女人,也只有迎合皇上的兴趣,才会有享之不尽的荣华富贵。

有能够拴住武帝刘彻那颗文才武略的英雄心的女人吗?李延年想到了自己的妹妹李氏,她不就是最佳的人选吗?李延年知道,只要让刘彻注意到自己的妹妹,刘彻一定会动心的。

李延年那迷人的歌声比他那漂亮丰润、风姿秀雅的面容更令武帝沉醉。一有空闲,刘彻就召李延年入侍,献上歌舞,消愁助兴。有一天,刘彻心情极好,神采奕奕,李延年见时机已到,便将自己柔韧美妙的舞姿、圆润活泼的歌喉发挥得淋漓尽致。他唱道:

佳人生北方,独立而绝世。

一顾倾人城,再顾倾人国。

宁不知倾城与倾国,佳人难再得。

这一曲令嗜色如命的武帝刘彻如醉如痴。这样倾国倾城、沉鱼落雁的北方佳人,怎能在现实中找到?恐怕只有在梦中才能遇见!听完美妙的乐曲,刘彻不禁为佳人难得而摇首叹息。这一切李延年看在眼里,美在心里。

## 汉武帝对北方佳人如痴如醉

佳人的倩影日夜缠绕着武帝刘彻的思绪,令他愁眉不展,寝食不安。李延年的一首佳人美曲,竟能使人方寸大乱,魂魄尽失,刘彻不禁觉得奇怪。他想这又是何苦,北方有这样的佳人吗?这不过是李延年即兴唱美曲,是曲中的佳人罢了,何必当真。刘彻郁郁寡言,爱恋之情无法忘怀,在一片寂寞的情绪中刘彻漫步到了姐姐平阳公主家中。面对美酒佳肴,刘彻全无兴致,只是感叹佳人难寻。平阳公主知道弟弟心事,心中早已有数。

平阳公主微笑道:“我有一法子,保证能解皇上之愁。”刘彻摇头而笑,只是闷声饮酒。“你不是苦叹北方无佳人吗?你到艺人李延年家里去看看就知道了,他的妹妹就是一位倾国倾城的绝色佳人。”平阳公主道。

武帝刘彻听后呆在那半天没回过神，等明白过来是怎么回事，刘彻满脸喜色地辞别姐姐，立即召李延年的妹妹李氏入宫。刘彻那颗本来就不安分的心此时如大浪淘沙，难以平静。李氏会是怎样的一个女人，他也无法想象，大概也和后宫女子差不多。

刘彻心情急躁地在宫殿中来回走着，焦急地等待着他一次次设想成丑八怪的李氏。猛然回头，他发现一位亭亭玉立、一身淡雅装束的女子站在殿堂门口，那超凡脱俗的姿色，简直是一位下凡的仙女。

刘彻愣住了，门口的仙女是淡妆素裹，却如一轮朝日喷薄而上，那样的摄人心魄。李氏实在太美了，美得仿佛不食人间烟火。能结识这样一位美人，刘彻心中的感受很难形容。李氏是当之无愧的北方佳人，确实是绝世独立，何止倾城倾国。

刘彻神情恍惚地坐在龙椅上，一双眼睛被李氏吸引住了。李氏半羞半怯地在御前施礼。然后，轻歌曼舞了一曲。李氏毕竟是女人，女人的舞姿歌喉更能使男人陶醉，比起李延年来，李氏的舞姿和歌声更让武帝刘彻失魂落魄。武帝刘彻心里知道，自己以后再也离不开这个女人了。

## 李夫人拒武帝于“千里之外”

刘彻拥有了北方佳人李氏，对她宠爱有加。爱欲交织的刘彻让李氏日夜陪侍左右，纵情享乐。李氏沐浴着皇上的雨露，宠冠后宫。不久以后，李氏有了身孕。十个月后产下一男孩，但由于身体瘦弱没能养活，被赐谥号昌邑哀王。

刘彻没有止境的欲求以及宫中的喧闹和繁杂使美丽而又虚弱的李氏承受不了，终于卧病不起。所有的御医都给她看过病，但都不见起色，病情没有一点好转的迹象，反而日渐加重。李氏这一卧病就是很多时日，病魔也将李氏的绝世容颜吞去，只剩下一张苍白而清瘦的脸，一副病入膏肓的样子。

武帝刘彻十分迫切地要见到李氏，但御医和李氏一次次地将他阻住。宫中规定，后宫女子一旦染病，是不准靠近皇帝的，皇上也被禁止与病人接触。御医力劝刘彻，说此时去见不太适宜，等她病情好转了，玉体康复了，再去看视。李氏也清楚，病魔使自己的容貌大不如前，如何能让皇上看见？

但是，御医怎能劝住独断专行的武帝，武帝又哪有耐心等待着李氏的康复。刘彻只听说李氏病情一天天加重，他无法容忍令他飘飘欲仙的美人远离自己，何况美人就在宫中，唾手可得！等了好几天，不耐烦的刘彻冲动地闯进了李氏的寝宫。

满面病容的李氏正躺在床上和众姐妹说话，得知皇上来了，李氏便不顾一切地用一床被子将自己的脸盖住。众姐妹忙在房中跪迎刘彻，刘彻只惦记着李氏，他一进李氏寝富便一个箭步跨近床前，叫着李氏，探问病情，丝毫没注意他人。

李氏用被子严严实实地盖着自己的脸，一句话也不说。刘彻觉得莫名其妙，说自己来探视病情，为何见一面都不让？李氏在被中哀声说道："奴婢卧病很久了，形貌都已毁了，没有面目再见皇上，请皇上降罪。儿子和兄弟托付给您，希望您好好照顾他们，我就放心了。"

令人朝思暮想的美人就躺在自己面前，但没想到美人躲在被子下，就是不让见，而且，竟将儿子和兄弟托付给自己，究竟是为何？武帝刘彻强忍心中窜起的怒火，耐着性子对李氏说："夫人，你的病虽是有些重，还是能够治好；即便难有好转，你也可以将王儿和兄弟当面托付给我，你我见上一面岂不是更好？"

刘彻边说边动手掀被子，李氏用手使劲捏着被子，哭了起来。李氏边哭边哀声说："陛下，妇人貌不修饰，不见君父，我如此憔悴的容颜怕吓着皇上。"刘彻急得在床边团团转，几乎是用哀求的口气道："夫人，我可以封你兄弟做官，可以赐给你一千金，只要你让我看你一眼。"

哭泣不止的李氏仍然坚决拒绝："陛下，封不封我兄弟做官，不在于见不见这一面，而在于陛下。"火冒三丈的武帝刘彻伸手就掀被子，想看这病中的美人一眼。聪明过人的李氏早有防备，双手紧紧攥着被角。两人对峙了一阵子，李氏奈何不了武帝便翻过身去，面朝墙壁，捂脸痛哭。贪色心切的刘彻没料到是如此结局，他站起身看一眼被中抽泣的美人，恨恨而去。

武帝刘彻离开以后，跪伏在地和躲在后室的众姐妹们忙围了过来，这一幕使她们大为惊奇。一个女子能令皇上如此痴情，竟然破例来探望，为了看上一眼不惜千金，如此大的福气李夫人竟然不接受，还扭打起来，不就是看一眼么，值得这么做吗？真令人费解。

姐妹们围过去，让还在哭泣的李氏从被中出来，说皇上怒气冲冲地走了。姐妹们七嘴八舌，大都责怪她怎么这样对待皇上，当着皇上的面托付儿子和兄弟不是更好吗？用不了这样和皇上过不去，这不是招皇上生气吗？皇上生气了，还能照顾好王儿和你兄弟吗？

李氏稳定了一下情绪，侍女替她擦干泪水。待众姐妹们说完，李氏这才哀婉地说道："姐妹们的好意我心领了，不过，姐妹们误会了，你们以为我不见皇上是怨恨皇上,是故意招皇上生气?我之所以这样做,正是为了更好地托付儿子,托付兄弟。”李氏说着,泪水又淌了下来。众姐妹仍不明白李氏的意思,只是目不转睛地瞪着李氏。

李氏擦净了鼻涕和泪水,平静地说:“我出生低微,皇上是看我容貌娇好才宠爱我的。可是,自古以来,凡是以美貌取悦于人的,色衰则爱必弛,爱弛则恩必绝。这几年,皇上眷恋我,宠幸我,只是爱慕我的容貌。如今,我的容貌已被病魔毁掉,皇上见到我的模样,肯定会厌恶我、唾弃我,到那时,我的儿子、我的兄弟怎能得到皇上的顾念?”

李氏语气平静,却句句含金,掷地有声,众姐妹心中大为敬佩,默默无语。李氏这段入木三分、一针见血的话语无疑是很有道理的。贪恋美色的皇帝是以貌取人,容貌娇好自然沉迷其中,纵情享乐,一旦美色消逝,则爱心必弛,爱心弛后则恩情必绝,更不用说什么顾念家人了。从此以后,李氏拒绝再见刘彻,没多久李氏就与世长辞了。

## 武帝相思竟招魂

李氏离去,留在武帝刘彻记忆里的仍是当年美好的容貌和美妙的往事,每次刘彻回味之后,便是无尽的思念和痛彻心扉的渴望。李氏那迷人魂魄的音容笑貌时时浮现在他眼前,无论怎样都挥之不去。刘彻思念李氏,渴望继续拥有那倾城倾国的容颜,渴望那醉人销魂的感觉能回到身边。然而,李氏终究去了,一切都无法挽回。

武帝刘彻将满腔的热望和满腹的情思强压在体内。他思念着李氏,品味着最后的一次相见,回味着李氏的一切。李氏临终前的托付,便成了刘彻抛洒情思的渠道。刘彻下旨,封李氏的哥哥李广利为贰师将军,授海西侯,封李延年为协律都尉。

时光虽然在流逝,但武帝刘彻对沉鱼落雁、美貌惊人的李氏的思念丝毫没有减少。宫室、床帐、屋外的风声、雨滴,无一不勾起他对故去美人的无限思念。刘彻常常在饮酒时突然落泪,情绪激动。刘彻喜好吟诗,也长于诗赋,在思念的煎熬下,刘彻茶饭不思,难以入睡,便用一首思念美人的《落叶哀蝉》诗来释放情绪:

罗袂兮无声,玉墀兮尘生。

虚房冷而寂寞,落叶依于重扃。

望美之女兮，安得感余心之未宁。

武帝刘彻对李夫人的思念几乎到了无可救药、不能自拔的地步，终日只是辗转徘徊，愁眉苦脸。刘彻无法容忍生活中没有了李夫人，可死人又怎能复活？经过苦思，刘彻终于想出一个好主意：何不让宫廷画师画出李夫人的画像，这样每天自己看着画像就像看见真人一般。

刘彻当即召来宫中造诣最深的宫廷画师，画师按照武帝所描述的李夫人的容貌特征精心描画，经反复润饰、修改，一幅栩栩如生的李夫人匾像诞生了。画像十分逼真，和真人一模一样，只是缺少了声音、温热和生命。

刘彻爱不释手，百看不厌，每天对着画像倾诉爱慕。他梦见自己在追逐李氏，两人又在一起寻欢作乐。然而，李氏已不存在于现实生活中，只存在于一个画像里。画像尽管形神兼备，却没有生气和活力，要是有人能招魂，让画像活起来岂不妙哉！

无巧不成书，偏在此时，一位身怀绝技的方士来到京师，人称少翁，是齐地人，据传他的招魂术非常绝妙，能让死去的人再次复生。刘彻听到奏报大喜过望，立即将齐少翁召入宫中，齐少翁被带入深宫，马上受到了刘彻的召见。

按照旨意，少翁在宫中为李氏招魂。刘彻给少翁一处幽静的宫室，让他布置，并很快为他备好了所需的物品。室中灯光如豆，朦胧的烛光下账幔飘拂，色彩交错，山珍海味、美酒佳肴都置放在帐幔之前。

一番念经诵咒和狂舞之后，少翁开始入静，武帝刘彻被安排在相距不远的另一顶账中。子夜时，少翁正式施法，一时间烟雾弥漫了烛光映照下的帐幔，空中飘荡着细微的声音。在另一顶账幔中，武帝端坐其中，全神贯注，目不转睛，随时等待着李氏的出现。

也不知过了多久，看得有些疲倦的刘彻猛然间发现有一个影子在对面帐子里活动，侧影看上去十分秀美。美人移动着，坐在那里。刘彻仔细一看，居然是李氏！坐了一会儿，李氏竟站了起来，她走路的样子和活着的李氏。

武帝刘彻情不自禁地站了起来，要跑过去搂住复活了的朝思暮想的美人。少翁幽灵般地出现在刘彻面前，拦住刘彻，郑重地摇了摇头，示意他不要过去，否则惊动了美人的魂，很快就会消失。果然，没过多久，随着烟雾减淡，李氏也不见了踪迹。

武帝刘彻非常满意少翁的招魂术，厚赏了少翁，而他对美人的一缕情思却因这次和李氏的一缕香魂相见而越发热烈。刘彻无法排遣心中的相思之苦，便拿起笔，写诗寄托情思。武帝就在这种情形下写出了《是邪非邪》：

是邪非邪？立而望之，偏何姗姗其来迟？

武帝的真实感觉就是这样，他在苦苦相思中见了心中的美人之后，将信将疑、惊喜参半的直觉。刘彻将这首直抒胸臆的诗句交给乐府，让乐师配曲歌唱，这首优美的《是邪非邪》便在宫中传唱开了。

李氏的香魂勾起了武帝刘彻无尽的思念，食不甘味、睡不安寝的刘彻对别的美女也没有多大的兴致，对李氏的想念却无时无刻不在。刘彻脑海里装满了李氏的一颦一笑，一举一动，他日思夜想，实在难以忘怀。刘彻思念太切，便铺纸挥毫，写出了一篇脍炙人口的《李夫人赋》：

美娟娟以修嫮兮，命勦绝而不长。

饰新宫以廷伫兮，泯不归兮故乡。

惨郁郁其鞠秽兮，处隐幽而怀伤。

释舆马于山椒兮，奄修夜之不阳。

秋气潜以凄泪兮，桂枝花而销亡。

神茕茕以遥思兮，精浮游而出疆。

托沈阴以圹久兮，惜藩华之未央。

念穷极之不还兮，惟幼眇之相羊。

函菱荴以俟风兮，芒杂袭以弥章。

的容与以猗靡兮，缥飘姚虚愈庄。

燕淫衍而抚楹兮，连流视而娥扬。

既激感而心逐兮，包红颜而弗明。

欢接狎以离别兮，宵寤梦之茫茫。

忽适化而不反兮，魄放逸以飞扬。

何灵魂之纷纷兮，衣裴回以踌躇。

势路日以以远兮，遂荒忽而辞去。

超兮西征，悄兮不见。

寖淫敞克，寂兮无音。

思若流波，恒兮在心。

# 司马相如勾走卓文君

## 友人定计尊相如

一天武帝坐在宫中，偶然读到一篇《子虚赋》，赞叹不已，但不知何人所作，于是叹道："只可惜此人与朕不在一个时代。"蜀人杨得意在一旁上前说道："我手下邑人司马相如自称此赋是他所作。"武帝惊喜万分，便派人召见司马相如。司马相如字长卿，乃蜀郡成都人，在文学上非常有造诣，但有口吃之病，言语不便。从小深受父母喜爱，小名犬子。长大后敬佩战国蔺相如的人品，所以改名相如。当时，身为蜀郡太守的文翁见相如生性聪俊，派他去长安上太学，学成回蜀教课授业。后来伴随景帝，先为郎官后为武骑常侍。相如生性喜欢写词作赋，偏景帝不喜欢辞赋，命他为武官，相如心甚不愿。正巧碰上梁孝王来朝，随带枚乘、邹阳、严忌诸人，相如与诸人相见，高谈阔论，非常投机。不久他就称病辞官，去了梁国。孝王舞文弄墨，消遣光阴，子虚之赋便由此而诞生。

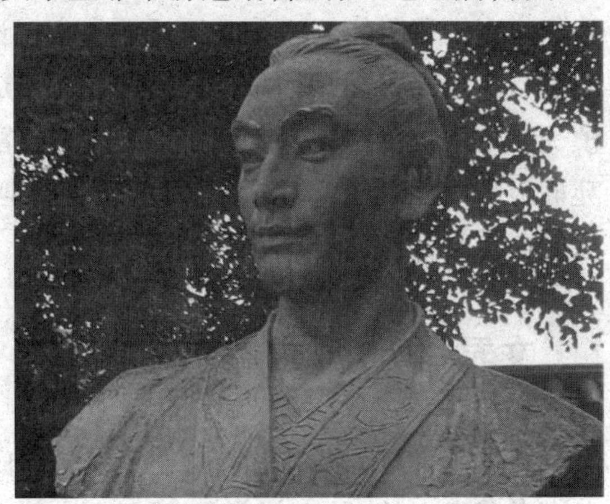

司马相如雕像

梁孝王死后，相如回到成都，因家中清贫，又找不到可做之事，于是想起正在临邛做县令的友人王吉。记得当年临别之时，王吉曾说道："长卿如果仕途不顺，可来找我。"相如心想自己如今漂泊游荡，又无家室，为何不去投靠他，于是便将家中所余田产全部卖掉，用一半钱财购买行装，另一半当作盘缠，启程前往临邛。王吉得知相如到了，亲自出去迎接，并留相如住在都亭。久别重逢，二人自然欢喜，王吉问起相如最近过得如何，相如一一告知。见故人如此落魄，王吉决定帮他想想办法，终于想出一计，他私下告诉相如。相如表示同意。

于是王吉每天一早就亲自到都亭，装作十分恭敬的样子向相如问安。刚开始相如还肯出来相见,但数日之后,王吉来时,相如故意称病,命仆人谢绝。王吉仍每日必来,从不怠慢。此事很快在当地传开了,百姓们都以为县令家来了一位贵客。一班富人闻此消息暗想,此人竟有此等势力,能使县令如此尊重。不免心生势利,想要前来攀附。

临邛这地方富人很多,卓王孙更是首屈一指。卓王孙祖先本是赵人,依靠挖掘铁矿、冶铸铁器发家致富。秦灭赵国后,卓氏全家被抓,被迫迁往蜀地,家产都被没收。卓氏夫妻二人,自己推辇走到葭萌(故城在今四川昭化县东南)。当时有许多一同迁往的人,身边带有很多钱物,见蜀道险恶难行,便买通押送的官吏,让他们在附近安家。官吏得了贿赂,就令他们在葭萌居住,唯独卓氏与众不同。他夫妻二人暗中商议道:"这地方不但狭小,而且土质很差,听说岷山下面,土地肥沃能种蹲鸱,不至于饿死。而且当地居民比较勤劳,商业比较发达,我们应当去那居住。"于是卓氏反而求官吏让他们去远处居住,因此他们被安置到临邛。卓氏大喜,因为临邛也有铁山,于是他们重操旧业,采矿炼铁。他们在滇蜀一带贩运货物,获利丰厚,不久成为巨富,家中有八百多名家僮,亭台轩榭,苑囿射猎,犹如皇宫。程郑由山东迁居此地,也以冶铸为业,且与西南夷贸易,家僮也有数百:家业与卓氏几乎不相上下。

## 文君窃听《凤求凰》

卓王孙、程郑等闻知消息,便聚在一起商议道:"现在有贵客到此,我等应当备酒邀请贵客,以尽地主之谊,并把县令请来作陪。"诸人选定日期,就在卓王孙家中宴会。豪富之家出手阔绰,如今有贵客到访,更是极尽奢华,早早地就张灯结彩,将府内陈设一新。不料此举惊动了一个人,此人是卓王孙的女儿,名文君,年方十七。她本已出嫁,但婚后不久丈夫便死了,只好又回娘家。文君长得美若天仙,眉色如望远山,脸际常若芙蓉,肌肤柔滑如脂,生性放诞风流。可惜年纪轻轻便守寡,尽管家境富贵,但总觉辜负青春。父亲要为她另择郎君,可当地子弟无人令她满意。文君自己却暗自留心,渴望找到心中所属,当她得知父亲宴请贵客,不觉心动,便想出来偷看。

宴客那天,卓王孙一早起来,穿着隆重出去候客,并吩咐家中佣人分头催请。一班宾客,陆续到齐,共有百余人。过了许久,县令王吉也来了,就等司马相如一人了。这时已是正午时分,酒宴早已备齐,卓王孙一再遣人催请,但司马相如称自己有病在身,不便前来。

王吉不敢先行入席，只得亲自乘车去接相如。又过许久，才将相如请来。此人如此难请，这次还是看县令的情面才勉强前来，众人都想看看他是何方神圣。当风度翩翩的司马相如出现时，满座宾客无不叹服。此时卓文君早在一旁偷看良久，见相如人品清秀，举止文雅，又见他的车马仆从也非等闲之辈，觉得这种人物的确罕见，心中不免产生爱慕之情。

谁知正在她看得忘情之时，不小心露出自己面容，被相如一眼瞧见。

在觥筹交错之时，王吉想到相如善于弹琴，并收藏了一把古琴，名为"绿绮缘"，如今带在车上，便命左右取来，王吉亲自捧到相如面前说道："素知相如喜爱弹琴，今天何不弹上几曲以供消遣。"相如推辞不过，便弹了一两曲。满座宾客只知琴声悠扬，都拍手叫好，却不曾领会琴中的意境，只有卓文君平时喜爱音乐，深谙律吕，见相如所弹曲调，句句都似乎在向自己暗示着什么，暗自点头会意。原来相如见文君貌美如花，动了爱慕之心，便将心事写入琴曲中向她表白，刚才所弹的曲目名为《凤求凰》。其曲道：

凤兮凤兮归故乡，遨游四海求其凰。有一艳女在此堂，室迩人遐毒我肠，何由交接为鸳鸯？

凤兮凤兮从凰楼，得托孑尾永为妃。交情通体必和谐，中夜相从别有谁？

正当文君沉醉时，突然琴声停止，文君这才清醒过来。不久，宴席临散，相如起身告辞，众宾客纷纷散去。

文君若有所失地回到自己房里，心中还是念念不忘司马相如，暗想道：世上男子虽然众多，但如此风流儒雅之人，却见不到几个，我最好以身相许，不可错过。但是虽然我对他有意思，他却未必能看上我，方才听他琴调，虽然情意缠绵，但怎么能知道他心里不是在想其他人呢？况且他异地初来，与我素昧平生，如何知道他早已心中有我？我今费尽心思，怎样才能让他得知？文君独自沉思，正在出神，有一人忽然慌慌张张走入房来，文君被吓了一跳。

## 首座宾客拐佳人

卓文君正在一人胡思乱想，突然有一人慌里慌张地走了进来，文君吃了一惊，抬头看时，却是自己身边一个侍儿。文君刚要训斥她，那侍儿却走近前来，小声对文君说道："适才外边请客，热闹非凡，我也带领众人前往观看，见那首座一位客人，品貌清秀，又能弹出好听的曲子。我从别人口中得知他名叫司马相如。我兴致正高，家僮却把我唤到门外，说是有人要见我。我见了那人，却根本不认识,那人自言系奉主人之命,给我许多赏赐,托我悄悄地向娘子表达仰慕之意。我问他主人姓名,原来就是首座之客。我又向他询问家世,据他说主人家住成都,至今尚未娶妇生子。据我看来,此人才貌双全,也曾做过官吏,再加上衣装华美,举动文雅,看来家道还算富裕。如今既然钟情于娘子,若得成了亲事,简直是天生一对儿,不知娘子意下如何。"文君听了,嘴上没有说话,心中却非常高兴,司马相如果然有意于自己,但是如何方能成就此事?正当办法便是等他托人来向我父亲说亲。让自己担心的是,万一父亲不答应,弄得两下决裂,反而坏了事情,这要怎么办?

文君费尽脑汁也想不出个好办法,最后想来想去,只能靠自己,随他逃走,最为简捷。又想起琴调末句道:"中夜相从别有谁?"分明是在暗示我夜间去他馆舍,却没有人破解其中的意思。事不宜迟,今晚就动身。文君此时早已决定为爱情献身,也顾不得许多,吃过晚饭,她命侍儿悄无声息地把车马备好,只说是去访亲戚。瞒过众人,自己暗自出来上车,吩咐御者加鞭向都亭赶去,一会儿便到了。文君打发走车马后,自己便直入馆舍,来见相如。一见文君黑夜到来,相如又惊又喜,待到天明,马上一起乘车逃离临邛,往成都急驰而去。

相如所做的一切原来都是王吉之计。王吉因见相如一贫如洗,未曾娶妻,又不愿做官,只有成为豪门快婿,既有家室,又有钱财,才是万全之策。但本地富人虽然不少,大都心存势利,他们如果知道相如家贫无业,哪里肯让他做自己的女婿?因念此等势利之人,唯有势利才能打动他。好在相如是刚来不久的客人,没人知道他的底细,遂想得此计,自己每日去拜相如,假作恭敬,又使相如托病不见,装出一副高贵的身份,使程郑、卓王孙对他十分仰慕,自然要来结交。相如又有才有貌,彼辈见了,必能中意,然后自己为他们牵线儿,方可成事。这些原本是王吉替故人打算的一片好意,哪曾想到席间相如窥见文君,便用琴声勾引她,又用重赏把文君侍儿买通,把自己的意思转达给她。文君一时情急,竟等不得托人说媒,深夜私奔,二人一同逃走,等到王吉知道了这件事,见木已成舟,只得随他们了。

文君当时逃走,卓氏家中没有一个知道的。只因富家大族,人口众多,房屋广大,各人只顾各人,无暇顾及他人。只有一两个人知道文君出门,还以为她走访亲戚,很快就会回家,谁也没想到她会跟人私奔,所以全不在意。直至第二天大家起来,彼此见面,问起文君,才知道家中没有她,遣人到处寻觅,毫无结果。最后追问御者及侍儿,才知道去了都亭,急到都亭问时,连司马相如都没了踪影,才知道是一起私奔。此时文君与相如早已走了大半天。听说女儿随人私奔,卓王孙气得茶饭不思。想派人追赶,料得相去已远,不容易追上。即使把他们追回来,但两情相悦,早晚还要逃走,事情又怎能从根本上解决呢?若待告到官府,擒拿惩治,眼看得相如是县令故人,一定和他站在一边。况此事经官,闹得满城风雨,就会损坏自己名声,只得忍气吞声,反吩咐家人保守秘密,免被他人议论。谁知闹腾了半天,亲戚朋友早已全知,陆续到来劝解。过了一时,打听得相如、文君在成都居住,光景非常惨淡,有人便劝卓王孙道:"虽然文君做错了事,终是自己女儿,既然她有情于相如,相如便是自己女婿,为什么不分给钱财作为嫁资,免得她受苦。"卓王孙听说大怒道:"养女不肖,已到了这种地步,不杀了她,已算便宜,若论家财,我是一分钱也不给。"众人屡次劝说,卓王孙就是不答应。

## 皮裘换美酒佳肴

文君跟随相如回到成都,至家中一看,原来只有几间破屋,而且家徒四壁。先前文君以为相如服装华美,家里即使不富裕,也一定有几亩田地,可以安乐过日,谁知竟是空无所有,未免失望。又追悔自己过于心急,未曾多收拾些细软物件带来。事已至此,既来之,则安之,只得变卖几件随身插戴金银首饰,置办日用物件,暂且过活。自得文君为伴,相如暇时偶尔著书立文,远胜从前那般寂寞。只是终日在家里坐着,无所事事,只花钱不赚钱,没有几天,文君带来的物件将要卖完。相如一向贫穷度日,尚不觉得困苦,只有文君自小在朱门中长大,锦衣玉食,安坐享受,哪曾领受过这种困苦?如今对着粗茶淡饭,早已吃不进去,加上丫鬟不在身边,炊爨(烧火煮饭)洗涤,什么事都得自己干,愈加劳苦。又想到将要没有钱用,肚子饿了该怎么办?因此郁郁不乐,不免渐渐消瘦见文君憔悴非常,相如心中愈加怜惜,便经常弹琴替她解闷。

一日,相如与文君无聊地相视而坐。相如默念:文君娇养已惯,自到我家,就一直受苦受难,都是让我连累的,想起来实在对她有愧。今日无事,不如买些酒肴,与她作乐一番。但是身上连一文钱也没有,怎样才能买些酒肴?实在想不出办法,只有自己身上穿的一件鹔鹴(音肃霜,水鸟名,皮可为裘)还能值几个钱。现在天气尚不甚冷,将它抵押些钱,先让她快乐一番。而且自从我俩成亲,还未尝饮过合欢酒,不如趁这个机会补上,就当是洞房花烛燕尔新婚,以后如何,且不管他。想定主意,相如也不告知文君,一人走到市上,寻了一家酒店。那店人的名字叫阳昌,乃是相如素识。相如走入店中,便脱下身上皮裘,交与阳昌,用它来抵押美酒两瓶,肴馔数品。不一会儿,酒肴就准备齐全,店小二挑着,跟随相如送到家中,遂一一取出,排列案上。相如把店小二打发走,自己又把文君请来饮酒。文君问他原因,相如方才告知,文君才出来与相如对坐饮酒。相如一心想让文君高兴起来,谁知饮到半酣,反弄得文君伤起心来,想起眼前家景贫寒,度日艰难,不由得一阵心酸,低下了头,抱着颈项,泪如雨下,打湿了襟袖。

见此情形,相如吃了一惊,连忙安慰道:“喝得好好的,为什么哭起来?”文君痛苦地说:“我想起自己生平,家中何等富足,每当高兴时候,不要拿出现钱,要吃要喝,只需吩咐一声,马上就可买好捧到面前,尽情享用。没想到今天没了吃喝,竟然连累你脱下皮裘来抵押,叫我怎么吃得下去?”说到此处,泣不成声。停了一会儿,文君又说道:“我算了一下,钱很快便没了,总不能等着挨饿,不管好歹,再到临邛住下,即使父亲不肯接济,我尚有兄弟姊妹,借他们的钱,也可过活,为什么要如此受苦呢?”相如听了,心想,我设计把文君引诱到我家,连累她跟自己受苦,偏偏卓王孙不念父女之情,不肯给予资助,想他也是气极一时,所以如此狠心,置女儿于不顾。现在已过去好几个月了,他的气也应该消了,我与文君再回临邛,相信他不会再为难我俩。纵使有为难之处,还有我的故人县令王吉,自然会暗中帮助我,也不怕他。若像文君说的以借贷为生,也不是万全之策,要想遂意一些,必须弄他一笔钱财到手。因又念道,大凡富人最要面子,他所以不肯原谅,也因是越礼私奔,丢了他的脸,他本不再认文君做女儿,但从外人那里看来,文君终是他的女儿。如今无计可施,一不做,二不休,索性再厉害地玷辱他一番,管教他自己心甘情愿地把钱送来,遮掩门面。想了半天,相如忽得一策,便告诉了文君,文君点头应允。二人计议已定,重新吃了酒肴,收拾安寝。到了第二天,相如与文君收拾行装,仍坐原来车马,向邛出发。

## 美佳人当垆卖酒

马相如与卓文君来到临邛,既不通知王吉也不去见卓王孙,把车马变卖了,租了一间店,置备许多什物,雇了几个伙计,择个吉日,把招牌一挂,一家酒店便落成了。说起经商买卖,并不属于歪门邪道,即便卓王孙祖父,也是由买卖发家致富,对身份毫无影响,只是比起别项生意,卖酒生涯终觉不如。相如和文君都是店东。本应安安稳稳地坐在店里,不干杂活才是,可相如却令文君每日浓妆艳服,来到店前,当垆卖酒。相如自己也一身店小二打扮,在店中和伙计一起洗涤杯盘,兼做杂事。

相如酒店刚刚开业，生意便异常兴旺。只因地方上人见当垆卖酒的是个妇女，都当作一桩新闻，议论的满城皆知，因此轰动多人，都打着买酒的幌子，争来观看，店前终日人头攒动。又兼文君姿态秀丽，更惹得一班浮荡少年，轻薄子弟目迷心醉。早已经有人认出了卓文君，说出姓名，没过几天便满城风雨，都说是卓王孙女儿，居然做了酒保。一时嬉笑怒骂，议论纷纷。

县令王吉听说了这件事，急遣人出来打听，据回报说确有此事。王吉暗思，这是相如的计谋，现在先不要说破，于是假作不知，置之不问。只有卓王孙听说后羞愧不堪，心想女儿做此下贱之事，连自己都没脸见人了，只得躲在家中，足不出户。有许多亲戚朋友知道了这件事，都来劝慰卓王孙道："你仅有一男两女三个孩子，家里有的是钱，她之所以做这种下贱之事，都是因为你不给她钱财。且文君既已把身子给了司马长卿。那长卿以前做过官，只因生病才被免去职务，家道虽贫，人才却还相配，而且又是县令的客人，怎能让她蒙受这样的屈辱呢?"卓王孙听诸人所说，也不无道理，自己又无别法，只好长叹一声应允。于是分给文君一百个家僮，百万钱财。文君得此大财，立即闭了店门，与相如重新回到成都。王吉听说这事，也替相如欢喜，算他所设之计没有失败。其实和东方朔相比，司马相如这种行径更是不堪，在历史上他二人却都是有名的人物。只因国人有一种风气，但凡遇着文人才子，格外看重，即使他丑态百出，以后也会被传为佳话。至今四川成都尚有相如琴台旧址；邛崃县东白鹤驿还有文君井，井水酿酒，香醇浓烈；井侧也有琴台，传说是司马相如抚琴的地方。唐杜甫有诗咏相如琴台道：

茂陵多病后，尚有卓文君。
酒肆人间世，琴台日暮云。
野花留宝靥，蔓草见罗裙。
归凤求凰意，寥寥不复闻。

相如言志雪前耻

相如、文君当天就回到了成都，将所得资财置买田宅，雇用奴仆，顿时从一个家徒四壁的穷人变成了腰缠万贯的富人。与从前皮裘换酒的情形，已是天壤之别。如今坐对美人，拥有财产，吃穿不愁，心满意足。谁知乐极生悲，相如原来的消渴之病（俗称三消）重又复发，可能是自从得了文君，只顾沉迷于美色，以致触起痼疾。相如自己也后悔不迭，乃作《美人赋》以自警，但又做不到清心寡欲。此时武帝又正好下诏来召，相如只好暂且告别文君，束装上路。相如出门坐在车中，寻思自己曾屈身酒保，被人们笑话，此次奉诏入京，主上肯定想重新起用我，将来必须取得高官厚禄，衣锦还乡，才能把自己从前的耻辱洗刷。正在沉思，忽然车马停止不前。原来成都城北十里，有座升仙桥，又有送客观，乃是送行之地。相如急忙下车与众人相见，各道殷勤，叙谈了很久，才互相珍重辞别。相如来到市门，想起车上想的事情。命从人取笔。就市门上题道：

不乘赤车驷马，不过汝下。

题完后，相如驱车前进，一路晓行夜宿，不几天便来到了长安。入见武帝，武帝问道："你曾经做过《子虚赋》吗？"相如道："作过，但这都是关于诸侯的事，还不够好看，我可再为天子作游猎的赋词。"武帝便命书（官名）给他拿过笔札。相如退下，遂作《上林赋》，奏上武帝。武帝非常高兴，拜相如为郎，常侍左右。

原来武帝最喜爱辞赋，自己还是太子的时候，就听说梁王宾客多工辞赋，想把他们收罗过来。等到做了皇帝才下诏访问，那时梁孝王早已死去多年，宾客各奔东西。司马相如虽在成都，武帝却不知道他的名字。独有枚乘家居淮阴养老，武帝派使臣用安车蒲轮把他召入京城。可行至半路，枚乘便得病而死。武帝听说后叹息不止，又下诏询问枚乘诸子，有无能文之人，有司回奏没有，武帝只好放弃。如今得了也是旧日梁王宾客的司马相如，其文笔和枚乘不相上下，武帝已觉欣悦。谁知很快又来一个枚皋，指阙上书，自称枚乘是他的老师，武帝更加高兴，急忙下令召见，问明来历。

枚皋字少孺，其母梁人，乃是枚乘庶子。枚乘在梁娶其母为妾，生下枚皋，等孝王死后，枚乘向东去了淮阴，想把他母子一同带去。他的母亲因为枚乘家里已有正妻嫡子，恐回去遭其凌虐，坚决不肯跟着回去。枚乘非常气愤，就连同枚皋一起丢下了，仅留下数千钱，让他和母亲一块儿居住。枚皋自小读书，年仅十七岁，就上书于梁王刘买，被刘买召为郎，后奉命出使，因为一些小事和从官发生口角，从官对他怀恨在心，遂在梁王前毁谤枚皋。梁王发怒，没收了他的所有家产。枚皋一个人逃到长安躲藏起来，正赶上大赦，方得出头，上书自陈。武帝问明了缘由，命其作《平乐馆赋》。枚皋根据题目立即写成。武帝读过之后连连称赞，也封他为郎。

武帝既得枚皋、司马相如，每次出外巡游，不管是得到奇兽还是异物，便命二人作赋。但他二人为文的风格恰恰相反。相如下笔犹豫不决，每作文时，先去除杂念，意思闲散，然后动笔。此前所作上林、子虚之赋，都用了百余日才写成，这样写赋数量虽少，却都是精品。枚皋才思敏捷，平日所作甚多，然文字赶不上相如。二人各有各的优点，并称一时，故有"马迟枚速"之说。每逢高兴时，武帝也与二人同作诗赋。枚皋天分本高，下笔立就，好像不用太费劲儿，刚开始时自己读着还比较满意，等到读了相如的作品，觉得实在妙不可言，心中叹服，常对相如说："以吾之速，换汝之迟，不知可否？"相如回答说："于臣则可，但未知陛下何如耳？"武帝听说大笑，并不怪罪于他。

### 恨郎薄情吟"白头"

当时，西夷的各首领听说南夷在与中国的交往中得到许多恩赏，心中十分羡慕，都想归附。欲请朝廷依照西夷之例，设置官吏。蜀郡地方官如实上奏武帝。司马相如此时已由蜀回京。武帝接到奏报便询问相如意见，相如回答说："西夷的邛柞、冉驼，都临近蜀郡。其道易通，秦时曾设为郡县，汉兴时逐渐废弃。现在若在此设县，更比南夷为胜。"武帝非常高兴，于是任司马相如为中郎将，建节出使。又任命壶充国、王然于、吴越人为副使，乘坐四辆驿车，前往蜀郡，招徕西夷归附。

相如乘坐高车驷马奉命出使，威风凛凛地到了蜀郡。蜀郡太守在郊外迎接，成都县令身负弩矢在前领路。相如车过升仙桥，想起当年刚入长安，曾在市门题字，如今果然如愿以偿，心中大为畅快。当日沿途围观的蜀郡士女不计其数，见相如衣锦还乡，无不羡慕不已。卓王孙与一班富人听说后，一起赶到成都，自己不敢进见，就各备厚礼，托门下献与相如，以得他欢心。此时卓王孙的怒气早已抛到九霄云外，不觉一声长叹，自恨眼力不高，使文君得配相如，尚嫌太晚，于是重新分给文君家财，这时文君才能回到家中与亲人相见。

相如到蜀郡后，遣人赍持金帛，晓谕西夷，冉榨、邛驼等君长皆愿归附。蜀郡边境大为开拓，西至沫若，南至牂舸通道灵山，架桥以达邛骁。共设一都尉十余县，蜀郡负责管辖。当日蜀中父老，见相如欲通西夷，皆言此举无益于事。相如不禁后悔，但因此策系自己提出，不敢上奏武帝，遂作成一篇文字，诘难蜀中父老。事毕，相如带文君回到长安复命。武帝非常高兴，后来有人上书告发相如渎职，接受贿赂，相如竟因此免官，于是与文君家居茂陵，不回蜀郡。过了一年有余，武帝爱惜其才，复召为郎。

一日，相如陪武帝至长杨宫打猎，武帝正在精力旺盛时，最喜驰逐野兽，亲击熊豕。相如上疏谏阻，武帝认为有道理，为之罢猎。鸾驾行过宜春宫秦二世葬处，相如又作赋凭吊二世，武帝回宫，又任命相如为孝文园令。

相如接受卓王孙两次财产，家道富足，不愿追名逐利，往往称病在家。在别人看来，大可快活自在，然而相如素性好色，自得文君，患了消渴，意犹未尽，又

想聘茂陵人家女儿为妾。卓文君听说,怨恨相如无情无义,遂作《白头吟》一首,欲与相如一刀两断。其诗道:

皑如山上雪,皎若云间月。
闻君有两意,故来相决绝。
今日斗酒会,明日沟水头。
躞蹀御沟上,沟水东西流。
凄凄复凄凄,嫁女不须啼。
愿得一心人,白头不相离。
竹竿何袅袅,鱼尾何簁簁。
男儿重意气,何用钱刀为。

相如见诗,知道惹文君生气了,只得放弃。

## 大臣淳于长和张放得成帝宠爱

淳于长是魏郡元城人,因为他是太后姐姐的儿子,所以很年轻就被封为黄门侍郎,但没有受到皇帝的召见。后来正好赶上将军王凤有病,淳于长就在床边服侍他,早晨黑夜地陪伴左右,有甥舅的情谊。凤临死时告诉太后和皇帝,皇帝嘉奖淳于长,封他为列校尉诸曹,后升到水衡都尉侍中,一直到卫尉九卿。

不久,赵飞燕受宠皇上想把她立为皇后,太后却因为她出身低贱而为难她。淳于长负责替飞燕通风报信。到了年底,赵飞燕被立为皇后,皇上十分感激淳于长,于是下诏书说:“前几天工匠解万年上奏修建昌陵,废除海内的弊端,侍中卫尉淳于长多次制止徙家的人,功不可没,我现在封他为下公卿,有异议的以后再说。赐于长到磁内做诸侯。”后来封他为定陵侯。他同诸侯有很多交往,贿赂和皇上的赏赐也积聚了过万,娶了无数妻妾,整天纵情声色,不遵法律。

一开始,许皇后被废在长定宫里,而皇后的姐姐嬺是龙頟思侯的夫人,在家寡居。淳于长与她私通,把她娶作小老婆。许皇后想通过嬺贿赂淳于长,想求他为她说点好话,而再立为倢妤。淳于长前前后后收她的贿赂有千万两银钱,却骗她说告诉皇上立她为左皇后。淳于长连年贿赂书记,同书记交好。这时皇帝的舅舅曲阳侯王根是大司马骠骑将军,病了很长时间,有几次都快死了。淳于长虽是外亲却位居公卿之位,是以后取代王根的人。王根外甥王莽心里嫉妒淳于长受宠,又听说淳于长娶许嬺并接受长定宫的贿赂,于是在曲阳侯病中服侍他时说:“淳于长见你卧病在床竟然十分高兴,认为自己是取代你辅政的时候了。”并具体陈说他的一切罪过。王根愤怒地说:“既是这样,为什么不说呢?”王莽说:“我不知道将军怎么想,所以没敢说。”王根说:“你去告诉东宫太后。”王莽求见太后,诉说淳于长,想取代曲阳侯,不尊敬他的母亲,私自与长定贵人的姐姐通奸,接受长定宫的贿赂。太后也发怒了,说:“原来这样!你去告诉皇帝!”王莽告诉皇帝,皇帝免了淳于长的官职,遣他出国。

淳于长当侍中时在西宫中当差,与后妃十分亲密,红阳侯立有成为大司马辅政的可能,但终没成功,怀疑是淳于长捣的鬼,十分怨恨他。等到淳于长被贬时,立的儿子融和淳于长在一起,淳于长拿珠宝贿赂他想让他在立那里说好话。立于是为淳于长说话。于是天子十分怀疑,下令有司验证。官吏抓到融,立命令融自杀灭口。皇上更加怀疑,于是捉到长,长于是把戏辱长定宫,谋立左皇后的大逆罪招供了,最后死在牢里。

淳于长作为皇帝的宠臣却对皇帝不忠,白难避免杀身之祸。与淳于长之死形成鲜明对照,“常与上卧起,俱为微行出入”的富平侯张放是因成帝的死而哀伤死的,君臣两人就像一对相爱的夫妇。

鸿嘉中,皇上按照武帝的做法同近臣一起吃酒,因为公主的儿子开敏推荐,张放得皇帝宠幸。放娶皇后弟平恩侯许嘉之女,皇上赐给他房屋、宅第,并给他衣服,被称为天子娶妇,皇后嫁女儿。大官小官都争相巴结,得到皇帝的赏赐也过了千万。放被封为侍中中郎将,屯兵临平东,设置莫府,称为仪比将军。他经常同皇上睡在一起,十分受宠爱,常陪皇上微服私访,往北到过甘泉,往南到过长杨、五柞。他在长安骑马、斗鸡享乐,持续了好几年。

这时皇上的各个舅舅因为嫉妒他受宠,告诉了太后。太后因为皇上行为不检点,也因此怪罪放。这时正有天灾人祸,他们也把它加到放的头上。于是丞相宣、御史大夫方进奏说:“放过于骄傲自大,奢侈淫荡不加节制。前侍御史修等四人奉命至放家捕贼,这时放在家让奴仆闭门用弓箭射吏,不让吏官入内。知男子李游君想进献女儿入宫,放派乐府音监景武力强抢而没有得手,便派奴仆康等到他家打伤了三人。又因为县官的事而怨恨乐府游徼莽,而派大奴骏等四十多人拿着弓弩,白天进乐府射宫侍,绑住长吏的儿子、弟弟,打破器物。莽自己绑上自己,穿上罪服和守令史调等赤脚磕头,放这才放过他们。奴仆下属们也靠权势为极暴虐,以致求史妻不得而杀她的丈夫,或是恨一人而妄杀他的家人。放行为不检,接连犯下大罪,臣子作恶再没有比他大的了,不能让他继续任职了,我请求罢免他,并放他回国,好用来安抚众人而惩罚邪恶。”皇上没办法，只好左迁放为北地都尉，不到几个月又召入宫中。太后派放为天水属国都尉。永始、元延间，放都没能回来，皇上不断写信问候。几年后放回到家中探视母亲的病情。几个月后，皇上派放作河东都尉。皇上虽是喜欢放，但是迫于太后的压力和下面大臣的议论，所以常常流着泪谴责他。后来又封放为侍中禄大夫。年末，丞相又奏放的罪行，皇上不得不免了放的官职，赐给他五百万银钱，遣他到别的国家。几个月后，成帝死了，放十分想念。悲痛而死。

# 深宫美女飞燕二姊妹联手大摆风流阵

## 郡主通奸生下赵氏二姊妹

赵氏姐妹是中国历史上一对超凡绝伦的美女。姐姐赵飞燕，歌喉、美色、舞艺无与伦比，尤以身轻如燕留名后世。色艺双全的赵飞燕被汉成帝收入宫中，宠幸无比，终至封为母仪天下的皇后。赵飞燕成为皇后后，引荐更美艳的妹妹赵合德，成帝终日醉生梦死在赵合德的温柔乡中，最后终因纵欲过度而驾鹤西归。

赵飞燕

赵飞燕有沉鱼落雁之貌，出身却异常独特。赵飞燕既姓赵，又姓冯。为什么一人二姓？这牵涉到赵飞燕的身世。赵飞燕丰富的人生经历锻造了她修长、苗条的身段，绕梁三日的歌喉和迷人柔韧的舞姿。

史书上记载，赵飞燕出身于官宦之家，赵飞燕的母亲是江都冗王的郡主，有闭月羞花之色。郡主嫁给了官员赵曼，但她不满足于赵曼的恩爱，便和年富力强的冯万金勾搭成奸，结果先后生下二女，这便是赵氏姐妹。她们名义上是赵曼的女儿，所以便只能姓赵。

郡主只顾纵情享乐，怀孕生子只不过是迫不得已的事情，是纵欲的结果，只得耐住十个足月，生下后了事。女儿生下了，郡主只顾享乐，哪里还会养育女儿？何况是和情人生下的私生子！郡主便决定抛弃她们。

赵飞燕生下后三天，郡主便将她扔到了外面。三天三夜过去了，身为母亲的郡主又于心不忍，便前去看看，没想到这么稚嫩的生命竟然还活着，并且毫发无损！郡主的母性复苏，便抱起了降生才几天的女儿，回到家中养育。

也许赵飞燕命相太硬了，也许郡主似火的欲望折腾得丈夫赵曼受不了，赵曼在赵飞燕降生不久就命丧黄泉。这时，赵飞燕、赵合德姐妹都已降生，皆是冯万金的骨血。赵曼死后，生活的重担都留给了郡主，郡主又不是那种忍辱负重、吃苦耐劳、疼爱孩子的母亲，而是纵欲享乐的女人，她怎么会肩负起这样的家庭重担？

郡主抱着两个女儿到冯万金家中，冯万金喜欢自己的两个女儿，更喜欢郡主。可是，郡主留下了两个女儿以后，独自离开去享乐，过着一种纵情纵欲的美妙日子，两个女儿的抚养重担便一下子落在了身为父亲的冯万金肩上。

冯万金也不是那种会居家过日子的精明男人，自个儿的生活都稀里糊涂，突然间又来了两个尚在襁褓中的女儿，那种难堪的日子不言而喻。冯万金想尽心照料女儿，无奈日子越过越紧张，以致走上了绝境。不久，冯万金又撒手而去，留下了这一对孤苦无依的女儿。

冯万金去了，赵飞燕、赵合德姐妹便衣衫褴褛，流落街头。一天，赵飞燕正在京师街上乞讨，遇见了一个奴仆成群、雍容华贵的女子。赵氏姐妹不敢上前，可这个女子竟向赵氏姐妹走来。这个女子端详着几岁的小姐妹，发现小姐妹眉清目秀，眼睛十分迷人，脸上虽然很脏，但皮肤白皙，是可造之才。华贵的女子就买下了这对小姐妹。

这位华贵的女人正是汉朝第九代皇帝刘骜的姐姐阳阿公主。赵氏姐妹瞪着迷人的眼睛，跟着阳阿公主进入美轮美奂的公主府。府内奇珍异宝成列，仆妇成群。赵氏姐妹洗浴更衣后来拜见公主。公主仔细看时，果然是一对小仙女：俊目秀眉，小巧玲珑，一双眼睛别具韵味，只是皮肤略显粗黑，这是风吹雨打的结果，估计调养一段日子准会焕然一新。

从此，赵氏姐妹就生活在富丽堂皇的公主府中，在府中学习歌舞。虽然赵氏姐妹在府中只是歌舞伎，身份与奴婢无二，但毕竟这是公主府第，环境优雅静谧，整洁清新，衣服四季更换。尤其是饮食，虽然是仆役奴婢，吃的不是人间难觅的山珍海味，但毕竟相当丰盛，而且一日三餐，餐餐能够吃饱喝足。这和流浪乞讨的日子简直是天壤之别！

## 成帝沉湎酒色难自拔

刘骜是汉元帝刘奭的儿子，母亲是元帝皇后王政君。王政君是汉末王莽的姑母。王政君在刘奭做太子时被选入宫中，生下了刘骜。元帝即位，政君入主内宫，刘骜被册立为太子。元帝44岁时离开人世，时年19岁的太子刘骜即帝位，为汉成帝。

汉成帝在位时，强盛的西汉王朝已走上了穷途末路。外戚王氏因王政君贵为皇太后而大权在握。王氏一门中，有九人封侯，而皇帝的舅舅王凤、王音、王商、王根等和王曼的儿子先后被任命为手握重权的大司马、大将军。朝廷军政大权集于王氏家族，京师朝野重要官员和封疆大吏几乎都听命于王氏。这种局面令19岁的皇帝刘骜无可奈何，何况刘骜并不是一位纵横捭阖的圣明之主。

刘骜是在元帝刘奭做太子的时候降临世间的，当时汉宣帝刘询在位。襁褓中的刘骜声音美妙，十分讨人喜爱，宣帝非常喜爱这个孙子，便赐为王孙。刘骜刚满3岁时，疼爱他的宣帝刘询便撒手而去，太子刘奭即皇位。刘骜生长在深宫，喜欢琴棋书画，天生逍遥洒脱。

刘骜天性宽厚，为人谨小慎微，言行举止都严格按照礼仪，享誉朝野。有一次，元帝召见刘骜，等了很久，还是不见刘骜的踪影。等刘骜赶到时，元帝已非常生气。刘骜诚惶诚恐，小心解释回答，元帝才转怒为喜。原来，刘骜严格遵守宫廷规制，不敢走皇帝专用的御道，而是绕道而行，因而耽误了时间。

元帝认为刘骜在急迫之中仍能应付自如、遵守礼法，日后定是一个守成之主，就非常看重他，随之立为太子。做了太子以后，刘骜外表依旧秉公守法，但纵情声色的天性渐次暴露。事实上，元帝刘奭也是一个多情浪漫的男人。他多才多艺，长于鼓瑟琴笛，尤擅洞箫，其美妙技艺简直无与伦比。元帝略知太子的多情潇洒，但元帝认为这无伤大雅。

刘骜在灯红酒绿、歌舞升平中成长，离不开美酒、美女。元帝去世以后，太子刘骜即位。王氏大权独揽，刘骜心甘情愿也别无选择地陶醉在酒色之中。这样，赵氏姐妹便成了成帝刘骜的生命支柱。

刘骜即位后，次年册封车骑将军许嘉的女儿许氏为皇后。接着，好酒贪色的成帝刘骜便派人广选天下美女。王太后主掌大政，实际掌权的是成帝的舅舅大司马、大将军王凤。王凤及其亲信都知道成帝好色，便千方百计投其所好，让成帝纵情其中。

王凤有一亲信叫杜钦，是掌管兵器的武库令，杜钦建议王凤依照古礼建立后宫制度，就是广选美女，名正言顺地广置后妃。汉初，在皇后之外，只有姬、夫人两种名号。武帝时广设名号，后宫中有婕妤、容华、娙娥、充依、美人等。杜钦的建议是要设立更多的名号，但必须严格。

杜钦在奏书中说，出于传宗接代的目的，广召美女充实后宫是应该的，这可以上溯到夏商的古制；但是，后宫所选的女子应该贤德，而不能选声色无度的女人，否则，争权争宠，争风吃醋，后宫永不安宁，更会危及皇室。

一切约束和规章对于唯我独尊的成帝来说毫无意义，成帝终日纵情纵欲。许皇后知书达礼，容貌端庄，成帝宠爱有加；班婕妤容仪端正，熟读史书，气质超群，成帝也给予恩宠。成帝花大量的时间纵情享乐于许皇后和班婕妤之间，但遗憾的是，许皇后、班婕妤一直没有怀孕生子。

## 皇后、婕妤命凄怆

成帝即位后的第五年，负责天象的官员奏报出现日食，说这是天象示警。成帝有些害怕，依例下诏，令公卿百官上书直陈政务得失。光禄大夫刘向趁机代表权臣王凤出来讲话。在成帝做太子的时候，许氏选为太子妃，成帝即位后，名正言顺地成为皇后。成帝施恩后族：岳父许嘉任大司马大将军，再封平恩侯。光耀后族的同时，成帝并没有忽略太后王氏家族：升王凤为大司马大将军领尚书事。从此，太后王氏家族和皇后许氏家族争权夺利，当然，根基不稳的许皇后家族不是太后王氏家族的对手。

刘向进奏，说得有理有据。他说灾异祸患连绵不绝，从天象上显示，责任在于后宫，后宫应严加整饰，以消除灾祸。后宫的主人是谁？按照宫中规制，是皇后，但实际是太后。刘向所称的责任在后宫，自然是指责许皇后没有治理好后宫。

成帝刘骜不知道王、许两族的明争暗斗，看了学者的奏章，觉得言之有理，便下旨指责。许皇后乃名门之后，通晓天文地理，熟读子史，不是等闲之辈。当她听到奏报，看到皇帝的指责圣旨后，觉得这一切简直是无稽之谈，愚蠢至极。才华横溢的许皇后认为应该为自己辩护，就写了一道《上疏言椒房用度》。许皇后却不知道危险已经悄悄来临。

许皇后的上疏文才出众，堪称上乘佳作。成帝看过上疏以后，呆在了那里，无从作答，只是觉得皇后言之有据，指责似乎是略嫌过重。成帝的见识、天资都不及皇后，打笔仗成帝自然甘拜下风。

虽然成帝不是对手，才高八斗的大臣可绝非饭桶，尤其是学者刘向，成帝便把许皇后的疏章交给刘向、谷永看，看如何应对。刘向出身名门之后，是宗室子弟，熟读诸子百家。谷永是负责监督百官的御史大夫，好阴阳学说，通晓诸子经史，是大司马大将军王凤的亲信。

看过许皇后的上疏，刘向、谷永便写了一篇答文，驳斥许皇后。答文中说，近期的灾祸层出不穷，白气、河决、井溢、日蚀、老鼠上树，以上这些，都是以阴侵阳，所以，后宫之主应当自责。许皇后觉得这种争论非常荒谬，便不再参与争论。

可是，这场毫无意义的争论却引出了一个严重的后果：许皇后被成帝冷落。许皇后起初不以为然，等她意识到事态的严重时，已经无力回天，因为赵氏姐妹入宫，许皇后面临的便是被废黜。许皇后被废是由赵氏姐妹引起的，这对姐妹沉鱼落雁，闭月羞花，夺去了成帝对许皇后的恩宠，也夺去了许皇后引以为荣的自尊和矜持。

为了重新获得宠爱，许皇后便和姐姐许始巫咒后富有孕的王美人。赵飞燕知道以后，立即告发，说皇后在内宫行巫术，诅咒大司马王凤和王美人。成帝派人查实，便废了许皇后。这又祸及成帝所宠爱的班婕妤。成帝真是太薄情寡义，有了赵氏姐妹，他就忘记了往昔的卿卿我我，竟亲自审问他当年宠爱有加、又深得太后喜爱的才女班婕妤。

班氏在成帝即位不久被选入后宫，授少使名号，在后妃中名列第十。入宫后不久，班氏的天资禀赋日益显露，成帝对她刮目相看。美人自然受到宠幸，班氏被册封为仅次于昭仪的婕妤。地位高了，待遇自然提高。班婕妤迁居未央宫第三区的增成宫。成帝不断地临幸，恩爱雨露，使班氏很快就怀孕了，并且生下了一个儿子。可是，儿子出生后仅仅几个月便离开了人世。儿子的夭折使班氏的未来吉凶难卜。

成帝刘骜纵情纵欲无度，常喜欢到后苑闲游，闲游时则命令后宫的美人们环侍左右。成帝喜爱天姿聪慧的班婕妤，常召班婕妤陪伴游玩。有一次，成帝突发奇想，想同班婕妤坐同一个辇闲游，班婕妤却没有答应。

班婕妤是以才华横溢闻名后宫的，对于经史自然耳熟能详。班婕妤对成帝说："我看历代君主的绘画，只要是圣贤君主，左右都是名臣贤将，只有三代昏庸的君主，由嬖女侍奉左右。现在，皇上要我同坐一辇，这不是和三代昏君有点相近吗？"成帝觉得言之有理，便收回成命，打消了这个念头。

班婕妤拒绝和皇上同辇闲游的事情很快传遍深宫，王太后听到奏报以后，感慨万千说："古有贤夫人樊姬，今有好女子班婕妤。"樊姬是春秋时期楚庄王的夫人，贤惠仁智，通情达理。樊姬曾进谏庄王，不要随便出宫狩猎，并鼓励楚相虞丘子举荐贤人孙叔敖，庄王任命孙叔敖为令尹，主掌朝政，很快楚国就贤士云集，三年便使楚庄王成为一代霸主。

王太后将班婕妤和樊姬等量齐观，表示太后对班婕妤十分看重，成帝自然对班婕妤敬爱有加。然而，由于赵氏姐妹入宫，班氏和皇后许氏虽然德才兼备、淡泊文雅，但是又怎能敌过风流过人、色艺俱佳的美女？

许皇后巫咒之祸，只是个导火索，许皇后、班婕妤的命运在赵氏姐妹入宫以后就无力挽回了。成帝神魂颠倒，忘记了往日的卿卿我我，亲自审问班婕妤："何以和皇后一起参与巫蛊？"班婕妤神态自若，从容不迫地回答说："天地之间，死生有命，富贵在天。一生做善事都没有蒙受福禄和恩泽，又何必要去行巫蛊邪术？如果鬼神有知，一定能够听到我的倾诉；如果鬼神无知，那诉冤也是徒劳！我什么都不想说，还是顺从天意吧！"

成帝非常佩服班氏的雍容大度，便下旨不再追究班婕妤。但从此以后，班婕妤对宫中生活失去了热情和期望。班婕妤奏请退住长信宫，终生服侍王太后。班婕妤正值盛年，不想侍奉皇帝却要求侍奉太后，这本来是情非得已，并非心中所愿。独守空房的滋味是难耐的，才女班婕妤便在难熬的岁月中写下了一篇感人的《自伤悼赋》。

和许皇后、班婕妤截然相反的便是被成帝宠爱至极的赵氏姐妹。而赵氏姐妹的入宫也是非常戏剧性的。成帝 32 岁那年，就是鸿嘉元年，他已做了十三年的皇帝，后宫再如何美女成群，已过了十余年，成帝觉得实在有些腻味了，便打算微服出宫，去找点刺激和新鲜。

## 柔骨美人得帝宠

成帝天性放荡，醉心于酒色。他化名张公子，和富平侯张放、定陵侯淳于长等贵族子弟微服出宫，到郊野走马斗鸡，拦截貌美女子。张放是张安世的玄孙，是元帝姐姐敬武公主和驸马张临的儿子，他和成帝刘骜是表兄弟，而他的夫人又是许皇后的亲妹。淳于长是皇太后王政君的侄子，极得太后的宠爱。这么一帮皇亲国戚陪伴皇帝出外游乐，简直就是随心所欲，根本无所顾忌。

有一天，成帝一行来到姐姐阳阿公主家，公主高兴地设宴摆酒。酒酣之际，公主为了给皇帝弟弟助兴,吩咐献上歌舞。只见从柔软的丝幕后转出一个女子,肤如玉脂,腰如柳枝,姗姗而出,宛如扶风弱柳,恰如天仙降人间。成帝半张着嘴,彻底惊呆了。只见女子舞如燕飞,喉如莺歌,成帝一时竟失魂落魄,忘记了自己的身份,忘记了自己在做什么。

成帝再也难以抑制,便拥着这位娇娘走进内室,宽衣解带,当即行鱼水之欢。随即,与她同入后宫,宠幸万分,极尽欢娱。这位身轻如燕的美女便是赵氏赵飞燕。赵飞燕明白,她的优势不是容貌,舞姿和歌喉才是她的强项,如果要论容貌,能持续令皇上着迷的只有自己的妹妹赵合德。于是,赵飞燕在得宠的时候,没有只记着自己一味享乐,而是在和成帝的欢娱中选一个很好的机会,向成帝介绍了自己的妹妹赵合德,与她一起共浴皇恩,共同侍奉皇上,对付其他佳丽。事实证明,赵飞燕的这一举措无疑是很成功的。

绝代佳人赵合德进了宫闱,她天生丽质,而且别有一番情韵,风情万种,能夺人魂魄于无言中,令多情的男人为之失魂落魄。如此之美人,好色成性的成帝当然看呆了。成帝原本就迷醉在赵飞燕的温情中,为赵飞燕的美色、才艺所倾倒,难以自拔,不料,赵合德竟比姐姐赵飞燕还要俏丽,更有风韵。

成帝刘骜傻了,迷迷糊糊地瞅着美人。成帝贴身的随侍也全都呆若木鸡,不敢相信这人间的女子怎能如此超凡脱俗。披香博士淖方城只了解书上关于美人的记载,没想真的见到了。学问渊博的博士竟难以把持,口水四溢,咽着口水对成帝艰难地说:“真乃祸水也!”博士尚且如此绝望地哀叹,更何况好色成性的成帝?

成帝宠幸赵氏姐妹,和她们整天泡在一起,尽情玩乐。别的后宫嫔妃除了认命,也没有别的办法。时间一久,成帝也偶尔换一换口味。鸿嘉三年时,王美人怀孕,许皇后的姐姐许竑就借一机会,用巫蛊诅咒王美人,盼成帝能够重新宠幸。此事被赵飞燕得知,密告王太后。不出所料,事实的确如此。王太后将许皇后一举收拾,并祸及皇后家族:许麼以大逆不道罪被处以极刑;许皇后被废黜昭台宫;遣皇后族人回到家乡山阳郡。一年后,许皇后搬到长定宫,囚禁了九年。后因淳长于的案子牵连,于长定宫被赐死。

许皇后被废的第二年,痴迷于赵飞燕柔情的成帝便试图立赵飞燕为当朝的皇后。太后王政君觉得有些不恰当。倒不是王太后对赵飞燕印象不好,正好相反,赵飞燕迷人、漂亮,很令太后满意,加上赵飞燕乐意当太后的心腹,一起对付许皇后,太后便更加喜欢赵飞燕。可是,喜欢是一码事,但突然要立赵飞燕为刚刚空缺出的皇后,太后心里有些不赞同。当然,赵飞燕出身贫贱,立后之后不会形成势力，从而无力和太后家族对峙，出于这一点，太后心里就舒服多了。

对立赵飞燕为皇后，太后没有特别反对，最后太后只是说，赵飞燕出身贫贱，猛然间立为皇后，朝野难免不服。于淳长给成帝献计："先封赵飞燕的父亲为成阳侯，赵飞燕便成了侯门之女，岂不尊贵？尊贵了其父，后立其女，岂不是顺理成章？"成帝觉得这主意甚妙，就奏告太后，太后也觉得这还差不多，便赞同了。这样，赵飞燕的父亲先封成阳侯，七个月后，赵飞燕理所当然地做了母仪天下的皇后。赵飞燕的妹妹赵合德自然也获得了封赐，被封为仅次于皇后的昭仪。

宫中的这一变动在朝野引起了轩然大波。要知道，皇后的废立不仅仅是皇家的事，更是关系社稷的大事，所以，朝臣们自然不会平静，纷纷上书，提出自己的看法。有的大臣写的更加直接，对立赵飞燕为皇后表示反对，措辞用句十分直接，谏议大夫刘辅上书说："自古至今，兴则降符瑞，衰则降灾变。昔日武王、周公时，顺承天意，国运昌隆，天下有鱼鸟祥瑞，而君臣仍然谨慎相戒；如今皇上纵情声色，痴情于卑贱寒微的女子，最后竟要立她做皇后，母仪天下，这不是为所欲为吗？"

看了这份奏章，成帝气得火冒三丈。这是怎么说，难道出身贫贱就不能做皇后了吗？简直没道理。成帝生性柔弱，虽然很生气，还顾及刘辅是皇室子孙，没有加以极刑，而是降了一等，判为鬼薪，即终身为陵墓拾柴火。成帝这样施重刑于刘辅，自然是杀鸡儆猴，让那些不知轻重、仗义执言的大臣们知道厉害，检点一点，别想怎么干就怎么干，没有一点畏惧，不知道还有王法！

## 掌上起舞成绝响

飞燕被立为皇后时，其妹赵合德筹集了很多珍宝，送给飞燕作为贺礼，并写成一书道：

天地交畅，贵人姊及此令吉，光登正位。为先为不休，不堪喜豫，谨奏上二十六物以贺：金屑组文茵一铺，沉水香莲心椀一面，五色同心大结一盘。鸳鸯万金锦一匹，琉璃屏风一张，枕前不夜珠一枚，含香绿毛狸借一铺，通香虎皮檀象一座，龙香握鱼二首，独摇宝莲一铺，七出菱花一奁，精金驱环四指，若亡绛绡单衣一袭，香文罗手借三幅，七回光雄肪发泽一盎，紫金被褥香炉三枚，文犀辟毒箸二只，碧玉膏奁一合。使侍儿郭语琼拜上。

原来赵合德向来十分尊敬其姊，每见必拜。如今姊妹共浴皇恩，在成帝前，合德虽然撒娇邀宠,但仍时时留意照顾姐姐。最初真腊国入贡两种宝物:一名万年蛤,另为不夜珠,其珠光彩闪耀,如月袭人,在其光下美丑皆成艳丽。成帝赐万年蛤与飞燕,赐不夜珠与合德。万年蛤被飞燕装入金霞帐中,入夜望之,恰似满月。一日成帝突然对合德道:"吾白天细看汝姊容貌,难比夜间之美。每到晨曦,令人怅然若先,不知什么原因。"合德听说,料想此必万年蛤缘故,却也不肯明言。她私下把成帝赐予自己之不夜珠作为礼物,称作枕前不夜珠,送给了飞燕,增加她的美丽,也不告知飞燕成帝之言语。飞燕接受了礼物,便也回报许多珍物,最为宝贵的有两件:其一叫云锦五色帐,另为沉水香玉壶。自入宫以后,合德所见奇珍异宝的确很多,此两物却未曾见。其实此两物并不特别贵重,合德偏要借此向成帝埋怨道:"要不是姊肯赐我,此生我也不知此物。"说罢假装伤心,掩面啼泣。成帝只得好言相劝,陪了很多小心。当即诏告益州,选取能工,限期三年之内,替合德织造七成锦帐,合德这才破涕为笑。

成帝曾经因为宫中有太液池而造一大舟,能容纳千人,称作"合宫之舟"。又在池中建瀛洲榭,高四十尺。成帝曾与飞燕乘舟在池中游玩,飞燕亲自歌舞归风送远之曲。成帝令飞燕所爱侍郎冯无方吹笙,成帝亲自用文犀簪击玉杯以为节拍。此时船到水中央,歌声恰浓,忽起大风,飞燕顺风挥袖,口中唱道:"仙乎仙乎!去故而就新,宁忘怀乎!"飞燕身体非常轻盈,传说她可以在掌上跳舞。如今在池中央立着,差一点被风吹去。成帝大惊,急忙对冯无方说:"赶紧抓住皇后!"冯无方放下笙,两手抓住飞燕双履。过了一会儿风停了,这才止住。飞燕便对成帝道:"谢谢你对我的恩宠,使我得以不仙去。"语罢怅然,黯然泪下。成帝重重赏赐了冯无方,并允许他自由出入飞燕房间,这使飞燕非常高兴。后宫人等见飞燕所穿的裙子被风吹皱,便摹仿其样子,造成新式裙样,取名叫留仙裙。后来的百褶裙即由此而来。

飞燕、合德姊妹二人,美貌不分伯仲,只是飞燕体态轻盈,步履娉婷,是合德所不能比的;合德丰肌弱骨,最善笑语,这也不是飞燕的强项。二人各有千秋,为当时第一,凭此在后宫邀宠。但飞燕做了皇后以后,越来越娇贵。偶尔有病,躺在病床上,手足懒动,必需成帝亲持匙箸劝她,才肯吃饭。碰到苦药,也需成帝尝过,才可下咽,如此一来成帝对她畏胜于爱,恩宠不免有些降低。合德为人,颇懂权术,随机应变,手段多样,笼络得成帝既畏又爱,不能离她一日,又不敢不奉承她,所以比飞燕更加得宠。

当时合德住的地方叫作昭阳殿,中廷都涂上红色,殿上也遍施朱漆,以黄金为砌,以白玉为阶,壁上、横梁上有金釭(宫室壁带上的环状金属饰物),中有蓝田璧玉，以明珠翠羽作为装饰。殿上设九金龙，口中含着九子金铃，下垂系以绿文紫绶、金银花样的五色流苏，每当风和日丽，幡旌光影，闪耀在宫殿里。殿中又立有木画屏风，雕刻细致，纹如蛛丝一般。殿门的帘子是珍珠做的，微风拂过，发出玉佩一样的声音，在屋里交鸣。窗门镶有绿色琉璃，内外透明，毛发都能看见。屋上椽桷，皆刻有龙蛇环绕的形状，鳞甲分明，栩栩如生，见者都很惊诧。此殿是当时著名工匠丁缓、李菊二人所造，里面陈设之物都是珍宝，琳琅满目，莫可名状。最为宝贵的则有玉几、玉床。床上夏用象牙簟，冬铺绿熊席。象牙簟是用雕刻的象牙做的，不需细说。绿熊席系熊皮做成，毛长二尺多，人躺在上面，全身都被包住了，坐则膝没其中。此席又用各种异香熏过，坐者身上带有其香味，百日难绝，真是五光十色，难以尽述。赵合德系出寒门，一旦到此地位，荣华之至，做梦也难以料到。

## 姊妹共享壮男子

自从飞燕姊妹入宫，成帝被她们迷住，不是临幸飞燕处，便是在合德处留宿，从前后宫嫔妃，甚少相见。到了飞燕被立为皇后之后，成帝更多是在合德处住宿，飞燕也不说什么。在飞燕看来，如果成帝宠信他人，一定难以忍受，好在合德是自己胞妹，可以容忍。但飞燕生性淫荡，年轻时便与邻居通奸，如今贵为皇后，也很难安静独居。她想到入宫数载，还没有孩子，假若生得一男半女，将来也有依靠，更喜远条馆与成帝住处距离比较远，料想其不能知道，于是飞燕瞒着成帝，做出许多荒唐事来。

皇帝身边有个叫庆安世的侍郎，年方十五岁，琴弹得很好，可以弹双凤离鸾之曲。见其年少貌美，飞燕心中甚喜，于是央求成帝，许其出入后宫，成帝只好答应。从此遇到成帝不在，庆安世便与飞燕同居一处，成帝怎么可能知道？飞燕得了安世，还不满足，又选择子女多的侍郎宫奴，与之私通，期望可以生一个孩子。得蒙飞燕青睐的侍郎宫奴，大都鲜衣美服，沐浴熏香，在远条馆随意居住，成帝根本就不知道。

飞燕又在宫中另辟一间密室，借口没有孩子，在内祈祷，除却左右侍婢以外，不准他人进入，就是成帝也不能进入。飞燕异想天开，让其心腹之人秘密在外勾引轻薄少年，让他们装作女子，用軿车（軿，音瓶，又音骈，妇人所乘之车，有帷以为民间蔽者）运进后宫，每日约十余人，都在密室内安置，尽情作乐。这种祈子方法，也算是天下无双，但她注定无子，最终也没有怀孕。

俗话说:“若要人不知,除非己莫为”。飞燕如此大胆,成帝不傻不聋,终有一天,他会知道,那时他怎会善罢甘休。合德一心照顾她姐姐,早已考虑到此事,便找个机会对成帝说道:“妾姊脾气太直,多招人怨,肯定会有人设计诬陷,陛下如果听他们的话,赵氏便很难再活于世了!”说到此处,不禁黯然落泪。成帝一见,信以为真,后来有人来告飞燕奸情,成帝便说他故意诬陷,就地处决,后来更无人敢说一句话。

不料他人不敢告发之事,飞燕姊妹自己却张扬起来。先是有一叫燕赤凤的宫奴,身躯雄壮,强健有力,飞燕、合德二人都和他私通。这时合德升为昭仪,不喜欢住处与飞燕相隔太远,遂请成帝又建一馆,与远条馆相连,称作少嫔馆。合德搬进少嫔馆后,姊妹二人往来很方便。一日飞燕无事,到少嫔馆来寻合德,却碰到燕赤凤从馆中走出,飞燕见了,没说什么,便进去与合德闲谈。

是日恰值十月五日,宫中依照旧例,都去灵女庙祀神。宫人齐唱赤凤来曲飞燕无意中听了此曲,心事被触动,便问合德说:“赤凤为谁而来?”合德听了,心知飞燕话中有话,此时却无意退让,便答道:“赤凤不是为姊而来,还能为别人?”飞燕被合德直言顶撞,不觉大怒,此时正在饮茶,便将手中茶杯向合德裙边掷去,口中骂道:“鼠子竟敢啮人。”合德也用冷语相答。姊妹二人因此发生了冲突。

飞燕仗着自己是姊,再加上平日合德对她十分尊敬,便偶尔斥责一二句,谅她也不敢应声,却不料合德此时仗着得宠胜过其姊,又忆起平日一心一意照顾飞燕,替她在成帝前极力弥缝,费了很多心力。如今飞燕不仅不体谅,反而当面奚落,因此甚是委屈,忍不住发作出来。飞燕怎么会知道这些,所以愈加气愤,便圆睁二目,对着合德一言不发。

赵合德

见她姊妹二人无端斗嘴,樊嫕在旁吓得手足无措,唯恐她们继续下去,不但伤了感情,且担心传到成帝耳中,发觉姊妹二人奸情,不但二人性命不保,连家族都要受牵连,如何是好?樊嫣没有办法,只好对着飞燕叩头,一直叩到头破血流,飞燕怒气尚是不能平息。樊嫣又劝合德向飞燕道歉,合德素性狡狯,见其姊真的生了气,心想此事万一张扬,必会招来灾祸,反倒不妙,不如听樊嫕的话,自己忍气赔个不是,便可平息此事。合德想到这儿,遂任凭樊嫕拉到飞燕面前,深深拜下，口中说道："姊应该记得当年贫苦之时，我姊妹二人，盖一床被子，漫长的冬夜，寒冷的天气，姊睡不着，常叫我拥背取暖。如今真的很幸运，又无外人嫉妒，我姊妹二人亲生骨肉，岂可同室操戈？"说罢便跪倒在飞燕跟前，掩面哭泣。

飞燕见合德对她跪拜，心中之气，已消去了一半。又听她回忆昔日情景，不觉深深感动，刚才的愤怒，早已烟消云散，乃用手将合德扶起，拔下头上所戴的紫玉九雏钗给合德簪上。姊妹二人重归于好，樊嫕见了，这才安心。宫人见飞燕姊妹相处日久，并无丝毫矛盾，如今突然争执起来，也有点奇怪，难保不彼此传说，最后竟被成帝知道。成帝心中怀疑，不敢问飞燕，便来查问合德。合德被问，心中暗吃一惊，心知此事很难蒙混过关，一时急中生智，便答道："此乃姊心嫉妒我，故有此语。因汉家本属火德，所以陛下被称为赤龙凤。"成帝听了，丝毫不疑，反觉大悦，于是合德数言轻轻掩过一场大祸。

## 飞燕大摆风流阵

赵氏姊妹虽然被宠幸多年，但谁也未能生出一丝骨肉，成帝只好另寻新欢，随便点幸宫人，希望有人能给他生个儿子，飞燕和合德两处也就很少往来了。而这赤凤可就有苦头了，虽说他强健有力，房中有术，但却是分身无术，姐妹俩总是不能满足欲望，互相吃醋，差点闹翻了。正在这时，飞燕想到了射鸟儿，她要把这个风流情种召至石榴裙下，囚禁在烟花宫中，供自己泄欲发恨，疗饥解渴！

当年射鸟儿与她姐妹轮番巫山云雨，不分昼夜，是何等快活，不料被一光棍撒泼癞王二探得。王二一贯行凶作恶，就是王母娘娘他也敢奸淫，官府也不能制住他。王二早就垂涎这对姐妹，只是没机会下手。他见到射鸟儿竟然先得到了她们，便找到平日的好友活阎罗张三，谋划晚上去奸淫这对姐妹行乐，出出心中的这口鸟气。不想隔墙有耳，有人把这一消息告诉了飞燕和合德，姊妹二人慌忙收拾细软，慌张逃生去了。这害得射鸟儿多方查寻，也没有找到，百般思念，徒留巫山残梦。

现在，飞燕飞鸽相招，射鸟儿真是高兴死了，淫兴大炽，顾不得思考祸福，亦不管温柔乡还是虎狼口，马上随樊嫕登上七彩油壁车，飞速入宫，见了飞燕，跪下说："蒙娘娘召见，臣特来叩拜。"飞燕上前一步挽起射鸟儿，对他笑着说："咱们是老相识，何必多礼呢？"这时，宫中仕女摆下酒肴，飞燕拥射鸟儿落座一阵吃喝。席间,射鸟儿有说不完的相思,飞燕也深致款曲。一会儿酒醉不能自制,飞燕马上令侍女铺床设账,自己动手宽衣解带,把射鸟儿拥在自己的胸前。飞燕说:“你千万不要怜惜我,一定使劲干,快活死我也没关系!”射鸟儿见她含羞带笑,气喘吁吁,知道她已发了情,碰到她光如绢、软如绵的身子,不觉淫兴勃发,于是将飞燕按于身下,恣意行乐。

一天,射鸟儿正与飞燕在后宫花下寻欢作乐,忽然有宫女来禀报说:“赵婕妤来了。”飞燕与射鸟儿连忙系整衣裳,十分狼狈,正欲躲开,但早已被合德看见。合德什么都明白了,但她仍装作若无其事,含沙射影地说:“姐姐在这林下花间做什么呀?”飞燕答道:“缗蛮之声最易扰乱情思,听听鸟鸣何等快乐啊!”合德打翻了醋坛子似的说:“既然这样,你为什么不让射鸟儿给你捉些来玩玩呢?”飞燕当然知道她是含沙射影,但她依旧掩饰说:“禁苑深宫,王孙怎能带弓挟弹进来呢?”合德见姐姐不愿分一杯羹给她,来共同享受这个美男子,心中不禁醋意大发,冷笑着走了。

在成帝那儿告发姐姐这种蠢事合德是不会干的,她知道,皇上一旦知道了这事,飞燕与射鸟儿都难逃一死,自己也就得不到那种风流快活了。于是她当下求见成帝,借口说姐妹俩的宫院太远了,难以经常来往叙说姐妹之情,就让皇上加修院殿,靠近远条馆。成帝不知真相,不假思索便答应了。飞燕当然知道妹妹的心思,但又没别的对策,只好同意合德插足进来。从此三人就放纵恣意淫乐,或者是你来我往,连番酣战,或者二人合力共淫一人。

射鸟儿虽是体壮如牛,整日奋勇不惜,但无奈好手难敌双拳,以一敌二,竟也渐渐地体力不支了。射鸟儿只得对飞燕说:“我一个人,已难以满足你的欲望了,加之阳精寒冷,没能使你成孕。不如我替你到外面去找十来个称心如意的俊俏少年子弟进宫侍奉你吧。”飞燕早就明白射鸟儿是怕秽行一旦败露,难逃一死,而且他也确实纵欲过度,体力不支了,想要找些人来替代他,自己好抽身出宫。只管满足自己淫欲的飞燕是不肯放射鸟儿走的,但她还是着人到外去寻觅奇异可心的男子去了。

很快,樊嫕就从民间找到十多个雄壮的后生,个个标致俊秀。飞燕看了,禁不住想大干一通,于是对众人说:“今天我要一个个考考你们……”一少年接话说:“只怕娘娘你做不到吧!”飞燕夸口说:“再多几个又何妨?”于是令所有少年全部脱光衣服,依次同自己交欢。少年们争先恐后,如同饿鬼抢馒头一样,乱成一团。飞燕说:“你们不用争,以后你们每隔三天就要轮流来服侍我一次。”少年们这时早就不顾一切了,只顾争尝个中滋味,直弄得飞燕哼哼呀呀。飞燕对射鸟儿说:“我今天可以说是心满意足了啊！不过,明天让我做场好戏吧!”

第二天,飞燕命令宫女们在百尺台上摆下酒宴,带着十六个少年、三十多个宫娥,携着射鸟儿的手来到台上,她让十六个少年赤身裸体,分成四队围成方框形,把一只小鼓系到腰间,射鸟儿与自己在台上肉墙之中酣战。又让宫女充当监军,脱得光溜溜地骑在马上,挥旗发动战令。一时少年与飞燕轮番行那巫山云雨,宫女们也都兴动难忍,与诸少年乱淫起来,百尺台上立刻变成一幅令人作呕的禽兽交欢图。

射鸟儿知道,梁园虽好,但不可久留。更何况这飞燕只是拿他泄欲求欢而已,自己反成了笼中鸟、砧上肉,浪荡不羁的自在劲儿一点也没了,于是一直想法脱身。不久,成帝渐渐发觉了飞燕宫中的动静,又觉得自己戴绿帽子的事不可传扬出去,只好伺机处置这伙淫荡男女。飞燕窥到消息,只好收敛起来,很快遣散了宫中的男妓,如安庆世、燕赤凤以及诸少年,只留下射鸟儿在宫中,射鸟儿更加恐惧害怕,哭着央求说:“我承娘娘厚爱,哪敢不听您的？但您恩御太重,我已精力耗尽,比起初入宫时,实在是相差甚远。我在宫中不但不能使你快乐,又加上很多人说我的坏话,恐怕生命只在旦夕之间。请求娘娘能放我回乡,使我得以保有全尸,得葬于祖坟……”并在与飞燕云雨时故意示弱,好让飞燕见他无用,早早打发他回家去。

飞燕也无计可施,便痛哭流涕地对射鸟儿说:“我知道你一心想出宫,我也不再挽留了。只是从此天南海北,此恨绵绵,我怎么能忘记呢？你我行乐这些年,又怎么舍得你去呢?”说着便泪如雨下,昏晕在地。射鸟儿连忙着人将飞燕扶起来。飞燕醒来含泪说:“你既然要走,还不如让我死了算了!”射鸟儿再三劝慰,飞燕这才安心静气,让宫女端上酒肴,为他饯行。射鸟儿胡乱喝了几杯酒,起身就要走,飞燕一把拉住说:“一生相交,就这一次了,为什么不开怀畅饮?”于是,射鸟儿与飞燕开怀痛饮,回忆以前淫行秽事,情意绵绵,不忍离别,两人又缱绻一番。极欢而止,飞燕说:“心肝,此行已成永别,我送你一缕头发留个纪念,你可以缠在臂上,日后见发如见我啊!”射鸟儿答说:“多谢娘娘宠爱,我若忘了你,不得好死!”飞燕令宫女给他取来一份重礼,让樊嫕带他悄悄出宫,洒泪而别!

## 貌美心毒逞淫威

成帝平时身体强健,生性好色,后宫嫔妃甚多,自从赵飞燕、合德入宫,姊妹专宠十余年,自己没有子嗣,却偏不许她人生子。一旦知道后宫某人怀孕,某人生产,必将她杀害。成帝也情愿受制,自绝其种,致使继嗣中绝。也是汉室快要灭亡,天生妖孽,当日民间燕啄王孙的歌谣,果然得到应验。

先是宫人中有姓曹名宫者,乃官婢曹晓之女,为中宫史(女官名)。当日汉宫中有很多官人,凡没有得到临幸的人,不免抑郁无聊,便自己找一个合意之人,装扮成夫妇,时间一长遂成为一种习惯,名为对食。曹宫在宫里时间很长,与官婢道房做了对食。元延元年,成帝看中了曹宫,召人侍寝,她便将这事告诉了道房。几个月后,其母曹晓入宫,来探望她的女儿,忽见曹宫的大肚子,便问是什么原因。曹宫答道:“得蒙主上宠幸,我已经怀孕了。”曹晓闻言,心里很高兴,嘱咐女儿要保重身体,皇上没有儿子,假若能生下一男,不愁不享富贵。曹宫听说,没有说什么,心中却想到妒忌心很强的赵氏姊妹,知我有子,可能不会相容,吉凶如何,只好听天由命了。

及十月胎满,曹宫便就掖庭牛官舍中分娩,果然生下一男孩,掖庭令知是成帝所生,便派了侍婢六人前来侍候,一面派人通知成帝。按说成帝多年无子,如今听说得子,即使其母微贱,终归是自己骨血,应该肯定将他养育成人,谁知他做事竟使人大吃一惊。曹宫生子二三日后,忽有中黄门田客执成帝手诏来到了掖庭,那手诏系用封口盖有御史中丞印的绿色绸匣装贮。田客将其交给掖庭官狱狱丞籍武,籍武读了手诏,其中写道:“取牛官令舍妇人及新生小儿并婢六人,全部押到暴室狱中,不要问此儿性别,以及生身父母。”见了手诏,籍武不知缘由,只得按诏办事,于是派人接取曹宫母子与侍婢等一律安置狱中。到了狱中,曹宫心知不妙,又见籍武并不对她提问,自己又不便直说,遂心生一计,对着籍武示意道:“我儿胞衣,应该好好收藏,狱丞你知道此是何人之子?”籍武原来并不知是成帝之子,只因诏书让他不要问,所以不敢问,今闻曹宫言语,已明白她的意思,便命手下等好好照顾她。

在狱中,曹宫母子过了三日,外面并无动静,以为保得性命了。谁知到了第三日,中黄门田客再次到来,手持木简交与籍武,说道:“这是皇上的手诏,问小孩死了没有?让你立刻将答辞写在木简背面。”籍武接过一看,大吃一惊,只得实话实说:“现在孩子还没有死。”写完后仍交田客带去。籍武暗想天下怎能有这种事,真是不可思议。籍武正在想着,不一会,田客却又来,告诉籍武说:“主上与昭仪见了都很生气,命我前来问你,为什么不把小儿杀掉?”籍武听罢叩头流泪答道:“不杀儿是死罪,杀之也是死罪。”说罢,便写成一个表章,拜托田客代奏,大意是说陛下现在还没有继承人,子无贵贱,希望皇上留意。田客持了表章，很快便回去了。

奏折交上以后不久，田客又来了，说道："有诏命黄门王舜今夜初更时候，等候在东交掖门，你可以把孩子交给王舜。"籍武心想："我表章上去，不知是否采纳了我的意见，现在忽然要抱走孩子，不知是何用意？按说田客必然知道。"遂偷偷地问田客说："见我表章，主上意思如何？"田客答道："主上一句话也不说，但睁起双目，望着不动。"籍武听说，也不知成帝什么意思，只得按诏书中的吩咐，当晚把孩子交给王舜抱走。

原来赵合德听说曹宫生儿，便一心想除掉她，成帝并不知晓。后来见了籍武奏章，心中也生恻隐之心，便暗地里让王舜将儿抱去抚养。王舜奉命将儿放在一个地方，选择官婢曹弃为乳母，命她细心抚养，将来必有重赏，但必须小心秘密，不能使人知道这件事。此时孩子出生刚刚七八天，闻说诏书来取其儿，曹宫不敢违抗，只得恸哭一场，让他抱去。从此曹宫一个人坐在狱中，想念孩子，此去生死难料，真是如坐针毡，好容易过了三天，却也没有消息。

曹宫正在心神不宁，不料田客奉诏到来，早有人通报籍武。籍武出外迎接，望见田客，仍旧捧着上面贴着御史中丞印花封口的绿色绸匣。籍武拆开一看，中间放着手诏。中有小匣一个，封的很严密。手诏写道："籍武将匣内物件连同手书交与狱中妇人，亲自监视她吃下此药。"籍武看罢，又把小匣打开，里面有丸药两个，薄纸一张，上面写道："告伟能努力吃下此药，不得再入宫，你应该明白。"原来曹宫别字便是伟能。籍武见书，愣了半天，只得把盒子带进去交给曹宫。

曹宫看完手书，又见丸药，一时冤愤至极，不禁大声喊道："果然不出所料，她姊妹二人意欲专擅天下，害我无辜惨死。我死也没有什么，但我的孩子是皇上亲生，额上头发很像孝元皇帝。现在我的孩子不知在什么地方，或许也被她杀害。"说到此处，曹宫一阵心酸，泪飞如雨，又搓着两手说道："怎样才能使太后知道此事？"籍武在旁见了，也替她叫屈，无奈自己人微权轻难以帮她，只得默不作声。曹宫自知已无路可走，便使劲将丸药一并吞下，不一会便香消玉殒。籍武一声叹息，叫人将她收拾，并打发田客回去复命。伺候曹宫的婢女六人在狱中没过几天，也被赵合德派人召进了宫，对她们说道："我知道你们没罪，但事情已到了今天这个地步，只得委屈你们了，自杀，还是要人动手，你们随便。"六人听到这话，也知难逃一死，便一齐回答说："情愿自杀。"合德便派宦官依旧将六人押回暴室狱中，六人回到监狱后便将合德的话告诉了籍武，然后取出带子，一齐上吊而死。籍武见了更加气愤，突然想到合德擅杀婢女，皇上恐怕还不知道，又想到以前赐予曹宫之药，未必就没有可能是合德假传诏书，我若不奏明，将来主上知道了，反要治我的罪。于是他把曹宫和婢女身死一事，写一表章，呈给成帝。成帝见奏，什么话也没说。

合德虽已把曹宫毒死，也将侍婢杀死，只因小儿仍在世上，心中仍旧不放心，又派心腹四处查访，竟查出小儿的下落，逼成帝写一手诏，让宫长李南把小儿抱过来。这时曹弃抚养此儿才十一日，听说诏书来取，不敢抗旨，便将小儿给李南抱去。谁料自从一去之后，就没有回来，也没有办法查问消息。不用说，肯定是被合德杀死了。

## 许氏偷孕亦无辜

当时后宫又有一位姓许的美人，在上林涿沐馆居住，很得成帝宠爱，经常召到饰室中居住，一年大约必召二三次，每次留住几个月或半年，都瞒着飞燕、合德二人，不让她们知道。到了元延二年，许美人临盆生下一子。成帝知道后很高兴，派中黄门靳严带着医生和产后药物，送到许美人住的地方，让她静心调养。此时赵飞燕姊妹还不知道。成帝心想她姊妹二人有很多耳目，这事也瞒不了多久，便干脆自己告诉了她们。这次许美人生子，和上次曹宫不同，料她们也不会说什么，于是十分高兴地对合德说明。谁知不说还好，一说惹出一场大祸。

闻说许美人生子，赵合德顿然变色，对成帝说："你常骗我说是从皇后宫（皇后宫指飞燕也）来，要是真从皇后宫来，许美人怎么能生儿子？现在许氏有了孩子，就要立她为后了。"说罢双手在胸膛上乱捶，又站起来，四处乱撞，不问是壁是柱，拼命用头撞去。左右侍婢于客子、王偏、臧兼等看到了便急忙将合德抱住，扶到床上躺下。合德不肯罢休，又从床上滚下地来，一边大哭，一边说道："现在将如何安置我？我还是回去得了。"

见合德撒泼，成帝虽然心中气恼，却不敢发作，只是说："我好意告诉她，她却无缘无故发火，真是不可理喻。"正当此时，左右过来送饭，合德不肯进食，成帝便陪着她不吃。合德瞅了成帝一眼，说道："陛下自己如此，为何不吃饭？陛下常言誓不负我，今美人有子，岂不是打自己的嘴巴？"成帝答道："我不立许氏，不想再有高出赵氏的人，你不要担心。"合德听了，不哭了，怒气渐消。过了许多天，合德又逼着成帝写成一书，用绿囊装起来，唤中黄门靳严嘱咐："汝将此书交给许美人，许美人会交给你一些东西，你带来后，放在饰室中门帘之南。"靳严奉命照办。许美人看完书后，将所生之儿放在一个用苇叶编成的小箱里，用绳缚好,又另写了一封回书,一起交给靳严。靳严捧了苇箱,并复书回来,照以前吩咐放在饰室帘南,自己退下。

成帝正与合德坐在饰室,于客子、臧兼、王偏等在一旁侍候着,成帝看见靳严拿着东西回来。于客子刚要解开之时,成帝忽想起不能让别人看见,就让于客子、王偏、臧兼等退下,亲手将门闭上。此时只有成帝与合德二人在内,也不知他们在干什么,众侍婢等不免议论纷纷。过了一会儿,成帝开门,唤进于客子等三人,让她们仍旧将箱缚好,并将手诏用绿色绸匣装起来,一起放在屏风东边,传中黄门吴恭将苇箱绸匣交付掖庭狱丞籍武。籍武见手诏上写道:"有死儿埋僻处,勿令人知。"不觉大吃一惊,便也猜到几分,不敢多问,在狱内楼墙旁边挖了一坑埋下。

籍武亲眼见过两次这种事,虽然与他无干,心中却也气愤难平。一日正闲坐无事,忽报掖庭令吾丘遵到来,二人便轻轻地谈着。吾丘遵看看四下无人,便走上前来,附着籍武耳边说:"掖庭官吏多与赵昭仪一个鼻孔出气,我跟他们无话可说。今天来找你,有话要对你说。据我所知,掖庭中被皇上宠幸而有儿女的,都被昭仪杀害,一个都别想活,被逼服药堕胎者更是不计其数。我心中实在为她们不平,想和你一同出头告发。但赵氏姊妹心狠手辣,随随便便就将人族诛。我没有孩子并无顾虑,事若不成,不过一死,可是你有家室,恐怕会有所畏惧,你敢干此事吗?"籍武听了,正合其意,自然一拍即合。吾丘遵非常高兴。

吾丘遵见籍武与己同心,大喜过望,因又说道:"如今如果向朝中告发,只有骠骑将军王根,但他为人贪婪无比,如果已被赵氏姊妹贿赂,说不定会反咬我们一口。不如奏闻太后。太后一定不会轻易放过此事,但是怎样才能让太后知道呢?"二人商议良久,也无良策,只得暂行搁下,等待机会。谁知不久吾丘遵忽然病倒,而且不见好转,籍武前往看望。吾丘遵自知不久于人世,让仆人退下,悄悄地嘱咐籍武说:"我死之后,咱们从前的打算,你不能一个人干,必须小心,不可轻泄。"籍武答应了他。几天之后,吾丘遵果然病逝。籍武孤掌难鸣,只好将告发的事放下来。

飞燕姊妹未入宫以前,成帝即位已多年,却不曾有子,班婕妤虽然生子,却又夭折。等到飞燕姊妹得宠以后,后宫所生子女,更是一个都别想活。如果是赵飞燕姐妹将幼儿暗地害了,成帝故作不知,也就罢了。如今许美人所生之子,却是成帝与合德同谋害死的。俗话说:"虎毒不食子"。成帝也是个人,依妇人之言做这种伤天害理的事,如果成帝断子绝孙,那可怪不得别人。可见一人一旦沉溺于女色,身心不能自主,即使是为非作歹也欣然从命,就像傀儡一样,任人指使。所谓红颜祸水,此言不假。

却说成帝见飞燕姊妹二人,不能生子,又不许别人替他生儿子,再想到自己已四十多岁,就算是因为赵氏姊妹甘心无后,但是皇位还是得传下去,由此产生了立嗣的想法。但立嗣人选必须从弟侄中选出。当时成帝最亲的只有二人:一为中山王刘兴,乃元帝冯昭仪之子,算是成帝少弟;另一个是定陶王刘欣,乃元帝傅昭仪之孙,定陶恭王刘康之子,是成帝的胞侄。上次刘康上朝时,成帝把他留在京城,却被王凤奏令归国。到了阳朔二年刘良去世,刘欣遂嗣立为王。如今成帝欲立继嗣,他二人是最合适的人选。

元延四年的一个春日,刘兴与刘欣二人恰好一同入朝,成帝见了又想起立嗣的事,就想将两人比较一下,择贤而立。此时刘兴已三十四岁,而刘欣才十七岁。成帝留心察看,见刘兴只带了太傅一人,而刘欣却将中尉傅相各官全都带了过来,于是想就此事问试两人。先问刘欣,刘欣答道:"法律规定,诸侯王入朝,允许带两千石官吏,中尉傅相,都是二千石官吏,所以一概带来。"成帝见他根据法律对答,心中已觉高兴,又让他背诵《诗经》。刘欣倒背如流,且能讲解其义,成帝非常满意,遂转向刘兴问道:"你来只带太傅,依据何种法令?"刘兴对答不出,成帝便转而让他背诵书经。刘兴背到中间无法继续,成帝便觉得他不济。一天成帝赐宴结束之时,众人都已食毕,只有刘兴一人还在吃,席散起身下殿,袜带却又脱落。成帝由此得知刘兴无才,遂对刘欣异常欣赏,时时对人赞不绝口。

成帝既然看中刘欣,就想早日下诏立为皇太子?但是立嗣大事,必有皇太后、骠骑将军王根、飞燕姊妹同时点头,方可成事。皇太后与王根不怎么碍事,成帝尚能威慑住他们,不过飞燕姊妹二人权力甚大,成帝所生之儿都被她们随便杀了,成帝都无可奈何。何况立嗣,事关重大,二人如果不同意,成帝也不能擅作决定。谁知此次飞燕姊妹及王根等却欣然同意,欲立刘欣为嗣。也是刘欣有皇命,所以不谋而合。然而两方目的却不同,成帝赏识刘欣,是为他才能甚好;飞燕姊妹等却不是因为他有才能,而是别有用意,此事说来话长。

当年冯昭仪与傅昭仪同事元帝,同时得到元帝的宠幸,各生一子。冯昭仪之子名兴,傅昭仪之子名康,元帝封兴为信都王,康为定陶王。元帝驾崩以后,傅昭仪随刘康归国。当时刘兴还小,与冯昭仪住在上林储元宫,后又移封中山。傅昭仪本河内温县人,父亲早死,其母改嫁魏郡郑翁,又生一双儿女。子名郑晕,女名郑礼。郑礼嫁于张户人家生有一女,傅昭仪便为刘康娶郑礼之女张氏立为王后。傅昭仪因张后是自己的外甥女,一心盼着她生个儿子。谁知张后一直没有儿子,只有丁姬生下一子,就是刘欣。刘欣一生下来,傅太后便抱来亲自抚养。如今长成为王,因自己受祖母抚养,自然十分孝敬。

此次刘欣照例入朝,傅昭仪便想到皇上至今无子,将来必然立嗣,希望自己孙儿能成为太子,但中山王是皇上的弟弟,莫被他占了大位,自己必须亲自去一趟,方可成功。傅昭仪主意已定,便带了许多珍宝财物,与刘欣同去。而冯昭仪却安分守己,没有跟随刘兴人朝。原来傅昭仪为人颇有心机,善于权变。从前在宫里的时候,上上下下无不殷勤周到,因此在宫中人缘很好,一般宫女侍婢都受过她的小恩小惠,每当饮酒祭祀,都祝她延年益寿,可见她在宫中左右逢源。当日傅昭仪到京城,入宫见过太后等人,留心查访,得知宫中握有实权者是飞燕姐妹,赵合德尤为有力。外廷是王根掌权,王根只一味贪财,傅昭仪就觉得此事很有把握。于是一方面大施手段,奉承飞燕姊妹,另一方面将带来的珍宝财物暗地送与飞燕姊妹并骠骑将军王根。三人不知不觉入了傅昭仪圈套,便以为傅昭仪是好人,暗想皇上无子,不知将来皇位落于谁手,我们既然受了傅昭仪之美,不如力劝主上立陶王为皇太子,傅昭仪必会铭记在心,现在就与她交好,也是将来长久之计。三人竟不谋而合,成帝还不曾开口,他们便先后向成帝进言。成帝本有此意,今见毫无阻碍,当然高兴,立即允从。但因立嗣乃是大典,不可草率而行,而且刘欣尚未加冠,于是命令有司替他行了冠礼,暂时先回国。

一年后,即绥和元年春二月,成帝使执金吾任宏守大鸿胪(守,即署也),持节去召定陶王刘欣来长安,下诏立为皇太子,同时加封中山王刘兴三万户,并封刘兴舅谏大夫冯参为宜乡侯。成帝怕刘兴不能当皇帝而心中怨恨,以此来安慰他。成帝觉得刘欣既为皇太子,便算是自己的儿子,但定陶恭王刘康就相当于无后了,于是立楚孝王之孙刘景为定陶王来代替刘欣侍奉恭王祭祀。太子欣闻知,想要上书谢恩,少傅阎崇道:“太子既然已成为皇上之后,不能再想以前的亲人,不应该再谢恩。”太傅赵玄却认为应该谢恩,太子听赵玄的话去做。成帝见了谢表,下诏诘问其中的原因。尚书查明是赵玄赞成,成帝即将赵玄贬为少府,拜光禄勋师丹为太傅。

当日傅昭仪和丁姬一起跟着刘欣到了长安,住在定陶国邸。刘欣受了册立,到太子宫中居住。有司仪告知傅昭仪与丁姬不得与太子相见。傅昭仪原来想刘欣既然成了太子,自己就是太子祖母,自然能得到好处,谁知如今连见面都成奢望,顿觉非常沮丧,便入宫面恳王太后,准许她及丁姬常与太子相见。王太后想刘欣自幼与祖母在一起,突然间被分隔开,也觉得不近人情,于是向成帝说明情况,问能否让傅昭仪、丁姬每十日一去太子宫中。成帝说道:“太子既成正统,自当孝敬陛下(指太后),不得复顾私亲。”王太后听成帝言之有理,也就无话可说,无奈傅昭仪缠住不放,便又想得一法,说道:“太子从小被傅昭仪抚养长大,便不算祖母,也算得上乳母。如今准她去见见太子,也是念乳母旧恩,无甚妨碍。”成帝这才无话,于是下诏说傅昭仪可以到太子处,丁姬因不曾抚养太子,不得入见。

自立太子欣过了一年,成帝遇着荧惑守心,想移祸大臣,便逼丞相翟方进自杀,谁知翟方进死后不足一月,成帝也就驾崩了。就在驾崩的前一天晚上,成帝像往常一样身强力壮。此时正值梁王刘立、楚王刘衍来朝,预备明早辞行回国。成帝因翟方进刚死,相位尚空,意欲拜左将军孔光为丞相。其时印已刻好,策文已写成,预备明日行事。宫人听得当晚成帝在赵合德宫中终夜笑声不绝。到了早朝时候,成帝起床,穿了中衣,系上袜带,正欲下床穿衣服,忽然元神脱体,口不能言。侍从向前看时,早已气绝身亡,人人惊讶,都道死得不明不白。成帝自十九岁登基,在位二十六年,先后七次改年号(建始四,河平四,阳朔四,鸿嘉四,永始四,元延四,绥和二),享年四十五岁。说起成帝其人,自少好学,通古博今,天性宽厚仁慈,能够察纳雅言,善修容仪,临朝尊严,俨然是个人君气象。不过他贪酒好色,荒淫无度,纵容外戚专权,又任凭赵飞燕姊妹胡作非为,以致性命暴亡,断子绝孙。究其祸根,还是贪色造成的,清人谢启昆有诗咏成帝道:

穆穆修容俨若神,射熊高馆槛车新。
婕妤团扇辞芳辇,妲己屏风拥醉人。
二赵宫中珠错落,五侯墓上梓轮困。
君行休矣吾方念,虚费更生封事陈。

# 哀帝创同性恋“断袖”艳史

## 美男娇艳胜妃嫔

话说哀帝新得一个幸臣,此人年轻貌美,受父亲的荫庇,得为太子舍人。哀帝还是太子的时候,就知道他的名字,但并没在意。哀帝即位时,所有东宫官属照例都要升迁。此人便由太子舍人迁为郎官,但还是很少得见皇上。一直过了二年多,也没有再升。也是该他时来运转,一日因传奏漏刻(古代没有自鸣钟,制漏点，以知时刻）来到殿下，哀帝坐在殿上，无意中看他一眼，觉得他很漂亮，龙颜大悦，很快记起他的姓名，于是问左右的人他是否就是董贤，左右称是，哀帝即命引他上殿。董贤行到御前参拜完毕，侍立一旁。哀帝细看他的容颜，颇觉后宫三千佳丽都比不上他，不由心生怜爱，便问他别号、籍贯。董贤回答："号圣卿，云阳人。"哀帝又和他说了几句，就升为黄门郎，由此开始亲近起来。一日哀帝偶然间问起董贤的父亲董恭，得知他现为云中侯，哀帝即下诏召为霸陵令。擢升为光禄大夫。董贤日益得宠，由黄门郎迁驸马都尉侍中，出则骖乘，人侍左右。自从得见哀帝以来，不过一月，所得赏赐无数，得宠幸如此，令朝廷上下震动。

哀帝与董贤经常同起同卧。一次，两人在白天一起休息，等到哀帝睡醒，董贤尚在梦中。哀帝有事要起床，忽然看到自己的一边衣袖被董贤压在身下，哀帝想把衣袖抽出来，却不忍惊动董贤，打扰他睡觉，待要躺下等他醒来，事情又急等不得，情急之下，也顾不得将衣脱下，顺手抽出床头佩刀，将衣袖割断，方始起身，可见他对董贤的宠爱到了何种程度。

## 夫妇、妹子共侍哀帝

董贤生性柔和，为了保持宠爱，便善于揣摩哀帝的心思。每次休假，照例准其回家。董贤却以哀帝多病为由，不肯出宫，仍在左右侍奉医药。哀帝本来就一天也不愿意看不到董贤，见他假日也不回家，正中其意，不由愈加欢喜。但又想起董贤也有妻室，现在因为自己一个人而不能回家团聚，甚觉过意不去，想到不如将他家眷也搬进宫中，两下都方便。但是天子宫禁，岂容人臣居住之理？哀帝思来想去想得一法，既然董贤官为侍中，按例应在殿中值宿，备有宿舍，名为直庐。直庐就相当于官吏的衙署，允许家属居住，于是下诏将董贤之妻列入宫门门籍，允许她随时进宫，居住直庐，就像官吏之妻可以在衙署住一样。哀帝又问起董贤，知道他还有一个妹妹，待字闺中，立刻召进宫来，拜为昭仪，位次皇后。皇后所居之殿名为椒房，哀帝就把董仪住的地方致名为椒风，以与椒房并称。于是董贤夫妇与小妹日夜并侍左右，哀帝对三人的赏赐数以万计。

哀帝心里想着封董贤为侯，但董贤一直不曾有机会立功，因此不曾说过，侍中傅嘉知道哀帝的心思，便设法迎合。正逢发生了东平一案，哀帝已将孙宠、息夫躬、宋弘等擢升官职。傅嘉乘机献策，建议将董贤名字加入告发诸人中，便可让董贤来代替宋弘。哀帝依言，遂将孙宠、息夫躬告发本章自行改定，理由是此事由董贤代奏。于是下诏先赐董贤、孙宠、息夫躬三人爵为关内侯。哀帝欲封董贤，恐怕傅太后和大臣从中作梗，乃先加恩傅氏，以争取太后的支持。先是傅太后父已追封崇祖侯，念其无后，封傅太后堂侄傅商为侯，以奉其后，不料此举却惹起尚书仆射郑崇上前力谏。

郑崇字子游，平陵人。郑崇的弟弟郑立与傅喜乃同窗好友，傅喜升为大司马后，向哀帝推荐郑崇，擢为尚书仆射，屡屡求见，直言进谏，哀帝最初基本都接纳了。郑崇多穿皮鞋，行步有声，每人见，哀帝笑道："但听脚步声，便知是郑尚书。"郑崇不同意哀帝加封傅商，他力谏道："当年成帝封五侯，天色变得赤黄，白天骤然变成黑夜，日中有黑气，现在又要无故封傅商，恐怕会逆天之心，坏乱制度，臣愿以生命当国咎。"说罢手持诏书案，起立而去。哀帝见郑崇言辞恳切，便欲作罢。傅太后闻知大怒，对哀帝道："你身为天子怎能被大臣专制呢?"哀帝遂下诏封傅商为汝昌侯，又封傅太后同母异父的弟弟郑业为阳信侯，追尊郑业的父亲郑恽为阳信节侯。

哀帝既封了傅商等人，又尊傅太后为皇太太后，前期的铺垫工作都已做好，想趁着傅太后心中欢喜，续封董贤，但又想丞相王嘉可能会阻拦谏阻，乃先拟成诏书，让皇后的父亲孔乡侯傅晏交丞相御史阅看，探一探他的意见。丞相王嘉与御史大夫贾延看完诏书，二人共同商议上奏道："臣等以为董贤等三人刚刚赐爵为关内侯，外人都在议论纷纷说陛下宠爱董贤，连息夫躬等也跟着蒙恩。现在皇上又想加封董贤，宜先将董贤等本章宣布之后听一下朝臣们的意见，然后加封，不然恐怕失于人心。臣等明知忠言逆耳，所以如此者，以报皇上隆恩也。"哀帝见奏，感其言语恳切，而且告发东平之事，董贤确实并未代奏，不便将本章宣布，于是暂时搁置起来。先擢董恭为少府，赐爵关内侯，不久又封为卫尉。

哀帝又拜董贤的岳父为将作大匠，让他为董贤在北阙下大起府第，建五大殿宇，开六大洞门，雕梁画壁，或以锦绣相蒙，或以金玉为饰。三重面门，题曰：南中门、南上门、南便门。东西两面彼此相同。第中水榭楼台，连绵不绝，山林池沼，样样俱全。引御沟水流入园中，转相灌注，土木之妙，可谓巧夺天工。将作大匠托赖女婿之力，才有今天，今奉命为女婿起屋，自然格外讨好。哀帝还怕他不能尽心，特派人来监督，所有的工匠厚加赏赐，马不停蹄，完工之时已是一年之后。

哀帝不但经常挑内库珍宝赐予董贤，而且命令尚方为董贤制造器物，每造完一物，先由哀帝过目。哀帝亲选上等者送给董贤，留下差一点的自己用，而且还让人搬武库里边的兵甲器械，送给董贤及其乳母王阿家。执金吾毋将隆谏道:“武库兵器,乃国家之公物,现在拿来给私人,叫天下人怎么说?臣请收还武库。”哀帝听了,大为不悦,借一件小事,将毋将隆贬官,拜董贤妻弟为执金吾。

## 对董贤言听计从

一天,董贤的母亲病了。哀帝听说后派人到处设祭祈祷,并命令长安官厨备办祭席,被派出的人就在道路中间祈祷,排列祭品,不计其数,祭祀剩下的所有酒肉都分给了过路人。董贤家每有结婚,会宾,哀帝便让百官各具礼物,前去助兴。哀帝有时御驾亲临,连最小的奴婢也赏赐十万钱。哀帝还为董贤在自己的义陵近旁建造生坟,赐以墓地,四面筑墙,方圆数里,并赐以天子才用的棺材——东园秘器和珠襦玉柙,面面俱到。尚书郑崇见哀帝对董贤太过宠爱,屡次进谏,哀帝深为不满,每借职事责备。尚书令赵昌生性奸佞,而且一向嫉妒郑崇,现在见皇上疏远他,就诬陷郑崇与宗族私通,疑有奸谋,请遣官查办。哀帝把郑崇召来责问道:“你家门庭若市,为什么来阻拦朕呢?”郑崇答曰:“臣门如市,但臣心如止水,愿得查办。”哀帝发怒,遂命将郑崇下狱。有司严刑拷打,郑崇几欲致死,却始终不肯开口。于是司隶孙宝奏称郑崇实被赵昌诬陷,请将赵昌治罪。哀帝责孙宝欺下瞒上,贬为庶人。郑崇不久竟死在狱中。

哀帝既然杀了郑崇,就在当年八月下诏封董贤为高安侯,孙宠为方阳侯,息夫躬为宜陵侯。息夫躬被封侯以后得以觐见皇上,便专门揭公卿大臣之短,无所避忌,全朝文武百官,最怕他那张嘴,见之侧目。丞相王嘉多次进言说董贤贵宠过甚,孙宠、息夫躬是奸邪之人,不可任用,哀帝充耳不闻。谏大夫鲍宣亦上书请求罢斥孙宠、息夫躬,而任用傅喜、何武、孔光、师丹、龚胜、彭宣等人,其言切直,哀帝因为他是名儒,未加惩罚。

汉哀帝与董贤

当时丁傅子弟同在宫中谋事,见哀帝偏爱董贤,心中难免妒忌。孔乡侯傅晏想着如何能手握实权,向息夫躬请求有何良策借丁傅势力,谋取高位。当时一个郡国发生了地震,关东人民无故惊恐,到处奔走,手持一枚稻藁或麻秆,逐人传递，说是行西王母筹；也有的披头散发光着脚丫的，深夜拆了关门，翻屋爬墙，就像疯子一样；也有乘坐车马，狂奔不止，经过了大大小小二十六个郡国，直至京师，地方官吏根本没法阻拦；民间处处载歌载舞，说是祭西王母。此种举动自春秋三季，方才停止。息夫躬上奏哀帝道："灾难一个接一个，恐有什么大的变故，应该遣大军出巡边地，斩一郡守以立威应变。"哀帝问王嘉的意见，王嘉竭力阻止，哀帝不听，下诏命令将军与朝中二千名官吏挑选可练兵法且胸有大智的人，又将次年改元为元寿元年，在元旦当天拜傅晏为大司马卫将军，丁明为大司马骠骑将军。没想到那天正碰上月蚀的景观，哀帝下诏命举贤良正直敢直言进谏的人。丹阳人杜邺应诏回答说都是因为偏宠外家所致。哀帝尚在迟疑，正在此时，董贤告诉了哀帝息夫躬、孙宠联合丁傅子弟对付自己的阴谋。哀帝对于董贤的话自然言听计从，遂下诏收回傅晏印绶。又正值丞相王嘉、御史大夫贾延上奏息夫躬、孙宠罪恶，哀帝于是罢了这两人的官，遣令回国。

息夫躬回到宜陵本国，带同老母妻子住在一个空亭之中，因为他没有自己的房子。当地的盗贼以为他是侯家，必然有值钱的家伙，就想去偷。晚上的时候，就在空亭前后探望，吓得息夫躬一家不敢睡觉。一天有个老乡贾惠来访息夫躬，问知情由，告诉息夫躬说："我有办法让盗贼不再来。"因教以如此如此，息夫躬依言从事。办法是取桑树的东南枝做成匙勺，在上面画上北斗七星。息夫躬每天晚上披头散发站在院子中间，面向北斗，拿着匙勺，或指或招，以咒盗贼。时间长了，传到外边去，就有人上书说息夫躬心怀怨恨，晚上不睡觉却观星宿，望候天子吉凶，且口中念念有词应是诅咒。哀帝见奏，遣侍御史廷尉监前去逮捕息夫躬，下入洛阳诏狱。承审官吏带出息夫躬，正欲拷问，息夫躬仰天大叫，瞬间倒地，身体僵直。官吏派人查看，报说咽喉断，鼻中耳中流血，不久就死了。原来息夫躬自知活命不成，扼喉自杀。哀帝下令追究党羽，牵连下狱有一百多人。息夫躬的母亲因为诅咒皇上，大逆不道，被判死刑。妻子移徙合浦，孙宠与右师谭后亦免爵徙合浦。老百姓都说这是陷害刘东平王刘云的报应。

当时哀帝将息夫躬、孙宠罢官以后，就问孔光日食的事。孔光回奏，哀帝听了很满意，拜为光禄大夫。鲍宣又请召用何武、师丹，彭宣、傅喜，哀帝于是召何武、彭宣、拜鲍宣为司隶。正当此时，皇太太后傅氏忽然病倒，不久驾崩，与元帝渭陵合葬在一块，哀帝尊她为孝元傅皇后。哀帝又想趁此时加封董贤。

## 为男色冤杀大臣

哀帝宠爱董贤已到极点，然而哀帝心中还以为不足，几次欲再加恩，都因没有机会而作罢。正逢傅太后驾崩，于是假傅太后遗诏，加封董贤食邑二千户。傅商、傅晏诸人，一律赐予国邑，并说傅太后临终特意嘱咐要把诏书交王太后由丞相御史照办。王太后收到诏书后，立刻发下丞相御史，令其按诏行事。一班御史都心知肚明，但人人都怕得罪他，不敢进谏。独有丞相王嘉愤然不服，立即将诏书封还，并上疏力谏，谁能料到因此却惹出一场大祸。

最初是东平王一案，哀帝心疑尚书令鞠谭、廷尉梁相、仆射宗伯风对皇上不忠，将三人一律坐罪，贬为庶人。那时王嘉虽明知三人是被冤枉的，却因哀帝正在发怒，不敢进谏，不得不说他三人罪有应得。此事过了数月，正逢大赦天下，王嘉便趁此时推荐三人，说此三人各有才干，可以将其免罪而重用。哀帝见奏，怀疑王嘉有意为他们三人说好话，心中怀恨，只是没有表现出来，而且欲加封董贤，又被王嘉阻止，于是一发不可收拾，正如火上加油，立即下了一道严旨，命人召王嘉，诣尚书等候究问。

王嘉被召前往，一路上心想一定是为了封还诏书一事，及来见尚书，谁知哀帝却令尚书提出举荐梁相三人一事，责他何故以前既明知三人心存二心，阿附诸侯，现在却说三人有才，上书保荐，令其说明缘由。王嘉被问出于意外，一时不知如何回答，只得脱冠谢罪。尚书见他无话可说，即命退去，便将实情上朝奏明。

哀帝闻奏，并不给王嘉定罪，命把这件事交给文武诸臣会议。光禄大夫孔光猜测着哀帝心意，便和左将军公孙禄、右将军王安、光禄勋马宫一起讨论王嘉迷国罔上不道之罪。只有光禄大夫龚胜不这样认为，他说王嘉推举梁相等人，不过犯了小小过失，如果给他加上罔上不道罪名，恐怕不能给天下人一个交代。众人讨论完结，各将议案呈现与哀帝阅看，哀帝采取了孔光等人的建议，孔光诸人便趁势要求将王嘉召交廷尉诏狱究治。哀帝听后，又故作迟疑，命百官再议此事。于是卫尉孙云等五十人都说孔光诸人所言甚是，可以听从。其余诸人有的说王嘉不称宰相之职，只需夺官贬为庶人；有的说王嘉虽应办罪，但圣王之于大臣，不宜行刑，有伤国体。人们议论纷纷，莫衷一是。孰知哀帝早有打算，两次会议，不过是为了避免诛戮大臣之名。现在既然得到孔光、孙云等人的附和，胆气益壮，便立刻派人将王嘉收捕入狱。

使者奉命来到相府，府中一班属官掾史主簿闻得此事，惊恐万分，大家议道："现在只有劝丞相自尽，才能不下狱受辱，相信丞相必肯听从。"于是便七手八脚配成一药，盛在杯中，拿到王嘉面前，说明劝说他服药自尽的意思。但是王嘉此时心中有数，不肯听从。主簿见王嘉不肯服药，便说道："将相不对理（理，谓治狱官也）陈冤，相踵以为故事，君侯宜引决（谓当自杀也）。"王嘉听后，依然不动声色。主簿只得退下。使者见王嘉半晌不出，便故意坐在府门上等候。主簿更加着急，又劝王嘉服药，王嘉没有办法，便将药杯向地上一摔，对众说道："丞相我幸得备位三公，奉职负国，就应当堂堂正正地面对万众，怎么能学妇道人家服毒自尽呢！"说完便起身朝装而出，拜受诏书，随同使者一起来到廷尉衙署。廷尉向使者问明来意，便将王嘉的丞相及新甫侯印绶收下，立刻装出威风的样子，喝令狱卒将王嘉五花大绑，押往都船诏狱。使者见王嘉已经下狱，便回朝复命。

哀帝派使去后，很有把握地以为王嘉闻旨，肯定不会到狱中苟且偷生。听了使者回报以后，极为生气，立即传旨令有司穷究。王嘉不忍羞辱，仰天叹道："我身为宰相，不能进贤退不肖，有负国家所托，死有余辜。"有司问道："你所说的贤良和不肖者指谁？"王嘉回答说："孔光、何武是贤人，董贤父子是不肖之臣，我不能重用孔光、何武也不能赶走董贤父子，我死不瞑目啊！"说完从此绝食，不过几天，吐血身亡。可怜王嘉为相三年，敢于直言进谏，实堪名臣，怎奈哀帝为了一个嬖臣董贤，竟将他屈死狱中。更有孔光诸臣只知阿谀奉承，以致王嘉负冤莫白。王嘉临死之前还说孔光是贤臣，孔光反而因王嘉临死一言，得了好处，真是太没天理了。

王嘉死了以后，朝廷中人都有话而不敢明说。只有哀帝母舅大司马丁明，平日敬重王嘉，听到他的死讯，连连叹惜。哀帝知道了，便对丁明不满，罢了他的职，任董贤为大司马。

## 娇美男宠列三公

哀帝任董贤为大司马之后，一天忽然想起来董贤的父亲董恭，当丞相孔光为御史大夫时，董恭曾为御史，是孔光的属下，常侍奉孔光。现在董贤虽然是大司马，与孔光并为三公，贵宠相当，但不知孔光对董贤是什么态度，会不会轻视他。自己何不趁此时让董贤去见孔光，看他如何接待，也可借此机会让人看到董贤与丞相有来有往，以示尊宠，于是让董贤前往相府。董贤听命立刻准备车马出门。

当时孔光想着哀帝将鲍宣治罪，替他出了一口恶气，心中感激不尽，正想设法讨好，忽然下人来报大司马董贤将命驾来府，不禁大喜。他想董贤是皇上面前的大红人，如能讨他欢心，不愁皇上不高兴，连忙想好待客之道，之后整理好衣服，急急奔出相府大门，拱立等待。

孔光等了半天，其间有许多官府车马经过，都以为是董贤前来，几次鞠躬侍立，以示恭敬，结果都不是董贤，心中十分扫兴。正焦急的时候，忽见远处行人避道，仪仗缤纷，一会儿工夫，只见一大队车马前呼后拥，喝道而来，车中端坐的正是董贤。孔光此时却不并急退回去，故意待着董贤瞧见自己接到大门之外，然后慢慢倒退入内，又转身到中门伺候。等董贤的车到了中门，孔光等到车行近了，又急退入阁。直等到董贤在堂前下了车，孔光才出来接着董贤，纳头便拜，然后将董贤请上高座，寒暄之后，孔光又说了许多恭维之话。董贤听了，自然非常高兴，坐了一会儿，起身告辞。孔光又一直恭送到门外，直待董贤车马踪影消失，才回身入内。

董贤离了相府，一路想着孔光一直自大门迎接到堂，丝毫没有丞相的架子压人，而且一味谦卑，真是难得，于是回朝便对哀帝说孔光如何谦恭如何优待，又说了孔光的其他许多好处。哀帝大喜过望，心想孔光知道敬重董贤，也就说明他明白我尊宠董贤，应该再对他赏赐一下，只是孔光已位居丞相，无职可升。他的儿子孔放也已经授职为侍郎，只有他两个侄儿还不曾得官，不如也封与官职，使其整个家庭荣耀，才不辜负他对待董贤的美意，于是立时传旨将孔光的两个侄儿都拜为谏大夫常侍。

此事传出去以后，满朝公卿都想讨好董贤，以求恩宠，但苦无机会可乘。偏偏有人有此良机，却不肯用。此人乃萧咸，前将军萧望之之子，现官拜中郎将。他家世代居军中要职，董贤的父亲董恭，平时就仰慕他家的声势，现在得知萧咸有女，尚待字闺中。想到次子宽信，现蒙皇上授职为驸马都尉，也早就功成名就，尚未娶妻。难得萧咸有女，两家门弟相对，不如托人前去求婚，结成秦晋之好。因又想道："求婚一事，得找一个认识的人，而且是萧家的亲戚，倘得如此之人为媒，自然一拍即合。"董恭思索了半日，忽然想起萧成女婿中常侍王闳应是最佳人选，于是去见王闳，说明来意。王闳见是董恭来托他做媒人，本不愿意，但碍着情面，不便推辞，只得答应。

董恭走后，王闳就去对萧咸道："董恭得知您有爱女，欲为其子宽信求婚，让我来做媒人。您意下如何？"萧咸闻言，忽然想起一事，脸上不觉露出惊惶之色，连连摇头说道："此事不敢当。"王闳见此情形，不明原因。萧咸屏退左右，悄悄地对王闳说道："前日皇上封董贤为大司马，册交里有允许董贤辅政之类的话，这可不是封三公的惯例，倒像尧禅位于舜。当日一班老臣，见此册文，心中都有所畏惧，以为董公有非分之想。若就此事看来，我等凡人的女儿，怎么敢与董公兄弟结婚！"王闳听罢，觉得岳父的话很有道理，也觉得哀帝封董贤册文大有深意，难怪岳父不敢与董氏结为亲家。而且，自己本不愿为媒，也就不再勉强相劝。萧咸又嘱咐王闳代他谢绝，王闳应允而去。

董恭自托王闳向萧咸求婚以后，心想我家声势赫赫，谁人不争着抢着来联姻，料定萧咸必定愿意。董恭正在得意之际，忽报王闳到来，连忙命人请进。王闳对他说道："刚刚我代您去萧府求婚，岳父大人的意思是官职卑小，不能与大人家门当户对，因此不敢高攀，托我前来辞谢。"董恭听了，满腔热情顿时全无，发声长叹道："我家怎么至于让人害怕到这种地步呢？"说完，异常愤怒。王闳见董恭拉下脸来，也不便久坐，就告辞回去。王闳回到家中，心里还想着册文一事，哀帝如果有意让位董贤，将来必召祸乱。自己得设法谏阻一番才好，但却苦于没有机会可以进言。王闳正在寻思进谏，忽然有一天哀帝派人来召他入宫，王闳不明就里，连忙进宫。

## 爱美男欲让江山

一天，哀帝在宫中无事，便想饮酒取乐，因是私宴，不便召集外臣，只召董贤父子亲属，和一些皇亲国戚。王闳乃王太后侄儿，所以哀帝也让他前来赴宴。王闳不知因何被召，连忙进宫打听，得知是赴宴，方才安心。

哀帝见众人都到齐了，就命令内侍在未央宫麒麟殿摆下筵席，大家各自入座侍饮。哀帝饮至半酣，乘着酒兴，用那双蒙眬醉眼斜视董贤，笑着说道："朕欲学古帝尧禅位于舜，你认为怎样？"董贤听后，细想哀帝此言，明显有要让位与我的意思，心中暗自欢喜，表面却不敢露出声色。站在旁边的董恭也非常得意，以为从此有了做太上皇的希望。更有董贤许多亲属，见哀帝如此说，也乐不可支，恨不得董贤马上做皇上，好让他们可以攀龙附凤，各得高官。这时在座的一班皇亲国戚，见哀帝忽然说出这样的话，人人心中都很惊异，对着哀帝发呆，不知道哀帝为何忽发此言。

原来哀帝常常想着自己并非成帝亲生，又身患痿痹，后宫虽有许多妃嫔，却至今没有儿女，将来死后，皇帝之位必然会让给他人，不如趁着生前，将帝位让给生平心爱之人，做个人情，岂不是更好？又因在座并无外臣，便对着董贤大胆说出这样的话。

哀帝正乘醉说得高兴，忽然有一人十分气恼地站了出来，说道："陛下此言错矣！天下是高皇帝的，并不是陛下您一个人的。陛下上承宗庙，理应将天下传给子孙后代，社稷为重，陛下身为天子，岂可出此戏言？"众人望去，见是侍中王闳。哀帝听完王宏的话，十分惭愧，不发一语，霎时面露不快之色。人们都替王闳捏一把汗，以为哀帝一定会重罚王闳。谁知哀帝却也自知失言，并不将王闳办罪，将其遣出归郎署，永不得侍宴。过了多日，太皇太后得知此事，便向哀帝代王闳谢罪，哀帝又命人召回王闳。

王闳回朝后，心中又想起哀帝溺爱董贤，甚至想要让位，此事事关重大。前日虽幸得谏阻一次，但只怕哀帝并没有真正悔过，必须再行进谏，所以又上书谏道："昔日文帝宠幸邓通，官不过中大夫；武帝宠幸韩嫣，也只是赏赐而已，没有让他做大官；今董贤无功封爵，父子兄弟都受提拔，赏赐空竭帑藏，道路喧哗，不能让后世效仿。"哀帝看后，虽十分不悦，但心中觉得王闳年少气盛，遇事敢言，因此没有怪罪他。

一年以后，忽报乌孙大昆弥、匈奴单于皆来朝见。哀帝十分高兴，心想汉兴以来，外人屡次背叛，今日难得他们都来朝觐，此是何等荣耀。但外国既然来朝，礼当大摆宴席。宴会之日，必须召集文武百官，全班陪席，让他们见一见我中华人物。哀帝于是传下诏旨，命朝臣预备第二天都来侍宴，朝臣各个遵命。果然第二天早上，文武百官全部上朝，按班排列。哀帝遂命大昆弥、单于进殿，于是引见官员忙将二王引导上殿。二王对着哀帝朝参完毕，哀帝便传旨赐宴。一时钟鼓齐鸣，管弦竞奏，二王一同入席，文武百官都在旁边陪侍。酒过数巡，单于东张西望，见殿上陈设着许多奇珍玩物，金碧辉煌；又看各朝臣一个个冠裳整肃，剑佩铿锵，不禁暗自称赞道："天朝气象，果然不同。"单于正在羡慕，突然看见朝臣席中，有一人年轻英俊，他位列诸臣之前。单于不知道他是谁，心中十分奇怪，想问，又苦言语不通，便问翻译人员。哀帝闻知，马上命令翻译人员答道："他是大司马董贤，年纪虽轻，论起人品却属一流，皇上委以要职，所以座位列在诸臣之前。"单于听了，信以为真，慌忙出席拜倒，口中称赞不已。百官见状，莫不暗笑，心想董贤只不过是个嬖臣，哀帝有意宠他，所以让他居前席，其实他哪里有什么贤德。还好单于没有深晓底细，不然此事岂不令外人传为笑柄。朝臣们心里这样想，但因为是在宴会上，也不敢发言议论。

朝宴结束后，单于、大昆弥谢过恩后，回到本国。朝中无事，董贤时时回家休息。一天,董贤在家,忽然听见砉然一声,外面大门无故倒下。董贤十分吃惊,心想这宅院是新建的,土木极坚,大门为何突然倒下?不知此事主何预兆,心中闷闷不乐。不久忽然得知哀帝生病了,董贤忙入宫探视。谁知哀帝病势日益严重,不到一月就驾崩了,时元寿二年六月。

## 驾崩帝宠遭裸葬

哀帝死后,太皇太后忙召董贤,问他皇上丧事应如何调度。当时董贤正因哀帝驾崩心中忧虑,还没有考虑到此。一时被问,答不上来,只得免冠谢罪。太后便对董贤说道:"新都侯莽做大司马时,曾经送过先帝大行,通晓惯例,我让他帮助你办理此事。"董贤闻言连连叩首,忙说:"如此幸甚。"太后便遣使者召王莽前来。

王莽奉命,心中暗想哀帝在位之时,只知宠爱董贤一人而冷落了我,现在哀帝死了,我才能够出头,这回如果不好好治一治董贤,怎么能消我心头之恨。于是到朝,便立刻假传太后旨意,命尚书奏劾董贤,说他在哀帝得病时,不亲侍医药,因此禁止他在宫殿司马门中出入。董贤得知后,吓得手足无措,忙脱下朝冠,赤着双足,诣阙谢罪。王莽见董贤前来,又使人就阙下传太后懿旨,说董贤为大司马不合众心,应当收回大司马印绶,罢免官职。董贤闻旨不敢拖延,立将印绶缴上,回到家里,心想哀帝才死了几天,自己便被人凌践至如此地步。回想从前得宠之时,何等尊荣,不禁伤心欲哭,又十分后悔地说:"我当时不该恃色专宠,居朝臣之首,以致招人妒忌,现在王莽如此相待,分明是要报复。料想以后我也别想再活了,不如早寻短计,以免遭诛戮。"主意已定,便与其妻同日自杀。

董贤死后,家中亲属怕招来祸端,也不敢挂孝开丧,只将将董贤收殓,趁着夜深人静,悄悄抬出安葬。不料此事却被王莽得知,王莽怀疑董贤畏罪装死,便命令有司奏请将董贤棺抬至狱中开验。有司照办,王莽遂伪似旨意批准,令人掘开董贤坟墓,将棺材抬到狱中,拖出尸首,将其脱得一丝不挂,验明后也不用棺收殓,即将裸体胡乱收埋狱中一个地方。

王莽将董贤裸葬,心中正得意,忽报有人在狱中将董贤尸骸收去安葬。王莽听后大怒,命人速查此事。不久查得是一个吏人,姓朱名诩,来狱收葬。王莽得知之后,本想将朱诩重办,但因没有理由,于是编造出一案,将朱诩拿来,当即斩杀。

朱诩收葬董贤事出有因,原来朱诩是董贤为大司马时的属官,董贤当日待他不薄，后来董贤虽然被王莽罢官，朱诩尚在司马署中供差。当他得知董贤死后，遭王莽裸葬狱中，于心不忍，遂托故辞差，离开署衙，暗中买得衣衾棺椁，来到狱中，将董贤的尸体收葬。此事被王莽得知后，竟遭杀身之祸。论起朱诩为人，虽身事嬖臣，不明去就，但是能感恩图报，不惜冒死收葬，也算是难得了。王莽已经逼死董贤，斩杀朱诩，却还想着设计将董贤家属治罪。

## 王莽之子夺爱欲弑父

话说王莽娶王氏为妻，生下四子，长名宇，次名获，三名安，四名临。王获在新都时，被王莽责令自杀。王宇因装神弄鬼恐吓王莽，被王莽知晓，投入狱中杀死。王莽夫妻只剩下王临、王安二子。王安为人，心神不宁，恍恍惚惚。惟王临甚是了得，甚为王莽所爱，被立为太子，但生性好色，因而差点酿成大祸。

王莽杀死王获、王宇之时，妻王氏因爱子被杀痛哭不已，思念已故之子，终日以泪洗面，两眼哭瞎，大病一场。王莽因此命王临住在内宫中，伺候其母。王临既住宫中，便与其母侍女原碧通奸。后来王临查知原碧与王莽相通，恐此事败露，王莽不饶自己，遂与原碧私下定计除去王莽，又怕行事败露，惹来杀身之祸。两难之时，其妻刘愔前来告知："妾猜宫中将有白衣会。"王临听后非常高兴。王临之妻乃是国师刘歆之女，通晓星学，夜观星象时，见木星与金星会在一处，此为白衣会，主有丧事，是来告知。王临以为此代表王莽将遇凶，则私通之事必能成矣，高兴万分。王临只因与侍女私通，便欲杀其父，此真是恶毒心肠，必遭报应。

当日王临既闻白衣会之识，正欲与原碧实施计划，谁知天上忽起大风。王莽遇风灾，只能解释为阴阳不和风雨降灾，此其咎在王临先其父而立为太子，身份不正。王莽下诏，遂将王临贬为统义阳王，并从此不住内宫。王临出宫之后，自思被迁出宫外与原碧不能一见，谋弑一事，不仅无可乘之机，且若原碧泄漏，自己将有杀身之祸，心中忧惧。是时其母病重，王临遂暗书其母，说王莽待子孙极严，自己恐遭遇不测。其母收信后，因病重未将书信收藏。王莽入宫探病，随意翻到此书，暗思王临竟污蔑我虐待子孙，又担心自己安危，他必是心怀不轨，不然不会如此忧惧。王莽心中甚怒，在其妻死后，遂不准王临临丧，收拾妻子入殓，葬于渭陵西边一块坟地。王莽为何葬妻于此？王太后于新建国五年死后，且葬于此地，现将其妻葬于此。为的是让她永远侍奉王太后。如此这般，可见王莽对太后之忠心。

王莽葬妻既毕，对王临的书信开始追查。因想王临在内官经过，如有不轨，原碧必知，遂命执法官吏严刑拷问原碧。原碧撑不住刑法，把他们通奸、勾结谋害王莽之事一一说出，问官即据情报告王莽。王莽闻说，唯恐此事传出被人当作笑料，便杀死审问官吏，以灭其口。可怜这一班问官死得冤枉，家人且不知其去向。王莽杀了问官，赐药与王临，命其自尽。王临不从，用刀自毙。

王临死后，又下诏与国师刘歆，说王临对星学本来不通，皆因刘愔告他宫中有白衣会，才起此心。刘歆闻之，恐自己被罚，也就自杀。

## 阴皇后和邓绥钩心斗角

在皇朝权力核心范围内的宫廷中，后妃争宠非常普遍。有的皇后用阴谋诡计除掉情敌，得逞后自己地位巩固；有的则不然，想方设法却最终引火上身。和帝的阴皇后即是失败的典型。她由于嫉妒心过强，修养过差而失败。

战胜阴皇后的邓绥，由于封建帝王所颂扬的“妇德”而成功。她温雅守礼，谦让自制，才貌双全，因而赢得了和帝的真心。

邓绥之成功，在于她费心利用“心灵美”，利用和帝的个性，攻其心性。

汉和帝刘肇依靠宦官郑众等人歼灭外戚窦氏集团，皇权得到巩固。开始几年里，他甚是贤明，每天披星戴月批阅奏章，从不荒怠政事。当时，边疆安宁，西北有西域都护班超大破焉耆（匈奴人在西域所建国家），五十余西域国降服；东北有乌桓校尉任尚太破南单于，收归远东，改为渤海郡。和帝体恤民情，关心农业生产，曾亲临洛阳寺审理冤狱。宫中自汉以来即有旧例，每年南海郡（所在今广州市）荔枝成熟后，快马加鞭送至洛阳，有人送荔枝而死于途中。地方官奏请废除此例，和帝采纳，停止运送。他重学识，经常去东观藏书馆阅览书籍，博选才学精艺之士担任整理书籍之职。这位青年皇帝也不过分放纵，后宫虽有万千佳丽，却从不沉湎其中。

永元八年（公元96年），和帝年已18岁了，大长秋（皇后的近侍官道领，“长秋宫”为汉代皇后之宫名，故用以名官，称其官署为“长秋寺”）上书请册立皇后。经过千挑万选之后，二月举行册立典礼。一大早，文武百官齐集章德殿，和帝吉服着身，面南而坐，皇后阴氏面对和帝站在丹墀下面。一会儿，主持典礼的太尉和宗正宣布开行大典。宗正先宣读策文，皇后既而向皇帝跪拜，行臣妾之礼，太尉再将皇后的玺绶授给中堂侍。皇后的玺绶与皇帝的相同，都由白玉雕成,刻有“皇后之玺”的镌文,绶为红色彩绣。中堂侍跪受皇后的玺绶,再授予昭仪,昭仪也跪受,将其披于皇后身后。然后,阴皇后拜向和帝,礼毕。最后,和帝与阴皇后双双就座于鼓乐声中,文武百官和后宫诸妃嫔女官皆向他们拜贺。

这位幸运的皇后阴氏,年仅17岁,家族乃当时洛阳号称“四大家族”的外戚功臣之家,即光武帝皇后阴丽华的娘家(另三家是马、窦、梁)。她的曾祖父为阴丽华之兄阴识,父亲名阴纲,母亲邓氏乃光武帝大功臣邓禹之孙女。永元四年,皇家为未婚的和帝采选美女,为后宫准备,13岁的阴氏因为是外戚之女,被允许参加特选。入宫后,由于多才多艺,聪明娇美,教养又好,深受和帝喜爱,不久就封为贵人。到永元七年,为册立皇后,不少绝色佳人来到,可是和帝仍然选了阴贵人为皇后。因为她的家世以及她的条件,都很适合于做皇后。

阴氏当了皇后之后,渐渐骄纵,在和帝面前也开始摆架子,尤其好妒,对后宫受和帝宠幸的美人故意刁难,所以,后宫诸妃嫔既恨又怕。如此久矣,和帝渐渐不满阴皇后,不如以前宠爱。

一天,和帝于下朝回宫路上独自徜徉林苑间,忽然见一极美的宫人站在那里,和帝情不自禁上前向话。那宫人忙对皇上拜跪。她的言谈举止如此华贵大度彬彬有礼,端庄中带有妩媚,恭顺间含有风情。和帝甚是欢喜,拉起她的玉手,问其家世。

美人名叫邓绥,年方17岁,为先朝大功臣邓禹另一位孙女儿。她父亲邓训为护羌校尉,是邓禹第六子;母亲阴氏为阴皇后之堂姐。她是在半年前为册后的那次大选中,被特选入宫的。

和帝对她那出众的容貌——凤眼、宽眉、薄唇、鼻如悬胆,肤如白雪和合理得当的言谈举止目眩神迷。和帝不禁叹息,后宫齐集美女,可与其相比皆逊色,为何才发现这位可意人儿?

不多久,邓绥便被封为贵人,居于九龙门内的嘉德宫,和帝从此经常驾临嘉德宫。他深深地感觉到这位邓贵人之美色、教养、风度都显示出她的不凡。她最突出的优点是品德高尚,而且腹藏经纶,博古通今。同她在一起,和帝感到其乐无穷,无忧无虑,他渐渐对长秋宫里的阴皇后淡忘了。

邓绥虽然生于贵族豪门,却是善解人意,深明事理,颇为自律。在她5岁那年,邓禹的夫人,即她的祖母亲为她剪发,因老眼昏花而碰伤额头,她忍着疼痛一声不吭。左右仆妇‘婢女悄悄问她:“你没感觉吗?为何不发一言?”她答道:“我其实也觉得疼,祖母高年,替我剪发表明她喜欢我,我若叫痛,会让她伤心。”她从小爱读书,6 岁能读史书,13 岁通《诗经》《论语》,与几个哥哥读经,她总提问,让人不好回答。大家都称她“小才女”。她母亲见她乐于研究经典,却不通家务女红,就劝导她说:“你不学女红,如何治家?难道准备考博士吗?”她顺从于母亲,于是,白天专心学习家务女红,诵读经史子籍于晚上。父亲邓训见女儿聪明伶俐,十分珍爱,大小事情总找邓绥商量。

邓绥 13 岁时,父亲不幸亡故。她日夜流泪,守丧尽孝,三年不沾荤腥,憔悴不堪。恰逢皇家大选,她本与阴皇后可以同一批参加特选,但她以守孝为主,放弃了大选。

获得皇帝宠爱的邓绥,不同于阴皇后,她极具自知之明,对后宫的复杂危险、皇后的猜疑善妒皆知,所以,她凡事谨慎,遵循礼法,尤其恭敬阴皇后,不敢怠慢丝毫。她十分体贴宫女、内侍,经常给予赏赐,在和帝跟前,她表现得十分自抑,不让和帝特别恩宠她。

邓绥有一次生病,卧床不起。和帝怜惜万分,恩许她不限时日召入母亲、家人等进宫探视。邓绥却推掉殊宠,和帝觉得奇怪,问何以如此。她说:“宫廷禁卫森严,若留外人于多时,会使君臣批评陛下徇私情,讥讽臣妾太贪心,对你我都不宜,我不希望这样。”和帝十分赞叹地说:“别人皆以家人入内为荣耀,贵人反为其忧之,加以阻碍,难能可贵。”他对邓贵人的宠爱之余又多了几分敬重。

和帝对邓贵人越是爱重,阴皇后越是妒忌与不满,于是,章华门内,和帝的后宫涌起波涛。阴、邓两大美人之间,表面温文尔雅,实则斗争激烈。

永元十三年(公元 101 年)夏,和帝身患痢疾,长病,五月中,病势加重。大家皆以为皇帝过不了此关,住在嘉德宫里的邓贵人日日烧香,为皇上求福。

一天,邓绥贴身宫女偷偷告诉她:“阴皇后曾说过,皇上若一病不起,她必掌权灭邓氏一门,看邓贵人能神气多久。”她还嘱咐邓绥:“皇后恨你入骨,你自己当心。”

邓绥听了,如遭晴天霹雳,极其恐惧,她泪眼汪汪地说与左右:“我对皇后忠心耿耿,她竟欲害我,大祸将至,我该如何是好?”她不明白,自进宫以来,她对皇后那么顺从、谦让,从不想夺其位,皇后为何对她如此憎恨?她想起了阴皇后敌对她的往事。

一次,内宫盛宴。众妃起身举杯向帝、后祝酒时,阴皇后便冷冷地说道:“贵人如此修长,真如鹤立鸡群,我们真是自惭形秽!”邓绥听了,跪下谢罪道:“臣妾虽为父母所生,却于皇后庇护之下,望乞皇后海涵!”邓绥聪明,她看得出皇后已对她不满,于是对皇后更加小心,不敢越权。每有宴会,诸妃嫔美人纷纷打扮自己，力求吸引众人，引起和帝的爱悦，唯有邓绥，每每素面朝天。她若与皇后穿颜色相同的衣服，就立即更换。进见和帝时，只要皇后在，她总是侍立一旁，从不就坐。与皇后同路，她还是弯腰躬身，卑微地跟在后面。和帝问话，她必等皇后回答完再回答。邓绥谦抑自制，尤其恭敬，可是阴皇后却还是故意为难她。和帝把所有这一切都看在眼里，对阴皇后的做法甚是不满。

邓绥见和帝越宠爱她，对阴皇后却因“妒深情疏”，日益疏远，心中甚是不安。每当和帝留宿嘉德宫，她总推说身体不好，劝和帝去长秋宫。在对待皇子问题上，她也十分大度。和帝妃嫔虽多，却无子，她们都不希望别人先生儿子。唯有邓绥，时时为皇帝至今无后担忧，祈求上苍，还亲选美女进献和帝，望其生子。

刘绥回顾自己进宫以来的行为，从未失足，皇后对她尚且如此，她不知如何是好，终日以泪洗面。

思考再三，她决定以自杀来摆脱以后的怪罪，以救全家人之性命。她对最贴身的官人赵玉说：“现在仅有死路一条，学一个越姬自尽，求上苍保佑皇上复好。”越姬为越王勾践之女，楚昭王妃，相传楚昭王有病，越姬自杀代死。

赵玉力劝邓绥不可如此，应想他法摆脱苦难。邓绥不听，双目含泪：“我只有如此，才对得起皇上对我的宠爱，才能解除家族灭门之灾，也才可以免除被人唾骂之灾。”她下定决心。当晚，她关上宫门，准备香案供品，向上苍跪拜，虔诚祈祷之后，立身，欲饮毒酒。突然，赵玉推开门，夺下她手里的酒杯，报喜：“章德宫刚才有人传话，说是皇上的病转好，再过几天则复原！”邓绥听了，喜不自禁，兴奋的热泪夺眶而出，她庆幸地说：“感谢上苍，皇上可平安了！”

其实，此消息仅为赵玉所编造。她见邓贵人自尽心定，劝解无用，别无他法，才出此计，救了邓贵人的命。谁知事有凑巧，也是邓绥绝处逢生，第二天，和帝真的病好了大半。不多天，完全复原，上朝理事了。

阴皇后又空欢喜了一场。她是极端嫉妒，却对邓贵人一筹莫展。一天，她的外祖母邓朱氏进宫，阴皇后说起邓贵人专宠后宫，不由咬牙切齿。邓朱氏献计道：“我在家中从奉巫蛊，诅咒邓氏，或使皇上无后，便可保皇后之位。”阴皇后同意，外祖母便回去办理。

日子一久，事情败露，永元十四年（公元102年）夏，有人把邓朱氏家供奉巫蛊的事密告和帝，和帝一听，即知其必为皇后所为，为慎重，他派遣中常侍张慎与尚书陈褒二人细查此事。查得此事为实，邓朱氏的两个儿子邓奉、邓毅（阴皇后的舅舅），以及阴皇后的三个弟弟阴轶、阴辅、阴敞，家家都供奉巫蛊，诅咒和帝绝灭子嗣，诅咒邓绥早死。罪行在前，和帝必不能轻饶，于是将此几人流放赐死，阴皇后的父亲阴纳赐其自杀。和帝还要追究，又派司徒鲁恭持节去长秋宫收回阴皇后玺绶。

邓绥得知此事，甚是着急，忙奏劝和帝收回废后的成命。她说，皇后并无太大错误，这样做只是为了争宠夺爱，才听外人之言，干出这种蠢事。和帝心内赞叹邓绥这种以德报怨的行为，却不能赞同。他极其憎恨阴皇后，认为邓贵人过于软弱。所以，他还是下诏废掉阴皇后，把她赶出长秋宫，搬到官人待罪之处桐宫。

阴皇后异常后悔。独居幽寒冷宫，想到家人因她而遭此劫难，觉得忧愤、羞愧，从此一病不起，于永元十五年死去，年仅23岁。她的母亲在和帝死后，邓绥当了皇太后才回家得以还乡。

中宫无人，和帝欲立邓贵人为皇后。这次，他深思熟虑才做此决定。他对左右大臣说："皇后为六宫领袖，与皇帝同体，必须德、才、美兼备，才能承宗庙，母仪天下。邓贵人为唯一人选。"邓绥推辞多次，和帝坚持，她便于永元十四年冬登皇后之位，年仅22岁。

邓绥当了皇后，依然谨慎自制。她居于六宫领导地位，带头节俭，以免玩物丧志。她下令屏除珍奇异玩，除读书所用的纸墨，别无所需。邓皇后此行为后宫树立榜样。宫中一位曹大家，即东汉时期有名的才女班昭之传世作品《女诫》七篇，即由邓皇后之言行举止而得。

班昭是《前汉书》作者班固的妹妹，另有一哥班超，为弃笔从戎立功西域的东汉大将。和帝对班昭的才学十分欣赏，命她到皇家东观藏书阁以皇家藏书资料为参考，续成《汉书》，兼作宫中皇后以下妃嫔们之师，宫中敬称她为"曹大家"。在所著《女诫》七篇中，班昭论述妇德、妇言、妇容、妇功为中国妇女传统美德的标准，虽然有些与现实不符，但值得参考。例如：

"妇德"，指"闲雅安静，行之有礼，动静有法"；"妇言"，需"不强词夺理，不道恶语，不厌于人"；"妇容"，求"不必美丽"，"清洁朴实"；"妇功"，指"不必功巧过人，要专心纺织，不嬉笑怒骂，洁齐酒食，以待宾客"等等。

邓皇后向班昭学习多年，博览书史和天文数学。她十分重视妇女修身、居家、处世的守则，所以她能与众不同，明理自知。

中国古代情史

# 三国两晋南北朝情史

马昊宸⊙主编

线装书局

# 貂蝉艳名传千古

## 绝色美女谋贼臣

董卓在长安，闻孙坚死后，乃曰："吾除一心腹之患。"问其子之年龄，答曰："十七岁。"卓曰："不可畏之！"董卓自此自封"尚父"，代行政事。封弟董旻为左将军、鄠侯；兄子董璜为侍中，总领禁军。把其所有宗族，皆封列侯，还是小孩，便予之金紫爵位。又派遣二十五万人筑郿（音梅）坞，外观如同长安城廓，周长九里，郿坞离长安二百六十里，又盖大仓库积粮于其中。选二十岁以下、十五岁以上民间美貌女子，充为婢妾。坞内堆积无数金、玉、彩帛、珍珠。卓常云："一旦成功，便雄踞天下，一旦失败，则养老足矣。"省台公卿参拜董卓。朝廷旧臣，皆由他用。此是蔡邕之荐。

貂蝉

突然一天，御史中丞皇甫嵩拜于车下。董卓曰："皇甫义真，你现在服我吗？"（义真，嵩之表字。）皇甫嵩答曰："安知明公位应是这样！"卓曰："鸿鹄好远，而燕雀不自知耳。"嵩曰："昔日嵩与明公皆为鸿鹄，而今明公变为凤凰耳。"卓大笑曰："他真怕我乎？"嵩曰："明公以德辅朝廷，大度方至，无人不敬？天下对君之严刑酷法皆惧，岂独我一人？"卓又笑。董卓家属皆在郿坞，有时一月一次或一月两次，公卿皆拜于横门（音光门）外，在路上设宴。一日，北地招安降士数百人来此，百官送董卓出横门。董卓留在那儿饮宴，处置数百降士，在座前要么断其手足，要么割舌，要么置之锅中煮之，总之不让他好死而只使其残废。百官惊恐万分，董卓谈笑自若。百官离去，董卓曰："我如此狠毒，你不怕吗？"

数日前，太史院禀卓曰："天有黑气，必有灾降于大臣。"卓于省台大会百官,分两行坐。下酒若干,吕布径入,于其耳边告以数句,卓笑曰:“原来如此。”命吕布于筵席上揪司空张温下堂。百官惧之,卓曰:“太史昨言大臣有灾,原来灾在此人。”一会儿,侍从入献一红盘,托的乃是张温人头。卓令吕布劝酒,向众人展示此头。百官魂不附体,皆不敢看。卓笑曰:“诸公勿惊。张温欲勾结袁术害我,因使人寄书来,错下在吾儿奉先处,故将其斩之,并夷其三族。汝忠心对我,我怎会加害于你。天将助吾,送死者亡。”众官唯唯而已,散席。

司徒王允归府,想到今日之席,无法安心,策杖在后园散步,仰天垂泪,立于荼蘼架侧沉吟。忽闻有人在牡丹亭畔哀叹,就去看看,见府中歌舞美人貂蝉。此女自幼被选入王充府中作乐女,王允视其聪明,教以歌舞吹弹,一教即会,对各种事情皆知晓。倾城美貌,年当十八,王允视之如亲女。是夜,允思久,喝曰:“贱人将有私情耶?”貂蝉正色跪于允前,答曰:“贱妾那有此心!”允曰:“那你为何深夜长叹?”貂蝉曰:“容妾说出我的真心话。”允曰:“无需隐瞒,尽管告诉我。”貂蝉曰:“妾自幼蒙大人恩养,训习歌舞,从不把我当作侍女,而当亲女。妾无法报答。妾见大人紧锁眉头,必因国家大事而心忧,妾无法替大人解忧。今晚又见大人忧心忡忡,故而长叹于此,不想被大人窥见。若妾能助臣,愿赴汤蹈火。”王允以杖击地曰:“汝定决汉之天下! 到画阁中来。”貂蝉进入阁中,王允令妇、妾全部出去。允叫貂蝉坐于中端,叩头跪拜。貂蝉惊恐,伏地曰:“大人为何下跪?”允曰:“汝为汉之生灵而忧!”说完,泪如泉涌。貂蝉曰:“我若能对您有助,请尽管用我。”允跪着说:“百姓之危,君臣之难,只有你才能解决!”貂蝉再三拜问,允曰:“贼臣董卓将欲篡位,朝中各大臣不敢抗争。董卓有一义儿,名为吕布,勇敢非常。此二人皆贪色,我欲先将汝许嫁吕布,再把你献与董卓。你在他们中间周旋,破坏他们关系,令布杀卓,除大恶也。只有你才可以救江山啊。汝同意乎?”貂蝉曰:“妾自当赴汤蹈火。”允曰:“若此事败露,我有灭顶之灾!”貂蝉曰:“大人勿忧。妾如不报恩,必死于乱刀,再不投胎做人。”允拜谢。

## 秋波频送迷吕布

次日,王允以家藏数颗明珠,嵌于一金冠之上,使人密送吕布。布大喜,候朝毕,去王允家道谢。吕布至,允出门迎接,接入后堂,让之高坐。布曰:“吾不过为一将士,而汝为国中大臣,何以行此礼?”允曰:“今天唯有将军为英雄耳。允一直十分敬重将军。”布大喜。允殷勤敬酒,称赞董太师并布之德不绝。布已半醉曰:“布有朝一日亦望司徒于天子处保奏。”允曰:“将军错矣。允专望将军在太师前提携我，当感激不尽。”布笑而饮之。退去左右，只留侍妾数人服侍。允曰：“让小儿给将军敬酒。”

少顷，二青衣丫鬟扶出貂蝉。布问其为何人，允曰：“小女貂蝉也。对将军无物可敬，故引之见将军。”貂蝉敬酒给吕布。吕布目不转睛。允推醉曰：“孩儿央及将军畅饮，吾一家全在将军手上哩。”布请貂蝉坐，蝉欲回。允曰：“吕将军可救吾家也，孩儿且从。”又饮数杯，允装作醉矣，仰面大笑曰：“吾欲将小女送给将军为妾，将军可同意？”布跪谢曰：“布生死回报！”允曰：“待选定吉日将其送人。”布欣喜无限，笑视貂蝉，蝉亦以秋波送情。允曰：“本欲留将军住宿，怕对太师不敬。”令貂蝉回，允送布上马，布谢而去。允是夜对貂蝉曰：“百姓有救也！改日汝却以歌舞侍太师。”貂蝉应诺。

次日，允在朝堂，吕布不在，允伏地拜请曰：“允欲请太师赴宴于草舍，君意为何？”卓曰：“司徒乃国家之臣，请之即赴。”允拜谢回家，下令准备，于前厅正中设座，内外各设帷幕，锦绣铺地。次日巳时，太师到府。允具朝服出迎，拜之。卓下车，左右持戟甲士百余，拥其左右，分为两列而站。允于堂下再拜，卓令其起，则坐于侧位。允曰：“太师功德无量，伊尹、周公安能及也？”卓大喜。天色渐晚，卓已半醉，允请卓人后堂。卓令甲士休息，允捧觞称贺曰：“允从小颇习天文，善于观察，汉之气数尽矣。太师功德传天下，若舜之受尧，禹之继舜，为天下人所欲。”卓曰：“过讲过讲！”允曰：“‘天下非一人之天下，乃属众人。’自古有道代无道，无德让有德’，实是如此？”卓笑曰：“天助吾也，司徒当为元勋。”允拜谢。堂中画烛点亮，止留女进酒供食。允曰：“教坊之乐已不足以供奉钧颜。吾欲以女乐供赏，你欲如何？”卓曰：“深感厚意。”允叫放下帘栊，笙簧缭绕，簇捧貂蝉舞于帘外。有词曰：

原是昭阳宫里人，惊鸿宛转掌中身，
只疑飞过洞庭春，按彻《梁州》连步稳。
好花风袅一枝新，画堂香暖不胜春。

又诗曰：

红牙催拍燕飞忙，一片行云透画堂。
眉黛促成游子恨，脸容初断故人肠。
榆钱不买千金笑，柳带何须百宝妆。
舞罢隔帘偷目送，不知谁是楚襄王。

舞罢，卓命貂蝉拜见。貂蝉进帘再拜。卓曰：“此女为何人也？”允曰：“此乃乐童貂蝉也。”卓曰：“会唱否？”允即让貂蝉手执檀板，献曲一首：

一点樱桃启绛唇,两行碎玉喷《阳春》。

丁香舌吐衡钢剑,要斩奸邪乱国臣。

卓甚是欣赏。

歌罢,允命貂蝉进酒。卓乃擎盏猕(音替)曰:"芳龄几何?"蝉曰:"年未二旬。"卓笑曰:"真神仙中人也!"允再拜曰:"老臣欲献此女,不知汝意如何?"卓曰:"接受汝之美女,以何为报?"允曰:"此女有福能侍主人矣。"卓曰:"先道谢汝矣。"允曰:"天已晚矣,当备毡车送之入府。"卓奉谢。车辆便送貂蝉先行。允一直拜送董卓至相府。卓让允止步,前列侍五七人,乘白马而归。离府不到百余步,遥见两行红纱照道,一人于灯影中执方天戟,原来是吕布坐于马上,正撞见王允。布见王允,就马上一把揪住衣襟,两眼瞪圆,手掣腰间宝剑,指允曰:"汝既许我貂蝉,今又把她献给太师,搞什么鬼?"允急止曰:"此处不宜说话,且先回草舍。"布随允到家,下马进屋。允曰:"将军为何而怪老夫?"布曰:"有人报我,你送卓一女,难道不是貂蝉?"允曰:"将军错怪吾矣!"布曰:"为何!"允曰:"昨日太师在朝堂中,对老夫道:'我有事明天去你家找你。'允准备小宴等待。太师到,饮宴中说:'我闻你有一名唤貂蝉之女子,我特来看之,唯恐你不准。'老夫见太师自到,不敢违令,随引貂蝉出而拜董公太师。太师曰:'良辰美景,我们可作一大宴,以助一笑。'将军自己想想,太师亲临,老夫怎敢违抗?"布曰:"司徒没错。布错怪司徒,来日自当负荆。"允曰:"小女还有些首饰,带给将军,当作礼物。"布谢而去。

## 神魂荡漾难自抑

当夜,卓宠幸貂蝉直至下午。吕布未闻音讯,便自入府打听。侍妾对曰:"太师与新人共寝至今。"布潜入卓卧房后等着。貂蝉正于窗下梳妆,忽见一人影于窗外,头有束发冠,偷偷看之,却是池畔旁之吕布。蝉乃紧锁双眉,故作忧虑。吕布窃视良久,乃出,沉吟思忖,不知真相。少顷,布又进。卓坐于中堂,见布来,问曰:"外面是否平安?"布曰:"无事。"侍立于桌前。卓方食,布偷望绣帘内,但见一人微露半面而望,暗送秋波。布知是貂蝉,早已激情万分,卓见布不言谈,而往内张望。卓曰:"奉先无事可退矣。"布猜疑万分。到家,妻见布面露怒色,问曰:"董太师莫非指责汝?"布曰:"太师岂敢制我!"妻不敢再问。布挂念貂蝉,每日进府但没见到她。

董卓自纳貂蝉后,再不理政事。貂蝉善于云雨,董卓对其爱不释手。时值春残，卓有一小病，貂蝉衣不解带，尽心服侍，卓喜之。卓睡，布立于床前。貂蝉从床后探半身与布对望，目不转睛地以手指心。布以点头答之。貂蝉指董卓，双泪俱下。布心如刀割。卓阖胧之中，看见吕布，猛回身却见貂蝉。卓大惭，叱吕布曰："汝敢戏吾之爱！"逐之且不允其入堂。吕布大怒，怀恨而归府。

人报与李儒，儒慌忙入见卓曰："太师为何责备奉先？"卓曰："其调戏吾姬妾。"儒曰："太师应以天下为重，不必以小过而责之。"卓曰："奈何？"儒曰："下次相见，赐以金帛，好言相劝，即可。"卓次日唤布入堂。卓曰："吾前日病中心神不安，错怪汝，别记在心上，来日休离左右。"随赐金十斤、锦二十匹。布谢曰："大人勿见怪，布何敢怀恨心中！"自此，再入堂中，无所顾忌。卓疾稍愈，因貂蝉而不回郿坞。每次入朝，吕布手执画戟，乘马于车前，即下车，便执戟立于阶前。百官参拜，左右恭听约束。朝退，布乘马在前作引。

是日，布引卓来到内门阶，不多时，见卓与献帝共饮。吕布出了内门，驱马直奔相府来，把马系于道旁，提戟入后堂，寻觅貂蝉。蝉见布寻觅，连忙出来："汝先去后园中凤仪亭边，我随后便来。"布提戟直去，立于亭下。

良久，见貂蝉穿花拂柳而来，好像仙女，向布哭泣："我虽然不是王司徒亲生之女，但其视吾为珍宝。大人许我给将军，妾已满足。谁想太师对吾不善，将妾淫污，生不如死！今见将军，只表我之诚意。吾以不纯，不能再从将军，愿死在你面前，以表我念！"言毕，手攀曲阑，欲跳入荷花池。吕布连忙抱住她，泣曰："我早知汝心，恨无机会共语！""我今生若不要你，绝非英雄！"蝉曰："妾度日如年，希赶快逃离。"布曰："我偷空而来，恐老贼见疑，现必回去。"提戟转身。蝉拉其衣曰："君如此惧怕老贼，妾永不得翻身！"布立住曰："容我思忖一计，与你团圆。"貂蝉曰："妾在深闺早闻将军之名，如轰雷贯耳，视你为天下第一英雄。没想到反而受他人牵制！"说讫，泪如雨下。两人依依不舍。

## 妇人淫媚欺董卓

却说董卓在殿上，不见吕布，即起疑心，急上车回府，见布马立于府门，问吏，吏答曰："温侯早已入后堂。"卓退其左右，径人后堂，不见吕布。也找不到貂蝉，问侍妾，侍妾曰："温侯刚才执画戟至此，现在不知去了哪里。"卓走至后园，见吕布倚戟，与貂蝉共在凤仪亭下。卓大喝一声。布回头见之，十分吃惊。卓夺下吕布手中戟，吕布逃走。卓赶来，吕布快行，董卓胖而无法赶上。卓提戟欲杀吕布，布一拳打飞戟。待卓拾戟而立，布早已走远。卓赶出园门，与一飞奔之人相撞,倒在地下。

原来是李儒上门,听从者说:"太师怒寻吕布!"儒忙寻之,见吕布逃,布曰:"太师欲杀我!"儒急奔入,不想撞倒董卓。儒急扶卓至院中,劝之曰:"我实为社稷之计,冲倒恩相。死罪!死罪!"卓曰:"此贼胆敢玩吾之爱姬,必不想活矣!"儒曰:"恩相错矣。楚庄王前夜宴诸侯,令爱姬劝酒,但狂风吹灭蜡烛,座中一人抱爱姬,姬手揪冠上缨,向庄王告状。庄王曰:'酒后也'。命取金盘一面,尽挽其缨,然后秉明烛。此乃'挽缨会',正不知谁戏爱姬。后庄王被秦围,见一大将突然救出庄王。王见其已受重伤,问之,答曰:"臣乃蒋雄也。昔'挽缨会'上,谢大王不杀,特此感恩'。太师何不鉴'挽缨'之德,把貂蝉赐予吕布?布必以死报恩。"董卓方回嗔作喜曰:"汝可说与吕布,吾以貂蝉赐之。"儒曰:"汉祖赐陈平黄金二万,遂立业。今日太师与之相同。"儒谢而出。

卓入后堂,唤貂蝉:"汝为何私会吕布?"蝉泣曰:"妾谓温侯是太师之子,本欲躲之。这厮提戟赶来,到凤仪亭边,欲投吾入池,这才抱住他。千钧一发之时,得太师来,救了性命。"董卓曰:"我把你赐给吕布,如何?"蝉曰:"妾已从太师,愿为家奴,宁死不从!"遂掣壁间宝剑欲自刎。卓夺剑制止曰:"吾戏汝!"貂蝉扑倒在卓怀,曰:"必是李儒出此诡计也!儒与布交情甚好,他设计害我!"卓曰:"我怎么舍得你呢!"貂蝉曰:"就怕太师会害我。"卓曰:"我宁可以生命保汝!"貂蝉泣谢曰:"恐怕我在这里待久了,吕布会害我。"卓曰:"吾明日带你归郿坞去享受。"貂蝉曰:"坞中行吗?"卓曰:"城中有存粮够食三十年。数百万军兵列于门外。事成,你则为贵妃;事不成,你则终身富贵。慎勿忧虑。"貂蝉拜谢。

次日,李儒拜见:"今日为吉日,可将貂蝉送走。"卓变色曰:"汝肯把妻让给吕布吗?"儒曰:"主公别受妇人迷惑。"卓曰:"哪个妇人能将我迷惑?从此别管貂蝉之事,言则必斩!"李儒仰天叹曰:"吾等皆死于妇人之手矣!"卓命左右:"驱逐李儒,备马,今日便还郿坞。"百官拜送。貂蝉在车上,老远望见吕布遥望自己。貂蝉虚掩其面,假作痛苦。卓车远去,布缓辔于土冈之上,望车而泣。背后一人云:"温侯为何如此悲伤?"布视之,乃太原祁郡人也,叫王允,字子师。布曰:"因为公女耳。"允佯惊曰:"她没有与你一起吗?"布曰:"老贼抢而幸之!"允掩其面曰:"禽兽也!"布告允所有事情。允曰:"回敝处共商议。"

布随允入城,进允之密室。允盛情招待布。布怒气迸发出来,王允曰:"太师对吾女奸淫,夺将军妻,天下之耻。将军被笑矣!允老羸无能,尚可谅;而将军乃一代英雄也!"布就气倒于地上。允慌忙救之,曰:"老夫失语,将军莫怒。"

布曰："当杀老贼以洗吾耻！"允急掩其口："将军勿言此，莫连累吾家！"布曰："吾为天地大丈夫，岂能永居他人之下！"允曰："将军之才，过于韩信百倍；信尚为王，将军怎满足于为温侯？"布曰："吾杀老贼，怕人斥吾无父子之道。"允大笑曰："将军姓吕，卓姓董，怎为父子？"布愤然曰："若不是听了你的劝告，我就被他害了！"允曰："将军若除老贼，则忠君报国，留名千古，名垂青史；将军若扶董卓，则国家之敌，必臭名远扬。"布下拜曰："布意已决，司徒勿疑。"允曰："但恐事又不成，招引大祸。"布拔出刀，刺出血发誓。允跪谢曰："汉立国已四百年，皆出将军之赐也！天子下密诏，将军宜怀之，千万保密。终当报汝。"布慨然领诺而起。

允即请仆射士孙瑞、司隶校尉黄琬商议。瑞曰："现天子刚复原，可派一能言者去郿坞与卓商讨，用兵埋伏，引入而杀。此上策也。"琬曰："那派谁去？"瑞曰："吕布同郡骑都尉李肃，最近对卓不用他甚是气愤。派此人去，卓不疑。"允曰："善。"请布共议。布曰："昔日吾杀丁建阳，乃为此人。若他不去，吾必斩之。"使人密请肃至，布曰："昔日兄曾说布杀建阳而向卓投降；今卓乱伦不义，上欺天子，下虐生灵，应遭天下人恨。汝可传天子诏，往郿坞宣卓入朝。如司徒发命，一同出手，力扶汉室，共作忠臣。汝有何意？"肃曰："吾本欲除老贼，恨无良机。天赐良机！"遂折箭为誓。允曰："汝若成功，升官发财不在话下。"

## 吕布杀贼获貂蝉

次日，李肃引十数骑至郿坞。人报天子下诏，卓曰："速速请进。"李肃人，再拜讫。卓曰："天子有何吩咐？"肃曰："天子初愈，欲会文武于未央殿，让位于太师。肃知此为急诏，飞驰而来，拜贺主上。"卓曰："王允如何？"肃曰："王司徒已差人修筑受禅台，士孙瑞已草诏，只等主上到来。"卓大笑曰："吾夜梦，一龙罩身，今日真应了这个梦。"便命准备车马进京。肃曰："愿主永存，则肃子孙有所依靠！"卓曰："吾登九五，请汝为吾执金吾。"肃拜谢称臣。

卓临行，对貂蝉说："吾今日终达成许汝为贵妃之愿。"貂蝉谢。卓人辞九十有余之母，母曰："吾儿去何处？"卓曰："儿今去长安受禅，母亲终为太后也。"母曰："吾近日心惊肉跳，恐有不祥。"李肃曰："此为作万代国母之先兆！"卓曰："吾心腹人所见甚是。"出坞上车，前呼后拥，数千军兵，行不到三十里，一轮忽折。左右扶住，卓叫牵过逍遥玉面马来，翻身上马。前行不足十余里，玉面马咆哮嘶喊，掣断辔头。卓问肃曰："车折轮，马断辔，为何？"肃曰："乃太师应绍汉禅，改头换面也。”卓曰：“心腹人所言极是。”次日，狂风骤起，满天昏雾。卓问肃曰：“此乃何兆？”肃曰：“主公登基，必天助主耳。”卓曰：“吾心腹人所言极是。”

是夜间，数十小儿歌于郊外，歌声随风传人帐。歌曰：“千里草，何青青！十日下，犹不生！”歌声悲切。卓问肃曰：“童谣代表什么？”肃曰：“亦言刘氏灭，而董氏兴。”卓曰：“肃言极是。”

次日，卓见一道人，穿青袍裹白巾，执一长竿，上缚布一丈，大书一“吕”字。卓曰：“这又为何意？”呼将士推之，道人倒于地上。

卓进内朝前，群臣各具朝服，迎谒于道。李肃手执宝剑，扶车而行。到北掖门，门外尽守军兵，独有御车二十余人与之同行。董卓见王允等于殿门前持宝剑，大惊，问肃曰：“持剑者是何意？”肃推车轮。王允大呼曰：“反贼至矣！武士何在？”百余人突出而围之，持戈挺槊刺之。卓浑身盔甲，戈刺不入，卓臂伤而堕车。

卓大呼曰：“快寻吕布？”吕布厉声出曰：“奉旨讨贼！”一戟破其喉。李肃早手持其头。布右手持戟，左手取诏而去。大呼曰：“布奉诏讨贼臣董卓。”于是，内外将吏皆呼“万万岁”，伏而拜之。

卓年有五十四岁。死于汉献帝初平三年，即壬申四月二十二日。史官有诗叹曰：

董卓迁都汉帝忧，生灵滚滚丧荒丘。
狗衔骸骨筋犹动，鸟啄骷髅血尚流。
郿坞追魂凭李肃，宫门取命有温侯。
奸雄已死戈矛下，直到如今骂未休。

又诗曰：

董卓欺君自古无，岂知天地有荣枯。
宫门搠透方天戟，万姓歌欢满路途。

又诗曰：

霸业成时履帝王，不成且作富家郎。
谁知天意无私曲，欲郿方成已灭亡。

邵康节有诗曰：

董卓无端擅大权，焚烧宫阙废坟原。
两朝帝主遭魔障，四海生灵尽倒悬。
力斩乱臣凭吕布，舌诛逆贼是貂蝉。

世间造恶终须报，上有无穷不老天。

论曰：

董卓初以虓阚（音枭坎）为情，因遭崩剥之势，故得蹈藉彝伦，毁裂畿服。夫以刳（音枯）肝斫（音酌）趾之性，则群生不足以猒（饱足）其快，然犹折意缙绅，（折，屈也，谓忍性屈情，擢用郑泰、蔡邕、何颙、荀爽等。）迟疑凌夺，尚有盗窃之道哉。及残寇（残寇谓群、汜等。）乘之，倒山倾海，昆冈之火，自兹而焚；《版》《荡》之篇，于焉已极。呜呼，人之生也难矣！天地之不仁甚矣！

赞曰：

百六有会，《过》《剥》成灾。董卓滔天，干逆三才。方夏崩沸，皇京烟埃。无礼虽及，余祲遂广。矢延王路，兵缠魏象。区服倾回，人神波荡（祲，音侵，已上见详节）。

吕布曰："助董卓者只李儒也，谁可擒之？"李肃应声而出。朝门外发话，李儒家奴已将其绑来。王允曰："卓贼家属，尽在郿坞，由谁去诛？"吕布曰："某愿往。"允教皇甫嵩、李肃与吕布同去。布率五万精兵，飞奔郿坞而来。董卓四员心腹猛将：李傕、郭汜、张济、樊稠率三千飞熊军守郿坞。当时听说董卓已死，吕布率大军来，众兵皆逃。

吕布到郦坞，带走貂蝉，送回长安。皇甫嵩云："内有八百良家子女，尽作一处。董卓亲属，尽皆诛斩。"卓母年寿九十，慌忙告饶："乞饶我一命！"言未尽，命已绝。宗族男女一千五百余人皆被诛杀。坞内所藏黄金二三万斤，银八九万斤，锦绣绮罗、珠翠玩好堆积如山，仓中米粮八百万石皆收于其中。允令一半纳官，一半犒赏军士。

# 奸雄曹操淘尽红颜终回首

## 曹操独爱他人妇

曹操是中国历史的名人。曹操在世时虽然没有即位称帝，但就其权力、地位、声望而言，曹操是个有实权而无名的皇帝。曹操开创曹魏江山，他的儿子曹丕在此基础上建魏称帝，史称魏文帝。文帝曹丕登基如此容易，对其父之恩德极为感激，便追封曹操为魏武帝。所以讲魏国皇帝不可漏掉曹操。

曹操

曹操是动荡中的英雄,有豪放气魄,有奸雄的心计。其扫荡天下的英雄气概天下无人能比。曹操字孟德,小字阿瞒,沛国谯地人,即今天的安徽亳县人氏,是汉太尉曹嵩之子。曹操没有清白的出身,曾被对手嘲讽,他也苦恼于此。既然他出生于太尉这样的豪门大家之中,怎有身世不清白之说?此事有历史原因。

曹操的祖先据说最早是黄帝的一系,即黄帝的后裔。到了高阳时,正式姓曹。到汉高祖刘邦时期,曹氏家族出了一位有名的人物,即曹参,他因立下赫赫军功,被封为平阳侯,并且世袭爵位。到了曹节,其忠君报国、仁爱宽厚的美名为天下所知。曹节生子名曹滕。曹滕长得好看,又比较聪明,被皇室看中,作为陪皇太子读书的侍书郎。到汉顺帝刘保即位,曹滕就由小黄门陪侍升迁中常侍,正式在宫中任职,不久又升为大长秋,进封费亭侯。

朝野百官羡慕曹滕飞黄腾达,曹氏家族自然也很高兴,然而,曹滕供职宫中,必付出代价,皇家是不允许健康男子出入深宫的。曹滕无子,便收养一子,取名曹嵩。曹嵩长大于殷富舒适的环境中,很得曹滕的看重。养子曹嵩在曹滕去世以后承袭侯位。他生下了儿子,名为曹操。

曹操为曹滕的养子所生,非曹氏血亲。曹操那不清白的身世必为名门望族所不容,而曹操常常因此遭到豪门望族的冷漠和蔑视。曹操毕竟争强好胜,想出人头地,他并不因此气馁,而是鼓足勇气,勇往直前,终于除去诸雄,独树一帜,成为霸主,以不同寻常之胆略在中国北部称霸。

曹操是在众人的鄙视中征服天下的。作为乱世奸雄,他有两种绝妙的手段征服天下,一是绞尽脑汁,用武力夺取江山,征服四海;一是无所顾忌,夺取天下所有美女,令天下男人自叹不如,对他口服心服。曹操之心坚如磐石,唯我独尊地拥有天下;而且,这颗英雄心也柔情似水,儿女情长,能容纳得下天下万千美色。

曹操作为一代豪雄,极其喜好美色。由古到今,天下英雄皆爱美女。曹操和历史上几位爱江山又爱美人的皇帝一样,爱色而不沉迷其中。当然,他也会因美色败事而差点丧命,这也是曹操好美色的代价。

曹操曾与多少美女有过关系?无从考证。但可以说,曹操一生占有无数之美女。仅从史书得知,曹操占有的女人丁夫人、卞夫人、尹夫人、刘夫人、杜夫人、秦夫人、王昭仪、李姬、孙姬、周姬、刘姬、赵姬。仅仅有名号的夫人、姬妾，就多达十余个。

《世说新语》记载魏晋人物事迹，其中讲过此事，说曹操曾强迫有名的美男子何宴，改姓为曹。何宴为汉代权臣何进之孙。何进为何有此地位？是因为何氏出了一位皇后。何家最初不过是一个屠户，自从此家出了一位皇后，就不可一世，飞黄腾达。

但是，出人意料，董卓杀死了何皇后，何进死于乱刀之下。何宴的父亲很早过世，何氏家族由此败落，何宴陷入困境。好在何宴的母亲是个女强人，善于操持家务，勉强生活。何宴的母亲因其美貌动人，远近闻名，但何宴的母亲毕竟已是孩子的母亲，也不年轻。即使如此，曹操也看中了她。

曹操借着何家处于困境之中，趁火打劫，将尹氏占为己有。处于困境的尹氏半推半就，自然依附于他，生活也有依靠。这样，尹氏便成了曹操的妾。曹操让尹氏搬入曹府，尹氏的儿子何宴随之而人曹府。踌躇满志的曹操见到聪明美貌的何宴，便喜欢上了他，想把他收为自己的儿子，从此改姓曹。

可是，聪明过人的何宴至死不从。一个孩子，怎会对刚愎自用的曹操拒绝？府里的人迷惑不解，问其为何这样？何宴的回答俨然有理：这是何氏庐，只有我能进。曹操得知，知道美人尹氏这个儿子自幼聪明绝顶，不会轻易依从，曹操看在美人的份上，不责怪他。何宴长大后，曹操越发喜欢他。何宴聪明英俊，连自己也为自己的英俊所惑，顾影自怜，人称敷粉何郎！好色的曹操自然想抓住何宴，就把自己的女儿金乡公主嫁给他，何宴即成为他的女婿。

## 乱世奸雄爱新妇

曹操为风流种子，多情而好色。他幼年和少年时便暴露出这种浪荡习性。这种习性随年龄增长愈发明显。曹操小时喜好飞鹰走狗，终日游荡，曹操的叔父为此担心，曾多次和曹操的父亲曹嵩共商曹操之未来。曹操得知此情况后，便想报复其叔父。

一次，曹操在路边看见了远远走过来的叔父。曹操站在那里，满脸沮丧。叔父看见曹操这副样子，好奇而问其原因，曹操一脸正经地说：突然中了恶风。叔父着急，便马上告诉曹嵩。曹嵩急忙寻到他，见曹操无病，便奇怪地问：叔父刚才说你中了风，怎么恢复得如此之快？曹操假装天真，从容不迫地说，叔父不喜欢我，故意说我中风！曹嵩从此怀疑弟弟。从此以后，曹嵩的弟弟再指责任儿曹操，曹嵩就不信。曹操自此愈发无所顾忌，放纵游荡。

曹操少年有一大喜好，即对人家新妇甚感兴趣。后来被曹操所灭的袁绍在少年时与其相同，常和曹操一起游荡，但小时的袁绍就屡屡输给诡计多端的曹操，这也是袁绍日后败于曹操的先兆。有一次，曹操和袁绍凑人家新婚的热闹，悄悄地潜入主人的花园，一直藏到深夜。夜色已深，曹操突然大叫：有贼！有贼！人们四处寻贼。曹操早就对美丽的新娘垂涎三尺，这个幼小少年便借机扑入洞房，使用随身兵刃，竟然大胆地劫持新娘，和袁绍一起逃离现场。新郎和家人急忙四处寻找。曹操、袁绍迷了方向，落入荆棘丛中，袁绍重伤不能动弹。曹操突然阴毒地大叫：小偷即是他！随即逃之。惊慌失措的袁绍急忙逃跑，险些落入人手。

曹操狡诈阴滑，精于权术，但从小任性放荡，无所事事，以游手好闲而出名。世人鄙视他，梁国人桥玄、南阳人何颙却对他万分赏识。桥玄是一代名流，官至汉太尉，善于认人。桥玄见到曹操，看好曹操，诚挚地说：天下名士皆为我所见，独你居首位，你要好自为之。我年老体衰，不会再有发展，遂托妻儿给你。

当时，汝南人许靖、许劭兄弟善于观人、评人，并每月对人进行评比，时称汝南月旦评。桥玄细细观察了曹操以后，知道曹操实不平常，一定会在日后大有作为。但桥玄知道，曹操至今不被世人所知，如何使他出名？桥玄便对曹操说，你现在没有名气，可以去汝南见许劭。曹操于是去见许劭，问道：我是何许人？许劭久久无语。曹操再三追问，望许劭指点，许劭这才说：你是乱世奸雄，治世能臣。从此，曹操便天下闻名。

## 贪美色遭受巨创

曹操既是治世能臣，又是乱世奸雄，更是好色如命的登徒子。骠骑将军张济屯兵弘农，给养匮乏，士卒饥饿。张济统兵从关中转战南阳，攻掠穰地，不幸死于流矢。族子张绣代张济而统领军队。建安二年，即公元 197 年初，曹操统领大军，讨伐张绣，进驻宛。张绣大败，向曹操投降。曹操早就听说已故将军张济之妻美丽动人，张济的遗孀自然应该属于他。曹操派心腹寻找到张济的老婆，确实美貌动人。曹操占有此女，并把她留在身边。

张济去世本来就是张氏家族之不幸。张济如花似玉的娘子是张氏家庭的所有希望，被张济部众视为女神。一夜之间，女神即被占有，张绣和众将万分痛恨曹操。于是，本就后悔投降的张绣决定反曹，被曹操心腹发现，密奏曹操，曹操决计除掉张绣。但出人意料，一向果断的曹操并未马上付诸行动，而是一味沉迷于张济夫人的美色。于是灾难降临了。

张绣夜袭曹操，来势凶猛，势如破竹。曹军被攻了个措手不及，大败。曹操的温柔梦被残酷地惊醒，在逃离时被流矢射中。曹操的长子曹昂被乱兵杀死。典军校尉典韦死守曹操营门，纵然身负重伤也不放弃，战斗至死。曹操带着箭伤，领残兵败将，退守舞阴，即今天河南泌阳西北。张绣追兵在曹军喘息初定时便又至。老谋深算的曹操率伤军大败张绣，张绣领骑兵退去。

失败的曹操带着箭伤和失去亲人的伤痛回到许。南阳等县纷纷投降张绣。到这年冬天，伤口已愈的曹操便领重兵直赴南阳，收拾张绣。曹兵到达宛，攻下几座城池，至次年三月，便围困张绣于穰，就是今河南邓州市。唇齿相依的刘表派兵救援张绣。长于战阵的曹操利用计策，大败刘表、张绣。张绣未被灭绝，自立而抗曹。官渡之战前，袁绍曾找张绣，欲使张绣出动攻许。张绣的谋士细做分析，谋士贾诩劝张绣向曹投降，曹操便封张绣为扬武将军。

曹操的好色导致了这一系列的变故，张绣和曹操之事暂有终结，但长子曹昂的账没有清算。曹昂并非曹操夫人丁氏的儿子，丁夫人无子。曹昂是曹操的大妾刘夫人所生。刘夫人生曹昂、曹铄和清河公主，皆被曹操所爱，红颜薄命，刘夫人不幸早早地便撒手而去。刘夫人临死前，将爱子托付给仁厚宽怀的丁夫人。丁夫人照顾这三个孩子，尤其偏爱长子曹昂，视之如亲生儿子，把他抚养长大，万般疼爱。

曹昂清秀可人，弱冠便举孝廉，随父南征，在军中是一位青年将军。而此优秀青年被张绣杀死。丁夫人闻听此消息，痛不欲生。哀痛的丁夫人把对张绣的恨转向曹操：是你曹操贪欢好色，致使张绣谋反，杀死了曹昂！丁夫人开始恨曹操，对曹操冷淡无语，不能满足曹操。曹操终于按捺不住怒火，一怒之下，将丁夫人遣送回家。丁夫人泰然自若地回到家中，不思显达，不慕荣华，不恋富贵，终日纺纱织布，与尘世断绝联系。

丁夫人如此淡漠人生，令曹操十分气愤。他本想以此吓唬她。丁夫人离去以后，曹操新宠卞氏便坐上曹操夫人的位置，坐镇曹氏后宫。丁夫人是良家女子，善良纯正。卞氏由妓而出，浪漫多情，极得曹操的钟爱。曹操将卞氏留在身边，侍寝欢娱，十分舒服。卞氏美艳动人，秀雅丰满。曹操纵情求欢。卞氏也是如此，数次怀孕，先后替曹操生下了四个子女：曹丕、曹彰、曹植、曹熊。

卞氏出自娼门，但在曹操面前却显得十分贤惠温柔，顺从听话。卞氏极为聪慧，她在后宫中广结人缘，深得众美女喜爱。美丽而又贤惠的她又以接连生下出众的儿子而得宠。卞氏着实为成功而又幸运的女人。

曹操极其宠爱卞氏，而卞氏也一直温柔待人，从不欺众。丁夫人却丝毫不能让步。丁夫人倔强好强，不讲情面，必使曹操愤怒。很自然，丁夫人被曹操冷落。

## 回首爱在结发妻

丁夫人平静生活，依旧淡漠。曹操不甘心。曹操毕竟好色，顶不住丁夫人之美貌，不久曹操便心急火燎。曹操无法容忍冷漠的丁夫人，但又被其倾城美貌、独特性格所吸引，曹操进退两难，最后好色的情绪占了上风，曹操终于忍受不住美色的诱惑，屈尊大驾，去丁夫人娘家拜见丁夫人。

曹操是在战斗中的间隙，行军路过丁夫人娘家，特地骑马前去拜访她。曹操戎装打扮，威武英俊，侍从随侍左右，越显雄伟。身穿铠甲的曹操推门而入，看见素面朝天的丁夫人坐在织布机前，专心织布。丁夫人虽然未着华衣，却显得超凡脱俗，一张白皙瘦削的脸清秀可人，透出一股仙气，楚楚动人，惹人怜爱。

曹操凝视久违了的夫人，激动不已。侍从见丁夫人依旧无动于衷，怕统率千军万马的曹操丢面子，便提醒丁夫人，说曹操到了，特来看望她。丁夫人依旧织布，好像未发生什么事，无任何反应。曹操走到织布机旁边，深情地凝视着丁夫人，抚摸丁夫人的后背，对丁夫人说：我带你走好吗？丁夫人不为所动，依旧织布。

曹操愣了半天神，不知该如何是好。在近侍面前，曹操觉得有些尴尬，还好这些人都为心腹。曹操摇摇头，苦笑着，走出柴门，准备上马离开。近侍们担忧不已，怕曹操被丁夫人的冷漠激怒，从而发生意外。没想到，曹操如此平静。近侍们心安了。

但接着发生的事更为出人意料。多情的曹操临要上马时又朝茅屋看了一眼。最后，曹操忍不住好色之心，又一次去找丁夫人。丁夫人织布依旧，冷漠依旧。曹操恳求丁夫人与他一起回去，那恳求的神情、语调大出近侍们所料。曹操如同做了错事的孩子渴求大人的宽恕，多情地等着丁夫人的回答。

近侍们惊呆了，但丁夫人却一点也不为所动。丁夫人了解曹操好色之心，知他见美色就心动，一旦求欢则别无牵挂。曹操这会儿可怜巴巴，一旦他得逞，好色之心复起。曹操嗜色如命，见色动心，已经成为习惯。丁夫人劝曹操死心，不想与他有任何关系，平添烦恼。丁夫人旁若无人，小心地织着布。

曹操见丁夫人如此淡漠绝情,失望至极。曹操绝望地叹息:唉,绝情啊!这才怏怏不快地离去。不多久,曹操派特使传谕丁夫人,应允她改嫁他人。丁夫人对此毫无反应。但趋炎附势的丁夫人家人,却不应允,说丁夫人不会再嫁他人。言外之意,即希望曹操能接走丁夫人。

后来。曹操对众美人玩腻了,开始狂想丁夫人。到了邺城后,曹操终于熬不住了,便派人将丁夫人强行接回宫中。丁夫人归来,曹操自是兴奋。曹操设宴盛情款待丁夫人。丁夫人无言。开宴时,曹操只请丁夫人。丁夫人静静地吃,不领曹操的情。吃完以后,丁夫人让人依然送她回娘家。曹操无奈。美人那颗绝望的心全然不理曹操之盛情,曹操无可奈何,只好看着丁夫人离去。

不多久,曹操又开始想念丁夫人。曹操又派心腹强行接走丁夫人,送到后宫。丁夫人对他依旧冷漠,无话可说,吃完即回娘家。曹操迷惑不解,丁夫人何以如此冷酷?多次接丁夫人回后宫,请她吃饭后送之回家,始终不言不语,平平静静。

次数多了,厚道的丁夫人开始气恼。被逼无奈的丁夫人郑重告诉曹操:你不能这般无耻。丁夫人从此之后拒绝回宫,对曹操的任何心腹和使臣全不接待。不久,郁闷苦难的丁夫人染病死于家中,与世长辞。曹操听到丁夫人病故的消息。后悔不已,十分心痛。曹操临死的时候还对丁夫人念念不忘。曹操临终前愧疚万分,无限思念着丁夫人,感到对不起她。假如亡人有灵,儿子曹昂问我母亲何去何从,我将如何回答?

# 孙仲谋怀拥七美

## 孙仲谋的江南美女

东吴的孙权称帝后,曾招纳了许多江南美女进入宫中,一时间,后宫佳丽三千,令人眼花缭乱。其时,孙仲谋要从七位夫人中选一位立为皇后,但他对她们一样宠爱。

第一位谢夫人出身于书香世家,祖籍会稽山阴,其父曾官至东汉侍书郎。谢夫人是孙权的原配,是孙权的母亲吴太夫人亲自做主,成就了这门亲事,她起初很受宠爱,后来孙权又娶了一房,且想让新夫人作正妃,谢夫人不答应。谢夫人便逐渐被孙权冷落，最终忧郁而死。

第二位徐夫人，祖籍吴郡富春。她祖父徐真与孙权的父亲孙坚的交情很深，孙坚将妹妹嫁与徐真，生儿子徐琨，徐夫人便是徐琨的二女儿。由此知道，孙权与徐夫人是叔侄关系。徐琨跟从孙坚、孙策南征北战，被授予广德侯、平虏将军的官衔。徐夫人先嫁给陆尚，陆尚死后，被孙权娶为妾，深得孙权宠爱。但孙权称帝后，群臣请立徐夫人为皇后，孙权碍于谢夫人有正妻的名分，没有答应此事。徐夫人便同谢夫人争位。吴宫开始失去平衡。

孙权

第三位步夫人，祖籍临淮淮阴。东汉末年，步夫人随母在庐江定居，孙策攻下庐江后，举家迁到江东，她被孙权纳入宫中。步夫人天生美丽，因此，在后宫最受宠。她聪敏贤良，从不争宠，常常帮助其他姐妹，深受后宫佳丽拥戴，她也被私下称为“皇后”“中宫”。孙权称帝后，认为可立她为皇后，但徐夫人的娘家很有权势，所以群臣多倾向于她。孙权便将此事搁置了十几年。步夫人没有儿子，只有两个女儿，长女名鲁班，字大虎，被周瑜的儿子周循娶为妻，后改嫁大司马、左军师全琮；二女儿名鲁育，字小虎，后成为荡魏将军朱据的妻子。步夫人死后，有人为取悦孙权，奏请追封她为皇后。孙权同意了，赠其“惟皇后”的谥号，还授予皇后的印绶，与步夫人同葬蒋陵。

第四位王夫人，生于琅琊。她被选入宫后深受孙权宠爱，生子孙和、孙霸，孙和被立为皇太子。她受到的宠爱不逊于步夫人。孙权曾想立她为皇后，但是，与她有隙的大虎公主常在孙权跟前说她的坏话。有一次，孙权生病卧床，大虎公主对孙权谎称王夫人面露喜色，希望她的儿子能早登帝位，孙权大怒，狠狠地训斥了王夫人，致使她忧郁成疾，不久便死了。

出生于南阳的王夫人是第五位夫人。入宫后于嘉东年间得宠，生了一个儿子，名孙休。孙和立为皇太子后，孙权对孙和的母亲王夫人大加宠爱，其他的夫人便领命搬出京都居住，孙休的母亲、这位王夫人便出居于公安，在那儿生活了一辈子,直到老死在那里。

第六位袁夫人,是袁术的女儿。她并未给孙权生下一男半女,步夫人死后,她也曾成为皇后的人选,她从不参加宫廷中的派系斗争,且娘家也很有背景。但是,她却以无子之名,拒绝当皇后。

第七位潘夫人被立为皇后。她是会稽人,父亲因贪污罪被正法,迫于生活,她和姐姐进宫做了奴仆,在织房做工。后来,她被孙权撞见,被纳为夫人,生子孙亮。这个宫娥出身的美女生得娇媚迷人,且很有心计,为了日后能当上皇后,她先聘纳大虎公主的侄孙女儿全氏为儿子孙亮的妻子,这样做是为了取得公主的支持,势力扩大后,她先后打败了王夫人、袁夫人等其他与她争后的夫人。赤乌十三年(公元 250 年),孙权终于改立孙亮为皇太子,第二年潘夫人也因此被立为皇后。但是,她凭着自己是皇后,欺侮别人,在后宫中树敌无数,后来也招致了孙权的不满。太元二年(公元 252 年)二月,孙权病危,潘皇后见孙权将死,欲仿吕后,篡位亲政。诸宫人害怕她日后临朝,大家将会遭殃,便欲陷害她。一天,潘皇后伺候孙权,累得病倒在床,宫人们便用白练将她活活缢杀了。

## 女儿与侄子乱伦

孙权的儿子孙亮并非长子,主要是靠他姐姐的力量,才被立为皇太子,他的姐姐是步夫人所生的大虎公主。

孙权于黄龙元年(公元 229 年)即帝位时,立太子孙登。他并非嫡子,乃姬妾所生。孙登十二年后病死,孙权又立孙和为太子,他是王夫人的长子。孙和同胞弟弟孙霸同时封为鲁王。大臣们便趁机请奏封王夫人为后宫之首,得到了孙权的赞同。

孙权很宠爱他的大女儿大虎公主(因嫁于大司马全琮为妻,也称全公主),大虎公主阴险狠毒,又刁蛮无礼,她报复欲极强,若谁惹了她,她便怀恨在心,找机会报仇。曾不小心得罪她的王夫人,也被她列在“黑名单”内。

这时,后宫最为得宠的潘夫人想同王夫人争夺皇后的宝座。她主动讨好全公主,扩大自己的势力,以达到联合公主共同陷害王夫人的目的。潘夫人得知全公主很宠爱自己的侄孙女全惠解时,便让儿子孙亮娶她做了妻子。两人已成为亲戚,再加上共同恨王夫人,陷害王夫人母子的统一战线便很快形成了。

有一年孙权生病,全公主在他面前大肆地批判孙和的不是,而且还诬蔑王夫人在父王生病时,露出愉悦之情。可实际情况是,孙和十分担心父王的病情,每天去祖庙祭祀，求告上苍保佑。孙和的太子妃张氏有个叔父张休，住在祖庙附近，孙和祭祀完毕便去张休府第休息进膳。全公主知道此事后，就向孙权诬陷孙和，说太子借口去祖庙，暗中与外戚相勾结，预谋干不轨的勾当。孙权听后，极为恼火。王夫人忧郁而死之后，太子孙和也渐渐地失去了孙权的宠爱。

鲁王孙霸是孙权的爱子，封藩后仍被留居京都，与哥哥孙和一起住在东宫，享受与太子相同的待遇。起初兄弟俩亲密无间，后来孙权接受了大臣所谓嫡庶应有别的建议后，便命孙霸迁出东宫。日久，孙霸便产生误会和怨恨。孙和被诬陷失宠的时候，孙霸便有了夺嫡之心。他与朝臣杨竺等相勾结，企图诬陷哥哥孙和，欲将其赶下太子的宝座。当时大将军陆逊任丞相，上书为太子说话，孙霸等人又讲陆逊的坏话。孙权责备陆逊，陆逊连病带气，最后死了。

潘、全趁此机会向孙权说孙和与孙霸的坏话，孙权知道了孙霸设计夺位之事，对两个儿子都失去了信任。因废立一事会致使兄弟手足相残，袁绍三子便是明证，所以一直犹疑不决，拖了好几年。

赤乌十二年（公元249年），全公主的丈夫全琮病逝，全公主耐不住寂寞，同侄子全尚的妻舅、侍中孙峻私通。孙权是孙峻的叔父，他非常信任孙峻。孙和事件中，孙峻便起了很大的作用，他常在孙权面前说孙和的坏话，导致孙权一怒之下幽禁了孙和，又把他废为庶人。鲁王孙霸也未能保全性命，被孙权赐死。于是，孙亮理所当然地成了皇太子，此次争斗也以潘、全联盟大获全胜告终。潘夫人作为太子的母亲，被封为皇后，全公主的侄孙女全惠解也当了太子妃。

过了一年，孙权渐渐看出潘后的阴险、狡诈，也觉察到她与全公主交往甚密，开始醒悟，知道错罚了自己的儿子孙和。到冬天，他生了重病，想让孙和在他身旁侍候，却遭到全公主和孙峻的竭力阻挠。孙权艰难地挺过了这个冬天，他意识到自己病情的严重，便将前太子孙和封为南阳王。如果没有潘后在宫中被缢杀一事，孙权也不会惊吓过度，那么早就死去。孙权受了惊吓很快死去，孙和最终也没有被立为太子。

# 曹植迷恋嫂嫂

## 迷恋嫂嫂赋洛神

《洛神赋》是曹植的一部优秀作品，被天下人广为流传。曹植妙笔生花，描述了一个美艳绝伦的女人。她完美无缺,如天仙般美丽,从形体、外貌、皮肤、发型到风度、气质,都是无人能与之相比的。曹植视这个完美无缺的女人为洛神。洛神被曹植描绘为流风回雪、翩若惊鸿,具有天仙般的素雅之美、惊艳之美:

曹植

其形也翩翩若惊鸿,婉若游龙,荣耀秋菊,华茂克松,仿佛兮若轻云之蔽月,飘飘兮若流风之回雪。

远而望之,皎若太阳升朝霞;察之,灼若芙蕖出绿波。秾纤得衷,修短合度。肩若削成,腰如约素。延皓齿呈露。芳泽无加,铅华弗御。云髻峨峨,修眉联娟。丹髻外朗,鲜明眸善味,靥辅承权。环姿艳逸,仪静体闲。

《洛神赋》刚一完成,便广为流传。美艳绝伦的洛神被一代又一代的文人赞美着。千百年来,骚人墨客赞美洛神,描述洛神,为洛神所迷恋。《洛神图卷》创作完毕后,人们从抽象的文字中展开丰富的联想,从此,洛神在人们心目中更加完美,世间文人才子无不为之倾倒。

传说洛神的原型是曹植的嫂嫂甄氏,就是魏文帝曹丕的妃子甄洛。唐代大学者李善解释《洛神赋》时,将甄洛和曹植的一段恋情描述得活灵活现,更将甄洛和洛神等同起来。人们喜爱这段故事,认为它是那么浪漫,令人心驰神往,更相信它的曲折、真实。这样,洛神甄夫人因《洛神赋》的生动描写和李善的注解而被天下人尽知。

李善是唐代有名的大学问家,同时也是一位浪漫的人。他是这样注解《洛神赋》的:汉末,东阿王曹植爱恋着甄氏,因为曹操将甄氏许配给了曹丕,故无法与之结缘。曹植闷闷不乐,昼思夜想,废寝忘食。不久,曹丕当了皇帝。一次,曹植入朝,曹丕将甄夫人的遗物玉镂金带枕给曹植看。曹植睹物思人,悲痛欲绝。曹丕因感动便将它送给了曹植。甄夫人是被郭皇后害死的,曹丕这时才有些醒悟,但事已至此,悔之无及。曹丕知道曹植对甄氏很爱慕,也很珍惜曹植的这片真情。一次,曹植想念甄氏的时候,忽见云中一美女对曹植深情款款地说:我的心本来是属于你的,但却从未实现;这个玉镂金带枕是我的嫁妆,曾给了别人,现在给了你,实是应当。于是,曹植百感交集,挥笔写成《感甄赋》。魏明帝曹叡读后,深为感动,便改赋名为《洛神赋》。甄氏是魏明帝的母亲。

这实在是一个浪漫的爱情故事,可惜它并不是真的。甄夫人确实美艳绝伦,曹植的《洛神赋》也确实泣鬼神、惊天地,但曹植心中的洛神并不是甄夫人。甄夫人是曹丕的正妃,曹丕十分喜爱她,曾想立她为皇后,但甄氏没有同意。甄夫人因其儿子魏明帝曹叡,也因曹植的敬仰、欣赏,更因曹植的千古绝唱《洛神赋》,而得以流传千古,而得以流传千古,被才子所迷恋。

## 甄氏美艳传四方

甄夫人实际上比曹植大,甄氏生于中山,是上蔡县令甄逸的小女儿。母亲张氏,是远近闻名的美人。甄逸夫妇生活美满,生下五个女儿、三个儿子,甄氏排行最小,生于公元182年12月。甄氏机灵活泼,招人疼爱。甄逸夫妇十分疼爱,把她看作掌上明珠。甄氏的姐姐、哥哥们也都很喜爱她。

甄氏的确是貌若天仙。据说,她睡觉时,皮肤白皙照人,以致家人误以为有玉盖在她的身上,十分困惑。由此可见甄氏光彩照人、玉颜美色之一斑了。甄氏生长在仕宦家庭,是汉代宰相甄邯的后代。甄氏生来具有高贵的气质,此后却真的当了皇妃。张氏生下了五女三男,很是骄傲。甄逸夫妇给三个儿子取名为:甄预、甄尧、甄俨;五个女儿分别取名为:甄姜、甄道、甄脱、甄荣、甄洛。

甄洛很小时,父亲甄逸去世,家道衰落,致使张氏十分劳累。甄洛虽然讨人喜欢,可才三岁,父亲就没了,张氏不知道是祸还是福,于是,张氏找一个相士帮助。张氏请相士刘良来到家中,为儿女看相。刘良细细察看他们,一直没有说话。看到甄洛时,刘良大惊,眼睛放光。刘良低声对张氏说:这个女孩一定大富大贵。

张氏一颗心便着了地,更加疼爱小甄洛,让她快快乐乐地成长。张氏知道,甄氏家族的兴衰,很可能取决于甄洛,因为她以后没准会被选为皇妃,或者是皇后。甄洛就在家人的期盼中一天天长大。

甄洛聪明灵秀,从小就喜欢学习。九岁时,常爱在纸上用笔写字给哥哥们看。哥哥们常打趣取笑她,说你是女孩子,应学些针织刺绣什么的,天天识字读书,是想做个才女吗?甄洛却郑重其事地回答:历史上哪一个贤女不识字读书,从书中获取营养?不学习行吗?哥哥们十分惊讶,想不到才九岁的小甄洛,却如此出色。

甄洛长大后,出落得美貌娇艳。她博览群书,通晓古今,成为一个小有名气的才女。哥哥们帮她读书,和她探讨学问,慢慢地,哥哥们已无力相助,应付不了甄洛。甄洛没过多长时间就超过了三个哥哥。甄洛知书达理,更对政治明暗、朝政得失有独到见解,俨然是一代才女。

汉末,战乱频起,群雄角逐,汉王朝危在旦夕。手握重权的董卓胁迫汉献帝迁都长安,纵火焚烧珍宝满目、富丽堂皇的洛阳宫室,使洛阳陷落,人迹全无、居室荡平。饥民离乡背井,流离失所。面对这混乱的政局,官宦大户的甄府却因此成了暴发户,赚了很多不义之财。

十岁的甄洛知道后,便很正式地对母亲说:现在正是战乱,生活秩序已混乱不堪,灾难随时都会降临;饥民与日俱增,他们经常挨饿,面黄肌瘦,痛苦挣扎;可是,富人们巧取豪夺,用粮食低价换取饥民的银子,这实在是天理不容的;如果这样做,那一定会结下怨恨,日后可能会发生意想不到的事情;不如现在将囤积的粮食拿出来,周济一下左邻右舍、亲朋好友,如果广济饥民,人们终究会感激你的。张氏恍然大悟。

甄洛父亲去世不久,大哥甄豫也随父亲而去。甄洛 14 岁时,二哥甄俨也没了。大哥、二哥曾是父亲去世后家中的顶梁柱,这个大家庭全靠他俩支撑着。二哥是个清官,突然去世了,甄府中哭声阵阵,小甄洛也伤心至极。二哥甄俨去了,留下妻儿寡母。张氏很苛刻,并不以甄俨去世了而对他的妻儿仁慈。甄洛对二哥很敬佩,对二哥的妻儿也很同情,深为忧虑。

不久,甄洛在母亲高兴时,对母亲说:二哥没了,嫂子还年轻,在家守活寡,况且还有个小孩儿,想想真够苦命,有多艰难?您应该待她好一点,像对我们一样才对。张氏被她感动了,认为她已经长大了,说的话全都在理。张氏从此厚待甄俨的妻儿,家中上下和睦相处,甚是幸福。甄洛还主动提出和二嫂住在一起,照料侄儿。嫂嫂对甄洛十分感激,也很喜爱她。嫂嫂经常夸奖她。甄洛的美名传遍四野。

## 曹操垂涎甄夫人

当时,出身豪族的汝南汝阳人袁绍占据了青州、冀州、幽州、并州,权势很大,和另一个豪雄曹操争夺天下。汝南汝阳位于今河南商水西南。当时的冀州包括今天的河北南部、中部。青州就是现在的山东东北。幽州即今河北北部。而并州即今山西。建安初年,甄洛十几岁时,袁绍担任大将军,兼领冀州牧,甄氏的家乡归袁绍管辖。甄洛的才色双绝很快传到袁绍耳中,袁绍便将她许配给了自己的二儿子。甄洛也就是袁熙的夫人。

袁绍生有三个儿子:长子袁谭,二子袁熙,小儿子袁尚。在三个儿子当中,袁绍最喜欢最小的儿子袁尚,定袁尚为王位继承人。袁尚便留在了袁绍身边。长子袁谭长得英俊潇洒,气宇轩昂,最初极得父母喜爱。袁绍本应该传位于长子袁谭,但又觉得袁谭只有外表而无心计。袁绍偏爱小儿子,在继承人的确立上,拿不定主意,徘徊良久。最后,袁绍想了一个办法,将长子袁谭派驻青州,将袁熙派往幽州,而将小儿子袁尚留在身边,驻守冀州,分别考验才能,然后再根据成绩确定继承人。事实上,三子袁尚为实际上的王位继承人。

袁绍这样主观安排三子为王位继承人,自然伤害了另外两个儿子,他们虽然不敢公然反对,但私底下却咬牙切齿。从此以后,袁氏父子关系疏远,明争暗斗,袁氏覆灭的命运在所难免。长子袁谭最先发起行动,他身为长子,又相貌英伟,龙行虎步,父亲却不提拔他,心中不快,也最为怨恨。父亲不是嫌自己机敏不足吗?何不主动去攻击曹操?袁谭谋划着,可又一想,听说曹操很能打仗,自己肯定不是对手,何苦以软碰硬、自取灭亡?

但如果不这样,那就是自己认输了,这样岂不便宜了三小子?凭什么王位由他继承,得我们父子创下的江山基业?袁谭毕竟是无勇无谋又心胸狭隘的小人,他觉得自己得不到基业,其他两个弟弟更别想得到;宁可毁掉江山,也不能便宜了那两个小子!处于癫狂和愤怒状态的袁谭竟与外人勾结,请求曹操攻打袁尚。这只能说是引狼入室。

官渡大战,曹操取得了决定性的胜利,而且是以少胜多的胜利,袁绍败得很惨。与此同时,袁谭投敌卖国,曹操便立即领兵围攻邺城。袁尚知道原委后,勃然大怒,在曹兵到达之前,先领重兵开入青州,与长兄袁谭兵戎相见,大打出手。曹兵开到邺城,城内已无一人,老弱病残加在一起,不过一万人,对三万曹兵来讲无异于小菜一碟。邺城乱成一团。

负责守备邺城的是副将苏由、大将审配。审配、苏由两人关系不合,时常吵架。在这紧要时刻,袁尚离开邺城便是一大失误;袁尚留苏由、审配这两个关系不合的人作副将、大将守卫邺城更是一大错误。这两大失误,导致邺城的失陷。

曹军攻到邺城,势不可挡。面对危局,邺城如何守卫?苏由和审配意见不同,便吵了起来。敌兵还未攻城,内部发生变乱,这邺城无疑是要失陷了。副将苏由精心谋划后,秘密报告曹操,愿作为内应,献出邺城。大将审配很是忠诚,不会背叛袁氏。审配的心腹告知审配,说苏由要反,投降曹操,献出邺城。机灵的苏由消息也很灵通,在审配追捕之前便逃出了邺城,投降曹操。

曹操得到了副将苏由,十分得意。邺城的守备、财力、兵力、人员等情况,苏由自然清楚。曹操立即召见苏由,对邺城的守卫情况详细盘问,并着重问了人员情况。苏由详细解答,将邺城的情况毫无保留地告诉了曹操。

苏由说到袁氏家人时,说袁绍的夫人刘氏还在,刘氏怕孤单,二媳妇甄氏极讨人喜爱,留在刘氏身边服侍她。好色的曹操早就知道甄氏在众多美艳妻妾中是最具风情、最为秀美的,当他知道甄氏还在邺城,十分兴奋。曹操还想进一步证实甄氏的美丽,便委婉地说:袁绍的几个媳妇听说都很出众,这个甄氏美吗?

苏由当然了解曹操,便答道:她们确实都美艳惊人,貌若仙子;在他们当中,这二媳妇甄氏最为漂亮;甄氏不仅漂亮,而且懂事,善解人意;刘夫人的苛刻是很闻名的,很难伺候,只有这个甄氏,极讨夫人喜爱;甄氏在袁府中内外亲融,人缘极好,没有几个不喜欢她的。

连苏由都这么夸二媳妇甄氏,令人浮想联翩,可见她的美名妇孺皆知,传遍邺城。苏由的叙述虽然平淡,但已将这位美人的形象描绘得有声有色。曹操的欲火一下被点燃了。曹操恨不得马上拿下邺城,把甄洛占为己有,尽情消受。好在攻下邺城不费力气,这个美人是要定了。

袁尚听说曹操围困邺城,大为恐慌,急忙回兵援救。曹操料事如神,早在路上设伏,截杀袁尚,袁尚部队惨败。袁尚只率少许残兵败将弃城而逃,投奔二哥袁熙。邺城援兵被击败,救援无望;城中后备不足。曹操在攻城之前,还不忘那城中的甄氏,因此下了一道命令:城破之时,不许残杀百姓,不许伤害袁家老小,不许抢劫。

## 捷足先登抢美色

邺城必陷无疑。忠诚的守将审配死守邺城,绝不投降曹操。审配的侄儿审荣知道,死守等于送死,还不如投降,保全性命为上策。于是,审荣打开东门,投降曹兵。曹兵蜂拥而入,抢占要地,进入城内。一支精兵神速地奔赴袁府,将其围得水泄不通。

这支精兵正是曹丕的卫队。原来,在苏由告诉曹操邺城的情况后,曹丕又详细地询问苏由有关美人甄氏的情况。曹丕不禁心荡神移,魂不守舍。甄氏身材窈窕,秀发如云,腰如柳枝,肌肤如雪,丰乳肥臀,这一切便一直显现在曹丕面前。

曹丕正值年轻之时,有了这刺激,便细细算计起来,不顾父亲禁令,自领卫队,直奔袁府,想抢先得到甄氏,曹操总不至于和儿子抢女人!围住了袁府以后，曹丕便直奔后室。此时的刘夫人不慌不乱，身边有一个满脸污浊的女人，显然是故意装扮的。曹丕一眼就能看出刘夫人身边的妇人长得十分漂亮，这一定是甄氏了。

曹丕慢慢逼近甄氏。一身杀气的曹丕令刘夫人和甄氏十分害怕。曹丕让甄氏把头抬起来。刘夫人按照曹丕的命令捧起甄氏的脸。甄氏满脸是泪，曹丕知道，这是惊恐的泪水。曹丕用袖子擦干净甄氏脸上的泪水和污垢以后简直惊呆了，这个女人的美丽是用语言所不能形容的。

曹丕都快晕了。甄氏脸似鹅蛋，皮肤白皙如玉，睫毛如帘，一双眼睛水汪汪的，像两个水潭，两道柳眉弯弯，鼻子挺括细巧，嘴如樱桃，秀发如瀑布，实在是美丽动人。曹丕情不自禁地轻叹：真是一个人间仙子！曹丕安慰了刘夫人之后，便起身辞别。刘夫人终于放心了，平静地对甄洛说：我们不会有什么危险的。

曹操派遣心腹领卫队守护袁府，把甄洛带来。曹操的卫队抵达袁府的时候，发现曹丕的卫队早已经把袁府围住了。近侍报知曹操，袁府已被曹丕的军队占领。曹操大怒，愤愤地说：这次攻打邺城的目的，就是为这甄氏！曹操对曹丕先把美人抢走一事感到十分生气！可是，儿子既然已经抢先了，做父亲的总不能大打出手，跟儿子公然争夺一个女人！

曹丕一见曹操，便乖巧地请求父亲，让甄氏做他的妃子。曹操没有办法，只好答应。于是甄氏便成了曹丕的夫人。曹丕比甄氏小 5 岁。这一年是建安九年，即公元 204 年。曹丕十分疼爱甄氏。曹丕完全被甄氏的才貌所打动。曹丕很有才能，也很欣赏甄氏的文才。曹丕邀文人们饮宴时，不忘叫上甄氏，一同赋诗饮酒。他们两人十分恩爱，没过多长时间，甄氏怀孕，生下了一个儿子，取名曹叡，就是后来的魏明帝。不久，又有了一个女儿，即东卿公主。甄氏最初对曹丕一心侍奉，完全像个尽职的妻子，后来甄氏就不那样了。

她很明白，自己只是因为美貌才成为曹丕夫人的，实际上不容她有过多的期望。曹丕小她 5 岁，而且她是袁氏的媳妇，与曹家势不两立，再嫁的女子有这两条还能奢求什么呢？不过日子终究还得过下去。因此她便顺从和依附着曹丕，不敢专宠，不敢任性。

曹丕被立为太子后，甄氏对他说：皇上肩负着朝廷重任，帝王向来都招妃纳妾，子孙成群，这样才能保证帝业永固；希望皇上以江山社稷为重，广求贤女，生儿育女，继承大业。曹丕原本好色，有了甄氏的支持，十分高兴，但对甄氏并不死心，他离不开甄氏，只是偶尔才宠爱一下别的美人。

任夫人触怒了曹丕，曹丕要废掉她。甄洛对他说：任夫人是大家闺秀，出身豪门，为人温柔贤惠，娴静漂亮，这些都是我不能比的，希望你不要废她。曹丕仍很愤怒：任氏心胸狭窄，眼光短浅，性情暴躁，脾气古怪，不仅不温柔贤惠，反而对我不敬，我一定要除掉她！甄洛心里明白曹丕是因为宠爱自己才要废掉任夫人，于是流着眼泪说道：陛下，你宠爱我，这谁都知道，如果你非要废了任夫人，大家都会怪罪我，说我心胸狭窄，容不下他人，这样，我的罪名就大了，这是我不能承受的，请陛下原谅她吧。

曹丕很聪明，知道每个女人都希望专宠，然而往往表里不一。他没有答应甄洛，按他的计划做了。甄洛虽然温柔娴雅，但毕竟还很年轻，不免和后宫中的美人们争风吃醋。甄洛在美女成群的后宫中独得曹丕宠爱，同时，甄洛想得很远，对曹丕的母亲卞夫人十分恭敬。笼络好了卞夫人，她便有了一个极有力的靠山。

曹操攻下邺城以后，又攻打青州。第二年，曹操彻底打败袁谭。袁尚、袁熙本想守住幽州，以图东山再起，没想到将吏谋反，将他二人驱逐。袁熙、袁尚无路可走，只好逃往乌桓。建安十二年，曹操攻陷乌桓。袁尚、袁熙投奔辽东。辽东太守公孙康设计杀了他们俩兄弟，将他们的头献给了曹操。

袁氏全家被杀。甄氏无奈，只能和曹丕在一起。甄洛也曾为前夫袁熙悲哀过，但甄洛又能怎么样呢？只能服从着杀了丈夫及全家的仇人。甄洛小心翼翼，尽量忘记以前的一切。后来，甄洛怀孕，生下了曹叡。甄洛就这样过着自己的生活。

曹操野心勃勃，自然继续征伐。建安十六年七月，即公元 211 年，曹操进攻马超、韩遂两位强敌。曹操携卞夫人随行。曹丕任副丞相，留守邺城。甄洛也留在邺城。行军途中，卞夫人病倒了，不能前行，只好停在孟津调养。

## 风流牵动美人心

留守邺城的甄洛听说此事，便请求前往孟津去照料卞夫人。从孟津到邺城路途遥远，而且道路险阻。当时，军阀混战，流匪遍野，强盗出没，如果没有大军护送，曹丕怎么会舍得自己美貌的妻子前往孟津？曹丕不许，甄洛十分着急。甄洛对新婆婆的孝敬令人感动，也很快传到了卞夫人耳中。卞夫人很高兴。

曹丕自然也很着急，几次派遣心腹往返于战争前线和邺城、孟津，战事令人满意，孟津也相安无事。卞夫人很快病就好了。甄洛听到卞夫人康复，高兴之余，还是很担心，对曹丕说：夫人在家时，身体偶尔不舒服，往往要很长时间后才慢慢康复，这次病得又重又突然，不可能很快就好，你是为了不让我担心，才宽慰我！曹丕只好再派人去孟津探听情况。

前往孟津的人不久就回来了，还带回一封卞夫人的亲笔信。卞夫人在信中说自己身体完全好了，不久就能回去，请曹丕和甄洛不必牵挂。他们看了信，心里很高兴，等候着曹操得胜后，和卞夫人一起回来。甄洛这段日子温顺地伺候丈夫，照料着儿子，夫妇二人日子美满幸福。

建安十七年，曹操打败了韩遂、马超，率领军队回城。曹丕、甄洛和留守邺城的文武百官举行了盛大欢迎仪式。甄洛远远地看见卞夫人的轿子，早已高兴得泪流满面，激动不已。文武百官都很喜欢甄洛，看到她完全真情地对待婆婆的样子，人人都被感动了。卞夫人也被甄洛的孝心感动，下轿后，就直接走向甄洛，泪水也夺眶而出。卞夫人动情地说：你一直担心我的病，以为要很久才会好，其实，这次只是小病，十几天就康复了，不信，你看我这脸色非常好。甄洛见卞夫人这样和蔼可亲，而且脸色红润，便一边哭一边笑了起来，十分高兴。卞夫人牵起甄洛的手，对文武百官说：这媳妇真好啊！甄洛不好意思地低下了头。

曹操将邺城作为自己的基地。曹操出征时，往往让长子曹丕留守邺城，次子曹彰随父一起行军，三子曹植伺候他的生活。曹植天生聪明伶俐，才思敏捷，行为放荡，喜欢喝酒，出口成章，天下才子都很佩服他。曹植英气逼人，又才华横溢，曹操自然非常疼爱他。邺城中人人都知道曹植有非同一般的才华。曹植在邺城中快乐地生活着，也很喜欢这座古城。

邺城在今河北省临漳县城西南约三十里，是中国古代著名的城市之一。邺城分为南城、北城。据说，北城在春秋时期建造，是齐桓公修筑的。到战国时，魏国把这里设为县城。汉代后，这里成为魏郡的治所。东汉末年时，袁绍把这里作为基地，四处征战，创建自己的基业。曹操击败了袁绍，把袁氏领土占为己有，邺城便成了曹氏的基地。

有名无实的汉献帝任命拥有实权的曹操为冀州牧，治镇邺城。曹操顺理成章地经营邺城。到建安十八年，即公元 213 年，曹操因功勋卓著，被封为魏公，在邺城正式建立宗庙社稷，筑金虎台。建安二十一年，曹操被封为魏王，把都城定为邺城。曹操公然大规模地修建楼阁，建造了著名的铜雀台、金凤台和大量的宫殿、衙署、花园。

金凤台原名是金虎台，坐落在今河北省临漳县三台村，和铜雀台、冰井台齐名。三台在中国历史上非常有名，历代文人咏诗作赋，缅怀过去，嗟叹不已。铜雀台是建安十五年即公元210年建造的，当时曹操作冀州牧，管理邺城，就在邺城修建此台。铜雀台有几十丈高，殿宇楼阁一共有一百多间。铜雀台建成后，曹操便令儿子曹丕、曹植登台吟诗作赋，留下了举世闻名的文坛轶事，也为甄氏的另有所爱埋下了伏笔。金凤台在北面距铜雀台约100米，原来建有浮桥式的通道，和铜雀、冰井二台连接在一起，台上宫殿房屋有135间。金凤台在建安十八年即公元213年建造。冰井台因台上藏冰之井而得名。冰井台建于建安十九年，即公元214年，是曹操建都邺城后修建而成的，他以城西墙作为基础，铜雀台约100米，三台阁道都连接在一起。冰井台高大概27米。向上有三座冰室，每室有很多井口，大约都是50米，用来储藏冰块、煤炭、食盐等。

曹操十分喜爱住在铜雀台。它建在山岗上面，芙蓉池、华明园在其左右，景致很好。曹操最喜欢在铜雀台饮酒作乐。曹操盛情款待宾客时，往往让文人陪伴左右，饮酒赋诗。曹操既有文才又有武略，才思也是当时无人能比。曹操的身边有许多写作的大家，都有非凡的才能，著名的人有陈琳、王粲、应埸、刘桢。曹操的儿子曹丕、曹植、曹衮也都不是普通人。铜雀台便留下了曹氏父子和众文人墨客的文章。

有一天，曹操心情很好，吩咐在铜雀台摆宴席，与文武百官会面。曹操一边喝酒一边看楼阁，欣赏湖光山色中的美丽景致，心旷神怡，兴致很浓。曹操遂命文人写《铜雀台赋》。曹丕、曹衮手里拿着笔，设计文章格式布局，想了很久，不能成篇，而曹植天生拥有非凡的才华，从容自如，谈笑间下笔成文，一挥而就。曹操拍手称赞，其他人都很佩服。曹丕也不是一般人所能比的，他写下了流传千古的名句：飞阁崛其特起，层楼俨以承天。曹丕因比不过曹植，所以更加嫉恨他。

曹植非凡的才貌令曹操惊服，因此犹豫着选谁做自己的继承人。身为兄长的曹丕比不上曹植，处于被动地位，形势非常不利。曹操喜欢曹植。曹操最信任的相府主簿杨修也赏识、亲近曹植。在相府有很高地位的主事丁仪、丁廙、贾逵等也支持曹植。这些人陪伴在曹操身边，有机会就对曹操说曹植的好话，说他聪明并能成就大业。曹操有事与大臣们商议时，杨修等人总是告诉曹植，让曹植先准备好，并做好策略。于是曹操想让曹植作继承人。

曹植被封为平原侯时，兄长曹丕只是五官中郎将，是名普通将领，一月食禄二千石。曹丕很着急，向爱妻甄氏诉说。可是，甄氏不仅不理解丈夫的苦闷，也不参与谋划，反而处处维护曹植，替曹植说好话。甄氏十分佩服曹植的才华，钦佩曹植高雅的气质，相比之下，曹丕简直猪狗不如。妻子不为丈夫着想，反而帮别人说话，当丈夫的不能容忍。曹丕很生气，便向甄氏发泄满腔愤怒，从此夫妻之间关系冷淡，好像陌生人。

曹丕不能得到甄氏的关心和照顾，便转而向姬妾郭氏诉说苦闷。郭氏善解人意，关怀备至，又善算计，处处以曹丕利益为转移，善为谋划，曹丕对他心存感激，并将一颗心放在她身上。郭氏想出了很多打倒曹植的好主意，并召来吴质。吴质智谋过人，被任命为朝歌令。曹丕如鱼得水，他们已经设计了打败曹植的策略。结果是，曹操不再信任曹植，曹植郁闷不得意；亲近曹植的主簿杨修心中怀着愤恨自杀。

在确定继承人的较量中，才子曹植及其同党最终以失败告终，曹丕及郭氏、谋士吴质最终赢得了胜利。曹丕被封为世子，官位达到副丞相，并特许开府自置官属。曹丕拥有了继承江山社稷的世子地位，也得到了智谋过人的爱姬郭氏的帮助，但甄氏却离开了曹丕。甄氏认为身为兄长的曹丕才华比不上曹植，不应该那么心胸狭窄，容不得人，更不应该有不轨的行为，和亲弟弟过不去。曹丕赢了曹植，甄氏认为曹丕的行为可耻，便更加蔑视曹丕。

## 为爱情拒当皇后

建安二十一年，即公元 216 年，曹操统率大军向南进军攻打吴国，准备打败孙权，统一天下。曹操的爱妃卞夫人一起随军出征。曹丕和甄洛以及他们的一儿一女也陪在曹操身边。出征时，甄洛生病了，不能和他们一起走，只好一个人留在邺城。到公元 217 年九月，即建安二十二年，曹操大军胜利回到都城。甄洛知道后出城迎接。卞夫人见到甄洛，简直不相信自己的眼睛：甄洛面色白皙细嫩，容光焕发，比以前更楚楚动人。这种情形只会出现在陶醉于爱河中的女人，这根本不像是有了一儿一女的女人？更不像别离了丈夫、儿女几个月之后应有的样子！

看着与以前完全不一样的甄洛，卞夫人关切地说：你和儿女离别这么久了，难道你不想念他们？你因为什么面色这么好？甄洛高兴地说："孩子跟随着奶奶，我一点也不担心，只是太麻烦您了。"卞夫人知道，甄洛心里一定藏着甜蜜的秘密。

人们都说，这段日子，曹植和甄洛这两个相互倾慕的男女不在乎年龄间的差异，互诉衷情，忘情地陶醉在爱河之中。甄洛赢得了才子曹植的爱情而再次恢复生气，更加光彩照人。

建安二十五年即公元220年，曹操因生病不愈而死。世子曹丕被任命为丞相，封为魏王。这年十月，曹丕逼汉献帝让位，废汉自立，国号魏，他是魏文帝，后来封曹操为魏武帝，把洛阳作为都城。曹丕定都洛阳后，初步营建洛阳宫殿。曹丕住在北宫，在建始殿让朝臣拜见。后宫中，曹丕依旧非常宠爱甄洛，认为甄洛气质高贵，可以母仪天下，便想让她做皇后。甄洛生长子曹叡，皇后的头衔非她莫属。

可是甄洛看不起曹丕，不愿意和曹丕有过于亲密的关系，甄洛坚决不同意，不愿意做皇后。这在中国历史上是从来未曾有过的现象。曹丕对甄洛不能为自己分忧解难、出谋划策相当生气，十分不满，但想到甄洛是原配，又生下了儿子，原本想原谅她，册她为皇后，岂料她并不领情。曹丕宠爱郭氏，也从心里深爱着郭氏，更知道他的江山的得来在很大程度上应归功于郭氏。没有她，他很可能成不了皇帝。

甄洛不愿做皇后。郭氏却一直做着皇后梦。如何坐上皇后的宝座，除掉甄洛，是一直缠绕着她的头等大事。郭氏帮曹丕当上了皇帝，曹丕对她宠爱有加。她也很聪明，投曹丕所好。甄洛不愿做皇后，使曹丕大为生气。郭氏不失时机巧妙地对曹丕说甄洛所生的曹叡，可能不是曹丕的亲儿子。这一招是很灵验的，如果属实，那甄洛可就完了。

曹丕听了郭氏的话，心中大震，感觉她说得有理。郭氏在魏都洛阳居住。甄洛却在邺城。善疑的曹丕对这件事耿耿于怀，越想越不是滋味。第二年六月，曹丕南征孙权，在邺城小住了几天。曹丕见到甄洛以后，终于忍不住问起这件事。甄洛大怒，两人吵了起来，不欢而散。不久，可怜的甄洛感慨万端，愁肠百结，写下了她的传世之作《塘上行》：

清生我池中，其叶何离离。
傍能行仁义，莫若妾自知。
众口铄黄金，使君生别离。
念君去我时，独愁常苦悲。
想见君颜色，感结伤心脾。
念君常苦悲，夜夜不能寐。
莫以豪贤故，弃捐素所爱。
莫以鱼肉贱，弃捐葱与薤。
莫以麻枲贱，弃捐菅与蒯。
出亦复苦愁，入亦复苦愁。

边地多悲风，树木何修修。
从君致独不，延年寿千秋。

## 香消玉殒为谁死

甄洛痛苦度日。不久，甄洛去世。关于她的死，一直是令人费解的。史书上有完全不同的说法，一是以《魏书》为代表，另一个是以《魏志》为代表。《魏书》记载，曹丕三次册封甄洛为皇后，甄洛都不同意。曹丕想等到炎热的夏天过后，再册封甄洛也不迟。时隔不久，甄洛因病在邺城去世。这是一种说法。《魏志》记述说，甄洛失宠，时有怨言，心中怨恨。曹丕知道后，勃然大怒，到第二年六月，曹丕将甄洛赐死。这是另一种说法。

甄洛死于何因？按照常理，甄洛极可能是被赐死，病死的说法可能性极小。下一个问题是，甄氏又是怎么死的？为什么被赐死？难道有怨言是唯一的理由吗？甄洛出身文学世家，接受高等教育，且又是个有涵养之人，她这样的人不会因为失意，去和郭氏这种人争宠，闹得宫室不宁。

甄洛的美德曾屡见于史书。史书称她当初宠遇越浓，越注重自己的形象，而且经常贬损自己，常向曹丕敬献有貌又有德的女子。甄洛不仅不嫉妒后宫中被宠幸的女子，反而经常鼓励安慰她们。她还经常宽慰开导那些失意的人。甄洛常劝导曹丕广求贤女，像皇帝一样，妻妾越多，后代的势力就越大，且在继位的问题上选择性也越大。从这些记述上看，甄洛在人品、学识、为人、处世上，都没有什么可指责的。也许是因为她引起了曹丕的怨恨，才被赐死的。至于因何怨恨，是因为甄洛蔑视他，使他难以忍受？是甄洛移情于曹植被曹丕得知？是曹丕怀疑曹叡的身世，而引起两人激烈地争执，惹怒了曹丕？如此等等，不得而知。

甄洛去世的第二年，即黄初三年，曹丕吩咐有司准备礼仪以立郭氏为皇后。大臣们知道后，都反对他的决定。上郎栈潜上书谏阻说：《春秋》指出，妻不能让妾来当；如今要使郭氏为皇后，岂不是使贱人富贵，乱了秩序？如果后世也仿效起来，那这就是祸乱的源头啊！曹丕对此淡然处之，依旧立郭氏为皇后，并命郭氏代替甄氏，抚养曹叡。

曹叡慢慢地长大成人。曹丕虽为曹叡的聪明而高兴，可心里总有一种东西堵得慌，便一直不立曹叡为太子。到了黄初七年五月，就是公元226年，曹丕突然得了病，只能躺在床上，不能管理朝政。曹丕知道他不久就会辞世，临死前，将曹叡封为太子,并诏曹真、曹休、司马懿为辅弼。不久,曹丕死于洛阳嘉福殿,终年40岁。22岁的曹叡当着先皇的灵位登上了皇帝的宝座,为魏明帝。

魏明帝曹叡追封母亲甄氏为文昭皇太后,尊皇后郭氏为太后。曹叡在宫中长大,对母亲死得不明不白一直耿耿于怀,曹叡想把还母后清白的事先做好。曹叡不喜欢郭太后,但郭太后抚养了他,况且他又没有什么证据,所以只能以礼相待。

青龙三年,就是公元235年,李夫人拜见明帝曹叡,将事情的真相告诉了他。李夫人曾受甄洛临终前的委托,照料年轻的曹叡。这时,李夫人告诉曹叡,在他母亲甄氏装殓后,郭太后曾暗中派人将甄太后被发覆面,以糠塞口,让她永世不得翻身,也不能对活着的人做出什么不好的行为。曹叡大为震怒,直奔永安宫,质问郭太后。郭太后狡辩抵赖,并不承认她做了这事。曹叡停止了她的一切饮食供应,赐其自尽。郭太后没别的办法,只好自杀。曹叡像先前殡葬甄后一样,殡葬了郭太后。曹叡追尊母亲甄洛为文昭皇太后,另立寝庙,世世享祀,祀礼和祖庙相同。

## 晋武帝让皇后为其选美

从古代开始的帝王就大多薄情,见一个爱一个,爱一个丢一个,像晋武帝那样关怀体贴,甚至对杨皇后言听计从的帝王真是很少。

司马炎的皇后是杨艳,字琼芝,生在"四世三公"名门之家,东汉太尉杨震是她的先人。杨艳不仅姿容美丽,而且聪明伶俐。她受家庭熏陶,擅长书法,是洛阳城有名的才女。才貌双全的杨艳,成为王孙公子追求的对象,不断有求亲的上门,最终她嫁给了手握重权的大司马司马昭的长子司马炎。

结婚以后,司马炎喜欢杨艳的美丽和聪慧,杨艳也庆幸自己嫁给了一个外表英俊、性格温和的丈夫。不久司马昭去世了,司马炎继承爵位为晋王,接着又逼魏元帝曹奂让位,成了一统天下的皇帝,杨艳自然成了皇后。司马炎虽然成了让万人尊崇的皇帝,对结发妻子的感情却一点也没变,对杨艳特别宠爱,后宫姬妾没有人能和杨艳争宠。

随着年龄的增长,地位的变化,杨皇后也变得机敏、老练。她很清楚帝王大都会抛弃容颜衰老的人,为了在宫中多一个帮手,也为了报舅母养育的恩情,就把舅母的女儿、自己的表妹赵粲接到后宫,并且为她见皇帝制造机会。这个赵粲长得很漂亮，人也聪明，没多久就被封为夫人，很得宠。武帝很高兴，认为杨皇后胸襟开阔，更是宠爱有加。

杨皇后生了一个男孩，可孩子没多久就死了。后来又生了两个儿子，大儿子叫司马衷。司马衷生下来就很笨，七八岁了还不识字，请了很多有学问的人教也不见长进。可是杨皇后非常喜欢司马衷，一定要司马炎立他为太子。武帝怕让他掌权会亡国，但又不想违背杨皇后的意愿，于是进退两难，拿不定主意。杨皇后联合表妹赵夫人，经常私下里跟司马炎说："司马衷现在还小，只是孩子，将来一定是个大器晚成的有道明君。况且陛下登基二年多了，为了国家，也该立太子了。"女人的话，就像优美的琴音飘进耳朵。爱妻、宠妾一唱一和，即使是铁石心肠也难保不被融化了。司马炎终于经不住她们的鼓动，决定立司马衷为太子。一个呆头呆脑的白痴又怎么能做一国之君呢？所以，晋国的软弱与混乱，就是从这儿开始的。

司马炎不仅在立太子方面听杨皇后的，而且还按杨皇后的意思选太子妃。

司马炎听说司空的女儿身材、容貌都很好，很有兴趣，就想让她做太子妃。可杨皇后听了被贾家收买的下人的话，一心想让贾充的女儿做太子妃。武帝拗不过杨皇后，只好让贾充的女儿贾南风做了太子妃，等到儿媳妇与公婆见面的时候，杨皇后才知道被骗了。贾南风不仅相貌丑陋，而且生性蛮横阴险。"一代悍后"给司马王朝带来的灾难，是一向聪明的杨皇后没有想到的。

杨皇后仗着晋武帝对她的宠信，连晋武帝采选美女，也要由她最后决定。泰始八年，司马炎在杨皇后同意后，颁布诏书，大批地选择美女。在选美会上，杨艳喜欢的都是高大俊美、五官端正的女子。只要是妖媚的都不能入选。武帝明白杨皇后有别的用心，心里很不高兴，对入殿供选的女子也没有兴趣。忽然，武帝看见一个娇艳动人的女郎，心中格外怜爱，就对杨后说："这位女子很漂亮！可以给我选入宫中。"杨艳一问，才知道她是卞夫人家的女儿，就说："卞氏与皇室有姻亲，三代都是皇后。如果选了她，怎么安排她的位置呢？"武帝明白她的意思，只好不提这事了。经过选美，几十位美人被选入宫中，其中一位姓胡的女子也算得上是绝色美女，很得武帝宠幸，很快就被封为胡贵妃。杨皇后出于嫉妒和郁闷，竟然得了一场大病。

几个月之后，杨皇后病情严重。看到自己已活不了多久，她唯一担心的是胡贵妃做皇后，司马衷不仅太子位保不住，可能还会送掉性命。有一天武帝来看她，杨艳让武帝坐在床上，把自己的头枕在武帝膝盖上，哭着对武帝说："我死了不算什么，只有一件事求您。"武帝含着泪说："你只管说，我都答应。"杨艳说:“我叔父杨骏有个女儿,容貌、品德都很好,愿陛下选入后宫,以防后宫缺人,我死也就瞑目了。”武帝含泪答应,两人握手保证。之后,杨艳安心地死去了。

晋武帝明白杨艳的用心。到底夫妻间有一定的情分,晋武帝不久就册封杨骏的女儿杨芷为皇后。

## 山涛与嵇康、阮籍的断袖之情

山涛和嵇康、阮籍都是“竹林七贤”的成员,以潇洒俊逸著称。《世说新语·贤媛》记载了他们之间的一段交往:

山公与嵇、阮契若金兰。山妻韩氏觉公与二人异于常交,问公。公曰:“我当年可以为友者,唯此二生耳。”妻曰:“负羁之妻,亦亲观狐赵,意欲窥之,可乎?”他日,二人来,妻劝公止之宿,具酒肉,夜穿墉以视之。达旦忘返,公入曰:“二人何如?”妻曰:“君才致殊不如,正当以识度相友耳。”公曰:“伊辈亦常以我度为胜。”

根据这段记载,荷兰汉学家高罗佩确信山、嵇、阮之间有断袖之情。他的分析是:“‘异于常交’就表示有同性恋关系,只是这一点是由山涛夫人举负羁妻子作例子来证实的。她讲的是一个关于晋公子重耳的故事。公元前636年,重耳和他的随从狐偃和赵衰到曹国避难。曹公听说他和别人关系不正当,想证实这一点。所以曹公和一个叫僖负羁的官员以及这个官员的妻子在重耳和他的随从洗澡的房间的墙上开了一个洞。看完以后,那位官员的妻子说,这两位随从都可以辅助治国。显然她这样讲是根据她所窥见的裸体男人的肉体动作而不是根据他们所说的内容。山涛夫人用这个典故来说明她想验证嵇康和阮籍是不是真的关系不正当。”

高罗佩的推论有一定的意义,但他对僖负羁的妻子的记述与事实是有些不符的。《韩非子》和《左传》《国语》都有对这件事的记载,内容大多一样。《韩非子·十过》中的原文大意是这样的:晋公子重耳逃亡到了曹国。曹君出来看他们,釐负羁(即僖负羁)与叔瞻在前边服侍。釐负羁不高兴地回来,他妻子问他:“你从外边回来而不高兴,为什么?”负羁说:“今天我的国君招待晋公子,缺少礼节,我在前边看着,所以不高兴。”他妻子说:“我看晋公子是有道的明主,他手下人也很机智。如果回到晋国,讨伐他国,必先讨伐曹国,你为什么不好好想想?”负羁认为她说得有理,于是在壶中装上黄金,让人夜里送给公子。根据这些以及《左传》僖公二十三年和《国语·晋语四》中的记载，僖负羁的妻子不但没有去偷看重耳洗澡，而且她知道了曹君的这种荒谬行为后，马上就想到如果以后重耳能回到晋国且成为君主，必然会报复曹国。于是，出于对将来长远的考虑，她才建议丈夫主动与重耳搞好关系。不出所料，周襄王十六年（公元前636年），经过漫长的19年在狄、卫、齐、曹、宋、郑、楚、秦等国的流亡后，公子重耳终于在狐偃、赵衰等追随者的辅佐下回到了晋国，成为赫赫有名的晋文公。襄王二十年（公元前632年），文公亲自领兵攻打曹国，占领了曹国国都。然后晋文公以胜利者的身份，把被活捉的曹君狠狠地骂了一顿，而对以前曾有恩于他的僖负羁和家人则给予保护，算是报恩。总之，僖负羁的妻子并不像高罗佩所说的曾经见过重耳和狐偃、赵衰一起洗澡，更没有见过他们之间的变态举动。就算她确实曾经“亲观狐赵”，但那应该是在公共场合，她见到的只是狐、赵两人老成持重的威仪。另外，狐偃是重耳的舅父；重耳到曹国的时候，主仆三人都已经五六十岁了，这些都说明他们之间不存在同性恋关系。

所以，山涛的妻子用僖负羁之妻的例子，是向丈夫暗示想看一看嵇康、阮籍洒脱的风度和举止，而不是他们私下里的什么不正当行为。事实也是这样，山涛妻子“穿墉以视”以后，赞叹的就是两个人举止的优雅和不俗。嵇、阮之间以及他俩与山涛之间可能没有同性恋关系。

当然，并不能绝对地下结论。原因是：第一，《世说新语》用“契若金兰”“异于常交”等文字描述，这说明山涛与阮籍、嵇康的交谊确实不一般；第二，高罗佩没有完全搞清楚僖负羁之妻一事。山涛之妻可能一样会理解错误；第三，竹林名士都不拘泥于传统礼法，容易做出异乎寻常之事。在山、嵇、阮三人当中，至少我们知道阮籍对同性恋表示过赞赏，他的《咏怀》可以证明这一点。阮籍写过很多咏怀诗，根据某一首诗，他曾与一位“一顾倾人城”的密友“嬿婉同衣裳”；另一首诗中，他表示愿意与“妖冶闲都子”出去游玩。字里行间虽不是完全写实，但似乎还是有同性恋的意思，不知写诗时是否真的发生了同性恋的感情？由此不妨也可以对假设的阮籍等人之间的同性恋交往予以一些存在的肯定。

# “痴呆天子”管不住后宫艳事

## 色迷心窍立傻太子

晋武帝登基后，满怀希望想成就一番大业。文学家左思十年寒窗著成了《三都赋》。大学问家中书令张华对其佩服不已，连声赞叹。《三都赋》从此名声大振，人们大量抢购，争相传阅，很快在世上传播开来。司马炎爱才如命，十分赏识左思。左思有个妹妹，也是才华横溢，文章盖世，实乃女中奇才。司马炎便下旨将左棻（左思的妹妹）纳入后宫，封为修仪，很快升为贵嫔，但左棻长相一般，很难使好色的司马炎为之动心。左棻入宫以后，便终日孤孤零零，居陋室，吟诗赋，从而打发自己无聊的日子。就这样，一代才女陨落了。

司马炎在感情上的荒唐害了才女左棻一辈子，使她没有幸福，冷落终日。而司马炎选错了太子，却使他费尽心血创下的西晋江山摇摇欲坠，王朝即将颠覆。在战场上司马炎勇猛威武，可在感情上却柔柔弱弱，比妇人还软弱。他立太子时犯了无法挽回的大错，在太子立妃问题上虽然十分小心，可在决断时却一错再错。晋王朝的短寿与此有相当大的关系。

司马炎

司马炎的爱妃不计其数，他的皇子也很多，大约有 26 个儿子。在他们当中虽然有聪明威武的，但不幸的是长子司马轨早年丧命，次子司马衷也就理所当然地成了长子，可司马衷偏偏反应迟钝，犹如傻子。

司马衷生于公元 259 年，也就是魏甘露四年，是武帝司马炎的次子，后来被看成为长子，是杨艳皇后所生之子。按照立嫡制度，司马衷顺理成章地应被立为太子。公元 267 年正月，司马衷 8 岁时，被立为皇太子。

令人费解的是曾经驰骋沙场创下帝业的司马炎如何能将帝业托付给这样一个白痴儿子，是不敢违背宗法制度吗？作为开国皇帝，应当是不大遵循法纪的。司马炎早就知道儿子的不健全，朝臣们也不是丝毫不知。有趣的是，一天司马衷听老师李憙讲课。当时的授课内容是《孟子·公孙》。大臣荀勖、和峤被皇上派去在窗下窃听。

李憙细细讲解没有恻隐之心，没有辞让之心，没有羞恶之心，没有是非之心都是不可取的；着重指出作为一个皇帝，一定要对此非常重视，特别是要有同情之心，因为只有这样，才能关爱百姓，才能判断谁是好人，谁是坏人，分辨什么是好事，什么是坏事；人君如果不能分清是非，那么就会导致政治混乱，公私不分，赏罚不明；人君的根本便是秉公而断，大公无私，从而使政令通达，政治清明。

当时，屋外雨声淅沥，正在下着小雨，池塘里的青蛙不停地叫着，很是动人。司马衷听了这么长时间，只是对为公为私略知一二，对其他的一概不知。师傅问他有无疑问，司马衷听见悠扬的蛙声很是高兴，便随口问：园子中青蛙叫，是为私还是为公？李憙听见，犹如当头一棒，哀叹道，朽木不可雕也！

窗外的大臣和峤、荀勖也都听在耳里，明在心里，太子天生愚笨，怎样教也不行。和峤是位学者，在窗外摇头叹息，而荀勖则若有所思，没有说话。课后，和峤、荀勖陪太子吃午饭，师傅李憙也一同去。太子司马衷很贪吃，长得又白又胖。司马衷一直在皇宫里过着锦衣玉食的无忧生活，他哪里挨过饿，哪里晓得粒粒皆辛苦？哪里知道老百姓的苦哇？

太子司马衷狼吞虎咽，一顿饭算什么？师傅李憙不能忍受，就小心翼翼地对司马衷说：殿下，这一粒粒米都是农民辛辛苦苦种出来的，殿下可知道种粮食的不易？如今天下大旱，老百姓忍饥挨饿，什么都吃不着。司马衷听后，觉得不可理解，就问道：没有饭吃，为什么不吃肉粥？师傅李憙哭笑不得，这样的学生还能教出个人样来？

和峤、荀勖观察完毕要回宫向皇上禀告。和峤担心国家大事，认为太子这个样子，将来怎能治理天下？应当对皇上实话实说。荀勖很有心计，说这件事不那么简单，十分复杂，要知道，杨皇后始终不主张更易太子，皇上对此都无可奈何，我们又能怎么样呢？如果我们说了实话，杨皇后肯定会勃然大怒，我们将来命运如何，实在难以预料，但肯定不会有好结果，弄不好小命不保。

荀勖这是顾虑自身的安危，不考虑国家的前途，但这些话又实属事实，可能性是很大的。荀勖的自私，铸成了大错，对晋王朝的衰亡起了催化剂的作用。

由于荀勖坚持,和峤无话可说。荀勖进奏司马炎,说太子心地善良,对公私之别、是非之心,能反复和师傅讨论,学问、德业突飞猛进。武帝甚喜,但是很忧虑,不知道这个愚钝的儿子会有什么长进。武帝向和峤打听消息,和峤含糊地说:太子还是和从前一样。

司马炎知道太子是愚钝的,难以肩负国家重任,将晋朝大业发扬光大。但是他却无力反对杨皇后的意见。杨皇后又名杨艳,字琼芝,陕西华阳人,是魏贵族杨文宗之女,他被封为铫亭侯。杨皇后十分美丽,出身显贵,生下了三男三女,长子夭折,次子司马衷就成了嫡长子。武帝几次三番地说太子不长进,智力低下,很难继承皇位。杨皇后却婉转反驳:儿子虽不聪明,但却很善良,经过老师调教,会有长进的。武帝曾表示过改立太子,杨皇后总是反对,说太子已定,决不能改,否则日后岂不天下大乱?她坚决反对。

沙场上果敢刚毅的武帝司马炎在皇后面前优柔寡断,下不了决心。荀勖进奏说太子进步了,这使司马炎相信了,其原因是,武帝信任荀勖,尤其佩服荀勖的不世之才和高深学问。武帝放下心来,不再打算改立太子。一转眼太子就十三岁了,按照惯例,要选太子妃了。太子选婚无论是对皇家还是全天下百姓,都不是件小事,因为选上的是不久后的皇后,坐镇后宫,母仪天下。王公大臣、皇亲贵戚便争先恐后地物色自己家族的女子,相当忙碌,准备挑选出才貌双全的好去竞选皇后,从而光宗耀祖。这个时候,谁都不会考虑太子智力是否低下,身体是否残疾,只要是太子,其他什么都不重要,女子的个人幸福在这时早被抛到九霄云外。武帝在长年的冲锋陷阵中,很赏识征东大将军卫瓘,也很了解卫瓘的家族,对卫瓘的女儿也十分喜爱。晋开国元勋贾充和卫瓘展开竞争。贾充共有四个女儿。长女贾荃已经出嫁,嫁给了司马师的儿子齐王司马攸。贾充官职很高,担任车骑将军,为朝廷重臣。最为重要的是,在司马炎被立为太子的时候,贾充功劳不小。所以,司马炎对贾充一直心存感激。

贾充倚仗着特殊身份和武帝司马炎的宠爱,一方面努力献媚,争得武帝和皇后的恩宠,一方面结党营私,打击正直大臣,扶植自己的势力。西北氐羌造反,烽烟连绵,陷入战乱,陕甘一带,老百姓的生活困苦不堪。晋王朝急需派一个大将军去平叛,还陕甘一带的安宁。侍中任恺、王恂推荐贾充前去。武帝觉得十分妥当,便传下圣旨,命贾充前去平叛。饯别宴席上,贾充的好朋友荀勖知道贾充不高兴,不愿意远镇关中,便为贾充谋划,想个既不抗旨,又可以留在京师的万全之策。

## 悍妒女人嫁傻太子

荀勖是武帝的信臣，和狡猾的贾充是好朋友，交往密切。贾充是平阳襄陵人，在今天的山西临汾西南。贾家是豪族。贾充以前和司马昭一同杀死了魏帝曹髦，为司马昭夺得很高的地位。贾充进谏司马昭，主张立司马炎为皇位继承人。西晋初年于是流传着这样的歌谣：王、裴、贾，济天下；贾、裴、王，乱纲纪。这就是说贾充、王沈、裴秀效力于司马氏，杀了曹髦，灭了曹魏，是西晋的有功之臣，尤其贾充功不可没，资格很老，权倾朝野，恃宠而骄。

贾充狡猾奸诈，擅长耍弄手腕。贾充凭其权势，和朝中重臣荀顗、越骑校尉冯纨、侍中中书监荀勖结为死党，排挤侍中任恺、裴楷和河南俨庚纯一派，两派争争吵吵，势同水火，不断较量。这一次皇上下诏让贾充镇守关中，实际上是任恺、王恂等人谋划的，贾充一党以失败告终，荀勖等人岂能善罢甘休？

荀勖给贾充出谋说：你是朝廷宰辅，怎能败给任恺这种人！我有一个主意，可以不让你去镇守关中。贾充问是什么办法。荀勖说，如今正在选太子妃，如果能和太子结亲，留守京师就一点儿问题都没有了。贾充恍然大悟，更庆幸自己有运气，生了二个女儿。可是，谁能胜任，前去办理此事？荀勖随即毛遂自荐。有荀勖出面，这事就八九不离十了。

荀勖马不停蹄，立即行动。他先请贾充的夫人郭槐用重金笼络好杨皇后的心腹左右，让她们去向杨皇后夸奖贾充的女儿聪慧文静、品貌端庄、才貌双全，能够胜任太子妃。杨皇后经常听到这些话，自然对贾氏的女儿十分赞赏，认为这样好的女子一定是出类拔萃的。荀勖则实行另一策略，在朝中勾结心腹重臣荀顗、冯纨等人，不失时机地盛赞贾充的女儿出类拔萃，不可多得。荀勖随后直接上书武帝，称贾充女儿才貌双全，可以竞选太子妃。

武帝司马炎未置可否。他自有打算，但既然老臣们都议论纷纷，说贾充的女儿如何如何好，这事得和皇后细细商量。武帝问杨皇后，对太子妃的事，有什么主意？杨皇后说，听说贾充的女儿十分出色，大概是真的。武帝问卫瓘的女儿怎么样？杨皇后说，称赞卫瓘女儿的人不多，想必人也一般吧。

武帝司马炎表示反对，说贾家的女儿不合适，有五个原因。杨皇后不解，问原因是什么呢？武帝说：贾氏的家族悍妒，不会生儿子，皮肤微黑，身材矮小，长得不美，这就是贾氏女子的五个缺点，有其中一个缺点都不行，何况五个都占全了？而和贾氏相反，卫瓘家族天生忠厚善良，身材修长，子女白皙，相貌秀气，而且男孩很多,卫氏和贾氏的女儿完全不同。

杨皇后对贾氏女已有好感,被武帝的这套说辞,弄得脸面有些挂不住,但还是说:我们都没有见过他们的女儿,都是道听途说,一个说好当然比不上十个说好,大家都认为好的,那当然不会太差,我还认为贾家的女儿合适。杨皇后天生倔强,认准的事一般不改变。武帝都这么说了,杨皇后还坚持己见,武帝也不想为此争执,也就不说话了。

贾充的妻子郭槐是以嫉妒成性为人所知的。贾充的先妻为李氏,相貌出众,为人贤惠。李氏的父亲李丰犯有大罪,依照法律被杀,李氏家属连坐,流放边疆,贾充因此休了李氏,和郭槐结为夫妻。

司马炎称帝后,废除前朝律例,李氏因此回到洛阳。李氏的亲生女儿贾荃已经出阁,做了齐王司马攸的王妃。武帝司马炎十分了解李氏的贤娴淑静,便让贾充与她复婚,允许他娶两个夫人,地位平等,没有妻、妾之分。可是贾充知道郭槐的厉害,有些害怕。不出意料,郭槐知道以后,闹得沸沸扬扬,坚决反对让李氏和贾充破镜重圆。贾充无奈,只好说不敢遵旨收左右夫人之命。

贾荃是很爱自己母亲的,极力促成父母团圆。贾充便暗地里在洛阳永年里给李氏买了房子,让她住下来,但却一直不来往。郭槐一直没有放松,随时监视着贾充的一举一动,防止他去见李氏。贾充一听到郭槐的名字便惶恐不安,同僚们将其作为茶余饭后的谈资,武帝当然也不例外。贾充怕妻,郭槐悍妒便由此传开来。

鲜卑部落在首领秃发树机的率领下侵扰雍州、秦州的消息很快传到皇上耳中,司马炎特别惶恐,任命贾充为特使,都督凉、秦二州军事,安抚边疆。贾充迟迟不动身前往。太子选妃一事闹得朝廷尽知,贾充女儿适合当太子妃的说法仍在继续传扬,武帝也不好再催这位可能成为亲家的贾充去镇守边关。杨皇后仍很倾心于贾氏女儿。武帝无话可说。

## 有其母必有其女

贾充的妻子郭槐替贾充只生下两个女儿。郭槐的长女叫贾南风,另一个女儿叫贾午,都到了嫁人的年龄:长女 15 岁,小女比她小 3 岁。小女贾午很聪明,而且长得很漂亮,但年龄很小,身体很瘦小,没有发育起来,所以衣服多半不合身,年龄比太子要小 1 岁。两个不懂世事的孩子,都不知人生大事是什么,男人和女人为什么要结婚。长女比太子大 2 岁,成熟、丰满,相貌还可以。

但是,贾南风不高,皮肤和她母亲一样,并不白皙,而最重要的是,她继承了郭槐的很多个性,如:悍妒、奸诈、高傲、暴躁,长于耍手腕。贾府是豪族,贾南风又是长女,被郭槐视为掌上明珠,从小娇惯,横行霸道,狂纵使性,无所顾忌。若她被立为太子妃,日后当上皇后,可能会断送晋朝的未来。

晋武帝泰始八年二月,即公元272年,14岁的太子司马衷与贾充之女贾南风结婚,因此贾南风以太子妃的身份,住进了太子宫。司马衷天生愚笨,怎能管得住贾南风?司马衷只好老实听命,贾南风很快控制了东宫。贾南风同样遗传了郭槐的悍妒,甚至到了神经质的程度,而且万一被触怒,便无法控制,闹得鸡犬不宁。

郭槐实际上曾经有过两个儿子,但因为郭槐的神经质,两个儿子未成年就死了。大儿子3岁时,一直十分可爱,聪明活泼。孩子儿时,都是由乳母带养,与乳母形影不离,两人的关系如同亲母子一般。有一天,乳母抱着他在窗外游玩,正值贾充经过。儿子看见父亲,便伸出手,要贾充来抱。贾充十分高兴,走过去,从乳母怀中将儿子接过来。谁知这会儿,郭槐正好经过,看见了贾充和乳母在一起,马上怀疑两人不明不白,立刻脾气大涨。

郭槐气急败坏,脸色发白,嘴唇发抖。她操起一件硬物,如一头狮子般扑向乳母。乳母还不知道是怎么回事,吓得战战兢兢,浑身发抖。孩子从没见过她发怒的样子,吓得瞪着一双惊恐的眼睛,呆在贾充的怀中。贾充也直愣愣地站在那里,不知道事情的来龙去脉,脸色极其难看。郭槐将乳母推到屋外,一阵痛打。乳母开始大声地叫唤,撕心裂肺,随之声音渐弱,变为呻吟,乃至消失。乳母就这样被悍妒的郭槐活活打死,由此可见其暴烈程度。

乳母的悲惨叫声、哭声使孩子受到了极大创伤,孩子因受惊吓而生病了。又因想念乳母,不停啼哭,使病情更加严重。没过多长时间,孩子便夭折了。郭槐气消了,但对于孩子的死,她并不感到悲伤。无独有偶,第二个儿子不到一岁的时候,同样是和乳母生活在一起。有一天贾充走到乳母身边,摸了摸儿子,又被郭槐看见,她同样地又一次将乳母活活打死,又造成了悲惨的一幕。孩子失去了乳母,昼夜啼哭,不进饮食,不久又夭折了。

## 贾南风妒杀怀孕宫女

贾南风在东宫的悍妒与她母亲相比有过之而无不及。贾南风在太子宫中专横跋扈,为所欲为。她除掉了许多眼中钉、肉中刺。贾南风听说一个宫女快要分娩了，而且是太子的孩子，十分愤怒，立即传那宫女前来。贾南风恨恨地踱着步，想不到这个傻太子却继承了他父亲的好色本性，毫不费力地就让这个宫女怀了孕。这宫女也不是一个安分守己的人物，要不傻太子怎么会出这种事？

贾南风

贾南风正怀恨在心，忽见殿中站着一个女子，仔细一看，正是那肚子大大的怀孕的宫女，想拜见他，又俯不下身去，正在那里犹豫不决。但是，她并不害怕，脸上是怀孕的幸福和自得，嘴角上挂着微笑。贾南风拿起短棍向宫女肚子打去，只听见那宫女惨叫一声，向后仰倒，昏死过去。地上流了好多血，宫女流产了，孩子还没有出世便死了，侍从宫女们吓呆了。贾南风却镇定自若，扔掉短棍，吩咐侍女收拾好殿堂，自己轻松自在地走了。

这场东宫变故闹得朝廷沸沸扬扬。武帝司马炎听了之后，很难相信这会是真的。当确信这是真的以后，武帝后悔不已，悔恨自己不该听命杨皇后，让这个蛮横无理的泼妇当了太子妃。可事已至此，怎么办呢？是废了她？这时，专门用以收容作废后妃的金墉城刚刚修好，正待启用，将她打入这与世隔绝的荒僻冷宫倒是应该的。司马炎打算废掉贾南风太子妃，再为太子选一位贤淑的太子妃。

可是，贾南风很有靠山，朝中和宫中有一帮为她效犬马之劳的人物。贾南风有实力雄厚的家族撑腰，有了强大的势力做后盾，有杨皇后的宠爱，她当然什么都不怕。这一次有些不同寻常。武帝司马炎极度生气。废太子妃之意一出，朝廷便又闹得沸沸扬扬。贾充的私党冯纨、荀勖、杨珧之流和赵粲等开始活动起来，为贾南风求情，营救将被废送金墉城的贾南风。

营救的人无非说贾南风年小不懂事，容易动怒，意气用事；但是，嫉妒历来是女人的天性，这也无可非议，等大一点，自然而然就会变得贤惠了。给她说情的人一多，加上都是些职位很高的重臣、侍仆，武帝的怒气消去不少，转而询问皇后该怎样处置。此时，皇后杨艳已经不在人世。这是武帝好色所致。武帝不满足于后宫嫔妃，便下令将贵族的妙龄女子选送入宫，供其享用。

这一制度是在杨艳当上皇后的第九年即泰始九年八月开始实施的，凡公卿大员的女子，都得送到皇宫应选，抗旨不遵者处以死罪，因此有很多美女们送入皇宫。司马炎出于对杨皇后的敬畏，让她负责这件事情。杨皇后嫉妒心很强，哪能容忍美女的入宫，夺宠夺爱？杨皇后专挑身材魁梧、人高马大的女子，而那些比较貌美的女子全部落选。

卞藩的女儿长得国色天香，司马炎为之倾心不已。杨皇后坚持她的意见。司马炎对杨皇后说：这女子不错，他喜欢。杨皇后立即表示反对，说卞家三代都出了皇后，让她做妃子岂不委屈了她！这三代皇后指的就是曹操妻子、曹髦妻子和曹奂妻子。司马炎一听，勃然大怒。后来，司马炎干脆亲自挑选美女，再也不顾忌杨皇后的感受了。

司马炎和杨皇后毕竟是多年夫妻，生三女三男。三男即：司马衷、司马轨、司马柬。三女即：新丰公主、平阳公主、阳平公主。司马炎将心仪的美女用红纱在手臂上打个结，送入后宫，再进行第二轮挑选，进行册封，其中最让皇上喜欢的是贵嫔胡芳和夫人诸葛婉，地位仅次于杨皇后。杨皇后从此落下病根。杨皇后生命垂危时，司马炎坐在病榻上，杨皇后枕在司马炎腿上，苦苦求他，说只有叔父杨珧的女儿杨芷才能当皇后。司马炎十分悲痛地答应了她。于是就有了杨芷皇后。

司马炎问及她有关太子妃的事情，她回答说：贾充是朝中重臣，不能因为贾南风，忽略了贾氏的功德；太子妃不谙世事，嫉妒是在所难免的，等成熟一点，自然会好；我再多照顾照顾她。司马炎听大家都这么说，又拿不定主意。废掉太子妃这一风波由此告一段落。杨芷皇后也教训了太子妃多次，但她并不为此感激杨芷皇后，反而怪罪杨芷皇后，认为司马炎废她是杨皇后的主意，因而对她怀恨在心。

太子的问题一直缠绕着司马炎。在太子问题的处理上也是司马炎在皇后的坚持下做的。如果这时再强调太子的愚钝，岂不是抱起石头砸自己的脚？可是，朝臣心里都很清楚太子是愚笨的，这可怎么办啊？司马炎更为荒唐，设宴将群臣聚集起来，当众考验太子。

宴席很隆重，朝中大小官员都受到邀请。正在兴头上，司马炎的信臣有事上奏，司马炎派人将奏折密封，交给太子处理。贾南风得知此事，心领神会，马上派人去帮他。这人很有学问，精通政务，人也精明，批语自然无懈可击。太子妃的另一个亲信给事中张泓看后，认为不合适，说皇上和朝臣们都知道太子愚钝，看到这样的文字，反而会生疑，对太子影响不好，不如写个简简单单的处事意见。太子妃表示同意，便命张泓重拟，再由太子抄写。司马炎在大家的面前拆看，看后十分高兴，随手拿给太子少傅看。这当然不是真的，一看就知道，可他还能怎么样呢？大臣们从此再也不提了。

## 傻太子的儿子亦好色

太子的地位从此在大臣的心目中稳固下来，东宫自然无事可发。太子妃贾南风极想生个皇子，一连四次都是女儿，没有儿子。为此她很恼怒，便把怒气发泄到其他宫女身上，杀死了两位怀孕宫女，并限制太子接近其他宫女。而事实上，此时，太子已经有一个儿子了，只是太子还蒙在鼓里。为什么呢?

原来是在太子妃进宫以前，武帝司马炎考虑太子太年轻，不懂男女之事，特地选了一位懂得宫规、丰满成熟的才人谢玖，去引导太子。谢玖家境不好，父亲以宰羊为职业。谢玖美丽出众，天生丽质，便被选为才人。因此，她就负责伺候太子的饮食起居，教导太子夫妻亲密之事，到贾南风进入太子府时，谢玖已经怀上了太子的孩子。谢玖是早就耳闻贾南风的嫉妒的，因此，她十分清楚，如果再这样下去，母子的性命都很难保。

谢玖知道贾南风不能容纳她，便进奏武帝，请求离开东宫。不久，谢玖便生了一皇子，取名司马遹，养在后宫。司马遹三岁时，太子到后宫给皇上、皇后请安，见到了自己的亲生儿子，和他一起玩耍了一阵子，司马炎这才说了实话，这就是谢玖给他生下的儿子。太子十分不解。

太子智力低下，可这个儿子却完全不像他爸爸，十分聪明，武帝司马炎对他非常疼爱。司马遹五岁时，宫中突然失火，火光冲天，浓烟腾腾。司马炎站在火光下看这大火。这时，小皇孙拉着他的衣服走到暗处。武帝很纳闷。他很正式地对武帝说：夜晚失火，人声嘈杂，皇上不宜在火光之下，不能不防意外，让人看见。武帝惊奇地看着他，很难相信这会是傻太子生的!

司马炎对司马衷很失望，所以对这个聪明过人的皇孙寄予很大希望。司马炎认为，太子愚笨可皇孙聪明呀，有如此优秀的孙子，还担心什么呢? 因此，司马炎常对侍从们、群臣由衷夸赞：他会使我们的王朝流传千古。这些夸赞，使皇孙的美誉遍布朝廷上下，朝野群臣也都知道了，太子有个好儿子，未来充满希望。

有人启奏武帝，说广陵紫气氤氲，一派富贵景象。武帝疼爱皇孙，便将他封为广陵王，食邑五千户，并为他精选老师给他授课，让孟珩陪读，杨准、冯荪教他学问。到司马衷登基时，司马遹便顺理成章地当了太子，此时对太子太傅的选择更加严格：以王戎为太傅，何劭为太师，太保是杨济，裴楷为少师，和峤为少保，张华为少傅。可是，虽然大家对他的期望很高，但他还是令武帝和群臣们大失所望。据说他骄傲自大,不爱学习,偏爱当个屠夫,而且喜欢漂亮女子。这大概是他的父亲遗传给他的吧。

司马炎纵情享乐,贪欢好色,游戏于后宫,乃至染上疾病,卧床不起。太熙元年四月,即公元290年,司马炎去世,当了26年皇帝,终年55岁。太子司马衷登基,史称晋惠帝。封杨芷皇后为皇太后,太子妃贾南风为皇后。杨芷的父亲杨珧任职太傅、太尉、大都督,统领军政,掌握朝中大权。也就是说此时杨芷父女统治着全天下。皇后贾南风,自然不会服气。晋后宫再也不可能一片祥和了。

# 贾家女儿都是偷情高手

## 偷贡香私通俊男

贾皇后在权力较量中,没有费多大劲,轻松自如地除掉了太后父女、两个亲王、一个在朝廷有相当权势的大臣,朝政大权都归她掌管。贾皇后这时已没有了能公然与她对抗的对手,便可以肆无忌惮地安插信臣,控制朝政。贾皇后下一步便牢牢控制住朝廷的重要职位和兵权,消除一切与她对抗的人或势力。

贾皇后的主要心腹是她的兄长贾模、侄儿贾谧、内监董猛,一旦要商讨国家军事、政治大事,总要召集这三个。董猛觉得张华有非同一般的才华,又不是司马氏的家人和旧的部下,不会背叛,可以被任命为首辅。贾皇后认为这个主意可行,任命张华为首辅,主持处理朝廷事务,而军政大权仍牢牢掌握在她自己手里。贾氏得到了天下,权势气焰大得盖住了天,贾家子弟不把世人看在眼里,贾皇后妹妹贾午的儿子贾谧最嚣张。

贾午在中国历史上是凭着偷情而闻名于世的。贾充没有儿子,便领养贾午的儿子韩谧,作为孙子,让他姓贾,改名为贾谧。贾谧的父亲韩寿,和贾午是夫妻,他是偷情老手。韩寿是贾充的随从,长得高大英俊,气质高雅。贾府一次大宴宾客,情窦初开的贾府二小姐对他一见钟情,十分爱慕。

贾午的心思没有逃出贴身侍女的眼睛,侍女知道后,便暗地里悄悄地告诉韩寿,并且说二小姐贾午美丽无比,天下没有人能和她相比。韩寿听后很心动,非常感谢侍女,并请侍女告诉小姐他的痴心。双方自此有了接触,鱼雁往返,互相倾诉彼此的爱慕。韩寿欲火中烧，不能控制。贾午痴情如火，深陷其中，不能自拔。在侍女的安排下，韩寿越墙和贾午偷情，两个人如痴如醉，忘记了一切。

西域进贡一种十分名贵的香料。这种香留在身体上，香味浓郁，一个月不会散去，且香味有刺激的作用，还能促使情欲激发。武帝曾将这种进贡的香料赐给心腹贾充。这时，和韩寿纵情享乐的贾午便把贡香从家里偷出来，送给韩寿，两人满身奇特的香味，情欲激荡，偷情欢爱，快活得好似做了神仙。

韩寿白天仍跟随贾充，朋友们闻到了他身上的独特香味，羡慕赞叹不已。贾充知道了这件事后，怀疑是女儿贾午送他的；贾充又对侍女逼问，便得知自己的女儿和这个俊俏男人有过亲密交往，而且已经有很长时间了，恐怕现在她已经怀孕了。贾充是要面子的人，知道家丑不能外扬，便顺理成章，将这个视为掌上明珠的漂亮的女儿嫁给韩寿，《故事琼林》有这样的论断：郭女杀死丈夫的儿子，是善妒的人；贾女与韩寿偷情，是淫荡的人。郭女是郭槐。贾女是贾午。这母女二人一个善妒，一个淫荡，而贾午的姐姐贾皇后嫉妒、淫荡两者都具备。

20岁的贾谧聪明伶俐，很有才气。他的姨母是贾皇后，因为他长得漂亮，贾皇后很宠爱他。贾谧凭着漂亮的长相、杰出的才华和能说会道的功夫，时常能影响贾皇后，因而势力很大，没人敢招惹他。贾谧认为自己是个才士，私自结交了不少天下才子。文章独步当世的陆机、左思等都是他的朋友，他们在一起游戏，吟诗作赋，时称“二十四友”。

## 饱淫欲寻宫外美男

贾谧这些风流才子穷奢极欲，身边经常有歌僮舞女陪伴，纵情玩乐。在他们这班高门子弟的挥霍下，晋王朝在短短八年期间，政务荒怠，骄奢成风，整个社会风气变得腐化堕落，人人醉生梦死。晋王朝因此即将走向尽头。贾皇后倡导这种社会风气，反过来，这种放纵又增加了她的激情，她置身其中，纵情享乐。

太医令程据身材高大，相貌英俊，皮肤白皙，深得贾皇后喜欢。同时，程据见风使舵，会应酬，很讨贾皇后的欢心。这样，贾皇后便把程据霸占了，随时让他陪伴，完事后再送他出宫。贾皇后饱暖思淫欲，仅一个程据已经不能满足她的需求。贾皇后派心腹出宫游览观赏，寻找长相俊美的男子，把他们带到宫里，一一享用以后，便杀人灭口。

洛阳城南有很多的盗贼犯案。城南有个在尉部工作的小吏，皮肤白皙，身材高大，长得英俊。这位小吏消失了十几天后又再度出现，但完全改变了形象，衣着非常讲究,别人都没见过如此华丽的衣料。人们怀疑这位小吏行为不端,便报告了上司,长官审问了他,问他贵重衣服是怎么得来的?

小吏便告诉别人他的一次奇特经历:有一天,来了一个老婆子,一看就知道她出自名门大家,十分有钱。她说,她的主人患病,法师告诉她,必须到城南寻找一位年轻的美男子,让他暂住家里,借助阳刚之气,驱除病魔,病人身体才能恢复健康。老婆子态度相当诚恳,请他帮忙,并说事后一定会非常感谢。

听后,他不好拒绝,便只好答应。于是,他就上了一辆车子,被关在一个箱子中。走了很多路,最后停了下来,下车以后,只见很多非常华丽的屋子,宫殿房子都十分漂亮。他不知道这样的地方是哪里。老婆子说,你来到了仙境。他们走进一所装饰华丽的屋子,只见美女进进出出。他被带到浴池用香汤洗浴,然后穿上非常华贵的衣服,吃山珍海味。最后他走进卧室,看见床褥帐幔非常华丽。一会儿一个女子进来,约三十多岁,个子不高,皮肤微黑,眉间有颗痣。一连几天,他和这女人一起生活。临走时,他还拿走了许多衣物。

贾皇后的家人住在城南。贾皇后的远房亲戚听了他的话,心知肚明,这个三十多岁的女人正是贾皇后。审问小吏的长官也知道了事情的始末,便不再追究小吏的行为。很显然,这位小吏没有被杀死,是因为他长得漂亮,性情憨直可爱,皇后极不情愿杀他,所以他能够保全性命。

贾皇后为所欲为,操纵着惠帝,独揽大权,纵情享乐,可是贾皇后始终没生下太子,因此她也心事重重,同时也使贾氏家族的生活不得安宁,而直接威胁他们的便是惠帝和谢玖早在东宫时生下的儿子司马遹。司马衷当上皇帝后,便于永康元年八月二十六日即公元290年,册立司马遹为太子。

## 贾皇后"怀孕"杀太子

贾皇后非常憎恨太子,但太子年纪很小,时机不到,不便下手。贾皇后这几年为夺权而繁忙,也顾不过来。太子长大,不再聪明伶俐,惹人喜爱,而是整天玩乐,不爱学习,喜欢屠杀牲畜。太子拿刀切肉,一刀下去,不差一斤一两,好像是祖先传下的功夫。这样的太子应该不至于危及贾皇后的权势地位,但贾皇后依旧不想轻易饶了他。

贾皇后偷偷下旨给侍从宦官,让他们鼓励太子游玩、享乐,不必对他管制约束;并开导太子滥用私刑,用这种方法统治天下。太子太保杜锡见太子每天玩乐,他感到很担心,便严厉地警告太子,说贾皇后不是太子生母,贾皇后性情残暴，要小心提防，一定要好好学习，品德端正，亲近贤能的臣子，远离小人，以防备外人谗言诽谤，招来杀身之祸。太子不听，依然纵情玩乐，我行我素，也不讨好贾皇后。

郭槐知道贾氏家里历来男孩子少，很难生下儿子。太子司马遹很尊重郭槐，她病重时还常去拜见问候，郭槐也很喜欢太子，多次劝贾皇后对太子好，要用心抚养、教导。可是，贾皇后对太子不信任，不听郭槐临终的嘱托，一心要杀死太子。

贾谧和太子有仇，贾谧便对贾皇后说，太子讨厌贾氏家人，一旦做了皇帝，一定会杀光贾氏族人，废了皇后，囚禁于金墉城。不如早些计划，将他杀了，另外选择一个人做太子，以保证贾氏地位不动摇。贾皇后也这么想，不久便假装自己有孕，暗中把妹妹贾午的儿子韩慰祖偷偷带到宫中，以接替太子。

元康元年即公元299年十二月，太子司马遹的大儿子司马虨生了重病，太子向惠帝上书，奏请给长子加官晋爵。惠帝不同意。情急中的太子见长子一病不起，就请巫师为他儿子祈福，祈求长子病势好转。贾皇后得到这个消息，知道除去太子的时机成熟了，先后三次派人去看望太子的长子，却说是惠帝召见太子。

贾皇后又派人给太子送信，召太子入宫，就说皇帝要见他。十二月二十九日早晨，太子急忙入宫，拜见惠帝。惠帝不知道他为什么来，就让他去见皇后。太子到皇后宫中，被侍从领到了一个房间，皇后并没有在那儿。侍女摆上三升美酒、一盘红枣，让太子在皇后来之前独自品尝，并叫歌女伴舞助兴。

太子其实不会喝酒，知道这三升美酒和一盘红枣是皇后赏赐给他的，不敢违抗命令，但是太子不想喝酒，所以请求侍女转告皇后，说他不可能喝三升酒。这时，皇后态度冷冰冰地问他："平常你讨皇上的欢心，连饮两杯都丝毫不在乎，到这儿怎么就喝不下了？这是皇上赐给你的酒，是为了祝福你的儿子，希望他早日康复。"

太子看见皇后，连忙跪在地上，哀求皇后说，他拜见陛下时，勉强喝一杯，不能轻易推托可最近从没有一次就喝那么多的酒，何况空着肚子，没有吃早饭，一次喝下这三升，肯定会大醉，如何能向皇后回话？贾皇后听后，勃然大怒，生气地对太子说："你敢抗旨，让你喝酒，你竟然违背旨意不尊重我，难道怕中毒吗？"

太子无可奈何，只好勉强举起酒杯。喝下两升时，太子受不了了，便告诉侍女陈舞，让她把剩下的酒带回自己宫里。陈舞说不敢抗命，得按照皇后旨意办事。这不是赐酒，是故意为难。太子三升酒下去，早已神志不清，根本分不出南北东西。

这时，贾皇后命黄门侍郎潘岳拟一份文书，让侍女拿着纸、墨送到太子身边，说皇上让太子把这份文书抄写一遍。太子头脑发昏，不知怎么写，但是不敢违背圣旨，只好抄写，写完后不知所云。这份文书内容如下：陛下只能自杀，不然决不客气；皇后也只能自杀，不然就亲手杀了皇后；谢妃共谋大计。这自然是叛乱文书，字迹潦草，但却是太子亲手所写。

第二天，惠帝上朝，文武百官全部聚集在殿上。黄门令董猛突然拿出太子的亲笔信，说太子有谋反的嫌疑，应该被处以极刑。惠帝看完后，又让王公贵戚、朝廷大臣看，众人被吓呆了，没有人再多说一句话。大臣张华认为太子谋反是一场变乱，如果废除太子，一定会使王朝崩溃，便冒死对皇帝说："从古至今，废黜太子会使宫廷动乱不安；大晋建朝不久，现在要是杀死太子，国家一定在劫难逃，请陛下多考虑一下。"

这时老臣裴颜也走上前来，请求查明交出这封信的人，仔细比较太子的笔迹，调查清楚后做决定。贾皇后命人拿出太子平常书写的文章，众人一对照，果真是太子亲笔写的。黄门令董猛这时便走上前说，长广公主（武帝的女儿）说过，请皇上尽早做出对太子的判决，如果谁不同意就以抗旨不遵的罪斩首。惠帝一时没了主意，大臣争议不下，直到太阳落山，仍没有做出决定。贾皇后便改变主意，饶太子不死，废太子为平民百姓。

太子没有身份了，司马遹便换上了平民衣服，走出东宫，坐上牛车，出了皇宫。东武公司马澹率兵负责押送太子、太子妃和他们的三个儿子一起赶往金墉城。几天后，司马遹的母亲谢玖、妃子蒋俊都死于皇后手中。一位黄门主动向朝廷认罪，说自己曾同太子暗中商议，要除去皇帝。太子和黄门阴谋杀害皇帝的口供被大臣们看过后，贾皇后便命东武公司马澹率领士兵一千多人押解司马遹去许昌。

黄门孙虑快马加鞭赶到许昌后，宣布了杀死司马遹的圣旨。孙虑将圣旨转交给负责看守太子及其家人的刘振将军。司马遹自从到了许昌，一直怕自己遇到危险，在床前自理饮食。这时，刘振将军将司马遹安置在别处，不给水和食物，希望将司马遹活活饿死。不久之后，发现司马遹还没有死去，孙虑很纳闷。原来，侍女们对太子怀有好感，偷偷从墙外给太子送饭菜，以免太子饿死。孙虑不再犹豫，干脆逼司马遹喝下毒酒，司马遹没有屈服。孙虑便趁司马遹上厕所时，用药杵打死了他，他死时刚23岁。

## 淫荡皇后遭灭族

贾皇后横行霸道，引起司马氏的害怕，他们个个感到恐惧。在外封王的司马氏子弟当然不能等待被处死，想在贾皇后下手之前杀死她，从皇后手中抢回国家大权。司马昭、司马师、司马亮兄弟都是有成就的人物，但其九弟司马伦却是没有能力的笨蛋。司马伦手下的谋士孙秀深谋远虑，替司马伦设计杀死皇后的计策。

孙秀是不寻常的人物。一直以来，孙秀为司马伦服务，又想出多种办法讨好贾氏、郭氏，得到两方的信任，贾皇后也十分信任孙秀，把他看成信臣。太子被废以后，东宫以前的部下、将士都感到没有了光明，愤愤不平，一心想杀死皇后，迎接太子回宫。他们见司马伦手中掌握兵权，认为可以利用他来完成除去太后的任务，便劝说孙秀，让他煽动司马伦造反。

孙秀借机行事，决定站出来造反。造反之前，孙秀对司马伦说清利弊关系：太子非常聪明，能够顺利回到东宫，决不会被我们控制：贾后很信任你，大家都清楚，现在如果帮太子回到东宫，太子也不会对你感激涕零；不如先等贾后把太子除去后，再以为太子报仇的名义，除掉贾后，这岂不是一举两得？司马伦听从他的建议。

太子被处死后，就到了动手的时候了。太子是永康元年三月被害死的，四月三日前夜，赵王司马伦和孙秀连同齐王司马冏发动政变。赵王向皇宫禁军假传圣旨：贾皇后和贾谧已经杀死了太子，命车骑将军司马伦进宫宣布，废黜皇后；各将领一定要听从命令，有功的人给予赏赐，违背命令者灭三族。将士们服从命令。司马伦第二次宣布圣旨，把宫门打开，禁军进入皇宫。齐王司马冏带领一百多名士兵跑到后宫。贾皇后被活捉，然后被废为平民，安置在建始殿。

贾氏三族被杀，私党也被全部杀死。贾后被囚禁在金墉城。几天后，赵王假传皇帝的圣旨，用金屑酒毒死了贾南风。赵王司马伦独掌一切大权。晋王朝处于危险之中。各王相互攻击，战争足足持续了六年之久，据历史记载为“八王之乱”，惠帝在皇后死后第六年，吃了毒饼而死，终年 48 岁。十年以后，西晋最终灭亡。

# 东晋王朝的风流酒鬼夫妻

简文帝的儿子孝武帝在开始亲自主持国家大事的几年里,全心全意地为国家大事服务。淝水一战打败了强敌前秦的进攻,东晋王朝夺回了兖州、青州、河南等地,名声大大地提高了,这位少年皇帝非常得意。

孝武帝司马曜的母亲是一名织机婢女,她出身于会稽王府。他父亲司马昱的世子道生小时候就死了,另外三个姬妾所生的儿子也都在不大的年龄就死去。司马昱已经快 40 岁了,身边没有一个儿子,他非常着急。据说,他后来找了一个会看脸相的人,让他为自己府内每个妾看相,但是没有一个有生儿子的相。最后看到一个织布的女仆,身材高大,黑皮肤,长相丑陋,而这相士却称赞她,说这个女人面相好,一定能生出优秀的儿子。众妾婢一听,都拍手大笑说:“昆仑山的女仆要富贵了!”原来,这婢女姓李,叫陵容,出身贫贱,家境贫穷,因形体高大强壮,被别人叫作“昆仑婢”。为了有后代,司马昱也不管李婢卑贱粗俗,便令她伺候休息。几年后,他们果然生了二子一女,大儿子叫司马曜,二儿子叫司马道子,女儿是鄱阳长公主。

孝武帝

太元元年,刚刚 20 岁的孝武帝司马曜立下诏书,选聘出身高贵、品德好、才貌出众的淑女为皇后,并命令公卿大臣们推荐。尚书仆射谢安上奏说:“从前选择皇后的出身、家世不够慎重,像毛嘉卑贱之人,而使曹魏皇室脸上无光,杨骏独掌大权,而使晋朝皇室产生动乱。今皇上选择皇后,她的父亲应是品德高尚、有声望的人,像王蕴就行。”孝武帝问:“王蕴是谁?”谢安介绍说,王蕴是晋哀帝皇后王穆之的兄长,司徒左长史王闲的儿子。他的品德行为人在家乡受到众人的称赞。原来就在几天前,王蕴的儿子王恭曾与谢安有接触,王恭的仪表举止、谈吐学问被谢安赏识,因为儿子好证明他父亲也不错,谢安便向皇帝推荐。孝武帝同意并采纳了谢安的意见。

几天后,宫中派人去对王蕴的女儿进行调查证实,她果然是位容貌端庄而又很有品德修养的女子，派出的人回来后向孝武帝作了推荐。中军将军桓冲等也对皇帝说："臣以为天地之道，必能使国家兴旺。听说晋陵太守王蕴的女儿性情温柔，德才兼备，臣等以为可和皇上匹配，母仪天下。"于是，孝武帝决定正式册立王蕴之女王法慧为皇后。

王皇后初进宫时一直表现很好，令孝武帝满意，可是不久之后，竟染上了嗜酒的坏习惯，并且嗜酒如命，连孝武帝也不能制止她的行为。酒喝多了，她便假装疯了，做事没有分寸，蛮横无理，原先的美一点也看不出来了。孝武帝已经把她当作祸患，特地召她的父亲入宫，详细说明皇后的过失，请他严加训导。王蕴十分害怕，忙向孝武帝叩头谢罪，又急匆匆赶到中宫，对皇后说了道理，告诉她作为皇后和他人的妻子，应该做什么，不该做什么。王皇后因此有所收敛，五年之后，皇后因为生病死去，年仅21岁，没有子女。

在孝武帝的后宫之中，一位名叫陈归的淑媛最先得到宠幸。她原是歌女，长相美丽，而且舞艺超群，并且懂得如何用美色引诱皇帝，孝武帝非常喜欢她，天天不离开她的身边。她先后生了两个儿子，即司马德宗和司马德文，孝武帝很想把她立为皇后，但因她身份卑贱，怕公卿大臣们加以阻止，所以暂时不立皇后，等待机会成熟后再立。偏偏漂亮的女人命短，几年后，她竟生了一场病而死去了，死后被孝武帝追封为夫人。

后来，孝武帝对一位姓张的贵人宠爱有加，她身材娇美，聪明伶俐，胜过陈淑媛。孝武帝因为宠爱她而渐渐疏于处理国家大事，把国事全都交给自己的同胞弟弟、会稽王司马道子去办。

太元二十一年秋，孝武帝住在新建的清暑殿中，每天让张贵人陪着饮酒作乐，六宫佳丽也都好像远离皇帝身边，没办法见皇上一面。一天，后宫一名美女想去拜见孝武帝，可是孝武帝喝太多酒还没醒来，还在床上休息，这位美女便同张贵人吵了起来，无非是女人之间争风吃醋。之后，张贵人心里很不高兴。孝武帝醒来后，又再次要张贵人伺候他。张贵人勉强坐在他身边，装作高兴的样子陪他。饮了几杯，孝武帝醉眼朦胧，看了她很久，不知道她心烦的原因是什么。孝武帝又命宫人换了大的酒杯，劝她多喝一些，说醉后能让她消除百日的烦恼。张贵人没办法拒绝，只得勉强喝了三四杯。实在不想再喝，她把杯子放在一边，立刻起来想离开，这一下惹恼了孝武帝，他瞪着两只眼睛，大声斥责道："谁敢违抗朕的旨意，一定不能轻易饶她！"张贵人平日被皇帝宠着，也不服气，竟然站起身来顶嘴道："臣妾就是不喝，皇帝能怎么处罚我！"孝武帝笑着说："你今年快30岁了，再美的女人也会衰老，就像一双破鞋，早该扔了！朕眼中，后宫佳丽三千,朕爱的是年轻漂亮的女人!”说着,一大口脏物吐了出来,溅在她身上,接着又倒下去继续睡了。

张贵人多年得宠,从来没有被斥骂,听见孝武帝此言,以为不久之后就要被废黜,不禁又生气又害怕。她见孝武帝躺在床上已不省人事,清暑殿中一个外人都没有,就突然有了杀死孝武帝的念头,便命心腹宫婢用被子把孝武帝的头蒙住,竟把一个荒淫无度的皇帝活活闷死。可怜就因为他酒醉后一句玩笑话,竟送掉一条命,他死时35岁。

张贵人杀死皇帝后,心里明白犯下大罪,她赶快拿出私自攒下的钱,用大量金钱贿赂侍从,让他们告诉宫外人,谎称孝武帝暴病而死。皇太子司马德宗愚昧,同晋惠帝司马衷一样,不可能查明孝武帝被杀的内幕;会稽王司马道子同皇帝之间有隔膜,很希望孝武帝早死。这么一桩严重的罪过,竟被混了过去。

皇帝荒唐,朝中情形一片混乱,这样的王朝,已是不能维持太久了。

## 荒淫无耻的郁林王

豫章死了之后,人人都以为他是得病而死的,谁也不知道是太子下的毒。他的灵魂不散,有一天忽然现身,将他死的原因告诉了沈文季。沈文季知道后不敢告诉别人。突然听说太子生病了,沈文季对人说:“太子可能一病不起了。”果然太子不久就死了。皇上十分悲痛。当时竟陵王子良,是皇帝的第二个儿子,很有才华,人人都觉得他应该做皇帝。但是皇帝死了之后,却立他的孙子为太子。

太孙,名昭业,字元尚,文惠太子的大儿子。当前高帝做宋相的时候,昭业年仅五岁,有一天在床前玩耍,高帝正照着镜子让侍从替他拔白头发,问昭业:“我是谁啊?”他回答说:“你是太爷爷。”于是高帝对侍从说:“哪有当太爷爷的还有拔白头发的。”于是把镜子扔了不拔了。昭业长大后,十分擅长隶书,武帝特别喜欢,下令说凡是他写的字不得随便给别人看。昭业生性聪明,做事很有风度,待人接物都彬彬有礼,但实际上他却既矫情又奸诈,常常与一些小人、无赖聚在一起,同住同吃,太子在位的时候,对他管得很严。昭业曾经对他的妃子何氏说:“佛书上说生于帝王之家的便是有福的人,我生在帝王之家,其实是大过,旁边的人见了就拘束,还不如市上那些游荡之人快活。”昭业曾经夜里偷偷打开西州后阁,与左右侍从饮酒作乐。他的老师史仁祖及侍书胡天翼曾说:“皇孙成了这个样子,如果嫁祸于我们,则是我们的大祸,与其等以后累及妻子儿女，不如现在就自杀算了，再说都年近 70 了，也没有什么值得留恋的了。”他们过几天就自杀了，没有人知道，他们的侍从只是把他们按一般的方式埋葬了。当太子生病的时候，昭业一步也不离太子左右。当太子死了的时候，他哭得像个泪人，但一回到他的卧室，就开怀大笑，开怀畅饮。他曾令巫婆杨氏咒太子快快死去，当太子死了以后，还以为是杨氏的功劳，对她大加赞赏。武帝去太子宫参加葬礼的时候，昭业哭昏了又醒过来。武帝亲自将他扶起来，称赞他很孝顺，皇上因为晚年丧子，心情不好，不久便病倒了。昭业去侍候他的时候，神情悲伤，说句话就落泪，每当说起武帝病的时候，更是泣不成声，因此武帝更加珍惜他。当时何妃在西州，一天收到太子的一封信，上面什么都没有，只有一个大大的“喜”字在中央，周围有 36 个小写的“喜”字环绕。何妃也知道有喜事发生，心里暗暗高兴，但不久之后，竟陵王子良却被召入宫，在皇帝身边日夜服侍，太孙只是有些时候可以入内见皇帝。

当时的中书郎王融，年少聪慧，他的叔叔曾对别人说：“这个孩子在 30 岁的时候一定会有所成就。”王融曾陪伴皇上在芝林喝酒，并做了《曲水诗序》，人人都争着赞颂，恰好宋弁来到，皇上知道王融很有才华，便让王融去接待他。宋弁看见王融很年轻，便问他有多大了，王融回答说：“快 25 了。”弁又看了王融写的《曲水诗序》，称赞说：“我过去看相如的《封禅》，因此得知汉武的德行，今天看你的《诗序》，可见齐王之盛。”王融非常谦虚，称自己无法与之匹配。王融曾经拜见王僧祐，恰好沈昭也在场，不认识他，便问主人说：“这是谁呢?”王融听了愤愤不平，说：“我出身于扶桑，像太阳一样照耀天下，无人不知，无人不晓，就不劳驾你问了”。当他当中书令的时候，曾经拍着桌子说：“为尔寂寂，邓禹笑人。”又有一次过朱雀街，由于人太多而走不动，于是他捶着车说：“车中可以没有七尺男儿，车前怎么可以没有八匹骏马呢?”他一向与竟陵王子良交情很好，在皇上生病的时候，为他谋划如何夺取帝位。戊寅年的时候，皇上疾病突发，昏死过去，因为太孙没有来，所以内外都很慌乱，王融就想立子良为皇帝。太孙来的时候，王融穿着朝服挡在门口不让他进来。过了一会儿，皇上醒过来，问太孙有没有来，因此太孙才得以见到皇上，他见了皇上便放声大哭，皇上认为他能担得起重任，便对他说：“五年内你一定能够成就大事，如果成不了大事，你便应当悔恨终生。”皇上临死的时候又叮嘱他，朝中无论大事、小事都应当和子良及朝中大臣商议，说完之后便死了。

鸾景凄是皇上的哥哥，始安王道生的儿子，很早的时候就成了孤儿，被高帝收养，像亲生儿子一样对待。鸾景凄生性俭朴，平易近人，为官清正廉洁。武帝非常重视鸾景凄,因为子良的才能有限,于是便召鸾景凄进宫,他听说之后便急急忙忙赶到了云龙门。王融命令子良的兵阻止他入内,他厉声说:“我有皇帝的命令,谁敢阻止我?”于是得以进入,宫中的人都对他毕恭毕敬。太孙登上皇位并封他为郁林王。王融知道事情不能如他所愿,脱下朝服回家了,叹息说:“现在晚了。”

郁林王年纪小时,是子良的妃子袁氏养大的,袁氏对他很疼爱。等到王融有阴谋时,子良居于中书省,怕有变故,派精兵200人守在太极西阶防备。子良后来将王融投进监狱并赐死。王融临死时叹息说:我如果不是为了我的母亲着想,应该说出真实的情况。人人都说王融咎由自取。

郁林王即位之后,大殓刚结束,就召来武帝的后宫乐伎,在堂前奏乐。被宠幸的臣子母珍之、朱隆之、真阁将军曹道刚、周奉叔、太监徐龙驹等都做了高官。珍之的推荐,没有不批准的,无论谁要当官,都先谈好价钱。十几天之内,珍之家中珍宝钱财堆积如山。有人到宰相那儿说:“宁可拒绝,哪怕是皇帝,也不能害人性命啊。”徐龙驹是后阁的掌管人,常住在含章殿,穿黄纶、貂裘,面南而坐,代替皇上批奏,他的待遇与皇帝没甚差别。山陵之事过后,皇帝与左右随从微服出行,在街市上行走。皇帝扔石子、乱涂画、赌钱,什么下等游戏都玩过。给宠臣赏赐,动不动就是成千上万。每次见到钱都说:“我以前要你时一枚都没有,今天要把你花光。”武帝聚钱上库,金银财帛,数不过来。没到一年,全都花光了。

皇后字婧英,抚军将军何戢的女儿,生性也淫荡。婧英开始是太孙妃子,太孙是个花心萝卜。婧英成了皇后,淫荡如故。皇帝好淫,皇后又善于选新人,让他心情高兴,所以皇帝更宠爱她,随她怎么做。有伺候皇帝玩的人叫马澄,年纪小且很漂亮。皇后很喜欢她,精心谋划后,让她进出皇帝卧室,很受宠幸。她曾穿着轻丝鞋、紫绨裘,和皇后住在一起,后来露出雪白手臂与皇后比腕力,皇帝趁机摸她的手取乐。又有侍书小童杨珉,才15岁。长得极漂亮,被皇帝宠幸,常侍候在内廷。皇后更加喜欢他,暗地里跟宫女说:“和杨小子过一天,胜过与别人过十天。”一天,皇帝向后宫走去,皇后正巧和杨珉在床上,宫女急忙报告,皇后马上起床拜见,头发散乱,四肢无力。皇帝问:“为什么白天睡觉?”皇后笑着说:“我做梦正与皇上取乐,想不到皇上就来了,臣妾喜欢未尽。”皇帝笑着说:“妨碍你梦中的兴致,给你实实在在的快乐怎么样?”于是解了衣服上床,非常淫荡。武帝有个宠爱的宫女叫霍氏,年纪轻且貌美,皇帝想与她相好,在皇后面前称赞她美,皇后说:“皇上你喜欢她,为什么不宠幸她呢?”皇帝说:“怕你妒忌。"皇后说:"皇上你喜欢,我就喜欢,妒忌什么呢?我给皇上做媒吧?"皇帝非常高兴。于是皇后当夜和皇帝一起前往霍氏处,霍氏接待了。皇后摸着她的肩说:"今晚送一个新郎到你这儿,你好好待她。"说完走了。皇帝于是在霍氏处睡了,非常宠爱她,一连几夜不愿离开。哪里知道皇后也是为了自己,让皇帝呆在其他地方,自己正好和杨珉任意取乐,可以昼夜不停息。这时批评的话风起云涌,萧鸾认为这是可耻的事,告诉皇帝说:"朝外的事,臣来效力,内宫的事,还请皇上注意,不要叫天下人笑话。"皇帝很讨厌他,干脆不再与他相见。一天,皇帝跟鄱阳王锵说:"你觉得鸾这人怎么样?"锵向来为人谨慎,回答说:"鸾效力朝廷时间最长,而且是先帝所托之人,我们都年少,朝廷所依赖的,只有鸾一个人,请皇上不要担心他。"皇帝不说话了,私下告诉徐龙驹说:"我想和锵设计杀鸾,锵不同意,我也不能一个人干呀。"鸾听说后,心里害怕,想废帝,只担心萧谌、萧坦之两老臣手握重兵,他俩是皇帝心腹。鸾又与尚书王晏商量,王晏说:"这两个人可以拿利害关系打动,请你让我去说服他们,肯定能如愿。"鸾于是让晏去劝说那两人,让他们也废帝。那二人开始还不敢,等到看见皇帝放纵日甚一日,无心悔改,只怕祸及自己,才想听从鸾,在朝内暗地里做鸾的耳目。

皇帝常住深宫,群臣很少能见他几面,只有谌和坦之是先帝的信臣,才能够出入后宫。皇帝凡有吃喝玩乐,二人在一旁也不忌讳,所以鸾有什么想说的,也要让二人转告。一天,鸾启奏说杨珉淫乱,破坏宫中规矩,肆无忌惮。何皇后正对着镜子梳妆,听后,没等打扮好,急忙跪到皇帝面前,流着泪说:"杨珉是个好少年,没犯什么罪,为什么杀他?"坦之小声对皇帝说:"这事还有另一人插手,最好不要让第二人听见。"皇帝平时总叫皇后为阿奴,于是说:"阿奴,你暂时离开一下。"皇后没办法,只好出去了。坦之才说:"外人听说杨珉和皇后有私情,传闻很多,不如审问,以查明真相。"皇帝于是下令让杨珉上堂,杨珉上堂后,鸾也不问,就把他押到建康市行刑去了。一会儿有御令返回,说杨珉已经死了。鸾又启奏要杀徐龙驹,皇帝也不能不答应,可心里却更加嫉恨鸾了。

## 南朝宋刘子业乱伦

### 父死子庆贺

南朝宋孝武帝刘骏是南北朝时期昏庸残暴的皇帝,他的儿子正是前废帝刘子业。刘子业比起他父皇有过之而无不及。刘子业元嘉二十六年(公元449年)正月出生,小名法师,是孝武帝的第一个儿子,母亲是王宪嫄。公元453年,即刘子业4岁那年,太子刘劭杀死了皇帝刘义隆,发动宫廷政变,自己即皇帝位。夺得政权的刘劭将刘子业囚禁在侍中下省,刘子业几次差点被杀。刘劭杀死了背叛自己的姐夫——同母所生的姐姐东阳公主的丈夫王僧绰后,为除后患,他借口长沙王刘瑾、桂阳侯刘凯、新渝侯刘玠、临州王刘烨共同谋反,把他们也都杀了。

宋废帝刘子业

刘劭因其三弟武陵王刘骏统兵在外,一时杀不了他,便命心腹给沈庆之送了一道密诏,命他持诏杀死刘骏。谁知沈庆之接诏后,非但没有杀死刘骏,反帮他起兵,讨伐刘劭。刘劭得此消息,并不惊慌,因为他对自己的统兵才能和治国天赋很自信,不把刘骏放在眼里。南谯王刘义宣、雍州刺史臧质、司州刺史鲁爽举兵响应刘骏。一时间,四方兵起,共同讨伐刘劭。在这种情况下,刘劭下令,将扣留在京师的刘骏的长子刘子业、南谯王刘义宣的儿子分别关在侍中下省和太仓空仓。随着战事的起伏,刘子业又几次险些死于刘劭手中。

刘劭连连惨败,士兵纷纷投降,心腹爱将鲁秀、褚湛之、檀和之也纷纷投降刘骏。刘劭气数已尽,走投无路,闭守台城六门。此时,城中百官心中都已经看明方向,纷纷出城投降,连最可信赖的萧斌也率部投降。刘劭知道末日到了。刘骏乘胜追击,攻破台城,大军蜂拥而入。被刘劭拘禁的七王号啕大哭。刘劭在逃往武库的一口井中被捉,最后被杀死。在此之后,刘骏即位当了皇帝。对于刘氏自相残杀,京师流传着这样一首歌谣:遥望建康城,小江逆流萦;前见子杀父,后见弟杀兄。

刘劭是刘义隆的长子,而刘骏是第三个儿子。刘骏的母亲很美,年轻时非常受宠,但中年以后,这位淑媛不再受宠。刘义隆喜欢四子刘铄、七子刘宏,对刘骏却不喜欢。这件事将刘骏的心刺痛了,既恨父亲刘义隆,也恨四弟刘铄、七弟刘宏。刘骏即皇帝位后,立即进行了报复,毒死了四弟刘铄。接着,刘骏的叔叔刘义宣和他的几个儿子也死在刘骏的手上。从此以后,刘骏肆无忌惮,大施淫威,滥杀宗亲和朝臣。从此,人人自危,连太子刘子业也提心吊胆,怕哪一天父亲的魔掌会伸向自己。

刘子业聪明伶俐，又极喜欢读书，很得孝武帝刘骏的喜爱。刘骏即皇帝位后，很快便立这个长子刘子业为太子，10岁时住进东宫，即太子专用的宫殿。刘子业因天性急躁，随着年龄的增长，倒越来越不得他父王和母后的欢心。殷淑仪的儿子刘子鸾出世后，孝武帝刘骏异常喜爱他，相形之下就更冷淡刘子业了。

有一次，刘骏西巡，刘子业写信问候，字迹有些潦草，因此被刘骏狠狠地责骂了一顿，说他不敬。刘子业十分惶恐，连忙跪下请罪，请求原谅，刘骏还是不依不饶，狠狠训斥他：你不长进，这让我很失望；听说你平常总是胡乱地发脾气，而且懒散懈怠，不再似以前了，你怎么这样顽固不化！刘子业又悔又恨，对父亲的恨又增了不知多少倍。孝武帝刘骏想废了刘子业，立小儿子刘子鸾为太子，侍中袁觊坚决反对，说随随便便改换太子，对江山社稷的稳定是非常不利的。刘骏想想也是，便暂时搁下此事。

大明八年（公元464年）闰五月孝武帝刘骏病死在建康玉烛殿之后，太子刘子业即皇位。刘子业自此终于松了一口气。太宰江夏王刘义恭、骠骑将军柳远景、始兴公沈庆之、仆射颜师伯、领军将军王玄谟辅政，朝政大权由中书舍人戴法兴掌握。武帝刘骏在位时狂悖凶暴，以侮辱群臣为乐——黄门侍郎宗灵秀身体肥胖，拜起来不方便，刘骏故意时不时地给他些赏赐，等他谢恩时，看他费力的样子，开怀大笑；他还根据群臣的高、矮、胖、瘦，都给他们起绰号，在上朝时，公然地叫喊，不论他们的年龄如何；他还随自己的兴致让奴才用杖痛打群臣，连尚书令都不放过。刘骏去世，各位大臣都互相庆贺，觉得自己的厄运终于结束了，太子刘子业并不因父亲去世而悲痛，反而高兴地说："这下好了，不会无故送死了！"

## 刘子业服丧淫乐气死太后

刘子业即皇帝位时，正好15岁，年龄虽不大，但在那时就算已经长大成人了。刘子业是在刘氏血肉同胞的互相残杀和目睹并感受着父皇的凶暴的环境中长大的。刘子业天性顽劣，继承了刘氏家族的狂躁凶暴，所以，年轻的刘子业登上了君临天下的宝座，本性就完全暴露出来，无恶不作，为所欲为，视各种规章制度如粪土，视伦理纲常为无物。刘宋后宫乌烟瘴气，朝廷血雨腥风，王朝进入了多事之秋，刚刚才歇了一口气的群臣又进入一个更为可怖的深渊之中。

刘骏尸骨未寒，灵柩停在宫中还没有发丧，好色成性的刘子业便迫不及待，奔进孝武帝的后宫,任意临幸武帝后宫中的妃嫔美人。刘子业从服丧的第一天起就泡在美女如云的后宫,终日饮酒嬉乐,和美人淫乐,和年轻美貌的侍从玩闹、鬼混,根本没把父皇刚死一事放在心上,也让丧礼所规定的禁酒肉、禁房事、禁娱乐等统统见鬼去!

刘子业即皇帝位的同时,他的母亲即刘骏的皇后王宪嫄被尊为皇太后。王太后对武帝刘骏有很深的感情。刘骏去世,对王氏来说是一个很大的打击。王太后终日神思恍惚,最终因为过度忧伤,病倒在床上起不来了。几天后,王太后病情一天比一天严重,眼看就要与世长辞了。虚弱不堪的王太后想起了儿子刘子业,有些放心不下,让侍从立即把刘子业召来,嘱咐他几句临终的话。

刘子业正和一群少年宦官玩得高兴,一颗心现在全心全意投在玩里,哪有空管别的事儿,更不把病重的太后当一回事。太后的侍从对刘子业说,太后病重了,请皇上快去。刘子业斜视着他,冷哼一声,然后就又玩去了,不再理会太后的侍从。太后近侍有些急了,跪请皇上立即前去。刘子业见近侍那着急的样子,觉得特别滑稽可笑,不但不急,反而轻松地笑了起来,微笑着说:“病人的房间里有很多鬼,阴气太重,哪能说去就去!”

刘子业最后当然没去看望太后,还让人轰走了太后的侍从。侍从垂头丧气,立即奔回太后的寝宫,他提心吊胆,真不知该如何向这位临终的太后汇报。太后见侍从回来,就挣扎着睁开眼睛,看着侍从。侍从先是吞吞吐吐地不敢说,后来实在是气不过,只好如实告知太后。太后只觉得气血上涌,伤心而又异常愤怒地大声喊道:“快拿刀子来,把这肚子剖开,看看我怎么生了这样一个混账儿子!”这件事对王太后的刺激更为严重,使她原本就不堪一击的身体再次受创,昏迷不醒,终于在几天后含恨去世。

## 为所欲为废权臣

刘子业15岁时称帝,武帝刘骏遗诏江夏王刘义恭、骠骑将军柳元景、始兴公沈庆之、仆射颜师伯、领军将军王玄漠一同辅政,以刘义恭为太宰。可是,身为首辅的刘义恭极为胆小、懦弱,见问题一味躲避,朝政大权自然就被武帝当年的心腹亲信戴法兴很轻易地夺去了。戴法兴极为狡猾,很会玩弄权术,极得武帝的宠爱。戴氏手握朝政大权,皇帝的所有诏敕都是戴法兴写的,尚书省所有大小事务,都由戴法兴决定。

蔡兴宗是吏部尚书,朝廷官员的任免由他掌管。蔡兴宗认为自己负有向朝廷广荐人才的责任。每次上朝，蔡兴宗总是向首辅刘义恭陈述如何选拔人才、吸纳贤士，还喜欢评论当时的政治。蔡兴宗实际上表达了对中书舍人独自掌握国家政权、玩弄政治的不满。蔡兴宗慷慨陈词，希望得到刘义恭的认同，一起反对戴法兴，但刘义恭吓破了胆，坐在那里，浑身发抖，不敢说一句话。刘义恭惧怕戴法兴，忘了他夺了自己的权力，反而一味想讨好他，对他唯命是从，只会跟在他后头听话办事，哪敢对他的行为进行指责。

蔡兴宗的行为自然引起了戴法兴对他的仇恨。每次蔡兴宗畅言广选人才，可上报的却没几个人，其中绝大多数都是戴法兴的亲信，最后也还是戴法兴的人被录用。事过以后，吏部尚书蔡兴宗异常生气，便对刘义恭抱怨：选用官吏这等大事多被随意删改，任用了其他的人，这难道是皇上的意思吗？刘义恭觉得蔡兴宗招人厌烦，戴法兴也觉得蔡兴宗像个眼中钉，蔡兴宗吃力不讨好，过不多久就被调贬新昌太守。

刘子业即皇帝位时年纪还轻，对国家政治很生疏，也没有经验，大权掌握在戴法兴手中。刘子业在朝廷有些怕戴法兴和文武大臣，在后宫有些怕太后，里外都被管着，所以行为上有所收敛，不敢为所欲为。王太后被刘子业气得病情加重，含恨死去，刘子业也渐渐知道了皇权的威力，心里高兴，胆子也大了起来。刘子业和权臣戴法兴的矛盾从此就更加严重了。

戴法兴看着刘子业长大，觉得他不过是个小孩，实在没什么可敬畏的。戴法兴轻视刘子业，以首辅和长者身份管教刘子业，言语很无情，脸色很严肃，毫不客气，时常训斥。戴法兴训成年的皇帝刘子业就像训小孩：你这样胡来，是想做第二个营阳王吗？刘子业听得气血上涌，恨不得把眼前这个不可一世的权臣吞下去。

太监华愿儿是刘子业的心腹。刘子业宠爱华愿儿，经常赏赐他，抬高华愿儿在宫中的地位。戴法兴常常故意为难华愿儿，让他不好过，华愿儿痛恨戴法兴。刘子业密令华愿儿出宫，打探一下宫外的情况，华愿儿回宫以后进奏，说宫外有一个尽人皆知的传言，只是实在难以开口。刘子业让他不要怕，尽管说。华愿儿把京师广为流传的歌谣告诉了他：宫中二天子，法兴真天子，业为赝天子。这真是岂有此理，中书舍人成了真天子，而真天子倒成了假天子！

刘子业气得受不了，对戴法兴恨之入骨。华愿儿乘机进言，说皇上深居宫中，和朝官不接触，朝官们当然都不知道皇上，皇威自然无法树立，戴法兴把持朝政，和太宰刘子恭、仆射颜师伯、骠骑将军柳元景狼狈为奸，门客非常多，而且他们互相勾结，走狗遍及朝廷上下，内外官员莫不敬服趋奉，自然形成这种局面;何况戴法兴是先皇宠臣,根深蒂固,如果皇上您不尽快加以制止,照这样发展下去,恐怕这皇帝宝座保不住了!

刘子业咬牙切齿,但只是生气,却不知如何行事。华愿儿深知皇权的作用,便给刘子业出主意对付戴法兴。刘子业召集百官,下诏免去戴法兴所有职,把他赶出皇宫,遣送回家,这一切都在瞬间办完,不给戴法兴喘息的机会。接着,在他被发配到边远的地区,不久又把他处死。戴法兴的心腹中书通事舍人巢尚之也被解职,其他私党一个个也都受到惩处,无一幸免。刘子业初战告捷,十分得意。从此以后,刘子业对华愿儿的宠爱便又深了一层。

戴法兴除掉了,另有一个先皇武帝刘骏的宠臣员外散骑侍郎奚显度也是不可一世,让刘子业觉得他很碍眼。奚显度为人残暴,尤其对臣民凶狠苛刻,动不动就随便殴打服役的百姓,人人对他咬牙切齿,恨不得活生生地煮了他。刘子业对这位目空一切的权臣深为不满,不是因他对百姓过于残暴,而是因为他手握的权力,怕他成为戴法兴第二,决定将他除掉。刘子业一天玩得高兴时对侍从随口说道,奚显度祸害百姓,是国家的罪人,应该把他除掉!侍从兴高采烈,立即执行,宣布圣旨,奚显度当即被斩首。刘子业也觉得大为奇怪,他一句话的威力竟如此巨大,并为此感到非常开心。

先皇的几位掌权的亲信除掉以后,手握皇权的刘子业洋洋得意,觉得再也没有什么好害怕的人了,开始为所欲为。刘子业下一步是制服辅政大臣,让他们听自己的话,自己便可以无所顾忌。刘子恭、颜师伯、柳元景经常喜欢聚在一起喝酒吃饭,恣意享乐。刘子业有些讨厌他们。颜师伯、刘子恭、柳元景都是先帝刘骏在位时亲信的老臣,尤其是颜师伯,极为狡猾,擅长攻心术,而且他掌握大权,戴法兴除掉以后就数他骄横无礼,目空一切,大臣们对他的所作所为都非常不满,但却敢怒不敢言。

刘子业决定枪打出头鸟。颜师伯时任卫尉卿、丹阳尹,手中有很大的权力。刘子业颁下圣旨,将颜师伯升为尚书左仆射、丹阳尹职。实际上,这是明升暗降,他的权力远不如从前了。吏部尚书王彧同时受命为尚书右仆射,分了颜师伯的权力。颜师伯事到临头,才知道皇上不是等闲之辈,自己倒霉之日为期不远了。

颜师伯被夺权,使柳元景的心为之一惊。颜、柳知道前途暗淡,他们决定主动出击,不愿坐以待毙,密谋废掉刘子业,另立胆小怕事的江夏王刘义恭。但他们并不是成就大事的人,虽然他们日夜聚议,但却总是迟疑不定,不能果断地下决心采取行动。柳元景心中烦躁,没有主意,就向另一个好朋友始兴公沈庆之求援。沈庆之得知颜、柳二人想举大事，废刘子业立刘义恭，他觉得这件事事关重大，不好轻易表态，便默不作声。柳元景一无所获，只好闷闷不乐地打道回府。

这件事对于沈庆之来说实在太重要了，柳无景走后，他觉得事态严重，不得不反复衡量。沈庆之和柳元景关系一直不错，无话不谈，很合得来。但是，沈庆之和颜师伯、刘义恭，却貌合神离，同床异梦，彼此间实际上有很大的分歧。先皇武帝刘骏在遗诏中让始兴公沈庆之共同辅政，可颜师伯独断专行，依仗自己的重权，向来我行我素，根本不把沈庆之当一回事。对此沈庆之心中很是气愤。颜师伯却公然对尚书令史说："沈公只是一个爪牙而已，怎么能参与政事？"沈庆之得知此事，自然气炸了肺，更是恨颜师伯，恨不得将他置于死地。至于刘义恭，沈庆之与他始终不大和谐，觉得他过于怯懦，没主见，一旦他登帝位，沈庆之自己在朝中的地位比现在也好不到哪儿去。

沈庆之反复权衡，最终决定告发此事。因为这样做虽然出卖了最好的朋友。但对自己的前途十分有利，而且，自己能从反臣中脱离出来，弃暗投明，有救护圣驾之功，皇上一定会更加信任他，委任他以要职。沈庆之从利弊两方面反复思量，细细考虑，终于决定拜见刘子业，将颜、柳两人密谋造反的事告诉他，既然主意已定，沈庆之毫不迟疑。立即入宫，叩见皇上刘子业，告知此事。

刘子业听到这个消息后大吃一惊，他当机立断，立即亲率羽林军，包围颜府、柳府，将其全家老小一同抓获。颜、柳两人遭到了惨不忍睹的惩罚，脑袋砍了，肢体削去，掏出内脏，挖出眼睛，挑取眼球用蜜浸泡，称为鬼目粽。刘义恭和他的四个儿子也被杀，接着，再收拾柳元景。刘子业下旨召柳元景，并派禁卫军前往柳府，将其团团围住。柳府将士看出一片杀气，奔走相告，说局势不妙，恐怕此次有杀身之祸。柳元景知道末日到了，走到屋里与母亲进行永别，然后穿戴整齐，乘车入宫。柳元景的弟弟想率将士与羽林军对抗，但被元景苦苦拦住。柳元景从容下车，很平静地面对死亡，在明知要死之后反而非常平静，至死都面不改色。最后他的6个弟弟、8个儿子都先后被杀。颜师伯和他的6个儿子也同被处死。

仅仅一年时间，年轻的刘子业便气死了母亲王太后，收拾了权臣戴法兴，制服了辅政大臣，收回皇权，亲理政务，这些事一件件事关重大，而他又做得那么紧凑连续。这一切使刘子业踌躇满志。刘义恭、柳元景、颜师伯和他们的兄弟、子女都被解决了，只有刘义恭世子刘伯禽还在，授湘州刺史，年仅9岁，留着他恐怕是后患。刘子业粗中有细，为绝后患，最后还是派人杀了刘伯禽。从这以后，刘子业便像脱了缰的野马，不再有任何束缚，无法无天，无所顾忌了。

刘子业做太子时受尽了他父皇的指责和训斥，因而对刘骏宠妃的儿子刘子鸾极为痛恨。这个时候，刘子鸾正自由自在地在当他的新安王。刘子业自然不能容忍这个当年差点夺了他太子位的小弟。刘子业派人到宫中宣旨，赐刘子鸾自尽。刘子鸾只有7岁，听到圣旨，悲愤地对左右侍从说：愿来生别再生在帝王之家。

刘子鸾悲惨地死去了。但这并不是惨剧的结尾，它仅仅开了个小头。刘子鸾年仅6岁的胞弟和更小的胞妹也同时被赐死。殷妃这时已经过世。刘子业认为这些杀戮仍不解恨，下令掘开殷妃墓，让侍从戮尸。刘子业气愤之下，又做出最没有人性的决定，掘父皇刘骏的景宁陵。最后因太史说这样做对他自己太不利，才没有行动。刘子业猛然间记起了谢庄在为殷妃写的一篇诔文中曾极力赞美她，将她与汉武帝的钩弋夫人相比，这又引起了刘子业的极度不满。刘子业想杀了谢庄，侍从对刘子业说："这样杀了他太便宜他了，何不把他关在狱中，好好地折磨他一番，让他受尽苦痛而死，岂不过瘾?"这出主意的侍从果然与刘子业臭味相投，刘子业高兴得手舞足蹈。谢庄被关入狱中，受尽人间磨难，折磨得人形全无，死去活来。

## 姐弟乱伦秽乱宫廷

无人约束、无法无天的刘子业纵乐宫中，没有什么人敢劝谏。深宫纵酒、纵欲过分的自由反而没有刺激了，刘子业便带着侍从出宫寻乐，见有姿色的女人就占有，见到高门大户就闯，闹得京师和近郊乌烟瘴气，人心惶惶。许多美女被刘子业看上后，虏入宫中，刘子业还得到了许多无赖心腹。

刘子业天性淫毒，生活淫乱，无视公德伦理，纲常法纪，公然和姐姐山阴公主私通，还明目张胆地占有姑母新蔡长公主。山阴公主名刘楚玉，是刘子业的胞姐，长得美若天仙、沉鱼落雁。而刘楚玉公主生性淫荡，想占尽天下男人。山阴公主没有出嫁时，就和弟弟刘子业有见不得人的不正当关系。山阴公主出嫁后，姐弟俩关系一直十分密切。王太后去世以后，身为皇上的刘子业立即施展出皇权的威力，召山阴公主入宫，姐弟重叙恩爱，同吃同睡，无视外人的议论，俨然一对夫妇，形影不离，出双入对。

宫里纵欲够了，姐弟俩又招摇过市，一同乘车出宫玩乐。刘子业姐弟每次出宫游乐，骖乘一般都命元老沈庆之担当，而后随为徐爰。刘子业和刘楚玉就这样纵情享乐，花天酒地，忘记了时间，不分昼夜。刘楚玉毕竟已经出了嫁，不能在宫中久住，和刘子业寻欢，而刘楚玉欲望强烈，仅丈夫何戢一人根本无法满足她。

刘楚玉为此事愁眉不展。生性放荡的刘子业大惑不解，问姐姐有什么难事。山阴公主刘楚玉这才委屈地说："我和陛下，虽然有男女的区别，但都是先帝生的，为什么陛下有后宫美女上万，供陛下享受，而我只有驸马一人，相比之下，自己太过委屈可怜了，这样不公平，真有天壤之别！"刘子业听了姐姐这番委屈的话，不禁开怀大笑，认为姐姐果然与一般女子不同。刘子业立即吩咐选30名美貌魁伟的少年，送给刘楚玉，随侍左右，称为面首。随后，山阴公主刘楚玉晋爵会稽长公主，秩如同郡王，食邑二千户，给鼓吹一部，加班剑20人。

刘楚玉享受着30个美貌少年，将这些面首细细品味，纵情欢爱，一时间感到极为满足。时间久了，刺激与新鲜感没有了，刘楚玉又不满足了。一次偶然的机会，刘楚玉见到了吏部侍郎储渊，只见他伟岸英俊，风仪高雅，一下子就把刘楚玉给迷上了。刘楚玉有缘见到了这么个伟男子，自然不肯放过，可是，储渊可不像那30个面首那样随随便便就可以得到，总不能太唐突。刘楚玉在为难之时，皇上弟弟马上蹦进她的脑海。刘楚玉去找刘子业，求刘子业把储渊赐给她当面首，随侍左右。

刘子业和刘楚玉姐弟俩一见面就情难自抑，再叙恩爱，重温旧梦。刘子业对姐姐当然是有求必应。刘子业下道圣旨，吏部侍郎储渊就离开朝廷，被派封给了公主刘楚玉。储渊当然不敢违抗圣旨，只能服从。储渊随刘楚玉到了驸马府，就被刘楚玉召到闺房中。刘楚玉迫不及待，想念了这么久的人终于站到自己面前，她想马上就占有这个迷人的美男子。可是，她没想到储渊竟是个正人君子，而非好色之徒，任凭刘楚玉使尽招数，百般挑逗，储渊依旧无动于衷。储渊被弄得没有法子时，就以自杀来威胁，宁可死也不愿屈从刘楚玉。刘楚玉又急又恼，哭得满面是泪，拿储渊毫无办法。

## 美貌姑母竟封皇后

公主纵情享乐，刘子业却有过之而无不及，而且越发地不讲伦理道德，淫乱深宫。有一天，刘子业正在玩乐，猛然记起了自己有位名叫刘英媚的新蔡长公主。刘子业记起来了，这位长公主刘英媚当时是宫中所有公主中最美、最迷人的一个。姑母刘英媚当然比刘子业大，刘子业少年时一直在心中把她敬为女神。刘子业很小时就对刘英媚垂涎三尺，即位以后因宫中美人太多忙不过来，而把这个美貌绝伦的姑母给忘了！

新蔡长公主早就与宁朔将军何迈结婚，过着幸福的生活。既然刘子业想起了她，她的生活就要完全改变了。刘子业立即派近侍前往何迈府中宣旨，急召长公主。圣旨下达，何迈和长公主只能恭敬接旨，长公主立即随近侍入宫。进入皇宫，转进后庭，刘英媚被引入一处幽静雅致的寝宫，刘子业正兴致勃勃地等在那里，笑着迎接姑母。刘英媚从刘子业色眯眯的眼神中感觉到情况不妙，可是，这是皇宫，如何跑得了？刘子业果然像色狼一样，逼迫姑母刘英媚，将姑母占为已有。

刘英媚确实沉鱼落雁，闭月羞花。美如仙子的刘英媚一颦一笑间，都流露出无限风情，光彩照人。刘子业被刘英媚迷人的身段和成熟的风韵所迷醉，哪能就此放过？刘子业想把这位姑母据为己有，让她长年在自己身边让自己享用。为掩人耳目、安抚宁朔将军何迈，刘子业就吩咐将一位宫女赐死，把宫女的尸体装入棺材，收殓好后抬到将军何迈家中，说长公主已经暴死，在宫内装殓好了，立即下葬。将军何迈虽然觉得这其中一定有内情，但圣旨之下，他哪敢说一个不字，更不敢开棺验尸。

姑母刘英媚就这样被软禁在深宫中，刘子业终日纵欲，真是没个够。刘子业对刘英媚迷恋到无以复加的地步，恨不能吃了刘英媚。刘子业欢快无比，便封姑母刘英媚为夫人，为她改了姓氏，赐姓谢，不久册为贵妃。刘子业对这位风韵迷人的姑母确实痴情，册她为贵妃后，还嫌不够，决定再加封她为皇后。刘子业强留姑母在宫中寻欢本来就是乱伦，册为夫人、贵妃已经有点纸包不住火，若是再封她为皇后，就无法遮掩，岂不是把皇家乱伦的家丑公布于众？

这显然是绝对不行的！偷情本身已让刘英媚脸红，如果被册为皇后，她还有什么脸面面对后宫众女人。后宫女人本来就个个尖酸刻薄，为争宠斗得昏天黑地，互揭其短，有了这层乱伦关系，不仅不能光耀家族，而且还无法立足宫中。所以为了不被册封为皇后，刘英媚坚决反对。刘英媚被强迫屈从于刘子业后，只希望就这么苟活着，别闹得人人皆知。朝廷重臣沈庆之向刘子业进谏，分析各种不良后果，说册立刘英媚为皇后，实在不合适，请皇上三思，迫于内外的压力，刘子业没有办法，只好册立美丽的路妃为皇后。

## 王妃、公主集体淫乐

玩乐成性的刘子业闲游宫中，在极度无聊之时，又想出了一个新花样，刘子业为自己的这个新花样激动得发抖。这一定十分刺激、十分过瘾！他迫不及待地跃跃欲试。刘子业下旨，召一班王妃、公主入宫，大摆宴席。王妃、公主们见皇上召见，自然欢天喜地，一个个打扮得花枝招展，穿上最漂亮的衣服入宫。美酒飘香，佳肴可口，更使她们欢天喜地。酒酣耳热，公主、王妃们正玩得、喝得开心之时，刘子业突然吩咐：关上宫门。所有宫门都应声关上。刘子业的侍从们一个个精神抖擞，十分兴奋。公主、王妃们的心中却为之一怔，要干什么？

刘子业下旨，命左右侍从现在起可以从这些王妃、公主们中选一个自己中意的，就地淫乐，结成夫妻！侍从们一听到这声命令，如恶虎一般扑向自己早已垂涎的美人。可怜金枝玉叶的一大群王妃、公主，哪里见过这等阵势？一个个被吓得立刻愣住了，片刻之后哭喊声、呻吟声、厮打声此起彼伏。腥臊味在大殿中弥漫，刚刚的歌舞升平如秋风扫落叶一般消失了。现场一片混乱，场面惨不忍睹。有些虚弱不堪的王妃、公主竟被吓得昏死过去。这实在是皇家的屈辱和不幸。

这场闹剧的策划者——兴奋得如醉如狂的皇帝刘子业早就看上了美艳绝伦的南平王刘铄的王妃江氏。江氏丰满美丽，可与刘英媚相媲美。刘子业垂涎三尺，扑过去要逼奸江氏，但江氏拼死也不屈从于他。刘子业见来硬的不行，就好言相劝，江氏就是不从。恼羞成怒的刘子业恶狠狠地说：如果再不从命，就杀死你的三个儿子！一句话说中了江氏的痛处。江氏确实已生了三个儿子，三个儿子十分可爱，江氏视之如掌上明珠。但是，江氏从小受了品德教育，在思想上很坚定，认为贞洁大于一切。一阵痛苦的思想斗争之后，她最终放弃了儿子，烈女江氏依然不从。刘子业怒火中烧，吩咐将江氏捆起来，鞭打百下，把江氏和她的三个无辜可爱的儿子一起杀死了。

此事之后，刘子业觉得意犹未尽，花样百出的他又想出了一个刺激的主意。刘子业命侍从在宫中的婢妾中选几十个人组成一队，把她们带到后苑华林园中。刘子业又将自己的亲信编为一队，把他们带进华林园，让他们在华林园竹林堂和宫女们追逐寻乐，而自己则在旁边看这场别开生面的游戏，凡是有宫女不堪这种公然凌辱，至死不从的，最后都只有死路一条。

刘子业荒淫行乐，但却从没忘记控制朝廷。沈庆之告发颜、柳谋反，保卫天子有功，深得刘子业的赏识和信任，成为朝廷中最有地位的大臣。沈庆之是三朝元老，位高权重，辅佐天子忠心耿耿，刘子业自然也很高兴。刘子业将朝政大权交付沈庆之，自己则醉心于各种刺激性的游戏，身为首辅的沈庆之自然有些看不过去，往往进谏刘子业，希望刘子业收敛些。

见到沈庆之竟然阻挠自己，刘子业就不高兴了，见到沈庆之便面现厌烦之色。沈庆之有些惊慌，害怕自己有杀身之祸，便闭门谢客，很少出门。蔡兴宗是满朝官员中沈庆之最敬重的人，就把他请到家中。蔡兴宗直截了当地指出，刘子业失尽人心，沈庆之是他唯一的忌惮，国民所敬仰的也只是沈庆之，与其惶惶不可终日，不如挺身而出，废了刘子业。沈庆之喟然长叹："今日国家正处于危难之中。我也知道，可叹已经老了，手中又没有兵权，实在是心有余而力不足，无济于事。"

蔡兴宗说："事实上不是这样的，其实每个人都处于危险之中，每个人都希望这危险的社会能有所改变，将士都打探外面的消息，一呼百应，定能成就大事；沈公自文帝以来，在三朝中都手握重兵，旧部遍布天下，一旦起事，我率百官响应，选贤明君主，一同治理天下，国家一定可以从此安定下来，百姓不会整日惶惶不安地生活。"稍停一会儿，蔡兴宗见沈庆之沉思不语，继续说："据说皇上经常乘车光顾你的宅院，与你痛饮。每次皇上饮酒时，总是屏退左右，一个人进来，此时他手无寸铁，即使反抗也是无济于事，这可是难得的好机会，千万不能错过。"

蔡兴宗这是让沈庆之趁刘子业到沈府喝酒时，乘机杀了他，然后另外立一个贤明的君主。沈庆之知道不好再说什么，便向蔡兴宗深深鞠一躬，诚恳地说："谢谢你如此看重我，我知道你说的都是至真至信的话；只是，这等大事，不是我想做就能做到的，我只能愚昧地忠于他，一直到死。"说罢痛苦地摇头，神情十分凄惨，心中充满了无尽的无奈和痛苦。蔡兴宗见沈庆之如此神情，知道大事不可为，一切无济于事，便起身告辞，来时的满腔热情被沈庆之打得烟消云散。绝望地离去。

沈庆之的儿子沈文秀出任青州刺史。沈文秀赴任以前，特到沈府向沈庆之辞行，希望老父亲能看清时局，早做决定。沈文秀深知时局艰危，诚恳地对沈庆之说："皇上凶狠残暴，祸乱是不会太远了；现在皇上民心尽失，如果用我们现有的力量另立圣主，简直易如反掌，机不可失，请早做决断。"沈文秀说得十分动情，为了人民，为了社稷，当然也为自己生不逢时感叹，以致最后泪流满面。可是，沈文秀的这次劝说并不比蔡兴宗强到哪里去。沈庆之依旧不动声色，并不动心。沈文秀毫无办法，只好垂头丧气，率部下出沈府前往青州赴任。沈庆之看着他离去的身影，自言自语："主上昏庸无道，正需要老臣辅佐，否则老臣作用何在呢？怎么能废君另立呢？"

## 何迈密谋报夺妻之恨

刘子业占有了自己的姑母、宁朔将军何迈的妻子、文帝刘义隆的第十个女儿刘英媚，将她原来幸福美好的家庭拆散，将原本幸福美好的生活打破，作为丈夫的何迈怎肯善罢甘休？何迈不愧为将军，有侠客性格，遇事不愿受委屈。何迈身为宁朔将军，武艺很高，而且养了许多身怀绝技的门客于府中。刘子业以为自己的偷梁换柱之计使得巧妙，无人知晓。刘英媚就在宫中，其实，何迈很快就知道了真相，而且积极密谋、布置，准备起事，以报这刻骨的夺妻之恨。

何迈经过和谋士策划，打算立刘骏的第三个儿子、晋安王刘勋为皇帝。废刘子业之举则选在他出巡游乐时。不幸的是，刘子业密探极多，何迈谋反的事还未施行就被密探知道，刘子业得报，立即亲率禁卫军，包围何府，何迈和全府上下惨遭血洗，无一人幸免。刘子业在镇压反叛、粉碎阴谋方面雷厉风行，十分果断，并且遇事主动，所以才能横行至今。

杀了将军何迈，刘子业估计倚老卖老的大臣沈庆之会来进谏，为了阻止沈庆之进宫进谏，刘子业命近侍将沈庆之必经路上的青溪桥全部封死。沈庆之得知何迈被杀，再也无法安坐在家中，果真整装入宫，求见刘子业。刘子业果然精明至极，计谋在先，有效地阻止了沈庆之。沈庆之一路上尽是碰壁，千辛万苦，始终进不了皇宫，他终于明白皇上不愿见他。疲惫不堪、一身尘土的沈庆之垂头丧气，只好驱车回府。他对何迈的死虽仍然耿耿于怀，但却只有生闷气的份儿。

刘子业有些心烦沈庆之，觉得这个老家伙老这么赖在朝廷，没什么用处，反而碍手碍脚。刘子业想，干脆杀了他完事，免得费尽心思堵他的嘴。对于杀人，刘子业最看得开，生命对于他连草芥都不如。至亲血肉、将军、父母都不在话下，更何况一个没用的老臣沈庆之！刘子业赐给沈庆之的堂侄沈攸之一份毒药，并让他赐给沈庆之自尽。

这突如其来的圣旨使沈庆之愣住了，没想到自己如此精忠报国、爱护圣上，竟这么快就招来杀身之祸。沈庆之悲愤、怨恨，狠狠地把毒药推向一边，他觉得刘子业根本没有良心，拒绝自尽。侄子沈攸之是见利忘义之徒，为了到皇帝面前求赏,加官晋爵,这时竟不顾一切地狠心将80岁高龄的三世功臣沈庆之杀死。场面惨不忍睹。沈庆之的儿子侍中沈文叔对弟弟中书郎沈文秀说:"我死,你报仇!"情况危急,沈文叔别无他法,他是要让沈文秀设法脱身,好报仇雪恨。沈文叔说完,深深地看了文秀最后一眼,便拿起赏赐的毒酒,一饮而尽,转眼抽搐咽气。沈庆之另一个儿子秘书郎沈昭明知道无法逃脱,也自杀身亡。沈文秀目睹着父兄转瞬之间撒手人世,顿时气血上涌,两眼都气红了,怒发冲冠,无法抑制地把悲愤化作一声大喝,挥刀骑马冲出重围。追兵紧追不舍,但沈文秀武艺高强,而且此时他根本不顾性命,更加威猛,追兵便不敢逼近沈文秀,只好眼看着沈文秀逃走。

沈庆之和他一家最终没有逃过刘子业的魔爪,惨遭覆灭。沈庆之是三朝重臣,突然惨死。确实不好向世人交代。刘子业自有办法,对外诈称沈庆之因病去世,并赠侍中、太尉,谥忠武公以慰人心。诏书颁行天下。朝廷隆重地为这位愚忠一生的王朝重臣举行葬礼。沈庆之死于非命,而杀死沈庆之的凶手却声泪俱下、为沈庆之的死而悲痛欲绝,不知他的泪有几滴是辛酸的,这场王公一级的葬礼,实在十分滑稽。

将军王玄谟是武帝刘骏临终遗诏中提到的最后一位重臣。王玄谟也是元老,是三世重臣,遗诏中王玄谟的职责是统领外监。刘子业残杀无辜,滥杀朝臣,胡作非为,王玄谟自然不满,多次以顾命大臣的身份流泪进谏,以尽自己辅政大臣之责。刘子业日益厌恶王玄谟,不顾他年世已高,经常呵斥、侮辱他,王玄谟知道大事不可为,一切天数有定,现在只求能保全性命。王玄谟便终日低头哈腰,大气都不敢喘,唯恐哪一天灭顶之灾落到自己头上。

何迈被杀,沈庆之一家被抄斩。王玄谟胆战心惊,想着刘子业一定会拔去自己,自己的末日也到了,终日神思恍惚。魂不守舍的王玄谟因每日太过紧张,终于吓出病来,老有幻觉,常常大喊:"抓我的人到了大门了!"王玄谟如此惶恐,于是有人到处传言,说王玄谟已经被杀死了!这传言使得蔡兴宗忧心忡忡,等他见到了王玄谟派来的典签包法容,得知王玄谟还活着,一颗悬着的心这才落了地。蔡兴宗告诉包法容,让他劝劝王玄谟,不要坐以待毙,应当抓住现在这大好时机,立即起事,否则,不知哪一天灭顶之祸就会降临。王玄谟更为惊恐,让包法容告诉蔡兴宗,说他知道情况危急,但起兵反叛的事却不能干。不过,请君放心,这事不会泄露。大臣真是人人自危。

## 猪王反噬杀淫帝

朝廷大臣惶惶不可终日，比他们日子更不好过的，是刘子业的几个叔父。刘子业知道，自己的弟弟们年纪还小，对皇位不构成威胁，对自己皇位和皇权威胁最大的便是几个叔父，他们最危险，年富力强，手握大权，随时危及皇帝宝座。有一天，刘子业梦见了母亲王太后，王太后怒气冲冲，恶狠狠地对他说："你不仁不孝，根本没有当皇帝的样子；你弟弟子尚愚昧狂悖，也没什么理由继承皇位；你父皇孝武帝凶暴无道，人神怨怒，所以儿子虽然多，并没有一个能成大业，这是上天对他的惩罚；皇位应还给文帝的子孙。"

刘子业梦醒以后，非常不高兴，觉得这是在提醒他该先下手，便决定收拾文帝的几个儿子，即自己的叔父们。刘子业立即行动，下旨把几个叔父都叫进宫来。圣旨一到，谁也不敢不遵，几个叔父相继进京入宫，一进宫就一个个被关入内殿，遭到百般凌辱和殴打。殿堂中没有了往日的宁静，每日萦回着叔父们的哭喊、嚎叫和呻吟声。刘子业还不解恨，特地吩咐像对待猪、狗一样地折磨他们，绝不留情。

关押叔父们的大殿中做了一个大木槽，槽里放些残汤剩饭，刘子业让他的叔父们像猪一样围着这木槽进食。刘子业最恨刘彧，特地让侍中在殿中掘一个土坑，坑里放进水，让刘彧爬进坑里，像猪和稀泥一样等在里面。刘子业看着被自己折磨得不成人形的叔父们，心里很痛快，有说不出的兴奋和惬意。

刘彧是文帝刘义隆的第八个儿子，母亲沈容姬很早就去世，是被路太后抚养长大的。8岁时，刘彧被封为淮阳王，15岁被封为湘东王。武帝刘骏即皇帝位，刘彧升调为镇军将军、雍州刺史。刘彧丰神秀伟，仪态端庄，博览群书，喜爱博弈，温文尔雅，仁和待人，声誉极好。刘彧才华横溢，文章写得极好，还有一手好书法，是王室中真正的才子。孝武帝刘骏在世时就极喜欢刘彧，刘子业与他根本无法比，刘子业能不恨之入骨？

刘彧一到京师建康，刘子业立即把他关进后宫。刘子业让侍从做了一个竹笼，像对待猪一样，把刘彧装在竹笼里，并改封刘彧为猪王，让他在木槽中进食，在水坑里打滚。刘彧过惯了优裕的生活，根本受不了这样的折磨。刘彧决定绝食免受污辱。刘子业冷笑一声，让侍从剥光了他的衣服，捆上手足，把他痛打了一顿，扔进泥坑中。刘彧血泪交流，但处于这种环境中，他只能委曲求全，只好学猪在泥水中翻滚，进食木槽中的馊食，供刘子业一班人笑乐，以此求得活命。

刘子业见刘彧终于向自己屈服,觉得他也不过如此,自然非常高兴,万分自得。

湘东王刘彧、建安王刘休仁、山阴王刘休祐都较肥胖,刘子业就给他们一一过秤,用这种对待猪的方式来对待他们、侮辱他们。刘彧最肥胖,被刘子业封为猪王。刘休仁封杀王。刘休祐封贼王。东海王刘休彧有些呆傻,被刘子业封为驴王。刘彧、刘休仁、刘休彧三王最具威胁,刘子业不敢掉以轻心,让他们三人随从左右。刘子业不下十次想杀了他们,但最终没有下手,因为每次聪明过人的建安王刘休仁都用机智的笑谀化险为夷。

有一次,刘子业确实发怒了,吩咐将刘彧剥光衣服,像抬猪一样抬到太宫处。看到猪一样的刘彧,刘子业心情顿时好转,乐不可支地对近侍说:“今天杀猪!”建安王刘休仁知道事情不好,这次刘彧一定有杀身之祸,不救就来不及了,但刘子业正在气头上,不敢贸然求情,要他宽恕刘彧。刘休仁急中生智,记起了刘子业将少府卿刘朦的美妾藏在深宫,临幸以后怀了孕,准备等她生个儿子,立为皇子,刘休仁当时灵机一动,在这千钧一发之际,生出一计,便上前笑呵呵地对刘子业说:“启奏陛下,这头大肥猪今天杀不得。”

刘子业阴阳怪气地望着刘休仁,知道他是想救刘彧,想看看他要什么花招,冷笑着问他,“为什么?”刘休仁笑嘻嘻地说:“皇子快出生了,等皇子出生了,再杀猪取猪肝肺滋补,保证小皇子日后身体健康、活泼可爱。”刘子业听后,觉得有道理,也觉得有趣,便笑一笑,虽然明知这是刘休仁的缓兵之计,还是吩咐放了刘彧,暂且交付廷尉看管。刘彧终于又逃过这有惊无险的一劫。到第二天,刘子业终于把刘彧从廷尉狱中放了出来。

把刘彧折磨够了,刘子业就把矛头立即转向三弟刘子勋——孝武帝刘骏的第三个儿子。为什么要对付刘子勋呢?刘子业很聪明,他根据以往皇权斗争的历史,总结性地分析到从武帝刘裕以来,太子没一个坐稳了皇帝大位。武帝的太子刘义符被大臣废掉杀死。而几个继承皇帝宝位的,都是第三个儿子:刘裕的第三个儿子刘义隆为文帝;刘义隆的第三个儿子刘骏为孝武帝,按这样的历史规律发展下去推算,这未来威胁自己皇位的看来是三弟刘子勋!刘子业这么一转心思,刘子勋的生命就立即蒙上了一层阴影。

刘子勋被封为晋安王,担任江州刺史,镇守浔阳,即今江西九江。刘子业听从谋士的建议,决定毒死刘子勋,以绝后患。他派心腹近侍前往浔阳,送毒药给刘子勋,令他自尽。对于这突如其来的噩运,刘子勋不知如何是好。刘子勋的属下长史邓琬闻讯,决定趁机起事,他立即起兵,拥立刘子勋为王,传檄天下,讨伐昏暴无道的刘子业。江南震动,各地见终于有人起来讨伐这个荒淫无度的皇帝,纷纷响应。

刘子业依旧胡作非为,醉生梦死,对于外面声势浩大的讨伐他的运动并不知道。刘子业在竹林堂尽兴玩乐一天以后,当天夜晚,做了一个噩梦,他梦见一个披头散发的女子,满身满脸血迹,非常恐怖,她用命令的声音怒气冲冲地诅咒刘子业:“你悖虐无道,明年就会完蛋!”刘子业吓得惊醒,回忆梦中所见的女子,立即把宫里和梦中女子相似的宫女召进来,拖出去斩首,想以此来消除心中无尽的恐惧。但事情并没像他计划的那样发展。第二天夜里,刘子业又梦见了刚刚被杀的宫女,恶狠狠地骂他:“你等着吧,我已向上天告发了你!”这使他更加心惊胆寒。

正在这时,京师流传出一则歌谣:湘中出天子。这是不祥之兆,是说刘子业的气数已尽,湘中有人会废了他的王位、重建新王朝。刘子业决定巡游湘中的荆、湘一带,压服湘中的王气,来稳定自己的帝位,并准备在出巡之前杀了湘东王刘彧。出了这场宫女噩梦后,刘子业觉得有些惊慌,便请来巫师,让巫师察看竹林堂,以除邪气,确保自己江山稳固。巫师看过以后,对刘子业说:后堂有鬼,要立即驱鬼,才能稳住皇权。这样,刘子业就推迟自己杀死刘彧的计划,吩咐先在后堂驱鬼,然后杀死猪王,再出巡湘中。

景和元年(公元465年)11月19日夜,刘子业率近侍和数百名彩女来到竹林堂,并屏退一直紧随左右的近侍,只带几百名綵女随着巫师在竹林堂捉鬼。机会来了,寿寂之等挺身而出。寿寂之是何人,为什么会在此时出现呢?原来湘东王刘彧多次险遭不测,自知朝不保夕,他的亲信阮佃夫、王道隆、李道儿受他的委托决定先下手,密结刘子业身边的亲信寿寂之、姜产之,密谋杀了刘子业,拥立刘彧。寿寂之、姜产之虽为刘子业亲信,但对他也是敢怒不敢言,既然有机会谋反,当然立即答应。这下机会到了,寿寂之、姜产之拔刀直奔竹林堂,扑向刘子业。刘子业对这突袭没反应过来,过了一会才反应过来,大声呼叫着逃跑,但最终在劫难逃,被杀于华光殿,终年17岁。

## 宋明帝“观裸体取乐”

### 皇帝暗藏私钱

南朝宋明帝刘彧,字休景,小字荣期,是文帝的第11个儿子、武帝刘骏同父异母的兄弟。刘彧封湘东王,是前废帝刘子业的叔父。刘子业将他召回建康囚禁,封为猪王,像对待猪一般地对待他,让他用食槽进食,在泥坑中打滚,受尽折磨和侮辱。当时刘子业因残暴、荒淫无度,民心尽失。刘彧与心腹阮佃夫、李道儿等密谋,结交刘子业的左右寿寂之等,趁刘子业的侍从宗越、谭金、童太在捉鬼之夜外宿、身边无重兵保护之时,抓住良机,一举将刘子业杀死,刘彧即皇帝位。

宋明帝

刘彧宣布即位以后,建安王刘休仁当即向他称臣,并请他升西堂,荣登皇帝宝座。但刘彧即位过于仓促,在奔跑时丢了鞋子,后来光着脚,戴着一顶乌纱帽,形象实在是太差,刘休仁让刘彧换上白纱,于是刘彧正式即位,刘子业的荒淫统治终于被推翻了,满朝文武松了一口气。司徒豫章王刘子尚、山阴公主刘楚玉一同被赐死,刘子业的心腹宗越、谭金、童太被斩首,刘子业的余党一一被铲除干净。

刘彧将东海王刘祎封为中书监、太尉。以晋安王刘子勋为车骑将军、开府仪同三司,以建安王刘休仁为司徒、尚书令,追尊先母沈婕妤为宣皇太后,改太皇太后为崇宪皇太后,立皇后王氏为太后。

在刘彧即位的同时,长史邓琬等人在浔阳奉年仅 10 岁的晋安王刘子勋即帝位,派兵进攻建康。刘子勋是武帝刘骏的第三个儿子,名分较正,一国岂能同时有两个君王?一时间四方响应,纷纷倒向浔阳,拥护刘子勋,声讨刘彧,让他将皇权拱手相让。全国 274 个郡中,只有丹阳郡拥护朝廷。

吏部尚书蔡兴宗面对危局,急急地进奏刘彧,简明扼要地分析了一下时局,最后指出,要想保住皇权,就应该采取一系列的措施挽回民心,迅速地废除前废帝的暴政,与民休息,至信待人,并厚抚一应反叛者在建康的家属。刘彧听了觉得他分析得头头是道,当即采纳了蔡兴宗的建议,立即实施,并启用德才兼备、机智勇敢、曾多次救过自己性命的司徒刘休仁、曾经与自己患难与共的辅国将军沈攸之、御史吴喜公为将领,迎击叛军。几位将军通力合作,士气大振,仅仅九个月，叛军被击溃，杀刘子勋于浔阳。安陆王刘子绥、临海王刘子顼、邵陵王刘子元被赐死。为了消除后患，刘彧决定一不做，二不休，将与前废帝刘子业同支的孝武帝刘骏的28个儿子全部斩尽杀绝。

刘彧初掌皇权，知道稳定的重要性，施行了一系列得民心的政策，其士兵十分威猛，所向无敌。徐州刺史薛安都、益都刺史肖惠开、梁州刺史柳元怙、兖州刺史毕众敬、豫章太守殷孚、汝南太守常珍奇均遣使乞降。很快各地都平定了下来，形势一片大好，刘彧踌躇满志，不听臣僚的劝告，决定趁热打铁，抓住这个大好时机，遣五万强兵直指淮北。但遗憾的是，结果并不像刘彧所预计的那样，薛安都、常珍奇、青州刺史沈文秀、冀州刺史崔道固先后投降北魏，江山大片大片地沦陷，徐、青、冀等尽为北魏所有。

刘彧面对半壁江山，原先的踌躇满志早已逝去，现在如同霜打的茄子，日渐消沉。疆土越来越小，威权一天天下降，国势江河日下，朝风尽坏，逝去不久的阴云又一次在宋宫中出现，血雨腥风再次席卷了大宋王朝。被刘彧分封为王的诸兄弟相互残杀，甚至连一直拥护刘彧即帝位、当年利用自己的智慧多次救刘彧于灭顶之灾的、一直领兵南征北战的建安王刘休仁也被杀。只有桂阳王刘休范因庸愚无能，不仅免于杀身之祸，而且官运亨通，平步青云：刘休范由征南大将军、江州刺史、开府仪同三司而进位司空，其次子刘德嗣也得以封为庐陵王。这是否即证实了傻人有傻福这句话呢？刘宋宗室至此势力削弱，无法与统兵的将帅抗衡，实际上此时宋朝已名存实亡，如狂风暴雨中孤立的危楼，摇摇欲坠。

刘彧不仅残杀兄弟，还大杀功臣，连功勋卓著的吴喜也受疑被杀，这使得朝中无人敢进言，大臣们为保命，纷纷缩起来，当庸才或干脆当奸臣，反而活得安全，故朝中忠臣尽失。刘彧在前朝以诛杀为乐，到后宫更是无聊至极，荒淫奢侈。他常常在宫中大摆宴席，豪吃畅饮，并让宫女赤身裸体，在席前跳起艳舞，借此助酒兴，让所宴侍从、亲信观看。国家战事不断，刘彧又挥霍无度，很快国库就空了，连百官的俸禄也发不下来，可刘彧依旧穷奢极欲，将刚刚搜刮的巨款用于兴建宫殿，并称之为湘宫。他还吩咐随从将一袋袋的钱埋在殿内，称为私藏。朝臣、黎民百姓真是苦不堪言。

## 明帝借人龙种

南朝刘宋一代，皇后们大多是皇帝胡来的工具，受了压迫、蹂躏，只能忍气吞声，把苦水往自己肚子里咽，有胆量施点皇后威风的，只有宋文帝的袁皇后和宋明帝刘彧的王皇后。

王皇后名叫王贞风，出生于琅琊临沂，也是东晋大族王家的后代。她一开始被选为湘东王妃，生了两个女儿，刘彧即位，她被册立为后。王贞风秉性柔顺贤淑，文静优雅，知书达礼，有大家之风。起初刘彧尚同她相亲相爱，夫妻俩感情很好，但称帝之后，纵欲无度，姬妾多达数百人，便把皇后丢在脑后。王皇后也不与他计较，倒是落得清静，只顾安闲度日。

刘彧体肥如猪，且因好色过度，到后来竟失去了性功能，不能生孩子，所以只好向别人借种。他把宫女陈妙登借给自己的嬖臣李道儿，希望她能帮自己生个儿子继位，不到一个月，陈妙登便怀孕了。陈氏被刘彧接回皇宫后，果真生了个儿子，刘彧非常高兴，当即取名慧震（即刘昱），刘彧把他认作自己的儿子，封为苍梧王。刘彧嫌儿子只有一个，太少了，借种生子又过于麻烦，就把他弟弟刘休等人的姬妾所生的儿子统统收养进宫，全算作自己的儿子。后来的宋顺帝刘准，就是刘休生的儿子。

## 明帝喜观裸妇

由于性心理变态所致，刘彧与刘子业的荒淫还不甚相同，他还喜欢“观裸妇取乐”。每到夜间，他在后宫把后妃、公主集合到一起，大家一起饮酒，酒至半酣，下令无论宫内美人还是宫外命妇，必须赤裸身子，由他观赏，恣意取乐。王皇后常常觉得羞耻，不忍心看，她用扇子挡住脸，不笑也不说话。刘彧见了很觉扫兴，便斥责道：“你家向来很贫寒，今天有这么开心的事，为何就你一个不看不乐？”王皇后正色答道：“要想寻乐，可做的事很多，哪里有姐妹们相聚一堂，都赤裸身体取乐的？我家虽然贫寒，却不愿如此作乐！”刘彧大怒，觉得皇后竟然当众反驳他，自己没有面子，下令皇后滚出去，王皇后立即站起身，掩面退出，对刘彧无所畏惧，使刘彧大为扫兴。

王皇后的哥哥扬州刺史王景文知道这件事之后，十分感叹。他对堂舅谢纬说：“皇后在家时，一向软弱，没想到此番能刚正无畏，敢于顶撞皇帝，一般的朝臣都不敢这样啊！她真是难得！”谢纬也赞叹不已。

## 生子而后杀其母

刘彧原来是一个喜欢读书，爱好文学，讲仁义的人，即位时使用了一大批有文学素养、有才华的人才，可是后来，由于没有什么约束，渐渐变得很放纵，甚至以观裸妇取乐，日益为所欲为。到了他执政末年，不知是何原因，使得他又沉湎于信奉鬼神，忌讳甚多。

刘彧忌讳行文、言语中有关祸、败、凶、丧一类的词句，如若有谁不小心犯了刘彧的讳就立即被斩首。因为“騧”字像祸，他下令改騧为𩢍。他觉得南苑极为不吉利，就把它借给张永，说：且借给你三百年，用后再借。又因宣阳门又谓白门，认为白门不吉祥，就禁止再使用它。尚书右丞江谧不谨慎，常常误犯忌讳，刘彧怫然变色道：“杀你全家！”就是因为犯忌而要将他满门抄斩。路太后死，停尸漆床，移出东宫，刘彧临幸东宫见到了，觉得很晦气，极为不吉利，勃然大怒，免中庶子官，杀中庶子等数十人。

刘彧的心腹趁刘彧荒于政事之时，玩弄权力。阮佃夫、杨运长、王道隆都很擅长弄权，他们所说的话就如同诏敕。朝廷内外一片混乱。买官卖官更是厉害，王、阮两家比朝廷还富有，中书舍人胡母颢也专权徇私，收受贿赂，安插亲信，爪牙遍及朝野，权力之大可以遮天。因此时人传唱道：禾绢闭眼诺，胡母大张橐。禾绢就是指刘彧。

秦豫元年（公元 472 年）四月，43 岁的刘彧死于景福殿，谥明帝，葬高宁陵（今山东临沂县莫府山）。

## 南齐萧昭业娶父妾

齐武帝永明十一年（公元 493 年），36 岁的皇太子萧长懋病死，齐武帝将长孙南郡王萧昭业立为太子。本来，武帝尚有次子萧子良可立为太子，但他为儿子的英年早逝而痛心不已，又对萧昭业喜爱有加，故不立儿子立孙子。

萧昭业长相清秀，给人留下很好的印象，但骨子里却奸刁阴险，是真正的伪君子。为了骗取祖父的好感与信任，他在人前恭谨有德，背地里却淫乐好色，胡作非为。他父亲在世时，怕他奢靡浪费，就常派人去他的封地西州考察他的起居及开支，他装得很规矩，半夜里却偷偷带了僮仆出王府，在酒楼妓院鬼混。他的钱从哪儿来呢？这不用担心，他凭借自己的地位向当地富户强借而且从来不还，这些富户也不敢上门讨债。后来，萧长懋得了重病，把他召到建康，希望他能侍奉左右。他在东宫见到父亲时，满面愁容，仿佛悲痛欲绝，使得他父亲觉得他果真一片孝心。他一离开东宫,便与一班僮仆相狎取乐。过不多久,萧长懋病逝,萧昭业心中无限窃喜,但到了灵前,他扑到棺材上面呼天抢地,号啕大哭,俨然是个孝子。但哭罢回到府内,就露出本来面目,谈笑如常,纵酒酣饮。祖父齐武帝被他哄得团团转,觉得自己的长孙德性过人,喜爱得不得了,便决意立他为皇太孙。

后来,萧赜也染上重病,命在旦夕。萧昭业闻讯,十分高兴,他决定将这喜悦与妻子一同分享,暗中修书一封,送到住在西州的王妃何婧英那里。信中没有写别的什么内容,只在中央画了一个特大"喜"字,周围又写了三十六个小"喜"字,表明大庆的意思。齐武帝临终,满怀希望地握住他的手,深情地、无比疼爱地谆谆教诲:"好孙子,我知道你孝顺,不要过于悲伤,国事为重,你若是想起你的祖父,就努力做个好皇帝……"话没有说完,就咽了气。

父亲、祖父相继去世,他终于不用再装模作样了,他喜气洋洋地穿上黄龙袍,心安理得地坐在龙椅上,登殿接受群臣朝拜,尊母亲王氏为皇太后,册王妃何婧英为皇后。何婧英为庐江人,她的父亲是抚军将军何戢。这一对活宝在宫中恣意乱来,萧昭业与他父亲的小老婆私通,何婧英也跟萧昭业的男宠混在一起。萧昭业的父亲萧长懋有一宠姬霍氏,生得很美,萧昭业垂涎已久。做了皇帝后,便觉得时机成熟,终于可以占为己有,又怕母亲王太后不同意,想了一个办法,先派心腹侍卫禀告太后,说霍氏想削发为尼。太后本对霍氏有恨,故立即批准。得到批准后,萧昭业"暗渡陈仓",将霍氏从庵中接入自己宫内,充为姬妾,改姓徐氏。何皇后见自己的丈夫另觅新欢,不甘示弱,看中了皇帝身边的侍从、美男子杨珉,就勾引杨珉,杨珉本也不是什么好东西,两人很快混到一起。萧昭业知道后装聋作哑,一则自己可以自由些,二则杨珉又与他搞同性恋,也不愿伤害自己的"情人",乐得成全他们两人。

萧昭业继位不到一年,干出许多荒唐绝伦的事,祖父萧赜留给他的充足基业基本上被挥霍殆尽。他曾同何皇后及众姬妾一起,把击碎珍宝、玉器这种挥霍无度的行为当成乐事;有时高兴起来,打开库藏,令手下任意搬取,以观看他们一个个手提怀揣、狼狈不堪的样子为乐,开怀大笑;又好微服游幸,躲在他父亲的陵墓中,与手下赌博,玩些放鹰走狗的游戏。他最喜欢的则是斗鸡,买鸡价至数千,赏赐动辄数十万。

西昌的尚书令萧鸾被皇帝荒淫无耻的行为惹恼了。萧鸾是齐高帝萧道成的侄子,他见皇帝如此,决定废了他而自己当皇帝。隆昌元年(公元494年)二月,萧鸾率领卫士从尚书省闯入云龙门,他披大红锦袍,里面裹着铁甲,威风凛凛。他命卫士们团团围住皇帝所居寿昌殿。萧昭业一见兵甲涌入,拔剑想自杀,被徐姬拦腰抱住,动弹不得。卫士们杀进殿来,用缯帛把这个荒唐皇帝勒死,仿佛只有这样才能解心头之恨。萧鸾并没有自己称帝,而是迎立萧昭业的弟弟、15岁的新安王萧昭文为皇帝,追废萧昭业为郁林王。只当了一年皇后的何婧英也被废为郁林王妃,最后不知到哪儿去了。

萧鸾果真只为别人做嫁衣裳吗?不过几个月,齐高帝和齐武帝的几十个儿孙有一大半被萧鸾杀死,他还逼萧昭文让位,自己即皇帝位,史称齐明帝。这就是萧齐时代的"一岁三改元"。

# 陈文帝兄妹的鱼水之欢

## 武帝女任意择夫

武帝有个女子,名叫红霞,母亲姓张,是霸先的妾。母亲生她时,梦见桃花,所以给她取名红霞。红霞刚成年,善良聪慧,不但美丽出众,而且善于吟诗作画。自从江陵沦陷,霸先的弟弟和儿子都从荆州回到魏国,而红霞常在身边,母亲死得早,霸先更加怜爱她,凡事随她脾性,不加约束,所以总是风流快乐。当时,霸先与僧辨相约,结为"廉兰"朋友,僧辨有个儿子叫颀,很健壮美貌,擅长骑马、射箭,霸先于是答应把女儿许配给他,正巧僧辨的母亲去世,不能结婚。一天,颀到了京口,以女婿的身份来拜见,红霞正路过堂后,从屏后面偷偷地看,看他言谈举止与众不同,风流可爱,心里觉得很满意,不由地春心荡漾。回房之后,连做梦都想到了这些事,悄悄问丫头巧奴:"天下的美男子,有比僧公子更英俊的吗?"巧奴笑着说:"僧公子很英俊,可小姐没有见过东阁公子身边随侍的陈子高,他比僧公子英俊多了,如果同时见到这两人,僧公子是逊色很多的。"红霞

陈文帝

说:“那人在哪儿呢?”巧奴说:“这个人就在府中服侍公子,公子也待他如珍宝。”红霞问:“你能让我见他一面吗?”巧奴说:“与他见面很容易,趁他陪着公子在堂上,小姐也可以从屏后偷偷看到。”一天,小姐得知公子在堂上,马上去看,果然陈子高长得眉清目秀,比僧公子好得多,于是转移爱慕之心,全身心放在陈子高的身上。

## 文帝原好美少年

陈子高为什么会在府上呢?以前子高家世代居住在会稽山南边,家里非常穷,以做布鞋为生。碰上年景不好,子高随着父亲漂泊到都下。他正 16 岁,脑上扎两小辫,长相秀美,皮肤洁白,像个美女。乌黑发亮的头发,天生的高眉,看到他的人没有不啧啧赞叹的,即使遇到蛮横的士兵,拿着明晃晃的刀,见到他的仪容,也不忍心下手,所以他逃过许多死劫。等到稍微平定,战争平息,离散人民重归故土,子高的父亲已经死了,他也想回家。一天,去江口的路上,正在找船渡江,碰到一个算命的,仔细地打量了他说:“看你的气色,英气从中显现,你很快就会富贵了。”子高说:“我穷困到这地步,没饿死就大幸了,怎么还敢企盼富贵呢?”算命的说:“你记着我的话,对你的前途有好处。”子高笑笑,不去理会。他走到江口,看见有大船 20 只,旗幡迎风招展,整齐地排在岸边。问后,才知道是霸先的侄子,名叫截蒨,字子华,向来文武双全。子高不敢要求乘船,呆呆地看着。这时蒨在船上一个人坐着无聊,走到舱口向外看,突然看见一个美少年,带着一个包裹,站在船边,虽然衣衫褴褛,可是英俊潇洒,神采奕奕。蒨非常奇怪,心想:“想不到淤泥中还有这样美的璧玉。”原来蒨向来喜欢美少年,一见到子高,越看越喜欢,不由得神魂颠倒。于是派人叫他上船,子高进了船舱叩见后,退站在一边。蒨走近看,觉得更美,就问:“你想去哪儿?”子高说:“我想回家,在这儿等船。”“你回到老家,想来也没有出头之日,要想富贵,就跟我走吧?”子高忽然想起算命先生的话,连忙跪下感谢道:“难得将军不嫌弃,我愿为您效劳。”蒨非常高兴,命令后舱备香汤,让他沐浴,给他穿上华丽衣服,让他侍候在一旁。这一夜两人在同一床上睡觉。蒨的“圣物”勃起,子高这是第一次经历,只是迁就他,却感到非常痛苦,只好咬着被子忍着,被子都咬破了。蒨疼爱他,想停止,说:“应该没有让你太痛苦吧?”子高说:“我人是你的,身体当然也是你的,死都不怕,痛苦又有什么关系呢?”蒨更加疼爱他,这件事完了以后,两人互相拥抱着睡,直到第二天中午还没起来。子高肤色洁白有光泽,柔软细腻，性格又温柔顺从，善于体贴主子的意思，很讨蒨喜欢，所以蒨得到他，如获至宝。从此以后，子高总执佩刀，伺候在蒨左右，片刻不离。蒨向来性急，在吴兴时，每每发怒，眼睛凶得像老虎，气焰烈得像要吃人，但一看见子高，他的怒气马上消逝。帐下有禀告事务的，一定要等子高在旁时，这样就可以不触怒公子了。蒨曾经写了一首诗赠给子高说：

昔闻周小史，今歌明下童。

玉麈手不别，羊车市若空。

谁愁两雄并，金貂应让侬。

于是蒨教给他武艺，并让他学习诗书，子高从此不仅擅长骑马射箭，还精通文墨。

一天晚上，蒨很高兴，悄悄地跟子高说："人们都说我有帝王之相，如果真是这样，就该册封你为王后，只是怕因我们同性，招来闲言碎语。"子高说："以前有女王，就应有男王后。明公果真异常恩宠于你，我又为何不能作吴孟子呢？"于是请求改姓为韩，蒨大笑。年龄渐渐增长，子高的阳具也日益雄伟，蒨曾抚摸着笑道："他日如果遇到娘子军，当让你作前锋，冲锋陷阵，无可阻挡，足以壮大我军的声势。"子高回答说："正担心粉阵绕孙、吴，而不是我这样的铁缠矟翼，王大将军免不了落入坑堑。"他就是这样善于酬接。蒨又梦见骑马登高山，道路危险，人快要掉下山去，子高从后面推他。这样才得以上去，于是更加宠信他。

等到蒨解除吴兴之任，辅佐霸先镇守京口，二人便同居一府。子高也住在府中，所以红霞见到后喜欢上他了，对巧奴说："我虽然有眼力，但没想到同在一家却差点失之交臂。"从此朝思暮想，竟生起病来。巧奴领会到她的意思，于是说："小姐近日精神不振，难道是为了那人吗？"红霞说："不瞒你说，我实在想他，你有什么计策，叫他进来遂了我的意，我会重重赏你。"巧奴摇头说："我也留心好久了，但那人与公子，形象不离，没法接近他，怎么办？"红霞闻言，闷闷不乐，于是作一首诗寄托自己的情意：

错认王郎是子都，墙东更有霍家奴。

只怜咫尺重门隔，暮雨潇潇暗自吁。

## 娇枝嫩蕊喜合欢

一天，红霞正一人闷在房里，忽然看见巧奴笑嘻嘻地走进来说："小姐，你的好事到了。"红霞问："有什么好事？"巧奴答道："今天大将军出征，带着公子一块去。子高因为身体有点不适,不方便骑马,独自留在书房,我已经打听清楚了。到了晚上,我就传你的话叫他,他一定会立即过来。平日里的思念,岂不是一下子就可以消释了?"红霞很高兴,巴不得马上和子高相会。就嘱咐巧奴,点灯后,先把守门的人都打发开,然后立即去东阁,把子高悄悄领进来。巧奴高高兴兴地接受了命令。

再说子高,他随公子在府里,住在东阁,那是府中内园的深处,和小姐所住的内室,只隔着一条夹巷。公子喜欢这儿的优雅安静,所以独独跟子高住在这儿,其余跟随的人,白天到这里来伺候,晚上都睡在外厢房,他把子高当作一个绝色佳人,而把东阁作为金屋藏娇的地方。无奈正碰上军情紧急,子高又刚刚病愈,不能一同前往,就让他留下来看守东阁,这样他还可以静心调养。当天,子高一个人呆着很无聊,到了晚上更觉得寂寞。初更时候,他正要关门休息,忽然看见一个年轻的女子,悄然走到屋里,子高连忙问道:"姐姐到这儿来有什么事吗?"那女子说:"我奉了小姐的命令特来叫你进去。"子高惊讶地说:"我是什么人,怎么敢私自进入小姐的房间呢?"巧奴再三催促他,他却坚决不敢前去。巧奴没有办法,只好回去答复红霞,说他怕被怪罪不敢进来。这时候红霞已经等得不耐烦了,听说他不来,心里更是着急,一腔春意,哪里还能按捺得住,也顾不得千金小姐的身份,带了巧奴,亲自去招他过来。当时夜已经很深了,月亮照得大地如同白昼,府里上上下下的人都睡熟了,只有子高因为被巧奴缠扰了一番,坐卧不安,门还半开着。忽然看见巧奴又回来了,并对他低声说:"小姐亲自来叫你了,快去接见。"子高大吃一惊,连忙快步走出,果然看见小姐站在门口,便说:"我是什么人,怎么敢劳烦小姐亲自来呢?"红霞挥手招呼他说:"来,我有话问你。"转身就走。巧奴就催促他跟进去,子高害怕违背小姐的意思,只好带上门,跟随进去了。很快走进一条长巷子,曲曲折折,直到里屋门前,守门的本是一个老仆人,已经被红霞嘱咐过,早就去睡了,所以没有被人看见,子高心里稍微安定了。等到进了宅门,小姐已在绣花阁里,巧奴在庭中等着,于是带子高直接到了内房,丫头们都很知趣,各自躲开了,只留下小姐一个人靠在梳妆台上。子高见了红霞,连忙跪下。红霞便用手扶他起来:"用不着行这么大的礼,只因我喜欢你,想见见你,你又何必这么为难?"子高说:"不是不想见你,只是不敢罢了。"红霞说:"我父亲很疼爱我,府中的人都不敢冒犯我,你不要怕。"巧奴在一边说道:"夜深了,正是好时辰,请安息吧。"这时女的已经春心荡漾,男的也情欲如焚,于是脱衣上床。要知道红霞虽然情窦初开,却仍是个含苞处女,娇枝嫩蕊,怎么承受得了。只不过这正是自己心中所想,虽苦也乐了。又幸亏子高温柔体贴，二人渐入佳境，让她忘了痛楚。直到打了五鼓，才云收雨散，相抱着沉沉地睡去了。巧奴看见天快亮了，连忙催子高回去。两个人只好披着衣服起了床，送到堂前，又约定了以后相会的日子，就分别了。从此朝出暮入，巧奴也很配合他们，红霞情欲越来越浓，把自己价值连城的珠宝珍玩都送给子高。还在白团扇上写了一首诗，画了比翼鸟送给子高。曰：人道团扇如圆月，侬道圆月不长圆。

愿得炎州无霜色，出入欢袖千百年。

子高也以诗答复：

团扇复团扇，宛转随身便。

珍重手中擎，如见佳人面。

慢慢地，事情逐渐泄露，全府都知道了。只是事关闺阁，又是主人的爱女，谁都不敢多说，所以霸先全然不觉。后来子高得宠，却侮辱自己的同伴，同伴恨他，想揭发他的事，又怕主人庇护他，反而加罪于己，于是偷了他的团扇，逃到建康，交给王颁，告诉他事情原委。王恼怒异常，转告父亲僧辩。僧辩大发雷霆，借口其他原因要求退婚。霸先也发火，认为僧辩无缘无故解除婚约，肯定有所图谋，所以表面上平和，心里很气愤，总想用其他的办法报复。直到僧辩推举渊明为皇帝，又违背他的意思，于是就发兵打僧辩，把他父子都杀了。后来蒨去镇守长城，子高也一同前往，不能与红霞见面，红霞日夜思念，郁郁而死。

## 《男王后》说尽男风癖

《陈子高传》中的陈蒨只是戏言“吾有帝王之相，审尔，当册封汝为后”，而在情节夸张的杂剧《男王后》中，陈蒨真的就实现了他的许诺。《男王后》为明代的王骥德所著，被收录在《盛明杂剧》中。这个剧的第一、二折集中描写了陈蒨与陈子高之间的断袖之谊：

（正名）

临川王不辨雌雄对，玉华主乔配裙钗婿。

秾桃婢误做女媒人，陈子高改妆男后记。

（第一折）

（旦扮青衣童子上开云）绿鬓青衫宛自惊，怕君着眼未分明。东边日出西边雨，道是无情又有情。自家姓陈，名子高，小字琼花，江南人氏。向因侯景作乱，幼时随着父亲避难京都躲避战乱，织卖些草履度日，如今长成一十六岁。听闻临川王剪平贼党，道路已通，欲待觅个同伴，殃及他捣带还乡，只索走一遭去。俺家身虽男子，貌似妇人，天生成秀色堪餐，画不就粉花欲滴。我思想起来，若不是大士座前错化身的散花龙女，也必是玉皇殿上初出世的掌案金童。昨日有个相士，说我龙颜凤颈，是个女人，定配君王。嗳，当初爷娘若生我做个女儿，凭着我几分才色，说什么蛾眉不肯让人，也做得狐媚偏能惑主；饶他是铁汉，也教软瘫他半边哩！可惜错做了男儿也呵！

【仙吕·赏花时】孔翠雌雄认未真，虚度韶华十六春，都一样翠蛾颦。只争个鞋弓三寸，那里肯妩媚让红裙。

【幺篇】绣袂香绡妆束新，一笑花前轻逗引。若借做女儿身，不用些儿胭粉，管娇殢杀有情人。（下）

（丑末扮卒子上）阃外干戈罢，营中鼓角催。鞭敲金镫响。人唱凯歌回。我们是临川王帐下的小校。俺大王爷战胜班师，命俺军前巡逻。远远望见一个行路小厮，向前拿住则个。（内鸣金鼓，丑末追下）（旦慌上）呀，前面金鼓连天，不知什么军兵来了。来到此间，无门逃避，怎生是好？（丑末追上）从君走到焰摩天，脚下腾云须赶上。拿住了！（做缚旦科）（丑）咄，这小厮你是何方奸细，拦我马头？（对末）我们将来开刀。赛个行军利市罢。（末）兄弟，看这小厮，一貌如花，倒也不忍害他。（旦叩头）将军饶命！（丑）也罢。兄弟，我和你且饶他性命，留在军中。日间着他打马草，夜间也好当那话儿，大家用用。（末）兄弟，我看这个妖物事，不是我和你受用得着他的。俺大王爷最爱男风，我们献去做个头功，倒有重重的赏赐哩。（丑）和你有理。大王爷驾到了，和你就送到帐前去。（旦乞哀科）将军可怜！（丑末押旦下）（净扮临川王引众上）杀气中原黯未收，腰间腥血带吴钩。将军战马今何在，野草闲花满地愁。某家临川王陈蒨是也。近因诛灭侯景，还镇吴兴。小校，传令：就此起驾前去。（众应介）（丑末押旦上）启大王爷：今日军前拿得个未冠小厮，请大王爷令旨施行。（净）着绑去前营斩首祭旗罢。（旦叫云）大王爷，可怜！（净）这小厮例娇滴滴好口声音儿，著抬起头来我看看！（旦抬头）（净看惊介）呀，妙哉！你看他辱红齿白，目秀眉清，就是描画成的一般。那家父母生得这们样好儿女来！小校，快去了得，不要惊他。（众去缚科）（净）小孩子，我且问你：你是什么人？为何到此？从实说来。（旦）大王爷听启，念小的呵！

【仙吕·点绛唇】避乱京华，几年孤寡担惊怕。划地思家，干冒金龙驾。（净）哦，是避乱还乡的了。你是哪里人氏？姓甚名谁？（旦）

【混江龙】是天台山下，桃源溪口第三家。（净）怪见是神仙出世了。（旦）

与天家同姓。(净)也姓陈了。姓也姓的好。(旦)名唤琼花。(净)又好个小名儿,果然像朵琼花一般。(旦)闲织青蒲为活计,时编白苎作生涯。(净)就是小人家儿女,倒也不差。(旦)恨鶺鴒比不得鸳鸯嫁。望大王慈悲些子,当一个虫蚁饶咱。(净云)小孩子,我不害你。你莫慌张,可惜惊坏了你。你且说今年多少年纪了?(旦)

【油葫芦】问碧玉芳年未破瓜,刚二八。你觑双鬟的尚系红纱。(净)你有什么本事吗?(旦)我俏身躯惯把龙媒跨,软腰肢解把乌号架。小心儿捧宝刀,款性子陪玉罼。闷来时当的个魔合罗闲戏耍。大王爷,小的不敢说,是个可喜杀小冤家。

(净)呵呵,今日我大王爷遇着你,真是个小冤家了!我问你,家中还有什么人?你可舍撇得下吗?(旦)

【天下乐】我是漂泊东风一树花根芽,若问咱只有隔天涯,两边厢爹共妈。别无个姊妹亲,更少个兄弟雅。但得个受恩深,便甘入马。

(净)小孩子,倒也有些缘法。起来站着说,你可要富贵以的我吗?(旦叩头介)只怕大王爷风弃,小的情愿伏事大王爷终身。(净)起来说。(旦起立)

【村里迓鼓】我生长在蒺藜丛内,怕近不的牡丹阶下。若得备些使数,供些洒扫,当些应答。少不得享些安逸,着些疼热,饶些打骂。谁承望红锦披、白玉横、黄金挂。(叩头科)则饶我割下些儿那话。

(净)可惜了!我怎么舍得阉割你?我看你模样儿倒像女子,就选你入宫,和这班女侍们服侍了我。你可肯吗?(旦)大王爷:

【元和令】你道我俏娉婷似女侍家,我情愿改梳妆学内宫罢。看略施朱粉上桃花,管教人风韵煞。只双弯一搦较争差,但系长裙辨那些儿真假。

(净)说得着人,说得知趣!左右,先取一件鲜明罩甲和我用白玉绦环的鸾带一条,与他穿系著。(众应)(旦穿甲系绦科)(净)小孩子,我后宫妃嫔虽多,看来倒没有你这一个姿色。你明日若当得我意,就立你做个正宫王后。你意下如何?(旦叩头)愿大王爷千岁!古有女主,亦当有男后。只怕臣妾出身寒微,称不得大王爷尊意。

【上马娇】若是比浣纱贮馆娃,与九重天子做浑家。将襕衫改作罗裙嫁,咱省你十斛守宫砂。

(净)话虽如此,只是我和你不免有同姓之嫌,怎生是好?(旦)只要大王爷做主,怕哪个议论来!古时鲁吴同姓,尚且为婚。大王爷果重异恩,臣妾做不得吴孟子吗?

【胜葫芦】自古朱陈总一家。藕叶抱荷花，比别树枝条赢些亲衬搭。我则愁黄金殿上、珍珠帘下，娇滴滴拜时差。

（净）左右，与这小孩子胭脂马一匹、珊瑚鞭一条，就扈从驾前。传令众将官们，一齐起驾前去。（众应）（旦做上马同行科）（旦）

【后庭花】看胭脂马晃脸霞，珊瑚鞭袅鬟鸦。拂翠袖捎旗画，掠红绡刚果飐剑花。我不惯紫茸甲重重披挂，恰便惊闪杀一捻小香娃。

【柳叶儿】见明晃晃戈矛齐亚，乱纷纷旌旆交加。我是个梓橦神簇拥一队天魔下，则这泥金帕、麴尘纱、俏身子，结束的堪夸。

【寄生草】惭愧个痴儿女，夤缘到帝子家。泣前鱼不数龙阳诧，挟金丸一任韩嫣讶，夺鸾篦尽着秦宫骂。谁言女却作门楣，看生男倒坐中宫驾。

（众）启大王爷，已到吴兴了。（净）住驾。（做升殿科）（净）众将官，各回营治事去。（众应下）（净）小孩子，随我入宫，改换女妆，今夜服侍我睡罢？（旦叩头）愿大王爷千岁！

【赚煞】改抹着髻儿丫，权做个宫姬迓。只怕见嫔妃羞人答答，准备着强敛双蛾入绛纱。谩说道消受豪华，愁只愁嫩蕊娇葩，难告消乏。拼则个咬破红衾一幅霞，且将樱桃浅搽，远山轻画。谢你个俏东皇，错妆点做海棠花下。

第二折

（丑贴旦扮宫女上）（丑）覆雨翻云总一般，桃花错做杏花看。（贴）早知不入时人眼，多买胭脂画牡丹。（丑）临川王宫中女侍秾桃、媚柳便是咱们。俺大王爷前日军中带得什么一个妖东西回来，将他改作女妆，好生宠幸。早晨传旨，要立他做正宫娘娘，着我们服侍他梳妆，只得在此伺候。（咲科）媚柳姐，咲杀咲杀！咱们入宫多年，倒不能勾那件买卖到手，他才则进门就这么作怪。难道世间有这样一个带柄的娘娘在这里？（贴）秾桃姐，你不晓得俺大王爷是个黄鳝，定要寻个泥鳅做对哩。（丑）怪见你这个水蚌，只好替我的淡菜做对哩。（贴）碎！不要闲说，娘娘来了。（旦女妆上）淡妆浓抹也相宜，但插山共是女儿。雪隐鹭鸶飞始见，柳藏鹦鹉语方知。俺家从入宫之后，荷蒙大王爷厚恩，宠幸无比。今日有旨。要立我做正宫王后，看我先梳妆等候。看起来世间事也自难料，譬如读书人只要一时间造化际遇，论什么文字高下。如今这六宫姬侍，多少颜色美丽的，倒都不如我了。（丑贴叩头）秾桃、媚柳叩头。（旦）起去，看妆盒过来。（丑贴应，供妆具科）（旦临镜科）

【中吕·粉蝶儿】我恰向这金粉纱窗，照菱花学梳宫样。你与我画屏前吹灭了银釭。你看绣帘高，朱阑敞，曙光初晃。忽絪緼何处吹香？是俏东风，初过刺桐花上。

(丑)娘娘,贴上这几点翠花钿儿。(旦)

【醉春风】翠钿贴双双。(贴)娘娘,簪上这两股钗儿。(旦)金钗簪两两。(丑)娘娘,戴这几朵花儿。(旦)将嫩花头娇插的绿云斜。(贴)娘娘,玉环儿吊下响了。(旦)听吉丁当玉环儿坠响。(丑)娘娘,穿上这几件衣服儿。(旦)和这细袅袅锦带霞翻,鲜楚楚绣衫月掩,长簌簌彩裙风飏。

(丑)娘娘,今日打扮比闲常又风韵许多了。(旦)痴妮子:

【脱布衫】我俏宠儿原似娘行,难道这些时便胜闲常?只近新来略惯梳妆,比乍见时觉增些娇样。

(丑)看娘娘这们样标致,什么妇人家到得来!(旦)

【小梁州】你妇人家只是涂抹些胭脂学海棠,若不打扮便只寻常。俺则略施粉黛淡涂黄,但偷睛晃,就娇滴滴胜红妆。

(贴)娘娘,今日做了王后,不知古人那一个比得娘娘来?(旦)你说那一个古人比得我吗?

【幺】只有汉董贤他曾将断袖骄卿相,却也不曾正位椒房。我如今受封册在嫔妃上,这裙钗职掌,千载姓名扬。

(内传旨科)大王爷传旨:娘娘梳妆完了,请到长秋宫行礼者。(丑)大王爷请娘娘行礼去。(俱暂下)(净引内官宫女上)新得佳人是六郎,咲他红袖太郎当。大雏飞上梧桐树,一任旁人说短长。呵呵,我临川王是个风流古怪的物事。前日军中带得个美人回来,他模样儿娉婷,性格儿不伶俐,倒都不在话下。我平常性子最急,宦官宫女略不像意,一日不知砍下几颗头来!只他在面前,天大的事也都吊在脑后去了。怪物!怪物!今日是个好日头,我就备册玺冠帔,立他做个正宫。左右传旨:快请娘娘升殿。(内官传旨)请娘娘升殿。(旦引丑贴上)(旦叩头)愿大王爷千岁!(净)起来,生受你。美人,自从入宫禁,承奉小心,后宫数千,无出汝右。今日册你为后,好生在意者。(旦)臣妾荷蒙大王爷过爱,得侍衾裯,已出望外。若正位号,恐妃嫔们见妒,死不敢当。(净)不必固辞,哪个敢妒你来!宫监记者:但后宫妃嫔以下,有妒忌娘娘的,即时枭首示众!(众应科)(净)取玺绶礼服过来,就此谢恩。(旦冠帔谢恩科)

【上小楼】念臣妾萍踪流浪,谢圣主恩波浩荡。却将个宋玉东墙,错猜做神女高唐,生扭做飞燕昭阳。恰正好入洞房,唤女郎,妇随夫唱。则愿得侍欢娱,万年无恙。

(净)着开宴者。(旦把盏科)

【幺】娇冉冉曳绣裳，滴溜溜捧玉觞。待我这傅粉何郎，做了个结绮张娘。谢你个行雨襄王，且对靓妆入醉乡。浅斟低唱，断送他砑罗裙上。

(净)看座来，娘娘坐着。美人，我看你弱骨轻盈，柔肌娇腻。我夜来多有莽撞，得无创巨汝乎？(旦)臣妾之身，大王之身也。死耳亦安敢自爱。

【满庭芳】你做蜂蝶的从来莽撞，说什么娇花宠柳、惜玉怜香？我虽则是重茵湿透桃花浪，也子索舍死承当。譬如梁绿珠，粉身楼上；楚虞姬，刎首灯旁。也要细嫋嫋舒咽项，顾不得其间痛痒。如今呵，便受些苦楚又何妨？

(净)说得有趣，只是可惜了你。看巨觥来，我满饮一觥。美人，我看来不但我奈何你的你会承当，便是你奈何人的可也雄壮。吾为大将，汝副之，天下女子兵不足平也！(旦掩扇咲介)正虑粉阵饶孙吴，非臣妾铁缠稍，王江州不免落坑堑耳。

【快活三】你坐中军花柳场，我领前队翠红乡。只粉营双挺绿沉枪，也做得烟花将。

(净)说得快活，我再饮一巨觥。美人，我昨梦骑马登山，路危欲坠。赖汝推挽而什，煞是亏你。今日正位中宫，可也倚仗你不小！(旦)臣妾受大王爷厚恩，杀身难报。当鞠躬尽瘁。死而后已，敢不尽心？

【朝天子】敢忘大王一霎鲛鮹帐，便梦随行蚁堕高冈，也索捧红轮上。筭曳练椒房，脱簪永巷，都依旧画葫芦样。我若改装换腔，就当得兜鍪壮。

(净)呵呵，美人，依你说起来，那真的倒只寻常，不如你假的稀罕了。我从在军中，久废吟咏。今日遇你这们绝色，可没有一首诗儿赠你吗？内侍，彻了筵席，取御用的笔砚过来。美人，就写在你这衣幅儿上罢。女侍们扯着！(做写念介)昔闻周小史，今歌明下童。玉麈手不别，羊车市若空。谁愁两雄并，金貂应让侬。美人，看这首诗儿何如？你好生留著，也当一个恩典。(旦叩头介)臣妾丑陋之躯，得大王爷过赐品题，感激无地。当珍藏笥中，与骨发俱腐朽。

【四边静】这宫衫新样，御墨淋漓，标题数行。可喜杀字挟风霜，一片珠玑晃。抵多少鸳鸯凤皇，乱洒在冰绡上。

(内鸣朝鼓科)(内侍)启大王爷，鸣朝鼓了。请大王爷升殿。(净)美人，我暂到殿上早朝。众妃嫔朝驾了娘娘，著准备夜宴伺候者。(旦叩头)拜送大王爷。(净)免了。(内监随净下)(众女侍朝贺科)愿娘娘千岁！(旦)起来！我今日新正位号，诸妃嫔们都要从我约束。违背的，取大王爷令旨施行。(众应科)(旦)

【耍孩儿】我是个金塘小小莲花长，羞杀唤张家六郎。如今被波神移入五云乡，管领您三百红芳。譬如燕莺并宿原相狎，蜂蝶同枝也不妨，恰好相亲傍。这是牡丹虽好，也要绿叶扶将。

女侍们，大王爷吩咐，准备夜宴，少不得要一班歌舞的供奉。你们不要生疏了，试演习一会儿者。（众应奏乐科）（贴旦）

【三煞】盈盈银烛前，娟娟锦瑟傍，纤纤按拍低低唱。从教选妓随雕辇，一任征歌出洞房。今夕歌相向，是《关雎》一曲，《窈窕》三章。

（小旦舞科）

【二煞】则我这袖梢三尽霞，腰肢一捻香，似俏杨枝风袅在红阶上。这的是蹁跹舞爱前溪渌，恰称那宛转歌怜子夜长，管取围鸾幌。喜煞你个回风赵后，咲翻他个羯鼓唐皇。

（旦）

【一煞】看银河千尺垂，鹊桥一带长，黄姑织女今宵降。蛾眉皓齿人人玉，绣榻金屏处处香。谁承望你个莺花主帅，将我做红粉专房。

众女侍们，暂且退班。待大王爷回宫，服侍夜宴，不得违误。（众应科）（旦）

【煞尾】准备着翠奁添晚妆，金炉烧夜香。想退朝时月到花梢上，你只听楼角铜壶数声儿响。（下）

在第三四折里，陈子高男作女装事被蒨之妹玉华公主得知，两人相通。不久，陈蒨知道了两人之间的私情，他虽然十分恼火，但终究还是看在“夫妻”、兄妹的情面而恩准两人成婚。

对陈子高的描述由《宋书》本传到《男王后》，他的同性恋经历不仅得到了后世的认可，而且有时已经有些超出了正常的限度。

# 陈朝张丽华承雨露不忘娇妹

## 肆掠民女多宣淫

话说齐王听说寿阳被攻陷，非常担忧。他的臣子穆提婆说：“本是别人的东西，从别人那里取来的。即使国家丧失黄河以南的土地，仍可保留一个小国。更何况人生来便如同被寄养一样，当及时行乐，有什么忧愁的呢？”左右宠臣都赞同这种说法。齐王非常高兴，因此把边关的事情放到一边，陈国人逐渐收复其疆土，而齐国又不再争夺。于是，王琳传诏首级于建康，下诏命令在大街上挂他的首级示众，没有人敢去看。于是官吏朱玚给右仆射徐陵上书说：

张丽华

"我暗自认为典午将要灭亡，徐广是晋家留下的后人，应当尽忠来报恩，马孚自称魏室忠臣。梁朝后人建宁公琳，正逢战乱的时候，总方伯之任，老天都讨厌梁的品行，尚且想要匡继。空怀包胥的志向，终遘苌宏之眚（过错），以至于身没九泉，头行千里。只希望皇恩浩荡，下诏赦免王经之哭，允许田横下葬。不使寿春城下，只传报葛之人；沧洲岛上只有对着田地悲伤的旅人。"

徐陵拿到这封信，拿着它去请示皇帝，才下诏把王琳的头还给他的家属。朱玚捧着他的头，葬在八公山的旁边。参加埋葬的人有数千人，都痛哭拜奠。其中有寿阳义士毛智胜等五人，秘密地护送他的棺材到邺。赠言为"武忠王"，用辒辌（古代一种有帷幔和窗户，可供乘者卧息的车，也用作丧车）车载着，然后将其安葬。

都说宣帝大量地选妃子，后宫的宠妃很多，生了 42 个男孩。长子被立为太子，是柳皇后所生，接下来为始兴王叔陵，再次为长沙王叔坚，以下的各个王子，都为众妃子所生。叔陵不善言辞机变，名声很好，皇帝很喜爱他，但是他性格放荡不羁，倚仗皇上的宠爱，乱发脾气，大臣们都很害怕他。十六岁时，出任江州刺史，对待下属严格，部下和百姓都很害怕他。以后又任过湘、衡、桂、武四州，诸州镇听到他要来当官，都害怕得发抖。但叔陵变得更加残暴，征求役吏，到了无以复加的地步。而且夜晚不睡，点着蜡烛直到天亮，召集宾客嬖人，争论民间的小事，来相互玩笑。从白天到中午，才开始睡。其曹局文案，没有听到召唤，不可以上报。潇、湘以南，词人文士，都被强迫做他的侍卫，如果有人逃跑，就杀他的家人妻儿。百姓人家的妻子、女儿稍微长得漂亮的，都被强迫做他的侍妾，纳入府中。州县没有人敢上书，所以皇帝无法知道。有时被召见，命令治理东宫的事务，并监察台省。凡是办事之人，都顺着皇帝的意思来办，即也是加官晋爵，稍微有违反意愿的，必定治大罪，严重的处以死刑。他又喜欢装饰虚名，每次上朝，常常坐在车上，骑在马上，手拿着书稿大声背诵，洋洋自得。回到室中，有时手拿斧头，跟猴子戏玩。又喜欢游玩在冢墓间，见有珍贵知名的东西，就让身边人去挖，取出其中的石头古器，还拿着骸骨肘胫，当作玩耍之物。郭外有梅岭，晋世王公贵人大多葬在这里。叔陵的生母彭妃死后，他希望能将母亲葬在梅岭。于是掘开谢太傅安石墓，扔掉了其中的棺材，来葬他母亲的棺材。开始丧哀的几天，假装哀伤，自称要进行斋戒，将手臂上刺出血来，为母写《涅槃经》。还未到十日，庖厨就杀鸡宰牛羊，每日吃甘膳。私下里召左右妻女淫乐，他行事向来如此。

又有新安王，名伯固，文帝子，生性爱喝酒，用度没有节制，所得俸禄，每次都不够用，酣醉时，常向诸王乞讨。皇帝听说了，爱怜他，特别增加赏赐，后出任徐州刺史。在州上他不理会政治事务，白天出去狩猎或者乘车，到了民间，就叫百姓妇女一同游玩，动辄旬日，所捕麝鹿等物，与百姓共享。皇帝知道他做了不法之事，把他召到京城，要将他废掉。而伯固善嘲谑，辄于谄媚，与叔陵相亲狎，以讨皇帝的欢心。每宴集，必邀其侍饮。而且伯固生性喜欢打鸡野雉鸡，叔陵喜欢挖掘古墓，到野外游玩，二人一定一起走。一日，两人对饮，喝到快醉了，叔陵说道："主上若死去，吾不能位居太子之下。"伯固说："殿下雄才大略，太子怎么能跟你比？将来做皇帝的人，除了您还能有谁？我虽然不善机变，也会为你助一臂之力。"二人大笑。于是心情变得很好，一同谋划不轨之事。伯固在宫中当差，每有密语，一定报告给叔陵。

这时诸王都害怕叔陵，只有长沙王叔坚与他对抗，不愿意附和他。叔坚的母亲，本中吴中酒家女，宣帝微服出宫时，经常到她的酒馆中去饮酒，于是与她私通。直到被下诏封为淑仪，生叔坚。叔坚生性狡黠，力大勇猛，擅长骑马打猎，皇帝也喜爱他。他曾经与叔陵争宠，互相猜忌怀疑。每朝会卤簿，不愿走到对方的后面，一定分两道而走。左右有的为争道而斗，以致出了人命。皇帝对两个儿子都很喜爱，故稍加责备，仍置酒让两人和解。于是二人益无顾忌。

一日，皇帝刚上早朝，忽然听到报告周已灭齐，非常恐惧，对群臣说："周人在东方得志，一定会到南方开辟土地，如此江淮一定会受到侵害。我想派使者去周国，以修旧好，而且可以查看其动静，诸臣以为谁可做使者？"众臣推奉宪审，帝即命宪人关。宪至周，周朝也用厚礼接待。完成使命后，遂回到建康，向皇帝复命说："周虽灭齐，气势令人害怕。但是自周武死后，天元继承帝位，国政一天比一天混乱,朝里朝外都服从于丞相杨坚。臣料天元死后,坚必篡夺周国王位。朝中的事还没有解决,那还有精力向外扩张。只怕坚得志,必有并吞江南之意。还是需要皇上考虑的。"皇帝说:"坚有什么才能去取代周家?"心中不以为然。没过多久,隋果代周,帝闻之,心中害怕,对宪说:"卿料事如神,他日之忧,正不可不防。"宪说:"陛下能念到这里,兢兢业业,隋朝也不能够把我们怎么样!"于是整顿边事,修整武器装备作为自强之计。此时是大建十三年。

次年春,帝生疾病,诏太子及始兴王叔陵、长沙王叔坚,一起去服侍皇帝。叔陵见皇帝病危,心生异志,命典药吏曰:"切药刀太钝,应该磨一下。"根据古代的规矩,诸王入宫,不许带武器,故叔陵欲砺锉药刀,想要造反。甲寅帝驾崩,仓促之际,皇宫上下惊慌,而叔陵命左右到外面取武器。左右没有人理解他的意思,取朝服所佩木剑给他,叔陵顿足大怒。叔坚在侧见之,知道他要造反,就秘密观察他的行为。这时候太子仆倒在地痛哭,叔坚偶然上了一趟厕所,叔陵猝起,从旁边抽切药刀斩向太子,击中项部,太子闷绝于地。柳后大声呼救,叔阮又砍了几下。乳媪吴氏从后边控制其肘,太子浴血而起,奋力挣扎才得以逃脱。叔坚行至宫殿的走廊,闻殿内有喊声,急忙奔人,见叔陵行凶,遂从后拦住他,夺去其刃,拉着他到柱子上,用衣袖将他捆上。这时吴媪已扶太子避贼,叔坚想知道太子在哪里,以得到他的命令。叔陵乘着这时间奋力挣缚,解开捆绑逃走了,他冲出云龙门,坐车飞快地跑回府,让左右隔断青溪道,释放东城的囚犯来充实军力。又遣人往新林,追其所部兵,亲自身穿战袍,戴白布帽,登城西门,招募百姓,花大价钱来奖赏士卒,诏唤诸王做将军,没有人前来。独新安王伯固一个人前来,帮助他指挥兵马。聚兵千人,据城自守。时众军攻入防江,台内空虚,人心涣散。叔坚忙召萧摩诃入内,命令他去讨伐叔陵。摩诃受命出宫,即率马步数百,直接奔向东府。叔陵非常害怕,遣人送鼓吹给摩诃,并说:"事成功,必以公为台鼎。"摩诃诱骗他说:"一定要请你的心腹前来,才敢听从你的命令。"叔陵乃遣心腹戴温、谭麒麟,来见摩诃,摩诃执以送台,斩下他的头来归葬东城。叔陵叹曰:"事不成矣。"就走到内堂,呼其妻妾,把她们都扔到井中,身率步骑数百,离城逃走,欲去新林,而后乘舟奔隋。行至白杨路,被台军追赶。伯固跑到小巷里去躲避,叔陵驰骑拔刃追之,呼曰:"你想要投奔敌人,我要杀了你。"伯固不得不回去,属下大多数都丢掉武器逃跑了。河摩刺叔陵倒地,其将陈仲华斩其首。伯固也被乱军所杀。自寅至巳,战乱才被平定。叔陵的儿子皆赐死。时太子伤重,卧承香殿,太后居伯梁殿,百司众务,都由叔坚来决定。丁巳,太子伤愈,在众臣的簇拥下,在太极殿即位。改元为至德,大赦天下,这就是陈后主。任命长沙王为司空,兼骠骑大将军,萧摩诃为车骑大将军,并封为绥远公,叔陵家的金帛共数万,全赐给这两人。

再说长沙王平定了内乱以后,自以为护驾有功,一天比一天骄横故纵,众臣都怕他。都官尚书孔范、中书舍人施文庆等都被后主宠信,并且他们都不喜欢叔坚的所做所为,所以日夜想着搜集他的过失,在后主面前诋毁他。后主于是疏远了他,让江总作吏部尚书,夺了他的权力。叔坚失宠之后,心中不安,于是醮日月来求福。有人上书告发了这件事,后主查明证实后,把叔坚囚在内省。后主要杀他,让内侍宣敕列举他的罪行,叔坚对曰:"我本心没有别的,只是想与皇上更亲近点罢了。现在既犯天宪,罪本该死,但我死后在地下一定能见到叔陵,我愿意在九泉之下向他宣读诏书,责备他。"后主被他的话所感动,就赦免了他,让他辞官归乡。

## 心痒难耐采嫩蕊

却说陈自武帝开国,纲纪粗备,天下渐安。等到以文宣承统,勤劳庶政,节己爱人,府库充足,民食有余。所以等到大建之末,江南可以称得上富庶。后主即位,因为以前的成就而天下升平,一片欣欣向荣景象。但是后主喜爱诗酒,而且喜好声色。开始的时候,还有两三个大臣在正道上辅助他,也为他在军国要务上稍加留意。之后则奸佞当道,奉承阿谀之言充斥其耳,内宠外嬖,一块蛊惑他,使得后主的志向日益消沉。

再说后宫有一美人,姓张名丽华,本来是兵家之女,她的父兄以织席为业。后主还是太子的时候,她被选入宫,作东宫侍婢。当时后主已经有了孔妃和龚妃两位绝色丽人,两人一并承受后主的宠爱,其中孔妃又胜于龚妃。后主曾对孔妃说:"古人称赞王嫱、西子的美貌,依我看,你的美丽不下于她们。"等到丽华入宫,才十岁,去伺候孔妃,所以后主从来没见过她。一日,后主与孔妃小饮,丽华捧着酒器给他们送进去。后主一见大惊,端详了好久,对孔妃说:"这真是倾国的美色啊!你怎么藏着这样的佳丽,却不让我见到呢?"孔妃说:"我认为殿下这时见到她,还是早了点。"后主问她为什么,孔妃回答说:"她年纪还太小,恐怕微葩嫩蕊,不足以受殿下采摘。"后主微笑,心里虽然爱她,却又怜惜她幼弱,不忍强与交欢。于是作小词来寄寓情意,词是这样的:

海棠初试胭脂嫩,翠佩葳蕤,弱态难支,不许金风用力吹。新桃时样慵梳掠,淡淡蛾眉,云鬓双垂,欲护兰芽不自持。

陈后主做完这首词后，用金花笺写了交给丽华，丽华拜谢接过。孔贵妃看了一眼笑着说道："殿下为什么这样多情？"原来丽华虽然年纪幼小，但天性聪慧，吹弹歌舞，都是一见就会，诗词歌赋，看过便懂。再加上善于察言观色，即使是孔妃也非常喜欢她。刚到十三岁，她就长得轻盈婀娜，行为举止十分优雅，容貌也更加艳丽迷人。每每抬眼看人，双目流彩，左右生辉，后主虽然没有临幸于她，却常常把她抱在膝上，抚摩她的身体。这时的丽华，芳心已被触动，而她那云情雨意，盈盈欲露，引得陈后主更加动情，再也不能等下去了。一天晚上，风景怡人，月光如流水般缓缓泻下，酒兴已尽，后主就挽着丽华同寝。丽华第一次承受雨露，娇声啼吟，婉转动人，说不尽的羞涩，而后主极力温存，她才承受得住。等到灵犀一通，两人都非常欢乐。第二天早晨起床，后主非常喜悦，于是作了一首词给丽华看。这首词写道：

明月映珠帘，依约小阑干侧。昨夜芙蓉帐底，占几分春色。憨痴未谙云雨情，娇羞更无力。为问温柔滋味，有谁人消得？（上调《好事近》）

丽华也依着这个韵和了一首词，词是这样的：

喜气上眉梢，斗转月轮初侧。直雨露恩浓天上，愧好花颜色。柳条枝弱不堪攀，春风借微力。绣帐夜阑情绪，许姮娥知得。（上调《好事近》）

词的结尾处书写着"恭贺御制元韵"。后主看了这段词，高兴不已，赞道："你年纪小小，绝词妙句，结尾的地方提到了孔娘娘，更现你蕙质兰心，真是才女呀！"从此她便与后主如胶似漆，如鱼得水，宠幸超出龚、孔两人之上。

妾闻阴阳无二理，男女本同揆。朝廷之上，不乏文人；闺阁之中，岂无才女？大家续《汉》成一代之良史；苏氏回文倡千古之绝调。斯固巾帼增辉，须眉短气者也，自古有之，今岂无偶？然空闺自蔽，美玉韫于椟中；绣户深藏，丽珠埋于涧底；胸罗锦绣，未着芳声；笔聚云烟，难邀明鉴。蛾眉为之痛心，脂粉因之减价。伏惟陛下，睿思焕发，圣藻缤纷。俾旁求之典，兼及红裙；征避之加，不遗绿鬓，庶三千粉黛，争抒风雅之才；与八百衣冠，共佐文明之治。

## 后主大选女学士

没过多久，宣帝驾崩，后主即位，封张丽华为贵妃。当叔陵谋反作乱时，后主受伤，在承香殿中养病，所有的妃子都不能侍奉后主，唯独丽华侍左右，进汤药，几夜衣不解带。病愈之后，后主更加宠爱丽华。又因为宫廷内虽然宽广，但自从武帝以来，都崇尚简朴。后主嫌他的居所不够华丽，不足以成为藏娇之所，于是在临光殿前，修筑临春、结绮、望仙三阁。高几十丈，一共十间，尽土木之奇，极人工之巧。凡是窗牖墙壁栏槛，都用沉檀木做成，中间嵌着珠翠。外边装饰珠帘，内设牙床宝帐。古玩珍奇，器物瑰丽，都是以前没有的。亭阁下堆积岩石为山，引水集成一池，植种奇树，杂以名花。每当微风吹来，飘香数里。初升的太阳光照耀着后庭。月明之夜，如同到了仙界。后主自己居住临春阁，张贵妃住结绮阁，龚、孔二贵嫔，住望仙阁，并有道路互通往来。又有王、季二美人，张、薛二淑媛，袁昭仪，何婕妤，江修容等七人，都以才色得到宠幸，地位在其他嫔妃之上。丽华曾经在阁上梳妆，或者靠着轩柱独坐，或者倚靠栏杆遥望，看见的人都以为是嫦娥出世，仙子临凡，仿佛在缥缈峰头，令人可望而不可即。

于是外廷的大臣，都争先去迎合皇上。有尚书顾总，字总持，博学能文，尤其擅长五言七言，沉浸于浮靡冲。后主宠信他，每日游宴，多作艳情诗。好事的人相互传抄，争相仿效，诗体一新。又有山阴人孔范，字法言，容貌和举止都很文雅，文章言辞赡丽，得到后主和后妃的喜爱。后主的丑闻过失，范必定做文章为其掩饰，称赞颂扬，又与孔贵妃结为兄妹。后主对他宠爱优待，言听计从，公卿大都惧怕他。范曾对后主说："外边的各个将领都自行组织队伍，难以对付。深谋远虑，不为他人所知。"从此以后将帅稍微有过失，马上夺取其兵权，代替以文吏。边疆防备的松弛都是范造成的。这时朝廷有狎客十人，顾总为首，孔范次之，王瑳、施文庆、沈客卿等又次之，他们都能够出入禁宫，在宫殿内侍宴。

一日，后主退朝之后，正和各位大臣饮酒作诗，内侍呈上短章一道，是贵妃丽华所奏。其略云：

妾听说阴阳没有二理，男女本同揆。朝廷之上，不缺乏文人；闺阁之中，怎么没有才女呢？大家续《汉》成为一代之良史；苏氏回文倡千古绝唱。固然巾帼增辉，须眉短气的人，自古有之，然而在空闺中隐蔽起来，美玉藏在木椟（木匣子）中；绣户深藏，丽珠埋于涧底；胸罗锦绣没有听见芳声；笔聚云烟，难以得到正确的鉴赏。蛾眉为之痛心，脂粉因为它而减价。拜伏在皇上脚下，聪慧焕发，圣藻缤纷。臣妾请求旁求之典。也包括红裙；征避之加，不落下绿鬓，庶三千粉黛，争相抒发风雅之才；与八百衣冠共同辅佐文明之治。（书绝佳。）

后主看过奏章十分高兴，把奏章给各位大臣看，大臣们都劝后主准奏。于是发诏四方，选取淑女，不论士庶贵贱，凡有才色可观者，都可报名送进。州郡争着迎合上意，都遵命。不到数月，选得女子数千，送至都下，都齐集午门。后主于是和张、孔二妃同坐内殿，一一引见。先试她们的才华，再鉴别她们的样貌。才色兼备的人达十多个，赐为女学士。才德很好，但姿色不足的人，任命为校书,供给笔墨之职。长得很漂亮却才气不足的,任命在内府中练习歌舞之事。真个满眼艳丽的女子,笙箫聒耳。每次饮宴,都让各位妃嫔和女学士坐到狎客中间,互相作诗词对答,再评出其中特别好的,配上音乐,令宫女数千人练习跳舞。其曲有《玉树后庭花》《临春乐》等,内有"璧月夜夜满,琼树朝朝新"句,被称为绝唱,大概是称赞各位嫔妃的花容月貌。后主与各位大臣夜夜醉酒作乐到清晨,而对军国政事,皆置不问。百司启奏,宦官蔡蜕儿、李善庆进言,后主都让丽华坐在自己的膝盖上共同来商讨决定,李、蔡所不能记下的东西,丽华便为后主记下,没有一条遗漏。因为参与了朝政,所以天下有什么事发生,丽华都知道。于是后主更加宠爱丽华,后宫之中无人能及。有了这个风气,宫内的宦官与大臣们都互相勾结,买官卖官,公开行贿贪污,大臣们也都趋炎附势。所以上下不一心,君臣解体,国家渐渐开始衰败了。

## 大臣夫人亦风流

当时有中书舍人傅縡,因为自己有才气而高傲,平时有很多人怨恨他,并向后主进谗言。后主听信谗言大怒,命令把其关入监狱。縡在狱中上书说:

臣听说为君的人应该敬畏神灵,体恤子民,节制奢侈欲望,远离谄媚小人,未明求衣,日旰忘食,这样来泽被华夏大地的子孙,以求流芳百世。而陛下却酒色过度,不虔诚地祭拜郊庙大神,专门宠爱淫昏之徒。在身边的都是小人,宦官专权,对耿直的人都视作仇敌,待百姓如同草芥。后宫中到处都是锦绣,马厩还有吃不完的粮食,而百姓们却饥寒交迫,流离失所,这样只会神怒民怨,众叛亲离,如果陛下还不猛然醒悟,改过自新,臣只怕帝王气尽,走上亡国的道路。

上奏之后,后主看后大怒。片刻后,脾气稍稍好转,派人对縡说:"我想释放你,不知道你是否能改过?"縡回答说:"臣的心和臣的面貌是一样的,如果臣的面貌可以改,则臣的心就可以改。"使者回去复命,后主更加生气,于是将縡赐死狱中。从此以后正直的大臣不敢再开口进谏,君臣渐渐分心,后主更加奢侈,百姓生活更加困难。

消息传到长安,正是隋文帝开国之年。隋文帝本来就有削平四海称霸五湖的志向,于是隋的各位大臣,有争先劝隋文帝伐陈,来拯救江南老百姓。隋主曰:"我是老百姓的衣食父母,岂能因为是邻邦就不去拯救他们。"乃下诏历数后主二十大罪,散布诏书二十万份,传遍江南。有的人说兵贵在机密,而隋主说:"若是陈后主惧怕我从此改过,朕又为什么去强求他?如果不改过,我就要替天行道，为什么要鬼鬼祟祟地行动？”于是大治战舰，陈师誓众，命令皇子晋王广、秦王俊、清河公杨素为行军元帅，韩擒虎、贺若弼等为总管，率兵分道四出。凡总管九十、兵五十余万，都受晋王管制，任命左仆射高颎为晋王元帅长史，军队中的事让他裁决。军队东接沧海，西据巴蜀，旌旗船队，连绵数千里，士兵们都奋勇争先，欲灭亡陈朝。

宣帝溺爱叔陵，嫡出庶出几乎没有区别，善良的人都有可能生出夺位之心，更何况像叔陵一样生性凶悍的人呢？晏驾那天，叔陵用药刀行刺宣帝，自取灭亡，这都是宣帝纵容不使其向善的结果。后主生性风流，在青宫时已经是这样，宣帝不懂得选人来辅助他，任其渐渐狂荡下去。一朝继承大统，更是为所欲为，奢侈至极，直至灭亡。可悲呀！

隋文帝大举进攻陈朝，军队将要到达临江，沿途州郡快马传报朝廷，陈朝上下松懈，都不在乎。独仆射袁宪要求出兵抵抗，并且对后主说：“京口、采石，都是险要之地。分别需要精兵三千人，并派三百艘船只，沿江上下防备。”后主曰：“这是平常小事，边城将帅已能够抵抗。若出兵马船只，必然导致惊扰，白白扰乱人心。”于是不听。及隋军深入，州郡接连告急，后主不慌不忙地对侍臣说：“刘国军队三次进攻，周国军队两次进攻，无不打败他们使他们离开，他们算得上什么呢？”孔范进曰：“长江天险，古代便以此为边界，隔断南北，如今隋军怎么能渡过来呢？边将想争功劳，妄说事情紧急。臣总担心官员卑鄙，隋军如果渡江过来，臣一定能做太尉了。”有人妄自传言隋军在路上，马匹死了很多。范曰：“这都是咱们的马，为什么死了呢？”后主大笑，深信不疑，奏乐饮酒，作诗如故。

先是萧摩诃死了妻子，续娶夫人任氏，很年轻。任氏曾以命妇的身份入朝，与丽华说得投机，结为姊妹。任氏长得容颜俏丽，体态轻盈，兼能吟诗作词，才貌双全，颇慕风流。嫁给摩诃，富贵亦已称心，只是嫌摩诃是一武夫，闺房中男女之事，全然不精，所以心里常感不满。入宫后，看到后主与丽华，好似并蒂莲、比翼鸟，无刻不亲，自己却无此恩爱绸缪，十分羡慕。所以看到了后主，往往眉目送情，大有亲近之意。况后主是一好色之主，美色当前，正合心意，怎会轻易放过？只因任氏是大臣之妻，碍着君臣面上，不好妄动。又因为相见时妃嫔都在，即欲与她苟合，苦于无从下手，因此没能如愿。

一天，正当后主临朝，丽华召夫人进宫，留在结绮阁吃饭饮酒，你一盏，我一杯，殷勤相劝，丽华不觉醉了，倚在床上，沉沉睡着。夫人见丽华醉了，乘着酒兴，要去望仙阁.与孔贵妃闲谈一会儿，于是悄悄从复道走去。哪知事有凑巧，恰好后主也独自走过来,夫人来不及回避,急忙行礼。后主笑嘻嘻走近她身旁,以手相扶道:“夫人既然同我贵妃结为姊妹,便是小姨了,为什么要行这种大礼?”夫人才立起身。后主便挽着她的玉手,带她进了密室,拉她与自己同坐,说道:“我爱慕你很久了,今日才合朕怀。”夫人低头怕羞,轻轻说道:“只怕这事不行。”然见了风流天子,态度温柔,早已动心。于是后主抱着她上床,夫人淫笑随和,并没反抗。翻云覆雨,笑语盈盈,以为巫山之遇,不过如此。太监见了,都远远避开,任由他们二人淫荡。良久事毕,于是各自穿衣而起,宫人进来,端上金盆洗手。二人洗罢,同往结绮阁来。这时夫人头发凌乱,满面娇羞,丽华看见,忙上前称贺道:“都是因受皇上宠爱,才能遇上姐姐。姐姐能合皇上心意,便是绣阁功臣了,没什么不好意思。”于是给夫人重新打扮,阁中再开筵宴。那天晚上丽华留住夫人过夜,使后主又与夫人云雨一回。比之初次,更觉情浓。次日,告辞离开,后主欲留,又怕引来非议,因作小词一阕,订下再会之约。其词曰:

雕阑掩映,花枝低压,玉立亭亭如画。巫山十二碧峰头,喜片刻雨沾云惹。相逢似梦,相知如旧,一点柔情非假。风流况味两心同,愿无忘今夜。

夫人也作词一首相和,以谢皇上宠爱。其词曰:

满苑娇花人似醉,芳草情多,也是萦苔砌。多谢春风能做美,一番浓露和烟翠。一霎匆匆罗帐里,聚出无心,散却偏容易。窗外柳丝阑上倚,依依似把柔情系。(上调《蝶恋花》)

丽华见了,忍不住赞叹,曰:“皇上是天纵之才,姐姐是闺中之秀,然都是重情的人。”丽华有一种好处,床上的事从不嫉妒,常引荐宫中美色。后宫妃子都说她贤德,所以夫人同后主有染,不仅不妒,反倒愈加亲热。自此夫人常被召入宫内,留宿过夜。在摩诃面前,只言被丽华留住,不肯放她回来。摩诃是直性人,刚开始信以为真,也不仔细查问。后来走漏了风声,知道妻子与后主有奸情,十分气愤,因叹道:“我为国家苦争恶战,立下无数功劳,才能得到天下。如今皇上不顾德行,奸污我妻子,玷辱我门风,让我有何脸面在朝廷立足!”忠君为国的心肠,因此便冷了半截。

## 井中美女后主藏

隋兵已经开始进攻,贺若弼从北道进攻,韩擒虎从南边进攻,军马渡江,如入无人之境。沿江守将闻讯纷纷逃走。不久,若弼便进驻钟山,在白虎冈整顿兵马,擒虎率步兵、骑兵二万,在新林驻扎,陈朝上下慌乱。这时建康的甲士,还有十余万人，后主向来怯懦，不通军事，军队的事全部交给文庆处理。文庆做事保守，众将军凡是有请兵作战的要求，都不允准。刚开始贺若弼进攻京口，袁宪请求出兵迎击，后主不许。等若弼到达钟山，袁宪又说："若弼带军深入我国，还未站稳脚跟，出兵偷袭，一定可以攻克。"后主又不允许。等到隋兵百万大军都到了边境，后主才开始害怕，于是才召见摩诃、任忠等到内殿，商议军事。摩诃不说话。任忠说："兵法上讲，进攻者贵在速战速决，被攻者贵在稳，现在国家兵强食足，适合固守城台，沿河防守。隋军即使进攻，也不同他们交战，分派兵力切断江路，使敌方信息不通。请派给我精兵一万、金翅船三百，沿江而下，乘机攻击，他们肯定会被挫了锐气。淮南当地人都与我有交情，现在听说我要去，一定都会跟从我。臣又扬言要去徐州，切断他的退路，那么敌军不用攻击便会退走。等到春天水就上涨，上江守将周罗睺等，一定会前来援助，这是退敌的良策。"后主没有能够听从。

第二天，欻然曰："出兵这么久却没结果，叫人心烦，可以让萧郎带兵出击。"孔范在一边称赞，曰："应当歼灭敌人，为皇上保天下。"任忠叩头苦苦请求不要作战，后主不听，对摩诃说："卿能为我一战吗?"摩诃曰："以前作战，是为国家，而今又加上了为妻子和子女。"后主十分高兴，于是派鲁广达驻扎在白士冈，位于各军的南面，任忠在他后边，孔范又往后一点，摩诃一军在最北边。诸军相距南北共二十里，首尾进退，互相都不知道。贺若弼带领轻骑兵上山，远远观望敌军，然后立即骑马下山，率甲士八千严阵以待。摩诃因为后主与他妻子通奸，全无战意。只有鲁广达与贺若弼抗敌，以死拼杀，所向披靡，杀死隋将士三百余人。隋师败退，若弼见追兵到了，于是纵烟隐藏自己。陈人胜利后，将士都将所得的人头献给陈后主求赏。若弼知道孔范骄傲懒惰，于是带兵挑斗孔范，孔范的军队刚交战便败退，诸军看到乱作一团。隋兵乘机攻打，于是陈军大败，死者五千人。摩诃既不退，又不战，于是在战场上被捕。若弼命人杀他，摩诃面不改色，便放了他以礼相待，摩诃于是投降。任忠骑马进了宫，见后主曰："军队已经败退，我实在无能为力，怎么办呢?"后主给他金子两幐，让他招募人出兵作战。任忠曰："陛下只要准备船只，靠近上流诸军，我定当以死护驾。"言罢即出。后主相信了他，于是让太监给他穿好衣服等待。

哪知任忠已经怀背叛，逃到石子冈，正好遇到韩擒虎带军进攻，便下马投降。擒虎十分高兴，于是与他一起前进，直接进入朱雀门。陈军想抵拒，任忠挥手曰："我都投降了，你们为什么抵抗呢?"众人听了，都逃散了。于是城内文武百官都四散逃走。

这时后主身边不见一个人,只有袁宪在身旁侍奉,于是对他说:“我对你从来不如别人,现在人们都弃我离开,只有你留下来。不遇到寒冷,怎么知道松柏常青呢?”说完,就要马上藏起来。袁宪义正言辞地说:“敌军来以后,一定不会有所触犯,既然大局已定,逃又能怎样?我希望皇上您能整理衣冠,端坐在正殿上,效仿梁武帝见侯景的旧例。”后主不听,下榻来回踱步,说:“锋刃之下,怎么可当作儿戏,寡人自有计策。”让宫嫔十几个人跟着他,奔到后堂景阳殿,要投到井里。袁宪从后面看见,忙用身体挡住井口,后主和他相争,好一会儿才得以进去。袁宪恸哭而去。

等到隋兵入宫,抓到一个内侍问道:“你们皇上在哪儿?”内侍指井说道:“在这里。”众人往井下看,里面太黑,叫时无人答应,等到要往里扔石头,才听到叫声。用绳子拉,奇怪的是竟是那么重,等到拉上来才发现,后主原来是和张贵妃、孔贵妃捆在一起。众人大笑。

先前沈皇后性端静,寡嗜欲,后主待她很不好。张贵妃宠倾后宫,皇后淡然退处,从来没有什么嫉妒怨恨。等到隋兵攻入,居然像平常一样。太子深当时仅十五岁,关了门坐在屋里,只有舍人孔伯鱼在旁边伺候。军士叩阁而入,太子安然地坐着,慰劳他们说:“一路征战,你们是不是很辛苦啊?”军士都很敬重他。

贺若弼乘胜至乐游苑,鲁广达仍在督促剩下的兵马,苦苦奋战不止,又杀隋军数百人。到了夕阳西下时,才解甲,恸哭着对众人说:“我不能救国,负罪太深了。”士卒都涕泣嘘唏,遂就擒。若弼夜烧北掖门入,听说擒虎已执叔宝,招呼他来相见,叔宝恐惧,冷汗直冒,两腿发抖,向若弼拜了两拜。若弼对他说:“小国之君,遇到大国之臣,拜是应当的礼数。入朝不失为侯,不用再恐惧。”于是把他幽禁在德孝殿,并派兵看守着。

晋王广一向倾慕丽华之美,私下里嘱咐高颎说:“你进入建康,一定要留意丽华,不要伤害她性命。”颎至,召丽华来见,说:“美固然是美,但太公蒙面以斩妲己,我怎么可以留她性命来害人呢?”于是在青溪杀了她。晋王听说了,心里非常失望,说:“古人说无德不报,我现在有理由来报答高公了。”于是晋王整旅入建康,因为施文庆受委不忠,曲为谄佞,遮蔽人主耳目,沈客卿重赋厚敛,来取悦皇上,和太史令阳慧郎、刑法监徐析、都令史既慧,一起被列为五佞,在石阙下处斩,以谢三吴的百姓。让记室裴矩收图籍,封府库,资财一点都没拿。陈人都认为他贤明。

当初陈高祖杀了王僧辩一家,自以为王室已绝,哪知僧辩还有一个名为颁的儿子存活下来。当初全家被害的时候，颋尚在襁褓，幸亏他的乳母带着他逃了出来，在北方到处流浪。等到长大后，在隋朝当上仪同三司，隋师伐陈，他跟着军队到了南方。等到陈灭亡后，想要报父仇，于是召集了壮士数十人，跟他们一同饮酒，并对他们说："我们家和后陈祖先有不共戴天之仇。想借助各位的力量，掘开他的坟墓，毁了他的尸体，来纾解积蓄已久的怨恨。有罪我自己承担着，即使是死也不后悔。"众人答应了。于是当天夜里就前往掘开陈祖陵，开其棺，尸还没腐，跪下斩了头，把骨头烧了，把灰撒进水里喝掉，说："现在我可以为我地下的父亲报仇了。"天明后自缚，在军门前叩拜，请求治擅命之罪。晋王认为他是重义之人，因循旧制赦免了他。闻者没有不感叹的。

水军都督周罗睺守江夏，与秦王俊相持一个多月，隋兵不能进去。另外，荆州刺史陈慧纪和南康内史吕忠肃据巫峡，在北岸凿石，连了三条铁锁，横在河当中，来阻挡隋船。杨素全力抵抗，历四十余战，杀死隋兵五千余人，杨素仍未能取胜。等到建康平定，晋王广用后主手书，招上江这几位将领。罗睺于是和其他人商量了三天，带兵降隋。慧纪、忠肃也解甲投降。杨素这才得以到达汉口，与秦王俊会合。接着到了湘州，有兵守城，不能进去。素派部将庞晖进兵攻城，全城人都想归降。湘州刺史、岳阳王叔慎刚十八岁，置酒宴招待文武僚吏，酒酣，拍案叹道："君臣之义，到此为止了！"长史谢基伏地痛哭，司马侯正理愤然起身说："君被辱，臣将死，各位难道不是陈的大臣？现在国家有难，实在是生死存亡的时候了，即使不成功，也可见我们的气节。与其受辱，还不如战死。现在这时候，不能再犹豫。不应的人斩！"众人都同意了。于是准备了牛马币帛，诈降于庞晖，诱他入城。叔慎伏甲门口，晖到了之后，杀了他来殉城。于是在建牙勒兵，招合士众，几天的时间，得兵五千人。衡阳太字范通、武州刺史邬居业，都举兵支援他们。素听说晖被杀死，亲自率领大军前来。叔慎与他作战，结果失败，被抓起来。秦王俊在汉口斩了他，其他党羽都被杀死。

因为岭南没人可依附，几个郡的百姓都奉高凉郡太夫人冼氏为主子，叫她"圣母"，以保境固守。晋王派柱国韦洸去安定岭外，到了南康进不去，于是拿叔宝的信给夫人，告诉她国家已亡，要她归附隋。夫人率领职位高的一千多人，面向北方痛哭，告诉孙子冯魂说："以前武帝起兵吴兴，我就觉得他肯定能成功，所以派你出兵相助，后来果然建立了梁。我们家数次受到人家帮助。过去子孙们不能守住锦绣河山，都落到他人手里，悲叹啊！我这一小块地方，又怎么能与大国相抗？"于是派人迎接韦洸。韦洸到了广州，经过的岭南各州，没有不归顺的。于是陈国就平定了。共得到三十个州，一百个郡，四百个县。三月己巳，送叔宝和其王公到长安，陈国于是灭亡。后来有人写了一篇长歌，来记载它的灭亡过程：

南朝天子爱豪奢，芙蓉为国颜作霞。不临朝右明光殿，只恋宫中桃李花。自矜文藻超凡俗，咳吐随风散珠玉。批风抹月兴无涯，品燕评莺意不足。风流性格夸作家，终朝相对人如花。新词艳句堆江总，浅笑轻颦斗丽华。朵楼翠殿飘香远，舞榭歌台六雨满。蓬莱瀛海抱神仙，结绮临春起池馆。朱甍画栋接青霄，云做窗棂虹作桥。龟网罘罳金落索，龙敌屏障玉镂雕。珊瑚座映琉璃榻，绣带珠帘银蒜押。氍毹海上绵云来，翡翠瓶中琼树插。锦筵罗列山海珍，猩褥龙脯堆粉纶。玛瑙盘倾霞灿烂，珍珠红滴香氤氲。纷纷仙乐奏新声，君王欢笑侧耳听。只道升平难际会，冰轮莫负今宵明。昭仪妙句矜无比，学士清词杂宫徵。脂香粉腻惹朝衫，巧笑低吟喜娇美。通宵亵狎两不嫌，但称丽句谐秾纤。声娇语脆醉人魄，音入肺腑如胶粘。谱得新声中音律，后庭玉树真奇绝。莺喉慢转神欲飞，荡志惊魂意欢悦。朝歌暮乐无已时，君臣放浪疑白痴。只知裙衣情无限，那惜眉头火莫支。一朝兵马邻封起，百万旌旗焕罗绮。交章告急如不闻，犹说妖娆贵妃美。陈情袁宪拼白头，痛哭欲解危城忧。邪臣妄议恃万险，长江万里轻戈矛。君臣大笑仍欢乐，饮酒征歌相戏谑。不知天上下将军，御座孤身无倚着。袁宪忠言说不知，临危犹是恋宫妃。三人入井计何拙，千古胭脂辱井嗤。王气金陵且消歇，晋王好色心偏热。谁知宫里貌如花，化作营中剑铓血。荒淫破国忆陈隋，瞬息兴亡至致足悲。虎踞龙盘佳丽地，年年唯见鹧鸪飞。

后主至京，朝见隋帝，帝赦其罪，班同三品，每次摆酒宴，恐怕让他伤心，不演奏吴国的音乐。后来看守的人启奏皇上说："后主没有突出才能，每次朝见，只不过想得个高官而已。"皇上说："定全无心肝。"看守者又说叔宝常喝醉，很少有醒的时候。皇上问喝多少，回答说："与他的弟子们喝一大缸。"皇上吓了一跳，要他少喝，很快又说："随他便吧，如果限制他的酒量，叫他怎么过日子呀！"又把他的亲友们安置在附近的县市，让他们以种田为生。过年的时候也送衣服给他们。他的属下江总、袁宪、萧摩诃、任忠都被封为仪同三司。皇上称赞袁宪有高尚的情操，任命他为江东掌管，并告诉群臣说："平定陈国之初，我不该杀任变奴。他吃朝廷的俸禄，且担当重任，不该以死殉国，说自己无用。这与宏演献肝示忠很相近啊！"皇上欲杀陈五佞，但不知道孔范、王瑳、王仪、沈蓊的罪名，所以就免了他们死罪。到了长安，事情接二连三地败露，皇上才对他们的罪恶感到生气，于是把他们流放到边境，以答复吴越的人民。皇上见到周罗睺就安慰款待他，给他高官厚禄。罗睺流着泪对皇上说："我被陈国厚待，陈国灭亡，无节可守。能免于一死，已是陛下的恩赐了，怎敢奢望富贵呢？”贺若弼对罗睺说：“听到你起兵郢汉，就知道扬州可以到手，我军前进，果然得手了。”罗睺说：“如果与你正面交战，胜利还是失败就不那么确定了。”于是立刻赐官仪同三司。罗睺手下羊翔，早年投降于隋，因攻打陈国有功，做了乡导，官位在罗睺之上。韩擒虎在朝廷上戏弄罗睺说：“人不知道随机应变，才站在羊翔下面，你难道不愧吗？”罗睺说：“我在江南的时候，久仰你的大名，人人都说你是高尚的人。你今天的话，让我大失所望。”擒虎面露羞愧之色。

在这之前，常侍韦鼎到周国，见到皇帝，觉得此人奇特，告诉他说：“你应当成为大贵人，使天下成为一家，一年以后，我的话会应验的。”皇帝觉得不敢当，但还是谢了他。等到成功之日，鼎在江南卖了所有田地房宅。有人问他原因，他说：“江东的称霸之气已经没了，我以后当葬在长安。”等到陈平定下来，皇帝召鼎做了仪同三司。叔宝曾经与皇帝登上邙山，在上面饮酒赋诗：

日月光天德，山河壮帝居。

太平无以报，愿上东封书。

他上奏请求封禅，皇帝也答应了他。他天天都摆酒，出来的时候，皇上对他说：“你酒后稀里糊涂，只有作诗的兴致，怎么能考虑国家大事？我听说贺若弼到了京口，手下报告说事情紧急，你却喝醉酒不省人事。太阳高高在上，你还躺在床上，门都不开。这很可笑，也是天下之所以灭亡的原因。”叔宝死于仁寿四年十一月，时年五十二岁。后获赠“长城县公”的称号。自从南北分裂，晋元帝把都城建在金陵，改国号“东晋”，有过十一个皇帝，历时一百零四年。刘宋继位，有过八个皇帝，共六十年。萧齐取得江山后，有过四个皇帝，共二十四年。梁武帝继位后，有过四个皇帝，共五十六年。陈取代梁，有过五个皇帝，共三十三年。统计南朝的年代，一共二百七十七年，金陵的王气已经没有了，隋统一了天下。有首诗说：

渠大英雄作帝王，威加海内气飞扬。

三秦才睹衣冠旧，何太匆匆归建康。

上南宋

一木难支大厦倾，愍孙血染石头城。

诸王并是天家戚，舅氏江山付道成。

上南齐

保有江东四十秋，疆圉无恙若金瓯。

只缘梁祚应当尽,天命昭明不白头。

上南梁

当代人豪数霸先,文宣继统亦称贤。

“后庭”一曲风流甚。断送东南半壁天。

上南陈

陈后主不理国政,风流之事很多,大臣们正直的少,阿谀奉承的多,导致了灭亡的结局。

## 拓跋珪淫色乱性

两晋拓跋珪年少的时候,历经大难而不死。后来勇敢善战,历经险阻才建立了魏国。没想到他一当上皇帝便骄横暴虐,淫色无度,滥施暴政,落得个被自己的亲生儿子所杀的下场。

拓跋珪

拓跋珪年幼的时候,跟着母亲贺氏背井离乡,饱经生活的磨难,后来投奔到舅舅刘库仁部落,才过上了几天安定的日子。刘库仁死后,他的儿子刘显恶毒如蛇蝎,因为嫉妒拓跋珪才智过人,怕他长大成人之后威胁到自己的地位,竟起了杀心。拓跋珪母子得到消息后,只好打算再次逃走。一天傍晚,贺氏特意准备了一桌丰盛的酒肴,宴请刘显。贺氏虽是半老徐娘,但仍有几分姿色,加之这天又刻意装扮一番,很是妖冶动人。刘显几杯酒下肚之后,已是醉眼朦胧,望着浓妆艳抹的贺氏心动神摇。贺氏借机搔首弄姿,把刘显撩拨得不能自持。刘显喝得烂醉如泥,拓跋珪借机飞马出城,投奔另一个舅舅贺讷去了。

大难不死,必有后福。拓跋珪在母亲不惜对刘显以身相许的救助下得以活命,后来在舅舅贺讷的帮助下,拓跋珪南征北战终于建立起国力强大的少数民族国家——魏国。

做了魏国皇帝之后，拓跋珪仍旧一味地穷兵黩武，大肆征战，一点也不考虑国力空虚、军士困顿的国情。征战之余，他四处掠夺美女，充入后宫，荒淫无度。

有一年，拓跋珪带领军队进攻中山国，军中发生了瘟疫，士兵、战马死伤无数。一时间，士气极为低落，士兵纷纷要求罢兵回朝。许多将领见此状况也纷纷劝拓跋珪班师回朝。拓跋珪很不高兴，说道："我也知道军中兵马死伤很多，很多人思念故土不愿再战，但普天之下，百姓无数，只要我善于统治，自然会有人拥戴我。现在死掉几个人、几匹马，对我而言又算得了什么？"众将领都知道拓跋珪视人命为草芥，若再多言恐怕人头不保，便纷纷退下。随着年龄的增长，拓跋珪脾气越来越暴躁，喜怒无常。不要说军中将士，就是身边的宫女宠妃，也时常提心吊胆，因为随时都有丧命的危险。有一次拓跋珪暴怒，无故杀掉了太子的亲生母亲刘贵人。但他又怕太子对自己记恨，便对太子说："我这是借鉴汉朝的先例杀母立子，防止后宫外戚干预朝政，谋权篡位。"

拓跋珪不仅天性好战，而且极好女色。每占领一个国家或部落，他便从民间掠夺大批绝色女子充入后宫，供自己恣意享用。攻破中山国后，他残忍地杀死燕王慕容祥，见慕容祥的女儿艳冠群芳，便抢其入宫，当天晚上就强迫她陪驾侍寝。拓跋珪十分宠爱慕容氏，立她为皇后，夜夜专房，一时间，"六宫粉黛无颜色"，其他姬妾嫔妃都失去了宠幸。过了几年。拓跋珪逐渐对慕容氏失去了兴趣，遂弃一旁，不再过问。后来听说秦国皇帝的女儿年轻貌美，娇艳可人，又想弄到手，于是派人向秦国提亲，自以为凭借魏国强大的国力，秦国不敢不同意。谁知秦国皇帝不但扣留媒使，而且痛斥他贪婪暴虐，荒淫无耻，拒绝把女儿嫁给他。拓跋珪大怒之下领兵攻秦，想利用武力迫使秦国屈服。不想秦军机智地采用坚壁清野的战术，切断了魏军的粮草供应。无奈之下，拓跋珪只得灰溜溜地撤兵回朝，从此也就断了对秦国公主的非分之想。

拓跋珪的母亲贺太后死时，贺太后的一个小妹妹入宫奔丧。小贺氏虽然不爱装扮，但却如清水中的芙蓉，清丽脱俗。拓跋珪平时见惯了浓妆艳抹的女人，一见小贺氏冰肌玉肤亮丽脱俗，不觉眼前一亮，淫性顿发，深夜派人召她进寝宫议事。小贺氏对他的不良居心早已有所察觉，知道一去可能就回不来了，于是推说身体不舒服不能前往。第二天，拓跋珪乘吊丧之机悄悄对小贺氏说："见你之后，我朝思暮想，茶饭不思，对你念念不忘。虽然我宫中嫔妃无数，但都不如你美貌，你留下来不是很好吗？从此之后，自然有享不尽的荣华富贵。"贺氏知道他是个好色之徒，喜新厌旧，喜怒无常，几天新鲜劲一过，便会把自己抛在一边，便正色回答说："我已有丈夫，贞节和操守对女人来说比生命还重要，女人要从一而终，我不能对不起疼爱自己的丈夫，请陛下原谅。再说，在名分上我是你的长辈，望陛下自重，不要做出被天下人耻笑的事情来。"一番话说得拓跋珪面红耳赤，元言以对。小贺氏走后，拓跋珪仍然不肯罢休，便心生歹计，派人将小贺氏的丈夫刺死。小贺氏心中明白这是怎么一回事，但她一个柔弱女子又能怎么样呢？只好跟着内监进宫，顺从了拓跋珪。一年以后，生了一个儿子，取名叫拓跋绍。

拓跋珪纵欲无度，身体自然越来越虚弱，便开始服一种壮阳丹药。经常服用这种丹药，脾气会变得越来越暴烈，所以拓跋珪越来越喜怒无常，常常有侍从被无辜杀害。一次，小贺氏不小心惹恼了他，他拔剑便杀，吓得小贺氏不得不躲入冷宫，并派侍女去找儿子拓跋绍来救她。拓跋绍本来就对父亲心怀不满，一听此事更是气得两目圆睁，怒火中烧，忙派心腹买通宫中侍卫，于深夜潜入寝宫，将父亲拓跋珪刺死在帐内。

## 北魏冯皇后私通僧人

### 立太子却杀其母

北魏孝文帝拓跋宏于皇兴元年（公元467年）出生于平城紫宫，是献文帝的长子，恰逢母亲李夫人被杀时，他被立为太子。

太和十四年（公元490年）九月，二十三岁的拓跋宏在太后冯氏去世后亲政。北魏一直定都平城，形成以平城为中心、辐射中原的统治格局。而贵族、豪强则把持地方政权，大量的浮户、隐户依附豪强，逃避国家赋役，极大地削弱了国家的统治。

孝文帝拓跋宏亲政以后，推行了一系列的政治改革，以图加强中央政权。冯太后曾在太和八年统一财政收支，推行俸禄制，禁止官吏自行向农民征税。一年后又公布均田制，将编民安置在固定的土地上。太和十年，全国建立了三长制，以五家为邻，五邻为里，五里为党，邻、里、党三长负责为王朝征收租调，征发兵役、徭役，以使王朝有稳定的财政收入。

太和十七年，也就是亲政后的第三年，孝文帝拓跋宏以讨伐南朝齐国为名，率军进抵洛阳，下诏营建洛阳宫殿。前朝、后宫一应人员也全部于两年后迁至洛阳。迁都以后，拓跋宏的政治改革更是大刀阔斧地展开：评定士族门第，以门第选官，依靠鲜卑贵族和汉人士族加强统治；推行汉化，使用汉语，禁用鲜卑语；姓汉人单姓，禁用鲜卑复姓；改鲜卑服为汉服；提倡和汉人通婚；制订汉式官制朝仪。

北魏冯皇后

孝文帝拓跋宏在中国北部皇帝中功绩显赫、政治英明。他酷爱读书，经常手不释卷。拓跋宏熟读五经史籍，更精通道学佛理。拓跋宏文武兼备，能诗能文，不但精骑射，而且倚重人才，兼听博采，从善如流，励精图治。可惜拓跋宏英年早逝，太和二十三年，年仅三十三岁的拓跋宏病死军营。

拓跋宏出生后就一直由冯太后抚养。拓跋宏三岁时被立为皇太子。后来，献文帝入居崇光宫。献文帝信佛，自称太上皇，由五岁的拓跋宏接替皇位。承明元年六月(公元476年)，冯太后毒死献文帝，临朝称制，拓跋宏年方十岁。

冯太后主政期间进行了大规模的改革。太和八年六月，也就是公元484年，实行俸禄制。在此之前，北魏文武百官实行抢掠自给。第二年，在给事中李安世的建议下实行均田制。太和十年，立乡党法，实行三长制。太和十四年(公元490年)，冯太后去世。

孝文帝五岁就做了皇帝，在冯太后的羽翼之下苟且度日。随着年龄的增长，孝文帝在许多方面难以被冯太后接受。孝文帝的皇后冯氏就是冯太后一手安排的。冯皇后把欢乐和痛苦都带给了孝文帝。尤其是冯皇后在孝文帝之外和僧人私通，水性杨花，让孝文帝大动肝火，最后于无奈之下杀了冯皇后。

作为一国之君，孝文帝聪颖过人，视野开阔，胸怀大志，不拘泥于僵化的制度，对不合情理的风俗也决不接受。冯太后要立孝文帝的长子拓跋恂为太子，孝文帝自然没有意见。但是，按宫中惯例，太子的母亲林氏必须得处死。林氏温柔贤惠、娇美动人，顾盼之间，别有一番风韵。孝文帝很宠爱林氏，他不能为了立林氏的儿子为太子，却要杀死林氏。

孝文帝恳请冯太后不要杀死林氏。孝文帝说,我的母亲就是在我立为太子时被杀的,我不能让失母之痛这一令我抱憾终身的残酷的事情重演,伏请太后改了这一制度。冯太后大胆改革旧制,扬名历史。可是,在这项陋习上,冯太后却坚持要立太子而杀死其母亲。

冯太后的理由是,这是拓跋氏的家法,不能因为一个人而破坏家法。孝文帝力争无效,痛苦万分。冯太后真是维护家法吗?当然不是。如果冯太后是因循守旧、维护家法、祖法的人,她又怎么可能进行大刀阔斧的改革?冯太后在对待太子和林氏这件事上,有自己的算盘。

冯太后知道林氏的优点,也知道孝文帝喜爱林氏。林氏也确实是可以母仪天下、立为皇后的。然而,这也正是冯太后所不能忍受的,因为林氏做了皇后之后,新的后族势力崛起。一定会威胁太后冯氏家庭。深谙权术的冯太后自然不会放手权力,她也不能容忍出现这种局面。冯太后掌握着林氏的生死,而她出于政局和权力的考虑,只能在立了太子之后除掉林氏。

## 娇艳女勾魂摄魄

林氏死去了,谁来做皇后?心灰意冷的孝文帝任由冯太后做主。冯太后自然有自己的考虑。冯太后有位作太傅的哥哥,名叫冯熙。冯熙的正室夫人是博陵长公主。文成帝拓跋浚的姐姐,她生下两儿一女。长子名冯诞,次子名冯修,女儿名冯媛。

冯熙贪财好色,除此之外,没有政治野心,不参与争权。正因为如此,冯熙很得人缘,大臣们对他很有好感。冯诞和孝文帝是同年出生,少年时一直陪着孝文帝学习。长大以后,冯诞娶孝文帝的妹妹乐安公主。

冯熙除了正室博陵长公主以外,还有侧室常氏。她长得美艳惊人,先后替冯熙生下冯妙莲和冯姗两个女儿,深得冯熙的宠爱。常氏是南方人,出身平民,但长得标致,聪明而善于心计,因而在冯府中地位稳固,很有影响。

冯太后看着孝文帝长大,并将孝文帝皇后的人选定在冯熙的女儿中。冯太后早将此意告知冯熙、冯诞父子,冯府上下一片欢欣。尤其是冯熙,女儿中能有一人成为母仪天下的皇后,便既能光耀门楣又能名垂青史。兴高采烈的冯熙在照料好几个女儿的同时,便开始着手准备。

冯熙耗费巨资在后花园中修建了一座迎恩亭。亭子建得华丽、别致、别出心裁。迎恩亭四周建水池,夏季池中荷叶舒展,香气四溢,景色宜人。冯熙想在女儿长大以后,起用这座别致的迎恩亭来迎接孝文帝的到来。

冯熙的正室博陵长公主不幸早逝,常氏接管冯府日常事务。好在几个女儿都长得花容月貌,冯熙看着高兴,冯太后的喜悦更是无以言表。冯太后考虑在孝文帝长大后,将冯熙的女儿选送入宫。

太和十二年(公元488年)六月的一天,荷花盛开。冯熙恭请太皇太后和皇帝游园赏荷。冯太后自知冯熙用意,便和孝文帝一同来到冯府。冯府上下张灯结彩,恭迎太后和皇帝大驾。回到娘家的冯太后非常喜悦。大家见面,行过君臣之礼,然后以家人相见,免除一应礼节,共享天伦之乐。

迎恩亭彩旗招展,荷花盛开。孝文帝漫步园中,赏心悦目。盛宴在亭中摆开,太后和孝文帝吃着佳肴,饮酒赏戏。酒过三巡,太后兴致极好,便吩咐让冯熙召来女儿,出见兴致正浓的孝文帝。

正室博陵长公主的女儿冯媛先出见。冯媛虽然长得清秀美丽,但毕竟年龄幼小,还没有长大,身体没有发育,一看还是个稚嫩的小女孩。冯媛知道这次见太后和皇帝很重要,她梳一个平头,在头发上加几点彩饰,身穿紫绸短袄,高领、窄袖,一身标准北方闺女的传统打扮,显得极为端庄。

冯媛捧酒给太后祝寿。笑不拢嘴的太后叫过冯媛,问她的年龄等,冯媛一一作答。随后,冯媛向孝文帝敬酒,行君臣之礼,孝文帝慌忙让冯媛免礼。冯媛是太皇太后冯氏的侄女,孝文帝怎能安然接受长辈的叩拜?何况冯媛小小年纪,谈吐不俗,端庄有礼,孝文帝觉得有趣之外,也有些钦佩。

冯妙莲、冯姗随后亮相。冯妙莲、冯姗是冯熙的侧室所生,但比冯媛要大些。冯妙莲这年十七岁,冯姗十六岁。冯妙莲身材修长,丰腴动人,尤其一双丹凤眼,能勾人魂魄。冯姗也是沉鱼落雁,风采照人。常氏很希望自己心爱的两个女儿能被皇帝看上,选为皇后。

常氏了解孝文帝,深知这位年轻有为的皇帝很喜爱江南,喜欢汉族文化。常氏迎合皇帝的心理,将两个女儿按照南朝贵族女子来打扮,梳着变化多端的飞云髻,髻上斜插珍珠凤钗步摇。身上穿一套紧身粉色绸衫,既显得身材苗条,又显得曲线优美,洋溢着无穷的韵致。绸衫之外,再披一条浅紫轻纱,霞环雾绕,十分迷人。

冯妙莲、冯姗姐妹姗姗而出,婀娜多姿,孝文帝顿感奇光照目,头昏目眩。看着这一对光彩照人的姐妹,太后不禁脱口而出:“好一对美妞儿!”孝文帝也是春心荡漾,不能自已。孝文帝见惯了平头、高领、窄袖、短袄、灯笼裤的北方女子装束,冷不丁地见了南朝的飞云髻和髻上令人心醉的步摇,孝文帝感到飘飘然了。

孝文帝沉醉于南朝美女的风韵中,喝过了美人敬上的美酒,由衷赞道:“好一对姊妹花!”冯太后将一切看在眼里。盛宴过后,冯太后叫过孝文帝,问他怎样看待冯太傅的这几个女儿。孝文帝自然赞叹:“超凡脱俗,绝世佳人。”冯太后问孝文帝喜欢哪一个,哪一个可以选入后宫。孝文帝都很喜欢,不过对明艳可爱的长女冯妙莲更情有独钟。但孝文帝不好直说,只说由太后做主。

冯太后对孝文帝的意思是心知肚明,便召哥哥冯熙,好生夸奖一番后,说皇很喜欢这三个女儿,能不能都送入后宫,日后再从中挑一个做皇后。

冯熙高兴还来不及,哪有什么异议。冯太后又说:“按照礼制,正室博陵长公主的女儿冯媛做皇后最合适,但还年幼。”冯熙也点头附和,冯太后想一想说道:“可先让较大的姐妹俩入宫。”冯熙立即赞同。就这样,经过精心打扮的冯妙莲、冯姗姐妹被众星捧月般地送入了孝文帝后宫。

## 姊妹花绸缪事帝

孝文帝很喜欢这一对姊妹花,尤其喜欢丰满迷人、风情万种的冯妙莲。冯妙莲有一种南方女子的超凡脱俗的风韵,再加上她喜欢南方贵族的装束,更迎合孝文帝的心意。孝文帝对这两姐妹无比宠爱,一入宫便封她们为贵人。孝文帝每日出入两姐妹的宫室,一同娱乐,一同饮食,一同起卧,十分惬意。

冯妙莲、冯姗姐妹各具特色,对多情的孝文帝施以不同的勾魂秘技。冯妙莲长于风月,懂得卖弄风情,情窦初开的年轻皇帝被她弄得百般依顺。冯妙莲更懂得只有用风度、气质、修养加上身体,才能彻底勾住皇帝。冯妙莲极有心机,她得知孝文帝喜欢吃鹅掌,喜欢音乐,喜欢文学,她便在这方面很下功夫,母亲常氏对她也是鼎力相助。

常氏在冯妙莲的建议下请了江南的师傅,教授精心挑选的四个妙龄女子丝竹音乐和歌舞技艺。她们被调教得舞技和歌喉都出神入化。冯妙莲将这四个女子留在身边,以备入宫时助兴。与此同时,冯妙莲潜心于烹饪,尤其能做一手美味绝伦的鹅掌。

南阳王刘昶是南朝宋文帝的儿子。刘昶因不满荒淫无道的宋废帝刘子业乱杀宗室,便逃奔北魏。北魏封刘昶为南阳王。刘昶是南朝贵族,精通音乐、歌舞、丝竹管弦,北魏王公贵族、文武百官无不敬慕。常氏和冯妙莲母女时常向刘昶讨教烹制美味的方法和音理舞技。

冯姗长得清瘦、文弱，为人多愁善感，能写善文。冯姗没有姐姐那么多心眼，更不懂男女风月。冯姗极喜欢冯妙莲所选的四个能歌善舞的女侍，给她们一一取了雅致的名字：兰香、惠香、逸香、琴香。两姐妹就这样欢乐地在宫中打发时光。

经过精心的准备，两姐妹在宫室中设宴，郑重地邀请孝文帝赏光。孝文帝自然高兴赴约，他想见一见这对美人讨他欢心的技艺如何。美酒佳肴、轻歌曼舞、江南丝竹，都是以前孝文帝没有看过、听过的，他简直不敢相信。最后，上了一盘精制鹅掌，孝文帝更是惊呆了，色味远远超过了御厨的技艺！

孝文帝赏赐了四个侍女，问她们的名字，冯妙莲说出了四香雅名。孝文帝更是惊异，问是谁取的，得知是冯姗，孝文帝喜悦之情无以言表。孝文帝拥着这两姐妹，由衷喜爱，并真诚地说："你们真是一对雅致的姐妹，南朝的丝竹、乐舞都学来了，还学来了绝世的美味，太好了！"

冯妙莲见孝文帝高兴，便请求孝文帝给她们姐妹一个评价。孝文帝看看小妹冯姗，笑着说："你娴静温雅，能诗善文，给你八个字——媚而不佻，静而不滞。"这个评价应该说是十分贴切的。冯珊确实不仅美艳娇媚，而且好学雅致，十分端庄，一点也不轻佻；一方面天真、活泼，另一方面又不失美人本色。

这一评价自然使冯姗喜出望外。冯妙莲自然也很高兴，但她更期待皇上对她的评价。冯妙莲紧张地盯着孝文帝，脉脉含情，风情万种，孝文帝看得有些忘情。孝文帝感叹道："风韵妖娆，妩媚艳丽，非你莫属了。"

孝文帝宠爱着冯氏姐妹，她们的官庭生活快乐而幸福。工于心计的冯妙莲花样百出，孝文帝深深陶醉于她的千姿百媚中。好在孝文帝是个理智的皇帝，并不沉溺于女色，极为克制。如果说孝文帝也会忘乎所以，那只是在晚上同冯氏姐妹后在一起时。

## 红颜多舛郎移情

孝文帝有了冯氏姐妹，在学业上更加用功，以免被文学功底很深的冯氏姐妹，尤其是妹妹冯姗嘲笑。孝文帝十分忙碌，对经史诗文、奏章疏议，一一细研。他的老师都是硕学鸿儒，是满腹经纶的饱学之士。孝文帝虚心向他们求教，孜孜不倦。

有一次，孝文帝和其弟彭城王拓跋勰游玩。在一片松林休息的时候，孝文帝听松涛阵阵，见眼前景色迷人，便来了诗兴。孝文帝想到三国魏时，东阿王曹植七步成诗，便建议彭城王何不以松林为题，看几步能成诗，彭城王也很赞同。最后，孝文帝十分了不得地在十步之内，写下一首古朴雅致的诗文：

问松林，松林经几冬？山川何如昔，风云与古同！

才华横溢的孝文帝和冯氏姐妹生活得无比悠闲、舒适。可惜好景不长，到冯氏姐妹入宫第三年，大难奇袭两姐妹。先是妹妹冯姗怀孕，文弱多病的冯姗生不下孩子，终至难产而死！

冯姗去世之后，接着冯妙莲身染咳血重症，一病不起。冯氏姐妹选为皇后的美梦破灭了，孝文帝十分伤心。冯太后和冯熙兄妹伤心之外，更是无比失望。下一步该怎么办？依旧痴情的孝文帝不顾御医禁止看望病人的禁令，每天都去看望卧病的冯妙莲。

冯太后从皇帝的身体着想，只好出面干预。冯太后知道皇帝很悲哀，要求皇帝在探望病人时不得留宿。冯太后知道，治疗是不能耽误的，如果冯妙莲的病治不好，日后一定会结局凄惨，趁病轻时尽力治疗。御医都请遍了，可这病十分古怪，就是治不好。

这个时候，后宫传来一大新闻：来了一个倾国佳丽，远胜过了冯氏姐妹。冯太后也由衷赞叹这女子之美。孝文帝更是看得呆若木鸡。冯妙莲心急如焚，问心腹侍女宝珠、陈嘉，情况是否属实，那女子真的美艳绝伦？像狐狸精？

冯妙莲的心腹侍女只得如实承认，说真的来了一个十分迷人的高丽女子。她的父亲叫高扬，祖居北海，落籍高丽。高扬为躲避军阀混战，带领全家内迁，来到龙城（现热河朝阳）。

高扬生有三个女儿，都十分艳丽，第二个女儿更是漂亮，简直是天仙下凡，谁都想多看一眼。龙城太守得知此事，立即召见高扬的三个女儿，惊异之余，决定把高扬的二女儿进献给皇帝。便修书由专使飞报朝廷。朝廷负责选美的北部院使立即派专人将美女护送到京师。美女到了平城，经北部院验视，立即呈报冯太后。

出于好奇的冯太后，命北部院引见。只见这女子与冯妙莲身材有些相似，但她皮肤白皙，明眸皓齿，秀发如云，有一双令人着迷的眼睛，这一切又是冯妙莲所远不能及的！冯太后虽然有些嫉妒，但不得不承认这个女子的美艳的确是天下无双！太后留下了这个美女。

这美女高氏让孝文帝看傻了眼。冯太后不让孝文帝去看望重病的冯妙莲，孝文帝便移情于高氏，朝夕相处，百般爱护。孝文帝的身影越来越稀少地出现在冯妙莲的寝宫。即便偶尔来走走，态度也不如以前了。孝文帝渐渐对冯妙莲心不在焉，冯妙莲的心里充满了病痛之外的痛楚。

冯妙莲的病越发沉重了。冯太后考虑将冯妙莲送出宫外，安心静养，以求挽回局势。冯妙莲也想这样做，刚好冯府有座家庙，很幽静，环境极美，很适合养病。但这件事必须得到孝文帝的许可。孝文帝也别无他法，便只好同意。

孝文帝亲自入宫送冯妙莲。孝文帝见病中的美人骨瘦如柴，若病柳扶风，便好生安慰，让冯妙莲不要胡思乱想，静心养病，以求尽快康复。并说有家人照料，肯定会早些康复的。孝文帝的话深深打动了冯妙莲，她泣不成声地说："这次离开皇宫，恐怕将与皇上永别。只恨小女命薄，不能好好伺候皇上了，望皇上保重龙体。"

孝文帝见冯妙莲弱不禁风、楚楚动人，这几年在一起的许多美好时光忽然呈现在他的眼前。她文雅娇弱的妹妹也让孝文帝十分伤感，孝文帝的泪水便止不住地流淌下来。孝文帝轻声说："你好生养病，病养好了，接你回宫，我绝不会忘了你！"

冯妙莲悲喜交集，早已清泪纵横。

冯姗死于难产的痛苦嚎叫声中，冯妙莲得了怪症回家养病。对此，冯太后心里十分沉重，一切美好的愿望都消失了，这两朵姐妹花不可能再成为皇后了。但是，冯太后不会就此止步的。只有冯家的女子才能坐皇后的宝座，谁也不能染指。冯熙不是还有一个小女儿冯媛吗？

## 高丽美人夺帝宠

冯太后吩咐下去，冯府立即忙碌起来。对一直笼罩着悲哀气氛的冯府来说，三年后将冯媛送进后宫也不失为一步好棋。冯府上下欢欣鼓舞。冯媛装扮一新，被送入了后宫。冯媛依旧是原来的样子，小巧玲珑，像是没有发育完全。冯媛一身北方女子的装扮，没有一丝冯妙莲姐妹南朝女子的迷人风韵，孝文帝对她毫无兴致。

冯媛不知道皇上的心思，也不愿作态献媚，求取皇上的欢心。冯媛漫不经心，对什么都是漠不关心，显出一种大家小姐的傲慢之气。冯媛对宫室、庭院、花草、松柏、珍奇动物充满了兴致，唯独对男女之事十分淡漠，在这点上和冯妙莲有着天壤之别。孝文帝很觉得奇怪，也觉得乏味，好在孝文帝有风情万种的高丽美人可作慰藉，便也忘却烦恼，只是偶尔才看看冯媛。

太和十四年(公元490年)，冯太后病逝。孝文帝悲痛欲绝。冯太后生前对孝文帝很严厉,一直不肯将皇权交给他。冯太后过于严厉的所作所为虽然让孝文帝时常不满,但他生性仁孝,对冯太后依旧怀有极深的感情。冯太后去世时才四十九岁,孝文帝肝肠寸断,认为这是操劳国事,是为拓跋氏的江山社稷劳累所致。

孝文帝因为哀痛至极,仅仅几天便形销骨立,不成人形。孝文帝五天五夜不吃不喝,宫人们忧心忡忡,后宫夫人们也十分担心。哀痛终于过去了,孝文帝守孝三年。守孝期间,按照丧礼,禁绝酒色,不食荤腥。

冯太后隆重地入葬永固陵。孝文帝为了守陵,要在永固陵旁边修建草庐,遭到大臣们的反对。孝文帝让步,决定将草庐建在太和殿旁边。圣旨下达了,草庐很快建好。孝文帝真的入居草庐,准备在这里守孝三年。大臣们纷纷反对,觉得一国之君如何能如此谨守古礼,而不顾繁忙的政务!孝文帝居草庐六个月后,在大臣们的再三恳请下,离开了草庐,移住偏殿,在东室听政。

三年在不知不觉中流走了。孝文帝按丧礼行事,一丝不苟。文武百官和后宫女子真是无人不深为敬佩。太和十七年,服丧期满。孝文帝正式恢复正常的生活,在大殿理政。服丧期满以后,册立皇后便成了一个首要问题。冯太后生前要求立冯媛为皇后,孝文帝就册封冯媛为皇后。孝文帝虽然心中并不喜欢这个女子,可她是太后的侄女,不好拒绝。

太和十七年(公元 493 年),经过隆重的册立仪式,冯媛正式登上皇后的宝座,成为孝文帝的第一任皇后。可惜孝文帝对她毫不喜欢,冯媛皇后十分凄凉。

冯媛慢慢长大,懂得了男欢女爱,可是孝文帝仍旧对她毫无兴致。当然,仁孝宽厚的孝文帝对身边的皇后冯媛由衷敬重,两人倒是相敬如宾。第二年,即太和十八年(公元 494 年),孝文帝率兵南征,冯媛皇后统率后宫准备从平城迁都洛阳。迁都的忙乱和繁杂一时消除了冯媛的苦闷。冯媛在这段日子里全然没有了以前干瘦的样子,出落得越发楚楚动人。

冯媛的父亲冯熙病故,她的哥哥冯诞也相继去世。孝文帝对冯熙很敬重,对冯诞则情同手足。冯熙是太后的哥哥,同时又是皇后的父亲,孝文帝对冯熙的去世感到由衷哀痛。

冯诞的去世对孝文帝更是一个沉重的打击。冯诞与孝文帝同年出生,少年时,一直陪孝文帝读书,两人感情极好。孝文帝又是冯诞很疼爱的妹妹的丈夫,叫孝文帝如何忍受这悲痛?悲痛的孝文帝把一腔爱怜都投在冯诞的亲妹妹冯媛皇后身上,宠爱着冯媛。悲喜交加的冯媛,心中充盈着悲凉和幸福。

## 罗汉"巧治"冯女病

很长一段时间,冯媛皇后过得欢快舒心。孝文帝很宠爱她,她觉得生活里充满了阳光。可惜她并没有永远拥有这种幸福,她的风流浪漫、水性杨花的姐姐冯妙莲又一次闯入了她的生活,她能用什么来招架这样的攻击,难道就凭她的文弱、娴静?冯妙莲重新赢得了孝文帝,并步步进逼。终于,在太和二十年(公元496年)七月,冯妙莲堂而皇之地登上了皇后宝座,而可怜的冯媛却被废为庶人。冯媛受不了这种打击,一气之下,入了瑶光寺,落发为尼,伴着青灯、梵钟了却残生。

冯妙莲是如何摆脱病痛、重见天日,又是如何从容不迫地战胜冯媛、坐上皇后宝座的?冯妙莲从哪里获得了生命的动力?冯妙莲一直像女魔、女妖、狐狸精一样出没在北魏宫中,宫人们视她为谜团,恐惧而膜拜。

冯妙莲出了深宫以后,随着幕帘低垂的马车的震动,心灰意冷地踏上了回家的归程。短短三年,就这么不明不白地转了个圈?车声不紧不慢地在大道上游荡,那么郁闷,那么死气沉沉,同时也激起了那尘封已久的心中波澜!入宫的岁月,那般风光,那般气派,那般光彩照人,那一年是多大?十七岁!含苞欲放,人生的花季!仅仅三年,香消玉殒,花容尽逝,这难道是命?二十岁便走向生命的终结?

冯妙莲心如止水,万念俱灰。冯妙莲在家庙中带发修行,虽绝了红尘世界男欢女爱的妄想,却把皇帝送行时的许诺牢记心中,一门心思,潜心调养。心无杂念的冯妙莲极有自制力,定力也极好。调养了一段时间,病情便得到了控制。

冯妙莲的母亲常氏将全部心血倾注在女儿的治疗上。常氏四处求医问药,为女儿治病悬赏,奔波劳碌,终于看到了曙光。常氏知道冯太后立冯氏女子为皇后的心愿,冯妙莲又深得冯太后和皇上的喜爱,如果不是这场怪病,这皇后的宝座非冯妙莲莫属。如今冯媛虽然入宫做了皇后,但她仍不能与冯妙莲相媲美,只要冯妙莲能康复,皇后宝座仍会唾手可得。常氏被这希望所激励,更加用心护理冯妙莲,并广请名医为其治病。

冯府来了一位身强体壮的汉子,精通医道,专治女子疑难杂症,系河北人,一直行医在江北一带,药到病除,有高菩萨的美誉。大凡文弱的女子易染邪毒,只要身体强壮的男子以精水滋补,将女子肌体本身的活力充分激发,便能祛除邪毒。高菩萨治愈了冯妙莲的怪病,就是应用了以阳补阴的灵验之术。

冯妙莲在高菩萨的特殊治疗下,竟奇迹般地复原了。冯妙莲处在春光正盛的年龄,年且二十余岁,得孝文帝恩宠,过惯了宫中纵情欢乐的日子。猛然间因病闲住在家庙中,突然间又病症全消,重新恢复了一个健康的、充满欲望的女儿身。可是,回到皇宫在眼下是绝对不可能的,再嫁更是不可能,住在这清静的家庙,连自由都保证不了!

## 后宫美女迁洛阳

孝文帝熟读汉儒经史,中原文化一直深深影响着他。冯太后去世后,亲政理事的孝文帝决意要改变胡人风俗,全盘汉化。魏国一天天地强大起来。魏国建都平城,平城偏僻闭塞,没有发展的余地,也毫无地理优势,不足以作为令万国敬仰的治世之都。孝文帝决定迁都。

孝文帝对大臣们说:"从周开始,汉、魏、晋都先后建都于洛阳,洛阳历来被各国所尊崇;如今魏国国势日盛,不知道众卿对迁都洛阳有什么看法?"很明显,孝文帝先给这场讨论定下了基调,如何证明迁都洛阳是必要的和如何迁都似乎就成了众大臣必须讨论的话题。

北魏王公贵戚大多家在平城,数代都住在这里,留下大批产业,一说到要迁都,无不相顾失色,纷纷反对。反对迁都,理由无非是祖宗在平城创下基业,并以此为基础,魏国才国势强盛,有了今日的大好局面,怎么能轻易弃平城而去?

孝文帝说,迁都洛阳正是为了更好地开创祖宗大业和江山社稷,绝不是弃平城而去。反对派以孝文帝的长弟咸阳王元禧为中心。孝文帝便抓着咸阳王当众辩论。孝文帝知道,咸阳王是此事的关键所在,说服了他,谁也不敢再有异议。

孝文帝问咸阳王,要使江山永久、国祚绵长,是不是要世代传递这国家大业,守好家业?这一点咸阳王当然不会否认。那么,既然要想江山永固、国祚绵长,那么子孙守护家业,必须因势利导,大胆革新,才能适应纷繁复杂的变化。咸阳王也是默认,找不到反对的理由。

孝文帝又依当时形势提出具体改革方案:一是迁都洛阳,威服天下;二是改变风俗,改穿胡服为汉服,改胡语为中原口音。这样做,并非忘了祖宗,而是不让南朝人把北魏这个、威服四海的泱泱大国仍旧披发左衽当作笑柄。

咸阳王无法反驳。秘书监李冲因循守旧,对禁止胡服胡语提出异议,说迁都洛阳,这是百年大计,应妥善解决;至于改变服饰、语言,好像大可不必。李冲还大有道理地解释说:“各地的语言,各有其规律和可取之处,所谓的正音是没有一定的标准的;京师所用语言就是一国的正音,都得遵循,何必贱京师国语而抬高南朝语音?”

李冲的话实际上是反对吸收比北魏更为先进、文明程度更高的中原文化,而维护北魏的尊严。这体现了一种狭隘的民族眼光。孝文帝当然洞若观火,立即反驳,说他根本没懂自己的意思。语言是用于交流的,易说易懂才是最重要的。而目前北魏所说的北方语,多数人都不懂。如果南北江山一统,这语言不通如何实施治理?中原正音被广为使用,都能接受。采用汉服和中原正音正是为统一中原所做的第一步!

孝文帝胸怀大志。可是大多数大臣的反对却阻碍了他改革的步伐。但朝中也有一些目光远大的大臣看到了孝文帝的宏图大业,表示坚决支持孝文帝的改革。孝文帝略感宽慰。

然而,自私自利之徒仍占多数,他们反对改革。几经讨论,都没有结果,实际上就是对孝文帝计划的否定。孝文帝知道时机还不成熟,便决定先缓迁都,而在禁穿胡服、禁说胡语,改穿汉服、改说中原语音上下功夫。

孝文帝是一个坚决果断的圣明皇帝,具有眼光远大的政治家的雄韬伟略。孝文帝颁令天下:三十岁以上的听其自便;三十岁以下的,一律改习汉语,不从者重罚;朝官违禁的罚其俸给;官民一律改穿汉人衣冠,禁止穿高领、窄袖、短袄。

孝文帝赐给德高望重的皇叔安定王拓跋休一套汉人冠服。圣旨如山倒,谁也不能违抗。北魏风俗大变,蒸蒸日上。卢、郑、李、崔四大家族历来以门户相高,不与外姓通婚,连皇亲国戚也不放在眼里。孝文帝决定打破这些门阀大族的陈规陋习,冲破他们建立的森严壁垒,以推动改革的进程。孝文帝强令他的六个弟弟娶四大高门的女子为妻,并率先改拓跋氏为元氏,孝文帝拓跋宏就是元宏。四姓也毫不例外。

改革衣冠、语言的行动进展顺利,增强了孝文帝迁都的信心,他开始着手准备。大臣们依旧坚决反对,怎么办?孝文帝想出了一个好主意。孝文帝以统帅大军大规模南征为名,令各衙门做好准备。南征的准备工作紧锣密鼓进行。孟津造桥的工程立即上马,准备借此渡过黄河。全国内征兵过百万,王侯将相、文武百官一律侍驾从征。

太和十七年(公元493年)八月,文武百官随从孝文帝离开平城,向南进发。大军渡过黄河,驻扎在洛阳。孝文帝巡视洛阳旧宫,只见这些宫室昔日的辉煌已随那个朝代付之东流，残破的旧址上野草萋萋，一片荒凉。孝文帝不胜感慨，流连忘返。

孝文帝只是借南征南朝之威吓唬一下害怕征战的王公大臣。王公大臣们见孝文帝在洛阳旧宫流连忘返，便乘机进谏。孝文帝不给他们机会，大臣们一个个不得安心。分路进军的消息已经传开，惶恐不安的大臣们，纷纷求助于咸阳王元禧。

大军南征在即，孝文帝在洛阳西郊阅兵。咸阳王元禧率领群臣在马前跪奏，叩请孝文帝暂缓南征。孝文帝说南征南朝、统一中原是不可动摇的王朝大业，不过暂缓南征可以考虑，只是有一件事众臣必须表态。大臣们认为只要暂停南征就是大幸事，别的事都不在话下，咸阳王和众人立即答应。孝文帝提出迁都洛阳，要众人着手准备此事。咸阳王和大臣们被逼到这份上，只好满口答应，迁都和送命他乡哪个好些，他们比谁都清楚。

这样营建洛阳城便成了定局。孝文帝派几名早已准备就绪的懂得营造宫室的心腹大臣统领数十万军士，日夜兼程地营建洛阳新宫。孝文帝自己则带领仪仗队、禁军，在河北、山东一代巡视，南游苏皖，由淮北到八公山，游幸淝水大战的古战场，览物思怀，遥想当年金戈铁马的宏大场面。孝文帝巡视各地，了解民情，积极筹备下一步改革。

太和十九年（公元495年），洛阳新宫建成。孝文帝下令迁都。后宫后妃和宫人、仆役浩浩荡荡地迁入新宫。京师的皇亲国戚、王公贵族只有部分留守在平城家中，其他全部迁往洛阳。到这个时候，孝文帝顺利实现了两大改革——迁都洛阳和禁止胡服胡语。

## 鹅掌牵出欢爱情

洛阳的新宫建好了。新宫一应俱全，规模远在平城之上。洛阳太庙气势非凡，孝文帝十分满意。孝文帝要亲赴平城，从平城太庙中请出列祖列宗的牌位，移祀于洛阳太庙。想不到水性杨花的冯妙莲在这次庄严肃穆的礼仪活动中取得了一个良机，从而改变了冯妙莲的命运，也使北魏宫中动荡不安，发生了翻天覆地的变化。

冯熙当时官至太师，体弱多病，卧床不起，受皇帝特旨，留在平城冯府家中调养。皇后冯媛已迁居洛阳。冯媛很想念她的父亲，又不能尽孝道，整天忧心忡忡。孝文帝安慰着冯媛，许诺到了平城之后，一家人前去看望她的父亲冯熙。

冯熙得知皇帝要到府上探视，非常兴奋，就着手准备好好迎接圣驾。在家庙中的冯妙莲听到了这个消息，知道自己重返皇宫的时机到了。冯妙莲拜见父母说自己已经完全康复。冯熙、常氏夫妻看着女儿面色白皙中透着红润，为这意想不到的康复兴奋不已。冯府便重谢了“神医”高菩萨。

冯妙莲知道父母的配合将决定她的命运。冯妙莲先把自己的心思告诉常氏。常氏打算让冯妙莲一同参加家宴接驾，这样就能与皇帝相见。冯妙莲想了一想，觉得不妥，在众多的人员中要引起皇帝的注意并不是一件易事，而且冯妙莲是奉命带发在家庙为尼的，不能让皇帝看见她混入庸众之中。

常氏没了主意。冯妙莲便请求常氏，说只要留皇上在家吃饭，就有办法与皇上相见。常氏还是想不出足智多谋的冯妙莲的妙计所在，以为冯妙莲是想陪膳。要知道，没有特旨恩准是不能陪圣驾进膳的！冯妙莲看着常氏不解的脸色，便笑着道出了自己的妙计。

冯妙莲说：“皇上喜欢吃鹅掌，我做得一手鹅掌美味，皇上当年在宫里百吃不厌！如果皇上能在家用膳，吃到我做的鹅掌，一定会记起我；皇上问起以后，自然会主动来看我，这样，和皇上单独相见不就顺理成章了？”

常氏想不到自己女儿竟如此足智多谋，自然十分高兴，觉得这办法可取。常氏就说动冯熙，让他想尽一切办法留皇上在冯府进膳。冯熙是老臣，孝文帝自然不会拒绝冯熙的挽留。冯熙养尊处优，身体十分肥胖，消渴病一直让他难以忍受，病情很重。他身体虽很虚弱，但神志清楚。

常氏希望得到冯熙的支持，助女儿一臂之力，便把冯妙莲的想法详细相告。冯熙知道皇帝来看望自己的病情已经是很给面子了，他也没把握能留住皇帝在这儿进膳，而且自己也是体力不支。冯熙一时难以定夺。冯妙莲这时出现在冯熙病床边，哭着恳求道：“这是最后一次机会，除此之外恐怕再见不到皇上了，而女儿那样活着倒不如一死！”

冯熙在常氏母女的说动下，终于同意合作。天从人愿，事情的发展竟都依从了冯妙莲的设想。孝文帝讲求节俭，从不讲究奢华的排场。在上第三道菜时，冯妙莲让人送上她亲手制作的美味鹅掌。睹物思情，孝文帝吃到这道菜，立即恍然大悟，记起了冯妙莲。问陪侍进膳的冯熙的儿子冯夙，是谁做的这道鹅掌？常氏立即回答说是女儿冯妙莲。常氏便把女儿已经完全康复，以及在家庙清修的经过，详细讲给了孝文帝。

孝文帝想起了平城后宫那段美好的日子，再也按捺不住自己内心的激情，便决定前往家庙看望冯妙莲。家庙中佛堂素雅，檀香沁人心脾。室内花木幽香,宛如仙境。冯妙莲更是别出心裁:一身天青长衫,高贵素雅,系一条宝蓝色长带,道士髻衬托着清瘦白皙的瓜子脸,清雅娴静,宛若仙子,超凡脱俗。

这风韵迷人、满目风情的素雅仙子迷得多情好雅的孝文帝灵魂出窍。孝文帝立即拥着这个美女。之后,孝文帝便与冯妙莲朝夕相伴。冯妙莲随侍孝文帝,重新回到后宫。只是这时的后宫已在新都洛阳。

## 风情万种轻皇后

冯妙莲很快就征服了孝文帝,让孝文帝在她的石榴裙下不能自拔。不久,冯妙莲便受封为左昭仪,地位仅在皇后冯媛之下。

皇后冯媛极不满冯妙莲的入宫夺爱。虽然冯媛应叫冯妙莲姐姐,但冯媛是正室所出,又是母仪天下的皇后,心里自然瞧不起冯妙莲。冯媛蔑视冯妙莲,认为她出身低贱,无论在冯府还是后宫,都只配作个奴才,如何能和皇后抗衡?

令皇后冯媛疑惑不解的是,皇上为什么一心泡在低贱的冯妙莲寝宫,别的宫室一概不顾?冯媛恨上了皇上,自然对卖弄风骚的冯妙莲更是恨得咬牙切齿。冯媛烦躁、郁闷、妒恨交加,日夜无声地咒骂冯妙莲。

冯妙莲知道自己的妹妹恨自己,更知道冯媛嫉妒得要命。可是,冯妙莲更是瞧不起皇后冯媛。冯妙莲觉得自己年长,又早入宫,深得皇上宠爱,如果不是染病,坐得上这皇后宝座的哪会有你冯媛的份?冯妙莲依恃孝文帝的宠爱,和皇后抗衡。按照祖制,后宫妃嫔美人每月朔望应参拜皇后,冯妙莲每次都称病不去。皇后冯媛恼羞成怒,却又无计可施。

皇后和高丽美人是冯妙莲的两个劲敌。冯妙莲知道,光有美貌是不能在赢得皇上宠爱的较量中取胜的,还要长于风月,善于迷惑皇帝。在这方面冯妙莲信心十足,知道自己老成精明,无人能比,皇后和高丽美人相比之下显得太嫩了。

冯妙莲善于打扮,本来就一头秀发,肌肤如玉。她还能将发式变出各种新鲜刺激的花样。冯妙莲有一称为“肌香丸”的绝手媚术,孝文帝再也摆脱不了。

冯妙莲有孝文帝的宠爱,便恃宠而骄,眼里哪会有皇后?同时,冯妙莲也没有忘记当年的夙愿——夺得皇后宝座。冯妙莲决意一争高低,不顾姐妹之情,夺回后位。冯妙莲时常诋毁皇后,并在孝文帝兴致高昂时,进献谗言。皇后冯媛真是在劫难逃。

有着贵族小姐倔犟脾气的皇后冯媛有一个致命弱点,那就是生活保守,穿胡服，说胡语。孝文帝对此深为不满。冯妙莲便以皇后不理解皇帝的心志、还误解皇上为众王择亲为由，大肆攻击皇后。冯妙莲搬弄是非，挑拨离间，孝文帝便对皇后更为恼恨。皇后冯媛得知这一内幕，恨不得将冯妙莲剥皮抽筋。

冯氏姐妹势同水火。有一天，孝文帝出京巡游，恰好又是后宫嫔妃参拜皇后的日子，冯妙莲照旧以生病为由，不来拜见皇后。皇后冯媛凭皇后金牌强召冯妙莲来见。冯妙莲没有办法，只好前去拜会皇后。

皇后冯媛见了冯妙莲，立时涌起切齿之恨，厉声呵斥："你没进宫时，这里都和和美美的。自从你入了宫，搬弄是非，妖媚邀宠，装病不行大礼。你目无皇后，违反宫规，弄得后宫乌烟瘴气，该当何罪？"冯媛狠狠地盯着冯妙莲，气血上涌，浑身发抖。

冯妙莲从容地说："我是姐，你是妹；我入宫在先，你在后；你是皇后，我是昭仪。无论是大小、先后。还是名分，我都不计较什么，你还这般跟我斤斤计较。皇后就这般无度量，又何以母仪天下？"冯妙莲不卑不亢，以守为攻，反而指责皇后。

皇后冯媛气得脸上变了颜色。冯媛咬牙切齿，决定执行后宫家法：剥掉冯妙莲的衣服，杖二十大板。皇后吩咐了，就是懿旨。可是，站在一边的宫人谁也不敢动手。嫔妃们纷纷跪下，替冯妙莲求情，更是让皇后下不了台。在众人请求下，冯妙莲向皇后低头认错。

这场风波暂时平息了。两姐妹的冲突在一次宫中家宴中再度爆发。孝文帝宠爱冯妙莲，家宴时，让冯妙莲和另外几个嫔妃侍宴。兴致正浓的孝文帝，突然记起了皇后，便命侍女前去召请皇后。皇后厌烦冯妙莲，不愿意赴宴。孝文帝派人多次催请，皇后这才赴宴。

按礼，皇后冯媛到达时，各嫔妃宫人都得跪迎。众人离座迎接，冯妙莲却只是欠身致意表示迎接。冯皇后心里非常不快。皇后向孝文帝行礼请安，冯妙莲就在皇帝身边受礼。皇后更感不快，怒气之下不想入座。孝文帝赶紧抚慰，笑着请皇后入座。

冯皇后怒声说："我怎能与骚狐狸同座！"众嫔妃内心窃喜，知道一场好戏即将上演。冯妙莲立即接话："谁是骚狐狸？"皇后冷冷地说："心知肚明，何必多问！"孝文帝坐在一边，面露不悦。孝文帝叫了一声："皇后！"

皇后见孝文帝还站在冯妙莲一边，委屈、屈辱一齐涌上心来，便冲着孝文帝哭诉："陛下，她目无皇后，以下犯上，为所欲为，你还纵容她，简直是被她迷昏了头！她不讲道理，你不但不加指责，反而帮她，你们都是一路货！"皇后泣不成声，哭泣着离去。

孝文帝本想让皇后共享家宴的欢欣，却落得这种结局。皇后不仅当着众人公然和昭仪对骂，还敢骂皇上！孝文帝恼羞成怒。冯妙莲哭诉委屈，添油加醋，一一列举皇后的不是。这更是火上浇油。孝文帝本来就对皇后不热心，盛怒之下，将皇后废为庶人。冯媛迁居宫中瑶光寺，终身为尼。

## 后宫僧人事皇后

这一年，十五岁的太子拓跋恂年轻气盛，意气用事，难耐南方暑热，喜好北方凉爽，竟趁孝文帝不在京师，私自前往平城避暑，被守城的人阻拦。太子这是目无王法，况且连炎热都不能忍受，将来又凭什么一统天下？太子的厄运就此降临。

孝文帝得知太子出逃，龙颜大怒。孝文帝派人捉来太子，亲自举鞭抽打，发泄怒气。太子的这种违反君命、目无王法的行为，致使他丢掉了太子宝座，被废为庶人。接着，经反复权衡，孝文帝立高夫人生的儿子拓跋恪为太子。

冯妙莲没有生育儿女，但冯妙莲想抚养年轻的太子。太子拓跋恪这年十三岁，为人乖巧、聪明，很懂规矩。于是冯妙莲看准时机，派心腹在汲郡共县将太子的母亲高夫人杀死。然后，冯妙莲奏请抚养太子，孝文帝自然同意。

冯妙莲在一步步地实现自己的野心。太和二十一年（公元 497 年），南齐和北魏在河南南阳兵戎相见。孝文帝统兵二十万，进军新野。孝文帝离京，立心爱的冯妙莲为皇后，统帅后宫。冯妙莲再一次实现了自己的野心。

孝文帝南征，与齐兵两年苦战，最后病倒在汝南。冯妙莲就乘机召进高菩萨，公然与他淫乱。宫人们心知肚明，但人人自危，不敢进言。孝文帝的幼妹彭城公主也知道这起丑闻。彭城公主心里很不是滋味。

彭城公主嫁给了南阳王刘昶的儿子，丈夫早逝，年轻守寡。冯妙莲有个同母弟冯夙，看上了彭城公主，冯夙向冯皇后求情，想娶公主为妻。冯妙莲觉得这样联姻也很好，便奏请孝文帝，让彭城公主改嫁冯夙。冯府上下，没有一个人能得到彭城公主喜欢。知道冯皇后私通的秽行后，彭城公主更不愿嫁给冯夙。

冯妙莲皇后逼嫁彭城公主，并自定婚期，一定要为冯夙操办此事。无奈之下的彭城公主只好带几个心腹随从，乘车飞奔汝南，向哥哥孝文帝求救。孝文帝正在病中，见小妹远道冒雨奔波而来，甚是不解，问是什么缘故？

彭城公主说不愿意嫁给冯夙。孝文帝说这是自己允准的，嫁给冯夙也不是一件坏事。彭城公主便说："皇后淫乱后宫，哪能嫁给这种人的弟弟！"孝文帝大为震惊，询问详情。彭城公主便说，冯皇后以中常侍双蒙为心腹，引进一个叫高菩萨的僧人，两人一直在宫中私通！

孝文帝闻所未闻，以为这是气昏了头的妹妹在编造故事！那般美艳、风情、痴情绵绵的皇后，在他之外居然还会和别人私通？他怎么能接受这个现实？彭城公主严肃的表情震动了孝文帝。孝文帝立即派心腹悄悄调查。

冯皇后得知彭城公主去了汝南，知道事情不妙，公主肯定会抖落她的秽行。冯皇后遣走了高菩萨，施展媚术，不断地派亲信到汝南问候孝文帝。孝文帝不动声色，病情好转之后，孝文帝回到洛阳，秘召小黄门苏兴寿。苏兴寿对皇后的秽行直言不讳。

这天深夜，孝文帝宣召冯皇后来温室进见。进屋前，侍从对冯皇后搜身，冯皇后便知大事不妙。冯皇后很镇定，一进门便跪倒哭诉自己的痴情、关爱和委屈。孝文帝说："你如何解释自己的丑事？"

冯皇后见到高菩萨、双蒙都被绑在门外，这时便想抵赖。冯皇后神秘地说要跟孝文帝单独说。孝文帝命左右退下。内廷总管、长秋卿白整请求留下，以护圣驾。冯皇后还是不愿意，白整便塞上耳朵，守在孝文帝身边护驾。冯皇后附在孝文帝耳边低语，孝文帝连连摇头。

接着，孝文帝召见彭城王拓跋勰、北海王拓跋洋，他们都是孝文帝的弟弟。孝文帝对他们说："她现在不是你们的嫂子，也不是皇后，你们要把事实问个清楚！"二王审问冯妙莲，一切俱实，冯妙莲供认自己请过女巫，诅咒孝文帝。高菩萨、双蒙被处死。冯皇后被废，秽行外扬，皇室蒙辱。冯皇后被幽囚深宫，令其自裁。

冯皇后不想赴死，孝文帝也没相逼。太和二十三年，孝文帝在汉水大败齐军以后，一病不起。四月，病重北返，到河南鲁山时，驾崩。孝文帝死前召其弟彭城王说："皇后不守妇德，我死后恐怕她会扰乱朝纲；我死后，传遗诏，赐令其自尽，并以皇后之礼葬于它处。"

孝文帝在位二十八年，终年三十三岁。北海王和长秋卿白整来到冯妙莲的住所，奉上药酒，执行遗诏，令冯妙莲自尽。冯妙莲贪生，大喊大叫："皇上不会让我死，是你们要用毒酒害我！"北海王强行执行，迫冯妙莲喝下毒酒。后来在长陵，以皇后之礼安葬冯妙莲。

# 高欢忙军务不忘淫乐

## 立新君妻妾受封

斛斯椿在田舍会见平阳王,并派使者向高王报告。高王大喜,便遣娄昭率领四百骑兵前去迎接。平阳王到了,被迎入毡帐,高欢申明自己的诚心,感动得平阳王泣下沾襟。平阳王谦让不肯接受。高欢再次拜谢,平阳王也再次拜,高欢令人准备御服,送进汤沐,日夜守卫平阳王。第二天,忠臣们骑马上朝,派斛斯椿捧着书表去进劝平阳王。斛斯椿进到室内,低头不敢到平阳王面前去。平阳王让思政把书表拿过去给他看,说:"今天我不得不称帝了。"高欢于是代为中兴帝作诏书,决定让出帝位。四月戊子,平阳王即位于洛阳城东郊,称为孝武皇帝,此年整二十三岁。开始用代都旧制,用黑色的毡子蒙住七个人,高欢居其中。孝武帝在毡上向西祭拜天地。仪式结束后,入御太极殿,大臣们都上朝祝贺,升阊阖门,大赦天下,改年号为太昌。以高欢为大丞相、天柱大将军、世袭定州刺史,朝中百官相应均得升迁。晋升高澄为侍中、开府仪同三司,自行设立以下的附属官职。高澄拜谢孝武帝。孝武帝欣赏他长相俊美且是良才,于是赐他宫锦三百匹、白玉带两条、黄金百斤、珍珠无数。大概孝武帝是知道高欢也器重他,所以赐予丰厚赏赐吧。一天,王思政、孙腾在旁时,孝武帝说:"高王对国家的功勋太大了,可恨的是没有合适的官位可以酬谢他。朕听说他有一个女儿还尚未定亲,便想娶她作为皇后,和他结姻缘,两位爱卿认为怎么样?"然后又望着孙腾说:"你是高王的旧友,你就同思政一同前去,说明我的意思。"这两位于是奉命前去求见高王,并转达孝武帝的旨意。高欢拜谢说:"我的女儿还年幼,又十分丑陋,怎么能与皇上相配。如果一定要结成亲家,那么皇上的妹妹华山公主与我的弟弟高琛年龄相仿,可以结为婚姻。还烦劳两位转告于孝武帝,不

高欢画像

知行不行?"两个人回去把这件事告诉了孝武帝。孝武帝说:"他的弟弟高琛当然成啊,朕立即招他为驸马。至于高欢的女儿,朕就纳她做中宫皇妃。两位爱卿还须为我促成此事。"孙腾说:"高欢的妻子娄氏辅助高欢成就了功业,娄氏对他们的女儿十分钟爱,还望皇上加恩于娄氏,只要娄氏答应了,高欢则必然同意。"孝武帝问道:"高欢有几个妻妾呢?"孙腾回答道:"一个妻子五个妾。"然后报出各个人的姓名。孝武帝想使高欢高兴,便给他的妻妾都赐了封号。娄氏封渤海正夫人,王千花封渤海左夫人,穆金娥封渤海右夫人,胡桐花封恒山夫人,岳灵仙封遂安夫人,游瑞娥封仪国夫人。圣旨颁布后,高欢十分高兴,立即入朝谢恩。对孝武帝说:"臣没有什么大的功勋,但是皇上对我的赐赏延及到我的妻子儿女。这使我刻骨铭心,恐怕怎么报答陛下都不够啊!但是我还有一个事情没有告诉您,我小时候失去父母,多亏姐姐云莲抚养,才得以成人。她就是领军尉景的妻子,请求陛下给她赐一封号,来报答她对我的恩情。"孝武帝答应了他,于是封尉景妻子为常山郡君。高欢拜谢过孝武帝,然后退朝回家。

先前,高欢有一位叔叔叫高徽,是河州刺史。他死后留下一个儿子归彦,同母亲流落河州。高欢把他们母子接到京城,归彦年龄尚小,于是命高岳收养他。鄚城有一个叫高隆之的人很有才能,高欢便认他为弟,引见给孝武帝,当了侍中。高欢刚起兵时,世隆知道司马子如同高欢有交情,就让他去当南岐州刺史。高欢进入洛阳,任命子如为大行台尚书,参与军队和国事的管理。同时又选拔贺拔岳去当冀州刺史,贺拔岳畏惧高欢,打算一个人单枪匹马去上朝觐见皇上。右丞薛孝通对贺拔岳说:"高王带领数千鲜卑族人打败尔朱氏的百万之众,的确是难以抵挡啊!现在诸将有的官位以前高过他,有的和他平级,虽然都臣服于他,这都是迫不得已呀!现在这些人有的驻守在京城,有的留守州镇,如果高欢要除去你们,则会大失人心,如果让你们留下,又会常起疑心,成为他的心腹之患。而万仁又一次败走,但犹有并州,高欢内抚群雄,外抗劲敌,怎能离开他的老巢而与你去争关中之地呢?况且关中豪杰都听命于你,愿意献力献智,您凭借华山作为城墙,黄河作为沟堑,进逼就可以兼并山东之地,后退能够封锁函谷关,怎么能束手就擒,轻易受制于人呢?"他的话还没有说完,贺拔岳拿起孝通的手说:"你说的的确对啊!"于是,表示辞谢后走了,而没有前去接受征召。高欢看了驾拔岳写的信,对使者说:"贺拔公,关西的军国大事全部委托给他处理,不会给朝廷留下祸患。"

当时高王认为尔朱兆在并州,便打算北征,于是留下段荣父子、娄昭、孙腾、高乾、高隆之等一千人守护京城,自己率其余将士北征。高欢入朝与孝武帝辞别，孝武帝下殿坐车亲自送高欢，一直到乾脯山，群臣皆集。高王再次辞别，孝武帝下了御座将他扶了起来，握手而别。大军达到邺城时，将仲远、度律押送到京城并处斩了。高澄请求驻守邺城，高王于是分了一半的军队给他。又考虑到他还比较年轻，便命高岳作为副统帅，让他们一同赶往晋州，沿途的地方官员们无不夹道迎送。快到晋州时，晋州的官吏军民都出来远远迎接。那个时候，晋州官署已改为王府，仪仗已是半朝銮驾，万民争迎，亲眷们无不啧啧称羡。高王回到府里，先与娄氏相见，而后金娥、桐花带着子女们都来拜见。不一会儿，游氏、岳氏、王氏几位夫人都来了，彼此相见后，高王对娄氏说："分别了两年，令人高兴的是你们都很好。现今承蒙皇上恩典，你们都被赐予封号。今天是个吉日，应该开读受封。"听到这个消息，各位夫人都非常高兴，赶紧准备好香案谢恩。当天夜里，高王便住在娄氏的房中，笑着对娄氏说："因为你宽宏大量，所以我在外又娶了三个妾。"娄氏回答说："祝愿大王功业日隆，多娶几个小妾又有什么害处呢？"高王听过，非常感谢。第二天，高王去拜见内干夫妇、姐姐云莲，他们都非常高兴，各自相互庆贺。

孝武帝登位后，害怕高王作对，于是委心相托，对高王的话无不听从。这时，高隆之依仗高王的权势，侮辱朝廷公卿，南阳王宝炬将其打了一顿，说："不过是个镇将，就敢这样吗？"孝武帝因为高欢的原因，让宝炬担任骠骑将军，让他去守卫皇宫。随后下旨泒遣太尉长孙稚去晋州，迎接高琛来京完婚。高琛，字永宝，自小没有母亲，完全由娄氏抚养成人。将要与孝武帝结亲了，于是去同娄氏拜别，娄氏说："你有如此福气，不是偶然得来的，但不要依仗你父母的权威为非作歹，这是维持福气的方法。"高琛再度拜谢，这一年他才十六岁。

## 擒帝后夫人献策

这年秋天，七月，高王起用晋州、邺城两处人马，向北进攻晋阳，征召高澄随军同行，又命段荣留守邺城。又因为桓山夫人曾征伐过步蕃，熟悉那里的地势，所以也带她同往。接着，高王带领一部分军队进入滏口，大都督库狄干带兵进入井陉。随后孝武帝派高隆之率领十万兵马同高王会合于太原，然后驻扎在武乡。当时军中谋臣如雨，猛将如云，军威很盛，尔朱兆听了以后，非常惊惧。况且并州的将兵们经过两次大败，无不望风生畏，谁还敢前去迎敌？尔朱兆欲战不能，欲守不可，于是大掠晋阳，带了家眷，向秀容逃去，连北乡公主、孝庄后也撇下不顾了。等到北乡公主知道此事，高王已兵临城下，北乡公主只得领三千亲军,狼狈而逃。城中无主,百姓大开城门,执香跪迎高王大军。高王入城,安抚军民后,知道北乡公主并未逃远,于是命恒山夫人领兵追赶。桐花追赶一昼夜,终于追上了,北乡的人马约有一千,且由孝庄后押后。孝庄后武艺本不弱于桐花,但是军士慌乱,她心中胆怯,与桐花交战数合,转马便逃。桐花赶上,生擒过来,并且俘获了尔朱荣妾张氏和他的幼子文殊。唯独北乡公主逃往秀容。

高王据有晋阳,以地势雄壮,东阻太行、常山,西厄蒙山,南拥霍太山、高壁岭,北控东陉、西陉两关,如同金城汤池,真是福基之地。于是高王在白马寺的基础上,创建渤海王府。规模极其宏大,动用三万劳工,不分昼夜建造,并且限日竣工。高王派高澄屯兵城外,把尔朱兆旧府暂作行署。一日,桐花到军中,报告说掳得尔朱氏至亲三人,俘甲士五百余人,孝庄后被其生擒于马上。高王大喜,安排宴席为桐花庆贺。两人对酌,酒喝了一半的时候,桐花说起尔朱后年少青春,容颜绝世,可惜国破家亡,被擒于干戈之际,做了一场皇后却落得如此结局,真是人生之大不幸。高欢听说孝庄后十分美貌,不觉心动。问道:“孝庄后在那儿?”桐花回答说:“软禁在营。”高欢便说:“明日召来,我来解决。”桐花道:“怎么解决?”高王说:“她虽是天柱的妻子,却陷于逆党,实系孝庄帝之后,理应给予宽恕,使她不失富贵。”桐花道:“正宜如此。”宴席散后,于是和桐花同寝。第二天,高欢在一个房子里单独召见孝庄后和张氏。孝庄后来到庭院中,高欢远远就看到了,她果然天姿国色,盖世无双。于是下去迎接。孝庄后看到高欢后,就掩袂流涕。高欢便向孝庄后下拜,孝庄后没有办法,也只有下跪而拜,高欢对她说:“你不幸遭遇国家变化,以致到现在这样,这都是尔朱兆的过错,并非是你的错啊!军营中不便居住,这儿原来是你的旧府,你就住在这儿吧。”于是,高欢命人送她们到内堂,生活起居,一应照旧。那时宫内的人都能人内而住,张氏和孝庄后以为高欢对她们如此相待是看在天柱的面子上,因此并不认为有什么奇怪的。桐花听说后,劝谏高欢说:“我听说大王把孝庄后留在府中,我认为这样不妥。孝庄后居内堂,王居外堂,我住东厅,虽然各个居室相隔甚远,然而同居一府,恐怕会招人闲话的。为什么不让她另居别处,以礼待之,那样大王您的重义的名声,岂不闻于天下。”桐花觉察出高欢的意图,问:“您愿意纳她为妾吗?”高欢没有回答。桐花说:“您提出为永安复仇,所以天下响应,如果你纳孝庄后为妾,如何向天下交代,且天下美女多得是,何必犯此不义?”高欢回道:“你不要再说了,与她同住一室又怎样?”桐花知道高欢主意已定,不可挽回,叹道:“早知道美色将迷人心,真后悔不如当时放走她,是我连累了大王啊!”高欢听后,笑着走了。

## 迷美色高欢献殷勤

第二天，高欢召来张夫人，对她说："你们犯有灭门之罪，你同文殊理应一同处死。"张氏当即跪地求饶。高欢说："我有一事相托与你，如果你能完成它，不但可以免死，还可以得到富贵，你能不能做到？"张氏问："什么事？"高欢说："孝庄后年少，守寡在身，如果能成为我的夫人，就会金屋藏娇，以正妃相待。文殊也可恢复其世袭的爵位，使天柱有后代，要不然，就让天柱绝后。"张氏伏首听命，说："这件事大王且不要性急，孝庄后性烈如火，要慢慢劝导，一时之间，未必能够促成此事。"高欢说："你好自为之，他日必得重酬。"张氏回到内堂。孝庄后见张氏面有惊色，说："高欢召你去干什么？"张氏笑着说："尔朱家有后无后，全在于你了。"孝庄后听后，问到底是怎么回事，张氏便把高欢的话说了出来。并说："你若从他，可保富贵，若不从他，则全家遭诛。"孝庄后听说此话，怒气填胸，就欲拔剑自刎。张氏阻挡她说："你只为自己考虑，怎么不为宗室想想呢？你死了，文殊就会被杀。如此，天柱就无后了。你何不活着，为尔朱家留住后人？"孝庄后听后，放声大哭，一心要为永安坚守贞操。高王得知此事还未办妥，于是又召张氏来，对她说："孝庄后不曾是肃宗的嫔妃吗？肃宗已死，她就事永安，永安虽没有死而又当如何，现在为何独独誓死不从于我？"张氏回去把话说给孝庄后，孝庄后默然不语。张氏又说："高王说会待你如正妃，那样你也不会屈居人下。"张氏见孝庄后答应了，于是报知高欢。高欢大喜，于是悄悄地跑入后堂。孝庄后与张氏坐在后堂，看到高欢来了，来不及躲避，于是给高欢让座。高欢自称下官，曲意迎合。不一会儿，设宴对饮，两情渐谐，当夜便成夫妇之好。第二天，桐花来道贺，孝庄后看见她面有羞愧之色。桐花说："过去为敌手，现在却是一家人了，这是多大的幸运啊！"高欢大笑。桐花生性灵巧，能随机应变，故一直深受高欢宠幸。

过了一段时间，新的王府建成了，高欢亲自去察看。王府周围约有数里，规模宏大，赛过皇宫。内有正殿、后殿、东西两殿，堂则取紫云、芙蓉、仪凤、仪政、德阳等名。园有东西两座，楼台亭榭，随处皆是，其间设置水木花石，十分优美。后院妃妾的住处，房子高大开阔，皆雕梁画栋，朱门金壁，不下五百余间。观看的人都认为即使神仙的府第也不过如此。高王大悦，厚赏监造人员。又派尉景、孙腾带领三千轻骑，到晋州迎取眷属，同到晋阳居住。又命在山东等处选买女子三百名，以备府中役使。百官庆贺新宫落成，高王日日开筵欢饮。一天，报说皇上诏书即到，正使赵郡王、副使华山王前来宣旨，高欢把他们迎人府中。开读圣旨，孝武帝赐高王锦绣千匹、黄金千两、牙床一座、流苏帐二顶、宫娥二十名。高欢谢过主恩，与天子的使臣见礼，留入书房叙话。两位大使说："我们到这儿来，是因为皇上欲立正宫，一心要娶大王你的女儿，并让她做皇后。而且说，如果你不答应，他就终身不立国母。还望您能成全皇上的心愿。"高欢回答道："皇上的话怎敢不遵从，但是还要留两位在此再住几日，容我再想想，给予答复。"两使者们答应了，于是高欢派人送他们去公署安歇，使者走后，高欢取流苏宝帐一顶，送入后堂，带领二十名宫女去看孝庄后。宫女叩首，然后侍立一旁，偷偷地看了一眼，原来是尔朱娘娘。孝庄后也认出这个宫女，忆及往事，不觉十分难为情。高欢说："这些宝帐，还有宫女，都是当今天子赐予我的，便将这些赠送给你，你为何不高兴？"于是命人歌舞。孝庄后说："生活还是清淡一些吧。"高欢迷恋孝庄后的美艳，常常和她在一块，一住就是数日，把天子求婚一事，也给忘了。

高王迷恋美色，把军国大事都置之不问。又在尔朱兆旧府添设楼台殿阁，作为游乐场所，改新府为北府，旧府为西府。西府独让尔朱后居住。一天，他与娄妃和诸位眷属临近晋阳，文武官员全部到郊外迎接。桐花知道后也要去接娄妃，正好与她一同迁往新府。高欢对她说："这儿发生的事情，你暂且瞒过娄妃。我已吩咐左右近侍不许告诉娄妃了。如有泄漏，那就是你的罪过。"桐花含笑而应。然后又进后堂对尔朱后说："今日妃眷都到，我去北府探视，你在这儿不要感到寂寞。"孝庄后说："大王你自己去吧，我与你的妻妾们难以相见，免得她们羞厚我。"高欢说："你不要顾虑，你们相互尊重就是了。"高欢来到北府，娄妃车从已到。一家人相见，十分欣喜，各位夫人和儿女们与他一一相见。府中铺设齐备，娄妃居于正宫，诸夫人各居一院，将山东采选的三百名女子，都换上官内的装束，拨给各官作伺候之用。王府服饰、器皿无不华丽精巧。娄妃说："妾等今日享受如此的荣华富贵，都是托大王你的洪福。"高欢笑着说："这是对你慧眼识英雄的回报啊！"娄妃也开怀大笑。到了晚上，在后堂安排宴席，合家欢庆，灯烛辉煌，管弦齐奏，排场可与天子相比。喝酒至半，高欢回看娄妃说："今朝天子屡次求婚，盛情难却，我想答应这件事，不知你的意思怎么样？"娄妃说："想当初怀上这个女儿时，梦见月亮进入怀中。月原来就是皇后之相，今天子想纳她为皇后，这也是定数，妾怎敢违抗？"高欢听后十分高兴。退席后，高欢宿在正宫，各位夫人各归自己的别院休息。第二天，赵郡、华山二王前来道贺，说起皇上的吩咐，高欢直接答应了。二王非常高兴，便急着回京复旨。

高王纳了尔朱后，不许任何人泄漏出去，虽瞒得过北府眷属，外人却都知道了。二王在晋阳耽搁数日，早有人报告过了，所以他们一回到京城，便大肆宣扬。给皇上复命时，说高欢已答应把女儿嫁他。皇上非常高兴，立即派李元忠前去晋阳纳币。李元忠原来就是高欢的部下，今日却是充任大使。高欢对其恭敬有加。曾与他饮宴，酒喝到兴头上，提起过去的旧事，李元忠说："当初起义，轰轰烈烈，现在则寂寥，无人相问。"高欢抚掌笑道："这不是逼我起兵吗"李元忠戏说道："如果不是侍中，我则去说与别人。"高欢说："你的建议是怎会无人去想，但如果像老翁一样怎能提及呢？"李元忠说："这样的人难遇啊，所以我不去。"然后捋起高欢的长须大笑。高欢深知其意。当时天子娶妻，高欢嫁女，其富贵显赫至极。端娥将要出嫁之时，牵着高欢衣服痛哭不已，全家人都为之垂泪，高欢也挥泪不已，只有高澄在一旁窃笑。第二天，高欢把高澄叫来问："端娥进宫，这一辈子都不能再回来了，而你却在一旁偷着笑，难道她不是你的姐姐？"高澄回答说："她成为皇后，富贵至极，还有什么不满足的，为什么还要哭哭泣泣？我想天下让您忧患的事还多着呢，父亲你不担心，我担心，所以才窃笑。"高欢说："你担心什么？"高澄说："尔朱兆现在还在秀容，派兵守隘，常常出入抢掠，现在不把他除去，恐怕酿成祸患，父王您屡次出兵，中道又停止了，不知是什么意思？"高欢说："你怎么能明白，这是军事机密。"高澄这时醒悟道："到了年末即可攻取了。"高欢说："你不要再说了。"高澄跪拜而回。

高欢自从女儿出嫁后，在娄妃面前托词军务繁忙，要在营中处理，于是便在西府安歇。派尉景为并州刺史，管理那儿的民众，库狄干暂且掌管三军。高欢与尔朱后形影不离，天天寻欢作乐。诸将知道，但都不敢提及。时间快到残冬，高欢对尔朱后说："我要处理国事，将东行出去数日，暂且与你分别。"尔朱后不敢留他，高欢便和数人骑马来到军营，召集众将，又找来世子高澄，悄悄地告诉他："我今夜将起兵去捉万仁，这儿的事情，你就代替我做主。西府中元旦时也要过节庆贺，库房里还有玉如意一只、金凤炉一座，你拿去作为贺礼，必须待其如亲母，如有傲慢失礼，我回来必将重责。但是凡事都必须瞒住你母亲及众位夫人。你回去就说军务紧急，来不及回府了。"高澄听令，欢送大军启程，然后回府，暗自思量父王吩咐之事，还是不知西府受宠幸的是谁，怎么让我这样。随即想起恒山夫人曾住在西府，肯定知道详情。他将行军的事告诉娄妃后，便来到桐花宫，向桐花道："敢问姨母，西府住的是谁啊？"桐花佯装说不知道。高澄问道："父王命我元旦庆贺时，对她礼敬如嫡。所以想知道她是谁，然后好去庆贺。"桐花回答道："大王嘱咐我不可泄露秘密，所以不敢说出去。既然命你前去，那我就先告诉你。西府住的是孝庄王后，她前不久逃往秀容时，被我擒获，大王纳她为妾，非常宠爱她。现在你知道了，但绝不可泄漏给别人，不要惹怒你父王啊！”高澄连连说：“不敢，不敢”，于是回去了。

## 军务忙不忘纳妾

高欢起兵，考虑到大队人马行军缓慢，便命令窦泰先领轻骑三千，在前面突进。窦泰带领轻骑一日一夜行走三百里，直抵秀容城下。尔朱兆当时因为高欢屡次发军讨伐，然后中途而止，所以防守上慢慢地松懈下来。况且正值除夕之际，将兵们都畅饮庆贺。高家军来了，他们一点消息也没有听到。城门刚一开启，窦泰的兵便一拥而入，把尔朱兆府门围住。万仁当时正在中堂观看手下的人打斗取乐，忽报高兵杀进，已把府门围住，惊得魂飞天外、魄散九霄。急召诸将，众将早已逃走。其妻李氏听到外面锣鼓喧天，赶忙出来问发生了什么事。万仁一见，大哭道：“高家军已到，大事休矣！但是绝不能留下妻子儿女，再被人污辱。”随即拔剑杀了李氏。想要把女儿金婉也杀了，但是她还在内阁没有出来，来不及寻找，只得收拾停当，带领亲军数骑，冲杀出府门。窦泰上前阻挡，万仁不敢恋战，杀出一条血路，拍马便逃。窦泰追赶到城边，被万仁逃掉了。不一会儿，高王率军到了，听说尔朱兆逃跑了，于是命令窦泰留守，在城中安抚百姓，唯独让北乡公主住府中，任她出入，不让设兵严禁。他亲自率领军队追赶万仁，忽然被前面高耸的山峦挡住，于是在山下屯军，并命令彭乐、斛律金二位将军每人带领百余骑兵进入山口搜捉尔朱兆。山路崎岖难行，追寻了大半日依然没有发现任何踪迹。这时候有一个身穿豹皮、手执三股叉的壮汉高声叫道：“你们是要去捉拿尔朱兆吗？我带你们去。”两位将军非常高兴，就跟随那人去寻尔朱兆。当时万仁逃入深山后，由于心慌意乱，不觉走上了一条绝径。和万仁一起的军士只剩下张亮、陈山提。万仁对他们俩说：“你们俩生死追随于我，我因为无法回报你们而深感惭愧，你们斩下我的头颅，就可去自谋富贵了。”这二人不忍杀他，于是尔朱兆将他所骑白马杀掉，然后自缢于树。那位壮士隔岭看见了，所以去报信。彭乐带兵到后，斩下他的首级，然后押着张、陈二人一同回去了。高欢看见尔朱兆的人头，不禁生出恻隐之心，命人收拾他的尸体把他埋葬了。并且饶了张亮、陈山提。二将报告有一壮士报信，高欢问：“这人在哪儿呢？”回答说：“就在辕门外。”高欢命他进来，那个壮士下拜于高欢，高欢仔细看了一番，然后说：“你会不会是太安韩伯军的人？”那个人说：“我就是韩轨。”说罢跪地不起。原来韩轨小时假与高欢同学,韩轨有一妹名叫俊英,高欢曾向其求婚,韩轨的母亲嫌高欢家贫,不答应,从此两家便断绝了来往。高欢命他站起,置座后问他:"你是我的朋友,怎么会流落到这儿呢?"韩轨回答说:"自从与你分别后,即遭到拔陵之乱,于是家业荡尽,最后被葛荣掳去。葛荣战败,被逆党所害。我趁机逃脱,在这儿以打猎为生。"高欢说起往事,韩轨惶惶然不停地谢罪,说:"前日听说大王起兵,本想投靠麾下,但有罪之人,怎敢前来进谒。"第二天,韩轨母亲和妹妹被召入账进见。高欢看到他的母亲已满头白发,牙齿也已落掉,其状让人怜悯。韩轨随后也进来了,高欢给他们赐座。然后高欢问韩轨的母亲:"你为什么不把女儿嫁给一个贵人,而让她形容如此憔悴?"韩轨的母亲羞得无地自容,于是谢罪说:"以往有眼不识泰山,后悔也晚了。现在女儿尚未出嫁,愿给大王充当仆役,服侍大王,以此来赎前日之罪。"高欢说:"过去不肯做我的妻子,现今肯做我的妾吗?"韩轨随即跪地请高主娶他的妹妹,高欢笑着答应了,当天夜里便在军营纳韩俊英为妾,成其好事。

## 娘子军务催尤急

不过一天,高欢返回秀容城。慕容绍宗在辕门外请求进见。高欢召他进来,并出去亲自迎接,说:"我对将军思慕已久,怎么现在才来啊?"绍宗回答说:"北乡公主还在,我怎能弃她而去?"高欢说:"卿可以称得上忠于职守。"接着问:"北乡公主是否安康?卿代我问候北乡公主,以及公子文殊安乐。倘若肯迁到晋阳,与孝庄后同居,则非常好。要不然的话,富贵如旧,毋需担忧。"绍宗退出,去见北乡公主,把高欢的话告诉她。北乡公主大惊。一会儿,得报高欢的使者在外边求见,遂即召入。问使者:"孝庄后在并州,现在何处?"使者答:"住在大王新建的西府中,比以前享受的还要荣华富贵。"北乡公主知道皇后已经失节,立刻脸色大变,下令让使者退出去。然后进到内室放声大哭,说:"皇后竟是如此,我还有何面目立于人世?"于是自缢而亡。绍宗为她入殓下葬。高欢听说后,亲自前去祭奠,叫绍宗来说:"你今后可以一心跟我了,官爵还同往日一样。"绍宗拜谢,高欢下令收没万仁所有在册家产,运往晋阳,将其家下人全赏给诸将做奴婢。在高欢当面查点时,发现一女子,体态娇柔,容貌出众,不觉悲从心中来。便问道:"你是万仁的什么人?"那女子说:"妾名叫金婉,是万仁的女儿。"高欢便命人给予安置。其余按照簿册发遣各将。当夜,高欢让金婉陪其同饮,又纳她为妾,此即后来所称的小尔朱夫人。高欢于是班师回去,任命韩轨为都督，镇守秀容，于是三军齐发，并下令将兵不许把北乡公主自缢之事说出去，违者重罚，恐怕孝庄后听了心生怨恨。

大军回到晋阳，正值元宵。高欢回到北府，让文武各将都各自回去，自己进去同娄妃相见。各位夫人听说，都跑来拜见。众人刚刚坐定，便有两乘香车来到殿下，两边侍女有十来人，众妃看过，都感到愕然。只见秀幔中走出两位美女，在侍女的簇拥下，从台阶上来，进殿便下拜。娄妃问高欢这是何人，高欢回答说："这年龄大点的人是韩轨的妹妹，以前不肯做我妻子，现在让她做我的妾。这年幼的人，是万仁的女儿，原来已经沦落为官婢，我喜欢她容姿娇美，所以接收了她，你不要对这事产生怀疑。"娄妃笑说："这是大王喜欢美女的结果，我有什么怀疑的。"于是下命令让她们各居一院，并拨给承值宫女各二十名。在当天晚上，大开筵宴，共度元宵。高王饮了三杯，站起来对众妃说："我有军务在身，不能在此陪饮赏月了。"说完就走了，赶往西府。

尔朱后自己一人居住西府，整日感伤寂寥。半月来，不知道高王在哪里安息享乐，辗转反侧，非常不高兴。就独自一人倚在栏杆旁，边看孤月，边发出长叹。宫女忽报大王到了，忙迈着三寸金莲下阶来迎接。高王一见她，仿佛嫦娥下凡一样，心花怒放，喜形于色。于是携手上阶，坐下来对尔朱后说："我因军务繁忙，让你空守寂寞了。"尔朱后问："这半月你去哪里了？"高王暂且用巧言瞒过。于是问尔朱后："元旦节时，世子可曾前来礼拜？"尔朱后说："来过。世子聪明俊秀，谦让有礼，可称佳儿。"大王说："这孩子特别能干，很称我的心，所以让他来见你。"宫娥排摆酒宴，高王与她赏月对酌，高王弹起琵琶使尔朱后高兴。左右宫女都很高兴，互相笑乐。一直饮到半夜，才撤酒席睡觉。第二天，有人报建州刺史韩贤派人送来龙锦三百匹。这些龙锦，织法奇特，五彩缤纷，都是金龙玉蛟出没于五彩祥云之间的图案，盘旋曲折，光彩照人，每匹长约五丈，宽七尺。高王说："蛟龙锦中原地方也有，不过却没有这好。"于是问使者龙锦从哪里来。使者回答说："这是拿钱买来的，每匹上百两黄金。我家主人认为这是奇宝，特买了送给大王。"高王非常高兴，重赏使者，并把数匹龙锦赠给尔朱后，做锦幔天帐一顶，用作享乐。从此，高王深居西府，即使最亲近的大臣也难见他一面。

## 孝武兽行淫二妹

孝武纳后以后，在高王面前更加恭敬，后来也很安心。而孝武帝有堂妹二人，一个是明月公主，一个是云阳公主，都因长得姿容出众，被皇帝宠爱，留在宫中没有出嫁。而明月公主尤其受宠。高后听说这事儿很不高兴，常想进谏，但未敢说出口。一天，内侍报传高王要孝庄后的事情，孝武帝听了大怒。对皇后说："听说你的父亲娶了孝庄后为妃子，是真的吗？如果是这样的话，真的是乱了君臣朝纲了。"皇后微笑说："君臣朝纲不可乱，兄妹岂能乱来？陛下宠爱明月和云阳，连外面的人都知道了，这如何能让天下人心平？我父亲那样，正是所谓有什么样的君主、就有什么样的臣子的见证！"孝武帝听了，很惭愧，于是表面上与皇后更加亲热，但内心起疑。君臣间的嫌隙隔阂，从此而生。

高王纳了尔朱后以后，孝武帝听了虽然很厌恶他，但没有问他的不是。朝臣中只有斛斯椿心怀异志，平日里喜欢与术士、剑客相往来，行事机密奸诈。高王刚进洛阳的时候，斛斯椿担心他的权势过重，想加害于他，全靠贺拔极力规劝，才制止了他。等高王杀了乔宁、张子期，他心更加不安了。于是与南阳王宝炬、武卫将军元毗、侍郎王思政等结为一党，暗地里在孝武帝面前说高欢的不是，劝说孝武帝除掉他。舍人元士弼也说高欢在听读诏书时，蛮横无理。孝武帝于是常怀不平，想除掉他却无计可施。一天，忽然接到高欢表奏，说尔朱兆有弑君之罪，已经灭了他一家。然而太原王尔朱荣对国家有大的贡献，不应该没有后代，他的过应该抵偿他的功勋。而所遗的幼子文殊已渐成人，按理应该赐他世袭爵位。孝武帝看到奏折后，大家想同意这件事情。倘若封文殊为王侯，则考虑到会让孝武帝发怒，而导致发生不测之事，心中不情愿。倘若同意下这件事情，又怕会触怒高欢，惹来祸事。于是秘密将斛斯椿召来，告诉了他这件事。斛斯椿说："陛下不能不答应。高欢因为得到孝庄后而对尔朱氏施恩惠，不如答应他，使其宽慰满意。但是高欢这样做何尝不是朝廷的幸事。"皇上说："哪里来的幸事？"斛斯椿说："因为高欢拥有雄才伟略，并且励精图治，他的势力发展得难以抑制。现在听说他娶孝庄后做妾，每天都住在尔朱兆旧府，只是寻欢作乐，各位将领都难以见到他。原来的夫人也不闻不问。任命尉景为冀州刺史，将政事交给他办，自己则毫不过问。又以为北方已经平定，关西也太平无事，因此日益桀骜不驯，只以酒色为乐。现在趁其昏庸怠慢时候，正可以设计除掉他。如果除去高欢，他的长子高澄只有二十岁，其余的都是孩子，虽然有富于谋略的谋士和勇猛的将领，却无人可以统帅他们。皇上可用好处引诱他们，这样大权又可以回到皇室里，天下必定会臣服的。"皇上说："用什么计谋除去高欢呢？"斛斯椿说："陛下的禁军势单力孤，应当先招募勇猛的武士，添置内阁都督部曲、值殿之将，每位将领增加数百军士。还有诸州行台自行管制当地，都是高欢私下里干的，本想去讨伐。现在以天下太平为理由，各自解散军队，那么高欢的形势便会孤立。关西的贺拔岳兵强马壮,虽在表面上与高欢通好,心里却未必服从他。现在派人去游说,让他归顺朝廷。他的兄长贺拔胜英勇无比,忠诚刚烈,现在为侍中之职,可以让他都督荆州的军队,作为外援。趁早行事,便可除去高欢。”皇上说:“联欲任用司空高乾。”为什么皇上要用高乾?以前,高乾在信都时他的父亲去世,因为军务繁忙而没有服丧。到皇上即位后,上书请求辞去职位去服丧。皇上下诏允许其辞去侍中之职,只是不允许辞去司空的职位。高乾虽然请求辞官,但不等皇上同意便辞去侍中之职,朝廷上的政务也不关心,整日快快不乐。皇上既然厌恶高欢,便希望高乾为自己做事,于是在华林园宴后独自留下高乾,对他说:“你是世上忠良之人,今日建立功勋,朕与你名义是君臣,而实际上情同兄弟,应该共同建立盟约,相互勉励。”并殷切地催促高乾。高乾说:“臣将自己献给国家,又怎会心存二心?”皇上坚持自己的建议,乾唯唯诺诺。因为事情来得突然,不知道皇上另有意图,于是也不坚决地反对,便与皇上订立盟约,发誓永不背叛。于是皇上要任用他。斛斯椿说:“高乾若为皇上任用,他的弟弟敖曹英勇无敌,也可以结交任用他。”皇上大喜,于是以后国家政治、军事,皇上专门与斛斯椿商量,其余大臣都不能参与其中。能够在旁边听的只有南阳王等少数人,然而南阳王与他们谋事,恐怕事不能成,心里很是担忧。

## 美貌乙弗议高欢

一天南阳王早朝回来,一个人坐在阁中。她的妃子乙弗氏很美而且贤惠,受王爷敬爱,没有事时,便一起谈论世事。乙弗氏见南阳王日渐闷闷不乐,问他原因。王爷说:“我担心高欢握有大权,将来会祸及于我。”乙弗氏说:“高欢受陛下恩宠,怎会妄为呢?”南阳王说:“天子是他扶立,国政军权都握在他的手中。一旦有变,天子连江山都保不住,哪里还肯顾我?这就是我忧愁的原因呀!”乙弗氏说:“这并不是王爷一个人的事情,您别太放在心上。”同时又问高欢家的势力怎样。南阳王说:“我当初也不知道。前几天我和高道穆去景明寺散心,这时,高欢已经跟随尔朱荣进入都城,恰好他和司马子如也来游玩,我们在左廊相遇,高欢正和司马子如并肩而行。我看他相貌不凡,声音洪亮,就看了他很久。道穆问我是否认识这个人,我摇了摇头。他又说,这个人姓高,叫高欢,勃海人。他祖上有一个叫高隐的人,曾任盐吏。高隐的儿子高庆任燕吏部尚书,高庆的儿子高泰任燕国都尹。燕灭亡之后,高泰的儿子高湖以燕郡太守身份率兵归降我朝，被世宗皇帝封为右将军。高湖有四个儿子，次子高讫官为将御史，后被削为民。高讫与我的父亲叔叔们以兄弟相称，他离开怀朔镇时，曾经把祖宗神像放在我父亲那里，说：'门户败落，不知道会流落到哪里，担心遗失，还请兄弟代我保留。我父亲身为将军，非常仁慈，从没枉杀一个人。我如今有难，等子孙们长大了，有不凡的人就还给他。'他就这样离开了，以后就再没有消息。我父亲曾经告诉过我，我也看过他的画像，这人的容貌与高湖很像，好像是高湖的孙子。我说：'既然这样，为什么不把祖像还给他呢？这人相貌不凡，所谓的不凡之人，也就是他了。'道穆上前和那人相见。高欢、道穆、子如和我四人坐在一起，道穆问他姓氏，高欢相告，再问高欢祖上名号，高欢也说了，道穆便把那些事情都告诉了高欢。高欢起身整理衣冠，向道穆叩谢，道穆还礼。高欢说：'我祖上犯法遭流放，全凭您的祖父、父亲相助，才保住祖像，今天高欢有幸与您相遇，才知实情。请您还我祖像，这是你的大恩大德呀！'说罢痛哭。道穆说：'你是贤臣的后人，所以我定当还祖像给你，如果将军不嫌弃，可到寒舍迎娶。'高欢不肯，之后约定第二天在景明寺还像，于是各自离去。第二天，道穆请我同他一起还遗像，高欢设酒款待，见到祖像跪拜说：'我已身为贵族，却让您沦落他人之处至今。'非常悲伤。离开以后，道穆叹其孝顺，日后必成大器。我这才知道他的家世。"乙弗氏说："若是这样，高欢也是名家之后，并且为人孝敬，怎么知道他不一心为魏呢？"南阳王说："你这是什么话，高欢并非凡类，怎么会安分守己，甘居人下呢？"乙弗氏问高欢长相，南阳王说："欢身长八尺，体貌如神，龙行虎步，双眉浓秀，目有精光，长头高额，齿白如玉，肌肤细润，十指如初出笋尖一般，声如裂帛，又能终日不言，通宵不寐，喜怒不形于色，人莫能测其意。性既沉重，识又宏远，实天地异人也。乱阶一作，天命有归，欢若据有天位，我宗室必会灭之。"乙弗氏说："您太多心了，说不定高欢会恪守臣节的。"南阳王说："聪明人能在事发之前已有所察觉，何况已经露出苗头。"乙弗氏问何出此言，南阳王说："高欢好美色，他的正妃就是皇后的母亲。有一个叫桐花的姬妾，能施妖法，有每战必胜的奇术，被皇上封为恒山夫人，高欢竟擒住她，纳她为妾，因为这样文殊才能接得王爵之位。高欢纳皇后为妾，这不是很明显的事实吗？"乙弗氏大惊失色道："这一定是绯闻，妾曾和各位王妃一起入宫，见孝庄皇后，无比娇美，如今皇帝驾崩，年轻的皇后被高欢得到，她那么娇美，怎能不失贞节？但若真是高欢已经大辱臣节，以后更是不堪设想。"南阳王说："这也是我担心的。朝廷虽然已有戒备，我却担心会加速高欢谋反。"乙弗氏也为此担忧。

## 乙弗梦欢衔金花

至晚,宴罢而寝。乙弗氏睡去,遂得一梦,梦见皇上带兵出了西阳门,顷刻之间变成了龙,虽然鳞甲都在,但龙爪和龙角很短,毫无气势地乘紫云冉冉西去。护从人员一无所见,只有南阳王腾空而起,也化作一条龙,随皇上西去。一会儿又见北方出现了一个相貌不一般的人,心中以为是高欢,他持剑站在大树顶端,威风凛凛。那棵树足有七十丈高。还有一个人身披金甲,手持大刀,也站在树上,他大声呼喊:“我乃高欢!”语音未断,高欢脚下升起青云,人随即化为一条黄龙,足有六十多丈长,在青云中翻滚。风雨骤然而起,金鳞耀目,火眼冒光,牙爪锐利,翻覆有势,云雾遮住半边天。南阳王躲开它前行,看见又有一片黑云从西北方拔地而起,一个人持剑站在黑云上,身穿黑衣,相貌绝非常人,长发沿肩披下,与身体同长,气势格外威猛。这人与南阳王相遇,立即变成一条白龙,鳞甲和爪牙像白玉一样晶莹剔透,黑云也同样遮住半边天。皇上虽然也是龙,但气势低落,在浓盛的云雾中没有威势。一会儿,从西边飘来一朵彩云,中间有两朵如盘的莲花,南阳王乘云飞过去,将一朵抓在爪中。乙弗氏感到厌烦,立刻与南阳王失散。后来黄龙也乘云上来,衔住另一朵莲花。乙弗氏没了南阳王作依靠,感到很恐怖,低头看去,身体似在万仞高山上,路途很险,不禁失足,惊出一身冷汗而醒。

时正五鼓,南阳王起身上朝,乙弗氏也去梳洗打扮。细思梦中景象,国家必有大变,南阳王在梦中安然无恙,恐怕自己要性命难保了,于是独坐在房中,闷闷不乐。一会儿南阳王下朝回来,乙弗氏便把所梦到的告诉了他,南阳王沉默一会儿说:“如果此梦成真,魏室的江山就保不住了。龙就是君王的象征,高欢是黄龙,应主宰天下,并且他父亲就是高树,也应了神人的话。而那白龙,乃庚辛色,恐怕西方也已有主了。我也为龙,也许可能成为君王,但毫无生气,必会受人限制,徒有虚名。而衔住莲花,说明我必重婚,然而我与你为结发夫妻,又情深意切,怎么会废你另娶呢?并且高欢也衔莲花,实在是没有道理。”因此将梦中的情景一一记录下来,让乙弗氏收好,等到形势有变时加以验证。后来南阳王作了西魏的君主,蠕蠕国有两个公主,一个嫁给了他,另一个嫁给了高欢,而乙弗后被废,正验证了这个梦。

正在说话间,侍郎王思政求见,南阳王与他在密室细语。王思政说:“现在奉皇上旨意去说服关西一带的贺拔岳,特地来告别。”南阳王嘱咐他说:“天机不可泄漏,希望你谨慎行事。”王思政回答:“我乔装成商人潜入关西,随机应变就是了。”南阳王说:“这样最好。”于是王思政告辞。

## 东魏高澄救公主享艳福

高澄是东魏重权人物高欢的大儿子。高欢死后高澄继承父位担任大丞相,统管内外各种军事,一时间权倾东魏朝野,是个野心极大、刚愎自用、贪淫好色的人物。

东魏高澄

高澄十五岁时,父亲高欢委托他到东魏京城邺城辅政。高澄执法严明,铁面无私,不徇私情,威震朝野,他母亲曾称赞说:“此儿如虎,必有所成。”

父亲死后,高澄掌握了东魏的大权。皇帝元善见和他年纪差不多,文武双全,颇有能力,与高澄时常有冲突。有一次,善见背后抱怨高澄独断专行,高澄知情之后带人怒气冲冲闯到皇宫,善见看他来势不善,就摆席为他消气。高澄毫不领情,强令皇帝饮一大杯酒,善见不从,高澄命人猛击皇帝三拳,然后大摇大摆地离开,气焰十分嚣张。

高澄年轻好色,除了与后母柔然公主私通,还百般勾引弟媳李氏,并且派遣手下在国内大肆搜罗美女,从不放过任何一个猎艳的机会。

有一次,高澄与柔然公主出外行猎。郊外的空气清新怡人,高澄正与公主骑马慢行,突然前面传来焦急的呼救声。公主策马狂奔,看到前面郁郁葱葱的草丛里,一只凶恶的猛虎正扑向前面的一辆牛车。公主迅速抽出弓箭,射出一箭,正中恶虎腹部。猛虎痛急大怒,掉转身扑向公主。钢鞭似的尾巴扫在地上,尘土飞扬,飞沙走石。公主坐骑猛然一惊,瘫软在地。眼看公主情形危急,猛虎突然向后滚动,倒在地上,不住地翻动吼叫,再过一会儿,已是一动不动,咽气归天了。公主起身一看,老虎的额头上汩汩地向外流出鲜血,一只短戟刺在老虎的额上。原来,高澄看到情况立刻从背上抽出短戟向老虎刺去,这才救了公主和那辆牛车。

高澄策马上前，只见一名女子从牛车上下来，向高澄答谢救命之恩。高澄见她梨花带雨，神似远山浮云，真是美艳无双，顿觉魂摇神荡，命人将女子带回大丞相府，当晚便和这位女子睡在了一起。这位女子名叫玉仪，是北魏高阳王的庶妹。高阳王死后，玉仪流落民间，沦为歌妓，以卖艺为生。后来出嫁，因不守妇德被扫出家门。这天正准备外出招亲，忽遇猛虎，危难时刻被救起，自然对高澄感激万分。高澄知道她的身世后惊喜万分，便强迫皇帝封她为琅琊公主，留在自己身边。

玉仪有一同胞姐姐名叫静仪，相貌和她各有千秋，也是一位恣情放纵的风流女子，嫁给黄门侍郎崔括为妻。一天她来高府探望妹妹玉仪，晚宴后天色已黑，便留在高府过夜，睡在玉仪房内。正在姐妹俩觉得倦乏，准备熄灯睡觉之时，突然响起了轻轻的敲门声。原来，高澄席间看到静仪面似桃花，目含春水，体态风流，竟生得陇望蜀之心，趁着皎洁的月色来找静仪。静仪一见高澄，两眼发慌地盯着华丽的锦榻。玉仪把这一切看在眼里，不由暗骂高澄。但转念一想，这事对自己只有好处没有坏处，又化怒为喜，于是从中撮合，引线搭桥，成全了他俩的好事。

高澄如愿以偿地得到两仪后，朝暮缠绵，喜不胜收，不知如何讨好两位美人才是。他在合欢帐内许愿："我要是有朝一日当了皇帝，就立两位为左右皇后。"

高澄下定决心当皇帝，于是加快了篡位的步伐。一天，高澄正与黄门侍郎崔季舒、吏部尚书杨愔等密谋篡位事宜，忽然，厨师兰京儿端着饭菜走进来。高澄猛然被人惊动，生气地赶走兰京儿。但一会儿兰京儿又捧着饭菜进来，高澄不由得大怒道："我说过不吃饭，你为什么又来胡闹？"兰京儿放下饭菜，飞速地从盘底抽出一把快刀，向高澄头部猛劈过去，而且厉声吼道："我来杀你！"话音未落，又从外面冲进几人，全部手执钢刀协助兰京儿。高澄猝不及防，离开座位躲避，仓促之间腿被碰伤，没办法钻入床下，想躲过一劫，却被兰京儿等抓出，剁成几块，死于非命。

高澄是武将出身，怎么反而会被厨师杀死呢？原来这兰京儿原来并不是厨师，而是一位将门子弟，被东魏俘虏后万般无奈之下才当了厨子。兰京儿数次恳求高澄将他放还故土，高澄不答应，兰父也数次派人向高澄提出用重金将兰京儿赎回，均遭高澄拒绝。兰京儿心生怨恨，终于寻到机会杀死高澄。人算不如天算，离皇位只差一丁点儿的高澄终于没有得到梦寐以求的宝座就命丧黄泉,实在也是他未曾料想到的。

## 高洋淫荡放浪视美妇如草芥

高洋是北齐的开国皇帝,是东魏开创者高欢的二儿子。他为人话很少,很有心计,善于隐藏、伪装自己。执政初期还很好,随着政权日趋稳定,他原形毕露,性情大变,难以捉摸,又有厌世情绪,狂暴淫荡,杀人无数,简直就是魔鬼,是中国特定历史环境下的一大怪胎。

### 怀疑宠妾不忠下诏赐死

高澄被刺的时候,高洋正在邺城,听到这个消息很镇静。高洋冷静地处理了骚乱,毫不留情地把凶手兰京儿等人斩成肉酱,掌握了邺城的局势,然后率领随从回到晋阳。晋阳是高欢的老巢,高欢的精锐队伍在这儿驻扎。高澄死后,他的兄弟高洋封锁了高澄死亡的消息,在掌握晋阳军权之后,成了东魏大丞相,其实是东魏的实际统治者。由于高洋以前生活在高澄的阴影里,高澄以前的部下从来没有把说话吞吐、为人软弱的高洋放在眼里。这次高洋晋阳之行关系到高家在东魏政权的领导地位,所以很重要。高洋来到晋阳后召见了文武官员,一改往日的形象,神态洒脱,侃侃而谈,妙趣横生,让大家吃了一惊,再也不敢小看高洋。同时,高洋处理政事沉稳老练,游刃有余,而且不拘泥旧制,只要能做的就去做,如果不行的话就看情形修正,又让大家吃了一惊,私下议论高洋的谋略远远高于他兄长。

西魏大丞相宇文泰一辈子打打杀杀,高欢在世时两人十几次作战不分胜负,北魏被二人一分为二成东魏、西魏。听说高洋掌握了东魏政权,宇文泰以为机会来了,率军入侵,高洋亲自率军迎战。宇文泰打了一辈子的仗,军事经验十分丰富,看到高洋军容齐整,兵士斗志昂扬,不禁叹息道:“高欢能有这样的儿子,死了也没有遗憾呀!”于是主动领兵退回。

武定八年,东魏皇帝传位给高洋,高洋实现了父兄两代没有实现的愿望,建立了齐政权,历史上称为“北齐”。高洋在位初期,国家危机四伏,政权动荡,高洋励精图治,国家终于转危为安。随着政局的稳定,高洋性情大变,疯狂暴躁,摧残妇女,杀人如麻,也许这才是真正的他。

高洋宠信的薛氏，进宫前和姐姐都是京城的歌妓。高洋的族叔河清王高岳，东魏时做太尉。高澄死后，高岳帮助高洋登上了王位，北齐建立后他被封为亲王。高岳多次率军打仗，战功无数，但这个人贪恋美酒和女色，曾经召薛氏姐妹到他家中饮酒。薛氏姐妹进宫后很得宠，有一次薛氏姐姐仗着高洋宠信她妹妹，请求高洋封他父亲为司徒，遭到拒绝。薛氏姐姐口不择言，高洋很生气，让人绑了并用锯把她锯死。后来又想起高岳曾经邀薛氏饮酒，怀疑两人关系不正当，就讯问高岳。高岳满口否认，但高洋不信，下令让他自尽。

## 杀害女子的变态狂

有一天，高洋到薛氏房间，两人温柔之后，薛氏睡了。高洋又想起她与高岳的事，便亲手将在睡梦中的薛氏头砍下，放在怀中，到东山去赴宴。等了很久的臣子们见他来了，赶忙命人上菜摆宴。高洋突然从怀中掏出薛氏的头，所有的人都惊呆了！高洋又让人抬来薛氏的尸体，亲手肢解，取下髀骨制成琵琶，弹奏饮酒，还不断啜泣，嘴里喃喃自语："佳人难再得！"然后亲手将薛氏埋葬，失魂落魄，衣冠不整地回到宫中。后来，高洋又强奸了高澄的妻子王氏，还霸占了皇后李氏的姐姐，并将她丈夫元昂乱箭射死。一件件的荒唐事，让人毛骨悚然。

有一次高洋微服出宫，碰到一位妇女，问她"现在的皇上怎么样"，妇女回答"疯疯癫癫"，当即就被高洋劈死。他还到弟彭城王家中调戏后母尔朱氏，没有得逞，就刺死了她。

高洋有时领人到宫外召集京城妓女，肆意奸污，群宿群奸。甚至领人闯到后宫，召集元氏、高氏两族妇女，像妓女一样对待她们，任意摧残、轮奸，稍微有点不顺从就杀死。

## 高洋嗜杀成性

高洋的母亲娄太后知道他的暴行后曾经痛斥他，高洋竟指着太后说："我把你这老妇嫁给胡人！"太后气得无言以对。高洋见母亲生气，马上不生气了，要让母亲消气，不料反而将太后弄伤。太后更生气了，把他赶出后宫，从此不见高洋。高洋于是要自焚。太后没有办法，只好劝慰他，这才了事。

高洋杀人成了习惯，每次喝醉酒后都要杀人。为了便于杀人，高洋把油锅、大锯、锥、铿等凶器摆在大殿里，左丞卢斐、李庶以及都督韩哲等都是平白无故地被严刑处死。左丞相斛律金是北齐名将，有一次高洋突然骑马拿槊猛刺斛律金，斛律金强忍着没动，高洋才停了手。丞相杨愔，三朝元老，忠心耿耿，但高洋把他当奴隶一样侮辱。有一次高洋喝醉了酒，竟然脱去杨愔的官袍，用皮鞭猛抽，还想用刀刺杨愔腹部。杨愔知道高洋喜欢杀人，为了避免无辜受害，便把判了死刑的囚犯选一些到宫中，称为“供御囚”。典御丞李集曾当面把高洋和夏桀、商纣做比较，高洋就把李集绑在流水里，施以重刑。但李集不仅不改口，还说桀纣都比他好。高洋没有办法，说他是痴人，把他放了。之后，李集又到皇宫，高洋知道他又来劝自己，干脆让人杀了他。崔暹是老臣，多次当面劝谏高洋。崔暹因病去世后，高洋到他家中拜祭，问崔夫人想不想丈夫。崔夫人不明白他的意思，随口回答：“怎么能不想？”“你既然想丈夫，就应和他一起走”，说着高洋手起刀落，砍下崔夫人的头，拾起来扔了出去。

高洋明显有厌世情绪，常在雪花飘飞的冬天，赤身裸体、光着脚在雪地里狂奔。还有一次，宫中建造楼阁，楼阁有二十一丈高，两栋相距二百余尺。为安全考虑，工匠身上都系着绳子。高洋却不顾危险，在上面跑，而且跳舞翻筋斗，下面的人心都快吓得跳出来了。

有一次，高洋和大臣赵道德出去游玩。当走到一条巨浪汹涌的大河旁时，高洋竟然要骑马跳过去，经道德苦劝才放弃了这个念头。

天保十年，彗星显观，在当时，这是不吉利的征兆，高洋召来魏宗室元韶询问。元韶是高洋的妹夫，曾经亲自把魏传国玉玺交给高洋，所以高洋很信任他。高洋问他：“汉武帝为什么要中兴？”元韶吃了一惊，回答：“因为没有杀刘氏。”高洋于是下令，处死北魏宗室二十五家，囚禁北魏宗室十九家，也包括元韶。元韶被关在地牢里，许多天都没有饭吃，最后活活饿死，别的人也大多死在狱中。后来，高洋又将北魏宗室男女老少都杀了，三千多具尸体都弃置在漳水里。

## 高洋看中兄弟的媳妇

高演和高洋是一母同胞，排行第六，高洋称君后他做了常山王。高演生性柔弱，没有主见，在位一年多，后来死于惊恐。

一次，高演跟着高洋吃饭，看到高洋喝醉后毫无道理地用槊杀死都督殷子辉，吓得脸色都变了。高洋看到高演害怕的样子，很不高兴，回头对高演说：“只要有你在，我怎么能不纵情享乐呢？”高演听后跪在地上。高洋看见兄弟双眼含泪的样子，于是扔掉手里的酒杯说：“你大概嫌我喝酒太多，从今以后再敢喝酒的就杀!”果然三天没进酒,后来控制不住,又像以前那样狂饮,暴烈如初。高演再次劝谏,被高洋骂了一顿。

高洋想占有高演的妻子元氏,就让高演和妻子离婚。但高演夫妻恩爱,感情很好。高洋就让高演到宫中,用刀背猛击高演两肋,高演晕倒在地。回到府中,高演特别气愤,想绝食而死。太后知道后整天哭,也不知怎么办才好。后来高洋清醒后去探望,每次高演都不让他进。后来,高洋传话给高演说:“好好吃饭,我把王晞给你。”王晞是高演的好朋友,高洋怀疑高演不离婚且对抗自己都是王晞教的,所以抓了王晞。王晞回到府里,高演都快死了。他伏在王晞怀里,痛哭不止。王晞哭着劝高演:“殿下不吃饭,太后也不进食。即使殿下不爱惜自己,难道不想想年岁已高的太后吗?”高演才终止了绝食。

过了几个月,高演受不了高洋的暴虐,又命王晞草拟奏书。王晞拟好奏书后对高演说:“现在朝廷能依靠的,只有殿下一人,一旦有不测,对自己对国家都不好,那不是损失太大了吗?”高演哭着说:“能到这种地步吗?”就把谏书撕了。过后又忍耐不住,当面劝谏高洋。高洋让人把高演绑在柱子上,把刀放在高演脖子上,生气地吼道:“小东西你知道什么?谁教你这样做的?”高演说:“天下的人都不说话了,除了我之外没有人敢说。”高洋又让下下杖打高演几十下,自己累了去睡了,高演才捡了条命。

## 高洋临死让兄弟篡位

高洋病重快死的时候,把高演召到床前说:“你要篡位,我也管不了了,但希望你不要害我的后代!”高演大吃一惊,退了出去。

高洋死了以后,丞相杨愔、侍中燕子献等让太子高殷登上王位。高殷继位后,高演成为太傅。杨愔等人认为高演主持朝政,恐怕对高殷有害,劝李太后撤掉高演职位。王晞对高演说:“现在皇帝年幼,殿下应多加辅佐,怎么能隐退回府,让别人承担重任呢?即使殿下回到家中,但功高可以盖主,能保证就不会再有事吗?”高演想了一会儿说:“您认为我该怎么做呢?”王晞说:“学习周公辅佐成王的方法。”“我怎么能和周公相比?”高演说。王晞大声说:“现在你不做也不成了!”高演不说话了。不久,高演设下“鸿门宴”,将丞相杨愔、侍中燕子献等人一起逮捕,并全部处死。皇帝高殷让他做大丞相,统领军队,掌管朝政,镇守晋阳。

高演到了晋阳后,召来王晞在密室议事,王晞催他尽早登位。太皇太后娄氏也早想让高演做皇帝。于是高演登基作了皇帝,让高殷做了济南王,后来又听了高归彦的话,派人将济南王召回府里并害死了他。

生性软弱的高演杀了高殷后一直不安心,他总感觉高殷阴魂不散,整天提心吊胆,日子久了就病倒了。

皇建二年冬天,这一天雪花飞舞,北国一片雪白,景色宜人。刚从病中恢复的高演出外打猎散心,忽见一只兔子从他马前跑过。高演搭弓想射,突然看见兔子停住了,仔细一看好像手拿长戟、头发散乱的厉鬼。高演病后身体虚弱,再加上心里有鬼,突然受到惊吓,摔下马来,立时昏了过去。回宫后病就更厉害了,胡说八道,不知所云。快死的时候留信给长广王高湛,让他继承王位,并嘱咐高湛:"好好对待我的妻子儿女及家人,千万别学前人。"

## 高纬创后宫立"左右皇后"的先例

### 皇后姿貌平平遭抛弃

北齐的亡国之君高纬也是出了名的荒淫好色之徒,他的一项历史杰作就是立左右皇后。

高纬的第一任皇后是凭着太子妃的身份被册立的斛律氏,是累世勋贵、官拜太傅的咸阳王斛律光之女。斛律光是北齐的擎天之柱,父亲斛律金辅助高欢起兵,为北齐开国元勋。斛律光是一位贤德忠厚、不好声色的名臣。高纬有一佞臣祖珽,素来嫉恨斛律光,曾经在大庭广众之下骂他为小人。后来,高纬乳母陆令萱之子穆提婆,向斛律光请求娶他女儿为妻,斛律光一口回绝,因而惹下穆提婆。于是这些小人勾结起来,斛律光危在旦夕。他们一边向高纬进谗言,一边收买斛律光的家臣诬告他私藏弩甲,阴谋造反。高纬对此深信不疑,便同

高纬

这几个佞臣一起设下陷阱。

过了几天，高纬下诏，说是皇帝邀请他明日一早同去游东山，赏赐斛律光一匹御马同行。斛律光接诏书后，骑御马入宫谢恩。刚凉风堂前下马，有人从背后突然袭来，幸亏他脚力尚健，站定步子，回顾身后，看见怒目圆睁的苍头刘桃枝不怀好意。斛律光怒叱道："桃枝你怎么能干这种勾当？我并不有负于国家！"刘桃枝也不理睬他，率武士按住斛律光，用弓弦将他扼死。在这之前，赵郡王高叡、琅玡王高俨都是被刘桃枝杀死的。斛律光被害之后，高纬又命人抄斩他家数百口人，只有一名仅几岁的小儿幸得免死，堪称旷世奇冤。

斛律皇后姿貌平常，未得高纬宠爱，此时高纬抛弃她倒也不足为怪。后位被废，迁居冷宫，谁来坐这中宫之位呢？

## 黄花卖弄风骚夺后位

当时，高纬有两个宠幸的妃嫔，一为早先入宫的弘德夫人穆舍利。穆氏原名叫穆黄花，是斛律皇后的贴身婢女，因生得轻盈妖冶，善弄风月，被高纬勾引，收为嫔妃。高纬将她改名为舍利。独宠专房。一年后，穆舍利生下儿子高恒，立为皇太子，她做梦都想当皇后，便设法同当时颇有权势的高纬的保姆陆令萱亲近。

陆令萱本是罪人之妻，收入宫中为奴，后来受宠于胡太后，放在身边使唤。高纬小时常被陆令萱抱在怀里，称她为"干阿妈"。高纬当了皇帝后，将陆令萱全家加官晋爵。一时间，母子二人势焰无比，连勋贵皇亲也想法讨好他们。

穆舍利有心巴结，陆令萱也有意亲近，两人可谓狼狈为奸。穆舍利拜陆令萱为养母，又与提婆以兄妹相称，提婆也就假冒姓氏为穆，三人就此牢牢勾结起来。斛律氏被废后，穆氏以为皇后之位已如囊中之物。

但是，事与愿违。过了几个月，后宫又来了一位姓胡的美女，是胡太后的娘家侄女儿。一进宫，高纬就对她百般宠爱，很快就宠冠后宫，使穆氏受到冷落。结果，胡太后从中作梗，又买通陆令萱，促使高纬册立胡昭仪为皇后，差点把穆氏气吐了血。她埋怨养母陆令萱，说她牺牲母女之情讨好太后。陆令萱也觉后悔，决心为穆氏努力争取，保证半年之内可得后位。

## 两位皇后同奉天子

一天,陆令萱对高纬说:“天下哪有皇太子的母亲作奴婢的?”高纬知她话中有话,默然不语。陆令萱又计上心头,她把穆舍利的宫院装饰打扮得犹如仙境瑶池,又以皇后的冠服珠环将穆舍利装束得像天仙一般,坐在华丽的宝帐之中,以四方进贡的世间珍宝制作枕席器物。陆令萱跑到高纬处说:“请陛下观看一出世圣女!”高纬怀着好奇之心,随陆令萱来到穆氏宫院。揭开宝帐一看,一位炫人眼目的美女在沁人心脾的香气中安然稳坐,仿佛神女下凡,再仔细端详,认出是穆夫人,高纬大笑,指着陆令萱说:“陆太姬真会开玩笑!”

陆令萱答道:“此等天姿尚不能做皇后,试问陛下所择何人?”

高纬说:“可皇后只能有一人啊!”言下之意,胡氏已先立为后,已经没办法了。

陆令萱道:“古时舜纳尧之娥皇、女英二女,便是两位皇后,陛下何不效法圣贤?”

高纬一听,喜出望外,这一夜便宿在穆夫人的宝帐之中。第二天下诏,立穆氏和胡氏分别为左右皇后,不分尊卑。

穆舍利当上皇后之后,野心高涨,梦想一统六宫,视胡氏若眼中钉。她又去找陆令萱商量。陆令萱熟知胡太后的脾气,便在她身上用尽心机。

一天,陆令萱去见胡太后,故意装作忧伤愤怒的样子,说:“不知道为什么,那种话亲侄女也能说出来!”

胡太后很惊讶,忙问详情。陆令萱只管摇头叹息,故弄玄虚,经胡太后再三追问,才低声耳语道:“胡皇后诬告太后,说太后的行为难当后宫之典范。”

胡太后一听,愤怒之下,立刻将胡皇后召来,命左右侍从将她头发剪去,遣回家中。

## 小怜玉体横陈事高纬

穆舍利如愿以偿,以厚礼拜谢陆令萱的大恩。

然而,好景不长,高纬又宠幸上乐人出身的曹昭仪。喜欢吃醋的穆舍利又同陆令萱合谋,害死了曹昭仪。可是,接着还有董昭仪、毛夫人、彭夫人、王夫人、二李夫人等等,后宫佳丽无数。高纬恣意欢娱,全然不顾穆皇后孤单、寂寞。

穆皇后计穷失措,每天同心腹婢女冯小怜相对叹息。

冯小怜生得妖娆媚人,生性聪明慧黠,专长音律,更擅舞蹈。她决心以身体作诱饵,设法替主人夺回恩宠。端午节那天,穆皇后把冯小怜送到高纬处。得陇望蜀的高纬见了刻意打扮的冯小怜,果然大为喜爱。冯小怜使出浑身解数,把高纬哄得神魂颠倒。从此,竟日夜厮守,时刻相随。冯小怜被册封为淑妃,专宠一身,无人可及。

穆皇后做了一宗赔本买卖,高纬并没有恢复对她的宠幸,相反她又多了一个无法匹乱的对手,叫她怎不伤心?

齐后主武平七年(公元576年),北周大军兵临晋阳城下。高纬同冯妃正在郊外打猎,听到警报,高纬想赶回去,正玩在兴头上的冯妃却不肯回去,高纬毫无办法。晋阳失陷后,高纬只带了冯妃一人逃命。高纬死后,冯小怜命运凄惨,被北周、隋辗转送人,最后被迫自杀。唐代诗人李商隐有"小怜玉体横陈夜,已报周师入晋阳""晋阳已陷休回顾,更请君王猎一围"的诗句,写的就是那段荒谬的史实。

作为亡国之后,穆舍利同胡太后一起在长安以卖淫为生,结局更是悲惨。

## 胡太后"做皇后不如卖淫"

### 淫荡皇后公然与皇帝亲信调情

古今皇后中,胡皇后可谓是第一个沦落为娼,也是第一个觉得做皇后不如做娼妓有乐趣的人。高湛的皇后胡氏可算是个旷世的荡妇,同她的丈夫简直是同出一炉。

皇后荒淫,可促使政治腐败、王朝衰落,这与皇帝并无差异。胡皇后的所为,就是明证。

高湛继承帝位后,他的妻子胡氏坐上了皇后的宝座,儿子高纬被立为皇太子。胡皇后姿貌平常,却善作诱人媚态,是个十足的荡妇。所以高湛娶了她,同她欢情狎谑,无比缠绵。

胡皇后难耐宫闱寂寞,勾搭高湛的亲信随从给事和士开。和士开长得风度翩翩,一表人才,又弹得一手好琵琶。高湛知道后,非但不责怪胡皇后,反而升和士开为黄门侍郎，明摆着是有意纵容。因为他自己同李氏勾搭，想借此堵胡皇后之口。

和士开善使一把铁槊，胡皇后羡慕不已，高湛便命和士开教胡皇后。一天，高湛特意在宫中摆下酒宴，自己则同子侄亲信等人一面喝酒，一面欣赏和士开教胡皇后习槊。胡皇后同和士开眉来跟去，乘机调情。胡皇后以忘记手法为由，让和士开握住她的手，帮她纠正。两双手摸来捏去，高湛坐在上面只顾饮酒，嬉笑作乐，毫不在意。这一幕气坏了高湛的侄子、河南王高孝瑜。宴席散后，他进宫劝谏高湛："皇后为天下之母，怎能与臣子随意接手亲近呢？"高湛毫不理会。高孝瑜只好告退出去。

和士开闻知此事，心下怀恨，便常常向高湛进谗言，说山东一带只知有河南王，不知有陛下，陛下应警惕河南王高孝瑜的狼子野心。高湛听到这话心想，高孝瑜是父亲高欢的长孙，颇具威望，夺位之嫌似乎应防，渐渐生出疑忌之心。一天，他召高孝瑜入宫，逼着孝瑜灌了三十七杯酒，体态肥胖的孝瑜醉倒在地。高湛密嘱左右，将孝瑜乘着夜色装入牛车拉出宫去。途中，孝瑜口渴讨水喝，误饮毒酒。车行至西华门，毒性发作，孝瑜更觉口渴难熬，喝水时溺死河中。

高湛闻报，假作悲痛。高湛同高孝瑜同岁，两人从小一起生长在宫中，十分亲密。他还追封高孝瑜为太尉，几位亲王虽然满心狐疑，但害怕高湛心狠手辣，无人敢为之申冤。

和士开充分考虑个人利益，讨好皇太子高纬，劝高湛让位做太上皇，说这样可以进一步纵情享乐。高湛对和士开的话百依百顺，便在二十九岁那年让位给儿子高纬，从此居于深宫，一味淫乐。三年以后，毙死于酒色肉林之中。

## 胡太后为情夫贿赂大臣

高湛死后，胡太后与和士开的关系就变得明目张胆，许多王公大臣看不惯，议论纷纷。一天，官居太尉的赵郡王高叡、安德王高延宗，以及司空娄定远、侍中元文遥等人一起奏请高纬，调和士开出任外职。高纬年少昏庸，惧怕胡太后的淫威，拿不定主意。胡太后知道后，又急又恼，她既舍不得同和士开分手，又怕自己孤儿寡母的斗不过愤怒的大臣，就想了一个笼络人心的办法。有一天，她在宫中大摆宴席，召诸亲王及全班文武大臣进宫赐宴。哪知高叡并不理会她的苦心，就在席间直言不讳道："和士开为先帝在世时的佞臣，贪赃枉法，淫乱宫闱，朝野上下议论纷纷，臣等无奈，所以冒死直言。"胡太后一听，勃然变色，斥道："先帝在世时，王爷做什么去了？今日是想欺负我孤儿寡母吗？有话以后再说，现在只管饮酒！"高叡仍不罢休，在一番言辞尖利的争执之后，脱帽而去。

之后，胡太后与高纬迫于高叡等人的压力，只得下诏让和士开出任兖州刺史。高叡对和士开催促再三，并让娄定远守住宫门，不许和士开入宫见胡太后。和士开以两名美女和一副用珍珠织就的帘子贿赂娄定远。娄定远得了重贿，便放和士开入宫。和士开一见到胡太后和高纬，便伏地痛哭，说："先帝驾崩，臣恨不能随先帝而去。臣见朝臣们的意思，怕是要有政变发生了！"三个人相对哭了一阵之后，胡太后问和士开："有办法挽回吗？"和士开说："臣既已入宫，一切就容易解决了，只要颁行诏书便可。"胡太后点头会意。

第二天，太后下诏书，将娄定远出调为青州刺史，又谴责高叡目无君主，不行人臣之礼。高叡接诏后，气愤之下要找太后争辩，妻儿都劝他不要再去，以免惹祸。他不理会家人劝阻，又有宦官悄悄劝阻他说："殿下入宫，必有杀身之祸！"高叡正色道："问心无愧，死有何惧！"他见了胡太后，又是一番振振有词的道理。胡太后也不回答，将高叡一人晒在一边，自己进了内室。高叡只得悻悻退出宫去，刚走到永巷，卫兵突然冲出来，将他抓到华林园活活勒死，死时才三十六岁。

和士开权势日盛，擢为尚书令，封淮阳王。和士开扳倒亲王，引得大群趋炎附势的大臣纷纷向他献媚，甚至拜他为干爹，一时间名噪北齐王朝。

## 太后逼奸清河王

再说胡太后年老体衰，容颜憔悴，颇事装饰，数出游幸。一日，驾幸永清寺，侍中元顺拦住车辆进谏，说："《礼》中记一妇人，丈夫死去，自称'未亡人'，首去珠玉，衣不文彩。陛下母临天下，年已长矣，修饰过甚，何以仪型后世？"太后感到很惭愧，身边人无不战栗。等到太后回到宫中，召见元顺，责备他说："前年卿贬外郡，我千里相送，尔众中见辱耶？"元顺曰："陛下不畏天下之笑，还在乎臣子一句话吗？"太后默然而受，游幸稍衰。

清河王元怿官太傅、侍中，既风流英雄，又满腹才学，冠绝一时。太后每次见他都春心大动，苦于宫禁森严，内外隔绝，没办法与他接近，但这种想法却一天也没少过。时值中秋，太后在宫中宴请诸王，清河王坐在太后旁边很近的位置，太后越看越喜欢。宴罢，太后谎称皇上召见清河王进宫闲谈，于是诸王皆退，清河独留，只得随了太后入宫。走至宣光殿前，王元怿失惊说："皇上在南宫,到这里是为什么呢?"太后说:"天子随处皆住,哪能只住南宫呢?"王元怿没有怀疑,随至崇训后殿。太后下车,召王元怿上殿说:"天子不在此,是我要与你彻夜交谈,以诉情怀,所以叫你到这儿。且有一言,我倚卿如左右手,欲与你结为兄妹,以期终始无负。"王元怿闻言大惊失色,跪地叩头说:"臣与陛下有臣主之分,兼叔嫂之嫌,结为兄妹恐怕不合适,臣死不敢奉诏。"太后道:"卿且起,那就不结为兄妹吧。今有玉带一条、御袍一领、温凉盏一只,都是先帝曾用过的,我看卿气宇不凡,把它们送给你,你就不要再辜负我的心意了。"王元怿听太后这么说,更感到疑惑恐惧,苦苦推辞。此时宫娥设宴上来,太后命他对坐,王元怿不敢入座。后太后南面,清河西面,坐下共饮,言谈语笑,太后以眉目送情,饮至更深,更是频频示意。王元怿苦苦哀求,想要离开,太后不许,赐宿翠华宫中,命美女二人侍王元怿共寝。王元怿再次叩辞,太后说:"这是我赐给你的。你明日出宫,即带回家去,何必这样推辞。"王元怿不得已受命,遂入翠华宫。宫中铺设华丽,珍奇玩器,无不备列。宫人曰:"这些都是太后赐给您的。"王元怿不高兴,和衣独寝,让两个美人独坐了一夜。太后听说后叹息:"此人果是铁石心肠。"然口虽叹服,心中割舍不下,留住清河,不放出宫。这夜过半,王元怿刚刚就寝,只见太后随了四个宫女悄悄走入,对王元怿说:"你知道我对你的爱慕吗?今宵良缘,何不成就美事?"王元怿心慌意乱,伏地叩头曰:"臣该万死,愿陛下自爱。"太后亲手相扶道:"我与卿不要君臣之分,叙夫妇之情,怎样?"哪知太后越扶,清河越不肯起,跪在地上竟像死人一样一动不动。太后见了这般模样,又气又笑,默然走出。宫女对王元怿说:"太后回宫了,您起来安寝吧。听说太后明日要放您出宫了。"王元怿听后大喜,但不知太后此去能否真的忘情。

王元怿被留在宫中,太后深夜逼他欢娱,王元怿不从。太后去后,宫女说太后明天要放他回去,王元怿这才放心。可是直到第二天下午还没有放令,只见宫女走来报道:"大王祸事到了!昨夜触娘娘之怒,娘娘有旨,今夜如再不从,就要像彭城王那样接受一死!"王元怿因恐惧而沉默不语,叹道:"与其违命而死,不如从命而生吧。"宫女见已经答应,连忙上奏。太后大喜,当夜就与王元怿成枕席之欢。王元怿出宫无颜面对众臣,装病三天没有上朝。然而王元怿满腹学识,礼贤下士,一心为国,朝政中遇到的问题,太后都给予大力支持。自那次后,太后更信任他,言无不从,众奸臣格外嫉恨他。

## 禅房花木入深宫

和士开死后，风流成性的胡太后顿感寂寞难耐，便借拜佛为名，经常出宫勾搭一个名叫昙献的和尚。昙献身体健壮，很让太后满足，两人便在禅房里结成野鸳鸯。胡太后把国库里的金银珠宝多搬人寺院，甚至在禅房里摆上高湛睡的御床。宫中上下对这桩丑事议论纷纷，唯独高纬毫不知情。

一天，高纬入宫向母后请安，忽见母亲身边站着两名非常标致的尼姑，于是顿生淫意。当夜，他密召两名尼姑侍寝，可是两名女尼誓死不从。怒上心头的高纬，命人脱光两人的衣服，一看之下才知是两个男扮女装的少年僧侣。高纬这才明白了母亲的秽行，勃然大怒。这两人是昙献手下的小和尚，生得十分漂亮，胡太后让他们乔扮成女尼，带回宫中淫乐。

第二天，高纬下诏斩首昙献的两名小和尚，又派宦官持符节去太后宫中，将她幽禁在北宫，不准出宫一步，外人不得相见。

胡太后自知有过，便将哥哥胡长江的女儿召入宫中，以取悦高纬。嗜色成性的高纬，见胡女姿色撩人，非常宠爱，立即拜为昭仪。胡昭仪受了姑姑的嘱托，用尽媚术，高纬对她宠爱日增，不久便废皇后斛律氏，准备立胡昭仪为后。胡太后拼命巴结高纬以保证侄女的皇后之位，并主动与陆令萱结为姐妹，还赠送给陆氏大量的金银财宝，完全放下了太后的架子。在陆令萱的帮助下，胡昭仪果然坐上了皇后的宝座，胡太后也因此同高纬冰释前嫌，被高纬迎回皇宫。

北齐在高纬的统治下日趋腐败，不久，北周就将其消灭。战乱之中，胡太后与高纬的第三个皇后穆黄花流落到长安为娼。有史料证实，胡太后对穆皇后说:“为皇后不如为娼更有乐趣。”

中国古代情史

# 隋唐五代情史

马昊宸⊙主编

线装书局

# 隋炀帝举国宣淫

## 杨广调戏父亲的爱妃

隋炀帝出生时，出现了满天的红光，乡间牛马全都嘶叫起来。他的母亲也曾在此之前梦见一条龙从身子中出来，在十多里高的空中摔下来，把尾巴折断了。她把这件事告诉了丈夫隋文帝。文帝沉吟良久，没有回答。在炀帝三岁的时候，有一天，文帝趁他玩耍时把他抱起来，逗弄他。文帝端详了一会儿，说道："这个孩子的命极为尊贵，我们的家业恐怕会毁在他手上。"从此，文帝虽然很喜欢炀帝，但炀帝也使他感到不快乐。

隋朝最后的一个皇帝，就是鱼肉百姓、暴虐贪婪、荒淫无耻的好色之徒隋炀帝杨广。

隋文帝有两个儿子。大儿子名叫杨勇，是文帝某妃所生，性情耿直，为人宽厚，早年曾被文帝立为太子。二儿子杨广，即后来的隋炀帝，是宫中一位婢女所生。杨勇、杨广两人都是被独孤太后杀了亲生母亲之后当作自己的儿子。二人得知自己的身世以后，对太后恨之入骨。杨勇多次背后发誓要报杀母之仇。而杨广却天性乖戾，处处逢迎母后的心意，因而颇得太后的欢心。杨勇被立为太子以后，杨广被封为晋王，居于晋阳。

杨广为人狡猾奸诈，又是一个好色之徒，文帝原本是不大喜欢他的。杨广怀着篡位之心，虽封臣在外，却不忘给文帝周围的近臣行些贿赂，表表心意。那班近臣得了杨广的好处，便都在文帝面前替他说好话。杨广又寻找各种机会和借口，进皇宫去，在文王跟前假装尽孝道，极力讨好文帝。后来，杨广又勾结上了当朝的实权大臣杨素，再加上独孤太后经常在文帝面前替杨广说话，极力保荐，文帝之心不禁动摇了。这样，里外夹攻，原本无罪的东宫太子杨勇被废，改立杨广为皇太子。

杨广被立为太子位居东宫以后，有机会便在文帝宫中厮混。那时，文帝身边有一位陈氏宣华夫人，是文帝最宠爱的，差不多夜夜召幸。文帝本就年事已高，加之在色欲上有些无度，没过几天便满身皆病。宣华夫人和文帝正在情浓意深之时，文帝有病，自然是日夜不离文帝左右，侍奉汤药。炀帝也要博得个纯孝的名声，便时时在父皇龙床前周旋。如此一来，便和宣华夫人时时共处一室，他见宣华夫人容光艳冶、娇美无比，不免心动神摇，动了乱伦邪念。

一天，炀帝照例进宫去问候文帝病情，恰好宣华夫人在偏殿更衣，他不由忘乎所以，什么伦理纲常都被抛于脑后，拦住夫人调戏起来："俺杨广久慕夫人仙姿，今日在此相遇，实在是上天注定的机缘，若蒙夫人垂爱，我当永世不忘！"说罢，向她怀中扑去，想强行无礼，吓得宣华夫人面色苍白，掉头就向文帝寝宫逃去。

此刻，文帝正病得奄奄一息，宣华夫人气喘吁吁、满脸红晕地慌张逃入把他惊醒了，见此情形，怒声喝问怎么回事。宣华夫人知道此事关系重大，便低着头不敢说话。文帝看了更加怒不可抑，颤声喝道："什么事情这般惊慌？快快说来！你若不说，我便传内侍立刻赐你死罪！"生死关头，宣华夫人没奈何，只得跪倒床前，淌着眼泪把实情说了出来。文帝一听，顿如五雷轰顶，气得半晌说不出话来。挣扎了多时，才骂出一句："这淫贱的畜生！"他又急又气，怒火攻心，晕倒在龙床上。慌得宣华夫人忙抱住文帝的身体，大声哭喊。一时间，独孤皇太后和三宫六院的妃嫔统统赶到了寝宫。杨广也听到了风声，又不敢去见文帝，就躲在寝宫外打探里面的情况。

隔了很长时间，文帝才醒转过来，见了独孤太后，气急败坏地骂道："全是皇后误我，枉费了吾儿杨勇，却立了这么个畜牲！"又一连声说："快传杨素进宫！"

此时，杨广在偏殿候信，听说文帝要见杨素，急令心腹太监去朝门外等候，若见到杨素，先领到偏殿与他相见。那时，文帝卧病日久，杨素也有另寻靠山之念，早已和太子杨广串通好了。杨素听得宣召，便匆匆赶进宫来，却被一名太监带到了偏殿。杨广见了杨素，疾步上前抓住袖子低低说道："公倘能助孤登上皇位，定当终身报答大德！"杨素何等狡诈奸猾，此时早对一切都了然于胸，哪里有不明白之理！他只说"殿下放心"四个字，便匆匆进寝宫见文帝。

文帝一见杨素，埋怨道："卿误我大事！悔当初不应该误听他人之言，废杨勇而改立杨广这个畜生！"杨素听了，故意装出一副惊讶的样子道："太子一向仁孝恭俭，朝野内外都有所闻，今日为什么让圣上如此气愤？"文帝气愤地说道："好一个仁孝恭俭！全是平日里惺惺作态，道貌岸然。如今他见朕抱病在床、软弱无力，竟潜伏宫中，逼占庶母。这样的衣冠禽兽，岂可托付国家大事？朕现在病势严重，估计时日也不多了，谅你不会辜负朕。朕死以后，须废杨广拥立杨勇为皇帝，千万不要耽搁！"杨素听此遗诏，一改往常的温良恭顺，勃然变色道："太子是天下的根本，岂能轻易换来换去？老臣死不敢奉诏！"文帝一见杨素公开抗旨，顿时明白他已被杨广收买，不由气得浑身发抖，伸指骂道："老贼明明与畜生同谋，叛君逆父，天理不容。朕被你们欺瞒，现在不能处死你们，死后变为厉鬼，也不会放过你们！"说到最后一句时，声嘶力竭，拼死大呼一声"快唤吾儿杨勇来！"便一口血喷到罗账上，两眼翻白、四肢僵硬了。一代皇帝就这样被活活气死在了病榻之上。

文帝死后，杨广便告杨诉素："暂不发丧，明日宣诏立吾为帝。"第二天，由杨素向百官宣布了篡改过的遗诏，并说："有不服从者，立斩于此！"这种情形之下，阶下百官谁敢说个"不"字。左右上来扶杨广上殿，结果，炀帝心慌腿软，双腿都迈不上殿。最后还是在杨素的搀扶之下，才得以坐上龙椅。

## 隋炀帝给庶母送上同心结

那宣华夫人，自从那天拒绝了炀帝，便一直在担心。现在见文帝死了，炀帝做了皇帝，便更忧心，不知今后会有什么结果。她想来想去，决心自杀，所以也不去拜见天子。正在这时，忽然看见一个宫内的侍从送来一个金盒："新皇帝赐娘娘的。"宣华夫人怀疑是炀帝赐给她自杀的毒药，想到自己年轻貌美，选进宫中陪伴年老的文帝，已经够委屈的了。现在却因保全名誉而得罪了新皇帝，性命都要丢掉了。心里一酸，不觉落下泪来。

送金盒的太监都等急了，一个劲儿地催她打开盒子。宣华夫人只是哭着拖延时间。最后实在不能拖了，牙一咬，撕破封皮，打开一看，她倒愣住了。原来盒里装的并不是毒药，而是端正地摆了个同心结。宣华夫人羞得背过身去，不肯接受。两旁宫女百般劝解，才勉强接下了。

当天深夜，炀帝便溜进太妃的宫里。宣华夫人含泪劝道："我很不幸，已侍奉过先皇，已有了名分，不能再侍奉皇帝。何况陛下三千粉黛，怎么会没有美女？何必对我这么好！既有损您的圣誉，又损了我的名声！希望陛下仔细想想。"炀帝听了，却无耻地笑道："朕自从见了夫人以后，魂就飞了，寝食难安。夫人如果不可怜我，谁能治得了我的心病？"不由分说，这个风流皇帝就霸占了父亲的爱妾、自己的庶母。

宣华夫人被隋炀帝霸占以后，在自己身份和萧皇后的压迫下，去做了尼姑。没多久就忧郁而死，年仅29岁。

## 隋炀帝在柳下偷香窃玉

古人有言，妻不如妾，妾不如婢，婢不如偷。此话不假。就说炀帝吧，虽有三宫六院，三千佳丽，却仍沉迷于那窃玉的勾当。

炀帝在西苑中拥有十六院夫人，夜夜歌舞，却总感觉各夫人受礼教束缚，反不及美人可随心所欲。故而，不过几日，那风情万种的三百二十名美人便都受过临幸了。事情至此，他仍心有不甘，便隐身花下，与宫中婢女彩娥暗度陈仓。只要在花径中、柳荫下巧遇娇娃，他便一定会私下风流快活一回。而宫中婢女大都对炀帝这般心性有所了解，个个都假意躲藏，等着皇帝来偷情。

隋炀帝偷香窃玉

这一夜，炀帝才玩罢美人，正在积珍院中饮酒，忽闻笛声嘹亮，不知为谁？于是他顺了笛声，沿着花障，悄悄寻去。

那笛声时断时续，高低婉转，似在柳树边，又像在花径外。抬头望去，薄云淡月，夜色幽静深远，炀帝为此欲火难耐。绕过几曲朱栏，走过两条小径，步行不出二三十米，炀帝便见一腰肢袅娜的女子款步行来。他急忙隐身于太湖石畔。只见那女子豆蔻年纪，貌美如花，仿佛嫦娥下凡。炀帝无法自控，扑出花荫，将那女子抱个满怀。那女子大惊，正要呼救，回头一看是炀帝，忙说："奴婢罪该万死，未迎圣驾。"说着便要跪下。炀帝急忙将那宫女抱紧，道："你的长相如此标致，朕也舍不得怪你，你可听过汉皋解珮的故事？朕今夜专为解珮而来！"这宫女十分乖巧，明白皇帝的来意，便说道："奴婢地位低下，万岁请自尊，谨防有人。"炀帝哪会顾及许多，只将女子揽入丛中，退去衣裙。原来，这宫女仍为处子，月下看去，娇啼百态，皇帝的龙袖上染上了一方血痕。

事毕后，炀帝把她搂在怀中，问她姓名。那宫女故弄乖巧："万岁只是一时兴起，问名字有何用？宫中佳丽三千，即使都问了，您也记不住啊！"炀帝笑骂道："小妮子！怕今夜的恩情被朕忘了，便这等弄乖。快说，朕一定记得你的。"那宫女才说名为妥娘，原为清修院的宫人。

炀帝日夜,留情于歌舞之上,落脚于裙带之下。他身边总有一班美妇笑闹围绕,只要有机会他便会与嫔妃交欢。美人们发觉炀帝生性风流,也极尽所能地去引诱他。这炀帝又生性下流,专好与宫女偷香于树下。而正正派派的床第之欢,在他看来则枯燥之极。因此,一班姿色颇好的妃嫔,也扮成宫女模样,藏身于柳暗花明的地方,一旦撞见了风流天子,便被拉住,留下很多风流韵事。后来,又因炀帝识得她们的模样,便将脸藏在轻纱后面。一时间,宫中处处是彩女、宫娥、妃嫔,越是在灯昏月上的时候,越个个身着色彩娇艳的轻纱,袅娜微步于各处回廊曲院之中。远远望去,仿佛洛水仙女,动人之极。炀帝见了,如何忍得住,便不管美丑,只要遇到便有姻缘。因此,不消一年半载,西苑的十六院夫人、三百二十个美人,两千个宫女他都玩腻了。炀帝又天生喜新厌旧,一个美艳的女子,若无其他特别之处,给他玩上几次后便丢在脑后,又玩别个去了。虽说有佳丽三千,也不过几天,便得换一班新的来。

## 隋炀帝的古怪淫具

隋炀帝的一生,可谓荒淫无度的一生。中原周围,无论是先朝皇宫,还是民间百姓,但凡看得过去的女子,均被他霸去享用。如此此举他仍嫌不够,为了寻求美女,他还临幸江南,出游西域,征伐高丽,以满足自己的淫欲。到晚年更是对国事、朝事不闻不问,一心沉迷于女色。每天都要有几个女人常伴左右,不然就坐立不安。玩腻了,便想出一些古怪招数。

一天,他在镜台前看美人梳妆时,觉得窗户高大、宫室旷荡,无法将美人的幽姿显现出来,便传旨命能工巧匠为他建造一座精巧幽雅的迷宫。大臣们不敢怠慢,耗资百万,历时一年建成一座迷宫。这座迷宫,轩窗掩映,楼阁高下,曲室幽房,迴环四合,千户万门,工巧之极。幽房密室相通,四方都有通道,转过一圈便是一天。不识路的人进来,花一整天也无法转出去。宫中摆放着象牙床、软款枕,锦衲绣褥更是不必说了。炀帝又找来三千名十二三岁的良家幼女,送往楼中各密室,专候圣驾。得此妙处的炀帝,日夜不分,除了吃酒,其余时刻均在帐中受用,以致连着几个月不出来。

那时,左右侍臣发现皇上只顾淫乐,便都下功夫制作淫乐的器物。于是,便造出很多灵巧的机器。这里只说两件:

一为任意车。这任意车是何稠兄弟俩造的。此二人因为炀帝制造御女车、转关车而平步青云。

何稠这日来殿上献车。炀帝见它做工精巧,便问:“不知用处何在?”何稠解释道:“这车是专门为陛下赏玩童女设计的。共有内外两层,想欣赏童女的时候,只需推动车身,上下左右立刻有暗机将其手足缚住,令其没有任何抵抗能力。这车还能自己运动,全不费陛下力气。”听到这些,炀帝高兴至极,马上把一名十二三岁的童女。骗到车上去,让小太监去推。这车造得巧妙之极,才轻轻一动,便有许多玉轴金钩,紧紧缚住童女的手脚。炀帝见此情景,兴奋地喊道:“好玩,好玩!今日不担心你逃上天了!”便依着法儿上前玩弄。这童女还是孩子,几经炀帝蹂躏,受尽痛楚,早在车中哭昏过去。

自得了这器械以后,炀帝便不顾自己的身体,不论日夜,将这些娇嫩的三千幼女蹂躏殆尽。还传画院送许多男女的情意图来,挂得随处可见,以助兴致。

另一件即为乌铜镜屏。这乌铜镜屏得于江外,共三十六面,每幅高五尺多,阔三尺。四面都磨得极亮,似今天的玻璃镜般光亮透明。每幅皆以白石为底座,一幅幅排列起来,团团围住,好似银镜屏风,组成一座水晶宫。放在寝所,外面的树形花光尽收屏上,宛如壁画一般。

得此宝物,炀帝便将美人置于屏内,饮酒做爱。美人的须发毫毛,娇躯艳态,交欢场面,都清楚可见,炀帝为此销魂断魄。炀帝喜道:“白玉乾坤,玻璃世界,也不过如此罢了!”从此,隋炀帝便时刻拥了众美人,不是在乌铜镜边,便是在任意车上放荡。

## 隋炀帝交媾之后用绉纱揩秽

隋炀帝的奢侈,的确是历代君主之最。同为隋朝的两个皇帝,炀帝和他的父亲文帝相比,其侈俭程度可谓天壤之别。下面几例便可说明:

隋朝的吴兴出产绉纱。按照惯例,吴兴太守每年都得向百姓们征收绉纱三万匹,以向皇宫进献。这些饱含穷苦百姓辛酸的绉纱进宫后的命运却惨不忍言:炀帝的妃子们上厕所用它们擦屁股,月经来时用其充当卫生纸,甚至交媾之后还将整匹绉纱乱扯,以供其揩秽。据载,有许多住在皇宫附近的百姓,大量捡拾被丢弃出来的绉纱,洗净染色后再卖给各地商人,并因此致富。

萧后身体肥胖,所以最怕热。每逢盛夏,她便让内监将西瓜一劈为二,放入冰块,将脚踏入其中方才睡。皇后成为各妃嫔们仿效的对象,一时间西瓜价格飞涨。

萧皇后还有一个爱吃蟹的癖好,一顿饭可以吃几十只。隋炀帝于九十月间游幸江都，几乎餐餐有蟹，后宫粉黛也都争先效仿。一时之间，扬州附近已无蟹可寻，只得去太湖采购。满载蟹子的运输船队，相接于道，蟹价也因此变得昂贵。水产官甚至为此大张布告，禁止百姓捕蟹，结果民间无蟹可吃。每年，水产官仅为皇宫报销的食蟹费一项，竟高达二十三万，真可谓大嚼矣！

炀帝以放萤火虫为乐。每逢无月之夜，炀帝便拥了众妃在池塘上放萤。因此，每日得征收三千斛萤火虫。萤火虫生于积雨之后的腐草之间，若想多得，实属不易。因此，每逢此时，生活在江都一带的百姓，就都得专门为皇宫去捕捉萤火虫。天气晴朗多时，便很难捕捉，每逢这时，百姓大多会受到官吏的鞭笞。萤火虫每只十文，想来皇宫每年这一项开销也颇为巨大了。

炀帝的奢侈由此可见一斑，而文帝则迥然。

有一年关中大饥，饿死的人随处可见。文帝曾多次派左右大臣前往，看百姓衣食是否有着落。有位内监把百姓吃的杂糠、豆屑之类的东西拿给文帝看，文帝看后，泪流满面，并将其呈给皇后及宫人，深感自责和内疚。他为此撤去御膳，不食酒肉、也不入后宫近一年时间。虽然这记载有些不确切，但文帝的节俭还是有史可考的。据说，文帝统治时期，每逢冬季，皇宫的菜园若还有余菜，文帝便让宦官等人将其卖掉，以免浪费。后来，这种做法被大臣杨素阻止，此事也曾被传为笑料！

## 隋炀帝贪色杀杨素

杨素自恃功高，经常称呼隋炀帝为郎君。一次在内宫饮酒，有个宫女不小心把酒洒在了杨素身上，弄脏了衣服。杨素大怒，喝令左右卫士把宫女拉下殿去，用鞭子抽打。炀帝心中很恼怒，但不敢发作。一天，炀帝与杨素并肩坐在池边钓鱼，侍卫们给他们打着伞以遮蔽阳光。炀帝起身去厕所，回来时见坐在大红伞下的杨素神采奕奕、仪表堂堂，于是心里很是疑忌。隋炀帝奢侈多欲，但是一要干什么事情，杨素总是阻止。因此，炀帝更有除掉杨素的想法了。杨素死后，炀帝说："杨素不死，我就要被诛灭九族了。"杨素在死之前，想要上朝，出门后却见文帝手拿金斧来追砍自己，并喝道："奸贼休走！我要立杨勇，你竟敢不听从，今天一定要杀了你！"杨素吓得大声惊呼，慌忙跑回屋中，叫来儿子、弟弟说道："我遇见了文帝，死定了。"不久以后，杨素便死了。

自从杨素死后，隋炀帝就更远所顾忌了。他开辟了方圆二百里土地，建成西苑，役使百姓达到一百万人。西苑里分为十六个院，堆聚有奇形怪状的石头，做成了假山；又开凿大小水池，修成五湖四海；炀帝还下令把天下所有鸟兽花木选送到京师来。各地进贡的花卉、草木、鸟兽、鱼虫，不计其数，在这里难以尽述。炀帝下诏，为西苑十六院命名，分别是：一、景明院；二、迎晖院；三、栖鸾院；四、晨光院；五、明霞院；六、翠化院；七、文安院；八、积珍院；九、影纹院；十、仪凤院；十一、仁智院；十二、清修院；十三、宝林院；十四、和明院；十五、绮阴院；十六、降阳院。炀帝亲自拟定这些院名。每院有二十个从宫中挑选出的品行端庄、容貌艳丽的美女，以一个经常侍奉皇帝的妃子为首领。另外，每院还有负责外出购买物品的太监。此外，还挖掘了五个方圆十里的湖：东边的叫翠光湖；西边的叫金光湖；南边的叫迎阳湖；北边的叫洁水湖；中间的叫广明湖。在湖中的人工山上造了亭台楼阁、屈曲加廊。这一切，环绕在碧水之间，可谓集天下美景于一处。又开凿了北海，周围四十里，并仿效蓬莱、方丈、瀛洲修了三座山，上面全是楼台水榭回廊，水深数丈。还挖了一条深沟连通五湖、北海，龙凤舟完全可以通行。炀帝常泛舟东湖，并亲手写下《湖上曲·望江南》八首：

湖上月，偏照列仙家。水浸寒光铺枕簟，浪摇晴影走金蛇，偏称泛灵槎。光景好，轻彩望中斜。清露冷侵银兔影，西风吹落桂枝花，开宴思无涯。

湖上柳，烟里不胜垂。宿雾洗开明媚眼，东风摇弄好腰肢，烟雨更相宜。环曲岸，阴覆画桥低。线拂行人春晚后，絮飞晴雪暖风时，幽意更依依。

湖上雪，风急坠还多。轻片有时敲竹户，素华无韵入澄波，望外玉相磨。湖水远，天地色相和。仰面莫思梁苑赋，朝尊且听玉人歌，不醉拟如何？

湖上草，碧翠浪通津。修带不为歌舞缓，浓铺堪作醉人茵，无意衬香衾。晴雾后，颜色一般新。游子不归生满地，佳人远意寄青春，留咏卒难伸。

湖上花，天水浸灵葩。浅蕊水边匀玉粉，浓包天外剪明霞，只在列仙家。开烂漫，插鬓若相遮。水殿春寒幽冷艳，玉轩清照暖添华，清赏思何赊。

湖上女，精选正宜身。犹恨昨离金殿侣，相将今是采莲人，清唱漫频频。轩内好，嬉戏下龙津。玉管朱弦闻尽夜，踏青斗草事青春，玉辇从群真。

湖上酒，终日助清欢。檀板轻声银甲缓，醅浮香米玉蛆寒，醉眼暗相看。春殿晚，仙艳奉杯盘。湖上风光真可爱，醉乡天地就中宽，帝王正清安。

湖上水，流绕禁园中。斜日缓摇清翠动，落花香暖众纹红，苹末起清风。闲纵目，鱼跃小莲东。泛泛轻摇兰棹稳，沉沉寒影上仙宫，远意更重重。

隋炀帝泛舟湖上，常常令宫女们将这些曲子反复吟唱。

## 隋炀帝亦好男风

大业四年(公元608年),道州进贡来一个叫王义的侏儒,既长得乖巧,又言语机灵,深得隋炀帝喜欢。王义经常陪炀帝到各处游玩,但是他从未进过皇宫。炀帝对他说:"因为你还不是宫里的人。"王义听后,便主动作了宫刑,炀帝因此对他更加疼爱,让他随便出入皇帝的寝宫,经常睡在皇帝的床下。明末齐东野人写就的《隋炀帝艳史》,对隋炀帝杨广荒淫的一生进行了详细描述。大概在作者看来,一味地写炀帝与佳人交媾,在情节上有些刻板,便让杨广去体验了一次断袖之欢。第三十三回,炀帝因过度纵欲而静养于文思殿,但隔日便无法把持,夜里做起了春梦,醒后:情兴已放,欲火满腔,仿若烈焰般,如何按捺得定?……忽见抬头一个小黄门立于面前,最多不过十六七岁,却出落得唇红齿白,有几分俊俏。何以见得?有诗为证:

妙年同小史,姝貌似朝霞。

漫道非佳丽。风流实可夸。

炀帝见小黄门俊俏,心中不禁暗想:"朕闻娈童之美,却未曾试过,今日这满腔欲火就先借他一泄吧。"因问道:"你叫什么?"那小黄门回答道:"奴名为柳青。"炀帝道:"你可会吃酒?"柳青不明炀帝之意,见问吃酒,怕得不敢出声。炀帝笑道:"不必害怕,朕实无恶意。"遂赐他一杯。柳青不敢推却,忙磕头谢恩,起身喝下。原来柳青不会吃酒,才一杯酒,脸上便泛起红色。炀帝见状,更觉其可爱,便亲手除去他头上的拼帽,露出一头乌黑亮发,直披到肩上。炀帝见此情景,如何还耐忍得住,遂起身将柳青推至龙榻上。炀帝不知娈童与妇人不同,竟也任性狂逞起来。柳青虽秀美,却毫无经验,忽被炀帝捉住,又不敢反抗,被弄得痛不可耐,伏在龙榻上,只是呻吟。炀帝高兴至极,又将柳青带了来饮酒。左右忙将热酒献上,炀帝一连几杯下肚,对柳青说道:"自今以后,你就是朕的随朝近侍了,时刻伴朕左右。"柳青想下跪磕头谢恩,却因臀股受伤,一时无法合拢,只得连身蹲下。炀帝见状忙止住,笑道:"你受苦了。"又赏了他一杯酒解痛。柳青吃下后,也献一杯与炀帝。炀帝盯着柳青,一杯接着一杯,直吃得有几分醉意,方才睡去。正是:

天生风流,自然消受。

不得于前,取偿于后。

《隋炀帝艳史》中所描写的隋炀帝与柳青的同性恋并无任何事实依据,作者之所以写这些，一是为了使小说的情节更为曲折；同时，也是在做一种猜测。在他看来，杨广既然情欲无餍，那么他偶尔一试男色也就未必不可能。这样的推想是不无道理的，在不少帝王的性生活中，女、男二色的确可以同时并有，谁能百分之百肯定隋炀帝只好女色呢？

## 隋炀帝选憨傻宝儿做"司花"

大业十二年，隋炀帝前往江都巡游，将越王杨侗留在东都守护宫城。宫女一般不能随驾侍候，都悲悲切切地挽留隋炀帝，说辽东是个小国，不需要隋炀帝亲自出马，希望隋炀帝选择将领征讨。宫女们想使自己随驾，拽着车，手指出的血染红了马脖子的皮套子。隋炀帝也不改变心意，因此就挥笔题了二十个字，戏谑地赐给留在宫中守候的宫女道："我梦江都好，征辽亦偶然。但存颜色在，离别只今年。"

车马和百万的步兵有条不紊地向前行进。大运河还没有建造成功，就命令云屯将军麻叔谋疏通黄河到汴梁的河床，使巨舰能够自由地行驶在河床中。麻叔谋十分严酷地执行皇帝的命令，用铁脚木鹅测试河水是否足够深。铁脚木鹅搁浅了，麻叔谋说疏通河道的人大逆不道，把他们冻死在冰水里。到现在，只要哭闹的小孩子一听人说，"麻胡来了"，他们就会立刻停止哭闹。连一句谎话也能让人如此的害怕。

离开东都十天，隋炀帝巡幸宋。何妥所进的车，前只轮用疏针作车刃，不但高，而且很宽；后只轮低下，制造的材料是松软的榆木。该车轻巧，行驶迅捷稳当，用牛驾"御马"（车名），从东都抵达汴梁。汴梁每天都有装载女人的御车进进出出，鲛绡网垂挂在车辕，其间杂缀着的像铃一样响的一个个玉片，一走一摇，玲珑作响，用此来掩饰，希望左右的人听不见车中的笑语。有个由长安进献的叫袁宝儿的女孩，十五岁，腰肢仅能盈盈一握，虽然看上去既憨且傻，却有着别样的说不出的千娇百媚。隋炀帝把当时洛阳上贡的合蒂迎辇花当作赏赐赐给她，传说中这种奇花只生长在嵩山坞中。人们不知道它的名字，采到它的人感到奇怪，正好赶上皇帝驾临，就把它贡给了皇上，因此取名为"迎辇"。此花表面是深紫的，可是内侧却洁白无瑕，迎辇花的蓓蕾粉红，花心深红，在花萼房还有两朵花互较高下，不断地散溢香气。又翠又绿的枝干，与通草类似。没有刺，叶是圆型的，又长又薄。它的香气清香舒爽，衣襟袖口触到它，香味久久不散；闻久了还可以提神醒脑。隋炀帝命令宝儿拿着它，改口称她为"司花女"。

当时隋炀帝身边虞世南正在草拟征战辽指挥德音的命令，宝儿注视着他。隋炀帝对虞世南说："昔日传说赵飞燕可以在手掌上跳舞，我总认为是儒生们夸大其词，人如何可以这样呢？到今天我得到宝儿，方才明白了以前的事。虽然宝儿总是傻乎乎的，她今天盯着你看，你可以用你的才学来嘲笑她。"虞世南答应了皇上，写了一首绝句道："学画鸦黄半未成，垂肩亸袖太憨生，缘憨却得君王惜，长把花枝傍辇行。"皇上非常高兴。

## 隋炀帝爱娥黛殿脚女

到了汴梁，隋炀帝和萧妃分别乘上龙舟、凤船，锦帆彩缆，穷奢极侈。龙舟前部为舞台，舞台上垂挂着蒲泽国所进的贡品蔽日帘。这是用负山蛟的睫毛、幼莲根丝串上小珠编成的，即使太阳强烈照射，也透不过这种蔽日帘。每个舟上都有上千个经过严格挑选的曼妙的长白女子。这些被称为"殿脚女"的长白女子都手执着雕版镂的金楫。一天，隋炀帝倚靠殿脚女吴绛仙的肩，不禁喜欢上她与众不同的柔韧和丽质，好长时间没走开。他看到吴绛仙画成长蛾状的眉毛，皇上不禁喜形于色，回到龙舟中传召吴绛仙，要提升她为婕妤。谁知吴绛仙即将下嫁给玉工万群为妻，不得顺从隋炀帝的心意。隋炀帝只能扫兴地将她提为龙舟的执首楫，把她叫作"崆峒夫人"。由于这样，殿脚女都争先恐后地把眉毛画成长娥状。司官吏每日发放产自波斯国的螺子黛五斛，叫作"蛾绿"。螺子黛每颗价值十金，以后由于征集的赋税不够用，就将铜黛混杂在里面发放下去，唯独吴绛仙的螺子黛不断。隋炀帝经常久久都不动地倚靠着蔽日帘看吴绛仙，对里面的谒者说："古人说'秀色若可餐'，看着绛仙真的感觉不到饥饿啊。"于是吟起《持楫篇》赐给她道："旧曲歌桃叶，新妆艳落梅；将身旁轻楫，知是渡江来。"传诏让殿脚女永远唱下去。

越溪在当时上贡一种闪耀发光的绫子，绫子上的花纹突起，富有光彩。越溪的人乘樵风舟在石帆山下收野茧缫丝。缫丝女夜里在梦中得仙人指点知道禹穴三千年一开，自己采到的野茧就是《江淹文集》中的壁鱼所变化的，用这种丝织成的衣服，定是天下罕见的花纹。缫丝女把衣服织成，果然花纹光彩照人，所以上贡给皇帝。隋炀帝唯独赐给司花女和吴绛仙，其他的妻妾只能看看而已。于是萧妃怨恨嫉妒，不高兴，在她的贬斥下，这两个美人也慢慢被皇上疏远。

隋炀帝曾经酒后在宫中游荡，偶尔调戏名字叫罗罗的宫婢。罗罗推辞说有程姬一样的病，不可能侍候皇帝的寝睡，其实她是惧怕萧妃。隋炀帝于是嘲笑她说："个人无赖是横波，黛染隆颅簇小蛾；幸得留侬伴成梦，不留侬住意如何?"自从隋炀帝到了广陵，宫中的人都模仿吴地方言，"侬"这样的话随处可以听到。

迷迷糊糊的隋炀帝常常被妖祟迷惑。炀帝曾经游于吴公宅鸡台，恍惚间与陈后主相遇，而且陈后主对他也以"殿下"相称。陈后主用车纱制成的黑头巾缠头，青色的宽袖长裾，绿色锦制方形的平底鞋上带有单边紫花纹。有数十名舞女排列在左右，其中一个异常美丽，隋炀帝屡次地用眼睛看她。陈后主说："殿下难道连张丽华都不认识了？当年在桃叶山前，我乘战舰与她一起北渡，那是张丽华最恨的时候。开始我倚临春阁，试东郭，挥紫毫笔，写'小研红梢'，她作答'江令壁月'，句未终，看见千军万马跟随韩擒虎冲杀过来，特别煞风景，现在想起来仍是这样。"不一会，在海贝壳上面绿纹做标志，又劝隋炀帝喝新酿的红高粱酒。隋炀帝欣然喝下，正当"玉树后庭花"歌曲响起，隋炀帝请张丽华伴舞。张丽华告诉陈后主，说自己久未跳舞，恐怕难从命。张丽华从井中出来，腰肢依稀很粗，往时的美好姿态已荡然无存。隋炀帝再三地请她，才慢慢地起舞跳完一曲。陈后主问隋炀帝道："她与萧妃哪个更好?"隋炀帝回答道："春兰、秋菊，各霸一时。"陈后主又吟诵十几篇诗，隋炀帝记不得了，唯独喜欢《小窗诗》及《寄侍儿碧玉诗》。《小窗诗》为："午睡醒来晚，无人梦自惊。夕阳如有意，偏傍小窗明。"《寄侍儿碧玉诗》为："离别肠应断，相思骨合销。愁魂若飞散，凭仗一相招。"张丽华请求隋炀帝写一首诗，隋炀帝推辞说不会。丽华笑着说："您不是说过'此处不留侬，会有留侬处'吗?"隋炀帝这才勉强为她写一首诗说："见面无多事，闻名尔许时。坐来生百媚，实个好相知。"张丽华手捧着诗，红着脸不高兴。陈后主问道："皇帝，你的龙舟之游还满意吗？开始我听你说治理国家要超过尧舜，现在你如此不思进取，大概是人生各有自己所贪图的快乐。这样深重的罪恶以前又怎么能看到呢？三十六封信，至今使人快快不乐。"隋炀帝忽然觉悟了，在他的呵斥下，陈后主等人恍恍惚惚地消失了。

## 黄门侍郎戏宫女

隋炀帝到月观，清丽的午夜与萧妃一起来到前轩，帘栊没开，左右的人刚刚睡下。隋炀帝靠在萧妃的肩上给她讲当太子时的事情。正在这时，有一个黄门侍郎映着蔷薇丛调戏宫婢，蔷薇枝缠着衣带不断传来笑声。炀帝看见那个宫婢腰肢纤弱,以为是宝儿有私情,连外衣都没穿就跑了过去,擒住一看,却是宫婢雅娘。返回寝殿,萧妃讥笑不止。炀帝于是说:"从前我偷着宠幸妥娘时也是这样。居然连性命危险都不顾了!后来得到月宾,被她故意作态不敢接近了。那时我偏爱名伶的心不减,现在,在你面前,就想起曾经常常念给你听的那首模仿刘孝绰做的杂忆诗,你记得吗?"萧妃听到炀帝问,随即念道:"忆睡时,待来刚不来,卸妆仍索伴,解佩更相催。博山思结梦,沉水未成灰。"又云:"忆起时,投签初报晓,被惹香黛残;枕隐金钗袅,笑动上林中,除却司晨鸟。"隋炀帝听到这儿,叹息道:"岁月如流,转眼间已过了几年了。"萧妃顺势说道:"听说边境常有群盗骚扰陛下,不得安心啊。"隋炀帝回答说:"我家的事全由杨素做主。人的一生是那么短,纵使真的发生了什么,我还不失做个陈叔宝那样一个长城县公!你不要谈外边的事情。"

隋炀帝曾经巡幸到昭明文选楼,车辆还没有到,先命令宫女数千人上楼去迎接。徐徐的东风鼓振着宫女的衣服,肩臂、脖领。显现隋炀帝看到这种情景,荒淫于女色的心更加强烈,因此修建了"迷楼"。挑选乡下未成年女子,让她们穿着轻飘的罗制成的单衣裳站在那里。倚靠着门槛望着迷楼,宫女们的势态像是缓缓向天上升腾。而且在迷楼的四个角落里焚香,香烟袅袅,常常像早晨的雾没散,他觉得这里胜过仙境。迷楼上放着四顶帷帐,每个帷帐都有自己的名字:一叫散春愁;二叫醉忘归;三叫夜酣香;四叫延秋月。妆奁寝衣,每个帷帐里的均是特制的。

## 隋炀帝留恋殿脚女

到达广陵以后,隋炀帝由于沉湎失度,睡前必须让人摇动四肢,或者是随着歌乐声才能入睡。隋炀帝最喜欢的就是侍婢韩俊娥,每次睡前一定传召她,命她给他振耸肢节,否则无法入睡,手是赐她别名为"来梦儿"。萧妃常常秘密审讯韩俊娥道:"皇帝身体不好,让你前来安顿,你还有什么献媚行为?"韩俊娥在萧妃的威严逼迫下浑身发抖,说道:"我跟从皇上从东都来,由于路途起伏不平,坐在车上的宫女也随车摇晃,皇上也在车上,非常爱看。我现在承受皇后的恩德,能够在皇帝的账下报答浩浩皇恩,于是就私自模仿在车中的姿态来安顿皇上,没有别的献媚行为。"第二天,萧皇后随便找个理由赶走了韩俊娥,隋炀帝不能阻止。常常独上迷楼怀念她,题诗云:"黯黯愁侵骨,绵绵病欲成。须知潘岳鬓,强半为多情。"又云:"不信长相忆,丝从鬓里生。闲来倚楼立,相望几含情。”

殿脚女来到广陵后，全部在月观行宫中等侍差遣。从此，绛仙等人不能亲临皇帝的寝殿侍候。有郎将从瓜州宣事回来，将一篮合欢水果献给皇上享用，隋炀帝选一对合欢果命令黄门侍郎骑快马送给绛仙。马在颠簸的路上跑得太急，合欢果分解了。绛仙接受了赏赐却不以为然，并给隋炀帝写诗：“驿骑传双果，君王宠念深。宁知辞帝里，无复合欢心。”隋炀帝极为不满，对黄门侍郎说：“绛仙为何如此埋怨呢？”黄门侍郎害怕地跪拜道：“刚才奔跑的马摇动得厉害，到了月观，合欢果断了连理。”隋炀帝的心情缓解，于是说道：“绛仙不单单是容貌好看，而且诗也做得深刻有意境，是女宰相的材料啊！岂会在左贵嫔之下？”

有一次在宫中的小型拆字令会上。皇帝看着身边的杳娘说道：“我取‘杳’字‘十八日’”；杳娘取“罗”字为“四维”。皇帝看着萧妃说：“你能拆开‘朕’字吗？拆不开就罚你一杯酒，让你醉！”萧妃慢慢地说：“左撇右移，岂不是‘渊’字吗？”当时的人都渴望归顺唐公李渊，隋炀听了这话顿时沉了脸，于是说：“我不知道这事，难道就注定是一位庸人吗！”

在那个时候，朝廷内忧外患，直阁裴虔通、虎贲郎将司马德戡等人，与左右屯卫的将军宇文化及相互勾结、伺机谋反。因此有人奏请释放官家奴隶，分别安排好。隋炀帝准奏，宣诏说：“现在正值寒暑交替，正是一年中农事最忙的时候；日月交替照耀，用来均衡劳逸。士人有游玩闲谈的时候，农夫也有休息的时节。你们众人，毫不懈怠地服苦役，埃垢充满手指、头发，虮虱生在头盔里。朕深表哀怜，让你们轮流休息，随便游戏。如有上奏，可让卫士递上文书。朕已经有恩于侍从了，可依前件事。”这便是“焚草之变”。

## “任意车”上兴云雨

晚年的隋炀帝，更加荒淫无度，成天泡在女人堆里。一天，他对一个亲信说道：“一国之君不但应该尽情享受富贵，也应当及时享尽天下最大的快乐。如今天下太平无事，安乐富裕，正是我寻欢作乐的时候。现在所有的宫殿虽然高大宽敞，雄伟壮观，曲栏通幽径的情趣却几乎没有，没有令人惬意的小房间和深藏不露的密室。如果有了这些，宁愿一生躲在里面。”有一个名叫高昌的侍卫听后便启奏皇帝：“我有一个浙江的朋友叫项升，他自称在宫室的建筑方面造诣颇深。”第二天，隋炀帝将他召来询问，项升回答说：“请您先看一下我的图纸。”数日后，项升把图纸呈献给皇帝，隋炀帝看后高兴万分。当天就下诏，命令主管官员把材料提供给他。共动用数万人,一年便修成了。楼阁错落有致,参差不齐,幽房曲室,轩窗掩映,朱红色的栏杆,环绕四周,相互连接。每间小屋都有自己的通道,众多的门窗,上下相互对应,装饰得富丽堂皇;金光闪闪的巨龙雕刻于房梁之上,气势雄伟的玉兽蹲于大门两边;四处墙壁平滑如镜,阳光射进窗来,整个房间金光灿灿。所有的房屋建筑得精臻之极,前所未有。皇宫的建筑花费了无数的钱财,使国库空虚。如果有人误入这样的"迷宫",一天都走不出来。隋炀帝来到这里,十分高兴,吩咐左右侍从道:"就是真正的神仙到这里也会走不出去,可以称它为'迷楼'。"下诏赐封项升为五品官员,并从国库中拿出一千匹上等丝帛赏赐给他。挑选后宫中良家少女数千人居住在迷楼中。隋炀帝一到这里便住了数月有余,仍不想出去。大夫何稠又进献了一辆御童女车。车修造得极为狭小,只容一人的空间,并且在里面设了层层机关,女子被放到车中,她的手脚全部被车中的机关卡住,使她整个身子一动不能动。隋炀帝用一个少女做了一番试验,十分欢喜,将何稠召进宫中对他说道:"你竟有如此巧妙的想法!"赏赐千金,对他的灵思妙计进行鼓励。何稠出去后,曾对人讲述车中机关的巧妙,有知内情的人说道:"最好的还不是这个。"何稠还进献了一辆转关车,把车的周围抬起来,能够变成楼阁,好像走在平地上一样,车中的女子随着车势自动摇晃。隋炀帝看后更加欢喜,对何稠说道:"这辆车叫什么名字?"何稠回答道:"这是我随便修造成的,尚未取名,愿皇上赏赐个好名。"隋炀帝说道:"你任其巧意修造成这辆车,我在上面又能自行欢乐,可起名为'任意车'。"何稠再拜而退出。隋炀帝又命令画家绘制了数十幅男女做爱图,悬挂在迷楼中。同年,上官时从江外任满回京,铸造了数十面五尺长,三尺宽的乌桐屏风,全都打磨的光亮照人,可以把它们环绕在寝宫内,当作屏风。到京城以后,上官时把它们进献给隋炀帝,放进迷楼的寝宫中,环绕于四周。然后又将女子放进去,全身都在镜中映现出来,隋炀帝大喜道:"绘画仅仅画得像而已,这却能看到人的真面目,胜过一万张绘画!"又赏给上官时一千两白银,作为嘉奖。

## 艳情雨露感伤怀

隋炀帝整天泡在女子堆里,竭尽全力,气力渐渐不行,十分疲倦。不由得对身边的侍从说道:"想我刚登基的时候,每天辛苦万分,觉睡得也不多,必须有女子在身边才能入睡,感觉好像刚刚入梦起床时间便到了。现在却整天昏昏沉沉,好像永远睡不醒;一和女子接近,便感到疲惫不堪,这是何道理?"一天,侏儒王义上奏隋炀帝："我是一个乡村野老，做什么事情都不如别人，又出生在偏僻的地方，幸亏因为进贡，把我贡到宫中，能够有机会为皇上打扫后庭，并且深受皇上宠爱。我曾经心甘情愿忍受宫刑来服侍皇上，从此应卧室之中出入，当今所有亲信之人，谁也比不上我。我于是偷偷饱览了宫殿中的史书，反复研究品味，也感觉收获不小。我听说人的精气能使人精神矍铄，皇上还没有登基的时候，先帝勤劳俭朴，皇上那时身边也没有很多女人，每天接近的都是好人，所以精气充实于内，神气清明于外，因而每天都精神饱满。自从数年以来皇上泡在女人堆里，后宫中充满美貌女子，每天早晚寻乐，除非是重大事件和祭祀，偶尔亲临朝政，其余时间很少理政。即使有时召见远方来人，或者不定时的庆贺，上朝也很晚，并且不到一刻钟，便又草草退朝回后宫。以有限的体力，去满足无限的欲念是不行的。我听说，古时候有一个山野中的老翁独自一人在大石头上歌舞，人们询问他为什么会有这么多的快乐时，老翁说道：'您知道吗？我有三种快乐。人生最难遇的便是太平盛世，我现在没有经历战争，这是一种快乐；人生难得肢体完备，我现在没有一点残疾，身体健朗，这是第二种快乐；人生难得长寿，我现有八十岁了还没死，这是第三种快乐。'询问的人赞赏而去。皇上尽享天下富贵，相貌英俊，龙颜凤姿，却不知自重，思虑还赶不上一个山野老翁。我渺小卑弱，身份低贱，难以报答皇上的恩德，不懂规矩，冒犯天颜。"于是王义跪伏在地大哭不止，隋炀帝命他起身。第二天召来王义，说道："你说的那番话我昨天夜里反复思考了，极有道理，你对我确实很关心。"于是命令王义在后宫内选择一间密室，皇上居住在里面，不准女子入内。住了两天，隋炀帝愤然而出，说道："假如郁郁寡欢地住在这里，即使能活一千岁，又有何乐趣呢。"又一次进入后宫。无数的宫女，得不到皇帝临幸的也有很多。后宫中的侯夫人，实属天生丽人，不料，有一天在房间里悬梁自尽，一个锦囊悬挂于臂膀上，里面装有诗文，侍从取下来把它进献给隋炀帝，原来是三首《自感》诗："庭绝玉辇迹，芳草渐成窠。隐隐闻箫鼓，君恩何处多！""欲泣不成泪，悲来翻强歌。庭花方烂漫，无许奈春何。"春阴正无际，独步意如何。不及闲花草，翻成雨露多。"二首《看梅》诗："砌雪无消日，卷帘时自颦。庭梅对我有怜意，先露枝头一点春。""香清寒艳好，谁惜在天真。玉梅谢后阳和至，散与群芳自在春。"还有一首《妆成》诗："妆成多自惜，梦好却成悲。不及杨花意，春来到自豪飞。"一首《遣意》诗："秘洞扃仙舟，雕窗锁玉人。毛君真可戮，不肯写昭君。"一首《自伤》诗："初人承明日，深深报未央。长门七八载，无复见君王。春寒侵入骨，独卧愁空房。疯履步庭下，幽怀空感伤。平日新爱惜，自待聊非常。色美反成弃，命薄何可量。

君恩实疏远，妾意徒彷徨。家岂无骨肉，偏亲老北堂。此方无羽翼，何计出高墙。性命诚所重，弃割良可伤。悬帛朱栋上，肝肠如沸汤。引颈又自惜，有若丝牵肠。颜然就死地，从此归冥乡。”看了这些诗之后，隋炀帝十分伤感，并且亲自去探望她的尸体，说道：“虽然已经咽了气，但面如桃花。”接着下急令将中使许廷辅召来，说道：“以前我派你到后宫中挑选美女放到迷楼中，你为什么不把她选入？”于是下令把许廷辅关进监狱，赐他自尽。用厚礼埋葬了侯夫人后，隋炀帝几乎天天都读侯夫人留下的诗，喜欢得不得了，令乐府配曲歌唱。并且亲自到后宫又选了一百个女子，送进迷楼。

隋炀帝游江都

## 美人藏冰盼皇上

大业八年，有方士向隋炀帝进献大丹丸。服用之后，隋炀帝情欲更加旺盛，每天相伴必须有数十人。入夏以后，隋炀帝越来越烦躁，每天喝下数百杯的水，仍渴得不得了。太医丞莫君锡上奏书：“皇上的真元太虚，心脉烦盛，水喝得过多便会生大病。”于是开药诊治，并请求把一个冰盘摆到皇上面前，希望皇上每天早晚望着它，也治疗烦闷燥热。从此以后，各宫院中的美人，都买冰做成冰盘，吸引皇上驾临。因此京师中冰的价格猛涨，藏冰之家，大都成了暴发户。

大业九年，隋炀帝又准备去江都巡游，每天晚上有一个宫女在迷楼中大声歌唱：“河南杨花谢，河北李花荣；杨花飞去落何处，李花结果自然成。”听到歌后，隋炀帝披上衣服坐起身，召来宫女询问她：“是谁让你唱的？这首歌是你自己作的吗？”宫女回答道：“我是从一个流落民间的弟弟那里学来的，据说道路上许多孩子都在唱这首歌。”隋炀帝沉默良久，长叹一声，“是上天教的，是上天教的。”于是令人拿酒，自己唱道：“宫木阴浓燕子飞，兴衰自古漫成悲。他日迷楼更好景，宫中吐艳恋红晖。”唱完竟悲痛万分。亲近的侍从感到莫名其妙，说道：“无缘无故地歌唱和悲伤，我们实在不明白这是什么道理？”隋炀帝说：“不要过问,以后就知道了。”以后,隋炀帝去江都巡游。唐朝皇帝发兵进入京城,唐太宗看见迷楼时,说道:“这都是搜刮民财,用百姓的心血建成的。”于是下了焚烧的命令,大火烧了一个多月仍然不灭。前面的诗文和歌谣都应验了,可见世代兴亡,都是必然。

## 李渊醉跌美人怀

隋炀帝罔顾民意,荒淫无度,致使国库亏空,人民怨声载道,故各路英豪纷纷反抗,天下一片混乱。李世民心怀大志,费尽心力,广交天下仁杰,以推翻炀帝之统治。李世民之父亲李渊虽已看破隋朝皇室堕落,江山即将灭亡,却也只是犹豫、叹息,而无法定下大计。李世民便与当时晋阳宫的副监裴寂——父亲的好友等人商议,决定用计逼父谋反。

炀帝为在四处游幸,预备了许多行宫,晋阳宫便是其中之一。同皇宫一样,行宫里也住着一些太监、宫女,随时恭迎圣驾。皇帝不在时,便立二人为正副宫监,处理行宫中一切事务。太原留守李渊便是这晋阳宫的正宫监,裴寂是副官监。

唐高祖李渊

裴寂与李世民等商定之后,便在行宫内备下酒席款待李渊。李渊觉得,自己同为宫监,可以进得宫去,再加上和裴寂是多年好友,便心无芥蒂地去了。两人在席间开怀畅饮。李渊本来是好酒量的,怎奈裴寂趁李渊不注意的时候,将酒一杯杯地倒在了唾壶中,还假装已经烂醉,要召两个美人侍奉。李渊也放松了戒心,任裴寂召来两个貌美如花的女人。只见她俩眉黛含情,盈盈秋水,身材相仿,都匀称苗条,好似一对姊妹花,坐于李渊两侧,不停地劝酒。可怜李渊戎马半生,怎么可能受得了这种勾引,不久便被弄得精神恍惚,醉倒在美人怀中。

原来,这俩是隋文帝之尹、张二妃,炀帝即位后也曾将她们占为己有。怎奈炀帝滥情,拥有众多美人,因而将其冷落在宫中,致使其幽怨甚深。裴寂与二妃原也情投意合,已有了夫妻之实。裴寂昨日进宫对二妃说:“皇上于江都巡幸,乐不思蜀。此时国中无主,群雄并起,近报马邑校尉刘武周已将汾阳宫占领,兵势十分强大。汾阳离太原很近，我虽为副使，但兵马不足，倘若敌人果真来袭，谁能御之？如今唯有一计，若二妃允诺，不但性命可以保全，而且可得富贵。”二妃忙问何种富贵。裴寂便说：“太原留守李渊，拥有数万人马，其子李世民更是当今豪杰，四方结纳，欲举大事。但因担心其父不允，几次找我商议。我想，两位夫人处离宫已久，皇上又音信全无，何不借机服侍李渊，以得富贵。”两位夫人在权衡利弊后应允下来。

此时，李渊早已被两位美人灌得不省人事，于帐中安寝。这一夜，可谓倚香偎玉。待李渊次日天明醒来，只见黄被盖体，异香扑鼻；两个娇艳短衣、肌肤白嫩的美人，正拥着自己。急忙一问，却听闻乃皇上的两个宫妃，惊得直从床上跳起。未及二妃解释，不及穿戴衣冠，便夺门而出。谁知裴寂早已在门口等候，笑着说道：“为何李大人如此胆小？收纳一两个宫眷有何不可，便是将整个隋室江山都收为己有也不为过，也是应当呢！”李渊正欲发作，又见儿子世民与钦犯刘文静相互交扶着闯进门来，大声说道：“如今炀帝昏庸，百姓贫困，群雄并起，天下大乱。父亲重兵在握，儿臣已暗积士马，如今不顺应天意乘时起义，为民除害还等何时？且父亲如今犯下灭门之祸，若再踌躇不前，上有严刑，下有寇盗，祸至无日矣！”刘文静也不住地劝说：“事已至此，不若顺应民意，举师夺取隋室江山，或可将祸转福。”

李渊为这几个人逼迫，既感觉自己欺君罔上，又见时势所趋，已骑虎难下。事已至此，也只得放胆起义，谋夺隋皇江山了。如此一来才有了李渊父子举兵伐炀、建立唐朝的故事。

那两位妃子在李渊做了皇帝后，因自恃有功便在宫中作威作福。窦皇后在屡戒无效的情况下，上告了李渊，于是二人便被派往玉泉观做了尼姑。后又因不守清规，被老尼所逐，嫁予商人而终。

## 唐皇子替父皇“安慰”嫔妃

唐朝的开国皇帝——高祖李渊，厮杀半生，以使天下安定，封了诸王，立了太子，便疏于朝政，享受起来。他效仿周官，设立了贵、淑、德、贤四位妃子在皇后下面，又将仪、容、嫒等九人立为嫔，以外还有美人、婕妤、才子等各九人，御女、室林、采女各九人，总计八十一人，又采纳了二千名宫女，造起一座太和宫，一班妃嫔宫女都被养在里边，花柳掩映，快乐无比。无奈他的太子却也荒淫无度，以至于后宫奸淫，武门喋血。

## 李建成强奸官员的妻女姬妾

这太子便是李渊的长子李建成。李建成成为太子以后，便觉得自己早晚会拥有唐朝天下，于是任意妄为。他让那些阿谀奉承的大臣四处搜寻绝色女子，安置于洞房曲院内，随意淫乐。除此以外，他每日还去那班同流合污的官员府中寻欢作乐，每次都威逼那班官员贡献出自己的妻女姬妾，供他享用。

当时有位骠骑将军彭人杰，迎娶了一位国色天香的美人为妻，满京城里都知道她乃当世第一美人。太子建成在一次偶然的机会中看见了这位夫人，魂便被丢到宫外。他明白这位彭将军不好惹，但见了美人便色胆包天，仗着自己的权势，将人家强奸了。

原来，太子在自己的府中辟得一间密室。趁将军随秦王出征在外，他在半夜时分派了一个侠客偷偷进入将军府，用香气将那夫人迷倒，用锦被裹了，从被窝里抱回来将其奸污。他还嫌不满，硬逼着彭夫人应允与其长久通奸。夫人被逼无奈，自缢身亡。太子在事情败露之后，担心将军报仇，便派兵杀尽彭将军一家老小。

## 张、尹二妃情欲难耐勾引太子

这太子李建成不仅在宫外如此，在他父皇的宫内也毫无顾忌。只要有点姿色的嫔娥，无论他父皇是否宠幸过，都被他拉进密室去通奸，总要尽了他的心意才会停手。那些被奸污的嫔娥，有的慕于他的地位，有的畏于他的权威，便也忍气吞声。

高祖后宫原有两位宠妃，一个姓张，一个姓尹。原本为隋炀帝的妃子，因曾在晋阳宫里侍奉唐皇有功，颇受高祖的宠爱。无奈高祖登基后，已年过半百，且后宫新宠又一天天增多，轮流侍寝的已多达一百四五十位，因而丢得这张、尹二妃独守空门。

真是孽缘。恰逢高祖巡幸龙跃宫，委太子留守宫中，太子因此可自由出入宫中。这张、尹二妃本来就轻薄妖贱、生性放荡，又已长久独处，情欲难耐，见了这一个雄赳赳的淫荡太子，怎会不为所动？在太子看来，张、尹二妃最是妖媚诱人，久已想下手了；只因父皇长久留于宫中，耳目太近，怕闯出祸事，勉强忍下了。如今天赐良缘，岂有不好好利用之理？因此，双方一拍即合，偷在一处，将常伦视为无物了。

从此，建成便时常进出宫中，左拥右抱，倚香送暖，替父皇尽了保护之责、安慰之意。

## 李元吉让美女裸身与武士搏斗

唐高祖的四儿子即唐太宗李世民的四弟齐王，名为元吉。

元吉自幼便容貌丑恶。甫一出生便受窦皇后厌恶，让奶妈陈氏悄悄地将其丢在野地里喂狗。那陈氏却心地善良，不忍下手，便将其抱回家去私自抚育成人。窦皇后辞世后，元吉便被奶妈送去见他父皇。他相貌虽丑，却精通十八般武艺。正值用人之时，高祖便把元吉留在营中。遇有厮杀的事，便派他前去，却也十分勇猛，屡立战功。高祖见到此景大喜，将其封为卫怀王，领大兵一支，驻守边疆。

李元吉生性恶劣，离开父皇视线，便飞扬跋扈。他行军路上见有貌美女子，便掳去做姬妾。玩过三五次后便因厌弃而将她们丢在后账。后来，因为抢劫的女子日渐增多，后账中拥挤不下了，便想出一种奇特的玩法。他拉出那班厌弃了的姬妾，命其脱去衣物，赤裸裸地一队站着，给她们每人一张藤牌，一柄剑；再挑一队凶猛的武士，也都手执利刃，逼着他们相互厮杀。可怜这班原都是良家女子的姬妾，被这王爷抢来了奸淫，心中已是委屈万分；如今被玩腻后却要赤身裸体地被逼着和武士格斗，莫说这柔弱女子无力抵挡武士。事到如今，羞也羞死了。大家将身子蜷起来，拼着玉雪般的肌肤，任凭刀砍枪刺。一时间，近百条娇嫩的躯体和着鲜血横七竖八地倒在地上。元吉见此情景，开怀大笑。

## 贪淫色残杀乳母

元吉账中原有一最为宠幸的妃子陈氏，是将元吉从野地里抱回、含辛茹苦地将他抚养成人的奶妈陈氏的女儿。这女儿长得光艳照人，又与元吉同龄，自元吉被抱回后，他俩相依成长如同兄妹。元吉自幼色胆包天，待得十六岁那年，便背着奶妈，偷了这女儿，直到有了孩子，奶妈方才知道。但生米已成熟饭，只能成全了他们。因此，元吉封王后，陈氏做了贵妃；别的姬妾早被王爷抛弃了，独有这陈氏却仍受宠爱。到了这时，她见元吉滥行淫杀，便禁不住在床上劝说起来。谁知才开口便牵起了元吉的怒气，他不念夫妻十多年的感情，大喝一声："拉出去！"于是，十多个虎狼般的武士，老鹰抓小鸡似的抓她到外面的空地上，拔出刀来，一刀一刀地砍向陈妃雪白的皮肤。元吉看着她娇啼婉转，拼命闪躲，却是高兴至极。不久，那陈贵妃早已香消玉殒，死在地上。

当奶妈闻讯赶来时，可怜的女儿早已血肉模糊。陈氏满腔积怨无处发泄，便一把将元吉的衣领抓住，口口声声要他赔女儿的命来。而后又说起如何将其养育成人，又怎样将他送去见了父皇，女儿与他如何恩情深厚，哭哭泣泣，没完没了。这元吉才杀了结发之妻，又被奶妈说个没完，一怒之下把奶妈推翻在地，大喝道："拉碎了这贱人！"

原来卫怀王府中私刑种类繁多，"拉碎"是指由五条大汉，用绳子将人的手脚和脖子绑住，每人拉住一条绳子，向不同方向用力扯去，生生将人的身躯扯成五块尸肉。这奶妈也被这样活活地拉碎，可见卫怀王元吉是多么残忍。

元吉在高祖即位后，被封为齐王，与太子建成狼狈为奸。他效仿太子，不只收罗三五百个娇娃美女在本府中，还常常不分时候，随意闯进哪家的内宅闺阁中去，发现年轻女眷，便放声调笑，随意奸污。受辱人家知道他乃四王爷，且与太子关系不浅，便无人敢喊冤。若有不识相的告到官堂，不但状子无人问津；一转眼，全家人都被齐王派来的刺客杀个精光。

## 建成、元吉淫乱无度被诛杀

唐高祖李渊，与窦氏皇后原有四男一女。三子玄霸因病早逝，在灭隋建唐过程中，次子李世民功劳最大。高祖登基后，将长子建成立为皇太子，将世民封为秦王。但长子建成却是个荒淫受禄的人，虽已位及皇太子，却又时刻担心二弟篡了他的皇位。于是，他便与四弟齐王元吉一起谋害秦王李世民，结果引出一场兄弟阋于墙的战争。

初分领地时，秦王本该统辖洛阳，但建成担心他占据这个要地之后会如虎添翼，先是煽动高祖派行台尚书温大雅去治理洛阳，以确保朝廷直接管辖洛阳；后再用计夜召世民饮酒，想借机除掉他，然世民呕血数升，却保住了性命。高祖发现个中原委后，召世民与之说："自初谋大举，到削平海内，皆汝之功。吾曾想由你接替帝位，但你却坚辞不受；加上立建成为太子已经久了，我又不好无端地废了他，改立你为太子。你们兄弟之间不能和睦相处，我只好让你去外地建都，像汉梁孝王那样，与我分立江山，自立天子了！"世民闻此言，涕泗横流，说道：

"儿臣绝无此心,愿与兄弟一起,力保父皇江山!"最终没有答应高祖的建议。

太子知晓父皇这一心思以后更加害怕,便与齐王元吉秘密商议:"万万不可让世民到外地。不若将他稳在长安,借父皇之手除之。"俩人里应外合,一个多次派人秘密上书言世民有反心;一个干脆欲请杀之,高祖听这二子的谗言多了,渐渐也没了派世民建都洛阳的念头。

秦王府的幕僚们看到这种情况,都觉得秦王处境危在旦夕,慌乱不已。房玄龄对长孙无忌说:"看情形,他们之间的矛盾已深不可除了。一旦祸发,则朝府厮杀,实乃国之大忧啊! 不如早劝秦王行国公之事,以安国家。"无忌为此规劝秦王,秦王踌躇不定,又召杜如晦讨论此事,杜如晦亦主张用房玄龄的意见。

当时,一批骁勇善战、足智多谋的将领和谋士都聚集在秦王府内。太子和齐王将念头动到他们身上,想借此将秦王的羽翼削弱。他们先是以重金诱惑。收买不成的就到皇帝面前进言,或逐之,或杀之。房玄龄、杜如晦、敬德、程知节等都曾遭此厄运。其时,尉迟敬德先是收到一车金银珠宝,因其拒不接受而被谗于高祖。高祖欲杀之,幸得秦王极力相保,方才留住性命。事情到了这种地步,长孙无忌与其舅高七廉、将军侯君集及敬德等一班人,时刻苦劝秦王要尽早决定。这时,恰遇突厥攻击中原,建成便提议由齐王带领秦王的兵将迎敌,而他自己则于宫中密设兵卒,想再借为齐王饯行之机除掉秦王。此举被长孙无忌知道并告知秦王,世民叹曰:"骨肉相残,古今之大恶,我诚知祸在旦夕,却也只能候其爆发,然后才可以义讨之。"敬德、无忌等知道秦王以情义为重,拍案而起:"王不听吾等之言,吾等将窜身革泽,无法留居王之左右了。一旦交手,王只好束手就擒!"于是,李世民密奏皇上:"元吉与建成淫乱后宫,且执意要杀害儿臣。臣即使有违君亲父教,受骂于永世,也绝不苟见诸贼于地下!"高祖闻此言,大吃一惊。忙劝:"明日早朝,当面提审,请你早来。"

李世民率长孙无忌等在第二天伏兵于玄武门,未曾料想张妃泄密,建成急与元吉商议。元吉主张勒兵不朝,视形势而定。建成却说:"我已安排好了兵马,我们同时入朝,探得消息后,再相机而动。"于是,两人同时入朝。行至临湖殿时,察觉情况不对,急待退走却为时已晚。秦王李世民射出的一箭,正中建成心窝;与此同时,尉迟敬德也一箭将元吉射死。这时齐府、东宫的将帅们才率兵赶到,围攻玄武门。敬德砍下太子和齐王的头颅,挑于枪头昭示众人。来兵一见,纷纷散去。

高祖此时正泛舟宫中,李世民派敬德入见,敬德穿甲持矛,直至皇上面前报告道:"齐王、太子作乱,秦王已将其平定。因恐陛下惊动,特派臣来护驾。"高祖见状，也别无他法。只好对大臣裴寂说：“本不想看到今日这种局面啊！事已至此，该如何是好呢？”陈叔达说：“建成、元吉原本就不是成事之人，又无功于天下。因担心秦王功高望重而蛇鼠一窝，到头来自食其果。陛下如今应明断是非，对秦王委以重任，便可无事。”高祖应道：“此乃吾之夙愿也！”随后建成、元吉的儿子们也被杀害。到这儿为止，一场兄弟间的残杀、争斗方才结束。

## 皇太子爱男风抛弃江山

在初唐时期，有两位皇太子因同性恋等原因而被贬斥为平民。其中一位是李承乾，《旧唐书·卷七十六·恒山王承乾传》载：“恒山王承乾，太宗长子也。武德三年，封恒山王。七年，徙封中山。太宗即位，为皇太子，时年八岁。性聪敏，太宗甚爱之。及长，好声色，漫游无度，然惧太宗知之，不敢见其迹。承乾先患足，行甚艰难，而魏王泰有当时美誉，太宗渐爱重之。承乾恐有废立，甚忌之。泰亦负其才能，潜怀夺嫡之计。于是各树朋党，遂成衅隙。有太常乐人年十余岁，美姿容，善歌舞，承乾特加宠幸，号曰称心。太宗知而大怒，收称心杀之，坐称心死者又数人。承乾痛悼称心不已，于宫中构室，立其形象，列偶人车马于前，令宫人朝暮奠祭，承乾数至其处，徘徊流涕。仍于宫中起冢而葬之，并赠官树碑，以申哀悼。”由此开始，生性怪异而又满腔幽怨的李承乾对于家父的怨恨愈加地深厚甚至联合兵部尚书侯君集、汉王李元昌等人密谋造反。因计谋败露而被捕，贞观十七年，承乾被贬为庶人，贞观十九年在徙所离世。唐太宗在《贬皇太子为庶人诏》中悲痛地记述了：“邪辟是蹈，仁义蔑闻。疏远正人，亲昵群小。倡优之技，昼夜不息；狗马之娱，盘游无度。……郑声淫乐，好之不离左右；兵凶战危，习之以为戏乐。其所爱小人，往者已从显戮，谓能因兹改悔，翻乃更有悲伤，行哭承华，制服博望。立遣形于高殿，日有祭祀；营窀穸于禁苑，将议加祟。赠官以表愚情，勒碑以纪凶迹。既伤败于典礼，亦惊骇于视听。”对于承乾与称心之间发生的关系，《资治通鉴》更形象地描述了二人是具有“同卧起”的关系的：“太子私幸太常乐童称心，与同卧起。上闻之，大怒，悉收称心等杀之。”

李贤则是被废的另一位皇子。他是高宗李治的六皇子，于上元二年被立为储君。李贤的行为与他的伯父李承乾有很类似的地方，但是承乾是被父亲废掉，而把李贤废为庶人的则是他的母亲。当时，皇后武则天的权势和高宗相差无几，“高宗号天皇，皇后亦号天后，天下之人谓之二圣”。武则天很不欣赏李贤的作为，李贤也最终落于悲惨的境地。《资治通鉴·卷第二百二·高宗永隆元年》载有事之原委，谓："太子贤闻宫中窃议，以贤为天后姊韩国夫人所生，内自疑惧。明崇俨以厌胜之术为天后所信，常密称'太子不堪承继，英王貌类太宗'。及崇俨死，贼不得，天后疑太子所为。太子颇好声色，与户奴赵道生等狎昵，多赐之金帛，司议郎韦承庆上书谏，不听。天后使人告其事。诏薛元超、裴炎等杂鞫之，于东宫马坊搜得皂甲数百领，以为反具；道生又款称太子使道生杀崇俨。上素爱太子，迟回欲宥之，天后曰：'为人子怀逆谋，天地所不容，大义灭亲，何可赦也！'废太子贤为庶人。"永淳二年，李贤不得不搬到山南巴州。文明元年，掌握权政的武则天又指使差使到巴州逼迫被废太子自杀。

武后贬斥李贤的主要因素并非是由于讨厌他的"颇好声色"，但李贤耽声好色却也并非完全虚构。《旧唐书》亦载："仪凤四年五月，诏皇太子贤监国。时太子颇近声色，与户奴等款狎。"因为这个原因，太子司议郎韦承庆曾进谏过："臣闻太子者，君之贰，国之本也。……伏承北门之内，造作不常。玩好所营，或有烦费。但优杂伎，不息于前，鼓吹繁声，亟闻于外，既喧听览，且黩宫闱。兼之仆隶小人，缘此得亲左右，亦既奉承颜色，能不恃托恩光？作福作威，莫不由此，不加防慎，必有愆非。倘使微累德音，于后悔之何及？伏愿博览经书以广其德，屏退声色以抑其情。静默无为，恬虚寡欲，非礼勿动，非法不言。居处服玩，必循节俭；畋猎游娱，不为纵逞。正人端士，必引面亲之；便僻侧媚，必斥而远之。"韦承庆所指责，所形容的是太子"颇近声色，与户奴等款狎"。既然太子李贤与户奴等款狎是他颇近声色很形象的体现之一，这种"款狎"就自然而然地蒙上了一层同性恋的意味。

## 武则天伏猛男

武则天初入宫门时，仅看十四岁。被太宗临幸之后，深得恩宠，经常叫她的小名媚娘。太宗皇帝此时已有五十多岁。这小媚娘自知长得年轻貌美，风姿绰约，而太宗则已享国不久，嫔妃众多，自己是新进的，身份低微，想想也不会有太多的风光日子。如果凭着自身娇容媚骨，完全能够迷倒少年，操纵英主。所以尽管太宗对她十分地宠爱，她总是淡淡的，并不感激太宗对她的宠爱，只悄悄地在诸位王子中挑选英才，费尽心思地笼络他。

## 武媚娘对魏王视而不见

当时，由于太子承乾密谋造反被贬为庶人，死在黔州。依照定例，应立四皇子魏王为太子。那魏王泰非常讨太宗的欢喜，宫中的嫔妃私底下和他都有一定的交情，见魏王进宫来，都一盆火似的向着他。有几个风流的妃嫔，还私下与魏王偷情，以图日后从他那里得到好处。独有这武媚娘竟长了双慧眼，对魏王总是淡然处之。

武则天

魏王原是一个好色之徒，他见媚娘如此年轻貌美，便也想尽办法去奉承、勾引，希望利用媚娘新宠之机，在皇上面前多多赞许。但是没想到这媚娘心里却不是这么想，她尽管也期盼着能攀识上一个美貌的皇子，但她为以后的日子打算，她要挑选那种一旦获宠就能够颠倒操纵的才行。她见魏王是个奸诈阴险的少年，将来肯定成不了气候；即便有所作为也是个薄情郎君，所以决定不与魏王交接，任那魏王多情浪漫，殷勤馈送，总给他个不理不睬。媚娘悄悄地相中了一位在宫中常受弟兄们欺侮、生性懦弱的第九皇子晋王治。

这位晋王是文德皇后的亲生儿子，与他的皇兄皇弟的性情完全不同，志诚忠厚。他住在宫中，常受妃嫔们的欺侮之外，所得供应也非常微小。王妃亲手整理自己的衣服，晋王也亲自打扫窗户，并且对此生活没有什么怨言。媚娘经常到晋王府中与王妃闲谈，看到王府有什么短缺的地方，便偷偷地拿些银钱绸缎去助他们一臂之力，又把自己院中的宫女内侍调到晋王府去使唤。如此一来，竟把个晋王夫妇打动得感激涕零。十四岁的媚娘眉目清秀，天姿绝色。她魅力四射，连李世民这样的英主都克制不了自己。她的父亲武士彟曾是李世民麾下的一员大将，足智多谋，后官拜荆州都督、工部尚书，封应国公。但是在太宗的众多的嫔妃之中，媚娘地位一直很低。根据唐朝皇室的规矩，皇上有一后、四妃、九昭仪、九婕妤、四美人、五才人，三班低级宫女中每班又各有二十七人，她们都能得到皇上的雨露恩泽。而媚娘当时的身份仅为一个才人，排在第六级。

武才人当时已经二十七岁了，在皇帝的后宫中，她度过了漫长的十几年。她的精明多谋，出众的才华，不是一般人可以比拟的。她早该脱颖而出，成就大事业，但是也许她命该如此，也许她聪明反被聪明误，她一直都处于劣势，没能得到她想要的，常常对月伤怀。但她却雄心未泯，头脑清醒，抑郁不达之情，不会在脸上泄露丝毫。

她如同丛林中色彩斑斓的母豹，潜伏在那里耐心地等等猎物的来临。

## 李治色胆包天戏媚娘

现在猎物已经出现了。

她知道，在那个即将离世的老王身边，她已经没有什么可盼的了，她必须把握住这个时机。于是太子成了她寻觅的猎物。

含风殿里，太子李治每天都侍候在太宗的身边喂汤喂药。这是一个生性懦弱、贪恋女色、多愁善感、面容憔悴的二十二岁的青年。在父王的驾前，他经常能够看到在旁边侍奉的不易满足欲望的武氏。

如今，蓄谋已久的武氏开始行动了。

她很清楚她的优势。她体态丰满，极具诱惑力，这正是大唐帝国所流行的丰韵之美。尽管她已经年近三十，但是更具有一种成熟的魅力。然而更主要的应是她那非同一般人的冷静、果断、机智、多谋。

她只轻轻地向太子送去几个秋波，那个好色的儿子已经情不自禁，把那点作为储君的非礼勿视、非礼勿言、非礼勿听、非礼勿动的法则早就忘得一干二净了。这个成熟丰盈的少妇，充分掌握着自如擒纵的手段，使得太子李治完全臣服于她的石榴裙下，欲火难挨，整天围着她转。在终南山那座宽阔的行宫里，太子追逐着父王的才人武媚娘，只要是僻静无人发现的地方，太子就会克制不住自己的手脚，媚娘呢，双眸明亮，半推半就，脉脉含情。但是她的分寸时机掌握得恰到好处。她明白她的目的不仅仅是与这个无所作为的太子调情淫乱，享受男欢女爱，更是要利用这个男人，要将这个即将君临天下的男人牢牢地拴在自己的身边，她要实展自己的宏图伟业——不仅要在后宫中独揽万物，她还要身体力行掌握朝政，前无古人，后无来者！

然而这比登天之还难！

她知道任重道远，但她生情强烈。这种性格，在她以后几十年呼风唤雨的岁月里，充分暴露显现。

如今太子治已不能满足于牵牵手、唇边的轻吻，或者偷偷地抚摸媚娘丰满结实的胸部，翠微宫几乎满足不了他的饥渴难熬的欲望了。

武氏看到时机差不多了，鱼已上钩了，她必须收竿了。

她抓住了一个四下无人的时机，太子治如厕之后，她端着盛满水的金盆，来到僻静的偏殿，跪进太子盥手。

太子的魂虫就被钩走了，急忙蹲下，欲扶武氏。媚娘娇柔妩媚，故作不起。

太子如此近距离的打量媚娘妩媚妖丽的脸儿，这个才二十二岁已经妻妾成群的太子，不由得春心荡漾。天下怎么有如此诱人的佳丽呢？太子注视到媚娘的一双秋水，意味深长，勾人摄魄。

太子治很快便色胆包天，撩起金盆中的水，洒沥在他的父王曾经多次临幸亲吻过的女人的脸上、身上……

太子面红耳赤，心跳加速，他情不自禁吟道：

乍忆巫山梦里魂，

阳台路隔恨无门。

媚娘满脸晶莹的水滴，身上被水打湿的衣衫，贴在身上，勾勒出她丰满迷人的玉体，高耸浑圆的乳头坚坚地挺立在太子的眼前。媚娘一向足智多谋，她娇羞万千地接口道：

未曾锦帐风云会，

先沐金盆玉露恩。

太子李治受到如此奉承挑逗，不禁高兴万分，便一把拥她入怀，先在那湿漉漉的乳头上用力地吸吮了几口，然后便拥着武才人，一同来到行宫后面的僻静地方，赶紧宽衣解带，极尽缱绻。作为一个男人，即将即位的高宗李治，本事并不高强，与李世民的英勇神武比起来差得很多。但媚娘依旧做出一副满足难禁之态，弄得李治爱不释手。事毕之后，媚娘依偎在年轻的太子怀中，拽着衣脚涌出泪水。太子急忙问媚娘为何如此，她哀哀地说："此事若让皇上知道了，定将死罪。"

太子笑道："你我之间是上天安排的宿命，怎么会有人知道呢？"媚娘依旧眼泪汪汪，她说：

"尽管妾身姿质微贱，尚有自尊可言。如今欲全殿下的一往情深，甚至触犯私通之律。假如有一天殿下您嗣登九五，那将该如何安置妾身呢？"

如今太子的心思全都系在媚娘身上，便发誓道："将来若登基称帝，定当册立你为后，有违此言，天诛地灭！"

马上便解下所佩九龙羊脂玉钩送给媚娘。媚娘接受此物才止住哭泣，随即走出。至此，太子入侍父皇疾病，常与武才人私通，两人卿卿我我，只可怜一代英主李世民的声誉，受此玷污，却丝毫不知。

夜深人静之时，武媚娘环视这宏伟的宫殿，凝视着终南山郁郁葱葱的景色，情不自禁发出会心的微笑。

序幕已经拉开，历史上最显赫的女人开始正式上演她的历程。

## 媚娘与侄儿成鹑鹊之乱

贞观二十三年五月己巳，终南山天色昏暗。太宗皇上于行宫翠微宫含风殿驾崩，英年五十二岁，遗诏皇太子李治即位。在灵柩运往长安前，为防止事端产生，秘不发丧。褚遂良与长孙无忌使太子跪在灵前，宣誓登基。然后诏告天下，太宗驾崩，新君嗣统，这便是唐高宗。

那么武氏又是怎样的命运呢？

太宗皇帝在驾崩前，曾试探过武才人，日后的生活打算如何？此时闻名的星象家李淳风夜观天象，曾经启奏过太宗皇帝，三十年后，有武姓者起，颠覆朝廷，唐宗室将惨遭荼毒，而这个人就在陛下宫中。太宗脸上似有忧虑，曾有过铲除余孽的打算。他心中了解武才人有可能是此祸根，但见媚娘温柔善良，随你多么愁烦忧闷，见了她也会不禁眉开眼笑，一时之便不忍这么做。又考虑到三十年后，媚娘已老，六十多岁的老妇人，必定惹不出什么事端。但心这么想，到底心里还是不踏实，因此决意试探一下。

武媚娘是如此的精明、灵敏！即刻一本正经，两眼垂泪道："妾决意削发为尼，自此皈一我佛，为陛下念经求福，祝圣躬以修来世，垂恩不朽。"言罢大恸。太宗见她心甘情愿削发为尼，倒很放心。考虑到一个老尼，当不会肆其怨毒，毁掉大唐江山。

在终南山的行宫里，太宗尸骨未寒，武氏就已陪伴在高宗左右。现代著名文人林语堂在他的《武则天正传》中，曾这样记述："武才人曾看见太子在太宗灵前宣誓登基。太子年轻胆怯，执掌国家大政，瞻望将来，着实地感到心力交瘁。高宗为太宗皇帝幼子，自小与父母十分亲近，十分受宠，如今君临万民，竟伏在褚遂良的肩上哭泣起来。武氏把这些情形尽收眼底。"

在守灵的深夜里，皇帝的灵梓就摆在黝深的大殿内，武氏的使命就是侍奉新君。大殿之中，燃烧着巨大的素烛和真腊进贡的名香，高宗与武氏两人常常独在殿里,准时地上供念经,紧忙一阵,随之就有一段清闲可供利用。

武氏很是了解新君的弱点,因此在去感业寺削发为尼前,她要把握此次的时机与他深入地交谈。此番谈话,高宗许诺日后定去感业寺看他。

当时武士彟获晓媚娘要入寺为尼,赶紧派人把她接回家中小聚。一家团聚,追想当初,不禁痛哭流涕。大家拜见过后,武媚娘向母亲杨氏打探道:"听说父亲过继武三思侄儿,为何不见其身影?"杨氏道:"他怎比得年初之时,现在整日地陪同朋友在外游玩,会文讲武,总要吃得大醉回来。"媚娘道:"我忘记他如今有多大了?"杨氏道:"现在已是十五岁了。"

说话的工夫武三思带醉归来。大家共进了晚餐,武三思见父母走开,便来到媚娘身边,带醉说道,"侄儿见姑姑,缕缕秀发,又如何忍心削发为尼?"媚娘因是自家骨肉,又见他年龄尚小却眉目清秀,英俊可爱,便将武三思搂在怀中。哪知武三思年纪轻轻却满腹淫心,一手搂着媚娘的秀颈,在她的耳边低语:"姑姑在哪儿就寝?"媚娘道:"就在母亲房内。"武三思悄悄地说:"侄儿有很多问题要请教姑姑,今夜我去陪伴姑姑。"媚娘放出宫后,正值孤独难耐,正赶上这情窦初开的少年,不由心动,便说,"等父亲熟睡后你再进来请教吧。"是夜武三思俟父亲睡熟,偷偷地溜进了媚娘姑姑的房中,钻进了媚娘的罗帐,成了鹑鹊之乱。

没过多久,武士彟似乎发现了什么,怕惹出什么事端,忙送媚娘前去感业寺。在媚娘,只是一时解闷,也不敢久恋,于是便在感业寺削发为尼了。

永徽元年,高宗没有忘记自己的诺言,前往感业寺进香,私下下旨允许媚娘蓄发。很快媚娘被高宗接回宫中,封为昭仪,深得高宗宠幸。

武氏二度进宫,实在是件不容易的事。她振奋精神,向着既定的目标勇往直前。

## 武宸妃计除情敌

武则天身为太宗皇帝的才人之时,便蓄谋日后要做独揽朝纲的女主。高宗即位,她二次进宫以后,马上设计除了萧淑妃和刘贵妃,凭着自己的高超的手腕升到了宸妃的地位,又靠着软硬并用,言可整日陪同皇帝垂帘听政,逐渐实现着独揽大权的梦想。没想到王皇后却奏了一本,彻底把武宸妃的美梦粉碎了。她怒火中烧,便起了毒心,非得铲除这个皇后,踢开绊脚石,方可达到目的。

此时王皇后的父亲刚刚去世,难免有些思念,便在宫中以泪洗面。高宗心慈仁厚,便将王皇后的母亲柳氏接进宫来,互相劝慰。武宸妃知晓后,便由此事做文章。用财帛收买了正宫门监,画一张黄符,上面写着高宗的生辰八字,用针刺着,呈给了皇上,并捏造说是从柳氏身上掉落的。高宗一看,怒火中烧,拿着条来给武宸妃看,武氏装出十分诧异的神情道:“这是邪教压圣,意味着要皇上您的命呀,岂不是大逆不道!”高宗一怒之下,禁止柳氏进宫,并且内心对皇后也充满了怨恨。

这武氏本意是想利用高宗愤怒之余废掉皇后,除去眼中钉,大权独揽,自己稳升皇后宝座,威福自擅。不料这糊涂皇帝只是禁止柳氏入宫,王皇后的名位依旧存在。她一不做二不休,又下毒心设计陷害皇后。

那天,王皇后为了缓和与武宸妃的矛盾,忍气吞声,屈尊下驾宸妃宫中去探望武氏,又抱着武氏刚刚诞下的女婴爱抚了一会儿,见武氏待她极为冷漠,便忍着一肚子的怒火回正宫去了。没料想,武氏见皇后迈出房门,马上亲自下毒手,活活掐死亲生的玉雪般的女孩,放在床上,用锦被盖住,若无其事与宫娥们说笑去了。高宗皇帝退朝回宫,正嚷着要看这可爱的宝贝儿,不料抱来一看,早已没了气息。高宗咆哮大怒,传旨将看管孩子的乳母四人,宫女八人,全都绑出宫去绞死。这宸妃却紧紧搂住死婴,肉一声、儿一声地哭天抢地。高宗仔细追查,有宫门监报道:“今天只有皇后娘娘进宫探望小公主。”高宗赶紧向武氏询问:“皇后可曾抱弄过孩儿?”那武氏却一副悲痛欲绝样子,哽咽地说道:“臣妾不敢对皇后有任何异议。”高宗听了,大骂道:“什么皇后不皇后！她作恶也够了,朕早晚把这个恶毒的女人废掉!”说着又追问宫女,宫女说曾亲眼目睹娘娘进宫抱弄小公主。高宗听了,足跟一顿:“好了,好了,不用说了,肯定是这贱人下的毒手,朕这就去问她。”武宸妃赶紧上前阻止皇上,连说不可。夜深了,武宸妃在床席之间玩弄迷惑之术,把皇帝调弄得服服帖帖。硬是让高宗许诺她,废掉皇后,立她当皇后。

后来,尽管有很多重臣要戚以死替王皇后说话求情,但最终都没能敌过武宸妃的手段。无辜的王皇后被打入冷宫,立武宸妃为新皇后。

高宗称她为天皇武后,也叫作天后。自此之后她便展露才华,诛灭异己,不论是外人还是亲属,不论是女的还是男的,只要谁阻挡她的前进,她便杀之！高宗生性胆怯,只好由她做主。她又整日诱惑高宗,沉湎声色,弄得高宗头晕眼花,形容枯槁,不能上朝。因此,她开始大权在握,威震天下。她的政治才能是显著的,她的手腕钢铁般坚强,在她在朝执政的几十年间,唐王朝的政局趋于稳定,换做那时的任何一个男性皇帝都很难做成的。连《旧唐书.则天皇后》里也这样认为:“后多智计,兼涉文史。帝自显庆以后,多苦风疾,百司表奏,皆委天后详决。自此内辅国政数十年,威势与帝无异,当时并称'二圣'"。

高宗在位三十四年,统治时间在封建帝王中为时不短,但事实上有二十六七年是则天武后真正执掌朝政,而高宗皇帝仅为一个傀儡皇帝罢了。

## 唐高宗与韩国夫人母女双戏龙床

自从武则天当上皇后,排除异己,拉拢私党,无时不打着夺取皇帝的政权的心思。虽然当时武后和皇帝同朝听政,操纵着国家大事,但自己终归身为后宫之首,不能越过皇帝的位份,因此心里总觉得压抑,便想施展美人计把皇帝弄昏,无心关心国家大事。这样她才可以独揽大权尝尝当女皇的滋味。

唐高宗

武后把这个想法告诉了母亲荣国夫人。荣国夫人也说是好主意,但又担心高宗迷上别的女人,使武后因此而失宠,弄巧成拙。母女经过大半天的谋划,商定的结果是把武后的姐姐贺兰氏母女二人献给高宗皇帝。

没过多久,武后生日。武后借此机会邀来自己的姐姐和外甥女,为皇帝陪酒。高宗一见这绝色母女,便被她们所吸引,便封贺兰氏为韩国夫人,邀请她母女在苑中多留几日,以便陪伴武后。

有一天,武后有心将其姐灌醉,送到自己寝宫里的龙床上,留此机会让皇上偷情。这风流天子把那充满柔情蜜意的话,向大姨姐表露无遗。韩国夫人本也是多情种子,如今青春新寡,正值寂寞难耐,猛然间碰着了这五百年前的风流冤孽,早把心放软,在龙床上成就了佳话。

武后见时机成熟,便冲进宫去,拿起姐姐的绣鞋,没头没脸地打去,还声声责骂到:"你这浪荡的小淫妇,污乱了宫闱,我还有何脸面留居中宫!"僵直地跪在万岁跟前,把自己的冠带任意地扯掷,要狼狈的高宗贬自己为庶人,把高宗皇帝吓得急忙说:"朕非但不废你,还要让你听政于朝当皇上呢。"说着,果真把头上的皇冠戴在了武后头上,喊吾皇万岁!

此时,荣国夫人也来到此地,两人一唱一和,把韩国夫人硬是送给了皇上。高宗金口许诺:"假如日后朕背信弃义,天地不容。"自此之后,高宗与韩国夫人如胶似漆，筵前灯畔，花前月下，随处都可做起风流韵事。

韩国夫人的女儿，也长得娇小动人。尽管年纪尚小，却因终日伴着父皇和母亲，耳闻目染，早已对男女之事完全懂得。因此，也终日地依偎在皇上怀中，撒娇玩笑，结果被皇上临幸。

这母女两个，一个年轻貌美，一个风流放荡，竟把天子驯服于宫中，整日寻欢作乐，朝廷大事完全听凭武后一人临朝处理。后来，韩国夫人由于娇弱之躯与万岁爷在深夜风露之下行淫，风寒入骨，离开人世；其女充分发挥完她的使用价值后，也被以酒毒死。

## 六旬老道让媚娘欲仙欲死

在高宗修养身心的日子里，独揽朝政的武后，感到空虚乏味。在繁忙的朝政之余，她需要调节，而病弱的丈夫根本不能让这个精力旺盛的女人获得满足感。其时宫中有鬼怪之传言，则天后便请来洛阳道士郭行真，做了七日七夜的法事。武后见那郭道士生得眉目清秀，便早晚传他进寝宫，床上侍候皇后。这郭道士做了武后的面首，凭借皇后的权威，在宫中任意妄为。见了貌美的宫娥，就要调戏淫亵。一天，他碰见一位漂亮的小宫女，便要加以调戏，刚好遇到高宗的心腹宦官王伏胜。他见状气愤万分，立即挥剑斩下了武后心爱的道士的头。无疑，王伏胜最终也难逃武后的杀害。

武则天自郭道士被杀，心中经常挂念，心情烦乱。便有京兆府尹又找寻到一个道士，献给皇后。此道士叫明崇俨，传言在深山中修练，年已六十多岁，却如二十岁的少年一般，身强体壮，英俊潇洒，气宇轩昂，自称修得千年不老的仙丹，能活八千岁。武后便召他进宫传讲法理，直到夜深人静，两人携手挤入龙床凤帐之中，共练快活仙丹。在那极乐之境，武后颤声说，不料你已花甲之龄，竟这般的强健，得道高人果真非同常人。遂于枕席之上，拜明崇俨为正谏大夫。

自此，武则天无疑给太宗、高宗二圣都戴上了“绿帽子”。

此时太子李弘已被废，立李贤为太子。这太子贤从小就勇武有力，见这明崇俨秽乱宫廷，十分痛恨。便带了几个勇敢的武士，偷偷绑架了明崇俨，令他跪在太子面前。太子要他招供实情，怎料他孤高自傲，不愿招认。武士们便用鞭子抽他，那道士受不了疼痛，只好招认自己并非得道高人，实乃京师地方上一无赖，真实的年纪仅为二十六岁。太子贤问，是否与天后有奸情，这假道士只是磕头，没胆招认。太子贤万分气愤，扼住明崇俨的脖子，不料用力过猛，假道士当场断气。太子派人拖出去绑上石头，沉入湖中，这才消除了心中的怨恨。

武后又失新宠，万分愤慨。私下打探，获晓是太子李贤所为，便将太子李贤贬斥为庶人，再立李哲为太子。在亲生儿子李弘被毒杀之后，武后又暗中逼迫儿子李贤自尽身亡。

武后就是如此之人：顺我者昌，逆我者亡。

更何况是夺她所爱呢？

## 太平公主为母皇雪中送炭

时光荏苒，转眼已到弘道元年。病弱无能的高宗，终于驾崩，享年五十五岁，在位三十四年。

太平公主

武则天已是六旬妇人。从十四岁被太宗选入后宫，她在皇宫中已整整度过了四十六个春秋。四十六年的斗争岁月，武后始终都以顽强不屈的姿态走过来，或许真是命该如此，福至心灵。由才人进为昭仪，由昭仪进为宸妃，由宸妃进为皇后，由皇后进为太后，可谓春风得意、一帆风顺。她已享有了历史上女人所能达到的最高地位。但她并不因此而停止争斗，她感到做皇太后远远不及做皇帝威武，于是开始打起当皇帝的算盘来。在高宗驾崩的第二年，连续废去中宗李哲、睿宗李旦，自立为皇。是岁七月，彗星在西边出现，光辉灿烂，尾巴差不多有二十余尺长，历时三十三日方才消失。因此，武后改年号为“光宅”。

她感到“媚娘”这名字实在与女皇之尊极不协调。于是打算为自己换名，但是她又感到没有一个字能配得上她的尊名，因此自己臆造了一个字：“曌”，意为自己如日月之悬于天空，普照人寰。

则天武皇，头戴冕旒，身服龙袍，独霸朝政，威震天下，成为中国自古以来唯一的女皇帝。

武则天年届花甲，青春的身影早已在血腥的宫廷争斗中离她远去。

这是她理应付出的。

但她要挽回失去的这一切。

因为她是女皇！权高至上的女皇！

俗话说:饱暖思淫欲。匹夫都是这样,何况有帝王之尊的武后呢?

她想,既然历代帝王都能享有众多的妃嫔,为何女人不可寻欢作乐呢?绣帏寂寂,玉漏沉沉,又如何像个女皇呢!

因此她为自己广选“妃嫔”,无疑这些“妃嫔”都是一些俊美的男人。武氏雌威大盛,众臣哪敢不服?

但大部分所挑选的“美男”,都如挑选美女一样,仅仅注重外貌长相,结果选进宫中的,一个个貌比潘安。然而,美女有姿色就可以了,作为面首,光有外表还不够。况武后花甲之年,尽管调养的很好,容颜尽在,再加粉钗环,风姿不比当年逊色。但人的生理变化,不可能更换。枕席之上,武后很是不开心,动不动便会泄之愤怒。只可怜那班徒有其表的俊俏男儿,进宫没有几天,即被内侍捆绑出去,丢到御苑的万生池中,成了蛇蝎的美食。

独有太平公主,智慧非凡,对武后的苦处看得很透彻,亲自出马,躬身品尝,最终寻觅到一非常之具,为母皇雪中送炭,大解武后之渴。果真是女儿知母心。

太平公主也是长得机灵美丽、足智多谋,与武后有些类似,因此武后十分偏爱她。

太平公主的风流淫荡,不次于武后。对男人,她的要求也很高,凡相中的男子,唤进府去,先不自享,第一夜便命侍女去伴寝。这侍女是专干此事的,因此对个中之道,了如指掌。常凡长短强弱粗细大小以及擒纵之法都要亲身体验,不济事的不用,长着疮疽的不用,身上有怪味的不用。这侍女倒也高兴,如此好的差事,她觉得打着灯笼也找不到,因此很是认真对待,不敢稍怠。经她试用过的合格的男子,太平公主一般都很满意,因此公主对她十分信任。

一天,太平公主如同以往般,把自己装扮成一个男儿模样,到洛阳街游玩。所到之处,她的目光也在搜索英俊的男人。这天她发现了一个卖药的男人,尽管有些粗野,却长得相貌不凡,高大魁梧。能唱得一口好曲,摔得一手好跤,能说善道,更以御女奇术自夸,公主对他产生了兴致,打听得卖药人叫冯小宝,便私下嘱咐侍女,夜里带他进府。

到了夜里,冯小宝寄好药担,被带进一座豪华的府第,弯弯曲曲地走了很远路,进了很多的门,最后进来一间房中,但见红烛高耀,罗帐低垂,仿佛置身于仙境。冯小宝从未进过豪门深院,来到这脂粉味十足的闺房时,早已吓得呆若木鸡。正惊慌着,看见一位美丽的丫鬟,婀娜多姿地朝他走来,看她长眉俊鬓,杏眼凝脂，小宝犹如撞到了仙姑。那丫头拉住小宝的手，当下侍候他洗漱干净，然后双双走进罗帐。

这冯小宝如进醉乡，这一夜不惜耗尽精力，使出全身解数，把侍女弄得神魂颠倒，快活得难以形容。这侍女阅男人甚多，从未享受过如此滋味，便向公主隆重推荐。公主第二夜便召见冯小宝，把他留在府中，整日练那床上功夫。

当时则天皇帝正因找不到一个满意的男人，心中苦恼，很是烦乱。公主得知，不敢专擅，便向女皇奏道："冯小宝有特殊之材，陛下可近身侍用"。武则天听说后，赶紧召冯小宝进宫，是夜，冯小宝便在万寿宫中承幸。武后经过一番体验，果然俯仰如意、能收能放、进退识趣、不知疲倦。武后自从太宗皇帝染病驾崩后，伴着一个羸弱无能的高宗，尽管也私藏几个面首，但枕席之上，从未体验过如此妙趣。做了皇帝后，尽管有男人侍奉左右，却都不满意，因此其身久旷，欲火正炽。冯小宝这回遇着女皇，当然全力以赴，使出浑身解数，弄得武后浑身舒泰，欲仙欲死。一连十日，流连衾褥，不出朝廷。武后每叹曰："冯小宝果然是非常之才，人间难得。"

## 薛怀义仗着胯下宝具骄横跋扈

此事慢慢宣扬出去，外面纷说众多，使得冯小宝出入宫廷十分不方便。武后幼女太平公主则替母亲出主意，劝母将小宝剃度为僧，奉旨进宫，传说法理。如此一来，光明正大，谁也不敢有什么闲言。因此武后命将冯小宝剃度了，改名怀义。由于他出身低微，特赐他改姓薛，与太平公主的驸马薛绍同族。令其女儿、女婿称小宝为叔叔，并让薛怀义住持白马寺，千般宠爱于一身。太平公主既近薛怀义，自然为其所动，便偷偷与其接近，与母亲共事怀义，仿佛加入宫闱阴谋一般。

武氏波涛汹涌，朝廷内外，只当视若无睹。独有几个不顾廉耻的大臣，极意奉承，向怀义卑躬屈膝。这怀义刚开始还有些顾忌，最后嚣张跋扈，出入居然乘御马，逍遥地在京城的街头，或放马疾驰，或缓辔慢行，所行之地，士民来不及躲开的，就得挨铁链子，惨遭毒打。右台御史冯思勖，曾上书斥责薛怀义淫乱宫廷，危害百姓，罪当处死。一日，被薛怀义在大街上遇到，这假和尚肆意妄为，不顾冯思勖为朝廷命官，指使侍役，揪住冯御史，一番拳脚殴打至死。薛怀义肆意妄为，遇道士即令髡发，遇朝贵即令下拜，就连武后的内侄武承嗣、武三思等，都向他伏首拜见，奔走马前，执僮仆礼，称他为"薛师"。

皇宫中嫔妃的住所从来都是只让阉人和女人进出，如今让一个真正的男人通行，自然引起很多闲言碎语。有补阙王求礼，他一向尽心尽责，自然有些迂腐。他向武后参奏了薛怀义的众多不雅行为，奏请将薛怀义阉去生殖器后，方可出入宫中，以免秽辱宫闱，以保宫女们的“贞节”。

武氏看过这荒唐的奏本，径自大笑，她感觉这位王大臣真是滑稽可笑。于是她以十分高明的手段处之，将奏本扔在一边，置之不理。

但朝廷中终归不是无一忠臣。一日，薛怀义这位女天子裙下的得宠面首，也被教训了一番。那日，薛怀义目中无人地从皇宫的前门往武后的后宫去，在门下省，遇到左相苏良嗣。这苏良嗣是先朝老臣，秉性刚直，便是则天女皇，也对他尊敬几分。但这假和尚竟视若无睹，见苏良嗣与他打招呼竟不予理睬。苏良嗣何等性情！当下愤怒地斥责道：

“何处贼秃，焉敢如此任意妄为，门下省竟是任由你随意进出的吗？”

这薛怀义当初在街头卖药时就是闻名的邪恶之徒，现在凭借着胯下的那根宝具，被武后娇惯已久，骄横跋扈，如何受得了？立即卷袖子，捋胳膊，要拿出他摔跤的本事来。温国公苏良嗣喝令左右将他降服，并亲自动手，朝着这位面首的脸颊，左右开弓地打了数十个嘴巴，直打得怀义面部挂彩，两边脸都肿起来了。气得怀义怒火中烧，捧着脸闯进宫中，痛哭流涕地告了良嗣一状。武皇听了，只是强笑，她说：

“日后阿师只可以北门出人，南衙系宰相往来之所，万不可去招惹。”

武后何等精明，她不希望她的面首在朝中惹出众多事端，也不愿因怀义的这点委屈，搞得满朝皆知，因此对此事不再计较了。

武后这番话，犹如一盆冰水，淋向怀义的秃顶，浇得他怒火全无。武后没有怪罪苏良嗣什么，怀义只好自认倒霉，没处报冤，白白地挨了几十个嘴巴。

但武氏一向对怀义都是十分宠爱的。

《旧唐书·外戚列传》云：

“……（怀义）颇持恩狂獗，其下犯法，人不敢言……

垂拱四年，拆乾元殿，于其地造明堂，怀义充使督作，凡役数万人……明堂大屋凡三层，计高二百尺。又于明堂北起天堂……怀义又功拜左威卫大将军，封梁国公。”

## 武后与面首都用牛血作画

为了满足情人的虚荣心,武后不惜大兴土木致使国库贫乏,怨声载道。怀义作为督作,既可坐收渔翁之利,又能加官晋爵,如此好的差事,非藉其“小宝”之力,安能求得?

武后与面首薛怀义都喜爱硕大无朋的东西。她让小宝在天堂里建筑了一尊佛像,里面用麻填满。佛像高达二百五十尺,仅为小指上就可以容下四人。武后爱这座佛像的气派,这大佛像上在明处气势磅礴,冯小宝在私处气势磅礴,此番感觉让武后有种意淫的满足感。

这假和尚仗着武后为他撑腰,越发异想天开,肆意妄为。他命人在巨幅的布上画一个两百尺高的佛头,佛头的鼻子犹如大船一样庞大。这佛是用牛血画上去的,在阳光的照射下,京城散发着臭气,人人掩鼻。可这冯小宝仰天瞎吹,他硬要人们相信这画佛的血是他的“贡献”,是从他的膝盖下得之。这简直荒唐之极,谁都清楚如此巨幅,最少也需十桶牛血,即使十头牛也指不定会有这么多的血。那时候,一阵狂风吹来,把佛头撕得粉碎。冯小宝却毫不在意,又派人再次作画。因为武后和他都相信,人们对他们的狂想会给予认同。

在宫廷的这种氛围的渲染下,唐人对佛教有着非同一般的见解,托钵苦行受到嘲弄,禁欲主义遭唾弃。佛寺壁画所画的是栩栩如生的半裸或全裸女佛像,丰满柔腻,在视觉上产生满足的享受,很难让人联想到神圣的昭示。唐代的佛门僧尼,非但不拒娶妻食酒肉,而且佛门大部分是淫秽的最佳场所。总之,唐人是以表面虚幻的宗教热情,掩盖着现世的肉欲感官享受。

武后和冯小宝真是志同道合。他们浮想联翩,对佛教一味胡乱瞎来,从中享受快乐。他们把佛教和性欲结合起来,造就了力量的新源泉。他们沉迷于没有束缚的狂想之中,颠倒在这种深远、空前、华丽、无限的情势里。武后的淫欲与小宝的雄劲,交互增强,阴阳相补,相滚相凑,相搏相倚。

武后意乱情迷,骨酥筋软,不仅获得生理上的满足,她仿佛感觉自身就是弥勒佛转世的化身,她让冯小宝把这“福音”写进一部伪称《大云经》的新佛经,之后向天下宣告。

薛怀义看把武后哄得得意,愈加嚣张,不知天高地厚。他把武后也当成了一位普通好淫的村妇,可以任意丢弃。其时武后已经高龄七十岁了,虽然保养有法,但终归还是肌肤松弛,肚皮叠起,厚厚的脂粉掩不住垂老的容颜,又怎能跟如花似玉的妙龄女郎相比呢。于是怀义不想再进宫门,终日赖在白马寺里,搂着粉女娇娃,另寻新欢。即便入宫侍寝也是草草地敷衍了事。一日吃得大醉,他正与诸女卿卿我我。忽见太监牛晋卿来到寺中,传达了太后的旨意。这怀义正处幸福的巅峰,哪里愿意随他而去。见牛太监紧催不走,怀义便施展街头卖药的无赖本性,借着酒性,肆无忌惮地说:“我这里嫩蕊娇花都还未一亲芳泽,何况那残枝败叶呢?”

武后得知后万分震怒。顷刻间,也想不出处置怀义的办法,正当不知如何是好时,有人向她推荐了御医沈南璆。

## 面首吃醋放火烧明堂

唐代房中术风靡一时,大多数的医书都有专门讲述房中术的章节。像唐代著名的医学家孙思邈在他的《备急千金要方》一书中,就详细地阐述了关于男女性事的《房内补益》卷。因此,当时较有名望的医生都比较精通男女性交的各种技巧,并了解该怎样利用外物来改善自己的性能力。

尽管御医沈南璆没有怀义胯下的“小和尚”强健,但也非同一般之人。他对房中秘术非常精通,比起怀义鲁莽蛮勇,又另有新的感觉。再加上武后欲火正炽,怀义不愿尽力,沈南璆便借此时机以讨武后欢心,武后如久旱遇雨,备极欢娱。沈南璆也受宠若惊,使出浑身解救、力所能及地与武后交接,旗枪不倒,直至天明。武后很是满意,因此也就渐渐淡忘怀义和尚。

偏偏薛怀义自寻死路,他身边美女成群,把个白马寺搞成淫秽的道场。他听说武则天另寻新欢,爱上了沈南璆那个小白脸,却也知道吃醋。异常愤怒,在发泄愤怒的疯狂举动中放火烧了明堂。明堂的修筑耗费国家的无数钱财,如今却成了一堆废墟。屋顶烧塌后,那尊填满麻,高达二百五十尺的大佛也被卷入了熊熊烈火中。远远望去,就好象尊光芒万丈的金神。火顺着风势牵连了明堂,明堂也置身于火海之中。皇宫一带照耀得如同白昼。薛怀义在火光中手舞足蹈,仰天狂笑,感到这比与女人性交还要有意思得多。他想借此来惩罚武后对他的三心二意,可他忘记自己的身份仅为一个供人消遣的男妓而已。

这场闻名于世的大火让武则天感到奇耻大辱。她对薛怀义恨之入骨,后悔自己当初所做的挑选,让他迷了心窍,和他纠缠在一起。她感到如果让薛怀义活着,实在是一种罪过。但如何把他铲除呢?交给法律审问自然是行不通的,薛怀义会把武后与他的淫行肆意宣扬,那样她的丑事就会天下皆知,成为名副其实第一淫妇了。武则天感到非常烦心，太平公主得知后说道："交给我吧，我来处置他。"太平公主向来与怀义也有那种关系，也怕惹出什么事端，便设计将怀义骗出白马寺，预先埋伏下三十多位健美的宫娥，各执短棍绳索侍候。薛怀义得到武后的召见，知道自己在劫难逃，正想在他的情人面前加以遮掩。没料想刚至瑶光殿，忽然窜出几十个健妇，手持棍打，绊倒怀义，绳绑脚踢。这些宫娥们正发泄着堆积已久的过剩的精力，使出全身的力气。可怜粗壮的大和尚最初还嗷嗷乱叫，没过多久，已被敲成肉酱。太平公主派人把尸灌入麻袋，令人扛入白马寺，点燃火把，让母后的面首与白马寺一起消失在火海之中。

太平公主最初以小宝为僧以掩人耳目，如今又设计杀了冯小宝，真可谓解铃还须系铃人。此事做得尽善尽美，武后非常满意。

## 六十四岁的武则天依然性欲旺盛

唐代在中国封建社会中，国运昌隆，百姓安居乐业，没有一个朝代能与之相提并论，这已成定论。但思想上的开放，风俗之侈靡，也令人大为惊叹。

唐代性学十分发达，宫廷朝野对房中之术都颇有研究。一些房内著作详细地阐述了两性交媾的原则、方法甚至连动作、深浅、姿态等等，记录得非常详细。其中也会有许多比较科学有价值的内容，扩充了中国的性医学。但糟粕掺杂，毋庸讳言，客观上对唐代尚淫的风气，起了一定兴风作浪的作用。

比如孙思邈在《备急千金要方·房内补益》中强调不可仅和一人维持性关系，而应经常更换性伙伴，其大意可译为：

人常常与一女性交，因此阴气虚气，不能受益……假若与十二个女人性交，而不射精，就会永驻青春，容光焕发。假如与九十三个女人有过性关系，而且能自固不射精，你就能够长生不老了。

又说：

"御女一千二百而登仙，而俗人以一女伐命，知与不知，岂不远矣。菩萨道者，御女苦不多耳。"

又说：

"数数易女则得益多。"

在这种腔调的引导下，官僚士子放纵不羁，宫廷亦秽风流播。

例如闻名于世的风流才子杜牧，他不仅沉迷于酒楼妓院，而且还咏诸诗文，千古传颂。有名的诗句，例如：

十年一觉扬州梦，

赢得青楼薄幸名。

又如：

二十四桥明月夜，玉人何处教吹箫。

能够把自己的私生活写得如此形象且尽善尽美的人，实属少见。唐人真是太浪漫了。

《开元天宝遗事》亦载宫廷荒淫之盛：

“明皇与贵妃，每至酒酣，使妃子统‘宫妓’百余人，帝统小中贵百余人，排两阵于掖庭中，名为‘风流阵’，互相攻斗，以为笑乐。”

有此“风流阵”，怎么可以招架得住安禄山的“渔阳鼙鼓”？唐王朝由强盛变为败落，不用说什么大家就都明白了。

唐代的朝廷内的淫乱，最令人难以接受的，是不合情理的性关系。

在前面，我们已讲述了高宗父子两人与武媚娘私通，并封其为后的事实。其实，唐太宗李世民在这方面上也好不到哪儿去。太宗在阴谋害死他的亲弟李元吉之后，趁机强奸了元吉的夫人杨氏，后来竟然纳为妃嫔，十分宠爱。齐王元吉叛变，理当受诛，但太宗强奸亲弟弟的妻子，也未免有些太过分，太要风流了。太宗后来又把隋炀帝的年近四十的萧皇后纳入宫中，寻欢作乐。这些，都体现了太宗好色的本性。唐明皇李隆基，也上演了一段骇人听闻的情场秽史。想那貌美艳丽的杨玉环，原是寿王李瑁的妃子。明皇见了儿媳的美色，便命她服侍床前，明目张胆地以公爹身份与儿媳一起睡觉。还纳她为贵妃，终因情欢而毁了国家。世上“扒灰佬”，当推明皇为领袖吧。接着，杨贵妃收安禄山为义儿，史书上有记述说玉环洗儿、禄山抓乳的事，关系也有点不一般。

可见，唐朝没有常理，淫乱到处可见，更胜于前代。礼义道德什么都不讲，乱七八糟。最不知廉耻的是武后母女。

太平公主作为武则天的独生女，其专横乱淫，并不比其母差。看看武则天的面首，如易之、昌宗、沈南璆、僧惠范等，皆因“阳道壮伟”载于史册。他们基本上都是经过太平公主亲自体验、细心挑选之后再推荐给母后武则天享用的。太平公主纵然不是武则天的亲生女儿，但表面上的母女关系还是存在的。而正是在她尝过薛怀义的好事之后，才把他献给武则天的。这在前面都提到过。可见，享乐事件中，母女共用一男、大家共享，也成为当时的时尚。

更有意思的是柳良宾和侯祥的受宠。《旧唐书》卷七八有这样一段记载：

天后命选美少年为左右奉宸供奉。石补阙朱敬则谏曰：

“臣闻志不可满，乐不可极。嗜欲之情，愚智皆同。贤者能节之，不使过度，则前圣格言也。

陛下内宠已有薛怀义、张易之、昌宗，固应足矣。近闻尚舍奉御柳谟自言子良宾洁白美须眉；左监门卫长史侯祥云阳道壮伟，过于薛怀义，专欲自进奉宸内供奉。无礼无仪，溢于朝廷，臣愚职在谏诤，不敢不奏。”

则天劳之曰：“非切善言，朕不知此。”赐彩百段。

这段记载，记在正史，可见并不是虚撰。它极为细妙地向我们表述了唐代宫内的乱伦事件，最令人惊奇的有三点：

首先，武则天的心狠手辣，天下都十分清楚。虽然晚年没有那么嚣张，但敢于直言上谏的朝臣，非但没有惹祸上身，反而因为提供了柳良宾、侯祥的“信息”而受到赏赐，真是难以令人想象。二十世纪，中国人对西方人的性解放大加评判，却不知咱们的老祖宗已开放到连西方人也自叹不如的地步。当今西方的政客们，对自己的私生活都非常慎重。稍有秽闻，被传播媒介得知，便天下皆知，就会名誉扫地。而一千三百多年前，女皇武则天却是非常大度地对她的臣子说：“非切善言，朕不知此。”是幽默，还是厚颜无耻，或是司空见惯了呢？怪哉，唐人！想朱敬则本想谏言武后的骄纵淫荡，却不经意地成了“皮条客”，而受到嘉奖，是无地自容、不知所措呢，还是该感谢龙恩呢？

其次，世间有逼女为娼的，却少有荐子为面首以图进身赐爵的。尚舍奉御柳谟或许是无官路可通，想当今圣上偏爱美男，其子柳良宾又“洁白美须眉”，若推荐给年迈的武后，也许会成为一条升官捷径。可见，柳谟的“无礼无仪”，世间少有，其丑行比逼女为娼者真是有过之而无不及。

最后便是侯祥的自荐。侯祥是武夫出身、言语粗俗，竟至于自炫性器，对老太婆的滋味也想加以品尝。而“阳道壮伟，过于薛怀义”果然对武则天有致命的诱惑，侯祥终于得偿所愿，进宫侍奉，显贵一时。

## 武后与五郎、六郎通宵达旦酣战龙床

古今面首之中最为典型的，当推张易之、张昌宗兄弟俩。他们实在是这行里的典范。

易之、昌宗是已故太子少傅张行成的后代。昌宗行六，易之行五，因此人们都以六郎、五郎来称呼他们。昌宗的得幸，还要多亏太平公主。

因为张昌宗系太平公主所物色的。昌宗年届弱冠，英俊秀美，诗词、音乐样样皆知。太平公主见之,为之迷醉。同床共眠,居然硕大坚挺,不比怀义逊色;而极尽绸缪,幽默风趣,与怀义相比,更胜一筹。太平公主一向对母后武则天十分敬仰,特别是在性生活上,母女俩非常默契。当下,太平公主暗自欢喜,在与昌宗数度风流之后,将她的小情夫送给了母后。武后一见,果然英俊秀美,风流倜傥,天姿绝色,非常满意,当夜便在宫中侍寝。果然描不完的缠绵,说不尽的旖旎。就连怀义也无此功夫,就算是沈南璆也自愧不如。武后生平,自谓阅人无数,从未得此美色,从未经过这般酣艳,还幸好得此面首,来打发空虚的日子,不禁爱不释手,遍体皆酥。通宵达旦,却依旧不舍,还嫌夜短没能尽兴。昌宗拥着武后,心想:这个老淫妇,真是非同常人,居然通宵达旦,尚且不知疲倦。自己虽年轻气盛,却也担心承受不了,便仿效吕不韦举荐嫪毐的故事。在弟兄们之中,昌宗与易之最为情投意合,因此便推荐易之给武后,他说:"我的兄长易之,能力胜于我,且善炼药石。若陛下召至尝试,便会知道我所说的都是真的。"

武后唯恐一时无两,能得张易之凑成双美,真是打着灯笼也找不到的。枕席之上,慨然允诺。第二天即召幸张易之,易之舍身以赴,果真如昌宗所说,特别是对采补之术非常精通。只是柔情媚骨,比起昌宗,好象略差一些。易之干练精悍,昌宗生得迷人,如在二人之中做出选择,是件很不容易的事,不过倒也不用选择。武后各取其长,与他们通宵共享床笫之欢。她可以同时玩弄兄弟二人,也可与太平公主分用两人。她对昌宗兄弟非常宠幸,即刻便封易之为司卫少卿,昌宗为云麾将军,特赐甲第,并赐给财物奴仆无数。自此,兄弟二人轮流侍奉,深受武后宠幸。

昌宗兄弟的入侍,时在通天二年。此时,武后已是七十二的老妇了,而昌宗仅为二十二岁,易之二十四岁。这种"老妻少夫"的性关系是很不多见的,因为武后就算是做昌宗兄弟的祖母也是合情合理,而易之、昌宗这对年轻的兄弟,竟陪伴在武后身边长达八年之久。

唐代的房中术无异于是为武氏的荒淫提供了借口。因为唐人对老年人的性生活是赞许的,尽管他们不主张老年人过分滥交,但提倡维持适度的性生活,否则人就容易衰老。这种定论并非无根据可言。因为现代医学早已阐明:性生活是人们的正常需要,即使人到老年,也会有同样的需求。

孙思邈在《房中补益》中说:

久而不泄,致生痈疽。若年过六十而有数旬不得交合,意中平平者,自可闭固也。

又说:

或曰:"年未六年,当闭精守一。为可尔否?"曰:"不然。男不可无女.女不可无男。无女则意动,意动则神劳,神劳则寿损。若念真正无可思者,则大佳,长生也,然而万无一有。强抑郁闭之,难持易失,使人漏精,尿浊,以致鬼交之病,损一而当百也。"

这两段话,尽管是从老年男性的角度来分析的,但同样适用于女人。孙氏一生与武氏当政时期相差无几,因此,这些房中养生的主张,自然而然会流传于宫廷,而演变为武则天老而愈淫的借口。

薛怀义低俗无味,张氏兄弟则是风情万种。两人常涂脂抹粉,穿着精美的衣服,容貌犹如美妇人。这似乎更适合面首的称谓,因为他们实际上也不过是未经册封的武则天的"宫妃"而已。武后也很欣赏他们的装扮,因此,时常把绫罗玉帛赐给她的两个小情人。武后一生身强体健,丝毫不比历史上最坚强的"须眉"帝王逊色,因此她不经意间流露着男人欣赏心爱之人的眼光。

关于七十多岁的武后能否真的能如此精力旺盛地过着性生活,向来都很有异议。但历史上确有六七十岁的老妇人能维持常人的性生活的记载,甚至怀胎生子的。

如明徐应秋《玉芝堂谈荟》引《姝姝由笔》说:

嘉靖乙酉濮阳李蒲订《南行日记》内,载利津有老妪年八十二,生子。

又引《乾月餵巽子》称:

张誓妻,七十二岁嫁潘老,复生二子。

清褚人获《坚瓠广集》引《真珠船》说:

长安刘氏之妇,六十二而育女。

又自引一例云:

近闻扬州某商,老而乏嗣,妻年六十而生一子,族人争疑之,讼于郡宋……当堂滴血,验系果真,众议方息。

武氏与张氏兄弟的性关系,由她的情敌也可看出。当时,诗人上官仪的女儿上官婉儿正在武氏身边,执掌诏命制诰。婉儿德才兼备,见昌宗长得英俊秀美,便十分喜爱,昌宗亦被婉儿勾得魂不附体。两人由眉目传情,渐渐接过。但两人未免有些肆意妄为,竟忘却了武则天是何等人物。一日,两人刚巧在隐秘处宽衣解带,翻云覆雨,干那风流勾当。没料想武则天午后寂寞,一路寻来,发现婉儿与昌宗正风流快活,不由大怒,一声怒斥:"好大胆,竟敢偷我禁脔!"话说的功夫,一把金灿灿的飞刀径直向婉儿飞去。好在婉儿幸运,金刀触额而过,锋利无比的刀刃只划伤了前额。从此,婉儿的额前便落下疤痕。为了遮掩,婉儿总是一绺秀发垂于额前，常饰以花烟，新颖别致，后来竟成为一种流行的时尚。当时，婉儿和昌宗不及穿衣理带，双双跪在武氏面前。一则由于昌宗属于新宠，武后对他的求情下不了狠心；二则武则天已到了暮年，杀戮之心已不像从前那么重了，因此，婉儿捡回了一条性命。

## 武后下诏书为臧氏提供性服务

可能是武后推己及人，也可能是武后包容类似之人，当时有一件非常乐道的事，《新唐书》中亦有记载。

张易之的母亲臧氏，生性淫荡，与凤阁侍郎李迥秀长期私通。易之为母亲造七宝帐，铺象牙床，金银珠玉宝贝应有尽有。但李迥秀嫌弃臧氏已人老珠黄，而且担心自己的精力不能满足她旺盛的淫欲，就想自此分手。臧氏十分不乐，忧郁度日。易之在与武后同床的时候，将此事讲给武后听。武后深表同情，因此下诏命“李迥秀私侍臧”。通俗地说，也就是下旨封李迥秀为臧氏的情夫，为臧氏提供性服务。

这种不光彩的事情竟光明正大地来任命，真是亘古未见。不难想象武则天为二张所迷，昏聩到何种地步！后来，臧氏依仗皇上的权威，奉旨私通，越发纵欲无度。李迥秀被弄得身心俱疲，实在吃不消，又不敢违背“圣旨”，只得采取软抵抗的方法。他便嗜饮无度，终日喝得酩酊大醉，即便召他过去也没什么用处，只好另觅新欢。易之为此对李迥秀怀恨在心，在武后面前说其不是。不久，迥秀即被贬为恒州刺史，赶出京城了。

这真是前所未有的奇闻。武后之荒唐，臧氏之淫邪，迥秀之可怜，易之之“孝敬”，简直令人难以置信，无法启齿。

武后与二张难分难舍，到死也不希望这对漂亮的小白脸离开她身边。她与张氏兄弟同床八年，差不多有一半时间是在床上度过的。

这一对兄弟面首自此宠眷日隆，贵震天下。溜须拍马之辈，如蜂拥蚁聚。武三思、武承嗣、武懿宗、宗楚容之流，终日候在易之、昌宗间，察言观色、争执鞭辔。阿谀奉承之态。让人作呕。可以简单举几例：

一日，武三思在武后身边吹捧张昌宗，说昌宗眉目俊朗，实为古代的仙人王子晋的化身。武后听后非常高兴，因为能与仙人交合，实乃人间妙事。昌宗更是得意忘形。为了将这“仙机”昭告世人，武则天便命她这位仙人化身的面首，穿着鹤氅羽衣，戴华阳巾，惺惺作态地吹着一支洞箫，骑在用木头做成的仙鹤身上，在庭园中游行示人，如羽化登仙状。武后与臣子宫娥们还在一旁助兴，实在丑不堪言。但在场的人却赋诗赞美之。一个名叫崔融的宫廷诗人，写得堪为称“绝唱”，诗曰：

昔有浮丘伯，
今同丁令威。
中郎才貌是，
藏史姓名非。

一天，则天女皇在御花园中宴请众臣。时正值盛夏六月，池中莲花争芳吐艳。便有小人借机奉承昌宗说：“六郎真美，艳如莲花。”群臣随之应和着。独有一人高呼：“此实谬谈。”众人面面相觑，鸦雀无声。定睛一看，此人乃溜须奉承昌宗而得内史之职的杨再思，如今这番言语不知是何缘故。昌宗十分不高兴，问其原因。杨再思笑道：“语实倒置。并非六郎面似莲花，应为莲花似六郎呀。”昌宗乐极，仰天狂笑。众臣忙随声附和，其献媚之状，无法形容。拍马之术，真可称得上独步千古，无出其右。

还有一则公然不顾国家法制的科举舞弊之案，也能够看出张昌宗兄弟气焰之嚣张，以及众臣小人对二张的奴颜婢膝之态。

昌宗有一个弟弟叫昌仪，因昌宗而晋升为洛阳令。一日上朝之时，被一位薛氏考生拦住去路。他送上五十两黄金贿赂昌仪，并在一张名帖上写着他的姓名、籍贯及所求之事。昌仪在早朝的朝堂上，私下把此名帖交给主考官天官侍郎张锡，请他处理此事。不多日，张锡却不小心把名帖遗失。张锡非常担心，只好向昌仪询问。昌仪也未曾细读，根本不记得那姓薛的叫什么了，便骂道：“你这小子真无用，不会办事。这很容易，选人中只要有姓薛的你就录用，不就行了吗！”张锡急忙称“是”，回去后便查阅名册。于是，六十多位薛氏全部被录用做官了。这种玩弄国家法典于股掌之间、任意妄为的丑事，实在令人发指。只是薛姓者讨了一个便宜，莫名其妙地做了官，还不知是何缘故呢。

张氏兄弟自此更是为所欲为，做尽坏事。史载，张易之对口福之享甚为考究，经常变换种类。易之曾把鸭鹅放在大铁笼中，并且在笼中放上一只铜盆，里面盛满了五味俱全的汤汁，然后在笼中生起炭火。鸭鹅绕着炭火而走，受热口渴就饮盆中的汤汁，直到被活活烤死。这样，鸭鹅里外皆有鲜味，羽毛尽脱，回味无穷。易之曾到昌仪家游玩，说他偏爱马肠。昌仪便捆绑肥马，活活剖开马的腹肋，取出马肠。马挣扎哀嘶，不久便死去。貌美心狠，畜牲不如，残忍之举丝毫不逊于桀、纣。

## “控鹤监”中“男风”浩荡

唐代是官妓昌盛的时期。

官家营妓，以致妓院林立，青楼随处可见。唐士子官僚也明目张胆地狎妓嫖娼，放荡不羁，不知廉耻。

明王世贞《艳异编》曾描绘唐时扬州娼楼盛况：

扬州胜地也，每重城向夕，娼楼之上，常有绛纱灯万数，辉耀罗列空中。九里三十步街，珠翠填咽，邈若仙境。

但妓院中卖淫的都是女人。尽管男妓也靠出卖色相、出卖肉体为生，但公开卖淫的却为数不多，为男妓开设的公开妓院更是鲜为人知。

但武则天亲自成立的“控鹤监”，却称得上是自古以来盛况空前的“男妓院”。这里收尽天下美男子，有“面首三千”之称。由皇家开设，却仅为武后一人享用。

因此，也可以这样认为：“控鹤监”的创设，是中国“面首业”繁荣的标志。

探讨中国男妓史，定不可轻视此种特殊现象。

“控鹤监”是个寓意特殊的名字。据林语堂先生解释：“鹤监”这个名字与“麟台”对得非常工整。再加之鹤是道家成仙飞升时所乘之鸟，飞往海外仙山，享受红尘外的悠闲，生活于天地间。此鸟亦是仙鸟，并非一般鸟能比。

“控鹤监”的设立，意味着武氏是想享受帝王之尊。古来帝王都有“后宫佳丽三千”，而武则天身为女皇，必定也要有众多的“后宫佳丽”。七十多岁的老妇人，虽然保养有方，望去仍为丰姿绰约的半老徐娘，但她自然不会“临幸”如此之多的“男嬖”。再加之昌宗、易之兄弟缠绵绣帏，因此这个“男妓院”的设立，多少是为了显示与帝王之尊相衬的排场。控鹤监里的俊美男人，除了少数得到武后的召见，能够享受女皇的玉露皇恩外，大部分只是排场上的摆设而已。可怜这些男性的“后宫佳丽”们，尽管锦衣玉食，却寂寞难耐，精力无所宣泄。“控鹤监”里同性恋的现象便与日俱增。“男风”浩荡，秽声四播。此景此情与那些真正的后宫佳丽，百般无聊、空虚寂寞的情形是很吻合的。事实上，中国古代宫廷中，女性同性恋的现象也十分普遍。明清的春宫画中，刻意描绘了在宫中秘密出售淫具，以供宫女们同性恋泄欲使用的画面。这种画非常淫亵，出售者在一旁自夸自卖，而宫女们则聚集成群，拿着淫具比试大小。

武则天创“控鹤监”的另一目的，大概也是从她小情人的角度出发的。

其时,易之、昌宗早就臭名远扬,朝廷内外,众说纷纭。为掩人耳目,使两个未经阉割的男人可以在后宫中随意进出,就必定得为他们制定新的称谓。因为如果让二张出任宫内大臣,难免过俗,且难免操劳之苦,从而不能全身心地为自己服务;假如赐予卑贱小职,掌管尿罐,则“醉翁之意”未免过于显露。于是,便让二张这两个大“面首”去统管她那三千小“面首”。张易之胜任控鹤监,位居三品。张昌宗为秘书监。

作为障眼之法,“控鹤监”内三千“面首”中,不乏一些作为陪衬。为了免除众议,“控鹤监”对外则宣告研究三教。三教即为儒教、道教、佛教。武氏下诏命昌宗、易之、宫廷诗人李峤三人主编《三教珠英》,内容以孔子、老子、释迦牟尼三人的名言为主,也包括三教各代名人的精言微义。

其实,主要的编辑工作都落在李峤一人身上,易之、昌宗只不过虚有其名罢了。这两个面首,游手好闲,哪里肯去枯坐板凳、钻研经典到老呢?他们乐得轻闲自在。因为在“控鹤监”,对学术哲理的研究并非关键。如果书能编成,他们便可坐收渔利;编不成,无关紧要。

如此重要的三教,竟放在真正的男妓院中装腔作势地探讨,这实为大不敬!

三教教主有知,当作何想?

武则天之奇慧,真是无与伦比!

武则天把朝中英俊清秀的大臣,也选入“控鹤监”担任监内供奉。如夏官尚书李迥秀、正谏大夫员半千、凤阁舍人薛稷、殿中监田归道、左台中丞吉顼等等。

对“控鹤监供奉”这一官职,朝中众说纷纭,也有对此深感羞耻的。

正谏大夫员半千向武则天奏言:自古至今,无此官职。再加上控鹤监内招纳的全是轻薄之士,不如撤销此职。

武后原是看他长得漂亮,才青睐有加,没想到半千竟不知好歹。武后终归没跟他计较,只是将他赶出“控鹤监”,降为水部郎中。

“控鹤监”内罪恶太多,难以说完。武后不得已在第二年将其改名为“奉宸府”,依旧命张易之为奉宸令,昌宗进督官侍郎。但这一机构为武后私生活服务的性质依然没变,武后还是“选美少年为奉宸供奉”。

清代西泠狂者的《载花船》,便是描述武后委派宫妃尹若兰,扮成太监模样,遍走各地广招美男子的故事。武后称之为“征聘贤能”。结果,尹若兰为武则天选得强健俊美的少男百余人。武后让宫娥个个尝试,竟没有一个入选。于是,遣他们回原籍,此事天下皆知。

《载花船》系清代小说，所记多望风附会，没什么参考价值。此书写女性藐视男权社会、对封建礼教的叛逆，只是淫秽之笔随处可见，甚至有露骨的色情描写，理应批判地看待。

例如此书第一回《女天子宫禁谈龟》，写武后向尹若兰面授选龟之道：

若兰道："敢问选龟之道其法何如？"

武后道："尔亦有心研究耶？吾试为尔言之。夫龟者秉造化之灵气而成性。阳之所凝结，肋骨之难拟形。既刚而且寓柔，可直而不能屈。大则采精炼鼎赞助仙源，中则孕育婴儿接续宗祀，小则搓花破窍承欢历娇。凡女子年长而梦遗小便者，得龟而止；过笄未配致成剧疾者，遇龟而瘥。孀妇失之疾染痿黄，戍妇客妻旷废多使夫妇反目，借龟而生欢喜之心；男女萍逢交龟而忘死生之见。龟之有功于人亦云大矣。"

"夫欲知龟有要法焉，人重衣隐蔽，安得尽人之龟而递阅之。以定其高下，必试观

其鼻之丰隆尖削，即知其龟之巨细精粗。"

"若鼻总丰厚而色带微红者，此酒徒也，酣然一醉，但知黑甜乡里生涯，岂解温柔场中滋味，且阳气已泄于外矣。其龟必不其收，必速摈而勿取，此选龟之大法也。"

据说清朝文人袁枚曾著有《控鹤监记》一书，书中记录着关于武则天宫廷淫乱的秽事。此书早年曾流行日本。清末明初人叶德辉辑印《素女经》作序时，也提到这本书，但如今已找寻不到此书了。

至唐玄宗天宝年间，奉宸府扩充为奉宸院。此时，奉宸院中有男也有女，不再像武后时那样，只供奉男性了。院中还设有宜春院、内教坊等机构。中国戏剧前身之"梨园子弟"，与此关联极深。

则天女皇常在控鹤监或奉宸府中赐宴。昌宗兄弟经常喝得迷天大醉，唤武氏子弟如崇训、三思辈为"好奴才""好儿子"。诸武不但不觉羞耻，反而以此为荣。由是日益骄宠，气焰嚣张，仗势欺人。神龙元年，武后已八十二岁高龄，仍对昌宗、易之十分眷恋。那时，武后已病入膏肓，终日卧床。二张知道他们往日树敌太多，担心武后驾崩后，没有好结果，因此结党营私。有人多次谏书武后云，昌宗、易之阴谋作乱，但武后都不予理睬。这是她处理这类事惯用的手段。

朝中一些正直大臣们决定亲手铲除祸害。正值正月，太后病笃，宦臣张柬之、崔玄暐等率羽林军迎太子李哲为帝。他们把张易之、张昌宗给杀了，逼武则天退位。如今的武后已是余力微弱，只得禅位于李哲，即为中宗。武后迁居上

阳宫,郁郁寡欢,病情日趋严重。是年十一月,太后崩。辉煌一生的女皇武则天,就此画上了生命的句点。

昌宗、易之被杀。二张肉肥白如熊肪,洛阳人把他们的肉煎炙而食。当初张昌仪曾造一新居,气派豪华胜过王公。夜间便有人在他家的门上写道:"一日经能做几日络?"大意即是:看你横行至几时。昌仪随即擦去,第二日又重复此景。这样一直写了六七次,张昌仪心烦气躁,拿起笔在大门上写道:"一日已足矣!"张氏兄弟被杀,昌仪也难逃一死,被打断双脚,掏出心肝。人们认为苍天有服,他们该有此下场。

怀义、昌宗、易之,是面首中的典范。而淫邪狠毒,实与禽兽无异,乃人中败类,令人不齿。

## 武后极喜"如意君"

武后一生,充满传奇。后世史家对此评价功过各半,众说纷纭。但后人评论的主要有三点:一是革命称帝,篡唐国号为大周;二是滥用酷刑,荼毒唐氏及朝中大臣,栽培武氏子弟,血腥过盛;三是情欲旺盛,广置面首,藐视男性尊严,任性而为,无休无止。

但这三点之中,最让后世史家争论不休的还是第三点。她能改革科举,招贤纳士,巩固边防,重视农业发展,奖清廉,惩贪官,改善外交,从而维护了政局稳定,捍卫了国家的统一。她将国家治理得国泰民安,她的政绩是不可否认的。且武后晚年,还是归位唐室,虽属勉强,也能看出她头脑的冷静。另外,血腥太重,原本就与政治自身的血腥残酷密不可分。武后想维护自身的地位,必须毫不犹豫地铲除自己的绊脚石。否则,凭着女流之辈,又怎会在男权至上的社会统治几十年?况且历代帝王,为确保自身地位稳固,又有几个不是杀戮天下呢?

可是,武则天公然藐视男性社会,就像男性皇帝们一样,放荡不羁、私蓄男妾,创立令人耻笑的男性后宫——控鹤监等,便让后世史家们不能容忍。

不仅史家们在正史上大肆渲染,后世的文士闲人,也不约而同地演绎其风流韵事,有些甚至凭空捏造至不堪入目。古代写武后故事的作品繁多,只有唐明皇与杨玉环的故事能与之相比。如明末清初嘉禾餐花主人所编《浓情快史》、明人托名华阳散人所著的《如意君传》以及袁枚的《控鹤监记》、前文述及的西泠狂者的《载花船》等,差不多都是大肆宣扬武则天的性事,没有丝毫的文学价值可言。但作为探讨中国面首的一些资料,它体现了明清文人的一些所想所思，故简述如下：

《浓情快史》差不多是附会历史，记录了武则天的一生：由入宫为太宗的才人至嫁于高宗，并与其内侄三思私通，置面首如怀义、易之、昌宗、薛敖曹等。小说很明显具备讲史演义的性质，全书又大肆宣扬床笫间的性事，显然与明代中叶以后世情小说趋向于记述闺中淫乐的风气有关，因此又略带世情小说的特点。但语言粗俗，写世情却远不及《金瓶梅》等优秀世情小说；写历史更是胡乱编造，如张昌宗竟在武则天年方十三岁就与她私通，写武三思竟也比武后大了两三岁，并且写武媚娘在被太宗召入宫前，曾被三思、张六郎、江彩、张玉所奸，而后又被卖至他乡。武父寻回，才将她嫁给张六郎等等，荒诞不经。描写之中淫秽之语随处可见，很明显是演义小说与世情小说的末流。

而专写武后面首故事的，当推《如意君传》，此书早于《浓情快史》。《如意君传》并非如《浓情快史》那样演绎历史，而是写武后晚年，宠幸面首薛敖曹。薛敖曹为史书所不载，完全是个虚构的人物。《浓情快史》中的薛敖曹，便是从中而来。

《如意君传》开头便省略了武后、宠怀义及二张，直接绘声绘色地描写武后与"如意君"薛敖曹的淫乱故事。露骨的色情描写纵横全书，品位低俗，历代都被列为禁毁小说。

像所有描写面首故事的小说那样，《如意君传》也记录了薛敖曹"驴公子"的本事——"阳道壮伟"。小说极力渲染的几乎全都是这方面的事：

敖曹年十八，长七尺余，白皙美容颜，眉目秀朗，有臂力，矫捷过人。博通经史，善书画琴弈诸艺。饮酒至斗余不醉。以故多轻侠之游。

而肉具特壮大异常，里中少年好事者俱知之。每遇敖曹饮酒，求一睹以为嬉笑。敖曹曰："吾以此物累，不知人道，时有所感，无计可施，方用为苦，何足供诸君欢也。"强之乃出其肉具侈阔棱跳，其脑有坑窝五四处，及怒发，坑中之肉隐起若蜗牛涌出。自顶至根，筋劲起为蚯蚓之状，首尾有二十余条。江莹光彩，洞彻不昏，盖未曾近妇人之渐渍也。

少年见之，咸惊异，试以斗粟，挂其首。昂起有余力，无不大叹绝倒。同与敖曹游，娼家初见其少年，歌讴酒令，无不了了。爱而慕之，稍与迫睹肉具，无不号呼避去。间有老而淫者，勉强百计导之，终不能入。敖曹内具名既彰，无有与婚者。居时常叹嗟，有悲生之感。

写面首的"才具器用"，有白描、渲染、衬托，可谓竭其所能。可能说面首的本钱也就是这些了。

太监牛晋卿把敖曹推荐给武后，向其讲述敖曹之优势，复云：“手不能握、尺不能量、头似蜗牛、身如剥免、筋似蚯蚓之状，挂斗粟而不垂。”武后听后，不禁感叹道：“不必言吾已得之矣。”

后世小说时常形容武则天的淫荡，而此语真是妙绝。

中国古代小说的作者对描述男性的生殖器有着浓厚的兴趣，这种兴趣乃至发展到畸形变态的地步。在色情文学中，写男性生殖器比起写女性的性器更加形象生动。而对男性阳具的描写，则差不多都在其粗细大小上。

写其细小，为“垂囊如败枣经霜，裹顶似僵蚕在茧”；写其粗大，就像敖曹，天下妇人都受不了，只有则天武后才可以纳其“贤才”。

这一段描写见于《金屋梦》第四十四回：木瓜郎语小莫破，石女儿道大难容。本回接着写黎金桂淫奔潘子安不着，却正赶上鼾睡的王雷公。作者兴致不减，更加详尽地描写王雷公的胯下之器：

想了一想，既到此处，怎肯空回，就在此人身上略泼一泼心中的火，也算没有白来。上前刚要唤醒，只见一张椅子上放了一件东西，如同一匹青布卷成了长筒似的，却为何一半在腰里不曾解下。上前仔细一看，原来是件怪物，紫筋暴露，凹眼圆睁，足有一尺余长，粗如截瓠，险些惊倒了少年好色东邻女，半夜淫奔的狐狸精。欲待伸手去摸，又担心惊醒了他，有命难选，无门可入。

这种描写，在人类的文学中，是很罕见的，偏偏作者还堂而皇之地大讲特讲，实际上是行猎奇射利之实而已。古代相当多的淫秽描写，都打着这种“假饮食男女讲阴阳之报”的旗号，但实则属于生理性的宣泄，本身没什么社会意义。

但面首族既是以色相媚人，就不单单只凭一张俊美小脸吃饭，因此，对上述现象稍做了点简单说明。

值得一说的是，大部分面首，因其出卖肉相，所以没有什么人格可言。面首族一般都以凄凉的境地收场，一旦失宠，他们的路也便走到尽头了。历史上的大面首，如吕不韦畏罪自杀、缪毐被车裂分尸、薛怀义被众妇捶杀、二张被煎炙等等，没有一个不是这样的。但在《如意君传》中，对薛敖曹这个面首形象，作者却加以正面的描述。在小说中，作者一方面尽力渲染武则天与敖曹的性事；一方面又要展露薛敖曹德行高尚的一面。尽管他尽全力地去侍奉君主，却不愿堕落至最卑贱的地步，真可谓用心良苦。

比如写薛敖曹的羞耻之心。牛晋卿奉武后诏书携带财物探望敖曹，敖曹却说：“下贱之资汙渎圣德、非臣如宜，不敢奉命。”而牛晋卿却好言相劝，说：“足下不欲行于青云之上，乃终于闾阎之下。”薛敖曹则叹道：“青云自有路，今以肉具为晋身之阶,诚可耻也。”

这倒是比侯祥、柳谟之辈清高一些,但终究抵不过晋卿的规劝。晋卿不愧能言善辩,能抓住薛敖曹的病痛之处。他对敖曹耳语道:“足下能高飞远举,出于乾坤之外,且汝尚不知人道,非今圣上,谁可容者?”敖曹不得已而行。在道叹曰:“贤者当以才能进,今日之举,是何科目?”

作者费尽心思褒扬薛敖曹,但读罢总留给人一种“犹抱琵琶半遮面”的忸怩。然而,这倒是面首们一贯的做法。

最令人觉得好笑的是,庐陵王李哲从房州被召回,虽有狄仁杰等正直大臣的劝谏,而真正奏效的却是薛敖曹在床笫之间向武后吹的“枕边风”。武后最喜欢薛敖曹独特的“尘柄”(阳具),薛敖曹竟然以自残阳具相要挟,命武后将儿子李哲召回宫。读起来十分热闹、可笑,可以说是天下“奇文”:

复一夕,后与敖曹欢会过度,联臂相偎而寝,至日高枕未起。后谓敖曹曰:“卿若读书,登甲第,位至宰相不能有如此奇遇。子之尽心于我,可谓至矣。子之饮食衣服与至尊等,我之待子亦不薄矣。我欲爵汝贵汝,汝又恳辞,当取汝兄弟宗族富贵之,决不爽信!”

敖曹曰:“臣向者云,孑然一身,陛下忘之耶?臣非以才进身,臣诚无所希富贵……臣今不避斧钺言之,陛下必不听,陛下幸而听之,臣虽死之日犹生之年。”

后曰:“吁,如意君何言也?我一身已付君,岂有言而不听者乎?”

敖曹曰:“陛下既已许臣言,臣当敢言:皇太子何罪废为庐陵王,远谪房州?况闻近来改过自新,天下但闻陛下欲削唐社稷,臣恐千秋万岁后,吕氏之祸及矣。人心未厌唐,陛下宜速召庐陵王来,付以大位,陛下高拱九重,何乐为如之?”

后有难色,敖曹曰:“陛下如不从,臣请割去阳事,以谢天下。”

遽起小匕首,向尘尾欲自裁,后急争夺之,尘首已伤入半寸许,血流涔涔。

后起用净帕拭干,以口呵之,且泣且骂曰:“痴儿何至此也?”

敖曹曰:“臣之为儿,乃片时儿耳,陛下自有万岁儿,系陛下亲骨肉,何忍弃之?”

后乃心动,敖曹自是每以为劝,后得狄梁公言,召庐陵王复为皇太嗣。中外谓曹久秽宫掖,咸欲乘间杀之,乃闻内助于唐,反德之矣。

这真可谓是集荒唐离奇可笑于一身。庐陵王李哲得以再一次被立为皇太子。重新坐上皇位,不是狄仁杰、张柬之等良臣的功劳,而是凭着如意君一根阳棍要挟来的,支撑唐室江山的,竟是如意君一根冲天破云的阳具!古来面首,何曾有人立过这等奇功？向来只闻舍身谏君的，而这等割性具谏君之事，真可谓前无古人，后无来者！

由此更能看出《如意君传》是凭空臆造的，荒诞可笑、趣味低下。

身为一个面首，薛敖曹的唯一用途，只能是为武则天提供性服务。所以，纵览全书，大部分篇幅都在细细刻画武氏与敖曹的性交情景，极尽夸张露骨肉麻之能事，在同类小说中，可以说是无人能及。同《金瓶梅》中的淫秽描写相比，有过之而无不及。

"如意君"这个称号是由武氏所赐，含义是夸赞敖曹的雄伟适意。

在《如意君传》这本书中，武后不再是一位杰出的女政治家，而完全被形容成一个玩弄面首、淫欲成性的市井荡妇。这体现出封建时代，对没有安守本分的女性的污辱和蔑视。从中也可以看出明清小说中低级趣味的末流现象。

小说的最后，薛敖曹这个面首，竟由于"积善成德"而得以全身，隐居民间。至天宝年间，人偶见之，羽衣黄冠，童颜绀发，望去如二十几岁的人。

# 韦后不自量力学武后

## 武三思难忘韦后滑腻香软的手臂

神龙元年（公元705年）二月的一天，当韦氏端坐在中宗身边，以皇后的身份接受百官朝拜时，她自己都不相信这是一个事实。确实，在七千多个日日夜夜中，这样的情景她梦见过无数次。这一天，她死去的父母亲分别被追封为上洛郡王和郡王妃。这一回，中宗再也不必惧怕太后了，他早把左拾遗贾虚"异姓者不为王"的劝奏抛在脑后。在长期的幽禁生活中，他与韦氏患难与共，相濡以沫，韦氏已经成了中宗的救命天神。现在，他重新坐上天子龙椅，怎能不施展天子的权威，施恩于妻呢？

从房州召回，韦氏的心因重新被封为太子妃而满怀希望。她时时告诫中宗：这回决不能再有丝毫闪失了。她细细观察朝中的权力分布状况：第一个是武后最宠爱的太平公主；武后的两个男宠张易之和张昌宗仅次之；然后是武后的两个侄子武承嗣和武三思；此外武后信任的贴身女官兰台令史上官婉儿也握有重权。韦氏劝中宗尽量亲近、讨好太平公主，另外同武承嗣、武三思兄弟交好。中宗全盘接受。

尽管醉心于权力的韦氏对武氏无比痛恨,但内心还是佩服婆婆的手段和才干。她非常羡慕武后能风光显赫地当上女皇。“阿武能做的事,我为什么不能做呢?”她对自己操纵中宗的能力和把持朝政的才智坚信不疑。

她一面亲近太平公主,一面同武氏兄弟结成姻亲。她把长女永泰公主嫁给武承嗣的儿子魏王武延基,幼女安乐公主嫁给武三思的儿子武崇训,同武氏兄弟成了一家人。但不久以后发生的一件事,差点让她前功尽弃。

韦氏有一个儿子,叫李重润,是中宗的长子,风神俊朗,孝友好书。他和妹夫武延基性情相投,互为知己。两人常在一起议论朝政,张易之、张昌宗兄弟以男色侍奉武后,在外招权纳贿等种种不法行径让他们非常恼怒,发誓总有一天要杀死这两个人。谁知风声走漏,张氏兄弟便向武后告状,诬陷李重润与武延基谋反。武后不问青红皂白,下令杀死了他们两人及永泰公主。中宗眼看一对儿女惨死,却不敢说一句求情话,韦氏则咬碎银牙也往肚子里吞。武承嗣难以承受丧子之痛,不久也抑郁病死。这件事发生在大足元年,即公元701年。

当武则天的身体逐渐变差的时候,朝中正直的大臣们,都相继劝谏武后将中宗召回宫。武后虽然年纪已大,但头脑仍十分清醒,她见周围武姓子弟个个贼眉鼠眼,都是难成大器的人。如让中宗登上王位,那么天下归心,于己于国都是有利的事,于是主意已定。武三思得知此事,就主动要求前往房州迎李哲返宫,从而为将来立功荣宠打下根基。

武三思带了圣旨来到房州,中宗暗中寻思:三思正费尽心机想自己当太子,如今乃是自己的对头。这张圣旨,想必是取自己性命的,心中不禁越发恐惧,拉住韦氏抱头痛哭。韦氏被他哭得也没了主张。正在这时,三思已来到中宗、韦氏居住的狭小房中。到了这时,韦氏已顾不得许多,急忙抢上前去,伸着两条纤纤玉臂紧紧握住三思的手,求他不要宣读圣旨。武三思原本就是好色之徒,而今他手尖儿碰着韦氏的手臂,滑腻香软,不禁心头一动。低头看时,只见她玉洁冰清,一张俏脸含悲含戚,越发令人心动。当下,三思忍不住抓着韦氏的双臂,将她搀扶起来,大声说道:“恭喜王爷王妃,是我在万岁面前劝谏,费尽心思,才得以挽回天心。如今圣旨已到,正要召王爷王妃回京。王爷就快重登帝位了。”中宗、韦氏一时难以置信,直到宣读了圣旨,才放下心来,马上盛情款待三思。第二天,打点启程。中宗果真再次做了皇帝,回忆起在房州的惨痛经历,心中感激三思,赏赐甚多。

哪知三思色心已动,得陇望蜀,心中对韦后一直难以忘怀。

## 皇帝也戴上了“绿帽子”

韦氏又苦熬五年,终于如愿以偿地当上了皇后。多年的媳妇熬成了婆,说什么也得威风一番,何况这个女人的野心和权力欲是常人所不可想象的。先是学武后的样,中宗坐朝,她就垂帘听政。软弱的中宗无奈之下也只能允许。接着,她向中宗竭力举荐武三思。这下愁坏了中宗,他对韦后说:“武三思是太后的心腹,朝臣们恨他入骨,张柬之还劝我杀了他呢!”

“凡事还得陛下您拿主意,张柬之那一班人自恃拥立有功,眼里连我这个皇后都没有。假如事事都由他们做主,那陛下还是天子吗?”

中宗心想:这话有道理,哪有朝臣事事节制天子的?韦后又进言道:“陛下应物色几个心腹重臣。武三思与我们是一家人,忠心可靠。分张柬之的权,他当然是个好人选。”

第二天,武三思被提为中书门下三品,官拜司空,成为名副其实的宰相。这对张柬之等人不啻是个重大的打击。本来,“神龙革命”刚过,有人劝说张柬之除掉武三思,以绝后患。但张柬之不以为然,说:“如今武三思已是入瓮羔羊,已有好些人死于此事,不要再滥施杀戮了。”而现在,张柬之后悔莫及,他们秘密求见中宗,劝中宗不要养虎为患,应牢记失权之痛。

这话不但没有说动中宗,反而让中宗大怒。中宗认为张柬之自恃拥立有功,便希望自己永远记得他们的好处。事实上,中宗也不可能违背韦后的意思而听信张柬之。这个糊涂皇帝,只知道一味服从妻子,从不动动脑子,为什么韦后会如此推崇武三思?他做梦也没想到。他的头上除了有一顶华丽的皇冠外,还有一顶“绿帽子”。

原来,自从武后被推翻,武三思就一直担心自己惨遭不测。充满恐惧地等待了一段时期后,见屠刀还没架到自己的脖子上,他便开始考虑谋求自保,并准备东山再起了。他知道,皇后手里握着皇权,而皇帝只不过是个傀儡。但是要设法亲近皇后,并不是件容易的事。虽然联姻之后,他与中宗和皇后表面上是“一家人”,但要想自由出入宫禁,同皇后建立非同寻常的关系,必须有人牵线。上官婉儿成了他的理想人选。

早在武后当政时,武三思就勾搭上了这个漂亮才女。上官婉儿原是上官仪的孙女,上官仪因反对武后被杀,累及家族,儿媳郑氏抱着上官家唯一的后代——年仅一岁的上官婉儿做了奴仆。转眼过了十三年,上官婉儿变成一个亭亭玉立的淑女。很快,她的才华轰动了皇宫。她精通经书史籍,诗词文章也很出色,甚至书法、数术、弈棋等无所不精。武后得知后召见了她,她的聪明伶俐、从容不迫、远见卓识,以及用一手遒劲的蝇头小楷当场一挥而就的诗作,深深打动了武后。她感叹说:“真是巾帼更胜须眉!”她立即命上官婉儿离开掖庭,到她身边来当秘书。接到命令后,上官婉儿有一种说不出的感觉;这个可怕的、掌握无上权力的女人,曾杀死自己的父、祖,而且害自己和可怜的母亲沦落为奴。突然,又是这个女人将自己从困境中解救出来,委以重任,而且是随侍身边、掌握机要大事的贴身秘书。当然,要费尽心机才能伺候好这个女皇帝。她是那么威严,不可一世,稍有不慎就会惨遭屠戮。憎恨、感激、紧张、恐惧,各种滋味交织心头,真苦煞了这位才女。但是一两年之后。她就成了武后最信任的贴身女官。她替武后起草并掌管诏令文书,甚至替武后裁决朝臣们的奏章。

武后晚年时,武三思主动勾搭上了上官婉儿。除了上官氏出众的才貌外,武三思还想通过上官氏掌握宫禁内幕,揣摩武后的心思。中宗即位后,对上官婉儿处理政事的才干也非常重视,仍委任她为自己的秘书。不久,又进封上官婉儿为婕妤,纳作妃嫔。

这回,武三思又很巧妙地说服了上官婉儿帮他勾引皇后。上官婉儿当然不愿让自己心爱的男人去勾引另一个女人。但是,以武三思风流俊美的外貌,魁伟的体魄,过人的才情,以及一套对付女人的铁手腕,早就让上官婉儿对他俯首帖耳了。这一回,她答应下来就是为了赢得她唯一热爱的男人的欢心。

恰巧韦后也是个淫荡之极的妇人,当初幽禁在房州,生死尚且难以预料,哪有心情解馋。如今位居正宫,便贪起风月来,而且变本加厉,仿佛希望补回以前的损失。婉儿素性机警,相处没几天,已把韦后的淫心看得一清二楚,便使出柔媚手段,讨好韦后。韦后十分喜欢,竟引婉儿为知己。两人无话不说,甚至连自己那见不得人的秘密也说了出来。

韦氏自从在房州与武三思有过肌肤之亲后,一直对三思念念不忘,思想与三思也产生了更进一步的“深交”。婉儿发现韦后对自己的情郎有非分之想,倒也丝毫没有吝啬,颇有太平公主孝敬武后的风范。一夜,正值中宗留宿他处,韦氏住处无人,婉儿便把情人领入。这韦后与三思神交已久,相思难耐。真是匆忙忙不及宽衣解带,性急急哪管礼仪伦常?这一夜风流,真是美不胜言。

## 韦后和婉儿轮流召三思奸宿

从此以后，韦后与婉儿轮流召三思奸宿。而三思一箭双雕，只有中宗对此尚一无所知。唐朝戴上绿帽子的皇帝，估计为数不少。

韦后日益骄恣，做事不把中宗放在眼里，肆意妄为。中宗稍有不满，便拿房州之誓约来顶撞。中宗本就庸弱，只得任她乱来。三思在宫闱之中来来往往，竟无阻碍。一日三思入宫，与韦后掷赌双陆游戏，两人嬉笑调情。中宗不但不制止，反而屈尊，在旁为三思点筹。如此做法，就连百姓都感到羞愧。韦后的淫威，大部分是中宗娇惯所至。

婉儿与韦氏常在中宗面前夸三思的才干。中宗竟拜三思为司空，同中书门下三品。并进封婉儿为昭容，让她如武后当政时一般，专掌诏命。三思子武崇训娶安乐公主，武攸暨又是太平公主的驸马，中宗复封他为定王。诸武子弟的声势渐渐有所恢复。

朝中大臣经常有人进谏中宗，请求削除诸武的权力，结果都因韦氏从中作祟功败垂成。先后有太子重俊、张柬之、袁恕已、玄晖、桓彦范、敬晖等被残害至死。

三思也不负韦氏的恩情。怂恿群臣，上书韦后号为"顺天皇后"，并赠韦氏父亲为上洛郡王。

## 韦后广选面首、弑杀中宗

韦氏的淫心不减武后。她很快就嫌三思年老，要效法武则天另觅新欢，以满足自己旺盛的欲望。

于是，韦氏也广招美男。首先入选的是宫廷御医马秦容，然后是国子监祭酒叶静能、术士郑普思、光禄少卿杨均、胡僧惠范等。一时，中宫成为欲海，淫风之炽，与武氏当政时相比，有过之而无不及。

韦氏万事模仿武则天，看中宗懦弱无用，便想夺权，自立为女皇。事情暴露，韦氏竟唆使马秦容、杨均等情夫，配制毒药，将中宗活活毒死。

中宗被逼退位幽囚二十载，当皇帝不到三年，竟遭奸夫淫妇杀害。他的命运真是可悲可叹又可怜。

九重深宫，阴森恐怖。宫廷女性的淫毒，令人作呕！

上官婉儿

自中宗离世后，韦后加快了实现她女皇之梦的计划。她首先全力栽培韦氏家族，让其亲属拥有重兵，身居要职。一面命令驸马都尉韦濯、韦捷，王尉卿韦睿，长安令韦播，左千牛中郎将韦琦等，率府兵五万人守京城，分左右二营屯师；一面令中书舍人韦元徽，领兵在京城各条街道来回巡视。她又草拟中宗遗诏，立太子李重茂为皇太子，然后才发丧。诸韦气焰之嚣张，野心之膨胀，比武后当政时更为严重。

李重茂即位，是为殇帝，尊韦氏为皇太后，改国号为唐隆。重茂此时年仅十六，年少胆怯，并不比他父皇强多少。真正的皇权其实掌握在韦太后手中。韦氏独揽大权，还嫌不够。又有人力劝韦氏以武则天为自己的榜样，除去小皇帝，让韦氏子弟掌握兵权。杀死相王李旦及太平公主，自立为女皇，成为第二个武则天。然而阴谋败露，相王李旦第三子临淄王李隆基率领羽林军迅速杀入宫中。而此时，韦太后的面首马秦容、杨均正在同韦氏奸宿。发现事态有变，他们来不及穿衣，便只着内衣四外逃窜，全部被杀死。韦太后被剁成两段，枭首陈尸长安街头。韦后家族老老少少被杀得一个不留。韦后的面首们、上官婉儿、诸武子弟如延秀等人也均被斩杀。安乐公主参与毒杀亲父中宗，也同样被斩首陈尸街头，可以说是罪有应得。

韦太后被杀的次日，被迫贬为庶人，葬以一品礼。

中宗死于非命，在于他本人毫无帝王之才，只是个被韦后操纵的傀儡，养成韦后的大逆不道之心。等到发现她的野心，想要制服她时，又没能守住机密，且又没有心腹大臣谋助其事，所以被韦后先发制人，反而招来杀身之祸。

韦氏处处以武则天为榜样。她以纵欲淫乱、残忍狠毒、专政野心、重用诸韦等恶劣行为，与武则天相提并论。她绝对是一个优秀的学生，确实学得十分相似。然而她却忽视了最重要的一点，武则天的聪明机智、雄才大略，是她远远不及，也无法学来的。即便在历史上，这也是前无古人的。所以武后虽淫乱残暴，但还能寿终正寝。武后生前，就明白自己功过难分，所以遗诏在自己的陵前立一无字碑。无字碑高大巍峨，然而一千多年过去了，武后的千秋功罪尚无人能在碑上书写明白。可笑韦氏自不量力，东施效颦，才会落得身首异处，落下个千古骂名。

# 唐公主淫乱成风

唐室自则天武后始，宫廷女权十分嚣张。不只是后妃们违背礼仪，大施雌威，甚至毒夫杀子，广置男妾。就是唐室的公主们也常常效仿后妃，难以安分。干预朝政、淫乱成风、横行霸道者，如太平公主、安乐公主等，其所作所为不亚于女皇。

## 唐室公主改嫁成风

《新唐书·列传第八》载：唐朝二十帝共有公主二百一十二人。当然，并非所有公主都同太平、安乐一样淫毒跋扈，其中也有很多孝悌贤惠的。好比太宗女襄城公主，《新唐书》赞扬她"性孝睦，动循矩，敕诸公主视为师式"。还有高祖女平阳公主则更是女中豪杰，公主生于战火纷飞的年代，却不愿深锁闺中，而是着戎装，领精兵，佐父兄平定天下。公主薨，高祖葬之甚隆，葬礼中并用乐器鼓吹。当时就有大臣对此表示不赞同，他们认为，纵览古今，妇人死，葬仪中不曾有过鼓吹之制。高祖并不接纳这个建议，说鼓吹是军乐罢了。当初，公主身执金鼓，驰骋疆场，古往今来，有如公主一般的妇人吗？所以，使用鼓吹之仪并无不妥。

唐代对妇女的约束极少，在婚姻上，相对其他朝代来说十分自由。公主们能够对自己的夫婿表示不满，那种"嫁鸡随鸡，嫁狗随狗"的传统思想在她们的脑海中是不存在的。

《新唐书·列传第八》中就讲述了高祖之女丹阳公主对自己的婚姻十分不满，最后，太宗皇帝只能亲自出面，用计令公主接受了自己的婚姻：

丹阳公主下嫁薛万彻。万彻蠢甚，公主羞，不与同席者数月。太宗闻笑焉。为置酒，召宅婿与万彻从容语，握槊赌所佩刀。佯不胜，遂解赐之。主喜，命同载以归。

这显然是一桩不幸福的婚姻。丹阳公主同薛万彻的结合，很可能是因为某种政治目的，就如同当时许多公主被远嫁边境少数民族一样。

唐代妇女的贞节观十分淡薄。官家能够公开营妓，女尼能够养野汉，后宫能够置面首。受这种淫风影响，唐室公主身上的一个普遍现象，便是公主改嫁好似家常便饭。那种夫死之后，为夫守贞节的情况基本上是不存在的。

《新唐书》记载公主改嫁之事十分清楚，如：

高密公主下嫁长孙孝政，又嫁段纶纶。

长广公主始封桂阳，下嫁赵慈景……更嫁杨师道……

安定公主始封千金，下嫁温挺，挺死，又嫁郑敬玄。

晋安公主下嫁韦思安，又嫁杨仁辂。

城阳公主下嫁杜荷。坐太子承乾事，诛。又嫁薛王瓘。

常山公主下嫁薛潭又嫁窦泽。

……

在此处，我们只列出其中的一部分，但这样已能够证明，封建社会的那种"从一而终"的贞节观念，在唐代是根本没有受到重视的。

其中还包括被太宗赞赏，因"性孝睦，动循矩"而被立为诸公主"师表"的襄城公主。她也是先嫁给萧锐，在萧锐死后，改嫁姜简。

上面所记载的公主改嫁，有的已说明了是夫死后再嫁，而有的则并无其他说明。那么，是因夫死而续婚，还是不满婚姻而起婚变的，因无详细记载，我们就不得而知了。

此处，可以引用一段比较好笑的"公案"。《新唐书·列传第八》讲述了中宗之女安定公主一生先后嫁过三个丈夫的故事。公主死后，为她究竟要同哪个丈夫合葬，还引起了不小的争论：

安定公主始封新宁郡，下嫁王同皎。同皎得罪，神龙时又嫁韦濯，即韦皇后从祖弟，以卫尉少卿诛，更嫁大府卿崔铣。主薨，王同皎子请与父合葬。给事中夏侯铦曰："主义绝王庙，恩成崔室，逝者有知，同皎将拒诸泉。"铣或诉于帝，乃止。铦坐是贬泸州都督。

## 高阳公主荒淫无道

贞节观不为人所重视，改嫁在唐代是十分普遍的。一些唐公主并不满足于只有一个丈夫供她发泄情欲。历史上，史家论及李唐天下"亡于女祸"，赵翼《二十二史札记》云："（唐）高祖之举兵，实以女色起也。而玄宗之后，唐室日渐衰败，追根究底，未始非色累之贻害也。然则，以女色起者，仍以女色败。"武后、韦氏、杨贵妃等后妃已完全可以证明这点。然而唐室公主们，也不甘落后。政治上，她们辅助后妃，扰乱唐廷；生活上，也放纵妄为，广蓄面首。她们身为皇亲国戚，得到了皇室的保护，能够为所欲为。更何况她们不比后妃身处深宫，行动不便，她们可以往来于市井之中，广选美色。所以养起面首来，更为方便。正如前文所述，武后的几个面首如怀义、昌宗、易之等大都是由公主精挑细选并试用过后才进献给她的。

唐室第一个荒淫无道的公主是太宗之女高阳公主。

高阳公主一直以来就是太宗最疼爱的，后嫁给房玄龄之子房遗爱。房遗爱自从娶了公主后，也同样得宠，与其他的驸马不同。然而太宗的过分溺爱，反而害了高阳公主。公主恃宠成骄，积骄生悍，日益变得纵欲无度、无视礼法。

房玄龄有一个儿子叫遗直，早已官居银青光禄大夫。遗直因为遗爱娶公主成了驸马，便想把自己的官职让给遗爱，但太宗不赞同他的想法。玄龄去世后，高阳公主非但不念遗直愿让官给遗爱的兄弟情深，反而搬弄是非，唆使遗爱与遗直分住，还到太宗面前讲遗直的坏话。遗直知情后，不得已只得去太宗面前申诉，幸而太宗是英明之主，心中清楚遗直被冤，于是就把高阳公主召入宫中，好好教育了一番。而后，对公主疏远了不少。高阳公主便因此在心中积了一口怨气，但对遗直也没什么办法。

高阳公主生性放荡。一次，公主与遗爱相伴同去打猎，玩累了就来到一个佛寺里休息。寺中有一和尚，名叫辩机，长得十分英俊，尤其会使些拍马的招数，请公主在佛寺留宿。高阳公主不禁淫心大动，半夜避开遗爱便同辩机交媾，成就了一番欢喜缘。

高阳公主为了不让遗爱吃醋，也为自己可以尽情肆淫，便给遗爱寻来两个漂亮的女子。遗爱凭空得了二妾，左抱右拥，自得其乐，哪里还有功夫去管什么老婆在外养面首？舍一得二，原是占了便宜，就算是绿头巾裹头，也无所谓了。公主也就乐得与辩机和尚大肆淫乐，出双入对，好似夫妇一般，只是遮了外面众人耳目。

高阳公主同辩机和尚丑行的败露，也较有名。公主为了报答辩机的殷勤侍奉，便把大内珍宝“金宝神枕”赐给她心爱的情夫。谁能想到辩机得意忘形，神魂颠倒，不懂得偷偷珍藏，放在寺中，竟被窃贼盗去。不久，窃贼被抓获，在其赃窝发现了金宝神枕。此案轰动一时，御台亲自对小偷进行审讯。窃贼不得已招出赃物从辩机处盗得。接着又传讯辩机，和尚开始还不承认，稍稍用刑，无法忍受，供出实为高阳公主所赠。太宗得知自己一向宠爱的女儿竟然做出偷和尚这等丑事，自觉无法告人，便直接传旨将辩机和尚处死。太宗还不解气，又将公主周围的奴婢十余人,以“导公主为非”之罪处死。

但高阳公主并没有认识到自己的错误,反而埋怨太宗多管闲事,将她与情夫活生生拆散。等到太宗去世,高阳全不念父皇生前的疼爱,勉强临丧送葬,脸上却无丝毫悲哀的神色。从此以后,她变本加厉,日夕图欢,广蓄面首。就算是娼妓淫妇,亦不如也。

先后充当高阳公主面首的有,和尚智勖惠弘,方士李晃,都是借谈仙说鬼为名,出入公主的府宅,同高阳私通。除他们之外,还有一些宫廷御医,以诊脉为借口,也得以亲近公主,作了面首。公主秽德,路人皆知,宫廷俱晓,而高阳却一点也不在乎,颇有一不做二不休,破罐子破摔的意思。

之后公主谋反,准备扶荆王元景为帝,废高宗,劝遗爱秘密勾结薛万彻、柴令武等人。遗直闻讯,恐遭连累,秘密告知长孙无忌。薛万彻等原本只是乌合之众,与房遗爱均被诛杀。荆王元景、吴王恪、高阳公主、巴陵公主均赐自尽。惟丹阳公主早已身殁,无从议及。

## 太平公主荒淫无忌

与太平公主相较,高阳公主只能是个小巫。

若问唐室最有权有识,也最为荒淫无忌的公主是谁,无疑每个史家都会答道:太平公主。

太平公主是武则天的亲生女儿,高宗皇帝最小的公主,武后对她极端宠爱。太平也颇似其母,出落得姿容艳丽,身段丰满,方额广颐,自幼聪明绝顶,处事极具权谋。

仪凤年间,吐蕃仰慕太平公主美貌,遣使前来求婚。武后不舍公主远离膝下,毅然拒绝和亲。唐公主和蕃,本为常事,为社稷长治久安,区区一公主有什么不舍的呢? 由此可知,武后对太平公主是极为怜爱的。就连朝中大事,武后都要与太平公主商议。甚至私生活,母女间也不避嫌。前面提及,太平公主甚至亲自替母后挑选面首,而后来诛杀这些面首的,仍是太平公主。

太平公主年少时就极为放达。好着男装,穿紫袍,系玉带,头戴巾帻,在高宗武后面前歌舞,十分可爱。高宗和武后大笑,说:“儿非武官,为何穿得这样,疯了一般。”太平公主笑道:“儿倒不疯,转赐驸马,可否?”实乃急色女。高宗听其言,便明女意。于是,选薛绍为婿。薛绍面如冠玉,不让潘安。太平公主很是满意,与薛绍十分恩爱,二人度过了一段美好时光。薛绍死后,太平公主很痛苦。武后便将公主改嫁其内侄武承嗣为继室。太平将承嗣与薛绍相比,就如无盐与西施的差别,十分不满,乃无欢容。恰巧武承嗣小疾,于是罢婚。武后再为她挑选几个,她都瞧不上眼。原来她早就爱上了有妇之夫武攸暨。自择夫婿,自主婚姻,太平公主的自觉,不在20世纪的女子之下。非嫁武攸暨不可,这倒让武后十分为难。武后说:"攸暨自有妻室,我儿难道愿意做妾吗?"太平公主厚颜笑曰:"陛下乃天下之主,儿为陛下女,为何与人做妾?但富贵易妻,实乃常事,陛下一言即可。"武后会意,召攸暨商议易妻事,偏攸暨不肯。武后一不做二不休,派人毒杀了攸暨妻室。攸暨无奈,只好娶回太平公主,公主欢喜异常。

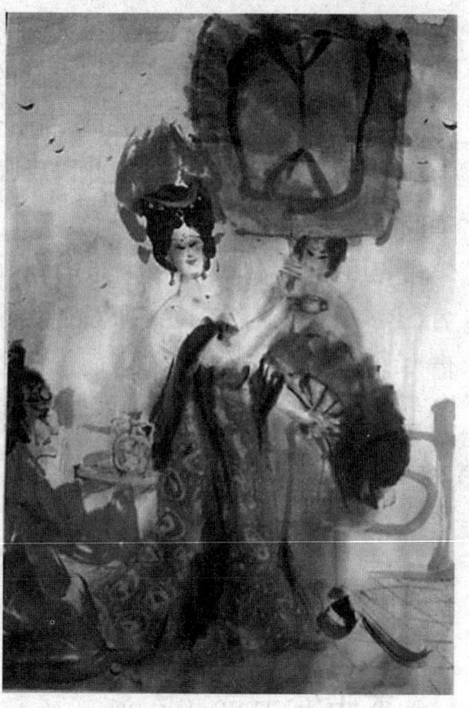
太平公主

抢人夫、杀人妻,无异于乡野民间因奸生杀!太平公主之贪恋男色,可见一斑。太平公主为武后选面首,武后为太平择夫婿,其尽心尽力,于此亦可见一斑。

然而有了武攸暨,太平公主并不满足。她的欲望,与其母后无异,没有尽头。无论是在男女情事上,或是权力欲上,她都永不满足。

否则,她便不算太平公主了。

太平公主自然不能像武则天一样设立一个庞大的面首机构——"控鹤监"来养情人,但她可以随意出入"控鹤监",从母后那里"分一杯羹"便是常事。在这一方面,武后母女彼此间从未妒忌吃醋。武后最钟爱的面首如薛怀义、张易之、张昌宗等,都在尽心尽力地侍候武后的间隙,"耕耘"过太平公主的那块丰腴"宝地"。

更有甚者,太平公主在其驸马府中,也另辟"洞天"。

太平公主富丽堂皇的驸马府中,有一偌大的花园,园中每隔十步有一亭,每五十步有一阁,奇花异草,争奇斗妍,其美景与御花园不相上下。太平公主常带一帮京都少年子弟,到园里玩耍,斗鸡赶狗,高呼畅饮。公主本性风流,一举一动,都招得这些美丽的少年们,欢呼追逐,随其左右。公主总爱丢弃一些女人常用的巾带之类，结果，那些公子哥儿为蝇逐臭，抢着拾取收藏。而太平公主旁观他们争抢，便开怀大笑。据传，花园中有一石洞，洞中有一间密室，里面锦衾绣褥，布置得富丽堂皇。经常有英俊少年被武士捉进府去，关进洞中，只觉得床褥温软，香气萦绕，便有人上来替他宽衣解带，扶入账里。少年尚且心跳不止，早有一个滑腻腻、香喷喷、赤裸裸的女子搂住他，在他身上乱摸。少年到了此时，便也不能自禁，不由情欲勃然，黑暗中摸索上去。事毕，女子已不见踪影，只上来了几个侍女，服侍他穿上衣服扶出洞来。少年本来竭尽其奉承之事，已疲乏倦怠，忽从洞中出来，两眼被阳光照得金花直冒。回想刚才，如在温柔乡中，竟不舍出园。无奈此时武士过来，送他出府去了。

这样轮流着，那京都的不少少年男子都尝过那温柔滋味。渐渐大家都知这洞中的女子，乃是当今圣上的第一贵人，只是大家都没有胆量说出来而已。

这种一夜面首，就连太平公主也不知道自己到底有多少。

唐室中的大部分公主都纷纷仿效太平。这些公主全都很放荡，由一群侍女簇拥着，有时在山林中围猎，有时在市井中游玩。所到之处，舆马旌旗，招摇过市。此种景象，在中国古代的绘画中，记载翔实。如有名的《虢国夫人游春图》，便描绘得十分生动。虽然画的是杨贵妃的姐姐虢国夫人，但唐代公主们的地位也与其不相伯仲。这些公主见了庙里的和尚、街上的纨绔子弟，便与他们戏谑嬉笑，毫无忌讳。看到清秀知趣的，便带进府去，锦衣玉食供养着，名义上叫作清客。清客其实就是面首的代名词。这些面首们，肥马轻裘，与公主并驾齐驱，洋洋自得，招摇过市，指点说笑，毫不避忌。

因此，京城那帮浪少看了，如醉如痴如狂。个个涂脂抹粉，鲜衣艳服，立在街头搔首弄姿。见有公主舆马经过，便争着献媚，希望艳福从天而降，也能与太平公主一类的“金枝玉叶”一夜销魂。

在太平公主的那些面首中，最讨公主欢心的是浮屠惠范。

唐代和尚的艳福实在是不浅。

这惠范和尚自称曾朝拜天下的千山万寺，访过那真仙活佛，因此道力高强。如今已二百余岁，望去仍似二十岁的少年郎君。这和尚挂褡在本愿寺中，顿时轰动了京城的妇女。起初是几个平民百姓前去朝拜，后来官宦世家，也纷纷备好香烛礼品。前去瞻拜活佛。或拜在惠范门下做了俗家女弟子，或拜和尚做了干爹。众人都替和尚绣袈裟帐幔，把个和尚的卧房打扮得花花绿绿，如同富贵小姐的闺房一般。

惠范和尚也毫不吝啬，每当女人送礼物来，便令她们跪在面前，伸手摸摸粉脸,或揉揉云鬓,说是赐福。那些女眷们被和尚摸过之后,便欣然回去,成为头等可夸耀的事,说今天受到了活佛的赐福。

太平公主是何等聪明之人?听说了之后,心想什么活佛,明明是个流氓骗子而已。但又想,既有众多女人蜂拥而去,可见这流氓骗子必定非常可人。太平公主便吩咐准备车马,驾临本愿寺,见识一下这活佛到底是何方神圣,有这等魔力?若只是个腌臜之物,便将他交有司,结果了算了,以免女人们想入非非。若果真"佛法无边",太平公主一定要舍身礼"佛",才不枉此行。

说太平公主驾临,那些女人们纷纷避开,哪里还敢再让和尚赐福。兵士们守卫四周,不准任何人进寺去,禁卫极其森严。太平公主只带了贴身侍女去会惠范。岂料公主这一去,便在寺中呆了一整天。这一番"讲经布道",实在令那些女人们艳羡不已、嫉妒不已、遐想不已。

但太平公主并不满足,第二天,索性派人带厚礼去请惠范和尚,请他到驸马府中说法,效法起她的母后来。和尚一连被留在府中十余天,害得那班求活佛赐福的女子每日到本愿寺门前等候。寺门前的人越来越多,寺院被围得水泄不通。大家后来才知道,太平公主已霸占了和尚。这惠范大帅现今只能"赐福"给太平公主一人。众女人无奈,只能悻悻散去。

惠范和尚气力十足,身材异常魁梧,真是气宇轩昂,看了就令人心动。更加上他伺候女人又能温柔如意,枕席上的功夫绝对远强于他"佛学"根基。惠范原本是个胡人,性器也十分了得,而唐代一些僧人都十分精通房中术及壮阳药物,太平公主得此活宝,怎会轻易放出去。但让他久住在驸马府,也不便宜,于是便奏请武后,拨给内帑,替他在驸马府隔壁造了一座辉煌的圣善寺,拜惠范为圣善寺主,加封三品。寺后修一条暗道,通向驸马府的后园,太平公主随意往来,偶尔竟然留宿寺中,那本应青灯古佛的僧房变成了播云兴雨的洞房。

借佛场道院遮羞,以尽欢娱,本是唐人惯用伎俩。如高宗将媚娘置于感业寺,朋皇将玉环暂置为女道士,还有武则天的剃度小宝,建白马寺等等,无一不是。

太平公主势大权重,富贵无比。唐制亲王食邑为八百户,最多有一千户,而公主却只有三百户而已。但到了太平公主,独加五千户。武后驾崩后,太平因诛二张有功,不仅没失宠反而更显耀。后又助临淄王诛灭韦后,功劳极大。相王旦是公主的胞兄,即位是为睿宗,宠太平公主不亚于武后。《新唐书》称:

王权由此震天下,加实封至万户,三子封王,余皆祭酒九卿。

太平公主久侍武后，得其真传，善谋略，“朝廷大政，是非关决不下，闻不朝，则宰相就第咨判，天子殆画可而已”。

天下儒才全出其门，“时宰相七人，五出主门下”，由此可见其权势。

其时武攸暨已病逝，公主亦四十有余，但仍萦情肉欲。惠范侍候在侧仍不足餍，蓦然又想起旧日情人崔湜。崔湜俊俏风流，实乃俊男。于是密召入都，同榻而眠。又有窦怀贞、萧至忠、岑羲、薛稷、常元楷、贾膺福、李慈等辈，伴其左右，结党营私，伺机造反。后太平公主谋反未成，僧惠范、崔湜、窦怀贞等一班面首党羽，全都伏诛。公主诸子，亦赐死数人。惟武崇简秉性正直贤良，免了死罪并官复原职，赐姓李氏。

公主家产，全被没收。财物堆积如山，与御府无异。面首和尚惠范的私产，亦逾数十万缗（古制一千文为一缗），一并抄没归公。可见天网恢恢，面首绝无好下场。

与太平公主同时的，还有韦后所生的几个公主，同样淫荡纵欲，如长宁、宣城、安乐、安定、新都、新城诸公主。安乐公主是其中最为跋扈淫邪的一个。安乐公主是韦后最小的女儿，其骄宠显贵不亚于太平公主，只是安乐公主及其母亲韦氏的才气，比起太平公主来差之甚远。

自古重男轻女，因此史册中对女性的记载很少。《旧唐书》未列诸公主传，《新唐书》（卷八）虽列出了唐朝二十个皇帝的公主的所有姓名，但有些记载仅仅是有名字而已。作者在本卷末后也说：“妇人内夫家，虽天姬之贵，史官犹外而不详。”

虽是如此，我们仍能从中再找出几条对公主淫乱不法、私蓄面首的简略记载，聊举数条如下：

郜国公主始封延光，下嫁裴徽，再嫁萧升。升卒，主与彭州司马李万乱，而澧阳令韦恽、蜀州别驾萧鼎、太子詹事李昪皆私侍主家。久之奸闻，德宗怒，幽主宅第，杖杀万，恽、斥鼎、昪岭表。贞元四年，又以厌蛊废，六年薨。……

魏国宪穆公主始封义阳，下嫁王士平。主瓷横不法，禁中……蔡南史独孤中叔为作《团雪散雪辞》状离旷意。帝闻捕南史等逐之，几废。……

襄阳公主始封晋康县主，下嫁张孝忠子克礼。主纵恣，常微行市里，有薛枢薛浑李元本皆得私侍。而浑尤爱至，谒浑母为姑。有司欲致诘，多与金，使不得发。克礼以闻穆宗，幽主禁中。……

# 唐玄宗大唱“长生殿”

## 唐玄宗喜新厌旧

唐玄宗李隆基生性好色，早在当藩王时，就美妾成群。相比之下，姿色平常的王妃就不那么受宠了。但李隆基非常尊重这位与自己甘苦与共的结发妻子，即位初几年，还能以礼相待，对皇后的外家也颇能优待。皇后的兄长王守一娶唐睿宗的女儿薛国公主为妻，官拜驸马都尉；皇后的父亲王仁皎，累迁至开府仪同三司、邠国公。不久，王仁皎病死，玄宗为王仁皎修筑高达五丈一尺的坟茔，与自己的外祖父窦孝湛一样尊贵。丞相宋璟劝谏说：“一品大官才有一丈九尺高的坟，先朝开国元勋，坟高亦不过三丈许。当年窦太尉的坟就已经超越了礼制，这样的事怎么能再重复呢？陛下还是遵守朝廷成制、成全中宫美德吧。”玄宗这才作罢。

唐玄宗出游图

但是，王皇后一直没有生育。随着后宫妃嫔宠姬越来越多，玄宗对皇后的态度也日益冷漠。玄宗早年在潞州任职时曾纳一名妖冶的赵姓娼家女，能歌善舞，颇得玄宗宠爱。后来，玄宗册立她为赵丽妃。此外，后宫还有皇甫德仪、刘才人、杨妃、钱妃等。

玄宗即位不久，又宠上了武则天的堂兄弟、恒王武攸之的女儿武惠妃。她的长相举止同武则天有些相像，能曲意承欢，很得玄宗宠幸，逐渐变成专宠专房。武惠妃恃宠而骄，目无他人，不要说赵丽妃这些人，就连皇后她都不放在眼里。王皇后气不过，时常当面训诫。武惠妃便吹玄宗的枕边风，说皇后如何因妒忌生嫌，如何对她百般凌辱。玄宗很生气，痛斥皇后，并扬言要将皇后废掉。皇后哭着说："臣妾一向敬重陛下，今不过得罪陛下宠妃，陛下不念结发之情犹可，不会连当年太上皇被幽之时，家无隔宿之粮，妾父脱下衣衫换来米面，为陛下过生日的事也忘了吧？"玄宗听到这话，深感愧疚，便不再作声了。

过了几年，武惠妃接连生下几个皇子，更加目中无人，常向玄宗搬弄是非，玄宗废后之念再起。幸亏王皇后平时在宫中很有人缘，无论妃嫔宫女，都与皇后相处融洽，只与武惠妃大有冲突。玄宗想罗织皇后的过错，听到的却都是赞颂王皇后的话。玄宗下不了废后的决心，又拖了两年。

皇后的哥哥王守一感觉中宫形势不妙，很是不安。他想，如果有一个皇子的话，那妹妹的厄运就可以避免了。于是，他在家中设坛祈神。一个僧人知道了王守一的心思，便向王守一建议，如果皇后想要儿子，应先祭告上天，然后取一片霹雳木佩戴在身上，刻上天地文以及皇上的名字。王守一立即进宫告诉王皇后这一秘密，皇后没有多想，一切照办。

谁知武惠妃的心腹知道了这件事，武惠妃便向玄宗告发。玄宗一听，径自跑到中宫，亲自搜查，在王皇后身上找到了证物。皇后分辩说："此物实为求子所用，绝对不是邪恶之物。"玄宗哪里肯听，他正愁找不到皇后的把柄呢。

开元十二年（公元724年）秋，玄宗起草敕书，敕书上说皇后王氏"天命不偲，华而不实，造起狱讼，朋扇朝廷……不可以承宗庙，母仪天下，故废后为庶人，别院安置。"而且，还要皇后兄长王守一自杀。王皇后为此伤心不已，在冷宫抑郁成病，十月便死在冷宫。后宫上下都知道王皇后的为人，大多为她的惨死而伤心。玄宗也有些后悔，下令将她以一品之礼安葬于长安无相寺。王皇后冤死三十多年后，唐代宗李豫即位，才将此冤案平反，重新尊其为皇后。

## 惠妃丧尽天良终癫狂

武惠妃害死王皇后以后，便向做后的目标努力。玄宗命群臣廷议，许多大臣都不同意，有的说武惠妃是武三思的侄女，如立后则不好；有的认为，武惠妃不是太子生母，她自己有儿子，如果立为后，势必动摇储位。这时的唐玄宗，还是一个比较明智的皇上，见大臣们多不赞成，立后之事也就这样搁置起来。

惠妃当不上皇后，很不甘心，又想为儿子寿王李瑁谋取太子地位。她同中书门下三品李林甫、黄门侍郎勾结起来，让李林甫在暗中观察太子的过失，伺机进谗。

太子李瑛，是玄宗为藩王时和宠姬赵丽妃所生。玄宗当皇帝的时候，赵丽妃宠冠后宫，于是立李瑛为皇太子。这时的太子已经有三十多岁了，聪明好学，学识渊博，一向安分守己。但有时，见自己的亲生母亲赵丽妃受武惠妃的气，也不免愤恨，背地里发几句怨言。李林甫听到了，便到惠妃那里去告状。惠妃便去向玄宗假惺惺地哭泣道："太子阴结党羽，意欲害我母子。"玄宗相信了她的谎言，第二天上朝，在朝廷上对宰相提出想废黜太子及其两个弟弟光王李琚和鄂王李瑶。宰相张九龄谏道："陛下在位多年，子孙蕃昌，今三子皆已成人，也没有犯下什么大错，陛下怎能轻信蜚语，从而想到废黜太子呢？从前晋献公杀太子申生，三代大乱；汉武帝罪戾太子，京城流血；隋文帝黜太子杨勇，遂失天下。陛下如一定妄废，臣不敢奉诏。"玄宗无话可对，心中却很不满。

武惠妃知道后，对张九龄充满恨意，与李林甫商量好决定向玄宗进谗，排挤张九龄。唐玄宗本来对张九龄的文才十分欣赏，但抵不住武、李二人的谗言，便对张九龄日渐冷淡起来。没有多久，李林甫终于抓住了张九龄的把柄，促使玄宗贬张九龄为荆州长史。张九龄心胸宽广，晚年自娱自乐。玄宗虽然信任李林甫、排斥张九龄，但每用人又常常念及张九龄风范，必问："文才风度何人能及九龄？"他晚年经安史之乱的磨难之后，才悔悟自己当初的做法是实为失策之举。

张九龄离朝之后，武惠妃与李林甫在朝廷更加嚣张。两人继续准备废掉太子，李林甫设下了毒计，武惠妃暗中秘密执行。一天，武惠妃以玄宗宫中有贼为饵，引诱太子、鄂王和光王三人穿上衣甲入宫防卫。三人信以为真，依言入宫。惠妃便马上向玄宗上奏说太子与二王身着衣甲闯入宫中谋反。玄宗派内侍去探察，果如所言，大为震怒，立即将李瑛、李瑶、李琚三子废为庶人。不久，又杀死三子，并牵连三子舅家数十人。

就在武惠妃勾结李林甫，想说动玄宗将寿王李瑁立为太子的时候，不巧武惠妃得了重病，精神失常。有时，她像一个狂人，常常大叫"三庶人饶命"，闹得宫中鸡犬不宁。很明显：太子李瑛和李瑶、李琚二王就是那三庶人。玄宗知道后，也有些害怕，不敢册立李瑁为太子。何况骨肉情深，他对一时发怒而杀掉三个亲生儿子后悔不已。到开元二十五年（公元 737 年）十二月，武惠妃病情加重，一会儿痴呆，一会儿发狂，没挨过残冬便死了。

武惠妃死后，五十二岁的玄宗终日丧魂落魄，郁郁寡欢。宦官高力士奏请，让他出使江南寻访美女。高力士在福建莆田县，选得一位佳人名江采苹。采苹家世代行医,江采苹不仅有倾国倾城的美貌,更能诗善赋。玄宗一见,大为赞赏,说长安洛阳五大宫数千佳丽,无一人比得上江采苹。因江采苹喜爱梅花,玄宗戏称她为"梅妃"。梅妃个性娴雅恬淡,每日只是素妆雅服,神骨秀姿之中更是另有风韵。

高力士为继续讨玄宗的欢心,又推荐寿王李瑁的王妃杨玉环给玄宗。玄宗居然翁纳子媳,将杨玉环捧上龙床,册封为贵妃。于是,这位风流天子同杨贵妃合作,将一幕"爱情悲喜剧"上演在中国的历史舞台上。其荒唐的程度,堪称一最。白居易以此为题材而作的《长恨歌》,也就成了脍炙人口的千古绝唱。

由于唐玄宗的荒淫无耻,渔阳鼙鼓动地而来,大唐帝国国势日衰,即将毁于一旦。

## 唐玄宗纳儿媳

杨贵妃,小名玉环,原本是宏农郡华阴县人,后来迁到蒲州永乐县的独头村居住。远祖父杨令本曾在金州做过刺史;父亲杨元琰曾在蜀州做过司户。杨贵妃生于蜀州,曾经误落水池之中,后来那个水池就被人们称作"落妃池"。落妃池在导江县前面,它的命名就像王昭君于峡州出生,今便有昭君村;绿珠在白州出生,今便有绿珠江一样。

贵妃幼年丧父,寄养在叔父河南府士曹杨元檄家。唐开元二十二年十一月,她嫁给寿王。二十八年十月,玄宗驾临温泉宫,派高力士把她接出寿王府,让她出家当道士,道号为太真,在太真宫居住。天宝四年七月,命左卫中郎韦昭训把女儿嫁给寿王。同月,册立太真道士为贵妃,在凤凰园享受相当于半个皇后的待遇。进宫朝见皇上时,贵妃演奏了《霓裳羽衣曲》。唐玄宗登三乡驿望女儿山时做了这支《霓裳羽衣曲》。刘禹锡曾作诗说:

拜阅玄宗皇帝《望女儿山》诗,小臣斐然有感:

开元天子万事足,惟惜当时光景促。三乡驿上望仙山,归作霓裳羽衣曲。仙心从此在瑶池,三清八景相追随。天上忽乘白云去,世间空有秋风词。另外,《逸史》中又说:

罗公远在天宝初年侍奉玄宗。八月十五日夜里,宫中赏月,他对皇上说:"陛下能跟随小臣到月中一游吗?"说着,便把一条桂花枝向空中抛去,花枝化为一座桥,颜色银白。公远请皇上一同登上银桥,大约走了数十里,便来到一座大城里，公远说："这就是月宫。"月宫中有仙女数百，她们穿着宽大的衣裳，披着白色的丝带，在大厅翩翩起舞。玄宗走到跟前问道："这是什么曲子？"仙女回答说："这是《霓裳羽衣曲》。"皇上暗中记下了它的声调，便返回桥上。回头一看，只见那些仙女逐渐随着舞曲的停止而消失了。回到皇宫后，玄宗就命令乐宫模仿那个曲子的声调，制作《霓裳羽衣曲》。

这两种说法各异，所以在这里详细地摘录下来。玄宗当天晚上把饰金的放珠宝首饰的盒子送给玉环，并来到梳妆间，亲手把用丽水镇库紫磨金雕琢成的步摇，给她插在双鬓上。玄宗对杨玉环极为宠爱，对后宫的人说："得了杨贵妃，我如获至宝啊！"于是制作了一支曲子，名为《得宝子》，又称《得鞡子》。

开元初年，玄宗有武惠妃、王皇后。皇后无子，而惠妃生下一儿，她本身长得极美，所以一人所受的宠爱，超过后宫的所有妃嫔。到开元十三年，王皇后遭废，妃嫔们便没谁能比上惠妃了。开元二十一年十一月，惠妃去世。这时，后宫中良家女子虽多，却没有能引起皇上兴趣的，玄宗因此凄然不乐。因此，玄宗现在对杨贵妃的宠爱，又超过了武惠妃。贵妃的三个姐姐都长得身材修长，丰满而匀称，都善解人意，很会说笑取乐。每次来到宫里，她们都长住不去。宫中人称贵妃为娘子，像对皇后一样侍奉她。册立她为贵妃的那天，皇上又追封她的父亲杨元琰为济阴太守，母亲李氏为陇西郡夫人。后来，又追封杨元琰为兵部尚书，李氏为凉国夫人。封叔父杨元璬为光禄卿、银青光禄大夫；封杨钊为侍郎，并身兼数使；又命哥哥杨铦居朝官之列；把太华公主嫁给杨贵妃的堂弟杨锜为妻。太华公主是武惠妃所生，受到的待遇因其母亲而超过其他公主，皇上赐给她的府第与皇宫连在一起。杨姓一家从此开始地位显赫，权倾天下。台省府县等各级官府，听到杨家有嘱托请求，便都像奉了圣旨一样去照办。每天来自四面八方的珍品奇货、童仆驼马，都运送到他们家中。

安禄山当时是范阳节度使，被玄宗称为儿子，所受恩宠待遇最为优厚。曾经有一次，玄宗和贵妃一同在便殿里饮宴享乐。安禄山来就座，不拜皇上而拜贵妃，见此情形，玄宗便问他说："为什么不拜我却拜妃子呢？"安禄山答道："胡人习俗，只知其母，不知其父。"听罢，玄宗笑了笑，宽恕了他。玄宗还下令，杨铦以下众人与安禄山结为兄弟姐妹，往来拜访都摆设酒席迎送。这种情义虽然开始很深，但是后来也随着争权夺势而敌对起来。

天宝五年七月，因为嫉妒，杨贵妃触犯了圣旨。于是，玄宗命令高力士把她放到单车上，送回杨铦家。到了中午，玄宗因为思念她而茶饭不思，一举一动总要发怒。这时，高力士明白了玄宗的心思，便上奏，请求用车把杨贵妃接回来，并把宫人用的衣物以及司农寺的面、米、果、酒一百多车送了过去。贵妃的几个姐姐及杨铦，开始时聚在一起痛哭，都害怕是大祸临头。等到玄宗赐了越来越多的东西，甚至送来了皇上吃的果品的时候，他们的心才稍稍放下。贵妃刚刚出宫时，玄宗感到非常无聊，常常重罚前来拜见的宦官，有的人因受惊吓而死。因此，高力士奏请召回贵妃。夜里打开安兴坊门，贵妃从太华宅而入。玄宗第二天召见她，顿时龙颜大悦。贵妃跪拜哭泣，检讨自己的过错。于是，玄宗召令戏班子进宫为贵妃助兴。贵妃的姐姐们也送来食品，助兴作乐。从此以后，贵妃更加受宠，后宫里其他人连玄宗都难见到，更别说受宠幸了。

天宝七年，玄宗赐杨钊名为"国忠"，加封为御史大夫，代理京兆尹。封赠大姨子为韩国夫人，三姨子为虢国夫人，八姨子为秦国夫人，所有封赏在同一天进行。三位夫人每月还享有十万钱作为买脂粉的花销。但是，虢国夫人为炫耀自己的美丽，从不涂脂抹粉，她经常脸不擦粉就去朝见皇上。杜甫有诗为证：

虢国夫人承主恩，平民上马入宫门。去嫌脂粉涴颜色，淡扫娥眉朝至尊。

后来，玄宗又赐给虢国夫人夜明珠，秦国夫人七叶冠，国忠锁子账。以这些绝世珍宝相赠，足可以看出皇帝当时对他们有多恩宠。玄宗还一天发布三道诏令授杨铦以银青光禄大夫鸿胪卿，出行时仪仗可用棨戟。他和杨国忠等五家都住在宣阳里，深宅大院，宽敞气派，完全私仿宫廷风格。车马仆从装饰华丽，照耀京城，奢靡成风。每建造一座楼堂，花费就超过千万。如果发现自家的建筑不如别人的有气势，便毁掉重新建造。土木施工，不分昼夜。无论是皇上赏赐的，还是外方进贡的珍宝，都要分赐给杨氏五家。自开元以来，他们是最富有的。皇上每一起步动身，都必定与贵妃同行，高力士在一旁牵马执鞭。宫中专门为贵妃刺绣织锦的就有好几百人，雕刻器物的也过千人，以供她生日及节日庆贺之用。接着，又命令杨益到岭南去做长吏，专为宫中搜求新奇之物。岭南节度使张九章、广陵长史王翼，因为端午节时进献给贵妃的礼物超过了其他郡的，便得以高升。张九章得以加封银青光禄大夫，王翼被提升为户部侍郎。

玄宗于天宝九年二月按旧历设五王帐，长枕大被，跟他的兄弟们共同睡在里边。贵妃无事，便偷吹宁王的紫玉笛。所以诗人张祐有诗说：

梨花深院无人见，闲把宁王玉笛吹。

因此玄宗大怒，放逐贵妃出宫。当时，吉温与许多宦官关系很好，胆小怕事的杨国忠向吉温请教。吉温给他出了主意。于是，国忠进宫向玄宗奏请说："妃子乃是无知的妇人，触怒了圣颜，论罪该死。她既然曾受过皇上的恩宠，就只应该死在宫中。陛下怎能因吝惜一席之地而使她受辱于外人呢？”玄宗说：“我重用你，并非因为贵妃。”开始，玄宗把送贵妃一事交给了张韬光，贵妃哭着对韬光说：“请您禀奏皇上，妾罪该万死，臣妾的一切都是皇上恩赐的，只有发肤躯体是父母所生。如今妾无以回报皇上。”于是拿出剪刀，剪下一缕头发，交给韬光献给皇上。就在玄宗思念贵妃时，韬光把那缕头发搭在肩上，进宫向玄宗禀奏。玄宗听后，惊叹之余，急忙派高力士去召请贵妃回宫。从此以后，玄宗更加宠爱贵妃，又加封杨国忠为遥领剑南节度使。

天宝十年正月十五，杨氏五家去观灯夜游，和广宁公主的随从争抢西甫门。蛮横的杨家家丁挥鞭误打在公主衣服上，导致公主落马。驸马程昌裔搀扶公主，竟也挨了鞭子。公主哭着禀奏玄宗，玄宗下令程昌裔停官，不许上朝参见，却只除死杨家家丁一人。于是，杨家变得更加骄横，出入禁门无人敢挡。京城官吏迫于杨家威势，对他们不敢正眼相看。所以当时有歌谣说：

生女勿悲酸，生男勿喜欢。

又说：

男不封侯女作妃，君看女却是门楣。

可见当时天下人心里是多么羡慕。

有一天早上，玄宗登勤政楼欣赏音乐。当时，教坊中有个王大娘，善于头顶百尺高竿，上端装设一座形象瀛洲、方丈的木山，让一个小孩手拿深红色的节杖在木山中进进出出，而王大娘却在不停地跳舞。那时有个神童叫刘晏，年仅十岁便当了秘书省正字。玄宗把他召到楼中，贵妃叫他坐在自己膝上，亲自给他梳妆。贵妃还叫刘晏写诗歌咏王大娘顶竿，刘晏应声吟道：

楼前百戏竞争新，唯有长竿妙入神。谁谓绮罗翻有力，犹自嫌轻更着人。

玄宗、贵妃与众闻诗大笑，笑声都传到了皇宫外面。于是，玄宗将牙笏和黄绂袍赐予刘晏。

又有一次，玄宗在木兰殿宴请诸王兄弟，当时正赶上木兰花开，所以玄宗心情有些黯淡。贵妃在酒醉之中舞了一曲《霓裳羽衣》舞，玄宗顿觉美妙的音乐歌舞。可以扭转乾坤。玄宗曾经作了一首名为《紫云回》的曲子以纪念梦见的仙子。他在梦中看见十余位仙子，手中各执乐器驾着祥云悬空演奏，曲调清扬，真正是仙府中的音乐。有一个仙人说：“这是神仙乐曲《紫云回》，乃最正宗高超之乐，现在传授给陛下。”玄宗十分欢喜地欣赏着仙乐。梦醒之后，仙曲余音盈耳不绝，便命人拿来玉笛练习，完全掌握了它的旋律节奏。

玄宗还因梦见龙女而作了一支《凌波曲》。玄宗在东都洛阳时白日梦见一个女子容貌艳丽异常，头上梳着交心髻，长袖飘飘，在床前叩拜。玄宗问她是何人，女子说她是皇上凌波池中的龙女，守卫皇宫，保护圣驾，久有功绩，知道皇上通晓天上的音乐，便请求恩赐一曲，以得到同族没有的荣耀。玄宗便在睡梦中为她拉胡琴，作了《凌波曲》。龙女再三拜谢之后离去。等到一觉醒来，这支曲子玄宗仍记在心中。正好宫中演奏音乐，玄宗便亲自拿起琵琶演奏。玄宗还和文武百官在凌波宫，面对凌波池弹奏这支新作的曲子。神女在池中涌起波涛，正是梦中所见的那个龙女。玄宗非常欢喜，便命宰相在水池上建起庙宇，年年祭祀。玄宗把这两支曲子赐给宜春院及梨园弟子和诸王兄弟。

这时，新丰刚刚进献一名叫谢阿蛮的歌伎，善于舞蹈，很讨玄宗和贵妃的喜欢，便留了下来。这天，在清元小殿演奏，玄宗击鼓，贵妃弹琵琶，宁王吹玉笛，李龟年吹觱篥，马仙期奏方响，张野狐弹箜篌，贺怀智打拍板。一直演奏了一个上午，大家都比平时欢乐融洽，只有妃子的妹妹秦国夫人呆呆地坐在那里看热闹。乐曲演奏完毕，玄宗戏说："我阿瞒可以名列乐籍，今日伺候夫人十乃有幸，请给点彩礼。"秦国夫人说："难道大唐天子的小姨子还给不起彩礼吗？"于是拿出三百万，赏赐这场演出。演奏用的乐品，都是世间的珍品，刚一演奏，便像清风习习，声音透出天外。妃子弹的琵琶，是逻逊檀寺的白季贞出使蜀州回来进献的，闪闪发光，又有玉般的温润，可以照人。上面有金镂红纹，形成两支小巧的凤凰图案。琵琶弦用透明的蚕丝做成，是阿弥罗国在永泰元年(公元498年)进贡的。琴瑟、紫玉笛，都曾是嫦娥所有。安禄山进献的三百件乐器，没有一件不是美玉做成的。

各位王爷、郡主以及妃子的姐妹，都向贵妃学习琵琶技艺。所以每当学完一支曲子，都要送给贵妃大量礼品。妃子这天问阿蛮说："你不是贵族，没有什么东西可以献给师长吧？等我送给你东西。"于是便叫侍儿红桃拿来红粟玉镯赐给阿蛮。妃子击磬的技艺，即使是梨园的歌伎，也赶不上。所奏之乐清新悦耳。泠泠动人。因此玄宗下令采挖蓝田绿玉，雕琢成磬。并命内府工匠制作磬架、流苏之类，用金花珠翠装饰，底座为二座金狮子，绘制得光彩艳丽，无与伦比。

原先，开元年间的时候，宫中视牡丹花为上品，培植出了几棵紫红、浅红、通白品种的，玄宗下令在兴庆池东面的沉香亭前栽种。这时正赶上鲜花盛开，玄宗便骑上白马，贵妃坐着小车跟随。精选十六支曲子和技艺高超的梨园弟子咏乐。李龟年以擅长歌咏而闻名一时，他手捧檀板，带领众乐工刚要开始歌唱，玄宗说道："面对贵妃，观赏名花，怎能用旧歌词呢？"于是立即令李龟年手持饰有金花的锦笺，去宣翰林学士李白，让他立即献清平乐，词三篇。李白欣然接受皇上圣旨——这时他还未过昨夜醉劲——就提笔赋诗。

第一首是：

云想衣裳花想容，春风拂槛露华浓。若非群玉山头见，会向瑶台月下逢。

第二首是：

一支红艳露凝香，云雨巫山枉断肠。借问汉宫谁得似，可怜飞燕倚新妆。

第三首是：

名花倾国两相欢，长得君王带笑看。解释春风无限恨，沉香亭北倚栏杆。

李龟年手捧新词回宫进献，梨园弟子领玄宗之命按照词调弹奏丝竹乐器，随后命令李龟年歌唱。这时，贵妃品尝着玻璃七宝杯中西凉州酿造的葡萄美酒，面带微笑地品味歌词。玄宗于是又调试声调，吹起玉笛以和声。每当一曲结束，要换下一曲时，为了让妃子欢喜，就特意拉长音节，慢慢吹奏。贵妃喝完酒，整衣垂袖，再次拜谢皇上。从此，玄宗更是另眼看待李白。

可高力士总是以给李白脱靴子为耻辱，所以在另一天，当贵妃再次吟咏李白的《清平乐》词时，高力士便讥笑她说："您初为贵妃时，怨恨李白深入骨髓，现在又这么喜欢他，是为何呀？"贵妃吃惊地说："力士这样侮辱人究竟为何事？"高力士说："赵飞燕怎能与您相媲美啊！"贵妃也深以为是。玄宗多次打算给李白封官的念头也都因后宫阻挠而打消了。

玄宗在百花园便殿阅览《汉成帝内传》，贵妃随后来到，问道："看什么文书？"玄宗笑着说："不要问，知道了，便又会缠住去寻找。当年汉成帝获得的赵飞燕，体态轻盈，简直都禁不住春风吹拂。成帝担心她随风飘去，便给她做了个水晶盘，令宫中的人用手擎着它，而让飞燕，在盘中舞蹈。还制造了一座七宝避风台，把各种香料镶在上面。可能是为了帮她挡风。"玄宗接着又对贵妃说："这一点，我却不用担心你了！"这大概是因为贵妃稍胖一些，所以玄宗才如此开玩笑。贵妃说："我舞《霓裳羽衣》一曲，可谓无人能及。"玄宗说："我才跟你开个玩笑，你就要生气吗？我记得有一张屏风，找到它便赐予你。"

这张屏风以"虹霓"为名，上面雕刻着前代美女的图形，长不过四寸，其中衣服和的器物，都是用珠宝拼成的。屏风的画面是水晶做的，四周以玳瑁、水犀角做压边，用闪闪发光的珍珠做连缀，镶嵌得十分精妙，真乃天成之物。它是隋文帝命人制作的，赐给了义成公主，随身带到了北部胡人中间。胡人在贞观初年被灭后，它与萧后一起回到中原。玄宗这才能赐给贵妃。杨贵妃回到卫国公杨国忠家，在高楼之上安放了这个屏风，还没有来得及取回来。一天，杨国忠中午在屏风旁边的床上休息。他刚躺到枕头上，屏风上的那些美女便都活了，每个人都通报自己的名号，分别是裂绘人、定陶人、穹庐人、当垆人、亡吴人、步莲人、桃源人、斑竹人、奉五官人、温肌人、曹氏投波人、吴宫无双返香人、拾翠人、窃香人、金屋人、解佩人、为云人、董双成、为烟人、画眉人、吹箫人、笑躄人、垓中人、许飞琼、赵飞燕、金谷人、小鬟人、光发人、薛夜来、结绮人、临春阁人、扶风女。杨国忠虽能睁开双眼、清清楚楚地看见她们，身体却不听使唤，嘴里也说不出话来。美女们刚按服色坐下，就出现了十余个杨柳细腰的歌伎，自称是楚国章华台的踏摇娘，她们手挽手唱道："三朵芙蓉是我流，大杨造得小杨收。"又有两三个歌伎说："我们是楚王宫中的弓腰，应该让大家见识一下《楚辞别序》中说的'绰约花态，弓身玉肌'。"接着，就把自己擅长的技艺一一上演，又一个个回到屏风之上。这时，惊恐万分的杨国忠才清醒过来，急忙跑下楼来，立刻下令把屏风封锁起来。后来贵妃也不想再动它了。安禄山作乱之后，这件屏风还存放在宰相元载家，后来就不知去向了。

当初，开元末年的时候，玄宗皇上把十余枚江陵柑橘的种子种在蓬莱宫。到天宝十年九月秋季，这些树结出了果实。玄宗颁旨赐给宰相等大臣说："我近年来在宫中种植的一些柑子树结了果实，竟与江南以及蜀道进献的没有明显区别。"宰臣们呈上表文恭贺道："我们私下认为，由上天养育的，必会留其本性；自古以来没有的，才可以说是不同寻常的感应。这就可以知道圣人处理物，是用先天之气散播和谐，使大道适应时势，那么，不同地区的物产也能协和一致。因为造化之初就各自不同，才使南北的桔、柚不同，并不是因为阴阳有所改变。陛下承先天灵运，君临天下，四海一家，均撒雨露，润泽天下。草木为有灵性之物，凭借地气可以暗自相通。所以宫中也可培育江南珍奇果木。绿蒂沾露，芳香四溢，流遍绮丽的宫殿；外表金黄，与红日交辉，照耀宫廷。"于是，便把柑橘分发下去，赐给大臣。此外还有一颗合欢桔，玄宗与妃子拿着赏玩。玄宗说："我与你本就如同一体，正应合欢，这颗果子好像知道人的心意。"于是叫贵妃与他并肩而坐，一同吃这颗合欢桔，并留画以传后世。

贵妃既然生于蜀地，自然很爱吃荔枝。南海的荔枝是荔枝中的上品。因此，玄宗每年都令驿站用快马传送，进献宫中。但是，南海荔枝正值夏季炎热的时候成熟，鲜美的味道只能保持一日，这是后人难以知道的。一次，玄宗与贵妃掷骰子玩，只有掷出两个四点，贵妃才能转败为胜。大呼之下，果然是两个四点。于是，就命高力士把骰子四个点的这面涂成红色，一直延续至今。

广南进献的白鹦鹉，有雪衣女之称，能懂人语。一天，它飞到妃子的镜台上，自言自语说："昨夜梦中我被鸷鸟捕食。"玄宗让妃子教它念《多心经》，结果，它记诵得非常熟练。后来，玄宗与贵妃带雪衣女到其他的宫殿游玩。忽然间，有只鹰飞来，抓死了雪衣女。皇上和妃子叹息了好长时间，在后花园为它建了一座"鹦鹉塚"。

交趾国进贡龙脑香，其中像蝉蚕形状的有五十枚。波斯人说这种香料只有老龙脑树生节的时候才有，所以宫中把它叫瑞龙脑。玄宗赐给贵妃十枚。妃子私自派出明驼使送给安禄山三枚。妃子还曾经把三盒金座装具及金座铁面碗送给安禄山。

天宝十一年，李林甫死去，杨国忠做宰相，并兼任四十多个"使"职。十二年，加封国忠为司空。国忠长子杨暄娶了延和郡主，后又拜银青光禄大夫、太常卿，兼户部侍郎；小儿子杨朏娶孟春公主；贵妃堂弟杨鉴，娶了承荣郡主，拜秘书少监。杨家一门，有一个贵妃、二个公主、三个郡主、三个夫人。

天宝十三年，重新追赠杨元琰为太尉齐国公，重封贵妃母亲为梁国夫人。朝廷为他们建造祠庙，皇上亲笔写下碑文和封诰。叔父杨元璬又拜为工部尚书；韩国夫人的夫婿崔珣，做秘书少监，女儿入宫做了唐代宗的妃子；虢国夫人的儿子裴徽，娶代宗的女儿延光公主为妻；秦国夫人的儿子柳钧娶长青县主为妻，夫婿柳澄的亲弟弟柳谭，娶了肃宗女儿和政公主。

每年冬季十月，玄宗都要到华清宫过冬，每次去都和贵妃同车前往。贵妃在华清宫的端正楼梳洗打扮，华清宫内的莲花池，便是贵妃洗澡的浴室。皇宫东门南面的大片室院赐予杨国忠作府第，与虢国夫人家相对，同韩国夫人、秦国夫人两家的房屋相连。皇上驾临杨宅，必在五家赏赐酒宴，歌舞娱乐。跟随皇上出游时，每家得出一队有自己特征的队伍，五队相合，相互辉映，如同百花争艳。队伍过后，遗失的金银首饰、珠宝翡翠，在道路上闪闪发光，随手可得。香气萦绕四周，曾有一个在偷看她们车骑的人，身上的香气几天不能散去。随从驼马就有一千多匹，并用剑南节度使的仪仗在前边开路。出发和归来时，都要大摆酒宴。远近宫府都提供酒食，馈赠珍奇玩物、宝马良驹。秦国夫人死后，只有虢国夫人、韩国夫人和杨国忠富贵昌盛很长时间。每当上朝拜谒，杨国忠和韩国夫人、虢国夫人并马而行，快马疾驰以显示其气派。男女随从人员一百多人，着装艳丽，骑着骏马，手拿蜡烛，照耀如同白昼，道路两旁看热闹的人堵得像墙一样。十家王爷的男婚女嫁，经韩国夫人、虢国夫人从中做媒、收受礼金后，皇上才允许。

天宝十四年六月一日，是贵妃的生日。皇上命令小部歌班在华清官长生殿演奏新乐曲。恰逢南海进献荔枝，因此，便把这支曲子命名为《荔枝香》。皇上周围的人齐声欢呼，声震山谷。

此年十一月，安禄山在幽州起兵反叛。安禄山是个混血胡人，本名轧荦山。他母亲本是个巫师。安禄山晚年更加肥胖，用秤量得体重为三百五十斤，肚子下垂过了膝盖。但他能在皇上面前跳胡旋舞，像风一样快速旋转。玄宗曾经在勤政楼东间设置大金鸡帷幕，放下一张大床，让安禄山坐，和安禄山一同观看下面表演的杂戏。肃宗（玄宗子）劝谏道："纵观古时各朝各代，没听说有臣下与君主坐在一起的。"在演戏间歇时，皇上对肃宗说："他有奇异的面相，我之所以这样做是为了消除灾祸。"

还有一次，玄宗与安禄山在夜里饮酒，安禄山喝醉后睡在那里，化成猪身龙头的形状，左右侍从急忙禀告皇上。玄宗说："这是个猪龙，终究成不了大事。"最终没有杀他而引来祸乱。

安禄山以诛杀杨国忠为名，罗列杨国忠、虢国夫人和贵妃三人的罪状，但是没有人敢告诉皇上。玄宗想让皇太子处理国政留守京城，自己亲自出征，并想传位于他。玄宗向杨国忠征求建议，杨国忠十分惊恐，回到家中对姊妹说："我们大难临头了！如今东宫太子主持朝政，必然要害我们。"姊妹等人便哭着告诉了贵妃，贵妃以口衔土，向皇上请求一死，传位这件事才暂且不提。

天宝十五年六月，潼关失守，贵妃跟随玄宗避住巴蜀。走到马嵬驿，右龙武将军陈玄礼害怕兵变，便对军士说："现在帝位动荡不稳，天下分崩离析，难道不是由于杨国忠盘剥百姓所致吗？如果不杀他，何以向天下人谢罪？"众人说："我们早想杀他了！"正好这时吐蕃和好使与杨国忠在驿门商量事情，军士便高喊道："杨国忠与蕃人密谋叛乱！"各军士兵便四面包围了驿站，将杨国忠及其子杨暄等杀死了。玄宗于是走出驿门安抚士兵，但是六军仍不离去，玄宗责问是什么缘故。高力士回答道："众将杀了罪臣杨国忠。贵妃就是国忠的妹妹，还在陛下身边，群臣怎能不忧虑呢？乞请皇上深思决断。"皇上转身返回。驿门内一旁有条小巷，他就在小巷中拄着手杖、歪着头站着，神情沉闷黯淡，久久不肯进宫。京兆府司录韦锷劝谏说："为使国家安宁，请陛下忍痛割爱。"不一会儿，皇上入行宫，扶着杨贵妃走出厅门，在马道北墙口与她诀别，派高力士去宣旨赐死。贵妃涕泣呜咽，说不出话来，便说："愿皇上保重，妾实在有负国家对我的恩惠，死而无怨，只乞求能让我礼拜神佛。"皇上说道："愿爱妃到善地再得新生。"于是，高力士用罗巾在佛堂前的一棵梨树下把贵妃吊死。贵妃刚死，南方进献的荔枝便到了。皇上看着荔枝，哀号叹息久不能停止，之后吩咐高力士说："为我用荔枝祭奠她。"祭奠之后，军士们还是没有散去，便用绣被把贵妃尸首盖上，放到驿站的庭院中，敕命玄礼等人检查。玄礼抬起贵妃的脑袋，证实已经死了，便说："贵妃确已死了。"于是，六军解了包围。贵妃被埋葬在西城郊外，时年三十八岁。皇上手持荔枝在马上对张野狐说："从这里到剑门，一路上鸟啼花落，水绿山青，皆让我触景生情，悲悼妃子。"

当初，皇上在华清官，一天想乘马到虢国夫人家去，玄礼说："没有发布敕令通知臣下，天子不能轻易离宫。"皇上为此调转马头，回到宫中。还有一年元宵节，在华清官，玄宗想要出去夜游，玄礼又奏道："宫外就是旷野，必须有所准备，还请皇上回到京城再去夜游。"皇上又一次不能反对谏言。等到这次马嵬驿诛杀妃子，都是敢言之士所致。在此之前，方术之士李遐周作诗说：

燕市人皆去，函关马不归。若逢山下鬼，环上系罗衣。

"燕市人皆去"，是指安禄山率领蓟门军队而来；"函关马不归"，哥舒翰镇守潼关战败被俘；"若逢山下鬼"，是指"嵬"字，即马嵬驿；"环上系罗衣"，是指贵妃小名玉环。她是高力士用罗巾吊死的。另外，贵妃经常用假发髻做头饰，而且喜欢穿黄色裙子。所以，天宝末年京城长安有童谣说：

义髻抛河里，黄裙逐水流。

到这时，全都一一应验了。

以前，安禄山曾与皇上应对答问，经常于其中穿插一些嬉戏说笑，而贵妃常常在座，禄山为杨贵妃的美貌而心动。后来，当他听说贵妃死于马嵬驿之后，一连几天惋惜哀叹。

这时，虢国夫人已先到达了陈仓的官店。传来杨国忠被杀的消息，县令薛景仙便带领衙役捉拿虢国夫人。虢国夫人逃到一片竹林里，误以为是遇见了叛乱的军队，便杀死了自已的儿子和女儿。这时，杨国忠的妻子裴柔说："娘子为什么不给我行个方便呢?"于是，虢国夫人就把她和她女儿一起都杀了。之后自刎，却没有死。被俘获投入监狱，她还跟人打听："这里是属于朝廷，还是属于叛军？"狱吏回答说："两者都有。"最后，她血凝于喉而死。她们被一起埋在离东郭十几步的道北杨树下。

玄宗从马嵬驿启程，走到扶风道，看见寺庙旁边石榴树上果实圆圆，十分喜爱，给这棵树命名为"端正树"。可能是心里有所思念，又来到斜谷口，一连十余天雨下不停，走在雨中的栈道上，山谷中回响的铃声让皇上想起了贵妃，作了一首《雨霖铃》，来寄托自己的哀怨。

至德二年，收复了西京。十一月，玄宗从成都回到京城，派人前去祭祀贵妃。后来又想重新安葬，李辅国等人都不听从。当时，礼部侍郎李揆上奏说："因为杨国忠反叛朝廷，所以禁军将士杀了他，现在改葬死去的妃子，恐怕禁军将士将会怀疑恐惧。"于是，唐玄宗制止了这件事，但是，又秘密命令亲信宦官暗中将其葬到别处。当初埋葬贵妃时，用紫褥包着，等到移葬时，肌肤已经腐化干净，但是胸前的锦香囊还在。这名宦官安葬完贵妃，便献锦香囊给玄宗。玄宗把它收藏起来并命令画工绘出妃子的画像，放在别殿里，早晚观看，不住地唉声叹气。

玄宗住进南宫后，一天深夜登上勤政楼，扶住栏杆向南眺望。满目烟月，不禁吟诵道："庭前琪树已堪攀，塞外征人殊未还。"吟到中途，隐隐约约听到里坊像有人在歌唱，便回头看看高力士说："是不是梨园中的旧人呢？天明后，为我寻访出来。"第二天，高力士便到里坊中寻找，找到后叫那人和自己去见玄宗，这人果然是梨园子弟。此后，玄宗还和贵妃的侍女红桃，在这里歌唱贵妃创作的《凉州》词。玄宗亲自吹奏玉笛，为之配曲。奏完曲子，二人相对而视，掩面哭泣。玄宗于是扩展了曲子，今天流传的《凉州》曲，内容更加完善。

至德年间，玄宗又住进华清宫，跟在身边的宫女侍从很少是昔日的旧人。玄宗在望京楼下叫张野狐弹奏《雨霖铃》曲，曲到一半，玄宗看周围凄凉的情景，感到凄惨悲凉，不禁泪流满面，左右众人也随之感伤饮泣。

新丰有个叫谢阿蛮的歌女，很会舞《凌波曲》，往日出入宫禁，贵妃对她很照顾。这一天，玄宗令她歌舞。舞毕，阿蛮便献上金粟装臂环，说："这是贵妃赐给我的。"玄宗拿起它，悲伤流泪："这是我祖大帝（指唐太宗）破高丽时获得的两件珍宝中的一件。两件珍宝一件是红玉支，一件是紫金带。因为岐王进献了《龙池篇》，我便把紫金带赐给了他。红玉支赐给了妃子。后来高丽知道这宝物归我所有，便进上表文，说他们本国因为失去这两件宝物，导致风雨不顺、军队衰弱、民众离散。我随即便命令归还了他们的紫金带，还未还给他们这件。你既然从妃子那里得到它，我今天再看它，只能让我悲伤思念。”说完，又流下泪来。

到乾元元年，贺怀智又对玄宗说：“从前，皇上有一次在夏天同亲王下棋，命令为臣弹奏琵琶，贵妃站在棋盘前观看。皇上眼看要输，这时，贵妃便放开小狗，让它跑上棋盘搅乱棋子，皇上因而特别高兴。当时，贵妃的领巾吹到了臣的头巾上，我回身时才落下来。等我回到家里，觉得香气满身，就把头巾摘下来，用锦囊装好保存。今天献给陛下我保存的头巾。”玄宗打开锦囊，并说：“这是瑞龙脑的香味儿。我曾把它放到暖池玉莲朵上，再去时，宛如当初一样，还有香气，更不用说是丝绸之类润滑细腻的物品了！”于是一片凄然。从此以后，玄宗心中郁郁寡欢，只是常常吟诵这几句诗：

刻木牵丝作老翁，鸡皮鹤发与真同。须臾舞罢寂无事，还似人生一世中。

日月如梭，往事如烟消云散，乐极总是生悲。无论是在艳阳高照的春日，还是漫长寒冷的冬夜，无论是莲花怒放的盛夏，还是槐叶飘落的深秋，每当霓裳羽衣曲响在耳边时，玄宗便神色黯然，悲从中来，左右亦随之流泪。三年来，玄宗时时刻刻思念杨贵妃，希望能在梦中相见，但是却未得相见。

正好有一个蜀地道士，听说太上皇对贵妃十分想念，便自称有李少君的法术，能替他寻找贵妃娘娘。太上皇大喜，令他使用神术召见贵妃。道士于是施尽全部法术四处寻找，却没有找到。他又游神驭气，上天入地到处搜寻，仍没有结果。然后又横渡天涯，跨越蓬莱仙境，看见一座最高的仙山，有许多楼阁殿堂在上面，西厢下面向东的窗户上面写着：玉妃太真院。道士把头簪抽下敲门，有两个双鬟小童出来开门。道士进门尚未答话，两个小童已转身入内。没多久，一个绿衣侍女又走过来，问道士是从什么地方来的。道士说自己是唐朝皇帝派来的使者，并把来意说明了。绿衣侍女告诉他玉妃刚刚入寝，请稍等候。此时，洞天日晚，云海沉没，门窗重又合闭，四处一片寂静。道士宁神静气，拱手在门下站立。绿衣侍女很久之后才请他进去，说道：“玉妃出来见你。”只见一个头戴金莲冠，身披紫色薄纱，腰佩红玉带，脚穿凤头鞋的女子，由七八个侍从簇拥着走出。见到道士拱手作揖，向他询问皇帝可好，又问天宝十四年皇帝回宫之后的事。话刚说完，一股怜悯之情在脸上流露出。她沉默一会，就叫绿衣侍女取出金钗钿，各折为两半，交给道士，说道：“谢谢太上皇，进献与他这些东西，以慰旧欢。”道士接过信物，准备返回时，心中仍不满足。玉妃问他还有何事，道士又上前跪拜，乞玉妃说一件别人所不知的事情，好让太上皇知道他来这儿是真的。否则，恐怕太上皇不信这些金钗钿，会认为是随便找来欺骗他的。玉妃听后退立一边，神色茫然，若有所思，好一会儿，才慢慢说道："天宝十年，我服侍皇上同车前往骊山行宫避暑。那天正是牛郎织女相见之夕，按照秦地人的风俗习惯，要半夜时分在花丛树木之间铺上锦席绣垫，摆上酒菜，并焚香许愿，称作'乞巧'，当时在宫廷内院也很流行这个习俗。那天刚到半夜，侍卫都被打发下去了，只有我一人独自服侍皇上。皇上和我并肩看着天上的牵牛星和织女星，被他们的故事感动，于是我们就发誓希望能生生世世求为夫妻。还记得那时，两人都哭了，而这件事只有太上皇一人知道。"于是，玉妃更为悲痛："由于这一思念，我再也不能居住于此了，还要再次下凡，以续前缘。无论天上还是人间，我们都会再次相见，和好如初的。"又说太上皇也会不久于人世了，要他不要自寻烦恼，多多保重。

道士回去后将一切都禀告了太上皇，玄宗压抑不住心中的痛苦，久久地叹息，思念之情更加强烈。此事详细记载于唐朝史书上。到宪宗元和元年，盩厔县县尉白居易以这件事为题材写了一篇歌赋，秀才陈鸿还作了一篇传文，将传文放在歌赋之前，自称为《长恨歌传》。白居易的《长恨歌》：

汉皇重色思倾国，御宇多年求不得。杨家有女初长成，养在深闺人未识。天生丽质难自弃，一朝选在君王侧。回眸一笑百媚生，六宫粉黛无颜色。春寒赐浴华清池，温泉水滑洗凝脂。侍儿扶起娇无力，始是新承恩泽时。云鬓花颜金步摇，芙蓉帐暖度春宵。春宵苦短日高起，从此君王不早朝。承欢侍宴无闲暇，春从春游夜专夜。汉宫佳丽三千人，三千宠爱在一身。金屋妆成娇侍夜，玉楼宴罢醉如春。姊妹兄弟皆列士，可怜光彩生门户。遂令天下父母心，不重生男重生女。骊宫高处入青云，仙乐风飘处处闻。莺歌燕舞凝丝竹，尽日君王看不足。渔阳鼙鼓动地来，惊破霓裳羽衣曲。九重城阙烟尘生，千乘万骑西南行。翠华摇摇行复止，西出都门百余里。六军不发无奈何。宛转蛾眉马前死。花钿委地无人收，翠翘金雀玉搔头。君王掩面救不得，回看血泪相和流。黄埃散漫风萧索，云栈萦纡登剑阁。蛾嵋山下少人行，旌旗无光日色薄。蜀江水碧蜀山青，圣主朝朝暮暮情。行宫见月伤心色，夜色闻铃肠断声。天旋日转回龙驭，到此踌躇不能去。马嵬坡下泥土中，不见玉颜空死处。君臣相顾尽沾衣，东望都门信马归。归来池苑皆依旧，太液芙蓉未央柳。芙蓉如面柳如眉，对此如何不泪垂。春风桃李花开日，秋雨梧桐叶落时。西宫南内多秋草，落叶满阶红不扫。

梨园子弟白发新，椒房阿监青娥老。夕殿萤飞思悄然，孤灯挑尽未成眠。迟迟钟漏初夜长，耿耿星河欲曙天。鸳鸯瓦冷霜华重，翡翠衾寒谁与共。悠悠生死别经年，魂魄不曾来入梦。临邛道士鸿都客，能以精神致魂魄。为感君王辗转思，遂教方士殷勤觅。排空驭气奔入电，升天入地求之遍。上穷碧落下黄泉，两处茫茫皆不见。忽闻海上有仙山，山在虚无缥缈间。楼殿玲珑五云起，其中绰约多仙子。中有一人字太真，雪肤花貌参差是。金阙西厢叩玉扃，转教小玉报双成。闻道汉家天子使，九华帐里梦魂惊。揽衣推枕起徘徊，珠箔银屏迤逦开。云鬓半偏新睡觉，花冠不整下堂来。风吹仙袂飘飘举，犹是霓裳羽衣舞。玉容寂寞泪栏杆，梨花一枝春带雨。含情凝睇谢君王，一别音容两渺茫。昭阳殿里恩爱歇，蓬莱宫中日月长。回头下望人寰处，不见长安见尘雾。唯将旧物表深情，钿合金钗寄将去。钗留一股合一扇，钗擘黄金合分钿。但令心似金钿坚，天上人间令相觅。临别殷勤重寄词，词中有誓两心知。七月七日长生殿，夜半无人私语时。在天愿作比翼鸟，在地愿为连理枝。天长地久有尽时，此恨绵绵无绝期。

# 杨贵妃淫乱宫廷

## 杨贵妃曲线绕进了公公的罗帏

唐朝的杨贵妃，是中国四大美人之一。唐明皇对她的宠爱、眷恋，也众所周知。这杨贵妃，原来是唐明皇的儿媳妇。只因二人在华清宫里一见钟情，一个倾慕皇上富贵，丢弃了王子家庭，一个抛常伦，苦苦相思。终于在高力士的帮助下，成就了这段千古姻缘。

却说那玄宗因偶然见一群村童，赤身裸体，在水中游戏，在碧波的映衬下，十分可爱，便萌发了建造一个华丽浴池的想法。让他那后宫粉黛们也个个赤裸，露出白嫩的肌肤，下水戏耍。便令高力士花去无数财宝，用了两年时间，造起一座神奇华丽的华清宫来。完工那天，玄宗下诏，命六宫嫔妃、公主、王妃等全部入华清池试浴。那帮妃子，闻天子赐浴，个个打扮得珠围翠绕，粉白黛绿，簇拥着风流天子，玩得不亦乐乎。

这玄宗皇帝耍得正开心，抬头一看，见一女子赤裸上半身，隔着廊儿在花窗下靠着。那女子香肩斜靠，云髻半偏，衬着苗条的腰肢儿，已是撩人心魂。待她一回过脸来，那半边香腮儿，恰好被一朵芙蓉掩住，只露出那半面粉靥来。娇体丰盈，也辨不清花光人面，真可谓国色天香。玄宗虽有三宫六院的妃嫔由他终日玩赏，丰腴的、娇小的、浓妆艳抹的，见过不少，却不曾见有如此绝色佳人。不知不觉把个皇帝的魂儿吸引了，那脚也不由自主地向美人走去。众妃嫔见万岁爷关注于这美人，便也知趣，一同悄然离去，只留高力士一人服侍左右。

那美人却也放刁，见万岁爷朝自己走来，便佯羞低头，转身向廊东头行去。玄宗正想上前招手唤住，却被雕栏隔于其中，只得隔着廊儿跟定美人儿走着。看她凌波微步，腰肢袅娜，如同轻云出岫一般，爱煞人也！那美人也有意勾引这风流天子，只向曲折幽密处走去，玄宗看看两面只隔着一重回廊，但绕来绕去却总难以接近。看看已经赶上了，不知如何一绕，那美人便又被花挡住。忽已消失了，一转眼却又在身后现身，还掩袖一笑，飘然离去。

杨玉环

这玄宗找不到美人，又气又急，忍不住问高力士："是谁家王妃，如此绝色！"高力士忙奏道："寿王的妃子杨氏。"玄宗一听，竟然是自己的儿媳妇，不觉满面羞惭，忙掩饰着说："原来如此，这孩子自幼抱在宁王府中管养，儿媳也是在宁王府中娶的，不常到朕宫中来，一家子翁媳，却不认识，真是好笑！"高力士听罢，忙凑趣道："可要去召这杨氏前来？"玄宗却摇摇手："不可，不可！"接着叹口气道："寿王这孩子，艳福也！"

自此，唐玄宗便好似丢了魂般，虽有梅妃等美姬装娇献媚，却总见玄宗神情恍惚。也不上朝，每日坐在书房发呆。高力士乃极其聪慧之人，眼见得这风流天子被相思病害到底了，便在玄宗耳旁低语了一番，乐得玄宗连声称赞："好主意！好主意！快快去办妥，不然朕命休矣！".

再说那寿王之妃杨玉环，真是天生丽质。她自幼父母双亡，于叔父家中养大,十八岁作了寿王妃子。如此美人,自然受万众宠爱,但自从那日在华清宫赐浴归来,不知何故,一个皇帝的风流影儿总留在心中。从此,她便茶饭不思,难以入眠,便是夫妻之间,也觉着淡淡的。一任寿王万般宠爱,那妃子却越发生厌,总是远远避着。这样一天天地下去,夫妻之间无法相处,半夜时分,两口子便吵起来,王府内外的人忙去把宁王夫妇请来调和。怎奈杨氏一口咬定,说宁愿当尼姑去。任凭那宁王夫妇百般劝说、寿王百般求告,她如铁石心肠一般不肯答应。元妃见实在无法挽留,便劝告寿王由她去。这寿王无可奈何,眼见她离开王府,自己却泪珠儿一颗颗地落下来。

隔了几天,皇帝颁布圣旨,替寿王选定了韦昭训的女儿为妃,又特赐彩缎千匹,黄金万两。得了新欢,忘却旧爱,寿王这才渐渐地平了失妻之痛。

这杨妃带了两个贴身侍女离开王府,真的进万寿庵做尼姑去了。那庵中老姑子赐其法名,唤作太真。主婢三人在庵中怡然自得地度了几月。第二年春天,高力士受了皇帝的密旨,悄悄来到庵中,把杨氏接进了华清宫。

原来这杨氏闹寿王府,人万寿庵,尽是高力士的计谋。那时,他收买了杨妃的两个贴身侍女,不停劝杨氏丢下寿王,进宫去得万岁爷的宠爱,即使不能当皇后,至少也能封一个贵妃娘娘。杨妃毕竟是个风流之辈,也爱荣华,又在华清宫中见皇上对她露出发痴的样子来,早已动了芳心。心想:自己如此貌美,不可辜负了自己。如今难得遇见这痴情天子,便是拼着常伦名节,也是值得的。因而决定和寿王分了,假意去做姑子,实则曲线绕进皇宫,投入了公公的罗帏。

自此,这贵妃深得明皇的宠爱,两人演出了一段风流千古的韵事来。

## 杨贵妃与安禄山勾搭成奸

安禄山本是唐朝时营州地方的一个胡人,是其母与人淫乱而生。他善揣人情,身材高大,皮肤白净,能通六蕃言语。此人既有智谋在心,又有武艺在身,经过一番征战,从一名兵卒升为大将军,受朝廷的重视。杨贵妃在宫中得知他相貌俊朗,身材魁梧,便鼓动玄宗在中宫赐宴,求得相见。这安禄山果然不凡,竟在席间把个贵妃迷惑得心猿意马,当即收其为养子。从此,玄宗和贵妃都极其宠爱安禄山。他常居京师,任意出入禁宫,常与杨贵妃对坐谈心,十分亲昵。杨贵妃在宫中虽有玄宗皇帝的万般宠爱,但自从与安禄山结识,便明白了少年强壮男子的滋味。两相较之,便总觉得一个是壮男,一个是老夫;一个是玩弄自己的人，一个是给自己玩弄的人；一个多么无能，一个多么有趣。因此，这杨贵妃萌生出不安分的想法来。

杨贵妃自从结识安禄山以后，便不时地召他进宫去玩耍戏谑。安禄山极其肥胖，很怕热。有一次与玄宗对弈，汗如雨下，玄宗便特许他脱去衣服，赤膊对弈。而杨贵妃却最是钟爱他这一身白肉，但遇皇帝不在，便命他赤裸上身。这还不算，杨贵妃还经常赐他在华清池洗浴，用五色锦缎编织成一个小儿摇篮，令洗浴完毕的安禄山装作孩儿模样，卧在摇篮中，口唤妈妈，或装孩儿啼哭。杨贵妃便将他抱在怀里，捏弄抚摸。每当这时，安禄山望着杨贵妃那一双盈盈美目，便妄想从皇帝手中夺此美人。

这杨贵妃和安禄山每日里厮混惯了，几日不见，心里便不舒服，寝食难安。皇帝来了，也会在言语之间，流露出冷淡来，使皇帝好生无趣。

此后，这安禄山仗着贵妃的宠爱，日益跋扈起来，即使在国舅杨国忠、首相李林甫的面前也狂傲不已，形成了当朝四大实权派系之一。李林甫死后，杨国忠气焰冲天，便与安禄山形成一山不容二虎之势。这时，玄宗也因禄山为贵妃所宠爱而心生猜忌，便使出调虎离山之计，将安禄山遣出宫去，领兵边防。

谁知安禄山一出京师，更是猖狂，背着朝廷屯谷积粮，招兵买马，不久，便已拥兵四十余万，声势壮大。于是他偷偷入宫，和杨贵妃数次相会。照安禄山的意思，因贵妃深居宫闱，每次幽会极其不便，本想把妃子劫出宫去，同至边境，和和美美过日子。杨贵妃听了安禄山的话，却笑道："痴儿，人皆为天子，汝独不能为天子乎？我大唐妃子也，岂能学村妇私奔。"猛然提醒了安禄山，这才发动了史学家们所谓的"安史之乱"和文学家们所叙说的"不杀杨妃，死不护驾"的动人故事来。

## 杨贵妃调戏小太监

杨贵妃身边有两个贴身侍女，一个叫念奴，一个叫永新，她二人常伴贵妃左右。

一日，贵妃喝多了酒，卧于龙床上，酣睡正浓。忽报安禄山起兵造反，闯过潼关。不久就到长安了。一时间，妃嫔宫女害怕起来，纷纷收拾细软，准备逃难。这永新和念奴二位宫女也打探清楚，因见贵妃睡得正香，便各回私室去收拾衣物。

贵妃由梦中醒来，只觉舌上苦涩，便娇声呼永新。这时，廊下有一个小黄门守候着。两位宫女出屋之前，也曾嘱托这小黄门，留意娘娘醒来呼唤。听着娘娘呼唤，他看四处无人，便应声入屋。只见贵妃半露酥胸，醉眼朦胧，倚卧着绣枕，珠唇微启，道："汤来！"那玉几上原放着醒酒汤儿，小黄门去倒了一杯擎上来，口称："娘娘，用汤。"连唤了几声，那贵妃一侧粉脖儿，却又酣睡过去。小黄门不敢轻易离开，静静地立着，见贵妃在睡梦中把那绣被推在一旁，那半弯玉臂外露，酥胸起伏，十分急迫。粉靥上红云未消，鼻管中呼出阵阵芳香，还夹着酒味。

一会儿，贵妃又微启双眼，见有人捧着杯候在床前，便一伸玉臂，一噘珠唇，示意要饮醒酒汤儿。小黄门看看贵妃，见她依旧闭眼，也不起身，嘴里只是唤着："汤来！"小黄门便大着胆上去，把娘娘的粉颈儿扶起，将那醒酒汤慢慢喂给她。这时，杨贵妃才缓缓地睁开睡眼，这才认出那送汤的不是宫婢而是个小黄门。她看那小黄门眉目十分俊秀，望去年龄也有十六七岁了。又见自己的粉脖倚在他的臂上，不禁"噗哧"一笑，伸手推开小黄门的臂。那小黄门忙低头，从绣榻止要离开，忽听娘娘又低唤："来！"小黄门回过脸去，却见贵妃抱着被子，含笑招着手儿坐着。小黄门才走到床前，贵妃便一下子把绣被揭去，将一身娇艳的衬衣露出来。小黄门忙低下头去，跪倒在床前。娘娘又突然把一双洁白的纤足，送在小黄门怀里。小黄门急用袍幅儿遮掩着，杨贵妃只是乐。忽而把一只脚放在小黄门的肩上，忽而又搁在他膝上。小黄门见床栏上一双罗袜挂着，四周绣着云凤，便取来替贵妃穿上，又为她套上睡鞋。杨贵妃一手搭在小黄门肩头，下床来。只觉得头晕目眩，一个站不稳，便软软倒入小黄门怀中。小黄门看娘娘穿得单薄，便将衣架上的一件绣衫给贵妃披在肩上。那贵妃披着绣衫，便在榻前起舞。只见她一弯腰儿，弯得好似弓背儿，那粉腮快贴上地面了。侧过脸来，射来两道勾魂的目光，冲着那小黄门笑。小黄门怕妃子跌倒，便上去跪着一膝，将贵妃的腰肢扶住。贵妃趁势坐在小黄门膝盖上，又伸手取下小黄门头上的冠儿，套在自己头上。一抹帽檐，压住了眉心，却更是无限妩媚。杨贵妃两道眼光锁定小黄门脸上，忍不住了，便双手捧住小黄门的脸，不停地搓揉。又贴近脸去，鼻尖和鼻尖碰着，一双星眸，在小黄门楣服间不住地乱转。"噗"的一声，杨贵妃在小黄门嘴上吻了一下。那小黄门慌得趴在地下，不住地叩头，一边摇着双手。那贵妃忽然发起怒来，只见她杏眼圆睁，柳眉微蹙，"啪"的一声，一掌打在小黄门脸上。接着又是"啪啪"十几下，打在小黄门两腮儿上。那小黄门只抬高脸儿，丝毫不动，那腮儿愈觉红润起来。忽见贵妃又露出笑容，捧过小黄门的脸来闻着，又把粉腮儿贴着小黄门的脸。

# 李太白爱美酒亦爱美人

## 《凤求凰》引来了有情郎

夜间，一轮皓月徐徐升起在晴朗的夜空，银河两岸群星闪烁。李白与元演在客房中对坐下棋。忽然，一阵动听的琴声传来。李白侧耳倾听，曲名叫《凤求凰》，就问元演："此琴是什么人所弹？"

元演说："愚兄也不知道。此曲弹得这般悠扬宛转，弹琴人绝非等闲之辈。贤弟怎么不前去探寻一番？这棋嘛，明天再下吧！"

李太白画像

李白说："那我俩就一起去吧。"

元演欣然答应："好哇，贤弟先走，愚兄去去就来。"

琴声还在"叮咚"响着，李白循声踏着月光来到后院，在一栋二层楼的阳台上，看见一个短衣长裙、身材窈窕、梳着高髻的年轻女子。她在月光下盘膝而坐，正在轻挑慢捻地弹奏着手里的焦尾琴。女子聚精会神、一丝不苟地拨动着纤纤素指，弹得十分专心。那琴声如泣如诉，表达了一个人对另一个人的倾慕与追求之情。李白知道这是《凤求凰》，是西汉时西蜀临邛的才女卓文君为追求大文人司马相如而弹奏的。李白不觉听得驻足发呆了。

一曲《凤求凰》弹完，李白意犹未尽，还想继续听第二支曲子。楼上弹奏曲子的女子发现有人在楼下偷听，便如同一只受惊的小鹿一样，连琴也顾不上拿，就急匆匆地回绣楼闺房中去了。

李白想呼喊却又不敢，心中怅然若失，好久不愿离开。

"贤弟,此琴弹得怎样?"这时元演出现了,嬉皮笑脸地发问。

"妙,妙极了!"李白赞叹不已地说,"不知这弹琴女子是什么人?可否一见?"

元演做了个鬼脸说:"夜深人静,深更半夜,男女有别,就留个谜让贤弟回去猜吧!"

二人边说边走,回到客房,洗漱之后就上床休息了。李白闭上眼睛后,却久久不能入睡,思绪老纠缠在那个弹琴的女子身上。

第二天早饭时,李白食不甘味,又问起昨晚楼上的弹琴女子来。

许员外说:"弹琴女孩正是小女许淑,无意间为公子献丑,多有打扰了!"

李白说:"既然是小姐,为什么不让她过来与我们见个面,也可容小侄当面请教啊!"

"这……"许员外捻着胸前长须略有迟疑。在男女授受不亲的封建时代,尤其是官宦人家,一般妙龄女子是轻易不与成年男子会面的。

元演知道许员外的家规很严,就开口说道:"贤弟既然承蒙许世伯厚爱住进家中,迟早都会与小姐见面。世伯就不要拘于礼法了,还是请小姐出来见一下吧!"

许员外觉得元演言之有理,稍加沉吟后就传话:"荷香,请小姐出堂见客人!"

许淑小姐高髻长裙、薄施脂粉,在丫鬟荷香的引导下来到了前堂。李白顿时觉得眼前一亮,仔细一瞧,似在哪里见过许淑小姐,但一时间竟想不起来了。许淑看见高个长圆脸、一身白素穿戴的李白也有似曾相识的感觉,不由得凝神思索了起来。片刻,李白猛地一拍脑袋说:"许小姐,那日在河中不会游泳却下河救人的人,原来是你呀!"

许淑微笑着回答:"公子,那个施恩不图报,拒绝别人酬谢又不留姓名的大好人,原来就是你呀!"

两个"原来是你"的话,让在场的人听后都困惑不解,不知所云。元演问明情况后高兴地说:"真是无巧不成书,你们二人原来早已见过面,并且还有了交往了呀!"

李白和许淑心中都暗暗称奇,脸上都不由得泛起了红晕。李白这才仔细打量许淑:只见她细眉大眼,细腰长腿,唇红齿白,虽说不上十分漂亮,但那种青春的风韵,却十分招人喜欢。

由于家教甚严，又有少女特有的羞涩，许淑只向李白和元演深施一礼、道了个万福后就转身回到后院绣楼上去了。接着，许员外也借口有急事走开了。元演这才说:“贤弟，愚兄我从扬州特地赶来，为的正是你的婚姻大事呀!”

此时，后院绣楼的闺房里，许员外夫妇俩正在和女儿谈事情。许员外说:“男大当婚，女大当嫁，父亲就你这一个宝贝女儿，把你视为掌上明珠、心肝宝贝，择婿之事，也就非常慎重。你决心要挑个称心如意的郎君，挑来选去，东也不成，西也不就，为父总是依了你的性子，如今又是该你说话的时候了。”

许夫人接着说:“淑儿呀，元公子带来的李公子与崔长史家的崔福相比，虽说家境差些，可人品却超过其十倍百倍，这下你该满意了吧?”

许淑此时的心情，好像十五只水桶打水——七上八下，十分不平静。俗话说:易求无价宝，难得有情郎。这个李白有文才，人品也好，应该是个让人如意的郎君了。但是婚姻大事，不能儿戏，性急喝不得热稀饭，还得再细想想。想到此，便红着脸说:“爹爹、妈妈，二老爱女的心情，孩儿我知道了。俗话说:路遥知马力，日久见人心。反正李公子住在咱家，女儿还要再仔细地了解了解。”

“你呀!”许夫人嗔怪地说，“你可不能挑花了眼!”

许员外也说:“好吧，为父也不拿父母之命，媒妁之言来压你了。可怜天下父母心，你就再好好地看一看、想一想吧!”

时光荏苒，几个月后，经过熟悉与了解，许淑终于下定决心嫁给了李白。

李自成婚之后，发现夫人许氏果然才貌双全，性格贤淑，只是身体欠佳。丈人许员外也确实为人仁厚，而且对他期望甚高，给了女儿大批陪奁。不久，李白便辞别妻子出门远游。

几月后，李白得知妻子有了身孕，便往家中赶。他一路上快马加鞭。第二天黄昏的时候就披着一身霞辉回到了安陆家里。

许氏夫人正挺着个大肚子在门前守候，她看见一个骑着快马的人落鞍下马，虽有满面尘土，但还是一下认出了是谁，不禁喜出望外，迎上前去接过马鞭说:“夫君辛苦了，妾身迎接你来了。”

李白听后惊喜地说:“夫人，你怎么知道我今天会回来?”

许氏夫人笑了笑，神秘地说:“这就叫作心灵感应。我的心告诉我，是你要回来了。”其实，自李白离家出游不久，她就每天黄昏都在府门前等候。她明知等候十有八九是白费，可还是死心塌地地去等。真是皇天不负苦心人，今天终于让她等到了。

拍打完一身尘土的李白，高兴地走进家门，梳洗之后就去上房拜见岳父岳母，送上这次出游在外写的诗稿。许员外仔细询问了女婿的活动日程，翻阅着诗稿。他特别欣赏孟浩然的那两首，说这诗句不是用笔墨写的，而是带着纯真的友情写出来的，可为传世作品。许员外的言外之意是：他亲自挑选的上门女婿没挑错，将来就是做不了朝廷的栋梁，也必是个名传四海的大诗人。

入夜，一轮明月斜射进窗口，照在了拥抱在一起的李白夫妇。许氏夫人像个小羊羔一样特别温顺地躺在李白的怀里，李白抚摸着夫人隆起的肚子，喜不自禁地说："恭喜你，夫人快要做妈妈了。"

许氏夫人满面红晕，低声地说："也恭喜你快要当爹爹了。"

"是啊，我是快要当爹爹了。"李白在高兴之余，轻轻地叹了一口气，好像有满腹心事似的。

知夫莫若妻，细心的许氏夫人说："怎么，你又在为你'安社稷，济苍生'的前程而烦恼吗？"

"夫人，真是深知我心呀！"

"别急，性急喝不得热稀饭。夫君你还很年轻，前途无量，不管何时何地，妾身永远都是你的崇敬者。"

"谢谢，谢谢！"李白低头狂热地亲吻着温柔的夫人。熄灯后，两人紧紧地相依相伴，都有着久别胜新婚的感觉。

## 李白拐带良家女遭妻问

不觉已是开元十八年春天，李白已经年满三十了。

在安陆的十年间，许氏夫人先后生养了一女一儿。女儿取名平阳，小名叫明月奴；儿

子取名叫伯禽。一双儿女都长得酷似父亲，并且聪明伶俐，给了做父母的很多安慰与欢乐。一日，李白正在山中苦读，突然家人上山来报，说是许氏夫人有要事相商，请姑爷马上回城。李白还以为是裴长史那儿有了好消息，便兴冲冲回到家里。刚踏进房门，正准备和许氏玩笑几句，刚问得一声："夫人可好？"却见许氏面带泪痕。他还以为是夫人又怪他多日不曾回家，便随口说道："不信此日常下泪，开箱验取石榴裙。"本想逗许氏开心，谁知许氏头也不抬，从怀中摸出一张叠成几叠的东西，交给李白。李白打开仔细一瞧，却是一张无头帖子，上

有歪三扭四的诗四句:“冒充宗室假王孙,招摇撞骗滥斯文。拐带良家金陵女,畏罪潜逃安州城。”李白问夫人:“这东西是从哪里来的?”许氏说:“家人从街上的墙上揭来的。督院街、衙门口、东市、西市……贴得到处都是……”说着又哭了起来。李白说:“你我夫妻数载,你还不了解我的为人吗?”许氏一想,确实,除了不拘小节之外,李白的确也没有什么大缺点,便道:“别的先不用说了,只是这‘拐带良家’一事,从何说起?”哪知李白反而哈哈大笑起来:“你去问丹朱吧,这事他知道得很详尽。”许氏叫来丹朱一问,才知道了事情的经过。

3 年前,在李白从金陵去扬州的那个月夜,渡江的船只正要解缆,忽见岸上一个少女向他狂奔而来。那少女直接跑上李白坐的那条船,好像一片落花被狂风吹到李白面前,只说了一句“公子救命”,便昏了过去。这时,远望见岸上火把闪烁,隐隐约约听见人声呼喊,很明显有人追赶过来。李白来不及问个究竟,便叫船夫开船。船到江心,那女子才苏醒过来。李白仔细一看,那女子原来是东邻的那个歌女。不用细问,她脸上的泪痕和伤痕已为她说明了一切。当时,李白刚读了《谢安传》,访了谢安墩,便一心想学谢安。虽不能马上学谢安运筹帷幄之中,决胜于千里之外,至少能学谢安带歌女游山玩水吧。便和丹朱商量说:“把她带上吧。”丹朱也说:“真怪可怜的!不带上,叫她去哪儿呢?”谁知到了扬州,李白,不久就把钱花光了,只好把这女子交给了好友卢六。

许氏不禁轻声说道:“这怎能叫拐带良家?”丹朱一听,便跳了起来:“谁说我们拐带良

家?我去找他算账!”李白走来说:“明枪易躲,暗箭难防。去找谁算账呢?你还是给我打

酒去吧!”丹朱只好气鼓鼓地出去了。

这时,李白离开西蜀老家已经 12 年了,恐怕父母都老了很多了,就想回老家一趟。携妻带子回乡,父母一定会非常高兴。可是转而一想,自己还是个布衣,怎么有脸见家乡父老呢?还是再等一等吧。思来想去,李白想到一个地方:东鲁任城(今山东济宁市),那儿有孔巢父、韩准、裴政等 5 位朋友。

“好吧,我就依你了。”许氏夫人赞同。

李白和许氏夫人便决定出走。可是,许氏夫人一想起就要离开这个生于这里、长于这里的老家,不由得热泪盈眶。李白用手巾替妻子拭干眼泪,极力安慰她说:“夫人,这十年来你为我吃尽了苦头。我名为许家上门女婿,却名不副实,像个流浪汉,长年在外浪迹,很少回家。就是回家小住,也是好酒贪杯,时常长

醉不醒。这个家,全靠你全力撑着,就是卖尽了你的金银首饰,也毫无怨言。我一个堂堂七尺男儿,虽有千首诗篇,却也换不回柴米油盐,真是愧对于你呀!”

“别说了,谁让我是你的妻子?谁叫我们是恩爱夫妻呢?”

“夫人,我写有一首《赠内诗》,你愿意听吗?”

“当然愿意!妾身洗耳恭听。”

李白当下在夫人耳边吟诵了起来:

三百六十日,日日醉如泥。

虽为李白妇,何异太常妻?

## 长相思,在长安

在许氏夫人的支持下,李白开始了他的长安游历。开元十八年初夏时分,李白取道襄阳、南阳、内乡、上洛、蓝田,前往长安。1500多里的路程,加上途中耽搁,整整耗费了一个月时间。到达长安时,已是盛夏时节了。

为了早日谋到一个称心如意的官职,李白来长安的心情比较急切来到长安后,他感到长安的天空特别晴朗,万里无云;长安的太阳特别明亮,金光灿烂;长安的道路也特别平坦宽阔,像箭一样笔直地伸向远方。从灞上到长安,高大的垂柳形成一条长四十里、宽五十步的林荫大道,用它们的浓荫挡住火辣辣的骄阳,用它们下垂的长条迎送着来来往往的马匹和车辆。一路有饭馆、酒店、凉亭、小摊,出卖各种饮食和水果,尤其是西瓜,在路边堆成一座座的小山。卖瓜的小贩们,用又弯又长的刀,把一个个西瓜切开,大声地叫喊:“哎!都来买我的瓜啦,薄皮沙瓤,保熟保甜,不甜不要钱!”那瓜皮绿得如同翡翠,瓜瓤红得好似珊瑚;再加上小贩起劲的吆喝声,谁都会停下来,花上三两文钱,吃它一个半个的。李白却不顾人困马乏,直接来到城门跟前,却又不马上进城,反而勒住马缰,停在了路旁。啊,他终于看到了长安,他终于来到了长安,这大唐帝国的京城!这赫赫百年的皇城!

李白回到住处,以为又要等许多天,谁知第三天,张垍果然前来拜访,并且对李白彬彬有礼。张垍告诉李白,皇上有一个妹妹,叫玉真公主,信奉道教,十年之前就出家做了尼姑。皇上在城里给她修建了一座玉真观,还在终南山楼观台建了一座玉真别馆,那可是个好去处,山清水秀,福地洞天。玉真公主嫌城里烦,常常去那里住十天半月,但去了那里,住了不几天,又嫌山居寂寞,想找几个人来聊聊，而且爱谈老庄，讲诗文。“李兄”，张垍拍着李白的肩膀亲热地说，“倘若你到那里呆着，难道不比呆在城里强？”李白正想回答：“推贤进士是卿相之事，与公主何干？”张垍却好像早猜透了他的意思，接着说：“只要玉真公主一高兴，即日奏知圣上，你就可以平步青云。卿相荐士却有许多规矩，说不定要让你等个一年半载。”李白一听，自然愿走这条捷径，便听从张垍安排，马上搬去终南山中。临行，张垍又亲自来给他送行，并附耳叮咛勿为外人道明，对李白十分关照。

李白由两个相府人员陪着，出了长安正西的金光门，顺着渭水一直向西，骑马走了大半天，到达终南镇，又折向南边，便看见宫观林立，紧靠山脚。原来这楼观台，不仅是自汉以来的道教圣地，而且是唐代贵人们幽栖之所，玉真别馆就在靠西的一座小山上。上得山来，进入馆中，暮色苍茫，李白看不清楚，只觉得确实清静无比，但除了陪他来的人之外，似乎再没有别人。

一连几日，李白一人在房里走来走去，只觉得度日如年。他决定找点事来做，便把随身携带的自己亲笔手抄的古乐府温习了一遍又一遍，把破了的地方补了又补，还不见张垍那里有什么消息传来。他在房里翻来翻去，居然发现一箱子东西，上面都是些道教书籍和应制诗文，下面却有几本碑帖，还有纸墨笔砚。“还是练练字吧！”李白把它们都搬了出来，挑了一本神龙年间拓的“兰亭”，欣赏了一阵，便临摹起来。

永和九年，岁在癸丑，暮春之初，会于会稽山阴之兰亭，修禊事也。

“这才是真正的神龙拓本！北寿山中那两本大概都是假的，一本太硬瘦，另一本又太痴肥。这本肥瘦适中，恰到好处。他张垍是真不知道这玉真别馆是如此荒凉吗？不管它，在这里练练字也好。”

一本“兰亭”，写了一半，思绪不但没有收拢起来，反而跑了出去。他好不容易把思绪收回来，找到了“是日也，天朗气清，惠风和畅……”一行，却又感到兴味索然，便起身走到院中舞了一会剑。

除了读书、练字、舞剑之外，李白有时也到山脚下的楼观台去转悠转悠，看看这个传经授道的地方。他还到终南镇买过几次酒，随带买了一些豆腐干回来，拉着王老汉一块喝几杯。半个月过去，他总以为张垍该派人来找他了，这时天却下起雨来。

雨一下就是半个月，时小，时大，山上山下泥泞不堪。张垍派的人来不成，玉真公主就更不会来了。这玉真别馆竟成了一座愁城！白日里寂寞难耐，翻翻旧书，喝喝闷酒，看着门窗上的蜘蛛织网，望着灰蒙蒙的天空发呆；夜里更是辗转反侧，难以入眠，偏偏那台阶下的蟋蟀越到夜深人静时，越叫得响，叫得急，叫得人心烦意乱，好像有意和发愁的人过不去。他决心第二天把阶下的蟋蟀全部铲除。越心烦，越睡不着，越是睡不着，越是胡思乱想。他想起自己的故乡，他那亲爱的匡山，他的《别匡山》一诗："莫谓无心恋清境，已将书剑许明时。"他想起自己24岁那年，仗剑去国，别亲远游；他想起这些年遍访诸侯，却没有结果；他想起来长安之前写的《游安州玉女汤》中的诗句："可以奉巡幸，奈何隔穷偏。独随朝宗水，赴海输微涓。"这皇城长安的像一片大海，金色灿烂的大海，花红柳绿的大海，但这片大海却好像容不得他这涓滴之水。他从小时候起就无限崇敬的"圣主"，他的雄心壮志赖以实现的"明君"，虽已经近在咫尺，却仍然是远在天边。于是《楚辞》中一些章节、段落、词句便纷至沓来：

君之堂兮千里远，君之门兮九重闳。……

思美人兮，擥涕而延伫。媒绝路阻兮，言不可结而诒……

独申旦而不寐兮，哀蟋蟀之宵征。时亹亹而过中兮，蹇淹留而无成。

这些词句在李白脑子里翻腾不休，使他越发不能入睡，真像得了失眠症一样。于是汉魏六朝人的诗句又在脑子里浮现："生当复来归，死当长相思。""长相思，久相忆。""长相思"，"长相思"……忽然，就冒出一句"长相思，在长安。"紧接着又出现两句："络纬秋啼金井阑，微霜凄凄簟色寒。"李白便坐起来，重新点着灯，略加思索，接着写下去："孤灯不明思欲绝，卷帷望月空长叹。美人如花隔云端。上有青冥之高天，下有渌水之波澜。天长路远魂飞苦，梦魂不到关山难。"他停下手中的笔，从头至尾念了一遍又一遍，突然又拿起笔在结尾处加了两句："长相思，摧心肝！"然后把笔一扔，重新又上床躺下，直到凌晨方才迷迷糊糊地睡着。

睡了不大一会儿，却又做起了梦。梦见他回到长安，正在朱雀大街上行走，张垍迎面走来。他急忙上前打招呼，张垍却掉头而去。他想去抓住张垍问个究竟，却无论如何也抓不住。他想大声叫喊："你为什么让我在终南山里受冷落？"却怎么也喊不出声音来。最后他用尽平生之力大叫一声："你为什么……？"却把自己惊醒了。这些日子里，他勉强压抑下去的猜疑，终于在这个梦里显露出来。

## 我辈岂是蓬蒿人

开元二十年秋，李白回到家中，并携家人迁居到南陵（今安徽南陵县）的乡下，找个靠山近水的地方建立了新的家园。这次搬迁，丹朱本想携妻同行的，但被李白劝阻了。这是因为丹朱在任城的杂货店生意很好，李白不愿意断了他的财路。再说，此去是乡下，不是经商的场所。临行之时，荷香没有说话，丹朱却再三表示忘不了故主，以后会不时前去问候；如果主人有用得着他的时候，只要捎个话，就是赴汤蹈火他也在所不辞。李白也表示，有时间还会来任城看望他们，并嘱咐他要爱护荷香："可不要重利轻别离，如同我一样，一出去就不顾家。"许氏夫人也一再叮嘱荷香："你要照顾好丹朱。夫妻二人要互敬互爱，有了矛盾吵了架也不要放在心上。夫妻间没有隔夜的仇！"主仆四人依依惜别。

李白在南陵的五松山下青弋江畔，一个背风向阳的地方选定了住址，准备重建家园。初来乍到，他们寄住在一个姓荀的农妇家中。荀妈妈已年过六十，与儿子一起生活。此时正忙着秋收。对李白全家的到来，非常欢迎，觉得能和一个十分知名的大诗人为邻是缘分，也是荣耀，于是全力加以支持：腾出房间，匀出并不富余的粮食，并且像对待孙儿孙女一样对待李白的儿子和女儿。

在一个月光明媚的夜晚，荀妈妈用托盘送来了用菰米做的雕胡饭。李白一家人从来没有吃过这个，所以吃起来特别香甜可口。小儿女吃完了连声说好吃，嚷着还要吃。荀妈妈笑着说："好好，我明天再给你们做。你们城里人吃起来是尝新鲜，换个口味。"

吃完饭，许氏夫人领着孩子去房中安歇。荀妈妈还要洗碗喂猪，准备第二天的早饭。儿子还要去地里用箩筐担回未担完的稻谷。李白想去帮忙，荀妈妈不许，说："这不是你们读书人做的事，小心累坏了身子。"

李白说："我在家乡时就常做农活，不要紧的。"

荀妈妈的儿子叫荀山夫，长得特别壮实，性格内向，寡言少语。他一担能担近两百斤，却只给李白箩筐里装上不到自己一半的稻谷。李白长时间不干农活了，更不能与荀山夫相比。两个人来回五六趟才把田里的稻谷全部担完。

夜深了，李白因担谷非常疲乏，看着窗外皎洁的月光久久不能入睡。这时，"咚咚"的舂米声响了，这是邻居家女子用木杵在石臼中舂米的声音。正屋里，荀妈妈做完了家务，又穿针引线缝补着儿子的衣服，因为明天一早下地劳作时还要穿。有感于农家的劳苦生活和荀妈妈对自己一家人的热诚,联想到西汉开国名将韩信年轻时,穷愁潦倒乞食于漂母的故事。李白坐在小油灯下,写出了《宿五松山下荀媪家》的五言律诗一首:

我宿五松下,寂寥无所欢。

田家秋作苦,邻女夜春寒。

跪进雕胡饭,月光明素盘。

令人惭漂母,三谢不能餐。

有一天,张知县来访。张知县是进士出身,喜好诗文,曾两次慕名到李白家中拜访。李白也曾去县衙回访过。两人也算是比较熟悉了。李白当下把张知县让进堂屋,招呼孩子敬上了香茶。

张知县坐在正中的竹椅上,手捻着嘴上的一撮山羊胡子,朝着李白笑了笑。李白立即问道:"知县大人向来公务繁忙,今天进山可能有什么公事吧?"

"下官是无事不登三宝殿。我是前来贺喜的,恭喜恭喜!"

"喜从何来?"

"圣上下诏,宣你立刻进京面驾。"

"啊—"李白一阵惊喜,马上想到在剡中与吴筠的惜别,料定这次是吴筠举荐发挥了作用。自己奔波半生,不就是等待这一天吗?这样看来,皇上还是圣明的呀

张知县收起笑脸,整冠理衣,十分严肃地说:"圣诏下,李白跪听宣诏。"

李白赶紧跪下:"布衣李白洗耳恭听。"

张知县从怀中拿出了一卷黄封绢书,打开后高声读道:

奉天承运,皇帝诏曰:"嗟尔李白胸怀大声,辞亲远游,读万卷书,行万里路,拜万人师,写诗千首,闻名遐迩,可谓奇才。朕素有爱才之心而求贤若渴。今特诏卿进京陛见,早授官职,为国效力!

钦此!"

"谢主隆恩!万岁!万岁!万万岁!"

张知县放下手中的诏书,双手扶起李白说道:"先生此去一定会鱼跃龙门。这是先生的荣耀,同时也是我们南陵县的荣耀!这里有纹银百两,且权当路资!望先生笑纳。"

李白设家宴款待张知县。许氏夫人亲自杀鸡宰鹅下厨操作。她的喜悦心情甚至超过了李白。回想起自己这个相门之女,当初嫁给李白不就是爱他是蛟

龙,是池中物,一定会有乘风破浪的一天吗?现在夫君大才终于有了大用,这真是社稷幸甚!家门幸甚!小伯禽知道爹爹刚回家又要离家,十分不高兴。平阳说:“弟弟,爹爹这次出门和以往不一样。他是去京城长安面见皇上呀!”

“京城离这有多远?皇上是多大的官呀?”

“京城离这有几千里之遥。皇上是管全部大官和小官的官呀。”

“那,爹爹也会做官吗?”

“当然要做官啦。”

“爹爹做了官以后还会回来吗?”

“不会回来了。”

“我就不让爹爹出去当官。”

“傻弟弟,爹爹不回来是由于公务繁忙,他会接我们到京城居住的。”

“啊!太好啦!太好啦!”我们也能到京城去了。伯禽高兴得拍手直跳,“那就快点让爹爹到京城见皇上做个大官吧!”

“快切肉吧!”许夫人催促女儿,“别跟你弟弟磨嘴皮说傻话了。”

家宴之后,张知县叮嘱李白要早日启程,就带领随从骑马回县城了。当杯盘狼藉的八仙桌旁只剩下一家四口人时,许氏夫人这才喜不自禁地吩咐一双儿女:“快,快向你们爹爹磕头祝贺。”平阳首先跪下:“女儿祝贺爹爹。”

小伯禽也学着姐姐的样子跪下说:“爹爹做了大官后,可要早点派人来接我们呀!”

“当然,当然!”李白搀起了一双儿女。

许氏夫人说:“夫君,不知你什么时候启程?”

“不急,不急。”

“怎么不急?你不是为了这一天都忙了大半辈子了吗?”

“娘子可知道刘玄德三顾茅庐的故事?”

“你想学那个诸葛亮,等圣上也来个三顾茅庐?”

李白点了点头:“是的,我可不是个招之即来挥之即去的凡夫俗子。圣上若真的求贤若渴,也必会像蜀汉的刘备!”

“那——你就再等一等你的刘先帝吧!”许氏夫人虽然有些担心,但也不好说什么,还是依从了李白。

十天之后,张知县果然又来下达皇上的第二道诏书了。李白接诏后仍然稳坐不动。又是一个十天后,张知县又来下达皇上的第三道诏书了。李白这才准备行装，启程奔赴长安。张知县这时感慨地说："先生，下官算是服了你了。"

"服我什么？"

"服你猜透了圣上的心意，让你这个当今的诸葛亮被三请以后才能出山。"

众人前呼后拥地陪伴着李白缓缓前行，一直来到了江边的渡口。李白此时心潮起伏，诗情激荡，随口吟出了《南陵别儿童入京》一诗：

白酒新熟山中归，黄鸡啄黍秋正肥。
呼童烹鸡酌白酒，儿女嬉笑牵人衣。
高歌取醉欲自慰，起舞落日争光辉。
游说万乘苦不早，著鞭跨马涉远道。
会稽愚妇轻买臣，余亦辞家西入秦。
仰天大笑出门去，我辈岂是蓬蒿人？

国学经典文库

# 中国古代情史

探究帝妃的隐私　为女性立传著说

图文珍藏版

马昊宸⊙主编

中國情史

线装书局

## 李白奉旨赞扬杨贵妃的万种风情

树的叶子被萧瑟的秋风慢慢地勒索一空，转眼间冬天就到来了。雪花断断续续地飘落，街巷与城墙上时常是白茫茫一片。大多数人家都以木炭取暖，出门的人都穿戴得十分厚实。

这段时间李白曾奉诏写过几次诏书，但都是通过小太监传旨授意，按时写完后又由小太监拿走。李白连一次见皇上的面的机会也没有。写一篇千把字的官样文章，对李白来说不过是雕虫小技，只用少许功夫，便一挥而就，闲下来仍是漫长的等待与无聊。真是日长似岁方觉闲！有一次他和同院的王翰林下棋时，说出了自己的心事。王翰林比李白大几岁，来此也好几年了。他摸着嘴上的八字胡须说："贤弟，你是初来乍到，觉得奇怪，我可是见怪不怪，习以为常了。我们这翰林院没权没势，是个坐冷板凳的地方。你我都是黄牛掉进了深井里——有劲也没法用的人。着急什么呢？反正有吃有喝有俸禄，耐着性子慢慢磨嘛！"

李白摇了摇头说："可你我都是中年人了，时间不等人啊。再这么消磨几年，不就变成个一事无成的白发老头了？"

王翰林苦笑了一声，也摇了摇头："唉！我刚来时和你一样着急。可又有什么用呢？你没看到我们的张驸马，每天不是闲得只干那斗蛐蛐的事吗？来来来，快来，咱们还是下棋！"话虽是这么说，李白却没有和同事们那样，饱食终日，无所事事，他除了偶尔下下棋外，绝大部分时间仍是在读书写诗和练剑，渴望着皇上的召见。

一晃又到了十月。一天，内侍果然前来传旨，李白陪伴皇上前往骊山温泉宫。他以为既然让他伴驾前往，说不定到了温泉宫皇上会召见他，讨论一些国家政事，所以他特别将《强唐鸿策》带在身上。

骊山在长安以东四十里。李白骑着御赐的飞龙马，拿起御赐的珊鞭，跟着浩浩荡荡的队伍，先出春明门，又过了长乐坡，再过了浐桥和灞桥，整整走了半日。到了骊山脚下，但见林木葱郁，经冬也不凋，山上山下，宫馆林立，赭色的宫墙，自西到东，自下至上，围成一座小小的山城。它既有城市的豪华气势，也有山林的清幽，比起长安城中的太极宫、大明宫、兴庆宫来，又别具一格。长安宫殿是雄伟庄严的帝居，骊山别馆则是超凡脱俗的仙境。此地因为有温泉，地气特暖，四季如春，而到了夏天，这里树木茂盛，人烟稀少，又比长安城中凉快。所以每年玄宗既在这里过冬防寒,又在这里消夏避暑,从开元后期以来,每两三年就得整修扩建一次骊山温泉宫,不久前又在半山坡上建成一座专供皇帝斋戒用的长生殿,在山脚下又修建了一处宜春汤,专供杨贵妃沐浴用。

刚到骊山温泉宫,李白感觉真是到了人间仙境。

第二天,皇上传旨“赐浴”随从大臣们。李白也赤裸裸地泡进带有硫磺味的泉水里,顿感浑身清爽舒畅,身上的污垢全部洗掉。第三天皇上“赐宴”也不过是一些山珍海味,没有什么特别的。到了第四天,皇上传旨“赐游”。李白这才兴奋起来,他一口气爬到了最高处的烽火台,回望蓝天白云下的远景:只见渭水东来,犹如一条长龙。远处的长安城隐约可见。站得高,看得远,也就想得多,李白想起了周幽王烽火戏诸侯的故事。那个入宫后常年没笑脸的大美人褒姒,就是在此看到了山下各位诸侯勤王的人马匆匆赶来,却看不见一个敌人,因而出现了她一生难得的一笑。这一笑,竟笑掉了周幽王的人头和西周王朝几百年的江山。从古到今,很多皇帝都是既爱江山又爱美人。玄宗皇帝在开元时期励精图治,还算是个有为的皇帝,但是进入天宝年间以后,尤其是宠幸杨贵妃以来,逐渐沉湎于酒色之中,时常不早朝,不理国政,这次来山上 3 天了,天天都和美人歌舞欢宴。这是甚堪忧虑的大事。

此后几天,仍无消息,只听见半山上的宫殿里,阵阵音乐随着清风飘下来,悠扬婉转,日夜不停。到了夜晚,更是听得真切,甚至连歌词也断断续续听到了几段:

………

趁天风,唯闻遥送叮当。宛如龙起翔千状,翩若鸾回色五章。

………

伴洛妃,凌波神渚;动巫娥,行云高唐。音和态婉转悠扬,更泠泠节奏应宫商。

………

步虚步虚瑶台上,飞觞引兴狂;弄玉弄玉秦台上,吹箫也自忙。凡情仙意两参详。

………

银蟾亮,玉漏长,千秋一曲舞霓裳。

这霓裳羽衣曲谁听了都会沉醉。

李白本来也可以沉醉在这仙境仙乐里,他却偏偏惦记着皇帝某一天会召见他咨询国政,就向同来的侍从官探问皇帝什么时候上殿问事。同来的侍官从都说不知道，并且用惊奇的眼光打量着他，有一个人居然还反问他说："有什么大不了的事，要万岁爷在这里升殿视事？"一个服侍李白的小内侍给李白沏茶时，才告诉他说："皇帝和贵妃这会儿正在忙着排练霓裳羽衣曲，这霓裳羽衣曲听说是皇上梦游月宫听来的。他到这里来就是为了陪贵妃尽兴玩乐，还升啥殿，视啥事？即便有事，内有高将军，外有李相公，哪里还用得着皇上操心呢？"然后又小声对李白说："你有福不享，打听这些做什么！"李白也只好安心享福，不敢再多打听了。

大概是霓裳羽衣曲排练得差不多了，有一天内侍传下旨来，让李白应诏。李白以为皇上终于要与他商量国家大事了，连忙弹冠整衣，伏俯阶下，结果却是让他写一首驾幸温泉宫的诗。他马上作了一首：

羽林十二将，罗列应星文。霜仗悬秋月，霓旌卷夜云。严更千户肃，清乐九天闻。日出瞻佳气，葱葱绕圣君。

"好诗！好诗！"杨贵妃当场拍手称赞。

"好，李翰林果然出口成章。"皇上附和着杨贵妃，龙颜大悦，"赏绢一匹。"

"谢主隆恩！"李白赶紧跪拜。当他起身站立准备向皇上呈献《强唐鸿策》时，皇上已经传旨起驾，去新建的贵妃池主持开池典礼。李白第一次亲眼看见了杨贵妃的天生丽质，只见凤冠霞帔包裹着的丽人，果真貌似天仙，肤色洁白如玉，白里透红。一双凤眼，顾盼之间千种风情，两颊上不笑也显示出两个深深的酒窝，笑起来就更加美丽动人了。虽然略微显胖，但是唐代流行的是以胖为美，所以说胖点正合乎唐代皇帝的眼光。难怪作为公爹的皇上，不顾天下人耻笑将儿子寿王的媳妇占为已有了。只是，眼前的皇上可不是无道昏君周幽王可比拟的。皇上是个英明的创业之主，开元盛世是他开创的！不过，人是可以改变的，特别是老人。居安要思危，应该防微杜渐，总是这样沉湎于女色，不理朝政，持续下去也不是什么好事。作为大唐臣民的李白，虽然不是谏官御史，人微言轻，却也想找机会冒险进谏。

李白天天盼着与皇上共论国事，从日出盼到日落，全都落了空。皇上与杨贵妃每天吃喝玩乐，歌舞升平，把李白忘到九霄云外了。

冬天一过，大地回春，草木发芽，八百里秦川麦苗儿一片葱绿，就像是一张无边无际的绿地毯。在骊山基本上坐了一冬天冷板凳而又急切盼望皇上召见商议国事的李白又随皇上一行，浩浩荡荡地回到了长安。过了几天，小太监前来宣召李白进兴庆宫见驾。

兴庆宫坐落在长安城东南。宫内除了应有的亭台楼阁以外，只有一片茫茫的兴庆湖，湖上有龙舟画舫，水中倒映着春日蓝天。皇上正在花萼楼前设宴款待杨贵妃的三个姐姐：韩国夫人、秦国夫人与虢国夫人。杨氏几姐妹都是天生尤物，一个比一个漂亮，深得皇上的喜爱。

李白此行，再一次奉旨写诗，作了《宫中行乐词八首》，并且得到皇上赏赐的百金。对于这些，李白并不感到高兴，反而有些不快。因为自己渴望多年进长安的目的不是做一个报喜不报忧、歌功颂德的御用文人。自己满腹的经纶和治国安邦的方略，竟然无法上达天子，看来皇上只不过是喜欢自己的诗而已。因为不愉快，李白就借酒浇愁了。他那刚来长安时的兴奋心情，渐渐淡了下来。不到半月，点点鹅黄变成了一片新绿，刚出巢的雏莺在枝头歌唱。玄宗出游宜春苑。李白又奉诏作《龙池柳色初青，听新莺百啭歌》。

三月间，江淮使韦圣引浐水到御苑的望春楼汇聚成潭，又造新船数百艘，标上全国各州、郡的名号，摆上各州、郡的名贵特产，载着上百的歌伎，唱着庆贺天宝年号的《得宝歌》："得宝弘农野，弘农得宝耶。……三郎当殿坐，听唱得宝歌。"各地官员排着几十里长的队伍，陆续来到望春楼下，向玄宗奉献各种山珍海味、奇珍异宝。玄宗也在望春楼上大设筵席，热闹了整整一天。李白又奉诏作诗《春日行》。

## 天子呼来不上船

仲春时节，春风淡淡。一日，艳阳高照，天气宜人。皇上和杨贵妃在兴庆宫沉香亭赏花。沉香亭是用名贵的沉香木建成的，木质坚硬，还带有经久不息的香味。亭的周围是大片的牡丹园，此时已成了一片花的海洋，这是从东都洛阳移植过来的名贵品种：魏紫、姚黄、焦骨等等，棵棵枝繁叶茂，朵朵多姿多彩。一阵清风吹过，芳香沁人心脾。无数的蜜蜂"嗡嗡"地飞舞在花蕊当中采花酿蜜。

宫廷乐队首领李龟年指挥着梨园弟子组成的大型乐队演奏着霓裳羽衣曲。皇上听此曲听得太多了，便有了厌烦，说道："赏名花，对美人，必有新词。李卿不要再弹旧曲了，快去宣李翰林进宫，填写新词！"

"臣遵旨！"李龟年应道。他马上与一个小太监带了四名年轻的卫士，快步出宫，各骑一匹快马来到翰林院。张垍说："今天是休沐日，李翰林一早就出去了。"

李龟年问："他会去哪里呢？"

张垍答："那个酒鬼说不定又去哪个酒楼喝酒了。"

李龟年立即掉头去长安街上的酒楼寻找。天子脚下，堂堂皇城，酒楼很多，个个豪华阔气。李龟年进了东家进西家，找得满头大汗，气喘吁吁，终在西市的终南酒家楼下听到有人在大声诵吟：

三杯通大道，一醉解千愁。

但得酒中趣，不作富贵求。

李龟年兴奋地说："这不是李白又是谁呢？"于是大步走上楼，发现李白正在靠窗的酒桌上一个人喝闷酒，竟然喝得烂醉如泥。李龟年连声呼唤："李翰林！李翰林！"

李白满脸通红，醉醺醺地，不答应。

小太监忙说："他已经喝得烂醉如泥了，算了吧！"

李龟年说："咱俩可是皇命在身，今天无论如何也要把他带进宫去！"

两个卫士把李白抬下楼扶上马，小心地护持着来到兴庆宫门外。李龟年飞快地进宫到沉香亭面陈："李翰林酒醉如泥，现在宫门外的马背上。按律宫内不能骑马，请圣上定夺。"皇上说："特许李白骑马进宫！"

"臣遵旨！"李龟年又快步走出宫门，与随从一道簇拥着李白来到沉香亭旁，然后搀下马背上的李白，小心地来到皇上跟前。

这时，皇上随侍的高力士有些不悦。因为李白每次见到他都昂首挺胸，目中无人。听崔敬昌说，李白非常瞧不起他这个大总管，嘲笑他是男不男、女不女、臣不臣、民不民的人。这不是不把我高力士放在眼里吗？今日见李白喝醉酒的样子，于是趁机说："启奏圣上，李白恃才傲物，有失做大臣的礼节，既然醉成了这般样子，就改天再命他写诗吧。"

"不行，朕和爱妃正在兴头上，不许拖延，让他躺下，赶快送上醒酒汤。"

"遵旨！"高力士不得不命小太监搬来一个金丝楠木卧榻，扶李白仰面躺下。很快，御膳房的鲜鱼醒酒汤也由一个小宫女用银碗盛着端了过来。

玄宗说："快喂李翰林喝下。"

小宫女一勺一勺将醒酒汤喂给李白。然后，皇上又令小宫女吐两口兴庆湖水在李白脸上。内外夹击，李白这才醒过来，看到眼前的光景，连忙跪倒在地说："小臣唐突见驾，有罪，有罪！"

"恕卿无罪！"皇上说，"今天朕赏名花对美人，快给朕写一首新诗上来！"

"臣遵旨！"李白这时醉意全无，转脸看到盛开的牡丹花与雍容华贵、浓妆艳抹的杨贵妃。爱美之心，人皆有之。人面与花容相互交映，不由激起了李白作诗的灵感。

李白凝神构思片刻,小太监早已取来了文房四宝。皇上命令高力士亲自侍候李白。高力士本不乐意侍候这个高傲文人,可是君命难违,只好忍着性子去做。

李白接过了高力士手中的狼毫大笔,蘸满了墨,俯在铺着金花笺的小条几上龙飞凤舞一口气写成了《清平调》三章:

云想衣裳花想容,春风拂槛露华浓。

若非群玉山头见,会向瑶台月下逢。

一枝红艳露凝香,云雨巫山枉断肠。

借问汉宫谁得似?可怜飞燕倚新装。

名花倾国两相欢,长得君王带笑看。

解释春风无限恨,沉香亭北倚栏杆。

一笺一首,每当写完一首,高力士就拿去呈给皇上看。皇上边看边吟,吟完便呼:"好诗好诗!高才高才!"随手又转交给伴坐在身旁的杨贵妃欣赏。杨贵妃出身书香门第,是读过诗的人,看着想着,心中一阵窃喜。诗人把自己比作天上的仙女,说云像她的衣裳,花像她的容貌。尤其是形容她像一枝红艳艳的花朵,正散发出凝重的芳香,形象鲜明,语言生动,比喻恰当。皇上问杨贵妃:"爱妃,你看写得怎么样?"

杨贵妃原已洋洋得意,但还是谦逊地说:"诗人有些过奖了,妾妃没有他说的那么美。"

"不过,依朕看是恰到好处。"皇上立刻传命李龟年:"立刻给诗谱曲演奏!"

"臣遵旨!"

不一会儿功夫,宫廷乐队就把新写的诗谱上曲子演奏起来,还有一个歌女独唱。皇上听后很兴奋,还亲自吹起玉笛,参与伴奏。

演唱完一遍,皇上仍不过瘾,传旨重新演唱了两遍。

杨贵妃听后浑身轻飘飘的,好似腾云驾雾一般。她特命宫女用西域进贡的夜光杯满盛了葡萄美酒,赏赐李白作为酬谢。李白接过来一饮而尽。杨贵妃手举金壶,又斟满了一杯。李白拜谢说:"请贵妃娘娘见谅,臣不敢再喝了!再喝醉了,又要失礼了!"

高力士瞪了李白一眼,趁机说:"我看你还是不喝的好,这儿是皇宫禁地,并非酒店。"

杨贵妃瞪了高力士一眼说:"高公公,不要管他。李爱卿是酒喝得越多,诗就写得越好!"

高力士不说话了，皇上也对李白说："李爱卿，你是出名的斗酒诗百篇之人。醉后失态，朕与爱妃都不会怪罪于你的！"

"谢圣上开恩！"李白举起酒杯，斜视了高力士一眼之后一饮而尽，感觉这两杯皇赐御酒香醇可口，绝不是任何酒家之酒可比拟的。

"爱妃，那边还有好花看哩，快跟朕一道去观赏吧！"

"臣妾遵旨！"

皇上挽起杨贵妃的玉手，缓步离开了沉香亭，却把李白丢在了一边，好似忘了一件刚用过的物品一样。

李白独自站在沉香亭北，走也不好，不走也不好。高力士趁机走过来讽刺道："李翰林，你怎么还不回呀？是不是还等着贵妃娘娘赏赐你葡萄酒呀？那可是千金难买！"

面对这个年老无须、语音不男不女、权势很大的总管太监，李白又想起了高力士的干儿子崔敬昌以及这二人狼狈为奸干的丑事，心中顿时产生了一种厌恶感，很想痛快地把高力士臭骂一通，但是，想到投鼠忌器，打狗还要看主人，欲言又止。他毕竟是皇上身边最得宠的人呀！李白强忍着心头气愤，转身向宫外走去。他边走边在心里说："哼，别看你狐假虎威没人敢惹，总有一天我会给你点颜色瞧瞧的！"

从开元后期以来，玄宗很少去大明宫上朝了，平日多居住在兴庆宫。由于差遣繁多，李白又奉命从大明宫的翰林院搬到兴庆宫的翰林院，守候在皇帝身边，以便随时应诏。上面又派了两名宫女专门侍候李白，伙食也比以前好了。每天除了鸡鸭鱼肉，又特意赏赐给他西凉进贡来的葡萄酒一斤。穿的衣服更是不用愁，冬天还没过完，春衣已经送来了；春天还没过去，夏衫又已送来了。娘娘怕他寂寞，又特赐他一只陇西进贡的鹦鹉。鹦鹉立在珊瑚架上，用一条黄金做的小练系着，挂在檐前。宫女们每日用江南进贡来的香稻和终南山的清泉喂它，还教它念李白的诗！

李白这时有吃的，有穿的，有玩的，真是要什么有什么，不仅翰林院中其他的人望尘莫及，就连三品五品的文武官员也看着眼热。王公贵人经常来请他听歌、观舞、赴宴，还怕他不赏脸。即便是休息日，他也不得休息。徐王李延年府里的宴会还没结束，汝阳王李琎早派人等候了。刚从左司郎中崔宗之宅里出来，张垍兄弟三人又来迎着。这个休沐日还没过完，玉真公主已派人来请他下个休沐日务必去她的玉真观。李白成了长安城第一红人。

## 自古名士多风流

李白可算得到了报效朝廷的机会。待诏翰林3年以来,他首次不是侍奉皇帝洗浴,也不是侍奉娘娘观花,更不是为梨园填词,总而言之,不再为帝妃们吃喝玩乐效劳,而是为朝廷起草出师诏。因此,当内侍找到李白时,虽然他已有醉意,却依然奉诏前往兴庆宫勤政务府。

玄宗早已在政务府等待,御榻上文房四宝早已摆好,炉火也燃得正旺。玄宗让李白把脸和手洗净,又让他喝了一杯刚沏好的"龙团"新茶,然后亲自将诏令大意说给李白。原来是吐蕃在3年以前攻占了青海的石堡城,大唐天子认为他有不臣之心。虽然也曾用过兵,无奈将非其人,出师未克,没能消得心头之恨。近年,朔方节度使王忠嗣,出师桑乾,连战连胜,拓地千里,威震漠北。天子大喜,特别加封他为左武卫大将军,想让他率领大军西征吐蕃。最后,玄宗还引经据典地说道:"书云:'戎狄是膺,荆舒是惩。'朕欲惩此顽夷,威慑西域,让他们知道我天朝的厉害!"李白不知究竟,只顾考虑这一篇振我国威的文字如何做得铺张威风,堂而皇之,超过司马相如。他向玄宗启奏:"请皇上赐臣无罪,臣神旺气足,方能尽其所能。"玄宗说道:"你就随便一点无妨。"李白便摘掉帽子,脱下皮袍,一面开始思考,一面抬腿放在御榻上,这才发现靴子还没有脱下来,自己脱吧,又担心弄脏了刚洗净的双手,玷污了凤毛笔,染黑了蟠龙笺。正好,高力士站在旁边。坐在御榻边上的李白便把脚对高力士一伸:"劳驾高公公帮个忙。"高力士怎么也没有料到,除了圣上,竟还有人敢让他"帮"这个"忙"。高力士还来不及思考这个忙是帮好,还是不帮好,一双捧惯了御足的手,早已抓住了李白的靴子。李白趁势一缩腿,左脚一只便已脱下来,右脚一只马上又已递到高力士跟前,高力士也就不得不"帮忙"帮到底了。正当高力士回过神来呆呆地站在那里,后悔刚才没有叫小太监过来帮忙时,李白早已笔走龙蛇,草拟诏书了。

文武大臣们鸦雀无声,如同众星拱月般注视着这一切。他们在敬佩李白才华之时,也为他捏了一把汗:要是国书写得不怎么样,起不到威慑退敌的作用,那可怎么办?杨国忠、高力士二人唯恐天下不乱,暗暗祈求上苍保佑让李白写不好国书,激怒番使,惹怒皇上,让李白吃不了兜着走,当面出丑,那才有好戏看哩。

李白思路清楚,很快,一张国书就写成了。李白搁笔后将国书呈于龙案上。

玄宗仔细一看,是蛮字番文,一字不识,当即宣旨:“李爱卿,你当众宣读吧!”

“臣遵旨!”李白当下站立在御座前,面对文武大臣与番使,双手展开白绫书,高声宣读起来:

大唐天宝大皇帝,诏谕渤海国可毒:自昔石卵不敌,蛇龙不斗。本朝奉天承运,抚有四海,将勇卒精,甲坚兵锐。颉利背而被擒,弄赞铸鹅而纳誓。新罗奏织锦之颂,天竺致能言之鸟,波斯献捕鼠之蛇,拂菻进曳马狗。白鹦鹉来自诃陵,夜光杯贡于林邑。骨利干有名马之纳,泥婆罗有良酢之献。无非畏威怀德,买静求安。高丽拒命,天讨再加,传世九百,一朝殄灭,岂非逆天之咎征,衡大之明鉴与!况尔海外小邦,高丽附国,比之中国,不过一郡,士马刍粮,万分不及。若螳怒是逞,鹅骄不逊,天兵一下,千里流血。君同颉利之俘,国为高丽之续。方今圣度汪洋,恕尔狂悖,急宜悔祸,勤修岁事,毋取诛戮为四夷笑。尔其三思哉!故谕!

国书读罢,朝堂上一片寂静。大家对国书中引经据典、有论有据的文理,赞不绝口。番使吓得不知所措,长跪在台阶下,如捣蒜般连连叩头请罪:“天朝国威,下国尽知!望皇上恕臣愚昧无知,有眼无珠,多有不敬!”

玄宗见此国书竟然立竿见影,慑服了前来送番书的番使,甚感欣慰,当即和颜悦色地说道:“贵使平身,朕愿和贵邦世代友好,永息干戈!”

番使说:“多谢陛下宽宏大量。臣回国后,自当尽力劝国王以和为贵,年年进贡,岁岁来朝。”“这样甚好!”玄宗命高力士将国书盖了御印,交给番使收藏,并下旨赐番国细绢千丈,名马千匹,以示友好。

李白写国书让高力士脱靴之事传遍朝野,高力士怀恨在心,便挑拨杨贵妃,说李白写诗讽刺杨贵妃媚君,贵妃生了气,便找机会排挤李白。这时李白正备感孤单,为国家的前途担心,为人民的安居乐业担心,还为自己的前程担心,真是愁白了头,才四十五岁,两鬓就已微白,三绺长须也逐渐变成了灰色。近些天来,他时常做思乡梦,不是梦见远在西蜀的父母倚门盼儿归,就是梦见南陵的一双儿女在啼哭。西蜀和南陵这两处都时时牵动着他的心。他想回西蜀,可是自己这个落魄样子,功不成,名不就的,有何颜面见家乡父老。他想东归南陵去与妻儿团聚,同样也有个脸面问题。当初皇上三诏进京时,自己在妻儿和荀妈妈母子等乡邻面前是何等的得意和荣耀!他们又是对他抱有多大的期望,就这样一事无成地回去,岂不让人耻笑?而且现在又是食君之禄,忠君之事,得不到皇上的准许,他也不能说走就走。

兴庆湖上碧波荡漾,一艘龙头舟在八个妙龄宫女轻轻地划动下,慢慢地破浪前进。龙舟前甲板上,玄宗与杨贵妃正对坐下棋。高力士手持拂尘恭敬地侍奉一旁,不时地让小太监和宫女上茶水点心。

时当正午,春天的阳光毫无遮拦地照射着,让人们浑身暖洋洋的。今天玄宗的心情特好。杨贵妃为了取悦皇帝,故意连输三局。玄宗好像看出来了,微笑着说道:“爱妃,你这是有意输给朕吧?”

“不”,杨贵妃嫣然一笑,卖弄风骚地说,“皇上棋招骁勇,出奇制胜,妾妃自当甘拜下风!”

“哈哈哈!”玄宗洋洋得意地大笑,“传酒宴上来,朕与爱妃痛快地喝几杯。”丰盛的酒宴从另一只小船送到龙舟。玄宗连敬杨贵妃三杯。杨贵妃高兴地喝了下去,不觉脸色发红,在白如凝脂般的肤色的映衬下,白里透红,红里透着白,像是一只熟透的苹果,越发增加了几分娇艳。

趁此空隙,高力士把一份事先就放在怀中的表章呈送到皇帝面前,请玄宗批阅。

玄宗问高力士:“什么奏折?无关紧要的,高将军你自己批复就是了。”

高力士说:“多谢皇上的器重与信任。这份奏折臣下不能批复,是翰林学士李白上呈的。”

“啊,他不去喝酒写诗,又有什么要事可上奏?”

“他请求辞朝乞归!”

“哦!”皇帝吃了一惊,“这么好的闲官不做,这么好的闲酒不喝,他发疯了?”

“他,他这怕是无事生非呀!”高力士趁机进谗言,“他,他对皇上有怨言!真是身在福中不知福,得陇望蜀!”

玄宗接过奏折详阅起来。李白在辞表中说他在翰林院中坐冷板凳,好似被人遗忘了一样,成年累月地无事可做,空吃皇家俸禄。与其这样虚度年华,还不如回归故里,求仙访道,跋山涉水,游山观景,多为老百姓做些好诗,为社会做一些有用的事,恳请皇上恩准。

玄宗阅完,面露不悦之色。李白显然在抱怨玄宗把他遗忘了,不重用他。不过,这也的确是事实。玄宗想了想,毕竟大半年没有召见过他了。之所以如此,还不是为了《清平调》那件不愉快的事。

高力士因脱靴之耻,一直耿耿于怀,恨李白恨得咬牙切齿。他早就串通好了杨国忠、张垍,要找个机会去皇上那里参奏李白,拔去这眼中钉。现在他自己提出归田,岂不正合高力士的心意吗?老谋深算的高力士,此时还装作若无其事的样子说:“微臣对李白走与留都没什么看法。圣上还是听听贵妃娘娘有何高见吧!”玄宗转而问杨贵妃:“爱妃,你看呢?”杨贵妃毫不思索地回答:“让他走!让他走!我大唐人才济济,文能安邦,武能定国。他李白不过会写几首歪诗而已,有什么了不起?”玄宗见杨贵妃这样说,于是又问高力士:“高将军,你看贵妃娘娘言辞是不是有些偏激了?”高力士字字斟酌,小心翼翼地说:“娘娘千岁虽说言辞有些偏激,却也有一定的道理。依微臣愚见,李白既然把翰林学士都不放在眼里,不妨就成全他吧!也免得叫娘娘千岁看着他就恶心生气,有损玉体芳容,那可就得不偿失了。”两个人的话,使动摇不定的玄宗下了决心,于是提起朱笔在李白的辞表上批了四个大字:“赐金放还!”

当李白捧着“赐金放还”的手敕时,不禁感慨万千。

他一会儿感到自己如同卞和一样。卞和发现一块玉璞,拿去献给楚王。结果非但没有得到重视,楚王反而把玉璞当成一块石头,说他有欺君之罪,砍断了他的左足;他不甘心,又拿去献,楚王又斩断了他的右足。卞和便抱着玉璞在楚山下哭了三天三夜,泪尽而继之以血。楚王听说了,派人去问他:“天下由于献宝而断足的人多了,你为什么哭得如此伤心?”卞和说:“我不是因足断而哭,我哭的是宝玉被当成石头,好人被当成骗子。世上没有公道,人间已没有是非。这才是我悲哀痛心的原因啊!”于是李白写下了《抱玉入楚国》诗一首。

一会儿他又感到自己变成了宋玉。宋玉在楚襄王手下为臣,立身处事本来高洁,只因他才华出众,又长得一表人才,受到登徒子的忌妒,登徒色竟诬陷他好色,劝楚王不要让宋玉出入宫中。其实真正好色的是登徒子,他一见女人,不分好坏,就像苍蝇见血。结果,楚王竟然听信登徒子的谗言,把宋玉赶出了朝廷。于是李白又写下了《宋玉事楚王》诗一首。

他一会儿又感到自己好似是被人遗弃的良家妇女。虽然品行端正,没有什么过失,而且人也正处盛年,无奈夫婿无情,色未衰而彼爱已弛,竟到中途弃损。山中的藤萝还有松柏托着,而自己却连藤萝也不如。这是何等悲哀啊!于是李白又写下了《绿萝纷葳蕤》诗一首。

最后,他感到自己好像陇头流水一样,从陇山流下来,流入秦川,汇入黄河。即将一去不返,怎能不带悲声呢?胡马南去时,回顾朔方的冰雪,还有依恋之情,回想来长安时,看见秋蛾初飞;如今离开长安,看见春蚕已生。啊,三个年头过去了!光阴好似流水一般逝去,我的心却如风中的旌旗没个着落。哪里才是我的前途?哪里才是我的安身之地?唉,没完没了地感伤又有什么用呢?还是擦干眼泪走吧,走吧!只是这颗破碎的心何时才能平复啊?于是李白写下了最后一首诗《秦水别陇首》：

秦水别陇首，幽咽多悲声。胡马顾朔雪，躞蹀长嘶鸣。感物动我心，缅然含归情。昔视秋蛾飞，今见春蚕生。袅袅桑结叶，萋萋柳垂荣。急节谢流水，羁心摇悬旌。挥涕且复去，恻怆何时平？

天宝三年，阳春三月的一天，天空阴沉沉的，一阵大风吹过了长安城郊，把已经凋落的春花吹得叶落花败，一地落红。

李白清早起来，收拾好简单的行李。他含着泪水把用多年心血写下的治国安邦的《强唐鸿策》撕得粉碎，将皇上赐给的锦袍玉带打进了包裹里，穿上了来长安时的白色布袍布帽，肩背着龙泉宝剑和整天挂身的酒葫芦，然后骑上新赐的白龙马，没有向张垍告别，只向十几个在院门送别的翰林同事一一道别之后，就独自一人离开了居住和工作了两年多的翰林院，信马由缰，出了长安东大门。

长乐坡前，人头攒动，许多朋友和自发聚集起来的长安父老在此给李白送行。他们在路旁摆下了饯行的酒，使李白忧郁的心头一振，受到了莫大的安慰，觉得皇上虽然抛弃了自己，而朋友们和长安的父老们并没有忘记他这个人民的诗人。

## 太监李辅国娶妻

在肃宗的时候，有个大太监叫李辅国。由于得到皇帝的宠信，加上和张皇后勾结，把两朝元老李泌丞相挤走，李辅国自己当上了宰相。由于肃宗皇帝身患重病，常在内宫休息，李辅国凭借着自己在朝中的特殊权力，十分威风，想见天子的大臣只有孝敬李辅国才能得以传见。

京兆尹元擢，此时奉诏入官。于是他把一个阗州温玉雕成的美人送给了李辅国。这是稀世之宝，哪怕是寒冷天气，这玉也是温暖的。倘若早晚摩弄，或者抱在怀中，和人肌肤一般温暖。李辅国有了这温玉，心中自然高兴，在皇上面前替无擢说了许多好话，从此俩人成了知己。

为了巴结李辅国，元擢摆了盛大的酒宴请李辅国。李辅国虽然是个太监，但却未忘记人欲。他久闻元擢的女儿春英是绝代美人，便在席间提出让元擢的女儿出来相见，功名心甚重的元擢便唤女儿出来了。

春英小姐不但人长得美貌无双，而且诗书也读了很多，很通大义。有很多求配寻婚的富贵子弟，小姐嫌他们是纨绔子弟，不解情爱，以侍奉父母为由回绝了。因此王孙公子们都不再来了。此一回拜见李总监，是家中从未有过的事，本来心中诧异，但念及他是太监，便不意其他，便稍为梳妆，随母出来。

李辅国一见春英小姐青春美貌，乐得心花怒放，斜着眼角，眼光总在春英裙下鬓边来回打旋，口中模模糊糊地说："元太守的温玉美人也不如这样的解语花让我动心啊！"春英小姐被这一句话说得满面含羞，掩面退进了后堂。

第二天，李辅国便派人到元府中来提亲，表示愿娶元擢的女儿。这个千娇百媚的女儿是元夫人膝下的宝贝，如今要她嫁给一个太监，老夫人怎能答应？只可惜那元擢功名心重，好似猪油蒙了心，也不管夫人怎么想，女儿的命运前途如何，便一口答应。春英小姐不知痛哭了多少回，元夫人也不知和丈夫闹了多少次，终是没有用，最终把这可怜的女孩嫁给了半百的老太监。

在春英嫁后，父亲和兄弟的官职很快就提升了，但春英小姐却苦了。

起初，元夫人去李府探望女儿。等没人的时候，母女二人总是抱头痛哭，于是老夫人便接女儿回了娘家。没有三天，李辅国就差人逼新夫人回府。春英一听有人来催，便吓得花容失色，不愿回去。每次必得老夫人好言相劝，才肯含泪上车。隔不多久，又会逃难一般返回。

在母亲面前只能哭哭啼啼而已。尽管元老夫人一再追问，小姐也只是羞红了粉脸，说不出一句话。

春英小姐有一晚回到家中又是哭泣，于是元夫人便拉她同床共睡，无意间抚到春英的手臂，感到她滑腻的肌肤上有了无数伤疤，好似鱼鳞一般，连忙问道："我儿，你这玉雪般的肌肤怎么伤痕累累？"她一下坐起身，拿过烛台观看，见春英浑身一块青一块紫，腿儿上和脖子上更是厉害得不得了。

到了现在，春英小姐也不顾羞了，抹着泪哭道："全是李辅国给弄的，他自己已经是废人了，每夜还是不放过我，在床上总逼着我除去外衣，由着他搂抱着，又揉又搓，又抓又咬，一直到天明，哪怕是白天，也不放过，总要弄出伤来，才肯放手。"

到了伤心处，春英指着身体说："孩儿的下体也是他不顾死活弄坏的。"元夫人解开来看时，下体也是血肉一片。元夫人哭骂道："这老混账该死，差点要了我儿的性命，要不是你父亲老糊涂，也不会把你葬送在老魔头手中。"

春英小姐无奈，只得凭借张娘娘帮忙躲在了后宫，二年未曾回府。后来和皇子相识，私订终身，便是后话了。

李辅国得了春英小姐后，才晓得女人之妙，尽管自己已是残废的人了，但他还是愈来愈发奇特。自从春英躲进后宫，只要他选上有姿色的女人，便每夜上床玩弄,甚至后来只要是皮肤白净的,不是用口咬,就是用手抓,当皮肉上流出血来,他才感到满足。有时,他便将那班美貌歌女唤入房中,剥去衣服,尽力抽打出条条血痕,皮开肉绽,他才呵呵大笑,给她们金银彩缎,称为遮羞缎或养伤钱。

## 青楼才子杜牧与湖州妓女私订婚约

### 浪荡才子栖身青楼

杜牧是我国唐代著名的文学家,以脍炙人口的《阿房宫赋》《山行》等诗文名扬后世。

杜牧超群不俗的才华在少年时便显露出来,每每涉笔成趣,出口成诵,被世人视为一代奇才。他二十岁中进士,成为名噪一时的风流人物。

杜牧不仅有盖世的才智,而且有风流潇洒的外表和疏野放荡的性情。尽管他也努力收敛,约束自己的行为,但仍然不能自拔。

杜牧

杜牧成名以后,丞相牛僧孺出镇扬州做淮南节度使,便受征召为节度使的书记。而杜牧本人除了做好自己的本职工作,更喜欢宴游四方。

扬州山秀水美,景色宜人。每至夕阳西下、万家灯火之际,扬州的上空总被青楼的光彩照耀。大街之上,到处可见装饰华贵的女人,似乎此处并非人间。

性情疏野放荡的杜牧在此情此景之中怎忍心中的寂寞,也常常私下里出没于烟柳画巷之中,没有一天晚上例外。

牛僧孺很快就知道了杜牧的行为。念杜牧是一个不可多得的人才,牛僧孺特地私下里选派了 30 个人,作为杜牧的私人保镖。

杜牧不知内情,依旧常常栖身于娼楼之中,十分惬意。这种状况,一直延续了好几年。

后来,杜牧被征为侍御史,牛僧孺在饯行筵席上委婉地劝诫杜牧说:“以你的风度与洒脱，应该仕途顺畅。但若常思恋风月之情而不能节制、约束自己，势必会影响一个人的心性。”

杜牧还以为自己的行为诡秘不为人知，若无其事地对牛僧孺说道：“大人所言甚是，幸好我本人还能对自己的行为进行控制，不给您增添这方面的麻烦。”

牛僧孺闻言，笑而不答，命人取来自己的一个小书篓。牛僧孺微笑着当着杜牧面的将书篓打开。

杜牧凑前一看，书篓里装有百十来条卫士们的密报。这些密报单上说的全部都是：某某晚上，牡牧在某家过夜，出入安全；某某晚上，村牧在某处宴饮，在某处过夜。

杜牧大为惊骇，才恍然大悟，牛僧孺不仅早已了解并掌握了自己的一举一动，深知自己的性情、癖好，而且还暗中操心着自己的安危。

杜牧羞愧得无地自容，对牛僧孺的保护，再三致谢。后来，牛僧孺过世，杜牧为了报答牛僧孺对自己的知遇之恩，题下墓志铭，并极言其为人高洁。

## 公然索妓不顾他人非议

杜牧做了一段御史之后，成为东都洛阳的朝官。

当时，司徒李愿辞掉节度使职务以后，赋闲在家，整日里沉醉在酒林肉池之中。其显赫之状，在洛阳无人可比。洛中名士，莫不前来拜谒。

于是，李愿便大开宴席，广宴宾客。当时的达官贵人及社会名流都争相拜会。李愿唯独不敢贸然相请杜牧，因当时杜牧身为监察御史，主持法纪。

杜牧倒很希望能够得到李愿的邀请，对此怅然若失。

杜牧随即差遣了一位门客去李府，表明自己想结识李愿，希望能够参加这次宴会的愿望。李愿始料不及，特邀杜牧前来参加宴会。

杜牧正在室内自斟自饮时，请柬到了。

杜牧立即应邀来到李府的宴会厅。

此时，李府的宴会已经开始，席间有百余名绝色丽颜、明眸姣容的艺妓为来宾斟酒、助兴。

杜牧坐到了宴席的南侧，席间的众位艺妓吸引了他的注意力。三杯酒后，他忍不住向李愿问道：“听说你这儿有一名艳若芙蓉、貌似天仙的妓女紫云；不知道是这当中的哪一位?”

“噢，那里！”李愿用手一指。

杜牧随着李愿的指点，看着那位面容姣美的紫云，目不转睛，简直都要看呆了。

许久，杜牧才回过神来。

“噢，真是名不虚传，名不虚传哪！李大人，能否将她送给我……”杜牧对紫云已渴慕之极，竟说得直截了当。

李愿俯身而笑，点头应允。席间的诸艺妓们听了之后，无不转头而笑。

杜牧一时兴起，又狂饮三杯后，起身朗声吟诵，目无旁人：

“华堂今日绮筵开，谁唤分司御史来？

忽发狂言惊满座，两行红粉一时回。”

杜牧一吟即出，语惊四座，所有赴宴的人都盯着杜牧。而他本人，则是风流潇洒，一副旁若无人的模样。

光阴似箭，日月如梭，转眼之间，浪形于风尘之中的杜牧，也渐渐到了垂暮之年。

杜牧常常忆往追昔，赋诗怀旧，对往日的风尘岁月缅怀不已。他曾作感旧诗数首，诗中吟诵道：

落魄江湖载酒行，楚腰纤细掌中轻。

十年一觉扬州梦，赢得青楼薄幸名。

又曰：

航船一棹百分空。十载青春不负公。

今日鬓丝禅榻伴，茶烟轻飏落花风。

## 垂暮之年竟与幼女订婚约

唐朝太和末年，杜牧转任辅佐沈傅师去江西宣州，做了那里的幕府。杜牧依旧放浪形骸，但并没有一位风尘女子合他的心意。

杜牧自然不甘寂寞，仍然以访寻奇花名蝶为能事。后来，他听说湖州那儿美女很多，而且常有绝世美人，便执意前往游访一番。

湖州刺史某乙与杜牧交情很浓。他很了解杜牧的性情、爱好，一听说杜牧要来湖州，就知道了他的目的。

杜牧到了湖州，刺史某乙经常私下设宴款待杜牧，并陪着他四处游访烟巷，遍寻名柳，迎合杜牧。凡是他能够网罗到的优姬名伶，对杜牧都毫不保留。

游历了许久，刺史某乙终于开口征询杜牧的意向。

杜牧说道:“我所见的这些美女确实是够美的了,可惜都不是至美之人。”

刺史某乙闻听此言,一时也不知道再怎么办才好,便又一次征询杜牧的意见。

杜牧早已计上心头,便对刺史某乙说道:“我们搞一个龙舟竞赛大会,届时让州内所有的人都来助阵观看。四方来人齐聚水边之际,我再暗自慢慢察看,希望能在这个时候,寻觅到意中之人。你认为这个办法怎么样?”

“妙哉,就这么办了!”某乙大喜,命人依杜牧所言准备。

龙舟竞赛大会如期举行。这一天,江水两岸观者如潮。比赛尚未开始,几千民众就已聚集于此。人们在江水两岸排列有序,目光齐聚江水之中。

杜牧暗自留意两岸的佳丽,搜寻了一整天,竟无一中意。这使杜牧非常失望,刺史某乙也是白白着急。

龙舟比赛闭幕,参加比赛的人们已经开始收船,岸边的观众渐渐散去。

忽然,杜牧注意到了一个乡里的老妇人带着的一个年幼的女孩。

这个女孩刚过10岁的样子,容颜姣好,美貌超群,且有罕世难匹之艳。

杜牧惊喜万分,不由得脱口赞道:“这真是国色天香,罕世之美,先前的那些女子真不该活在世上啊!”

杜牧立刻使人唤过这母女二人,向老妇人说了自己的想法。

母女俩吓得浑身发抖。

杜牧却上前说道:“本官并不是马上就要迎娶,只是在此相会,实属有缘,想借此机会定下结婚的日期。”

“老爷,请听老身一言,像你们这种官宦之人,四海为家,身不由己。倘若今天跟小女定下聘期而他年又失信,我们该怎么办呢?”老妇人不无忧虑地对杜牧说。

“噢,您不用担心这些,我10年之内,必为此郡郡守,届时当亲自驾车驭马,前来迎娶。倘若老天作梗,不如我愿,我10年不来,就当没有此事。您看,这怎么样啊?”

“好吧,那就请老爷做主吧!”老妇人终于允诺。

杜牧大喜,当即付与重金定下了此事。双方定下盟约。

杜牧归朝之后,仍挂念湖州,想尽快出镇湖州,以迎娶老妇人之女。然而,终究还是因为自己的官职级别太低,不敢提出这种要求。

不久,杜牧接连担任黄州刺史、池州刺史,旋即又被调到睦州任职。杜牧身不由己,只好勉强去上任,但他的心里,却始终挂念湖州。

一连几年过去了，杜牧要实现在湖州的誓言，似乎还遥不可及。

杜牧颇为忧虑着急。如果他不能够在约定的时限内实现诺言，那等于是放弃湖州女。杜牧开始四下活动，请求镇守湖州。

当时，有一个人，名叫周墀，正在朝中担任宰相之职。杜牧素日里与周墀的私交很深，便给周墀一连写了 3 封信，以需要到江外帮助其弟弟杜颉治眼病为由，请求调往湖州。

但是仕途艰难，难遂人愿，杜牧一直没能成行。直到唐大中三年，杜牧才终于改任湖州刺史。

这时候，距杜牧当年在湖州与老妇人的誓约，已有 14 年之久了。

杜牧急不可待连夜奔赴湖州。他赶到湖州后的第一件事情，就是立刻查找当年的湖州之女。

很快有了消息，那个当年跟杜牧曾有过盟约的湖州女，3 年之前已经嫁人，现在已生有 3 个儿子。杜牧不由得深深慨叹了一声。

杜牧在湖州走马上任以后，送信给老妇人母女，希望能够见到她们。

这母女俩见到现已身为湖州刺史的杜牧的来函后，心中很为惊讶，颇感忧惧。老妇人生怕杜牧强娶豪夺，便自己一人领着女儿的幼子，惊恐不安地来见杜牧。

杜牧见了老妇人之后，责备地问道："你已将女儿许配嫁人？"

"是的，老爷。"

"有盟约在先，你的女儿早年就许配给我了，为什么又要出尔反尔、违背诺言呢？"

"老爷，小女确实和您有约在先。可是，早先老爷和老身约期为 10 年，并许以老身如您违背约定，老身可以自己讨方便。没曾想，老身和小女苦苦等了老爷 10 年有余，不见老爷回来，不得已，3 年前将小女嫁与他人。老身句句实言，请老爷明察，并不是老身及小女有意欺骗老爷！"

闻听老妇人之言，杜牧打开当年盟誓之词看了一遍，低头苦思良久。

终于，杜牧抬起头来，对面前的老妇人说道："我们当年的约期确为十年。今时间已过，是本官的责任，与你们没有关系。并且，事已至此，强求也于事无补，所以，这件事就至此完结好了。念在你母女二人苦等了我十多年的分上，本官定要有所表示。"

说着，杜牧赠送给了老妇人一份厚礼。老妇人千恩万谢地走了。杜牧因此事作了一首伤感的诗。诗云：

自足寻春去校迟，不需惆怅怨芳时。

狂风落尽深红色，绿叶成荫子满枝。

# 朱温嗜色如乡间泼皮

## 朱温被张女迷得欲火中烧

乱世枭雄朱温出自唐朝末年，废李唐另谋新政，建立后梁朝代。

朱温从小丧父，是宗州人，家境贫苦，同两个兄弟及母亲一起为刘姓地主帮佣。朱温性情霸道，不安分，而且总爱玩枪弄棒，惹是生非，母亲也管不住。后来，朱温跟随黄巢反唐，随着军中地位不断提升，朱温恣意妄为的本性更加暴露无遗，常常对部下发脾气，而且经常滥杀无辜，性情暴烈，如果说他行事还有顾忌，那就是比较听他妻子张惠的话。

说起他们两个的姻缘，还有一段传奇的故事。朱温为刘姓富户帮佣时游手好闲，不愿下田耕作。因从小喜欢武艺，玩枪使剑，主家便派他负责在山林野外围猎。这正中朱温心思，逍遥在山林中间，每日多么快活！有一天天气晴爽，朱温在宋州城外走了半日，非常累了，便在一棵大树下躺下。这时从远处走来一队车马，他听到马蹄声，抬头一看，两乘车十分华丽。经过朱温身边以后，他模模糊糊看见车帘内有一个美丽的女子身影。朱温禁不住跟在车队后边走了一个多小时，才见车子停在一座寺庙前，从车内出来两位女郎。一个约四十开外，雍容华贵，颇有一派大家仪容；另一个年方十七八，长得是仪态优雅、姿容绝代。看得朱温是如痴若醉，灵魂出窍，木头人一般地跟着进了寺庙。母女二人进入殿内，磕头烧香还愿。朱温冒充香客跪在一边，将那位妙女上下仔细打量一番，更是心驰意醉。

母女二人事毕离去。向小和尚打听以后，朱温才知道适才的母女是宋州刺史张蕤的小姐和夫人。他遗憾返家，把白天的事给二哥朱存说了。朱存讥笑他白日做梦，朱温愤而说道："汉光武帝你们听说过吗？未做皇帝时光武帝曾发誓说道：'为官当作执金吾，娶妻当得阴丽华愿。'难道我不能做到吗？"朱存听罢不以为意，认为他在吹牛皮，说大话。

朱温跟随黄巢后，凭借一身的胆识与武艺，常获大胜，很得黄巢心意，黄巢的亲军统领后来就是他了。尽管出生入死、东征西杀漂泊不定地过去了许多年,可朱温始终未曾忘记那位张小姐。虽然常常有战争中掠来的美貌姑娘,朱温也是从不拒绝,统统纳来,但始终没有娶过正妻,一门心思要把正妻的座位留给自己那初恋对象张氏。朱温后来随黄巢将长安攻下,部下说有一个绝色美女,朱温便命带来。没多一会儿,美女袅袅婷婷地进来了,朱温不由心花怒放,惊喜万分,来人正是他朝思暮想的小姐张惠。朱温赶忙起座离身,把张小姐亲自扶起来。虽然张小姐衣履不齐,但依旧美丽动人。喜不自胜的朱温差点将她立刻搂在怀里。就这样,饱受战乱之苦和多年思恋的朱温终于如愿以偿,喜结良缘,张惠成了朱温的正妻。

## 张皇后以柔克刚制住朱温

张惠通晓礼仪,性情贤达,又通文墨,有心计,许多大事上能替朱温评断是非,朱温是又爱又敬,两个人感情越来越好。自和张氏结婚后,朱温连性情也好了大半。有时对部下恣意杀罚,对张氏在一旁的解劝,他一向听从,因而全军将士都对张氏心存感激。朱温有几次督军远征,路上接到张氏要他回军的口讯,他掉转马头毫无怨言,就直接回家去。

张皇后

攻下郓州时,朱温见郓州节度使朱瑾的妻子生得桃花满面,想纳为小妾。因朱温、朱瑾是同学,还曾拜过把兄弟,朱温这样做,确实有悖常理。当他带着朱瑾的妻子回到驻地汴州后,张氏未哭,未闹,未吵,未笑,只是在与朱瑾之妻见面后泪流满面。张惠拉住朱瑾妻的手,泪水涌了出来,说:“因一些小事,你我两人丈夫反目成仇,动刀动枪,为此你如此受辱。倘若有一天失陷的是汴州,受辱的就是我了。”朱温被这番话说得羞不能当,不得不将朱瑾之妻送进尼姑庵。

朱温在公元901年预备在长安谋位的事发在即,突然汴州发了急报说张氏夫人病危不行了。朱温心痛难捺,将篡位谋反的事推在脑后,策马返回来。当他见到妻子气息将尽时,泪水不禁潸然而下。他握着妻子的手说:“你我二十多年的夫妻,相爱如初。我马上要做皇帝了,你却…”竟说不出话来。张氏临终劝他不哭,要朱温牢记“戒杀远色”四个字。

毒如蛇蝎的朱温会听从于一个弱女子张惠,似乎有些奇怪,也许以柔克刚正是如此。

## 朱温“扒灰”终丧命

在朱温成了千万人仰慕的皇帝之后,如果不是他妻子张皇后强令节制,他也不会收敛他的蛮横劲。可惜不久张皇后死去,他平时的宠妃陈氏、李氏也日益失宠,朱温的村野蛮劲便开始发作,把张氏死前叮咛的“戒杀远色”全都忘了,干出奸污臣妻、淫乱后宫、甚至“扒灰”的“创举”来,最后被亲生儿子杀死。

一个酷热难耐的秋天,朱温听说河南尹张全义家很多池泽,便去了那个消暑避热之处。见皇帝来了,张全义自是特别奉承,将家里所有的妻妾美女全都叫来迎驾。好色成性的朱温自然心花怒放。仗着是皇帝,他要召幸这些美妇,威逼其中二人和自己同床。朱温第二次将张全义尚在绣闺的女儿召来共枕。接着就轮到了张全义的儿媳。张家妻妾尽管心里百般不愿意,由于害怕皇帝,也只好强颜作色,侍奉朱温。然而好色之徒朱温还觉得不够,竟去搂住张全义年老半百的妻子,他已猪狗不如了。

朱温的八个儿子中,有亲生的,有认的,朱温比较喜欢亲生儿子中的友珪。不是因为友硅有多大本领和特长,而是因为友硅的妻子张氏风骚妖艳,总是巴结老公公,儿媳张氏与朱温早就有一腿了。朱温在干儿子中,最喜欢友文。同样不是因为友文其他什么,而是因为友文的妻子王氏天生丽质,有着羞花闭月的容貌。朱温对王氏心仪很久,只是因为张皇后在世,行事不便。张皇后死后,朱温便召王氏入宫,命其伴随床左右,极尽缱绻缠绵之事。王氏也幸承雨露,哄得老公公龙心大悦。王氏工于心计,乘机提出:认友文为自己亲生的儿子,传位给他。朱温正沉醉在儿媳妇的千娇百媚中,怎能不允诺呢。朱温于是满口答应,友文夫妇为此欣喜若狂。

朱温对王氏的偏爱,友珪的媳妇张氏十分生气。渐渐被冷落的张氏心中早已打翻了醋坛,便买通宫女,探听王氏的一切活动,准备找机会把王氏除掉,重新夺宠,可惜总也没合适的机会,气得直向友珪生气。

朱温有一天感觉身体不适，便将左右侍从喝退，独召王氏进宫。朱温对王氏说："我的身体如今一日不如一日，如果王位不定心中不安。明天你召友文回来，我有事相商。"王氏听了心里自然喜悦。哪知朱温的话被宫女告诉了张氏，夫妇二人大吃一惊，一旦友文得了天下，他们就活不了了。只顾伤心流泪无计可施之时，忽有人插嘴说："想活命的话必须早些用计，现在这样又能如何呢？"二人向后看去，原来是家仆冯延谔在说话。友珪呆望着他的家仆，然后急急地将冯延谔拉回屋，共同商议弑父大计。

友珪装成自己的士兵混进宫廷卫队，分头埋在寝室外面。晚上夜深之时，带着士兵的友珪顺利地冲进朱温卧室，而朱温的卫士被吓得四散。赶忙起身逃跑的朱温迎面正好碰见友珪，在又气又怒又怕之中，他颤颤地指着儿子骂道："你这个逆子，不孝竖贼，真后悔当初未能杀掉你，你如何能这样对待父亲。"

然而，友珪嘴里比朱温更伶俐："老贼，你自己竟宠爱王氏，竟要将江山送给外人。"友珪还未说完，冯延谔便挺剑向朱温刺去，朱温惊慌失措地绕柱躲避，重病而且年迈的他哪里经得起，刚刚几圈朱温便一头晕倒在地，快步跟上的冯延谔一剑便杀了他。

朱温猪狗不如好色成性，竟与两儿媳做那些苟且之事，最后被亲子杀掉，真是罪有应得。

## 后唐庄宗喜欢优伶周匝

优伶在后唐庄宗、汉武帝和唐玄宗的宠爱下，十分出名。梨园子弟便来自玄宗设立的梨园，在史籍上也有武帝倡优的记录。至于庄宗，起初他作为很大，但最终却沦落到"身死国灭，为天下笑"。宋儒欧阳修在《新五代史》中特立《伶官传》，说明了后唐灭国与优伶关系很大。后于庄宗十年的宋太宗对侍臣叹曰："昔庄宗可谓百战得中原之地，然而守文之道可谓懵然矣。终日沈饮，听郑卫之声与胡乐合奏，自昏彻旦，谓之聒帐。与俳优辈结十弟兄，每略与近臣商议事，必传语伶人，叙相见迟晚之由。纵兵出猎，涉旬不返，于优倡猱杂之中，复自矜写春秋，不知当时刑政何如也！"（《春明退朝录》卷下）宋初孙光宪也曾指出："庄宗自为俳优，名曰李天下，杂于涂粉优杂之间，时为诸优仆扶掴搭，竟为嚣妇恩伶之倾玷，有国者得不以为前鉴！"（《北梦琐言》卷第十八）可见庄宗耽迷优乐的程度十分深，以致各种慨叹都指出了他宠爱周匝、景进。

《新五代史·卷三十七·伶官传》载:“庄宗既好俳优,又知音,能度曲。自其为王,至于为天子,常身与俳优杂戏于庭。其战于胡柳也,嬖伶周匝为梁人所得。其后灭梁入汴,周匝谒于马前,庄宗得之喜甚,赐以金帛,劳其良苦。周匝对曰:‘身陷仇人,而得不死以生者,教坊使陈俊、内园栽接使储德源之力也。愿乞二州以报此两人。’庄宗皆许以为刺史。郭崇韬谏,因格其命。逾年,而伶人屡以为言,庄宗谓崇韬曰:‘吾已许周匝矣,使吾惭见此三人。公言虽正,然当为我屈意行之’。卒以俊为景州刺史,德源为宪州刺史。”《旧五代史·卷三十四·庄宗纪第八》载:“同光四年二月,以乐人景进为银青光禄大夫、检校右散骑常侍、守御史大夫。进以俳优嬖幸,善采访闾巷鄙细事以启奏,复密求妓媵以进,恩宠特厚。诸军左右无不托附,至于士人,亦有因之而求仕进者。”

普通帝王不过是让优伶提供声色娱乐而已,但在庄宗则变成了加官晋爵,并且让他们参与政事,如此看来他们同伶人的关系非同寻常,有没有同性恋的情结还很难说。不过有言道:“君以此始必以此终。”这样的关系不会一直存在下去的。

# 后唐庄宗的皇后偷小叔

## 色艺俱佳的太妃歌女

朱温篡唐后,就想把自己的心腹大患李克用除掉,李克用是割据陕西北部和山西一带的晋王。李克用和父亲朱邪赤心,以前属西突厥的沙陀军,因帮助唐朝立下大功,赐姓为李。李克用自小就随父亲出征打仗,后来因为灭黄巢有功,被唐僖宗封为晋王。

7 年 5 月,李克用的属地潞州遭到朱温的十万精兵攻打。双方激战相持 5 个月之久,之后,泽州又遭到朱温亲率的大军攻打。就在这关键时刻,李克用又染重病,卧床不起,直至第二年正月。他自知将不久人世,便把六个儿子和曹、刘两位夫人及十多个养子叫到床前,指着长子李存勖,嘱托监军大将吴珙、张承业道:

“我本想歼灭朱贼,光复唐室,谁知天不假年,只有把我的希望交给这个孩子。我看他富有胆略,志气高远,堪当重任。还望你们能够好好地教导他,不要辜负我的一片苦心。”

含着眼泪跪在床前的二十四岁的李存勖，答应父亲要完成这个心愿。李克用的二十多个儿子每个都英勇善战，但他最喜爱的就是长子李存勖。存勖不但相貌俊伟奇特，而且气度超群，性情淳厚。他十一岁的时候就随父征战，打完胜仗后入长安觐见唐皇。昭宗一见李存勖就很吃惊地说：“此儿有奇貌，将来一定成为国家不可缺少的人才。”

后唐庄宗

存勖继位后，处境十分困难，既要抵挡朱温的数十万大军，又要对付觊觎王位的叔父李克宇和几个义兄。但他非常镇定，先巩固自己的权位，清除内部叛逆，然后亲自率兵出征，奇袭梁军，屡战屡胜，此时朱温面临着前所未有的威胁。

晋梁之间战事稍停，李存勖回到晋阳，看望母亲曹太妃。曹太妃在晋王府内设宴为儿子庆功，又叫来女歌舞弹唱来此助兴。酒至半酣，李存勖非常高兴，站起身来引吭高歌了一曲。原来李存勖不但擅长出兵打仗，而且自小就精通音律，爱好戏剧，闲暇时常自编自唱来娱乐。一时间，他的歌声令在座的每个人都喝彩，和声此起彼伏，众人陶醉在欢乐的场面中，高兴之余，他偶然发现其中有个歌女，不但长得美丽动人，而且歌声十分动听，不由得非常喜爱，便问曹太妃：“这歌女唱得真好，是母亲身边的人吗？”

曹太妃见李存勖喜欢，忙介绍说：“她在我身边长大的，从小就聪明伶俐，不但会唱，还会吹笙。”之后，马上叫这名歌女上前，拜见王爷。

李存勖定睛一看，见她花容月貌之外，还有一双诱人的眼睛，顾盼流转，格外迷人，不由为之心动，于是叫她在身旁侍酒。散席后，太妃见存勖对这歌女甚是喜欢，就说：“如果王爷喜欢，就让她在身边侍候吧。”

## 欢爱绸缪随侍军帐

这天夜里，欢情绸缪之间，李存勖询问歌女的身世。她答道："奴婢魏州人氏，姓刘，小名玉娘，六岁那年因兵乱同父亲失散，被掳进王府，承蒙太妃可怜我，教以歌舞弹唱，一直侍候太妃。"

原来，刘玉娘小时候居住在魏州西南的一个叫成安的小县上，正逢李克用带兵攻打成安，李克用的手下经常去外边抢劫掳掠。刘玉娘的父亲刘山人是个靠占卜卖药为生的贫民，带着女儿四处避难，途中被李克用的属下将领袁建丰看到，袁建丰见六岁的玉娘长得秀美可爱，便强行把刘玉娘从刘山人身边抢走，将她献给王妃曹氏。

此时的李存勖，已有两位贵族门第出身的夫人，正妃韩氏，次妃伊氏，还有一个姓侯的美人也很受李存勖的宠爱，是他打胜仗之后夺得的败将之妻，人称"夹寨夫人"，每次出兵打仗，存勖都带她在身边。自从刘氏得到李存勖的宠爱之后，想方设法要固宠。过了不长时间，她为李存勖生了第一个儿子继岌。李存勖见继岌与自己十分相像，特别宠爱，于是由于儿子继岌异常受宠，刘氏便很快上升为夫人。但是她还不满足。

刘玉娘十分清楚存勖非常喜爱戏剧，就日夜在府中召集伶人排演，晋王每次出征回来，她都巧妙地将自己的心意表达出来："大王在外，戎马倥偬，十分疲劳，我想追随大王左右，把这班伶人也带去，闲暇时，也可替大王解闷。"

晋王听后，非常高兴，于是将她们母子两人接到身边，随侍军帐。玉娘凭着心机和才艺，使晋王对她言听计从，宠幸无比。此时她的地位已经很坚固了。

## 刘山人认女反遭毒打

922 年，李存勖在魏州称帝，国号唐，史称后唐庄宗。但在黄河沿岸，他与后梁的斗争仍在进行。刘玉娘始终在庄宗的军中，她越来越想夺取皇后宝座。有一天，在她的行宫门前，突然来了一个老者，说十分想见刘夫人，并且说自己就是刘夫人失散多年的父亲。

庄宗听说后，一边派人去详问老者的底细，一边派人禀报刘夫人。庄宗的手下盘问老翁道："你有什么证据证明你是刘夫人的父亲？"老翁回答道："我姓刘，人称刘山人，一生只有一个小名玉娘的女儿，我们父女离散那年，玉娘才六岁，那时兵荒马乱，小玉娘被晋王的部队抓去直至现在。前几天，在这里我看见了晋王夫人，一眼便认出她就是我的女儿刘玉娘，所以前来认女。”

差人回报了庄宗，庄宗见说得很有道理，也大半都相信了。可没想到刘夫人却说：“我父亲早已去世，此老者一定想贪图富贵，假冒皇亲！”

庄宗心里感到很奇怪，他想起当年晋王的将领袁建丰还在，便召袁建丰入殿核实当时的情况。

袁建丰道：“我是在魏州成安的北坞，初次见到夫人，那时的确有一黄须老丈阻拦，说求将军开恩，小人只此一个亲生骨肉。”

庄宗又让袁建丰去见老翁，看是不是当年的黄须老丈。袁建丰细细地观察一阵后回殿奏道：“好像确是当年的黄须老丈。”

但是，刘夫人却不认这个父亲，庄宗一回到后宫，刘夫人普非常生气地对他说：“妾身离开家乡时记得很清楚，家父不幸死于乱军，当时妾在父亲身旁大哭一场后才离开家乡。现在不知是从哪冒出来的老翁，胆敢冒充妾的父亲，皇上还不将他严加处置?”为了让别人知道这老翁不是她的父亲，她亲自下令：“将宫门外的那老翁打二十军棍，立即赶走！”

刘山人好不容易才找到离别十几年的亲生女儿，高高兴兴前来相认，怎知她却如此大逆不道，不但不认亲父，而且下令将亲生父亲毒打了一顿。他又悲又恨地走了。

刘玉娘为了争夺皇后的宝座，只能这样狠心。因为她出身卑贱，这是她与韩伊两位夫人无法相比的。如果她认了父亲，就会给她将来立后带来很大麻烦。所以在重要关头，她宁愿受天理良心的谴责，也不能认父亲。

庄宗对这件事有点怀疑，但是他没有再详查。一来他非常喜欢并且信任刘玉娘，相信她的信誓旦旦；二来军政事务的繁忙也不允许他想那么多。过了几天，这件事就渐渐地被他忘掉了。

同年，梁帝派大将率大军五万进攻唐军，面对劲敌，庄宗下了决心，亲自率领一万五千人马操敌军后路，直至后梁的京都汴城。临出发前，他要刘玉娘做好准备，一旦失败，不得偷生，并命令内监在宫楼下面堆满干柴，城破之日点燃楼下干柴，要刘夫人和皇子继岌以及其他宫眷，与邺城同归于尽。

庄宗的这次冒险，得到了成功，汴京后方空虚，庄宗的军队一路南下，势如破竹，如入无人之境，很快把汴京包围了。朱温的儿子，梁末帝朱友贞见已无胜机，命左右将自己刺死。庄宗一举灭了后梁，梁唐之间长达数十年的苦战终于结束，北方老百姓暂时得到了安宁。

公元923年,李存勖迁都洛阳,成了统一中原的皇帝。祭完祖庙之后,他要做的头一件事,就是立皇后。按理正妃韩氏应坐皇后之位,但庄宗对刘玉娘宠爱甚加,有意立她为后,又怕大臣们不赞成,就把此事交廷议裁决。当时,有大臣提出,刘夫人出身低微,应立韩夫人为后。但是枢密使郭崇韬和宰相豆卢革洞察庄宗心意,为讨好庄宗,两人联名上书,说皇长子是刘夫人所生,母以子贵,应立刘夫人为后,这正合庄宗心意,立即批准。于是,马上选了良辰吉日,登上文明殿,册立刘氏为正宫皇后,又封伊氏为德妃,韩氏为淑妃。韩尹二夫人虽然感到不公平,却也没有办法。

## 挨伶人巴掌的戏迷皇帝

庄宗虽然英勇善战,但在治理国家方面却很欠缺,加上灭梁之后,逐渐骄奢昏聩起来。他特别喜欢戏剧,整天沉迷在优伶排演的诙谐闹剧之中。他与一班伶人鬼混在一起,在皇宫里伶人的地位逐渐升高。他还为自己取了个"李天下"的艺名,有时亲自登场表演。

有一次,庄宗找来儿子继岌,自己假扮成刘山人的样子,背上采药背篓,戴上黄须,让儿子戴上小帽,穿着破衣,手拿占卜的幡旗,来到皇后寝宫,演了一场"刘山人寻女"的小剧。惹得刘皇后非常生气,臭骂了他们,他却高高兴兴地拉起儿子逃了出去。

有些刘皇后一手提拔的既会演戏、又善于逢迎拍马的伶人,凭着皇后的庇护,个个身居高位,营私弄权。朝中大臣没有敢得罪他们的,他们甚至连皇帝都不怕。有一次,皇帝在排一段戏,自称"李天下,李天下",有个伶人上去就给皇帝两巴掌,当时众人全惊呆了,这伶人却非常镇定,手指庄宗道:"理(李)天下的只有咱皇上一人,怎么说两个呢?"庄宗摸着半边脸,不但不生气,反而很高兴,还重重赏了这伶人许多金银。

优伶身居要职,营私弄权,自然使忠心的大臣们颇为不满,但更痛恨的是皇后刘氏的贪婪聚财。刘皇后以为以自己的出身,能坐上皇后的宝位,全仗神佛保佑,于是把大量金银赏给寺庙。又因她家境贫穷,特别看重金钱,更想尽方法聚敛钱财。凡四方进贡之物,必有一半落入自己的囊中,就连庄宗也不敢追究。

由于庄宗的宠爱,再加上一大批官居高位的伶人撑腰,刘皇后在宫中更加目中无人,连庄宗也惧怕她三分。庄宗有个宠姬,长得异常美丽,又生了皇子,所以很受庄宗宠爱。刘皇后非常嫉妒,但有庄宗在,不便将她加害。一天,庄宗和刘皇后在宫中聊天，正在这时，亲信大臣元行钦进宫陛见。庄宗问元行钦："听说爱卿的夫人刚过世，如果打算再娶位夫人，朕当为爱卿留意。"刘皇后见机不可失，指着庄宗的爱姬道："皇上这般怜惜行钦，就将她赐予行钦为妻吧。"庄宗碍于刘皇后的情面没有拒绝，非常尴尬地答应了。刘皇后赶紧暗示元行钦跪下谢恩。等到元行钦拜完起身，这边刘皇后已经下令，把这名爱姬送出宫去了。庄宗被夺走了爱姬，闷闷不乐，又不敢发作，接连几天躺在床上不吃不喝。

## 削发为尼仍与小叔通奸

在优伶专权的状况下，朝臣们大多趋炎附势，唯独枢密使郭崇韬敢于直言不讳，不由得罪了一些人，这些人整天在皇后、庄宗面前说坏话，欲置郭崇韬于死地。同光三年，因蜀主王衍不向朝廷进贡，庄宗派大军前往讨伐。郭崇韬觉得在朝廷里自己的地位不保，主动请缨，辅助魏王李继岌出兵攻蜀，以期建立军功，加固自己的地位。郭崇韬精通兵法，所以后唐大军很顺利地扫平了西川，逼蜀主投降。但他最瞧不起宦官，把庄宗和皇后信任的监军李从袭得罪了，李从袭唆使另一名受庄宗委派来西川的宦官向延嗣，回洛阳后向皇后进谗。向延嗣刚到洛阳，就向皇后进谗，他充分利用皇后贪婪聚财的心理说道：

"西蜀是富裕的地方，这次灭蜀少说也得缴获百万两金银，而郭崇韬却报说二十万余两，这恐怕另有原因吧！"

"郭崇韬难道想吞掉其余的财宝不成？"刘皇后异常气愤。

"郭崇韬岂止想独吞财宝，还想趁机谋害魏王，称霸西蜀。"

"我看他是反了！"刘皇后大怒，决定必须除掉郭崇韬。于是她整天让庄宗杀郭崇韬。庄宗将信将疑，派宦官马彦圭去西蜀打探实情。刘皇后越想越放心不下，怕儿子遭郭崇韬毒害，便私自让马彦圭带她的信给继岌，假说庄宗的旨意，命继岌找机会杀死郭崇韬。李继岌开始不想这样做，但李从袭、马彦圭等人苦苦相劝，又被皇后的手书逼着，没办法，就将郭崇韬骗入都统府，当堂杀死。在军中效力的郭崇韬的两个儿子，也一起被害。

庄宗和刘皇后残杀忠良，昏昧骄矜，大臣们个个毛骨悚然，于是朝廷开始混乱。后来，庄宗又毫无根据地胡乱猜疑李克用的养子李嗣源。李嗣源对庄宗忠心一片，曾为庄宗平梁立下过大功，受到猜忌后很不高兴。他在女婿石敬瑭的劝说下，以肃奸为名，率军向洛阳进发。

这时庄宗才不知所措，只得亲自带兵去镇压，但军心早已不齐，谁也不肯为这昏君卖命。庄宗想把军心用金银收买回来，命刘皇后取出内府金帛赏赐给将士。贪婪至极的刘皇后，只拿出了两个银盆和几件首饰，说："我夫妇得以统一中原，虽因武功盖世，也是天意。既是天命，别人是不能把我们怎么样的。"庄宗无奈，只得欺骗部下，说等西蜀解进京的五十万两金银一到，立刻就给他们。将士们嘲笑着说："我们的妻室儿女早就已经冻死饿死，我们还有必要为你卖命吗？"

庄宗还没有出征，便有一名叫郭从谦的伶人率领亲军叛乱。庄宗率侍卫奋力抵抗，胸部连中二箭，倒在绛霄殿的廊下，伤势非常严重。他喊口渴，要内监去叫刘皇后来。此时的刘皇后，见已无挽回余地，只顾收拾财宝准备逃命。她听说庄宗受了重伤，看都不看，只派人送些水去，自己则携带财宝由庄宗弟弟李存渥护送，逃出洛阳，直奔后唐老家晋阳而去。庄宗终因无人相救，失血过多死去。

这时的洛阳，一片混乱。李嗣源顺利地攻下洛阳，在部下的推举下，登上皇位，史称后唐明宗。李继岌率兵回洛阳营救父亲，在途中军士们就四散逃走。李继岌没有办法，只得自杀。

明宗李嗣源听说刘皇后与小叔李存渥在逃亡途中通奸，非常反感，于是就命人到晋阳逼令已出家的刘皇后自尽。临死前，刘皇后后悔莫及，叹道："我弃父背夫，罪有应得！"

## 石重贵临危仍风流

石敬瑭是后晋皇帝，靠着辽主耶律德光的辅助成为天子之后，自称儿皇帝，而称耶律德光为父皇。后来石敬瑭死了，重贵登基，自称"孙皇帝"，依旧向辽主称孙，然而他不愿称臣。于是耶律德光恼火了，便要直进中原。当辽兵攻来时，重贵依然不放在心上，竟去勾引他的婶母，最后只得出兵投降，他和他的婶母全被辽兵带到黄龙府的北漠，成了客死野鬼。

### 石重贵乱伦偷婶娘

重贵的叔婶冯氏是冯濛之女。冯濛和石敬瑭交情甚厚非常密切，就替自己的弟弟重胤安排了婚事。小两口婚后恩恩爱爱，幸福美满，可没多长时间重胤就因病归天了，撇下了冯氏独守空床，好不寂寞。冯氏整日里双目含怨，娇眉锁愁，重贵早看在眼里记在心里，只是因为叔侄悲伤，他才不敢恣情妄为。并且石敬瑭严加管束，十之八九要传位于他，丢皇位的事他是不愿做的。他于是耐着性子，等待登基后再谋打算。

重贵在石敬瑭死后做了皇帝。他觉得这下能够让自己成就夙愿了。正赶当时冯氏前来为父亲凭吊，重贵瞧将过去，只见冯氏红桃花的面颊，乌云欲坠的浓发，弱柳扶风的身段，还有娇啼万种，惹人爱怜无比。冯氏心中也高兴得不得了，荡漾过去的眼波水汪汪的，重贵顿时全身都麻了。吊丧一结束，重贵便立刻给冯氏找了个房间。晚上就急急地到了冯氏房里，嬉笑着说："给婶婶问安，婶娘辛苦了。"冯氏急道："陛下登基，妾身尚未道贺怎好言'问安'呢！"就要施礼，被重贵一把扶住。冯氏说道："我不该在此处朝贺才对的。"重贵接口说："不错，此处只要行家人之礼便足够了。我今天和婶娘有要事相商，到现在我还没有皇后呢。"冯氏便说："难道自从元妃仙逝后就没有别的妃嫔了吗。"重贵说："有是有，但是都做不了皇后。"冯氏说："皇后虽母仪天下，但难道陛下竟一个也挑不出来吗？"重贵顺水推舟说："我心中早已有了一个人选，但只是不知道她自己是否愿意。那人远在天边，近在眼前。"冯氏假意惊讶说："妾身早已是残花败柳，哪里能侍候您呢？"重贵急着上前就要搂抱，口中说："你就答应了吧！"冯氏竟闪身趋入卧房，半推半就地成了好事，荒唐一夜。

## 石重贵销魂忘国事

渐渐地朝野上下都知道了重贵和冯氏的事，然而重贵亦毫不隐讳，干脆立冯氏为皇后。石敬瑭的李氏先被封为皇太后，安氏后被封为皇太妃，随后又分封六宫。

在六宫侍卫的带领下，他又和冯氏一起向石敬瑭的像行了大礼，随后便回宫尽情庆贺起来。做了新皇后的冯氏当然喜不自胜，她身段秀美，装束华丽，离座起身，轻展娇喉。重贵更是高兴得忘乎所以，举杯向左右连道："我今天做新女婿了，我今日又做新女婿了。"冯氏满面娇羞，哑然失笑。大家没有顾忌地相视大笑。

日夜与冯皇后销魂的重贵哪里还顾国事。辽兵大举来袭，晋兵接连失守，重贵不得已只能举旗投降。耶律德光逼重贵和冯皇后搬至黄龙府。路途中他们困顿不堪，风餐露宿，冯皇后于是也变得玉肤消磨，花容失色，没有了可餐的秀色。他们痛苦的后半生随之也就开始了。

## 符生喜欢看男女交欢

五代十国时候的符生是一位君主异常残暴的。他杀人如麻，嗜血成性，视人命如粪土，杀人如儿戏。他生母被他气死，妻子被他杀掉，真是残酷到极点。

打小符生就倔强异常，傲慢横行，不喜欢听别人的劝。他不近人情，性情古怪。符洪是他爷爷，看到了这些，对他父亲说："这孩子生性执拗倔强，疯狂残忍，将来必会搞得国破家亡，不如先杀了以绝后患。"但他的父亲却偏爱他，不愿杀他。因为他在战场上骁勇过人，战功卓著，后来成了太子。

符生登基之后独揽大权，更加目中无人了，对他的亲生母强太后，他也丝毫不放在眼里，常常恶言相待，嘲弄讥讽。强太后每日悲痛欲绝，暗中懊悔怎么没有杀掉这个逆子。最后，她绝食自尽。母亲死后，符生半点也不伤心，一副怡然自得的样子。

有位大臣一天报告星象说："最近有客星犯帝星，可能三年不至，大丧会到。"符生知道后心中默默地不高兴，独自在宫中喝闷酒。微醉之后自语说："我和皇后就是指帝星。皇后如果死了，这句话不就应了吗？如果梁车骑、梁仆射死了，不也应了那句话了吗？"旁边的侍从听后，心中虽然害怕，但也觉得是醉话，不会有事。哪知两天后符生竟凶神恶煞般地闯进后宫，手持利刃。连忙施礼迎接的皇后还不明白是怎么回事，就被砍下了脑袋。符生转身下令捕捉辅政大臣，审也不审就全部处死。

符生登基之初，有很多忠良大臣直言劝谏，结果全被处死，先后竟达五百多人。满朝文武为保性命都不敢去劝谏，一个个噤若寒蝉，什么都点头称是。几个朝臣大胆一点，便溜须拍马，然而符生听来不顺耳，称他们竟然敢拍马屁，也毫不留情地杀了。说真话、假话，进谏，拍马屁都不行，群臣惶惶无主，个个小心脑袋搬家。

有言称伴君如伴虎，符生恐怕是远过于虎了。一日符生在太极殿上大宴群臣，做监酒的是尚书令辛牢。因为怕人多失礼，辛牢未极力劝酒。符生十分生气，顺手抄起一把弓，搭箭就射。辛牢喉咙中箭，应声而倒。大臣们害怕至极，一杯一杯连忙饮酒，喝得坐不住，甚至披头散发，吐得满头满地，符生才手舞足蹈，拍手称快。

符生有一日领着新立的皇后在楼上欣赏景色,楼下走过一个举止风度潇洒的男子,皇后多问了一句说:“楼下走过的是谁?做什么官啊?”这一句问坏了,因为符生长相奇丑,还瞎了一只眼,而楼下的尚书贾玄石却是个出名的美男子。平时符生就忌讳别人称赞贾尚书,皇后问这个问题,触到他的痛处。他解下佩剑,命侍从下楼立刻砍下贾玄石首级。不久侍从将人头拎回来,符生接过扔到皇后面前说:“这个给你了,你不是很喜欢他吗?”皇后吓得面无血色,一个劲地磕头,头都磕出血来。这时符生反而大笑,赦她无罪。

嗜血成性的符生有一个特别的喜好,喜欢看男女之事。他经常令侍卫宫女裸体交欢,自己则坐在高处观看。倘若有不从的即刻杀死。符生一次出巡时看到一对男女,派侍从问是不是夫妇,结果知道是兄妹,但他依然下流地令两人当众交欢。兄妹二人见到他如此荒唐无耻,便大骂符生不如猪狗。符生心头大怒,举剑就砍,当时两人血流如注,左右面无血色。

残暴凶狠的皇帝在中国历史上的确很多,但像符生这般无耻好杀的还没几个,或许他心理有疾病,但像他这样的变态还是少之又少。这种和皇权结合的病态心理是无法用“变态”来称呼的。

## 后蜀君孟知祥、孟昶女人国中的风流才情

西蜀古称天府之国,剑门阁道,形势险要,土地肥沃。五代时,孟知祥担任西川节度使,被后唐明宗封为蜀王,唐末他僭称帝号,历史上称为后蜀。后蜀主孟知祥,凭借着地势险要,不担心外兵侵入,再加上地方富饶,人民蕃庶,他就渐渐地荒淫起来了。他在到西蜀前,娶了一名姓李的妻子,是后唐太祖弟克让的女儿。庄宗即位,李氏被封为琼华长公主,嫁给知祥后,夫妻非常恩爱。知祥被封为蜀王后,李氏却因病去世,知祥十分痛苦,自然为李氏选择宝地大办丧事。直到知祥称帝,还把她追封为皇后。但知祥因李氏去世,心中始终闷闷不乐,便借酒色两字,消遣愁怀,因此后宫里面嫔嫱如织、美女似云。受知祥宠爱的宫女也姓李,是后唐的宫女,因为知祥灭梁定蜀立下汗马功劳,所以庄宗选些后宫美女,赐给知祥。只有李氏,刚来不久,便怀了孕,生下一男孩,取名仁赞,就是将来的后主孟昶了。由于李氏生了儿子,知祥便更加宠爱李氏,竟造了一座屏宫,和李氏一起居住,整天在屏宫里面听歌看舞蹈,饮酒取乐。那屏宫是用什么建成的呢?那这自知祥的巧妙的构思,用罗绮置成画屏七十扇,上面都是著名画

家所画的山川人物以及花卉翎毛，做工非常精细，在远处看好像动起来似的。各扇屏上都安有机关，将枢纽斗合起来，曲折回环，深奥幽邃，好像一座宫殿。外人进来，不论怎么走，还在原地，根本走不出去；如果知道其中奥妙的，却非常方便，任意往来，毫无阻碍。真称得上是勾心斗角、鬼斧神工，异常巧妙。蜀主知祥不仅建造了屏宫，又找来很多美女。在屏宫中，陈列着无数的稀世宝物，使人眼花缭乱，说不出名字。其中有两件奇特的宝物，更是稀世之珍、罕有之品。第一件叫作"皇明账"，是一顶账儿，颜色浅红，恰似鲛绡，卷起来能握在手里，一张开却非常大。夏日将它张开，蚊蝇不敢飞近。夜间光芒夺目，如镂金错彩，虽无灯火，但也明亮耀眼。最奇怪的是无论床有多大，把这账儿张上，总是尺寸相当。蜀主把这十分宝贵的异宝又起了名字叫作"如意帐"。第二件是用一块青玉琢成的，叫作"左宫枕"的宝物，纹理细密，光辉滑腻，呈长方体。它的长度正好容纳两人并肩而睡，设于床榻，冬暖夏凉。喝醉以后用此枕，能够解酒，哪怕是呕吐狼藉、烂醉如泥，只要一着此枕，马上心酣意畅、凉沁肺腑、醉意全消，能美美地睡一觉。平时睡觉，用了此枕，在梦中好像到了仙境，阆苑蓬山，玉液琼浆，奇花异草，神女仙姬，罗列满前，和做神仙没什么两样。蜀主视它如同性命一般，异常珍惜，也赐它一个名字，唤作"游仙枕"，和"皇明账"一起摆设在屏宫里面。其余的珊瑚碧树珠玉锦绣数不胜数，但都没有这两件珍贵，蜀主也不太重视它们，只是借此显示自己富贵，争奇斗异罢了。后人有诗谈及此事：

后蜀君孟知祥

绡帐轻红玉枕青，仙能入梦醉能醒。

琼华一去屏宫冷，独旦迢迢七十屏。

蜀主是上了年纪的人，这样沉迷于酒色，哪里禁受得住？不多时日，便患疾病而死，子仁赞嗣位，改名昶，为后蜀后主。后主初立，年仅十六，他把政权委托给赵季良、李仁罕、张知业，沿用蜀主知祥年号，称明德元年。称他的父亲知祥为高祖皇帝，他的亲生母亲李氏为皇太后。到了第四年，开始改元为广政元年。因为某种原因，将张知业、李仁罕处死，开始亲自掌握政权。后主最初亲自管理政事时，还知道劝农敦耕，重视国本，他曾亲手自撰词，发给郡县，以劝农桑。他在诏书中这样写道：

刺史县令，其务出入小径，劳来三农，望杏敦耕，瞻蒲劝稼。春鹒始啭，便具筬筐；蟋蟀载吟，即鸣机杼，其各勉旃，毋负朕意。

后主精通文学，十分欣赏六经，命令在石头上刻《孝经》《尔雅》《论语》《周易》《周礼》《尚书》《毛诗》《礼记》《左传》《仪礼》，完全依照太和旧本，历经八年才完成。又怕刻在石头上的经书不能广泛流传，所以把这十经又刻在了木板上，以便于流传。后世用木刻本书就是从此沿用的。后主擅长做诗词，而薄纤浮之体，曾经说："朕不效王衍作那些轻薄小词。"乃敕史馆，存放古今韵会五百卷，并听从毋昭裔的请求，营学馆，镂板印九经发到各个郡县。所以他刚刚从政时，还很值得欣赏。后人曾作宫词歌颂这件事道：

旧貌新颜漶漫余，摹镌不异太和初。

君王轻视纤浮体，特敕官司勘韵书。

这首宫词，就是歌颂后主刊刻经书，广集韵会，为后来文学的发展奠定了基础。广政十三年的时候，风州防御使石奉郡、秦州节度使何建，都献城投降。后主认为实力强大了，远方的人都前来投降，便慢慢地放松起来，并用藩邸给事之人，伊审征、王昭远、韩保正、赵崇韬等，分别掌握重要机关，掌管着兵权。他自己却天天享受歌舞，日夜娱乐。他的母亲李氏，曾经对后主说道："我以前见过庄宗，跨河与梁军战斗；又见你父亲在并州捍御契丹，以及入蜀平定两川，当时主兵者，没有功劳没奖赏，所以士卒崇拜你父亲，愿意听其指挥，所向必克。今王昭远，出身低微，自你读书之时就给侍左右；韩保正等，又都是纨绔子弟，向来不懂兵法，万一外敌入侵，他们用什么方法抵抗外敌？高彦俦是你父亲的部下，秉心忠实，经验丰富，可重加委任，一定比王昭远等人强万倍。"后主不但不依从李氏的话，而且因王昭远等善吹捧，更加重用，凡一切政务，都由昭远等处理，自己却因为喜欢打球走马，而强行占领农民的耕地，辟为打球跑马之场。悉命宫女衣锦曳纨，在场中往来，打球走马，如蛱蝶飞舞，红飘绿扬，以为娱乐。又因后宫妃嫔无绝色美女，下诏国中，凡民家女子，有漂亮的，都赴官署报名，等候挑选。当时青城费氏有个女儿，生得小巧玲珑，长成之后，不但很有气质，并且擅长吟咏，精通音律。后主闻其才色，选入宫中，异常宠爱。因前蜀王建之妾小徐妃被人称为花蕊夫人，他也就把花蕊夫人这个称号封给了费氏。那花蕊夫人，不仅生成玉样温柔，花样风流，而且有天生的一副歌喉，一到设宴之时，红牙按拍，檀板轻敲，响遏行云，徐徐的歌声如流水一般，余音袅袅，绕梁三日。那花蕊夫人，又精通厨艺，后主日日饮宴，感到饭菜都是吃过百遍的，一端上来，就不喜欢，不能下箸。花蕊便很有心思，用干净的白羊头，以红麴煮之，紧紧卷起，用石头压，再用酒腌，让酒味进入其中，然后把它切成薄片，风味无穷，号称“绯羊首”，又名“酒骨糟”。后主每逢月旦，一定吃素，并且喜欢吃薯药。花蕊夫人又把薯药切成片，以莲粉拌匀，加用五味，调和以进，香气扑鼻，味酥而脆，并且洁白如银，看上去好像月亮一样，宫中称之为“月一盘”。其他饭菜，各有各的特色，特别新制的不计其数。后主将她做出的菜，命御膳司刊写入食单，多达上百卷，每值御宴，更番迭进，几个月都没有同种味道。菜肴之多自然也就可想而知了。后人为歌颂此事也做了一首宫词：

听朔先期敕大官，绯羊首向食单刊。

玉霄自具清虚府，只奉斋筵月一盘。

后主因花蕊夫人特别喜爱红栀子与牡丹花，因辟宣华苑，广泛地征集牡丹种在其中。蜀中牡丹花种，极其罕见，只有在绘图中才能看到，皆称为洛阳花，不知道有牡丹之名。后主又出了大量钱财，四出收集。大面积栽植，长得十分茂盛，将宣华苑改为牡丹苑。当春天到来时，双开的有十株，白的、黄的各有三株，黄白相间的有四株，其余深红、浅红、深紫、浅紫、深黄、浅黄、洁白，金含棱、银含棱、正晕、侧晕，合欢、傍枝、副搏、重叠台，多达五十叶，面径七八寸。有檀心如墨的，花开的时候五十步以外就能闻到香气。真是锦绣成堆，目不暇接，如同进入花的世界，怀疑是阆苑蓬瀛。后主和花蕊夫人，整天盘桓花下，作赋吟诗，饮酒弹琴，恐怕仙人也没有这样快乐。后主又因歌词都缺乏新的气息，于是在后苑召集群臣，开筵大赏牡丹，让群臣各自做首新诗，配合管弦，吹唱起来，音韵嘹亮，非常动听，不啻唐玄宗在沉香亭使李白吹奏清平乐。此后便沿袭下来，年年三月间，都会举行此会，取名为宴赣瑞牡丹。那红栀子花，是道士申天师所献，只有种子两粒，是进山访道时仙人所赐，他不敢自秘，因而贡上，是世间罕有之物。王昭远在旁边奉承说：“仙花出现，是国家富强，西蜀当兴之兆，陛下宜敬谨受之，种于后苑，不可亵渎。”皇上非常高兴，大大奖赏了申天帅，将这两粒花种，栽于芳林园内，使细心的宫人，特地养护，小心培植。这花有了人工的调养，果然生长得很快，开起花来，其色斑红，其瓣六出，清香袭人，花蕊夫人对此花特别喜爱，说红栀子有牡丹之芳艳，具梅花之清香，是不可多得多仙品。后主亦把它看得很珍贵，民间闻得红栀子花有如此妖艳，都想寻求红栀子花，前来栽种。富贵之家，竟不惜重金，购觅种子。但这红栀子花是仙品，蜀中只有两粒种子，还是申天师受仙家所赐，并献于后主，已栽在芳林园内，民间根本无处可寻，蜀中人民空自寻觅一番，一无所获，便有人仿效此花的样子，画在团扇上面，执在手内来炫耀。初时不过一二善画之人，聊以遣兴，后来竟相袭成风，不但把红栀子花画在团扇上，那豪家子弟，更命绣工绣在衣服上面，四处夸耀，比较美恶，争艳斗丽起来。那些妇女，见男子们如此欣赏红栀子花，也就互相仿效，都把绢素鹅毛裁剪出来，做成红栀子花来插在鬓上，装饰自己。一时之间，红栀子花盛行于蜀中。那金钿银簪，凤钗珠环，尽都摒而不用，一齐戴起红栀子花来。就是后宫里面，那些嫔妃宫娥，也和外面的人一样戴着此花，成为当时的时尚。后人也有宫词歌颂此事：

红栀花取自仙岩，装饰钗梁绿鬐衔。

香似宫梅并有色，画宜团扇绣宜衫。

后主又称蜀为锦城，因此下令国中，沿着城楼种植芙蓉树。到秋天，芙蓉盛开，沿城四十里远近，都如用丝绣成的一样，高下相映，争奇斗妍。时近中秋，后主命驾，往游浣花溪，共同观赏水嬉。那时蜀中，百姓富庶，又值升平之时，遇着佳节，一齐踵事增华，呈现出一片太平景象。所以到了中秋佳节，百姓便都在濯锦江边，浣花溪畔，罗列水嬉，欢度中秋。如今听说后主亲临观看水嬉，更是兴奋不已，夹着江岸，皆建起花亭月榭，锦棚绣帐，以为御辇憩息之所，引诱着倾城妇女，都来游玩，绮罗成阵，珠光宝气，箫鼓画船，鱼贯而行。而且后主御辇出宫，带了无数的宫廷玉女，一个个锦衣玉貌，车水马龙，珠履绣袜，所过之处，碾尘欲香，百姓皆伏地迎接，口呼万岁，这正是风流天子，千古盛事。后主龙辇出城，遥看着沿城的芙蓉花，芙蓉开得叠锦堆霞，从远处眺望，好似红云一般，无边无际，心中大喜，对左右重臣说："自古以蜀为锦城，今日看来，真个是锦城了。"侍臣张立见后主荒淫骄奢，久欲进谏，乘着这个难得的机会，便作诗一首，献给后主，意在讽谏。其诗道：

四十里城花发时，锦囊高下照坤维。

虽装蜀国三秋景，难入幽风七月诗。

后主看了张立的诗，明白他意存讽谏，但只是那么一笑，不奖也不罚。一直出城，到了江边，下了御辇，同宠妃张太华、花蕊夫人与宫人一起登上龙舟。其余的妃嫔宫娥，都乘坐凤舸，追随着后主的龙舟，上下游行，观看水嬉，真是名花异香，珠翠罗绮，十里锦江，馥郁森列。龙舟来去，舟中弦竹齐鸣，箫鼓竞奏，前后左右的美貌宫人，都轻启朱唇，放出娇音，奏响后主自编的"万里朝天曲"。那娇喉婉转，怡神悦耳，如鸾鸣树梢。两岸的百姓，连水嬉都不去观赏，只追逐龙舟，听唱歌曲，望着舟中，锦绣罗绮就如神仙一般，羡慕不已。后人作宫词咏道：

浣花溪水滑于油，面面芙蓉映好秋。

下上龙舟萧鼓引，神仙宛在锦城游。

后主看完了水嬉，回宫后，仍是日日娱乐，夜夜奏曲，颠倒于宫女堆里，哪里还有时间管理国事？每逢宴余歌后，略有闲暇，便同着张太华与花蕊夫人，将后宫的美人儿召集到跟前，亲自点选，拣那姿容俊秀身材婀娜的，加封位号，轮流进御，他设立嫔妃位号，为十四品，计有昭容、昭仪、昭华；保芳、保衣、保香；安跸、安情、安宸；修媛、修容、修涓等封号。其品秩像公卿大夫士，每月香粉所花的费用，都是内监专司，称作月头。在支给俸金之时，后主亲自监视，宫人达数千之多，唱名发给，每人由御床之前走过，亲手领取，名为支给买花钱，所以花蕊夫人曾作词道：

月头支给买花钱，满殿宫人近数千。

遇着唱名多不语，含羞走过御床前。

后主刚就位时，未尝不佳，就其劝农桑一诏，颇知根本，可惜无贤臣辅佐，遂致荒淫无度，直到灭亡。王昭远之流由于阿谀奉承而误国误民的罪过比天还要大。

后主虽荒淫骄奢，可是他刻石经于成都，又恐之流传不广，因而换成木板。宋世书称刻本，实际上是从蜀国开始的，这对后来学习的人有很大的作用。

后主因天气炎热，无避暑之所，便传旨命韩保正征召民夫，开始建造水晶殿，在摩诃池上，选好位置。摩诃池原来是蜀王衍避暑的地方，总名叫作宣华苑。景色秀丽，风亭水殿，树木清幽，曲榭回廊，只因年久失修，早已废弃。后主栽种牡丹花的地方就是这里。这里地域非常广阔，所以后主命韩保正建筑水晶殿，并将苑中各处亭阁台馆，全都修缮，且要限期完工，以便夏天避暑。韩保正领旨后，不敢迟延，便督率着民夫昼夜加工。果然世上无难事，只要人心齐，不到两个月工夫，已将那座宣华苑收拾得完美绝伦。那摩诃池上的水晶殿也竣工了，又另外凿了一处九曲龙池，蜿蜒曲折，有数里之长，通入摩诃池内，朱栏回环，清波涟漪。池内尽植莲花，红白相间，青梗绿盖，亭亭净植，随风飘香。池塘四周都种杨柳，垂条万缕，蘸波生晕。池上建有红桥，池中系着画船，映着台殿崔巍，楼台金碧，竟与江南扬州平山堂的风景无异。就前来朝拜后主，工程完毕韩保正，复了旨意，又请御驾亲临看视，要有不合适的地方，再行添筑。后主听得水晶殿已成，便命启跸，前往看视。韩保正带着后主，来至苑中，就看到画栋雕梁，飞甍碧瓦，五步一阁，十步一楼，复道暗廊，千门万户，绣幕锦帏，纹窗珠帘，富丽堂皇，像秦始皇的阿房宫；清幽曲折，如隋炀帝之谜楼，九曲回肠。后主见了高兴万分。他最担心的是那座水晶殿，瞧着别的地方，已经这么美丽，可见水晶殿更为雄壮可观了。就使韩保正赶快引导至摩诃池上，要看水晶殿造得怎样。韩保正奉了旨意，就带领后主，迤逦而行，来到摩诃池上。后主仔细观看这殿，它在池的正中间矗立着，四围都是文木，做成活络桥梁，与殿内相通。共有四座小桥，按着东西南北架立，要用之时，只需按一下池栏上的那个机关，那桥便会自动架好，就可以从桥上走入殿内；那桥不用时，将机关一拉，那桥就会自动收缩起来。按了哪面的机关，哪面的桥才能使用，万无一失。后主便从南面桥上，进入殿堂，仔细看视，见大殿三间，都是沉香作栋，楠木为柱，碧玉为户，珊瑚嵌窗。四周墙壁，不用砖石，全用几丈开阔的琉璃镶嵌，内外通明，毫无隔阂，一到里面，如入琉璃世界。最神奇的是池内安着四架激水机器，打开机关，四面的池水就立即激将起来，高至数丈，聚于殿顶，然后从四面分泻下来，归入池中。那清流从高处直下，奔腾倾倒，如万道瀑布；又如匹练当空，琤琮泻玉，声似琴瑟，十分清脆。那池中的水珠儿，如碎玉撒空，激荡得飞舞纵横，如珍珠走盘，好看得很，却又一点也没有激入殿里来。天气无论怎样炎热，有这四面的清流，由上泻下，那暑热之气，早已一扫而空，便似秋天一般了。再看那殿中安置的用具，全是紫檀雕花的桌椅，大理石镶嵌的几榻，白玉碗盏，珊瑚屏架。沉香床上，悬着鲛绡帐，铺着冰簟，设着青玉枕，叠着罗衾。后主到了这里，就像到了清凉世界，忘记了世上还有暑热；又好似游那阆苑琼楼，隔绝了十丈红尘，直喜得眉开眼笑，赞不绝口。过了一会儿，他忽然皱着眉头，显得很生气。韩保正见后主不高兴，不知什么地方出了问题致使圣心烦闷，连忙趋前奏道："不知哪里不合圣意，敬请明示，以便改造。"后主道："卿造此殿，惊妙绝伦，处处都合朕意，并无须修改之处，何用改造。"韩保正道："既然您都满意，陛下怎么忽呈不悦之色呢？"后主道："朕看了此殿，出奇斗异并且色色俱全，巧夺天工，唯有夜间仍用银灯宝炬稍有油腻之气。这个地方如广寒宫一般，如果不能想出更好的方法，使黑夜如同白昼，而还用金莲宝炬，未免不足。而且这座水晶殿，本是避暑的所在，若点燃这么多银灯宝炬，烟焰熏蒸，岂不更加烦躁？卿有何法，可使夜间不点灯，又会很明亮呢？"韩保正闻得后主此言，也觉得很为难，暗暗想道："我并非仙人，怎么会有夜间生光的法儿呢？"一时回答不出来，只是低头沉思，只听后主自言自语道："若在满月前后，这水晶殿里外通明，有月光照着，就可以不点灯，只可惜不能夜夜都是满月，那却如何是好呢？"韩保正正因没有办法，心里很苦恼，忽听得后主说满月前后，有明月照着，无需灯烛，便即灵机一动，顿时想得一法，启奏后主道："臣闻先皇在世时，后宫中曾有明月珠一颗，时常挂在殿中，用来代替灯火,陛下取来此珠,夜间就可以非常明亮,不用灯烛了。”后主大喜道:“非卿提醒,朕差点儿把这颗珠子忘了。”忙命内侍快速取来明月珠,悬于殿内。后主见水晶殿已收拾得无可挑剔,便又注意到殿的外面,用手指着外面向保正问道:“那边红桥隐隐,青翠飘扬,又是何处?”保正道:“此名九曲龙池,是臣凿通了摩诃池,引入它的水灌注而成。池中种植莲花,两岸遍植杨柳,修筑红桥,环以曲栏,全部仿照江南扬州平山堂的风景建造。陛下在水晶殿避暑,昼长无事,到这里游玩,就像置身江南了。那池中还停泊着几只画船,陛下在吃饭的空闲,可以使宫人们荡浆采莲,凭栏而看,亦颇有情调,此系臣随意妄为,并未奉谕旨,还乞恕罪!”后主听了,万分高兴地说:“没想到卿的心里竟然有这样的好想法,朕正思游玩江南风景,可是路程遥远,关山阻隔,没有实现心愿。现在有这个地方如同江南,朕经常游玩,也可略慰中怀了,卿可带朕过去看一看。”保正领旨,导着后主,左转右拐,行至九曲龙池,只见沿岸杨柳,迎风飘拂;满池芙蕖,映日鲜妍;危楼一角,矗立于万绿丛中;小桥跨水,藏于花之深处。若到斜照衔山,明月初上之时,处此风景之中,凭栏而立,细细地嗅那莲花香气,真可沁人心脾。在杨柳树下,盘陀石上,执竿垂钓,也可以享受静中趣味,风景如画,无异于江南。后主游览至此,不觉大悦道:“卿为朕建筑宫殿,劳苦功高,朕当重重地赏赐你。”于是就命令近侍,取金珠数只、锦缎百匹,赏赐给保正。保正谢恩,欣然退去。花蕊夫人有宫词咏九曲龙池道:

龙池九曲远相通,杨柳丝牵两岸风。
长似江南好风景,画船来往碧波中。

后主建筑了水晶殿后不久,炎夏到了,便携了花蕊夫人,偕同宫眷,进住宣华苑内避暑。赵崇韬见韩保正因建筑宫殿蒙后主恩赏,得到后主厚待,心内好生艳羡;又闻得后主已将宫眷迁入宣华苑避暑,他也要赢得圣上的欢心,以图爵赏,心中想道:“宣华苑整理得很漂亮,主上于其间宴乐,只有歌伎,没有梨园,也是一点缺陷。我在去年即购备了许多聪明子弟,使其学习歌曲,现已一齐练习纯熟,前次命他们奏技,果然舞态翩翩,歌喉抑扬,进退疾徐,都中音节,原本准备献于主上的,何不趁此时机来进献呢?”主意已定,便将全部梨园献于后主。后主得到赵崇韬的梨园,便亲自查看,见有三十二名子弟,大多都是十二三岁,生得相貌清秀,且都性情聪颖,甚讨人欢喜。遂又考查他们的戏剧,有数十余出,都是板眼无讹、歌舞纯熟。后主得了这梨园,如获珍宝,对赵崇韬连连称赞。对于他的忠心,加以重赏。于是下令赵崇韬晋封侯爵,并赐金银彩缎,以表自己对他进献梨园子弟的赞赏之情。后主赏了赵崇韬之后,便命在水晶殿内排宴,携着张太华和花蕊夫人，同入宴中。后主居中正座，张太华居右，花蕊夫人居左，两边侍立着宫娥彩女，听候传唤，一律都着罗袜珠屦，穿着雾縠轻绡。一眼望去，翠羽明珰，红粉成行，琼环玉佩，美艳异常，后主看了大乐，便命传那梨园子弟开始演奏。梨园子弟奉了圣谕，立刻有押班的进上歌扇，请后主选曲。后主便递于花蕊夫人道："卿可拣喜欢的点来。"花蕊夫人接过，展开一看，见上面记有二三十出戏名，其中有"霓裳羽衣曲"，遂向后主道："这'霓裳羽衣曲'是唐明皇编写的，他随着叶法善在中秋之夕，游玩月宫，袖中藏着玉笛，正值嫦娥在广寒宫与群仙宴饮奏曲，明皇偷偷地用玉笛记下了他们的谱子，返回人间后，与杨太真按谱填曲。演奏之时，真个是响遏行云，音韵嘹亮，不同于凡间之乐。自从安史作乱，杨太真马嵬赐帛，明皇幸蜀归来，移居西内，为李辅国所制，沉闷不悦。又因思杨贵妃，不忍再歌旧曲，于是遗失歌词，现在只有谱而无其词。不知这班梨园子弟所歌的'霓裳羽衣曲'如何得来，陛下何不令其奏一套呢?"后主道："卿言正合朕意。"遂命梨园先演奏升平乐，后演奏霓裳羽衣曲。梨园子弟奉命，马上在阶前奏乐歌舞起来，立刻箫鼓并喧，笙歌迭奏，吹过了一套升平乐。后主频频点头，道："声韵虽佳，惜欠悠扬!"张太华与花蕊夫人却含笑不语。后主即传命立即演奏霓裳羽衣曲。此次奏曲，却不比先前的升平乐了。班中走出十六个年轻子弟，都在十岁以外的光景，全都锦衣绣裳，眉清目俊，分成两组，八个舞，八个歌。那琴瑟钟磬，笙箫管笛，一时并奏。那舞的是羽衣翩跹，歌的是娇声婉转，和着奏乐，音韵悠扬，高低疾徐，十分入拍。后主听得尽兴，不禁连声称赞，连那花蕊夫人和张太华，也都凝神细听，连连点头。后主早举起金杯，饮进数杯，向张太华、花蕊夫人笑说道："听此仙曲，观此妙舞，二卿不可不进一觞，以赏其妙。"二人领旨，早有执着金壶的宫女，上来斟酒。花蕊夫人与张太华，各进一杯。又欣赏那歌舞时，已经入破，觉得歌声更加激越，那声足可断裂金石；那舞也更加激烈，飘飘然有凌空之态。使人看了舞态，心惊目骇，听了歌声，触动壮怀。到结尾之时，又从激昂转为抑扬婉转，令听者如御风而行，不知身在何处。奏至分际，忽然听到一声激越无比的金钟，一刹那间，丝管齐歇，歌停舞止，四周寂静，万籁无声，真是"曲终人不见，江上数峰青"。后主赞美道："这样的仙乐，确是世间罕有，朕今日能听到如此音乐，实是平生大幸。想当初唐明皇与杨太真，在宫中宴饮奏乐，也就如此快乐而已。"命令近侍重赏梨园子弟，答谢奏曲之劳。张太华见后主如此高兴，便起身奏道："今天的演奏，已达于极点，但所奏霓裳羽衣曲，箫管齐鸣，歌舞并陈，尚觉太过繁杂，缺乏清幽之致，在炎夏之时，似乎不甚合宜。臣妾认为，应选梨园中善吹玉笙及精于歌曲之人，命他们在杨柳岸畔，九曲池头，海棠花下，全用细乐，更番迭奏，再用银笙按拍，唱陛下亲自写的梁州序曲儿。那鼓乐声，夹着池水随风传来，陛下在此听着，一定会觉得悠扬缥缈，如仙乐一般，比那霓裳羽衣曲，还要好听得多呢！”后主闻言，连口称道：“这样布置，又清爽，又幽雅，比那酣歌恒舞，繁音促节，高过万倍。不但独具匠心，别开生面，扫尽尘俗，洗却繁华，而且最适合于夏夜纳凉时听之，可消除暑气，涤去烦襟，像进入清凉世界，非卿慧心，不能及此！”立即招集梨园子弟，挑选那善于歌吹的，集结到九曲池，依照张太华的意思，全用细乐，演奏梁州曲。梨园押班，奏了圣谕，便选了十二名子弟，全用箫笛琴笙，前往九曲龙池，开始演奏。后主坐在宴中，刚饮了一杯酒，忽听到龙池那边，海棠花下，杨柳荫中，起了一缕悠悠扬扬的声音，婉转悠扬。细细听去，是玉笛之音。接着又有两种声音，与笛声相和，其音更是悠扬动听，与玉笛合在一处，因风飘荡，竟分不清是何乐器，只觉得这般乐声，断断续续，忽高忽低，令人心旷神怡，躁释矜平，如在高山流水之间。便含着笑，向张太华连连点头说：“有趣得很！但先吹的乃是玉笛，后来与笛相和的，又是两样何等乐器呢？朕却分别不出，卿可知道吗？”张太华道：“臣妾听来，一是银笙，一是凤箫，故其音袅袅，婉转而细长，能与笛声相合，毫无相驳之处。”花蕊夫人也连连称颂说：“不错！一定是笛、笙、箫三种合奏，才能这般抑扬低昂，楚楚动人。”正在说着，忽有一缕娇音，隔水飞来，异常流畅。后主忙敛声屏气，按着拍，一字一字地听他唱来，唱的正是梁州序新曲，婉转悠扬，高下合节，又夹着树上的清风，池中的流水，更觉得声音飘飘，几欲仙去。后主此时，身心舒畅，便命左右：“快斟酒来，朕欲饮一大杯，以赏此雅曲。”又对张太华与花蕊夫人道：“二卿亦应各饮一大杯，聊佐朕兴。今日之宴，也可谓生平第一快事了，怎么可以不痛饮一醉呢？”张太华与花蕊夫人，不敢违逆后主之命，口称臣妾领命，便有宫女，替两人拿来大杯，斟满了酒，一饮而尽。花蕊夫人就此事而吟宫词道：

梨园子弟簇池头，小乐携来候宴游。

试炙银筝先按拍，海棠花下合梁州。

这日后主因听梨园奏乐，心情舒畅，直饮至夜幕降临，犹未罢宴。那殿中挂上那颗明月珠，已是光芒闪烁，真个似明月一般，明亮如同白昼。这水晶殿，四围全用琉璃镶嵌而成，被那珠光映射，更加纤悉毕具，内外洞彻。坐在殿中，如在水晶宫里一样，他又高兴起来，便命左右继续上酒，连举数觥，醉如烂泥。见后主醉得不省人事，花蕊夫人便命停乐撤筵，与宫女一起，把后主扶到沉香床上，轻轻地扶他睡倒，将鲛绡帐垂下。后主首一着枕，就沉沉睡去，十分沉酣。

花蕊夫人吩咐宫人，仔细侍候后主。自己徐徐退去，看视张太华时，见她也是双眼朦胧，两颊红晕，已是醉意浓浓，知道她的酒量不大，这次饮得过多，难以支持，便命太华的下人，好好地扶持着她，回宫安寝。太华的四名仆人，奉了花蕊夫人之命，马上点起龙凤宫灯，传了小辇前来，将太华慢慢地扶离座位。只见她早已莲步踉跄，柳腰软摆，粉颈低垂，星眼微合，不愿动弹。四个宫人左右前后地搀扶着她，上了小辇。花蕊夫人怕太华醉中糊涂，从辇上摔下来，又派了自己的四名宫人一起送她回宫。这八名宫人，便令小内侍执定宫灯，在前引导，她们簇拥着小辇，小心地向前走。花蕊夫人送去了张太华，来到后主床前，揭起了鲛绡帐，而后主酣睡未醒，便又退了下来，命宫人预备下冰李、雪藕，待后主醒来，与他解醒。而后主一直沉睡，直到半夜方才醒来，他一翻身坐在冰簟上面，觉得甚是烦渴，刚想命宫人斟茶解渴，花蕊夫人已轻轻地走到床前，挂起了鲛绡帐，手中托着晶盘，盛着备下的雪藕、冰李道："陛下酒醒了吗？可略进些以解宿醒。"后主正是很燥渴，见了这两样东西，眼睛一亮，便取来大嚼一阵，觉得凉生齿颊，立刻宿醒尽消，十分舒畅，连连称赞道："卿真是善解人意，朕初醒之时，如此烦热，得此二物，顿时如醍醐灌顶，浑身清爽，但酒性虽退，仍难以入眠，卿可扶朕起来，偕往纳凉。"花蕊夫人领旨，便举纤手，扶起后主，后主尚觉身体摇摆不定，四肢无力，只得伏在花蕊夫人香肩之上，慢慢走到水晶殿阶前，坐在紫檀椅上。此时绮阁星回，夜色深沉，玉绳低转，众宫人都已入睡，静悄悄的绝无声息。花蕊夫人想要唤几名宫人前来侍候，后主忙劝道："朕与卿对坐纳凉，颇觉清净，如果她们都来，人太多了，又要觉得烦热了。"于是与夫人并肩而坐，携着她的纤手，四下观看，只见到一抹微云，天淡星明，河汉参横，凉风时起，那岸旁柳丝花影，映在摩诃池中，在水面飘荡着，忽而横斜，忽而摇曳，如此情景，就是有善画的名手，也不会画出如此清雅幽静的情态来。回头看花蕊夫人，只穿着一件淡青色蝉翼纱衫，被明月珠的光芒照得里外通明，但见她里面朦胧地透着盘金绣花抹胸，乳峰微微突起，映在纱衫里面，更是冰肌玉骨，粉面樱唇，格外美丽。后主情不自禁，把花蕊夫人揽在身旁，相偎相依，情味缠绵。那花蕊夫人低着云鬟，微微含笑道："如此良夜，风景宜人，陛下精擅词翰，何不作词一首，描述如此幽雅的景色呢？"后主道："卿若能按谱而歌，朕会马上填来！"花蕊夫人道："陛下如此兴致，臣妾哪敢不从？"后主心喜，即刻拿来纸笔，一挥而就，递与花蕊夫人道："朕词已成，卿可谱将起来。"花蕊夫人接来欣赏，正是以夏夜即景为题，调寄洞仙歌一阕，把这夏夜风景描写得淋漓尽致。花蕊夫人捧着词笺，娇声诵道：

冰肌玉骨，自清凉无汗。水殿风来暗香满，绣帘开一点。明月窥人，人未寝欹，枕钗横鬓乱。起来携素手，庭户无声，时见疏星渡河汉。试问夜如何？夜已三更，金波淡玉绳低转。但屈指风几时来，又只恐流年暗中偷换。

花蕊夫人看完词，只是娇声低诵，爱不释手，赞美道："陛下词笔，气魄沉雄，清新俊逸，可谓古今绝唱了。"后主微笑道："卿不要总是称赞，快快谱曲，歌于朕听，这是赖不掉的。"花蕊夫人道："既然说好了，臣妾肯定按谱歌来。"才歌得"冰肌玉骨"四个字，后主又阻拦道："且慢！卿一人歌来，即使美好，尚嫌枯寂，待朕吹着玉笛，卿再歌唱，使笛声、歌声融成一片，方才优美呢！"说罢，亲自取过时常用的玉笛，吹将起来。花蕊夫人低鬟敛黛，和着词儿，果然歌声婉转，笛声嘹亮。唱到"那人未寝，欹枕钗横鬓乱"，后主把玉笛放缓，花蕊夫人附和玉笛，延长了珠喉，抑扬顿挫，更加娓娓动听。至"又只恐流年暗中偷换"，又变作一片如泣如诉幽怨之音，格外凄清。后主的笛声，吹得更是回环曲折，悲惨凄凉。那林间的宿鸟，被歌声感动，扑扑飞起；池中的游鱼，更是活蹦乱跳，在波面上跳跃了一会儿，都聚在后主和花蕊夫人所坐的附近，好像听得懂歌声而前来静听的样子。当时歌声之妙，也就可想而知了。后人读史至此，曾写宫词一首，咏后主在摩诃池避暑，令花蕊夫人唱洞仙歌之事道：

冰肌玉骨耐烦炎，拜奉新词妮夜蟾。

池上风来纨扇却，雪香浓傍御衣沾。

后主歌吹片刻，觉得风寒扑面，露凉侵衣。斗转星移，夜色已阑，便携了花蕊夫人，一同休息去了。

后主这样早晚享乐，那光阴似流水，飞速而过，转眼之间，夏去秋来，又是重阳佳节，秋高气爽，正值旅游佳季。后主闻得青城山冠绝尘寰，风景佳胜，早就想去游玩，便趁着重阳登高，前去一游。

原本同花蕊夫人前行，只因夫人忽然得了小病。后主只得嘱咐她安居宫中，好好养病，便携着张太华奔向青城山去。沿路之上，官员迎送，供奉之盛，难以言喻。不说别的，单是途经之地，那树上枝头，都是红锦做成的花朵，绿绢裁成的叶儿，缀在树上，远处眺望好似万花齐放，鲜艳夺目。圣上休息的地方，盖着锦亭绣阁；住宿的行宫，都用红锦泥着窗户，碧纱遮护四壁。又因后主素性最爱名花，那行宫中，一时来不及栽种，便选觅各种盆花，或堆作花山，或叠成花屏，不知费了多少物力、几许人工，方才布置起来。那后主不过一夜而过，便已登程而去。而每餐所进御膳，地方官搜罗异味，用尽方法来拍马屁，全是品具海错，肴列山珍，宴陈水陆之奇，馔罗天厨之精。后主在宫享用已惯，外面的烹炰哪能与上方玉食相比？竭尽了庖人的才能，备上了珍馐的美味，后主还觉得如同嚼蜡，没有一顾的价值。但是官员们为博后主的欢心，如此尽力供奉，穷奢极欲，以借此受赏升官，骤膺天眷。但钱财是第二生命，他们哪能自掏私囊，前来供张呢？不过借着这次机会，去搜刮百姓，使那富者出钱、贫者出力罢了。等到最后，索性不论贫富，一概供张之费，都要百姓担任承办，另外那些凶恶的吏胥差役从中渔利，挟仇陷害，以致倾家荡产的比比皆是。蜀中人民，本是富庶，因为后主历年来荒淫无度，征役不息，土木时兴，都已支持不住。再加了这次的游览青城山，到处均须竭力供奉，铺张扬厉，那百姓们的财力，这么一搞，更是荡然无余，全国一片混乱。而那后主还不知百姓之苦，又传旨要地方官派遣织工，限期织成鸳衾百幅，以供御用。何为"鸳衾"？原来后主见天气逐渐变冷，恰于此时又赶赴青城山，虽然沿路之上供张甚盛，哪里有深居宫中那样安乐？未免晓行夜宿，侵冒风露。他又不加珍惜身体，每夜还要临幸妃嫔，因而身体稍感不快，便认为是陈设的衾褥不甚洁净，以致违和。就同张太华商议，要想个法儿，制一种特殊的锦被，睡时盖在身上，可以遮盖严密，风寒不侵，以便途间应用。张太华想出了一个主意，乃是用罗绢或绫锦，一梭织成，须有三幅之阔，被头织出两个孔穴，如同云板，铺在床上，正好两个并肩而睡，可以扣于颈项下面，像盘领一样，两旁所多余的被儿，拥覆双肩，这样一来，遮盖特别严密，即使风寒也透不进去，可以供男女两人拥抱而卧。因这被儿是两个人共同睡时盖的，有如鸳鸯交颈一般，故命名为"鸳衾"。张太华想了这个主意，后主高兴地说："卿的巧思，难能可贵！现在旅行之际，应立刻备来，以便应用。"立刻命太华绘成图式，注明大小阔狭，长短尺寸，传出旨意，着有司派令织工按照图式，织成百幅进用，并有严格的时间限制，如果拖延，必加罪责，决不宽贷。地方官吏，奉了这样严厉的上谕，哪能怠慢，连夜派出差役，寻找织工，要他们三日之内，织成百幅鸳衾。把平常的织工，逼得走投无路，叫苦连天，躲避无门。那有钱的织工，能拿钱财供奉，或是躲避此难，或是延迟期限，只有那困苦不堪的工人，既没钱财供奉，又不能免此工役，痛苦地遭受着敲打鞭扑，还要昼夜赶织鸳衾，好不容易织完了，由有司献于后主，他只是赐予随从的妃嫔，到了夜间寻欢作乐时，可以恣情风月，取得一时欢乐，却不知消耗了多少工人的血汗，甚至因此失去性命的也大有人在！那后主织成了鸳衾，心满意足，便催促着扈从人等加紧赶路。一路之上，车水马龙，仪仗辉煌，旌旗鲜明，直向青城山而去，正好在九月初八到达青城下，恰恰应了那重阳佳节登高的景儿。

青城地方的官员早在数十里外迎接圣驾，御跸经过的地方修整得花团锦簇，风光满眼。又在青城山麓，花了大量钱财，盖造了一座行宫，预备后主下榻。众官员迎着圣驾，倒地参拜，三呼万岁，行君臣之礼，方才引导着后主，来至行宫里面，即刻摆上盛筵，替圣上洗尘。后主传旨，各级官员退下，次日为重阳佳节，圣驾清晨即登青城山，此时已要休息了。众官员接旨后，才敢退去。

第二天后主启驾登高，张太华同辇而行，其余宫眷妃嫔，乘车相随，扈从卫士及官员，前后左右，簇拥而上。后主在辇中，见青城山高耸入云，险峻异常，盘道危磴，到了那狭窄的地方，连御辇也不能通过，只得换坐篮舆，才能登至山顶。这些宫眷妃嫔，常住宫中，娇养娇惯的，怎能经过这样高峻险窄的地段？篮舆又不可能每人都有，只得跌跌撞撞，互相搀扶，连缀而上。此时后主与张太华，早由卫士簇拥着上了山，就是几个受后主欣赏，得着后主宠爱的妃子，也乘篮舆相继登顶，唯有那些宫眷，都跌得冠戴不整，罗衣皱皴，有的跌倒在地，请人搀扶；有的刚要站起，又复倾倒，那种艰苦情形，无法形容。后主在山上，见了这般情形，不觉大笑不止，心中大乐。马上传旨意，至九天丈人观休息片刻再行。早有近侍在观中准备完善。闻得圣驾将临，观主李若冲率领着观中全体道士，鸣钟击鼓，披了法服，在观门以外拜伏着迎接圣驾。张太华搀后主，走到观前，李若冲率众跪接。后主久知这李道士颇有功行，也不敢怠慢，传谕平身。李若冲谢了恩，上前来引导后主，进入观内。后主仍携着太华，来到观内，见这丈人观建筑得甚为壮丽，苍松翠柏矗立四周，高出云表，浓茂森密，连红日都透不过来。进入观门，便是一带石砌甬道通到三清殿，三清圣像供奉于殿上。后主同太华拜过了三清，绕到后殿。那后殿却供奉着玄穹上帝，后主也亲自拈香参拜，然后由李若冲引至云房里面。敬上香茗，后主饮着茶，觉得香味特别，看那茶色，却是碧沉沉的与旁的香茗颜色不同，碗盏也是光滑腻润，洁白如玉，也非常喜爱，便举着茗碗，向李若冲问道："炼师，这茶是怎么煎的，却有如此之芳香？"李若冲回奏道："贫道这茶，不过是武彝松萝，却用梅花蕊上收下的露水，装在古瓷坛中，埋在山内，已有了很多年，今日圣驾到来，方才取出，以松柴煎煮，故此芳香异常。"后主听了，惊喜道："炼师有这样的情趣，朕今日好像置身于仙家了。"李若冲连忙称谢，不一会，摆了斋筵，都是山肴野蔌。后主平时吃的，都是珍馐百味，把肠胃也吃腻了，此时吃着素筵，觉得清香可口，十分舒畅，所以愉悦得很。吃完了饭，便传谕侍从，晚上在九天观休息，明日赴丈人峰游览。那后主休息之地，已由李若冲预备停妥。到了晚上，即行安寝。第二天，天还没亮，后主就起来命侍从秉着火炬，照耀出观，奔赴丈人峰顶观看日出。那些妃嫔们，也因要看秀丽的景色，都争先恐后齐上峰顶。好在九天观已在丈人峰的峰腰，离峰顶并不远,且有磴道可行,没有前天上山那样艰险。不到一刻,已登峰之绝顶,此刻天方黎明,后主命熄灭全部火炬,遥望着东方。

但见那极东的天上,渐渐地露出一道光华,为云气蓊翳着,隐隐约约地乱晃。瞬间那道光华迸出霞光万道,把那云气映成了五颜六色,然后看见像车轮大的红日,忽上忽下,升降不定,照耀得人的双目不能直视。正要揉眼定神观看,那轮红日忽地往下一落,如坠入云海里面,绝无踪影,眼前顿时漆黑一片,什么也看不见,如同夜间一般。后主正在惊讶,但见那光华陡然升起,一刹那间,满天的云翳已消失,一轮红日,挂在了天空,照耀得遍地光明。后主点头叹道:"红日呈现,浮云全消,正与那真主一出,即可勘定祸乱,削平四方一般。但不知现在的真主,却是何人,并于何时出现呢?"后主感叹了一会,便要携着张太华同下峰去。回头寻找,那太华带了两名宫人,离开自己站立之地,约有十余丈路,在那里看着峰下,不停地指点着,议论风景。后主不断招呼她,叫她过来。谁知骤然之间,黑云涌起,遮住了日光,闪电如金蛇一般在黑云里面乱窜乱射,后主惊道:"方才云翳全消,红日初升,怎么刹那间又黑云蔽天,暴雨将至呢?真可谓天有不测之风云了。"话音未落,已是狂风骤雨,打将下来。后主想赶紧找个地方躲避一下,谁知,凭空起了个霹雳,其声之大,震天动地,把后主震得目眩耳鸣,心惊魄荡,差点儿跌倒峰头。好容易撑持住了,抬眼再看,这一个巨雷已震得雨散云收,那天上的红日又显现出来,更是分外的光明了。后主身上已被暴雨淋得浑身俱湿,正没有主意时却听得宫人们叫喊连天。后在连忙回头看望,只见那些宫人们,有的已被雷震得昏晕在地,有的即使没有晕去也被惊骇得脸色不正,抱定了头在乱石之上坐着,那一个个如落汤鸡一般,甚是可怜,此时正在那里相互叫喊,所以喧嚷起来。后主看到众人的模样,忽然想起张太华,她的胆子最小,在宫内的时候,稍有雷声,还要掩没两耳,惊得躲藏不迭,如今在这高峰之上,突然遇到这样的巨雷,不知吓成什么样了,便向太华站立的方向望去,只见太华与两个宫人,一齐倒在地上。后主以为她们为雷声所惊,昏晕过去,忙招呼了宫人随同自己亲自去看她。到太华身旁,弯下腰去连声呼唤,太华没能答应。后主莫名其妙,便伸手在太华身上一摸,谁知那才容绝世、美丽无双的张太华,已是香魂渺渺,七魄悠悠,竟被雷声震死了。此时后主就像一个失脚跌入冰窖里面一般,禁不住抱着太华的尸身哭啼起来。那些妃嫔宫人看到这般景象,也聚将拢来痛哭不止。年长的宫人忙阻拦她们道:"莫哭!莫哭!这是惊恐过度,晕厥过去,可以救活过来的。"于是马上就没有了哭声。那年长宫人便在太华胸前,按摩起来,又命旁边的宫人,把另几个惊死的宫娥也如此按摩,不能停止。按摩了一会儿，那两个宫娥慢慢地苏醒过来，微微地叹了口气，睁眼便叫："震死人了！"众人大喜。而太华已四肢僵直，毫无起色。那年长的宫人知大势已去，便不再按摩了。后主见两个宫人虽已醒来，但太华竟没法救活，又不觉悲从中来，涕泣说道："这全是由我造成的，朕若不登丈人峰观看日出，哪会葬送了美人的性命。如今美人这样丧身，叫朕如何是好呢？"说着，又号啕不已。众妃嫔上前劝道："死者不能复生，陛下还须多多保重，不可过哀，况张妃的尸身在这高山之巅也不是办法，须设法运下峰去，备棺殡殓。"后主在众人的相劝之下，方才略止悲哀，遂谕近侍去九仙观借了一张竹榻，把太华尸体陈于榻上抬下峰去，在九仙观内，备棺殡殓。观主李若冲，得知后也非常吃惊，急忙出来迎驾。只见那位张娘娘已平躺在竹榻上面，平日间玉笑花香的姿态不知去了何处。李若冲连连点首叹息道："在劫者总是难逃，任你势力薰天，富贵炙手，造化也是难以换回的。"李若冲正在叹息着，后主御驾即到。李若冲连忙上前迎接。后主痛心道："朕的美人竟在丈人峰上为雷声震死，炼师道法高明，定知其因，难道是张太华造下了什么罪恶，遭上天降罚雷击而死吗？但太华青年入官，性情温和，平时服侍朕，口不妄言，小心谨慎，并无罪恶，为何要遭此惨死呢？朕实在不明白，望炼师给以指教！"李若冲奏道："张娘娘之被震而死，乃是前因，并非造下罪孽上干天怒，而遭雷击毙者。若是上天示罚，必用雷火诛戮，尸体焦黑，惨不忍睹。今张娘娘不过命中有此劫难，适当其道，所以被震而殁，怎能看作造下罪孽，遭致天诛呢？"后主道："照炼师说来，张妃之死，是适当暴雷之道，所以被震而死。但那两个宫人。也与张妃在一地，同被震死，何以两个宫人加以施救，而能复活，张妃却不能救治呢？"李若冲道："这就是所谓大数了，两个宫人，命不该绝，所以遇救重生。张娘娘大数已尽，虽然加以救治也难以复活，便是这个道理。"后主道："即使张妃大数已尽，以她日常为人处事来说，也应该死在深宫里面，为什么要在这高峰之上，被雷震殁呢？"李若冲道："这又是贫道刚才所讲之前因了。人生在世，一饮一啄，皆由命运来定，何况生死大劫，哪有错误之理？张娘娘应该在丈人峰上遭暴雷震死，早已是命中注定了的，古人说得好，生有时辰死有地，就是对此而言。"后主道："炼师以为凡事皆有定数，这样看来，人生在世，只要听天由命，任其自生自灭就是了，何必劳苦辛勤，早起晚归，力行政务呢？"李若冲道："不然！大数虽由天命，但有时是能够人力挽回的，如那荒旱饥馑之难，水火刀兵之灾，若能勤修政治，预为防备，也能免去祸患。所以说'君相能够造命'，又道'人定胜天'。若事事任由命运安排，那又要君相何用呢？总之，人生于世，应该防微杜渐，尽人之力，方是道理。如果人力已尽，还不能挽回，那便由天注定,也就无憾了。所以凡事虽有个运气,人力却是必不可少的。如今张娘娘过世,也难复活,陛下也不必过度悲伤!好好地殡殓安葬也就对得起平日的情义了。”后主听了李若冲讲述,内心虽有所省悟,但是张太华乃系最宠爱的妃子,日常相随左右,寸步不离,现在突然死去,总难消心头的悲痛。但事已如此,只得传出旨意,备棺盛殓;又使宫人,把太华平时心爱的衣饰,一齐替她穿着上了,将红锦龙褥,包裹尸体,盛入棺中。后主又抚棺痛哭一场,方在九仙观前,白杨树下,掘土安葬。后主葬了太华之后,想念起花蕊夫人抱病在身,未知已否痊愈。如今一个张太华已经死了,花蕊夫人若再出事,岂不是割去了自己心头之肉吗?此时,更觉放心不下,但愿身生双翅飞回宫内见到花蕊夫人才好。所以到得次日,便急忙地离了九仙观,启程回宫,后主一路之上凄凄切切,思念着张太华,回归成都。

后主自从把张太华葬在观前白杨树下启程回宫后,九仙观中的道士,每逢夜间,就会听到有女人悲吟之声,其音非常凄惨,感人肺腑。到了夜黑风高时,且听到有女子行路敲打观门之声。那些道士,十分恐惧,尽说是张太华死得凄惨,阴魂不散,所以显魂,长久下去,恐怕变成僵尸,还会来吃人呢。这个谣言传播出来,便将这班道士吓得魂不附体,天色未暗便将观门闭上,大家躲躲藏藏,不敢外出游玩,怕遇见鬼魂,丢了性命。这九仙观本是名胜的所在,据说古时有九个仙人来观赏丈人峰,曾经跨鹤而来,落在观中,故命名为九仙观。因有这个灵异,那九仙观的香火特别盛,游玩之人也连续不断,游人都是借住在观中,所以观中的收入颇为丰盛。自从有女鬼显魂,这番谣言传播开去,不仅游玩风景的人不敢来玩,便是烧香的人也不敢前来轻易尝试,踏这险地了。这样一来,好好的香火旺盛的一座九仙观,竟弄得冷冷清清,萧条异常。那九仙观的道士,即使有些山地可以耕种,可人数众多,靠着地产所出,根本不够开销之用。平常日间,靠烧香的施主捐援助款和观赏风景的人们寄宿观中以收受食宿膳资。如今因着闹鬼没人敢来,便断绝了九仙观的生计。观主李若冲,每日只在云房静修,修炼功夫,观中的大小杂事,都派定职事的人担任管理,他并不去过问。那些管理的道士,见连日来没有一点收入,眼见得热热闹闹的一座九仙观要被女鬼闹得冰消瓦解了,若不早些设法挽救,恐怕会被废弃。那些有职事的便聚集到云房面见李若冲,把这一切陈说一番,要请观主想方设法,驱除女鬼,以免人心惶惑。李若冲听罢一番话,便好言相劝道:“你们不用过虑,俺这九仙观,自古以来的道场香火十分兴旺,哪有让女鬼闹败之理?那女鬼的事情俺早就得知,只因她死得甚苦,阴魂不散,一时又不能托生转世,所以夜间出来显魂,不会为患,俺不能用法力去驱除她。现在既与本观生计有关,今晚俺当用言语点化于她,为其指条托生之路,祸患自然没有了。你们且去办理正事,不用心焦,今晚可虚掩着观门,不必上闩,待我前去会那女鬼就是。”众职事听完此话,知道观主道法玄通,若去会那女鬼,必定无事,大家放了心,告辞出来。

夜晚的时候到了,李若冲用了晚斋,并不带道童,手持一根藜杖,独自一人从云房慢慢地出来,走到观门,见那门儿果然虚掩着,那些道士早躲得不知去向,一点声息也没有。李若冲道:“这些出家人如此贪生怕死,还修什么道,修什么仙呢?”说道,随手开了观门,步将出去。此时月明风高,四围静悄悄的,无半点儿声响,那棵杨树的枝条,在月光之下被风吹着摇曳不定,那种景色,阴暗暗的觉得甚是幽寂。若是无道气之人,在这样凄凉的所在,便是没有什么鬼祟,也会毛骨悚然,何况还明知有女鬼出来显魂呢?而那李若冲却与凡人不同,他乃修炼有年,很具功行的人,所以并无畏惧之心。手持拐杖,在月光下面,徘徊瞻眺了一会,并无异象,暗暗地想道:“那女鬼难道知道俺前来会她,今夜有意不显现了吗?”正在想着,忽然一阵风过去,天上的月色好似被笼罩上了一层薄雾,那光更加阴森。李若冲低声道:“来了。”语音未落,已见那白杨树侧似烟非烟,影影绰绰,好像有个影儿,忽前忽后地好一会,便有个女子,一手拿着一方白绫巾,一手扶着杨树,立在那里,口中低吟,其声幽细,极其忧伤。李若冲要看她作何行径,不去作声,却留着心仔细听她吟些什么。虽然那吟声十分幽咽,可还听得真切,却是一首诗。其词道:

一别銮舆经几年,白杨风起不成眠。

常思往日椒房宠,泪滴衣襟损翠钿。

其吟声凄惨异常,李若冲品着那些诗句,早知道是张太华的幽魂,便向前走去,借此喝问道:“在白杨树侧低鬟微吟的,是人是鬼,可从实讲来,若有一句假话,须知本师法力高超,道术精明,否则要把你关进九幽地狱,永不托生了,你可从实而言。”那女子听罢,竟一点儿都不害怕,反继续向前,嘴中念念有词。

李若冲在九仙观前,身靠白杨树,听那女子吟诗,确是张太华的鬼魂,便问她是人是鬼。那女鬼见问,敛衽说道:“与炼师分别不久,怎么这么快就忘了呢?妾非他人,乃蜀主之妃张太华也,陪侍圣驾观赏丈人峰,因雷声而死,不能托生,欲求炼师超度。”李若冲道:“汝是张太华之阴魂,怎能每夜惊扰,使人不得安宁?”女鬼答道:“妾非惊扰,只想请求炼师超度,不能进入观内叩求炼师,因此每夜在观前走动,希望得见炼师,陈述心声。不意观中人认妾为鬼,遂致惊惶不安,并非妾有意骚乱也。今日有幸得见炼师,真是万幸,望炼师怜念沉沦苦海,孤魂无依，大展法力，俯赐超度，能向好处托生，就永感鸿恩了！”若冲道：“汝要请求超度，亟宜敛迹幽冥，要知道人鬼殊途，不能相混，不能惊骇生人，扰乱本观的道场，本师当答应汝所请求，为汝修建醮事，使汝向好处托生，脱离苦海。”女鬼闻言大喜，拜谢道：“既蒙炼师顾料，妾愿已遂，何用夜夜显现，从此当藏身地下，听候好音，绝不敢再行出入，惊扰世人了。”说着，拜过，退至白杨树下，冉冉而灭，瞬间，绝无踪影。李若冲不禁称奇：“世间竟有如此灵鬼，与人能觌面接谈，她说夜间显魂，并非为祟，实是想求俺超度，俺既允她建醮，倒要从速办理这事，不可使她在地下日夜想念。”心中细想了一会，也就退归观中，自行安睡。

到了第二天，便告诉众人，昨夜遇见女鬼，乃是张太华阴魂不散，一心想着超度，才显出形来，并非出来捣乱，她的要求自己已答应，从此便隐迹泉台，等候救度，决不出现了。众道士听了此言，个个欢喜，人人放心。那张太华的幽魂从这以后果然不出来哀吟，那些道士也就不再惊惶躲藏，照旧出入。这消息传将开去，都说九仙观道法高深的李若冲炼师已将现形的女鬼托生到了好地方，九仙观恢复了正常。大家听了这个传说，都把李若冲看作仙人，便一齐前来建醮修斋，为亡魂超度，比起以前那九仙观的香火更加兴旺了。就是那些游览风景的人也都陆续而来，络绎不绝了。李若冲因答应了张太华的请求，便找了个好日子，开始修建道场，虔诚地修建长生金简，超度太华的灵魂移牒幽冥，脱离苦海，使太华托生到一个好地方。等道场快修完的时候，醮事圆满，这天夜里，李若冲正在云房，端然默坐，调息养气，忽然刮过一阵风，似梦非梦地见张太华翩然而来向他拜谢道：“妾有幸得到炼师超度，就能够脱离幽冥，受生人世了。投胎之前，感念炼师恩德，特恳求监守的鬼使，领我前来拜谢鸿慈！”说罢，拜谢不止，又用黄土在云房墙壁之上写了一首七绝，才跟随鬼使前去托生。李若冲突然醒来，见自己身体仍在原地不动，那张太华的灵魂已没有影踪，若冲非常吃惊地说：“明明看见那张太华对我道谢，说是因为自己为她超度，已经受生人世，特求鬼使领来道谢的，怎么又毫无迹象呢？她临去的时候，还有一首诗留在了壁间，待俺看来。”便起身向壁间观看，壁间果然有一首用黄土写的诗。那字迹很黯淡，仔细辨认，却还看得清楚。其诗道：

符吏匆匆叩夜扃，便随金简出幽冥。
蒙师荐拔恩非浅，领得生神九卷经。

看了这诗，李若冲啧啧称奇，便用笔记下来。哪知壁上黄土所写的鬼书，记录一点便消失一点儿，等到若冲抄录完毕，壁间便什么痕迹都没有了，若冲更加奇怪了。到了第二天，众道士听说这件事后，无一人不称为奇事，传为美谈。没过几天，这事传到成都，后主听说了这件事，命使至九仙观向李若冲详细地打听此事，并将诗带了回去，呈于后主观看。看了这诗，后主非常伤心，又因李若冲超度太华，使之没有坠落幽冥而托生入世，心中对他非常赞赏，便遣使赍了许多金帛宝玩赏给若冲，以表示自己对他特别宠幸，回报他超度太华的功劳。后人作了一首诗，咏张太华创制鸳衾，让后主变得奢侈起来，以致在丈人峰顶为暴雷震死，几乎永世没得超生，若非李若冲道法高妙，根本能托生入世。其诗道：

鸳衾成时只一梭，铺装早屏旧绫罗。

清宵梦杳芙蓉帐，黄土留诗不忍哦。

后主自从九仙观启跸回銮，在路上只是思念着张太华死得太惨，心内悲痛万分，哭泣不止，虽有妃嫔们再三劝解，心中还是悲痛依然。又因惦记着花蕊夫人的病体，唯恐有什么闪失，又一个美人将离自己而去，因此昼夜不安，恨不能立即便抵成都与花蕊夫人见面，方好放心。真个是度日如年，好容易到了成都。回到宫中，却见花蕊夫人已率领合宫妃嫔，前来迎接。后主见她还像以前那么漂亮，知道她的病已全部好了，心中的一块石头才算落了地，便快步走上前去，携定花蕊夫人玉手，边走边问："你的病已经全好了吗？朕身虽在外，心中却时时惦记着你，如今托赖上苍的福佑，病已脱体，真乃朕之万幸！只可怜张太华已与世长辞，再也见不着了。"说到这里，后主又哭泣起来，再也说不出话，花蕊夫人因为不见太华与后主同行，正不知发生了什么事，今见后主说到太华，悲痛万分，便知太华早已离开人世。只因后主那样哀痛，不便多问，就双双进入宫中，与众妃嫔朝参已毕，问了一番游览青城山的情形，见后主情绪渐渐好转，才慢慢地问及张太华的事情。后主见问，一声长叹后，便将怎样到达丈人峰观看日出，暴雷如何突起，又怎样把张太华震死，如何用红锦龙褥裹了尸体，葬于九仙观前的白杨树下，然后启跸回来的整个经过说了一番。不禁又痛惜万分，双泪交流。听说张太华惨死于丈人峰上，花蕊夫人也觉不胜伤感，因为怕自己一哭出声，更加惹动后主思念张太华，只得眼含热泪，婉言相劝。经花蕊夫人百般劝慰，后主也不得不略止悲怀，况且久别之后一旦聚首，少不得喁喁细语，互诉衷肠，情话缠绵，当然要快活一番。花蕊夫人更恐后主思念太华，郁郁于怀，对龙体有所伤害，因此格外的柔情婉转，轻颦浅笑，想尽办法让后主高兴。后主原本就是个容易忘掉忧愁的天子，被花蕊夫人使出手段加意逢迎，整个心思便只在花蕊夫人身上了，朝朝暮暮，追欢取乐，把个张太华早已忘得一干二净，不复记忆了。

时光迅速，转瞬残冬已过，又到上元灯节。蜀中向例，每个正月望日都称作元宵节，为了表示庆祝，定要张三天灯。这日夜间，后主循着旧例，在五凤楼前高高地搭起了彩棚，架起鳌山，遍悬灯炬。一套套的故事中的人物被扎在那鳌山上面，都用绫罗绸绢制成禽鸟鳞介、人物花卉，五色鲜妍，什么样的都有。日间看去，已觉十分精彩；到了傍晚，点起灯烛，光辉夺目，还有伎乐陈列于鳌山之旁，笙簧遍地，锣鼓喧天。后主又传旨不得禁止人民入内。真个是金吾不禁，银花火树，一派笙歌，与民同乐。刚近黄昏，后主亲自登上露台，大宴群臣。到得酒酣之时，御驾直至曲阑的一边，观看彩灯。只见那些拥拥挤挤的百姓，纷纷扰扰，万头攒动，都是争先恐后地抢着奔向五凤楼观看鳌山。两旁的舞娼歌妓，更是舞态翩跹，笙箫迭奏。见了那些歌舞的娼妓，后主不觉心中一动道："梨园子弟所奏之曲和宫内的歌舞，朕已听得够了，觉得太俗了，今天既有民间的歌舞在此陈列，为什么不宣她们来此歌舞一番，不但借此侑酒，还能一饱眼福，岂不甚妙？"便立刻下旨，宣召舞娼歌妓至露台前奏技。这些娼妓听圣旨到，哪敢迟延，便由内侍引导而来，舞者居左，歌者居右，分成两行，各人拿了自己的乐器，在露台之前排列起来，歌的歌，舞的舞，夹杂在抑扬顿挫的音乐之声，十分可听。那舞的更是高低疾徐，进退中节。后主仔细审视，见那些娼妓，一个个锦衣绣裳，花容月貌，皆系年轻女子，甚是娇艳。看到那舞娼队中，有个梳着高髻的女子，容光更招人爱，不禁心动神移，暗自叫好。只因刚才舞时，没去留心细看，不知她舞得怎样，便命令身边的内侍去问那头上梳着高髻、身上着藕香色绣花盘金舞衣的舞娼叫何名字，要她单独奏技给皇上观看。奉了旨意的内侍如飞而去，不一会儿，便上来复旨道："那个梳高髻的舞娼，年方十八岁，名唤李艳娘，已奉了圣命，独自一人奏技。"后主点了点头，两道眼光便直直地盯着李艳娘，只见众娼一齐退去，单剩了李艳娘一人在场。后主再次传命艳娘舞时，不用锣鼓，只奏细乐。一声旨下，锣鼓齐停，只有婉转悠扬的笙箫管笛，这时候那李艳娘用手按了一按头上高髻，紧了一紧身上舞衣，不紧不慢地轻舒莲步，软摆柳腰，舞起了天魔舞。但见她或进或退、忽高忽低，像飞燕一样轻，像盘鹰一样快，腰肢婀娜，体态轻盈，翻起来像游龙，翩起来像惊鸿，舞到关键的时刻，就像风雨快要到来，只见衣袂飘飘飞动腾起空中，她的身形却看不见，使看的人都感到目颤心跳，噤住了口，连声息都不敢吐将出来。这样到了出神入化的地步，真是世间罕有。后主见了如此精妙的绝技，人又长得那样美，心内如何不喜？便对身边人说："李艳娘表演完之后，可上露台，朕要亲自见她，还有言语要询问她呢。"内侍于是便将此旨传下。艳娘舞毕，便照着皇帝的旨意，姗姗地上了露台，俯伏在后主的御座之前三呼万岁。后主传旨平身，艳娘感谢皇帝恩赐，起身站立。后主便细细地端详她那美丽的娇容风姿，真是远看不如近瞧，那艳娘的美貌的确是无法用言语来比拟的，那一身的肌肤洁白如玉，让人一看便是魂飞魄散。美如太真，艳若西施，一举一动，都非常地合乎适宜；一颦一笑，也足以让人心动。后主望着她，不知不觉神色皆无，反把艳娘弄得满脸羞涩，不知如何是好。后主看了很长一段时间，方才含笑问道："你把发髻梳得那么高，和旁人不同，这是什么缘由？"艳娘道："贱妾由于受到皇帝恩传，前来五凤楼演奏歌舞，所以梳得这髻，并且冠名叫'朝天髻'。"后主听后，龙颜大悦道："朕从前曾经写过一首曲子，名为'万里朝天'，说的是四海之内，万里之外，都来拜见我，今天你的发髻，又名'朝天髻'，这与朕的曲子名称不谋而合，真可谓英雄所见略同了。朕打算把你召进宫中来，不知你可愿意吗？"艳娘道："就凭贱妾平平的相貌，承蒙陛下的厚恩宣召入宫，哪有敢违抗的道理呢？但是妾家十分贫穷，况且父母年岁老矣，完全依靠妾身的赡养照顾，妾若入宫，父母失了依赖，肯定会受到饥饿寒冷的折磨，还是乞请陛下开恩。"后主道："这个容易得很，对于你父母朕当重加赏赉，以使他们能吃好生活好。"当下便赐艳娘父母金钱十万，艳娘于是立刻谢主隆恩。后主于是又加封艳娘为昭容，终日随侍御驾，受到特别的恩宠。后宫妃嫔见艳娘如此受到皇帝的恩宠，不免私心羡慕，都争相学她的打扮，尽把发髻绾得高高的，希望博得皇帝的宠爱。这个风气一经传开，连宫人们也梳起朝天髻了，真是上行下效，影响迅速。后人们在读到这一段历史的时候，也有宫词一首，咏李艳娘朝天髻，宫中人们争相效仿道：

露台灯耀舞衣妍，一搦纤腰十万钱。
进御乞颁新位号，梳将高髻学朝天。

后主自从有了李艳娘之后，便整天让她和花蕊夫人一起跟随左右，愈加纵情酒色，恣意妄为于笙歌艳舞中，把一座宣华苑点缀得花团锦簇，真个每一天都是寒食，每一夜都是元宵，富贵非凡，欢乐无穷无尽。一日，后主自觉得心中没有丝毫的兴趣，于是便对花蕊夫人说："朕因日日宴饮，把肠胃也吃腻了，宫人们的那些笙歌艳舞以及梨园的奏曲，也觉得过于热闹，听着歌声心中不免生出一些烦恼来，卿可有什么既新鲜又清静的消遣法儿吗？"花蕊夫人笑着回答说："每天都是这种笙歌聒耳，酒肉罗列，果然很是乏味，这也难怪陛下嫌弃它们，就是贱妾等也实在没有兴趣了。如今陛下另要找些快乐的办法，妾寻思九曲龙池里面莲花盛开，陛下为什么不到龙池赏玩一番呢？"后主道："赏荷一事，本来是极其清静雅致的，但花酒联系在一起，既然赏花，必须饮酒，到得酒酣之际，既无歌舞，又觉枯寂得很，那还不是仍然脱离不了旧俗吗！"花蕊夫人道："赏花虽必须设宴，妾将所有菜肴都改成新鲜之品，不用那些山珍海味，但叫成都的渔人，命他们将才起水的鲜鱼，轮番进贡，或作脍，或作羹，或做汤。那刚刚从水中捞起的鱼，味必鲜美，作了羹汤，既能拿来醒酒，又能开胃，且无油腻之患；然后陛下再下令御厨们，命他们制作佳肴，须选时新的蔬果，去其油腻取其清洁，这样一来，那肴馔便鲜美可口，当与往日大不相同了。等到酒吃得足够时，陛下如果不喜欢歌舞，可命那些宫人，用桨划着一只只小船，前去采莲，在那些荷藕的深处，红装绿袖，齐声高唱采莲曲，闪现于烟波当中，陛下您就倚着栏杆观看，待她们采得莲花归来，再请陛下您亲自点验，要是有什么奇异品种，可分别地犒赏。那些宫女，闻听有额外的赏赐，肯定会争先恐后跃跃欲试的，这不是很有趣味的事情吗？”听了花蕊夫人的言语，后主不禁拍手称赞道：“爱卿的想法，真是超凡脱俗，如此安排，不但去尽陈腐，而且清雅至极！待朕下旨，让他们准备一下。”当即传出两道旨意，一道是命全成都捕鱼的人，每人都要进献刚刚打捞出水的鲜鱼数尾；另一道是命令御膳房所有准备的佳肴，屏除珍错，却用一些时新蔬菜，以免油腻。这两道圣旨传出之后，御厨房自然购取时新蔬菜置备起来。他们拿到了宫里的钱财，想尽一切办法去采办时新之品，不过多费些手续，倒还是比较好办的。唯有那些捕鱼的人，却非常的贫穷困苦，每天都仅靠捕鱼卖钱为生。现在奉了圣旨，要他们进奉才出水的鲜鱼，并且还是挑拣大的、活的送入宫中。想想他们耗费了那么多力气，摇着一只小船出去数十里甚至是百余里方才打着活的鲜鱼，原本是想卖了钱后能买些米面柴米，养活家口，以延续生命；忽然要每个渔人进献鲜鱼，以供朝廷的挥霍，那些渔人怎么能不叫苦连天呢？然而他们又不敢违抗圣旨，只得将那鲜鱼送入宫内。另外那些没有打着鲜鱼的，或是打到了又嫌过小不能进御的，各种各样的艰苦困难，真是一言难尽。那后主自从下达了两道圣旨之后，便命近侍预备了许多采莲的船，把宫人们全部召齐。每只船上派定宫人四名，两名负责摇桨，两名负责采莲，且要齐唱采莲之曲。那些宫人得到皇帝的命令，也去预备起来，一个个打扮得玉笑花香，非常地娇艳迷人，都在九曲龙池中的画船上静静地侍候着。那后主携带着花蕊夫人和李艳娘，在一条龙棹凤桨的画船上面，把两扇文窗打开，见前后左右，环绕着几十只采莲船。每一只船上载着的四个宫人都是高髻宫装，玉琢的臂儿带着黄澄澄的金钏，倒映着亭亭的红花，透照着水面的绿叶，分外觉得娇艳美丽，婀娜轻盈。那被融成一片的粉香、花香，每当吸进鼻中，也区别不出哪是花香哪是粉香，只觉甜蜜蜜的令人闻起来心旷神怡。此时后主胸怀畅然，动了酒兴，于是便下令摆开宴席。一声旨下，厨船上把早就已经准备好的时新蔬菜全部摆到了宴席上。花蕊夫人与李艳娘在皇帝左右侍奉；近臣们却在舱外列坐着，侍候传唤。

后主饮着酒，品尝着时新的菜蔬，果然清爽可口，比起那些山珍海味，别有一番滋味。饮了一会，便下令将各渔人进奉的鲜鱼，拣那肥嫩鲜活的，当场开剥，做起脍来下酒。近侍们得到命令，传宣出去。那些渔人，都早已捧着鲜鱼等了很长时间，听得传宣，不敢上前，只是隔着花枝把鲜鱼递给了内侍，送往厨船，立刻便做起鱼脍来。花蕊夫人曾写了宫词道：

厨船进食簇时新，侍座无非列近臣。

日午殿头宣索脍，隔花催唤打渔人。

过了没有多长时间，内侍们便捧上鱼脍。后主吃着，只觉鲜美得非同一般，于是连连夸奖花蕊夫人的想法真是太妙了。酒刚喝到一半，便命宫人们开始采莲。那些宫人奉了旨意，划荡着船桨，船儿于是四散开来争向藕花深处。到了花丛里面，所有人都各展珠喉，娇音婉转，唱起采莲曲来。那歌声或近或远，如同隐藏在红花绿叶之中，传将过来，真个是入耳怡神，悠扬缥缈。后主连续地称赞有趣，举起大杯，饮了一杯；再看采莲的船儿在池中飘荡来飘荡去，宫女们一面唱一面争先恐后地采莲，那水中的沙鸥，受到兰棹的惊吓，都一齐向两岸飞去。那数十只画船，互相追逐着，画桨齐拍，水珠儿溅起，把宫人的罗衣全都打湿了。她们虽然溅湿了罗衣，但依然争先恐后地来往采莲。此时的后主，已是双眼迷离，辨认不出哪里是花，哪里是人，但见来来往往的鬓影香衣暗含着花光在面前荡漾不定。花蕊夫人当时有宫词描写采莲情景道：

内人追逐采莲时。惊起沙鸥两岸飞。

兰棹把来齐拍水，并船相闹湿罗衣。

后主看着那些荡着画桨的宫人，恰逢眼花缭乱之时，忽见她们唱着歌，将船头齐齐地掉转过来，如飞般直向御舟驶来，把个御舟团团围住，都捧着刚采的莲花，如战胜归来献捷一般把莲花全部放在了后主面前。后主便命花蕊夫人同李艳娘仔仔细细地查验，将那奇异的莲花挑选出来，以便赏赉。两人奉命点了一会儿，见有并蒂的、重台的、连理的、并头的，共计二十余枝；剩下的红的、白的、金边白底的、金边红底的，又有一百余枝。查看清楚后，两人向后主奏明了。后主便将采得并蒂和重台、并头以及连理花的宫人加以赏赐。此外那些采莲的宫人，也各赏官锦一匹。众宫人受到恩赐，都皆大欢喜，叩谢而退。

有一天，后主在宣华苑内与诸班群臣摆酒设宴。他让群臣皆宜尽欢，不醉无归，群臣都点头听命。后主于是又召见李艳娘，让她当席而舞，梨园子弟也都附和着奏乐。等到酒酣之时，后主便兴致勃勃，亲自执着檀板，演唱着韩琮的柳枝词道：

梨园随堤事已空，万条犹舞旧东风。

何须思量千年事，唯见杨花入汉宫。

后主的歌声婉转嘹亮，声情并茂，各位大臣都捧杯前来为后主道贺，争进谀辞，后主非常地高兴。独有内侍宋光浦见后主整天沉溺于酒色之中，不以国事为心，感到非常忧愁，意欲进谏，于是站起来向后主斟酒，献于后主道：“陛下歌韩琮词，为臣也曾记得胡曾的一首诗，愿唱给陛下赏听。”遂歌道：

吴王恃霸弃雄才，贪向姑苏醉绿醅。

不觉钱塘江上月，一宵西送越兵来。

宋光浦歌得音节凄凉，使人心肺皆动了恻隐之情。后主听罢，感到非常不愉快。正欲谴责宋光浦，宰相李昊也站起身来进谏说：“宋光浦所歌之诗婉而多讽，恳请陛下三思。”后主道：“蜀中富庶，现在又正逢太平时期，宋光浦所歌之诗，未免有一些不伦不类了。”李昊又进言道：“陛下宴乐深宫，很长时间不闻不问外事，现在宋主已平荆南，兵强马壮，无坚不摧。臣观宋主不与周汉等同，以后肯定会统一全国，为陛下计，不如遣使朝贡，以免爆发战争。”

话说李昊因宋太祖平定荆南而劝后主奉表纳贡，以免引发兵变事端，王昭远又进言说蜀地处于险阻之地，外扼三峡，宋兵是不能够飞渡的，劝后主不必称臣入贡，以免丧失自己的威风。后主听了王昭远的话，就没有采纳李昊朝贡之议。但是闻得宋兵平定荆南，内心之中不免也有一些恐怕，便与群臣商议，加派兵力扼守水陆要隘，以防宋兵前来侵犯。当下又有张庭伟献议，劝说后主与北汉修好，两面夹攻汴梁。后主于是听从他的建议，修了书函，派遣部将校尉赵彦韬赍了蜡书由间道向太原而去。哪知赵彦韬是个卖主求荣之徒，他见后主整天沉溺于酒色，不理朝政，知道蜀中必要败亡；宋朝则兵强马壮，精旺气盛，君明臣良，日后必能扫荡群雄，统一天下。他早就有了投降宋朝的心思，如今趁这个机会，便带了蜡书，表面上说是承命往太原去，暗地却向汴京跑去请见太祖，并且把后主的蜡书献给了太祖。太祖展书看视，只见上面这样写道：

早岁曾奉尺书，远近睿听，丹素备陈于翰墨，欢盟已保于金兰。洎传吊伐之佳音，实动辅车之喜色。寻于褒汉，添驻师徒，只持灵旗之济河，便遣前锋而出境。

太祖看见这封书信，不觉笑道：“朕正想讨伐蜀国，恰好担心没有缘由，现在有了这封书信，便可趁此机会出兵了。”于是马上调兵遣将，命忠武军节度使王全斌担当西川行营都部署；都指挥使刘光义、崔彦进为副；枢密副使王仁赡、枢密承旨曹彬为都监，统率马步军六万人，分批前往讨伐蜀国。全斌等奉了旨意，来到朝廷辞别。太祖面谕道:“爱卿此次前行。可否能得西川?”全斌道:“臣等依仗皇帝天威,秉承庙谟,发誓只等平蜀之后,才班师回朝。”右厢都校史延德踊跃奏道:“除非蜀中在天上,人不能到,那就没有办法可以取得;若在地上,有这样的兵力还愁打不过蜀国这一弹丸之地?”太祖喜道:“全仗卿等勇往直前,尽心尽力了,平蜀之后,所有财帛,必当分给将士,朕想的只是他的土地,此外并无他求。但诸位爱卿这一去,蜀主势穷力竭,肯定会投降的,卿等须要善待,并要将其家属,无论大小男妇一齐送入汴京。在路途之中,一定要好好看承,不得侵犯一人。朕已在汴河之滨,为蜀国君主建了房屋,多至五百余间,供张什物也都十分齐备,朕当令蜀主与其家属安享晚年。”全斌等领了旨意,辞别皇帝,兵分两路。全斌与彦进等,由凤州而进,光义与曹彬等,由归州而进。两队兵士,浩浩荡荡,杀奔西蜀而去。

为什么太祖在全斌等刚要出发时,嘱咐他们要善待孟昶家属,并说在汴河之滨建造了五百余间房屋,一切供张什物,莫不全备,要使孟昶和家属安安乐乐享福这一席话呢?原来太祖久闻花蕊夫人国色天香,是不可多得的,心内十分羡慕,只是担心大兵直逼成都,花蕊夫人为兵将所蹂躏,因此在诸将临行之时,他再三地嘱托众将,不准侵犯蜀主家属,不管大小男女,都要好好地解送汴京。至于在汴河之滨,为蜀主治第五百余间,所有东西都齐备,也是真言,并不是虚假之话,所以王全斌和将士们听了太祖嘱咐之言,绝不敢违,占领蜀国之后纵兵扰乱百姓,掳掠金帛子女,对于蜀主的眷属却一点也没有侵犯,并好好地解到汴京,直接送去面见太祖,这是后话,不去提它。

后主孟昶闻得宋兵入蜀,便也征集各路人马,命王昭远为都统,赵崇韬为都监,韩保正为招讨使,李进为副,带领大兵,抵抗宋师的侵犯。临行之时,另外还命左仆射李昊在郊外设下筵宴为王昭远与诸将饯行。李昊奉了皇帝的圣命,只得来至郊外,替他们一一斟酒,并且祝愿他们这一前去顺顺利利的旗开得胜,马到成功。那王昭远却自命不凡,自高自大,带着酒兴大声说道:“我们这一行,不但克敌,便是率领大军进取中原,直捣中原汴京黄龙之府,也是手到擒来,易如反掌的。”李昊见他如此骄纵,知道此去必败,却又不得不敷衍了他几句。王昭远饮酒已毕,便带领众路人马启行,手执铁如意指挥军士,自比诸葛亮。哪知昭远的人马刚刚到达罗川,宋兵已攻克了万仞、燕子二寨,进取兴州。昭远听到报告,连忙下令韩保正、李进率领五千人马前去救应。两个人奉了将令,方才来到三泉寨,已见宋兵蜂拥而来,正遇着宋军前部先锋史延德径直向蜀军冲来。韩保正、李进双马齐出,挡住史延德交战,没有几个回合,就被史延德活擒过去。

史延德指挥宋军大杀一阵，可怜这些蜀兵连逃都没来得及就被杀死，做了无头之鬼，就连军中所带的三十万石粮草也为宋兵所得。王昭远闻得韩、李两人被擒，五千人马一个也没剩下，他还说胜败乃兵家常事，只要自己出去，经过一场血战，便可把宋兵杀得片甲无存了。他虽然口说大话，却不敢率兵前进，只在罗川排列队伍扎寨，等候宋军。幸亏史延德胜了一阵，打听到蜀兵甚多，只怕孤兵深入，寡不敌众，就在半路休息，等候后队的人马。直到崔彦进领兵到来，方才两队齐合前行。将近罗川，遥见蜀兵依水下寨，但桥梁依然相接连。崔彦进的先行张万友，大声喊道："何不趁此时渡过浮桥，还等什么？"语音未绝，早已飞马上桥，后面宋兵如疾雨狂风，紧跟着蜂拥而至。蜀兵见了，连忙前去阻拦，哪里还来得及，早被宋军飞渡而过。王昭远见宋军这样勇猛，哪敢迎战，便率领人马退兵来到了漫天寨。宋军乘着一股锐气，直抵寨下。崔彦进观察到漫天寨形势险峻，王昭远又死守着不出来迎战，很难攻取，于是想出一计策，他分军三路，用两路在后面埋伏，自己率领一支兵，至寨下尽力叫骂，把王昭远骂得忍耐不住，又见宋军寥寥无几，便依仗着人多马壮开关迎战。彦进稍微一迎战，便率军退去。昭远以为宋军败退，便指挥着大队人马，尽力追来，看看追了有十余里路，昭远感觉离寨子太远了，刚要收兵回寨，哪知左右两面猛然间冲杀出两队人马，一路是宋将康延泽，一路是张万友。崔彦进、史延德又挥军杀回，来了一个三面夹击，把王昭远吓得魂飞魄散，带着败退的士兵，择路逃窜。蜀兵大溃而走，死的人数不计其数，退至寨前，宋军已奋勇追来，奋力登山。昭远瞧着这般情形，心想必定难以留守，于是率领败寇众人，退出漫天寨，匆匆地渡过桔柏江，把桥梁尽数烧毁，退守剑门。崔彦进取了漫天寨，夺得马匹旗帜、器械粮草不计其数，便等王全斌大军到来，一齐前往剑门。及至全斌到来，闻听昭远已退守到了剑门，全斌因剑门险阻异常，不敢贸然进去，于是等候刘光义等的消息，再定行止。过了没有几天，得着光义来书，说已攻克夔州，进取峡中了。那夔州地处三峡要塞，为西蜀江防第一重门户。蜀宁江制置使高彦俦与监军武守谦听说宋军所向披靡，已得归州，便在夔州城外，锁江上面，筑起浮桥，上设敌栅三重，夹江摆列了一些大炮，专防敌船前来袭击。刘光义、曹彬临行时，早就已经得到太祖指示，下令水陆两面夹攻，方可取胜，所以光义溯江入蜀，距锁江三十里，便弃船登陆，夤夜进攻蜀营。那蜀兵只顾得水路，却没有在陆路设防，忽被宋军由陆路攻入，立刻便不战自乱，只得退入夔州。光义攻占了太江浮梁，迫近城下，高彦俦拟坚守城池，武守谦则主战，彦俦拗他不过，只得听从。武守谦领兵出城，与宋将张廷翰交战，约有两个时辰。武守谦由主战，彦俦拗他不过，只得听从。

武守谦领兵出城，与宋将张廷翰交战，约有两个时辰，武守谦力气不够用，只得虚晃一枪，奔着城池逃去。说时迟，那时快，武守谦进城不长时间，张廷翰就追赶而来，守城门的士兵要将城门关闭，被廷翰枪挑数人，后面宋军蜂拥而上。刘光义、曹彬也都来到城中。高彦俦前来阻拦，哪里还能阻挡？武守谦已经跑得不见人影了，彦俦身受重伤，已经很难抵挡，就奔归署内，将衣装整理了一下，面向北朝拜了一下，自杀而死。光义拿下夔州，安抚百姓，将彦俦礼葬，整兵北进。在路途中气势就像破竹一样，那万施、开忠等州，望风披靡，峡中郡县不战而降。光义立即将胜利的消息告诉全斌，全斌听说东路取得重大胜利，便向益光进军，途中抓获蜀兵探卒，用好言抚慰，劝令投降，问他入蜀的道路。探卒感激全斌没有杀他，便说："益光江东，翻越几座大山后，有一条近路，地名来苏，从这条路通过，可以从剑门南面绕出与官道会合，前面就没有什么险阻了。"全斌听说后非常高兴，便从来苏直接向青疆进逼，一面分兵与史延德潜袭剑门。那王昭远早就听说了消息，便令偏将据守在剑门，自已领了兵马到汉源来抵抗全斌。没想到还没有碰到全斌，宋军袭取剑门的消息早已报来，把个昭远吓得脸色发白，不知如何办才好。他躺在床上，如死人一般，那指挥三军的铁如意，也不知去了哪儿。不到一刻，已经是炮火连天，王全斌、崔彦进领兵杀来。昭远急得只是不停地颤抖，还是让都监赵崇韬抵挡敌军。此时的蜀兵，都非常恐惧，怎么还敢与宋军交战？一见宋军杀来，便都四处逃亡。赵崇韬见士兵无心应战，也只得掉转马头逃跑，哪知崔彦进已飞马追上。赵崇韬还来不及反抗，便被彦进活活抓获。王全斌指挥大军大杀过去，将蜀兵就像切菜一样不知杀了多少，有几个跑得快的没有被杀死而逃回寨中，他们将昭远掖上了马，加鞭疾驰，逃至东川，在仓舍里面躲着，王昭远只是悲嗟流涕，两眼肿大。没有多少时候，追兵已到，四处搜寻，寻入仓舍里面，见昭远蜷缩在那里一动不动。宋军什么也不问，将铁索套在他颈上，就像猴子一般把他牵将去了。

蜀主孟昶此时正在宫中与花蕊夫人、李艳娘歌舞饮酒，寻欢作乐，吃得醉醺醺地在那里互相调笑。忽然失败的消息传来，吓得后主酒也醒了很多，急忙拿出金帛招募士兵，令太子玄哲为统帅，李廷珪、张惠安等为副，迅速前往剑门支援前军。那太子玄哲根本不懂武事，平时爱好歌舞，在从成都出发的时候，军中还携带好几个美女，笙箫管笛，一路上唱个不停，一点没有行军的样儿。李廷珪、张惠安又是毫无能力的人。刚到锦州地方，听说剑门已被攻下，便急忙地逃了回来。后主非常恐惧，忙向左右问道："现在宋军的气势像破竹一样，锋不可挡，如何是好？"有老将石斌献计道："宋师从很远的地方来，不能坚持太长时间，请挖深沟渠，垒高城墙，抵挡敌军。”后主叹息说：“我父子推食解衣，养士四十年，到了危急的时候，没有谁为我杀一敌将，现在想固垒拒守，谁肯为我效力呢？”说着非常悲伤，眼泪就像雨水一样。忽然看见丞相李昊跑来报道：“宋师已经来到魏城，很快就要到成都了。”后主惊慌失措道：“这该怎么办？”李昊道：“宋师勇猛，没有人能阻拦，看来成都已守不住了，不如见机投降，才能保住性命。”后主想了一会，实在没有办法，只得说道：“朕也顾不得什么了，卿即为朕修起降表，到军前投诚吧。”李昊奉命，马上修起表来。后主便遣通奏伊审征赍往宋营。王全斌允许他纳降，令兵马都监康延泽带领百骑跟着审征入成都宣谕恩信，尽封府库，方才回营复命。

第二天，王全斌统领大军来到城中。刘光义、曹彬也带领士兵来会，后主来到马前迎接，全斌从马上下来抚慰，给予很高待遇。后主又派其弟仁贽诣阙上表道：

先臣受命唐宝，建牙蜀川，因时势之后迁，为人心之拥迫。先臣即世，臣方鼎年，猥以童昏，谬承余绪，乖以小事大之礼，阙称藩奉国之城，染习偷安，因循积岁。所以疾烦宸算，远发王师，势甚猋雷，功如破竹。顾惟懦卒，焉敢当锋，寻束手以云归，止倾心而俟命。当于今月七日，已令私署通奏使宣徽南院使伊审征，奉表归降。以缘路寇攘，前进不得。臣寻令兵士援送，至十一日，尚恐前表未达，续遣供奉官王茂隆，再赍前表，至十二日以后，相次方到军前，必料血诚，上达睿听。臣今月十九日，已领亲男诸弟，纳降礼于军门。至于老母诸孙，延残喘于私第，陛下至仁广覆，大德好生！顾臣假息于数年，所望全躯于今日。今蒙元戎慰恤，监护安抚，若非天地之重慈。安见军民之受赐。臣亦自量过咎，尚切忧疑，谨遣亲弟，诣阙奉表，待罪以闻。

这道表文，据说也是李昊手笔。李昊以前是前蜀旧臣，前蜀亡时也是李昊修的降表，蜀人夜中在他家门上写道：“世修降表李家。”这也是当年的一段有趣的事。那后蜀从孟知祥传到孟昶，凡二世，共三十二年。太祖接着孟昶的降表，马上授吕余庆为成都知府，并谕蜀主孟昶，立即携带家属，前往汴京授职。孟昶接到旨意，不敢拖延时间，便携带家属出发。听说知成都府的名唤吕余庆，孟昶不觉骇然道：“国家要灭亡，殆由定数，逃也逃不掉。”记得今年元旦，让翰林撰春联帖子，所撰的都不是很好，曾自撰一联道：“新年纳余庆，佳节号长春。”今日出降，没想到来知成都府事者，即名‘余庆’。况闻宋王以诞生之辰为长春节，可见这春联帖子，竟成了谶了。孟昶说着，不停地嗟叹！一路上从峡江而下，山川崎岖，道路很难走。那花蕊夫人娇怯怯的身躯经受了如此的风霜之苦,抱着一腔亡国之恨,天天秋水凝波,春山敛黛,非常怨恨。幸得王全斌出师的时候,曾承太祖面谕,蜀主孟昶出降,一定要把他保护好,并将他的家属送至汴京,因此王全斌传下将令,不管将士还是军民,有敢对蜀主及其家属进行侵扰的,一概军法从事,决不宽贷,因此在路途中也没什么事。

这日从葭萌关经过,在驿中憩息,自有军士监守后主孟昶另居一室;花蕊夫人有两名宫人陪伴,居于左首一间屋内;昶母李氏,居于右首屋内,别的人都在驿中夹杂住下。花蕊夫人看着这种状况,回想盛时,在宫中寻欢作乐,何等愉快,现在国家灭亡了,身为囚虏,还不清楚到汴京时性命会怎么样,心内想着,感到有些悲伤,独自一人哭泣起来,见到一盏孤灯,昏惨惨的,非常凄凉。再看两个宫人,已是睡得不省人事。花蕊夫人要睡又睡不去,要想把灯剔亮,却又没有灯檠,只得取下头上的金凤钗,把灯剔亮。那胸中的哀怨,没有地方发泄,便顺便填了一阕小令,拿来笔墨,要写了下来,却又没有笺纸,只好蘸着墨在那驿壁上写道:

初离蜀道心将碎,离恨绵绵,春日如年。马上时时闻杜鹃。三千宫女皆花貌,共斗婵娟,髻学朝天。今日谁知是谶言。

花蕊夫人写完,掷笔叹道:“以前在成都宫内,主上亲自写下‘万里朝天曲’让我按节拍唱,以为是不远万里来朝的佳谶,妇人竞载高冠,皆呼为‘朝天髻’,没想到现在万里崎岖,去汴京向宋主朝拜,万里朝天的谶言却是降宋的应验,难道不可叹吗?”她一个人,孤零零地回想以前的事情,特别忧伤,芳心似捣,柔情如织,怎么还能安睡?不知不觉,天已经亮了,负责押送的军骑,已来催促出发,只好跟着众人一齐动身,沿途前进,没有碰到阻碍,到了汴京。孟昶待罪阙下,太祖御崇元殿,让孟昶前来拜见。孟昶叩拜结束,太祖赐座赐宴,倍加恩礼,并把孟昶封为检校太师兼中书令,授爵秦国公,赐居汴河之滨,建造新宅。从孟昶之母李氏皇后起,只要是子弟、妻妾和官员亲属,均赐赉有差,就有王昭远等那些俘虏,也都将其放了。

## 风流慕容熙独爱皇嫂

五代十国时期的慕容熙是北方五代中山国的燕主,年纪 20 岁刚刚出头。他风流秀雅,仪表出众,是一位很出色的美男子。令人奇怪的是,他那比他大十几岁的皇嫂丁太后竟是他的宠爱对象。这到底是出于什么原因呢?

说来话长，丁太后的丈夫前燕主死去，侄子慕容盛被立为王，丁后便成了丁太后。可慕容盛的叔父——河间公慕容熙早就有了篡位的阴谋。他利用自己是皇上叔父的地位，很快就把兵权集中到了自己手里，他想把侄子慕容盛的王位废掉，宫内必须有一个得力帮手，于是丁太后成了最好的人选。

丁太后年轻时就以美色闻名于燕国，人到中年依然雪肤花貌、风姿绰约，其丰满与妩媚更是少女身上所不具备的。丁太后中年丧夫，孀居宫中，心中的孤独寂寞无处倾诉。她常常揽镜自照，顾影自怜："想我这花容月貌，雪肤玉骨，独卧罗帐，空对花烛，如何是好？"久而久之忧郁成疾，便病倒在了床上。

慕容熙知道这个消息之后，心中大喜，认为接近丁太后的最佳时机到了。凭借皇亲的身份，他常常进宫谒见丁太后，询问病情、知寒问暖，显得格外殷勤。丁太后被哄得心花怒放，对这个风度、仪表出众的小叔子渐渐有了好感。两个人柔情蜜意，越来越难舍难分。但叔嫂偷情，到底见不得人，又怕传到慕容盛的耳中，只能偷偷摸摸暗中往来。丁太后在经历了多年的独守空房之后，对善解人意的慕容熙的话也就无不听从。

一天，慕容熙借口探望丁太后，来到她的寝宫。丁太后高兴之余设宴款待，酒至半酣，慕容熙极尽爱抚之能事，把丁氏侍弄得欲仙欲死，快活到了极致。慕容熙在这个时候对丁氏说道："我若作了皇上，你我做个长久夫妻，岂不更好？"丁氏早已灵魂出窍，对慕容熙的话不加考虑就应允下来。

两个人经过几天的密谋，终于发难。一天夜里，慕容熙派来一队人，在丁氏的配合下混入皇宫。这些人在皇宫里狂呼乱叫，当禁军与慕容熙的人马战在一处时，一名武艺高强的刺客乘混乱摸入燕王的寝宫，杀死了慕容盛。

慕容盛一死，朝中文武请丁太后颁布诏令迎立太子。丁太后做出一副愁容说："国家大乱，太子还不到成年，恐怕难当重任。"群臣便建议把素有贤名的平原公立为国主，丁氏摇头说："河间公慕容熙才智过人，德高望重，立他为君方为上策。"群臣无人敢反驳，齐声说好，于是慕容熙在心上人的帮助下登上了王位。

慕容熙登位后，为了表示心中的感激，对丁氏宠爱倍加，退朝以后便去她宫中饮酒取乐。两个人同起同坐，恰似一对恩爱夫妻。丁氏每日浓妆艳抹，殷勤地迎侍奉弄慕容熙。

丁氏时常感到庆幸：自己孀居多年，不想上天会降给她如此艳福。年轻英俊的小叔子对自己宠幸到这个程度，两个人一定能天长地久、生死不离。谁知没过多久，慕容熙开始厌倦丁氏了。一则慕容熙已贵为皇帝，丁氏已经失去了本来的利用价值；二则丁氏年长色衰，很难吸引他的注意力。作为一国之君，怎么会担心身边没有漂亮的女人？慕容熙暗中下令广选美女进宫。不久，一对生就一副羞花闭月、沉鱼落雁容貌的符姓姐妹被选入宫中。慕容熙一眼见到便魂飞天外，当夜便召入寝宫陪伴，那半老徐娘的丁氏早就被他抛在脑后了。

丁氏在宫中望穿秋水，每日都盼着慕容熙能突然出现在她面前，可是几个月里都只有失望。丁氏耐不住寂寞，派人把慕容熙请来，去的人却被他骂了回来。

丁氏恼羞成怒，心想我能使你成了皇帝，自然也能把你废掉。便派人将兄弟丁信召入宫中，让他组织一批人马发动宫廷政变，实施她的篡位阴谋。谁知慕容熙不久便发觉了这一阴谋，便下令将丁信及一班人马统统杀掉，又以逆谋首犯的罪名逼迫丁氏自杀，丁氏无奈之下只得在极度愁愤中死去。

慕容熙在把丁氏一网打尽后好不得意，便封小符女为皇后，大符女为昭仪，朝游暮乐，极尽声色，整个燕国都被搞得乌烟瘴气。也许是穷奢极欲过头了，大小符女都青春早逝。慕容熙倒是个多情种子，好几次都哭得死去活来。他还要百官哭灵，并派人监视，有声有泪者有奖，否则有罪，真可谓是滑稽之至。

不久，杀侄夺位的慕容熙也死在了别人的刀下，时年二十三岁。

## 闽主延钧在长春宫玩颠鸾倒凤

闽是五代十国中南方的一个小国。闽主延钧在位期间，眠花卧柳，极其淫荡，朝政荒废，终于死在了自己儿子的手里，不得善终。

延钧的皇后小名叫金凤。金凤是私生女，虽然姿色并不是特别出众，但却娇小玲珑，聪明乖巧，具有一种难言的魅力，她被延钧的父亲王审知招入宫内作贴身侍婢。延钧经常入宫给父亲请安，他便成了金凤勾搭的对象。她经常向他挤眉弄眼，搔首弄姿，直把个好色的延钧勾引得心痒难熬，恨不得立刻将她搂入怀里，拥入罗帐。无奈为了谋取王位，延钧不得不收敛忍耐，假装老实，讨得老父的欢心。等到王审知一死，延钧登上皇帝的宝座，便无所顾忌地召金凤入宫侍宴。两个人把盏举杯，四目流盼，娇娃有意，郎君有心，自然成就好事，拥入红绡罗帐风流快活去了。这一夜的颠鸾倒凤，延钧被弄得魂荡神驰。延钧曾娶过两个妻子，一个是刘氏，一个是金氏。刘氏早死，金氏倒也姿色可人，但这床笫功夫和金凤比起来就逊色多了。好色成性的延钧得了金凤，便如获至宝似的整日把玩，为了金屋藏娇，专门建筑了长春官。

延钧继位后每日纵情酒色，夜夜大摆酒宴，江山社稷都被抛在脑后。喝酒时宫内大厅几百支蜡烛齐燃，照得如同白昼。喝酒用的器皿也全用玛瑙、金、银、翡翠、玉石制成。而且全然不用桌子，所有宴用品都让几十个或几百个宫娥举着。每每到了酒酣的时候，延钧和金凤便情欲勃发，两个人脱得一丝不佳，上床尽鱼水之欢。更过分之处在于，延钧与金凤交欢之时还命众多侍女裸体伴寝。延钧还突想奇法，在床旁放了一个能工巧匠专门造成的巨大屏风，命令众宫女在他与金凤交欢时要隔着屏风观看。

贪恋女色之余，延钧对男童也有着一份难得的雅兴。当时有个小吏名叫宋归明，生得面白如玉，肌肤如雪。延钧便将他召入宫中，作为他经常淫狎交欢的对象，并称他为“归郎”。

归郎进入长春宫，使本就淫秽不堪的皇宫更甚于往日。美若天仙的归郎当然也成了水性杨花、放荡无度的金凤的猎获目标，两个人很快就混在一起，如鱼得水，如胶似漆，俨然一对情深义重的伉俪。开始时，两个人对延钧还有所顾忌，后来延钧因纵欲过度得了疯瘫症，金凤与归郎就更加肆无忌惮，几乎夜夜同床共枕。宫中其他嫔妃甚至宫女不肯让金凤独霸归郎，便要挟归郎，扬言要报告延钧，除非同她们同床。归郎怕犯众怒，便想出一条妙计，召来百工院的李可殷侍奉金凤，自己脱出身子来应付其他的妃嫔宫女。这李可殷身材高大魁梧，堪称伟男，很能满足金凤的需要。金凤乐得换换口味，也就不再多缠归郎了。

长春宫里的金凤可谓淫荡至极，偏又出了个李春燕，一点也不逊色于她。李春燕也是延钧的宠妾，娇冶媚艳、风骚放荡实堪与金凤一决高下，体态姿色更比金凤艳丽几分。延钧也十分喜爱这个李春燕，叫她住在长春宫东侧的东华宫。东华宫和长春宫一样，也是极尽富丽奢靡之地。延钧得了疯瘫症，不得不杜绝女色。金凤有了归郎，又有了李可殷，乐得夜夜风流快活。李春燕每日孤形吊影，耐不住寂寞，便也急忙寻找个能颠鸾倒凤的主儿。正巧延钧的儿子继鹏看准了这个机会，便主动取代了自己的父亲，和李春燕色勾搭到了一起。两个情意缠绵，尽了山盟海誓，于是请金凤到延钧那里说合。金凤怕继鹏揭穿自己的丑事，便伶牙俐齿地做起说客来。延钧无奈，只得答应他们的请求，将李春燕赐给了继鹏。

延钧身染重病，而朝政早已荒芜至极，便命继鹏管理国事。继鹏独揽朝廷大权后，便抓紧时间谋朝篡位。他先派人杀掉金凤的情夫李可殷，接着便向军队发出了攻打长春宫的命令。一天夜里，延钧刚睡进九龙帐，就听到外面一片喊杀声。他想起来看看是怎么回事，可是躺在床上怎么也不能动弹。他正想让金凤和归郎出去寻问一下究竟，突然一个武士闯进屋来，不由分说几刀就把延钧砍死了。金凤刚喊出"救命"二字，也早已身首异处。归郎急忙跑了出来，谁知门外已围满了士兵，便也死在了乱刀之下。最后，延钧被儿子杀死，闽国新皇帝继位，长春宫的闹剧到此告了一个段落。

## 后唐天子李昪、李景尽欢娱

江南国号本名南唐，唐主李昪，开始时是徐温的养子，冒充姓徐氏，名知诰。后来徐温被逼让出皇位，昪于是僭号于，称为大齐皇帝，改元升元。嗣因洪州李生连理，江西杨化为李，树木呈奇，李昪以为是祥瑞，于是就对大臣们说："朕系唐宗室建王恪的后代，现在再改姓为李，国号曰唐"群臣都来庆贺，李昪非常高兴。乃祀圜丘，太史上奏，月亮延迟了三刻钟才降落，实是维新鼎命的好兆头。李昪遂庆贺为瑞，赐文武宴于殿内，擅山海之奇，极水陆之珍，所有肴馔，人们都不认识，其食味中有天喜饼、鹭鸶饼、驼蹄馂、铛糟炙、密云饼、珑璁恢、红头签、五色馄饨达十余种。真是奇珍美味，令人食之，齿颊生香，三日不绝。但李昪宴集群臣，虽然丰盛异常，自己平日的生活却很险朴。衣服必经浣濯，宫人不曳罗绮；寝殿中夜间所燃的蜡烛，灌以乌柏子而不用脂蜡；案上捧烛高约五尺的铁人，还是吴太祖杨行密马厩中用的东西，李昪以为把它扔了很可惜，取为烛台，号曰"金奴"。一天傍晚，在宫内夜宴，急需点烛，因呼："小黄门，掇过朕的金奴来。"他这么俭朴，后人有宫词咏道：木再呈奇月再延，维新鼎命百灵骈。

内家从识驼蹄馂，夜捧金奴侍御筵。

李昪在位七年就死了，其长子李景嗣立。李景名景通，即位后，改名为璟，后因向周世宗臣服，为避周庙讳，复改为景。景非常疼爱自己的兄弟，以弟景遂为元帅，封太弟，住在东宫；封景达为齐王，为副元帅；封景逖为江王，并就李昪柩前，立盟约，日后把皇位传给太弟，誓必兄弟相继，所有中外大小政务，也一切委于太弟景遂参决。每逢游宴出处，都与各位兄弟一块儿。有一次正值元旦下大雪，李景见六出纷飞，阶前砌畔，宛似堆银，树顶枝头，浑如积玉，身处其间，不差于琼宫玉阙。于是说："如此雪景，何不摆设宴席观赏。"接着召集太弟景遂、江王景逖、齐王景达，与文武大臣到楼上赏了酒宴。霎时之间，歌声响起，舞蹈跳起，酒菜也上齐全了。李景命群臣只管开心喝酒，今天要尽情饮酒欢乐，不醉不休。喝酒喝到一半，李景略有醉意，兴致盎然，遂召歌者王感化，亲自作了浣溪沙词二阕，命王感化唱歌祝酒。感化接过词来，在酒席上按谱合调，喝起歌来，真可谓字字铿锵，声声入拍，十分动听悦耳。其词道：

菡萏香销翠叶残，西风愁起绿波间，还与韶光共憔悴，不堪看！细雨梦回鸡塞远。小楼吹彻玉笙寒，多少泪珠何限恨，倚阑干。

王感化唱完第一阕后，群臣听了，一齐赞扬道："陛下所填之词真是情真意切，韵律优美，那第二阕一定是更妙的了。"于是接着又听感化歌第二阕道：

手卷真球上玉钩，依前春恨锁重楼，风里落花谁是主，思悠悠！青鸟不传云外信，丁香暗结雨中愁，回首绿波三峡暮，接天流。

感化歌声抑扬顿挫，清脆悦耳，李景高兴得不能自已，命令席上所有宾客都换大杯子，须得痛饮一场，用来赏赐这首新歌，方不辜负感化的檀板轻歌。群臣不敢逆旨，共换大杯，欢呼畅饮。太弟景遂，又与群臣各赋一诗，以记今日的欢乐情景。李景十分高兴，直饮至夜深才散席。第二天太弟景遂，率文武臣僚，答谢李景。行礼之后，李景说道："昨日之宴，君臣兄弟共聚一堂，真是升平盛事，应该将所咏诗章，装订成册，并绘成图，以便流传后世，使后人知道我君臣同乐，兄弟友爱不比寻常，卿等以为如何？"景遂奏道："陛下之意很好！如果绘成图画，臣等亦可追随陛下，流传万世了。"李景立即下旨，将昨日所咏诗篇，汇集起来，对徐铉说道："编此序文，须依仗你的生花妙笔，才可传后。"徐铉顿首奉命，于是作了前后序文。李景又召来了擅于绘画的人，合成一图，命令各个名手分别担任图中一切布景。如楼阁宫殿，由朱澄担任；太弟以下侍臣，法部丝竹，由周文矩担任；李景御容，由高冲古担任；雪竹寒林，由董元担任；池沼禽鱼，由徐崇嗣担任。大家都竭尽全力，各献所长，绘制成图，曲尽一时之妙。李景见了这图，非常高兴，遂命装裱好，在内府中收藏起来，并且常拿来把玩。

李景初嗣位时，承李昇恭俭朴素之余，又碰上中原很多变故，李金全、卢文进、皇甫晖等，都归顺到南唐，于是跨据江淮三十余州之地，借着经营鱼盐的丰厚利润，府库充盈，物力丰厚。李景又恢复了春秋时的鼎盛景象，处在江南繁华地方，自认为国富兵强，便慢慢地腐败起来，后宫罗绮如栉、佳丽满前，竟不分昼夜地游玩宴赏，骑马打球，通宵达旦。再加子弟们如从冀、从嘉、从谦等人少年情性，争奇斗异、勾心斗角，宠爱内臣，结党营私，盛极一时。那从嘉便是后主李煜，从冀乃李景长子，太弟景遂死后，李景即立为太子，不久也死了。只有那从谦，年纪最小，相貌清俊，生性聪慧，深得李景宠爱，封为宜春王，任凭其出入宫禁，绝不约束。从谦上凭着李景的宠爱，下凭着自己相貌美秀，日日泡在妃嫔队里，少不得拈花惹草，和一班妃嫔，肆无忌惮地鬼混，无所不为。那些妃嫔，虽得李景临幸，但是六宫之中，妃嫔众多，哪能顾得过来。这些妃嫔，正在盛年，春花秋月，欲望正盛，长夜迢迢，凄凉难耐，忽然发现宜春王从谦生得英俊潇洒，性情温和，对于妇女更是细腻熨帖，婉转随和，那妃嫔们见了宜春王，都喜欢得不得了，只要宜春王入得宫来，便你推我拉，去抢宜春王，好似见着珍奇异宝一样，把宜春王弄得无法分身，应酬不了，不知该怎么办。李景也知道宜春王和妃嫔宫人有不法的勾当，一来因为钟爱宜春王，不肯进行责罚；二来因为自己妃嫔过多，日久月长，精神空虚，实在有些把持不住。现在看到宜春王出入宫禁，众妃嫔人人喜爱，个个欢迎，乐得睁一眼，闭一眼，任由她们胡厮歪缠，自己可以借这个机会休养生息，珍摄精神，也顾不得父子聚麀的丑事了。

李昪在江南僭位，尚知以俭朴自持，与孟知祥、刘袭相比，自己认为较胜一筹，南唐能够历经三代，正因为这个原因。

李景继承父业正值中原多事之秋，如果能奋发有为，那么跨据江淮三十余州，岂止平定中原只混一个小小的地盘，可惜他浮华奢靡，划江自守也办不到，这是读史的人所深深叹惜的地方。

这一天正是阳春三月的时候，后苑中百花齐放，花开得非常好，这些妃嫔，整天在这里度日如年，无所事事，心里憋得难受，听说苑中花开得非常好，便三三两两，都到后苑来赏花打发时间。

此时各花虽然都已开放，唯有桃花其色娇艳，让人见了都喜爱非常。众妃嫔想折几枝插在瓶中观赏，便命宫人前去采折。谁知这桃花的枝条长得太高，宫人们哪里折得下来，一齐纷纷扰扰地抢着去搬彩梯来折花。恰巧宜春王骑着一匹绿耳马，在那儿正骑得高兴，见到宫里人正在那纷纷攘攘的，他遂骑马到跟前问道："你们为什么如此忙乱？"宫人看到是宜春王，乃平日嬉戏惯的，便有几个宫人抢着说道："各位贵妃娘娘要采那桃花，但是桃花长得太高折不下来，正想去找彩梯，所以如此。"宜春王道："采桃花何必去搬彩梯，费这样的周折，让我来折给你们吧！"说着，骑马至桃花树下，任意攀折，折一枝，抛一枝。那些宫人，个个要拣得桃花献给主人，便争先抢夺，满苑中好像莺飞燕舞一般，碌乱纷纷，非常好看。不上一会儿，早将满树桃花采了个干净，宫人们也个个捧了花枝，异常高兴。宜春王笑着对宫人们说："我的绿耳梯，岂不比你们的彩梯好得多吗？"遂即骑马飞驰而去，后人读史到这儿，有宫词一首，咏李景开筵赏雪，及宜春王乘马折桃花之事道：

图画天然摹雪后，交辉棣萼小西楼。

朝元才了芳菲早。又纵宜春绿耳梯。

自从接位，李景便喜欢上了道术，四面八方的道士，听说国主尊重羽流，喜爱道术，都纷纷来到金陵炫耀自己的道术。有道士谭峭，字景升，曾在嵩山从师修炼，修成辟谷养气之术，夏天穿乌裘，冬天穿绿衫，卧于风雪之中，仍汗流浃背。李景见其甚有道气，对他非常尊敬，赐给他金门羽客的封号，每逢御宴，必召景升陪侍，赐之饮酒多至一石，也不喝醉。一日雪夜，河冰凝结，天寒地冻，李景饮酒过多，忽然想用鲜鱼做汤来解酒，却因天气寒冷，得不到鱼，心甚快快。景升道："陛下要鲜鱼醒酒，是件很容易的事，臣当取松江鲈鱼，为陛下做羹，比其他鱼的味道还要鲜美。"李景不信道："松江鲈鱼，必定在刮秋风时，才能得到，此时风雪交加，怎么能有鲈鱼？况松江距此千里路途，即使有鲈鱼，一时如何能够取来？"景升道："陛下不信，待臣立刻取来，才知道我说的话，绝对不是欺骗陛下。"李景道："不知怎么取？朕倒想试一试你的本领哩！"景升遂即令内侍取过钓钩，擎着蜡烛，来至池边，把鱼钩垂入池中，就去钓鱼。两个内侍拿着蜡照着，心中暗暗好笑道："这道士真是疯了，天气如此寒冷，池水结成坚冰，怎能钓得上鱼来？"那两个内侍正在那里暗自窃喜，只见景升将钓竿往上一提，"噗"的一声，早已钓起一条尺余长的鲈鱼来，随即马上命内侍取过水盆，把鱼养在里面。那鱼还在盆内上下翻跳不已，内侍大惊，齐声称赞道："羽客的本领真是大，这样冷天，竟能钓得到鱼。"景升也不理他们，又把鱼钩垂下，一会儿又得一尾。这样的接连钓了四尾，方令内侍连盆捧来，献给李景道："幸亏不辱使命，现在已经钓到四条松江鲈鱼，陛下可命御厨速速做羹，拿来醒酒。"李景见他在这样的天气还能钓得到鱼，也觉奇怪，却故意说道："朕这池内，本来养着许多鲈鱼，被你钓将起来，怎么骗朕是松江的鲈鱼呢？"景升笑道："陛下可不要耍赖，无论什么地方的鲈鱼，都是只有两个腮。独有松江鲈鱼，乃是四腮，陛下不信，仔细看看就知道臣说的不是假话了。"李景听了，立即命令人把鱼带过来，详细观看，果然都是四腮，方才相信景升的法术真是高妙，从此更加敬仰，加封他为紫霄真人，让他住在宫中。李景笑说："卿是神仙，也有男女之情吗？"景升奏道："神仙有男女之情，臣下不是神仙，所以心像死去的灰枯死的田，不知何为男女之情。"李景想试试他，留他睡在殿中，夜间命美貌宫人去服侍他。谁知他呼呼大睡，无论怎么摇也不醒，宫人叫唤了半日，见他愈加熟睡，只得去告知李景。李景闻之，更感到惊奇怪异。

又有个称为耿先生的，是个女道士。玉貌鸟爪，经常身披碧霞帔，来往于江淮之间，为人医治疾病，颇为灵异。宋齐邱闻其名，推荐到宫中，曾经在李景的面前，颠倒四时花木为戏，言人祸福，其应若响，宫里人都敬重他，皆称为耿先生。一日,南海的那些地主进贡龙的脑浆,说是很能补益身体。李景便用龙的脑浆调酒,赐了一盏给耿先生。耿先生谢了恩,一饮而尽,说道:“这个酒并不见得好!”李景道:“你说这酒不好,你认为什么样的好呢?”耿先生道:“只要一点龙脑,我就能做。”李景即让内宫侍卫取来了不少龙脑,要耿先生来制。耿先生遂用缫帛做成一囊,把龙脑装入囊中,悬在一个琉璃瓶中。一会儿工夫,就听到瓶内有滴沥之声,过了一会,打开瓶看的时候,龙脑早变成浆流到瓶里了。耿先生道:“放在瓶中等到明天用,香气一定比南海所进者还佳妙。”李景至第二天发现,贮着的半瓶龙脑浆果然芬芳馥郁,馨烈异常,与南海所贡者,大不相同。李景非常高兴,命内宫侍卫严密地藏起来,常常用来调酒喝,香沁肺腑。李景又在下大雪的时候,命耿先生献技,那时候正坐在火炉边上取暖,耿先生直接在庭院里挖了一些雪,投放进飞红的炭火里面,刚投入时,灰埃飞起。耿先生手执火钳,徐徐盖住了四面的灰,过了一刻,从炉中倾倒出来,投到里面的雪,已经变成了一块铜,又把它放在地上,等火气散尽,取起观看,却是一铤纹银,银的下面,还现出垂酥滴乳的状态。李景见了,惊喜万分,便要求耿先庄,多化出些银两来,用来救济国家。耿先生连连摇头道:“这事不敢奉诏,若多花了银两,上天一定会怪罪下来,不但我要受罪,而且陛下也要受牵连。”后人读史至此,也作宫词一首,咏耿先生、谭景升道:

裘衫杳渺去青城,无复金门羽客迎。

别试承浆熔雪手,内廷重款耿先生。

后来那谭景升辞别了李景,随意离去,一直进入蜀之青城山,不复再见,相传已成仙而去,所以这首诗的前两句说是“裘衫杳渺去青城”,“无复金门羽客迎”,乃是说谭景升成仙而去,不再留有足迹在尘世的意思。耿先生在内廷供奉了很多年,也就辞了李景。不知去了哪里。

## 韩熙载以美色羞辱假道学

### 熙载姬妾探宾客私处肆无忌惮

李景在位,非常浮靡,江南原来是个文弱的地方,再加李景爱好文辞,用韩熙载、冯延巳等人为相。那冯延巳原来是李景藩邸的旧僚,在元帅府担任书记时，即因文采风流，深受李景青睐，曾填谒金门词一阕，闻名于世。其词道：

风乍起，吹皱一池春水；闲引鸳鸯香径里，手挼红杏蕊。斗鸭阑干遍倚，碧玉搔头斜坠，终日望君君不至；举兴闻鹊喜。

冯延巳的这阕词儿李景见了，大加赞赏。平时，两人互相谈论填词的方法，李景常与冯延巳调笑道："吹皱一池春水，干卿底事？"延巳答道："臣的词句虽然不错，但与陛下相比还不行，'小楼吹彻玉笙寒'的句子，来得警策哩！"李景听了，心里很高兴，于是就封冯延巳为中书侍郎同平章事。延巳既相，专门拈弄笔墨，不理政事，曾经作乐府百余阕，其中一章名《长命女》，词道：

韩熙载

春日宴，绿酒一杯，歌一遍。再拜陈三愿，一愿郎君千岁；二愿妾身长健；三愿如同梁上燕，岁岁长相见。

冯延巳作的都是些风云月露之词，儿女私情之事。若说治国之方，经济之学，连梦都没梦到过，这样的宰相，怎么不失人民之望，启文弱之风呢？

韩熙载更是不修帷薄，放诞风流，他因为文章写得好而名闻京洛。李昪僭号，被封为秘书郎，命令他侍奉李景。李景既嗣位，更加恩礼，授为兵部尚书。江东人士，非常重视他的文章，载金帛以求其铭志碑记的，来往不绝。又因为李景代撰文章，挣了数不清的钱，韩熙载于是就大规模的建造府第，蓄养宾客，后堂姬妾最多时达到四十余人。有披罗曳绮的婢女侍儿，有分立成行的歌童舞女。熙载退朝之后，左拥右抱，声乐满前，饮酒取乐。酒醉饭饱后，便挟着心爱的姬妾，毫不避人地当廷乱淫。平常时节，也不加防范姬妾媵侍，听其任意出入外宅，与宾客生徒，谑浪调笑，杂处其间，无所不至。姬妾们曾当着大家的面用手去摸宾客的私处，议论阳具的大小，用来取乐。熙载当面看了，并不责怪。熙载又有一种古怪脾气，所有替人做铭志碑记的谢仪，及李景赏赉的金银财帛，到了他的手里，便完全散落到歌姬妾侍手里，自己不名一钱，甚至三顿饭都得不到连续，饮食断绝。便穿了破烂不堪的衣服，装成鸠形鹄面的乞丐的样子，手持瓦钵，向歌姬院内沿门乞讨。这些侍妾歌姬，见熙载前来讨饭，故意把些残羹冷炙，吃剩的食物打发于他。熙载并不嫌其为残羹剩饭，居然大口地吃，吃罢便拍手大笑，喜不自禁。侍女们待他笑罢，方才端上汤来，为他梳洗，呈上衣襟，替他穿戴。熙载待她们服侍着穿戴好后，于是大排筵宴，自己坐在中间高高的座位上，姬妾在一边坐着陪侍，歌童舞伎，站在他两侧，左舞右歌，管弦丝竹发出的声音，洋洋盈耳。歌舞演完之后，遂令歌童舞伎，各自脱去衣服，一丝不挂，男女追逐为戏。熙载越看越高兴，频频举杯，颓然醉倒，方由姬妾们左右扶持，回到寝室，安然睡觉。每日都是这样，如果有一天不向歌姬们讨饭，心里便觉得不舒服，晚间睡觉，也不能安稳了。韩熙载作为南唐的一员大将，放涎不羁到这种程度，哪里还能整理国事，安辑人民呢？所以周世宗时候，举兵南下，浩浩荡荡，竟把全淮之地，全部拿去。李景没有办法，只得削号称臣，遵奉周之正朔了。

## 五柳公讥议熙载向歌姬乞食

至宋太祖受禅时候，诏书江南，李景自己觉得地蹙兵弱，万难用一隅之地，对抗中原，遂即臣事宋廷，特别恭敬。但太祖雄才大略，当上皇帝以后，力图削平诸国，统一天下，李景虽然称臣降服，江南一带，还没有纳入版图，故时刻不忘，想起兵征讨。又因李景很是恭顺，没有外倾的意思，不好兴这无名之师，遂想出一个计策，托言中原多年战乱，书籍都没有保存下来，诏谕李景，欲遣翰林学士陶穀承旨，去江南抄录各种书籍，准备着修史之用。实际上是叫陶穀借抄录书籍的名义，暗中窥探江南的情况，为将来兴兵攻取江南做准备。李景奉了太祖的旨意，不敢不遵，即上表奏称国中全部书籍，都已经准备好了，恭候天使驾临敝国，听凭抄录。太祖接了李景的表文，即令陶穀领旨前去，并暗中嘱咐他打探江南那边的变化，陶穀领旨，择日启程。宋臣李献和南唐韩熙载是笔友，两人常常有书信往来，关系密切。李献见陶穀已领旨去了江南，于是暗地里寄书于韩熙载道：“五柳公骄甚，若抵江南，应该好好地款待他。”陶穀到了江南，见过李景及文武百官，果然以大国使节自居，气势汹汹，不可一世，且自夸廉隅整饬，操守清廉。李景和各大臣，见这样旁若无人之概，心里很不高兴.却因他是天朝派来的使节，不得不以礼相待。当时摆了盛筵。给陶穀洗尘接风。席间都是南唐大臣，如宋齐邱、冯延巳、徐铉、韩熙载等大臣，列坐相陪。李景敬重陶穀，命宫中承值的歌姬，出来助兴。可是陶穀偏又做出道貌岸然，十分清高的样子，对她们连正眼都不看一下。宋齐邱和韩熙载，见他很拘束，觉得很是好笑，饮至天晚席散，陶榖向李景辞谢后，至馆驿里面安歇。次日，陶榖请命于李景，去史馆中抄录书籍。史馆里原有南唐的许多翰林在内，陶榖抄录的空档，便和各个翰林攀谈，说到韩熙载身上，陶榖大发感慨，讥韩熙载乞食歌姬，有失大臣的脸面，有文无品行，实不可取。众人见他信口雌黄，心中虽然不服气，也没有和他争辩，只得嘿嘿无言而散。陶榖自己回馆驿去了，早有人把他讥弹别人的话，报告了韩熙载。熙载听了，不觉怒道："我觉得他是天朝大臣，所以才好好看待，他竟敢这样无礼，挑俏我的短处，我若不想个办法处治他一番，他又怎么知道我南唐的厉害呢?"接着又转念道："那陶榖在本国的时候，想必也是目中无人，和同僚官员不能好好相处，所以李献给我寄书，说'五柳公骄甚，宜善待之'。这'宜善待之'四字，分明是句语义双关，表面是嘱我好好地看承陶榖，不可怠慢，暗地里却是叫我想个妥善的对策，处治了他，以儆其骄。我如果不用计制服陶榖，也要被李献笑话。但是那陶榖却目不斜视、耳不妄听，我却对他如何进行处罚呢?"一个人想了半天，心内已有了一个办法，第二天便进宫朝见李景。熙载原来是李景蕃邸的故人，所以君臣间的关系非常融洽，参拜完毕，李景便赐熙载一旁坐下，谈了些国家政务，自然就说到陶榖身上。李景的言语中，也透露出一些嗔怪陶榖太过骄傲的意思，熙载借此机会赶忙奏道："陶榖在史馆抄书，竟在大庭广众，对我朝大臣的短处进行议论，那种狂妄的情形，可恨至极!"李景怒道："他既把自己看作学识渊博的人，怎么在人国内对人家的大臣大肆议论呢？也太荒唐了，若不是上国的使臣，朕定要降他的罪。"熙载道："臣以为宋主忽然把陶榖派到江南，虽然名义上是抄录书籍，实际用意却是窥探内情，若不略略给他点儿厉害，必谓江南无人，对我们更加轻视了。"李景闻言，不禁连连点头道："卿说的的确有道理，朕也疑心宋主百忙中怎么要抄录起书籍来呢？就是要对前代史乘进行修辑，我国已经奉了他的正朔，好歹南北也合为一家了，为什么不下一道诏书，命我国把书籍进呈，而大动干戈地亲自派人来抄录呢？内中含有别情，是不言而喻了。但是陶榖为人，虽然狂妄无礼，并没犯什么错误，怎样才可以给他些厉害呢？况且又是宋主亲派的使臣，倘若把他得罪了，于宋主面上，怕是说不过去。"熙载道："陛下的担心不无道理。但臣的意思，也并不是要治他于死地，只令他犯点儿风流罪过，堵塞住他的嘴，也就罢了。"李景道："陶榖这人，大有非礼不视，非礼不言的气概，十分正经，卿有何妙策让他犯风流罪过呢?"熙载道："臣观陶榖的为人，外表虽然清高，内心却淫欲特重，他的操守不难败坏。臣已思得一计，只这般这般。待事成之后，陛下再邀他赴宴，再在筵宴之前，这样一番施为，既不破他的面，使之下不了台，也使他暗中惭愧，受了捉弄，让他哑巴吃黄连，有苦说不出，岂不妙哉？”李景说：“的确是个好办法，但陶縠能否上钩却不一定。卿且去施展起来，看他如何。”

## 美女敞衣隔窗窥宋使

熙载奉了命令，辞退出宫，回到府中，唤了个名唤秦蒻兰的上等歌伎，交代了一番言语。秦蒻兰听了吩咐，立刻便找了一身旧衣服换上。熙载又传来驿卒张三，把计划说个明白，叫他把秦蒻兰领往驿中，照计而行，不得有误。驿卒唯唯连声道：“小人明白，绝对误不了事。”熙载大喜道：“事成之后，我定要奏明国主，赏你个官做。”驿卒张三叩头拜谢，悄悄地带了秦蒻兰，安排到了驿站中。

在史馆里面陶縠抄录六朝的书籍，他本来是奉了太祖之命，要窥探江南虚实，表面上加班加点地抄书，让人看上去是件很重要的事儿。他每日清晨便来到史馆，直到晚上，才回到馆驿休息。在史馆之中，除抄书以外，便和史馆中值班的翰林，随便谈论些学问掌故。那些翰林却也很容易亲近，有问必答。陶縠便故意对现在的一些时事进行谈论，慢慢地要探他们的口风。哪知李景早嘱咐了这些翰林，不准在陶縠面前谈论本国事情，因此陶縠和他们谈及时事，他们都闭口不答，不肯吐露半点口风。陶縠见了这般情形，也毫无办法，只得一天一天地过去。早已过了两个多月，陶縠已抄完了一部六朝书籍，拟在馆驿休息几日，再往史馆，抄录其他书籍。这日清晨起身，在房内坐着，忽见窗前有个人影踱来踱去，好似在那里偷觑自己一般。陶縠疑惑道：“是谁在窗前偷觑呢？”便站起身来，走到窗前，向外一看，陶縠竟然僵住了，在那里呆呆地立着，动也不动了。窗外偷觑者原来是一个年约十七八岁的美貌女子，虽然身上的衣服很破旧，却生得体态轻盈，独具风韵，一双俏眼，觑着窗上，向里面不住地偷窥。陶縠遇见妇人，无论多漂亮，他总是正颜厉色的，绝不动心，偏偏今天遇上这姑娘，竟会神魂飘荡，蠢蠢欲动起来。他在窗前呆呆地立着，两眼直直地射在那女子的粉颊上，连眨也不眨。那女子乖巧，见陶縠呆呆地看自己，急忙低下粉颈，忙移莲步，翩然而逝，好似惊鸿一瞥，一眨眼的工夫便没有踪迹了。陶縠看看女子去了，方才慢慢地收回心思，心内想道：“在这馆驿里我已住了两个多月，只因早出晚归地忙于抄录书籍，身边有这样神仙般的女子，也不知道。要不是今天在馆中休息，岂非当面错过吗？但是却不知这个女子是什么人，长得这么漂亮，看她身上的衣服甚是破旧，想是贫苦人家的女儿。我生平不近女色，今天见了此女，竟是神魂飘荡，把持不住，须要想个和她暗通款曲的法儿，方了心头之愿。只是女子已去了,她的姓名住处又一无所知,怎样亲近她呢?只有寄希望于她再来窗前偷视,我才能问个清楚。”陶穀独自一人,在馆中思念那个女子,希望她再次出现在窗前,不料那女子却再未出现。陶穀心生不悦,要想消除杂念,不再想那女子,可那个美丽的身影总在眼前晃动,一天当中神魂若失,连饮食也无心去吃,直到傍晚,才喝了两口闷酒,那女子却始终未来,心内却感触颇深,在房中踱来踱去,填成醉落魂词一阕道:

杏朱梨粉,露华凝碧轻烟润;纱窗深掩凭谁问,隔个阑干远抵天涯恨。

别时但愿心头印,见时但愿眉头近;此生便算衿裯分,密约除非梦里寻芳信。

## 一夜绸缪,欢娱夜短

陶穀把词填完,取过笔墨笺纸,在灯下写下来,又重新看过一遍,背着手,高声在房中吟哦起来。正诵着“隔个阑干远抵天涯恨”,忽听帘钩叮当,两扇门儿“呀”的一声,推了开来。猛听得有人推门,陶穀不觉大吃一惊,迅速回过头时,正是日间在窗外偷觑的女子,把门儿悄悄地推开,侧着身子走进来,微微一笑,低声说道:“好一个‘隔个阑干远抵天涯恨’,真没想到君须眉如戟,居然也是个风雅之士,妾仰慕您很久了!今日见君之容,听君所填之词,风韵独绝,一往情深,妾心竟也把持不住,故不避嫌疑,效文君之奔司马,红拂之投李靖。望君且莫见怪,就是小女的荣幸了。”

冯延巳的词有很大名声,留传于世;韩熙载文也名声雀噪,在京洛传播开来,只讲究文采,不讲经济,守卫的江淮地段也最终失落。国主李景,削号称臣,文章误国,如此这般。

陶穀自以为操守廉洁,目空一切,遂令韩熙载衔怨而设美人之计。而陶穀竟把持不住,堕入圈套。意气自用之人,往往如此,世上的假道学,读了这些文字后,应当有所警戒。

陶穀听那女子谈吐不俗,内心更加敬爱,平日的操守也抛到了九霄云外,往日的岸然道貌,全抛在脑后,笑嘻嘻地拉着那女子的手道:“小娘子一定是仙女下凡,今日得见。真是三生之幸!”说道,连连不停地作揖。见陶穀这样,那女子禁不住掩着樱唇,嗤地一笑道:“妾闻陶学士乃是个毫无邪念的正人君子,原来全是假的,暗地里却这般放浪不羁。”陶穀笑道:“我平日不近女色,颇能自守。今天见了你,不知怎得就欲火焚烧起来,想是与小娘子前世有缘,所以如此。未知小娘子贵姓芳名,住在哪里,为什么来到馆驿里面?”那女子答道:“妾名唤阿仙,乃驿卒张三之女,就在馆驿后面居住,久仰学士大名,很想一见。只因学士早出晚归,往史馆抄录书籍,恨无其便。今日听说学士在馆中休息,所以私自来到窗下,瞻仰尊颜。妾父在此充当驿卒多年,妾从小就跟随着,居住馆驿后面,也不知见过多少过路的官员,没有一个合妾之心意。不知怎么回事,今日见了学士,耿耿在心,竟难忘怀,故于晚间瞒着父亲,偷偷来此一会。没想到来到门前,学士正在填词。妾从小也曾读过书,听了学士之词,情意绵绵,忍耐不住,推门而进,打扰了学士的兴致,乞恕唐突之罪!”陶穀忙道:“蒙小娘子垂爱,玉趾降临,乃是三生有幸,怎么反说是唐突呢?”一边说一边在灯下观看阿仙的容貌,真是千般娇媚,万种风流,虽是裙布钗荆,也显得楚楚动人。陶穀守着如此美貌的女子,哪还受得了,便上前一步,深深地抱住了女子。阿仙装出非常羞愧的样子,对陶穀道:“妾虽是驿卒之女,出于寒微,平日颇知自爱,守身似玉,一旦遇见学士,诚心爱慕,遂把持不住,蒙耻相就,望学士看在妾一片痴心份上,勿以为路柳墙花,完事就抛弃,使妾抱恨终生。”陶穀听了,忙指灯立誓道:“蒙小娘子怜爱,我若忘了今日之情,将来不得好死。”见陶穀对灯起誓,阿仙慌忙拦阻道:“只要学士记着今日之情就是了,为什么要起这重誓呢?”陶穀便乘势将阿仙拥入帐中,阿仙半推半就地随了他。陶穀和她并枕而卧,情意绵绵,相怜相爱,十分要好。俗话说“欢娱嫌夜短,寂寞显夜长”,陶穀与阿仙一夜风流,不觉东方发白。

## 阿仙春色透眉尖

见天色已明,阿仙连忙起身道:“贪恋欢爱却忘了时间,我父要是知道,可怎么办?”陶穀也怕被人发现,坏了自己的名声,遂与阿仙赶忙起身。两人携着手,大有难舍难分之意。阿仙低声说道:“妾蒙学士爱怜,乞赐一词,以作纪念。”陶穀听得阿仙向他索词,赶忙提起笔来,在昨晚所题的醉落魂后面,一气呵成,递于阿仙。阿仙接过来一看,却是一阕调寄锦堂春,其词道:

月照纱橱金枕,花园宝镜香奁,三山不在沧州外,隔个水晶帘。人静香沉玉兔,夜阑影落银蟾;阿仙省识相思意,春色透眉尖。

得了陶穀的两阕词儿,阿仙心中高兴得不得了,连连道谢,就要告辞走人。陶穀又约阿仙今晚相见,阿仙点头应诺,径自出门,向后面走去。陶穀眼巴巴望着阿仙远去,方才回转身来。因为昨夜没能睡好,这时天色尚早,又重新倒在床上，闭着双眼，细细回味着夜间与阿仙的情意绵绵，心中痛快淋漓，暗中庆幸道："没想到我来江南，竟有这样的艳遇，也不白白辛苦一趟。但是我抄完了书，就要回国，这阿仙与我这样情意，如何能舍弃她而回国去呢？等她晚上再来的时候，便与她商量一起前往汴京，方能永远相守。想那阿仙，不过是驿卒之女，和我一起前往汴京，做得学士的爱妾，可以安享富贵，肯定答应。她的父母倘若不肯答应，只要多出点金银就行了，何必怕不能如愿呢？"睡在床上的陶榖胡乱地在心中算计着，不知不觉沉沉睡去。醒来时，已是辰牌时分，命人打了水来，梳洗完毕后，一眼瞥见桌子上摆着一个红纸帖儿，顺手取来一看，乃是李景请去赴筵的帖儿，上面写着"午刻候驾"。陶榖知道时间已经很晚了，匆匆地穿戴整齐，前去赴筵。见了李景，参拜过了。李景却口口声声称他为陶先生，十分恭敬，并说陶先生奉命来到敝国，寡人因国务繁忙，不能脱身，未能亲与先生把盏，实在招呼不周。今天特地备了一杯水酒，一则谢罪，二则与先生畅叙衷曲。陶榖见李景不摆国君架子，只得也谦逊了几句。李景随即下令摆筵，命令一下，早已工工整整地摆了三桌盛筵。李景乃是国主，面子重要，自然坐于正中，面南而坐；上首列着一席，面东背西，乃是客人的位子，让陶榖独自一人入座，下首一席，面西背东，乃是宋齐印、冯延巳、徐铉、韩熙载，依次而坐。陶榖向李景点头答谢，一同入席。酒过数巡，李景便下令传来歌伎助兴，旨意下来，早有一班曳罗裳、拖锦裾的美女，手执乐器，在阶前排列开来，奏乐的奏乐，歌唱的歌唱，金石丝竹与婉转娇喉，一时并作。陶榖见李景命歌伎助兴，早又正襟危坐，做出那刚正不阿的老调来了。李景和诸大臣见了这般模样，心里暗暗发笑，对他也不予理睬，只是让内侍用大杯敬酒。那些歌伎奏完一曲，乐声停止，李景忽向陶榖笑道："先生乃天朝金马玉堂之客，听不惯敝国的歌曲。寡人新得一个美女，姿色虽然算不得太好，但曾得天朝之贵人的宠幸，并且填了两阕词儿赐给她。她曾经给寡人唱过，真是才子之笔，得着佳人，曼声歌来，别有一番韵味儿，现在应该把她传来，给先生歌唱一回，好让先生开怀畅饮。"听罢李景一番言语，陶榖还不解其意，正要开口辞谢，谁知李景不由分说，即命内侍，传歌伎秦蒻兰来给陶先生敬酒，片刻之间，早见一宫装高髻、翩翩若仙的美人，莲莲姗姗，走到近前。陶榖觉得这个美人似曾相识，便留着心仔细观看，不觉大吃一惊，暗中叫起苦来，顿时如坐针毡，手足无措。原来这歌伎秦蒻兰竟是昨日在馆驿中，自称驿卒张三女儿并与陶榖一夜快活的阿仙。初见这歌伎陶榖顿觉好生面熟，心内已经疑惑，及至走到阶前，仔细审视，谁说不是阿仙呢？不过昨夜穿的是破旧衣裳，今日却是满身罗绮，更加妩媚动人了。

## 浓情艳词醉倒陶学士

此时，陶穀方知中了南唐君臣的美人计，料想："他们一定对自己怀恨在心，不肯和光同尘，才想出这样的毒计，捉弄自己。现在命她前来敬酒，必是要当众羞辱于我。倘若在酒席上面，在大家面前，把昨夜的事情全抖搂出来，自己岂不名誉扫地，自己又有何面目见人呢？"内心想着，十分惶急，急得额上豆大汗珠直往下掉。陶穀正在不知所措，那歌伎蓁蒻兰，早已袅袅婷婷，来到李景席前，向国主行过了礼，站到一边，听候旨意。李景见了秦蒻兰，却满面含春地指着陶穀，对她说道："这位陶学士，乃是天朝来的大臣，受天朝皇帝之命，来我国抄录书籍，是个胸罗锦绣、腹隐珠玑的才人！而且举动循理，品行端方，又是个不欺暗室的正人君子！朕一则敬他的才学，二则重他的品行，现在委屈他前来赴筵，众歌伎所歌的曲子，都不能打动学士。因知曾有天朝贵人宠幸过你，且那贵人赐你两首词儿，情文俱佳，浓艳异常，可在席上歌唱，劝学士畅饮一杯，朕自有重赏。"秦蒻兰口称遵旨，便拿起檀板，轻启珠喉，先唱《醉落魂》一词。歌声刚完，李景已连连称赞道："风华典赡，一往情深，真是才子之笔！"说着，又回过头来对秦蒻兰说："你斟一大杯，向学士敬酒，求其饮干。"秦蒻兰奉了旨意，早已斟了满满一大杯，奉于陶道："学士请尽此杯！"秦药兰在筵前歌着昨日陶穀所填思慕阿仙之词，他又急又羞，坐立不安，难受得简直要死，忽见她又给自己敬酒，哪里敢推让，连忙接了过来，一饮而尽。李景笑道："若非天朝贵人的佳作，陶先生怎能够如此豪饮？秦蒻兰还有一词，还可继续唱来。"秦蒻兰口称领旨，又歌了一遍陶穀赠予阿仙的《锦堂春》。李景道："好人'阿仙省识相思意，春色透眉尖'，这一阕更比前阕更加香艳，学士应该多饮几杯，才不辜负这首绝妙之词。"秦蒻兰早又斟了三大杯来敬陶穀，陶穀酒量并不大，这三大杯酒怎么能饮？只得起身谢道："承蒙大王赐酒，理应恭领，无奈臣酒量有限，饮此三杯，必定不省人事，还求大王免臣饮酒。"李景微笑道："今日先生听佳词，理应对美人饮个大醉，方才畅快。果真饮得醉了，朕就送先生回馆驿休息。"见李景再三相劝，陶穀暗暗想道："我正怕他还有什么言语羞辱于我，现在这样劝酒，为何不喝了，假装大醉，以免他再肆讥讽呢？"遂顿首言道："大王赐酒，臣恭敬不如从命，但醉后失仪，尚乞宽宥！"说罢，便接过酒来，接连饮尽，将身伏在桌上，装出沉醉之态。李景说道："陶先生果然不胜酒力，让四名侍卫好好地送他回归馆驿。"侍卫奉了圣旨，立刻把陶穀扶上安舆，送回馆驿，扶他安安稳稳地睡下，方才回去复旨。

虽然陶穀喝多了，心内却不糊涂，睡在床上，暗想这件事，明是江南君臣，设下陷阱，陷害自己，深悔色迷心窍，上了他们的当。现在已被人家抓住小辫子，只得低声下气，忍让一时，免得将此事宣扬出来，被朝廷知道，没脸回国见国君。从此陶穀完全收拾起骄傲狂妄的态度，对江南臣僚的短处再不敢妄自讥讽，匆匆地抄完书籍，回到汴京，见了太祖，只说江南君臣，上下一心，没有可乘之机。太祖因此又把兵下江南之事，暂时搁置起来。

# 南唐后主李煜偷小姨

## 五彩粉蝶戏秋水

众臣奉太子从嘉即位，改名为煜，把其母立为尊后，以后父名章泰，故不叫太后；把其妻周氏立为国后，群臣均有所升赏。遣户部尚书冯谧到宋廷告哀，并要求追赠李景帝号，宋廷答应这么办。李煜乃谥景为明道崇德文孝皇帝，庙号元宗，陵曰顺陵。李煜年少聪明灵活，喜爱读书作文，工书画，知音律，故李景临殁，立其为太子。那李煜相貌清癯，非常有才华，史家皆称他为南唐后主。

南唐后主李煜

后主即位之后，便不把国事放在心上，一味地选舞征歌，谱词度曲，不务正业。每当百花盛开的时候，便把殿上的窗壁梁栋，柱拱阶砌，都装成隔筒，插进各种花枝，悬于殿上，称它们为“锦洞天”。让宫中妃嫔都打扮成纤裳高髻，首翘鬓朵，日夕相偕，饮于锦洞天内。然后命令内侍，将后苑全部的花，悉数折来，当筵赏给宫嫔插戴。一会儿，妃嫔宫人，满头都插着花枝，红绿相间，上下颤动，后主看了，觉得粉光腻滑，香气怡人，扑入鼻宫，异常馨芬。这时，宫中有个叫秋水的宫女，生得樱唇粉面，亭亭玉立，非常美丽，最喜簪花，今天也在筵前侍立，忽蒙后主折了许多好看的花，赐予她们插戴，正是投其所好，内心非常高兴。旁的妃嫔宫人，只选了几朵插在头上，也就算了，只有秋水，抢着把两鬓插得满满的，好像戴着一顶花冠，连她的头发都遮盖得密不通风。恰巧这时殿庭之中有一对五彩蝴蝶，在庭中央来往飞舞，闻得殿上花香浓郁，那蝴蝶便向着有花香的地方飞来，一上一下地直入殿中徘徊旋舞，好像在找着什么。妃嫔们和后主，见一对蝶儿，突然飞入殿上，觉得很纳闷。谁知那对蝶儿，飞了一会，好似发现了藏身之地一般，竟向着秋水头上扑去。秋水正在一旁侍立，打算为后主倒酒，突然发现一对蝶儿，直向自己头上扑来，连忙放下酒壶，去赶逐蝶儿。这蝶儿非常奇怪，任凭秋水举着一双玉手，胡乱赶扑，只是在秋水头上转来转去，不肯离开。别的人见了都说非常奇怪，把秋水急得慌了手脚，不知怎么办才好。众嫔见一对蝶儿，只是绕住了秋水的云鬓飞舞，急得秋水面红耳赤，还是没有离开，那种情形十分好看，不觉笑起来。这一笑不要紧，却把秋水羞得无地容身，几乎要哭出来。后主见秋水羞得要哭，心中非常怜爱。忙站起身来，走近秋水身旁说："这对蝶儿，并非奇怪的东西，是因为你长得花容月貌，美艳异常，又一头的花枝，头上发出香气，那蝶儿嗅着这个，所以绕着你云鬓飞舞。你可让它们停在鬓上，待到香气快散完的时候，那蝶儿就自会飞去的。"说着挡住了秋水的纤手，任那蝶儿停在秋水花鬓上面，后主才重新回到席位上，欢呼畅饮。后人作宫词赞美这事道：

匝匼春阴锦洞天，纤裳高髻斗婵娟。
花香拂拂随人影，凰子纷粘绿鬓边。

## 邀醉舞曲恨来迟

后主有一面琵琶，名叫烧槽，非常贵重，经常亲自作曲，并用琵琶弹唱，声音优美动听，非同一般。周皇后亦通晓史书，对音律非常有研究，尤工琵琶。一个下雪的夜晚，周后与后主设筵赏雪，酒到一半的时候，周后向后主言道："平常所说陛下善舞，今夜饮宴非常高兴，陛下为什么不弹一曲呢？"后主笑道："朕幼年玩耍的时候，常喜为之，现在已经好多年了，未尝练习，已经非常生疏，卿能于顷刻之间创为新声，朕应该为卿起舞。"周后道："陛下这话可是真的？莫要使妾做成新曲，陛下又不肯起舞呢？"后主道："卿尽管放心，朕为一国之主，怎么会有说话不算话的道理呢？"周后听到这话后，立即命笺缀谱，喉无滞音，笔无停思，一会儿功夫就写成《邀醉舞》《恨来迟》两曲，取烧槽琵琶，弹起来。后主又命歌姬，伴着琵琶歌唱新曲，真是个琵琶铮𬭚，歌声委婉动听；那新曲之妙，果然无法跟旧歌相提并论，非常好听，更加上周后弹着琵琶，轻挑浅拨，声韵悠扬。

后主听了，心中非常高兴，等歌唱完，向着周后连声称赞道："卿真思维敏捷，一会儿功夫即能谱成新曲，朕实佩服得很！这面烧槽琵琶，乃是从前父皇常御之物，非常宝贵，现在就把它赏赐给你，以谢卿谱制新曲的劳苦。"周后连忙拜谢道："感谢陛下赐妾烧槽琵琶，只是刚才允妾起舞，亦求陛下克践刚才的诺言，使妾一开眼界，那就感恩不尽了。"后主笑道："卿既然爱看朕舞，即为卿试之。"于是起身离席，解下衣襟，步至筵前，舞起来。一开始还是慢慢地一起一落，周旋中节，舞到分际，忽然一阵紧一阵，好似鹰隼盘空，龙蛇飞舞，人看了之后，感觉目眩神迷，口中无话可说。后主舞了很长时间，收住了架势，面不改色，气不涌出，仍是非常平静地入席饮酒。周后连连夸口道："陛下之舞，实在是太棒了，宫中那些舞女，怎么能跟陛下比呢。"后主道："我只是随便舞了几下，未征精妙，卿瞧了已是这样说；那要是看了宫嫔李窅娘的妙舞，还不知要称赞到哪里去呢？"周后忙道："宫中既有这样的人，陛下为何不跟臣妾说，不令一观吗？"后主道："并不是朕不允卿言，召取窅娘前来，使卿能看到她的表演。只因窅娘疾病刚好，尚须静养，如果现在让她来，也是病后无力，不能表演的。朕拟制造一件东西，等到七月七夕，当大张筵宴，让窅娘当筵献技，不但你可以观看，且使后宫中人，都知道窅娘色艺双佳，绝不是一般宫嫔所能达到的。"周后听了这番言语，想到后主必有新鲜娱乐之法，所以必须等到七夕，方令窅娘表演，便没多说什么，陪着后主，饮过了酒，方才散去。从此后主天天和周后，率了许多妃嫔，唱歌跳舞取乐，饮筵蹴鞠，遂无虚夕。后主听了官嫔唱的歌陈旧，甚觉可厌，后主常与周后说霓裳羽衣曲，甚惜霓裳羽衣曲没有流传下来，倘得有人依谱寻声，把歌词写出，必较宫中所歌的曲儿，更加动听。周后听了后主的话后，想表现自己的才能，也不当面说明，就在暗中翻出霓裳羽衣曲以前的谱，花了不少功夫，按谱填词，做了一曲，自己歌唱了一会，果然声韵铿锵，余音绕梁，跟平常之曲就是不一样。周后心内暗自高兴，遂将此曲散给宫中歌伎练习，亲自指示音节，练了数日，已经非常熟练；周后又反复练习了几次，确保万无一失，方才告诉后主道："陛下平常因为霓裳羽衣曲失传而不高兴，臣妾现在按谱寻声，制成歌词，已练习得非常熟练，敬献御前，请陛下俯赐清听，指点谬误，以便更正。"后主不等她把话说完，已经高兴地跳起来道："卿既制成霓裳羽衣曲，何不早些说出来，朕非常想听此曲，寤寐萦情，已经不是一天了。可速于麝囊花下，盛设筵席，来唱这首曲子。"于是命内侍传出旨意道："朕今日赏名花，听仙曲，让御厨司做些好吃的食物，设于移风殿内，一定要准时送到。"内侍传旨既讫，后主遂携着周后，一起到移风殿内去了。

## 霓裳羽衣纵情色

为什么后主听那霓裳羽衣曲，一定要设筵在移风殿的麝囊花下奏曲呢？原来这麝囊花，乃是仙种，其色正紫，还有个名字叫紫风流，在江南只有庐山僧人得着一丛，栽于庵中，像珍宝一样地照顾着，不肯让别人知道如何种法。后主听说庐山僧人有此奇花，遂下诏于僧人，想要麝囊花之种。僧人不敢违背，只得分取一丛，交于派来的人带回。后主得此奇花，非常高兴，即命种于移风殿，叫它蓬莱紫。每当花开的时候，后主必定设筵赏玩。今天正逢麝囊花盛开，想和周后一起看花，正好霓裳羽衣曲已由周后按谱填成，正要在麝囊花下奏曲，边赏花边听新曲，乃是一举两得之事，后主高兴得不知如何是好了。马上带着周后，来至移风殿前，见那蓬莱紫，开得非常茂盛，花就像丁香一般，芬芳浓郁，沁人心脾。周后细细赏玩了一会儿道："这花颜色正紫，却是光芒四射，香气浓郁，果然与众不同，别有一番情趣，非仙品哪能这样。"后主点头道："朕听说这种花，与扬州的琼花，称为双绝。琼花是白玉种成，这花是五代时候有一仙人在庐山搭建了一座茅屋，修炼多年，成功之后，白日飞升，怀出紫玉，埋于土中，所以就生成了玉花。所以每当花开放时，尽作紫色，只要看到的人，无不称它为仙品。只有庐山寺僧，留得种子，朕听说了它的特异之处，颁诏求之，得这一株，培育了这么多年，方才开花，得到它真是不容易啊！"说着，又带着周后，步入移风殿上。酒席已经摆好，就和周后入席饮酒，吩咐歌伎们，站立在麝囊花两边，奏起霓裳羽衣曲来。一时间，笙箫齐奏，歌声动听，比那些旧曲，果然大不相同。只觉那歌声于清越之中，夹着柔美的气息，其音韵中正和平，绝不偏激，使人听了，躁释矜平，心旷神怡，便是殿阶之前养的一对白鹤，听了这样美妙的乐声，也伸颈长鸣，展翅飞舞起来。后主满心欢喜，满口称赞，即命宫人斟上酒来，连进数杯。后人有宫词一首，赞美这件事道：

烧槽拜赐出东房，新破番番迭和长。

要倩重瞳频醉舞，麝囊花底按霓裳。

后主自从周后重谱了霓裳羽衣曲之后，更加沉迷于酒色，天天和妃嫔宫人在一起，寻欢作乐，把国家政事完全置之度外。每天除了喝酒唱歌之外，便拈弄词翰，天天这样。偶见宫人衣装不整，就戏作《云鬓乱》一词，调寄鹧鸪天道：

节候虽佳景渐阑，吴绫已暖越罗寒。

朱扉日暮随风掩，一树藤花独自看。

云鬓乱，晚妆残，带恨眉儿远岫攒。

斜托香腮春笋嫩，为谁和泪倚阑干？

又有保仪黄氏、宫人庆奴，都长得容态华丽，在当时首屈一指，顾盼颦笑，百媚横生。又都能文善书，后主命两人分别管理书籍及墨宝，宠爱有加，曾在黄罗扇上作诗，赐赉两人道：

风情渐老见春羞，到处魂销感旧游。

多谢长条似相识，强垂烟态拂人头。

扇上写的字迹，皆作树木向下弯的形状，遒劲如寒松霜竹，后主叫自己的字为金错刀。

## 七夕窅娘舞金莲

每日在宫中寻欢作乐，那时间很快就过去了，转瞬又到七月七日，正赶上过节，其时宫嫔李窅娘的疾病已经好了，精神也恢复到以前了。后主拟于七夕这晚命她上场表演，先在碧落宫内，撑起八尺琉璃屏风，以红白罗百匹，扎成月宫天河的形状；又在宫中地上，凿金作莲花，有六尺多高，以各种珍宝作修饰，细带璎珞，更于莲花之内，作品色瑞莲。安排好了，即同周后说道："卿前日听说宫嫔窅娘，纤丽善舞，曾经想让她表演，朕因窅娘病刚好，且欲特制一物，令她在上面跳舞，故允卿于七月七日，当使窅娘表演她平生绝艺。今日正是乞巧良辰，此事都准备好了，卿可随朕往碧落宫观看。"说完，携了周后，同乘小辇，一起到碧落宫前。方才下辇，就听见笙箫盈耳，鼓乐齐鸣，非常热闹。步进宫门，只见红白相间，现出一座月宫。檐前一道天河，横亘于上，长约几丈，四面挂着同种颜色琉璃灯，照得内外通明；月宫里面，有无数歌伎，身穿霞裾云裳，打扮得仙女一样，手执乐器，奏着霓裳羽衣曲，音韵高亢洪亮，悦耳怡神。后主携定周后，步入宫中，好像真个到了月宫一般。周后环视了一会，连声赞扬道："陛下巧思，真是新颖！如此布置，与清虚、广寒之府，不相上下，倘被嫦娥知道，恐怕也要下到凡间，参预这个盛会了。"后主听到周后誉扬，心中大喜，拍着周后的玉肩，笑着说道："以前唐人有诗道：'嫦娥应悔偷灵药，碧海青天夜夜心'。就诗的意思来看，嫦娥虽得安居月宫，成了长生不老的金身，寂寞凄凉之感也是难免的，哪里比得上朕与卿，在这凡间，反可以朝欢暮乐，尽情享受荣华富贵呢！"周后与后主并肩细语，一路游览，走到正殿。周后见正殿上面、周围挂了各种颜色的彩灯，地上铺了用锦制成的毛毯，在中间设立一座黄金凿成的莲花，四周围着珍宝璎珞，光彩夺目。那莲花的中心，又生出一朵莲花，周后看了，不知道是什么东西，便问后主，这样布置有什么用处。后主道："这就是朕前几天为窅娘制成的舞器，卿且观之，自知它的好处。"周后听了，不知怎样舞法，正想细问，忽听一派细乐，声韵悠扬动听，许多纤裳高髻的宫女，簇拥着一个美貌女子，身穿五色舞衣，一双用白绫缠绕的小脚，纤细屈上，作新月之状；外面罩着白色的袜子，由众宫人细吹细打，引导着向前走。周后细看那个女子，就知道是窅娘，只见她轻盈慢步，走到前面参见了后主与周后，侍立一旁，等待旨意。后主点头笑着说道："窅娘，朕知你能歌善舞，特地制成金莲花一座，你可在上面跳舞。"窅娘口称领旨，走到莲花之前，将脚一蹬，已立在瑞莲当中。一时之间，管弦齐奏，乐声嘹亮优美，窅娘随着乐声，在莲花里面跳了起来。忽快忽慢，忽进忽退，翩若惊鸿，翻若游龙，体态柔美，腰肢轻盈，舞到紧处，回旋曲折，飘飘然有要飞的感觉。看得后主与周后，目荡心眩，连声叫好。那窅娘听得喝彩声齐起，故意标新立异，要显本领，把头一摔，鬓边的一枝玉簪，落在氍毹上面，窅娘顺势翻转柳腰，纵金莲花中，徐徐地把身体弯向后面，将脸贴地，张开樱唇，衔起那支玉簪，仍旧从容自如，气闲神定地安然立在莲花上面。后主与周后瞧了这样绝技，更是赞叹不已，就是奏乐的舞伎歌姬和随从的宫人，见窅娘有这么好的本领，也都非常佩服。后人有宫词一首称赞道：红罗叠间白罗层，檐角河光一曲澄。碧落今宵谁得巧，凌波妙舞月新升。

后主与周后看窅娘舞得那么精彩，就重加赏赐，并命她坐在一旁侍宴。窅娘谢恩，陪侍后主开怀畅饮，直到天色已明，方才席散离去。

## 红罗小亭偷小姨

没想到天道忌盈、乐极生悲，周后在七夕夜里，多饮了几杯酒，没有睡好觉，忽然生起病来，躺在床上，呻吟不已。后主非常着急，一面命医诊视，一面召见周后家属，入宫省视。周后的父母，听说这个消息，当然非常着急，便由后母携带次女，入宫问候。周后见了家人，心下非常高兴，病势略觉轻减，遂留母、妹在宫住些日子，等自己病好了，再行回去。后母因家里有事，不能不回去，又因为周后正在病中，未便违背她的意愿，即留次女在宫侍疾，自己便告辞回去。周后姊妹之间，感情非常好，得着妹妹在宫陪伴，已开始好转。后主听说王姨在宫，他素知王姨秀外慧中，才色和周后相比，尤为佳妙，久已在暗中垂涎，只因没有理由亲近，唯有心中羡慕。现在听得王姨在宫中，怎么肯轻易放过，遂命知心宫人,将王姨引到后苑红罗小亭里面,逼着她勉承雨露。你道这红罗小亭是什么地方?原来后主经常在群花之中,建筑一亭,用红罗罩着,押以玳瑁象牙,雕镂得非常华丽,面积不大,仅容两人在此休息。后主遇有美貌宫人,中了自己之意,便带到亭内,随意玩乐,所以亭中备有床榻、锦衾绣褥,一应俱全。此时看中了王姨,暗中嘱咐宫人,领着王姨,赴后苑游赏,不知不觉中把她引入小亭里面。那小亭的门,是暗藏机关的。不知其中设备的人,是打不开的。宫人把王姨引入之后,转身退出,那门"吱"的一声,早已阖上。王姨见内中地方非常小,却收拾得非常华丽,设着珊瑚床,挂着碧纱帐,锦衾高叠,绣褥重茵,有一个美貌青年,坐在那里。王姨看出正是后主,不觉红潮晕颊,非常羞惭,慌忙转过身来,用手启门,意欲退将出去。哪知这门闭得更加牢固了,不管怎么用力,也打不开。后主早已来到面前,满面含春地说道:"难得王姨自己来此,真是前生有缘。"说罢,上前一步执定了王姨的纤手。王姨此时要想躲避,又没有地方可以藏身,只得含羞带愧地说道:"陛下请不要这样,倘被姊姊知道,我的脸该往哪儿放啊,就是陛下也颇多不便。"后主笑着说道:"自古风流帝王,哪一个不惜玉怜香呢?唐明皇何等的英明,他还非常宠爱虢国、秦国两位王姨,更何况是朕?而且这地方非常的秘密,宫人们不奉传宣不敢擅入,万无说出去的道理,王姨尽管放心好了。"

王姨长得玉貌花容、蕙质兰心,常常对镜自叹,深恐自己具有这般才气容貌,将来落于庸俗人的手内,那不是耽误了终身大事?又见自己姊姊嫁得后主,并册立为后,做了南唐的国母,在宫内十分富贵,真是天天寒食,夜夜元宵,说不尽的荣华富贵,享不了的欢娱快乐,心里本来羡慕得不得了,现在发现后主看中了自己,带到后园小亭里面,轻声细语,愿效鸾凤,一寸芳心,早已经同意了,却不得不做出害羞的样子,故意推却,一经后主再三说服,也就半推半就顺从了。从此以后,王姨与后主,鳒鳒鲽鲽,怜我怜卿,十分恩爱。

## 香阶刬袜提金鞋

后主是个风流天子,有了王姨这样的美貌佳人与自己有了私情,心中有说不出的快乐,少不得又要笔墨形容,便填了菩萨蛮词一阕,把自己和王姨的私情,尽情抒发了出来。其词道:

花明月暗飞轻雾,今宵好向郎边去;刬袜步香阶,手提金缕鞋。画堂南畔见,一晌偎人颤;奴为出来难,教郎恣意怜!

这首词，填得非常香艳，早被那些妃嫔宫人传播开来，到处咏唱。王姨和后主的暧昧事情，连民间也知道了，到处议论纷纷，传为风流佳话。幸亏周后有病不能起床，时清时醒，精神衰弱，还不知道这事。那后主却也不小心点，每天和王姨在红罗小亭里面，唱歌饮酒，后主亲自拿着檀板，王姨婉转歌喉，真是月明风清，良辰美景对佳人，天上神仙，也不过如此罢了。那后主见王姨喝了几杯酒，有点要醉的感觉，柳腰一搦，玉肩双削，樱唇微张，香气扑人，忍不住趁着酒兴，以香口为题，又作一首词道：

晚妆初过，沉檀轻注些儿个；向人微露丁香颗，一曲清歌，暂引樱桃破。

罗袖裛残殷色可，杯深旋被香醪涴；绣床斜凭娇无那，烂嚼红绒，笑向檀郎唾。

后主这一首词儿，更把王姨和自己饮酒歌唱，以及平日间的乐趣一块写了出来。那些妃嫔们个个都有夺宠争娇的心肠，忽然来了一个王姨和后主这样密切，后主又有个喜新厌旧的习惯，只在红罗亭内天天寻欢作乐，早把众妃嫔抛在九霄云外，不去想她们。那些妃嫔看见后主这样的冷落她们，未免心怀怨意，却没有什么法儿使他不与王姨恩爱。恰巧后主写了这两首词儿，把所有的私情，都真实描写出来，就有妃嫔想出个毒计，借着探问周后疾病的理由，来到中宫，用两阕词儿作为证据，将王姨和后主的私情，都告诉了周后。那周后正在病中，非常痛恨自己的妹儿，不顾廉耻，来到宫中，就几天工夫，便与后主做下不端的事情，心内又气又恼，又怀着一股妒意，一块上来，顿时病势加重起来，哇的一声，从喉中吐出一口鲜血，立刻昏死过去了。那个嚼口舌的妃嫔，见周后一生气，口吐鲜血，昏死过去，知道弄出祸患，也急得手足无措，急急地叫唤宫人，一块施救。过了半晌，周后才悠悠醒转，长叹一声，上气不接下气。宫人和那个妃嫔，又安慰一番方才离去。周后经此一气，疾病更加严重了，不上数日，便三魂渺渺，六魄悠悠，竟自撒手离去，回归极乐世界去了。可怜一个如花似玉、才貌双全的周后，只因胞妹与后主私通，就导致气恨而亡，那气量也未免太小了。

## 不耐合卺急入帏

后主见周后西归，倒也大哭一场，传旨厚殡，葬于山陵，封谥号为昭惠皇后。过了些时，便降下旨意，命钦天监选择良辰吉日，聘昭惠皇后胞妹周氏为继任皇后。事实上这位继后，早已住在宫中，与后主情深义重，十分亲爱，那些问名纳采的事情，不过是掩人耳目罢了。等到钦天监择定了吉期，举行纳彩礼，才暗暗地出宫,到家中等候迎娶。后主因与继后事先就私通,恐妃嫔们不尊敬,特意铺张扬厉,办得非常隆重。纳采已过,到了过门的这一日,命宰相宋齐邱为纳后正使,冯延巳为副使,又因为前人有奠雁之礼,所以就用白鹅以嘴叼着帛书,由二十四名内监,用黄罗亭抬着前进。紧跟着便是种种彩盘盛着珍贵玩器、明珠宝玉,和皇后的册宝衣裙。沿路行去,鼓乐齐鸣,香烟缥缈。接下来就是国主的卤簿,皇后的仪仗,排出有几里地之远。排在最后面的是皇后乘坐的沉香龙凤辇,辇前排列着许多纤裳高髻的宫女,锦衣花帽的宫监。他们都是手内执定上方仪物和红纱灯,还有金炉提香等物。三十六名皇衣宫监,抬定龙凤辇,慢慢前行。辇后跟着六百名御林军,都是腰弓悬箭,顶盔贯甲,手持金刀银戟,雄赳赳、气昂昂地骑在马上,保护着凤辇向前进发。那时早惊动了各处的人民,都说这样的盛事,生平从未见过。前几日就有各地的人民或乘车,或坐船,纷纷地赶来观看。建康城内,一时间内增加了数百万人,热闹异常。到了迎亲的仪仗出发,那街道上,到处都是人民,甚至有登屋观看坠瓦跌毙的。好不容易一对一对的仪仗才通行过去,到了国丈府中,由正副二使,宣读了诏书,等到周后换了衣服,打扮好了,辞别父母亲族,缓步登上凤辇。一路上笙箫管笛地迎入禁中,受了册宝,行过了立后礼,又参见了后主,行过了夫妇之礼,送入宫内;又按照江南的风俗,坐床撒帐。何为坐床撒帐?就是江南地方迎娶新人,礼毕之后,须将新郎新娘双双送入新房,一起坐在床上,然后用五色的彩果和许多金钱,向床上四散撒去,伴有种种吉语,以为吉祥。后主完全按照江南风俗,在纳后之前,已经铸成许多撒帐金钱,钱上的文字,有的是长命富贵,有的是金玉满堂,更有忠孝传家、五男二女、天下太平、封侯拜相等各种好听的文字。当下撒起帐来,那彩果的声音,伴着金钱的声音,非常好听。撒帐已毕,然后行合卺礼。这时天已经黑了,正宫之中,挂着一颗明珠,光芒四射,就像白天一样,照着金莲宝炬,更觉得四壁生辉。后主与周后面对面坐着,共饮合卺之樽;抬头向周后看时,只见她富丽堂皇,丰容盛鬋,愈加出落得花样风韵,玉样精神。后主看得满心欢喜,想起从前香阶划袜的情形,无限恩情,不禁魂飞魄荡,早已忍不住了。就急急地饮了几杯酒,催促宫人替周后卸去装束,牵手入帏。他两人虽是新婚,实为旧好,这一夜你贪我爱,恩深义重,就不用多说了。后人读到这儿,也有宫词一首,咏后主亲身迎接继后,礼节盛大并合卺时的情形道:

致迎银鹅被绣成,钱钱四撒帐生春。

明珠依旧深宵展,恰照香阶划袜人。

## 床第新欢抑旧情

后主自从娶了周后，可以说是燕尔新婚，无比恩爱，每日在宫内，恣情调笑，非常快乐。整个宫中的人，都叫她小周后。那小周后，一笑倾城，惹得后主意醉心迷，整天和她在一起，根本不把六宫粉黛放在心上了，真是三千宠爱，尽在一身。小周后不但相貌长得好看，并且识字知书，平时喜欢音乐音律，较之故后更加精妙。性喜焚香，爱柔仪殿富丽堂皇，徙居其中，自出巧思，制造焚香的器具，有三云凤、把子莲、折腰狮子、小三神、王太古、卍字金凤口罂、云华鼎等十多种，每日垂帘焚香，满殿氤氲。小周后坐在中间，就像在云雾里面，望去如神仙一般，并派有宫人，专管焚香之事，叫她们主香宫女。后主复宣董元、徐熙、周文炬等善于绘画之人，于双缣帽素之上画成丛艳叠石，旁出药苗，中间杂有禽鸟蜂蝉，像真的一样，悬挂于宫殿之上，取名为“铺殿花”。小周后喜爱绿色，所着衣装，均尚青碧，高髻艳妆，身穿青碧之裳，衣裾飘扬，更有飘逸之感。妃嫔宫人，见小周后身穿青碧之衣，飘飘然有如仙人一般，都把云裳雾裾丢掉了，却效仿小周后，争穿碧色衣裳。宫人们又怕外间所染碧色，不甚鲜妍，就自己把绢帛染了色。有一宫人，染成一匹绉绢，白天在院内晒，夜间忘记取回，为露水所沾，第二天看见，其色分外鲜明，后主与小周后见了，甚是称美。从这之后，妃嫔宫人，都收露水，染碧为衣，称之为“天水碧”。碧字与“逼”同音，“天水碧”三字，实是谶言，其实是含有赵氏逼迫，江南灭亡之意。后人也有宫词一首，咏此事道：

主香门日奉柔仪，铺殿花光望欲飞。

等得秋凉新露满，忙收天水染罗衣。

后主离不开小周后，天天在宫中，歌舞取乐，饮酒寻欢，稍有闲隙，便研究填词度曲，衣服装饰，专务奢侈。其时昭惠皇后死了已经三年了，后主忽然间想起了这件事，想着当初昭惠皇后在的时候，自己曾作念山曲，昭惠皇后想看自己起舞，也制《邀醉舞》《恨来迟》两曲，命宫人歌唱，昭惠皇后亲弹烧槽琵琶来应和。自从昭惠皇后病故之后，不忍心再唱以前的歌，今日因追念昭惠皇后，忽然传集宫人，命她们重新歌唱昭惠皇后所制的《恨来迟》《邀醉舞》两曲。谁知道这些宫人，好长时间没有歌唱，早已忘得一干二净了，后主要她们重理旧曲，怎能唱得出来呢？都一句话也不说，立在两旁。后主不觉长叹一声道：“人死如灯灭这句俗语非常正确！昭惠皇后病故以后，你们连她所制的歌曲，也没有人记得了，还说旁的事情吗？”后主说罢，显得有点不高兴，心中非常悲悼。忽然宫女里面走出一人，趋前奏道："陛下想重新歌唱以前的歌，贱妾还能记得，只需要烧槽琵琶，我就能歌了。"后主闻言，举目细观，认得是宫人流珠，便又高兴起来，连忙命令将烧槽琵琶取到，交于流珠，令其歌唱。流珠接过琵琶，坐在一边，调和弦索，一面轻挑浅拨地弹着琵琶，一面柔声歌唱，歌着昭惠皇后所制作的《邀醉舞》《恨来迟》两曲，果然一字不漏，唱得婉转动听，音韵悠然。后主听了，非常悲伤，道："流珠不但没有忘记旧曲，所弹琵琶亦与昭惠皇后非常相似，让我听了歌想到了人，愈加要追念昭惠皇后了！"流珠见后主很是悲伤，就放下琵琶，起身奏道："皇后已经病故，陛下光悲伤是没用的，只要心中不忘皇后在时的恩情就是了；如果陛下过于悲戚，有损龙体，反使皇后在天之灵，不能安稳了。"后主听了流珠一番话，称她很识大体，就命重赏流珠。从此以后后主常常思念昭惠皇后，虽说有小周后和保仪黄氏、宫嫔窅娘、庆奴、流珠、秋水、宫人乔氏等，换着方法替他解愁消闷，后主总觉非常压抑，大有坐立不安的神气。

## 后主和尚共狎妓

一日，后主在宫中坐着，觉得特别无聊，心内想道："我在藩邸时，常常出外，无拘无束，游览街市，颇为快意。自即位以来，身居九重，出入不便，多么向往从前的自由散漫。今日心情不好，微行出外，以散心情，岂不乐哉？"想罢，即换了飘巾艳服，也不告知小周后和众妃嫔，也不命内监跟随，径从后苑门悄悄地出去，独自来到街市。后主见阛市繁盛，人民富庶，来往频繁，心里便特别高兴。随步向前行去，忽然看见一座高墙大门，其中笙歌聒耳，楼阁参差。后主暗暗想着："这座宅第想必是公侯内院，待朕进去，打探清楚他们在那里做些什么，居然如此笙歌迭奏，丝作繁兴。"心下想着，大踏步进去。只见中堂上面，张着盛筵，一个和尚拥着一个妓女，居中高坐欢饮。许多美女立在两旁，都在那里弹唱歌舞。后主见那和尚如此风流潇洒，猜测不是一般僧人，颇合自己心意，于是步上堂去，大声说道："有一不速之客来也！"众妓女一起将目光转过来，见一个中年人直向堂上走来。这些妓女，都不认识他，正要开口叱问，那个和尚见后主品貌不凡，衣服华丽，猜想不是等闲之辈，立即将怀中妓女推开，起身迎接后主道："贫衲一人饮酒，正觉无聊，施主到来，是最好不过了，快来同饮一杯。"说着把后主拖入席内，妓女们轮流斟酒、敬酒。后主见那和尚风流倜傥，也不问他在何处出家，是何法名，便入席酣饮起来。因和尚邀后主入席，又称为施主，众妓女只道他平素与和尚有来往，便也不敢怠慢，轮流着上来敬酒。后主非常爽快，酒到杯干,连饮数十杯,和尚与众妓女,见他这样豪饮,竟看呆了。此时后主已有醉意,眼见天色已晚,逗留不便,见侧首设着书案,案上放着笔砚,遂即起身,取笔蘸墨,在石壁上如龙蛇飞舞,写了一行,将笔一扔,向和尚举手一躬道:“我们有缘再相见。”说了这一句,便转身大踏步向外走去。和尚不知道他是什么人,也不明白他在壁上写些什么,直至石壁看时,见上面写道:

浅斟酌唱,偎红倚翠。大师鸳鸯寺主,传持风流教法。

和尚不理解其中的意思。众妓女都质问和尚道:“这个人如此狂饮,大模大样,忽来忽去的,到底是什么人?”和尚道:“我也不认识他。”一个妓女道:“既然大师不认识他,为何称他为施主,又邀他入宴?”和尚道:“我因他直至内堂,品貌不凡,身上衣服华丽,还以为是你们院内的熟客,于是不敢怠慢,称为施主,邀他饮酒。哪知你们居然也不认识他。此人如此放荡不羁,壁上所写的字句,又不知他寓意何在,再也猜不出来。”众人正在互相诧异,此时守门的鸨奴,进来道:“上禀大师及各位姑娘,刚才出去的原来就是国主。”众妓女与和尚听了诧异地盘问道:“你是如何知道那人就是国主呢?”鸨奴道:“那人进来,我因有事偶然走开,没有通报,待他出去的时候,我正在门外守着,只见那人匆匆出去,刚到门外,就有一个内监,还有四个卫士,牵着一匹马,迎前向他请安道:‘万岁微行出宫,去向不明,周娘娘非常担心,派遣奴婢等数人带领卫士,分头找您。奴婢不想恰好在此遇见万岁,快请回宫,让所有人都放心。’说着,便把那人扶上马,坐上雕鞍,簇拥而去。我在旁边听得这番话,方才知道那人就是国君,因此急急地来报知众位姑娘与大师。”众妓女与和尚听罢大惊道:“原来那人就是国主,我说呢,怎么会如此大模大样,幸亏我们没有对他不敬,否则获罪不轻了。”不提众妓女们与和尚私自庆幸,只说后主遇见内监,带领卫士上马回宫。小周后见后主已平安回来,一根紧绷的神经方才舒缓,便问:“陛下独自一人外出,是何原因啊?妾身好不忧虑!”后主道:“在宫中朕觉得异常烦闷,本打算外出略略游览,立即回宫。没想到碰巧去了一家妓馆,在那里面有个和尚饮酒听歌,朕便闯将进去,不想那和尚倒是风趣万分,邀朕入席饮酒,朕一时高兴,畅饮起来,因而回归迟延,劳你费心,心甚不安。”小周后含笑问道:“今日驾临妓馆,可有美貌妓女,招万岁喜欢?”后主摇头道:“那些妓女,都是平庸之辈,怎么能跟宫内妃嫔相比呢?倒是那个和尚风流万分,佛教中也有此人物,真是出人意料啊。当初在藩邸时,朕曾手写金字心经,施舍寺院,来祈求幸福安康,直到现在,还未书写;今日遇见这个和尚,倒引起了朕的兴趣,从明日起,应该斋戒沐浴,手写金字心经,将此心愿了却。”

## 小周秘制帐中香

次日，后主果然关在一间静室，斋戒沐浴，秉着一片至诚心肠，在静室内端坐着，书写金字心经。因小周后生得明艳倩丽，小心谨慎，后主甚为喜爱，就命她专管静室，侍候茶水。在静室中，后主清心寡欲地书写金字心经，其得一百零九卷，计算南朝的大寺院，正好有一百零八处。后主命人一一送去施舍，还有一卷心经余下了，在静室内因宫人乔氏早晚侍候，甚为小心，后主以金帛赏之，乔氏坚决不接受，只喜欢剩余的那卷心经，朝夕持诵，为国主祈福。后主大喜道："你既有此心愿，朕又怎么会吝惜一卷心经呢！"当下便将所剩的那卷心经赐送于她。乔氏得赐心经，叩谢了后主，然后双手捧着回到后宫，果然朝夕虔诚吟诵，即使奇寒或盛暑之时，亦不间断。后来江南国亡，后主降于宋朝，到了宋太宗太平兴国三年，因为在赐第命故妓作乐声闻于外，犯了太宗的大忌，赐药而死。那时乔氏已是太宗禁中的人，听说后主得药而死，暗中不尽悲伤，便拿出这卷金字心经，出舍大相国寺西塔，替后主资求冥福，并且在经后写着一段文字道："故李氏国主宫人乔氏，在国主百日祭辰时，谨有昔时赐妾所书金字心经一卷，在相国寺院，伏愿弥勒尊前，持一花而见佛云云。"后人见了经后跋语，方知这卷心经，乃南唐后主亲手提笔所写，赐予宫人乔氏，后来乔氏施舍于相国寺，替后主祈求冥福的。后人读史至此，有一首咏后主的宫词，因为听宫人流珠歌旧曲，有感于心，始微行去娼家，因入娼家，巧遇和尚，方书心经，并赐乔氏，其词道：

鸳鸯寺主感销零，谱在流珠指上听。

还证多生花佛谛，细摹金字施心经。

自书写心经之后，后主每日仍在宫内跟小周后及一班妃嫔酣歌曼舞，可以说是快乐无限。那小周后一生最爱的是焚香，在柔仪殿内制了数十种焚香的器具，时时刻刻，命主香宫人，焚着异香，氤氲馥郁，无比馨烈。然而安寝之时，又怕有烟焰薰灼之患，于是挖空了心思，又想出了一个法儿，知道这是什么法儿吗？乃是用鹅梨蒸沉香，置于帐中，便散发出一种香气，其味令人心醉，沁人肺腑。因为沉香这样东西，遇着热气时才散发芳香，现在用鹅梨蒸过，然后置于帐中，沾着人的汗气，所生之香，便变成一股甜香，所以所有人嗅了这个香气，便要心醉神迷了。创制了这个法儿，小周后内心快乐无比，就取了一个美名，叫作"帐中香"。后主知道小周后制成了帐中香，他也要和小周后比赛一番，便在妃嫔宫人的装束上，巧妙地想到一种新鲜的饰品，乃是将建阳进贡的茶油花子，制成或大或小，形状各异的花饼，让各宫嫔淡妆素服，镂金于面，用这花饼，施于额上，因而称为“北苑妆”。妃嫔宫人，自后主创了“北苑妆”以后，每个人去了浓妆艳饰，都穿了缟衣素裳，额施花饼，鬓列金饰，行走时衣袂飘扬，远望去好似广寒仙子、月宫嫦娥一般，风韵无比。后主见了，十分欢喜，更加兴致勃勃，整天与小周后谈论，就鲜法儿消磨时光。

后主荒淫无度，居然私通内姨，将周后活活气死。其后虽追思故人，重歌旧曲，悲伤不已，又有什么好处呢？人谓后主多情，我却说他是色鬼，非有情人也。证据就是周后病势日益严重，却惶急不遑，依然暗地里跟内姨偷情。即此一事，已可证其为色鬼，而不是有情之人。

后主私通内姨，唯恐民间不知内情，故填《菩萨蛮》《一斛珠》两词，使人传诵，遂致民间也对这私情十分明了，而妃嫔拿着二词为证据向周后告状，致周后气恼而亡。这件事全国上下无人不知，然后迎娶小周后时，盛其礼节，铺张扬厉，以求掩饰，殆所谓欲盖弥彰也，他也太愚蠢了吧。

后主微行娼家，遇见拥着妓女坐在中堂的和尚，素昧平生，居然闯席，已经很令人惊奇了。和尚突遇一素昧平生之人，即邀之痛饮，更为罕见。尽管后主放荡不羁，而和尚更风流倜傥矣。

后主创制了北苑妆，尚觉有许多欠缺之处，又与小周后日夕研究，用茶乳做成片，制出各种香茗，烹煮起来，香气绕鼻，可使卢同垂涎，陆羽停车了。其中最著名的是叫作京铤的骨子茶、乳茶等数十种。后主别出心裁，又于食物中，将中国外夷所出产的芳香食品，全部汇集起来，有的烹为肴馔，有的制成饼饵，还有的煎做羹汤，多达九十二种，每一种都是清香扑鼻。对于每种肴馔，后主皆亲自题名，刊入食谱，有和合煎食、佩带粉囊等名目，大多为江南稀有之物，不知耗费多少金钱，方才制成了这九十二种食品。有了这许多芬芳的肴馔，后主便要在臣僚面前夸耀起来，就命御厨师，将新制食品配合齐全，准备盛宴，尽召宗室大臣入宫赴筵，名叫“内香筵”。宗室大臣见后主如此淫荡无拘，莫不暗暗叹息，却无一人敢当面规劝。后主平日在宫，到了夜间，从未点过蜡烛，宫殿之间，都悬挂着夜明珠，天色稍有暗淡，那夜明珠自然放出光来，照耀数丈，跟白天一样亮。妃嫔宫人，习以为常，见了灯烛，都嫌烟焰熏蒸，有油腻气味，不是掩着鼻孔，就是闭着眼睛，不敢上前。后主尝有玉楼春词一阕，咏他宫中的繁华富丽，并及宫内不点灯烛之事。其词道：

晚妆初了明肌雪，春殿嫦娥鱼贯列。笙箫吹断水云间，重按霓裳歌边彻。

临春谁更飘香屑？醉拍阑干情未初。归时休照烛花红，待放马蹄清夜月。

读了后主这阕玉楼春的词儿，当时南唐宫里的女宠之多，歌舞之盛，以及后主的奢靡无度，也就可想而知了。

## 身陷围城犹弄墨

后主无日无夜地歌舞酣宴，只图目前的快乐。哪里知道宋太祖已是出兵平了南汉，汉主刘铱投降于宋，成了俘虏，宋廷已经调将遣兵，在讲武池预备战舰，训练水师，想要一鼓作气，荡平江南了。后主还算有点聪慧，听得南汉灭亡的信息，震恐异常，便遣其弟从善，去告诉宋廷，自己愿意去除国号，改印文为江南国主，并请赐臣名，以为这样一来，宋师就可以不再挥师南下，自己得以苟延残喘了。谁料到太祖心思念念不忘江南，虽从善到汴，看待甚厚，暗地里仍在预备南下。却因南唐江都留守林仁肇，智勇双全，不敢轻敌，打算除了林仁肇，再行进兵。正在盘算划策，可巧江南又遣从善入汴朝贡。其时正是开宝四年，太祖见从善到来，心生一计，便把从善留在汴京，授职泰宁军节度使，并赐居住场所。从善不敢违旨，只得留京任职，修函回报后主，后主收到书函，即上书太祖，恳求遣从善回国。太祖却诏谕后主道："从善好才好艺，朕将让他辅佐我，现在南北已属一家，爱卿大可不必担心！"后主没有办法，又不知太祖留住从善，不允遣还，出于什么目的，便时常命人偷偷地去从善那儿，探听消息。太祖听到从善邸第，常有奉使命的江南人出入，便暗中预备停妥，等到从善入见，廷臣引导从善人一别室，室中除了上面悬挂着一幅图像外什么也没有。廷臣故意指示从善，问他可认识图像上的人吗？从善看了，不觉惊诧道："这是敝国江都留守林仁肇的肖像，怎么会在此处悬着？"廷臣听言，又故意吞吞吐吐地说："足下在京供职，已是我朝臣子，即使说了，也无大碍。只因圣上爱林仁肇智勇足备，派使臣劝他投降，他已遵旨愿降，先献这肖像为信。"说着，又领着从善去一座宫院游看，内中供张什物，莫不齐备，而且珍宝充盈，廷臣又向从善道："这座邸第，乃是圣上等林仁肇投降后居住用的，将来人朝之后，肯定会得高官厚爵。"听了这番话，从善很是惊疑，退归邸中，连忙修书，派人去江南告知后主，查访林仁肇打算降宋，究竟是不是真的？后主得了此书，急宣林仁肇入朝，责问他可曾接到宋主诏书？林仁肇回称没有。后主一心怀疑林仁肇欺诳朝廷，也不细加察访，立即在侍宴上暗中置毒。林仁肇哪里知道，待宴已毕，回到私宅，毒性发作，七孔流血而死。太祖闻得林仁肇已中毒而亡，欣喜万分，一面选将拣兵，预备南侵，一面命从善传谕后主，命他入朝。后主以生病为理由推辞，不肯入朝。太祖便说后主心怀异志，违逆谕旨，就命曹彬为西南路行都部署，潘美为都监，曹翰为先锋，率兵十万，即行南下。曹彬及诸侯向太祖告别，太祖谕曹彬道："当日王全斌率师平蜀，杀了许多投降的士兵，至今朕心不宁。卿此次出师江南，切忌乱杀无辜，暴虐人民，一定要恩威并施，以求破敌，切莫恣意屠杀，或在城中乱杀，亦当除暴安良；李煜家属，一定要保护他们的安全，卿要切记朕言。"曹彬叩头领命。太祖又拔剑赐予曹彬道："副将以下，有违令者，卿可先斩后奏。"曹彬领剑谢恩便退下了。潘美等见了，个个吓得黯然失色，彼此相戒，恪守军律，不敢抗违军令，于是曹彬就率领大兵，浩浩荡荡直奔江南而来。

先是有在南唐考中进士、一再被黜的江南书生樊若水，即谋归宋，以图富贵，平常无事之时，以钓鱼的名义，乘了一只小船，或东或西，忽来忽去，在江中游行，尽把江水的深浅，江面的宽窄，测量得一清二楚。也常把一根长绳，从南岸系定，用船引至北岸，这样来回量过数十次；因此对江面的尺寸很有把握，听得宋廷要出师南伐，便潜赴汴京，上平南之策，要求以造浮梁方式救济大军。樊若水的平南之策被太祖看见了，立刻被召入朝，当面询问。若水一见太祖，便立即取长江图说解。太祖接过细看，见长江的曲折险要，均记录得清晰明确，至采石矶一带，且注明水的深浅及江面的阔狭。太祖接过看罢，大喜道："得此一图，江南已成为手中之物了。"就让樊若水做右参赞大夫，命赴军前听用；又下谕令荆湖造数千艘黄黑龙船，找使臣监督，限期造成；且自荆湖东下，以大舟装载巨竹。这时江南屯戍的边将，看见宋军，还认为宋人派兵巡江，便预备了牛酒，犒劳宋师，并没有出兵阻击之意。等到宋军到了池州，守将戈产，差侦骑探视，方知宋师竟是南侵。城中毫无预备，没法抵御，只得弃城遁去。曹彬不费吹灰之力便得了池州，立即进军铜陵，江南兵此时才到来厮杀，却被宋军杀得四散奔逃。曹彬又率军杀入石牌。樊若水已奉命抵达军前，制造浮梁，刚开始先在江岸隐僻之处督工试办，然后移至采石矶，三日就成，丝毫不差。曹彬见浮梁已成，就命令步兵在潘美带领下，先行渡江。兵履其上，跟平地差不多。金陵探马报告此事，后主闻报，忙召群臣，筹划御敌之计。学士张洎进言道："臣博览群书，从未听说过江面上造得浮梁的事情，必系军中传言。倘若果有此事，那宋军的主师，就绝对是个笨蛋，还怕他什么呢？"后主笑道："朕亦疑心这等事情是不可能的，他们必是散布谣言故意恫吓我军的。"语尚未毕，又有探报前来道："宋军已飞渡长江。"后主听了，才开始有点惶急，就命平章事郑彦华同镇海节度使，督水军万人，率步兵万人，共同抵御宋军，且面谕道："幸勿互相推诿为要，我军必须水陆相济,方可获胜!”杜、郑二将奉命而退。郑彦华立刻率领战船,鸣鼓而进,直趋浮梁,意在截断浮梁,使宋军首尾不顾。潘美听说有兵来攻打浮梁,即选五千弓弩手,在两岸排好。待江南战船驶到之际,一声鼓响,箭如飞蝗,江南兵急切之间难以抵挡,射死无数,只得败退下来。再说那杜真领的步兵,刚从岸上到达,还没摆成阵势,潘美便挥兵冲杀过去,势如狂风骤雨一般,喘息未定的杜真步兵怎能抵抗突如其来的杀敌呢?没过多久,已被宋军杀得体无完肤,四散奔溃。后主闻报水陆两军尽遭败衄,异常着急,只得招募农民当兵,并谕民间,若献财粟,拜封官爵。无奈江南百姓,向来是无比文弱的,听得“当兵”两字,早已吓得坐立不安,谁还肯来枉送性命呢?就是有钱人家,也要贮着财粟留在家中自用,怎肯献将出来,换取这寒不可以当衣、饥不可以当食的官爵呢?因此反复劝谕无人应命。其时已捣破白鹭洲的宋军,进逼新林港,又分兵攻下溧水等地。江南统军使李维,有子七人,皆以勇敢闻名于世,见宋军所至,声势巨大,各郡县望风投降,李雄觉得不应该那样做,叹息谓诸子道:“国事这样了,我必须以死殉国,汝曹亦宜勉之,不可失却志节,毁坏我们家名声。”七子齐声应道:“父亲既然能够死忠,儿等难道不能死孝吗?”李雄父子八人,攻扑宋师,被宋师包围,战至矢穷刀缺,父子八人,战死于战场。宋师曹彬,直击秦淮,夹河而阵。那在金陵城南的秦淮河,水道可达城中。江南兵,水陆数万,在城下列阵,死守秦淮河。潘美率兵临河,见是舟楫未集,部下未免怯顾。潘美愤然道:“我兵自汴至此,一往无前,任是什么险阻,也不能阻挠我军,难道这一衣带水将阻挡住我们的去路吗?”说罢,纵马前进,绝流而渡。各军也就跟着过去,即使是步兵,亦复凫水以达对岸。江南兵见宋师渡河,忙来阻挡,被宋师一阵冲杀,坚守不住,只得退入水寨。正巧宋都虞候李汉琼用巨舰满载苇葭而来,就因风纵火,烧毁南城水寨,寨中守卫的士兵,不死于火,即死于水,不一会儿的工夫就闯破了水寨。那个时候后主听信门下侍郎陈乔、学士张洎的话,说是宋的军队到来,只要坚壁固守,等到他粮草用尽,自行退去,便没有什么担心的了。城中的防守情况,专门由都指挥皇甫继勋负责,后主从不问津。只在宫内召集僧人,诵经礼忏,烧香许愿,祷告神灵保佑。亲自写疏求告于皇天,祈盼着宋师后退,造佛像若干,菩萨若干,殿宇若干所,最后自称莲峰居士,敬告上苍保佑,速退宋师,保护危城。除了诵经许愿祝祷以外,他还有心情,玩弄笔墨。传说有《临江仙》词一阕,是后主在围城中所写的,其词道:

樱桃落尽春归去,蝶翻轻粉双飞,子规啼月小楼西。玉钩罗幕,惆怅暮烟垂!别苍寂寥人散后,望残烟草低迷;炉香闲袅凤凰儿,空持罗带,回首恨依依!

后主住在围城里面，还有雅兴，按谱填词，根本没以军务为念。想这座金陵城，一定会被宋师攻破的。这一天，后主在宫内看着众僧铙钹喧天，香烟缭绕地诵经忏悔，听得城外号角与炮声不断，方才吃惊。令人探听，始知宋师已逼城下，禁不住着急起来，上城亲自巡视。登陴而望，但见宋师已在城外，立下营寨，旌旗蔽日，杀气横空，方知不妙，回问守卒道："宋师已抵城下，为何还不入报?"守卒道："皇甫将军下令不准入报，所以不敢上达圣听。"后主怒吼道："宋师逼临城下，居然还不报告，肯定是心中另有所谋了。"急召皇甫继勋，问他兵临城下，为何隐蔽军情，尚不报闻。皇甫继勋答道："北军气势凶猛，难以抵挡，臣早报知陛下，亦不过会使陛下心急如焚，宫廷混乱，所以不行入报。"后主闻言，怒不可遏，道："依你说来，只能眼睁睁地看着宋师进城，也不用御敌了，明是你与宋师通连，卖国求荣，这种背主的贼臣，还不斩首，等待何时?"就令手下拿下继勋，处以死刑，一面飞召都虞候朱令赟，速率上江兵马，入援金陵。

## 贪恋酒色终亡国

接到后主入援的急旨，那朱令赟便率领水师十万，由湖口顺流而下，打算焚毁采石矶江面的浮梁，以断宋师的归路，令他军心不稳，然后乘虚而入。曹彬早就探知消息，便召战棹都部署王明，告诉他秘密计划，命往采石矶防堵来军。王明领了密计，飞速前往。那朱令赟带着战舰，星夜前行，将近采石矶江头，遥望前面，尽是如云帆樯，好似有数千艘战舰排列。朱令赟瞧了，甚为疑惑，又值天色已晚，恐怕遭到敌人的截击，不敢前进，传令在皖口将战船停泊一夜，等到天亮，再行进兵。也不知怎么回事，到了半夜，忽然听见战鼓如雷，水陆呼应，江中来了许多敌舰，有一根上面写有"王"字的大旗，在火炬照耀下格外醒目。岸上也飞出一杆"刘"帅旗，并且无数步兵呐喊厮杀过来。水陆两下夹攻，喊声不断，也辨不出有多少宋师。不知敌军虚实，令赟唯恐黑夜交兵中了敌人的计策，急命军士点火，不令敌兵近前。出人意料的是北风大作，火势随风卷向在南面自己的军队，没伤着敌军，反使自己全军混乱。令赟亦不知所措，急命各舰拔碇返奔，然而舰身高大，无法转动，敌军乘势逼近，纷纷跳过船来，刀枪齐施砍将过来，不一会儿，乱作一团，兵士逃命而去。岸上又有陆路的宋师，奋力截击，只得凫水逃生。此时令赟，束手无策，正要跳水逃生，忽然一员宋将，奔向前来，一声喝令，把令赟拿下，然后捆绑活捉了。这员拿令赟的大将，即为王明，他的成功得益于曹彬的密计，将悬挂着旗帜的无数长木竖于浮梁上下，作为疑兵，远望去看似帆樯。又设计预约刘遇,从岸上带着步兵杀过来,水陆夹击,令赟果然中计,未定兵而自乱。不过半夜工夫,便把令赟的十万水军,清扫干净,实际上宋师不过五千步卒,五千水师,一共一万人马,击败了十万江南水师,曹彬也可算聪明过人了。那后主在金陵城内,还幻想着令赟前来解围呢!当听到令赟被擒的消息时,后主面色惨白,没有办法,只好派人赴京哀求太祖罢兵。太祖道:"朕令李煜入见,为何抗旨不遵?"徐铉道:"李煜没有违抗命令,实在是病体缠绵,不能就道,且李煜对陛下恭敬如父,并无过处,还望陛下施恩罢兵。"太祖道:"李煜既视朕如父,为何还跟朕南北对峙呢?"听了这话,徐铉一时难以辩驳,只得顿首请道:"陛下即使不念李煜,也该替百姓着想,战争势必会导致生灵涂炭,求陛下罢兵。"太祖道:"朕已经吩咐将帅们,不得妄戮一人。见大军既至,李煜早日出降,又怎么会导致生灵涂炭呢?"徐铉又道:"李煜连年进贡,未失礼节。陛下应网开一面,放他一马。"太祖道:"朕没打算加害李煜,只要他入朝见朕,献出版图,便可罢兵了。"徐铉见太祖毫无矜全之意,便道:"臣事陛下如李煜这样恭顺,仍要受到讨伐,也太寡恩了。"太祖见徐铉说他寡恩,一下子来了气,拔剑置案道:"你别唠叨了,能战就战,不能战就立马投降,再说我就要让你吃刀。"见太祖动怒,徐铉无法可想,只好辞别而行,奔回江南。后主闻太祖不肯罢兵,更为恐慌,忽地又接到常州急报,乃奉了朝廷之命的越俶攻取常州。此时后主,无兵可以救援,只得给越俶写了封信:"今日无我,明日岂有君,一旦宋天子易地酬庸,恐王亦变作大梁布衣了。"越俶不予理睬,进军攻打宜兴、江阴、攻下常州。江南州郡,几乎没什么剩余了,金陵围困愈急。曹彬令人对后主道:"事情发展到此程度,你再孤守下去又有什么用?早投降你保全的还多,还望你好好想想。"后主仍然迟疑不决。曹彬仍想攻城,又念攻破城池,肯定导致生灵涂炭,虽出令禁止也在所难免,便想了一计,诈称有疾,不能视事,众将都来问候。曹彬道:"你们知道我的病源吗?"诸将闻言,或说积劳成疾,或说受了感冒。曹彬摇头道:"诸君所言,并不是我的病源所在。"诸将特别奇怪,便请延医诊视,曹彬道:"我的病非药所能治,只要你们答应我攻城之后,不妄杀一人,我的病就好了。"诸将齐道:"帅放心,我们在您面前各设一誓,便焚香宣誓而退。"第二天,曹彬下令攻城,一天就将金陵攻破。侍郎陈乔入报后主道:"城被攻破,国家灭亡是我们臣子的罪过,望你杀了我,以谢国人。"后主道:"这是国家气运使然,你死了也无济于事。"陈乔道:"即使你不杀臣,臣也无面目立于天地之间。"然后退回故居,自杀身亡。勤政殿学士钟茜,听说城破,穿上朝服,坐在堂上,让全家人服毒而死。学士张洎,刚开始时与陈乔相约同死,后并无死志。到了此时，后主已是无法可施，山穷水尽，只得率领臣僚当天投降，曹彬待以宾礼，请后主入宫换衣服，当天前往汴京。后主就辞别回宫。曹彬带了数骑，等候在宫外。左右对曹彬说："主帅放李煜入宫，如果他自寻短见，那可怎么办？"曹彬笑道："李煜优柔寡断，既然投降了，就不会自杀，你多虑了。"后主果然置了行装，与宰相汤悦等四十余人，一块进汴京。后主在江南快乐惯了，怎么经得起路途风霜之苦？况且又被逼着他夜晚奔驰，早起晚睡，尤为辛劳。虽后主没志气，到了如此下场，一想起在江南时的快乐，心情也极为不快，不禁哭了起来。他误在自命风雅，以致嗜好酒色，不问政事，弄到了身为俘虏，国破家亡，仍然不知追悔，在路途之上，悲伤了一会，老脾气仍旧不改，又做出一阕《去国词》。其词道：

四十年来家国，八千里地山河。凤阁龙楼连霄汉，玉树琼枝作烟萝，几曾识干戈。

一旦归为臣虏，沈腰潘鬓消磨。最是仓皇辞庙日，教坊犹奏别离歌，挥泪对宫娥！

一路之上后主感慨悲歌，同随从臣僚，前去汴京。这日到了都城，曹彬恰巧亦奏凯回朝。太祖旨令李煜君臣，穿白衣戴纱帽，到楼下等待处置。李煜叩头引罪，便宣诏道：

上天之德，在于好生；为君之心，比含垢贵。自从乱离之云瘼，到跨据相承，写书告知不待宾客，申吊伐斯也。庆兹混一，并加以宠绥。江南之主李煜，承遗基，据偏方而自称号，只有先父，还早荷朝恩。袭位之初，没有禀命，朕有示宽大，每为含容，即便陈内附之言，也不效仿古人之礼。聚兵峻垒，是蓄谋已久的事情。朕欲全彼始终，去除其疑问，虽颁召节，也希望来朝；庶成玉帛之仪，不愿意进行战争。蹇然弗顾，阴谋潜蓄，劳锐师往征，缚孤城来问我罪。果覆亡之。以前的唐尧光宅，也不过是丹浦之师；夏禹泣辜，不加防风之罪，稽诸古典，肯定明刑。朕以道在包荒，恶杀恩推，你实为外臣，对我恩重如山。特提升为极之班，赐以列侯的称号；待遇从优，尽舍万违。今提升你做光禄大夫，检校太傅，位居行牛卫上将军之上，仍命侯封违，尔其钦哉，从未再辜负此诏令。

宋廷在扫平南汉之后已锐意南下，并不是削国号就能阻止的，李煜打算苟延残喘，自己对自己没信心到此地步，真可谓无志气者矣。

国之良将，敌人的大害。江南只有一个林仁肇，智勇双全，太祖都怕他三分。李煜不幸中了反间计，而自毁江山。

江南灭亡，为国殉难者只有李雄父子八人。至钟茜、陈乔，身列朝班，李煜荒淫，也没听说进言规劝，国家灭亡，只用一死解脱，那又能补偿什么呢？然与张泊这类人比又高出一筹矣！

## 南汉皇帝刘晟为猎色不惜性命

那刘龚每日活在酒池肉林中，最后病死在后晋天福七年。其子刘玢嗣位，为弟刘晟所弑。杀死自己兄长的刘晟自立为南汉皇帝。那刘晟是个非常残忍的暴君，嫌刘龚所筑的南宫地方狭小，显示不出他帝王的派头，便大兴土木，发动了数以万计的民工，建筑七座行宫。分别为：一“昌华宫”，二“天明宫”，三“甘泉宫”，四“玩华宫”，五“秀华宫”，六“玉清官”，七“太微宫”。这七座宫，都是沉香玉瓦，金碧辉煌，更有珊瑚作砌，玳瑁为梁，珍珠镶栋；内中红锦泥壁，锦绣铺地，所有陈设，悉是人世罕见之物，光怪陆离。再加以幽房密室，复道层楼，进去的人就像进了迷宫一样，绕来绕去，也出不来。那七座行宫是用无数百姓的性命换来的，几百万的民工，没活几个，真是尸如山积，白骨遍地，一副凄惨的景象。

把百姓害到如此地步的刘晟，此时越发的过分，因为这七座空的行宫，没有美貌宫人在内居住，他觉得很可惜。遂即传下旨意，分派内侍，往广南各地，采选美女。这些狗仗人势的内侍们，一个个如狼似虎，把广南翻了个底朝天，弄得人心惶惶。方才选了三千名美女，送入宫中，刘晟把他满意的美女，分派在七座行宫里面，侍候御驾游幸。其中有两个绝色美女，真个有沉鱼落雁，闭月羞花之貌，不亚于洛浦神妃、广寒仙子，而且琴棋书画，样样精通。这两个女子深得刘晟的宠幸，原来她俩一个叫卢琼仙，一个叫黄琼芝。刘晟遂命二女，每天伺候自己的起居，十分宠幸。荒淫无度的刘晟，把朝事和文武所上的奏章，都抛在了脑后。如今得了卢琼仙、黄琼芝这两个才貌双全的女才子，刘晟遂加封两人为女侍中，也和别的大臣们一样，参决政事。到了后来，身体日渐虚空的刘晟把所有政务奏章，都交给卢琼仙、黄琼芝裁决批发，他自己每天仍活在酒色中。这两个女侍，把朝廷弄得乌烟瘴气，文武百官，都拍她们的马屁，竟致贿赂公行，卖官鬻爵。得了众官贿赂的卢琼仙、黄琼芝顿时十分豪富，便奢华阔绰起来，分别造房置地，名为侍中府。那侍中府，盖造得金碧辉煌，流光溢彩；府中也一样的奴仆成群，姬侍满前，一呼百诺，好不威武。自古饱暖思淫欲，卢琼仙、黄琼芝这两个怀春少女，虽然得着刘晟的宠爱，时常临幸，但刘晟却应酬不了那么多，如何能够单单守着这两位女侍中呢？况且这卢琼仙、黄琼芝，欲望又非常的强，刘晟又是酒色淘虚的身体，便是夜夜伴着卢琼仙、黄琼芝，也满足不了她们的欲望。所以卢琼仙便和黄琼芝想了个办法，派人暗中在外四处寻访精壮的美貌男子，遂即设法引诱来，和他们在府中寻欢。后来又恐被刘晟知道怪罪下来，两人于是又凑出了许多银钱，盖造了一座花园，水榭楼台，环境优雅，也和普通的花园一般，唯有那座假山不同一般，却是聘了名手前来堆叠的。表面看去，玲珑剔透，嵯峨崔巍，峰峦挺秀，与真山一般，那山洞中却藏着一座像迷宫一样的密室，异常幽奥，并且防备很严，道路回环，外人很难入内。卢琼仙、黄琼芝有了这样的秘密所在，不怕泄露风声，便更加放肆了，添派了许多心腹在外面察访，无论是官家子弟，富室王孙，只要是精壮的美男子，就用尽法儿，诱惑和欺骗的方法都试过了，甚至于巧取豪夺，无所不为。这时候广南境内的精壮男子，不知失踪了多少。这些人家，见自己的儿子无缘无故不知去向，都乱了阵脚。派人到处察访，有的还出了榜文，悬了重赏。可丢的人却像风一样消失了，任你怎样的费尽心力，也莫想找得到。于是谣传便应运而生，道是广南地方出妖怪，专门把精壮男子抓走吃掉，那些青年人一经失去便找寻不到，一定被妖怪连皮带骨吞入腹中，所以没有影踪。广南地方的人家听说后，更加惊惶得不得了，都把男子藏在密室中，不敢放他们出外行走，弄得人心惶惶，乱纷纷地没有个了结的时候。卢琼仙和黄琼芝虽然淫荡，但引诱几个青年藏在家中，也就够她们取乐了，骗取这许多男子也没必要。况且照写书的说来，那些被骗的精壮男子，再也没有出来，日积月累，非但那假山洞里，便是两座侍中府也要给挤不下了，恐怕没有这个道理吧？要晓得卢琼仙、黄琼芝乃是天生的妖淫女子，胜过有史以来的任何一个妖淫女子。那些被引诱去的青年子弟，不少徒具魁梧的外表，一经卢琼仙、黄琼芝的玩弄，就都被掏空了身子，没有用了。便是有最好的本领，陪伴着两人不出半月，也要筋疲力尽了。那卢琼仙、黄琼芝更有一桩可恶之处，她们两人得了青年男子，用过了一两回，便把身体虚空的男子淘汰掉，命家中的心腹奴仆，把他们用绳子捆住，淹死在井内，以灭形迹。遇着强壮的男子，合得来心意的，也活不太久，到了精尽成病之时，都是一样的下场。凡是到两人手中的男子，没有一个保得住性命的。所以卢琼仙、黄琼芝派人出外寻访强壮美貌的青年，竟没有休息的时候，就因为这个。

单说南汉刘晟，每日沉迷于酒色之中，朝中政事完全交付给卢琼仙、黄琼芝两个女侍中去替他办理，精神固然保存不少，置政事于不问的刘晟，对于淫乐，仍是趋之若鹜。一个人的精力有限，如何禁得起日久月长的斫（砍，削）丧呢？身子极度虚空的刘晟此时想到修炼，找个采阴补阳的法子，心想：“学习了此法，非但可以久战不倦，对身体也有好处，我何不下道旨意，访求神仙炼丹之术呢?”一道圣旨下来，命广南各处，懂得修炼之术的人，由郡县敦聘来京。那广南郡县得了此旨，很快便找来了许多的道士。刘晟便在玉清宫召见这班道士，垂询他们烧丹炼汞、采阴补阳之法。这些道士，有的说：“我懂调精养气之术”，有的说：“我通晓健阳御女之法”，众说纷纭。刘晟听了，甚为欣然，便命他们将所能之术，传授于己。哪知他们异口同声地说道：“陛下要炼各种法术，那要几十年才可炼成，怎会一日便成功呢？臣等另有秘炼之丹药，情愿献于陛下，倘若服了丹药，自能添精益髓，增加气力，最后功到自然成。”刘晟道：“要是这样的话，我试试，如果灵验，朕有重赏。”这班道士齐称遵旨，都将葫芦里的丹药献了上来。刘晟不分良莠，全都吃了。当晚果然是精神振奋，临御妃嫔，时间竟能耐久，也不觉着疲乏，高兴得不得了，以为他们所进的丹药真个灵验，于是每天都靠这些丹药来维持。其实这些都是民间的三鞭壮阳丸、扶阳乾健丸一类，乃海狗肾和各种金石之药配合而成，服得久了，心神不宁，坐立不安，即使天气很冷，亦觉得口干舌焦，心如火烧一般。刘晟烦躁到无可奈何，只得命近侍冰镇了许多的西瓜水，时时饮着，心里才不觉得那么烦躁。

那时英州有一位官员上奏说，英州云华山石室里面，有一个老人，养生有术，居于云华石室，不知有多少年代，也没人知道他的名字，地方上的百姓都称他为英州野人。这英州野人，遇到百姓们有了什么奇怪的病症，吃了他的药后，便药到病除了，只是须要和他有缘，方肯医治。否则，任你怎样的哀告求拜，也是没有用的。因此他成了英州地方百姓心中的神灵了，人人皆知有个英州野人，说起来都十分敬重。那英州的地方官。接到刘晟的旨意后，便备了聘礼，到云华山石室里面亲自去聘请英州野人进京。这英州野人却再三推辞，不肯应征。地方官不能相强，又不敢不报。只得写了奏章，告之原委，听凭刘晟如何裁夺。那刘晟服了众道士的丹药，倍受药物副作用的折磨，览了奏章，知道英州野人颇具神术，且善治病，便道：“既然他不肯来，为什么我不能亲自去呢?”遂传旨驾幸英州，当即启跸。沿路地方官张灯结彩，忙得不亦乐乎，最倒霉的还是百姓，被那些贪官派了差役，敲剥了银钱，还要拉去当差，弄得这一方的百姓家破人亡。真是怨声载道，恨入骨髓，却也都是哑巴吃黄连，有苦说不出啊！唯有暗中祝告上苍，使那刘晟早早灭亡，真命天子出来，平定四海。令百姓安居乐业。

南汉主刘晟一路顺风地到了英州，早有文武官员，得了前站飞报，出郭十里迎驾，城内正预备下一座绝大的行宫，弄得富丽堂皇，把刘晟接入里面居住。刘晟急着得到修身之术，以纵淫欲，便立刻传下旨意，命近身内侍，宣英州野人至行宫见驾。那个内侍奉了刘晟之命，丝毫不敢耽误，立刻带了从人，飞马来至云华山麓，见上山的路径崎岖难行，只得下了坐骑，步行而上。好容易一颠一踱，到了石室之前，却见那石室双门紧闭，只得大声地叫门。岂知任他叫破了喉咙，门也不开，那内侍无可奈何，只好带了从人回转行宫，启奏刘晟，说那石室双门紧闭，叫唤不开。刘晟听了，觉得奇怪，于是便又把那官员叫来问，那官员见问，躬身奏道："英州野人，静坐石室。向不外出，便是石室的门也一直开着，今既如此，必是知道陛下的意图，所以闭门不纳。"刘晟道："朕来这里的目的就是向他询问些事情，他今闭了双门，不奉圣旨，是何意思？"那官员又奏道："英州野人，乃是有道全真，已经位列仙班，不受人君的管束，陛下要想见他，得亲自去，野人见陛下诚心相访，肯定会屈尊迎驾了。"刘晟道："神仙原不是轻易得见的，朕明日御驾亲赴石室。"刘晟第二天果然轻车简从。秉着一片诚心，往云华石室访那英州野人。奇怪的是，刘晟今日亲来，上山的崎岖小路，并不那么曲折难行，刘晟的御辇竟可直达山顶。到了石室之前，看见石门大开着，一个道人当门而立，见了刘晟，问道："贫道山野之人，何劳圣驾亲临？"刘晟见那道人，脚踏棕鞋，身穿茧绸道袍，头戴纯阳巾，手执拂尘，生得俊眉星眼，鹤发童颜，如银针一般的五绺长须，披拂胸前，真个是仙风道骨，有如神仙下凡。刘晟瞧了野人的相貌，知道是当世神仙，哪敢小瞧，连忙下辇，和那道人执手相见。那道人从从容容，把刘晟让入石室里面，坐将下去。

刘晟见了英州野人，两人坐在石室里面谈。野人又打了一个问询，开口说道："我已了解陛下来此的目的。但贫道虽与陛下有缘，可丹药却只有一瓶。可以献于陛下，吃完可就没了。望你服药之后，不再沉迷于酒色，自可使龙体安康，延年益寿。若还像以前一样，丹药服毕，那就无法可想了。"说罢，拿出一个装满丹药的小瓶，献于刘晟。又叮嘱道："愿陛下勿忘贫道之言，不要纵欲，过些清闲生活，服此丹药，肯定会延年益寿。"刘晟亲手接过丹药道："仙长之言，肯定会牢记在心，朕从此当不生俗念，以保身体，方不负仙长赐丹之意。"英州野人道："能够如此，实陛下之福也。"刘晟遂取了丹药，和英州野人告别，启驾回归番禺。后人有一首咏刘晟亲受丹药于英州野人的宫词，并以政事付给卢琼仙、黄琼芝道：

受得神丹保睿躬，云华扃闭石堂穹。

甘泉无事劳亲决，只付双双女侍中。

刘晟自英州返跸番禺，每日服了英州野人的丹药，果然是灵丹妙药，觉得精神充足，一身轻松。又因在云华石室当面答应野人清苦修炼。不生妄念，所以回銮以后，便收拾了南薰殿，静坐修身。哪知平日娱乐惯了，没有宫女们的陪伴，难受得不得了。只觉心中忽起忽落，思了这样，又想那样，那颗心七上八下，魂不守舍，实在难过。把个刘晟急得直跳起来，说道："如果这样能长生不老成了仙，我也不愿意受这罪的。"说着，便出了南薰殿，依旧沉迷于花天酒地当中。刘晟恃着英州野人的丹药，更是尽力渔色，夜以继日地同嫔妃们作乐，绝不疲乏，高兴得直夸药好。哪知乐极生悲，有一天取那丹药服时，见药快没了，不觉吃了一惊道："野人临别之时，曾经嘱咐过，服了此药，不可再近女色，自会益寿延年，如果和从前一样，贪酒好色，丹药服完，便没有它法可想，现在丹药已完，怎么办呢？"沉吟了一会儿道："朕的身体现在很好，那个野人也未必真是神仙，不一定要听他的，就是丹药完了，只要补养得好，自然身强力壮，没有疾病了。"想到这里，就把英州野人的话都抛到九霄云外了，仍旧娱乐不已。不料丹药服完之后，还没到三天，刘晟便患起病来，卧床不起，奄奄一息，经太医诊脉已经病入膏肓。刘晟也知天命已尽，于是躺在床上不再服药，延至周世宗显德五年而亡，长子刘𬬮嗣位。

# 后汉皇帝刘𬬮喜欢"春场大体双"

## 美女巫"舍身布施"

周世宗显德五年，刘𬬮嗣位。刘𬬮初名继兴，封卫王，即位之后，易名为𬬮，改元大宝。那刘𬬮天生昏庸，比他父亲更差，初登大位，仍将朝政大权交给卢琼仙、黄琼芝，又信任宦官龚澄枢，国家大政都由龚澄枢说了算，然后画诺照行。其时宦官专权，百官皆俯首听命，争相拍马奉迎。这刘𬬮又生成一种脾气，凡群臣有才能的，读书的士子中了进士、状元，都得把阳具割掉，然后进用。就是和尚道士，可与谈禅的，也要加以宫刑，方才信任。以至于那些不知廉耻的小人，竟然自己割了阳具，以求进用。于是阉人之数，是刘晟时的 10 倍。刘晟在世，宫中使唤的内侍，不过三百余人，刘𬬮手里，竟然有三千余人之多，诸内侍尽加使相之衔。刘𬬮又设立内三师、内三公等官，都由内侍来担任，并省紫闼黄枢，判决百司，与三师、三公一样的恩荣。于是当时未受宫刑之官及读书之人，都被叫作门外人，而受宫刑在后宫侍奉的人，叫门内人。后人读史至此，也咏宫词一首道：

内三公并内三师，紫闼黄枢判百司。

闻说床头勤自阉，人间无复重须麋。

刘𬶐既重用内宫，凡事都对内宫言听计从，其时有个内宫陈延寿，因龚澄枢的权力比自己大，要想邀取刘𬶐之宠幸，便举女巫樊胡子，串通一气，引进宫内，朝见刘𬶐。自言奉了玉皇的使命，以南汉之师的身份来到下界，辅佐刘𬶐，削平四海，统一天下的。那樊胡子本是番禺小民张二之妻，家境十分差，张二又是个无能之人，专靠其妻樊胡子，为人家看香头、送神请仙、画符咒水、医治疾病，养活全家。后来张二一病身亡，更加放肆的樊胡子专与青年无赖私下往来。这些无赖子弟，都对她的美貌垂涎三尺，便如蚁附膻，如蝇逐臭，争先恐后地趋奉樊胡子。樊胡子却也来者不拒，凡是来亲迎自己的，都非常欢迎，总是抱着佛家舍身布施的宗旨，使来者满意而去。因此到处皆是樊胡子的党羽，凡和她亲近过的人，就完全听命于她。所以富家宦室的秘事，都被樊胡子的党羽刺探了来，暗中报告。得了人家秘密事情的樊胡子，假装自己是神仙下凡，胡言乱语了，然后再把人家的秘密公布于众。她能探听到闺房戏言，一字不遗地当面讲说。因此，富家巨室，宦门豪族，都惊以为神，尽说樊胡子乃未卜先知的下凡神仙，争先恐后地供奉在家中。樊胡子出入富家豪室，财大气粗，更加使出手段，不惜金钱买通了人家的家人仆妇、使女丫鬟，暗中串通，代她刺探隐私，富贵人家、官宦邸第的一举一动，没有樊胡子不知道的。从此樊胡子越来越有名气，手段也更加奇特，竟到宫里来施展狡狯了。那个陈延寿，原是个无赖之徒，和樊胡子厮混在一起，后来因犯了奸淫妇女的罪案，下了蚕室，便混进宫内，当了内侍。他能言善辩，善于趋承，逐渐成了刘𬶐的宠臣。他要和龚澄枢争权，便常常在刘𬶐跟前，把樊胡子能够未卜先知，和神仙怎样交流，说得跟真的似的，不由刘𬶐不信，便命陈延寿将樊胡子宣进宫来。

樊胡子奉诏而来，见了刘𬶐，就说自己奉了玉皇使命，要辅佐南汉统一天下，陛下如果心中不信，玉皇能够下到凡间附在自己身上，亲自与陛下说明。刘𬶐听了，便问她怎样安排才可让玉帝下凡。樊胡子大声道："身为九天之主的玉皇大帝，总理四海九州，天下万国，不比别的神圣，要请玉皇下降，必须静身斋戒，每夜子时，向天祷告，虔诵玉皇宝诰，七七四十九天之后，再于内殿设立雾帐、云幄，遍陈奇珍异宝，搭起一座云坛。我于坛前虔诚默祷，那玉皇必会被陛下的真诚感动，附在我的身上，亲与陛下问答。这可是个千载难逢的好机会啊！若非陛下是个真命帝王，是玉皇的亲身太子降临凡世，我可不敢做主。但是斋戒祷告之时，一定要特别真诚，若有一点虚情假意，非但玉皇请不来，恐怕还要遭天谴?”刘铱见樊胡子说自己是玉皇的亲太子下凡，乃是真命帝王，非常高兴，便立意要请玉皇下降，询问祸福。遂即依照樊胡子的言语，挑了良辰吉日，先赴斋宫，虔诚地斋戒。然后，于夜半子时，在宫中设了玉皇的宝座，每天亲自向玉皇乞求保佑，直到第四十九日，又在内殿列起了雾帐云幄，陈列了宫中所有的贵重物品，又搭了一座坛场，诸事料理齐备，方去宣召樊胡子。那樊胡子闻召，知道是要自己去请玉皇下凡，于是打扮得跟妖怪差不多。只见她头戴远游冠，身穿紫霞裾，腰束锦裙，足登朱红履，不僧不俗，不男不女的模样，让人哭笑不得。她走在前面，后面还跟随着几个人，抬了一张胡床，说是樊胡子的法宝，每逢神灵下降，只要仰倒在胡床上，那神就附在她身上了。所以樊胡子和那张胡床总是形影不离，现在要请玉皇下降，这胡床更缺不得。来至宫中，见过刘铱，即命她请玉皇下降。樊胡子口称奉命，遂至内殿，在玉皇坛下，折腾了好半天，便将胡床置于帐内，卧在上面，忽然坐起来，口中说道：“我是九天之主玉皇大帝。传南汉主刘铱前来，我有话对他说。”左右听了，哪敢怠慢，忙请刘铱前来。刘铱本在下面看着，见玉皇要和自己说话，赶紧走过来，向坛上叩头礼拜道：“刘铱敬听圣谕。”樊胡子在帐中，高高地坐在宝座之上，做出玉皇的口气道：“太子皇帝，可敬听我谕。”刘铱忙再拜道：“臣铱敬谨恭听。”樊胡子即传玉皇之谕道：“刘铱本是吾的太子，因天下大乱，民不聊生，所以命汝下界，将来扫灭诸国，统一天下。吾又怕你一人势单力薄，故命樊胡子、卢琼仙、龚澄枢、陈延寿等降临人世，辅佐太子皇帝，这四个人皆是天神下凡。就是偶然不慎犯了什么过失，太子皇帝也不得加以惩治。看在太子皇帝虔诚的份上，我当时时降临凡间，若有什么祸福铱祥，都会告知樊胡子，让她转达太子皇帝，也会减少损失。”刘铱听了，躬身道谢。樊胡子又传玉皇之言道：“公务缠身，不能久留，今当返驾。”刘铱忙俯伏在地，恭送玉皇圣驾。只见樊胡子在帐中连连打了几个呵欠道：“玉皇已经回到了天廷，命我传语太子皇帝，陈延寿、龚澄枢、卢琼仙，将来都是不要小看的功臣，南汉境内的灾祸，肯定会得到玉帝的提前通知。”刘铱大喜，自此宫中的内侍宫人，都称刘铱为太子皇帝，刘铱也自以为是玉皇大帝的太子降凡，有神圣辅佐，于是更加昏庸、残暴，造烧煮剥剔、剑树刀山诸刑，稍有过犯的臣子百姓就会受到残忍的惩罚，异常惨毒。是以文武恐惧，百姓们都非常害怕，在路上遇见不敢说话，只能使眼色，刘铱却以为自己威力加于全国，内心不胜欢悦。后人有宫词一首，咏那樊胡子借着玉皇下降，迷惑刘铱道：

霞裾云幄坐娥媌，鹄立金铺听不淆。

遥见至尊呼太子，祲祥说是玉皇教。

## 玉李艳鱼题蕉

刘张又在后苑内养了许多虎豹之类的猛兽，人民有犯罪者，就下令把他们的衣服剥去，驱入苑中，命他赤身裸体，与虎、豹、犀、象角斗。试想那些犯罪之人，都是凡胎肉体，怎能抵御得猛兽？有的瞧见了虎豹，吓得胆都破了；敢于反抗的，勉强与虎豹斗上一回，却是赤手空拳，哪能抵敌这些猛兽？最后成了虎豹的腹中食。刘张领了左右在楼上观看，见那些犯罪之人畏惧的形状和凄惨的声音，拍手大笑，十分高兴。又闻得内侍监李托，有两个生得如花如玉的养女，便选入宫内，按年龄大小分别分为贵妃、美人，甚是宠幸。加李托为特进王府仪同三司、甘泉宫使，兼六军观军容使，行内中尉事，于是李托大权在手，朝中政务，都由他说了算。刘张不分昼夜地饮酒作乐，或是命罪囚斗虎抵象，以为娱乐。有时稍微不高兴，见文武诸臣所上奏章略有不合，便命卫士捉了前来，或是剥剔；或是烧煮；或上剑树；或上刀山，每日用种种残酷的刑罚害死不计其数的人。那些文武臣工，莫不栗然危惧，见了刘张，像见了瘟神一样，如何还敢多言？因此，大小事情都由内侍办理，就是位列三台，官居宰相，也不过备员而已。喜欢微服出访的刘张，闻得番禺苏氏，有一座花园，水榭楼台，选得异常漂亮，便携了李贵妃，不令侍从得知，私自出宫至苏氏园内游览。苏氏园丁，见这衣服华丽举动不凡的男女两人，知是朝中贵人，不敢拦阻，任他入内随意游行。刘张见到这座景色清幽的花园后，心下甚喜，携着李贵人的手，拂柳穿花，登楼入室，来至一处。此处遍植芭蕉，上面悬着一块匾额，题曰绿蕉林，像被绿色洗了一样，身入其间，衣袂都变成翠色，胡子和眉毛也变成绀绿。刘张神清气爽，对李贵妃道："曾有个叫怀素的僧人，喜种芭蕉，名其所居为绿天。此处芭蕉如此之盛，也不亚于怀素绿天了。"口中说着，发现对面桌上，有现成的文房四宝，就在墙上写下大大的"扇子仙"，后面又写着"大汉天子携李妃游此，偶题"一行小字，写完之后，带着贵妃去别的地方游玩了。第二天园主来到这儿，瞧见壁下的御书，急唤园丁，问他为何不到府内报告皇上驾到？园丁道："并没圣驾到园，小人不敢胡乱报告。"园主指着壁上扇上仙三字道："后面明明写着大汉天子携李妃游此偶题，你说没到，这字是怎么回事？"园丁看了，吓了一跳，暗道："昨日这一对男女原来是皇帝同妃子前来游园，好在我机灵，不然这条性命早就不保了。"于是便对园主说道："昨天有一男一女，前来游园，我见他们气度不凡，衣着华丽，恐是贵家眷属,没敢阻拦,一任他们到园内游戏了半日,却不知是当今天子御驾降临。”园主吓得冒了一身冷汗,连称万幸道:“幸好你机灵,没有阻挡他们,要是开罪了皇帝,今天我也得被他抓去,不是上刀山剑树,就是去喂虎象了,谢天谢地!”那园主不敢亵渎御书,忙取了碧纱,把刘䶮所题的字装裱起来,又在那绿蕉林造了一座“扇子亭”,以表皇帝来游的荣宠。于是以后广南地方,都称芭蕉为扇子仙了。后人也有宫词一首,记叙李托献养女迎得恩宠的事,并刘䶮私幸苏氏花园道:

一双玉李进君容,艳雨奢云宝帐重。

谁更偷陪题扇子,绿天秋净晓荫浓。

刘䶮自从在苏氏园内游玩之后,更喜欢微服出访了。有时带了一两个内侍,相随出外;有时不带人,飘巾艳服,至街市中,饭馆、酒店、花街柳巷,到处乱闯。倘若倒霉的百姓遇见了他,不小心说错了话,或是得罪了他,顿时便被捉进宫去,斗虎抵象,剥皮剔肠,白白送了性命。自从广南的人民,知道刘䶮时常出来微行以后,偶见面生之人,便疑是皇帝来了,吞吞吐吐不敢说话,那饭馆、酒店之内,座间都贴了禁谈时事的柬帖,真个弄到了“相视以目,有口难言”的光景了。有一天刘䶮独自出宫,从一古董店前路过的时候,见柜台里面坐着一个青年女子,皮肤略带黑色,有些肥胖,那眉目之间,却现出妖情的态度。刘䶮见了,很是动情,即走上去,和那女子聊天。那女子也很大方,居然和刘䶮攀谈起来。刘䶮方知她是波斯贾胡之女,由于这个女人聪明伶俐,心里非常爱惜。第二天,就降出一道谕旨,宣召这波斯女人入宫。谁知这波斯女,非但生性聪慧,而且是个放荡的女人,床笫之间,放浪异常,使刘䶮拜倒在她的石榴裙下。因其黑而肥腯,赐号媚猪。媚猪的房术,十分厉害,刘䶮往往被她战败,很狼狈,只得访求方士,觅取与媚猪相抗的健阳的方法。乃于殿间另辟一窗,摆列筹码,命宫人守之,和她交合一次,宫人即投一筹,一夜之间,要十几次才可满足她的欲望,名之曰:“候窗监”。刘䶮长又喜看别的男女交合,遂选择许多无赖青年,匹以雏年宫人,使他们脱去衣服,聚在一处,互相交欢,刘䶮与媚猪,往来巡行,记其胜败,只要男人赢了女人,便加以赏赐;否则,便说是个废物,轻则宫刑,重则烧煮剥剔,以喂虎豹。那男女交媾之处,名为“春场”;把男女互相交接,叫作“大体双”。后人有官词咏刘䶮的纵淫道:

私署宫司惯候窗,银壶静报漏铮锹。

何来绝慧波斯女,别恋春场大体双。

## 劳园林中红云宴

刘铱又有个宫人，生来气质不同一般人。名叫素馨，生性最爱花，又喜素净。喜欢穿白衣服，带素馨花，云髻高盘，满插花朵，远远望去好似神仙一般。刘铱非常喜爱，特地为素馨造起一座芳园林，园内遍植名花，到了百花盛开的春天，便命素馨率领众宫人，为斗花之会其律甚为谨严。每逢开花之期，刘铱在天明之时，亲自把宫人们放入园中，采择花枝。待至采择齐备，遂即扃闭园门，把花交在殿中，评出最好的；且令内侍抱关至楼，在门前排开，禁止出入，以防传递，名曰“花禁”。斗花胜者，就可在晚上得到皇上的宠幸；否则各罚金钱，置备盛筵，为胜者贺功。芳林园中除了众花之外，又栽着许多荔枝树，等到荔枝熟时，硕果累累，颜色鲜红，如同贯珠，灿若云霞，非常漂亮。刘铱便大张筵宴，令官人妃嫔，共同享用，美其名曰“红云宴”。后人也有营词对刘铱开花之会，及大张盛筵以赏荔枝加以描述：

芳林花事斗纷纷，买宴挥金胜负分。

又看荔枝三百熟，敕开内苑赏红云。

虽然刘铱性情暴虐，可却是个聪明伶俐之人，常用珍珠结为鞍勒，做戏龙之状，非常精致。又在东莞县置媚都川，命人入海采珠，多至三千人，有人潜入水下五百余尺，才能得到珍珠。刘铱又广建别馆离宫往来其间，自号为萧闲大夫。后人读了这些史料，也作宫词诵咏：

鱼英托子镂椰壶，恰称萧闲署大夫。

戏结珠龙情不浅，探波仍课媚川都。

广南地狭力贫，刘铱挥霍无度，自然府藏空虚，入不敷出。刘铱增加人民赋税，全部用来建造宫殿。陈延寿又劝刘铱除去诸王，以免后患。于是刘铱便把宗族杀得差不多了，旧臣宿将非诛即逃，廊庙之上，官员一空，只剩下了李托、龚澄枢、陈延寿和一班内侍及呵奉内侍，稍有正义感的人都没有了立足之地。

过着花天酒地生活的南汉主刘铱不问政事，宋将潘美、尹从珂率领大军，已入南汉境内，直到宋军已抵芳林，距贺州只有三十里路了，方才得着信息的刘铱，顿时慌张起来。此时南汉的宿臣旧将，多数都被小人害死，宗族近支，也都被他杀得差不多了，掌兵的人都是些宦官；再加上从刘晟时就开始耽于游宴，城壁壕隍多设为宫观池沼，军队根本没有战斗力，所以得到宋军来侵的消息，都吓得不知怎么办才好。刘铱只得命龚澄枢去贺州；李托去韶州；郭崇兵去桂州，抵御宋军。奉了刘鋹命令的龚澄枢，没办法只好领了人马前往贺州，行至中途，闻得宋将潘美、尹从珂，马上就要攻下贺州了。龚澄枢接到这个报告，吓得面如死灰，只想着逃命，怎敢到贺州去抵挡宋兵？便抱头鼠窜地奔了回来。见龚澄枢逃回，刘鋹急得没有办法。大将伍彦柔请兵抵御宋军。刘鋹乃遣伍彦柔统领水师，去解贺州之围。伍彦柔带兵于傍晚至贺州城外，在舟中宿了一夜，第二天早晨，伍彦柔挟弹登岸，踞坐胡床，指挥三军。不料宋将潘美已预先伏兵岸侧，一声炮响，伍彦柔被杀得猝不及防。汉兵已被宋军冲成数段，潘美、尹从珂指挥兵将，杀声震天，众兵一齐奋勇冲突，把南汉的人马，像切黄瓜一样，杀死无数。来不及逃走的伍彦柔被宋军追上，一刀杀死，割了首级，悬于竿上，晓示城中。贺州的守卒惊惶失措，遂被宋军攻破了城池。潘美督率战舰，便要乘胜而下进取广州。李托那日虽然奉命前赴韶州，可贪生怕死的他却一味迁延拖宕，仍在朝中，并未赴韶。刘鋹听说宋军将要顺流而下攻取广州，早就没了主意，只得与李托商议退兵之计。刘鋹主仆二人互相对视都没办法。便有人保荐旧将潘崇彻统兵迎敌。刘鋹心下尚不愿起用潘崇彻，怎奈危急之时无人可用，没有办法，只得宣召潘崇彻，领兵三万，出兵贺江。潘崇彻本来因谗被斥，闷闷不乐，此时势已危极，才想起自己来，便挟着前嫌，不肯出力，抱着看热闹的心态，带了三万人马，逗留不进，一任宋军攻昭州，破连州，下桂州，势如破竹，进抵韶州。韶州是广南的军事要地，失去此城，广州便难保。故刘鋹尽捡国中精锐及所有驯象，全都派上战场，遣都统李承渥为元帅，赴韶州防御。李承渥兵抵韶州，屯在城北莲花峰下，列象为阵，与宋师对垒。那刘鋹平日教练成功的驯象阵，乃是每象载精卒十余，手执兵器，冲杀起来，猛不可挡，势如潮涌。宋军见了象阵，怕得不敢出战。潘美忙传令众兵休要退却，自有破阵之策。遂命军将悉备强弓硬弩，待众象冲来，同时射出，自可破他象阵。得令将士，立刻备齐了强弓硬弩，两军交阵时，李承渥吩咐放出象来，冲杀过去。宋军阵中一声呐喊，箭如雨发，那象毕竟是畜牲，被劲弩射着后纷纷向后面返奔，象背上的锐卒，一齐坠地，宋军乘胜追击，众象奔腾驰突，反而伤了无数的汉兵。不能抵敌的李承渥，只得翻身奔逃，总算跑得快，保全了性命。宋军遂即攻入韶州。刘鋹闻知李承渥大败逃回，韶州已失，浑身吓得发抖，不知如何是好。满朝都是一群奸臣，谁能上前打仗？刘鋹见众人面面相觑，红着眼圈回到后宫，对着那些宫人、妃嫔，泪如雨下，什么都说不出来。宫人、妃嫔见刘鋹这般模样，都吓得没了主意。有宫媪梁鸾真，上前说道："陛下不必着急，我有一个颇知兵法、熟谙战术的养子郭崇岳，陛下若命为将，不难退敌。"正因无人领兵出战，心下十分慌张的刘鋹，听得梁鸾真保荐郭崇岳，也不管人怎么样，有没有能力，遂传郭崇岳入见，封为招讨，命他与大将植廷晓屯兵六万于马径，列栅以拒宋军。这郭崇岳，对军事方面一窍不通，专事迷信，日夜祈祷鬼神，希望可以得到天兵天将的帮助。谁知鬼神无灵，不管他怎么求，就是没有一点效果。潘美等又破了英州、雄州，潘崇彻率兵降宋，潘美的大军，已抵泷头。郭崇岳见宋军气势大振，吓得胆裂魂飞，连忙退入广州，向刘铱报告："宋军如强弩离弦，看来马径也难保全，只有退兵入城，固守广州，再图良策了。"刘铱闻言大惧，想了半天后才说道："宋军攻势无人敢挡，不如求和吧。"遂遣人赴宋，请求罢兵议和。潘美不允，叱退来使，继续进兵，准备打下马径，扎营双女山下，离广州城只有10里远近。刘铱见潘美不允求和，并且已打到城下，只得预备逃走。急取船舶十余艘，装满了珠宝和女人，意欲浮海逃生。还没开船，宦官乐范，先与卫兵千余名，把船偷走，逃跑了。刘铱这时没了船舶，愈加穷蹙，只得命左仆射萧漼，诣宋营乞降。

## 戏结珠龙媚太祖

潘美将萧漼送往汴京，率兵进攻广州。刘铱欲遣弟保兴率百官出迎宋军，郭崇岳劝阻道："凭借城内的数万精兵，我们仍可背水一战。战若不胜，再行出降，还不迟。"遂与植廷晓出兵拒战，仗着水沟的优势，排列好栅栏，夹江布阵，以待宋军。不一会儿，宋军浩浩荡荡地渡江而来，郭崇岳与植廷晓出栅迎战，怎奈被宋军吓坏了的南汉人马，见了宋军，好似遇着虎豹一般，丢盔弃甲，纷纷逃走，自相践踏，郭崇岳奔回栅内，加强防御。刘铱派他的弟弟保兴前来协助郭崇岳，悉力拒守。潘美向诸将说道："别以为编木为栅就很坚固，若用火攻，必定自乱。"于是就命兵士，一人拿两个火炬，顺风纵火，万炬齐发，刹那间，各栅尽已烧着，烟焰蔽天，那些守栅的汉兵，在烟雾中找不到出路，都成了焦头烂额之鬼。郭崇岳走投无路，也葬身火窟，逃回城中的只有保兴。龚澄枢、李托三人私下商议道："宋军远来，是因我国的资源丰富，我若先发毁去，使他一无所获，不能久驻，自然退去了。"乃纵起火来，一夜之间，把府库宫殿，烧成灰烬。城内失火，人人惊慌，乘乱入城的宋军，擒了刘铱并龚澄枢、李托及宗室文武九十七人，逃入民舍的保兴，也未能逃脱，悉数押送阙下。潘美擒刘铱后，有内侍数百人，穿着整齐地求见他。潘美道："我奉诏伐罪，正为此辈，胆子不小，还敢来见我？"下令把他们全捆起来，当众斩首。广南悉平，共得州六十、县二百四十、户十七万。南汉自刘隐占领广南，直到刘铱灭亡，共传了五代，共五十五年。广州当时有童谣道："羊头二四白天雨。"人们都不明白，至刘铱被擒，南汉灭亡，适值辛未二月四日，识者因谓羊为未之神；白天雨，就是说皇师如及时雨；二四，就是说二月四日灭南汉。又在南汉未亡的前一年，九月八日，夜间众星都向北移动，懂天象的人说这是刘氏归朝的征兆。后人有诗咏道：

妇寺盈廷召灭亡，王师如雨奏鹰扬。

羊头戾气童言兆，天上星流占不祥。

刘铱等押送汴京，太祖御崇德门亲身审讯南汉俘虏，当即宣旨，对刘铱在广州暴虐人民，横征赋税问罪。刘铱此时。反倒不慌不忙，叩头向太祖说道："臣年方十六之时僭位，龚澄枢、李托等，皆先朝旧人，每事悉由他们做主，不是我说了算，因此我在广州时，龚澄枢等人是国主，我就像臣子似的，还希望陛下同情我！"太祖听完刘铱这番话后，就命令大理卿高继申审讯龚澄枢、李托诸人，得到很多贪、奸、谀、谄等罪状，于是将李托、龚澄枢等在千秋门下斩首。只赦免了刘铱的罪过，并且赐器币鞍勒马、袭衣冠带，授检校太保、金紫光禄大夫、右千牛卫大将军，封恩赦侯。刘铱叩首谢恩，太祖又赐大宅第让他居住。他的弟弟保兴，也得到了右监门左仆射这个封赏，所有萧灌下属，均受职有差。潘美等凯旋回汴，带回了刘铱的财产，又把这些财产归还了刘铱，其中有刘铱亲手用珍珠结成的一条龙，这条龙头角爪牙，无不具备，制作十分精巧，太祖见了，对旁边的大臣说："刘铱擅长工巧，如果把这种才能转移到治理国家上，怎么能够灭亡？"左右听了，一一表示赞同。刘铱身体健壮，眉目俱竦，有才华，擅长辩论，所以太祖很喜欢他，时常召赐御筵，与他谈话，并将此作为自己的乐趣。一日，太祖乘肩舆，从十余骑，幸讲武池。跟随太祖而来的大臣还没到达，刘铱就率先赶到了，太祖用银卮酌酒赐给刘铱。刘铱在广南时，各位大臣如有让国主不满意的就赐给他鸩酒，要其性命；现在看见太祖赐给自己酒，以为是鸩酒，哭着说："我继承祖父基业，违抗朝廷，兴师讨伐，罪该万死。陛下不杀我，现在太平，愿为大梁布衣，过完后半生，在此感谢陛下的恩德，承赐卮酒，臣不敢饮。"太祖笑道："难道你怀疑这酒有毒？朕以真心相待，怎能做那样的事！"说完，就让旁边的人拿来赐给刘铱的酒，一饮而尽，又赐给刘铱一卮酒。刘铱饮毕，谢过圣恩，但心里却非常惭愧。然而太祖毫不在意，而且又封刘铱为卫国公，又增加刘铱的俸禄，增钱五万、米麦五十斛。太祖的度量，真是无人能比。

# 赵匡胤左右戏美人

显德六年，世宗见粮饷充足，士马精强，雄心又起，打算恢复燕云，统一全国。却因北汉主曾让辽兵进军，便打定主张，御驾亲征，先行伐辽。于是召赵匡胤入朝，提升官职为水路都部署，又命亲军都虞候韩通为陆路都部署。选了好日子，命两将作先锋出发，水陆并进。世宗车驾，有时候登龙舟，作为后应。赵匡胤率了战舰，先行出发，顺着风势，张起帆来，驶过莫瀛二州。辽地兵民没想到周师骤至，没有丝毫防备，见周兵来势凶猛，所有的人都吓跑了。周兵驾着战舰，直达辽属宁州。宁州刺史王洪正准备请兵守城，出乎意料的是辽兵还没请到，周师之战舰已直逼城下。王洪守着一座空城，根本抵抗不了强大的周军，便开城投降。赵匡胤收服了王洪，命他为向导，直进益津关。守关主将是终廷辉，听说宁州已降，周兵将到，便登关探望。只见敌军排在关前的战舰如一字状，刀枪密布，旌旗飞扬。舟中兵将，个个精壮勇敢，大有龙腾虎跃之势。终廷辉见了，心里不觉打个冷颤，暗道："我关内兵微将寡，如何抵抗强大的南军呢？"正在犹豫之际，忽听有人大叫开关。这人正是宁州刺史王洪，遂即问道："我闻你已降周，来这里干什么？"王洪答道："为了关内人民，我单人独马前来商量，请开关门，让我进去。听我慢慢说。"终廷辉命兵士开门，让王洪进来。一进来，王洪便道："周兵来势凶猛，未易抵敌，只要将军降周，我保证关内人民的安全。"终延辉寻思了好长时间，也没想出其他办法，只好随他开关投降。赵匡胤见终廷辉来降，用好言安慰了一番，然后问他前面的路径。终延辉道："前面便是瓦桥关，水路特别狭隘，大船不能行驶，元帅若要进军，必须舍舟登陆，才能前行。"赵匡胤乃派偏将偕王洪往宁州镇守，又添兵与终廷辉守益津关。暗中想道："韩通人马还没来，在这里未免坐失良机，不如乘胜直进。"想毕，便命三军舍舟而陆，守将姚内斌，率领数千骑卒，拼命抵抗，根本就敌不过赵匡胤？没过多久，被赵匡胤杀得人仰马翻，不敢

赵匡胤

再战。赵匡胤率兵攻关,攻了一夜也未能成功。次日,韩通人马来与赵匡胤相见,诉说瀛州刺史高彦晖,莫州刺史刘楚信,瞧见兵到,立即投降,所以兵不血刃,便拿下此地。只因山路崎岖,人马难行,来迟数日,赵匡胤告诉韩通自己行军情形。遂即领兵直逼关前,叫姚内斌上来答话。赵匡胤说道:“守将听令,天兵到来,莫、瀛二州,及益津关、宁州,全都望风而降;就只有你还异想天开,抗拒天兵,我入关一点困难都没有,只是不忍民众受战争之苦。你若怀念故国,稍知时势,赶快投降,免遭杀戮。”姚内斌听了,过了一段时间,方才说道:“且待明日再说。”赵匡胤道:“大丈夫一言既出,驷马难追,你如果明天还不投降,别怪我没给你考虑的时间!”说罢领兵径自回营。都指挥李重进等恰好带领禁军,如飞而至,赵匡胤知世宗已到忙率领诸将同韩通出营接驾。世宗入营,先是慰劳一番,然后询问军情,韩通、赵匡胤一一陈奏。当晚世宗即在营中住宿。次日,姚内斌果然出关投降,赵匡胤把他介绍给世宗。行过礼,姚内斌叩首谢恩,然后引导世宗进关。

见连降了各处关津,世宗心中十分欢喜,于是下令置酒庆功,令文武诸臣,全部入座同观。席间议论进取幽州之策。诸将一齐奏道:“陛下兵不血刃便得燕南诸地,此时威望远播,敌人肯定大惊失色,然而辽主也很擅长用兵,他肯定会在幽州用重兵设防,还望陛下谨慎而行。”世宗听了,极不高兴,便一句话也不说。诸将见世宗不高兴,也就不敢多言。酒阑席散,世宗回到营中,密传先锋都指挥使李重进入营,吩咐道:“朕想一统天下,现在已到此程度,燕南各地已拿下,不能随便罢休。你明天早先出发,朕亲自接应你。”李重进遵旨退下。世宗又传散骑指挥使孙行友,下令他率骑兵五千,攻打易州。孙行友奉命而去。第二天,李重进带兵先到了固安。城中空空如也,城门大开,周兵全都杀进去,得了固安,李重进下令军士暂时休息,再往前进。没过多久,世宗御驾亦至,到了固安,一道长流,阻住去路,其水荡荡,深不见底。于是找本地人询问这条河是什么名,可有舟楫渡过此水?土人答道:“这安阳水,向来有木筏可渡,只不过大军到来,辽人将木筏拉入对岸,所以无法渡船而去。”世宗闻言,便传令各军,在有限的时间里伐木作桥,自己却带领亲军,回瓦桥关住宿。出乎意料的是世宗夜间冒了风寒,生起病来,卧床两日,还未痊愈。正巧孙行友生擒了易州刺史李在钦,世宗扶病升帐,问他愿不愿意投降?李在钦瞪着眼睛说道:“要杀便杀,别那么多废话!”世宗一怒之下命令手下,将其推出斩首。这时世宗正觉头昏目眩,不能支持,忙入账休息,自那以后他的病越来越严重。诸将见世宗病重,想劝他返都养病,又怕惹怒了他,都不敢上奏。赵匡胤愤然说道:“主上抱病在此逗留，如果辽人得知，大举来攻，那肯定会误事的。待我入见，请驾回都。”遂即直入后账，请求见世宗。世宗即命传人。来到御榻之前，赵匡胤先问了安，然后谈及军事。世宗道：“朕原想一鼓平辽，统一天下，没想到疾病侵入，不能如愿，你看怎么办？”赵匡胤奏道：“天不灭辽，这就是陛下亲征没有攻占辽国的原因。臣希望陛下上顺天心，临时班师回朝，先放过辽国，那么上天自然降福于陛下，到那时就国泰民安了。”世宗沉思了好长一段时间说道：“卿言有理，朕且暂时返朝，由卿调遣各路人马。明日启程回朝。”赵匡胤退出，奉命调回李重进、孙行友等人马。第二日，世宗升帐，改称瓦桥关为雄州，命韩令坤镇守；益津关改称为霸州，命陈思让镇守，二将领命，恭送世宗回。

世宗一路行程顺利，回到汴京，病已好转，在宫静养数日，已是痊愈。世宗是英明之主，不愿意虚度光阴。此时还未上朝办理政事，闲坐宫内，和符后及妃嫔们闲谈了一会，觉得没有兴趣，就取出锦囊中的奏折，预备披阅。伸手一取，突然摸到直木一块，长约三尺，上面写有“点检作天子”五个大字。世宗看了，非常奇异。第二天临朝，传旨免张永德的官职，命赵匡胤为殿前都点检兼检校太尉。赵匡胤谢恩已毕，宰相范质出班奏道：“今有南唐使者，赍表入贡，因陛下龙体未愈，在馆驿等待数日，没有参见陛下。”世宗便命宣唐使入朝。唐使礼部尚书王崇质闻得陛下的旨意，捧着表文，急走入朝。在陛前舞蹈已毕，呈上表文。世宗看完表文，见其进贡的两名美女，乃命王崇质带领入朝。问其主为何不献珍奇异宝，单献两名美女呢？原来是唐主不仅失了江北之地，还削号称臣奉周，因迫于兵力，势不能敌，以至于委屈到这样地步，内心实在不服。没多久，又闻探报，周主亲自征辽，兵不血刃，已攻占燕南各地，唐主大惊道：“周主如此厉害，不用几年的时间，便要统一天下了，我这区区弹丸之地，恐难保全！如何是好呢？”因此便与丞相宋齐邱商议。宋齐邱奏道：“主公还记得当年南汉主登基，进献大小雷女为之娱乐，曾免多年的侵扰吗？今何不访求绝色美女，献给周主呢？好在我们内附之后，还没有进贡，此次就以贡献为名，自不招人怀疑。周主倘能溺于酒色，英气消磨，便没有大志了。我们再慢慢休养生息，以图将来复仇之日，此乃范蠡献西施之计也！”唐主闻奏，说道：“卿言有理，但周主非常英明，我们贡献美女，他若不接受，岂不多此一举？”宋齐邱道：“人非圣贤，哪有不爱美色之理？只不过英明之主爱惜名誉罢了，不肯自己选取美女，以臣下为之。假如进献周主以美女，这现成的美色，臣料周主一定收纳，不必顾虑太多。”唐主即从其奏，派人到处访求美女。江南山川秀丽，本是出美女的地方，岂有访求不得之理？过几日，便访得两名美女，一名是秦弱兰，一名杜文姬。此二人生得轻盈窈窕，有西子、太真之色，倾国倾城之容，并且精擅文笔，善于吟咏。唐主非常高兴，便赐之以轻绡雾苎之衣，装以珠翠金宝之饰，置之后苑，教其歌舞及弹丝品竹之技。此二人天资聪明，一经指点，便已熟谙，不到一月的时间，吹弹歌唱，非常纯熟。唐主又亲往后苑，命二人表演一番，果然歌声婉转，如黄莺娇啼，可以悦性移情。两人起舞，罗袂翩翩，不减于汉宫飞燕，掌上轻盈，令人目眩神迷。再看她们吹弹时，又是琴瑟筝琵，笙箫鼓笛，样样都全，好似唐明皇身处广寒，听《霓裳羽衣曲》一般。唐主大喜道："如此美人，如此技艺，我都动之以情，周主又怎能拒之门外呢？"立刻命翰林苑撰了表文，遣礼部尚书王崇质，用轻车绣幔，载了两个美女，贡献于周主。王崇质抵汴之时，恰逢世宗抱病返都，在宫疗养，只得在馆驿中住下。

今日世宗召见，礼毕，阅其表文，果然不出宋齐邱所断，世宗本想选几名美人，遣入内廷，以便行乐，唯恐在廷诸臣谏阻，没有进行。如今遇此良机，又是南唐进贡，料想必是绝色，乐得收了下来，满足自己的欲望，又免了自己点选，被臣下看轻，说主上好色，真是一举两得，命王崇质带着两个美女入朝。王崇质退出，将两人引至殿前。二人轻轻地提着翠袖，朱唇慢启，高呼已毕，俯伏丹墀。世宗命其抬头，两美人谨遵圣意，仰首而跪。世宗见这两人，果有沉鱼落雁之容，闭月羞花之貌，非常高兴，问道："你们二人叫什么名字？"左边一个便回答道："臣妾名叫秦弱兰。"另一个也随着答道："小女名叫杜文姬。"世宗笑道："你们二人的名字，亦甚文雅，想有若兰之才，文姬之技了。"王崇质向前奏道："此二人不但生得美丽，就是吟诗作赋，弹丝品竹，也样样精通。"世宗闻奏，更加喜爱，命将两女收入御乐院内。早有范质出班奏道："陛下以英武雄姿，治理天下，将要铲平南北，统霸寰宇，何受南唐之美女也？"王溥亦执笏谏道："唐主不以有用之物贡献与陛下，偏偏以美色引诱陛下，这正是越勾践之所以能够报吴之先例啊，希望陛下回告来使，拒而不受，那么他自知惭愧，就不敢复萌异志。且使天下闻之，皆知陛下不溺情于声色，辽邦倾心，北汉畏威，四海不劳而定矣。"世宗以温语慰之道："二卿所言，虽然很有道理，但是唐主派使远来进献美女，也是忠心耿耿。如果屏而不受，未免绝远人之望。且唐主亦何至效勾践之故志，而以美色诱朕？即使其存心如此，朕非夫差可比，彼又何能施其伎俩呢？二卿退下，朕自有主张。"范质、王溥见世宗不纳其谏，只得沉默不语。当下设宴款待唐使。席间，世宗问王崇质道："唐主亦精练士兵，作筑守卫之物？"王崇质奏道："自事大国之后，不敢再屯兵养士修守战具了。"世宗道："朕昔日出师讨伐，则为仇敌，今既互结为好，则为一家，唐主与朕，名分已固，更无他说。但是人事变幻，不可逆料，朕在位的时候，固不至加兵于江南，若至后世，便不可知了。归语唐主，兵甲城郭，亦宜及时修葺，以防外负，才是久远的计策。”王崇质顿首受命，告别世宗，自回江南，面见唐主，复了旨意，并及世宗谕令修缮甲兵城郭之意，唐主听了，甚为感动。于是派遣官吏查阅城郭，有不完固的地方，加以修缮，检视甲兵，凡有残缺不全之处，从事补充。唐主奉了世宗的旨意，修缮城守，整顿军备，进行一番料理。

自从世宗纳了两个美人之后，终日在宫中饮酒作乐，左拥右抱，昼则挥毫联问，以较才思；夜则笙歌聒耳，筵乐无度，不思进取，至于视朝听政，讨论政事，早已置之度外，荡平四海的雄心壮志，消磨净尽。世宗又因宫殿卑陋，没有游玩宴乐之地，台榭池沼之胜，便传旨在内苑中，建起一座楼台，命名为赏花楼，以便与二位美人日夕登临眺览。命教练使冯益监工，并限定日期。冯益领了圣旨，立即着手准备，招工募匠，搬运砖瓦、材料，定个吉利的日子开始动工，夜以继日，各位大臣因世宗收了南唐美女多日没有上朝，政务丛脞，已是好生着急；如今又听得建造楼台，工役并兴，满朝文武，都面面相觑，无法可施。意欲进谏，又因内外隔绝，不得见面，又怕世宗正在沉溺之际，触犯龙颜，难免怪罪，因此没有计较。范质对王溥说道：“主上现在沉溺于声色之中，我们入谏，亦未必能听，现在最要紧的，唯有建立储贰，以端国本，倘有不测，尚可倚赖。”王溥答道：“相公之言极是！我们明日诸径叩宫门，请见主上，奏立太子，想来不会触犯圣上。”范质听了，便向文武诸臣说：“明天诸公必须集合于朝堂，与老夫一同入奏。”众人齐声答应，各自散归。

第二天，文武大臣分别以范质、赵匡胤为首，一齐拜见世宗，面奏大事。世宗与杜、秦二美人为长夜之饮，直至次日清晨还在那里饮酒，不肯休息。阶下笙歌，仍复喧耳，四下侍从忙于奔走。世宗因秦美人猜输了拳，传旨斟一大杯酒来惩罚她。正在此时宫门上传报道：“陛下，文武诸臣有事奏，俱在宫门等候。”世宗撤去残席，又担心大臣们目睹自己的情形一定要诤谏，于是下令：“二美人暂时退下，待朕见过文武诸臣，然后咱们继续同欢作乐。”杜、秦二美人遵从旨意，与阶前歌舞宫女一块退入偏宫，然后世宗宣群臣入见。赵匡胤、范质率领诸臣行礼已毕，分班侍立。世宗垂问道：“众卿因何事而入宫见朕？”赵匡胤、范质同声奏道：“陛下年事已高，却没立太子，现国家急需设太子以端国本，这样国家万幸！”世宗道：“功臣之子，都还没受到封赐，怎么会轮到我的后代做太子呢？”赵匡胤又奏道：“臣等受陛下恩惠厚重，已出非分，不敢再企盼子孙受恩，乞陛下快设太子，不用迟疑。”世宗准奏并封子宗训为梁王。时宗训只不过七岁，诸臣顿首谢恩，退出宫去。世宗正打算宣杜、秦二美人，重行取乐，恰巧冯益入宫启奏，赏花览胜楼，已克期完工，请陛下御驾临幸。世宗驾临后苑，看那新建的楼台，果然曲栏映日，画栋飞云，富丽堂皇，庄严璀璨。有西江月词一阙为证：

画栋鲜明峻伟，楼台雄丽奇观。四国彩色绘山川，纵是蓬瀛不换。铺列奇珍异宝，相陈丝竹吹弹。君王从此倚栏杆，日与佳人赏玩。

世宗见楼台造得非常美丽，龙心大悦，对冯益重赏了一番，令其退去。冯益谢了圣恩，很高兴地离去了。楼台虽已建成，世宗见内苑中没有名花点缀，甚是遗憾，于是命群臣各献异卉奇花，栽种内苑，以便凭栏赏玩。诏旨一下，文武群臣们都叹息不止，说皇上当初的性情变了，不知荒淫到什么程度；但又不敢违旨，不得不寻觅些花卉献上。还有一些意图进用，慕利贪荣的人，想借此迎合圣意，便不吝重价，到处购取奇花异卉，献入宫内。世宗下令将那稀见少有的花卉，栽于楼之左近，平淡无奇的，分栽苑内，整天栽培灌溉，使之快速长成。果然不过多时，那内苑里，早已繁花似锦，绿叶成荫，人游其中，香气四射，如入花国，真是赏心悦目。世宗便携了杜、秦二美人，日夕在楼上饮酒赏花，歌舞作乐，竟呆不够了。文武诸臣，没有一个人敢入谏。

此时，正好郑恩奉使回都，沿路之上，听得人议论纷纷，尽说世宗受了南唐进献的美女，雄心消磨已尽，竟是纵情酒色，荒淫无度，可惜一代霸主，中了南唐的美人计，颓废到这般田地。世宗如果再这样执迷不悟，恐怕内忧外患，从前征伐他人，如今可能要被他人所征伐了。一路行程，所听见的，尽是这样一些议论，心里特别纳闷，暗道："出使在外也就几个月，朝政就变到如此地步了吗？有范质、赵匡胤、王溥在朝，陛下如果这样荒淫下去，哪有不行谏阻之理？道路传言，不一定值得信任。"心下想着，便日夜不息，赶回汴京，要打听所闻的言语，是否真实。不到一日，已抵汴京，正巧碰上世宗建了高楼，命群臣进献花卉。有那些逢迎圣意，希图富贵的人，出了千金之赏，购取珍奇异品。那班牟利之徒，不知疲倦，各处去觅了珍奇花卉，或用船载，或用车装，陆续不绝，都向汴京赶来，唯恐落后，失去发财的机会，汴京的街道，几乎全部堵塞。郑恩带了随从，骑在马上，正要赶人京都，恰巧碰见了那些卖花的，携着筐儿，提着篮儿，挑着担儿，还有几个人一块杠抬着合抱大的花树，横亘而行，竟挡住了郑恩前进的方向。郑恩见这情形，估计路上的传闻有几分真实，便耐定了性儿，向一个携着花树地问道："你要往哪里去？拿的是什么花？"那人见郑恩穿着富丽，骑了高头骏马，马后还有许多随从，料知是位官员，猜测他可能是为奇花异卉而来，正好卖给他，多赚点钱，便赔笑说道："这是樱花，出在东洋大海的一个什么国里。此乃异种珍品,只有那个国里才有,开起花来,美丽非凡,我冒着生命危险渡东洋大海,费了许多功夫,方得这一株花。如果长官买了,去进献朝廷,包管这是最佳花种,不过价钱千金,少了是不卖的。”听说一株花要千金之价,郑恩心下更是诧异,便故意问道:“你讨这样的大价钱,有人买吗?”那人冷笑道:“想必长官是远道来的,这里的情形还不明白。现在朝廷收了南唐进贡的美人,建起了赏花楼,下令文武群臣各献奇花异卉,栽在内苑,以便赏玩。倘若遇见识货的长官,我这樱花,莫说千金,即使再多,也要买了去进献朝廷,换得将来荣华富贵,你怎么嫌我价钱太高呢?”

听了那人的言语,郑恩心想陛下果然纵欲无度,道路传言,确实可信,今既已回朝,我自当面折廷诤,改变主上之意,他便立即向那人说道:“照你的言语讲来,价钱确实不算高,可惜我不贪富贵,不需要这些花,你快去卖给他人吧。”说着,策马入城,直接进入宫门,请见世宗。听说郑恩奉使回朝,世宗便传入内苑,在赏花楼延见。因为他是亲信之臣,在最危难时又有交情,可以无须避忌,所以没有命退女乐,直接召他入内。郑恩听了宣召,便大踏步走入内苑,举目观看,确实与走之前大有不同。只见楼台金碧,高插云霄,珠帘垂地,辉生四壁;隐隐地瞧见一些美人,都提着乐器,在帘内侍立;那楼的四周,都种着奇花异卉,叫不上这些花的名字,只觉得鲜艳夺目,香气扑鼻,他也不仔细看,便直达楼上。见世宗居中而坐,两旁坐着两个宫装艳服、容光照人的绝色女子。郑恩趋近御座,行礼,高呼万岁。世宗即命平身道:“卿沿途辛苦,此大礼就免了吧!”郑恩谢过了恩,一一奏明奉使之事,遂又顿首奏道:“陛下与臣等起自戎马之中,英明神武,龙威天下,山陬水涯,莫不称颂,皆以为汤武再世,尧舜重生,扫荡群雄,统一四海,重睹太平,即在眼前。我在归京途中,人民都疾首蹙额,传说陛下纳了南唐美女,酣歌恒舞,终日不理朝政,为长夜之饮;并兴土木,建造楼台,百姓担忧,唯恐北汉引诱辽人兴兵进犯,大有朝不保暮之兆。听了这般说法,瞧了这样情形,臣还以为传闻之言,不足深信。可是当我行近汴京,竟有无数愚民,入京贩卖奇花异卉,一株不起眼的花,竟然索价千金。目睹此事臣甚为诧异,因而详细探问,才知道陛下起造楼台,栽种内苑,命群臣各献花卉,逢迎之臣,重价购买,以图获得龙恩。这样一来,不但误了政事,我怕祸患将要来临了。愿陛下屏除美色,远小人,亲贤臣,重振旧日精神,则国家幸甚!人民之福!”郑恩奏毕,世宗谕道:“朕深知卿之忠心,远出归朝,肯定是疲备至极,宜加休息,至于卿之所奏,我自有主张,你大可不必担心。”因命郑恩官还原职,伴驾于朝,以酬其劳,赐假半月。郑恩见世宗恩礼有加,温语慰谕,不便打扰,只得谢恩。退出宫来,回到家宅，休息了一夜，第二天黎明起身，就去会见群臣。范质、赵匡胤与王溥等，因世宗不出视朝，都聚集朝房商议，没有办法挽回圣意，见郑恩到来，全都起身相迎，询问出使情形。郑恩详细讲述了一遍，便向王溥、范质道："主上贪恋美色不理政事，两位丞相身为百僚之首，怎么不尽力谏阻？"范质、王溥齐声说道："并不是我们不谏阻，而是皇上不听忠言，没法可想。"郑恩又对赵匡胤道："你跟陛下是生死之交，在危难之时，你怎么不劝阻他呢？"赵匡胤深知郑恩性情暴躁，要是与之辩白，非惹出事来不可，便含笑答道："贤弟责备所言极是，我知错，等会儿到我那儿，共商挽回之策。"众人见赵匡胤不争辩，也知其意，全都不说话。范质等商议了一会儿政事，各自散去。赵匡胤领郑恩回到家，分宾主坐下。赵匡胤说道："刚才你责备我不进谏陛下，实际上我是多次苦谏，都遭到拒绝而已。若不自知分量，可以再贸然进谏，必成罪臣，再三考虑，只有用谲谏之法，让陛下自已省悟，否则即使有千言万语，主上正在沉溺不返的时候，恐亦徒劳无功。"郑恩谢道："我性情急躁，曲解兄长之处，还请原谅！但不知如何谲谏，请兄长指教。"赵匡胤道："主上近日命群臣各献花卉，我与贤弟何不以进花为名，暗寓讽谏，但愿有万分之一的机会。"郑恩道："此法固妙，但我不甚懂得文字，如何能行此事？"赵匡胤道："这个没问题，我们先预约好了，明日就实行。"赵匡胤当下一一整备齐全，又叮嘱郑恩一番。次日，匡胤、郑恩也随着进花的官员一块入苑，献花送礼。世宗与杜文姬、秦弱兰两个美人正在楼上酣饮，一眼就看见了赵匡胤，便道："你也来献花吗？"赵匡胤躬身答道："陛下既有旨意，做臣子的怎么敢抗旨呢？"世宗喜道："卿献的肯定是名花！"赵匡胤乃举梅花一枝道："我所献的是江南第一枝。"世宗命内侍接过，于内苑种植，便问道："你为什么称它是江南第一枝呢？"赵匡胤道："此花迥异寻常，雪里芳华，占百花之魁首，吐清香以挺秀，阳春独发。"昔人尝有诗赞之道：

一夜东风着意催，初无心事占春魁。

年年为报南枝信，不许群芳做伴开。

世宗听了大喜道："卿诗极其清新，想不到戎马之士，亦擅文辞，看来我国的人才比其他国家强！朕之美人，也擅长吟咏，让她们与你对诗，以示对你的恩宠。"于是让杜文姬速题一首，以和赵匡胤之诗。奉了旨意，杜文姬不假思索，即吟诗呈上。其诗道：

梅花枝上雪再融，一夜高风激转冬。

芳草池塘冰未薄，柳条如线着春工。

世宗看了文姬作的诗，不住称颂道："美人之诗，与赵点检所作，工力相差无几，正未可以分清好坏也。”正在称赞不已之时，郑恩大踏步上楼前来献花，献的竟是枯桑一枝。世宗笑道：“卿所进献的，并非奇花异卉，不过枯桑一枝，何益之有？”郑恩道：“我所进献，和众人有异，汴京城内，此物若无，则人民无法活于寒冻之中。”世宗问道：“有什么说法吗？”郑恩道：“臣作俚言四句，斗胆向陛下咏之。”便大声吟道：

竹篱疏处见梅花，尽是寻常卖酒家。

争似汴京千万顷，春风无地不桑麻。

郑恩吟完，赵匡胤在一旁进言：“郑恩献了比我的梅花更好的东西，愿陛下三复其诗。”世宗喜道：“二卿时刻牢记忠爱，朕自然可以领会。”于是命内侍，赐二人各一金卮御酒，用来表彰他们献花进谏之功。二人点头谢恩，喝完酒后在栏杆外候着。只见献花之臣，接踵而至。世宗命内侍逐一收纳，当心培植，直至傍晚，献花的人业已离开。世宗见赵匡胤、郑恩仍在栏杆外候着，就问道：“卿等此时还没归去，必有事相奏吧？”赵匡胤闻言，乘机进言：“臣等见陛下数月不上早朝，不理朝政，心中惶惑，不知所措。愿陛下勤庶政，亲大臣，国家就会坚如磐石，社稷也会稳如泰山，这总要比歌舞宴饮好多了。”世宗道：“朕以前因为外忧内扰，没有空闲，今日国家升平，南方臣服，正当寻欢取乐，以享受人生，故与二姬游览几日，卿等何必琐琐烦渎呢？人生在世，就像草叶上的露珠，很快就会死去，值此太平之时，二卿也应趁早与亲戚朋友宴游欢乐，以尽天年，才不致虚度人生，何苦争名夺利，辛劳牺惶，永不停止呢？”郑恩进谏道：“当日陛下是何等英武刚毅！现在却说出这样贪图安乐的话，可不是我们的期望！况寡欲所以养生，美色醇酒，实自残的刀剑。陛下神圣的容貌，昔日何等威严！现在因为贪恋酒色，已是清减异常，倘有不测，再后悔就来不及了！”世宗道：“二卿暂且退下，朕心中有数。”说罢，竟不与二人多说什么，拂袖回宫。二人见世宗不肯改邪归正，只得嗟叹而退。

过了一日，司天监忽然上奏说火星侵入紫微垣内，宫廷中恐有火灾，急宜修省，以消除天灾。世宗见了章奏，也不动声色。郑恩便与赵匡胤商议道：“主上荒淫酒色，天象示儆于上也毫不在乎，若不早想办法，恐怕是没救了。”郑恩道：“我们直言进谏，主上毫不理会，有什么办法呢？”赵匡胤附耳言道：“我们借着司天监奏宫廷有火灾的机会，可如此这般而行。若毁去楼台，美色绝了根株，主上没了迷惑的人和游观之地，往时的原状便自然恢复过来。”郑恩喜道：“此计甚妙！连着根株一齐锄去，不怕主上不省悟呢？”二人商议好了，便秘密行动，吩咐守宫禁军准备好硝磺引火之物，候至夜间举事。禁军由赵匡胤统带，听了主帅的密令，自然没有敢违抗的。分遣完毕，等到二更以后，郑恩、赵匡胤早杂在禁军之中，混入宫内，在花楼附近藏匿起来，此时夜深人静，但听得楼上音乐齐奏，歌声彻耳，世宗正与二美人饮酒取乐。郑恩见时候已到，便在楼的一边放起火来。当时正是冬令时分，深夜之间，朔风大作，不一会儿，火趁风威，烧向赏花楼，火光四照，烟焰涨天，汴京城中的人，都从睡梦里惊醒，沸翻盈天。都说是皇宫内苑走了火，文武百官，军民人等，杂乱无章的一块儿赶来救火，那时火势正猛，根本无法扑灭。世宗恰在楼上，右携杜文姬，左拥秦弱兰，酣呼畅饮，笙歌彻耳，根本不知起火。幸亏有个宫人看见火光，慌忙来报："内苑里火起！"世宗大惊，忙丢下酒杯，离座来到窗前看视，只见烟火弥漫，赏花楼上火势已起。内监宫人，见势不妙，忙请世宗离开。世宗这时惊惶失措，忙命内监搀扶着往楼下逃去，无暇顾及秦、杜二美人和这些舞女歌姬。刚跑到扶梯下面，恰见从火光中奔来郑恩，大叫"主公不用担心，臣来救驾。"说罢，背起世宗，逃出火窟。杜文姬、秦弱兰也连爬带跌，跑了下来，哀号哭泣道："何人救妾，妾当奏明圣上，加官报恩。"那些禁军早被嘱咐，不准援救秦、杜二美人和一班歌姬舞女，任由她们哀呼求助，绝不理睬，只顾救火。此时赵匡胤从侧首走了出来，向二美人道："我来相救。"秦弱兰、杜文姬当了真，奔向赵匡胤，被他提起抛入火中。可怜片刻间，绝代佳人化作飞灰，那些歌姬舞女，也都非常吃惊，无路可走，全都烧死；就是几个逃出来的，也被火烧得面目全非，不堪迎接圣上了。守宫禁军见二美人已死，方才出力，即行将火扑灭，那座赏花楼，已化为灰烬了，再救也不成了。还算他们动作快，只将赏花楼烧了，旁的宫院没受影响。这时文武百官早已前来，叩请圣安。世宗多亏有郑恩背负逃至后殿，听说文武百官前来恭请圣安，时辰已是黎明，便传旨上堂早朝。群臣朝见已完，分班侍立。世宗降旨道："内苑无缘无故起火，皆朕不德所造成的，前日司天监奏称宫廷中应该防火灾。上天早有征兆，朕却昏庸，不知修省，此后朕当力行德政，以迓天庥。"众臣听谕，一齐低头奏道："陛下能行仁修德，使政事无缺，恩泽天下，天心自然保佑，转危为安，祯祥迭至了。"世宗又嘉奖郑恩，说他慌乱之间，能够奋不顾身救朕，乃是忠义之士。郑恩顿首道："陛下洪福，臣只偶遇机缘，不敢受此奖许。"世宗回头问赵匡胤道："卿率禁军救火，秦、杜二美人可被救出吗？"赵匡胤奏道："火势大得使人不敢接近，秦、杜二美人无法得救，想已焚死。"世宗伤感于二美人已死。从此想念二美人，很不愉快，忧闷成疾，不能早朝。有诗咏赵匡胤设计烧死秦、杜二美人，以致世宗忧闷成疾，不得视朝，诗云：

忠君如此亦堪怜，何事佳人向火燃？

若使陈桥袍不着，千年公议属谁传。

中国古代情史

# 宋金元情史

马昊宸⊙主编

綫裝書局

# 生性风流宋太祖赵匡胤

## 赵匡胤在青楼饱餐秀色

匡胤正同众人在台前观看歌舞，看到精彩的地方，不禁大声喝彩。声音未毕，忽见人丛中一条黑汉站了出来，直往匡胤奔来："二哥还真快活！小弟把所有的地方都找遍了才找到你。"来人是郑恩，匡胤非常高兴："怎么到现在才来？"郑恩道："我好久未回老家，此次被家内事情绊住身子，不能早行，故方到此。刚到就觅个寓处，将行李安放了，便来找你，谁知你已出门看灯，我没法子，只得独自到灯市来找你。这地方人这么多，寻得着真不容易。柴大哥去年也相约前往北京，大概早来了吧。为什么不同你来看灯？"匡胤叹道："至今柴大哥还没到，他不是言而无信之人，定是有事难以脱身。此时暂不管此事，我先替你介绍几位将来可以互相援助、共创大业的朋友。"说着，引了韩令坤和郑恩等人彼此见了面通了姓名。都是有共同志向的少年英雄，见面甚是高兴。眼见着大雪、小雪舞态翩翩，歌声婉转，张光远很是羡慕，便想借着与郑恩接风的机会在御勾栏内饮酒取乐，遂言明此意。众人齐都赞成，唯有匡胤竭力阻止道："你们不知道汉主对大雪甚为宠幸，小雪却是苏逢吉太师的禁脔。这些外人不能得知的秘密，我却甚为清楚。被大雪、小雪的美貌吸引，至御勾栏内大花银钱，想和两个美人取乐的豪华子弟很多。身处禁宫的汉主不一定立即知道，这倒还不打紧。那苏逢吉是个最善吃醋、胸襟狭窄的人，与小雪要好之后，他担心别人勾搭她，便派了许多心腹在暗中查探。倘有动了大雪、小雪的念头的人出现，苏逢吉立即就会得知，他就会暗施毒手。所以有许多有钱公子、官宦只因喜爱这两个妓女的才貌，至勾栏内游乐少许，苏逢吉便极为痛恨，暗中诬陷。因此，不少人为了大雪、小雪丧身亡命，倾家荡产。我们如果去饮酒取乐，搅出大祸来的话，真是自找麻烦，还是把这个念头息了吧。"听了这番话，慕容延钊心内很不服气，非常生气地说："勾栏乃是众人皆可取乐的公共之地，苏逢吉怎能霸占住，不许旁人玩耍？况且身为宰辅的他，乃百官的表率，朝廷大臣，饮酒狎妓，还要禁止他人到勾栏中去寻欢取乐，真是罪上加罪，我慕容延钊不像别人怕他的势力。大家尽管放心玩乐，如果姓苏的有所阻挡，我把他一拳打倒，看他能奈我何？"匡胤不待他说完，连连摇头道："快不要胡说！你们倘若贸然行事，定会出祸。"众人尚未反应，史珪也不服气道："向来胆量很大的赵兄，今天竟如此怕事。我想，苏太师此刻正在五凤楼陪圣上看灯，不会有功夫到这里来。良机难得，乐上一乐，亦未尝不可。"匡胤道："有人到勾栏中去，他当时并不会有所行动，但却在日后暗地里用计陷害，丧了性命的人，还不知道是为何受祸哩！明枪易躲，暗箭难防，不必为了玩耍的事，而去冒险。况且取乐的地方很多，我们可以往别的妓院中饮酒，不一定非在此不可。"韩令坤接口说道："赵兄所言甚是，欢笑场本就是玩乐之地，既有这种险事，尽可另觅地方，各叙衷曲，开怀畅饮。听说教坊司内才来一新妓韩素梅，艺色俱佳，比大雪、小雪还要漂亮，我们何不前往一观？"众人皆允，遂即前往。十个少年，沿路而行，却因看灯的人很多，途中甚是难行，只得慢慢地边走边看。只见游行看灯的人，老的少的，男的女的，俏的蠢的，好的歹的，不可尽数，一条大道被挤得水泄不通。

匡胤等十人，好不容易从东阁巷来到教坊司门口，听得里面箫管盈耳，歌喉婉转，那景况的热闹，景致的美丽果可与御勾栏相媲美。十个少年径直进去，内心很愉快。管门的鸨儿，见这一群人都是气概不凡，鲜衣华服，知是有来头的，不敢怠慢，慌忙立在一旁，垂手打千，向众人问道："各位爷光临，蓬荜生辉，请吩咐想要哪个姑娘，小的去通报了，好让姑娘迎接爷们入内。"然后躬身而立，等候吩咐。他们走在前面的，乃是周霸、郑恩两人，鸨儿说的这番话，他们根本听不出头绪。见她说了一堆话，还是垂着手，并不引导自己进内，只在一旁立着，以为鸨儿瞧不起人，所以这般，便齐声喝道："你这乌龟嘴内嚼些什么？嚼完了还不引着我们进去，岂有此理！以为我们前来不肯花钱吗？"鸨儿见这两个人生得如烟熏太岁一般，吓得她不知如何是好。郑恩见鸨儿不吭声，早已气愤："你竟敢如此怠慢人，不想活了！待我来收拾你，日后方才不会大胆！"一面说，一面举起巨拳，要打那鸨儿。匡胤见了，赶忙阻挡，道："你太莽撞了。她早就问要哪个姑娘，你不说韩素梅的名字，院子里的姑娘这么多，我们要被引到哪去？你自己不懂规矩，还错怪她瞧不起人！"郑恩听这么一说，自知理亏，只得立在那里不说话。匡胤又向鸨儿道："我们人数虽多，却没人认识你们院内的姑娘，只因听说新近到了一位色艺俱佳的韩素梅姑娘，乃汴京城花魁，所以前来瞻仰，你领我们到韩素梅姑娘房间内去就是了。"鸨儿听说，连连称是。遂把匡胤等人引到房前，喊声素梅姑娘，有客来了。素梅闻得客来，忙揭起门帘，亲自前来迎接，引众人入房内，相请坐下。逐一问了姓名，应酬非常周到，众人见她款待客人从容不迫，已是暗暗称其名不虚传，就这应酬工夫，已远胜他人。再看她的长相，生得杏脸羞花，圆姿替月，娥眉曼倩，慧眼如星。那身材更是适中婀娜。最为销魂的是不满三寸的金莲，盈盈而立，真是广寒仙子降世，月里嫦娥临凡。那种姿态，秀丽天然，无法形容。当下众人看得呆坐，无法言语，只有周霸、郑恩乃是莽夫，并不理会怎样是丑陋，怎样是美艳。进得房来，才坐下，就大吵摆酒筵。匡胤此时定下心神，忙阻止周、郑两人道："你们莫急，待我与素梅姑娘商酌后再说。"说罢，回头对素梅道："我们几人，久闻芳名，今贸然前来一见，姑娘不嫌弃，没有闭门相待，真是万幸。但是我这两个兄弟，还不知足，想借姑娘的妆阁，摆席畅饮。初次见面，便如此打扰，还望姑娘原谅他们不谙礼节，莫要责备。"素梅忙道："赵公子言重了，您肯光临寒舍，肯到我们这种小地方来，我已万幸！摆酒乃是照应我的生意，更是求之不得，岂会责怪您的二位兄弟！但是公子们初次光临，这席酒筵，由我做东，以尽地主之谊，请公子们莫要客气。"匡胤道："姑娘客气了，我们初登妆阁，怎敢讨扰。"说着，取出一锭十两银子，递给素梅道："费心关照代办一席，如有不足，再行补上。"素梅不肯接银子，却推辞不过匡胤，只得收下，便命厨房速速准备备一席丰盛酒筵。下面连声答应，有钱就是容易。片刻，一个当差的鸨儿，来问素梅道："姑娘，酒筵在何处摆放？"素梅道："赵家公子与别人不同，就在房里摆着吧。"鸨儿答应一声"是"，就在房内安设杯箸，调排桌椅，陈列好了，众人应邀入座。匡胤被推去坐首席。匡胤道："不可！"郑恩见匡胤不肯，早就嚷道："二哥莫要再让！柴大哥不在，论年龄理当你坐，爽快些，不用推托再三，我已饥饿，忍耐不住了。"众人说道："郑三弟果然爽快。二哥就座了吧。"匡胤见他们坚持，只得坐了首位。众人也按着年龄而坐，一席十人，多是兄弟知己，并不客气，酒到杯干，畅快得很。素梅敬完酒，在匡胤身后坐着，亲自弹唱了一支曲儿。歌声有裂石遏云之妙，众人皆大声喝彩道："真是色艺双佳，果然名不虚传！"彼此谈谈讲讲，觥筹交错，十分高兴。散席时已很晚了，各人辞别素梅回去。

## 赵匡胤与青楼红颜订婚约

素梅很舍不得匡胤回去。原来素梅出身并不差，只因父母双亡，又值动乱年间，虽流落平康，却洁身自爱，只以歌技挣些钱度日，从不留客住宿，很想找个好人家，跳出火坑。今天见方面大耳的赵匡胤，觉得他红光照人，虎步龙行，品貌不凡，知道这人必有后福，有意将终身托付与他。唯恐他一去不来，自己的心愿无法达成，所以临走时，揽住匡胤的衣袖，再三叮嘱常来院中走走。匡胤豁达大度，并不将此事放于心上。不料，郑恩见素梅对匡胤十分爱慕，便取笑她道："你能始终保全贞节，我就劝赵公子发迹后，纳你为妾，可答应吗？"素梅命中该有做宫妃的福分，她听了此话，遂即发誓说道："贱妾一定依着郑爷所讲，保全清白，守候着赵公子，决不反悔。但是，赵公子发迹之后，亦不可翻悔。众位爷做个凭证，留有信物，才可放心。"匡胤见素梅把郑恩说的笑话当了真，连忙分辩道："这是郑爷打趣，不要认真，要知婚姻大事由父母做主。哪有正室未娶，先有偏房的道理。快快打消此念，不要贻误终身。"素梅道："妾并不求公子立刻就办此事，乃是待公子发迹之后，方才应约。由父母做主，话是不错的，但是公子发迹之后，应可以自己做主了。即使时间很长，无论多少年，妾总保全此身，等待公子，并不怨恨。至于娶正室前不能先娶偏房，这种大道理，贱妾自当听从公子，万无催促之理。公子此时只要答应一声，留件信物，妾已放心。"匡胤被素梅说得无话可说，进退两难。原来匡胤见素梅生得美丽，又擅长歌舞，很是爱慕，今见素梅愿做偏房，心下甚喜。只是碍着家中规矩严，不敢贸然答应。突然间素梅说出双层道理，一时之间，无言可答，所以低头不言，甚是为难。张光远瞧着，知道他进退无法，便向匡胤说道："素梅既真愿做你的偏房，此事并非此时实行，就答应吧。"韩令坤也道："佳偶天成。素梅一见面，便以身相许，如此好事，不可错过。答应了吧。"匡胤听了，尚未回答。郑恩最巴望此事能成，已抢着说道："二哥平日最爽快，今天却如妇女般无决断。这样的好事，没有不允的道理，素梅既要信物，就将腰间常挂的那块玉佩给素梅便是。你自己不好意思，我来帮你。"说道，走至匡胤身旁，将玉佩解下，递给素梅道："赵公子的信物便是这玉佩，好生收着，公子发迹后必来娶你。但是将来的谢媒酒，你要格外丰盛些，以慰劳我如此出力。"素梅听了羞于回答，只得含羞带笑，接了玉佩，好好收藏。匡胤此时也愿如此，并不阻挡郑恩替自己促成这事，慕容延钊见事情已成，不禁说道："爽快的老郑，竟把一件美事办成功了，有趣之至！"众人也都附和称妙。时已过晚，大家只得分手，各自离去。

匡胤此后安居家中，读书习武外的空闲，有张光远等一班少年，陪伴游玩，况又多了与韩素梅来往盘桓，时间过得更快。不觉中由春至秋，其父弘殷，已为匡胤聘下一门亲，女方姓贺，择吉迎亲。新婚宴尔，郎才女貌，夫妇情爱，自然是深厚得很。

## 瞒妻母私自出征

汉隐帝乾祐元年，因河中与凤翔、永兴三省，互相联络，违抗朝命，少不得要派将出征讨伐，弘殷被派往征讨凤翔。旨意既下，弘殷匆匆调将点兵，择日兴师。匡胤听说，便雄心勃勃地想一同出发，告知父亲，却因新婚不久而未获允。匡胤不敢违命，只得暂时遵从，心中早有主意，只待父亲走后实行。原来他想和母亲、妻子言明，待父亲行后，立即整装，赶往营中，到了那时，事已至此，父亲没有办法，就可建功立业。后一想，父亲是个奇男子、大丈夫，尚恐自己随同出兵遇到危险，母亲、妻子乃是胆小的女流之辈，如果说了，必不肯放行。于是打定主意，待父亲出兵以后，瞒着母亲、妻子，私自前去，来个不辞而别，免得麻烦。他胸中有数，反倒非常镇定，帮弘殷料理了一些事务。出师那天，弘殷祭过了旗，和送行者逐一话别，又嘱咐匡胤，管理家务，不可出外游荡，要按着课程读书。匡胤连声答应。三声炮响后，前锋军队启行，弘殷跨上马背，拱手告别。只见刀枪纵横，旌旗招展，许多兵将后绕前围，簇拥着弘殷，径直向凤翔进发。那些赶来送行的亲戚和同僚，见弘殷离去，便都散去。匡胤不得不代父亲致谢一番，待所有送行的人走掉了，方才无精打采地回家。他今天瞧着父亲出兵威风凛凛，更是羡慕，巴不得马上赶往军营，建立战功。想到这里，不肯迟延，立刻回家，敷衍了母亲、妻子。私行的念头早有，应带的东西早并在一个包裹中，藏在别人不会发现的地方。挨到第二天早上，在杜氏面前撒谎说出去办事，暗地里插了弓箭袋，提着包裹，携了杆棒，也不向张光远、韩令坤等一班朋友通知一声，就是和匡胤那样要好的韩素梅，也不晓得他潜身外出。直到张光远等打听清楚，前来告诉，她方才知道匡胤已经不辞而别，前去从军了。素梅见匡胤已去，此事无法挽回，只盼望他早早立功凯旋，自己的事情，便有着落了，从此在家中闭门谢客，果然坚守约定，只和匡胤的朋友有所来往，如张光远、郑恩等。到后来则无一人来往，因为郑恩等人也各自去建功立业。直到匡胤夺位登基以后，方才将其立为妃嫔。

## 赵匡胤欺负孤儿寡母

赵匡胤从周主宗训之处夺取了天下。陈桥驿兵变，赵匡胤黄袍加身，宗训在崇元殿把皇位让给了赵匡胤，没几个人头落地，连血都没有流，史书多以舜、禹复出比之。其实，其中有一段很值得深究的曲折是非，所谓的“禅让”，仍然摆脱不了血腥气。

当时群雄并起，各霸一时。梁、唐、晋、汉、周，都只能维持一段时间。周世宗雄才大略，不失为一代英主，但他死前却做了件糊涂事，为后来埋下了祸根。周世宗的皇后符氏死后，只留下一个七岁的男娃娃宗训。为了照顾孩子，他便娶了符氏的小妹妹当皇后。娶了没几天，他便死了。临死前，他把辅佐小皇帝的重任托付给了赵匡胤这员忠勇过人的大将，让他做这对不懂事没本事的母子的保护人。赵匡胤当时已是殿前都点检，加上周世宗的托孤遗言，简直是权倾朝野。周世宗死后，宗训当皇帝，符太后听政，但赵匡胤握有真正的实权。赵匡胤想当真皇帝又怕面子上过不去，就这样将就了一年。

宗训继位后的第二年元旦，忽然边关告急，说北汉刘钧大兵犯境，请速发兵防边。赵匡胤便亲率大军出京，谁知到了陈桥驿竟再也不朝前走了，说是得好好研究研究。紧接着军营内便出现了流言，说是要改朝换代了。吵嚷得最凶的，就是赵匡胤手下的那些人，其中就有赵匡胤的亲戚楚昭辅。赵匡胤的心思谁都明白，况且谁也不把小娃娃、小寡妇放在眼里，于是一哄而起，要求都点检登上皇位。江宁节度使高怀德率先向众人提道：“主上新立，况兼幼弱，我等身临大敌，出死力而无人知晓。不如顺应天意，先立点检再北征。”众人表示赞同，于是共同去找赵匡胤的弟弟赵匡义，然后一齐到赵匡胤的住处，争呼万岁。赵匡胤一见，故意装出一副惊奇不安的样子，连说这怎么能行？还须从长计议。高怀德不曲分说，立即往赵匡胤身上披了一块皇袍，众将校呼啦啦跪倒，山呼万岁。赵匡胤仍表示不能接受，连说他世受国恩，怎么能做这样的事情？匡胤最亲近的书记官赵普赶忙劝道：“天命人心是不能违背的。只要礼遇幼主，优待故后，也就算不上辜负周家了。”赵匡胤这才答应当皇帝，于是打着“保护幼主”的旗号，率领大军浩浩荡荡地返回京城。

武将造反，文臣又能奈何？宰相范质率群臣亲赴赵府质问到底怎么回事。赵匡胤一边哭一边讲，他当皇帝完全是出于六军的逼迫，辜负了天地和先皇的重托。众将一见赵匡胤哭起来，一个个拔剑出鞘，高声恫吓：“我辈无主，众议立点检为天子。谁有异言，留下头来！”范质等人面色如土，赶忙跪下，大声求饶。赵匡胤也趁势扶起赐座，同范质商量起关于禅让的细节来。于是宰相出面，去见太后、皇帝，准备禅位诏书，第二天便当众宣布由赵匡胤继承皇位。至于那二十多岁的周太后和七八岁的小皇帝根本就弄不清发生了什么事，只有呜呜咽咽哭向西宫去了。宋太祖赵匡胤将母亲杜氏请进都城，迎入内宫，并封宫立号，把天下掌握到自己手里。

五代间各国的更替之所以如此迅速就在于军权极易生变，赵匡胤当然知道这一点，何况他从周朝夺取皇位也是走的这条路子。因此，赵匡胤当皇帝后，众将一直是他的心腹之患。特别是战事不断，众大将功劳日多、权力越重，更加重了他的疑心。首辅赵普对宋太祖的心病看得十分清楚，曾数次进言，为防这些人故伎重演，最好削弱大将实力。有一次太祖召赵普密谈，向他感叹道："自唐末至今，数十年损了八姓十二个皇帝，篡位窃权者不断，时势一直处于动乱状态。我想订出长治久安的计策，你认为该怎么办呢？"赵普赶忙说："五季变乱，是因为君弱臣强，假若削其兵权，天下怎么可能会有异？"太祖频频点头，两个人心照不宣地笑起来。

第二天，宋太祖把众大臣请来，专门在偏殿设宴。酒至半酣之际，太祖令左右退下，对大将们说："当皇帝实在太不容易了，哪有做节度使逍遥自在？"众人便问："天下已定，还有什么大事值得陛下如此烦恼呢？"太祖神秘地说："我们是老朋友了，因此也就干脆明言。有谁不对这皇帝的宝座有点想法呢？"大将们一听太祖说出这样的话，都跪了下来，一个个赶忙表示忠心。太祖却不以为然："你们对我忠心自然是不能怀疑的，但你们能保证手下没有贪图富贵的人吗？一旦他们把皇袍加在你们身上，你们就不得不背叛我了。"大将们一个个吓得眼都直了，有机灵的便说："请陛下为我们指一条生路吧。"太祖这才笑起来，连说都起来吧，我要跟你们商量点事呢。将军们这才缓了一口气，遵旨坐在了座位上。宋太祖动感情地开导大将们，从人生苦短说起，一直讲到他是如何为功臣们着想的："你们无非要享受荣华富贵，子孙基业长久，那何不把手里的兵权交出来，安享晚年呢？咱们君臣无忌，上下相安，那不是两全其美吗？"大将们一听有道理，于是齐声赞颂皇帝英明，爱臣如子。所谓的生死交、骨肉情也不过如此了。他们一个个写好辞呈交到宋太祖手里，高高兴兴地回府去了。

宋太祖陈桥驿兵变坐上皇帝的宝座，杯酒释兵权又进一步巩固了皇位，为宋朝一百五十多年的基业打下了基础，可见要成大事就要有点绝招才行。

## 花蕊夫人勾魂摄魄

孟昶待罪阙下，太祖宣孟昶入见。孟昶叩拜完毕，太祖赐宴赐座，恩礼备至，并封孟昶为中书令兼检校太师，授爵秦国公，赐居汴河之滨的新造宅第。孟昶之母李氏以下，凡妻妾子弟及官属，都有赏赐及分封，就是俘虏王昭远等也全都释放。太祖如此礼遇是因久闻孟昶之妾花蕊夫人美艳不可方物,想见一面,又不便特别召见,怕人议论,便出此主意。如此遍加赏赐,想来他们必进宫谢恩,就可一睹花蕊夫人芳容了。果然次日,孟昶之母李氏带着儿子的妻妾入宫谢恩。太祖便挨个召见,花蕊夫人入谒时,太祖格外注意,觉得她才入座,便香泽扑鼻,令人心醉,仔细看时,果真是国色天姿,千娇百媚,不同凡响。下拜好似迎风杨柳,轻盈婀娜。太祖好似酒醉一般看入了迷。等到花蕊夫人轻呼臣妾费氏见驾,愿圣上万寿无疆,娇音如百啭黄莺,甚是悦耳,真把太祖的魂灵唤了来。太祖自觉如此出神,甚不雅观,便镇定地传旨平身,且赐孟昶母李氏同坐。李氏请旨拜见六宫,马上就有宫女引导,花蕊夫人也同往。太祖一直在等候,她们好久才出来,谢恩退下。李氏被太祖称为国母,太祖还传谕叫她随时入宫,不必拘泥,李氏唯唯而退。太祖却盯住花蕊夫人,眼睛眨也不眨。花蕊夫人有些觉察,便瞧了一眼太祖,低头而退。临去时秋波一转,勾魂摄魄,把太祖弄得心猿意马,竟时刻念着,甚至寝食难安。此时恰逢乾德六年皇后王氏崩逝,六宫众多美女,却无人比得上花蕊夫人美貌。太祖正在择后,遇到如此佳人,不肯放过。无奈罗敷有夫,不能强夺,思来想去,便一硬心肠:“欲得美人,非下毒手不可。”当下打定主意。于同一天,召孟昶入宫,太祖赐之毒酒,并谕令开怀畅饮,夜半时,方才谢恩回去。次日,孟昶便患病,似乎胸间有物梗塞,不能下咽。医生诊治,皆不知是何病,两日不到,便死去,年四十七岁,他到汴京不过七日。

## 床笫温柔极尽绸缪

太祖闻得孟昶死去,为之辍朝 5 日,素衣送丧,赠千匹布帛,官给葬费,追封楚王。其母李氏,自入朝后,太祖赐肩舆,令她时常入宫。李氏每见太祖,动不动就有戚容,太祖慰道:“国母珍重,无过戚戚,如嫌在京不便,他日就送母归去。”李氏问道:“陛下使妾何往?”太祖道:“当回至蜀中。”李氏道:“妾本太原人,如能老而归故,妾便感恩不尽了!”太祖欣然道:“并州现被北汉所占,待平了刘钧后,定当完成所愿。”李氏谢而退下。到孟昶病死,李氏并不哭泣,只举酒酬地道:“汝不能以死殉国,又我贪生亦为汝,今汝既死,我为何生?”遂绝食而亡。太祖闻李氏亦死,令鸿胪卿范禹称治理丧事,与孟昶同葬。此事完毕,孟昶家属仍住汴京,自然入宫谢恩。太祖见花蕊夫人缟素全身,更显得明眸皓齿,姗姗玉骨,便乘机留她在宫中,逼其侍宴。花蕊夫人无奈,只得从命。饮酒间,太祖知其能诗,蜀中时,曾作百首宫词,命她当场吟来,显其才华,花蕊夫人奉旨立吟一绝道：

君王城上树降旗，妾在深宫哪得知。

十四万人齐解甲，更无一个是男儿。

看了这诗，太祖击节叹赏，夸奖道：“你确实是锦心绣口！”花蕊夫人本来就是个天生的美人，几杯酒喝下去，脸颊上便浮起红云，越来越妩媚动人。瞧了这样的美人，太祖哪里还能经得住诱惑，于是就让人把御筵撤下去，拉着花蕊夫人的手，一起走入后宫，共效于飞。这花蕊夫人，床上的功夫非常好，太祖被她侍候得非常痛快。到了第二天，太祖册立她为贵妃。花蕊夫人既受封为妃，又顺从了太祖，少不得用在蜀中勾引孟昶的方法来勾引太祖，每天都唱歌跳舞，大摆宴席，尽情地享乐。

花蕊夫人，不过一妇人罢了，失节于太祖，本来就没什么可奇怪的，最让人奇怪的事是，堂堂一国，西蜀之地，除高彦俦外，竟无一忠烈之士，岂能不让人感叹！

## 勉承雨露思念情郎

太祖自蜀主孟昶死了以后，逼幸了花蕊夫人，觉得她美丽绝伦，旖旎风流，便对她十分宠爱。每天从朝中退下来，就跑到花蕊夫人那里，听歌喝酒，调笑取乐。这日略早退朝，就直向花蕊夫人处去。走进宫内，见花蕊夫人正在那里悬着画像，点上香烛，磕头跪拜。太祖即仔细向那画像看去，只见画着一个人，在上端坐，那眉眼之间，好像在什么地方见过一样，急着要想起来，却又记不起来，心内十分疑惑，于是就向花蕊夫人问道：“爱妃这样虔诚礼拜，到底供的是什么人啊？”花蕊夫人没想到太祖突然出现，自己的秘事被他瞧见，心中惊慌不已，又听得太祖追问她供奉的是什么人，便稳定住，慢慢答道：“这就是民间传说的张仙，诚心供奉他可以得嗣。”太祖听说神像是张仙，花蕊夫人为求得子嗣，如此虔诚供奉，便笑着对花蕊夫人说道：“张仙若是看到爱妃如此虔诚，朕料他必定要送子嗣来的。但张仙虽说是管理送生之事，但毕竟还是个神灵，应该在静室中，宝炬香花供养，若在寝宫里面供，未免显得对神灵不敬重，反是罪过了。”太祖又道：“供奉神灵，本来就是一件好事，更何况爱妃是在求子嗣，尽管打扫一间屋子，把张仙供奉起来就是了。”花蕊夫人听到太祖这么说，连忙跪拜谢恩。花蕊夫人所供的真是张仙吗？只因蜀主孟昶与她相处得十分亲爱，孟昶暴病而亡，她被太祖威胁逼迫入了后宫，因为贪生怕死，所以勉承雨露，虽然得到了太祖宠爱,心里总不能忘记和孟昶的昔日情分,所以背着人亲手画了孟昶的像,暗地跪拜。不料太祖撞见,便谎称是张仙之像,供奉着以求香火。太祖对这一篇鬼话毫不疑心,反命她将静室打扫,虔诚供奉,不要亵渎神灵。花蕊夫人得了许可,非常欢喜,便打扫了一间静室,高高悬起孟昶的像,每日里点烛焚香,早晚礼拜,虔诚得很。宋宫里面的妃嫔得知供奉张仙可以得子,便都到花蕊夫入宫中,模仿画了一幅,供养起来。于是这张仙的画像,广为流传,连民间妇女想要抱儿生子的,也画了像,好生供养,直至今天。花蕊夫人的一篇鬼话,魔力也算是够大的了,有诗道:

供灵诡说是灵神,一点痴情总不泯。
千古艰难唯一死,伤心岂独息夫人。

## 碧纱窗下美人梳妆

太祖因孟昶至汴京,曾将汴河旁边500多间新造的宅第赐他居住,内中一切物品全都完备,太祖厚待孟昶,是想借此获取花蕊夫人的欢心,好占为己有。现在孟昶母子俱亡,花蕊夫人已入宫,目的已达,便命将宅第中的物品,收入宫中。侍卫们奉旨前去收拾,连孟昶所用的尿壶,也取来呈于太祖。那溺器乃是污秽之物,侍卫们取来呈于太祖是因孟昶的尿壶,乃是七宝制成,与众不同,精美得很,侍卫们诧异,不敢不说,所以呈上。太祖见孟昶连尿壶也这样装饰,不觉叹道:“用七宝装成溺器,贮食之器用何?如此浪费,安得不亡!”遂命侍卫撞碎。侍卫奉旨,将其撞作数块。一日,花蕊夫人在碧纱窗下对镜梳妆,太祖只见花蕊夫人青丝至地,光可鉴人,那脂粉香气,扑入鼻中,令人心醉。太祖暗想道:“原来美人梳妆也有这种风趣,怪不得古人水晶帘下看梳头,以为韵事,为之咏诗。朕戎马半生,不曾领略其中趣味,若非得了花蕊夫人,真是枉为天子,虚生人世了。”边想着,边伸手,将梳妆之具拿着把玩。偶然将妆镜仔细端详,恰见镜背镌着“乾德四年铸”一行小字,大为吃惊:朕改元,曾谕廷臣遍考前朝年号,不曾重复,何以这上也有乾德年号呢?便问花蕊夫人道:“孟昶也曾在蜀建号‘乾德’吗?”花蕊夫人道:“孟昶开始时袭前主知祥年号,称为‘明法’,后改‘广政’至灭亡,不曾改为乾德。”太祖道:“这么说定是前朝年号了,一定要考究清楚。”

第二天便召廷臣,询问前朝是否有年号“乾德”的?群臣突闻上谕,皆不知所对。独窦仪启奏道:“前蜀主王衍曾用。”太祖喜道:“难怪镜子上有此二字,蜀中制镜,自应记着蜀主年号了,宰相须用读书人,卿真具宰相之才!”窦仪甚觉受宠。朝中诸臣,见太祖如此夸奖窦仪,都料他即要拜相,太祖也有此意,便同赵普商议。赵普奏道:“窦仪经济不足,文艺有余。”太祖默然。只因窦仪为人清正刚直,赵普恐他入相于己不利,所以如此回奏。窦仪闻知,晓得赵普心怀忌妒,心中不乐,竟染疾而死。太祖闻之,甚为惋惜。

## 赛西施侍寝惹出“兴蜀大王”

蜀中忽然有飞报到,原来文州刺史全师雄聚众作乱,王全斌等屡战屡败,所以飞报,请求朝廷救援。太祖惊道:“蜀中平定未久,乱事又起,必是王全斌等不善抚驭引起。”就命客省使丁德裕前去援救,并下旨康延泽为东川七州招安巡检使,抚剿兼施。旨意既下,康延泽、丁德裕遵旨而行。西蜀动乱不是没有原因的。王全斌自入成都后,以为功劳甚大,昼夜酣饮,十分骄恣,不问军务,并令部下取掠奸淫,蜀民均为之抱怨。曹彬甚为不然,多次请王全斌班师回汴,王全斌不听,反而诸多恶行,更甚于前,蜀中被闹得处处不安,人民不服。又值太祖下诏蜀兵赴汴,下诏王全斌厚给川资。王全斌贪婪不听谕旨,克扣更甚,因此蜀兵甚为愤恨,行到绵州,竟然起义,号称“兴国军”,拥兵十余万众。文州刺史全师雄,善于带兵,乱军拥其为帅。王全斌得讯,派部将朱光绪,领千余兵,前往抚慰。朱光绪却亦是个嗜杀贪淫之徒,他不听命令,打听得全师雄的女儿花容月貌,甚是美艳,人称“赛西施”。全师雄视其为掌上明珠,任是官宦大族、富家公子前来求亲,都不中意,因此一直于深闺娇养,尚未许字。现在全师雄被乱兵逼为主帅,为性命着想只得依从,慢慢地再图归正。此时全师雄被乱军簇拥而进,恰不在交州。朱光绪垂涎赛西施已久,便乘机把全师雄全家拿下,说他带兵谋反,将全师雄家口全部杀死,只留得赛西施,强纳其为姬妾,反报王全斌处称全师雄不受招抚,请兵围剿。那全师雄于乱军之中,正在力图反正,设法劝谕,只待招抚之人前来,便可归顺。忽得报家属尽被杀死,爱女也被占作姬侍,直气得咬牙切齿道:“我必杀尽宋兵以报此仇,泄心头之恨。”遂连夜发兵攻击彭州,自称“兴蜀大王”。西晋百姓因恨奸淫掳掠,群起响应,其势不可阻挡。崔彦进与他的弟弟彦晖,分道往剿,均被打败,且崔彦晖战死。王全斌得报,命张廷翰救应,亦战败,成都大震。其时城中尚有二万七千降兵,王全斌深恐他们也欲谋反叛响应贼兵,于是把降兵诱入夹城,杀个精光。这杀降的消息一传出,西川十六州俱叛。王全斌无奈,只得飞奏朝廷。一面仍令曹彬、刘光义相机进讨,将全师雄捉拿。刘光义廉洁守法,曹彬宽厚仁德,二人军队,入蜀以来,秋毫无犯,军民怀德畏威,心服得很。此次奉了将令,出兵成都,仍守军律,秋毫无犯。沿途百姓望见曹彬、刘光义的旌旗,拍手称庆,争献食酒,犒劳三军。宋兵到了新繁,全师雄一对阵,前队兵士已解甲投诚,全师雄莫名其妙,只得撤退。哪知一动阵势,宋军已直压过来,大呼"降者免死",乱兵都弃甲抛戈,抢着降顺,只剩几个悍将与宋军对垒,但他们也被曹彬、刘光义麾众杀来,无法抵挡,只得逃去。全师雄便率领残军,投往郫县,又逃至灌口。王全斌闻得曹彬、刘光义大获全胜,也就连夜前往灌口击贼。全师雄力竭势穷,不能支持,杀出血路,逃往金堂,受伤十处,喷血而死。乱军于铜山改推谢行本为帅。巡检使康延泽剿平,丁德裕亦分头招抚,才平定了乱事。西南乱兵,亦多闻风归附。太祖得到捷报,也已略闻王全斌等行为,降旨王全斌班师回汴,经问状得知全斌等的罪状。太祖念其平蜀有功,贬王全斌为崇义节度留后,王仁赡为右卫将军,崔彦进为照化节度留后。王仁赡力诋各将领,以此求自保,只对曹彬一人推重,对太祖道:"只有曹都监一人清廉慎畏,不负圣上所托。"太祖查得曹彬行囊中,只有衣服、图书,它物全无,与王仁赡所言相符,遂赏其为宣徽南院使。并因刘光义做事谨慎,亦晋爵赏功,分外优厚。

## 花蕊夫人干预朝政遭嫉恨

太祖因为乾德年号前朝已有,立意要改年号,且因皇后死去已久,故欲立花蕊夫人为后,便与赵普商量。普言亡国之妃,不足母仪天下,宜另择淑女,以主宫政。太祖听了沉吟半晌道:"左卫上将军宋偓之女宋贞妃,久处宫中,甚有贤名,朕欲册其为后,可否?"赵普道:"陛下英明!"太祖于乾德五年腊月,改号开宝,并于开宝元年二月,册立宋贞妃为皇后。那宋皇后非常柔顺,每值太祖退朝,必去迎接,御馔必都亲自检视,一旁侍食。那花蕊夫人入宫后,本宠冠妃嫔,立为皇后的希望很大,忽宋贞妃夺取此位,也就算了,谁知她又因言语不慎,招致祸患。

原来每逢令节,皇子德昭入宫朝参,花蕊夫人遇着,见其生得仪表非俗,相貌堂堂,虽年纪轻,甚懂礼节,只因自己未有儿女,便十分钟爱德昭,嘘寒问暖,殷勤得很。德昭无母,见花蕊夫人如此,便也时常向花蕊夫人问候安好。杜太后临死时,金柜遗诏,命太祖传位光义一事,花蕊夫人早已知道,心下替德昭不服,常对太祖说:"皇子很有出息,如若继承大统,将来必是有道明君,陛下万不可立弟舍子,使德昭蒙屈。"不想太祖孝念纯笃,立意要遵守遗诏,并不因此动摇。虽太祖的心没动摇，但花蕊夫人的这番言语，被宫人窃听了，传了出去。刘婉容、韩惠妃等与光义有交情的一班妃嫔，得知后暗告光义。光义费尽心思，才得到太后遗命，忽听说花蕊夫人劝太祖传位德昭，不遵遗诏，心下痛恨，咬牙切齿地骂道："贱人，一亡国的妃嫔，借皇上的宠幸，竟大胆干预起国家大事来，我定将她处死，以显我的手段。"从此，光义深恨花蕊夫人，一心要治死她。便串通了刘婉容、韩惠妃等人，趁太祖临幸时，屡进谗言。日久月深，传入太祖耳内的全是关于花蕊夫人的坏话，况且宋贞妃新立为后，太祖觉得她处处柔顺，事事贤淑，对其分外敬重。自然，慢慢就冷淡了宠爱花蕊夫人的心。太祖对于花蕊夫人虽然略为冷淡，因为花蕊夫人的花容月貌，太祖还常临幸花蕊夫人宫内。光义闻得太祖对花蕊夫人并没厌弃的意思，心下愈加痛恨，发誓一定要杀死她。

花蕊夫人

## 花蕊夫人射猎苑中遭暗算

也是天意，太祖忽然高兴起来，带了光美、光义和随身侍卫，射猎后苑，偏又命花蕊夫人随驾。原来花蕊夫人，才容绝世，又精于骑射，在蜀中时，常随后主孟昶外出打猎。太祖平日无事，便和花蕊夫人谈论孟昶的事情，用以作乐。花蕊夫人为博其欢心，将后主怎样荒淫、怎样娱乐，具实以告，也曾对太祖说过随孟昶出猎的话。太祖记着花蕊夫人善于骑射，便要试她的骑射如何，所以今日射猎苑中，便带花蕊夫人同行，只是一时兴起，让她献技的意思。谁想，竟因此送了花蕊夫人的性命。

那花蕊夫人入宫后，好久没打猎，忽闻太祖命她同往，高兴得很。当下换了猎装，插箭悬弓，前来侍驾。太祖见花蕊夫人身穿盘金绣花软甲，头插雉尾，脚蹬挖云头绿牛皮的小蛮靴，尖瘦不满三寸，一把宝雕弓悬于腰间，插着一壶雕翎狼牙箭，更是凤目柳眉，桃腮杏眼，让人动情。太祖甚是喜欢，便也舍了御辇，把一匹金鞍珠勒的银合马赐予花蕊夫人。太祖坐的是从前出征时用的枣骝铁脚追风马。光美、光义也是全副披挂，乘了各自的马，带领侍卫，引导在前。吆喝一声，驰向苑中，到了苑中，将围场撤开，飞禽走兽惊骇逃遁。众侍卫走马控弦，争先恐后，势如雷电，顷刻便抓了不少的獐、雉、鹿、兔。花蕊夫人也揽辔控送，行动矫捷，并且箭术惊人，获禽不少。太祖看了，大喜道："一个女子，如此勇敢，若非同来打猎，朕真不知道她有如此绝技呢。"众侍卫见花蕊夫人骑射精妙，也都佩服，大加赞扬。唯有深恨花蕊夫人的光义，一心要寻找机会，暗中算计她，却又下手不得，心中很是不乐。又听得众人称其骑射精妙，众口一词，光义更是烦恼。暗恨道："这贱人竟有如此本领，她现在显了技艺，众人赞扬还不打紧，皇上若是更加宠爱，这贱人得志，于我大为不利，今日不除，再无机会了。"正在无策，忽听左首树林里面怪吼一声，有异兽奔出，其形类狮，其首如虎，尾一丈长，爪牙锋利，遍体黄毛，吼声如雷鸣，在围场中奔走冲突，很是勇猛。众侍卫不知这是何兽，见它凶恶，恐惊了御驾，便一齐乱射箭。此时花蕊夫人见这兽来势汹汹，也怕伤了太祖，赶紧抽箭，尽力射去，正中左眼。这兽左眼中箭，还是跳跃咆哮，连连吼叫。众侍卫见异兽中箭，乘机一齐放箭，只听得满围场都是箭声。

花蕊夫人抽了第二支箭，正要放出去，哪知尚未发箭，忽然惨呼一声，竟跌下马来。众人大惊，不知何故，好在那兽已全身中箭，倒地不动。此时众人也顾不得那兽是活是死，全都奔向花蕊夫人，只见她躺在地上，一支箭恰中咽喉，已是香消玉殒，气息全无了，忙报告太祖。太祖在马上远见花蕊夫人，一箭将异兽左眼射中，心中欢喜；又见满场中的箭好似疾风狂雨到处乱舞，好看得很，很为高兴。不料就在这时，花蕊夫人跌下马来，太祖还道她急于射异兽，用力过大，致使坐不稳雕鞍，是以跌了下来。及至侍卫前来方知花蕊夫人被乱箭射中咽喉，已是死去。太祖听了连声叫苦，也顾不得体统，翻身下马，奔至花蕊夫人尸体旁。只见她玉容僵硬，一利箭从咽喉直至后颈。太祖将那支箭用力拔出观看，并无姓名记号，疑心是乱箭误中了花蕊夫人。那时候，个个放箭，人人弯弓，追究凶手已是不能。太祖泪如雨下，抱住花蕊夫人的尸身大哭，说是自己害死了妃子，若安坐宫中不前来打猎，便不会有这样的变端了。一面诉说，一面哭泣，直哭得声嘶泪干还不罢休。光义上前劝道："妃子之死，应了天意，阳寿已尽，故误中飞箭。人死不能复生，陛下节哀，保重龙体，以慰天下臣民之望。"太祖经他再三相劝，只得止住了哭泣，传旨花蕊夫人的殡葬仪式如同贵妃之礼。从此，一个美艳无双、娇滴滴的花蕊夫人，就香消玉殒了。只因光义对花蕊夫人深恶痛绝，立意要把她置于死地。随驾出外射猎，这个机会难得，伤她的法儿却无从想起。正在思考间，忽见异兽突出，众侍卫一阵乱射乱放，满场乱箭飞舞他便心生毒计，假装抽箭射那异兽，眼光却觑准了花蕊夫人，趁她放第二支箭，心思都在异兽身上，躲闪不得，便翻转身来，一箭射去，正射中花蕊夫人咽喉。花蕊夫人跌下马来，倒地身亡。这个满场混乱的时候，并没一个人瞧见此冷箭为光义所射，所以被他隐埋过了。那太祖虽然英明，也料不到这样的事情是光义所为，只疑是死于乱箭，无从追究。回至宫中，唯有早晚悲哀，感到无限惋惜。

## 寂寞天子选绣女

却说在太祖宠幸花蕊夫人以前，有皇后、惠妃陪伴，早欢暮乐，日子还是快活的。可是太祖还是感觉不够，想起宫中的嫔妃太少，只有皇后、惠妃二人陪伴太感寂寞。相传皇帝有三宫六院、七十二妃，太祖虽然觉得不必像古时皇帝那样淫逸，但只恐嫔妃太少，被天下取笑枉为天子之尊，不知享受。况且因周世宗生性俭朴，不肯点选良家的女子入宫，所以宫里侍候的宫女，只有数十人，服侍六宫还觉不够。太祖决定，点选绣女，美貌的封为嫔妃，余下的服侍六宫。主张既定，便传下旨意，分遣内监于开、陈、归、许四处挑选绣女。圣旨一下，那开、陈、归、许四府所属的州县的地方官便慌忙调查民家有无女儿。那各州县没有女儿的百姓，还可以确保平安；有女儿的，便不免呼号奔走，想办法隐藏。但州县官员奉着圣旨，再加上内监监视，不敢怠慢，早派遣了差役，在地保引导下，挨户严查，禁止隐匿。众百姓得知此消息，更加惊慌，那么成婚而已许字的，便赶紧通知男家，草率结婚；那没有许亲的，便把女儿什么都不问地胡乱送给人家去成婚，年龄几何、无妻有妻，都不关心，只求把女儿嫁了，不被点选上册，就算万事大吉。所以，一夜间，有得婚数妻的，也有少女嫁给老夫、富家配了穷人的，乱七八糟，真如大难临头。老百姓如此惊惶乱送女儿，只因为父母皆巴望女儿能够常陪伴身边，一家团聚，尽享天伦，倘若被选了去，便永住深宫，如同死了般不得再见。至于得中皇帝之意，为后为妃，虽有可能，但是这乃是一千个难有一个的际遇。伴君如伴虎，即使可以做妃嫔，那天子的脸色，是不可揣测的，如果得罪了皇帝，非但女儿的性命不保，还会祸及全家。百姓有了此心，所以情愿女儿所嫁贫贱，日子安稳，也不愿意女儿进宫，得不可必得的富贵。因此听说要挨家挨户搜查，便异常慌乱，不管三七二十一，把女儿嫁了出去，这也是父母爱女之心，人之常情。

## 御前钦点送内宫

却说那些地方官，让公差随地保各处搜查。那家中有女儿的，虽然纷纷把女儿送去成婚，但终不能一个不剩；况且官府得令后，早有命令，点绣女期内，无论官民，不许结婚。违令者，男女两家，一起处斩。这一来就是想把女儿送给人家，也没人敢接纳，只得听那地方官和内监上了名册，不敢违抗。在四处州县选了一个多月，选到了3000名绣女，又细细地挑选了几日，上等的是30名最美丽的；170名姿容略次一些的，作为中等；剩下2800名，除去了200名有暗疾的吩咐还家外，只剩2600名，作为下等。等次分定后，便由内监总管奏知圣上，各属所选的绣女，在汴京由太祖定夺。太祖闻奏，内心高兴。即命内监呈进名册，总管把3本名册呈上，太祖阅后，遂传令上等的30名进见。一声旨下，那30名绣女被引到御阶前，拜伏在地，齐声山呼万岁。太祖听到声音娇嫩，已经很是高兴。即命那第一个绣女把头抬起，那个女子得了旨意，不敢违抗，便含愧带羞地将头仰起，秉正了身躯。太祖见她果然美丽，遂问她："你叫何名？何处人氏？父亲做甚事情？一一奏来。"众绣女的籍贯履历、姓名年岁，册上都有，太祖明知故问，是因为看她长得花容月貌，心内着实喜爱，故意问她，听其言词是否清朗。那女子听了，缓缓奏道："臣妾宋淑贞，河南洛阳县人。父亲宋偓，世宗时，任左卫上将军，现陛下封其为华州节度。母亲为汉永宁公主，周太祖时，曾被赐以冠帔。臣妾今年十七岁，值陛下有令，点选绣女，官民人家，一概不许隐藏。臣妾之母，不敢抗旨，就报名应选。臣妾之语如有冒犯，望陛下免臣妾不敬之罪！"说罢，又俯伏在地。太祖见她奏对从容，语言清朗，更是喜欢！便道："宋偓之女，生于诗礼之家，母亲又是汉室公主，果然大方可人。"宋淑贞谢恩道："臣妾乃蒲柳，仰荷陛下天语褒奖，实不敢当。"太祖即召两名内监道："你们引宋淑贞前往长春宫。"太祖又命第二名绣女把头抬起，那女子领旨，仰首秉正，太祖见她和宋淑贞相貌相仿，略丰厚，心下也很喜欢。又问她姓名、籍贯，父母何人，年纪几何。那女子答道："民女方翠娥，河南归德府人氏。文士方以咸，就是家父。母亲陆氏，也为儒家之女。民女今年十八岁，蒙圣上洪恩，点选入宫。"太祖听她奏对得大方有礼，很合心意。遂又宣过两名宫监引方翠娥往万春宫，更衣侍候。方翠娥谢恩乘车而去。太祖看那第三第四名，不及方翠娥、宋淑贞两女的从容、奏对明朗，虽美貌却也不合心意。当下将这上等的名册看过后，吩咐总管太监将剩余人分派在坤宁宫、长春宫、景福宫、万春宫去当差。总管太监就引着她们，往四宫内分派。太祖见上等名册只有两个中意的，那中等、下等就不用说了，也不愿点看，发下两本名册，将这2770名绣女，分派各宫，内监领旨。太祖点视完毕，一心想着宋淑贞，即命前往长春宫，圣旨一下，宫监抬过御辇，载着太祖，直奔长春宫。

## 莲花雨露瓣瓣开

已有一太监，飞跑前往长春宫，通知圣驾临幸。守门太监报知值日宫女，告之宋淑贞预备接驾。这时宋淑贞已经更衣，因尚未受封，所着宫装并无品级。宫女们知她是太祖亲选，不久便有封号，不敢小视她，照妃嫔之例称她为宋娘娘。当下值日宫女启奏："请娘娘接驾。"这位宋娘娘，素未练习宫中规矩，不知如何办，正没主意时，早已有四个宫女，引导她来至宫门御道旁，站立守候。瞧见御驾要来了，便教她道旁俯伏，说臣妾宋淑贞接驾，愿吾皇万岁，万万岁。随驾内监宣平身。太祖来到宫中，宋淑贞复又拜伏在地。太祖说免礼，赐座一旁。宋淑贞谢恩后，才在下首坐下，陪伴太祖。太祖见她换了宫装后更是丰姿秀逸，体态窈窕，真个是秋水为神玉为骨，芙蓉如面柳如腰，称得上国色天姿，美极了。太祖这时心花怒放，命她坐近些，细问家中事情，宋淑贞逐件回奏。太祖得知淑贞幼时随母永宁公主入见周太祖曾被赐过冠帔。太祖喜道："朕昔尝与卿父共事周世宗，今汝又入宫侍朕，理应从优封赠卿之父母，亦当加封卿为妃。"淑贞听了忙俯首谢恩，从容道："臣妾初到，得侍陛下，已万幸，不敢妄邀封赏。况臣妾父已受节度，母亦膺诰命；皇恩实觉浩荡！伏乞陛下，不要因臣妾入侍掖庭之故，赠封妾之父母，以致别人议论陛下，任外戚为官，增臣妾罪戾！"奏毕，连连俯伏于地叩首。太祖听了心下喜悦，亲自扶起，仍命坐下，嘉奖道："想不到闺中弱质，有此见识，贤淑秉性，不需多言。朕当依你所奏。此后，应力加裁抑外戚，不落外人口舌。但卿之封号理应得之，明日朕自有旨，勿固辞。"淑贞又拜谢。太祖谕道："不必多礼。"遂命排筵。不久，水陆毕陈，很不寻常。太祖面南而坐，赐令淑贞旁坐侍筵。其时天已晚，宫中金莲炬点起，满室光辉，如同白昼。淑贞手捧金杯，斟满献上。太祖又命宫女奏乐，顿时箫管齐鸣，甚是悦耳。太祖此时，耳听雅乐，口饮御酒，目视美色，直乐得心花怒放，禁不住多喝几杯，微有醉意。又见时候已晚，遂命撤筵止乐，携着淑贞，共入寝宫。早有侍寝宫女，将龙凤帐揭起，展开锦绣衾，服侍淑贞与太祖入寝。那淑贞初经云雨，娇羞婉转，另有一种情趣，太祖觉得畅快得很，一宵不觉已转五更。太祖想起身早朝，司晨宫女同着尚冠、尚衣诸美人,早已隔着帷幕,恭请御驾起床。太祖起身,淑贞也不敢再睡。太祖心下怜惜,恐其着了风寒,忙止住道:“朕五更三点例应听政上朝,必须此时起身。卿并无事情,放心安睡,以养精神,不必拘礼。”说着,下了龙床,众宫女服侍着束带整冠,升了御辇。辇之两侧有十二对明纱灯,照耀前行。

### 天姿国色竞风流

出了宫门,便有执事内监、御前侍卫,拥护着直至金銮殿,受百官朝拜。值殿官高声喝道:“有事启奏,无事退朝。”喝声刚落,见文班中有一大臣,执笏俯伏金阶道:“臣侍中兼守司徒,同平章事范质启奏万岁。”太祖道:“范卿平身,何事只管奏来。”范质奏道:“自陛下即位以来,文武百官,俱已晋官加爵。但各路边帅藩镇,也是周的旧部,陛下初登宝座,亦应颁诏下谕,加恩于外臣。便是江南越吴两国,在周世宗时,已经归附,也该派使者前往下诏,使知朝廷已换新主,令其怀威畏德,一心内附,不敢有二心。臣意如此,不敢犯圣意,谨以上闻,听候圣上裁择。”奏毕,俯伏候旨。太祖闻奏,马上降谕道:“范卿所奏,实为攘外安内、抚绥远人之要着,忠心为国,理应嘉奖!所有派遣往江南吴越和藩镇边帅的使臣名单,着卿会同大臣,拟具奏闻。其诏旨,可命翰林院撰写,之后交朕御览。”范质领旨。太祖见没有什么政事了,便一拂御袖,退朝回宫。之后又传旨,宋淑贞被册封为贞妃,方翠娥被敕封为婉仪。从此太祖有惠妃(即韩素梅)、方婉仪与贞妃3个倾国倾城的美人陪伴着,除上朝听政以外,便在后宫倚红偎翠,右抱左拥,寻欢作乐,非常快活。天下虽未统一,好在南北汉,以及辽邦、西蜀,目前都各守疆界,并不侵犯,没有征战,表面看来甚是太平。所以太祖虽然好色,大臣百姓们也不觉着他的坏处。

## 宋太宗赵光义给哥哥戴上“绿帽子”

### 勾栏惠妃勾引英俊小叔

赵光义采纳了赵普的计策,常常到仁寿宫拜见太后,故作孝顺,欲博取杜太后的欢心。诸子之中,太后本来最爱光义,见他孝顺,更是溺爱。但是光义虽可出入宫禁，究竟有礼法在，不能任意行动。此时太祖亲征李筠，命光义充了宫廷总监，管理宫中一切事情。他就以此为名，整日在宫内，每天到太后那里侍膳问安，昏晨定省，显出百般孺慕的样子。他的金银财宝甚多，常花钱收买那班内侍宫娥之心。仁寿宫内太后的左右内侍宫娥，各院妃嫔以及六宫的宫娥内侍都得了他的贿赂，替他说好话。这班妃嫔虽然富贵，究竟是女子妇人没有见识，得了馈赠，自然欢喜，全部都说光义的好话。只有坤宁宫的王皇后，她位居六宫之主，戒令森严，所有内侍宫女，都怕其威严，不敢私相授受。还有长春宫的宋贞妃，静穆端庄、恪守礼法。她手下太监宫娥，也不敢胡来。光义知道不能用财帛珍宝活动这两处，只得一旁搁置，不去引诱。而景福宫的韩惠妃，本出身勾栏，因太祖宠爱，封为妃嫔。虽然置身青云，究不改轻贱的本性。光义有次入宫朝贺太后，惠妃遇见，瞧他生得仪表非凡，体态轩昂，心中羡慕，免不了对着光义媚眼流波，含情送意。光义聪明之极，瞧这情形已明白，心中想着要设法勾引，使惠妃归顺自己，做个绝大的助力。只因太祖禁令森严，他不敢轻举妄动。如今太祖出外，自己代理政务，兼宫廷总监，自由出入禁掖，真是大好的机会。他一面在杜太后面前百般孝顺，朝夕侍膳问安；一面收买了景福宫的内监，在惠妃面前大献殷勤。没几天，惠妃就被哄骗得心花怒放，时常对宫人称赞光义为人慷慨，相貌俊美，言语举止间露出不胜爱慕的神情。那些宫人都得了光义的贿赂，惠妃在景福宫里的一颦一笑、一举一动，都暗中向光义报知。光义听了，知道时机已到，便要下手。

宋太祖赵匡胤、宋太宗赵光义和潘妃

## 风光旖旎心醉神迷

这日早上，惠妃起身后正在梳头，茜纱窗上，一缕日光，落在菱花宝镜旁，妆台上摆的都是黄金铸成的奁具，映着阳光，金光灿灿。惠妃坐在镜旁，散开头发，乌漆似的青丝直垂到地。那香气从发中冒将出来，甜甜的，使人心神迷醉。有一宫娥，站在身后，轻举金篦，替她通发。四个宫人立在两旁，有的手捧金面盆，有的手拿金粉盝，有的手持金脂盒，有的执拿金盥具，静悄悄地，侍候着惠妃梳妆。那个宫女通好了发，分做三绺，挽起盘龙高髻来。忽宫门太监来报："晋王爷求见!”惠妃闻报,因正在梳头,便说:“请王爷在外宫歇息,我就来。”太监领命。惠妃忙将盘龙髻挽好,随手取枝珠兰花,插向髻边。忽闻靴声响亮,珠帘卷起,晋王光义,已春风满面地走进来。见了惠妃就是一揖道:“参见娘娘。”惠妃慌忙站起身来,要想还礼,手中那枝珠兰花还未插好,手指一松,便从鬓边滑下来。是天缘凑巧,那花儿落下直滚至光义脚旁,光义忙弯身拾起,递向惠妃。一旁宫女,伸手去接,光义一挡,上前一步,举着花儿,低声笑道:“待我给娘娘插花。”说着,逼近惠妃,轻将花儿插在她云鬓上面。惠妃此时已羞得满面通红,不知该不该阻挡,弄得进退两难,好生为难。光义见惠妃满面红潮、薄怒浅嗔,羞怯的样子愈加妩媚动人。再加上那脂粉香阵阵,只觉神魂飘荡,无法忍耐。光义不顾两旁许多宫娥立着,趁着插花的势儿,双手向惠妃的柳腰一搂,悄语低言问道:“圣上抛下娘娘,可觉得冷清吗?”此时两旁站立的宫娥,见惠妃与光义这般,已明其意。她们都得了光义的贿赂,巴望成全了两人的好事,一则酬答光义,不白受赏赐;二则惠妃和光义有了暧昧,必常来往,她们又可从中得利。所以光义去搂惠妃时,她们已全都退了出去。

## “杯水车薪”难解后宫饥渴

惠妃本性淫荡,太祖在宫中时,因有方婉仪、宋贞妃、刘婉容、王贵人、陈修媛、李才人、潘美人及后宫美人,十余名之多,圣驾不能遍及雨露。再加着那些受封的夫人、美人们,一个个斗艳争妍,固宠邀恩,想法以求临幸。那太祖乃开国之君,不比昏君,虽然喜女色,却不忘政事。况且,太祖英明果决,不受迷惑,没有专擅宠幸的人,今日退朝去找这个妃嫔、明日退朝又找那个妃嫔,总是均分雨露,不肯偏袒。惠妃虽也得宠爱,总没有法儿使太祖专情于自己,所以景福宫内临幸,虽不至望穿秋水、悲秋吟扇,每月也只承幸一两次。那惠妃乃妓女出身,惯于放浪,又兼天生丽质、淫荡放纵。在勾栏中,许多王孙公子,爱她才貌,不惜重金低首石榴裙下,博其密爱轻怜,真个是夜夜笙歌,无一日空过。只因遇着太祖,见他仪表堂堂,人才出众,和太祖订了嫁娶之约,却想不到太祖竟能登及皇位,富有四海,享受六宫的春色。因此,惠妃入宫后,虽觉富贵,却备感寂寞。常常临风微叹、对镜自怜,觉得自己这副月貌花容,竟不似杨贵妃一般,万千宠爱在一身,使六宫粉黛无颜色,非常可惜。她既有此心事,未免到处留心,欲求满足自己的性欲。无奈禁官规矩谨严,国戚皇亲也不能轻易入内。只有到令节朝贺之时,光美、光义才得入宫拜见太后。惠妃曾经暗中窥视,觉得光美虽清秀，却不出奇；独有光义生得龙章凤质，方面大耳，仪表堂堂，玉树临风，真是秉山川之灵秀、钟天地之精英。惠妃见了，心中暗夸：晋王的仪容，方配称为玉人儿呢！她爱慕已久，只因内外隔绝，没法见面，只得暗中想念。如今光义进宫挑逗，正合心意，因宫女在旁，不便勾搭，故作羞愧，以遮眼目。不料宫女们很知趣，一齐退下，她与光义同入内宫，相依相偎地不知说些什么。好久，光义才拉着惠妃的手，并肩儿从内宫出来。此时惠妃春光满面、星眼半睁，新梳的发髻，已经散乱，便是刚插在鬓边的珠兰花也没了影。光义一声咳嗽，宫女们听见，才慢慢地进来，侍候着两人洗手净脸。光义喝过一杯香茗，起身离开。

## 极尽床笫温柔，只为登临皇位

光义与惠妃勾搭上手，惠妃竟是相爱相怜，不能分离。但光义在宫中如此胡作非为，却不仅是贪恋女色，主要是为了使妃嫔倾心于己，帮着他在太祖跟前美言几句，以继承皇位。现在虽已勾到惠妃，却贪心不足，一意要把刘婉容、方婉仪、陈修媛、王贵人、潘美人、李才人都收作自己的心腹。太祖的妃嫔们，吃着上方玉食，穿着绫罗绸缎，用着金银财帛，若将她们已有的拿给她们，并不能打动她们的心。皇宫无所不有，妃嫔们缺少的是男女的欢爱，其余的都不稀罕。光义明白这个道理，深知舍着自己的身体去结交她们，方能得其相助，现已有惠妃的一条门路，只要她肯代自己勾搭，便很容易得到那些妃嫔。光义主意既定，便偷溜至景福宫，和惠妃商议。惠妃已把景福宫内全部宫女太监都买通了，那些太监宫女，得了钱，当了惠妃的心腹，光义毫无阻碍地直入寝宫，在那些宫女面前，大胆地与惠妃携手并肩、恩恩爱爱。宫女们侍候太祖惯了的，也对光义同等侍候，每次光义来，便照着圣驾临幸的规矩侍奉。

这晚，光义要惠妃帮自己忙，上了床便尽力报效，格外地巴结。两人轻怜蜜爱，我乐你欢，两更后，方相拥而卧。这时惠妃心畅意适，一心只想着光义，便是为他下油锅也愿意。光义料知时机已成熟，便抱着惠妃的香躯，趁她正在兴奋的当儿，悄语轻言，告诉她自己的心愿。又央求她帮自己把那些妃嫔弄上手，以共图大事。惠妃初时不答应，回言道："好呀！贪心不足，我若替你把她们勾搭上手，你便不肯一心向我了，岂不上了大当吗？"光义见惠妃不答应，急得哀求不已。惠妃禁不住苦求，便道："我帮你得了她们，你还不把我忘记了？"光义忙道："你出力，我不会忘记你，我可当面起誓。"便在枕边起誓道："韩惠妃替我赵光义出力，图谋大事，我若后来忘了她的恩情，子孙后代，必死在异域，尸骨不回。”光义赌咒时，以为自己若成大事，子孙都做皇帝。没有做皇帝的身死外国、尸骨不回之理。这个誓肯定不会应验的。偏偏后来应了他的誓，金人南犯，把钦宗、徽宗以及皇室宗亲全都掳了去，五国城内囚着。后来钦徽二宗，于金国死去，空的梓宫回来，其内并无尸骨，光义的誓言竟真的应验了。

## 后宫寂寞“饿虎”多

惠妃见光义这样起誓，忙将他的口按住道：“你只要心口如一，不将我抛弃就是了。不用起这般重誓的。”两人说着情话，直至天明，方才睡去。起身时，已日上三竿。光义做贼心虚，见时候已晚，怕碰见人，忙洗漱了，出宫而去。惠妃因受了嘱托，便全心替他引诱那些妃嫔。这些妃嫔，深宫寂处，锦衣玉食，闲而无事；又因太祖冷落已久，未享男女之欢。只因禁宫中，都是些宫女内监，没有法子，只得咬紧牙关，忍受寂寞。但是对着那秋月春花，难免有情，日间你来我往，说笑间倒还容易打发日子。但那夜间，寂寂长门、宫闱深锁、守灯孤眠，这样的年轻女子，实在是熬不住凄凉。春意满怀而发泄不得，便是没人勾搭，心头已不安稳，再加上惠妃使出妓院里的手段来，轻易地就把那陈修媛、方婉仪、潘美人给勾搭上了。又因光义生得俊美清秀，超尘脱俗，若非冰清玉洁、贤贞自守、坚定不可动摇的妇人女子，见了面也没有不倾心于他的。因此陈修媛、方婉仪、潘美人被光义勾搭后，早已全心全意，降服于他。还恐怕不合光义之意，被他抛弃，不肯再顾。因此，她们三个人，争着奉承光义，唯恐不合其意。凡是光义说的，她们言听计从，所以光义又借着这三人把李才人、王贵人勾引上了。

## 冰雪美人难收服

只有刘婉容不同，她虽生得貌若天仙，却是正经得很。与同辈妃嫔虽也说笑玩耍，却并不轻狂，而且诗词歌赋、琴棋书画，以及品竹弹丝、描龙绣凤，样样精通，真是全才女子，所以最得太祖宠爱。宫廷中，除了坤宁宫的王皇后、长春宫的宋贞妃，就数她最刚正了。便是韩惠妃，太祖早已收纳，随着皇后一同进宫，位分在诸人之上，但她见了刘婉容，也有三分畏怯，不敢轻易在她面前调笑。因此，没人敢去勾引她。光义也久闻她的名声，定要得到她，才肯甘心，可是韩惠妃等一班人，不敢招惹她，光义只好亲自出马了。幸好借着宫廷总监的名目，可自由出入，他便假借巡查六宫，到刘婉容的宫内走动。那刘婉容听说光义前来巡宫,从容地在外宫迎见,很庄重地行礼谈话,然后便端坐一旁,不再开口,根本不去瞧光义。光义想开口和她搭话,因见她冷若冰霜的样子,唯恐过于草率,把事情闹崩了,反坏了大事。坐了会,甚是没趣,只推说去旁的地方查看,搭讪着告辞。刘婉容只说一声恕不远送,便向内宫退去了,并不留他。光义出来后,好生不解:这女子如此美丽,竟无风月之情?怎么我在那里,连正眼也不瞧一瞧我呢?听说圣上最是宠爱她,平时对她总是言听计从的,要图大事,若能将她收为心腹,则容易得多。但是她那不苟言笑的样儿,令人瞧着畏惮,纵有千言万语,也说不出,甚是难办。光义不得其法,心内懊恨异常,暗暗怨自己道:"光义!枉你生得相貌出众,连个小女子也制服不住,不用说国家大事了。"他独自坐了好半天,方才会意:刘婉容乃是才貌俱全、性情刚烈的女子,刚直的人只能软化,轻举妄动、希图速效反而坏事。好在她的内监宫女,都被我买通了,只要暗中嘱托他们将刘婉容的一举一动通报,无论出宫游玩,或是到什么地方去,我立刻赶去,做个不期而遇。经常见面,感觉熟了,再在她身上献些殷勤,陪些小心,慢慢软化她,使她自然不觉地落入圈套。主意既定,便不惜金钱,买通服侍刘婉容的宫女内监。果然刘婉容刚出去,就有内监通知,光义就装作闲游,也去刘婉容所到的地方,与刘婉容碰个正着。他便赔着笑,问短问长,殷勤得很。刘婉容从前对他,很是冷淡,只因性情如此,并不是憎厌他。不料这天宫中无趣,出来游览,借此散心,刚到后苑太湖石边,就遇见光义,也来不及回避。

这后苑是周世宗时所建,有飞云阁、太液池、观鱼亭、采莲径、绿荫轩、延爽斋、绮望楼、悦心殿、明霞院、芍药圃、海棠榭,胜景很多。亭阁楼台,耸入云霄;异卉奇花,满目繁华。太祖登基后,又复修葺,得空时领着妃嫔前往游赏。真是湖山之胜皆揽,囿林之奇皆擅,扶疏花木,景色宜人。刘婉容和宫女正分花拂柳,来到太湖石旁,忽与光义相遇。他见了婉容,满面春风,向前一揖道:"我因无事来此游玩,不想夫人也来游览,不期有缘。"刘婉容见光义迎面撞来,回避不得,又见他堆笑一揖,也只得彩袖提起,还个礼。光义道:"不知夫人驾临,没有早些回避,莫怪罪!"婉容答道:"王爷客气,婉容当不起。"光义道:"夫人想是才进苑,还没到各地游赏,我当陪伴,不至于寂寞。"刘婉容忙道:"王爷请便,不敢有劳大驾。"光义道:"我奉圣旨,照料宫廷,夫人至苑,理应追随,夫人用不着推辞。"刘婉容听了,不再推辞,只是低头无语。光义便厚着脸皮,在前引导,有意同她说话,便沿路指点,这是何花,这是何树,就是一石一草,他也要向她指导,诉说来历。婉容本就爱游览,光义的指点,正投其所好,虽然她性情孤傲,不肯和人搭话,但不觉与光义问答起来。光义见婉容同自己说话,喜悦不已,更加精神百倍，十分殷勤，跟着婉容，前后左右地照应。直待婉容游遍后苑回宫去，他还把她送至宫门。婉容在途中辞谢再三，叫他莫再相送。光义不依，总说这是自己的责任。婉容推辞不掉，由他送到宫门前。光义一旁恭敬地瞧着婉容进宫，方才离去。

## 香汗盈盈施绝技

刘婉容本是坤宁宫宫女，只因生性最喜游览风景，有空便到后苑散步，偶遇太祖。太祖见她长得动人，便临幸了她，封为婉容。宋朝后宫自皇后以下，有贵妃、淑妃、德妃；又有婉仪、婉媛、婉容；昭仪、昭嫒、昭容、修仪、修媛、修容，此乃九嫔。九嫔之下，还有才人、贵人、夫人和郡君等封号，天子临幸后，方可被封。那刘婉容才貌双全，受封后深得宠爱，于永福宫中居住。她每日必去后苑散步闲行，有时带着宫女同行，或是连宫女也不带，独自前往，或徙倚树下，或折取花枝，或临轩闲眺，或凭栏微吟，竟是每日必至。若因风雨，不能前去，便觉很是不快，若有所失。太祖很是宠她，修葺了后苑，添植了花木，建造了无数亭台，让婉容每日前去游赏。有时太祖高兴就携着刘婉容驾临后苑，看宫女们评花斗草，蹴鞠投壶，快乐无比。刘婉容很会荡秋千。她生得纤腰弱骨，身软体轻，荡起秋千来，直入云际，或下或上，忽徐忽疾，如同飞仙。那红裙飞舞，彩袖飘扬，令人神迷目眩，可谓绝技。下了秋千，微微娇喘，盈盈香汗，柔弱的模样更加令人不胜爱怜。太祖因她善荡秋千，特地在芍药圃前制作了一架。那秋千架儿灵动得很。紫檀造成的踏板，嵌着珠宝，光彩耀人，金银线绞成两旁的彩绳，远望去，黄白相间，映着前后左右的叶儿花儿，绿的红的，环绕四面，甚为可观。刘婉容见太祖为自己备下这东西，更加欢喜，便常去那秋千作乐。自从太祖亲征李筠，驾临泽潞，刘婉容很是挂念，不知此次能否得胜，心内不快，竟好久没到后苑去游览。这一天高兴起来，带了宫女至后苑来，却碰着光义。刘婉容本就腼腆，不愿多说，光义异常殷勤，陪她到处游玩，又在回去时一直送至宫门。刘婉容只道他是好意，不加深究，由他追随。这次游览之后，刘婉容又提起了兴致，每日午后，必去玩赏风景。谁知每天都碰上光义，见面多了，便熟起来。再加上光义有心要勾引，一见面总是百般奉承，赔着小心。婉容瞧他朱唇粉面，风流倜傥，心内也暗夸奖。又见他语言有分寸，性格温存，体贴入微，很合自己的心意，便自然地和光义有笑有说，亲近起来。光义见有进展，更是巴结奉承，以博她欢心。但是婉容虽然有说有笑，不像以前冷淡，却是说话绝无轻狂之语，光义言谈涉于调笑，婉容便正颜厉色，当是没听见，不作回答。光义见她如此，倒弄得不知进退，主意全无。若趁势去勾搭，见她若即若离的神情，担心闹出事来；要从此撒手，不去引诱，以前的功夫也就白费了。况且这样千娇百媚的美女，已经有了希望，也不舍放弃。光义正为难没有主意，谁知恰巧机会就来了。

## 芍药圃裙裳飘扬

那天光义因有要紧的政事和大臣们商议，到后苑比平时迟了些，深恐刘婉容已回官，相遇不得，急匆匆地直奔后苑。进去后，静悄悄听不见一些声音，暗道：果来迟了，刘婉容已回宫了。一面走，一面想，不觉到了芍药圃旁，便听得咿呀之声。光义听了，知有人在荡秋千，暗想：素闻刘婉容最爱荡秋千，莫非她尚未回宫，在荡秋千吗？想着，急走几步，入了芍药圃，果见是刘婉容在秋千架上，一低一高，一落一起地荡个不已，并且身边没有宫女，独自一人。原来刘婉容，因多时没荡，很想荡回秋千舒畅筋骨，不想这几天到后苑，总是遇着光义，不便施展绝技，心下不快。今日独来后苑，以为宫女若不相随，光义即使也到苑中，因只是自己一人，没有声息，光义便不敢惊动寻找前来了。到了苑内，果不见光义，心中大喜，料想光义今天不来了，便放心大胆将八幅罗裙拽了，露出了麦绿色绣花盘金裤儿，紧了一紧腰中系的丝绦，双手抓住金银绞丝的绳索，蹲在紫檀踏板上，便慢慢地腰一拱，脚一蹭，踏板便向前送出，那绳索就悠悠荡起。刘婉容顺势一送一蹭，那秋千也就越来越高。初时离地不过一二尺远近，慢慢地五六尺之高，最后竟至一丈开外。那踏板抛起和架相平，似身体在半空里悬着，那裙带衣裳，随风飘舞，映着斜阳，光辉灿烂，宛似凌波仙子、洛水神妃，在空中驾风飞行，甚为好看。三寸金莲，更如春日初透的笋芽，瘦尖尖的登在踏板之上，令人愈觉销魂。

## 轻嗔薄怒，风光无限

光义站在那里，叹赏不已。正在称赞，那秋千更打得迅速，疾如同风雨，高直上青云，忽听得一声“啊哟”，刘婉容一松双手，竟从上面摔下来。因刘婉容许久没荡秋千了，今天高兴了，用的力气很足，时间过久，那秋千被她荡得如激箭，荡过顶儿，几乎把刘婉容颠倒过来，头顶朝地，脚底向天了。刘婉容知道糟糕，收束已是不及，不觉头晕目眩，眼前发黑，心中模糊，双手没握住，一个筋斗倒翻，直撞下来。此时秋千离地有二丈之高，摔下来，必要粉身碎骨，香消玉殒，一个绝世佳人便生生地断送了。当刘婉容跌下来时，光义已瞧见，大叫“不好”，急忙拼命跑向前来，朝上双手一抱，把刘婉容抱个正着。只因来势儿过猛，光义站得不牢，被撞在地上，幸亏满地绿草如茵，十分厚实，并不觉痛。光义坐在地上，向怀中刘婉容瞧去，只见她半合星眼，紧闭檀口，钗坠鬓乱，头发披散，已昏过去，人事不知了。光义见她这般，又爱又怜，紧紧地抱定她，将自己的脸儿和她的粉颊紧贴，轻声呼唤。半晌，刘婉容才渐渐转醒。初醒时，还是芳心跳动，娇喘不已，躺在光义身上，动弹不得。光义搂抱着她，用手抚摸了一会她的胸口，方得清爽。刘婉容抬眼见自己在光义怀里躺着，被他紧抱着，相互依偎着，不觉满面羞惭，慌忙要推开光义爬起来。无奈受惊过甚，刚刚醒来，四肢无力，坐不起来。光义趁势依偎着道：“刚才好险呀！从这么高的地方摔下来，急死我了，只得舍命向前抱住你，皇天保佑，没有闪失。但是受了如此的惊吓，又是刚醒，难怪没有力气坐起，好在此中只你我两个人，你就在我怀内睡着，歇息一会，待恢复力气了，再起来吧。”说着，又紧靠着她的脸，低声道：“可受了伤损吗？若是有什么地方疼痛，尽早说出医治，耽误不得！”刘婉容见被光义抱着，只因实在气力全无，动弹不得，本来是羞愧万分，听了他的话，方才记起刚才确是幸得光义相救，才能保全性命，心下感激。又见光义对自己千般怜惜，万种温存，看着如此美貌少年搂抱自己，相倚相偎，又是那样的义重恩深，轻怜蜜意。那芳心一片，早已把持不住了，便也假装薄怒，似拒非拒，任凭光义抚摸、亲吻起来。虽未真个销魂，那场轻薄，也到极点了。两人亲昵半日，刘婉容方才复原气力，光义扶她慢慢坐起。原来，女子妇人性情最是偏执，要是心里不愿意，巴结奉承，她们全都不理不睬，也不是威武所能屈，势所能加的。唯有慢慢用情得到她的芳心，使她晓得此人温文尔雅、善于用情，并非强横粗暴、无情无义的人，她便自然地改变心肠了。一经改变心肠，她就死心塌地将深情都用在此人身上。从前冷淡，现在却一片火热，异常亲昵了；那不理不睬的神情，也变作相爱相怜了。如此一来，她为此人粉身碎骨、赴汤蹈火，都在所不惜。自古文君私奔、虞姬自刎以及绿珠坠楼、关盼盼独宿高楼，都是如此。如今刘婉容屡遇光义，见他于己百般体贴，万种温存，心中早觉得光义对女子很多情，便不觉有些喜爱他了。及自从秋千架上摔下来，性命攸关之时，又得光义拼命相救，感其救命之恩，更觉光义是个有义有恩的人了。所以在光义怀中，任他轻薄，也不避却。况那时，她才转醒，也无力避却，动弹不得。男女间要紧的是第一次拉触，之后，两心相印，没有意外，便可以水到渠成了。

## 玉体柔弱扶入账

这时的刘婉容与光义，虽未真个销魂，却已相亲相爱，互有默契了。所以光义慢慢地扶着婉容坐起来，婉容仍觉娇慵，将头枕在光义肩上，慢慢伸出两条玲珑的胳膊，整理香云，之后才叫光义扶她起身。谁想刘婉容气力仍未恢复，双脚立在地上，如经风弱柳一般站立不稳，东摇西晃，就要跌倒。光义见了急忙扶住她道："你刚苏醒，独自行走尚难，我来搀扶你回宫吧。"刘婉容听了，只得点头。光义便扶着她缓缓至宫中。一群宫娥，见二人气喘吁吁地走进来，不知何故，一齐上前询问，光义道："娘娘跌下秋千架，幸亏我经过扶住她，方才无事，但已跌得不省人事，昏迷过去，此刻还是身慵力倦，动弹不得，你们快领着我，送她回寝宫里安睡，好好养着。"众宫娥连连答应，有几个帮助搀扶着婉容，有几个在前引着直入寝宫。光义扶她睡在沉香床上，随手取过龙凤绣衾一条，替她盖上；又放下锦帐，嘱咐宫娥好好侍候，不可无故惊动。宫娥们连声答应。光义仍放心不下，轻轻揭开锦帐，见婉容微闭星眼，已是酣然睡去。光义便放了心，退出宫来，也不到方婉仪、韩惠妃等处去，直回自己休息的地方。早有内侍服侍用膳，摆上香茗。光义想起日间的事情实是凑巧，这刘婉容又到手了。想得心中畅快，喝了些茶，便命内侍服侍他睡觉，觉得意适心宽，一着枕便沉沉睡去。醒来时，天已放亮，忙起来，梳洗后，束带整冠，会集百官处理政务，直至晌午才回宫，因惦念着刘婉容，用毕午饭，匆匆地直向永福宫中来。

那刘婉容只因过度惊骇，方才晕倒，并无大碍，养了一夜，已是精神复原，痛苦全无。起身后，宫女们侍候着理发梳头，漱口洗面。她知道光义必要来看望，便格外用心修饰，至晌午才毕。午餐用过，正同两个贴身宫女讲昨日跌下之事，及如何得光义相救才得以保命，否则早已筋断骨折了等等。早已得了光义贿赂的两宫女，便在婉容前，称赞光义温和，不但容貌秀美，而且体贴入微，便是昨天亲扶娘娘回来，他还亲自服侍娘娘睡下，又亲自帮娘娘铺绣衾，放锦帐，嘱咐她们小心侍候，临去时，还再次揭帐视看，见娘娘安睡，方才离去等事，如此这般地都告诉了婉容。婉容心中更是感动，觉得他为人好到绝顶了。奇怪的是当初刘婉容虽见光义生得风度翩翩，清俊秀美，心中却是毫不动念。自从昨日得救，心内便常常念着，连坐处行处，都觉得光义的种种都映在眼中，要抛开惦念他的心思，不想才抛去，又想起来，怎么也抛不开去。如今表面上与宫女说话，芳心早忆着光义，盼他前来，好诉衷情。正在这时，守门宫监来报道："娘娘，晋王爷来望，已进宫了。”刘婉容正盼着，听得光义已到，喜悦之极，说道：“快请。”宫监退出，片刻不到，光义已入宫内，见了婉容，春风满面道：“昨日受吓，今天想是平复了，我惦念得一夜未能安睡，本想早上来探望，却被政务所阻，所以这时方来，望勿怪罪！”婉容忙道：“哪里。贱妾昨日若未蒙相救，早已命归黄泉，此恩此德，粉身碎骨也不能报答。如今王爷又亲来探望，实不敢当。”两人边谦让，边入座，婉容吩咐宫女取来御用香茗，敬奉王爷。宫女便将太祖平时用的金碗取来，盛了一盏，献于光义。当下婉容与光义喝着茶，亲切地谈起心来。那两宫女知趣得很，瞧着婉容和光义，悄语低言，谈得亲密异常，便退了出去，只剩下婉容、光义两人。孤男寡女，这时既无他人在旁，就更无所顾忌了。

## 春风满面云鬓乱

况且，这婉容与光义，一个是感恩图报，一个是有意挑逗，两人早已相互有意，不过无缘上手罢了。现在在深宫中，宫女们退出，正中两个人的下怀，两人好似干柴烈火，不燃才怪。此时那些在外面候着的宫女，大气不敢出一声，唯恐惊动了娘娘和王爷，使其不便。半日，方才听得娘娘和晋王爷谈笑的声音，又听得唤宫女前来送茶。这些宫女不敢怠慢，忙斟了两杯香茗去。只见光义春风满面，得意得很；婉容却微蓬云鬓、斜插金钗，和光义携手并肩地坐着说话，不知在聊什么。那宫女将香茗送上，光义称赞道：“很好！你们这么懂道理。娘娘和我定当重重赏赐。”那宫女笑道：“服侍娘娘和王爷，是应该的，不敢望赏赐。还望王爷不要嫌奴婢们粗蠢，不及旁的宫里的姊妹机灵，常来座谈一会，莫辜负了我们娘娘今儿的一番深情蜜意！”光义听了，大笑道：“真是可人！婢随其主，真是强将手下无弱兵了！”宫女们的话刘婉容听在耳里，知是指光义与自己的私情，很是羞惭，低头整理着衣裙，也不说话。那宫女又打趣道：“时候已晚，奴婢去令御膳司备桌酒筵，王爷便在此用晚膳吧！”光义正舍不得离开，这话正合心意，连连点头道：“很好，快传。”婉容却不许：“慢着！你去传酒，如果御膳司问你为甚要备酒筵？何人在宫？你怎么说？”那宫女道：“娘娘不用担心！奴婢只说惠妃娘娘来此，因高兴，要和娘娘玩乐，那就无妨了。”婉容也有意将光义留在此处，方可停眠整宿，以实现自己的心愿，见那宫女说得也是，就由她传话，并不阻挡。不久时，酒筵已毕，婉容担心外处不方便，就将酒筵安排在寝宫内。宫女们会意，便赶紧调排桌椅，安放箸杯，请二人入座饮酒。光义便拉着婉容的纤手，二人并肩坐下。宫女们斟酒，两个人低酌浅斟，说说笑笑，很有情趣。这席酒，虽没有音乐伴奏，但是男欢女爱，眉目传情，另有一种趣味，两人直吃到午夜，方命宫女撤席就寝。一夜欢娱，不在话下。从此，刘婉容也和光义一伙，暗自帮他。太祖的妃嫔被光义勾引上手，光义只知自己快乐，根本不惦念着太祖的出征辛苦。

话说光义自和刘婉容搞上之后，已达心愿，心中非常畅快，便白天晚上都在宫内与韩惠妃、刘婉容、方婉仪、陈修媛、李才人、王贵人、潘美人等，朝欢暮乐，没完没了，只避着王皇后和宋贞妃的注意。因为执掌昭阳的王皇后，秉性端庄，执法森严；宋贞妃乃世家出身，深明大义，不可冒犯，所以光义对这两个人很是惧怕，既不敢失礼，又时时小心，防备着皇后和贞妃，害怕自己的事情，被她们知道，若被太祖知晓，就不得了了。因此，光义只是偷偷摸摸地乱来，不敢张扬。也就因此，光义始终遮掩着自己的罪行，没有败露，这也是他命该享有宋朝的天下。

## 宋真宗与敲鼓女郎眉目传情

### 孤男寡女上京师

宋真宗即位后，把一干政务料理干净，正值清闲，才想起正宫虚位，须挑选一人，册为正宫，内政方得以主持。

真宗原有一位郭皇后，染疾而死。后宫之中，真宗宠幸的很多，中意之人却没有一个。现在想挑选妃嫔一人，册为正宫，仔细想来，刘德妃是最佳人选。这天临朝，便将此事与群臣商议，不料朝臣中却是赞成的少，谏阻的多。之所以不赞成，内中也有个小小的原因，那刘德妃乃成都人氏，父名刘通，任过小小的武职，随太祖征伐太原，途中死去。那时德妃年纪还小，就跟着母亲住在外祖家。十三四岁时，便出落得身材袅娜，相貌出众，又很是聪明机警，文字书画，弹唱丝弦，一学便会，鼗鼓最为擅长。这鼗鼓乃是一种久已失传的古乐。德妃天生资质聪明，能灵活变化运用，演奏起来，铿锵动人。人听了她的鼗鼓后，愈加觉得她娇艳不可方物，如今的打花鼓，就是因她得以流传。

可惜她年少时候，运气很差，母亲一病身亡，外祖家道中落，人丁散尽，只剩下个孤零零的德妃，无依无靠，吃了上顿不知有没有下顿，多次想要自尽，去阴

宋真宗

间寻找亲人，不必在人间受这饥寒之苦。一次，无意中在门前闲望，一个相士偶然经过，瞧见了德妃的玉容，便站住了，从下至上，细细地看。德妃见这相士只知道瞧着自己，眼也不眨，很是奇怪，不觉脸上一红，说："你真荒唐，男女有别，你走你的路，看我做什么？"那相士赔笑道："我并无歹意，只因你生个大贵之相。我一生相人非常多，你这相貌，还是第一次遇见呢！"德妃此时正穷极无聊，相士的话令她心中不觉一动，便问他道："你相我如何大贵呢？我本贫寒，没有相金给你，休要再骗人了。"相士道："我并不要相金，将你的手与我一看，自有分晓。"德妃动了心，也不避嫌，竟将一双春葱玉手，伸出来给那相士看。相士看了道："此乃后妃之相，到了中年，还要执掌天下的大权，富贵至极。但当前尚未交运，一定要耐心守候，并且一生与姓李的不合，姓李的几乎要破坏你的佳运，幸而有贵人相助，可以逢凶化吉，没什么问题。"相士这番话，旁人暗笑他梦呓，便是德妃也怀疑，以为那相士胡言。一个女子，贫困如此，又处在乡间，无人认识，何来大贵呢？

但是自从听得相士的话后，打断了自尽的念头。每到无奈的时候，就用相士的话来安慰自己，也就想开了。不久，听说邻舍有人名唤龚美，是个银匠，要去京师做生意。德妃想："我满肚才学，相貌美丽，但埋没在穷乡僻壤，永无出头之时。不如也去京师碰碰机会，或许应了相士之言，可以发迹也说不定。"主张定了，便去找龚美，说想结伴同行。龚美起先不答应，说一来我盘费少，只够一人之用；二来男女同行，不便得很。德妃笑道："这两层意思，我早已料到了。盘费不用忧虑，我有本领，随时可以吃饭，连累你不得；第二件，我们可以兄妹相称，沿路若有人查问，我自有话答，必无闲言闲语！"龚美见她如此说，推辞不得，只得答应带她一同上路。

## 玉容花鼓迷真宗

德妃到了路上便打起花鼓来，人见她生得美貌，唱得婉转，花鼓又打得别有节奏，给的银钱甚多。起初德妃一个人边唱边打，后来龚美见此可以赚钱，也制了一面小铜锣，帮着德妃唱歌，男女合演的花鼓戏居然成功了。一路上，逢州过县，很是轰动，收的银钱不但够德妃吃用，连龚美也沾光不少。到了京师，龚美仍做银匠，德妃用完了沿路赚来的钱，只得又去卖艺。京师不比别的州郡，人多得很。忽然来了个女子打花鼓，大家都争着来观看。德妃见生意红火，高兴得很，那花鼓打得非常动听。

这一天正在卖艺，恰有个襄王的贴身内监，见了她的色艺，便回邸中，说与同伙听，并赞其生得标致，唱得好听。内监们一窝蜂地去观看前。瞧后，人人赞美，个个称扬。因此，襄王邸整个被她轰动了，真宗也有所闻。真宗此时尚非天子，年少好奇，听说有个外地来的女子打花鼓，便带了近侍，微服探访。此时德妃尚只十五岁，仍与龚美同住一寓。真宗由近侍领至寓中，恰巧德妃正要上街卖艺，忽有几人闯了进来，见中间一人，年纪轻轻，穿身华服，生得凤目龙眉，仪表堂堂，随身跟的四个人，都似太监。德妃聪明得很，已知其不凡，忙迎向他们，殷勤让座。真宗便坐在上面，四个随从在旁边站着，内中就有一个对德妃说："咱们小爷，闻得姐儿的花鼓打得好，所以亲来赏鉴，你可否打一套来？"德妃连忙答应，取了花鼓，连打带唱，献尽平生的绝技。

真宗初见德妃，已是神迷目眩，暗自称赏，又见她打起花鼓来，身材娇小玲珑，声调铿锵悠扬，更加喜欢。德妃早知真宗不平常，有意地眉目传情，惹得真宗心猿意马，无法忍耐。回至邸中，立时令内监召其为侍女。当下真宗细问她家世。德妃说，先居太原，后迁成都，祖名刘延庆，在晋汉间曾为右骁卫大将军。父亲刘通，太祖时任虎捷都指挥使，随征太原，中途病死。因家世贫寒，无依无靠，所以同表兄龚美转徙京都。德妃带着悲切凄凉的态度诉说，愈觉可怜。真宗正值少年，不肯放过她。那德妃又生性聪明，想起相士之言，更加想要图个终身富贵。两下里相爱相怜，如胶似漆，片刻也不能分离。

真宗乳母秦国夫人，管教真宗甚是严厉，见他们如此这般，便告知太宗，太宗就传真宗当面训斥，令他速速赶德妃出邸。真宗无奈，便暗中将她托付了王宫指使张耆，命他暗中收留。到真宗即位，重新召其入宫，封为美人，重圆破镜，更是爱怜。不久封为修仪，升至德妃。屡次要封为贵妃，都被李沆谏阻。

## 暗结珠胎封皇后

德妃性情灵变，在郭皇后面前殷勤侍候，同杨淑妃也极好，治下又严宽得体，因此宫中皆称她贤德，真宗越发喜欢。德妃进位修仪时，因母族寒微，兄弟鲜少，前次进京，与龚美以兄妹相称，现在便奏知真宗，欲将龚美认作亲兄，接续刘氏香火。此时德妃六宫宠爱于一身，真宗即令龚美改姓为刘，赏其四品官职。初时郭皇后有3子，皆早夭。杨淑贞生子也都夭折。真宗望子心切，便纳宰相沈伦之孙女为才人。沈才人的父亲，名为断忠，又曾任光禄卿。就连杨淑妃，也是家世显赫，乃天武副指挥使杨知信之女，又比德妃先入宫。淑妃德妃同时晋封修仪，郭后驾崩后，淑妃与德妃名位相当，都有希望继位中宫。沈才人虽是后进，乃是将相门下，也算是个劲敌。德妃虽表面谦和，心内却忌妒刻薄，只巴望得一皇子，皇后之位就到手了。既然祈祷无灵，熊梦无期，便想出一个移花接木的计策，暗令侍儿李氏，每天铺床叠被时，侍候真宗。

这李氏性情柔和，容貌婉丽，乃杭州人氏。祖名李延嗣，吴越王时，曾任金华主簿。父李仁德，任左班殿值。钱俶纳士返朝，所有亲属官僚，均迁往汴京，李仁德亦携带儿女徙至汴京，不久仁德染病身亡。继母携所生子他嫁，剩下李氏孤单无以为生，遂削发为尼。刘德妃被赶出襄王邸，在张耆家寄居时，偶往庵中礼佛，见李氏貌美，举止从容，知是大家闺秀，言谈问又复知其知书达理，德妃心内喜爱。问明家世，知是官宦后代，无人投靠，于是出家，因与自己甚为相似，便觉惋惜。又因出了襄王邸，住在张耆家，需有心腹侍候，就要将李氏带在身旁。李氏本因无奈才出家，现在刘德妃愿带走她，当然答应。又知襄王宠爱刘德妃，此时无奈寄居外面，掩人耳目，日后总要重召入宫。李氏动了富贵心思，便谢了德妃，随她而去，慢慢将头发蓄起来。

等得真宗即位，复召德妃入宫，李氏也跟去做了侍儿。德妃因自己不能生育，不能母凭子贵，思来想去，只有李氏乃亲手提拔，而且胆量很小，性情柔顺，不怕她争宠。倘生下一子，由自己抚养，只要做得秘密，也就如同亲生了，因此令李氏为司寝，暗中嘱咐了一番。李氏的生死荣枯，都由德妃掌握，自然从命。真宗见李司寝动人娇媚，柔顺婉转，心内也爱。李氏竟然当夕就怀了孕。真宗知道后，心中大喜！每逢游览宴饮，均命侍驾。一日，同真宗临幸砌台，因金莲瘦小，失足绊倒，头上的玉芜钗，震落下来，李司寝大惊，恐受责备。不想真宗借坠钗卜祷道："钗落无损，当生男儿。"左右拾起献上，果然无损，真宗更加高兴。

十月后，果生一子，即仁宗。

真宗给他取名为受益，晋封李司寝做崇阳县君。德妃抱起受益，作为亲生，并与杨淑妃言明，又嘱咐内监、待女，以后只说皇子为她亲生，不得泄露于外廷知道，一面暗求真宗册她为后。

那真宗向来宠她，欣然应允。第二天便与群臣商议。谁知朝臣无人赞成，翰林学士李迪是第一个出言阻止道："刘妃出身贫贱，母仪天下不适合。"真宗想不到他说出这句话来，便不悦道："曾任都指挥使的刘通乃是妃父，出身寒微，此言差矣。"此言未毕，参知政事赵安仁又奏道："沈才人，出自相门，立她为继后，足孚众望。"真宗不肯听，遂答道："后不可以僭先，且刘妃有才有德，足以母仪天下，朕意已决，勿需再谏。"李、赵二人只得退下。真宗还要装些体面，选个有名望的人草诏，就命丁谓谕杨亿，草诏册后。杨亿并不答应，丁谓道："草了这诏，从此你就不愁富贵了。"杨亿道："此富贵我不愿得。"丁谓回报真宗，只得让别的学士草诏。终于册刘氏为皇后，并晋授杨氏为淑妃，崇阳县君李氏为婉仪，才人沈氏为修仪，所有典礼，都十分豪华。

刘德妃登上皇后之位后，想起从前贫苦时相士的言语真的很灵。并听说李沆曾经阻止自己晋封贵妃，现在又有李迪谏阻册立自己为后，与姓李的不合这句话，也是不假，就暗暗地记住李沆、李迪。又因自己母家没人，虽然有个改叫了刘美的龚美在朝为官，算是哥哥，只是人丁太少，并无面子，很是懊恼。刘皇后的心事并未说出口，但有人猜了出来，传扬出去。很快，很多姓刘的都来认作刘皇后的本家亲族。刘皇后竟是全都接受，全部加以恩赏，顿时汴京内刘姓成了大族。那刘皇后又牢记相士说自己日后还要掌握大权，就凭借心性聪明，注意时事。她本来就识字知书，现在又旁览经史，真宗退朝后阅览天下奏章，动不动就到半夜，刘皇后也坐在一旁陪着，一经过目，不再忘记。真宗有时有些狐疑或是不能记住的地方，向刘皇后询问，竟能回答无误，且能援古证今，替真宗处理疑难。真宗更加敬爱她，凡事都和刘皇后商量后再说，刘皇后开始干预朝政。

## 太后临政欲称帝

真宗去世后，仁宗继位。刘皇后便以皇太后的名义临朝执政，在几件事情上确实干得不错，表现出女政治家当机立断的非凡才能。

真宗晚年迷信道教，这是一个致命的弱点。丁谓、雷允恭等人乘机兴妖作怪，用奇谈怪论对真宗百般迎合，排斥打击寇准、吕夷简等正直大臣，得以身居高位,左右朝政。也正是借着丁谓之流的支持,刘皇后才得以垂帘听政,但她上台不久,便大刀阔斧地动了一次大手术。杀允恭,贬丁谓,把身边的隐患统统清除,对吕夷简、鲁宗道予以重任,为仁宗物色了一批干练人才。刘太后虽是来自民间的妇女,她有政治才能,也有政治野心,但她知道把握一定的火候,有时做错事也能从谏如流,立即纠正。有一次,她问参政鲁宗道:“你是如何评价唐朝武则天这个人的?”鲁宗道一听就明白了她真正的意图,马上说:“唐室罪人也。”刘太后听了这番话后很不高兴,鲁宗道又进一步说:“武则天幽嗣主、改国号,几危社稷,难道还不是罪人吗?”刘太后不说话,很久之后才笑了笑说:“你也太多心了。”有一次内侍方仲弓请立刘氏七庙,刘太后见奏章后难掩心中的喜悦,鲁宗道见状又赶忙出班奏道:“天无二日,国无二主,太后家若立七庙,那怎么对得起皇帝家呢?”刘太后一听顿时改容,便将奏章压下,不再提这件事情。还有一次刘太后带儿子仁宗上慈孝寺去,太后乘辇先行,鲁宗道马上阻拦:“夫死从子,古有常经,太后千万不要忘了法度。”刘太后连声说好,立命停下自己的辇车,让帝驾先行。总之,鲁宗道刚直,有“鱼头参政”的称号,在位曾数次抗言,刘太后并没有因此而疏远加害,他死时还亲往祭奠。

又是几年过去了,仁宗已经成年,众大臣接连上书,请求太后还政放权。刘太后非常不愿意退居二线,先将带头上书的范仲淹贬官通州,后把上书的翰林学士宋绶调任应天府,这才挡住了群臣的谏议。后来,仁宗生母李氏病死,刘太后下令以宫人礼仪发葬,又一次激化太后和群臣之间的矛盾。仁宗出生后便被刘太后强行夺走,李侍儿一言不发,安分自守,以退求全,因而被封才人、婉仪、顺容,最后进位宸妃。众人因为害怕刘太后,一直不敢告诉仁宗,所以仁宗也一直认为自己的生母便是刘太后。对于李宸妃如何发葬一事,仁宗无动于衷、听之任之,宰相吕夷简却站出来表示坚决反对。刘太后很生气,指着吕夷简问道:“你想离间我们母子关系吗?”吕夷简说:“刘氏要想久安无事,宸妃葬礼就得慎重对待。”刘太后这才说“我知道了”,改命以皇后礼仪发葬。群臣一见刘太后对此事已经退步,便再次奏请还政。刘太后大怒,不仅把这件事情压在一边,反而穿起皇帝的衮龙袍,戴上皇帝的仪天冠,备齐法驾,去太庙主持祭典。群臣这才看出刘太后也不是省油的灯,于是上书请仁宗封太后为应天齐圣显功崇德慈仁保寿皇太后,刘太后这才高兴。更为有趣的是,三司使程琳看出刘太后对皇位有兴趣,便献了一张临朝图希望能讨得刘氏欢心。刘太后看了半天,摔在地上,大声说:“才不愿做背负祖宗的罪人呢!”众大臣终于明白了:刘太后不想放权,但也没有当皇帝的打算!刘太后死前,虽然口里说不出话来,但一直用手撕扯身上的衣服，好像还有话要说。仁宗不解，便问参政薛奎。薛奎笑了笑说："太后的意思臣清楚，太后怎么能穿着皇帝的衣服到地下去见先帝呢？"仁宗这才给刘太后换上皇后的服装。

刘太后临朝十一年，恩威并用，政令严明，能当皇帝又没当皇帝，想当皇帝又没有胆量，是一位功过皆有的复杂人物。她死以后，宋仁宗才从燕王那里得知实情。仁宗自然恨刘太后欺骗自己，使自己辜负了母亲的生育之恩，于是，下诏追封李宸妃为皇太后。一面重新为生母发丧，一面下罪己诏痛骂自己，但又不忍心对已死的刘太后予以追究。加上群臣感叹赞颂刘太后抚养辅政之功，宋仁宗也就作罢，仍然尊敬刘太后如故。宋仁宗事后深有感触地讲："人言终究还是不可全信啊！"

## 宋仁宗纵欲过度

天圣二年，拟立皇后，仁宗喜张氏女敏慧秀丽，想立为正宫。刘太后不许，遂立郭氏为后。郭氏却得不到仁宗的欢心。偏是这日皇上来到皇后宫中，与郭后谈起罢免从前谄附刘太后的人，又称赞吕夷简忠诚可靠。吕夷简与郭后并没嫌隙，但皇后无意中说道："陛下以为吕夷简就不谄媚刘太后吗？不过他很是机警，瞧不出来。"仁宗听后生疑，遂用手敕罢免吕夷简，下令中书草制。又令李迪入相，用李谘为枢密副使，王随为参加政事，王德用任枢密院事。几个月不到，谏官刘涣奏道："臣前奏太后还政，将其触怒，幸陛下因吕夷简言，知臣忠心，甚是恩典，故臣不避斧钺，渎陈一切之语。"仁宗览疏暗道："夷简原非谄附刘太后，委屈他了。"复又召吕夷简为相。升刘涣为右正言，又命王曙为枢密使，宋绶为参知政事，蔡齐、王德用为枢密副使。吕夷简复入相，郭后心生怨恨，欲报复，时刻都在等候时机。

那仁宗虽然宽仁，却好色，因为郭后不甚如意，心内不喜，虽刘太后作了主立其为正宫，但仁宗并不去昭阳宫。好在那时宋朝的制度，后宫尚有三千佳丽，仁宗既不爱皇后，就任意在后宫挑选，封中意的为美人。那时虽然刘太后尚在，这些事情却不便干涉，因此仁宗有许多美人。最宠爱的乃是杨美人、尚美人两个。杨、尚二美人都在仁宗面前撒娇惯的，不肯受皇后的欺负，少不得争莺叱燕，指桑骂槐，彼此闹个没完没了。仁宗不好偏袒，只得装聋作哑，不去理睬，但碍着刘太后，杨、尚二美人还得让皇后一步。

现在刘太后已死，这些美人愈加不把皇后放在眼里。这日正值腊八佳节，众嫔妃都陪仁宗闲谈，皇后也在。尚美人洋洋得意，手中拿了一只哥窑茶杯，一面谈笑，一面吃茶，一不小心，将茶溅在皇后衣服上，皇后责她鲁莽。尚美人反与她顶撞起来，皇后甚是愤怒，也不顾礼节，遂上前用力打了尚美人一个耳光。到底她是皇后，尚美人不敢对打，便哭着躲向仁宗身后。仁宗见尚美人被打，心下怜惜，又不好责备皇后，遂用全身护着尚美人。皇后见仁宗相助他人，更是气愤不已，又举手打去，因指甲锐利，在仁宗颈项上划了两道血痕。仁宗动怒，呵斥了她几句，就带了尚美人往西宫去了。那尚美人还撒娇哭泣，让仁宗替她出气，惹得仁宗对皇后更是恼火。

内侍阎应文与吕夷简平日甚相友善，吕夷简正托他窥探宫中之事，他知道此事后，自然不肯放过，遂奏道："寻常人，妻尚不敢欺夫。陛下乃天子，竟受皇后欺侮，甚是不公！"仁宗无言。阎应文又道："陛下颈上之伤犹在，明日指伤痕，言皇后泼悍。"吕夷简道："皇后失礼过甚，母仪天下不足。"仁宗道："废后事关重大，可有前例？"吕夷简道："英明之主汉光武，因郭后怨谤，将其废黜，何况是伤害圣上的行为呢？"仁宗听了，主意已定，与吕夷简商定，只说皇后一心修行，封为净妃玉京冲妙仙师，于长宁宫居住。吕夷简知台谏必来谏阻，就劝仁宗传谕不受台谏章奏。果然中丞孔道辅，谏官范仲淹、宋痒、孙祖德、刘涣、郭劝，御史蒋堂、马绛、杨偕、段少通等人，联名进谏，但不为接纳，遂都来到垂拱殿，跪在阶下，请求接见，只见殿门关闭，没有声息。孔道辅见了，扣环大呼道："皇后被废，有失圣德，为何不令台谏进言。"仁宗传旨，群臣与宰相在阁中谈话。孔道辅和其他人来到阁中，吕夷简已在那里守候，孔道辅对夷简说道："帝后之与大臣，如父母与子女，父母闹矛盾，只能谏劝，并没有顺父黜母之理。"夷简道："皇后弄伤帝颈，达过失礼，且废后汉唐就有，没什么不可。"孔道辅厉声道："这么说，废后是你的主意。大臣应当引导君为尧舜，怎么能够效法汉唐失德之事呢？"夷简不知如何回答，拂袖入内，对仁宗说道："跪拜请对，非太平景象也，如果不加贬谪，他们不会停止谏诤。"仁宗也如此认为，就下定决心贬黜台谏。第二天，孔道辅要齐集百官，与吕夷简廷斗。谁晓得刚到待漏院，就有诏旨道："伏阙请对，前所未有。孔道辅等行径冒昧，很失大礼，孔道辅着出知泰州，范仲淹出知睦州，孙祖德等罚半年俸禄，以示薄罚，以后群臣，不可相率请对。"孔道辅等领了旨，只得叹息离去。

废去郭后，仁宗更加宠爱杨、尚两个美人，每晚当御，淫乐贪恋。不久，仁宗累得都不能起床。消息传出，内外都忧虑害怕。杨太后听说了缘由，即命仁宗将二美人斥退。仁宗奉了慈谕,但不舍二美,只是含糊答应,并不照办。杨太后见仁宗不听,心内生气,立刻召了阎应文,命他传谕仁宗,将二人斥退,否则要召集百官,宣布二美迷惑皇上的罪状。阎应文知太后动怒,很是着急便再三劝仁宗道:“太后生气了,非遣二美不可。若当真召集群臣,宣布罪状,非但杨、尚二美人在劫难逃,就是陛下也面上无光,还是自动把两具美人遣出,方为上策。”仁宗听了,恨恨地道:“既然太后不容,就叫她们离去吧。”阎应文领旨,即令她们离宫。杨美人与尚美人,又哭又闹,不肯出去。

二个美人央求阎应文去求仁宗,希望看在往昔的情分上,不要将她们赶出宫。阎应文不肯,大声叱道:“休得饶舌,身为正宫的郭皇后,被你们两人弄出宫去当尼姑,你们还想在宫内迷惑皇上?”遂强行赶出宫。第二天,仁宗下诏,命尚氏为女道士,居于洞真宫,杨氏别宅安置。一个多月后,无两美人缠绕,仁宗病体痊愈,改立曹氏为皇后,废后郭氏,令居于瑶华宫。曹皇后是已亡的枢密使曹彬孙女,出身名门,大度宽仁,很能服众。自册立为后以后,见仁宗身体不好,害怕没有皇嗣,很担心,遂劝仁宗于宗室中找一小孩,作为螟蛉。太宗皇帝的孙子,也就是商王元份的儿子允让,他有很多儿子。于是就立了他的第十三个儿子宗实作义子。宗实当年才 4 岁,入宫后,由曹后抚养,就是后来的英宗了。

自那郭氏出居瑶华宫后,仁宗念及夫妻之情,常派人问候,又命宫女送些物品,无事的时候,还赐诗两首。郭氏的答诗很是凄婉动人。仁宗于是更加想念,暗地命人备车去接郭氏进宫,大有复合之意。郭氏却说道:“我进宫,很容易。只要百官立班,重新受册即回。”仁宗听了便道:“这也不是不可以。”哪知这句话竟送了郭氏的性命。因为当初废她时,乃是内侍阎应文调唆,现在深恐仁宗真的让郭氏复位,自己的性命甚危!恰巧两天后,郭氏忽然患病,仁宗便命阎应文带了御医去诊治。阎应文有此机会,很是高兴,便贿赂了御医,故意下错药,郭氏吃了,几日内就断了气。仁宗很是惋惜,但也无法,只有认作天命。外面却议论废后死得可疑,阎应文肯定有关联,只是没有证据,无从举发。此时范仲淹担任开封府尹,奏请恢复郭氏皇后名号,所有仪式都从皇后之礼,只是不建太庙,没有谥号而已。他还列举了阎应文种种罪状,仁宗也觉郭氏死得奇异,加之外面种种风传,心下正有办他之意,立刻准奏,将应文发配岭南。阎应文发配途中,觉得有女鬼跟随,因惧生病,经常大叫“饶命”,中途而亡。不久杨太后亦崩,谥号章惠,葬于永定陵。

# 才子柳永的青楼风流

宋神宗时，有一位名叫柳永的风流才子，字耆卿，建宁崇安(今福建崇安县)人，是有名的词作家。

柳永不仅能词善赋，才华横溢，而且为人风流倜傥，放荡不羁。其一生潦倒，绝世之才多半挥洒于风尘之地。

柳永早年居住在汴京(今河南开封)，生活过得很奢华，锦衣玉食，如同纨绔子弟。他善于作歌填词，常去歌坊青楼之地。父亲柳宜，曾任南唐监察御史。宋朝时，官至工部侍郎，由于家庭的影响，柳永本来也希望能入仕为官，有所作为。不料世事沧桑，天不从人愿，柳永初次考进士便落了榜。

柳永非常失望，便填了一首《鹤冲天》，以抒发内心郁闷。词云：

黄金榜上，偶失龙头望。明代暂遗贤，如何向。未遂风云便，争不恣游狂荡，何须论得丧。才子词人，自是白衣卿相。

烟花巷陌，依约丹青屏障。幸有意中人，堪寻访。且恁偎红倚翠，风流事，平生畅，青春都一饷。忍把浮名，换了浅斟低唱。

柳永当时年轻，有些意气用事，因此填了这首《鹤冲天》词，发一通牢骚。

本来，这首词只是逞一时意气，无关紧要。岂料，正是这首词，几乎将柳永一生的功名断送。

宋仁宗当政后，注意整肃文风，反对浮艳、轻薄、华而不实的文章。而柳永却以填这类词为能事，这首《鹤冲天》便被宋仁宗注意到了。

后来，柳永再次参加考试。待要揭榜时，宋仁宗发现柳永的名字在名单上。宋仁宗对柳永的词没有好感，朱笔一挥，当即将柳永的名字勾掉了。而且，他还很反感地对周围的人说道："此人喜欢花前月下'浅斟低唱'，要这'浮名'何用？朕就且让他去填词吧！"

自此，柳永一生不得重用，戏称自己为"奉旨填词柳三变"，终日与娼妓为伍。直到年过半百，改名"永"(初名"三变")后，才有了一点功名，官居屯田员外郎。北宋著名的词人中，以他的政治地位最低。

虽然柳永一生仕途不得志，但在"浅斟低唱"、花前月下上，却是自在得意。

柳永在京华时，闲暇总要去妓馆中打发时光，京师所有的妓院他都已去遍。柳永很受妓女们欢迎，妓女们都爱他有才、善辞赋，于是在侍奉柳永的同时，都以能让柳永为自己做歌填词为荣。不管何曲，经柳永填上词后，便耳目一新，身价百倍。当时的教坊乐工每有新曲，也都求柳永为之填词，于是柳永之词才始行于世。柳永每到妓院，要求为之作歌填词的人，常常是不可尽数。

一日，柳永无事又上街头去寻柳访春，走到京城有名的丰条楼前时，听到这青楼之上有人娇声呼唤自己的名字。他往楼上一瞧，原来是丰条楼中的第一名妓，自己的老相好张师师。

张师师不但聪明敏慧、面容姣美，而且也酷好和曲填词、泼墨花笺，她和柳永的关系十分亲密。

柳永听得张师师的娇唤，欣喜地登上楼来。但听张师师埋怨道："这阵子你又到哪儿闲逛去了？也不来看看奴家，没有你，我也没有好曲可唱，致使眼下的花销费用都空了，不想今天碰到你，看在你我二人情分上，今天且请你先为奴家填上一首词，再行离去。"

"休提往事，快准备吧！"柳永挥手说。

张师师马上使人置办了酒菜，准备好文房四宝，只等柳永前来题写。

柳永来到花笺前，刚要试笔，忽听到有人上楼。柳永不想叫别人瞧见他给张师师题词，便赶忙将桌上的花笺往怀中藏去。

来人是一名唤作刘香香的妓女。她看到柳永，当即抱怨道："柳官人原来在此。怎么自从你上一次到这里之后，竟好久没来，想是有别的去处了。一个大丈夫，怎么能这般负心？我知道你现在怀中藏有花笺，想是又要题词了吧？你若不填就算了，要填，就请将贱妾之名也填入词中，如何？"

柳永见被刘香香看出破绽，只好拿出花笺，答应了她的要求。

柳永再一次舒笺援笔，正想着怎样安排词句。这时，又传来登楼之声。

柳永一看，原来老相好钱安安也来了。安安见柳永在此，也一起说笑了一会儿。

"你是不是又在这里给人填词？"钱安安问道。

"嗨！你这两个姐姐正缠着我为其作词呢！"柳永很是无可奈何。

"噢？填词时别忘了我呀！"钱安安笑道。

柳永点头一笑："当然！"

但见柳永拿笔欲作。三个妓女我抢你争，争先书名。

"柳官人，我们俩最早相识，先题我！"

"柳官人，今天此来，我先接待你，先书我名！"

"柳官人……"

几个妓女见柳永欲下笔，不想自己排名落后，竞相喊起来。

柳永笑而不答，一伸手便写下了一句：

师师生得艳冶

张师师一喜，安安、香香不乐。

正当安安、香香欲拽花笺，眨眼之间柳永已写下了第二句：

香香对我情多

安安一见，当即生气道："我的呢？"

说罢，两手将桌上的花笺一搓，恨恨地转身欲去。

柳永不由一乐，唤过安安，让她细看下面几句：

安安那更久比和，四个打成一个。

见安安笑了，柳永换了张花笺，继续写道：

幸自苍皇未欢，新词写处多磨。

几回扯了又挼，姦字心中着我。

这首《西江月》终于做完，三妓女齐拥着柳永，欢乐得很。

三妓女设宴款待，柳永又被拥入席间。

张师师意犹未尽，席间又借柳永《西江月》的韵律，和词一首。曰：

一种何其轻薄，三眠情意偏多。

飞花舞絮弄春和，全没些儿定个。

踪迹岂容收拾，风流无趣消磨。

依依接取手亲挼，永结同心向我。

柳永见词后大喜，随即让大家都尽情畅饮，极尽欢乐。

钱安安和刘香香见柳张二人一唱一和，气氛热烈，心内很是向往。香香便对安安说道："师师姐已有妙词在此，我本也想独自跟柳官人和词。但我现已不胜酒力，咱俩就共同和词一首助兴，怎样？"

安安称是。遂二人又齐和了一首《西江月》词。曰：

谁道词高和寡，须知会少难多。

三家本作一家和，更莫容他别个。

且恁眼前同条，休将饮里相磨。

酒肠不奈苦揉挼，我醉无多酌我。

和完，四人又是一阵欢乐。

四人在一起相聚的时间已久，柳永起身告辞。三妓女一起叮咛道："希望柳官人有空即来，不要许久不光顾呀！"

柳永会心地一笑，转身下楼。

柳永多情风流、才华非凡，因此，妓女们很是期盼柳永的到来，而且只要跟柳永有过一夕之欢、情愿委身于柳永而脱离青楼的妓女，也非常多。

柳永在江淮任职的时候，一个妓女曾和他相处得十分融洽，难舍难分。待到柳永任满，欲返京师之时，这个妓女决心一辈子追随侍奉他。

妓女发誓自此闭门谢客，以表决心。柳永很是感动，与其结下了盟约。

柳永离开后，很长时间没有来探望。二人很久不见，妓女渐起异心，难免又做出苟且之事。

柳永知道了这个消息以后，内心很是不快。恰逢朱儒林前去江淮，柳永便作了一首折词《击梧桐》，让朱儒林转交给那个妓女。词云：

香靥深深，孜孜媚媚，雅格奇容天与。自识伊来，便有怜才心素。临歧再约同欢，定是都把身心相许。又恐恩情易破难成，未免千般思索。

近日书来，寒暄而已，苦没忉忉言语。便认得听人教当，拟把前言轻负。见说兰台宋玉，多才多艺善辞赋。试与问朝朝暮暮，行云何处去？

那个妓女读了这首词后，知道他没有辜负前约，非常惭愧，就收拾了自己的财物，雇船来到了京师，寻到了柳永，并终身侍奉其左右。

柳永的一生淡泊虚名，以狎妓为乐。他在上朝用的笏板上写上“奉旨填词柳三变”，作为自己进出妓院的通行证，每每去妓院时，就先送去这个笏板。于是，接到笏板的妓院便提前将酒菜准备好，伺候其过夜。而凡其所做的辞章的落款处，也写有“奉圣旨填词”五个字，看到的人均觉好笑。

## 秦少游的青楼情人

北宋绍圣时，朝廷内部因行改革，党争又起。斗争波及“苏门四学士”之一的秦观，他因此被贬谪到湖南郴州。

他甚觉抑郁不得志，满怀愤懑，离开了京师。一路上风餐露宿，跋山涉水，过了许久才到湖南长沙。精神的颓靡，旅途的劳顿，使他很想找一个能歌善舞的妓女来排遣内心的苦闷和无聊。于是，他便派人打听谁是当地最有名的妓女。回报说有一名叫莲芬的妓女最有名，其歌舞声色，都最为出色，而且她还有个奇怪的癖好，就是她唱的词都是秦学士填的，其他人的词很少入眼。每当她得一秦词，都要亲自抄录，歌唱吟哦，甚是喜欢。只是她有点儿高傲，不愿轻易

秦少游的青楼情人

见客,更不主动趋就别人。秦观听后,不以为然,心想:“这种荒僻蛮夷之地,怎么可能会有像薛涛那样的风流才妓?不可信!”但他还是决定去拜访一下。

他装成一个穷书生的模样,身穿青衣,头戴小帽,独自来到了莲芬家。鸨母出来问他找谁,秦观答要见莲芬。鸨母很是怀疑地将他上下打量了一遍。秦观会意,便随手将一块金子撂在桌子上。鸨母立即满面笑容地去请莲芬。

莲芬娇躯轻摆,莲步微迈,慢慢踱下来。秦观看呆了。站在他眼前的这名女子如同夏日池塘中浴着晚霞的一朵睡莲。银红色的内衣,淡青色的纱裙;秀发随意绾结,脸颊不施脂粉,流露出一种天真和傲慢;嘴唇微抿着,鼻子笔直纤细,似乎在轻蔑地“哼”着;尤其是那双撩人的眼睛,水汪汪的,似又带着不屑一顾的神情。秦观显然是被她的这种天然的娇美和风韵吸引住了,不由得起身迎接,而她则漫不经心地在远处一把椅子上坐下。秦观与她讲话,她也只是眼望着窗外,漫不经心地应着,还不时无聊地用脚尖儿拍打地面,口中轻轻吟唱。秦观并不恼火,反觉这个女子稚气可爱,洒脱非常。他问道:“小姐会唱歌吗?”莲芬一甩秀发,反问道:“相公说呢?”秦观笑了,也觉问得的确有点儿愚蠢,可又实在不知该说什么。

他环视周围,发现书桌上有一本书,便拿了起来,看见书上赫然写着“秦学士词”四个端庄秀丽的字,翻开来,见抄的全是自己平日所做的词,再看看并没有其他的书放在书桌上。他开始有点相信下人的话了,但他仍怀疑这是莲芬故作风雅,于是问道:“小姐,秦学士何许人也?”莲芬不知他便是秦少游,揶揄道:“你当然不知道啦!可稍有点知识的人都知道他的大名,钦佩他的人品才学。他为官清正廉明,从不逢迎权贵,堪称当今世上第一风流才子。他的每一首词都情深韵绝,令人爱不释手。”“因此你就特别喜爱他的词?”“那是!”“你会唱吗?”“那还用说,他的词,我平日反复习唱的。”她的眼里明显流露出一种兴奋和热烈的神采。秦观更惊异了,他想,自己屡遭贬抑,满腹才华,无人怜悯,不期想风尘之中竟有知音,不由得感动起来,但还欲继续试探一番,便又问:“当今天下名家甚多,何以独爱秦观一人的词呢?而且不单是爱他的词,你好像还特别钟情于他,你可曾见过他?”“没有!”她无奈地说,“秦学士乃京师贵人,而我却处在这样僻陋的地方,又沦落风尘之中。他不会来此,就是来到这里,也不会来看顾我这样卑贱的人!”秦观打趣道:“你说你爱秦学士,我看,你只是爱他的词罢了。要是你见到秦学士,你可能就不再爱他了。”莲芬长叹一声,动情地说:“唉,你不会理解我的心思的!要是真让我遇见我魂牵梦绕、朝思暮想的秦学士,那么就算让我做妾,终身服侍他,我也心甘情愿、死而无憾了。”说着,眼睛湿润,那长长的睫毛,微微抖动,在玫瑰色的脸上投下一层迷人的幽影。秦观抑制不住满心的激动、爱怜,温柔地说:“你真那么想见他吗?他正坐在你面前与你谈话呢。”莲芬听了一惊,她犹豫地望着秦观,似乎不知如何是好。秦观向她解释了来此的原因,莲芬便羞愧不安、一声不响地退了出去。

秦观正感到困惑不解,鸨母笑容满面地走进来,说:“老奴有眼不识泰山,望大人海涵。现已在堂屋备好水酒,给大人洗尘,大人可否赏脸?”秦观笑道:“费心了。”鸨母将他引入正堂,莲芬已恭候在那儿了。她薄施朱粉、衣着华丽、珠玉生辉、乌云高束,更是明艳动人。秦观不觉赞道:“真不愧是‘淡妆浓抹皆相宜’啊!”莲芬羞得脸通红,含情地看了秦观一眼,接着便上前欲行大礼。秦观慌忙阻止说:“使不得!”鸨母硬是将他按住,坐在椅子上,莲芬拜了三拜。之后,请他人席,却空着左席。秦观觉得奇怪,莲芬笑道:“你是贵人,我们不能与您抗礼!”说着,便为秦观斟上一杯酒,少游此时已是酒不醉人人自醉了。母女俩殷勤侍候,秦观不觉喝了好几杯。这时莲芬起身说:“酒席无乐,请让我为您唱歌助酒兴吧。”秦观很是喜欢:“如此最好。”莲芬于是轻启朱唇,顿开歌喉,只听满屋之内,清音回荡:

晓色云开,春随人意,骤雨才过还晴。古台芳榭,飞燕蹴红英。舞困榆钱自落,秋

千外、绿水桥平。东风里,朱门映柳,低按小秦筝。

多情,行乐处,珠钿翠盖,玉辔红缨。渐酒空金榼,花困蓬瀛。豆蔻梢头旧恨,十

年梦、屈指堪惊。凭栏久,疏烟淡日,寂寞下芜城。

莲芬边歌边舞,柔情万种。少游真醉了,他飘飘然恍入五彩云中,又似醉卧花荫,形销骨软。他不停地请求莲芬跳舞、唱歌,不停地喝酒。莲芬自然是有求必应,她觉得自己今天唱得最委婉动人,跳得最潇洒动人。她每歌舞一曲,都要向少游祝酒一杯,直到唱遍了几十首秦词才罢。而少游早已是大醉了。

莲芬走上前轻轻地揽他人怀，慢慢将他搀人到自己的卧室，替他宽衣解带。少游醉得不能自持，轻握她的玉臂，拉入怀中，便向她的芳唇吻去。莲芬急忙扭头，挣开他说："不是我不肯侍奉枕席，只是我沦落风尘已久，不敢以肮脏之躯来玷污您的清白之体！希望您能明白我的心意啊！"少游听了，点点头，更是在绵绵爱意中添了几分敬意。莲芬见其不说话，怕自己令他伤心了，就伸出纤手，抚摸着他瘦削的脸颊，充满爱怜地说："您已累了，好好歇歇吧。"少游眼睛润湿了，他想起了自己宦海浮沉十几年，想起了所受的种种打击，不禁长叹说："是该歇歇了。"莲芬弯腰深情地吻了他一下，然后便离开了卧室。她怕自己难耐痴情的诱惑。

这一夜，她不能入眠。她想着白天的奇遇，想着与少游在一起的欢娱场面，一会儿想笑，一会儿想哭，一会儿又心跳不止。她后悔自己拒绝少游，可马上又涌起一种圣洁崇高的感觉。第二天天刚亮，她便到少游床前静候，看到心上人甜甜地酣睡，感到幸福无比。她等了一个多钟头少游方醒。她殷勤地帮他梳洗、穿衣、服侍早餐，如同温柔可人的贤妻。少游被她深笃诚挚的情意打动了，不愿离开她。在此停留的十几日里，他们或游山玩水、欢歌酒宴，或深夜相偎、说着情话，或良宵对月，作词赋诗。他们要在这短暂的相聚时日里，享尽欢娱。

终究是要分手的。莲芬哭着拉着少游的手，不舍地说："我本来是一个卑贱的妓女，有幸得以侍奉学士。现在您要离我而去了，我实在不舍！可又不能挽留，这会连累于您；更不能与您同行，损您名声。您走后，我会洁身自爱以报答您的恩情。如果有幸，您能再回来看看我，那么我就一生无悔了。"说完，她痛哭着扑在少游怀里。少游几番婉劝，她才稍稍止泪。

少游走后数年，音讯全无。但莲芬深信少游绝不负情，她日日只和鸨母相处，不肯接客。

一晚，莲芬正独卧小楼，思恋情人，不知何故觉得情思恍惚，心神不安。而以前当她想念少游时，总会有种又回到少游身边，与他共度美妙时光的感觉。今天却似有一种不祥的预感。她翻来覆去直到精疲力竭，方才有了睡意。忽然，她看到少游向她走过来，脸上挂着凄苦的笑坐在她的身边，握着她的手非常悲哀地说："我每天都在想念你，可惜无法相见。我现在要走了，为什么不来看看我呢？想是你把我忘了。我今天来向你告别，以后，便无缘见面了。"之后，转身就走，莲芬只觉心痛难忍，她赶忙想去拉他，却碰了床栏，顿时醒了，原来是一场梦。想起梦里情形，不由得失声痛哭，哭声凄婉。鸨母闻声赶来，问她何故。她哀哭道："秦学士去世了！秦学士去世了！"鸨母惊问："秦学士与你相隔千里,你如何知道他去世了?""他刚刚托梦与我。"她把梦见的一切相告,鸨母安慰道:"想必是思念太深的缘故,好好的一个人,不会死的。"可她还是忍不住哀泣。

第二天,她给了仆人不少钱,让他去打听秦观的消息。仆人走后,她便寝食难安,着急地等待回音。几天后仆人回来,并带来了秦观于几天前确已去世的消息。莲芬听后当即晕倒,幸得鸨母细心照料,方才醒转。她哭着对鸨母说:"我的身心都是秦学士的,现在他不在了,我不忍心他孤孤单单一个人在地下忍受凄苦和寂寞。"于是,她打点行装,穿上孝服,不顾别人阻止,毅然上路了。

她一路上风雨兼程,不肯歇息,终于在离家数百里的一家旅店里遇到少游的灵柩。她急忙进得门来,把自己亲笔抄录的学士词和祭品恭恭敬敬地放在灵位前,然后扶着棺材绕棺三周,放声痛哭后便一头栽倒在棺材前。等到左右人去扶她,发现她已经追随少游去了。众人见了,全都唏嘘流泪。少游的亲属,也感其情深,将她埋葬在少游的墓侧。

## 北宋词人张先和他的尼姑情人

北宋有一位名叫张先的词人,年轻时喜欢四处游历,于山水间抒发情感。

一天,他无事出门,到附近的山中吟词、览景。

山中有一座幽雅、清静的尼姑庵。张先随意地走进庵中,仔细地打量着周围的景物。

忽然,张先看到庵中一位小尼姑走了过来。这位小尼姑看上去有十七八岁光景,长得清秀俊美,明眸皓齿,相貌很是迷人。

张先的心弦被拨动。他万没料到,在这僻静的山谷中,居然有如此令人心动的美丽少女。

为了接近这位小尼姑,张先便经常出入这座尼姑庵。

终于,这位小尼姑和张先依偎到了一起……

张先和小尼姑的举动,被负责庵中事务的一位非常严厉的老尼姑注意到了。老尼姑怒斥了小尼姑之后,下令不许她跟任何男人接触。

张先很想念小尼姑。一天,他趁机偷偷地躲到了庵堂附近池岛中的一小阁楼上,期待与小尼姑相会。

果然,夜深人静时,小尼姑偷偷跑出来和意中人张先相会。

正当二人互诉衷肠之际,老尼姑冷笑着出现了。小尼姑当场遭到了她的毒打。

二人从此各分东西,再也无法相见。

张先心中苦闷,对情人很是眷念。于是,他写了一首词,名曰《一丛花》,以寄托自己的无限情思。词云:

伤春怀远几时穷?无物似情浓。离愁正恁牵丝乱,更南陌,飞絮濛濛。归骑渐遥,征尘不断,何处认郎踪。

双鸳池沼水溶溶,南北小桡通。梯横画阁黄昏后,又还是、新月帘栊。沉恨细思,不如桃杏,犹解嫁东风。

这首词是模拟那位少女的口吻而写。词的上阕描写的是一幅依依惜别的画面,抒发了别后的情怀;词的下阕则由景生情,回忆了当初相爱相亲的一对少女少男暗地里幽会的情景。特别是最后几句"沉恨细思,不如桃杏,犹解嫁东风",写出了一个被迫出家为尼的少女的怨愤:杏花和桃花还可以嫁与东风,在春天的怀抱中结果,而一个为尼的少女,却被剥夺了起码的做人的幸福。

由于张先是有感而发,所以,这首词刚一问世便被人到处传诵。大文学家欧阳修读后,更是惊叹张先的才华,极为推崇。致使后来张先拜见欧阳修时,欧阳修竟高兴地倒穿着鞋跑出门来迎接。欧阳修还满怀兴致地向身边的人介绍说:"我经常跟你们念叨的'桃花嫁东风郎中',便是此人。"因此,张先便得了"嫁东风郎中"的雅称。

## 宋徽宗独恋李师师

宋徽宗的享乐之方,首先是享受金钱的快乐,主要表现在他出手大方、一掷千金。他的宠臣蔡京此时已是官至宰相、位极人臣,一人之下、万人之上了,实在是无官可迁了,徽宗于是便赐给蔡京天子乘舆用的排方玉带。赐道士林灵素以涂金银牌、金牌等等,把价值连城的藕丝灯赏赐给宦官梁师成,徽宗竟毫不吝惜。徽宗的藏宝库是宣和殿,其中珍藏无数珍宝,都是太祖建国以后陆续从全国各地搜刮而来的,其中有一颗北珠便值300万缗。徽宗用以赏赐宠妃侍从们的物品更是不计其数。太宗命能工巧匠制造金带共计30条,太宗自己用了一条,另一条赏赐给了大将曹彬,余下的28条贮藏在库中,可以说这些金带珍贵无比,但是徽宗竟随便拿出来赏赐给童贯、蔡攸等人。徽宗如此大肆挥霍,引起了正直朝臣的不满，淮南转运使张根要求徽宗节约开支。张根说，陛下赏赐大臣一座府第，竟花费百万缗之多，臣所管辖的20个州，一年才能上缴国家30万缗，还不够建造一座府第的费用。用大量的钱去优宠元勋们的功劳，实属不当，何况这些钱财又都来自百姓！即使像太祖时的赵普、仁宗时的韩琦，他们都有佐命定策之功，还得不到如此大的赏赐，请陛下对此务必要慎重。其他方面如赏赐田园、邸店，虽然没有赏赐府第那样耗资巨大，但是久而久之，就会积少成多，愿陛下要日削月减。至于金帛玩物之类，也不可不减少使用，免得给国家造成损失。对张根的劝谏，徽宗尽管没有下诏怪罪于他，但也是不加理睬，照旧我行我素。

徽宗不仅赏赐给官员大量财物，而且也常常赏赐给他们官职，以致造成朝官中良莠不分，使正直之人以做官为耻辱。宦官在徽宗一朝颇受青睐，不少人手握节钺，气焰嚣张，在很长的一段时间里，大小百司，上下之权，几乎都被阉官所掌握。甚至于有些宦官的奴仆们，也都纡金佩紫，俨然成了朝廷命官。宦官既然如此，其他的官职更是混乱之极。崇宁至宣和年间，当时官吏冗滥，鱼目混珠，节度使有80人，留后、观察与遥郡刺史更是多至数千人，学士、待制多达150人。从重和二年的七月至次年三月，仅半年之间，迁官论赏者便有五千余人，更有入仕才二年而任十官职者。尤为可笑的是，官职升迁，不是根据政绩大小，而是依据胡言乱语，如同儿戏，以致奸佞满朝，正直之士有的不得不急流勇退，也有的栖身林泉。国家无事时尚可支撑，一旦出现大的事端，根本就无法逃脱覆灭的下场。

徽宗追求享乐，自然有其自身的原因，而另一个方面也和他身边奸佞之人的怂恿和迎合有很大关系。比如蔡攸就曾劝徽宗说："所谓人主，当以四海为家，太平为娱，岁月能几何，岂可徒自劳苦！"这和李斯、赵高之流劝说二世皇帝享乐，可以说是同出一辙。徽宗于一次宴会上对梁师成说，先王为天下欢乐，也为天下担忧，如今西北少数民族已臣服，天下太平无事，朕才有游玩的机会啊！梁师成立即奉承道："臣闻圣人先天下之忧而忧，后天下之乐而乐！"徽宗又询问蔡京，蔡京自然也附和梁师成。徽宗因此命令苑囿皆依照江浙风俗而建，建成白色，上面不饰任何彩绘，像村居野店一样，聚珍禽无数于其中，供徽宗享乐玩赏。每当夜深人静的时候，禽兽啼叫之声响彻夜空，使人恍若置身于山林陂泽之中。尽管这样，徽宗依然不满足，每逢花朝月夜、良辰美景时节，便和童贯、蔡京、高俅、杨戬之流游逛皇城，寻欢作乐，而把国中大事完全搁置一旁。他还令宫掖内设立市肆，宫女当垆卖酒，其他买卖也都一应俱全。宣和年间，徽宗和蔡攸在宫禁中自为优戏,君臣二人同时粉墨登场。蔡攸于戏中说道:“陛下好个神宗皇帝!”徽宗亦说:“你也好个司马丞相!”堂堂天子居然扮演起了优伶,又怎能奢望他政治清明呢!后唐庄宗李存勖也曾自为优伶,最后竟被臣下所杀,熟知史书的徽宗皇帝是不知呢?还是不顾?

徽宗的居所也颇为奢侈。宣和年间,苏轼之子苏叔党曾被召到宫中作画。他入宫后,“弗敢仰窥,始知为崇高莫大之居。时当六月,积冰如山,喷香若烟雾,寒不可忍,俯仰之间,不可名状”政和、宣和年间,宫中从前是使用河阳花蜡烛,但没有什么香味,于是就弃之不用了,而是改用龙涎沉脑屑灌入烛内,点燃两行,陈列数百枝,顿时光焰明亮,香味扑鼻,十分好闻。徽宗奢靡无度,又想自己长生不老,寿比南山。政和年间觅得一异人,让他炼制长生不老之药。徽宗恐怕服之丧命,便命一个官职卑微的官员试服。结果那人“才下咽,觉胸间烦躁之甚,俄顷,烟从口中出,急扶归,已不救”。徽宗见状也只好作罢。

为搜括大量财物供自己挥霍享乐,徽宗设立了许多部门,如应奉司、御前生活所、营缮所、苏杭造作局、御前人船所、行幸局等等,机构庞大,人员冗杂,再加之贪官污吏朋比为奸,上下联手,挥霍无度,致使政府开支大增。左藏库主管各地财赋收入,供给官吏和军队俸禄,先帝之时一月支出才 36 万缗,而到了徽宗之时,一月支出就达 120 万缗,竟增加了好几倍!全国每年上供 600 万缗,仅仅够京城一地的挥霍消耗。全国财政管理此时极度混乱,国库收入共分为御前钱物、朝廷钱物、户部钱物三大部分,但徽宗把大部分都归为私财。这种入不敷出、财政拮据的状况所带来的直接后果就是百姓被搜刮得更厉害,各种名目的税收多如牛毛,使得天下极度凋敝,万民嗟怨之声不息。宣和末年,尚书左丞宇文萃中上奏说,由于赋税收入有限,而开支浩大,致使“陕西上户多弃产而居京师,河北富人多弃产而居川蜀”。

观灯是我国的一大传统节日,对徽宗而言又是一项极度奢靡的活动。上元节观灯旧例只有 3 日,太祖赵匡胤时因五谷丰登,天下太平,纵天下士民欢乐,下诏再增两日,于是京师观灯节为五夜。从每年的腊月初一开始,直到正月十五方止,称之谓“预赏元宵”。全国各地都要放灯作乐,各州的灯山称之为山棚,大内门前的称之为鳌山。每年一进入腊月,便于端门两旁扎制彩山,耗费巨大。大观年间宋乔年任开封府尹时,乃于彩山中间高揭大榜金字书曰:大观与民,同乐万寿。徽宗于元宵观灯而大宴群臣。到了宣和年间,元宵灯节的规模更为盛大,冬至一过,开封府便着手准备绞缚山棚,在宣德楼对面立大木,游人齐集在御街两廊。奇术异能、歌舞百戏,乐声嘈杂竟达十八里,至正月初七,灯山张灯结彩,金碧相射,锦绣交辉。宣德楼上设置御座,是徽宗观灯之处,专用黄罗置设一彩棚,由天子近侍御龙直执黄盖掌扇,站列于帘外。两边朵楼上各挂有一直径丈余的灯球,内燃蜡烛,帘内作乐,宫嫔嬉笑,声闻于外。楼下用名贵的枋木,搭成一座露台,栏槛结彩,两边禁卫并排而立,身著锦袍,幞头簪花,手执骨朵子,面对乐棚。教坊钧容直、露台弟子轮流上演杂剧,百姓则在露台上观看,乐人不断地引观众山呼万岁。宣德楼前有两个朵楼相对而立,左边是徽宗儿子郓王赵楷的观灯之处,右边是蔡京以及执政、戚里的观灯之处。徽宗不断赐金制凤凰于幕次,有时还用金橘弹向蔡京幕次,一次就达数百丸。直到三鼓时分,徽宗才起身返宫。时人形容当时盛况:

太平无事,四边宁静狼烟渺。国泰民安,谩说尧舜禹汤好。万民翘望彩都门,龙灯凤烛相照。只听得教坊杂剧,欢笑美人巧。宝箓宫前,咒水出符断妖。更梦近竹林,深处胜蓬岛,笙歌闹。奈吾皇,不待元宵景色来到,只恐后月阴晴未保。

北宋末年词人晁冲之也有一首《传言玉女》之词,词为:

一夜东风,吹散柳梢残雪,御楼烟暖,正鳌山对结。箫鼓向晚,凤辇初归阙。千门灯火,九街风月。绣阁人人,乍嬉游,困又歇。笑匀妆面,把朱帘半揭,妖波向人,手撚玉梅说。相逢常是,上元时节。

宣和六年正月十四的灯会,还出现了一件奇事。那时,汴京城内,从东华门到宣德门,皆遍悬花灯。到了夜晚间,花灯形同繁星下垂,掩映争辉。景龙门前,架起了一座鳌山,长 16 丈,阔 260 步,中间竖有两条鳌柱,长 24 丈,全部用金龙缠绕,每条龙口内衔有一盏花灯,称之为双龙衔照,中间悬挂着一金书长牌,上面大书八字:宣和彩山,与民同乐。那彩山确是华丽,可以直趋禁阙,仰捧端门,梨园奏和乐之音,乐府进婆娑之舞,热闹非凡。徽宗又诏令皇城司不要限制百姓,听其入内任意游观,以示与民同乐。皇城司于是撤去禁令,平民百姓好似潮涌一般,争先恐后地挤人里面观看鳌山,欢呼之声响彻天地。徽宗心中大喜,随命杨戬等,取出无数金钱,亲自撒下去,赏于百姓。金钱撒下,顿时百姓争先恐后上前争抢,情形甚为可观。徽宗心中大乐。教坊大使袁陶曾为之谱写一词,名曰《撒金钱》:

频瞻礼,喜升平又逢元宵佳致。鳌山高耸,翠对端门珠玑交制。似嫦娥降仙宫,乍临凡世。恩露匀施,凭御阑,圣颜垂视。撒金钱,乱抛坠,百姓推抢。没理会,告官里,这失仪,且与免罪。.

到了正月十五晚上,又赐观灯百姓每人一杯酒,百姓勿论富贵贫贱、老少尊卑，皆可到端门前，领取一杯皇封御酒。百姓无不欢欣鼓舞，口中山呼万岁，感谢皇恩浩荡。谁知其中有个年轻妇人，吃了御酒之后，竟偷偷地把金杯藏在怀里，想带回家，结果被光禄寺发现，随即大声对那妇人喝道："这金杯乃是御前珍宝，竟胆敢偷取，这还了得！"立即由内侍抓获，然后上奏徽宗。徽宗降旨问这妇人为什么要窃取金杯。那妇人回答道："贱妾同丈夫同玩鳌山，由于人多拥挤，和丈夫走散。蒙恩赐酒，贱妾面带酒容，又不偕夫同归，恐公婆见责，俗借金杯，携归为证。贱妾有《鹧鸪天》一词，上渎天颜。"陈词道：

月满蓬壶灿烂灯，与郎携手至端门。贪观鹤笙歌舞，不觉鸳鸯失却群。天渐晓，感皇恩，传赐酒，脸生春。归家只怕公婆责，也赐金杯作照凭。

徽宗看到此词，马上赐金杯给那妇人。此时教坊大使曹元宠上奏道："妇人所陈之词，恐怕是其丈夫所教，应呼那妇人前来，当面命题，如果她能构就一词，再赐金杯不迟；否则交押刑部，治其欺君之罪。"徽宗立即准奏，令妇人再撰一词。妇人请求出题，徽宗即以金盏为题，念奴娇为调，命妇人马上作来。妇人领了圣旨，马上口占一词：

桂魄澄辉，禁城内万盏花灯罗列。无限佳人穿绣径，几多妩艳奇绝。凤烛交光，银灯相射，奏箫韶初歇。鸣梢响处，万民瞻仰官阙。妾自闺门给假，与夫携手，共赏元宵。误到玉皇宫殿砌，赐酒金杯满盏，量窄从来，红凝粉面，尊见无凭说。借皇金盏，免公婆责罚臣妾。

完毕，呈给徽宗御览，圣心大悦，传旨不许后人援例，并下令赐盏给那妇人。观灯结束，徽宗皇帝意犹未尽，又命开封府尹，设幕次于西观下面，把狱囚全部押解前来，在幕次进行审问。孰料乐极生事，竟出现了意想不到的事情。正当徽宗率领六宫臣下，从楼上走下来，准备去审讯罪囚之时，忽然有一个人从众人中跃出来，身着黑色布衣，模样好似寺僧行童，手指着徽宗，口中咒骂，声音极为响亮。徽宗大怒，命令内侍拿下，拷问其姓名。那人却似醉似痴，瞋目不答。有司审讯，笞捶乱打，又加以炮烙，这人终无一语，甚至于折断其手足，血肉狼藉，他亦没有一点痛楚之色。最终也不知道他来自哪儿，何故如此。

大凡人一旦沉溺于享乐，便离不开酒色。酒为色媒，而重点还在一个色字上。徽宗后宫尽管佳丽如云，但他并不满足，而是恨不得享尽天下美女。他便免不了有一些眠花宿柳、微服狎娼之事。"自政和后，帝多微行，乘小轿子，数内臣导从。置行幸局，局中以帝出日谓之有排当，次日未还，则传旨称疮痍，不坐朝。始，民间犹未知。及蔡京谢表有'轻车小辇，七赐临幸'，自是邸报闻四方，而臣僚阿顺，莫敢言。"狎娼竟达到了称病不朝的程度，这种举动自然会引起群臣的不满,但大多数臣僚明哲保身,不敢妄加批评议论,徽宗看到没人谏诤,也就越发乐此不疲。当时东京繁华富庶,妓馆比比皆是,这自然在客观上给徽宗提供了许多方便。据孟元老的《东京梦华录》记载,宣德楼前有一条曲院街,“街北薛家分茶、羊饭、熟羊肉铺。向西去皆妓女馆舍,都人谓之院街。”朱雀门外除几条主要大街之外,其余都是妓馆。从潘楼向东有一条名叫朱家桥瓦子的街,“下桥,南斜街,北斜街,内有泰山庙,两街有妓馆。”京师酒楼众多,为了吸引顾客,都装饰得十分华丽,每到夜晚,便会百烛齐放,灯火通明,形同白昼。数百的浓妆妓女都聚集在主楼的显眼之处,等待酒客们的呼唤,她们一个个袅袅婷婷,展示着风流。还有一些低等妓女,不待客人呼唤,便主动前来劝酒,筵前唱歌。只要顾客赠些小钱物,便会满意而去。最常见的情形就是那些挥金如土的达官显宦召妓女歌唱,“诸酒店必有厅院,廊庑掩映,排列小阁子,吊窗花竹,各垂帘幕,命妓歌笑,各得稳便。”其他还有寺东门大街南即录事项妓馆,大街的北边还有一条叫小甜水巷的街,巷内妓馆也十分多。上清宫背后有一景德寺,寺前有桃花洞,全都是妓馆。当时东京的妓女大约有几万名吧。她们当中绝大多数都是歌妓,唱歌并不卖身,但唱歌兼操皮肉生意的妓女,也不在少数。徽宗微服出游的目的也极为明了,他并不是为了听歌,而是为了嫖娼。后来闻名一时的李师师,就是徽宗在微服出游中结识的。

在延福宫左近一带,观灯时节,歌妓舞娃们,都争来卖笑。一些公子王孙,都到那儿去寻花问柳,逐艳评芳,在这其中有个名妓,名唤李师师,据说她长得妖艳绝伦,并且善唱曲,工应酬,至于琴棋书画,诗词歌赋,尽管不是样样都精通,却也能十知四五,所以她能够高张艳帜,扬名都市。真是无巧不成书,这天她无事开窗闲眺,恰好与徽宗打了个照面。徽宗不禁低声喝彩,那蔡攸、王黼二人俱已闻知,也驻足仰视,李师师瞧着王黼,对他一笑。原来王黼一表人才,曾和李师师相识,所以李师师对他笑靥相迎。王黼马上小声告诉徽宗道:“这是名妓李师师家,陛下愿去游幸否?”蔡攸道:“这、这恐怕有所不便吧。”王黼回答道:“我们都是皇上的贴心人,当不至泄露风声吧。况陛下微服出游,有哪个相识?进去游幸一次,亦属无妨。”王黼是开封人氏,于崇宁年间,进士及第,他外结宰辅何执中、蔡京,内交权阉童贯、梁师成,累迁至学士承旨,和蔡攸同值禁中。他素有辩才,专务迎合,深得徽宗欢心。此时看到徽宗赞美李师师,所以就想助徽宗一臂之力。徽宗此时正巴不得如此,便对王黼道:“如卿所言,没什么妨碍,朕就进去一游,只是必须略去君臣之礼,不要让他人瞧破机关。”王黼听到圣旨已下,便马上引导徽宗下车,步人李师师家。蔡攸也随着进来。李师师已下楼，出来迎接他们，让他们三人登堂，然后向他们分别行礼，各道万福。徽宗仔细端详李师师，她的确是非常娇艳。鬓鸦凝翠，鬟凤涵青，秋水为神玉为骨，芙蓉如面柳如眉。还有那苗条纤腰，甚是可爱，三寸金莲，瘦窄宜人。师师奉茗肃宾，开筵宴客。徽宗坐了首座，蔡攸、王黼依次坐定，李师师在下座相陪。席间问及姓名，徽宗胡乱说了一个假姓名，蔡攸也说了谎。轮到了王黼，他也捏造了名字，李师师有些不解，因为她认识王黼。王黼向她递个眼色，李师师毕竟聪明过人，已是心领神会，于是便小心伺候徽宗。酒过数巡，李师师唱了几出小曲，益觉令人心醉。徽宗此时已是目不转睛看着李师师，李师师也不断地浅挑微逗，眉目传情。蔡攸、王黼二人在旁不断地诙谐逗趣，渐渐地流至蝶亵。不久更是谑浪调笑，毫不避讳，到了夜深人静之时方才罢席。徽宗依然无归意，王黼早已窥破圣意，一面密语李师师，一面又密语徽宗，两人俱已答允，王黼便邀了蔡攸一同出去。徽宗看到两人已经出去，索性放胆胡来，便上前抱了李师师同人罗帏。李师师骤承雨露，有些忍受不得，但心知这是皇恩眷宠，实在是难得，于是她极尽能事。可惜情长宵短，转瞬间天已大亮，蔡攸和王黼二人即入迎徽宗，徽宗亦无可奈何，不得不披衣下床，与李师师约好后会之期，才回身告辞。

待回宫后，勉勉强强地御殿视朝，朝罢入内，徽宗依然只惦记那李师师是如何缱绻，如何温柔，不但王、乔二妃无法相比，就是最宠爱的刘贵妃，也逊她一筹。但因身居九重，不可每夕微行，好容易挨过了数宵，几乎都是寤寐彷徨，辗转难安，心不能安。那善解圣意的王学士，再次导引徽宗赴约。此次不但重拾旧欢，还居然海誓山盟，情意绵绵。徽宗表明身份，李师师也居后宫。怎奈章台折柳，怎能移于禁苑，当下徽宗踌躇再三，答应了李师师充个外妾，随时临幸。李师师装娇撒痴，一定要进宫一瞧。徽宗不得不答应，惟谕待密旨宣召，才能前来。李师师这才心中欢喜。待阳台梦罢，铜漏催归之时，二人又互申前约，反复叮咛，徽宗这才不得不离去。

一别数日，李师师每日都倚门张望，到了该来的日子，可徽宗依然是久待不至。直到黄昏月上柳梢头，才看到内侍进得门来。内侍递与一密简，她急忙展览，不觉笑逐颜开，随后马上打扮一番，跟随内侍经过许多的重门曲院，来到深宫。内侍也不先入内通报，竟然直接引李师师入内。徽宗早已在这儿等待了，看到了李师师，如同看到了宝贝一般。待内侍退出后，彻夜绸缪，自不待言。一君一妓，来来往往，渐渐地毫无禁忌。李师师竟得以与后宫妃嫔周旋，她本来就是平康里中的好手，无论是何人情，她都能揣摩透。更何况六宫妃嫔，都也只不过是一般妇女的心肠，李师师和她们相处久了，乔、刘诸贵妃也都喜欢和她说笑，不愿相离。

当时有一个叫周邦彦的，号清真居士，字美成，浙江钱塘（今浙江省杭州市）人，是北宋继苏轼后的又一著名词坛大家。

周邦彦学识渊博，少负才名，27岁时著有《汴都赋》，此文以多古文奇字而著称，深得宋神宗的赏识。徽宗时，朝廷征其为秘书监，进徽猷阁侍制，执掌大晟府（中央音乐机关）。

周邦彦不仅以学识渊博、辞章盖世闻名，其多情潇洒、风流倜傥更是世人皆知。周邦彦在徽宗还未认识李师师时就与李师师有染。

一天，周邦彦又赶到了李师师家里。二人柔情缱绻，谈笑风生。

正当快活之际，徽宗突然钻地道偷偷来到了李师师家，这位风流天子也找李师师寻欢作乐来了。

周邦彦大惊，情急之中，周邦彦只好一头钻入床底下。

宋徽宗笑着走进了李师师的房间，拉李师师在自己身旁坐下。

但见这位风流皇帝掏出了一个新鲜的橙子来，对李师师说：

“瞧，这是朕带来的，江南的臣属们刚献来，新鲜着呢。一会你去剖开它，我们共同品尝，如何呀？唔，可想朕了？朕可是想你……”徽宗皇上说着，便动手动脚起来。

可他万万没有想到，此时风流情种周邦彦就躲在李师师与他寻欢作乐的床底下。他的种种不堪入耳的言语，都被周邦彦偷听得一清二楚。

终于，徽宗皇帝心满意足地走了。周邦彦也松了一口气。

周邦彦是一位善于将感受及各种事物巧妙入词的作家。这次遭遇，也成了填词的素材，据此他创作了一首《少年游》。词云：

并刀如水，吴盐胜雪，纤手破新橙。锦幄初温，兽香不断，相对坐调笙。

低声问，向谁行宿，城上已三更。马滑霜浓，不如休去，直是少人行。

词成后，周邦彦将这首词递给了李师师。

李师师虽然是京师名妓，但文学修养并不太深。一次，她竟在宋徽宗面前唱起这首词。

徽宗皇帝一听大惊，“快说，何人所作？”徽宗皇帝睁大了眼睛问道。

“周邦彦所作。”李师师不解。

“什么？是他？好啊，敢情他是知道了那天的事儿。可是他知道了也就罢了，做出这么一首词来，真是揭我的短儿，出我的丑。”

小小的大晟府监子，竟在太岁头上动土，徽宗恼怒不已，他立即传旨召蔡京见驾。

蔡京急上殿来，徽宗皇帝借故让他撤去周邦彦的官职，蔡京只得按皇上的旨意行事。

两天后，这位风流皇帝又想起了李师师，便又跑去她家。

李师师恰巧不在，徽宗皇帝一问，得知李师师去送被押出国门的周邦彦了。

徽宗皇帝无奈，只好等候。

左等右等，好长时间也没有见到李师师的影子。更初时，愁眉泪睫、满面憔悴的李师师才回到家。

徽宗皇帝火起，冲着李师师责问道：

“你这半天都去哪里了？”

李师师非常平静，幽怨地启奏道：

“万岁息怒，妾身得知周邦彦触怒皇上，被押出国门，看在往昔的情分上，特去敬献一杯薄酒，道别去了。妾身实不知万岁驾临，有负圣恩，妾身罪该万死，请万岁恕罪！”

徽宗皇帝听她这么一说，倒觉几分慨叹，李师师此时一片至诚地冒死相送，十分难得。于是他口气缓和了，问道：

“周邦彦临别时，可留下词？”

“留有一首《兰陵王》。”

“你且唱来。”

“好吧！妾身在唱之前，且容妾身先献万岁一杯淡酒，万岁且听且饮！”李师师便给皇上斟酒一杯，然后就唱道：

柳荫直，烟里丝丝弄碧。隋堤上曾见几番，拂水飘绵送行色。登临望故国，谁识京华倦客？长亭路年去岁来，应折柔条过千尺。闲寻旧踪迹，又酒趁哀弦，灯照离席，梨花榆火催寒食。愁一箭风快，半篙波暖，回头迢递便数驿。望人在天北。凄恻，恨堆积，渐别浦萦回，津堠岑寂，斜阳冉冉春无极。念月榭携手，露桥闻吹笛。沉思前事，似梦里、泪偷滴。

这首词，以柳为题，托物起兴，将作者内心的一腔离别之情抒发得淋漓尽致。宋徽宗听罢，不由得心有所动，化怒为喜，又降旨周邦彦官复原职，仍任大晟乐正。

转瞬一年过去了，徽宗正在便殿，林灵素进来拜见，徽宗赐他旁坐，二人谈论起仙机，不大一会，林灵素忽然起身来到阶下说道：“九华玉真安妃将到，臣当肃谒。”徽宗大吃一惊，问道：“哪个是九华仙妃？”林灵素说道：“陛下且不必多问，马上就知道了。”拱手兀立。随后果有三五宫女，拥一环珮珊珊的丽人进来，徽宗亦疑是仙人，不禁站立起来，等到那女子走近一看，不是别人，就是宠擅专房的小刘贵妃。徽宗禁不住大笑起来，林灵素却恭恭敬敬地再拜，拜罢起身，又大声说道：“神霄侍案夫人来了。”言语未毕，又看到一丽人，轻移莲步，带着宫婢二三名，冉冉而至。徽宗定睛一看，乃是后宫崔贵嫔。林灵素又说道：“这位贵人，在仙班中，与臣同列，礼不当拜。”于是，鞠了一个躬，仍回到原处就座。林灵素出入宫禁，已成习惯，所有宫眷，也不必回避，因此仍然坐定。刘、崔二妃，向徽宗行过了礼，然后也坐定。才刚一落座，林灵素忽视殿外道：“奇怪奇怪！”徽宗被他一惊，忙问怎么了。林灵素道：“殿外为什么有妖魅气？”话音未落，看到有一美妇进来，珠翠盈头，极其浓艳。林灵素突然起座，取过御炉火箸，大踏步来到殿门，要打那妇人，亏得内侍两旁遮拦，才没有被打中，那美人儿已吓得目瞪口呆，桃腮变白。徽宗也急唤林灵素道：“先生不要误瞧，这就是教坊中的李师师。”

林灵素道：“她原来是一个妖狐，如果把她杀死，尸无狐尾，臣愿领欺君大罪，立就典刑。”徽宗此时正恋着李师师，哪里肯答应？便带笑带劝地说了许多话。林灵素道：“臣不惯与妖魅并列，愿即告退。”

言罢，拂袖而去。自然，林灵素之语属无稽之谈。

## 蔡京风月情种

### 蔡京儿时就通风月

大宋王朝神宗熙宁三年，蔡京以优异的成绩进士及第，圆了父母望子成龙的心愿，结束了自己十五年的寒窗之苦，爬上了通往锦绣仕途的阶梯。这一年，他 23 岁。他的眉宇顿时舒展开来，此时的蔡京，走起路来轻飘飘的，犹如腾云。

这天，蔡家门庭若市，贺喜的豪客士绅以及亲朋好友，熙熙攘攘、络绎不绝。对于眼前的这一切，他都似乎不怎么感兴趣。因为他知道，眼前这些曾令他羡慕不已的达官显贵们，不久就会变成巴结他的哈巴狗了，有什么可应酬的？所以，他推说自己身体有些不适，心中有些烦闷，需要休息一下，想一个人静一静，便悄悄溜到村头池塘边消遣一下。这儿是他常来的地方，他从儿时起就和朋友来这儿观风望景，采花捉蝶，习文作画。

塘边的树上，鸟儿啾啾啼叫；池塘里的荷花和池旁的野花，竞相争妍；池塘里的鱼儿，正在畅游，使得碧水涟涟。

此时，他觉得自己面前的这些小花儿比以前任何时候都开得娇美艳丽，真让人喜欢，就连自己平日不喜欢的马尾巴花此时也仿佛多了些姿韵，也是那么的诱人；他觉得自己耳边各种鸟的叫声比先前任何时候都动听，就连自己平日不喜欢的秃尾巴鸟叫声中也仿佛多了儿道音符，不再是像平日那样的枯燥乏味。

“多读书，下苦功，书中自有黄金屋。”

蔡京赏着花，观着水，一边沿着池塘慢悠悠地走着，此时此刻耳边又响起父亲那句永远唠叨的话。

蔡京

10岁那年，蔡京跟着父母第一次去赶庙会，恰巧看见一位朝廷命官在庙会的大街上经过。八抬大轿，两旁有骑马的武士护卫，前面有兵士鸣锣开道，实在是威风凛凛，令人羡慕不已。父亲也是个较有心计的人，没有放弃教子的大好机会，用手指着这场面，对蔡京说道：“京儿，你看，这马、这轿、这官是从哪儿来的？”小蔡京忽闪着一双机灵的眼睛说：“从朝廷里来的呗！”父亲会心地笑了笑，趁机耐心地诱导说：“多读书，下苦功，书中自有黄金屋啊！那骏马、那高官、那气派都是从书中得到的。少年不努力，老大徒伤悲啊！只要苦读书，考上官，功成名就，就会有马骑、有轿坐、有权势，就能够光宗耀祖，知道吗？”小蔡京似有所悟地点点头……

如今，中了，中了，我终于中了！

蔡京尤为感谢父亲的谆谆教诲，如果没有父母亲的关怀，他就不会有今天。他走着走着，情不自禁地弯腰从塘边拾起了一颗小石子，朝正在树枝上啼叫的小鸟掷去。

“哎哟！”

石落鸟飞的同时,树林深处传来一位少女的惊叫声。他急忙寻声找去,看到一位十七八岁的姑娘正手持画笔立在树下,脸上显现出一副惋惜的神情。他来到那女子面前,“请问这位小姐,你来这儿做什么?”

“我是来这里观光习画的。”姑娘面带羞色地回答道,“我正在照树上的鸟儿习画,不料那鸟却被先生惊飞啦,实在太可惜了!”

蔡京尤喜书画,并且还小有名气。他听得姑娘说习画,便情不自禁地走上前去看姑娘所绘之画,不禁惊叹:“好画也!”

这位姑娘看上去似是一位民间女子,但她的绘画着笔十分细腻,画工尤为精巧,笔下有神,有很深的功底,所绘小鸟,跃跃欲飞,栩栩如生。蔡京赞叹不已,便问道:“请问这位小姐何方人氏,谁家闺秀?”

姑娘道:“不是什么大家闺秀,也不是什么名门千金,只是一个普通的乡间民女,我名叫聪儿。从小就喜欢书画,但是画艺不精。我母亲如今患病卧床不起,需要我来照顾。我不得不常常绘些画卖点钱,给母亲看病买药。”

“真是个孝顺女子也。”蔡京十分同情这位绘画女子,便有意启发道:“小姐画工非同一般,只是缺少艺论,姑娘你为什么不拜一位先生指点指点?如此的话,姑娘的画技会更上一层楼。”

姑娘回答道:“小女早就听说蔡府有位蔡京先生精通书画,远近闻名,今天专程来求教。但见他府上人来人往,十分忙碌,不知有什么事情。小女不便登门造访,于是便来到这池塘边习画。先生,你可认识那位蔡京先生吗?”

二人说着话,蔡京便仔细打量起面前这位天资聪颖的绘画少女来。

只见她面若桃花,眉弯如月,一双机灵的大眼睛,如同两湾清澈见底的泉水。穿着不华丽,但却十分利落,给人一种朴实大方的感觉。

蔡京看到这儿,竟有些如醉如痴,想说些什么,但又没有说出口。最后,竟如泥雕般愣在那儿,哀叹道:“真乃天下佳人,无与伦比也……”

聪儿姑娘看到蔡京这样看自己,不由得两颊绯红,低下头来,感觉有些不好意思。用纤细白嫩的小手搓着衣襟,说道:“先生如果没有其他的事,小女该告辞啦。”

“姑娘请留步!”蔡京听到姑娘的话声这才清醒过来,自我介绍道,“我就是蔡京,字元长。今日朝里来人送信,我考中了进士,所以家里才如此热闹。”

“啊?原来如此。蔡先生,小女多有冒犯,请受小女一拜!”聪儿听罢,喜出望外,天真地给蔡京行了个礼。

蔡京竟然对聪儿一见钟情,他心中暗想:才子配佳人,我与聪儿才是天生一对，地配一双啊！只可惜自己已是有妻室的人了，而且这女子出身平民，门不当、户不对。如果娶为妾的话，一定会遭到父母的反对和阻拦。但他转念一想，今后这一奇女或许会对自己有用处。他想到这儿，便故作大方，慷慨解囊："既然小姐母亲病重，需用银钱，我愿把小姐的画全部买下。从今以后，你可往我家送画，到时我们还可抽暇切磋一下绘画技艺。但不知小姐意下如何？"

聪儿闻听蔡京此言，感动地说："只要先生不嫌，小女一定会去贵府拜访，谢谢蔡先生了。"

聪儿临别时，蔡京又从囊中取出些银两递给了她："这些钱就算我买画的订金吧，请姑娘笑纳！"

聪儿谢过蔡京后，转身走了。蔡京不知为何，心中感到有点惆怅，呆呆地目送聪儿远去。

蔡京望着远去的聪儿姑娘，陷入了深深的回忆中，他又想起了自己小时候喜欢过的一个小女孩，她的名字叫雪儿。

这一天蔡京放学回家，听到邻居对他说："你家老爷为你买了一个小丫头回来。"他听罢便飞跑着进了院子，看到一个骨瘦如柴的小女孩儿坐在廊下的小木凳上，她穿着一身靛蓝色土布衣服，一双绒头黑布鞋，梳着两根干巴的小辫子，脸色枯黄，神情有些怯懦，一看便知是一个贫穷庄户的闺女。

蔡京看了看她，一下子就跑到她的跟前，那小女娃马上立起身，向他行了一个万福礼，同时叫了一声："小少爷好！"蔡京好奇地一下子拉住她的手，紧紧地握着，并亲切地问道：

"你好吗？你几岁了？你叫什么名字呀？"

"俺原来叫小妞，是老爷领我来的，给我起了一个名儿，叫雪儿。我七岁了，小少爷你几岁了？"

"我今年六岁，比你小一岁，那我该叫你雪儿姐姐。"

"小少爷，这可使不得，要折俺寿的，俺实在是承受不起……"她害怕地转过脸，往上房那边看了一眼，怯生生地说道，"今年闹春荒，青黄不接，家里没有吃的东西，俺爹不得不把我卖了几吊钱，到集上买点粮食来糊口，还不是为了活命儿……"说着说着，想起了家，难过得涌出了两行热泪。

蔡京看到她落下泪来，便动了恻隐之心，从口袋里掏出手绢来，给她擦去脸上的泪，哄着她说：

"姐姐，不哭不哭，你别想家，这儿就是你的家，我不欺负你的……来，咱俩'抽钩'吧。"他马上伸出一只手对雪儿说，"大拇指是好，小拇指是恼，看你抽哪一个吧！”

雪儿是个聪明伶俐的小女孩，她看到小少爷对自己那么热情友好，于是就抽了大拇哥。

蔡京见状，高兴地跳了起来，举着双臂，大声喊道：

“噢，咱俩好，咱俩好！”

他一时兴奋，竟一下子抱住雪儿，在雪儿那黄黄的小脸蛋上亲了一下。然后在她的耳边小声地说：“我跟你好。”

为了哄雪儿高兴，他把自己收藏的许多玩具，诸如画片、羊拐、装上料豆儿的猪尿泡、拨浪鼓、弹球、皮球等等，统统拿出来摆在雪儿的眼前，亮给雪儿看，说：

“这些玩艺儿你可以随便挑，喜欢哪个就拿哪个，只是你不要哭，不要想家……”

这时，隔着窗户望见他俩这样亲密的母亲，回头对丈夫说：

“你看京儿这小玩艺见了雪儿这份亲热劲儿，想不到这孩子小小年纪，就迷上了女孩儿，看来咱买回来的这个小丫头，肯定能哄着他玩儿，省得他整天到外面跑。万一出点什么事，可就麻烦了！”

雪儿刚来，夫人便给她洗头洗澡，又让缝纫婆子给她赶做了几套新衣服，从上到下，不仅干干净净，而且鲜鲜亮亮。过了一段日子，煞是好看。

果如蔡京的母亲所料，小蔡京现在除每天到塾馆上学读书外，他已不像从前那样跟着一群野孩子满世界乱跑，除了掏鼠洞、捅马蜂窝、掏树窟窿里的野蜂蜜、上树够鸟窝掏鸟蛋，还下河捞虾摸鱼，纯粹是个调皮捣蛋的“吊猴”，像个没戴鞍的小马驹儿似的。可是自从雪儿来了，那可真发生了大的变化：他一放学，便赶紧往家里跑，去上房见过母亲，把书包往什么地方胡乱一扔，便去找雪儿了。

这一天他看到一身新衣的雪儿，脸蛋儿红润，眼珠儿漆黑发亮，在那新做的粉缎子小袄、黑缎子镶狗牙儿坎肩的陪衬下，显得尤为靓丽，特别俊美。他一见到雪儿竟是如此的美丽，眼睛直勾勾地盯住雪儿，神态专注，好像泥塑木雕的一般。看得雪儿直发毛，有些害臊地低下头。

“小少爷，你怎么这样看俺？雪儿有什么地方不对吗？”

“不，不，没有，没有，我是看到你穿上这件新衣服，越发俊了。我越看越想看……”

雪儿的脸唰地红了。她赶紧往夫人那儿跑，她担心蔡京那痴相和傻话被蔡京的母亲看到和听到。

“你别怕，母亲不会说你的。走，快跟我去玩吧！”

蔡京拉着雪儿出了大门，他俩向村东街走去。

原来他发现村东街上有一座书铺，里面有许多他喜欢看的书，因此那儿是他最爱光顾的地方。即使没有父母亲带领，他也经常一个人独自去书铺看看书。蔡京是一个聪明的孩子，他能一目十行，飞快济浏览，看完了一本后再换一本。这书铺的掌柜姓冯，人称冯先生，最初他并没发现这个在人堆儿里不起眼的小娃娃。再后来时间长了，他才发现了这个读书兴趣很浓的小小学童。但是这孩子只看不买，看他的穿着打扮，又不像贫穷人家的子弟，引起了冯先生的注意和好奇。更让先生吃惊的是，他读的书都不是孩童喜爱的神话故事、谜语游记之类的书籍，而是一些只有大人才能理解的书。一次蔡京又来书屋，便径直走向书架取下一本书阅读。冯先生看在眼里，实在奇怪：这个娃娃竟然阅读大人感兴趣的书籍。

冯先生走到蔡京身边，对他说道：

“你读的这部书不错啊！公子少年大志，将来定能成为国家栋梁。此书不可不读啊。公子如果有意购买，可七折收费。”

蔡京没有料到冯先生在一套高论之后，竟向他兜售起生意来。一来他身上没带钱，二来他也只想蹭书看，不想花钱去买，于是便起身施礼说：

“望先生海涵，晚辈今天只是顺便来宝号看看书，原没有购书之意，实在是让先生见笑了！”

蔡京说完这番话就想走，只是冯先生已经张开臂拦住了他的去路：

“公子且留步！你不如先把书带回去读，改天得空再付书金也不迟。”

蔡京没想到先生竟如此热忱，不好再溜，于是便把实情相告：

“请老先生不要生气，实是晚生看过一遍后，就不必再买了，望先生多多原谅。”

冯先生听了蔡京的话，半信半疑，便顺手拿过一本书，挑出其中几段让蔡京复述内容大意，结果他不仅能说出文章的内容要旨，连文章的精辟之句都能一字不错地说出来，这下可把冯先生给惊呆了，连连称赞道：“小公子果然过目成诵，奇才奇才！”然后冯先生又打听了他是谁家的孩子，住在哪儿。

蔡京一一回答，他告诉冯先生自己姓蔡，名京，字元长。

“啊呀，原来如此，失敬失敬！老朽与尊父早就相识，冯、蔡两家又是世交，今日才识得贤侄，以后欢迎你常来这儿看书。但这儿人声太嘈杂，不是读书的地方，老朽有一间书房，虽不怎么宽敞，但白日闲着，贤侄来后可到那儿读书，那里异常安静。”

说话间冯先生让小徒弟照看书屋，他拉着蔡京的小手来到自己的内宅，看过书房后，还款待了他一顿饭。蔡京受到如此礼遇，内心感动，临走时称谢不迭。从那以后，冯先生的书屋便成了他每日必去的地方，他在那里读了不少书。

自从蔡京有了雪儿为伴，不但不到处野跑，而且也不随意乱逛了。为了哄雪儿免得她再想家思亲，他便经常拉着她的小手，带她到街上逛，给她买点糖豆一类的零食吃。他实在很喜欢读书，路过书铺时，摆脱不掉书的诱惑，就把雪儿也带到冯先生的书房里来。在这里，躲开了母亲的监视，他开始教雪儿读书识字。书铺成了这两个小伙伴在一起切磋琢磨功课的绝好去处。.

他和雪儿简直到了形影不离的地步，除去上塾馆读书的时间，他几乎总是赖在母亲的屋里，吃喝拉撒睡，都由雪儿照顾他。雪儿是穷人家的孩子，临离家时爹爹曾一再嘱咐她：“脾气不但要好，性格也要柔顺，好好哄着小少爷玩，让他高兴，那样你才能在蔡家待得长久。”她记住了爹爹反复叮咛的话，来到蔡家后，总是对小少爷赔着笑脸和小心，没料到这小少爷对她不但没发过性子，反倒对她百依百顺，舍不得离开半步，如果看到雪儿脸上有一星半点的不快神情，他就会围着她团团乱转，问道：

“雪儿姐姐，你恼了京儿啦？咱抽钩吧！”

他俩不知一天到晚要抽几回钩。耗到晚上，他困得东倒西歪，也不肯回到他自己的房间去睡，央告着不走，死乞白赖地要跟雪儿睡在一个铺上。母亲看京儿如此地眷恋着雪儿，两个孩子好得蜜里调油，便也宠着他、惯着他，让雪儿照应蔡京睡觉，特别要招呼着他起夜撒尿，别让他尿床。久而久之，他几乎天天留宿在母亲的屋里，天天挨在雪儿身旁，睡得十分安稳、香甜。

## 蔡京的美人香消玉殒

转眼间，几年过去了，蔡京已长成一个十分英俊的青年，风流倜傥，一表人才。而且他十分用功，每天早晨刚到五点钟，就听到他那朗朗的读书声：

“余幼好此奇服兮，年既老而不衰，带长铗之陆离兮，冠切云之崔嵬。被明月兮骖白螭，吾与重华游兮瑶之圃。登昆仑兮食玉英，与天地兮同寿，与日月兮齐光，哀南夷之莫吾知兮，旦余济乎江湘……”

他背诵的是屈原的《涉江》，此时临近重阳节。他一直想着这位伟大的爱国诗人。早年他在书铺里就听冯先生讲过屈原的事迹。屈原在楚顷襄王二十一年遭到流放,从汉北渡到长江,经过洞庭,上溯湘江,来到沅水上游,又经过辰阳,进入溆浦。就在此时,他听到了郢都已被秦军攻陷的消息。国破家亡,他万分悲痛。于是诗人写下了著名的诗篇《涉江》,就在这年的五月初五,诗人彷徨苦闷,悲愤忧伤,自沉汨罗江而死。以后每到五月初五这天,人们便向江中投下许多米粽,用米粽来喂饱鱼虾以保全诗人屈原的尸骨。此后,这一风俗也逐渐传到了北方各地。蔡京读着诗句,他小小的心灵受动了震动,不由得异常激愤,两行泪珠,滴落到《楚辞集注》上。

一天夜晚,蔡京特意带雪儿出来走走。秋天的夜空,澄澈晶莹,又有繁星眨眼,两岸灯光辉映,这使得两人心情既宁静舒畅又热情奔放。

蔡京一手接过雪儿手中的灯笼,一手拉紧雪儿,雪儿挣脱几下,抽不出手来,两个人就这样默默无言地坐在石头上,面对着流淌的河水,肩并肩地依偎在一起,都能听到彼此的心跳声。他扭过头,望着雪儿。灯笼的红光,正照着她那丰润的面庞。他动情地说:

"雪儿,我有句话要讲,你不会恼我吧?"

"少爷,你这是说到哪儿去了呀?我们做下人的,哪有恼主子的道理,有什么话你就只管说吧!"

"说出来你真的不恼我?"

"不恼,你就说吧!"

"那我可就说啦!"

"说吧!"

"嗯……雪儿,你嫁给我吧!"

雪儿羞红了脸,低下头喃喃地说道:

"少爷喜欢我,我就已经很高兴了。我只不过是蔡府上的一个丫头,哪有嫁给少爷的福分?不但别人会耻笑你,就是夫人也不会答应的。"她顿了顿,抬头望一望蔡京,真诚地说,"少爷要是真疼爱我、喜欢我,将来就纳我做妾吧,我一定好好服侍您……唉,一个做丫头的,生来就是贫贱的命,盼到那一天,就不错了。"

蔡京激动得把自己的脸贴在她的脸颊上,低声说道:

"雪儿,快让我想死了,什么时候才能让我亲个够呢?"

雪儿挣脱开他的怀抱,对他说:

"少爷,等你功成名就,我就由你……"

“由我怎样呀？”

“到那时，你愿怎样就全由着你吧！”

说到这里，两人似乎达成一种默契，他俩都把希望寄托在将来。

但是正当他俩如此炽热地相恋之时，地方上的名门望族都争着要与蔡府联姻，而且来的人络绎不绝。一天，他到母亲屋里去，恰好父亲也在，母亲对他说：

“京儿，你爹与我已给你订下了一门亲事，你可知晓？”

这一消息对蔡京来说，犹如晴天霹雳，震得他双耳发聩，父亲母亲对他说的话，他什么也听不到了。夫妻二人轮番开导他：

“京儿，将来和咱们做亲家的是一户名门望族，又是首富，他家小姐是名门淑媛、大家闺秀，知书达理，正好配你，这可是门当户对啊……”

他呆呆地愣了半天，才长叹一声说：

“唉！父母大人，看来你们不了解京儿呀！”

这时雪儿刚好端茶进来，蔡京望着她，待她出去，才慢吞吞地说：

“父亲、母亲，不瞒你们说，我和雪儿已经有了爱根。我俩自六七岁相识，只要她不在你们跟前，就到我屋里来。我写字，她就给我研墨；我读书，她就给我整理衣物。闲来无事时，我便教她认字、对句子。现在要让我从了这桩婚事，从情义上来讲，我实在是办不到！”

母亲一听，急得拍手说道：

“哎哟，我的傻孩子，你说的都是些傻话！你不想想，像咱蔡家这样的人家，哪有大少爷娶一个小丫头做夫人的？那还不让人笑掉了大牙？！再说这门亲事，又是你爹同意的，父母之命，媒妁之言，哪有违抗之理！其实，你和雪儿的那份暧昧之情，我早已看在眼里，明白你的心思，只是此事已成定局，没有商量的余地。”

他长长地叹了一口气，垂头丧气地说：

“母亲，要让我答应这件婚事，除非许我以后将雪儿收为侧室。”

母亲见他口气有缓，便安慰他说：

“那好，咱们现在就一言讲定，你现在年纪尚轻，娶妻则可，纳妾还早。母亲的想法是，待你乡试中举，雪儿定是你的。”

蔡京听了这句话，向母亲一揖到地，说：“多谢母亲成全。”

这年冬天，蔡京应了科试，这是他为晋举人级应试。此时蔡府上下都在忙着蔡京的喜事，送庚帖、过嫁妆，热闹非凡，只有蔡京心里不高兴。一天晚上，他溜进雪儿的房里。雪儿正在灯下做针线活。这些日子，她为蔡京的婚事心里也甚为苦恼，少爷坚持娶她，这番情义使她十分感动。蔡京进屋，见她两眼有些红肿，知道她刚刚哭过，就握着她的手说：

"雪儿，这次科试我考得很好，再过两三个月乡试完了，我俩的事就可以如愿以偿了。"

雪儿停下手中的针线，深情地望了他一眼说：

"少爷，我是一个苦命的丫头，能够天天侍候你，我就知足了……"

"别这么说，我心里难受，我可是从来没把你当丫头看待。你还不知道我吗？我的心里只有你……"

"少爷，婚期就要到了，你应该高兴才是。"

"唉，我心里并不欢喜，雪儿……咱们长大啦，怎么这么难哪……"

"少爷，你可别为我难过……"

蔡京的婚期终于到了，蔡府热闹起来，整座宅院爆竹阵阵、高朋满堂，在唢呐与手鼓声中，花轿进了家门，新人与蔡京拜了天地。

虽然正值新婚宴尔，蔡京也没有忘记雪儿。他一有空，就走进雪儿的屋里跟她说话，让她开心。

有一次雪儿对他说："少爷，有件事我想提醒你……"

"你说吧。"

"离乡试的日子不远了，少爷你可莫忘了原先讲的三元及第呀！"

"忘不了，这关系我俩的幸福，怎么会忘呢？你就放宽心吧！"

蔡京中举的第二天，夫人果然派了长工王成赶上车，送雪儿回家去商议婚事。

离开家乡已经有七八年了，现在又回到农村，家里穷困，四壁光光，雪儿过惯蔡府的生活，实在难以再过这种贫穷日子。再说，她一心思念着她的少爷，恨不得能马上嫁给他，脱离这个苦海。到家后她就把这件事说了。她已没有母亲，家里只有老父和一位兄长。父亲是一个憨实的农民，他坐在一条摇摇晃晃的破板凳上，听完女儿的述说，两只长满老茧的手捧着满是胡子茬的脸，犯了难，但他还是看着坐在炕沿上的雪儿说：

"孩子，穷人家的闺女到大户人家去作妾，那是往火坑里跳呀！咱们就是要饭，也不能这么干。咱们穷人要有志气，可不能伤了心哪！"

她的哥哥却是个游手好闲的二流子，一听说新科举人要纳他妹子为妾，心中暗喜，他觉得敲竹杠发财的好机会来了，于是便来了一个狮子大张口说：

"妹妹，你愿意到蔡家去作妾，这可是你自己的主意，不是家里逼你去的。

就这么定了吧，他蔡家有钱，就叫他拿三千两银子来，你就随他们去，否则休想！”

他老父一听，火冒三丈，气急败坏地骂道：“什么?！要卖你妹子！你这个不要脸的坏小子，说的是什么狗屁话！”

王成回来说了雪儿家争吵的情形。夫人当初答应这件事就很勉强，如今又要许多银两，她就更有了拒绝的理由。蔡京听了急得如热锅上的蚂蚁，团团乱转、焦急不安。

过了几天，夫人想亲自到雪儿家跟她父兄协商这件事。夫人叫王成套车，一清早吃过早饭就出发。她吩咐道：“王成，咱们去看雪儿姑娘一趟。”

王成赶着车上了大道。一路上马铃叮当响，王成摇着鞭杆，高兴地笑着说：“这回夫人一出马，事情就算成啦！”

夫人说：“那样敢情好，雪儿这丫头是我亲手买下的，这点面子总不至于不给吧！”

刚近晌午，飞奔的马车已经进了村庄，左拐右弯，待望到雪儿家门口时，陡然车停住了。原来他们看见雪儿家的门板上贴着“丧事门报”，又挂着一串白花花的纸钱。夫人愣住了，吩咐王成：“你到前边看看，到底出了什么事。”

王成走到雪儿家院墙处静听，赶快回报说：“夫人，不好了，雪儿姑娘辞路了！她父亲、哥哥正哭着哪！”

夫人听了这话，浑身一颤。她想，雪儿这姑娘侍奉我这么多年，多么可心的孩子啊，竟这样走了。她一下子就掉下泪来。按说凭着多年的主仆关系，应该去祭奠一番；可是人死在这个节骨眼上，谁知道她的父兄会不会迁怒于人呢？把握不定，唉，好孩子，过些天我再去荒野坟冢祭奠你吧。夫人擦擦眼泪，吩咐王成：“咱们还是回去吧！”

夫人回到家，把事情的经过一说，蔡京痛苦万分，想到雪儿为了与自己的婚事，回家之后，蒙受申斥和屈辱，精神抑郁，死因不明。两人两小无猜，一起长大，最后又坠入爱河，这样的红粉知己，没有等到最后见上一面，就香消玉殒，他怎能不肝肠俱裂，痛不欲生呢？雪儿的死，他长久耿耿于怀，而且终生引为憾事。

## 蔡京光天化日之下和夫人播云兴雨

蔡京正陷入深深的回忆之中，猛听得一阵喊叫声。

“哥哥，哥哥，快来呀，咱家出大事啦！”蔡京的弟弟蔡卞气喘吁吁地边喊边朝蔡京跑过来。

蔡京一惊，忙问道：“看你慌里慌张的样，出什么事啦？”

蔡卞说：“朝廷来人了，可能是下圣旨来的，让哥哥你去做官。哥哥，你如果真的做了官，千万别忘了带上小弟我呀！”

蔡京松了口气，掸掸衣裳上的灰尘，整整衣冠，对蔡卞说道：“你若做官，可别忘了我教给你的做官的诀窍！”

蔡卞狡黠地眨了眨眼说：“哥哥教小弟的那套，我早已牢牢记住了：皇上叫我趴着，我就不跪着；皇上说东我就不能朝西；皇上说鸡蛋是扁的，我就不能说是圆的；皇上说……”

蔡京笑着说道：“你别再说了！瞧你这小丑样儿！”

蔡卞虽然不像蔡京那样深沉持重，精于诗文书画，但他才思十分敏捷，模样长得非常俊秀。他知道见什么人要说什么话，到什么地方要做什么事，他可没少向哥哥请教为人处世的哲学。他本来遇事喜欢和人拌个嘴、较个真儿什么的，但在蔡京的诱导和训斥下，刚显露的这些毛病很快也就改掉了。一次，他俩在自家后花园读书，蔡京摘颗荔枝问道：“蔡卞，你说这荔枝果是树上结的，还是从天上掉下来的？”蔡卞不假思索地回答：“咱这里盛产荔枝，连不懂事的娃都知道荔枝是树上结的。这还用问吗？”

蔡京严肃地说：“不！这荔枝不是树上长的，而是从天上掉下来的！”蔡卞大为不解：“胡说八道！”蔡京道：“什么胡说八道？如果皇上说这荔枝是从天上掉下来的呢？你还能分辩吗？你还想做官吗？”蔡卞恍然大悟地点点头：“知道了！要想升官保官，就得学会见机行事，皇上咋说我就咋办，对吗？”蔡京满意地笑了笑：“若把皇上比做水，臣民则为船。水能载船，也能覆船。要想船不覆，就得顺应水流，学会见风使舵的本事，明白吗？”蔡卞点点头，从心里佩服哥哥的为官哲学。

蔡京兄弟俩来到自家门前。只见家门前的老树下，锣鼓喧天、鞭炮齐鸣，吹鼓手把唢呐吹得震耳欲聋。门前围观百姓前呼后拥，把蔡京推到下圣旨的朝官面前。朝官朗声宣读圣旨，蔡京刚想跪拜，忽听“嗖”一声，一支冷箭从耳旁飞过，正巧射在老树树干上。围观的百姓顿时惊恐大乱。这时吓得面色煞白的蔡京故作沉着镇静，走到老树下，取下箭头上的黄布。黄布上写着几行字，蔡京慌忙看了一遍，便将黄布揉成一团，塞进衣袖中，苦笑着对众人说道：“这位朋友，实在无礼！”

朝官害怕地问:“是否有刺客想行凶?”

蔡京把眼珠转了转,赶紧说:“不!不是刺客!是我的一位习武的朋友,得知大人驾到,因有事不能前来,便用这种方式捎来一封贺书,托我代他叩拜大人!”

一支突来的冷箭,将蔡府门前的热烈气氛搅散了。朝官急急忙忙宣完圣旨,便带上蔡家赠送的银两厚礼走掉了。前来贺喜的许多贵客也推说自己有事情要办,先后离开蔡府。

蔡京擦把冷汗,回到书房,从衣袖里取出那封箭书,又看了两遍,气得狠狠地将箭书摔在书桌上,叹道:“开局不利,气死我也!”

日落西天,百鸟归巢,田园里散发着柑橘的芬芳气息。

疲惫的蔡京不由自主地漫步出了家门,抬头遥望家乡北部那时而被云雾遮住时而又露出峥嵘的群山,回想起今天发生的事,心里是一种说不出来的味道。池塘边偶遇乡间才女聪儿,令他心猿意马,想入非非;府门前突降朝官,令他心旷神怡,精神振奋;老树上忽穿冷箭,令他震惊恐惧,毛骨悚然……是苦是乐是祸是福?他无法分辨。蔡京想,能帮自己辨清凶吉的只有夫人了,于是转身急匆匆又回到家中。

蔡夫人出自名门,从小为父母的掌上明珠,娇生惯养,模样俊俏,又有吟诗作赋之才。自从嫁入蔡府后,为了能让苦读诗书的丈夫取得功名,便放弃了玩耍享受,完全一副贤妻的样子,白天帮丈夫释解难题,夜晚为丈夫解衣宽带。真是百般温存,千般照应,为蔡京提供了一个极好的读书环境。为此,蔡京对夫人感激不尽。蔡京得知考中的消息之后,高兴得像疯了似的跑进府,顾不得先给父母行礼,口里高喊着:“中了,中了,中了!”径直跑进自己的房间,一下将妻子抱在怀里,狂热地亲吻起来,竟在白天将夫人衣带解开,呻吟着:“我蔡京能有今天,全仗夫人!中了,中了,我中了!”然后,不顾妻子害羞的推脱,无所顾忌地对夫人动手动脚。从来没有得到过如此满足的蔡夫人也激动万分,合着丈夫的节拍,幸福地呻吟着。此时此刻,蔡夫人恨不得将自己的恩爱之情化作一股清澈的温泉水,冲刷掉丈夫十几年寒窗苦读的辛劳和疲倦,喃喃地对蔡京说:“只要官人功成名就,我就心满意足了.....”

蔡京的妻子不顾一整天迎宾送客的疲惫,回到卧室,又忙着给蔡京整理书桌、床铺,准备和丈夫一起分享他及第做官所带来的欢乐。她突然看到书桌上那块浸着墨迹的黄布条,顿时吓呆了,浑身凉了半截。布条上写着:“官若欺民民必反,蔡不清廉蔡自焚。”横披是“走着瞧”,落款是“箭客”。她赶紧出门去找蔡京问布条的来由，正巧蔡京闷闷不乐、满怀心事地进了门。

“这块布条是怎么回事？”蔡夫人问丈夫。

蔡京从夫人手中接过布条，看了看，装成若无其事的样子，冷冷一笑，说道：“这就是白天飞箭射到老树上的那块布！”.

蔡夫人又问：“你不是说是一位习武的朋友射来的贺信吗？怎么上面写着这样的话？”

蔡京说：“贺信？嘿嘿，哪里是什么贺信？当时我只不过是为了体面，稳定朝官民心。也想让大家知道：我蔡京不是只知道在家舞文弄墨的书呆子，而是能通达天下的大学士，我到处都有能文会武的朋友！”

蔡夫人听罢笑了笑，称赞丈夫遇事沉着冷静，有应变能力。

当晚，夫人紧紧依偎在蔡京身边，用纤细柔软的手抚摸着他。但此时蔡京却失去了往日的狂热，只是敷衍着夫人的抚爱。

蔡夫人也猜出了蔡京心绪不宁，没有心思做爱，便不再对其纠缠，叹气说道：“做官虽有轿坐、有马骑，享尽荣华富贵，但也不是轻松的事情啊！你曾经对我说，自英宗驾崩，神宗即位后，宋朝就一片混乱，王安石整治朝纲、主张变法，而司马光、富弼等人坚决反对，这使得朝政难统，朝臣不合，天下不安。听说还有些地方百姓怨声载道、揭竿而起，令人担心，还不如过平民的安生日子！”

蔡京说：“你真是头发长，见识短！朝政难统，我自有办法对付。至于几个草民贼寇作乱，妄图改朝换代，对于堂堂大宋而言，只不过是蚍蜉撼树、以卵击石罢了。有什么值得担心的？更何况我做的是钱塘小尉这样的官，虽官卑职微，没有耍枪弄棒的功夫，但毕竟掌管着一些侍卫兵卒，能施生杀之权术，谅黎民百姓不敢对我蔡京怎样。再说，按国家规定，进士初任官职，最低为尉职，可我的目标岂是这小小芝麻官？要做官，就做职高位显的大官，要争个一人之下、万人之上、统管天下大事的宰相。到那时，我们全家进了京城，家有万兵把守，水泼不进、针插不入，还怕草民贼寇的骚扰？”蔡京越说越激动，忽然眼睛发亮，精神振作，抱住夫人亲了一口。蔡京的妻子眼含泪花，搂住丈夫，闭上双眼，祈祷道：“但愿如此……”

## 蔡京为保官位让上司奸淫自己的妻子

蔡京经过几日的精心准备，一切收拾停当。

这天清晨，蔡京正打算走马上任，家奴前来报告，说有一小女子求见。蔡京准见。

为防刺客，蔡夫人说由她先见，蔡京回内房躲一下。

原来求见者是绘画女子聪儿。聪儿手拿画卷和一份礼物，神态拘谨地走进蔡府，她先向蔡夫人施礼问候．随后自我介绍道："我叫聪儿．喜欢书画．是前来向蔡先生求教的。"

在房内躲藏的蔡京听见后，高兴地走出房门说道："聪儿小姐来了，请坐，快请坐！"

"你们原来相识？"蔡夫人惊奇地问。

蔡京回答说："这便是我跟你提过的那位聪儿小姐。"

"是吗？这太好了！"蔡夫人急忙沏茶倒水招待。

聪儿把自己画的画展开在蔡京面前，请求蔡京指点。

蔡京与夫人兴奋地欣赏着聪儿的绘画，不时地称绝赞好。

其中一幅人物画引起了蔡京的注意。

这是一幅一位英武少年面对一片荒丘拉弓射箭的图画。看那少年拉弓的姿势，咬牙切齿的样子，心中像燃烧着一团怒火。这幅画不禁让蔡京联想起老树穿箭那令人心惊的一幕。蔡京对聪儿说："这怒发冲冠的少年，一定是在射他的仇敌吧？"

聪儿说："先生说对了，这位少年是我表姨家的孩子。他的姐姐让一个抢男霸女的公子抢走了。他为了给姐姐报仇，便刻苦练习弓箭。他来我家走亲戚时，我看他那练习射箭的样子，心中十分喜欢，于是就把那场景画了下来。画得不好，请先生多加指点！"

"画功极深，无可挑剔。"蔡京以试探的口气问道，"如此说，你特别喜欢那位少年了？"

聪儿脸上泛起红云，有些不好意思地点点头道："我父母对他也有此意！"

蔡夫人打心眼里喜爱聪儿的绘画才能，再仔细瞧着聪儿漂亮的模样，心想，自己身边如果有如此一位美貌才女陪伴，该有多好啊！于是，蔡夫人把蔡京叫到一旁，俯耳细语谈了自己的想法。蔡京听后，喜出望外："这事只有夫人去讲！"

蔡夫人将聪儿拉到自己身旁，仔细地询问了聪儿的身世，并把蔡京马上要去钱塘赴任之事告诉聪儿，最后说："聪儿若来我家，我愿与你姐妹相称，同享荣华富贵，不知你可愿意？"

聪儿马上摇头说道："小女实在不敢当。我母亲身患重病，需要我照应。再者，我已定下婚约，不便出入官府！”

不管蔡夫人如何再三诱导，也没能打动聪儿的心。这使蔡夫人大失所望，十分叹惜。

蔡京向夫人递了个眼色，表现出一副豁然大度的学士风度，说道：“夫人，读书人要善解人意。既然聪儿不愿与我们同往，又何必强人所难呢？夫人很喜欢聪儿，聪儿又不能离开病母膝下，恐怕今后见面的机会也不多了。这样吧，我亲自为聪儿画幅画像，给夫人留作纪念就是了！”

聪儿应允了蔡京的要求。

蔡夫人一看丈夫为自己找到了台阶，勉强答应道：“也好，见画如见人吗！”

蔡京用聪儿做模特，展示了一下个人的画技，画了一张使人陶醉的乡间美女图。虽被画者无情，画像人却有意。就是这幅美人图，对蔡京以后的升迁起了决定性的作用。

蔡京在家人和乡亲们的欢送下，带着夫人日夜兼程来到钱塘赴任。县令非常热情地迎接新任县尉，并设宴迎接蔡京夫妇二人。

县令是个十足的色鬼，宴席上他不时朝美貌的蔡夫人身上瞄来望去，恨不得立刻将蔡夫人搂抱于怀，让他尽情纵欲。这一举止，蔡京虽未发现，蔡夫人却早已察觉。有一次，县令以回拜蔡京为由，来到蔡宅。县令见蔡京不在家，房中只有蔡夫人一人，便顿生歹意，先说些下流话，接着便动手动脚，调戏蔡夫人。蔡夫人好言劝道：“堂堂县令，应该自尊自重，为何做下流勾当？”县令讨个无趣，便灰溜溜地离开了蔡府。他为此总想伺机报复，结果还真逮着了时机。一个阴雨绵绵的夜晚，一群蒙面人闯进县衙，杀了侍卫，惊动了蔡京夫妻。蒙面人无所顾忌地挥舞刀剑对县衙的人大砍大杀。蔡京吓得失魂落魄，赤裸着身子颤抖地拉起妻子狼狈地钻进暗道里……

这件事情发生后，县府内议论纷纷，多数人为此谴责蔡京领兵无方，严重渎职，应当受到处罚。而奸诈的县令立即捏造罪名，说县尉图谋不轨，私下勾结叛党，引狼入室，有意谋杀朝廷命官，四处扬言要上奏朝廷，将蔡京罢官，把他送进监牢候审。

蔡京刚迈入仕途，就重重地摔了一跤，眼望着大势将去，又有苦难言，于是便跪在县令脚下哭着求饶。

县令别有用心，达不到目的，岂肯放过蔡京？

蔡京不得不回家抱住夫人哭诉，对妻子说尽离别之话。

蔡夫人为保全丈夫性命，不顾体面，亲自去找县令为蔡京说情。

早有预谋的色鬼县令希望的就是蔡夫人亲自找上门来。

他非常客气地将蔡夫人迎进内室，让衙役们退下，关上内室门，对蔡夫人说道："蔡夫人请坐。今日登门是否为县尉之事？"

蔡夫人以泪洗面，哀求道："我们夫妻刚来此地，不熟悉情况，竟出了此事。恳求县令大人宽大为怀，饶了我家大人这一次吧！"

"这事关系重大，若让朝廷知晓，蔡县尉前程就危在旦夕了！"县令故弄玄虚，"可是，能否饶恕蔡县尉，就凭夫人你的本事了。"

蔡夫人说："我是妇道人家，有何本领救丈夫呢？"

县令用淫荡的双眼上下盯住蔡夫人，嬉笑一声说道："本官上次去你家时，你如果依了本官，昨夜的事情，也就不会发生了，可是……嘿嘿……你的本领你心里最清楚，还用本官说吗？只要你答应了，我就将此案压下去，保证不再声张，如此一来，蔡县尉不但性命无忧，就是今后的仕途也不会受到影响。"

以泪洗面的蔡夫人在色鬼面前，为了保全丈夫性命，哪还顾得上什么贞节。于是，低下头来，任县令搂抱解衣，半推半就地应允了他的条件……

蔡夫人这一行为虽不是什么光彩之举，但毕竟为蔡京保住了性命，并为他后来青云直上、步步高升付出了代价。只是，蔡夫人从此面容失去了光彩，精神萎靡不振，情绪不稳，常常倚门哭泣，晚间望着星空叹息。

为这事，蔡京也费尽了心机。后来他终于想出了一个既有利于自己又有利于调整夫人心态的两全其美之计……

## 蔡京连夫人的贴身丫鬟也不放过

长江岸边已到了春暖花开之时。

蔡京现在在舒州做推官。这天清晨，他坐着轿子，携妻子一块去游舒州名胜天柱山。

蔡京虽没有像著名的唐朝李白、杜甫、白居易和宋朝王安石、司马光、苏轼等大文豪大学士们那样留下许多令人赞不绝口、流传至今的名诗名画，然而他有文人墨客们的一般共性：喜欢奇观异景。所以，他从钱塘迁至舒州，还没站稳脚跟，便急不可耐地赶来观看天柱山奇景。

蔡京望着烟雾缥缈的天柱山，心潮澎湃，思绪万千。

不是吗？忍辱负重担任区区钱塘小尉，夫人为了自己以泪洗面，精神受挫；自己差点失去前程，成为阶下囚。仕途如此艰难，难如登山啊！谁都想做官，而要做官，就一定要做大官，即使当不上皇帝，也要争个位在皇帝之下万人之上的相官！钱塘的这一挫折，使年轻的蔡京更加坚定自己曾经向妻子表白过的雄心壮志。他决心利用一切手段，在舒州干出一番让皇上知道自己姓名的轰轰烈烈的大事来，加快自己升迁的步伐。想到这里，他眼睛一亮，将握得紧紧的拳头重重地砸在轿杠上。

"你怎么了？"蔡夫人猛然受惊，浑身一哆嗦。自从在钱塘"舍身救夫"的事件发生后，蔡夫人经常茶不思饭不想，也不理青丝懒作打扮，心情一直不佳，如果不是蔡京百般照顾，耐心劝导，使她慢慢地相信了"大丈夫就要能屈能伸"的道理，她的精神早就彻底崩溃了。

蔡京对蔡夫人说："没什么，你瞧那顶天立地的天柱山是多么雄伟壮观啊！据记载，汉武帝在元封五年，曾来此山观景狩猎！"蔡京来天柱山游玩不仅是想一览山水，也想借此调节夫人的情绪。

天柱山峰雄石奇，洞幽水秀，人文景观丰富。

奇峰出奇山，

秀水含秀气。

青冥皖公山，

巉绝称人意。

蔡京情不自禁地回想起唐朝大诗人李白在此留下的诗句，并动情地朗诵起来。紧接着，他指着一座奇山动情地说："天柱山，太妙了！宋之蔡京，擎天之柱也！"

蔡夫人也游得兴致勃勃。天柱山的风景让她心胸顿时开阔许多，令她荣辱皆忘。然而，她玩得也很疲惫。回到家中，便草草梳洗一番，同丈夫上床歇息。

蔡京却余兴未尽。尤其屹立于群山之巅的那座奇峰，更令他兴奋不已，感慨万千，浮想联翩。他让夫人先睡，自己站在窗棂前构思诗文。

"聪儿，聪儿……"

蔡京正在为写诗准备笔墨，突然听见夫人梦中呼唤起聪儿的名字。

"怎么了？"蔡京抱住突然坐起的夫人。

夫人惊喜地说道："啊，聪儿来啦，聪儿来啦！"

蔡京知道夫人是在做梦，便将她的头轻轻地放在枕上，说道："聪儿在哪？你这是在做梦吧？"

蔡夫人揉了揉自己的睡眼，叹气道："唉，梦是心头想啊！"

蔡京对夫人说："想聪儿啦？那好办，夫人稍候，我这就去唤她！"蔡京拿来一捆画卷,找出自己曾为聪儿画的像,递给夫人:“夫人你看,聪儿来了!”

看罢聪儿的画像,蔡夫人心中多少有些安慰,又叹息道:“初到异地,怎么这样思念故土,若有聪儿在我身旁,该多好啊。”

蔡京想了片刻,笑着说:“只要夫人喜欢,我让聪儿不请自到。”蔡京暗想,自己若想出人头地,少不了一位贤惠豁达的夫人相助。所以,他平时对夫人关心备至。

蔡夫人一笑:“恐你没那本事!”

蔡京胸有成竹地说:“两个月之内,聪儿若不到咱家,拿我蔡京是问!”

蔡夫人不说话,躺下便睡了。

还没过两个月,聪儿果然风尘仆仆地赶到了蔡家。只不过少了初到蔡家时的少女的风韵。气质虽未减当初,但她面色憔悴,头发蓬乱,身穿的衣裳也有些褴褛。一见蔡京和蔡夫人,便跪倒在地,泪流满面,泣不成声,凄楚地哭叫道:“请先生和夫人救救聪儿吧!”

蔡夫人大吃一惊,上前扶起聪儿说道:“聪儿,你这是怎么啦?”

蔡夫人不知事情的原委,可蔡京心里一清二楚,因为这是他亲自编导的一出对于聪儿来说是悲剧,而对于他自己而言是一箭双雕的喜剧的戏剧。这到底是怎么回事?

蔡京来舒州,做的是推官。推官的职责主要是负责勘问刑狱。凡是在舒州发生的案子,牵连到的人与事,不论天南海北,他均有权过问。他就利用了职务之便。

当时朝政腐败,社会混乱,官府巧取,劣绅豪夺,引起了平民百姓的强烈不满。舒州也同其他地方一样常有打家劫舍、刺杀劣绅土豪的事情发生。蔡京上任不久,就勘问了很多这样的人犯。蔡京毕竟是知书达理的人,知道造成社会混乱、江山不稳的原因不是平民百姓。所以对于没有人命在身的人犯,一般不用极刑,只是让他们受些皮肉之苦或押人牢狱。恰巧,在舒州城内发生了一起聚众射杀豪绅张公子的案子。杀人者是来自蔡京老家兴化军的一伙摆地摊耍杂技的穷艺人。因为平时张公子就喜欢无事生非,他以比武为名,刺伤了耍杂技的一个女童。穷艺人们与张公子论是非,趾高气扬的张公子哪里肯听这些穷艺人的话?他聚集城内的一些地痞蜂拥而上,抢走艺人们的刀枪剑戟,这帮艺人气愤至极,奋起自卫,其中一艺人用弓箭将张公子射死……官府把艺人们全部缉拿归案。负责这一案子的蔡京联想到当年在他家门前老树穿箭的那一幕,又想起聪儿所画的那位练箭少年,眼睛露出狡黠的光,心想,把聪儿画的习箭少年与这帮艺人归为同党为什么不可？若抓来那习箭少年，又设法让聪儿知道这是他负责的事，不信聪儿不来蔡家求情。于是蔡京便拿了聪儿为那少年画的画像和自己为聪儿画的画像，派出几个差役，赴兴化军捉拿习箭少年。那天，正逢聪儿的母亲病逝。那少年也正在聪儿家吊丧。差役们对着画像，问明身份，当场将习箭少年逮捕。顺着蔡京的意思，差役又将蔡京在舒州办理此案的消息透露给聪儿，聪儿为救自己心上人的性命，顾不得自己是女流之辈，跋山涉水，来到舒州求见蔡京，请求他帮忙……

“聪儿，看你焦急的样子，到底家里出什么事啦？”蔡夫人心疼地为聪儿擦着泪水。

聪儿哭着诉说道：“我母亲这一死，我就全靠他了……”

蔡京装着不理解的样子，忙问道：“他是谁？怎么啦？”

聪儿接着说：“他就是我给先生看过的我画的那位练箭少年！说他与什么杀人案有牵连，官府派人把他抓来了。蔡先生，聪儿求您救救他吧，他可是个十足的好人。莫说杀人，连只小鸟也没杀过呀！”

蔡京问：“此人姓甚名谁？”

聪儿道：“姓刘名功，乳名小山子！”

蔡京听罢点了点头，摆出一副既同情又为难的样子，道：“咱兴化军有一伙罪犯，打着艺人的旗号，到处流窜，专和朝官及有钱有势的人作对。前段时间，他们结伙来舒州行凶，杀害一个姓张的富豪人家的公子。据他们这伙人交代，你说的那刘功就是他们的同党，这事轰动了长江南北，可能连朝廷也知道了。很棘手啊！”

聪儿求道：“蔡先生，看在咱们同乡，我又是您学生的面上，请您一定要救救他呀！不然，聪儿也就跟他去了！”聪儿又“咚”地跪倒在地，抱住蔡京双腿，不停地哀求着。

“快快起来，夫人今天为你做主，好吗？”蔡夫人扶起聪儿，在一旁插话道。

蔡京说：“这样吧，反正你母已病逝，你也少了牵挂。你就先暂居我府，与夫人做伴。至于你的那位小山子吗，我尽力为其通融一番，先免他的死罪就是！”

聪儿叩拜蔡京道：“多谢先生救命之恩！”

经过蔡夫人的悉心调理，聪儿很快就恢复了精神。蔡夫人从此少了烦闷，脸上露出了笑容。有天夜里，蔡京与夫人闲谈，蔡夫人问蔡京事情怎么就如此巧合，想聪儿，聪儿果然不请自到。高兴之余，蔡京向夫人道出实情。蔡夫人说蔡京办事缺德。蔡京说：“我与夫人情深似海，为了夫人，我什么事都做得出来啊。”

明白人都知道蔡京设计请聪儿，岂止是为了夫人？

蔡京深知，要升迁，做推官，还得官推。

所以，最近一些日子里，他反复琢磨，写了两封很长的上书。

其中一封，他依照王安石变法条文，联系当地民不聊生的实情，向朝廷阐述变法的必要性，表达对变法者的崇敬之情，抒发自己想参与变法的雄心大志，从而让变法派对自己有好感并予以重用；另一封把射杀张公子的穷艺人们说成是一伙反对朝廷、图谋造反的反叛死党，到处行凶作案，借此颂扬舒州推官忠于皇上、智勇双全、秉公执法、清正廉明，为自己升迁大造舆论，博得朝廷好感，并望皇上委以重用。

蔡京自寄出长书以后，一直都在渴望着得到皇上的重视，企盼着朝廷的佳音，眼睛都快望穿了。这一日，他接到了相府的诏书，欣喜若狂地自语道："我蔡京终于有了出头之日，吾皇万岁！万万岁！"

"先生！"聪儿突然来到蔡京身旁，轻轻地叫了他一声，自从到了蔡府，她身体尽管有些恢复，但精神却依旧十分抑郁。她多次乞求释放心上人小山子，蔡京只是推说要耐心等待，不可急躁，但实际上，他就是不给办理。为什么呢？因为他在亲自审问小山子的时候，小山子坦白了这样一个事实，当初写"官不为民民必反、蔡不清廉蔡自焚"的就是他，但他和舒州穷艺人杀人案无关。蔡京想，如果放了小山子，一定会后患无穷，更何况他要借小山子留住聪儿。

"先生，请您高抬贵手，放他出狱吧！"聪儿说着说着，眼泪便扑簌簌地流下来。

聪儿的容貌和才学，早就使蔡京心猿意马，想入非非了。此时又偏赶上夫人不适，多日不曾行房事，他早就有点按捺不住了。他故作关心地为聪儿擦拭泪水，手却不停地抚摸聪儿那娇嫩细腻的脸蛋儿："聪儿听我的话，世上的有情人多的是，何必为他小山子费尽心机呢？"

聪儿推开蔡京的手说："母亲生前把我许配给他，况且聪儿对他也有情意。我们是天生一对，地配一双，不能拆散呀！先生，放了小山子，让我们团圆吧！求求先生了。"

"嘿嘿，小山子是可以放出来，只是，你得答应我一个条件。"蔡京听罢奸笑道。

"只要先生放出小山子，聪儿甘为先生作犬马！"聪儿闻听蔡京此言，急忙回答道。

"我不要你做我的什么犬马,我只要聪儿你做我的妾。朝廷已经下来诏书,我蔡某就要做大官了,我要聪儿你与我一同进京都,共享荣华富贵!"蔡京说着说着,猛地抱住了聪儿。

聪儿吓得惊叫一声,一边挣脱一边大声说:"先生,如此一来,不但对不起夫人,而且更对不起小山子啊,请先生放开我吧!"

蔡京依然不答应,又一次抱住聪儿说道:"你如果不答应我,难道就对得起疼你爱你的先生吗?话又说回来了,夫人也曾说过,要你做我的偏房,你怕什么呢?"

聪儿闻听此言,真是如同哑巴吃黄连,有苦也难言,只是低着头抽泣着。

蔡京于是乘势把聪儿抱到床上,把手伸向聪儿那丰满的胸脯,并发誓道:"我对天发誓,等我从京都一回来,就马上放了小山子!"他说着便迫不及待地喘息着扯下聪儿的裤子。这时的聪儿已失去神智,如泥塑般地躺在床上任其摆布……

## 蔡京请太监逛妓院

神宗、哲宗两位皇帝能够专营朝政、治理江山,但徽宗却大不相同。他更喜欢书画墨宝、玩猫逗狗这些小事。他本人也具有吟诗作赋、书法绘画这方面的才能,真可谓"文人皇帝"。

皇帝如此,底下的宦官就更不怎么样了,童贯就是最受徽宗宠信的宦官之一。

童贯字道夫,开封人。出自大宦官李宪的门下。尽管是个太监,但他身材魁梧,浑身上下好像总有使不完的劲,下巴上居然还长出了十几根胡子。他生性狡黠,为人圆滑,善于揣摩皇帝的意图,有许多事不待吩咐就早已提前办妥。因此深得徽宗的宠爱。一日,他看到徽宗正饶有兴趣地欣赏"春宫图",于是灵机一动,凑过去对皇上说:"太平盛世,政通人和,理应以书画墨宝装饰宫廷,以供皇上享受玩赏!"

徽宗闻言大喜:"正合朕意,但不知到何处取?"

童贯听说苏杭风景秀丽,很想去观赏一番,只是没有机会。如果能打动皇上,派自己去苏杭办此事,应该是天赐良机。因此,他对皇上说:"天下书画处处有,最多最好属苏杭。如果皇上喜欢,臣愿亲自前往去取!"

徽宗听罢兴奋地对他说:"你是供奉官,理应由你亲自前往办理此事!"

“臣遵旨!”童贯大喜过望,转身想退出,徽宗却又把他叫住,说:“听说那个被罢了官的户部尚书蔡京在杭州,他也十分擅长书画,你到了那儿,可以让他帮你挑选一些书画真迹,他是内行。”

“臣遵命!”童贯高兴地出门去了,可正巧碰到两位嫔妃。

王妃问道:“童大人哪,看你这高兴劲,莫非有什么喜事要办吗?”

尽管童贯是一个阉人,却长着一副男人模样,因此,平日里很少受皇帝“恩典”的嫔妃们对他格外关注。

童贯看到二位嫔妃便挺挺胸膛,摸了摸胡子,说道:“不瞒二位皇妃,皇上命我马上去苏杭搜集书画,这次本官可要大开眼界了!”

“是吗？恭喜恭喜!”刘妃说道:“如果有什么好玩奇巧之物,千万不要忘了我们姐妹哟!”

“童贯并非忘恩负义之辈,如果有了什么好事,哪能忘记两位贵妃!”

事实上也确实像童贯所言,为了能够得到皇帝的重用,步步高升,他曾经不止一次地用大量的钱财巴结后宫嫔妃。为此,嫔妃们也都在皇上面前替他说好话。他怎么会忘记她们呢?

“好了！我们祝童大人一路顺风,马到成功!”二妃说毕,告辞而去。

次日,童贯备好行装,前往杭州。一路上自然是吃喝玩乐,耀武扬威了。

自然,童贯不会把蔡京这个小小地方官放在眼里。他到了杭州之后,打听到了蔡京的住处,便直奔蔡府而来。

“京里来人了!”蔡京正在专心作画,儿子蔡絛急匆匆地跑来告诉他。

蔡京闻言大惊失色,于是慌忙迎出门去,看到站在面前的竟是皇上宠信的宦官童贯,他不禁愣了神发起呆来。

“蔡大人不认识本官了？蔡大人任户部尚书之时,咱们可是老相识啊!”童贯说话谦和,态度柔顺,蔡京这才回过神来。

“啊！原来是童贯大人大驾光临,老朽有失远迎,望童大人海涵!”蔡京殷勤得手足无措,急忙说道:“童大人,快,快,请到寒舍歇息。好好叙一叙。”

蔡京尽管和童贯在朝中就相识,但却没有什么深交,可是对方的脾性、志趣彼此之间都有耳闻,谈起话来,便气味相投,一拍即合。

二人边聊边品着龙井浓茶,蔡京在知道了童贯来杭的意图之后,顿感受宠若惊,心中马上意识到这是天赐良机,于是,他对童贯说:“童大人如果不嫌弃老朽,老朽将尽全力而为之!”说罢,便把自己当年和聪儿所做的全部存画一疋一疋地搬出来,一幅一幅地摆出来给童贯看。

“这正是皇上所喜欢的真书宝画，妙哉，绝矣！”童贯此时看得眼花缭乱，心中激动不已，连连赞叹道：“我出高价钱，把这些画全部买下来！”

蔡京马上殷勤地说道：“只要皇上高兴，小人甘愿奉献，哪有收钱的道理？”

童贯于是有意识地提醒蔡京道：“朝廷有黄金无数，怎么会在乎这几个小钱？”一边说着话一边摸摸自己的衣囊。

童贯留下了一笔重金。

蔡京自然也不傻，他心领神会，用七成的回扣回赠童贯，同时还送给童贯好料衣帛一大宗：“不成敬意，这点钱物，请童大人笑纳！”

童贯心中大喜，嘴上却说道：“这些真迹墨宝乃蔡大人的心血，本官怎能无功受禄呢？”故作推辞状。

蔡京很想拉近乎，一副极为诚恳的样子：“既然你我已为知己，又何必分得那么清呢？多费点笔墨也就有了！童大人如果不收下老朽这点心意，老朽就不再帮你搜集书画，请大人另选高明吧！”

“好，好，如此看来，本官收下就是。”于是，童贯便顺水推舟地收下了钱物。他心里自然也很明白蔡京如此慷慨的良苦用心，便说：“以本官多年的经验看来，皇上左右，像蔡大人如此多才多艺、慷慨大方的人实在不多矣！”

“承蒙童大人夸奖，老朽确实想为皇上尽自己的微薄之力啊！”蔡京听到童贯此语马上说道。

童贯说道：“本官回到朝廷后将极力向皇上荐才！”

蔡京又说道：“俗话说上有天堂，下有苏杭。杭州实在是风景奇丽，名胜繁多。童大人如果不嫌弃老夫寒舍简陋，可以住下来，老夫陪你畅游杭州，不知童大人意下如何？”

童贯心想：如果把所收钱物放在这儿，倒也不会走漏什么风声，比放其他地方更为安全，便痛快地答应下来：“那就打扰蔡大人了！”

蔡京见到童贯已经上了自己的钩，便下了更大的赌注，不惜多投诱饵。他让家人跑遍全城，买来各种山珍海味供童贯享用。他不顾自己年老体弱，昼夜陪着童贯游山玩水。游历了苏堤春晓、平湖秋月、断桥残雪、雷峰夕照、南屏晚钟、曲院风荷、花港观鱼、三潭印月、柳浪闻莺、双峰插云等西湖胜景，并且借景生情，抒发自己心中的无限感慨。

一日，他带童贯观赏雷峰夕照，自然而然地就想起传说中那被压在塔下的白蛇，看着雷峰塔又联想起了自己此时的处境，便吟诗一首：“当年白娘多人意，后来屈做塔下魂，倘若天公行慈善，白娘定报倒塔恩！”童贯听后，明白蔡京话中有话，随后便也对塔吟道：“白娘一时忍悲痛，眼前就有倒塔公！”

两人对视。会心一笑。

尽管杭州风景如此的奇秀，名胜如此的繁多，令童贯流连忘返，但他也有闷倦之意。因为他久居宫中，习惯了三宫六院嫔妃宫女们的莺歌燕舞，又做惯了为皇上安排琴瑟或者和嫔妃做爱之事，因此他心里总觉得似乎缺少了点什么。一天晚上二人畅游西湖夜景的时候，他忽然听到附近的青楼妓院里有琴声和女人的说唱声，不禁心动，来了兴致，便要蔡京陪他去玩要一下。蔡京诧异地问道：“莫非童大人也对红妆感兴趣吗？”

童贯回答道：“长期在宫里听惯了那琴声和宫女的说笑声，如今离开宫廷也已多时，实在有些思念！”

蔡京暗暗想道：为了自己能够东山再起，我什么事都可做。取得宦官的好感，这又有何难？他于是说：“既然童大人对此十分感兴趣，那咱们就上去玩要一番！”

上了青楼，一群妓女便马上拥来，有的挤眉弄眼，有的扭捏作态，也有的坐在二人腿上抚鼻弄耳，极尽卖弄之能事。童贯对此还没什么反应，蔡京这边却是早已有些受不了了。这也难怪，他自从谪居杭州之后，心情烦躁，一心只想着自己如何再度入居中枢，所以早已忘了女色。但自从童贯来到杭州后，知道自己升迁有望，如此一来，心情也就好多了。所以当那多情的妓女坐在自己的腿上时，便有些忍耐不住了。

童贯轰走自己身旁的妓女说：“今晚我是陪蔡大人来玩要的，我只是听听琴瑟，就不去房中了！蔡大人，你只管挑选，尽情玩乐吧！”

蔡京知道童贯在这方面不行，于是便上前替他解围道：“童大人今晚身体有所不适，你们若敢打搅童大人，看我怎么收拾你们！”说完，安排歌女给童贯唱曲，自己却跟一俊俏妓女进了房间。不多久，蔡京发泄完毕，就整好衣冠，匆忙出来陪童贯听曲观舞，玩得倒也尽兴。

一转眼，童贯已在杭州住了几个月。他召集杭州的地方官吏，又在蔡京的大力协助下，设置造作局，征集了数千名能工巧匠，从事象牙、犀角、金银、玉品的雕刻以及竹藤编织、书画装裱、绣罗编织等事。每天都有精品送抵京师，以供徽宗玩乐。所有的工艺品均用料考究，做工精细，形态奇异，造价昂贵，这一切全是搜刮来的民脂民膏，苏杭一带的百姓深受其苦。

蔡京由此也终于取得了童贯的完全信任，从此以后二人的关系更加密切，后来竟达到了以“兄弟”相称的地步。

蔡京投其所好,使出了他的绘画绝技,精心地给徽宗绘了一幅四扇屏风,拜托童贯献给徽宗。

童贯看后连连拍案称绝,蔡京从自己的存画中又给徽宗挑选了一幅《春鸟图》。这幅画本来是聪儿创作的,蔡京看到童贯喜欢,便宣称是自己所作,在落款处写上了自己的姓名。

童贯与蔡京实际上是联手做了一大笔买卖。二人从收购的名人书画以及大量假冒的名人书画中赚了大笔钱财。尽管蔡京为了取悦和讨好童贯,把自己得到的钱财分给童贯七八成,可他所得也不下万贯,更何况还得到了另外一种无形的实惠。

童贯在蔡京的大力协助之下,出色地完成了皇上交办的任务。他准备打道回京了。

最后,童贯又约蔡京游历了西湖。在二人来到了湖畔观看断桥残雪之景时,蔡京心中感慨万分,竟然老泪横流,情不自禁地吟道:

京逢知已愿常驻,
偏有断桥横前头。
今分手,
何日再重游?

童贯听后,也十分动情地回吟道:

人分手,
情常留。
待到童归京师日,
断桥顿时变通途!

蔡京听罢,心中乐了。自己得到了童贯的情谊,也得到了万贯钱财,而且更重要的是还得到了重生的信息!

童贯离开了杭州回宫去了。童贯得到了无数的珍宝,也得到了蔡京的信任,同时还有了立功邀宠的资本,而且更重要的是还得到了进一步提高自己地位的最佳机遇。

# 南宋高宗赵构为治阳痿戴了“绿帽子”

## 金兵攻扬州让高宗精水回流

在扬州的时候，高宗满以为天下太平，可以高枕无忧了，眼观轻歌曼舞，口饮玉液琼浆，等到吃饱喝足之后，来了兴致。当夜临幸了妃嫔吴氏。据传言，吴氏秀外慧中，知书达理，并且能够骑马射箭，百发百中。她入宫后，深得高宗宠爱，其父吴近也因此加官晋爵。她曾在徐熙画的牡丹图上题诗：

吉祥亭下万千枝，
看尽将开欲落时。
却是双红深有意，
故留春色缓人思。
农李夭桃扫地无，
眼明惊见玉盘盂。
扬州省识春风面，
看尽群花总不如。

南宋高宗赵构

有些事可以一通百通，对于聪明人而言更是如此。这吴氏不仅能文能武，而且，床笫之间也独具风采。但是，天有不测风云，人有旦夕祸福，正当高宗临渴掘井，正欲出水的非常时刻，窗外内侍惊报：“陛下，陛下，金兵军马就要进扬州了！”

高宗骤然受惊，精水止住，酿成了终身遗憾。后来虽经御医想方设法调治，不知服用了多少驴驹媚、萃仙丸、榼子仁，仍是无济于事。功夫不负有心人，直到绍兴九年，一个叫王继先的御医给高宗诊治，略见起色，为此，王继先竟做了荣州防御史。

## 王御医"妙手回春"

王继先的虚职是荣州防御史，实职则是宫廷御医，善于诊治疑难杂症，尤其是性病。他曾把高宗的阳痿之症治得有了起色，深得高宗宠信。于是他的官职，便频频升迁，有的大臣说："王继先以杂流之技位列前班，恐怕将帅不服。"高宗听后，置之不理，竟说："秦桧，是大宋朝廷的司命大神；王继先，是朕的司命大神。他是我特批，他人不可援用此例。"大臣们听高宗如此说，也不再对此说三道四了。

王继先有高宗撑腰，奢侈无度，气焰冲天。他强占民田，修建了富丽堂皇的府第。亭台楼阁，金碧辉煌；假山池水，相映成趣；回廊园林，独具特色。真是仙境之地，人称"快乐仙宫"。他以中医之道，研出了房中壮阳之术，凡他看中的有姿色的女子，不管是黄花闺女还是有夫之妇，他都要想方设法诱入府第，以供淫乐。甚至连高宗的刘贵妃也与他勾搭成奸。刘贵妃尝到了甜头，常以看病为名，召他入内宫，淫乐无度。

这晚，王次翁和王继先在秦桧家喝酒，王氏、兴儿轮流给王继先斟酒，十分热情。兴儿特意打扮得面白腮红，还唱了一支名为《醉落魄》的曲子助兴，兴儿手持檀板，轻启朱唇，唱道："杏朱黛粉，露华凝碧轻烟润，纱窗深掩凭谁问。隔个栏杆，远抵天涯恨。别时但愿心头印，见时但愿眉头近。此生便算衿裯分。密约除非，梦里寻芳信。"

当兴儿唱到"见时但愿眉头近"一句，向王继先抛了一个媚眼，王继先本是情场老手，他对兴儿早已垂涎三尺，此时他眼睛都直了。

秦桧曾与王氏私下商量，如果王继先中意，便把兴儿送给他作侍妾，谁知王氏却是舍不得。十几年来，兴儿和她荣辱与共，主婢之间已有了感情，再说，兴儿也一心侍候王氏，执意不肯。于是王氏便出了一个主意，秦桧点头称妙。王氏说道："二位大人同我家相公情同手足，嫂子有个想法，不知当说不当说。"

王次翁道："有何不当说？嫂夫人明言就是了。"

王继先只顾瞅兴儿，似乎没听见，王次翁捅了他一下，他才回过神来，忙说道："哦，是，是。"

王氏道："妾本姓王，二位大人也都姓王，这样一来，咱们便是本家了。我们不妨拜为姐弟，二位大人常来常往也就无碍，别人也就自然不会有闲言碎语了。"

王次翁、王继先听到王氏这样说，当然高兴，他们想秦桧系当朝宰相，想巴结正找不着机会呢。说完，就摆上香案，他们三王就拜了干姐弟，王次翁、王继先随即就称秦桧为姐夫了。

秦桧直呼二人名字说道："次翁、继先，今后我们是一家人了，说话无需隐藏，这次金人背盟违约，也不知道皇上心里怎么想，我正心神不宁呢。"

王继先说："姐夫尽管放心，继先责无旁贷，定为姐夫探问圣意。"

王次翁也说："次翁身为御史，岂能袖手旁观，若有不测，定然想法为姐夫上奏。"

夜已三更，王次翁说："'酒逢知己千杯少'，无奈天太晚了，我们也该告辞了。"王继先在一旁与兴儿谈得正高兴，坐着不动，还说："不晚，不算晚。"

秦桧心中早有想法，便说："次翁可先回去歇息。最近我腰间痛得厉害，还需继先诊治片刻。"

王次翁走后，王继先问秦桧："姐夫的腰……"

"明日再说吧，天确也不早了，"秦桧笑着说道，"秋高气爽，月朗风清，如此良宵，岂可虚度？兴儿既然对你有意，你如何忍心离去？房间已备好，你俩好好快活快活吧。"

王继先拱手谢过秦桧，说："姐夫美意，继先不敢推却，恭敬不如从命了。"

兴儿笑出声来，独自跑入房中去了。

王继先和兴儿走后，秦桧感到用这种手段，也未免太失身份了，说道："宰相府第，竟如妓馆。外人知晓，有损名声啊！这王某人对这种事向来是贪得无厌，与高宗皇上相比，大相径庭呢。"

王氏问道："皇上还是不行吗？"

"行与不行，宫外何人知晓？"秦桧说，"刘贵妃 14 岁进宫，被封为宜春郡夫人，歌喉婉转，舞姿轻盈，整个人一团孩子气，宫内传出皇上写的一首《望江春》：'江南柳，嫩绿未成荫。攀枝尚怜枝叶嫩，黄鹂飞上力难禁，留取待春深。'看来，皇上还不忍心破刘贵妃的身呢。王继先却先尝为快了。只是皇上还蒙在鼓里，一概不知。"

王氏道："这罪过可是不小，交结这种人，小心受牵连。"

"他能为我所用，目前只是权宜之计，"秦桧又叮嘱王氏道："过几天，你这姐姐，还应去王继先府上探寻一下皇上的意思。"

金国背盟毁约，翻脸不认人，高宗皇帝果然抱有"人不为己，天诛地灭"的想法，先为自己考虑。天子，就得驾驭群臣。有了好事，众臣称颂皇恩浩荡，贤明神圣;出了麻烦,皇上怪奸臣当道,谗言误国。自建炎以来,朝廷走马灯似的换了 10 个宰相,22 位执政,秦桧主持议和,以诚待金,却中了魏矼那句话,"金人决不会以真诚待相公耳",秦桧该如何解脱罪名?

高宗想到了罢免秦桧,却苦于朝廷无人。自黄潜善、汪伯彦到吕颐浩、范宗尹,乃至张浚、赵鼎,不管是主和的还是主战的,都没弄出个所以然来,反而一个不如一个。多亏了这秦桧多方谋划,签订了和议,金人却又背盟,这如何是好?

高宗一着急,又犯了四肢无力、浑身出汗的老毛病,王继先被急召入宫为皇上诊治。

王继先来到了福宁殿,见有刘贵妃在旁,忙叩首参拜,刘贵妃说:"不要多礼了,皇上的老毛病又犯了,你快些诊治吧。"

王继先伸出三指,为高宗诊脉,一会儿过后,对高宗说道:"依臣看来,圣上这是虚火攻心,无碍龙体。世上万事,以和为贵,心平气和,病症自然就消了。"

高宗叹了口气,说道:"金人背盟毁约,朕怎能心平气和?"

王继先说道:"陛下,平息战乱,养民强国,也要靠一个和字。朝廷政事,臣不敢多言。不过,诸将用力,固守江淮,金人就不能达到目的,金国一定还要回到议和这条路上来,陛下尽管放宽心。"

"王御医说得对,金兵入侵,也不是一回两回了,怕啥?"

王继先又说:"秦宰相早已胸有成竹,他对臣说,不义之师,必将败北,圣上体恤天下黎民之意可比尧舜呢。"

## 王继先的"倾盆大雨"让刘贵妃惬意无比

高宗听了王继先的话,眉头舒展开来,说道:"卿的几句话如同一剂良药,你先退下吧。"

刘贵妃与王继先两人之间早已眉来眼去,岂可轻易放过这个机会,刘贵妃说:"王御医且慢,我的贴身宫女病了,你且随我到倚翠宫给她诊治一下。"

王继先跟着刘贵妃来到了她的倚翠宫,宫女们早已受过王继先的重贿,看到王继先到了,都知趣地躲开了。不容说话,刘贵妃搂住了王继先,责怪道:"你好几日不来,可把我想坏了!"说着,就去解王继先的衣襟。王继先从身上掏出两丸药,说道:"先把它吃下,方有趣味。"

天渐渐黑了。

次日,王次翁上奏:"前日国事,初无主议,议和之时,相国独当一面,金人背盟入侵，实属小变。陛下万不可更用他人，后来者未必贤于前人。否则，朝中必有纷争，排挤之风盛行，愿陛下以前车为鉴，免使奸佞小人持异议乘间而人。”

高宗阅罢御史王次翁的奏折，深以为然，主和当为国策，秦桧主持议和初见成效，如用主战派为宰相，今后和议更无指望了。便说道：“卿言极是。”随即下旨，王次翁升迁为参知政事，协助秦桧做好朝内政务工作。

王次翁的奏书，助了秦桧一臂之力，自己又得到升迁，一举两得。秦桧提到嗓子眼的心事终于放下来了，心中自然感激同科兄弟。

御医王继先羽翼丰满之后，也想搏击长空，大显自己的身手了。

俗话说得好，不为良相，则为良医。王继先对医术确实有一套，不管是五脏六腑有了问题，还是眼耳鼻舌出了毛病，他用手指轻轻把一下脉，便知道得的是什么病，对症下药，妙手回春。也正因如此，高宗才称他是“朕之司命”，屡屡给他加官晋爵，让他成为朝廷的一大重臣。如今已升至右武大夫、华州观察使了。朝中文武大臣知道他手眼通天，所以无不巴结奉承，不敢有半点忤逆。王继先随后又把自己的亲信四处安插，盘踞在各个要害喉舌之处，论其势力，竟然和秦桧不相上下。

秦桧的妻子王氏认王继先做干兄弟，王继先又和秦桧的婢女兴儿有了那种事，应该说得上是臭味相投，狼狈为奸了。可是，世上的事情可以说都是变幻莫测的，不说张家李家，即便是亲父子亲兄弟有时也会反目为仇，狗咬狗并不足怪。

在册立皇后一事上，秦桧和王继先意见相左，于是两人明争暗斗。

高宗不近女色，但还算是个有情有义的郎君。高宗在做康王之时，娶了妻子邢氏，二人恩恩爱爱，过了两年缠绵缱绻的舒心日子。靖康之难，邢氏被掳往北国，受尽磨难。高宗即位后，虽说隔着万水千山，仍是遥封邢氏为皇后，天天盼、年年盼，足足盼了十六个春秋，终于把邢氏盼了回来，但她已是用棺材装殓着的腐骨了。国不可一日无君，君也不可一日无后，万乘之尊，虽说身边美女如云，但也得有规有矩有等级，缺少了皇后，皇帝在名义上就是打着“光棍”，于情于理也说不过去。

如今高宗身边的吴贵妃、刘贵妃二人最受皇上宠爱，如果立皇后，只能从她们二人中择一。

据传言，吴贵妃的父亲吴近，一天夜里做梦看到了一座亭子，亭子上面的匾额上写有“侍康”二字，亭子的两旁种满了芍药，只有一枝正在开放，并且鲜艳无比。第二天，贵妃的母亲就生了吴贵妃，她十四岁那年，被选进康王府。一次，高宗正和她做爱，忽然受到惊吓，闹出了毛病。吴贵妃贤淑，虽说终身遗憾，也只好认了。

而刘贵妃呢，早就同御医王继先有了来往，她身居深宫，淫欲旺盛，高宗虽说有时临幸，却只似一场毛毛细雨，她远远得不到滋润，还得依靠王继先的倾盆大雨来进行补充。

这天，高宗去嘉会门外的净明院郊游，刘贵妃借口身体不适，便留在宫中，传话王继先前来诊治。

宫女们早就被买通了，甚至有的还捎带着沾了光，王继先偶尔也对她们温存一番，"诊治诊治"。自然大家都盼着他来，为其大开方便之门。

刘贵妃此时把脸儿贴在王继先胸前，软语细声，说道："哥哥，你看我还那么招人喜欢吗？"

王继先在情场上可谓是老手，最能体察女人们的心理，尤其是刘贵妃的心思。他为的不仅仅是一时的欢娱，更深层的是一能满足自己的虚荣心，自己连皇帝的老婆都能睡，这才叫真本事！二来刘贵妃能给自己吹吹枕边风，能使自己步步高升，权倾朝野。

王继先听到刘贵妃的话，笑了笑说道："你不讨人喜欢，我能来吗？小乖乖这么鲜嫩，我恨不得一口把你吞下去。"

刘贵妃把王继先紧紧搂住，眼里闪出了泪花，说："我心里好害怕。"

"有我呢，怕什么？"

"万一给皇上知道了，你我的脑袋，就都保不住了。"

"牡丹花下死，做鬼也风流，皇上他应该感谢我才对，我这也是在给他效力呀！"王继先自己吞下一丸药，然后又递给了刘贵妃一粒，说道："来，让咱们再死去活来一次，怎么样？"

刘贵妃却说："别忙，你得先答应我一件事。"

"什么事？"

"你猜猜看。"

王继先说："让我猜？实在猜不着。"其实还能有什么事王继先猜不着？最近朝中都在议论让谁做皇后的事，作为妃子，哪一个不想当正宫娘娘？王继先猜可能就是这事了。

果然，刘贵妃向王继先说："你得替我想个办法，让我当上皇后。"。

这可不是轻而易举的事，王继先早就考虑过了。众所周知，高宗偏爱吴贵妃，要想改变高宗的主意，肯定有难度，便道："办法我是有，不过得慢慢来。"

刘贵妃有点沉不住气，便说："昨晚我做梦当上皇后了，你倒不着急。慢到何时呀？"

"慢到……"王继先低声自语片刻，才说，"如今我只是个三品官，官升到一品了，才能在皇上面前说话。"

刘贵妃说："要不，我跟皇上说说，让你做公侯？"

王继先摇了摇头，表示对公侯不感兴趣，便说："官多了，公侯又不是什么大官。"

"那，封你做郡王？"

王继先还是摇了摇头说："张俊做了清河郡王，这只是个虚职。"

"怎么，你要当皇上咋的？"

王继先道："继先不敢，给你明说吧，我看上秦桧那个职位了。你给皇上建议一下，不妨轮流做做。况且，朝中对秦桧的议论较多，他年岁已高，总不能还总占着那个位置不放。"

"那我给皇上建议建议。"

"那我也给皇上建议建议。"

这样，一笔交易就成交了。

## 高宗临幸刘贵妃洞察奸情

秦桧官至宰相，在京城中也安排了不少密探，一有什么风吹草动，秦桧就能马上得到消息。王继先怂恿了几个和自己要好的官员，准备联名上奏，请皇上册封刘贵妃为皇后。刘贵妃又受王继先指点，伪称有了身孕。

高宗对刘贵妃怀孕之事半信半疑，难道自己阳痿之病好了？

秦桧偷偷地嘱咐兴儿，去向王继先探个虚实。兴儿对秦桧两口忠心，对王继先则是逢场作戏，没有什么真情实感。果然，兴儿使了一个小计策，王继先竟全盘托出，还答应纳兴儿为妾。

秦桧听了兴儿探听到的消息冷笑几声，这小子太得意忘形，我姓秦的将王牌甩出去，足可以让你死一回！

立皇后之事，高宗先征求了秦桧的意见，高宗问道："邢氏已死，朕想再立一后，卿意如何？"，

秦桧说道："吴贵妃贤淑端庄，还有救驾之功，理所当然应立吴贵妃为皇后。"

高宗说："朕的意思也是立吴贵妃，只是刘贵妃已有身孕，母凭子贵，日后她的孩子继位，她也就是皇太后了。"

秦桧说道："恭喜陛下。但不知刘贵妃怀孕的消息是否确切？"

"王御医说属实。"

"那臣只好请辞了。"

高宗不解，问道："此话怎讲？立皇后与卿留任有何关系？"

秦桧回答说："陛下容臣禀报，如果立了刘贵妃为皇后，王继先肯定要身居相位，这样才顺理成章。"

高宗说："卿的这番话让朕越发糊涂了，不妨直说。"

秦桧道："臣不便多言，陛下问刘贵妃便知道，臣听说王继先置国家法度于不顾，当年太上皇驾崩，全国上下都致哀，而王继先则全家欢宴，令歌妓献舞，虽没唱歌，却为'哑乐'，臣实在不明白。"

高宗不是个笨皇帝，秦桧的言外之意他听得一清二楚，说道："朕自有论处，卿先退下吧。"

当晚，高宗临幸刘贵妃，正巧刘贵妃赶上经期，所谓有了身孕的传闻便不攻自破。高宗龙颜大怒，打了刘贵妃一个耳光，喝道："大胆贱人，你和王继先之事给朕如实招来，可免你死罪，否则，定杀不赦！"

刘贵妃听了高宗的话吓得瘫在地上，只好从头到尾毫无保留地道出了原委，乞求皇上开恩，给她留条小命。

高宗的心情不言自明。只是，天子就应该有天子的尊严，遇到了这种不光彩的事，岂能公开承认？最后也只好以"忤逆圣上，冒犯天颜"的罪名把刘贵妃打入冷宫，终身监禁起来；随后又把王继先以"私养恶少，抢掠民财"的罪状贬往福州，其子孙后代一律革职去官，永不录用。吴贵妃自然而然地被册封为皇后。

## 秦桧性无能谨遵老婆之命

### 秦桧尽力"耕耘"终无"收获"

男大当婚，女大当嫁。秦桧的父亲打算为秦桧早日办理婚事，做爹娘的大都有这种想法。可是，秦桧却不太重视自己的婚姻大事，秦桧说：“不中进士，何言家室？孩儿自有主见，无须父母劳神。”秦敏学听儿子这样说，只好作罢。

事情发展常常不是人们所能意料到的，秦桧的恩师汪伯彦见弟子志向远大，不是庸庸碌碌的凡夫俗子，便亲自登门为秦桧说媒，先订一门亲事，于是秦桧便道：“桧听凭恩师做主。”这桩婚事居然成了。

什么原因使得秦桧改变了自己的主意呢？原来，秦桧看上了女方有权势有地位，是个豪门望族。小姐的名字叫彩屏儿，小姐的祖父名叫王珪，是位饱学之士，曾经官至宰相。

再者，小姐的姑夫郑居中，同样也是大宋王朝的一位重臣，正任枢密使，算是军权在握，武将之首。更有一层，郑居中的堂妹，选入宫中，深受皇帝的宠爱，成了徽宗的皇后。这样显赫的门第，秦桧还不赶紧点头答应。

背靠大树好乘凉，自古都是如此。两家递过庚帖，问卜后两人命理相合，然后根据当时当地的风俗习惯，秦府把王氏迎进了家门。

王家看中的不是男方的门第，而是秦桧的人品，特别是小姐的祖父王珪听了秦桧的谈吐，尤为赞赏，连声称道：“此子必为朝廷栋梁。”

秦桧和王氏结婚后，虽不能说是形影不离，也算得上是男欢女爱。王家是大户人家，不仅送了数十万贯的嫁妆，还陪送了一名叫作兴儿的丫鬟，这丫鬟若论身世，出身贫寒；若论才智，倒也圆通乖巧，深得秦桧夫妇的喜爱。

表面乍看，彩屏儿王氏体贴温柔，通情达理，能够恪守妇人之道，实际上她是一个很有心计的人，平日闲暇无事之际，竟能和秦桧唱和辞赋；床笫之间，又能使秦桧骨软筋酥，心旷神怡。秦桧常常说：“难怪白乐天有诗‘回眸一笑百媚生，六宫粉黛无颜色’，有夫人陪伴，桧也不枉此生了。”不如人意的是，尽管秦桧尽力“耕耘”了整整三年，依然还是颗粒无收，也不知是什么原因。“不孝有三，无后为大”乃是圣人遗训，断子绝孙这才成了俗间骂人的话语。秦敏学夫妇也开始焦虑不安起来，只是碍着王家的权势，不便说些什么。一天，秦桧的母亲孙氏对王氏道：“你过门已有三年，怎么还不见动静呢？”

王氏听罢，脸泛红晕，情急之下，竟滴下泪来，向婆婆说道：“婆母问得是。我听人说，种上高粱长不出谷子来，发霉的种子也难以出苗，这怎能责怪儿媳呢？”

“我也不是责怪你，”秦桧的母亲道，“毛病出在谁身上，不好说呀！”

王氏眼珠一转，说道：“婆母既然这样说，为何不给相公再娶一房，不是什么事都明白了吗？”

王氏这话正合秦桧母亲的心意,秦桧母亲便道:"你真是通情达理的好儿媳,你立刻与秦桧商量一下,听听他的意思再说。"

"虽说是纳妾,但也不可太草率,"秦桧的母亲说,"兴儿这姑娘也挺惹人爱,将她纳了,难道不好吗?"

秦桧之妻王氏装出惊喜的样子,忙说:"对呀,看我笨得怎么没有想到,眼前不是摆着现成的吗?"

谁想秦桧对纳妾之事,并不热心。听说母亲和妻子让自己娶丫鬟兴儿,更是十分不愿意,连连摇头说:"不成,这绝对不成,尊卑有序,这成何体统?"

古人云:"顺者为孝,母命难违。"妻子王氏道:"你不娶小,我心里也不顺当哩!"

秦桧恐怕因此事得罪岳父家,便说:"这事是不是征求一下岳父大人的意见?"这也显示出秦桧办事圆滑的一面。

王氏说:"那就交给我好了,我去给家父说。"

王氏回到娘家,向父母哭诉一番,父亲王秉德听了事情的经过,说道:"妇人之道,全赖三从四德,你家婆母说得对。恰好,府中的使女香蕊有些浮躁,也该婚嫁了,就将她许给秦桧做妾吧。"

事情十分顺当,香蕊就成为秦桧的小妾了。

男女之间的事,真是一笔算不清的账,说也说不清楚。秦桧勉强到了香蕊房中,王氏心中妒火中烧,整整哭了一宿。

王氏心中的火无处发泄,趁秦桧去京城大考,她便回了娘家。

等秦桧赶考回来,香蕊不知何故已被休了,母亲对他说了经过,秦桧无动于衷,只是说:"是了,我见她对我毫无情分,原来是这等女子,父母办得极是。"

几天后,王氏也从娘家回来了,听了此事,假装惊讶地说:"小妹是个老实本分的女子,我们姐妹间也很谈得来,怎么说休就休了?"

秦桧给妻子道出了其中隐情,王氏道:"这也难怪,知人知面不知心,过些日子,相公不妨再纳一房?"

秦桧连忙说:"大丈夫安身立命,应以报效朝廷、留名青史为要务,岂能为儿女之情分心,业精于勤荒于嬉,这事到此为止,请不要说了。"

秦桧的父亲对儿子的这种态度也十分赞赏,说道:"国事为重,传宗接代之事再晚一些也不迟。"

## 秦桧遇“艳女”坐怀不乱

秦桧中了进士,春风得意。打点好行装,他便兴冲冲地去密州任职去了。

秦桧马不停蹄,日夜兼程,来到山东的任所。一路上中原的古老文化、山河风光,使他开阔了眼界。可是,他所看到的另一种情况却使他怎么也高兴不起来。那就是沿途发现的面黄肌瘦、衣不蔽体的一群群流民。饥饿和战争把他们逼到逃荒的路上,他们带着妻儿老小挣扎在死亡线上。

就在秦桧中进士的这一年,宋朝北部建立了一个新的少数民族王朝,这就是女真人的金王朝。

女真族是中国历史上一个古老的民族,主要分布在黑龙江下游,松花江、乌苏里江流域和长白山地区,过着游牧生活。天气变暖时,他们迁移到河边草地上,用树木搭成帐幕居住。天气变冷时,他们就住在地窖里面。女真人喜欢骑马奔驰在山岭上。11 世纪,女真族完颜部逐渐发展起来,把女真各部统一了起来。到 12 世纪初,完颜部的阿骨打当了女真首领,他是个足智多谋且十分勇敢的人。那时,女真人受到辽国的欺负,辽的统治者不断剥削奴役女真人,还向女真人索要土特产,阿骨打率领女真人起来英勇抗辽。1115 年,阿骨打在会宁称帝,国号金。

金国成立后,联合宋朝一起抗辽,宋朝皇帝十分高兴,积极和金结盟,南北夹攻。由于金兵英勇善战,捷报频传,战果辉煌。而宋兵却行动迟缓,没有任何成绩。金国很快消灭了辽国,与大宋起了纠纷,因为北宋在外交上举棋不定,让金朝抓住了入侵的借口,兴师问罪。宋徽宗这才慌了手脚,没有办法,只好下了“罪己诏”承认了错误,太常少卿李纲把胳膊刺破,写了血书,劝徽宗退位,让太子赵桓继位。徽宗正想避难卸责,即令僚臣草写了传位之诏,自己做了教主道君太上皇帝,由太子赵桓即位,是为钦宗,改元靖康。

金很快进攻宋都,并将徽、钦二帝押至北方。秦桧当时是宋御史中丞,随二帝同往金朝。

秦桧听说要去金朝,不禁心慌意乱。他脑海里一直在想着:这样同下地狱有何区别:自己本为江南人,在山东密州任职时生活习惯就有所不适,倘若去了那天寒地冻的北国,听说撒尿都可以冻成冰柱,叫人摔个跟头,我这瘦弱的身体,如何受得了?再就是,真的去了北国,不做李陵,就得做苏武,这两个人都不值得效仿。李陵被俘,归降匈奴,给后世留下了不好的名声。太史公司马迁为李陵辩解了几句,却惹怒了汉武帝,最后司马迁受了宫刑,变得男不男,女不女;苏武虽说有骨气,做了十几年羊倌,在天苍苍、野茫茫的环境苟且偷生,半生给搭进去了。最难忍受的,还有贤妻王氏,他也无法过问,人活着还有啥滋味?秦桧想去不得,千万去不得呀!如果真的跟他们金人去了北国,还不如殉国,千古留名,载入史册,成为世人学习的榜样。

秦桧哀求粘没喝道:"元帅,桧跟你们回北国有何用?还是让我留下吧,我甘愿做一个草民,乞求元帅同意。"

粘没喝道:"这话是谁说了算?让你知道我们北国的厉害,你不是总嫌羊肉膻吗?现在就带你去我们金国尝一尝。你们中原之人爱说'三军可夺帅,匹夫不可夺志',我们女真人却是'入了染缸,就没有白布了',我朝皇帝下旨,须将中原之人多多带回我们大金去,充实国力,本元帅怎敢抗旨!"

秦桧一听粘没喝的话,口气便硬了起来:"元帅这样说,我宁死不从,宁做大宋鬼,不做大金臣!"

粘没喝说道:"秦中丞,别嘴硬,我倒要看看,你想死也不是很容易的事。来,把秦中丞带去,让他享受享受!"

"走!"两名金兵从秦桧背后猛地推了一下。

秦桧心想:金人凶蛮,众所周知。若是一刀断头,还算痛快。万一他们采用剖腹挖心下油锅的花样,这罪就慢慢受吧!

两个金兵带着秦桧转过几座营所,来到一个处所,只见大门有两个金兵把守,粘没喝道:"秦中丞,来吧,这里足够你快活一阵的了。"

秦桧迟疑着。

粘没喝诡谲地笑着说:"荤的素的你都尝尝,才晓得我大金的恩德。秦中丞,别迟疑了,进去吧。"

进了屋,秦桧不由得大吃一惊,房内红烛高照,锦帐低垂,床上坐着一个女子,头梳盘龙髻,粉面樱唇,明眸皓齿,十分娇艳动人。她的脸上和眼中隐含着幽怨,更增添了几分风韵。

秦桧担心的受刑之事并没有发生,他放下了心,却是更加疑虑,金人如此做法,到底是何用意呢?对了,这可能就是三十六计之一——美人计,金人妄图用美人来软化自己的气节,这女子定然是从妓院掳来的妓女,他们预先设好了圈套。

如果秦桧真是张邦昌之流,大约金人也会顺水推舟;如果真的像徽宗皇帝微服进青楼,有此机会,逢场作戏,闹得京城妇孺皆知,倒也罢了。不过,秦桧乃是孔孟之徒，再加他的夫人王氏的数年调教，就是有心也无力，有力也无功。这话如何讲？便是事到跟前，那有用的东西早已无精打采，唯有在王氏面前，才英姿勃发。

那女子冷若冰霜地问秦桧道："你是何人？"

"哼！你问我吗？"秦桧摆出君临天下、看不起人的架势，趾高气扬地说："嘿嘿，本官倒想问你是从哪个妓院来的，受金人支使，拿了金人多少好处，来毁我清白！"

这女子回答道："我乃是康王夫人邢氏。"

秦桧闻听这话，如雷轰顶，险些被吓晕。康王赵构本是宋徽宗的第九子，现为大宋兵马大元帅，京城失陷，皇家宗室成员让金人一网打尽，只有康王一人逃脱。按百姓的说法，这邢氏便是徽宗皇帝的儿媳妇，新皇帝的弟妹。幸亏金兵入侵，皇帝被废，要在半月之前，想一睹芳颜也做不到呢。自己竟说她是勾栏瓦舍的妓女，足可列入十恶不赦的第一款"大不敬"之罪，难免身首异处。

秦桧立即跪倒，磕头请罪，连声说道："臣子冒犯贵人，有眼无珠，罪该万死。"

邢氏问："你叫何名，为什么到这里来？"

秦桧回答道："臣是大宋御史中丞秦桧，因为想竭力拥立赵氏皇统，被金兵拘捕，又糊里糊涂被那粘没喝胁迫到此，万望贵人恕罪。"

邢氏叹了口气，说："起来吧，现在这个时候，就不要再那么多礼了。我听皇上说过，你算是大宋里面的一个忠臣呢。"

秦桧站起身，拱立一旁，眼皮也不敢抬了。

邢氏问道："你可知康王在哪？"

秦桧低头答道："我从别人那里得知，康王正在济州，组织勤王之兵，其他臣一概不知。"

邢氏道："远水难解近渴呀！唉，奸臣误国呀！"

秦桧又问邢氏："贵人为什么独身在这种地方呢？"

邢氏说："金兵乃衣冠禽兽，表面上人模人样的，实际都是披着羊皮的狼，他们多次羞辱我，我誓死不从。便对他们说再给我最后一次机会，等我伺候宋朝一位大臣后，如果再这样固执，情愿你们怎么处置。这样看来，你果然是降了。"

秦桧赶紧解释道："苍天有眼，桧发誓，并不曾降金人，望贵人明鉴。"

邢氏又问："那金兵为何让你来污辱我呢？这怎么解释？"

"臣也纳闷，实不知晓，"秦桧嘴上说不知晓，其实他心中早已猜了个八九不离十,这是金人的一箭双雕之计,他如果上了他们的当,入了这个圈套,那他的后半生的前途就断送了,于是秦桧说道:“金人做事,总是莫名其妙,让人难猜,桧猜测,他们是否想用这种方法让臣投降呢?”

邢氏道:“言之有理,有朝一日,我一定在皇上面前举荐你。”

这种许诺哪年哪月才能兑现呢?秦桧心里如是想,嘴里却说:“臣先谢过贵人,只要想着臣对大宋的一片忠心,臣就心满意足了。桧告辞。”

“且慢,”邢氏随手摘下自己带的一只耳环说,“你如果有机会见到康王,这便是你加官晋爵的凭证。”

秦桧接过邢氏递给他的这只金耳环,只见上面雕刻着“小蝴蝶”三个字,俗名叫作“斫高飞”,是宫廷御用之物。秦桧又跪下来,说道:“桧定不负重托。”

然后,邢氏说:“好了,你离开这个地方吧。”

秦桧低头敛目,倒退到门口,才转身迈出门口,头刚露出门外,便遭到一声训斥:“元帅有令,你不能擅自出入!”

## 王氏劝秦桧好死不如赖活

金人是未开化的野蛮民族,竟然这样办事!一男一女,同居一室,过后,人就算满脸是嘴也说不清这种不明不白的事情。别的不说,就是人再认真规矩,谁敢说我不撒尿,这可真成了大活人让尿憋死!

秦桧便对守卫的金兵说道:“我要见你家粘元帅。”.

守卫的金兵道:“你想见就见?你别不知好歹,我家元帅给你这等好事,你还不领情?要不,你替我们看门,我们去享受享受。”

“放肆!”秦桧毕竟是忠臣,“你们这些小兵卒,可知她是我朝的康王夫人!若敢胡作非为,你家元帅吃不了也得兜着走。”

秦桧的这两句还真把守卫的金兵镇住了。

秦桧想走,却脱不了身。再回邢氏的屋中,更觉不妥。进退两难,只好呆在门口,等到天明,再想办法。

第二天清晨,粘没喝来了。守卫的金兵禀报:“秦中丞在这里呆了一宿。”

粘没喝伸出大拇指,对秦桧说道:“秦中丞,你还真不愧是大宋忠臣!”

秦桧问:“粘元帅如此折腾桧,到底是啥意思?”

粘没喝笑着说:“随便玩玩,我大金同你朝风俗不同。这样看来,中原之人的确道貌岸然。”说着,向西一指,“你瞧,谁来了?”

秦桧顺着粘没喝手指方向看去，见是一个金兵赶着一辆马车，马车上坐的却是自己的夫人王氏及丫鬟兴儿。

靖康二年三月二十八日，翰离不首先退兵，徽宗、宁德皇后及诸多亲王、妃嫔，乘坐牛车八百多辆，经滑州向北进发。四月一日，金国元帅粘没喝带兵撤退，宋钦宗及皇后、太子也随金军迁移。大军由郑州出发，凡属于法驾、卤簿、皇后以下的车辂、冠服、礼器、法物、铜人、浑天仪、古器、刻漏、图书，还有一切宫中供应器具、珍玩宝贝，一并被金人从汴京城内搜刮干净，载了回去。金人在占领京都汴京期间，周围几百里都遭到骚扰劫掠，禾稼无存。在他们回北国之前，又连夜焚毁寨栅，烟焰四起，火光映天，汴城变成了一座满目疮痍的空城。

秦桧和何栗、孙傅、司马朴、张叔夜等大臣被粘没喝押解在军中，随同宋钦宗北上。天阴沉沉的，昔日雄伟瑰丽的汴京城，在灰蒙蒙的雾色笼罩下，显得如此空旷而凄凉。看着熟悉并陪伴自己多年的汴京城离自己越来越远，越来越模糊，这些亡国之臣都在心中默念着：再瞧一眼吧，汴京城！今日一别，不知今生今世，是否还能回？

大队人马浩浩荡荡地跟着金军北行，这一路上凄风冷雨，所经路途都阒无人迹。本来中原地区人烟稠密，几年来在金人的侵略之下，呈现一片荒凉衰败的景象。

到了晚间，北上的金军和被押解的宋臣们就露宿在野外。金军中的金兵金将们点燃篝火，狂饮暴食一番，都慢慢地睡去。野外四周一片寂静，偶尔只有一两声从远山传来的狼嗥之声，显得格外清晰而凄厉。

被押解的宋臣们，都心事重重，久久不能入睡。大臣张叔夜和何栗一直拒绝进食，此时已进入昏迷状态。何栗高烧不退，嘴里还在不断吟诵着："念念通前劫，依依返旧魂。人生会有死，遗恨满乾坤。"周围人听了无不感动得流泪。

秦桧蜷缩在车中一个黑暗的角落里，瞪着一双有气无力的眼睛，茫然地望着荒野。被金兵掳进金营这段日子，他一直愁眉不展，吃不下饭。妻子王氏不知何时坐在了他的身旁，用胳膊肘捅了捅秦桧，小声说："官人应该好好保重身体才是，留得青山在，不怕没柴烧。"

秦桧沉思片刻，轻轻叹了一口气，说："此去北国，恐怕是凶多吉少。与其像苏武一样流放塞外漠北，还不如一死为快！"

听了此话，王氏好像有点儿生气似的把脸扭向旁边。王氏毕竟出生于宰相之家，知书达礼，聪颖而泼辣。平时，秦桧对她颇为敬畏。此时，王氏见自己的丈夫如此颓废、沮丧，非常气愤，可这个时候又不能发作。她只能忍气吞声，又把头转回，轻声安慰秦桧道："你平日那些雄心抱负都跑到哪儿去了？一定要保护好自己的性命，还要'将以有为也'。况且这事，谁死谁生，还很难说。你我到北国之后，可要见机行事，不要鲁莽。"

唐朝安史之乱时，张巡和南霁云驻守睢阳，后睢阳城失陷被俘。叛兵用刀威胁张巡，逼他投降，张巡不屈不挠；叛兵又劝南霁云投降，南霁云也不理不睬。张巡对南霁云喊道："南八，男儿死耳，不可为不义屈。"南霁云笑着回答："欲将以有为也。公有言，云敢不死？"二人从容就义。

王氏引用历史故事，想教育丈夫秦桧"将以有为也"，保存自己的力量，待机东山再起。这在秦桧死水般的心灵中，仿佛投进了一粒石子，泛起道道涟漪。是啊，他现在还不到不惑之年，正当年富力强。人生的路还很长，难道就这样轻而易举地结束了自己的生命吗？他也想到自己十年寒窗的辛苦、高登进士的荣耀、官场升迁的显赫，以及自己立下的一定要出人头地的信念。这一切刚刚还离他那么近，仿佛伸出手去就可以触摸得到，而现在又变得如此遥远。他又怀念起自己的老家江宁来了，多次攀登过的紫金山，不止一次畅游过的玄武湖。湖水多漂亮，山色多怡人啊。难道我从此和这些永别了吗？唉，从此"生为别世之人，死为异域之鬼"！

不知什么时候，泪水布满了秦桧的眼眶。秦桧悄悄用衣袖擦了擦眼角，发现王氏正偷偷地注视着他，目光中有关切，有鼓励，更有埋怨和责备。秦桧没有说话，又呆呆地望着漆黑的夜色笼罩下的荒野出神……

车辆人马在黎明时又启程了。钦宗与皇后每天更是以泪洗面，宋臣们也是每离开一城，便痛苦流泪。有一天，到了白沟，大家嘴里都嘟噜着："过界河了。"张叔夜绝食这几天，只饮过几杯水，忽听大家的叹息，竟矍然跃起，扼亢而死。何桌听见张叔夜已死，连连说道："死得好，死得好！"没等几天，也溘然而逝。

粘没喝对张叔夜之死，十分叹惜，说道："假如宋朝大臣都像张叔夜这样有骨气，怎么能把大宋江山搞得一败涂地！"所以，传令下去，就地安葬了张叔夜，粘没喝亲自祭奠，树木牌，上书"宋故鉴书枢密院事张公叔夜之墓。"

秦桧在一旁自感惭愧，笑自己没有张叔夜的勇气殉国尽忠，却又不甘心降金俯首，真是进退两难。只听王氏说道："甘蔗不会两头甜，还是兴儿地说的好，好死不如赖活着。"

秦桧说："也只能如此而已。"

## 王氏助夫归南宋

宋朝君臣均被押送到了燕京。金太宗完颜晟把宋徽宗封为昏德公，宋钦宗封为重昏侯，以嘲笑讽刺宋朝两任皇帝，又把宋朝君臣押往韩州。到了韩州以后，金人又将徽、钦二宗流放到五国城，大臣们也一一被流放到其他地方。

秦桧心惊肉跳地等着流放的通知。过了几日，他忽然接到金太宗的旨意，叫他去左监军挞懒手下，为其任用。秦桧当时不由得一怔。

事情的原委是这样的，当初粘没喝看中了秦桧的才干。秦桧被金人押送到金国以后，粘没喝就向金太宗竭力举荐秦桧。金太宗得知宋朝还有这么个能人，十分高兴，马上下旨把秦桧赐给他的堂弟挞懒。

身为宋朝大臣，却到金人手下做事，难免为世人辱骂。秦桧开始有些犹豫，妻子王氏见状，劝他说："大丈夫能屈能伸。皇帝昏聩，亡国已成定局。难道你愿意同张叔夜、何桌等人一样，白白搭上性命和后半生的荣华富贵吗？更何况金人这么器重你，你可不要不知好歹啊！"

秦桧长吁短叹了几声，决定听取夫人的劝告，去拜见挞懒。

挞懒在金国很有地位和威望，足智多谋。由于粘没喝的推荐和金太宗的旨意，挞懒不得不对秦桧另眼相看，对他非常客气，给了他一个军中执事的职位。

秦桧也没有料到挞懒对自己这么以礼相待，而且从挞懒言谈之中，发现他不是那种头脑简单、性情鲁莽的一介武夫，而是一个气质温雅、颇有文才的武将。挞懒也意识到秦桧与自己接触过的那些目光短浅、贪图小利的宋臣不同，的确很有才华。两人谈得很投机，直到夜幕已经降临，两人才互相告辞。

北方的夏秋之夜，微风中透着一丝寒意。秦桧出了挞懒的府第，迎着凉爽的晚风，长长地叹了一口气，心里好像一下子没有了负担，空荡荡的。秦桧步行在回家的路上，望着天空中闪烁的繁星，使他想到几年前一个同样的夜晚，他带着酒意，在自家的庭院中吟诵自己写的《伯夷颂》。伯夷、叔齐宁愿饿死，不吃周粟的故事，曾使他感动不已，甚至发誓要做伯夷那样的人。可现在呢？秦桧苦笑了一声。从此，他将为灭了大宋江山社稷的金国效力了。那个曾直言上谏、效忠宋朝的秦桧已经不存在了。可是，这又有谁了解呢，大概能够看到自己的全部所作所为的，唯有那满天的星星吧。

和秦桧一块被押解到韩州的宋朝大臣中，孙傅和司马朴同样被金人所器重，没有被流放。金人想重用孙傅，前去劝诱，孙傅根本不看金人一眼，金人自讨没趣。孙傅念念不忘亡国耻辱,忧愤交加,一年后就去世了。金人打算让司马朴做金国的行台左丞。司马朴是司马光的侄孙,宋钦宗称帝时任兵部侍郎。司马朴也义正严辞地拒绝了金人的重用,宁愿被流放。绍兴八年(公元1138年),刘豫的伪齐政权被废后,金人又想让司马朴做汴京行台尚书左丞,司马朴再次拒绝,在绍兴十三年(公元1143年)死于真定。

建炎元年(公元1127年)的冬天,秦桧跟着挞懒来到了中京。现在秦桧已经变成挞懒的心腹了。有重要的文书案牍,挞懒一定要让秦桧过目,征求他的意见。秦桧也十分愿意为挞懒出谋划策。两人配合得十分默契。不久,京城里的王公贵族中,就传出了这样的消息:左监军挞懒的手下,新添了一名来自宋朝的得力助手。

寒来暑往,春去秋来,一年时间过去了。一天傍晚,秦桧从金太祖的四太子兀术的府第走出,向自己的家中走去。虽然在宴席上他没敢多喝,可还是有些醉意。这么有权有势的四太子,竟把他秦桧视为上宾,还请京都王公贵戚的姬妾为他侍酒,这是他做梦也没有想到的。

四太子兀术在金国以勇猛好战而著称。在灭辽的一次战斗中,兀术的箭矢用尽,就徒手夺取辽兵的长枪,刺伤敌方八人,活捉五人。每当战斗异常激烈之时,兀术最喜欢摘掉头盔,露出光秃秃的脑袋和长长的辫子,冒着骤雨般的矢石,身先士卒,冲锋陷阵。兀术性情粗犷暴躁,平时在王公贵戚中也是说一不二的人,大家都怕他三分。能得到这种人的青睐,实属一件了不起的事。

挞懒大权在握,权势熏天,达到了无以复加的地步。秦桧具有极强的洞察力,他察言观色,时刻洞察风向,尤其对宋朝的政事,更为关切。

有一天,挞懒对秦桧说:“宋国派使节来了。”

秦桧故作漠不关心的样子,回答说:“来就来呗,与我毫无相干,反正我只为元帅效力。已不问其他事了。”

挞懒说道:“那你就算不上忠臣了。你也曾经说要存留赵氏皇统,怎么今天说话又变了?”

秦桧说:“元帅说得不错,我现在仍是大宋忠臣,但是,大宋是赵氏天下,并不是张邦昌的基业。”

挞懒又说:“我且告诉你,如今大宋又是赵氏支撑半壁江山了。”

“嗯?望元帅仔细说来。”

“这次南国使者,就是由赵氏派来的,特意来打听宋徽宗、钦宗的起居生活情况,并且请求重新议和。张邦昌是做不成皇帝了,而准备即位的,是曾经的康王赵构。”

秦桧露出高兴的样子，问：“消息是真的吗？”

挞懒又说：“使节也是为通告这个事情而来的，难道能有假？算起来，张邦昌做了还不到一个月的皇帝呢。”

秦桧道：“我早预言，张邦昌称帝不是名正言顺的，只有赵氏才能继承皇统。”

后来，秦桧得以回到南宋，害死岳飞，干尽了坏事，被世人称为千古奸臣。

# 性变态的金废帝海陵王

## 初登帝位就广纳美女

中国历史上最无耻、最淫荡的帝王是金废帝海陵王。

海陵王名完颜亮，本名迪古乃，字元功，是辽王宗干的次子，母亲大氏生他于太祖天辅六年(公元1122年)。天眷三年，完颜亮年满十八，以宗室子封为国上将军，赴梁王宗弼军前任使，任行军万户，迁骠骑上将军。过了四年，加龙虎卫上将军，为中京留守，迁光禄大夫。

历史上说完颜亮为人性多猜忌，残忍狠毒。当时金熙宗完颜亶因为是太祖嫡孙继承大位，完颜亮便很是不平。他是辽王宗干之子，宗干乃太祖完颜旻长子，这样完颜亶和他一样同是太祖的嫡孙，且他居长，所以他认为继承大位的应该是自己。完颜亶被大臣们拥护称帝，他就虎视眈眈，静观事态，暗中觊觎帝位。

金废帝海陵王

完颜亮好读书，人看上去很宽和，但实际上城府很深，高深莫测。他留守中京时便使用权术，使文武臣僚百依百顺。猛安萧裕阴险狠辣，敢作敢为，完颜亮倾心与之结交。萧裕劝完颜亮夺取皇位，两人不谋而合。皇统七年，完颜亮判大宗正事，进平章政事，执掌大权，开始植党揽权，封萧裕为兵部侍郎。不久，升其为右丞相，并任都元帅。

某年完颜亮生日。熙宗派大兴国带着司马光画像和玉吐鹘、厩马等赏赐他。皇后裴满氏也派人赏赐礼物。熙宗很是生气，下令惩治使臣大兴国，并将赐物追回。完颜亮心中害怕，疑畏更深。左丞唐古辩、右丞秉德被杖，暗地计划废掉熙宗。乌达将此事告诉完颜亮，彼此勾结，并派李老僧约寝殿实达尔大兴国、十名护卫、布萨呼图、长图克坦额勒楚克等共举大事。

左丞唐古辩曾问完颜亮，说事成之后王常胜能否继位。完颜亮摇头。再问邓王子阿懒如何。完颜亮又摇头。唐古辩大惊，好似明白地说："你有意否？"完颜亮从容答曰："如果不得已，何以废他？"皇统九年十二月丁巳夜，大兴国取符钥开门放完颜亮、秉德、乌带、唐古辩、李老僧等人，一行直奔寝殿，杀死熙宗。完颜亮即位，是为海陵王。杀左丞相宗贤，曹国王宗敏，任秉德为左丞相，唐古辩为右丞相，乌达任平章政事。嫡母图克坦氏，母亲大氏并尊为皇太后。

海陵王即位后，诛杀政乱以立权威。政敌被杀以后，又杀拥他即位的重臣。他称帝后，杀了左丞相唐古辩、太傅领三省事的重臣宗本、判大宗正事宗美，当朝官员便被吓破了胆，个个唯命是从。接着，他又杀了东京留守宗懿和领行台事的秉德、北京留守以及宗翰子孙三十余人、太宗子孙七十余人、名宗室五十余人。海陵王如此残忍，人人自危，他于是便可为所欲为，无所畏惧。

海陵王善于掩饰。即位前，他只有妾三人。即位后，他定十二宠妃，并立惠妃图克坦氏为后，主持正宫。兵部侍郎何卜年、右丞相梁汉臣进奏迁都。海陵王下令建造燕京宫室，仿照汴京制度。天德三年四月，海陵王正式定燕京为都。一个月后，宰臣迎合他，奏请增加嫔妃，以广继嗣。海陵王大喜，美人便被不断地送入后宫。海陵王还下令图克坦氏诏令宰相，将所诛杀的各人的妻、女，全都纳入后宫。宠妃萧裕进谏劝阻，海陵王不听。于是，宗本子苏尔图和硕打、宗固子、呼喇勒、秉德弟喜哩妻等美人，进入海陵后宫。

宗干的正室乃海陵的嫡母徒单氏，没儿子。次室李氏长子完颜充，即郑王。次室大氏生三个儿子，长子就是海陵王。大氏和徒单氏情同姐妹。完颜充爱喝酒，徒单氏厌恶完颜充，却极爱海陵。海陵即位后，见其母给徒单氏拜寿，恼怒之极，第二天即将宗妇、公主凡是与徒单氏说话的人，统统杖责。大氏劝阻，认为不好，海陵却说："今之事，不比从前！"海陵迁都燕京，独把徒单氏留在上京。徒单氏终日害怕，一有使者来，便更衣等着宣诏赐死。大氏临死，要海陵迎回徒单氏，如母般对待。大氏死后，海陵迎徒单氏入燕京后宫。海陵将徒单氏的侍婢高福娘侮辱,并派高福娘作探子,随时奏报。太后因为与出征的枢密使仆散师恭多说了几句,海陵怀疑她有密谋,便使翰林待制翰论、召点检大怀忠、尚衣局使虎特未、武库直长习失直奔宁德宫,将太后徒单氏杀死。

## 海陵王连外甥女也不放过

海陵的皇后徒单氏是太师斜也的女儿,初为岐国妃,后为迁惠妃,接着立为皇后,即位后的海陵有十二美妃,还有昭仪、充媛九人,美人、婕妤、才人三人,另有美女数不胜数。皇后以外,第二位娘子太氏封贵妃,第三位萧氏封昭容,第四位耶律氏封修容。海陵后宫美人众多,皇后过于正统,受到冷落。

皇后被冷落,后宫的美人们便被海陵百般淫乐蹂躏。海陵王在宫禁中淫乐美人时花样繁多。海陵王常命令教坊番直禁中,每淫妇人时,撤掉帏帐,使奏乐,或让人说秽语淫言。有时幸女不顺利,便让第二娘子大氏以手左右扶送。有时让妃嫔列坐,随意淫乱,使大家共观,或让人模仿形状以为娱乐。

同宫中美人尽兴以后,海陵便不放过任何他看上的女子。不管是有夫之妇还是幼女,只要他想,便必须如愿,有夫之妇的丈夫若不因此而死,实乃万幸。美人阿里虎先后嫁二夫,海陵闻之立即召入后宫。其女儿重节也一同陪伴。崇义军节度使乌带的妻子唐括定哥,美艳风流、英气勃勃,长于风情。海陵密令唐括定哥杀死丈夫。乌带被杀后,唐括定哥便入了后宫。入宫后,很是得宠,昼夜玩乐。不久,海陵冷落唐括定哥。唐括定哥难熬寂寞,就和奴仆通奸。海陵发觉后,不能容忍。于是,私奴和定哥被残酷地处死。定哥美貌的妹妹石哥也被带入后宫,海陵淫过后,又召其丈夫入宫,当着石哥的面,用淫言戏谑其丈夫。

太祖长公主兀鲁的侍婢忽挞被海陵看上了。海陵无故杀死长公主兀鲁,将侍婢忽挞封为国夫人,百般玩乐。海陵还玩不够,于是下令选天下美女一百三十人充实后宫。叔父曹国王宗敏的妃子阿懒很漂亮,海陵发现后,便杀了叔父宗敏,霸占阿懒。淫过阿懒,就封其为昭妃。后来,只要宗室人员被杀,其妻室女儿便归海陵所有。

他的外甥女叉察他也不放过。他看上叉察,并不隐瞒,公然告诉太后,想纳叉察为嫔妃。太后坚决不同意,对他说:“这孩儿出生后在我家长成人。你则如同父亲!”海陵见叉察美貌,不管虽舅犹父,最终还是得到了外甥女叉察。

即位前海陵只有三位美人:萧氏、大氏、耶律氏。即位后大氏由贵妃一直进封为姝妃、元妃。萧氏也从昭容到宸妃,耶律氏自修容到昭媛、昭仪最后被封丽妃。元妃的妹妹很是迷人，这样一位淫帝在宫中，元妃却不阻止妹妹入宫，结果，妹妹前来看视元妃，碰到海陵，被逼淫。

## 海陵王的情人们争风吃醋

海陵淫过的美人们却并不以此为耻，反而互相争风吃醋，甚至连母女也反目成仇。淫妇阿里虎最为典型。阿里虎姓蒲察氏，其父是驸马都尉没里野。开始嫁给宗艋的儿子阿虎迭，阿虎迭被杀后，改嫁宗室南家。南家死后，南家的父亲突葛速任元帅都监于南京，恰海陵也在南京。海陵见了阿里虎，然后就想据为己有。突葛速反对。当时，海陵尚未即位。即位后三日，海陵就诏阿里虎回父母家，两个月后接入后宫。行乐后，阿里虎被封为贤妃，又迁昭妃。阿里虎恃色贪酒，醉后惹得海陵厌恶，于是失宠，海陵便将一腔淫欲发泄给其女重节。阿里虎获悉海陵和女儿通奸，甚是生气，便派人给前夫的儿子送衣服。海陵大怒，命杀死阿里虎，幸亏徒单后率领诸妃伏地哀求，阿里虎才免于一死。

宫中妃嫔的侍妇们着男子的衣服，称假厮儿。阿里虎寂寞难耐，就和假厮儿胜哥同睡，如同夫妇。阿里虎的厨婢三娘告知海陵此事。海陵觉得好玩，只是告诫不要笞捶厨婢三娘，并不怪罪阿里虎。阿里虎不听，将三娘杀死。海陵听说昭妃阿里虎宫中有人死去，疑是三娘，便说若是三娘，必杀阿里虎！得知真是三娘。阿里虎听说海陵要将她杀掉，便素服绝食，每天只是烧香祷祝，希望不死。一个月后，阿里虎以为事已过去，海陵派人勒死阿里虎，并一并杀死给三娘施刑的侍婢。

天德二年，礼部侍郎萧拱得美女耶律弥勒于汴城。萧拱的父亲萧仲恭时留守燕京，看到后觉得弥勒不像处女，叹息说："圣上必疑。"海陵临幸弥勒，果然不是处女，次日便将她逐出后宫。海陵怀疑是萧拱干的，下令处死萧拱。数月后，海陵召弥勒再度淫乐，封其为充媛，并封其母张氏为莘国夫人，伯母兰陵郡君萧氏为巩国夫人。海陵强夺了石哥和定哥，将萧拱之妻择特懒赏给石哥的丈夫。

耶律察八本被许给奚人萧堂古带。海陵霸占了她，封其为昭媛。海陵封萧堂古带为后宫护卫。察八派侍女习捻送给萧堂古带几枚软金鹌鹑袋。海陵发觉后问萧堂古带，萧堂古带实话实说，是以无事。数日后，海陵带美妃们登宝昌门楼，当众击杀察八，察八坠楼惨死，海陵接着又将侍女习捻杀死。

## 海陵王奸淫女子竟让其夫观看

宋王宗望之女寿宁县主什古，宗磐的孙女郕国夫人重节，梁王宗弼之女静乐县主蒲剌、习捻，太傅宗本的女儿混同郡君莎里古真、余都，丽妃的妹妹蒲鲁胡只，海陵母亲大氏的表兄张定安的妻子奈剌忽等，除了什古之夫已死，其他皆有丈夫。海陵派内哥、高师姑、阿古等召她们入宫，逐个奸淫。史称凡妃主宗妇被私幸的，都分属诸妃。于是蒲鲁胡只出入丽妃位，奈剌忽出入元妃位，余都和莎里古真出入贵妃位，重节、什古出入昭妃位，师姑儿、蒲剌出入淑妃位，后宫如同大淫窟。

这些人中海陵最宠爱的是莎里古真和习捻，她们二人竟恃宠鞭笞其丈夫。海陵召莎里古真的丈夫撒速在近坐局值宿，习捻的丈夫稍喝押护卫值宿。海陵对撒速说："汝妻年少，你值宿时，她只能宿在妃处。"撒速只有点头。一个丈夫最耻辱和悲哀的莫过于妻子被辱。可海陵辱人妻，还让其丈夫在室外望风值宿！

最为可气可悲的是，海陵幸过了莎里古真和习捻，还要让其在丈夫跟前多情温柔。每次召见她们，他总是提前在廊下恭候，殷勤得很。有时等久了，不免腿痛腰酸，海陵就坐在高师姑的膝上，等候两位美人。高师姑笑说："天子为何如此劳苦？"海陵答道："我以为皇上易得，期待难得。"海陵认为约会可贵，实际上，令他愿意恭候的是两位美女，她们能满足他的淫心。他们常在室内遍铺地衣，相互裸逐为戏。

海陵的美女太多，莎里古真的旺盛的淫欲满足不了，便同海陵之外的人淫乐。海陵发现后，大怒，质问："什么人，能贵过天子？何人能像我这样文武兼备？"说得赌气，说不下去。海陵舍不得莎里古真，不忍心下毒手。过了一会儿，海陵怒气全无，又抚慰莎里古真不要惭愧，并让她在宴会时要立行自如，莫让他人猜度，贻笑大方。后来海陵依旧常召她入宫行乐。

## 海陵王奸淫孕妇

牌印松古剌的妻子余都，深得海陵喜爱。余都相貌不是很出色，但肌肤可爱洁白。在这群人中，什古年高色衰，但还有风韵，海陵在淫过以后又常取笑其色衰。淫过的这些美妇，个个被封授名号：蒲剌被封寿康公主、什古被封昭宁公主、莎里古真被封寿阳县主、重节被封蓬莱县主。

海陵独占美女，淫乐美女，不容他人染指。他严诫宫中使男子，凡妃嫔身边使役的仆从若有人举首正视，他便命挖去双目。在宫中出入不可独行，最少得四人一同出入，由所司执刀监护，从规定外路径行走立斩。傍晚以后，下阶砌行走的被处死。赏告密者二百万。男女误相接触，先声言的赏三品官，后声言的要处死，同时声言的全都获释。

海陵召辟懒入宫，欲先封授县君，后行淫。然辟懒已有身孕。海陵也不放过，他强迫她喝麝香水，亲自给她堕胎，自己用力揉她的腹部。辟懒痛苦难忍，哀求他不要这样。海陵最终还是将胎儿弄掉，为所欲为。

# 一代天骄成吉思汗风流史

## 逃难途中勾搭女色

铁木真十六岁时，慕尔村的民族和赤吉利部族联合，率三万兵马来攻豁秃里村。可怜铁木真外无救兵，内无实力，只好同母亲艾伦和三个兄弟出外逃命。母子四人途中被乱兵冲散，弄得铁木真孤身一人，很是凄凉。他再回去时，豁秃里村早被践踏得草木无存了。当时，铁木真失声痛哭，忽然想起母亲艾伦是弘吉剌人，现在母舅麦尼是弘吉剌的部长，不如前去投奔，再图报仇不晚。

一代天骄成吉思汗

铁木真下定主意后，便前往弘吉剌部。弘吉剌的部族在古儿山的西面，必须经过慕尔村的外边方可到古儿山。铁木真很怕被他们认出来，被认出则性命堪忧。铁木真内心害怕，他被乱兵冲散时，既没干粮，又无费用。走了不上十多里路，已觉得饥渴难耐。铁木真一时没有办法，只好忍饿前进。

眼见到了慕尔村的境内，铁木真因怕被认出，就用衣袖掩着脸，匆匆前往古儿山。走了半里多路，看见一条小河，只因口渴极了，便蹲在河边，掬水狂饮。半晌，觉得肚里膨胀，方才不饮。及至他转过头来，看见背后立着一位女郎，手里提着满满的一桶马乳。看她约十六七岁，却笑吟吟地瞧着铁木真饮河水。铁木真瞧见马乳，便已垂涎三尺。他本就饥饿，见那女郎和蔼，就似笑非笑地央求道："姐姐，你能赐一点马乳给我充饥吗？"那女郎听了，一扭头颈，微笑着说道："这是生的，我家有熟的，你跟我回去吃吧！"铁木真忙谢道："有劳姐姐了。"那女郎微笑着引铁木真缓缓往家中走去。

不久，来到一个大帐篷前，那女郎脆声叫道："爸爸，有客。"一个老人自那帐篷里走出来，边答应边问道："谁来了？"瞧见铁木真，不觉一呆。那女郎在老人耳朵边说了几句，老人点点头，就将铁木真引到了帐篷里面，那女郎将一大碗马乳捧了出来，递给铁木真。铁木真也不客气，三两口吃了一个干净。那老人等他吃好了，便很慈祥地问道："你是伊苏克的儿子铁木真吧？"铁木真顿时吃了一惊，知道他是和自己对头冤家的慕尔村人，正待掩饰，那老人笑道："不用疑心，你的父亲和我也有一面之交，我看见你时，你才五六岁。当你进来时，觉得有点相像，现在越发觉得对了。"铁木真忙向老人行礼道："我是逃难出来的，还望老丈包涵。"老人还礼道："你既到了这里，我决不向外泄漏。如今外面追捕你的人不少，在我家住些日子再说吧！"说着叫他女儿玉玲、儿子齐拉出来和铁木真见面。铁木真才晓得老人的女儿玉玲便是刚才那女郎，那老人名叫杜里宁。

大家正谈得起劲，忽听得外面乱得很，齐拉出去看了看，慌忙回来说道："快躲！绵爽村长领着民兵搜人来了！"铁木真听了，吓得直往草堆里钻，那老人也很慌忙。倒是玉玲说道："不急，后面的草料棚夹板底下倒可躲人，不如先藏在那里！"那老人听了，赶紧叫铁木真随着玉玲前去躲藏，自己迎接绵爽。

那绵爽一身武装，悬弓佩刀，一脸的骄傲气焰。一进门，便向四面张望道："可有豁秃里人藏在你家吗？快把他交出来，由我们带去！"杜里宁躬身答道："村长错疑了，豁秃里人和我们是世仇，我们不敢藏而不报！"绵爽冷笑道："明明有人瞧见你女儿同一个豁秃里人回家，怎么没有？"杜里宁说道："何人所见？"那绵爽鼻子里哼了一声，抬头狞笑道："是谁看见的，你莫管，既说没藏，我们可要搜了。"杜里宁说道："村长若不相信，自己看就是了。"绵爽也不吭声，便一挥手叫民兵到处搜。那班民兵便如狼似虎地搜寻了一遍，指着那堆草料说道："这下面会不会躲着人？"杜里宁尚未回答，绵爽喝令民兵将草料一齐搬去。杜里宁真怕被他找了出来，心里很着急，又不敢阻拦，就是那位玉玲姑娘和齐拉，也只有在一旁发怔的份。绵爽见那草堆搬完，还不见人，好像很失望，便搭讪着说道："他们可能是看错了。"说罢，慢吞吞地走了出去。十几个民兵也一哄而散。

杜里宁见绵爽走了,便暗叫侥幸,齐拉回头对玉玲姑娘道:“他若揭起夹板来,此刻我们已经没命了。”玉玲姑娘答道:“是呀,我以为他要看出来的,真是万幸!”当下,齐拉和杜里宁同去打马乳,吩咐玉玲姑娘千万要小心。玉玲姑娘应着,等二人走出了门,便小心地回到草料棚前,轻轻地揭起夹板来道:“他们走远了,你出来吧。”铁木真在下面听了,便钻了出来。只见他满头都是灰,脸上弄得脏兮兮的,玉玲姑娘不禁笑了起来。铁木真却不明何故,忙问道:“他们没瞧出来吗?”玉玲姑娘往他脸上一指道:“呆子,若瞧了出来,你早不在此处了,刚才真危险,我们一家几乎被你害了!”铁木真见玉玲姑娘一脸的天真,也跟着笑着说道:“幸亏有姐姐,将来定当重重地拜谢。”玉玲姑娘听了,只笑着道:“天已晌午了,我去拿些吃的给你充饥吧。”铁木真谢了。一会儿,玉玲姑娘果然拿了几个菠子饼和一碗马乳来,递给铁木真道:“你慢慢地吃着,完了将那碗轻轻打几下,我就知道了。”铁木真点点头,玉玲姑娘便自个忙去。铁木真吃了饼和马乳,因肚里饱了,精神也好了许多,正要到后帐篷去玩耍,忽见玉玲姑娘慌张来道:“外面很是热闹,难道又要来捉你了?”铁木真听了,慌忙地钻入夹板下面。玉玲姑娘盖上板,才缓缓走出,只见走进来的却是齐拉和杜里宁,她才放下了心。

## 铁木真初试云雨

时间真快,很快到了夜间,这时玉玲姑娘已被吓得胆小了,不敢放铁木真出来,直到夜深,杜里宁早就睡了,齐拉独自外出打猎,玉玲姑娘这才取了食物,燃了火,走到草料棚里,叫铁木真出来。她边给他食物,边笑着问道:“肚子饿吗?”铁木真答道:“还好,只是这夹板底下又气闷又黑暗,实在难以忍受。好姐姐,夜里不会来人的,你给我换个地方躲吧!”玉玲笑道:“你倒是刚脱身,就想上天。”铁木真便姐姐长姐姐短地一味哀求着她,玉玲姑娘见他可怜,便指着草料堆道:“在这个上面,可比那夹板下好得多嘛。”铁木真望了望那草堆,玉玲姑娘被引得大笑起来。笑声好似山莺,清脆好听。铁木真这时还是第一次和女子们亲近。况且这时,只有铁木真和玉玲姑娘在草料棚里,深夜孤男寡女相对,加上玉玲姑娘妩媚娇艳得很,就是石头人也要难免心猿意马,更不用说铁木真了。他见玉玲姑娘笑吟吟地看自己,心不由得乱跳,忍不住搂她的香肩,轻轻地说道:“这里很安静,我一个睡,怕人得很,姐姐陪着我坐一会儿吧!”玉玲姑娘笑道："我没工夫，哥哥打猎回来，我还要帮忙开剥野兽哩。"铁木真也笑道："他一个人去打猎，不会这么快就回来的。"铁木真说着，便身体一斜，两人齐坐倒在地上，玉玲姑娘又笑了。铁木真趁势把她一按，早把她按倒在草堆里。这时玉玲姑娘已笑得没有力气，她也是情窦初开，禁不住铁木真的逗引，自然是半推半就，二人在草堆上成就了好事。正在欢爱的当儿，只听得外面齐拉回来，玉玲姑娘慌忙推开铁木真前去开门。铁木真却假装在草堆上睡着了。

不久，天色渐明，杜里宁已起床，齐拉仍到外面去打马乳，玉玲姑娘去捧了饼饵来给铁木真吃。铁木真拉住她，要她同吃。玉玲姑娘不禁脸上泛起红晕，微笑着坐了下来。初尝温柔滋味的两个人，好似新婚夫妇一般说不尽甜蜜和恩爱。过了一会，玉玲姑娘出去，见杜里宁背着手慢慢地走进来。铁木真忙起身，杜里宁对他说："外面风声紧得很，知道吗？"铁木真听了，吓得没敢说话。忽听得前帐篷很是杂乱，齐拉慌忙走来说道："那绵爽又领着几个亲信的兵丁前来搜人了！"杜里宁听了很是吃惊，铁木真更是呆若木鸡。杜里宁忙道："因有人报告给绵爽，说有仇人藏在咱们村里。他昨天没寻着，未必便肯罢休。我看铁木真躲在咱们家，终不是好办法，须另选安全的地方才行。"铁木真苦着脸，央求道："只求老丈成全。"杜里宁犹豫半天，却找不出好法子。这时齐拉说道："我倒有个法子，将他送到姑母家里去不是很好吗？"杜里宁点头道："话虽不假，但走出去会被人家瞧见的。那真是害了他。"玉玲姑娘这时也走了进来，插嘴道："将他扮作女子，由我带他出去，只要混过村口，那就没什么可怕的了。"杜里宁尚未回答，齐拉抢着赞同道："不错，快给他装扮吧！"玉玲姑娘听了，冲着铁木真一笑，高兴地跑到自己的床前将一套女子衣服取来，给铁木真穿着。又去取出粉盒和胭脂涂在铁木真脸上，放散辫髻，改梳成女子发式，装扮完毕，玉玲姑娘将铁木真仔细看了看，甚觉好笑。齐拉也笑道："真像一个女子！"铁木真用镜子一照，也禁不住笑了，引得杜里宁也跟着笑了起来。接着，杜里宁对铁木真说："我的妹子，嫁在篾吉梨山下的白雷村，名叫乌尔罕，丈夫去世多年，又没有儿子，只有一个女儿美赛。白雷村离此四五里而已，她家中房屋宽大，你去住上一段时间，待追捕你的风声不这么紧了，再想办法到弘吉剌去。"铁木真听了，忙向杜里宁拜了拜："老丈救命之恩，将来发达了，一定回报！"回过身来对玉玲姑娘和齐拉道谢。玉玲姑娘一推他道："快去吧！"说着就拖着铁木真，走向门外。铁木真这时因扮作女子，很不好意思。等到跑出了门，回头瞧着杜里宁和齐拉，发现他俩还在远远地看着他笑。那铁木真同玉玲姑娘，手挽手，缓缓地朝着篾吉梨山走去。刚出村，便有慕尔村的民兵上前问道："玉玲姑娘何处去？那女人是何人?”玉玲姑娘笑道:“是俺豁秃里人啊。”那民兵也笑道:“姑娘说笑了,分明是你的表妹,还说是豁秃里人。”说着对铁木真看了一遍道:“这姑娘好文静。”玉玲姑娘瞧着他们笑笑,拉着铁木真就走。那几个民兵,还在那里做着鬼脸哩。

## 铁木真假扮女人与美女同寝

原来,玉玲姑娘平日很和气,所以村里所有的人都喜欢她。这时铁木真和玉玲姑娘脱了虎口,姗姗地走向篾吉梨山。不久到了山下,过了石窟盘,就到了白雷村,玉玲姑娘带头跑到乌尔罕门前。只见乌尔罕正从里面走出来,手里牵着一匹马。玉玲姑娘忙迎上前,叫了一声:“姑母!”乌尔罕回头看是玉玲姑娘,笑眯眯地说道:“玉玲吗?怎么有空来玩?你表妹正想着你呢!”乌尔罕说时,看见了铁木真,便问玉玲姑娘道:“这是谁家的女儿?”玉玲姑娘撒谎道:“是父亲故交之女,因家里被抢散了,无处居住,所以投奔我家。但父亲说家中地方小,留着女孩不方便,叫我送到姑母这来暂住几天。”乌尔罕听了笑道:“没问题!美赛那小妮子,常说清静没有陪伴,现在恰好有伴了。玉玲既来了,也一起住几天,不要回去。”说着便将马系在桩上,邀铁木真和玉玲姑娘进去。一面大喊:“美赛!你表姐来了,还带着一个好伴当呢!”里面的美赛姑娘听了,急忙跑出来,笑着问道:“别哄我,表姐在哪?”她一边说一边走,及至走出来,见了铁木真和玉玲姑娘,不觉乐道:“真个来了,那是哪一位姐姐?”玉玲姑娘笑道:“我的世妹,来给你做伴了。”美赛姑娘笑得花枝乱颤地说道:“给我做伴,真这么有福气?”说时瞟了一眼铁木真,走过来拉住了铁木真,细细地看了一会。玉玲姑娘怕被她瞧出破绽来,忙一手拖着美赛姑娘,一手牵了铁木真,口里说道:“我们到里面说话。”于是三个人便往里室走。这里乌尔罕笑了笑,便去挤她的马乳了。

在美赛姑娘的房里,玉玲姑娘表姐妹俩有笑有说,谈得非常投机。只有铁木真在一旁呆坐,半天不说话。美赛姑娘以为她害羞,便与铁木真闹着玩。其实到了这里,铁木真已算是脱一半险了,就是露出本来面目也没有什么。哪知玉玲姑娘怕改装后,大小事都要避嫌疑,所以在美赛姑娘和乌尔罕面前,并不说穿。这样,可不太平了。

夕阳西下,天色渐黑。铁木真、玉玲姑娘、美赛姑娘一起吃了晚饭。美赛姑娘拉铁木真一块去睡,要他做伴,而玉玲姑娘却和乌尔罕同炕。玉玲姑娘心儿上很是失望,却不好说明,只好暗自丢一个眼色给铁木真,似乎叫他千万不要露破绽。铁木真会意,略一点头。便跟着美赛姑娘去了。

在乌尔罕炕上,玉玲姑娘想起到口的肉给人夺去,弄得翻来覆去,再也睡不着了。跟着美赛姑娘,铁木真到了房里,他心虚,不敢去睡,只坐在炕边,还是美赛姑娘催促着他。铁木真无法,就勉强地脱了外衣,钻进被窝,用被子紧紧地裹住自己,不敢伸出头来。美赛姑娘笑着脱去了衣服,一面爬上床,轻轻揭开铁木真的被子,并头躺下。铁木真起初很是害怕,只缩着身体不敢动,禁不起美赛姑娘问短问长,阵阵檀香味儿,飘进铁木真鼻子里,实在受不了。又觉美赛姑娘说话时,口脂香直送往被窝里。在这时,不用说素性好色的铁木真,就是柳下惠再世也无法忍住。这样挨了半天,铁木真已实在忍不住了,便向美赛姑娘的酥胸摸去。这时候他见美赛姑娘如花似玉,不觉魂不守舍,不由得紧拥美赛姑娘玉体。美赛姑娘诧异极了,但这时已经娇躯乏力,只好任由铁木真去了。那时两人学着交颈鸳鸯,哝哝唧唧地讲着情话,隔房的玉玲姑娘,听着更加睡不安稳了。原来美赛姑娘的卧室和乌尔罕的房只隔一层薄壁,四周寂静,更听得异常清楚。起先玉玲姑娘听着美赛姑娘一个人在笑,心想铁木真尚能自爱,心下安慰。等到听了铁木真的声音,已疑事情不妙。后来美赛姑娘和铁木真窃窃私语起来,玉玲姑娘才知事情糟了。她懊恼自己给铁木真改装,这样的笑柄才得以发生。

## 铁木真与二女同寝的奸情败露

到了第二天,玉玲姑娘很早就起身,来到美赛姑娘的房里。铁木真已在床边坐着了,眼见玉玲姑娘进来,甚觉惭愧。玉玲姑娘看见美赛姑娘玉容泛着红晕,正打着呵欠,缓缓坐起身来。她猛地瞧见玉玲姑娘,回头来看看铁木真,那粉脸便红了。玉玲姑娘也心里清楚,只默默地不说话。三个人我瞧着你,你瞧着我,互相看着不说话。幸好铁木真搭讪着说道:“姐姐起得真早,想来是生疏地方睡不着吧。”玉玲姑娘冷冷地说道:“怎么会,怕是你睡不稳呢!”铁木真听了,又将头低下。美赛姑娘毕竟面儿嫩,红着脸弄着衣裳,不敢吭声,玉玲姑娘恐怕她害羞极了,惹出事来,便露出笑容,低声道:“你们昨夜干的事,我很清楚。到这个田地,聪明人多话不说。只是你们有了新人,将我这旧人抛在一边,我怎么可能答应呢。”铁木真见玉玲姑娘已不像刚才那样僵,忙央告着她道:“只求姐姐包涵,一切我都办得到。”铁木真说时,看那美赛姑娘已哭得如同泪人般了。铁木真这时又爱又怜,因碍于旁边站着玉玲姑娘,不好做出来就是了。经铁木真再三地央求，终于和平解决问题了。从此他们三个人便睡也一起，吃也一块儿，成天过他们甜蜜的光阴。但是好事不久，玉玲姑娘家中来人叫她回去。那时铁木真和玉玲姑娘正打得火热，不肯离开。杜里宁叫人喊了数次，也不见人回来，心上已是起疑了。

几天后，杜里宁便亲自来到他妹子的家里，听得乌尔罕说："她们姐妹要好得很，天天在一起，一步不离。"杜里宁听了，连声叫苦，乌尔罕很为惊奇，问是何故，杜里宁恨声说道："因为咱们的糊涂，才弄到这地步。"便将铁木真男扮女装的事，大概说了一遍，乌尔罕听了，惊跳起来道："反了！竟有此事？"说着忙把铁木真和玉玲姑娘、美赛姑娘等三人都叫了出来。乌尔罕一见玉玲姑娘，因她闯出来的祸，抛了先前的客气，便顿时拉下脸来，怒道："你将女装的男子，带到了我家，却背着我去干苟且之事。如今你爹也来了，看你还有何颜面见他？"玉玲姑娘听罢，无言以答，只是眼泪汪汪，怔怔地瞧着杜里宁。乌尔罕指着铁木真说道："你既避难就不该私奸人家的闺女。现在我家不能容你，你快滚出去吧！"铁木真不敢说话，只有呆立一旁。美赛姑娘低垂粉颈，好像在暗自流泪。乌尔罕喝道："女孩儿家，有男子在房里，却不向我告之，无耻之极，你快给我进去！"美赛姑娘听了，只好哭着走进去了。乌尔罕对杜里宁道："那都是因为你好心救人，倒让人占去了便宜。事到如此，也不用多说什么了，你将玉玲姑娘领回去吧！"杜里宁点点头，立即起身和玉玲姑娘离去了。

铁木真见他们都走了，自己无法强留，也只好换上原来的衣裳。乌尔罕并不理他，铁木真便灰头土脸地走出门来。他一路走着，甚是没有精神。眼见已走出白雷村，就站住想道："我此刻又无处可居了，该到哪里呢？"又想了一想，还是去弘吉剌部投奔舅父麦尼吧。他下定主意，便前往泰里迷河走去。但铁木真和玉玲姑娘、美赛姑娘两位美人一天到晚在一起，真可算是左拥右抱，欢乐非常。偏偏杜里宁将其说破，生生地将他们拆散，弄得只身上路，凄凉得很。其实多亏杜里宁把铁木真赶走，不然拥着两个美人，大概终老温柔乡、乐不思蜀了，还想到什么报仇和恢复部落呢？他这一去，却做出惊天动地的大事业来，真是天意如此。当下，铁木真急急前行，心里虽舍不下玉玲和美赛，却也无可奈何。

## 辞美人借兵复仇

走了一日夜，因为不曾带着干粮，铁木真已觉得肚里饥饿起来。看见泰里迷河，已不远了，便忍着饿，一口气奔过河，到了弘吉剌的地方。铁木真便问麦尼的家,有人指着一个西面大帐篷道:“麦尼就住那里。”铁木真道声谢,向大帐篷走去。在帐篷面前,早有几个民兵将他拦住问道:“你找谁?”铁木真回答了,那民兵进去了半晌,出来道:“总特叫你进去,须要谨慎。”铁木真也不理他,低着头走进去。走到中间,见他舅父麦尼正在那里看册子,铁木真上前叫声舅父,麦尼只点点头,回头对亲随道:“你且让他吃了饭再说。”铁木真早就饿了,听说吃饭,非常高兴,就跟着那亲随到后面去了。

铁木真吃饱了后,复来见他舅父。麦尼先问道:“我已知道你的部落已经散失。你怎么过了这么久才到我的地方来呢?”铁木真知道不能说在路上逗留是因为两个女子,只得吞吐着道:“因去找寻兄弟和母亲,所以拖得久了。”麦尼道:“可曾找到你母亲他们吗?”铁木真哭道:“直到了现在一点消息也没有。”麦尼听了,沉吟许久,微叹一口气,对铁木真说道:“你想报复吗?”铁木真忙道:“我来此为的就是报仇,将我父亲所有的部落恢复,希望舅父帮忙。”麦尼说道:“果然有志气,我这里势弱人少,就是帮你,也未必能胜。况且现在大多都是自顾自己,无暇来管别人的事。但我是你舅父,不能看着你不管。如今我有个两全之法,这里西去约百十里的克烈部,酋长名叫汪罕。在你父亲兴盛时,汪罕也曾失了部落,亏你父亲帮忙才得以恢复。眼下我备一份礼物给你,你到那里求汪罕,他念旧情定会帮助你的。”铁木真高兴道:“多谢舅父的帮助!”说着,由麦尼备了些土仪和兽皮,又给铁木真备了一匹马来。

铁木真告别了麦尼,飞快奔往克烈部,不足一天就到了克烈部的外境。克烈部规定外客入境不准骑马。铁木真便下了马,牵着前进。到了部中,拜见了汪罕,呈上礼物,说明来意。汪罕慨然说道:“你的父亲也有助于我,你今穷困投奔于我,我不会拒绝你的。”说罢,令铁木真暂时在客舍里宿息。次日,汪罕召见铁木真,对他说道:“若要恢复旧日的部族,非实力不可。现在我助你两万兵,但你得志后,莫忘了咱们就是了。”铁木真很是高兴,忙拜谢汪罕,连夜带兵攻打赤吉利部。

赤吉利部民族人口本就少,禁不住数万大军的进攻,早已弄得西逃东奔,内部自乱。铁木真第一仗就获全胜,便趁势攻打塔塔儿部。塔塔儿部虽比赤吉利部大,但也不是对手,不久就被铁木真杀得大败。铁木真又挥兵追杀,秋风扫落叶一般。铁木真和塔塔儿部本来是世仇,所以打胜之后,将马匹牛羊妇女布帛都掳掠干净。

## 立大业遭人嫉妒

两次战争之后，铁木真的威名居然一天天扩大。那些以往的部落，也纷纷来归附。铁木真的母亲艾伦和三个兄弟别耐勒、忽撒、托赤台等，也得信归来。他们一家这时才得以团圆。铁木真主持豁秃里后，部落确实兴盛起来。豁秃里民族的人们都举铁木真做总持。赤吉利部，被铁木真打败，酋长伊立非常愤恨。他逃出去后，纠集部属伺机报仇。伊立的手下有一个叫古台的门客，臂力过人，能将二百多斤的大铁锤举起，他若舞起来转动如飞，许多将士都敌不过他。伊立欣赏他的勇猛，就留他在门下，非常敬重。古台感恩图报，他经常对人说，伊立如用得着他，即使赴汤蹈火也在所不辞。

一天，听得伊立说起铁木真很厉害，与他怨仇不解，古台在一边说道："酋长不要烦恼，我有法子去把铁木真的脑袋割下来献上。"伊立接过话来问："难道是要去行刺吗？"古台道："是这样。"伊立叹口气道："这个方法倒也行得通，只是这样敢去行刺的能人找不到啊！"古台拍着胸脯大笑道："我受到酋长优遇之恩，正没什么可回报的倘若要用此计，我一个人担任就是了。"伊立也笑道："只要你去，又愁哪个枭雄的首级得不到呢？只是也须小心谨慎。因铁木真十分刁诈、狡猾，平时防范极其严密，你此去万万不可轻心大意。"古台点头答应了，退出来便对他的儿子努齐儿说道："我身受酋长的恩惠，不得不竭尽全力报答他。今去行刺铁木真是奉了命令的，虽不可预知吉凶，但我还是要拼命前去，如果行刺成功那就是万事大吉；如果行刺不成功，或者被他们抓住了，我也只能以死来报答酋长。如果我死了，你要用心学习武艺，非你去为我报仇不可，你一定要牢牢记住！"听了他父亲的话，努齐儿知道他已经下定了决心，便哭着说道："吉人自有天相，望父亲成功而归，那时把铁木真杀了，取了他的首级，父亲已算报答酋长的恩情了。从此便不问世事，归隐山林，咱们去享人间的清福，渔樵度日，这样难道不快乐吗？""自然。"古台说道："如今你把我的衣装准备好，待我乔装打扮一番，晚上好去行刺。"于是，古台带了一柄腰刀和一柄铁锤，换了一身黑衣。装束停当，看看天色慢慢变黑了，便一飞身，无影无踪地去了。

那古台背锤囊刃，把他全身的本领都使了出来，在路上连跳带纵，望豁秃村飞般地跑来。到了村前，只听到那些民兵吹着画角，打着刁斗，正在严密地巡逻。古台爬上一棵大树，见巡查得认真，也不敢下来动手。直等到三更多天气，那些巡逻的民兵渐渐地放松了警惕。"这个时候我再不偷偷进去，难道还要待到天明吗?”古台暗想道。主意既定,就从树上跳了下来,向村中奔去。

等到了村子里,古台向四处看了看,只见村中十分安静,只有几点灯火闪烁,天空雾气很重,夜色深没的景象显示出来。再向那豁秃里的正南方向看去,营帐像林中的树木一样多,密密麻麻的似坟冢。古台心中暗暗想了一会,远远地忽见一盏小灯,一面大纛正飘在那灯的杆子上。这挂帅旗的营中肯定就住着铁木真了,古台大喜,当下就朝偏西的大营奔过去。营前有十几个民兵倚着枪械在门前打瞌睡。古台便潜身来至营后,也不去惊动他们,耸身一跃上了帐篷。古台便拨开篷帐的一个角,向下面看去,见那大帐面前放着旗印令箭,桌上置着宝剑、黄冠,这肯定是铁木真的卧室了。等看清楚了,古台从篷上直接跳到地上,随手拿出肩上的铁锤,如同猛虎下山般向帐里飞奔,照准那睡着的人举起铁锤就是一下。他这一锤起码也有七八百斤的气力,就是钢铁也可被击破,更不用说人了。但古台出手时,不曾看清是谁,只知帐中卧的必然是铁木真。岂料那锤打下去,躺着的人已霍地跳起身来,而一张床却被击得粉碎。跳起来的那人就一脚踏住铁锤,古台着急拔不出,忙取剑弃锤,一剑削向那人的足。那人跳起躲过,拿起床上的一根断木,挡住了古台的剑,一面飞身跳到了帐外。古台拿剑赶来,两人在帐前一来一往地狠斗起来。古台动手间,就灯下细看那人,原来是铁木真帐下的第一个勇士兀鲁,而不是铁木真。

原来铁木真怕人行刺,所以令兀鲁卧中营,自己却在后账睡。这时帐外的士兵,听得帐里的响声,都已醒过来,于是纷纷地拿起了兵器,奔中军而来,见一个人和兀鲁相拼,那人勇猛得很。众人大喊一声,一拥上前围住古台。铁木真在后账,听到喧哗,也领了亲兵前来指挥。他见古台的本领和兀鲁不相上下,很想收服他,便高声喊道:“能生擒刺客者自有重赏。”士兵们听了,更加奋勇,当中有一个叫哲别的勇士,手中铁槊似雨点般向古台舞来。古台正战不住兀鲁,哲别又来了,自然慌起来了。哲别乘机用槊把古台的剑打折,兀鲁飞起一脚,用乌龙扫地把古台打倒。众人一齐把古台捆了起来。任古台有飞天的本领也难以脱身了。

刺客既然抓获,天色已亮,铁木真坐帐,由兀鲁、哲别推上古台来。铁木真欣赏他勇猛,忙起身给他松绑,一面说道:“无知将士得罪了英雄,惭愧之极。”古台却冷笑道:“谁要你假仁假义?今事失败,惟死而已。”铁木真听了,知道他是个硬汉,笑道:“你和我素不相识,有何怨仇?想必受人的主使,好汉直说无妨,我不会为难你的。”古台气愤道:“主使我的人甚多,凡与你有仇的人都要杀你,我便是其中一个。今日不能得手这是你的幸运。但我死后,你必有被杀的那一天。”铁木真道:“如果今天放了你,你肯向我投降吗?”古台冷笑道:“我拼死前来,投降你是不可能的。你不杀我,我活着就要行刺你的。”说罢,回头见到兀鲁的佩刀,冷不防抽刀向铁木真刺来。慌得兀鲁和哲别忙飞步赶上,执住古台的两臂。古台还要挣扎,直到左右给他上了绑,方不能动手。铁木真生气道:“我好生劝你,你不但不悔改,反想暗算,这种没心肝的人,何用之有!”便喝令:“推出斩首!”左右武士架着古台出帐,铁木真又叫住问道:“人死遗名,鸟去留声,你姓甚名谁?”古台仰天笑道:“既刺你不得,留姓名何用?”铁木真叹息着挥手令人把刺客推出去。不久,那武士捧着一颗血淋淋的人头进来呈验,铁木真令人将他厚葬了。不觉叹道:“可惜这样一个英雄好汉不能为我用啊!”一时帐下的壮士也都叹惜不已。

## 左拥右抱享尽艳福

那时,铁木真的兵力渐强,部中的兵卒已近十万。铁木真因汪罕多次来讨兵,就归还了借他的二万克烈部的兵丁,并给他礼物道谢。接着,他打发兄弟托赤台和忽撒备了聘仪骡马,分头去迎接玉玲姑娘和美赛姑娘。二人正要起身时,杜里宁却送玉玲姑娘来了。因为杜里宁打听得铁木真当上豁秃里村的酋长,还没有成家,便舍弃慕尔村,同儿子齐拉亲送玉玲姑娘来和铁木真成亲。铁木真高兴得很,忙安排玉玲姑娘居住,另一方面仍令忽撒到白雷村将那美赛姑娘接来。这晚,玉玲姑娘与铁木真举行结婚礼。按蒙古习惯,夫妇行婚礼时,新娘穿着红衣,戴着尺来长的高帽。新郎戴着反边平顶帽,穿着大礼服,夫妻二人不拜天地,而拜灶神。新娘手握羊尾,拜完之后,将羊尾燃着,独自磕三个头,称为祭灶。祭灶礼行过,再拜见公婆。到了洞房,新娘背灯而坐,新郎在地上跪着,问新娘小名,其实新郎知道,故意问。新娘也明知新郎跪着,也故意不说。一炷香的时间过了,新郎跪得脚踝都痛了,新娘还是不吭气。结果由新娘的姑娘出来调解,代说了新娘的名,新郎才磕头起身。玉玲姑娘和铁木真虽不算新婚,但久别重逢,一夜的恩爱,不在话下。

几天后,美赛姑娘被忽撒接到,当了铁木真的第二位夫人。那时铁木真左拥右抱,艳福享受不尽。但他志在吞并蒙古的各部,只好将儿女之情撇在一边了。所以铁木真新婚不足一月,便欲出兵征讨赖蛮部。赖蛮部族,是蒙古部族当中的老大,与麦尔部柏克多、克烈部汪罕,号称三大部族。若能将其征服,其余的小部落便会很快归服。因此,铁木真常常想灭掉赖蛮部。但因赖蛮部势力大，贸然行事不可。赖蛮部却恃强凌弱。一天，豁秃里人在古儿山下放牧打猎，被赖蛮部人撞见，将坐骑和猎兽劫去。村人报知铁木真，赶紧带了众兵去追，只将五六个赖蛮人杀死，马匹猎兽仍被他们夺去，于是两族便结了怨。

赖蛮部酋长阿恒听说铁木真独霸一方，豁秃里族日渐兴盛，心里不痛快，也想乘机除去铁木真。胡天八月，马肥秋高，铁木真下令征讨赖蛮，派托赤台和忽撒留守豁秃里，别耐勒随行。因别耐勒武艺好，弓马俱精，铁木真带着他保护自己。临行时，又吩咐了托赤台和忽撒等，叫他们小心护家。美赛姑娘和玉玲姑娘也都来送行。铁木真安慰了一些话，便率军浩浩荡荡地前往赖蛮部。

军马经过古儿山，铁木真下令驻扎军队，打猎以充军食。原来蒙古人行兵，无粮草辎重，只靠打猎为生。铁木真见兵士围猎很起劲，也很高兴，就骑着一匹乌骓马，佩了弓箭，沿着古儿山奔去。他帐下的卫士也紧跟在后面。铁木真走了一会，一只野獾忽从草地上跳出，直窜向马前。铁木真赶紧取下弓矢，射向那野獾，那獾应声倒地。铁木真很高兴，正待下马捉拿，那野獾突然跳起，没命地逃走了。铁木真又恨又气，赶紧飞上马，快马加鞭地追来。这样越过两个山头，追了二十多里，后面卫兵都被落下了，只有别耐勒一人紧跟着。那野獾愈逃愈快，铁木真骑的乌骓马也跑上了瘾，铁木真在马上如同腾云一般，什么都瞧不清楚了。别耐勒虽也尽力追赶，却赶不上铁木真的千里驹。十几里不到，铁木真已无影踪了。

当铁木真已渐渐地追上那只野獾，野獾被追急了，便跳向石窟不见了。铁木真慢慢勒住马，四周看看，那石窟并没有出路，料想野獾还在里面躲着。他现在没有一人跟从，别耐勒也没了踪影。铁木真知道自己的马快，因而他们都落后了。他想捉那只獾子，却没带家伙，正不知道如何是好，忽然那獾子又奔出石窟，似有人在后面追逐着一般。铁木真正奇怪，一个大汉忽从石窟中跳出。但见那野獾没走几步就倒地了。大汉笑着，快步走过去，拖着野獾就走。铁木真顿时很生气，高叫道："你这汉子真不讲理，是我射倒的野獾，你为什么抢我的东西？"那大汉笑道："獾子跑到石窟里来，被我打了两拳，它逃出石窟来就死了，居然会是你射的？"铁木真见那大汉举止粗率，身体魁梧，早有几分喜爱，于是也笑着说道："你说不是我射着的，那么是你射的吗？"那大汉摇头道："我不会射箭，你既然能射，就请射我，射死了，这野獾归你；如射不死，对不起，这獾子可要归我了。"铁木真怒道："你这贼子！说这话，以为我不敢射你吗？射死了你，也无人来要我偿命！"说罢，真的搭箭拈弓，射向那大汉。响声过后，却不见那大汉倒地，原来大汉已接住箭了。铁木真更气了，索性挽弓，连射三箭，却都被大汉接住了。铁木真诧异极了，那大汉仰天大笑道："这样的箭术，让你射还射不着，更不用提那跑着的獾子哩！"铁木真知他必定是个异人，但恐他是奸细，只得马上拱手道："好汉，留个姓名给我。"那大汉说道："我行不改名，坐不更姓，孛儿赤。"铁木真道："铁木真我不识英雄，下次相逢便可相识。"说罢，弃獾便走。那大汉听到"铁木真"三字，忙追来问道："豁秃里的铁木真？我听说你是个英雄，想要投奔，没有机会，今天相逢，不能错过。"那大汉说着，跪下行礼。这时别耐勒赶来了，铁木真怕有诈，便叫别耐勒下马去扶那大汉。不久，左右卫兵也到了，铁木真令腾出一坐骑来给那大汉孛儿赤骑坐。这孛儿赤也是元朝的名将，乃铁木真无意中得到的。铁木真回到军中后，便令罢猎收队，这夜就在古儿山下安营宿息。

次日，全军拔寨起行。兵马越过了古儿山，数日后离赖蛮部只三十里之遥了。铁木真正要下令驻扎，忽见前面旌旗蔽天，尘头大起，原来赖蛮部的人马前来迎战了。铁木真吩咐摆开军马，若敌军来了，不准交战，只拿强弓射去。兀鲁得令，问道："敌军当前，停军不进岂非自示怯弱吗？"铁木真说道："我们军马行军已久，很是疲乏，敌人安逸，锐气正盛，我若出战正中其下怀。今天只守，待安了营寨，休息数日再战不迟。"兀鲁答应着退去。三天内，赖蛮部人天天来骂战，铁木真不许出战只令坚守。部下的兵将个个恨得咬牙切齿，想要出去杀个痛快。

第三天，将士们实在忍不住了，纷纷前来请战。铁木真见敌兵已疲惫，自己的兵丁却血气正盛，知道时机已到，便下令出兵。那些将士很是高兴，便精神抖擞杀出去了。赖蛮部兵卒没有料到他们出战，及至短兵相接，他们才发现铁木真的兵马勇猛异常，以一当十，赖蛮军被杀得大败，自相践踏起来。铁木真率军乘势杀得赖蛮兵叫苦连天，血流成河。铁木真指挥着军马，远见大红纛下，阿恒手握着大刀亲自迎敌，阿恒将退下去的赖蛮兵都斩首马前。这样一来，赖蛮兵一阵喊，又反杀过来了。铁木真大怒，即跳下马来用鞭击鼓，催军士速进。鼓声起处，孛儿赤和兀鲁双马齐出，兀鲁大叫道："擒贼先擒王，咱们去捉阿恒。"孛儿赤答应着，二人两支枪，所到无阻。兀鲁直入中军，去捉阿恒。阿恒惊得慌忙回马奔逃。兀鲁紧追，多亏阿恒部下的火列麦出马挡住，阿恒才得以逃走。铁木真道："入虎穴，方得虎子，咱们乘胜杀他个片甲不留，恐他一振锐气反难攻破了。"众将士听了，呐喊着直向赖蛮部族中杀去。可怜这时的赖蛮人马已无法抵抗，铁木真军马杀入部中，所有赖蛮部的财产，都给抢了，杀死强的，俘虏弱的。美丽的妇女被铁木真的兵士占为妻子，年老的妇人被他们抛入溪中。

## 戎马倥偬柔情征服二女

这场血战，铁木真军马也伤了很多。但赖蛮部的民众，却所剩无几了。铁木真来到赖蛮部，便令鸣金整军。这时，众将献上俘虏。铁木真一一点过。只见别耐勒右手拖着一个少妇，左手握刀，到了铁木真面前，将少妇一摔道："这是阿恒的妻子，砍了吧！"铁木真瞧那妇人，见她青丝散乱，眉头深锁，那点点泪珠滴在玉容上，如芙蕖出水般娇艳动人。铁木真虽在戎马之中，但好色本性不改。现见这妇人可怜之态，不由得怜香惜玉起来，就对那妇女道："你是阿恒的妻子？"那妇人点头称是。铁木真又道："阿恒昏聩无道，所以我兴兵来剿。现在阿恒败逃不知所往，或许已死在乱军之中。你既被获，有何话说，直接讲来。"那妇人听了垂泪道："身为女子，手不能缚鸡，就是能释放了我，于总特也无害，捉住了我，生死随意了。"话语如莺声，清越悲咽，听得雄赳赳的铁木真已无了霸气。忙赔笑道："夫人莫悲，这里虽然鄙陋，不足栖息，但兵戎之余，只能草率一点。阿恒生死不明，夫人可在这里暂住几时，待阿恒有了音讯，再将夫人送回。"那妇人听了，知是身不由己，只好低头道谢。铁木真便吩咐几个掳来的民兵接那夫人到后面去了。

铁木真将各种事情料理完毕，便来后账瞧那妇人。只见她低头不语。铁木真笑着问道："夫人独坐于此，不觉寂寞吗？"那妇人听了，又流下泪来道："家破人亡，提它干什么。"铁木真察言观色，见她并不十分反抗，便挨身和她坐在一只椅子上，一手搂住她的纤腰，就倒身向她的香唇亲去。那妇人忽然变色，站起身来，铁木真不觉一惊。那妇人正色道："我虽俘虏，却是一部民族妇女之首，丈夫若死，理当殉情；现下苟延残喘，只因不知其生死。总特如此无礼，也太侮辱我了。"铁木真听她这席话，也觉心中惭愧，忙谢过道："夫人的话有理，但此乃天性，只求夫人宽恕。"说着便深深一揖。那妇人见铁木真全心相求，便慨然道："我有丈夫，不适合的。我妹子也素，尚未成亲，总特若不嫌弃，可命人唤来。"铁木真听了很高兴，马上派兵去寻也素姑娘。

很快，也素姑娘来了。铁木真仔细端详，的确生得秋水为神、芙蓉作脸，妩媚的姿态更胜过那夫人。铁木真也顾不上说话，便叫左右铺炕放被，将也素姑娘搂着往炕上一倒。

也素姑娘吓得花容失色，连叫"救人"。铁木真笑道："姑娘不用害怕，你的姐姐也在此处呢。"也素姑娘闻声，回头果然瞧见她姐姐在一旁默默地坐着。也素姑娘就问道:"姐姐为何在此?"夫人叹息答道:"别说了！你姐姐家破人亡,姐夫下落不明;现在是俘虏,幸总特优遇,容我在此暂住,所以我便叫你来侍候总特。这是我的意思,但你很聪明,应该不怪我多事吧。"也素姑娘听了,心里已明白几分,便低头不再说话。铁木真知她已芳心暗许,便挽住香肩,和她并排躺下,慢慢替她脱去衣裳。那位夫人,看着他们相恋相亲,心里难受,脸上不觉白一会儿,红一会儿,坐立不安,难以自持。也素姑娘和铁木真闹了一会儿,铁木真回头看着那夫人,微笑说道:"夫人累了,你来睡吧!"说着,就坐起身来,用手一揭被子,也素姑娘白雪似的一身玉肤便露了出来,只羞得她往被里直缩,慌忙去遮盖,铁木真被逗得大笑起来。那夫人也很害羞,眉梢上泛起红来,便忍不住转过头去,微微一笑。铁木真很是乖觉,知道夫人已经心动了,就跳下炕来,来到夫人面前,将其柳腰一抱,放倒在炕上。这时夫人身不由己,早已瘫软了。铁木真为她松纽解带,那夫人无力反抗,任其所为,竟成为也素姑娘第二了。

## 叔嫂之间的风流情债

光阴似箭,转眼腊尽。铁木真因途中遇到冰雪,不便行军,把征麦尔、塔塔儿两部的事,暂且搁起来,军队驻扎在赖蛮部地方,与将士们度岁。其时铁木真虽在军营里,但白天他出外游猎,晚上便和也素姑娘等人饮酒取乐,却是乐不思蜀了。铁木真此次出兵时,只将兄弟别耐勒带着,留托赤台和忽撒守卫着豁秃里村。但在兄弟中,托赤台年龄最小,行为却是最坏。铁木真的兄弟中,别耐勒、忽撒,都已成婚,只有托赤台尚无妻室,然而托赤台平日很好色。铁木真出征赖蛮后,他少了一个管束,就胡干起来。母亲艾伦年纪已大,耳目已失去了自由,根本无法去管托赤台了。两位叔父托吉亶和兀秃,自顾不暇,别人的事更不用提了。托赤台无人来管,就天天厮混在一班女孩儿们中间。后来玩腻了外面的,竟慢慢地和自己人玩起来了。

那位做了铁木真的正室夫人的玉玲姑娘,生性爱风流。铁木真在外远征,玉玲姑娘独抱孤衾,寂寞难耐,所以每晚只是和美赛姑娘闲聊解闷。说来说去,只是同病相怜罢了。铁木真家中除两位长辈托吉亶和兀秃常常进出之外,青年男子只有托赤台和忽撒。那托赤台是个喜新厌旧的色狼,他见玉玲姑娘举止温柔可人,心里十分喜爱,交谈时杂着挑逗的话语。玉玲姑娘见托赤台年少魁梧,本就有些动心,又见托赤台对自己十分温存体贴,也算是有情有义了。因此,她看见托赤台,也眉目含情,面带微笑,托赤台更加被迷得神魂颠倒。

豁秃里村祭鄂波的那天，必须由村长带着一班村民到大草场去祭鄂波。拜祭时先拜的是村长，村民打着巨锣和大鼓，随后一齐拜倒在地。立身后，村长领着大家转圈。这样转了一些时候，村长忽然大叫一声，大多村民都在草地上翻筋斗。一时人数剧增，部族大的有万余人。这一场筋斗，翻得满天灰尘，大家乱作一团。村长一伸手指，又复一声吆喝，村民便转身停止翻筋斗了。筋斗翻过之后，村长就分了胙肉回去。村民跑马的，射箭的，霎时万头攒动，热闹非常。蒙古人十分诚心地祭鄂波。

鄂波是用石块堆出来，有点像塔的石冢。堆成方形的，约三四丈高，那种叫恶保，又称作十三太保李存孝。蒙古人说，李存孝征沙漠时，对蒙古人有恩，如同南蛮人祭诸葛孔明一样。深秋祭鄂波是桩大事，同时也最热闹。豁秃里村祭鄂波，由托赤台和忽撒兄弟俩代表着村长，照例在草地开祭。村中的妇女全都打扮得花枝招展，去开祭处瞧热闹。美赛姑娘听到外面乱得很，听说是祭鄂波，便来邀玉玲姑娘，一起去看跑马角技。碰巧玉玲姑娘腹痛，说是不能出去。美赛姑娘好动，不肯轻易放过，装扮好后，就领着两个蒙古侍女，独自玩去了。

忽撒和托赤台二人，指挥着民众，托赤台眼睛只盯着那些妇女。他看见美赛姑娘来了，却看不见玉玲姑娘，便抽空来问美赛姑娘，得知玉玲姑娘在家里病着。托赤台也无心行祭鄂波的礼了，竟飞奔回家。外面看守的兵役和室内的蒙古侍女，认得托赤台，就没有阻拦，任他走进内室。这时，他的母亲却从内室出来，问托赤台去哪里。托赤台不知如何回答，只胡乱说了几句。幸好艾伦耳朵听不见，点了几下头，便往自己房里去了。

等艾伦走后，托赤台便向玉玲姑娘的房中走去。他轻手轻脚，跨进那房门，只见帐门高卷，房内安静得一点声音也没有。一只高脚的香炉放在房前的灯台上，香已燃完，一缕微烟自余烬中散出。看见玉玲姑娘正在床上朝里睡着，托赤台缓缓来到床前，并在床沿上坐下。他正要去推玉玲姑娘，玉玲姑娘已微微地翻身过来。原来托赤台进房时，她已听到脚步声，偷眼瞧是托赤台，便朝里装睡。她这时却装作睡眼朦胧地问道：“你到这里来做什么？”托赤台搭讪着笑道：“外面在祭鄂波，热闹得很，却不见嫂子，我不放心，过来瞧瞧。此时嫂子身子不舒服吗？”玉玲姑娘皱眉道：“今早还好好的，现在肚子不知为何痛起来了。”托赤台说道：“天气不好，嫂子大约受凉了。”托赤台边说边用手去按玉玲姑娘肚腹。玉玲姑娘似笑非笑地推托赤台的手，低声道：“快出去，给你二嫂子瞧见了不好。”托赤台厚着脸皮说道：“嫂子别担心，二嫂子去看祭鄂波，此时正起劲呢！”说着那只手便抚摩着玉玲姑娘的前胸。玉玲姑娘本就寂寞难耐，经托赤台一打动，就控制不住了，于是斜睨杏眼，看着托赤台笑道："你做这事，不担心铁木真知道吗?"托赤台知道玉玲姑娘这句话是给自己机会，便赶紧倒身下去，将她的香肩搂住说道："有嫂子这样的美人儿在身边，死也甘心，怕哥哥做甚！即使真让他知道了，最多也是我人头落地。"说罢，托赤台趁势去闻她的粉颈。玉玲姑娘也是似嗔似喜地，将他们的一段风流债了却了。

## 隔墙窥视巫山云雨

眼见天色已晚，玉玲姑娘怕被人瞧见，只催着托赤台离去。因那天祭鄂波，家中人大多外出瞧热闹了，他们胡闹，竟无一人碰见。但大家傍晚自然要回来了，玉玲姑娘也必须催托赤台起身。可是，托赤台其时正得意，根本不管利害关系。他口里答应着，身体却不动，望着玉玲姑娘笑道："咱不出去了，死在这里得了！"玉玲姑娘朝托赤台脸上轻啐道："又说疯话。"二人正在调情，忽听到脚步声乱响，托赤台慌了神，玉玲姑娘也大惊，托赤台跳起来不及穿衣裤，钻到床下。再听那脚步声像往美赛那边去的，却并不到玉玲姑娘这边来，玉玲姑娘这才放了心。又听有男子在美赛姑娘那里说话，玉玲想到："她也一样?"玉玲姑娘的卧室和美赛姑娘的卧室只隔了一堵木墙，板上恰巧有个小窟窿，一线灯光透了过来。玉玲姑娘便通过窟窿张望，正见美赛姑娘说着情话。玉玲姑娘瞧得明白，低声叫托赤台。托赤台爬出来，满头是汗，全身沾了不少灰尘，害怕地问道："无人来吧?"玉玲姑娘点点头，只觉好笑，又想起曾经和铁木真相遇，他在夹板底下躲藏的情形，今天的托赤台竟与那时的情形一样无二，因此更觉好笑了。

托赤台却不知晓，边掸去灰尘，边问道："笑什么呢?"玉玲姑娘不便说出铁木真的事，只往墙上的窟窿一指。托赤台不知缘由，也就弯身，顺着灯光向窟窿里望去，只见一位少年和美赛姑娘并坐在床上。托赤台看得清楚，对玉玲姑娘道："那是拖勃呀，他竟同二嫂子勾搭起来?"玉玲姑娘笑道："只准你可以，别人就不行吗?"托赤台答道："不是的，拖勃是咱伯父兀秃的儿子，平日也仗着咱哥的势力，在村里干些不正经的勾当。我瞧不起他，常想揍他一顿，他总是很快逃走了。一天他打赌输了，还将我的马偷去。趁现在他在这里，我向他要马去。"托赤台说着，穿上衣服，要去教训拖勃。玉玲姑娘一把拖住他，道："你在这地方，居然敢大胆施威？别闹笑话了。"托赤台恍然笑道："那么便宜他了。"玉玲姑娘也笑道："我们看他们干些什么。"于是，两人在窟窿前，并肩瞧着。那面拖勃和美赛姑娘却毫不察觉，二人一会抚摩，一会说笑，渐渐地共赴巫山云雨了。

此后，托赤台有空就来，美赛姑娘明知他们的奸情，但自己也爱上了拖勃，大家同病相怜，互不相干。后来，大家索性不再避忌。照蒙古人习俗，那些婢仆们不经主妇叫唤，不敢进来，所以他们尽情胡闹着，外面一点也不知。但玉玲姑娘虽不惧怕美赛姑娘，拖勃却避着托赤台。美赛姑娘和拖勃，早已有情，那天乘祭鄂波时，混了进来。不过托赤台也曾对美赛姑娘下过一番功夫，却不曾得手。他眼看着美赛姑娘和拖勃那样融洽，醋意甚浓，那日晚上，托赤台愤愤地要向拖勃去讨马，也是为了这个缘故。当时亏玉玲姑娘劝住他，不然就要闹笑话了。因这一段隐情，托赤台视拖勃如同眼中钉一般，非拔不可。托赤台心想要是把拖勃撵走了，自己就可以一箭双雕了。天下事，欲速则不达。托赤台对美赛姑娘殷勤不断，美赛姑娘却是似假似真，若即若离的，弄得托赤台望得见吃不着，心里发痒，便把恨移到了拖勃身上去。他每到气愤无法发泄的时候，便咬牙顿足大骂拖勃。

## 为淫欲借刀杀人

那托赤台有个叫作歹门的小厮。此人刁恶阴险，见风使舵，很得托赤台的欢心。歹门见托赤台与拖勃势不两立，便插嘴道：“主人为何故如此恨拖勃?”托赤台见是歹门，大喜道：“我正好有事和你计较哩！”便将这段事的经过，及拖勃和美赛姑娘的情节，详述了一遍，并说道：“你若能赶走拖勃，不仅给你重赏，还会除去你的奴籍！”原来入奴籍的蒙古人，是永远的奴隶，世代相传，就是发了财或做了官，见了旧主，还得自称为奴隶。这种入奴籍的人，是蒙古人初盛时，去别的部落中掳掠来强迫做奴隶的。时间长了，这类民族变成了奴籍，永远没有做主人的资格。不过，要出奴籍，只要主人允许，到部长那里去替他出籍赎身，在奴籍上除了名后，就和平民一样了。然而出籍时要花钱，若主人不允许出籍，奴隶就是再有钱，也不能出籍。所以托赤台答应替歹门出奴籍，是酬劳他的意思。

歹门听了不禁微笑道：“主人莫虑，只需奴才略施小计，包管拖勃一命呜呼。”托赤台听了，便叫歹门坐下，笑着问道：“你有何妙计，只管说来，事成后，重重赏你。”歹门四面望了望，低声道：“拖勃常在罕儿山下打猎。他哥哥别儿撤，性格暴躁，现在家里养有一对鹞鹰，厉害非常；带着鹞鹰打猎比猎犬胜上十倍，所获得的野兽也更多，因此别儿撤对那鹞鹰较他父亲拖吉亶更加敬重。我们设法弄死别儿撤的鹞鹰，却说是拖勃所为，拖勃非死不可。”托赤台拍手道：

"好计,但如何弄死别儿撒的鹞鹰呢?"歹门答道:"主人不必烦心,一切有我,此事一定成功。"托赤台笑着不断点头,一手拍着歹门的肩说道:"这事烦你了,可要秘密进行,我只等好消息了!"

歹门答应一声,便出来叫了个名叫阿岸的同伴,在外面低声道:"你去荒地上,掘一把赤马苓来,我有用。快,我在家等着!"阿岸应了声,掮了锄飞一般跑去了。赤马苓乃一种藤本药草,将它连根掘起,捣烂了杂在食物里面用来药那些飞禽狐兔,是非常灵验的。就是人吃多了,因草中含有麻醉性,也要醉死,更不用说是禽兽了。不多久,阿岸取回赤马苓,歹门接过后将赤马苓舂碎了,放在肉中,用一幅布裹了揣在怀里,便吩咐阿岸守好门,自己就直奔罕儿山去了。

在罕儿山下,歹门等别儿撒出去了,就在他的屋前,撮着嘴唤起鹰来。那两个鹞鹰以为是自己主人,便扑着双翅,飞到外面。歹门便掏出肉来,掷向空中。那鹞鹰是贪嘴的,见了肉,就拼命地来抢,可怜还不曾吃完,就已同时倒地。歹门捧了死鹰,边走边拉断鹰头,把毛和血沿路洒了过去。眼见到了拖勃帐篷后面,他便将死鹰一抛,赶忙躲向树林子,连跳带爬地逃回去了。

当歹门将鹰抛到拖勃家时,拖勃不在,只有几个民兵,见两只鹰自天上掉下,疑是天赐,便拔毛破肚,开剥了,预备烹煮。别儿撒回到家里,不见了神鹰,很是暴怒,一班家役也吓得不知如何是好。别儿撒闹了一阵后问:"村里何人打过猎?"大家都答没有。别儿撒想:"敢来此地打猎的,只有我们自己人。拖勃常来打猎。他为了赌钱,曾与我闹上一次,会不会是他弄死了神鹰?"别儿撒的父亲是铁木真叔父拖吉亶。他和拖勃、拖赤台等,都是兄弟。但他性子急,鹞鹰没了,先在家里闹了一场,就牵了猎犬找寻。猎犬的嗅觉最灵敏,它在地上闻得鹞鹰的毛和血味,就引着别儿撒一路往前走去。猎犬将他引到拖勃家附近,血迹没了。猎犬便到处乱嗅,恰巧别儿撒走过拖勃家门前,猛见几个民兵,正在开剥神鹰。别儿撒认出那鹰是自己的,不觉生气起来,口里骂道:"拖勃贼子!今天把我的神鹰打来了,我与他誓不罢休!"说罢,拔出腰刀,砍向那几个民兵,只叫拖勃出来说话。那些民兵吓得四散逃走。这时拖勃已经回来了,匆忙跑出来问是何故,别儿撒见是拖勃,对着他的头就是一刀。

拖勃大惊道:"兄弟何以这样?"别儿撒怒道:"我不是你的兄弟。你弄死我的神鹰,我定要取你的性命!"拖勃道:"你错怪我了,我什么时候弄死你的鹞鹰?"别儿撒更加气愤道:"还要抵赖!我亲眼看见你家的民兵在开剥我的神鹰,你还说不曾呢?"拖勃道:"那死鹰从天上掉下来,我们不知是你的,知道的话,早就送去了。"别儿撒怒喝道:"你明明打死我鹞鹰,还说是天上掉下来的;

你若能叫他再掉几只下来，我便信你。否则花言巧语哄小孩子还可以。”说罢，仍提刀砍来，拖勃边用佩刀迎住，边高声说道：“刀枪无情，我们动了手，损伤生死，难以预料，你将来不要后悔。”别儿撒装作不知，刀似雨点般向拖勃头上砍个不停。拖勃也不觉性起，舞刀相迎。两人我往你来，战了五六十个回合，拖勃气力不加，又因好色身体虚弱，所以到七十回合时，已敌不住了。别儿撒却甚是心急，不管三七二十一，刀刀砍向拖勃的致命处，拖勃一失手，别儿撒施出个独劈华山，拖勃急忙想躲，别儿撒甚快，一刀劈个正着，拖勃的半个脑袋被劈去了。

这时，拖勃家里的一班民兵见小主人被劈死，大家齐声喊着围了上来，还有几个去报知兀秃，兀秃只有一个儿子，听说被别儿撒杀了，便大叫一声，领了百十个亲兵，飞奔来杀别儿撒。他一见别儿撒，控制不住大骂：“你杀我儿子，我来报仇了！”说着，挥刀当先，百十个民兵，也愤怒地齐举刀枪，别儿撒被团团围困在中间。别儿撒力斗拖勃，本已疲倦，禁不住兀秃的生力，又是寡不敌众，因此被兀秃飞脚踢翻，尚未爬起，众亲兵刀剑并下，将别儿撒斩成了十七八块。

别儿撒的父亲拖吉亶，虽是兀秃的亲兄弟，因为别儿撒也被杀死，他不肯罢休，立刻带了民兵来和兀秃拼命。兄弟俩拼了一会，都受了重伤，各自回到家里，清点民兵，都有不少损伤。兀秃受伤较重，一个月不到就死了。拖吉亶也在半年内死去。托赤台为了美赛姑娘，与歹门设下毒计，赔上几十条性命，甚至导致骨肉相残，所以歹门和托赤台也不得善终。自拖勃被杀，托赤台果然替歹门除了奴籍，后来歹门在外仗势骄横，人们恨极，集合起来将他全家杀死。歹门的族侄迈得见歹门离了奴籍，很是嫉妒，便公报私仇，杀了他。

那时，美赛姑娘听到拖勃死了，心痛极了，但却有口难言。只有托赤台得意得很，他以为拖勃死了，美赛姑娘早晚归自己。谁知美赛姑娘已耳闻托赤台借刀杀人，用计杀害拖勃，心里甚恨，愈发不肯和他一起了。

## 爱怜思故玉人动气

托赤台和玉玲姑娘正打得火热时，铁木真率兵远战，夺了麦尔部，擒住酋长柏克多，将克烈部汪罕灭了，威声大震，使四周的部落纷纷前来归顺。铁木真想乘着当时的一股威势去取西夏和辽金，参军耶律楚材谏道：“咱们用兵连年，早就人乏马疲了，一旦碰到了强敌，难保不遭失败。还不如班师回去，休息几时，再图远谋不迟。”由于平时都是耶律楚材为铁木真谋划行军事宜，所以铁木真很相信他，听了耶律楚材的话，他点了点头说：“参军的话非常有道理，咱们就择日班师吧!”便命令耶律楚材选了个好日子,下令全军起行,于是押着大军,朝豁秃里来了。

晓行夜宿,不到一日,军马已到了罕儿山附近。这儿托赤台和忽撒率着民兵,整着队伍来迎接铁木真。弟兄见面之后,稍稍讲了些别后的情形,忽撒把托赤亶和兀秃因为私斗而死,及别儿撒和拖勃起衅的缘由,仔细地说了一遍。铁木真听了,不由得叹息几句。大军驻扎停当,铁木真于是带领着也素姑娘以及十多个蒙古女婢一起回家。见过了他的母亲艾伦,美赛姑娘和玉玲姑娘也都出来见母亲了,大家彼此打量了一番。铁木真吩咐仆役们打扫室宇,安顿了也素姊妹。当晚,铁木真家中开起了团圆宴,两边有四位美人陪着,铁木真高高在上,一杯杯地豪饮起来。四人当中,美赛姑娘和玉玲姑娘依旧说说笑笑的,也素却有些害羞,不曾举箸。爱怜夫人此时想起她丈夫在的时候,他们也过着快乐的日子,如今已是家破人亡,不禁眼泪汪汪,低垂着粉颈,默默无言。铁木真看到她不开心,就擎着一杯酒,递给爱怜夫人说:“咱们今天也可算是和家欢聚啊,你先饮下这一杯。”爱怜夫人只得接过来,一饮而尽。铁木真再斟了一杯,递给也素。玉玲姑娘见状,立即变了脸色,转过身就装作没看见。铁木真已经觉察到了,赶忙也斟了一杯,双手捧给玉玲姑娘道:“请你也干下这一杯吧。”话声未绝,但听得“豁啷”一声,那只酒杯已经掉到地上去了。此时在座的人,都大吃一惊。别儿撒知道玉玲姑娘真的生气了,等到给她斟第二杯时,那玉玲姑娘已霍地立起身来,慢慢地向里面走去。铁木真微微一笑说:“任她去吧!我们尽管多饮。”说着斟酒让美赛姑娘也喝。自己也是痛饮一杯又一杯,一直到酩酊大醉,才命撤去杯盘。直到美赛姑娘等各自回卧室之后,铁木真才东晃西撞地去玉玲姑娘的房中,大概是去安慰她吧。

翌日上午,铁木真出去升帐,哈哒巴、耶律楚材,及哲别、木华黎、兀鲁、别耐勒、齐拉等齐来劝谏,请铁木真正了大汗的尊位。铁木真起身推辞说:“我还不够有威力,哪里能妄僭尊号,不怕贻笑邻邦吗?”耶律楚材听了,正要说时,只见别耐勒大声道:“哥哥自出兵以来,屡战屡胜,攻必取,足以证明德威均备了,就是做了大皇帝也没事,从今天起,我们拥哥哥做大汗吧!”耶律楚材也道:“别耐勒的话,确实是应天顺人,主子如果过于推却,万一众心涣散,反授隙于人了。”众人听了,齐声说道:“参军的话正合众人的意,主子还是同意了吧!”铁木真见人心归已,也就这样答应了。

耶律楚材给大汗拟名号为成吉思汗,历史上称他为元太祖成吉思汗。成吉思汗,在蒙古语中即为大王的意思。诸事草草停当,铁木真命耶律楚材定了礼节和褒封的制度。成吉思汗晋封玉玲姑娘为玉妃，美赛姑娘为艳妃，也素姑娘和爱怜夫人都封了贵人。因为她二人是姊妹，不好分大小，因此一班侍女们，称也素姑娘为东贵人，爱怜夫人为西贵人。

成吉思汗加封文武将士已经完毕了，于是摆设宴席来庆贺，席上便提议国事。成吉思汗首先说道："我既然自立为国，所以得筹进取之道。试看现在西夏、辽金以及宋相鼎立，它们均是我们对头。以我的志向来说，一定要一一剿灭这三个国家，否则，终是蒙古的祸患。你们可想出什么良策，一起去将它们扑灭？"说着亲自斟了一遍酒。耶律楚材起身说道："主子如果想功成一统，最好先修德，收拢人心，然后再向西夏进取，西夏一破，辽金唇亡齿寒，很容易被打败。那时专心对宋，中原唾手可得。"成吉思汗大喜道："参军的计划，真是'先得我心'呢！"话刚说完，只见木华黎大声地说："自从西夏拓跋开国之后，到现在的李安全，都荒淫昏聩，到处可以听到人民的怨声。眼下正好趁它内乱，兴兵出战，西夏必灭无疑。"成吉思汗点头道："行军要迅速点，谋出便行，那么我就亲自去破西夏吧！"木华黎连忙说："杀鸡焉用牛刀？大汗没必要亲自出战，末将不才，愿当此任。"成吉思汗道："如果得将军前去，我就可放下心来了。只希望你马到成功，明天我就为你祭旗饯行。"木华黎拜谢了，自去准备。成吉思汗同诸将痛饮到夕阳西下，才停饮散席。

翌日，成吉思汗身穿吉服，亲自到军前来祭旗。木华黎已经握着大令，盔甲鲜明地立在那里，看到成吉思汗，赶忙跑来迎接他。来到校场中心之后，那将士早就竖起了一面大旗。成吉思汗命令将香案排起来，亲自祭过大旗，又斟了上马杯，三声炮响，大军拔寨而起，直奔向西夏。成吉思汗亲自送了一箭多路，同众人等回到和林，等待着木华黎的好消息。

## 盗尸骨贼人终成功

在古台来行刺之前，他曾经嘱咐他的儿子努齐儿，这一去，如果没有成功，死后一定要为自己报仇。如其力不及，也要想方设法将尸骨弄回乡。然而古台死后，铁木真给他从厚安葬，把古台的尸首，葬在豁秃里村的西面。铁木真与奈赤利部为冤家对头，如果去把他取回来，怎么能办到呢？然而除了去将尸骨盗回之外，简直没有其他的法子。努齐儿受了他父亲的遗命，死也要去将那尸骨盗回来。但是豁秃里村中，自从铁木真称成吉思汗之后，村中的防守以及巡逻异常严密。白天，有其他部的民族经过，一定要仔细地盘查；至于夜间，更不用说了，几乎外来的人，别想进村。况且去掘那尸骨，是需要好长时间的事，努齐儿去等了好几回，最终都是白等。努齐儿真急了，他咬牙切齿地说道："我如果不能将尸骨盗回，就不活了！"

他下了决心之后，就匆忙地回到家里，准备了一个小铁锄，佩上腰刀，乘着夜深人静，朝着豁秃里村走去。来到村外，努齐儿纵身爬到树上，从树巅上直蹿入村中来了。努齐儿默念着："人倒是过来了，就是不清楚尸骨葬在哪儿。"他踌躇了好半天，就在村西寻了一圈，却一点踪影也找不出。正当他心急时，突然见到在茅棚子里，有一个白须的老人，掌着一盏半明的油灯，低着头捡荞麦子，努齐儿心里暗想着："那老人的相貌，很慈善，试着上去，问他一声吧，或许他可以告诉我父亲的葬处。"他悄悄地走到茅棚面前，边行礼边轻声地叫了一声老丈。那老儿刚才只顾着自己，被努齐儿一叫倒吓了一跳，于是将头抬起，慢慢地问道："看你样子，肯定是外地人，却深更半夜到此地干什么？"努齐儿忙拱手答道："您的话不假，我想向您打听一件事。几年前，一个名叫古台的刺客在这儿被捉住了，不知道那尸首在何处，如果老丈愿指示小子，我将感激不尽！"老人听到，捋了捋胡须，想了许久，便说："啥古台不古台我倒未曾听说过，只是记得以前有一个烈士，来行刺我们酋部长，被兵丁抓住了，把他斩首，尸身葬在离此约半里多路的地方，那里被称为五牛滩，骨瓮就在一棵大杉树的下面。"

努齐儿听了之后，向那老人谢别，朝五牛滩飞似的奔去。顺着老人指点的方位找去，那里果然有一株大杉树。努齐儿高兴万分，随即取下铁锄来，等到动手开始挖掘时，突然听背后脚步乱响，一群民兵燃着火把，冲着自己奔跑而来。一个少年在前头，高声叫着："盗坟贼休走，我们来捕捉你了，劝你还是尽快受缚吧！"努齐儿见对方人数众多，不敢抵抗，只好拖了锄飞快逃跑。待到他们追来时，努齐儿已逃出村外去了。那少年原来是老人之子，刚刚打猎回来，听得他老子说起，曾有人来盗窃尸骨，于是急忙把猎装脱掉，赶去通知守村的民兵，一窝蜂来捕抓努齐儿。虽然他们没能把努齐儿捉捕到，但西村的防守更严密了。

努齐儿盗不到骨瓮，懊丧万分，回到家里之后，他痛哭了一场。几天之后，努齐儿确实忍受不住了，见到夕阳西下，他带上该用的器械，依旧朝着豁秃里村走去。努齐儿刚刚走到村口，看见一个黑影一晃，努齐儿赶忙躲藏树后。他静候了一会，见没甚动静，才敢大胆地从树枝上蹿进村去。这一次可不比以前了，他已知道了尸骨的去向，沿着道路，还没走几百步，已至大杉树下。努齐儿瞧了瞧四周，还没有下锄，猛然喊声四起，有几十个人在黑暗之中，齐望着努齐儿捕追而来。努齐儿想要转身逃时，只听得"哗哒"的一声响，双脚踩空，跌落到陷坑里去了。众人一拥而上,努齐儿不幸被他们用绳索绑住,于是被连拖带拽地牵走了。

被牵到茅棚前时,努齐儿认出是前次问讯的所在,灯光下面望见捕他的人,恰是第一回追赶他的那个少年。那少年叫雷平,本是村里一个无赖,努齐儿进村之时,看到的那个黑影就是他。雷平见努齐儿蹿入,确信他一定是个盗坟人,于是纠集了十来个无赖,掘下陷坑,埋伏在那里。他把努齐儿捉住,准备去村长那里讨功。雷平把努齐儿绑在茅檐下时,笑道:"你既被我抓住,请你暂等一会儿,等到天亮了,我们就把你送到村长那儿。此刻我们还须打猎去,恕不奉陪了。"说完,雷平和一班无赖掮着武器打猎去了。努齐儿一人被捆在檐下,觉得极其凄凉。想自己是赤列部人,将被送到村长那儿,肯定性命难保了。但父仇既未报得,尸骨也没有盗出,反就这样白死在此处,左思右想,忍不住痛哭起来了。

努齐儿正在痛哭之时,忽听柴扉开了,一个老头儿从中走出,认得就是指点自己葬处的那个老人。努齐儿赶忙大声呼叫道:"老丈救我!"那老儿走过来,提拿着灯,照了照努齐儿的脸,便诧异道:"你怎么被他们绑缚在这里?"努齐儿略略说了几句关于盗骨的事,向那个老人求救。那老人说道:"自你那天走后,我那畜生回来,我刚刚提起你时,他没有听完,回身就去叫人追你。我没能阻拦住,害怕你被他追着了,就要吃他的苦头。后来得知你没有被他赶上,我才放下心。不然,竟是我害了你了。现在听了你的话,你倒是个孝子哩。那么我就放你逃走吧,你下次可一定不要再来了。"老人将他解了绑,努齐儿连忙称谢道:"承老丈相爱,放我脱出虎口,真是恩同再造,我走后一定永记你的恩德。"就向老人叩头。那老儿忙扶努齐儿道:"不必行礼,快走吧!如果再拖延,待到我那畜生回来再次碰见了你,再要想救你,那就不可能了。"努齐儿听罢,慌忙向檐下取了腰刀和铁锄逃出村去。

他跑到村口,只见云黑风凄,月色沉沉,于是自我筹思道:"我两次进村,都是触目惊心,结果却被人捕捉住,现在趁没人瞧见,便去盗了骨瓮走路,不是无人知晓吗?"想着,依旧回进村中,朝着西面走去,很快就来到了大杉树下。努齐儿见四下里悄然无声,一点也不拖拉,随手取下锄来,望着杉树底下掘去,足有两尺多深,那锄掘到沙土上,发出叮叮的响声,努齐儿低头看时,早已看见瓮口露于沙泥当中了便拼命地掘几锄,那只瓮的大半已经露出在上面了。努齐儿把铁锄放下后,双手使劲去掇,已将那瓮掇起。但是于黑暗之中,不能瞧清楚,也不管它三七二十一,掮上了瓮扭头就走。这时努齐儿的脚步,已经比先前快了许多,弹指间已走出村口了。

## 偷嫂嫂奸夫被刺死

这时,山麓里火把齐明,一队兵士追赶过来,只见一个个刀出鞘弓上弦的模样,看上去特别勇猛。兵士的后面,便是五六骑高头大马,猎装打扮的勇士们坐在马上。努齐儿害怕被他们瞧见,慌忙躲向树林里,再偷偷瞧马上的那几个人,正中穿着黄衣的,好像是成吉思汗铁木真。努齐儿忍不住叫声惭愧,心里兀是盘算道:"这不是冤家路窄吗?一定是我父有灵,特地送仇人到我面前。"又想了想,想到自己是个单身汉子,他们却有几十人,即使仇人在面前,对付不了众敌,也是没用的。努齐儿正在想着,那一队兵士已经逐渐走进树林中来了。努齐儿想要避开,一时间不管怎样也来不及了。他急中生智,把骨瓮向深草中一扔,身体往枝上跃去,用手使劲一扳,已经轻轻地坐上了树颠。回头看那一簇人马,离树只有丈把远了。虽努齐儿身在树上,但心里十分害怕,害怕那队人马瞧见他而性命难保。他正在战战兢兢的当儿,那人马已走进林子丛中,听得穿黄衣的吩咐道:"我们走得非常疲惫,就在此地休息一会儿吧!"众人听了,便纷纷下马。那几十个兵丁,也散开队伍,卧的卧,坐的坐,各自在草地上游走。另有几个骑马的人,也到林子外面散步去了。这时唯一穿黄衣裳的,独坐在树林子里。他坐的那地方,正与努齐儿的脚相对。此时努齐儿与仇人相见,非常气愤,便寻思道:"那厮不是成吉思汗吗?我此时不报仇,更待何时呢?"想着,就跳下树来,对着成吉思汗一刀刺去。

成吉思汗连"啊呀"一声也没喊出,已是血淋满身了。此时,林子外面的几个卫士,听到林子里有杀人声,两个头目一个名为列迈宁,一个名为特里的,疾步奔将而来。努齐儿见得了手,准备回身时,感觉到背后有一股冷风,恐慌得赶忙闪躲,可是两刀是一齐来的,避去了左边的,右边的刀早已剁下了一只耳朵。努齐儿知道对付不了他们,一手按住耳朵,拔腿就逃。列迈宁在后紧紧追赶。特里也招呼了兵丁,骑马追来。努齐儿因闹了半夜,已经精疲力竭,又是步行奔逃,怎能同马力相比呢?眼看特里快要追着了,努齐儿万分焦急,没跑百十步,却是一条大河挡住去路。原来努齐儿心慌迷了路,竟然跑到了呼拉河,后面特里大叫道:"逆奴赶快投降吧!你能逃到哪儿去!"努齐儿无处奔逃,只得沿河飞奔,追兵们于是四面围了上来,转眼已是路的尽头了。努齐儿咬紧牙关,纵身跳去,"扑通"一声,跃入呼拉河中。列迈宁和特里赶来时,见努齐儿已跳入河里，黑夜浪急水深，眼见刺客跳入肯定不能活命。大家望了望河中一会，于是把兵丁领了回去，在林子里将那尸身收拾起来，命令兵丁抬着回去了。

努齐儿在水中，原想等死罢了，谁知偏遇救星，在河流中竟抓了一根断木过来，沿着木头慢慢地爬到沙滩上。于乱石堆上定了定神，然后将清水呕吐出来，慢慢地清醒过来。他伸手一摸腰里，那把腰刀已不在了，不禁想起那盗骨杀仇之事来，洋洋得意，顿时精神焕发。他使劲起身时，脚下却是软软的，只好一步步地挨着。此时已曙色微明了，努齐儿刚刚挨到那个树林子里，见那碧草之上还隐隐地染着血迹。努齐儿独自道："那岂不是仇人断头的地方吗？"说完便从深草中将骨瓮取来，望着乌里山进发。

努齐儿走进乌里山麓时，突然在一声锣响后，便是一声吆喝，几十个民兵齐齐地围住了他。当头的一个大汉，提着鬼头刀大声喝道："你是哪一部分人？如实说来，我就饶了你的性命。"努齐儿这时已疲惫不堪，况且身边又没有任何器械，只得坐以等死了，不觉仰天叹道："我努齐儿几番遇险，不幸要死在此处吗？"话刚说完，那大汉问道："难道你不是古台的儿子吗？现在怎么这般狼狈？"努齐儿听了，一时没有胆量直接说出来，先问那大汉是谁，知道他名为密也宽，是从前慕尔村村长杜摩的嫡裔。自从慕尔村被铁木真血洗后，密也宽就逃走了，那时年纪还不及八九岁呢。他十六岁的时候，已生得身高力大，精通武艺。旧日慕尔村逃出的村民，都来讨好他，足有一二百人。密也宽便盘踞在乌里山，做些打家劫舍的勾当。努齐儿便把盗骨的事，以及无意中杀仇的经过，大略地讲了一遍。密也宽大喜道："如此说来，该是咱们报仇的时候了。现在赶快去向你们的酋长报告，乘夜率兵，杀向克喇和林，乘着成吉思汗铁木真新丧，人心还没平定之机，还怕不能一战而胜吗？你们部中出兵，我们也愿助一臂之力。"努齐儿听了，高兴得乐不可支，当时就在密也宽帐中大吃一顿，然后掮起骨瓮，大踏步朝赤吉利部走去。

那时，赤吉利的酋长伊立已经不在了，忒赛因继位。努齐儿见了忒赛因，把自己刺死成吉思汗的事说了。忒赛因跳起来道："他和咱们是世仇，既然现在有可乘之机，咱们就应该尽快起兵前去。"努齐儿退出，独自一人去埋葬他老子的遗骸。这里忒赛因传令，部下大大小小民兵，准备轻装出发。赤吉利部的民兵，得知出兵报仇，人人摩拳擦掌，去准备着厮杀。角声呜呜，赤吉利的人马已经越过了乌里山。

探马飞报到克喇和林，铁木真自然也率兵来迎战，两军相遇，各自用强弓射住了阵脚。忒赛因眼见那和林的兵马，刀枪耀目，旌旗蔽天，队伍整齐，衣甲鲜明,不禁暗暗称绝。于是回顾努齐儿道:“你说你已杀了成吉思汗,为什么军中却未挂孝呢?”努齐儿也皱眉道:“可能他们害怕人心动荡不安,为人所乘,所以瞒着吧?”两人正在猜度时,只见一骑马从对面门旗开处飞奔而来,马上的将军玉带乌靴,在马上大声吆喝道:“跳梁鼠辈,无缘刺杀了俺的兄弟,又敢兴兵犯界,不是自来送死?快下马受缚,算你们聪明,不然大兵一来,让你们全部杀死,那时后悔也来不及了。”忒赛因看到来将不是别人,正是对头冤家成吉思汗铁木真,他那儿左是兀鲁,右是哲别,都是气势汹汹,杀气腾腾。忒赛因暗想铁木真那厮果真未死,不由得心惊胆寒,拔腿便逃。赤吉利部的兵马见主将先走,也一齐纷纷败退。虽努齐儿竭力地喝住,但和林的人马,早就如潮水般地直涌而来,努齐儿稳不住脚,只好随他们逃走。和林的兵马,左冲右突,就像到了无人之境,追杀赤吉利部兵丁,就像砍瓜切菜似的。忒赛因鞭马逃跑,哲别从后面飞骑赶来。看到哲别紧追在后,忒赛因部将秃力不花掉过马头去敌哲别,努齐儿也赶到了,二人共战哲别,不分胜败。折别一刀向半腰搠来,正中秃力不花的肋下,秃力不花还未防备暗算,顿时一声惨叫,从马上翻身跌落下来了。努齐儿抵挡不过哲别,虚晃一枪就逃。哲别捻枪直奔忒赛因,忒赛因边倒退,边招架。哲别一枪全力向忒赛因刺来,忒赛因忙躲过,不提防一刀从其背后飞来,赤吉利部酋长忒赛因坐在马上,那头颅早已没了。等到密也宽率兵来援助时,见努齐儿已经被打败,便退回去了。一切因努齐儿一人不好,他错杀了人,几乎断送了赤吉利的全部人民。

原来当天夜里,在树林中被刺的人不是铁木真,而是铁木真的兄弟托赤台。自母亲艾伦死后,托赤台越发肆无忌惮,以致人人怨恨不已。这时美赛姑娘同玉玲姑娘都已成了半老佳人,各人都生了儿子,将风流事早就抛到一边了。托赤台本性却还未改,虽然年纪已大,他依然去外面胡闹。一天又带了几个卫士和兵丁,去抢邻村人家的闺女,却没有抢到人。回来时天幕渐黑,跑到那林子里,不料恰巧撞上努齐儿,努齐儿错当他是铁木真,因托赤台和铁木真长相很相似,因此代替那铁木真做了刀下之鬼,也算是他杀拖勃的报应。

当下努齐儿见忒赛因死了,自己也抗不住敌方,于是掉过马头,拼命地逃跑了。成吉思汗率兵追杀一阵,就令鸣金收军。第二天,赤吉利部的头目便来营前肉袒请降,努齐儿没胆逗留在赤吉利,当夜,就投奔其他地方去了。

成吉思汗收服了赤吉利之后,于是同众将设宴庆贺,大家欢呼畅饮。吃得正开心,忽然一阵大风吹过,随即砰然一声,将竖立着的帅字大旗吹折为两段,座上将士惊恐万状。成吉思汗也大吃一惊,赶忙命令耶律楚材占卜一卦,耶律楚材见了卦爻，向成吉思汗致贺说："卦是大吉之象，三日之内一定有大喜之事发生。"成吉思汗和诸将听了，还是半信半疑，好好的一场庆功宴，被弄得不欢而散。几天之后，忽然飞骑报到，木华黎率兵出征西夏，连胜了十一阵，占领了七座城。西夏主李安全甘愿修表称臣，除年年纳贡外，还献上爱女香狸公主。成吉思汗大喜道："参军的神卦，果真灵验极了。"便立即遣使，命木华黎停止进兵，答应西夏王的请求，着李安全进贡，并载女入朝。

## 暮年英雄再收柔媚入骨的香狸公主

命令下去后，没过多久，木华黎大军班师。西夏主李安全派遣使臣察巴合，赍了降表，载着香狸公主，来到克喇和林，觐见成吉思汗。成吉思汗安慰了他一番之后，命令察巴合暂时在馆驿中居住，他亲自将西夏的贡物，一一过目。末了，他叫把香狸公主送上来。侍臣们一声吆喝下去，马上有四个番女扶着公主，轻盈地走上台阶，就像众魔奉观音一般，这样就更加显示出公主的娇艳了。她到了座前后，风吹花枝似的，折下柳腰儿去。成吉思汗急忙扶住她，乘间仔细打量了公主一会，觉得她神如秋水，脸似芙蕖，冰肌玉肤，妩媚入骨。单说她身上的一种香味儿，已足让人心旷神怡。成吉思汗自从亲近女色以来，还未曾闻到过这种香味。另外玉妃、艳妃和东西两贵人，确实色衰已久，今天蓦然眼见如此的一个大美人儿，怎不叫成吉思汗心花怒放呢？于是吩咐侍女，将香狸公主扶到后宫休息。成吉思汗和诸臣马虎地商议了些国事，就立即踱进后宫来瞧香狸公主。

这时，香狸公主已经脱去了礼服，穿着一身的便衣，更加显示出她弱不禁风，楚楚动人的模样。香狸公主见了成吉思汗，想要起身行礼，成吉思汗赶忙命令侍女搀住了，笑着问道："公主是李王爷的第几女？他怎么忍心让你到这里来？"香狸公主见问，不由得眼泪汪汪回答说："妾父原来只有一个臣妾，因惧怕上国加兵，所以只好将臣妾献上，企望一时的安全。臣妾此来只是请求上国主子，不要将兵戎压迫下邦，臣妾愿一生一世无微不至地侍奉主子，虽万死也无恨！"说罢，那粉颊上的泪珠儿，如珍珠般直滴下来。成吉思汗听完她这一段既柔婉又凄楚的话，对香狸公主已有十二分的怜惜之心，她那娇滴滴的莺声对成吉思汗来说，越觉清脆可听了。这时成吉思汗不能自已，将香狸公主轻轻地抱在膝上，轻声问道："你真不嫌俺衰老吗？"公主看着成吉思汗，莞尔一笑道："我能够伺候您，就是万分荣幸了，哪敢另有别意？"成吉思汗见公主说得敏慧流利，更加喜欢她了。当天晚上,成吉思汗命令在后宫设席,同香狸公主对饮,两人一直饮到夜阑人静,才撤席双双入寝。一个是芳龄二八的公主,一个为开国拓疆的霸王,英雄与美人,自然是相互爱怜的,可惜老少年龄相差太远,难免就像俗话所说的:满树梨花压海棠了。

当年的冬天,成吉思汗大破了金、辽,金国的公主也被他获得了。成吉思汗因其貌不佳,所以不如香狸公主那样得宠。那时成吉思汗已经有了三个儿子,长子取名崔必特,是艳妃生的;次子阿魁,是东贵人也素姑娘生的;最小的名为忒耐,是玉妃所生的。成吉思汗觉得自已年龄渐大了,想要立嗣,预备将来继统。三子当中,阿魁最为干练英武,成吉思汗最喜欢阿魁,但因长幼的缘故,终是犹豫不决。

## 姐弟上帝都

赤吉利部民族虽然被成吉思汗收服了,却极不甘心。以前的酋长忒赛因,听错了努齐儿的话,一场血战,死在阵上。那时,忒赛因的儿子还年幼,一个女儿名为马英,已经 16 岁了。忒赛因死后,部中纷纷乱乱,有说出降的,有说逃走的。忒赛因的妻子还想替丈夫报仇,一面向部众跪着苦求,一面让女儿马英、幼子巴玲哥跪在地上,向将士们哭拜着。但部里无人统领,一盘散沙,一时哪里能聚拢到一块呢?有几个人见马英和巴玲哥姊弟两人泪流满面,竟也忍不住哭了起来。但是只有不到百分之一的部众留着不走,忒赛因的妻子看到大势已去,滴水不成溪,于是同几十个部兵悄悄地逃往崆塔山里避难去了。

平日,嘿合经常嘱咐子女们,叫他们永远别忘了父仇。她的女儿马英,毕竟年纪大一点了,她一个人常常满腔怒火,要替父亲复仇。仇人即是成吉思汗铁木真。自七八岁起,巴玲哥天天想着要报仇,甚至闭目就瞧见仇人好像在那里厮杀。过了几年,巴玲哥已 14 岁了。一日,姊弟俩在私下打算,马英道:“咱母亲曾说过仇人的名姓,可是没有讲过仇人的面貌和住处。问她呢,总是说我们还幼小,说了也没用。这真是叫我们没办法。”巴玲哥拍着手道:“对哩!如果知晓了仇人的住处,连夜就赶去将他杀了,但是不知他的面貌,万一仇人与我们擦肩而过,咱们对他不认识,岂不当面错过吗?”所以姊弟俩见人就问:“你能告诉我成吉思汗铁木真住在哪里,他是什么样的一个人吗?”别人见他姊弟笨得让人可笑,于是对他们说:“你要问成吉思汗铁木真吗?他如今是蒙古的主子。”巴玲哥问道:“咱们也可以与他相见吗?”那人听了,忍不住哈哈大笑道:“要看成吉思汗很简单,你去了克喇和林之后,自然就会见到他。”马英又问道:“成吉思汗是怎样的相貌呢?”那人感到更加可笑,便说:“提及成吉思汗的相貌,真够吓人的哩。他是方方的脸儿,两目有神,口阔耳大,双颧高耸,说话时声如雷鸣。单说他的身材就不同常人,别的自然不消说了。”马英再要问时,那人摇摇手,自已走了。马英及巴玲哥因打听不到一点头绪,两人很是不高兴。

此夜,马英向她母亲嘿合问道:“我听别人说过那个叫作克喇和林的,不清楚在什么地方?”嘿合不明白马英的企图,随口说道:“你那舅母、舅舅,现在不是住在和林里吗?从这至和林,不过三四天的路程。”马英听了她母亲的话,暗暗记在心上。翌日清早,马英秘密地对巴玲哥说道:“我已向母亲问过,那些仇人住的地方离这并不远,只三四天就能到。咱们要不先瞒着母亲,到那里杀了仇人之后,回来再告诉她,也让她老人家大喜一场。”巴玲哥听了,不觉高兴地说:“事不宜迟,今天我们就去做吧!”马英笑道:“你不要性子太急,咱们还要赶完三四天的路程,吃什么呢?”巴玲哥怔了一怔道:“我们怎么解决这个问题呢?”马英说道:“我今晚先拿瓶去打点马乳来,再去把母亲藏着的麦粉装在布袋里,你得帮着我把这两样东西放在后面的草堆中,一定不要让母亲发觉。明日清晨,趁母亲未起床之前,我推说去打马乳,把门打开之后,你就跟着出来,我们便一起上路,这样可算稳当的吧?”巴玲哥听了,不由得手舞足蹈地说道:“就这么着吧!”恰巧嘿合走出来,问:“你们姊弟说些什么呀?”马英怕巴玲哥说出了实话,慌忙撒谎说道:“巴玲哥让我去斗车儿,我说我没有功夫,过一会儿,去捕捉只雀子让他玩。他正高兴得手舞足蹈呢。”嘿合听了,一俯身捧住巴玲哥的脸儿,将他轻轻地吻了吻道:“好样的,你姐姐做麦饼子给你吃,不要缠她。”说着,便拉住巴玲哥的小手,向里面走去了。

夕阳西下,天幕渐黑了。马英果真去打了一瓶马乳,又去装好了麦粉,偷偷地送给巴玲哥,巴玲哥于是把它们藏在后门草堆里。姊弟两人办好了事,这一天几乎没合过眼。看看东方已露出了鱼肚白,马英就去开门,嘿合听到门响便问:“谁在那里开门?”马英慌回答道:“母亲,是我,我准备去打马乳。”嘿合在炕上含糊着说道:“你何必这么急,还很早哩!”马英轻声应了一下。此时,巴玲哥已轻手轻脚地走出来,马英随手关上了门,巴玲哥转向后门,将粉袋与乳瓶取出来,姊弟两人从崆塔里山麓走出,向山下的人家打听克喇和林的去路,然后匆忙地朝目的地去了。

一路上,姊弟两人渴饮饥餐,没过几天就到了和林。马英对巴玲哥说道:“咱们先去寻找舅父,有了歇居之地后,再去找那仇人也不晚。”巴玲哥点点头,两人就沿路寻找他们的舅父。

克喇和林为蒙古的帝都，与崆塔里山等乡间比较，自然要热闹上千百倍。另外马英和巴玲哥又都是很少出门的，现来到如此繁华的地方，市街上只见来来往往的人，万声嘈杂，车水马龙，姊弟两人真的是大饱眼福了。尤其是巴玲哥，一时高兴得乐不可支，将那报仇的事，早已不知忘到哪儿去了。还是马英催促着他说："咱们初到这里，人生地疏，想找到舅父，要有一点消息才行啊"巴玲哥听了，于是向路人询问："我的舅父住在哪里？请你告诉我一声！"路上的人不约而同地捧腹大笑道："你的舅父，我们怎么知道呢？快回去问明他的住处以及姓名，然后再来问吧！"巴玲哥没吭一声，只是傻傻地站在一旁。马英忙上前，笑问那人道："我们舅父名为乌必门，我们现在要打听到他的住处。"马英说罢，内中的一个人回答说："你们找乌必门吗？他是我的邻人，你们跟着我来吧。"马英大喜，便和巴玲哥同那人走到乌必门家里。这时乌必门见他姊弟两人，于是问："你们来这里干什么？"马英说了一遍复仇的事。乌必门道："你们小小年纪，怎能杀仇人呢？"乌必门坚持要送他们回家去，姊弟两人却死活不肯走。乌必门没法，只好留着他们等候机会。

## 妙龄少女拖垮老英雄

当时，恰值成吉思汗向民间挑选秀女，乌必门把马英送去，没想到竟然被选进了宫。成吉思汗觉得马英伶俐，于是派她去伺候香狸公主。可是，自从成吉思汗平定西夏攻破辽、金之后，纵情声色，日日同香狸公主饮酒取乐。一个老态龙钟的成吉思汗，伴着妙龄少女，能耐几时呢？没过半年，称雄一世的成吉思汗铁木真，已被香狸公主弄得奄奄一息了。另外，因为玉妃玉玲姑娘、艳妃美赛姑娘、东贵人也素都先后逝世，成吉思汗非常伤感，病也加重了。马英进宫半年，日日想要报仇，无奈宫里人多，不方便下手，让巴玲哥在乌必门家里等得脖子都拉长了。幸好他的母亲嘿合赶来了，母子两人只有静听消息。一日夜间，正提起马英，忽听外面打门，巴玲哥正准备去开门，已见乌必门和马英进来了，手里提着一包东西。马英喘着气说："咱们已取回了仇人的头颅了，赶紧走吧！明天要是逃脱不了，还会连累舅父哩。"嘿合、巴玲哥听了，慌忙收拾起什物，立马动身，乌必门送他们出了和林，母子三人趁着黑夜逃回崆塔山去了。

马英是怎么杀死成吉思汗并取走他的头颅的呢？原来努齐儿自从赤吉利部败走后，投奔默罕摩特那里，他心里始终不服气，便单身到和林来行刺。哪里知道潜身入宫，就被侍女们瞧见，大喊捉拿刺客，霎时，阖宫里闹得翻云覆雨，成吉思汗病在床上，惊厥了过去。这时，众人没心留下照顾病人。马英趁这个机会，就像打死老虎一样，拔下床前放着的宝剑，砍了成吉思汗的头颅，往后宫一溜烟地逃走了。等到外面捉住了努齐儿，回来的时候却不见了成吉思汗的头颅，明白刺客不止一个，宫里又直闹起来，乱到东方出现了鱼肚白，依旧一点头绪也没有。香狸公主哭得死去活来，西贵人也哭了一场。此时成吉思汗的三个儿子只有阿魁在和林，得知成吉思汗死了，赶忙奔进宫来，勉强掉了几滴泪。他见香狸公主哭得如梨花带雨，不由地触动了他的惜玉之心，于是伸手去摸她的玉腕，笑着安慰她道："公主不要太哀痛了，保重玉体最重要。"刚刚说完，只见香狸公主柳眉倒竖，杏眼生嗔，突然拿起床边血迹模糊的宝剑，朝自己臂上砍去。

香狸公主原本为西夏主李安全的爱女，李安全出于保全国土的考虑，只好把其爱女献给成吉思汗，因她是大邦的公主，成吉思汗也十分看重她。那香狸公主不但生得面貌娇艳，就是她的身上，也不同于别人：她平日在宫中，梳洗从来不用一点香料，身体上却会自然生出一种香味来。每遇上暑天，盈盈的香汗，让人闻了心旷神怡。这种香味，非兰非麝，极为可爱。她自己也不知道那香味究竟源于何处。李安全因为这个缘故，把她取名为香狸。那时，成吉思汗的几个儿子当中，除崔必特守东部，忒耐出镇青海，只有一个阿魁住在和林。成吉思汗几次想要立阿魁为嗣，总是由于长幼的问题，最终没有决定。但是阿魁为人，内奸外朴，装出很孝敬成吉思汗的样子，成吉思汗就更加喜欢他了。每当成吉思汗生病时，无力兼顾朝政，就令阿魁代理，又命令耶律楚材帮助他。阿魁在刚开始监国之时，为了讨好其老子，政事无论大小，总是谨慎万分予以处理，见了朝里的诸臣也彬彬有礼。至于宫内外的婢侍小臣，他同样用珍珠奇宝去结识他们。凡得了他好处的内臣，无不在成吉思汗面前大夸阿魁。还不及半年，朝中便为阿魁所主宰。那些成吉思汗信任的一班臣子，见大势已经变换，便也来投奔阿魁了。

阿魁见他老子病情日益加重，想必是不能好了，况且大权在握，胆子也一天天大起来了。后来，他竟然私自进出宫禁，私下和那些宫嫔侍女干些不正经的事。如此不到一年多，后宫的女子几乎被阿魁玩遍了。在阿魁的心中，其实是醉翁之意不在酒，他每到成吉思汗榻前去问疾，那两只贼眼，始终瞧着香狸公主。有一天，阿魁晋谒成吉思汗，正好碰到成吉思汗睡着了，阿魁也没有惊动他，于是自己到养颐殿里去坐等着。养颐殿本是为成吉思汗年老办事用的，到养颐殿来的人，除了左右宰辅奉诏入殿议事外，其他自皇子以下，一律不许私自进入。这殿的对面，便是香宫。香狸公主原来全身香气四溢，宫里都称她为香妃，成吉思汗也宠爱她不已，命名她所居住的地方为香宫。那天阿魁坐在殿里，感到极为寂寞，就立起身来，信步望对面走去。

## 抗兽行宝剑断玉臂

他此时本是随便走走，原本没有什么存心的，谁知该当有事，往日香狸公主在成吉思汗那里侍疾，几乎寸步不离的，今日忽地想到好几天没有梳洗了，趁回宫更衣之机，命令宫女替她梳了一个长髻，洗完脸儿，却碰上了阿魁。阿魁见香狸公主，不由得眉飞色舞，轻声地问道："你什么时候回宫的？我的父皇可有些转机吗？"香狸公主见问，紧锁双眉，不急不忙地回答说："主子年岁已大，得精心调养，一时难见效啊！"阿魁听完，便扑哧一笑，香狸公主的粉脸已是一阵阵地红了起来。阿魁见她满面红光，那种动人的神态，更加显得可爱了，阿魁边笑边涎着脸问道："这几天你一人住宿，难道不觉得孤独寂寞吗？"香狸见阿魁说的话不对头，就厉声说："这话不是你太子所应说的，万一传出去了，即使不为太子自己考虑，难道就不怕丢你父皇的脸？"阿魁笑了笑说："有谁能够知道深宫里的事呢？你放心好了！"说着，把手伸过来，拍着她的香肩。香狸公主非常害怕，慌忙连跌带撞地推开了阿魁的手。阿魁当然是舍不得她走，于是紧追了上去。幸亏香宫离寝殿较近，香狸公主快速跨进殿去，慌乱的脚步声，把成吉思汗惊醒了，他于是伸长脖子问道："你怎么如此惊慌？"香狸公主害怕惹成吉思汗不高兴，不好说明事实，便喘着气骗他说："太子要见主子，臣妾先来向你通报，不料在毡角上一踢，差点儿跌倒了，以致惊动了圣躬，臣妾罪该万死！"成吉思汗听了，没说什么，只点点头，于是问她说："太子在哪里？"此时，太子也跨进了寝殿。原来他见香狸公主逃进寝殿，害怕她向父王检举自己的行为，心上怀着鬼胎，因此轻手轻脚地在外听着。等到他知道公主没有说明事实后，不觉沾沾自喜，还以为香狸公主对自己有情哩。又听得成吉思汗问起他来，就乘机向里走了去，请过了安，父子俩谈完国事后，阿魁便退出来了。

从这之后，阿魁对香狸公主下了不少功夫，但那香狸公主始终是声色俱厉的，不愿意为阿魁稍留点脸面。阿魁极其不甘心，但是一时弄不到手，只好慢慢地等待良机。那天外面闹着刺客，成吉思汗受了惊吓，昏了过去，虽然外面把刺客抓住了，可成吉思汗的头颅已被马英割去了。这个消息很快传开了，阿魁为了继承父位,自然最早来到那里。他一步跨到床前,见床上只是一个没有头的尸身,不由得良心发现,流下了几滴眼泪。一会儿,才停止了哭泣,掉过头去,见香狸公主已哭得如泪人儿一般,杏花经雨,更为娇艳。阿魁忍不住了,于是悄悄攀住她的玉腕,轻轻宽慰她,说道:“人既死,不可复活,公主保重玉体要紧!”当时西贵人也伏在那里,哭得死去活来,但是没有留心到其他的任何事情。另外所有宫女嫔妃站满了床前,阿魁见她们并不避讳,再说成吉思汗已死了,大权已经属于阿魁,还惧怕谁呢?但他哪里知道香狸公主早已打定了主意,她想等成吉思汗死后,自己风华正茂,有阿魁这样的人在,迟早是不免要受他的污辱的,等到他来调戏自己的时候,给他一点颜色看看,也好让他死心。阿魁确实不知道公主有这样的打算,正巧成吉思汗死在床上,他其他的什么都没问,只是先调戏起香狸公主来。

这时,香狸公主媚眼生嗔,柳眉中隐隐含着一股杀气,只见她用劲一摔,撒开了阿魁的手,望一望四周,床沿上放着一把宝剑,还带着血迹,正是马英用来割成吉思汗头颅的那把。香狸公主很快地提起了宝剑。阿魁怀疑公主要用剑砍他,吓得向后退了几步,香狸公主手握剑正对着阿魁,说道:“我虽不是正妃,我和尔父有肌肤之亲,你却不怕别人闲话,几次调戏我,我本想告诉主子,怕让生病的主子听见你这种禽兽行为,那不是要把主子气死?因此我一直隐瞒着没说,希望你还有点良心,尽快悔改。谁知你恶性不改,乘主子刚死,又来欺负我了。你应当知道我虽然为女子却也是一国的公主,平日读书明大理,不像你这个畜生,一点也不知羞耻。可是我绝不与你一般见识,现在主子既然死了,那你就是蒙古族的君王,我就不难为你了。总之,我的颈可以断掉,但志气是决不会改变的,你如果不相信,我就让你看看。”香狸露出玉似的粉臂来,只见她咬紧牙根,飞起一剑,挥向玉腕。阿魁和许多宫女嫔妃以及西贵人等,听着香狸公主的一番话,感觉义正辞严,不由得暗暗佩服她。大家一齐看着她,傻傻地发怔。见香狸公主拿剑要砍左臂,大家不觉一惊。阿魁也吓得面容失色,赶忙抢上去夺剑,却晚了,只听到“哎呀”一声,红血四溅,落在地上,成了瓣瓣桃花。香狸公主的左臂,早就挂落在腕上。她在这时已是娇躯无力,花容惨淡,站不住脚,竟倒在地上了,弄得一班宫人,慌忙去将她扶持起来。只见公主紧闭双眸,气喘吁吁,已经昏倒了。阿魁焦急万分,边让人去请来太医,边命令宫女凑近公主的耳边呼唤她。叫了半晌,香狸公主才悠悠地醒过来,她的面容已苍白如纸,断臂上鲜血仍不停地流着。一会,太医也来了,赶紧用药,将药敷在公主的臂上,香狸公主却宁愿忍着痛,也不肯用药。经宫女们与西贵人等反复地劝慰,那太医掺好药后，用布把公主的断臂扎住，宫女们扶她到香宫去了。

阿魁看见公主走了，摇头吐舌说："太厉害了！"说完就走出了寝殿，只见一班文武大臣守在殿外，另有一个侍卫，手提刺客的头颅，等待呈验。因为捕刺客时人多手杂，努齐儿已被乱刀剁死了。众大臣看到阿魁出来了，一齐站班请安，阿魁微微点头，让侍卫将头埋了去。这时耶律楚材大声说道："皇上既然已经升天了，国家一天也不能没有君王，愿殿下快正大位，以便使人民的心安定下来。"话刚说完，亲王就提高了嗓门说："依下臣愚见，殿下仍旧监国，等到诸王都来后，开一御前会议，然后再定大事就行了。"耶律楚材大喝道："先皇遗命，哪位敢违抗呢？多言者，即请皇命从事！"此话刚说完，殿前各王公大臣均沉默不语。于是大家就拥着阿魁登大汗位。阿魁升殿后，于是大封功臣：文职如耶律楚材、何鲁、刘复、留人杰等，都晋一等参议，同平章事；宋降将刘整、何鲤庭、张士杰辈授招讨大将军。此时木华黎、兀鲁、哲别及别耐勒、忽撒诸人，阵亡的阵亡，死的死了。新得蒙汉将领，如史天泽、史无倪、阿术，俱加左将军，拜赤颜为大元帅，养士训兵，准备出战。又封妻子那马真努伦为晋妃。阿魁又命建筑起宏文殿来，作为诸臣朝参之处。耶律楚材因蒙人的礼制一点也不雅观，大臣觐见主子，只是屈下身来叩头，照这种样子，不是很难看的吗？耶律楚材把它提出来，阿魁命令参议处商量决定，不管是王公大臣，谁朝见天子，必须依着汉人的礼制，三呼称臣。自称奴才而不名的陋习，从此革去。

阿魁已经占据了大汗位，派人到崔必特及忒耐处报告成吉思汗的死讯。崔必特和忒耐两人各自派遣使者秘密商议，主张当晚回和林奔丧。得知阿魁继汗位，因为成吉思汗在世时，曾留下遗嘱，自己不便争执。几天后，阿魁汗的谕旨到了，崔必特被封为宁王，忒耐被封为鲁王，两人不敢抗旨，只好拜受。阿魁汗一面在各地颁发敕书，一面给成吉思汗发丧。文武大臣，按照惯例一起为其哀悼，和林的人民也都戴孝三天。但成吉思汗死时没了脑袋，若宣扬开去，不免骇人听闻，所以阿魁汗下了一道命令，要求宫内大小臣工，不准将此事告知他人，却另用檀木做了一个假头，放在成吉思汗的腔上，才依照帝王之礼入殓。这一场大丧，顿时把和林变成了人山人海，纵横天下、不可一世的成吉思汗铁木真，从此走完了他的人生之路。

## 求妙术阿魁斗番妇

阿魁初践大位，很想继续完成父亲未竟之志。因此他继统两年，屡次亲自出征，得到部下将士的拼死效劳，接连攻破了慕里蛮部、也而鲁部，又联合了宋朝，进窥金国。此时的金主守绪，是一个好酒色不明智的君王。他成天只知同爱妃欢饮取乐，其他的一概不管。他将帝王的政权，全委托给了近臣崔立。那崔立是个奸佞有余、保国不足的人。亏了皇叔完颜巴克图竭力地支撑，可是年纪已大，滴水不成溪，政事一日日地窳败下去。到宋兵及蒙古杀到汴城时，崔立举城投诚。守绪站不稳脚，忙与元帅哈达、侍臣杨沃衍、左丞相阿坦克哈等，黑夜遁赴归德。蒙古兵先进汴城，蒙将布展，下令掠走京城所有的金珠钱物，将其载人军队的辎重车中。宋师大将孟琪进城迟了一步，却没有取得分文，于是去向总帅赵葵报告。赵葵想同蒙军翻脸，经过众将们苦苦劝谏，才勉强分兵助蒙。阿魁汗登位的第六年，蒙宋两国共同将金邦消灭掉。守绪自知亡国之君，没有胆量出降，便自尽殉国。哈达等都战死，皇叔完颜巴克图、完仲德，总帅徐承麟，均自刎而死，金国至此灭亡。

当时，金城里灯火辉煌，宋兵与蒙古分东西入城。蒙将布展，派遣密使去迎接阿魁汗。接着，阿魁率领三千铁骑驰向金邦，亲自出巡安民。凡金国的富户，命令他们都出宝助饷。金国的皇族人才紧缺，钱粮倒充足，以致弄到亡国。阿魁如此一搜刮，确实是满载而归。等到宋朝兵将察觉，要想如法炮制一下，所剩下的已经寥寥无几了。为破金邦，宋朝同蒙古早就暗暗结下了深仇。但是，宋朝终究仗蒙古的援助将金邦灭了，报了掳二帝（徽宗、钦宗）之憾。若无蒙军，宋兵单独去灭金邦，恐怕有点困难。

阿魁汗同宋朝表面上联合攻守，休戚相关，实际上，蒙古兵处处占着便宜。阿魁汗已心满意足了。于是同宋瓜分了金国土地，命令大元帅赤颜驻重兵镇守，从而防备宋朝的觊觎，自己则下令班师。不到一天大兵回到和林，一班文武大臣于十里外跪着迎接。阿魁汗进了都城，大排筵宴，庆功三日。正当大家在歌功颂德的时候，忽然快马报道："慕里蛮部叛，守将马亚列门战死。如今百户莫尔虾蟆率领败兵们退到五柳堤上，守卫着深沟高垒，不敢出战。如果那五柳堤被攻下，布罗堡必危，虽然那儿有厉害的将士李云、白蒲禅，恐也未必守得住了。"阿魁听报，不由得愤怒而起，将酒杯往地上一掷，大喝道："慕里蛮部如此的奸恶，俺得亲自出战，将他们的部族粉碎得如此杯一样，以出出我心中那已压许久的怒气！"说着便命令军士将领们第二天在校场集合听令。阿魁正怒气冲冲，只见左将军阿术慢慢地致辞说："末将不才，愿代主子出师一行。"阿术拜谢后，退出，便亲自去择选兵士。阿魁又吩咐史天泽、史天魁每人各率领 5000 名兵将，以作为后备力量。可是阿魁出征，足足用了两年多的时间才把慕里蛮部平定。

自从阿魁破了金邦之后，他就目中无人，慢慢地骄纵放荡起来了。他以前对迷信特别感兴趣，尤其喜欢亲近喇嘛。这喇嘛的名称，蒙人指高僧的意思。喇嘛均崇信佛法，自立成教。印度的佛教传到了吐蕃，然后便形成了一种教，即为喇嘛教。一般教徒，称为喇嘛。大家称它喇嘛教。当时，喇嘛教的势力逐渐传扬开来，最终蔓延到了蒙古。蒙古的人民大多没有什么文化，但非常敬重佛教，阿魁汗由于信教的缘故，因此对喇嘛也特别尊崇。人民看到阿魁如此地敬奉喇嘛，大家就更加信奉喇嘛教。于是，喇嘛日复一日地在蒙古兴盛起来了。元朝的后代顺帝，由于过分相信迷信而弄得国家灭亡了。阿魁汗的时代是佛教在蒙古刚刚兴盛的时期。和林地方的高僧，个个均为阿魁汗所供养。内中有一个叫托哒的，阿魁汗委任他做大国师，凡有国家大事，必先问过大国师，以定吉凶。一日，一个自称为佛子的吐蕃的大喇嘛来了，托哒便把他向阿魁汗介绍了一番。那大喇嘛名为卜底休，听别人说他有非常高深的道术，能够将人脱胎换骨，任何人一经卜底休施过法术后，温柔的人可变为刚强的，坚强的立即柔弱，的确极其神灵。还有佛家的秘术，就是一夜能御十女的方法。卜底休说，这秘术本是古时庄子所传，潜心练习，能够长生不老。阿魁汗听了之后非常高兴，于是跟着卜底休学长生术，把朝政大事抛在一边，不去管它。他学了一会，自以为已经很清楚了，就将御女的要道先行试验着，把宫中的那些宫女拿来做他试验的牺牲品。阿魁汗试了几番，觉得特别灵，于是把卜底休当作真的活佛来看待。

阿魁汗一心同那宫女们玩闹着，渐渐地对这种生活有些厌烦了。卜底休对阿魁汗说："主子宫里的女子，都是平庸之人，如果要求仙人的长生术，得找有仙根的女子才行。"阿魁汗笑着说："可去哪找呢？只请活佛指示。"卜底休沉思了一会，忽然笑着说："分明有神仙在那里，几乎当面错过了。"说完后，匆忙地走了。不一会，便将一番女领进了宫。只见她黄发蓬松，面目晦黑，胭脂涂满了她的脸面，另外，她的嘴巴像一张血盆，望去真是可怕。阿魁汗看了，惊诧道："这就是神仙吗？"卜底休一本正经地说："主别瞧不起她，她确实为一仙人。大凡仙人，其貌均不美，如果讲到内功，一般人就难与她相比了。"阿魁于是向番妇问道："俺想长寿，你有什么办法吗？"那番妇把头一扭，低头笑道："你要长生不老，不难，民妇自有妙术，帮助你达到。但是仙家秘术，只可意会，不可言传，今夜，主子可将香案安排好，请求大师将坛建起来，民妇把秘术传给主子就行了。"阿魁汗听了，半信半疑，只吩咐内侍把香案准备好。待到晚上时，卜底休把十几个喇嘛领进宫来，殿上霎时灯火辉煌，鱼磬杂作，铙钹叮哨。阿魁汗坐在一旁，看那番妇作法。此时那番妇已脱光了衣服,红绫包头,腰上缠着青布,赤足仗剑,左手捻着诀,口里喃喃不停地念着。如此东跳西指,闹了半天,才退到后坛去了。过了一会,又复出坛来跳着,接连三次,那番妇忽然一声大喝,坛上的铙钹,也敲打得震天动地,早见炉中一缕香烟,直上霄汉。坛中的喇嘛,齐齐宣着佛号。那番妇跟阿魁汗说道:“仙人降地了,赶快将屋室收拾干净,这样就可以传道了!”阿魁汗却丈二和尚摸不着头脑,只好听从摆布。那番妇嫣然一笑,携着阿魁的手,朝静室里走进去。卜底休命令把神坛撤去。翌日上午,番妇终究被阿魁纳娶为神妃了。哪里知道他日日同番妇一起学习仙术,没多久,竟一病不起,去见上帝了。阿魁汗一死,儿子贵由却还是个小孩,总算勉强嗣了位。贵由继位没过三年,又死去了。

# 王重阳度化女弟子

## 王重阳修道悟得“风流”真谛

1167年4月26日,王重阳的茅庵上燃起了一团火焰,风助火势,渐次升腾,把湖水映照得波光粼粼,与天边的落霞浑然一色。刘蒋村民们惶恐不安,争相起来救火,大家却对自己的所见惊奇不已,但见灵阳、玉蟾二子茫然无措,而祖师在火边边歌边舞。众人不解就去求问,祖师只是唱诗而答:

茅庵烧了事休休,
决有人人却要修;
便做惺惺成猛烈,
怎生学得我风流!

王重阳修道图

显然,这火是祖师亲手点燃的,这把火彻底焚灭了祖师最后一点执着自身的眷念,就像在烈火中无奈地化为灰烬的柴禾一样。清修与长生绝非仙道的大义,所以耽于个人的清修也是一种执着。当觉悟足以证成仙果之际,一个真正的道者,应该普化愚暗,然而家乡故里似乎没有多少人能够与他心心相印,假如觉悟者不能把幸福的金针度与他人,觉悟本身就会失去。祖师正是获得了这样的真知,才一把火焚毁了自我。玉蟾、灵阳二人尚未达到这样的高度,祖师的诗句不光是对左邻右舍的解释,更是对两人的劝谕。从此时此刻开始,祖师已决意要达到一种风流,并决心让整个世界都充满这种风流。

第二天,祖师独自离开终南刘蒋村,奔向山东。

王重阳复向山东而来,一日游到宁海县,乃山东登州府所管。重阳真人想起祖师遇海则留的话,于是就在此地停留,手提一个铁罐,如吕祖昔日度他那样,以乞讨为名,准备度与他人。

## 美妇人一心要学道

宁海西北有个马家庄,庄内有个马员外,名钰。父母已经弃世,又无弟无兄,娶妻孙氏,小名渊贞。这孙渊贞容貌端庄,心性幽静,且知书达理。不爱挑花绣朵,捉针弄线。虽是女流之辈,却有男子气概。马员外有难以决断的事情,只要孙渊贞一言半语,必能使马员外茅塞顿开,所以他两口儿相敬如宾,恩恩爱爱。只是小两口膝下并无一男半女。

孙渊贞对马员外说:“我们应该做一番不生不灭的功夫,学一个长生不死之法。”马员外说:“娘子妄言了,自古以来有生必有死,哪有长生不死之人?从来有始必有终,哪有久作不息之事?”孙渊贞曰:“道书里讲,炼精化气、炼气化神、炼神还虚,使真性常存,灵光不灭,是可长生。”

马员外听了孙娘子一番话语,顿时恍然大悟,就站起身来谢道:“娘子的指示使我顿开茅塞,但不知应该到何处去访这师父?”孙渊贞曰:“我常见一位手扶竹杖的老人提个铁罐,眼光射人,神气清爽,满面红光。在我们这里已经乞讨了数年,丝毫未见衰老。我看此人,定然有道,我们把他接到家中供养,慢慢向他叩求妙理。”

王重阳到宁海县混了几年后,玄功更是练到精微之地、活泼之处,能知过去未来之事,神通具足,智慧圆明。晓得要度七真,必须首先度马员外夫妻,以应验钟离老祖遇马而兴之方。故来来去去,总在离马家庄不远处化缘。

在这几年间,他也曾见过马员外和孙渊贞几次。欲将他二人开示,又道不轻传,所以,他一直静待两人低头来求。

马员外听了妻子孙渊贞之言后,就对看守庄门的人说:“如果见到提铁罐老人到此,急速通知我!"看门的人连声答应。一日,忽见守门之人前来报告:"那提铁罐的老人来了。"马员外立即出庄迎接,这正应着钟离老祖所说"自有人来寻你"之言。

马员外把老人请到家内。

王重阳意欲广招天下修行悟道之士,在马家修行办道,准备将马家的钱财拿来,分与他们,使他们外无所累,内有所养,能够安心修道。王重阳此话一出,马家夫妇便慨然而应。

王重阳先生既施惠于外,又经营于内,乃在后花园之侧创建十余座茅庵,以备修行人静养之用。诸事办妥后,先生即移住当中一座茅庵悟功。

一日,马钰同渊贞夫妻二人来到茅庵向先生求道。马钰取道号丹阳,孙渊贞取道号不二,意即永无二心。重阳先生说:"道者,觉路也,令人归于觉路而出迷途,然必依由浅入深、以小致大的次序去做,方可有功。性为先天之物,但凡学道者,先要炼性,必须将他炼得光灼灼、圆陀陀,才为妙用。性与情连,性情发动,如猖狂之龙虎,若不加以锤炼,怎能弃猖狂致虚静。所谓心猿意马,意如烈马之驰,心如猿猴之狡,故必锁之拴之,使马无所逞其驰,使猿无所施其狡,使归于静定,能与天地齐名。虚静则忧虑全无,杂念不生。如此则可弃尘得仙。内心空明,万物如浮云,空空洞洞,杳杳冥冥。道的大略就是这种一尘不染的境界,而更为深奥的东西,只可意会,不可言传。等你精进后,我再指点于你。"

## 王重阳与女弟子论阴阳

马丹阳、孙不二又问重阳先生打坐之功。重阳先生说:"静坐于地,不着一物,神向空明,厚铺坐褥,宽衣松带,于子时向东盘膝而坐,身端体正,舌抵上腭,双目微睁,眼帘半垂,脐下以神光返照,是为玄关。静坐之时,勿生杂念,不然,功必不成。为防心绪不宁,又必忘情,否则,道亦难成。"

"厚铺坐褥使身体不易疲惫,宽衣松带,使气息贯通。子时,是阳气发生的时候。向东,是为了吸取生气。盘膝而坐,是为了收养神气。身体端正,使气息不致阻塞,微睁双目,使人不处于黑暗,目为神的灵主,伤于色,而神以色散,全开就会露神,气闭就会神暗,所以要半垂。脐下以神光返照,就犹如万物由光明而生,不生妄念,无为而治,可以说是无漏真人。"

重阳先生讲道完毕后,又说:"此乃打坐之功,入德之门矣。不可视为虚妄,汝等当勤而行之,自有应效,休得懈怠,自误前程。"随后,先生又格外指点了一番。

马丹阳、孙不二领会其意，随即辞拜先生，回到原处，依法修行，逐渐有了效果，以为领会了道的真谛，就再不到茅庵叩求精微了。做过了一月后，一日，马丹阳正在厢房内打坐，只见重阳先生进来对丹阳说："大道无穷，取之不竭，用之不尽。要使万化贯通，不可执其一端。要诚心向道，真心改过，才可有益于身心。道不向不成，一时一刻，不离本体。一言一动，发自内心，每念必仁，才是真正向道，过不改不除，有私以公去除，有欲以理心去除，有偏以中心去除，有傲以和心去除。过在哪里就在哪里做起。求道如此，随起随觉，随觉随扫，随扫随灭，自然心中和如春风，朗如星月，静如山岳，阔如天地，气逐渐盈满，守无抱一，行于四体，大道在不知不觉中就可成就。"

王重阳又走到孙不二房中。孙不二独自一人正在房内打坐用功，忽见王重阳先生走进房内，孙不二慌忙站起身，正要开口，只见先生笑着说道："道理精微，道法无边；一体贯通，万派朝宗。要活活泼泼做来，自自然然行法，方为有功。如你这冷冷静静，孤孤单单，坐在这里，总是无益。岂不知独阳不长、孤阴不生？似这样死坐，使阴阳不能相通，怎能怀胎？怎能产婴儿？我与你讲，若要这个，不离那个，你若要那个，依然不离这个。"王重阳先生的一番话使孙不二羞得满脸通红，急忙掀开门帘，跑到堂前坐下，就唤使女秋香快去请员外来。秋香见主母十分恼怒，急忙到前厢来请马员外。

丹阳正在与重阳先生讲说妙道，忽见秋香匆匆忙忙闯进来，对马员外说："不知主母为何而在堂前发怒，叫奴婢来请家爷，有话要对你说。"马丹阳就向先生告辞说："师父暂停片刻，弟子去一会便来。"重阳先生点了点头说："你去，你去。"

马丹阳来到堂中，见孙不二满脸通红，怒气冲冲。马丹阳笑着问孙不二道："孙道友为何发恼，莫非家人小子得罪了你？你主人须要放大量些，不必与他们计较。"孙不二曰："师兄有所不知，这个王重阳老大不正经，适才到我睡房内，说了许多恼人的、不中听的话，这道不学也罢。"马丹阳问道："师父何时到你房中的？"孙不二曰："适才。"马丹阳曰："先生一直在我屋里讲道，寸步未移，我也未曾离其左右。师父现在我屋里，秋香去请我时，也曾看见，你若不信，可问秋香。"未及孙不二开言，秋香说道："我去请家爷之时，王老先生正在津津有味地讲天论地，家爷同我走后，不知离去了没有？"孙不二听罢，低头不语，马丹阳恐先生在厢房久等，也急忙转回厢房去了。

孙不二闷着一肚子气，本想向马丹阳数落先生一番，出一出气。谁知反落个没趣，只好闷闷不乐地回到内房。

## 闺阁香房细说男女情事

孙不二回到房中，心中不服，若说自己在做梦，又哪里来的梦？况且亲眼见他进来，言语历历在耳，为何又说他在厢房，丝毫没有移动？孙不二实在弄不清其中的奥妙。

正在猜疑之际，王重阳先生揭起帘子，笑嘻嘻闯进来说："大道不分男和女，离了阴阳道不成。"孙不二让他入内房坐下，自己却站在门根前，开门问道："先生不在茅庵打坐，来闺阁有何贵干？"重阳先生曰：

因你背了造化炉，静坐孤修气转枯。
女子无夫为怨女，男子无妻是旷夫。
我今明明对你讲，一阴一阳不可无。
阴阳配合是正理，黄婆劝饮手提壶。
西家女，东家郎，彼此和好两相当。
只因黄婆为媒证，配合夫妇入洞房。
二八相当归交感，结成胎孕在身旁。
十月工夫温养足，产个婴儿比人强。
你今依我这样做，立到天宫朝玉皇。

孙不二听了这话，也不回言，竟出门外，反扣了两扇房门，径直赶往马员外厢房，只见厢房门关着，家仆马兴说员外往茅庵去了。孙不二即向茅庵走去。

马丹阳正在茅庵陪着王重阳先生讲道，先生正说到人心要淡、道心要真之处，忽然大笑着对丹阳说："你快去，有人寻你来了。"马丹阳以为有客来到，即辞了先生，出了茅庵往前厅走，正碰上孙不二。孙不二一手拉着他衣服说："你去看。"马丹阳问："去看什么？"孙不二说："你去一看，自然明白。"

马丹阳只得随她一直来到内房门首，孙不二扯开扣，叫马丹阳进去看。马丹阳只得走入内房去，只见床帐铺设如旧，箱笥仍如原样，和以前别无二致，遂问孙不二说："你叫我进来看啥？"孙不二说："看你师父。"马丹阳说："师父在茅庵与我讲道，怎么可能会在这里？"孙不二不信，亲自掀帐揭被，寻遍床底床后，仍旧未见踪影。口中不住说："奇怪，奇怪。"马丹阳说："有何奇怪之有！这是你着了魔。"孙不二说："我生平无杂念，一心好静，岂有着魔之理！师父的形容依然在目，声音依然在耳，言语历历可记，岂是着魔！"马丹阳说："先生给你说了些什么。”孙不二遂将重阳先生说的那些言语又对马丹阳说了一遍。

马丹阳哈哈大笑着说：“孙道友，你聪明一世，糊涂一时，这回却迷糊了。”孙不二说：“怎么是我迷糊了？”丹阳说：“学道之人，要不耻下问，才能得一步进一步，一步高似一步，积丝累寸，积寸累尺，积尺累丈，以十成千，以千成万，道之妙处，不以数计，所以说道妙无穷。现在你略微懂了一些道理，认为道也就如此了，每日死守空屋，枯坐于此，阴阳之理不明，造化之机不识，也不去领教师父，只以为男女有别，也就有了人我之分。先生见你墨守成规，不能通晓道，就亲自来指点你，所以现出阳神，分身化度。先生多次对我讲：一阴一阳谓之道，离了阴阳也就没有道了。这里的阴阳是阴符阳火的阴阳，不是男婚女嫁等世间的阴阳。这个道理很是玄妙，可惜你没有领悟，又带有玄机，可叹你没有明白独阳不长，属火，火多必躁，不能成丹。孤阴不生，阴生水，水多必溢，也不能成丹。孤阴独阳，可以比作水火不能相济。总之，修道之人只有水火相济，阴阳贯通，才能还丹。现在你还是没有通晓道理。痴男怨女，也是孤阴不生，独阳不长。所以出道之人不可没有阴阳，这个阴阳却是还丹的妙用。此中真意，会通阴阳，如同提壶畅饮。西家女为金，金旺于西，所以说西家。东家郎为木，木旺于东，所以说东家。二者相当。金非木之子不克，木非金之子不生，这是阴阳造化，五行生克的道理。修道者以意会通，好像媒婆提亲，使金木相逢，两者之间没有间隔，如同夫妻一般亲密。洞房为丹庭，使金木归于庭。金为魄，木为魂，魂魄聚集，两相依偎，恋恋不舍。魂不主魄，魄不离魂，如同夫妻一般，二者相当。贡铅均为八两，结丹在于交感。魂魄相依精气，如有所感，在其中凝结，如同怀胎。温养为火候，精气凝结后又用一定的火候炼成丹。婴儿降生，是真气所化之神，他出于泥丸宫。上朝金阙而成真人，难道不是神仙吗？”丹阳的一番话使孙不二大悟。数日后，马丹阳备齐礼物要到母舅家去祝寿，告知了先生。又邀孙不二同行，被不二拒绝了，马丹阳只得自己跨上黑驴，往母舅家去了。

## 为求真道美妇终疯癫

马丹阳说孙不二是因为没有去老师面前领教，故此不明道妙。她记在心中，独自一人来到茅庵，见先生盘膝打坐，便跪在面前说：“弟子孙不二，心性愚昧，不明至理，昨日承蒙师兄开示，方知前言是道，望师父原谅，详加指点。”说罢，一连磕了几个头，王重阳说：“你且起来，我会告诉你。夫道有三乘，量力而行，今吾讲与汝听，看你能学哪一乘。”

孙不二遂站立在一旁，躬身听教。重阳先生说："学道之人，要置生死于度外，看破生死，可为不死之人。上乘说虚无之道，一尘不染，一丝不挂，如皓月当空，万里无云，一点灵根，能夺天地造化，参阴阳正理，以此法修炼，可使有归于无，无又生有，能与天地同老，日月同修，这样就能变成天仙。中乘秉虔诚而斋戒，奉圣真以礼拜，诵天尊之圣号，讽太上之秘文，一念纯真，心无杂念，上格穹苍，万灵洞鉴，灵光不灭，一点真性，直达虚无，位列仙班，这是中乘之道。下乘积功累行，济人利物，广行方便，常检点过失，灵明原能显著，或隐或现，无异于仙，这是下乘之道。你愿学哪一乘，我亲授你口诀。"

孙不二说："弟子要学上乘天仙之道。"重阳先生笑着说："汝志向远大，但恐意志不坚。"孙不二说："心不大，而志甚坚。此身可灭，而志不可夺也。"重阳先生说："凡修道者，要得山川灵气。今洛阳东部灵气正盛，应出一位真人，你若到那里，修炼一十二年可望成道。你能去吗？"孙不二说："弟子愿去。"重阳先生摇了摇头说："去不得，去不得。"孙不二说："弟子舍生忘死，怎么不能去？"先生说："洛阳离此有千里之遥，一路之上风流浪子和轻薄儿郎甚多，若见你这般花容月貌，肯定会动心，小则狂言戏谑，大则必致凌辱，你有贞烈之性，岂肯受他们的污辱！必拼一死以全名节，本欲求长生，反而丧生也。我故云去不得。"

孙不二听后，沉思了一会，也不向先生告辞，出了茅庵来到厨下，支开煮饭的人，亲自把一罐清油倾入锅内，待油煎滚，然后把脸儿朝着锅里，双目紧闭，舀了一瓢冷水倾入锅里，那滚油见了冷水立即暴起来，溅得孙不二满脸都是油点，油点着处，皆烫成泡。

孙不二忍着痛苦来见先生说："弟子这样能去了吧？"重阳先生一见，拍掌笑着："妙哉！妙哉！世间竟有这等大志向之人，真不枉我到山东走一场。"先生说罢，即将造化玄机、阴阳妙理、炼阴成阳、超凡入圣之功，全部传给孙不二。传毕后，又说："大道陷于不知不识，这不知不识功夫，又有几分疯癫，才能掩得住别人，使人不知我有修行，等大功告成，才可以现身说法，你等到面上油泡痊愈，速去洛阳，也不必来与我告辞，等你功德圆满时，蟠桃会上再见。"

孙不二向先生拜了几拜，出了茅庵，只见仆妇婢女从外进来，孙不二的丑相骇得她们大吃一惊，差一点没认出来，连忙上前来问原因。孙不二说："我本欲煎几个油饼给重阳先生，恐你们不洁净，故支开你们，我就自己动手，误将冷水倾倒进滚油内，因躲避不及，故此满脸都烫成泡。你们不必惊慌，各自料理家常，勿担心我，我命中有此灾。"说毕，掩闭内房默思先生所传的功夫，并逐一演练。

过了两日，丹阳归来，刚进门，众仆妇便将孙不二被滚油烫坏脸庞的事告知了他。马丹阳叹息不止，先到茅庵见过了先生，然后到上房来会孙不二，只见孙不二满脸是泡，泡已溃烂，黄水交流，长叹道："孙道友，你为何把脸烫成这个样儿？苦了你了。"话未说完，孙不二圆睁双眼，望着马丹阳大笑不止，走上前拉着马丹阳的手，说："你是西王母的童儿么，她来请我去赴蟠桃大会，我们今日便上天宫去。快走，快走。"说罢，扯开窗帘格，做出要往上升之状，忽跌倒地上，呻吟不止。马丹阳忙扶起她，她却又哭又笑，马丹阳见她这副惨状，心中觉得有些凄惨。复至茅庵来见先生说："我孙道友想神仙想疯癫了，你说该怎么办？"重阳先生曰："不疯不癫，谁做神仙？"马丹阳要再问时，先生闭目入静，并不理会。马丹阳只得出了茅庵，闷闷不乐地转回厅前。

孙不二用一番疯话支开了马丹阳，落得清清静静，正好用功，方才感到了道的妙处，甚是喜欢。但取菱花镜儿一照，只见自已满脸疤痕，红黑不一，又兼一个多月未曾梳妆，头发乱蓬蓬的，活像一个披毛鬼，哪里像什么员外娘子。孙不二照罢形容，心中大喜，自认为可以去洛阳了。

于是胡乱扯破衣衫，用锅煤把脸抹黑，跑出堂前，大笑三声，使女丫鬟、家人小子连忙赶来，将她团团围住。孙不二见她们拢来，便往外走，众使女来堵，孙不二即用口乱咬。有一个丫鬟，死死拉着孙不二的衣服不放，孙不二掉转头把她手上咬出血来，那丫鬟只得松开手，她乘机走脱，众仆妇使女见她如此凶狠，慌忙告知员外。当时，马丹阳正在厢房内打坐，忽听外面喧哗，急忙往外观看，只见众仆来报道："孙娘子发疯跑了。"丹阳闻言，急忙命仆人快快去追，自已也随后来追赶。

孙不二一直走出庄来，庄前庄后的人已经认不出是孙娘子，所以被她走脱。孙不二知道后面必有人来追赶，急忙躲入村外乱草堆内，果见马丹阳带着家人小子、仆妇使女赶来，往前疾走忽又转来，仍由原路去了。

孙不二在草堆内见他们走远了，方才出来，径直向东南方走去。白日到乡村乞讨，夜晚在古庙寄宿，若有人来问她，她便胡言乱语地说些疯话，别人真以为她是个疯癫之人，也就不问她。

孙不二离了马家庄，一路之上，装疯卖傻行了数月，来到洛阳城外，寻了一个破瓦窑栖身。白天装成十分疯癫的样子进城乞食，惹得那些小儿一路跟着，疯婆子长，疯婆子短喊个不停，所以把她喊出了名。久而久之，这城乡内外都晓得她是疯癫女人，也就无人再来打扰她，因此得以安心悟道。

# 怀宁王海山初近女色如痴如醉

怀宁王海山，是答剌麻的第二个儿子，答剌麻是世祖的太子真金的幼子，海山是世祖的玄孙，后来被封为怀宁王，出居绵州（梓潼旧城，今绵阳市梓潼县）。海山为人性情温和，待人接物也是极谦虚恭敬。参军留不哥，经常夸海山有君子的风度。一日，留不哥做寿，请海山参加宴会。海山见是留不哥的生日，准时前去，他只带了三四个从人，来到留不哥家后，州尹杜卜等一班官吏把他迎接了进去。当下，堂上摆上了宴席，灯红酒绿，大家就一杯杯地痛饮欢呼。喝到半途，几个蒙古歌女打扮得青绿红紫，边唱歌，边为海山斟酒。少年海山初经女色，看到如此娇艳的歌女，哪能不动心呢？加之他有了酒意，两只眼珠儿不住地盯着几个歌女。那些歌女察觉后，都很不好意思，只好低头微微地笑。杜卜站在一旁，已经意识到了海山的用心，于是贴近他的耳朵小声说："王爷如果看得上这几个歌女，明天就让他们送过去服侍王爷怎样？"海山听了，笑了笑，没吭声，脸儿不禁热辣辣红了。杜卜知道海山的脸皮薄，就叫了一个侍女过来，向她讲了几句，那侍女笑着进去了。没过多久，就看到侍女扶着一个美人儿进去了，美女姗姗地走将出来，还没到席前，一阵香味儿早已随着风直吹而来。那美人儿临近海山跟前，如风吹柳枝般，飘飘地行下礼去，轻声喊了一声"王爷"。她这一声真像初出谷的春莺，婉柔悦耳，让人听后，真是心醉。海山见她行这样的大礼，慌忙站起身来，进行还礼。但是忙乱中忘了嫌疑，却伸手去搀她的玉臂。那莲藕般的粉臂儿，又白又嫩，摸在手里如同棉团儿一般。他将美人的玉腕紧紧握住，几乎不想放下，弄得那美人莞尔一笑，赶忙将手缩回，顺势站起来。海山回头看到杜卜微笑地瞧着他，意识到自己酒后失了常态，一时惭愧不已。那美人起身后，便到席旁坐着，接着，她一手执起酒壶，为海山斟起酒来。海山正在道谢时，忽然看到留不哥走出来，对杜卜使了一个眼色，留不哥便来陪着海山，杜卜赶忙离席，将那美人领着，悄悄地到里面去了。海山由于看到那美人不见了，似乎丢了什么奇宝，举止不对头，显得很乖张。忽然听到堂上鼓乐齐鸣，杜卜匆忙地走出来，一把将海山拖着就走。跑到堂前，便看到红烛高烧，有一华服的美女站在那儿，杜卜于是推海山上前，同那美人并站着，高唱一声"拜"，那玉人早已跪下去了，海山也不由地将膝屈下。

海山和那美人，一起站在红氍毹上，经杜卜扶着，他跪拜起来。海山还不知怎么回事，侍女们便娇唱一声，将美人与海山拥着便走。来到一个地方，便看到绣帘高卷,满地铺着碧毯,罗帏垂于牙床上,看上去如女子的闺阁一般。那些侍女们,将美人与海山一起推进室内,一声不响,把门合上,便笑着走了。当海山仔细瞧那美人时,见她黛含春山,神带秋水,香鬓如云,娇颜似玉,如此妩媚动人的身姿,正是刚才席上的美人儿。海山眨了眨眼睛,见那美人将粉颈低垂,与在筵前时相比更加娇媚了。于是微笑着向她问道:"姑娘是留不哥的什么人?什么原因致使我们成亲的?"那美人听了,低着头,莞尔一笑,回答说:"留不哥便是俺的父亲,王爷你真的不知道?"海山皱着眉道:"留不哥在我的手上这么多年,我却从没听他说过有什么女儿。"那美人不由得脸一红,慢慢地说道:"我原本是杜卜的女儿乌绵,留不哥是我继父,他非常喜爱王爷的人品,因此将我嫁给王爷。"海山听了,这才省悟过来,不由得笑着说:"那么他们为什么不说明白,却鬼鬼祟祟地行事,害得我如同蒙在鼓里一样。"乌绵扑哧一笑道:"如果那时说明了,怕你不同意。如今侥幸得配王爷,幸蒙不弃,收为侍妾,感激不已了。"海山听了乌绵温柔缠绵的一番话,沥沥的莺喉,听在耳朵里,简直让人心旷神怡,不由得把她搂在膝上,觉得乌绵的身体,简直轻得像鸟绒。海山笑着说:"今天我也相信古时有个身轻如燕的杨贵妃。"乌绵莞尔一笑说:"我听父亲说过,只有掌上舞的赵飞燕,未曾听说过身轻如燕的杨贵妃。"海山被她反驳,脸上顿时红起来,便搭讪道:"俺没有看过汉人的书,只不过瞎说罢了。"两个人谈笑了一会儿,于是双双同入罗帏,成就他俩百年之好。

次日清晨,海山起来,去拜访了杜卜和留不哥夫妻,行了翁婿礼后,留不哥再次摆设了宴席款待他们。宴会完毕,留不哥吩咐府中仆役准备了车辆,送海山、乌绵二人回王府去。海山和乌绵是新婚夫妇,二人自有他们的乐处。

时间飞转,眨眼半年过去了。伯颜的使者到了,于是前来拜见海山。海山得知铁木耳暴崩,非常伤感,就草草束装,与乌绵、留不哥等把政事委托给杜卜,夜间匆忙上了路。不到一日就到了都中,文武大臣们出城迎接。当下祭过了天地宗庙,海山于是正式嗣位,就是后来的武宗。铁木耳谥庙号为成宗,依旧命伯颜为大丞相,留不哥当了御史大夫,朝中的文武大臣们,均都升了一级。

此时天下安定太平,谁能知道武宗在位,可是没过4年,他就一病不起。因为武宗没有太子,因此由他的弟弟爱育黎拔力八达继承他的帝位。爱育黎拔力八达仅在位九年之久,英宗硕德八剌立,他在位4年,泰定帝立。泰定在位5年,明宗继位。明宗在位仅仅6个月就亡了,文宗登位,3年又亡,宁宗复立。宁宗在位没过两个月,就一病而夭亡了。那时迎帖木耳继承了帝位,即为顺帝。元朝到此时,却是亡国之君来了。

# 元弘吉剌太后裸体交欢

元武宗海山为了让他母亲弘吉剌太后颐养天年,兴建了一座宫殿,即是兴圣宫。这里殿阁辉煌、雍容华贵的气象十足。

弘吉剌原本是元成宗铁木耳的弟弟答剌麻八剌王的正妃,在众多皇族中地位一般。但他的两个儿子海山、爱育以及皇孙硕德八剌却成了皇帝,即是元武宗、元仁宗和元英宗。于是从1307年武宗即位以后,这位弘吉剌王妃便成了最有权势的皇太后。

弘吉剌从来就不安分守己。皇家体制,宫禁森严,尤其是后妃居住的宫院,除皇帝一家人外,严格禁止其他一切人出入。但弘吉剌居住的兴圣宫里却僧俗混杂,秽乱无忌,好端端一座宫院,竟藏污纳垢,成了一座历史闻名的淫窟。

佛教在元朝很受推崇,吐蕃喇嘛教尤其是弘吉剌太后迷信的对象。她常召吐蕃喇嘛入宫祷佛祈福。兴圣宫里经常是一派香烟缭绕、钟鼓喧天的景象。太后非常优待这帮喇嘛。他们白天在宫中作法事,晚上还被允许在宫中住宿。来这儿拜佛的还有许多妃嫔公主和大臣的妻子、女儿,免不了和这班僧人摩肩接踵。不过这些喇嘛多半对付女人都很有一套,所以很快便和妃嫔、公主们结下了欢喜缘法。他们从眉目传情开始,后来见无人管束,渐渐色胆包天,裸体交欢,还厚颜无耻地称之为"舍身大布施"。这等事情,太后知道之后,不但装聋作哑,而且觉得甚有趣味。

在上都和林,几个喇嘛由于强夺百姓的柴薪,被告到官府。上都留守李璧正要坐堂审问,忽然有一伙喇嘛闯进来,手持大棒,揪住李璧头发,把他按倒在地,拳棒交加,打得李璧头破血流,喇嘛们责怪他胆敢接受民状和僧人作对,还把李璧牵拽到寺庙里关押数日,才放他回去。李璧义愤填膺,骑快马入大都,奏报皇帝,说话间声泪俱下。武宗皇帝闻知后,勃然大怒,立刻命卫士赴上都捉拿闹事僧人,打入牢狱。谁知两天之后,又有赦免圣旨传到,几个喇嘛安然无恙地走出狱门。李璧心中不服,却也不敢违背圣意。后来一打听,方知兴圣宫太后下旨释放了这些喇嘛。

弘吉剌太后虽然已经五十多岁了,但眼见嫔妃公主等人与喇喇及时行乐,未免心里也毛躁起来,只是考虑到自己尊贵的身份,不便舍身布施,于是想起了情人铁木迭尔。

弘吉剌很多年前就守寡了,亏得有一位远亲铁木迭尔抚慰心中的寂寞。后来,铁木迭尔出任云南行省左丞相,路隔万里,一对情人,徒增相思之苦。眼下,弘吉剌氏身为太后，至高无上，正可以肆无忌惮地满足她的淫欲。于是，她派遣密使，很快将铁木迭尔从南方召回大都。

铁木迭尔回到大都，便一头钻入兴圣宫，与弘吉剌重温青春的时光。久别情人，胜过新婚，二人见面后，如胶似漆。这铁木迭尔天生多情种子，怀抱着当今太后，心肝宝贝地叫个不停，直把这位半老徐娘侍弄得心花怒放，百依百顺。就在二人卿卿我我之际，忽然皇帝传下旨来，要办铁木迭尔擅离职守之罪。

原来，铁木迭尔在任所失踪，云南地方官员发现后急忙禀报朝廷，后来查实他居然偷偷跑回了都城，皇帝要依律治罪，再自然不过。铁木迭尔不免惊慌，希望太后能救他一命。弘吉剌太后淡淡一笑，只劝他不必挂怀。果然，时隔数日，兴圣宫中传出旨意，说是按照成例赦免铁木迭尔之罪；不但无罪，铁木迭尔一下子爬上了中书右丞相的位子。

元仁宗当政期间，铁木迭尔仗着自己和太后的关系，贪赃枉法，无恶不作。延祐四年六月，内外监察御史四十余人联合对铁木迭尔进行弹劾。元仁宗十分震怒，立即下诏抓来铁木迭尔审问，但铁木迭尔躲在兴圣宫，官府无法逮捕，惹得仁宗无奈之下，只得亲自入宫捉拿。结果太后大怒，指责仁宗听信谗言，还说铁木迭尔任劳任怨，功高盖世。元仁宗碍于母子情面只有作罢。

时间一年年过去，铁木迭尔年纪也老大不小了，他经常感到精力不济。为了讨太后欢心，就学习吕不韦推荐嫪毐故事，把徽政院使失列门推荐给太后做情夫。这失列门也是一位奸佞之徒，他善解人意，很快就和太后打成一片。

1320 年，元仁宗晏驾，皇太子硕德八剌即皇帝位，是为英宗。弘吉剌被尊为太皇太后。弘吉剌氏自以为英宗是自己嫡亲孙儿，且年龄又小，所以更好揽权用事，她的情夫铁木迭尔、失列门也更加胡作非为、无所顾忌。在英宗居丧期间，铁木迭尔趁机以太后名义打击正直大臣。御史中丞杨朵儿只、上都留守贺伯颜惨遭杀害，连德高望重的儒臣李孟也被责罚后降职使用，但是铁木迭尔的亲信党羽却都被安插在一些重要职位上。

谁知英宗皇帝很是精明，他早就看不惯太后包庇亲信、干扰朝政的那些做法。即位后，太后每次要求提拔她的情夫，英宗都坚决予以拒绝。兴圣宫发出的旨意，英宗都及时制止执行。皇帝对这位老太后爱理不理，终于使她气闷生疾，病卧在床。延祐七年五月，弘吉剌太后的党羽岭北行省平章政事阿散、中书平章政事黑驴、御史大夫脱戎哈、徽政院使失列门等人密谋篡位。事情泄露后，朝廷立即诛杀了这些人，把他们的财产也统统没收。这次事变，对弘吉剌氏来说是个致命打击。1322 年，这位老太后终于在兴圣宫住了很多年之后含恨而终。

中国古代情史

# 明代情史

马昊宸⊙主编

线装书局

# 朱元璋风流艳史

## 朱元璋与郭子兴的小妾共赴巫山

中秋佳节,明月如镜,郭子兴亲自率领军队,到元帅府中邀请元帅到王府来,庆赏团圆。元璋见了请帖,不敢拖延,便带了两个亲兵,叫沐英不要出去闲逛,自己急急忙忙地随了卫从,来到了王府中。子兴迎接住他,寒暄了一会儿,便邀请元璋到后堂饮酒。两人一杯杯地干了起来,看着一轮红日西下,光亮皎洁的玉兔,已经于东方升起。子兴吩咐将筵席摆到花园中去,边欣赏美丽的月色,边与元璋举杯对饮。酒过几巡,子兴已经有几分醉意,于是面带笑容对元璋说:"如此美丽的月色,咱们饮酒赏玩,实在没有辜负这美丽月色。可是现在跟前缺一个美女,这样似乎觉得有点寂寞。"元璋也笑着回答说:"世上似乎没有完美的事,有了这个,又会缺那个。"子兴大笑道:"你想瞧瞧嫦娥吗?咱们府中有的是呢!"说着掉头向一个侍女做了个手势,那侍女便走进去了。

过了半晌,只听得弓鞋声细碎,环佩声叮当,盈盈地走出了两个美人儿。未见其人,先闻见其香气了。子兴见了,便大声嚷道:"嫦娥下凡了,快来给咱们斟酒!"两个美人听了,都莞尔一笑,分开立在了两边,一个侍奉着子兴,另一个来为元璋斟酒,慌得元璋赶忙站起来说"不敢",那美人掩了樱唇笑个不止。元璋感到有点不好意思,子兴微笑道:"咱们是心心相连,就像一家人,为何要避嫌呢?"元璋见说,虽不是特别拘束,但是终究不敢放肆。月色渐渐地西斜了,可是子兴也不问元璋怎样,竟然搂抱着那美人,时而亲嘴,时而嗅鼻子,咂舌摸乳,当筵温存起来。凡诸丑态怪状,没有什么做不出的。元璋正逢壮年,又不是受戒的和尚,眼见子兴和那美人开心地调笑作乐,酒后岂能不动心?再看看旁边的美女,长得花容玉肤,一双炯炯有神的大眼睛特别勾人,另外她又穿着紫色的薄罗衫子,在月光的映衬下更觉飘飘欲仙。元璋这时酒意也来了,忍不住伸手去捏那美人的纤腕,只觉得柔软滑腻,触手让人心醉,那美人儿见朱元璋捏着她的玉腕一直不放,想缩回去,于是用劲一拉,元璋手一松,那美人儿差点儿跌倒了,元璋慌忙扶住她,但是将一把酒壶抛在地上,那美人已经笑弯了腰,一时站不起身来。子兴见元璋醉了,命侍女们掌起一对纱灯,将元璋送到东院里去休息。

自己拥着两个美人,踉踉跄跄地进内院了。

元璋傻傻地瞧着他们走了,只好与侍女向东院走去,可是心中实在舍不得离开那美人儿,一步三回头。等到进了东院,见院中陈设极为讲究。陈列在桌上的古玩书籍,琳琅满目,既华贵又清幽。连那张炕上,也铺着绣毯锦褥,芳香四溢。元璋问那侍女时,才知道这个东院是内室之一,从前有一位山右美人住在这儿。子兴喜爱她的艳丽,经常到东院里来住宿,后来子兴的妻子把那山右美人送回山右本乡去了,因此这东院始终空着没人住。子兴偶尔想起那美人时,就独自一人到东院里来徘徊叹息一会。元璋命令侍女把灯点燃,让她把门虚掩了,自己倒在炕上,感觉到褥子的柔顺温馨,这样的感觉以前从未有过。只是他在炕上,心却想着那美人,翻来覆去,怎么也睡不着。侧耳听见更漏,已经不早了,他便硬闭了双眼,勉强睡去。

睡得正朦胧,突然一股香味儿扑鼻而来,令人心旷神怡,不觉又睁开眼来,只见一位温香软玉的美人儿睡在自己的身边。元璋顿时大吃一惊,连忙仰起半个身体,借着灯光看那美人,发现原来是席上那个穿紫衣替自己斟酒的美人。元璋乐不可支,不禁心花怒放。不久却又自责道:“王爷对我不错,他府中的姬妾私自到来,俺应该正色拒绝她,那才算对得住他,怎能糊里糊涂地干那昧心事呢?”元璋想到这些,就像当头被泼了一盆冷水,刚才的欲念一下子没了。但美人身上的异香阵阵地钻入元璋鼻中,又将他这颗心牵动了。他又仔细看那美人时,只见她香唇微启,杏眼带醉,粉脸上微现桃红,更加显得玉骨冰肌,娇媚艳丽。元璋越看越喜欢,一时不能自制,悄悄地伸手抚摸美人的粉颈,那美人翻一个身,脸对着元璋呼呼地又睡着了。不说别的,单说她那轻微的呼吸,一种口脂香迎面吹来,的确让人难忍耐。试想一个壮年男子同一位妩媚的美人并头而睡,就是铁石人儿,恐怕也会生凡心哩。元璋那时把名分声誉之类,已不知抛到哪儿去了,竟然抚摸美人的酥胸,为她轻解罗襦。那美人醒来,睨了元璋一眼,仅用一条香巾盖住粉脸,好似很害羞,很快双双就同入了巫山云梦。

一刻千金,美好的夜晚太短了,红日冉冉升起于东方。元璋问那美人的名字和为什么过来陪他。那美人听完,横着秋波,莞尔一笑说:“俺是王爷府中第一个宠姬樱桃,你没有听说过吗?因为昨晚是良辰佳节,害怕你一个人觉得寂寞,因此不避男女之嫌,偷偷地来陪你了。”元璋听了,不禁大笑道:“我真是太幸运了,逢着你这样一个感情丰富的美人。”樱桃没等元璋说完,早已扑簌簌地泪流而下,元璋慌忙问她道:“有什么心事,尽管跟我说好了,我会尽力去帮你解决。”樱桃这才回嗔作喜道:“我身被掳掠,充做府中的侍妾,远离父亲,他不知我的消息。如果你能念在我们昨晚一夜的恩爱,助我一臂之力,死了也无悔。”元璋点头说:“这事得慢慢地想办法解决。你放心好了,我决不会辜负你的。”樱桃便在枕上道谢。

两人正在我爱你怜、十分温存的时候,忽然听见靴声橐橐,有人进东院来了。元璋和樱桃惊慌不已,那人已经推门而进了,元璋抬头瞧时,看见来的不是别人,恰是濠南王郭子兴。元璋此时极为愧疚,急急忙忙起身下炕,红着脸立在一旁,一句话也说不出,那樱桃躲在被里全身颤抖。子兴见了这种情形,没有发怒,只对元璋微笑着说道:“你和小妾既然如此相爱,咱就做个人情,给你们完婚怎样?”说完,就让樱桃起来,到里面收拾好该用的东西,派一乘轿子过来,送樱桃到元帅府里去,又叮嘱樱桃道:“你去了那儿之后,不能像在我这儿了,得精心地侍奉朱将军,不要辜负我的一片诚心。”樱桃含泪称谢,悄悄地登轿去了。元璋看到子兴如此的慷慨,真是既感激又惭愧,当下和子兴闲谈了几句,然后告别了子兴,回到元帅府里。走进内堂,樱桃已挽着侍女,妩媚动人地迎了出来。两人都遂了心愿,当然有一种说不出的快乐。

## 朱元璋与阇氏一夜绸缪情深似海

元璋得了江州,发布告示要百姓们不要惊慌,并且打开了江州的粮仓,把粮食分给贫民。城内城外,欢声大震。那时廖永安绑了友谅的家属来见元璋,元璋检点人口,见大小共是七人。当下传令友谅的妻子罗氏上来。元璋拍案道:“你夫屡次率兵抗我,现虽兵败身亡,但还有余辜,你既然已经被我所俘,还要说什么?”说时回顾左右,取过乱兵所得的友谅首级,给罗氏验看。罗氏看了,便倒在地上,她哭着说:“妾夫已死,我也不想活了。但是先夫还留下一些后代,希望明公垂怜见赦。”元璋大怒道:“友谅还配有种吗?”罗氏大声回答说:“妾等身为俘虏,生死由你来决定。我小时候曾读过诗书,只知道统天下者,不会罪人妻孥的。”元璋点头回答说:“此话不无道理。”于是让左右将罗氏等带下去,听她自便。

元璋正在吩咐着时,沐英领着一个女子进来了。沐英说她是友谅的爱姬阇氏。女子见到元璋之后,泪流满面,扑地跪下地去。元璋命令她抬起头,细细看她,只见其芳容惨淡,愁眉紧锁,悲戚中现出妩媚来。元璋便笑着问:“你就是友谅的爱姬吗?”那阇氏轻声地应了一下。元璋道:“今年你多大了?”阇氏将粉颈低着只说了一句:“十八岁。”那玉颜上不时泛出一朵朵桃花来,似乎非常羞涩。元璋笑着说:“这女子也挺可怜的,我就帮她一把吧!”说着朝沐英等笑了笑,又对那阇氏说:“现在将你暂时留在这儿,你是否同意?”阇氏听了,垂着头一声不吭,那眼泪如断了线的珍珠,滚滚地直垂到了衣襟上,又像经了雨露的梨花,在那儿迎风飘荡着。元璋看了觉得她更可怜了,于是命令侍女们领着阇氏到了后堂。元璋跟随在后面,亲自安慰阇氏说:“如今友谅已丢了首级,你这样一个伶仃弱女,将来怎么办呢?”阇氏被元璋这样一说,不禁呜咽地哭了起来。元璋急忙走了过去,轻轻地搂抱着她的粉颈,凑上鼻子去轻微地嗅了嗅,觉得阇氏的肌肤滑腻莹洁,但又不同于樱桃。于是不禁把阇氏向膝上一拥,一手提了罗巾,为她抹去眼泪,边笑边对她说:“你可别太悲伤,有什么事,我都可以给你做主的。”阇氏听了,含着眼泪回答说:“贱妾本来是一朵残花,经风雨相摧,只是奄奄一息了。自顾是蒲柳之质,蒙公垂爱,此生誓当以身相报。只希望公念着今晚的恩情,将来莫如敝屣般地抛弃我,也就算是我的万幸了。”说罢那泪珠又从眼中直滚出来。元璋紧搂着阇氏的纤腰用好话再三地抚慰着她。阇氏这才和颜悦色起来,一会儿絮絮唧唧地,两人逐渐说起了情语。

这天晚上,元璋就和阇氏在江州公署里共寝。两人自有一种说不完的恩爱之情,的确是一夜绸缪、情深似海了。那阇氏在蕲水果真算得上是第一美女,的确是芙蓉其面,杨柳为腰,眉若春山,眼如秋水。只是有一点不妙,她一双脚却是莲船盈尺。所以那时的人们又称她为半截观音。偏是元璋独爱大足。连那个马娘娘以及将来封宁妃的樱桃姐姐,也都为八寸金莲。元璋不喜欢纤不盈指的莲钩,也算是特别嗜好。他常对人说:“妇女若纤足,走起路来,便弱不禁风,难看到了极点。而且将它握在手中,感觉像一把枯骨,没有丝毫趣味。还不如六寸趺圆,抚摩起来既温软又香,自有其无限美处。”元璋特别喜爱那阇氏的双趺。虽然他常在戎马之中,但当他一得空闲,就来同阇氏调笑,也时时将阇氏的双足把玩着。后来元璋登基之后,就晋封阇氏做了瑜妃,当时宫里均私下称她为半身美人儿,并演出了一段风流佳话来。

## 朱元璋逼死张士诚侍妾

元璋听说徐达破了高邮,活捉了张士诚,于是督着大军,赶到高邮来发落张士诚。谁料到元璋来时士诚却已自杀了。徐达和常遇春知道元璋将亲自来,赶忙出城去迎。元璋向徐达、遇春慰劳一番,但听到士诚已死,极其叹息。当下在高邮城中,摆设庆功宴犒赏将士。元璋和刘基、徐达等君臣谈笑风生,欢心痛饮。

这酒宴一直吃到月上三更，才欢尽人散。那时元璋已经有三分酒意，想到阍氏不在，便私叫了一个侍兵来，向他打听张士诚的眷属是否出署。那侍兵却很伶俐，笑着答道："她们由于没来得及逃跑，现在依旧逗留着。现在徐将军派兵看守着她们，想走也没法走了。这诚王（士诚）有五六个美妾，人人容貌绝佳。第六个最为出色，落雁沉鱼恐怕也还比不上她呢！"元璋听了，不由得动了心，又带着酒劲，于是笑着对那侍兵道："你能带我去那儿瞧瞧吗？"侍兵笑道："你想去，我小心引导就是了。只是徐将军罚起来可不轻呀。"元璋跷着大拇指说："老徐有什么事，我一人承担就行了。"那侍兵笑了笑，去侍卫室里拿来一盏纱灯，然后点上了红烛，掌着在前领路。元璋乘着酒意未尽，向着士诚的行宫一步一步地走来。士诚于兴盛时在高邮建了行宫，嫔娥侍女也一同被蓄在宫里。

元璋与侍兵走进行宫的大门，只看到危楼插云，雕梁画栋，金碧辉煌，果真是一座很好的宫室。一会儿已经过了中门，阶砌着白石，地上贴着红毡，越往里走越觉得精致。元璋不禁感叹道："士诚如此作威作福，怎么会不败亡呢？"走了半晌，已是后寝殿，再往里就是宫门了。早早就看到那儿红灯高悬，有几十个兵士荷戈立着。侍兵走上去，被两个兵士挡住道："这是哪儿，你们竟乱闯。"说着元璋已经走了过去，那两个中的一人看清了是元璋，忙过来行札，元璋仅点点头，那侍兵便带着他溜进了宫门。

元璋望了四周，漆黑一团。即轻声问侍兵道："怎么连灯火也没有？"侍兵笑道："诚王在世时，这儿夜夜笙歌，真好像白天一样。如今她们逃难都未来得及，哪里顾得上什么灯不灯？"元璋听了，心中油然有了一种兴亡的感慨。两人又过几层台阶，只见一条很长的长廊被一带画栏围着。浓深的柳树植在廊的两面。那侍兵突然问元璋说："诚王有很多宠幸的姬妾，不知往哪个宫里去？"元璋笑着说："就是你所指的那个。"侍兵于是领着元璋到了一座嵌花的小宫前，用手指着说："这儿就是。"元璋抬头看时，只见双扉深扃，门内悄然无声。他把侍兵手里的灯取了过来，往门上照了一下，门额上有一块写着"永福宫"三个大字的匾。元璋放了灯，在门上轻轻地拍了两下，但是没有人回答，又叩了几下，依旧没有回应，元璋焦躁起来，便足踢拳打，擂鼓似的敲门。又过了好久，两扇门"呀"地才开了，一个十六七岁的宫女半披着衣服，手上掌着小灯一盏，上气不接下气地问道："半夜三更，是谁在敲人家的门？"元璋见她满面惧惊的样子，便笑着宽慰她说："你别慌，我是军营中的一个带兵官，闲着无聊，独自到这里来逛逛的。"那宫女哈哈冷笑说："爷们要去逛，城内窑姐儿太多了，怎么来闯人家的闺阁呢？"元璋被她一句话问住了，半天不知怎么回答，只是勉强支吾着道：

“我和诚王是好朋友，现在见他家破人亡，我极为同情你们，因此来探望你们的。”那宫女准备开口说话时，元璋不管三七二十一，一直往里闯，宫女拦不住他，没办法就让元璋进去了。那侍兵将灯搁在地上，赶忙坐在宫门的槛上同那宫女闲聊起来，那宫女硬是被他拖住了。

元璋走过了宫门，感觉里面非常黑暗。只好伸着手东摸西扯的，如瞎子似的摸了进去。弯弯曲曲地也不知道转过几重，才望到一丝灯光。元璋好像碰到了救命星，赶忙向着灯光走去，却是一个金漆的朱门，踏进门时，只见画屏放在两边，转过画屏又是一个花门，可是绣幕低垂着，向里望去是妆台锦笼，牙床罗帐，大概是闺房了。那灯光便折射在妆台上。元璋壮着胆，掀起绣幕，一步跨入房里，听到一声娇问：“翠娥！是谁在外打门呀?”元璋明白是向开门的宫女询问，于是自己一声假咳嗽，又有两个宫女从床前走过来，突然看到元璋，不约而同大吃一惊，元璋边安慰她们，边走向床前，早看见一个娇滴滴的美人儿坐在床上，借着灯光朝其望去，满面愁容，但不减她的妩媚。

此时那个宫女已经站在了床侧，美人于是轻启朱辱，慢慢地说道：“俺们是亡国的眷属，深更半夜，你到这里来想干什么?”元璋连忙回答说：“我和诚王是朋友，得知大兵破了城池，便放不下心，特意来看望你们的。”美人冷冷地道：“就算你确实心怀好意，夜阑人静，男女避嫌，还是请你出去吧！”元璋听了，凑身于床前，慢慢坐下来说：“我是想出去，城门这时已经关了。又值战时，夜间不方便走路，我只好在这儿坐一夜了。”那美人看到他无礼，准备站起时，元璋已经紧紧地捏住了她的一只玉腕，死活也不放下。那美人使劲挣扎，怎么也脱不了身，那翠袖拂着，透出一阵阵的兰香，元璋被熏得神魂颠倒，不禁去搂她的粉颈。那美人轻声地娇道：“请你尊重些，贱妾虽是墙花路柳，亡国余生，若是相迫，是死也不从的。”元璋见她莺声呖呖，说话柔和婉转，不由地对她产生了怜爱之心，谅她也难逃，于是就松开了手。那美人被放开了，用手整着云鬓。元璋细细观看，见她玉容上并没有涂脂粉之类，面腮儿却自然泛出红晕，这样更加显得花容月貌，娇美如仙了。

欣赏得出神时，忽见那美人直竖柳眉，杏眼生嗔，顿时媚中露出杀气。元璋特别惊诧，那美人将床边悬着的剑抽出来，嗖地抹了自己的脖子。元璋大惊，只喊了一声“哎呀”，鲜血已溅得他满身都是。那美人便噗地倒在尘埃中。元璋此时也慌了，同两个宫女去扶那美人，可惜已经是容颜似纸，香躯如绵，鲜血从喉颈上涌出来。元璋急忙扯自己的衣襟掩她的伤处，一手试探她鼻上的气息，感觉已经没气了，眼见得玉殒香消。那个宫女大声啼哭起来，元璋也忍不住泪珠直流道:“美人!是我害死了你!”说着,看到她的眼睛还睁着,其中透射出愤怒之光,元璋用自己的手为她合上眼说:“美人,放心走吧!你家如有什么使你抛不下的事,我会竭力给你解决好。“正说着时,那刚刚开门的宫女,听得里面的哭声,向侍兵挣脱了身,朝房中飞跑而来,看见主母已经死在地上,便俯身什么也不管,在血泊中大哭起来。元璋明白这宫女名叫翠娥,平时主婢一定非常好,因此如此悲恸。这时房里布满了愁云惨雾,元璋眼见着如此的悲伤的场面,也只好陪着她们流泪。正巧那侍兵也走进来瞧瞧,此时元璋酒已醒了,觉得自己太鲁莽了,如此好的一个美女,让自己活活逼死。元璋愈想愈懊恼,转头对那几个宫女道:“你们现在也不必悲伤了,大家将尸体看守着,明日我将带人来,从厚盛殓她就是。”完后,便同那侍兵走出宫去。

元璋径直回署,向那侍兵问起来。他以前是士诚的亲随,对宫里的宫女侍嫔以及路径,全都认识。元璋说道:“这刚自杀的美女,她的名字是什么?”那侍兵回答说:“她为诚王的第六妃,其小名为蓉儿。本来是浙江人,诚王破杭州时,将她掳掠过来的。那时,她不愿意相从,诚王要将她的父母杀掉,这才使她答应了,于是她叫诚王将她的父母释放了,说自己为了父母而情愿身为侍妾。诚王害怕她会变心,把她父母留在宫中,表面上算是供养,实际是在防备着她变心。哪知到如今就自刎了呢?”元璋听了侍兵一番话后,就一声长叹,回到署中,赏了那侍兵,自己回去安睡了。

第二天,元璋把徐达叫过来,向他问起张士诚的家属来,徐达回答说,我已经派兵去看守了。元璋回想起昨夜里要让那蓉儿瞑目,自己帮她安顿家庭的话,所以对徐达说道:“士诚的眷属,我不问其他的,只把那名蓉儿的侍妾的父母立刻给我传来。”徐达领命,去了不一会,便将一对老夫妻引进来了。只见他们愁眉苦脸,泪眼模糊,战战兢兢地跪上阶台。元璋命令他们起身,和颜悦色地问道:“你们就是蓉儿的父母吗?姓什么?你们到这儿已有多久了?”老夫妻俩听后,那老儿悲戚戚地回答说:“小人姓卢名瑞源,为杭州奄人。去年的这个时候,诚王领兵到杭州来,小人正在那里探亲。我有个名为蓉儿的女儿,让在马上的诚王看到了,诚王便要强娶她做自己的侍姬,并且将刀架在小人的颈上,逼迫她答应自己的要求。小人无可奈何,只得把女儿献给诚王,满以为两副老骨头自此有了依靠,不会再被抛弃荒郊了。哪里知道事与愿违,诚王让大军前来擒去杀死,昨天夜里,不知为什么女儿也自尽了。害得小人两口儿孤苦无依,将来不还是填身沟壑吗?”说完放声痛哭,在旁的将士们听了,也均为那老夫妻嗟叹。

元璋看到卢瑞源说话时很悲伤,另外自己又干了心虚的事,于是赶快安慰他道："士诚已败，你女儿已经死了，又不能复生了，你们没必要太悲哀。我与士诚也有交情，今日，他家破人亡，我当然非常同情他。现我已经把士诚安葬完毕了，你们的女儿也让我们来好好地给她盛殓，择地掩埋就是了。你们，要回杭州本乡去的话，我就派人送你们回老家去。如果不想回到那儿的话，我将为你们在这儿买一所房子，你们老夫妻就在此地养老吧！"卢瑞源夫妇听了这一番话后，简直是百感交集，于是泪流满面地俯伏在地上不停地叩头说："小人蒙爷这样的厚恩，我愿一辈子跟随着爷，不要回乡了。"元璋笑着说："我们又不是长驻在此地的。"说着将沐英唤过来，命他帮着卢老儿去收殓他的女儿，并且替他选两所民房，另外又给两人千两库银让他们拿去养老。又私下嘱咐沐英道："士诚宫里，有一名为翠娥的宫女，就在这卢老儿女儿的房中，你办妥事后，把翠娥带过来交给我，千万不要忘了。"沐英会意自去。

## 丫鬟翠娥感恩同元璋共入美梦

第二天夜里，元璋从城外犒军回来，天色早已昏黑了，于是命令哈什戈掌着一盏大灯，慢慢地踱回署来。经过二门，转入后堂时，忽然看到自己的室中灯火辉煌，一个浓妆艳抹的美女坐在榻上，看到元璋进来了，于是盈盈地站起身来迎接他。元璋一时摸不着头脑，不由地站在门前发愣，不敢贸然走进去。那美人却莞尔一笑，轻声说："你已经忘了我了吗？贱妾主母的父亲卢公，感爷恩高义厚，无法报答你，经沐将军的提醒，卢公于是命令贱妾来侍候您的。"元璋听了，恍然大悟说道："哦，你正是当晚的那个翠娥吗？"翠娥回答说："是。"元璋回想起自己曾嘱咐沐英，命令他将翠娥带来。沐英和那卢老儿说明了，因此将翠娥送给了他。边想着，边走到炕榻上坐下来。掌灯的哈什戈退出去了。

翠娥倒了一杯香茗，自己尝了尝，然后轻轻递给元璋道："爷，喝杯茶吧！"元璋将茶杯接过来，手指触到翠娥的玉腕，感觉到她的皮肤细腻柔滑胜过阇氏。喝那茶时满杯的口脂香味，一阵阵地冲着鼻子而来。元璋放下茶杯，一手拉住翠娥的粉臂，使她和自己在炕上并肩而坐着。于是微笑着说："你现在多大了？你为什么来宫中服侍蓉儿？"那翠娥听了，不禁泪珠盈腮，极其悲哀地答道："贱妾今年才得及笄，可是命太苦了。从小父母就不在了，留下姊妹俩人和一个兄弟。弱女伶仃没有依靠，本想投奔杭州的舅父，不幸遇到诚王的兵队，将我姊妹掳来，命令我去六妃(蓉儿)房中执役。那时候诚王府中有个乳妈，那大妃的儿子已经长大了，乳妈于是要回去。因为乳妈是萧邑人，与我家只隔一河，我就让乳妈把我妹子带到舅家。六妃宽容允许后，我妹子就与乳妈回家了，今日得爷搭救出了幽宫，但愿终身不要离开，也为我三生之幸了。”元璋听了翠娥的话，不由得也为她哀叹。翠娥又微微叹道：“想我也不是出身于小家，父亲吴深，曾做过一任参政。现在兄弟吴贞还不明下落，分别差不多十年了，如今还不知道他是否还活着?”元璋听了，不禁大吃一惊：“吴贞是你兄弟吗？他随我征讨，立下了不少功绩，现在同陈野先守在太平。这样一说，你们兄弟姊妹很快就可骨肉团圆了，确实是踏破铁鞋无觅处，得来全不费功夫。”翠娥忙道：“你说的是真的吗?”元璋一本正经地说：“谁还骗你?”翠娥这才悲去喜来，一头倒在元璋怀里，要求他将来为自己做主。元璋抚慰着她说：“你不要忧虑，我不会辜负你的。”说着双手抚摸起翠娥的粉腕来。翠娥赶忙缩手，格格地笑着说：“怪痒的，真叫人不舒服。”此时听得更漏三下，翠娥被元璋拥倒在炕上，元璋说：“夜已深了，我们睡吧!”翠娥睨着元璋一笑，将元璋一手推开说：“这就要睡吗?”说罢坐了起来，伸了伸懒腰，走下炕榻，卸去了钗钿，脱掉外面的衣服，露出猩红的袄裤，映衬着她那白嫩似雪藕的玉肤，更加显得妩媚动人了。元璋于是用手从炕上去牵她，翠娥也是半推半就，也就一笑入帏，与他共做美梦去了。

这时士诚虽克，他的部将叶德新、兄弟士信等却向浙江一带逃亡了，占据松江、杭州、嘉兴、绍兴诸郡，大有不可一世之概。第二天元璋起身，下令向浙江进兵，自己将翠娥带上后徐徐进发，胡大海仍然为先锋官。前行兵士到了松江，守将王弼、周德兴、王志、陈德费等竟然开门迎降。胡大海进城，紧接着元璋、徐达、常遇春、刘基等一班人均到了。元璋安民完毕，将周德兴留下来守城，大军乘胜直扑嘉兴，诸县闻风出降。嘉兴守将王显弃城遁去。元璋攻取了嘉兴，命令王志镇守，自己同徐达、常遇春等当夜来攻杭州。

张士信得知消息后，领了张兴祖、叶德新、顾时、薛显、仇成、吴复、金朝兴等大员八将，到城外来迎敌。这边元璋的阵上，花云、胡大海双马齐出，仇成、叶德新挺械相御。才得交锋，突然刮起了狂风，士信的军马被吹得兵奔马折，人没法睁开眼睛，徐达乘着顺风之势杀过去。士信被打败了，兵士相互践踏，他慌忙地收拾败兵进城。

此夜，仇成、张兴祖、吴复、叶升、薛显、金朝兴、顾时等七人秘密地议论说：“白天出兵，突然刮起了狂风，分明是天意帮助朱元璋。我们看张士信还不如士诚，那就更难成事了。还不如把士信缚了，到元璋营中投诚吧!”七人已经打定了主意，来和叶德新商量，德新大怒道：“你们变心了吗？俺食君之禄，是不会改变主意的，宁可断头而死，也决不会移志!”说完后，将剑拔出来大声喝道：“谁敢说投降，我就斩了谁的头！”吴复、薛显、金朝兴一并大怒：“我们就想投降，你能怎样呢？”叶德新仗剑来砍，张兴祖等七人也并力上前，乱刀砍向叶德新，将他剁死了，接着趁势杀入张士信府中，擒住了士信并家将何福、张猛，收拾了印绶卷宗，由张兴祖带头开城来向元璋投降。元璋非常高兴，于是张兴祖等七人被授为都司，传令大军整队进城。只看到旌旗对对，盔甲鲜明，画角声声，刀枪耀眼，沿路的百姓都将香案排着，跪下来迎接。元璋温和地抚慰了民众一番，命令军士严格遵守纪律，不能侵犯良民，所以欢声雷动。

元璋平定了杭州，百姓也就安宁了，于是他同诸将设宴庆功，大吹大擂，大大小小将领欢呼跳跃。酒尽席散，元璋突然想起了灵隐寺是杭州的有名古刹，又处于西湖胜地，不由地很想去那儿赏游，于是携了翠娥，命令沐英做护卫，带领十个侍卒，步行朝灵隐寺而来。此时恰值初春时节，莺啼声声，微风习习，西子湖边，果然一派好景色。只见它：

桃杏争妍，红紫竞馥；呢喃春燕，百啭黄莺；潺潺流泉，湾湾碧水。山头含来翠色，湖中满眼涟漪。高峰巉巉，层峦叠嶂；峻石崎岩，砑磋峭壁。绿翳树荫，显出一片清幽；岚气云烟，更觉万点黛色。日光摇红萼，微风拂翠枝。看轻舟荡桨，玉笛声彻云霄；孤鹜齐飞，啼处几同塞北。春堤上俨如金带，露洲前雪练横空。柳塘里疑桃源。湖亭中虹霓倒影。

元璋边游赏边赞叹不已。不一会便到了灵隐寺。寺中已经在敲鼓击钟，五百多位身披法衣、手中拈香的僧众远远地跪着迎接。住持清缘和尚亲自带着元璋游赏，走进大雄宝殿，只见殿宇宽敞，佛像尊严，果真同别的寺院不一样。

元璋正同翠娥看着佛像，突然一全身污垢的头陀向元璋走来，大声说：“有缘为缘，无缘为孽，施主来做什么？”元璋回答说：“有缘不为缘，无缘不为孽。你头陀懂些什么？”那头陀哈哈大笑道：“有缘才可合，无缘则成孽。龙泉宝剑，犹染美人碧血，怎么能说不为孽？”元璋听了，便回想起了蓉儿那事，被头陀道着隐病，便勃然大怒说：“可恶！快给我滚开！”沐英听了，感忙跑过来将那头陀直推出寺门外，住持清缘也来向元璋赔礼。元璋经头陀一说，顿时特别扫兴，只稍稍地游览一下，就离开了灵隐寺，与翠娥、沐英自归。

# 明太祖奸淫惠妃全家

## 太祖调戏小姨子

惠妃翠娥的妹子翠英从杭州来探望她的姐姐。明宫里规定，外戚非奉召不能入宫。惠妃于是告诉了太祖宣翠英进宫。她们姊妹相逢，相互倾诉离别的衷情，亲热不已。到了晚上，惠妃便留她妹子住在仁和宫中。但是又害怕皇帝来打扰，便吩咐了宫女，放下宫门的竹帘，将宫门外摆上一盆月季花儿，皇帝看见后就不会来宫了。这个暗号还是从汉朝的宫闱中传下来的。凡是嫔妃们月事来临时，皇帝来临幸时不便忤旨，只在宫门前摆一盆月季花。皇帝看了，就知道那妃子正月满鸿沟，不可以行事，于是就不来临幸了。明宫里也沿用了这办法，因此惠妃令放月季花在宫前，就是想拒绝皇帝。当晚，果然被惠妃瞒过，太祖经过仁和宫时并没有进去。到了第二天，就不能不让皇帝进来了。

第二天清晨，太祖想去看惠妃的妹子，等退了朝，就踱到仁和宫来。那时惠妃和自己的妹子翠英仍在那儿梳着头，翠英想走开也迟了，她羞得脸红如火，垂低粉颈抬不起头来。太祖却坐在一旁笑着，瞧她们姐妹二人梳妆。翠英一时慌乱了手脚，将一朵榴花掉在地上，恰好落在太祖的脚边。太祖于是捡起了它，悄悄地簪在翠英的鬓边。这一下子，弄得翠英更加害羞了，简直是恨不得钻进洞里，泪盈盈地，要哭出来了。她草草挽髻，两步三脚地逃进后宫。惠妃睨着太祖道："这个小女孩从乡间来，不习惯亲近男人，皇上今天这样戏弄她，以后就吓得她没胆进宫了。"太祖笑道："我哪里是戏弄，因为看她虽是乡间女儿，却比你有趣得多！"惠妃听了，知道太祖没怀好心，于是瞧了太祖一眼，微笑着不作声了。太祖默坐了一会，见到翠英一直没敢出来，自己觉得很无聊，便同惠妃闲聊了几句，悄悄地出了宫。那天翠英还真的不敢在宫里住，连夜向她姐姐说明了，她姐姐命令宫监挽着一乘板舆，将翠英送回府中。

吴贞从太平被调回京后，太祖登基，封他为侯爵，加了大将衔。又因为他的大妹翠娥当了惠妃，吴贞已经是国舅了。太祖于是为他在应天建了国舅府，命吴贞将其家属接过来住。吴贞的父母都不在了，所以只接了他舅父和二妹翠英陪伴他的妻子住着。从那以后他们兄妹常常可以在一起谈心聊天，和亲人在一起当然极为开心。吴贞的妻子原本是一个蒙古人,是淮扬都司帖勃阑的妹子,生得落雁沉鱼,妩媚动人。张士诚占领淮扬后,帖勃阑为国捐躯,妻子祖姑儿氏殉节,剩下妹子帖兰孤苦伶仃,没有依靠,逃难到了龙兴,被吴贞的部下捉住,献给了吴贞。吴贞看见她很漂亮,想到自己还没有妻子,于是同帖兰做了夫妇。他们两人真诚相爱。况且吴贞又青年得志,受着荣封,又做着国戚,日日抱着爱妻,真是享不尽的艳福。像这样的好日子,恐怕各位亲王也赶不上他。

那天翠英如逃难似的逃出了仁和宫,回到国舅府中,他哥哥吴贞出去游玩还没回来,翠英于是与她嫂子帖兰闲谈。过了一会儿,吴贞从外面回来,看到她妹子回到家来,就随口问了些宫中情形,翠英乱答了几声,但是没把因太祖替她簪花而吓得逃出宫的事说出。半个多月后,正是七月七日,俗传是双星聚会的乞巧日。仁和宫的惠妃又命令宫监,打了一乘软轿迎接她妹子翠英进宫去赏花乞巧。翠英推托说不想去,偏是吴贞来劝道:“大妹子究竟是位贵妃,咱们虽说是自己姐妹,怎么能说不去?二妹子我劝你还是去好。”翠英没有办法,只得乘了软轿,由内监们一直被抬入宫来。

翠英在轿里坐着,看到他们将自己抬着进了端门,在边廊的甬道上弯弯曲曲地走着,半天却不见停轿。翠英这次进宫,只不过是第二回,一时也难将那东南西北分清。又过了一会儿,经过几十重门之后,来到一个地方,轿子才渐渐走得慢了。没走百步,轿子停住,有三四个宫女过来掀开轿帘,扶翠英下了轿。两个宫女在前头,领翠英来到一个竹轩,只见四周全为修篁,照得轩中的器物也变为碧色了。走进轩门,便来到一个精致无比的客室,几案整洁,名人书画悬在壁间,书籍玉简之类堆满了书架,旁边是个月洞门。翠英被宫女们领进了月洞,那室中的陈设比那客室更加精致。琴棋书画样样齐备,案上的古玩都是自己未曾见过的,确实是琳琅满目,让人眼花缭乱。靠月洞门的左侧,摆设着一只小榻儿,锦褥罗帐华丽无比。正中的圆桌上,摆着杯盘果品,那宫女请翠英坐在榻上,一个宫女为她马上倒了一杯豆蔻茶来。接着翠英喝了一口,感觉香溢眉宇,凉震齿颊,味儿甘芳无比。翠英边喝茶边向那递茶的宫女问道:“惠娘娘怎么没有过来?”那宫女答道:“惠娘娘正与圣驾饮宴,只叮嘱我陪小姐一会儿,等皇上起驾,惠娘娘便可以来这儿与你谈心了。”翠英点点头,没多说什么。

## 翠英醉卧姐夫家

翠英游玩了几处亭轩之后,天色也晚了,于是回到竹轩中,看到酒筵已经摆在圆桌上了，四个宫女立在一旁，很整齐，看到翠英进来了，个个微笑着迎她。翠英因她姐还没来，心中早有点不耐烦了，正要问时，忽见月洞门的右侧小门慢慢地开了，环珮叮咚，一个美女轻盈地走了进来，翠英原以为她是姐姐，连忙起身迎接，再细瞧发现不认识她，不禁愣了一下。那美人微笑道："吴小姐等了很久了吧？"翠英没有应答，那美人又道："惠娘娘被皇上缠住了，看来今天是没有时间了，所以让我过来陪吴小姐，用完晚饭以后，送吴小姐回府就是了。"翠英得知她姐姐没有空闲，干脆也不吃晚饭了，就让她们打轿回府，可那美女格格地甜笑道："吴小姐别急，既然已经来了，不管怎样也应该吃晚饭呀，况且我是奉了娘娘的命令来侍候小姐的，如果小姐此刻就回了府，惠娘娘来了不见你，让我怎么交代呢？"翠英见她说得婉转有理，只好留下来了。于是那美人邀请翠英入席，二人对面坐了，那美人为翠英斟了一杯又一杯，劝饮殷勤至极。翠英见她一杯杯敬酒，知道她的酒量挺大的。翠英感到自己已经有几分醉意，有些支持不住了。美人这才吩咐宫女为她添饭，翠英这时多喝了几杯，难免头昏眼花了，哪儿还能吃下饭呢？美人亲自扶着翠英到那小榻上躺下。边令官人收去杯盘，边附在翠英的耳边低声说道："吴小姐暂时休息一下，我就去打轿。"翠英微微点点头，那美人就走了。

翠英渐渐地沉入梦中。她睡得正香时，突然被宫中的更漏惊醒。睁开眼睛看时，案上烛光渐明，却不见一个宫女，感觉好像有人卧在自己的身边。朦胧中翠英辨认出那人金带紫衣，看装束是个男的，不禁吓得直跳了起来。可四肢软绵绵的，没有一丝气力，挣扎了好久，也没能脱开，额上弄得香汗淋漓，胸口娇喘吁吁，双足不停地上上下下乱颠。那紫衣的男人已经翻过身来，轻轻按住了翠英的前胸，和声悦气地说："吴小姐不要慌，你姐姐也快来了。"翠英赶忙将他的手推开，仔细辨别声音笑貌，看出了是皇帝姐夫。'于是咬牙大骂道："翠娥（惠妃）她这该死的贱婢出卖了我？你用这样的圈套，真害死我了。"说罢就呜咽地大哭起来。

朱太祖看到翠英流泪了，便甜言蜜语地安慰她道："吴小姐不要错怪了你的姐姐，全是我出的主意，不关你姐姐的事。"这时，翠英气得火冒三丈，不管他是什么皇帝了，于是满脸娇嗔大声说道："你们用这种诡计，想拿我怎样呢？"太祖听了，微笑着说："并非想拿你怎样，实在爱你如此的娇媚迷人，我都快想你想疯了，所以才将小姐骗进宫来。如果小姐一心一意嫁给我，我是绝不亏待你的。你瞧你的姐姐，现在封了惠妃，在仁和宫里居住，宫女太监们服侍着她，进出是凤舆安车，穿的是绸缎绫罗，吃的是山珍海味，一呼百应的，一举步后拥前护，好荣耀神气呀。那些官宦家的女儿,人人都想嫁俺做嫔妃,我却一个也看不上,尽是一心爱着你,不知道小姐的心里怎想?”应该说每个女子都有爱慕虚荣之心,翠英是小家碧玉,她平时看到自己的姐姐做了皇帝的贵妃,心中曾暗暗羡慕,来到宫中同姐姐亲近时,只见她满头珠光宝气,遍体锦衣绣服,不觉有点惭愧了,羡慕的念头越来越强。此时听完太祖一番话之后,不禁芳心一动,又经太祖小姐长、小姐短的一说,她的心软了许多。太祖见翠英沉默着,看出她的心已被打动了,于是极其温柔,百般地逢迎翠英,说得翠英眉飞色舞。翠英一扭粉颈说:“我姐姐封了惠妃,但我没有封号。”太祖笑道:“封号多的是呢!俺宫里的妃子没人比你更美丽,俺就封你做吴美人吧!”翠英非常喜欢这个封号,这才在枕上叩头谢恩。两人说笑着,共入好梦了。

第二天起来后,太祖命令吴美人住在长春宫。又谕知吴贞说册封翠英为美人,吴贞随即进宫致谢恩情。太祖自有了吴美人,日日在长春宫中留宿,将宁妃、瑜妃、惠妃,一股脑儿丢在脑后。宁妃和瑜妃没有什么不开心的,但那惠妃见她的妹子一人被太祖宠着,气得眼珠简直要迸出来了。

## 小舅子的俏媳妇自投罗网

惠妃因为太祖宠幸着自己的妹子吴美人,极为愤怒,几次准备跑到长春宫去同她的妹子拼个你死我活,结果都给一班宫女劝拦住了。有一次上,她实在忍耐不住了,擦掌摩拳地跑向长春宫,口里连呼着备车,旁边的宫人劝她说:“你还是忍住为好,现在吴美人正在得宠之时,虽然她是你的姊妹,如果她变下脸来,皇上在那里呵护着她,难道不是在找乱吗?那时后悔也迟了。”惠妃听了宫女的话,觉得不无道理,只得忍住了一口气,却偷偷地把吴贞召进了宫,一五一十地将翠英的事讲出来了。而且把翠英恃娇专宠的行为向吴贞诉说了,并说翠英欺负自己,心中竟没有她这个姐姐了。说完,眼睛红了,扑簌簌地流下泪来。吴贞边安慰她边说:“娘娘别太伤心,可要注意好好保养自己,解决这件事,只需嫂子进宫去吴美人那里劝说一番,让她回心转意就行了。”惠妃点头答应。吴贞退出宫去,于是同他的妻子米耐帖兰说了这事,命令她进宫去为惠妃妹妹调解。帖兰答应了,吴贞就让惠妃宣召他妻子进宫来,打起一乘软轿将帖兰送进宫。哪里知道帖兰这一去竟杳无音讯,再也没出来。吴贞在外等着心急,看看已七八天过去,仍然没有看到帖兰出宫,吴贞急得揉腮抓耳,自己思索着说:“莫不是她们姑嫂太要好了,把帖兰留住了吗?”硬是要去宫中打听打听,却由于存在外戚不奉召不能进宫的规例，不好进去。

如此，日子一天天过去，眨眼已是一个多月了，帖兰仍然没出来。吴贞没有办法，只好亲自在宁安门外候着，他向那些内监们打听，可没人说知道。恰好一日，有一个小监出来了，吴贞赶忙跑上去看，才知是经常到自己家里送物赐御的那个小太监，便向他打招呼说："小哥哪里去？"那小监掉过头来，看是国舅吴贞，于是回答说："皇上命令我送人参到国公府里。爷在这儿干什么？"吴贞听了，便悄悄地把他拉至僻处，将一包碎银掏出，向那小监递去说："这点儿小意思，小哥拿去买些糖果吃吧。"那小监平时不太容易弄到钱，见到吴贞送给他银子，忍不住眉飞色舞地说："我没有任何功劳，怎好受爷的赏赐。"吴贞也笑道："那是笑话了，你收下就是了，我还会有事要拜托你的。"那小监将银子收下后，特别开心地问道："爷有什么事咱立刻就去干。"吴贞说道："其他的倒没有，我只想问你一下，我们那位国舅夫人，如今在宫里干些啥事？"那小监听了，不由地怔了半晌不能说出话来。

吴贞见他神情不对劲，明白了小监肯定有什么隐情不敢说出，于是凑近小监耳朵低低说道："你有啥不好告诉外人的尽管讲给我听好了，我绝不会使你为难。"那小监想了想，对吴贞说道："我对爷爷实话实说吧，自从国舅夫人那天进宫以后，至今还住在宫里呢！"吴贞说道："那我是知道的，但不明白她为什么在宫中住到现在还不出来。"那小监到底年纪小不知好坏，此时听完吴贞的话后，便拍手答道："早哩，早哩！我看国舅夫人很难离开宫了。"吴贞大吃一惊："你是什么意思？"那小监笑道："皇上和国舅夫人日日在永寿宫里饮酒作乐，我想他们正亲热开心呢，会舍得出来吗？"吴贞不听犹可，听了小监一说，早已气得眼里冒火，七窍生烟，大叫："反了！反了！竟然会出这样的事。俺吴贞死也要出这口气！"他这一叫，那小监被吓得面如土色，慌忙说道："爷如此地大闹，岂不要我受牵连吗？"吴贞这才忍住了气，转头向小监说道："对不起，小哥。我们再见吧！"那小监也巴不得他说出此话，于是向吴贞道谢后，飞奔向国公府了。

吴贞怒气冲冲地回到家，拍凳拍台地大骂起来，吓得家人奴仆们如老鼠见了猫似的四处躲藏不迭。吴贞正怒气未消时，忽然听得左将军傅友仁来探，吴贞只好出去迎接。两人携手进了书斋，聊起话来。吴贞言语间说起朝廷时特别生气。友仁几次询问，吴贞仅仅用其他的话应付过去了。友仁很机敏，听出了吴贞定有些难说出口的隐私话，便起身告辞回来，把吴贞的事暗暗告诉了胡惟庸。

那时的惟庸已封了太师太傅，威震四海，朝臣大多害怕他。此时，刘基方罢相,左丞相汪广洋被诛,惟庸不免兔死狐悲,秘密地对李善长说道:“皇上最近情绪不像以前,总是多愁善感,朝士皆朝不保夕,我们应该早自为计。”原来善长和惟庸已经结成了儿女亲家,他们来往很亲密。听胡惟庸如此一说,善长只是默默地不吭一声。惟庸疑善长心已动,于是去勾结了左将军叶升、员外郎吴焕、都督王肇兴、御史徐敬等等,一心收买人心,招揽同党。惟庸家里养着勇士数百人,又深夜在府中打造武器。当时从同党傅友仁的报告得知,吴贞也存异心,于是连夜将吴贞邀至相府,惟庸亲自为吴贞把盏,一杯又一杯,吴贞被灌得大醉,惟庸趁势用言语激他。吴贞酒后糊里糊涂的,没有什么顾忌,一口气把皇上强占自己妻子的事说出了,且说了些不敬的话。胡惟庸向来知道吴贞是个极勇猛的人,有心要收买他,这时看到有可乘之机,于是,有意地叹息说:“国舅出入戎马,拿性命去换来的功绩,只酬得区区千五百石的侯爵,却比不上刘基这一帮人丝毫不费力气地做了公爵,的确不太公平。况且,皇上又糟蹋了国舅夫人,难道主子就不念功臣的辛苦吗?如果这件事传开了,让国舅怎么有脸立在朝堂呢?”这一番话,把个吴贞说得脸红似火,他将佩剑拔出,啪的一声把桌上的一只酒杯击碎了,咬牙切齿地骂道:“罢了!罢了!现在我如果有机会,一定让那皇帝老儿和这杯儿一样!”惟庸看到吴贞已入彀中,急忙摇摇手阻住他说:“国舅就要行事,最好秘密一点。你如此的小题大做,风声泄露,不是画虎类犬?”吴贞一本正经地谢道:“全仗丞相的包涵。”惟庸小声地说:“不瞒国舅说,我早就有了这心思,只不过没人帮助我,不敢举事。”于是细细地向吴贞说了自己谋划的事,吴贞大喜道:“丞相如果能行大事,俺吴贞不才,愿助你一臂之力。”惟庸也非常高兴,一面吩咐左右更酌洗盏。惟庸请来了傅友仁、叶升、徐敬、王肇兴、吴焕等一干人,大家歃血为盟,设酒共享。

这年的冬天,忽然有一颗灵芝生在了胡惟庸的府中大门上。术士李俊说道:“灵芝是皇帝之瑞,以后某一天一定出天子。”惟庸听了,不由得坚定了谋乱之心。并且邀集吴贞、徐敬、叶升等摆筵庆贺。当时李善长罢相,尚书余雄又辞了职,且遣戍河南。惟庸害怕自己性命难保,连夜商议起来。一方面去同禁卫指挥曹聚说好到那时开了禁城迎人。殿前都尉张先本是惟庸的外甥,当然是同谋了。

## 灌醉嫂子成好事

那吴贞的妻子米耐帖兰,从那天乘了软轿先到惠妃宫里之后,姑嫂相互寒暄了一番，因惠妃和帖兰只是第一次见面，两人谈了一会儿，帖兰就动身去长春宫来见吴美人。她和吴美人素来相识，所以特别亲切。帖兰一心想为惠妃说几句话，可那吴美人一直不停问好，弄得帖兰不好开口。两人正谈说时，忽然圣驾进宫来了，帖兰准备避开时，吴美人阻拦住她，帖兰没法，只好同她一起跪着接驾。朱太祖命令宫女扶起她们，一眼瞧见了帖兰，觉得她神如秋水，容光焕发，于是向吴美人问道："那是谁？"吴美人笑道："便是臣妾的嫂子。"太祖吃惊地说："吴贞有这样一个妻子，朕却从没听说过。"说着便命令设筵席，吴美人拉着帖兰共饮，那帖兰本来不清楚什么廉耻与礼节，三杯下肚，说说笑笑不停，免不得和太祖眉来眼去。吴美人要笼络皇上，于是分外凑趣，有意灌醉了帖兰，扶入后宫去，太祖于是跟在后，此夜就与帖兰成了好事。

第二天，太祖命帖兰住在永寿宫，晚上就来与她作乐。帖兰看到太祖魁梧，而且荣华富贵，这样在宫里一天天地住下去，竟然忘记出宫了。但只有吴美人和宫女们知道这件事，惠妃却一点也不知道，吴贞在外面等候帖兰特别心急，于是去向那个小内监探问，把宫里的事全都露漏出来。吴贞听后，私下又一打探，才知帖兰失身的事，一半是吴美人的诡计。吴贞恨得牙痒痒，划天指地地骂道："翠英这贱婢，早晚会被我用刀砍死！"

一天晚上，太祖和帖兰在永寿宫中对饮，灯迤酒阑，双双携手入帏，正拟同赴巫山，突然宫门外有大喊之声，接着又是震动天地的一声巨响，宫门前脚步声杂乱，在床上的太祖手提着帐门，命令宫人出去探问，谁知道宫门刚刚被打开，已经有五六个内监慌忙地冲进来说："坏事了！贼人打进乾清门了，赶快请圣驾出宫避贼要紧！"太祖听了大吃一惊，说："谁是贼？"这句话还没有说完，又听到轰然一声，两个内监连滚带爬地进来报道："贼人打到了乾清门，此时侍卫们正拼命地抗拒着，圣上快快避贼！"太祖此时心慌，忙着起身下床。太祖回过头来，不忍心留下帖兰，于是一下拖住帖兰，七跌八撞地奔出永寿宫，一大群宫女和前面六七个内监，纷纷地随着护驾。

太祖和帖兰走出永寿宫的正门之后，只见到南面的谨身殿上火把照耀通明，几十个侍卫时而进时而退，贼人一拥而来，为首的人手拿着一口朴刀勇猛杀来，势不可挡。太祖认得是吴贞，猜他是到这儿来援救的，要叫他时，再看吴贞，只见他在侍卫们中乱砍，向甬道上杀过来了。太祖知道不好了，当下也顾不上帖兰了，将帖兰推到宫女中，自己从人丛中逃走。

那吴贞领着党人，凶猛地杀人永寿宫，寻找太祖和帖兰，没有见到他们，回身出了宫门，又碰到了一大队侍卫，大家在甬道上厮杀着，吴贞挥刀如猛虎一样，十余个侍卫根本抵挡不住他，不一会儿，已被他杀得遍地尸首了。吴贞杀退了侍卫，于是奔向长春宫，吴美人也听到了宫外的哭喊声，内监接连不断地报有贼杀来，吴美人慌得不知所措，旁边几个内监宫女，将吴美人护送出来。刚走出宫门，恰巧正碰上吴贞，吴贞一看是他妹，不禁火冒三丈，便提刀大叫道："俺已去过了永寿宫。"说着一刀砍向美人，吴美人急忙躲闪，怎么也来不及，身上早被砍了一刀，倒下来趴在血泊里了，吴贞也不管她是死还是活，返身杀进甬道，去仁和宫寻找太祖。

此时帖兰也跟随着一群宫女，拥挤于甬道上奔逃，吴贞领了党人，一路追赶着乱剁乱砍，一班令人可怜的肌肤娇嫩的宫女，怎经得这如虎似狼的士兵的蹂躏，霎时哭泣声惊天动地，被砍的都倒在地上，有几个轻微受伤的也靠在门沿上哭啼。吴贞当时在宫人中认出了帖兰，将她一把抓住，如小鸡似的捉了过来，正要仔细地问她，忽看到朱太祖慌张地从右边长廊上转出来，吴贞便一刀剁翻了帖兰，提刀赶快追太祖，口中还大声叫喊道："朱元璋休想逃，俺来找你算账了。"太祖听有人从后面追来了，吓着魂都要飞了，不敢再走长廊，一转身穿过了景福宫，飞跑出聚景门，逃往御园中来。那吴贞没有停下，也拼命地追着，眼看要赶上了。太祖跨上金水桥，吴贞也上来了，太祖喘着说道："吴贞！你念在君臣之义上，不要杀朕，行吗？"吴贞大喝道："你霸占俺的两个妹子，还不知足，还要玷污我的妻子，还说什么君臣之义！"说罢便使劲朝太祖一刀剁去，太祖急忙躲避时，吴贞使力太猛，将刀正劈于金水桥的桥栏上，并且刀背也差不多陷下去了，吴贞急切地想拔出那把刀，却拔不出，又气又恨，拼命地一扯，拉折了桥栏，那刀才被拉出，再瞧那刀口，已是卷缺的了。吴贞提着刀，回过头来再瞧那太祖时，太祖早绕过太华池，远远离去了。

## 娇枝嫩叶竟遭灾

吴贞还想追赶，忽然听到墙外呐喊声一片，火光照着就像白天，那宁安门突然间全被打开了，不计其数的禁卫军杀将进来，吴贞的党人也随后赶来，拦住禁卫军厮杀。哪里知道禁卫军们越杀越多，这里一队没有被杀退，那边却又有一队杀了过来，把吴贞围在中间。吴贞大吼一声，挥起了缺口刀，勇猛地冲开将士而出。正好叶升和徐敬领着三四百个勇士，来宁安门接应，三个人聚在一块，杀出一条血路，冲出了宁安门。吴贞尚欲进宫找寻太祖，叶升劝道："我们赶快杀到外面去吧！听说王肇兴、傅友仁等保密不力，因事急都已经自杀了。此时赵翼云将军亲自率领大队人马，杀进了西华门。”吴贞惊道：“胡丞相怎么样了？”叶升回答说：“丞相见大事不妙，自己已经领着几十家将逃了。”吴贞跺脚说道：“罢了！罢了！如此难得的机会，怎么轻易放弃了呢？”说着，果然听到人嘶马叫，远远地看见殿前指挥王光、大将赵翼云和总管马如飞率领大兵进城来杀贼。吴贞向叶升说道：“事情既然如此的糟糕，大不了一死，我们干脆杀上去吧！”还没等叶升回答，跟在后面的党人以及勇士，听到大军来了，谅也打不过他们，便高喊着一哄而散了。吴贞更加愤怒了，赶忙同一个勇士换一把腰刀，同叶升、徐敬领了不曾走的三十名勇士，来迎战大队军马。

两边相遇，吴贞愤怒得首先冲锋陷阵了，王光知道吴贞凶猛，也不来抵抗敌军，只是指挥士卒们一齐围上他们一队人。吴贞仗着自己的武艺，左突右冲，那兵士纷纷围了过来，一层比一层厚，吴贞的本领再大也休想杀出重围。忽然兵队里一声呼啸，绊马索聚起，将吴贞擒住。吴贞只管朝前奋勇杀去，不提防脚下一绊，就像玉山倒了似的跌了一个筋斗，翻身将要跳起来时，已有拿钩手抓住他了。兵士们这时把猛虎似的吴贞用绳索缚着抬走了。吴贞既然已经被抓住了，叶升、徐敬就很容易对付了，不到半刻工夫，士兵同时将两人抓住了。另有三十几名勇士，均被乱兵砍死，没有一个逃掉的。元朝的后裔马立，也带着百把个人，想杀入城来接应，跑到东华门附近，看见城里面到处一片灯火，东华门前站满了禁军，戈戟森严，明白事情不妙，城中有备，便悄悄地退去了。

赵翼云等命令将皇城紧闭，大搜余党，直至天亮才将军士收了，一并捆绑住吴贞、叶升、徐敬等一干人犯以及家属亲戚之类，带上了殿，任太祖亲自发落。其时，文武大臣都进大内来请圣安。那朱太祖被吴贞追赶得无路可走，差点儿被吴贞赶上了，幸亏一刀砍在桥栏上，太祖才脱了险，一时慌忙，躲在鱼东亭的假山洞里，不久听到禁军杀退反贼，太祖惊魂始定，赶忙跑来长春宫看吴美人，看见宫女们已经将她扶在床上，右臂上被砍了一刀，用白绫裹着，面色如黄金纸一般，浑身都是血污。吴美人一看到太祖，忍不住呜咽着说道：“妾兄叛逆，臣妾罪该万死！”太祖安慰她说：“不关你的事，你只管放心养好自己就是了。”说完后再三吩咐宫女，叫她们留心服侍，自己朝永寿宫走来。

只见在那甬道上被杀死的宫女，到处都是，有的没有头，有的只是手足被砍伤了，在那里不断地挣扎着。太祖看了这样的情形，也觉得伤感至极。忽然见到在宫人的尸体旁边还躺着帖兰，紧紧闭住双眼，脸色苍白，肩上的刀伤处血仍汩汩地流个不停，摸摸胸口，还有一口气。太祖呼叫宫监，但是没有人回应，大都四处逃走了。太祖没办法，只好亲自去拉帖兰，可怜她那香体软绵绵的，哪能走动？太祖于是使出全身力气来，把她拥在肩上，慢慢地走到永寿宫里，把自己的衣袖扯下了一块，替帖兰包了伤口，又到金壶内取来了半盏的清水，缓缓地灌入帖兰口里。好久之后，帖兰才慢慢地睁开眼睛，微微一声："痛死我了！"如泉地涌出了泪珠儿来。太祖见到帖兰苏醒了，总算是放了心。温柔地安慰她，这时天色已经大亮，宫门口的云板叮咚，知道大臣们来请安了。宫女、太监纷纷聚拢来。太祖吩咐一个内监，命令大臣们不要侍候，又叫宫人们好好地看护帖兰。

不一会儿听到景阳钟响，该上朝了。于是有二十四个卫仪监拥着銮驾来迎接太祖临朝。太祖登上銮驾，太监护着圣驾到奉天殿上，太祖下了銮，殿前太监扶他上宝座，文武大臣纷纷列班请安，山呼礼毕后，各自归了班次。右丞相胡惟庸托疾不朝。此时大将军赵翼云上殿奏知逆党已被捕获了。太祖谕令把吴贞等绑上殿来，丹墀下的侍卫横拖倒拽地将吴贞、叶升、徐敬等三人拉到殿前跪下，太祖见了吴贞，不禁一声冷笑："吴贞！朕没亏待过你，为什么纠党行逆？"吴贞听后，怪眼睁圆，恰要回答时，太祖害怕他说出隐情，于是下令把吴贞、徐敬、叶升等三人并全部家属人口拉出去砍了。那徐敬愤恨极了，于是招出李善长、廖永安、曹聚等一帮人来。太祖大怒，马上谕锦衣校尉去捕李、廖诸人。

## 太孙勾引香菱女

玉贵、蓝王大败明升，平定四川，献上一个娇媚美女给太祖。太祖犒赏将士完毕，就到玉清官去瞧美女。

玉清宫建在洪武二十一年，蓝玉将美女进献给太祖后，太祖便让她居住在那儿。可那美女是何许人呢？她便是西蜀王明升的爱妃香娘娘，此香娘娘姓黄，芳名称为香菱，是四川的巴州人。那香菱的父亲小名黄老五，在巴州地方开着一所豆腐坊子。此对老夫妻都快五十岁了，却还没有孩子，黄老五倒并不在乎，他日日磨着豆腐，安度他快乐的时光。谁知道那黄老妪，突然生了个女儿来，当时她已过五十一岁了，他们给这女孩取名为香菱。那香菱刚生出来的时候，满屋子里香气四溢，连四邻八舍的人也都能闻到这如兰如麝的香气，都说这女孩子以后一定不一般。黄老五由于在半百之上才得一女儿，于是特别疼爱她。当她站在柜上时，香气四播，便给她取名为香菱。说来也怪，那香菱到了十二三岁，已长得亭亭玉立，眉同杨柳，脸若芙渠，冰肌其肤，秋水为神，桃腮含晕，笑靥承颧。单说她那容貌，确实是羞花闭月，落雁沉鱼。一段时间，附近的人，谁见了她，都会赞叹不已。特别是一班青年纨绔，人人对香菱如痴如醉，当香菱站在柜上时，连不想买豆腐的却也跑过去送她几文，乘势同她勾搭勾搭。如此一来，黄老五的豆腐顿时供不应求了，老夫妻两个只好日夜磨出豆腐来，但还是不够售卖，只好另雇伙计帮忙，没过半年，黄老五豆腐铺子的生意比以前火爆多了。

光阴似箭，转眼，香菱已经是十六岁了，替她来做媒的人已踏穿户槛。偏偏这黄老五的脾气有些怪，他觉得自己仅有一女儿，一定要将女婿入赘在家，即使你是公侯的门第，谈到嫁出去三个字，黄老五也会一口拒绝了。试着想一下公侯人家的子弟，怎么愿意入赘到豆腐店里来呢？几家肯入赘的，黄老五却又瞧不起，不是嫌人品不好，就是嫌家贫，高不成低不就，把香菱的终身慢慢耽误了。一天，一个游方女僧走过，一看到香菱，就说她身有仙骨，有几年王妃的福气。

那香菱一年年地长大了，自视尊贵，常常顾影自怜。那些浪蝶狂蜂，到店里来和香菱勾搭的越来越多了。香菱虽然有桃李之容，但是其志如冰霜，同她勾搭的人，三言两语后，也能够在其脸上刮下霜了。别人都不敢靠近她，跟她取了一个绰号“豆腐西施”。又听到那女僧的话，说她有王妃之分，大家又称她为香娘娘。西蜀王明玉珍逝世，养子明升继承父位，他也得知香菱的艳名，于是立即赍了三千聘金，要求香菱做她的妃子。黄老五见是西蜀王的命令，自己又在他的手下，当然只好依着他。不久之后，香菱成了明升的王妃。蓝玉平西蜀，香菱也掳在里面，蓝玉好几次想要犯她，香菱都拿刀自卫。蓝玉见她不好亲近，便进献与太祖。太祖几次想临幸她，均被香菱哭泣着拒绝了。太祖虽近不得她的身子，可是一点也没变爱她的那颗心。其时那东宫的允炆却是个少年风流的皇太孙。他听说那香菱不但艳丽，而且遍体皆香，连她的一滴唾沫的香气也不会在三天之内消散。允炆不由地对她有了好奇心，于是常常来到玉清宫，他对香菱下的功夫不少。香菱见皇孙对自己一往情深，又觉得他真挚温柔，极为体贴，人非草木，哪里能没有感情？因而香菱也慢慢坠入情网中去了。

一日香菱与允炆正于玉清宫的假山旁情语缠绵、心心相印时，正好被太祖看到了，允炆吓得拔腿就逃，香菱也泪汪汪地进宫。太祖此时一声不吭，只是叹了口气就走了。第二天，圣谕下来，用白绫将香菱赐死。死后草草地装殓了，然后把她葬在了钟山的山麓里。

# 英宗爱名妓

## 左拥右抱气死太妃

英宗正统九年,英宗皇帝已经十七岁了。胡太后见英宗一天天地长大了,于是主张为他立后。胡太后下谕,皇后为工部尚书钱允明的长女锦鸾,贵妃是御史云湘的女儿小云,并选定吉日为英宗册立后妃。待到那天,英宗派英国公张辅持节来迎接钱皇后和云贵妃。没多久,英国公张辅前导着凤舆与鸾仪,直接走进乾清门,来到养心殿前,凤舆停下,云贵妃与钱皇后下舆,一群宫侍拥护着上殿拜了祖宗天地,接着行了君臣礼,然后又行了夫妇礼,英宗亲自授皇后金宝金册,贵妃也授了金册(贵妃无宝)。宫女们又上去,纱灯、鼓乐、红杖、响节等前引,一路上拥着皇后进坤宁宫、贵妃进仁寿宫。英宗又封幼时的伙伴钱秀珠、马雪珍两人为贵人,叫秀珠在永春宫居住,让雪珍在晋福宫居住。英宗从此左拥右抱,简直不把政事放在心上,而让王振去办所有的事,因而将一个吴太妃活活地气死。

明英宗朝服

原来吴太妃稍微有点不舒服时,就派人去叫太医,来到宁安门前,那些看门侍卫们挡住那内监,不让他进去,于是内监只好返回去回禀吴太妃,太妃命盖上宝章,内监领着太妃的懿旨出宫,宁安门的侍卫依旧不让内监进去,他们解释说,若没有王公爷的命令,就是皇帝也休想进去。内监只好又回去了,向吴太妃如实地诉说了一遍侍卫所说的话。吴太妃听后,当然很生气,赶忙跑去向英宗报知此事。英宗已听了王振一片鬼话,反来慰劝吴太妃道:“宁安门是宫中的要道,如果不对它严格管理,万一出了什么事,谁能来担当此罪名。王振忠心为国,虽然忤了懿旨,但却是他刚正不阿之处。”吴太妃大怒道:“宦官不许干政是祖训上的一条,现王振如此无礼,恐怕你的位置也会被他夺去了。”英宗为王振辩护说:“母亲不要错怪别人了,那可不能说王振干政啊,内监的责任就是看守宁安门,所以不能说他在干政。”吴太妃听了,更加愤怒地喝道:“王振这阉贼绝对不是个好东西,必将误国无疑。”吴太妃说到这里,一时喘不过气来而昏厥过去了。吓得宫女们七手八脚地散头发,掐人中,又凑近耳朵大叫,闹了半晌,吴太妃才慢慢地醒过来,忍不住一声长叹道:“皇帝年轻不懂事,一味地信任王振,恐怕有朝一日王振要害他,那时后悔也来不及了。”当夜吴太妃逝世,英宗却一点也不哀伤,只是命令依后妃礼成殓了,即日去往葬寝陵,并追谥吴太妃为贤淑孝贞妃,家族颁赐爵禄。

## 王振专权献扬州名妓

英宗自册立了后妃,成天呆在宫中不出去,凡二十余日,日日同云妃等饮酒作乐。渐渐地日复一日也就厌倦起来了。当时,王振几乎一人独揽了朝中内外的政事,就像吴太妃所说的,王振简直成了皇帝,而那英宗只不过摆个名而已。王振又怕英宗出来掣肘,想让他一心迷恋于美女,以便自己独自行事。便同中官王恩、内侍郭敬并义子王山秘密商量,命令王山在京城内外寻找绝色女子,将其选进宫来送给英宗。王山奉着王振的命令到各处搜寻,选来挑去,却还是几个姿色平平的女子而已,没有出色的角儿。王山看到没有什么漂亮的女子可供选的,于是回去向王振报告。王振又同郭名等商量,王恩主张到外省去寻找、挑选,郭敬也同意,王振听了,便让王山带上重金到外省选美女去。

王山赍金出了京城,向四处一打听,便知江南山明水秀,绝代的佳人常常生在那儿,于是连夜向江南而进。不到一天到了江南的苏州,王山于是选择住在一处大驿馆,并将选美女的大旗悬在门前。苏州的地方官听说王山是奉旨而来的,都去巴结他,地方官们提供了所有的饮食起居。王山又趁势作威作福,卑鄙地向他们勒索财物,只是把那些官吏们苦死了,不敢不应酬他。王山知道地方官们害怕他,干脆让地方官们去办选美女的事务。那苏州府彭间侯,没办法只好奉命去做。当下由彭知府下札召来了各属县的保甲,让他们将乡邑中的民女挑有姿色的送来应选。几天之后,各处纷纷送来美女。彭知府去报知王山,王山仔细一瞧送来的美女,一个也没选中。彭知府笑道:“本郡的美女都在这儿。”王山皱眉道：“再也没有强的了？那可糟了。”彭知府道：“江南地广，苏州没有漂亮的女子，其他地方却多着呢！”王山被彭知府一语惊醒，不由地恍然道：“我还记得从前有个隋炀皇帝曾经到过扬州，去看什么琼花。听说那儿有很多美女，不知道扬州离此地还有多少里路？”彭知府回答说：“扬州距此地不远了。卑职马上派人与王总一起去。”王山大喜道：“那最好不过，俺回京时就好好地奖赏你。”彭知府谢恩后，忙去备起一艘大船，命令两个健仆跟着王山前往扬州。

当时的守扬州的是纪明，翰林出身，为人非常正直。王山到了扬州，侍从投进帖子去，纪明看到是王振的帖子，特别不开心，只好勉强出来迎接。入了署中，王山说了来意，纪明寻思道：他这种举动不是来惊扰百姓吗？当时也不同王山打声招呼，就留他住在馆驿中了。暗地里命令心腹家人偷偷地把扬州所有的乐户一并传来，吩咐他们说：“你等将出色的姑娘挑选三十名来，明日必须要集齐，不能拖延。”那些乐户听了，以为是纪知府请什么贵客，要召侑酒的妓女三十名。于是当天就回去将扬州最有名的姑娘均选在三十名里面。

等到妓女都来了，纪明便去请王山来挑选，王山并不知道她们是妓女，照样一个个地仔细挑看。三十名女子当中竟然只选出一个美女。那美人叫徐蓉儿，芳龄十八，生得柳眉杏眼，玉肤冰肌，在扬州地方称得上是一花魁。那时江南江北有很多的士人、大夫都极醉心于蓉儿，可蓉儿的眼光太高，凡人她的妆阁只许可诗酒唱和，而不同意灭烛留宿，要不然就要寻死觅活，鸨儿也拿她没办法，只得听她的。这时蓉儿被王山选中，听说去侍候皇帝，当然是愿意的。王山看到已经选中了美人，即日匆匆起身。正是冬天天寒地冻之时，一路进京，大雪纷纷而落。王山载着蓉儿，沿路满地风霜，越往北越冷，当时唯有一种骡车，蓉儿坐在骡车里面，她那娇嫩的身体，经不起如此严寒的天气，以致她冻得樱唇变紫，紧紧地缩成团了。王山怕她冻坏了，特意为她雇了辆毡车，让蓉儿睡在车中。那种毡车是北方所独有的，是用最厚的软毡将四面铺垫起来的，十二分妥当。又将极大的温水鳖放在车的四边，那温水鳖是苏州彭知府所献的。当王山选中蓉儿时，一起从苏州来的两名健仆赶忙去向彭知府报知。彭知府见天寒地冻，于是送上两对大温水鳖以备在路上用。王山于是辞了纪知府，向彭间侯道了谢，匆忙地北上。到了北京就去报知王振，王振亲自来看蓉儿，看到她花容月貌，秋水为神，不由得非常高兴地说：“这才算得上是美人呀！”便命令他的假媳马氏帮蓉儿梳洗起来，重整膏沐，再施香脂，让她换上那绣裳锦服，这样，她就更显得容光焕发了。

## 碧罗帐里恩情似海

翌日上午,王振打了一辆车将蓉儿送进宫中。英宗同云妃等正于后宫的牡丹亭上赏雪,王振于是轻悄悄地上去,凑近英宗耳朵说了几句,英宗微笑点头,就同王振向西苑中走来。当时西苑中的莲房被张太后封闭了,莲妃降为侍嫔,没多久就郁郁而终。宣宗想到莲妃已经死了,很伤心,也不想再到西苑。如今王振要迎合英宗,私下把莲房打开了,打扫得干干净净,让那蓉儿住在里面,自己去将英宗请来临幸。英宗跟随王振走进莲房,看到宣宗的遗像还悬在正殿上,赶忙跪上去行礼,究竟父子天生是有感情的,英宗不由得流下了眼泪。王振侍立在旁边,也只好跪下相劝。正在这时,忽然听到环珮叮咚,屏风后面一个美人盈盈地走来了。王振将英宗扶起,让他在椅上坐下,那美人走到英宗面前,如花似玉的拜了下去。英宗感到阵阵的兰麝香味,直扑进鼻中,于是有意回头向王振说道:"这个就是蓉儿吗?"王振回答说:"正是臣儿进献来侍候陛下的。"王振想为他的义儿讨回功劳,因此推说那蓉儿是王山进献的。这时英宗细细地将蓉儿打量一番,只见她穿着一件绣花的锦服,外罩着貂毛的半斗篷,长裙垂地,肤如白雪,红里显白,白里透红,真是亭亭玉立,迎风招展,英宗一下子就被迷住了。蓉儿却是温情脉脉,面带羞色,只是低着头弄着衣襟。王振轻轻地在英宗袖上牵了一下,才使他清醒过来。君臣两人便搭讪着慢慢地走出莲房,谨身殿上稍谈了一会儿政事,王振自退出宫去。

英宗又去园林中玩了一圈,到了晚上,来到仁庆宫内,命令内监召尚寝局的太监进来。那尚寝局是专门服侍皇帝安寝的,正副首领两人,普通太监为十六人,大小太监为数十人。至皇帝召幸妃子时,尚寝局的太监便捧着一本朱册子及一盘绿头签,然后向皇帝走去,屈膝跪在皇帝面前,将册子与盘子顶在自己的头上。那绿头签和朱册子里都写着六宫妃子的名字,皇帝要召幸哪一个妃子,只需将册子上的那个妃子的名折起一个角,然后把写着那个妃子名字的绿头签也夹在角里,接着,太监就将册子与盘子顶着返回尚寝局里,将那册子及绿头签的名儿看完之后,就依着这些名儿,到宫中宣召皇帝所点的妃子。那时,管总门的宫监验过签子后(绿头签是尚寝局所独有的),才放那太监进宫中,一会便领着妃子出来,来到那皇帝的寝殿左侧时,两个老人便出来将那妃子接进检验室里,接着,那两个老宫人便将那妃子全身搜检一遍,鞋袜、发髻都要检查,连脚带也被放开细瞧,看到确实无凶器之后,老宫人这才帮着那妃子再施脂粉,重整云鬓,待妆饰妥当,另两个掌寝殿的宫人走出来将那妃子接进御中,这还是元朝的宫中流传下来的,因为当初元泰定帝召幸汉女,没有防备到她身上藏着利刃,泰定帝差点被她刺死了。此后,凡宫里皇帝召幸妃子,必须被检验室的宫人搜检后才允许进御。

此时英宗把尚寝局的太监召进来,那首领太监照常顶着绿头签和朱册子上呈。英宗想要召幸蓉儿,那签上及册子里却无蓉儿的名字,当下拣了一支空白签子,接着英宗提起朱笔来,亲自填上名儿,首领太监明白皇上又有新宠了,于是赶忙捧着盘儿、册子,回到尚寝局,先把鉴上的名儿在朱册上填写好,接着命令普通太监捧着绿头签儿到莲房中将那蓉儿召来。蓉儿自然跟随着太监朝着仁庆宫姗姗走来。

待来到仁庆宫的外面之后,照例,老宫人将蓉儿接进偏室里去检验。谁知道那蓉儿虽然是妓女出身,但是特别害羞,老宫人过去将她的衣纽解开,蓉儿用手紧紧按着衣服,怎么也不肯放松,但蓉儿愈是这样,老宫人却越有疑,也就越仔细地搜,大家一起到底把蓉儿的上身衣服解开搜查过了,等她们准备将她的下身小衣检查时,蓉儿吓得紧紧缩为一团,于是放开嗓子大哭。那两个老宫人只以为蓉儿心虚,万一她真怀着利器闹出事,这会导致自己家破人亡。因此一个老宫人劝蓉儿不要哭,对她说明了宫里的规例,蓉儿依旧不同意,两个老宫人又反复地对她解释,蓉儿被她们说得没法,只好转过身去自己将小衣脱下,又慌忙地拿斗篷扯来扯去地遮掩,但是那两个老人不放过她,一个随手一拉斗篷,另一个就去搜检。蓉儿此时真慌了,将酥胸紧紧抱住,缩着香躯,她无地藏身,急得哭喊个不停,将两只凌波小足在地上乱蹬不已。两个老宫人看到她这副样子,懂得了她只是在害羞罢了,不由地又好笑又好气,于是就草草地搜检过了,替她梳了云髻,又将她玉容上的泪痕擦去了,再给她施上铅华,带她出了检验室,很快,她就被仁庆宫的人接走了。英宗那时拥着绣被倚在榻上,宫人领着蓉儿走到龙床前面,那些宫人退出宫去。蓉儿早就想到这一着了,只好含愧带羞地一笑,同他入梦去了。一夜恩情似海,蓉儿与英宗两人,当晚自有说不出的喜悦。第二天英宗便命蓉儿住了仁庆宫,封她为灵妃,后又改封作慧妃。

## 蓉儿受宠遭嫉恨

自从蓉儿做了慧妃,那英宗异常宠幸她,英宗百依百顺地对待慧妃。王振没有引进蓉儿时,英宗又新纳了一个瑞妃,一个瓛妃,和云妃、马贵人(雪珍)、钱贵人(秀珠),六宫嫔妃中,云妃是最得宠的。钱皇后下面,云妃主管宫内的一切杂事。自从蓉儿进宫后。一班宫女内监,见慧妃比云妃得势些,可以从其中获小利,所以过去奉承云娘娘的这时都去捧那徐娘娘(蓉儿姓徐)去了。云妃受到了侍嫔们的奚落,心里如何不气呢?总之,这都是慧妃造成的。如果没有这个慧妃进宫,英宗心里就只有一个云妃。如今,好好的一个油饼,平白地被慧妃夺去了。云妃气得牙直发痒。

自那后,云妃时刻在找那慧妃的漏洞。有一次春节,依明宫的规矩,春节是一年的开头,当天皇后领着六宫嫔妃亲上勤桑台,试行育蚕,让百姓们观看于台下。这是当年太祖马皇后传下的照例,意思是劝人民勤养蚕多种桑树。待皇后从勤桑台回官后,内监和宫女们都跑来叩贺,皇后于是分赏给他们金银缎彩,称为赏春。钱皇后那天回宫后,照例分赏宫人们金银缎匹,但是赏得少了些,内监、宫人们觉得非常不开心。那慧妃年轻好强,宫女们对她叩贺,慧妃于是额外给赏。皇后赏给锦缎一匹的,慧妃就会赏两匹给他。如此一来,宫女、太监们欢呼雀跃,齐齐颂着慧妃的美德。一旁的云妃看后,实在气愤,就去撺掇钱皇后,说慧妃那样做分明是将钱皇后压倒。钱皇后听了,勃然大怒,只是看在皇帝的面子上,不好将慧妃得罪。但皇后的心上,从此就与慧妃有一道裂痕。

翌日是英宗出去祭先农坛。慧妃去清凉寺进香,她恃着自己是宠妃,排起全副凤驾的仪卫来,威风凛凛地出了西华门,在皇城里绕了一个大圈。文武官员看到了,以为是钱皇后的鸾驾,迎送时慧妃被他们齐声呼着娘娘万岁,她也心安理得地受领。这消息被传到宫中之后,云妃第一个知道了,心里暗想着此事是她的大错处了。当下赶快向钱皇后禀报,把慧妃恃宠和眼中无皇后的事一本正经地说了一遍。皇后听了之后,气得不能自己,又被云妃怂恿道:“皇后如果今日不重重惩罚一下慧妃,将来怕会酿出胡太后和孙贵妃的事来。”因现在的胡太后是曾经被宣宗宠孙贵妃时废过的,在张太皇太后万寿时才复位。云妃这样对钱皇后一说,钱皇后不禁变了脸色说:“慧妃欺我太甚了,难道我没有祖训吗?”说完让宫人拿来太祖的训谕和高皇后的家法来。钱皇后命令云妃捧着祖训,自己亲自捧着家法,立刻升坐凤仪殿,专门等着慧妃回来。到了中午,远远地听到谨身殿后喝道的声音,宫监跑来报道:“慧妃回来了。”钱皇后传令给慧妃,那慧妃听到皇后在凤仪殿上唤自己,但是一点也不放在心上。那些宫女太监知道规例的,暗地为慧妃捏一把汗。那凤仪殿是皇后行大赏罚的地方,如宫中妃嫔们没有什么大罪恶,历朝的皇后绝不会轻易坐凤仪殿的。太祖时期,高皇后贬宁妃曾经坐过一次,钱皇后在册立的那天,犒赏宫人也升过凤仪殿。慧妃只是知道傲视六宫，对于宫廷的规例却一点也不清楚，因此当她接到钱皇后懿旨后，竟然卸了宫妆后才来见她。到了凤仪殿前，忽然见钱皇后坐在上面，云妃侍立在一旁。慧妃寻思道："今天她摆起了皇后架子。"但还是准备上去行礼，因为云妃站在旁边，自己却要去跪在地上，似乎有点说不过去，于是干脆硬着头皮不跪。钱皇后娇声喝道："你知罪吗？还不跪下！"慧妃大吃一惊，也就大声问道："我有何罪，值得皇后这样生气？"钱皇后看到慧妃如此倔强，不知天高地厚，于是站起来，手捧着家法，命令云妃将祖训拿来，高声朗读。那祖训中说：嫔妃有越礼不规矩的行为，皇后应坐凤仪殿中拿家法责罚她。云妃读着，慧妃听到读祖训，平时见皇帝也要跪听，自己也只得跪下。

明宫的规定，皇帝没有临朝之前，天才五鼓时司礼监就顶着祖训来到宫门前跪着诵读。皇帝便披衣起身，在床上跪听，听完后就离床梳洗，然后乘辇临朝。宣宗时，此规例不再实行了，英宗嗣位，张太皇太后认为皇帝年轻，要使他清楚祖宗立业的艰辛，便旧事重提，再拿出祖训来，根据建文帝时的办法实行。张太皇太后逝世，司礼监由王振掌着，他威权虽大，终究不敢擅自废弃遗规，依然按照太皇太后在时的规矩办事。但是读祖训时，王振并不亲自到场，只是命令一手下太监代替他而已。太监日日来读祖训，慧妃已经听得特别熟了，此时听到云妃朗诵着，慧妃以为这是弄着玩的，于是勉强跪着。钱皇后捧着家法，将慧妃滥耗内府珍宝，妄行赏罚（指春节时），擅摆全副仪仗，假冒国母受大臣的朝拜等罪名，一一数说了一遍，慧妃被责得垂头无语。

## 青藤玉肤红印

钱皇后怒令宫人脱去慧妃的外服，只让她穿一件内衣，这也是祖宗留下的成例，没有将她的衣服全部脱去，算是保留了她的体面。当下钱皇后亲自下马，按照家法，将慧妃隔衣痛打了二十下。那家法是高皇后遗留下来的，是用两支青藤，上面的五色绒线从凤纹中缀出，尾上拖着排须，拿在手里感到特别轻，但打在身上非常痛。幸好钱皇后身体纤弱，不能很重地下手，但慧妃的背上的玉肤如此娇嫩，怎么经得住青藤的抽打呢？任钱皇后打得怎样轻，慧妃疼还是痛得难以忍受，趴在地上大哭，泪如雨点般纷纷地直流下来。钱皇后又训斥了慧妃几句，然后就起身回宫去了，云妃也自去。凤仪殿上特别安静，侍立在两边的几个宫人内监，全呆呆地一声不吭，只有慧妃在那儿抽泣着。

过了一会儿，慧妃的近身宫女中两人一前一后地将其搀扶起来。慧妃太可怜了，她的两条腿跪得早就麻木了，哪儿还能站起来？她被左右的两个宫女扶着慢慢地回转身儿，看那殿上时，云妃和钱皇后早就不在了，那家法同祖训还搁在案上，她不禁长叹一声，扶着两个宫女一步步地挪回到仁庆宫里，往绣榻上一倒。想起自己有生以来第一次受如此的侮辱，平日又是个争强好胜的人，现偏偏又在大庭广众之下丢脸，更是被在一旁的云妃笑话了。慧妃越想越觉得以后无脸做人了，心里也越是凄苦，于是翻身对着床又大声啼哭。

她哭得正悲伤时，忽听到侍卫的吆喝声，宫女来报皇帝回宫了，慧妃却装作没看见，掩着脸反而哭得更凶了。英宗这天驾临先农坛，依着例行了皇帝亲耕典礼。又到圣庙中拈了香，祭告了太庙，最后到四处游赏了一下，这才命令起驾回宫，车进了乾清门，一直至交泰殿前才停下来。英宗下了辇，那些护卫官同随驾大臣都纷纷散去。锦衣侍卫也分列在殿外轮流侍候，只有几个内监仍时刻跟随着。英宗一路朝那仁庆宫中走来，到了宫门前，没有看到慧妃，也没见到半个宫女，内外非常寂静，只是隐隐约约地听到寂静中传出的啼哭声，声音格外地清晰。英宗非常惊诧，于是大踏步地进了宫。见宫女们立着一大群，都傻站在那儿发愣，慧妃躺在绣榻上，身上只穿一件里衣，脸朝里哭得特别悲哀。英宗看到了这情景，丈二和尚摸不着头脑。只好走到榻前，坐下来轻声说道："你别哭啼了，有什么伤心事，朕替你做主就是了。"慧妃听得皇上叫她，不能不答应，于是慢坐起了半个身子，低垂着粉颈只是痛哭。英宗看见她青丝蓬乱，满脸胭脂狼藉，一双杏眼已哭得红肿得像桃一样，眼泪沾湿了衣襟上的一大块。这时春寒还重，英宗怕慧妃穿着单衣会着凉，于是赶忙随手扯了一条绣毯将其盖上，一面说道："朕只到宫外祭了一会先农坛，不到半天之久，你怎么就成了这样？"慧妃听了，自然越发哭得伤心，于是一头倒在英宗的怀里，然后解开了衣襟，一手将领儿褪到后颈，好让英宗看。英宗看慧妃的背肩时，见那如雪的玉肤上面，有几条红红的鞭痕。英宗大吃一惊说："这是被谁打的？"慧妃只是哭却没有回答，宫女中有一个嘴快的上前去从头到尾地细述了一遍慧妃受责的情节。

## 百般爱怜为慧妃

英宗听了后，心上也有八九分清楚了，明白这事是慧妃自己不好，擅自摆了全副仪仗，虽然受了责，按理说，还没有重罚，如果被廷臣们查出，上章弹劾，起码也要将她贬人冷宫，重一些儿脑袋也要搬家。再瞧慧妃，哭得像泪人一样，英宗又是怜她又是爱她，于是用好话安慰她道："你受了这样的痛打，朕也非常不忍心,早晚我要为你出这口气。但你身体要紧,如果悲伤至极引出其他的病,会使我更加难过的。”说着掏出袖里的罗巾,挽着慧妃的粉颈给她轻轻拭泪,又伸手去抚摩着她肩上的伤痕。他把头凑近慧妃的耳朵,低声地说了好一会,慧妃才慢慢停止了哭泣。两个宫女将她扶着下了绣榻,又有两个宫女过来,忙着为她挽髻,英宗在黄缎的龙垫椅上斜倚着看那慧妃梳髻。梳髻完毕,慧妃亲自掠了云鬓,宫女端来一金盆的热水,又送上玉杯、金刷各种漱口的器具,等慧妃盥漱。又有宫女捧上金粉盒、金香水壶、白玉胭脂盒等,慧妃擦粉抹脂完后,洒了香水,画好蛾眉后才走到更衣室里,由司衣的宫人代她换去了那件肮脏的单衣,换上了绣服,司宝的宫人为她戴上了钗钿。慧妃仍打扮得如同平日,盈盈地走了出来。

人靠衣装,慧妃就这样一打扮,与刚才蓬头涕泣时判若两人。英宗看了,又高兴起来,吩咐道:“摆起酒宴,我为你解闷愁。”慧妃急忙跪下道谢道:“臣妾刚才无礼,陛下并不见责,反而安慰我,皇上对臣妾恩重如山,我虽万世也报不尽了。”英宗笑着说:“你是我最心爱的,说什么谢恩,有什么报不报的,只要你生了太子,这就报答我了。”慧妃听了,斜睨着英宗,莞尔一笑,这一笑确实千娇百媚,妖艳到了十二分。弄得英宗皇帝骨酥筋软,不由地把她拉上膝,令宫女斟上香醪,两人共喝起来。英宗愈喝愈开心,于是叫人换了个大杯,慧妃用一只筷子击着壶上的金环,低低地唱着曲儿为英宗侑酒。调儿抑扬婉转,余音袅袅,特别好听。英宗不断喝彩拍掌,这样直到三更,英宗已有些醉意,慧妃也红光满面,眼睛水汪汪地瞧着英宗,她那芙蓉面给酒意一催,更加显得白里透红了,真是妩媚动人。英宗扶醉起身,搭住慧妃的香肩,双双入梦,睡得真够香的。

翌日,英宗临朝后,回到仁庆宫,慧妃让他赶快办那件事。原来英宗在喝了酒之后答应她也照样惩罚钱皇后。慧妃把话当真了,于是催促他。英宗忍不住扑哧笑道:“跟你说实话吧,那天确实是你自己不对,皇后请了家法还算你占了便宜。万一让大臣们知道了,在朕的面前劾奏你一本,那时叫朕更没面子了。要是那样的话,就只能按照祖宗的成例来惩治你了。”慧妃听了,好似当头浇了一瓢冷水,浑身冷得直发抖。从此渐渐淡了报复钱皇后的念头,可是慢慢把恨气移到云妃头上了。后来又闻得钱皇后责打慧妃,完全是云妃一个人的意思,这样慧妃和云妃结下了不解的冤仇,时刻都在想办法中伤云妃。英宗皇帝时而临幸仁寿宫,慧妃知道后,心里总是特别难受。

那云妃很聪慧,总算是宦家出身的女儿,平时知书识字,还会写几句诗儿,虽然算不上妙作,但与六宫嫔妃比较起来,云妃的诗还算是最畅顺的了。她还有一绝招，就是善画花卉、鸟兽、人物之类，都画得栩栩如生。英宗宠幸慧妃之余，常常顾念起云妃，在慧妃的面前称赞云妃的画。慧妃听完，更加嫉妒云妃。

一日，英宗从仁寿宫回到仁庆宫，觉得有点不舒服，就倚在榻上，手上不停地玩弄着一把纨扇，这扇是云妃画的。扇上有一幅猫蝶图，图上那只猫昂首看着蝴蝶，其姿态活泼生动，连颜色也渲染得非常妙。英宗瞧着，称赞不已。正巧慧妃端上一碗参汤来，突然失手倾侧，将一半汤水泼在扇上了。英宗说声："可惜！"慧妃吓得赶忙拿罗巾去揩拭它，那纨扇被弄湿了一块。那汤是温热的，遇到颜色四处散发开，图上猫的一只眼睛被弄得不清晰了。英宗舍不得放下，仍然反复地翻看纨扇，突然看到在潮湿的猫头上，隐隐地露出几个篆文字来。英宗不由得诧异起来，于是轻轻将扇面的矾绢揭起，露出一张菊香笺，取下笺看时，见生辰八字被写在笺上，旁边画着鸟纹的符箓。英宗仔细读了生辰八字，知道是自己的。于是递给慧妃道："你瞧，这是啥？"慧妃略略一看，吓得面容失色，忙跪下说道："这是苗人的诅咒术。妾父在时曾经碰到过，几乎被人咒死。如今陛下竟然被人诅咒了，那人定是怨恨陛下才下如此毒手。幸得陛下洪福齐天，终究发现了这个阴谋，要不然一定要遭其暗算了。"说得英宗直跳起来，再仔细辨认那字迹，看起来特别像云妃的。不禁大声怒骂说："这贱婢！朕待她也不薄，她怎么如此狠心？"慧妃说道："那就对了，妾闻下诅咒术时，要是放在那人最心爱的东西里面最灵验，陛下爱那把扇儿，差点儿上当了。如今她既做了此事，难说下次不做其他的，可一定要防备留神才行啊！"这几句话使英宗心中起了无明之火，气愤地骂了一顿，心中于是有了一个要杀云妃的念头。

## 白绫赐死俏云妃

这天晚上，英宗在仁庆宫饮酒，酒后，慧妃乘着他酒意未尽之机，又提起云妃诅咒的事来。英宗已经有三分醉意，被慧妃激得眼冒火光，亲手把一条白绫掷给内监，让他去把云妃勒死，还不停说着："快去！"那太监去了一会儿，跑回来复旨，可怜花容月貌的云妃，已经死在白绫之下了。宫中自云妃死后，天天晚上能听到鬼的哭啼声，内监宫女们时常见鬼。

内监们大多亲眼看到颈上系有白绫的云妃，在仁寿宫中来回地走。原来当天夜晚，英宗醉后受慧妃的撺掇，不由得火冒三丈，令一个内监持着白绫去将云妃勒死，那内监只有 19 岁，从来没有杀过人，另外他又很胆小，英宗命他去勒云妃，那内监没有办法推托，上去接了白绫，向仁寿宫走去。到了宫门，前脚刚跨进门，守门的宫人就拦住了他，那内监拿白绫扬了扬道：“俺是奉皇上谕旨来的。”守门的宫人在宫里已经有十几年了，他一看到飘飘的白绫，知道不是好事，赶忙侧身避开，内监于是进去了。这时云妃还没有卸去晚妆，同一老宫人面对面坐在灯下下棋，那内监走近云妃的跟前，心已经跳个不停了，勉强屈着半膝，准备禀知，不知怎么发了颤，牙齿捉对儿厮打着，似乎不会说话了。云妃很聪颖，见那内监的神色，料到不妙，偏偏那内监怎么也说不清楚，过了好久，才吞吞吐吐地吐出“皇上命娘娘自裁”一句话来。云妃听了，吓得面色如纸，啪地将棋盘掀翻了，棋落了满地，云妃坐在绣椅上昏过去了。

老宫人和宫女们赶忙跑来救云妃，拍的拍，叫的叫，灌参汤的灌参汤。大家忙乱了一会，云妃总算悠悠地醒过来了，不由得眼泪直流，对那老宫人说：“我自册立至今，也没有犯过什么大错，可皇上没有丝毫情义，竟然让我自裁。一定是慧妃作怪，我死后若有灵，一定要弄得她不安宁。”云妃说罢，掩住脸大哭起来，害得老宫人、宫女们也都纷纷落泪不已。宫内只是一片的涕泣声，愁云惨雾，满罩了一宫。那赐白绫的内监，开始只是呆呆地跪着，看到云妃昏倒过去了，他也暗暗着急。等到云妃醒过来大声痛哭时，宫人们也都哭起来了，那内监慢慢地站起来，也忍不住地陪着众人流泪。

大家哭了一会，内监怕时候不早了，皇帝会责备自己，只好又半跪着进与云妃一幅白绫。云妃接在手里，眼泪如断线的珍珠似的流个不停，低着头，哪里有自裁的勇气呢？她愈想愈悲伤，也愈哭得凄惨万状。那内监看到云妃不愿自尽，忍不住发急道：“现在不早了，娘娘，请你赶快自尽吧！”云妃当时明白不会有人来救援自己，况且还在那内监的督促之下，看来没有希望了，还不如一死了之。打定主意后，她下了狠心，提起白绫向着粉颈上一套，打了结扣，将玉臂分开，使劲地一拉白绫，喉咙便梗塞住了，气往上逆，难过至极，两手一松，香躯往床上便倒。她这般的勒法，是不可能致死的，那内监还以为云妃死在床上了，赶忙向前方瞧着，只见云妃仍呼呼地喘着气。那内监到现在什么都顾不上了，于是紧闭两眼，使劲咬住牙齿，跳上绣榻，伏在云妃的酥胸上，两手将白绫的两端绕住，拼命拉着。内监捺着云妃，云妃的上身一点也不能转动，两只凌波的小脚，在床沿上乱敲乱蹬，一班宫女和老宫人不忍心看下去，均掉过头，掩着脸轻声啼哭。大约有一顿饭时，看看云妃的脚已经不动了，两条腿软绵绵地躺着，那内监才将白绫松下，走下床来，云妃早就直挺挺地死了。

## 冤死云妃闹后宫

依例宫监勒死了人，要在死人的头上用白绫打一个对结，再将死者身上的衣襟割下来，拿着前去复旨。接着，由千秋鉴的太监检验过，然后再去向皇上奏报，禀明死者无讹，这才用棺木收殓。这个小太监还是首次勒死人，看到云妃已断了气，于是赶忙走下绣榻，却忘了将白绫打结了，待到想起，忙俯身去拉那白绫，这一下把那内监吓得魂不附体了。因那内监勒云妃的当儿，闭着眼睛咬紧了牙齿，没有看到云妃的模样，这时回眼再看，见云妃脸色青紫，额上的红筋满绷着，两眼瞪出在外，舌吐寸许，青丝散乱，鲜血从鼻孔中直流了出来，嘴角边还有紫血淌流着，头上那幅白绫，被东一块、西一块的血渍几乎染成了红绫。那内监本来力气用完了，再被惊吓了一下，手足越觉瘫软下来，半天动弹不得。那老宫人刚好掉过头来，看到云妃渗状，哇的一声哭了出来，内监被她哭声一激，好似从梦中醒过来了，只好硬着头皮用白绫在云妃的颈子上打了结，然而又撕下一块小襟，匆忙地复旨去了。英宗那时已经喝得大醉了，内监向他禀告，他却半句也没听清，只是含糊地点点头，内监于是从仁庆宫中退出了，就门前的着衣镜里照看，看到自己的脸上、身上、手上均有许多血迹。他不由得想起云妃临死的模样来，特别恐惧，忙望空跪下磕了一个头，祷告道："我是奉圣上的命令，没办法，娘娘在冥中不要怪我。"说完，起身立即回到他自已的伺候室去了。

第二天早朝时，英宗勉强出来听政，千秋鉴的太监首领，奏陈已经验证查明云妃的尸身，来请旨盛殓安葬。英宗得知云妃已死，大吃一惊，一点也回想不起昨夜醉后所干的事。赶紧退了朝，到仁寿宫去看云妃。走进宫门，便看到一种阴森森的景象，宫女们人人哭得两眼红肿如桃。那妆台上燃着一对绿烛，阵阵的纸灰气飘向鼻子，黄缎掩着云妃的脸，模样极为悲惨。英宗走向榻前，将那黄缎揭开，此时云妃的玉容，已完全变成了紫色，粉颈还系着白绫，那种瞠目结舌的样子，把英宗吓得直往后退。想起她生前的花容月貌和往日的情分，鼻子里一阵酸酸的，不由得流下眼泪。当下仍将黄缎盖上，向宫女们问那云妃的死状，宫女向英宗禀述了一遍昨晚内监奉旨勒死云妃的经过，英宗听了才想起昨晚上的事来，好像还模糊地记得一些，又将那赐绫的内监叫来，那内监也照样陈述了一番。英宗顿足叹息着说："这是朕的不好，叫云妃委屈了！"说完眼泪直滴，吩咐尚仪局厚殓，照贵妃例安葬。然后又亲自下达谕旨，追封云妃为贤孝贞烈穆贵妃，兄云龙擢为殿前都尉，家族荫袭男爵。英宗另外又因为云妃死得很悲惨，并诏天应寺方丈建醮四十九日超度云妃。英宗自从将云妃误杀后，对慧妃在醉中唆使自己干错了事特别憎恨，以致他没进仁庆宫足有两个多月。英宗间接地恨王振，以让慧妃知道他对她有怨气，碰巧于廉参奏王振，英宗正发着牢骚，乘怒把王振训斥了一顿，将王振气得生病在家。

在云妃勒死的第三天，宫中就闹起鬼来，第一个见鬼的人恰是那夜勒死云妃的内监。那内监平时很胆小，一到天黑就不敢经过仁寿宫了。此日晚上正将那件事忘了，经过仁寿宫的门前，正是风凄云黑时，他提着灯，突然看到云妃满脸血污，颈上拖着白绫，站立在仁寿宫门口。那内监被吓得一声怪叫，跌倒在地上，很久不能醒过来。仁寿宫内的宫女等听到宫门外的喊声之后，提了一盏纱灯，七八个宫人一起拥出来了，看到那内监倒在地上，嘴里吐出白沫，大家以为他中风了，便七手八脚地将内监扶起来，一个宫人去取了还魂香来燃了，在内监的鼻子前熏了一会，他这才渐渐地苏醒过来，大叫："吓死了！"睁开眼睛，看到自己被宫女们围绕着，于是颤抖着说道："瞧见了云娘娘吗？"众宫女听了，都站着发呆，一会儿那内监直跳起来，不停地喊道："有鬼！有鬼！"一路上，连滚带爬地逃走了。一帮宫女也大多很胆小，被内监这样一说，便抛下纱灯，吓得往四周乱逃。

## 明武宗建"豹房"遍淫天下美女

正德二年，皇帝举行隆重婚典，将大学士王恕养女夏氏封为皇后。夏氏原是侍郎夏说的女儿，夏说在孝宗弘治九年戴罪守卫边疆，家里没有老婆，只有一老婢与幼女。王恕因为此女与自己孩儿是同一时间出生，便收为养女。孝宗三十岁大寿，王恕夫人进宫赴宴，把女儿也带了去，纪太皇太后见她温柔有礼，特别地重赏她。到了这时，就指婚王恕的女儿，仍采用原姓，就是夏后。又把尚书王永、侍讲何庶两人的女儿封为妃。当大婚的时候，自然有种种热闹，那是不用说了。

### 私闯民宅肆淫娈童美女

刘瑾趁正德帝新立后妃之时，私下大结党羽，宦官谷大用、魏彬、张永、马永成、高凤、邱聚、罗祥等都推举刘瑾为领袖，当时的人把他们连同刘瑾一起称为

"八虎"。那正德帝自从立后妃之后,对放鹰逐犬的事不很放在心上,渐渐地纵情声色起来。他常常带了张永微服出宫,去烟花之地寻欢作乐,往往将良家妇女当作青楼女子,任意闯进门去,纵情取乐。

有一天,正德帝仍和张永出宫,经过西华门时,夜幕已降艋,此时万家灯火,街市上热闹非凡。正德帝正在街上溜达,忽然看见一所大厦,灯火辉煌,笙歌聒耳。从大门上望进去,都是些美貌的女子和俊俏的童儿,却不见半个男子。正德帝回过头看了一下张永,说道:"咱们进去瞧一会儿,看她们在里面干些什么。"张永还没有回话,正德帝已往里直冲进去,吓得那些妇女儿童大叫着四处乱走。正德帝什么也不顾,随便搂住一个就在大厅上坐下。大厅已设着酒席,正德帝令张永倒酒,自己和那美人坐在一起,一杯杯地豪饮起来。

那美人好像很害羞的样子,低垂着粉颈,羞答答地摆弄着她的衣带。正德帝劝她同饮,那美人儿红着脸儿不肯举杯,但哪里经得住正德帝再三纠缠,那美人勉强不过便喝了一杯。正德帝十分高兴,再回头看其他女子,约有二十多个,都躲在屏风背后指指点点,交头接耳地在那里悄悄说话。正德帝笑道:"我不是吃人的,你们不要害怕,都出来和我共饮一杯。"话还没有说完,只见那些女子一齐拍手说道:"老公公来了。"正德帝不知老公公是谁,连忙抬头望去,张永指着外面道:"刘瑾也来了。"刘瑾匆匆地走进来,看见正德帝便过来行了礼,起身向屏风后喝道:"万岁爷在此,你们快些出来叩头。"话音未毕,屏风里羞答答地一齐答应,袅袅婷婷、花枝招展地走出二十几位一样打扮的美人儿来,一字排开向正德帝行礼,吓得刚才和正德帝并坐着的美人儿也去站在众人中行礼。霎时间莺莺燕燕充满大厅,粉白黛绿,你围我绕,好不热闹。美人的背后,又走出十几个俊俏的童子,他们都到正德帝前磕头。这时的正德帝左右顾盼,真有些眼花缭乱了。

那二十几个美人蜂拥着过来,嬉笑着抢那案上的金壶斟酒。又有几个美人坐在椅上,放开娇喉低声吟唱。'那些不会唱的,就去拿琴筝箫笛,吹的吹,弹的弹,悠悠扬扬,一时歌乐声齐作。十来个俊俏的童子排着队伍,跳着天魔舞,并不停地唱着歌儿。看得正德帝连饮三杯,乘着酒兴,抱了一个美人坐在膝上,一面亲着粉颊,一面饮酒,微笑问那美人叫什么名字,她回答说叫作月君。正德帝又问刘瑾道:"为啥你会到这里来?"刘瑾跪着答道:"不敢欺蒙陛下,这里是奴婢的私宅,这些都是奴婢购买来的美人童儿……"没等他说完,正德帝接口说道:"你有这么多佳丽,艳福不浅啊。"刘瑾忙道:"奴婢哪里有这种福分,这些都是准备着侍候陛下的。"正德帝听了说道:"你说的是真话?"刘瑾答道:"奴婢怎敢欺骗陛下。”正德帝非常高兴，便把酒筵撤去，自己抱着那美人去睡觉。

第二天，正德帝也没有上朝，只是指示刘瑾去代批奏章，重要的事交给李东阳办理。从此正德帝终日和那些美女娈童混在一起，称那个地方为“豹房”。

卿相牵驴不知羞那时刘瑾见正德帝为酒色所迷，他非常乐意代理国政，往往等正德帝游兴正浓的时候，故意把地方州县的公文呈给正德帝批看，正德帝怎会有心瞧看，只吩咐刘瑾酌情办理就是。刘瑾巴不得皇帝如此吩咐，就老实不客气地将官员的奏折随意批答，并擅自斥责、流放朝廷官员，凡不顺自己意思的，一概找借口撤职。例如大理司事张彩，每见刘瑾即远远拜倒在地，跪着爬行，口中连声呼着：“爷爷！”刘瑾微笑道：“真是我的好孙子。”于是不几天，升任张彩为吏部尚书。还有兵马司署小弁焦芳常往刘瑾私宅侍候刘瑾，小心翼翼。刘瑾因他谨慎，把他提升为光禄副司事。焦芳得到这种大好处后，侍奉刘瑾时越发仔细，不敢稍有差错。有一天刘瑾骑驴上市，焦芳刚刚下朝准备回去，忽见刘瑾骑驴过来，慌忙趴在地上磕了个头。他穿戴着朝衣朝帽给刘瑾拉驴，引得市上的人都掩口嗤笑，焦芳竟毫不知羞耻，反昂着头，一副得意的神情。倒是刘瑾认为穿着四品京卿朝服牵驴招摇过市太失身份，令焦芳去换了朝服再来。焦芳退去后，中途又来了刘宇，他是一位都宪御史，官衔比焦芳大得多，也是刘瑾的门人。他刚下朝出皇城，恰好与刘瑾撞个正着。刘宇本是个无耻小人，他已把刘瑾认作义父，常常对着刘瑾说是自己他的孝顺儿子。当时见刘瑾骑着驴儿，也不顾什么礼节，竟做了焦芳第二。市上的人看到都宪太爷替太监拉驴儿，都嗤笑不已。刘瑾见去了一个又来了一个，自己都觉得甚为好笑。

刘瑾见自己权力越来越大，又恐别人在他背后私议，便任命高凤为西厂副使，专门负责探听外面的议论，凡牵涉宦官的事，就去报知刘瑾。刘瑾命把议论的人马上抓到厂中，用厂刑拷问。刘瑾嫌国家刑法太轻，碰上几个硬汉还能坚持得住，所以和高凤私自商议，设计出好几种极刑来。

第一种极刑叫作猢狲倒脱衣。用一张铁皮，做成一个桶子，在里面密密地钉上针。加刑时将铁皮裹在犯人身上，两名小太监一个按住铁桶，一个拖着犯人的发髻从桶中倒拉出来。只听见那犯人一声狂叫，已昏死过去了，而他早被锋利的针尖划得肤肉一丝丝地绽开。旁边一个太监端着一碗盐水等待着，问人犯是否招供。如其不应，就把盐水泼在血肉模糊的身上，真是钻心的疼痛，即使你多么英雄，到此也有些吃不住了。

第二种极刑叫作仙人驾雾。放置一个极大的水锅，锅底用最好的柴薪架起来火来，锅里用满满的一锅醋儿装满，一会儿那醋便煮得沸腾起来。这时把犯人倒悬在锅上，等锅盖一揭，热气直腾上去，吸进鼻子里又酸又辣，咳又咳不出，这种痛苦是无法用语言表达出来的，没有经历过的人也是不知道其中厉害的。

最残忍的要算披蓑衣了。所谓披蓑衣就是把青铅融化了，和滚油一齐洒在肩背上，肌肤都被灼碎，血与滚油融合在一起，一点一滴地流下来，四散淌开，好似披了一件大红蓑衣一般。

更有一种叫作挂绣球的刑具，这种小刺刀是由铁工特意打制的，四五个倒生的小钩子立在刀子上，刺进去是顺的，等到抽出来时，四五个倒生的小钩儿被阻住了，猛地一拉，筋肉都带出来，如鲜红的肉圆子一般，因此把此酷刑称作挂绣球。

其他的像掮葫芦、飞蜻蜓、走绳索、割靴子之类的刑罚，多至二十几种，都是前所未有的毒刑。可怜京师内外以及顺天一郡的百姓大难临头，嘴上稍带着一个刘字，就马上惹祸上身，就要遭受这种刑罚了。有许多人畏刑，宁愿自己屈招，也不愿受那刑罚；谁知刘瑾生性狠毒无比，不管你是否招认，只要捉到了犯人，即刻施刑，以为这样做可以杀鸡儆猴。蒙受冤屈的人怨气冲天，可是满朝文武大半是刘瑾的党羽，即使有奇冤在身也无处诉苦。吓得市上的人一听见刘瑾就变色掩耳快跑，唯恐不及。

## 正德皇帝斩刘瑾

再说那正德皇帝自有豹房以后，日夜和一班美妓靓男淫乱，但不到一年就厌倦了。这时的刘瑾，差不多做皇帝了，为了小事一桩，将朝中大小官吏三百余人一齐关进狱中。李东阳知道后非常惊慌，忙上章援救。刘瑾根本不予理会，直到他自己认为可放人了，才释放这三百多名官员。这三百人中，如推官周元臣、翰林庶吉士汪元深、礼部司马君德、主事钱铖、礼部礼官周昌、进士丁公谣、江砚臣等二十余人，在狱中得了大病，出狱时都命归黄泉了。

命该刘瑾恶有恶报。那主事钱铖，是内务监督太监钱宁的胞兄，弟兄间关系很好。如今钱铖致病死，钱宁知道后非常哀痛。那钱宁是正德帝的宠臣，甚至和皇帝一起吃饭，一起睡觉。钱宁脸蛋儿像处女，肌肤娇嫩，正德帝十分爱他，把他收为义儿，赐国姓为朱。刘瑾自知相貌丑陋且年长，无法与钱宁相比，内务自愿退避三舍，只把外政大权揽在自己手中。钱宁因刘瑾杀他胞兄钱铖，就和刘瑾结下了仇，常常在正德帝面前说刘瑾的坏话，刘瑾便渐渐失去了正德帝的宠爱。

正德五年，安化王寘鐇勾结大盗造反。这寘鐇是太祖高皇帝的第十五皇子名的曾孙，老安化王秩炵的嫡孙。秩炵的儿子英年早逝，由寘鐇继承王位。那时在宁夏，有个著名的算命人殷五，他相当神奇，他说寘鐇有帝王之相，如须长到腹，便是黄袍加身的预兆。其实殷五不过是个江湖术士罢了，他只是阿谀寘鐇借此捞点儿钱花。他私下对人讲寘鐇是蛤蟆相，虽然大贵，但生须则不行，如有胡须，就必死无疑。须如长至腹，那时也就是死期到了。但当了面反称赞寘鐇有九五之尊。寘鐇信以为真，私下与指挥丁广、千户何锦、大盗杨六杨七等勾结，狼狈为奸，准备乘机造反。

到了正德五年上半年，寘鐇果真须长立腹，不禁想起相士殷五的话，便封殷五为军师，丁广为都，何锦为总兵官，杨七杨六各封为都指挥，总兵周昂为大将军，连夜起兵造反。寘鐇将历年所积的军器充当武器，藩库充做粮饷，然后把巡抚安惟学、大理卿督粮漕官周东、总兵姜汉、督理太监邓广给杀了，占据了宁夏诸城，造成了极大的声势。正德帝看到了陕西将军吕衣弼的快报，忙召群臣开会，令成国公朱刚前往征讨，谁料竟全军覆没，关中十分震惊。正德帝看了雪片般的奏章，也觉得有点慌了，便恢复了吏部主事杨廷和前都御史杨一清的职务，令他们统师平定叛乱，并任命太监张永为监军，立刻出师。

杨一清奉了皇帝的命令，便率领大军十万偕同张永飞奔陕西。杨一清文武双全，到了陕西，第一仗把丁广、周昂等杀得大败，接连几战，把何锦等斩了，生擒安化王寘鐇。那个军师殷五见此情景，便落荒而逃了。捷报到了京师，正德帝大为高兴，封杨一清为陕甘总署，坐镇边疆。命令张永带领大军，押同叛藩寘鐇班师回京。张永临行前，杨一清设筵相送。张永在席上谈论刘瑾专权擅断，很是愤愤不平。张永本是八虎之一，与刘瑾同党，这时因大家暗中夺权，所以同刘瑾结怨很深。杨一清见张永说的全是实话，嘱他进京后等候机会除去刘瑾。张永统兵班师回朝，在献俘虏的时候，把刘瑾做的坏事密禀正德帝，钱宁在旁也鼓动了一番。正德帝便下手谕，当夜逮捕刘瑾，从他家中抄出大量的金珠宝物、银钱粮米、器械军服等。正德帝听完奏报后大怒，立刻发布命令将刘瑾并羽党张彩、焦芳、刘宇及家族三十余人一齐斩杀。

## 皇帝宠妓丑态毕露

大宦官被杀后，内监钱宁又再一次得势。恰逢大盗张茂作乱，游击江彬擒了张茂押送进京；他又与内监钱宁勾结，把著名歌妓刘芙贞献入豹房。那刘芙贞生得娇艳妩媚，袅娜多姿，词曲儿又唱得特别好，不论是旧调新声，只要她一唱，便觉音韵悠扬，听得人回肠荡气；再加上她有一副美妙的嗓子，唱起来格外动听。正德帝这时刚厌弃豹房，突然瞧见一个绝世美人儿，满头下垂的秀发中隐隐显出点点梅花，更加显得雪肤花貌。那美人远远地看着正德帝轻启朱唇嫣然一笑，从这一笑中流出来万般的媚态，让这个好色如命的正德皇帝顿时身麻，愣了很久才悄悄地去问小太监。小太监回答说是钱爷特送来孝敬皇上的，正德帝笑了笑，忙入了后院，见那美人靠在石栏上，正在看金鱼池中的鸳鸯。正德帝蹑手蹑脚走到那美人的背后，伸着脖子望着池中，看见一对鸳鸯在水面上追嬉着。正德帝按捺不住，正准备搂那美人的香肩，没想那美人猛地回转身，怪叫一声，倒把正德帝大大地吓了一跳。

原来美人儿正倚栏望着池内的戏水鸳鸯发愣，突然看见池水映着的倩影背后，出现了一个白面金冠的男子来，她自是吓了一跳，忙转过粉脸儿去，见是正德帝，顿时红晕上颊，万般娇媚地跪下说道："臣妾刘芙贞拜见皇上，皇帝万岁！"这两句莺声呖呖，又柔软又娇脆的话，打破了院落里的沉闷空气。正德帝轻轻扶起芙贞，觉得她身上一阵异香直扑入鼻。正德帝早已神魂颠倒，牵着芙贞的玉腕，半揽着她的腰一齐走进侍月轩中。

正德帝坐下，芙贞又准备行礼，正德帝微笑着把她按坐在椅子上，胡乱寒暄了一会儿。内监们送御膳上来，正德帝笑道："怎么天已正午了？朕还不觉饿，大约是吃了秀色吧！"芙贞听后，也笑了笑，便替正德帝斟上了香醪，自己捧着壶儿在一边侍立。正德帝叫再设一副杯盏，令芙贞侍候用膳。名义上是侍候用膳，实际上是对饮。芙贞的酒量很大，那种小小的玉杯子她根本不放在心上，一举手十杯已经下肚。正德帝见她吃得豪爽，命内监换来高爵儿。这爵杯特大，一杯至少有一升以上。芙贞又连喝三杯，不觉有些醉意。芙贞多饮了几杯，引起她一阵兴奋，便用象牙箸儿击着金钏，放开娇滴滴的喉咙，低吟了一段《雁儿红》。正德帝连声喝彩。芙贞知道皇上本性好歌，这时便充分显示她的才华，又唱了一出《玉环怨》，真是凄楚哀艳两者兼备。歌罢犹觉余音在耳，听得正德喉咙也发痒，口里不禁哼起"此曲只应天上有，人间哪得几回闻"的老调，两只眼珠子色眯眯地看着芙贞，歪着嘴儿，舔着唇儿，霎时间丑态暴露无遗。芙贞见正德帝那种色相，不禁扑哧一笑，将口中所喝的半杯香醪喷在席上，索性狂笑了一阵，直笑得整个人前俯后仰，柳腰轻摆，几乎要摔倒。正德帝也哈哈狂笑，引得侍候内监都个个掩着嘴笑了起来。

正德帝和芙贞呆笑了一会儿，命撤了杯盘。内监把金盆送上，洗漱好了，正德帝一把抱起芙贞，进了侍月轩的东厢，这是正德帝平日午休的地方。两人斜倚在榻上，正德帝不能控制住心猿意马，要及时行乐。芙贞也已半醉，自然是半推半就，于是和正德帝在侍月轩中寻欢作乐了。此后正德帝甚是宠幸那芙贞，不论饮食起居，都要芙贞伴着，又亲下谕旨一道，把芙贞册封为刘贵人，宫中都以刘娘娘称呼她。正德帝听说刘娘娘是江彬所进献的，又因他擒张茂有功，便将其升任为副总兵。江彬乘机要求太监钱宁带自己进了豹房，拜见正德帝。正德帝仔细打量江彬，见他大约二十多岁的年纪，却是齿白唇红，面如敷粉。又见他口才甚好，不禁非常喜欢，即令江彬随驾供奉。不几天，又把江彬收为义儿，也赐国姓朱，宫中把江彬称为彬二爷。

这江彬是宣府人，本是一袴绔子弟。当时正好太监谷大用监军大同，江彬贿他三千金，故而被任命为游击。可他却是一个文弱浪子，怎么能做武职？恰好碰上张茂作乱，江彬和张茂是姑表亲，便假说附顺张茂，领着部下出城，设筵款待。张茂不知这是江彬设下的圈套，只带了十余骑赴宴。酒喝到半醉的时候，江彬一声暗号，左右随从便将张茂抓住，又把十几个无辜的百姓给杀了，硬诬他们通盗，取了首级，亲自押着张茂进京报功。张茂被正法，他的部下知道后，推选刘廿七做了首领，在大同官府一带为非作歹，几乎造成了大患。这都是因为江彬把百姓视为强盗，以致真盗蓄积势力，这是江彬犯下的罪过，但他仗着得宠于正德帝，天大的事也不怕，更不用说这点小罪，谁敢与他过不去，真是老虎头上拍苍蝇。

江彬在正德帝面前把宣府的热闹夸了一番，称赞那个地方怎样的好玩，又有很多美人佳丽，把个宣府吹嘘得和天堂一般。听得正德帝心里发痒痒，想要到宣府去游览一回，又恐大臣们谏阻。只要皇帝外出，什么伴驾大臣、仪仗扈从、护辇大将军等都要随驾，便要闹得沸沸扬扬，正德帝认为这样一来，不免太招摇了。更何况旁边有大臣们，动不动上章谏阻，仍然和在京师一样不能任情游玩了。于是他与江彬密商，乘着黄昏，穿上便装，悄悄地溜出了德胜门，雇了一辆轻车连夜往宣府进发。文武大臣第二天早朝，直候到晌午已过，还没听见正德帝的起居消息。大家正在彷徨的时候，忽见内监钱宁匆忙跑出来，说皇上已微服出宫往宣府去了。御史杨廷和、内阁学士梁诸等忙问皇上的侍从有多少，钱宁回说："只带了供奉江彬一人。"梁储怒问道："你身为内侍，竟不知道皇上的起居，直到这时才晓得圣上出宫，你跑到哪里去了？"说得钱宁无言以对。杨廷和说道："现在暂且不说废话，大家快把圣驾追回要紧。"当下梁储等匆匆出朝，选了几匹快马，也快速出了德胜门。跑了大概十多里，后面杨廷和等也疾驰而来,大家就并在一起追赶。眼看着过了沙河,还不见正德帝的踪影,大家甚是诧异,便向旅寓酒馆一路打探过去,才知皇上是日夜不停歇地赶路,算算时间,可能已出居庸关了。梁储建议道:“不到黄河不死心,待到了居庸关再说。”杨廷和等都认为言之有理,众官又快马追赶。

再说正德帝与江彬一起驾着轻车,昼夜兼程地赶着路程,不日已到了居庸关附近,暂时住在馆驿中,一面飞报关吏,让他们开关放行。当时守将御史张钦得知正德帝要微服出关,不觉大惊:“边关的警报频频传来,圣驾怎么可以这时出关?”忽关吏来报,皇上特派使臣前来传旨开关。张钦并不出迎,把使臣召进,高声喝道:“你是什么人?敢假冒皇使来骗本御史!企图出关通敌吗?”使臣大声道:“现在皇命在此,怎敢假冒?”张钦大怒道:“你能骗过别人,却骗不了我,如果是皇帝驾到,绝少不了护辇百官、仪卫扈从,而他们都在哪里?似这样地偷偷摸摸,不是假冒圣驾又是什么?”使臣准备争辩几句,张钦已霍地抽出剑来,向使臣说道:“如果你知好歹,快给俺出去,若不听俺的劝言,就取下你的首级送进京去。”吓得使臣不敢回话,匆忙逃下关,去禀知正德帝,说了守关御史无礼的情形。正德听罢,又气又恼,只是张钦奉命守关,一时倒也对他无可奈何,只好忍耐着。

第二天,又命使臣传旨,张钦仍是不肯,正德帝怒不可遏。这样几次反复,梁储、杨廷和等已经赶到,大家跪在馆驿门前,哭着请正德帝回銮,倘若皇上不回,众臣愿永远跪着不起身。正德帝正不知怎么办,见驿官又把一堆奏疏捧进来,都是京卿劝正德帝还驾的。正德帝没法,令众大臣随辇,即日起驾回京。正德帝到京都,第一道命令便调守居庸关的御中张钦为江西巡抚,委任大同监军太监谷大用兼任居庸关督理。张钦奉了皇命,不敢不从,自个儿收拾行李往江西上任。那时朝廷大臣中,李东阳告老还乡,李梦阳削职为民,内阁大臣仅有梁储、蒋冕、杨廷和、毛纪等数人,杨一清远镇宁夏。朝中惟属杨廷和最是忠直,但也难以支撑,全由内监钱宁、张永之辈掌握大权,阁臣只是在旁充数而已。

光阴似箭,很快就到了春社日,正德帝像往常一样祭拜春郊。官员不论大小,自六部九卿以下,都随辇陪祭。祭礼完后,群臣各自散去,正德帝也乘辇回宫。第二天早朝,众大臣一齐聚在朝房,正准备朝见皇上,见内监张永匆匆地把上谕捧了出来。群臣跪着听圣旨,谕中说:“朕此次暂离宫阙,国政由内阁大臣梁储、杨廷和、蒋冕会同张永斟酌处理,不要辜负朕意”等。群臣听罢,你看着我,我看着你,一句话也说不出来。梁储说道:“皇上独自出行,必定往宣府无疑,我们照旧还是往居庸关追赶。”于是与杨廷和、毛纪、蒋冕等三人带了五六个从人，快速出了德胜门，快马加鞭，迅速地前往追赶。到了离居庸关三四里地的地方，早有太监谷大用迎上前来代传上谕道："皇上早已出关去了，你们各位大臣再追无益，好好地回都管理国事，回銮时自有封赏。"梁储、杨廷和等知道了，才明白皇上调去守关御史张钦是为日后出关准备的。这时大家面面相觑了一会儿，梁储说道："皇上既已出关，追赶也是徒劳，只有回京再作长远打算。"杨廷和等也只好同意，大家闷闷不乐地还京。

## 小家碧玉亦识风情

正德皇帝自从被众臣强劝回銮后，心里极为不高兴，游览宣府的心也更加强烈了。正德七年，江彬密遣家仆往宣府通知家属，在那里建造了一座极大的府第，题名为国公府，又偷偷地把豹房中的乐女娈童用骡马载出京城，安排在国公府中。万事俱备后，便密奏知正德帝。君臣两个商议确定后，乘着春祭的当儿，江彬预先雇了两匹健驴，在德胜门外等候。正德帝一完成祭郊，便草草写了诏书交给张永，自己赶忙更换衣服混出宫门，快速往德胜门来，见江彬已牵驴在城门外等候，立刻跨上日行三百里的健驴，闪电般地向居庸关进发。不几天到了关前，谷大用殷勤迎接，大开关门，放正德帝出关，待梁储、杨廷和赶到时，正德帝已出关两日了。江彬侍同正德帝出关，一路上做向导。正德帝至宣府，落脚在那国公府中。正德帝见府中乐女歌童应有尽有，布置得比豹房还要精致，画栋雕梁，朱檐黄瓦，一切装潢比皇宫还要强出数倍。正德帝高兴极了，不断称赞江彬为"好儿子"。江彬又陪同着正德帝游往各地，但见六街三市极为热闹繁华，确与都城不同。宣府里秦楼楚馆居多，因为此处是塞外使臣必经之路，官府专门设置乐户教坊，以备外邦使臣来此游乐。

正德帝到了那里，真是目不暇接，心情舒畅。每天到了日落西山，他便与江彬在街市上游玩，见有佳丽，便肆无忌惮，不问是否良家妇女，任意调笑留宿，倘是极为合意，就带到国公府中，当作侍女。这样一个多月过去，宣府地方没有不知道圣驾出游关外的，那些州县官吏也都加倍谨慎。消息传到京城，大小官员深恐被胡虏获知这一情况而闹出不良结果，纷纷奏章请皇上回銮。正德帝根本不理会这些，只是把群臣的奏疏交给江彬收藏，连疏上的姓名看都不看，更别说是阅奏章了。日复一日地过去，正德帝在宣府住的时间长了，已很熟悉路径，有时竟不要江彬陪伴，便独自出游。一天正德帝独自一个人随意走出了宣府的东门，一路美景百看不厌。其实正值阳春三月，关外已似初夏，但见道上绿荫成行，碧草如茵，风景清幽。正德帝喜欢春景，只知道向前走去，竟来到了一个市集，约有二三十家住户，却是村舍临湖，长堤上樱花怒放，艳丽可爱。那一条小湖中，飘满了片片坠落的花瓣，大有桃花随流水的景象。

正德帝沿堤玩了一圈，觉得口渴，远远看见市集中有处小村店，酒帘飘扬，分明是卖村酿的。正德帝进了店门，见两楹小室虽不宽广，倒收拾得井井有条。正德帝坐了许久，不见有小二出来，忍不住拍了两下桌子，忽听得竹帘子里面娇地问了一句："是谁？"轻轻揭开帘儿，一位袅袅婷婷的姑娘从里面走了出来。虽是小家碧玉，却出落得超凡脱俗，脸儿上略施脂粉，一件月湖色的衫儿穿在外面，系一条绯色的湘裙，素服淡妆，更加显得妩媚有致。那姑娘没有走到桌前，只斜倚在竹帘旁，一手掠着鬓儿，风情万种地问道："客人要什么酒菜？酒要不要热的？请吩咐一声，小女子给您端来。"正德帝也含情脉脉地说道："你们这里有什么酒和下酒的菜呢？说来听听。"那姑娘答道："我们这乡村农舍，有的是村醪蔬菜，但没有山珍海味，若要吃山珍海味只好请到大市镇上去了。"正德帝笑道："我就喜欢吃村醪蔬菜，请姑娘打一壶村醪，弄几碟子蔬菜来，让我细细品尝那乡村风味。"那姑娘瞅着正德帝嫣然一笑，轻轻掀起竹帘儿进去了。等了好大一会儿，竹帘动了，那姑娘一手托着木盘，另一手端着酒壶，斜着身躯从竹帘旁闪了出来，轻轻地走到桌边，把酒壶放下，将木盘中的蔬菜一样样地摆好，甜甜地说了声："客人请用酒！"便托了木盘儿径直走进去了。正德帝拿起壶儿，自己倒了一杯黄酒，认真一看，碟子里面是豆腐、青菜、黄豆芽、咸竹笋之类，果然都是村野佳肴。正德帝平日吃的是山珍野味，本已有些腻口了，见到这种乡村蔬菜，反吃着可口。自斟自饮了一会儿，不免有些寂寞起来，便用箸子叮叮地敲了两下杯子。那姑娘掀着竹帘问道："客人是否要添酒了？"正德帝摇了摇酒壶道："酒还有半壶。"那姑娘道："是不是要添菜？"正德帝答道："菜还没有下筷呢。"那姑娘娇嗔道："酒菜都有，那客人要什么？"正德帝见那姑娘口齿伶俐，存心要和她调情，便笑眯眯地说道："咱要问姑娘一句话儿。"那姑娘道："客人想问什么？"正德帝微笑道："这里可有漂亮的姑娘？"那姑娘笑道："漂亮的姑娘到处都有，客人问她做甚？"正德帝道："我独自一个饮酒，又乏味又寂寞，烦你替我寻一漂亮姑娘来陪我喝酒。"那姑娘正色道："我只当客人打听姑娘儿，给人家做什么媒人，想不到竟说出这样的下流话来。客人大概是喝醉了，好好的黄花闺女一个，怎肯给客人陪酒，岂不是做梦？"正德帝笑道："什么黄花闺女？咱们在城中的酒馆里，哪一家没有姑娘陪酒？"那姑娘扑哧笑道："那是妓女啦。"正德帝接口道："正是妓女，咱们燕中是叫姑娘的。"那姑娘嘤嘤笑道："我们这乡野之地,是找不到妓女的。要她们陪酒,也得到城中去。我哥又不在家里,我一个女孩儿家,怎么去找?"正德帝笑道:"你姓什么?你哥是做什么的?"姑娘答道:"我姓李,我哥叫李龙,兄妹两个就是凭着这家村店才得以度日。"正德帝道:"你哥往哪里去了?"那姑娘答道:"一早便进城去买下酒菜儿了,快要回来了。"说着回眸一笑,下了帘儿,又自轻盈盈地进去了。

## 施计骗凤姐失身

正德帝自己寻思道:这妮子很是可爱,反正没事干,乐得调戏她一会儿。想罢又击起杯儿来。那姑娘只得轻轻地走出来问道:"客人又想说什么?"正德帝笑道:"咱们忘了,还没有问姑娘的芳名儿。"那姑娘一扭头道:"我们乡村人家,女孩儿的名很不雅的,说起来怕客人见笑。"正德帝说道:"人人都有姓名,自然名儿各有异同,有什么值得好笑的?"那姑娘道:"那么我就告诉了客人吧,我的哥哥叫李龙,我便叫凤姐。"正德帝大笑道:"这名字不错,一个是龙,一是个凤,取得巧极了。"那姑娘红了脸儿:"我就知道你是要笑的。"说着又待掀帘进去,正德帝忙拦住恳求道:"慢些儿走,咱有话说哩。"凤姐不太情愿地停住了。正德帝借着酒劲儿,斜眼涎脸地说道:"咱想乡村地方没有陪酒的妓女,独饮又太寂寞,就烦凤姐替咱斟几杯酒吧。"凤姐听了,立刻不悦道:"客人放尊重些,我是女孩儿家,替你斟酒怎么行?"正德帝笑道:"斟几杯酒喝喝,有什么要紧的?"凤姐说道:"客人是读书人,《礼》书上的'男女授受不亲'那句话难道忘了吗?"正德帝道:"你还通《礼》?咱是当军人的,这些沉闷的经书,早已忘记了。"凤姐道:"不管读不读书,这句老话人都知道。"说罢一掀帘儿,轻盈盈地进去了。

其时正德帝一边讲着一边盯着凤姐看,见那凤姐说话,粉颊上微微晕着两个酒窝儿,加上她樱桃般的一张小嘴,愈觉十分可爱。正在有兴趣的时候,凤姐忽地进了竹帘里,正德帝怎肯罢休?便摆出皇帝的架子,也用手掀帘跟着进去。凤姐听得脚步声,回头见正德帝跟在背后,慌忙问道:"客人进来干什么?"正德帝笑道:"咱要和姑娘说几句话。"凤姐道:"讲话请到外面,这里不是客人乱闯的地方。"正德帝道:"你哥哥反正不在家中,咱就进来和姑娘玩玩,怕什么?"说着想伸手去摸她的玉腕。凤姐见正德色迷心窍,慌忙缩回玉手,蓦地转身,快步逃进闺房,砰的一声关上了门。

正德帝上去敲门,她死也不肯开。正德帝没法,只好退了出来,一皱眉头,计上心来,故意放重了些脚步,高声喊道:"哦!你就是李龙哥吗?久仰!久仰！”凤姐以为他哥真回来了，忙开了门，不提防正德帝藏在竹帘后面，凤姐一开门，他忙溜了进去，倒把凤姐吓了一跳，不由得娇嗔道：“大白天的，闯入姑娘家的闺房，不怕王法吗？”正德帝笑道：“皇帝的宫廷咱也敢径直出入，你小小的闺房更是不在话下。”凤姐唾了一口说道：“好个胆大的油头光棍，我不是看在你酒后的份上，早就叫喊起来，让四邻八舍听见了，把你捆绑了送到官府，狠狠地打你三十大板。”正德帝仰天哈哈大笑，将穿在外面的青缎披风解开，把五爪九龙灿烂的绣花锦袍露出来道：“这是油头光棍穿的吗？”凤姐怔了怔道：“我一直听说皇帝是着龙袍的，你难道是皇帝不成？”正德帝道：“不是皇帝还是谁？”凤姐常听见他哥哥说起当今皇帝现正私游宣府，往往闯进老百姓家姑娘闺房的事，耳朵里已听得烂熟了。这时见正德帝仪表不凡，举止英爽，早有几分心动，又见他穿着灿烂的龙袍，知道来历不小，那双膝不自觉地跪了下去。正德帝笑道：“小孩子！怎么对油头光棍跪起来了？”凤姐道：“不知者不为罪。”正德帝道：“好个甜口的丫头，咱就不来怪罪你，快起来吧！”凤姐还是跪着道：“求皇帝晋封。”正德帝道：“你求咱封你，哪能如此容易。皇帝晋封妃子，须举行正规仪式，如此草率哪行？”凤姐听他这么一讲，眼里满含着泪水，起身说道：“不封也就罢了。”正德帝原是调笑她的，此刻见她信以为真，就带笑说道：“傻妮子！咱怎会不封你呢？你听清楚了，咱现封你做贵人！”凤姐这才破涕为笑，忙跪下来叩谢。正德帝一把将她抱起，轻轻地搂在膝上道：“你现在是咱的人了，你的哥哥万一回来，又怎样向他交代？”凤姐微笑道：“皇帝若有情有义，授他一官半职，好让他娶妻成家，他自会同意。”正德帝点头道：“那么等你哥哥回来，叫他送你到城内国公府候旨吧！”说毕放下凤姐，起身出门，离开了市集，独自回到国公府。江彬上来请安，正德帝将酒馆遇见凤姐的事给江彬讲了一遍。

## 碧罗帐中拥江彬

却说正德帝回到国公府，侍役把酒菜摆上，君臣谈说对饮，酒到半醉，正德帝忽然想起了内监钱宁来。以前在豹房，正德帝每夜枕着钱宁的大腿儿睡觉，真是温软如棉，十分舒服，这时酒后，不免又想起钱宁了。江彬见正德帝有些不悦，便讨好道：“钱大哥远在京师，不知江彬可以代劳吗？”正德帝听江彬说这句话，不禁喜笑颜开地说道：“太好了！太好了！”当夜便拥了江彬入账睡觉。原来江彬自入豹房，正德帝把他收为义儿，因碍着钱宁，他还没有承担过弥子瑕的职役。今日正德帝故意提起钱宁，就是想暗示江彬。江彬幼年本做过娈童的，也乐得见风使舵。论江彬的相貌，比钱宁强过几倍，正德帝早已看上了。今夜正德帝居然了却了卫灵公的心愿，自然快乐至极。

两人直睡到第二天日上三竿还没有醒来，猛听得门前热闹非凡，只听见有个男子的怪叫声和众人的吆喝声。江彬正准备向下人询问，接着就是山崩地裂的一声，把正德帝也惊醒了。江彬听了吃了一惊，准备起身唤亲随去探询，右臂儿被正德帝枕着，唯恐惊动了，只好忍着性子等待。正好正德帝也给那响声惊醒，睡眼朦胧地问道："是什么声音？"这时一个家人在幕外四处张望，似想进来禀报，见里面没有响动，不敢擅自打扰，只在门外等候。江彬回头瞧见，喝问道："你这厮神经兮兮地干些什么？"吓得那家人慌忙快步上前，屈着半膝禀道："回二爷的话，有一壮士在门外，载了一位美女，说是他妹子，欲强行推进府中。小的们去阻拦他，他啥也不说，也不肯通报姓名，竟把拳头抡起，逢人便打。小的们打不过他，闭上了大门，不知他哪里来的气力，竟将大门推下来了。如今还在府门前厮打，小的不敢做主，特来报知二爷。"江彬听了，仍是糊里糊涂地不知何事，忽见正德帝霍地坐身起来，一手揉着眼儿道："可是李龙兄妹两个？四儿可出去探个明白。"江彬领命，披衣匆匆下榻，与那家人一同去了。

## 送妹上门供淫乐

到了大厅前，但见家人们纷纷逃了进来，一个黑脸的少年正挥起醋钵般的两只拳头雨点似的乱打乱揍。江彬见他气势汹汹，忙站在厅阶上大声叫道："壮士请住手，咱这里有话和你讲。"那少年见有人呼唤，才住了手，抬头见厅上站着一位衣着华丽的美少年，知道不是常人，就走到阶前大声说道："他们这班贼娘养的，欺我是单身汉，没说清楚半句话，一哄地上来和我动手了，岂不是可恶？"说着又把拳头扬了扬道："谁再与我较量三百回合，我便请他喝一杯大麦酒。"江彬听那少年说话，知道他是个浑人，就笑了笑安慰他道："壮士不要生气，他们有不对之处，等咱来赔礼就是。但不知壮士姓甚名谁？到这里来有何事？"那少年手舞足蹈地说："你们这里不是国公府吗？昨天有个汉子到我家，自称什么鸟皇帝，我妹子说要嫁给他，所以我一早就送妹子过来了。"说时又拍了拍胸脯，神气地说："宣府地方，谁不知俺李龙的大名，那门上几个没眼珠子的偏不认识我，竟敢在太岁头上动土，真气死我了。"江彬听他说这些，不觉暗自笑道："世间还有这般的混蛋，他妹子也就强不到哪里去了，不知皇上如何看中的。"于是命家人把大门打开，叫李龙推他妹子的车儿进来。

李龙应声出去，不一会儿已把车辆推到大厅的台阶下。江彬认真一看那车上的美人，暗自吃了一惊，愣了半晌，心下想道：这美人儿果然百般妩媚，和她那黑脸哥哥真是相差千里，所谓一母生九子，九子九个样。江彬呆在那儿发怔，里面的正德帝已梳洗完毕，出来，看见凤姐坐在车内，笑着说道："果真是她兄妹两个来了。"江彬也转回身来，说了厮打的缘故，同时命歌女们把凤姐搀扶下车，轻盈盈地走到厅上，向正德帝行下礼去。正德帝微笑着扶起凤姐道："你哥哥也同来了吗？"凤姐低低地应了一声。正德帝传令李龙上来。江彬阻拦道："此人粗鲁无礼，怕冲犯了圣驾，还是不见的好。"正德帝坚持道："有他妹子在这里，叫他来见就是。"江彬没法，只得把李龙亲自带上了厅。李龙见了正德帝，也只随便打了个礼道："皇帝哥哥，我这儿见个礼吧！"正德帝看那李龙身长八尺，面色深紫，狮鼻环眼，相貌威严，非常高兴道："李龙虽然莽撞些，倒像个猛将。四儿替朕下谕，把李龙送进京，去礼部学习礼仪三个月，然后再让他回宣府护驾。"江彬听了，独自领了李龙前去办理。这里正德帝握着凤姐的玉腕，同进后院寻欢去了。

## 正德帝携美人游金陵

正德帝在宣府，左拥江彬，右抱凤姐，真是乐在其中。想不到这位李贵人身体十分虚弱，三天中有两天是生病的。忽然京师八百里快报纪太皇太后死去。正德帝听了，虽不乐意还京，无奈礼仪上说不过去，只得匆匆回銮奔丧。凤姐有病无法随驾，正德帝嘱咐她安心静养，自己和江彬、接辇大臣等立刻起驾还京。正德帝到了京师，便替太皇太后举丧，一切按章行事。当年的六月，正德帝亲自把太皇太后安葬在皇陵。

光阴似箭，眨眼到了中秋。正德帝呆久了想到外面走动，便下旨御驾南巡。这道谕旨下来，朝臣又反复劝阻。当时朝野上下，好像有大难将临似的，一时人心不得安宁。于是大学士杨廷和、太师梁储、翰林院侍读舒芬、郎中黄巩、员外郎陆震、御史张缙、太常寺卿陈九皋、吏部主事万超、少师梁隽等纷纷上奏，说灾难即将出现，圣驾最好不要远行。正德帝根本不听，反将万超、黄巩、陆震、张缙等一起关进监狱，让陈九皋、舒芬去守卫云贵，杨廷和、梁储、梁隽等三人一律贬级罚俸。这样一来，群臣都不敢多言。正德帝即传旨：御驾南巡江南，从津沽渡江，改金陵旧宫为行宫。

谕旨颁发后，正德帝于这年八月带了刘贵人、江彬并护驾官李龙、将军杨少华、蒙古卫官阿育黎、侍卫郑亘、右都督王蔚云、女卫护江飞曼一行二十余人渡江南行，很快就到了石头城，早有金陵守臣裕王耀焜、蔚王厚炜及大小官员远远前来亲迎圣驾。正德帝这时也没有心情观赏风景，只和裕王、蔚王并马进城。

却说正德帝到了金陵行宫，正要下马进去。这时城中的百姓纷纷前来瞻仰圣容，但只远远地看着不敢靠近。突然听得人丛中大喝一声，一个汉子箭步而出，便有一道寒光直射正德帝。将军杨少华见了，叫声不好，急拔腰刀去抵挡，一时间哪里来得及，正德帝也觉眼前寒光一闪，慌忙从坐骑上跳了下来。只见鲜血喷射，一人被刺落马。

护驾李龙已手拿尖刀截住那刺客。杨少华、王蔚云、郑亘、阿育黎、江飞曼等五人一齐上来，那刺客寡不敌众，一刀被李龙砍着，大吼倒地。杨少华忙上前按住，那刺客被护驾禁卒七手八脚地捆了起来，正德帝已避入行官。众人将受刺落马的人扶起瞧时，原来是蔚王厚炜，他已是面如金纸，奄奄一息，由杨少华等搀进了行宫大门。还未来到殿上，蔚王两脚一伸，眼皮上翻，一命呜呼了。

正德帝得知蔚王死了，不禁落泪道："朕才刚到江南，便失去了一个兄弟，叫朕如何回京去见太后！"王蔚云奏道："刺客刺中蔚王，这是皇上福大命大，也是蔚王命该如此，与陛下有何关系？"说着江彬把刘贵人护送了来。刘妃听说有刺客，便问是否已经抓获，正德帝道："朕差点儿忘了。"喝令推上刺客来。李龙应着，刺客被押到了正德帝的面前。那人昂首挺胸直立不跪，李龙在他的脚下一扫，那人便站立不住，噗地坐在地上。正德帝怒道："朕与你无仇，你怎敢在白日行刺朕？你是受何人指使？从实招来！"那刺客瞪着眼道："老子想怎么着就怎么着，谁能指使？今日被捉，算老子晦气。快砍了咱的头，废话少说，否则咱要骂人了！"正德帝待要再说，江彬说道："这种浑人，交给地方官去查办就是，何劳陛下亲自来办？"正德帝点头，接着便由李龙把刺客带下去，交给南京都佥刘建山，责其审问回奏。第二天刘建山将刺客施严刑拷问，获知该刺客名李万春，系受宁王宸濠的指使，以前在京师假借斗鹌鹑的名义，曾行刺过一回，因匆忙未能得手；这次是第二次行刺，因精力耗尽被抓。建山录了口供，据实上报。正德帝听了大怒道："宸濠是朕叔父，朕何曾亏待过他，为什么多次派人行刺我？"说罢传谕把李万春五马分尸，并通知江西巡抚张钦，让他监视宸濠的一行动，待御驾还京再行发落。

那时正德帝在金陵畅游各处名胜，怕树大招风，便乔装打扮成商人的样子，只带了刘贵人及李龙、杨少华、江彬等三人，剩下的阿育黎、郑亘、江飞曼、王蔚云等全部留在行宫。一路上正德帝自称朱寿，刘贵人改刘夫人，每到一处寺观，便慷慨施舍。凡寺里的佛像绣袍、神龛绣幔等全部换新，正德帝和刘夫人各署名在上面，有“朱寿刘夫人同助”字样。

一天，正德帝在雨花台游览，台处江宁县的南面，居冈埠最高处，遥望大江，如长蛇盘绕一般，下瞰石头城，十分渺小。正德帝登高四望，不觉胸襟开阔，再看民间庐舍，类沧海之粟，所谓登岳而小天下。正德帝触景生情，便吟诗道：

遥从山北望江南，秋色西来天蔚蓝。

城市餐霞云梦楼，回首远瞰洞庭柑。

潮湃腾滚走江声，二道长坦雁齿横。

古寺至今风雨夜。铁沙依旧照波明。

正德帝吟罢，令杨少华用剑将其镌在一个石嵃上，当作登临的纪念，又与刘贵人等下了雨花台，再登聚宝山。

那聚宝山位于雨花台侧，山上的细碎小石光洁如宝石一般，澄黄和玛瑙一样，颜色光彩夺目，所以把它称为聚宝山。那山势高出云表，山形十分巍峨险峻，但走上去游览时却比茅山易行。到了山巅，俯瞰金陵城，一切尽收眼底。正如三国黄忠夺定军山必先把天荡山夺下一样，江宁的聚宝山原为兵家重地，元朝时上有炮台，营兵在那里驻守。战时聚宝山的地理位置极为重要，这座聚宝山如有失，金陵就危在旦夕了。正德帝眺望了一会儿，赞叹不已，又游览了山麓的梅冈。冈上正值菊花盛开，香气扑鼻。这梅冈本是江宁胜地，到了冬天，数千株梅花开放，整个山麓弥漫着芳香之气，踏雪寻梅的雅人高士接连不断，正德帝因此折了几枝黄菊插在刘贵人头上。大家流连半晌，才照旧路下了梅冈，又在山村里玩了一圈，见农民男耕女织，任劳任怨。正德帝哀叹一声，说：“今日亲眼见了乡景，才知黎民辛辛苦苦得以生财，他们供国家征取赋税，但却不以为怨，这才算得是良民。倘若是塞外胡儿，蛮横毫不知晓礼仪，甚至集众与王师相对抗。一样的民族，其相差真是天壤之别。”说到这里，不觉心中感慨万千，又即景抒情写诗道：

乡村峡道路回环，满地茱萸碧水湾。

踩径踏来游未倦，回瞰又见小金山。

正德帝游览了一路，到处吟诗作赋，都由江彬一一记下。回京之后，经翰林学士毛啬删整，刊行了御制南游诗集。

## 淫僧讲经施雨露

过了牛头山，乃是一个大市集，叫作集贤村。正德帝一行行至村中，见那乡民童叟妇女穿着整洁大方，纷纷往村西去，似赴什么集会。正德帝不明白是什么事，令江彬上去探听。那些乡民听不清他的关外口音，言语不通，险些儿争吵起来。杨少华忙去解围，并乘机问他们为什么往西村去。一个乡民答道："今天是斗姥生诞，白云长老在西村的荒寺里开坛讲经。据说他和梁武帝时的宝志法师一样，讲到精彩的地方，天上会落下花片儿来，有一瓣沾在人身上，就可以延年祛病、化凶为吉。于是全村十分欣喜，男女老幼没一人不想得到好处。各村镇上的人也急忙赶来了，说不定连寺也要挤破呢。咱们赶去抢花瓣儿，晚了恐怕赶不上，恕不和你多谈了。"那乡民说完话，三步并作两步向西而去，江彬听了半晌，一句也不明白。少华对江彬笑了笑，回来把乡民的话禀告给正德帝。正德帝笑道："那又是什么和尚捣鬼，跟他们一起去瞧瞧热闹也好。"李龙得知有热闹事儿瞧，最为高兴。于是由江彬、杨少华带路，正德帝居中，李龙护了刘贵人的轿椅，一行五人也往西村行进。

走了有半里多路，赫然一座黄墙惨淡的大寺院呈现在眼前。那时寺面前人山人海，无立锥之地。寺院四周都是荒芜的空地，那空地上到处是布帐篷。这些布帐篷中有卖茶的、卖食物的，酒肆菜馆，什么都有。那西边的草场上，都是一班走江湖的人，诸如卖拳的、卖狗皮膏药的、走绳索穿火圈的、针灸的等等，真是一应俱全。抬头望那座寺院，门上匾额的字大部分已经脱落，只模模糊糊能看得出是"上方禅院"四字儿，原来是座年久失修的寺庙。寺门口挤在一起的人一个个伸长脖子、张开了嘴，两只眼睛紧盯着里边。正德帝要看个究竟，只是无法挨近。李龙便雷鸣般地大吼一声，两臂往两边一扒拉，那些乡民跌跌撞撞地一时躲闪不及，多被李龙推倒了，众人齐声大骂起来。李龙对他们理都不理，只顾护着刘贵人的轿椅直冲入寺中。后面接着是杨少华当先，江彬为后，簇拥着正德帝进寺。

进入寺中，却是一带长廊，大雄宝殿还在里面。于是再排开众人，长廊走完，就是大雄宝殿了。殿上置有一座三尺高的经坛，坛上四面都是僧人。正中一只长案，供着诸佛菩萨的神马，放置着九只铜香炉，炉中香烟缭绕，僧众鸦雀无声。经坛向着南面，坛的后方设有一只莲花宝座，上有虎皮毡子、绣花垫褥。

座下置着作为踏脚的一对金漆的狮儿。座上空着，可知讲经的长老还没有登坛。那坛下的四周，有百来把铺着绣垫的缎椅整齐地排列着，估计是为本邑官眷和绅士眷属们坐听讲经准备的。有十来个知客僧在坛后的木凳上坐着，以使男女界限分明。至于那些平常百姓，只好在大殿廊前廊下站着听。坛前有七八尺高的一只大炉子，焚着满满的一炉绛檀，浓烟滚滚，殿上听讲的眷属都被熏得眼泪鼻涕不住往下淌。

此刻，忽见一个小沙弥快步下来，向坛中的首席和尚悄悄说了几句，又匆匆走了进去。那和尚就拿起槌儿当当敲了三下玉磬，下首的和尚也应和着敲着木鱼，接着是撞钟擂鼓，霎时间铙钹锣鼓齐声大作。经坛上共有和尚四十九个，这四十九个和尚每人手里敲着一样法器，丁冬镗鎝，人的耳膜也快要被震破了。这样地闹了一遍，在众法器的乱鸣声中，忽听得当的一声，清脆响亮，直冲破了嘈杂的空气，超出众法器之喧闹。锣鼓铙钹不约而同地寂然无声。那清磬再鸣，继这磬石声而起的是空灵的丝竹声，什么笙、箫、管、笛、胡拨、琵琶、筝篌、锦瑟，悠扬吹奏起来，凤鸣鹤唳，皇帝春祭时的细乐也比不了。细声既作，众人晓得那长老快要现身登坛了，大家瞪圆了眼竞相瞻仰佛容。

片刻，听得殿后院中同样弹奏细乐，便有十二个小沙弥身穿五色百家衣，秃头黄鞋，手中都提着香炉。这样一对对地走在前面，导引那长老上坛。众听客齐刷刷地站了起来，但见那长老年纪不满三十岁，却生得面如满月，唇红齿白，双目炯炯，长眉似蚕。加之他长着悬胆鼻，方口大耳，头戴紫金毗卢帽，绣花套云的飘带垂在两边，衣披一袭云锦绣金的袈裟，望上去光彩逼人。足登衔环狏形的朱履，白如粉琢的双手上套着一串云母念珠，上缀舍利子九枚，光芒四射，念珠下端垂着一颗马铃式的红缨。这一副打扮，一看便知和平常的僧人不同。加上那长老的非凡相貌，他坐在经坛上，大家都称赞是如来转世！那长老上坛，诵了召神咒，开卷讲《大藏宝诠》。一头讲着，那两只眼珠儿却朝着一班妇女的座中乱瞧，突然看见了刘贵人，那长老故意吃了一惊，立即停止讲经，竟自坛上走下，向刘贵人连连稽首说："女菩萨！您是菩萨的化身，小僧何缘，幸遇菩萨驾临，真是万幸了。"说罢便邀刘贵人进后院，香花供奉。李龙在旁，也弄得一头雾水，莫名其妙。刘贵人因被那长老说得心动，故脚下情不自禁地随那长老同人后院。一班听经的人个个惊诧，一时交头接耳，都跟入后院。

当时那个长老领着刘贵人进入这静室里面，只听啪的一声，室门便自动关上。外面听讲经的一班本地乡绅和县丞姜菽水远远地在那长老身后跟着到后院，背后护卫官李龙、正德帝、江彬、杨少华等也逐一进去。还有在经坛外的许多百姓，都潮水般涌入殿内，只因为有官员在里面，不敢太随便，只挤在院门前看。正德帝等进了院中，诧异不已，此寺院的外貌颇似一座荒寺，内院却修整得金碧辉煌。但见庭中松柏参天，阶下栽种着无数的奇花异卉，架上的鹦鹉不住地叫着客人，晶盆中养着金鱼，书案上狸猫打盹，庭院深深，落花遍地。正德帝不禁叫道："好妙的庭院！"李龙手指着说道："那长老引了刘娘娘进静室里去了。"江彬道："那和尚想图谋不轨，咱们离他近点，保护刘娘娘要紧。"正德帝点点头，李龙和杨少华便径直上前。

这时那些绅士和县丞都走入静室，由于人多显得十分拥挤。杨少华与李龙挤进静室去瞧时，却不见那长老和刘贵人。李龙、少华两人大吃一惊，忙四周扫视，才瞧出静室的南面还有一扇侧门，只是深深地藏着。那长老和刘贵人进去，门就关上了。县丞和众绅士进不去，大家立在门外大喊着："青天白日，和尚将良家妇女领进密室中，那算什么？"县丞姜菽水甚是迷信，他以为那长老是高僧，那妇人真是的菩萨化身。绅士中有耐不住性子的，便欲破门而入，姜菽水就阻拦道："你们且莫慌，再等一会儿瞧瞧。咱想那长老定是施展什么佛法，不然他妄引妇女入室，众目睽睽之下，谅他也不敢这样大胆。"众绅士听了姜菽水的话，也觉不无道理，果然忍住性子。独有李龙怒吼道："人家的妇女，被这贼秃关在里面，你们还在那里说什么风凉话。"杨少华也喝道："咱们只管打进去就是了。"姜菽水见李龙怒气冲天，知道他是那妇人的家属，便也不敢阻拦。

## 淫邪和尚拐走贵妃

杨少华和李龙两人并力向前，把门打得震天响，那长老也未曾前来开门。李龙大叫一声，飞起一脚踢在门上，一声巨响，那扇侧门便塌了下来。李龙率先冲入，见室内陈设幽雅，案堆诗书，壁悬琴剑，人到了这里，好似到了世外桃源。李龙环顾四周，哪里有什么长老，刘贵人更是不见影踪了。杨少华也赶进来，没见到刘贵人，两人都着了急。这时众绅士已拥入里面，正德帝和江彬也来了。听说不见了刘贵人，把个正德帝急得直跺脚。众绅士都惊奇道："分明看着那和尚同妇人走进来的，怎么会不见踪影了，难道那和尚有隐身术吗？"大家正混乱不堪，忽听杨少华失声道："逃了！逃了！"众人仔细看，见那杨少华一手托着画轴，画背后有一扇小小的石门，这石门平时用画挡住，人家只当是墙壁，怎么也想不到壁上还有这扇小门。那长老领了刘贵人进来，乘混乱的当儿，从壁上的小门中逃走了。众绅士道："那和尚不是好人，他假装讲经，却来拐骗妇女。"县丞姜萩水立在一边不住地伸舌头，正德帝却怒不可遏。

杨少华与李龙早已跑到寺外追寻，半晌先后回来说道："村东村西都找遍，丝毫未见和尚的踪迹。问那村中的乡民时，他们刚刚也到寺中来听讲经，不曾见有什么和尚经过。"正德帝听后，怔怔地好长时间一句话也说不出来，江彬也呆呆地不知所措。李龙很是恼怒，一眼见了县丞姜萩水，便一把抓住他道："咱主翁的夫人不见了，你必须去给咱找出来，要不然老子可不饶你。"萩水怒吼道："你这野种是哪里来的？自己不小心，被和尚把人骗去，却来这里胡闹！"李龙喝道："你这家伙还要狡辩，当和尚入室的时候，众人要破门而入，都被你阻拦着，让那秃驴顺利逃跑，如果你不阻拦，也不怕他插翅飞了。这样看来，贼秃是你放走的，你这厮和他是串通好的。"说得姜萩水暴跳着道："反了！反了！我职位虽卑，也是此地的父母官，怎么说我拐起妇女来了，这还成体统吗?"萩水说罢，叫进两个差役，想要抓李龙，激得李龙性起，抓住两名差役，一手一个，摔向人丛中。外面冲进五六名捕快，袖里各拿出铁尺等器，一齐拥上来帮忙。院里的众绅士和乡民见闯了锅，吓得四散逃走。院门前又挤着很多人，院内的人排山倒海地逃跑出来，外面的人来不及逃跑，跌倒的了不少，霎那间哭笑声夹杂在一起，闹得乱七八糟。

那大殿上的四十九个和尚依然很恭敬地在坛上侍候着，女客座的官眷们因不便来凑热闹，只坐在那里窃窃私语。忽听得内院哭喊一片，乡民拥挤着跑出来，接着大队的人拥出来了。于是坛上的和尚，坛下的妇女，都立起身来看发生了什么事，不料人多地窄，轰隆一声，经坛在众人的推挤下倒了，四十几个光头从坛上摔将下来，巧的是都跌在官眷堆里。那些少妇和光头混成一团，有几个光头跌得头破血流，有的被坛上的铜香炉砸伤，有的被坛前的大鼎灼伤。最惨的莫过于一个青年和尚，光头碰在蜡烛杆上，刺得鲜血淋漓，当场就昏了过去。

当时李龙正把那些捕快由内院打到外殿，捕快们怎是李龙的对手，一交手就被揍倒，只好爬起来竞相向外跑。李龙追将出来，不管是谁，逢人便打，殿上殿下秩序混乱不堪。杨少华生怕误伤了百姓，忙来将李龙劝住。两人回到内院时，院中已连个人影也不见了，只有正德帝和江彬还傻傻地坐在静室里。正德帝见了少华、李龙进来，便垂头丧气地说道："刘贵人恐怕一时找不到，不如回去从长计议。"江彬等也说不出别的，于是大家都跟着正德帝出院。那大殿上的众僧这时也走散了，官眷们被家属领回，只有经坛依旧倒在那里，钟磬法器之类倒了一地，还有香烛果品并供神的素馔等乱七八糟地堆在殿上。正德帝一肚子不高兴，四个人出了上方禅院，早有两名轿夫来索取报酬，他们是刚才抬刘贵人的两个人。江彬随意给了几十文，两个轿夫称谢而去。正德帝君臣四人急忙回去，所谓乘兴而来，扫兴而归，一路上也无心观赏风景，只低头疾行，赶到金陵行宫时已灯火辉煌。

王蔚云、郑亘、阿育黎、江飞曼等随裕王耀煜出来迎接圣驾，蔚云因不见刘贵人，心下惊异不已，又不敢动问。正德帝上殿坐下，众人分两边侍立，正德帝令裕王也坐了，就讲起游览的情形，把上方寺听讲经被和尚骗去刘贵人的事细述了一遍。裕王惊道："这秃驴真可谓狗胆包天，不过他借经坛引诱妇女，室中装着机关门户，想来谋划不止一天了。受他害的当不止江宁一处，别地上当的肯定也不少。他这一次已露出马脚，不久必往别处去施伎，陛下不妨密颁谕旨，令各处地方官秘密访查，不消半个月，这妖僧必将被擒。"正德帝点头赞许，当下命江彬草谕颁发，一面通知江宁县，令其侦缉妖僧，并令将县丞姜菽水捆赴南京都督府，以故意纵盗罪处办，江彬一一办妥。正德帝独自还回后宫。这里王蔚云、杨少华等和裕王又商讨了一会儿，才各自去安息。

第二天早上起身，正德帝因刘夫人失踪，心中闷闷不乐，日间只同了李龙等在金陵街市上溜达一圈便回行宫。第三天，江宁县尹梅谷亲来行宫禀见，报告说当日接得上谕，派通班捕快往城镇各处茶坊酒楼、旅寓馆驿搜查，凡可疑之区，到处都查遍了，但毫无妖僧行踪，估计是闻风已逃到境外去了。至于县丞姜菽水亦在事后弃职逃跑，现已命人追捕。正德帝听后，令暂退去。四日，又得溧水县尹报禀，禀告在两日前，见有游方道人带一美妇过江，事后才知道人是和尚乔装打扮，适谕旨到达，急遣快马去追赶，但没追到。该妖僧当不出镇江、淮扬两处。正德帝听了，便和江彬商议，决定亲赴扬州侦探那和尚消息。于是带了李龙、郑亘、阿育黎、江飞曼等，并江彬一行七人，神不知鬼不觉地前往扬州。不日到了那里，在馆驿下榻。当日在后土祠玩了一天，赏玩琼花。

那后土祠的琼花是唐时所植，瓣厚叶大，光泽莹洁，色微带淡黄，浓郁的香气数里可闻。在宋代，后土祠被改成藩厘观，花旁建一亭，名无双亭。宋仁宗时将琼花掘出移植皇宫，不到半月，那琼花便自枯死。扔在道上，被扬州人瞧见，仍把它带回来植在后土祠里，渐渐地枝叶发芽，出人意料地复活过来。到了元朝，琼花又自己枯死。那时藩厘观中有个道士叫金雨瑞，他把琼花的枯根铲去，种上了聚八仙，倒也很是繁茂。那聚八仙的样子和琼花很是相像，所以后人仍称它为琼花。

## 众护卫合力擒淫僧

正德帝游览了后土祠，次日又去游万寿观。那座观建自六朝，殿宇巍峨壮观。正德帝与江彬、杨少华等先在偏殿观赏了一圈，正要游大殿，忽听殿角一声响，飞来一把剑直奔正德帝。接着跳出一个大汉，把剑舞得如蛟似龙。江飞曼急拔刀架住，当的一声火星四迸，两人就在大殿下拼将起来。李龙看那大汉勇猛异常，也大喊一声飞步上前助战，那大汉一口剑抵住两般兵器仍是游刃有余。杨少华笑对郑亘道："看雌雄两条龙也斗不下那大汉，咱们莫给他逃走了。"郑亘应道："咱们上去吧！"于是杨少华、郑亘两人一齐杀出，围住那个大汉，五个人轮斗，愈斗愈急，蒙古卫官阿育黎也要上去，江彬拦道："你在这里护架吧！有武艺的都走开了，没人护驾，会被人暗算。"阿育黎听了也就止住。那里杨少华等一步紧一步逼着大汉，那大汉情知不敌，突然跃上屋顶，腾翻跳跃，沿着屋檐逃走了。江飞曼、杨少华也上屋追赶，李龙、郑亘不会纵跳，只好睁着两只大眼望着他们。飞曼和少华一齐追那大汉，那大汉有意显些本领，专挑屋檐最窄的地方跳着，飞曼和少华赶得气喘汗流。那大汉哈哈大笑了几气，霍霍地几个鹞子翻身，弄得飞曼、少华眼都看花了，待仔细一瞧，那大汉早已无影无踪了。两人知道大汉的技艺强已甚多，也不去追赶，乃下屋回到殿上。郑亘、李龙齐声道："刺客逃走了吗?"飞曼一笑道："那人甚是厉害，倒要留神他一下。"然后把刺客逃走的情形禀知了正德帝。江彬怕再遭不测，劝正德帝早还馆驿。正德帝答应了，一行人簇拥着皇帝回到馆驿中休息。

到了晚间，江飞曼提醒道："今天的刺客定是受人指使，可能已瞧破我们的行踪。刚才在日间又不曾把他擒获，夜里难保不再来尝试，我们须要防备才好。"杨少华道："飞曼说得甚是，我们夜间护驾，可分班轮流做事，诸位以为怎样?"阿育黎道："咱和杨将军负责前半夜，飞曼与郑侍卫值后半夜，彼此照应就是了。"话未说完，李龙接口道："我难道不配有职使吗?"飞曼笑道："你且莫性急，有很多事要做，你问杨将军，自然有需要你的地方。"李龙便转头望着少华。少华笑道："别的都不缺了，还少一个巡查的人，不知你可愿意充这个职役?"李龙正色道："都是为皇上效命，有什么不愿意?"少华道："那就只好辛苦你了！"

大家分派完毕,各人去分头准备。

这天夜里,星月暗淡,迷雾重重,伸手不见五指,这种天色正是夜间行事的好机会,不论是江洋大盗、绿林响马还是穿窬小偷,大都挑选这种时机作案。约莫有三更的光景,正德帝思念那刘贵人,不能入眠,重新披衣起身,和江彬燃烛对弈。驿卒击柝鸣锣,报告更点,刚准备自己去睡觉,忽听李龙在院中大声叫嚷道:"刺客来了!"里面值班保护的是江飞曼与郑亘,忙拔刀而出问道:"刺客在哪里?"李龙说道:"我亲眼瞧见屋上一个黑影子,大约这一喊,他已躲起来了。"正在讲着,那杨少华和阿育黎换班下来还没有睡着,因听得叫有刺客,两人先后抢出来,见尚且无事,心上稍宽。李龙说道:"如今要提防刺客出现,他既探到路,必不肯徒劳而返。"阿育黎道:"那么现在倒是最佳的时候了。"大家正说着,忽闻内室高声喊道:"刺客已在这里了!"正是正德帝的声音。众人大惊,慌忙争先冲入室内。李龙当头一脚跨进正德帝的卧室,蓦见正德帝跟前跪着一个大汉,灯光下看到他颌下有髭,正是日间的刺客。李龙早已怒不可遏,不管好歹一声大喝,抡刀便剁,那大汉不及避让,又没器械抵御,慌忙中把臂往上一迎,咔嚓,左臂被砍落在地。李龙欲奔上前杀了他,正德帝亲自起身阻住,再瞧那大汉已痛倒地上了。正德帝抱怨李龙道:"谁叫你这样冒失的?他并非是坏人,误听人家的挑唆,前来行刺,此刻他已反省,情愿到朕的面前请罪,你怎么将他砍伤了?赶快寻找金创药来给他搽了,扶他去休养。"

李龙被正德帝一顿埋怨,不觉目瞪口呆不敢作声,直到正德帝命他去找金创药,才醒悟过来,那江飞曼和杨少华、阿育黎、郑亘等都立在旁边,听正德帝责备李龙。这时见李龙要去找金创药,飞曼把他叫住道:"咱这里有上好的金创药,拿去搽吧。"李龙就止住脚步,弯腰搀起大汉来,江飞曼随手取药,给大汉涂在断臂上,一条药布包扎好了。那大汉称谢,又向正德帝谢了恩,自去调养。

原来那大汉是名震江湖的侠盗,名字叫马刚峰,绰号飞天大圣。他因受宁王宸濠的嘱咐,要刺死正德帝。马刚峰奉命进京,值正德帝南巡,但便也赶往南京,他一直没有行刺的机会。一日见正德帝率同五六人下船解缆离岸,刚峰也买舟跟踪而至,到了扬州,准备下手,又被别的事过去。一日在万寿观内,看见护驾的四散闲游,便一剑飞去,心想定然刺中,忽给一个女子用剑挡住。马刚峰原来认为江飞曼是个文弱的妃子,没料到却是护驾的女卫士。既见一击不中,心中已冷了半截,又想到正德帝驾前女子竟能护驾,足证他命不该绝。且女护卫的本领这样强,男护卫的技艺肯定也绝非一般,当下飞身逃走,又去探听宁王的为人，听说他欺压黎民，抢夺寡妇，臭名昭著，人人得而诛之。马刚峰不觉深悔自己弃明投暗，便乘夜来见正德帝，悔过自首。正德帝察他心诚，谎说了声："刺客在这里。"结果，李龙莽撞地把马刚峰剁去了一臂。

刺客案已了，众人心神略定，突然正德帝传江彬，连呼不应，他不禁惊诧道："闹刺客时，他还与朕对弈，怎么会不见了？"杨少华等四处一找，却见他在正德帝的榻下呼呼地睡着了。众人哄堂大笑起来，忙唤醒了江彬，才知他见刺客马刚峰进门，吓得钻到榻下，时间长了，就睡着了。众人又笑了一会儿，各自散去。

正德帝在扬州终日与江彬寻柳看花，这样玩了一个多月，刘贵人仍杳无音信，正德帝已有些厌烦了，听说镇江名花极多，便雇了艘大船，欲游览镇江。到了那里，决定先去访金山寺的古迹，这时又多了个马刚峰，君臣一行八人步行先上山，直达金山寺前。寺在山麓，殿宇巍峨，庄重肃穆，寺内铙钹叮咚，大殿上也摆有醮坛，一个大和尚高高地端坐在坛上。杨少华眼尖，指着那正中的和尚道："他不是妖僧吗？"李龙大叫一声拔刀上前，那和尚看见正德帝等，欲下坛逃走，杨少华、江飞曼、郑亘、马刚峰、阿育黎等都跟着李龙杀上，层层包围了那和尚。那个和尚忽地从袈裟中拔出双剑，舞得如旋风一般，众人一时靠不近他，不到一会儿，李龙、郑亘都被和尚砍伤，阿育黎一指被剁去，江飞曼的刀被斩断。马刚峰杀得性起，干脆叫杨少华也跳出圈子，自己仗着独臂，挥动一口鬼头刀，从剑光中直滚进去，大吼一声："着！"和尚叫道："哎呀！"便倒在地上。马刚峰一个箭步冲上去，狠狠踩住和尚的胸脯，和尚躺在地上拼死挣扎，用飞剑乱砍，被马刚峰用刀逼住，少华等方才将和尚抓住。

但大家急切却又找不到绳索捆绑，李龙到处搜寻，见大殿上悬着一根巨绳，约有碗口来粗细。李龙大喜，忙提刀将那根绳割下来。只听得轰隆一声巨响，大殿的正中坠下一件东西，热油四溅，弄得殿上满地是火。正德帝和杨少华等都吓了一跳，大家仔细一瞧，才知掉下的是大殿上的一盏琉璃灯。那系灯的绳索被李龙割断，琉璃灯便掉落在地上跌成碎片。众人很是好笑，李龙也不理睬，仍拖着那根巨绳来捆和尚。可是那绳太粗了，不好绑，最后总算把那和尚缚住。

寺里的和尚见他们舞刀弄剑，吓得屁滚尿流，一个个躲在禅房中吓得不敢靠近。直到那和尚被擒住，正德帝和江彬将他们的警钟撞个不停，才有寺中的拜经禅师战战兢兢地出来。正德帝问他寺内僧众都去哪里了，禅师答道："他们得知大殿上住持和尚被人抓住，怕遭牵连，所以都藏起了。"正德帝道："你们这住持叫什么名儿？到这里有多久了？"禅师道："据他自己说，他是半道出家的，法名叫镜远。当初我们寺里本有住持僧的，上月中被这和尚杀死，将尸体扔入江中，他便强行做了本寺的住持。”正德帝道：“那和尚将住持杀了，你们不去告官吗？”禅师摇头道：“谁敢呢？就是去告他，他背后有靠山，地方官也是不管的。”正德帝忙道：“他靠着谁，这般猖狂？”禅师犹豫了半晌道：“罪过！出家人又多言了。”说着便对正德帝道：“施主是外地人，知道了也无关紧要。这个恶僧，谁不知道他是江西宁王的替僧。他在外面为非作歹，都是宁王帮他撑腰。听说这镜远和尚还到处借着讲经的名儿诱骗那些美貌妇女入寺，他用蒙药将其蒙倒，任意奸淫后，便去献给宁王。那镜远在这里也犯过几桩拐案，地方官吏只假装不知，本处的大吏都是宁王的党羽，大家自然搪塞过去了。据说宁王的势力已很大，有江西的红缨会作为帮凶，将来必一发不可收拾。宁王早晚黄袍加身，那时镜远和尚就是国师了。你想宁王这样信任他，那些宁王手下的党羽谁不巴结他。”正德帝听了，点头说道：“你这人说话很坦诚，我就让你做本寺的主持，你法号是什么？”那禅师不知正德帝是什么人，竟派自己做起住持来，又想他敢抓捕镜远和尚，必是大有来头，于是笑答道：“小僧名尘空，人家都称我做尘空和尚。”

正德帝记在心上，告别了尘空，和江彬一起离开后殿，见大殿上的杨少华、马刚峰、郑亘、阿育黎、江飞曼、李龙等六人押着那个和尚。正德帝命令上船，自己和江彬、少华、阿育黎、马刚峰、江飞曼等先走，由李龙和郑亘抬了那和尚在后，一路扬帆，到了镇江的馆驿门前。正德帝暂居驿中，令江彬起草谕旨，派李龙、杨少华押了镜远，去见镇江府王云波，命他审问镜远回奏。王云波领了旨意，当即坐堂审讯，李龙和杨少华自回去交差。次日知府王云波率领着各邑县令来馆驿中见驾，云波禀道：“镜远业已招供，在江宁诱骗的女人自称是皇帝侍嫔，镜远不敢起私心，已献人宁王府中去了。”正德帝见奏，命将镜远处以凌迟之刑，金山寺住持准令尘空和尚充任，王云波领谕自去办理。

## 图谋不轨偷美人

这里正德帝与江彬等商议，正德帝说道：“如今刘贵人已有消息，就在江西宁王府邸中。朕准备将宁王削爵抄家，传令江西巡抚张钦协同办理，你们以为怎样？”杨少华道：“一直听说宁王阴蓄死士、私通大盗，早有叛逆之心，现若突然夺爵抄家，必致激变，那就等于逼促他背叛了。依臣下愚见，宜先撤销他的禁卫兵权，再削弱他的羽翼。他如自置卫兵，那时就有借口削他爵位了。万一再不受命，即出王师讨贼，一定能成功。但在叛状未露前，无故削夺藩封，易引起各王怀疑。过去建文帝的覆辙可鉴，自应谨慎而行。至于刘贵人在府邸中，下旨要人，宁王必不肯承认，只有另派能人，想法把她盗出来，是为上策。”正德帝道：“朕贵为天子，怎能做那盗窃的事；”江彬在旁附和：“杨将军的议论最是两全了。刘贵人失踪，被和尚骗去，这事如张扬开来，不太好听。大家暗自行事较为稳妥，否则此事闹大，宁王横竖不会认账。倘不幸被他警觉，移藏别处，反而弄巧成拙了。”正德帝思量半晌道：“就依卿等所奏，谁去任这职役？”杨少华、阿育黎、张飞曼、李龙四人齐声说要去。正德帝笑道：“此一任务，必须有勇有谋的人才能前往，李龙太鲁莽，阿育黎形迹可疑，都不宜去，还是少华和飞曼去吧！”飞曼、少华大喜，便去收拾行装，辞了正德帝便动身了。

自杨、江两人去后，正德帝在镇江各处又游玩了三四天，即带了江彬、阿育黎、李龙、马刚峰、郑亘等回到金陵。裕王耀焜、都督王蔚云一起来问安，并进呈京师送来的奏疏，正德帝当即批阅，见其中有御史干宝奏的一则，谓宁王宸濠勾结红缨会匪，辅助盗兵，图谋造反，请事前防止。正德帝看罢，递给江彬道：“宸濠居心欲叛，天下已无人不知，足证世上的事要想人不知，除非己莫为。”江彬细读奏章，见和尘空和尚的话差不多，便也微笑道：“星火燎原，不如防患于未然。”正德帝道：“朕也正是此意。”于是下谕，令江西巡抚张钦把宁王府中的卫兵遣调入总兵周熙部下，以充实御寇的实力。

明朝的祖制，藩王封典十分隆重，仪从的显赫与皇帝只差一点儿。藩王府邸也准设卫兵，但不得超过三千，故太祖高皇帝的祖训上面规定，当皇帝不明而群小弄权时，藩王可以起兵入清君侧这一条。宁王府邸的卫兵，表面上是二千人，暗中实有三四千名。当时接到谕旨要他调拨卫兵，宁王十分惊诧，忙召军师刘养正、参议汪吉秘密商酌。养正说道：“皇上调我们的卫兵，分明是削弱我们的羽翼。”汪吉道：“我们现今一事未备，倘若抗旨，彼必加兵，这样看来，只得暂且忍耐一时，再另图良谋吧！”养正踌躇了一会儿，也想不出好的办法。宁王知道自己羽翼未丰，只好接入使者，眼睁睁地看着卫队长花名册呈上。使者点卯一过，总兵周熙也到了，将兵符印信收了，告辞宁王上马去了。宁王便长长地叹了口气，当夜召集大盗首领凌泰、吴廿四、大狗子、江四十等，并红缨会大首领王僧雨、副首领李左同、大头目杨清等商议对策。众人当场商定，因为洞庭大盗首领杨子乔名扬四海，由宁王派人聘请为行军总都督，大狗子为副都督，吴廿四、凌泰为都指挥，又拜红缨会首领王僧雨为大师公，李械同为副师公，杨清为总师父。大众齐心协力，操练兵马，准备与明廷相抗。

再说江飞曼与杨少华两人奉旨往江西去营救刘贵人，两人日夜兼程，不日到了南昌。其时宁王将叛变的消息广传各处，南昌城中更是风声鹤唳，百姓惶惶不可终日。少华、飞曼不敢住在城内，只在近城的荒寺中歇息了。到晚上，两人换了夜行衣服，翻城越池，至宁王府邸中，但见三步一岗，五步一哨，柝声与金声响个不停。少华和飞曼耳语道："他们这样警备，一时很不易下手。"飞曼说道："你在墙上把风，待我进去探个消息。"少华应允了。飞曼便轻轻纵上墙头施展一个燕子点水，早已飞身进入院内去了。少华在外面看得清楚，不觉暗中喝彩叫好，便隐身在墙垛上，静待飞曼的回音。等了一个更次，见墙内黑影一闪，少华恐是敌人，忙拔剑在手，定睛细看，才知是飞曼来了。少华细问道："怎样了？"飞曼应道："大事快要成功，咱怕你着急，特地来和你说一下。"少华点头道："我知道，你放心进去。"飞曼也不答话，又飞身进去了。这一去时间太长了，左等不见，右等不来。少华焦急道："莫非出事儿了？怎听不到半点声音。"眼看到了五更，仍没有音讯，弄得个少华忧心忡忡，眼看村外鸡声遥唱，天快要亮了。少华这才着急起来，因自己和飞曼都穿着夜行衣服，再等下去，天要亮了，在路上甚是不便。况南昌正在风声紧急的当儿，被官府瞧见，势必要当奸细拿住，岂不是误事吗？少华正惊慌不已，忽见屋顶上一人似猿猴般急奔下来，正是江飞曼，她背着一个大包袱，上气不接下气地打个手势与少华，少华知道已得了手，急从墙上站起来。两人一齐跳下墙头，踏着了平地，一前一后，施展飞行术，向前飞奔至城上，把百宝钩放下，先后下城。路上飞曼体力不济，由少华负那巨包，幸好城内外都没有遇到什么人，待到馆驿中时，天色恰好微明。

两人休息片刻后，吃了些干粮，又说了会儿话，已是辰刻了。飞曼去将那榻上的包裹解开来瞧时，不觉怔住了。少华也过来，看见一个娇美艳丽的佳人睡在包裹里，只是双眼紧闭，颊上微微地泛红，好似喝醉了酒似的，睡得正香。大约是受了飞曼的五更鸡鸣香，才睡到这个地步，再瞧那美人的脸儿，却不像是刘贵人。飞曼与少华认出她不是刘贵人，都愣在那里。这时两人互相对视，作声不得，忽见那人稍微转了个身，慢慢地醒过来了。飞曼跺脚道："咱刚才背的明明是刘贵人，怎会变了个不认识的了？"少华笑道："这定是你一时慌乱，看错了人。"飞曼自己也觉哭笑不得。

只见那美人双眼睁开，向四面瞅了瞅，表现出很惊诧的样子。少华望着飞曼道:“人虽弄错,刘贵人的消息,倒可以从她的口中探询出来。”少华一言提醒飞曼,飞曼便走到那美人的跟前。那美人十分惊奇地问道:“我怎么到了这里?”飞曼笑答道:“是我背你来的。你不记得昨夜里窗上的怪声吗?”那美人才弄明白,忙下跪谢道:“与夫人素昧平生,今蒙相救,真是感激不尽。”飞曼说:“这甭提它,我只问你姓甚名谁,为什么也在宁王邸中?”那美人听了,心里一酸,眼儿一红,泪如泉涌地答道:“贱妾姓郑,小名雪里青,是靖江人。自幼父亡,寡母错嫁匪人。妾在十六岁上,便被后父运到淮扬,强迫身入青楼,老母弱不敢抗,贱妾也因为老母,不得不依从。今年的春天,突然来了一个北地客人,出巨金要妾陪宿,等到天色大明贱妾醒来,发觉已睡在舟上,心里很清醒,但不能开口和动弹。在水道上这样行了六七天才离船上岸,便是陆路,又走了好多日,才到宁王的邸中。妾自进宁王邸到现在已有半年多了,不曾和老母通音信,不知还可见到面吗?”雪里青说到这里,呜咽起来。飞曼宽慰她道:“你且不要难过,我们将来回去,途经扬州,把你带去就是了。”雪里青再三称谢。少华不禁随口问道:“姑娘可在宁王府中见过姓刘的夫人?”雪里青应道:“怎么没见过?她便在我的隔房住。听那位夫人自说,倒还是一位皇妃。昨天夜里她正和我谈论着,听见窗户有呼呼的怪声,那夫人十分胆怯,便慌忙自己回房去了。后来我也沉沉睡去,醒时已到了这里了。”飞曼听后,知自己过于鲁莽,因当时在屋上看见刘贵人,并和一个女子对谈着。飞曼在外面等了两个更次,恐怕天明坏了事,急中生智,假装鬼声吓她们,果然那女子走了,没想到走的正是刘贵人。飞曼从榻上背人时,室内漆黑一团,以为必是刘贵人,哪里晓得偏偏将雪里青背了来。这时飞曼见白费劲儿,觉得十分扫兴,勉强和雪里青闲谈了一会儿,预备到了天晚再去。

## 偷人反遭人暗算

又是一天过去了,此时早已月上黄昏,飞曼与杨少华打扮好,乃出门直奔宁王府。这次路径比昨夜熟了,由飞曼领着少华到了雪里青的隔房檐上,探身往室中瞧去,却是漆黑一团。杨少华沉思道:“昨夜他们失了雪里青,要是亡羊补牢,把刘贵人藏起来了,那可糟了。”飞曼也觉有些不对劲儿。两人潜步下去,从窗户蹑手蹑脚进入室中。飞曼从百宝囊内掏出火绳,照了照四周,室内空空,一点东西也没有。飞曼耳语道:“莫非在那边的隔房吗?”话还未完,一声锣响,室门大开,冲进十几条大汉来,口里骂道:“盗人贼又来偷谁?咱们王爷果然神机妙算!”说罢用刀枪乱扎着,将飞曼和少华围住。少华恐寡不敌众,暗示一下,飞身跳出窗外,江飞曼也跟了去。不想窗外也有人,蓦地一刀砍来,少华庆幸闪过了,飞曼的右腿却被砍中,“哎呀”喊了一声,几乎跌倒。

少华边战边跑,挡住敌人,等飞曼从屋上下了平地,已走了好远,才虚晃一刀飞跃落地,奋力追上飞曼。两人拼命地逃了一程,飞曼被刀砍伤,渐渐走不动了,庆幸后面敌人不追,二人才平平安安地出了城垣。路上少华对飞曼说道:“我们这样一闹,宁王必严加防范,看来刘贵人是盗不出来了。即使能混进府去,又不知刘贵人藏在什么地方。待弄清楚,也不是三天五天的事,依我看不如暂回去再作打算吧!”飞曼听了,只得赞同。少华又笑道:“我们回去,虽盗不到刘贵人,倒也弄到一个美人。这雪里青也很漂亮,大约是扬州的名花,咱们在皇上面前也好交差了。”江飞曼笑了笑,指着刀伤道:“我却吃了亏的。”少华不禁笑道:“这是你倒霉。”

两人说笑着来到馆驿前,叩门进去,走进房里,只大叫一声苦,原来睡在榻上的雪里青连被儿都不见了。两人正发怔,不料房外一声呐喊,十几个打手阻住房门,高呼捉贼!飞曼和少华慌了,把室中的行装器械扔下不管,狠命杀出去。幸亏那些打手武艺不甚高强,两人冲出室外,纵身上屋逃走。少华一马当先,只是手腕上中了两枪。

当下两人逃出馆驿,身上都受了轻伤,也不敢再去冒险,只好丢掉衣履等物,垂头丧气地连夜赶回镇江。又听说御驾已回金陵,便又马不停蹄地赶去。到得金陵,见了正德帝,把误盗刘贵人,再进藩府,飞曼受伤,馆驿被暗算等过程,细细叙说一遍。正德帝听了,不由长叹一声,命江飞曼、杨少华退去。忽报京师快报到了,是大学士兼监政大臣梁储奏报宁王宸濠已反叛,南昌、南康失守,已派遣前兵部主事王守仁为左都督,即日进兵江西,又叙江西巡抚张钦抗贼牺牲的情形,甚是凄惨。正德帝大惊道:“宸濠这厮果然反了。”屈指算那日期,江飞曼和杨少华离开南昌的第二天,宁王便率众反叛。

再说正德帝在南京到处游览,不把宁王叛乱的事当回事。朝中大臣谏言御驾远游、人心浮动,将来必酿大乱,宁王还是祸乱的根源,劝正德帝分辨利害,从速还都,正德帝仍一意孤行。又有梁储、毛纪等亲王到南京跪伏行宫,要求正德帝下旨回銮,否则不肯起身。正德帝命都督王蔚云劝解几次,令暂行退去,梁储等死活不应。正德帝无可奈何,只得传旨翌日回朝。梁储等领了谕旨,自去准备回銮的杂事。到了第二天御驾启程，裕王耀焜并阖城文武都来恭送圣驾，裕王又派将军罗兆先率兵马五营护驾。当时随驾的有大学士梁储、吏部尚书毛纪、都督王蔚云、将军杨少华、御前供奉官江彬、蒙古护卫官阿育黎、女护卫江飞曼、殿前指挥使马刚峰、侍卫官郑亘、护卫官李龙等，真是声势浩荡，一路上人民多摆香案跪迎。

正德帝命车驾自金陵过镇江，经淮扬至苏州暂停，由苏州至杭州游西子湖，然后再行北还。哪里知道天算不如人算，正德帝才经扬州，便闯出一场大祸来。

秋光晴碧，湖水如镜，鸿雁排空，桅樯林立。巍峨的金山寺在江心矗立着，一叶渔舟从烟波深处出来。凭山远眺，风景如画，真是一幅绝佳的江山图画！人们到了这种山清水秀的地方，谁不留连忘返。这时金山一带舟楫连只，彩旗飘扬，正是那正德帝游金山寺的时候。正德帝游过金山，正准备游览扬州，梁储、毛纪辈既知道正德帝已有回銮的旨意，不便过于干煞风景的事，只好随驾到处逗留游玩，不日到了扬州。

当时的扬州知府鲁贤民，倒不愧是个清正廉明的好官儿。得知御驾入境，忙率领扬州文武百官，远远地出城迎接，把扬州的琼花观作为正德帝的暂驻之所，一切的供给都很少。正德帝对此不甚计较，倒是那供奉官江彬嫌鲁贤民做事小气，偏偏百般地挑剔，使得节俭清廉的鲁贤民几乎无路可走，甚至当卖了妻女的钗钿裙衫来供应这贪得无厌的皇帝。在鲁贤民已是尽了力，但江彬心里还是一个不满意。

一天正德帝驾舟出游，经过一个湖，见湖中波光粼粼，流平如镜，湖中游鱼清晰可见。正德帝不禁高兴起来，转头对江彬笑道："倘在这个湖中钓一会儿鱼儿，倒是很好玩的。"当时知府鲁贤民在旁伴驾，江彬正欲寻他些事儿做，连忙回禀道："扬人的水上生活本来是极有名的，皇上如要亲试，叫扬州府去准备就是。"正德帝更加喜欢，即命鲁贤民去办渔舟网器等物，一切从速。贤民不敢抗旨，不一会儿把网罟、海兜、渔箬等诸物置备妥了，又雇了三四十名渔夫，和三十艘捕鱼的小舟，便来回禀皇上。江彬扶持正德帝上了大艇的头舱，舱前早置备了一把披虎纹锦的太师椅，正德帝坐在椅上，遥望江心水天一色，阳光一照就像万道金光上下腾跃，更觉新奇。于是江彬在船头高声下令捕鱼，只见三十艘渔舟一字儿驶出，舟上渔人撒网抛向湖中。不消片刻，收起网时，大小鱼儿满网，倒在舟中跳来跳去，煞是好看。三十艘渔舟在御舟面前排开，高呼万岁献鱼。正德帝令赏赐渔夫，又见那些金色灿烂的鱼儿可爱至极，欲亲自下到渔舟去体验网鱼的滋味。鲁贤民忙劝阻道:“皇上乃金玉之尊,怎可上轻舟去冒险,望保重为宜。”正德帝根本不听,江彬也不劝说,竟任皇帝去冒险。

这时因正德帝巡游江南,内侍宫监未曾携带,伴驾的除随驾官外,都是护兵卫士们。这天正德帝乘舟在湖上游玩,只带了二十名护兵,以及供奉官江彬,护卫李龙、侍卫官郑亘、女护卫江飞曼等一律不侍跟随,侍驾的只有知府鲁贤民和三四名署役。江彬与三名亲随将正德帝搀下船,船上一声哨响,二十九艘渔舟把御舟团团围住,渐渐地荡了开去。一叶小舟在湖心荡漾着,遥望湖面,水天一色,虽不是乘风破浪,倒也洗涤胸襟。正德帝是在北方长大的人,本不习水性,幸得屡经舟楫,不很害怕,却把跟随在舟尾上的江彬吓得浑身发抖,舟身掉转,害得他头晕目眩,抵着头不敢眺看。知府鲁贤民是镇海人,水性很好,他瞧见江彬不会乘舟,想借此报复他,便故意叫亲随把舟尾不断掉头,弄得舟身晃来晃去。江彬在舟尾坐不住身,伏在舱舷上呕吐。正德帝却雅兴正浓,还嫌四边护卫的小舟碍事,令他们各自撒网,谁网的鱼最多,重重赏赐。这些民夫最缺的就是钱,早就盼着这命令,就一哄将渔舟四散,争相去撒网捉鱼儿。这样一来,那二十九艘渔舟在江面上飞驰往返,来回倒腾,平镜般的湖水,被二十九艘渔舟搅得水花四溅,舟上的人,也是前俯后仰地站立不稳。那江彬更是被害惨了,几乎要将肚肠也吐了出来。中舱里的三四名亲随,伴着正德帝网鱼,鲁贤民在船首上站着撑篙,他们一网网的,倒也捕了好些大鱼。

## 酒色无度淘虚身子

正德帝看别人撒网煞是有味,竟从亲随手里拉过一张渔网来,网的四周都缀着锡块,沉重的很,因有了锡块,撒网时有劲,也就容易散开和撒得远。正德帝体质被酒色淘虚了,根本没有力气去撒这半亩大小的渔网,但一时碍着面子,硬着头皮尽力地抛出去,网往前撒出,因用力过猛,正德帝当然重心不稳,且奋力撒网出去,只觉头昏眼黑,再被回力一激,身不由己地往后倒下。这小小的渔船也经不起这剧烈的晃荡,所以倾向一侧只听,“扑通”的一响,正德帝跌入河中。船首上的鲁贤民吓得脸色苍白,大叫:“快来救驾!”二十名护兵慌忙划桨疾驰而来。大家七手八脚地一阵忙碌,正德帝被三个亲随抓住,一个捧头,一个抬脚,当中一个托住腰,把正德帝抬出水面,慢慢地游到御舟上,由护兵等接着,抬入舱中。这里鲁贤民撑着竹篙,将渔船靠近御舟,从船舷上爬上去。

大家忙着救护正德帝，那湖中的二十九只渔舟上的民夫，还在四处打捞，忽然都大叫起来。鲁贤民和护兵等把正德帝揉肚揉胸，幸已苏醒了。猛听得渔舟上喊声，回头瞧看，却是四五个渔夫，抬着江彬上御舟来。贤民才知正德帝坐船倾侧，他没有注意，江彬也同时落水，因救皇帝要紧，谁还会理会什么江彬。这是天不绝江彬，所以给渔夫们的饶钩搭住捞了起来。三名知府的亲随全身湿漉漉地去救江彬，见他两眼翻白，口鼻里满是污泥，气息弱如游丝，差不多是要见老天爷了。亏的几个亲随都是非常有经验之人，一面将污泥拭去，一面把他的身体倒立起身，慢慢地揉搓着肚腹。江彬的口中就吐出一斗多清水，手脚逐渐温暖起来，便悠悠地醒转过来。

鲁贤民赏了那些渔夫，吩咐护兵们加力划船，赶至后土祠前，王蔚云等早就伺候在那里，听说正德帝落水，急忙抢上御舟来探问。当时正德帝稍微能够说话，身上衣服湿透了。王蔚云、李龙、郑亘等扶正德帝进琼花观。梁储、毛纪都去责怪江彬，圣上冒险，不去谏阻，后一看江彬由护卫兵们扶着，也弄得鼻青脸肿，奄奄一息，倒不好过于责怪他。一帮人急召扬州名医给正德帝治病，可是药石均无甚作用，正德帝总是昏卧着，终日一言不发，急得梁储及随驾各官员不知如何是好。毛纪还把扬州府唤到观中臭训一顿，鲁贤民回说："江彬供奉的主意，我卑小官吏怎敢不依。"毛纪又传江彬，江彬早已清醒过来，也被毛纪训斥了一场，江彬再三谢罪。是夜，梁储在观内召集随辇文武诸臣密议如何妥善处置，毛纪力主还京，都督王蔚云也同意回辇。梁储说道："如今圣体欠佳，似不宜舟车劳顿。然逗留在这里也不是办法，倘有差错，谁担当得起这责任?"江彬听了这句话，心里也惊惧不已，默默地不敢拦阻。梁储见大家都同意，即传谕扬州府，备了轻快巨艇五艘、篷船十二艘、亲兵两百名就地待命，又令裕王派来的南京留守将军罗兆先带兵马五营，仍返回应天，无须护送。

第二日清晨，扬州府备亲兵船只进观请命，梁储便挑选一艘最大的船只充当御舟，舟内铺着黄缎锦毯，上盖绣幔，一面百官免朝的黄旗插在艇首，所有麾钺黄盖一律藏起来。御舟上只梁储、毛纪、江彬三人伴驾，并供役亲随六名、船役十二名，其他如王蔚云都督、郑卫官、江护卫、马指挥、阿侍官、杨少华将军、李护卫等分乘五船，篷船上两百名亲兵随时等候调遣，留出一艘，当作膳房。吩咐已毕，才扶正德帝下艇。随驾官李龙等正想北还，大家陆续登舟。扬州府带领着三州七县的属吏都来跪送。这时后土祠的前后，看的人不计其数，道上人满为患。梁储担心匪徒乘机犯驾，预令两百名亲兵排列至观门，五步一哨，三步一岗，又吩咐护驾武官张起黄幔护卫正德帝，下船就解缆荡开。外人一般也瞧不见，不知哪一艘是御舟，都认为悬百官免朝旗的是假冒的。御舟自扬州离开时，的确有几个红缨会的党羽要想乘机行刺，只为搞不清哪一艘是圣驾所乘，未敢贸然行动，这正是梁储的细心之处。于是梁储等随驾起航，轻车就道，又遇着顺风扬帆疾行，一昼夜行三百里，不日已至顺天的北通州。由李龙乘着快马，进京禀报监政杨廷和、蒋冕等，准备好仪仗銮辇，星夜出京往通州来迎圣驾。

这里正德帝病已基本康复，由梁储、蒋冕等扶着登辇，从北通州起驾，一路浩浩荡荡进京。开路的是甲士旌旗、麾纛曲盖；继以马侍卫、锦衣校尉；再次是幡幢宝帜、步行侍卫、指挥使等；随后是金爪、银钺、卧爪、立爪、金挝、银爪、金响节、白麾等；又继以仪刀、红杖、黄衣武护卫官和侍从武官等；又后是黄罗伞盖、紫盖、黄幢、曲盖、曲伞、黄盖、紫幢、青帜等；又继以碧油衣帽的殿前侍卫、值班侍卫、女侍卫等；以下便是红纱灯、金香炉、金唾壶、玉盂、白指、金盆、金交椅、玉爵、金水瓯、玉杯、金鼎、金烟壶等；后面是白象两对，背驮宝瓶、宝盆等，距离御驾约十丈，慢慢地走着；象的后头又是护卫官、亲王、郡王、驸马都尉、皇族国戚等等；以下是护驾大将军、都督、侯爵世袭等武臣；再后是中官、都总官、内务总管、监督、内监总管、司礼监、御前供奉官等；这才轮到陪辇大臣，陪伴銮辇在左右。这便是皇上的御驾了。随驾的又是文武大臣以及侍卫、御林军、锦衣卫、禁城的禁卒、戍兵。督队的是五城兵马司，骑着高头大马，全身披甲，金盔银镫，左弓右矢，横刀扬鞭，煞是威风，甚是得意。正德帝御驾直入中门，祀太庙、社坛，又围禁城转了一圈，才人乾清门登奉天殿，受百官的朝拜。

那年是正德十四年。正德帝自七年巡幸林西，不久还辇。九年驾临宣府，十一年太皇太后驾崩回京奔丧。到了当年八月，又出巡江西，直到十四年九月回銮，在外足足游览了四年。十四年中，竟有七个年头不视朝政，只游幸各处，所以那时的人称他为游龙。说得不好听点，简直是个荒政淫乱、沉迷酒色的纨绔皇帝。

## 不知伊人在何方

那时正德帝退朝还宫，去拜见张太后，高兴万分。只有戴太妃想起自己的儿子蔚王厚炜出驻南京，被刺客李万春刺死。她见了正德帝，顿生悲情，忍不住只掉眼泪，又转念想刺客是宁王宸濠指使，便顿足愤骂宁王，嘱咐正德帝惩办宁王时，要挖出他的心脏，祭奠蔚王，说时竟不由痛哭起来。正德帝忙好心安慰戴太妃。出了慈庆宫，皇后夏氏和何妃、王妃、云贵人、龙侍嫔等都来贺拜。正德帝这时被戴太妃提醒，突然想起了宁王谋叛的事来，又见了何妃、云贵人、龙侍嫔等，不由得思念起月貌花容的刘贵人，经那恶僧镜远骗进宁王邸中，江飞曼往南昌盗取，受伤而归，从此杳无音讯。现下王守仁已擒住叛贼，逮其眷属，刘美人定是找着了。于是正德帝再次出宫，召杨廷和至便殿，询问宁王的处置情况。杨廷和回奏："宁王还没有被押解进京，现囚在刑部大牢里。只是连党王大狗子、杨清两名正犯，已被王守仁亲自押赴杭州，准备圣驾幸浙时献俘。"正德帝说道："这样卿去传檄王守仁，令其马上递解逆藩进京发落。"杨廷和领谕，飞檄浙江。王守仁接着，不敢延误半点，星夜押了囚车进京。不日到了都中，首先去拜会刑部，这是明朝的旧例。

第二天早朝，刑部尚书夏芳奏报陈守仁已将叛逆解押到京师。正德帝下旨："文武大臣随驾，在乾清门审理。"王守仁拜见毕，命侍卫押解宁王并侍姬秋娘及家人等七十余名，在石阶下跪着，一一点名。正德帝本期刘贵人也在其内，谁知等到名都点完了，也没有刘贵人的影踪。正德帝甚是不快，又不好挑明，故而召王守仁问道："逆藩作恶江西，霸占良民的妻女，想他的妾不止这区区十几人。"王守仁便把琼楼被焚、众姬妾大半跳江自杀的事从头至尾细细奏了一遍。正德帝料想刘贵人也不会幸免，不觉怒发冲冠，指着宁王喝道："朕未薄待你，你却多次派遣刺客刺杀朕，还敢举众犯上，今日遭擒，死有余辜，且看你有何脸面去见列祖列宗！"宁王听了，自知必死无疑，乐得顶撞几句，便也大声说道："你莫闭了眼睛胡说，不知自己是谁！我虽犯国法，是犯太祖高皇帝的，不是犯你的法。你说我谋叛朝廷，你的祖宗燕邸，还不是篡夺建文的天下吗？我见不得列祖列宗，你的祖宗燕王就有脸去见太祖高皇帝？且从前燕邸是建文的叔父，咱也是你的叔父。今不幸事败，否则我不就是燕邸第二吗？"正德帝听了宁王的一番胡言乱语，直气得脸色青紫，回顾刑曹，速拟罪名。刑部尚书夏芳答道："律当凌迟炙尸，家族一律碎剐。"正德帝也顾不得祖训了，立命锦衣卫把宁王拖下去。

据明朝旧例，亲王应没有斩罪的，不过白绫鸩酒赐死，最多绞死。宣宗时以铜炉炙死汉王。已经违背祖制。正德帝杀宁王，因一时气急，和处置小臣一样，还管他什么祖制。所以后来的历史上都批评刑部尚书夏芳，说他枉法行刑。

再说正德帝受俘惩叛事毕，身体也基本好了，又想起了那个安乐窝，便和江彬重行豹房。当时太监钱宁已不被信任，又经江彬在旁怂恿，说钱宁曾与宁王勾结，正德帝大怒，将钱宁交刑部问罪。夏芳与钱宁本来是生死对头，以羊落虎口，无法脱逃干系，只略审查一下，便拟成罪名上闻，正德帝判了一个斩字，显赫一时的钱宁自然脑袋搬家。

正德帝游了几天豹房，天天思念刘贵人，也间接想起了宣府的凤姐。又欲驾幸宣府，正碰上鞑靼小王子率兵第十一次侵略边疆，朝臣派行宫总管朱宁去剿灭。正德帝笑道："边寇狡猾，罪大恶极，朕当亲征。"都御史兰寘忙奏道："蛮夷不驯，自应选派大将痛剿，陛下是九五之尊，岂可轻易冒险？"正德帝不高兴道："朕便不能统领降兵吗？"当时就提笔，自封为镇国威武大将军，统领天下兵马，即日出师居庸关，颁下镇国威武大将军朱寿的诏令。皇帝忽称臣子做官，也只有这位正德皇帝敢如此做。大学士梁储等虽上疏力劝，但正德帝急于游幸宣府，根本没有在意这些奏折。于是正德帝统兵五万，只带了护驾官李龙，供奉官江彬，随辇大臣蒋冕、毛纪等，颇有声势地直奔居庸关。

不日到了大同，总兵周凤歧接驾，禀报说小王子的兵马闻御驾亲征，已率了部属于夜间逃跑了。正德帝听了不觉心喜，下谕安营扎寨，和江彬、李龙潜赴宣府，仍往国公府中，见了凤姐，自是纵情作乐。过了几天，毛纪、蒋冕也出来，苦苦恳求圣驾回京，正德帝不好推托，只好下旨回朝，大军班师，一面用銮舆将凤姐接进关。

谁知那凤姐又旧病复发，坐不住銮舆。正德帝命换坐卧车，让李龙护卫。这样由陆路启程，眼看就到紫荆关，凤姐的病症愈来愈重，日间清醒，晚上就直冒冷汗，神志不清。正德帝令暂住馆驿，来探视凤姐，只见她粉面绛赤，咳哮不止，危在旦夕。在行军途中又没有宫人侍女侍候，三四名塞外的丫头都无济于事。正德帝正在苦恼，恰好江彬进来，听了正德帝的话，乘机禀道："臣妾现在后账，可叫来侍候李娘娘就是。"正德帝大喜，即传江彬的侍姬进来，见她生得玉肤朱唇，容貌甚是妖艳，颇为喜欢。哪知榻上的凤姐忽地回转身来，微睁杏眼，哀叹道："臣妾无福，不进关也罢！"正德帝抚慰道："你且静养着，身体康复后，朕带你进宫共享富贵去。"凤姐摇头道："村野的女儿，没有这样的好命，今天恐怕要和陛下永别了。愿陛下早还銮辇，以安人心，臣妾死也瞑目。"说罢泪流满面。正德帝也不禁垂泪。又见凤姐枯瘦如柴的玉臂握住正德帝的左手，流泪说道："臣妾死后，没有别的牵挂，只有一个哥哥，望看在臣妾份上，垂顾一下。"凤姐说到这里，已呜咽得说不出话来，粉脸更觉绯赤，气喘愈急，拼命支撑了一会儿，哇的一声一口紫血吐出，两眼往上一翻，双脚挺直，魂归西天！正德帝叫她不应,不由得放声大哭。李龙在外面听到也进来抚尸痛哭。正德帝哭了半晌,下谕就在馆驿中替凤姐开丧,依嫔妃之礼厚葬。

这几日中,正德帝情绪低落,晚上便搂着江彬的侍姬冯氏睡寝。又闹了三四天,蒋冕、毛纪等力请回銮,正德帝令将凤姐的灵柩载在凤辇上,进入紫荆关。到了都下,正德帝又命排列全副仪仗,迎接凤姐的灵柩,直到京城正门。见此,朝臣梁储、杨廷和、蒋冕、毛纪等上疏极力劝阻。时吏部侍郎杨一清刚从宁夏调回,也极力劝谏。正德帝决意这么做,众臣便议改东门,正德帝还不满意。君臣争执了数日,才得议定:凤姐的灵柩从大明门而进。一路上仪仗盛隆,远远超过历朝后妃,这也算凤姐死后的荣耀了。灵柩进了城,置放在德胜门内的皇陵中,天天有百来个僧道建坛超度。直待过了百日,正德帝又亲自替她举殡,附葬皇陵,在群臣的劝谏下,最终改葬在北极寺的三塔旁,并建坊竖碑,墓形极其壮观。正德帝本想给凤姐建祠,到底怕遭后人讥讽,只得作罢。

正德帝自凤姐死后,已没心情再往豹房,更不在大内住,只和江彬的侍姬冯氏终日在西苑鬼混。江彬盼望冯氏回去,终日伸着脖子望着,总是音信全无。未奉旨意,又不敢贸然进西苑去探听,只有闲暇时,向那些内监询问冯氏的音讯。左等不来,右等不见,江彬这时深悔自己当时不该举荐。一天,西苑中的小太监出来,江彬忙又去探询冯氏下落,小监回道:"冯侍嫔已死了。"江彬闻说,惊诧道:"怎么会死了?"小监冷冷地答道:"冯侍嫔自己投水死的,原因是什么,我却不清楚了。"江彬听罢,几乎晕厥。

却说正德帝自宣府回銮,转眼又是春季,他触景生情,思念起刘芙贞和凤姐了。幸得那江彬的侍姬冯氏被正德帝纳为侍嫔,倒也增添了些乐趣。正德帝感到伤感时,她便找些解闷的事儿出来,打破这郁闷的气氛,竟能逗得正德帝龙颜大悦,不是也亏了她吗?这样日子如流水般地流逝,正德帝渐渐有些依恋冯侍嫔,冯侍嫔自然慢慢地骄宠起来了。冯侍嫔甚是聪明,做一样似一样的。有时袭着舞衣,扶了两个小监,效那贵妃醉酒,故意做得骨柔如绵,醉态婆娑,轻摇杨柳细腰,斜睁了两只秋波,百般风情,万种妩媚。倘使杨妃当日,也不过如此了,引得旁边的宫人内监都忍俊不禁,把个酷嗜女色的正德帝看得目瞪口呆,忍不住仰头大笑起来。一会儿冯侍嫔又仿效戏剧中的昭君出塞,手抱琵琶,骑在小马上,身披着雪衣红氅,伸出细柔玉手,拨弄琵琶,弹奏如泣如诉的昭君怨,悲怆凄凉,宫女们都为之下泪。正德帝深为叹赏,命太监斟上半盏玉壶春来,赐给马上的"昭君",算是饯别的上马杯,冯侍嫔真个一口喝了。正德帝自己也喝了三杯道："这叫作连喝三大杯，激赏美人的琵琶妙曲。"冯侍嫔下骑谢了，便同桌共饮。似这般的君臣同欢，无微不至，真可算是快乐至极了。

冯侍嫔擅长各样的妆饰，诸如飞燕轻妆、貂蝉夜妆、洛水神女妆、西子淡妆、大小乔的浓妆、素小青的红妆、苏小小的素妆、娥皇的古妆、虞美的靓妆、木兰的武妆、齐双文的半面妆、杨太真的艳妆、寿阳公主的梅花妆，各美人的妆饰打扮淡雅浓艳，恰到好处，精致得当。尤其是双文的半面妆，把半边脸儿搽得红红的，鬓光钗整，不愧是个妖艳的美人；还有半面却涂了黄水，病容满面，更兼发髻披散，又似乡间懒妇。真是一个人变了阴阳脸孔了。正德帝每看了冯侍嫔的半面妆，即使在极懊恨的时候，也往往报以一笑。又听说那冯侍嫔的房术甚精，据她自己说，是江彬传授的。她第一妙处，就是即使是妙龄少妇，依旧是个好处子。进一步讲，虽已是少妇，还是和处子一模一样。而且即使是真的处子，经过半年三月就有变异的征兆，她这假装女孩儿，却是永远这样，丝毫不变。正德帝开始还不相信冯侍嫔的话，日久感觉夜夜搂着处子，这才有些惊奇。假若她自己不道破，谁也不知真假。正德帝要她将这个妙术传给宫人们，冯侍嫔笑着不肯说出。正德帝以为她是自己珍惜。冯侍嫔正色说道："这是从前彭祖的房术，并不是一般人都可以传授的，其必有适当的道行，才得学习。学到这种异术的人，大都身是仙骨，只要潜心研习，自然修成正果，但最忌讳的是犯淫乱。夫妇大道，君子乐而不淫，哪配谈到正道上去，如其纵欲无度，精气耗尽，仍旧夭促寿限，活到一百岁也是无益的。彭祖修道，确实延年益寿，后纳孀妇，被美色迷恋，忘却八百年的功行，肆意纵欲，只三个月便断送了，显见得功行无论怎么精深，一涉邪淫，就要受挫的。"正德帝听了，不觉害怕，许久说道："江彬家里似你这般的有多少人?"冯侍嫔笑道："江二爷依照秘方，派人往各地去挑选，七八年中，千万个女子里面，只臣妾一人。江二爷在臣妾身上花了许多心血，今日忽然来陪侍陛下，江二爷不知要怎样懊丧和悲痛呢！"冯侍嫔说到这里，眼含热泪。正德帝微微笑了笑，点头说道："江彬这厮，留着奇术自己享受，待朕明天叫他进宫来命他选择内外嫔妃宫女，看谁是能获得那异术的，立即跟他学习去。"冯侍嫔听这么一说，又替江彬暗暗捏一把汗，深悔自己多嘴，岂不又害了江彬。

## 正德帝杀死冯侍嫔

冯侍嫔自十九岁做江彬的侍姬，两人恰好珠联璧合。冯侍嫔花容月貌，江彬也是风姿绰约。妇女们谁不喜欢美貌郎君，所以她对于江彬最死心塌地，誓同生死，两人爱情的深度也就可想而知。偏偏贪色的正德皇帝一见了美妇便不顾伦理，什么婶母父妃都要消受一番，更不用说是嬖臣的姬妾，当然不客气地先占有了再说。冯侍嫔岂敢不从，但芳心中仍思念着江彬。她侍寝君王，承蒙皇上垂怜，常常泪湿沾枕，有时被正德帝发现，便推说忆怀父母，思念故乡。正德帝很觉疑惑，是以龙颜不悦，否则以冯侍嫔绝世容貌，怕不压倒六宫粉黛吗？有一次，正德帝厌恶她善哭，几乎将她贬禁起来。冯侍嫔受了这番教训，就改变态度，一天到晚嘻声浪笑，又弄些花样儿出来，什么炫妆、歌唱之类，以声色两字，博正德帝的欢心，或能乘机进言，获恩赐与江彬重相厮守，这是她私心所企盼的。那正德帝本来是个嗜好美色之君，冯侍嫔的一拳，正打在他心头，果然把个昏庸荒淫的正德皇帝逗引得日夜合不上嘴，冯侍嫔也渐渐得宠了。

正德帝每天早晨在西苑中坐殿上朝。朝罢回宫，便来看冯侍嫔梳髻，宫侍们忙着梳发刷鬓、搓粉调脂、打水递巾，至少有半天地奔走。正德帝躺倚在绣龙椅上，默默地看冯侍嫔上妆。待宫女们罩好了珊瑚网，正德帝便去苑中花栅里亲自摘些鲜花来，替冯侍嫔插在发髻上，这是常事。宫女和受冷落的嫔妃们把皇帝簪花视为殊宠，冯侍嫔却习以为常，当它是桩极平常的事儿。可怜那班失宠的贵妃，还盼不到皇帝能看上一眼，幸和不幸真是天壤之别啊！正德帝在清晨看冯侍嫔梳髻，一到晚上，又来坐着看她卸妆，卸妆完毕，就拥怀入寝。这样一天天地过去，竟养成了习惯。

那老宫女们也侍奉惯了。早晨等冯侍嫔起身，妆台边已摆好了龙垫椅，妆台上置备好了各样果品珍馐，银炉中煮着香茗，鸡鸣罐里煮着人参汤，杯中备了杏酥，金瓯中蒸着鹿乳。正德帝退朝回官，照例坐在妆台边，一面看梳头，一面享用点心。宫女先奉上鹿乳，是苑内老鹿的乳汁，由司膳太监去采来，专供给正德帝早餐的。每天的清晨，内监拿着金瓯去采了鹿乳，探知皇帝昨夜入寝哪一宫，便交哪一宫的宫女。皇帝寝幸在哪里，退朝后必往哪里早餐的。早餐毕，才到别宫去。假若皇帝事多善忘，听政回宫时忘了昨晚所宿的地方，自有尚寝局的太监等在宫门，一旦侍卫离去，便来引导皇帝到昨夜驾幸的宫中。唯恐皇帝误到别宫，那里不曾预备早餐，那不是要叫皇帝挨饿了？譬如鹿乳等物，每天只有半瓯，皇帝宿哪里，司膳太监便递到哪里，别宫是没有的。万一弄错了，不知这些东西在哪一宫，宫院又多，一时也弄不清楚，必召司膳太监查问清楚了，才知道在什么地方。待去转弯抹角地取来，已近正午了。所以皇帝宿哪一宫，即由这个宫中置办，又有内监引导，祖宗立法，真可算得完美无缺。

当下正德帝喝完鹿乳，宫嫔又冲上两杯杏酥，这可不比鹿乳，侍女们也很幸运，和皇帝各人一杯。接着便是人参汤，嫔妃一般在旁边侍餐。最后便是一杯香茗，给皇帝和妃子漱口。到了晚上，皇帝所幸的宫中也烹茗煮汤地侍候着，都是宫廷的惯例。正德帝在冯侍嫔那里，黄昏时来看卸妆，便在躺椅上斜倚着，一边呷着参汤，一边和冯侍嫔调笑，这也是司空见惯的。

可是这天夜里，不见正德帝进宫，猜测是往别宫去了，这本是很正常的，偏是冯侍嫔不能安心，唤那老宫女去探听，回说："皇上独坐在水月亭上，在那里仰天长叹。"冯侍嫔见说，不由得诧异问道："莫非外郡有什么乱事，皇帝心里烦闷吗？"于是不敢卸妆了，在两名宫人的扶持下，袅娜地往水月亭走去。这座水月亭当初是由水榭改建的，里面很宽敞。孝宗三旬万寿时，亭上还摆过三四桌的酒筵。正德帝住在西苑，把亭子分成了两间，外面的小室，有时也召见百官；后室却较宽大，正德帝令摆上一张牙榻，作为午昼休息的所在。又因御驾常幸，内监们收拾得一尘不染，真是清净雅致。正德帝也常带冯侍嫔到这里来消遣娱乐的，因此这里冯侍嫔非常熟悉，便带了宫人来见驾。正德帝似情绪不佳，只略略点头。冯侍嫔善于察言观色，知道正德帝心烦，就讪笑着瞎讲一会儿。正德帝倒被她拉开了话匣子，慢慢地谈了起来。冯侍嫔细探口风，知正德帝的不悦多半是为了政事，不过话语中好像还有一桩什么不顺心的事包含在里边，一时倒摸不准。

大家说了半晌，正德帝见一轮皎洁的月亮挂在空中，不禁笑道："这样的好月色，如吹一曲玉笛，歌一出佳剧，不是正应风景吗？"冯侍嫔要正德帝欢喜，正盼着他有这句话，忙叫宫侍取过琵琶来，纤纤玉指拨弄弦索，和了宫商，唱了一段《明月飞鸿》。正德帝屏息静听，时而点头，时而拍手，听到佳处，真是手舞足蹈了。当时醮楼打着两更三点，内监们都去躲在角落中打盹，只有两个老宫女侍立左右。正德帝命令一个去烹茗，一个去打瓮头春，并命通知司膳局准备好酒品。两个老宫女奉旨分头行动去了。

正德帝起身打开亭下的百叶窗，瞧见湖心正把皎月映在水底，湖面波光粼粼，就像有千万个月亮在荡漾。正德帝叹口气道："'人生几见月当头'，寓意是佳景不常见。又说'今人不见古时月，古月依旧照今人'，人寿能有几何？明月常圆，人死便休，怎及得月儿似的万世不灭？"冯侍嫔见正德帝感叹人事，怕他想起刘芙贞和风姐来，故而伤感，便也来趴在窗口上，笑着说道："人家称李青莲是个酒仙才子,他却为啥那么傻笨,要到水中去捞起月儿来?"正德帝大笑道:"你说他愚呆了,他到底有所成就,结果他捞着月。"冯侍嫔也笑得前俯后仰地说道:"哪里有这么一回事?"正德帝睁大眼道:"你不信吗?朕可和你试试看的。"冯侍嫔正待回话,正德帝突然伸过手来,乘冯侍嫔两脚腾空的时候,在股上一托,冯侍嫔哎呀声没有叫出,香躯已从窗口上直摔出去,扑通一响,但听得湖中哗哗的划水声和咕咕的灌水声,过了许久才渐渐平静下去。正德帝背坐在百叶窗下,不忍心观看。

那两个老宫女已准备好茶酒回来,瞧见亭儿的水窗下有样东西游着水。一个宫女低声道:"湖里的大鼋又出水来了。"那一个应道:"湖中只有拜经的老鳖,没见过什么大鼋。"开始的宫女笑道:"老鳖是要啮蚌的,你须得留神一下。"那个呸了口道:"丫头油嘴,等一会儿有你受的,看你说得有趣。"两人一面说笑着,一面站在亭前的石梁上,看到水里的东西不见了。冯侍嫔可能已沉入水底,两人才走进水亭,觉亭内悄无声息的,听不到正德帝和冯侍嫔的说话声音,疑是往别处去了。正德帝却假装瞌睡,两个宫女诧异地四面看了一下,不见冯侍嫔,只有正德帝打着盹,忙出亭去找寻,正德帝暗暗好笑。两个老宫女寻不到冯侍嫔,心里慌了,一路咕咕哝哝地走回亭来。正德帝装作惊觉的样儿,说:"冯嫔人在哪里?"两个宫女不好说没找到,只拿"大约回宫去了"来敷衍。正德帝令一个宫女去召唤,去了半晌,急急忙忙地回来禀报:"宫里也没有冯嫔人的踪迹。"宫女内监们私下议论开了,刚才的两个老宫女说起湖中的响声,众太监就猜疑到投湖的把戏。总管太监钱福命人准备了带钩铁搭,在湖中四处打捞,不到半会工夫,竟捞起一个女尸,不是冯侍嫔是谁?因宫中投河自尽的事本来就不少见,也不觉稀奇,倒是一班的宫侍们私下议论,当一桩奇事讲起来。当下内监们捞到冯侍嫔,便来报给正德帝知道。正德帝听了,假装很悲伤,只下谕司仪局,依嫔人例厚葬之。但这天晚上已不来及办了,命两个小内侍看守尸身,预备明晨下葬。正德帝独自在水月亭上呆坐了一会儿,便孤零零地回宫中。

## 纵欲过度终丧命

第二天的清晨,西苑里传来一件怪事,原来冯侍嫔的尸身忽然不见了。总管太监钱福把守尸的两名小太监再三地询问,甚至严刑逼供,吓得两个小太监大哭起来。据两名小太监说:"奉谕守在那里,后来不知怎地睡着了,待到醒来那尸首已看不见了。”总管太监钱福问不出个所以然来，只有据实上奏。正德帝听说，也觉有些惊奇，然人已死了，一个死尸已不甚紧要，所以只淡淡地命钱福追查，并不催促得过于严厉。那些内监们乐得你推我让地应付一会儿，这件事就不了了之了。

但那冯侍嫔的尸体，到底给谁偷走了？因当时江彬听了小太监的话，几乎气得晕了过去，又不知冯氏为甚要投河，一时又打探不出。正在苦恼的时候，恰好碰着了管事太监毛坚，毛坚平日和江彬关系甚密，把从河中捞起冯氏已经溺死的事约讲了一遍。冯氏究竟怎样死的，毛坚也不知道。于是江彬便让毛坚将冯氏的尸体盗出来，答应重谢他。毛坚是个财迷，真的去物色两名小太监，等到半夜，趁守尸人睡去时悄悄地盗了尸首潜出后宫。好在宫门的钥匙都是毛坚管理，悄无声息地把尸体交给了江彬，江彬自去安排后事。

再说正德帝自淹死冯侍嫔，眼前自觉寂寞难耐，心上逐渐有点后悔起来。至于他要杀冯氏，缘由是冯氏言语行为上不时思念着江彬，念念不忘，以致正德帝的醋意大发，心中一恨，就把冯氏推入河中，此后正德帝的身边没有花容月貌的妃子了。这位正德皇帝，向来是风流放荡惯的，怎能过得冷冷清清的日子？所以一天天地抑郁烦闷，慢慢地疾病缠身。这样在正德十六年的春季，正德帝带病去进行郊祀，待回到了豹房，已张口结舌，不能讲话了。豹房的侍监忙去告知张太后，幸得奉祭大臣未曾离去，一听正德帝病情严重，都纷纷奔集豹房。不一会儿，张太后也到了。正德帝奄奄一息，见了张太后，微微点了点头，就命丧黄泉了。

## 明景帝爱看琼妃冰肌玉肤入香汤

景帝登位后，封汪氏为皇后，原来的两个妃子，一个封为桓妃，另一个封为纪妃。纪妃是盐城人，她的父亲纪正言，曾在宣宗时任过武职，后来同儿子纪雄一起出战而阵亡。景帝还是郕王时，听说纪正言的女儿珊珊艳名甚盛，于是弄进宫中当了妃子。说到桓妃和纪妃，两人中纪妃最美。汪氏嫁郕王之前，纪妃已进门了。待到汪氏后来坐了王妃的位置，纪妃就此被压倒下来，凡是纪妃平时的权柄，汪后慢慢地将其夺去，纪妃哪能甘心，因而两下里不睦，暗斗异常激烈。郕王即位后，汪氏又做了皇后，纪妃只是被封为妃子，纪妃更加不开心了，偷偷地遍布党羽，要和汪后对着干。纪妃同皇后闹翻过好几回，经景帝从中调解，总算没有闹出事情来。

明景帝

这时候景帝又纳了个琼妃，圣眷极隆。琼妃是冀州人，姓杭，芳名为薏蓁，芳龄二八，生得花容月貌，就像天仙。景帝特别宠爱她，什么草木花卉，楼台亭阁，应有尽有。不说别的，单建那座紫云八角亭，花去国帑不只几十万。亭的四面均是用水晶嵌缀起来的，用五色的宝石，最大的珍珠镶嵌在壁里，全用白石砌阶，翡翠也嵌有各样花色，人如果走入亭中，珠光宝气令人眼花缭乱，晚上燃起灯来，霞光灿烂，十步内别想瞧清亭中的人物。亭边还有温泉，下面直通向宝带泉，泉水微热，如用泉水洗浴就可以祛病延寿。即使是厉害的疥疮毒症，用这泉水洗两三次，疮疥也会消失，尤其是没有疤痕。琼妃自小就有洁癖，不管天寒地暑，都要洗个澡才行。景帝为琼妃洗澡，特地建亭凿池，那池底通着宝带泉，当时的工程可想而知了。如今那宝带泉的遗迹，依旧处于北京笔架山的平壤中，其俗名为汤泉，泉水含有硫质，因此很热，泉的四周是白石雕栏，浴室在其旁，建筑得特别精致美观。

那紫云亭是如此美，亭的左侧放有一白玉宝座，琼妃从温泉里洗完起身后，宫女把她扶上紫云亭的宝座，琼妃于是伸开手脚躺着，宫女们拿轻软白绫，为她揩拭全身，又用高丽进贡的海绒擦遍其全身，令肌肉柔嫩，加上琼妃雪一样的一身皮肤，经那海绒摩擦，更加细白腻滑了。景帝高兴时，就坐在温泉的石墩上，让宫女张着华盖，看琼妃洗澡。等她洗澡完毕，宫女们扶她上紫云亭，景帝也跟在后面去亭中，水晶光从四周折出，变成了五六个琼妃的倩影。水晶光照在她那玉肤上，她更显得妩媚动人了。景旁瞧到了不能自已，便挥去侍候的宫女，同琼妃在亭上玩一会儿。待到天气寒冷时，温泉上可以张起暖篷，里面没有一丝风。紫云亭四周是百叶螺旋门，是为冬天遮蔽风雪的。亭底本是掏空的，可以通向亭外的暖房。暖房里面，有几十盆的炭火在燃烧着，一根铜管被置在紫云亭四壁，那一缕温热从铜管中送到亭内，坐在亭中的人，觉得温暖如春，虽然是大雪纷飞，却不觉严寒。琼妃坐的那个白玉宝座，冬暖夏冷，酷暑时坐在其上，立刻两腋生风，无比凉爽。天寒时，到玉座上面坐着，薄衣也能够御寒，玉座如此神奇，琼妃特别喜欢。紫云亭上，除琼妃外，只有景帝能去游玩，其他的不管是谁，都别想去亭上，甚至不敢正眼瞧一下。

纪妃看到景帝对琼妃是如此宠爱，于是乘势来凑趣，把个琼妃奉承得万分开心。琼妃见纪妃总是顺着自己，以为她是个好人，经常在景帝面前夸纪妃。景帝听了琼妃的话，对纪妃也有了好感，一个月之内总是召幸她一两次，纪妃愈加讨好琼妃，遇到景帝临幸时故意推让给琼妃，景帝赞纪妃贤淑，琼妃听后，自然相信纪妃对自己是真心的了。独有那桓妃却不会为人，就因一句话，将琼妃惹怒了，不到三天，景帝的谕旨下来，贬桓妃到景寒宫。这景寒宫是宣宗时的莲房，因多年没有修葺，现在满地荒草，一走进来，就觉得极为凄凉。桓妃虽不愿意，但是也不能违逆圣旨，没办法，只好去住。如此大的一座景寒宫，只有两个管门的内监，再加上她的两个老宫女，除此之外，再找不出第五个伺候的人来。暮色降临，飞萤入账，阶下虫声唧唧，风吹落叶萧萧，一片凄凉孤寂的景象，真令人不由地悲伤起来。何况桓妃是个失宠的妃子，往日的繁荣，转眼便如烟如梦。悲咽抑郁，恒妃慢慢地得了病，竟在景寒宫中死了。景帝听说桓妃死了，想起往日之情，命按贵妃之礼安葬她。那两个侍奉的老宫女，成了桓妃的殉葬品，一丘荒冢旁，给她添了两个女伴，桓妃的孤魂也许不会寂寞了吧。

自从桓妃遭贬死后，六宫的嫔妃个个都胆战心惊，人人随时都有掉头的可能。琼妃也恃着宠幸，更加施弄权威，宫女等稍有不是即令下杖，不知有多少红粉娇娃枉死。那琼妃却一点也不在意，而且慢慢霸道到汪皇后的头上。汪皇后也是个狡诈圆滑的能手，只能是别人被她制服，她却不容被别人制服。起初琼妃还按礼节朔望去拜见皇后，后来圣上越来越宠爱琼妃，琼妃于是越来越狂妄自大了，眼中竟连汪后也没有了。汪后是如此聪明，她觑知琼妃获宠，势焰方张，自己不便去捋虎须。因此琼妃胆子也就越来越大了，不但朔望不朝，而且元旦佳节也不去向汪后行礼了。汪后已经打定了主意，只要人不犯我，我就不会犯人，自己顾自己，我做我的皇后，她为她的贵妃，倒也平安无事了。谁知道那放荡的纪妃，是巴不得有事的一类人物。她与汪后不和睦，自己知道势力不强，于是暗地里撺掇琼妃，想方设法使汪后倒下。琼妃其时野心渐增，一心想要坐那中宫之位，只恨没办法抓住汪后的把柄，不好在景帝面前进言。现在觉得纪妃和自己是一路人，把她当成唯一的帮手。于是这两人日日夜夜秘密地商量，推翻汪后，琼妃便掌正印，纪妃做嫔妃之长。她们自己商量好了，于是串通了总监廖恒、司衣监项吉，让她们觑见皇后的间隙，得着了消息马上向琼妃报告。琼妃召纪妃商议，四个人在那里暗算着汪后，汪后是连做梦也不会想到的。

一日，事有凑巧，正是汪后的幼弟云生跟随着内监何富进宫游览各处。按照明宫的规定，外戚不奉宣召是不允许进宫的。在太祖的时候，国舅吴贞曾经杀过一个宫眷，太祖恨极，在祖训里面载着："凡是外戚，必须经过皇帝的同意才可以进宫，如是皇后的懿旨，也须有皇帝御宝作为证明，要不然就当作引奸入宫处理。"云生由于认识何富，想进宫去探望姐姐，但是又由于那规例而没办法进宫去。便找何富为他想办法，幸好云生还是个未冠之童子，何富就让他装扮成宫女跟着自己进宫去。

汪后见了云生，姐弟相见，当然亲切无比。谈了些闲话，云生想要到各宫游览，汪后仍然让何富想办法，太监和宫女同行原是常事，但云生终究是男的，和宫女们自然两样。恰巧被司衣监项吉碰到了，他看出了云生的真面目，便问何富："这宫人来自哪一宫？"何富心虚，于是被问住了，讷讷地答不出话来。项吉赶忙报知总监廖恒。廖恒立即派了内监两名，把何富与云生一同扣留起来了，立即命令内监去报知琼妃。琼妃借此奏陈景帝，说汪后私自引男子进宫，并添加了许多丑话，说得景帝勃然大怒，下令将云生、何富拿来亲自查询。云生供说是汪后的幼弟，改装宫女是真的，何富也承认引导是奉汪后的懿旨，把一场祸事全推在汪后一人头上。景帝见云生是外戚，想宽宥他，一旁的琼妃偏偏怂恿他，景帝又复大怒，随即下谕，何富腰斩，云生遣戍，琼妃竟然代景帝在云生的名下判了一个斩字，可怜云生一条小命，便这样没了。翌日早朝，大约又是琼妃的鬼把戏，景帝忽然将废黜汪后的事提出。廷臣如于谦、杨善、王直、李实等，纷纷交章劝阻，景帝格于众议，也只好暂时搁起此事。

到了第二年的二月份，正是百花争艳、五彩缤纷的时候，琼妃生下了一个太子。景帝不由地心花怒放，朝中日日欢庆，景帝亲祀宗庙，赐他名为见济。琼妃自生太子后，威权愈来愈大了，圣眷也益隆，景帝于是传旨将汪后废去，立琼妃杭氏为皇后，虽然群臣们苦苦劝谏，景帝仍不听。兵部尚书于谦侍景帝夜宴，突然泪流满面。景帝诧异道："卿有什么心事？"于谦顿首奏道："汪皇后没做失德之事，今陛下无缘废立，愚臣蒙圣恩位列六卿，将来史笔直书，必詈愚臣等不能规劝君于此，转导君于恶，恐后世被唾，因此觉得非常自愧，不禁泪流而下，请陛下宽恕。"景帝听了于谦的讽谏，沉思了一会，毅然道："朕意早决，你不必多说了。"便将汪后废去，正式册立杭氏（琼妃）为皇后。

# 明宪宗少夫老妻韵味独特

## 酥胸鸡豆迷宪宗

宪宗登位后，钱太后做主给宪宗立后，先册立大学士吴瞻的女儿为皇后，然后册立柏氏、王氏为妃。在钱太后的宫中有一名叫艾儿的宫侍，宪宗看她长得不错，就立为瑾妃。宪宗只有十七岁，却一后三妃左拥右抱，当然开心无比。

宪宗行乐图

一日，他独自在御花园里游玩，忽见两个宫女飞一般地出来，格格地笑个不停，两人一前一后，边笑边追逐。前头一个宫女，刚跨上金水桥，由于笑得太起劲，身上乏力，一失足便跌到水中去了，宪宗大吃一惊，忙叫内监们去救援。太监立即荡开一只小舟，飞似的划到了桥边，将那宫女捞了起来。那宫女已经像落汤鸡一样了。宪宗站在桥上看着，那时正是炎暑之时，那宫女穿的一身纱衣着水后紧紧地裹在身上，她那酥胸上高高地耸起两个鸡豆。宪宗看后不由得动了心，当宫女急忙回过身来时，宪宗也轻轻地跟在后面了，看那宫女却是往百花洲内去了。

百花洲是英宗复位后令内务府监造的，里面有五楹小楼，靠近御河，英宗经常带着韩妃到这里来游玩。自从英宗升天之后，百花洲就不再热闹了。宪宗到了百花洲里面，看到在正中间有一书斋，正厅内陈设着琴棋字画，左边两间摆放有书案，案上陈设的均为白玉古玩。右首是一个月洞门，得转过一个弯才瞧得见内室。内室中摆放有妆台床帐，陈设非常雅致，刚才跌在水里的宫人，正在那儿换衣服。

宪宗没有过去惊动她，只是在外面等着。宫女梳洗完毕，重匀铅华再施脂粉，打扮得体体面面，轻盈盈地走了出来。宪宗故意负着手直冲进里面，恰与那宫女相碰，只听她娇声骂道："促狭鬼，你没有眼睛是吧？如此慌忙地走。"刚说完，抬头见是宪宗，她顿时吓得面如白纸，慌忙跪在地上，不停叩头称自己该死。宪宗笑着扶起她说："刚才是你掉进水里了吗？"那宫女低下粉颈，轻轻地应了一声。宪宗仔细将她打量一番，她大概二十岁，生得雪肤冰肌，杏眼柳腰，秋水有神，芙蓉粉面，一副娇嫩的样子实在是令人喜欢。宪宗忍不住动了心，便伸手挽了她的玉臂一起到百花洲里坐下。宪宗感到她的肌肤滑腻得像凝脂，触在手上极其温软。

宪宗边抚摩着边笑嘻嘻地说道："你进宫有多久了？"那宫女屈指算了算回答说："妾记得进宫时是十八岁，到现在已有二十九年了。"宪宗吃惊地问道："你今年多大年纪，来这儿却有这么多年了？"宫女微笑道："妾进宫时睿皇帝还是个婴儿，如今我已经四十八岁了。"宪宗听了，傻傻地站在那儿半天，摇了摇头说："你在说假话，你不可能有那么大，朕瞧你绝不会在二十三四岁之上。"那宫女将头一抬说："年龄上怎么能说假，皇上如不相信，问这里的老宫人双双就会知道实情了。"恰巧那宫人进来，看到宪宗立即下跪。宪宗叫她起身，笑问道："你叫什么名儿？"老宫人回答说："贱婢叫作双双。"宪宗指着那宫人说："她呢？"老宫人说道："她名万贞儿，来自青州诸城，进宫已有二十多年了。"宪宗道："你多大年纪了？"双双回答说："贱婢今年四十二岁。"宪宗说道："你比她晚出生五六年，你怎么倒显得比她老这么多？难道她会长生术？"万贞儿笑道："我也不明白，人家都说我看起来不像四十多岁的人，我自己确实不知道是什么原因。"宪宗笑着说："昔人说麻姑窄颜不衰，你大概得了仙人之气，才会如此年轻。"说罢回顾双双道："你去传知司膳局，让他们在百花洲中摆设宴席。"双双听后，已知宪宗的意思，于是笑了笑转身走了。

## 少年宪宗为四十八岁的老宫女初开蓬门

宪宗坐在榻上，命万贞儿也坐了。可是万贞儿故意坐在绣椅上，宪宗将她一拉，两人并肩儿坐着。宪宗微笑着说："你今天陪朕饮几杯酒吧！"万贞儿满面娇羞，低着头说道："陛下的谕旨贱妾自当遵奉。"宪宗点头后站起来，两人拉着手从榭中走出，到对面月洞门内。那里摆设着石案金墩，黄缎毡儿铺着地，人走在毡上连一点儿声音也没有。这幽静之地本是英宗午睡的地方。万贞儿赶忙拖来一只披着黄绣的躺椅，宪宗坐了，又命万贞儿也坐下来，两人并躺在一只椅上。

不一会，四个小太监被司膳局的太监领着，手里各捧着一只古铜色描金食盒，走进月洞门，双双跟随在后面。那太监行过了礼，吩咐小太监取出盒内热气腾腾的肴馔。宪宗笑着说："如此炎热的天气，怕喝不下热酒了吧！"万贞儿忙说道："我有凉的佳酿藏着，正好敬献陛下。"说时看着双双，双双于是去外面捧了一瓶酒进来，那太监将两个小太监留下来，自己向宪宗请了个安，带着另两个小太监走了。

万贞儿接过双双的酒瓶后，从椅上起身，请宪宗在上首的绣龙椅上坐，自己在下首的绣墩上坐着。她一手将瓶盖打开，为宪宗在白玉杯里斟酒，那酒色如翡翠般碧绿，质地也特别醇厚，芳馥的气味阵阵直入鼻中。宪宗执杯饮了一口，觉得其芳香不同寻常，于是问万贞儿："这酒是你酿的吗？"万贞儿摇头道："不，那是睿皇帝幸百花洲时留下的，到现在已经有三年多了。从宫中的内监处得知，这是朝鲜的鲁妃亲手所酿的酒，春采百花蕊，夏拮荷花捣汁，秋摘菊花瓣，冬取梅花瓣，将它们掺和在一块捣碎，将蜂蜜加在其中，埋在活土下四十九个月，最后再在春天掘出来晒蒸几十次。待到深秋时，再放在地窖中埋藏着，明年春天开花时节就成为佳酿了。它被朝鲜人称为"百花醪"，只有皇宫里有，而且也只有到了元旦朝贺赐宴之时，朝廷的大臣们才得尝一两杯。那时，开瓮的人必是皇后自己，开瓮后她先进献皇帝三杯，次及皇后公主，再次是亲族王公，最后才赐及大臣，这酒的郑重便可知了。进贡到中国来的也只是一二十瓶而已。"宪宗听说，又闻了闻酒说："这酒味的确不错。"两人于是我一杯、你一杯地饮起来，足足喝了大半瓶的百花醪。

宪宗已经有了醉意，万贞儿的眉梢也渐渐地红了，俊眼斜睨，显得更加妩媚动人。宪宗乘醉立起来，万贞儿于是将他搀扶着进了百花榭。两人走进内室，外面侍候的小监于是收了杯盘，将榭中的明角灯一齐点燃，榭门光耀竟如白昼一般。这一夜宪宗在百花洲里临幸了万贞儿。这年届半百的老宫女竟然承恩少年皇帝，确实是连做梦也不会想到的。可怜自从她进宫以后三十个年头，今天还是第一次被人临幸呢！蓬门初辟，枕上温存，宪宗见她是处女，就更喜欢了，缠绵之语说不尽，柔情无限。从这以后，宪宗一直在百花榭中居住着，再也没有到其他宫中去。

## 生性好妒的老宫女辣手摧娇娃

万贞儿在百花洲中被宪宗临幸了之后不久，她就被册立为贵妃。接着，宪宗将百花洲对面的“海一览”改建成万云宫，让万贵妃居住在那儿。时光如流水，转眼一年过去了，万贵妃恃着宠幸，潜植势力，逐渐权侵六宫，连皇后也不放在眼中了。吴皇后见万贵妃专横，当然难以忍受。一日，万贵妃领着六宫往祀寝陵，吴皇后得知后却无动于衷。等到行礼时，万贵妃抢先将吴皇后挤在后面。吴后大怒，当时也不行礼了，气冲冲地回到宫中，传万贵妃到风仪殿，将她训斥了一顿。哪里知道万贵妃仗着皇上深宠自己，反责吴皇后失礼。吴后怒不可遏，命令宫女褫去万贵妃的上衣，把家法请了出来，将她痛笞了十下。万贵妃被打得泪流满面，回转万云宫里，赌气睡在绣榻上，整整哭了一天。

宪宗办完政事后回宫，看到万贵妃那般模样，赶忙问她是什么原因，万贵妃于是向他哭诉了一番，她说吴后祀陵没有行礼就回去了，不知道自己失了礼，反而训责他人。宪宗听了，怒发冲冠。吴皇后与王妃、柏妃的册立全为钱太后的主意，本来不合宪宗的心意。万贵妃状告皇后，宪宗更觉愤怒，于是亲自赶到坤宁宫，同吴皇后大闹了一场。皇帝去见钱太后，说要将吴皇后废去，把万贵妃册立为中宫。钱太后道：“如果你一定要废去吴氏，那也轮不到册立万氏，还有柏妃及王妃比万氏早立，从两人中择一为后才正当。万氏已经年老了，册立她不怕廷臣们笑话吗？”宪宗思忖了一会，知道情理上的确说不过去，只好下谕废了吴后，暂时命令王妃统率六宫，先不册立正后。宪宗的用意是要替万贵妃找机会，等到时机一到，就立万贵妃做中宫。万贵妃虽不能如愿，可吴皇后被废去了，总算出了一口气。

万贵妃权威越来越大，名为贵妃，却似皇后一样行事。那王妃又特别懦弱无能，没有统驭六宫的能力，什么都让万贵妃为她做主。万贵妃天生妒心特别强，她在宫中专宠，不允许宪宗去碰别的妃子，宪宗偶然与宫女说笑，被万贵妃瞧到了，她立马将那宫女传过来，棒打至死。宪宗逐渐对万贵妃惧怕起来。

宪宗又册立了个瑜妃，位在万贵妃之上，可万贵妃偏偏看不惯她，一心要与她唱对头戏。瑜妃的容貌比王、柏两妃强，唯独妖冶不及万贵妃。万贵妃极害怕她会夺宠。宪宗日日同万贞儿厮混，难免有些厌倦了，便到瑜妃的宫中走走。万贵妃知瑜妃年纪仅是自己的一半大，宪宗说不定会迷恋她，所以心里总是不快。恰在她心中不平衡的那段日子，宪宗连幸瑜妃三夜，万贵妃气得不能自已。第四天清晨，万贵妃乘宪宗出去临朝之机，带领着五六名宫侍，各自拿着鞭子一窝蜂似的拥到仁和宫中，把瑜妃痛打了一顿。万贵妃还亲自出手，在瑜妃的小腹上重重地打了几拳。瑜妃当时有孕，被万贵妃如此殴辱，于是当夜流产，又大病一个多月。万贵妃听说瑜妃流产了，心中不禁沾沾自喜。她年纪过大，天癸断绝，生不出孩子了，因此也不允许别人生育。妃子中谁如果怀孕了，万贵妃怕她生出太子，皇帝要移宠到她身上去，因此想尽心思谋害，直到将那妃子害得流产才甘心。宪宗惧怕万贵妃，没敢明着责备她，只是暗暗地流泪叹息罢了。

俗语说：私盐愈捕得紧，愈是要卖。万贵妃愈是像对待罪囚似的监视着宪宗，宪宗愈是偷偷摸摸地行事。平常一个酒肉市侩，稍多赚了几个铜钱后，也想娶三妻四妾作乐，何况一个君临天下的皇帝，肯定要黛绿粉白满屋才行。宪宗虽然表面上畏惧万贵妃，暗地却不可能不宠幸别人。万贵妃稍微有点觉察后，便在宫中秘密查询，让宫女内侍们留意宪宗的行动。没过几天之后，万贵妃得知万安宫的宫侍慕珠，仁寿宫的宫女柳叶、水云，长春宫的宫女楚江，永春宫的宫侍金瓶，晋福宫的宫女宝凤等，均被宪宗临幸过，还被一齐纳为侍妃，而且金瓶及柳叶好像有被立为妃子的可能。

万贵妃打听清楚之后，简直怒气冲天，她吩咐内侍去预备下一间空室。空室布置好之后，万贵妃命官侍将慕珠、柳叶、宝凤、水云、金瓶、楚江等六人全都召来，她高居上座大声骂道："你们这班淫婢，有敢隐瞒着我去迷皇上的吗？今天如果不给你们点颜色看，宫里以后恐怕再也容不下你们了！"说罢万贵妃命令官人们将金瓶等六人的罗袜脱掉，卸下缠带，露出蜷曲瘦削的玉足。万贵妃命人在地上排起铁链，又烧起两座火炉子，待到炉火烧着后，将鲜红的炽炭钳出，铺在铁链的四面。一会铁链红了，万贵妃强迫宫女们一步一步地在上面走。可怜纤弱的金莲，遇到这火热的铁链，嗤的一声，皮肤都贴牢在链上了，宫女们脚上冒出青烟来，臭气四散扑鼻。慕珠等一声惨叫，一起昏过去了。万贵妃又命人在链上泼上冷醋，把慕珠等熏醒，狂笑着对她们说："你们还敢狐媚皇帝吗？"慕珠等已经痛得直入心肺，怎能回答，只是不停地呻吟着。万贵妃冷笑了两声，自己回到宫中去了。金瓶和慕珠、水云、楚江、宝凤、柳叶等的纤足被炙得糜烂乌焦，血肉模糊，站也站不起来，只坐在地上相对痛哭。

宪宗听到消息之后，赶忙跑过来，看到情形如此凄惨，忍不住眼泪直流。他命令太监们扶持着这六个人送到太医院去诊治，结果水云没被治好，伤口溃烂，毒气攻心，叫喊着毙命而死。慕珠、金瓶等五人虽被治好，但两足残废，再不能如常人一样走路了。

## 公主太子屡遭毒手

万贵妃嫉妒心如此之强,以致宫中的人都极惧怕她。可是过了不久,宁妃又有了身孕。万贵妃暗地命令内侍在宁妃的肚腹上用藤杆滚了一下,又使宁妃流产了。王妃却很聪明,她怀着身孕,唯恐万贵妃算计她,便用白绫紧紧地缠住肚子。柏妃也一般地效法,却被万贵妃看出来了。王妃生了一个女儿,柏妃生下了一个皇子。宪宗听了,当然很高兴,廷臣也都来叩贺,宪宗命令于太极、保和、太和殿上大开筵宴,赏赐内外臣工。正当众人兴高采烈之时,宫女却慌慌张张跑来说皇子忽然七窍流血死了。孩子生下来总共还没有三天就夭折了。宪宗听后,几欲昏倒,大哭一场之后,将夭折的小儿按皇子礼葬于金山。

宪宗的悲伤还没消去,却又得知王妃的女儿也夭折了。皇子死后,宪宗有了这个小公主,总算得到了些安慰。但是还没过三个月,保姆抱着小公主在金水桥畔玩耍时,突然失手了,小公主"扑通"一声坠于桥下,内监宫人赶忙跑过去打捞,不幸小公主已经没气了,追随小皇子往阴间做伴去了。宪宗得知后,不免伤感,独有那王妃哭得差点死去了。宪宗经常叹息着说:"朕的命怎么这么苦,上天连个女儿也不肯赐给我?"王妃听了,安慰他不要太悲伤了。宪宗也觉得事已无可挽回,唯有付之一叹罢了。

当年冬季,王妃、宁妃又有孕了,嘉贵人、惠贵人也都有了六七月的身孕。次年上半年,王妃居然生下了个皇子来,惠贵人和嘉贵人也生下皇子,宁妃生了个女儿。宪宗一年之中得了三个儿子、一个女儿,别提多开心了。于是祭太庙,开庆筵,忙了足有半个月之久,才平静下来。王妃所生之子被赐名为祐贞,惠贵人生的被赐名为祐荣,嘉贵人生的被赐名为祐权,惠、嘉两贵人由于生下了皇子都被晋封为妃子。宁妃生的女儿被赐名为金叶。

时光流逝,太子祐贞已经开始牙牙学语了。宪宗对他的怜爱无法形容,他常常将太子抱在自己的怀中,临朝的时候让太子坐在龙椅的旁边;退朝下来,抱着他一起坐在御辇上。那太子平常不停地哭,但皇上一把他放在辇上,他立即就不哭了。宪宗得意地说:"吾儿将来会坐銮辇的。"他命令木工为太子做了一辆小车,在御园的草地上推来推去,弄得太子高兴地笑个不停。一日,那推车的太监用力太猛了,一时把持不住,把太子推落到金水桥下去了,宫女卫士赶忙救护,太子幸好还没被淹死,然而经这一吓,渐渐生病,没到一个月就死了。王妃再次哭得死去活来，宪宗万分悲伤，命令把当日推车的太监同护卫的内监、卫士、宫女等一同杀死。谁知道一波未平，一波又起，惠妃所生的皇子又患上七窍流血的病症死了。宪宗既悲伤又疑心。万不料嘉妃所生的皇子祐权，在宫女为他洗澡的时候，却不知怎么在浴盆中淹死了。三件事一齐压来，宪宗病卧在床足有三个月。当他病势稍轻了些时，又得知金叶公主突然倒在地上死了，死时遍身呈青紫色，似乎中了什么毒。宪宗得知后病情又加重了，他有气无力地让认得痕伤的内监们细验公主一番，他们回答说小公主中的是蛊毒。宪宗此时病得头昏脑涨，只含糊答应了一声。

一直到第二年春末，宪宗的病才渐渐有所好转。起初转坐为步，最后，他能够独步而行了。宪宗又提起旧事，将服侍祐荣的宫人、内监和服侍祐权沐浴的宫女，同服侍金叶的内监宫人，一并叫到面前来，宪宗亲自勘讯他们。谁知道不管怎么问，却没有人承认侍候过太子，也不知道他是什么模样，弄得宪宗丈二和尚摸不着头脑。最后经仔细诘问，才知道万贵妃将侍候太子的宫人内监都迁出了宫。宪宗正病得厉害，万贵妃暗地里偷天换日，他竟然一点都不知道。万贵妃的奸恶行为全部显现出来了，宪宗如梦初醒，虽恼恨万贵妃至极，可是由于心中极为惧怕她，没敢作声。

## 好色天子念婶婶

其时襄王祁瑨忽然从河南递上一本奏牍来，宪宗看完疏言后，忍不住眼泪纷纷而落。他对大学士汪直说道："老皇叔为了拯救万民，竟殉蝗灾而死。如此忠心耿耿的人死了，真让人可怜啊！"汪直得知后，于御案上瞧那疏文，却是襄王祁瑨的疏漏，所讲的是河南的蝗灾之事，叙述得真让人心酸，结尾说的是看到百姓受灾，他深感悲伤怜悯，因此以身殉灾。汪直看完之后，也不禁点头叹息。

原来瞻墡是襄王祁瑨的父亲，以前封在长沙。瞻墡亡后，长子祁瑨袭爵，改封在河南。瞻墡在英宗时立下了不少功绩，英宗被掳北去，回国后在南宫中隐居，景帝谕令大臣禁止朝觐。瞻墡曾经上书景帝，劝告他按礼朝参。待到景帝被废后，英宗在众多奏疏当中寻出瞻墡的奏章来，自然感动万分，此后就格外器重瞻墡了。宪宗遵从英宗的遗训，改封襄王祁瑨到河南去。祁瑨奉谕后携眷人觐。襄王的爱妃秦氏与钱太后是表亲，她乘着进京之机，进宫拜见钱太后。当时宪宗正巧在一旁，他见到襄王妃杏肌雪肤，花容月貌，不由地对她产生了爱慕之心。襄王妃当夜留在宫中，宪宗对她极为爱恋，舍不得离开她，只是钱太后在眼前，碍于礼节，他不好任意胡为。没办法，宪宗只好勉强退出了宫。宪宗回到寝殿，也不召幸妃子，独自一人傻坐了一会儿，和衣睡着了。宪宗次日又匆匆罢朝，赶忙到钱太后的宫内去看那襄王妃秦氏，没想到秦氏早已不在宫中了。

宪宗没有见到襄王妃秦氏的人影，心里自然是怏怏不乐，成天长吁短叹，如同丢了一件宝贝。内侍黎孙看到宪宗昼夜坐立不安，早窥透他的心思，便先用言语试探他，宪宗叹口气道："我的心事跟你们说了，你们也帮不上我什么忙。"黎孙连忙跪下说："奴才受皇上的厚恩，即使是赴汤蹈火之事，却也要为陛下办成，更何况是小事。"宪宗看到黎孙如此恳切，于是将自己看中襄王妃之事对黎孙略说了，又说王妃是自己的婶子，即使此事能办成，可在人伦上似乎不太好。黎孙笑着说："陛下身为天子，当然可以做任何事情，况且那襄王妃又是太后的表亲，只要慢慢地想点子，一定能够办成的。"宪宗笑着说："黎孙，你能够帮我将此事办妥，我自然会重重酬谢你。"

黎孙领谕出宫后，直接去拜见襄王，把宪宗看上王妃的话直接痛快地说了一遍。襄王听完后，感到出乎意料，又极为惊恐。黎孙反复地对襄王陈述，把其中的利害讲得透彻无比。他说："皇帝既然起了此心，王爷如果过分固执，必然会遭不测之祸。"黎孙说话时，声色俱厉，襄王不由地动容。他沉吟了一会，慨然叹道："他如此不顾人伦，我亦为何可惜一妃子。"说完后就到里面去了。不到一会，襄王出来对黎孙说："我和秦妃商量，她为了保全我的性命，并避免骨肉猜忌起见，自愿进宫去侍候皇帝。你先回去复旨，我于三天内送秦妃进宫。"黎孙非常高兴地说："王爷大度，必蒙皇上宠信，以后必是洪福齐天了。"襄王连连摇头，令黎孙速去。

## 侍寝绿签召秦妃

黎孙别了襄王后，也不觐见宪宗，只是静坐在宫内等消息。待到第三天中午时分，果然见到秦妃由襄王亲自送到宫内。黎孙赶忙跑过去迎接，他假传上谕，命令襄王退下，然后自己将秦妃引进宁远门，暂在水月轩中等待。一直等到晚上，他才去拜见宪宗说："美人已经来了。"宪宗高兴得跳起来说："如此轻易地将事办妥了，朕可不信你的话。"黎孙有意迟疑了一会儿说："陛下可以传下旨令召幸，看来的是不是秦妃，便立见分晓了。"宪宗笑着说："她在王府里，怎么能去宣召?”黎孙只催宪宗快下谕旨,宪宗于是命令尚寝局递一支绿头签给她,黎孙领了召签,便去把秦妃引进寝宫里,循例经过检验室,秦妃被两个人接进去了。

宪宗乘着灯火审视秦妃,惊喜交集,暗暗佩服黎孙办事敏捷。但是宪宗在没有看到秦妃前,日夜坐卧不安,这时真的见到秦妃,自觉此事攸关名分,却自行惭愧起来,痴痴地作声不得。秦妃坐在那儿一声不吭,也不向宪宗行礼。两个人沉默了许久,最终色胆包天的宪宗皇帝开始对秦妃问东问西,渐渐收拢了她的心,两人逐渐说笑起来,一问一答,慢慢地亲热起来。两人正要双双入梦时,宪宗突然问起秦妃的年龄与名字,秦妃回答说她今年十九岁,小名为芸香,陕西人,嫁襄王才三年。宪宗听了之后,心上不禁有了一个疑问,因为钱太后说她不是陕西人,与秦妃同是兖州籍,如今秦妃说自己为陕西人,地方便没对上。况襄王祁瓀十五岁就立妃子,秦妃说自己只嫁得三年,就算他十九岁,那也应已嫁得五年了,这为第二处疑问。宪宗顾及面子,暂时没说穿她。

自从宠幸了这个婶子之后,宪宗几次要册立她做贵妃,秦妃害怕别人笑话自己,坚决不愿意受封。就这样过了一个多月之后,襄王已到河南封地去了。秦妃日日受宪宗的宠爱。有一天,宪宗与秦妃同枕而睡,待到司礼监来宫门前朗诵祖训时,宪宗起身跪听,发现秦妃已不在床上了。他听完祖训后,朝曦未升,宫中昏暗不明。宪宗命令官人掌上明烛,四处寻找秦妃,可是连秦妃的人影也没找到。宫人们在淋浴室、更衣室、装饰室、熏香室以及彤史、司膳、尚寝等处全找了一遍,却都不见秦妃的人影。宪宗感到极其诧异,于是将秦妃的私藏检视了一番,看到自己送给她的珍宝全都在那儿放得好好的。宪宗马上召总管太监王真来侦查,可依旧没有什么下落。宪宗把那司阍的太监侍卫叫来询问,他们回说宫门下键后,就没人敢私自进出。宪宗忙了半天,仍然毫无头绪,只好上辇去临朝。

视政完毕之后,宪宗又回到宫中查寻,可还是没有秦妃的消息,他又不敢去告诉钱太后。因为钱太后与秦妃是姐妹,如今宪宗纳其为妃子,没法向太后交代,没办法只好隐瞒。秦妃走失,宪宗大怒道:“禁阙中竟会有走失妃子之事,内外大小宫监侍卫却没有一个知道,这还得了?现在限你们三天时间,必须寻得秦妃回话,要不然自总管以下一样治罪。”这道旨意被传下之后,各宫殿及各门的太监首领,各宫宫女首领甚至包括总管太监王真,均惊慌得要投水自尽。幸好那稍得宪宗信任的总管太监王真,反复地叩头请求多给他们几天时间,甚至痛哭流涕。宪宗最终才答应给他们十天时间，如果十天之内没有秦妃的消息，就要他们的脑袋。王真看到宪宗怒气正大，不敢再请求多给时日，只得领着谕旨出来，同各处太监商量。太监们有的说秦妃投河或投井自杀了，有的说一定是襄王派了有本领的人，偷偷进宫来把秦妃盗去了。王真觉得两种说法均有可能，如果秦妃是自杀的话，那应该是在宫里。他一面命令小内监在宫廷各处花池流泉中仔细打捞，一面去告知五城兵马司紧紧关闭内外城门，挨户搜查；又行文各郡邑关隘，令其认真侦查。如此闹了四五天之久，连秦妃的一点影儿都没见到，王真急得要死。

## 秦妃与陇西生的风流情史

自从失了爱妃之后，宪宗终日愁眉苦脸，还常常取出秦妃的遗珠把玩一会儿，然后叹息几声。一日宪宗忽然在秦妃的镜奁里面找到了一张花笺，笺上有几首用小楷书写的诗词，上款为“芸香吾妹”，下款为“知心陇西生上”。那诗句道：

寂寞秋将暮，凄凉独夜舟。
人比黄菊瘦，心共白云悠。
诗苦因愁得，残灯为梦留。
不堪思往事，逝水少回流。

——暮秋

莲花莲叶满池塘，不但花香叶亦香。
姊妹折时休折尽，留它几朵护鸳鸯。

——采莲

春色桃花秋海棠，夏莲心苦怨银塘。
一缕霜月晶查帘，总为清吟易断肠。

—题画

春雷发地见天根，春色巫山季女魂。
蝴蝶梦中三折径，枇杷花下一重门。
莎汀沙软眠凫子，采圃香清接稻孙。
却怪漫空飞柳絮，化萍点破小潮痕。

——陇西生作

年年新绿长新根，春暖香迷蛱蝶魂。

刚伴杏花开二月，恰承翠辇山重门。

随风拂拂侵裙履，带雨离离认稻孙。

最好深闺小儿女，多情携侣伴苔痕。

——芸香和作

宪宗读了诗笺，恍然大悟说："诗中的口吻却不像王妃，竟像是个另有情人的小家碧玉。难怪她自称来自陕西，推想其中必有一段隐情。那署名陇西生的应当是她的心上人，倘若要追根问底，其中一定有着什么艳史情迹。"宪宗沉默了一会儿，将诗笺放在袖内，慢慢踱出寝殿。这时王真走来，宪宗正准备把诗给他看，王真已经跪下禀告说："秦娘娘的消息有了。"宪宗惊喜道："她现在在哪儿?"王真说道："刚刚接得葭州府的报告，说自从跪诵上谕之后，立即仔细查访，三天之后，有一个少年书生自称是陇西生的来投案。"

秦妃是陕西人，名叫芸香，十九岁，和陇西生在小时候就订了婚约。后来芸香被襄王选入王府充当侍女。陇西生几番想方设法，总算与心爱的人成了眷属。襄王进京，不知怎样暗中移花接木，将芸香送进皇宫中。听说皇帝已经纳芸香为妃子，陇西生颇有佳人此生难得再见之叹。忽有一日他遇到一个黄衣少年，自称是昆仑奴一流人物。陇西生于是将芸香入宫和自己一段情史，对他细说一番，黄衣少年于是同意替他找回芸香。陇西生半信半疑，和黄衣少年敷衍了几句。

没想到少年去了之后还不到半个月之久，一日夜中居然负着一个大包袱，从屋檐上飞跳而下。陇西生赶忙跑去迎接他，那黄衣少年将巨袱交给陇西生道："赶快去看你心爱的人吧!"陇西生打开大包袱，看到里面睡着的是一个花容月貌的美女，她穿着一身宫妆，微微张开一双有神的眼睛，柳腰娇懒，好像极为疲惫。陇西生再细细一看，正是日夜思念的芸香。他激动地简直要流出眼泪来了，感忙跑去对那黄衣少年致谢，他却已不知往哪里去了。陇西生只好望空拜谢，疑是神助。陇西生同芸香叙谈，她说那天晚上同皇帝同枕卧着时，突然感到头昏昏沉沉的，耳边听得呼呼风响，待睁开眼看时，看见陇西生立在面前。陇西生听她说完，算了算时间，芸香那天五鼓时分被从宫里接出来，晚上就到了葭州，才知道是真的遇上了侠客。各个地方都张贴了朝廷的告示，追查失踪的秦妃，陇西生知道再瞒也瞒不住了，就来投案自首。

葭州知州孟觐一看这案子非同一般，贼子偷的是妃子，他可不敢私自审问，于是他把陇西生和华芸香套上押到都城，投进兵部。尚书汪直不在都中，司员将这件事报告给了大内总管府。总管太监王真就先提审了一回，进宫禀告宪宗，将华芸香与陇西生的关系以及陇西生所供侠客援救芸香出宫的经过细述一番。宪宗听了之后，感到王真所说的话和诗笺上的署名很相符，不由地点头，吩咐王真把陇西生放了，华芸香既已有夫，自己不好去夺人之爱，于是命令她同陇西生回去择日成亲。宪宗又令襄王祁瑄把秦妃的隐情从实回奏。谕旨传下来之后，陇西生和华芸香两人高兴万分，连京师的士大夫也都去探望陇西生，询问他和华芸香两人的情史。仕女们还来与芸香结交，陇西生寓所的户槛都快被踏穿了。街谈巷议很快把这件事传遍了各处。陇西生觉得他们太麻烦了，便于当夜悄悄地回陕西去了。

## 美貌芸香代王妃入宫

襄王祁瑄接到宪宗的上谕之后，惊得目瞪口呆，别的不说，仅秦妃的事，就已犯了欺君之罪。襄王赶忙召来谋士柳梅贤进府商量。梅贤说道："我看皇上一定不会加罪王爷，因为皇上纳幸王爷的妃子，于名分人伦两有乖张，一定是瞒了太后干的事。王爷如果在奏疏上辩白，恐怕不能得皇上见谅。王爷最好亲自去京一趟，直接上陈隐情，我可保王爷平安无事。"襄王皱着眉头道："无缘擅自离开封地，不是要受罚的吗？"梅贤一本正经地说："王爷只说进京待罪，怎么能说是没有原因？"襄王想了一会，觉得除了如此，再也没别的办法了，于是进内同秦妃说知，星夜收拾了行装，将府事托给了谋士柳梅贤，自己匆忙进京。来到都中，适值宪宗御临偏殿，襄王入觐，跪在地上大哭，自述有欺君之罪，将自己用华芸香冒充秦妃进献皇宫的缘由据实上奏。

原来襄王妃和芸香的面貌极像，襄王很喜欢她，强将其选做侍女。王妃偶尔与芸香穿衣相似，连襄王都辨不出真伪来，只是王妃粉颊上的一粒小小的黑痣可作为区分的标志。内侍黎孙突去王府，向襄王如实地说了宪宗很爱秦妃之事，襄王骤听之后特别难过，后来忽然想起芸香来，就满口答应了。三天之后，襄王命令芸香改穿王妃的装束进宫，宪宗被他瞒过了。却没有料想到芸香还另有情人，一出秘剧泄了真情。现在襄王自己供出实情，宪宗认为襄王这样倒免却了自己乱伦之嫌，心里过意不去，因此这时反而安慰襄王，说他此举颇晓大义，命他安心自回封地。临走时，宪宗又赐襄王金珠玉带、外邦进贡来的珍物以及锦袍缎匹、人参十斤、鸾笺千册、百花酿十瓶等。襄王受到如此重赏，觉得真是出人意料。那时内侍黎孙已经被升为锦衣侍卫了，听到襄王蒙旨受赏，想自己的官职是从襄王来的，便来陪驾。襄王谦虚了一番，当日辞行启程。他回到河南后，同秦妃讲起此番际遇，对皇上的厚恩特别感激，常想待时图报。

当年河南五谷丰登，农民以为可以坐等丰收，家家欢腾，人人高歌。谁知道一日清早，一阵黑云猛然从东南角上吹来，直飞向河南。天空中如同怒潮汹涌，万马奔腾，一片漆黑。人们猜测是大雨来了，实际上却不是下雨，天空中黑斑点点，浮在空中的不知是什么。百姓们惊慌不已，躲在家中。

一直到第二天的中午，天空才恢复正常。人们围在一起，议论昨天的异象。有人说是妖怪经过而致，有人说是天呈变象。几个农民走过田野，不禁苦叫一声，不知怎么办。不一会，农人纷纷赶来，各自去瞧自己的田地，一齐叫起苦来。原来田中茂盛的禾穗儿已被蝗虫咬得断了梗，七零八落了。人们才知昨天清晨原来是蝗虫入境。人们造了网兜等一起下田捕蝗，哪里知道却越捕越多了，满田一片蝗虫，甚至连树木竹林上也到处都是。百姓眼睁睁地看着将熟的禾穗给蝗虫咬坏，心痛如绞，只有瞧着田中大声痛哭，顿时哭叫声震天动地，女啼男号万分哀伤。襄王在府中听到外面哭声大震，亲自跑来查问，看到是蝗虫之灾，于是召集无数乡下人下田捕蝗。襄王也举着布旗督工，下令捕蝗一斤，赏钱三十文。哪里知道今天捕走了一万蝗虫，明日却又生出两万来。襄王愤怒至极，叩头祷天，愿意为灭灾而亡身，可还是没有作用。襄王愤怒极了，大步走下田去，捉住蝗虫放到口里乱嚼，吃了有千百只之多，结果他肚里闷胀得难以忍受，不到半天之后，蝗毒发作起来，襄王头肿脸青，竟然倒在地上死去了。

襄王死后，蝗虫满栖在他身旁，慢慢地越来越多，堆积得如山一般高，田里的蝗虫却是没有了。这样地过了三天，积聚的蝗虫都成了清水，襄王的尸身露出来了。王府中人一面将襄王的尸首收拾起来，一面上章奏报。

宪宗看了奏疏，万分伤感，谕令照王礼厚葬襄王。河南百姓感襄王灭蝗以及往日赐惠的恩典，便在襄王身殉之处建起一座庙宇来，称之为朱王庙，后人称之为驱蝗庙。自那以后凡河南患蝗灾，只要往朱王庙祈祷，蝗虫就会立即消失。如今此庙尚存，春秋佳日，人们多登临凭吊。

## 房中术和美女一起奉上

宪宗成化十三年，尚书汪直奏请宪宗去林西，效仿古时皇帝也来做春秋狩猎。宪宗高兴地准了这个奏疏，并命汪直领兵三千护驾，銮辇向西方而去。林西本是个荒僻未经开化的地方，猛兽非常多。御驾到了一座山陵上，忽然打草丛中跳出一头猛狮，冲向人丛里乱咬起来，有五六十个兵丁被它咬伤，侍卫们都四散逃命去了。正在危急时，驾前掌伞杜宇突然扔掉了手中的紫伞，大吼一声，挥拳直奔那野狮。野狮抛开众人，和杜宇单独周旋，杜宇急忙闪过，随手一把抓住狮子的尾巴，奋力往下摔去，把那些惊慌逃命的侍卫都看呆了。

尚书汪直其实是后宫中的一个太监，他迎合万贵妃，得到了宪宗的宠幸，于是由原来的锦衣卫擢升为侍郎。没过几天之后，又被授予兵部尚书衔，受命入阁办事。那时朝廷诸臣中只有大学士商辂敢说几句话，其余的像侍郎王恕、吏部尚书白圭、御史李震等均为了弹劾汪直，弄得降职的降职，戍边的戍边。宪宗又命令汪直设西厂访查民间的情况。厂中小太监六十四人，首领太监两人，轮流出外侦察。汪直为了迎合万贵妃，不知道从哪儿找了一个姓万的老头儿，自称为万氏遗裔，排起来还是贵妃的族叔。万贵妃在小时候就进宫了，正当她恨无母族受她的荫封时，忽然得知有个族叔，自然高兴万分，于是诉知宪宗，宪宗授那老头儿都佥事之职，并赐名“万安”。这万安是个市井无赖，一旦显贵，就仗着万贵妃的势力在外欺压百姓。为固宠起见，万安私下强取民间美女，进献宪宗。他又把房中秘术写成书订成册进呈皇上。宪宗手舞足蹈，欣喜得不得了。万安看到宪宗乐不可支，趋奉得更加厉害了，无论淫书春册，凡是能够增加淫乐的东西，他都将其搜罗进献给宪宗。宪宗长处深宫，怎么能清楚民间竟有如此多的行乐名目呢？因此如对待宝贝般看待万安进献的器物，而且屡次提升万安的官职。没过半年之久，万安已经被提升为工部侍郎。宪宗常常召万安进宫，研究房术，万安便拿淫剂剧药劝宪宗吞服，以致他一夜中居然能御十女，宪宗称赞他的仙剂，对万安更加信任了。

汪直看到万安被宪宗宠幸，极其害怕万安会夺去自己的权位，于是同小太监何和秘密商量对策。何和是个狡谲之人，他听说万安进献房术，于是劝汪直搜罗美人，将其送入宫中，以同万安抗争。恰巧内监江训奉圣上的谕令，到潞州采办花石，汪直亲自委托江训去南方时顺便搜罗几个美女回来。江训立即满口答应，一路经过泗阳等地，各州县官员大多跑来迎送他，江训叮嘱官员们要选十名美女，等到进京时带回去。那些地方官吏特别想奉迎中官，接到命令之后当然唯命是从，立即到各处搜寻美女，最终凑起美女十名，又收拾一所馆驿给美人居住，待江训到来时，让他带到宫中去。一个多月之后，江训从潞州回来了，泗阳的官吏赶忙跑过去迎接他，然后把十名美女交给江训。江训看那十个美人儿，人人是艳姿绝色，极其高兴地说道："我这次回去，总算该对得住汪监督了。"江训同各处州官应酬了几天，载着御选的美女和花石匆忙就道北上。到了京中，进呈了花石之后，江训接着跑去将美女献给汪直。汪直谢了江训后，亲自一一仔细地审量了十名美女一遍。他在十人中挑出了两名最美的：一个名为殷素贞，另一个名为赵虞娟，两人生得一般娇媚动人，姿态惹人喜欢。汪直将两人打扮好了之后，驾起了两辆香车，由小太监前呼后拥地护送进宫来。宪宗看到如此绝色美女，高兴得抓耳挠腮，心中甜得如吃了蜜。那万贵妃极不服自己年老，一心想宪宗继续专宠自己。她看到宪宗临幸其他的妃子，心中特别难受，又由于秦妃的事同宪宗吵闹过好几次，差点儿闹得两下决裂。幸好宪宗有三分畏惧她，不曾过于逼迫。后来秦妃失踪了，万贵妃得知，欣喜若狂。因而那时宫中的嫔妃疑心秦妃的失踪是万贵妃弄的鬼。宪宗也有此意，只是没有把握而暗暗含恨罢了。这时赵虞娟和殷素贞进宫，被汪直护送而来，冠冕堂皇。宪宗立即下谕册立赵虞娟、殷素贞为妃子。消息传到万贵妃的耳朵里，她气得火冒三丈，只是没地方去发泄，万贵妃想再用从前的老手段加害二妃，却不行了。宪宗在赵妃、殷妃的宫门前均用侍卫防护着，如果没有谕旨，无论什么人也不允许进宫。万贵妃想不出什么办法，只得在宫中捶胸顿足地痛哭，宪宗念在过去同她的感情份上，有时也来安慰她几句。万贵妃天生就爱嫉妒，不管宪宗如何劝慰，她怎么也不能消气。没过半个月，万贵妃慢慢地酿成一病，卧床不得起身了。万贵妃病倒了，宪宗也乐得耳边清爽一点，干脆与殷妃、赵妃凑在一起，把病人万贵妃一抛到九霄云外了。

赵妃和殷妃两人长得差不多漂亮，再仔细比较，殷妃好像要美过赵妃一筹，宪宗自然就另眼看待殷妃了。但是殷妃进宫之后，终日愁眉苦脸，似乎总有什么心思。宪宗为了博得殷妃欢喜，命令汪直雇了一班伶人进宫，在西苑的艺林里日夜演剧，为殷妃解闷。殷妃看到热闹情景，才勉勉强强顾盼一下，可一会儿就再也不愿看了。宪宗又苦心想其他的花招引逗殷妃高兴。殷妃看了，也只是稍笑而已，事后仍旧板着脸想她的心事。宪宗逗引她开心，她却始终没有嬉笑的时候。宪宗正觉得无可奈何时，汪直忽然奏请郊猎，这恰好中了宪宗的心意，便命令准备当日启程。

## 娇艳少年得到天子宠幸

宪宗带了殷妃、赵妃,乘龙辇凤舆向林西进发。哪里知道还没有围猎,车驾在半路上撞着一只猛狮,摇头摆尾地扑向人丛,侍卫们吓得四处乱奔,其中几个抵御一下,却都被那猛狮咬伤了。此时御驾已万分危急,随行的群臣大声呼喊:"快救圣驾!"突然掌伞的小太监杜宇攘臂直冲向前,径取猛狮。那猛狮掉转过身向杜宇扑来,杜宇忙闪身躲避开,接着随手就是一拳,狮子被打得连吼几声,如人一样立起,向杜宇的头顶上击下一爪。侍卫们均为杜宇捏着把汗,只看到杜宇一个箭步蹿到背后,一把拖住了它的尾巴。那狮子还是力大,忽然一个大翻身,杜宇也跟着翻了身,但是狮子的尾巴仍然被他的两手紧紧地抓住,死也不能摆脱。那狮子尾巴被一个人拖着,转身极不灵便,不由地发起了性子,兽王的威猛顿时奋起,直竖起了它那支如铁杠似的尾巴,将杜宇掀在空中。驾前的侍卫大臣惊恐万状。看杜宇时,兀是紧抱在狮尾上。那狮子感到很难将杜宇掀开,一时倒也很难走远,没办法只能团团地打转。其时锦衣卫王纲一声吆喝,手中执着一柄大斧头,向野狮狂奔而去。后面的那些侍卫也蜂拥上前。狮尾的杜宇将佩剑拔出,立即向狮子的臀部乱刺。王纲和侍卫等只是乘着时机才敢砍一两下,但是他们不敢施力,因为他们怕错砍在杜宇身上。杜宇重重刺那狮子,弄得它痛极了,王纲又斩了它两下,侍卫也扎了五六枪。狮子虽然强壮,但是它被一枪刺在肚腹里面,脏腑受了重创,痛得难以忍受,狂吼一声便倒在地上打起了滚。杜宇也随它滚动着,以致头晕眼花,只好将狮子的尾巴放开,跳起身来助王纲等拼力地一顿刀枪,最后那狮子总算被击毙了。众人来驾前报告,随驾诸臣均向宪宗请安。宪宗的心稍静下来,便急着问:"殷妃、赵妃受到惊吓了吗?"不一会,内监回报,狮子同两位妃子的凤舆之间距离较远,二妃未曾受到惊吓。宪宗听后才放下心来。其实赵妃的车子离銮辇很近,她起初瞧见猛狮,吓得立即面容失色,半天说不出话来。宫女们说狮子已经被打死了,她的魂才慢慢地收回来。内监怕宪宗忧急,故意对他隐瞒实情。至于殷妃,她确实没有受到惊吓,因为她的凤舆在最后面。

当时汪直把禁卒屯驻了,也来叩头拜见宪宗,自认死罪,宪宗并没有责备他。汪直谢罪后起身,宪宗忽然说道:"驾前二百四十名校尉及侍卫,只有王纲一人还能够临危不惧,剩余的人都各自夹着尾巴逃跑了,这是我万万没有想到的。但是不知那独斗猛狮的少年是谁?”汪直跪下磕了一个头,回答说:“他也是侍候陛下的,是愚臣的义子杜宇。”宪宗笑着说:“卿有如此的一个好儿子,快叫他来见朕领赏。”汪直领谕起身,将小太监领来。杜宇跪叩三呼毕,宪宗见他唇红齿白,眉清目秀,真是如处女般娇艳,不由诧异道:“这就是斗狮的那个杜宇吗?看他如女孩子似的温柔娇艳,哪儿来的力气?”汪直说道:“连我也不知他的武艺如此好。”宪宗于是问杜宇,杜宇于是如实地向宪宗说明,他自己是一个拳师的儿子,自幼曾下过苦功,得到了父亲的真传,因此略有几分勇力。宪宗大喜道:“既然确实有如此的好本领,又有打野狮的功绩,朕就封你为驾前护卫使吧!”杜宇谢恩起来,侍立一旁。杜宇从此充任了宪宗的左右卫士,逐渐获得宠幸,后来酿出一段风流史。

## 殷妃与刺客的私情

车驾到了林西,汪直已经设好了行宫,宪宗当天即在行宫里住宿。王纲因为勇猛搏狮,得到了宪宗的重赏。宪宗在林西住了半个月,日日出外打猎,可是那殷妃依然怏怏不快,宪宗以为殷妃不喜欢行猎,自然没心思再居林西。过不上几天,宪宗下旨回銮。

不到一天车驾就到京师了,万安率领群臣到城外跪迎。宪宗进了城后,升奉天殿受众臣的朝参,完毕后退朝回宫。宫中的太监和宫女们又都来叩见过了。宪宗去看那万贵妃时,见她的病情稍有好转,可是面容已经憔悴无比,比以前衰老了许多。宪宗嘱咐她静心养病,自己回到赵妃的宫中。这一夜仁庆宫内突然闹起了刺客,弄得一班宫娥、嫔妃、内监等慌忙抱头乱窜。没过多久,万春宫瑜妃、万云宫万贵妃、长春宫王妃、永春宫惠妃、晋福宫宁妃、仁寿宫瑨妃、雍仁宫嘉妃、昭仁宫赵妃、永寿宫江妃等一并大声喊道:“有刺客!”宪宗从梦中惊醒,赶快披衣下榻,连呼:“小杜,快来!”那杜宇简直是形影不离地保护着宪宗,宪宗也因此无比喜欢他。凡是临幸妃子,无论去何宫,杜宇总是侍候在外面。杜宇知道肯定有要紧的事,于是跳起来,仗着一把钢刀,直抢入昭仁宫中,看到宪宗颤手指着窗外说:“刺客!刺客!”杜宇也没有回答,转身就向宫外奔去,星光下瞧见在槐树旁边有一条黑影。杜宇看得清楚,挺刀大喝:“贼徒慢走,我杜宇来了!”说完,奔向槐树,只见那黑影一闪,随着就是一句:“看家伙!”杜宇知道是暗器,急忙闪过树边,“啪”的一声,落地的却是一块槐树皮。杜宇不禁觉得好笑极了，谅刺客也不会有暗器，只不过吓人而已，于是大着胆向前追赶。忽然听得一声响，一支袖箭直向杜宇飞来，杜宇大吃一惊，眼中火花四射。看着将要追上，杜宇怕自己力量不够大，擒不住刺客，回头看到背后光火通明，脚步声杂沓，内监、侍卫蜂拥而上，只是距离还很远，杜宇这时候胆子大多了，于是奋臂舞刀砍向刺客，刀光飞处，那刺客也转身对战。两人在光明殿的丹墀下刀对刀而战。那刺客的刀法极其熟练，一口九环刀舞得呼呼风响。杜宇拼力招架，心中想着："那刺客劲儿蛮大，黑夜行刺，总以轻捷为宜，携带的不是宝剑就是单刀之类的武器，从来没有见过带九环刀的。要么，他不会是来诚心行刺的，或者是特意到皇宫里来显些本领的。"杜宇正想到这儿，那刺客突然虚晃一刀，往回廊中就走，管廊的太监听到刀声之后，掌着灯出来探望，那刺客怕是拦捕他，随手"咔嚓"一刀，太监头颅落地，尸体扑地倒下了，那盏灯兀自擎在太监手里，这只能算他倒霉了。

刺客杀了太监之后，飞身越过雕栏，绕过光明殿从月洞门中穿出去了，恰好碰到守门的侍卫们正举着刀斧来拦挡，那刺客向他们劈去一刀，侍卫终究还是武进士出身之人，懂得怎样对付，看到刺客刀过来了，引身躲过后，立即乘势拦腰砍还过去，那刺客不想再接着战下去，于是平地跳起数尺，仍向前狂奔。后面杜宇飞奔赶到，侍卫也提着银斧帮助杜宇追赶，快到香扆殿时，刺客却转弯向一泓流水处而逃。在那儿有一座石梁，要从稻香榭出宁肖门走到御花园，必须要经过这石梁。正逢宫中的侍卫绕过小径，准备在石梁上守候。侍卫们一见刺客逃过来，吆喝一声，执着手里的家伙准备厮杀。那刺客背腹受了伤，料想自己一人打不过敌方多人，便"哗啷"将手中的九环刀扔了，纵身一跳，"扑通"一声跳到河中。石梁上的侍卫赶忙跑去拿钩来捞，只一搭已经将刺客的衣领搭住了，两人并力地将刺客拖起来。此刻那刺客双脚落了空，没办法逃脱了。七八个侍卫手忙脚乱地把刺客捆好，杜宇在后面押着，送往光华殿来。

内监向宪宗禀报，上谕命令杜宇将其押往总管署囚禁了，等明天在便殿由御驾亲鞠。杜宇领了命令，押解那刺客到总管署。接着，王真便械系刺客将他囚入牢中，杜宇自回复旨。其时宫中议论纷纷，这一夜闹刺客，除了无人居住的坤宁宫没有声响外，只有昭庆宫殷妃那儿平静。那些内监均认为刺客是来行刺皇帝的，幸亏皇上洪福齐天，没有遭到毒害，但是不知道是谁唆使刺客的，明日鞠讯起来，自然就明白了。内监们说短道长，大家闹到天色破晓，皇帝将要临朝了，才算安静下来。

宪宗视朝完毕之后，御便殿，命令杜宇到总管府中将刺客领来鞠讯。不久，杜宇押着铁索锒铛的刺客到殿前来了。那刺客在丹墀下毕恭毕敬地行了三跪九叩礼，因为他身上有一铁索，所以起跪时样子特别狼狈。宪宗厉声喝道："好大胆的逆徒，竟敢到禁阙地方黑夜行刺，是何人指使你来的？你如实说了，朕有好生之德，如果可以原谅的话，就赦你无罪，赶快说出你的姓名及缘由！"那刺客听完后，接连叩头，流着眼泪说："罪民此番私闯皇宫，确实并没有任何人指使我，也决不敢跑来刺杀皇上，罪民有一段私情在内，我确实罪该万死。"说完之后，又不停地叩头。宪宗说："你有什么隐情，如实说就行了。"那刺客俯伏着慢慢地说："罪民叫伍云潭，来自泗州，如今在泗阳的县署中做一破案的都头，曾经破过几桩大盗巨案。县令觉得我很细心，让我成天跟随办差。罪民还是婴儿时已定下了亲事，女家姓殷，也做过县中胥吏。如此地过了十几年，罪民家境贫困，没有能力娶妻子，承县令帮衬了些银两，罪民就回家办婚事。忽然接到女方的消息，说州尹已强选去他的女儿殷素贞，她被送往京师做了皇帝的嫔妃。罪民起初不信，再仔细一打听，才知道确实是真的。罪民的邻人彭监生的未婚妻赵氏也被选入宫了，他和罪民正是同病相怜。那彭监生气得要去投江自杀，被罪民救了起来，我二人商议同入京师，一方面是为了等个机会去通个信儿给妻子，另一方面是为了顺便在都下找个亲戚做些小生意。选秀女是圣上命令的，谁敢违忤？我没有其他的奢望，只想今生能够同妻子见一面，这样我死也甘心！但是罪民不应该自恃微技，擅自闯禁阙，希和妻子晤叙。谁知走错了路，连找好几处，最终连妻子的半个影子也没看到，因为走到绝路而被抓住了，罪民确实罪该万死！"伍云潭陈毕，泪如雨下。宪宗察言观色，不由地对他怜悯起来，于是笑着对伍云潭说道："今且恕你无罪，同彭监生两人各赐钱财，以便回去再娶妻吧！今后你不许再生痴想，妄入宫廷，要不然朕不再轻饶。"伍云潭听说皇帝赦免了自己，感激万分，感忙叩头谢恩。宪宗吩咐锦衣卫带伍云潭下去，又命令内务府发两千两银子，赐给彭监生、伍云潭两人，着二人即日出京。那伍云潭由于昨日淋了雨，湿衣服还没有更换，这时踉踉跄跄地跟着校尉下殿去了。

宪宗退出偏殿回到宫中后，正要向殷妃说这件事，在宫门口忽然见到宫女含着眼泪报告说："殷娘娘自杀了！"宪宗听说大吃一惊，慌忙大踏步地赶到昭庆宫，却看到殷素贞已经直挺挺地躺在床上了，带子还在头上。宪宗大声痛哭，才悟知平时她为什么总是愁眉苦脸的原因。宪宗只好命令司仪局，按照贵妃礼盛殓殷妃，把她葬在金山，并且追谥她为贞义贤淑贵妃。原来在宪宗勘问伍云潭时，宫人们三五成群地窃窃议论，被殷妃听得，她感忙亲自来探看，看到刺客果是伍云潭，谅他一定没有生还的希望，自谓此生已了，立即回宫遣开宫人，上吊自尽了。

## 孔雀氅遍赐贵妃

自从没了殷妃之后，宪宗成天怏怏不乐，然而伤心之气还没消去，又得内侍禀报，昭仁宫被窃了，其他的东西一样也没被窃，仅那袭朝鲜进贡来的孔雀氅没了。尚衣局里还留有那盗氅人的名字，揭贴上写着"二月十二日韩起凤到此，取孔雀氅而去"十六个大字。宪宗见后勃然大怒道："辇毂之下却有此事，而且是在宫禁内，朕要你们这些白痴干什么？"他立即传下一道严厉的谕旨，下令限日侦破此案。

谕旨一下，宫内的主管太监王真可忙死了，外臣们自督抚以下，均恐慌而不知道怎么办为好。这孔雀宝氅是朝鲜老国王进贡来的，宣宗将宝氅赐给了孙贵妃。孙妃见诛，氅衣缴还，一直藏在内府的尚衣局里。英宗继承父位后，又将其赏赐给了慧妃。慧妃有杀云妃之嫌，弄得英宗不再宠爱她，那氅也追缴回去了，仍藏在衣库中。景帝又将它赐给琼妃。英宗复位，追回宝氅。此后它一直被深藏在内府中，足足有七八年之久未被人提起了。

待宪宗嗣立，万贵妃得宠，太监汪直又提起这宝氅，宪宗于是将它赐给万贵妃了。万贵妃年老了，宪宗又纳了殷、赵两妃，下令把宝氅从万贵妃处要回来。宪宗正准备把宝氅赐给殷妃时，赵妃恰巧在侧，她见那宝氅看上去光彩夺目，眼睛舍不得离开。宪宗晓得赵妃爱那宝氅，只好赐给了赵妃。宪宗因殷妃整天愁眉不展，想博她开心，私下和赵妃商量，命令她把宝氅转赠与殷妃。赵妃果真舍不得，可这是皇上的命令，她不得不割爱。谁知殷妃只是接受罢了，而并不很在意。殷妃自缢后，赵妃更加得宠，她第一件事就是收回那件宝氅，将它藏在昭仁宫的司衣室里。宫中的规矩是公物大都要放在内府的，若一经赐了臣下或是嫔妃宫娥，那物件就是私人的东西了。赵妃取回宝氅后，并没有上交尚衣局，也就是由于这个原因。谁知道还不到十几天之久，宝氅竟然被窃了！当宝氅失去时，赵妃本人还不知道，韩起凤的十六字帖被尚衣局的太监发现之后，首领太监赶忙跑来拜见赵妃，向她说了一遍关于尚衣局中揭帖之事。赵妃立即命令司衣宫人检视。过了一会儿，那宫人慌慌张张地来报："氅衣不见了！"赵妃听罢，顿时面容苍白,她一面召总管太监侦查,又命令内侍去报知宪宗。宪宗听了,勃然大怒,立命搜查宫廷,又谕知外臣严缉。宫内闹得乌烟瘴气,但是没有任何关于宝氅的消息。宪宗哪里肯让此事不了了之,只督促外臣尽快捕获偷衣者,并且只给他们三个月的期限,还严令必须人赃两获。如果误了期限,二品以下官员罚俸,四品以下一律革职远戍,或者另外定罪。

外臣为了保住职位,没人拖拉。督抚催逼着臬司,臬司又跑去督促他的部下们,只是把那些小吏们给害苦了,日日受责遭笞,弄得愤恨不已,偏案子依旧没有一些儿头绪。

徽王见涛,本是卫王瞻诞的幼孙,蕲王祁磷的儿子,宪宗将他封在宣德。那徽王见涛,只喜欢与能士名贤们结交,凡是有一技之长的人都去投奔他,见涛对求告借贷者没有不慨然应允的。徽王好客的名气盛传四方,一时便有了一雅号:孟尝君。此时徽王住在京中,结交的朋友成百上千地多起来,出门时总是前呼后拥,朝野渐渐议论纷纷,宪宗虽觉得他不会别生异念,但没有经住廷臣的参奏。宪宗见他闹得太不像话了,于是下一道上谕,将徽王封在宣德,命令他当天就上任。徽王接了谕旨,一点也不留恋迟疑,星夜就往封地去了。

他到了宣德,后面自然跟随着一班门客,有的自己赶去。没过多久,徽王处仍然是宾客满座。当时徽王爱妃蔡氏突然得急症死了,徽王痛心疾首,哭得死去活来。那些门客反复婉言相劝,他才略能食下汤粥少许。另外有几个门客忙着去替徽王打听探寻名媛香闺,以解他心中的忧愁。徽王的眼光太高了,挑来拣去,竟没看中一个。

## 第一美人要嫁天下第一人

当时有个叫杭子渊的门客,是个著名的画师,新从朝平回来,带回一幅美女的画像,她是朝鲜的大公主,被子渊偷描下来了。杭子渊将那幅画像进呈徽王,徽王看后,只觉得芙蓉其面,秋水其神,含情欲笑,妩媚多妍,确实是漂亮得无与伦比。徽王看得入迷了,不由地拍桌说道:“天下真有如此的美人吗?那只不过是画工妙手之作罢了吧!”杭子渊一本正经地说:“这是我在朝鲜亲手为大公主描画的,当时我见大公主坐在帘内,春光满面,所有在座的人均看得眼花了。其实这画比起本人呆滞得多了,然而已经让人觉得可爱了。她那容貌不知要比此画艳丽多少倍呢!”徽王听了,傻傻地愣了一会儿,笑着对杭子渊道:“由你所说，真的存在这个人，我有点不相信，难道还有比我那美貌绝伦的蔡妃还倩丽的女子？"子渊回答说："我怎敢欺骗王爷，朝鲜的大公主的确生得不差，从前朝鲜的第一美女算是公主的祖母，如今她应是第一美人了。听朝鲜的百姓说，去年逢国王陈烋的寿诞，凡是王公大臣、内外官吏的眷属均进宫去叩贺，陈烋于是命令官眷们在宫里开了个联袖大会，妇女老少总计共三百七十四人，让众人从中当场说出领袖。大臣江赫的女儿被公认为是最美的，大家正要推举她做领袖，恰逢大公主和三公主姐妹姗姗走来，众官眷只觉耳目一新，人人自惭形秽。大公主妩媚动人，艳光可以远映到十步之外，真是'六宫粉黛无颜色'，霎时将群芳一概压倒了。单说大公主身上的那袭舞衫，金光闪闪，已让众官眷拜服。最后，大公主做了领袖，她第一美人的名儿，也就是在这时得到的。朝鲜士大夫和一班公侯爵子中，有很多人极其迷恋大公主，如伯爵贝马因日夜思念大公主以致生相思病而死。其他王孙公子为了大公主相思致死的也极多。听说大公主发誓，若非皇帝她情愿终身不嫁。这难道不是自认是第一美女在作怪吗？"徽王见杭子渊说得绘声绘色，这才敢肯定此事不会为假，不由地笑道："那真是痴想了，她竟要嫁天下第一人，除了大明的皇帝没有他人了。"说着便进了后殿。

自从蔡妃死了，徽王觉得无聊至极，如今经杭子渊一说之后，忍不住心动起来，于是从袖中取出公主的花容来仔细看瞧，越看越觉其美，却想起了蔡妃来，于是又悲凄大哭起来。事后他与一班门客交谈，在言语中吐露出了自己的心事。众人得知后，暗暗地一打听，才知由杭子渊进画为引线，众门客又将杭子渊唤来一问，得知朝鲜真的有个大公主，生得如同天仙一般。众人密议，其中山西孝廉陈朴安对众门客提议道："古时孟尝君好客，临危时受到鸡鸣狗盗之徒的援助，以致客人们大多很惭愧。春申君迎珠履三千，遭难时最终得到了门客的救援。如此一说，徽王有心事，我们应该替他分忧。哪里知道我们今人竟连古人都不如？"一席话令众人齐齐拍手赞成，表示均愿意听陈孝廉做主。陈孝廉于是讲徽王丧偶，没有如意美人续鸾，如今想着朝鲜的大公主，我们应当想方设法替他斡旋，撮合成这段姻缘。众人听后说："朝鲜虽然是我们的属国，但是它远在域外，另外她又为国王的公主，恐怕要将这件事办妥有点难。"陈孝廉于是一本正经地说："事在人为，天下不会有做不成的事儿，只要大家齐心协力，是一定能够办好的。如果能够干好这件事，我们一班食客，谁的脸上不添着一层光彩呢？"众人认为陈孝廉的话不无道理，于是摩拳擦掌跃跃欲试。当下推陈孝廉为头，大家齐心协力想办法办事。

那时杭子渊进了美人图,将朝鲜公主说得如同洛神,世间寡有。徽王对朝鲜公主有了爱心,将画展玩得不忍释手,慢慢地感到空虚,一个人常常坐在书斋里发呆。一日他正在那里自言自语,忽然看见孝廉陈朴安面带微笑走进来,拱手说道:"恭喜!王爷的婚事成功了!"徽王愣了一会儿,问道:"什么婚事?"陈孝廉笑着说:"就是王爷娶那朝鲜的大公主一事了。"徽王惊喜道:"谁去牵线说成的,如此轻易?"陈孝廉这时似乎得意极了,跷着大拇指儿道:"不光同朝鲜国王说妥了,我们已替王爷行礼下聘,定好了成婚之日,只要王爷那时派人去迎接,马上等着做新郎就是了。"徽王听了高兴得手舞足蹈,把着陈孝廉的手臂道:"此话可为真?"陈孝廉道:"我怎么敢向王爷说谎,那都是我们一手承办的,而且有朝鲜王盖宝玺的允婚书作为证明,哪能不是真的?"徽王忙道:"你怎样去说妥的?"陈孝廉听了,从头到尾向徽王讲了一遍自己是怎样筹划的。

原来陈孝廉同众食客们商量之后,各人拿出了若干银两,先派人到朝鲜去打听一下,得知大公主真的说过要嫁天下第一人。消息带回来之后,陈孝廉立即于众人中选了两个知府装扮为使臣,向朝鲜国王求婚,说中国皇帝听说公主漂亮绝人,愿意让她做中宫。朝鲜王陈烋知道宪宗自从废了吴皇后之后,不曾立过正宫,因此相信了伪使臣的一派巧言。朝鲜国王将使臣留住,回宫去和大公主商量。大公主见恰合自己的心愿,自然乐意。待到第三天上午,陈烋临朝,召使臣进见,满口同意了所谓皇帝的请求。又对使臣宣布了大公主的要求:"大公主是天下第一美人,娶外邦的第一美人,聘礼多少都行,唯独不可少三样贵重之物:第一是以前朝鲜老国王进贡中国的那件孔雀氅衣;第二是秦汉时的一座玉鼎,供大公主早晚烧香之用;第三是因为大公主好武,所以必须具备一口宝剑,太阿、昆吾、紫电、巨阙、青虹、龙泉、莫邪、干将、谌卢、松纹、鱼肠等,不管大小,有一口就可以了。"陈烋说完后,置酒送行。并且派了两名使臣,跟随着明使入朝专候佳音。陈孝廉已经全准备好了,朝鲜使臣如来,明使带他们到都中,在馆驿中留住,不让他朝见天子。陈孝廉本人早已在京中等待,他听得伪使臣来报,朝鲜使臣已经到了,陈烋同意了婚事。因为大公主发过誓要嫁天下第一人,陈孝廉于是冒称皇帝求婚,果然一说就成了。不过大公主要求的三种东西却都是稀世之珍,剑及玉鼎还可以出重价购求,可那孔雀氅却是禁宫之物,很难求得。陈孝廉看到使臣们已经来了,势成骑虎,只好连夜溜回宣德,同一班食客商议去了。

## 老徽王骗娶第一美女

门客中有个叫徐子明的第一个发言说："徽王斋中有一只玉鼎，为秦汉时之物，大公主既没有指明其大小如何，此鼎就可充数。"另有一个叫王勋的，自称有一口祖传下来的宝剑，名为青霜，是汉代之物，削铁如泥，吹发可断，也是一件珍物。陈孝廉狂喜地说："徐公指示，王公馈赠，已经具有三宝中的两宝了，唯独那孔雀氅在皇宫里，这可怎么办呢?"话刚刚说完，座上一人朗声说道："仆虽然愚陋，但愿意为徽王取来孔雀氅。"说时声音极为洪亮，陈孝廉及众人忙看时，说话者正为拳棒教师韩起凤。陈孝廉笑着问："韩师傅莫非要效仿盗裘救孟尝吗?"韩起凤点头回答说："正是这样想的。"陈孝廉狂笑道："师傅如果愿意助一臂之力，哪里怕还成功不了。"当下韩起凤就欲启程，陈孝廉一把拖住他道："公将出马，吾辈应当先为公设宴饯行，代替远送。"韩起凤坚决推辞无效，只好暂留。当日由陈孝廉做东道主，大排筵宴，为韩起凤送行。大家直吃得酩酊大醉，才兴尽而散。次日，韩起凤告辞了众人，将衣包背起，挎了腰刀，提着朴刀，藏了暗器，大踏步奔向京师。

不到一天他就来到了都中，拣一座冷僻的云栖寺住下。次日到西华门外的内监游乐之地去品茗沽酒，趁机同太监们交谈起来了，借此探听宫中藏宝的路径。起凤本来在江湖上混了许多年，当初他在这一带还有一定的声望，曾经收过百来个徒弟，专门为来往的客商保镖。绿林中的弟兄要是见到韩起凤的旗帜插在车上，谁也不敢多看一眼。后来由于一桩不平事，韩起凤将县令及土豪杀了，于是逃亡到外面去了。他听说徽王好客，就来投奔他，也借此避难。这次奉了陈孝廉的命令到宫中盗氅，一方面是为报答徽王的恩情，另一方面是显示一下自己的本事。此次外出，他大致探明了宫中的路径。

到第三天，看到天色已黑，起风换了一身夜行衣裳，直向宫中尚衣局奔去。谁知找来找去，却没有宝氅的影子。韩起凤洞察力何等敏捷，知道是摸错了路径，赶忙退出了宫。第二天他又到茶坊酒肆里去讨好内监们，以从中得到些线索。提起那件宝氅，人人都知道，一个内监无意中说出宝氅被赐给了昭仁宫赵妃之事。起凤听了，当晚又偷偷进入皇宫，在昭仁宫中东觅西寻，一直到三更半夜，终于在司衣库内找着了宝氅。起风大喜，匆忙地打了个包，将宝氅拴在腰上。他方待出宫，又想大丈夫不偷偷摸摸做事，于是重新跃进尚衣局里，题上十六个大字，才出宫到了云栖寺，尔后连夜起身赶回宣德，献上那件氅衣。陈孝廉接着宝氅，高兴至极，便带了玉鼎、宝剑和那件氅衣来到都下。当时京中正为皇宫失盗氅衣之事查缉得特别严。陈孝廉害怕走漏了风声，急忙打发朝鲜公使起身，仍派两个假使臣跟随而去，并带了三样宝物算是下聘。没过几天，两个假使臣将朝鲜国王的亲笔允婚书带了回来。

见事已经办妥，徽王高兴得仰天大笑。一直到陈孝廉讲完时，徽王才回过神来，慢慢地说道："如果皇上知道了，会没有罪名吗？"陈孝廉笑着说："婚姻这事大都是骗成功的，王爷只要上疏还京完婚，哪里有什么妨碍？"徽王听后，连连点头，同意他的想法，于是同陈孝廉议定日期，一面又派人告知朝鲜国王，请他送大公主至京城。徽王又亲自上了进京续娶的奏疏，宪宗自然允许。徽王就起身进京，住在旧邸中。

在吉期之前几天，王邸内外张灯结彩，极为壮观华美。朝鲜送大公主入境，徽王派半副銮仪去迎接他们，朝鲜陪辇的使臣起初提出质问说："迎皇后为什么用半副銮仪？"首领太监回答说："皇上认为路程太远不方便，因此减省仪卫。"等到了京中成婚时，朝鲜使臣见并不是在皇宫内成礼的，又提出质问，主事太监回答他们说："是避太后国丧，皇帝特意安排在行宫中成礼的。"此时正逢钱太后新丧，另外明代郡王的一切仪卫扈从和皇帝只差一筹，因而婚礼礼节特别隆重，把朝鲜的使臣轻而易举地瞒过了。哪里知道那大公主却是处处极为留心，她知道皇帝正值壮年，见徽王却已是半百之人，脸上显得极为苍老，大公主早起了疑心。

## 徽王血溅公主罗帐

光阴似箭，徽王迎娶大公主已经有半个月了，大公主却不见徽王去临朝，也没有臣下来朝参，心中更加疑惑了。一日，徽王和大公主对坐饮酒，当他有了三分酒意时，把自己张冠李戴、冒名顶替的事说了出来。大公主听后，惊怒交集，想自己誓不嫁第二人，现在却被奸人暗算，木已成舟，真是说不出的恼恨和懊丧。大公主愈想愈生气，心中渐有了要杀徽王的想法。等徽王喝得酩酊大醉时，大公主将他扶进了卧室，她匆忙地将晚妆卸下，把宫人侍女打发出去。徽王睡得正香，大公主推他，见他没有反应，暗自顿足骂了一声，就去箱箧中将那口青霜宝剑拿了出来，提在手中，不由流泪道："我要了这样宝贝来，万万没有想到今日是用来杀奸贼的。”说完咬了咬牙，撩起云帐，仗着手中的青霜宝剑，砍向徽王的头。

夜深人静，万籁俱寂。微风拂动着窗棂，吹打在芭蕉叶上，窸窣作响。斜入的月光也被窗外的树枝遮得一闪一闪的，如鬼影一般在那里婆娑舞蹈。此时徽王醉卧在绣榻上，呼呼地打着鼾，那大公主想到受他欺骗，失身于一个垂老的藩王，愤恨难平，一缕杀气直透到天庭，掣出那口霜锋宝剑，伸一伸玉腕，迈开莲步，扑到榻前，随手扯了一角绣被将徽王的脸蒙住，执着宝剑，对着徽王的胸口奋力刺去。只听得徽王狂吼一声，胸中的鲜血直冒出来。大公主紧紧压住他，使得他一时无法动弹，他只是两脚不停地在榻上乱踢，两手狠命地将剑口捏住，因痛极了用力过度，以致他的十只手指也几乎被割断了。大公主也抵住剑不放。如此过了一会儿后，徽王的两脚慢慢踢得缓了，那十只血淋淋将断未断的手指，只是微微地抖动。

狂叫声惊醒了侍女，他们都来门外呼唤。大公主喘着气回答说：“王爷醉后梦魇。”宫女等又听到榻上的颠扑声嘭嘭不绝，好久才停下来，大家很有些疑心，便不敢去安睡，只是在门外悄悄地静听着。

大公主看到徽王已经断了气，才放开手跨到地上来，灯光下只见那榻上的绣褥以及自己的衣服都被鲜血沾染遍了，徽王的心口仍旧在流血，屋内阴风凄惨，罗帐飘拂，灯光暗淡如豆。这时大公主不由地恐慌起来，手脚也软绵绵的毫无力气，于是在睡椅上休息了一会儿。她忽然想到自己横竖是一死，没有什么大不了的事，想到这里，她又感到勇气陡增，胆子壮了许多。于是去锦箧内将那袭宝氅取出，在灯下仔细地看了一会，然后将它披在身上，到镜前呆瞧了半晌，接着她把宝氅卸下来往地上一摔，将纤足踏住了氅衣，猛力地一拉，“嘶”的一声扯作了两片。她索性一顿乱撕，将一件孔雀宝氅撕成七片八块了，累得娇嗔喘息。她又去案上捧起那只汉代玉鼎，一下摔在地上，只听到“砰”的一声响，几百代流传下来的宝物被她摧毁。

门外的宫人侍女们，听到撕衣声早忍不住了，又感到血腥味阵阵飘入鼻中，于是赶快跑去将值夜的卫士与太监们唤醒，告诉他们说：“我们听到王爷的怪叫声，还闻到了一股腥膻味儿。”太监听了，领着卫士们来门外潜听，忽然听到里面的砰然巨响，那太监大喊道：“不好！”于是连喊王爷，却听不到王爷回应，太监命令卫士们将屏门移去，众人一拥进去。只见大公主浑身血迹，呆怔怔站着。那太监向床前奔去，掀帏一瞧，只见满床是鲜血，王爷直挺挺地在血泊里睡着，胸口还插着一柄明晃晃的宝剑。那太监大叫一声，顿时惊倒在地，众卫士乱拥到榻前，将徽王脸上的绣被揭去，只见他两眼瞪着，牙齿露着，头发散了满面，鼻管里仍有鲜血流淌着，那模样很令人害怕。众人吓得向后倒退几步，那几个宫女被吓得跌跌撞撞地四处乱逃。众卫士将那太监扶持着喊醒过来。府中的总管太监带了六个小太监匆忙地走进来，看到如此情景也不由骇惧起来，他吩咐小太监和宫人暂时看守住大公主，等到天亮赶快奏报朝廷。

不一会儿，徽王的胡、袁两妃也来了，她们抱着徽王的尸身大声痛哭，回身扭住大公主硬是要同她拼个死活。幸亏总管太监劝住他们说："她刺死亲王，朝廷自有发落，咱们此时不要去顾睬她。万一逼得她急了，因而自尽，这样反而使她占了便宜。"胡王妃及袁王妃这才放手，大家只能守着徽王尸首哀哭。

## 审凶犯审到了后宫罗帏

快天亮时，总管太监赶忙入朝。等到辰时，总管太监领了谕旨，带着两名锦衣卫士来到王府里，把那大公主逮捕，袁王妃与胡王妃也跟随着去觐见皇帝，锦衣卫押着大公主，与王府总管太监等人直走向午门。宪宗御谨身殿，胡王妃与袁王妃两人一起在丹墀上跪着，泪流满面地诉奏，请求替徽王报仇。宪宗点头，命令她们退下去站在阶下。内监叱喝："将凶妃带来见驾！"王府总管太监同锦衣卫押着大公主到丹墀上跪下。宪宗喝道："你是朝鲜国王的大女儿吗?"大公主此时已经吓得心惊肉跳，只应了一声："是的！"

大公主在被锦衣卫押解入朝时，一路上只见黄缎铺路，殿宇巍峨，朱檐金柱，极其雄伟壮丽。胡、袁两妃入奏时，大公主便在阶下，她看到殿上金碧辉煌，丹凤朝阳，黄瓦红墙，双龙抱柱，雕梁画栋，玉阶丹陛。那大公主虽为外邦的公主，却从未看到过如此富丽的场面。自思上国和小邦果是大不相同。只见银钺金节列在两旁，二十四个粉靴锦衣的校尉，一动不动地站着，十六个碧衣宽边、头戴凉帽的侍卫站在殿中，阶前摆放着钟鼓。御案后一个绣金黄龙袍的男子高高坐着，白面金冠，乌须飘飘，那种威风凛凛的样子，令人不寒而栗，再经那御前太监一声大喝，大公主吓得哪敢抬起头来。

宪宗问道："你叫什么名字？为什么将徽王刺杀了？你与徽王有什么冤仇?"大公主听了，泪流满面地说自己名为富燕儿，接着慢慢地奏述了一遍徽王骗婚的经过。宪宗说道："你既然已经嫁了徽王，就不应该行凶刺死他。"大公主说道："我发誓过一定要嫁给天下第一人，不愿嫁给徽王，所以将他刺死了。"宪宗听了，命令她将头抬起，细瞧她的芳容。只见她秋水神妙，黛含春山，花貌雪肤，娇颦粉靥，愁容中藏有笑窝。虽然脸上仍有血迹，但看起来还是十分妍媚，其婀娜足以压倒六宫粉黛。宪宗看了一会，暗想天下竟然有如此的美女，可怜自己不能消受。宪宗想着，不由也有了爱慕之心，便下谕："把罪犯富燕儿交于总管王真复讯回奏，候旨发落。"大公主便被两个锦衣卫带走了。这里，宪宗慰谕胡、袁两王妃，命令她们退回去候旨，随即起驾回宫。

来到赵妃寝宫，宪宗说道："徽王的爱妃刺死了徽王。"赵妃道："那女子怎能下如此毒手，未免也太狠了。"宪宗笑着说："你还没有看到过她的面容，她比朕那殷妃还要漂亮十倍呢！"赵妃也笑道："世上的美人，大多心特别狠毒。只要看纣的妲己，唐的武后，均很冷酷无情！"宪宗摇头道："那可不能说是绝对的。千古美人儿中，好的也挺多，不会人人如妲己武曌之类吧！"说着，命人摆上酒席来，与赵妃同饮。宪宗三杯酒下肚，忽然想到了那件事，便起身出了昭仁宫，朝昭庆宫走去。赵妃也不知是什么原因，不敢阻挡。

自从殷妃自杀于昭庆宫之后，只有几个宫人住在那里，宪宗好长一段时间不临幸了。他突然到昭庆宫来，传管事太监进宫，吩咐他去办一件秘事，那管事太监便去了。宪宗让司膳太监于昭庆宫中设宴，独饮起来。不多时，总管太监王真匆忙地进宫，跪禀几句去了。又过了好长时间之后，那管事太监跑来复旨，一位美貌如花的女子被几个老宫人搀扶着走进昭庆宫来了。那美人看到了宪宗，走上去向他行了个礼。宪宗含笑命令一旁的人赐座。老宫人拿过一个蟠龙绣墩放在当庭，那美人谢了恩后就坐下来，却只是垂着粉颈，好像很羞愧似的。宪宗让老宫人为美人斟上一杯香醪，亲自递给她。那美人忙起身跪接，宪宗笑着说："我要与你痛饮一夜，没必要如此客气！"那美人忸怩着轻声回答说："罪女蒙陛下赦宥，已深感洪福齐天了，哪敢再犯礼？"宪宗微笑道："朕允许你可少礼，只要我明白你有这份心意就行了。"那美人听了，莞尔一笑，将那杯酒端起来，咕嘟咕嘟全喝下了。宫女又斟一杯，宪宗逼着她共饮，两人说笑对谈，逐渐忘了形迹。

原来那美人不是他人，恰是朝鲜大公主富燕儿。两人愈讲愈亲热，那大公主本来是爱虚荣贪富贵的女子，让她侍奉中国皇帝，她高兴都来不及，还有什么不愿意的。此时她便施出些手段，向皇帝献媚，宪宗被迷得心花怒放。大公主又向他倾诉自己本心想嫁天下第一人，又向宪宗尽情吐露要求三件宝物的经过。又说那三样东西，惟一口宝剑算是凶器，现在大概留在总管府里。宪宗得知孔雀宝氅被毁，感到特别可惜。天色渐渐地暗下来，宫女点上了灯烛。宪宗已有几分醉意，便挽了大公主的玉臂一起到后宫去了，宫女提着明灯在前面引路。来到后宫，早有侍女为大公主卸装。宪宗站在一旁看着，宫女代大公主将绣花的藕色外衫脱去，里面衬着紫酱平金的裤儿，金黄的短袄，外罩八幅的长裙，解去裙儿，一双瘦小鲜艳的凌波便露出来了，的确是纤小不到三寸，让人看了煞是喜欢。宫女又将大公主金黄的袄儿和小衣脱去，里面穿着一身淡雪湖的春绫衫裤，酥胸隆起，红缎的肚兜儿隐隐显出来。大公主一边脱着衣服，一边伸手打开云髻，重新挽了一个沉香髻。宫人打来半金盆水，大公主将脸上的胭脂洗去，再施薄粉，袒开前襟，露出如雪玉肤。单说她两只粉臂，如玉藕般白嫩，宪宗越看越爱，忍不住将大公主的玉腕捏住嗅个不住，弄得她缩手格格地笑个不停。那旁边的几个老宫人，也都不禁掩口而笑。宪宗干脆挽了大公主的玉手共入罗帏，当夜就在昭庆宫临幸那大公主了。

翌日，宪宗临朝，册立大公主为纯妃。徽王的袁、胡两妃日日等待着宪宗惩凶的谕旨，左盼右候还是杳无音信。后来打听才知大公主被册立为妃子了，这才明白此口怨气是出不得了，只能暗地里流泪。

自从大公主被立为纯妃之后，宪宗非常宠爱他，连赵妃也不在心中了。又因为大公主时时想起朝鲜故土，宪宗于是特地给她在西苑外造了一座皇宫，皇宫里面的陈设布置，都仿照朝鲜的风格。宪宗又雇了朝鲜伶人几十人，让她们演唱朝鲜古剧，甚至宫女也一概选的是朝鲜人。纯妃迁出昭庆宫，居住在新皇宫内，太监宫人因此称那座皇宫为朝鲜宫。

## 万贵妃后宫察奸情

这时候万贵妃的病也好了，得知宪宗又纳了什么朝鲜妃子，自然很气愤。她生来就有很强的嫉妒心，但是知道自己已年老色衰了，对付不过那些年轻的妃子，自然就没什么威风可发。万贵妃不仅嫉妒心极强，而且极贪风月，她虽然已经年近花甲，性欲却如少年的妇人一样。虽然宫中有很多宫女与净过身的太监，但是没人能够商量，偏偏又是天公不与她做美，忽然生起病来，几乎不能起床了。这一病三年多，宪宗一会儿纳秦妃，没过多久秦妃失了踪，万贵妃心下不免自喜。宪宗又纳了赵妃、殷妃，万贵妃越发觉得自己被冷淡了。殷妃自杀，宪宗悲伤无比，曾幸过万贵妃。万贵妃想方设法献殷勤，希望宪宗能回想起旧日的情分，而对她回心转意。朝鲜公主来了之后，谁知道宪宗对她的宠爱胜过当日对万贵妃，简直是形影不离。甚至赵妃宫中也没了宪宗的影子，更何况是年老色衰的万贵妃，就更别想沾什么雨露之恩了。如此一来，万贵妃被气得怒火冲天，简直是既贪婪，又恼恨，伤心到了极点，只能抽抽噎噎地啼哭一会儿。可怜万贵妃此时深宫寂寞，孤枕独眠，难免有长夜如年之叹了。因此每当风清月白之时，她总是让两个小宫女扶着，只不过是去焚香拜月，聊以解闷罢了。

一日傍晚，万贵妃又去御园中的真武殿上去烧夜香，两个小宫女掌着纱灯走在前面，随着万贵妃的为一老宫人，携带着烧香用的东西。万贵妃轻轻挪莲步，朝那真武殿上慢走过去。那真武殿在御园偏西，同百花亭仅隔一条围廊，殿不很宽敞，地方也非常冷僻。六宫嫔妃到了朔望勉强来烧一会儿香，平时算得是人迹罕至的去处。英宗的爱妃徐氏于英宗归天之后害怕殉葬，竟于百花亭上自缢而死了。谁知英宗遗诏废止嫔妃殉葬，徐氏死得简直太冤枉了。太监们传说在百花亭上经常看到徐妃的鬼影子，胆小的宫人太监被吓得连白天都不敢走百花亭了。后来另有一个与同伴怄气的宫女在那亭上自缢死了。一时宫中的人都说是徐妃讨替身，于是大家就更加相信了。万贵妃情绪低落，悲抑之余，倒并没有什么惧怕。她常去真武殿烧香，求签句，闹到三更半夜不休。这并不是因为万贵妃崇佛信神，她只不过是想借此来打发这难眠的长夜而已。

这天，万贵妃从殿上烧香回来时，经过百花亭的围廊，绕到藕香轩前，看到轩门虚掩着，檐下的石阶上面还隐约有男女的鞋印。万贵妃看了，不禁心一动，暗想怎么还会有人在藕香轩？宪宗宠幸万贵妃时，暑季常来藕香轩游宴，一过了炎夏，藕香轩就会被关闭，于是那里连鬼影都没有了。此时正值深秋天气，不是游藕香轩的时节，即便有人来游，肯定也是干些苟且勾当，断定是不正派的宫人。万贵妃是几十年的老宫人了，这点关节还是清楚的，当下万贵妃满脑子的沉思，脚下便走得缓了。走过藕香轩后，旁边便是绿荷榭了，万贵妃忽然听到从窗隙中传出吃吃的笑声，万贵妃立即停脚侧耳细听，似乎是男女调笑的声音。那绿荷榭也是一个炎暑游玩的地方，通常是闭锁着的，门上的纤尘也未动。那绿荷榭和藕香轩是相通的，里面的人一定是从藕香轩进来的。

## 蟠龙椅上初试云雨

万贵妃轻声将宫人止住了，自己轻手蹑脚地走到窗前。那男女的笑声听起来似乎特别熟悉，只听那男的道：“姐姐宫里那个人特别凶恶，我瞧见了她，总会惊魂不安。姐姐不在那里，我起个誓，就是要割我的脑袋，我也决不会去那儿。”那女的笑着说：“你确实真心为我而去的？”男的也笑道：“姐姐如果不相信我的话，我可以把心肝吐出给你看。”说完，故意在那里作声呕吐着，那女的好像急忙用手掩男的嘴。听得出男的乘势握住玉腕说：“姐姐的手指怎么如此娇嫩？”又嗅着臂儿说：“姐姐的粉臂怎么如此香？”那女的小声笑道：“怪肉痒的，不要这样！”接着就听到那男的轻声道：“好姐姐，你就依了吧！可怜我受了师傅的教训，今年十六岁了，还是第一次违背师训呢！”又听得那女的撒娇说：“看你的脸儿如此的白嫩，姐妹们谁都喜欢你，谁都爱你，你至少同银线那婢子勾搭过了，今天还哄骗我？”那男子听了着急地说：“我从小学艺，师傅和父亲都叮嘱我，说长大了近不得女色，要不然功夫就要散败的。我直到今天还不敢亲近女子。银线丫头她虽有意，我却对她没有一点感情。只是一见姐姐我就不由地心神不定起来了。我这话如果有一句不是真的，叫我不得善终。”话刚说完，那女子似乎又掩他的口了，接着又听到那女的笑着说：“你真的如此老实？”男子接口道：“见到别人时老实无比，见到你就不会了。”说到这里，那男子实在忍不住了，好像已将那女的搂住了，两人扭作了一团，时而笑，时而娇嗔，唧唧咕咕闹了半天，只听那女子吃吃地笑个不停，两人好像耳语起来了，话声很低。

万贵妃再也听不到他们是在说些什么了，便忍不住了，于是用金针尖儿轻轻将一扇窗格子的绢刺破了，挑出了一个小窟窿。万贵妃便从这窟窿向里窥视，只是里面并未燃灯，幸好有一缕月光射入室中，万贵妃借此见到两人一块儿斜倚在蟠龙椅上，口对着口脸对着脸，极亲密地在那里轻声说话。万贵妃认出女的是自己宫里的宫女雕儿，那个男的是杜宇，汪直的干儿子。万贵妃暗骂一声：“刁小厮，在这儿捣什么鬼！”此时，万贵妃的心像十五只吊桶七上八下一样，她想任他们去干吧，觉得让两个小鬼头占了便宜，还不如将他们揭穿，好让两人诚心诚意地服侍自己。她于是命令小宫女掌着灯重新回到藕香轩的门口，悄悄地进门，竟朝绿荷榭走去。

那杜宇眼快，看到灯光一闪，惊吓得连忙跳起身子，雕儿也慌了，一手将衣襟紧按住，一手牵着杜宇的袖儿直发抖。万贵妃姗姗走进来，娇声喝道：“你们在干什么好事呀？”杜宇被这一喝吓得面如土色，雕儿看到是万贵妃，泪汪汪地走过来，用双腿跪在地上，杜宇也随后跪下了，两人低着头，一声也不吭，雕儿只是浑身颤抖。万贵妃看到她鬓丝散乱，满脸挂着泪珠，酥胸袒露，就像雨后的海棠，怜惜之心油然而生。于是命令雕儿站起来，却对杜宇一本正经地说："你是个小内监，竟敢引诱宫人，淫乱宫廷，今天我得重惩你。"杜宇不知这是假话，一味伏在地上，嘭嘭地碰着响头，求她饶了自己。站在一旁的雕儿看了，心里极为难受，只好老着脸儿跪下来为杜宇哀求。万贵妃此时心里暗想着，不趁此时将他们收服了，此后，他们就有自己的话可说了。便有意放下脸来说道："你们既然已经悔过了，我不想多找麻烦，但是如果以后再发生这样的事，你两人可要被捆送总管署的。"杜宇见有了活路，又磕个头说："以后，我如果还敢妄为，任娘娘发落。"雕儿也再三哀恳，万贵妃这才令杜宇起来，两个小宫人在前掌灯，带了雕儿及杜宇一起回万云宫。

原来汪直曾经收那小杜做义儿，等他到了十二岁后，将他送进宫中做了一名掌伞太监。那时因为他还年纪小，又有汪直做靠山，并没有谁去留心他是否做过坏事。那小杜进出宫闱，撒谎说自己是天阉，其实他和正常人一般。那年宪宗驾幸林西，忽然遇到野狮惊驾，小杜便仗着家传的武艺和自身的蛮劲，上前同猛狮相搏，幸亏不曾受伤。宪宗极为宠爱他，立即命令小杜充为护卫，进出不离宪宗。后来他又拿过一回刺客，宪宗对他更加信任了。

这小杜年龄渐渐大了，仗着皇帝对他的宠信，开始和一班年轻美貌的宫侍们干出暧昧的勾当来。宫中到底是禁地，大家只得凭借眉眼来传情，却没有行动之机。这天杜宇觑着一个空，想同雕儿去来个销魂，却恰巧被万贵妃碰见了。

万贵妃带着雕儿及小杜回宫后，命令其他的宫女退去，只让雕儿、小杜两人留下来侍候她。雕儿于是为万贵妃卸晚妆，又打髻，手脚忙个不停，一旁的小杜只是傻呆呆地瞧着她们罢了，不知所措。又因为万贵妃留着他，不让他走开，他生怕有什么变卦，脑子里满是狐疑，不由地站在一边发怔。

## 小色鬼和老贵妃

雕儿将万贵妃的晚妆收拾好之后，又去榻上铺好枕被，让万贵妃安睡。万贵妃换上睡衣，往榻上一倒，唤小杜上去为她捶腿。小杜连忙爬上床，盘膝端端正正地坐了，在万贵妃的腿上轻轻用粉团似的拳头捶着。万贵妃又命令雕儿为她按摩胸口。一会儿之后，万贵妃嫌雕儿按摩得太轻，小杜捶腿的手势太重，于是命令两人更换一下，小杜去按摩胸口，雕儿捶腿。万贵妃又故意将身体斜侧着，使得小杜按摩不便，而且让他感觉到特别吃力。小杜只得也斜了上身，一手横撑在褥上，一手慢慢地为她按摩。万贵妃扑哧一笑，随手将小杜一拖，让他同自己并头睡着按摩。此时小杜的心里不由七上八下地跳个不停，脸上一时红一时白地，两眼只望着雕儿。雕儿只好当作没看见似的，面向着窗棂，手里依旧替万贵妃捶着腿。万贵妃却一会儿轻轻摸摸小杜的脸，一会儿又甜言蜜语地对他问长问短，小杜的胆也慢慢大了，开始抚摩万贵妃的玉臂，感到肌肤白腻滑润，远胜过雕儿等几个处子，简直不像个年老色衰的妇人。小杜不由得动了心，妄念油然而生，较前已不知放肆了多少。万贵妃更加不能自已，干脆袒开酥胸令小杜按摩，两人渐渐亲热起来了。雕儿眼看着如此情景，气得简直七窍生烟，醋意大发，一双秋波水汪汪的几乎流下泪来。万贵妃觉得雕儿在一旁碍眼，于是吩咐她先去睡了。

万贵妃留他两人，其实只不过为遮掩众人的眼目罢了，只留住小杜太不像话，因此她才叫雕儿也一起侍候。如今宫女们都休息去了，万贵妃显出了本意，打发雕儿出去，好让自己同小杜共享巫山云雨。雕儿却不敢违拗，噘起了一张小嘴，恨恨地离开了。万贵妃让小杜闭上闺门，双双入寝。

此后，万贵妃每晚不能没有小杜在她身边，小杜也不嫌她年老。其实万贵妃是天生尤物，别人看来她至多是半老徐娘，决不会有人认为她是一衰年老妪。至于宪宗，他日日同那些妙龄女郎亲近着，当然会感觉万贵妃老了。那小杜到底还是初出茅庐的孩子，初次体会到老少风味、柔情蜜意。他日间去跟随御驾，晚上就来侍候万贵妃，算得上是臣替君职、忠心耿耿了。只是在一旁的雕儿，一心想分尝醇酒，却偏受了万贵妃的嫉妒，小杜连大声对她说句话也不敢。如此一来，雕儿气得七窍生烟，万贵妃终于闻知了，于是唤了雕儿到面前来，将她臭骂一顿，又发起性子，将雕儿连打了两个嘴巴，打得雕儿泪珠滚滚而下，可是没法出气，只好躲在后宫里，伤心地哭了一日两夜，不肯喝下一口水。小杜得知后，心痛如刀绞，却又不敢去劝慰她，只能乘着万贵妃高兴之时，提起雕儿，说她已两天没进食了。万贵妃见小杜似乎很体贴雕儿，脸上立时变色，又要施出醋性来了。后来她细细心想，觉得自己已年老了，究竟是夺人所爱，便命令宫女去唤来雕儿，温语慰谕一番。雕儿满以为万贵妃后悔了，或是有意想不到的希望，所以见风使舵，停止了哭泣，照常进食了。谁知事过境迁，万贵妃依旧独占小杜，不允许别人同他亲近，雕儿于是又大失所望了。

一日夜间，小杜在外面喝了几盅酒，三分醉意地来到宫中。那宫里的内侍宫女，人人知道他是受万娘娘宠爱的人，小杜便更加放肆起来了。当他进宫的时候,正碰上万贵妃在做晚妆,贵妃对装扮格外讲究,涂脂抹粉,薰兰麝,洒香水,嘴里含口香,身上配芸香,几乎是无香不具,无处不香了。她这样费时打扮,害得服侍她的宫女晚上也得全体站班。那些内监们却乐得偷安,各自闲玩去了,那些管宫门的也走开了,由于贵妃装扮的缘故,终于闹出了事来。

万贵妃晚妆时,小杜在一旁瞧着。等万贵妃妆好起身,小杜笑得眉飞色舞。那万贵妃满面羞色,随手轻轻一拍小杜的脸。小杜已是四五分酒意,于是也大着胆,一把抓住万贵妃的玉腕,使劲一拖。万贵妃的纤足没有立稳,倾身过去。小杜乘机将她搂住,亲密地接了一个香吻,弄得宫女们都笑了。万贵妃的脸红了,含笑将小杜的嘴儿拧住,不提防足下一绊,翻身倒在蟠龙躺椅上。小杜没有料到万贵妃会倒在椅上,仍是回身扑过来,什么也没扑着。因为小杜来势过猛,加之酒后两足无力,走起路来踉踉跄跄,站着的小宫人将他一推,小杜脚跟不稳,摇摇晃晃地倒退回去了。他被躺椅一绊,玉山颓倒般地扑在万贵妃的身上,宫人们一齐大笑起来。此时万贵妃急了,使劲挣扎,想将小杜推下去。这时小杜几个翻身后,早已感觉到头重脚轻了,酒直往上涌,四肢软绵绵的,万贵妃居然将小杜翻过来,转将他压在下面。可万贵妃被小杜死命揪住不放,两个人扭为一团。啪的一声,蟠龙椅侧翻,两人同时掉在了地上,宫女们不禁狂笑起来。宫女们笑着七手八脚地来扶持,可两人死揪在一起,怎么也扶不起。宫女们格格地笑个不停,手上更没劲了,刚将两人扶起一半,大家一笑,手便松了,连宫女也被牵倒在地上,五六个人跌倒在一块,有几个宫女笑得肚子疼起来,干脆不来扶了。

## 宪宗撞破贵妃的奸情

正当满室一片笑声时,突然从宫门外传来脚步声,明晃晃的纱灯一照,停在了宫门外,一个魁梧的男子,负着手独自踱进宫来。宫女们定睛细看,吓得四处逃跑,有倒在躺椅上的,有心慌绊倒了的,有碰在妆椅上的,众人乱跌乱撞,一霎时逃得无影无踪。只有万贵妃及醉汉小杜还睡在地上。万贵妃看到宫女狂奔,知道事情不对头了,急忙仰起头来看时,发现正是久不临幸的宪宗皇帝。万贵妃顿时吓得简直魂不附体了,她慌忙将小杜推开。小杜却不知道是宪宗来了,醉眼朦胧地扭着万贵妃怎么也不肯放手。万贵妃真急了,使劲将他一拧道:“该死,皇上来了!”这句话好像晴天霹雳,小杜吓得瘫在地上难以爬起。

万贵妃的玉容已是苍白如纸，低着的头好像有几千斤重，不敢抬起。宪宗早瞧得清清楚楚，对万贵妃冷笑了几声。宪宗让小杜起来，怒声说道："朕看你年幼，命你随侍左右，授为护卫，已经是极为恩宠了，谁料想到你不思忠心报答朕的恩情，反而在宫禁里胡闹，朕现在且不将你治罪，你尽快离开，自今后不允许你再进宫！"宪宗说完后，令一名内侍把小杜交给外面侍卫，立即将其押出宫去。那小杜见保住了性命，于是连忙磕头谢恩起身，跟着内侍出宫了。来到宫外，内侍便唤来值日的侍卫，传了上谕，侍卫便带了小杜往外就走。快到仁和殿前时，传谕的内侍又追上来，贴近侍卫耳朵讲了几句。

侍卫依然押着小杜前进，出了宣仁殿来到御河的石梁上，小杜一心向前走着，不料侍卫在背后大喝一声："去吧！"猛地将刀抽出，朝着小杜的头上砍下，小杜的头颅落在石梁下。侍卫杀了小杜后，回到宫中，起先传谕的内侍仍在那儿等着，验了血刃后才复旨。

原来万贵妃同小杜的事太肆无忌惮，不避众人耳目，以至此事传遍，逐渐被宪宗知道了，他却一时没有心思去处置。当夜，宪宗从东海回到朝鲜宫时，经过万云宫前，隐隐地听到笑声，不禁起了疑心，命令掌灯太监径入万云宫中。在内宫前门，笑声更清楚了。万贵妃自己不够谨慎，循例皇帝进宫时，管门的内侍要去通知内宫门值日宫女，那宫女再通知妃子出宫跪接圣驾。碰巧那天管门内侍都去玩耍了，万贵妃却不知道，宫里连管大门的人也不在，可算是大意到了极点；其二是那天内宫值日宫女恰是她的冤家对头雕儿，她先瞧到纱灯一闪，如果赶快去报知万贵妃，让小杜躲避起来，一面出去接驾，原本是来得及的，因为内宫门与大宫门之间的距离很长，如果宪宗一进来就去通知，决不会出岔子。偏偏雕儿对万贵妃独占小杜之事怀恨于心，她眼看着宪宗进宫，却故意避在宫后更衣，弄得万贵妃措手不及，被宪宗撞见丑事。

宪宗命令内侍带小杜出去，只吩咐侍卫将其押到官门外去，并不想为难他，因为他知道小杜有武艺，恐怕逼急了他以致生变，吃他的眼前亏。等到内侍回来复命，宪宗又让他去追上侍卫，秘谕他在半路上将小杜杀了。内侍领旨去了一会儿，才回来禀告侍卫杀了小杜，尸首被抛在御河里了。宪宗听后点点头，于是出了万云宫，前呼后拥地往朝鲜宫去了。

万贵妃发怔地跪在地上。宪宗离开之后，宫女慢慢地拥上来。大家扶起了一直跪着的万贵妃，她知道皇帝已走了，不由地长叹了一声，眼泪如连珠般流了下来。万贵妃痛哭了一会儿之后，收泪问晚上的值日宫女及管门内监，很快他们就都来了。万贵妃命令将内监全杖责一百，她看到雕儿正是值日宫女，于是一声冷笑道："我和你在前世是冤家，现在我被你害惨了！"说完，喝令宫女下杖，雕儿大叫："冤枉！"说她那时进内室更衣，确实没有看到圣驾过来。宫人也替雕儿求情，万贵妃根本不听，连叫下杖，可怜一位如花似玉的小宫女，惨死于杖下了。万贵妃打死了雕儿，尤是余怒未消，这一夜也无法安睡。

天空露出了鱼肚白，远处钟声响起来了。过了一会儿，太监大声叫道："万贵妃接旨！"万贵妃知道是坏事了，两条腿顿时如棉花一般，瘫软的移动不了半步，宫女们扶着她，到宫门外跪听圣旨。万贵妃跪听着，吓得浑身颤个不停。上谕令万贵妃饮鸩自尽，太监于是斟上一杯毒酒，立即逼着万贵妃饮完，自去复旨。宪宗听到万贵妃饮鸩自尽，不由地回想起从前的情分，流下了几滴眼泪。那万安得知万贵妃被赐死后，吓得请假不敢上朝，连汪直也有点胆怯。

宪宗退朝后便回到了朝鲜宫，将小杜与万贵妃的事讲给纯妃听，纯妃说道："宫监们与妃嫔之间的暧昧关系在宫闱中本来是很常见的，在朝鲜宫中，太监宫女还不到三百人，可淫恶事却是常常发生的。"宪宗听了感叹不已，于是又谈说了一会儿，宪宗忽然想起了那件孔雀宝氅，徽王曾经把它当作聘大公主的礼物之一。这件宝氅是宫中代代相专的宝物，徽王想要与大公主成婚，便派人到宫中盗走。宪宗对纯妃说："能从深宫中将宝氅盗去，此人技艺一定很高，不知道他叫什么名字？"纯妃回答说："听徽王说盗氅的人姓韩，倒不知道他的名儿是什么。"宪宗点着头记在心中，翌日便唤一名校尉把徽王府里的总管叫来，问他当日入宫盗宝氅的那个人是谁，总管于是将韩起凤举出来了。宪宗下令传韩起凤，总管回说韩起凤已出走应天。宪宗听了，命令总管退去，立即下谕应天府，着韩起凤进京觐见。应天府接到了上谕，着力找寻韩起凤。

## 韩起凤打鸡子的绝技

朝鲜大公主把徽王刺死以后，除了陈孝廉朴安、韩起凤等几个人之外，徽王府一班门客全都散去了。门客们本想为徽王报仇，后来听说宪宗封大公主做了妃子，心凉了半截，便悄悄地各奔前程了。韩起凤看见形势到了这种地步，也呆不下去了，就出了北京，可是没去宣德，而是去了南京。

徽王封地宣德，门客多达六七百人，连藩邸以外的驿馆都给住满了。徽王喜欢文学，门客中一大半是书生学子，武士寥寥可数。其中技艺高强、出类拔萃的一个是韩起凤，另一个是头陀展雄。徽王每逢请人吃饭，把酒席一字摆开，接连几百桌酒席，从正厅中一直排列到二门口，门客一排排地入席，大家欢呼畅饮。徽王见酒喝得差不多了，便请韩起凤献技。起凤很爽快，霍地立起身，手中拿着一根镔铁钢枪，在厅前阶下呼呼有声地舞弄起来。旁人只能看见无数枪尖在空中乱飞，起凤越舞越快，最后，脚步腾空离地竟然有四五尺高。忽听砉的一响，那根枪直竖在地上，起凤单脚立在枪尖上，身体滴溜溜地转着，愈转愈快，好似狂风中的风车，直到瞧不见枪尖上的人形。大家刚要拍手叫好，又听见一声响，人丛中立着端端正正拿着枪的韩起凤，只见他面不更色，气不长出。众人又齐齐喝了一声彩，起凤就拿着枪又入了席。忽见席上飞起两只苍蝇，起凤轻轻地一挥枪杆，将两只苍蝇并排刺在枪尖上，众人高喊"好"。起凤笑道："武人出手既可重如泰山，也可轻如鸿毛。俺的枪尖重可以拨千斤，轻时虽纤微小虫也不会漏掉。"众人听了，不住地点头佩服。

唯那头陀展雄不服，冷笑一声道："你那枪法只算是江湖上的花枪术罢了，不是真实技艺，没有什么稀罕的。"说着便把腰间的木锤取了出来，对着众人扬了扬说："我也来献丑了。"说完，便飞身下厅，东一锤西一锤，渐渐地舞起来了。那头陀越舞越近，逐渐舞到了席上，忽然一个翻身，朝着韩起凤一锤打来，这一下简直如泰山压顶一般，起凤根本来不及躲，便顺势倒地，抬起两只脚把铁锤架住。那头陀见一击不中，猜想打不过起风，便扔锤跑了，起凤跳起身来哈哈大笑，也不去追赶，重新落座喝酒。当时席上的人，没有一个不暗挑大指佩服起凤的，连徽王也对他另眼相看。

这时，庭前的大桂树上忽然有好多乌鸦叫了起来，徽王说了声："可厌！"起凤正在吃莲子，于是将含在口里的莲子喷向那桂树，六七只乌鸦便"啪""啪"地掉下来了。鸦被众人捉住，只见莲子粒颗颗嵌入在乌鸦的粪门里，众人又赞叹不已。听起凤说，他幼年学打弹，从用小石打木人开始，练到百步外能用米粒将飞虫蜉蝣打中，一直到百发百中，才算得武艺练成。学镖时，打一块木板，板上画了人形，将镖打向穴道，晚上点燃火绳用来作标志。学到后来，把棉花搓为小团，在鸡子上画了黑点，二十步内，能够拿棉花团打那鸡子外壳，手至此，将一镖打出去，气力有二十斤，如果在三十步之外将鸡子打穿，力气三十斤。然而技艺最高的，最多也不会超过三十五步，但是小小一支镖儿，飞出去已有三十多斤。韩起凤说自己至多只能打到三十一步，再远就不能够了。众人听了之后，大多不相信，一门客将一枚鸡子擎在手中，让起凤用棉花团打来以做示范，"啪"的一声，鸡子被打破，掉到三四丈外，门客的手臂也被震得疼起来。大家这才相信起风所说，那棉团确实有几十斤重。此次起风由北而南，是去找他一个徒弟的。他收到应天府尹的谕示，明白是当今皇上宣他进京，于是带了一个门徒匆匆北上。

## 突然间冒出来的皇太子

当年是宪宗成化十二年，宪宗将鸩酒赐给了万贵妃，认为她非死不可，于是对司礼太监怀恩叹息说："朕登基已经有十几年了，至今却无后嗣，虽曾有几个太子，却都被妒妇害死了。如今妒妇死了，我却不知如何才可再得太子，那妒妇简直令我恨得牙痒痒的！"怀恩听了，赶忙跪下奏道："陛下现在有个六岁的太子，怎么说没有？"宪宗大吃一惊说："朕的儿子在哪里？"怀恩回答说："他就是景寒宫中魏宫人抚养着的那个。"宪宗听了，觉得他的话令人摸不着头脑，忙令宣魏宫人见驾。一会儿，魏宫人来了，将一个五六岁的小孩子挽在手里，那小孩子看到宪宗就哇地哭了，扑在宪宗的怀里。

宪宗一手将那孩子抱起搂在怀里，仔细看他的神情举止，觉得特别像自己，顿时高兴得简直要流出眼泪来，连声叫到："朕的儿子！"于是询问是怎样将太子抚养大的，太子是谁生的。魏宫人说："他是纪嫔生的。"当年吴皇后被万妃所谗而被废，退到景寒宫去居住，未几病殁。废后退居景寒宫时，纪嫔人还居住在西苑，被宪宗临幸后就有了身孕，但她害怕被万贵妃知道后，又要想办法害她堕胎，纪嫔人于是假说患疾，愿往景寒宫去服侍废后。万贵妃看到她确实有病，留着也没用，于是将她派去做人情，万贵妃命令她同吴皇后住在一起，将病嫔废后安置在一起，她才安心起来。

不满十个月，纪嫔生下了太子。纪嫔害怕风声漏了墙，万贵妃如果知道了，孩子的性命肯定难保了。所以纪嫔不敢将他留在宫中亲自抚养，要亲戚哺育。吴废后听了，赶忙阻住说："现在皇上无子，此儿正是储君。哪里可以轻易将其领到宫外去，你既然没有胆量，俺是个见废的皇后，早已将生命置之度外了，让我来抚养他吧。万一不成，无论斧钺之诛，由我一人去承当就行了，皇帝的宗祧必须保下来。"纪嫔看到吴后说得很认真，于是把太子交给吴后抚养。魏宫人是吴皇后的亲信宫侍，往来传递饼饵，非常秘密。幸好景寒宫是座冷宫，皇帝不去临幸，宫女太监以及多数的有势力的宫人也不来。纪嫔把太子送给吴皇后之后，为了避嫌疑，赶忙离开了景寒宫，而去往碧霞楼中，但还是时不时地去看太子。

吴皇后无微不至地抚育太子，太子四岁那年（成化十年），吴皇后忽染小疾，日见沉重。吴后自知不起，于是泪汪汪地抱着太子，泪流满面对他说："我的儿！今天做母亲的要同你离别了。你苦命的母亲含冤七年，如果我儿以后继承大统，一定别忘了你母亲的仇敌……"吴后说到万贵妃的名儿，便哽咽着不能说下去了。她又挣扎了一会儿，指着魏宫人对太子说道："她是抚养你的恩人，母亲死了之后，你还得倚仗她，赶快代替做母亲的磕头。"太子听了吴后的话之后，好像懂得般的呀呀几声，向魏宫的怀中扑去。吴后流着泪说："我儿全仗你扶持，我能够放心地走了。"说罢溘然长逝。太子似乎知道母亲走了，便哇的一声哭起来了，这时魏宫人也不禁泪水如珍珠般流了下来。魏宫人害怕料理吴后的丧事时，进进出出的人太多，于是忙去打开暗室藏好太子，才敢出来做事。也是上天有灵，太子独自一人坐在黑屋内，整日没有啼哭一声，因此始终未被人发现。内监之中只有魏宫人的义父怀恩知道魏宫人抚育太子的事。魏宫人牢记皇后之心愿悉心将太子抚养成人，又是两年光景，万贵妃被赐鸩，魏宫人别提多高兴了，怀恩在这时便对宪宗直说出来。

宪宗将魏宫人宣到，看到太子果然与自己很像，可是不知道他是由谁生育的，经魏宫人一说，宪宗想起临幸纪嫔的事来。那时纪嫔在西苑，她特别擅长作诗，宪宗喜欢她温婉的性格，在西苑的翠云楼上临幸过她一次，不料生下一个太子来。宪宗想着从前的事情，命令太监取来册籍，打开一查，成化七年二月册里录着皇帝在翠云楼幸嫔人纪氏，那天是初五，太监在下面署着名。宪宗计算日期，与太子诞生的年月日全都对上了，不由地高兴起来。然后再瞧太子的头上，虽然已是六岁的孩子，依然是胎发蓬松，才知是由于极害怕万贵妃知情，不敢叫内侍将太子的胎发剃去。宪宗想起了万贵妃，顿时对她憎恨无比。他又将魏宫人夸奖一番，加封她为圣姑，仍命她保护太子。宪宗命令内侍到碧霞楼宣召纪嫔，立即册立她为淑妃。宪宗又想到误信万贵妃废了吴皇后，特别后悔，便追封吴皇后为圣德慈仁孝皇后，改葬于皇陵中。又选一吉利的日子，宪宗亲自抱着太子，让宫女就在自己膝上为太子梳洗完毕，父子乘辇，一起赴太庙祭祀，由礼部为太子定名作祐樘。宪宗行礼完毕后，进乾清门，升奉天殿，正式册立祐樘为东宫。

## 疯妇如虎闹宫廷

储君已定，大臣纷纷叩贺，宪宗赐王公及内外臣工酒宴。这时兵部郎中黄信将一个壮士从午门带进来了，壮汉三跪九叩见驾。正在这时，猛听得奉天殿后面一声震天之响，内监们全都奔逃到外面。大臣们均抬着头向内瞧，绿衣侍卫立时排班在驾前护卫，锦衣校尉将武器握在手中，稳站在那儿准备捍御。

奉天殿上，霎时人声杂乱，武官攘臂如临强敌，文官惊吓得赶紧躲避起来。殿廷正中，有一妇人将两个宫女举起，飞身狂舞。那两个宫女如杀猪般地喊起来，喊得妇人起了性子，将两个宫女抛掷到人丛中。众大臣用眼睛仔细看那妇人，认得是不久前被赐鸩毒死的万贵妃。大家怀疑这是她的冤魂，皆撩袍逃命。宪宗看得清楚，不觉也吃了一惊，忙将御案推开，跳下宝座逃遁。那些近身侍卫和锦衣卫均认识万贵妃，认为是她的魂灵作祟，没人敢抗拒她，都吓得手软足松，连武器也掉在地上。锦衣卫仇诚失足仆地，众人急着逃命，不管地上有没有人，只在地上践踏一阵，以致将仇诚踏成了肉饼。幸得那个见驾的壮士胆力较大，拼命护着宪宗从奉天殿逃出，往西向太和殿中暂行躲避。

殿上那妇人却是大闹天宫，将宝座打折了，御案推翻了，连座后的屏风也都被她推倒了。殿外执着戈矛的甲士见殿上闹得满地一片狼藉，可是未曾奉诏令不敢擅入。内外武官们均把万贵妃认作鬼魂，以至她所向披靡，无人有胆量上前去同鬼对敌。幸好万云宫的内监从后面直奔出来，告诉外面的侍卫人等说："万贵妃疯了，你们赶快去捕捉她吧。"内监害怕万贵妃抓住他本人，刚说完话，就急忙地逃进去了。

众侍们这才明白万贵妃确实是人，他们的胆子这才大起来了，便吆喝一声，各自仗着器械上前，要把万贵妃打倒。哪里料到万贵妃异常凶猛，力气似牛一般，她在殿上独自一人乱叫乱嚎个不停，两手乱拨乱舞，将刀枪均打折了，侍卫们便如潮涌般地退下去。那时武臣中抚宁伯朱永被惹恼了，他将一口全镔铁的大刀抢过来，奋力向万贵妃劈去。万贵妃几个翻身将刀夺住了，向内里只一拖，朱永没把刀柄捏牢，两手一脱，一个倒栽葱直跌到丹墀下，许多武臣都暗地觉得惊讶。万贵妃也不追杀出来，只将那口镔铁大刀连柄折作了四段，掷向人多的地方。断刀柄将安远侯马靖的额角掷伤了，弄得他满脸是血，如此一来，大家看到了她的厉害，武臣多袖手退缩，没有胆量去比试。朱永从阶下爬起身来，呼来外殿的勇士及几十个锦衣卫士,从四面八方围向疯妇。那时后宫的内监也持木棍、枪棒,从后面一窝蜂地打将出来。一班勇士及锦衣卫等见双方夹攻,顿时觉得威势大振,便大喊一声前后并力拥上。棍棒刀枪如同雨点一般打向万贵妃。不料万贵妃奔到了殿上,将蟠龙宝座举起当成兵器,在大殿上团团飞舞,舞得风声呼呼,但见满殿尽是宝座影儿,却看不到万贵妃的人影。最好笑的要算勇士及内监们,他们手中的兵器不是被万贵妃的宝座打落,就是被打得一分为二了,很快就被打得落花流水。

此时在殿上的众人由抚宁伯指挥着,他看此疯妇竟能把众多勇士打败,感到极其惊诧,只发怔地立在殿前。哪里晓得万贵妃已经将众人打得后退了,顺手将朱永一把抓住,这一下令朱永吓得魂不附体了,大喊道:“快来救人!”众勇士拼命冲上去攫夺。万贵妃一手提着朱永,一手用宝座扫将过来,众勇士溃堤似的跌翻在地上,万贵妃乘势将朱永抛向人堆。靖远伯赵逊,武进伯丘成两人一并跳起,总算将朱永接住,他才没有摔伤。但朱永已经被她转得目眩头晕,难受得立即呕吐起来了,口里只叫:“厉害!厉害!”此时侍卫校尉、文武官员、内侍太监中大凡有几分力气的,均吃了大亏,以致没人敢再上去了。殿上只剩下万贵妃一个人,她将宝座痛踩狠摔,她看到还是没人来同她对敌,于是干脆弃了宝座,虎撞羊群似的奔进偏殿。众官慌忙四处逃亡,侍卫忙闭上了殿门。万贵妃在门外把门打得雷鸣似的,她忽然猛力一推那门,只听地塌天崩的一声巨响,偏殿门掉下来了。万贵妃跳将进去,侍卫武官以及众大臣早已逃到光明殿中去了。众人议论纷纷,赵逊说道:“用绊马索先绊倒她,接着用拿钩并力搭住,然后一拥而上,这样就会很容易擒住那疯妇。”众人听了,都说妙极了。由内监去备了绳索拿钩,暗暗将绊马索布好了,十几名太监掌着拿钩,想待万贵妃倒下时奋力搭住。

布置完毕后,武官前去把万贵妃引进来,绊马索齐起,万贵妃便翻身跌倒,拿拿钩的太监方要搭着,万贵妃已经将绊马索扯断了,霍地跳起身,举手胡乱打向众人。众太监慌忙将拿钩丢了就走,众人也回身狂奔,一群人朝着太和殿的偏殿涌去。

宪宗还在太和殿正殿上躲避着,看到内监侍卫及众大臣逃进来,吓得又要逃跑,那壮士却气得怒发冲冠,大声喝道:“疯妇别想逞狂,瞧我来擒捉你了!”说完,大踏步上前去,挺身拦住她的去路,万贵妃也不管三七二十一,一味挥拳打来。那壮士见她来势凶猛,于是引身避过,突然极快地跳在万贵妃的背后,施展出一招泰山托顶，右手又进万贵妃的小裆里，趁势往上一托，万贵妃被他从偏殿中直摔到正殿的丹墀上面，跌得昏沉沉的，满脸鲜血，众侍从虽见壮士现在处于优势，依旧不敢上前。只见万贵妃从地上爬起来，目光闪闪地在寻人厮打。那壮士已从偏殿里奔出来，万贵妃看到他时，飞一般地冲上去，尽全力一头向壮士撞来。那壮士挺着肚皮，不急不忙地迎着她的头颅，只听"啪"的一声，两个撞正了，那壮士的内功将万贵妃的头吸住了。那万贵妃力蛮如狮，拼命地乱撞，那壮士害怕敌不过她，将肚子一收一放，于是那万贵妃被弹出两丈之外了。万贵妃雷鸣般地吼叫着，此次声势可不像前两回了，只见她双眼怒睁着冲过来，壮士只是偏身避开她的拳头。万贵妃打了半天，却一下也没打中，怒气冲天，便觑个空儿，又朝着壮士的胸口奋力地用头撞过去。那壮士闪身躲开，顺着余势对准万贵妃的穴道上飞起一腿。这次踢个正着，万贵妃站不住脚步，往前直撞过去，一头磕在阶前的石柱上，磕得脑袋裂开，眼珠迸出，花红脑浆迸流出来，她这才一跤倒在地上。侍卫等才敢拥上，万贵妃还在地上乱滚，五六个侍卫近不得她的身。那壮士连忙赶过来，使劲踹了万贵妃的小腹两脚，才把万贵妃踹得不能动弹了。她喉咙里的气息依旧如牛喘似的，过了好久才断了气。

宪宗看到壮士将万贵妃打死了，内侍们扶持他进了太和殿。大小臣工都跪请圣安，武臣均自愧无用，俯伏请罪。宪宗刚受了惊吓，脸色依旧苍白如纸，过了许久才慢慢地说道："万氏经朕赐鸩，让她自尽了，当时却不知她没有死去，这是朕的失误，不与众卿相干。"说完，便让那壮士上殿来。当时由于慌忙，官员未曾奏闻其姓名，此时，兵部郎中黄信便跪下奏道："此人就是为陛下宣诏召进京的韩起凤，今天从应天赶来投至兵部，臣是特带领起凤进朝奏拜陛下的。"宪宗点头，传谕韩起凤上殿，韩起凤上殿俯伏丹墀，自称为罪民。宪宗好言慰谕道："朕听说你武艺特别好，召你面试，没料到你第一遭就立下了救驾的功劳，满朝武臣没有能降服那疯妃的，她却被你打死了，你的本领实在是高。"宪宗说完，封起凤为殿前指挥。起凤谢恩之后，退到武臣班中。

## 孝宗和土娼云欢雨合

昼夜交替，又快到晚上了，孝宗和道人讲了整整一天的道。暮色降临，玉兔从东方升起，孝宗忽指着一轮明月说道："朕听说唐明皇为一风流人物，曾经上天游过月宫，不知那月殿里的嫦娥究竟多美丽，仙长能否大展法术让朕与仙女见一面？”道人听了，迟疑半天不敢回答，在一旁的太监李广插嘴说：“如果有了如此神术，什么事都能办成，别说嫦娥，就是王母娘娘也能够将其请到。”道人接口笑着说：“陛下要看嫦娥，待小道略施小技，陛下只要准备明天夜里和仙女相会就是了。”孝宗闻言高兴得说不出话来。晚膳后，他同道人又谈到拂晓，这才命令小太监领仙师到白云榭安息，自己也回了宫。

次日朝罢后，孝宗又匆匆来找道人谈话。那道人在言语间辨色鉴貌，句句能够如孝宗的意，所以孝宗对他更加信奉了。暮色来临后，孝宗由李广领路，仍然到前夜道人的净室面前。那里早已设好了香案，灯火辉煌，道人披发仗剑，对着东方吹了一口气，点燃着黄纸符箓大概有半个小时之久，就听到净室里崩然有声。道人又焚了符儿，才与孝宗将净室的偏门推开，里面顿时冲出一阵兰麝的香味，一位如玉似花的仙女坐在蒲团上，紧闭双眸，似乎睡着了一般。道人大声喝道：“快迎圣驾！”那仙女被惊醒了，姗姗立起身，向孝宗盈盈地行了稽首，站在一旁。道人笑道：“虽然仙人与凡不同，但你却很有缘，好好地侍候皇上吧！”说罢和李广等从净室退出来了，孝宗于是将仙女的玉臂紧紧地握住了，细细地端详一会，见她确是花貌月容，妩媚动人，轻盈的体态让人心旷神怡。孝宗微笑着问她的姓名以及天上的月台景色，仙女只是含笑不答。孝宗一味问她，她没有办法逃避，便以天机不可泄漏来遮掩过去。孝宗看到从她那儿什么也打听不到，只好不再问了。这一夜孝宗同那仙女在净室中共度良宵。孝宗自吞了道人的金丹后，精神抖擞，另外，那仙女比宫中的嫔妃们床技好得不知胜过多少倍，令孝宗快乐得神魂颠倒，于是不停地称赞那道人神通无比。那仙女却格格地笑个不停。孝宗丈二和尚摸不着头脑，待到天明时，他生怕那仙女要去，赶忙命令内侍谕仙师，命令他把仙女暂时留着。自此，孝宗白天与道人共同研究道术，晚上净室中宠幸仙女，一点也不把政事放在心上了。那李广乘机强干国政，大施威权，除李臣阳、谢迁、刘大夏、刘健、王恕、马文升、李梦阳、徐溥、戴姗等几个大臣之外，竟然任意斥黜起廷臣来。一日，孝宗设朝，看到李梦阳的奏疏弹劾太监李广不法，谏止孝宗宠信方士，劝他不要受邪说蛊惑，言辞非常痛切。孝宗把本章一掷道：“区区太监怎么能够乱宫闱？朕好仙道又有甚害处？”说完拂袖回宫。

当时，孝宗将方外道士供养在宫中，与仙女在夜间相会等事被宫监们传说出去了，大臣们均已知道，刘健特别忧虑，于是同李东阳、谢迁商量劝谏皇帝。

当时正值天气亢旱，人民呼号求雨，李东阳献策道："俺听说有一个法术高明的道士在宫中，竟能够召到仙女，为何不令他求雨呢？如果真的灵，就能够救百姓；万一不灵，就说他以邪术欺蒙皇上，借此让皇上省悟，而知他的妖术不灵，这样难道不是一举两得吗？"谢迁拍手叫好，笑道："别人都说李公有谋，这计果然不错，俺就来起草奏折，明天早朝上他一本。"大家议论决定了，各自署名，刘健为首，疏中将那道士说得灵如天仙，众臣恭请他求雨。

次日上朝，刘健向孝宗呈上本章。孝宗看后，连连点头，立即下谕令道士方如仙上殿，让他建坛求雨。那道人没有胆量推却，只得勉强同意了。孝宗命令把天坛作为求雨坛，一切布置妥当后，定次日为求雨日期。第二天，御驾亲自临坛，刘健、李东阳、谢迁等一班大臣陪侍。那道人峨冠博带，执剑上坛。孝宗下了命令，说他要在中午时看到雨。那道人只管焚符舞剑，近午之时，阳光却还是特别炽烈，天空没有一片黑云，那道人急得面红耳赤，如黄豆似的汗珠从头上直滚而下。在一旁的李广眼睁睁地瞧着坛上的道士，急得心如火燎。

已经是下午了，却没有一丝一毫的雨，众官开始议论纷纷，孝宗也有些疑惑了。道人仍在坛上装腔作势地捣鬼，刘健等一班大臣看了更觉得既好笑又生气。恰在这时，武臣班中一名官员雄赳赳大踏步抢上坛去，将那道人一把抓住，大声怒道："捉奸细！"把道人直掼下坛来。孝宗大吃一惊，众大臣也均触目惊心，仔细瞧那坛上的武官，正为勇宁侯韩起凤。起凤将道人摔下，慢慢地从坛上走下来，跪在御驾前奏道："这个道人是广西苗瑶首领的牛鼻子军师，为人作恶多端，臣征苗瑶时被他逃走，不明白陛下为什么将他在宫廷中供奉着？其狼子野心，谁都知道，万一出了什么事，谁敢负担这重罪。"孝宗听了，想起凤在宪宗时征苗立功，谅非谎言，于是唤侍卫把道人带来勘问。那道人早已被起凤掼得头昏目眩，老老实实供出实情来。他与太监李广勾通，混进宫中，冒充神仙。至于那个被请来的仙女，是李广想方设法地弄来的，她是西华门外的一个土妓。孝宗听完那道人的供词之后，接着又命令校尉去将宫中的土妓提出来，将两人一同绑起，连同道人在京中立即推出去斩了。群臣一时欢呼雀跃起来，孝宗传旨起驾回宫。这件事被传扬开来了，皇帝玩土娼成了一桩奇谈。

# 明宁王的"销魂帐"

## 娇奴迷倒两儿子

宁王觐钧，是太祖高皇帝十四皇子权的第五世孙。当时燕王改封宁王权到江西，他总算能敛声销迹，安分守己，所以没受什么罪愆。燕王反北平时，赚宁王离开大宁，及至登极，燕王感到特别惭愧，宁王因此保得性命。自宁王权传至第四代，即为觐钧。觐钧是个没有主见的懦夫，平时只知道听歌纳妓，其他的事一概不知。

这宁王觐钧邸中有许多姬妾，但其中仅有两个最得他的宠幸。居长的是许氏，原来是一妓女，她为宁王生了两个儿子，长的名宸浔，幼的名宸濠，宁王对他们两个均很喜欢。那许氏自恃有了儿子，把宁王的正妃胡氏看得不值半文小钱，而且常常同胡妃厮闹。胡妃是个忠厚妇人，绝对不会同妓女去争吵。许氏却又讥笑胡妃生不出儿子。大凡妇人家最伤心的是自己没有生育，这是别人也帮不上忙的，万不能勉强。胡妃挣不来这口气，只得由她讥讪，自己暗中忍声吞气。世间的妇女哪一个没有妒心？时间一久，胡妃便郁郁成病，竟呜呼哀哉了。许氏看到胡妃已经死了，她一人可以独揽藩邸中的大权。宁王又是个糊涂虫，根本没有精力来管这些家事。邸中的诸姬和佣人等，看许氏虽然不是正妃，实际上完全摄行王妃职务，因此大家就尊她一声大夫人。许氏即揽了邸中全权，一时却难向宁王要求扶正，自谓横竖在姬妾中成了领袖，也就不再争王妃这个虚名了。

宁王的第二个爱姬也是青楼翘楚，其芳名为娇奴，年龄不到许氏的一半大，还不到十八，宁王娶她还没过一年。许氏在宁王邸中的权威比娇奴大多了，宁王对娇奴的宠幸却胜过对许氏不知多少倍。邸中的大小姬妾仆役们对待娇奴，却同许氏一般，也喊她一声二夫人。当娇奴被宁王纳娶时，宁王与许氏也大吵大闹过几场。到了后来，娇奴的魅力最终战胜了许氏的势力，宁王依然将娇奴迎回邸中。许氏实在气不过，便去找娇奴厮闹，娇奴笑她年纪太大了，如果想要争宠的话，那得用玉肤代替鸡皮之后再比。许氏听了这句话后火冒三丈。但是人的衰老与不能生育一样，是任何办法也解决不了的。许氏气得一佛出世，二佛升天，患了癥症，一病就不能起来了。天理循环，娇奴可算替胡妃间接报了仇。

宸浔、宸濠两位世子长到十七八岁时，神情举止极像他们的父亲。喜欢嫖妓是弟兄两个最像宁王的一面。讲起嫖经来，世子兄弟任谁也望尘莫及，但谈到读书两字，这时，他们连连要嚷头痛了。宁王溺爱他俩过甚，由他弟兄两个去胡闹，就当没看见似的。许氏看到两个儿子成了人，心中自然快活无比，而且满心希望宸浔、宸濠代她出气，这样会轻而易举地压倒娇奴。哪里能料到这两位宝贝一见了那个二夫人娇奴，不但没有将他母亲许氏的仇恨记在心中，反而眉飞色舞，口口声声叫娇奴庶母，侍奉起娇奴比对自己的母亲还毕恭毕敬。许氏瞧在眼里，对娇奴的憎恨更强烈了，似乎是吃了黄连，说不出里面的苦。

## 戳窗偷窥儿子偷庶母

一日上午，许氏正值新病初愈，一个侍婢扶着她在回廊中悠闲地散步。走过一所空房时，许氏突然听到从里面传出说话之声。许氏诧异道："这空室是放木器用的，怎会有人在里面呢?"又猛然地想起三个月前，自己将一个婢女痛打了一番，至晚上时，她便缢死于这空房中。许氏想着忍不住不寒而栗。正要避开那间房，又听得一阵笑语声，许氏觉得特别耳熟，许氏不能自己，自己没胆上去，便让侍婢凑近窗隙中去偷看。

那侍婢将纸窗戳破后，顺着缝儿望向里面，恰好月光照在空室中，将阖室照得通明。侍婢在窗洞里瞧得清清楚楚，却又不好吭声，只是做手势让许氏自己来看。许氏见那侍婢如此鬼鬼祟祟，意识到空室的笑声必有缘故，赶忙亲自走上前，将左眼闭上，把右眼贴在纸窟窿上望进去。许氏不看犹可，看了之后立时满面绯红，半晌作作声不得。原来一对少年男女一丝不挂地卧在空室中的木榻上，正在那里作乐。男的是宸濠。女的呢，就是那被阖邸称为二夫人的娇奴。此时，许氏愤恨不已，心想只道两个逆子都和妖精十分要好，谁知他们却偷偷地做那禽兽般的事情。将他们戳破吧，又害怕儿子不好意思。随他们去吧，却眼睁睁地放着那冤家娇奴，似乎太便宜她了，此时不报仇，更待何时呢。许氏在窗外呆站着，真是进退两难。这样过了一会儿，室内已是寂静无声了，她再向窗中瞧时，只见宸濠已不在了，那娇奴却还在榻上整着衣服。许氏看到儿子已走了，正好进去把娇奴羞辱一番，偏是那娇努嘴强，说许氏没理由骂她无耻，要她拿出赃证来。许氏反被她弄得无话可说，气冲冲地自回房中。那娇奴却哭哭闹闹，声言许氏讲她的坏话，寻死觅活地要去同许氏拼命。

恰在这时，宸浔从外面进来了，他一得知娇奴吃了亏，也没将事情问清，就一口气跑到内室去同他母亲许氏大吵大闹。许氏看到自己的儿子居然为娇奴说话，简直气得七窍生烟，便使出平日的泼性，将宸浔怒骂一番。才将宸浔骂走了，宸濠又来寻事，这次比他哥哥更凶恶无理了。许氏明知道娇奴同宸濠有暧昧之事，于是越想越来气，便抢了一根门闩，没脸没头地乱打向宸濠，宸濠也清楚自己母亲的脾气，害怕真个吃了眼前亏，乘着家人们劝住许氏，便悄悄地从后门逃走了。

两个儿子将许氏气得头昏目眩，正当她心情不好时，不料娇奴去向宁王哭诉，宁王听了，也怒冲冲地来责骂许氏。宁王刚说出两三句，许氏早已经从房里直抢出来，拼命地将头撞向宁王怀里，接着将头发也打散了，两手拉住宁王乱嚷乱哭，宁王的一袭绣袍都被她扯得拖一缕挂一块的，宁王气得面色铁青，连声嚷道："怎么，怎么在这个世界上竟有如此泼野的妇女，左右赶快捆绑住她！"家人们哪里敢动手，只是在一旁相劝宁王罢了。这时，宁王这个老实人也火冒三丈了，于是将许氏一下摔在地上，接着，便转身往外走去。许氏待赶上去，家人们却拦住了她。许氏于是一头倒在石级上痛哭叫骂，在石砖地上滚来滚去，竟如乡野泼归一般，哪儿有一点王爷夫人的气度，那些婢女仆妇看着，都惊呆了。许氏一直哭闹到黄昏，最后，弄得自己喉咙哑了，气力也没了，侍女们于是将她扶进房中休息，谁知这一睡就是三昼夜不曾起床。宸浔、宸濠听说母亲发病，相互推诿，都不愿来探望。宁王是巴不得许氏早死一天，以便自己早舒服一天。

天公不作美，许氏病了一个多月，刚刚能扶杖而行，宁王的病却日复一日地重起来了。半个月后，宁王已是无药可救了。那位二夫人娇奴干脆不来看望宁王，只是同宸濠在一块鬼混。宁王虽病得无法开口，心里却很清楚。他将娇奴与宸濠的事看在眼里，心里更加愤懑了。

宁王临死前几天，已无人去他的卧室，药水茶汤也无人伺候了。夜间灯火也没人点，室中黑魆魆的好不怕人。幸好宁王一个已有九十多岁了的老保姆，一日晚上无意中去探望宁王，只看到室中几案生尘，就像许久无人来打扫一样。再看那榻上的宁王，直挺挺卧在床上，早断气了，却不知他死于何时。老保姆眼见得如此凄惨的情景，忍不住垂泪说："堂堂一个王爷，临末的结局不过这样，说来也真让人可怜。”老保姆便去报知许氏，许氏于是扶病起身，召集邸中的姬妾仆人为宁王发丧。

## 亲兄弟为争娇奴大打出手

此时，娇奴与宸濠正爱得火热，听说宁王死了，高兴得欢呼雀跃。两位世子一直等到宁王入了殓，才勉强出来招待吊客。敷衍了一会儿，宸濠先溜走了，宸浔也呆不住了，便打了一个招呼一溜烟地从后门出去干自己的事去了。那宁王还没有出殡，两个儿子已经摆开架势，争夺王位。原来宁王一死，袭爵该是宸浔，宸濠却想夺王爵，难免暗中要同宸浔竞争。那宸浔却不把爵禄放在心上，他与宸濠势不两立的第一位原因是争夺那娇奴！兄弟两人，一个觊觎爵位，一个志在美人，每个都有自己的心事。宸濠由于想要夺得王爵，竟瞒着宁王死讯，暂不向朝廷奏知，以至袭爵的上谕始终没有下来。好在宸浔也不放在眼里，只要能将那娇奴谋弄到手，他就心满意足了。谁知道这个消息被人通知了宸濠，宸濠听了，一面要想着谋那爵位，一面又要照顾那娇奴，弄得他忙得直跺脚。

一日夜里，宸濠同几个心腹密议，想将娇奴弄出藩邸，再把她藏起来，以免宸浔别生枝节。内中有一个家仆说道：“得秘密地办这件事，要不然子纳父的爱妾，在名义上确实很难说得过去。”宸濠笑着说：“那个当然。”大家商议好了后，宸濠备了一乘软轿在藩邸后门等着，直等到四更多天，却不见娇奴从里面而来。又过了一会儿，看看东方将露出鱼肚白了，却还不见娇奴的影踪。那仆人无可奈何，只好将空轿抬回来，报与宸濠。

宸濠知道事情有变，慌忙赶入藩邸，亲自去探看娇奴，却是人面桃花玉人已不知哪里去了！把他急得满头是汗，比失了一件宝贝还要心痛。宸濠当下怒火冲天，派了家人四处打听，才知宸浔的家人探知了宸濠藏娇的计划，宸浔也备上一乘轿儿，黄昏时分到了藩邸的后门，正遇着娇奴的小婢。宸浔的仆人打了个暗号，小婢去禀知娇奴。娇奴迟疑不信，说：“二世子约在三更天的，怎么来得如此早？”小婢又出来诘问，宸浔的仆人忙骗她道：“二世子害怕晚了会将消息泄漏出去，因此将辰光改早。”娇奴信以为真，匆匆收拾好行装，潜出后门登舆，仆人们抬了软轿便走。来到一处宅第，娇奴下轿便问：“二世子可在？”只见宸浔走出来，笑着说：“二世子不在，大世子在这儿嘛。”娇奴大吃一惊，知道被宸浔骗了，只好垂头忍耐，听从宸浔的摆布。宸浔得到了娇奴，乐不可支，日日同那些党羽饮酒庆贺。到了第三天，宸浔喝得酩酊大醉地回到私第，突然狂叫肚子痛，倒在地上翻滚，七窍流血而死了。

宸濠说宸浔是暴疾而死。他上奏朝廷，说宁王觐钧逝世，世子宸浔暴毙。圣旨传下来，自然由宸濠袭爵。如此一来，宸濠不但荫袭了王爵，而且占有了他老子的二夫人娇奴。南昌百姓暗里都说宸浔死得奇怪，然而无人敢明言此事。

那宸濠自袭爵宁王(自后称宸濠为宁王)之后，慢慢不本分起来，私自养勇士，常常去民间强掳良民的妻女。又从高丽弄来一把四周垂着缎锦绵幔的锦椅。这锦椅的底下藏着一个木制机栝，如果碰到某个妇女很倔强，那只要哄她坐上椅子，然后将机栝一开，这样，即使是力大如牛的壮妇也会被弄得筋疲骨软，无力抗拒，只得听人摆弄。宁王因此为此椅题名为“销魂帐”。后来宁王反叛，失败后被擒，这座“销魂帐”为王守仁经略毁掉了。

## 严世蕃以淫筹计算玩女人的数目

严嵩入阁后，其长子世蕃也升为户部侍郎。朝中政事不论大小，均须严嵩过问，然后启奏世宗帝。严世蕃借着他老子的势力，大开贿赂之门。若想做官，只需贿赂严世蕃即可。每一职位，纳金若干两，候补者又若干两。假若想要现缺，必须加倍贿赂。官职的大小以金银的多少而定。吏部主事王涌不过举人出身，他投到世蕃的门下，出手就是黄金二万两。世蕃得了他如许黄金，觉得无以回报，就在三个月中，把王涌连升六次，位居吏部主事。又有世蕃的同乡牛贵，献给世蕃千金。不多几日，部中贴出告示，任牛贵为溧阳县知县。这样一来，官职有了价钱了。譬如穷寒的典吏，只要凑足了千金去奉献给世蕃，一个现成的知县就唾手可得。但自从王涌一次献金二万两之后，世蕃胃口大开。在初时不过几百两，最多也只有几千两，王涌起手就是两万，世蕃颇晓做官的人没一个不盘剥百姓的，他们手头自然富裕，自己乐得揩他们的油水。于是要想钻谋官爵，动辄需银上万，至于几千两几百两的小数目，世蕃瞧也不瞧。

世蕃收受多金，吃喝穿着就奢侈起来。只说他所住的房屋，室中的陈设富丽堂皇，和皇宫里相差无几，有些地方则有过之而无不及。从他的厅堂直达内室都铺着大红毡毯，壁上嵌着金丝，镂着花纹，镶着珠玉。姬妾的房里不但画栋雕梁，而且满室金绣。严氏家宅珠光宝气，令人眼花缭乱。

世蕃的家里共有姬妾四十多人，这四十多人中有一个荔娘最得世蕃的宠爱。那荔娘是青浦江畔人，年纪还不足二十岁，生得花容月貌，娇容艳丽，性情又温柔聪敏，世蕃所有穷奢极欲的作为都是荔娘想出来的。如玉屏风、温柔椅、香唾壶、白玉杯等，名字稀奇古怪，真是闻所未闻。比如玉屏风，说来甚是有趣。世蕃每和姬妾们饮酒，一边抱着荔娘一杯杯地饮着，一边令三四十个姬妾一个个赤身裸体，雁行儿排开，团团围在酒席面前。每人倒一杯酒，递给世蕃一饮而尽。酒到半酣，姬妾们便抽签，谁抽着签了，就陪世蕃睡觉。他们在那里作乐，这三四十个姬妾仍团团围坐，任凭世蕃点名，更换作乐。一年三百六十天，日日如此，这就是所谓的玉屏风。又有温柔椅，姬妾们多不挂一丝，两人并排斜坐在椅上，把粉嫩的玉腿叉开斜伸着，世蕃便去倚在腿上，慢慢地饮酒。又用三四个美姬倒伏在躺椅上，将身体当作椅儿，以三人斜搭起来，酷似一把躺椅。世蕃在这些美姬的身上起坐倒卧，把她们当躺椅一样看待，全然不顾所坐的是人体，这就是温柔椅。又有一种香唾壶，世蕃每天起来，痰唾很多，自醒至下床，唾壶须更换两三个。荔娘想出一个香唾壶的法子来：到了每天的清晨，姬妾们多裸体拜伏床前，抬起粉颈，张着樱口接受世蕃的痰唾，一个香口中只吐一次，三四十个姬妾轮流受唾，直到世蕃唾毕起身为止。这个香唾壶别出心裁，又有所谓白玉杯，是应用在酒席之上的。比如世蕃今日宴请群僚，除了令花容月貌的姬妾照例陪酒外，大家酒到半酣的时候，世蕃便吩咐拿白玉杯来，只听屏风后面“嘤咛”一声，走出三四十个姬妾来，都打扮得妖艳无比，身上熏着兰麝，口里各含了一口温酒，走到席上，以口作杯。每人口对口和接吻似的，将酒吐到宾客的口中，似这温软馨香的玉杯儿，自然是妙不可言了。据当时在座的人说：“美人的香唇又柔又香，含在口中的酒，冷热适中，只能说是恰到好处。”有的故意慢吞吞地咽着，一手搂住美人的香颈，用口去吻美人的樱唇，轻轻地将酒吸出来，待喝完了酒，那美人很是知趣，便把她那柔软滑腻的纤舌，也顺着酒，柔柔地送人宾客的口中。这样一来，正当宾客陷入温柔乡的时候，世蕃又做一个暗示，这三四十个人的樱口玉杯就迅速归队，仍然排列着走进去了。这时的宾客个个好似着了魔，都意乱神迷，大家再也坐不住了。世蕃见到那些宾客狼狈不堪的样子，忍不住捧腹大笑。一班宾客也自觉失态，被这玉杯儿引得心猿意马，洋相百出，所以往往不待席终，多半抽身而走了。

世蕃的恶作剧皆如此类。他每次宴请别人，必有新花样。这花样儿务要弄得客人神魂颠倒，身不由己为止。那些赴宴的同僚得知是世蕃宴客，实在不愿来受他的耍笑，但又惧怕他的势力不敢不赴。同僚中说起世蕃的宴客，无不为之色变。

世蕃的为人甚是淫秽，对姬妾们无所不为。尤其是那个荔娘，更为虎作伥，想方设法协助世蕃淫乐。世蕃最喜新厌旧，一个姬妾至多不过玩一两夜，到了第三天夜就不要了。而且他玩女人往往是昼夜不停。不管什么时候，只要需要，他就要玩乐一番，玩过之后仍干自己的事去。办了一会公事后，他又去和姬妾们淫乐。人家说昼夜取乐，独有世蕃，称得上是把男女之事"当粥饭吃"了。

世蕃把家里的三四十个姬妾日久玩腻了，自然要外出猎艳。良家妇女被世蕃看中了，不去问她是官家还是百姓家，那些豺狼般的家人扑上去将女子强行抢走。等到世蕃玩过三四天，厌烦了，依旧命家人把她送还。像这样强掳来的、别人孝敬他的和金钱购买的女子，一年之中，真不知要有多少呢。世蕃自己有一种计算方法，叫作淫筹。这淫筹是每奸淫一个妇女，便在床下留一根淫筹，到了年终时，把那淫筹取出来统计数目。听说数目最多时，一年淫筹达 973 只。这就是说世蕃这一年中竟玩过 973 个妇人。一个人精力是有限的，据此数目可知，他每天至少要玩三个妇女，不是很惊人吗？

青州府王僧缘曾亲自见过淫筹。当时王僧缘升任青州知府，这也是向严家贿赂得来的。他要去上任的那天，到严世蕃的家里去拜别。僧缘和世蕃本是通家，不同于平常宾客，一进门听说世蕃还没有起身，僧缘就径直走到世蕃的房里。世蕃正搂着荔娘高卧，只含含糊糊地吩咐僧缘坐了，世蕃仍旧酣睡。僧缘从小在乡间读书，从没有见识过这样华丽的住所，但见金珠嵌壁、宝玉镶床，走进室中就觉得珠光宝气、五光十色，令人眼花缭乱。僧缘闲着无聊，就在室中东瞧西看，看遍了每个角落，所有物件都是僧缘从未见过的东西。忽见世蕃睡的床边放着一个明瓦的方架，架上叠放着白绫方巾，一块块的约有半尺左右厚。僧缘随手取了一方去窗前细看，见那白绫有二尺见方，边上绣着花朵，瞧上去十分精致。僧缘以为这是女子的手帕，反正那里多的是，取他几幅想来也是无关紧要的，便暗暗地偷了三四方隐藏在袖中。不多一会儿，世蕃起身了，和僧缘打了几句招呼，即留僧缘午餐，席上肴馔的精美自然不用提了。餐毕，王僧缘便辞别了世蕃，匆匆地启程，自去上任。到任上不几天，恰遇同僚宴会。席间有人说到了严嵩父子，同僚们都很欣羡，只恨没有法子可以投在严氏门下。因那时只要巴结上严嵩父子，升官发财轻而易举。王僧缘听了同僚们的话，便很得意地说道："不才在京的时候，倒和世蕃交往较密，也不时去过他的家。"于是将他家中怎样的豪华、怎样的精美，直说得天花乱坠，只听得一班同僚都两眼发呆，赞叹声不绝于耳。僧缘讲得兴起，令家人拿出所窃的手帕来给同僚看，道："这是世蕃府中姬妾们所用的帕，是拿明瓦架子架着的，将近有四五百方。咱爱它绣得精致，随手取了几方。你们瞧瞧，这帕多么讲究？"同僚们看了，又赞叹一番。末了白帕递到一个知县手里，他略看了看，忙扔在地上道："这是妇人家的秽亵东西，怎么可以在案上传来传去？"同僚们听他这么一说，好奇地探究原因。那知县笑道："世蕃每玩过一个妇女，必记淫筹一只，年末时，总计淫筹若干，就可知玩过若干女子，把来记在簿上。据他自己说：'临死的时候，再计算一下簿上的妇女。看一生到底玩过多少妇女。'这一方方的白绫，就是淫筹。世蕃在交欢完后，用这白绫拭净，放于床边。家中专有一个姬妾专管淫筹，如计点数目，分别颜色，每到月终报告一次。为什么淫筹要分别出颜色来呢？因为玩少妇和处女之后的淫筹颜色图样各有不同。凡处女用过的淫筹，上有桃花点点，少妇是不会有的。所以世蕃府中，淫筹分处女筹和少妇筹两种。记起簿子来，少妇筹多少，处女筹又多少，都要区别开来。这样总计起来，少妇和处女之数，一看便知。"那知县说罢，座上的同僚一齐听得目瞪口呆了。那知县又说："王知府所取的白帕，就叫作少妇筹。"

## 赵文华为世宗进献美女、春药和"绿帽"

### 赵文华的七十二姬妾个个貌美如仙

严氏父子自把持朝政以来，愈发不可一世，阖朝的大小臣工都出于严氏门下。那时权倾一时的严氏党羽，第一个是鄢懋卿，第二个是赵文华，第三个是罗龙文。这三个奸臣在朝三足鼎立，与严嵩互相勾结。尤其是赵文华，笼络手段好，投机的本领甚是高明。他除了趋奉严嵩以外，又拜严嵩的妻子欧阳氏做了干娘。赵文华曾去过海外，带回来一些珍玩献给了欧阳氏。欧阳氏是个见财眼开的人，得了赵文华的珍宝，欣喜万分，每见了文华，总是笑容满面，一个劲地称他是孝顺儿子。

文华依靠欧阳氏在严嵩面前为他吹捧，由员外郎直升为工部尚书，位列九卿。他官越做越大，作恶也一天天地变本加厉，什么强占民田，劫奸良家妇女，种种恶分,真可谓罄竹难书。别的暂不提,单讲他卖官的钱,就不知积了多少。文华既有了大量的钱,家里便造起房子,亭台楼阁,里面雕栏玉砌,直筑得和皇宫相差无几。他又在这高楼大厦后面,修建了一个极大的花园,诸如崇楼叠阁、亭台轩榭,样样俱全。那座花园的正中又建起一座楼台,这个楼台四周都走得通,可谓千门万户,不认识的人走进了这座楼台里去,要想走出来是很难的。楼的式样奇多,工程自然非常浩大。它的结构就像古时西方帝王的迷宫,赵文华就称它叫走马楼。这是因为骑了马在这楼台的四面溜达,横直斜圆,无处不通。走马楼中还有七十二个华美别致的房室。每一个房室居住一个丽人,两个美貌的婢女。赵文华每天办完公事回来,就在走马楼的正厅上设筵。文华南向坐了,令七十二个姬妾在一旁陪酒。酒至半酣,文华便取出七十二个牙签来,令姬妾们抽签。这七十二枝签中,有两枝签头是红的,七十枝头是绿的。谁抽着了红头签,就陪睡。赵文华每日如此。那抽着绿签的姬妾,只得怨自己不幸,不免独守空房,孤枕难眠。这座走马楼本是赵文华的秘密住所,他还有正式府第在京城里面。京城府第中自文华的正夫人以下,也还有四五个姬妾,文华有时也要去应酬一番。

## 浪荡少年贪恋女色

文华有一个外甥唤柳如眉,年纪尚轻,却是个风流淫荡的少年。这如眉自幼便讨厌读书,喜好寻花问柳,进出的是歌楼妓院,专在女色上用功夫。

三月三日己辰,京城中的妇女要到郊外去游玩。柳如眉是出了名的浪荡子弟,遇上这种良辰吉日,他岂肯错过?自然也要去游览一番,以便饱餐秀色。那时他随意漫游于郊外,但见美女如云,春花似锦。粉白黛绿与万卉争妍斗艳,更衬出她们的娇艳和妩媚。如眉贪恋佳丽,恋恋不忍离去。红日衔山,携酒高会的人们一个一个回去了。夕阳西沉,牧童归去,鸟儿归巢,游览的人霎时纷纷离去了,荒郊之中只剩下一个仍在游玩的柳如眉。在这碧草萋萋、老树槎枒的所在,一个人独行,怎能不提心吊胆,毛骨悚然呢?如眉愈走愈心慌,天上月色朦胧,他性急步乱,连连跌了几跤,跌得他头昏眼花,不辨方向,一时走差了路。如眉狠命地往前乱闯,仍不见城门,心想难道走错了路径吗?

又走了半里多路,见一座大厦矗立眼前。抬头望去,那巨厦的侧门开着。如眉探首进去,却是一个极大的花园,园里花香阵阵,令人神往。如眉是个四海安身的人，如今遇见这样一个好去处，又恰好开着园门，他也不管好歹，径直走进园去。

到得门内，果然又是一番天地，路上芳草成片，树木葱茏可爱，亭台楼阁，朱檐碧瓦。草地上每隔五步燃一枝长约七尺的风烛灯，满园中总计，不下千百盏，照得一座花园亮如白昼。如眉虽也是个纨绔子弟，却从未见过这般住所，他愈看愈爱，缓缓地走进去，竟忘了自己已身入重地了。如眉走着走着，看见一座八角四方的琉璃亭，亭内燃的是雪烛。这种雪烛是外邦产的，风吹不灭，一枝烛终年燃着不熄，也不见它短少。据世臣说，那雪烛是真犀精做成的，夏天点着它，即使在烈焰之下，屋内也顿觉微风习习，一室清爽。而且它的光线明亮，一枝雪烛可抵平常的油烛数支，烛光的耀眼自不必言。如眉见那座亭中独明，就壮着胆子走上亭去。

亭内摆设的都是白玉儿，紫檀案。椅上全都披着大红的锦披，绯红绣花的垫子，地上铺着青缎的毡子。人走在亭中，好似进了天宫仙境，世外桃源怕都没有这样美妙。如眉在亭上逗留了一会儿，蓦然听到外有咳声，如眉惊觉过来，看亭中的景象，似贵族人家的宅第，今无故闯入他人宅第，是有罪名的。要是被人捉进官衙里去，岂不弄得一个没好下场吗？如眉倒有几分畏惧起来。再听那脚步声可越来越近了。如眉很担心被他们瞧见，慌忙中没法藏身，只好隐藏在亭后。当下如眉走入亭后，侧着头大睁着眼睛，从屏缝内望出去，见来的那个人却并不上亭，兀自低首急急地走过去了。如眉悬着的心这才放下来，慢慢地准备走出来，回头见亭后有一座楼梯，梯级上满铺银缎，向楼上望去，却是满室的珠光宝气，他暗想：这哪里是人间楼台，竟是龙王的水晶宫了。如眉不禁又垂涎起来，暗想道："进是进来了，况且没有人瞧见，就上去痛痛快快地玩一下，也算开开眼界。"主意已定，他便悄悄地走上楼来。

到了楼上，如眉见那里的摆设与亭中又绝不相同，只那壁上嵌着的珍珠宝石就已是价值连城了。还有许多玉石的雕刻，什么玉马，玉狮，白玉的虎象等，高有三四尺，雕琢的精巧，神工鬼斧，好像不是人所能为的。其中有一头白玉的小狸猫，浑身洁白如雪，紫须金睛，眼睛闪闪放光，细看它的眼珠，是用真猫眼镶成，能按着时辰时大时小倏尖倏圆，确是奇珍异宝。如眉逐个展玩，真好像置身宝山，都不知先看什么好了。

## 舅母拥外甥共赴巫山云雨

如眉正玩得兴致高，猛然身旁的那张古画砉的一响，自卷了上去。如眉大惊，想不到悬画的地方突然开出一扇门儿，走出一个盈盈美人来。那美人突见如眉，也好像吃惊的样儿，忙回身去唤了一声，早抢出两个丫头。如眉有点心虚，想溜下楼去，却来不及了。那两个丫头跑到如眉的面前，娇声喝道："你是哪里来的莽男子？竟敢窥人的闺房！我们回了老爷，捉你到衙门去！"如眉见丫头边说边笑，料想她并无恶意，便假做恐惧，低声哀求道："小子莽撞，错走了贵府。望姐姐格外开恩！"另一个丫头喝道："天下有这等美事吗？"说罢，掩口格格地笑个不停。那先前开门出来的美人向两个丫头丢个眼色，盈盈地进去了。一个丫头笑道："咱们先且不说别的，拖了去见老爷再说。"如眉听了，心里好害怕，只得向她们哀求，那两个丫头只当没有听见，夹着如眉，向着那扇门便走。经过几重闺门，就见一个香房，绣缛，珠帘，香炉中焚着兰麝，牙床锦帐，陈设之精美真称得上是凡人从所未见。那两个丫鬟将如眉直推到里面，如眉却见刚才开门的美人坐在床前正笑。如眉忽然灵机一动，向那美人面前扑地跪下，泪流满面，求她轻饶。那美人格格笑着，把如眉轻轻地扶起，令他在一旁坐了。美人慢慢地询问了如眉的姓名和年岁，笑道："既来则安，你就在此权且住几时吧！"于是不待如眉说话，命丫头们排上酒席，和如眉对面坐下。美人亲自为如眉斟酒，两人欢声笑语，越来越亲热起来。

这时如眉才晓得这座花园是赵尚书的私第，那美人是赵尚书的第十九个姬妾，芳名唤作娟娜，出落得玉容如画、肌肤如雪，真算是绝色花容。如眉色胆包天，看着这样一个美人，还管他什么赵尚书，乐得饮酒对花，如此赏心境地。正在两人亲亲热热，情欲渐生的时候，忽听得门外一阵清脆的笑声，拥进六七个打扮娇艳的美人儿来。见娟娜和如眉对饮，美人们一齐笑说道："好呀！赵姨娘倒会作乐咧！"娟娜一看大家都瞧着她，不由红晕上颊，急忙吩咐丫头看座，添杯盅，让那七个美人儿入席同饮。如眉见粉白黛绿满前，脂香扑鼻，只觉头昏目眩，迷迷糊糊的，不知招呼哪个为好。三杯之后，那娟娜便给如眉逐个介绍，指着那个穿青衫的道："这是吴姨娘。"又把樱唇一噘，瞧着那穿紫罗青衫的道："那位是秦姨娘。"又指着碧衫的道："这是罗姨娘。"又指着自己身边穿浅湖色衫地说道："这位是常姨娘"。又指着那个穿大红衫地说道："这便是沈姨娘。"

又回顾右边穿秋香色衫子地说道："这是苗姨娘。"如眉逐一见过，心里暗想道："我的舅父真好艳福，这里却藏着许多的美人儿。怪不得城内的府第中终日不见他的影踪。"众美人欢饮了一会儿，各自散去。那洪姨娘临走时对着如眉抛个媚眼，早把如眉的魂儿勾得出了窍。当夜，如眉和娟娜双双拥抱入了罗帏，共赴巫山了。

第二天，便有罗姨娘派了丫头来，请柳如眉到她的房中去饮宴。娟娜明知罗姨娘也想分一杯羹，但这时不能拦她，只得听任如眉前去。谁知一个挨一个，明天秦姨娘来请如眉，后天常姨娘又来请人，这样车轮般地转下去，如眉好像坠入了群芳之中，那娟娜却弄得形影相吊，这一气，就慢慢地成了病。

冷月照窗，香魂欲断，隔帘花影，疑是情人。那个赵姨娘娟娜，满心想和柳如眉同床共枕，了却她鸳鸯不羡仙的素志。可她万万没想到春光易泄，自己和如眉的私情被秦姨娘、吴姨娘、洪姨娘等碰见。这些人一个个都是年轻丽人，谁不爱那风月欢娱？于是今日吴姨娘把柳如眉邀去喝酒，明日苗姨娘请柳如眉去看花。你来我往弄得个柳如眉顾此失彼，虽说是左拥右抱，却也有力不从心之感。特别是那个洪姨娘，芳名叫作湘娘，是吴县人，年纪最轻，容貌最艳丽，说起话来，那如同山谷幼莺的娇喉，令人如痴如醉。柳如眉在群芳当中和湘娘最亲密，你恋我爱，恨不得融为一体。旁边的吴姨娘、沈姨娘、常姨娘、罗姨娘、秦姨娘、苗姨娘等三对美人，却只能含着一腔醋意。娟娜更不用说了，她这引荐人倒落在了最后，芳心中的怒火因此郁闷恼恨交加，小巧可爱的赵姨娘骨瘦如柴，病容满面了。如眉明知她是为己憔悴，却又舍不得妖冶动人的洪湘娘，只有瞅个空儿，偶尔去看一下娟娜。

娟娜见如眉来瞧她，欣喜若狂，好似得了异宝一般，病也好了大半。如眉心在洪湘娘身上，和娟娜说话时也是牛头不对马嘴地胡乱应付几句。娟娜不是傻瓜，早已瞧透了八九分，气上心头，眼前立时天旋地转，哇地吐出一口鲜血来，恰好吐在如眉的衣袖上。这时如眉也良心发现，不由得泪眼朦胧。再看娟娜，早已泣不成声了。如眉见情形如此，深知难以脱身了。这天晚上，他睡在了娟娜的房里。那不知趣的洪湘娘，还叫丫头来催促如眉好几次，只气得娟娜浑身发抖，拍着床儿痛骂："贱婢好不要脸！"那来叫如眉的丫头被娟娜骂得瞠目结舌，只灰溜溜地回去，把这些一一告诉了洪湘娘，还加些刺耳的秽语在里面。洪湘娘听那丫头一席话，不由面红耳赤，恨恨地说："她自己也是偷汉子，难道有脸吗？我明天叫姓柳的不许到她房里，看她有什么法儿来与咱斗。"

## 外甥薄幸气死姨娘

如眉当时见娟娜发怒，忙安慰道："你是有病的人，更得好好保养，这么气急，万一恼动了肝火，害的是自己。"娟娜听了，长叹一声道："我这病是绝症，只怕是不行了。咱和你是前生冤孽，今世已把身子献给了你，这怨结谅来世可以解开。如我死后，你能顾及生时的恩情，在我坟上凭吊一会儿，化几吊纸钱，我已万分欣慰了。"娟娜说到这里，不禁伏在枕上哭了起来。如眉和她共枕而睡，一手紧紧地搂着她。娟娜越想越是伤心，含着泪说道："我是上无父母，下无兄弟姊妹的人。自十七岁进了赵府，到现在仍然是孤苦伶仃。生时做了孤女，死后还不是做孤魂吗？将来我的骸骨不知安葬在何处，冷月凄风，绕着一抔黄土，又有谁会念及？"说罢，泪如雨下，把衣襟也沾湿了一大块。如眉也不知怎样慰藉了，只好陪着她同泣。两人哭了一会，娟娜神思困倦，就在如眉的怀里慢慢地睡去。

待得娟娜一觉醒来，早已日上三竿，柳如眉不知何时已起身离去了。娟娜想起那个洪湘娘来，猜如眉一定是到那里去了。她心中憋得厉害，准备挣扎起来去和洪湘娘争辩。两个丫头见娟娜面色惨白，气喘吁吁，忙来劝住道："姨娘不要这样，一切等养好了病再说。"娟娜哪里肯听，挣扎着起得床来，已喘得支撑不住，不得不重又睡下。她养息了一刻，又要挣扎起来，这一次不同前一回，竟鼓着勇气，由两个丫头搀着，颤巍巍的，一步步地走出房去，沿着楼台，缓缓地走到洪湘娘的闺房中来。丫头搀着娟娜来到洪湘娘的房，湘娘的丫头发现，慌忙去报知，娟娜已一脚跨进门口，只见柳如眉和湘娘正在对饮。最叫娟娜触目伤心的是湘娘坐在如眉的膝上，两人脸对脸儿厮并着，那亲热的样子，别人见了也要眼红的，更不用说如眉是娟娜口里的美味，被洪湘娘硬夺去。当下娟娜瞥柳如眉一眼，冷冷地说了声："你好……"这句话才脱口，娟娜便昏倒下去。两个丫头搀扶不住，三个人一齐扑在了地上。如眉和湘娘见此情形，吃惊不小，也起身搀扶，帮着把娟娜扶到了榻上。如眉去倒了一杯热水来，轻轻地灌入娟娜的口里，可是娟娜牙关紧咬，星眸紧闭，气若游丝，好像凶多吉少的样儿。如眉对湘娘道："赵姨娘危急，还是叫丫头们送她回房吧！"湘娘点点头，正在叫丫头们动手，忽然娟娜脸色渐变，双脚一挺，魂归西天了。

娟娜的两个贴身丫头见此情景，不由得伤心大哭。湘娘斥道："你们还不快点将她的尸身抬回去，却在这里痛哭。万一被老爷知道了，那还得了。”两个丫头本来对湘娘怀恨在心，如今娟娜已死，一口怨气没处发泄，被湘娘一激，那个大一点的丫头翻了脸，对湘娘说：“你倒说得轻松。咱家姨娘活活给你气死了，连哭也不许哭吗？”湘娘听说，怒不可遏，怒斥道：“好不识高低的贱婢，你们姨娘自己病死，与我何关？你敢来诬陷吗？”说着伸出手给了那个丫头一巴掌，打得那个丫头眼中火星直冒，干脆掩着脸儿大哭大骂。那个年纪小的丫头也帮着骂人。湘娘的两名丫头加入战团谩骂起来。后来，四个丫头厮打起来，扭做一团。柳如眉见她们闹得太过分了，上前相劝，也劝不住。湘娘因被丫头骂了一顿，气得呜咽咽地哭道：“咱们到了这个地步，谁也不敢得罪一句，现在反被丫头来训责了。”湘娘哭着，想起身世更觉悲伤。那四个丫头儿兀是扭着，边哭边打。一座闺阁中霎时闹得乌烟瘴气，啼哭声不绝于耳。隔房的姨娘都闻声来瞧，还不知是怎么一回事。此时榻上卧着一个死人，房内哭打成一片，弄得柳如眉坐立不安，劝又劝不下。那吴姨娘、秦姨娘、常姨娘、苗姨娘、罗姨娘等都走过来，看了后，又好气又好笑。由于洪姨娘一人独享如眉，大家本对她耿耿于怀。后见娟娜死在榻上，倒又可怜起来不禁连连叹息。丫头们只顾着哭打，也没人去劝她们，也忘了榻上还有死者，只有柳如眉心里发急，却又无法。

大家正交头接耳，没想到门外靴声阵阵，走进一个紫裳微髭的中年人来，那些姨娘见了纷纷离去，房中只剩下柳如眉、湘娘和四个还在厮打的丫头。那中年人正是尚书赵文华。四个丫头见赵老爷进来，忙停住了手，一声不响地立在旁边。这时柳如眉吓傻了，手脚不住地打战，硬着头皮走上来，低低地叫了一声舅父。赵文华看了他一眼，也不问他怎会到这里来，也不去答应他，只是自己走进屋内。看见娟娜直挺挺地躺在榻上，一手拈着髭说道：“赵姨娘怎会死了，怎么死在这里？”湘娘面红耳赤，答不上来。多亏那个丫头屈身禀报道：“赵姨娘刚才还是很好地来玩耍，和洪姨娘讲了一会儿话，不知怎的倒地上死了。”赵文华听她这么一说，再看柳如眉，早已影踪全无，想是趁机溜走了。文华又冷笑一声道：“你们怎样认识的？”这一问可把丫头们难住了，洪姨娘心虚，更觉回答不上来。文华一看，心下明白了大半，当时也不道破，便立起身来出去了。片刻之后，府中的老妈子和家人等，忙着把娟娜的尸体抬出去草草地安葬在东郊的荒地上了。

不日，京城的长安街上出现一具被人杀死的无名尸首。有人辨认出来，死者就是那出了名的采花浪子柳如眉。如眉的母亲知道儿子被人杀死，嚎啕大哭地告诉他兄弟赵文华，要求缉拿凶手。文华答应了，命令各衙门捕捉凶手，闹了一个多月，却连凶手的影儿也没找到。这件暗杀案只好姑且搁下。活该柳如眉倒霉，白白地送了一条命。人们都说那是如眉淫恶的报应。实情到底怎样终成一个疑问。

## 世宗力不从心用春药

世宗皇帝那天在宫中百花酿会上喝醉，和张皇后大闹了一场，还下谕废去了张皇后。廷臣知道后，想上章阻谏，却不见世宗影踪。原来世宗当夜被宫侍翠琴戳伤了头颈，不能临朝了。众臣见不着皇帝，不得不循例散朝，张皇后也就被废了。

世宗养了几天伤，总算康复了，于是册立皇后的事又被提起。在众嫔人中，除了杜嫔人生了皇子进封贵妃之外，如阎嫔人、卢嫔人、沈嫔人、韦嫔人、仇嫔人、王嫔人、郑嫔人等，也都产下皇子。但这七人里面属王嫔人最受皇帝宠爱，卢嫔人和阎嫔人稍次。世宗立后，杜贵妃的希望最大。王嫔人听了，思索杜嫔人和自己一起进宫，此刻她生了一皇子，便晋为贵妃。自己也生有皇子，名分不在杜贵妃之下，因此不免产生了争夺一番的心思。况皇后，统领六宫，为天下之母，谁不想当？更不用说王嫔人了。

杜贵妃自以为皇后之位是十拿九稳了。她想自己做了贵妃，其他人仅仅是个嫔人，名分低于自己。后来她听说王嫔人在私下竞争，并为此贿赂了宫中人等，在宫内宣扬王嫔人的德容。杜贵妃怕自己失了手，忙也去收买宫人中有职分的太监，替她传扬盛德。由是内监宫人就此分出两派：得到王嫔人贿赂的，竭力地颂扬王嫔人；得着杜贵妃钱的，自然要说杜贵妃好。两边互相吹捧，你说你的，我讲我的，慢慢地各存了意见。初时只私下不和，到后来竟明争起来，由文斗变武斗。当时两面的太监头儿各约集了党羽，约好在西苑的碧草上拼斗起来。大家正在死命拼斗，正碰上世宗辇驾回宫，他见内监这样作乱，马上传旨，传总管太监王洪问话。王洪早已晓得了这件事，把为首的十二名太监捆起来见世宗帝。世宗讯问斗殴的缘故，内监们知道赖不了，将王嫔人和杜贵妃私下竞争的事，照实说了出来。世宗帝不听则已，听了禁不住勃然大怒道："立后朕自有主张。她们敢在私下争斗，连礼仪都不顾了。这样的嫔妃，怎能做得皇后，朕偏不立她两个。"

不日，圣旨下来，册立的却是方侍嫔。这位方嫔人是世宗帝在拈花寺看上的，与张皇后一起被选进宫，世宗纳为侍妃。自杜贵妃等进宫，这方侍嫔便不很得宠了。但论起资格来，方嫔人进宫最早，为人也端庄稳重。世宗帝册立她为皇后，自不为过。惟杜贵妃，因到口的食物被一班内监们弄丢了，很是懊丧。

那时是嘉靖二十九年，道一真人邵元节去世，推举他的徒弟陶仲文自代。陶仲文上书说京师城西常有仙气萦绕，一定是仙人降凡。世宗帝听信，责令陶仲文去找寻。次日仲文就来禀奏，说是已找到了仙人，但是个女的。世宗帝大喜，马上驾起了辇舆，去接仙女。道上旌旗飘飘，侍卫官跟甲士一列列地过去，最后是一座由龙凤旗帜护卫的銮驾，一位女仙端坐在銮驾上。銮驾直进东华门，趋大成殿，到水云榭停驾。

仲文领了那女仙进见世宗帝，礼毕赐座。那女仙声如出谷雏莺。世宗听了她那种婉转的声音，便已觉得不同于凡人，再瞧她的容貌，只见她生得花容月貌，玉容雪肤，头戴紫金道冠，身着平金紫绡袍，腰系一根鸾带，足下穿着小小的一双蛮靴，更衬得她艳丽多姿。世宗帝高兴地说："朕何幸遇到仙人，过去汉武帝告柏梁台，置承露盘，不曾见有仙人降临，朕今胜似汉武帝了。"说罢仰头大笑。于是传旨让六宫嫔妃在御苑陪席，又命司膳局备酒筵大宴群僚，庆贺仙人下凡。

此时，红日悬空，天气热得好似火炉一般。夕阳西坠，御苑中列着筵席，世宗帝令内侍点燃雪烛，顿时一室生辉，清风习习。这时大臣逐一到齐，世宗就在御苑的落华轩中赐宴。世宗帝自同仙女洪紫清、羽士陶仲文在函萼榭中设席。宫嫔妃子一字儿排开，在一边陪席。酒宴之上，雪藕冰桃，碧水轩中，沉瓜浮李。轩外众臣开怀畅饮，世宗帝和洪紫清、陶仲文等也喝得如痴如醉，一直喝到月上三更才罢席。众臣散去，世宗帝令各妃嫔回宫，陶仲文离去，那位仙女洪紫清当夜便在紫云轩同圣上同寝。

第二天圣旨下来，册立洪紫清为瑜妃。世宗把紫云轩改为宜春宫，与那瑜妃住在一起。瑜妃又教皇帝炼制仙丹：系将成人少女初关的天癸取来，和人参菡炼元性纯丹。瑜妃声称服了这种丹药，能长生不老。世宗帝信以为真，即传谕出去，命令各处的地方官，挑女童三百名送进宫中，供瑜妃调派。三个月后，瑜妃炼制成了红丹十丸，献于世宗帝，每日晚上世宗用人参汤送服。谁知世宗帝服了丸药下去，竟能一夜寝幸嫔妃六人，意犹未尽。陶仲文又筑坛求仙，什么蟠桃、琼浆、火枣、交梨，凡仙人所有的食品，无不进献，世宗帝对瑜妃更加深信无疑了。瑜妃又说:“众大臣中,惟尚书赵文华具有仙骨,可命他辅助真人求仙。”世宗帝听了,下谕赵文华留居御苑,辅佐陶仲文炼丹。如此,赵文华的势力很快大了起来,平日出入禁宫和自己的私第一样。

## 赵文华用春药勾引瑜妃

严嵩见文华权势日大,圣宠渐降,不由得勃然怒道:“老赵自己得志,忘了我提携他的昔日恩情吗?”有人去告之文华,文华微笑道:“皇上要宠信我,也是推不去的,万一要砍我的脑袋,我只好听他把头颅搬家,这都是各人的命,和严老头无任何关系。”严嵩听到赵文华如此说,直气得拍案大怒道:“咱若弄不垮赵狗儿这厮,誓不在朝堂立身了!”严嵩开始不停地搜寻赵文华的劣迹,授意言官,上章弹劾。世宗帝正宠信文华,无论劾章上说什么,他一概不予理睬。

可严嵩不肯罢休,令一班御史天天上疏。疏上所说的都是文华往日作恶的事实,什么霸占民妇、霸夺良田,私第盖着黄瓦,私藏龙衣等等。世宗看弹劾赵文华的奏疏堆积得像小山一样,也不免有些猜疑起来。最后都御史罗龙文上了一疏,说赵文华出入宫室,夜卧龙床,罪当斩首。世宗帝看了这段奏章,倒很受触动,便慢慢地注意赵文华的行止。陶仲文和瑜妃在世宗帝面前都替文华说好话,没一个说他不是。

世宗是个聪敏的人,已瞧出他们的破绽来,晓得内监、宫人必定和文华勾结,不然,就是一等的好人,也总有几人说他好,几人说他坏,决不会众口一词,这样齐心。从此,世宗帝留心赵文华的举动。对于世宗生疑,已有内监密告赵文华,文华异常小心敛迹,任世宗有四眼八耳,也甭想看出他的坏处来。这样地过了半年,日久生懈,世宗对赵文华的疑心逐渐放松了。

一天晚上,世宗召阎嫔人侍寝,不知为何圣心触怒,世宗气冲冲地向着宜春宫而来。皇帝幸妃嫔,照例是有两对红纱灯,由内侍掌着引道的。这天世宗帝匆匆出宫,内监们忙燃了红纱灯,快速从后赶来。世宗帝早已到了宜春宫前。进了宫门,忽听里面有男女欢笑声。世宗惊诧不已,便轻手轻脚地进去,只见妆台上红灯高燃,绣榻上锦幔低垂。世宗帝掀起锦幔,见榻上赤身裸体睡着一对男女,两人拥抱了在那里调情,那女的不住地吃吃欢笑着。世宗看了不禁大怒。

正在调笑的宫侍和小内监一看世宗皇帝站在床前,两人吓得连滚带爬下榻,如狗般地伏在地上,叩头如捣蒜。世宗大怒,喝道:“这是何处,你们这般胡闹?洪娘娘哪里去了?"宫侍和小内监见问,不由得愣住了,老半天说不出话来。世宗帝更加疑心,正在生气的当儿,忽见瑜妃急匆匆地来了。世宗帝看她头发蓬松,玉容带着红霞,娇喘吁吁,好像很惊恐的样子。瑜妃见了世宗,行过了礼,慢慢地说道:"臣妾嫌宫中不洁,方才到玉雪轩去清静一会儿,却睡着了。听得内侍报知,匆忙赶来,劳陛下久待了。"世宗听后,也不和她辩驳,只点点头,当夜就睡在宜春宫中。此后,世宗对这位号称仙女的瑜妃也不免怀疑起来。

## 赵文华和瑜妃被皇帝当场捉奸

时光如水,又是秋尽冬初,湘上芙蓉,朵朵美丽异常。御苑中的芙蓉花是珍贵的品种,有红、白、紫三色。每天芙蓉开放的时候,世宗便和嫔妃们饮酒赏花,谈笑风生。高兴时,还和嫔妃们吟诗作赋,也算为好花点缀。那天世宗饮罢酒,带醉往涵春宫去了。涵春宫的嫔人是萍儿。这天晚上,涵春宫里忽然闹起什么鬼来,内侍宫女都逃尽了。世宗帝见他们如此胆小,只得出了涵春宫,又回到宜春宫来。这时宜春宫的宫侍、内监都已入梦,根本想不到世宗会来。世宗走进宜春宫门,见闺门半掩着,推门进去,里面只燃着一支蜡烛,灯光很是朦胧。世宗帝觉得瑜妃已经睡了,便有意咳嗽了一声,把榻上的瑜妃惊醒了。世宗看到绣幔中好像有两人的影儿,随后揭开幔布瞧时,这一瞧大家都愣住了。原来瑜妃同赵文华两人裸身挤在榻上发怔,正在上下不是、不知所措的当儿,正巧世宗帝揭开幔帐来。瑜妃吓得只是全身抖着,赵文华吓得呆若木鸡。世宗心里怒气冲天,便放下了幔帐,愤愤地向绣龙椅上一坐,一句话也不说。瑜妃和赵文华穿好了衣服,走下榻来,跪在世宗面前,啄米般地叩头,请求饶命。世宗帝冷笑了一声,霍地立起身来,径自出去了。

赵文华知道大事不好,逃又逃不了,两人对立着,除了痛哭之外真是毫无办法。很快,两名太监进来,不管三七二十一,似沙鹰拖鸡般的拖了文华便走。瑜妃已痛哭欲绝,正不知自己会落得什么下场。瑜妃就是陶仲文去找来的女仙洪紫清,怎会和赵文华偷情呢?原来瑜妃便是从前和柳如眉厮混的洪姨娘。那时赵文华看穿了他们的勾当,暗地里派人将柳如眉杀死在道上。他杀了柳如眉之后,本打算也要把洪湘娘结果了的,不知怎的,他想利用湘娘,便贿赂了羽士陶仲文,湘娘更名为洪紫清,只说是城中的仙人,把湘娘献进宫去。世宗帝是个好色之徒,管她是真的还是假的,当夜就临幸湘娘,册封她为瑜妃。那瑜妃报答文华之恩，在世宗前吹风说什么文华有道风，可令他炼制仙丹。世宗正宠爱瑜妃，自然听从，于是把赵文华宣进宫来，命他留居御苑。赵文华得此机会，当然和瑜妃扯不断，少不得要重温旧情。那天世宗见宫侍和小内监在绣榻上闹玩时，瑜妃和文华正在朵云轩重温旧情。等到宫人偷偷地去报知，瑜妃慌忙赶来，却已被世宗看透了。世宗今夜突然从涵春宫来到宜春宫，赵文华和瑜妃真是无论如何也想不到。

世宗把赵文华亲自刑讯一番，赵文华将隐情全部说了出来。瑜妃供奉的元性纯红丹是赵文华交给她的春药方儿，并不是仙丹。这样一来，连那个号称神仙，为世宗所崇信的道士陶仲文也原形毕露了。世宗不禁愤怒万分，马上将赵文华和陶仲文下狱。赐给瑜妃鸩酒。瑜妃到了这时，无路可走，只哭了一场，端起鸩酒一饮而尽，稍许，毒发，七窍鲜血直流，一位花容月貌的美人儿，两脚一挺，在地上打了几个滚，赵文华在狱中知道，心想自己在劫难逃了。当下急求和严嵩最亲近的鄢懋卿，再三地向严嵩讨饶。严老儿念在昔日情分，替文华从中斡旋。怒气冲天的世宗，居然气消了一半，只把赵文华判了个迁戍的罪名。这道谕旨表面是把赵文华远戍千里，实际上他并不到什么戍所，暗中，在路上将赵文华放走。文华星夜潜回府第，收拾了金珠细软等物，把姬妾大半遣散了，只带了两名爱姬，潜回原籍安度晚年。

## 唐伯虎意乱情迷寻芳踪

世宗龙体欠佳，朝廷的大事都由徐阶一人处理，犹如武宗时的杨廷和一般协助得力，协理阴阳。

### 唐伯虎吮笔画玉容

徐阶，祖籍吴中，二十一岁入了翰苑，渐渐地爬升到相位，位列公卿。徐相国的家眷还在吴中，他于是委派几名得力的家人，将夫人接进京来。相国夫人魏氏信佛，自到了京中，天天到各处寺院中烧香拜佛，还带了女儿眉云，母女两个各乘着青布小轿，往返于庵庙寺院中。其实，徐夫人在吴中的时候也日日如此。魏夫人似这般好佛，徐相国极力阻拦。

唐伯虎意乱情迷寻芳踪

当时吴中有三个名士，第一个是唐寅，第二个是祝允明，第三个叫作文征明。这三位名士一样富于文采风流，常干些寻花问柳的勾当，尤其是唐伯虎最为放荡不羁。他又擅长诗画，每一出，吴中闺秀争诵一时。那般放荡的侯门姬妾经常假借求画之名，暗底下免不得蓝桥偷渡。因而唐伯虎在吴中的艳情绯闻甚多，他为和那些大家闺秀通书联句，大作情诗艳词，真不知花了多少心血。

一天，魏夫人和眉云小姐在净坛寺烧香，顺道游览了一会儿虎丘。哪知冤家路窄，恰巧风流才子唐伯虎与文征明、祝枝山、徐昌谷等一班名士也在此溜达游玩。魏夫人领了这位妩媚动人的眉云小姐经过他们面前时，几位风流名士看得眼都直了。眉云小姐的确生得闭月羞花，倾国倾城，在吴下的美人中算是绝妙无双。唐伯虎看了又看，越看越爱，便瞒着众人偷偷地跟在后面。魏夫人和眉云小姐见背后有人跟随，疑是市井浪子，忙叫仆人抬过轿来，母女两个上了轿，飞快回去了。唐伯虎仍旧呆呆地立着，直待瞧不见了轿子的影儿。文征明遥望着，心里十分好笑，悄悄地走将上去，在伯虎的肩上一拍道："红日要西斜了，你还愣在这里做甚？"这一拍，把唐寅大大地吓了一跳，他回头一看是文征明，也不觉好笑道："人人喜欢美人，你没见刚才的美人儿，只怕夫差的西施也不过如此。"说罢大家笑了一阵，也就各自走散了。唐寅独自一人没精打采地回去，心上还不忘那美人，真算连魂都被勾走了。他到了家里，提笔挥毫，静静地意会美人的花容月貌，画成一幅玉容，早晚痴痴地看着，甚至废寝忘食。

## 县太太乳峰贴罗衫

在端午节这天，吴中有在湖中赛龙舟的风俗。到了那时，美女成群，都在水边看龙舟竞渡。唐寅也没精打采地来到湖畔，见十余龙舟排列得如雁一般，舟中数十壮男气昂昂地持着桨在那里等待着。只听得哨叫一声，十几艘龙船上的水手一齐用力划水，那龙舟在水面上好似腾空而出的蛟龙，昂首向前猛冲。飞驰了半里多路，一艘黄龙猛然往前直冲出去，在惊涛骇浪中超过了别的龙舟，飞般地向前冲去了。这时有一艘青龙金头的龙舟不甘落后，舟上划桨的壮丁吆喝一声，施展出一个蛟龙闹海之势，船首往下一没，龙尾朝上一翘，轻飘飘地直追过去，那划桨声好似狂风骤雨，訇訇然如狂涛汹涌。龙舟前进的速度比前快了数倍，早把同行的龙舟远远地甩在后面，向前赶那只黄龙舟去了。余下的红龙舟、黑龙舟等也一齐奋力狂追。青龙舟已追上黄龙舟，两只船儿紧挨着划过来。这时舟在水上如飞一般，青、黄舟相距约有二丈光景，伯仲未分。两舟此时紧紧靠在一起。正在关键时刻，青龙舟上呼哨一声，百十片划桨猛然在水中猛划几十下，舟身似高山瀑布，竟赶到黄龙舟的前头，超越半只船身。这时岸上看客不由得大声叫好，掌声如轰雷地响起来。黄龙舟上的人都急了，但听得一声喊叫，龙船往湖边斜冲过去，倾翻在湖中。几十名水手都掉落水里，龙舟沉入水中去了。那时青龙舟获胜已经停住了，后面的十几艘龙舟也赶到了，大家手忙脚乱把黄龙船内的众人一个个地捞救起来。多亏这些撑船壮丁没有一个不识得水性，个个平安。只是船上的油彩被水浸过，颜色褪下来，湖水都被染红了。

那天赛龙舟时，知县太太领了家人雇了一只大船？自在湖边观赏。船头上设了一把太师交椅，那位太太坐在船上观赏。一班划龙舟的认得是知县太太在这里，大家划得格外卖力。青龙舟赢了黄龙舟，几十个壮丁神气地向知县太太讨赏。那位太太赏给每名壮丁白银五两。青龙舟上的人得了赏钱，兴高采烈地去了。

黄龙船上的众人争不着锦标，反把船弄翻了，心上已有些气愤。又见青龙舟上的人得着赏金，愈加郁闷，一唱百和地拦住了青龙船上的人，定要和他们分红。青龙舟上的壮士本来是无业游民，多是唯恐天下不乱的人物。忽见黄船上的人来与他们分红，怎肯低声下气？大家你一言我一语地斗起劲来，三句不合，挥拳便打。街上瞧热闹的人，怕事的纷纷回避，也有些人很怕他们打起来，忙上前去使劲地解劝。他们停止扭打后，吵闹着到知县太太的船上来评理。众人哄着拥上船去，轰隆的一声响，把知县太太的坐船踏翻了，太太和家人奴婢都翻身落水。岸上立着保护的差役连连呼喊救命，并将为首打架的人捉了。知县太太被众人救起时，已似落汤鸡一样了。况这位知县太太又胖得不行，五月里的白罗衫子被水湿透了，都牢牢地贴在胸脯上，一双乳峰翘起，煞是好看，引得看热闹的无赖大笑不止。知县太太满脸通红，恨不得找个缝钻进去。亏了衙役去唤了几乘小轿来，那知县太太跌跌撞撞进了轿。丫鬟、仆妇坐轿居后，簇拥着知县太太的轿去了。衙役们将肇事的流民锁着带往县衙中去。

## 美人折扇击中伯虎头

唐寅看了一会儿龙舟，在河沿转了一圈，觉得微风拂面，吹人欲懒，甚觉无聊。他正要去找文征明、祝枝山等，才回身走得几步，突然空中掉下一个东西来，"啪"地打在他头上。唐伯虎疼痛不已，抬起头来正要骂人，只见朱楼碧窗，窗沿边一个美人儿，正脉脉含情地瞅着唐寅，嫣然一笑，缩身进去了。唐寅见她这妩媚一笑，怒气早已不知何处去了。又觉得那美人十分熟悉，蓦然记起那天虎丘的美人，不是她是谁？再俯身拾起地上掉下来的东西，却是一柄牙骨锦云的小折扇。扇上题有诗句，簪花妙格，书法甚是秀媚，一看便知是闺中人的手笔。那一面画着一幅晴云岚霭，上款是"眉云大姊雅正"，下款署着"妹丽云绘题"。那画儿虽不甚精美，笔法却深藏古意。唐寅是情场高手，自然晓得其中奥妙。他正在把玩，突然觉得衣袖被人轻轻地牵了一下，唐寅回过身来，见是一个丫鬟，粉脸微泛红霞，掩口微笑道："咱们小姐拜上相公，刚刚得罪了尊驾，觉得很不好意思，那把扇儿可否归还了？他日自当相谢！"唐寅听那丫鬟说话灵巧、珠喉清脆，不由得暗暗赞叹："强将手下无弱兵，主人是天上仙眷，侍儿自然是人间尤物了。"想着便笑答道："你们小姐贵姓？"丫鬟道："姓徐。"唐寅笑道："这扇儿上的题款是否你家小姐的芳名？"那丫鬟微微偏转脸儿，道："大家闺秀的名儿咱不便对相公说，相公也不必问。"唐寅笑了笑，收了扇儿，将自己的一柄扇儿换给了她。那个丫鬟持着扇儿匆匆离去了。唐寅仰头向窗上看了半天，不见美人的影踪。再回首河畔绿水茫茫，泉声叮咚，便低头叹息，徘徊半晌，玉人杳然，只得垂头丧气地自回。

半个月不到，这河隔岸小楼一角，对开着双窗，一个少年士人不时凭窗览胜，江上帆影稀疏，水鸟掠着湖波往来，那士人忽然伏案吟诵，很觉自得。每到月上柳梢，便焚起云檀，盘膝抚琴。一曲未了，对楼碧窗"呀"开了，一个花容月貌之美人藉口赏月，聆听士人抚琴。那士人见了美人，也不禁欣喜若狂，施展平生技艺，弹得格外动人，真是琴韵悠扬，荡气回肠，大有此曲只应天上有的意思。这弹琴的士人不用说，正是六如唐寅。那个美人，正是徐家的眉云小姐，这样一天天地过去，光阴似箭，转眼深秋，黄菊落英，芙蓉隔岸。此时，吴中的士大夫多往胜地看花，携榼高会、往情题咏、互相唱和。唐寅也邀着文征明、祝枝山、徐昌谷等一班人终日游山玩水，到处吟诗留句。

## 雨打芭蕉总关情

一天黄昏，唐寅从文璧那里豪饮归来，略有醉意，忽见那天索扇儿的丫鬟笑嘻嘻地走过小桥来，到了唐寅的小楼上，把个纸封儿扔在桌上，笑着飞奔而去。唐寅开封一看，却一张紫兰花的涛笺，书有词儿两阕，左边的角上写着"求正吟坛"四字，字迹娟秀，甚是可爱。唐寅便放声吟诵道：

碧窗秋露冷如冰，素月半帘明，白云依旧，夜色凉深。何处步云行？虫声懒，草霜轻，不胜情，湖畔瑟韵，楼下吹箫，梦回乍醒。

人生悲愁无限，韶华去难见，山水重重，遥瞰天远。院落沉沉，人声寂寂，图书仙馆，叶凋残萧琴，柔情似水，佳人肠断。

唐寅读罢，自语道："词虽做得草率，但还不错。待咱也书一阕答她。"就挥毫写道：

绿窗朱户，小楼听微雨。意无聊，炉火温香醑，江边候信潮。花香含粉黛，寒雨打芭蕉，情深有谁知？恨迢迢。

晴窗明，绿杨前，倚花边，燕掠水，日如年，风袅袅，香阵阵，望婵娟。花儿好，满庭院，蝶流连。山起云，柳锁烟。松涛急，湖水碧。不尽言。

唐寅写罢，仍把原封封好，等那丫鬟来取。翌日晚上，那丫鬟如约而至，笑着问："可把词儿改好了吗？"唐寅也笑道："早已封好了，不过咱的文字很粗俗，还请你们小姐莫要见笑！"说着把纸封递给她。那丫鬟一句话也没说，只向着唐寅的手里塞了个纸封，下楼过小桥而去。

自此以后，那丫鬟便做了红娘，这样朝来暮去，眉云小姐的香闺中慢慢有了唐寅的身影。从前的琴音吟声都是隔河相应的，现在却是并肩倚窗对月吟诗了，那无限的快乐也就不言而喻了。

不料好事多磨，徐相国委派仆人来接她们进京。魏夫人忙着打点行囊，那位小姐却和唐寅在那道别。两人难分难舍，相对涕泪不已，连那个丫鬟秋香也在一旁替他们垂泪。唐寅、眉云小姐正哭得伤心，忽然魏夫人走进绣房来，眉云小姐吓得大惊失色，唐寅更是无地自容。两人不由地齐齐跪在魏夫人面前，魏夫人不知所措，半天说不出话来。又见眉云小姐哭得婉转娇啼，梨花带雨，真叫人又怜又爱。魏夫人虽然心上动气,毕竟是亲生女儿,事已至此,不由得深深地叹了口气,一手把眉云小姐搀扶起来,回头让唐寅也起身,吩咐秋香马上送他下楼去,不许在此逗留。唐寅如获大赦,随着秋香匆匆下楼。到了楼梯口,仍回过头来瞧那眉云小姐,只见她玉颜带晕,泪盈盈地倚在妆台边。这时的唐寅,一步三回首,心里好不难受。唐寅走后,魏夫人怕眉云小姐抑郁生病,所以啥也没说,只令眉云小姐赶紧收拾好了,准备明日启程。

第二天,江畔两只青篷巨艇启行了,正是徐相国的官眷进京。唐寅眼睁睁地瞧着心上人北去,他怎忍心,便准备雇舟尾随前往。正值文征明、祝枝山、徐昌谷三个孝廉公进京会试去,四人一块儿扬帆北上。不日到了都城,文征明等自去筹划赴试,唐寅一心思念眉云小姐,悄悄地打探徐相国的私第,在东安门外被他找着了。但侯门似海,无法通得消息。幸得魏夫人信佛,经常带眉云小姐往各处寺院进香,唐寅遥遥相望,和眉云小姐相逢,双方心中会意,就是无法言传。于是又要那个丫鬟秋香替他们两人设法,偷偷地相府后花园幽会过几次,终比不上吴中那时的快乐。眉云小姐因此愁眉不展,好生郁闷。

## 小姐许亲文征明

女孩儿家一长大了,都会有几分心事的,眉云小姐也是如此。魏夫人晓得女儿红鸾星动,便在徐相国面前多次提起眉云小姐的婚姻大事。徐相国说:“一时没有合适的人选,且暂过几时再讲。”哪知这年的文征明官星照命,在三千举子中竟占了魁首,又联捷入了翰林。少年高中,这得意自不必说了。他那时的老师便是徐相国。榜发之后,新科翰林都拜谢老师。徐相国见自己的门生个个是英俊少年,不由得心花怒放,就起了择婿之念。等送出了众门生之后,忙到内室与魏夫人商议。说众翰林都是少年高才,特别是那个姓文的同乡,更是有才有貌。魏夫人听了,非常赞成。徐相国便使人去询问,知文征明尚未婚配。徐相国大喜,于朝见时在驾前保举文征明。不日圣旨下,授文征明为翰林院待诏,少年学士益显得倜傥无比。徐相国召文征明到了私第,面议婚事。文征明不知有唐寅的隐情在里面,见宰相的小姐肯嫁给自己,加之徐相国是老师,自然十分愿意。

谁知徐相国和文征明师生两人在内堂谈婚论嫁时,正好被丫鬟秋香听得了,她忙去告诉眉云小姐。眉云小姐闻得婚姻两字,不由得心惊肉跳,她和唐寅本早订有百年之约,但在老父面前又不好直说。正左右为难的时候,听说老父替她择定了佳婿,是个少年翰林,不觉芳心一动,便由秋香搀着懒懒地走下楼来,在屏风背后悄悄地偷瞧了一会,只见文征明蓝袍玉带、云锦乌纱,那一种潇洒出尘、文采风流的气概和唐寅不相上下,甚至有过之无不及。大凡女子,羡慕虚荣的多,眉云小姐乍遇唐寅,觉他风流倜傥、举止隽雅,以为天下无双,以是一意倾心,誓必非他不嫁。如今眼见得那个文征明胜之于唐寅,而且少年登科,若嫁给了他,不就是一位翰林夫人吗?眉云小姐又偷偷瞧几眼,觉得那文征明真是愈看愈好看,越瞧越觉比唐寅强。又思量他相貌这般俊朗,内才一定也不逊色,不然怎么会金榜题名。若和这样一个美郎君做夫妇,那才算得不枉此生,也对得住自己的玉容了。眉云小姐呆呆地思索了许久,低低叹了一声,仍然没精打采地扶着秋香上楼去了。

这里徐相国翁婿两个开怀痛饮。酒到半醉半醒,徐相同向文征明索要聘物,文征明从腰间解下一双玉燕渔舟来,恭敬地奉给徐相国。徐相国笑道:"天缘巧合,不可无诗,敢求珠玉一章,以作团圆的预庆。"文征明笑了笑,命家童取来文房四宝,文征明欲展他的才学,研墨吮毫,稍稍思考了一下,便悠悠地写道:

珠翠飘灯画小舫,箫声引凤月映窗。

佳酿还须花前醉。玉洁冰清燕一双。

徐相国读罢,连连称赞,忙叫侍婢送至闺中,呈给眉云小姐。片刻,那侍婢拿了还聘下楼,却是一羊脂玉的钗儿,玲珑无比,似汉代的佳品。另有云笺一纸,簪花妙格,书着和诗一首。徐相国和文征明瞧那上面的诗儿,亦为七绝一首,写道:

碧水舟轻趁急流,十湾九曲落花江。

堤边垂有丝丝柳,系住穿帘燕一双。

徐相国看了笑道:"珠玉在前,献丑了!"文征明谦逊了几句,就起身告辞了。

## 香魂归去欲难平

光阴似箭,又过了半月。那时的唐寅每天来相国府第探询眉云小姐的消息,想待那丫鬟秋香出来,偷偷地和眉云小姐幽会。他不曾知晓徐相国把眉云许给文征明的事。由于这时的祝枝山和徐昌谷榜上无名,早已匆匆南归,只有文征明金榜题名。唐寅傲骨天成,见征明登第,就不大愿意与他相见。所谓贵人多忙,征明自然没有空去访唐寅了。这样一来,两下里就比较生疏起来,弄得音讯全无。有一天,唐寅又到相国的后园,正见秋香两眼红红地走出来,她一见唐寅,不由得泪流满脸,说不出话来了。唐寅忙道:“你怎这样伤心?”秋香含泪答道:“咱家小姐死了,你不知道吗?”唐寅听了大惊。

满园的梨花都含悲蓄怨,残阳如血。被风吹皱的一池碧水,似美人秋波、含泪欲坠的样儿。那时秋香颤巍巍地说道:“咱家小姐于昨天晚上死了。”这死字刚出口,唐寅听得几乎昏倒在地,举头四顾,觉得样样悲凉,很凄惨地问:“你家小姐怎么死的?患的什么病儿?却死得如此之快!”秋香一面拭着泪珠,抽泣着说道:“还不是为了你吗?要不然也不至于如此。”唐寅惊道:“真是为咱死的吗?”秋香叹道:“一言难尽,咱也不想讲它,实在也不忍讲。小姐留有绝笔遗书,你自已去瞧吧!”说着取出一封信儿递给唐寅。唐寅接在手里,只见信上写着一行“六如知已亲启”六个大字。又把那封信拆开来,见里面写道:

六如知已者如览:

一别吴江,再逢燕地;两意缠绵,双心怆恻。夫以家庭受制,难缔鸾凤之俦;月老无情,未定鸳鸯之谱。古云君子,本淑女好逑;昔者相如,调求凰之曲。忆曩者,小楼并肩对语,促膝共谈,相偎相依,情犹水乳,至怜至爱,春心动于衾中。云雨巫山,入襄王之好梦;潋滟逝水,会神水之阳台。斯情斯景,宁堪为外人道乎?讵知好事不长,偏来折磨,老父书至,于是乎屏之而北行焉。幸君多情,追踪北来,虽别离黯然魂销,不久复重续旧,竟谓从此天长地久,作永远之欢娱。将来得冰人之一言,即可偕老白首矣。孰知祸事之来,有出人意料者,老父毅然为选佳婿耳。彼人者,新进学士,翰苑才人;尔雅温文,少年俊美;相偶固不辱没,亦堪称一对璧人。无知吾之与君,已订约在前,岂容改志于后?然坚守吾约,则违父母之命;苟顺亲情,则负君矣。就事而论,两不可背;以情而言,乌能独从。转辗思维,进退皆难,追本寻源,是吾之命薄耳。嗟乎六如!今且别矣。红颜如花,其艳不永,是古人已先为吾言之。盖吾欲从君,则遗羞老父,世将詈为无耻,留丑名于千古;进而从父,则君必百志俱灰,遂至磨折经终。我不杀伯仁,伯仁为我而死,吾心岂忍出此乎?吾计之熟矣,不幸事急,赖有三尺白绫,任吾护身之符,身既必君,则唯有以死报君耳。

噫!吾之死期至矣!吾死以后,君幸无悲,天下多美女,以君之才,能奋力上进,掇高科,取杏紫,犹拾芥耳。身登仕籍,则区区如薄命人者,何患不得,届时恐嫌其多且烦也。虽然,果有此日,君志得意满,趾高气扬,而薄命人则夜台孤眠,尝风餐露,白杨枫树,绕吾荒丘,谁复有忆及斯薄命人者呼?悲矣!顾君有情人也,倘能金榜题名,洞房花烛之夜,三呼吾名而稽首者,吾死亦无憾矣!

更有一言,为君告得,秋香小婢,事吾多年,情同骨肉,君如情深念吾者,而纳秋香而列诸妾媵,吾之所愿也,则君见秋香,犹对吾无异。要之彼一孤女,伶仃可怜,得君援之,亦属功德,而吾心亦从斯安矣。

别矣唐郎,幸自珍摄!薄命如吾,不足怜惜,祈君毋过哀,致吾在九泉因此而增吾悲,亦所以增吾之罪孽也。呜呼!不谓花亭(相府后圃有花芳亭,为六如、眉云幽会地)一见,乃成永诀。纪念之言,遂为寘语;吾忆及是,吾心伤矣!悲矣哉!夜漏三更,春寒多厉,吾书至是,泪湿云笺者数重,吾乃不忍书矣!

## 妹徐眉云绝笑

唐寅读着,真是字字血泪。读毕,那眼泪已如雨下,袖襟早湿了一半,掩泪回顾秋香道:“想不到你们小姐真是为咱而自尽的。此后咱希望已绝,从今当披发出山,不复再染红尘了。”秋香也抽泣着说道:“唐相公且莫这般说,叫人听了伤心,咱家小姐在毕命的隔日也再三叮咛,寄语相公不要丧志心死,致增小姐的罪孽。”说罢,已泪如雨下。唐寅也哭得死去活来。正是伤心人遇着了伤心人,两人越哭越觉悱恻,没想到园门的小阁上忽然有个声音很清脆地叫道:“秋香姐!老夫人唤你了。”秋香听了,忙收泪回身,匆匆地去了。

唐寅独自一人,呆呆地立在园门口发愣。那边走过个老仆,见唐寅在门口发怔,当他是个市井浪子,便上前将唐寅一推,道:“请你离开,咱们里边有事,要关园门了。”说罢,也不等唐寅回话,“砰”的一声,关上了园门。

唐寅在园门前站了老半天,只得长叹了一声,万念俱灰地回到寓中。正在万分凄寂的时候,忽见文征明非常沮丧地走进来。两人相见,略略寒暄了几句,文征明劈口就问道:“奇事都是我遇见的,你晓得我又遇到一桩怪事吗?”唐寅心事重重,便毫不在意地答道:“有何怪事?”文征明拍着膝盖道:“就是那徐相国的女儿,承相国亲许我的婚姻,不知咋的,今天相府里的仆人来通告,说他家小姐昨天晚餐还好端端的,晚上就死了。难道不让人觉得诧异吗?”唐寅听说,不由得惊诧道:“你所说的可是那徐阶老相国的女儿吗?”文征明道:“你想有几个徐相国?”唐寅突然站起来叫道:“那可糟了!”文征明吃惊地问道:“为什么你也这样着急?”唐寅也不等他说毕,从袖里摸出那封眉云小姐的绝命书来,往案上一掷,道:“你且看了就能明白。”文征明把信从头至尾读了一遍,读至“徐眉云绝笔”,不觉目瞪口呆了。唐寅便把吴中时与眉云交往之经过详细说了。文征明叹道:“早知如此,就不致答应这桩婚事了。这样一来,我害苦了你们了。不过书中眉云小姐嘱咐你纳秋香为妾,这件事我一定成全你。”说着起身走了。

那时徐相国听她女儿无故自尽,悲痛欲绝。但不知眉云为何自尽,传秋香并侍婢等讯问,终无结果。后来魏夫人无意中吐出吴中之事。徐相国怒不可遏,马上拷问秋香,才知眉云已和唐寅私订终身。徐相国恨恨地说道:“这贱婢该死,她自己没福去做现成的夫人,还可惜她则甚?”于是命人草草殓葬了,并密令左右,逮捕唐寅。风声传到了文征明的耳朵里,忙去通知唐寅避一避,又亲往相府,求徐相国把秋香见赐。徐相国和魏夫人一计议,觉得眉云小姐已死,自己膝下又无儿女,秋香为人机灵,在府中服侍也有好几年了,不如收她做义女,仍嫁给文征明,做眉云小姐的替身。徐相国将此意告之文征明,征明不好推却。秋香虽是婢女,但经徐相国收作义女,马上成了小姐了。

不日,秋香便正式嫁给了文征明。大喜的那天,廷臣都来贺喜。大家不知其中的底细,都称赞相国小姐和文翰林真是一对璧人。世宗皇帝知道徐阶的女儿嫁与文征明,特意赐征明龙凤金锁一具,彩䌷百端,黄金五百两,绣袍一袭。赏翰林夫人徐氏贡花一对,凤钗两双,碧玉龙纹玉簪一对。又御制二十四首燕尔新婚诗赐给文征明夫妇,在当时传为佳话。只苦了唐寅,弄得麻绳缚蛋——两头脱空。文征明最初想把秋香要来送与唐寅的,想不到弄假作真,依旧拉在自己身上,再也无脸回复唐寅了。唐寅知道其中的情形,只唉声叹气,也不去见文征明,竟忧然南归。自后唐寅在吴中不似从前狂妄了,他有空时以书画自遣。他的书画流传到了现在,很有价值。唐寅和祝枝山、文征明、徐昌谷并称“吴中四才子”。

## 神宗妃子的宫外恋情

### 小姨子的惊鸿一瞥

穆宗驾崩前,遗诏命张居正、高拱、高仪等辅佐太子翊钧继位,太子翊钧就成了神宗皇帝。改明年为万历元年，追尊陈皇后为孝安太后，晋贵妃李氏为太妃，后又尊封为孝定太后，追谥穆宗为孝庄皇帝。封张居正为大学士、晋太师，高拱为太傅兼华盖殿大学士，高仪为吏部尚书兼武英殿大学士。神宗皇帝继位，立王氏为皇后，册郑氏为贵妃，以刘秀媛为晋妃。郑贵妃为侍郎郑扬的女弟，刘秀媛为刘馥的女儿。

神宗

刘馥，山西人，原来是做古董生意的，往来塞北等地。蒙古王裔穷苦的，便把些古物拿来换钱。刘馥随意报价，值百的说二三，蒙古贵族子弟是毫不懂得的，任刘馥瞎说。因此刘馥慢慢地富起来，不到十年光景，竟富甲一郡。正逢神宗在东宫选妃，刘馥和中官冯保暗中勾结，把自己的女儿秀媛送入京中。但是稍晚一步，神宗已册立了王氏。幸冯保百般周旋，才将秀媛送进宫内。神宗帝见秀媛楚楚动人，便纳为侍嫔。这时神宗登位，秀媛也立为妃子。不久，神宗又纳郑扬的女弟为侍嫔，郑妃进宫比刘秀媛晚，现在的封典却在刘秀媛之上，秀媛当然十分不悦，私下不免有了怨言。刘秀媛又和冯保密计想压制郑贵妃，一时却想不出好法子来。

秀媛还有一个妹子叫秀华，芳龄十七，容貌却比秀媛还艳丽三分。冯保便献计，把秀华也带进宫，故意打扮得妖媚无比，经常在园亭楼阁中姗姗往来，或是在花荫徘徊，或是坐在树荫下低唱，如此多日。一天，神宗帝游览御苑，见绿荫中似有个美人的倩影，神宗帝心下甚奇，便慢慢地往树荫中走来。那美人嫣然一笑，竟自缩身进那竹林去了。神宗帝觉得那美人甚是艳丽，惊鸿一瞥就消失了，他心上怎肯舍去？就循竹径尾随而去，瞧见那美人还盈盈地向前走着。神宗帝紧随其后，足音橐橐地作响。那美人似已知道神宗在后跟着，脚步较前更快了。神宗帝也快步追上去，那美人飞快地跑进春华宫去了。

这春华宫是晋妃所居的。神宗帝追进宫门，只见晋妃孤人独坐，却找不到美人的踪影。这时晋妃起身接驾，神宗帝笑说道："刚才进来的美人儿何去?"

晋妃忙跪下禀道："那是臣妾的妹子，那天进宫来，臣妾未曾奏明陛下，万祈恕罪！"神宗帝扶起晋妃，口里笑道："朕不怪罪你，快叫你的妹子出来见朕！"晋妃奉谕，命宫人去请刘小姐。稍后，但听得宫鞋细碎，刚才进去的美人已亭亭玉立地站在面前行下礼去。神宗帝急忙挡住，还赐她坐下，回头问晋妃："她唤什么名儿？"晋妃答道："小名叫作秀华。"神宗帝笑道："好名儿！秀媚华丽，真名副其实啊。"秀华听了，粉面微红，愈显得妩媚，真是令人爱煞。神宗帝忍耐不住，伸手握住她的玉臂，涎着脸道："卿今年芳龄有几？"秀华低垂粉颈，答应了声："臣妾今年十七。"神宗帝点点头，和晋妃寒暄了几句，自出春华宫去了。

等神宗帝走后，晋妃急召中官冯保进宫，告诉他皇帝已经上钩，须预备以后的行动。又嘱咐她的妹子秀华，要注意那个郑贵妃，有机会就在皇帝面前指摘她的坏处，咱们姊妹两个早晚要扳倒郑贵妃。又令冯保暗暗去打探那郑贵妃的行动，随时来报告消息。晋妃这种计策正应了两句古话"设下弯弓擒猛虎，安排香饵钓鳖龙"。他们三个人加在一起，即使郑贵妃有三头六臂，也休想逃得出他们的掌心。因而没过多久，就闹出一桩宫闱疑案来。

## 芝卿姐弟情深

原来晋妃的妹子刘秀华也识字，而且善画花卉。她读书的时候，是在她姑表亲任芝卿家附读的。两人因有亲戚关系，加之是同窗，自然比别人格外亲热一些。芝卿小秀华两岁，生得双瞳明亮，唇红齿白，天真烂漫，人见人爱。秀华的母亲对芝卿，也另眼相看。芝卿那时仅有十三四岁，虽说童子无知，对于秀华也甚觉爱慕。每天秀华回去时，芝卿一手提着书包，一手挽着秀华的玉臂，直送她到家中，一年三百六十五天天天如此。他们年纪一岁岁地大上去，情窦初开，两下就起了爱恋之心。在秀华母亲的心里，把秀华配给任芝卿是亲上加亲，心上也很乐意。秀华探出了她母亲的口风，悄悄告诉了芝卿，两人喜悦无比。

秀华到了十五岁就不念书了。当年的春季里，又患起病来了。芝卿得知，去对自己的母亲说，表姐病中寂寞，自己白天去陪伴她，讲些笑话给她解闷。芝卿的母亲爱子情切，又因秀华将来便是自己的媳妇，平时也非常喜爱秀华，于是就毫不犹豫地答应了。芝卿兴高采烈地跑到秀华家里，坐在秀华的床前说些故事给秀华听。诸凡递汤授水，无一不是芝卿一手操办。秀华因此也无比地爱芝卿。芝卿到了晚上回去，秀华便寂寞地睡了，连口也不大开了。天刚亮就问芝卿是否来了。回说是没有,秀华便泪水涟涟地不作声了。吃过早饭之后,芝卿才来,可怜秀华已问过多遍了。有时秀华的母亲为讨女儿欢心,等秀华问芝卿时,假意说已来了,推说在外面洗花咧。一面却派小厮去唤芝卿速来。秀华听说芝卿在外面,心就安下来,不由地眉开眼笑了。过了一刻,芝卿真个走进来,秀华也不避讳顾忌,两人就亲亲热热地讲他们的情话了。如此三日,秀华病还没有痊愈,芝卿的母亲却很心急,以为芝卿天天去伴秀华,书却没心思读了,便叫芝卿仍去读书。秀华见芝卿不来了,便硬逼她的母亲去唤芝卿。不一会小厮来回话:“任公子读书去了。”秀华听了,就忧伤地哭了,那病也愈发严重。秀华一病足有一年多,直到十六岁那一年的夏天,才能够起床步行。芝卿读书的功课读完了,依旧和秀华来叙情。

斗转星移,又是一年。芝卿的母亲正要提起芝卿和秀华的婚事,突然,京中来了使者,奉着晋妃的懿旨接秀华入京。因为是她姐姐来接她,秀华不好违她的懿旨,便告诉了芝卿,随着使者乘了绣车起身。芝卿还送了一程又一程,依依不舍。秀华渴望芝卿一块儿进京,但是办不到。芝卿和秀华一路说个不停,不久已三十多里。秀华抽泣道:“相送千里,终有一别。你家中母亲要挂念的,就此止步吧。”芝卿哪里舍得,不由得又泪流满面,两人哭哭啼啼的,转眼间又是十里。秀华苦苦地劝芝卿回转,芝卿就是不同意。正在推让着,蓦听背后骡声连连,两个小厮骑着骡子追赶上来,大叫:“公子!老夫人命你回去。”芝卿没法,只得和秀华分别了。由小厮让出一头骡子,两小厮共骑一头,芝卿骑了一头。三人骑骡回来,秀华的绣车也疾驰而去。芝卿一步三回头地待到秀华的车子连影子也看不见,才含泪自回。她们晓行夜宿,兼程进京。秀华坐在车上想起了芝卿就哭,在路上几乎没有一天不是哭得和泪人儿一样的。到了京中,进宫去拜见晋妃,姐妹见面自是欣喜不已。

## 秀华初次召幸不脱天真

秀华入宫,尽管天天游林览园,可总是闷闷不乐。晋妃又使宫人们领着秀华游览各宫,她把秀华当作了香饵,去引诱神宗皇帝。一天秀华在御苑中赏花,恰好被神宗帝瞧见,神宗帝就暗暗地跟在她背后。秀华已看出神宗帝心怀不轨,却不晓得他是皇帝,所以慌忙逃进春华宫里。神宗帝随她进宫,晋妃便叫秀华出来见驾。秀华没法,只得硬着头皮走出来,拜见神宗。神宗把她从上至下细看了一遍，见秀华妩媚妖冶，风姿绰约，神宗帝不由得暗暗叫好。

这夜，神宗帝在永宁宫召幸秀华，尚寝局的太监捧着绿头签儿到春华宫来宣秀华。秀华不答应，经晋妃说好说歹、连吓带骗，秀华才答应前去。秀华随了太监到得永宁宫前，胆战心惊地不敢进去，宫侍们拥她进宫，替她打扮一会，脱去外衣，扶上绣榻。这时的秀华真是心惊肉跳，芳心更是毕毕剥剥地乱跳，脸红一阵白一阵的，好似上断头台的死囚，香躯不住地抖动。那些宫人们皆在一旁窃笑，弄得秀华越发无地自容了。等到锦帐下垂，宫侍们退出，绣榻上只有秀华和神宗帝两人，秀华吓得缩在那里一动不动。神宗帝倒是个老手，晓得第一次接触男子的女孩儿家多是怕羞的，所以也格外地温存。秀华到底年纪还轻，加之正是情窦初开，过不多一会儿也就有说有笑。神宗帝见秀华娇憨不脱天真，也万分地怜惜。一夜巫山云雨，第二天神宗帝即册立秀华为昭妃，一时宠幸无比。

晋妃见妹子得宠，心里甚是高兴，私下和冯保培植势力，权威就渐渐地大了起来。那时神宗帝的王皇后很懦弱，为人温和，神宗帝对她甚是敬重。明宫规定，朔、望之日，嫔妃须朝皇后，晋妃却不去朝见，又嘱昭妃也不去朝见。王皇后心中虽不悦，但终是容忍下去，并不露声色。

一天，晋妃和昭妃在御苑中侍宴，正巧皇后凤舆经过，神宗帝命她停舆入席陪宴。当时王皇后下舆，搴帘进轩，对神宗帝行了个常礼，正要落座，回顾晋妃、昭妃一动不动，连立也不立起来。原本妃子在皇后面前，就是位及贵妃，也是没有座位的，皇后不赐座，妃子不敢就座。现在晋妃和昭妃当着皇帝这般狂妄，王皇后怎能容忍，禁不住变色离席，拂袖而去。神宗帝知道皇后生气，向晋妃说道："你们也太无礼了，她终究是个皇后，不应对她如此无礼。"晋妃听了泪流满面，昭妃更是撒娇撒痴的，泪盈盈地哭起来了。神宗见两个妃子都哭个不停，弄得好没意思，只得安慰她们。晋妃昭妃始各收了泪，依然欢笑侍宴。

那王皇后回到宫中，愈想愈气，便伏着妆台在那里抽泣。忽然，杜太后有懿旨，召皇后去赴宴。王皇后不好不去，草草打扮了一下，乘辇往寿圣宫。杜太后见皇后眼红红的，忙问皇后为甚啼哭。王皇后很坦然地把晋、昭妃无礼的事禀报了太后。太后大怒道："没大没小，成何体统。"于是传谕内侍，宣神宗帝和晋妃、昭妃来见。内侍奉了懿旨，来御苑中宣召神宗帝及两妃。神宗帝正在寻欢作乐，听了内侍来传太后谕旨，只得领着晋、昭两妃往寿圣宫来。

杜太后一见便怒声斥责道："不肖逆子，纵容妃嫔，酒色荒淫，难道忘了先帝遗言吗？祖宗创业维艰，不想在你手中断送。咱如今不必定要你做皇帝的，你敢再这样下去，看咱在近支宗派里立与你看。”这一下把神宗帝说得诺诺连声，跪在地上不敢抬头。昭妃和晋妃吓得趴在地上打战。杜太后指着两妃怒道：“你们这两个贱婢狐媚皇帝，别人拿你没法，看咱能够打你不能？”说罢令宫侍拿过鞭子来，每人责打二十鞭。宫人就来剥两妃的上衣，神宗帝见太后真要剥衣行刑，觉得太不像样了，跪在地上为昭妃、晋妃求情。杜太后也不欲太过，就改口道：“你虽替她们求情，刑罚却不能减的。”回头命令宫侍，将两妃隔衣各责二十鞭。可怜昭妃那样的娇嫩之躯，怎经得起二十下鞭子。尽管是隔着衣服，也已打得泪如雨下，几乎哭出声来。杜太后斥退两妃，晋妃和昭妃姐妹两个才敢含泪起身，一路呜咽着回宫。

神宗帝侍候杜太后宴毕，返回春华宫内，见昭妃也在那里。两妃瞧见神宗帝，哭得愈加伤心。神宗帝一面抚慰晋妃，一面把昭妃搂在膝上轻轻地附耳说道：“今天全怪皇后不对，她去寿圣宫告状，太后发怒，才责打你们的。但是太后是朕的生母，她要怎么样就是朕也无可奈何。皇后这口气却是很容易出的，将来抓住了把柄，朕可以废去她的。你且莫太难过，以致坏了身子，朕终替你报仇就是了。”昭妃听了，马上破涕为笑，一面擦着眼泪，一面低头钻进神宗帝的怀里，故意娇声说道：“皇上肯替臣妾做主，臣妾虽死也心甘。”神宗捧着昭妃的粉脸吻了吻笑道：“痴丫头，什么死不死，你年纪轻轻哪里说得到个死字。”昭妃把粉颈一扭道：“假如太后要臣妾们死，那不是只好去死吗？”神宗帝笑道：“只要有朕在，决不容你们去死的。”晋妃在旁接口道：“到了那时怕皇上也无可奈何了。似方才挨打，皇上只是任凭太后摆布，为什么不拦一下呢？”神宗帝被晋妃一句话驳得不知说什么好，忙岔开说道：“太后想要剥去你们的上衣行刑，不是朕阻拦下来的？”晋妃还要说时，昭妃恐姐姐言语上惹恼了神宗帝，便用别的话岔开去。那天神宗帝废皇后的话原是安慰昭妃的，就是真个要废去王皇后，上有杜太后，神宗帝也不能做主。昭妃却信以为真，还时时去打探王皇后的行踪，说她诅咒皇上、怨恨太后等，把种种攻击王皇后的话常来说给神宗帝听。神宗帝却不大当回事，连怒容也没有一点。昭妃倒忍不住起来，每到神宗帝来临幸她的时候，便在枕上告状，并唆使神宗帝废去皇后。

一天，神宗帝带醉进宫，昭妃又旧话重提。神宗帝已有了几分酒意，不觉大怒道：“皇后乃国母，岂是说废就废？不像你们妃子，要立便立，要废就废。如要废去皇后，除非有天大的错事做出来，哪里好随意废去？朕若做了出来，上有太后责难，下有廷臣们谏阻。别的都不去讲它，日后在历史面前有许多批评，朕哪能做那失德之君！你快把这想法打消了吧！”昭妃被神宗帝一顿斥责，好似兜头淋了一勺冷水，脖子也短了半截，泪盈盈地呆立在一旁哑口无言。还是神宗帝催她侍寝，她才勉强卸妆登榻，忍气吞声地去迎合皇帝。

## 昭妃心冷思情郎

从此，昭妃做皇后的心就冷去了大半，对于神宗皇帝也不似以前那样笑脸相迎了。得知做皇帝的多是无情的，喜欢就是爱妃，玩腻了就是冤家。因此，渐渐想到了在家时相怜相爱的任芝卿来。由于普通女子首先爱虚荣，无论什么都打不破它的。昭妃进京的时候和任芝卿难舍难分，恨不得把心挖出来捏做了一堆。及至入宫，也还常想着芝卿。她这颗芳心遥牵家里的恋人，得些空儿，便珠泪洗面，向她姐姐说要回去。晋妃终用温言安慰她，后来经神宗帝召幸，封了昭妃，眼界立刻高了起来，以为嫁给芝卿不过做一个平民的妻子，哪里及做皇妃威风呢？这样一来，把任芝卿抛到九霄云外，再也记不得恩深义重海枯石烂的话了。自被杜太后毒打以后，昭妃心上已有三分悔悟，渐知做妃子的难处，还是做常人的妻子幸福些。然而神宗帝用好言一哄，假言将来要废去皇后，昭妃的心又热起来，甚至生了做中宫的妄念，只盼着神宗帝马上去做。岂知神宗帝在醉中把真情吐露。昭妃听了，才知废后的话纯粹是神宗帝假说的，自己受了他的欺骗。思来想去，便想到芝卿身上，觉得他年纪又轻，品貌又俊秀，言语温存，举动体贴，确实是男子中间罕见的。昭妃越是想着芝卿，越觉神宗帝可恶。

正逢任芝卿北来，央托中官寄个信息与昭妃，那个中官恰好是冯保。于是冯保怀了芝卿的信直奔永宁宫见昭妃，把遇见芝卿的事细细讲了一遍，又说幸而撞在他手里，万一落在郑贵妃羽翼们的手中，那不是麻烦大了吗？昭妃答谢了冯保，并笑着说道：“相烦的事正多，这可要有劳你了。”冯保笑道：“都包在咱的身上就是。”说着告辞而去。这里昭妃拆开芝卿的信来，信中责怨昭妃贪恋富贵，忘了旧情。昭妃读毕，泪珠儿如雨水般流个不停，咬牙捶胸，怨恨姐姐。因这事全是晋妃要扳倒郑贵妃才弄假成真的。

任芝卿自送秀华登程，回来大哭了一场，弄得茶饭不思，整日神经病似的独自坐在书房里，一会儿大笑，一会儿又痛骂，忽然又放声痛哭起来了。如此折腾了十多天，只喝些粥汤，要叫他吃饭，比吃药还要难。一个人能有多少的精神经得这般的折磨？不到一个月，已是面黄肌瘦了。好好的少年变成这个样儿，朋友亲戚们见了，几乎认不出芝卿。芝卿的身体一天比一天差，病倒在榻上，休想支持得起身。他母亲就这个独子，急得求神问人、请神禳鬼，芝卿的病依旧不见好转。他母亲几乎要同他走一条路了。芝卿平日是很孝顺母亲的，知道自己做贱身体，令老母亲发愁，于是便耐心调养，病渐好转了。哪里晓得祸不单行，一天的清晨，芝卿扶杖起来散步，突然发现母亲跌在地上，一动也不动了。

任芝卿发现他的母亲忽然跌倒在地上，出了一身冷汗，顾不得自己有病，忙撇了杖来扶持。谁知病后体虚，脚骨一软也扑倒在地。芝卿奋力站起来，把母亲扶起，慢慢一步步地扶入内室。芝卿的母亲怕芝卿病后急坏身体，故意强打精神，不肯去睡，经芝卿苦劝，他母亲才倚在榻上。不料一睡到床榻上，立时觉得天旋地转，头眩眼黑，身体抖个不停。芝卿心慌，扶杖挨到门外，叫隔壁的小厮去邀了一个大夫来。诊断说是体虚受惊，须用调和安心的药剂，当下书了方儿。芝卿仍令那小厮去抓了药来，亲自煎好了，给母亲服下。到了傍晚，芝卿母亲的精神好转许多，芝卿才略安心。但是母子两个成了一对病人，一时觉得很不方便。芝卿去请邻人王妈妈来帮着料理些杂事。芝卿家里本来有一个老妈妈的，在请馆的时候，书房中还雇佣了一个馆童。自芝卿染病，西席先生就走了，馆童被西席带走。芝卿的母亲见芝卿久病，想节省些开支，把老妈妈辞退了，所以只剩孤儿寡母了。

秀华的母亲听说芝卿的母亲有病，便亲自来探望，姑嫂相见，无非说些家长里短之事。秀华的母亲忽然眼圈儿一红，又要提起秀华了，被芝卿的母亲在她手上暗示了一下。秀华的母亲心上明白，就岔开话儿不说了。哪里知道芝卿见了秀华的母亲，不由得想起了秀华，心里早已难过不已，眼泪儿快要滚出来，担心被母亲瞧见，只好尽力克制着。秀华的母亲已看出了芝卿的情形，随意和芝卿的母亲讲了几句，便起身告辞。不久芝卿的病慢慢痊愈，他母亲的精神也恢复了。芝卿跟他母亲商量，要进京去看望一下秀华。他母亲不好劝阻，只得打点行囊让芝卿动身，又雇了一名小厮给他作为路上的随从。

## 芝卿私闯后宫

光阴如梭，不日到了京中。芝卿租了一个地方住下了，便每天到各地茶坊酒馆。他先从结交内监人手，开始结识了几个小太监，对宫中的情事多不甚清楚。后来由小太监介绍，又和那些中官认识。恰巧和冯保交上了。芝卿探询宫中妃嫔，冯保毫不隐瞒，全都道了出来，秀华已被册为妃子，晋封昭妃。他当夜回寓所写了长长的一封信，托冯保带入宫中，递给昭妃。

昭妃读了芝卿的书信，哭得转不过气来。他想芝卿是为了自己北来的，如今自己身羁深宫，难以和他见面，扪心自问，觉得很对不住芝卿。思量半天，只好召冯保进宫商量，问他如何才能与芝卿重叙旧情。冯保思索了半晌，点头说道："且看个机会，咱自有好音讯。"昭妃大喜，谢了冯保，叫他赶紧设法。并令冯保先去安慰芝卿，免得他望眼欲穿。冯保答应着去了。

自冯保去后，有三四天没有回音，昭妃连脖子也望长了。正在愁眉苦脸之时，忽见姐姐晋妃眉开眼笑地走进宫来说道："好了！郑贵妃今天可被扳倒了。"昭妃没精打采，毫不在意地问道："却为什么缘故？"晋妃笑道："大约是她作恶太多，不知哪里弄来了一个陌生汉子，在她的宫中被抓住，恰巧被皇上撞见。现在那汉子还被侍卫绑在宫前咧。"说完一把抓住了昭妃同往永春宫去。

穿过承云殿，便望见永春宫前整齐地站着五六个侍卫，两名武士押着一个少年。昭妃细瞧，不由得倒退了几步，两手不停地打战，泪水便如断了线的珠子流下来。晋妃不懂昭妃为何垂泪，正要问时，昭妃把晋妃衣袖一拖，姐妹两个同回到永宁宫中。昭妃掩着泪，抽泣着说着："郑贵妃宫中的那个男子就是任家表弟，难道你不认识吗？"晋妃惊道："任家表弟，不是叫作芝卿的吗？"昭妃应道："正是的！"原来晋妃自幼进宫，那时芝卿仅五六岁，如今芝卿长成大人了，晋妃自然不认识。这时，昭妃把自己和芝卿的事简要告诉了晋妃。晋妃皱眉道："他既进京来找你，又是谁将他带进宫来的？"昭妃说道："我曾叫冯保想法，猜想他把宫名记岔了，因此弄出这件事来。"晋妃道："但事已至此，不能眼看表弟掉脑袋，须得想个办法去救他出来。"昭妃着急道："又有什么良策呢？"晋妃对一个内侍说道："快去请冯中官进来，我有事儿和他商议。"内侍领命，匆匆地去了。过了一会，内侍来回报："冯中官奉紧急上谕，这时出城去了。"晋妃愤而说道："冯中官不在那里，这事可就麻烦了。这样吧！拼着咱的性命去到皇上面前说明了，如果能挽救得最好，万一失败了，咱也听死就是。"晋妃说着，头也不回地竟离永宁宫而去。

昭妃要待阻拦，但想芝卿已在千钧一发的时候，除了晋妃是没人去救的了。如不阻止，不幸惹恼了皇上，那可不是儿戏。昭妃进退为难，只是呆呆地立在永宁宫的门前发怔。想了一刻，毕竟骨肉关心，晋妃此去吉凶未卜，自己眼瞧着晋妃去冒死,心里终觉难受。昭妃急得像热锅上的蚂蚁一样团团转,忽然她想着了,蓦地立起身来道:"姐姐去直认芝卿是表弟,皇上不信也是白费的。倘触发圣怒,姐姐必是无辜受害,芝卿也休想活命。可是姐姐承认得表弟,我难道不能去承认吗?干脆姊妹两个都去承认了,皇上如翻脸不认人,要死大家死在一块儿,倒也干净。"主意打定,昭妃也匆匆赶往永春宫来。

那时晋妃正跪在神宗皇帝的面前哭着禀报。神宗皇帝因郑贵妃宫中有了外人,勃然大怒,哪里肯相信晋妃的话,还当是郑贵妃嘱托她的,不然晋妃也不是个好人。神宗皇帝满腹疑团,正要喝骂,见昭妃匆匆地走进来,和她姐姐并跪在地,还没有开口,眼泪已如贯珠般落下来了。神宗帝冷笑道:"你们为何都跪着?想替郑妃求情吗?"昭妃也泪流满面地说道:"臣妾自己罪不可赦,比郑贵妃不知重上几倍,怎敢代她人求情。"神宗帝吃惊地问:"你有甚罪名?此事与你何关,你着什么急?"昭妃俯伏说道:"因郑贵妃宫中的男子是臣妾的表弟,他私下来探望臣妾姐妹,却走错了地方,致遭陛下斥责。这都是臣妾等胆大妄为,引私戚进宫,闹出这样的事来。不过臣妾等违犯祖训,死不足惜,但诬害了郑贵妃,甚感抱愧,所以臣妾等向陛下陈明,并来请死!"说毕,痛哭欲绝,晋妃在旁边不由得也哭了起来。还有那个待罪的郑贵妃,其时正有苦难言,得晋妃、昭妃两人前来替她澄清,她感激得忍不住也哭了。好好的一座永春宫霎时一片哭声,一室中惨雾愁云满布,即使是铁石心肠也要被这些燕语莺啼般的娇声哭软了,何况神宗帝是个风流好色的皇帝,平日又是怜惜昭妃的。被她这样一片陈诉,神宗皇帝的气早消了一半,便伸手把昭妃扶起,道:"既是你的表弟,朕错怪郑贵妃了。"说着令晋妃也起身,吩咐侍卫放了芝卿,由内监把芝卿带进来。

芝卿一见神宗帝就抖个不停,哪里还敢抬头。晋妃和昭妃在一旁着急,想告诉芝卿只管放大胆陈说,又不便开口。神宗帝便问芝卿道:"你姓甚名谁?是哪里人?"芝卿尽管被吓昏了,但对于地方和姓名却还是记得的。于是颤巍巍地如实回答了,地方和姓名与昭妃所陈相符,神宗的疑心完全清除了。于是就命内侍传一名侍卫进来,把芝卿带出宫去。临走时又吩咐道:"今天的事亏得晋妃、昭妃求情,姑且念你初犯饶你。可速返故乡,倘以后再私行进宫,国法不饶。"芝卿得了性命,连忙磕了一个头,随着侍卫出宫去了。

昭妃见芝卿获赦,心下暗自替他高兴。这时见侍卫押他出去,满心的思念之情眼见得不能叙谈,真是有苦难言。又不清楚芝卿到底是怎样进宫来的?怎么会到郑贵妃的宫中去?这个疑团一时却打不破它。后来才知晓,这事还是冯保一个人做的。

原来冯保和那郑贵妃素有仇恨。冯保几次要陷害她，都没找到机会。正好昭妃托他设法把芝卿去带进宫来。冯保领了芝卿进了宁安门，经过永春宫时忽然想到对郑贵妃的怨恨，以为芝卿反正不认识路，便指着永春宫命他进去。自己却快步回到紫云轩中，见神宗帝在倚栏垂钓，冯保忙上去半跪着把郑贵妃宫中有生人的事禀明神宗帝。神宗帝一听暴怒不已，掷下钓竿，亲自到永春宫中来查看。

那芝卿壮胆走进永春宫去，宫人们把他拦住，问他是做什么的。芝卿不知道这里是郑贵妃的居所，便埋头不语地往内直冲。宫人们一齐喧哗起来，内侍们听见也过来盘问。芝卿只说瞧刘娘娘，宫人们说此地不是刘娘娘的宫里，芝卿根本不信，硬说有人指点领他来的，怎会弄错？问他是谁领来的，却又说不出名儿来。其实芝卿除了冯保领他到永春宫之外，再也不认得别处了。内侍说这里不是，芝卿认为出去也是没处找寻，又不知道昭妃居的是哪一宫，还是在这个宫里找吧。所以他啥也不顾只往里钻，管他呢，进去了再说。宫人和内监们岂能让他进去？两下一吵，被里面的郑贵妃听见了，便问是何人？宫女回禀：“有一个莽男子自称要找刘娘娘，却走错了地方，非要到这里来找不可。对他说不是此处，他又不相信，所以内监和他吵起来了。”郑贵妃听得是个陌生男子来寻找刘妃，心想他能够私自进宫来，其中必有暧昧关系了。郑贵妃和刘家的晋妃、昭妃原是冤家对头，只望着你有错事我捉，我有坏处你拿，大家在宫中斗得很厉害。这时郑贵妃要是抓住晋妃或是昭妃的错处，依靠这些就可以扳倒她们了。当下命令内侍们将此男子宣进来，郑贵妃亲自向芝卿探问，问他和刘妃怎样认识的，这时怎会进宫来？芝卿正要回复，不料想宫门靴声橐橐，赫然走进那位神宗皇帝来。郑贵妃心下大喜，以为神宗帝来得正好，把那个男子交给神宗帝亲自审问一番，如询出刘家两妃不光明的事来，不怕晋妃和昭妃吃不了兜着走。

郑贵妃笑嘻嘻地迎接上去，忽然神宗帝脸色一变，喝令内监拿下那男子，回头对郑贵妃冷笑了几声，怒气冲天地坐在凳子上。郑贵妃被弄得莫名其妙。神宗帝大声喝道：“这个男子是你什么人？从实招来，朕决不难为你。”郑贵妃听了神宗帝的话，才知神宗帝是误会了，把那男子当成她的野男人了。于是忙跪下禀道：“此人是来找刘娘娘的，和臣妾并不认识。”神宗帝斥问道：“他找刘娘娘怎么会上你宫中的？还想推赖到别人身上去吗？”郑贵妃见神宗帝不信，深悔自己多事。顿时醒悟道：“我上当了！这明摆着是刘家姐妹使他来陷害我的。

我太糊涂了，不把他赶出去，反唤他进宫来，今日这不白之冤如何说清呢?”郑贵妃正在发怔，听得晋妃走进宫来。郑贵妃仇人相见，分外眼红。又听得晋妃在神宗面前说明情况，承认那男子是她的表弟。郑贵妃不禁暗暗叫声：“惭愧!”已安心许多。不多一会儿，昭妃也来了，两妃一起求情，口口声声说不要连累了郑贵妃。郑贵妃这时的感激，自不必言。

神宗帝释放了芝卿，这事终算了结。郑贵妃受的冤屈也得以洗刷。于是郑贵妃对晋妃和昭妃不仅不似从前那样水火不相容了，反而两下里和睦起来。当年，郑贵妃和王嫔人各生了一个皇子，王嫔人所生的赐名常洛，郑贵妃所生的赐名常洵。神宗帝得了皇子，百官自然表示庆贺。那时神宗帝尽管糊涂，但有杜太后管束着，不敢十分无礼。朝廷有张居正为相，边地守将如戚继光、李成梁辈，也都是一时的名将，外寇稍稍敛迹。神宗帝以为天下太平了，便天天游宴宫中，不理朝政，群臣奏事见不着皇帝的面，只好由中官传达而已。

# 魏忠贤以阉割之身得客氏

## 太监魏朝娶客氏

熹宗上台后，客氏是熹宗的乳母，当然要荣封了。熹宗便亲书铁券给客氏，晋封她为奉圣夫人。魏朝和客氏关系暧昧，由客氏将魏朝举荐给熹宗。因魏朝善于谄媚，熹宗帝命他掌司礼监。魏朝又引魏忠贤晋见，熹宗帝毫不询问，命魏忠贤留在宫中侍奉。

这魏忠贤是明朝宦官中的臣奸夫恶，本姓刘，名进忠，祖籍肃宁县，聪黠狡猾，就是不识字。魏忠贤专权的时候，奏折须请人读给他听，再释讲一番，才能定夺。读奏折的人把重要事情都抹去，以奸蒙奸，所以葬送了大明。忠贤又好饮酒、精骑射，也很有魄力。年少时和人赌博，倾家荡产，索债的如同赶集。一天众债主把忠贤围住，要他偿还债款。忠贤急了，持刀解衣把肾囊割去，丢在众人的面前道：“你们要咱的命，拿去!”吓得那些债主都逃走了。此后，大家再也不敢和忠贤要钱。忠贤自切肾囊，便在沈灌的门下做一名亲随。沈灌又把他改名忠贤荐与魏朝。这时魏朝掌权，忠贤就做了熹宗的近侍太监。

那魏朝仗着宠信，和客氏双宿双栖，毫无顾忌。日子久了，熹宗也知道了，干脆下了一道上谕，赐客氏和魏朝成婚。对此，廷臣都非常惊诧，又不敢上疏阻谏，只嗟叹一回罢了。到客氏和魏朝成亲的那天，全宫宫女内监都来向客氏道喜，羞得客氏红霞满面，只是掩口微笑。片刻，司礼高唱吉时到了，由宫女扶了客氏，内监拥着魏朝，在光华殿上拜天地。正在兴高采烈的时候，后宫忽然失起火来。

无情的烈火燃着了巍巍的高楼，照得内外宫殿一片通红。熊熊火光中夹杂着毕毕剥剥的暴烈声，喊声和啼哭声不绝于耳。只见金碧辉煌的殿庭一座座地倒了下去，一霎时便化作了灰烬。

魏忠贤淫乱后宫

这时宫中的内侍宫人到处乱跑，中殿、内殿的侍卫忙着提桶搬梯，奋力救火。一会儿，外殿侍卫也来了，还有五城兵马司、殿前指挥等，督促着御林军帮着扑救。到底是力量大，一座火城似的宫殿慢慢被水灌熄了。熹宗帝却立在琴台观看，三呼四喊地叫内监去救人。那些内监自己也手忙脚乱，根本不会救人。幸得一班侍卫勇猛，在火中抢救宫人，多半从火窟中拖了出来。大火被扑灭后，总管太监王安胆战心惊地前来禀道："宫殿各处都安然无恙，只一座哕鸾宫被烧毁了，两位皇太妃下落不明。"王安说罢叩头如啄米，生怕熹宗怪罪，伏在地上不敢起来。哪知熹宗帝反笑吟吟地说道："康太妃和庄太妃都没下落吗？倒是烧死了利索。"王安听了，甚是诧异，反弄得瞪着眼说不出话来。魏忠贤在旁说道："这时还乱糟糟的，或者有疏漏的地方，王总管再去查勘一下才好。"熹宗帝点点头，王安乘势起身，出殿勘查去了。

原来哕鸾宫的火，是李康妃故意放的。康妃的纵火，起因在刘昭妃的失踪。

当神宗皇帝遇刺时,碧茵姑娘趁乱背了昭妃飞奔出宫。在这乱纷纷的时候,竟没人注意到那个昭妃。晋妃虽是知道的,但昭妃是她妹子,别人不追查,她怎肯说出来。其中还有一个人知道昭妃失踪的,就是那李康妃。其时康妃做东宫选侍,对于宫中的事颇为留心。神宗帝驾崩前,东宫太子率妃子同选侍都来侍候,李康妃也在其中。她定睛细看,发现神宗帝诸妃中唯独没有昭妃。直到光宗嗣位,康妃才将这话向光宗提起,光宗马上追查昭妃。晋妃怕连累到自己,畏罪自尽了。后来昭妃的近身宫侍供出,在昭妃失踪的前一天,有个女贼从屋檐上跳下来,和昭妃、晋妃密谈了很长时间。第二天神宗帝遇刺,那女贼乘乱负了昭妃走了。李康妃听后,暗赞那女贼的手段高超。光宗帝驾崩,李康妃失势,被熹宗帝贬居哕鸾宫。这康妃过惯了好日子,怎能过得无聊的日子?不久,她就和外殿的侍卫邹元龙发生了暧昧的情事。因康妃迁宫时,元龙在旁督领内监,与康妃不免暗送秋波,两下就勾搭上了。当夜邹元龙仗着他飞檐走壁的本领,偷进哕鸾宫中,和康妃偷情。康妃是个水性杨花的少妇,正苦于孤裯独抱,一见了邹元龙,好似枯木逢春,恩情自逾常人。但终日这样见不得人的,似嫌太不过瘾,于是康妃想出一个办法来,叫邹元龙在哕鸾宫内纵起一把烈火,两人趁机逃出宫去。只苦了那个李庄妃,同她的七龄幼女,一齐被烧死在火中了。

## 魏忠贤在客氏身上初试利器

那时的魏朝和客氏既成了正式夫妻,两人自由出入禁宫,在宫中整天陪着熹宗帝游乐。那个魏忠贤在旁边渐得熹宗帝的宠信,几乎夺宠于魏朝。忠贤又密求牛医,替自己医好了生殖器,和常人一般伸缩自如。这补肾的法儿,是用驴肾削去前后,取它的中心,由魏忠贤盗取了宫中的鸾胶把驴肾胶结起来。这鸾胶是从外邦买来的,胶接处并无裂痕,与天生无异。忠贤接好了生殖器,也知痛痒。据医生说,还能生养子女,就是忌酒罢了。由是忠贤有机会便勾引客氏。客氏见忠贤年纪比魏朝轻,面貌又比魏朝好看,就恐他无男子气,和初遇魏朝时同一心理。忠贤知道客氏必疑自己是个太监,所以不大亲热。

一天清晨,客氏在后苑浇花,忠贤从背后轻手轻脚地上去一把搂了客氏柳腰便走。客氏正待叫喊,转头一看是忠贤,也就忍住不喊了。忠贤将客氏抱到牡丹亭上,客氏淫荡地说道:“咱以为是谁?却是一个赚背贼。”忠贤也笑道:“咱不仅赚背,还要赚面。”说着勾住客氏的粉颈亲了个嘴儿。客氏笑着,一手掠那鬓丝,低低地说道:“雌鸡儿也想化雄吗?”忠贤涎着脸,歪着头颈,斜着眼睛,拍拍胸脯自信地说道:“你以为咱不如魏朝吗?”说时按倒客氏,初试他的利器。客氏在忠贤的背上轻轻打了一下,笑道:“你们这班阉货,原来都是假的。”忠贤笑了笑道:“谁不是冒充?魏朝那厮还娶老婆咧。”客氏白了忠贤一眼,于是两人又调情了一会,各自散去。

从此客氏和忠贤打得如火如荼,把魏朝忘在脑后。熹宗帝也亲近忠贤,渐渐疏远魏朝。熹宗帝每天上朝时,忠贤便立在龙案旁代熹宗帝裁答。这位熹宗帝自幼便不好读书。神宗帝立太子时,光宗帝已二十二岁,第二年就生了熹宗。熹宗帝到了十岁,神宗帝只知躲上后宫寻欢作乐,根本没想皇太孙的读书问题。光宗帝自己还在武英殿就讲筵,无暇去顾儿子。幸得郭妃想到,入奏神宗帝,令皇太孙在武英殿太子讲筵上附读。神宗帝恩准了,下谕夏寿祺太史为皇太孙的师傅。这夏老先生年纪一大把,精神不佳,他又不想提升,只想终身做个老翰林罢了,对于皇太孙的讲授只是应付而已。熹宗帝只要有得玩,读书只是挂个名儿而已。光宗帝登位,熹宗就武英殿的讲筵,也是三天打鱼,两天晒网,什么太傅、侍读、侍讲,形同虚设。

光宗帝继位三个多月便驾崩了,这时熹宗帝已有十六岁了,西瓜般的字识不多少,平日听政、下谕、草诏全部由宰相方从哲去做,草稿拟成了再读给熹宗帝听,又需解释一番,熹宗帝才得明白。应该修改和意思有误的地方,仍须从哲再起草稿,再读再讲。一纸草诏、半张上谕,往往一而再,再而三地删改涂抹。又有翰林们所进的文稿,熹宗帝根本不看,却要近臣读与他听,硬将自己的杜撰文言及似通非通的语句加进去。一篇很好的文章经熹宗帝乱搞一通,就变成了一篇狗屁不通的文辞,就是孔子再世也读它不懂。那班翰林学士虽有满腹经纶,放在这熹宗帝手里,却好似张天师被鬼迷,有法无处用。很好的文章被熹宗帝弄得似通非通。翰林词臣又不敢删改皇帝的御书,只好任他不通。颁发出去,朝野人士皆看得笑破肚皮,往往闹出笑话来。

## 混账皇帝拉“皮条”

有一次,江西抚军剿平寇乱,上奏报喜,疏中有“追奔逐北”一句。熹宗帝是一字不识的。左右近臣如柳楚材、江焕升、何费等人也大多是“打牛皮鼓——不通又不通”的人物。何费看了疏上的“追奔逐北”,便提起笔来改为“逐奔追比”,又讲给熹宗帝听。说逐奔,追逐逃走也;追比,追求其赃物也。又说江西抚军瞎写,错用辞句。熹宗帝听了勃然变色道:“身为朝廷命官,连这点也弄不清楚,难道他欺朕不认字吗?”当即命将抚军贬俸。大学士顾慥忍不住,再三地向熹宗帝解释,熹宗帝还是不相信,把奏章一扔道:“听你们去办吧。”那时廷臣如方从哲、赵世卿辈因李可灼进红丸案涉嫌革职,杨涟、左光斗入阁,每次替熹宗草拟诏书,很怕他麻烦,大臣都头痛。

因忠贤也大字不识两个,自他得宠,一切奏事,嘱廷臣等一概面陈,忠贤口头批答,大臣总算逃脱了读疏讲解这等麻烦事。熹宗帝本来不喜欢文绉绉,如今一例口述,乐得省了许多事。至此外郡的奏章由忠贤令阁臣挪留,待散朝后忠贤再到阁中,把外郡奏疏拿到私第,命进士李实、李天升两人详细给他解读,忠贤记着,再入宫面奏皇上。若不大的事儿,就随手叫李实批答,竟然不必上奏。忠贤记忆力较好,外省奏疏,多至数百起,但经讲解一遍,便牢牢记在心上。一会儿进宫去面陈,一样也不漏掉。君臣都不识字,就这样混日子,魏忠贤的权力一天大似一天,朝廷大权都由他一人独掌。

那时有扶余、琉球、暹逻三国朝贡。扶余贡的有紫金芙蓉冠、翡翠金丝裙等;琉球贡的是温玉椅、海马、多罗木醒酒枪等;暹逻献的是火浣绒、吉里赛布、兜罗呢锦、五色水晶围屏、三眼鎏金鸟松等。每国派使臣两名,奏有表章,所书的都是汉文。这是天朝的规例,凡小国进贡天朝,上疏须用天朝的文字,否则就是不敬。

这时内侍接了使臣的表章,递上御案去,放在魏忠贤的面前。忠贤当然识不得,他急中生智,忙把表章转呈给熹宗帝。熹宗帝在使臣们跟前不愿丢丑,就假意看了看,忽然大怒起来,将表章一扔道:“外邦小国好不近人情!”说罢,拂袖退朝。

那六位使臣被弄得傻了眼。其实熹宗帝也不知表章里说些什么,魏忠贤便去拾起表章,命给事中刘永阅览了。刘永把三国进贡的意思大略说了一遍。忠贤即令刘永和员外郎傅宽请那些使臣入了馆驿。魏忠贤奏报熹宗,重行下谕召见。熹宗帝向使臣慰谕了几句,指派左光斗陪同使臣赴明华殿赐宴。饮宴完毕,使臣要入宫谢宴。左光斗说道:“皇上有旨,明日谨身殿觐见,今天请至馆驿下榻吧!”使者谢了,自往馆驿而去。

那六位使臣中,琉球的两个使臣最狡诈。他们见熹宗帝看了表章,向地上掷去,不明白是什么意思,就暗地里向驿中的小太监打探,这才晓得熹宗不识字，把进贡的表章当作了什么交涉奏疏看待，所以怒气冲冲。魏忠贤进宫禀明，熹宗帝懊悔道："他们既是好意前来，你等何不早说。"魏忠贤无以应答，于是代熹宗帝传谕出去，在谨身殿召见。琉球使臣听了小太监的话，不由得暗自嘲笑，便将熹宗不识字的笑话对暹逻、扶余两国的使臣讲了，大家笑成一片。

第二天熹宗帝召见使臣，六位使臣已没有了昨日的恭敬，而且脸上似乎露出骄傲的神态。熹宗帝却全然不知，照例赏赉奖谕。使臣们草草谢了恩，匆匆辞朝下来。左光斗明白，知道使臣们已知道熹宗不识字，不免小瞧熹宗帝。光斗送使臣至乾清门，一路听见他们操着土语，互相嬉闹。左光斗是稍谙琉球言语的，辨出使臣许多的轻薄话，心里十分难受，面上也觉得没有光彩，巴不得快到乾清门，由给事中刘永、员外郎傅宽两人接着陪送使臣，左光斗即回宫复命。此后，外邦谣言四传，称明朝天子目不识丁，连表章都瞧不来。这样你说我谈，不多时，各岛国也晓得了，说得熹宗皇帝竟然半文也不值。

自那年起，外邦各国大都不再进献。熹宗帝是糊里糊涂的，自己的事都管不了，更不用说海外的岛国了。外邦纷纷离心，明朝日渐孤立，衰颓的迹象至此愈发显明了。

## 魏忠贤和客氏大肆宣淫

宫廷中的淫乱也日甚一日。起先的时候宦官里面不过一个魏朝，仗着熹宗宠信他，和宫妃侍嫔们任意寻欢作乐，甚至夜卧龙床，白昼宣淫。熹宗还蒙在鼓里，一概不知。现在又添了一个魏忠贤，更举荐党羽倪文焕、阮大铖等，也冒充太监入侍宫廷。于是大家瞒着熹宗，奸淫宫侍、调戏嫔妃。那些终年得不到召幸的妃嫔遇着了这样的机会，真是久旱逢甘霖。嫔妃宫女们只顾寻欢作乐，想不到珠胎暗结，肚子一天天大起来。内侍外臣窃议，朝野丑闻飞扬，而熹宗仍旧是聋子一般。魏忠贤见事情闹大了，怕熹宗知道，便命大肚子的嫔妃宫人假装有病，躲在宫里闭门不出，等到小孩出生，由小太监接去抛在御河里。

魏朝眼看着忠贤为非作歹，心下十分气愤，又不敢在熹宗面前多说话。其时忠贤和客氏勾搭，魏朝已有耳闻，就是不曾亲眼见过。客氏对于魏朝逐渐地冷淡下去，魏朝愈觉心疑。

一天晚上，魏忠贤和客氏正在秋色轩交欢，恰好魏朝奉谕往春华宫去，路过那里，听得里面有欢笑声，似很熟稔。魏朝心下一动，再仔细一听，那笑声分明是客氏的。魏朝诧异道："她到这里来做什么？"想着便蹑手蹑脚地进去了。

这秋色轩是从前光宗皇帝夏天午憩的所在，设有牙床几案，布置得十分精致。光宗帝升天，那座静雅的秋色轩变成了冷僻地方。忠贤和客氏令小太监把轩中收拾干净，做他们寻欢的好去处。因秋色轩人迹罕至，谁也想不到忠贤和客氏在里面寻欢。

今天说来也巧，魏朝辨出了声音，大胆冲了进去，正好看见客氏同魏忠贤一丝不挂地搂抱在榻上。魏朝几乎气炸了，怒气冲冲地赶到床前，将魏忠贤的发髻一把揪住，横拖倒拽地把魏忠贤拉下榻来。忠贤这时吓昏了，两手护着头发，口里如杀猪般地嚎叫。客氏见是魏朝，起先还有些惧怕，马上觉得忠贤为着自己受这样的苦痛，心中很是不忍，便一咬银牙，顾不得什么羞耻，竟赤身裸体走下榻来狠命地扳住魏朝的右臂。魏朝向客氏唾了一口，骂道："无耻的淫妇！还敢来帮奸夫打咱？"客氏什么也不说，只拖了魏朝的右手，在无名指上猛地咬了一下，痛得魏朝直跳直嚷，手撒开了，忠贤把魏朝的衣领扣住，挥拳便打。魏朝本来就体弱，因揪住了忠贤的头发，所以占了上风，一给忠贤挣脱，加之忠贤身手很好，魏朝怎是他的对手？被忠贤连摔了两跤，气得魏朝咆哮如雷，大叫："反了！反了！忠贤逆贼，咱家带你进宫，你此时得志便忘恩负义了吗？"忠贤一面和魏朝扭打，一面也破口大骂。

## 熹宗为乳母择夫君

这样的大闹传遍后宫。宫中的内侍、内监、宫侍、嫔妃都闻声来看热闹。忠贤愈打愈勇，打得魏朝在地上连滚带爬。客氏忘了自己是一丝不挂，还不停地把魏朝的坏处一一搬出来讲给宫侍嫔妃们听。众人见客氏粉汗盈盈、头发凌乱，一身洁白如玉的皮肤，加上两只红润柔嫩的香乳，说一句话那乳房便颤动一下，引得众人个个窃喜。客氏知道有异，再向自己的身上一看，对魏忠贤一瞧，原来两人都赤身裸体，纤毫毕露，羞得客氏用双手护了下身紧要处，快步回到榻上穿好衣服，反倒不好意思再到众人面前来了。但见魏朝和忠贤打得不可开交，只得硬着头皮走出来相劝。

却说魏忠贤仗着力气大，把魏朝一顿痛打。魏朝忍不住疼痛，不由得狂叫起来。加上瞧热闹的嫔妃的喧笑声，把沉寂的宫廷霎时闹得沸沸扬扬。

这时熹宗帝已搂着冯贵人就寝，也被魏朝的喊声和忠贤的喝打声惊醒，忙问宫中因什么事喧哗？宫侍们不敢不说，把两魏相殴如实禀报。熹宗帝命传魏朝和忠贤进宫。那时客氏已穿好衣服，正要出来相劝，宫女奉谕来召两魏。魏朝听了，拖着忠贤便走，忠贤也揪着魏朝。两人随宫女进宫，忠贤不记得自己赤身裸体。客氏很着急，忙回身取了衣服，想替忠贤披上。等到出秋色轩时，忠贤早已走得远了。客氏没法，只得抱着衣裳追去。

两魏拉拉扯扯地走进瑞春宫才松手。那魏朝的外衣被忠贤扯得稀巴烂，指头又被客氏咬伤，便跪在熹宗帝面前，连哭带诉地说忠贤和客氏欺他。忠贤因看见魏朝的衣服果然破烂不堪，忙向自己身上一看，不但衣服没有，竟连布丝都没有系一根。忠贤这一惊，吓出了一身冷汗，想这样赤条条地在皇帝面前，成何体统？心里不禁着急。恰好客氏捧着衣服进来，魏忠贤慌忙取了件外衣披了，仍去跪在榻前。待魏朝哭诉完了，忠贤自有一番争辩。两人你一言我一语，重又争吵起来。魏朝指责忠贤霸占他的妻子，忠贤说客氏是魏朝的对食，名不正言不顺。并说客氏本是侯二的妻子，大家应该可以结欢，不应一人独占。魏朝怒道："咱的对食是皇上钦赐，怎说不正式？"忠贤也怒道："你既正当，客氏为甚又爱上了咱？"魏朝被忠贤问哑了，气往上冲，又要厮打，忠贤也不甘示弱。

两个太监在皇帝面前争风吃醋，熹宗帝毫无愠色，反而呵呵大笑。有这样无礼的太监，自是因为有这种混账的皇帝，君臣间的礼节威仪至此荡然无存。熹宗帝笑了一阵，看两魏争执不休，一时不好袒护谁，弄得这位熹宗皇帝左右为难。冯贵人在旁轻语了几句，熹宗帝连连点头，便向忠贤和魏朝说道："你们两人口头相争，朕也不左护右袒，只叫姥姥自己来讲吧！"客氏这时低着头，一言不发立在一边，听得熹宗帝提着了她，就走过来跪在忠贤的身旁。熹宗帝笑着道："姥姥听见吗？朕命你在他们两人当中选择一个，即日起不许再有争执。"客氏听见后，嫣然一笑，故意跪上一步道："皇上圣恩，肯赐民妇再嫁成婚，感激不尽。"熹宗帝大笑道："这样说来，你是要换新鲜人儿。"说着令魏朝退去，并恩赐客氏和忠贤成婚。忠贤欣喜若狂，叩了个头，挽着客氏并肩出去了。只苦了那个魏朝，被忠贤白打一顿，又失了客氏，真是赔了夫人又折兵了。

第二天，忽然谕旨下来，把魏朝迁戍凤阳。这样一来，气得魏朝一佛出世，二佛升天，又不敢违抗圣命，只得含着眼泪出宫，前往戍地。那解差到了半路上，突然将魏朝绑了，狞笑着说道："魏总管吩咐的，不必送你到戍地，你死了莫要见怪。"魏朝听了，才知迁戍的上谕是魏忠贤的诡计，但自己势力不敌，只有向解差哀求饶命。那解差充耳不闻，把魏朝"噗通"一声推落水中去了。一个万般作恶的阉官就这样葬身鱼鳖腹中,这不是上天的报应吗?而魏忠贤和客氏奉旨结婚好不得意。

## 魏忠贤光天化日之下戏客氏

熹宗在宫中又闹出更大的惨剧来。初时,光宗皇帝的庄妃、唐妃一死一逃后,永寿宫内还有一个赵选侍居住。宫里内监、宫女都尊她为赵太妃。这赵太妃性情十分严厉,嫔妃们个个畏惧她。客氏和魏忠贤结婚后,两人整天粘在一起,当着宫侍内监调笑,一点也不避讳,唯独见了赵太妃,不敢过度放肆。

一天,客氏从后宫出来,忠贤乘她不备,突然抱住了接吻,客氏惊慌娇嗔,宫人们也都击掌大笑。恰好赵太妃走过,听得调笑声,一眼就瞧见忠贤。太妃顿时脸色一变,把忠贤骂出了英明殿,又将客氏训斥了几句,羞得客氏面红耳赤,低头一语不发。太妃仍觉不解恨,喝散宫女们,便含怒去见熹宗,痛骂魏忠贤放肆,并称客氏是妖孽,应当赶出去,不准逗留禁宫。熹宗帝听了,不过唯唯而已。过了一会,忠贤、客氏入见,熹宗把两人责怪了几句。客氏和忠贤心里嫉恨赵太妃,没过几天,假传圣旨把赵太妃赐死。

裕妃张氏与熹宗帝张皇后是同时册立的,但和客氏不睦,被赐红绫缢死。还有熹宗帝最爱的冯贵人,劝熹宗驱逐忠贤、客氏,又被忠贤假传圣旨赐死。熹宗帝追究起来,推说冯贵人是自缢的。又有李成妃,也很得熹宗帝宠幸,客氏嫉恨她,忠贤又假传圣旨赐死。还有张皇后性情稳重,魏忠贤心畏皇后。张皇后临盆时,客氏从榻后系住张皇后的头颈,杀死了皇后母子。宫人们虽看到但不敢明言,客氏伪说皇后是难产死的。因此熹宗终不得子,竟至绝嗣。客氏又设计杀害了胡贵人,假说是暴疾死的。一时六宫粉黛都被客、魏杀尽。

天交五更,寒露侵衣。一阵阵的钟声,冲破沉寂的空气,传遍了皇城内外。这时的乾清门前,那班戴着乌纱、金冠、锦袍乌靴的朝臣,一个个循着御道,在这昏暗的天气中蹑手蹑脚地走着。旧例:皇城里面,廷臣们五鼓上朝,都在黑暗中摸索,禁止燃灯。只首辅宰相,可以掌一盏小小的纱灯。那位奉圣夫人客氏,却是独树一帜。她每天晚上和魏忠贤淫乐不止,直放纵到二更多天,才命八个太监,燃起四对大红纱灯,由宫中直出乾清门。她的仆从婢女们恭候着,似群星捧月一般,一路前呼后拥回她的私第。

到了五更,听得射阳钟响,仍由那八名太监,提着大红纱灯引导。后面列着旌旗黄盖，云炉金钺，白麾金爪，排场和御驾一样。仪仗之后，便是明晃晃的一列荷兰晶灯，把那条铺着黄缎的御道照耀得光亮如昼。最后便是灯晶彩羽、流苏玉坠的一辆高毂绣帘的凤辇，辇上正坐着那个奉圣夫人客氏。真是仆侍如云！那些朝中的大小臣工、王公贵卿，绝大部分是客氏的党羽。他们每天朝拜，在朝房里望见灯光灿烂，如明星皓月，就知道奉圣夫人客氏来了。于是大家在御道上等候。

相隔客氏的车辆约有十来步距离的时候，众人早已齐齐地跪列下来。有叫太夫人的，有称圣母娘娘的，有唤圣太太的，有三呼千岁夫人的，有叫圣夫人的，有叫干娘的，有唤义母的。口里这样呼着，身体都像哈巴狗一样地俯伏着，迎接圣驾还没有这么恭敬。客氏坐在辇上，见御道上黑压压地跪了一地。一片的呼唤，震人耳鼓，客氏好生愉快，在这众声喧闹中，辇儿便直向奉天殿去了。众官员见客氏的车辆过去，也一齐起身回到朝房。必须等到奉圣夫人进去了好一会儿，才见侍奉太监等出来列班，侍从、内侍清殿。清殿是由四名太监、四名侍卫，提着灯在殿内四处察看，以防刺客。清殿完后，钟声再鸣，鼓声继起。鼓声初罢，王公们先进殿列班，次及六部九卿，再次是侯伯武臣、御史大夫、主事郎中等。文东武西。一品大臣在殿内；二品以下、三品以上的，都站立在檐前丹陛上；三品以下、五品以上，一概排站在阶下；五品至八品，挨次列在滴水檐以外。

群臣站列好后，就听见内殿的呵道声，四对红纱灯，一闪一闪地从内廷御道出来，圣驾来了。这时殿前的掌事太监把篾竹扎成的鞭子，在殿前拍了三下，那就叫作静鞭。“静鞭三下响，文武两边排”，就是旧说书中天子上朝之套语。熹宗帝乘着銮辇到了殿前，下辇上殿，由内监扶持上了宝座，文武百官，按着班级朝见。三呼万岁后，六部九卿，循例赐座。武官参将以上，六部九卿，皆得赐茶。三公例不上朝，必待天子有旨相召，并咨询军国重事等，才一起进朝。

## 客氏男妾多如牛毛

熹宗帝坐上了宝座，御案旁设着一个凤座，这是奉圣夫人客氏坐的。那时客氏待百官朝参过了，才姗姗出来，坐在那凤座上，和熹宗帝一同听政。不管是内政外事，有不利于魏忠贤的地方，客氏便随心所欲地驳斥。御案右边，又设着绣墩，是魏忠贤所坐的地方。熹宗帝自己目不识丁，虽坐在上面听政，也和木头人无异。平常政事，不交阁臣的，都是魏忠贤口头批答唵唵。这样一来，朝政大权，竞落给阉宦了。熹宗帝退朝，客氏也随着銮辇回宫。大家一路上笑个不停，全没一点君臣的礼节。甚至有时客氏和忠贤就在熹宗面前干他们的纨亵行为。熹宗帝只是笑嘻嘻地。看到高兴的时候，群臣们干脆互戏一会儿。宫中的内侍太监，平日也看惯的了，习以为常。

客氏等到调笑完了，重新梳妆打扮，十几个宫人在旁侍候着。擦胭脂的、抹油的、添香的、侍中进花的，大家忙碌不已。客氏妆饰完后，随了熹宗帝，或是看花，或是饮宴，直闹到将近半夜。又去和魏忠贤鬼混一番，方叫宫监们掌灯，回她的私第去。她到了私第中，又须再整云鬟，重插花朵，脱掉绣服，更上晚妆。自有沈灌、倪文焕、崔呈秀、许显纯、田尔耕等一班人去侍候她。崔、沈等几个人，可以说是客氏的外夫，也就是她的男妾。还有贾继春、胡仲持、李明、赵福铿、阮大铖等。别处有一所私宅，叫作安乐窝，客氏回至私第时，如她不卸妆，宫女们便知道她要到安乐窝去，悄悄地吩咐司事内监，预备了车辆等待。统计起来，客氏的丈夫，除魏忠贤、沈淮、阮大铖、倪文焕、贾继春等之外，宫中有卢太监辈，宫外又有罗文彦等，一时也不算清她究有几人。所以都中人士，称客氏为武则天第二。那时客氏在宫内独断专横，嫔妃们没一个不听命于他。熹宗帝也对客氏过分宠爱，宫中大小事务，全部由客氏掌管。那时宫中的淫乱，真是历朝以来所未有的。就是朝廷的大政，半是客氏主持、半听魏忠贤做主。

国学经典文库

# 中国古代情史

探究帝妃的隐私　为女性立传著说

图文珍藏版

马昊宸◎主编

线装书局

# 明崇祯帝大杀红粉

## 六宫嫔妃以泪洗艳容

李自成率主力最先到达京师。正当李自成率兵步步逼向京师的时候，这一消息传到了京师，崇祯皇帝匆忙召见王公大臣，商议对付农民军的良策，但是群臣默默无言，半晌也没想出办法，崇祯皇帝伤心至极，几乎快要流泪。此时，不知传来何种消息，崇祯帝连忙拆阅，看罢不禁大惊失色，推案进内去了。各位大臣一直在殿内等候圣旨，直到中午，才由内监传出命令，要诸位大臣退去。只是等到黄封到来后，众人才知昌平已经失守了。昌平地处天堑，是一夫当关、万夫莫开的险要位置。怎奈太监高起潜等，竟毫不戒备，起义军一到，只管各人逃命。就这样，昌平轻而易举地为农民军所得。当天晚上李自成率领农民军，直逼卢沟桥，进犯平则门，紧接着围攻彰仪门。崇祯皇帝急忙下诏，任命吴三桂为平西伯，立即率所部勤王。下令京师三大营，发兵屯齐化门外，以抵抗农民军。襄城伯李国桢统率三营，昼夜巡逻。同时命太监王承恩为京师辽蓟兵马总督。此时京城外农民起义军在晚上举着火把，火光冲天，杀声震地。京师内守城的残兵只有五六万人，又多半是老弱病卒，又乏粮饷，崇祯帝万般无奈，只得下令发内帑铜钱，分给守城兵士，但每名不过百钱，兵士怨声不绝，守城也益发懈怠了。襄城伯李国桢，向皇帝提出建议，准备向公侯募捐粮米，崇祯皇帝答应了，命他办理。

明崇祯帝大杀红粉

哪知李国桢忙碌了一夜,最后,各亲王大臣,捐米还不到五百石,随即分给了士兵,一时找不到锅。李国桢没有办法,亲自前往城中店铺,买了些吃的。这样坚持了两天,农民军攻城愈来愈猛。李自成下令用大炮轰城,守城的士兵被炮弹炸死的不计其数。守城士兵大半不愿守城,都躲到炮楼里安全的地方。李国祯单枪匹马进内城,直入乾清门,守门太监和侍卫上前阻拦,李国桢大声道:"都什么时候了,还做什么威福!"说罢放声大哭,内监这才放李国桢进宫。国桢见到崇祯皇帝,便叩头大哭:"士兵都已变心,睡卧在城下,根本不听号令,这个人起身,那个人又睡下,如此看来,怕大事已休了。"崇祯听后流泪不止,于是传旨,驱内宫太监侍卫等,登城守卫,大约二千余人,命太监曹化淳督领。又搜刮宫内后妃的金钗钏珠,约有二十万金,分赏给城内兵士。正在分配,忽然听到消息,城外三大营已被打败,十分之六投降了农民军,其余的都逃散了。李国桢和崇祯都惊呆了。君臣怔了一会儿,相对大哭起来,国桢满眼含泪走到宫外,督兵守城。城外三大营的军械尽被李自成劫去,其中有大炮十二尊,可纳火药百斤。起义军得了大炮,对准京师轰击,炮声隆隆,百姓惊惶嚎哭。崇祯在宫内听到炮声不绝,如坐针毡,一会儿哭,一会儿大笑,内侍太监,更不知所措。礼部尚书魏藻德,奉前大学士李建泰上疏入奏,劝崇祯皇帝御驾南迁。崇祯皇帝大怒,把奏疏掷在地上道:"李建泰已经投降了农民军,还有颜面来朕处饶舌吗?"魏藻德不敢答话,叩头而退。又有大学士范景文、御史李邦华、少詹事项煜等,也上疏请皇上南迁,并说愿奉太子,先赴江西督师。崇祯皇帝大怒道:"你们平时经营门户,为子孙万代计,今日国家有事,就要弃此南去吗?朕城破则亡社稷,南迁何为?"众臣听罢,谁也不敢再说什么,只好各自退去。

此时山海关总兵吴三桂,接到勤王的诏书,怕李自成兵力强大,不敢进兵,但又不能不奉诏,当天下达命令,率兵十五万人,向京师进发。每天行军才三十里,这是吴三桂有意迟迟缓进。吴三桂的打算,是拖延时间,待到各路援兵聚齐后,兵力雄厚,再和李自成交战,那就不怕他了。谁知才行军到丰润,就传来京城失守的消息,吴三桂见大势已去,干脆屯兵观望。

再说农民军围困了京城,力攻平则、德化、西直三门。太常卿吴麟征,亲自架起大炮,率军拼死抵抗。起义军也架炮轰城,把西直门轰塌了一丈多,吴麟征亲率内官,修理城墙,一面飞马进大内,向崇祯皇帝报告情况。兵士由于缺饷,势将逃散。吴麟征到乾清门,守门宦官不准外吏进入,吴麟征便硬闯了进去。到了午门前,恰好遇上礼部尚书魏藻德,他对吴麟征说道:"兵部已筹有巨饷,你可不必慌忙了。"说着拉了吴麟征出来。这时,内监统领曹化淳,暗地里勾结农民军,准备献出京城。

李自成包围京师,使得城内人心惶惶,朝不保夕,崇祯皇帝也终日坐立不安。周皇后和懿安皇后及六宫嫔妃,无不以泪洗面,此时报告消息的内监,进出大内,络绎不绝。太监统领曹化淳,见京营兵马溃散,知道大势已去,便和内监王之心,秘密商议献城投降。守城的内官,都受了曹化淳的煽动,在城上向外打炮,打炮之前,士兵先把炮弹内的弹药挖去,只把硝磺装在里面,对着天空燃放。曹化淳还恐伤了起义军,他先指挥农民军躲开,然后发炮。这样勉强支持了几天。李自成命手下在彰仪门外,把一大红毡子铺在地上,他盘膝坐在毡上,手握着藤鞭,指着城上的太监道:“一旦城陷,就要杀你们个片甲不留!”城上的内监,听了李自成的话,一个个面面相觑,不敢作声。这天晚上,就有十几名小太监,偷偷地溜出京城,投奔到李自成营中去了。第二天清晨,已经投降了起义军的太监杜勋缒进入城中,直入内宫,劝崇祯帝下诏逊位。崇祯皇帝大怒,叱退杜勋。杜勋出宫后,到处散布流言,城内人心更加浮动。兵部尚书张缙彦,听到这个消息,想入宫上奏,守宫太监不允许进入,张缙彦气愤地出了乾清门,竟自去钟楼上自缢了。

## 花容惨变悔生帝王家

当时是崇祯十七年三月十六日,李自成率起义军攻打平则、西直、德化、彰仪等门,炮声隆隆,彻夜不绝。崇祯皇帝在宫内,听得一清二楚,不由得叹口气,回顾周皇后道:“起义军兵多将广,城内守备非常空虚,这小小的京城,只怕朝不保夕了。”说罢,潸然泪下。周皇后、袁贵妃在一旁,也泪如雨下,站在一旁的宫女,也一齐痛哭起来,就连那些内侍太监也不住地掩泪。崇祯皇帝忽然收住泪向宫女、内侍们说道:“你们侍奉朕多年,今日大难临头,朕不忍心你们同归于尽,各人去收拾东西吧!”内侍和太监们,大都是曹化淳和王则尧的同党,一听到崇祯皇帝的话,便争先恐后地收拾了些金银细软,出宫逃命去了。只有宫女们却不肯离去,其中有一个叫魏宫娥,一个叫费宫人,两个人跪在崇祯皇帝面前齐声说道:“奴婢蒙陛下和娘娘的厚恩,情愿患难相随,虽死无怨。”崇祯帝惨然说道:“你们女流,竟还有如此忠义之心,可那班王公大臣,往时坐享厚禄,到了贼兵困城,不但毫无策略,而且丢下朕而逃去了,这都是朕的不对,近佞人而远离贤能,豢养这些奴才,如今后悔也来不及了。”崇祯皇帝说到这里,放声大哭道:“不料想朕竟做了亡国之君,惭愧啊!有何颜面去泉下见列祖列宗!”说罢顿足捶胸，嚎恸欲绝。周皇后也伏在案上，凄凄切切地和袁贵妃相对痛哭。此时满室中只有涕泣声音，一片凄惨的景象。

大家痛哭了好大一会，周皇后含泪说道："事到如今，陛下不如潜出京师，南下调兵，大举剿贼，或者可使社稷转危为安。"崇祯帝不等周皇后说完，即收住眼泪愤怒地说道："朕恨自己昏瞀，以致弄到如此地步，还能到哪里去？哪里还有为国家出力之人？总而言之，朕是死有余辜，今日唯有以身殉国了。"正说着，忽见永王、定王两人携着手，笑嘻嘻地走了进来。这时永王九岁，定王七岁。两个儿子见到父皇母后都哭得双眼红肿，也哇的一声哭了起来。崇祯皇帝瞧着两个皇子，心里一阵难受，又扑簌簌地流下泪来，便伸手把弟兄两个拥在膝前，垂泪说道："好儿子，贼兵围城，危在旦夕，为父就要和你们长别了，可怜你们为什么要生在帝王家里，小小年纪，也遭这杀身之祸？"崇祯帝说着，声音哽咽，已说不出话了。周皇后失声哭道："趁此刻贼兵未至，陛下放他两个一条生路，叫他兄弟两人，暂往妾父家里，他年天可怜儿，得成人长大，有出头之日，也好替国家父母报仇。"提到仇字，周皇后早哭得喘不过气来，两眼一翻，昏倒在盘龙椅上。嫔妃们慌忙上前叫唤，半晌，周皇后才悠悠醒转过来，然后把定王搂在怀里，脸对脸紧贴着，抽抽噎噎地哭个不住。崇祯皇帝一边拭着眼泪，一边起身说道："此时哭也无益，待朕把这两个孽障，亲自送往国丈府中，托他好生看待，也给朱氏留一脉香火，想国丈当不至负朕重托吧。"说罢，一手一个，拉了永王、定王，正想要出宫，忽然看到内监王承恩，慌慌张张地跑进来道："大事不好了！贼兵攻破外城，已列队进了西直门，此刻李将军正激励将士守卫内城，陛下快请出宫避难吧！"崇祯皇帝听了，面色顿时惨白，说道："大事休矣！"回过头对王承恩道："卿速领朕往国丈府去。"王承恩在前面引导，君臣两个，携了永王、定王出宫。周皇后还立在门口，很凄惨地嘱咐定王道："儿啊，你此去如有出头之日，莫忘了国仇家恨，你苦命的母亲，在九泉之下盼着你啊！"崇祯皇帝不忍再听，见定王哭了起来，急忙把他的小手一拉道："国亡家破，如今还是哭的时候吗？"定王吓得不敢出声，永王毕竟年纪大些，只暗暗哭泣。

父子三人和王承恩出了永宁门，耳边还隐隐听得周皇后的惨呼声，崇祯皇帝暗暗流泪，却把头低垂着，向前疾走，一边走一边落泪，到国丈府门前时，崇祯皇帝的蓝袍前襟，已被泪沾得湿透了。王承恩道："陛下少等，等奴才去报知国丈接驾！"说罢疾步走去。崇祯帝呆立在国丈府第前的华表旁，左手携了永王，右手执着定王，等了好一会儿不见王承恩回来，崇祯皇帝便忍不住携了两个儿子，慢慢来到国丈府第的大门前，只见兽环低垂，双扉紧闭，连一个人影都没有。

崇祯皇帝就从大门缝向里面一瞧，只见里面张灯结彩，二门前的轿车，停得满满的，丝竹管弦之声，隐隐约约地从内堂传出来。崇祯皇帝十分诧异，想道："国已将亡，周奎怎么还在家里作乐，难道王承恩走错了府邸吗?"崇祯皇帝正在疑惑，只见王承恩气呼呼地走来，喘着说道："可恶！周奎这老家伙竟在家做八十大寿，朝中百官都在那里贺寿。奴才进去时，被二门上的仆人挡住不让进，奴才说是奉圣旨来的，才肯放过奴才。到了中门，又有个家人出来阻止，奴才说有圣旨，那家奴竟问道：'今天是国丈寿诞，不论什么要紧的事儿，一概不准入内！'奴才再三地央求他，他竟骂了起来。奴才实在无奈，只得在中门那儿高声大叫国丈接旨，谁知周奎那老家伙，在里边明明听到了，却故意装作没听见，反让家奴出来，把奴才乱棍打出。"崇祯皇帝听说后，不由得大怒道："有这等事，周奎也欺朕太甚了！"说罢命王承恩在前面带路，崇祯皇帝和两个皇子随后紧跟。到了大门前，大门早已被家人上了闩。王承恩此时气愤到了极点，一顿拳打脚踢，将国丈府大门打得轰轰直响，打了好一会工夫，听得里面传来谩骂的声音，忽地大门开了，跳出一个黑脸短衣的仆人来，倒把崇祯皇帝吓了一跳。那仆人理也不理，破口大骂道："有你娘的鸟事，这样打门?"王承恩喝道："圣驾在此，奴才竟敢撒野？快出来接驾！"那仆人瞪着两眼，大声道："圣驾是什么鸟？我奉了国丈的命令，不许有人捣乱，你再纠缠，我可要叫人出来，把你送到兵马司里去了！"王承恩气得咆哮如雷道："周奎这老贼目无君上，待我进去和他理论！"说罢向里面走去。那仆人将王承恩的领子一把揪住，望门外一推，王承恩站立不稳，摔倒在大门的台阶上。王承恩霍地站起来又要奔上前，被崇祯拖住道："回去吧！不要与这些小人计较了！"王承恩气愤地说道："奴婢拼着这条性命不要了！"话没说完，只听"嘭"的一声，那仆人合上门闩进去了。崇祯皇帝叹了一口气说道："承恩呀，你不要这样生气，这都是朕的过错啊，还有什么话可言！事到如今，朕也不必再去求他了，快回去吧！"说罢君臣二人，领着两个皇子，垂头丧气地回宫了。此时听得炮声震天，喊声和哭声一片。崇祯皇帝仰天垂泪道："朕何负于臣，他们却负朕至此！"一边叹气，一边匆匆地走着。

经过庆云巷时，猛听得前面马声嘶鸣，尘土飞扬，崇祯皇帝大惊道："贼兵已进城了吗?"王承恩已慌了手脚，忙道："陛下和殿下暂时躲避一下，待奴才前去探听探听。"只见三十骑马疾驰而来，要想躲避已来不及了。只见其中一匹马上的人，服饰十分华丽，不是别人，正是皇亲田宏遇。田宏遇见到王承恩，拱手微笑，一眼瞥见了崇祯皇帝站在一旁，慌忙滚下马，向崇祯皇帝行礼。崇祯皇帝阻拦道："路上很不便，田卿行个常礼吧！"田宏遇领命，行过了礼，便问陛下携同殿下，要到哪里去。崇祯皇帝听后，先叹了口气，将自己托孤的意思，大致讲了一遍，又讲到周奎十分无礼，欺君太甚，田宏遇听了，也觉周奎可恶，便正色说道："陛下既有这个意思，那就把两位殿下交给为臣吧！"崇祯皇帝大喜，回头唤过永王、定王，吩咐道："你两个随了外公回去，千万不要使性子，要知道你们已是离开父母的人了，不比在宫里的时候。你们弟兄一定要勤奋向上，切莫贪玩，朕死也瞑目。"崇祯皇帝一边嘱咐，一边用袍袖拭眼泪，两个皇子也都痛哭起来。崇祯皇帝咬了咬牙，厉声说道："来不及了，你弟兄就此去吧！"说完回身对田宏遇说道："朱氏宗祧，责任都拜托卿家了！"田宏遇慌了，来不及还礼，只好噗地跪倒在地上，泪流满面地说道："陛下托于为臣，臣受陛下深恩，怎敢不尽心护持殿下，以报圣恩呢？"崇祯皇帝道："如此朕就放心了！"原来，田宏遇这时盛装出行，仆从如云，也是往周奎那里去贺寿的。此时遇到崇祯皇帝把永定二皇子托付于他，便打消了去周奎那儿贺寿的念头，立即命令家人让出两匹马来，扶定王和永王上马，自己也辞了崇祯皇帝，跃上快马，家人蜂拥着向田府去了。

崇祯皇帝站在那儿，含着眼泪，目送二皇子疾驰而去，直到瞧不见影儿了，才凄然回头，与王承恩两人，在路上徘徊观望。王承恩禀道："时候不早了，陛下请回宫吧！"崇祯皇帝凄然说道："朕的心事如今已了，还回宫去做什么？"王承恩大惊道："陛下乃万乘之尊，怎可以流连野外？"崇祯皇帝流着眼泪说道："贼兵已攻破外城，到处烧杀抢掠，可怜朕的百姓无辜受此灾难，朕心里实在不忍。朕想在这里，等贼兵杀到，朕与百姓同归于尽吧！"王承恩哪里肯答应，苦苦哀求崇祯皇帝回宫，崇祯皇帝忽然问道："这一带什么地方最高？朕要登高临下，看一看城外的黎民百姓，被闯贼蹂躏得怎样了？"王承恩见有机可乘，忙回答道："陛下如想眺望外城，须驾还南宫，那里有座万岁山——煤山——仁宗皇帝时，建有寿皇亭在山顶，登上亭子可以望见京师全城。"崇祯皇帝听说，便同王承恩走回宫来，这时太阳已经西沉，暮鸦喳喳地哀鸣，夹杂着凄楚的哭声，顺风吹来，更加凄惨。

月色昏蒙，寒风凄冷，京城外的火光，惨红如血。一阵阵的嗷啼声和啼哭声，夹杂着炮火声和喊杀声，昼夜不绝。崇祯皇帝扶着王承恩，踉踉跄跄地转回南宫，到了万岁山上，倚在寿皇亭的石栏边，遥望城外烽火冲天，哭喊呼嚎声，兵器声，马蹄声，隐隐可辨。到处都是火光，照得满天通红，农民军正在大肆烧杀抢掠，繁华的京都，瞬时变成了一片焦土。这时月光被浓云遮掩起来，越觉得大地黝黑，举目都是一片凄惨的景象。崇祯皇帝凄然泪下道："黎民百姓有何罪，惨遭如此荼毒？"说罢回头对王承恩道："朕心已经碎了，不忍心再看下去，卿还是扶朕下山回去吧！”于是君臣二人狼狈下山，匆匆进入乾清门，来到了乾清宫中。崇祯皇帝提起笔来，草草书写手谕：着成国公朱纯臣，提督内外军务，诸臣夹辅东宫。书写完毕，掷下笔长叹一声。此时王承恩已出宫探听消息去了，崇祯皇帝回顾四周，只有一个小内监侍立在他的旁边，当即命令小内监把朱书拿到内阁。当小内监捧着上谕来到内阁时，一个阁臣都不在，小内监只得把谕旨放在案子上，回身自己也逃命去了。

十七日那天，廷臣已不再上朝，只有范景文等几个大臣，还勉强进宫侍驾。君臣相见，都默默无语，只是相对流泪而已。半晌，崇祯皇帝挥手令范景文等退出，自己负手踱到皇极殿上，俯伏在太祖高皇帝的圣位下，放声大哭起来，直哭得泪湿龙衣，声嘶力竭，也没有一个内侍宫人来相劝。崇祯皇帝愈想愈觉得伤感，索性倚在殿柱上，仰天长嚎起来。崇祯皇帝独自嚎哭着，从清晨一直哭到日色西斜，最后，实在哭不动了，才擦擦泪起身，来到承仪殿，呆呆地坐在那里发呆。坐了一会，不禁困倦起来，便斜倚在绣龙椅上迷迷糊糊地睡着了。忽见一个峨冠博带的人走了进来，提着一支巨笔，在殿墙上写了个大大的“有”字，然后掷笔走了。崇祯皇帝正要说话，蓦然寒风刺骨，一觉醒来，才知是梦。崇祯皇帝定了定神，离开了承仪殿，来到后宫。此时周皇后和袁贵妃等，也都彻夜未眠，看到崇祯皇帝进宫，急忙出来迎接。崇祯皇帝瞧见皇后、贵妃，个个都蓬头垢面，面容憔悴，不由得叹了口气，然后把梦境说了一遍。大家胡乱猜测着，魏宫人在旁说道：“‘有’字上半大非大，下半明非明，是大明残破的意思。”崇祯皇帝听了，变色不语。正在这时，猛听得门外脚步声音杂沓，两个内监气喘吁吁地跑进来禀道：“太监曹化淳已经开城降贼，陛下宜急速出宫躲避。”说罢匆匆忙忙地走了。崇祯皇帝正在疑惑不定，见襄城伯李国桢，汗流满面地抢进宫来，叩头大哭道：“逆阉献城，贼已经攻陷了内城，陛下请暂且避一避，臣等与贼巷战去！”说完飞奔出去。崇祯皇帝也慌忙出宫，到奉天殿上，想召集群臣，共商善后，环顾四周，内侍宫监多已逃得无影无踪了。崇祯皇帝没法，不得不自己走下殿来，执起钟杵，把景阳钟当当地撞了一会，又握着鼓槌，将鼓咚咚地打得震天响，然后走上宝座，专等众臣入朝。谁知等了半晌，一个廷臣也没有来。

崇祯皇帝长叹一声，不得不走下宝座，回到后宫，恰好王承恩气急败坏地进来，大叫：“贼兵已经进入内城，此刻正在内城烧杀抢掠。陛下快请移驾避贼！”伤心地说道：“事已至此，朕还避什么？你去午门外看着，见贼兵进宫，便来报告朕。”王承恩含泪叩了个头，匆匆地出去了。崇祯皇帝于是在宫内，把后妃嫔人等召集在一起，崇祯皇帝命宫女拿过一壶酒来，自斟自饮，连喝了五六杯，此时太子慈烺站在他的旁边,崇祯皇帝回头说道:“你还站在这里做什么?快逃命去吧!”太子对着崇祯皇帝和周皇后,跪下磕了三个头,凄凄惨惨地哭着走出宫门去了。崇祯皇帝流着泪,把脸扭向一边,装作没有看见。眼里的泪珠,落下滴在酒杯中,崇祯皇帝端起酒杯,一饮而尽。

这时周皇后和袁贵妃还有公主昭嬛围坐在崇祯皇帝身边痛哭,宫女嫔人也围在周围哭泣着。崇祯皇帝垂泪叹道:“大势已去!”又对周皇后道:“卿可自己想办法,朕已经顾不上你了。”周皇后起身说道:“臣妾侍奉陛下,已经十八年了,你从不曾听臣妾一句话,才有今日!”说完哭着走进内堂。不大一会,宫女出来报娘娘自尽了,崇祯皇帝不觉泪如雨下,半晌回过头来对袁贵妃说:“你为什么还不自尽?”袁贵妃含着泪站起来道:“妾请死在陛下面前!”说完即解下丝带,系在柱子上,上吊自杀。谁知丝带断了,袁贵妃掉在地上,不大会儿慢慢地苏醒过来。崇祯皇帝忙从墙壁上拔下一口剑来,向袁贵妃连砍几下,袁贵妃才死了。崇祯帝又将其他的嫔妃,砍倒了四五人。崇祯皇帝正要回身出宫,昭媛公主一把拖住他,两眼落泪,哭个不停。昭嬛公主今年十五岁,长得十分漂亮,袅袅婷婷。这哭声使得崇祯皇帝不禁起了一种怜惜之心,但又不忍留着她受贼人蹂躏,便哄昭嬛公主道:“你看外面贼人来了!”公主忙回头看时,崇祯皇帝乘公主不备,用袍袖把自己的脸掩起,随手一剑砍去,正砍在公主的肩上,鲜血直冒出来,公主惨叫一声,倒在血泊里。崇祯皇帝想再砍第二剑,无奈两手颤个不停,再也提不起剑来。眼睁睁地看着公主,鲜血咕嘟嘟地冒个不停,令人惨不忍睹。崇祯皇帝掷剑叹道:“你为什么生在帝王家?”说完硬着心肠,掩面出宫而去。

## 纤纤弱质宫女皆跳河

这时王承恩来报告外面的情况,崇祯皇帝叫他在前面带路,自己手提一杆三眼枪,群臣两人出了中南门,恰巧遇到一群逃难的内侍,崇祯皇帝便也夹杂在内侍当中,直向东华门走去。这时东华门还没有被攻破,守城的内监,见一群宫监拥来,怀疑宫中发生了内变,便喝令放箭,把一群内监射得四处乱窜。崇祯皇帝被众人一冲,一时站立不稳,跌倒在地上。慌忙爬起来,脚上的鞋子已经掉了一只,头上的皇冠也不知掉到什么地方了。再回头时又看不到王承恩了,崇祯皇帝没有办法,只得赤着一只脚,一步高一步低地往齐化门走来。成国公朱纯臣的府第,就在齐化门内,崇祯皇帝便走到成国公的府中,但看门地把他喝住道："国公爷吩咐，现在是乱世，不经国公爷的命令，一概不许放人进入。"崇祯皇帝听了，叹一声，呆立了好一会，才回身离开了国公府，随着一群难民，望安定门走去。到了城门前，只见门上锁着一把很大的石锁，不提防守门的士兵赶来，拿着一杆长枪，往人群中乱刺，众人赶紧回身逃去，崇祯皇帝也只好逃走，因走得太慌忙了，头上束发的簪子都被抖落，网结脱开，弄得头发都散了。崇祯皇帝将要折回北去，恰好碰上起义军进城，难民四处狂奔，难民的后面，是守城的败兵。败兵被起义军追急了，如同丧家犬，东奔西窜，如同潮水一般地冲过来。崇祯帝给难民一拥，连跌了两个跟头，待爬起身来，衣服已扯破了，脸上抹满泥土，手指擦烂，鲜血淋漓。崇祯皇帝到了此时，已走得脚酸腿软，头昏目眩，自己便抱定了必死的念头，盘膝坐在街边的石级上，一边喘息，一边还不住地用袍袖拭着泪。

正在这时，难民中忽然跑过一个人来，跪在地上抱住崇祯皇帝的双膝，放声痛哭起来。崇祯皇帝定睛一看，原来是王承恩，不觉叹口气道："朕和你倒还见上一面了。"王承恩收住眼泪说道："贼兵前锋已离这儿不远，李将军率领卫兵在那里死战，陛下请回宫去，免得落入贼人手里。"崇祯皇帝觉得有理，于是由王承恩搀扶着，一步一步地回到南宫。王承恩扶崇祯皇帝进宫时，崇祯皇帝叹道："朕不愿回宫了，不如到万岁山上去休息一会吧！"王承恩没法，只得搀着崇祯皇帝，来到万岁山上，在寿皇亭前面的一块大石上坐下来。君臣默对了半晌，崇祯皇帝蓦然想起了慈庆宫的懿安皇后来，急忙向王承恩说道："朕出宫时太匆忙了，没来得及通知张皇后，你可领朕谕旨，说贼人已经进城，必然蹂躏宫眷，令张娘娘赶紧自裁了吧！"王承恩领命，匆忙地下山去了。

张皇后是熹宗皇帝的中宫，熹宗去世，张皇后退居慈庆宫，崇祯皇帝继位，便封她为懿安张皇后。张皇后性格温顺，而且很识大体，严于礼节。在熹宗的时候，客魏当权，六宫嫔妃，无不受客魏的陷害，只有张皇后一人，没有被他们陷害。因为张皇后举止严正，不随便言笑，熹宗很是敬畏她，客魏也惧怕张皇后，不敢恶意中伤。有时客魏正和宫人们嬉笑作乐，即使熹宗皇帝在也不怎么避开，只是当听说张皇后驾到，立刻收敛起来，连大气也不敢喘，装出十二分的规矩来。张皇后对上虽持礼严肃，对待下人却极宽宏大量，别人犯下的小小过错，她并不过于追究，所以宫内的宫侍内监，没一个不恭敬佩服她的。崇祯皇帝和张皇后，实属叔嫂，但在礼节方面如同对待母后。每到了初一、十五，崇祯皇帝一定亲临慈庆宫，向张皇后请安。张皇后担心有叔嫂的嫌疑，便令宫人垂了个珠帘，崇祯皇帝在外问安，张皇后却隔帘回拜，只是接受半礼而已。张皇后身体偶尔不适，崇祯皇帝一定要派人去问候，一天里有好几次。张皇后病愈后，便上疏谢恩。明宫历代后妃，谢恩用奏疏的，只有张皇后一人。由于张皇后退居慈庆宫，常年不肯轻易走出宫门，所以谢恩代替了奏疏。当时王承恩领了上谕，经慈庆宫宣谕，由慈庆宫的宫女，传谕进去，不大会儿，宫女泪流满面地出来说道："张娘娘已领旨自尽了。"王承恩听罢，回身出宫，前往万岁山来复旨。

崇祯皇帝在万岁山的寿星亭上，听得远处喊杀震天，鼓声不绝于耳，夹杂着一片男哭女啼的声音，忍不住遥望了一会儿，默默想到城破国亡，自己绝无生存的道理，不如趁现在无人，寻个地方自尽了吧！打定主意，举目环顾四周，看到寿皇亭的旁边，有一株梅树，枝杈长得并不太高，于是就解下身上的丝带，爬上亭边的石柱，把丝绦系在树上，正想引颈自缢，忽然转念道："朕既以身殉国，不可默无一言。"想到这里便把胸前衣襟拉起，咬破小手指，在衣襟上写道：

朕德薄匪躬，上干天怒。登极十有七年，逆贼直逼京师。虽朕之不明所致，亦臣之误朕也。朕死无面目见列祖列宗于地下，自去冠冕，以发覆面，任贼分裂朕尸可也，切勿伤百姓一人！

崇祯皇帝写罢，看着那株梅树，流着眼泪叹息道："这树是朕亲自栽植的，不料想今日竟做了朕绝命的伴侣了。"说罢又情不自禁地凄凄凉凉地哭了起来。这时喊杀声越来越近了，崇祯皇帝便含泪爬上石扶栏，把头颈套进了丝绦，双脚一蹬，身体高高地就悬在树枝上了。

王承恩出了慈庆宫，匆匆忙忙地上山来复旨，来到了亭子上，不见了崇祯皇帝，慌忙走出亭子四处张望，但毫无踪影。正在担心之际，蓦然抬起头来，见崇祯皇帝已悬在亭旁的树枝上，不由得大叫一声，昏倒在地上，半晌才苏醒过来，急忙爬上石栏，想去解救。手刚触到崇祯皇帝的身体，王承恩就已觉得冷得和冰一般，崇祯帝的舌头也已吐出唇外三四寸，鼻孔和眼中都流出血来，知道已经断气很久了。王承恩越想越是凄惨，捧着崇祯皇帝的双足，捶胸顿足地痛哭了一会，又自恨道："这都是我走得太慢了，以至于来不及救援皇上。"想罢又哭，哭着又转念道："一个堂堂的皇帝，竟落得个这样的结局，何况我们太监呢。"王承恩想到这里，觉得天下万事皆空，于是收住泪，向崇祯皇帝拜了几拜，又深深地磕了几个头，含着眼泪说道："陛下请略等一等，奴婢王承恩也来了。"说罢解下一根汗巾来，想爬上石栏去系时，又想自己是个太监，怎么能和皇上并肩对缢？便重又跳下石栏，把汗巾系在崇祯皇帝的脚上，又在上面打了一个死结，把头伸进去，身体向下一蹲，就吊死在崇祯皇帝的脚下。

却说宫中自皇后贵妃自缢、皇上出南宫而去后，内监们走了个精光，剩下的只是一些纤纤弱质的宫女。她们都是十三四岁进宫,从不曾出宫一步,到了这种时候,叫她们往哪里去?这时魏宫娥和费宫人在宫门前大声喊道:“外城、内城都已被攻破,贼人如果进得宫来,我们女流一定会遭到贼人的污辱,有志气的姐妹们,快各自打算吧!”说完,魏宫娥就快步上了金水桥,纵身跃入御河自尽了,费宫人也跳入后苑的井中。这样一班宫女,个个泪珠盈腮,纷纷地自尽了,有跳河的,有悬梁自缢的,有解带勒死在榻上的,有触庭柱而死的,还有用剪刀自己刺死的,自尽的宫人共有三百七十九人,真是可怜极了。这一天是三月十八日,到了中午,内城全部被攻陷,农民军蜂拥而进,城内霎时到处鬼哭狼嚎,男哭女啼。

## 冯梦龙描写同性恋

### 一个与同性恋问题关系密切的人物

《情史》作者冯梦龙是明末文化名人,他对社会上包括张伯起在内的文人庶士的生活面貌有着广泛的了解。在他的许多作品中,古今男色多有反映,包括:

(1)《古今小说》。第一卷写有姑嫂之间的同性恋;

(2)《警世通言》。第二十七卷写有仙鬼之间的同性恋;

(3)《醒世恒言》。第八卷写有姑与“嫂”、第十卷写有老翁与小官、第二十三卷写有后妃与宫女之间的同性恋;

(4)《酒家佣》。写汉代梁冀与秦官之间的同性恋,还涉及僧人、道士的同性恋;

(5)《情史》。记有从先秦到明末的数十个同性恋事例;

(6)《古今谭概》。记录了几个同性恋笑话;

(7)《笑府》。记有十个同性恋笑话;

(8)《挂枝儿》。收集了几首同性恋俗曲;

(9)《山歌》。收有数首同性恋俗曲;

(10)《折梅笺》。收有几封同性恋书信;

(11)《太霞新奏》。收有多套同性恋散曲;等。

一个人的作品中涉及如此多的同性恋内容，这在历史上是不多见的。因此，我们可以据此推测冯梦龙至少是一个与同性恋问题有着密切关系的人物。至于他个人对同性恋的态度，《情史·情外类》有他的一段评论：

冯梦龙

饮食男女，人之大欲。破舌破老，戒于二美。内宠外宠，辛伯谂之。男女并称，所由来矣。其偏嗜者，亦交讥而未见胜也。闻之俞大夫云："女以生子，男以取乐。天下之色，皆男胜女。羽族自凤凰、孔雀以及鸡雉之属，纹彩并属于雄，犬马之毛泽亦然。男若生育，女自可废。"呜呼，世固有癖好若此者，情岂独在内哉？《孔丛子》载：子上见卫君之幸臣，美须眉立于君侧。卫君谓子上曰："使须眉可假，寡人固不惜此于先生也。"（据《孔丛子》原文，子上为子思，卫君为齐君）夫至以须眉为幸臣，吾不知其情之所底矣。

这段话表明，冯梦龙认为同性恋当中感情因素是确实存在的，他自己就曾作有几套同性恋散曲，这种感情被他描写得相当真挚。

## 冯梦龙对同性恋大唱赞歌

其一，《情仙曲》。赞美生时相爱、死后相依的一对同性恋伙伴王花舍和黄遇春：

某夜视友人召仙，而有王花舍者至。云吴之金阊里人，与黄生遇春善，年十五死。因写黄生所赠词四语，今曲中"四想杀您"句是也。已便求去，曰："吾兄俟吾於门，恐失约。"叩之，则遇春亦死，死复相从，亦大奇矣哉。语云人不灵而鬼灵，余谓鬼不灵而情灵。古有三不朽，以今观之，情又其一矣。无情而人，宁有情而鬼，但恐死无知耳。如有知而生人所不得遂之情，遂之於鬼，吾犹谓情鬼，贤於情人也。且人生而情死，非人；人死而情生，非鬼。夫花舍小竖子，生未尝越金阊数武，而仗此情灵得偕所欢，以逍遥吴越之间，而享仙坛香火之奉，与生人相应答不爽，花舍为不朽矣。鬼能如是乎哉？名之曰情仙也亦宜。

【仙吕·二犯傍妆台】小书生庞儿齐整，从幼更聪明。双亲爱惜我如花朵，把花舍做乳中名。既愿我生身譬如花易长，又愿我他日攀花上玉京。愧非国瑞，颇传宁馨，不道空花暂现少收成。

【醉归花月渡】叹桃花也犯在男儿命，做杨花飘荡惹丝萦。只为向暖葵花恋多晴，将我心花万种牵缠定。真诚要比黄花久长霜吐英，莲花并头一同枯与荣。桂馥兰馨，肯学那萍花但浮梗。谁想只几阵催花雨，断送得娇花冷。如今个魂断残花蜀帝声，好一似江面浮花灭浪形。

【皂袍公子】懊恨风流花性，尽摇风动月，意态纵横。贪花的空有惜花情，遇春来翻惹伤春病。阖闾城，黄昏片月，惨淡鬼门灯。

【解三醒】为情浓每杯耿耿，被情痴引去魂灵。犹记得淋漓裙练词新警，齐唱个《解三醒》。他道想杀您鸳鸯锦被寒同宿，想杀您孔雀春屏昼共凭。说到情深境，任千官万寿都化作春冰。

【解罗歌】又道想杀您楚水巫山青眼断，想杀您拜佛祈神白首盟。一桩桩、一句句都是真光景，谁个是假惺惺。想是前生夫妇，做了今生弟兄。似此今生恩爱，未审来生可能。不愁命短，只愿双魂并。春难久，花易零，但能同死胜同生。分明是花重放，春再更，黄泉相见笑相迎。

【感亭秋】免却了人间口舌讥共评，又没个尊长苦相绳。便是铁脸阎罗也把情魄矜，一任我骖鸾跨鹤同驰骋。形虽化，神自清，喜到仙坛净。

【尾声】托乱神把衷肠罄，非关花舍不留停，怎撇下兄长的孤魂在门外等。（《太霞新奏》卷一）

其二，《为董遐周赠薛彦升》。感叹董、薛二人久别之后仍然相互爱恋之不易：

苕溪董遐周来游吴下，偶与歌筵，爱薛生，密与订晤舟次。夜半而生冒雪赴约，情可知已。一别三载，遐周念之不释，物色良久，忽相遇于武陵，突而弁矣，丰姿不减。余目击其握手唏嘘之状，因为词述之。

【南吕·绣带引】[绣带儿]风流性欢山笑海，堪怜俏的身材。当场喜煞儿郎，深闺妒杀裙钗，缘该。[太师引]歌残舞罢，把余欢买。肯分地坐儿做一块，情偷送密约暗谐，愁煞人孤舟雪夜把更捱。

【懒针线】[懒画眉]绣被香笼蚤安排，似到还非几浪猜。更深雪重悄寒崖。[针线箱]多应他弱体愁尴尬，辜负了子猷思戴。梦惊回舟动声微咳，合唤名儿做薛夜来。相怜爱，把貂裘拥护，亲手温腮。

【醉宜春】[醉太平]舒怀浑忘量窄，取醇醪痛饮拼醉阳台。春生绣帐，似梅花雪里香开心衰。他冲寒来到恁痴騃。[宜春令]这恩德犹如天大,纵有分甘割袖此情无赛。

【琐窗绣】[琐窗寒]自当时植下根荄,指望效红飞双鼠偕。忍教他随行逐队玉韫香埋。纵使铜山尽销,依情不改。誓不学那弃鱼无赖。[绣衣郎]又谁知妒花风忒歹,又谁知杜鹃声更歹。

【大节高】[大胜乐]从别后信断音乖,等闲间便隔一二载。锦营花阵漂泊知何在。[节节高]蜂蝶寨、莺燕窝、鸳鸯派,风云随例青楼态。虚脾争似真心耐。想雪夜孤舟是何人,越教挂却相思债。

【浣泼帽】[浣溪沙]他便做柳絮飞,我怎把浮萍待。谩劳人踏破铁鞋向歌云停处探丰采,多管瘦损潘容在天一涯。[刘泼帽]他心中料也浑无奈,得再谐恰便似从天赉。

【东瓯莲】[东瓯令]吴宫信共越潮来,蓦地相逢真怪哉。依稀总飒风神在,旧日欢还再,百般心话两人皆。[金莲子]止不住未开言,一双双情眼泪盈颏。

【尾声】佛面前通诚拜,新欢旧好尽摩揣。那个亏心天降灾。

其三,《赠童子居福缘》。这是一篇替别人代作的赠曲:

【双调·江头金桂】自叹我蹉跎半老把花月票尽销,真个是看花无语对月忘嘲,数年来束彩毫。那里是技痒思猱妄颦轻笑,自是明珠在掌,一见魂销。这温柔少年在何处讨。他身材小巧,衣衫佶倬恰垂髫。授色双眸俊,藏春片语娇。

【姐姐插海棠】悄把乖乖低叫,何名姓更何生肖。他笑嘻嘻答应,一一供招。年十五,幼字福缘居为姓,梁溪生小。真通窍,这宿世冤家姓名都好。

【玉山供】宜居祆庙,疗相思焰腾腾免烧。更宜居绣被帘栊,又宜居玉笋斑僚。应把铜山相劳,尽行处金丸落鸟。便把前鱼比,总难抛,迷魂一世半丢桃。

【玉枝带六么】想福缘分晓,两般全才得上交。福多缘少枉心焦,虽会面路如遥。有缘无福魂空吊,有缘无福也魂空吊。

【拨棹入江水】缘若到,更三生福分饶。共伊家同拜青霄,共伊家同拜青霄。敢一例看作青衣小曹。与你儿汝相交,恰似加一道风流官诰。

【园林带侥侥】我衷肠伊应谅着,你中情我也三分料着。合一个青铜相照。只待讨得个东君真消息,便学做鸠儿借鹊巢。

【尾声】十年情种芽重报,这小名儿一似心窝中嵌宝。盼不得暮暮朝朝。(《太霞新奏》卷十二)

冯梦龙对同性恋现象持同情乃至支持的态度由此可见一斑,虽然没有确凿的证据证明他自己也是一个同性恋者,但考虑到他与明末男风有着密切的关系，稍做这方面的推测也不是没有道理的。

## 冯梦龙直接描写两男相交的场面

文化名人冯梦龙曾经著有数篇以同性恋为主题的套曲，其中一篇《为董遐周赠薛彦升》赞美了董、薛二生的倾心相恋。只是喜好男风者情难专一，董斯张（号遐周）还痴迷于一位王小史，作曲以赠，直接描写了两男相交的场面：

【商调·二郎神】秋云冷，正扁舟溪寒水静，寂寞林烟栖鸟定。残宵野梦，觉来初断三更。万种愁肠今夜领，忍不过孤形吊影泪珠凝。都为着送暖偷寒，去住关情。

【集贤宾】他如花颜色刚妙龄，恍缑山仙客吹笙。玉骨烟姿谁与并，皎临风翠树葱菁。风流俊颖，更俏眼一江秋映。情愿等，盼不到半霎儿侥幸。

【黄莺儿】乍见喜逢迎，掩书斋不作声，牵衣下跪忙相倩。他心儿欲应，口儿暂亭，非关负约只是怜君病。俏卿卿，今朝就死也死在牡丹亭。

【簇御林】宽鸳带，倚雀屏。逞娇羞，倍可矜。鄂君绣被香魂剩，前生冤债今番订。喜还惊，灯前细语怕有外人听。

【猫儿坠】知心解意，真个惜惺惺。一段深情月下盟，前鱼何必泣秋汀。停睛，叹会面无多，别绪纵横。

【尾声】晚钟才报愁难罄，兴味萧然似野僧。待黄菊开时好梦成。（《太霞新奏·卷十·赠王小史》）

在冯梦龙所结交的知名文人中，喜好男风者不止一人，前面《情史·情外类》里曾经记有伯起先生张凤翼。张凤翼曾讲他于男色是“心经费得多”，并就此作有一套同性恋散曲，名称就是《写恨》，用来表白他的这种感受，用词显得很费心思：

【仙吕入双调·步步娇】劣冤家多少迷魂处，顷刻难相离，情浓意似痴。暂喜佯嗔，乍来忽逝，暗地自支持。恩情但愿常如此。

【江水儿】胜赏观灯夜，佳辰解粽时。含香豆蔻当年事，风前月下相牵系。醉乡醒眼难抛弃，万种离情愁思。回首从前，一一为伊牢记。

【玉山供】为伊牢记，问伊家还须念兹。拿不住镜里花开，禁不住梦里云携。盈盈一水。恍似回峰迢递，聚首非容易。也应知这番不是等闲期。

【川拨棹】曾知你煞风景的乖性儿，霎时间覆水难收，霎时间覆水难收。平白死心成死灰。把残桃欲赠谁，泣前鱼也任伊。

【锦衣香】掀翻了鹦鹉杯，颠倒了鸳鸯字。销沉了惜玉心，玷辱了铿金迷。温柔乡与合浦蓝田都做丘坻，刘郎敛足武陵溪。路当险处，再不教迷。降魔剑近来都做了百炼钢的。肯教重绕指，东风传示。千金一刻，此后休提。

【浆水令】野花枝东墙树底，没来由西邻鸟啼。箕南斗北各天涯，参商牛女。会合分离，都勾却，休说起。香台礼佛将心誓，愁城下愁城下打破重围。迷津里迷津里问个端的。

【尾声】从教酒价高千倍，不饮须知奈我为。急发盏灯前也是迟。（《彩笔情辞》）

张凤翼还作有一套《题情》：

【南吕·十样锦】［绣带儿］灯儿下低头自忖，消磨了几个黄昏。梦回时残月孤篷，花落后细雨重门。思省。［宜春令］是前生做下今生，怕今生又欠来生。愁闷。怎讨得一宵恩爱，暂了半生缘分。［降黄龙］难论。无底深恩，月下花前，目成心允。幽期密订，幽期密订，受尽了从前多少寒暄。［醉太平］心田。错将红豆种愁根，恶根苗苦萦方寸。思量不尽，这千般旖旎，半天丰韵。［浣溪沙］性儿温，性儿顺。最相应暗里温存。可怜冤债告无门，河阳天远难投奔。［啄木儿］何日方酬断袖恩。絮叨叨说与你们，相逢非是言无准，匆匆自恨情难尽。又早是雨打梨花深闭门。［鲍老催］此情未伸，花屏雨余都减春，韶光九十无半分。人不见，枉叹息，空劳顿。梦冷巫山一片云。［下小楼］便落得些梦中秦晋。早人前商与参，桃源有路欲埋轮。羡煞世人薄幸，倒省得瘦损精神。［双声子］水中鱼、沙中雁，怎讨得愁中信。［莺啼序］心中事描写在纸上，又相将化作啼痕。其间怎言，自甘心寂寞，卧病文园。

【尾声】缘悭咫尺如天堑，相思一曲学啼猿。又恐路上人闻也断魂。（《群音类选》清腔卷二）

## 冯梦龙所记的同性恋文人

冯梦龙所记的另一位同性恋文人是俞宛纶。《情史·情外类》引《谭概》云："俞进士君宣，于妓中爱周小二，于优童爱小徐。尝言得一小二，天下可废郎童；得一小徐，天下可废女子。"既然俞宛纶如此赞赏小徐，于是他便为小徐作了一套长长的散曲来表达他的这种赞美之情：

黄必显伟然男子矣。然弱年奇丽，非人间所有。后来之秀，复得小徐。予尝言：得一小二，天下可废郎童；得一小徐，天下可废女子。或谓过赞。小二不知压下。小二更无足述，益令小徐擅场矣。此曲盖为小徐作也，曲成示一友人，友人云："惜未甚工艳，不能为受者生色。"予曰："取其不类赞女子者。"友以为然。

【仙吕入双调·四朝元】粉郎姣丽，云丝覆额时。羡新莺脆语，社燕娇飞，香腻匀肌理。把花容厮比，那花容怎比，堪怜处酒晕双颐。歌敛轻眉，不解妆乔，乱排儇媚。嗔喜都风味。嗏，抹杀那侍屏姬小小青衣。偏胜着练裙溪女，睡眼觑迷离，樱桃笑语微。他是采芳花使，害多少愁愁闷闷，玉楼人意，玉楼人意。

【前腔】春风摇曳，花间掷果归。看游蜂成队，粉蝶相随，记年华三五初交岁。问春情知未，料知情还未。瘦腰如病，不为幽思。软怯轻风，非关憔悴。怕担不起风流字。嗏，休放过少年时。豆蔻含胎，难得东君有主，纵未许卜花期。先把闲情系，柳丝满怀心绪。低低侸侸，欲言还住，欲言还住。

【前腔】非桃非李，妆成别样姿。怪天公何事，变作男儿，是男儿越觉怜。人儿把千愁，付你费千愁。为你何必弓鞋，自是凌波。不待兰膏，自饶香腻。不画山横翠。嗏，莫说有情痴。看满座琼英，也为你纷纷坠。寒月入罗衣，嫦娥也爱玉肌。促花开连夜，莫老却潜潜等待，弄珠游女，弄珠游女。

【前腔】红芳初蕊，东风好护持。怪的是游丝拴系。俗子呼卢，嫩柔条偏惹催花雨。愿伊家须记，嘱伊家牢记。休得破颜容易，须着意低回。不是千金，切休卖与。莫爱闲调戏。嗏，占尽了可怜姿。料半世花星，不出身宫里。巧语妒黄鹂，高歌误落梅。怕魂勾春睡，快将青瑱，重门深闭，重门深闭。

【尾声】愿为君影相依倚，岂忍把风情月思。到莺花老残又付谁？（《自娱集》）

冯梦龙的三言、凌濛初的二拍都是明代著名的话本、拟话本小说集，冯、凌二人也就并称于世。散曲方面，他俩都有所建树，冯梦龙著有《太霞新奏》，收有《情仙曲》《赠王小史》等曲。凌濛初编著的是《南音三籁》，书中有的内容涉及男风问题，不过以下这篇《赠小史》作者并未署名：

【黄钟·画眉序】人心怎能测，美满前程天妒忌。恶根苗种不出，欢条喜实。怎讨他吐胆倾心，空博得言甜语蜜。知音何处好寻觅，这滋味教人难吃。

【浣溪沙犯】心如醉，肠似刺，这离愁不关春色。被百磨打散双鸂鶒，并头花螫壁。

【三段子犯】追今悼昔，似雷陈胶共漆。寻踪问迹，似参辰南与北。良缘未缉。龙阳有泪因谁滴，怕前鱼向中道抛掷。端不是残桃爱释。

【滴溜子】销魂处，销魂处，暗里思忆。伤情处，伤情处，明中饮泣。教我寸肠越窄，来眉去眼，心一旦失。追想那相逢地别离转迫。

【下小楼】痛悲。天津路隔，恶思量无摆划。空劳梦绕楚台侧。谁料天涯咫尺，顷刻存济不得。

【永团圆犯】阳关路断谁沾识，揾青衫红泪湿。桃源岂比寻常陌，阮途穷，人共惜。萦肠挂臆。天台不拒重来客，只恐花狼藉。匆匆话涩，从前事转脉脉。风递马程疾，风送樯鸟没。双情系，两下魄。暗数回程日，空盼水云碧。

【尾声】眼前便是天山隔，这冤债倩谁收拾。怎做得白云飞向绝域。(《南音三籁》散曲上卷)

# 吴三桂冲冠一怒为红颜

## 秦淮艳姬勾起了吴三桂的淫欲

李留云知道这位田宏遇十分讲义气，于是投靠了田宏遇。由于留云才华横溢，田宏遇也非常赏识他，并在首辅温体仁面前竭力推荐留云。李留云因此有了与体仁相谈的机会，获得了体仁的赏识。没过一个月，李留云便任徐州通判，三月后又被提升为淮扬知府，六个月后又成了湖南守道。在田宏遇别墅建造完后，李留云已当上了安徽巡抚兼承宣使。

吴三桂冲冠一怒为红颜

李留云对田宏遇的推荐十分感激，经常想着该如何报答他。当他知道宏遇喜好歌舞音韵，便用三万金买下了二十四名艳姬，组成了一女子歌妓班。这二十四名艳姬，个个是秦淮的歌妓，不但个个长得如花似玉、十分漂亮，而且技艺超群。田宏遇正在家中大宴宾客时，李留云的歌妓班送到。田宏遇见这二十四名歌妓，个个美如天仙，自然非常喜爱，她们又能在此时为酒宴助兴，田宏遇更是高兴不已，所以田宏遇不仅收下了这二十四名艳姬，还赏给李留云的来使三百两纹银，并且亲自写了一封感谢李留云的谢书。

使者去后，田宏遇便将歌妓的班头叫来，向她问了剧目后，立即命令她们在内室表演起来。那歌妓班的班头姓谢，是一个四十多岁的女人，专在亲王府第教姬妾们唱歌。这个女人的父亲谢龟年，当年在晋豫一带，编歌谱曲，开堂授徒，是个有名的乐师。杨云史是这个女人的丈夫，是武宗时著名乐师杨腾的重孙，在秦淮一带非常有名。只可惜他三十岁刚过，便得病离开了人世。这谢氏本来就出自音乐世家，又经丈夫杨云史的指点，对于南昆北曲，非常精通。她的腹中有四五百出名剧，都是当时独一无二的。于是，她接了她父亲和丈夫的班，教授女徒学习音乐，因此声名远播。亲王大臣都请她去家中教授侍姬，学歌剧一年要交给她五百两金作为学费。在当时，这个数目是很多的了。不过那些亲王大臣有的是钱，并不在乎这些钱，而且，王公大臣既然爱好声色，当然不会可惜这些金钱，这里面还有一个原因，谢氏虽然是乐师的妻子，但是长得非常漂亮。那张脸蛋儿，红润中带几分细腻、又白又嫩，笑起来嘴角上浅浅显出两个酒窝儿，更让人心动。特别是她那双黑白分明、勾魂摄魄的眼神非常诱人。因此，那些亲王大臣，个个你争我夺，请她去教姬妾。其实他们的真正用意都不在此，不过借教曲子的名义戏弄谢氏而已。谢氏也十分迎合、十分识时务。当朝的亲王们，也都十分喜欢她。谢氏此刻受了安徽巡抚李留云的聘请，来到田皇亲的府中，充当二十四名歌妓的班头，教授歌剧。田宏遇见谢氏虽已年近四十，但风韵犹存，并且应酬功夫很好，田宏遇早已感觉到这个歌妓班头，并非普通歌妓班头所能比拟，心里开始暗自观察谢氏。田宏遇吩咐谢氏去指挥这班歌妓，田宏遇父子则在外面招呼酒宴上的来宾，开怀畅饮。

这些来宾当中，有一位少年英雄名叫吴三桂，是辽东人，祖籍高邮，现任京营兵马都督，吴襄是他的父亲。田宏遇和吴襄是莫逆之交，因此知道吴三桂的为人。吴三桂这位少年，相貌堂堂、一表人才，人品更是无可挑剔，说起话来，声音极其洪亮。吴三桂平时的一举一动都相当洒脱，谈吐间时刻流露出他的独特见解。吴三桂因他的父亲是个武官，所以对于行兵的方略，极其精通。至于文才，吴三桂也还算过得去。田宏遇也是武将出身，经常和吴三桂谈论兵法，见吴三桂对答敏捷，并且有独特见解，心里十分赏识他。田宏遇常对吴襄讲起见解三桂少年练达，智勇兼备，日后前程不可限量。吴襄见别人夸奖他的儿子，不禁眉开眼笑，口上虽然十分谦虚，内心却暗自高兴，到了酒酣耳热的时候，便拈着胡须笑道："三桂是吾家的宁馨儿，将来光耀门庭，荫封祖宗，当胜过老夫！"说完便大笑起来。吴三桂也相当自负，就连满朝文武大臣，也经常对吴襄说："三桂英勇有为，来日必有出息。"这样地受人称赞，吴三桂被捧上了天，他的名声因此一天一天高了起来，不到一年。都下所有人都知道吴三桂是个后辈英雄。三桂在田皇亲的门下走动，田府中经常来的朋友，见田宏遇如此赏识吴三桂，大家的眼光自然都落在了他的身上，都把他看成是一位大英雄。

那天田宏遇新房落成，宴请同僚官员，三桂也在席上高坐。酒宴到了一半的时候，田宏遇一时兴起，叫堂下停止奏乐，命令左中吩咐二十四名歌妓，全部浓妆，来席间向众客人敬酒。侍役们听到这句话后，立即离开了。歌妓班头谢氏，没过多长时间，便出来给田宏遇请了个安，然后带着一群美人，慢慢地且井然有序地走出后堂。席上的宾客，听到一阵珠帘响动过后，闻到有一阵兰似麝的香气，从那边扑鼻而来。那些宾客的眼睛立刻被眼前的美人所吸引，个个精神为之一振。再看这些歌妓，一个个长得亭亭玉立、眉目如画。此刻席上的欢笑声和谈天说地声立刻消失，闹哄哄的大厅立即安静了下来。大家都瞪大了眼睛，傻傻地看着那些美人的脸蛋。田宏遇只说："斟酒！"声音又高又、亮，冲破了厅上寂静的空气，所有人都吃了一惊，特别是被大家公认为英雄的吴三桂，他正盯着一个歌妓出神，也被田宏遇的唤声惊醒。这二十四名歌妓，缓缓地走到席上，轻舒玉臂，为众官员执壶斟酒。

万盏珠灯将这座大厅照得如同水晶宫一般明亮，千丝万缕的绸彩悬挂在画栋雕梁间，远远地望去，花团锦簇，谁说这是人间？只怕月殿桂府，也不过如此！这时大厅上悠悠扬扬地响起了杂奏起来的管弦丝竹之声，那班美如天仙的歌妓，往来于众宾客之间，为他们斟酒劝饮。一会儿，她们便和着乐声，展开歌喉，轻声歌唱起来，那如击玉、如鸣磬般的歌声，使几百个在厅上的嘉宾都听得目瞪口呆、心迷神醉。

田宏遇很殷勤地向宾客们举杯劝酒。这样一来，总算将众宾客离开身体的灵魂追转回来。大家定了定神，再次欢呼豪饮起来。只有那位少年英雄吴三桂，依旧神不守舍地时刻盯着那歌舞队里的一个艳姬。那艳姬也凝视着三桂，还做出一种似笑非笑的姿态，将这位血气方刚的少年英雄，弄得魂儿都丢了。

那个美人，就是安徽巡抚李留云赠送给田皇亲的二十四名歌妓中的一个，姓陈，芳名一个沅字，在秦淮做歌妓时，便改名为"圆圆"。这陈圆圆本是个大家闺秀，祖籍太原，她的祖父做过一任侍郎，父亲名叫孝廉，圆圆出生不满一岁，陈孝廉便身染重病，卧榻不起。圆圆的母亲，便担起了抚养圆圆成人的责任。时光飞逝，圆圆很快成了十八岁的大姑娘，出落得腰同杨柳、脸似芙渠、冰肌玉骨、袅袅婷婷，真可称得上绝代佳人。圆圆的母亲夏氏，也是出身名门，知书达理，琴棋书画样样精通。她见圆圆极为聪明，就将自己平生所学的本领，一一教给女儿。圆圆也一学便会,并能举一反三,简直要胜过她母亲了。夏氏因圆圆聪慧,非常喜爱她,把她视为掌上明珠,但有时也对圆圆说:“女儿聪明过人,又是如此美艳,天生美人,只怕福泽太薄。但愿你父亲在阴间保护你,千万别让你应了‘红颜薄命’那句话,如果那样,我将死也不瞑目了!,”夏氏说到这里,便难过起来。圆圆听了,眼里几乎流出泪水,又怕母亲伤心,只好强颜欢笑,把母亲的话题移开。没过半年,夏氏忽然得了重病,她知道大限将到,临终前含着泪水,握住圆圆的一只玉臂,很快离开了这个世界。

夏氏死后,圆圆一个弱女,不知如何是好,只有一天到晚掩面哭泣。隔壁和圆圆同姓却不是同宗的陈姥姥,见圆圆可怜,就帮着圆圆买棺材办丧事,草草安葬了夏氏,又替她卖了祖产。圆圆因此十分感激那个陈姥姥,陈姥姥也经常来帮助圆圆。陈姥姥有一个年龄和圆圆相仿的儿子,然而却非常笨,出门不知东南西北,在家连菽麦也不认识,除了吃饭、上矛厕之外,一点事也不懂。陈姥姥只有这个儿子,她爱儿子就像夏氏爱圆圆一样。陈姥姥觉得自己对圆圆有殓母的恩德,便托人转告圆圆,希望圆圆嫁给她的儿子。圆圆认为陈姥姥强人所难,但也没有去得罪她,只是婉言谢绝了此事。谁知圆圆在家守孝不到三个月,山西流贼大起,百姓四处逃散。陈姥姥趁此机会,揩了圆圆,逃往秦淮,最后将圆圆以百金的价格卖了出去。

买圆圆的人,是个有名望的鸨妇。她见圆圆长得花容月貌,如同看见了一棵摇钱树。当圆圆卖艺的第一天,便有阔少愿以三千金为圆圆脱籍,可是鸨妇贪心极大,打算将圆圆当作一生的摇钱树,区区三千金,根本无法满足她的私欲,一场好事就这样成了泡影。这也是圆圆应该要经历的磨难,否则英雄美人的情史,有什么可写的呢?陈圆圆悬牌应歌,声誉一天胜过一天,大江南北,对圆圆痴迷的阔少们不知有多少。能与圆圆一度良宵的却屈指可数,一是因鸨妇要价太高,二是圆圆选择苛刻,鸨妇同意了的,圆圆却死不从命;圆圆瞧得上眼的,又都是江淮名士,有才却少财,只能寻一夕之欢,却没有替圆圆赎身的能力。这样很快又过了两年,圆圆已二十岁了。巡抚李留云恰好此时来秦淮搜罗美貌的歌妓,见了圆圆这个大美人,立即给了鸨妇二百金,将圆圆带走。鸨妇极不情愿,但不敢违抗巡抚大人的命令,于是只好忍气吞声。在各地的楚馆秦楼,李留云把里面的美人统统搜刮起来,凑成二十四名,组成一班歌妓,送往田皇亲府中,充当侯门的艳姬。这样一来,田宏遇的确享尽艳福,但是却苦了那些望梅止渴、吟风弄月的名士。现在经李巡抚一网打尽,桃花依然,玉人已杳。

## 大庭广众之下陈、吴眉目传情

陈圆圆在田府的席上给众宾客斟酒，看见众宾客中，有个武生打扮的少年相貌不凡、神采飞扬，坐在这些嚣张的俗类当中，简直就是鹤立鸡群。那个少年，也不时看着自己，两人在大庭广众之下，竟然红丝暗牵、眉目传情起来。可惜的是转眼已三更，酒席结束。田宏遇命令歌妓们进内，自己和儿子便起身送客。嘉宾纷纷离席，谢宴告别田府，只有吴三桂仍不想离去，很不情愿地起身告别。吴三桂回头望屏风背后，似乎隐隐看见有个倩影立着，心里恋恋不舍，几乎走一步回一次头。陈圆圆自从那天见了吴三桂，芳心中就刻下了他的影子，特别是对他的举动，总是十分关注。那吴三桂也时时刻刻挂记着陈圆圆。他来田皇亲的府第，比以前来的次数逐渐增多了起来，几乎一日两三次，别人还以为三桂与田畹公子关系密切，哪里知道三桂别有用意。

当时明朝很缺武将人才，大宗伯董其昌与大学士温体仁，上疏请开恩科举，选拔武将。崇祯帝也在考虑此事，因为当时内乱四起，满清常来侵扰边境，孙承宗老尚书已是年老体衰，祖大寿又投靠了满洲，总督三边此时只靠一个经略使洪承畴顶着。洪承畴虽然可称得上是位足智多谋的将才，可兼职太多，顾及山海关、辽苏诸地，又要去处理登莱、天津等军务，同时还要去参与晋陕的战争，之后他还要督师淮扬，进兵安庆，控制凤阳诸府，还要提防浙闽海口，抵御倭寇侵犯。这么多的重要大事，都只能由洪承畴一人去解决，就算他有百战百胜的本领、经天纬地的才学，也不可能处理好每件事情。因为这些原因，董其昌和温体仁的主张，正好迎合了皇上的圣意，于是崇祯皇帝下谕颁布四方，只要是武艺高强的举子，不论长枪短刀、马上步下，只要有一技之长，任何人都能参加考试。

这道圣旨传到了外省，各处习武的士子，都赴京应考。田畹在这个时候，便劝吴三桂也去参加考试。三桂每天都想着陈圆圆，哪有心思去应考呢？在田畹的力劝下，吴三桂最终答应了。崇祯帝到了应试的那天，命董其昌为主考官，曹腾蛟为检阅官，田畹为副考官。三人奉了圣旨，都全身披挂，来到御校场。当时天下的武生，都已人山人海地聚集在校场，只等检阅令一下，大家便会摩拳擦掌、争取功名。吴三桂这天也打扮得整整齐齐，威风凛凛地站在校场。吴襄率领着京营中三百名精兵，在校场的周围维持秩序。检阅官曹腾蛟一声令下，数百名武举便依次进场并逐个献艺。献艺完毕，董其昌点了应考武举的姓名，将他们的级别分了出来。点武举之后，便是武生一个个献技，武生献技完，考官宣是休息。下午再进行一场复试，复试过后，那些武生，便逐个离开校场，等待次日放榜。次日，武榜放了出来。武举中的第一名是马宝；武生第一名，便是吴三桂。其他如吴问如、周遇白、马壮图、马雄图、董国柱等也都是弓马精熟、臂力过人。董其昌把取中的人名上呈崇祯帝，由其御笔亲点，以马宝为蓟州副总兵，马雄图、周遇白、董国柱、马壮图、吴问如等均被封为指挥官员，并命令他们前往洪承畴所在之处，由洪承畴将他们分往各要隘驻守。吴三桂被安排在京营，授为游巡使，在其父吴襄手下供差，如果立功则再次提升。

当时吴三桂新夺高魁，又被封高官，正是少年得志，这使吴三桂更觉得目中无人。吴三桂已授职京营的消息被田皇亲府中的陈圆圆得知后，更激起了她的一层爱慕之心。吴三桂在父亲的手下供职，虽说是"在家为父子，授事为君臣"，而与其他将士相比，自然要特殊一些。所以他任职以来，几乎一个月中没有两三次到营中报到，整日在田皇亲府中，借着谈论学问的美名去接近陈圆圆。

## 小径通"幽道"，男欢女爱

时光如流水，冬去春来，田皇亲的花圃里，此时已是桃花盛开。田畹便大摆宴席，请同僚前来赏花。那天，皇亲府门前车水马龙，非常热闹。田畹请来宾们以眼前景物为对象，不限定题目，各自随意吟咏一首七绝。宾客们听了，纷纷叫好，特别是那班骚人墨客，三杯酒下肚，诗兴正浓，有了这命令，正合他们心意，便各自铺纸润毫，在那里摇头摆尾、拈韵押字地哼了起来。

吴三桂对诗韵不通，傻傻地坐在席上，觉得在那傻坐，脸面无光，便起身离开酒席，背着手四处游玩。只见亭院的东面附近，碧桃如锦，远远望上去，又如同一片彩云，在日光的映照下，十分好看。吴三桂观赏一会后，便一步步沿着桃林向东南方向走去。正南方向的松林下，有一座很大的假山，山下是个三丈见方的石池，池中的红鲤鱼四处游窜，五颜六色，相当讨人喜欢。白石的卐字栏杆围绕在池边，有一些来宾在池边倚栏观鱼，还有一些来宾在林荫深处散步，寻找灵感。三桂没有心思观看这些景色，仍然沿着池边慢慢走过去，绕过了假山，路便折而向西。三桂此时只想解闷，根本没有什么路线，所以就沿着园路，向西走去。路的两边尽是万紫千红的花草，芳香四溢，令人心旷神怡。这条向西的路上，又有一条小路，可以转向东面。那小路要比大路低一尺多，必须经过台阶才能下去，人站在路中，两旁的花木，比人还高，人在里面走，外面根本瞧不见。三桂禁不住称赞道："好一个幽僻的地方！"说着就沿着小路，大概向前走了三百步，来到一所棕叶盖成的八角小亭前，亭内设有床榻竹椅，都是用湘竹编成的，既美观，又光滑，想必是准备在夏天纳凉时用的。经过这座小亭，又有一个石池，周围有石栏围着，距离石栏半尺许，便是一座石台。台上凿着石墩、石椅，上面是碧瓦盖顶，匾上写着“钓鱼台”三字，钓鱼台的右边，又有一条光洁润滑的石路。三桂绕过了石台，向那石路上走去。在石路的尽头，一字儿排立着五间朱扉碧窗的楼房。三桂不问东西南北，很快走到楼房的下面了。

只见房中摆着的都是古董玉器、金盆玉壶、香炉铜鼎。从摆设上看起来，不像是为客人准备的房间，大概是田畹自己游玩时休息的地方。三桂观看了一遍，然后进入了第二间房屋，那里的摆设更精致了。壁上挂着名人字画、琴剑丝竹，十分齐全。案上金灯银缸，玉狮喷雾，极其华丽。三桂正在仔细观看名人墨宝，偶然回头，看见对面室中，珠帘垂地，看不见房中摆设，也不知道是什么地方，三桂正高兴，索性向第三间房中走去。手刚一掀起垂地的珠帘，便觉一阵香气扑鼻而来，再向室内看去，只见金漆箱笼堆列、镜架倒影，透过珠帘，牙床隐隐露出。三桂这时才明白自己闯进了女卧室，不禁想道：“我怎么这么笨，如果被田皇亲知道，我有什么脸面面对他啊！”这样想着，他立即掀帘准备出去，可此时帘外走来了一位美人，三桂想躲避已来不及，只好硬着头皮，冲出去。一掀珠帘，那女子看见一位陌生男子站在自己面前，不禁呆住。三桂认出这位女子便是自己朝思暮想的陈圆圆，顿时也呆在了那里。圆圆突然见到三桂，起初有些害怕，此时看到三桂就连眼神也定住了，心里不觉暗自好笑，不禁看了三桂一眼，低头嫣然一笑，缓缓地走进了内室。三桂这时魂儿都附在了圆圆的身上，情不自禁地跟着圆圆走进了内室。两人互相爱慕已久，今天相聚，这难得的机会怎么可以轻易放过？于是圆圆请三桂坐下，并亲自将一杯倒好的香茗送到三桂的手中。三桂一边接茶，一边盯着圆圆一双白嫩如粉镯的玉腕，修长的十指如雨后的春笋，娇柔细腻，任何东西都比不上圆圆的十指娇嫩。三桂看得心头发痒，真恨不得将她立即抱在怀中，好好地捏她几下。圆圆看见三桂接过茶盏，两只眼却盯着自己的手，觉得不好意思，立即低着头站在一边，手指不停地抚弄着她的衣带。三桂在没有与圆圆单独相聚以前，好像总有千言万语要对她说，可此时见了面，反而却不知道该说什么了。陈圆圆毕竟是秦淮有名的歌妓，应酬交谈本来就是惯用的手法，圆圆立即向三桂问长问短。三桂虽说是个大男子汉，因心里实在太迷恋圆圆，此刻与她一交谈，反而觉得有些不好意思。这样，两人交谈了一会，便不再像刚开始那般难为情了。不到一会儿，两人竟嘻嘻哈哈地说起了情话。

## 吴三桂喜得美人归

三桂一边和圆圆说话，一边用手牢牢抓住她的玉腕，只觉得滑腻如脂、柔软温馨、荡人心魄。圆圆却浅浅一笑，故意不让，三桂哪里肯放开她的玉腕。圆圆见此情景，不觉吃吃地笑了。这一笑竟把吴三桂这位少年英雄弄得魂不附体。两人正在高兴的时候，田宏遇却闯了进来，见了这种情景，心里早已火冒三丈，立即拉下了脸，吓得圆圆和三桂都不知道如何是好。田宏遇大声说道："吴三桂，我从没亏待过你，还以为你是个有为的青年，谁知道你却是个好色之徒。算我瞎了眼，结交了一只白眼狼在身边，如今我也不想为难你，你快走吧！"吴三桂听了这几句话，心里十分难受。三桂平时非常自负，今天被田宏遇一顿臭骂，吴三桂也不顾什么脸面了，于是恼羞成怒，大声说道："我吴三桂是顶天立地的男子汉，明人不做暗事，我和圆圆本来就相识，今天偶然相逢，交谈了一会儿，对你而言也没什么坏处。而且圆圆本来就是一名歌妓，谁能让她不再与别人结交？"说完便离开了田府。

田宏遇对圆圆冷笑了两声后，气冲冲地回到客厅上。当时宾客已有大半离去，田宏遇连声对仆役们说道："备轿！备轿！"

田宏遇气恼地连声叫奴仆们准备轿子，没有离去的宾客和那些家仆们，都不明白宏遇为什么生气。田宏遇平时非常谦和，从不喜怒于色。这般恼怒的样子，不但经常来往田府的宾客从来没有看见过，就是一天到晚服侍田宏遇的奴仆们，也从没见过，因此大家纷纷议论，都觉得很奇怪。田宏遇急忙坐轿离开田府，一路上不住地催着轿夫们快走，飞一般地向西直门走去。宏遇的轿子到了大宗伯府门前，他立即命令轿夫停轿。下轿后，也不等别人通报，他便冲进府中去找董其昌。此时其昌正好上朝回府，在那里批阅公文，宏遇一见到其昌，就在他的书案上气恼地把手一拍，使其昌大吃一惊，问宏遇发生了什么事，宏遇大声说："老董！你见过这样的衣冠禽兽吗？"说着，便将府中开筵赏花、三桂调戏陈圆圆的事，连哭带喘告诉了董其昌，事后，越想越气，大骂起来。

董其昌听后，忙劝宏遇："老兄的气度，一直都是很大的，怎么今天为了一个歌妓，要这么生气？那也太不值得了！"此时田宏遇火气上冲，本来是想对其昌诉说，借以出出气的，没想到却被他浇了一头冷水，立即火气降了一半，便看着其昌说道："依你的意思，难道三桂这种做法是对的？"董其昌笑着说："你结交了半辈子的朋友，连点眼色都没有？朝廷这么多大臣，谁能靠得住？日后，一旦有什么变化,谁都靠不住。像吴三桂这样的人,你不要小瞧他,以后必成大器。咱们结交他还来不及,怎么反而去得罪他,和他结下仇怨,我们不是为自己制造了一个大大的隐患?"宏遇听了其昌一席话,立即明白过来,思考了半天后才慢慢地说:"那么我该怎么办?"其昌严肃地说:"如今的朝廷,随时都有灭亡的可能,正是我们结识英雄的时候。依我看,你回府去,赶紧去请三桂,摆酒设宴向他致歉。到酒酣耳热的时候,让歌女圆圆出来陪酒,使他见色忘怨,你就趁机把圆圆赠送给他,那样不是尽释前嫌了吗?"宏遇摇头道:"既然我已和他翻脸,此时我去请他,他一定不会来。这事还是等一段时间再谈吧。"说毕,宏遇起身离开董府,在轿中,想起三桂的为人,宏遇觉得他实在可气,又想想其昌的话,总觉得他在袒护三桂,况且这种好色之徒,以后不一定能成就大事,这样的人我何必结交呢?田宏遇想了一会,决定以后不再和吴三桂来往。其实这里还有一层原因,是因为宏遇舍不得陈圆圆。

吴三桂自那天气愤地从田皇亲府回到家里,就闷闷不乐地坐着,有时想圆圆实在想得没有办法,他便悄悄地来到田皇亲府花园的后门,徘徊一会儿。但见碧波滚滚,依然长流,佳人却是消息全无,三桂只好长叹数声,离开此处。

当时满洲战败的消息不断传来。洪承畴刚刚进兵安徽镇压李自成,陈奇瑜却在重庆被张献忠打败,辽蓟总兵唐其仁也被满兵打得溃不成军。崇祯帝敕令总兵祖大寿去增援唐其仁,祖大寿却带了他部下三千名部队,提着唐其仁的首级,投奔满洲。崇祯帝知道这个消息后,非常吃惊,立即召集文武百官进行商议。大学士杨嗣昌认为吴三桂是个将才,大力推荐他去镇守边境。渴望将才的崇祯帝听后,立即下谕,授吴三桂为副总兵,前往山海关抵御外敌。圣旨下来,最高兴的是吴三桂的父亲吴襄,他见到儿子能到边疆担任重职,真是兴奋无比。许多亲戚朋友及同朝的官吏,都来向吴三桂父子祝贺。吴府中于是大设酒宴,招待来访的宾客,热闹非凡。人人喜气洋洋,唯独吴三桂愁眉不展的。大家以为三桂是因初担重任,心里忧惧,所以闷闷不乐。只有大宗伯董其昌知道吴三桂为何不高兴。酒宴到了中途,董其昌含笑在三桂耳边轻轻说了几句,三桂于是连连起身,向董其昌打躬作揖。酒宴散后,董其昌离开了吴府。

三天后,吴三桂赴任的日期到了。他似乎没有听说这件事一样,闭口不提。吴襄十分着急,立即将三桂叫到营中,询问他为什么把圣谕不当一回事?三桂听后,只是一味支吾,不说出原因。吴襄真是疑惑不解。直到第五天上午,董其昌匆忙来到吴府,见了三桂,微笑着对他说道:"事情已说妥,咱们走吧!"于是一把拉住了吴三桂,向田皇亲府走去。田宏遇早已领着几名家丁,前来迎接。

三桂见了宏遇，觉得有点不好意思。宏遇此时好像一点也没有把过去的事情放在心上，反而比以前更加谦和了。二人携手进了皇亲府，来到厅内，只见酒席已经摆好。宏遇请三桂上坐，三桂不依。谦让一番后，三桂坐边席，由董其昌上坐，宏遇坐下首相陪。酒过三巡，宏遇不知对家僮说了些什么，家僮出去了。没过多长时间，屏风背后传来了环佩叮咚声，接着走出一位如花似玉的美人来。三桂因前天发生的事情，至今仍然有顾虑，不敢在席上放肆，只好偷看这位美人。谁知这一看，他的眼神再也无法收回了。

那美人正是吴三桂朝思暮想的陈圆圆。圆圆姗姗来到席上，宏遇让她和三桂并肩坐下，吓得三桂差点跳起来。三桂急忙站起身来让位，但是却被田宏遇一手按住道："都是自己人，将军不必见外，快坐下，我们好好痛饮一番。"三桂只好坐下，但是总有些不自在。田宏遇一边拿着酒杯，一边笑着对三桂说道："将军受皇上重托，将来保社稷、定寇乱、立功卫国，前途无可限量，就是老夫日后也要请将军多多照顾呢。"宏遇又指着圆圆说道："她是个无依无靠的孤女，老夫年事已高，留她在身边也没有什么用了，希望将军收下她。"吴三桂听后，感到十分意外，过了好一会儿，才起身说道："老皇亲年事已高，更应该将她留在身边，日后有佳人相伴，也不至于寂寞。小将自知无德无能，蒙老皇亲错爱，十分感激，但这位佳人我是万万不敢接受的！"田宏遇见三桂推辞，正想再说什么，董其昌却说道："这是田皇亲的一片诚心，希望将军不要推辞！"说完便吩咐田府的家役，抬进一顶青绸的绣舆。陈圆圆登上绣舆后，被人抬往吴三桂的都督府。三桂这时又喜又忧，坐在席上，不知如何是好，连应酬都别扭起来。董其昌早就知道三桂会心神不宁，故意笑着说道："将军已醉了，咱们一起离开田府吧！"田宏遇本想挽留，其昌给他使了个眼色，宏遇立即领会，于是拱手相送。其昌和三桂一起走出田府，其昌对三桂说："将军，如今已得到美人，但愿将军日后要好自为之！老夫也要告辞了。"说着头也不回地走了。

三桂看着其昌已走远，于是立即跑回家中看圆圆。三桂跨进门来，三桂的母亲李氏正在和圆圆谈话，便问三桂："这女子是田皇亲府中的，此时送到我家来干什么？"三桂就把田皇亲推崇自己并赠歌妓的事告诉母亲。三桂是独子，李氏非常喜爱他。李氏刚刚知道三桂被封为副总兵，早晚要出守边境，不禁又悲又喜，喜的是儿子被封官，悲的是母子将要分离。这时又听说田皇亲仰慕自己儿子的威名，馈赠爱姬，更是高兴异常。三桂的结发妻卢氏，听说三桂纳了美姬，立刻就变得不高兴了，转身回到房里。三桂那时整颗心都系在圆圆身上，那会去管卢氏呢，便勉强和母亲敷衍了几句，和圆圆一起进了后堂，两人同往翠云轩寻欢作乐去了。他们以前两地相思，直到今天，才算有情人终成眷属。此中美妙滋味，只有他们知道。

## 吴三桂和陈圆圆淫乐无度

吴三桂自从得到陈圆圆，把出镇边境的重要任务早已忘得一干二净，但谕旨的期限已过，三桂怕皇上怪罪，索性秘密吩咐兵部侍郎谢廷宁，让他替自己请了病假。三桂从此整日与圆圆守在一起，形影不离。两人你怜我爱，恨不得融为一体。大宗伯董其昌，当时已听说田皇亲赠美姬给吴三桂，致使三桂沉湎于美色，置国家大事于不顾。又有人说，吴三桂是个有为的青年，应该命令他在边关重地驻守，多体验一下边关将士的疾苦，现在他美人在旁，纵情声色，贻误国家，这是非常有害的！董宗伯听到这些议论，不禁大吃一惊："我苦心成全三桂，就是希望他能忠心为国，抵抗外敌，哪里是叫他在家与美人相亲相爱，不顾国事，这不是我害了他吗？"于是立即回到家中，走进书房，铺纸取笔，写了一封书信：长白将军阁下：

陈圆圆

多日不晤，甚念！近想将军，美人亲宠，其乐可知也。曩者，将军名冠武榜，凡知将军者，无不为国家庆得人才。老夫虽髦愦，不禁为国家，也为将军喜也。故廷臣之于将军，推崇备至。几曾何时，而朝廷任将军之谕下矣。夫朝廷以兵权付将军者，冀将军赤心保国，内而扫除妖氛，外而力殄强梁，使明代之江山，转危为安，则将军不啻手造明代，其功业勋德，尚可得而计耶！顾将军志不在此，乃与田畹争一歌妓，甚至废寝忘食。老夫以为将军乃英才也，不忍使将军困于情网，而坏国家柱石，故不惜三寸舌，为将军做说客。讵知事成而后，将军不图铭感而思报，反纵情声色，沉湎于曲部之中。

嗟矣！在今日之世，岂尚是人臣恋歌妓时耶？矧厉王以褒姒而亡国，夫差悦西施而吴灭。儿女情长，则英雄气短，此尤不能不为将军虑也。陈圆圆者，一秦淮之歌妓耳，路柳墙花，人人得而攀折者，而将军爱之，适足以辱将军而已。幸将军以国家为重，体朝廷宵衣旰食之心，为保国安邦之策，青史留名，万年传诵。苟不然者，以堂堂须眉，不为国家效忠，而终年消磨岁月于情天孽海之中，彼项羽自刎乌江，前车犹可鉴也，万一蹈斯复辙者，不仅将军之不幸，亦家之不幸也！回头彼岸，惟将军筹而三思之！

董其昌写完后，自己又读了一遍，然后将信装入信封，让家仆将信送往都督府去。三桂和圆圆那时正在后圃中饮酒赏花，相互嬉戏，突然见到一个女婢拿着一个信封进来，三桂立即接过信件，三桂见信封上写着“吴将军长白谨启”，不知道是谁写给他的信，便把信拆开，和圆圆并肩看信。看完，三桂对着圆圆笑道：“董老头在那里不高兴了。”话没说完，圆圆突然站起身跪在三桂面前，流着泪说道：“董宗伯为将军设想，为国家安全着想，一定会除去贱妾。将军如果想出人头地，保家卫国，也一定要将贱妾除去。如果将军不这样做，一定会有流言说将军贪恋女色而不顾国事。这样看来，为了贱妾，连累了将军的声名，也误了将军进取之心，那不是叫贱妾罪上加罪吗？如果将来两败俱伤，贱妾不如先死在将军的面前吧！”

陈圆圆说到这里，立即向一根庭柱上撞去。这一来把吴三桂吓了一跳，立即将圆圆一把拉住，轻轻抱在膝上，轻声安慰道：“你不要生气，我无论他们怎样，我拚了这副总兵不要，也要和你在一起。况且我们好不容易才在一起，怎么能为了几句闲言就分手。说句实话，我的头可断，海可枯，石可烂，我们之间的情意是不能断的！”三桂说着，将董其昌写的书信撕了个粉碎，最后又扔在地上跺了两脚，狠狠地说道：“这老儿惹是生非，写这样的破书信。不看在他成全我们两人的份上，早就去他家中，把他杀了。”圆圆见三桂十分生气地说着，对自己的确是一片真心，于是破涕为笑，一头倒在三桂的怀里，撒起娇来，要三桂发誓给她听。可怜这位自命不凡、雄心勃勃的大英雄，却被一位歌妓迷惑住了，什么富贵功名、父母妻子，全都不放在心上。三桂从此一心伴着陈圆圆，再也不去想“功名富贵”四个字了。

## 吴三桂的正室和陈圆圆争风吃醋

吴三桂自从和陈圆圆在一起以后，整日沉湎于酒色之中，对于国事根本不放在心上。那时还是本仁把持朝政，吴三桂出驻辽蓟就是他举荐的。上谕下来，命吴三桂立即出京。三桂一时舍不得离开圆圆，于是请了病假。大宗伯董其昌写信给三桂，苦口婆心地劝三桂不要被女色迷恋而误了国家，三桂却把它当成耳边风。三桂的妻子卢氏，小名叫作玉英，知书达理，是一个贤惠的妻子。她见三桂迷恋圆圆，到了可以丢官欺君的地步。眼看荒职欺君的罪名是逃不了,如果被人参上一本,到时丈夫便会死罪难逃。此时这位知书达理的卢氏夫人,怎肯见死不救?她乘圆圆不在三桂旁边的时候,便劝导丈夫。三桂听夫人说得义正词严,顿时觉得惭愧,可是见到圆圆,他又把夫人的话抛到了脑后。夫人见三桂不听劝导,日后一定会后悔,平时说话的时候便在言语中提及美色是祸水,可以致使国破家亡,万万不能被美色迷惑,否则日后一定会身败名裂。三桂听到她说这些话,总是默默地不说话。

谁知圆圆的侍婢听见了卢夫人的话,一五一十地告诉了圆圆,还在其中添油加醋,把陈圆圆气得脸色发白。圆圆等吴三桂进房,便一头倒在他的怀里,大哭起来。三桂忙问她为什么这样伤心?圆圆撒娇地说道:"妾身有幸被将军看上,不嫌弃我是歌妓,可是有些人却不容贱妾伺候将军,贱妾请将军恕罪,今后我会削发为尼,到深山之中与孤灯为伴,度过余生,只希望来世再会。"没等到说完,圆圆从衣袖内拿出一把金绞小剪刀,向自己的头发上剪去,慌得三桂立即伸手去夺剪刀,乘势把圆圆抱在膝上,安慰道:"你先不要生气,是谁欺负你了?我现在就给你出气去。"圆圆破涕为笑道:"先别说大话,等一会儿狮子一吼,只怕金刚都要变成菩萨了。"三桂听后,知道圆圆是在说自己怕妻子,不禁恼怒道:"谁说我怕她?平时她唠唠叨叨,我不理她,只不过给她留点面子而已。"圆圆故意脖子一扭,看着三桂道:"如果你真不怕她,贱妾也不至于被她讥讽了!妾在当初,钦佩将军是个英雄,所以一心一意想与将军结为百年之好。假如知道将军没有能力保护一个爱姬,只能给爱姬一个空有的名分,就算当时我有多么愚笨,也不会爱慕将军,将自己推进苦海了!"三桂被这几句话激得跳起来说道:"玉英贱婢!真不识时务,等我去和她算账!"说着起身便走,圆圆急忙拉住三桂的衣袖说:"将军何必这么着急,此刻你没有任何理由就跑去,不是自找没趣?现在还是先忍着,将来再慢慢找机会整治她就可以了。不然弄巧成拙,又要怪贱妾搬弄是非了!"

三桂哪里听得进去,此时已是火冒三丈,一手摆脱了圆圆,立即奔到卢氏的房里,拼命地拍着妆台,大骂:"贱妇!我对你不薄,你为什么去欺负圆圆?"卢夫人见三桂怒气冲冲的样子,知道是圆圆唆使的,但自己心里明白,自己并没有得罪圆圆,便准备问清原因,谁知三桂不等她说出,便一巴掌打在了她的脸上,接着就是一顿地拳脚,打得卢夫人莫名其妙,忍不住大哭道:"我自从来到你的家,从没有什么失德的地方。如今有了那狐狸精,你就忍心来糟蹋我吗?你既然这样薄情,我活着也没有什么意思,倒不如死在你的手里吧!"夫人说完,一头撞向三桂。三桂一闪,卢夫人扑了个空,差点摔倒。三桂此时已怒不可遏。此刻卢氏的云髻已被打散，三桂趁势抓住她的头发，飞起左脚，踢在了卢夫人肚子上。你想纤纤的弱女子，怎么受得了这一脚呢？只见卢氏捧着肚子，往地上蹲去。她因为已有三个月的身孕，此刻只能蹲在地上哼哼。吴三桂冷笑道："你刚才的泼劲哪里去了，在地上装腔给谁看？"说着又在夫人的腰肢上补了两脚。卢夫人狂喊了一声，鲜血吐了一地，两眼一翻，不明不白地离开了这个世界。三桂见卢氏倒地不动了，便对家仆说道："你们不要去管她，看她装死到什么时候。"说完又去找圆圆了。

家里的丫鬟仆妇们，却知道卢夫人伤得非常重，因碍着三桂在此，没人敢说。等三桂走后，大家去扶夫人的时候发现夫人已死，只不过身体还有点余温。丫鬟仆妇吓得不知所措。其中一个仆妇，立即去报告吴太夫人。太夫人知道这个消息后，大吃一惊，急忙让两个丫头扶着，一瘸一拐地亲自前去看望儿媳，看见卢夫人已口鼻流血，手足冰冷。太夫人流着泪问："怎么会弄成这个样子？"丫鬟们将三桂殴打夫人的情形，简要地告诉了吴太夫人。太夫人非常生气，于是令人将儿子叫来，气恼地说："你竟听了那狐狸精的挑唆，活活把她打死了。难道一点王法也没有了？"三桂倔强地回答："我把她打死了，我偿命就是了。"吴太夫人更生气了："你为了个妖姬，竟然连犯法也不怕了，好！我就偏要那狐媚子来偿命！"太夫人越说越气，立即吩咐下人，将圆圆拖来，想施行家法。

那圆圆蓬头散发，满眼流泪，噗地跪在太夫人面前。吴太夫人指着圆圆骂道："你这淫婢，使三桂背负臭名还不算，又唆使他打死结发妻子。好好的一个贤惠媳妇，就死在了你的手里，我现在就替我那贤媳妇报仇，打死你这个妖淫的狐媚子去偿还她的命！"太夫人说完，命令掌家法的使女："给我重重地打！"那丫鬟使女们，看着三桂在场，不敢动手。吴太夫人见到这种情形，怒气上升，夺过使女手里的鞭子，朝着圆圆全身乱打。圆圆伏在地上，两手捧着粉脸痛哭。太夫人骂道："你这个妖狐精！仗着一副脸蛋，却把别人害死，还舍不得受刑吗？"太夫人一边说着，一边将圆圆的玉腕拉开，对准她的粉脸打去。圆圆慌忙躲避，由于用力太大了，太夫人也被牵带过去。太夫人年纪大了，被圆圆这一扯，倒了下去，压在圆圆的身上。在场的婢女们，忙把太夫人扶起，太夫人气得高声痛哭。仆妇们忍不住暗自发笑。吴三桂见圆圆坐在地上大哭，准备上前去搀她，被太夫人喝住。圆圆索性大哭起来。太夫人恼怒道："你这狐狸精还敢撒野吗？"说完又要去拿鞭子，此时却听家人叫道："老太爷来了！"三桂听说，立即出门迎接。

一会儿，吴襄慢慢地从外面走了进来，还没有坐下，吴太夫人已拉着拐杖出来。吴太夫人见了吴襄,大声说道:“逆子将你媳妇打死了,相公你看该如何处理?”吴襄听后吃了一惊,立即问是怎么打死的。吴太夫人便将此事的前因后果说了一遍。吴襄听后,霍地站起来说道:“律有专条,杀人偿命。逆子自找死路,怪不得别人。即是他知法犯法,千万不可让台官抓住把柄,咱们还是让他自己去自首为好。”说完,一把拖着吴三桂,去刑部衙门自首去了。

吴太夫人在家指点婢仆,将卢夫人的尸体抬到堂前,进行殓葬。陈圆圆见没人去理她,就一个人哭着回房去了。吴襄将三桂送入了刑部。侍郎汪烈,不敢自作主张,于是在次日早朝,奏明崇祯皇帝。崇祯帝下旨,让汪煦查清此事后,按律惩办。大宗伯董其昌当时听说吴三桂杀妻入狱,便四处为他奔走,想办法救他。当时宰相李建泰,是董其昌的学生,董其昌托他为吴三桂开脱,他当然一口答应。事后第十三天,汪煦录吴三桂的口供时写道,吴三桂是因气恼杀死妻子,并且当时据实上奏。崇祯帝本来就对吴三桂受命不赴,逗留玩乐感到厌恶。这时吴三桂又犯了国法,所以准备下旨惩罚,可大学士李建泰奏道:“三桂虽然有罪,但他是不可多得的将才。如今又是国家缺将才的时候,望陛下开恩,暂时不治他的罪,命令他远赴边关,抵御外敌,以此戴罪立功。”崇祯帝想了半天,提笔写道:“吴三桂凶暴杀妻,本应治罪,姑念年轻误犯,着以副总兵留任,出镇山海关,戴罪立功,无得违忤!钦此。”圣旨一下,吴三桂从牢房中被放了出来,垂头丧气地回到家里,被父亲痛骂了一顿。接着董其昌来了,劝导三桂出京远赴边关,否则罪上加罪,到时就无法挽回了。三桂终于点头答应。

当时谁都不知道吴三桂在京都杀妻的事,只是卢夫人的母族,没有什么势力,只好忍气吞声。后来人人都说三桂贪色无义,打死结发妻子。平日被人们称为大英雄的吴三桂,一时间成了一个无情无义的好色之徒了。连最倾慕三桂的皇亲田宏遇,也看不起三桂了。三桂在家里受父母的责骂,出门遭亲友讥讽,加上董宗伯一日三次前来催促他出京赴任,三桂到了这时已是四面楚歌,心里虽舍不得圆圆,但也不得不离开京都。于是过了几天,三桂去户部中领了文书,当日便离开了京城。武官上任,是不可携带眷属的。加上董其昌从中阻拦,吴襄也不让携带圆圆,吴三桂实在没有办法,只好把圆圆留在家里。

到了启程那天,陈圆圆坐着一乘小轿送三桂。一声号炮,吴三桂领着一千马队,五千名步兵,耀武扬威地离开了御校场,浩浩荡荡地向山海关进发。陈圆圆直送到四十里外,还是参军王为慰,催促吴三桂,三桂不得已,才吩咐将圆圆的小轿停住。吴三桂跳下马来,两人相对,默默地对望了好一会,竟然说不出半句话来。还是圆圆强装笑颜,说道:“将军保重!”“重”字还没说出口,眼圈一红,就哭了起来。三桂忍不住流下泪来,两人越哭越是无法分开。王为慰敦促再三,小轿才与队伍分开。两名轿夫,听了王为慰的命令,一声吆喝,抬起了陈圆圆的小轿飞也似的回转城中。吴三桂傻傻地站在那里,直等到陈圆圆的轿子消失看不见了,才万分不舍地上了马,领着军队,向山海关去发。

## 冲冠一怒为红颜

吴三桂镇守山海关时,明朝被李自成推翻,崇祯皇帝于白煤山自缢身亡。

李自成进皇宫后,只见兵丁们拥着一个姿色甚佳的女子进来。一询问,才知是吴三桂的爱姬陈圆圆。李自成听了,不禁吃了一惊,心想吴三桂是当代豪杰,现在又拥有重兵,我们抓了他的爱姬,他一定带兵前来报仇,那可怎么是好?想到这里,急忙召牛金星和宋献策来商议对策。二人来到后,李自成把情况和两人说了,要把陈圆圆送还给吴三桂。宋献策说道:“吴三桂虽是英雄,但十分好色,现在把他爱姬暂时留着,正好牵制吴三桂,而且他父亲吴襄也已被擒,现在可以逼他给吴三桂写信,劝他投降,到时再送回他的爱姬也不迟。”李自成听后,连声说有理,下令推俘囚上来。过了一会儿,杨承裕押着吴襄、李国祯等进来,李自成故意拔出刀来要杀吴襄。吴襄看到李自成要杀他,吓得大惊失色,两手抖个不停。牛金星在旁边劝住李自成,劝说吴襄,让他给三桂写劝降信。吴襄满口应承。吴襄当场写了一封家书,由李自成派了小校唐通,星夜送往吴三桂的军前。

那时崇祯皇帝殉国的消息,传到了吴三桂那里。吴三桂害怕李自成兵强马壮,不敢向前,只是按兵不动。正在观望之际,李自成派遣使者到来,吴三桂吃了一惊,随即命令手下传使者进来。使者致完礼,呈上吴襄的书信,吴三桂拆开,只见上面写道:

父字,三儿收目。汝以君恩特简,得专阃任,非真累战功历年岁也。不过强敌在前,非有异恩激动,不足诱致,此管子所以行素赏之计。而汉高一见韩彭,即予重任,盖类此也。今汝徒饬军容,徘徊观望,使李兵长驱直入,既无批吭捣虚之谋,复乏形格势禁之力。时机已去,天命难回。吾君已逝,而父须臾。呜呼!识时势者亦可以知变计矣。昔徐元直弃汉归魏,不为不忠;子胥违楚适吴,不为不孝。然以二者揆之,为子胥难,为元直易。我为尔计,不若反手衔璧,负锧舆棺,及今早降,不失通侯之赏,而犹全孝子之名。万一徒恃愤骄,全无节制,主客之势既殊,众寡之形不敌,顿甲坚城,一朝歼尽,使尔父无辜,并受戮辱,身名俱丧，臣子均失，不亦大可痛哉！语云：知子者莫若父，吾不能为赵奢，而尔殆有疑于括也。故为尔计，至嘱至嘱。

吴三桂看完书信，沉吟不语。唐通竭力劝三桂，说李闯王如何仰慕吴三桂，吴襄如何盼望吴三桂回到京城，滔滔不绝地说个没完。吴三桂道："我吴某是个血性汉子，富贵功名，我并不放在心上。倒是老父在京城，我如果不投降，就害了老父亲的性命，说不定落个不孝子的恶名，暂时屈一屈节了。但愿老父亲无恙，以后我就退出这烦恼世俗，选择一块清净的地方，陪着老父亲，快活地过下半世。"说完，随即击鼓升堂，召聚众将，把降顺的意思向手下讲了一遍。

第二天，李闯王派来的守关将领率领士兵赶到。吴三桂把有关的公务交代清楚，然后率领精锐七千人，随唐通昼夜赶出京城，朝见李自成。这天，行到渠州，碰见了家人吴良。吴三桂把他叫进大帐，问道："现在家里都好吗？"吴良见问，两眼流泪，哭诉道："家中财产，都被查抄去了。"吴三桂笑着对众将道："你们瞧他，这么放不下事，这一点小事，也值得这么悲伤，我一到就会归还的。"又问："太老爷、太夫人都还好？"吴良道："老爷、太老爷、太夫人、夫人都被捉去关在牢里呢。"吴三桂笑道："那也无妨，我如果一到，马上就会释放的。"吴良道："但愿如老爷所言，能够放出来最好。"三桂道："你一路上辛苦了，到后营歇息去吧。"吴良叩谢，正要起身，吴三桂忽然又想起了一件事，喊住吴良问道："陈姑娘怎么样了？"吴良道："唉，对了，我还忘了告诉您，她现在在宫里头，新皇帝把她宠得不得了。"吴三桂不听则已，一听直气得暴跳如雷，跺足道："大丈夫不能保护一个女子，还有脸活在世上做人？"喝令左右："把来使唐通给我杀了。"参将冯有威劝谏道："如果杀了来使，那样起义军就有所防备。不如先率精锐部队，拿下关城，我们有了根据地，再行图谋进取。"吴三桂道："你说得很对，就照你的办法去办。我已乱了方寸，虽是一肚子神机妙算，这会儿再想不出一点儿办法。"传下暗号，大小三军一齐出动，杀到山海关。一鼓作气攻下了关城，守将负伤逃跑。吴三桂与众将歃血结盟，一面派副将杨韩、游击郭云龙前往清国求救；一面复书绝父，写道：

不孝儿三桂禀复父亲大人膝下：儿以父荫，熟闻义训，得待罪戎行，日夜励志，冀得一当以酬圣眷属。边警方急，宁远巨镇，为国门户，沦陷几尽。儿方力图恢复。以为李贼猖獗，不久即当扑灭，恐往返道路，坐失事机。不意我国无人，望风而靡。吾父督理御营，势非小弱，巍巍百雉，何至一两日内，便已失坠？使儿卷甲赴阙。事已后期，可悲可恨。侧闻圣上晏驾，臣民谬辱，不胜眦裂。犹意我父，素负忠义，大势虽去，犹当奋椎一击，誓不俱生。否则刎颈阙下，以殉国难，使儿缟素号恸，仗甲复仇，不济则以死继之，岂非忠孝媲美乎！何乃隐忍偷生，甘心非义，既无孝宽御寇之才，复愧平原骂贼之勇。夫元直荏，苒为母罪人，王陵、赵苞二公，并着英烈。我嚄唶父宿将，矫矫王臣，反愧巾帼女子。父既不能为忠臣，儿安能为孝子乎？儿与父诀，请自今日。父不早图，贼虽置父鼎俎之旁以诱，三桂不顾也。大明崇祯十七年三月，不孝儿三桂百拜。

吴三桂降清，领军打败李自成，重新把陈圆圆夺回来，但从此陈圆圆却永远背上了“冲冠一怒为红颜”的罪名。

## 美人看破红尘

吴三桂自从驻守云南，由于位极人臣，一切饮食起居，无不穷奢极欲。三桂又在云南藩府后面大兴土木，建造起一座名叫赭玉园林的花园，天天和小蛾宴乐园中，乐此不疲。由于消耗费用较多，吴三桂任意增加税赋，强捐硬索，使得当地的百姓叫苦不断。有忠臣将此事上奏，顺治帝打算要对此事进行严查，然而宫中发生了董小宛风波，这件事就被搁起来了，吴三桂越发无所畏惧。将士们见吴三桂不顾政事，自已养尊处优，忘了众将的血战功劳，军饷经常发不到将士手中，藩府中却日渐奢侈，将士们逐渐消沉下来。

一天，三桂正在赭玉园林宴请宾客，请徽班女伶入园演唱，一时园中热闹异常。大家兴高采烈地时候，突然陈圆圆在一个婢女的搀扶下，走到三桂座前，突然跪下，垂泪说道：“妾身侍奉王爷多年，蒙王爷从不嫌弃我是歌妓出身，此生无可报答，只有等到来世。如今妾身已看破红尘，从今天开始，请王爷为妾身建一所草堂，日后只要能够遮风避雨，妾身已心满意足。”说完由袖中抽出一把金绞剪来，嗖嗖地几剪刀，只见万缕青丝纷纷落地。三桂想阻拦，可已来不及了。三桂这时心里也不免有些感动，顾不得座上的宾客，一把搂住圆圆，忍不住滴下泪来。圆圆也呜呜咽咽哭得伤心欲绝。三桂一面扶起圆圆，一面再三劝导她。直到酒宴散去，三桂才亲自扶着圆圆进了闺房。两人重修旧好，共枕而眠。这一夜的温柔缠绵，当然不必说。直到日上三竿，三桂才醒来，却发现枕边的圆圆不见了，便打了个呵欠，起身笑着说道：“怎么起得这么早？”连说几句都没人回答，打开帐子，房内静悄悄的，圆圆不知道去了哪里。三桂大声叫了圆圆两声，婢女们跑进来，三桂问婢女：“你们知道陈夫人去哪里了？”婢女们说不出话来。三桂心中满是疑虑，于是立即穿衣下床，命令侍女仆人全部出去寻找圆圆，可是根本找不到圆圆的踪影。侍女们说，陈夫人自从昨晚进房安睡，就没人见她出过房门。三桂将各处的管门人叫来，询问陈夫人去了何处，这才知道花园门开着，三桂跺着脚说："圆圆真的走了！"说完，他立即召集所有身体强健的仆人去找陈圆圆。没过多久，有人回来告诉三桂，陈夫人在离此有半里多路的栖云寺中。那座寺院早已荒芜，只有西楼一角，还在丛林碧树中时隐时现。圆圆曾经来过这里，所以此次出走又来到这里了。

栖云寺在万翠丛中时隐时现。墙内朱檐黄瓦、小楼半楹，远远望去就像九重宫阙；小楼的纱窗半阖，敲击木鱼的声音隐隐地从窗中传出。人到了这样清静的地方，往往会萌发超脱尘世的想法。在那小楼里幽居参经悟道的，正是那位看破红尘的美人陈圆圆。此时此刻野鸟在林中飞翔，清泉流水声潺潺。突然从远方传来了马蹄声，有十多个骑马大汉如飞而至。其中的一位官员，朱顶花翎黄马褂、龙蟠箭衣、左佩宝剑，右腰荷囊，足蹬乌靴，显得极有风度。那官员骑马到了荒寺面前，把马鞭交给手下，然后跳下马来，大步走进，一口气走上小楼，边走边叫道，："沅娘，沅娘！你真的狠心离我而去吗？"陈圆圆正在念经，听见有人喊她小名，回头看了一眼，见是吴三桂，便依旧念起经来。三桂叫她，她却像没有听见一样。

三桂走到楼上，命令手下都在楼下等候，自己就在圆圆的身边坐下来。他见圆圆不理他，忍不住把经书拿过来。圆圆没有经书，没有办法再念下去，于是冷冷地说道："王爷已有了新的爱姬，抛弃了我妾身如今既然已经看破红尘，也不必王爷来假慈悲，请快回去，陪伴你的新欢吧！妾身，天生命如纸薄，能够在此寺栖息，了去下半生，已是够幸运了。"圆圆说到这里，竟忍不住哭了起来，三桂听出圆圆的话里含有醋意，于是立即唱了个喏道："以前的事，都是我不对，希望你看在昔日的情分上，原谅我。从今以后，我决不会再这样了，求你海涵。现俺备了一匹空鞍马，俺和你并马回去吧！"圆圆停止了哭泣，严肃地说道："天下没有不散的筵席，王爷以色侍人，他日色衰爱弛，终有相弃的一日，倒不如'苦海无边，及早回头'为好！王爷还是请回去吧，妾身宁愿与野草苍松为伴，度过余生，要我回去是绝不可能的。王爷如果不放我，那就把我杀了！"圆圆说着，便伸手去抽三桂的佩剑。三桂立即将剑鞘按住，并跪在了圆圆面前。圆圆此时仍然没有回心转意的念头，看着三桂跪下，她故意扭头坐下，继续念经。三桂感觉到圆圆意志坚决，想必她是伤心到了极点，一时之间是无法感动她的，只有等她气消一点后，再来劝她。想到此处，他只好站起来，叹口气说："沅娘，我绝不会负你的，现在我暂时就让你留在寺中消消气！"说完极不情愿地下楼，跳上马背，再看圆圆，只见她还是埋头念经。三桂点头道："有人说女子的心肠比须眉更残忍,这句话我今天终于相信了。”

三桂回到藩府,次日就派了四名使婢来服侍圆圆,并在荒寺旁边为她盖起一所尼庵。庵堂共是屋宇五楹,一楼、一大殿、一轩、两厢,殿上雕塑高九丈的慈航道人全身像,旁塑龙女善财,右厢是金刚伽蓝,左厢是弥勒阿难。轩中作为客室,里面放着古玩,挂着书画,琴棋弓箭无不具备。小楼一楹,是圆圆的卧房。卧房的摆设与藩府中的摆设极其相似。大殿上玉阶丹陛,碧牖朱檐。楼后的小院子中有春夏秋冬四季生长的花木,还有一个池塘,里面养着五颜六色的红鲤鱼。这座尼庵,布置得十分清静,华丽中透着幽雅。三桂这样做,也的确是太爱陈圆圆了。

三桂到了庵宇落成的那天,邀请了许多朋友前来祝贺。滇中所有绅士高官纷纷前来,特别是那些官员的妻妾,听说平西王的爱姬陈圆圆是个大美人,都想看一下,有了这个机会,当然争先恐后来到庵中瞧热闹。那时庵宇称得上金碧辉煌,殿宇宏伟,佛像壮丽。大家见到这么精致的尼庵,都发出了赞叹声,说平西王的陈夫人出家到底与一般的妇女出家不同。一般的妇女们都是被迫无奈、到了无地容身的地步,才萌发出家的念头,如果有一丝余地,绝不会出家为尼,所以削发为尼的妇女,大多生活十分惨苦,从没有像圆圆这样,放着王爷夫人不做,却出家为尼的,在常人眼中越发觉得不可思议。于是大家便纷纷议论起来。

三桂这天十分高兴,精神抖擞地在大殿、两厢和客轩中亲自招呼客人。喝完茶,三桂向客人们说了建庵的原因,说圆圆喜爱佛理,要参经悟道。众绅士听了都赞不绝口,三桂也感到十分高兴,便拱手请绅士们为尼庵取个庵名。众绅士讨论了一会儿,一个崇祯年间做过一任督粮道、年龄稍微大些的官员,这时起身说道:“昔日慈航参经悟道,终成正果的那天,相传是四月十九日,今天王爷的夫人进入尼庵,参经悟道,也和慈航道人一般,早成正果,那么就叫‘证慈禅庵’吧!”众官员听后,齐声称赞这个庵名起得好。三桂听后,非常高兴,立即让身边侍卫取笔题名,此刻服侍圆圆的近身小婢竟从小楼上连滚带爬地下来,口里不住地喊着:“夫人出事了!”三桂吃了一惊,急忙问什么事?小婢流着泪说:“陈夫人自杀了!”三桂和众绅士听后,都惊得目瞪口呆,立即向小楼上奔去。上了楼,却看圆圆高高地悬在梁上。三桂急忙上前解下圆圆,此时,圆圆已经没有气了。三桂此刻已忘记了一切,搂住圆圆的尸体痛哭起来。大家看到这种情形,个个摇头叹息。三桂哭了一会儿,将那服侍的四名使女叫来,怒气冲冲地问:“陈夫人自尽,你们干什么去了?”使女齐齐地跪着回答:“夫人在自尽之前将小婢全部支出房外,我们见房内半天没有声响,才撬开门进去,此时夫人已自尽了。”三桂长叹一声,吩咐侍卫将圆圆以王妃礼仪安葬了。当天便将圆圆的尸体安葬在栖云寺的松林下,并建了一块石碑,上面大书“陈姬圆圆之墓”。后人来此吊唁圆圆,留有一首七绝:

青苔碧瓦短墙边,古墓倾颓犁作田。

陈姬风浪伴野草,空教游客话当年。

三桂安葬了圆圆,便命人将茅庵封闭起来。到现在,茅庵的遗迹犹存,参观这座尼庵的人,总会为这段恋情悲叹几声。

中国古代情史

# 清代情史

马昊宸⊙主编

綫裝書局

# 努尔哈赤情感逸事

## 北山老林的艳遇

秀姑娘家道殷实，外出打猎只是个借口，去散散心、找个如意郎君，才是真意！恰巧，姑娘偏遇上了饿虎，生命危在旦夕。此时，他快马赶到，演绎了一个英雄救美人的惊险故事。正因为这次救美之举，才让他既“收获”了美人，又获得了佟家万贯家财的支配权……

努尔哈赤的父亲塔克世是个十足的软耳根，专听二福晋那拉氏的话。大福晋是努尔哈赤的母亲，共生三个儿子，努尔哈赤是长子，舒尔哈齐是次子，雅尔哈齐为老三。大福晋病死后，二福晋那拉氏在家更是一手遮天，对努尔哈赤兄弟横挑鼻子竖挑眼。

努尔哈赤

二福晋除了看努尔哈赤兄弟不顺眼以外，还挑拨他们父子之间的关系，在塔克世面前经常说他们兄弟的坏话。塔克世因此对努尔哈赤兄弟开始严加管制。因为不满家庭管束，努尔哈赤偷偷跑到南山找道人学习武艺。为此，塔克世气得暴跳如雷，说努尔哈赤不把他这个父亲放在眼里，大叫着说回来以后一定要把他赶出家门。在家里父亲和后妈对努尔哈赤的气，全都发泄到他的两个弟弟身上去了。三年后，努尔哈赤从南山学艺归来，塔克世一见，不问青红皂白，迎头就骂，一顿训斥之后把他们兄弟三人赶出家门。努尔哈赤祖父老都督（建州卫都督爱新觉罗家族领袖）觉昌安虽觉不妥，但碍着儿媳妇那拉氏从中刁难，也不好出面阻拦，只好暗中给了兄弟三人一些银两，嘱咐他们出门在外要事事小心。兄弟三人带着简单的行李，出城而去。这正是：亲爹不当后妈家，棒打孩子顺地爬；结发夫妻人羡慕，少了一个不成家。

兄弟三人走了一天，不知不觉来到三岔路口，三人坐下，努尔哈赤掏出祖父给的银两平均分了，三人抱在一起大哭一场。之后，三人站起身来，各奔前程。此时，努尔哈赤十七岁，舒尔哈齐十五岁，雅尔哈齐十三岁。分手之后努尔哈赤就顺着山路往北走，时值暮春天气，因为关外的春天来得迟些，仍然春寒料峭，努尔哈赤却走得满身大汗。他索性把外衣脱了，将行李包裹重新整理停当，腰挂弓箭，大踏步继续赶路。

这个抚顺关正北二百五十里，有一个佟家庄园。庄主佟千顺，年已七十开外，平日乐善好施，为人忠厚和善，周围方圆几十里没得到他周济的人很少，人们尊称他为佟大爷。这佟家在关外也是一个大族，家资巨富，单是高粱田就有五百多顷。庄园中间一个偌大的四合院，全是瓦顶，又高又大。院子四周围着一条护庄沟，沟宽五丈五，沟里水清流急，这是长白山天池里流下来的活水。在护庄沟的两旁，长着一排排桃树，中间有一排排柳树。每年清明前后，桃花飘香，柳絮飞舞，景色宜人，真是天然佳境。庄园的大门朝南，门楼上“佟家庄园”四个大字，写得苍劲饱满，是专门到抚顺关请名人题写的。大门外的护庄沟上架起一座吊桥，可以随便起落。吊桥的前面，有一个十亩地大的广场。庄内的牛羊马近一千头，长工短工三十多个，还有十个护庄队员。这佟大爷共生了五个女儿，一个男孩。女儿都已出嫁，儿子佟山，活到三十五岁，病死了。儿媳妇只生了一个女儿，时年十八岁，名叫春秀（后来她满族名叫哈哈纳扎青佟佳氏），家里上下人等都喊她秀姑娘。这秀姑娘从小娇生惯养，长得细皮嫩肉，身材高挑，爱穿紧身衣服。平日骑马射箭，舞枪弄棒，都有两下子。十岁时，祖父请来一个教书先生教她读书，两年后她死活不再念了。这几年她见祖父年纪大了，父亲又不在人世，便经常帮助祖父照管田庄的事情，深得祖父的欢喜，是佟家的掌上明珠。

这天早上，秀姑娘突然心血来潮，非要去北山打猎不可。这北山是长白山的一个余脉，山高林密，景色十分优美。林中山鸡、野兔随处可见，梅花鹿也不少，不过黑熊、老虎也时有出没。所以，到北山打猎的人，往往成群结队，单身个人很少有敢去的。佟大爷听说宝贝孙女要去北山打猎，心想是拦不住的，忙喊护庄队嘎拉队长来，让他带领其他护庄队员跟随秀姑娘去，一定要保证秀姑娘的安全。其实，秀姑娘想去打猎只是个借口，去游山玩水、散散心，才是真意。姑娘大了，不愁吃，不愁穿，主要心思还不是想找个如意郎君？虽然这两年来到佟家提亲的人不少,可是想娶她当妻子的人,并不是相中了她,而是看中了佟家庄园。这让她很恼火,一想起来便气得浑身发颤。祖父和母亲都知道她的心事,但南北东西,哪有合适的人选呢!昨天夜里她半宿未睡,今早起来后心里特烦闷,便灵机一动,借口去北山打猎,散散心。

秀姑娘准备停当以后,跟祖父、母亲打个招呼便出发了。嘎拉队长等共十名护庄队员紧随其后。出了庄门,下了吊桥,来到广场上。秀姑娘对嘎拉说:“我不让你们来,祖父不答应。不准你们靠近我,只能在百步之外跟着。谁靠近了,我的箭可不长眼睛。”嘎拉只好答应,又跟队员们说了。秀姑娘骑着马一路奔驰,护庄队员在百步之外跟随着。庄园距离北山十五里路,骑马一会儿工夫便到了。在林子里转悠了半天,秀姑娘打了十几只山鸡,还打到一头梅花鹿。眼看太阳快要下山了,嘎拉队长在百步之外喊道:“秀姑娘,天色晚了,该回庄了!”秀姑娘回头看看西下的太阳,又瞅瞅周围的山花绿草,似有所恋,继续往山林深处走去。突然间,护庄队员有人高喊道:“不好了!老虎来啦!”随着这一声大喊,一只斑斓猛虎带着风声从山坡上蹿了下来。秀姑娘平时虽然胆大泼辣,但在深山老林里面对吃人的猛虎,却还是第一次。她赶快转头看去,那猛虎正咆哮着往她这边窜来,一时又慌又急,她拉紧马缰绳想催马逃跑,可那马却不听使唤,站在原地直打转转。慌乱之间,她朝护庄队员所在的方向偷眼一看,他们一个也不在,不知躲到哪儿去了。眼看那猛虎窜来了,她慌得六神无主,禁不住脱口喊道:“救命啊!”姑娘的喊声未绝,只见一个年轻人飞也似的跑过来,一伸手抓住马缰绳,那马立刻安定下来,不再狂跳打转转了。随后那年轻人不慌不忙,转身搭箭,“飕”地一箭射中了那狂啸着的猛虎的左眼。只见那猛虎疼得大吼一声,窜起一丈多高,跌在地上,又拼命挣扎起来,朝着秀姑娘扑过去。那马又跳,又“咴咴”叫着。在这千钧一发的节骨眼上,只听弓弦一响,“飕”地一箭,又射中了猛虎的右眼。这回猛虎的两只眼里插着两支箭,疼得上蹿下跳,直吼叫。那青年毫不怠慢,又搭箭弯弓,“飕”的一声,.再射出第三支箭。这一箭正好又射中猛虎的前腿窝,那是猛虎的心脏部位。这一次那猛虎不再挣扎,“扑通”一声栽倒在地,抽搐几下,一蹬腿就死了。

这时,秀姑娘才长出一口气,放下心来,翻身下马,也顾不上姑娘的羞涩,赶忙向那年轻人道谢,说道:“请求这位大哥一定到我家去,我要好好报答你的救命之恩。”秀姑娘说着就去拉那年轻人。这时候,嘎拉和他的队员们才一个个十分尴尬地踅来。秀姑娘狠狠地看了他们一眼,气愤地说:“我要等你们来搭救,早被那猛虎吃了!”

这年轻人正是努尔哈赤。他打算到抚顺关去,不曾想迷失了方向,走到北山老林里来了。这时候,他见姑娘拉着他的胳膊,硬要叫他到她家去,就笑了笑说:“姑娘说哪里话,遇到这种情况,谁都会这么做的。”秀姑娘听了,瞪了一眼嘎拉,说:“那可不一定,刚才他们跑哪去了?”大家说着话,来到那只虎跟前,努尔哈赤把那三支箭拔了出来,在虎身上擦干了血迹,指着它说:“别看它张牙舞爪的,它还是怕这个。”努尔哈赤摇着手中的三支箭,又把它们插在箭囊里。

秀姑娘叫嘎拉让出一匹马来给努尔哈赤骑。努尔哈赤不好再推辞了,就与秀姑娘并马而行。护庄队员一齐动手,将那死虎抬到马上,随着秀姑娘、努尔哈赤一起往回走。秀姑娘转脸向着努尔哈赤说道:“我都吓糊涂了,还不知大哥家住哪里,姓什么叫什么呢?”“我是建州卫人,名叫努尔哈赤。”“我叫佟春秀,住在佟家庄园。喏,快到了。”秀姑娘自报家门,用手指着不远处的庄园。两人说着话,马已上了吊桥,进入大门,在院子里下了马。

佟大爷见孙女平安回来,高兴地走上前,发现秀姑娘旁边站着一个膀大腰圆的年轻人,心里有点诧异:这是哪里来的俊小伙?没等祖父说话,秀姑娘一头扑在祖父怀里,哭着说:“我今天差一点被猛虎吃了!若不是这位努尔哈赤大哥相救,爷爷您就见不到孙女我了。”一边说着,一边“呜呜”哭着。佟大爷忙走到努尔哈赤跟前:“小伙子,多谢你救了我的孙女。走,快到家里坐。”老人伸出一只手,请努尔哈赤进屋。秀姑娘又把林子里遇虎的事,从头至尾跟祖父叙述一遍。努尔哈赤射出的那三支箭,更被秀姑娘讲得有声有色,尽力夸赞一番。佟大爷听后,对努尔哈赤说道:“你的箭法这么高明,真是难得呀!”随即摆下酒席,为努尔哈赤的到来表示欢迎,也为秀姑娘压压惊。酒桌上共四个座位,佟大爷坐上座,努尔哈赤为客座,秀姑娘及其母尤拉氏为陪坐。佟大爷首先站起说:“让我们先为努尔哈赤的恩情干一杯!”以后又为搭救秀姑娘多次干杯。喝酒中间,尤拉氏问及努尔哈赤的父母情况,他没有说实话,告诉他们父母早已去世,自己孤身一人流浪在外,连个立锥之地都没有。秀姑娘听了赶忙接过去说:“努尔哈赤大哥,我家就是你的家。你救我一条命,我要好好报答你的救命之恩。以后你就住在我家吧!”佟大爷点了点头,转过脸对努尔哈赤说:“春秀说得对,以后就住在我家,哪里也别去了。”接着又是喝酒,直到深夜方散席。佟大爷派人打扫了一间上等客房,请努尔哈赤住下。

第二天早上,努尔哈赤刚打开房门,就有一股扑鼻的香味迎面扑来,接着就听到秀姑娘的声音:“努尔哈赤大哥,咱们到广场骑马去!”努尔哈赤抬头一看,见秀姑娘穿着黑色的旗袍,高底的粉鞋,翠绿色的裤子,头上挽着高高的髻,脸上搽了些粉,洁白如玉,颊上染了胭脂,似桃花一样红,那弯弯娥眉下的杏子眼,把瓜子脸衬托得分外秀丽。努尔哈赤看得直发怔,秀姑娘臊红了脸。大凡男女单独见面,又在青春萌动阶段,似这般眉目传情,已是七八分的味道了。还是秀姑娘先打破沉默:"努尔哈赤大哥,咱们走吧!"说罢就伸出白嫩小手,拉着努尔哈赤的胳膊就往外走去。

他们二人并肩走出庄园大门,来到吊桥上面,只见桥下拴着两匹马,一匹枣红马,一匹大白马。努尔哈赤向秀姑娘说道:"女孩子洁白无瑕,你骑白马吧。""男子心红志坚,你骑枣红马。"二人你恭他敬,说说笑笑,来到马前,于是各自翻身上马,沿着广场的跑道,策马扬鞭,飞驰而去。远远看去,广场上似有两朵云彩在飞速奔跑,一前一后,一白一红,在跑道上空飞舞,引得庄园里的人们出来观看。二人骑了一会儿马,便来到护庄沟畔的桃柳树下休息。那桃花正在含苞欲放,白色的花骨朵儿上孕着粉红嘴儿,缕缕香气弥漫在空气中,令人感到很惬意。努尔哈赤从萌出黄叶的柳枝上,拧出一截柳管,放在嘴里吹着,那悠扬的声音,忽高忽低,一顿一挫,引来许多不知名儿的山雀,跳跃枝头,叽叽喳喳,与那声音相应和,动听极了。这会儿,秀姑娘斜倚在桃树枝旁,她那秀丽的面庞,婀娜的腰肢,与那桃花苞儿相互映衬,真是"粉面桃花相映红"。努尔哈赤看着眼前的这幅美景——桃花美人图,真想扑上前去,搂住那桃花般的美人,来个颠鸾倒凤。古人说:心有灵犀一点通。那秀姑娘此时也在悄悄地觑着努尔哈赤,见他浓眉凤目,身躯伟岸,回想北山林中救自己的场景,那箭射得神奇,自己怎么也拉不住的狂跳着打转的马儿,他一伸手就勒住了马头。他那两膀该有千斤之力吧!若是让他搂一下,那——想到此秀姑娘不由得一下脸又红了。

正当二人各自想着心事,佟大爷派人来喊他们回去吃饭,饭后各自回房休息。努尔哈赤躺在床上,不免翻来覆去,心事上涌。他想着自己本是堂堂都督的儿子,又是一个长子,到南山七星老人那里学到了一身武艺,将来至少也是个建州卫的都督,可是受继母虐待,竟弄得无处容身,东飘西荡。本想去抚顺关投奔李成梁,混个一官半职,以后再图进取。现在遇到了佟大爷这个好人,还有秀姑娘昨天对他的那神情,心里也确实舍不得离开,何况这庄园地处僻远,若想成就大事,倒是屯兵积粮的好场所。

那边春秀姑娘也在想着努尔哈赤,只是碍着少女情面,不好主动开口。这佟大爷心中也有打算。他见到努尔哈赤以后,真是从心底里高兴,心想若能配自己的孙女儿,真是天生的一对。这两天他留神细看,开头见他俩不好意思说话,后来熟了,便没话找话,很情投意合的样子。于是他就把自己的想法告诉了寡媳,尤拉氏开始不愿把掌上明珠嫁给一个天涯浪子,但是她架不住公公的反复劝导。佟大爷拍着胸脯说:“努尔哈赤肯定不是常人。那天我单独问过他,他曾到南山学艺三年,那一身的好武艺,将来准有出头之日。咱们将他入赘过来,把全部家产传给他,以后他能不养咱们老,给咱们送终吗?”尤拉氏听公公的一席话,也确实在情在理,其实她心里对女儿的救命恩人努尔哈赤也非常满意,女儿的心事她也洞察了七八分,知道春秀已相中了努尔哈赤,自己没有理由去横挑鼻子竖挑眼。于是她也顺水推舟,答应下这门亲事了。佟大爷又去征求努尔哈赤的意见,努尔哈赤半推半就,也允诺下了这桩婚事。

第二天,佟大爷天不亮就起来,派人杀猪宰羊,备办喜酒。又选黄道吉日,把请柬发出去。他又叫人打扫庄园,搭喜棚,书写喜联,将三间北房腾出来,重新糊棚,刷墙壁,要求四白落地,装饰一新。他又找人请来说书的、唱戏的、吹喇叭的,忙得团团转。他高兴得合不拢嘴,心里总想把孙女这喜事办得像个样子。到了大喜之日,佟大爷的本家、亲朋、四邻长者都来了,真是贺客盈门。现在佟大爷招赘养老孙婿,方圆数十里,凡是得过佟大爷好处的,谁不来送份贺礼!一时间佟家庄园里喜气洋洋,热闹非凡。那春秀姑娘打扮得花枝招展,头上的金银首饰闪着光亮。努尔哈赤一身迎新衣服,更显得英俊潇洒。二人在一片吹吹打打的欢乐声中拜了天地,拜了尤拉氏、佟大爷,然后被送进洞房。努尔哈赤醉眼蒙眬地看着春秀姑娘,她也沉不住气了,一头扎进努尔哈赤的怀里。只见努尔哈赤双手搀臂,凭借一口贯足的丹田气,往上一捧,春秀姑娘竟像蝴蝶飞舞般被举过了头顶,新房里顿时传出了一片“咯咯”的笑声。那笑声刚落,突然之间,努尔哈赤又将双手一松,那飞舞的蝴蝶一下坠落下来,正落在他胸膛前,努尔哈赤双手一抄,抱住春秀姑娘,顺势搂在怀里。

“咯咯咯……吓死我了,你真坏,真坏……”说着她情不自禁地用那丰嫩的手臂,勾住努尔哈赤的脖子,并扬起头来,让那粉红的小脸蛋迅速地贴在他的脸上……

努尔哈赤入赘佟家,小两口恩恩爱爱,日子过得祥和平静。隔了一年,佟大爷去世,努尔哈赤就独掌家财。他生性好友,仗义疏财,又有一身武功,聚集了许多少年英雄,大有孟尝君食客三千之概。

努尔哈赤管理庄园外务,一切内务便全部落在春秀一人身上。每次部族间的射箭比赛,费用全由庄园开支,虽然花费银两不少,但春秀都是全力支持。努尔哈赤心中高兴,难免夜夜都有床笫之欢。

即使妻妾、儿女成群之后,努尔哈赤仍对佟佳氏一往情深。晚上,努尔哈赤与佟佳氏共寝。月上枝头，万籁无声。透过朦胧的月色，寝室里的陈设依稀可见。裘皮褥子，织锦的缎子被，火炕烧得温温的。西北角的小炕桌上放着一只小铜炉，燃着几炷香，室里飘着淡淡的香味儿。“呀，真是舒服！”努尔哈赤仰面躺着，双手枕在脑后。“咦，佟佳氏，你睡着了吗？”

“唔。”佟佳氏翻了个身轻轻地应了一声。其实，这些年她时常失眠，努尔哈赤大部分时间都在外面征战，难得回家，即便回来，也多半往富察氏衮代的屋子里钻。那个妖精，不知使的什么法术，硬把一个生龙活虎的男人给勾引得魂不守舍的。有时候，佟佳氏倒宁可努尔哈赤不回来，可是后来又听说，努尔哈赤在宿营时也偶尔会随便找个女人作陪，有两次还特地把衮代带到了军中日夜陪伴……

嫉妒是女人的天性。男人的世界是博大的，而女人的心里只有自己的男人，男人是她的一切！人常说女人三十豆腐渣，佟佳氏很害怕自己一天天地憔悴、衰老，很害怕被努尔哈赤遗忘，更何况她比努尔哈赤还大了整整三岁！眼下自己已是奔四十的人了，人老珠黄、力不从心，而努尔哈赤却好似壮小伙子一般，正是如狼似虎的时候，再加上如今家大业大，他怎么可能照应得过来？

想到这里，佟佳氏又觉心中释然了：整日里胡思乱想，今儿晚上他人都来了，还有什么不满意的呢？

“窗外月朗风清，室内春意融融，咱们夫妻已有些时日没相聚了，此刻同榻而寝，何异于仙人！”

努尔哈赤心情不错，谈吐中偶尔也会学着咬文嚼字，当然只有在佟佳氏面前才会这样。

佟佳氏“扑哧”笑了。她喜欢努尔哈赤这样的语气，文绉绉的，斯斯文文的，跟白天不苟言笑的样子不一样，此时他倒像一个温文尔雅的秀才，更让佟佳氏心动。

“其实，妾最怀念的就是当初在抚顺佟府的那段时光，咱们夫妻日夕相伴，形影不离。现在妾身老了，不能如从前那般与你厮守亲昵。”

“瞎说。”努尔哈赤伸手揽过了佟佳氏，抚摸着她瘦瘦的背脊，“咱们夫妻来日方长呢。如今我已做了费阿拉的王，日后还要当更大的皇帝呢，那时候佟佳氏你可就是皇后了。这后宫之主你要不要做呀？不然我就换给——”

佟佳氏连忙捂住了努尔哈赤的嘴，压低了声音：“果真这样，我是做定了的。只是那时我早已人老色衰了，还得亲手张罗给夫君你选秀女立嫔妃，岂不是让人嫉妒？”

两人依偎着说着笑话，嘻嘻哈哈互相取笑着，自有一番亲情蜜意。

## 小妖精富察氏

嫉妒是女人的天性。他在战场上取得节节胜利的同时，妻妾们在后宫里也没闲着，个个使出浑身解数，竞相邀宠和争夺他的柔肠之心。尤其是小妖精富察氏，不知使了什么法术，硬把一个生龙活虎的男子给勾引得魂不守舍的，接连为建州王添丁加口……

野心勃勃的努尔哈赤在取得了建州的显赫战绩的同时，也完成了政治与战争的产物——他的婚姻。

婚姻与战争，这两个看似风马牛不相及的玩意儿，在建州王努尔哈赤的身上却得到了完美和谐的统一——他一手执婚约娶美女，另一手握刀箭杀仇敌，满怀的温香软玉，满眼的辽东红土。努尔哈赤春风得意，他在费阿拉山城定国政，创法制，练铁骑，议征伐，论赏惩，接见外邦使臣，俨然一副君主气派。

而事实上，努尔哈赤起兵多年来，东征西讨，南驰北战，一点一滴地壮大自己，一寨一部地吃掉敌人。历时五年，他先后并取苏克素浒河部、董鄂部、浑河部、哲陈部和完颜部，而仇人尼堪外兰被斩首则标志着他统一建州女真的战争已经取得了决定性的胜利。

另一边，这些年来努尔哈赤的妻妾们在家里也没闲着，她们使出浑身解数想要为爱新觉罗家族添砖加瓦，滋生人口，兴旺发达。像大福晋佟佳氏一马当先，先后育有褚英、代善和东果二子一女，可谓功劳显著。次福晋富察氏衮代也不甘落后，马不停蹄地生了莽古尔泰、德格类和莽古济二子一女，与佟佳氏并驾齐驱，毫不逊色。两个小妾北佳氏和钮祜禄氏也已先后各生了一个儿子，而钮祜禄氏的肚子又一天天地大了起来。

努尔哈赤这些年来先后共有过 16 个妻子，除大福晋佟佳氏外，其余皆为"战利品""贡物"或是"交易物"，比如富察氏衮代就是努尔哈赤的"战利品"。

那还是两年前的事情。那一年的春天姗姗来迟，莽塞杜诸祜部落的子民们纷纷走出了帐篷，在大自然的怀抱中尽情享受着春天的美景和春日温暖的阳光。青壮年们赶着牛羊群，到远处的山坡上放牧去了，老人妇女和儿童们则坐在家门前的草地上晒着太阳，唠着家常。这是一个风和日丽的春日，地处偏僻的这个小部落正沉浸在一派祥和宁静的气氛之中，谁也没料到，灾难会突然降临。

富察氏衮代正在不远处的河边洗着头发，桦木桶里放着已经洗净了的衣服，看得出，这是位勤劳而又爱美的姑娘。这是一条小河，转过几道山峦，绕过几片松林，蜿蜒而下，北面似有彩带飘动，那是阳光的倒影。衮代低着头，一点点将长发弄湿。看不见她的相貌，但见她满头秀发瀑布般泻落脚边，便让人觉得与众不同了。

突然间尘埃滚滚，马蹄声声，一队人马似乎是从天而降。衮代惊恐不已，连忙躲进了树林里，透过树叶往村里看去，呀，那些贼人杀声震天，可怜亲人们无处躲藏，顿时哭喊声一片……

泪水模糊了衮代的双眼，她跌跌撞撞要去见她的亲人。却被一个骑在马上的人拦住了去路。衮代急忙掉头往林子里跑。树枝扯破了她的长袍，几乎是没有多想，她解下了腰带系在了树上。看样子，衮代想寻短见，亲人都被砍的砍，杀的杀了，她一个人活着还有什么意思？

“嗖”的一声，一支带着羽毛的箭不偏不倚射中了腰带，衮代愣住了，惘然回顾，正与走下马来的努尔哈赤目光相遇。

“天啊，敢情这荒僻之地还有如此绝色的女子！”努尔哈赤一时看呆了，目不转睛，张着嘴说不出话来。

衮代避开了努尔哈赤那赤裸裸、热辣辣的目光，不过她的脸上已现出了两片红云。尽管神色有些慌乱，面色有些苍白，腮边还挂着两行清泪，但衮代明白了眼前这个男人的心思。

“年纪轻轻，为何想不开呢？”不问便罢，努尔哈赤的话音未落，衮代已经浑身颤抖，抽抽噎噎地哭了起来。她的心里说：贼人，你杀我父兄，烧我部族，却又装出一副菩萨心肠，呸，你这披着人皮的狼！

努尔哈赤并未计较，见这女人哭得梨花带雨一般，益发楚楚动人，早已控制不住，伸出双手将她揽入了怀中！

“报告贝勒爷，莽塞杜诸祜部已经败降！”

“好！”努尔哈赤推开了怀里的女人，正色对传令官吩咐道，“即刻张贴安民告示，收抚百姓，愿追随我建州努尔哈赤者，一律给以优待，否则，格杀无赦！”

“奴才遵命！”

“建州努尔哈赤？”

衮代早已从迷惘中清醒过来，她对这位陌生的将军已有些敬佩，此人一身戎装，金盔金甲，神采飞扬，眉宇间更显雄武威风、英雄豪气，况且，此人正是大名鼎鼎的努尔哈赤！百闻不如一见，衮代一时竟忘记了忧伤，暗自思忖起来：

"这莫非是天意！这威震四方的英雄努尔哈赤原来也是个侠骨柔情的汉子，瞧他方才看我的眼神和举动……我一个弱女子，已经无依无靠，若是能服侍于这位大英雄身边，将来他成就了霸业，那我衮代岂不也能成为……"

想到这里，衮代那双泪眼悄悄瞥着努尔哈赤，愈看愈欢喜，不由得破涕为笑，盈盈下拜："大英雄，衮代这条命就是您的了，妾身愿追随英雄，洒扫女红，鞍前马后……"

"快起来！"努尔哈赤就势揽住了衮代，悄声说道，"我的美人儿，那些粗作之活怎能让你做？嗯，你只要好好陪着本王，多给本王生几个阿哥就成了。"

衮代满脸羞红，一头扎进了努尔哈赤的怀里……

富察氏衮代日后果然得宠于努尔哈赤，在后宫之位仅次于元妃佟佳氏哈哈纳扎青。其实，她不过是努尔哈赤征服建州过程中俘获的一个"战利品"而已，而她却凭着俊俏的容貌一步登天，享尽了荣华富贵，并接二连三地生下了两个阿哥和一个格格……

## 自投入怀的新福晋

他不仅在战场上春风得意，而且在情场上也桃花运转。叶赫部畏惧他的军事实力，为求得本部平安，竟将亲妹妹那拉氏孟古送到他的身边，请求他纳其为新福晋。人人倾心的美女，竟会主动投入自己的怀抱，这可是他做梦也想不到的美事呀！

叶赫部畏惧努尔哈赤的勇猛和军事实力，为了巴结努尔哈赤，求得平安，叶赫部主要负责人之一布扬古亲自将他的妹妹那拉氏孟古送到努尔哈赤的身边，请求努尔哈赤纳其妹妹为新福晋。

努尔哈赤不仅在战场上春风得意，而且在情场上也桃花运转。起初努尔哈赤还以为布扬古送来的是他曾听说过的东哥妹妹。据说东哥长得美艳绝伦，有沉鱼落雁之容、闭月羞花之貌，被成千上万的人所垂涎，但她却生性高傲。

人人倾心的美女，竟会主动投入自己的怀抱，这可是努尔哈赤做梦也想不到的美事呀。努尔哈赤喜不自禁，笑容满面，他早已在脑海中想象出了东哥那娇美的身段，妩媚的笑靥，秋波送盼的双眸，已有了几分酒意的努尔哈赤觉得难以自持了，他向布扬古等叶赫部落的客人轮流敬了一遍酒，便借故离席了。

新房设在后院，高高的院墙挡住了前庭的喧嚣，树影婆娑，星光点点，这个夜晚是那么寂静，那么美好。

“东哥,真的是你吗?”努尔哈赤按捺不住内心的激动,三步并作两步闯进了内室。侍候一旁的婢女们见状慌忙退了出去,一个个掩着嘴哧哧笑着,嘴里咕叽道:“萨满妈妈,今晚的交杯歌可得唱个没完没了啦!”

一对红烛下,蒙着红盖头的孟古身子稍稍动了动,嘴唇张了两下,想要回答,可千头万绪的,该怎么对这个陌生人讲起?

透过薄薄的红绸,孟古看不清眼前这个男人的面孔,但却可以看到他那高大魁伟的身影,闻到他那特有的男人的气息,孟古的心“怦怦”跳了起来,浑身颤抖得厉害。

“来,让我给你取下盖头吧。咦,你怎么浑身抖个不停? 这房里够暖和的呀。”努尔哈赤在这个年轻女子面前表现出了少有的柔情。他小心翼翼地掀开了孟古的盖头,借机握住了她按在胸前的一双小手,醉眼朦胧地上下打量着孟古,嘴里含混不清:“干吗总低着头? 从现在起你就是建州王的福晋了,你难道不喜欢,不满足? 快抬起头,让本王看看叶赫美女东哥到底有多美?”

努尔哈赤满嘴酒气,呼吸急促起来,低着头就要往那粉嫩的面孔上扎。忽然怀中的女子用力撑了几下,低低地说了句:“大王,我是东哥的妹妹孟古。”

“什么东哥,孟……古?”努尔哈赤只觉怀中娇小的新娘乖巧可人,细嫩的柔荑,粉白的脖子,乌黑的秀发盘成了两个发髻。随着轻轻地颤抖,她的双唇也微微嚅动着,紧绷的胸脯一起一伏,努尔哈赤再也顾不了那么多了……

事隔许久以后,当努尔哈赤终于明白了此生再也娶不到东哥之后,他只得无奈地对孟古笑着:“嘿嘿,你们姐妹易嫁,倒为我爱新觉罗家又添了香火,也不错呀。”

幸亏是她们姐妹易嫁,否则哪来的皇太极,又哪来后来的大清国的缔造者?

也许,冥冥中自有天意。当努尔哈赤与爱如心肝的儿子皇太极一起嬉闹时,他的耳畔不由得响起了叶赫老贝勒扬吉努的话:“我非长女不与,恐不合君意。而小女容貌奇异,你与她堪称佳偶。”其实,很早叶赫老贝勒就有意将叶赫那拉氏孟古嫁给努尔哈赤。而孟古嫁给努尔哈赤时,努尔哈赤已是建州之王了。

# 皇太极情感逸事

## 娶了一位兰质慧心的女子

大玉儿嫁入之初，并没受到宠爱。半年后，当他从前线回来，发现她不仅貌如美玉，更富惊羡的才气，此时这位四贝勒爷才另眼相看她。一手工整的小字"天下大势，分久必合，合久必分"，一番对三国历史和金明现实的深邃解读，让他不得不赞"她真是兰质慧心"……

天命十年(1625年)，即努尔哈赤迁都沈阳的第一年，一支军队冒着严寒、风尘仆仆地进入后金前都城——辽阳。四贝勒皇太极的宅第里张灯结彩、喜气洋洋。入城的是一支送亲的队伍，一支给皇太极送亲的队伍。当四贝勒府第的喜筵开始的时候，努尔哈赤笑了："科尔沁将永远地绑在后金的战车之上了。"

那位新嫁过来的新娘不是别人，正是科尔沁草原上最高贵的莽古思的孙女、皇太极的正室大福晋哲哲的侄女、宰桑贝勒的小女——博尔济吉特氏布木布泰，这一年，她刚刚十三岁。

这位名叫布木布泰的姑娘，就是皇太极的庄妃，又叫大玉儿，她是大福晋即皇后哲哲的亲侄女。姑侄同侍一个男人，在满清并不少见。最后她成了历史上有名的孝庄皇后。

墨黑的天穹已经飘下万千条密密的雨丝，四贝勒皇太极府第两株古槐上的黄叶在雨水的冲刷下，正一叶叶地落下，旋转着寻找最为合适的归宿。高挑的屋檐在黄晕的灯火映射下，闪着一层油亮的光彩，像是披上一层淡淡的朦胧的飞絮，不时地随雨水的滑落均匀地变幻着微微的细纹，流泻一地……

初嫁的姑娘总是有一段适应期的。几日的新鲜缠绵，让她更加依恋这位高大伟岸的丈夫。刚刚嫁过来一个月，还没有落稳脚跟的博尔济吉特氏布木布泰不得不跟随着她的丈夫皇太极匆匆迁往沈阳。

马背上颠簸不定的家园，就仿佛地上的无数河流，总该有一个去处的。

她缓缓起身，走到铺着绫罗锦被的炕铺，热气在空气中散发，或许在这令人忧郁的季节，只有温暖的炕铺才是最好的归宿。她在幻想，幻想能够蓦地出现他高大的身影，幻想他伸出有力的臂弯轻轻地将自己揽在怀中，如果能这样，那么她这一只随风飘荡的小船，便会拥有停泊的港湾。

可惜，那幻想中的高大身影如同在悠悠水边上，被波浪不停地拍打着，变得模糊不清。而自己的生命之船何时才能安然地停泊，行程有多远，一切都说不清楚。或许，那高大的身影正与姑姑大福晋哲哲相拥而眠呢？

转眼半年多时间过去了，布木布泰作为新嫁来的蒙古新娘，并未像她的姑姑那样引起很大的轰动。十二年前，姑姑作为科尔沁部的政治联姻初嫁四贝勒皇太极时，努尔哈赤竟破例让皇太极亲自迎至辉发扈尔奇山城。而自己只是由哥哥吴克善台吉像是送一件礼品似的送到大金。对于此时已拥有好几位福晋的皇太极来说，她只不过是一个侧室罢了，尽管她美丽温柔、秀美无比。

外面又是雨声淅沥，布木布泰坐到妆镜前，解下高挽的双鬟，如墨的柔丝瀑布般倾泻下来。镜中的人儿，眉如翠羽，肌似羊脂，一双凤眼，秋波漾漾，抚额的白皙的手指，春笋纤纤，有如月中嫦娥、九天仙女。

布木布泰转向南面一幅黄色幔帐下的佛龛，摇曳的烛光映着黄幔后时隐时现的一尊佛像，在接受蒙古文化的同时，她也接受了信佛的传统。大凡遇到喜事或烦恼，她都会对着这尊佛像诉说一番，这佛像成了她的寄托、她的依恋、她的知心朋友。

布木布泰端一盘银丝酥梨膏馅饼恭敬地放在佛像前，清茶漱口后，她跪下纤细腰身嘴里喃喃不停，神情肃穆。

佛就是这样灵验，皇太极从前线回来了。

推开这扇厚实笨拙的木门，皇太极就几乎难以抑制心头的冲动，要不是和他一道回来的布木布泰的侍女乌兰侍立在侧，他一定会加快步伐。当布木布泰带着一身初春的朝气嫁到辽阳时，已有众多福晋的他确实没有把眼前这个娶来不太久的科尔沁女子放在心头，与其说她是自己的侧室，倒不如说是大福晋哲哲的伴女。直到有一天，他偶尔来到这木屋时，发现这柔弱的美貌女子竟有令他刮目相看的才气。

一方素白的锦缎手帕，上面写满了蝇头小楷，字迹娟秀，十分工整。旁边还画有一幅淡淡的水墨画，两崖高耸对峙，一水排闼而来，中间千帆竞发，江水奔涌而下。

"这画是何意？"皇太极惊诧这小女子的才艺。

"贝勒爷，看字知画，汉人所谓的诗中画、画中诗。"布木布泰小声应道。

细瞅工整小字，竟是"天下大势，分久必合，合久必分"，下面是读《三国演义》的一些心得体会。

“你能阅读《三国演义》？父汗最喜爱此书了，一直夸赞该书是一本好书，读了它，不仅能知道三国时代的一些故事，而且能从中学到不少学问。可我还未完整地看一遍呢！”皇太极忽然觉得布木布泰犹如一泓幽深的潭水，深不可测。

“小女在来到辽阳之前，就听父亲说过，读史使人明智。古往今来，成就伟业的人有谁不嗜书成癖。我想，父汗喜欢读《三国演义》可不会是把它当作一种爱好。”布木布泰脸色涨红，诚恳地说。

“不错，父汗常常提及，他是在读历史，他敬佩曹操远大的胸怀、坚韧不拔的创业精神，更赞成他善于用人的度量和气魄。他喜欢诸葛亮的出众的计谋，料事如神的预算，还有他对蜀汉的忠诚，虽然出师未捷，但足以名垂千古。父汗常说《三国演义》还是一部兵书。其中兵法韬略，让人感喟不已。官渡之战中，曹操千里奇袭；赤壁大战中，周瑜的苦肉计等妙策，确实让我们这些人开了眼界。”皇太极对父汗向来恭敬有加，提及父汗的深谋远虑，赞不绝口。

布木布泰知道皇太极在汗王的熏陶下，自幼喜欢读书，对历朝的典籍很有研究，喜读《春秋》。在这一点上，可谓是难求的知己，她白皙的脸庞泛着兴奋的光晕，抬起俊美的双眸，认真地道：“贝勒爷，依贱妾之见，父汗喜欢《三国演义》还有更深的原因，那就是无论刘备还是曹操，都是能够创造历史的英雄，而这些英雄又是应天而生，受命于天，得王道者得天下。而今，虽然大明朝幅员辽阔、兵多将广，但实际上却是金玉其外、败絮其中。依贱妾的短见，而今的大明恐怕是一辆快散架的战车，大明江山不会很久了。”

皇太极的两道剑眉下的大眼显出惊羡之意，他怎么也想不到科尔沁部中，竟还有这样的奇女子。她胸有治国之策，才智聪颖，看事透彻，要不是女儿身，肯定能成为科尔沁部的盟主，她真是兰质慧心。

布木布泰的芳心已被身后逼人的男人气味所浸染，她忙把秀发拢到肩后，美丽的脸庞浮现出一种勾人的妩媚，随着轻盈的碎步，频频放出年轻女子的青春与浓得化不开的热情。

“贝勒爷，贱妾还以为贝勒爷去了大福晋那儿呢。”娇滴滴的嗓音带着女性的魅力四处辐射，晶莹的眼眸中溢彩流光，一张俊颜俏容上已飞起两团酡红。

布木布泰的陪侍女乌兰忙着把一条狐裘坎肩披在布木布泰的白如凝脂的双肩上，道：“贝勒爷，您不知道，本来福晋是要亲自去向大福晋问安的，是奴婢不让，奴婢是怕贝勒爷回来时，屋中无人。贝勒爷知道大福晋拉起家常话来总是没完没了，而我家福晋又不怎么喜欢扯些无聊的事儿，有那空儿，还不如看会儿书、弹会儿琴呢。”

皇太极道：“哲哲福晋是喜欢她的侄女，怕她不习惯贝勒府的生活。”

布木布泰应道：“要说不习惯，那就是不见了蒙古包，不见了千里草原，长河落日，大漠孤烟。想现在，该是牛羊入圈的时节了，草原上定是到处飘散着诱人的奶香。”

乌兰冲了两杯奶茶，道：“这可是今天才挤出的鲜奶。”

皇太极握杯在手，嗅了嗅，道：“真香。”一饮而尽。

“告诉你，用不了几天，大金的八旗就要进入科尔沁了。”皇太极神秘地一笑。

“难道科尔沁又有大难吗？”布木布泰神情顿时有点紧张。

“没有什么，察哈尔的林丹汗控制科尔沁的贼心不死。不过，这回科尔沁倒是很快求援，没再做墙头上的草。只有父汗才是他们最稳固的靠山。”

布木布泰的脸一红，她当然知道自己的爷爷莽古思曾被努尔哈赤捉住又放回的事。对此，布木布泰十分佩服努尔哈赤对蒙古各部所表现出的宽容器量。现在，在她爷爷的帐篷中还保存着努尔哈赤所赠的蟒衣、裘帽、靴带、鞍马等物件。当年九部联军失败的明安及莽古思均被后金英明汗王授予三等总兵官，隶属满洲正黄旗。

布木布泰侧目那南墙下的佛像，更是一番感慨：建州女真人信奉萨满教，敬天神。而蒙古各部却信奉佛教中的喇嘛教。喇嘛教是藏传佛教，在蒙古地区传播极广，几乎人人信奉。喇嘛教中有好多派别，其中以元代宗喀巴开创的俗称黄教的一支最为盛行，蒙古人总是虔诚地信奉黄教。她知道，父汗努尔哈赤本来对喇嘛教并无好感，但对蒙古人信奉的东西，从不横加干涉，而是保护、共容。她也知道，蒙古各部的分歧归根结底是教派的分离。察哈尔的林丹汗自以为部落强大，改信与黄教对立的红教，致使信仰出现危机，互相征伐不止。英明的努尔哈赤借此尊崇起喇嘛教的黄教。此举一举征服了大多数蒙古人之心。去年，蒙古科尔沁部的军师苏喇嘛来到时，努尔哈赤从座位处站起趋步，热情相接，设宴款待，记得苏喇嘛亲口对自己说：“英明汗善于养人又优待喇嘛，关心黄教，我真想在此不走了，就死在这里吧。”

佛教的偈语总是那样准，苏喇嘛果然死在辽阳。努尔哈赤在辽阳城南门外，辟出地段修庙安放，还委托同在辽东的巴噶巴喇嘛主持祭礼，对于蒙古人来说，这真是莫大的安慰。

布木布泰道：“那么伐明的步伐又要为了科尔沁而耽搁些时日了。不过，贱妾以为,纵然明朝是架破车,也不能急于摧毁,毕竟是百足之虫,死而不僵。而满蒙是要结成铁板一块,才能持久长远,既然林丹汗一意孤行,已经成为后金的腹心之患,不可不除。但愿贝勒爷马到成功,一举荡平。”

皇太极频频点头,道:“我想父汗也是这个意思,不然不会放下宁锦、山海关而调兵向西。”说着,皇太极眯缝着眼,走上前,把布木布泰颈上的银色狐裘整了整,道:“福晋,你难道是智慧的化身吗?”

他捧起布木布泰的脸,迫使她收回已经显得悠远的眼神,将她的目光拉回到自己的身上,吩咐侍女乌兰道:“你去歇息吧!”

乌兰应声而出,心里美得如同自己被临幸一样。即使是一个婢女也看得出:皇太极在众多贝勒中愈发显得耀眼,那将来的汗位……

室内的烛火映着布木布泰脸上两道浅浅的红晕,她知道皇太极要做什么。不知是对此事的反应不够敏感,还是她仍沉浸在对科尔沁的向往之中,她呆呆地愣了一会,直至自己柔软的十指被那刚劲有力的大手紧握在掌心,直至皇太极的另一只手顺着她纤细的腰肢爬上胸前的蓓蕾。

大她二十一岁的皇太极给她的感觉更像是父亲或长兄。每每此时,布木布泰的脸都燃烧着一层羞红的火焰,瑟缩着娇躯,如同一只惊恐的兔子在皇太极的强壮的身子下左右闪挪,全没有她论事时的从容。有好几次,她都想刻意曲承,做出不胜欢娱之态,但总是不能够尽显女性的风流妩媚。好在剽悍的皇太极也不顾及,只是吸取她口里的芳甜,攫取她的乖巧顺从,满足于她的红润光彩、晶灿的眼神。

“该生火了呀,大福晋屋里可是暖烘烘的,你总是这样节省,又不是没有木柴。”皇太极趋身而进时,刚脱去外氅便感到一丝寒意。

“等这场秋雨过去后再说吧。”布木布泰斜仰着身子,将皇太极引向炕铺……

阴雨过后,往往预示着一个晴朗的白昼。晨光几乎是陪着清冷的气息一道爬过那扇木制的窗棂,在布木布泰慵懒地裸露着的肩上、背上印下几条明暗相间的线条,同时使得她的肌肤泛起诱人的光彩。

皇太极张开口便含住她娇软的玉耳,温热的舌尖舔弄着她耳根,不时轻啮着。

布木布泰“唔……”地闷哼了一声,道:“贝勒爷,您还不去大政殿,不是说有出兵的军情吗?”

那语气好像没有激情过后的余情与温热,在皇太极看来,有些冷淡,昨夜的媚感都成了缥缥缈缈的空气。皇太极真的吃惊于她的定力，难道在她身上没有狂热的血液奔流。不然她怎么可以一脸淡然，好似什么事情都没有发生过呢？

她到底在想些什么？皇太极猜测着，不能确定她的心意。好比激情过后，她脑海、心里想的是什么，他一点也不懂，也猜不到。

皇太极当然想找到答案。

“福晋，你到底在想什么呢？”皇太极扳过她的身子，皱着眉问，“想家了吗？”

布木布泰摇摇头，“我没有想什么。”声音维持平淡的语调。她至少明白，在这个男人的社会里，决定大事的谋略还没有她的份儿。她坐起来，披上外衣，坐到一张木制的矮桌前梳理她那一头长长的秀发。木桌上放着一个雕花的小木盒，里面盛着着妆的饰品，而那面木条镶框的小铜镜，斜斜地放置在木盒上。镜面泛起一片光影，皇太极看不到她镜中的脸。

淡黄的光柱照在她的背上，那光柱里飞动着无数纤尘，似是增加了她丰盈温热的胴体的一种暖色，这恰与灰蓝色的墙壁的冷色形成一种对比。对比无处不在，柔滑而富有弹性的肌肤与木桌、木椅、木盒子、木窗棂的坚实，同样也映射着质感上的差距。

皇太极道：“福晋，这里是有些简陋了。”

布木布泰梳理已毕，迎着光柱站起，道：“贝勒爷，科尔沁的姑娘过不惯奢侈的生活。再说，咱金国从富裕上总是比不上明朝，古人云‘由俭入奢易，由奢入俭难’；‘忧劳可以兴国，逸豫可以亡身’都是千古至理。贱妾感到这里的生活强似以往。只要科尔沁不再有兵火涂炭、刀光剑影、血雨腥风，那贱妾就感到无比满足了。”

皇太极低声说道：“这次我率军前往科尔沁，真想带上你。”

布木布泰淡淡地道：“女人回去又有何益？再说还有大福晋，她可是来这儿十几年了。何曾回去过呢？”

斜照进来的晨光把皇太极的伟岸之躯和布木布泰的玲珑娇小浑然地统一为一个十分协调的整体。刚中有柔，粗中有细，媚中有拙，静中有动。整个屋子充满了无边的青色，洋溢着美的诱惑，震撼着彼此的心灵。

听了布木布泰的表白，皇太极感觉到有说不出来的滋味，像是喝了满满的一碗琼浆醇酒。带着回味，他离开了布木布泰的房舍。

布木布泰也不挽留，只是倚在门框边，目送皇太极远去。皇太极行至庭院门口时，回望了一眼，灰蓝色的墙壁上已有斑斑驳驳的沧桑的痕迹，而倚在那痕迹旁的布木布泰无疑是这屋舍里年轻而活跃的生命。

## 妹妹要把姐姐嫁给丈夫

为了科尔沁,庄妃竟向丈夫"力荐"亲姐姐海兰珠,赞称海兰珠"虽然说不上有智慧,但尽妇人之道,她或许比我和哲哲福晋都强。"皇太极一听,更加感动不已:"爱妃真是一个品貌俱佳的女子。"

天命十一年(1626年)九月一日,皇太极举行盛大而庄严的即位大典。这天,风和日丽,天气晴朗。天刚刚放亮,以代善为首的三大贝勒以下的诸贝勒大臣及文武百官齐聚在大政殿等候,备好了一切登基大典所需的法架卤簿。皇太极身着盛装礼服率群臣先祭堂子、焚香、向天跪拜行礼。礼毕,返回大政殿,群臣行三跪九叩礼并盟誓。

望着这一切,皇太极感到由衷的满足。人畏天命,对天发誓,就是要用天的意志来约束他们的行为,达到上下同心同德、人心安定,服从他的治理,维护他的地位。他看到列在嫔妃之中的布木布泰终于露出了笑容。

皇太极半躺在清宁宫御榻上,手上捧着一部《孙子兵法》挑灯夜读着。寝宫内室里传来一阵凉阴阴的窸窣之声,像细风那样低语着,还有迟缓轻放的脚步声从这间屋里传到那间屋里。这当儿,屋外的黑云又被风吹得薄淡起来,隔着窗子能看见流动的云彩如漫浸在河滩的水,从窗外挤进来的夜色,在已点上的烛光的通照下,显得无影无踪。

那来回走动的声音就是由庄妃博尔吉特氏(即布木布泰已升封为庄妃)发出的。

"汗王,看你连日操劳,身子日渐消瘦,吃些点心吧。"布木布泰手捧时新的鲜果款款而来。

"噢,"皇太极侧过身子,"放那儿吧,我还有几份奏折没看完呢,看看这汉人的《孙子兵法》心里亮堂不少。打仗着实是门大学问。哎,悔不听范文程之言,还有爱妃你的意见。"

庄妃淡淡一笑,道:"汗王,事情过去了就过去了。范先生说得对,不必和大明争一日短长。为妾倒十分关心这次出征林丹汗的大事,不能让其他贝勒去吗?"

皇太极哈哈大笑:"爱妃,先汗在世时,哪一仗不是他老人家亲领八旗子弟冲锋陷阵?"

庄妃知道多劝无益,取一块金糕递给皇太极,道:“为妾有一事相求,不知汗王意下如何?”

“说说看。”皇太极拥着布木布泰的双肩,歉然一笑,“我猜是不是……”

庄妃脸一红,道:“汗王想哪里去了。为妾想,汗王此次出征察哈尔,顺便去看一下为妾的父母,对了,还有姐姐海兰珠,至今还未嫁人。”

皇太极心生柔情,道:“我当然会去,科尔沁是大金国坚不可破的联盟,怎么能不去呢?”

“汗王,”庄妃诚恳地道,“为妾不是那个意思,为妾想,如果汗王瞧得上姐姐,不妨迎娶回来,我们姑侄姐妹都能在一起。现在哲哲大福晋也时常提起这事,不知跟汗王说了没有?”

皇太极道:“有你在我左右,本汗已知足了。”

庄妃轻叹一声道:“可是,我们姑侄二人都没有为爱新觉罗争气,至今未添男丁,这让我们心里很是过意不去。”

皇太极道:“看你说哪儿去了。”说着用手指轻弹庄妃雪白的贝齿咬着的嘴唇。俊美的眸子落在她半合着的眼睑上,望着那令人心醉神迷的柔媚脸庞,皇太极被深深吸引住了。说实在的,皇太极宁锦之败的耻辱感就是在庄妃的柔情抚慰下很快地淡出记忆的,没有因此而绝望。皇太极撩了撩布木布泰粉颈上的狐裘,道:“唇芬郁如兰,舌甜如蜜香,有福晋你在,我还奢望什么呢?”

庄妃按了按微耸的酥胸,吐了一口气道:“汗王要是去见我家姐姐,恐怕就不会这么说了。”

“是吗?”皇太极笑了,笑得颇有深意。兴致遂增,话也难得地多起来,“我出征的日子,爱妃都在宫内做什么?”

庄妃道:“能干什么呢?有时去找大福晋说说话,有时闲着无事,就随便画几笔。”

“好,拿来看看。”皇太极道,“再添些点心,上壶酒。”

庄妃有说不出的高兴,自皇太极即位以来,这实在是他第一次在寝宫中要饮酒。至少在她看来,皇太极从宁锦大败的阴影中解脱出来了。当初,刚刚宣誓登基的皇太极为报父仇,亲率十一万八旗子弟围攻宁锦。大臣范文程竭力反对被斥,去管理屯田事宜了,布木布泰根本插不上嘴,须知在金国那是男人的天下。不像大明朝当时西宫生事,明天奶妈子也能当家。当时明熹宗天启帝就特信任自己的乳母客氏,尊为奉圣夫人,而和奉圣夫人结成“对食”(明宫里太监的相好)的太监魏忠贤也陡窜至九千岁,明宫里污秽熏天,朝纲颓废,正直大臣都生活在血雨腥风之中。唯有宁锦的袁崇焕身不在朝中，又加上抗金有功、守土有方，连魏忠贤也不敢贸然下手。本以为马到成功的皇太极于天启七年，即天聪元年（1627 年）率军进攻宁锦，谁知，刚一交战，即损兵折将，继父亲之后又一次遭到惨败。明人称此役为"宁锦大捷"。皇太极遇到的对手袁崇焕是有胆识的人，他既叹服，又顾忌莫深。为此，皇太极有近半年多的时间不曾开颜笑过。

庄妃又摆上几盘蜜食：栗子糕、蜜海棠、蜜红枣和油酥核桃。手里把持一壶御酒，刚一开启，便香气逼人。

"好酒，"皇太极赞道，端起一杯，一口喝干，"爱妃也喝一口暖暖身子。"说着捡起两颗海棠送入口中。

庄妃皱起眉毛，端起酒杯喝了一口，那辛辣的液体直往肚里窜，虽然知道自己不能喝白酒，可那辛辣的感觉还是挺新奇、挺过瘾的。带着醉意的潮红布满了秀美的脸庞，布木布泰揉着凤眼，道："三五之夜，明月映窗，为妾很是想念汗王，就画了一轮圆月，要不，汗王给定个名。"

呷着一口酒，皇太极伸过头来，在明亮的烛火下，仔细欣赏了一阵："嗯，不错，不错，女儿工笔，纤细柔嫩，也不乏精致，形神兼备，有意境。"

画面上为一轮满月，月内绘有广寒宫殿阁之形，宫前有一女菩萨坐像，两旁各有一名执扇侍女，菩萨头上绘有佛光。

"按汉人说法，这不是太阴星君吗？"皇太极指着女菩萨道，"宇宙万物都是依循阴阳对应的秩序而共存的。比如男女，你是太阴，朕是太阳了。"

"那当然，白昼司光之日被称为太阳，汗王就是大金国的太阳。而太阴，为妾可不敢应承下来。"庄妃深情道。

"爱妃，"皇太极道，"这广寒宫里的嫦娥不就是你吗？希望你下次能画得灵气些。"

庄妃心一凉：嫦娥，谁不知道普天下的人一谈起寂寞二字，不都用嫦娥来比喻？汉唐诗人李商隐不是有"嫦娥应悔偷灵药，碧海青天夜夜心"的诗句吗？汗王说这话有何用意呢？

皇太极道："怎么样？本汗猜对了吧。"他微微扬起头，动了动嘴角，将目光回放到庄妃脸上那对聪颖灵活的大眼上，望着这张近在咫尺、清纯无邪的脸庞，她的甜美的气息撩动着他的感官，皇太极似乎有些眩晕。他的目光再次掠过庄妃那细腻优雅的颈项，往下到她那起伏有致的胸脯、纤细的腰肢，感到体内有暗流在温热地流动，不由抿了抿自己厚实的嘴唇。

一杯下肚，庄妃感到整个房里都暖烘烘的，陡然生出的冷意很快被酒力驱散了，她笑道："汗王猜对了什么？"

皇太极不言，却伸手揽住了庄妃纤细的腰，轻轻拉向自己怀中。庄妃也袅娜着倒下去，不禁有些神形散荡，不由得把自己凹凸有致的胴体紧紧地贴在皇太极身上，一张精雕细琢的脸庞荡漾着笑容，嘟着嘴沾在皇太极身上。她觉得全身发痒，活像几百只蚂蚁爬到身上来一样，模糊的感觉中有只手轻拂开了她颊上的发丝，朦胧的醉意让她慵懒的腰身不想直立，只能靠着他做支撑，连动也不想动。那短暂的瞬间，布木布泰竟感到难言的紧张和羞涩，或许还有其他别的什么，但那些感觉转眼间便被屋内变幻的烛火消融了，她尽情享受着皇太极的恩宠，原先的一切幻想就像迷路的鸟儿终于找到一片可以栖息的树林。

皇太极越发爱怜起来。他紧紧地拥着庄妃这只兼有美貌与智慧的科尔沁草原上的夜莺，如同拥着一汪温暖的春水，把自己连日来为出征备战而滋生的烦躁、紧张都融化了。一直轻揽在庄妃腰间的手抚向她小巧的肩头，开始轻轻地、渐渐地肆无忌惮起来。他从庄妃的呻吟中感受到了生命力量的爆发。他终于在一阵酣畅中摆脱了束缚，重新焕发出新的活力，这种感觉或许已不能在大福晋那里寻到了。他深感自己需要这种感觉，需要这样的女子来再次展示他人中龙的精神。

平静之后的皇太极轻声道："爱妃，我真想让爱妃替本汗生下骨血。若是那样，我就能放心地把整个后宫都交给你了。"

庄妃眼圈一红，这何尝不是她的一块心病呢？她幽幽地道："汗王，汗王如此看重科尔沁，真叫我们姑侄难以回报。正因为如此，为妾才想，要不就把姐姐海兰珠招进宫来，她虽然说不上有智慧，但尽妇人之道，她或许比我和哲哲福晋都强。"

皇太极一听，更加感动："爱妃真是一个品貌俱佳的女子。"

"不敢承夸了，上次还不差点把我撵回科尔沁去。"庄妃嘴角一翘，眼睛里就是几点泪花闪烁。

柔情正浓的皇太极立刻清醒过来，他感激地看了庄妃一眼，伸手把庄妃柔滑的小手握在胸前。庄妃脸上红晕刚退，这时又忽地涌上双颊。

## 同侍一夫姐妹情

艳福不浅的皇太极，一手搂着妹妹庄妃，一手拥着宸妃。而同睡一个被窝的却是皇后，直叫他乐得合不拢嘴。常言道，女人天生爱吃醋，但这姐妹和姑姑共侍一夫，却能相事平安、和谐共处。这成了后人乐此不疲的一段美谈。

盛京，金色的琉璃瓦在秋阳下金光灿灿、熠熠生辉。自从英明汗努尔哈赤迁都盛京之后，开始大兴土木、营造城池、招募良将、建筑宫殿，把盛京装扮得如同仙境，足可以与大明的北京城相媲美了。

英明汗当初把沈阳城开了四个门，率六宫后妃满城文武移都之后，便改名为盛京了。皇太极变四门为八门，更加气派。中置大殿，名为笃恭殿。前殿名崇政殿，后殿名清宁宫，均是雕梁画栋。东有翔凤楼，西有飞龙阁，楼台掩映、流水潺潺、花木扶疏、曲径通幽，很是雅丽恬静。虽是关外都城，不亚大明宫阙。

庄妃身着粉红色的旗袍如行云流水徜徉在盛京后宫的御花园中，婀娜的身材如风摆杨柳，高高的髻儿、两弯鬓儿压在白嫩的颈子上，越发显得黑白分明。她淡施粉黛，反倒比那些围在皇后身边的粉雕玉琢的嫔妃们更胜一筹。只是岁月的风尘在她脸上写下几分凝重的波痕。她那天使般的容貌、深情的紫罗兰色的眼睛总有一层淡淡的忧郁。她怎能不忧郁呢？在皇太极的“崇德五宫”中，她是位居最末的永福宫庄妃。

玫瑰色的绮丽的余晖给人一种无俦的缱绻，她静静地倚在亭榭的栏杆上，望着花园中莺语飞扬的后宫佳丽，一时陷入了沉思之中……

皇太极登基汗位已经十年了，而海兰珠（庄妃姐姐，也就是宸妃）来到宫中不过两年。而这两年时间，除了政事，皇太极还偶尔一问外，在一起亲密接触的日子是少而又少。母以子为贵，自己不争气的肚子十多年未能生男丁，可姐姐海兰珠在太宗帝受尊号以后，短短两年多的时间即崇德二年（1637 年）七月，经过十月怀胎，在关睢宫产下一子，是为皇太极的第八子。即使在中宫有子嗣的情况下，宠妃生子，也有望成为天子，将来继承皇位，何况中宫皇后入宫多年，一直未诞育皇子，立嫡似不可能。此时爱妃诞育皇子，“立爱”也极合情合理。

当海兰珠产下皇八子时，皇太极做了一个梦，梦中说皇太极在太祖努尔哈赤前与大贝勒同处一室，面北坐，仰观天空，见五彩斑斓的祥云，密密地重叠三层，祥云之上复见青天。皇太极想，天如此高远，人怎么看得如此分明？代善（皇太极同父异母的兄长）也称奇不已，并说麟趾宫贵妃的养女淑济也曾说过，她见有火球自天而降，落入宫中，非常美观。我等幼稚，初见时惊奇，后来也就不怕了。代善话还未说完，皇太极醒来了。次日召文武大臣圆梦，众人皆云，祥云从天，这是“非常之贵征”，寓意皇八子为天降之贵子，将膺天命，继皇位。

在庄妃的印象中，因爱妃产子而颁诏大赦令，在笃恭殿举行重大庆典的，宸妃海兰珠是第一人。但这第八子却于一年后早殇,辜负了皇太极的美梦。这当然是后事。就当时来讲,可能是皇太极太宠爱宸妃,母贵子荣,才有祥梦和隆重庆典的吧。

庄妃默想着,风衣飘洒,旗袍下的胴体曲线妙曼得极富性感。多少带些朦胧的夸张,不夸张的是那双美眸的神情如梦幻般迷离深邃,给人难以捉摸的忧郁。娥眉淡扫下的长长的睫毛随顾盼的秋波轻颤,红唇微哂使浅凹的粉颊平添几分风尘憔悴般的笑靥,令人侧目一瞥顿生爱怜。

侍女乌兰急急地赶来,老远就见庄妃站在湖边的柳丛下怔怔出神,碎步移风般地靠近,轻声道:"庄妃娘娘,皇上驾临永福宫。"

庄妃将目光从春湖的粼粼碧波中收回,闻说皇上驾临,马上感到视线有些模糊,激动的泪花润湿了她的眼睛。

幽径的青石路上传来清脆的脚步声,那是高屐木底的"笃笃"声。庄妃侧目望去,只见宸妃带着几个侍女正款款而来,乌云般的秀发如瀑布散披在绣花镶边的白色旗袍上,如玉树临风,飘然出尘,清丽盖世。眉如青山含黛,目似秋水盈波,肌肤晶莹如玉,纵是梦中美人也难与之相提并论。

庄妃并不急于返回,转身迎上,道:"宸妃姐姐,皇上入宫了,说不定是去看皇子呢?姐姐还不回去?当心着了风寒。"

宸妃点头应答:"妹妹,皇上已去过了,还亲了皇子三口呢。说不定现在转到永福宫里去了。妹妹还不快快回去。姐姐看皇上今天的心里非常高兴。"

姐妹同侍一夫,这让她们感到既自豪又有些不安。在庄妃看来,女人的嫉妒是不可避免的,尤其刚一入宫的姐姐一下子就赢得了皇上的欢心,自已顿感受到冷落,但是庄妃能够克制,而中宫清宁宫中的哲哲皇后就不那么乐意了。天聪八年(1634年),当海兰珠如愿初嫁大金国时,皇太极似乎从风情万种的海兰珠身上找回了青壮时的感觉,夜夜承欢雨露。对于皇太极来说,从宸妃身上,他得到了自然无拘的真爱,这也是一个扮演了特殊政治角色的皇帝所缺乏的。从庄妃那儿,他品味到的是一个女人,为自已特殊的皇帝夫君完成所肩负的历史使命所付出的纯情。实际上,当海兰珠刚入宫时,皇太极一直忙于辽东战事和追剿察哈尔残部,未曾顾及宸妃,庄妃屡屡提示,皇太极也没明白,致使这位刚入宫的才貌双全的女子独处深宫,有些幽怨不已,日日弹琴抒怀,发泄心中苦闷。一天皇太极将没有忙完的军务带到庄妃寝宫,庄妃稍事料理,硬拉着皇太极出室漫步,转过一段矮墙时,皇太极被一阵美妙的琴声所吸引……

琴音淙淙,有如高山幽泉艰难地泻出山崖,坠落地面,急切时如嘈嘈杂杂的暴雨，圆润时又如玉珠落盘，从琴声中，可以听出隐忍着的无限幽愁暗恨。

皇太极信步步入房中，却看见一位窈窕秀美的妙龄女子正低头抚琴，双眼含泪、楚楚动人……皇太极懊恼不已，他神思飞扬，想那婀娜的舞姿、动人的娇靥、清脆的歌喉，想那飘逸的长袖身前身后飞舞，袖风挠得他浑身又酥又痒。柔媚的脸庞、奔放的音乐交相辉映，重叠在他的脑海中，那苍郁黛青的山峦背景是一片高远而蔚蓝的天穹，白云、羊群棉絮般舒卷着、荡漾着……

皇太极的眼前豁然亮堂起来，喃喃道："海兰珠、海兰珠，委屈你了。"跨步上前，紧紧地抱住海兰珠。约有半晌，蓦地想起庄妃还在身后，一扭头，不知何时，房门已被紧紧地合上。自此，后宫佳丽，宠爱一人。

今儿个，可谓投桃报李。庄妃何等聪明，她对宸妃一笑，道："姐姐终于想到妹妹了。"

宸妃脸一红，啐道："还不快去，瞧你这身打扮，鲜嫩嫩的倒真像个新嫁娘了。"

"哟，妹妹我还奢望鲜嫩，"庄妃不无苦涩，道，"姐姐最明白'关关雎鸠，在河之洲，窈窕淑女，君子好逑'的诗意了，那可是歌咏妃之德，谁不知道姐姐和顺沉柔懂礼仪，丝毫不亚于那二八佳人，看姐姐这身打扮，倒真称得上冰肌雪肤、丽质天成。"庄妃轻撇唇角，揶揄不停。

"好，姐姐说不过你。"宸妃秀发轻飘，头一扭，转身离去，心里却美滋滋的。只要能和皇上在一起，那皇上就是自己的天堂。在她看来，她的皇上说到底是一个男人。宸妃或许真正领悟到了成熟女人的人生妙境，她丝毫也不感到以二十六岁的高龄嫁与皇太极而有缺憾，仅仅这么晚嫁后的感受就全部填满了她曾有过的亏损。她不时地拓开记忆的天地，她时常在静思默想中体会皇太极的大手轻轻抚摸她秀发蓬松的额首，而此时的她被白色丝织的衬裙紧紧地包裹着，任其裙摆松散在脚踝处，恰似一朵睡莲。她时常在获得皇太极的雨露后，深居简出，陶醉于自我的融乐之中。

此时的皇太极正端坐于永福宫内，静候庄妃的到来。这片朴素、宁静、温馨的小屋对皇太极来说无疑是一块圣地。在这里，总能找到"赠君释狐疑"的秘诀。他环视居室，几乎和从前没有两样，只是新换的家具散发着幽香。他站起身，容色肃穆地站在香案前，屏气凝神，静静地望着轻扬散淡的烟雾，心潮澎湃、难以自制……

"皇上。"庄妃款款而进，眼泪倒先出来了。

皇太极捕捉到潜藏在庄妃眼神中的迷离的不可捉摸的忧郁。他并不完全借鉴眼睛是心灵的窗户之话,更多的是以自身的经验体会。

庄妃抬起白皙的纤纤素手随即在眼角抹了一把,自嘲道:“古人有‘空里流霜不觉飞’的诗句,现在感到‘空里流虫不觉飞’。”

“爱妃,”皇太极关切地问,“让朕替你吹吹?”皇太极体会出庄妃的忧郁是因为自己的疏远,可那是没办法的事。就像穿在脚上的靴子,合适与否,只有自己知道。可以肯定地说,这世界上每天都有许多眼泪,同样有更多的心泪,流淌眼泪表达出人的悲伤和喜悦;潜在的心泪却无由悲喜,全凭各自的体察和感受。

庄妃幽幽地叹息,伸出纤掌紧紧地按住皇太极的粗厚的手掌。她想让皇太极知道,她隐含着的文静娴静中是有着多么激烈的柔情。她是一个真实的女人,她也有用真情的泪水浇灌出来的足以表达柔弱婉约和逆来顺受的花容,有一片不时需要滋润的长满青芽嫩草的土地。她不想让自己红唇绽裂,不想在自己粉颊上终日刻着苍凉的笑意,她有着缕缕情丝、绵绵爱意。说真的,她感觉出自己的娇慵是天赋的,而矜持才是人为的。她更喜欢皇上真实的自然而然流露出的随意、关切、体贴、亲昵。

就像现在这样,庄妃已被皇上的灼灼目光逼得低下秀发蓬松的头,心跳蓦地加快起来。

“皇上……”庄妃的手腕被皇太极拿捏住,心中涌过一阵醉人的战栗和不安。她不想贪恋短歌得意、留云借月的纷扰。她要的是皇太极的挚爱,她宁愿他的挚爱在她身上凝聚、散发、挥洒,尽管这种想法是自私的。

渐渐地,庄妃在皇太极的抚慰下原本些微的忧郁闪烁出阳光般的灿烂。不自觉中,两个人温热的四片嘴唇就粘在一起,相互寻找着彼此熟悉的气息,柔情似水,漫过额头、眼睑,滑向脸颊、脖颈,在碰撞、摩擦、吸吮中,升腾起的激情、沸腾的血液就是一团浓浓燃烧的火焰,足以熔化一切的火焰。

庄妃极度渴求,喃喃自语:“皇上,贱妾真的好想你啊。”

在情感的交融中,皇太极刚劲的指骨在“咯吱”作响中抚摸出庄妃身上的每一处被激活的细胞。

一幅巨大的红绡落幕分隔了外间和内室。事毕,皇太极迟疑了半晌,他没有想到这位十三岁就嫁到宫里来的庄妃已领悟出人间的欢情。至少,那爱的呻吟和企盼听起来就仿佛来自遥远的天际,给人一种梦幻般的飞花流韵的感觉,一时竟有一种主宰男人的精神,好像男人对于她只是一种奉献。

皇太极摸咂着下颚,笑道:“爱妃,如何?”

庄妃惬意地一笑,拒而不答。斜斜地起身倚在他身上陪伴似的静坐。她确实喜欢这种不加渲染的无言依偎，感受彼此的心灵的交汇，她不想破坏这份彼此理解的温馨。

## 他的女人——玉臂挽江山

皇太极病逝后，各方势力蠢蠢欲动，都觊觎着皇位宝座，而多尔衮则是其中最大的政敌。此时，庄妃更是焦躁不安，犹如处于风口浪尖上，但她毕竟不是个平凡的女人。在她的精心策动和安排下，平稳地渡过一个个险滩，最终把江山揽入小儿子福临的怀中。

崇德八年(1643年)八月九日这天，庄妃带着六岁的儿子福临早早入歇。福临生于崇德三年(1638年)，是皇太极的第九子。她知道，皇上忙碌一天后要就寝清宁宫。这也是自己希望看到的，毕竟连着几天皇上驻幸永福宫，已经引得中宫皇后在人前背后有了闲语怨言……

白日里，庄妃陪着皇太极在崇政殿召见嫁给察哈尔、科尔沁蒙古的女儿固伦公主。皇太极接受了庄妃的提议，册封女儿、女婿为诰命、仪仗。礼仪毕，皇太极的脸色有些难看，但他并未在意，又召见了刚从前线归来的多尔衮，询问山海关、宁远一线明军布防的情况，多尔衮据实回报。

渐渐地，皇太极感到有些目眩，喝了点参汤，闭目停思，叹了句："脑力不及啊。"

大学士范文程看在心里，隐觉不安，上前奏道："皇上道德醇厚而齐备，凡心劳则气动。愿皇上清心定志，一切细小的事务，交付部臣处理，至于军国大事，方许向皇上报告。况且，大业将成，外国来归，正是圣心安慰欢悦之时，也可稍停忧劳，此时兵强食足，皇上可否选佳日出游巡猎，以慰圣心。"

皇太极睁开双目，叹道："山峻则崩，木高则折，年富则衰，天命不假人长寿，何以自求?"说罢，倒是自己先笑了。这句话，皇太极时常挂在嘴边，众臣只以为这是皇太极豁达乐观之举，并未深想。

退朝后，皇太极即去了东宫。不过，刚至清宁宫门前，皇太极转身吩咐内宫道："传朕的话，晓谕众臣工。朕日理万机，非好劳也，那是因部臣不能分理，是以躬自裁断。今后各事，可令和硕郑亲王、和硕睿亲王、和硕肃亲王、多罗武英郡王合议。"说完，皇太极坐在东暖阁上小憩，皇后娥眉微蹙，眼睑低垂，但心里甚为欢悦，亲自为皇太极宽衣准备就寝。皇太极摆手道："让朕坐一会儿……"皇后有些不悦，自是先去了内寝，留下几个内侍太监和两名宫女静静立在珠帘外……

庄妃躺在凉炕上,思绪翻滚,难以入眠。她是真担心皇上哪天真的倒下去,留下自己孤儿寡母,该如何是好？至于皇上的身体,没有谁能比她还清楚衰败到何种地步,她感到在皇上的眉宇间隐隐有暗气流动,这肯定是思虑过度的缘故。特别是皇上经常从夜梦中醒来,口呼“宸妃”之后,而表面上健硕的皇上自己却浑然不觉。

庄妃暗忖,若真的有一天皇上驾崩,自己的命运会怎样呢？

她的脑海中浮现出大妃阿巴亥临死时的悲戚容貌,不由得打了个冷战。如果找个适当的时机向皇上进谏立太子事宜,皇上会怎么想呢？

突然,清宁宫传出一声惊呼:“快,快,快叫御医。”紧接着,有女人的凄哭传来,跟着一片哀声大恸。

庄妃翻身而起时,已有宫女跌跌撞撞地跑进来:“庄妃娘娘,皇上在清宁宫驾崩了!”

庄妃只感到天旋地转,眼前一黑,就什么也不知道了。

皇上驾崩,震惊朝野、震惊宫廷。所有贝勒大臣连夜入宫,一场权力之争再次上演。

汉大臣范文程,官居高位,又是权力漩涡中心的局外人,他最先从忙乱和哀痛中清醒过来,道:“各位王爷,现在大清国力昌运,边无战事,而大明无时不在腐朽。依臣之见,先将皇上驾崩的讯息暂时封锁,先立继位事宜。”

代善是和硕礼亲王,又是皇太极之兄,此时,他再一次处在矛盾之中,道:“众位贝勒王爷,有皇后在,可先按懿旨行丧,至于立君位,还是挑个日子吧。”

“既然这样,还不如先行祭奠皇上,按仪制行事。”皇后颁下懿旨。“立君位,那是各位贝勒王爷的事。”

庄妃领着幼子福临在皇后左侧,悲戚的面容下,一双秀目在众贝勒亲王身上扫视着。她最清楚,要论势力,现在最大的当属睿亲王多尔衮。

想到多尔衮,庄妃的脸色涌出浅浅的潮红,她想起早年的那一幕奇遇,郊外的清风和多尔衮那双充满温情的眼睛,她总觉得多尔衮身上有一种男人的阳刚之气。多尔衮的这种魅力令她既紧张又兴奋。但是,自先父大妃阿巴亥生殉后,多尔衮变得寡言起来,平日里在自己面前也是规矩有度,从未有任何异样的举止。庄妃感到多尔衮蛰伏着一颗雄心,在以后东征西讨的岁月中,他的军事才干日渐显露,几乎没有什么过失。皇太极对多尔衮也总是封赏有加,特别是多尔衮获得玉玺后赶紧献上并且是推动皇太极上尊号的积极者。

多尔衮,他是否有承大位的愿望呢?庄妃想,如果有,这也是在情理之中,皇太极的汗位是权力均衡的结果。最后以逼死先汗大妃阿巴亥为代价,顺利登基,若是多尔衮继位,会不会逼自己生殉,真的如此,那福临又靠谁呢?

第二天,满朝文武被一个消息震惊了。永福宫庄妃愿以身为皇上殉葬。诸贝勒大臣顿时慌作了一团。谁不知道庄妃不仅仅是一个后妃,更是皇太极的政治智囊。皇太极自登基继位以来,所有的朝纲举措无不包含着庄妃的心血,从满汉分屯到设立三院,从开举科考到礼贤汉官,庄妃的见地就连范文程这样的贤者有时也自叹弗如。常常感叹,庄妃美德谋略在己之上。

平日里众贝勒谁都曾得到庄妃的好处,谁家有个婚丧嫁娶的大事,庄妃总是操持在前,在崇德五宫中,庄妃的亲和力可称是泽被全国。

于是,诸贝勒大臣齐聚永福宫,合力劝阻:“皇上方逝,皇妃愿以身殉,诚然可敬。然三位公主和一位皇子尚且年幼,皇妃应节哀顺变,将年幼子女抚育成人,抚恤皇上骨血,才可报答皇上的恩宠,又怎么能以身殉葬呢?”

庄妃望着年幼的福临,在众大臣的劝说下,她犹豫了。

“皇额娘,您不能死啊。”福临稚嫩的童音令她听了悲不能抑。

夫君的猝然去世,确实给了她沉重的打击,但复杂而又艰险的宫廷生活也迫使她不得不为孩子着想。她知道,失去父皇再失去额娘的年幼子女在宫中将会过一种什么样的生活。

“唉——”庄妃将福临搂在怀中,看来她得好好地活着。她在脑中将所有亲王贝勒中最有能力继承帝位的人都思考了一遍……

论资格和实力,有权问鼎的有代善、阿济格、多尔衮和豪格。

代善掌有两红旗,无论从资格还是实力上都是竞争王位的强者,但代善已年过花甲,早年曾有过皇位之争的短暂想法但输给了皇太极。此时,已暮气沉沉了。

在众多兄弟中,多尔衮目前最为突出,有两白旗的势力,尤其是处理军政大事英明果断,但多尔衮有对手,那就是肃亲王豪格。

豪格是皇太极的长子,自然呼声最高,时年三十五,可谓年富力强,有皇太极生前统辖的两黄旗大臣支持,代善掌握的两红旗,济尔哈朗掌握的镶蓝旗以及他自己控制的正蓝旗。看来,豪格极有可能成为领军人物,但多尔衮会愿意吗?

事情肯定闹到宫里来,庄妃想,静观局势吧。

果不其然,肃亲王府,豪格正与两黄旗大臣索尼、谭泰、图赖、巩阿岱、锡翰、鳌拜等人商议。众人皆言应立肃王为君,并共立盟誓,愿生死一处。豪格道:“此事还应与郑亲王商议。”索尼道:“肃亲王,这事交给臣办。”时辰不大,索尼转回:“郑亲王没有犹豫,但要将此事和睿亲王商议。”肃亲王豪格面有难色,道:“这等于与虎谋皮。”

与此同时,睿亲王多尔衮府中,灯火彻夜不息。阿济格、多铎心急如焚,他们齐齐跪在多尔衮面前,切切地追问:“你怎么不答应呢?莫非是怕两黄旗大臣吗?舅舅阿布泰和固山额真阿山都说了:两黄旗大臣中的亲戚都希望你继承皇位。”

皇太极去世已有五天了,而新君嗣位的大事还没有最后的议定。哲哲皇后和庄妃商议后,发出懿旨敦促负责国务政事的睿亲王多尔衮、郑亲王济尔哈朗、礼亲王代善加紧办理。

崇德八年(1643年)八月十四日,诸王大臣齐集崇政殿决定皇位继承人。

天刚刚亮时,多尔衮匆匆赶往三官庙,询问索尼——这位两黄旗中最有威望的大臣——对皇位继承人的意见。索尼答得直言不讳:“先帝有许多皇子在,必立其一,别的我就不知道了。”

多尔衮听后,心里已凉了半截,要知道,这是盛京,没有两黄旗的支持,谁也别想继承帝位。前面就是崇政殿,多尔衮抬头看去,只见两黄旗护军已经弯弓搭箭,将崇政殿团团包围。不远处,大清门外,两黄旗的大臣会集在那里,手扶腰剑,面呈怒色。

多尔衮拾级而上,刚要入殿时,听到身后有窸窣的声响。他一回首,只见庄妃一身缟素地站在殿角的白玉柱旁,她的身旁是刚刚六岁的福临。多尔衮瞥了一眼皇嫂,眼睛突然一亮,“立皇子、立皇子……”

皇位啊皇位,多尔衮想,那是自己一直觊觎的目标,偏偏父皇努尔哈赤没有在活着时明示,被皇兄夺了去。而今皇兄仙逝,正是夺回来的天赐良机,可是偏偏又……

这时,殿外的两黄旗臣子们一齐高声呼喊:“立皇子!立皇子!”

多尔衮顺着声音望出去,殿外的太阳正白花花地射下刺目的光亮,多尔衮知道,在这样的情况下,什么事都能干出来,必须找出一个方案,一个令双方都能接受的方案。他踱至殿口。突然,大殿平台的拐角处,一阵风起,刮起一朵白色的纸花,不用说,那是刚才庄妃娘娘丢落在此的。

多尔衮已然明白了庄妃此举的含义,他瞬间毅然决然地做出了一个决定……

一场狂烈的政治风暴平息了，一场恶性的厮杀格斗避免了。

消息传到永福宫时，庄妃喜极而泣。但同时，她也知道，自己和福临在今后很长的一段时间里，将依靠多尔衮，怎么才能有效地笼络多尔衮呢？庄妃陷入了深思之中。

八月二十六日，新皇帝举行登基大典。一大早后宫就忙碌起来。清宁宫皇后、麟趾宫贵妃、衍庆宫淑妃都聚在永福宫内。庄妃亲自给福临梳洗更衣，见福临穿上特制的皇帝朝服威武英俊的样子，第一次露出了欣慰的笑容。

皇后意味深长地对庄妃道："大清国的后宫，仍是我们博尔济吉特氏的后宫。"

庄妃手拢发饰，笑道："皇后，以后省亲时，还要多留意呢，再为福临物色一个科尔沁草原的女子。"说着，亲自拉着福临的手，送到宫外。望着车辇缓缓离去，两行清泪从她秀美的面颊上滑落……

在隆重的庆典中，福临登极即了皇位，并改元顺治，尊生母庄妃为皇太后。

# 顺治帝因色入空门

## 震惊朝野的风流艳史

母后为他选妃，他偏偏看不好；而他看上的意中人偏巧又是弟媳董鄂氏乌云珠，大有"有情人"难成眷属之憾！但在这位多情天子的眼中，没有那么多的章规条例，于是他与乌云珠私下缠绵。其弟不堪绿帽戴头顶，竟自缢而亡，此事又成了人们津津乐道的花边新闻……

孝惠章皇后这一对姐妹花原本是由顺治朝的太后姑奶奶孝庄太后做主，被选入后宫为帝妃的。在入宫之前，姐姐就被册封为顺治帝皇后，妹妹则成了淑惠妃。这是大清对科尔沁蒙古的恩宠，更是科尔沁人引以为豪的。满洲的爱新觉罗氏打江山辖四方，而科尔沁的女人则成了大清的后宫之主，又一支崭新的龙凤奏鸣曲即将在紫禁城里上演了。孝惠章皇后姐妹俩怀着激动兴奋而惴惴不安的心情分别乘坐八人和四人抬的孔雀顶暖轿进了后宫。清代皇帝一生举行两次极为隆重的大婚的，唯有顺治帝福临了。

皇后乘着凤辇由长长的迎亲仪仗队簇拥着，从大清门经午门入宫，至太和殿下，降舆入坤宁宫，这便是大婚的洞房了。坤宁宫在明代为皇后居住的中宫，顺治帝将它改建，西头大部分地方辟为祭神之所，东暖阁则作为大婚时的洞房。洞房内靠北是龙凤喜床，五彩细纱百子帐以及明黄和朱红的彩绣百子被上，百子造型生动，个个栩栩如生，象征着皇帝子孙万代兴盛。南边窗前有一铺大炕，是帝后进合卺宴、行合卺礼的地方。坤宁宫的东暖阁里充满了喜气，墙上、宫灯上贴着红红的双喜字，龙凤喜床上罩着五彩细纱百子帐，大红缎绣龙凤双喜字炕褥、明黄和朱红的彩绣百子被，被上压着装有珠宝、金银元宝和谷米的宝瓶，皇后端坐在炕前，红衣红裙红头花，顶着一个红盖头。

董鄂妃

皇后当然不知道，这次大婚的情形跟前皇后的几乎一模一样，礼仪、陈设、地点一切照旧，只不过前皇后是自己的亲姑姑，眼下已被尊称为“太后”，而自己将会成为坤宁宫的新主子了。

眼看着吉时快到了，皇后的心开始“怦怦”地乱跳……

这一天宫里格外热闹和喜庆。皇宫内各宫殿、各门都挂上皮制的红灯笼，名称不一，款式也各异，有戳灯、挂灯、提杆灯、手把灯、羊角灯等。此外，宫内各殿宇、门座等处，都要架彩或悬挂彩绸，铺设大红地毯，这些彩绸和毛毯多半由杭州、苏州一带制办，做工精美，色泽艳丽，更增添了宫里的喜庆劲儿。

可是在热闹的大婚第二天一大早，宫里就沸沸扬扬地传开了。有的说，皇上根本就没看上皇后，和衣躺了一宿！有的说，听见豫王福晋慌慌张张地向太后禀报，皇上根本就没同皇后合房，她根本没见着“喜”！而更加了解的太监们，则对此缄口不言，讳莫如深。

顺治大婚之后，带给宫内的是一种莫名其妙的沉闷。婚后不久的孝惠章皇后就像是变了一个人，从此寡言少语，不苟言笑……她怎么会想到，年轻的顺治帝福临心里有一种强烈的逆反心理，多尔衮选择的他不会接受，母后选择的他也在心里排斥，只有他自己选择的才是最中意的。眼下，福临已经爱上了可心的一个，那就是顺治帝婚宴坐在孝惠章皇后身旁的襄亲王的福晋董鄂氏乌云珠！

自从顺治帝福临知道董鄂氏乌云珠的情形之后,心中对母后的怨恨又增加了几分;同时,对董鄂氏乌云珠强烈的占有欲望也就更多了几分!

那次帝婚宴席之后,顺治帝福临就安排太监吴良辅做了一次富有情味的约会计划。

那天董鄂氏乌云珠宴散后出了慈宁宫,上了轿子刚放下了绿绸子的帘子,就听见一名太监急匆匆赶来的声音:"襄亲王福晋请留步!奴才是坤宁宫的,我们主子派奴才来邀福晋去赏花儿!"

"赏花儿?天色已晚,请转告皇后娘娘,就说弟妹改日再去坤宁宫陪娘娘解闷儿,改日吧。"

"这个……"吴良辅眼珠子一转,嘻嘻笑道,"福晋真的不赏脸吗?我们娘娘可是诚心诚意的,娘娘说了,福晋您回府也是冷冷清清的一个人……"

董鄂氏乌云珠感到有些为难了,不去吧,倒辜负了皇后的一片好意,可是,这时辰也的确有些晚了,天一黑还怎么出宫呢?

"起轿!"不等董鄂氏回答,吴良辅一使眼色,几名穿灰袍的太监利落地抬起了轿子,健步如飞。吴良辅一路小跑在前引路,还不时回头叮嘱着轿中的董鄂氏:"襄王福晋,您将绸帘子拉平实喽,这空旷的御道巷子里风很大,您小心着凉了。"

"你是坤宁宫的?怎么我瞧着倒有些像……"乌云珠坐在轿中,晃晃悠悠的,声音显得有些疲惫。

"咱这宫里的奴才差不多都一个样!您哪,日后多来几回自然就能认出奴才了。"吴良辅觉得好笑。这只可怜的羔羊,正在被他送往虎口里,可她还全然不知呢。

董鄂氏乌云珠优哉游哉地坐在轿子里,眯缝着眼睛,回味着在慈宁宫的那一幕,禁不住独自微笑了。她被选做秀女但却被指派给了皇弟博穆博果尔!她从小就做的"凤凰于飞,和鸣锵锵"的美梦就此破灭了,纵然心比天高,可现实却是残酷无情的。面对一个胸无大志且又其貌不扬的半大男孩,乌云珠只能痛恨舛误的命运,哀叹自己生不逢时,落了个彩凤随鸦的结局。她不止一次地听家人们私下议论,说她天生是做主子的命!难道,事情会有转机?为什么当今皇上频频地向自己暗送秋波?连下人们都能看得出皇上在向自己一天天地逼近,他这是什么意思?乌云珠在惊喜羞怯之余,未免心神摇荡起来。

八旗女子并没有汉人那种严酷呆板的贞节观念,她们自幼享有汉人女子想都不敢想的自由:不缠足,善骑射,能见客……而且,依照满族的规矩,叔叔娶寡嫂,伯父纳侄媳,姑侄几人同侍一夫,这些在满族人眼中并不算过分,是习以为常的事情。远的不说,孝庄太后当初为妃时,就是与皇后姑侄三人事奉主子皇太极,而后她身为太后又下嫁给皇弟多尔衮……所以,在董鄂氏乌云珠看来,她对在宴席上皇上的挑逗虽有些不安,但她决不会拒绝,甚至她心里还感到了一丝甜蜜!以前听人们说当今皇上如何年少英俊,如何仁厚聪颖,如何风流多情,乌云珠不知是真是假,现在看来,这些全是事实,皇上的确风流倜傥,多才多情,他就是与众不同!一父所生,他与博穆博果尔怎么就有天壤之别呢?

"娘娘,请您下辇吧!"吴良辅亲手打开了轿帘,然后躬腰将手臂伸出,他的衣袖很长,手须得缩在袖笼里,手臂上搭着一条洁白的绸巾,这是宫里的规矩。做奴才的可以给主子当"马镫子"、当"拐杖",总之要做得恭恭敬敬,一丝不苟,而且还得眼疾手快,这样才能讨主子的欢喜。

董鄂氏乌云珠扶着吴良辅的手臂下了便辇,这才发现宫里已经上灯了,大红的灯笼,橘黄的光线,给人一种温暖的感觉。刚才董鄂氏乌云珠只顾想心事,这会儿四下一望,不由得有些诧异:"这里……不像是坤宁宫啊?"

"娘娘,这是偏门,您进去就明白了。来,给娘娘照着路,您小心着点儿。"吴良辅的态度出奇地恭顺,口口声声地"娘娘"喊得乌云珠有些不自在。"这位公公,我是襄王福晋,您可不能随便乱喊的。"

"嗻。"

"也是,这宫里呀各座宫门都差不多一个样儿,都是两面绿瓦红墙夹两扇镶着许多铜钉的大红门,门外还立着一块雕龙照壁,门里一面雕花琉璃影壁,嗨,真把我给弄得晕头转向的。"乌云珠迈着轻巧的步子,随着大红灯笼的指引,缓步上了汉白玉的台阶。皇后召见,不论从国礼还是从家礼来说,她都要循规蹈矩,谨敬小心。

"奴才恭候娘娘!"两名小太监跪在月台前迎候着,董鄂氏乌云珠一愣,忙说:"起吧,皇后娘娘等急了吧?"

"不,是万岁爷等急了,这会儿他还急得团团转呢,生怕奴才们把事情给弄砸了!"

"万岁爷?皇上……"董鄂氏乌云珠又是一愣,不由得停住了脚步。

"你个狗奴才,满嘴胡言,看把襄王福晋吓的,快去,禀告万岁爷!"吴良辅狠狠瞪了小太监一眼,同时扶住了乌云珠,悄声说道:"娘娘,事到如今,奴才也就实说了。奴才是万岁爷身边的,奉了万岁爷的令以皇后娘娘的名义把您请了来,万岁爷有要事与您商量呢。"

“不,不……”乌云珠突然从吴良辅的话中听出了弦外之音。他,堂堂的当朝天子,与自己的弟妹有什么“要事”好商量的?况且还是黑灯瞎火的晚上?

“乌云珠!弟妹快进来,朕等你等得好苦哇!”

乌云珠浑身一颤,人像散了架似的摇摇晃晃。红烛下的天子福临浓眉漆黑,眸子射出了炽热的目光。

“皇,皇上……”乌云珠话没说完便瘫软成一团,福临见状三步并做两步迎了上去……

原来在顺治十年(1653年)宫中的铨选秀女中,选中者不过十之二三,而董鄂氏乌云珠便是其中之一。一女当选,满门朱紫,乌云珠总算没让父母家人失望!当那一辆接一辆的骡车缓缓地驶至神武门前时,坐在轿中的乌云珠紧张得心提到了嗓子眼儿。日上三竿了,自有差役熄灭了每辆骡车前竖着的不同颜色和标识的两盏灯笼,然后由户部官员清点完人数后,候选女子下了车鱼贯走入神武门,在顺贞门外等候着决定命运的最后时刻,在乌云珠之前,已有好些姑娘被告之“撂牌子”,满脸忧伤低头无语地退出了顺贞门。终于轮到乌云珠了,只听太监一声尖细的嗓音:“二等男、护军统领鄂硕之女董鄂氏留牌子!”

董鄂氏乌云珠闻听浑身一颤:这么说自己被选中了!每位候选的女子都有一面小牌子,上面写着各人的姓氏、籍贯、年龄等满文,面试合格则将牌子留下谓之曰“留牌子”,而“撂牌子”则是对落选者而言的。董鄂氏乌云珠是幸运的,因为每次选中者不过十之二三,倘若能与皇室结亲者更属少数,如有幸“备内廷主位”册封为妃嫔的更是凤毛麟角了。而大多数入选秀女的命运,不过是充入后宫以应付各种差役,年满二十四岁之后则被遣送出宫嫁与他人。董鄂氏心比天高,果然一选就中,她按捺住内心的激动,有心要博得太后和皇上的青睐,“备内廷主位”才是她心中最终的愿望,连家里人都说她天生就是做主子的命!这种说法立刻就要应验了!

可是,皇太后懿旨却把董鄂氏乌云珠许配给了当今皇上的同父异母的幼弟襄亲王博穆博果尔为妻!事情有些出乎乌云珠的意外,博穆博果尔小乌云珠两岁,当时还是个十四岁的大男孩!第二年,董鄂氏尊圣旨与博穆博果尔合卺成婚,成为襄亲王妃。失望之余,乌云珠别无选择,表面上温柔地做着襄亲王的福晋,住着华府,仆役成群,衣食无忧,尊贵无比,可内心深处,乌云珠却有那么一丝不满足。这种说不清、道不明的感情随着她频繁地出入宫闱而渐渐地清晰、明朗起来。如果对一个普通女子来说,能嫁入皇族为妃,享尽荣华富贵,一定是十二分的心满意足了,可偏偏乌云珠是个不容易满足的女子,她色艺双全又生得如花似玉，虽自幼接受的熏陶教育是“娴女红，修谨自饬，进止有序，有母仪之度，姻党称之”，但骨子里却偏偏有那么一点儿不安分。她向往的是卿卿我我、两情相悦的甜蜜生活，而年少的丈夫却大大咧咧，不知冷暖。现在看来，比起潇洒多情而且善解人意的皇兄顺治帝福临，乌云珠渐渐地有些心猿意马了，甚至内心庆幸能作为他的弟妇，能够常见到他的面。

乌云珠在应选入宫侍奉太后的半年之中，越来越强烈地受到了感情的煎熬，一面苦度着徒有其名的皇子福晋的生涯——她的丈夫被皇上派去了出征，一面渴望着爱和被爱。十七八岁的年纪，正是花季，含苞待放，艳丽多姿，她的妩媚和俏丽深深吸引着同样年轻的顺治帝福临，一来二去的，随着福临的步步逼近，乌云珠心里又惊又喜又羞又怕。同时这足以证明她的姿色出众，能够博得天子的青睐，这该是多大的荣幸啊！

男有情女有意，如干柴遇上烈火，福临与乌云珠抛开了世俗的束缚，在经历了乾清宫那鸾颠凤倒的一夜缠绵之后，两人已是如胶似漆难舍难分了。不消说，顺治帝福临天生的便是个情种，他之所以做出了震惊朝野的“废后”之事，那是因为他自认为与博尔济吉特氏感情不和，而他对第二任博尔济吉特氏皇后的冷落也是同样的原因。没办法，有的女子，让他一见钟情，而有的女子，却令他情绪低落，郁郁寡欢。福临自知对孔四贞（孔有德之女，孝庄收下的义女）的暗恋不会产生任何结果，便强压住内心私情的煎熬。而他与乌云珠这两个“多情却被无情恼”的少男少女一次次地邂逅之后，彼此便从对方的身上看到了自己所渴望的东西，一个巴掌拍不响嘛。于是，他们不顾一切地、无所顾忌地走到了一起，寻求着感情上的慰藉，做起了玫瑰色的梦。

对于儿子福临惹下的这个“麻烦”，孝庄太后在震惊之余几乎是一筹莫展。她费尽了心思，正为儿子的再一次大婚而高兴，因为这大清的皇后仍旧是她科尔沁家的人！而且儿子对孔四贞的态度也似乎在疏远，这说明儿子尽管有时会感情用事。可关键之时他的头脑还是非常清醒的，毕竟还是个孩子，这些让孝庄太后提心吊胆的事她也还能理解。可福临疏远了孔四贞，却又移情别恋上了他的弟媳妇！而且，他俩已经……唉，此事若传扬出去岂不遭天下人耻笑？堂堂当朝天子竟与自己的弟媳妇悖理乱常，这实在是有损大清国体的尊严呀！不错，满人自古就有治栖之风，即所谓的“父死子妻庶母，兄终弟娶其嫂”，可是，襄亲王尚健在呀，这场宫廷艳事到底该如何收场呢？

震惊之余的孝庄太后迅速恢复了平静，以她那特有智慧的大脑制订了相应的对策，急谕册立东西两宫，并提议立孔四贞为东宫皇妃，试图以福临对孔四贞的旧情来阻止他的不轨行为。有什么办法呢？眼下最最重要的事情就是立即取消皇亲宫眷入后宫随侍的特许，以避免他二人的再次相会，割断他二人的情丝，防止丑闻的再发生和曝光。怎奈孔四贞死活不答应，口口声声说自己生为孙家（与孙延龄订婚）的人，死为孙家的鬼，大有为守贞节而献身的“壮志豪情”。聪明绝顶的孝庄太后无论如何也想不通，这汉人为什么这么看重名声、贞节，人活着难道就为博得个好名声？这有多难多累呀，这汉人真的是聪明一世糊涂一时啊！孔四贞的不领情，令孝庄太后万般无奈，她急得坐卧不安，长吁短叹。天神，到底该怎么办呢？

天神显灵了，大概上天不忍看到爱子心切、忧国忧民的孝庄太后寝食不安、心力交瘁的样子，再这样下去，孝庄太后也许会愁白了头发！襄亲王府传出了噩耗：“襄亲王博穆博果尔薨。”人生自古谁无死？的确，生老病死乃人之常情，世间从无不死的人。然而年仅十六岁的襄亲王却死得令人惋惜，他太年轻了，怎么能就这样匆匆而去？

襄亲王府一夜之间变成了大灵堂。顺治帝福临亲往襄王府去祭奠自己的胞弟，面对着身披黑纱悲泣不已的董鄂氏好言劝慰了几句。董鄂氏在“吉祥板”（即灵床）前又勾动了哀思，恸哭不已，成了泪人儿一般。看着哭得如梨花带雨般的心上人，福临好生心疼却无从安慰，不过他内心深处却掠过一丝快乐。博穆博果尔突然薨逝，生母大贵妃哭得肝肠欲断，断断续续地向福临哭诉着：“皇上！你兄弟他……他死得冤哪！他……他……他竟是悬梁自尽的！不信，您看他……这脖子上的血痕！”

懿靖大贵妃似乎是要与福临过不去，哭喊着拉着福临的衣襟来到了“吉祥板”前。博穆博果尔自己还没有子嗣，正由兄长和硕承泽亲王硕塞之子为其“开光”——即由死者孝子用筷子夹着一团棉花，蘸上清水为死者擦洗两眼周围。王府的主要成员，如王爷、福晋、大福晋等在弥留之际，寿衣、寿棺自然是早就准备好了的。棺材多是上等的木料，如金丝楠木、黄柏、紫杉之属。襄亲王死于非命，但王府的差役还是在最短的时间里在北京城里买到了一副上好的黄柏棺材。里面放满了殉葬殓物，有翡翠扳指、鼻烟壶、白玉别子，等等，占满了尸首旁边的所有空间。可再怎么排场，也掩盖不住这丧事的悲哀气氛。

大贵妃凄惨地哭喊着：“儿呀……你，你睁开眼看看哪，皇上，皇上他为你……做主呀！儿呀，你不该去得这么早呀！白发人送黑发人，天神，你为何要这般惩罚我？”

福临的脸色变得惨白。他隐约感觉到，博穆博果尔因自己而赌气自缢身亡,倘若不是自己与董鄂氏乌云珠有染,假若不是前两天大怒之下掴了他一耳光,假若……唉,我没杀伯仁,可伯仁却因我而死!福临有些愧疚,连忙移开了目光,博穆博果尔那死不瞑目的样子实在令他心惊肉跳!

过后不久,礼部按孝庄太后懿旨收养董鄂氏为干女儿,接入后宫,并向皇上本奏,将择吉于七月底册立董鄂氏为贤妃。皇上以襄亲王薨逝未久而不忍举行,谕礼部改在八月择吉册妃,这样,一对"有情人"终成眷属。

可在满朝文武的眼中,董鄂氏仅为夫君守了二十七天的孝,便迫不及待地被顺治帝接入了后宫,脱下孝服而换上了宫中盛装,董鄂氏在尚有泪痕的脸上扑上了脂粉,摇身一变,名正言顺地成了顺治的"贤妃"!真不知这一"贤"字从何说起?顺治帝这一"丑行"成了大街小巷人们津津乐道的话题,真不知这位少年天子还会做出什么样的风流艳事来。

皇上的艳事不胫而走,有人说襄亲王是怨愤过度而死,也有人说是自杀身亡,还有人说是心狠手辣的皇上派人所杀……但不管怎么样,现在的事实是,襄亲王的辞世为福临与董鄂氏乌云珠这对有情人的正式结合创造了条件,扫清了障碍。襄亲王死得不早不晚,正是时候,谁让他碍了皇兄的好事了呢?

## 情痴名艳

"秦淮八艳"之一的董小宛在经历了一系列颠沛流离之后,被卖到了京城胭脂柳巷,充当歌妓。痴情的顺治得知她的下落后,竟然乔装微服,夜探青楼。可是,性情倔犟的小宛并不买他的账,又是指责又是怒,又是数落又是骂,但受人独尊的他毫不生气,竟以画像来博得美人一笑……

董小宛,一字青莲,别号青莲女士,生于明熹宗天启四年(1624年),她的名与字全是因仰慕诗仙李白而起。她聪明灵秀,神姿艳丽,窈窕婵娟,而且能诗善画,又擅长刺绣烹饪,性情温柔婉约,是明末清初有名的"秦淮八艳"之一。

关于董小宛的长相面容,清朝诗人、画家吴伟业曾有这样的描述:"细毂春郊斗画裙,卷帘都道不如君。白门移得丝丝柳,黄海归来步步云。"

董小宛的父亲早逝,她自幼与母亲相依为命,经营一家绣庄糊口度日。明末朝政败坏,流贼四起,天下岌岌可危。小宛的母亲见此乱世,便关闭绣庄,躲到乡下避难,后因生活贫困而一病不起,所有的生计就落在年方十五的小宛身上。家庭庞大的债务及母亲的医疗费压得董小宛喘不过气,在走投无路的情况下,她只好走入烟花风尘,在秦淮河的游舫中卖艺为生。进入歌吹喧阗、侑酒佐曲的秦淮青楼生活，就像一泓碧水，被灯影桨声搅得浮躁而零乱。这个美貌聪颖、心性洁净的姑苏少女，一下子就成为王孙公子眼中的红人，个个都竞相讨好追求她，但董小宛并非因此而动心。当姿仪俊秀、风流倜傥、闻名江南的晚明四才子之一冒辟疆走进董小宛的生活里时，才掀起了董小宛内心的波澜。

冒辟疆容貌俊美，风度潇洒，是复社中一位富于才气、风流倜傥的才子。明崇祯十一年（1638 年），冒辟疆愤书《留都防乱公揭》，声讨阉党，掀起金陵的一场轩然大波，以慷慨激昂而名扬天下。拿世俗的眼光看，董小宛因敬仰而生爱慕，但使冒辟疆怦然心动的是董小宛的冰清玉洁的美貌与才情，这一切似乎在情理之中。

其实，这个出生江苏如皋的落魄书生冒辟疆与董小宛的生活也充满了艰辛与磨难。冒府在江苏如皋原是大户人家，其中的水绘园内有十余处亭台楼阁，此乃当地名园，是居家消遣的佳地。成亲之后的董小宛就住在水绘园里，确实过了一段神仙般的日子，与冒辟疆研读诗文，形影不离，恩恩爱爱，冒府上下对这个脱籍从良的女子也极为友善。可是好景不长，自明朝弘光政权灭亡之后，清兵铁蹄南下，军兵四处搜刮，见了江南美女更是非夺即抢。可怜这些粉装玉琢、锦簇花团的弱女子，落花误主，大半被清军掳掠去了。

心惊胆战的董小宛与冒辟疆只得收拾起家中金银细软，四处躲避。但“覆巢之下，岂有完卵？”处处兵荒马乱，盗贼蜂起，劫财掠物，杀人如麻，冒府家人屡遭劫难，细软珍玩也丢失殆尽。万般无奈之下，一家人又悄悄回到了如皋，此时的冒府早已被毁坏得凋零不堪了。

面对窗外潇潇秋雨，愁肠百结的董小宛擦去了琵琶上的灰尘，哀怨地弹唱起李煜的《浪淘沙》：“窗外雨潺潺，春意阑珊，罗衾不耐五更寒。梦里不知身是客，一晌贪欢。独自莫凭栏，无限江山，别时容易见时难。流水落花春去也，天上人间！”当她再次弹到“别时容易见时难”的时候，“咔嚓”一声，这时琴弦断了！她怔怔地看着断弦，心里不禁一酸，泪水悄然滑落。

“无耻，真是无耻之徒！”冒辟疆这时气嚷嚷着从外面进来了，一脚将本已摇晃的门板踢得嘭嘭直响。

“又出什么事了？”董小宛吓了一跳，连忙擦去脸上的泪痕。“堂堂大明经略使洪承畴，口口声声宁死不降，可是与那清朝的皇后睡了一夜之后，筋骨全散了，剃发称臣乖乖地成了鞑子的奴才！这还不说，现如今他穿着那个风流小皇帝赐给他的顶戴花翎和黄马褂，到江浙湖广做什么五省经略来了。真是无耻，无耻之极呀！”

“唉——”冒辟疆长叹了一声，“满洲衣帽满洲头，满面威风满面羞。满眼干戈满眼泪，满腔悲愤满腔愁。这可恶的辫子，拖在脑后，不三不四的，真恨不得一刀剪了去！”

“冒郎，千万不要感情用事！你这辫子一剪不要紧，府里上下老小数十口人可就要遭殃了。”

“可你知道吗？洪承畴那老色鬼一到江浙便广选美女，说是要找几个当年秦淮南曲的名妓好好享受一番，这怎不令我担心和气愤？”

“真有此事！”董小宛心里一沉，脸色变得煞白。呆了半晌，她才喃喃地说道：“冒郎，你我相伴几年了，无主落花一般的小宛，如今终于有了可心的归宿，就是吃糠咽菜，小宛也不会变心的。再说，这两年，小宛随冒郎四处颠簸，面色蜡黄，体似枯柴，十指焦干，早已是个黄脸婆娘了，即使洪承畴那老贼看见了我，也不会动心的。”其实董小宛是在安慰着手足无措、动不动就大发雷霆的冒辟疆。人虽然瘦了也黑了些，但天生丽质的董小宛自有一种冰清玉洁、冷艳高贵的美，这种美是衣衫打扮不出来的，因此冒辟疆郁郁寡欢，唯恐有朝一日董小宛会像陈圆圆那样，落入歹人之手而突然下落不明。但这种担忧冒辟疆只是深埋在心里，有时候他真恨自己是个手无缚鸡之力的一介书生！

“冒郎，说起来，从前的秦淮姐妹，嫁的嫁了，死的死了，倒算小宛我有了真正的归宿，你应该高兴才是呀。不如你我一起去夫子庙拜佛吧，求菩萨保佑。”

“也罢，咱们快去快回，免得节外生枝。”

就在夫子庙，冒辟疆和董小宛巧遇来夫子庙做道场的湖州（今浙江吴兴）报恩寺的高僧玉林琇。施了银钱之后，董小宛求得一签请老和尚解释。瘦小的玉林琇看着在人群中被挤得面色通红的董小宛，睁大了一双小眼：“女施主休怪贫僧唐突，你求的是中下签。说起来，你的一生有大起大落，最终能大富大贵，只是好景不长。”

“大师，请直言相告。”董小宛的心“怦怦”跳了起来。玉林琇合掌当胸，不慌不忙地念了一声“南无阿弥陀佛”之后，定定地看着董小宛：“女施主，你两眉间的这粒朱砂痣，名之曰‘二龙抢珠’，艳则艳矣，只是祸福实难预料，不如依贫僧之言，归入佛门吧，也许能逃过眼前这一劫。”

“可是大师，民女已是有夫之妇了，怎忍心抛下夫君呢？”董小宛心中焦急，一时没了主张。

“既是如此，那就随缘吧。阿弥陀佛！”玉林琇十分无奈地连连摇头，神情颇为古怪。

结果,在回家的路上,董小宛果真被人抢了去!便从此下落不明,生死未卜!可怜的冒辟疆几乎在一夜之间头发全白,不到半日,终于郁郁成疾,卧床不起了……

董小宛果然被老贼洪承畴派人掳去带到了京城!在官场上春风得意的洪承畴身为钦定五省经略,在江南呼风唤雨,只手遮天。眼见得当年秦淮名妓均已名花有主,心里急得抓耳挠腮,坐卧不安。算来算去,柳如是已是半老徐娘,想来没多大味道了,而李香君等又已遁入空门,只有稍微年轻的董小宛还算称心。被掳入洪府的董小宛被迫换上了光鲜的衣裙之后,让洪承畴垂涎三尺,这真是个美色倾城的人儿!

可是,董小宛严辞拒绝了洪承畴的威迫,不惜以死相抗,竟以头撞墙,弄得满脸是血!洪承畴恼羞成怒,但却不愿就此放了已到嘴边的肥肉,干脆派人将董小宛悄悄送进了北京的家中,期望董小宛能慢慢回心转意。

身不由己的董小宛在京城的洪府一住就是一年多,终于她借机说通了洪夫人。洪夫人巴不得将这个眼中钉赶得远远的,她趁洪承畴在南方,自作主张将董小宛卖到京师八大胡同里的胭脂巷。

董小宛在此青楼的新主人王姨娘是个势利的人,她知道董小宛迟早会给她的生意带来好处,所以每日只管好吃好喝地伺候着,并不敢过分强迫董小宛。

时间过得真快呀!每每想起自己飘花零叶的身世,董小宛都会悲从心中来。今晚,不知为什么,董小宛想哭又想唱,她揉着红肿的眼睛,重又拿起了琵琶,弹奏起哀而不怨的《兰陵王》:

柳荫直,烟里丝丝弄碧。隋堤上,曾见几番,拂水飘飘绵送行色。登临望故国,谁识京华倦客,龙亭路,去年岁来,应折柔条过千尺。

闲寻旧踪迹,又酒趁哀弦,灯照离席。梨花榆火催寒食,愁一篙风快,半篙波暖,回头迢递便数驿。望人在天北!

凄恻,恨堆积,渐别浦萦回,津堠岑寂,斜阳冉冉春无极。念月榭携手,露桥闻笛。沉思前半,似梦里,泪暗滴!

董小宛含泪弹罢,仰首窗外,但见惨白的天空又纷纷扬扬飘起了雪花,树林和房檐上已是一片洁白。这北国的冬夜,真是冷清难耐呀。楼下传来了一阵说话声,董小宛听出那是王姨娘正用柔媚的声音在与人搭腔。

"真的来客人了?"董小宛一怔,呆呆地立在窗前,果然楼下站着好几个人,提着灯笼,好像还有一顶轿子。唉,也许是自己的歌声被过客听见了?这生不如死的生活何时是个头?倒不如……董小宛不是没想过死,但她总是有些不甘心。尽管她已经一次次品尝到了人生的悲苦和生死离别的痛苦，但她对人生还有着眷恋，毕竟她才二十七八岁呀，难道就没有资格享受人生吗？听说顾眉在京城的日子过得很舒心，有龚大人宠着，又是朝中的诰命夫人，锦衣玉食，夜夜笙歌，仆役成群。这些董小宛并不羡慕，她很为顾眉姐姐庆幸，庆幸她找到了一个好人。但董小宛却不想去找顾眉，虽说当年她们情同姐妹，可斗转星移，落魄的董小宛是绝不愿再遇上以前的朋友了，除非她能扬眉吐气，重新做人，可是这可能吗？

“小宛姑娘，快快梳妆，楼下来了几位有钱的主儿，指名要见我的儿……”王氏颠着小脚“咚咚”地扭上了楼。与一般鸨妈一样，这会儿她的一双小眼睛里闪出的是一股谄媚而又热烈的精光。“哎哟，我的儿，瞧你这双眼睛，桃子似的，真让姨娘儿疼哟。来来，姨娘给你敷些粉，这头发也有些乱了。”

楼梯上又响起了“咚咚”的脚步声，董小宛有些急了，推开了王氏干枯的手：“来的是什么人？烦您去告诉他们，本姑娘这会儿心情不好，不想唱了！”

“哟，这话说得！客人都已经来了，那白花花的银子都摆在桌子上了，我的儿，好歹你就唱一曲吧，啊？”

楼梯上的脚步似乎停住了，随即传来了一男子温柔的声音：“王姨娘，如果小宛姑娘不愿意唱，那我改日再来吧。”

王氏急了，到手的银子还能再让它飞了？慌得她一手拉着董小宛急急来到了楼梯口：“这位大爷，既然来了就上来坐坐嘛，我们小宛知书达理，想来不会怠慢您的。快说呀，小宛。”王氏又压低了声音用力掐着董小宛的手背。

“请……请这位公子上楼坐坐吧。”董小宛怯怯地说着，抬眼朝下看去。楼梯间的灯光不是很亮，可董小宛却看出此人非同寻常，他的衣帽色彩虽不是十分华贵，但看得出都是极上乘的质料，而且他的举止谈吐也很儒雅大方，他的眼睛……这双眼睛就像黑夜中的北斗，怎么那么亮？

董小宛的心“怦怦”地跳了起来，仿佛又回到了当年她与冒辟疆初次见面的情形之中。这人看来比冒公子要年轻得多，一把修整得很漂亮的胡须并不能增加他的年纪。董小宛觉得奇怪，对这年轻而华贵的客人竟有一种似曾相识的感觉。

王氏和使女忙不迭地拧亮了纱灯，又端来了香茗和茶点，把来客让进了楼上的客厅里，然后便悄悄下了楼。

来人端起茶盅，四下观望着，只见四壁挂着名人字画，书架上玉轴牙签陈列得井井有条，多宝橱里陈放着珍奇古玩，琳琅满目。来客的视线被一只晶亮精致的炉鼎吸引住了，脱口而出："这是一只宣德炉吧？"

董小宛心里一喜：来客好眼力，一眼就认出了这个宝贝。"正是，小宛前些日子在京郊报恩寺外的古玩店里购得的。"

顺治帝弈棋图

"妙，妙哇！"来客抚掌笑道，"前些日子我恰巧也去了那间铺子，也看中了这只铜鼎，可掌柜的却说这鼎已经名花有主了。君子不夺人之所爱，所以我只得放弃了，想不到买主就是宛君呀。"

董小宛的脸上现出了久违的笑容，左边隐隐现出一个酒窝。无疑，来客的言谈举止赢得了她的好感，他既儒雅又有气质，还有学识，卓尔不群。倘若他也是一位复社中人，董小宛会情不自禁地喜欢上他的，这并不意味着见异思迁和对冒辟疆的背叛，如果冒辟疆还活着，董小宛是绝不会对另外任何一个男人再动真情的。"可是现在，小宛的冒郎已经西去，眼前的来客难道是冥冥之中缘分的安排？"董小宛不禁心生好感。

来客紧紧盯着董小宛光洁的面庞，那眉心的一粒朱砂痣，那脸颊上的小酒窝，那张红润的嘴唇……天神，她怎么这么美呀！她的美不仅在于她如花的容颜和娇美的身姿，她的美更在于她那从容优雅的气度，还有她那双丹凤眼，本应是充满笑意的，但此时却隐约含着些忧伤。这才是真正的美人呀，江南名妓，难怪叔王多铎每次下江南就被江南女子迷倒了！

"小宛……你，我……"来客忽然变得局促起来，面颊像火烧得一样红——也许是纱灯映的？话说也变得吞吞吐吐起来了，是的，他该怎样开口呢？

董小宛也吓了一跳，她再一次感受到了来客那异样的目光，火辣辣的，毫无顾忌。"他……到底是什么样的人？"

"这位公子不是要听曲子吗？小宛就为您献上一曲吧。"毕竟成熟了许多，董小宛迅速恢复了常态，避开了对方那灼热的目光，伸手从窗前的几案上拿起了琵琶。

“我……我要你跟我回宫去,我要你跟我在一起。”来客忽然勇敢起来,伸手抓住了董小宛的手,用力摇着。

“回……宫?”董小宛吃惊地睁大了眼睛,任由对方抓着自己的手。

“小宛,你千万不要紧张,我……我会对你好的,请相信我!来,坐下,我给你看一样东西。”

来人将董小宛按在椅子里,一手仍旧握着她的手,另一手撩开了衣襟。

“是……是皇上?奴婢不知,罪该——”

“眼下没有别人,不必行什么礼,其实我额娘叫我福临,你也这样叫我好吗?”福临微笑着用手按住了董小宛的嘴唇,贴在她耳边悄声说道。一股子热气弄得董小宛脖根子痒痒的,她只觉得浑身酥软,动弹不得,连开口说话的力气也没了。

眼前的这一切,已经把董小宛惊呆了!她万万没料到当今天子以万乘之尊居然微服乔装,逛到八大胡同来了!照一般的道理,不用说是当今皇帝,就是达官显贵光顾这烟花柳巷,那也是喜从天降呀。可董小宛毕竟是董小宛,恃才傲物、生性倔犟的她突然清醒了过来:很显然,这大清皇帝也是个风流荒淫的人,决不能相信他的话。今晚,风流皇帝闯到这里,这到底是祸还是福?

想到这里,董小宛抬起头,目光里充满了蔑视:“陛下很会享乐呀,放着国家大事不闻不问,跑到了这胭脂胡同,就不怕天下人耻笑吗?”

“你……这是什么意思?我对你可是一片真情呀。”福临惊讶地扬起了浓眉。

“陛下的后宫佳丽如云,又何必嘲讽小宛这蒲柳贱躯呢?请陛下自重自爱!还有,你就不怕小宛会对你不利吗?”董小宛说完朝几案上看去,那里一只小竹筐里放着些针头线脑,还有一把明晃晃的剪刀。

“你不会,你不会这样对朕的!朕对你一见钟情,千辛万苦才打听到你的住处,趁着天黑出了西华门。难道,你就这样对朕吗?”福临忽然用力扳过董小宛的肩膀,声音中充满了苦涩和悲哀:“不错,朕的后宫有嫔妃无数,但有许多妃子朕根本就没碰过,连正眼都不愿意看!不用说她们,连正宫皇后朕都懒得理会!实说吧,朕当初亲政不久,就废了第一个皇后,这会儿朕又想废第二个皇后了。她们,全是额娘给我选的,我喜欢的人额娘不同意,额娘喜欢的我又不愿意。至于董鄂氏乌云珠,不错,朕一度对她很痴迷,可入了宫她怎么就变得那么庸俗和无知了呢?整天小心翼翼、察言观色的,朕一见心里就恼火!整个后宫,根本就没有一个朕真正喜欢的人!你明白了吧?”

董小宛再一次惊呆了！她万万想不到这位少年天子竟张口就把宫闱之事全盘给抖落了出来。看着福临那万分痛苦的目光,董小宛的心被深深地震撼了！

“咚咚咚咚”,王氏扭着小脚慌慌张张跑了上来:“小宛,你可不能得罪这位大爷哟。大爷,老身给您赔不是了,求您多担待些呀。”

“姨娘,这里没你的事,退下去吧。”

“陛下,时辰不早了,请您回宫吧。”董小宛借机站了起来。

“要怎么样你才能相信朕？来吧,你就用这剪刀对准朕的胸口扎下去,看看朕的血是不是热的！”福临赌气拿起了剪刀,一手撕开了皮马夹。

“不要！”董小宛惊呼一声扑上前去,双手抱住了福临握剪刀的那只手,“陛下,你身为一国之君,岂能以万尊之躯开这种玩笑？出师未捷身前死,你不后悔吗？”

“不后悔！”福临嘻嘻一笑,扔掉剪刀紧紧抱住了董小宛,“你们汉人怎么说来着？牡丹花下死,做鬼也风流！朕若为你而死,一点也不会后悔的。”

“可是,你这么做一点也不值得呀。”董小宛竭力挣脱着,一脸的严肃,“小宛生来不事权贵,更不会为了你这位大清天子而卑躬屈膝。皇上,你若是位明君,就应该立即回去,此后再不要来这烟花之地！前朝是怎么亡国的,陛下不会不知道吧？”

“唉,朕这会儿不想与你谈什么政事！”

福临没办法,垂头丧气地跌坐在椅子里,嘴里咕哝着:“朕今晚就在此坐一夜,等明天一早退了朝,朕还来,天天来,夜夜如此。”

董小宛皱起了眉头,果真是这样,到底怎么挨过今夜呢？

“皇上若想寻花问柳可走错了地方！”董小宛心里一急,声音也高了起来。“小宛虽是风尘中人,但却不卖身,请便！”说罢董小宛一扭头走进了里间自己的闺房,忽然觉得这样很不妥,这不是“引狼入室”吗？慌的又转过身来,没想到福临已经跟着进来了！

“嗯,好雅致！”福临没事似的四处打量着。只见朝外是一张香梨大雕花床,一对金钩挂起粉色罗帐,两床锦被叠放在正中,一只绣花软枕横放在锦被上。床前临窗处放着一张妆台,摆着几只锦盒和一把象牙柄宫扇,还有一函书籍。两边壁上挂着字画,一幅是元代吴镇的《风竹》,一幅是明代唐伯虎的《雨竹》,一张小巧的香梨几上,放着一只彩绘陶熏炉,轻烟缕缕,满室芳香。

“这就是你的闺房？倒像是个书房,小巧而雅致,妙,妙！”福临兴致勃勃打开了话匣子，“等你进了宫，你一定会喜欢朕的大书房，就在乾清宫的大殿里，左、中、右三面墙摆着几十架书橱书柜，诸子百家、经书史书无一不备。对了，书橱之间的夹板上，还摆满了无数古玩珍品，什么商彝周鼎、晋窑宣炉、古砚古墨，至于印章画卷，名人字画就更多了——”福临掰着手指如数家珍，无意中却发现董小宛倚窗站着，一副漫不经心的样子，便打住了。

“朕，就这么让你讨厌吗？跟你说说话不行吗？”福临今晚的脾气出奇的好，一直不恼不怒的，董小宛好说歹说，该说的都说了，可他却一副无所谓的样子。若是平常，有几个董小宛也早该死了，她还能再说什么？

“你简直是——无赖！”

“你在骂朕？像吗？朕是真龙天子，堂堂大清国皇帝，你怎么敢……算了，只要你愿意，爱怎么骂就怎么骂，朕都认了，朕反正是栽在你手里了，只好自认倒霉了。”福临嘴一撇，索性倚在了几案旁。这闺房里只有一张圆凳，再就是床了，他虽然腿站得有些酸，可也不能就坐下去呀，再说，她还正在气头上，怎么着也得拿出一副正人君子的样子来呀。

董小宛哭笑不得。怎么就偏偏遇上这么个痴情的皇帝？她把眉毛抬了抬，眼睛里闪过了一丝光亮，嘴角一弯，想笑又竭力忍住了，依旧倚窗站着。

“好，好，就这么站着别动！朕知道你喜欢收藏名人字画，朕就画个人儿给你看看！”福临像个顽皮的孩子，对着董小宛挤着眼睛，然后走了出去，不多时端着笔墨砚台又走了进来。他嘴里咕哝着：“不行，这几案小了些，还是放在外间的桌子上画吧。”他又朝董小宛看了一眼，似笑非笑地：“不要动，待会画好了就喊你来看。”又“咚咚”出去了。

“真是个大孩子。”董小宛无可奈何地一笑，纵然她经验再多，阅历再广，碰上这么个难缠的主儿，她也是束手无策了。他也许对自己是真心，否则他怎么能够如此低声下气的呢？他可不是普通人啊，他是当朝的皇帝！我董小宛若随他入了宫，不就成了皇妃了吗？不，不，绝不可能！我与他，分明是两个世界里的人。他是满人，我是汉人，他是皇帝，我是歌妓。唉，一个天上，一个地下，这中间的悬殊也太大了，简直是无法逾越啊！

董小宛胡乱想着，竟被自己的想法羞红了脸。恰在这时，福临已经在外室喊了起来：“小宛，快过来看看，像不像？”

“哦！这是我吗？”董小宛举足出来，立即被桌上画的人儿所吸引，那略微斜点的发髻，那眉间的一粒小痣，还有，笑靥如花的脸上隐约可见一个小酒窝……

“扑哧”董小宛终于忍俊不禁笑出了声，福临更是喜笑颜开，“小宛，你终于笑了！”

## 宠爱后宫新主子

少年天子一意孤行，娶回了风尘女子为妃。这一下。他所得到的不仅仅是爱情，似乎还有做皇上的信心、勇气及尊严。在爱的浸润之下，他在勤于政事的同时，更是集“三千宠爱于一人”，于是两人几乎形影不离，大有一日不见如隔三秋之感。

这天坤宁宫里，几名主位娘娘正依次来向皇后请安。皇后病后初愈的脸上显得有些苍白，正横躺在临窗下的美人榻上，一名宫女正用一对美人拳为她轻轻地捶着腿。窗外春光明媚，盛开的玉兰花把浓浓的香气洒进了殿里，沁人心扉。对面是一铺长炕，静妃、康妃、淑惠妃，还有董鄂氏乌云珠都在陪着皇后聊天儿，当然，这热闹的地方少不了汉人格格孔四贞。

“皇后姐姐，让小妹给你搽些胭脂吧，你的气色不太好。”孔四贞（是明降将孔有德之女）说着打开了皇后的锦盒。

“得了吧，四贞妹妹。”淑惠妃一撇小嘴，“整天舞刀弄枪的，要说教我们几套拳脚还差不多，涂脂抹粉的你就不在行了。瞧瞧，着下巴颏上还有一块白粉没涂开呢。还说天天跟着豫王福晋学化妆，啧啧，倒不如不学的好。”

“唉，没办法，我总是笨手笨脚的。咱们一会儿去承乾宫吧，小宛姐姐的手可巧了。”

“哼，你倒是嘴够甜的，随便什么人都是你姐姐，可别忘了自家的身份？怎么着也是格格，干什么低声下气地去喊她？”静妃两片薄薄的嘴唇一撇，说得孔四贞直伸舌头。虽然被贬低了身份，可这张嘴依旧不饶人，这就是本性吧。

姐妹们一时无语。承乾宫的那个新主子董小宛如今又成了她们共同的敌人。她们这些出身高贵的妃子们怎么也想不通，凭她董小宛的卑贱出身和下贱的身份也能当上皇贵妃？皇贵妃在后宫可是仅次于正宫皇后娘娘的主子呀，这个位子康妃没得到，生了四皇子的董鄂氏乌云珠也没有得到，这公平吗？

一阵悠扬的琴声伴着花香飘过了宫墙，透进了坤宁宫的帘墙。热闹的谈笑声倏然中止，坤宁宫里一时竟鸦雀无声，死一样的寂静！“啪！”淑惠妃一挥手打翻茶几上的茶碗，她的眼中迸出了凶狠之光，“岂有此理？我可咽不下这口窝囊气，咱们找太后评理去？”

“坐下！”皇后拿一双颇为恼怒的眼睛盯着妹妹淑妃，“论辈分，承乾宫的比你高，不要坏了宫里的规矩，自讨没趣！”

“姐姐！我真为你伤心！如今皇上一天到晚守在承乾宫，你就不觉得心寒吗？哼，拿个蛮女当宝贝，又是那种下贱的出身，这分明是往咱们科尔沁公主的脸上抹黑嘛。”

“我也就罢了，再不过一辈子当贵人居深宫，一辈子见不着皇上的面儿。”田贵人叹了口气。虽说此时除了她以外，来的都是各宫里的主子娘娘，但田贵人一向嘴甜腿又勤快，很能讨各位主子的好，所以这种场合也少不了她的。

“皇后娘娘，淑惠妃娘娘，还有佟娘娘和董鄂娘娘，你们都是有位份的，我真为你们抱不平哪。”

“本以为我生下了四阿哥，皇上对我能回心转意，可……”董鄂氏长叹一声，眼圈红了。

“别那么天真了，妹妹。”康妃拍着董鄂氏乌云珠的手，劝慰着，“当初我生三阿哥的时候还不是这样？都说母以子贵，可皇上的心性太难估摸了，得陇望蜀，你也不要太痴情了。”康妃的声音有些苦涩，当初皇上痴恋着乌云珠，闹得宫里鸡犬不宁，她康妃不也是曾对这个乌云珠恨得咬牙切齿吗？现在，同病相怜的命运，倒让她们摒弃前嫌，站到了一起。

“皇贵妃的确比咱们姐妹才华过人，谦和贤仁，虽然受宠于皇上，但却不恃宠干政，连皇太后对她也无可挑剔，你们又何必唠叨个没完呢？皇上的脾气你们也都知道，这阵子政务繁杂，皇上整日呕心沥血，身边能有个体己的人抚慰着，不也是咱们姐妹的福气吗？”毕竟是母仪天下的皇后娘娘，说出的话来格调很高，可谁人又能明白她内心的凄苦呢？

田贵人嘴快，愤愤说道：“可是宫里的人都说，皇上渐习汉俗，亲近汉臣，随意更改祖制，都是因为这个蛮子女人在皇上身边的缘故！”

“不许胡说！”皇后瞪了田贵人一眼，可能说话用了力，引起了一阵剧烈的咳嗽，慌得小宫女忙前忙后又是喂汤水又是揉胸口，田贵人低下了头。论辈分，她也只是个贵人，比正宫皇后娘娘低五等，尊卑悬殊，幸好她也是科尔沁蒙古的格格，否则只怕连她说话的份儿也没有了。

“时辰不早了，你们回去吧。”皇后无力地摆着手，脸色因为刚刚的咳嗽变得有些潮红。

“姐姐，你得赶紧想法子生一个阿哥才好！”趁康妃、董鄂氏先后退出的机会，淑惠妃悄悄贴在皇后耳畔说道：“如果拖在立太子之前你生个阿哥，那么立嫡不立庶，任谁生的阿哥也不能跟你比了，你这皇后的位子也就坐稳了。”

“瞎扯什么！已经废过一个皇后了，还能再废第二个？就是皇上这么想，皇太后也不会答应的，到底咱们是科尔沁蒙古博尔济吉特家的人啊。”

皇后这话说得可没错。算算宫里现今的主位娘娘，就甭说皇太后和她自己了，淑惠娘娘、静妃娘娘、恭妃娘娘、端妃娘娘，加上大贵妃、康惠太妃，甚至还有太祖皇上的寿康太妃，不都是科尔沁蒙古博尔济吉特家的人吗？可是，即便皇上仍让自己做中宫的主位，那又有什么意思？放在几案上的花瓶还能让他看上一眼呢，皇上什么时候正眼看过自己？连皇太后也埋怨她这个儿媳妇的肚子不争气，可这又怨谁呢？

而这时坤宁宫里一片寂静，只有隔壁那美妙的琴声在殿梁间缭绕。这声音在皇后听来是那么的刺耳，她一头扎进锦被中，胡乱扯着自己的头发，悲戚地哭泣起来。连哭，她也不敢放开声音，这到底过的是一种什么样的日子呀？

夕阳西下，暮色渐浓。最后的几抹余晖，斜映在赤墙绿瓦上，给大内的黄昏增添了一些更加绚丽的色彩，但这种绚烂却是相当短暂的。大红宫墙里，无法领略到太阳落入西山的壮观。有的只是晚霞隐去之前的一刹那间，璀璨的火焰似乎更加光芒四射，这一刻火红的晚霞甚至比绚烂的朝霞更加美丽。

董小宛站在承乾宫正门前的玉阶上，对着两边的落日翘首观望着。紫禁城的黄昏是非常短暂的，这会儿那一抹云霞照射在乾清宫脊顶的金色琉璃瓦上，可一眨眼的工夫就只剩下一面金光耀眼的亮点，再一看，就变成了灰蒙蒙的一片。唉，阳光一消逝，大内瞬间就变得昏灰漆黑，仿佛陷入了无边无际的黑幕之中。董小宛叹了口气，收回了目光。这会儿她可不愿意去看那漆黑一团的高大宫殿了，那一幢幢凌空飞翘的重檐八角，活像一只只怪兽的犄角在向你舞爪张牙，令你心惊胆战。

“小心火烛……”东西两条长街照例响起了掌灯太监的吆喝声，接着一盏盏昏黄的宫灯便悬挂在各宫门口和长街上了。

“娘娘，请回吧。”宫女在一旁怯怯地说着。

董小宛心里有所企盼，又不愿意看宫外两侧那黑黢黢的宫墙，便点着头往回走。

“慢！今天为什么不多等一会儿？”黑暗中传来了福临那温柔的声音，董小宛心里一热，忙迎上前来。

淡淡的灯光下，董小宛穿着宫中常服，松松挽就的飞燕髻，只簪了一只闪光的玉簪，藕荷色妆花缎子衣裙外面，套着一件长长的银红色绣花马甲。她的衣着几乎没有佩戴什么华丽的饰物，却依旧绰约多姿，淡雅天成，宛若仙人一般。

福临嘻嘻一笑，挽住了董小宛的手臂："总不能每天都站在这玉阶上等朕吧？转眼已到了秋天，太阳落山之后，风冷露寒，倘若受了风寒可怎么办？都说朕是痴情天子，其实小宛你，比朕还痴情呢。"

"没有哇，妾妃只是想看看紫禁城的落日。一转眼，太阳就落下去了，天黑得真快呀，这会儿宫外的天色应该还放亮呢。"

"觉得无聊烦闷了吗？等朕忙完了手边的这些事，带你到南苑去散散心。"两人依偎着，窃窃私语，并肩回到寝殿正间。

御膳房的太监摆好了酒膳便侧立一旁，福临坐在那张宽大的七宝雕龙御榻上却皱起了眉头。

"奴才给万岁爷报膳食名儿了！"御膳房的当值首领太监躬着腰细声细气地说着："大碗菜两品：燕窝'福'字三鲜肥鸡，燕窝'禄'字金银鸭；中碗菜四品：攒丝鸽蛋、溜鸭条、溜鲜虾、烩三鲜；碟菜四品：肉丝炒鸡蛋、什锦鸡丝、肉片炒翅子……"

"行了，还不是老一套。这只是晚点（小吃）嘛，非得摆这一桌子，看都看够了，哪里还有什么胃口？撤了吧。"

"万岁爷，奴才该死，奴才不中用，求万岁爷开恩哪。"老太监吓得趴在地上直打哆嗦。

"又没说罚字，开什么恩啦？烦不烦？退下！"福临靠在御榻上，眯缝着眼睛，一副疲惫倦怠的样子。

"陛下，好歹总得吃点儿呀，臣妾给您盛一小碗燕窝八仙汤尝尝？"董小宛伸手去拿勺子，却被福临轻轻地按住了："秀色可餐，真是秀色可餐哪，有你在这里，什么美味佳肴朕也咽不下去。"

董小宛也看着福临，故意皱起了眉头："陛下，求您别闹了。要不臣妾去弄几样小吃给您尝尝？"

"本来嘛，知道朕爱吃什么，却故意不端出来。快点快点，今天又给朕做了什么好吃的？"福临冲董小宛一乐，顽皮地眯着眼睛。

董小宛抿嘴儿一乐，起身从隔壁端来了一只大托盘，摆上了几道小菜，还有两只带盖的大碗和两碟点心。

"陛下，这碗里盛的是燕窝冬笋乌鸡参汤，十分滋补，臣妾煨了两个时辰呢，您可得多喝些。"董小宛打开一只大盖碗，用勺子轻轻荡去上面的浮油，舀了大半碗清汤，小心翼翼地捧到了福临面前。

“嗯，很清淡。”福临边吹边喝连连点头，忽然想起了什么，放下碗，学着董小宛的样子也给她盛了一碗，“喏，你也喝一些。朕看你似乎比入宫前还瘦呢。快坐呀。”

董小宛深情地看着福临，柔声说道：“陛下的爱意妾妃心领了。只是妾身不能坏了宫里的规矩，省得她们在背后说闲话对陛下您不利。”

“是谁在背后乱嚼舌头？康妃还是静妃？一个个小肚鸡肠，一天到晚想法子搬弄是非，真是无聊至极！”

董小宛说漏了嘴，连忙说道：“不是！陛下，是妾妃自己多心了，臣妃喝了这汤就是了。”

“不好！寻常百姓人家夫妻也是这样拘礼吗？若是这样还有什么朝夕唱随、闺房之乐？小宛，你我之间再不要行那些劳什子礼节了，烦透啦。好不容易才把你迎进了宫，若你又变得跟她们一个样，这不太令朕失望了吗？”

董小宛一阵激动，含情脉脉地看着福临，红润的嘴唇蠕动着，却一个字也说不出来了……

在宫内外的一片訾议声中，董小宛进入掖庭，来到了顺治身边，为了表示隆重，顺治特地为董小宛举行了隆重的册立典礼。值得一提的是，在册文里，汉女董小宛入宫后成了皇上身边又一位满洲姓的董鄂妃，与前一位董鄂氏乌云珠不同，董小宛入宫后仅四个月就成了皇贵妃，在后宫里地位仅次于正宫皇后。顺治帝将原本应对后宫众多嫔妃的爱现在一股脑儿全集中于董鄂贵妃一身，在众嫔妃眼中，这种专宠是比皇贵妃地位更令人艳羡之事。于是，董小宛取代了乌云珠，成了众矢之的，来自内廷的压力又远甚于朝中。

少年天子一意孤行，娶回了风尘女子为皇妃，唯恐天下人不知，特地举行了极为隆重的典礼，并特颁大赦天下恩诏。有清一代，大赦恩诏名目繁多，诸如祥瑞、战功、庆典、万寿节等都有恩诏。但这一次却是因为册立皇贵妃而大赦天下。顺治帝对董小宛一见倾心，便大加恩封赏赐，然而这罕有的隆恩却令本来身份就低人一等的董小宛实在难以消受！

可是年轻气盛的少年天子顺治却以为，他在这次斗争的胜利中所得到的不仅是爱情，而且还有信心和勇气以及皇上所应有的威严！于是，他得意扬扬，开始向所有反对他私生活的人宣战，册立董小宛为皇贵妃只是向母后的第一次宣战，接下来福临还要再度废后！因此，在册封大礼正式告成之后的第二十天，顺治公开下令：“太庙牌匾停书蒙古文，只书满汉文。”

这太庙是清廷供祀祖宗神位的圣地，中殿供奉着太祖努尔哈赤和太宗皇太极的牌位(以后清帝的牌位也都供奉于此),后殿则有太祖之前的肇祖、光祖、景祖、显祖等列祖列宗及列后的牌位。由于满蒙之间的姻亲关系,尤其是清太宗皇太极的五宫后妃都是蒙古人,因而蒙古女人在大清后宫之中有不可忽视的特殊地位——满州爱新觉罗氏家族的男人们征服八方,统辖四土,那是治国打江山,蒙古的女人们尽心尽力地为他们治理着后宫,这是家。没有家何来的国?因此,在太庙的牌匾上书写蒙古文,不仅仅是一种尊宠,还是蒙古王公贵族在后宫统治地位的象征!而现在,忘恩负义的顺治竟悍然下令太庙牌匾上停书蒙文,这无疑意味着这个冲动的少年天子要结束蒙古女人在后宫中的独尊地位,这还了得?他的生母,“统两朝之养孝,极三世之尊亲”的孝庄太后能答应吗?要保住自己所依靠的蒙古王公贵族们地位与利益,便只有与儿子福临进行较量,而且这一回,孝庄太后绝不会再手下留情了。为什么?这个口口声声以孝治天下的不孝之子福临一而再、再而三地伤她的心,她决定给他一些教训,不能让他小瞧了蒙古女子和蒙古人!

顺治御笔达摩图

董小宛深知自己在宫里的处境,虽然她贵为皇贵妃,大有取代皇后之势。清初定制,后宫之中,皇后居中宫,皇贵妃一位,皇妃二位,妃四位,嫔六位,贵人、常在、答应无定数,分居东西十二宫。而除皇后以外,后宫之中皇贵妃为最高封号之人。在顺治的后妃之中,除了十一年册立的蒙古科尔沁贝勒卓尔济之女(即孝庄皇太后之侄孙女)博尔济吉特氏为皇后外,尚有静妃(废后)、佟妃(康妃)、贞妃、淑妃(皇后之妹)、恪妃(汉吏部左侍郎石申之女)、恭妃、董鄂妃及庶妃数名,只有董鄂氏董小宛一人是皇贵妃——虽然自幼沦落风尘,但却兰心蕙质、冰清玉洁。董小宛最痛恨的就是钩心斗角,互相倾轧,然而,她这一入宫恰恰成了众矢之的,势单力弱的她不得不谨小慎微,在深不可测的后宫这片土地上如履薄冰一般,提心吊胆,惶惶不安。

纵然有少年天子“三千宠爱在一身”,但董小宛还是觉得孤立无援,十分惶恐,她不止一次地在心里哀叹:自己这一步棋走错了,为什么要拿自己的命运去赌明天呢?是为了向天下人证明南曲歌妓的冰魂玉魄,还是为了向世人炫耀自已身为蒲柳残絮之躯却赢得了当朝天子一往情深的眷恋？董小宛啊，你真是聪明一世糊涂一时呀！可是，每当面对少年天子顺治那纯洁无瑕的爱的目光，董小宛便忘记了一切的痛苦和忧伤。这是一双什么样的眼睛呀，毫无掩饰的、燃烧的目光，火一般地炽热，火一般地撩人，董小宛似乎明白了，以前她与冒辟疆所谓琴瑟之和，掺杂着过多的私念——她急于脱籍从良，避开歹人的纠缠，而他已有妻室，在这之前又与南曲名妓陈圆圆订下了终身。其实他与她是在朋友们的撮合下才费尽磨难走到一起的，当然，他是个好人，温柔、善良、儒雅、有才华……但这些，又怎能比得上少年天子对自己毫无保留的火热的爱？就为了这纯真的爱情，董小宛才有了勇气和信心踏入了清宫，迎接着来自宫内宫外各种巨大的压力和挑战。每每想到这里，董小宛又感到欣慰和骄傲，她为自己遭遇这迟来的火辣辣的爱情而激动不已！世上还有什么比这更珍贵呢？

顺治果然是位多情天子。自董小宛入宫的一年多来，他俩几乎形影不离，顺治对小宛的依恋与爱慕更是与日俱增，大有一日不见如隔三秋之感。渐渐地，董小宛摸透了少年天子"龙性难撄"的脾气，每每遇到顺治大发雷霆或闷闷不乐之时，董小宛总像位大姐姐似的耐心劝慰，或是为他弹唱一曲，或是一起在后花园里散心，或是亲自下厨做几道小菜，烫一壶美酒。这种有滋有味地充满了无限关爱的家庭生活一次次春风化雨般地抚慰着顺治那脆弱的神经和孤僻的心田，两人之间的感情已超出了卿卿我我的小夫妻之间的情爱，他们是一对患难与共、心心相印的恋人！

乾清宫西暖阁，宫女们悄悄侍立一边，顺治伏在御案上专心批本，董小宛则坐在后宫的暖炕上静静地刺绣。寝宫里很安静，只能听到自鸣钟的滴答，间或还有一两声木炭燃烧的"噼啪"之声。这是十分温馨的生活画面。

突然，董小宛觉得喉咙发痒，忍不住咳嗽起来，慌得她用手绢捂住了嘴——她不忍心打乱了皇上的思绪。

"小宛，你怎么啦？"福临放下奏本，借着烛光端详着董小宛那略显苍白的面容。她穿的是件葱绿色的缎面长袍，面料很软，亮晶晶的绣着小花。蓬松的乌发脑后挽着芙蓉髻，只绾了一根翡翠簪子。既不戴钗环，也不插珠花，然而却"淡妆浓抹总相宜"，愈发显得风韵天成。福临见了更是充溢着一种不可名状的爱怜，双手将她拥到了怀里，一旁的宫女乖乖地低下了头。

"你近来怎么总是咳嗽？看御医了吗？不行，现在朕就给你派人去请！"

"不要！"董小宛连忙将手绢塞到了衣襟里，莞尔一笑，"皇上，臣妾怕是扰乱了您的思考了吧？不如让臣妾到东暖阁去——"

“也罢,朕也觉得倦了,让那些劳什子的奏折见鬼去吧,咱们正好可以清清静静地共度良宵……”福临意味深长地朝董小宛一挤眼睛。

董小宛伸出玉手戳着福临的脑门:“一脑子的坏主意！陛下,你不是把敬天法祖、勤政爱民放在嘴边吗？那些折子都是朝廷机务怎么可以搁置不顾呢？要不,臣妾去给陛下端些参汤来提提神？”

福临皱起了眉头:“又来了。什么御案上一点墨,民间千滴血。你呀,真成了我身边的谏臣了,赶明儿个你与朕一同上朝如何？”

“皇上又取笑臣妾了。”董小宛头一低又想咳嗽,连忙又用手绢捂住了嘴。呀,这手绢上竟带着血丝！董小宛心里一惊:她咳嗽也有好些日子了,怎么竟咳血了？这……一时间,董小宛心乱如麻,手脚冰凉,自己若是得了痨病,可就是绝症呀！

“小宛,你怎么啦？不高兴了！过来,朕有一件事忘了告诉你,你听了一准高兴。”福临抬着晶亮的眼睛看着董小宛,并没注意董小宛的慌张神色。

“皇上有什么大喜的事情吗？快说给妾身听听。”董小宛强打精神,将手绢塞在线筐里,慢慢起身走了过来。

“告诉你,朕今儿个临朝时下诏,停了中宫笺表啦！”福临笑吟吟地握住了董小宛的手。“咦,你的手怎么这么凉？”

“什么？”董小宛吃了一惊,苍白的脸上骤然泛出一片红晕,她用力抓住了福临的手摇晃着,“这是真的？”

“哼,朕猜这会子坤宁宫里还不定乱成什么样子呢。她们也太过分了,得让她们知道一点厉害！”福临自以为得意,而董小宛的脸色却已经变得煞白！

中宫笺表,是皇后特权的象征。皇后在三大节——万寿节、元旦和冬至时,或在特殊喜庆之日,或有特殊请求,可以使用皇后之宝,直接向皇上进笺表表示致贺或提出要求,而皇上是不可以拒绝的。停了中宫笺表,就等于取消了皇后的权威,这不明摆着福临又要废后了吗？

“皇上！”董小宛“扑通”的一声跪在福临的脚下,连连叩头,“皇上,请您收回成命,此举万万不可！”

“为何不可？她——根本不配主持六宫！小宛,你这是何苦？朕这么做是为什么难道你不明白？快起来,地上很凉。”

“皇上！”董小宛的声音中带着哭腔,“臣妾蒙皇上厚爱早已知足了,如果皇上执意要废后,那么臣妾决不再活在世上了！”

“你——”福临手一松,董小宛瘫倒在地上。“皇上,当初你废后就已引起了朝野大哗，废后已是不德，岂能一错再错？再说，她们都是蒙古科尔沁的格格，陛下就不考虑蒙古四十九旗的人心？"董小宛泪流满面，哽咽着，"臣妾何德何能？蒙皇上如此错爱，就是一死了之也心满意足了。臣妾只要以侧妃侍奉陛下，臣妾要让皇上的江山社稷永远太平！皇上……"

"我的爱妃，朕终于明白你的心意了！"福临不再犹豫，抱起了董小宛，紧紧拥在怀中，喃喃地说道，"朕对你的爱，是无以言表的。如此容貌，如此心胸，如此才德，真让朕为你骄傲！"福临情不自禁地低头吻着董小宛的泪脸："我没有看错人呀！你为什么要委屈自己呢？朕的爱妃，朕的红颜知己……"

两人紧紧相拥，泪水交流，像两个受了无限委屈的孩子。半晌，董小宛才低语了一句："看你，瘦成什么样了。"

福临揽着董小宛瘦削的双肩，也是无限感慨："清宫不是楚宫，可是小宛你的腰怎么也变得这么细了？朕要你胖起来，快乐起来，像真正的杨贵妃……"

这动情的话竟让董小宛呜呜地哭出了声！她贴在福临的胸前哭诉道："妾身怕……怕被放在炉火上烤呀！"

"唉，想不到让你如此受苦受累，朕心何忍？她们，皇太后和太后，为什么就不能容你？这是为什么呀？为什么宫里宫外都反对我们？"福临突然大声狂吼了起来，愤怒的声音在空荡荡的大殿里久久回响着。"我是天子，可也是个人呀，为什么不能追求人间的真爱？母后，我是不是你的亲儿子？为什么你看到儿子幸福快乐而大发雷霆呢？满朝文臣，朕是不是你们的君主？为什么你们对朕的谕旨要群起反对呢？朕到底有什么错？谁能告诉我？对了，小宛，咱们一起去万善殿，现在就去！我佛慈悲，唯有佛门才能让我心安，让我得到清静！佛祖，保佑我和小宛，弟子行痴乞求你了！"

# 康熙帝的风流情调

## 天子的初夜却是个陪床侍女

俗谚道：常在河边走，终归要湿鞋。两少男少女常搂在一起睡觉，那终归是要睡出一些实质性内容来的……这天晚上，侍女阿露照顾小康熙上了床，待睡定阿露刚欲离开的当口，多情的小康熙却一把抓住她的手道："阿露，今晚在这儿陪朕睡吧，朕太激动了……”

康熙四年(1665年)，年满十二岁的康熙选后一事，让其祖母孝庄太皇太后煞费心思。最后圈定辅政康熙登基即位的老臣索尼的孙女赫舍里氏为皇后。这一手也出于当时内政势力斗争的考虑，聪明的康熙很意会其祖母的心思，就满口答应了下来。为此，孝庄太皇太后和康熙皇帝亲自召见了索尼和索尼的儿子索额图，将选赫舍里氏为皇后这一决定告诉了他们，并要求他们暂时缄口保密。

孝庄皇后

当时索额图听了十分高兴，因为赫舍里氏是他的侄女，可以攀上皇亲国戚的关系，未来前程不可限量，但索尼的表现却异常平静，作为风雨中走过的三朝元老，他知道其中的意味。

这天回到家中，索尼思索半天，还是决定找孙女谈一下。在自家的小花园里索尼看见孙女赫舍里氏。她从小就喜欢跟着索尼在花园里给花草浇水、施肥。现在她长大了，还依然乐于此道，常常跑到花园里锄草、赏花。此刻，她正站在一朵硕大的鲜花旁，目不转睛地看着那花蕊。她的手中，提着一把小水壶。

索尼轻轻地走到了赫舍里氏的身边。也许是看花看得太入迷了，她一时没有察觉到索尼的到来。索尼小声地问道：“你是在赏花还是在浇花？”

她一惊，连忙转身，“是爷爷……”

他微微笑道：“你好像……有什么心事？”

爷爷这么一说，她的脸就红了。“爷爷，我整天地呆在家里，哪会有什么心事？莫非是爷爷有了什么心事，故意来拿我取笑逗乐？”

索尼一捋颌下微微的胡须。“爷爷我现在确实有一桩心事。爷爷现在想把你嫁出去……”

赫舍里氏羞红着脸，低低地问了一句：“不知爷爷……要把我嫁给谁？”

索尼轻轻地道：“好孙女儿，我来找你，就是想告诉你，当今皇上已有密旨，就是他要娶你为妻，他要娶你做他的皇后。”

这下子赫舍里氏不能不吃惊了。“爷爷，您不是在骗我吧？当今皇上……

怎么会知道我?"

索尼心道:"是呀,当今皇上是不可能知道你,可当今皇上却知道我索尼。"索尼嘴里说的却是:"好孩子,不要问那么多了。不久之后,你就是当朝的皇后娘娘了。从现在起,你就回你的房里好好地呆着,不要轻易地出来走动,想想自己的言行举止还有哪些不够得体的地方,也可以向你的母亲问一问宫中的一些礼节和做女人的一些事情。总之,从今往后,你不要像现在这样跑到花园里来抛头露面了。你听清楚了吗?"

赫舍里氏低低地"哎"了一声,然后便提着小水壶、迈着碎步很快地离开了索尼。而回到闺房里的赫舍里氏,在索尼攒眉的同时,也一点点地敛拢了两条秀眉。不过,她敛拢双眉,倒不是因为什么担忧。她是在紧张,在激动,在憧憬。当今皇上长的是什么模样?做一个皇后会是什么滋味?甚至,她都想到了自己与皇上同床共枕的情景……是呀,就要成为皇后娘娘千岁了,赫舍里氏有充足的理由在自己的闺房里想入非非,甚至胡思乱想。但是,她恐怕连做梦都没有想到,尽管她后来真的当上了皇后,可真正第一个与当今皇上"调情"的女人,却不是她赫舍里氏,而是那个位卑身贱的宫女阿露。而小康熙与阿露在床上"行云布雨"的时间,也就是在当天晚上,即索尼告诉赫舍里氏她就要成为当朝皇后的那天晚上,也就是孝庄太皇太后告诉康熙赫舍里氏是皇后最佳人选的那个晚上。

原来几年以前,阿露就与小康熙同睡在了乾清宫内的那张龙床上。小康熙几乎每天晚上都要搂着阿露才能安然入眠。只不过,一来因为小康熙的年岁毕竟还小,还不真正地明了男女间的情事,二来因为每天晚上几乎都是小康熙在她的身上胡乱摸捏,她并没有主动地去勾引、挑逗于他,所以尽管他已经具备了"调情"的能力和条件,但他"调情"的欲望却还没曾被真正地唤醒。所以,康熙虽然已与阿露同床共枕了数年,可二人之间的关系,似乎仍可以用"清白"二字来形容。当然,正如一句俗谚所云:常在河边走,终归要湿鞋。两个少年男女常常搂在一起睡觉,那终归是要睡出一些实质内容来的。只要有合适的环境,是种子就肯定要破土,是鲜花就肯定要绽放。而小康熙就恰如一粒多情的种子,那阿露就恰如一朵羞答答的鲜花。

得知索尼的孙女儿赫舍里氏就要成为自己的皇后之后,康熙十分激动和高兴。只是,他那时高兴和激动,倒不是因为自己就要有妻子了。他那时对"妻子"的含义还不确切理解,他高兴和激动的是,自己一结婚,就可以马上亲政,而只要一亲政,便可以迅速地铲除掉鳌拜一伙的势力。而到了当天晚上,小康熙的心里依然充满了激动，只不过，这时候的“激动”已和白天里的“激动”大不相同了。

因为太激动了，小康熙到很晚很晚的时候才上床就寝。是阿露一个人服侍小康熙上床的。太监赵盛可能年纪大了，又着了风寒，整个下午，头脑都昏昏沉沉的。所以天刚一黑透，小康熙便让赵盛去休息了。偌大的寝殿里，就只有小康熙和阿露二人。小康熙几乎一刻不停地在阿露的面前“说三道四”“说长道短”。而阿露则是一名忠实的听众，不管小康熙说什么、说多少，她从不插嘴，只静静地聆听，还时不时地露出一种开心的笑容来。一直到夜深之际，小康熙才恍然言道：“阿露，时候不早了，朕也该睡觉了。说不定，明天会有很多事情等着朕呢！”

阿露这才殷勤周到地服侍小康熙上了床。待小康熙在龙床上睡定，阿露刚欲离开的当口，小康熙却一把抓住她的手道：“阿露，今晚在这儿陪朕睡吧……朕太激动了，一时也睡不着……”

原来近几个月内，阿露有时候也不在龙床上侍寝了。原因是，几个月前的一天，小康熙搂着阿露在床上睡觉，早晨醒来的时候，阿露发现康熙的裆间及床铺上有一大片湿润，很像是小孩尿床模样。但康熙已经这么大了，不大可能再尿什么床，而且，阿露凭本能，也觉得小康熙裆间的那片湿润与尿床毕竟有所不同。康熙当时没说什么，但看得出，他很是有些羞涩。阿露当时也没说什么，但事后她却找了一个机会询问赵盛。赵盛虽是个太监，但生活阅历却非阿露所能及。他委婉地告诉阿露，当一个男人流出这种液体时，就表明这个男人已经长大成熟了。

阿露很聪明，她从赵盛的话中悟出，康熙皇帝已经长大，已经长成一个真正的男人了。而一个真正的男人和一个女人睡在一张床上，那是会睡出很大“危险”来的。尽管阿露的内心深处或多或少地也在期盼着这种“危险”能够降临到她的头上，但她却又深知，自己仅是一个下贱的宫女，如果与当今皇上有了这种“危险”关系，那对她来说，说不定就会有真正的危险来临。所以，自那起“湿润”事件后，阿露就有意无意地减少了与康熙同床共枕的次数。而小康熙，似乎也从“湿润”事件中得到了什么经验教训，对阿露这种有意无意的行为，也并没有多言语什么。俩人之间，好像达成了一种心照不宣的默契。特别是近月来，阿露几乎一次也没有上过小康熙的龙床了。

然而今晚，康熙却主动地提出了要阿露侍寝。阿露感觉到，他抓住她的那只手炽热无比。这炽热无比的手，是不是就是一种危险的信号？但阿露从来不会拒绝康熙的任何要求。更何况,康熙睡不着觉,要她侍寝也是情理之中的事。想当初,不就是因为能使康熙好好地睡觉,她才躺在他的身边的吗?所以,阿露冲着康熙微微一笑道:"皇上请把手松开,奴婢这就上床来。"

康熙松了她的手。她慢慢地上了床,躺在了他的身边。也许是有较长一段时间没上过这张床的缘故吧,她上床的动作看起来没有过去那么熟练,也没有过去那么自然。躺在床上之后,她似乎还有些紧张,身体硬硬的,一动也不动。而康熙,好像对这一切也感到有些陌生,不仅没有像过去那样马上就扑到她的身上来乱摸乱捏,而且他的身体还和她保持了相当大的距离。

毕竟都已经长大,毕竟都明白了一些事情,康熙和阿露这一对彼此熟悉得不能再熟悉的少男少女,此刻并肩躺在一张床上,竟仿佛是两个陌路人。

阿露感觉到了她和他之间的气氛有些太过严肃,于是就动弹了一下身子,将脸转向他,轻轻地言道:"皇上,现在你能睡着了吗?"

他也动了一下身,也将脸转向她的脸。这样一来,俩人便四目相向了。"不,朕还是睡不着,朕的心里特别激动……"

她以为,他还是在为不久以后就要亲政而激动,所以她就小声地劝道:"皇上,你亲政还有一段时间呢,奴婢以为,皇上现在应该保持冷静。如果皇上一直这么激动下去,到亲政的那天,皇上说不定就会把身体激动坏了……"

康熙摇了一下头。"不是,阿露,朕现在不是因为亲政而激动,朕是因为另一件事情而睡不着觉。"

阿露赶紧问道:"皇上,那是一件什么事?奴婢能否帮上皇上的忙?"

康熙有些羞涩起来。"其实,也不是什么大不了的事,只是朕弄不明白,所以才难以入睡……"

阿露顿了一下,然后道:"皇上,奴婢以为,弄不明白的事情还是说出来的好,不然,皇上岂不一夜都难以入眠?"

康熙立即道:"阿露,是你叫朕说的,不是朕自己要说的……"

阿露言道:"是奴婢让皇上说的,皇上不说出来,怎能入睡?"

康熙支支吾吾地言道:"阿露,朕弄不明白的事情,就是朕很快就要经历的事情……朕很快就要结婚了,可结婚究竟是怎么一回事,朕始终弄不明白……阿露,你知道结婚是怎么一回事吗?"

阿露想摇头,但未能摇起来。"皇上,奴婢怎会知道结婚之事?"

"是呀,"康熙低低地道,"你与朕一样,都没有结过婚……朕在书上得知,一个男人和一个女人结婚时,都要进入洞房……阿露,你知道不知道进了洞房之后会有些什么事情发生？是不是……就像你与朕现在这样并肩躺在一张床上？”

看得出，康熙确实还不知道“洞房”一词的真正含义。他的脸上，流露出一种对未知领域的渴求和期盼。正是这种渴求和期盼，才使得他内心充满了激动。然而，对阿露而言，他的这种渴求和期盼，却无疑是一种冲动或暗示。所以她不由自主地便感到了一种害怕和惊慌。“皇上，你这个问题，奴婢不好回答……也不敢回答……”

康熙“哎”了一声道：“阿露，这有什么不好回答的？你如果知道，就尽管说，朕决不会怪罪于你！”

阿露狠了狠心。“皇上，奴婢虽然没有结过婚，但奴婢也多少听说了一些事情……男女结婚进入洞房之后，是有点像奴婢与皇上现在这样，但是，又不尽相同……”

寻常的男女，如果像康熙和阿露这样躺在一张床上，恐怕早就躺出一番事情来了。只不过，康熙与阿露已经这样躺了好几年了，早就躺出了一种寻常男女很难达到的境界：亲昵而又有分寸，热烈而又不失平静。所以他们才可以这般地躺在一起并且以比较冷静的态度相互谈论。当然，这种“分寸”和“平静”是有一个很重要的前提来保证的，那就是，男女双方必须还不懂得男女之间除了这样谈话之外还有别的事情可做，否则，只要做过一回“别的事情”，那这种寻常男女很难达到的境界便不复存在了。

康熙的手一下子伸到了阿露的胸部上。过去，他也常常这样伸展自己的双手。他已经习惯了。她似乎也习以为常了。但这一次，他的手朝她的胸部上这么一伸，她却由衷地感到了一种恐慌。“皇上，你这是……干什么？”

康熙却笑着道：“阿露，你不是说男女结婚入洞房之后，跟我们现在这样躺着有些不同吗？朕明白了，朕的手在你的身上这么一摸，就跟男女结婚入洞房差不多了……”

别看康熙那么聪明、那么早熟，可在床帏之间，他却似乎是一个“低能儿”。不过，这也不能全怪他，虽然他的身体一天天地长大、一天天地成熟，他的心中也确实孕育了一种原始的渴望，但却没有专门的老师去辅导他、引导他，所以他就不能够将自己心中的那种渴望付诸实践。否则，他与阿露之间，是不可能一直“清白”到如今的。尽管他才只有十四岁。

但阿露在这方面就要比康熙成熟许多。也许女人在这方面总是要比男人更为敏感吧，所以阿露就颇有些无师自通的味道。诚然，她的这种“无师自通”

是有很大限度的。不过，早在几年以前，当康熙的那双小手几乎还是毫无目的地在她的身体上摸捏的时候，她的体内便有了一种相应的骚动和不安。只是时间长了，她对自己的这种骚动和不安几乎已经能够收放自如了。但这一次不一样。康熙已经长成一个真正的男人了。一个男人的手在她的身体上抚摸，她还能对自己内心的骚动和不安收放自如吗？

少年康熙

阿露的身体开始蠕动起来。她一边蠕动着身体一边哼哼唧唧地道："皇上，男女入洞房……跟你这样抚摸奴婢……也不尽相同……"

康熙马上就停止了对她的抚弄。显然，他遇到了一个极为棘手的问题。"阿露，男女入洞房……究竟是怎么一回事？"

他一停止抚弄，她的呼吸就畅快了许多。"皇上，男女入洞房……奴婢也不知究竟，奴婢只是听说，男女入洞房之后，会做一些皇上从来没有做过的事情……"

康熙立即弓起了身子。看得出，他非常地着急。"你快说，男女入洞房到底会做什么事情？朕如果不知道，朕就不好与朕的皇后一起入洞房了……"

见康熙那么着急，阿露心中实在有些不忍。但同时，她又不想让他在自己的身上去实践有关"洞房"的一些知识。因此，她略略停顿了一下，然后言道："皇上，待皇后娘娘千岁和你睡在一起的时候，你就会知道应该做哪些事情了……"

但康熙不同意。他性格中固执的一面显露出来。"阿露，你现在若不将知道的事情全部说出来，朕就罚你饿三天肚子……"

阿露倒不怕什么"罚"，她怕的应该是另外的事情。她幽幽地言道："皇上，不是奴婢不愿意说，而是奴婢深恐自己这么一副贱体会玷污了皇上的龙身……"

康熙似乎大为不解。"朕……你如何会玷污了朕？"

阿露暗自咬了咬牙。"皇上，你不是想知道洞房里究竟会发生什么事吗？那好，请皇上脱了衣服，奴婢今日就真正地伺候皇上一回。"

过去，康熙还从未在阿露的面前裸过身体。听阿露叫他脱衣服，他一时间很是有些手足无措。她不再顾忌许多了，坐起身子，几乎是连扒带拽的，将小康熙脱了个一丝不挂。康熙"哎哟"一声，赶忙用双手护住身体中最关键的部位，且含混不清地问道："入洞房……都要这么脱光衣服吗?"

看康熙光着身子又惶惶不安的模样，一点也没有一个皇帝的派头和尊严。阿露也没有搭理他，自顾脱光了衣衫，然后仰面倒在床上，招呼康熙道："皇上，您趴在奴婢的身上……"

一切都结束了。他趴在她的身上微微地喘着气。虽然这只是一种爱的初体验，但他却深深地领悟出，原来在男女之间，还有这么一种奇妙无比的事情可以做。同时他也深深地明白，这一切的一切，都是阿露的功劳。如果没有阿露，就没有他适才的无比快乐。所以他就很想向她表示一下自己由衷的谢意。然而，当他抬起头来准备开口说话的时候，却意外地发现，阿露早已是满脸的泪水。

他大为惊诧道："阿露，你怎么哭了?"

她赶紧抹了一下眼泪道："皇上，奴婢是因为太高兴了，所以哭了……"

是的，她应该有充足的理由高兴。能第一个承接皇帝甘露的女人，该有多么地荣幸? 这种荣幸，足以让许许多多的女人羡慕和嫉妒。能拥有这种莫大的荣幸，还不自然而然地喜极而泣?

## 酒后"雨露"出一位不知姓名的妃子

康熙每日上午上完了早朝或上完了早课之后，便优哉游哉地去往慈宁宫拜见皇祖母。在慈宁宫，他往往要"消磨"掉一整个上午时间。而且，他与孝庄太皇太后的谈话，几乎都是当着许多太监和宫女的面。据有的太监向鳌拜透露：康熙皇帝与太皇太后在一起，从来都没有谈论过什么正儿八经的事情，康熙皇帝谈论得最多的内容，似乎只有这么两件事，酒和女人。并且，康熙在谈起酒和女人时，不仅神采飞扬，而且颇为精通，仿佛少年康熙已经是酒色中的一个行家里手了。

康熙每日拜见完皇祖母之后，便直接去御膳房用餐。皇宫中风传，康熙皇帝每次用膳时都大块吃肉、大碗喝酒，其情其态，活脱脱是一个不谙世事的江湖新手，而且，康熙皇帝的酒量还不大，几乎每饮辄醉，醉了之后就洋相百出。说是有一回，康熙在御膳房内用午膳，一下子喝醉了，便大叫着撵着太监、宫女打闹,并将一个小宫女的衣衫撕得七零八落。有亲眼目睹者暗地里向好友描述这一情景时道:那时候的皇上,跟一个村夫酒鬼并无二样。不知怎么地,这事儿很快地就传到了鳌拜的耳朵里了。

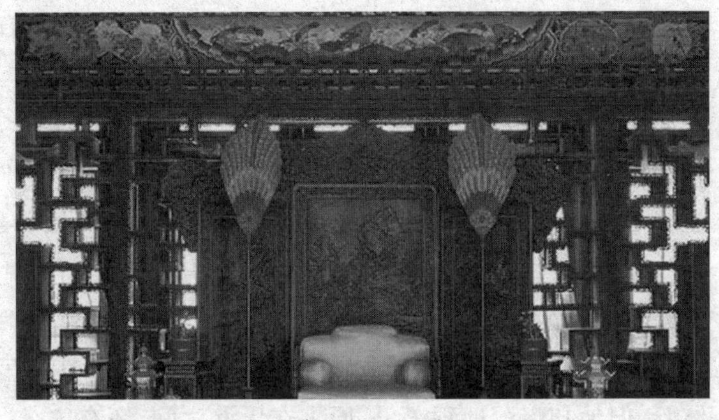

慈宁宫

康熙用完午膳之后,一般都是在太监、宫女的服侍下回到乾清宫里去睡觉。这一觉,往往要睡到临近黄昏的时候。醒来之后,他或者带着太监赵盛和侍女阿露去一个什么地方钓鱼,或者领着索额图、明珠等人骑马去京城西郊狩猎、玩耍。若是去了西郊,康熙还有时不回宫,就在西郊那儿留宿。当然,一般情况下,康熙都是在皇宫里过夜的。

夜晚的生活,是康熙皇帝一天当中最为丰富、最为精彩的篇章。他用过晚膳之后,便带着浓浓的酒意,在赵盛、阿露的陪同下,既不去坤宁宫,也不回乾清宫,而是径直往西六宫而去。在很长很长一段时间内,康熙几乎每天晚上都是在西六宫里度过的。

所谓"西六宫",指的是紫禁城内的永寿宫、翊坤宫、储秀宫、太极殿、长春宫、咸福宫。这里的每一座宫,都自成一个单元,有规整的院落,有前后殿和配殿,并有树木花卉点缀其间。

明朝的时候,西六宫是专门给皇帝的妃、嫔们居住的,而到了清朝,则皇帝的所有后妃几乎都居住在这里。通俗地来讲就是,康熙皇帝所有的妻子,除皇后赫舍里氏住在坤宁宫外,差不多都住在了西六宫里。既如此,康熙皇帝每天晚上带着赵盛和阿露往西六宫跑,似乎也就并不太奇怪。稍稍让人觉得有点奇怪的是,一般的皇帝都是在乾清宫内召幸后妃,而康熙却是主动地去驾幸她们。这样一来,西六宫内的动静就一天天地大了起来,而西六宫内的有关康熙皇帝的传闻也就一天天地多了起来。

因为康熙皇帝几乎每天晚上都要到西六宫来,所以西六宫内每天晚上都很热闹。只要天一黑,西六宫内所有宫、殿的大门都毫不例外地敞开了。康熙的那些妃嫔们——因为康熙还很年少,当时并没有多少后妃——一个个将自己都装扮得花枝招展的，倚在宫殿的门边，搔首弄姿、挤眉弄眼地期待着，盼望着皇帝的到来。而康熙呢，似乎故意同他的那些后妃们开玩笑。眼见着，康熙走进一个妃子的房间了；那妃子当然喜不自禁，可就在那妃子乐不可支的当口，康熙却又从房间里走了出来，又迈进另一个妃子的房间；这妃子刚刚喜上眉梢，正要对皇上尽心伺候，谁知一眨眼的工夫，康熙却不知了去向。就这么着，折腾来折腾去，几乎每天晚上，康熙的那些妃嫔们，怎么也弄不清她们的皇上丈夫究竟宿在了何处。而天亮了之后，她们又都用一种敌视和怀疑的目光互相打量对方。因为，她们都这样想：皇上昨晚上一定是睡在了对方的屋里。至于康熙每天晚上究竟宿在何处，恐怕也许只有天知道了。当然，康熙贵为天子，他自然不会不知道自己每晚到底宿于何处。

不过，有那么一天晚上，西六宫内所有的人，包括康熙的那些妃嫔们，包括侍奉那些妃嫔们的宫女、太监，几乎都知道了康熙那晚上是睡在何处的。因为，那天晚上，天黑了之后，康熙领着赵盛和阿露来到了西六宫，看康熙一步三晃的模样，定然饮了不少酒。当时许许多多的人都亲眼目睹，康熙皇帝打发走了赵盛和阿露之后，就一头扎进了一间矮小的房里，很长时间没有出来。而第二天清晨，许许多多的人又看见，康熙皇帝正是从那间矮小的房子里走出来的。显然，康熙皇帝那晚上就是睡在那间矮房子里的。

那间矮房子里住着何人？康熙为何会在那间矮房子里睡上一夜？殊不知，康熙皇帝就睡了这么一夜，却睡出了一个不大不小的结果来。

西六宫内每一座宫殿都十分地高大壮观，而在高大壮观的宫殿之间，却也排列着一些矮小的房屋。高大壮观的宫殿自然是康熙的那些妃嫔们住的，而那些矮小的房屋里则住的是宫女和太监。康熙那天晚上一头扎进的那间小房子里，恰恰住着一个宫女。她叫那拉氏，大约十五六岁，虽然不敢说长得美貌惊人，但因为年少，倒也鲜艳夺目。

康熙本不认识什么那拉氏。皇宫内的宫女数以千计，他岂能一一认识？他那晚上本也不想钻进那拉氏的屋子的，只是因为那天晚上酒喝得确实有些过量，他是在无意之中走进那拉氏的房间的。

那天下午，康熙在乾清宫里睡醒了之后，便带上赵盛和阿露到御花园内的一个水池边去钓鱼。御花园是明朝永乐年间建造的，占地面积约有一万二千平方米，是专供皇室娱乐、游玩之用的。不知是因为康熙的手气好，还是因为那个水池里的鱼特别多，那天，到天黑之前，康熙垂钓上来的鱼，赵盛和阿露两个人都几乎拎不动啦。最后，走出御花园的时候，人们看见，赵盛的手里拎的是鱼，阿露的手里拎的是鱼,连康熙的手里拎的也是鱼。有几个太监跑过来要帮康熙拎鱼,被康熙毫不客气地拒绝了。看康熙拒绝时那认真的模样,好像生怕别人会抢了他的劳动果实似的。

康熙手里提着鱼,脸上是喜滋滋的表情。他对赵盛、阿露言道:"叫御膳房把这些鱼全做成菜,朕今晚上要好好地吃一顿鱼宴。"

就这样,康熙那天在鱼宴上喝了很多酒。宴罢,康熙还要求太监赵盛领他去西六宫,口里还说着:"朕,今夜就在那里玩耍过夜了。"

西六宫毕竟不像一般的妓院。一般妓院里的妓女,见有嫖客到来,那往往都是主动热情地上前搭讪、邀请,有的还硬是把客人往自己的闺房里拽。但这儿不一样。康熙皇帝走过来了,他的那些后妃们只是站在门里或门外,既不上来搭讪,也没有什么过激的言行,都用一种含情脉脉的目光盯着康熙,仿佛要用自己的目光把康熙皇帝给拽到自己的身边来。从这一点上来看,康熙的这些后妃们,也的确要比那些普通的妓女文雅许多、也高档许多。

以往,康熙来到西六宫之后,便一会儿钻进一个后妃的房子,一会儿又跑到另一个后妃的屋里,就跟捉迷藏似的。尽管能够真正得到康熙驾幸的女子可谓是少之又少,但康熙这么钻来跑去的,就使得她们希望与失望交织、悬念和疑虑并存,也着实十分地热闹。然而这一次,她们都明明白白地发现,她们一点希望也没有了,剩下的都是失望,也根本没有什么悬念可言,只有疑虑在她们每个人的脑海里盘旋、浮沉:皇上,为何会走进那间矮房子里?

也许,康熙是觉得自己的酒确实喝多了,已没有什么精力再去同那些后妃们胡闹调情了,只需找个安静的地方休息便足矣。或许,康熙还能够意识到,明日是早课时间,如果不好好地休息,早课时就不能够集中注意力。或许,是一种下意识的力量在支配着康熙当时的行动。反正,康熙当时是既没有走向翊坤宫,也没有走向储秀宫,而是踉跄着身体,走向了两宫之间的一排矮房子,并恰巧地走进了宫女那拉氏的屋子。

康熙夜幸西六宫,本与那些宫女、太监关系不大。但那些宫女、太监,尤其是那些宫女,那个时候也是睡不着觉的。她们都躲在自己的屋里,或从窗户处,或从门缝里,细心地窥视着康熙皇上的一举一动。她们一边目睹着皇上的龙颜一边在心里胡思乱想,注意力都异常地集中,几乎已经达到了旁若无人的境界。

那拉氏自然也不例外。康熙皇帝都走进她的房间了,并明明白白地站在她的面前了,她却好像还不敢相信自己的眼睛:皇上……怎么会走进这个房子呢?以至于,她都忘了给皇上跪拜,只睁着一双迷迷糊糊的眼睛,恍恍惚惚地看着康熙。康熙也许是真的喝多了，对她的表现不仅毫不在意，反而像是解释似的言道："朕只想在这里好好地睡一觉……"

那拉氏有些回过神来了，慌慌忙忙地伏地叩首道："奴婢给皇上请安……"然而，她伏地的时候，康熙早已经躺在她的床上了。

那拉氏一时间很是有些为难。皇上睡在了床上，自己该怎么办呢？是同皇上睡在一起，还是就这么跪在地下？

若就情感而言，她当然很想睡到床上去。不说别的，能与当今皇上同睡在一张床上，就足以让她感到自豪和光荣。不过，她似乎是一个比较理智的人。她明白，皇上既然没有明确表示叫她侍寝，那她就不能也不敢轻举妄动。所以，思虑再三，她最终还是跪在了原地，动也不动，只微微抬着头，小心翼翼地看着康熙。尽管跪得时间长了，双膝未免有些疼痛，但她却以顽强的精神和毅力，不仅战胜了双膝处越来越厉害的疼痛，也战胜了随着时间的推移而越来越浓重的睡意。而恰恰是由于她的这种精神和毅力，她一生的命运才会发生了一个巨大的变化。

康熙大约是在凌晨时分醒的。他酒喝多了，感到渴了，所以就睁开了眼。尽管当时屋内的光线还比较暗，但康熙还是立刻就发现，小屋的地面上正跪有一个人。他皱了皱眉头，想起了昨天晚上发生的事情。他也忘了喝水了，而是欠起身子对那拉氏言道："你且起身，朕有话问你。"

那拉氏自然很听话，一点点地爬起了身子，因为跪了一夜，不仅双膝十分地疼痛，而且双腿也跪得软弱无力，故而，她刚一爬起，就又"咕咚"一声摔在了地上，且由于摔得太重，她就情不自禁地"哎哟"了一声。

康熙连忙问道："朕让你起来，你为何又跪下？"

那拉氏吞吞吐吐地言道："奴婢因为跪的时间长了，实在支撑不住……请皇上恕罪……"

康熙一惊。"你，莫非跪了一夜？"

她伏地磕头道："皇上安寝，奴婢不敢惊扰，只得跪在这里……"

康熙赶紧翻下床来，一边朝她走去一边向她问道："此床虽小，但足以容下二人，你为何不上床来休息？"

她诚惶诚恐地回道："奴婢实不敢与皇上同处一床……"

康熙走到她的身边，双手一抄，竟然将她抱离了地面。"朕已休息好了，现在该你好好地休息了。"

被当今皇上抱在怀中，她当然是又惊又喜。"皇上，奴婢不敢……"

她"不敢"什么？康熙也没理会，径直走到床边，将她轻轻地放在了床上，口中言道："你为朕跪了一夜，双膝定然红肿疼痛，现在你解开衣衫，让朕仔细地观瞧……"

本来，她只需将裤脚翻卷，便可露出双膝，可皇上的"旨意"是"解开衣衫"，所以她就坐起身来，将下身的衣裤几乎全部褪去。褪去了之后，她觉着了害羞，于是就躺下，将一双眼睛闭得紧紧的，不敢露出丝毫的缝隙。

果然，她的一对膝盖不仅明显地红肿，而且红肿里还泛着青紫色。康熙见了，实在心疼不已。他一边伸出手去在她的膝盖周围轻轻地抚摸着，一边很是有些唏嘘地言道："这都是朕之错……若不是朕，你也不会如此啊！"

按常理，皇上既然这么说了，她至少也要向皇上谦逊地"表白"一番。然而，她并没有言语。原因是，康熙皇上的手在她膝盖周围那么一抚摸，她不仅不再感到有什么疼痛，反而觉得浑身上下竟然是那等的舒畅和惬意。既然那等舒畅和惬意了，她当然就无话可说了。由此可见，皇上的一双手该有多么大的魔力。同时也说明了，有些事情，是不可以用什么"常理"来推论的。

康熙既然以为那拉氏的双膝红肿是他的过错，那他的抚摸按常理就至多是在她的双膝周围进行。他本来也的确是这么做的。可很快，他的抚摸却一点点地朝着她的大腿处挪去。这又该如何解释？是不是他的抚摸的范围越大、抚摸的程度越彻底，他对她的安慰就越是令人信服？

也许，康熙当时确实有这种类似的想法。他本是一个心慈手软的大男孩。见她的双膝弄成这样，他的心中就很是内疚。心中内疚了，就会想法子加以补偿。而对当时的康熙来说，对她"补偿"的最好办法，似乎莫过于给她一种安慰了，而"安慰"的最好办法，又似乎莫过于对她进行彻头彻尾地抚摸了。

所以，康熙就在一种"补偿"心理的驱使下，异常小心地为宫女那拉氏除去了所有的衣衫……在这矮小的房间里，奏响了一段十分明媚的晨曲。

一曲终了，康熙这才发现，自己竟然还不知道她姓甚名谁。她开口了，低低地说出了自己的名字。她的声音也太低了，似乎，她很怕自己的名字会污染了皇上的耳朵。

康熙继续问道："朕现在如果封你为妃，你可愿意？"

那拉氏闻言，迅速地脱了他的怀抱，就那么裸着身子跳下床去，"扑通"一声跪在了他的脚下，磕头言道："臣妾叩谢皇上天恩……"

她行动如此敏捷，不能说不十分的乖巧。由一个微不足道的奴婢，一下子变成了一个有身份地位的臣妾，像这样的机遇和事例，可谓是少之又少。然而，这少之又少的事情，偏偏在那拉氏的身上发生了。她能不由衷地欣喜万分？

而康熙的心中却似乎有点隐隐的不悦。想那阿露，他屡次要封她为贵妃，她都不答应，而这个那拉氏，他只说“如果封你为妃”，她就裸身翻下床去叩首不迭……看来，女人与女人之间相比，确实是大有不同啊。

但是，康熙却也并不想收回或更改“如果封你为妃”这句话。他当然不是顾虑什么“天子无戏言”之类。他封那拉氏为妃，本就不是什么“戏言”，他是故意这么做的。尽管，封那拉氏为妃的念头只是他一时冲动而生，但这个念头生起来之后，他就变得非常认真了。因为，他很清楚，他封那拉氏为妃的事情，很快就会在皇宫内传开，而要不了多久，整个北京城，恐怕都会知道这件事。而他康熙，似乎正是要达到这种家喻户晓的目的。

所以，康熙的心中尽管有些隐隐的不悦，但脸上却现出一种淡淡的微笑。他就这么微笑着对那拉氏言道：“爱妃，快起来吧，朕要去上早课了……”

就这么着，宫女那拉氏于一夜之间便变成了康熙皇帝的“惠妃”。而就是这个惠妃那拉氏，在1672年春，为康熙皇帝生下了大阿哥允禔——康熙诸子名字本都以“胤”排，只是康熙的四阿哥胤禛后来做了皇帝，即清世宗雍正皇帝，为避讳，康熙诸子名字便由“胤”改为“允”。

果然，康熙夜幸那拉氏并封那拉氏为妃的事情，几乎是在一天之间，便传遍了皇宫内外、朝野上下乃至北京城。

## 搽着法国香水迎驾

“皇上，请恩准臣妾宽衣，让皇上检验臣妾的肌肤……”康熙不禁喟叹道：“法国香水，果然是魅力无穷啊！”于是，他的目光就慢慢地变得炽热起来；而此时，香飘而颤抖的身体对康熙来说，似乎具有一种无法抵御的诱惑力。乌雅氏皇后这棵久旱的禾苗，终于喜逢甘霖。

公元1677年春，荣妃马佳氏为康熙皇帝生下三阿哥胤祉。康熙很高兴。只不过，康熙高兴的，不是他有了三皇子胤祉，而是他已经看到了平叛胜利的曙光。

一天，康熙与索额图等文武大臣在乾清宫商议完军政大事后，康熙皇帝打发大臣们走了，寝殿里只剩下他和阿露了。

康熙几乎是下意识地就走到了阿露的身前。跟着，他一只手揽过她的身体，另一只手就探入到她的衣内，在她的胸前轻摸细捏起来。不用说她也明白，康熙接下来要干什么事情。

她当然没有拒绝，也不会拒绝。随着平叛战事形势的日渐好转，皇上的精神也日渐旺盛起来。只要有可能，他就一定拉上她亲热一阵。加上他与女人做爱，一般不讲究什么时间、地点，他的做爱技巧又十分地纯熟、老到，所以，他与阿露的做爱次数也就日渐频繁起来。

然而，这一次，当康熙的双手准备卸下阿露的衣衫时，阿露却低低地说了一句："皇上，你下午答应过皇后娘娘的，你今晚要去坤宁宫安息……"

听到"皇后娘娘"几个字，康熙顿时就散了精神，双手也不自觉地松了阿露的身体。

康熙的孝诚皇后赫舍里氏在生下二皇子胤礽之后不幸因难产死去，现在如何又出来个"皇后娘娘"？却原来，赫舍里氏于1674年5月死去之后，孝庄太皇太后见康熙皇上十分地悲伤，加上当时的战事又十分吃紧，所以也就没提什么重新立一个皇后的事情。到了第二年的五月，赫舍里氏死去已整整一年了，南方的战事也相对松弛了些，孝庄太皇太后就找到康熙言道："皇上，该立一个皇后了……"

是呀，作为一个国家，不可以长时间无主，否则天下必将大乱。而作为一个皇帝，似乎也不可以长时间地无后，否则将不成体统。只不过，对康熙而言，好像有一种"曾经沧海难为水，除却巫山不是云"的感觉。那么可人有趣的孝诚皇后赫舍里氏死了，想再找到一个像赫舍里氏那样的皇后定然难上加难。既如此，对康熙来说，再立一个什么新皇后，似乎也就没有多大意义了。只是碍于"体统"，康熙又不能不立皇后。所以，康熙就了无兴趣地对孝庄太皇太后道："皇祖母，就麻烦您老人家为孙儿选一个皇后吧。"

太皇太后说道："皇上，你早已经成年，选皇后的事，应该由你自己做主。"

康熙却道："皇祖母，现在战事这么紧张，孙儿哪有时间和精力去挑选什么皇后？"

孝庄太皇太后有些迟疑地道："如果我替皇上选出皇后。皇上若是不满意，该如何是好？"

康熙强自一笑道："皇祖母为孙儿选出的皇后，孙儿如何会不满意？孝诚皇后便是皇祖母为孙儿选出来的，孙儿不是很满意吗？"

康熙说的倒也没错。想当年，为联合索尼共同对付鳌拜，孝庄太皇太后就把索尼的孙女儿赫舍里氏选作了康熙的皇后。这本来是一种政治手段，但没曾想"歪打正着"，康熙和赫舍里氏竟然情深意笃、如胶似漆，十分地恩爱缠绵。

想到此,孝庄太皇太后就应诺道:“皇上既然这么说,那就照皇上说的办吧。”

客观地讲,孝庄太皇太后为给康熙挑选一位新的皇后,可算是煞费了苦心。她知道康熙与赫舍里氏之间的感情很深厚,想找到一个能取代赫舍里氏为后的女人实属不易。这就是孝庄太皇太后起初不大情愿为康熙挑选新皇后的原因。但既然康熙不想自己挑,她又应承下来了,所以挑选新皇后的事情再难,她也要倾全力去办。自康熙清除了鳌拜势力之后,孝庄太皇太后几乎就什么事情都不过问了,但这一回,为康熙挑选新皇后的事情,她却又不能不过问。她总不能看着康熙皇上没有皇后吧?

孝庄太皇太后决定从康熙已有的妃嫔中选一个人作为皇后。为使这个新皇后让康熙满意,在那段时间里,孝庄太皇太后几乎整天地在后宫里转悠。她转悠的目的,是想找到一个体型和外貌都与赫舍里氏比较接近的人。但可想而知,要找到一个与赫舍里氏很相像的女人该有多难。挑来选去,最终决定升贵妃乌雅氏为新的皇后。

当孝庄太皇太后将自己挑选的结果告诉康熙时,康熙只“哦”了一声,轻轻地道:“既是皇祖母选中的她,那就让她做皇后吧。”

既然康熙没有意见,这事儿也就这么定了下来。贵妃乌雅氏一夜之间升为了大清朝的皇后,是为孝恭仁皇后。

实事求是地讲,孝恭仁皇后乌雅氏应该可以称得上是一位绝代佳人了。不仅在后宫佳丽中,她是姿容最出众的一个,而且她的肤色,也是后宫粉黛中最白皙、最亮丽的。孝庄太皇太后之所以选中她作为皇后,与她的肤色也大有关系,因为死去的赫舍里氏,其皮肤就异常地白洁、光润。

然而,康熙对乌雅氏却不甚满意。只是他没有对皇祖母说。因为他知道,无论挑选谁做皇后,他都不会怎么太满意的。除非,让那个赫舍里氏复活,或者,让那个阿露入主坤宁宫。

一个人若是有了什么成见,那就很难改变。比如,康熙总喜欢拿赫舍里氏与乌雅氏做比较。在康熙的心里,赫舍里氏所有的特点全都是优点,而乌雅氏身上所具有的与赫舍里氏不尽相同的东西,在康熙看来,就都是她的缺陷和不足了。这样一来,即使乌雅氏是天底下最为美丽的女人,康熙也是不会满意的。

就拿床帏间的生活为例来说吧。康熙以为,赫舍里氏不仅做爱技巧十分纯熟、精湛,且该热烈的时候就会热烈、该温柔的时候就会温柔。而乌雅氏呢,如果过于温柔了,康熙就会认为她太过拘泥,像一个不懂事的小姑娘;如果乌雅氏过于热烈了，康熙则又会认为她近乎放荡，简直跟青楼中的妓女没多少分别。

所以，乌雅氏虽然升格成了大清朝的皇后，但康熙留宿坤宁宫的次数却并不是很多。有时，他虽然留宿在坤宁宫，却并不与乌雅氏亲热。更有时，他明明朝坤宁宫去了，却突然掉转方向，跑到其他妃嫔处潇洒走一回。当然，由于战事吃紧，他这种"潇洒走一回"的次数也不会很多。更何况，乾清宫内还有着一个阿露。

这天下午，孝庄太皇太后突然来到了乾清宫。随她一同到来的，还有孝恭仁皇后乌雅氏。

说"突然"，是因为康熙整日地忙于军务，似乎已经有好长时间没有见过自己的皇祖母了。所以，当孝庄太皇太后和乌雅氏双双走进乾清宫时，康熙感到十分惊讶。

康熙本以为自己的皇祖母是有什么事情而来，谁知，孝庄太皇太后却道："没什么事情。只是听说皇上近来十分忙碌，所以我就和皇后过来看看。"

看起来，孝庄太皇太后和皇后乌雅氏到乾清宫来确实没什么事情。乌雅氏好像一直都没作声。只孝庄太皇太后在和康熙说话。孝庄太皇太后也没有说什么有关时局的话。自康熙清除了鳌拜势力之后，她就再也不过问政治了。她只是关心关心康熙的身体，和康熙拉拉一些家常闲话。然而，在她和乌雅氏即将离开乾清宫之前，她倏地问康熙道："皇上，你是否还记得，你已经有多长时间没去坤宁宫了？"

康熙一怔。他一点也不记得了。但又不能不回答太皇太后的话。所以，他掠了那乌雅氏一眼，喃喃言道："皇祖母，孩儿整天忙忙碌碌的……恐怕，有一个多月没去坤宁宫了吧？"

孝庄太皇太后缓缓地摇了摇头。"皇上，让我来告诉你，你已经有两个月零九天没去坤宁宫了！"

康熙愕然道："皇祖母，孩儿真的有这么长时间没去坤宁宫了吗？"

孝庄太皇太后轻叹一口气道："皇上，我知道你很忙，但抽点时间去坤宁宫走一走，也总还是有可能的……我几次去坤宁宫，总看见皇后在痴痴地等你……"

那乌雅氏开口了。她是朝着孝庄太皇太后说的，说的声音低得让康熙几乎听不真切。"皇祖母，请不要说了……臣妾知道皇上近来太忙，不然的话，皇上一定会……"

康熙这才明白太皇太后此番的来意。不知为什么，康熙一时间很是有点内疚。是呀，乌雅氏毕竟是大清朝的皇后，他康熙再忙，隔三岔五地去坤宁宫留宿一晚也还是有时间的。也甭说是皇后了，就是那些后宫的妃嫔们，他康熙也应该抽出点时间去看望看望她们、安慰安慰她们。不然，一个皇帝要那么多的妃嫔又有何用？

想到此，康熙就做出一些笑容，望着乌雅氏言道："皇后，你放心，今晚，朕一定去往坤宁宫歇息。"

乌雅氏又说话了。这一回，她是对着康熙说的。她说道："皇上既如此说，那臣妾今晚就恭候皇上大驾光临……"

孝庄太皇太后领着乌雅氏走了。那个时候，康熙还没有忘记自己对乌雅氏的承诺。可是，待索额图到来，同索额图进行了一番叙谈之后，康熙就把自己说过的话给忘了。等打发走了赵昌，寝殿内只剩下他与阿露两个人的时候，他早已把自己说过的话抛到了九霄云外。

然而，当康熙搂着阿露，正要与她调情的当口，阿露却突然提起了皇后娘娘的事。这如何不令康熙十分的沮丧？

康熙不觉松了阿露，长吁一口气道："你若不提起，朕便不会想起此事……"

阿露稍稍整理了一下被康熙揉乱的衣衫，然后挪到康熙的身前道："皇上，你答应皇后娘娘今晚去坤宁宫，现在，你与索大人一番长谈之后，已经是深夜了……"

康熙轻轻地道："是呀，是呀，夜已经很深了……既是深夜，朕不去也罢。"

说着话，康熙双手一抄，便又将阿露揽在了自己的怀里。她没有挣扎，只是道："皇上说过的话，怎能不算数？想皇后娘娘，正盼望皇上大驾光临呢。皇上若不去，皇后娘娘该有多么失望、又该有多么伤心？"

康熙就那么搂着阿露的身子，毫无放松之意。"阿露，你说得很对，朕也知道皇后正在等朕。可是，朕记得很清楚，朕与你有整整三天没有亲热了。所以，朕今晚不想去坤宁宫，朕想留在这里与你好好地亲热一回……"

看看，康熙有两个多月没去坤宁宫了，却早已经淡忘，而只与阿露"整整三天没有亲热"，他却记得很清楚。阿露和乌雅氏在康熙心目中的地位，真的是有天壤之别啊！

听了康熙的话之后，阿露一时间很是为难。她伺候康熙皇上多年，对康熙的脾性应该十分了解。康熙并不是那种很固执的男人，但在一些儿女情长的事情上，他却有时有些任性。比如此刻，他要与阿露好好地亲热一回，如果阿露拒绝,他心中肯定不快,甚至还会恼火。实际上,阿露是不会拒绝的。但是,阿露又深深地同情和理解那个乌雅氏。身为大清朝的孝恭仁皇后,却常常得不到皇上雨露的滋润,心中该有何种感慨?

想到此,阿露在康熙的怀中蠕动了一下身子,然后轻轻地道:“皇上,奴婢也很想与你好好地亲热一回,可是,皇后娘娘正在等着皇上的驾幸。总不能让皇后娘娘空等一夜吧?”

康熙自觉不自觉地将阿露搂得更紧。“阿露,不用管她,也不用想那么多,你只需想着如何与朕亲热便是……”

阿露却道:“皇上,如果能想出一个两全其美的法子,岂不更好?”

康熙哼哼唧唧地道:“阿露,这等事情如何会两全其美?就像鱼与熊掌,朕既然不能兼得,也不想兼得,朕就肯定舍鱼而取熊掌者也。”

康熙把乌雅氏和阿露比做鱼与熊掌,似乎倒也精当。阿露幽幽地言道:“皇上,待奴婢与你好好地亲热一回之后,你再去坤宁宫歇息,皇上以为如何?”

一切完毕之后,阿露喜滋滋地道:“皇上今晚如约前去,皇后娘娘定然乐不可支!”

康熙却一边朝外走一边暗自想道:朕的满腔热血都已在阿露的身体上燃烧殆尽,此番去坤宁宫,皇后娘娘还如何会乐不可支?

康熙优哉游哉地走进坤宁宫的时候,恐怕已是深更半夜了。那孝恭仁皇后乌雅氏闻之,忙得像脱笼的小鸟一般,飞也似的迎了出来。见着康熙,乌雅氏一边施礼一边急急地道:“皇上驾到,臣妾来迟,乞请皇上恕罪……”

康熙“啊”了一声道:“皇后太客气了!不是你来迟了,而是朕来迟了!”

乌雅氏忙道:“皇上日理万机,公务繁忙。皇上能在百忙之中抽出时间来看望臣妾,臣妾真是幸莫大矣!”

康熙哼哼哈哈地道:“朕确实过于忙碌……适才,朕是在处理了一桩紧急公务之后,才得以抽身至此。”

康熙适才处理了一桩什么紧急公务?乌雅氏不知,赶紧言道:“皇上如此繁忙还来看望臣妾,臣妾真是感激涕零……臣妾恭请皇上入房歇息以养龙体……”

康熙却道:“朕虽劳累,暂时还不想歇息。朕想先自沐浴一番,以除去身上汗味,然后再休息不迟。”

乌雅氏殷勤地道:“待臣妾为皇上沐浴更衣……”

康熙摆了一下手道:“不劳皇后如此殷勤。你先回房,朕沐浴后自会去见你。”

乌雅氏应诺一声，姗姗离去。康熙一指不远处的一位宫女道：“你，为朕洗浴。”

能亲手为皇上洗浴，对一般的宫女来说，不啻是莫大的荣幸。那宫女慌忙而又激动地走了过来，口里甜蜜蜜地应了一句道：“奴婢遵旨。”

康熙摊开四肢，舒舒服服地浸泡在热水里。房事过后，洗上一个热水澡，也不失为生活中的一大快事。更不用说，还有一位妙龄的女子，在为自己的身体细心地搓洗。

沐浴更衣完毕，康熙浑身松弛地走进了孝恭仁皇后的卧房。那乌雅氏自然还在等待。康熙也没搭话，径自走过去，和衣躺在了床上。

如果说康熙在乌雅氏的卧房里还有一些情趣的话，那就是，这卧房的主人本是孝诚皇后赫舍里氏，康熙现在躺着的这张凤床，那赫舍里氏也曾经躺过。尽管这卧房换了主人之后，环境布置都发生了比较大的变化，但康熙一走进这里，便会情不自禁地想起那位可心可意的赫舍里氏，想起自己与赫舍里氏在一起度过的那些美妙的时光。

见康熙躺在床上、定定地望着屋顶，毫无亲热的意思，乌雅氏尽管很失望，但也没敢造次，只静静地伏在康熙的一侧，像一只依人的小鸟。

是呀，虽然得不到康熙皇上的亲热，但能够伏在皇上的身边，悄悄地嗅着皇上身上散出的气息，也总比独卧一床要强许多。

康熙动弹了，伸过手去，轻轻将她的腰身松松地搂住，然后低低地言道：“朕累了，朕要休息……”

她没吭声，只紧紧地贴着他的身体。她恨不得能将自己完完全全地嵌入到他的体内。但同时她也知道，她这是怎样的一个妄想啊！

显然，乌雅氏是不可能睡着的。而实际上，康熙也没有马上就睡着。他是很累，但他需要考虑的问题也很多。比如那个索额图，他带着二十五万大军西去，能顺利而及时地解决西线叛军的问题吗？

想来想去，康熙竟然睡意全无，怎么也合不上眼了。他轻叹一声，索性坐了起来。乌雅氏不知究竟，慌忙弓起身子，就那么四肢立起趴在床上，有些可怜兮兮地望着康熙。打个不恰当的比方，她当时很像一只做错了什么事而企望得到主人宽恕的小狗。

康熙有些不忍心看她那么一副可怜巴巴的模样，于是就张开手臂道：“皇后，你坐到朕的怀里来。”

乌雅氏一听，大喜过望，迫不及待地就钻入到他的怀中。她今夜肯定是做过精心的准备。从她身上散发出来的一股股浓郁的芬芳，一个劲儿地直往康熙的鼻孔里钻。

因为康熙想竭力摒去那些纷扰的事务，所以他就略略打起精神，信口问乌雅氏道："皇后，你今晚涂的什么香水，味道居然如此浓烈？"

乌雅氏小声回道："禀皇上，臣妾今晚是用法国香水沐浴，但恐皇上不会喜欢……"

"法国香水？"康熙一怔。"皇后，你如何会有法国香水？又如何会用法国香水沐浴？"

乌雅氏言道："回皇上的话，皇祖母今日傍晚到臣妾这儿来，带来了一瓶法国香水。皇祖母教导臣妾说，用法国香水沐浴，不仅身体芬芳异常，且肌肤也会变得鲜洁亮丽。臣妾不敢违背皇祖母旨意，在皇上到来之前，用皇祖母所赐的那瓶法国香水沐浴了一番……"

康熙知道，皇祖母定是从那些法国传教士的手中得到的那瓶香水。康熙还知道，孝庄太皇太后这样做的目的，是想让乌雅氏变得更加芳香、亮丽，以博得他康熙皇上的欢心。

想到此，康熙就故意使劲儿地在她的颈间嗅了嗅，一边嗅一边咂咂有声道："朕早就听说法国香水非同一般，今日一闻，果然名不虚传。"

乌雅氏连忙道："皇上如此说，那皇上是喜欢臣妾身上的这种香味了？"

"那是自然，"康熙振振有词地说，"法国香水，涂在大清国皇后的身上，大清国皇上岂有不喜欢之理？"

乌雅氏不禁喜形于色。"皇上既已喜欢，臣妾当高兴万分！"

康熙言道："爱后，法国香水的芬芳，朕已领教。但不知，用这种香水沐浴，爱后的肌肤是否真的变得鲜洁亮丽了？"

乌雅氏听到"爱后"二字，差点激动得要跳起来。是呀，她有多少时日没听过皇上这么亲昵地称呼她了？

"皇上，请恩准臣妾宽衣，让皇上检验臣妾的肌肤……"

康熙心里想，反正也闲着没事，就看看她的肌肤，看法国香水是否真的有如此神奇的功效。这么想着，康熙就朝着她点了点头。

见康熙首肯，乌雅氏就迫不及待地褪掉了自己的衣衫。顿时，一具美妙的胴体就纤毫毕露地呈现在了康熙的眼前。

康熙的眼睛不由得一亮。看起来，那法国香水确有润肤之神奇功效。康熙不禁喟叹道:"法国香水,果然是魅力无穷啊!"

康熙情不自禁地伸手去触摸乌雅氏的身体。这一触摸不大要紧,康熙直觉得,那法国香水的功效简直太神奇了,泡得她的肌肤看起来是那么的光滑细腻,而抚摸起来竟又是这么的柔软。

但孝恭仁皇后乌雅氏的内心感觉就与康熙皇帝大不一样了。他的手指,有多长时间没有像今夜这样真真切切地抚摸她的身体了?一个女人,包括皇后,其身体被皇上的手指真真切切地抚摸着,究竟会有一种什么样的感觉?

乌雅氏没有去考虑这个问题。不是她没有时间,而是因为,自康熙的手指触摸到她胸部的那一瞬间起,她就几乎什么感觉都没有了。

她的身体急剧地战栗起来。抖动的幅度虽不很大,但抖动的频率却很高,以至于她的上下牙齿都止不住地"咯咯"相碰起来,活像这么赤身裸体地站在雪地里,又被人兜头泼了一盆冷水似的。

康熙对此很是有些诧异。他本只是用一种好奇或欣赏的态度去抚摸她的肌肤的。见她兀自颤抖不已,他便似乎不解地问道:"爱后为何如此颤抖?是不是爱后身体寒冷?"

乌雅氏慌忙哆哆嗦嗦地回道:"……臣妾绝非寒冷……臣妾心中如炉火熊熊……臣妾之所以颤抖,是因为皇上如此抚摸,臣妾内心太过激动所致……"

康熙立刻就明白过来。她浑身颤抖,乃情欲所致啊!她就像干渴已久的禾苗,虽还未见风雨,但凉气袭来,也足以让她激动万分啊!

说来似乎有些奇怪,康熙到坤宁宫来,只是要履行自己曾经许下的诺言,并不想与乌雅氏怎么亲热。但此刻,康熙明白了乌雅氏身体颤抖的原因之后,自己的体内,却也渐渐地升腾起了一股欲望之火。

而实际上,康熙有如此表现,也并不怎么奇怪。乌雅氏毕竟是一个美貌绝伦的女人。一个美貌绝伦的女人光着身子展现在一个男人的眼前,那男人不管有多么矜持也总是要有所心动的。更何况,康熙与阿露亲热过后早已恢复如初。最主要的,在当时康熙的眼里,乌雅氏好像已经不是什么乌雅氏了,而只是一个经过法国香水浸泡过的女人。

所以,康熙的目光就慢慢地变得炽热起来。他炽热的目光中,她的身体依然在颤抖。她此时颤抖的身体,对康熙来说,似乎具有一种无法抵御的诱惑力。而康熙当时也根本没想着去抵御。

乌雅氏这棵久旱的禾苗,终于喜逢甘霖。也许是这甘霖来得太突然、来得太猛烈,她还没有做好承受的充分准备,所以,在康熙不顾一切地冲撞之下,她承受了不小的痛苦。

当然,这只能是相对的。痛苦之中,蕴涵着极大的快乐。在这种快乐的驱使下,乌雅氏也顾不了那么许多了……

康熙战罢,乌雅氏却还在消散的烽烟中回味着适才激战时的那些动人的细节。许久,她才恋恋不舍地爬起身子,有气无力地打扫着战场。侧目去看康熙,康熙好像已经睡着了。乌雅氏不禁暗自思忖道:适才激战当中,皇上心中会怎么想呢?

其实,康熙依然没有睡着。在与乌雅氏战斗时,他的心中几乎什么都没有想。而战斗结束之后,他便马上就又想起了那个一直萦绕在他脑海里的问题:索额图西去,能很快地解决西线叛军的问题吗?

事实是,索额图不仅很快地解决了西线叛军的问题,而且还解决得很好。

康熙与乌雅氏做爱的时候,应该是第二天的凌晨了。就在那之后没多久,索额图便率领二十五万大军,离开京城,浩浩荡荡地向着西线开去。

## 又宠了皇后的美侍

康熙在坤宁宫踱步时,一宫女打住了他。他第一眼见到她时,还以为见到了已故多年的皇后赫舍里氏,再看第二眼时,又以为见到了早已出宫的阿露。这怎不让他眼睛一亮,内心一震呢?她便是乌雅氏皇后的侍女陈氏。激情万丈的他,遂擢升其为穆嫔,每每与之"爱相随"!

康熙自八岁登基后,一直受着鳌拜的要挟和轻视,虽是大清皇帝,却也有名无实。后来,在皇祖母及索额图之父索尼等人的大力帮助下,一举清除了鳌拜集团,开始了自己真正的皇帝生涯。这以后,年轻气盛的康熙,英姿勃发,尽展雄才大略,在满清王朝的历史上,留下了自己一连串的光辉足迹,足以让时人和后人刮目相看。

他力排众议,花了八年时间,终于平定了以吴三桂为首的"三藩之乱",又不顾别人反对,重用施琅等人,收复了被郑氏集团割据多年的台湾。再多方谋划,权衡再三,与侵略成性的沙俄政府签订了《中俄尼布楚条约》,稳定了大清东北岌岌可危的形势。后又三次亲征,果断出击,粉碎了噶尔丹妄图依靠沙俄的支持来分裂大清江山的阴谋。这一个又一个的辉煌业绩,使得康熙足以笑傲整个的大清历史,就是在整个中国的历史长河中,康熙涌起的这一朵又一朵的浪花,也十分地耀眼、十分地炫目。然而,当这一连串的壮举都完成了之后,康熙忽然感到,他似乎失去了继续前进、继续奋斗的目标。换句话说,康熙在前进、奋斗了大半辈子之后,猛然间觉得,自己竟然是那么疲倦、那么地空虚。于是,康熙的晚年生活,便突然间变得黯淡无光起来。他不仅没再给后人留下什么足以让人引以为自豪的东西,而且,他还给他自己留下了许许多多让人扼腕叹息的遗憾。

一个人若是太疲倦了,那就要好好地休息。一个人若是太空虚了,那就要好好地充实自己。康熙自平定了噶尔丹叛乱之后,似乎就处于这种"充实"和"休息"的状态中,一下子变得好像无所事事起来。

当然,作为一个皇帝,康熙是不可能真的无所事事的。单后宫中那么多如花似玉的女人,就够他康熙忙碌的了。所以,康熙便常常在乾清宫里"充实"了一下自己之后,就跑到花团锦簇的后宫里去"休息"了。后来,康熙觉得这样"休息"还是有点疲倦,就干脆躺在乾清宫里,叫赵昌叫阿雨或叫其他什么人,把后宫中的那些女人,一个个地唤来侍寝。甚至,连常住坤宁宫的孝恭仁皇后乌雅氏,也曾被康熙派人唤来乾清宫两次。这似乎有些不合规矩,但自康熙的皇祖母孝庄太皇太后撒手西去后,便无人能再来用什么宫内的规矩去约束康熙,所以康熙在宫内就可以为所欲为了。只是因为孝恭仁皇后乌雅氏已年岁渐大,康熙对她不可能再有多大兴趣,所以,康熙"休息"的重点,多是后宫中那些新被授封的年轻妃嫔们。康熙如此"休息",当然就会觉得越来越"充实"了。

不过,尽管孝恭仁皇后乌雅氏已处于那种徐娘半老状态,但她毕竟还是大清朝的正宗皇后,所以,康熙为她面子计,便有事没事的也常到坤宁宫里去走走。他也真的是去"走走",到坤宁宫之后,跟乌雅氏点点头,算是打了招呼,然后就优哉游哉地又离开了坤宁宫,弄得乌雅氏好不伤心。然而,就因为康熙常到坤宁宫里去走走,所以便走出一桩不大不小的事情来。

这天下午,康熙不知为何来了兴趣,带着赵昌和阿雨从乾清宫走到了坤宁宫里。当时,乌雅氏正在午休。闻听康熙来到,乌雅氏也顾不得梳洗,慌忙跑出卧房迎驾,口中称道:"不知皇上驾到,臣妾有失体面,恳望皇上海涵……"

乌雅氏口中的"有失体面"自然指的是未及梳妆打扮。但康熙根本就没有正眼看她,只是淡淡地说道:"朕只是来随便转转,你不用这么多礼!"

康熙也确实是来随便转转,因为连他自己都说不清为何要在这个时候到坤宁宫来。转了一圈之后,康熙觉得了无兴味,便准备离开坤宁宫了。可就在康熙即将走出坤宁宫的宫门时,他却突然打住了脚。他打住脚的原因是,有一个宫女袅袅娜娜地走入了他的视线。

能走入康熙皇上的视线并能叫康熙皇上打住脚的宫女,应该说并不多见。除非,这个宫女不仅长得倾国倾城,而且还有其独到非凡之处。那么,在坤宁宫内走入康熙视线并让康熙打住脚的这个宫女,究竟是何许人也?

这宫女是个汉人,姓陈,唤陈氏。如果陈氏换了普通衣衫走在北京城的大街上,人们顶多说她是个非常漂亮的少女。然而,在当时康熙的眼里,这个叫陈氏的宫女却非同一般。康熙看到她时,不仅觉得眼前一亮,而且内心还跟着震动了一下。

你以为康熙见了陈氏为何会有如此的表现?原来,康熙第一眼见到陈氏时,还以为自己见到了已死去多年的孝诚皇后赫舍里氏,再看陈氏第二眼时,又以为自己见到了早已出宫而去的阿露。康熙见到了赫舍里氏和阿露,眼睛能不一亮、内心能不一震吗?

这就充分地说明了,这个叫陈氏的宫女,其相貌确实十分地独特——至少在康熙的眼里是这样——乍一看,她长得像赫舍里氏,再一看,她又长得像阿露。同时,这也更充分地说明了,不管康熙年岁几许,性情如何改变,但对赫舍里氏和阿露的思念,却是永恒的。

所以,康熙看到那个叫陈氏的宫女后,马上就想大步跨到她的身边,但最终他还是克制住了这种冲动。他只是悄悄地问赵昌和阿雨道:“你们可认得那边的那个女子?”

阿雨摇头。赵昌却道:“禀皇上,奴才认识那女子,那女子名唤陈氏,在皇后娘娘身边伺候着,今年芳龄二八……”

康熙重重地点了点头。“好,赵昌,你既全都知晓,那事情就好办了!”

康熙要办什么事情?赵昌不知道,阿雨也不知道。但赵昌和阿雨知道的是,康熙自坤宁宫回到乾清宫后,心绪一直都不安宁,常常顾左右而言他。好不容易等到天黑,康熙匆匆地用了晚膳,然后便单独找到赵昌,很有些神秘兮兮地道:“赵昌,朕现在准备叫你去办一件重要的事情……”

赵昌迅即回道:“请皇上吩咐!奴才定万死不辞!”

康熙不知从哪里摸出一道圣旨来。“赵昌,你速去坤宁宫,当如此如此……”

赵昌“喳”了一声,双手恭恭敬敬地接过圣旨,就径向坤宁宫而去。你道赵昌接过的是一道什么圣旨?却原来,康熙已经册封那宫女陈氏为穆嫔,并要她立即到乾清宫里来侍驾。

对那陈氏来说,几乎是在转瞬之间便由一个宫女变成了皇上的妃嫔,这无疑是一件天上掉馅饼的大喜事儿。而对康熙来说,终于找到了一个既像赫舍里氏又像阿露一般的女人,便也或多或少地减轻了些许心中的那种刻骨难忘的相思。这种两全其美的大好事,别人也实难对康熙有多少非议的。

有康熙圣旨在手,赵昌办事自然不会含糊。尽管考虑皇后乌雅氏对康熙的这道圣旨很是有些自己的看法,但那宫女陈氏——应该称穆嫔陈氏了——还是迅速地被几个执事太监抬到了康熙的住处乾清宫。

那时候被皇帝召奉的女子,总是先用香露沐浴一番,然后用一大块净布裹住裸体,再由几个太监将其抬到皇帝的寝殿。穆嫔陈氏也不例外。几个太监将她直直地抬入康熙的寝殿时,康熙早已经坐在龙床上等候了。

几个太监小心翼翼地把陈氏的身体放在龙床之上。康熙一挥手,那几个太监便躬身退去。陈氏的身体虽被净布裹住,但脸却是露在外面的。所以,康熙就端详着她的脸蛋,问道:“朕封你为嫔,你可高兴?”

陈氏或许是太高兴了,或许是太过紧张了,康熙问她的话,她竟然没有回答,而且,两只眼睛里,依稀还有点点的泪花。

康熙不觉皱了一下眉,似是不悦地言道:“如果你不高兴,朕马上便唤人送你回去。朕决不会勉强于你!”

陈氏慌忙开了口。“不……臣妾高兴,臣妾太高兴了……臣妾高兴得都不知道该对皇上说什么好了……”

康熙的眉舒展开来,脸上也不自觉地有了笑容:“你高兴就好。你高兴了,朕也就会高兴!”

说着话,康熙的手就抚上她的脸颊,细心地摩挲着。摩挲得那么投入,摩挲得那么动情,仿佛,康熙不是在抚摸这个陈氏,而是在抚摸那个赫舍里氏或是在抚摸那个阿露。

陈氏刚满十六岁,正是那种含苞吐蕊的年龄。不要说是大清皇上的手了,就是一般男人的手这么细心地触摸她的脸颊,她也会激动不已的。所以,康熙的手刚一抚上她的脸,她的身体就不由自主地战栗起来。

康熙当然能感觉到她的那种战栗。大凡皇帝,对女人的身体总是很敏锐的。所以,康熙就轻轻地对她言道:“你不要动,一切自有朕来安排……”

康熙这么一说,陈氏即使忍不住地想要动弹也不敢乱动弹了。仅从这点上来说,康熙也着实有些自私。

康熙在她的面颊上抚摸了一阵之后,抓住裹她身体的那块净布的一边一拽,她的身体就滴溜溜地在床上打了两个滚之后。毕露无遗地展现在了他的眼前。亏得是皇帝的龙床,又宽又大,不然,康熙这么一拽,她的身体肯定是要滚到地面上。纵是如此,那陈氏也被吓得不轻,好在她还牢记康熙的话,纵然被吓得不轻,也没敢轻易地动弹。

康熙作为大清皇帝,什么样女人的身体没有见过?既见过,又为何面对着陈氏的身体会如此惊讶?原来,在康熙的眼里,这个叫陈氏的女人,其身体也着实太过奇妙。她的肌肤,无论是颜色还是纹理,甚至是肌肤上的那一根根或浓或淡的毛发,怎么看怎么像赫舍里氏身上的肌肤。而她肌肤上的其他部位,比如胸前的那一对,却又怎么看怎么像阿露身上的那一对。更奇妙的。还是她的那一双玉腿。从大腿到膝盖,活像阿露,而从膝盖到脚趾,却又恰似赫舍里氏。阿露和赫舍里氏两个人的身体,竟然如此完美地统一在了陈氏这一个人的身体上。世上真的有这么奇妙的巧合吗?

但不管你信不信,当时的康熙确实是被陈氏那如此奇妙的身体深深地感动了。康熙目不转睛地看了陈氏的身体后不久,眼眶内便自觉不自觉地漾出些许泪花来。一向不轻易落泪的康熙,为何面对着陈氏的身体,竟然会有泪花闪现?

不过,康熙并没有落泪。在落泪前的一刹那,他一下子就将自己的脸深深地埋入到她的胸部之间……

在男女情事方面,陈氏还谈不上有什么经验,但是康熙如此待她,她却也知道,康熙是喜欢她的,或者说,康熙是喜欢她的身体的。可不管是康熙喜欢她这个人还是喜欢她这个人的身体,只要能够得到康熙皇上的喜欢,她未来的日子就一定会充满阳光。

穆嫔陈氏未来的日子是否真的充满了阳光?别人不得而知。一个小小的寻常妃嫔,在满清的历史中,的确是微不足道的。不过,穆嫔陈氏与一般的妃嫔相比,又着实不太寻常,至少,在康熙晚年的生活中,她是被康熙常常召幸的妃嫔之一,而且,在康熙五十五年——康熙那时已满六十三岁了——她还幸运地为康熙生下了二十四阿哥胤祕。如果从这个角度来说,穆嫔陈氏未来的日子,也的确是充满阳光的,至少康熙皇上的阳光雨露,是经常地洒在她的身上的。

## 康熙帝用官位换佳人

### 圣祖为美人相思成灾

清圣祖聪明绝世,他在位时为百姓建立的功德,数也数不清。清圣祖风流倜傥，多情性格，更是他的一个特别之处。在衡州地方，吴三桂即位改元，封诸将、置百官，天下大乱。圣祖对着群臣，一筹莫展，不知所措，装出一副对国家政事操心忧虑的样子。等到一退朝，他便换掉龙袍，溜出宫外，寻花问柳。

一天，圣祖回宫，小太监看见后，立即拿着衣服跟着进了乾清宫。只见圣祖歪在炕上出神，小太监站在身旁。过了半天，圣祖也不吱声，太监总管李福全到乾清宫请圣祖吃晚膳，瞧见圣祖这个样子，百思不得其解，便说道："爷可要开饭？"圣祖仍然歪在炕上出神，不说话。李福全又说了一遍，见圣祖仍不回答，便走上前去再问。圣祖这才如梦初醒道："你有何事？"李福全道："请爷用晚膳。"圣祖没有心思用晚膳，便摇了摇头。李福全道："各宫娘娘，各邸格格，都在席上等着爷一同进食，爷不吃，难道叫她们都挨饿？"圣祖道："传旨让她们先吃，我还要等等呢。"李福全只好叫小太监传旨。守门小太监进来通报："慈宁宫掌院传懿旨来了。"圣祖立即下跪接旨。掌院走进宫中说道："皇太后有旨，叫皇帝早点睡觉，被子盖严一点，春寒比不得冬天，小心着凉。"掌院说一句，圣祖答应一句，直等掌院说完，圣祖才起身。李福全留掌院喝茶，并告诉掌院皇上身体有些不舒服，今天就不去皇太后那儿请安了。没有过多久，掌院又来传懿旨，叫太医入宫为皇上诊治。太医把过脉，皇太后还要瞧药方呢！圣祖生气地对李福全道："都是你大惊小怪，这下连皇太后都知道了。我又没有什么病，不过是心里有些烦躁而已。"李福全笑道："我的爷，小的可被上次的事吓坏了。上次爷服了金太医的什么步步娇药丸儿，召了五格格、七格格一块儿玩。说是看看药性怎么样，结果到后半夜差点把奴婢吓死，爷差点就醒不过来了。后来皇太后知道了此事，把我叫去，大骂了我一顿，还叮嘱小的以后不管爷有什么事，立刻就要奏报，我怎么敢隐瞒太后呢？"圣祖摇头道："从前的事，不要再提了。等会太医来了，咱们不要瞧了，我没生病。"李福全道："但愿爷身子没病，不过我总觉得爷没有以前活泼了。"圣祖道："我知道你误会了，人家只是心里有事不高兴。"李福全听皇上这么一说，立即明白过来，点头道："爷也不能总是为此事忧心，这贼子总有一天会恶贯满盈的。"圣祖道："你说的是什么呀？"李福全道："爷不是为了吴三桂而心里不高兴吗？"圣祖笑道："我怎会因为吴三桂这逆贼而烦恼呢？"李福全道："我还以为爷是为了这贼子而烦恼呢，原来不是。小的愚笨，不知除了此事，还有什么值得爷伤神。"圣祖道："我碰上了一件麻烦事，比吴三桂的事还要麻烦十倍。"李福全惊道："是什么事？不知爷能否告诉小人？"

## 一见倾心暗寻芳踪

总管太监李福全听说皇上遇到了比吴三桂还要麻烦的事情，不免问皇上："到底什么事情，求爷告诉小的。"圣祖道："我今天出宫游玩，在前门的一条胡同里碰见一个非常漂亮的女子。我从来没有瞧见过这么标致的女子。我想跟她讲几句话，可这女子也很奇怪，秋波般的眼神向我投来后，微微一笑，便关上门进去了。我在那里等了半天，她也不走出来。福全，你想想看，如果不将她请入宫中，怎对得起她一番美意！要是请她入宫，我又想不出别的办法。这事我又不能与大臣们商量，你说难不难?"福全正准备回话，忽听见小太监报："太医院医官王武玉宫门候旨。"圣祖道："我又没病，让他回去算了。"小太监立即去传旨。圣祖又道："福全，你可有办法?"李福全道："我的爷，我还以为是什么军国大事，原来是这件事，这事并不难办。"圣祖喜道："你能办，就交给你办。办得好，爷重赏。"李福全立即跪下叩头道："谢爷恩典，这个赏，奴才一定领。"圣祖听后十分高兴。李福全道："奴才还要问爷呢，这女子看上去有多大年龄，长得什么样子?"圣祖道："她的样子，我这一辈子都不会忘记，这女子的年纪，看上去超不过十八九岁，模样长得极为好看。鸭蛋脸，身子如翠竿，两道眉毛像春柳一样，又翠又长，眼似秋波，又明又活，笑起来脸上还有两个酒窝儿。"说到这里，他将手指向自己脸的两旁。李福全道："爷今天这么高兴，看来此事已有八九分预兆了。"圣祖忽然又想起一件事，立即跌足说道："哎哟！有件事没看仔细。"李福全道："什么事?"圣祖道："这女子是姑娘便好，要是已有家世，那可怎么办?"李福全道："是有夫之妇，爷，就不要吗?"圣祖道："这么漂亮的女人，即是有夫之妇我也要。可我是一国之君，夺娶民间有夫之

康熙出巡图

妇，道理上怎么说得过去，所以我非常着急。”李福全笑道：“爷如果这么想，那就算了。”圣祖听后竟笑了起来。

第二天，清晨，李福全就出去打听，晚上才回宫，圣祖问他事情办得怎么样了。李福全道：“我的爷，真是找死人了。我在爷告诉我的地方找了半天，也没看到这个女子。”圣祖道：“蠢材，你不会问别人。”李福全道：“怎么没问，可别人都说不知道。我想不会是爷记错了，不是前门吧？今儿前门那几条胡同我都走遍了。”圣祖道：“蠢奴才，明天我和你一块儿去。”晚饭后圣祖回到寝宫，值宫太监叩头问道：“爷今晚要哪位娘娘侍寝?”圣祖摇摇头，独自一个解衣睡下。正是：

曾经沧海难为水，除却巫山不是云。

## 情欲似火以官位换美人

第二天圣祖没上早朝，梳洗完毕，喝了一碗燕窝粥，便和李福全偷偷地溜出了宫门。他们转弯抹角，专拣僻静的小巷走，为的是避免与早朝的官员碰上。走了好一会，李福全觉得有点累，问道：“我的爷，还要走多长时间？咱们先休息一会吧！”圣祖道：“快到了。”果然没走半里，圣祖就指着一家门口说道：“这里便是。”李福全看到，这是一所三开间的小宅子，粉墙外面，种有四五株杨柳，随风摇曳，门口贴着门条，上面写着“江左卫寓”四字。李福全道：“原来是此地。”圣祖道：“昨天你来过这里没有?”李福全道：“没有！”圣祖道：“现在你该知道了吧?”李福全道：“知道了。”接着说道：“爷，咱们先回去。”圣祖道：“既然来了，为什么又要回去?”李福全走近一步，附在圣祖耳朵边小声说了几句话，只见圣祖高兴地说：“我就依你，但是三天之后办不好，你可要小心了！”李福全道：“咱们雇个车吧，再走，小的这两条腿都要断了。”圣祖答应了他。回到宫中，天色已暗，宫中的灯笼正在一个个点亮。值宫太监送来许多奏章，圣祖大致看了一下，都是一些清兵要粮饷的事情，圣祖没心思去仔细看，便交给议政王大臣处理此事。

这几天，清圣祖坐不暖席、食不甘味、绕室彷徨，焦急地等到第三天，才见李福全兴冲冲地走进来。圣祖立即问：“事情可办妥了?”李福全道：“这个差使，太难办了，我费尽心思，才算有了点眉目。”圣祖听说有了眉目，极其高兴，忙说：“你真是聪明，我就知道，我不会看错人的。”李福全道：“爷先别高兴，事情还没有成功呢。”圣祖吃了一惊，便说：“你不是说已有眉目了吗，怎么又说没成功?”

李福全道:“才有了点眉目,是否能够成功还得继续办下去。”圣祖道:“到底能不能成功?”李福全道:“爷先别着急,等我慢慢将事情告诉您。这家主人姓卫,叫卫大胖子,是个武举人,在前门大街开了一个杂货铺,生意很好。家里一妻一妾三口儿过着安闲自在的日子。爷瞧见的那个,是他去年娶的小妾。”圣祖不想听这些,便说道:“这种事情,我不想听,你快告诉我事情到底办得怎样?你不是答应我三天准能办成吗?”李福全笑道:“先别急,我的话还没讲完呢。”圣祖道:“那你快点讲,都急死我了!”李福全道:“奴才就到杂货铺见那卫大胖子,并告诉他我的来意。这卫大胖子,也真难缠。”圣祖道:“难道他敢不答应?”李福全道:“他没有答应,也没有不答应。他只说皇上天恩,不嫌微贱,他感激不尽。”圣祖笑道:“那不是答应了吗?”李福全道:“他还说只是皇上所要是贱妾,他不便替她做主,如果他答应了,她。不愿意,到时候他不是犯了欺君之罪吗?这件事,他还必须先和她商量。如果贱妾要是答应了,他自然会将她送入宫中。我的爷,你看这该怎么办?”圣祖道:“多给他几个钱,不就了事了。”李福全道:“我看那卫大胖子,家境甚好,钱他可能不会放在眼里。”圣祖道:“依你看该怎么办?”李福全道:“最好恳请皇上,赏他一官半职。卫大胖子考得武举人,想必一定想当官。”圣祖道:“此话有理,朕就命你传旨给他,要是他答应了朕,朕立刻提拔他为头等侍卫。”李福全道:“奴才吃过饭,就去传旨。”圣祖点了点头。

卫大胖子,全名叫卫良臣,是常州人。父辈创下了家业,家里很有钱,就因为他爱习武,把整个家业花完了。虽然得了武举,但武举不能当衣穿,又不能当饭吃。亲戚朋友知道他没有钱,都看不起他,与他断绝了来往,卫良臣的生活非常艰苦。谁料,苦尽甘来,这一年他碰上了一个考取功名的同乡朋友,要他一起进京,做起了买卖,并打算来年再次应考。朋友还免去了他的本钱,卫良臣十分高兴地带着老婆进了京。凡是走运的人,干什么事情都是顺顺利利的。卫良臣虽然做生意不精,但是却年年赚钱。不到五六年,便挣下了厚实的家底。他的那个同伴中了武进士,在顺承郡王手下任职,到前线为皇家效力去了。他虽然依旧是个老举人,但娶了良妻美妾。如今碰上这件事,虽然心中极不情愿,但又无奈,只好勉强答应。

## 颠鸾倒凤不分昼夜

李福全传过旨,当天晚上就把卫氏接进宫来。当晚,圣祖命卫氏在乾清宫侍寝,与她颠鸾倒凤,百般恩爱。圣祖见卫氏柳眉翠锁,杏脸红酣,体态轻盈,身材苗条，圣祖越看越爱，越瞧越高兴，竟然不知该如何宠她才好。正是：

回眸一笑百媚生，六宫粉黛无颜色。

女子不管是美是丑，进了后宫就会受到排挤。何况卫氏长得花容月貌，又得皇上百般宠爱，自然会引起后宫诸嫔妃的嫉妒。当面不说什么，但在背后，却谣言四起。什么宫门口竖的铁牌；什么按着祖制，满汉不能联姻；几个刁钻的，还放出风来要上奏皇太后，请皇太后训示。皇宫内苑一时之间醋雨酸云四起。总管李福全怕闹出事来，自己也担当不起，于是将此事通知圣祖。圣祖知道后，愣了一会儿说道："我倒没考虑这些，这群不知死活的东西，假如真的让太后知道，我不免也要挨一顿骂。"李福全道："爷挨一顿骂不要紧，就怕卫娘娘的性命难保。假如太后知道是我干的，我也活不了。"圣祖道："这该怎么办？卫娘娘如果死了，我也不想活了。"

忽然一个小太监上奏圣祖，一等公吴雅卫武递职名叩请圣安。圣祖正在生气，骂道："这也值得上奏！我知道了。你这不懂事的小太监，日后再这样办事，你可小心！"吓得小太监跪在地上，不敢吱声。李福全灵机一动，走近圣祖身边，把圣祖衣袖一提，道："爷，吴雅卫武来得正巧，或者菩萨爷可怜咱们爷儿为难，派人来替我们解难也说不定？"圣祖不明白他说的是什么意思，便问道："朕是中国的皇帝，他不过是个一等公，怎么能帮朕？"李福全道："各宫娘娘如今不是为爷宠了卫娘娘生气，而要在皇太后跟前搬弄是非吗？"圣祖道："她们无非仗着宫门口竖的那块铁牌儿，想除卫娘娘罢了。老实告诉你吧，如果她们敢这么干，我一定会让她们都去陪葬。"李福全道："爷也犯不着这么自寻短见吧。按我的想法，只要用着吴雅卫武一定会圆满解决。"圣祖立即高兴地问李福全有什么巧计。李福全道："吴雅卫武很老实，也非常受皇太后信任。爷如果把他密召到宫里，叫他认卫娘娘做女儿，我想这现成国丈，他一定不会推辞的。然后趁皇太后心情愉快，圣祖再告诉太后说一等公吴雅卫武的第几女，十分聪明贤惠，儿臣非常喜爱，希望皇太后发慈心，准许她进宫。太后疼爷，一定会答应的。这么一来，后宫里谁敢说个'不'字。爷，你瞧我这主意行不行？"圣祖高兴地说道："好主意儿，你怎么不早说呢？"李福全道："奴才也是刚才想出来的，爷觉得还可以吧。"圣祖回头见小太监还在那里跪着，便对他说道："起来起来，快去传旨，叫吴雅卫武在南房等候朕，我有话对他讲。"小太监立即起身传旨。圣祖换好衣服，与李福全一起去南书房召见吴雅卫武，三人密谈了好一会儿。第二天早晨，皇太后便下旨，钦选一等公女儿吴雅氏为妃，并叫人带去见了皇后与各宫妃子。于是卫氏便不用偷偷摸摸地和皇上在一起了。圣祖守承诺，果然下旨提拔卫良臣当上了御前侍卫。

这卫妃自康熙十七年五月密选入宫,十月便生下了一位皇子。圣祖十分喜爱他,并亲笔赐名为胤禛,是圣祖第四个儿子,因此宫里的太监侍卫都叫他胤祯四哥。妃嫔们见卫妃六个月后生下胤祯,便造出许多谣言来,卫妃对此也是非常担心。谁料圣祖宽宏大量,根本不把那些谣言当一回事,卫妃这才松了一口气。这阿哥胤祯长相奇特,生得虎额龙睛,鸟嘴鹰鼻。圣祖因为他出生以后,三番战乱就平定了下来,认为是胤祯给他带来了好运,所以对他格外疼爱。

# 雍正帝拥靓女入怀

## 入洞房却与陪嫁女喝了交杯酒

胤禛轻挽着那拉氏的胳膊,举杯正要饮下,忽然停下说道:“喜子,你也斟上一杯,咱们三人共同喝交杯酒。”翌日,洞房“三人交杯酒”的事就传开了。康熙狠训了胤禛,得知喜子家的事迹后,特恩准她与胤禛隆重地举行婚礼——二人又一次喝了“交杯酒”。

康熙三十年(1691 年)8 月 16 日。胤禛(即雍正帝名)奉康熙命与那拉氏结婚,按照大清朝祖制,那拉氏被封为福晋。

《辞海》上注解,福晋是满语妻子的意思,也含有贵妇的意义(一说即汉语“夫人”的音译)。清代制度中,亲王、郡王及世子的正室均称为福晋,侧室称为侧福晋。福晋和侧福晋都必须由皇上册封。

8 月 16 日,人们刚刚度过一个万家团圆的节日,胤禛又迎来了自己的新婚大喜之日。按照祖制,皇子新婚之后就应搬出宫居住,另立府邸。康熙考虑再三,决定把城东太深街的一片住宅赐予胤禛做新房,并正式授其封号为“多罗贝勒”,这片宅第也就理所当然叫作禛贝勒府或四爷府。

当天夜里,禛贝勒府张灯结彩,披红挂绿,人来人往,一派喜庆气氛。

小新郎官四阿哥待客人陆续走散后,由贴身太监刘进才搀扶着进入洞房,他看着早已等候在那里的新娘,心“扑扑”乱跳。对于结婚之类的男女之事他仅仅听人谈论过,朦朦胧胧懂一些,这几天又被强化“训练”一番,多少明白些,但真让他做起来仍觉得别扭。

“四阿哥，你可能还没见过新娘是什么样的吧？快掀开红盖头看看。”刘进才嬉皮笑脸地说道。

胤禛确实没见过新娘的长相，只从客人们的谈话中听说新娘长得不太漂亮，而他却认为美丑并不算什么，只要有德有才，能够对自己的大事有所帮助就可以了，女人美在德行而不在相貌。

胤禛特别讨厌漂亮的女人，当然，他也不希望自己的新娘长得丑陋。女人，能够有德有才又有貌，那该多好哇！

青年雍正

胤禛在刘进才的再次催促下走上前揭开了新娘的红盖头。

“哟，好漂亮的新娘，四阿哥真是好福气！”刘进才大惊小怪地逗趣道。

胤禛认真端详一下低眉垂首羞答答的新娘，人长得也还过得去，不是多美，但也决不丑。胤禛轻轻松了口气，他一颗悬着的心放了下来。

刘进才上前躬身说道：“四阿哥，今天是你的新婚之夜，理应早点就寝，还有什么要奴才去做的吗？若没有奴才就退下了？”

不待胤禛开口，新娘那拉氏轻启玉齿说道：“你下去吧，今后内室的事由我料理就行了，我会让四爷满意的。”

“这事是我们做奴才干的，哪能有劳福晋大驾，需要做什么还是让奴才做吧，请福晋吩咐。”

“不用啦，我来时还带来一位贴身侍女呢，叫她照料内室吧。喜子，快来见过四爷。”

“哎——”

随着一句脆脆的应答声，一个十二三岁的小姑娘飘然而至。

“小姐，不，奶奶，有何吩咐？”

那拉氏脸一红，“今后不要这么称呼我，仍叫姐姐吧。”

“小姐，这是贝勒府，不同于小姐在家时的步军统领府，原先的规矩可要改啦，不然，四爷会骂咱不懂规矩的。”

喜子说着，向那拉氏扮了一个鬼脸。

“喜子，还说我不懂规矩，你才真正不懂规矩呢！刚来头一天就耍嘴，还不快快拜见四爷!"

"是!"

喜子急忙转身向胤禛施礼说道:"奴婢喜子叩见四爷,奴婢刚才的无礼之处请四爷恕罪!"

胤禛也还是个孩子。虽然自幼受皇宫烦琐的礼节约束处处小心,但也极不习惯,毕竟童心未泯,也不讲究什么失礼不失礼的。他一见喜子如此活泼可爱,马上喜欢上了她,急忙拉起喜子说:"今后都是一家人啦,何必客气呢?在这贝勒府中规矩可以随便些,倘若进入皇宫大内可一定要严守宫规,皇家的礼仪一点也不能丢。"

"喜子把四爷的话记住了,请问四爷,奴婢怎样称呼我家小姐最合适呢?"

胤禛被她的机灵劲逗乐了,淡淡一笑:"小姐这个称号就不太合适了,叫奶奶又太死板,如此年轻就叫奶奶,不老也叫老了,干脆就叫福晋吧。"

喜子头一歪,嘻嘻笑道:"四爷,福晋,今天得叫你们新郎新娘才对呢?"

"好吧,随便你叫什么都行。"

"这可是四爷说的,我要叫胤禛呢!"

"喜子,不许无理!"那拉氏脸一板呵斥道。

"奴婢觉得今天是四爷与小姐的大喜之日,故意与四爷逗乐的,四爷您不会怪罪吧!"喜子伸伸舌头嬉笑着说。

"你也太小瞧四爷了,我还没有那么小气,整日呆在宫中死气沉沉的,很少有人敢说句笑话,难得你今日说句笑话让四爷我开开心,不但不责怪,还重重有赏呢?"

"赏什么?"

胤禛挠挠头:"四爷赏你可以称福晋为姐姐,外加一对玉镯。"

"小姐,四爷可比您大方多了,奴婢跟着您这么多年,除小姐生日之外,从来没见小姐赏过奴婢。"喜子又同那拉氏开玩笑说。

那拉氏也装出恼怒的样子说:"你这小蹄子太没有心肝了,我对你如同亲姐妹,每次做衣服买首饰全都是双份,有我的就有你的,今天刚认了新主子就想把我给甩啦,早知如此就不该带你来。"

"小姐,您又说假话啦,本来我是不愿意来的,您怕四爷太凶,给您气受,才劝我一起来的,说四爷若打你罚你,让奴婢与你联手对付他。"

喜子边说边笑。

"这个小蹄子,你真够损的,把我全给出卖了,说句笑话你却当真了,我要和四爷联手打你呐！你奴才倒骑到主子的头上了。”

那拉氏说着，做出一个打的姿势。

“小姐饶命，喜子再也不敢了。”喜子笑着说。

“嘿，你已经做了，还说不敢，你这小鬼精，嘴里这么说，心中却不是这么想的。”

“小姐，你不饶恕奴婢，我可要向四爷求情了，让四爷给你点厉害的尝尝。”

“这是你们主仆的事，四爷我可管不了。”胤禛开玩笑地说，“不过，我一向同情弱者，路见不平拔刀相助，莫非福晋要让我演一出英雄救美人不成？”

胤禛说着，哈哈大笑起来。

不知为何，胤禛却有几分喜欢上这位喜子起来。她活泼可爱，人也长得机灵漂亮，在胤禛心目中，喜子比那拉氏强多啦。

一阵玩笑之后，胤禛问道：“喜子，你随小姐来到这里有没有同你父母商量过，你父母同意吗？”

一句话触动了喜子的心事，笑容马上消失了，她垂下头，淡淡地答道：“我无父无母是个孤儿，多亏我家老爷把我收留，视我为亲生女儿，这次随小姐一起来到四爷这里也是我家老爷决定的。我家老爷就小姐一个掌上明珠，小姐出嫁后，我本打算服侍我家奶奶，可老爷不同意，让我随小姐一同出嫁，等我长大后再由小姐把我嫁出。”

喜子说到这里，抬头苦涩一笑：“其实我根本就不想嫁人，只想服侍小姐一辈子。”

胤禛诧异道：“哪有女子不想嫁人的？许多女子都希望嫁一位好丈夫，夫荣妻贵，传世留名呢！”

喜子摇摇头，“四爷说的是一般女子，多是像我家小姐这样名门闺秀，像我这样出身卑贱的女子就不同了。也许是我的造化，老爷收留了我，从来不把我当奴婢看待，如果换一户人家就不同了。就是我这给人做奴才的，嫁人又能嫁一个什么样的人，还不是和我一样身份的奴才，都是奴才，何来夫荣妻贵？与其那样还不如不嫁人呢？自己做奴才就够了，怎能让自己的子子孙孙也像自己一样做奴才呢？”

胤禛只觉得这样一个女孩子活泼可爱，心直口快，没想到心里竟有这样的心思，虽然出身卑贱，但心性却极高，真是人人都有一本难念的经。无形之中，胤禛对喜子又多一份好感，他就喜欢这种脾气这种禀性的人。

片刻的沉默，胤禛若有所思地说：“既然你有造化被你家老爷收养，他们全家待你那样好,你为何就不想想你还会有更好的造化呢?也许能像你家小姐一样也嫁给一位皇子或臣子呢?甚至成为妃嫔皇后也未可知呢?"

那拉氏吃惊地望着胤禛,"这可能吗?在没有嫁给四爷之前,我从来也没奢望能嫁给一位皇子,认为能找到一位门当户对的人就心满意足了。"

喜子却笑了,"小姐没有想到却做到了,而我想到了却没有这个福分,还是小姐命好,出身好,找的夫君更好!而我只配当奴才,能够服侍小姐和四爷也算有好造化了,还能再渴求什么,否则,上天该骂我不知足啦。四爷,你说是吗?"

那拉氏抬头望望窗外已经偏南的月亮,又看看放在旁边的酒杯酒坛,迟疑一下说道:"别斗嘴了,该休息了,四爷明日还要去宫中叩拜皇上、皇太后呢。"

喜子忽然醒悟过来,笑道:"小姐一定是等得不耐烦了,想和四爷喝交杯酒了吧?来吧,我给你们斟酒。"

喜子取过两个酒杯,斟满酒,双手端给两人,嘻嘻笑道:"交杯酒开始——"

胤禛和那拉氏都端起酒杯,轻挽着胳膊,把酒杯放在唇边,正要饮下去,胤禛忽然停下酒杯说道:"喜子,你也斟上一杯,咱们三人共同喝交杯酒。"

喜子笑了,"四爷,交杯酒只是新娘和新郎两人喝的,哪有三人共喝交杯酒的道理,传扬出去岂不让人笑掉牙?"

胤禛却不以为然,拿起酒壶给喜子倒了一杯,便就手举起酒杯说道:"这在我四贝勒府,一切由我做主,不要管什么礼节不礼节的。"说完就挽起喜子的胳膊一仰头把酒喝了下去。新福晋和喜子看拗不过这个倔犟的四阿哥,只好同时也喝了这洞房"三人交杯酒"。

第二天,胤禛在洞房里让陪侍女喜子喝交杯酒的事就传开了,但胤禛并没有将此放在心上。他的心里想的是婚后如何干大事——觊觎储位……

后来,雍正帝胤禛真的与这位可爱活泼的陪嫁女喜子有了一段刻骨铭心的情感历程。喜子和胤禛私情甚密,并为胤禛生下一子,据说名叫弘历。

此事,被胤禛的父皇康熙知道后,康熙十分生气,他狠狠训斥了胤禛一顿,说胤禛在外不顾清室体统,胡乱作为。后来当康熙得知喜子是大福晋那拉氏的陪嫁侍女时,也就不再说什么。这在满洲的习俗里很正常。

康熙还特意命人把胤禛喜爱的喜子叫到跟前,他见喜子人长得并不俊美,但言谈举止都十分大方得体,有大家闺秀之风,与一般侍女大不相同。询问后才知道,喜子是阿巴泰之孙凌柱之女,康熙大感意外。他们爱新觉罗氏的江山有四分之一的疆土是喜子的先祖给打下来的,喜子的曾祖额亦都是大清第一开国元勋,用"汗马功劳"这四个字是无法表达的。祖父阿巴泰是顺治皇上最亲信之人，以致顺治皇上五台山出家也是阿巴泰陪伴的。正是因为阿巴泰随顺治皇上一同出家之事，孝庄太皇太后唯恐事情泄露，把当事者几乎杀绝。当时，考虑到阿巴泰家族的赫赫功勋，才免去他儿子凌柱一死，把他全家赶回东北老家驻守皇陵。

这些事迹都是康熙从太皇太后那里听到的，事过境迁，想不到喜子又成为儿子的妻子，唉，这也许是他们两家的前世姻缘吧。

康熙询问喜子的父亲凌柱现在何处，喜子一听皇上如此关心她的身世，十分感动，伤感地诉说出一段鲜为人知的故事。

凌柱全家被赶到东北赫图阿拉老城宁永陵，其实就是充军发配。如此遥远的路程，等到赫图阿拉时，家中原有的佣人几乎跑光了，变卖的家产也被佣人席卷一空。只剩下年幼的凌柱陪伴着年迈的母亲，母子俩就在永陵旁边搭起了窝棚。凌柱上山砍柴、打猎、挖草药，换些衣食所用的东西，母子俩过得很清苦，但也很安稳。他们很少和周围村子的人往来，周围人也不知道他们母子的来历。就这样一晃多年过去了，凌柱到了而立之年；年龄一天天大起来，儿子娶不到媳妇，当母亲的怎么不着急呢？可着急又有什么办法，一个外来人，家境又那么贫穷，谁也不会把女儿嫁到这样的人家！

几年后夏天的一个傍晚，天擦黑时下起了瓢泼大雨。凌柱上山打猎还没回来，母亲焦急地等待着。突然，从雨中跑来一个俊美的姑娘，说路过这里迷了路，要求避一下雨，凌柱母亲立即把那姑娘让到屋里，给她拿毛巾，倒开水。

雨越下越大，直到天黑也没有停，姑娘只好住下。凌柱带着猎物回来时天已完全黑透了，浑身湿个精光，也许是受了风寒，凌柱饭也没吃就病倒了。

雨接连下了几天，凌柱也病了几天，姑娘一直就在床前照料他。

天晴了，凌柱的病好了，姑娘才说出自己的身世，父母双亡，自幼被卖到人家做童养妻，如今长大了，婆家逼她成亲，可丈夫是个白痴，她逃了出来，却无家可归。

凌柱母子见姑娘可怜，便收留了她，凌柱和姑娘虽哥妹相称，时间一久便产生了感情，姑娘竟怀上了孩子。凌柱母亲就把他们带到永陵前拜了天地。

一晃几个月过去了，姑娘临产了，生下一个女娃，全家人都很高兴，给这荒凉的陵墓带来一些喜色，于是，他们就给孩子起名叫喜子。

喜子满月那天，皇陵突然来了一支军队，是费扬古奉命前来祭陵修陵的。那些修陵的士兵四处掠夺。等凌柱回到家中时发现媳妇不见了，只有喜子哇哇直哭。询问多人，谁也不知道凌柱媳妇到什么地方去了，有人说被她婆家掠走了，也有人说晾衣服时被山中的老虎叼走了，众说不一。凌柱把喜子交给母亲照料，自己外出找媳妇去了，从此再也没有回来。

皇陵整修好了，费扬古要走了，他听说了这件事，便找到了凌柱母亲，从谈话中知道她是阿巴泰的夫人，原来他两家是世交。费扬古收留了凌柱母亲和喜子，要带她们回京城，凌柱母亲不愿意走，她要在这里等儿子回来，就让费扬古把喜子带回京城了。

喜子讲完故事，早已泪流满面。

康熙问道："你奶奶呢？"

"她就在永陵旁边的棚子里等爹爹回来，爹爹终于没有回来，奶奶就在思念与等待中忧郁死去。"

"这些事你从哪里听到的？"康熙问道。

"是奶奶告诉费大人的，长大后费大人又告诉了我。"

康熙觉得有些对不住凌柱一家，就对胤禛说："选个吉日，你正式与喜子举行大婚，像第一次大婚那样隆重，朕给你主持婚礼，册封喜子为福晋。"

喜子急忙施礼称谢。这时，那边传来婴儿的啼哭声，康熙听说是喜子所生的小皇孙，十分高兴，让她抱来看看。康熙接过喜子抱过来的婴儿一看，这孩子长得浓眉大眼，天庭饱满，地阁方圆，哭起来声音洪亮。康熙称赞道："这孩子长得好福相，长大之后必成大器，一定能建立一番轰轰烈烈的业绩，我爱新觉罗氏代代出英豪。尔等务必悉心调教，早早请名师授书，不可辜负了这孩子的天赋与资质，将来这孩子如果不成大器，就有愧上天之赐。"

康熙用长胡须亲亲孩子小脸，又问道："是否已经给我这皇孙起过名字？"

胤禛立即答道："儿臣只是随便给孩子起个名字叫弘历，请皇阿玛赐名！"

康熙听后点头说道："弘历，既合于我爱新觉罗氏的辈分，又有宏图大志之意，好，就用这个名字吧。"

"谢皇阿玛！"

一路平安回到京城，胤禛为了讨好皇上，果然择定吉日与喜子举行大婚，并邀请皇上主婚。康熙如约前往雍郡王府主婚，这一消息传扬出去，无形增加了胤禛的身份。这事恰恰又是康熙废去太子之位后做的第一件事，不仅内外臣工私下议论纷纷，众阿哥也猜测不定。

举行婚礼这天，雍郡王府进进出出都是人，热闹的场面比第一次大婚还隆重，那些见风使舵的王公大臣都闻声赶来祝贺。胤禛更是忙得不可开交，往来穿梭于各处客房照应客人，因为有许多朝中的头面人物，平时请都请不到，今天居然都来了。怎能不让胤禛发自内心地高兴,这些人哪能得罪了?手下人照料难免不够周到,他便主动应酬。

一天下来,胤禛累得腿痛腰酸,再累也高兴。洞房花烛夜虽然令人高兴,但更令他高兴的是皇上对他的器重,以及内外臣工对他的另眼相待,在太子之位空缺的这当儿,无疑事情朝着有利于他的方向发展。

## 八抬大轿接美人

不明就里的年羹尧,也被眼前这突然变故搞懵了,"此人是什么来头?"他正在狐疑之中,猛然听到门前传来一阵喜庆的唢呐,接着是一队队迎亲的人马,有十几匹战马和七八乘轿子。"快请年小姐、年公子及红艳姑娘上轿,我家四爷在府中等候几位呢……"

科考的日子一天天逼近,入顺天府参加北闱应试的举子也都云集京城。

胤禛自从被补选副主考后,心中就盘算起来,决定在北闱应试举子中,除了为朝廷选拔人才外,也为自己笼络一批人才,早早建立起一个四爷党。当然,这一切只能暗中进行。胤禛比其他阿哥高明的就是做任何事都不声不响,事情没有办成前决不让外人知道,就是办成了也尽量减少影响面,以免对自己不利。

胤禛知道选拔人才,仅靠考场上那几篇八股文章是不顶用的,文章写得再好,也不能代表这个人就一定有真才实学。特别是他所需求的那种人才,知识只是一个方面,其他能力更重要,他才不要那些只会读死书死读书的书呆子呢。他要的是像自己一样精明能干、有心计、会耍手腕、善钻营的人。当然,无论这个人才能怎样,最重要的是对他忠心不二,这才是他选人的首要标准。

这天,胤禛闲着无事,乔装打扮一番独自来到考生住宿最多的马蹄街。他沿街边走边看,各家旅店都挂上了客满的招牌。平时冷清的大街也猛地热闹起来,人来人往络绎不绝,除了众多的考生之外,做买卖的、占卜算卦的人也增多了,大小铺子一家连着一家。

胤禛在街上找了一家名叫"春不去"酒楼,也要一张桌子坐下,随便要了几个小菜,自斟自饮起来。说来凑巧,他从邻桌子的几位举子饮酒谈话中得知了年氏兄妹的消息,而且就在此地一家十分显赫的旅店。胤禛于是放下筷子急忙奔向那家旅店。他刚要进门就被一个看门的伙计挡住了:"这位公子,你是找人还是住店?"

胤禛先是一愣,连忙说道:"我是找人。"

"找人,找谁?"

"找年姑娘。"

小伙计上下打量着胤禛,不相信地问:"你找年姑娘?可年姑娘来这里好些日子了,从来也没有见你来过?你是她的亲戚还是朋友?你说年姑娘叫什么?从哪里来此?"

胤禛真的被他问住了,他想说叫年霓裳,但又怕不是她,正在尴尬之际只听楼上有人向下伸头喊道:"谁要找我家小姐?"

胤禛抬头一看是年霓裳的贴身丫鬟红艳,急忙冲她说道:"红艳姑娘,果然是你们!"

红艳也看清了胤禛,向屋内喊道:"小姐,小姐,嬴公子来了,嬴公子来了。"

不等年霓裳走出屋,红艳又向胤禛喊道:"嬴公子,快上来,我家小姐天天念叨你呢。"

红艳这么一嚷嚷,众人都出来观看。胤禛走上楼时,年霓裳刚好走出来,二人四目相对一时无语,说不出的意外与惊喜。

在红艳的提醒下,年霓裳把胤禛让进屋内,胤禛接过年霓裳递上的茶时,这才仔细打量她的衣着容貌。人尽管像几年前一样漂亮,举止神态却比过去成熟多了,让胤禛吃惊的是年姑娘脸色有些苍白,眼睛也有一些凹陷,人清瘦了几分,衣着尽管十分大方得体,但不像往昔那样华丽鲜艳,那头上手上的装饰也不见了。

胤禛怔怔地看着年霓裳,半晌才问道:"年姑娘,你怎么住在这里,你的家里人呢?"

胤禛本来想问"你的父母呢?"话到嘴边又改了,虽然事过境迁,胤禛对年遐龄仍有几分仇恨。年霓裳当然明白胤禛的心情,她一时悲感交集,竟哇的一声哭了出来,胤模急忙把她揽在怀里,给她抹眼泪,柔声细语地安慰她。许久,年霓裳才止住哭泣,抽泣地问道:"无论父亲对你怎样,我和哥哥对你却是真心的,为何太原一别你杳无音信?这次来京名义上是陪哥哥进京科考,实际上是为你而来,我们几乎找遍整个京城也没有打听到你的下落,为了找你,哥哥他——"

年霓裳说着又呜呜哭了起来。

胤禛知道年霓裳与年羹尧至今仍不知道自己的真实身份,觉得十分奇怪,难道年遐龄事后没有告诉他们兄妹自己就是胤禛。

胤禛给年姑娘边擦干泪水边问道:"快告诉我你哥哥到底怎么了?出了什

么事?”

年霓裳还未及开口,红艳就讲述了事情的经过:“两年前,我家老爷由山西调任湖北,在赴任的途中老爷不幸中暑身亡,大奶奶也悲伤过度不久离开人世。调任前老爷已把山西家产变卖殆尽,谁知在赴任中途突遭变故,变卖的家产也花销得差不多了。等少爷和小姐把老爷和大奶奶的尸骨运回山西安葬后,家中财产更是所剩无几。本来老爷还留有部分地契,可少爷、小姐哪里管过账,被府上管账的人蒙骗了。不到一年的工夫,原有的一些地契也散光了。应了一句俗语:树倒猢狲散。家中的佣人见大势已去,都纷纷借故离开了。唉,如今小姐身边就我一人,少爷连一个书童也没有了。真是世态炎凉呐。恰逢今春科考,少爷决定来京应试,小姐一个人留在山西还有什么意思,也一同来到京中,一来照应少爷,二来就是寻找公子。”

红艳讲到这里,也委屈地哭了起来,年霓裳早已坐在旁边泣不成声。胤禛也没有想到,年家会遭此不幸。他本来对年遐龄十分反感,如今人已经去世了还提什么恩怨,更何况他是自己心爱之人的父亲,爱屋及乌吧,胤禛对年遐龄的死多少有几分伤感。再说,当年那事也是胤礽从中作梗,年遐龄不过是奉命行事的工具。

胤禛现在最想了解年羹尧出了什么事,但他又不好催问,因为年霓裳与红艳都正在伤心痛哭之中。

红艳终于止住哭泣,她瞪一眼胤禛,埋怨道:“嬴公子走后也许早把我家小姐忘到九霄云外了,为何不给小姐捎上一纸半书,自从你走后可知我家小姐是如何度日的? 小姐盼星星盼月亮,几乎是数着日子过,每隔几天就派我打听一下有没有从京中捎来的信函。后来,小姐绝望了,再也不让我去打听书信的事,但小姐的心思我十分清楚,虽然嘴里不提,心中却时刻挂念着公子。有一天,小姐梦中还在呼唤公子的名字呢?”

“红艳,你别说了——”

刚刚止住哭泣的年霓裳又委屈地哭了。

“不,小姐,我就要说,我不说嬴公子怎会知道小姐的心思,怎会了解小姐你的苦衷呢?”

红艳看一眼一声不响的胤禛继续说道:“来京后,我和小姐几乎把个北京城问了个遍,也没有打听到公子的住处,为了寻找公子,我家少爷还惹了一身官司。”

胤禛急忙问道:“红艳姑娘,千错万错都是我的错,你快告诉我年公子是怎么出事的，我们好想办法解救他出来。”

这事说来也巧，也许该着出事。那天，年羹尧和年霓裳与红艳三人一道去西胡同口打听嬴真下落，他们曾听说那里住着一家姓嬴的，父亲是京城一个小官，家中有一个年轻的公子，叫什么不太清楚。根据别人介绍，年羹尧觉得这姓嬴的家庭与嬴真的情况相似，估计有个大概，他们便来到嬴家询问情况。年羹尧叩开门，出来接待他们的果然是位嬴公子，但不是他们要找的嬴真，这人叫嬴森。年羹尧说明来意并问嬴森情况，结果是一问摇头三不知。年氏兄妹要走时，嬴森软硬相留。

年氏兄妹刚一进门时，嬴森一对色眯眯的小眼就在年霓裳身上打转，说话的时候，那对贼眼睛一直没有离开年霓裳的脸。年霓裳被他看得不好意思，低着头，尽量避开他的目光，正是这样，她才催哥哥离开这是非之地。

年羹尧也看出了嬴森的不怀好意，若是在太原府，凭他的脾气早就把嬴森捶扁在地上。可这是京城，再加上父亲病逝没有了靠山，他做事比过去收敛多了。

嬴森是这西胡同一带出了名的泼皮色鬼，平日里下赌场逛窑子，周围的女人被他玩的不少，但像年霓裳这样水灵的姑娘他还是头一次见到。刚一见面，口水就直往肚里咽，心里道："老子今天真是艳福不浅，不知是爹妈哪辈子烧了高香，竟然有两个漂亮的妞自己送上门来。"想归想，嬴森也看出站在旁边的年羹尧不是省油的灯，动起武来自己未必是他的对手。于是，嬴森便挽留年氏兄妹在府上吃午饭，准备在饭菜上做手脚。年氏兄妹似乎猜中嬴森的心思，坚决要走，嬴森最后露出了丑恶的嘴脸，他嘿嘿一笑威胁道："你们也不打听打听，我姓嬴的大门进来容易，走出去却没有那么容易！我诚心诚意挽留你们，大爷我已经给你们面子了，不要敬酒不吃吃罚酒！实话告诉你们，这两位姑娘我全要了，要走，你小子独自走吧，需要银子尽管开口，大爷有的是！"于是两人打了起来。

二人你来我往十几个回合没有分出胜负，嬴森求胜心切，猛然改变拳路，招招狠毒，动作迅速，直取年羹尧要害处。

年羹尧渐渐摸清了嬴森的拳路，他不再惊慌，沉着应战，让嬴森毫无办法取胜。一个家丁见嬴森胜不了年羹尧，手提一把朴刀从身后向年羹尧砍来。年羹尧正在打斗之中猛然觉得身后有个刀影，他急忙闪身躲在一边。那人狠命一刀劈下去，不偏不斜，正砍在嬴森头上，嬴森还没有反应过来是怎么回事就当场一命呜呼。

年羹尧也没有想到结果是这样,他和妹妹、红艳乘乱之际急忙逃回旅店。天子脚下出了人命案岂是一走了事的,年氏兄妹还没来得及逃走,顺天府巡城衙役就赶到了,不容分说把年羹尧押进御史大牢。

这事本来也没有什么,按理说年羹尧又没有伤人,应该无罪释放,伤人的是嬴府家丁。但嬴家暗中花了钱硬说是年羹尧上门滋事出了人命。年霓裳知道哥哥一时脱不了干系,在哥哥的指点下求父亲生前几位老友帮忙。如今世道是人走茶就凉,更何况人死了呢?对于事情经过谁也不了解,都婉言谢绝了。眼看今春科考之日就到了,哥哥仍关押在狱中,年霓裳怎么不心急呢?误了今科还可以再等上三年,倘若哥哥被判处是杀人罪,即使不被杀头也要坐上十年八年牢,他们年家就彻底完了,她怎么对得起死去的双亲。这些日子,年霓裳几乎是度日如年,以泪洗面。真是呼天天不应,唤地地不灵。

胤禛听完年霓裳与红艳的讲述,更觉得心中愧疚,他握住年霓裳的手说:"年妹,别哭了,都是我不好,让你受委屈了。请你放心,我会想尽一切办法把你哥哥解救出来的。"

红艳担心地问:"嬴公子,那位死去的嬴公子家挺有钱的,父亲又在京城做官,你能斗过他吗?"

胤禛冷冷地说道:"哼,他姓嬴的家有钱有势,我嬴真家更有钱有势,如果有谁敢从中阻挠,我让他的官做不成!"

红艳一听胤禛这口气,来了劲,急忙说道:"嬴公子,快把我家小姐接到你家居住吧,这旅店里有几名书生都想打小姐的主意呢!"

胤禛点点头,"这我知道。"

"你知道?"红艳十分诧异,她忽然想起了什么,又问道,"嬴公子,你从哪里听说我家小姐住在这里的?"

胤禛不能直说,他看一眼年霓裳:"你家小姐如此对我,我岂是忘恩负义之人?这几年也无时无刻不惦念着你家小姐,给你家小姐写了无数封信。"

"那我们小姐怎么一封也没收到呢?"

"可能被你家老爷给藏了起来。"

年霓裳似乎想起了什么,她点头说道:"无怪乎爹爹在病逝前曾拉着我和哥哥的手说了两个字'嬴真'就咽气了,他老人家可能是告诉我们兄妹你的信被他匿藏的事,只可惜爹爹没有说完就离开了人世。"

年霓裳眼角挂满泪珠。

胤禛知道年遐龄是想告诉儿女有关自己真实身份的事,他也不点破,淡淡地说道："起初，我给你写了许多封信，却一封也没有收到你的回信。估计是你父亲不允许你与我交往，或许又将你许配给了他人，便决定死了这份心，也不再给你去信，但我思念你的心却一天比一天炽烈。碰巧今年是恩科之年，我估计你哥哥一定会进京应试的，就四处打听他的住处，费了许多周折才了解到这里住着几个山西来的姓年的客人，就这样找来了，碰巧正是你们。"

年霓裳十分感动，一腔委屈都被胤禛这几句话说得荡然无存。

红艳开玩笑地说道："嬴公子，你和我家小姐是有情人终成眷属，她为了找你吃尽了苦头，你为了找她也费尽了周折，如今一切如愿，也算好事多磨吧，可不能再让我家小姐在此受委屈了。如果你再不来，只怕我家小姐就名花有主了，楼下一位书生要给我家小姐提亲呢！他说当今太子想选一位貌美的妃子，只要我家小姐愿意，他可以从中牵线。如果嬴公子再不把小姐接入府中，一旦太子相中我家小姐，只怕公子想争也没有希望啦。"

"红艳，不得无礼！"年霓裳训斥道。

"小姐，我说的是真话，于成龙昨日告诉我他已经托人转告太子了，你知道他那样的人是能做得到的。我告诉嬴公子是为了你俩人好，不想让人再拆散你们。"

红艳转向胤禛："嬴公子，我家小姐是重情之人，如果小姐不是对你一片赤心，只怕小姐如今已到宫中。于成龙用重金收买我劝说小姐给太子爷做妃子，结果小姐把我骂个狗血喷头。你能拥有我家小姐是你的福气，希望你不要做出对不起小姐的事。"

红艳还要说下去，被年霓裳呵斥住了。

胤禛知道红艳并没有说假话，他想了想说："你家小姐是名门闺秀，我要用八抬大轿抬进我的府中，何况科考之日就到了，这几天我还要忙着解救你家少爷，让他也参加今年的恩科考试。自古无场外的举人，他不考试如何能够金榜题名呢？你陪你家小姐在此再住上一段日子，等到今科发榜之后，我将热热闹闹地把你家小姐抬入府中。"

红艳满意地点点头。

"嬴公子也要参加今年的恩科考试吧？"年霓裳略带羞涩地问道。

胤禛不置可否地说："请年妹放心，我马上去找顺天府御史范承勋，让他立即放人。"

胤禛又安慰年霓裳几句才告辞，临走前再三告诫红艳一定要照顾好小姐，他回府之后就派人来此保护她们。

发榜的日子到了。

顺天府贡院门前被围得水泄不通。众多考生早早等在这里,此时此刻,渴盼的心情真是一口吞了二十五只小兔——百爪挠心;又如十五只吊桶打水——七上八下。

巳时许,黄榜贴出,考生一拥而上,争着寻找自己的姓名,仅是一盏茶的工夫有人哭来有人笑。

年羹尧好不容易才挤到跟前,从上到下寻找自己的名字。嘿,自己排名第十四,他有一种说不出的高兴。虽然这仅仅是乡试,但只有通过乡试才有资格参加会试,会试再通过就可以高中进士,乃至探花、榜眼、状元了。尽管这段时间因狱讼案件牵累影响了复习迎考,情绪也不好,科场之内没有得到充分发挥,但这个结果还是令他满意的。有了这个结果,对明春的会试也就有了信心,唉,没有辜负父母的一片心意,也可告慰九泉之下的双亲了。

兴奋之余,年羹尧想到了缠绕身上的血案。听说是嬴公子将他保释出来的,但嬴公子有能力为他洗清冤狱澄清事实吗?不然,这金榜上的题名岂不等于零,今天的欢喜也是猫咬猪尿泡——白欢喜。

年羹尧急忙在黄榜上寻找"嬴真"两个字,他从头到尾仔细看了两遍,连一个姓嬴的也没有。在这些人中,有他认识的张廷玉、赵申乔、于成龙等人,他估计嬴真一定没有考中。科考这几日人多,自己也太忙,一直没有见到嬴真,也没有问清妹妹他府上在何处,登门拜访一下。今天发榜,他一定也来了,只是人太多,根本不可能碰到。更何况他名落孙山,哪还有心思在此逗留呢?

年羹尧为把这高兴的事告知妹妹,便转身急速回店。

年羹尧刚到旅店门前,见店内挤满了人,不知发生了什么事。挤进去一看,一个太监装束的人站在院中,红艳正在和他争执着什么,旁边放着一乘轿子,轿子两边站着几名宫廷人员。

只听红艳冲着那太监嚷道:"别说你们是毓庆宫的,就是皇帝老子要人也应先打个招呼。光天化日之下,总不能硬抢吧,你们还讲不讲理,有没有王法?"

双方争吵起来,红艳就是不放人。

宫廷太监急了一挥手,"给我硬行拖走!"

几名侍从人员冲上楼去。

年羹尧见状,唯恐事情再闹大对他不利,也劝说道:"妹妹请三思,胳膊拧不过大腿呀,这事哥哥也无能为力,当朝大太子何人惹得起啊!"

年霓裳心一横说道:"我早已把心给了嬴公子,别说让我进宫当宫女,就是入宫当皇后我也不去!"

"妹妹,你如此痴情太不值得了,实话告诉你吧,嬴公子根本没有考取,我仔细看了三遍,连一个姓嬴的也没有见到。"

"哥哥,我要嫁给嬴真并不是看中他的家庭与地位。我爱他的痴情,像我一样是性情中人,敢爱敢恨,爱就爱得死去活来,恨也恨得天翻地覆。我活是嬴家人,死是嬴家鬼,如果他们敢硬抢我,我就一头碰死在这廊柱上。"

年羹尧见妹妹如此执拗,他也无可奈何,眼睁睁看着几人来抢妹妹。

正在这时,猛听旁边屋内走出一人大声喝道:"我等奉四阿哥之命特地在此保护年姑娘,有谁胆敢动年姑娘的一根毫毛。我金昆立马叫他奶奶的回老家。"

金昆说着,呛地一声亮出手中大刀。

接着,又从屋内走出四人,每人手中都握一把明晃晃的利刀。

几名蹿上楼的侍从一听说他们是奉四阿哥之命,又见他们手中的家伙,一个个灰溜溜走了下去。

为首太监叫何尚文,看看眼前的阵势,知道来硬的会吃亏,走上前一步问道:"哦,原来是金昆老弟,失敬,失敬,一定是误会了,这叫大水冲了龙王庙,一家人不认一家人了。怎么,金老弟也是冲年小姐来的?"原来金昆是胤禛的侍内。

金昆斜视着何尚文,"废话,不是为年小姐,谁来这里干吗?年小姐是四爷的人,不许任何人动半个念头,否则,先问问我的这把刀可否同意!"

何尚文真的被他的气势震住了,他想想,在这大庭广众之下又怕失了面子,结结巴巴地说:"我是奉太子爷之命来接年小姐的,太子爷的脾气金老弟也一定有所耳闻,倘若我等空手而回,不好向太子爷交代,太子爷怪罪下来别说你我,就是四阿哥也……"

金昆见何尚文一口一个太子爷,故意用太子爷的头衔压他,甚至显示四阿哥也怯太子,他十分恼火,破口骂道:"何尚文,你休拿太子爷吓唬我,你只说走不走,不走,大爷立即叫你躺在地上。"

何尚文光棍不吃眼前亏,连声说道:"我们走,我们走!"

站在旁边的年羹尧也被眼前这突然变故搞懵了,太子爷宫中的太监侍卫竟然被这个叫金昆的人吓走了,此人是什么来头?他们所说的四阿哥是谁?难道他们说的四阿哥就是嬴公子?

年羹尧也知道这旁边住着几位来历不明的人,起初以为是范承勋派来监视自己的,没想到竟是来保护妹妹的。

年羹尧正在狐疑之中,猛然听到门前传来一阵喜庆的唢呐,接着是一队队迎亲的人马,有十几匹战马和七八乘轿子。为首一人手持符节走进院中向金昆说道:“金会员,我等奉命前来迎接年小姐回府。”

这人在金昆指引下来到年霓裳房门前,扑通跪下,施礼道:“快请年小姐、年公子及红艳姑娘上轿,我家四爷在府中等候几位呢!”

红艳急忙问道:“你家四爷是不是嬴真嬴公子?”

刘进才一怔,马上明白过来:“回红艳姑娘,我家主人的名讳我们做下人的怎敢提起,我们都习惯称作四爷,四阿哥,请红艳姑娘也随我等这样称呼,府上的规矩可不能破。”

年羹尧一听刘进才称嬴真四阿哥,猛然一惊,心中念道,嬴真,胤禛。他立刻明白了一切,额角也浸出汗来,这才知道嬴公子就是当朝四皇子今科副主考。他立即催促妹妹及红艳上轿,房内东西早有随行人员上来打点收拾。

年霓裳走下轿子,胤禛笑容可掬地走上前搀住她。年霓裳见胤禛一反往日的装束,今天打扮得异常尊贵。人是衣裳马是鞍,这话一点也不假,年霓裳还从来没见过胤禛如此潇洒倜傥呢!她见胤禛当着众人的面紧紧挽住自己,略带羞涩地深施一躬:“嬴大哥——”

胤禛笑道:“年妹,今后再也不许叫我嬴大哥,我不姓嬴。”

年霓裳吃惊地问道:“你,你姓什么?”

胤禛哈哈大笑,“我姓爱新觉罗,我叫胤禛而不是嬴真,嬴真是我的代名。如果你愿意,就叫我四阿哥好了……”

# 乾隆帝风流成性

## 第一眼就心动

漪秀从看到乾隆的第一眼开始便有些心动了;乾隆见到漪秀后,心里也甭提有多激动了,上前握住漪秀纤细如玉笋的手。旁边的皇后很会意,借倒茶之故,为他俩创造机会。于是,两片火热的嘴唇碰在了一起,乾隆不能再等待,他抱着漪秀踱向了床边……

有一次,乾隆下朝后没事就往皇后寝宫走去,当他到皇后富察氏屋里时,看见皇后正和一个年轻女子在谈话。那女子的美貌立即吸引了乾隆:一张瓜子脸,樱桃小嘴再配上小巧玲珑的鼻子,绝对是巧夺天工;还有那双眼睛,水汪汪的,仿佛里面全装的是柔情蜜意。当乾隆走进屋时,那个女子对着乾隆笑了笑,一笑两个酒窝立即呈现在乾隆面前,看起来更加漂亮。乾隆简直是看呆了,他从来没看见过这么漂亮的女子,虽说有三千后宫供他挑选,但他中意的却寥寥无几,而这么漂亮的女子,更是没有。

“臣妾叩见皇上。”皇后一见乾隆进来马上给他请安,但乾隆好像没听见似的,他还是痴呆呆地望着那个女子。皇后再请了一次安,乾隆才意识到自己的失态,马上笑吟吟地看着皇后。其实皇后早已看出乾隆的失态,她心里不禁一阵妒意,但她自己并不是那种狭隘的人,她知道作为皇后,嫉妒是第一大不恭,所以她对乾隆的风流往往是闭一只眼、睁一只眼。她要求不高,只要皇上能尊她爱她就行了。她见皇上看那女子看得入迷,便赶紧上前替乾隆介绍一下。

“这是我弟妹漪秀。漪秀,快来见过皇上。”

名叫漪秀的女子不是别人,正是皇后的弟媳、傅恒的妻子。其实,漪秀从看到乾隆的第一眼开始便有些心动了。乾隆那两道剑眉,英俊的面孔、高耸的鼻子令她不能忘怀,她早就想等着皇后给她介绍。这时,听皇后一说,马上前来跪安:“奴才漪秀见过皇上。”

乾隆心里甭提有多高兴了,他激动地上前握住漪秀纤细如玉笋的手道:“快起来,快起来。”

“皇上,您请坐吧!”皇后在一旁笑道。

乾隆马上放开了握着漪秀的手,仿佛是极不情愿似的,他看了看站在一旁笑吟吟的皇后,自己心里倒有些不好意思了。皇后与他情深意笃,他爱皇后,他可不愿皇后站在一旁太难堪。

“漪秀,过来陪着皇上说说话,我去给你们倒茶。”皇后说着就要走出门外。

“皇后,还是让宫女去吧!”乾隆拉着皇后的手。

“不,还是我自己去。”皇后说着带走了屋内的两个宫女,将乾隆和漪秀两个单独留在屋里。

乾隆明白皇后的意思,他从心底里感谢皇后给他这样的机会。他望着坐在他斜对面的漪秀,漪秀低着头,脸上因娇羞而露出的两朵红晕看起来简直是美极了,乾隆感觉到自己的呼吸有些急促。他用脚碰了碰漪秀罩在旗袍下的那双小脚,漪秀没有动,不过脸上的红晕更深了。

脚下的试探,使乾隆明白了下一步该怎么办。他慢慢地站起来,踱过去站在漪秀跟前。漪秀这时大胆地抬起了头,轻轻地喊了一声皇上,那水汪汪的眼睛里似乎饱含了千种风情。乾隆再也不能等待,他猛然间握住漪秀的手,将漪秀从椅子上抱了起来,漪秀也顺势抱住了乾隆的脖子。

青年乾隆朝服

乾隆感觉到一种火热的感觉正慢慢地弥漫全身,他紧紧地抱着漪秀,轻轻地说着:“秀,朕喜欢你。”漪秀也不含糊,她将头埋在了乾隆怀里。乾隆慢慢地将漪秀的脸抬起来吻了一口,于是两片火热的嘴唇碰在了一起。乾隆不能再等待,他抱着漪秀踱向了床边……

从此以后,乾隆便认识了他的宫外妃子漪秀。乾隆每和漪秀亲热一次,漪秀便能得到乾隆的不少赏赐,不过赏赐也仅限于服装和饮食。但乾隆和漪秀的这段隐情,傅恒却始终蒙在鼓里。也正是由于乾隆染指漪秀,于是便想重用傅恒,一个是想填补心中的不平衡,另一个也是出于对皇后的感激。

## 天子因情而泪

乾隆见皇后这样识大体而不顾自己身体,他感动得想掉眼泪,扑到皇后身边说:“皇后,你如此深明大义,真是我的贤妻啊!你为了不废我的政务,竟然要带病坚持走。皇后,我不能让你这样走,要不你会不行的。”

乾隆为了完成皇后(富察氏)在梦中许下的愿——拜谒孔林,所以决定东巡齐鲁。临行之前,命大臣讷亲、张廷玉、蒋溥等留守京都办事。

车队一路随行,经过十多天的颠簸,才到河源屯,此地距曲阜还有两日路程,而且这日正好是皇后三十七岁生日,乾隆决定就此住宿,为皇后庆祝生辰。而对于皇后本身来说,乾隆车队这十几天来连续不断的颠簸,也使她虚弱的身子十分受不住,她也巴不得在此停留停留。

乾隆为庆祝皇后的生辰大宴群臣。群臣也脱下征衣,换上金碧灿然的蟒袍礼服,整个河源一派喜庆气氛。但皇后自己却提不起精神来,因为她太疲劳了。

当她领着随行后妃、公主以及随行尚书命妇等到皇太后处请安，回来又受公主命妇们的祝贺后，已是疲惫不堪了。她等到所有人走后，自己颓然倒在了床上，显得有气无力、头晕目眩，这时候，漪秀进来了。

“娘娘，您累了吗？”漪秀柔声问道。

“妹妹。”皇后抬头一看是漪秀，想坐起来，但却觉得浑身乏力，只得令身边宫女给漪秀倒水。

“娘娘，今天我看你受贺时那疲劳的样子。便知您是由于正月以来您身体一直未得恢复之故，所以我故意留了下来，等到她们均走了之后才来看您。”漪秀笑着说，“娘娘，您现在感觉怎么样，觉得好些了吗？”

皇后只是笑了笑，没有说话，漪秀一见皇后这个样子，知道皇后不想说话，于是她自己只是坐在那儿说些欢心的事以逗皇后高兴。说了很多很多，皇后确实也比较高兴，漪秀这才说道：“娘娘，皇上明知您身体还这么虚，为什么整日行路行得这么紧张啊！”仿佛是为皇后打抱不平。

“妹妹，你是知道的，皇上也是一大通事要他去做啊！他不能因为我而误了正事，那也是我不愿的，你是知道的。”皇后一语双关，既点出了漪秀与皇上的那段隐情，又点出了皇上对自己是关心的，只是我自己不情愿。

漪秀听皇后一说这话，脸不由得刷地一红。皇后把这一切看得很清楚，她本来无这个意思，只是让漪秀误会了，她赶紧拉住漪秀的手说：“妹妹，我并不是那个意思，不要胡思乱想，你和皇上的一切，我是相当清楚的，我并不想插手管这件事儿，只是望你以后要好好款待弟弟才是。”

“娘娘，我觉得我对不起春和，但有时候就那么怪，尤其是春和不在身边的时候，我总会想起皇上。娘娘，您怪我吧？”

“妹妹，你多心了，我说过我并不想管这些事儿，只是希望你不要因为皇上而对不住春和，这就行了。”

乾隆喝得大醉来到皇后行帐，一见漪秀在此，先是吃了一惊，继而很有礼貌地当着皇后的面喊了一声漪秀。漪秀见皇上这样客气，紧张心情也放松了下来，她拉着乾隆的手说：“皇上，奴才求你了，你以后走得慢一点行不行，要不皇后的身体会受不住的。”

乾隆的酒劲由漪秀这么一摇，醒了许多。他隐约听到漪秀说皇后的身体会受不了的。他抬头看了看已躺在床上的面容疲倦的皇后。他快步来到床前，柔声道：“皇后，你今天累了是不是？我以后就如漪秀所说，走慢一点，要不你的身体真会受不了的。”

乾隆说话果然算数，以后几天都行得很慢。到了曲阜，所有一切活动也尽量不由皇后参加，乾隆独自带着群臣前往孔庙拜谒，行三跪九叩礼；接着又到孔子墓地——孔林去拜谒，同时还得接见地方官员。由于日程繁忙，乾隆并未来得及关心皇后，皇后自己呢？她这两天陪着皇太后到处走一走，精神也好了许多。

朝圣结束，车队又继续东行，一直到泰安行宫才得以安宿。这其中风餐露宿，相当艰苦。皇后的身体虽无大恙，但已是疲惫不堪了。到了泰安行宫后，只歇息了一个晚上，第二天乾隆和皇后就要陪着皇太后登泰山去。第二天因为要到碧霞宫去，所以皇后特别高兴，由于高兴，消逝已久的红晕也出现在了皇后脸上。乾隆看着皇后今天出奇兴奋的样子，自己心里也是很愉快。

皇太后率着乾隆和皇后首先到玉皇庙行礼。然后依次到朝阳祠、碧霞宫、东岳宫、青帝宫、玉皇顶等各处名胜拈香拜佛。乾隆和皇后到了碧霞宫，似乎均有一种特殊的感情，二人坐在碧霞宫里，向天仙玉女碧霞元君表示虔诚的心。在乾隆向碧霞元君许愿皇后一生健康时，左眼跳了一下，同时身体也打了一下颤，他心里一惊，仿佛预感到什么不祥。他偷偷地看了一下皇后，只见她低着头，默默颔首，虔诚地向碧霞元君许着愿，宛如一个虔诚的女教徒。

这一夜，乾隆拥着皇后，睡得很舒服，因为第二天还得奉皇太后到日观峰观日出。所以睡到下半夜，两人就来到皇太后下榻的十八盘山。在那儿，皇后冻得牙齿咯咯作响，乾隆没有办法，只得将自己的衣服脱了一些下来给皇后穿，皇后这才稍微好了些。皇太后由于有先见之明，穿得比较厚，所以并不怕冷。乾隆和皇后奉着皇太后，带着群臣来到日观峰。一行人就在那儿静静等待，待太阳从海平面上升起。这种景色太美了，在晨曦中乾隆看着为霞光照得脸色发红的皇后，一阵怜惜之情油然而生。而且在晨光中，他仿佛看见皇后正朝着太阳飞去，很慢很慢，仿佛一只大鸟，然后渐渐远去，以至于皇后消失。乾隆赶紧将皇后抓住，生怕她真的飞走了。

皇后并不明白乾隆的意思，不过她感觉到自己有一种轻飘飘的感觉，她仿佛在飞。她又感觉到自己脑子里一片空白，什么都不知道了，仿佛进入了冥空世界。她又感觉到在万道金光中，碧霞元君正在向她招手，那姿势是那样的真实，仿佛碧霞宫里碧霞元君的塑像那样。她想向碧霞元君走去，幸得有乾隆拉住，她并没有走动。

"皇上，放开我，碧霞元君正在召唤我。我要前去见她。"皇后对乾隆说。

"皇后，你醒醒，碧霞元君在哪儿啊？"乾隆紧紧抓住皇后的手，仿佛拉着皇后的性命。

“皇上，就在那万道金光中，碧霞元君是那样的美丽，她正在轻轻呼唤我的名字。”皇后喃喃地说。

乾隆往那万道金光中望了望，然而并没有什么啊，这一定是皇后的幻觉，这也一定是由于皇后身体太弱的缘故，乾隆在心中对自己这样说。他紧紧拉住皇后，后来干脆紧紧搂住她，让她面对着自己。皇后这才清醒过来，她娇嗔地对皇上说：“皇上，当着皇太后和这么多大臣的面，你这是干吗呢？”

“皇后，你刚才在说梦话，所以我不得不这样将你叫醒。”乾隆神色严肃地说。

“是吗？皇上。”皇后对自己的这种行径表示很惊奇，她诧异地盯着乾隆，仿佛觉得皇上的举动很古怪。

“是的，你说什么碧霞元君在万道金光中召唤你去啊什么的。”

“哦！”皇后点了点头，没有说什么，一会儿忽然间像想起什么似的，“我刚才是觉得我想往前走，而且前方有碧霞元君在召唤我，但我却走不动，原来是您拉着我。”

“皇后，我刚才也好像见你想飞向太阳，所以我把你给抓住了。”

“要是您不抓住我，我可能飞去了。”皇后娇笑着说。

当皇后和乾隆等人下泰山时，整个泰山忽然变冷起来，一阵阵刺骨的寒冷侵入皇后体内，而且紧接着下了雪。这忽然的天气变化使皇后不能适应，她很快就病倒了，而且病得相当严重。

乾隆一见皇后病倒了，立即下令在济南府住几日。由御医集体诊断皇后病情，诊断结果，他们还是一致认为皇后病情是由于劳累加上寒冷所致，他们要求皇上暂让皇后在济南休养几日以便恢复。乾隆当即应允，只要对皇后身体有好处，他宁愿如此。不过，皇后病重的消息不能外扬，乾隆只是让亲臣知道，如傅恒、汪由敦、刘纶以及山东巡抚阿里兖等。

乾隆在济南这几日并不好过，为隐瞒皇后病情，他只得白日里在群臣面前佯装笑脸，而自己内心却忧心忡忡。一是对皇后病情的担忧，另一个也是对当时金川战事的担忧，因为班第已来疏，陈请他不能担任经略的原因。班第认为自己年纪太轻，而且威望不够高，不足以压服张广泗，他请皇上另派人为经略。乾隆早就考虑着派讷亲任经略，到四川经督府务，但如此不能回京，如何敢派讷亲前往，京城里总得有自己亲信留守吧！

乾隆只要有空，总会抽出时间来陪皇后。这两天因皇后病重，傅恒也让漪秀代替自己问候安慰自己唯一的姐姐。乾隆虽然每日均能与漪秀在一起，但他并不胡思乱想，也不产生别的感觉，因为他整个身心都放在皇后身上了。他希望皇后病情早日康复，虽然有时觉得漪秀很美，有时也要心动，但他只要一想到皇后现在还正在病中，他的所有心思便会被自己压下来。因为他觉得那是对他心爱的皇后的一种污蔑和侮辱。

乾隆在济南逗留了四天，但皇后的病情并不见得有多大好转，只是没有继续恶化下去而已。在这四天之内，乾隆将自己的行程安排得满满的，阅兵、游船、游览等，但是这些他均无兴致，他只是为不让臣子瞎猜测而已。四天一过，济南这个地方皇上该游的也均游了，该玩的也都玩了。山东巡抚没有办法，阿里究只得请皇上再次光临趵突泉。这事情弄得乾隆也很拿不定主意。

皇后对这一切了解得一清二楚，她对愁眉不展的皇上说："皇上，以前您不是说咱们从德州乘船而回吗？既然如此，我们就从这儿到德州乘船走吧！"

"皇后，你身体能行吗?"乾隆关切地问，因为正是由于皇后他才停留济南的，要是皇后身体还是不行，他断然不能启程回京。

"皇上，您放心吧！"皇后笑了笑，"我这两日经过调养，身体已经好了起来，从济南到德州这段陆路我是能够忍受的，只要到了水路，我就可以轻松了，"皇后微笑着说。

"皇后，我看你身体还很虚弱，要不再呆四天吧！"乾隆虽然心里极度想走，但是他表面上还是装出不想走的神情来，以试探皇后真意。

"皇上，我知道您还有很多政务要办，张广泗军前事务还需要你去料理。我不愿皇上仅仅因为我而误了天下大事，所以臣妾无论如何也要赶在第五天离开济南，我也不想在这儿留了。"

乾隆见皇后这样识大体而不顾自己身体，他感动得想掉眼泪。他扑到皇后身边说："皇后，你如此深明大义，真是我的贤妻啊！你为了不废我的政务，竟然要带病坚持走。皇后，我不能让你这样走，要不你会不行的。"

皇后一听乾隆这句话，知道从正面劝乾隆是不行的，于是便轻轻说："皇上，其实我觉得这儿挺讨厌，我也只是想早一点回到京城，皇上，您要相信我，从济南到德州我不会有事的。这一点您不用替我担心。如若到了船上，那更是安全，皇上，您就不必为臣妾分心了，外面群臣还等着您回京呢！皇上，还是早一点启程吧！"

乾隆经不住皇后的劝导，决定第二天启程由济南到德州。果然如皇后所言，皇后这两天病情很平稳，一直到了德州，皇后的病都是那样，这是乾隆所高兴的。但是事实上，皇后自己知道比在济南虚弱多了，她经常感到头晕、不舒服、四肢乏力。但当乾隆来看她时，她则极力装出一副很精神的样子，以让他一心一意转赴德州不要为自己烦心。

就在乾隆为皇后一事忧心忡忡时，前方军营更是令人悲伤。莎罗奔利用这段时间金川地带经常天降大雪、天气寒冷，清军不能适应的情况，经常组织人员冲击清军军营。由于天气寒冷，清军战斗力大大减弱，他们手不能持兵器，又穿着笨重，虽有班第装运粮草的得力充足，但前线兵将仍感到自己衣不遮体、粮不足食，他们一见金川兵并前来进攻，便吓得慌忙撤退。莎罗奔面对这种情况，不禁大为快悦，内有王秋、阿扣、良尔吉给他通报消息，他可以挑一个兵单力薄的地方进攻从而渐渐地将张广泗往回赶，而外有上苍相助，使他得以苟延残喘至今日。莎罗奔开始有些蔑视张广泗，不，原来就蔑视，只是现在更加蔑视，他现在不单蔑视张广泗，甚至于蔑视官兵，蔑视皇上。

班第对这一切情况非常了解，知道前方兵将对张广泗已是恨透了。他再次上折请乾隆换前方将领，以便灭掉莎罗奔的嚣张气焰。班第的这个折子送到乾隆手里时，正值乾隆陪着皇后到德州，乾隆决定安全到京后便立即让讷亲代为经略。乾隆陪着皇后到德州时，他看得出皇后非常疲劳，于是请皇后和皇太后先上备在德州的御舟，自己先接见山东到此来迎驾、接驾的官员。

再说皇后上了御舟后，平稳地躺了下来。但这一歇息下来，她的病情立即加重。因为在由济南到德州路上时，她心里想着不让皇上知道自己的病情的想法掩盖了她严重的病情。到德州后，皇后的心一放下来，本已严重的病情便乘她松下这一口气的机会，重新附在她的身上。皇后躺下来后，便觉得头昏脑涨，身体轻飘飘的仿佛能飞起来，而且口干舌燥，想要喝水，但水端来时又喝不下去。

御医们不敢松懈，立即聚集起来给皇后会诊。但他们又没有头绪可解，因为皇后的脉搏跳动相当微弱，最后一致认为是由于皇后这几日颠簸太过劳累所致，他们最终只是替皇后开了些普通的药。不知是由于这些御医们水平太低，还是皇后病情太重，服了药以后，皇后的病非但不见好转，反而越来越重。这下可急坏了御医们，他们再次会诊，但还是诊不出这是什么病来，只得又乱抓了些应急药品。

乾隆当时正在接见群臣，这时太监高云悄悄跑来道：“皇后病重，皇上快到舟上去。”乾隆一听如五雷轰顶，这太突然了，怎么会发生这种事儿呢？皇后上午不还是很好的吗？怎么会一个下午就病得这么严重了呢？他想起自己离京时心惊肉跳的那种感觉，想起在碧霞宫拜谒碧霞元君时心神不宁的感觉，一种直觉告诉他，皇后可能要出事了。

乾隆急匆匆地离开群臣上到青雀舫。这时候已是日落了，太阳射出的光芒留下点点晚霞于运河面上。乾隆拨开众人，来到皇后身边。这时皇后已开始昏迷，漪秀以及官员命妇随侍右侧。

“皇后，你醒醒！”乾隆摇着皇后喊道。

“皇上，”皇后睁开双眸露出了欣慰的笑。也许这是她一生中最后一次笑了，因为再过不了多久她就要回到她来的那个世界了。

乾隆望了望漪秀，命她将其他的所有人均赶走，只剩下她自己和那拉氏在舱内就行。此时岸上群臣已从群妇口中听到了消息，看出了端倪。他们一齐来到青雀舫湾，跪在岸边遥遥为皇后祝福，祝她能早日康复，能渡过这一难关，他们在岸边焦急地等待。

傅恒俨然也在岸边，他跪在队列前面，心里很是难受和悲伤，眼里的眼泪也在滴溜溜乱转。自从这次跟着皇上东巡齐鲁，他心里便很是不安，因为在走之前做了一个噩梦，梦见自己家里谁要死了！他说不清是谁，但依稀说的是姐妹，而且死了之后又活了过来，他很高兴，但是后来命人一占卜才知这并不是吉兆，而是凶兆。他心里一直沉甸甸的。到泰山后，姐姐病了，他心里一下紧张起来，他怕他的梦得到应验，他真的很害怕。皇后济南病四日，他担心四日，为随时了解病情，他让漪秀成天陪着皇后。从济南到德州这四天路程他也随时担心，但是到了德州后，他从漪秀嘴里得知皇后病情比较平稳，这才松了一口气，但不想病情平稳的话说了不到半天，皇后的病就急转直下，眼看就不行了。面对这忽然来临的病故，他怎么能不忧伤呢？

青雀舫内，乾隆搂着皇后，皇后已慢慢开始昏迷了，在昏迷前她对乾隆说：“皇上，我们夫妻同舟二十余载，也心满意足了，只是我不能再陪您了，您一个人要好好保重。我去了之后，您看在我和我弟妹的面子上，一定要好好照顾我的弟弟。”

乾隆明白皇后指的是要他好好照顾傅恒，他紧紧握住皇后的手说：“皇后，放心吧！我会照顾傅恒的，我会对得起你们富察家的。”乾隆想流眼泪，但他看见皇后这个样子，只得强忍住泪水。天已经暗了下来，岸上群臣还不敢走，还依然跪在凛冽的寒风中。随从的侍卫也在心里默默祈祷皇后能够好转，因为他们虽然未亲受过皇后恩德，但皇后的美德有口皆碑，这一点谁不清楚？

时间慢慢挨到了第二天亥刻，天渐渐地要亮了，看到这个时刻，想起高贵妃死的情景，乾隆心里不禁一阵打鼓。果然，到了亥刻，皇后再次清醒过来，她望着孤灯下的皇上和漪秀等人，轻轻对皇上说："皇上，您答应我，您一定要多保重，不要让我在九泉之下为您担心。皇上，我相信您会将天下治理得平平安安的。"

"皇后。"乾隆喊了一声已是泣不成声了。'

皇后紧紧拉了把皇上，然后将目光转向那拉氏道："妹妹，你也要多保重，我和高贵妃可以在一起相聚了，但是你必须得好好照顾皇上，这一点你答应我。"

"我答应你，皇后娘娘。"那拉氏泪流满面地说。

皇后又望了望一旁的漪秀道："妹妹，你一定要好好照顾我弟弟，不能让他太过失望。"

漪秀只是点了点头，便哭得像个泪人似的了，她为皇后忧伤，也为自己的处境忧伤。她有一种说不出的难受感觉，而且就在现在相当强烈，她真想自己跳进河里死去，但想起皇后的嘱托，她又打消了自己的念头。

皇后说完这些话，望着所有的人笑了笑，然后紧紧拉住乾隆的手，笑容在脸上慢慢消失。乾隆分明看到，皇后眼中的光辉在慢慢消失，他紧紧抓住皇后的手道："皇后，你要坚持住，只要这一刻过去了，你便能转危为安了。皇后，要想到以后的日子有我陪着你，我会让你高兴的，皇后。"乾隆刚想再说，他忽然间发现皇后脸上的笑容僵住了，眼睛也不知什么时候闭上了，手也变得有些凉起来。"皇后……"乾隆真想扑在皇后尸体上大哭，但他没有，他只是机械地在皇后脸上摸了摸，替她合好眼皮，最后感受一下皇后清秀的脸。

乾隆慢慢地走出青雀舫，来到皇太后御舟上，轻轻跟皇太后说："太后，皇后她，她……"乾隆再也说不下去了，只是一个劲地流眼泪。

"皇上，我知道了，不用再说了。"皇太后边起床边穿衣服说，皇太后穿好衣服后，走出御舟道："皇上，咱们过去吧！"皇太后走到门口掉下一串伤心的眼泪来，她不敢让皇帝看见，赶紧用手绢将眼泪擦掉。

当乾隆和皇太后来到皇后御舟时，和孝公主正趴在皇后身上号啕大哭。和孝公主是皇后次女，去年已嫁给蒙古一王公，今年是随皇帝一同前来巡幸的。皇太后和乾隆看着和孝公主这副模样，两人再也忍不住辛酸痛苦的眼泪，同时流出了眼泪，但是谁也没有发出声来，因为他们两个是这个天下的主宰，他们不能太过悲伤。皇太后望着皇后的尸体喃喃道："上天哪！你为什么这么不长眼，这么好一个人你也忍心从我们身边将她夺走。"皇太后想起平日里皇后对自己的孝忠，想起皇后平日的音容笑貌，皇太后不禁痛心疾首，她恨上天夺走了她这样好的一个媳妇，夺走了天下第一的好人。她想哭出声来，但最终没有哭出来，她只是轻轻走到皇后身边，仿佛是怕惊醒了正在熟睡的皇后，伸出手来摸了摸皇后的脸，只是默默地在心里祝愿皇后在阴间一切平安，在阴间也同样快乐。

乾隆看着皇太后那副痛心的样子，他心里清楚，皇太后越是这样心里就越是痛苦。他像想起了什么似的，轻轻走出御舟，来到岸上。群臣还在那儿跪立，乾隆来到群臣面前，将允禄和亲王弘昼以及随行的军机大臣汪由敦、蒋溥找来，对他们说："皇后已经去了，你们几个连夜给朕起一份皇后逝于德州的谕旨。一个时辰后交给朕看一看。"

"是，皇上。"几位大臣不敢稍有懈怠，立即来到一船舷边草拟谕旨。再说乾隆看着他们几个走后，望着跪在前边泪已成行的傅恒道："傅恒，你陪朕一同护皇后遗体回京，朕有话要给你交代。"

"是，皇上。"傅恒以头磕地道。

哎！乾隆叹了口气，望了望有些明亮的天空，"你的姐姐太没福气了，朕刚想着跟她过一段快乐日子，却不想……"乾隆说到这儿就再也说不下去了。

"皇上，您不要说了。奴才全明白了。"傅恒流着眼泪道。

一个时辰很快过去了，允禄、弘昼、蒋溥、汪由敦将拟好的谕旨交了上来。乾隆看了看较满意。他不用问，便知这里面大部分是出自汪由敦之手。乾隆命汪由敦立即将此上谕通令全国，然后又交代了让允禄和弘昼护送皇太后御舟后行回京，他带着傅恒、汪由敦、蒋溥以及他的文学侍臣先行。交代完毕，乾隆才回到青雀舫上。

回到青雀舫，乾隆走到皇后身边，坐下来。他一看到已经永远沉睡过去的皇后的脸，一阵锥心刺骨的酸楚就涌上了心头。乾隆想起失去高贵妃后自己很是痛苦，是皇后安慰自己重新振作了起来。后来，自己觉得皇后比以前更是可爱，于是更加舍不得她。她生永琮时自己提心吊胆，害怕她们母子不能平安。那时候自己是如何害怕就此失去皇后。后来永琮死了，还是去年的时候，皇后病了，自己日夜相陪，那也是害怕失去皇后。如今可好，自己虽然百般担心，最终还是失去了皇后，永远失去了皇后。乾隆想起这些，才第一次哭出声来，他摸着皇后苍白的脸说："皇后，你慢慢去吧！你在地下等我吧！我会来和你相聚的。"

乾隆想起自己和富察氏皇后结婚二十二年来天下哪儿不太平了，皇后与自己一样忧叹，天下哪儿出乱子了，也有皇后陪着自己担忧天下。可是，如今上哪儿去找一个与自己同忧天下的可心人儿呢？自己有了苦恼谁又来安慰自己呢？

乾隆觉得应该将自己的哀痛给记下来，于是挥起笔写下了一首诗：

恩情廿二载，内治十三年。
忽作春风梦，偏于旅岸边。
圣慈深忆孝，宫壶尽钦贤。
忍涌关雎什，朱琴已断弦。
夏日冬之夜，归于纵有期。
半生成永诀，一见定何时？
棉服惊空没，兰帷此尚垂。
回思想对坐，忍泪惜娇儿。
愁喜惟于共，寒暄无刻忘。
绝伦轶巾帼，遗泽感嫔嫱。
一女悲何恃，双男痛早亡。
不堪重忆旧，掷笔黯神伤！

乾隆写完，将笔一扔，又是一阵锥心刺骨的痛。乾隆想起自己与皇后这二十二年来恩恩爱爱的夫妻生活，再看看躺在床上永远不能说话的皇后，心里已是无限的悲伤了。

## 天下第一绝唱：盛世帝王情迷香艳美妃

他看上去精神疲倦，眼圈暗里发黑，脸色苍白中带着灰青色。几个月过去了，他想尽了一切办法逗她开心、逗她快乐，却都是竹篮打水一场空；奏折堆如小山，但他没心思看，他的脑子里只有她——可望而不可求的回族女子……“我是皇上啊！为什么你们这般待我?!”

乾隆二十三年(1758年)，定边将军兆惠率部平定新疆回部之时，掠来了回部汗王霍集占妻子香妃与霍集占哥哥布那列敦妻子和妃。此二妃是闻名遐迩的美人，尤其是香妃号称体发异香的冷艳美妃，她不但人长得漂亮，而且性格贤良刚直。这些有关香妃与和妃的传闻，乾隆皇帝在京师早就听说了，此次得到定边将军兆惠的汇报，乾隆心里很是高兴，立即下旨，要求他派人暗地迅速把二妃特别是霍集占妻子香妃送回北京。乾隆说要亲自召见，有意收纳冷艳的香妃。

这天乾隆皇帝整理好衣袍，正襟盘膝坐在养心殿的榻上，静候着兆惠的到来。

盏茶工夫，只听外边传来一阵脚步声，乾隆端起桌上的参汤，干咳两声，道："进来吧！"

香妃

兆惠回头看了看香妃，抬脚进了养心殿。但见乾隆只穿一件白天马湖绸夹袍，腰间束一条黄绉绸褡包，盘膝坐在炕上正瞅着自己，忙"叭"地打下马蹄袖上前一步跪下，说道："臣兆惠给皇上请安！"那香妃一身黑色袍服，站在兆惠身后一动不动，只两眼直视乾隆。外间的宫女太监瞅着她这样无礼，个个吓得心里"扑扑"直跳，大气都不敢出。

"起来吧。"乾隆手虚抬了一下，用目光微觑了香妃一眼，但见她虽脸色苍白，满是疲倦之色，一双明湖般的慧眼却熠熠生辉，挟着一股刺人心肺的寒意，散发出一种摄人魂魄的美。他面对着这样一张脸，不由得呆了，像一位艺术家欣赏着一件完美精致的艺术品。

"皇上，"兆惠干咳了一声，道，"这便是香妃！"

"哦。"乾隆这才从梦境中醒来，脸上不由泛起一丝红晕，低头抿了口参汤，定了定神，方道："一路上可还好？没出什么事吧？"

"臣接旨后将军务委与富军门，便启程返京，一路上还算稳当，这全是托皇上的福。"兆惠禀道，"另外，臣此行还带有布那烈敦和妃及香妃夫人两位侍女，不知怎么安置？"

"呦，这……先交延清那里。"乾隆犹豫片刻，道，"饿了吧？那边放着朕的早膳，还温着，朕不想进，你进了吧。"

"臣……"

"不要那么多礼数，随便些。"乾隆说着起身下了床榻，踱向香妃，果然玉容未近，芳气先来，那种芳气既不是花香，也不是粉香，而是一种奇芬异馥，沁人心脾。乾隆深深吸了一口，顿觉浑身无比的舒畅，笑了笑，问道："你可就是香妃？"

"是，我便是霍集占妻香妃！"

香妃直挺挺地站着，毫不畏惧地盯着乾隆。太监赵云瞅着，在旁断喝一声：

“你这是跟皇上说话？跪下！”

“我心中只有一个汗爷，我一生也只跪他一人！”香妃面若冰霜，冷冷道。

“大胆！你这……”

“闭嘴！不要难为她。”乾隆淡淡笑了笑，又问香妃，“你叔叔额色尹和你哥哥图尔都都到了京城，你知道吗？”

“你……”香妃幼年父母双亡，亏得叔叔照顾她兄妹二人，方有今日。闻听此不由一惊，她两眼冒着愤怒的火花，盯着乾隆冷冷道：“你们就凭这个想……”

“不，你错会朕的意思了。你叔兄二人是自愿投靠朕的。朕也没有难为他们，额色尹赐公爵，图尔都赐札萨克头等台吉。你说朕可曾亏待了他们？”乾隆围着香妃转了两圈，笑道。他是皇上，他主宰着天下苍生的命运，从来都是别人奉迎他，他也早已习惯了这一切。而今一个纤弱女子竟敢如此对他说话，他想发怒，但不知为什么，一看到她的脸，一看到她那双略带寒意的明眸，他便没了怒、没了火。是因为她天姿国色、体有异香，还是因为她敢于对抗他这个真龙天子，他说不清。

香妃听得乾隆言语，诧异地看了看乾隆，乾隆的目光虽带着一丝倦容，却满都是爱怜和温馨。她的脸色好转了些，但立刻便想到了霍集占，那个她深深爱着的男人，想到了他的死……她的脸立刻又挂了一层凛不可犯的严霜。

“朕会骗你不成？”乾隆淡淡笑了笑，仿佛方看到香妃那身衣着，说道，“怎么穿这身衣服？这帮奴才越来越不经心了。赵云，你立刻去内务府……”

“不必了！”香妃不等他话说完，已冷冷开了口，“我不会换的。我是在为我的汗爷守丧！”

“朕本不想那样，兴兵动众，受苦的是苍生。奈何他……”乾隆话未说完便止住，望着香妃道，“他待你很好，是吗？”

“是！”

“朕会待你比他更好。”

“谢谢你的好意。”香妃决绝地咬了一下嘴唇，说道，“我是一个女人，我只懂得从一而终。我既跟了他，横竖都是他的人。你若真想待我好，请你赐我一死，要能叫我和我的汗爷在一处，九泉之下我也感你的大恩。”说着端端正正凝神着乾隆，脸上无半点怯色。满屋子的人哪见过有人这般与皇上说话，早惊得木立如偶，紧张得一片死寂，只有殿角的金自鸣钟依旧不为所动地沙沙作响。

乾隆也在凝望着香妃，但他的脸色却很难看，他嘴动了一下，想说什么，却又不知该如何开口是好，只有默默地站立。兆惠见状，忙起身上前跪下，道："皇上，香妃一路劳顿，身子甚是疲倦。皇上可否容她先略事歇息，等过会再说。"

"嗯，朕倒忘了这点。"乾隆怔了一下，道，"祁玉，你送香妃下去歇息，好生侍候！"

"喳！"

望着香妃远去的背影，乾隆久久没有言语。过一会儿，才听他长叹一口气，喃喃道："想不到朕一个天朝皇帝，竟然不及那霍集占，一个逆酋！"

"万岁爷不必担心。国朝初年，不也有个如花似玉的女俘虏刘三季，一开始玩刀弄杖，寻死觅活的；后来呢，不也成了豫王爷的恩爱福晋？"赵云满脸堆笑，打了个千儿道，"女人哪，全这样儿。奴才担保，不出一个月，她准随了万岁爷。"

"皇太后驾到！"

忽然外边传声高呼。乾隆眉头皱了皱，蹬了鞋忙出去迎，还未出门，钮祜禄氏在那拉氏的搀扶下已颤巍巍地走了进来。

"儿臣给母后请安！"

"奴才兆惠给皇太后请安！"

"都起来，坐着。"钮祜禄氏说着，径自坐在床榻上。乾隆站起身，走至榻前侧身坐下，笑着说道："母后有什么事？让奴才们唤儿一声便是了。怎的亲自来了？"

"呦，屋子里闷得慌，听说兆惠进宫了，我便过来瞧瞧。"钮祜禄氏说着转脸瞅了瞅兆惠，道，"昨儿个我还与皇上说，你回来后好好乐一乐，皇上的意思呢，等富德回来后再说，你心里怎么想？"

"回皇太后，"兆惠躬身答道，"奴才一切听皇上的。领兵打仗本就是奴才分内的事，奴才怎敢……"

"嗯，皇上也有难处，你们做奴才的要多体谅着些、多担着些才是。"钮祜禄氏说着转了个话题问道，"方才那些奴才们议论，说你进宫还带着个人，可是？"

"奴才不敢。"兆惠心里不由一惊，进宫极是小心的了，怎会走了风声？偷眼看时，乾隆正两眼直勾勾盯着自己，他忙起身跪地答道："奴才纵有天大的胆子，也不敢带那些闲杂人进宫的，还望皇太后明察。"

乾隆听罢，不由微微一笑，暗想："这奴才倒挺机灵的。闲杂人，说的好。"

"没有便好。"钮祜禄氏盯了兆惠一阵，慢吞吞开口道，"皇上年事高了，以后不管什么人，都不能往宫里带，知道吗？"

"奴才遵旨!"

"好了,你下去歇着吧。我和皇上还有几句话要说。"

"喳!"兆惠长吁一口气,跪礼后起身出了养心殿。

"皇上,"钮祜禄氏瞅着兆惠去远了,转脸望着乾隆道,"方才奴才们议论,许是瞅错了人。不过,你以后要多注意些身子骨,便是与皇后她们几个,也不要整夜里去,你经不起折腾了,知道吗?"

"儿臣遵旨。"乾隆的脸不由涨得通红,忙低头应道。

"知道便好。"钮祜禄氏挪了下身子,"你昨儿个晚上可是与皇后吵嘴了?她眼红红的,我问她什么事,她说没事,问奴才们也都摇头晃脑的。"

乾隆偷眼望了下那拉氏,果真一双眼睛肿得桃儿一般,沉思片刻,道:"儿臣不敢欺瞒母后,儿臣昨夜是与她吵了几句。"

"为的什么?"

"这……"乾隆不知所措地揉了揉鼻子,开口却又不知该说什么。

"回皇太后,"那拉氏望了眼乾隆,开口道,"是……是我不小心把皇上的坠子摔碎了,皇上责了几句……"说着,泪水已禁不住走珠儿般滚了下来。

"好了好了,别哭了。不就一个坠子吗?都这么大的人了,还为这点小事怄气,不怕奴才们笑话?"钮祜禄氏拉着那拉氏的手,轻轻拍了两下,向着乾隆道,"皇上,这便是你的不是了。她性子虽直,可心够好的,你又不是不晓得,还那般责罚她?"

"儿臣知错。"

"好,事过去了就都别想着了。你和皇后聊聊,我去园子转转。"两个宫女忙上前搀着钮祜禄氏出了养心殿。

屋内静了下来,两个人都没有说话,你望着我,我瞅着你,空气似凝固了一般。一盏茶工夫,乾隆终于忍不住这死一般的沉寂,开口说道:"昨夜朕是过了些,你就不要往心里去了。"

"臣妾不敢,"那拉氏望着乾隆,泪水顺着脸颊直往下淌,"皇上便是下旨处死臣妾,臣妾也不敢有丝毫怨意。"

"好了,别哭了。"乾隆沉默了一阵,伸手轻轻抹了抹那拉氏脸颊上的泪水,笑道,"朕怎会处死你呢?皇太后不都说你心肠好吗,朕爱还来不及呢。"

"皇上真的爱臣妾?"

"朕会骗你不成?"

"皇上若真爱臣妾,"那拉氏仰脸吁了口气,道,"臣妾有言说出,皇上切莫责怪。”

“说吧，朕不怪你便是。”

那拉氏咬了咬嘴唇，道：“臣妾知道自己老了，宫里也没几个可皇上意的人儿。皇上要纳新人，臣妾自不敢多言。只求皇上以国事为重。这样，臣妾……臣妾将来去了，也有脸去见列祖列宗。”

乾隆收敛了脸上的笑容，久久凝视着那拉氏，仿佛不相识一般，良久，方开口说道：“以你之意，朕忽略了国事不成？”

“臣妾没有此意。臣妾只是希望……”

“希望？朕知道该怎么做。”乾隆淡淡道，“可是你让皇太后到朕这儿来的？”

“不是！”那拉氏望着乾隆那怀疑的目光，又有些控制不住自己，但她最终忍住了。

“好了，朕不怪你便是，你去吧，朕这儿还有许多事要做。”

“是！”

望着那拉氏的背影，乾隆似乎想说什么，但最终还是没有开口。他不明白，她从什么时候变成了这样；他也不明白，究竟自己做错了什么。

夕阳西沉，一缕残阳透过窗户射进来，将屋子照得金灿灿一片。乾隆仰躺在榻上，不知什么时候，他已进入了梦乡。阳光下，他的脸是那么恬淡，是那么祥和。梦，是美好的东西。在那里，你可以说你醒时不能说的话；在那里，你可以做你醒时不能做的事！然而可惜的是，当你醒来时，那一切都成了泡影。赵云蹑手蹑脚进来，轻轻拉了被子盖在乾隆身上。

“谁？”乾隆仿佛受惊的小兔，忽地一下坐直了身子。

“奴才该死！奴才该死！”赵云脸色如窗户纸一般白，跪倒在地，连连磕着响头道，“奴才瞧着万岁爷睡了，怕……”

“混账东西，就不能轻点！”乾隆冷冷说了句，瞅瞅窗外的天，问道，“都安顿妥了？”

“嗯？”赵云怔了一下，忙道，“奴才晌午都安顿好了。”

“吃饭呢？”

“吃，不过没多少。”

“朕赐的点心呢？”

“她……她没吃。”赵云瞅了眼乾隆，又道，“奴才想她许是吃不惯宫里的东西，方才叫了个回回厨子努倪马特，专门为她做。”

“嗯，很好。”乾隆说着蹬了鞋便往外走，赵云见他要出去，忙道，“万岁爷歇着，奴才去唤她过来。”

“不用。”乾隆说着，已出了养心殿。一阵风吹来，袭得他激灵一颤。赵云忙取了件袍子与他披上。

“她穿什么衣服？还是那身？”

“嗯，奴才送过去的衣服，她连看也不看一眼。”

乾隆站住了脚，怅怅望着远处，似乎在琢磨什么，又似乎有点漫不经心，几个外省大臣刚从军机处出来，兀自说笑着，见乾隆站在不远处，以为他要去军机处，忙住嘴侧身跪了给他让道儿。乾隆却瞅也未瞅一眼，仿佛要驱尽心中郁气似的吁了一口气，抬脚径自北去。

香妃被安置在坤宁宫东边的偏殿里，这里平常不住人，本极是荒凉，然而经过一夜的整顿，却已大异于昨昔。乾隆站在门口仔细审视了一番，满意地点了点头。

侍女祁玉瞅着乾隆进来，便欲行礼。却被乾隆摆手止住。由于光线较暗，屋内已点起了红烛。香妃背朝外伏在八仙桌上用笔写着什么。乾隆见她专心致志地写着，似乎没发觉自己进来，摆手示意众人不要作声，自己默默站在了香妃身后。

那一头浓密乌黑的秀发放着黝黯的光泽，那纤弱的腰肢随着胳膊的移动左右晃动，那阵阵的异香不时地扑鼻而来，那一切的一切都是那么的完美无缺。乾隆浑身的血沸腾着，他的心头泛起一股热浪，一股妒火，一股欲念。

他的胸中如春雷滚过，一震再震。他终于禁不住伸出手，轻轻放在了她的肩头。香妃犹如遭了电击一般，猛地转过身，手已从袖中抽出了一柄柳叶短剑。

那是一柄锋刃尖利、寒光闪闪的宝剑！

“你……”乾隆不由得面色苍白，连退了两步。

众人见状，都不由得一惊，赵云大声喊道：“来人！缴下她的剑！”

“谁敢靠前？”香妃冷笑两声，轻轻抬手将剑锋对准了自己的咽喉，脸上如挂了一层霜般冷峻，道，“我就死给你们看！”

“都退下！”乾隆定了定神，冷喝道。

“皇上，她……”赵云望着乾隆，额头上的冷汗在烛光下闪闪发光，喃喃道。

“都退下！”乾隆用不容置疑的口吻道，“这里什么事也没有发生，知道吗？”

“喳！”

屋内恢复了平静。香妃两只原来美丽迷人的眼睛里闪射出两道残星一般的寒光，落在乾隆的脸上："你以为这样便显得你英雄？这样便可以使我答应你？告诉你，做梦！"

"朕没有这么说，朕也没有这么想。"乾隆久久地端详着她，良久，方淡淡一笑地说道，"你把刀放下吧，朕不动你便是了。朕可以告诉你，凭那把刀还杀不了朕，你信吗？"

"我信。"香妃冷哼一声，道，"但我可以杀了我自己！"

乾隆沉吟片刻，道："不，你不能死，你是朕见过的最要强的女子，你这份胆魄，朕十分钦佩。朕不会让你死的。"

"你不会让我死？你拿什么不让我死？就是我那些兄弟姐妹们的生命吗？"香妃说着坐了下来，"堂堂天朝皇上，真龙天子，居然用这等办法要挟一个手无缚鸡之力的女子，你太威风了！你太了不起了！"

"这……"乾隆的脸禁不住涨红了，"霍集占真的待你很好吗？"

……

"他能给予你的，朕给你；他不能给予你的，朕也给你！难道朕不及他吗？"……

香妃望着乾隆，苦笑了声，道："他能给我死的权利，你能吗？"

"皇上，"香妃第一次用了"皇上"两个字，"在你的心中，霍集占是逆酋，是回匪。但在我心中，他永远是我的汗爷，永远是我最爱的人！这便是感情。我的感情已全部给了他，你不要再费力了，一切都无济于事，我生是他的人，死是他的鬼！"

人就是这么怪，越是得不到的东西便越想得到！

望着香妃，乾隆想起了那个玩刀弄棒、寻死觅活的刘三季；听着"皇上"二字，乾隆的心中似乎有了一线希望。好久，只听他喃喃开口道："不，不会的。朕不相信，朕不相信！"

"皇上，我虽生于边疆，却也闻得皇上圣明。"香妃望着发呆的乾隆，淡淡道，"皇上切莫为我坏了一世英名，不值得的！"

"不！朕一定要把你拉回朕的身边！"

"不可能的。"

乾隆没有再说什么，转身出了屋。夕阳早已没入了地平线下，远处几点寒星已悄悄地爬上了天际。乾隆仰脸望着天，久久地一动不动，他不相信，他赢不得她的心！

一双红烛，荧荧而燃。不知什么时候，烛泪无声地滑落下来，鲜红透亮，晶莹得像泪。香妃呆呆站在窗前,望着那渐渐消逝在黑夜中的背影。

"娘娘,"祁玉(皇上特意为香妃配备的侍女)心里兀自揣了个小兔般"怦怦"直跳,"天凉了,您……"

香妃转身踱回床前,望着祁玉问道,"你叫什么名字?进宫几年了?"

"祁玉,六年了。"

香妃淡淡笑了笑,道:"你是不是心里怕,怕我会伤了你?"

"不是。"

"那你怎么身子发抖?冷吗?"

"不是。"祁玉瞅了眼香妃,脸上已没了先时那股凛然不可侵犯的杀气,才定神道,"奴婢是怕娘娘刚才伤着万岁爷。"端了碗参汤递了过去。

香妃接过碗,微微呷了一口,笑道:"是怕我伤了他,你们都受连累?"

"才不是呢。"祁玉哼了声,"奴婢是万岁爷救回来的,万岁爷便是让奴婢死,奴婢也会心甘情愿的。万岁爷人好,心更好,娘娘却……"

"真的?"

"奴婢骗娘娘作甚?奴婢家遭了水灾,父母全被洪水冲走了,"祁玉说着眼圈红了,"奴婢后来给人家唱小曲,那老爷想使坏,是万岁爷派人将那厮揍了一顿。后来万岁爷看我可怜,便将我带回宫里。"

"好了,我相信便是了。"香妃看祁玉泪水流了出来,笑道,"怎的便哭了?和秋菊一个样。"

"秋菊?她是谁?"

"她是我的贴身丫头,"香妃叹了口气,"如今也不知她们怎样了。"

"娘娘不必叹气,赶明儿奴婢给万岁爷说声,让她们都进来陪着娘娘。"

"不,不要!"香妃摇了摇头,"我迟早都要去的,她们跟着我,会拖累她们的。你……你向你家皇上说说,不要难为她们,她们都和你一样,是苦命人。"

"哎,奴婢赶明儿就去说。"祁玉沉思片刻,说道,"娘娘,万岁爷可好了,你便……"

"不要说了。"香妃苦笑了声,"你还小,你不懂的。好了,你歇着去吧,这儿用不着你了。"

月亮升起来了,银辉洒遍了紫禁城,四下里一片泻金流银的辉煌世界。香妃熄了灯,坐在床上。轻柔的月光隔窗沐浴着她的全身,久久地一动不动。

……

养心殿里鸦雀无声,仿佛连香与烛的默燃声也听得见。东暖阁榻上,乾隆散穿一件酱红绸面夹袍，腰间束着黄绉绸褡包，半斜着身子懒散地偎在大迎枕上。他看上去精神十分疲倦，眼圈暗里发黑，脸色苍白中带着灰青色。几个月过去了，他想尽了一切办法逗她开心，逗她快乐，却都是竹篮打水一场空。她的心仿佛是金刚石般，任何再大的火也熔不化它。案上的奏折堆得小山一般，但他没心思看，他的脑子里只有她，那个可望而不可求的回族女子。

不知过了多长时间，他转了个身，侧脸望着窗外。茫茫天穹上几颗星星已露了笑脸，似乎也在望着他，在嘲笑他。不，我是真龙天子，我能得到我想拥有的一切，我能挽回她的心！你敢笑我？我杀了你，杀了你！一团黑云慢慢地移过来，掩住了那几颗寒星，乾隆笑了，他的脸上露出了胜利者的笑容。

听着一阵脚步声传来，乾隆淡淡问道："赵云吗？"

"是奴才，万岁爷。"赵云脸上热汗直往下流，闻听忙打千儿道，"奴才罪该万死，惊了万岁爷……"

"宝月楼修得怎么样了？"乾隆依旧没有转身，"这都有一个多月了吧！"

"回万岁爷，宝月楼明日便可竣工。"赵云偷偷拭了把汗，道，"回子营那边公爵额色尹、台吉玛木特、图尔都以及和田六伯克、霍集斯等人都已奉旨住进去了。"

"乐师、工匠呢？"

"从叶尔羌移来的乐师、工匠昨日到，内务府立刻审查，今儿一早也住进去了。"

"好，办得不错。"乾隆说着转过了身，瞅了眼赵云，道，"礼拜寺也抓紧些，桌上放着朕写的《敕建回人礼拜碑记》，你拿去与纪晓岚瞧瞧。"乾隆忽然想起了什么，改口道："不，你让他到这儿来，顺便下去领一百两银子，你和玉儿一人五十两。"

养心殿终于恢复了平静。窗外不知什么时候起了风，天上黑沉沉一片，没有月亮没有星星，它们也许都被吓住了，被这真龙天子吓住了。风儿带着寒意吹进来，乾隆不由打了一个寒战，赵云像受惊的耗子一般，跪在地上小心地收拾着那散落在地上的折子，见状忙取了件天青宁长袍给乾隆披上，又轻步退回。

乾隆拖着沉重的步子走出殿门，静静地站在丹陛上，深深吸了一口气，好像要用这清冽的寒气驱散一下胸中的郁闷。仰望着神秘变化无常的天穹，他久久地一动不动，似乎在思索着什么，又似乎什么也没有想。良久，只听他喊道："赵云！"

"奴才在！"赵云兀自在里边收拾着，闻听答应一声，急步而出，上前打了个千儿小心翼翼道，“万岁爷，不知唤奴才……”

“去你惇主子那里！”

“万岁爷。”赵云犹豫了下，小心道，“惇主子身子有了，听太医说也就在这阵。万岁爷若……若闷得慌，去香主子那儿吧。”

“走！”乾隆抬脚走了两步，忽然止住了脚，“不去了。”说着转身回了殿。

批折子，看不进去；躺在床上，却又睡不着，乾隆心里像塞了团破棉絮一般，揪不完、理不清。偌大个养心殿空荡荡的，四周死一般的沉寂。

“万岁爷，”赵云瞅了瞅乾隆，小心上前道，“奴才听于中堂提起，那……那和妃长得也挺可人意的，万岁爷看要不要……”

“她现在何处？”

“押在刑部大牢。”

“你去传口谕，宣那和妃进宫见驾！”

赵云从刑部大狱的狱卒手里抓起笔画下了提走人签名，径自带着和妃回宫复命而去。

乾隆此时便独自一人呆呆伫立丹陛上，任那带着瑟瑟寒意的夜风吹拂，一动不动。他的头脑是有些热了，是需要清醒一下了。然而，时间太短了，就在他的思绪刚拉开之时，远处传来阵杂乱的脚步声。

“赵云吗？”乾隆定神淡淡道。

“是奴才。”赵云紧赶几步，上前打了个千儿道，“万岁爷，奴才把人带回来了。”

“知道了，你在外边呆着！”乾隆转过身，边回屋边道，“让她进来见朕。”

和妃头上也不插戴什么，上身着月白色坎肩，下身笼着石青褶裙，怯生生进了养心殿，低头道：“叛妇恭请大皇上圣安！”

乾隆没有作声，两眼直勾勾望着和妃。一头乌黑发亮的秀发瀑布般泻在双肩，夜风吹得石青褶裙紧紧贴在身上，勾勒出那俏丽优美的线条，那高耸的乳峰，像要将衣服顶破似的。良久，乾隆开口问道：“你是布那列敦妻？今年多大了？”

“嗯。”和妃依旧没有抬头，“叛妇今年二十八了。”

“把脸抬起来。”

没有动，和妃似乎没有听到乾隆的话，仍然低着头。乾隆嘴嗫嚅了下，想说却没有开口，径自走到和妃身前，伸出一只手，托住她的下巴，将她的脸抬了起来。但见她白里泛红的瓜子脸上，一双弯月眉眉梢微蹙，眼睛不甚大，却好像黑夜里的两点星光，皎洁明亮，配上那道弯月眉，什么样的人也会瞧得怦然心动。她的嘴紧闭着，嘴角微微翘起，嘴角旁一对笑靥衬在端正清丽的面孔上，更显得妩媚动人，只是脸色苍白得没有一点血色。

乾隆凝视很久，咽了口口水，道："朕宣你来不高兴，是吗？"

……

"笑一笑！"乾隆眼中闪着欲火，盯着那张苍白的面孔，冷冷道。

和妃也许是被他的语气吓住了，望了乾隆一眼，脸上挤出了一丝笑容，但眼角却流出了晶莹的泪花。

苦笑，但依旧那么迷人。乾隆只觉着欲火中烧，伸出手臂，搂住她的柳腰，顺势一抱，将她轻捷地抱在了怀里，抬脚向东暖阁走去。

她被轻轻放在了床上，屋内虽然已燃起了炉火，但她仍不自禁打了个寒战。她想抗争，但她不敢，只有两眼紧紧地闭着，任泪水细雨般流着。她默默地躺着，一动不动，似乎在等待着那痛苦时刻的到来。但是，他没有动，他只两眼直视着她。

"怎么，你讨厌朕？"

……

"你哭什么？"

……

他问。但她没有回答。他的脑子里闪过一个念头：对了，她也在想着那逆酋！朕哪点比不上那厮，你们为什么一个个这般待朕？他的脸沉了下来，盯着她冷冷道："不许哭！睁开眼，脱掉你的衣裳！"

她犹豫了一下，似乎想抗争，但最终她睁开了眼，坐起身伸出颤抖的手，慢慢地解着扣子。她身上只剩下那一件红肚兜了，她怔了一下，伸手将它也退了下来。又慢慢躺了下去。

四周是那么静，静的怕人。她屈服了，她任由他摆弄着自己的身子，她想用这来换回些什么。然而，她错了，等待着她的不是她所想的；她错了，她以为他能给她些回报，但是他没有……

一轮红日挣扎着爬出了地平线，淡淡的阳光透过了窗户洒向屋内，四周亮堂堂的。和妃侧眼看了看乾隆，他睡得正香。她早已醒了，但她没有起身，他的脚在她的身上，她不敢动。"当……当……当"外屋的金自鸣钟不紧不慢连响了七下，往日卯时，他便起身御政。但今日他没有起，他睡得太沉了，太香了，几个月来，他从没有今日这般舒心过，他的脸上带着笑，笑得是那么的甜。

“万岁爷……万岁爷！”就在这时，外边传来赵云低而急的声音。

和妃听着，正欲推醒乾隆，却见乾隆已睁开了眼。乾隆伸胳膊打了个呵欠，慢吞吞问道：“什么事？”

“万岁爷，快起，皇太后朝这边来了。”

什么？乾隆听后一怔，猛地惊醒过来，忙拉起衣服手忙脚乱穿了起来：“快些穿衣服！”说着吩咐赵云道，“赵云，你快点迎上去，先拖一会！”和妃见他这般神色，哪敢怠慢？也忙手忙脚乱穿好衣服，便想出去，却听外边已传来一阵急促的脚步声。乾隆皱了皱眉头，指指宝座，径自迎了出去。

“儿臣给母后请安！”

“安？我能安吗？”钮祜禄氏在那拉氏的搀扶下颤巍巍进来，瞅瞅炕上凌乱的被褥，冷哼一声，道，“皇上怎的这会儿才起来，莫不是身子骨不舒服？”

乾隆脸上微微泛起一丝潮红，低头道：“儿臣昨夜偶感风寒，睡得沉了些。”

“是吗？那好吧。来人，去传太医过来，与皇上好生瞧瞧！”钮祜禄氏那双被岁月消磨得失去了光泽的老眼，忽地射出绿幽幽的寒光，盯着乾隆冷冷道。

“母后，不必了。”乾隆见状，忙开口道，“儿臣昨夜已唤太医瞧过了，没甚大事，睡一宿觉着好多了。”

“你是皇上，身子骨岂能这般不重视？既是瞧过了，那便把脉案取来我看看。”钮祜禄氏步步紧逼，“你不把身子骨当回事，我可不能不管，万一有个闪失，我怎能向你皇阿玛交代？怎生向祖宗交代？你说是吗？皇上！”

“谢母后关怀。”乾隆额上紧张得渗出密密的细汗，支吾道，“昨儿个没有脉案，儿臣……儿臣……”

“你怎样？”钮祜禄氏冷哼一声，道，“你心虚是不是？”

“儿臣……”

“说！”钮祜禄氏眼睛一动不动地盯着乾隆，“昨夜谁在这歇着？”

“没人。”乾隆低声道，“儿臣身子不适，怎敢……”

“没有？你真看我老了，可欺是吗？”钮祜禄氏说着断喝一声，道，“来人，与我看看殿里有没有人！”

“喳！”

养心殿虽大，但要藏个人却很难。工夫不大，两个太监便从宝座下将和妃拉了出来。她浑身颤抖着，脸色窗户纸一般白，近前跪倒在地，一语不发，泪珠儿泉水一样滚落下来。

“她是什么人？”钮祜禄氏颤抖着手指着和妃，盯着乾隆道，“她便是你连夜从刑部大牢提来的叛妇?”

“嗯。”乾隆低头应了声。

“大清立国一百余年,对附逆人员的惩治关押,成例昭昭,你不晓得?”

“儿臣晓得。”

“晓得?晓得你还这么做?因为你是皇上,是吗?别忘了还有天地祖宗在监督着你!”钮祜禄氏怒气冲天,喊道,“来人,把这叛妇立即押下去处死!”

“母后……”乾隆张嘴道了声,又无可奈何地住了嘴。

和妃此时已是泪流满面,望了乾隆一眼,又低下了头。她想用自己的身子换取半生的安宁,然而,那只是一场梦。一场不该做的梦!

那拉氏望了一眼乾隆,再瞅瞅和妃,犹豫了一下,上前道:“皇太后息怒,身子骨要紧。这女子也……也挺可怜的,依儿臣之见,饶她一条命吧。”

“你倒心肠好,替她说话。”钮祜禄氏看了一眼和妃,道,“好吧,打入浣衣局,没我的旨意,不准出来!”

“喳!”两个太监答应一声,拉着和妃向外走去。她饱含泪水,望了乾隆一眼,但他没有说话。

四周又恢复了先时的寂静,红日虽竭力地挣扎,但最终还是被厚厚的云彩遮住了。寒风吹得殿角的铁马叮咚作响,似乎在诉说着什么,又似乎在哭泣。

乾隆依旧呆呆地跪在冰冷的地上,一动不动。泪水顺着他的脸颊流下,地上已是湿了一片。有谁相信他会如此悲痛?有谁相信他有如此多的泪水?然而,这一切都是真的,因为他是人!他是一个有血有肉有感情的活生生的人!

他的视线被泪水模糊了,他的脑海被一个又一个身影塞满了:婉嫔、漪秀、和妃、香妃。她们的影子走马灯似的在他眼前晃动着,她们似乎在为他哭泣,又似乎在嘲笑他,嘲笑他这个既强大却又弱小的矛盾的统一体!

我是皇上,我是皇上吗?为什么你们这般待我?!我不是皇上!我不是皇上!我是个孤家寡人,我是个可怜虫!他的心里在一次次地呐喊:我错了吗?我又究竟错在哪里?我是人,为什么我不能有儿女私情?!

“万岁爷,”不知是真的动了感情还是故意造作,赵云亦已是泪流满面,上前轻轻跪在地上,低声哽咽道,“地……地上冷,您还是起……起来吧。”

“滚!都给朕滚得远远的!”乾隆仿佛疯子一般,大喊道,“朕不要见任何人!不要见任何人!”

赵云身子不禁打了个寒战,跪着后退了几尺,又停了下来。他是个奴才,一个侍奉皇上的奴才,他怕城门失火,殃及池鱼。眨着眼睛默默沉思片刻,小心翼翼道:"宝月楼修好了。"说着抬眼瞅了瞅乾隆,发现乾隆身子震了一下,忙接道,"皇太后不让香主子在宫里住,万岁爷就让香主子搬过去得了。"

乾隆抬手拭了拭泪水。赵云见状,忙起身上前搀起乾隆,这次他没有发怒。赵云搀着乾隆坐下,转身沏了碗铁观音呈上,道:"万岁爷用不着伤心,香主子本就要出宫的,这有了皇太后的懿旨,岂不……"

不让在宫里住,那言外之意便是其他地方都可以住的。乾隆听罢,微微呷了口茶,心情顿觉舒畅了许多,沉思片刻,忽开口道:"你让人去浣衣局,传朕旨意,赐和妃东珠五颗,白银三千两,去留听便,她若想回故里,着内务府派人护送,不得有闪失;她若想呆在京里,给她找一处宅院,另赐奴五十名。快去快回,不得露了风声!"

"万岁爷,"赵云犹豫一下,开口说道,"皇太后有懿旨,未得……"

"闭嘴!朕让你怎么做你便怎么做!"乾隆两眼直视赵云,语气似结了冰般冷峻,"告诉那奴才,皇太后可以杀他,朕也可以杀他!他若敢抗旨不遵或露了风声,朕灭他满门!以后皇太后若要问起,便说暴病而亡!"

"喳!"赵云答应一声,转身出了殿。

和妃,朕不是无情无义之人,但朕没有别的办法,只能如此了。乾隆沉思了片刻,起身也出了殿,天上乌云堆得厚厚的,一副山雨欲来风满楼的景象。乾隆仰脸呆立片刻,长吁了一口气,脚步橐橐下了丹陛,径直奔坤宁宫而去。

坤宁宫西偏殿内,手鼓叮咚,弦管悠扬。香妃依旧穿着那身黑纱,热烈奔放地旋舞着。身姿婀娜,步态轻盈,如微风中垂柳,似涟漪里绽荷。由于没有阳光,虽是白天,屋内仍点着蜡烛。烛光下,她那白皙的瓜子脸上似笑非笑,明艳迷人的双眸中闪烁着晶莹的泪光。是喜?是悲?抑或亦喜亦悲?没有人知道。

乾隆静静地站在窗外,欣赏着那迷人的舞姿。烛光下的她是那么妩媚,那么娇艳,乾隆禁不住叫了一声:"好!"

手鼓依旧叮咚,弦管依旧悠扬,然而,香妃已停止了舞步。她没有转身,但她知道谁来了。

"奴婢给万岁爷请安!"祁玉瞅着乾隆进来,忙放下手鼓,蹲了个万福。

"好,跟着你主子出息多了。"乾隆笑了笑,兀自坐了,向着香妃道,"怎的便不跳了?天这么冷了,让玉儿给你取件厚点的袍子吧。朕知道,你们那……"

"不必了,我穿着这身衣服觉着心里舒坦。"

"冻坏了身子怎成?你穿黑衣便是了,朕看着心里也舒服。"不知为什么,乾隆觉着,只有在这里,他的心情才会舒畅些,所有的烦恼忧愁才能抛至九霄云外。虽然她对他依旧不冷不热。乾隆说着,起身走到香妃面前。这时,他发现了她眼中那晶莹的泪光,他皱了皱眉头,向着祁玉喝道:“玉儿,朕怎么交代你的?可是有哪个奴才……”

“不是他们。”香妃淡淡说了声,径自坐在凳子上,两眼盯着乾隆,苦笑一声,道,“这是在为我那苦命懦弱的嫂嫂悲伤,我是在为她送丧!”她的声音很低,但语气却很重。

送丧?乾隆的眉头皱了一皱,喃喃道:“不,不会的。她……她不会死的……”

“会的!”香妃冷冷道。

“万岁爷,”正在这时,赵云气喘吁吁奔了进来。天虽冷,但额头上却布满了密密汗珠。他打了个千儿气喘吁吁道,“奴才……奴才去传……传旨……”

“快说!”乾隆瞪了赵云一眼,道,“怎么用了这么长时间?”

“回万岁爷,”赵云深吸了口气,定神答道,“奴才去传旨,刚到东便门,便听说和妃……和主子撞墙去了,奴才去查了查……”

“是不是她?”

“是……是她。”

空气仿佛凝固了似的,压得人透不过气来。很久,乾隆仰天长吁一口气,喃喃道:“是朕害了她……是朕害了她。和妃,你为什么不多等会,朕不是传旨了吗……传旨了吗?”

“万岁爷,您……”

“去,传旨内务府,好好收殓。”乾隆满脸阴郁道,“在朕的陵寝处为她选块地方。葬事由霍集斯、额色尹主持,一切费用从内库里支。”

“喳!”

“皇上,”香妃冷笑了声,道,“这般隆重做什么?便是给自己装点门面,也不用这样呀?!”

“闭嘴!”乾隆压抑不住心中的郁闷,脸上青一阵红一阵,喊道,“错了,是朕错了,是朕对不起她!是朕不应该把她唤进宫里来,是朕是朕!行了吧!”他的脸在烛光下急促地抽搐着。

第一次,他没有在这里找到一丝快慰,也是第一次,他向她发火。

香妃身子不禁颤抖了一下,但很快她便镇静了下来。她两眼射出刀子一般寒冷的光,直盯着乾隆一动不动。静,足以置人于死地的静,人人都面无血色,人人都屏住了呼吸。良久,只听她开口道:“怎么?就因为你是皇上,你的一切便是正确的,你便没有错？不要忘了,你是皇上,但你首先是个人!”说着,香妃近前几步。冷哼一声,咬牙道,“其实,说心里话,你根本不是人!”

“你……”乾隆细碎的牙齿咬得咯咯作响,抬起手便欲抽去,但他又无力地垂下了,他看着她那挟着一股刺人心肺的寒意、挟着一股摄人魂魄的明眸,“你说得对,朕是个人,但又不是人！但你也错了,你以为这样便可以惹恼朕,要朕下旨杀了你？告诉你,没用！朕一定会让你好好地活着,任谁也别想让你死!”

香妃敛了眼中的寒意,叹了口气,说道:“红颜祸水,多少人君均为此亡了国、丧了身家性命,皇上可曾忘了？皇上对我香妃恩遇有加,我真的十分感动。但我不忍看着皇上为了我疏远了臣子、疏远了国事。我晓得皇上是个明君,难得的明君,就求您赐我一死吧!”

“不,朕不会的!”乾隆望着香妃,说道,“你既知道朕待你好,你为什么就不能答应朕？就为什么不给朕一个笑脸？古人千金尚买一笑,朕呢？香妃,朕真的是真心真意地爱你,难道你就一点也看不出来?”

“我能看出来,我也知道皇上是真心喜欢我。”香妃微微点了点头,旋即又摇了摇头道,“但我不能答应皇上,也不会答应皇上。我对皇上说过,我的心早已给了我的汗爷,我不会再爱任何人了,这也是真的。”

“不是真的,……不是真的……”

“是真的!”香妃的语气复结了冰一般冷峻,道,“今天我之所以与皇上说这么多话,是因为我不忍心,我不忍心皇上将来有一天会因为我这个叛妇丢了江山!”

“假的！一切都是假的!”乾隆仰天大声喊了句,转脸吩咐侍女祁玉道,“收拾东西,晚上和你主子娘娘一块搬到宝月楼。”

他走了,迈着灌了铅似的步子走了。她呆呆地望着他,她知道他对她是真心的,但她不会答应他,因为她的心死了,随着霍集占去了。皇上,你是个好人,原谅我这个叛妇吧！她在心里一遍遍喊着:真主,你赐我死吧！你降福给这个好人吧！

“娘娘,”祁玉眼中噙着泪水,低声道,“皇上他是好人,你为什么要这样待他？你知不知道,他今儿一早为了你还和皇太后吵架了呢。奴婢进宫,从没见他这样过。”说着话,泪水禁不住珍珠儿般滚落了下来。

“是我错了吗？你是说我做错了?”香妃木然地望着祁玉,喃喃自语道。

“奴婢不敢,奴婢只是觉着万岁爷太苦了。”祁玉低着头,两手揉搓着衣角,低声道,“皇后娘娘先时和万岁爷处的挺好的,现在也犯了生分,偌大个紫禁城,万岁爷连个说贴心话的人儿都找不到。他是皇上,可奴婢觉着他还不如个……"许是怕,她没有说下去。

"他苦,我知道的。可我不能呀!"香妃摇了摇头,泪水亦禁不住夺眶而出,"一个女人,她的心只能给一个男人,一个她至死爱着的男人,你懂吗?"

"为什么?"祁玉抬起了头,道,"为什么必须这样?万岁爷待主子好,主子既然知道,便……"

"罢了吧。"香妃叹了口气,道,"你还小,有许多事现在告诉你,你也不懂的。将来有一天,你便会明白的。"

"奴婢……"

"去吧,收拾东西。皇上不是说今儿晚上要搬到宝月楼吗?"香妃望着祁玉那尚带稚气的面孔,笑了笑道,"对了,那是什么地方?"

"回主子娘娘,那是万岁爷特地为主子娘娘建的。还有回子营,礼拜寺,一切都按主子娘娘那里的样式建的。"

"他……"香妃说了一个字,便住了口,轻轻摆了摆手,挥退祁玉。她呆呆地望着窗外,泪水无声地淌了下来。窗外,一阵一阵的朔风,吹得干燥的枯树叶子哗哗作响,在墙角荡来荡去,绛褐色的云团滚动着,被风催动着,不情愿似的缓缓南移。

"宝月楼者,介于瀛台南岸适中,北对迎熏亭。亭与台皆胜国遗址,岁时修葺增减,无大营造。顾液池南岸,逼近皇城,长以二百丈计,阔以四丈计,北既狭,前朝未置宫室。每临台有望,嫌其直长鲜屏蔽,则命奉宸,既景既相,约之椓椓。鸠工戊寅之春,落成是岁之秋。"

这是乾隆御题《宝月楼记》中的句子。此刻香妃确确实实住在这里。

煦暖的阳光泼洒进来。屋里金灿灿一片。香妃静静地站在窗前,遥望着隔街的回子营。那里,有她的亲人,有她的兄弟姐妹、骨肉同胞。

"娘娘,"祁玉端着檀木托盘,轻步走了进来,面露微笑道,"该进膳了。"

"哦。"香妃答应一声,缓缓转过身,"这个'膳'字用得不妥吧?你不怕你那皇上知道了怪罪于你?"

祁玉摆好碟子,转脸道:"万岁爷才不会怪奴婢呢。娘娘,您瞧,有羊肚片、羊他他土、酒炖羊肉、奶酥酒野鸭子……"

"好了,这些全都是我喜欢进的,对吗?"香妃轻轻摆了摆手,"你还没进吧?来,和我一块用吧。"

"奴婢不敢,万岁爷若晓得了,奴婢可吃罪不起的。"

“你不是说皇上待你好吗？过来坐着，他不会怪你的。”香妃笑着拉祁玉坐了，道，“他若怪你，我顶着。”说着兀自坐了，举箸夹了片羊肚片细细嚼着。

“娘娘，你今天心情特别好，是不是……”祁玉说着诡秘地一笑。

香妃淡淡一笑，道：“小丫头片子，瞎猜什么？快点用，凉了不好的。”

“猜什么呢？”随着一阵开朗的笑声，乾隆掀帘走了进来。祁玉见状，急忙起身，却被乾隆摆手止住，“坐着，你主子高兴，你陪着她便是，不要那么拘束。”说着兀自坐了向着香妃笑道，“你们主仆两个猜什么呢？说与朕听听，让朕也猜猜，好吗？”

“没什么的。”香妃脸上露出一丝笑容，“玉儿这丫头瞎说的。”

“万岁爷，主子娘娘今儿特别开心。”祁玉开口说道。

“是吗？是不是想着朕要来了？”她第一次对他笑了，笑得是那么纯真、那么迷人，他的心里顿觉无比的舒畅，“你瞧，朕给你带什么东西来了？”说着话，乾隆鬼使神差般摸出了个瓷瓶，递了过去。

那是一个转心瓶，一个精美绝伦的转心瓶。她接了过去，仔细地瞅着瓶夹层空隙间不断变幻出现的雪山、大漠、帐篷、驼队、羊群、牧场……那一幅幅逼真的画面，将她的思绪带回了那遥远的故乡：大漠落日、戈壁孤烟、雪山明月、牧场牛羊、帐篷前的歌舞……她的耳畔又回响起热瓦甫、冬不拉、手鼓奏出的悦耳的旋律……

她笑了，她哭了。笑得是那么的纯真，哭得是那么的动情。那一切是那么的熟悉，又是那么的陌生。故乡，是美好的，可她已无缘再回！

“好了，别哭了，朕本想让你开心的，谁想却惹你……”

“不，我真的很喜欢它。”香妃轻轻拭了拭泪水，笑道，“谢谢你，皇上。”

“只要你喜欢，那就好。”乾隆说着叹了口气，道，“朕知道你喜欢它，朕也知道你想家乡，你想那茫茫草原、皑皑雪山，只是朕……你不要伤心，将来朕一定让你再回去看看。朕也去，好吗？”

香妃淡淡笑了笑，说道：“皇上比我初次见到时憔悴多了，希望以后皇上以国事为重，多保重身子骨。为了我一个贱妇，不值得的。”

“嗯。”乾隆点了点头，不无激动地说道，“朕晓得，只要是你说的话，朕都听都听。”忽然，想起了什么，乾隆忙道：“不过，不能让朕赐你死，这朕做不到。”

“假如我让你做坏事呢？你听吗？”

“不，你不会的，朕知道你不会的。”乾隆紧紧握着她的手，仿佛害怕她挣脱似的，“朕知道你是个心地善良的人。”

香妃那明湖般的眸子深情地望着乾隆，说道："你是皇上，是这泱泱华夏的君主，你不该有这么多情的。要知道，这会误了你的。你想做一世名主，就必须……"

"不要说了，朕这话听得太多了。"乾隆松开了她的手，起身踱至窗前，长吁了一口气，道，"朕既要做一代名主，也要做个有情有义的人，一个普普通通的人！"

"你……"香妃似乎想说什么，却又住了口，半晌，方道，"皇上，我求你件事，不知你可否答应？"

"说吧，只要不是那事，朕什么都答应你。"乾隆没有转身，答道。

香妃咬了咬嘴唇，道："我求皇上，不管我以后是生是死，都不要难为我的亲人，不要难为我的兄弟姐妹！"

"朕不会的，但你必须活着，好好地活着。朕可以不碰你，朕只要能在这与你说会话便知足了。可以吗？"乾隆说着慢慢转过身，忽然，他发现她的眼中噙着晶莹的泪花，"怎么啦？有什么事？"他拉住她的手，她的手虽依旧是那么光滑，但似冷了许多。

乾隆凝视着香妃，品味琢磨着她的话，似虚又实，无可捉摸，恬淡得像泉里刚打上来的水一般。很久，方开口道："没事便好。朕说过你不能死，你要好好活着。你能答应朕吗？"

香妃默默不语，只轻轻点了点头。

"万岁爷。"屋外传来祁玉的低语声。乾隆皱了皱眉头，"什么事？"

"回万岁爷，"祁玉似乎有些气喘，语不成声道，"赵公公说……皇太后让您马……马上回宫。"

乾隆没有言语，他心中隐约生起一丝不安的感觉。他的眼睛久久凝视着她，仿佛想从她的眼神中看出点什么，但他没有，他什么也没有发现，她的眼神是那么的恬静。

"皇上，"香妃笑了，真心地笑了，她轻轻走上前，拉住了乾隆的手，"发什么呆呀，还不快回去。"

"朕……"

"没事的。有玉儿陪着我，能有什么事？你放心去吧。"说着，香妃那樱桃小嘴轻轻地在乾隆脸上吻了一下，"皇上答应我，不难为我的亲人，不难为我的兄弟姐妹的，可不要忘了。"

"嗯。"乾隆仿佛从梦境中清醒过来。他笑了，笑得是那么甜，那么开心，

“你放心,朕岂能忘了?祁玉!”

“哎!”祁玉答应着奔了进来。

“好生侍候你主子。明日朕来,你主子若有什么事,朕轻饶不了你。”乾隆笑着说完,又望了望香妃,方依依不舍地离开了宝月楼。

香妃走到窗前,久久凝视着他的背影,直到消失得无影无踪。她是不幸的,她被迫离开了家园,来到这万里之外的京城。然而她又是幸福的,因为她一生中,有两个男人真心地爱着她。她轻轻地转过身,踱到桌前,拿起那个精致的转心瓶。她笑了,她仿佛又回到了天山脚下……

离开宝月楼,乾隆的心舒畅了许多,这是他与她呆得最长的一次,也是最开心的一次。转心瓶,转心犟。想着她那令人陶醉的吻,他的脚步轻快了许多。

“皇上,”钮祜禄氏瞅着乾隆进来,冷冰冰道,“你去哪了?”

乾隆没有直接去慈宁宫,他想先探听一下风声,不想脚刚跨进养心殿,东暖阁已传来母亲冷冰冰的话语,忙急步进内,躬身请安道:“儿臣给母后请安。儿臣心里闷得慌,去园子走了走。”

“是吗?”钮祜禄氏脸上似抹了一层霜般冷峻,“去园子能用这么长时间?”

“儿臣听得母亲传唤,所以去了慈宁宫。”乾隆低着头,答道,“这一往返,便迟了些,还望母后见谅。”

钮祜禄氏冷哼一声,道:“这便用了一个时辰?连皇上都说谎,难怪奴才们一个个都敢欺瞒你?说,是不是去了宝月楼?”

“儿……”

“我告诉你多少次了,你为什么就听不进去?”钮祜禄氏猛地一拍案,榆树皮般的脸抽动了一下,喝道,“刘纶病故、泰陵出现渗漏、明瑞八百里加紧递来折子,多少事等着你处置,可你呢?你口口声声不会误了朝事,不会对不起列祖列宗,便是这般做的?”

“皇太后息怒,皇上……”那拉氏、来保、刘统勋见状,一齐跪地道。

“闭嘴!没你们说话的份儿!”钮枯禄氏怒斥了句,似乎还想再说什么,但却忍住了,瞅着乾隆吩咐道,“明儿一早你去泰陵看看,该怎生修治,抓着紧点。”说着站起了身。

“儿臣明日……”

“祖宗陵寝,关乎社稷安危。要让乱民们听说祖坟出事,那还得了?天大的事都得往后拖!”钮祜禄氏说完径自向殿外走去。那拉氏忙快步上前搀着。

宝月楼内,香妃静静地坐在桌前。祁玉拿出一朵小红花轻轻地给她簪在乌黑如云的发际上："娘娘，您看看镜子，您就像天上的仙女一般，怪不得万岁爷这般……"

"玉儿，取下来。"香妃看了看镜子里的自己，她看到了那朵红花，淡淡一笑道，"戴这些东西做甚。"

"万岁爷昨儿个不说了吗，他今儿还要来的。万岁爷心里闷，看着娘娘他才开心些。娘娘您就戴着吧。"

香妃没有反对，却望着镜子里的自己，苦笑了一下。良晌，方说道："皇上他不会来的，你歇着吧。"

"会的，万岁爷金口玉言，不会骗娘娘的。"

"你这丫头，皇上不知给了你什么好处，这般向着皇上。"香妃掠了下散乱下来的鬓发，"皇上方才出了宫，朝东北去了。"

"不会的，万岁爷……"祁玉话未说完，外边传来一阵敲门声，祁玉闻听，笑道，"娘娘，您听，这是什么声音？"说着话已转身蹦蹦跳跳下了楼。

"吱"的一声，沉重的门打开了。不是乾隆，而是太后钮祜禄氏和皇后那拉氏。祁玉的脸顿时窗户纸一般白，懵懂片刻，忙跪地道："奴婢给皇太后、皇后娘娘请安。"

钮祜禄氏没有言声。径自进了楼，转脸吩咐身后跟着的太监道："把门关上，谁来也不许开！"

"皇上呢？"领头的太监怯生生地问道。

"也不许开！"

"喳！"

瞅了眼跪在地上的祁玉，钮祜禄氏没有言声，在那拉氏的搀扶下上了楼。香妃坐在桌前，额头上的红花已摘了下来。听着那凌乱的脚步声，她转过了脸，微微一怔，起身蹲了个万福，却没有言声，因为她不认识钮祜禄氏，也不认识那拉氏。

"娘娘，"祁玉快步奔了上来，道，"这是皇太后，这是皇后娘娘。"

香妃正待开口，钮祜禄氏已说道："你就是香妃？"看着她那摄人心魄的美，钮祜禄氏心里一动，立即又定了下来。

"贱妇正是香妃。"

"你长得很美。"钮祜禄氏望着香妃足有盏茶工夫，方说道，"怪不得皇上这般痴情于你。"

香妃静静地站着，默默不语，只两眼瞅着钮祜禄氏。她的眼神是那么柔和，任谁看了也不禁心动。

“皇上待你很好,是吗?”

“嗯。”

“皇上待你既然好,你为什么不答应他?你难道就那么忍心看着他为你整日神不守舍、慢慢憔悴下去?”

“我不忍心。”香妃眼中闪烁着晶莹的泪花,哽咽道,“但我不能答应他,我爱……我的汗爷,我不能做对不起他的事。”

“你穿这身黑衣,是在为他服丧?”

“是的。‘女子重前夫’。一个女子对她的丈夫总是记得很深的。”

钮祜禄氏点了点头,说道:“不过,皇上他却不这样认为。他是皇上,他必须管好这江山社稷,我不能看着他这样下去。”钮祜禄氏叹了口气,接着道,“我看得出来,你是个好女子,我……我真心希望你……你能答应他。”

“我不能。”香妃的面色静如止水,咬了咬嘴唇,道,“皇上待我好,我真的很感激。他的这份情我这辈子是没法偿还了。”

钮祜禄氏吸了一口气,又徐徐吐了出来,说道:“我说过,我不能看着皇上这样下去。既如此,我……”

“皇太后,”那拉氏听着,心头一紧,忙跪地磕头道,“依儿臣之见,将她放回故乡吧,这样……”

“不,不行!”钮祜禄氏摇了摇头,用不容置疑的口吻说道,“放了她,皇上还会将她再召回来。我心里也不忍,但没有办法,只能这样做。”

香妃笑了,她笑得是那么甜。但她的眼中,泪水却已走珠儿般滚落下来。她“扑通”一声跪在了地上,磕着头哽咽道:“贱妇谢皇后恩情,谢皇太后赐尽之恩!”

“娘娘,不,不能。”祁玉眼中的泪水亦夺眶而出,跪行上前,摇着钮祜禄氏的脚,哭泣道,“皇太后,奴婢求您……求您别让娘娘去……别让娘娘去……”

“闭嘴!”钮祜禄氏咬了咬嘴唇,狠下心向着香妃说道,“孩子,我知道你是个好人,但为了皇上,我只能这样。你好生去吧。”说着挥了挥手。一个太监双手捧着段白绫走到了香妃面前。

“谢太后。”香妃复磕了个头,说道,“请……请太后下楼可好?贱妇一定会……”

“不要说了。我答应你。”钮祜禄氏摆摆手,起身在那拉氏的搀扶下走下了楼。她是人,她也是一个有感情的人,泪水浸湿了她的眼眶,顺着面颊慢慢地淌了下来。

“娘娘，”祁玉泪如雨注，抱着香妃的腿，呜咽道，“你不能……你不能死……万岁爷他舍不得你……”

“傻丫头，哭什么？我就要去天国了，去见我的汗爷了，应该高兴才对呀。”香妃淡淡一笑，仰天长吁一口气，道，“皇上待我好，我就更不能留在这个世上。来生吧，来生我香妃一定侍奉他。”

“娘娘，不……不要……”

“起来吧。”香妃说着轻轻搀起祁玉，用手拭去她脸颊上的泪水，道，“这样对我、对他都是好的，你现在还不懂，但将来你一定会懂的。我给皇上写几句话，他不会难为你的，你放心吧。”

“玉儿不怕死……玉儿只觉得对不住万岁爷……娘娘……”

“这是命，这是天意，不可违的……”香妃说着慢慢踱至案前，提起了笔，她的脸色是那么的镇静，镇静得让人不可思议。

“万岁爷，奴婢没照顾好娘娘……奴婢对不起你……娘娘，奴婢先去了！”

祁玉说完已箭一般撞在了墙上，殷红的鲜血顺着墙慢慢地淌着，“玉儿，你为什么要这样？皇上也不会难为你呀……”

“嗒嗒……”楼外街上传来一阵急促的马蹄声，将她从梦境中惊醒，她知道是他来了，是他救自己来了。但她没有笑，她站起身，慢慢走到桌前，抱起那个精致的转心瓶，抱得是那么紧。

“请娘娘升天吧！”马蹄声惊醒了她，也惊醒了楼下的钮祜禄氏。太监在楼梯边催道。

她伸手掏出了那把柳叶小剑，笑着看了看，对准自己的心窝狠狠扎了进去。像一株刚刚吹倒的小树，她的身子颤颤地抖动了几下，她的眼前又浮现出了那茫茫的草原、皑皑的雪山……

楼外响起了墙倒般的敲门声。乾隆汗如雨注，两手狠狠地砸着门：“快开门！快开门！玉儿快开门呀！”

钮祜禄氏静静地站在门边，没有说话，也没有动，直到太监从楼上下来，向她点了点头，她方喃喃道：“把门打开吧。”

“吱溜”一声，门打开一条缝儿。乾隆已箭一般冲了进来，他忘记了向钮祜禄氏行礼问安，他忘记了一切，径直奔楼上而去。他呆住了，如庙中泥胎般一动不动：一汪碧血中香妃侧身僵卧，手中仍握着那把柳叶小剑。他呆呆地望着她，犹恐是梦，揉了揉眼。不是梦，她去了！

"香妃!"乾隆痛呼一声,上前抱住了香妃,但见她星眸紧闭,颜面惨白,咬破的嘴唇隐隐渗出血丝。就是这张嘴,给了他那甜蜜的一吻,给了他那心旷神怡的一吻。

乾隆使劲晃着香妃那绵软尚有体温的身躯,连声叫道:"你醒一醒,你这是怎的了,啊?你给朕醒一醒吧……朕带你去天山,去你的家乡,你为什么不说话,为什么不说话……喃喃……你走了,你走了……"他抱起香妃,梦游似的呼叫着香妃的名字:"你醒醒,啊……昨日你好像有话,为什么不告诉朕?朕真混……朕真混,朕为什么不仔细问问呀,为什么不仔细问问呀……呵呵……"

"皇上,"那拉氏面带泪水,轻步上楼,低声哽咽道,"她已经去了……您就节哀吧……身子骨要……要紧……"

乾隆醒了,从梦境中醒了,他轻轻地把香妃的尸体放在床上。转过身,两只眼发出刀子一般刺人的寒光,死盯着那拉氏,腮边的肌肉急促地抽动着。忽然,他像疯子一般扑到那拉氏的面前,劈胸提起,嘶哑着嗓子尖声地狂吼道:"是你!是你害死了她!你为什么要这样做?为什么这么心狠?说!不然朕掐死你!朕要你给她偿命!你说朕办到办不到?你说朕办到办不到?"

那拉氏被乾隆箍得透不过气来,见他一脸凶神恶煞相,五官都拧歪了,血红的眼睛发出鬼火一般的光死死盯着自己,她吓呆了,半晌才期期艾艾地说道:"皇上,您……您别……不是臣妾……不是臣妾……"

"嗯?!"

"臣妾……"

"放开她!"钮祜禄氏颤巍巍地上了楼,面如止水,喝道,"不是她的错,是我,是我赐她死的!"

"母后,"乾隆放开了那拉氏,两眼一动不动地盯着钮祜禄氏,说道,"你为什么一定要这样做?为什么要赐她死?她是无辜的人!她是……"

"为了你!"钮祜禄氏不等乾隆话音落地,已开口说道,"因为你是皇上,为了向列祖列宗交代,我只能这么做!"

"可她已经转心了,她已经对儿臣有好感了呀!"

"那是你自己心里想的。"钮祜禄氏叹了口气,压低了语气道,"我看得出她是个好女子,虽然她是叛贼霍集占的妃子。我也不想这么做,但她……你便认了吧。要知道我这也是为你好,为了这……"

"为了这祖宗留下的江山社稷,是吗?"乾隆不无激动地说道,"可儿臣又做错了什么?错在儿臣是皇上,是真龙天子?可儿臣也是人,一个有血有肉有感情的人！母亲口口声声为儿臣好，可儿臣心里的苦处，心里的想法您又知道多少？”

“够了！”钮祜禄氏厉声呵斥，但旋即又将语气缓了下来，“是对是错，已经如此了。你怎样想、你心里的苦处我或许真的不知道，但额娘心里确确实实是为了你好！”说着转脸吩咐太监道，“抬下去，好生收殓！”

“不许动她！”乾隆仿佛遇见鬼一般，倒退两步，喊道，“你们谁也不许碰她，你们都走，统统都走！”

钮祜禄氏皱了皱眉头，道：“皇上……”

“皇太后，”那拉氏脸上依旧泛着红晕，忙道，“走吧，让皇上静一会儿，他这会心里难受，您再……儿臣怕再有闪失。”

钮祜禄氏长长叹了口气，瞅了瞅乾隆，吩咐道：“赵云，小心侍奉你主子，若有闪失，我唯你是问！”说完复颤巍巍下楼而去。

“哈哈哈……我是皇上，我是真龙天子……可为什么我连一个柔弱的女子也庇护不了呀……为什么……”

乾隆似哭似笑，踉跄踱回床前，他的脚步灌了铅般的沉重，他久久地凝视着她，她睡着了，睡得那么甜，那么沉。可惜，她永远也不会醒了。

一阵微风吹过，桌上那张笔墨未干的纸雪片般飞了下来，轻飘飘落在他的脚下。乾隆轻轻地捡起它，仿佛怕惊醒梦中的她，那上面只写了两个字：来生……

她没有写完，但他知道她想说什么，他复抬起头，凝视着她。很久，嘴里喃喃念道：“浩浩愁，茫茫劫，短歌终，明月缺，郁郁佳城，中有碧血。碧亦有时尽，血亦有时灭，一缕香妃无断绝！是耶非耶？化为蝴蝶。”说着，泪水顺着他的面颊无声地落下，然而，人死是不能复活的，无论是帝王的泪，还是庶民的泪，都只能是一种发泄，一种寄托，或一种思念。

她去了，去了天国，去见了她心爱的汗爷；他依旧是他，大清朝的皇上，真龙天子，这便是钮祜禄氏所要的解脱。然而，他没有解脱，他依旧每日悉心地处理着朝事，只是日渐憔悴下去。

## 下江南意悦神酣嫖窑姐儿

高宗自香妃去世以后，整日情绪低落，这也不好，那也不好。傅恒、和珅等几位大臣，想方设法令他开心，可是高宗仍没精打采，皇太后也很烦恼。这天，傅恒、阿桂在皇上面前闲谈，无意中说起江南风景十分秀丽，是游玩的地方，当年圣祖皇帝二次南巡，到处题字留诗，使山湖增色不少。高宗听后，不免心动，便说道："咱们也去南边逛逛，好吗?"傅恒、阿桂立即说好。高宗道："皇太后不知愿不愿意，还是问问她老人家吧。"傅恒道："皇太后一定会答应的。"高宗立即到慈宁宫向太后请旨，太后果然答应了。于是立即命令内务府，派人到江西造龙舟，户、兵两部，飞书各省督抚，命令他们修建行宫，派兵防护。高宗下旨决定第二年三月南巡。这道圣旨一下，各省官员立即忙起来，督抚命令司道，司道令州县，浚河的浚河，修塘的修塘，忙得不亦乐乎。

一到正月，各省督抚的春本便陆续到京，上报行宫御道全部竣工。高宗又派大臣到各处查看。转眼到了二月中旬，高宗请示了皇太后，由紫禁城启驾，大开正阳门，向南进发，王公侯伯、贝勒贝子，全部跟随其后。仪仗车马，排列了十来里路。留守的各位王公大臣，送了三十里才回宫。

高宗一路上无非是遇水题诗，逢山游览，做的都是一些怡情悦性的事情。这天，众人来到山东济宁州地界，高宗所走路途上黄沙没有铺，休息的芦殿也没有盖搭，高宗大为不悦，立即下旨查问。一位大臣上奏："知州颜希深因有急事外出，州里的事没人管理，地方绅士乘机请官府赈灾，颜希深的妈妈，擅自命令官府开仓放粮。有这么糊涂的妈，儿子当然也聪明不了。请皇上狠狠惩罚她一下，也警告他人。"说着，山东巡抚的参本也送到了高宗的手上。高宗正要降旨惩办，突然有人来报，皇太后召见。高宗上了船，见了太后，太后道："我的儿，你可知道，这里有个颜知州的妈妈，在他儿子不在的时候就开仓发赈，救活了许多穷人。"高宗答应了一声"是"，立即又说道："太后有所不知，他妈虽然贤惠，但她的儿子却非常糊涂。"接着把他任职不当的事说了一遍。太后道："母亲这么贤惠，儿子总不会太没出息。人家有事，也是为公事，咱们就将就一点吧。"高宗连连答应了两个"是"。太后道："我已经差人去召见她母亲了。"正说着，颜希深的妈妈何氏来到。太后笑道："人呢？让她赶快进来。"接着向高宗道："我的儿别走，我们一起见见她。"高宗只好坐下。于是太监将何氏带来叩见圣上和皇太后，太后赐座后，跟她攀谈起来。高宗暗暗观察，发现何氏穿着得体，脸面慈善，奏对礼节十分合规制，感到很奇怪。太后与何氏，话说得十分投机。太后先问："你今年多大岁数?"何氏起身答道："臣妾七十三岁了。"太后道："身体是否健康?"何氏道："托皇太后皇上洪福，身体好。"太后道："我比你小好多岁呢，耳朵还好，牙齿却只剩下几颗了，现在只嚼得动几样很软的东西。"何氏道："臣妾草木之躯，怎能与太后相比！"太后道："没有的话，大家都是人，怎么会有贵贱

之分?!”太后当场褒奖何氏,赐了她一块匾额,并派两名太监,将她扶上轿,送回州衙。后人有诗道:

便宜发粟为扬仁,严妪何期白简陈。

风榻暂停温诏下,中宫宣进太夫人。

何氏走后,太后留高宗在水殿一起吃饭。母子两人,一边谈家常,一边叙国事,非常快乐。忽然一个太监从头舱进来,呈上一道奏本。高宗看过后准备拟旨,太后立即问出了什么事。高宗道:“济南知府无人担当。”太后道:“就让颜希深去担任吧。”高宗道:“谨遵懿旨! 只是怕他不能胜任此职。”太后道:“我看他有这么一个妈管着他,总不会出什么大乱子的。”高宗应了一个“是”,便拟旨将颜希深升为济南的知府。颜希深因为母亲的缘故,得着太后知遇,从此平步青云,没过几年,就升为河南巡抚。

两宫在济宁休息了一个晚上后,启驾南下。皇上坐的船在行驶的时候,并不用樯帆桨橹,而是用黄丝绞成的两条纤索。百名农夫拉着纤索,穿着黄绸号衣,分成两路,沿堤前进。每条船上,都有数百名纤夫。出巡人员所乘的船只共有六十多只,光用纤夫就有六七千人。地方官员在龙舟没到之前,便派兵乘船四处巡查,禁止民船在河上行驶。龙舟一到,两岸迎驾的人,像蚂蚁一样多,这里面有献诗词的举贡监生,有预告的绅士,还有现任官员。高宗偶然赏脸,就在此地住上一天,于是这个地方就像被搜刮了一遍一样。皇宫的人不是随随便便就能应付的,光供一餐饭,天南地北的各种山珍异味,少了哪一样都不行,花的银子当然是不计其数。两宫都在船舱里坐着,怎么会知道这些呢?

这天,一位侍候皇上的大臣报告:“明天就到扬州了。”高宗道:“腰缠十万贯,骑鹤上扬州,这是古人说的话。可想而知,那扬州的风景定是非常好。咱们到了那里,可要多玩几天。”第二天,两宫便来到了扬州,高宗叫太监传出旨意,两岸迎驾的人,女的不必回避,男的一律回避。扬州知府接到这一圣旨,便立即通知江、甘两县所有人民,并叫民家女子打扮得漂亮一些,都到江边迎驾,如果不按通知去办,一定严惩。可怜扬州百姓无端遭这个大劫,高宗却凭栏闲眺,不亦乐乎,与身边的几位大臣议论着扬州春色。高宗道:“南边女子比北边女子好看,这一点还真不假。”傅恒道:“六朝金粉,本来就是很有名气的。”高宗停了半晌,忽然叹了一口气。傅恒忙问:“皇上为何叹息?”高宗附在他耳边,不知说了什么,只见傅恒笑道:“这个不难,传旨扬州府,立刻就可办到。”高宗道:“你真糊涂,这种事能够冠冕堂皇地传旨吗? 只能你私下向知府说,叫他悄悄办就行了。”傅恒道:“这差事,臣可不敢去做。”高宗惊奇地问道:“这是为什么? 有我呢。”傅恒笑道:“臣不过是跟皇上开个玩笑而已!皇上放心,臣一定把此事办妥。”高宗道:“要办就办,朕可没那么好耐性。”傅恒道:“船快要靠岸了。”刚说完,只见船埠码头运司知府等官员,都上船来接驾。傅恒就让扬州知府到自己船里谈话,傅恒问道:“这里有窑子吗?”知府忙起身道:“回中堂话,没有!卑府境内风俗,倒还淳朴。这里开始还有几户私窑子,自从卑府上任之后,狠狠地查办了几处,如今这里已没有窑子了。”傅恒知道他理解错了自己的意思,便笑道:“谁有空问你政绩,我问的是圣上一路上十分寂寞,在这里能否给圣上找点乐子。”知府连忙答道:“是,卑职明白了。”然后便告辞而去。下午,皇上用晚膳时,知府果然送来了十名如花似玉的妓女。高宗高兴不已,就叫她们唱曲劝酒,大有“小红低唱我吹箫”的闲情雅致。散席之后,高宗又命她们留在船上侍寝,左拥右抱,玉软香温,好不快活。正是:春色上眉开意蕊,秋波窥镜逗心痕。

## 皇后大吃窑姐儿的醋

乾隆这次南巡,一路眠花宿柳,尽情享受。到达杭州时,算来已临幸了十多个江南美女。这许多事,都要瞒着皇太后。一方面由于皇太后不和圣上同乘一艘船,而是在御舟后面远远随着,不容易看到;另一方面皇上不是在岸上,而是在夜里悄悄地把人弄到船上,皇太后怎能知道?

但乾隆皇帝此次南巡,做出的风流韵事,却没有瞒过皇后乌喇那拉氏。

乌喇那拉氏,满洲正黄旗人,是一等承恩公那尔布儿的女儿。她比乾隆皇帝小七岁,在乾隆皇帝即位以前,就被封为福晋。乾隆皇帝即位的第二年,她又被晋封为娴妃。她不仅容貌超群,端庄秀丽,而且深明大义,温恭和顺,所以乾隆皇帝十分宠爱她。乾隆十年,又晋封她为娴贵妃。孝贤皇后逝世后,她代理皇后管理内宫诸事务。乾隆十四年,她被封为皇后,并伴驾两巡中州,她先后生了皇十二子永璂、皇五女和皇三十子永琛。谁料想,就在这次伴驾南巡之时,厄运突然降临到她的头上。

乌喇那拉氏所乘船只,是在皇太后所乘的船只后面。沿途,她暗地里命几个心腹太监随时探听皇上的消息。她看到皇帝为所欲为,十分恼怒。可是皇太后特别溺爱乾隆皇帝,乾隆皇帝的种种不当作为,又全都瞒着皇太后,因此,皇太后一无所知。皇后即便向太后讲了,太后也是向着皇上,因此皇后一路上忍气吞声。

现在南巡船只已经到了扬州,本来扬州就有美女甲天下之称,是个出美女的地方，不知道皇帝在这里又是怎么个风流倜傥。皇后心中很不是滋味，酸溜溜的。

这天夜色已晚，几艘豪华大船徐徐驶来，最后停靠江边。一轮明月，照耀在江水上。皇后透过舷窗，看到远处的御船上灯火辉煌，只见美丽漂亮的女人的影子来回晃动，唯不见皇帝召见她，皇后的心中无限惆怅。正在这时，心腹太监来到皇后坐的船中向她报告："报告皇后，皇帝把许多歌妓，接到船上来玩耍。"

乌喇那拉氏听到太监说皇帝与妓女在一起，立刻气得双眉紧锁，面容失色，恨不得马上赶到御船上去劝谏，又怕在妓女面前，一旦皇帝发了脾气，局势就难以收拾。皇后呆立在船头，听到御船上的阵阵欢乐笑声，不由得心中酸楚。

皇后站在船头上，想了很久，便回到船内，拿起笔墨，写了一道很长的奏章，奉劝皇帝保重身体，不能荒淫无度。写着写着，伤心得泪流满面，哭个不停。太监和宫女劝也不好劝，不得不陪着伤心流泪。

皇后把奏章写完，向岸上望去，正是灯火通明，车马吵嘈，那班妓女正辞别皇上，登岸回院，皇后看后便悄悄说："这些狐狸精总算走了，我终于可以见皇上去了。"

皇后匆忙地梳洗打扮了一番，手里拿着自己写好的奏章，不论太监和宫女怎样劝阻，不让她去见皇帝，但她始终不听。这下可吓坏了总管太监，他跪在皇后面前，连连叩头说道："娘娘容禀。不要过于着急，现在正是皇上快活之时，娘娘一去，不但得不到好处，反惹皇帝发火，那时候不但奴才难交差，怕娘娘也躲不过这次灾难。况且已到四更了，那群妓女也去了，皇上正睡觉。娘娘既然写了奏章，待天亮后，奴才替娘娘送去，难道不更好？"

皇后听了又开始哭了起来，说道："皇帝如此荒淫下去，朝廷政事不闻不问，百姓怨声怨气，大清王朝危亡就在眼前。我职司六宫，居于坤位，有匡救君王的责任，怎能这样让皇上大胆妄为?！我已拿定主意，就是死也要去见皇帝。如果真的死在御舟之上，你们便把我的贴身衣服和宝玺，送到我的父亲家中，就说我因劝谏皇上而死。"皇后说着说着便又哽咽起来，不由得双腿一软，侧身倒在椅子里，宫女忙给她洗脸喝茶，慢慢地镇定下来，变得稍好一些。她停止了哭泣，忽然从椅子上直跳起来，说了一声："我早晚要面见皇上去！"便向船舱外走去。

皇后踏上跳板，急匆匆地走着，宫女、太监慌忙过来搀扶，抬眼向御船上望去，御舟的桅杆上挂着一盏红灯，闪闪烁烁地放着红光。皇后看见红灯，更加气愤难忍，用手指着红灯，两眼发黑，便气晕过去了。

宫女、太监见皇后昏迷不醒，吓得乱了手脚，有宫女拍着皇后的胸口，掐着人中，有的按摩着穴位，又灌下人参汤，皇后这才慢慢地苏醒过来。

皇后见了御舟桅杆上的红灯为何如此气愤？原来宫中有规定，皇帝在屋里如果有召幸，那屋子外面，便点着一盏红灯，示意别人回避，不可惊动皇上。

待皇后苏醒过来，她便打发自己的心腹太监到御舟上打探情况，看看是谁在皇帝那里侍寝。不一会那太监就回到皇后的船上，悄悄地说道："现在在御船上，有三个女子，一个是扬州的美女，另两个是歌妓。"

皇后听了，长叹道："唉！皇上真是不要命了吗？看来我是不能不劝谏了。"

这时，远处传来了雄鸡啼叫，皇后说道："到五更时分了，可以叫皇帝起来了。"

皇后让宫女把自己梳洗打扮一番，慢慢地走上岸去，宫女们扶着，太监们跟着，前面提一对羊角小灯引路，不慌不忙地向御舟上走去。

御舟上值夜的侍卫同守卫的士兵，见皇后来到，连忙趴在地上跪见。太监传达皇后的旨意，不许声张。

皇后也不要别人通报，来到御船的中舱，见桌上零散地放着几只酒杯，酒杯里剩余的酒还没有凉，桌下的地面上落着一只红色绣花小脚鞋儿，皇后看了此景，轻轻叹了口气，又直入后舱，走向皇帝的寝室。

皇后径直走到御榻前，也不叫醒皇帝，突然跪倒在地，拔去头上的钗簪，一缕云鬓，直泻下来。随后从太监手中接过一本祖训，朗朗地背诵起来。

乾隆皇帝这时正搂抱着一个妓女睡着，剩余两个却不敢阖眼，见忽然来了一位贵妇人，知道不是一般的妃嫔，连忙悄悄推了皇帝一下。

皇帝睡意中，听见有人背祖训，不得不从被窝里钻出来，披上衣服，在御榻上跪倒，认认真真地听着。

听完祖训，乾隆皇帝从床上下来，非常气愤地直面问着皇后道：

"你何时闯进来的？"

皇后低头答道："皇上息怒，臣妾该死，听见鸡鸣，臣妾觉得已过五更，天也已亮，臣妾是来请圣安的。"

皇帝冷笑一声，怒喝道："好个不知规矩的皇后！没看见挂着红灯吗？敢暗地监视朕躬？你偷偷地监视朕躬，倒也罢了，现在你悄悄地来到御榻前，不会是来谋杀朕吧？"

皇后一听皇帝说自己想去谋刺他，皇后一时感觉到非常委屈，实在难以承受，哭泣着说道："皇帝这句话，让臣妾怎担当得起？臣妾既然已备位中宫，皇帝便与臣妾是嫡体。圣驾起居，是臣妾应当伺候的。得知皇帝有不当行为，贱妾本想趁天不亮时，规劝皇帝一下，不愿在白天，抛头露面，失了体统。谁料烟花贱娼与陛下狎近，臣妾求皇上不要发怒。”

皇上的好梦给搅了，心中正在恼怒，忽听皇后捎带骂那妓女，更加忍无可忍，摸起床头的小钟敲了一下，进来几个太监，皇上大声喝道：“把她拉出去！”

太监们发现是要拉皇后，谁也不敢动手，于是恭恭敬敬扶起皇后。皇后跪在地上，谁拉也拉不起，说什么也不肯起来，哭着说道：“陛下不顾及臣妾名位，也应该顾念夫妻一场。陛下不管怎样生气，只求您看看臣妾的奏章，臣妾就是死了也不后悔！”说罢皇后把奏章举过头顶。

皇上无奈，不得不把奏章拿来，扫了几眼，见上面把他比喻成了隋炀帝、正德帝，便恼怒起来，一下子把奏章扔在地上，走到皇后跟前，扬起手来，朝皇后脸上打去，皇后两腮顿时红肿起来，嘴角也流出鲜血。

太监们急忙上前阻拦，乾隆皇帝气愤地走出舱，同时甩下一句：“见太后去。”

皇后看到皇上要走，马上向前死死抱住皇帝的腿不放，同时还说道：“陛下即使要了臣妾的命，臣妾还是请陛下看完奏章再走……”

皇上不能脱身，更加恼火，不假思索地抬起一只脚来，用力一踹，踢在了皇后的肋骨上，皇后“啊”地大叫一声，晕倒在船上。

乾隆皇帝头也不回，怒气冲冲地走出船舱，随后又走到岸上。侍卫连忙紧紧跟在后面，乾隆皇帝走进太后的船中。

此时东方露出鱼肚白，太后已经起床，正在梳洗。侍女突然进来高声说：“皇上驾到。”太后不觉吃了一惊，慌忙看去，看到皇上衣衫不齐，怒气冲冲走进舱后，把皇后怎胡闹，又如何失体统的话讲了一通，但他却只字未提自己昨夜嫖妓宿娼的事，最后又说道：

“她夜深直入，居心不良，恳请太后赐死。”

皇太后听罢大为吃惊，便问道：“皇后是如何到御舟上去的？”立刻把侍候皇后的宫女、太监们唤来问询。问明事情的原委，皇太后便吩咐把总管拉下去，用木棍打死。然后又吩咐内监，到御舟上去把皇后召来。

不大会儿，皇后被架了过来，皇太后看到她披头散发，热泪满面，叹了一口气，说道：“闹成这样，成何体统，做皇后的体面哪里去了？”

皇后听皇太后一说，更是痛彻心扉，加之肋骨折断，疼痛得难以忍受，失声痛哭，却说不出一句话来。

皇帝在一旁,一个劲儿催促着太后赐死。皇后见皇上这样绝情,心灰意冷。她乘人不备,抢到船头,向河中一跳,"扑通"一声,落到河中。

皇帝发现皇后跳到水里,仍然是无动于衷,倒是皇太后看到,动了恻隐之心,总觉得皇后可怜,马上传令,让太监找水手把皇后从水中打捞出来。

水手将皇后打捞上岸后,发现皇后被水灌得已昏迷不醒,灌的水慢慢地呕吐出来之后,才算清醒过来。

打那以后,皇后卧床不起,皇帝几天也不去看望一眼,这使皇后更加心灰意冷,非常难过。这时南巡的船队已驶到了杭州。

这一天,皇室所有人员驻跸蕉石鸣琴行宫。恰巧皇后过生日,皇太后叫皇帝去看望一下皇后,乾隆拗不过皇太后,在早餐时随便给皇后点了几个菜,到了晚餐却不见了皇后的身影。

早饭以后,皇后发现皇上对她如此冷漠,就用剪子把头发剪下来,然后在太后面前下跪,求她发发善心,许她削发为尼。皇太后见皇上和皇后已不能和好如初,便命宫女将皇后扶起,并且说道:"我答应你的要求,咱们从山东过来时看到济南大明湖边水清树茂,那里有个清心庵,是个静修的好地方。如今打发人送你那边住着,等皇上回銮的时候,再带你进京回宫,你愿意不愿意?"

皇后听了,又跪下谢过皇太后。于是太后便唤过四个太监,一个主事的,来到皇后的风船上,立刻启碇,向济南府大明湖的清心庵奔去。

到皇上回銮时,皇太后果然叫人把皇后捎回了宫中。第二年就传出皇后的死讯。

乌喇那拉氏死后,乾隆不但没有回宫参加葬礼,反而降旨限令乌喇那拉氏皇后的丧仪,只能按贵人妃子的丧仪办理。

## 乾隆帝喜欢男人的柔媚

### 和珅貌美性淫得帝宠

清代帝王中,乾隆皇帝同性恋的嫌疑最大。人们总要疑惑:为什么他那么宠爱和珅?为什么和珅有那么多过错,可他却听之任之?《清史稿》说和珅"字致斋,钮祜禄氏,满洲正红旗人。少贫,为文生员。乾隆三十四年,承袭三等轻车都尉，寻授三等侍卫，挑补黏杆处。四十年，直乾清门，擢御前侍卫，兼副都统。次年，遂授户部侍郎，命为军机大臣，兼内务府大臣。四十五年，擢户部尚书、议政大臣。四十六年，兼署兵部尚书。四十七年，加太子太保，充经筵讲官。四十八年，赐双眼花翎，充国史馆正总裁。"(《清史稿·卷三百十九·和珅传》)。可以看出，和珅的仕途一帆风顺，他由毫不起眼的三等侍卫做起，乾隆四十年开始渐渐地接触皇帝，四十一年他才二十七岁即被拔擢为军机大臣，这与汉哀帝时的董贤很相似。和珅固然聪明，但终究不具备卓越的政治才能，出身也并非特别显贵，因此和皇帝有异乎寻常的君臣私交可能是他非常受宠的原因。在各种记载当中，《批本随园诗话批语》里的一段文字比较朴质："和珅起自寒微，其家虽有轻车都尉世职，其父长保曾为福建副都统，累世武秩，皆元蓄产。和珅袭职后，充当上虞备用处侍卫。家贫而貌美，性淫，为同人所不齿。侍卫例有帮御轿左杆之差。一日，纯皇帝（乾隆帝）因官事自诵《论语》云：'虎兕出于柙，龟玉毁于椟中，是谁之过欤'，问之随从大臣，皆不能对。和珅率尔而奏曰：'典守者不得辞其责。'上大悦，立挑入御前侍卫，此乾隆四十三年事也。未半载，即用为御前大臣、户部侍郎、九门提督。和珅为人身材停妥，粉面朱唇，声音脆亮，不矜威仪，喜诙谐，内外如一，无一毫装模作样之处。其侍上左右，记性极好，应对如流，虽在天威咫尺之前，而举止自在，上视之亦如婴儿，不甚拘束之也。"

和珅

流传最广的是某妃转世的说法。《清稗类钞·异禀类》："世宗（雍正帝）朝某妃，貌姣艳。高宗（乾隆帝）年将冠，以事入宫，过妃侧，见妃方对镜理发，遽自后以两手掩其目，盖与之戏耳。妃不知为太子，大惊，遽持梳向后击之，中其额。高宗觉痛，遂舍之。翌日为月朔，高宗往谒孝圣后，后瞥见其额有伤痕，问之，高宗隐不言。严诘之，始具以对。后大怒，疑妃之调太子也，立赐妃死。高宗大骇，欲白其冤，逡巡不敢发，乃染朱于指，迅往妃所，则妃已缳锦，气垂绝。亟以指朱印妃颈，曰：'我害尔矣。魂而有灵，俟二十年后，其复与吾相聚乎？'乾隆中叶，珅以满洲官学生入銮仪卫，选舁御舆。一日，驾将出，仓促求黄盖不得，高宗曰：‘是谁之过欤？’珅应曰：‘典守者不得辞其责。’高宗闻而视之，则似曾相识者，骤思之于何处相遇，竟不可得，然心终不能忘也。既回宫，追忆自少至壮事，恍然于珅之貌与妃相似。因密召珅入，令跪近御座，俯视其颈，指痕宛在。因默认珅为妃之后身，倍怜之。不数年，遂由内务府总管而骤跻相位。迨高宗归政时，谓坤曰：‘我与汝有宿缘，故能若是，后之人将不汝容也。’嘉庆己未，仁宗果赐其死。”人当然不能转世，所以这段记载的荒诞之处是很明显的。但它却反映了一种比较普遍的看法：和珅的巧言令色、机变媚柔，是他能受宠很重要的因素。《清朝野史大观》卷二对这个故事的叙述很明确：高宗“因默认坤为妃之后身，倍加怜惜，遂如汉哀之爱董贤矣”。仔细做一比较，和珅的经历确实很像汉代的董贤。董贤得到了汉哀帝的断袖之爱使他骤然受宠，那么和珅呢？我们不能说《野史大观》的说法就一定是凭空臆测。

## 乾隆南巡看中青衣旦“小樱官”

乾隆从康熙、雍正那里继承了基业，生逢其时，成了中国历史上为数不多的既能风流放诞，又有圆满政绩的帝王。他和他的祖父都曾有过六次南巡的经历，但康熙留给人们的印象是他如何辛勤操劳于江南民瘼，而乾隆的巡视虽然首先也是出于政治目的，但他在此过程中种种穷奢极侈故事是人们注意的对象。所谓乾隆下江南的话题在乾隆当时就已是众口腾播，其中他对苏杭佳冶、宁邗娇娃的迷恋更是口耳相传，不过有时也会把男色和他相关联。《南巡秘记》不仅认为他和和珅存在同性恋关系，还曾有这样的记载：

杭绅某巨公，谢傅俦也，东山丝竹，藉娱暮年。家蓄声伎，菊部优妙，皆一时上选，每奏演，远近播其新声，海内惟广陵鹾商家或可与之角，金阊昆阜、京津关陕咸不及也。乾隆某岁，南巡令下，官绅聚谋所以悦宸衷、博天笑者，佥曰“微某公之小樱官不可”。“小樱官”者，某公家乐所谓艳菊班中之青衣旦，东南第一名脚色也。某公宠之甚，非上客不出奏伎，余则惟名士及得意门生至，始许捧觞。有吴中玉鱿者，以惊才绝艳受知，公尝以比小樱官，谓平生二爱，筑玉樱仙馆，刻篆章曰“二爱老人”。以故玉鱿至，必出小樱官献绝艺，舞衫歌扇，诗酒流连，作十日欢，恒令小樱与玉鱿俱游，曰“才色固宜使之沆瀣也”。玉鱿喜甚，岁必两游杭，春秋佳日，捧杖履跌宕画船箫鼓间，载檀板金尊、拥绮龄玉貌，望之若神仙。玉鱿曾有词咏此事，又有《樱花诗》百首，中多狎语。某公非特不之罪，且笑诵之以取乐焉。自是樱官虽庇某公宇下，而与玉鱿如鹣鲽，事某公如慈父焉。无何，某公受官绅属，归而以靠小樱，小樱不肯，曰："妾是庶人，不乐宋王。侬知主公及玉郎而已，不知何者为帝王之尊。"某公嘉其傲骨而惧当事之相诘责，以恳玉鱿使为计。玉鱿方挟小樱与诸名士赏海棠花于西泠某诗社，骤闻之惊惋，既而从容言："事诚在我。"乃酌酒顾小樱而语之曰："吾两人之因缘，渥恩厚泽，实惟某公为之天，古人所谓生死肉骨蔑以过之。然则感激知己，宜如何方足言报称？吾闻子之名已达天听，一旦候骑临门，迫促就道，使公有欺罔隐匿之名而子失蒲轮币聘之誉，孰得孰失，聪慧人盍自辨之。"小樱跃然起曰："某少失学，不能以才事贵人，乃承某公及吾君不弃，是以及此。今虽略经阅历，而童顽未化，微君言，几陷某公于罪以自取辱，无识甚矣！请自忏悔，愿竭菲才以俟春风之嘘植。苟有利于某公，则媚兹一人，侬自当糜顶踵以赴。"玉鱿大喜，立罢宴遄返以候命。逾日驾至，警跸甫入行宫，而中旨已下，召艳菊班入供奉，并指名索小樱官。于是百官咸候于某公之门，推某公领班入觐祝禧，以锦障绣幰饰小樱官人。是晚即演《寿山福海》等剧，天颜大喜。

"花迎剑佩星初落，柳拂旌旗露未干"，早朝诗也。西湖行宫内亦有是景，而是日则于晨曦朝霭间官吏憧憧，更形忙碌，或俯首聚商，或流汗相属，或扼腕有难色，或矫首作遐思。中官传宣，急如星火；驿骑待发，联若驼城。中禁事秘，莫知其繇，但闻天子有命，选精骑一百人，用日夜六百里兼程往热河取物而已。及次晚，旨命某公入宫侍宴，并赐听剧，而小樱官之粉墨登场，大献厥艺，其公亦得躬逢其盛，帝意若许与主人同乐然者。又命特赐侍肴一簋，某公稽首谢恩，不知此一肴何以如是之郑重也。及中官持下，私请曰："私心有疑，愿总管为之剖析。"中官问所疑，某公曰："此一味耳，何如许隆重？虽天颜咫尺，微物皆宝，而等威之辨原不能无，独此一肴居众宝上，是以疑之。"中官曰："恶，是何言欤！此系纯阴中之微阳所发生。皑皑冰雪之上有奇花蕾铺秀吐艳，则此物纷纷而来，其体翅颇巨，异于常种，采花、酿蜜色色皆同，特其尤异者则头有双角色黄，去其翅可入食品，味既鲜隽，而食者得其先阳之气，健脾胃、益心智、壮人道，功大于参茸，力雄乎龟鹿，盖经历试而不爽者。土人以其类蜂，故名之曰'蜂'。皇帝前岁猎于热河，发见此品，甚珍爱之，等于汉武之慎恤胶。顾此蜂不宜蓄于他所，纵生捕之，一二小时即毙，毙则性减，味亦立减。必于该地生致之，以小土盎藏弆，外覆树叶，中置冰块，方能留养一二日，急足至京师，犹恐其先时而殒也，往往十不得六七。嗣乃于热河至京师西苑间设特别驿传，选精骑急递，加紧求速，始减短一日至一日二三时，几如费长房之缩地术。于是乃能尽得生鲜之蜂，味美而功力完足，皇帝嘉之，赐名'仙蜂'。今子以一闲散之旧臣骤得膺此宠锡,其为异数可知。”某公见中官娓娓不倦,乃进而密询曰:“圣上行在不携妃嫔而必需此者何也?”中官笑曰:“尔既自献艾豭矣,尚假惺惺作不知耶?”某公瞠目不解所谓。中官曰:“尔一忠厚长者,故以情尽告。苟尔许报我以此间锦绣百纯,吾必举中禁事以释子惑。特宜秘之,泄则俱得祸,尔且族矣,守口如瓶,庶几可哉。”某公诺之。中官曰:“自尔家小樱官入宫,奏对皆称旨,凡饮食坐卧必令其坐足前矮几上,或说故事,或奏小曲,或为胡旋舞,圣心悦豫,有逾恒态。是夕小樱已于侑酒后退宿外舍矣,忽宣召而入,命宿帐中。小樱官锦袄绣襦,颊映裾红、鬓发蝤领,美妇人无其丽也。无何,皇上命取石绵广褥,中涓皆惊愕,盖以行在久不御女,此褥竟未预备,相顾惶惶,莫如所措。嗣有某总管者乃于扬州画舫中留得此褥一二具。盖褥虽可经用数次,而遇压则渐薄,不能如原状之丰盈。皇上意取恬适,故不宜再进。惟某总管之所留者,则确未经御用,于是某总管乃独得圣眷,命在帐前伺候。予以与某总管契合,示得汲引直帐前。久之,闻帐中吃吃作笑声,心灼烁不敢窥也。破晓,闻上语小樱:‘除非此物可济事,子亦宜知此味。’小樱笑曰:‘有此妙物,愿赐一尝。’后遂喁喁耳语不可闻,逾一小时而特遣加紧驿骑发热河取黄角蜂之命下矣。是日,小樱奏技益洽圣意,常加诸膝以表宠爱。比蜂至,天颜益喜,命先将冰盒内生蜂呈御览。上笑以示小樱,小樱诧曰:‘此非蜂也,竟似小鸟,其巨可知。’上笑语小樱曰:‘此味之隽永,非北方之驼与南方之江瑶柱所可比伦,而其功用又巨如此,故为可贵,以视卿之才色力俱备者,差足相拟。虽然,朕之得卿,实原于某某,亦有此乐乎?’小樱跪而奏曰:‘奴才实感主恩,其为人慈爱而敦笃。岁晚无子,然精力已衰,虽姬妾满前,犹虚车也,何况奴辈。’上悠然曰:‘据卿此奏,某实可悯。此蜂最宜养老,且能为健男,朕当与之同乐,且当时时周恤之,以慰卿意,卿其愿否?’小樱顿首再三曰:‘如是则覆载之恩皆出望外。奴才不敢请耳,出自圣裁,欢跃莫喻。’奏罢,上命立赐某,并令明日入谢。”中官语毕,某公伏谢圣恩。既退,中官遥谓之曰:“诘朝陛见,幸勿有语漏泄。”某公唯唯。归以告玉魫,玉魫阳若喜悦,而中多懊丧,然无如何,郁伊而已。某公既服食所赐之蜂,殊有奇险。自是小樱遂供奉御驾返京师,越三年始遣还,而玉魫竟先一月以相思死。小樱哭之恸,闻某公获佳儿,破涕为笑曰:“奴负玉生,尚幸得报主恩也。”(《南巡秘纪·补编·黄角蜂》)。

此书作于民国年间,对其内容不必全信。

### 乾隆帝上街嫖男妓

在《圣朝鼎胜万年青》中，并没有乾隆征选男色的记载，但却有他观察男色现象。他在苏州微服出游，独自一人来到夜市。“是时，三街六市，一齐点着各式各样玻璃洋灯，五彩辉煌，如同白日。就那剃头铺点得如灯店一般，间间都是上中下三层坐满了人，剃头招牌上写着‘向阳取耳，月下剃头’字样。圣天子心中诧异，难道这苏州地方，日里都不剃头，定要晚间剃的吗？随向旁边一位老翁请教这个缘故。老者道：‘原来客官初到敝地，不晓我们此处晚上剃头的规矩，待老拙说与你知道。这苏州日间剃头有两等行情：若剃荤头，都是那班相公们做摩骨修痒的工夫，把客人的邪火摩动，就是妓女一般，做那龙阳勾当，所花的银子，或数两或一二两不等；若剃素头，剃头、打缏、取耳、光面、摩骨修痒，五个人做五层工夫，最省不过也须每人给钱五十文，手松些的或一百或二百不等。所以动不动剃一回头，费却一千八百，不以为奇。故而日间剃者甚少。这晚上不论贵贱，都是十六个铜钱剃一个头、打一条辫，其余一概不做，故而这些人均是晚上剃的居多。’圣天子闻言，点头微笑，拱手道：‘多蒙指教。’转身向着那边走来，更加热闹。”有些剃头徒弟同时又从事同性恋的交易，当时苏州及全国其他地区的实际情况就是如此。虽说《万年青》是文学作品，作者虚构了乾隆逛街的事情，但其中反映出的一种倾向性认识却是不可否认的：皇帝有许多国家大事要进行处理，同时他根本无暇或不必去管男风这样的个人私情。

## 嘉庆帝玩的就是心跳

### 今宵醉于风情晓月

他一把将她揽入怀中，口中言道：“晓月，晓月，你乃天生尤物，可拟晓风，但断不可比残月。不错，你说得没错，朕老眼昏花，竟误将你看成牛氏，实是朕之过错！想那牛氏，怎及你十之一二?!”如此想来，他越发爱怜于晓月，便来了千种风情……

按大清例律，朝廷每三年选一次“秀女”，“秀女”来源都是八旗子弟。此举倒确也不扰汉民。换句话说，朝中宫女，基本上全是八旗女子。

嘉庆帝

选“秀女”的具体程序如下：各旗每年将本旗内十三至十七岁女子，无论贵贱，一概选册上报。行选之日，各旗的参领、领催等负责将候选的女子送上专车，运往皇宫，集中在宫城北门——神武门，且运送秀女的车队必须在夜间进行。到达神武门后，秀女们在内监的引领下，进神武门穿过门洞，在顺贞门外等候挑选。挑选工作由太监首领主持。秀女们五人一组，排队站开，由太监审视。中意者留下姓名牌子，称留牌子，牌子上书：某官某人之女，年若干岁，且须注明旗满洲人或蒙古人等。到中午，初选完毕，没被选上的由本旗专车载回，初选合格的再入宫后复选。复选时，试以锦绣、执帚等一应技艺，并观其仪容形态。若不合格者，送其出宫，叫撂牌子。合格者便成为大清皇宫的宫女了。如此复选之后，往往只剩一二百人。而至嘉庆时，却又让鄂罗哩在这一二百人之中另挑出十数佼佼者，由皇上亲自御览，合意者，便留在自己身边差遣。

今天，正是大选秀女之日。嘉庆复对鄂罗哩言道：“鄂公公一心为选秀女奔波忙碌，朕却有轻责之意，如此看来，倒确是朕的不是了。”鄂罗哩忙道：“为圣上做事，是奴才的本分，也是奴才的荣幸，哪敢言及辛苦？”嘉庆笑道：“鄂公公也不必太过自谦。你对朕的忠心，朕自心中有数。好了，把你挑选出来的人才尽数召入，让朕仔细观瞧。”鄂罗哩诺诺，拍了两掌，掌声过后，一小太监领着十数女子由门鱼贯而入，在嘉庆龙床十数步远处一字排开。鄂罗哩道：“陛下，奴才所选之人已全部在此，请圣上审视。”嘉庆点头道：“很好。鄂公公请退至一边，让朕细细查看。”好个嘉庆，就那么敞胸露怀且赤着双脚下了龙床，径自朝那十数女子走去。那十数女子的装束，原来是形态各异的，到了鄂罗哩手中之后，全让她们改穿旗袍。这旗袍与当代人穿的旗袍大致相同，只是下摆的两个叉，鄂罗哩在当时可谓创造性地将它们开得很高，高到人穿上它一走动便会忽闪闪地现出一小半臀来。鄂罗哩挑的这十数个女子，个头几乎相差无几，而旗袍的颜色又一律粉红色，这般模样的十数个女子站在一排，真可谓花团锦簇了。因嘉庆的寝殿里是不会觉得寒冷的，所以鄂罗哩只让她们在旗袍里穿了一件很薄的贴胸内衣。这样一来，数位百里挑一甚至千里挑一的美貌女子，往嘉庆面前这么一站，真可以说是山明水艳且山重水复了。嘉庆当然不会懈怠，一双炯炯有神的眼睛在山山水水中不停地搜寻、鉴别且比较。他横看，又侧看；他远观，再近瞧。恐怕是嘉庆的一种爱好吧，他看着，瞧着，有些奇怪地想起了宋代大诗人苏东坡的那几句流传千古的名句来：

横看成岭侧成峰，远近高低各不同。

不识庐山真面目，只缘身在此山中。

嘉庆想着，止不住"咯咯"地笑起来："鄂公公，她们身上的衣衫，是你选择的吧？倒是很有见地呢。"敢情，鄂罗哩让她们穿旗袍，嘉庆事先并不知晓。鄂罗哩受了夸奖，心中美不胜收。"陛下，若让她们行走起来，则更有风味呢。""是吗？那何不让她们行走呢？"鄂罗哩摆摆手，那十数个女人便步调一致地围着嘉庆转起圈来。看情形，鄂罗哩似是已对她们进行了强化训练。她们的步伐，潇洒飘逸，金莲初移，流畅如冰上滑翔，其姿其态，也足以让人大饱眼福。嘉庆咂舌叹道："有趣，有趣，真有趣。鄂公公说得一点没错，如此走动起来，当真别有风味呢。"鄂罗哩连忙低声问道："陛下，奴才挑选这干人等，可合圣上心意？"鄂罗哩本以为嘉庆定会满意，至少也要大褒他一番，有谁知，嘉庆只是轻描淡写地道："鄂公公所选之女，确也美妙，但朕以为，只不过马马虎虎罢了。"这仿佛是当头给了鄂罗哩一盆冷水。他结结巴巴地道："奴才所选之人，陛下莫非全不中意？"嘉庆言道："中意谈不上，不过，留一二伺候朕，倒也无不可。"

这一日。嘉庆在乾清宫批阅奏章。嘉庆吩咐鄂罗哩道："没有朕的允许，任何人不得打扰朕。"鄂罗哩诺诺退下。嘉庆便续阅如山的奏章。他是越阅越气，越气还越是没有办法。末了，他头也疼了，眼也乏了，竟不知不觉伏在案上睡着了。这一觉睡得也真够香甜，足足有两个时辰。慵懒懒的起身，猛然发现在自己的脚下，正垂头跪着一个宫女。他不禁勃然大怒，呵斥道："尔等何人，竟如此大胆，不听朕之旨意，私闯殿内，该当何罪？"那宫女却也不惧，只低头应道："请圣上息怒。婢妾纵有虎豹胆，也不敢违背圣上旨意。乞请圣上容婢妾解释。"如若此宫女诚惶诚恐，说不定嘉庆早一脚将她踹出宫外，而此女镇定自若，毫无畏惧之意，却使嘉庆很觉意外。"你，向朕言明，所系何人，所来何事，如有半点虚妄，朕定斩不饶。"那宫女静静地道："婢妾本外廷侍女，是鄂罗哩鄂公公将婢妾唤来，让我到此侍奉圣上。婢妾进来，见圣上安寝，不敢打扰，所以长跪于此。婢妾所言字字属实，若有半点虚假，当天地同诛。"嘉庆闻知是鄂罗哩所为，心想此事定非寻常。朝中上下,能理解朕的,唯鄂罗哩莫属了。“既是鄂公公所遣,朕也就不再追究了。鄂公公可曾告你,唤你至此,当为何事?”宫女答道:“鄂公公并未言明,只说圣上见了婢妾,定会欣喜万分。”“哦?”嘉庆顿觉此事有异。“你,告诉朕,姓什名谁?”宫女回道:“婢妾原系寻常女子,入宫三年,姓氏早已淡忘,刚才鄂公公为婢妾另起一名,唤作晓月,说是取晓风残月之意。”嘉庆不觉忆起北宋大词人柳永的那段千古绝唱:

今宵酒醒何处?
杨柳岸晓风残月。
此去经年,应是良辰好景虚设。
便纵有千种风情,更与何人说?

嘉庆越忆便越觉得此事不那么简单。鄂罗哩找来此女定有缘故,而又将此女唤作晓月也绝非偶然。“晓月,抬起头来,让朕仔细端详。”晓月娇躯微动,秀发上举,只这么一抬脸,嘉庆便立刻明白鄂罗哩为何要选“晓风残月”之意了。“你……你是牛兰花?”晓月不解道:“不,陛下,婢妾已说过,婢妾唤作晓月。”“不,不。”嘉庆一把抱起她。“你不是晓月,你就是牛兰花。瞧,这张脸,这眼眉,这小嘴,朕都早已熟悉。你莫非想骗朕不成?”

她的双臂,让他抓得死死的,又酸又疼,不过,她也没有挣扎。“陛下,婢妾虽然淡忘了原先姓氏,但婢妾敢肯定,断不是姓牛的,也没有兰花之名。陛下,您,是不是看错人了?”这么一说,嘉庆倒清醒几分,丢下她,退后两步再三观瞧,果不其然,这晓月与牛兰花还是有不同之处的。现在想来,牛兰花吸引嘉庆的地方,乃是她的自然和清纯。而面前的晓月,不但自然清纯比牛氏有过之而无不及,且在自然清纯之中,还蕴蓄着几分成熟之味。一个女人,能将自然清纯与成熟有机地统一起来,当是女人中之极品了。嘉庆可谓此道中行家,稍事观察之后,便断定晓月乃是百年罕遇的美中珍品。这一来,那曾让他魂牵梦绕的牛兰花,一下子就被他抛到爪哇国去了。

他紧趋上前,一把将她揽入怀中,口中言道:“晓月,晓月,你乃天生尤物,可拟晓风,但断不可比残月。不错,你说得没错,适才朕老眼昏花,竟误将你看成牛氏,实是朕之过错。想那牛氏,怎及你十之一二?”晓月笑道:“陛下言之过重。您既未老,眼目怎可昏花?您误将婢妾看成他人,正说明圣上情意深重,羞煞世间那等无情无义之人。若婢妾所言恰当,陛下又何错之有?”一席话,说得嘉庆心花怒放。尤物晓月,不仅貌胜牛氏,其言谈举止,又不啻胜过牛氏千百倍。如此想来,嘉庆便越发爱怜于她。

晓月不知圣上心理,见他突然停止了对自己的爱抚,自顾沉思,还以为是自己哪个地方开罪了圣上。“陛下,婢妾……有什么做错的地方吗?”嘉庆回过神来,掩饰般地笑道:“哦,美人没有什么错,在朕的面前,你永远都没有错。朕,说得对吗?”晓月道:“陛下的话就是真理。只不过,婢妾适才见圣上愁容满面,我以为,恐是出了什么差错。是不是,圣上有什么不开心的事?”嘉庆微微点头道:“美人既问起,朕也就不便隐瞒。朕适才确有一点不够开心,故而面上有些愁容。”晓月道:“婢妾无知,想陛下乃一国之尊,满朝文武及黎民百姓,有谁敢不听陛下谕示?既如此,又有何不开心之事?”嘉庆苦笑道:“朕不是说的国事,朕说的是自己。朕虽说刚交五旬,却感精力日益不济。不是朕自卑,朕确然有一种江河日下、日暮途穷之感啊!”晓月忙道:“陛下何出此言?依婢妾愚见,即是那年富力强的小儿郎,也不如圣上这般壮实。”嘉庆道:“美人一心宽慰朕,朕自然领会。只是,朕的身体如何,只有朕自己知道。”

恰在这时,鄂罗哩在寝室前大呼道:“陛下,奴才有事禀报……”嘉庆闻言,不由吐出一口气,刚才那勃勃的兴致,顷刻间烟消云散了。

## 一股带雨舍露的蜡梅香

嘉庆余光一扫,感觉这宫女轻盈飘逸,似风摆的三月杨柳。她那晶亮的双眸里忽闪忽闪的,雪白的面庞在灯火的映衬下,越发显得娇嫩鲜红。嘉庆越看越爱看,放在双膝上的两手不停地摩挲着;他猛地抓住梅香娇嫩的小手,就势一拉,把个梅香轻拎入自己的怀中……

和紫禁城里所有的建筑一样,坤宁宫坐北朝南,同样是一座富丽堂皇的宅院。那朱漆的大门上镶嵌着亮闪闪的黄铜兽面门环,大门前左右矗立着两座汉白玉雕刻一人半高的石狮,好不威严。早有太监通知执事的宫女,今晚,嘉庆帝临幸坤宁宫。所以,当嘉庆帝和钮祜禄氏皇后所乘的车辇达到宫门时,一股奇异的醇香已从大门内的过道中扑鼻而来。坤宁宫的内外侍女正忙着张灯结彩,摆案设桌,忙个不停。垂花门里的大客厅里,放着四盆枝干约有一人高的蜡梅,发散着扑鼻的清香,这显然是由花匠预先延长花期,在特制的花房里培植的。铜制的长颈鹤香炉冒着袅袅的细烟,十六只玲珑的宫灯把宫里照得雪亮。

皇后搀着嘉庆帝缓缓地下了车辇,徐徐地步入宫中。嘉庆帝望着这熟悉的一切,不禁产生了一种恍若隔世之感,在他的脑海中浮起那样一幅幅神奇般的画面来,他想到当年为自己选妃的情景……

紫禁城高大巍峨的神武门上红灯高悬。彩旗飘动,一片喜气。景山南麓寂静的长街上,挤满了挂着轿帘的各色花轱辘轿车。轿车一辆挨着一辆缓缓前行。由于这里已接近大内,赶车的车夫都不敢高声吆喝,也不敢把鞭子甩得啪啪直响,只是手提缰绳,轻声吆喝着驾车的骡马。骡马的鼻孔里喷出一股股热气,仿佛受到了感染似的也不敢昂首嘶鸣,怕惊吓到什么。那一辆辆缓缓而行的轿车里坐着一位位应选的秀女。刚过弱冠之年的颙琰听说是为自己选妻子,多少有些抑制不住的兴奋。虽说为太子选妃不及为皇帝选妃隆重,但那入选的秀女哪个不是满怀希望呢?

那天嘉庆颙琰陪生母魏氏在延晖阁闲谈。延晖阁位于顺贞门的西边,前面是御花园中的堆秀山。堆秀山怪石嶙峋,拔地而起,山上的御景亭与延晖阁闪闪发光的黄琉璃瓦顶一般高。山脚前洞门东西两侧台盘上的石龙口中,喷出两股高达数丈的喷泉,为凝重典雅的延晖阁带来了勃勃生机,从堆秀山到延晖阁的庭院里,长满了一株株蓊郁的参天古柏,清晨的阳光就透过古柏繁茂的枝叶,照射在延晖阁正门悬挂的珠帘上,使摇动的珠帘闪耀着斑斓的色彩。

从顺贞门一直到延晖阁,高大的红色宫墙下面站着两排当值的太监,一个个面色严峻,垂手肃立。他们虽不像神武门外手执长枪、腰挂军刀的禁军那样威风凛凛,却也令没见过这样世面的秀女们心中乱跳不止。年轻的颙琰本来对这样定亲的场面不以为然,但一想到在众多的阿哥中,自己极有可能被定为太子,想到未来的大清江山,想到如果在后宫没有一位端庄贤淑的皇后来操持,势必分散自己众多的精力。在他的内心深处,他感到自己的禀性似乎不大偏好女色,在众多的阿哥中,他的表现就是谨遵师训。锐意进取。他似乎有一颗成就宏图大业的雄心,要使大清皇朝成为最强盛最繁荣的国家,按照父皇现在的做法显然远远不够,朝中不能让大臣的权力达到顶峰并一味地迁就,诸如和珅。但他还是来到延晖阁,这也是宽厚而孝道的天性使然。

望着个个身材窈窕端庄的八旗女子缓缓地走到眼前,他拿不定主意,只是朝母亲说:"一切全由母亲吩咐安排。儿臣要去上书房了。朱珪师傅留下的功课还没做完呢……"

"皇上,请用银耳羹吧。"嘉庆的思绪被拉了回来。只见眼前正站着粉面含春的皇后,顺着皇后手指的方向,嘉庆帝看到面前的黄案上,已经摆好了两小碗银耳羹,此刻正是晶莹透亮,微温可口。嘉庆帝端起来呷了一口,顿觉一股细细的甜香注入心头。他不由得朝皇后多望了几眼。皇后虽说已不年轻,但其圣洁如玉、纯净似水、雍容典雅的风度与那种一般满人妇女中少见的书卷气依然存在。嘉庆帝望着眼前的皇后,迟疑地怔了一会儿,说道:“难为皇后了。”

皇后钮祜禄氏一双眼睛一刻也未离开过嘉庆帝,此时的嘉庆眼神不似平时的活泼、喜气,而是有着一种无尽的愁闷、压抑,看得出眉宇间藏着隐隐的忧愁,弄得皇后的神情也显得极不自在,显得有几分黯然神伤。要知道,皇后今天的封号来得多么不容易啊,嘉庆帝对自己的原配感情太笃深啦。倒不是因为她为嘉庆生了两位皇子,更主要的是她为嘉庆帝登基之初垫平了一些道路。原先的喜塔腊氏皇后一辈子温顺有加,可就是这位后来被尊为孝淑皇后的喜塔腊氏却无福可享,撒手人寰,嘉庆帝每到坤宁宫都不免有一番悲从中来的感觉。

嘉庆帝望着这里的摆设,心中翻腾起来。他端着银耳羹慢慢地踱来踱去。坤宁宫靠里间的正屋一般都不住人的,即使皇后也只能在坤宁宫的东厢房内下榻。嘉庆帝正要迈过那道珠帘,踏过红烛摇曳的灯火走到里屋,看在眼里的皇后连忙对嘉庆道:“皇上,臣妾已经叫宫女们在此安置好了夜宵,皇上若有兴趣可以让些唱京戏的来解解闷儿。皇上,臣妾已知道错了,不该让皇上扫了兴致,今晚要好好补偿才是。”嘉庆帝不好再说什么,似乎听得皇后话里有话,多少也有怨气,道:“皇后,你想哪去了,朕是那样的人吗?一个逆贼的眷属就能让朕动心不成?朕只是怜惜几条人命啊。再说,对逆贼叛党(指当时白莲教、林清党等),不能仅凭杀光,也要给些抚恤,以安民心,以证我大清朝向来是对事不对人,恩威并用。”皇后歉然道:“臣妾错了,今晚不谈这些,皇上,看你近来寝食难安,臣妾疼在心里,皇上为天下百姓日夜操劳,固然是天下百姓的福分,可皇上也要顾念自己的身子骨儿。”说着,眼圈一红,轻轻接过嘉庆帝手中的银碗,递给一位宫女,吩咐道:“梅香,去看看准备好了吗?”梅香答应一声走了出去。

皇后转身到嘉庆帝的背后,拎起两个小拳头,一边轻轻地敲打嘉庆的后背,一边幽幽地说:“万岁,臣妾知道,臣妾不及孝淑皇后的万分之一,可是……”说着竟伏在嘉庆的背上,嘤嘤啜泣起来。嘉庆帝也顿生恻隐之心,是啊,虽说孝淑皇后死了多年,可在他的心中还是盛着她,按一般的理,皇后丧后三年,也就应册封新的皇后,可是竟让自己一拖再拖,好容易册封下来,又是按自己礼仪节俭的规矩,也没有什么大操大办。即便如此,他在一年中也难得来住宿几日啊,虽说天天见面,可就是找不到那种感觉,无论如何,今夜要补偿些。

想到这,嘉庆帝凝眸注视着皇后,用左手轻捋着额下长出的胡须,点头道:“皇后,今个,朕不是来了吗?今晚一切由你做主。你说吃酒就吃酒,你说听戏就听戏,朕想休息一会儿,你去看看张罗张罗。”嘉庆帝说完就势坐到紫檩木制的椅上,忽地又站起来,皇后见状,忙对进门的梅香道:“快去把我那金丝制的皂黄坐垫取来。"说完皇后就出去张罗唱戏的事情了。

时辰不大,梅香给嘉庆帝铺上坐垫,嘉庆帝又余光一扫,感觉这宫女轻盈飘逸,似风摆的三月杨柳,忙道:"梅香!"梅香听见万岁叫她,忙过来跪拜在地。话一出口,便燕语莺声,沁人心脾:"奴婢叩见万岁!"嘉庆帝道:"抬头让朕瞧瞧。"梅香抬起头来,嘉庆一见,竟喜不自胜。梅香那白皙皮肤的瓜子脸庞,像一朵带雨的梨花,晶亮的双眸里忽闪忽闪的,像有着一大堆秘密似的,在微红的灯光映衬下,雪白的面容,越发显得娇嫩鲜红。嘉庆帝越看越爱看,放在双膝上的两只手不停地摩挲着,终于,嘉庆帝眼睛一亮,猛地抓住梅香娇嫩的小手紧紧地攥在自己的手里,就势一拉,把个梅香轻拎起来,拥入自己的怀中,笑道:"你叫梅香?"梅香两腮飞红,想挣扎一下,怎奈搂住自己的是"九五之尊"的万岁爷,她哪里敢动?浑身勉强地缩成一团。嘉庆帝或许是因为久不近女色,倒愈觉心旌摇荡起来。偏着头,低声地问道:"梅香!你几时进得宫中?怎么朕以前并不曾见过你呢?"梅香听到宫门外有一阵细微的脚步声,顾不及回嘉庆帝的话,忙道:"万岁爷!皇后来了,叫皇后看见,奴婢就是死路一条了。"

嘉庆帝并不放松,用嘴啜着梅香的脸说:"梅香,多么动听的名字,听到这样的名字,怎能不想到古人所描绘的一幅幅画卷,怪不得,皇后这里,初春时节尚有梅花怒放,不消说,这肯定是你亲手培植的。"梅香还在挣扎,因那细微的脚步声越来越清晰,梅香道:"皇宫之中,一年四季的花都能见到,又何止是梅花。"抬起一双水汪汪的大眼道:"奴婢出身寒苦,本是永定河边的农女,并非旗人。其他情况,皇后都略知道一些。皇后对我可以说有救命之恩。要是皇后吩咐的事,奴婢死不足惜。"说着,眼泪有如断线的珍珠滚落在襟前。

闻听此言,嘉庆帝讪讪地放下梅香,就在这一瞬间的工夫,皇后款款而来,见到嘉庆帝的窘状,又瞧瞧梅香凌乱的云鬓,心里明白了一切。皇后趋步向前,"皇上,晚宴已摆好了。梅香,服侍皇上过去用膳,我去去就来。"梅香一听,心中的石头算是落了地。她连忙扶起嘉庆帝,嘉庆帝心满意足地捏着梅香温润的小手走入东厢房。

刚一起步,就响起中和韶乐之声,丝竹管弦声声入耳,那奇妙的乐感仿佛一股出自山涧的清泉,一洗嘉庆帝的满腹愁云,那"铮铮"的七弦弹奏出一片鸟语花香的天地。初春的乍寒,在这神奇的弦乐中悄然隐退。嘉庆感到,头上的无数盏灯笼有如一个个小太阳散发着和煦的柔光,只觉得周身毛孔有说不出的舒展、畅快。嘉庆帝迈着沉稳的步子,不时用余光瞟瞟梅香细白如玉的脖颈,一阵莫可言状的快慰,春风一般地掠过他的心头。

是啊，自己是不是太操劳了？大清朝自建立以来百十年间，哪朝哪代不是都出一代英主？自己有幸得承大统，一方面是人品出众，才学过人，但冥冥之中，谁能说没有天意呢？先皇乾隆励精图治，才思超群，可不也是仿先祖康熙六巡江南吗？虽说有名有目，那游玩的成分可不在少啊？祖先如此轻松地坐上金銮，谈笑间，诸事皆顺，可是，轮到我怎么就百弊丛生了呢？看来，锦衣玉食的皇宫与凌乱凋落的乡间，确实有天壤之别啊。唉。我有时自讨苦吃，何必呢？真正的治国不是在朝夕间就能百废待兴的。疏远了妃嫔、皇后，有失天伦之乐啊。

正胡思乱想间，皇后迈着碎步，笑嘻嘻地说道："皇上，你这边看来！"说话的当口，梅香自觉地侍立在一旁。皇后道："梅香，天有些凉意，快去端人参如意羹来，叫她们几个把暖阁里的炭火拨旺些。"梅香道了一声，就去张罗了。

实际上，钮枯禄氏皇后经常感到自己生活在幸福之中。她也十分体谅嘉庆皇帝的苦衷，因为，尽管皇上身为天下的至尊，但却也担负着天下最大的职责，她作为他的皇后感到无上的光荣，尽管这种光荣姗姗来迟。皇后与嘉庆帝对视了一眼，她感到嘉庆的一双眼睛充满笑意，皇后道："皇上，您笑什么呢？"嘉庆帝道："朕这么些日都没到你这儿坐了，可看不出皇后有丝毫不快，看来，你也是难求的贤德之人哪！"

嘉庆帝那一双含笑的眼睛使得皇后更掩饰不住自己的欢喜。她紧紧地缠着嘉庆帝的手臂道："皇上日夜辛劳，以国事为重，臣妾又不能为皇上分担一丝劳累，愧疚还来不及呢，哪敢滋生怨言？"说着，急走两步，转过身来，深情地叫一声："皇上，臣妾也实在想念皇上啊。"

嘉庆帝笑道："这么说，朕有些慢待了，那今夜朕要好好陪陪你。"他看出来，皇后刚才去梳洗了一番，却并没有刻意地去修饰，虽说穿的是皇后的常服，比起穿礼服来更显得娴静文雅，她的头上没有戴皇后的凤冠，满头如云的乌发上只是别着两支玉簪，鲜红的绒花插在鬓边，使她妩媚动人，嘉庆帝拉住她的手，问道：

"朕想问问，你房里的那个梅香是什么时候来的？听她自己说不是旗人？"皇后一听，长长地叹了一口气："皇上，一言难尽，去年秋天，臣妾去京城外的天禅寺进香，见她面呈悲戚，当时，臣妾的身边仅带了两个宫女，都被打发去买香了。只剩臣妾一人在观音菩萨面前许愿，这时，就听得殿后，有声声的哀求，臣妾前去打探，原来这梅香要当尼姑。奴婢见她不过十六七岁，心生怜惜，好言劝慰一番，才带她在身边，做个侍女。这丫头倒也勤快，实际上，连个宫女的身份都不是……"望了嘉庆一眼，愣了一下接着道："皇上以为她如何？"

嘉庆帝正待回话，眼前门帘一挑，梅香进来，莞尔一笑道："万岁，皇后，请入席吧。"嘉庆帝见梅香上身着月白色坎肩，下身笼着石青褶衣，脸上脂粉淡抹，娥眉轻扫，微颦似蹙，体态转动之间，给人以凝重之感，忙道："皇后，让梅香也随便些，既入皇宫内院，也就不必拘礼了。"皇后一听拿眼斜瞅了一下嘉庆帝，没有言语。

清幽的天上，小船一般的弯月已航到了中天。那轻轻飘浮的薄云，此时早已飘得无影无踪了。嘉庆帝此时的心情也畅快了许多，他侧身望着熟睡的皇后，一颗爱怜的心里似乎涌动着大河的浪涛，或许是酒力刚刚产生，嘉庆帝觉得浑身仍然有一股躁动不安的血流贯通上下。他抓起绣龙锦披风，翻身下了龙床，望着娇嫩甜睡的皇后，慢慢地把她一只雪白的胳膊轻轻地送回被中。

嘉庆帝踱到雕花的窗格前，用手轻提吊拴，顿时一股清凉的夜风吹了进来，淡淡的月色有如流水一般泻进房中，嘉庆感到多年来使他沉重、窒息的心绪终于一扫而空，他似乎是第一次尝到轻松、愉悦的滋味儿。这时在东北方向的鼓楼上，传来几声清脆而幽远的鼓声。嘉庆帝仰着头打了一个响响的喷嚏，就在他低头掩鼻的瞬间，一件貂皮长袍从他的肩头罩住了全身。一声甜甜的"奴婢给皇上请安！"使嘉庆帝很快意识到是梅香来了。

嘉庆帝一低头，梅香那秋水般的沉静明澈的眼睛、她那瓜子型的俏丽脸蛋儿，已映在他的眼帘中。"——是你！"嘉庆帝那一双炯炯有神的眼睛盯着她，不停地闪烁欢喜的光芒。"起来，起来，你一夜没睡，昨夜酒喝多了吗？"嘉庆帝一边说一边就躬下身去拉住梅香的手，当他拉住她细长、柔软的手时，在一刹那，一股幸福的热流闪电般震颤了他的心。

有了皇后在席间的宽容，嘉庆帝虽是第一次见到梅香，便把她当作自己的人了。他紧紧地握住她的手，轻声道："皇后睡了，我们就不去叨扰了。到外间你那里去坐了。"不容分辩地拉住梅香就往外间走去。梅香道："皇上，待奴婢把窗子关上，天快亮了，夜气很凉的。"她迈着轻盈的脚步，把窗子关上。嘉庆帝搂着梅香纤丰合度的腰身，低声道："梅香，虽不能说你是绝代佳人，可在朕看来，仿佛朕与你曾见过面似的，也说不出什么感受，虽说你薄施脂粉，淡扫娥眉，但这正合朕的心意。你很懂得素能胜彩、淡可逾浓的道理。"梅香一听，马上用微笑的表情应道："皇上，奴婢承蒙皇后、皇上的厚爱，感激不尽。早年在民间，就听说皇上是有道的明君，今日能得皇上宠爱，叫奴婢怎好回报？"嘉庆帝道："你来到我身边，就是最好最好的回报。"

## 巡幸途中遇奇缘

梅蔷妹被他这一搂一抱，又巧言哄骗，心里早荡漾开了波纹，低低地说："那你在这儿住吧，不过明早一定要走的，说话要算话哦！"嘉庆连声说："那当然，那当然。"目的已达到，心中自然欢喜得不亦乐乎。饭后，他便拥过这玉软温香的躯体，倒在床上……

野史所传的清朝历代皇帝都有西巡五台山之说，是因为顺治皇帝晚年看破红尘，弃了锦绣江山，瞒着国人，皈依到五台山做了佛门弟子，以后就在山中圆寂，不归皇陵。所以，自此以后的清室历代皇帝，多有到五台山游巡幸驾的，应该也是纪念祖先的意思。

这一天嘉庆帝带着扈从一路上浩浩荡荡地西巡，盛况空前，难以描述。震天动地的三声炮响，回荡在京城的上空，几百名仪仗校尉，腰悬宝剑，高举旗杖，排成了整齐、庄严、威武、雄壮的队伍，簇拥着嘉庆帝出了乾清宫。十几顶轿辇同时起立，百十面大旗呼啦张开，一时间，鼓号齐鸣、旗风烈烈，好不威武壮观。行进的官道上，一队队的兵士排成了方阵，匆匆地向城外开拔，骑兵纵马奔驰，扬起了遮天蔽日的尘土。

此时，淅淅沥沥的春雨已经停止，春日的阳光暖融融地铺盖着大地，路边的柳叶儿恰如剪刀裁过的一般整齐，柔枝拂动，轻扬下点点的柳絮，空气里都弥漫着一股清新的气息。正是出游的好时节。

嘉庆帝一向是身处深宫，没有多少机会外出过，他心中如何不想呢？前一次东巡，嘉庆帝的去路与归路都同大臣们有过一番交涉。尽管自己是九五之尊，仍然没有像样的出远门的机会，这回到了民间，种种色色的人文风情自然又别有风格。沿途观景、到处逗留，一路上，各府州县忙着办差接驾，说不尽的繁华。

有一天，嘉庆帝到了一处行宫，偶然和一个内侍说道："朕看这一路上的名山巨川，实在开阔胸襟，比常年待在宫里强多了。就是在民间的男男女女的举动，他们总是有很自然的举动，举手投足间流露出至性至情。昨天，朕漫步野林，闻山歌知雅意。比起在宫里被礼节束缚住的好多了，朕特想去察看察看，领略领略民间的滋味咧！"这位内侍忽然想起什么，说道："奴才有一位远房亲戚，挺机灵的，同奴才一样净过身尚在弱冠之岁，就住在离这儿不远，容奴才去领来，若蒙万岁爷的收留，他定会是腿脚勤快的好帮手。"嘉庆帝道："哪有这事？

净了身尚不送入宫，至少也应托人送到王府。”“万岁爷有所不知，奴才也只是近日才得知的，山野僻寒，离州县都较远，又没交银两，官府怎能记录在案呢？”

“那好吧，”嘉庆帝说道，“带来让朕一瞧。”约莫一个时辰左右，那名内侍带着一位眉清目秀的后生走进来，嘉庆帝怎么瞧怎么顺眼，应答几句，果然伶俐无比，这个人叫林升，本是机灵的人，听见皇上说得如此这番后，当即奏称，“奴才所处的村子邻庄，虽然有几十家人家，可是住的地方是依山临水，树木扶疏，景致迷人，怪好看的，万岁如嫌在屋子里厌闷的话，就到那儿走走，也顺便体察民情。”嘉庆帝一扫往日的忧闷，心情大悦，连说：“好，好，带朕过去看看。”

林升又疏奏道：“万岁爷如果前去，须要微服而行，免得惊动人家，反倒不便。”“那一定是微服私行，朕过去也这么做过，总是不多会便露了身份。”嘉庆帝叹道，当下就换了便衣，带着林升一人，神不知鬼不觉地从行宫后门而出，直向一个村子走去。

果然，在嘉庆帝的眼里呈现的是“绿树村边合，青山郭外斜”的山明水秀的好风光。农人在耕田里来来回回，吆喝牛的声音此起彼伏，牧童吹着嘹亮地响笛，在山坡上悠闲自得地放着牛，一切都是天然的点缀。嘉庆帝由林升领着边走边看，开怀不已。对于林升来说，自然是轻车熟路，从村中穿过，行至一条小溪，溪水清澈，数尾小鱼在石缝中穿来钻去。

小溪旁一棵大柳树下，有一位十七八岁的女子正在那里浣衣，那女子虽然是布衣布服，一副村女的装饰，可是那面庞却是天生的秀丽，如同白玉一般的皮肤，映在水里，更觉得清莹可爱。“宫里也仅只有梅香可与之相比美了”，嘉庆帝自语道，“林升，那家女子你认识否？”林升摇头，他是何等的狡黠聪慧，嘉庆帝这一问，他就知道，皇上有意于那女子了，忙说道：“万岁爷，您老等着，待奴才过去跟她说上几句，探听口气如何？”嘉庆帝点头应允，跟着林升也走上前去。

林升向那女子说道：“姑娘，我们是到五台山去进香的，现在迷了道，请问应从哪儿走啊？”那女子停止投洗的衣服，放在手里，清澈的溪水哗哗地流着，水面上跳跃着无数晶莹剔透的小水珠，映射出姑娘白嫩的臂膀。那女子朝林升、嘉庆帝看了一看，才慢慢说道：“你们要到五台山去呀，还有一百多里呢！”林升故作惊讶地说：“哎哟，还有一百多里地呢！这么远，眼见天色已晚，这如何是好？”嘉庆帝也跟着说道：“现在，我口渴得很，你能否领我们去喝些茶水？”

那女子不假思索地用手一指溪水，说：“喏，这个，这里水清，你们就喝这个吧，保证管个饱。哎，不信，我喝几口给你们看看。”说着伸出细长胳膊，探下身去，捧一捧清水出来，水清得可见她红润的掌心。她一气喝完，用手一抹嘴，“怎么样?”越发可爱了。

嘉庆帝惊啧之余,说道:“你们习惯喝生水,我们却不行,平日都是喝茶的,我们给你银子。”那姑娘杏眼一瞪,道:“谁要你们的银子,在这儿,银子不值钱。”“不说付钱了,给一方便,全当有好客的淳朴民风了。”嘉庆帝无奈,又说道:“不说银子,你行个方便吧,行路之人,口渴是很难受的。”那女子道:“我看你们倒不像歹人,就到我家里来喝吧,亏得我的父母亲都出去帮工了,不然还不行的咧!”说完,把洗好的衣物提了起来。

走不多远,到一个屋子的门口,那女子就停下脚步,“这就到了。”从怀中取出钥匙把门打开,让嘉庆帝和林升先进去,她自先到了厨房搬来两张板凳,用抹布擦了擦,殷勤地让了座,自己去烧水。

嘉庆帝环顾一下屋子四周,只见屋子虽然又矮又小,倒也拾掇得干干净净,比之京城的皇宫来,可谓简繁各自相宜,顺顺当当,不可以有好孬之说的。林升早已趁着嘉庆帝不在意,独自溜了出去。

停了一会,那女子已把水烧开,走过来给嘉庆帝沏了一碗茶。嘉庆喝惯了玉液琼浆,似这种粗茶本是不堪进口的,可是既然出自美人的手泽,多少也要尝一点。“还有一位官人呢?”那女子问起林升来了。

嘉庆帝含含糊糊地回答了几句,又向那女子道:“你忙了半日,也累得乏了,还是坐下来休息吧!”那女子点了点头。因为天已暗了,就去点了一盏灯来,放在桌子上,自己也顺便在桌子边坐下,随手拿起一个妆盒,低头翻弄起来。

就着微红的灯光,嘉庆帝痴迷地望望她白中夹红的粉面,越发比溪边艳丽娇媚,早已忘了此行五台山的目的,忘了自己是九五之尊,便絮絮叨叨地打探姑娘的姓名和身世了。那女子也是有问必答,说自己姓梅,名蔷妹,年十七岁。父亲曾读过书,现在种田为业,母亲也是一样,家中有田一亩半,收获的粮食不够吃的,就外出帮工。梅蔷妹又问起嘉庆帝的姓名,从哪里来的,嘉庆帝先是笑而不答,继而又说,姓黄名帝,从北京来的。梅蔷妹说道:“你的名字真怪怪的,和皇帝一样,北京好玩吗?”嘉庆帝边说边挪动板凳,“是的,你要愿意,我领你去玩,好吗?景物很好,吃穿都好!”两人的距离近了。

“你别骗我了,你叫黄帝,又不是当今天子,你能带我入宫吗?”梅蔷妹的一双杏仁大眼充满着憧憬的幻想。

“这你就放心好了!”嘉庆帝边说边把梅蔷妹扳到了自己怀中,“你看,”从腰间掏出一把金爪子,“这些都是天子的东西,你要喜欢就拿去好了。”又解下腰间的一串佩玉,拎起来在梅蔷妹的眼前晃荡几下,声音清脆悦耳。梅蔷妹对这些东西爱不释手。她先是想挣脱出来,“我不要这些东西,求你放开我。”嘉庆帝道:“天黑路险,我上哪儿呢?我想在这里借宿一夜,就一夜行吗?”还是不放开,梅蔷妹道:“我一个柔弱女子,在家里睡个男的,旁人知道会骂脊梁骨的。”梅蔷妹的语气有所缓和。“明天一早,我就走了,”嘉庆帝哄道,“过不了几天,我再带人来接你,保证你能住进北京,有享不完的荣华富贵。”低着头,注视着梅蔷妹的粉颈,说道:“都说古代有四大美人‘沉鱼落雁,羞花闭月’,我看你就是足以让鱼见了自愧弗如的西施,再说,你既知道名誉,那西施的故事想必也听说了吧?”

梅蔷妹被他这一搂一抱,又巧言哄骗,心里早荡漾开了波纹,低低地说:“那你在这儿住吧,不过明早一定要走的,说话要算话,一定要来接我的。”嘉庆帝连声说:“那当然,那当然。”目的已经达到,心中自然欢喜得不亦乐乎。梅蔷妹说道:“我去弄些饭菜来。”不一会,两样简单的菜肴端了上来,一碗土豆丝,一碗菠菜梗,请嘉庆帝吃。嘉庆帝顾不了许多,加上美人作陪,就胡乱地吃几口。待梅蔷妹收拾停妥后,便拥过这玉软温香的躯体,倒在床上……

天上的太阳已爬到了窗格子口,往里偷偷地窥看呢,翻身呓语的梅蔷妹忽觉眼前一亮,睁眼一瞧,顿时羞愧万分。她狠命地推了嘉庆帝一把,嘉庆帝陶醉的春梦才刚刚惊破,两人相视着各自穿衣。嘉庆帝忽然害怕被人识破,连忙匆匆告辞,往行宫赶去。梅蔷妹紧紧攥着尚未系好的领口,眼里涌出星星点点泪光,望着那个急急而去的背影,心中怅然很久,很久……

# 道光帝一意孤行感情事

## 钟情于白莲侠女

他去五台山献香的路上,巧碰江湖侠女汪红菱。凭着一身的仗义,救下身处困境的汪红菱。他对英姿飒爽、俊俏秀美的汪红菱一见倾心,以至日夜思念。然而,让他意想不到的是,这个侠气豪爽的靓妹汪红菱却是白莲教林清的反清同党。于是,他陷入感情的漩涡……

太极仙境,祥云缭绕。一个倩影在云丛中飞舞。祥云慢慢褪去,显现出一个美丽的少女。绵宁(即道光皇帝的名,后来改为旻宁)扑向前去,叫道:“红菱妹妹，等等我。”那少女轻轻飘到绵宁跟前。绵宁忘情地抓住她的手道：“红菱妹妹，跟我走吧。”那少女轻轻地摇摇头。绵宁拉着她的手就走。突然眼前金光一闪，一个道士手持拂尘出现在眼前，那道士拉起少女就走。绵宁急得大叫道：“红菱妹妹，红菱妹妹……”

道光帝雕像

“宁儿快醒醒，宁儿快醒醒！”好像是额娘的声音。绵宁慢慢睁开眼睛，只见额娘正坐在床前焦急地呼唤着自己，才知刚才竟是做了一场梦。忙问道：“额娘，我这是在哪里？”福晋叹息道：“宁儿，你现在是在皇宫，阿哥房里。”绵宁坐了起来，伏在福晋肩上道：“额娘，宁儿对不住您，让您受累了。”说着眼泪流了下来。王妃双手抚摸着绵宁的头含泪道：“宁儿，你的事额娘都知道了。额娘不生你的气。只是我儿小小年纪如何承受如此巨大的痛苦。你心里如果难受，就痛痛快快地哭出来吧。”绵宁哭道：“孩儿能承受得住。孩儿没能照顾好额娘，使额娘受了风寒，孩儿心里才最难受。”福晋笑道：“额娘身体原本这样，我儿大可放心。”转脸问红月道：“请御医了吗？”红月忙道：“回福晋，御医刚才来过，说二阿哥的病不必用药，只需静养些时日，自会好的。”绵宁道：“额娘身体有恙，不要再来看孩儿了。红月，扶额娘回宫歇息。”红月正要上前，福晋止住她道：“我有红桃伺候着就够。红月，你就留在阿哥房伺候二阿哥吧。”红月道：“是，奴婢还是先把福晋扶回宫去吧。”福晋便由红月扶着回宫。

原来，绵宁在陪他额娘去五台山献香的路上，巧碰江湖侠女汪红菱。绵宁凭一身的仗义从山西巡抚莫玉（和珅的心腹）的儿子莫老虎那里救下身处困境的汪红菱。绵宁对英姿飒爽、俊俏秀美的红菱一见倾心，以致日夜思念。然而让绵宁意想不到的是，这个相貌出众、侠气豪爽的靓妹妹汪红菱却是白莲教林清的反清同党。绵宁于是陷入感情的漩涡，他始终认为红菱妹妹不同于那些反清叛贼，她有柔美、善良、正直的一面，而且是原山西巡抚汪廷文的女儿（汪廷文被人陷害）。绵宁想要用自己的真情打动红菱妹妹，并以自己的一片热心唤回她的一颗芳心……

福晋进了寝宫，嘉郡王颙琰正坐在书案前看书，听见福晋进来道："你又看宁儿去了？也不当心自己的病体。"福晋点点头，转脸对红月道："你回去伺候二阿哥去吧！"红月答应着转身欲走。颙琰（后来的嘉庆皇帝）道："你那宝贝儿子这么娇贵，还非得红月去伺候。你自己怎么办？换个丫头我可不放心。"福晋佯怒道："王爷，你看你，妾身不是还有红桃伺候吗。"颙琰生气道："宁儿怎么竟跟那白莲教匪行此苟且之事？"福晋道："王爷差矣，妾身撇开她反叛朝廷不说，那女子倒真是个多情女子。妾身刚离开太原城时，若不是那女子飞马报信。妾身和宁儿恐怕早已落入白莲教手中。"红月也从旁道："那女子与二阿哥确实感情至深，奴婢也为他们偷偷哭过几次呢。"颙琰转怒为笑道："难为你主仆二人一唱一和为那逆子辩理。"福晋道："非是妾身为宁儿争辩。王爷可知那女子是谁？"颙琰道："不是白莲教匪吗？"福晋道："白莲教匪倒是不假。她是原山西巡抚汪廷文的女儿。"颙琰惊奇道："汪廷文，是五年前本王去山西复查的汪廷文吗？"福晋答道："正是此人。"颙琰一摆手对红月道："你去伺候二阿哥吧。"

红月出去，颙琰才道："汪廷文一案，本王当时就看出是一起谋杀案。因事关父皇（即乾隆皇帝）的宠臣和珅，本王当时就没给他洗雪冤情。"福晋不满道："王爷当时若拿得证据，如何扳不倒那和珅。"颙琰怒道："妇人之见。即是本王也没有和珅受皇上宠信，若一意孤行，不但不能为汪廷文翻案，本王也会惹恼皇上，得罪和珅。如今皇上已宣示立本王为皇太子。稍迟几载，本王必为汪廷文翻案，还汪红菱一个公道。只是那汪红菱反叛朝廷，难逃法网。"福晋钦佩道："王爷深谋远虑，妾身真是鼠目寸光。"停了半晌福晋又道："宁儿对红菱感情至深，朝思暮想，憋坏身体怎么办？"颙琰也叹息道："世上这儿女之情最是伤人，宁儿何时能挺过此关啊？"福晋道："妾身想，宁儿也已成人，不如给他娶个福晋，也许能收回他的心。"颙琰摇摇头道："宁儿还小，让他再多读些书，多历练朝事，将来我大清祖业全指靠他呢。怎可让他过早堕入温柔乡中。再说，宁儿钟情那汪红菱，你难道为他娶那逆匪不成。"福晋忽然哭泣起来。颙琰吃了一惊忙问："你怎么了？"福晋含泪道："王爷，妾身恐怕时日不多了，想亲眼看着宁儿娶妻生子。"颙琰急道："你听谁说的？"福晋道："妾身在太原治病，那名医李崇义已给妾身确诊。"颙琰抱着福晋道："不会的，本王这就叫御医来为你治。"福晋拦住他道："王爷，妾身也经御医诊断过，没用的。王爷就答应妾身的请求吧。"颙琰含泪道："本王答应你，本王什么都答应你。"

绵宁这两天有红月陪着说些宽慰的话，心情慢慢平静下来。因挂念额娘的病情，这天便早早由红月陪着来给父王、额娘请安。这天只有福晋一人在寝宫。

福晋看绵宁来到,起身坐起。绵宁走到床前,跪倒请了早安道:“额娘这两日身体可好?”福晋微微笑道:“额娘一直如此,宁儿不必担心。”看绵宁气色好了些便道:“额娘也知道,世间最是情难得,可是古往今来有情无缘的事数不胜数。我儿贵为皇室,却也无可奈何。”绵宁听着,点点头道:“额娘说的是,宁儿明白其中道理。”福晋道:“宁儿明白就好。且莫再为儿女之情所惑,要知我大清祖业全指望你发扬光大。”绵宁被额娘一番话说得激动起来,抓着福晋的手道:“宁儿决不辜负额娘期望。”

福晋看火候已到,便道:“额娘为让你早些从那红菱身上收回心来,已求你父王奏请皇上为我儿娶一福晋。”绵宁闻言大吃一惊道:“额娘,宁儿实难从命。”福晋一愣忙问:“为何?”绵宁道:“孩儿年龄尚小,还想多读几年书。”福晋笑道:“先皇圣祖十四即成大礼,我儿怎还说年岁小。况即便成婚,也无妨你读书。”绵宁还是坚持道:“额娘,宁儿断难从命。”福晋听罢,脸色一沉怒道:“此事皇上已经恩准,圣命御点户部尚书布彦达赍之格格为我儿福晋,你难道敢抗旨不……”话未说完,福晋一阵剧烈的咳嗽昏厥过去,绵宁和红月惊得大叫:

“额娘。”

“福晋。”

两个人手忙脚乱扶着福晋,红月用手掐着人中。这时红桃也闻声跑来,绵宁忙命道:“快去叫御医来。”过了一会儿,福晋才苏醒过来,抚摸着绵宁的头道:“宁儿,额娘自感时日不多了,想亲眼看着我儿完成大礼。所以,额娘没跟你商量,就让你父王奏明了皇上。额娘不是不知道你的心思,是看你和那逆匪今世无缘啊!”绵宁哭道:“额娘的话孩儿明白,孩儿答应额娘就是。”福晋苍白的脸上终于露出笑容。

颙琰当晚回到毓庆宫,福晋在枕边将白日绵宁来过的事说了,颙琰听了高兴道:“宁儿自己应下更好,今日父皇召见朝臣,诏谕天下明年正月初一退位,举行传位大典。过后就赐成宁儿完婚。父皇指定户部尚书布彦达赍的格格为福晋。”福晋眼看着丈夫当上皇帝,正是喜不自胜。

到了正月初一那天,一大早,乾隆帝带着颙琰、绵宁等皇子皇孙和王公重臣先到了堂子、奉先殿、寿皇殿焚香礼拜上天神灵、列祖列宗,随即升太和殿宝座。乾隆帝双手捧着传国玉玺走下宝座,来到颙琰跟前,将国玺交给颙琰,然后坐在御案旁的侧座上。颙琰双手接过玉玺,走到御案前,坐在宝座上。殿下王公大臣、藩属使节一齐跪倒三呼万岁。礼官走到殿前,宣布改元嘉庆,尊乾隆为太上皇。

次日，毓庆宫内一片喜庆的忙碌。乾隆、嘉庆两代君王御赐绵宁完成婚礼。晚膳时分，乾隆、嘉庆一同来到毓庆宫，绵宁随已被封为皇后的母亲一同出迎。乾隆、嘉庆坐定。绵宁恭恭敬敬给皇祖、皇父敬酒。两代君王龙颜大悦，一饮而尽。绵宁又端起一杯茶水，以茶代酒，给患病的母后敬酒，皇后含笑饮干。

一家人正在高兴，忽有太监来报："禀太上皇、皇上，湖广总督毕沅送来加紧奏折。"乾隆道："念。"内监遵旨，大声念道："白莲教匪首王聪儿、张汉潮领教匪四五万人攻克枣阳，围襄阳，襄阳知府耆登督官兵固城待援，教匪数日难下。一教匪汪红菱领数十人自太原往襄阳参战，施以奸计，炸开城门。襄阳城即告失陷，知府耆登亦为汪红菱所杀……""够了！"乾隆不待太监念完气得龙须乍抖道，"这教匪汪红菱竟如此厉害，你们这些总督、将军难道就都是废物。"绵宁一旁听了，不由恨红菱过于猖狂。便愤然作色道："太上皇、皇上应早派良将剿灭逆匪，以安社稷。"嘉庆看了儿子一眼，赞许地道："二皇子言之有理，太上皇请速调重兵。剿灭教匪。"乾隆帝刚才的满腔喜悦被这份奏折冲得踪影皆无，又说了几句劝勉的话，就由太监扶着回养心殿去了。

绵宁这一天特别劳乏，送走了皇祖、皇父后，便由红月陪着，回到新房倒在床上睡着了。绵宁新娶的福晋，名叫玲儿，是个旗人。玲儿见绵宁睡着，便叫红月出去，给绵宁脱去靴子，盖上锦被，自己也上床来，坐在绵宁身边。看着绵宁方正清秀的脸庞，玲儿心里幸福极了。便熄了灯，躺在床上。

玲儿正迷迷糊糊有了困意，忽听绵宁叫道："红菱妹妹，红菱妹妹……"玲儿听清绵宁不是喊她，一时又羞又气，坐了起来，打着火镰，点亮了灯。绵宁这才看清不是他朝思暮想的红菱妹妹，连声道："对不起，对不起，我不是故意的。"那玲儿此时却冷静下来，暗想：我既已成了他的福晋，就得慢慢收回他的心，若此时闹开，未必有好处。想至此，便温柔地道："二阿哥，奴婢并未吃醋，倒觉得二阿哥是个重情义的人。那个叫红菱的姑娘一定使二阿哥一往情深喽。"绵宁却又道："不，我恨她，她是白莲教匪，想毁我大清江山，我要让父皇剿灭她。"玲儿吃了一惊道："二阿哥怎会和白莲教有来往？"绵宁只得把红菱姑娘的事告诉了她。玲儿听完，含泪道："真是一段令人肝肠寸断的爱情。奴婢真是佩服那汪红菱是个多情女子。"绵宁道："只可惜她反叛大清，恐怕不得善终。"说完双手搂过玲儿，两人相依而眠。

天亮后，两人早早起身，往皇上皇后寝宫请安，嘉庆帝已经起身，绵宁夫妻过来请了早安，嘉庆道："太上皇正为白莲教的事要朕早去商议，你母后患病正由御医诊治，快去看看她。"说完，由太监陪着匆匆而去。

绵宁两人到了皇后寝宫,御医已经诊过,便来到床前请了早安,绵宁问道:“额娘病情如何?”皇后道:“额娘恐怕一天不如一天了。你两个要互敬互爱,和和美美地过日子。”说着,拿眼看着绵宁。绵宁明白皇后的意思,忙道:“额娘放心,孩儿一定好好待她。”皇后道:“宁儿你先出去,额娘有话和你福晋说。”绵宁只好出去。皇后对玲儿道:“宁儿到底待你如何?”玲儿答道:“二阿哥待奴婢很好。”皇后不信,道:“你不妨照实说,有母后为你做主。”玲儿只得说道:“昨晚,二阿哥是把玲儿当作另外一个女人,奴婢当时也是又羞又气。后来奴婢想反正已是二阿哥的人了,不如好生待他,慢慢地收他的心,何况二阿哥也是个重情义的人。奴婢这样一想,便气也顺了,话也柔和了。倒是二阿哥自觉对不住奴婢,自个儿说了出来。”皇后听了赞叹道:“真是明事理、识大体的孩子,母后真为你们高兴。”

嘉庆皇后所说果然不错,绵宁自娶了福晋收心多了,便每日里一心一意去上书房读书习武,准备将来为大清江山尽力;在福晋身上也慢慢用起心来,他对福晋虽不是情深意笃,却也和和美美。只是无人时,悄悄掏出红菱姑娘分手时送他的荷包来看,心头便涌起淡淡的伤感和眷恋。

## 大内中的知心红颜

绮儿虽是燕妃的间谍,但却与道光一见如故、情意绵绵,终被道光的一片挚情所动,不但不帮助燕妃,而且处处维护道光……相互倾诉心声后,达到的是心灵的和谐与共鸣,心与心的距离为零,肉体的相触便是一种相互进入对方的融合,一曲缠绵悱恻的绝响……

八月的阳光火爆爆地撩人,更何况是午后。道光帝自乾清宫父皇灵位旁回到养心殿真是浑身困乏,四肢无力,几经折腾,哪有心思完全静下心好好休息。直到今天,一颗忐忑的心方慢慢落下,虽然小有波折,大事差点坏在托津、戴均元这两个老东西手里,但一切都按照自己预计的目标进行。一想到这二人,道光帝不免一阵恼怒,凉汗又浸上额头。必须自己先行一步,否则……想至此,道光帝禁不住心头一喜,轻轻呷一口御茶,伴着茶的清香,道光帝感觉轻松了许多,信步向内屏走去。

一个踉跄,道光帝差点和一人撞个满怀。“大——”,“胆”字音未落,“奴婢该死,奴婢该死,”那人急忙跪下谢罪。道光帝低头一看,原来是个女嫔。

“慌慌张张,有什么急事?”

“常公公说皇上到这儿了,特让奴婢来服侍皇上。”

皇上,尽管这个词道光已听了几十遍了,现在听起来仍觉得新鲜、心爽,特别是出自一个娇滴滴女子的口中。道光帝微带愠怒的脸马上缓和了。

“快起来吧。”

“谢皇上。”

随着女嫔慢慢站起,一股青春少女的清香旋起,皇上无意扫视一下,但那目光就无法移去,玉一般的脖下,那对高高耸起的乳峰似乎要刺破薄薄的丝纱而出。虽然皇上对于漂亮的女人早已如家常便饭,此时,也抑制不住那股无名的火焰上蹿。

“你是服侍先皇的?”

“是的,不过奴婢刚被选进宫不久,对于宫中诸事尚不太熟,请皇上恕罪。”

皇上一句话也不讲,慢慢向她走近,轻轻把手伸出,在她那凝脂般的香腮上捏了捏,柔声问道:“你叫什么名字?”

“回皇上,奴婢叫绮儿。”说着,她知趣地用手抚摸着皇上的胳膊,给他把长长的袖子卷起。

皇上睁着火辣辣的双眼看着眼前的御榻,想着父皇不知在此做过多少风流韵事。而现在,这一切都是我的,自己从此主宰这里的一切,想着,将绮儿挽进账内……

“哦,哦……哦!”皇上梦中惊呼着。

“皇上,皇上,皇上请起!”绮儿早已醒来,她不敢离去,也不敢惊醒沉睡的皇上,直到皇上梦中惊叫,绮儿边唤醒皇上,边给他擦汗。

“朕做了个噩梦,梦见——”话到嘴边却又收了回去。绮儿服侍皇上起来,此时太监来报,有军机大臣来见,说有事要奏禀皇上……

这天晚上,道光帝谕旨拟定完毕,感到有点饥饿,便命宫女送上夜宵,并要女嫔绮儿相伴。

朦胧的宫灯下,绮儿愈加水灵,嫩嫩的皮肤光滑玉洁。也许里面都是西昆仑瑶池里的琼液,只要用手轻轻一弹,那浓浓的液源必定溢出。道光说不出绮儿的美,只是不忍、不愿也不能离开,从绮儿的身形里他能读出许多让他心动女孩的影子。特别是让自己心痛而又永远飘失的红菱,她不是红菱,但又不能不让他想起红菱。更多的时候,道光又感到绮儿身上有一种说不出的味儿,不是皇后身上的谨严,也不是红菱身上的泼辣。总之,说不上来,他想把绮儿搂在怀里,含在口里,甚至想把绮儿溶入身上。

道光微叹一口气说:“绮儿,我心情不好,唱一支曲子或讲个故事给朕解解闷。”

“好吧,皇上,奴婢就唱一支我儿时祖母教我的曲儿。”

高高的山下哟有一条河

长长的河水哟流呀流向远方

青青的河岸上长满绿绿的竹

幽幽的竹林里有一个拾竹笋的小姑娘

……

一首悠扬哀婉凄幽的曲儿把道光帝的心带到江南水乡,那里莺飞草长,一位活泼的小姑娘向道光走来,一会儿是迷人的笑靥,一会儿是满面愁容。一会儿是银铃般的笑声,一会儿又是宁哥哥,你来呀,来呀……

道光醉了,进入那幻境,进入五台山后峰的岩洞:“菱儿,菱儿,我来了,来了……”道光呓语着,把绮儿压在身下。

“皇上。你口口声声说对我多好,却把我的名字说错,哼!”绮儿撒着娇。

道光自知失态,把绮儿抱得更紧:“绮儿,你怎么会唱这支歌儿?”

“这是我奶奶教的,从小就会唱。”

“你们家乡的人都会唱吗?”

“不,听奶奶说,这首歌是她根据家乡一首民谣自己改变了词儿新编的。”

这动作、神情、语气,多么像那个晚上,绮儿又多像一个人儿,绮儿、菱儿、菱儿、绮儿,道光无语地在心头呼唤着。

“绮儿,你是哪里人?是如何进宫的?”

“唉!皇上,奴才是江南人,确切是什么地方也不知道。”

“怎么?你家乡在哪里也不知道?”

“皇上,我哪里有家,自幼和奶奶一起相依为命,靠讨饭、卖花线儿为生。”

“好可怜的身世。”道光同情地将绮儿搂紧。“朕一定把国家治理太平,让百姓都能吃饱饭,那么你父母呢?”

“听奶奶讲,父亲原先在外地为官,为人耿直,得罪了什么人,被害而死,妈妈便带着两个姐姐去寻找,从此杳无踪影,那时我才四岁,由奶奶在家抚养。”说着已咽咽而泣,是对亲人的思念,是对自己不幸身世的悲叹,还是对世上不平之事的憎恨,泪水浸在道光的胸前。

“绮儿,你姓什么?”道光脑海蓦然一闪,仿佛发现了什么,急切地问道。

“回皇上,奴才失态了,不该提起那伤心事。”绮儿边擦泪边在道光胸上抚摸着。

“快说,你姓什么?”

“多少年,已没有人提起我姓什么了,也许姓汪吧?记得奶奶小时候告诉我姓汪。”

“你爹爹叫什么?”

“我也不知道,奶奶从没给我讲过,记得八岁那年,我和奶奶讨饭到山东,给一个乡官家当佣人,奶奶不久就病死,为了埋葬奶奶,我卖身为奴,对自己的身世也不大了解。”

“噢,绮儿,你听说过汪廷文这人吗?”

“汪——廷——文——,这名字好像较熟,多年前好像听人讲过,现在记不清在哪里听说的。”绮儿若有所悟地说。

从绮儿的神态、语言、曲儿,道光一下子明白了许多,尽管他不愿说,但他明白了绮儿的身世,特别是那熟悉的江南曲儿,自那个夜晚以后,一直在他心头响着,愧疚、爱怜之情袭上心头,说不出的心酸。虽然莫玉被抓了,和珅也倒台了,汪氏一案也以公文的形式给以公正平冤昭雪,但汪廷文的亲属后人又怎样呢?这事还是自己亲自办的,虽加上个人偏袒的私情也仅仅如此,何况那一般的平民百姓呢?道光帝不仅心潮起伏,不停地摸抚着绮儿,想用自己的爱来弥补那永久的缺失……

道光皇帝处理完一天政事走出御书房,心里乱糟糟的。可不是吗?先皇丧事刚刚结束,这一段日子真是身心交瘁,虽为一国之君,传下话去,必有左右大臣来做,但他又不太放心。一是怕自己刚刚登基,给国家臣民一个懒惰的印象;二是怕刚开始执政就把一些事交给臣子处理,长此以往,大权旁落,大臣架空皇上。所以道光尽量处处想到、做到,这一来,劳累是不用说了,但也确实锻炼了自己的才能。虽说年近四十而即位,正是身强力壮的时候,各方面均都成熟可靠,但作为一国之君处理全国大小事务算是第一次,做起来尽量谨慎、认真,否则,一举手一投足都可能波及国家兴衰、人民疾苦。自幼接受了严格的儒家正统教育,更是明白自己的位置与做法。道光帝勤恳治国、宽和仁慈、忠孝不奢的人格作风在他执政的开始几天内就博得了王公大臣和后妃娘娘的夸赞,自己心里也是美滋滋的,累是累一点,却乐意这样做下去。

道光这样想着,不知不觉随御前太监来到坤宁宫里面。

每天走出御书房的第一件事就是想到坤宁宫,想到绮儿。常永贵也似乎理解皇上的心,即使皇上不发话,也自然将他领进坤宁宫。

接连多天不回智亲王府，孝慎皇后有点不悦，问起只推说国事繁忙，没时间回去。孝慎皇后也不便说什么，作为一国之母，自有国仪风范，怎么能和一般女人争风吃醋呢？皇后不说，道光也就更加放纵自己，索性住进了坤宁宫。

“皇上——”道光刚踏进门，绮儿就娇滴滴地迎上去，为皇上取下披风，把皇上轻轻挽至御榻边坐下。

“绮儿，以后别这样叫，朕不喜欢听，不是告诉你喊二阿哥吗？”

“皇上，奴婢不敢。”

“唉，怎么又皇上了，快喊，让朕听听。”

“喊呀。”

“二——阿哥——”

“嗳——小阿妞——”

道光爱抚地将绮儿拥在怀中，一阵狂吻，说不出的舒畅与快意。

“皇上，不，二阿哥，你每天处理这许多政事，天天熬到深夜，应当注意龙体健康。”

“多谢爱妃关心，看朕这身体多棒。”

“还没封妃呢，就爱妃爱妃的，就怕将来把我爱飞了。”

“朕一言九鼎，岂能儿戏，待来春朕一定册封你。”

“谢皇——谢二阿哥！”

“哈哈，绮儿真可爱，朕愿与你永相守，共相厮。”

“在天愿作比翼鸟，在地愿为连理枝。”绮儿情不自禁地用徽州黄梅小调唱了起来。

“娘子，你看，那是打鱼的。”道光在绮儿的感染下也幸福地哼了句戏词。

“哈哈——”道光再次把绮儿抱在怀中，爱抚着。

“皇上，休息吧，你明天还有国事处理。”

“唉，国事，朕真正理解李隆基为何不爱江山爱美人了，能与绮儿在一起，朕又何必在乎什么国事、家事、天下事。”

“别说傻话了，皇上应以国事为重，听说回疆叛乱平息了？”

“你听谁说的？”道光有点不快。

“奴婢只是听太监及宫女这么传说，随便问问，奴婢该死，不该过问皇上这些事。”绮儿说着，就跪在御榻上给皇上请罪。

“美人儿，别这样，朕也是随便说说，朕是一国之君，难得绮儿每天如此关心朕，天天等朕等到深夜，能够分担忧愁，同甘苦、共患难，朕又何乐而不为呢？”

"谢皇上的宽恕。"

"提起回疆叛乱,怎不让朕焦急?京城距离回疆路途遥远,朕不能亲自到回疆视察,仅凭一些官府文书,难免有一些官吏从中蒙蔽朕。特别是最近斌静传来捷报只说平息叛乱,对于主谋张格尔逃向何方一字未提,对于叛乱原因,朕已发出几道谕旨,至今仍没有文书传来。今天却接到长庆和巴哈布等人奏折,说色普征额和斌静杀死俘虏一百余人,这里面可能有问题,而朕却不知,怎能不令朕担忧呢?朕初登大宝就有如此重大事件发生,处理不好。后患无穷。唉!"

"皇上,别考虑这些了,好好休息,明天在朝廷上,再和大臣及诸王商量商量。"

"唉,商量,朕的苦心谁能理解,绮儿——"说着,把绮儿搂得更紧……

第二天早朝,道光皇帝便将回疆平叛一事交诸大臣评议。道光对此事已有自己的看法,交于众人讨论是想听取一下群臣见解,希望能从中了解大臣们对此事的态度,逐渐把握诸人的办事效率及处世态度。

又是一个花好月圆之夜,融融的月光静静地泻在皇宫御花园内,给这瑰丽堂皇的建筑披上一层朦胧的雾纱,更给其间的花草增加几分无限的诱惑。行走其间似梦如幻,无论白日有多少烦恼与忧愁也早被这人间的仙境涤荡殆尽,只有一种心绪,只有一种信念,"但愿人长久,千里共婵娟"。

绮儿搀扶着道光帝漫步在这融融的月光中,他们无言地走着,倾听着对方的心跳,各自把思绪引向远方。一个心乱如麻,欲言又止,鼓不起心中的勇气,等待只是一种无言的伤害,等待只是一种灵魂的谴责。有几次,绮儿无声的泪水悄悄地爬上香腮,慢慢滑下,滑到嘴边,她默默用舌尖舔一下,涩涩的,谁理解她的苦衷与无可奈何。另一个已抛弃了白天朝中诸事的纷扰,放飞心中的思绪,走回遥远的记忆,来到五台山的秀峰,谁又能理解他的苦衷与无奈。"普天之下莫非王土,率土之滨莫非王臣",然而,皇上不是万能的,有时连一件极小的事也做不来,万岁,万万岁又有何用呢?

"皇上,不,二阿哥,回去休息吧,明天还要上早朝。"

"好吧,绮儿待朕太好了。"道光也感觉有点累。

"谢皇上夸奖。"绮儿笑了,心中涩涩的。

"皇上,你每天如此繁忙应珍重御体,不可过度劳累。"

"多谢绮儿关心,朕注意就是了。"说着搀起绮儿走进御罗帐内。

面对绮儿的胴体,道光感到是一件无法用语言形容的艺术品,是一流的大家杰作,每次欣赏都有一种新的发现,似"高山流水",让人品味不透,有着永恒的魅力。

“绮儿，你真美，朕从没见过像你这么美的人儿，貂蝉、西施又算得了什么？比绮儿差远了。”

“皇上太会夸奖人了，让奴婢无地自容。”

“不用谦虚，绮儿，你的确美，至少让朕心醉，让朕愿为你像顺治爷为董鄂妃那样。”

“皇上，奴婢该死。”绮儿一把捂住道光的嘴，“要真的那样，绮儿岂不是千古罪人。皇上为一红颜女子如此，岂不给后人留下笑柄，绮儿宁可一死来报答皇上的知遇之恩，也不敢让皇上为奴婢而误国。”说着绮儿只感觉心内一酸，泪儿纷纷落下。

“绮儿，别这样，朕是真心话，能有绮儿，朕还要求什么呢？”

绮儿由无言的流泪到咽咽地抽泣：“皇上，你待奴婢这样，绮儿却对不起皇上。”说着跪在床上。

“快，别冻坏了身子。”道光一把把绮儿搂在怀里，用被子盖上，又忙着给她擦泪。

“皇上，绮儿有愧于皇上一片真情。”

“别这么说，朕理解绮儿内心的苦衷，你待朕也够好的。”

“不！皇上，绮儿有许多事都隐瞒着皇上，绮儿罪该万死。”

“唔，不会有这么严重吧，讲来朕听听？”

原来绮儿在奶奶去世后，为了埋葬奶奶卖身为奴给一家乡绅做佣人，由于从小聪明伶俐貌美而被选入宫中当侍女。后被燕妃看中收留在益香园内，加以培训送到嘉庆帝身边当侍女，便于从皇上口里打听情况，以使嘉庆帝立瑞亲王绵忻为皇太子继承天下。想不到嘉庆皇上突然驾崩，道光帝竟和绮儿一见如故，情意绵绵，绮儿被道光的一片挚情所动，不但不帮燕妃，而且处处维护道光，以致燕妃欲置绮儿于死地都被绮儿巧妙地避过，再加上皇上对绮儿如此厚爱，燕妃也不敢过于放肆。

绮儿讲完自己内心压抑多日的话语，感到一阵轻松，只待皇上发落，能得到皇上的如此厚爱，她死也心甘，不再奢求什么。

“皇上，奴婢罪该万死，你把奴婢碎尸万段，绮儿也无怨言，望皇上发落。”

“哈哈，绮儿，为什么待你那么好，朕就是看上你不仅貌美而且诚实可信，心地纯真善良，值得信赖，这才爱怜你。”

相互倾诉心声后，达到的是心灵的和谐与共鸣，心与心的距离为零，肉体的相触便是一种相互进入对方的融合，一曲缠绵悱恻的绝响。

# 咸丰帝最有“色”

## 貌若天仙的女子闯入他的心扉

人生失意中的咸丰，像所有帝王一样，也躲进了温柔的绮罗帐里，寻找暂时的精神安慰。他 17 岁娶萨克达氏，但恩恩爱爱仅三年，她便撒手而去。可不久他便从痛苦中解脱了出来，因为另一个貌若仙子、善解人意的女孩闯进了他的心扉，那位女孩叫云儿，即后来的云嫔。

咸丰皇帝即位初年，也曾励精图治，重用汉臣，发展经济，革除弊端，在中国的历史上确实写下了较为满意的一页。

但是，英国的大炮打开了中国的国门，面对父皇道光皇帝留下的一个烂摊子，他无力回天，这位才华横溢的天子只有仰天感慨，恨水东流。就在英美不断进犯大清江山的同时，洪秀全领导的农民运动在全国范围内风起云涌、势不可挡。尽管咸丰皇帝动用重臣围剿起义军，但无济于事，农民起义军所到之处，清军仓皇逃遁，作为一国之君的咸丰，他只有待在紫禁城内唉声叹气，无可奈何。

咸丰帝懿贵妃

人生失意中的咸丰皇帝像所有的帝王一样，躲进了温柔的绮罗帐里，不肯面对现实，他也的确在温柔的梦乡里寻找到了暂时的精神安慰。咸丰皇帝虽不是“后宫佳丽三千人”，可也是众妃拱月，他沉浸在其中。

早在道光二十七年，为了给孝和睿皇太后冲喜，十七岁的奕訢就纳了嫡福晋。那位萨克达氏以其温淑的性格、绝伦的美貌而赢得了少年奕訢的爱心，他与萨克达氏恩恩爱爱仅三年有余，薄命的嫡福晋便撒手而去，奕訢第一次体尝了与爱妃生死离别的滋味。可是，不久他便从痛苦中解脱了出来，因为另一个貌若仙子的女孩闯进了他的心扉。那位女孩叫云儿。

云儿并不是什么名门之女，她出身低微，其父只不过是一个镶蓝旗里的小统兵，官不至品，一生过得清苦，可是鸡窝里偏偏飞出了一只金凤凰，老实巴交的土包子生出了一个貌若天仙的女儿，取名“云儿”。

云儿自幼家境贫寒，十岁时便体尝到了人生的艰难，小小的年纪却做着美丽的梦幻，居然有一天，她对母亲说：“我梦见有位仙人给我插上了美丽的翅膀，在皇宫的上空飞翔。”

过于操劳、未老先衰的母亲用她那双粗糙的大手，抚摸着云儿的秀发，喃喃地说：“孩子，鸡窝里飞不出金凤凰，别做梦了。”

可云儿却歪着头，倔强地说：“母亲，我一定能飞出鸡窝，变成一只金凤凰。”

母亲出于对女儿的疼爱，叹了一口气，不再说什么。岁月如梭，时光荏苒，一晃，云儿长成了大姑娘，她如一枝含苞待放的荷花，亭亭玉立、袅袅动人。就在云儿十四岁那年，清宫选秀女、挑宫女，这消息不胫而走，激动了多少人心。官宦人家希望女儿能选上秀女，一旦入宫得宠，全家人便有可能抖擞起来。可是，一贫如洗的云儿家，没那个福分。云儿的父亲地位低微，哪怕云儿再漂亮，他也不敢非分之想。他只想把貌美的女儿养大，再过几年托媒人替女儿找个好人家，快快活活去做良家妇女。做梦他也没想到，十四岁的云儿会去当宫女，又一步步接近道光皇帝的四皇子奕詝，也就是后来的咸丰皇帝。

当老父亲听到女儿大胆的要求时，差一点儿没把老爹气死。

这日，吃过晚饭，云儿收拾好碗筷，怯怯地走到老爹的面前，羞红着脸，吞吞吐吐地说：

“父亲，我想求你答应我一件事。”

望着女儿苹果一样鲜嫩的小脸，父亲的心里像蜜一样的甜，他心里暗自揣测：“真是女大十八变啊，这才十四岁，便出落得如此俊俏，再过几年，还不知道该有多漂亮。”

老爹笑眯眯地望着女儿：“丫头，有啥要求，还那么吞吞吐吐的，对爹还那么不好意思开口。”

“父亲，我说出了，你可一定要答应，不然，我就不说了。”

老爹根本就不知道女儿要提出什么要求，他从何答应，但宝贝女儿轻易不向爹妈提出什么，这一回呀，肯定是件大事儿。

“说嘛，你不说，我如何答应。”

女儿还是低头不语，她固执地说："父亲，你先答应了，我再说。"

老爹想女儿也不会提出什么过甚的要求，便顺口答应了："好，好，好，无论提出什么，我都答应了你，行了吧！"

云儿涨红了脸，猛地脱口而出："宫中选宫女，我也想去。"

"什么？去当宫女！"老爹怀疑自己听错了，反问了一句。

"对，去当宫女！"

云儿的回答非常肯定，一点儿余地都没有，气得她老爹脸色顿时变作煞白。"你，你，你，你疯了，去葬送自己一生的幸福。"

云儿的爹想不到宝贝女儿竟生出这个念头来，叫他如何接受的了。贫寒人家不到万不得已时，是不愿把女儿送进宫中当宫女的。有的宫女做到年龄大时，由内务府指派给某一有权有势的太监做"对食"，即老婆，嫁个不男不女的老公，命运很悲惨；也有的宫女被王子皇孙玩弄以后，被抛弃；当然，大部分的宫女到了二十五岁以后，由太后、皇后指婚，嫁到某一官宦人家做小老婆；也有的终身不嫁，在宫中服务一辈子，到了老年以后，"退休"回家，了此一生。这就是说，绝大多数的宫女命运是悲惨的。所以，做爹妈的一般是不愿意让女儿进宫当宫女的。更何况像云儿这样的宝贝女儿呢。

"不行，说什么也不能走这条路。"

云儿的爹斩钉截铁地说。他原来还打算再过两年托媒人给女儿找个好婆家，竟没想到女儿如此断送自己的一生。

"父亲，你答应过的，不能反悔。"

云儿央求着老爹，看来，她也是铁了心了。

"快给我断了这念头，皇宫大内不是好进的，真不懂事。"

云儿的爹显然很生气，但他还是耐着性子要说服女儿，希望女儿不要胡思乱想。可是云儿主意已定，做爹的岂能轻易改变自己的主意。

云儿也那么执拗："反正，我当定了！"

就这么，十四岁的云儿进了皇宫。初来乍到，云儿真有些不习惯，皇宫大内等级森严，规矩极多，特别对年轻的宫女要求特别严。什么走不摆手、坐不跷腿、笑不露齿、衣不露肤；还有什么不准多嘴多舌、不准偷听主子说话、不准与太监单独往来、不准媚眼看人等等规矩，云儿都要从头学起。

小巧玲珑的云儿被分到了奕讠的身边，做侍寝宫女，即每天晚上服侍皇子奕讠入眠。她的具体工作是当洗漱宫女为奕讠洗漱完毕之后，她便帮皇子奕讠轻轻地脱去衣衫，然后铺好被子，当奕讠躺下后，再为他盖好锦被，吹熄灯盏，悄悄带上房门，蹲在皇子卧房的门外，随时听候差遣。一般地说，皇宫中的每位皇子有两个侍寝宫女，一个上半夜守候，一个下半夜守候，这在皇宫里是比较辛苦的工作。不知不觉，云儿在奕訢的身边服务已过了一年半，当年的充满稚气的小女孩，不知不觉间出落成一位美丽的大姑娘。十六岁的宫女云儿像一朵野地里的山茶花，悄悄地开放着。

她尽心尽力地侍候主子奕訢，从没有过非分之想，她不敢去想，也不会去想。而幸运之神却悄悄地来到了这位蓓蕾初放的少女的身边，几乎吓得她说不出一句话来，然而心中又隐隐约约地感到一丝丝甜蜜，这种甜蜜是过去从未有过的特殊感觉。

奕訢已二十出头，这些年来，他牢记师傅杜受田的教导，认真读书、小心做人，成为上书房成绩优异的显赫皇子。然而，毕竟他是血气方刚的年轻人，尤其先后与两位女人恩恩爱爱甜蜜过，他渴望能再出现一位令他心醉的妙人儿，为他动心，为他欢笑，就在这时，宫女云儿闯进了他的心扉。

起初，奕訢并没有留意俊俏的云儿，他对待云儿像对待所有的宫女那样，面无表情以不失主子的尊严。可是，一件偶然的事件却使他注意到了这位侍寝宫女，并逐渐产生一种特殊的感情。那是一个风雨交加的夜晚，外面雷鸣电闪，房内灯光昏暗。云儿为奕訢脱去外衫，又为他盖上锦被，随手关上房门，退到门外，在门外静静地候着，以随时听候差遣。

房内的奕訢今夜失眠了，他望望窗外猛地划破天空的闪光，听着暴雨拍打房檐的啪啪声，辗转反侧，不禁发出轻轻的叹息声。因为今天是六月初二，是奕訢的亲生母亲全皇后的忌日。整整十年了，生死两茫茫，一个阴间，一个阳间，奈河桥、阎王界隔断了母子相见，然而却永远隔不断母子亲情。十年来，奕訢几乎无时无刻不在想念着母亲，她的音容笑貌、她的高贵气质、她温柔的双手、慈祥的目光清晰地浮现在奕訢的脑海中。

"额娘，你好吗？在阴间想皇儿吗？"

不知不觉间，奕訢的泪水打湿了软枕。他抹去一把泪水，掂量那份思念。

"额娘，额娘。"

奕訢轻轻地呼唤着皇额娘，任情感倾泻，守在门外的宫女云儿竟被他一声声催人泪下的呼唤声打动了，她也禁不住轻声抽泣。奕訢停止了声声呼唤，隐隐约约听见房门外有人在抽泣，他不知发生了什么事儿，便咳嗽了一声，以表示询问。房门外的云儿听见主子奕訢的咳嗽声，以为主子不舒服，她连忙轻手轻脚地进来了。

"阿哥,哪儿不舒服?"

这一声轻声问候似三月的春风,滋润着奕詝那颗极端孤寂的心,他顿感有一种慰藉心灵的力量在向他冲来。奕詝欠了欠身子,轻声回答:"没什么,你去休息吧。"

就在奕詝回答云儿问话的一瞬间,云儿分分明明地看出了奕詝脸上的泪痕,她的心里暗想:"公公、姐姐们都说四阿哥重情重义,看来果真如此,他一定又在想全皇后了。他亲皇额娘都去十年了,他还是那么思念,这等有情重义之人真难得。"

"阿哥,夜深了,小心着凉。"

一句简单的关心,却让处在孤寂之中的奕詝心里怦然一动。好久,好久,没听到这种温柔体贴的话了。早年,亲额娘这么说过,可是如今她已不在了。后来,静额娘也这么说过,但这几年来,由于六弟奕䜣与自己争皇位,矛盾对立越来越明显,静额娘似乎对自己也有些提防,这种体贴的话语也很少再说了。三年前,初恋的宫女怡红说过,但怡红如一阵轻烟,随风而去。那位绰绰动人的嫡福晋萨克达氏更如此关心过自己,然而,她红颜薄命,没福消受皇宫生活,年纪轻轻的她竟也走上了黄泉路。

今天,这位小宫女竟无意间说出了奕詝最渴望听到的这句话,他的心中焉能不怦然一动。

"云姑娘,你去休息吧,我睡不着,躺一会儿,有什么事情会喊你的。"

奕詝感激地望着宫女云儿。此时,他已不把云儿当作奴婢,而把她看成一个可以说知心话的亲人。奕詝真是太孤独了,他需要别人来理解他、安慰他,宫女云儿在这特殊的时候,充当了亲人的角色。所以,从一开始起,奕詝与云儿便消除了主仆之间的隔阂,这是一个良好的开端。

"阿哥,我也不困。阿哥需要什么,只管吩咐奴婢一声便是。"

"云姑娘,我不饿也不渴,不困也不累,如果你真的不困,就陪我说会儿话吧。"

奕詝当真把云儿看作朋友了,话语间毫无命令之意,云儿却有些胆怯,毕竟,她面对的是皇子,是自己的主子,小小的宫女焉能不胆怯。只见云儿低首不语,此时,她感到走开也不好,不走开也不好,她左手不断地缠绕着衣襟,显得十分局促不安。看到云儿如此窘态,奕詝笑了笑:"云姑娘,不必拘礼。去,搬个小凳子来,坐下不累。"

云儿机械地服从着,她只能这么做。

“云姑娘,你,你们很怕我吗?”

看到云儿局促不安的窘态,奕詝禁不住问了这么一句。其实,他心里十分明白,皇宫大内等级森严,规矩极多,尤其对太监、宫女这些奴仆来说,绝对服从主子是他们的天职,不准多言多语是他们的习惯,这还用问吗。

“阿哥,您是主子,奴婢当然服从您的。”

聪明的云儿没回答“怕”,还是“不怕”,这使得奕詝心中暗自佩服:“这小姑娘,不简单!”

片刻,两个人都保持了沉默,最后,还是云儿打破了这种尴尬的局面,她说:“阿哥,你又想念娘娘了?”

她所说的“娘娘”,当然指已故的全皇后。云儿进宫不久,便听一些老宫女说四阿哥的生母全皇后自缢身亡的故事了,并且还知道奕詝始终不能忘怀母亲。所以,今天晚上奕詝暗自伤悲,她马上就猜得出来原因。

“对,今天是皇额娘的忌日。”

云儿只轻轻地“哦”了一声,她又低头不语。奕詝自言自语似的说:“额娘,你死得好惨,走得太早。”

“阿哥,有句话,云儿不知当讲不当讲?”

云儿望了奕詝一眼,她看到奕詝点了点头,便接着说:“娘娘的确走得太早,可那是天意呀,天意不可违,阿哥比我还明白这一点。可是,如今阿哥再悲痛,老天爷也不可能让娘娘回来了,去的人已经去了这么多年,可活着的人却如此悲伤,始终不能自拔,这叫娘娘在九泉之下怎能安心。依奴婢之见,阿哥应该从悲痛之中解脱出来,好好地活着,娘娘在九泉之下才安心。”

一席话,出自一个小宫女之口,奕詝不禁暗自佩服:“真看不出来,这小丫头如此明理!”

不由地,奕詝多看了云儿几眼。这一看,云儿羞红了脸,一朵艳丽的红霞飞上脸颊,她的头低得更低了。奕詝过去没仔细看过云儿,今天晚上他出于佩服,仔细打量着云儿,云儿脸一红,他更想多看几眼了。他突然发现侍寝宫女云儿有一种脱俗之美,她宽宽的额头、浓浓的眉毛、黑亮的双眸、洁白的牙齿、乌亮的云发,透露出少女特有的青春美。奕詝的心“怦怦”地在动。

“真漂亮,怎么以前我没在意过她?”

毕竟奕詝是多情的少年,在“清水出芙蓉”的云儿面前,他焉能不动心。可是,面对这么一位好女孩,他又不忍心伤害于她。奕詝竭力按捺着内心的激动,将目光从云儿脸上移开。云儿似乎也感觉到了四皇子对她的那份特殊的感觉,她诚惶诚恐,连忙站起身来:“阿哥,您早些歇着吧,奴婢在门外守候着。”

说完,她还没等奕讠宁发话便转身离去。望着云儿的背影,奕讠宁感慨道:“窈窕淑女,君子好逑。”

对于云儿,奕讠宁不肯轻薄她,他要堂堂正正地得到心爱的人儿。第二天晚上,奕讠宁来到静贵妃的面前,向静额娘提出了纳宫女云儿为侧福晋的要求。静贵妃一向都很疼爱奕讠宁,虽然不是亲生儿子,但她对奕讠宁却也付出了不少爱心。她沉吟了一会儿,开口道:“云儿姑娘的确很招人怜爱,但她只是个宫女出身,不可纳为侧福晋。”

“为什么?”

奕讠宁一心只爱云儿,听到静额娘这句话,显然,他有些不高兴。静贵妃和蔼地说:“云儿虽然不能做侧福晋。但她可以做侍妾呀。”

这句话还算中听,奕讠宁急切地说:“额娘,就这么定了。”

静贵妃笑了,她笑奕讠宁太沉不住气。就这样,宫女云儿做了四皇子奕讠宁的侍妾。道光三十年(1850年),奕讠宁即位,开始了咸丰元年,登上皇位的奕讠宁即咸丰皇帝不肯委屈他的云儿,封云侍妾为云嫔,日日夜夜宠幸俊俏佳人云嫔。但作为一国之君的咸丰皇帝,他是不可能只宠幸某一嫔妃的。中国帝王三宫六院七十二妃是正常的,如果天子只爱一个女人,那简直是天方夜谭,不可思议。咸丰皇帝也是有血有肉、有情有欲的男子,他当然也需要多妻多妾,以表明天子的显赫地位。

咸丰皇帝身边只有一位嫔妃,那便是云嫔,这似乎很不正常。于是,内务府开始进行选秀女活动。清代入关以来,皇帝、皇子、皇亲的婚姻一般都是通过选秀女的方式确定下来的。即从蒙满官员的女儿中挑选貌美女子,由内务府大臣初步确定谁能参加“复选”,送至天子身边做嫔妃,乃至皇后;谁不能参加“复选”,只有悲悲切切去王府,做福晋或王爷的侍妾。清代皇宫为了保证王族血统的纯度,选秀女时不能考虑汉族女子,只在蒙满八旗官员家庭中考虑人选。而且规定只在十四至十七岁这个年龄段中考虑,特别优秀的女子,年龄可以放宽到十八岁。

那是一个炎热的夏季,已经二十多天没下过一场雨了,御花园里,年轻的咸丰皇帝躲在树荫下,两个小宫女轮流为他扇着扇子,可是送来的依然是热风。云嫔更感到闷热、难受,她受咸丰皇帝的专宠,心情格外好,人也养得白白胖胖的。由于她是宫女出身,所以永远脱离不了宫女的习惯,她看到咸丰皇帝额上渗出了汗珠,便款款地走上来,为他亲手擦去汗珠。

“云儿，让她们来吧。”

咸丰皇帝早已不把云嫔看成侍寝宫女，他不愿心爱的人亲自动手为他服务。云嫔嫣然一笑：“皇上，内务府选秀女进行得怎么样了？”

历代君王规定后宫不得过问政事，但选秀女虽然是内务府大臣承办的事情，但终究算不上什么国家大事，充其量只能叫作后宫生活小事，所以，一向不过问政事的云嫔才敢问起这件事情。咸丰皇帝看似无所谓地说：“明日目视，朕真懒得去看。”

所谓“目视”，由内务府挑选几位出色的秀女，把她们带到皇太后那里，由咸丰皇帝亲自钦定留在身边的人。这不是件小事，因为皇后的位子至今还空着，皇后统摄六宫，在民间尚需要一个“内当家”，更何况宏大的皇宫呢。但是，出于对云嫔的爱，咸丰皇帝不愿表露出他的急迫心情。

“皇上，明日目视，臣妾就不去了。”

“咦，你不去怎么成，太妃会不高兴的。”

咸丰皇帝所说的“太妃”，就是奕詝的养母，当年的静贵妃。奕詝生母全皇后宾天后，父皇道光皇帝为了让他得到一份母爱，便将奕詝送到静贵妃的身边生活。所以，实际上静贵妃是咸丰皇帝的养母。咸丰皇帝即位后，静贵妃被封为“康慈皇太妃”，并移居寿康宫，颐养天年。

咸丰皇帝尚无皇后，因此实际上是康慈皇太妃主事六宫，加上她是咸丰皇帝的养母，明日选秀女的最后一关——“目视”，便安排在寿康宫里进行。这颇有点儿像民间的“父母之命”。

经过前一阵子紧锣密鼓的层层筛选，最后，只剩下六名候选人供咸丰皇帝目视。在这六名秀女中，咸丰皇帝究竟能看中谁呢？他将钦定的那个人，有可能就是未来的皇后。其实，此时咸丰皇帝虽表现出轻描淡写之状，但他内心里却忐忑不安，他生怕明日钦定入选嫔妃，他连一个也看不中，但最后还必须选定一个，那将该如此面对现实。

“云儿，朕只喜欢你一个。”

此时，咸丰皇帝的心中的确只有云嫔一人，但是，到了第二天，他便不再这么说了，因为另一个相貌端庄、气度非凡的女子闯进了他的视线，这个女子便是钮祜禄氏——慈安皇后，即咸丰二年（1852 年）时的贞嫔。

广西右江道穆杨阿之女，美丽动人、风姿绰绰、丰润飘逸、容色冠群，年方十四，正是含苞待放的花季。她不但有其貌，更有其德。咸丰皇帝看到她第一眼时，便心中暗自高兴，原来钮祜禄氏如此美貌绝伦而又贤淑大方。当天，便宠幸于她,并封为贞嫔。

贞嫔进了宫,无意中冷落了云嫔,宫女出身的云嫔并不恼怒,因为她有自知之明,自己出身低微,能有今天这样的境界就已经是她的大幸了,她没有资格与出身名门望族的贞嫔争风吃醋。咸丰皇帝对贞嫔有爱也有敬,爱她的艳丽,敬她的端庄,曾有一度,咸丰皇帝为了她不早朝。两个人甜甜蜜蜜、恩恩爱爱一个多月后,贞嫔晋封为贞贵妃。咸丰二年(1852年)八月,道光皇帝丧期已满,咸丰皇帝决定立贞贵妃为皇后。

咸丰二年,身强气壮的皇上爱新觉罗·奕讠宁身边有两位令他心醉的女人,一个是皇后钮祜禄氏,另一个是云嫔。正当咸丰皇帝日日夜夜沉浸在温柔、甜蜜的梦乡里的时候,云嫔突然病倒了。

起初,咸丰皇帝并不知道云嫔身体不好,因为自从册立钮祜禄氏为皇后,咸丰皇帝日日夜夜专宠皇后一人,的确忽略了善解人意的云嫔。有一天,咸丰皇帝忽然感到应召幸云嫔一次,他便传谕召幸云嫔。这时,已经坐上御前太监交椅的安德海连忙派两个小太监去把云嫔抬来,可两个小太监不一会儿便空着手回来了,安德海非常惊讶。平常皇上召幸嫔妃哪有不来之理,如今云嫔也太放肆了,竟吃皇上与皇后的醋,岂有此理!

"皇上,云嫔不来!"

安德海奴颜十足,凑上前低语。一听安德海这句话,咸丰皇帝也大为恼火:"朕还从来没受过这等闲气!"

"皇上,还是去坤宁宫吧!"

安德海不失时机地讨好咸丰皇帝,咸丰皇帝一肚子的不高兴,手一摆:"罢了,今晚朕独衾。"

咸丰皇帝过了一个独衾之夜,好长时间他没单独过夜了,前些年有怡红陪伴,后来是宫女云儿,再后来是温柔贤淑的皇后。可今晚他一个人辗转反侧,难以入眠。

第二天,咸丰皇帝依然召宣云嫔,小太监回来还是"云嫔不来"。

岂有此理,胆子也越来越大了,这样下去还得了。咸丰皇帝气得暴跳如雷,差一点儿没下谕将云嫔打入冷宫。正在这时,安德海报:"皇后娘娘驾到!"

咸丰皇帝正在气头上,他一脸的不高兴,皇后款款入内:"皇上吉祥!"

"皇后请坐!"

皇上与皇后是夫妻关系,皇后的地位比其他嫔妃要高得多,所以皇上比较尊重皇后。皇后不知咸丰皇帝为何闷闷不乐,便好言相劝:"皇上,为何闷闷不乐，皇上乃一国之君，皇上御体安康乃国家之大幸、百姓之大幸。”

咸丰皇帝感激地望了皇后一眼，心想：“皇后实难得，温柔体贴、贤淑大方，明理善辩，云嫔怎能比她。”

咸丰皇帝感激地“哦”了一声，算是回答了皇后的劝告。皇后接过宫女递过的参汤，亲手捧到咸丰皇帝的面前：“皇上，御体为重。”

咸丰皇帝慢慢饮用参汤，若有所思地说：“皇后，你也来喝几口，瞧你这些日子都有些瘦了。”

皇后淡淡地一笑：“臣妾没什么，倒是云嫔让人担心。”

皇后一句话，引起了咸丰皇帝的注意，他连忙追问一句：“云嫔怎么了？”

皇后叹了一口气，说：“云嫔已半月没下床了，太医已诊治过，可是不见好转，她咳嗽得厉害。”

“什么，云儿病半个月了，怎么不告诉朕？”

显然，咸丰皇帝有些惊讶，也有些不高兴，他好像在怨皇后今天才告诉他云嫔的事情。

“皇上，这是云嫔千叮嘱、万叮嘱，不让告诉皇上的，她说皇上政务繁忙，不可为她分心，所以臣妾没说。”

“你，太糊涂。”说罢，咸丰皇帝拉着皇后的手就走，他们一同到了春怡宫。

“皇上、皇后驾到！”

春怡宫的大太监看见皇上、皇后双双来此，连忙大声报驾。病卧软榻的云嫔正蒙蒙眬眬地躺着，突然听到皇上、皇后驾到，她连忙披上一件淡绿色的长衫，下床迎驾。

“臣妾恭迎皇上、皇后！”

云嫔恭恭敬敬地施见驾礼，皇后上前一步扶起云嫔，云嫔感激地望了皇后一眼。就在云嫔抬看那一瞬间，咸丰皇帝吃了一惊，这哪儿还能看得出来原来的那位俏丽人儿。只见云嫔双眉紧锁、两颊瘦削、双唇泛白、两眸无神。

“云儿，怎么不早告诉朕！”

咸丰皇帝亲手搀扶着云嫔，走到软榻前，让云嫔斜靠在榻上。

“传御医。”

“皇上，御医刚走。”

一个小太监回禀道。咸丰皇帝手一摆：“再传。”

不消一刻钟，御医便来了。他一看咸丰皇帝的脸色，心中便明白了八九分。看来，咸丰皇帝急着想知道云嫔的病情。御医岂敢怠慢，他仔细把脉，认真诊断。

"启禀万岁爷……"

御医刚开口,咸丰皇帝便不耐烦地打断了他的话:"快说,别吞吞吐吐的!"

吓得御医扑通一声跪到了地上:"启禀皇上,奴才刚才已仔细诊脉,从脉象上看,云主子得的是痨病。"

"什么?不可能,她养在深宫,未曾劳累,怎会得这种病,这不可能。"

咸丰皇帝不相信御医的话,但从御医那表情上看,他又不得不相信。

"云儿,你怎么这么命薄!"

咸丰皇帝自言自语,他十分痛苦。"痨病",这意味着云嫔已开始走向黄泉路。咸丰皇帝十分宠爱由宫女变成侍妾,又由侍妾晋封为嫔妃的云儿,他不愿失去这位善解人意的人儿,但天意难违。

## 圆明园的娇媚"四春"

咸丰宠妃一个又一个,但总觉得欠缺点什么,那便是激情和新鲜感。一天,安德海给咸丰吊胃口道:"汉女子婚后挽发髻,十分好看,走起路来,小脚一扭一扭,长发一飘一飘,可好看了。"于是,就有了改祖制,让汉女子入居圆明园,供他"金屋藏娇"、逸情娱乐。

道光三十年(1850年),爱新觉罗·奕訢登基,人称他为咸丰皇帝。登基初年,年轻的皇帝,想大展宏图,重振大清之威。他重用汉臣、制定法典、赈济灾民、反抗英夷,确实收到不小的成效。朝廷上下一片欢呼声。但咸丰皇帝毕竟是血气方刚的年轻人,那时他才二十岁,二十岁的青年,不论是一贫如洗的乞丐,还是贵为天子的皇帝,他们都有一股抑制不住的渴望,那就是对女人的向往。

这是人的本性,不需要向任何人讨教,紫禁城里的年轻天子如饥似渴地贪占女色。于是,身边有了皇后、婉贵人、丽贵人,还有秀女兰儿(即慈禧)等绝代佳人。正如懿贵妃所说的"再好的菜,天天吃都腻"。在女人堆里厮混的天子开始有些厌了。这些后宫佳丽们,穿的都是旗袍、梳的都是旗头,连走起路来都是一样的,在咸丰皇帝看来,缺乏新鲜感。

宠了一个又一个,个个都那么温顺,像只小绵羊躺在他的怀里,虽然让他爱不够,但总觉得欠缺点儿什么,那就是激情不够吧。一天,咸丰皇帝的一个贴身太监,安德海来到了皇上的面前,他的馊主意最多,不然,后来叶赫那拉氏(即慈禧)也不会硬把他弄到储秀宫。

"主子,今儿个召幸哪位娘娘?"

小安子最会看风使舵,投其所好。咸丰皇帝摇了摇头,说:"朕想清静一个晚上,谁也不召。"

小安子退了下去,正巧,今晚该安德海侍寝。皇上的侍寝太监是很辛苦的,特别是这大冷的天儿,皇上躺在软绵绵的龙榻上呼呼睡大觉,但侍寝太监却要蹲在门外熬着。外面正下着雪,天好冷,小安子裹紧了棉袍,还是挡不住阵阵寒风。刺骨的寒风直往他的脖子里钻,禁不住,他打了几个喷嚏。

小安子专拣皇上爱听的话,无怪乎咸丰皇帝不忍心他在外面挨冻。天色并不晚,贵为天子的皇帝却和奴才聊开了天。

"小安子,当了公公,你后悔吗?"

深深领教过男女欢娱之乐的天子问起了这个所有太监都回避的话题。小安子在黑夜里,脸涨得通红,他小声地说:"也后悔,也不后悔。"

"说来听听。"

咸丰皇帝好像很感兴趣似的,他无论如何也不能明白,好好的一个大男人,被阉割后的感觉。小安子幽幽怨怨地说:"当了公公,比在家里住得好、吃得好、穿得也好,在我们那乡间是件光彩的事情。有的公公在宫中发了财,回乡间养老,盖上一片大宅院,可风光了。要说后悔嘛,当然也有一点儿,当了一世男人,也不知道做男人的滋味。"

年轻的天子笑了,他认为太监被阉割后,就没有欲念了,没曾想到太监也想那回事儿。

"小安子,你见到女人动心吗?"

"皇上,你取笑了小安子不是,公公如果见女人动心,还能在宫中做事情吗?"

咸丰皇帝也笑了,他把后宫佳丽十几人,全交给了太监和宫女来侍候,他从来没有过不放心。是的,太监没那个本事。小安子不等皇上问话,便讲开了:"皇上,皇宫里的娘娘个个赛天仙,您真有福气。"

"朕也这么认为,只是——"

小安子是何等机灵之人,他知道皇上有话要说,但又羞于出口。他接着咸丰皇帝的话,往下说:"只是全为旗女子,汉女子的美妙无法领略。"

咸丰皇帝猛地坐起,脱口而出:"你说得太对了。"

说罢,他又觉得有些失态,连忙掩饰道:"不都是女人嘛,满、蒙、汉族一个样。”

小安子的头一个劲儿地摇：“不一样，不一样，娘娘们是天足，而我们汉人女子是缠足，皇上，您见过吗？”

黑夜中，咸丰皇帝瞪大了眼睛，他的确听人说过汉女子是缠足的，可他从来没见过。

“说下去。”

小安子得意扬扬，接着说：“汉女子婚后挽发髻，也十分好看，有的还在两颊旁梳下一缕长发来，走起路来，小脚一扭一扭、长发一飘一飘，可好看了。”

其实，安德海向皇上描述的正是他的母亲，一个方圆百里远近闻名的大美人儿。咸丰皇帝听呆了，转而又轻叹了一声：“只是汉女自古以来不许进宫，这是祖制！”

的确如此，满清入关以后，一些汉臣纷纷把他们的缠足美人儿送进宫来。顺治年间，顺治皇帝偷偷宠幸了一个汉女，这位汉女不久便怀上了龙种。皇太后听说后，勃然大怒，她兴师问罪，大闹后宫：“皇上也太任性了，宠幸汉女使其怀上龙种，孩子生下来，爱新觉罗的满清血统就不纯了。”

皇太后大怒，谁也不敢发话，连顺治皇帝也怕她三分。几天后，那个怀上龙种的汉女失踪了，她年仅十六岁便走上了黄泉路。从此以后，皇宫里再也没出现过汉女，因为，当时皇太后就降谕旨：“凡缠足女人入宫者，斩！”

安德海入宫这么久了，不是不知道清宫有这一条戒律，但他仍怂恿皇上宠汉女。

“皇上，祖制可以变通嘛。祖宗规定汉女不得入宫，并没有规定汉女不得入园呀。”

小安子毕竟是小安子，谁也没他这份机灵劲儿，经他这一提起，咸丰皇帝恍然大悟：“对呀，不是还有个圆明园吗？以前先帝每逢夏季酷暑难耐时，总带着嫔妃和皇子们移居圆明园。那儿夏季如春、绿树成荫，朕怎么忘了那绝妙的洞天。”

咸丰称帝以后，总想干出一番大事业来，他整日待在皇宫里批阅奏章，竟忘了皇家的那个别墅。

安德海塑像

“小安子，你真机灵，等开了春，朕便带你去圆明园。”

自从那风雪之夜，安德海向咸丰皇帝描述了汉女如何卓然美妙后，咸丰皇帝的色心又动了。这一回，他不是专宠哪一个后妃，而且向往着陌生的汉女。既然祖制规定，汉女不得进宫，那他奕詝也不能违反祖制，但他却可以变通祖制，移居圆明园，让汉女入园。

刚刚开春，咸丰皇帝就急着入园。这次入园，他只带丽妃一人，至于皇后等人全留在了皇宫。他是去会汉女杏花春的，提起这杏花春，还有一段故事呢。

杏花春本名小翠儿，小翠儿本是江南姑娘，家在秀丽的西子湖畔，爹娘以开绣坊为生。她的娘绣得一手好活，她绣的双面猫，一面猫儿眯眼睡觉，一面猫儿瞪眼捉鼠，被人称为“江南第一绣”。小翠儿的母亲不仅心灵手巧，而且人也长得秀丽、俊美，走起路来婀娜多姿，如春柳，笑起来如银铃，她为人忠厚，所以人缘很好。

小翠儿的爹是个老实巴交的朴实汉子，夫妻二人带着一个十来岁的女孩儿——小翠儿过日子，一家三口幸福、甜蜜，给个天宫都不换。

可是，就在这一家人快乐无比的时刻，祸从天降。

小翠儿娘被人强暴，小翠儿爹一气之下，杀死了那强暴的人和翠儿娘。翠儿爹一看自己手里有两条人命官司，想活也活不成了，于是割腕自尽，就剩下小翠儿孤零零一人。后来小翠儿被她乡下的舅舅和舅妈抱回去抚养。起初舅妈对她还不错，日子一长，她舅妈就一反常态，变着法子欺负小翠儿。小翠儿再也不忍这种被欺辱的境况，决定离家逃走。

可是，旧社会真可谓“天下乌鸦一般黑”，小翠儿刚逃离舅妈家，却无意中投宿到一人贩子家，结果被人贩子以十两银子卖给了妓院。

小翠儿被拐到妓院时，她被带到一间低矮的屋子里，屋里有一位比她大两三岁的女孩，一见老女人进来，女孩连忙起身招呼她：“妈妈，快请坐。”

“她叫小翠儿，刚来的，你多教教她。过来，小翠儿，这是萍儿，你称她为姐姐，以后该干些什么，萍儿会告诉你的。”

老女人于是转身走了。

后来萍儿走了，屋里只剩下小翠儿一人。

小翠儿在屋里直发愣，不知道饿，也不觉得渴，只能感觉到一种恐惧，强烈的恐惧使她一言不发，她不知道今晚将要发生的事，究竟是怎么一回事儿。时间过得好慢、好慢，总算到了晚饭的时候，小翠儿记得今晚等客人来后，饭菜送到楼上房里，陪着客人一块儿吃。现在，天已经黑了，她好怕。

"吱扭"一声,门被推开了,一个男人出现在门口,他不是别人,正是京城皇宫内务府副总管崔公公。太监逛妓院,岂不是有些荒唐。

原来当今的天子咸丰皇帝守着后宫佳丽十几人,迷人漂亮的旗女当然很可爱,可是时间一久,他有些腻了,一个个嫔妃温顺得像只小绵羊,在他的怀里任他摆布,总让他感到有些失望。后来,在太监安德海的怂恿下,动了他念,想选几个汉女带进圆明园,好好逍遥一下。可是,堂堂的天子又不能到民间去自由恋爱,于是,便有了崔公公下江南。

都说江南女人美、都说江南女人媚,崔公公当然一下子就想到了江南,他想:"万岁爷想美人,可又不能把她们带进皇宫,汉女再美,也只能做皇上的暗中情人儿,她们没福气做娘娘,更不能让她们怀上龙种。这样一来,只要她漂亮就行,可不论姑娘来自何方。"

于是,崔公公到了怡红院,他一打听,这怡红院还有两个小姑娘,没接过客人,这更好,省得皇上嫌她们不干净。又一打听,老鸨还说这两个姑娘,一个大,一个小,小的那一个很有些姿色,今年才十五岁,正是一朵小荷才露尖尖角儿,若是合了皇上的意,赏他个十万、二十万银子也不多。

这样一来,崔公公便出现在小翠儿面前了。小翠儿不明真相,还以为眼前的这个男人将要拥人入怀呢?她浑身上下直打哆嗦。崔总管一看,喜在心头:"果然是个地地道道的姑娘,瞧她那吓成什么样子。"

再一看,他心中更喜:"这小姑娘似一朵芙蓉花刚开放,雪白的皮肤、浅浅的酒窝儿、粉腮如毛桃、小口像樱桃,太美了。"

崔总管简直看呆了,他盯着小翠儿,眼睛一眨也不眨,羞得她差一点儿没找个地缝钻下去。

"姑娘,芳龄多少?"

小翠儿不明白他问的是什么,便嗫嚅地说:"还没吃过呢。"

崔总管哈哈大笑,转身就走。他找到了老鸨,一问价钱,整整五十两银子,他二话没说,掏出五十两银子,开口道:"银子全交清了,人,我这便带走。"

怡红院还没发生过这等事情,客人见姑娘头一回,什么也不做,交出银子便带人。吓得老鸨直后退,她心中嘀咕着:"是该自己发财,还是小翠儿命贵,反正呀,今天的事情不寻常。"

银子收下,姑娘带走。当晚,崔总管便把小翠儿安置在苏州府最好的一家客栈里,好茶好饭侍候着。

到了第二天早上,崔总管来敲翠儿的门,翠儿连忙穿上衣裳,才开门。

“姑娘,今天咱们就上路,估计二十几天才能到京城,你吃得消吗?”

小翠儿愣然了:“京城,你要把我带到京城?”

小翠儿从小就听人说过,京城里有个皇宫,皇宫里住着皇上,皇上是天子,他不是人,而是个神。所以,一听说带她上京城,她有些惊奇。崔总管接着说:“一路上,我们都坐轿子,不过,你不要多言多语的,等到了京城,只要你听话,这一辈子有享不尽的荣华富贵。”

她点了点头,问:“路远吗?”

“很远。不过,一路上不会屈着你的,你爱吃大米,那就专门带些米上路好了。你只管把自己养得白白胖胖的,其余的事情由我来做,你少操心。”

小翠儿见崔总管并不像凶煞恶神,反而,他有些慈眉善目,说话也很和气,戒备心便少了。上路六天,小翠儿坐在轿子里,很舒服。她是头一次坐轿,也是头一次一个劲儿地向北方走,忍不住有些好奇。她撩开轿帘往外看,不禁有些吃惊:田里长的庄稼已不再是单纯的水稻,而是一些她不认识的植物,很高、很壮。

“那是什么?”

她忍不住问轿夫,轿夫没好气地说:“玉米都不认识,真是贵人命。”

小翠儿心里很委屈,她分明是个孤苦伶仃的孤儿,可为什么他们说她是“贵人”? 她想不通。迷迷糊糊地,她睡着了。

“姑娘,快醒醒,该下轿了。”

是崔总管的声音。小翠儿睁开眼睛一看,他们已停在一家客栈的门前了,小翠儿连忙下轿,进了院子休息。她只觉得头疼难忍,一个踉跄,险些儿跌倒。崔总管上前一步,小心翼翼地将她扶住:“姑娘,当心些,不然,到了京城,我不好交差。”

小翠儿一摸额头,滚烫,她知道自己一定是受了风寒,病了。

崔总管将她扶进房,转身出去请大夫。

大夫来过,吩咐小翠儿躺下多休息,他又开了两副药让她吃下。夜里,小翠儿发了一身的汗,病疼减轻了不少,第二天早上,崔总管关切地问:“好了吗?”

小翠儿见他这些天里,一直在无微不至地照顾着自己,便很感激地说:“吃了两副药好多了,这会儿头也不疼、目也不眩,身子爽快了许多。”

崔总管深深地吐了一口气:“阿弥陀佛! 不然,我要吃不了——兜着走了。”

小翠儿心里直犯嘀咕,自己又不是什么大人物,为何这般受到关注。她哪里知道，这次进京，她将要成为当今天子的心上人儿。又经过十几天的奔波，终于到了京城。天色已晚，小翠有点儿乏困了，她撩开轿帘问道："大叔，天色已晚，怎么还不住店呀？"

轿夫回道："已经到了京城，还住什么店。"

"那你们把我往哪儿抬呀？"

轿夫一声不吭，只顾低头往前走。小翠儿生怕出了怡红院再入"狼窝"，便拼命大叫："让我下轿！快让我下轿！"

崔总管听见叫声，走了过来，他对小翠儿说："姑娘，安静一些，等会儿你就知道去哪儿了。不过，你尽管放心，一定送你去享受荣华富贵。"

一听这话，翠儿安静了下来。又过了两三个时辰，轿子终于停了下来。小翠儿走下轿子，她抬眼一看，吃了一惊。这儿灯火辉煌、富丽堂皇、廊腰缦回、檐牙高啄，好气派、好漂亮。

"姑娘，你吃了饭先歇着，在这儿吃的、穿的、用的都是上等的，用不着你自己动手，你只管调养好身体，其他的事情不要多想。"

崔总管退了下去。两个丫头模样的人走了上来，一个端上洗手水，一个手捧两件绣花睡裙。小翠儿有些不习惯，她呆呆地望着她们，两个宫女冲她笑了笑，其中一个嘴快一些："姐姐，你真有福气。"

"福气？什么福气？这儿是什么地方？他们为什么待我这么好？"

两个宫女只干活不发话。又过一会儿，另一个宫女送上饭菜。晚餐比较简单，一碗菜丝汤、两个馒头、两碟小菜。一看是吃馍头，小翠儿不禁皱了皱眉头，可是，她已饥肠辘辘，凑合着吃吧。反正饿了吃什么都香，小翠儿觉得这儿的馒头做得也挺好吃。

一觉醒来，太阳已升得很高了。小翠儿伸了个懒腰，打了个呵欠。这时，一直候在门外的一个宫女进来了："姑娘吉祥！"

"这儿到底是什么地方？"她问道。

宫女说："这里叫圆明园，你住的这院落叫杏花院。"

"那么，为什么送我到这儿来享清福？"

这个问题是关键的，小翠儿怎么也不明白自己为何一步登天，她不禁问道。宫女摇了摇头，只说："姑娘是大富大贵之人，不必多问，只管享清福。"

一连五天都是这么蒙在鼓里过去的，吃的、住的、穿的、用的，应有尽有，都是小翠儿以前没享受过的。

第六天上午，宫女对小翠儿说："姑娘，这圆明园有许多好玩的地方，你可以各处走一走,只是别忘了回来的路。”

就像被关在笼子里的鸟儿一样,一旦获得自由,她便心旷神怡,早在杏花院里待不住了。她精心打扮了一番,便“飞”了出去。啊,这圆明园可真大呀,一个又一个的景致、一个又一个的院落,景景别致;院院有洞天。小翠儿先到荷花塘边摆弄莲子,又到池塘旁观赏了一会儿金鱼,有些乏了,她便寻一片桐荫处,靠在一块假山石边小憩。

好久、好久,她没这么高兴过了,虽然此时身在皇城,但她却有在江南之感。家乡的荷塘也这么美,家乡的鱼儿也这么活泼,家乡的风也这么柔。她忽然想起娘爱唱的一支小曲儿,便情不自禁地哼了起来:“春天里百花香,姑娘采莲入荷塘,小鱼儿摇摇尾,自由自在游远方。”

好多年不哼了,她都有点儿忘了,今天忽然想起,她仿佛又回到了从前,不禁两泪涟涟。

“好、好、好,妙!”

几声掌声、一声喝彩,小翠儿回头一看,只见一位翩翩少年正向她走来,她暗暗吃了一惊:“这圆明园里还住着这么一位美少年,怎么这几天没见过他。他是谁?”小翠儿扭头便要走,却听见少年喊住了她:“姑娘留步。”

美少年走到了小翠儿的面前,上上下下、仔仔细细端详着小翠儿。只见小翠儿杨柳细腰,斜垂叉肩,一根乌黑的大辫子搭在腰间,辫梢还系了一朵粉红色的蝴蝶结。被少年看羞了,小翠儿一扭腰走了,她一挪步,细碎小步很别致,原来安德海说得不错,缠足汉女走路别有风致。

那少年不是别人,正是来会美人的咸丰皇帝。他快步来到小翠儿的面前,托起姑娘的香腮,高兴地说:“果然是千里挑一的大美人儿。”

小翠儿不知少年是何人,讨厌地推开了他的手,低语道:“公子,放尊重些!”

那少年哈哈大笑,附在她的耳边说了一句:“你这倔模样,让朕更动心。”

毕竟是十五岁的少女了,她的春心也荡漾了起来。虽然她不懂自称“朕”的是什么人,但她知道,这少年是圆明园的主人,不然,他不会这么放肆的,光天化日之下竟紧紧拉住她的手不放。

“公子,来人了。”

“哈哈哈,来谁朕也不怕。”

几个宫女从远处走来,还没走近他们,便齐刷刷地跪了下来:“皇上吉祥!”

“免礼平身!”

小翠儿吓得连连后退,她差一点儿没叫出声来,她心想:“什么?他就是皇上?是天子!妈呀,原来自己是天子的宫外情人!”

一眨眼的工夫,小翠儿似乎什么都明白了,她感觉到一下子被推向了幸福的顶巅。只觉得头昏眼花,差一点儿没跌倒。咸丰皇帝忙上前,揽住了她的腰,附在她的耳边说:“朕今晚召幸你。”

这声音似仙乐一般飘过,小翠儿幸福地闭上了眼睛,咸丰皇帝不顾宫女尚在面前,情不自禁地紧紧抱住小翠儿,狂吻着。宫女连忙退下,狂吻中的一对年轻人沉浸在幸福的海洋中。

“你叫什么名字?”

咸丰皇帝紧紧贴在她的香腮边,喃喃地问道:

“小翠儿。”

“小翠儿?不好听,太俗气了。”

咸丰皇帝明白她是汉女,不能有皇宫的封号,她既不是秀女,也不是贵人;既不是嫔,更不能做妃,她只能当他的女人,属于他爱新觉罗·奕订的女人,而且这一辈子只能属于他一个人。如果他玩腻了,她只能去死,或者削发为尼,而绝对不能嫁别的男人。

“你住在杏花院吧,那就叫杏花春吧。”

“杏花春!”

小翠儿默诵着“杏花春”这三个字,告诫自己从这一刻起,世上再没有“小翠儿”,而多了一个“杏花春”。

这一夜,咸丰皇帝与杏花春万种风情、百般恩爱不必细说。他们的确甜甜蜜蜜过上了一阵子,但每次恩爱,咸丰皇帝都十分小心,他知道在圆明园宠幸汉女已经很出格了,可千万不能再让他们怀上龙种,不然,将难以收场。

不久,圆明园又多了三个汉女,都是大美人儿,一个住在海棠院,称为“海棠春”;一个住在武陵院,称为“武陵春”;一个住在牡丹院,称为“牡丹春”。

四春个个娇媚,人人美艳,把咸丰皇帝乐得合不上嘴,今夜牡丹春娇莺婉转,明晚海棠春翠声滴滴。

圆明园里一片欢声笑语,四个汉女共侍天子,远在皇宫的钮祜禄皇后不能不有所耳闻。她不是个爱吃醋的女人,再者,四春无非暂供皇上开心,她们连个秀女的封号也捞不动,影响不到后宫的生活。但是,这样下去,咸丰皇帝会大伤元气,弄坏了身体可怎么办。

经过再三考虑,皇后决定带着后宫佳丽诸美人去圆明园,婉转规劝皇上,节制爱欲,以更充沛的精力投向朝廷大事。

果然不出皇后所料,她们一行人一到圆明园,咸丰皇帝便收敛了许多,他不好意思再园中藏娇了,只好让四春出来,一一见过皇后。皇后毕竟是有修养的大度女子,她嫣然一笑,对四春说:“哀家不在园中,皇上起居多有不便,你们四姐妹细心照料皇上,哀家特赏你们绸缎数匹,还望你们日后继续照料皇上。”

说得四春全都红着脸,低下了头。她们明白自己的身份与地位,从未奢望过与尊贵的皇后平起平坐,更没想过进宫享受荣华富贵,她们也许是“人生得意须尽欢”吧,哪怕是天子拉过她的手,也算三生有幸了。

后来,咸丰皇帝回了宫,四春便留在了圆明园,她们在盼望中失望,又在失望中盼望。年复一年,日复一日,冬去春来,始终没盼回天子。紫禁城里的咸丰皇帝也渐渐把四春给忘了,特别是自从有了叶赫那拉兰儿,兰儿生了小龙子,咸丰皇帝的脑子里更没有四春了。

圆明园“四春”中杏花春小翠儿与咸丰皇帝的风流韵事已叙述了,而其他三春与咸丰皇帝的风流艳情又是怎样的呢?

海棠春本名玉喜,山西大同人,是天津的一个著名女伶。她工青衣,还会弹琵琶、吹玉笛。每月所得的包银,在天津梨园界居于首位。有一个穷儒王士人偶到戏园观剧,见那玉喜的芳姿以及精湛的演技,不觉魂飞魄散,可说是一见倾心了。从此每逢玉喜演出,王士人场场必到,而且坐在前排中座。

一日天下大雨,观众稀少,王士人却坚持到剧终。前此,玉喜在台上早就见这士人每场必到,已觉奇怪;今见场内观众无多,而这士人剧终还不忍离去,更觉此人可亲可敬。草草卸妆之后,即到王士人身边,致以谢意,互通了姓名,并说:“敢请公子明日屈尊枉驾,到舍下小会。”王士人得此青睐,真是受宠若惊。这些日子,为了见到玉喜,借钱观剧,手头已经拮据不堪了。如今玉喜约他会晤,不知要花多少?又想:玉喜这位名伶,捧她的何止百十,我今承她亲自相邀,实属有情于我,哪能爽约不赴。遂将衣服袍褂当了些钱,身穿一领葛布袍,如期到玉喜家中。玉喜家的客人、仆人们见这穷酸相,个个冷眼相加。玉喜则对人们道:“此公是江南名士,天津某公的上宾,今日莅临,使我的蓬舍生辉了。”即命人摆上筵席,好生款待。

席间,二人交谈投契,情意眷眷。玉喜要王士人留宿,王士人婉谢道:“蒙卿招待,已是意外之遇,我自惭形秽,何思有污玉体,实在不敢从命。”玉喜声泪俱下道:“我慕君之高雅,本来不敢高攀,请君原谅。只是明日君有发迹,不要忘记风尘中有一个苦命人,我就心满意足了。”

临别时，玉喜将一布包赠予王士人，说是作为纪念之物。王士人回家展示，原是黄金十两。自此，二人来往频繁，情深意长，海誓山盟，愿结为终身伴侣。正拟筹款脱籍的时候，忽有一官员到玉喜家称：京都某大贵人，特选中玉喜纳为室人，赎金多少，在所不惜。玉喜父母慑于官府淫威，哪敢不依。好端端一对情人，活生生被拆散了。玉喜到京都被送入圆明园中，咸丰皇帝见玉喜容貌出众，能歌善舞，大喜之下，赐名“海棠春”。这玉喜深居园内，思念情人，棒打鸳鸯，天各一方。终日郁郁寡欢，不到一年时光，就含恨生病而死。

京都某大官有一婢女名叫玉环，颇有姿色，肌肤丰腴，有如脂玉。内务府大臣宗室某弟子，是大官的亲戚，常走动。吃茶饮酒时，几个婢女左右伺候。宗室弟子见玉环体态秀丽，是女中的尤物。对大官说：“皇上密令内务府物色淑女，以为外室，如将这婢女献上，不但可得一大笔赏赐，而且将来可作为富贵的阶梯。”大官当即答应。几天后，宗室弟子带内监到大官家相看玉环后，内监问玉环身价多少？大官甘愿献上侍奉皇上，不敢讨要身价。临行时，大官密语对玉环道：“此去你一步登天，我的一生荣辱，就靠你的照应了。”玉环表示有机时，一定报答主人的恩德。玉环入得圆明园，凭着她天生媚态，不用修饰打扮，一种自然美的魅力，博得咸丰的嬖爱，赐名“牡丹春”。大官除得赏金数千外，还钦赐了一个五品官衔，到外地赴任做官去了。

咸丰是个酒鬼，每饮必醉，醉后就发脾气，身旁伺候的宫女、内监们，没有一个不遭受他的责骂或鞭笞的，就是他心爱的宠姬外室，也不能幸免。但酒醒过来，又生后悔，一般的宫女们，要赏些金银，以示安慰；宠爱的，更加宠爱。过些日子，故态又复萌了。唯独牡丹春一人例外，每当咸丰盛怒的时候，一见牡丹春在身边伺候，怒气马上云消雨散。并说：“你是朕的如意珠，哪能受半点挫折。”几次对牡丹春偶有叱咤，牡丹春于是伏地战栗不止，咸丰见状反而哈哈大笑道：“这小妮子真是一朵禁不起风吹雨打的牡丹花，怪可人疼的。”所以每当咸丰酒醉的时候，宫女们央求牡丹春出面，咸丰就大怒变为小怒，小怒就不怒了。因此，大家管她叫“欢喜佛”。慈禧闻知，虽有妒意，但也无可奈何。

这牡丹春有爱财如命的怪癖，自己室内设一个扑满，得到的赏赐，一文钱不花，都投入扑满内。咸丰认为她是个理财能手，一高兴加倍赏赐于她。宫女们为了多得赏赐，常乘咸丰酒酣时，推她为代表请赏，咸丰就胡乱赏赐，没个定数。再由于她是咸丰的宠姬，不少官员都通过她引见咸丰，而她就乘机勒索，起码千金之巨。慈禧听说她贪财无厌，私蓄甚多，于是令宫女、侍姬们与她赌博，大家做些手脚，使她大输。但她赖账不付，喧嚷间，咸丰过来，问明情况，为她代付了赌账。这样她更有恃无恐，赌赢了，囊括而去；赌输了，借口“等候帝命”，赖账不偿。几年下来，她的私蓄，不下十余万金。英法联军进攻北京时，慈禧乘机将她赐死，并没收其全部金银。

有一天，咸丰微服乘车出宣武门，路过吊桥，遥望护城河边有一浣衣女子，面目娟秀，楚楚动人，不觉心动。当下命内监探询是谁家女子。探得是一贫家女名淑贞，上有孀母，二人洗衣为生。遂派内监到女家称：奉某贵人之命，以金纳淑贞为妾。女母是个烈性妇人，蔑视权贵，冷语答道：“我女已有婆家，贵人明礼，何能逼民女为妾？”内监大怒道：“贫妇人，好不识抬举，你可知这贵人是谁？”女母道：“就是当今皇上，也不能越礼违法。”内监冷笑道：“实告诉你，娶你女儿的人正是皇上，看你敢不敢违抗？”女母道：“大人不要以皇上吓人，不要纠缠，请走吧！”内监碰了个硬钉子，发狠道：“好你老太婆，不出两天，管叫你看看我的厉害。”愤然而去。

女母害怕官势压人，将淑贞送往姨母家躲避起来。果然，第二天闯来四五个官府人破门而入，折窗砸柜，搜女不得，即将女母捉去。宣称“想要母命，以女换母”。淑贞闻讯后意欲投案救母，姨母阻拦说：“你若出面，那是自投罗网。这不过是要挟之计，他们找不到你，也不能奈何你母。为今之计，应该快点找好夫婿来，先结婚，然后双双往官府央求释放你母。皇上总不能强离夫妻吧！”不料，婿往南方经商去了，现在何处，无人知晓。而官府的人们天天到淑贞家骚扰，声势很猛，看来得不到淑贞绝不罢休。万般无奈，淑贞就逃入西山一尼庵，剃发受戒为尼。

不久，又传来女婿在经商途中，被土匪杀害的消息，淑贞这时万念俱灰，只有苦渡空门了。一日咸丰到郊外出游，进尼庵小憩，众尼姑都披袈裟接驾，伏地高呼万岁。只有淑贞恨然不出，隐在帘内窥视，看看这强人为妾的皇上是何等模样。窸窣之声，被咸丰察觉，忙说：“帘内何人？”内监们当即将淑贞揪出，勒令跪下请罪。咸丰一看这尼姑，像似在什么地方见过，就问：“这女尼绮年玉貌，为什么遁入空门，自甘寂寞？”淑贞哭诉道：“丈夫出外经商，生死不明，母亲又被官府关押，薄命人厌倦红尘，愿意修个来世。”咸丰笑道：“看你很有才华，那宜老死在这荒野空门。”传命将这女尼弄入圆明园，安置在园中修行，并释放女母。咸丰见这年轻女尼，比一般美姬另有一番滋味，赐名“武陵春”。咸丰每次临幸，武陵春便伏地痛哭不已，咸丰见她这样子，反觉爱怜，也就作罢。入园八个月的时间，武陵春始终守身如玉，后来竟投河自尽了。

## 销魂荡魄“打野香”

“今日朕胃口大开,还是野味香。”一旁的宫女、太监们强忍住笑声,生怕惹皇上不高兴。他们笑的是,这位天子爱“打野”,口中念念有词“野味香”。的确,“打野香”是他的本性。就是子弹穿透他的紫禁城时,他也不忘与戏伶“销魂荡魄”。

咸丰十年(1860年)九月,英法联军用洋枪洋炮打开了北京城门,咸丰皇帝闻听吓怕了,仓皇出逃,躲进了承德热河行宫。

四五十年了,热河行宫一直关闭着。如今,咸丰皇帝逃难也到了这里,他的心情与祖辈们当然大不相同。到了热河,他总排遣不了那种背井离乡的忧伤和愧对祖宗的心情。由于出逃仓促,事前没来得及通知热河行宫的看守人员,当咸丰皇帝到达行宫时,行宫竟是满目狼藉,一片尘埃。

咸丰皇帝住进了烟波致爽殿,这儿离热河中的一个泉眼很近,泉眼一年四季往外冒泉水。此时正是初冬,别的地方已经是冰雪隆冬,可这泉眼附近水温很高,一点儿冬天的迹象也没有。看到这奇特的景象,咸丰皇帝忽然明白了为什么这儿叫“热河”。

咸丰皇帝只带了两个宫女、两个御前太监,徒步来到了泉眼附近,只见泉水“突突突”地直往外冒,泉水上笼罩了一层热气,仿佛给静谧的隆冬以生的活力。沉郁了多日的咸丰皇帝顿时感到一丝欣喜,他有一种“山重水复疑无路,柳暗花明又一村”的感觉。面对热气腾腾的泉水,咸丰皇帝心里想:“自从登基以来,朕面对的是看不完的奏折,多么烦心,如今这热河,天地间多么宽阔,山林多么宁静,整整十年了,朕只感到身倦、心累。如今这一片天地才是朕所追求和向往的,何不潇潇洒洒过上一段轻松愉快的生活。”

“皇上吉祥!”

一声请安打破了咸丰皇帝的遐思,咸丰皇帝抬头一看,是肃顺到此。

“爱卿免礼!”

对于肃顺,咸丰皇帝总是高看他一眼,前几年的“科场舞弊案”,肃顺表现了非凡的才能和魄力,后来他又弹劾耆英,也令满朝文武竖大拇指。肃顺身为皇宗旁亲,他处理政务时,不徇私,奕山与伊格纳切夫私立《瑷珲条约》,肃顺又带头发难,最后奕山被革职,肃顺拍手称快。所以,咸丰皇帝总认为肃顺忠于朝廷,是个有才能的人。

“皇上,这外面有些清冷,臣恭请皇上回宫。”

“肃爱卿,朕感到这儿比皇城怡人多了,只是有些太冷静。”

肃顺眼珠子一转,计上心来,上前一步,笑眯眯地说:“臣有一言,不知当讲不当讲?”

“但讲无妨。”

“臣以为皇上在皇宫之时,为国操劳,未免有些太劳累了。既然今日到此胜境,不如忘却所有烦恼,来它个‘人生得意须尽欢’,皇上也该开开心心过几天好日子了。”

“哈哈哈,肃老六,有你的!”

咸丰皇帝当然明白肃顺的话中之话,什么“尽欢”,无非是酒色之娱,咸丰皇帝不是没想过这些,只是初来乍到,不知承德可有美女,也不知承德可有好酒罢了。

“肃老六,就看你的了。”

三天后,两个汉女子进了热河行宫,肃顺不敢明里送给皇上,生怕皇后责难于他。于是,他让人将两位姑娘化了装,装扮成宫女,偷偷地送到了烟波致爽殿。后宫佳丽十几人,咸丰皇帝最敬的是皇后,最宠的是丽贵妃。可是,她们如今也都是三十上下的人了,人虽未老,色却有些衰。咸丰皇帝宁愿一人独衾,也不想召幸她们。到了热河,龙体一直欠安,更不愿她们侍寝。

咸丰皇帝正躺在龙榻上闭目养神,只听得肃顺沉重的脚步声渐近,不用问,一定是他来了。

“皇上吉祥!”

“爱卿平身!”

咸丰皇帝连眼也不愿睁开。这时,黄鹂一般娇脆的声音传来:“奴婢给皇上请安!”

这声音好陌生,咸丰皇帝睁眼一看,他暗暗吃了一惊:“这承德竟出如此大美人。”

只见这两位女子,一个香腮微红、杏眼流盼、柳眉弯弯、樱唇含羞;一个丰腴脂凝、云鬓扰扰、双乳微颤、明眸含情。她们似一对天仙降临人间。咸丰皇帝看呆了,肃顺上前一步,俯在皇上的耳边低语,咸丰皇帝也悄悄地说:“都留下。”

肃顺转身离去,咸丰皇帝忙喊住了他。“肃爱卿,暂时不要让皇后知道。”

肃顺回头向他挤了挤眼,表示放心吧。这一夜,两位姑娘,一个左、一个右,娇滴滴地卧在咸丰皇帝的身边。咸丰皇帝真不知该搂住哪一个好,两位姑娘似娇莺婉转,又似万顷大海,把咸丰皇帝推到了浪尖。一夜风流,让皇上乐不可支。他真后悔来热河太迟,这人间的乐趣享受得太少。

咸丰皇帝暂时忘记了烦心的朝政,他又感到人生很有意义了,他这个不甘寂寞的人一旦有了精神,就会想到女色与美酒。如今,身边多了两位貌若天仙的姑娘,足足让他乐了好长时间,他突然觉得过去的十年,岁月太艰难了,令人头疼的朝政好像永远处理不完,即使繁忙中寻点儿欢娱,那种欢娱也远远比不上如今行宫的欢乐。

以往,不管在皇宫,还是在圆明园,每当宠幸嫔妃时,总是太监用大红毯子裹着赤裸裸的女人进来。她们胆怯地从皇上的脚头处爬进皇上的怀里,然后像小绵羊一样,一动也不动,躺在他的怀里,任他摆弄。即使是万种风情的懿贵妃,当年的兰儿,她也和她们是大同小异,虽然她比较起来,风骚一些,但她总的来说还是被动的。

后来,圆明园里来了四个汉女,人称“四春”。江南姑娘天性羞涩,总脱不了腼腆,有时放纵一些,但马上又收敛起来。总让咸丰皇帝感到不尽兴。如今不同了,肃老六从承德弄来的这两位姑娘,又泼又辣,有时竟缠得咸丰皇帝招架不住,一个劲儿地喊:“好姑娘,算了,算了,放过朕吧。”

两位姑娘吃吃地笑着,岂肯白白度过好时光,这下子,咸丰皇帝真的领教了泼辣女人的风骚,可是,他又不舍得放她们走。对于两位姑娘,咸丰皇帝只感到:“吃到嘴里辣得难受,丢到一边又不舍得。”

两位“辣子”继续留在行宫里。皇后委婉地劝说皇上应以龙体为重,毕竟是而立之年的人了,凡事应节制一些。咸丰皇帝也觉得皇后之言有些道理,他虽然日日仍留汉女陪伴,但总比前些日子收敛了一些。

春天来临了,百花争艳、春风拂面,鱼儿在水中自由自在地游来游去,鸟儿在空中翱翔,蝴蝶翩翩飞来,蜜蜂嗡嗡忙碌,好一派春光。一个冬天,咸丰皇帝都没有出行宫,如今这大好的春光,他再也按捺不住外界的撩拨,便坐上便舆,后妃们前拥后簇出了烟波致爽殿,一路欢声笑语,在方圆一百多里的热河行宫里赏春。

咸丰皇帝一脸的喜气,他身着米黄色的小褂,外套暗红色的绣长衫,头戴天鹅纱帽,帽前一颗闪闪发亮的巨珠,在阳光的照射下,显得格外神采奕奕。咸丰皇帝首先登上水心榭观鱼,这儿池水清清,红鲤鱼活蹦乱跳,煞是喜人。几个太监连忙支好楠木御座,又放上几张楠木桌子,摆上点心、水果,请皇上、皇后、贵妃娘娘入座。

说话间，御膳传了上来，咸丰皇帝一看，龙颜大悦。今日熏烤的鹿、狍、雉、兔等野味摆满了一大桌子，香气扑鼻，令人馋涎欲滴。咸丰皇帝再也忍不住了，传谕用膳。小皇子干脆来个双手抓，吃了鹿肉吃兔肉，吐了雉骨吐鱼刺。看着小皇子狼吞虎咽的样子，皇后和懿贵妃喜上眉梢。咸丰皇帝也忘记了在宫中用膳时的尊严，大口大口地嚼着狍子肉，一边吃，一边说："今日朕胃口大开，还是野味香。"

站在他身后的宫女、太监们强忍住笑声，生怕惹皇上不高兴。他们笑的是这位天子爱"打野"，口中念念有词"野味香"。皇后、懿贵妃当然明白太监、宫女们在笑什么，但又不便制止他们。咸丰皇帝正在兴头上，谁也不愿意让他扫兴，于是，她们只好低头啃野兔。

在山庄里游览了一整天，咸丰皇帝在高兴之余，也感到非常疲倦，到了晚上，他躺在软榻上，宫女在一旁为他轻轻地捶肩、捏腿。天色已晚，他一个劲地打哈欠。

"皇上，该歇息了。"

侍寝太监轻声劝皇上。咸丰皇帝也很想入眠，可是怎么肃顺还不来。今天下午游玩回来时，肃顺凑近他的身旁，说今晚他来烟波致爽殿，向皇上献一新计。

"肃老六，就他的鬼点子多，他又有什么新花招逗朕开心呢？"

咸丰皇帝猜度着，希望肃顺能给他带来些新玩意儿，这远离京师，奏折他也懒得看，这些报忧不报喜的折子，一想起来就头疼，更甭提看了。

"肃王爷到！"

"皇上吉祥！"

"爱卿免礼，爱卿，以后不在大殿之上，不必如此拘礼。"

"谢皇上。"

咸丰皇帝实在太乏了，他禁不住打了个哈欠，肃顺一看，连忙说："臣来迟，心里实在不安。"

咸丰皇帝揉了揉眼睛，没精打采地说："爱卿，有话直言，不必拘礼。"

"皇上，如今在这山庄里，不比皇宫，臣为皇上着急，可是恭亲王迟迟不能把洋鬼子赶出京师，回銮之事一拖再拖，臣觉得皇上在这儿实在太憋闷了。"

一语点出了咸丰皇帝的心病，他是一个耐不住寂寞的人，在京城皇宫或圆明园时，国事再忙，咸丰皇帝也要挤出时间去听戏，可到了承德后，成了"终岁不闻丝竹声"。今日肃老六既然点破了这一点，干脆皇上也不必隐讳什么了，咸丰皇帝开口道："肃爱卿，也就是你最知朕的心，自从到了这山庄里，四处静悄悄的，真让人感到寂寞。"

"皇上，今日臣出了山庄转一圈，臣终于找到了一个戏班子。"

"真的吗？这承德小地方也有戏班子。"

咸丰皇帝为之一振，好像他的乏意全没了，他欠了欠身子，伸个懒腰，急切地问："快请戏班子进山庄，朕要听听他们的唱腔。"

戏班子正唱得热火朝天，一见朝中大臣到此，锣鼓家伙全收了。班主跪在地上，聆听肃大人的教导："从明日起，你们一班人进山庄为皇上唱戏，银子少不了你们的。"

一听这话，全班人既兴奋又担心，兴奋的是他们这些不入流的小戏子竟也能为皇上唱戏，他们马上就会仰视真龙天子的风采了；担心的是万一演不好，不合天子之意，脑袋可就要搬家了。

"大人，我们这不登大雅之堂的小戏班，恐怕难以让皇上满意。"

班主既想挣大钱，又怕招来杀身之祸，他试探性地问着肃顺。肃顺瞄了几眼班子里的人，心想："当然了，比起京城的几个名戏班，你们简直是小巫见大巫，可是，如今也只有凑合凑合了。算你们有福气，若是在京城，排完全京城的几十个戏班子，也没你们的份儿。"

"大人，皇上爱听哪一段戏？"

班主还是有些惴惴不安的，他生怕进了山庄，戏还没唱完，皇上拂袖而去，他班主的人头就要落地。肃顺看了班主一眼，没说什么，依然是心里暗自想："唱什么都行，只要锣鼓家伙一响，皇上不再寂寞，我肃顺就有甜头了。"

"明日带着全班人进山庄，告诉你，让你的人学着点儿，要守宫中的规矩，不准乱问、乱窜、乱看。皇上坐在那儿看戏，开演前要先跪安，公公手一挥，你们才可以开场。"

咸丰皇帝听完肃顺的讲述，笑着说："肃爱卿，你真有心计，朕正憋闷得慌，明日戏班子进山庄，朕要亲自点唱，来一段《贵妃醉酒》怎么样？"

"皇上，臣也忘了问班主，他们可会这一段。"

"不会也没关系，明日先唱别的段子，这几日让他们抓紧排戏，朕还可以给他们指点指点。"

说到了高兴处，咸丰皇帝竟忘了龙体尊严，居然会想到亲自为下里巴的戏班子指点指点。第二天，咸丰皇帝让太监请来皇后、懿贵妃、丽贵妃一起听戏。他们兴致勃勃，宫女们在临时搭起的戏台子前摆上了几张楠木桌子和一个软榻、几张椅子，又在桌子上摆放了许多瓜子、杏仁、核桃等食物。人们川流不息，忙碌着。

咸丰皇帝及后妃们端坐了下来，班主带领全班人员走到戏台上，跪在台上向皇上、皇后请安。昨天才学来的宫中规矩，今天就用上了，毕竟是唱戏的出身，学什么像什么，那跪安的姿势又地道、又好看。

咸丰皇帝听得真真切切，众人口呼“万岁”声中，有一个又尖又脆的女人的声音，如黄鹂枝头婉转，清亮而动人。皇上有些诧异了，以往在皇宫或圆明园听戏，戏子们大多是男人，即使贵妃、貂蝉、昭君等贵妇人，也是由男戏子扮演的，个别饰演小丫鬟的是小姑娘，一个戏班子，女人不足三五个。可今天这个戏班子，足足有一半是女戏子，真是“十里不同俗，五里改规矩”呀。

咸丰皇帝凝视了一会儿那位声音又尖又脆的姑娘，他心中暗自欢欣，只见这姑娘珠喉婉转、娇脆异常、一搦柳腰、斜着香肩。两片乌黑的蝉鬓，垂在玉肩后，衬着白玉般的脖子，显得格外美丽。

“这承德小城还出这等美女，朕早该听这出戏，晚也。”

咸丰皇帝的春心又被牵动了，他甚至有点恨肃顺为何今日才请来戏班子。不然的话，戏台上的妙女子早就入酥怀了。戏是开演了，果然唱的是《贵妃醉酒》，杨玉环便是由那位姑娘扮演的。她唱腔细腻，身姿婀娜，一出戏下来，直把咸丰皇帝的心给撩拨得像只小猫抓一样痒。

“这等美人儿，今晚就不能放她走。”

咸丰皇帝轻声自言自语，却被坐在他身旁的皇后听见了，皇后皱了一下眉头说：“皇上呀！天下的美人儿多得很，您能全拥有吗？您如今龙体欠安，后宫佳丽十几人，又弄来两个汉女，难道还不满足吗？还想占这个戏子。”

咸丰皇帝一听这话，有些不高兴了，他对美女的兴趣永远是很高的，不曾想一向宽厚的皇后今天竟顶撞他，岂不扫兴。咸丰皇帝一扭头，不再正视皇后。这一细微的动作全被精明的肃顺看在了眼里。他决心趁此良机，逢迎皇上。

戏散了，咸丰皇帝闷闷不乐地回到了烟波致爽殿。可是，他的心里还是放不下那位妙女子，她的一颦一笑、一举一动像刻在了他的脑海里一样，抹不去、赶不走。晚膳时，咸丰皇帝面对一大桌美味佳肴，他一点儿胃口也没有。平时最爱吃的炖子鸡，吃在嘴里就像嚼木喳，索然寡味。咸丰皇帝被女伶勾去了魂儿，那两个汉女子也被冷落到了一边，甚至她们的笑声传来，咸丰皇帝感到很刺耳。

“传口谕，谕令肃顺进见。”

半个时辰后，肃顺到了咸丰皇帝的寝宫，聪明的肃顺一看皇上那焦灼不安的神情，心里就明白了一大半：皇上正在为情所困！

"皇上，深夜召臣，一定有事。"

咸丰皇帝叹了一口气，说："既无京中消息，也没加急奏折。今晚朕只感时光难打发，特谕爱卿来聊一聊。"

肃顺心想："我是个大男人，你和我聊上一夜，也不能解你渴呀。干脆，我肃顺明说了吧。"

自从离开京城，到了热河，几乎每一天，皇上都召见肃顺，几个月下来，肃顺与皇上的关系更融洽了。不在大殿之上，肃顺也显得不那么拘谨了，他大胆地说："皇上，这春夜漫漫，何不找位姑娘来伴驾？"

"朕对她们没兴趣。"

肃顺明白，皇上所指的"她们"是那两位汉女。好色的咸丰皇帝才几个月就厌倦了那两位"仙女"，看来，他一定是看上了今天扮杨玉环的那位女伶。还好，肃顺白天里就看出了这一点，戏散后，他安排戏班子在山庄里住了下来，以备皇上"雅兴"来了，找不到人可怎么办。

"皇上，今天戏台上的那位姑娘怎么样？"

咸丰皇帝与肃顺真可谓"心有灵犀一点通"，他们都认为那位女伶很迷人。咸丰皇帝说："那位女伶赛天仙，不过，她的底细如何，可要打听打听。"

肃顺转身走了，他的任务是尽快把女伶带到皇上的身边，好让他们缠缠绵绵、恩恩爱爱。肃顺到了戏班子，找到了班主，讲明来意。他原以为班主一听这等美事，一定喜得合不上嘴，皇上看中他的一个女伶，从常理上讲，是他祖上积了阴德，千年修来的福分。可是，班主一听这话，那脸色顿时变了，他结结巴巴地说：

"小琴已名花有主，换一个更漂亮的不行吗？"

肃顺直摇头："不行不行，皇上垂怜的人儿，怎可随意更换，还是请小琴姑娘伴驾吧。这是班主你的福分，也是你的造化，一旦小琴姑娘受宠，你们戏班子可就威风了。班主你说不定还能封个六品、七品命官呢。"

"大人，不瞒你说，小琴姑娘就是我的，明里我们定了亲，小琴尚未过门，暗里她早已是我的人了。她已不是黄花闺女，皇上能喜欢吗？求大人向皇上求个情，放过我们，求求大人了！"

说着，班主就下跪，连磕了三个响头，弄得肃顺不知如何是好。不带走小琴吧，皇上正等着呢？带走她吧，硬硬地拆散人家美满的一对儿，也不好。再说，皇上也算个情场老手，一定会发现小琴已不是大姑娘，万一他龙颜大怒，他肃顺可就要吃不了——兜着走了。

“大人，小琴有个孪生妹妹，叫小翠，她们姐妹俩长得一模一样，只不过嗓子没有小琴清脆，只好在戏班里跑跑龙套。小人觉得把她送给皇上倒挺合适，一来她是个黄花大姑娘，二来皇上也不会知道换了人。”

“真的吗？长得真的一模一样？”

“小的还敢欺瞒大人不行？小的还没长这么多的脑袋。我还想留条命和小琴恩恩爱爱做夫妻呢。”

肃顺也觉得偷梁换柱，只要做得天衣无缝，皇上也怪罪不了什么，于是着急地说：“皇上还等着呢，快叫她们姐妹俩来，让我看看，偷梁换柱成不成。”

只消片刻钟，俩姐妹就来了。都说孪生姐妹长得相像，肃顺就没见过像小琴、小翠这对孪生姐妹长得这么一模一样。肃顺呆呆地看了半天，也没辨认出来哪一个是小琴、哪一个是小翠。

“阿弥陀佛，简直是一个模子刻出来的，连美人痣都长在一处，左眉梢都有点儿向上挑。”

肃顺问俩姐妹：“你们究竟哪一个是小琴、哪一个是小翠呀？”

只见一位姑娘答道：“我是姐姐小琴。”

声音婉转、清脆如娇莺。另一位姑娘一开口，把肃顺吓了一大跳，好端端的一个姑娘怎么像个男人的嗓音，这么粗。

“我是妹妹小翠。”

肃顺与班主对视了一下，不约而同地笑了，班主解释道：“本来小翠的嗓音也很好，三年前，她发了一场高烧，烧坏了嗓子，真可怜。”

肃顺望着眼前这位仙女般的姑娘，他的心中突然涌起一阵同情来，便说：“小翠姑娘，等一会你去伴驾，千万不要开口，开口可就露馅了。”

“万一皇上问话怎么办？”

姐姐小琴真的为妹妹捏一把汗，若不是她早已归属了俊俏的班主，她宁愿去伴驾，虽然汉女不选妃，但能伴皇上度过一个风流之夜，也是她一生的荣幸。只可惜自己已不是黄花闺女，没那个福气了，她只有哀叹自己的命薄。不过，妹妹是个有福之人，万一真的被皇上宠上了，也是妹妹的造化。作为孪生姐姐，她打心底为妹妹高兴。肃顺听到小琴的问话，眼珠子翻了几下，答道：“小翠姑娘只管来个不开口，皇上还以为是美人害羞呢。”

“那以后呢？”

班主也非常关心他的这位貌美如天仙的小姨子，忍不住问了这么一句。肃顺心想："你这位非正式的姐夫问这么多干什么？你就是再关心小姨子，也不能亲授经验吧。"

"以后皇上总会发现的。"

小翠也很担心这件事会败露，肃顺只好说："如果你有福气，拢住了皇上的心，皇上也不会因此而冷落你；如果你没福气，几天过后，皇上对你失去了兴趣，就是你像娇莺那般婉转鸣叫，皇上也不会喜欢你。"

肃顺催促着："小翠姑娘，别让皇上等得不耐烦了，快走吧。"

烟波致爽殿的咸丰皇帝真有些不耐烦了，肃顺去了这么久，不见他带回美人，真急人。咸丰皇帝心想："一个女伶，还摆什么谱，又不是来做皇妃，难道还要轿子抬来不成。"

正在这时，肃顺到了，他的身后果然跟着那位俏佳人儿。美人儿一言不发，胆怯怯站在那儿，有些手足无措的慌张神情，咸丰皇帝一看，心中暗自高兴。刚才，他还担心女伶不是个黄花闺女，这会儿，他放心了，瞧美人儿满脸通红，一定没沾过男人。

"爱卿，她叫什么？"

"皇上，姑娘叫小琴，今年十七岁。臣先告退，明日再来。"

咸丰皇帝急忙说："跪安吧。"

他早已急着让肃老六跪安了，肃顺知趣地退了下去。他向小翠摆了摆手："姑娘，坐到这边来。"

咸丰皇帝指了指龙榻，小翠挨近了几步，但她哪里敢坐龙榻。皇上急了，上前一步拉过她的手，她的手皮肤又细又白，像玉雕的一般。咸丰皇帝一激动，拉过玉指便吻，接着又用胡子茬乱扎在姑娘的脸上。小翠紧张极了，她扭动着，半推半就，不过仍是一言不发。咸丰皇帝俯在她的耳边，急切地说着："哼支小曲给朕听，好吗？"

小翠浑身发抖，还是不吭声。咸丰皇帝以为她太害羞了，便不再强迫她开口，两个人很快登上了欢乐的顶巅。咸丰皇帝乏极了，呼呼大睡。小翠难以入眠，她既高兴又害怕。高兴的是自己虽然不是皇妃，是一个再普通、再下贱不过的戏班子里的小配角，但此时此刻，真龙天子的的确确赤身裸体地睡在她的身边，神非神、龙非龙，他是个有血有肉、有情有欲的男人，而这个男人又非一般，他是皇上。小翠害怕的是万一事情败露，发现她不是皇上钟情的"杨玉环"那可怎么办？

想来想去,小翠不知如何是好。天渐亮,小翠穿戴整齐,趁皇上还没睡醒,她溜之大吉了。回到了戏班子,她扑倒在床上就哭。无论姐姐小琴怎么劝说,小翠一句也听不进去,她不奢望皇上再宠她,更怕皇上再宠她。

“姐姐,今晚如果再召,我宁死也不去,皇上钟情的是你,你自己去吧!”

“妹妹,那怎么成?”

“有什么不行,昨夜你担心皇上看破,今夜不用担心了吧,反正他也没发现伴驾的是谁。”

小翠真够倔的,死活闹着不再伴驾。到了晚上,果然不出入所料,皇上又召女伶伴驾。还是肃顺亲自来的。他也辨不出谁是小琴、谁是小翠。小琴一声不吭地跟着肃顺走了,班主恨得直咬牙,在心里发狠:“皇上,你占我的女人,我也饶不了你,也占你的女人,小翠昨夜是你的,今晚归我了。”

肃顺把小琴带到了烟波致爽殿,刚想转身离去,只听得咸丰皇帝说:“肃爱卿,朕想听姑娘唱一曲,快去找个琴师来。”

一听这话,肃顺吓得脸色变了样,偷梁换柱是欺君之罪,他的人脑袋要搬家了。他差一点没瘫倒在地。只见女伶上前一步,开口道:“皇上,小琴只好献丑了。”

“妈呀,今天来的真是小琴。”

肃顺深深地出了一口气,他有些纳闷了,这俩姐妹,葫芦里卖的是什么药?肃顺心中祷告着:“阿弥陀佛,管他处女不处女,只要皇上不发现就行,皇上不在乎,我肃顺算老几。”

这一晚,咸丰皇帝乐不可支,美人伴驾,声乐不断,在他看来,昨晚的初夜似一层纱、似雾中花,令人遐思;今晚的欢快似一股洪流、似一团火,令人兴奋。就这样,承德城中的女伶成了热河行宫里的一朵野玫瑰,令咸丰皇帝爱不释手,但又觉得有些扎手,好像第一夜温柔备至后,女伶越来越放荡。后来,她干脆成了咸丰皇帝的师傅,亲授房事经验,弄得咸丰皇帝神魂颠倒,欲罢不能。

后来这位女伶被懿贵妃骂“白骨精”并被赶走。

从此以后,咸丰皇帝再也没有宠幸过哪一个女人,他每日躲在烟波致爽殿里无所事事,甚感寂寞,喧闹一时的避暑山庄顿时安静了下来。奏折送来了不少,堆在案头如小山,咸丰皇帝懒得看,若不是懿贵妃催促着,恐怕外国公使坚持“亲弟国书”一事,他还不知道呢。每日上午,皇后带着嫔妃们来问安,咸丰皇帝躺在龙榻上,眼睛半睁半闭,显示出不耐烦的神情。

肃顺对咸丰皇帝的心事,可谓猜透了。他知道咸丰心里憋屈,于是提议带咸丰一道去行宫之外的承德大街上逛一逛。咸丰帝听后，心里一亮，"还是你这个肃老六了解朕！"

这天，咸丰皇帝与肃顺打扮成"主仆"二人的模样来到了承德一条热闹的大街上。咸丰皇帝在宫里待惯了，哪里见过这般繁华，他心里既新鲜又快乐。肃顺对此似乎比咸丰更熟练些。

他带着咸丰皇帝左拐右拐，拐进了一条僻静一点儿的小街。这儿没有喧闹的叫卖声，但却时时传来悠扬的歌声，有几家院门前挂着漂亮的大灯笼。灯光下，咸丰皇帝看见一些匾额上写着"翡翠楼""怡红院""琴香馆"。

"皇上，臣今天带你来，可是冒着杀头之罪的。"

"肃爱卿，莫非这儿就是青楼？"

"皇上，你以前到过此境？"

"没有，没有。不过，听杜师傅说过，朕一看这楼院之名称，心里就明白了八九分。"

"皇上，进还是不进？"

"当然进去了。"

两个男人一同进了妓院，男人来这种地方，只有一个目的，天子与百姓一样，都是为了寻求快活，体验在家时难以体验的人生滋味。此时，君不君、臣不臣，男人的天性充分地暴露了出来。老鸨满面春风地迎接了他们，富有经验的老鸨一眼就看出了两位来者真正的身份一定比他们装束打扮的要尊贵得多。她只做生意，不问来路，只要能挣银子，就舍得送上名妓。

"二位大爷，快请进、快请进！"

老鸨连说带笑、拉拉扯扯，热乎得让人受不了。肃顺示意不让皇上开口，省得"朕"字脱口而出。他抢着说："妈妈，有好姑娘吗？"

"哎呀，瞧您大爷说的，咱这翡翠楼里就是不缺好姑娘。有销魂的艳艳、荡魄的翠翠，还有让您动心的阿琴、阿香、阿娇，她们全是江南姑娘，那娇嫩劲儿，让你茶不思、饭不想，只想着小娇娘。"

咸丰皇帝与肃顺对视了一下，他们两人都笑了，真是"靠山吃山、靠水吃水"，养着姑娘卖嘴皮，肃顺说："快别啰唆了，找两个干净一点的。"

"纯的、嫩的都有，只是——"

肃顺从衣袋里掏出五十两银子，往老鸨面前一掷，乐得老鸨直拍手，她大声喊道："阿美、阿丽，快下楼，来贵爷了。"

"妈妈，来了。"

咸丰皇帝一看，只见两个打扮十分浓艳的姑娘，蝶儿一般“飞”下楼来。不由分说，扑进皇上和肃顺的怀里就撒娇：“大爷，想死我了，怎么这么长时间不来了。”

姑娘小嘴一撅，又捶又打，咸丰皇帝被一位姑娘拥着上了楼。

“大爷，来呀，这是我的卧房，香不香?”

姑娘推开房门，一阵奇香扑鼻而来。咸丰皇帝呆呆地坐在床边，任凭姑娘摆弄他。

“哎呀，大爷，没见过你这样的男人，还要姑娘先动手。”

姑娘一点儿羞耻感也没有，自己先脱了个精光，又动手来扯咸丰皇帝的衣服。咸丰皇帝只感到一阵阵心悸，接着便是恶心，他猛地一下推开不知羞的姑娘，夺门而去。

“老六，走。”

肃顺刚倒在另一位姑娘的怀里，就听到皇上在喊他，他岂敢怠慢，一骨碌了起来：“主子，我来了。”

“主仆”两个人直往楼下奔，气得两位姑娘直瞪眼，骂道：“一对神经病，主人称仆人是‘主子’，仆人称主人是‘老六’，他们一定是神经不正常。”

两个人出了青楼，肃顺不解地问：“皇上，怎么了?”

咸丰皇帝心有余悸地说：“朕受不了她们。”

咸丰皇帝说的一点都不错，后妃当然温柔无比，就是圆明园的“四春”，山庄里的汉女及女伶们也不曾像青楼女子那样不知羞耻，他像避瘟神一样，“逃”回了山庄。

## 一个是风流天子，一个是勾魂女嫔

他虽最无能，但最有“色”；他集大清皇帝风流艳情于一体，是位风流到了家的帝王。正因为他风流多情，才让一个绝色女子逗得心花怒放、好不快活，以至于被她勾走了魂。

这个女人便是后来摆布大清朝政达半个世纪的非等闲之辈的女人“慈禧太后”。

叶赫那拉兰儿（即后来的慈禧太后）通过选秀步入皇宫内院，凭着她那妩媚手法和聪明才智很快得到咸丰皇帝的宠幸，时隔不久就封为兰贵人。但是娇艳的兰贵人，心志颇高，她并不满足皇宫里的这种角色。她施尽各种柔媚手段接近咸丰帝，把咸丰帝挑逗得心花怒放，好不快活，当即下旨晋升兰贵人为懿嫔，命她移居储秀宫。从此大清王朝后宫储秀宫住上了一位摆布朝政半个世纪的非等闲之辈的女人——兰嫔，后来的慈禧太后。

这储秀宫庭院宽敞幽静，古柏挺拔。室内装修精巧玲珑，陈设家具富丽堂皇。宫前两侧安置成对的铜龙和铜鹿，前殿高悬乾隆皇帝的御笔匾额，上书"茂修内治"金光闪闪的大字。

储秀宫

储秀宫的后面是丽景轩，前边是翊坤宫、体和殿。宫院内幽静，闲适，宫中人幸福、快乐。往日的兰贵人今天住进了储秀宫，其封号为"懿嫔"。懿嫔是个聪明的女人，她知道应该怎样恰当地表露自己才能赢得咸丰皇帝对她的进一步的爱意。而在咸丰皇帝看来，这位新宠之人也是那么可人，他甚至不再想宠幸其他嫔妃，连往日让他神魂颠倒的皇后也引发不了他的怜爱与热情，他的情感专注于懿嫔一个人。

咸丰四年，十九岁的懿嫔如一朵初放的牡丹花，娇艳迷人、芳香四溢。她能如此取悦于多情天子咸丰皇帝，所动用的"资本"不仅仅是她的美貌，更重要的是她的才华。

后宫佳丽中，皇后钮祜禄氏出身名门，知书达礼、长于诗文，但不擅歌舞；丽贵人娇小玲珑，容颜姣美，但生了大公主固伦公主，无暇娱乐。皇后是贤妻、丽贵人为良母，而新宠懿妃既不贤、也不良，却独占鳌头，凭的是她的色与技。

当年的兰儿生于山清水秀的安徽芜湖，那儿风光旖旎，人杰地灵。兰儿幼时虽家境贫寒，但并不影响她对美好生活的渴望与追求，更不影响她对艺术的领悟。聪明的兰儿能歌善舞，是那个小城中小有名气的小才女。还是在她八九岁的时候，她便跟着大嫂、大婶们学会了哼江南小调，什么"紫竹调"，什么"小桃红"，什么"步步安"，还有什么"采莲曲"，她都能哼上几句。到了十三四岁的时候，少女兰儿已出落成亭亭玉立的姑娘，她走起路来，裙若仙袂、步如轻风、姿态绰然、怡人妩媚。多少小伙子为之倾心，而她却独钟情于一位刚健雄俊的小伙子——荣大哥。只可惜后来父亲惠征亡故，兰儿与寡母及弟妹们扶柩北上，到了老家北京。恰逢两年一度的"选秀女"，天遂人愿选做了秀女。入宫几年来，兰儿没有机会表现自己的才华与艺术天赋，如今不同了，今天的兰儿人称

"懿嫔",是咸丰皇帝的枕边人。

自从受宠于咸丰皇帝,懿嫔便挖空心思,想让自己以某一突出才华取悦于咸丰皇帝。想来想去,她认为自己最突出的才华还是当年在家乡时练成的"童子功"——哼唱江南小曲。

这紫禁城佳丽除皇后外,还有丽贵人,以及新入宫的婉贵人、伊贵人、容常在、鑫常在、明常在、玖贵人,包括懿嫔,共九人。这九个人中,皇上召幸过的是前四人,其余者徒有虚名罢了,有个别的人,咸丰皇帝至今尚无宠幸之意,她们对懿嫔尚未构成什么威胁,而与懿嫔有争宠之嫌的是皇后、丽贵人、婉贵人与伊贵人。

婉贵人索绰罗氏,满清正白旗人,咸丰二年(1852 年)秋,也就是在兰贵人入宫后半年,她以秀女的身份也入了宫。入宫后一月,便得到咸丰皇帝的一次召幸,只可惜这位婉贵人生性太羞涩,被召幸之夜,当太监用大红毯子将赤身裸体的她扛进咸丰皇帝的卧房后,她依照内务府敬事房总管太监的指点,爬入皇上的锦被后,她羞得浑身直发抖,便紧紧地护住自己的酥胸,流着眼泪,她像一具木头人儿似的,任由正在兴头上的咸丰皇帝摆弄。结果,咸丰皇帝龙颜大怒,大吼一声:"死人一个。"

吓得躲在卧房门外的大太监安德海不敢出大气,半晌,才低声地问:"万岁爷,好了吗?"

咸丰皇帝没好气地冲着门外吼道:"快把她扛走,朕要睡觉了。"

结果,满脸是泪的婉贵人又被大红毯子裹着扛回去了,从此以后,咸丰皇帝再也没有召幸过她。当婉贵人羞羞答答向温和的皇后提及那天晚上的事情的时候,善良的皇后轻轻地点着她的额头,有点儿责备似的说:"你呀,唉!真是个孩子。"

从此以后,咸丰皇帝再也不愿召幸她了。于是,懿嫔认为婉贵人不过是后宫的一个摆设罢了,对自己并不构成任何威胁。至于那个伊贵人,却不可轻视她。伊贵人也是咸丰二年秋入宫的,只不过她入宫时不是秀女,而是个宫女。咸丰三年(1853 年)春,伊贵人在乾清宫当梳头秀女,不消几日,她与风流天子眉目传情,撩拨得咸丰皇帝心旌摇荡,不能自已,终于在一个秋风怡人的晚上,这位宫女摇身一变,变成了伊贵人。又半月后,伊贵人加封为英嫔,颇受皇上的宠爱。可是,这位不知天高地厚的英嫔却以一件事情惹怒了天子,被降为贵人,差一点儿被打入冷宫。

原来,是这么回事儿。伊贵人晋封为英嫔之后,她发觉咸丰皇帝迷恋于她,慢慢地她便恃宠自傲，竟做出了让皇上十分恼怒的事情。英嫔有个哥哥，在河北沧州府供职，此人性情粗戾、专横无礼，而且是个贪财好色之徒。这个小混混仗着亲妹子是当今天子的宠人儿，便胡作非为，竟强占良家妇女，逼死人命。人家丈夫不依不饶，与他打官司，希望讨个公道，孰料官官相护，官司打输了，这个男人失妻破财，万分悲痛投河自尽。英嫔的哥哥原认为没事儿了，却不料半路上杀出个"程咬金"来，死者的同窗誓死为朋友报仇。他不怕得罪皇上的大舅子，进京告状，闹得京城上上下下热闹了起来。身居皇宫大内的英嫔从内务府太监那儿得到点儿风声，她为了挽救同胞兄长，竟在皇上面前哭哭啼啼，来个恶人先告状。

咸丰皇帝在枕边听着怀中人的哭诉，认为英嫔的长兄受人诬告，便下旨驱逐告状之人，孰料引起众臣议论纷纷。咸丰皇帝还算善听群臣进谏，便令两位大臣勘察此案，结果真相大白，咸丰皇帝大怒，将英嫔之兄革职查办，又将搂得正热乎的英嫔降为贵人，从此不再召幸于她。

由此看来，后宫佳丽诸嫔妃，对懿嫔构成威胁的人已没有几人，但是，聪明的懿嫔并不因此而闭上眼睛睡大觉。她要巩固自己在皇宫中的地位，并一步步稳扎稳打，打下一片属于自己的江山来，以实现自己的伟大梦想。

懿嫔移居储秀宫，她开始笼络信得过的人，以利用他们来为自己服务。她瞄准的第一个目标是太监安德海。这个小安子是乾清宫咸丰皇帝的侍寝太监，但他与懿嫔暗地里却以姐弟相称。小安子既是懿嫔忠实的奴仆，又是她在皇宫中可以说说知心话儿的唯一贴心人。而小安子也早已把他的"兰姐姐"（这是小安子对兰嫔的称呼）当作亲人，两个人在皇宫大内众目之下掩饰了多少真情。

懿嫔考虑了好久，最后决定向咸丰皇帝委婉地开口，把安德海弄到储秀宫，以做自己的耳目。小安子此人虽为太监，但他灵通机智，很会看主子的眼色行事，而且他能做到左右逢源，深得皇上、皇后的欢心。

自从咸丰皇帝宠幸懿嫔之后，小安子在他们两人的面前穿梭的机会更多了。咸丰皇帝认为这奴才办事很得体，而懿嫔更感激他为自己所做的一切，这样一来，安德海成了"红娘"，在皇上与懿嫔面前很有点儿分量。

咸丰皇帝总不能每日把可爱的懿嫔强留在乾清宫，一来的确影响皇上的休息，有碍他的健康；二来时间一长，也会引起皇宫中举足轻重之人的非议。有一次，当年的静贵妃，今天的康慈皇太妃在众嫔妃面前便有意旁敲侧击了懿嫔，气得懿嫔直咬牙，但又不敢发作。

原来，失宠的伊贵人听说皇上日夜强留懿嫔乾清宫相伴，她顿生嫉妒之心，哭哭啼啼跑到康慈皇太妃那儿告了懿嫔一状。

“额娘,近日身体安康否?”

伊贵人随咸丰皇帝,称康慈皇太妃为“额娘”。再说,一开始入宫时,伊贵人是太妃跟前的贴身宫女,太妃见她做事认真又勤快,便让内务府把她调到乾清宫咸丰皇帝身边,伺候天子,后来她才由一个宫女变成了贵人。

“还是你这孩子孝顺,惦记着额娘的身体。唉,她们姐妹几人啊,不是太木讷,就是太繁忙,这不,已经两三天都没来请安了。”

言语之间,康慈皇太妃流露出对皇后、懿嫔、丽贵人、婉贵人、容常在、鑫常在等人的不满。人上了年纪,往往就是这么一回事,自己闲着没事儿,总认为别人也没事儿,便希望大家坐在一起聊聊天,可是年轻人总又不愿意陪一个老太太回忆往事。于是,康慈皇太妃虽然身处荣华富贵之中,但她却生活得很寂寞,在孤独中偶尔有人来问候她一句,她又是感到很是安慰,同时又不免流露出对其他人的不满情绪。

这个由英嫔降为伊贵人的女人,当年由一个普通宫女受宠,由此可见,她也不是平凡之辈。她准确地掌握了太妃此时的心态,并想利用皇太妃在皇宫中的特殊地位来达到自己的目的,伊贵人希望自己得不到咸丰皇帝的宠爱,其他嫔妃也休想得到。

她的这种心理与其说是变态,还不如说是很正常。大概茫茫人海中,十之八九的人都有这种心态。在这种嫉妒的心理的驱使之下,她决定在康慈皇太妃面前先告懿嫔一状。

“额娘,她们也忙得很。不像我,我宁愿来陪陪额娘聊聊天,也懒得一天到晚描眉弄妆的,把个脸抹得一层白、一层红,有什么意思啊!”

伊贵人的这句话果然很奏效,一听说后宫佳丽整日涂朱调粉儿,皇太妃不免皱了皱眉头。想当年,孝全成皇后,即咸丰皇帝生母还活着的时候,哪儿有她静妃的好处。道光皇帝专宠全皇后,眼里很少有年轻貌美的静妃。

不知道多少个日日夜夜,静妃独守空房,以泪洗面,揉碎心肠。她静妃企图以浓妆艳抹来打动道光皇帝的心,但往往无济于事,最后换来的仍是寂寞。如今几十年过去了,嫔妃们又模仿起太妃当年来,不禁引起太妃痛苦的回忆,她黯然神伤地说:“皇上若想宠幸她,不用涂朱调粉儿,一样受宠,若目中无她,打扮成天仙也白搭。”

太妃是有感于当年之事而发,而伊贵人并不知道这一层呀,她品了品太妃的话,觉得有些刺耳,太妃是用来告诫她伊贵人,但失宠的伊贵人又不好恼怒。

本来在皇上面前已经失宠了。这会儿若再得罪了皇太妃,日后自己在皇宫里还有立足之地吗?

"唉,人生本来就很痛苦,'忍'字头上一把刀,'忍'得心疼,但有些时候,你必须学会忍耐,百姓尚知退一步海阔天高,更何况是生活在紫禁城中的我这个伊贵人呢?"

伊贵人强咽下苦涩的泪水,她必须掩饰自己的情感,以博得皇太妃的欢心。她不露声色地说:"额娘,您说得对极了,皇上宠幸谁,那是她的福分,您瞧,懿嫔自受宠以来,日日夜夜留宿乾清宫,她真是交了好运了。"

听了这句话,太妃惊愕地瞪大了眼睛:"什么,日日留宿皇上身边,这也太不像话了。"

太妃想到当年自己所受的冷落,不禁恨得咬牙,她决定狠狠地剋懿嫔一通,让她看一看不知天高地厚的后果是什么。三天后,懿嫔来向太妃请安,她一进西暖阁便觉得气氛有些不对劲儿,但她还是跪下问了安:"额娘吉祥,懿嫔给额娘请安了。"

"嗯,是你啊!"

太妃那双眼半睁半闭,很有些不高兴的神情,这对于初受宠的懿嫔来说犹如一把锋利的尖刀横在心口,她大气不敢出。起码,聪明的懿嫔意识到了一些什么。但她又不便于明问。她只好长跪在太妃的面前。太妃似乎也没看她一眼,只淡淡地说:"起来吧!"

懿嫔站了起来,她垂首低眉不知如何是好。太妃呷了一小口茉莉香茶,缓缓地说:"听说你最近常去伺候皇上,皇上身体怎么样啊?"

懿嫔知道,自己夜夜留宿乾清宫的事情一定让太妃知道了。这等事情也是"秃子头上的虱子"——明摆着,瞒也瞒不住的。不但众嫔妃暗地里都在盯着他们看,露出嫉妒的神色。就是她们不盯着,太妃和皇后也会知道的。因为每晚皇上宠幸谁,都要在内务府敬事房的承幸簿上记上一笔,以便推算嫔妃的受孕日期,而太妃和皇后有权力查看承幸簿,这个规定是三百年前太祖定下来的。既然瞒不住,干脆全承认了,任太妃处罚吧。

"额娘,孩儿的确每晚留宿乾清宫伺候皇上,孩儿也想劝皇上以健康为要,可是又不敢。"

太妃是个软心肠的人,她的耳朵根特别软,承受不了别人的这种话,她变得和颜悦色起来:"这也怪不得你,你们年纪都还太轻,少不了有些荒唐,只是以后检点一些才好。"

“谢额娘教导。”

懿嫔一点儿也不傻，她发现太妃的口气已缓和多了，胆子便大了起来，一句谢，说得太妃高兴起来：“都是一家人，谈何‘谢’字，今晚就在额娘这儿用膳，额娘这儿也难得热闹一回。”

本来，太妃是想剋懿嫔一顿的，不曾想却变成了家人团聚。这餐晚膳，懿嫔一点儿食欲也没有。虽然太妃和颜悦色地跟她讲话，但她不得不有所防备，因为她懿嫔已经被人盯上了。用了晚膳，懿嫔回到储秀宫，她一脸的不高兴。正在这时，乾清宫的大太监安德海来宣懿嫔伴驾。

往日，只要小安子的脚步一近，懿嫔便坐不住了，可今日传了皇上口谕，仍不见他的“兰姐姐”出来，小安子纳闷儿了，他又宣一遍，还是不见懿嫔。小安子便向内房走去，房里只有两个小宫女，懿嫔手一摆，小宫女连忙退下，小安子凑近一看，“兰姐姐”的脸色难看极了。小安子关切地问：“怎么了？”

懿嫔见房内只有她和“安弟弟”两个人，便狠狠地说：“宫中妇人多长舌，在太妃面前告了我一状，害得我挨了剋。”

安德海关切地问：“平息了吗？太妃是否还在暴怒？”

“已经过去了。不过，以后还是小心一些为好，不能任着皇上的性子胡来。不然的话，恐怕还没等我在皇宫站稳脚跟，就已经被人踩死了。”

安德海点了点头，表示非常赞同懿嫔的话，他又说：“姐姐，你身边没个贴心人照顾不行，你考虑过这事儿吗？”

懿嫔感激地看了小安子一眼，她吃惊的是为何小安子这般和自己息息相通，她说：“小安子，今个儿我便向皇上开口，提出要你到储秀宫来，你肯吗？”

安德海一把抓住懿妃的手，一个劲地晃动：“姐姐，这太好了，小安子能在储秀宫照顾姐姐，是小安子的三生有幸。”

这主仆二人一拍即合，达成了一种默契，这种默契一直保存到同治八年（1869年），安德海的人头落地为止。

懿嫔沐浴更衣、梳妆打扮一番，由那位老太监用大红毯子裹着扛到了咸丰皇帝的寝宫，两人一夜又是说不尽的恩爱，不必细语。第二天早上醒来，懿嫔委婉地向皇上提及了安德海：“皇上，小安子跟你有好几年了吧？”

“嗯，大概五六年了。小安子人挺机灵，又不多嘴多舌，朕很喜欢他。”

咸丰皇帝回答了这么一句，他对安德海的印象的确不错，心里怎么想的，嘴上也就怎么说了。懿嫔顺着他的话说下去：“这等忠实的奴才也真的实在难得，这小安子做事特别仔细，又不爱传闲话，臣妾也很喜欢他。”

咸丰皇帝握着懿嫔那纤纤玉手，柔声细气地说："既然你如此喜欢他，明日让内务府拨给储秀宫吧。"

"不，臣妾不敢接纳皇上的宠监。"

懿嫔这会儿又在欲擒故纵了，她知道咸丰皇帝是金口玉言，不会更改主意的，不过她要做做样子罢了。咸丰皇帝执拗地说："朕马上就让小安子陪你回去，不要再推辞了。"

当咸丰皇帝执意把太监安德海送给懿嫔时，大概他想不到八年后，懿嫔变成懿贵妃后曾与这个特殊的太监演出一幕成功的双簧戏，以致顺利地发动了"祺祥政变"。即杀了肃顺、载垣、端华，逮捕了另外五位辅政大臣，懿贵妃摇身一变，变成了圣母皇太后——慈禧太后，继而又登上了皇太后宝座，并在这个宝座上垂帘听政，竟长达四十八年之久。

小安子到了懿嫔的储秀宫，立刻发挥了他的作用，他荣升为储秀宫的总管太监，不再做什么具体的工作，只是向更小的太监、宫女发号施令而已。渐渐地，小安子成为主子懿嫔手下的一只狂妄的走狗，其他太监、宫女们对他极为反感。狗仗人势的安德海心里很不平衡，他决定在宫中培植自己的亲信以为自己所用。找来找去，他觉得坤宁宫皇后身边有个名叫杏儿的宫女是个"好苗子"，于是便撺动懿嫔把杏儿要过来。

懿嫔也觉得杏儿善解人意，她的年纪稍大一些，所以办起事来很得体，但不知皇后可舍得让杏儿走，也不知杏儿可舍得离开坤宁宫。但为了储秀宫里多几个贴心人，懿嫔决定向皇后开口要杏儿。

这是一个风和日丽的三月天，柳枝上早已抽出了新芽儿，小草萌发、燕子呢喃。不甘寂寞的女人们纷纷走出深宫，尽享大自然的美景。咸丰皇帝也坐不住乾清宫的冷板凳，带着美妻娇妾后宫佳丽几十人来到了怡人的圆明园。各宫嫔妃带来了最贴心的宫女、太监，到了圆明园不仅是比美，而且还是比权势。杏儿寸步不离地跟着皇后，她仔细观察皇后的一举一动、一颦一笑，认真领会皇后的心意，尽量伺候得皇后舒舒服服。皇后乃温和宽厚之人，她深知杏儿这年纪也正是爱美的时候，姑娘们天性便是打扮自己，所以，她温和地说："杏儿，哀家在园子里坐一会儿，你们四处赏赏花吧，有什么好看的花儿，摘几朵下来，插在发髻上，也漂亮漂亮。"

有皇后这句话，年轻、活泼的杏儿高兴极了。因为皇宫大内规矩特别多，尤其是对宫女们的要求很严，什么目不斜视、什么站不晃脑，什么坐不抖腿，还有什么笑不露齿，更让宫女们难以接受的是发髻上不允许插任何饰物，哪怕一个银簪子也不行。哪个姑娘不爱美,可皇宫中的这一大批宫女们就被剥夺了爱美的权利。据说,这是为了保持皇族血统的纯正,因为皇宫里住着几个有血有肉、有情有欲的男子,第一个便是九五之尊的皇上,有时还有皇上的若干儿子们。若是年轻的宫女们都打扮得漂漂亮亮的,而宫女又多是汉女,万一她们怀上龙子、龙孙,皇族的血统可就不纯了。

于是,内务府大臣给宫女们制定了种种清规戒律,以防备宫女艳丽迷人。但春风关不住、春心压不了,正是花季,姑娘们焉能见美不爱,曾经有的宫女夜里偷偷装扮一下自己以满足那颗年轻的心。

今天到了圆明园,离开紫禁城,这园子里满目繁花似锦,宫女们的心更动了,而且皇后已发了话,让姑娘们到园子里玩耍,还可以摘几朵鲜花戴在头上,这对于爱美的姑娘们来说,简直是喜从天降。她们欣喜若狂,一路欢跑到了繁花深处。

杏儿和另外两个宫女掩映在鲜花丛中,她们左一朵、右一朵,不一会儿满怀拥满了鲜花,有牡丹、玫瑰、百合、满天星,还有郁金香、紫竹兰、牵牛花,花香扑鼻、花色迷人。杏儿忍不住,抽出两朵红玫瑰,为两个小宫女各戴一朵,她嫣然一笑:“两位妹妹真漂亮。”

一个小宫女把一朵红牡丹别在杏儿的头发上,也调皮地说:“杏儿姐姐,你简直就是仙女下凡,董永见了一定会着迷。”

杏儿羞得满脸通红,她扬起手来,装作扑打小宫女,小宫女一闪身溜掉了,杏儿笑着在后面追赶她:“小丫头,看姐姐不撕你的嘴才怪呢。”

小宫女边跑边笑,一路银铃般的笑声洒过去。杏儿正低头追小宫女,突然眼前一闪,她觉得有个人站在花丛中,定神一看,她连忙下跪:“懿主子吉祥。”

懿嫔笑吟吟地望着宫女杏儿,开口道:“杏儿姑娘,你真漂亮。”

杏儿羞得脸上飞出一朵朵红霞,她甜甜地一笑:“主子,您才真正如芙蓉花一般的艳丽,古代有沉鱼落雁之容、倾国倾城之貌,西施、贵妃之美尚能描绘得出,可主子您的美貌无人能描,奴婢见到主子后才领会出什么是美。”

一席话说得懿嫔心花怒放,她只感到脚下轻飘飘的,心想:“这杏儿就是眼勤、手快、嘴甜,若能拢住这宫女,日后不愁她效力主子。”

于是,懿嫔开口道:“杏儿,我总觉得你我前世有缘,每次见到你,我总有亲如姐妹之感,不知你是否愿意到储秀宫跟我。”

杏儿掩不住内心的喜悦,她当然愿意跟懿嫔。在坤宁宫皇后的身边,她是个无名小辈,可到了储秀宫懿嫔的身边,境况一定有所改变,因为懿嫔既然是主动提出要她，那就一定过去做领班大宫女。俗语说“宁做小庙的大和尚，不做大庙的小和尚”，这话是很有道理的。

于是，杏儿满口答应：“只要主子不嫌弃杏儿，杏儿愿为主子尽力效力。”

有了杏儿这句话，懿嫔心里有谱了，只要皇后肯放杏儿过去，到了储秀宫，杏儿一定是自己的贴心人。就在这时，皇后从前面款款走了过来，懿嫔欲施礼，却被皇后一把拦住：“妹妹，一家人不必拘礼。”

杏儿忙施礼：“娘娘吉祥。”

皇后手轻轻一摆，示意杏儿不必多礼。皇后挽着懿嫔的手，说：“妹妹，今天我们姐妹一起用午膳，平日里各居深宫，一家人难得相聚，今日我吩咐御膳房多送些菜肴来，丽儿、婉儿、伊儿全聚一聚。”

懿嫔笑眯眯地点了点头，她望着杏儿退下的背影，试探性地说：“姐姐，杏儿快十八岁了吧，姐姐可曾为她指婚？”

原来，宫中有一个习俗，凡是主子喜爱的宫女到了十八九岁，便由皇后或皇太后为她们指婚，有的嫁给王公大臣做小妾，有的嫁给家境好一些的平民，也有的嫁给她们的宠监做“对食”。那些嫁给太监的宫女，出嫁后仍可以留在宫中做事。

皇后淡淡地说：“这姑娘很懂事，年龄也不小了，可我偏舍不得她嫁。”

懿嫔顺着她的话往下说：“女大不中留哇，姐姐再喜欢她，也要为她想一想。”

“是啊，该考虑为杏儿指婚了，但不知妹妹可有合适的人选。”

懿嫔并没认真思索，脱口而出：“储秀宫的安德海怎么样？”

皇后皱了一下眉头，因为宫女嫁太监等于毁了她的一生幸福。太监是性畸形的阉人，娶老婆简直就是造孽。懿嫔发现皇后有些不高兴，连忙说：“既然姐姐不赞同，全当妹妹白说了。”

皇后沉吟了一下，说：“这样吧，先让杏儿与小安子相处一阵子，合得来便嫁，合不来便不嫁。”

“一个坤宁宫，一个储秀宫，见面机会这么少，怎么相处呢？”

懿嫔的意思已很明显，聪明的皇后完全听懂了懿嫔的弦外之音，她便送了个顺水人情，说：“妹妹若不讨厌杏儿，从今天起，杏儿拨到妹妹那儿，妹妹好生调教调教她。”

懿嫔点了点头。就这样，宫女杏儿到了储秀宫，可是，后来杏儿并没有嫁安德海，她与安德海以兄妹相处，关系十分融洽，这是后话。懿嫔为了在皇宫大内站稳脚跟，先收拢了两个奴仆，继而她还要扩大叶赫那拉家族在皇宫中的势力。

咸丰皇帝与皇后及后宫嫔妃们在圆明园里足足住了十六天，这十六天来，他多数时光是与懿嫔在一块儿度过的。懿嫔一天比一天更迷人，她不但长得眉清目秀、唇红齿白、婀娜多姿，而且神韵飘逸、风情万种。她可以最大限度地发挥自己的长处，让风流天子越看越爱，不忍舍弃。本来，咸丰皇帝并不是专情之人，他在清代前七任帝王中，其多情之态不亚于风流天子乾隆皇帝，他们可以说是见一个爱一个，很少有专情的时候，可如今宠幸了叶赫那拉兰儿，居然几个月之内不再召幸其他嫔妃，这不能不说是懿嫔的能耐。

到了圆明园，聪明的懿嫔发现咸丰皇帝的心有些野了，虽然他每晚也召幸兰儿，但敏感的兰儿感到咸丰皇帝对她的温度大大地降低了，这究竟是为什么？懿嫔不能不深思一下，她首先是反省自己，似乎并没有发现自己有什么失误。她与皇上单独在一块的时候，依然是那么娇媚，那半嗔半娇之态一定会让多情的天子神魂颠倒，特别是日益娴熟的亲昵举动简直到了炉火纯青的地步。如此说来，咸丰皇帝对她降温的理由只有一个——圆明园中的美貌女子太多了。

皇后雍容华丽，气度高雅不必说，丽贵人、婉贵人年轻貌美也暂且不提，单是园子里的女伶们就足以让皇上迷离恍惚。为了增加圆明园的活跃气氛，也不知内务府哪个讨厌的大臣想出个新花招，从京城里招来了几个戏班子，有京剧班子、秦腔班子、越剧班子，还有东北二人转班子。十几天来，唱得园子里热火朝天的，一天到晚锣鼓不断，一个个浓妆艳抹的女伶们在咸丰皇帝面前如彩蝶一般飞来飞去，弄得皇上眼花缭乱，后妃们心中忐忑不安，生怕皇上一时糊涂，宠幸哪位女伶。

懿嫔经过细心的观察，认定咸丰皇帝到了圆明园开始花心了。

怎么办？作为一个嫔妃，她无权干涉皇上的私生活，更不可以流露出吃醋的神情，可实实在在她又怕皇上移情别恋。想来想去，目前只有一个万全之策，即紧紧抓住咸丰皇帝的心，把他那颗开始放纵的花心给收回来。

单是靠容貌是不行的，懿嫔已有二十岁，怎么装扮也比不上十七八岁女伶那么娇嫩。再者，这些女伶们个个都会做戏，论起卖弄风情来，懿嫔自愧不如。懿嫔明白，一个女人的魅力来自两个方面：一是美丽的容貌，二是聪明的头脑与一般女人不曾有的才华。

目前，要想战胜娇艳的女戏子们，看来，懿嫔非动用第二"武器"不行了，即以别人不曾有的才华来再次赢得咸丰皇帝的那颗花心。

在男尊女卑的封建社会里，绝大多数女子是不读书的，特别是生活在社会底层的劳动人民家的女孩更没有读书的机会。于是,出身贫寒的女伶们根本没有进过学堂,她们之中有的连扁担长的"一"字都不认识,学唱戏后,戏文全靠师傅一句一句地教,有的戏文的含义她们也弄不明白。

懿嫔则不同,她虽然也不是什么大家闺秀,但毕竟少时家境还可以,特别是她的父亲叶赫那拉惠征比较开明,他主张女孩也读点书,这样一来,兰儿也进了几年学堂,相比之下,兰儿是个才女了。这会儿,懿嫔必须把自己肚子里的那点儿才气全倒出来,这对于并不博学的她来说,也不是件容易的事情。

春光明媚、春花争艳,咸丰皇帝用过早膳,信步来到圆明园的翠轩亭前,一阵怡人的春风吹来,夹着娇脆的歌声。风流天子咸丰皇帝被这勾魂摄魄的歌声打动了心。平日里,梨园戏子们唱的什么《贵妃醉酒》《吕布戏貂蝉》《盘丝洞》《秦寡妇上坟》等段子,难免有些下里巴人的俗气,而今天这婉转、清脆的歌声犹如阳春白雪,咸丰皇帝为之一震。

"这是谁在唱歌?如此清脆、悦耳。"

咸丰皇帝问起谁在唱歌,御前太监连忙轻手轻脚走过去,不一会儿,回来报:"万岁爷,是懿嫔在哼小曲。"

咸丰皇帝点了点头,他没想到日日夜夜宠爱的娇人儿懿嫔还有这美妙的歌喉,他不禁向歌声飞起处指了指,示意太监把软轿抬过去。两个太监抬着软轿,转过一个小弯,又走入月门,这儿浓荫夹道,花香袭人,一进园子顿感清凉怡人,好一个幽雅之处。

只见身着淡黄长裙,上配乳白蝉衫的懿嫔正背对咸丰皇帝,斜靠在廊柱上,低声吟唱。她右手摇着一把红柄白鹅毛扇儿,左手捏着一块镶满兰花的翠绿帕子,杨柳细腰、斜垂叉肩、白颈如玉琢、乌发似瀑布,咸丰皇帝简直看呆了。这哪儿是日日夜夜拥在怀里的那个俏丽娘,这分明是仙女下凡、杨妃再生。

咸丰皇帝一激动,差一点儿脱口而出:"兰儿。"

就在这时,清脆、婉转如黄莺啼叫的江南小曲飘进咸丰皇帝的耳中:"秋月横空奏笛声,月横空奏笛声清;横空奏笛声清怨,空奏笛声清怨生。"

千回百转、回肠荡气、余音袅袅。咸丰皇帝听呆了,好一会儿,才击掌叫好:"妙、妙,好曲子!"

一听皇上在后面喝彩,懿嫔连忙转身见驾:"奴婢恭迎圣驾!"

她款款地来了个千诺安,咸丰皇帝忙上前一步,拉起懿嫔之手,又爱又娇,将她拥在怀里:"兰儿,你好娇媚。怎么朕一点儿都不知道你还有这般才气、这等歌喉?"

懿嫔羞涩地一笑:“皇上见笑了。”

懿嫔心想:“皇上呀,每次我与你相聚,都是光着身子从你的脚下爬到锦被里,那软绵绵的被窝里,男欢女爱,是亮嗓子的地方吗?”

咸丰皇帝感到懿嫔倚在他的胸前,仿佛有些微微颤抖,便关切地说:“怎么了,哪儿不舒服?”

懿嫔半醉半痴,双颊微红,双眸含情,樱唇微颤,羞答答地说:“皇上,刚才奴婢哼支小曲儿,不曾想让皇上听到了,心中好不踏实,奴婢怕皇上耻笑妾哼这等低俗小曲儿。”

咸丰皇帝张开双臂,把懿嫔搂得更紧了,生怕她如一只乳燕飞走似的,喃喃地说:“朕太高兴了,朕的身边居然还有一位善解人意的小美人儿,又是个小才女。”

懿嫔也紧紧倚在咸丰皇帝的怀里,不忍离去,她吃吃地笑着:“皇上取逗兰儿了,兰儿只不过哼几句小曲儿,谈不上什么‘才女’。”

“不,不,不,刚才你唱的那几句,对仗工整、音韵和谐、抑扬顿挫、意蕴深厚,乃一首好诗也。”

听到咸丰皇帝如此夸奖自己,懿嫔心里乐开了花。她知道咸丰皇帝六岁便受教于杜受田师傅,杜师傅是大清一文豪也,他的特殊学生爱新觉罗·奕訢深受师傅文才的影响,也有着较深厚的文学功底。于是,为了标新立异,独树一帜取悦于咸丰皇帝,叶赫那拉兰儿——懿嫔挖空心思,拜博学多才的皇后为师,费了好几天的工夫才吟出这么四句歌词来,果然奏效!争宠的懿嫔焉能不高兴。

咸丰皇帝觉得有些口渴,便附在懿嫔的香腮边低语道:“兰儿取茶来。”

懿嫔挣脱开咸丰皇帝的怀抱,欲起身取茶,可咸丰皇帝硬是牢牢地捏着她的纤纤玉手不放。

“皇上,让兰儿去取茶。”

咸丰皇帝斜瞟懿嫔,轻声轻说:“兰儿只管去,与朕何干?”

懿嫔干脆倒在咸丰皇帝的怀里,嗲声嗲气:“兰儿被皇上捏得好疼。”

“朕不疼你,谁疼你。”

两个人你恩我爱、其乐融融。懿嫔很会把握分寸,她觉得不能让皇上太放肆。因为她懂得:糖不可吃得太多,否则就有腻的感觉。

于是,她轻轻挣脱皇上的搂抱,站了起来,又顺手理了理稍显散乱的乌发:“兰儿去取茶。”

她转身离去,咸丰皇帝望着懿嫔远去的背影,不禁自言自语:“此女子不但妙不可言,而且聪明伶俐,有味儿。”

懿嫔双手捧茶,款款而上,她殷勤备至,服侍皇上。咸丰皇帝一面接茶,一面凝视着她的粉腮,忍不住,在她的樱唇上吻了一下,羞得她满脸通红:“皇上,有人。”

咸丰皇帝被她这欲擒故纵的羞涩神情撩拨得更加心旌摇荡,他急切地说:“兰儿,随朕回寝宫。”

懿嫔羞答答地说:“皇上,羞死人了。”

咸丰皇帝不管三七二十一,拉起懿嫔的手就走。

咸丰五年(1855年)春,咸丰帝与叶赫那拉兰儿在皇家别墅圆明园度过了甜蜜的二十多天,他们沉浸在欢爱之中的时候,无意中缔造了生在紫禁城中的最后一个皇帝,爱新觉罗·载淳——后来的同治皇帝。

# 同治帝死于嫖院梅毒

## 寂寞难耐的天子

皇后那边不能去,后妃那边更是不去,他便天天独宿。他抱了这种消极观念,当然毫无生趣。不过,既生为人,谁无欲念?况且贵为天子,难道守鳏终世吗?因此,他心中实在是非常无聊,但又不便明白地说破,所以成天唉声叹气,倒觉得自己枉生在天地之间……

同治皇帝亲政以后,勤政爱民,是一位贤明的君主。但是慈禧太后却因同治皇帝和皇后打得火团一般的热,替慧妃不平,经常对同治皇帝说:“皇上知道祖宗创业艰难,千万不要常到中宫,应当勤于政事,况且皇后不是很贤惠,也不能熟谙礼节,比较起来,还不如慧妃贤惠,皇上以后应该好好地款待慧妃啊。”同治皇帝当时听着,嘴巴里虽唯唯允着,心里却很不高兴。回到内宫,依旧与皇后相亲相爱,并不与慧妃亲近。慈禧太后原也料到同治皇帝未必听从自己的话,所以暗地里派了几名太监随时监察。

这时有一名总管太监,名叫李莲英,是最得慈禧太后宠的人。那李莲英也是奉命暗察同治皇帝行动的人,现在探听得同治皇帝依然和皇后形影不离,便向慈禧打小报告。慈禧太后听着,心想不用强迫手段,是不能隔离他们两人的感情的，便下谕道："皇上初次亲政，国事为重，不可常宿中宫。"下了这道谕旨，同治皇帝知道慈禧太后别有用意，但母命不可违，不能不遵守，只好忍了一时恩爱，暂和皇后分离。这个消息传到慈安太后那边，慈安太后心想慈禧下了此谕，未免有些蹊跷，本想给同治皇帝和皇后两人依旧撮合在一处，只因慈禧太后的谕上所凭借的话，是国事为重，用了这种大帽子来压人，倒觉得没什么话可说，也不便说什么，只好忍着。

同治帝朝服

同治皇帝自从和皇后分开以后，常想背了慈禧太后，前去和皇后一叙旧情，但因慈禧太后耳目众多，李莲英更是看守在左右，异常严密，因此总是难以达成心愿，当然不高兴。可怜皇后遭了这种强迫的分离，精神上深受刺激，但依旧遵守规例天天早起，往两宫皇太后面前叩头请安。慈安太后待她依旧很体恤，那慈禧太后却是更刻薄起来。皇后也不怀恨，仍是和颜悦色地侍候，并没有丝毫过失给慈禧太后捉着，慈禧太后倒也拿她没法子。那慧妃因为得了慈禧的宠幸，又眼见皇后已遭摈斥，心中很得意。大凡女子的心理，气量最狭小，况且两女同事一夫，论起义务，本是相等的，不过有了名分的关系，权利上就有不平等的情形。慧妃当初没曾得立皇后，本来就非常愤恨，现在有了机会，觉得自己机会便在眼前，皇后的职位，少不得由自己承受了，所以有时在慈禧太后宫中，和皇后相遇，她眼见慈禧太后对待皇后的模样，也便装模作样起来。对皇后不但毫无诚恳恭敬之心，并且拿出一种很鄙视的态度。皇后见着，心想自己是正宫，虽不得慈禧太后的疼爱，究竟还有慈安太后和皇上在前，论起名分，难道怕了你这个女子吗？但她转念一想。如果因为和慧妃发生了冲突，反而给慈禧太后捉到把柄，对于自己有害无益，所以就只能哑巴吃黄连，有苦记在肚里。

慈禧太后自从用强迫手段，逼着同治皇帝和皇后分开以后，想起皇后虽已摈斥，那同治皇帝究竟是自己亲生的儿子，不可能使他绝嗣，便想一举两得，让慧妃生下一子，继续同治皇帝的血统，便私自嘱咐李莲英，等到同治皇帝有时召幸妃嫔的时候，把慧妃背到御床。原来清宫旧例，凡是皇帝召幸妃嫔，指名而索。为防备起见，应召的妃嫔，必让太监把她衣服统统都脱掉，裸身裹在被子中间。太监连她脑袋都包着，掮在背上，直到御榻。太监把她放下，便自忙避去。

唯有皇后不受用此例。现在李莲英奉慈禧太后的密令,往往同治皇帝指名宣召的妃嫔,他便装着耳聋,移花接木地把慧妃背来。同治皇帝见了慧妃,触起慈禧太后待皇后的心事,便理也不理地挨到天明。慧妃惹了一场没趣,很是气愤。到了第二天,同治皇帝便责怪李莲英的不是,李莲英只得奏是西宫老佛爷的主意。同治皇帝听了此话,从此不再召幸妃嫔。慈禧太后见自己的计策不行,心中更加不舒服。

同治皇帝被慈禧太后用了强迫手段,不许和皇后亲热在一处,想要召幸别的妃嫔,却因李莲英奉了慈禧太后的密谕,常把慧妃背来搪塞。同治皇帝心想自己的自由权,已是被剥夺得干干净净,帷帏之私,实已毫无趣味可言。想来想去,他觉得气愤不过,从此便发誓不进内宫。皇后那边不能去,慧妃那边更是不去。他也不另召别的妃嫔,便天天独宿在乾清宫。同治皇帝抱了这种消极观念,当然毫无生趣;但是同治皇帝也是人,有着和常人一样的欲念?况且贵为天子,难道守鳏终世的吗?因此同治皇帝心中实在是非常无聊,但又不便明白地说破,又不愿轻蔑自己的人格,承应慈禧太后的心理,去和慧妃厮混,所以成天唉声叹气觉得自己枉生为人。既然活着都没有意思,那么皇帝的位子,又有什么值得重视的呢?

但凡人的心理,倘若有了心事,又有未实现的愿望,到了消极地步,便要左不好右不是起来。侍候他的人,无论怎样小心谨慎,总不能称他的心,要是偶然疏忽了些,他更加触起心事,借题发挥来了,所谓火上添油,火势当然越来越大。现在同治皇帝闷着一肚子说不出的苦,便在近侍的太监身上出气了。那些太监们怎能知道同治皇帝的心事,看见同治皇帝责怪他们,更是惊慌起来,惊慌了更是摸不着头脑,所以同治皇帝叫他们往东,他们慌了,反去往西。同治皇帝因为太监们不称心,更加怒了。同治皇帝愈怒,太监们就愈慌,弄到后来,怒的仍是怒,慌的更是慌,慌来慌去,慌得总不能明白。

李莲英见着这般情形,于是到西宫去密奏。慈禧太后得知同治皇帝常常无故暴怒,恐怕他闷出神经病来,倒担起心来,于是传旨命同治皇帝来见。慈禧太后见了同治皇帝,反复婉言劝慰,言辞之间,仍给慧妃吹嘘的意思。同治皇帝闷着满腹心事,任凭慈禧太后说得天花乱坠,总不能打动他的心,但是嘴里不能不答应着。慈禧太后眼光何等尖刻,早料到同治皇帝嘴里答应着,并非出于诚意,只因见他倒还正常,也没有失仪的情形,便把心宽了下来。不过强要把同治皇帝和慧妃凑在一处,实在不好意思说出来。慈禧太后见同治皇帝执意不愿和慧妃在一起,总不能想出法子,使同治皇帝回过心来。当时见同治皇帝并非诚意应答，也只得随他的便。

同治皇帝别了慈禧太后，回到乾清宫，想起自己的悲惨境况，又见慈禧太后总没有诚意款待自己的意思，新仇旧恨，一齐勾起，因此更加想在太监们身上出气。那李莲英虽是天字第一号的俏皮鬼，但到了这时，也难免接受责骂。他毕竟有主意，于是来到西宫，在慈禧太后面前哭诉。那慈禧太后对于李莲英，本有特别感情，李莲英也自命为慈禧太后身边的第一红人。此番李莲英哭诉挨骂的情况，添油加醋地说了一遍，慈禧太后也着实怜惜他，便传旨把李莲英调回自己的宫中。同治皇帝本来觉得李莲英在自己的身边，监视行动，非常不方便，现在给慈禧太后调了回去，倒觉得脱了束缚似的。但他依然心事重重，没有丝毫高兴，其余的太监们仍不免接受责骂，太监们总摸不着他的头脑，仍惊慌异常。慈安太后本想设法解遣同治皇帝的愁闷，只因为慈禧太后别有用心，自己也不便说什么，就这样闷在心里了。

太监们因为同治皇帝常常无端暴怒，个个摸不着头脑，吓得要命。这时有个太监，名叫周道英，生性却是非常伶俐，很能揣摩别人的气色，肚子中间，更是藏着许多奇谋诡计。现在见着同治皇帝这样情形，心中早料到无非为的是这个了，他便生了一计，想乘着机会，前去进言。

那天同治皇帝退朝回来，又责骂太监。周道英何等敏捷，忙地丢了一个眼色。许多的太监们见着，以为在这难解决的时候，有人肯出来代为解围，岂非再好没有的事，便各自悄悄地退了出来。同治皇帝这时正在俯首沉思，隔了一会儿，觉得似乎安静了许多，忙得把脑袋抬起，照准四下里一望，只见身边只剩周道英一人。同治皇帝于是道："他们都是退了出去的吗?"周道英忙应道："喳!"同治皇帝道："那些该死的混蛋，真是可恶！朕不命他们进来，偏是步步不离站在旁边，现在朕没曾命他们出去，又忽然都退了出去，少不得把他们的脑袋一齐砍掉，才可以警戒将来呢。"周道英听着，忙伏在地上，脑袋像捣蒜似磕道："他们不敢违旨的，因为陛下把他们责骂了几天，他们以为陛下是厌着他们，所以不敢站在御座旁边。现在教奴才在此侍候，陛下倘见奴才有不很小心的地方，奴才情愿代他们领责。"同治皇帝听了，把眼睛对准周道英看了一看，微微笑了一笑，又接着叹了一口气。

周道英见着，猜到同治皇帝又触动了心事，便想机会到了，上前奏道："陛下仁德英明超越前代，奴才们仰见太平盛世，欣逢有道明君，真是幸福无穷。"同治皇帝叹道："想不到你也善于谄谀啊！老实说，这座皇帝尊位，谁还稀罕呢！"周道英听着，明知话中蹊跷，却装着非常惊慌的模样，说道："奴才万死，无意中说出话来,让皇上暴怒。但是……”周道英说到这里,却把话头剪断。同治皇帝忙道:“但是些什么?”周道英磕着头奏道:“奴才想说,却又不敢,现在话已吐露,不说又不能,只要皇上宽恕奴才万死之罪,奴才才敢说呢。”同治皇帝因为他吞吞吐吐,实在等不耐烦,叱道:“要说快说,装模作样干什么?”周道英恐怕同治皇帝真发怒,便说道:“奴才因见陛下寂寞寡欢,心想陛下受命于天,龙体应当安逸的,便想到当初高宗纯皇帝和先皇帝等及时行乐,也不失盛世明君。现在陛下既是在宫内无聊得很,何不另寻行乐方法?”周道英说到这里又把话头稍顿,看了看同治皇帝的脸色。只见同治皇帝并无不愿听下去的意思,便又继续说道:“陛下倘想另寻行乐所在,何不往民间采风观俗,也可供陛下亲政参考呢。”

同治皇帝听了周道英一番话,心中便思忖起来,以为自己虚拥尊位,帷帏之私尚且不能行使自己的自由权,这一生真是白活了,何必再谨守规矩,做这麻木不仁的傀儡皇帝?不如趁此少年,及时行乐,倒落得眼前快乐。主意想准,却又假意地问道:“周道英真是好大胆,敢说出这般话来,你究竟有多少脑袋呢?”周道英见同治皇帝嘴里虽说出这话,脸上却丝毫没有恼怒的神情,却也做出很恭谨的态度,磕头道:“奴才为报答陛下圣恩起见,所以冒犯上言,只求陛下能够鉴察奴才的一片诚意,奴才死也瞑目了。”同治皇帝笑道:“难道真的砍你脑袋吗?只是你说另寻别的行乐方法,到民间采风问俗,究竟这方法是怎样呢?”周道英道:“还有怎的方法,不过是微服私行罢了。陛下倘有此意,奴才可即设法,”同治皇帝道:“如此足见你的忠诚,快些想出办法。”周道英便谢恩而去。

## 第一次尝了窑姐的滋味

好个玉仙,又善于逢迎,却说道:“陈大人(同治之化名)敢是乏了吗?何不到床上去躺躺呢?”他听后,趁势把玉仙的手拖了过来,一同到床边躺了下来。两人说说笑笑,好不开心,真可谓一宵恩爱,说不尽几许风流!

那天同治皇帝和太监周道英安排妥当,到了半夜,周道英引着,同治皇帝穿了民间衣服,悄悄地出宫来。因为宫中门禁极严,周道英早已贿通其余的太监。在宫墙西边,另辟一个便门,作为出入的路径。两人出了一个秘密的便门,门外早由周道英打发他人,预先备好一辆骡车在这里。这辆骡车上所套的骡子,非常雄健,所以车子行得很快。同治皇帝在车中问道:“朕和你微服私行,不知民间能看出朕的来历吗?”周道英道:“以后陛下不能称朕道寡的了,应该化一名姓,假装平常的人,才能不致生出意外,奴才也大胆不再称呼陛下,假装是陛下随身的平常仆人。”同治皇帝道：“称呼是虚文，本不必拘执的，化名改姓又复何妨。不过朕出宫冶游，万一给西宫老佛爷知道了，那该怎么办？”周道英道：“陛下向来是独宿乾清宫的，只要乾清宫的太监严守秘密，外人又怎能知道？所以奴才随着陛下从宫中出来的时候，早已嘱咐乾清宫的太监不许声张。好在乾清宫的太监，都和奴才很有感情，谅也不致声张的。以后陛下好好款待他们，更是神不知鬼不觉的了。”同治皇帝听了，大喜道：“难得有你这般费心，你真是朕的心腹啊！”

说话之间，早穿过六街三市，出了正阳门，已是大栅栏了。那大栅栏是京城里最热闹的地方，喧喧攘攘，红男绿女，真是民间风味，别有可观。同治皇帝从来没有见过，此番初次接触在眼帘中间，好不快乐。隔不多时，大栅栏已过，骡车绕过一个弯，进了一条僻巷。那巷叫陕西巷，原是陕西客商会集的地方，这时却已都变作妓女的窑子和像姑的私坊了。同治皇帝的骡车在一家窑子门口站住。周道英忙跳了下来，搀扶同治皇帝下车，两人直往里走。早有窑子中间的大茶壶喊道：“候？”同治皇帝这时正在茶壶旁边走过，猛然间不妨茶壶喊出这种声调，声音又非常之大，不觉吓了一跳。茶壶见他这般模样，心中暗暗好笑。周道英究竟是此中阅历的老手，他大模大样地搀了同治皇帝走了进去。

原来京城里窑子的规例，客人进门，茶壶在大门口见着，便放开喉咙，喊出这声“候”字。这个候字，或许是叫里边的妓女们知道有客进门，忙着预备侍候的意思。那茶壶的名称，便是窑子中间的男相帮，俗语叫乌龟，北方人叫作王八。同治皇帝初涉野花丛，难怪他不明白这个道理的。那周道英现在虽是净身的太监，论他的出身，原是个纨绔子弟，他从前狂嫖滥赌，把祖遗的几个大钱，花得干干净净，又没有本事可以混得饭吃，真所谓文不能测字，武不能打仗，恰又祸不单行，身上染了满身的风流毒疮，他这时穷得肚子都顾不周全，哪有余钱去请医筹药。日子一久，把那个风流骚根，烂得精光，好在病深日久，倒也瓜熟蒂落，不费吹灰之力。但是到了这般地步，叫他怎想别的糊口方法？幸而裤中郎当，已经消灭，天然造成了太监材料，也可算是天意做成的了。他合该时至运来，恰巧同治皇帝初即帝位，照例宫中补选太监，他于是毛遂自荐，混进宫来，过了几年，品级渐高，才得在同治皇帝身边贴身侍候，到现在已是十年了。这次跟同治皇帝嫖窑子，虽是沧桑几更，人情变迁，窑子中间也没有人能认识他的。不过这种窑子规例，却是百年不变，所以他依然很熟悉。同治皇帝现在得了这只识途的老马，当然没有什么顾虑的了。

同治皇帝和周道英走进窑子，大茶壶过来问道：“爷们可有熟识的吗？”周道英忙把脑袋摇了一摇,大茶壶便引着两人进了空屋。那间空屋在院子旁边,靠近大门。大茶壶又吊起嗓子喊道:“到前面啊!”这个茶壶喊声才罢,其余的许多茶壶也跟着大喊。同治皇帝实在觉得纳闷,悄悄问道:“这种声浪,端的为了什么?”周道英也悄悄地附在同治皇帝的耳边答道:“这种声浪,名为王八叫,是窑子中间应有的规例。”周道英话还没完,同治皇帝面前,却见许多打扮得花枝招展似的窑姐儿,一个一个陆续地慢慢走过。大茶壶站在旁边,也是一个一个陆续报着名字,什么金翠啊,玉仙啊,说了一个不亦乐乎。大茶壶正在报着名字的时候,周道英又悄悄地对同治皇帝说道:“有中意的,不妨指名而索。”同治皇帝有了准备,只因眼前粉白黛绿,众美毕呈,算起人数,差不多有十多个人,真是山阴道上,应接不暇起来。

隔了不多时,窑姐儿都已见过,大茶壶道:“爷招呼的是谁呢?”同治皇帝想了一想,便道:“玉仙罢。”大茶壶忙又吊起嗓子喊道:“玉仙姑娘,有爷们招呼啊!”玉仙在隔屋听着,忙地跑了过来,抬头见同治皇帝穿戴齐整,面如冠玉,那周道英虽不是粗眉大目,却是仆人打扮,心中也料到两人是一主一仆。她便上前见过同治皇帝,笑嘻嘻地问道:“爷贵姓啊?在哪个衙门当差使的?”同治皇帝见玉仙生情非常浓丽,着实可爱,便哄着答道:“我姓陈,是江西的拔贡,来京候选的。”玉仙听着,便又寒暄了几句,他既是当窑姐儿混饭的人,手段何等圆滑,应酬功夫异常周到,也没有冷落周道英。这时大茶壶又打了手巾进来,同治皇帝等都各略拭了一拭,大茶壶收了手巾自去。恰巧这玉仙的本房已没他客,于是请两人搬进自己的房来,值房的娘姨端来瓜子水果和象牙的旱烟袋。玉仙敬过瓜子,在旁坐下。同治皇帝仔细把房中陈设端量了一番,只见一只花梨木的大床,床里边堆着几条云锦灿烂的缎被,其余的台橱桌椅,也都是檀楠雕成的,四壁又都糊着光滑如绸的西洋花纸,衬着四隅悬的红绿玻璃小方晶灯,亮得和水晶宫一般。同治皇帝在宫内见惯这种陈设,宫内的东西虽很名贵,却嫌笨重。现在见了玉仙那边的布置,倒着实暗自赞美起来。好个玉仙,又善于逢迎,却说道:“陈大人敢是乏了吗?何不到床上去躺躺呢?”同治皇帝听着,趁势把玉仙一手拖了过来,同到床边,躺了下来。两人说说笑笑,好不开心。

这时却真把周道英冷落在一边,周道英真是识趣,来到床边,对同治皇帝说道:“爷在此请歇歇,小的在外边等候吧!”同治皇帝点了一点头,周道英便退了出来,于是在门口骡车里边坐着等候。他想起从前裘马风流,谁不趋奉,到如今,直落得身成残废,做了太监,倒赔了他人取乐。回想从前,便如一梦,真是不胜有了今昔之感呢。

同治皇帝躺在玉仙床上，静对美人，好不得意，忽然的鼻子中间有一阵异香，直攒进来。同治皇帝倒觉得此香不比寻常，全身有些恍惚，心中便纳罕起来。抬头一看，只见床上挂着淡荷色的杭罗蚊帐，帐子中间挂着一颗鲜花扎成的花球，这时正是孟春天气，帐中的花球，却是珠兰茉莉所扎成的，倒也很觉别有景致，帐子的四隅，又挂着四个小绢长囊，这种异香，便是囊内发出来的。同治皇帝于是问道："这是什么香？倒很有趣。"玉仙斜倚在同治皇帝的胸前，紧紧抱住，半闭眼睛，微微一笑，有意无意地说道："大人敢是假装不知，那香还有别的，不过是这个罢了。"说道，又是微微一笑。玉仙这几笑不要紧，却让同治皇帝的魂灵儿直飞向天外去了。

同治皇帝见玉仙媚态横生，情不自禁起来。那玉仙本是久历风尘的人，料到同治皇帝必不是平常的客人，所以便破格相待。当晚同治皇帝便留宿在玉仙那边，一宵恩爱，说不尽几许风流。春宵苦短，金鸡已报着将晓，周道英在骡车中冷清清挨了一宵。这时东方已渐渐发白，心想："同治皇帝此时再不回宫，再隔片刻，就是上朝时分，宫门口王公大臣们的踪迹，势必已是遍布着，那么，万一露了风声，岂不弄出是非？"周道英一面思想，一面便跨进窑子的大门，那窑子里的茶壶们睡眼蒙眬见着，便忙道："怎的清早到此呢？"周道英这时却做出仆人口气，答道："我们大人到京，是经营前程的，万一花丛冶游，给都老爷知道了，凭空的参了一本，那是前功尽弃，岂不误了前程？况且家里的太太们见了我们大人终夜未回，也不免起了疑心，闺房之内，势必又要弄出许多口舌，所以特此来见大人，请他早些回家。"茶壶们听着，又和周道英乱七八糟说了一番，周道英都是撒谎哄着，他们倒也并没察觉，却信以为真。

原来前清的法例，职官嫖妓，应受处分，所以在职人员和求取功名的候补老爷，都不敢公然嫖妓。因此有一般人专逛像姑私坊，足迹不敢到妓院的；像姑是妙龄幼童，名义上说是唱戏度日的，实则也是做那皮肉生涯的。但是这种卖淫的方法，很隐秘，哪般御史都老爷不能奏参；只有嫖妓逛窑，是失官箴的，步军统领和巡街御史根查得很严密，倘然给他们查出官级姓名，便由都老爷参奏，官职从此革掉，前程也就无望了。现在周道英利用这种情形，哄着窑子中间的茶壶们，他们怎有不信之理，便跟同周道英跨进院子，直到玉仙房间的外面，隔了窗子，茶壶便叫道："玉仙姑娘，陈大人的管家来了。"玉仙在里边应道："管家来此干吗？陈大人还睡在里面呢。"同治皇帝听窗外有人叫着，知是周道英来此等着起来了。心想周道英是有计策的人。他既来此，必有用意。不敢再睡，便撑起身来。玉仙给他代披了一件皮袍。玉仙也穿了衬衣，跟着起来，开了房门。周道英进来，对了同治皇帝请了一个安，说道："大人请回去吧，时候已不早哩。"同治皇帝听着，应道："好！咱们回去罢，你可先去套车。"周道英答着自去。同治皇帝梳洗完毕，早有娘姨端上点心。同治皇帝略略用了些，正待起身要走，玉仙便搀了同治皇帝的手，说道："大人有工夫，晚上请早些来。"同治皇帝唯唯应着，便跨出院子。玉仙直送到大门口，看同治皇帝登上骡车，又嘱咐晚上早来的话，才回房而去。

这时天还没有全亮，大茶壶点了一盏白纸灯笼，置在骡车的车栏旁边。同治皇帝和周道英便乘车回宫而去。行不多时，早到了宫墙外面的便门门口，两人忙回到乾清宫。同治皇帝息了一会，仍照向来惯例，到前殿上朝。王公大臣们都没有丝毫察觉。退朝回来，同治皇帝也仍到两宫太后处请安，两宫皇太后也毫无觉知。从此以后，同治皇帝心中倒舒服了许多，太监们也不再接受责骂。到了晚上，仍同周道英坐了骡车，到窑子中间嫖逛，仍然到天亮才回。光阴好快，转眼过了数月。日子渐久，胆子也渐渐大了，便不再要周道英跟着，却独自走动起来，所认识的窑姐儿，也不止玉仙一人。不过同治皇帝对于窑子的路径，究竟不很熟悉，他足迹不能遍及，但天天闲着，身体倒着实飘逸起来了。

## 与花儿一着风雨

他与花儿姑娘同房，唯恐走漏了风声，小王便搭讪地回道："一番风雨，不知吹落多少花儿，好生侍候郎君，小生作壁上观便是。"随后，他便和花儿重登阳台，再续鸳鸯梦，直到金鸡唱晓，才匆匆穿了衣服，回到乾清宫。

当朝有个翰林院侍读，名叫王庆祺，是顺天人氏。生得姿容端丽，人才潇洒，少年科第，又家有万贯之财，便风流自喜，专在女人身上用功夫，京城里的花街柳巷，无处没他的踪迹。他有一种特别本领，便是善于谄媚，他对于同治皇帝和他的上司职官，逢迎得无孔不入，但是他对于女人方面，更有一种手段，能够让女人人人爱他，人人要和他亲近。大家因为他不过三十来岁，身材又不很肥胖，所以都叫他小王。这小王的名气，在窑子中间，无人不晓，没人不知。他本是承值在南书房的，现在同治皇帝虽多年不进书房念书，但这种官职，仍不废。事有凑巧，同治皇帝本来是不常到南书房的。有一天，忽然来到南书房，小王慌忙迎驾。

原来南书房本有四名侍讲，六名侍读，但因同治皇帝常不到此，所以只剩下小王一人，仍承值在这里。其余的侍讲侍读，都回到翰林院去当差。小王独自留在这里,不过敷衍塞责罢了。这时同治皇帝天天在窑子中间走动,结识的窑姐儿确实不少。那天同治皇帝忽然想起南书房的侍读王庆祺,少年貌美,心想时常独自游逛,总不很有趣,便想和王庆祺一起,走来相见。

小王见同治皇帝驾到,磕头迎着。同治皇帝便想先用些话去打动他,于是道:"当初道君皇帝微幸李师师,究竟是怎样的情形?"小王听着,便把宋徽宗的事情详细说了一遍。同治皇帝道:"道君皇帝不可说是十分昏淫的国君,只落得结果被金兵掳去,国破家亡,死作异乡之鬼,未免太可惜!"小王又奏道:"陛下说徽宗不是昏君,话实不错,但依臣的眼光看来,从古以来,万乘之尊,微服私幸,又何止徽宗一人?即使微服私幸,也未必便是昏暗之君哩!总而言之,国君无道,绝不在乎这种地方,况且古来名妓,也未必都是下流贱妇,只看梁红玉嫁给蕲王,便可明白了。"

同治皇帝听了,心想风流人才,说话漂亮,便欣喜答道:"卿言极是。这也不是徒务虚名的人,天地间倘果有梁红玉、李师师辈,朕无论怎样,总当前去和她们周旋一番,才不枉人世。只是尘海茫茫,这种人才,竟是踏遍铁鞋无觅处,那才无法可想的哩。"小王听着,知道同治皇帝也有冶游的口气,便把话凑合道:"陛下说踏破铁鞋无觅处,这话未必是的。常言道:'得来全不费功夫。'不过陛下没曾在外面走动,所以不很知道哩。所谓十步之内,必有芳草。以臣愚见,却有一人,这人的才德名望,虽不及梁红玉,却也不愧为李师师。只是没有道君皇帝其人,也枉生那李师师了。"

那小王原是非常伶俐,十分狡猾的人,起初小王说话,是探听同治皇帝口气,果然妙计小试,同治皇帝的隐事,已和盘托出,心中不觉大喜。便再使出谄媚手段,以为既然同治皇帝有了这种情形,倘得和他凑在一起游逛,酒肉之交,当然非常亲密,那么,前程远大,都在这个窑姐儿的身上了。小王想到这里,欢欢喜喜说道:"臣说的那人,是苏州女子。大凡北方美人,无论脸蛋生得怎样美丽,那个腰肢总不很柔软,所以走动的时候,没有娉婷的体态。臣看遍上林名花,只有那人,才是独一无二呢。"

同治皇帝心中好不着急,便忙地问道:"你说的那人,究竟是谁呢?"小王道:"这人名叫花儿,住在寒葭潭。"同治皇帝道:"怪不得朕不知道这人,寒葭潭朕却没去过。"小王听同治皇帝愈说愈忘形,愈忘形愈不隐饰,便也不再扭扭捏捏,直说道:"陛下常去走动的,是不是玉仙那个小妮子?但陕西巷的人才,总不及寒葭潭的好呢。"同治皇帝听着,心想不错,当初周道英引着去逛,他究竟是个太监,哪能比得上小王;现在有他凑在一起,当然格外有兴。但又想起花儿既是这样的好，倘给小王捷足先登，岂非大煞风景？便道：“卿说花儿这般可爱，卿和那小妮子必定有很深的关系了？”小王听了，早料到这是同治皇帝探听口气的话，心想：“自己和花儿，本是卿卿我我，十分恩爱，倘然直说出来，岂不让他馋涎欲滴？何不将计就计，把花儿让给了他，虽是割了心头之肉，心中有些割舍不下，但靠了这个牌子，前程便可大大发展，那所得必能远过所失呢。况且窑子中间的窑姐儿，怎有节义可言？名义上虽是让了给他，暗地里仍可时续旧欢，对于自己，仍无丝毫损失，不过两马同槽罢了。”

小王想定了主意，便假意说道：“像花儿这般的人才，臣有多大的福分，敢去消受呢？实奏陛下，臣不过去了几回，喝了几回清茶，虽可说是熟识的，怎敢说有很深的关系呢。但陛下倘有意会会这小妮子，臣可以跟同前去，倘能得承雨露，也是这小妮子的福气。”同治皇帝听了此话，以为花儿和小王并无关系，才得放心，却说道：“这样很好，今天晚上酉牌时分，卿可在花儿处等候，朕当前来访卿。只是朕的来历，千万不可说破，说朕是江西拔贡姓陈的就是了。”小王心中早已有计，嘴巴里也便连续不已应着。同治皇帝说罢便回到乾清宫。

小王等同治皇帝走了以后，心中思忖了一番，出了南书房，离开宫门，于是来到花儿那边。花儿和小王确有特别感情，她的生涯虽是名冠京城，但王孙公子富商豪绅，无论把钱钞堆积如山一般的，也莫想和她销魂。她却看中了小王，和小王形影不离，早晚厮混在一处，有跟随小王偕老百年的意思。那天见小王来了，便满脸堆笑迎着道：“你来了？怎的这么早呢？”小王道：“特来给你道喜，怎的不来得早些呢。”花儿道：“偏是那小油嘴尖刻厉害，报的什么喜呢？”小王道：“你不要忙，我给你拉了一个很好的皮条。我自愿让你发财，自己宁可做那王八呢。”花儿听着，忍不住笑道：“小油嘴愈说愈不成话了，世界上的男子，谁愿意自己寻到了王八的空壳，自愿钻进去的。并且我是你的候补如夫人，请问给自己的如夫人拉起皮条来，岂不是千古笑话吗？”小王道：“我不是胡说，隔一会儿，你便明白的。但是事成之后，你可千万不要忘我的旧情。”花儿听着，见小王说出这话，倒也并非哄骗，便忙问道：“你说的果是真的吗？何不直说，我可以做到的，怎有不肯去做之理？但是不能做的，也怎能乱七八糟去做呢。”小王见花儿说话倒也出于诚意，于是把同治皇帝的情形，照实说了出来。花儿听着大惊道：“这却如何使得？莫说你我的感情，万不能无端拆开，便是叫我去见当今天子，不把我急死，也把我吓死了。”小王听着，哈哈笑了起来。

小王笑道：“你也枉称是时下的名妓了，皇帝也是个人，怕他干吗！况且他微幸到此，自己并不直说是皇帝的，你便可以假装不知，岂不更加便利了。”花儿听着，心想这是千载一时的机会，但恐小王或许说了这话，并非出于诚心，更怕将来小王嫉恨起来。所以还是半推半就说道："皇帝本没有可怕的，我不愿和他周旋，无非为的是你呢。"小王道："你不必再假惺惺了。老实说，你只要听我的指挥，发财由你去发，暗中却帮我些忙，我已是感恩不浅了，只怕你一旦得志，便忘却我了。"花儿听了，才赌咒道："既是这样说来，你我倘有两便，我又有什么可担心的呢？你和我厮混的日子，也不可说的短了，怎么我的心，你还没知呢？"花儿说着，一面从镜台抽屉中取出一个玻璃方瓶，照准地上掷去，只听得"噹"的一声，那瓶摔得粉碎，花儿又继续说道："倘我一旦得志，把你忘掉，有如此瓶！"小王听着，答道："我和你是闹着玩儿，你怎的这么发起急来？一会儿那人来了，你千万不要露出破绽，你假装不知他是皇帝才是。但是渐渐日子久了，你便常把我在他耳朵边吹嘘吹嘘。"花儿听了，忙着很快乐地答应着。当日小王和花儿商议妥当，天色已晚了，便吩咐厨房开上一桌便饭，两人对酌起来。这时两人各有心事，似乎觉得前途都有很大的希望，酒落欢肠，分外有兴，直喝到申时才歇。两人又说笑了一回。

正在谈三话四的时候，只见有人进来禀道："花儿姑娘，外边有一位穿黑衣的爷们求见王大人。"小王听着，猜是同治皇帝来了，忙吩咐道："快些请他进来。"茶壶领言自退。一会儿，同治皇帝跨进房来，小王忙站起身迎接。花儿也抢步上前候着，偷眼瞧那同治皇帝相貌倒也出众，不过和小王比较，终逊一筹。这时正是四月初旬，京城里的天气，还不十分炎热，只见同治皇帝穿了一件玄色绉纱的长夹衫，满身绣了许多白蝴蝶，这种服饰，在京城里算是最时髦的。花儿心想："这个皇帝倒学时髦了。"不觉暗暗好笑。

那花儿偷瞧的时候，同治皇帝也把眼睛对准花儿端详了一遍。只见花儿果然名不虚传，年纪不过十六七岁，长眉入鬓，媚波漾碧，脸如朝霞，齿如编贝，小小的樱口，衬着娇滴滴的吴侬软语，好像出谷黄莺；身上穿一件浅绛色的夹缎小袄，下面衬着一条淡色的绉纱小裤，着实漂亮得很。她又是身材娇小，所以分外玲珑活泼，那杨柳似的腰肢，袅袅婷婷的曳来，更是令人爱煞。

同治皇帝把花儿端详了一遍，又把眼睛注视到房中的陈设方面。只见并列三间房屋，左间安着一只香梨木的大床，挂着素罗的蚊帐，堆着几条淡色的衣褥，床前略略置了几张几椅；靠边一只书桌，上面置的乃是文房四宝和旧版书籍，又附列了些周鼎秦彝。壁上嵌的都是名人书画，有古人所做的，也有今人写了赠来的，倒也非常精雅。中间是客室排场，桌椅都是红木雕嵌的。右间布置，却和左间大不相同，靠窗砌了一只大炕，张着一顶大红绉纱的帐幔，其余的陈设，也十分娇艳。同治皇帝看着，不觉赞好。

这时花儿正斟好碧螺春茶，亲手端了过来，问道："王大人说大人姓陈，江西的拔贡，可是真的吗？"说着微微一笑。同治皇帝听了，心想小王果然没有说出真情，便道："是的，我姓陈。"花儿便陈大人长，陈大人短的亲热得了不得。小王插口道："花儿，我给你介绍的这位官人，可不丢脸吗？"花儿忙答道："费了王大人的心，把这位大人请了过来，这是婢子的福分。婢子应当报答你才是，一会儿我当吩咐伙计，烧些汤给你喝喝吧。"小王无意中给花儿取笑一番，假意着恼。同治皇帝却不觉笑了出来。

同治皇帝和小王两人在花儿那边说笑取乐，好不开怀。同治皇帝抬头忽见壁上所悬的对联，有一副署名是天壤王郎写的，忙站起来看。只见上联写的是"花有清香月有影"，下联写的是"儿调素粉郎调琴"，便道："这副对联，倒很雅致，嵌字也非常工切，只不知那天壤王郎究竟是谁？"小王听着也不出声，花儿却忍不住笑道："远在天边，近在眼前，要问那人，便在左右呢！"同治皇帝是聪明人，听了此言，便知道是小王写的了，便道："捉狭鬼！怎的不说实话呢？小王既有这般情才，字又写得非常之好，也可为妆阁生色。我现在也想做副对联，请你代写，不知道好不好呢？"小王听着，当然答应道："怎有不好呢，你明天把纸张预备妥当，我便可给你代写，不过我的字实不佳，恐怕玷污了你的才华呢！"花儿在那边听着，忙说道："两位大人都不必客气，婢子实已受福无穷了。"三人又欢叙了半天。

天光破晓，同治皇帝恐怕将到上朝时候，催着小王要走。花儿假意苦留不放，小王代答道："陈大人是陈季常的后裔，很怕他夫人的。假使你现在不放他回去，到天亮才归，他的夫人势必起了疑心，不叫他跪灯，定要叫他顶砖了！试问你既和他相好，怎的这样忍心呢？"花儿听着，心底何等明白，早已知道小王说出这话，是假装取笑，实则给同治皇帝讳饰的。便也假装取笑似说道："既是这样说，我也不再苦留了，但是晚间既是不能多叙，何不白天就来呢？"小王道："对了，从明儿起，我得便当把这位大人白天便请了过来，你道好吗？"花儿笑着道："倘得这样，才见你王大人的本事呢！"花儿一面说道，一面又去搀了同治皇帝的手道："大人明儿白天就来吧，免得我刻刻牵挂呢。"

同治皇帝当局者迷，经了这种催眠术，筋骨都已酸软，便答道："知道了，明儿我买了纸张便来，你可预先吩咐厨房，准备一席二十五两银价的上菜，我当作了东道主，请小王喝了一个既醉且饱，便算报酬他的大德。"花儿满面堆笑答应着。同治皇帝便和小王出了窑子，分道而回。

同治皇帝照例上朝过了，便在乾清宫和衣而睡，养了些神，片刻即起，却吩咐太监周道英道："朕现在想白天出宫，你们千万不要走漏消息。"周道英道："陛下放心，一切都由奴才们安排便是。"同治皇帝这时出宫，想到琉璃厂购买对联的用纸。因为周道英所预备的那辆骡车，恐怕常坐了反而不好，便弃了那车。到了正阳门，才唤了一辆寻常的街车，来到琉璃厂。那琉璃厂都是纸铺书坊，是文人学士荟萃的地方。

乾清宫

同治皇帝在一家大纸铺门前下车，进了铺子，伙计上前迎着。同治皇帝道："最好的清水玉版笺，要卖多少钱一张？"伙计道："二钱三分银子一张，倘裱成的，另加裱工银一钱。"这时伙计已拿到最好的一副。同治皇帝从袋内摸出一粒和瓜子似的金豆，付于伙计道："拿去找钱来。"伙计把金瓜子看了一看，说道："这种东西，平常在市面不很通用，请你换现银给我吧。"同治皇帝袋内所带着的，本来都是这些东西，哪里还有现银，便道："我出门没曾带得现银，你把金子拿去，我也不要你找钱，彼此通融些罢。"那伙计听得不要找钱，心想这粒金子，也足有三钱多重，银价收了金值，怎有不贪之理，便笑嘻嘻收了。同治皇帝拿纸自去。

同治皇帝买到玉版笺，来见花儿，花儿因为身体困乏，正躺在床上。同治皇帝跨进房来，姨娘迎道："姑娘还没曾起身，大人昨晚也必乏了，何不宽了衣服，一块儿躺躺呢？"同治皇帝听了，正待答话，那花儿正睡在左间的床上，听得姨娘和人说话，睁眼一看，是同治皇帝。窑姐儿的媚术何等厉害，花儿心中早已安排妙计，便娇声唤道："陈大人果然不失信的，这样来得早，请同来躺下，歇一歇罢。"同治皇帝趁势坐到床前，说道："你躺着罢，我不困乏，坐在这里一样的。"花儿哪里肯听，便亲手给同治皇帝宽了衣带。同治皇帝无奈，只得宽了衣服，躺在花儿所睡的热被之内，两人一头睡着。

小王本已知道同治皇帝已经痴迷花儿，猜想同治皇帝定是早去的，自己何必挨在中间，给他们惹厌呢，所以直到傍晚，才走到花儿的院子来。姨娘见小王来了，笑嘻嘻地抢步迎着，低声悄语道："那位陈大人今儿辰刻到此，和我们姑娘一块儿躺下，直到现在还没起身，饭也没曾用过，你说有趣不有趣呢？"小王听着，果然不出所料。因为想利用花儿身体，发展他的前程，所以并无醋意，也不着恼,不进房来,高吟道:"春宵苦短日高起,从此君王不早朝。"同治皇帝和花儿同躺,本没有睡着,现在听得小王吟着诗句,忙道:"隔墙有耳,怎的早朝不早朝呢?"小王听着,知道同治皇帝恐怕露出风声,便也搭讪着说道:"一番风雨,不知吹落多少花儿,好生侍候郎君,小生作壁上观便是。"

同治皇帝笑道:"小王总是油嘴利舌,休要取笑。"一边说道,一边披衣下床。花儿也穿戴齐整,下床梳洗。小王眼快,见桌上置着一包宣纸,便道:"恐怕对纸已购到了吧?少不得我要动笔来了,只是联语已做成了吗?"同治皇帝道:"做成了。"说道,便从怀内取出一张底纸。小王接了过来,吩咐人磨墨侍候,自己立刻染翰挥毫。他究竟是翰林出身,不一会儿,上下联都已写就。同治皇帝过来看着,赞道:"字写得真好。"小王谦道:"劣字涂鸦,反辱没了你的名作了。"花儿在旁边,力恳小王把联语念给他听,小王便念道:"上联是'花香鸟语天然趣',下联是'女儿英雄别有情'。上款是'花儿词史重属制联,因撰此语,倩天壤王郎书之,用悬芳壁'。下款是'众香国王'。"花儿虽也粗通字义,但这种文绉绉的字句,怎能解说得出,却也假作内行,赞了几句。

这时日已西沉,灯火初照,下人们摆上宴席,同治皇帝于是请小王坐了首座。小王心想:"君臣同嫖,本无礼节可言,况且平日言语,彼此本已不检。"便不推辞,竟自坐下。花儿斟了两杯酒,坐在同治皇帝的后面,小王却说道:"咱们都非外人,姑娘一块儿来喝喝罢。"花儿假意不肯,同治皇帝也说道:"小王说得不错,你怎么这么执着呢?"花儿听着,把眼睛瞟了同治皇帝一眼,笑嘻嘻地偎在同治皇帝旁边坐下,三人便开怀畅饮起来。

同治皇帝和小王在花儿房中,用罢酒饭,只听得右间炕边的桌子上,当当敲了八响,同治皇帝问道:"这是什么响?"花儿答道:"这是西洋来的时辰钟,昨天停了,姨娘们没曾想起,直到现在才开呢。"同治皇帝道:"这种东西既是西洋来的,要它干吗?咱们中国向来没有这种东西,难道就不知时辰吗?"

花儿听着,知道同治皇帝是很有排外思想的,窑姐儿的本领,最是知风识趣,像杨柳条似的,趁着东风,便向西的,趁着西风,又向东了。这种见风使舵的手段,实在高人一等。现在花儿猜透了同治皇帝的心理,便站起身来,踱到桌边,取过那只时辰钟,往地上一掷,玻璃面完全碎掉,里边的机械,也是零乱无序。小王道:"花儿姑娘怎的发那彪劲,在那钟上出气呢?"花儿道:"小油嘴平日千乖万乖,现在也笨了起来,真是聪明一世,懵懂一时哩。老实对你说吧,陈大人说西洋东西不好,咱们中国也不该用它,我听了实在有理。又想起当初英国人和咱们开仗,为了火烟,反把咱们咬了一口,所以我碎了这钟,以示警诫自己不再购用西洋东西的意思。”小王听着，暗地里吐了吐舌头，“窑姐儿的本领实在厉害，自己可算得知风识趣，此番却没曾听得同治皇帝的口气，偏是那个小妮子又探得了，真是强中还有强中手呀。”

同治皇帝见花儿摔碎了时辰钟，心中也着实赞叹花儿可爱。猛然间忽见桌子上有一个红锦裹着的包子，这个包子，起初是置在时辰钟背后的，现在时辰钟已经掷碎，那包子便露了出来。同治皇帝正想踱过去拆看，花儿早已觉得，忙道：“大人，这东西不必去看呢。”同治皇帝听着，好生纳闷，便取过包子来，拆开看着，原来都是些工笔所画的秘戏图。

同治皇帝心想这样东西，倒是生平初次相见，却又错认以为小王当也未必见过，便道：“小王，过来看这是什么呢？”花儿这时涨红了脸，假意嗔道：“大人自己看着，也便是了，怎的又去叫那小油嘴来看哩！”小王不待花儿言毕，早已挨到同治皇帝的身边，约略看了一遍，说道：“原来是这个玩意儿呢。这里的并不十分见好，我那边存有一百多张，是丰润县的产品，那才是工细绝伦的呢。”同治皇帝道：“你既有这样的妙物，怎的不早早直说？待明儿你带来送了我吧。”小王道：“遵命。但是此物很不易得，你可不要忘了我的美意。”同治皇帝听了，知道小王是索取谢礼的意思，便道：“你给我送来了花儿姑娘，又送我这样助兴增趣的东西，我怎能忘了你的美意。”

花儿在旁边听着，把眼睛又瞟了小王一个白眼，笑嘻嘻说道：“小油嘴总是拖人下水的，别人原是规规矩矩的，却给你拖进窑子里来，现在又把这种脏东西来哄人，难道不怕王法吗？”小王听了，原知道花儿的话是双关的，便答道：“拖人下水便是什么样？莫道王法不必怕，若是皇上亲身在此，也未必把我小油嘴啃掉。”同治皇帝听着，倒笑了一笑，说道：“小王生得一只好油嘴，莫说没有人恨他，人人爱着他都来不及呢。”三人又说笑了一回，小王先走，花儿并不留他。同治皇帝却嘱咐他道：“秘戏图的事情，明儿可千万不要忘却。”小王答应着自去。

同治皇帝便和花儿重登阳台，再续鸳梦，直到金鸡唱晓，才匆匆穿了衣服，回到乾清宫。太监周道英却迎着奏道：“翰林院侍读王庆祺，进呈小册子几本，封裹很密，奴才们特此献上。”同治皇帝接过来，拆开一看，原来是些秘戏图像。册子上又写道：“臣王庆祺敬呈。”同治皇帝心想这人倒着实干练，办事如此神速，心中便有了主意，到上朝时候，把王庆祺升做侍讲学士，兼国子监祭酒。王庆祺谢恩而退。

## 私娼像姑，一个都没少

同治遇了私娼白芙蓉，反以为千载奇遇，心中很是得意。出了客房，心中又想道："私娼已尝过味了，唯有像姑却未曾见识，何不也去一游，这才可以在载澄、小王面前夸些海口呢！"主意想定，他趁着胡同的路径，早已摸得很熟，便挨近大郎外营，进了一家"私坊"……

同治皇帝天天逛窑嫖妓，两宫太后丝毫不知。恰巧那西宫慈禧太后，生性非常喜欢听戏，因为嫌着太监们嗓子不亮，武功又不很好，所以常常把外城戏班的角色，召进宫来，按名发给俸银，称为供奉。那东宫慈安太后性情是和蔼诚实，本是无可无不可的，便沾了慈禧太后的余润，其实也是听戏消遣。

满清旧例，婆媳之间，礼节最繁，那皇后也便时常陪侍左右。但是皇后的性情，原不是轻浮佻跶的，所以对于声色一道，本不十分喜欢；况且上演的剧目，又大多是演男女偷情和奸杀淫乱的事情，皇后看到，心中很难过。因此遇见这种戏剧，便把脸对墙壁，看也不看。慈禧太后见她这般模样，便道："这种戏演得这么好。你怎么不看呢？"皇后道："淫秽到这般地步，还值得看吗？"慈禧太后听了很不高兴，心想这种言语，分明是刺了自己的心窝，便更加恨了起来。但为了这种事情，怎能发作出来？只得忍着。然而慈禧太后恨那皇后的心理，却日益加深了。这时同治皇帝忙着逛嫖窑子，更不常和皇后见面。

事有凑巧，有一天，皇后正侍着两宫太后在剧场观剧，同治皇帝无意中闯了进去。见过太后，皇后便微微笑着，站起来迎接。慈禧太后看见了怒火中烧。因为皇后素性端重，见人从来没有笑脸，现在见了皇上，却微笑迎着，好像要亲近似的。慈禧大声呵斥道："见着皇上，应该好端端地迎驾，怎么放出狐媚手段，去迷惑圣心呢？"皇后受了一番训斥，满面通红的俯首无语。同治皇帝见了这种奇怪情形，确实替皇后不平。只是不便和母亲对抗，便忍着气走了。慈安太后见皇后羞惭得恨无余地可入，不觉疼怜起来。便搭讪着和皇后说三道四，直到戏散。皇后赧然回到自己的寝宫，想起胸中积闷，放声大哭起来。太监们见着，本知道是听戏时候的事情，便劝道："娘娘何不趋奉西宫老佛爷的意思，那才是福气，否则恐怕还有意外之变。"皇后听着，怒道："老佛爷是长辈，咱们做小辈的当然要敬崇的，但是要我去趋奉她，却是不能的！我是奉了天地祖宗之命，从大清门迎娶进来的，绝不能轻易动摇呢！"太监们见她傲骨天生，暗暗赞叹，但又因她固执偏见，也便怜她起来。

同治皇帝成天在窑子中厮混，最亲热的当然是花儿了。玉仙那边，也不十分冷落，却又结识了许多窑姐儿。不过他不很爱惜身体，到处留情，见妓同宿，所以身体便虚弱起来。他嫖窑子，本和王庆祺形影不离，这时王庆祺又给他介绍了一个新友，那新友是同治皇帝的从弟，恭亲王奕䜣的儿子，名叫载澄。那载澄也是京城里窑子中间很有名气的豪客。小王起初和他本有些认识，现在因为成天的和同治皇帝逛着，遇到摆酒时候，桌面上未免冷落得很，所以特把载澄凑在一起来逛了。恰巧那载澄也是不动脑筋的人，见了同治皇帝，倒也并不拘泥，于是三人天天在一处吃喝，好不亲热。三人都是第一流漂亮的人，因为这时京城里时行黑衣，三人便清一色的打扮，从此在窑子中间，三人逛得不亦乐乎了。不过载澄这个少年，更是糊涂，把性命看得很轻，常常酒后发兴，只求眼前一时快乐，却不顾后来的情形，时常不惜重金，到处寻觅春药。同治皇帝便近墨者黑，也不顾死活，跟着载澄，时常服那春药了。

同治皇帝和载澄、小王等天天在窑子中间厮混，倒也没有知道他是堂堂天子。窑姐儿除了花儿以外，也无人看出他的破绽，朝内的恭亲王奕䜣，也不知自己的儿子和皇上同游的。他们的隐饰手段，着实可算得神妙的了。那花儿原是小王布了美人计，想发展他前程的，所以他们的实情，花儿却件件明白，桩桩知道。好个小王！生出这条妙计，一面升了官级，一面又和花儿爱不断，趁着同治皇帝有落空的时候，便去暗度陈仓，接续余欢起来。同治皇帝却还把小王当做好人，当作自己的心腹知己，怎能知道小王布的却是美人计！

同治皇帝有一天退朝回来，换了便服。正待出宫冶游，小太监进来奏道："恭亲王有要事面奏。"同治皇帝这时因为慈禧太后想修建圆明园，心想恭亲王到此，定是为的这事了，便传旨命在养心殿召见。那恭亲王原是同治皇帝的胞叔，论起来很是亲近，便不换朝服，便衣出见。恭亲王见驾过了，叩奏圆明园的事情完毕，又续奏道："陛下现在穿的那种黑衣，绝不是咱们满清的祖制啊！况且大行皇帝驾崩以后，天下中兴不久，陛下应该勤于政事，千万不要荒嬉才是。"同治皇帝听了，很不乐意答道："朕这件衣服，和你儿子载澄的是同色的，怎么你不去教训载澄，反倒这里来谏朕呢？你现在暂时可退下，朕有后命便是。"恭亲王领旨，只得退了出来。

那同治皇帝想起恭亲王性情固执，心中非常着恼，便传旨让文祥进见。那文祥原是糊涂东西，听得有旨召见，忙来到殿上。叩拜才罢，同治皇帝从袋内取出一张诏书，交给文祥道："朕有旨在此，你可以拿了下去，和军机大臣同阅。"文祥偷眼把那诏书细看，原来上面写的是把恭亲王正法的话，不觉吓了一跳，心想:“恭亲王有何罪,让那皇上杀起胞叔来了?”忙伏在地上,把脑袋磕得像捣蒜似的恳请息怒。同治皇帝哪里肯听,却怒斥道:“你倘敢大胆违旨,连你的脑袋都砍掉不饶的。”文祥无奈,只得退下,一时又想不出别的方法可以救护恭亲王,便来到西宫叩见慈禧太后。把事奏明,早急得文祥汗珠和那黄豆般大。那慈禧太后听着,却不慌不忙说道:“你不必多言,把那张诏书给我便了。”文祥听了。果然把诏书交了上去。慈禧太后引了火,把诏书付之一炬,文祥也便出宫。

同治皇帝在养心殿中等候文祥杀恭亲王的回信,直到未刻时分,信息毫无,自己又急于逛窑子,等人分外心焦,真如热石头上的蚂蚁似的。恰巧那周道英却听得文祥已见过慈禧太后,把诏书付火烧掉,知道同治皇帝还在殿上等信儿,便忙来到养心殿,把这事一五一十地说了一遍。同治皇帝听着,责怪文祥多事,但碍着慈禧太后的面子,便把责怪文祥和痛恨恭亲王的心理,都付之一边了。

这种心理,原是同治皇帝的美德,因为慈禧太后这样的苦待他。才没有丝毫怨言,他心中虽不很舒服,不过是自怨自艾,对于母子的天性,仍未泯灭。世界上的人,莫说母亲苦待了儿子,儿子便想报复,即使他母亲待儿子的情形是再好没有的,那儿子也未必对于母亲百依百顺的。俗语有句话道:“天下有不孝父母之子,却没有不爱子的父母。”但是现在拿同治皇帝的情形来看,慈禧太后是不很爱子的,同治皇帝却是孝母的,可见得俗语也未必尽然,不过俗语是就大多数说的,那同治皇帝确是难得的了。

同治皇帝因为恭亲王之事,耽误了半天,直到申初时分,才出得宫来,沿着小街行走。因为心中有些不很爽快,便想找地方消遣消遣。出了正阳门,来到大栅栏,只见路旁有座酒楼,挂着一块招牌,牌上写的是“宴宾楼”。京城里的楼房本不常见的,同治皇帝趁了一时之兴,踱上楼来。跑堂伙计便上前迎着。同治皇帝喊了二斤花雕,又随便要了几样肴馔,独自酌了半天,以酒浇愁,倒也有趣。心中渐渐地快乐起来,又喝了一回,把旧愁都已忘掉,酒酣耳热,不觉醉意流露了。只听得隔座有个书生打扮的人,也在浅斟低酌,一个人喝了半天,似乎是得意起来,于是放开嗓子,唱起京戏中秦琼卖马腔调道:“店主东,带过了黄骠马,不由我秦叔宝,两泪如麻,……”那人唱到“麻”字,声音很是悲惨。

同治皇帝听得出神,不觉也触动了兴致。只是同治皇帝从来不善戏曲的,又因吃得春药太多,嗓子已干得异常,哪还逼得出腔调来呢?但是他会得一种小曲,便是窑子中听窑姐儿唱的那种淫秽俚曲。这时同治皇帝实在得意忘形,便也放出那破竹似的喉咙,唱着那打牙牌小曲道:“天牌呀,地牌呀,小妹妹的花没曾开呀,哥哥你可慢些呀……”同治皇帝唱得正得意的时候,隔座的书生,发着脾气叱道:“你这人好生无礼,我唱的卖马,你不好端端听着,却唱那不伦不类的俚曲来乱我的声浪!”同治皇帝一时高兴,却不料给那厮煞了这么大的风景,心想你我都是喝酒的,你怎可侵犯我的自由权呢? 便也叱道:“王八羔子,留心着你的脑袋! 我先问你,你既唱得戏,难道我唱不得曲子吗?”那人听着,站起身来,好像要用武似的,说道:“老子不许你唱那淫曲,你可敢吗?”同治皇帝听着,心想这人合该是死期到了,便用话哄他道:“我和你素不相识,你叫作什么名姓,待咱和你比较比较呢。”那人哼哼冷笑道:“提起我的名姓,不把你这王八羔子吓一个半死,我却不信呢。老实对你说罢,我乃工部主事秦思沛,你知道了,怕还不怕?”

原来那秦思沛不过是个主事,从来没见过皇帝。这人本来有些神经病的,现在又欺着同治皇帝不像有官职的人,才敢大模大样装起架子来。那同治皇帝听着,心中着实好笑,只恐当场发生争斗的事来,一则要吃眼前亏,一则怕走漏风声,便假意说道:“原来是主事老爷,在下不知,多有得罪,明儿当来负荆请罪。”那人听着,又冷笑了一笑道:“前倨后恭,才见得是银样镴枪头罢了。”说道,得意扬扬斟酌自喝。同治皇帝心中早有了主意,想待明晨视朝,下旨把他杀掉,也不费吹灰之力。他便付了酒账,踱下楼来,出了酒肆。

正想到花儿那边去消遣一番。只见对面停着一辆骡车,车上走下一名二十来岁的少妇,打扮得倒也整齐,脸蛋更十分美丽,那一双媚眼,更是澄清朗彻,如秋水般。抬头突然见同治皇帝站在面前,却笑了一笑,朝着绒线铺子去了。骡车夫问道:“姑娘可往别处吗?”那少妇道:“你把车停在大栅栏东口外边,等我购齐东西,来找你罢。”骡车夫听着自去。同治皇帝逛窑子已经好久,眼光也着实练得很精,早料到少妇不是良家妇女,便也跨进绒线铺,挨近少妇身边,胡乱购了些东西。一会儿,少妇东西购毕,携着出门而去,却又回头对同治皇帝笑了一笑。同治皇帝虽是久经风月的人,但受了少妇的媚态,却也像失了魂魄似的。

同治皇帝见少妇出了铺门,便向铺中伙计询问那少妇来历。伙计道:“这是京城里最著名的私娼白芙蓉哩! 这人的眼光最准,做客人能拣有钱的做去,现在因为是新年时节,来此购置应用的东西。”同治皇帝听着,心想:“官娼的风流,已是尝之殆遍,现在有了这块美味,何不别开生面前去尝尝呢?”心中想着,忙踱出绒线铺子,四下里一望,只见白芙蓉轻移莲步,在前面走着。同治皇帝这时认定是私娼,便大着胆子,抢步上前,挨近白芙蓉身边说道:“姑娘奔跑太劳,何不同去休息呢?”白芙蓉听着,假装羞赧模样。同治皇帝何等内行,把吊膀子的手段都使了出来。白芙蓉果然欣欣喜喜入了彀中。同治皇帝便和白芙蓉同坐在那辆骡车中间,直到西河沿下车。两人找了一家客店,名叫连升店。进内看定房间,好在被褥都是现成有的,游子荡女凑在一起,哪有别的,不过是如此这般了。

大凡京城里的私娼,都是借地作阳台的,大都一度春风,便是劳燕东西,从没有流连竟夜的。当时同治皇帝和白芙蓉事毕以后,白芙蓉也不客气,取过皮肉银子,先自走了。白芙蓉走了出来,少不得又去招蜂引蝶,所以这种私娼,实在脏得很,因为一宵之间,不知要接到多少客人,因此十个私娼里面,倒有十一个有梅毒的。在外面看来,这般人生得也很标致的,只是为了那个脏物,上流人都不敢去问津。同治皇帝那天遇了白芙蓉,反以为千载奇遇,心中很是得意。出了连升店,心中又想道:"私娼已尝过味了,唯有像姑却未曾见识,何不也去一游,这才可在载澄、小王面前夸些海口呢。"主意想定,趁着胡同的路径,早已摸得很熟,便挨近大郎外营,进了一家私坊。

恰巧那私坊是三等货色。因为这时京城里卖淫生意,窑姐儿远不及像姑的兴旺,但是像姑的规例,比较高尚。头等私坊,生客不能进门,二等虽是人人可以进去,但却不能立刻达到实行目的,唯有三等却是随时可办到的。现在同治皇帝跨进那家私坊,也有王八迎着,引进一间小屋,屋里边坐着一名孩子,年方十五六岁,名叫小樱桃,生得也有几分可取。王八便自出来,把门掩着。同治皇帝心想:"这里倒是划一不二价的。"趁了一时狂兴,再做了一出特别武剧。歇了一时,天已将晓,便忙付清像姑银子。出了那家私坊,也来不及再到花儿那边,匆匆忙忙回进宫来,便上朝视事。忽然想起昨天酒楼之事,但脑筋中总想不起他的名姓来,便连那人的官职衙门,都已忘掉。原来同治皇帝狂嫖滥宿,把身体闹得异常虚弱,又受春药的影响,脑力格外不济起来。昨天又是私娼像姑,玩得头昏眼花,所以想来想去,总想不起那人的履历来。那人合该有命,这也是前生注定的。同治皇帝自言自语道:"便宜了他!"

载澄因为春药吃得十分起劲,这时咯起血来,便卧床不起。恭亲王平日也知载澄淫恶不法,只因没法子可以管束,现在听得他已病了,不但不忧,反快乐起来,成天盼望他死。虽也曾延医制药,不过是掩人耳目罢了。那载澄得病,虽说是咯血,实则花月场中的风流病,他没一件没惹到身上来。没等多天,病已无救。正在弥留之时,侍从人等便飞忙告知恭亲王。恭亲王听着,心中想道:"姑念父子一场,往送其终罢!"想着来到载澄的室中。只见载澄喉咙间已无气息,命赴黄泉了。但是那件黑绉绣白蝴蝶的衣服,还是披在身上。恭亲王见了,又触起从前面谏同治皇帝的事情来,不觉大怒道:"这种该死的奴才,留在世间,有何用处？即此一身匪衣，早就应该下地狱了。”说着传命把载澄的尸身，草草成殓。可怜纨绔公子，直落得这番下场，也是可怜不足惜。

不久，同治帝也染梅毒发病，轰轰烈烈地死在了“花”下。堂堂一国之君，为世人留下了可笑的话柄。

# 光绪帝情感逸事

## 初恋情人：可怜的彩云

这次，光绪胸有成竹，对彩云的感觉胜过了上次。“彩云，不知怎么，自那第一次见到你后，我就喜欢上了你，总想和你在一起……”然而，太后已知道了他与彩云的事，只可惜她是政敌丁宝桢之女，竟残忍地被太后手下勒死于房梁上！一时间，令他悲愤交加。

初夏的暴雨过后，紫禁城被冲洗得面貌一新。这一天光绪帝走出御书房，来到毓庆宫里的花丛旁，拿出书本认真阅读起来：“民者，在上所以牧之，趋利如水走下，四方亡择也。夫珠玉金银，饥不可食，寒不可衣，然而众贵之者，以上用之故也……”

光绪帝朝服

猛抬头见一宫女正在那里修剪花枝。那宫女见皇上停止了朗读看着自己，急忙丢下手中的活儿，扑通跪下：“奴婢打扰圣上读书，奴婢该死。”

“起来吧，朕也读累了，正想欣赏一下这雨后娇艳的花枝呢。”

“谢皇上！”

“这毓庆宫里的花都是你管理的？”

“回皇上，这是奴婢该做的，哪有不

妥之处请皇上指出，奴婢重新修理。”

“很好！没有什么不妥之处。你一人管理这许多花草很辛苦吧？”

“奴婢不辛苦，皇上才辛苦呢！皇上每天起早贪黑地读书实在辛苦。奴婢在这毓庆宫侍弄花草，每天都能听到皇上读书的声音，看到皇上学习的身影，这宫中许多人中，要数辛苦之人当首推皇上了。”

光绪自从慈安太后归天，从没有人关心过他、表扬过他，特别是来自女性的赞美。圣母慈禧皇太后整日板着面孔，不是训斥就是讽刺。翁师傅对他虽然情同父子，但只能是学业上的教诲，思想上的启迪，生活上由于不住在一起也无法过问。其他人就不用说了，李莲英对他不软不硬，有时还故意用太后的名义欺压他。其他宫女太监有的唯唯诺诺，有的慑于太后的嫌疑故意躲避，这样，光绪在宫中真的是“孤家寡人”了。

今天，忽然听到有这么一位不知名的宫女关心他，光绪也十分感激，马上对这宫女感兴趣地说：“你叫什么？怎么知道朕读书辛苦呢？”

“回皇上，奴婢叫彩云。听那些年长的宫女说，穆宗皇上当年读书经常挨先生训斥，圣母皇太后也多次训导，尽管这样，穆宗皇上还经常带着太监去掏鸟巢、斗蛐蛐、钓鱼、放风筝，想着办法玩而皇上却不曾让师傅讲过什么不是，也从没贪玩过。皇上一心扑在学习上，连一点儿娱乐也没有，多么辛苦！皇上不喜欢娱乐吗？”

光绪一听，合上书叹口气说：“不是朕不喜欢娱乐，朕一想到大清江山在先祖先宗手中得之不易，也曾盛极一时，被称作天朝大国，其他附属国岁岁来朝，年年进贡，连海外洋人都来朝拜。可到今天，内忧外患，山河破碎，遭人欺辱，朕想多学点治国方略，将来执政时好振兴我大清江山，恢复先祖天朝大国的殊荣。”

“皇上能有此雄心大志实在难得！不过，也应注意身体，劳逸结合，不可太过劳累。瞧皇上多清瘦，这样下去会生病的。”

“朕感谢你的关心。朕在读书劳累时也想休息一下，轻松轻松，可这偌大的宫中谁愿和朕一块儿玩呢？很小的时候，朕最喜欢做的游戏就是骑在太监身上玩耍，可被皇阿爸知道了，朕挨了骂，那太监也挨了打，从此后再也不敢了。其他游戏也没人陪朕做，时间久了，也就习惯了。”

“奴婢每天都在毓庆宫中修剪花枝，如果皇上读书读累了，可以喊奴婢陪皇上看看花，钓钓鱼。”

“那好哇，以后朕要无聊时就喊你一块儿玩。”

彩云点点头，“皇上，你读书吧，奴婢该去修剪花枝了。”

光绪看着彩云那远去的活泼身影，开心地笑了。

几天后，彩云正在花丛中浇花，猛抬头，看见皇上正站在自己面前，双手背在身后。彩云吓得壶也掉在地上，忙跪下叩头：“奴婢该死，奴婢不知皇上到来。”

“不知者不罪，彩云请起吧。”

彩云从地上起来，拾起水壶问：“皇上找奴婢有事？”

“你不是答应过朕吗？朕读书累了，来找你玩。来，让朕帮你浇。”

光绪笑着就去拿彩云手中的水壶。彩云急忙捂住皇上的手说：“奴婢不敢有劳皇上做这事，让太后知道会责打奴婢的。”

“朕自己乐意的，就是圣母皇太后知道也不会怪罪的。劳动也是一种休息嘛！”

光绪说着，从彩云手中接过水壶，认真地浇起来，彩云跟在光绪身边，给皇上讲解着各种花木要浇多少水，叫什么名字，怎样修剪。光绪听得津津有味，比上翁师傅的课要有意思得多呢！

光绪浇了一会儿。彩云见皇上头上浸出汗水，急忙接过水壶自己浇灌，让皇上跟在旁边观看。

待浇完这一片花丛，光绪兴奋地说：“嗬！种花还有这么大学问，真开心，朕也想当园丁呢。”

“皇上是要治理天下，为民造福的，哪有时间来侍弄这些花草，这些活儿，让奴婢来做就可以了，怎能劳动皇上的龙体呢？”

“你说的也是，不过种花也需要学问，难怪古人说：三百六十行，行行出状元。想把哪一行做好都必须下一番苦功，做起来也很辛苦，事事都不容易。”

“皇上能体察奴婢的辛苦，让奴婢很感激。奴婢也希望皇上将来体察天下贫民的辛苦，节俭用度，惩治贪官污吏，把大清天下治好，国泰民安，皇上自然是一代明主了。”

“自古多少圣贤帝王之所以成为名垂青史的有道明君，是善于听取别人的纳谏。朕要想成为明君，理当效法古人，不论年老年少，男尊女卑，官大官小，甚至黎民百姓都可向朕直谏才行。你作为朕的知己怎说不愿给朕提建议呢？”

“谢皇上信任奴婢，以后皇上要是有什么不当的地方，奴婢一定给皇上提出。”

“这才对嘛！”光绪十分快乐地说。

"那皇上,奴婢给你提建议了?"

"现在吗?"光绪一愣。

彩云不安地点点头。

"嗯,你说吧,让朕听听,好有则改之,无则加勉。"

"皇上已玩得太久了,该回去读书了,让太后知道会责怪皇上的,奴婢也得挨打!"

"哦,这事!"

光绪笑了。彩云也跟着笑了。

"好!朕接受你的建议。那朕回御书房了。"

"望皇上好好读书。"

光绪说完真的走了。老远,他转回身,见彩云正恭敬期待地望着自己。光绪挥挥手,走进室内。

一天下午,彩云刚刚浇完花,就见皇上向她走来。老远,彩云就向光绪躬身施礼说:"皇上读书读倦了?"

"朕刚刚读完翁师傅布置的课文。"

"翁师傅布置的什么课文?"

"你也懂得圣贤书?"光绪感兴趣地问。

"皇上说说看,奴婢在家时,曾跟家父读过几天书。"

"好,朕讲给你听,看你知道不知道,今天翁师傅让朕背诵的是《六国论》。"

"哦,这是大器晚成的唐宋八大家之一苏洵苏明允所做的一篇史论文,全文开门见山提出论点:六国破灭,非兵不利,战不善,弊在赂秦。然后围说论点,以史实为根据,环环紧扣,前后贯通,最后借古喻今、点明题旨:为国者无使为积感之所劫。全文论证严谨,文笔纵横恣律,雄辩滔滔,有战国纵横家的风格。"

光绪皇上简直听呆了,彩云见皇上瞪大双眼盯着自己,不好意思讲下去。光绪见彩云停止片刻不讲了,才回过味来,惊讶地说:"呀,真想不到,你竟然这么有学问,快和翁师傅不相上下了。真是真人不露相啊!"

"奴婢在皇上面前班门弄斧,请皇上原谅奴婢不知天高地厚!"

"彩云,你真了不起,朕是真心夸赞,绝无半点虚假言辞。若与你比起来,朕的学问可能还没你多呢!你父亲一定是位大学问家。"

一提起父亲,彩云脸上马上露出一丝不易觉察的愁云,微微叹息一声说道:"皇上,别提这些,说些高兴的事吧!皇上不是读累了吗?奴婢陪你娱乐一会儿。"

光绪见彩云提起父亲就不开心，不知为什么，又问一句："为何提起你父亲，你不高兴，有什么难处能让朕知道吗？也许朕能帮助你一下呢。"

彩云想了一会儿说："皇上，以后有空再说这事吧，今天奴婢陪皇上玩游戏。"

"那也好，玩什么游戏呢？"光绪不便再问。

彩云又想了一会儿说："皇上可会踢毽子？"

"朕不会，朕见过别人踢过毽子，挺好玩的，朕也喜欢。你就教朕踢毽子吧。"

光绪踢了一会儿，踢得不太美，还经常掉下来。光绪有点泄气。

"皇上，别泄气，慢一点，万事开头难，皇上将来执掌朝政治理天下也一样，将来可能在开始时遇到许多阻力，只要皇上有持之以恒的决心，也一定会排除困难，把事情做好的。瞧皇上踢得比刚才好多了。"

"谢谢彩云姑娘的夸奖，朕累了。你踢让朕观看吧。"

彩云接过毽子踢了起来，起初很慢，一个动作一个眼神光绪都看得真真切切，并仔细记在心里。毽子随着彩云纤细的腰肢飞动着，越来越快，那毽子上下飞舞着，划着悠长的弧线，腿一伸一缩，腰一扭一动，双臂也有节奏地甩动着，优美动人。

光绪从没见过踢毽子能踢到这种精妙的程度，站在旁边连声喝彩。

快到极点时，什么也没有了，只有一团彩色的线团在旋动着。渐渐地，这线团又由快而慢，终于停了下来。

彩云已是满头大汗，光绪急忙上前给她擦汗。

"你踢得真棒！看把你累的，来，让朕给你擦擦。"

"奴婢不敢有劳圣上，还是奴婢自己来吧。"彩云先谢过皇上，才接过汗巾。

"朕再开始踢，你给朕指点着。"

光绪在彩云的指点下又开始踢起来。这一回果然比刚才踢得好多了，光绪也感到满意，越踢越好，越好越想踢，渐渐踢上瘾，彩云几次劝他停下来歇一歇，光绪总是不同意，直到后来踢得满头大汗，衣服都湿透了，在彩云一再催促下光绪才停下来。

彩云边给皇上擦汗边说："皇上做事太认真了，将来定会把国家治理好。"

"朕做事就是这样，不做好决不罢休！"

"看把皇上累成这个样子，让太后知道不知怎么处罚奴婢呢？快到屋里换件干净的衣服吧。"

"朕的衣服湿透了,瞧你的衣服也湿透了,走吧。"

两人来到内房,光绪急忙脱去上衣,露出尚没完全发育成熟的身体。他看了看自己平平的胸脯,猛抬头,看见彩云湿透的衣服里那高高隆起的胸部,微微一愣,又低头看看自己的胸脯,好奇地走到彩云跟前,结结巴巴地说:"彩云,你也脱掉,让朕看看,你的胸脯怎么长得那么高,不与朕的一样。"

光绪毕竟是个十几岁的孩子,虽然读了那么多的书,但从小是在宫中严格的宫体礼制教育下长大的,谁会给他讲这些男女之间的事。对于男女之间的事他还像是一张白纸。

光绪说着,不由自主地伸手在彩云胸口上摸了摸。

彩云也没想到皇上把手放在自己胸前乱摩擦,脸上一红,又不敢阻挠,也不想阻挠,只下意识地伸手挡一下。

不知是来自生命体的本能反应,还是神灵的启迪,经彩云这无意间的一碰,光绪仿佛学会了什么。他喘着粗气,笨手笨脚地把彩云身上的所有衣服脱光,自己也脱个一干二净,一把把彩云搂在怀中按倒在床上。

光绪紧紧拥抱着彩云,把头和嘴埋在彩云胸前乱撞、乱舐,那搂在背后的双手也不停地乱摸着……

除了这些动作外,没有什么声音。光绪急得满头大汗,彩云也如一摊烂泥,由着光绪摆弄,却仍然不知怎么做才好。

彩云吓得不知如何是好,羞得脸儿一阵红一阵白,急忙用衣服给皇上擦身子,又给自己擦。

这时,光绪才真正感到疲劳了,仿佛这时才真正结束踢毽子。

不久,光绪真正感到疲劳呼呼睡着了,彩云悄悄给皇上拉件褥子盖好,自己这才轻手轻脚地穿好衣服,悄悄溜走,唯恐被人看见。

一连几天,彩云都故意躲着光绪帝。

这天,彩云修剪完花枝刚要走开,突然发现皇上堵住了她的路。彩云知道今天躲是不行了,急忙下跪请安:"皇上还不快回去认真读书,让太后知道奴婢会死无葬身之地的。"

光绪一听,不高兴地说:"怎么你眼中也只有太后,朕不愿听到这两个字,她可以让你们死,朕难道不能吗?"

彩云一听,流着泪说:"皇上,奴才再大胆也不敢用太后的名义压皇上。奴婢只怕皇上分心不好好读书,那奴婢将有误国之罪呀!"

光绪把彩云扶起来,给彩云擦去颊上泪水说:"彩云,你真希望朕好好读书,将来当一位英明皇上吗?”

彩云含泪点点头。

“好,朕就实说了。不知怎的,这几天来,朕茶不思,饭不想,书更不想读,翁师傅也批评朕了。朕只想见到你,只要见到你,朕特别想读书,记忆力也特别好,几遍就会背诵了,没有你,朕实在无法读书。望彩云理解朕的心情。”

彩云见皇上悲戚的面容,说的话句句是实,叹口气说:“好吧,奴婢就陪陪皇上,不过皇上可千万不能耽误学业。”

“那当然,那当然!”

光绪说着,就在彩云的身上抚摸着。

“别让人看见了,否则奴婢该死是小事,皇上的名誉可是大事。”

“好好,你到朕的寝房,朕讲个事给你听,你听后一定会高兴的!”

两人来到寝房,光绪掩上门。彩云问道:“皇上,什么高兴事呀?讲给奴婢听听,让奴婢高兴高兴吧。”

“朕学会了!”光绪神秘地说。

“皇上学会了踢毽子?”

“不是,朕学会干那事了。”

彩云一听,脸唰地一下红了。

“谁这么大胆,竟敢教皇上学那种见不得人的事?”

“这你就不用问了,等一会儿你知道了。”

原来,光绪那天醒来,想想刚才的事,知道没有成功,做错了,感到十分沮丧。自己从没干过那事,没有经验,失败是难免的,必须学会。问谁呢?皇阿爸不行,翁师傅不行,这宫中的太监更不行!对了,干脆问六皇叔的儿子载泽,他比自己稍大一些,一定懂得这事,便派贴身太监王商去请载泽。

载泽一听皇上有请,哪敢怠慢,就急急忙忙入宫拜见皇上。光绪屏退众人,单独留下载泽才悄悄地问:“你干过那事吗?就是男女之间的事。”

载泽一惊,“皇上怎么问起这个?”

“朕长这么大还不懂男女之间的事呢。”

“等皇上大婚时,您自然就懂了,现在知道为时过早。”

“哼!还早呢?顺治爷十四岁就完婚了,康熙爷十二岁也完婚了,朕比两位爷年龄都大,可对这事一点也不懂!这是早晚要知道的。晚知道不如早知道了,你教一教朕吧!”

“皇上,不是小的不想教你,是小的不敢呀!让太后知道,我要挨打的。”

"怕什么,你不说,我不说,别人谁知道呢?"

载泽想一会儿,比画着给光绪讲了一遍。光绪认真记着,又重复一遍给载泽听。

"皇上,仅说是没有用的,你可按小的所说方法找人试一试。"

"找谁呢?"光绪问了一问。

"嗬,这宫中那么多宫女,找谁不行?"

光绪摇摇头,"朕只想在外面寻找,你给朕想个办法吧!"

载泽想一会儿,神秘地对光绪说:"皇上,今天晚上小的带你去个地方,包你一学就会,就是你不懂,那里的女孩子家个个都懂,包您满意。"

当天晚上,光绪瞒住执勤门卫,在载泽的带领下和两名贴身太监偷偷地从宫中小门溜出去。载泽把光绪带到他白天租赁好的一个住所,并事先从妓院里花高价雇佣了几名美貌妓女在此恭候。载泽本打算把光绪带到妓院玩玩,但一想到当年同治帝的不幸,哪还有这个胆量。不带皇上出去吧,又怕光绪怪罪他,大小光绪也是个皇上,载泽也仅比光绪大几岁,又是情场上的风流客。也知道这事的妙处,自然希望有个风月知己,况且,载泽也想趁机拉拢一下皇上,将来对自己也有好处,才私自雇妓女来教光绪干那事。

这次光绪是胸有成竹,彩云的感觉也不比上次。

"彩云,不知怎么,自那第一次见到你后,朕就喜欢上了你,总想和你在一起,你像个大姐姐,关心朕,疼爱朕,朕以后就喊你彩云姐姐好吗?"

彩云摇摇头。

"怎么? 不同意?"光绪很失望。

"您是皇上,我只是名普通宫女,怎敢做皇上的姐姐,让太后知道——"

"不要动不动就太后太后的,朕已长大了,快独立执掌朝政了,朕有自己的权力和自由。朕以后封你为皇后,让你永远陪伴着朕,好吗?"

"皇上,奴婢只是一个红颜薄命的女子,怎敢有窥视皇后之位的奇想,能博得皇上的一丝爱心都是奴婢祖上的阴德,请皇上以后不要再为难奴婢,奴婢只希望皇上多学点知识,将来独掌朝政为天下百姓着想。"

"彩云,你不说祖上阴德朕倒忘了,那天朕问及你的父亲,你为何只叹息不说话。从你的言谈举止中,朕知道你父亲一定是位世外高人或博学之人,等朕独掌天下时,一定请他为朕出谋划策。"

"不要让我父亲做官,他是永远不会再同意做官了。"

"难道你父亲真的看破红尘,不求达官显贵,光宗耀祖?"

“奴婢父亲曾经做过官,后受人陷害被革职在家,从那时起就心灰意冷,永远不愿重入官府,甚至告诉子孙后代也永远不要做官。他戎马半生,出生入死,最后落得如此悲惨结局,实在让全家人心寒。”

彩云说着,伤心地低声哭起来。

“你别伤心,你告诉朕你父亲叫什么,曾做什么官,明天朕告诉圣母皇太后,求她为你父亲平反昭雪,官复原职。”

“太后是不会同意的,听父亲说,他曾经为朝廷惩办逆臣而杀死太后的红人,也因此得罪太后。”

“彩云,你父亲是什么官,能惩处太后的人?”

“家父只是一地方官。听说太后的一名手下到父亲所在的地方办事,假借太后之名作恶多端,触犯法令,父亲才将他处死的。”

“你父亲叫什么,你怎不说呢?你连朕也信任不过吗?”

彩云犹豫一下,“彩云不求皇上找太后给家父平反昭雪,官复原职,只求皇上以后执政时查明此事真相即可,家父早已淡漠官职,只想不遭人陷害,死后落个罪名就是了。家父叫丁宝桢。”

“丁宝桢?”光绪重复一遍,“朕好像听说过这个名字,他原来做什么官?”

“家父原来是山东巡抚。”

“山东巡抚丁宝桢。哦,对了,朕曾听翁师傅讲过此人,他曾处死大内总管安德海,翁师傅很赞赏此人,曾说此人蒙冤受害,他是怎样被革职的,朕却不曾听翁师傅讲过,待明日朕先问一问翁师傅就明白了。你不用伤心,只要你父亲是冤枉的,朝廷一定会查明真相,还你父亲清白。”

“如果是这样,奴婢先代父亲谢过皇上。”彩云说着,就要下跪。

“不必多礼,待查明真相后,恢复你父亲的名誉,你再感谢朕不迟。不知到时你怎样来感谢朕?”

“奴婢愿变牛变马受皇上驱使鞭打。”

“朕不想让你变牛变马,朕只想让彩云永远陪着朕。”

光绪微笑地说着,又上前把彩云搂在怀里,彩云也知趣地把身子和皇上贴得紧紧的,两人如胶似漆。

光绪晕三倒四地来到上书房,翁同龢已在那里等待多时了,见皇上这许多天以来不知为何总是迟到,还经常上课打瞌睡,作业也完成得不理想,甚至有时根本不完成。

今天又迟到了,翁同龢很不高兴地说:“皇上,今天又迟到了。”

"朕知道了,下次早来就是。"光绪懒洋洋地说。

"皇上先复习一下昨天的功课,臣马上提问,请皇上背诵苏东坡《教战守策》。"

光绪无精打采地看了一会儿,又在磕头打盹了。翁同龢让光绪背诵。

光绪揉一揉惺忪的眼睛背诵了几段,背不下去了,便不好意思地说:"翁师傅,明天再背诵吧,朕今天不会背了。"

"皇上,这许多天来有什么心事吗?怎么表现反常,整日精神萎靡不振,布置的功课也不能按时完成,到底为何?"

翁同龢见光绪低头不语,又进一步开导说:"皇上正值青春年少之际,应以读书为重,只有多学一些知识,将来执掌天下才能处理好国家大事,上承社稷国家之重任,下抚黎民百姓之疾苦,重振国威,光大我大清天朝帝国。"

话音未落,就听外面太监一声高呼:"太后驾到——"

翁同龢、光绪一齐扑通跪倒,口中恭敬地喊道:"请圣母皇太后安!"

慈禧落座后,扫一眼翁同龢和光绪,说一声:"都起吧。"

"谢圣母皇太后!"两人站起来。

"翁同龢,最近皇上功课怎样?"

"这——"翁同龢不知如何回答。

"请直谈吧!"

"回太后,皇上学习尚可,进步也较快,只是和以前相比略有怠懈,皇上近来情绪不佳,精神不振。臣请奏太后多鼓励一下皇上,少批评一些,多给皇上些自由,减少些压力。"

"哼!再多给他一些自由,就更不像话了。皇上最近所作所为翁师傅可有所闻?"

"回太后,臣每天给皇上授课,并没见皇上有何越轨之处,不知太后所指什么?臣实在愚昧。"

"你不知也就作罢了,皇上自己应该心中明白吧?"慈禧冷冷地讥讽说。

光绪低首不语。

李莲英在一旁幸灾乐祸地说:"唉,皇上最近挺辛苦呀,瞧,消瘦多了!"

"狗奴才,哪有你说话的份儿?"光绪听到李莲英阴阳怪气地说话,不耐烦地训斥说。

"好,奴才没有讲话的权力,太后的话也当耳旁风吗?"李莲英故意拿太后气他。

“狗东西，就会狗仗人势，处处拿皇阿爸为自己撑腰，将来朕一定杀了你！”

“放肆！”慈禧大吼一声：“皇上都是金口玉言，怎能胡说八道，动不动杀这个杀那个？”

光绪不再言语，强忍住泪水坐在书案旁边。翁同龢见状，急忙跪下奏道：“请太后息怒！”

“今天的课就上到这里吧，翁同龢你请回吧！”慈禧对翁同龢说道。

翁同龢见太后余怒未消，好像要单独找皇上训斥什么事，不便直问，就对光绪说：“皇上，多注意些功课，以学业为重。”

然后又转向慈禧，“臣先告退了！”说完，躬身退出，临行，又向光绪投去安慰的一眼。

慈禧等翁同龢走开，回头对光绪说道：“皇上，到我宫中去，皇阿爸有话问你！”

“子臣背完书就去。”光绪怯怯地说。

“不行！现在就去，书也不是一时学的，前几天不认真读书，现在又认真起来。皇阿爸就是要好好管教一下那些引诱皇上，不让皇上好好读书的人。”

光绪一听，心里急了，他不是害怕皇阿爸骂自己，而是担心皇阿爸知道他和彩云的事，处罚彩云。

担心是没有用的，光绪随慈禧、李莲英来到储秀宫时，老远就看见太监崔玉贵正看管着跪在地上的彩云。

来到跟前，慈禧冷冷地对光绪说：“皇上，你认识她吗？”

光绪没有说话，只低着头。

“皇上怎么不说话，不认识吗？那正好，崔玉贵，把她拉出去扔到井里！”

光绪知道不说话不行，急忙抢上前一步“扑通”跪倒：“皇阿爸，子臣求你饶过彩云吧！”

“慢着！”慈禧向崔玉贵摆摆手，“皇上不是不认识她吗？”

“皇阿爸，子臣喜欢彩云姑娘，彩云也喜欢朕，你就答应子臣，让彩云做子臣的皇后吧！”

“胡说！皇上如此年幼就沉湎女色，将来岂不像唐明皇迷恋杨玉环那样，做一位亡国的昏君。别说皇上没到立后的年龄，就是到了立后的年龄，也不能立这等下贱的侍弄花草的宫女为后，更何况她是汉人，祖上没有立汉女为后的先例，当年顺治爷为了孔四贞、董鄂妃与孝庄太后发生那么大的争执，最后也没能立汉女为后。你胆敢立汉女为后，皇阿爸废了你的皇位！”

“皇阿爸,子臣宁可不做皇上也要彩云。”

“大胆!”慈禧勃然大怒,从座椅上站了起来。“你越来越放肆了,竟敢瞒着我私自到宫外逛窑子,白白辜负皇阿爸一片苦心。我指望你好好读书,早早长大,能独自执掌朝政,母后也静静地待在后宫安享天年,想不到你竟这样不争气,小小年纪走上邪路,如此下去,那还得了,怎么当个好皇上?”

慈禧说着,说到动情处也忍不住掉下几滴泪来。她一来是故意做给光绪看的,想打动光绪的心,二来慈禧也确实感到伤心,她从光绪私逛妓院想到同治帝由于到妓院而染得一身梅毒而死去。现在光绪又要重走同治的老路,况且年龄比同治还小,怎能不担心害怕又伤情呢?

光绪见皇阿爸伤心地哭了,也感到很内疚,自己确实做得不对,作为皇上哪能私到宫外和妓女厮混。但他是为了学会那事,可这话怎能对皇阿爸说呢?无论怎样,还是自己的不好,耽误了学业,惹皇阿爸伤心了。光绪重新跪下说道:“皇阿爸,子臣不对,惹您生气了,子臣再也不做了,一定专心读书,将来做个好皇上,也让皇阿爸早早安享天年。”

慈禧抹一把眼泪说道:“皇上请起吧,母后也不想训斥你,但你最近也太不像话了,母后训斥你还是为了你能当好皇上,也是为了咱大清天下呀!”

“子臣理解母后的心,今后一定认真读书,不辜负皇阿爸的期望。”

“皇上今后不能再胡闹,一定把心转到学业上。你和彩云的事就到此为止吧,皇阿爸不追究你的责任,自己记住教训就是了。”

“子臣谢皇阿爸!”光绪内心一阵轻松。

“不过,这些宫内的太监宫女也越来越大胆、放肆,不严惩一下如何治理宫廷。今天宽恕了他们,其他人还以为我们母子做事懈怠,让他们看轻了呢?宫中的规矩岂是随便破坏的。彩云身为宫女,狐媚皇上,破坏宫中规矩,看在皇上的分上,死罪免去,活罪不饶,打进冷宫!”

光绪本以为皇阿爸会饶过彩云,没想到仍是这么重处罚,急忙哀求道:“皇阿爸,宽饶她吧,她是丁宝桢的女儿。”

慈禧本来也无处死彩云的心,只想关几天冷宫,让她闭门思过。一听她是丁宝桢的女儿,心中“咯噔”一动,立即决定处死彩云。慈禧为了证实一下,对崔玉贵说道:“把彩云带上来,让本宫看一看。”

崔玉贵上前把彩云提到慈禧面前。“彩云,你是丁宝桢的女儿?”

“哼!是又怎样?我父亲杀死你的走狗安德海,你公报私仇,将我父亲革职。”

“大胆,小李子给我掌嘴!”

李莲英走上前一把抓住彩云的脖子,皮笑肉不笑地说:“嘿,果然有几分姿色,怪不得能迷住皇上。不过,你这个长相,想当皇后,真是他妈的白日做梦,癞蛤蟆想吃天鹅肉。”

李莲英

李莲英说着,冲光绪一抱拳,“皇上,奴才放肆了,这可不是小的敢打你的心上人,是太后的命令,没办法呀!”

“李莲英,狗奴才,你——”

光绪话没说完,李莲英啪啪几巴掌打在彩云的脸上。彩云白净的脸立刻出现两个红肿的手印,嘴也被打出血了。

彩云头一昂,用袖子抚一下嘴角上的血骂道:“强盗!”

“小李子,给我再掌嘴!”

“啪啪”又是几下。

“皇阿爸,看在子臣的面上,饶过她吧!”光绪苦苦哀求。

“本来母后是准备饶过她,可她自讨苦吃,这怪不得皇阿爸。”

光绪又转向彩云,哀求说:“彩云,你向皇阿爸磕头求饶吧,让太后宽恕你。”

彩云冷冷一笑,“我的头早就磕累了,也活累了,我只想死!我父亲为你们出生入死,戎马一生,到头来还是遭人陷害,落得革职的下场。你们不分好歹,不辨忠奸。”

“崔玉贵,先把她打进冷宫听候发落!”

“皇阿爸,看在子臣的面上,饶过彩云吧!”光绪又一次向慈禧跪下。

“好了,好了,皇上请起吧,看在你的面上从轻发落。”

“子臣谢过母后!”

“皇上先回去读书吧,母后会看在你的分上饶恕她的。”

光绪这才拜谢慈禧,躬身退出。

光绪刚离开,李莲英就凑上前说道:“老佛爷,这彩云是万万不能留下的。

她是丁宝桢的女儿,可能是丁宝桢故意让他女儿入宫,好趁机狐媚皇上,将来好为他翻案。"

慈禧点点头,"本宫也是这么想的,你去通知崔玉贵,把彩云勒死。"

"喳!"李莲英满意地退出。

光绪回到毓庆宫上书房读了一会儿书,仍然心神不宁,他知道皇阿爸的话有时不可信,便一个人到后面寻找彩云。他来到关押宫女的冷宫门前,迎面碰到崔玉贵。崔玉贵见皇上来了,也是一愣,刚想从旁边溜走,被光绪喊住:"崔玉贵,你把彩云带到什么地方去了?"

崔玉贵一惊,忙躬身答道,"回皇上,彩云姑娘就在后边,你进去看看吧,奴才告退了。"

光绪到后面一看,呀,吓得呆住了,彩云被一条白绫勒死在房梁上。光绪急忙跑进去松绑,还解不开,又跑出去喊人来松开,彩云早已香消玉殒。光绪一时泪涌双泉,悲愤交加。

## 情定珍妃

内府官员领着姐妹俩款款而来。光绪的两眼眨也不眨地盯着二姑娘:只见她落落大方,步履轻盈,没有丝毫造作之态,简直就是美和智慧的化身,这便是他多年想象中的人——令他一见倾心,如同一个穷汉忽然获得了一个宝库似的……

光绪帝七岁的时候,他的老师翁同龢对他讲,广东有一位女孩,很喜欢火车玩具,而且自己会拆卸装修,还说她长大了要自己制造火车、轮船。从那以后,光绪帝就把这个同自己志趣相投的人引为知己,想象她一定是一个聪明、美丽的人;可是,他后来娶的皇后,看过成群的皇妃候选人,一个个呆若木鸡,同他心中想象的广东姑娘毫无共通之处。这让他非常失望。

在光绪帝选妃的时候,正好广州将军长叙带着两个女儿到京议事。翁同龢与长叙是朋友,闻听就前往拜访。来到长叙下榻的府舍,翁同龢见院中有两位姑娘在玩照相。她们就是长叙的两个闺女,大的十七,小的十五。几年前翁同龢对光绪帝提过的正是这两个里面的一个。喝茶的时候,翁同龢得知,姐妹俩师从江西才子文廷式,学业不错,特别是二姑娘,读了不少介绍西方国家情况的书籍,有富国强兵的理想。长叙叹息说,可惜她是一个女子,如果是男孩,也许将来会做一番大事业的。

回宫以后，翁同龢说广东的姑娘来北京了。光绪帝一听真是喜出望外，但他又想，他的命运掌握在慈禧手里，即使自己喜欢，又有什么用呢？不觉深深叹息了一声：“唉！”

后来，翁同龢又委托熟人在慈禧面前吹风，说长叙的女儿可作为皇妃候选人，慈禧果然同意“亲眼看一看”。

珍妃

慈禧在太监、宫女的簇拥下来到养心殿，坐定之后，内府官员便领着姐妹俩款款而来。大殿上下的眼光，一下被两位姑娘聚集起来；光绪帝的两眼眨也不眨地盯着二姑娘：只见她落落大方，步履轻盈，没有丝毫造作之态，她简直就是美和智慧的化身，这，就是他多年想象中的人！他见过成千上万的美人，不曾有一个像这个女子使他一见倾心。他有生以来，第一次感到了生活的光明和美好，如同一个穷汉忽然获得了一个宝库。

看过之后，慈禧问皇帝、皇后是什么看法，皇后看出光绪帝中意的是妹妹，她想，如果选中她，皇帝定会被她完全占有，于是故意说姐姐不错。光绪帝说他喜欢妹妹。慈禧从他两人的表情中已经明白他们各自的真意，便做了一个照顾双方情绪的决定：“将姐妹俩都纳为妃子，共同侍候皇帝。”就这样姐姐被封为瑾妃，妹妹被封为珍妃。

第一夜，光绪帝宣召珍妃侍寝。宫女们将一条毛毯铺在她床上，让她脱去衣服，等太监来背她去皇帝寝宫。

“为什么侍寝要脱去衣服，让人背去？”珍妃问。

宫女们告诉她，因为前朝有个皇帝被宫人刺杀，以后便定下这个规矩。

珍妃一听，变色说道：“既然不相信我们这些人，为何又让我们去侍寝？”可是她心想，既是旧例，自己也不好破，再说自己是爱着皇上的，虽然生气，还是照办了。到了寝宫，光绪帝挨近她时，她就质问道：“皇上难道不怕奴婢身上藏有刀剑吗？”

光绪帝被这突如其来的问题问愣了。他伸出的双手停在半空：“爱卿此话从何说起？”

"奴婢进宫要光着身子,不就是怕奴婢行刺吗?"

光绪帝忙解释说:"这是老规矩,不是朕的意思,既然爱妃不高兴,今后就免了吧。"说完就吩咐把珍妃娘娘的衣服取来,并传旨今后进宫不再脱衣服。

光绪帝向珍妃述说了他多年的思念,珍妃深受感动。她将光绪帝的手按在自己的胸口,说她要伺候他一辈子,让他一心一意地治国安民,成为万民称颂的贤君。

朝廷有规定,妃子侍寝,到了一定时候就得离去,不能整夜待在皇帝身边。皇后派出的探子报告说,珍妃一夜未离皇帝寝宫。以后,不仅整夜,而且连续几夜都同光绪帝厮守在一起。皇后妒火中烧,不仅每天拿嘴脸给珍妃看,而且挑拨瑾妃同妹妹的矛盾。瑾妃是个没有心眼的人,加上被冷遇所产生的怨恨,果真对妹妹也冷淡起来,有时同皇后一起,在慈禧面前一唱一和,说妹妹许多不是。

珍妃自己对这一切并不在意,但她怕给皇上带来麻烦,光绪帝却劝她不必担心,他一国之君难道连一个爱妃也保不住吗?珍妃深情地说:"只要皇上永远爱奴婢,那奴婢就什么也不怕了。"

可是光绪帝的爱,终于使珍妃的生活险象丛生。他派人用珍珠串成一件披肩赐给珍妃,皇后马上同瑾妃去颐和园向慈禧告了状;光绪帝请了一个戏班子到宫里唱戏,皇后又向慈禧进谗说,因为珍妃看上了一个戏子,才怂恿皇上请他们进宫演出的。慈禧心里清楚知道这里面夹杂着争风吃醋的成分,何况这些事没有牵涉到她本身的利益,所以她不想多操那份儿心,对皇后的告状采取了并不深究的态度。

珍妃把全部爱都献给了光绪帝,使他感到无限幸福。她还为他分担政事上的忧愁,成了光绪帝难以离开的助手。

有一天,翁同龢报告光绪帝,说英、俄两国军队侵占了新疆以西的帕米尔地区,光绪帝立即去颐和园谒见慈禧。光绪帝离宫,珍妃紧锁愁眉,坐立不安地等待着他,猜想他可能遭遇的种种情况。她话也不说,晚饭无心吃,等呀等,光绪帝终于回来了。她像迎接远航归来的亲人一样迎接他,发现他情绪激动,便小心地问他有什么事。光绪帝说:"我们新疆以西的帕米尔被英、俄侵占,太后都说什么不毛之地让人家占去算了,一句话就丢了大片国土。"珍妃听了感到又惊又气,但她担心光绪帝气坏了身子,便宽慰说:"皇上光生气也无用,只有让国家强盛起来,列强不敢欺侮,才是根本。"光绪帝问国家如何才能强盛起来呢,珍妃说,可以效法外国开矿山,兴工厂,办海军,练新兵。

“这不是前人办洋务的老路子吗?”

“是,但李鸿章他们是虚张声势,并未认真兴办,要是皇上脚踏实地,认真兴办,是一定会见效果的。”

“那银子从哪里来?现在李鸿章训练水师,还正伸手向我要钱呢!”

“皇上不必发愁,大清国地广物博,只要开源节流,肯定会有钱的。”接着,她拿过一个瓷罐,把自己身上的银子、龙洋都装了进去,并取过案上的笔,写了一张“富国强兵储蓄罐”的条子,贴在罐上,然后笑眯眯地望着光绪帝。光绪帝高兴地点了点头。珍妃说,从今天起,她每天从俸银中节省十两银子放进去,不久就会有不少。

光绪帝激动地抚摸瓷罐,说:“爱妃的精神可嘉,但是这点钱能顶什么用呢?”

“皇上不要小看这点钱,古人说,涓流成海,聚沙成塔。”

正在这时,王商报告说翁同龢求见。随着一声“请”,翁同龢拿着工部一份奏折进来,上面说,修复颐和园尚缺三千多万两银子,同李鸿章商妥,由海军经费中开支。

光绪帝没有看完,就一拳击案,愤愤地说道:“不顾国家危亡,一味讨好太后,太可恶了!我立刻驳回去!”他抓起奏折踅进内宫,准备批驳。珍妃同皇上有相同的心情。她说:“是该驳回;不过,要是太后生气怎么办呢?”一句话点到了光绪帝的痛处,他颓然落座在龙椅上。

“奴婢倒有个想法。”

光绪帝以期待的目光注视着珍妃。她告诉他,可采取一个既可保护海军银两,又可以向慈禧交代的批法,说海军军费专款专用,不便挪用,修复颐和园不足经费着户部另行筹拨。光绪认为很好,就照批了。

慈禧看了皇帝的批语大为恼怒,骂道:“现成的银子不让我花,让我去花没有影儿的。哼,我还在,他们就这样克我!”拿起笔把朱批几笔勾掉,改批为:“修复颐和园所需的钱,仍由海军经费中照拨,毋庸再议。”

慈禧的改批,把光绪帝气得怒火万丈,但又不敢公开发泄,走到寝宫,看到珍妃的储金罐,不禁无名火起,一掌打去,储金罐飞落地上碎成几瓣,里面的龙洋撒得遍地都是。珍妃不知发生了什么事,委屈地看着光绪帝。光绪帝像怒骂又像解释的说:“成千上万的银子,他们任意挥霍,咱们这样辛辛苦苦地积攒有什么用!”

“皇上,这一点奴婢也想过,但是多一点总比少一点好,要是大家都这样做,何愁国家不富?"

珍妃说得这样恳切和沉痛,光绪帝感到在她面前这样发作太不应该。他躬身捡起一块罐片抚摸着,望着珍妃那近乎哀求的神情,一股热泪夺眶而出,哽咽地说:"爱妃,要是朝廷内外有一半人像你这样以国家为念,那大清朝就绝不会是现在的局面了!"

内忧外患,弄得光绪帝寝食难安。珍妃献计说:"治天下之道,莫大于用人,选贤任能是当务之急。"而且她认为科举考试难以发现真才,要广开才路,如请有识之士推荐等。接着,她推荐了饱学多才的文廷式。

光绪帝十分欣赏珍妃的意见,积极物色有胆有识之人,寻找维新之路。但是,他看到,从太后到王公大臣,都一味谋权争势,沉于享乐之中,毫不以江山社稷为念。珍妃对光绪帝说:"问题的症结在太后,皇上应当劝她以国事为重,不要再这样下去了!"

"那只能是虎口拔牙,自取伤害!"光绪帝叹息说。珍妃不忍同他争辩,却自己决心冒死进谏慈禧,为挽回局势出一点力。

刚好,慈禧要珍妃等前去颐和园陪她看戏。珍妃觉得这是个好机会,便不顾光绪帝劝阻,毅然去了。那天演出的是《哪吒闹海》。慈禧看得正起劲,突然李莲英来报告,清军在平壤吃了败仗;一会儿又报告,日军击沉了清军四艘舰船。慈禧听得发烦,就嚷嚷说:"不要为这种小事来干扰我看戏。"站在一旁的珍妃犹如万箭穿心,头发被热血冲得简直要直立起来。她顿觉双眼一黑,于是赶紧抓住慈禧的坐椅。慈禧不高兴地问:"怎么啦?"珍妃趁此机会,跪下说:"奴婢有几句话想禀太后,不知当讲不当讲?"

"说吧。"

"太后,眼下国难当头,奴婢希望太后停止游乐,缩小祝寿规模,减少庆典开销,发动全国官民协力抗击倭寇。奴婢以为,这才是对太后万寿诞的最好庆贺。"

慈禧听了,本想大发雷霆,但心想珍妃的话并未说错,要是发作反显得自不占理,便强压下怒火,应付说:"说得有理,回去告诉皇帝照办。"这个结果,大出珍妃意料。不久,光绪帝果然得到懿旨,说因为打仗花钱,原定在颐和园举行庆典改在皇宫内进行,以便节省从皇宫到颐和园沿途的开支。

抗击倭寇接连失败,引起全国震惊,纷纷要求惩办消极抗战的李鸿章。文廷式和珍妃的哥哥志锐大胆上书指责李鸿章和慈禧。慈禧看罢奏折,一下摔到地上,把战败的责任一下推到主战的光绪帝头上。事先,她还听皇后、李莲英说，珍妃也参与其事，便把以往对珍妃的恨一下发泄出来，叫李莲英把珍妃姐妹立即找来，厉声骂道："你们这两个狐狸精，平时迷惑皇上不说，现在公然出来干预朝政。"

珍妃辩道："奴婢按规矩陪伴皇上，从来不干预朝政。"

"你还敢强辩，快拿棍子来！"慈禧大吼。

光绪帝吓得连忙叩头，说她们实在没有做什么错事。

"哼，平时蛊惑皇帝，现在又怂恿你对日开战。她俩为何自己不去临阵退敌？"

珍妃实在听不下慈禧的谰言，凛然地说："倭寇来犯，朝廷是战是和，奴婢从来未插过嘴；不过奴婢蠢想，天下兴亡，匹夫有责，即使上书言战，恐怕也不算什么过错！"

慈禧气得脸色铁青，狂叫道："来人！将这个狐狸精扒掉衣服，重打四十！"同时狠狠指责皇帝把她宠坏了，限他下令把她们姐妹降为贵人，幽禁三个月，不准召幸。光绪帝不敢吭声，一一答应下来。

珍妃被关在景仁宫，有两个贴身宫女陪同。光绪帝从慈禧那里出来，直奔景仁宫探望珍妃。她已经被打得趴在床上动弹不得了。一见光绪帝，她拼命挣扎着起来，委屈的泪水夺眶而出，但嘴上问的却是："眼下战势怎么样？"

光绪帝轻轻擦着她的眼泪，说："败局已定，日寇仍在进犯，太后令我忍辱求和。"

"又要割地赔款了！"珍妃难过地哀叹说。

看到珍妃的样子，光绪帝十分悲痛，用右拳击自己的头说："难道伟大中华真要沦丧在我载湉之手吗？"

珍妃忙劝慰说："失败乃成功之母，皇上不要灰心，只要选贤任能，图维新致强之道，中国总会有富强之日！"

三个月之后，李鸿章奉慈禧之命与日本签订了《马关条约》。这项割地赔款的卖国条约，激起了全国人民图存救亡的浪潮。这时，对珍妃的禁令已经解除，光绪帝又把她召到身边共商大事。接着，光绪帝起用了康有为、谭嗣同等人，实行变法维新。以慈禧为首的顽固派迫于表面赞同，背后却大肆抵制破坏，随时准备废掉光绪帝。

后来，因为袁世凯的出卖，光绪帝拟对慈禧实行"兵谏"的计划败露。慈禧决定先捕杀康有为等主张变法的人。动手之前，她以陪她"游园"为名把光绪帝、珍妃骗到颐和园软禁起来，割断他们同变法派的联系。珍妃知情以后，建议光绪帝写一道密诏,叫康有为等火速离京避祸。但他们被慈禧拉着“游园”,脱身不得。为了赢得行动的时间,慈禧在“游园”之后,又留下光绪帝和珍妃在排云殿教他们“雕葫芦”。估计时间差不多了,慈禧遣散了其他人,单留下光绪帝和珍妃、李莲英。

慈禧突然厉声说道:“今有一人大逆不道,要毁我江山社稷,我要你立即革职拿办!”

光绪帝一听大惊,忙问:“谁呀?”

“康有为!”慈禧指着光绪帝说,“你马上亲写一道密令,盖上玉玺,叫部兵统领急速捉拿康有为,交我亲自治罪!”

光绪帝不觉打了一个冷战,但他见珍妃点了一下头,便答应道:“是!”

慈禧拿到密令,吩咐光绪帝、珍妃在原地等候,她去办件事就回来。光绪帝知道她是发布命令去了。

慈禧刚跨出门,珍妃要光绪帝把给康有为的密诏给她。她刚拿过藏好,李莲英就回来了。珍妃迎上去微笑着说:“李总管。你看皇上的衣服全湿了,快去取件干的来换换。”

“这个——”李莲英想赖着不走。

“快去,你没看见我冷得发抖吗?”光绪帝喝道。

李莲英斗不过,只得去找王商。李莲英一出门,珍妃迅速用雕刀把葫芦切开一个三角口,把密诏封好装进去,再封好。这时王商跟着李莲英进来。

“王商,皇上衣服湿了,快去玉澜堂取干衣服来换。”

王商转身要走,珍妃又让他把太后赐的葫芦带回,她回去要好好练雕葫芦。王商接过葫芦、刻刀出门,李莲英想跟上去检查,珍妃却叫他去给皇上拿鲜藕。慈禧不在,他不敢公开对抗皇上,只好去拿。

王商察觉到光绪表情很紧张,便琢磨着珍妃让他带葫芦的含义。他仔细检查了一遍,发现了三角口,于是揭开,取出密诏,立即送给在东宫门等候皇上接见的林旭。林旭情知事急,来不及多问就驰回京城的南海会馆。康有为得诏,马上赶乘去天津的火车,第二天坐英国轮船重庆号去了上海,再由上海逃到了香港。等李鸿章奉了慈禧的密令赶到南海会馆时,康有为、梁启超都早已经跑了。

慈禧带人从颐和园回到皇宫,一见光绪帝就破口大骂。站立在一旁的珍妃看到事情已经发展到难以挽回的地步,毅然跪下说:“太后,皇上并无罪过,即使有,也恳求明白指出,不应任意辱骂。”

“闭嘴，没有你说话的分儿。骂？我还要废掉他！”

“皇上是天下人的君主，不是太后私有，岂能随便废黜！”

珍妃理直气壮的顶撞，气得慈禧暴跳起来，她扑向珍妃，揪住她的头发，拳打脚踢，口里骂道：“混账东西，老娘还没有同你算账，你倒教训起老娘来了！”

珍妃直挺挺地跪在地上，任由慈禧打骂，不动，不吭。

慈禧打骂累了，叫喊道：“把这妖精关进黑屋，严加看管！”

几个卫士抓起珍妃就走，珍妃挣扎着，不断回头呼喊：“皇上，要保重……”

慈禧第三次垂帘听政，光绪帝被囚禁在慈宁宫旁的偏殿里，后来又被囚在瀛台。维新派的人物遭到了残酷镇压。

珍妃在景仁宫关了一段时间，慈禧更想进一步亲自折磨她，看着她在肉体、精神上受苦，便让珍妃去“伺候”自己。每天给她端茶送水，铺床叠被，抹桌擦地，如同奴仆。还不时斥责辱骂。为了保护光绪帝平安，这一切珍妃都忍耐着，有时被太后打得昏死过去，也一声不吭。

不久，珍妃被重新禁闭在“北五所”。这里原来是药房，长期弃置不用，破旧荒凉，院内蓬蒿丛生，鼠兔出没，珍妃的住房阴暗潮湿，霉气熏人；床上只有单薄的被褥。她穿的是破烂衣裳，吃的是粗糙饭菜。李莲英每天还奉慈禧的旨意来对着面数落她的“罪行”，詈骂凌辱她。这一切她并不在意，她最揪心的是光绪帝和国家的安危。

囚在瀛台的光绪帝当然也在为珍妃担心，但一水之阻，如在天涯。后来，他从王商口里得知珍妃囚在“北五所”，就托王商以瑾妃的名义给珍妃送糖果。珍妃见糖果的商标是英文，知道这一定是皇上送来的。她打开糖盒，果然看见光绪帝写的一封信：“朕住瀛台，一切皆好，万望爱妃保重！”珍妃顿时热血沸腾，泪如雨下。看守珍妃的老太监同情珍妃的不幸遭遇，于是同王商一起为他们暗通信息。

通了消息虽然给光绪帝和珍妃带来了无限欣慰，却更使他们渴望见面。在一个夜静灯阑的黑夜，王商终于弄到一只船，载着光绪帝渡南海去会珍妃。两人一见，抱头痛哭。

“爱妃，是朕连累你遭难，看你现在形容枯槁，真叫朕心如刀割！”

珍妃连连摇头，叫光绪帝别那样说。她告诉他，只要他健康活着，有朝一日重振朝纲，富国强兵，她就是死了也感到幸福。

光绪帝紧紧抱住珍妃，深情地说：“‘在天愿做比翼鸟，在：地愿为连理枝’。这就是朕对爱卿生命不渝的誓言。”

“‘春蚕到死丝方尽，蜡炬成灰泪始干’，这是奴婢对皇上的一腔情思。”

深沉的倾诉，不觉已送走了大半夜时光。王商在房外轻轻地催促。房内两人为分离痛彻心肝。珍妃把光绪帝的手按在自己的心口，说：“皇上，奴婢这颗心是为你跳动的！”然后她轻轻推开他，要他快走，万一被巡逻的人发现就不好了。光绪帝依依难舍，慢慢走了。

八国联军进犯，慈禧惊惶万分，决定化装西逃，同时裹挟皇帝、皇后一起逃走。一切准备做好了，她吩咐李莲英把珍妃带来。

事前，珍妃曾同光绪帝约定，国难当头，绝不为了自身安危而弃国出走。但是，当她看到李莲英带着幸灾乐祸的奸笑来到她面前时，便知道自己的生命已到了最后关头。她庄重地斥退了李莲英，换了一身干净衣服，对着尘封的破镜理了理散乱的头发。两年的冷宫生活就要永远结束了。进宫前后的生活在她脑际一一闪过。她最难割舍的是光绪帝，最担忧的是外侮的猖虐。自己的生死已经置之度外，但她觉得应该给皇上留点什么。她走到案前，提笔写了一首陆游的诗：“死去原知万事空，但悲不见九州同。王师北定中原日，家祭勿忘告乃翁。”写毕斟酌了一下，将“乃翁”二字改成“亡灵”。她感到自己满腹的话语，都被这首诗表达出来了，不觉产生了一种轻松的心情，长叹了一声，迅速走出冷宫，径向乐寿堂走去，李莲英急忙跟在后面。

到了慈禧面前，看到慈禧一身村妇打扮，珍妃立即明白她要逃跑了。慈禧看了看珍妃那鄙视的眼神，解嘲地问道：“我这身打扮，你觉得好笑吗？”

“不，没有什么好笑的，落得国破家亡，化装逃跑，奴婢只感到可悲！”

慈禧像是被抽了一鞭，战栗了一下，接着她说：“洋兵已经打进北京，不能不走。可是皇上硬要留在北京，你去劝劝他。”

“皇上本不应该走，他是一国之主，外敌入侵之际，他岂能置祖宗基业和老百姓于不顾，而只图个人逃命呢？”

“你知道洋鬼子进来会无恶不作的！”

“奴婢早已知道，所以才支持抵抗外侮。现在奴婢愿以死报国，决不苟安偷生！”

慈禧吩咐李莲英：“把她押到景祺阁去等我。”

景祺阁北面小院里有一口水井，平时盖着石盖。珍妃到后不多时，慈禧随后也到了。她看了珍妃一眼，说：“你不愿走，我也不强迫。但你这样的花容月貌，洋鬼子决不会放过你。为了免遭污辱，你就在这里死去吧。”她指着那口井，并对李莲英说：“把井盖打开！”

面对死亡，珍妃多年来积压在胸中的怒火燃烧起来，她逼视着化装成村妇的慈禧说："你用大清的权力，来强逼一个手无寸铁的弱女子去死，这算什么威风？有本事，为什么不去抵抗那些杀人放火的强盗？"

"你，死到临头也不怕……"

"怕？我早知你容不得我活下去，可惜我只活了二十五年！不过这二十五年中，我活得正直、清白、问心无愧！太后，你想想你自己，你一生的所作所为，对得起谁？能问心无愧吗？"

慈禧气得全身发抖，大叫："把她推到井里！"

"住手，我自己去！"珍妃挡开想动手的李莲英，转脸对慈禧说，"太后，奴婢就要遵照你的旨意去死了。此时奴婢有句忠告，望你做点好事，把朝政归还皇上，让他把国家治理好。你不为大清朝着想，也该想想你自己死后的名声，不要做国贼和民族的罪人，让后世唾骂，遗臭万年……"

慈禧跳起来，声嘶力竭地吼叫："快把她推下去！"

"太后！"珍妃高声喊道，"奴婢同皇上夫妻恩爱一场，在永别的时候，愿你看在皇帝面上，让奴婢见皇上一面！"

慈禧什么也听不进去，一个劲儿地狂叫："把她推下去！"

李莲英抢步上前，抱起珍妃，投入井中……

"盖上井盖！"慈禧感到有点昏眩，但她没有忘记杀死珍妃的最后一道手续……

# 宣统帝情感逸事

## 荒诞的情仇爱恨

他被驱出宫后，妻妾之间的矛盾就浮出了水面。他经常独居。妻以为他宿于妾处，妾认为宿于妻处，两人互相猜疑、互相妒忌。妻指桑骂槐，讽刺妾；妾则说妻无事生非，予以反击。妻妾之间明争暗斗，没有一日安宁……末代皇帝的情感秘事，让人津津乐道。

一九一一年辛亥革命成功，宣统帝溥仪退位。根据《关于清帝逊位后优待之条件》，溥仪所代表的清王朝仍居住在紫禁城内的后部，即乾清门往北以及东西各宫，这范围内的地盘称作溥仪的“内廷”。那些旧臣遗老们，每日进宫穿着满清朝服拜见这没有江山的皇上。溥仪过了十五周岁时，皇太妃、王公大臣们提出已到“大婚”的年龄，应当立皇后、选妃子了。于是在满族亲贵家中选择适龄少女十人，拍摄照片后送请溥仪挑选，溥仪从中选出四人，经皇太妃与近臣们反复商量，从四人中选出两人，即婉容与文绣。至于谁是皇后，谁是妃子，各方意见不相同，只好又请溥仪“钦定”。溥仪则在照片上画个圈圈，圈定婉容为后，文绣为妃。

宣统帝

婉容字慕鸿，原籍黑龙江龙县人，正白旗郭布罗氏。曾祖父长顺曾任吉林将军，父亲荣源曾任内务府大臣，母亲爱新觉罗·恒馨为贝勒毓朗的次女。婉容时年十七岁。体态苗条而适中，“眉似春山，发如乌云，端庄大方，举止不凡”，文学造诣很深，且通琴棋。在旗族里属于名门望族，大家闺秀。

文绣字蕙心，为满洲额尔德特·端恭的女儿。身材适中，面庞丰满，善于写作。册立淑妃时年十四岁。

一九二二年十二月一日，在坤宁宫溥仪举行了婚礼。按照宫廷礼节，婚礼前先下“通书”，再行“纳彩”“过礼”；淑妃文绣先一日进宫，以便第二日婚礼皇后降舆时，由她率领宫女、内监等行迎亲叩拜礼。结婚当日，溥仪穿龙袍，戴朝帽，婉容着皇后服装。但在皇后降舆时，溥仪一反旧礼不让文绣迎亲参拜，婉容很不高兴，当晚洞房花烛之夜也没与溥仪同居，从此婉容与文绣之间，投下了阴影。

婉容性情高傲，名分上是皇后，总拿皇后的架子；文绣是妃子，属于妾的地位，低婉容一等。因而婉容对文绣就冷眼相待了。在宫内的日子，倒还平静；一九二四年溥仪被驱逐出宫移居天津张园处，二人之间的矛盾就深化了。溥仪经常独居，婉容以为他宿于文绣处，文绣认为他宿于婉容处，互相猜疑，互相妒忌。婉容就指桑骂槐讽刺文绣，文绣则说婉容无事生非予以反击。妻妾之间明争暗斗，没有一日安宁。而溥仪又袒护婉容，更让文绣有苦说不出了。

婉容爱荷花，其实是以荷花出淤泥而不染以喻自己孤芳自赏的清高性格，并自号爱莲。她说荷花“色艳而娇，迎风欲舞，清气芬芳，具有一种爱美姿态。……荷之本身皆有宜于人，……出淤泥而不染，此非德乎？”

文绣爱鹿，其实是以苑鹿比喻自己厌恶宫廷生活，追求自由生活的心情。她写过一篇名为《哀苑鹿》文章，说鹿本来是野生动物，硬要把它豢养在御园中，条件虽然优裕，但失去自由，好似狱中的囚徒一样，“命终不久”，“非遇赦不得自由也”。文中并引录庄子的话：“宁其生而曳尾于涂中，不愿其死为骨为贵也。”她曾几次自杀未遂，一九三一年八月间，因故与婉容发生口角，毅然出走，移居于天津国民饭店，由其妹文珊陪住。聘请张绍曾、张士骏、李洪岳三律师，向溥仪提出离婚。一个妃子竟敢同“皇上”离异，在我国封建社会中真是千古奇谈第一件；“皇上”的妃子离异而去，已使人笑掉大牙；如法院受理此案，“皇上”还必须以被告身份出庭，所谓“皇上”的身份那就一落千丈了。溥仪在这种颜面攸关的情况下，不得不请林廷琛等律师出面调停。几经周折，溥仪接受了文绣的离婚要求，并付赡养费五万五千元。文绣回到北京，在雍和宫大街观音寺租了几间民房居住下来，苦度春秋，四十余岁时因病去世。

婉容孤傲自负，虚荣心重。她身为“皇后”，尽管是有名无实的“皇后”，但她很欣赏，很自豪。张园不是个静谧的地方，不时有遗老遗少、中外宾客、政府官员出出进进，而婉容则以“皇后”的身份，周旋在外交场合；以贵夫人的身份出入于娱乐场所。但与溥仪的感情越来越淡，内心的痛苦越来越深，隐忍不言，苦在心里。为排解烦忧，吸食鸦片成瘾。伪满洲国成立，溥仪当上傀儡皇帝，婉容也当上傀儡皇后，居入深宫，不得随便出入。溥仪独住一室，一年到头很少与婉容见面，她便与其侍卫长发生了暧昧关系，并且怀孕。溥仪得知，自然暴跳如雷，将侍卫长赶走，婉容遭到囚禁。十月怀胎，婉容生下一个女儿，经婉容苦苦哀求，女婴被送到婉容哥哥家抚育，不足一月，女婴死去。婉容在丈夫情薄、情人失踪、女儿夭折三个方面打击下，精神失常，时哭时笑，自言自语，或暴躁打人，满面泥垢，衣服褴褛，形容枯槁，俨然一个乞婆。身旁只有一老保姆扶持，宫女侍者远离她而去。日本投降后，孤身一人病死在吉林敦化。

可怜一对绝代女，同是红颜薄命人。

后来溥仪在《我的前半生》里回忆道：“由于我整天昏天黑地，神神颠颠，对家庭生活更没有一点兴趣。我先后有过四个妻子，按当时的说法，就是一个皇后，一个妃，两个贵人。如果从实质上说，她们谁也不是我的妻子，我根本就没有一个妻子,有的只是摆设。虽然她们每人的具体遭遇不同,但她们都是同样的牺牲品。”

“一九三七年,为了表示对婉容的惩罚,也为了有个必不可少的摆设,我另选了一名牺牲品——谭玉龄。她经北京一个亲戚介绍,成了我的新‘贵人’。她原姓他他拉氏,是北京一个初中的学生,和我结婚时是十七岁。她也是一名挂名的妻子,我像养一只鸟似的把她养在‘宫’里,一直养到一九四二年死去为止。”

据说谭玉龄给溥仪讲述日本人的不法罪行,被日本人借口治病害死。以后还娶有一名不到十五岁的福贵人,两年未到就逢伪满洲国垮台,溥仪成了俘虏,福贵人也被遣送回长春老家。

末代皇帝的情感秘事,就像他企图恢复帝制一样荒诞,让人津津乐道又无法理喻。

# 文皇后“诱奸”洪承畴

## 自命风流的洪承畴

闯王李自成占领安徽凤阳,烧了皇陵,到处屠戮百姓,这消息很快传到了京中。崇祯便穿着白色衣服,设祀祭奠,并趴在地上,纵情大哭道:朕在位之时无道,天降灾难,致令泉下列祖列宗,遭贼的作践。朕死无颜对太祖高皇帝,更有何脸面见先哲贤人?崇祯帝连诉带哭,越哭越悲伤,旁边侍祭的大臣,如魏藻德、钱谦益、孔员运、贺逢圣、薛国观等,以及内侍宫监,无不泪流满面。乾清门愁云笼罩,祭台上的红烛光焰都成了惨绿色,好像也在那里悲哀一般。这时殿外忽然狂风骤起,吹灭祭祀所燃的红烛,就连案上列着的历代祖宗皇帝圣像,也都被狂风横扫在地,群臣无不目瞪口呆。崇祯帝长叹一声:“天屡降灾,贼盗四起,国恐将不国!狂风把祭烛吹熄,分明是不祥之兆。”说罢愤愤回宫。

过了一会儿,内殿传出谕旨来,命洪承畴督师讨伐贼盗。这旨意颁下,洪承畴方视师天津,得知圣命即移檄江淮,调总兵左良玉、边大绥两支人马,一支向东,一支向西。承畴亲自率领大军,杀向正面。李自成的人马,原都是些乌合之众,怎经得左良玉的一路人马,个个身强体壮,只一阵左冲右杀,李自成便大败而逃。左良玉和边大绥四面围将上去，把李自成所有的劲旅几乎杀光。李自成只领得十八骑，拼死冲出重围，逃往河南一带去了。这里正在大杀贼众余孽，安徽快要剿尽乱军，忽然上谕下来，召洪承畴立马进京。洪承畴不知是何等紧要军情，及至到京觐见，才知是满洲的太宗皇帝，改国号为“大清”，以天聪十年为崇德元年。清太宗由于征战察哈尔，顺道攻入大同宣府一带。巡抚张凤翼，上疏告急，崇祯帝召洪承畴而谕，并授他经略史之职，令其马上出师，增援大同宣府。洪承畴奉谕退朝，回到自己的私第中，命家人们设香祭祖，又召集妻妾子女，和她们一一诀别。这时全家大小，惊慌诧异，不知洪承畴是什么用意。

洪承畴

说起洪承畴，本是明朝一个名士，军事上很有的见识。至于文章学术，也可称得上精深。总而言之，似洪承畴这般人物，在明末时代，已算得是不可多得了。洪承畴执掌帅印，出入军中，他自谓儒将风流，以古时的名将自诩。他的一生，也没有过于失德的地方，只是贪恋女色，所以家里的三妻四妾，一个个花容月貌。洪承畴原可以优游家居，安享其艳福。怎奈国家内忧外患，洪承畴既承担了督师的重任，只得驰骋疆场，以致家中的艳姬美妾，香衾独抱，大有悔教夫婿觅封侯之慨了。洪承畴有个爱妾曹氏，芳名叫阿香，洪承畴最宠爱她。当洪承畴应召进京时，一夜正在驿馆中睡着，见阿香婀娜地走进来，见了洪承畴，轻轻跪下地去，泪流满面道：“妾今要和相公永别了！”

洪承畴听了，大吃一惊，慌忙去拉她，又忽然不见。洪承畴大叫怪事，惊醒过来，却是一梦。他从榻上一跃而起，听谯楼正打着三更，案上的灯火，忽明忽暗。洪承畴一面剔亮了擎灯，细细地推敲梦境，想来绝非佳兆。又想阿香是自己爱妾，奉谕剿贼，转眼已是半年多了，家中好久音信全无，难道阿香有什么三长两短吗？洪承畴在馆中，胡思乱想，翻来覆去，怎么也睡不着。看看拂晓已至，公鸡长鸣。洪承畴便披衣起身，草草地梳洗好了，唤起从人，匆匆上马。这时洪承畴真想一下子飞到家中，所以快马加鞭，昼夜兼程。

没过几天到了京中，一口气跑到私第，家人们见主人回来，自然夹道迎接。

洪承畴也没有心思和他们寒暄，三步并作两步地跑入内院。见阿香正斜倚在一张绣椅上，一个丫鬟，替她轻轻地捶着腿儿。她见洪承畴进来，也不起身，只略略点了点头，嫣然微笑。洪承畴这时细瞧阿香玉容惨白，病容满面，不觉大惊失色，急忙问道："你脸色很不好，是否冒了寒了？"阿香摇摇头道："没有什么病，只是胃口不太好，不想吃饭就是了。"洪承畴说道："可曾医治没有？"说着便挨着阿香坐下，一手搂了她的纤腰，嘻开着嘴，呆呆地望着阿香，等她回答。阿香扭过头说道："那是妇人家常有的小病，羞煞人了，怎好意思去对医生说？"洪承畴被弄糊涂了，笑着说道："什么病不能告诉医生？医治百病，有甚害羞？"阿香也笑了笑，附着洪承畴的耳朵，轻轻说了一句，说完一头钻进洪承畴的怀里。洪承畴眉开眼笑道："我当是什么绝症，害得我牵肠挂肚。你早告诉我，我就不会这样着急咧！"

原来洪承畴是三十五六岁的人了，家里妻妾成群，婢仆如云，一直让他头疼的，就是膝下无子。现在听得阿香说，腹中已有七个月身孕，洪承畴乐不可支，眉开眼笑，笑得阿香粉面红霞飞，在洪承畴的身上，狠狠地拧了一把道："你总是大呼小叫的，被人家听见了多不好！"洪承畴更笑得前俯后仰："这不是瞒人的事，早晚要被别人知道的，怕什么？"两人正在打趣，忽见外面的门役，飞快跑进来道："曹公公求见。"洪承畴赶紧让阿香回避了，自己出去迎接。

司礼监曹化淳，昂首阔步跨进二门来。一眼瞧见洪承畴，便带笑说道："老洪，你倒自在。皇上有旨宣你去商讨大事，快随咱走吧！"洪承畴诧异道："皇上怎会晓得我在家里？"曹化淳笑道："要想人不知，除非己莫为。你刚刚策马进了天安门，恰好被王承恩看见，便去奏知皇上。皇上在便殿中等你等得急了，才命我来召你的。"洪承畴这时不敢怠慢，跟着曹化淳去拜见崇祯帝。三呼礼毕，崇祯帝给他看宣大的警报，并谕令即日督师，开赴宣大。洪承畴领旨出来，心里尽管不高兴，但皇命难违，只得垂头丧气，一步一步地踱回家中，和妻妾等洒泪话别。阿香忍不住说道："相公往昔督师剿贼，总是干劲十足。此番奉谕回来，怎么说出如此话语？"洪承畴叹口气道："你们根本不知，由于边地的人马大半是战败的无能之辈，上阵时不堪一击，就想着各自逃命，不像江浙诸镇的人马，训练有素，去剿除那乌合的贼兵，当然有几分把握。如今满洲正是骁勇善战的时候，倘若带领这些残兵和他作战，不是白白送死吗？此番督师出兵，真是凶多吉少。万一祖宗庇佑，得平安归来，那是不必说了；不幸兵败塞外，或是被敌人所擒，我身为将帅，承担着君命重任，岂肯觍颜降敌？至多以身殉国罢了。可怜他乡孤魂，不知谁来收我的骸骨哩！"洪承畴说到这里，声音渐渐带颤，忍不住流下泪来。那些姬妾们,听了洪承畴的话,都好像洪承畴要死了,大家一齐哭了起来。经略府中,顿时惨雾满罩,涕泣声不绝于耳。大家哭了一会,还是阿香止泪说道:“相公未曾出师,咱们这样哭泣,成什么样子?何况吉人自有天相,怎知相公此去,不马到成功?”说着强作欢颜,去劝慰洪承畴。众姬妾也各自忍住眼泪。洪承畴吩咐厨下,安排筵席,和妻妾们坐了一桌,算是饯行酒。洪承畴心事重重,只顾一杯杯地喝着,直吃到了半夜。洪承畴喝得不省人事,由阿香搀扶了,东倒西歪地进房安寝。

第二天起身,洪承畴梳洗完毕,随便吃了些点心,兵队中的将校,已来问候过好几次了。洪承畴无奈,重又进内向阿香一遍又一遍地嘱咐了数番,叫她安心保养,等自己得胜回来,不论生的是男是女,都要为她开筵庆贺。又说小儿下地时,必须差一个得力家人报信给他,好使他放心。阿香含泪点头。洪承畴这才出来,走到后院的屏风后,忽又回进房去,见阿香已哭得泪人一般。洪承畴好好地安慰她,还从袖中掏出一幅罗巾来,轻轻地替阿香拭泪,又温言安慰了几句。外面的云板乱鸣,校场中炮声隆隆,将士都已等了很久了。洪承畴虽是万分不舍,到了此时,别无他法,只好强忍着走出堂前。仆役们牵过一匹乌骓马来,洪承畴翻身上马。手下们加上一鞭,飞一般向着校场走来。

赶到御校场中,军士们见主将来了,便不约而同地吆喝一声,洪承畴上了将台,演武厅前,三声大炮,诸将一字儿排着,一一参见了。洪承畴点名完后,就发下一支令箭,命总兵曹腾蛟充当先锋,带领三千人马,兼程而进。第二道令,命总兵姚恭,领兵二千,接应前队。洪承畴自己和总兵马雄、田遇春、唐通、李铺国、李成栋、王廷梁等,率领五千名劲卒,向大同进发。

一路晓行夜宿,没几天出了居庸关,转眼已到汗陵河地方,距大同只有四十余里了。早有谍报:“先锋官曹总兵,已和清兵打过一仗,经姚总兵驱兵助战,大家混战了一场,战平。”洪承畴听了,令继续探听,一面下令,军马前进至三十里下寨。正在行军,先锋曹腾蛟和副总兵姚恭,及大同总兵吴家禄,副总兵李明辅,宣府总兵郑醉云、王国永,副总兵陈其祥,副将王翰,游击曹省之、夏其本、项充、王为蔚,指挥杜云、马杰、仇雄、黄宜孙等,都骑着马,前来迎接。洪承畴一一接见了,并问近日间的军情,曹腾蛟禀道:“清兵这次侵入,号称30万,确切数目应在15万以上,分为四路进取。东路一支人马,是清朝郑亲王齐尔哈朗;南边一路,是武英郡王阿济格;北面一路,是肃郡王豪格;目前同咱开战的西路兵马,是睿亲王多尔衮统率的。这多尔衮,人称‘九王父’,勇猛超群。四路人马,最厉害的就是这一路。”曹腾蛟说罢,洪承畴也有同感。曹腾蛟便退在一边。于是一行人马，仍向前进，至离清兵大营三十里下寨。忽小校报道："距寨前一箭之路，发现有清兵的旗帜。"洪承畴听了，吩咐小校退去，随即点鼓升帐。

众将参拜后，洪承畴朗声说道："刚据谍报，说清军放哨，前来窥探咱们大寨。我估计清兵疑我远来疲乏，当然急于休息。今夜敌军必出我不意，前来劫寨，这倒要千万注意。众位以为怎样？"众将齐声应道："大帅料事如神，肯定不错。"洪承畴点点头，回头对总兵吴家禄、李明辅说道："宣大两处，兵马共有多少？"吴家禄答道："敝镇所领，旧额本有7500名。自去年出征额喀尔沁，兵卒大部分伤亡，至今不曾补足。现在实数，只有3400名了。还有李总兵明铺、郑总兵醉云、陈总兵其祥、王总兵国永等，部下兵士三四千人或五六千人，加上马步两哨，共不足25000人。"洪承畴一声长叹："边卒连年战事，人疲马乏，既不补足新军，又不令疲卒休息。执政权的只知中饱私囊，粮饷有无，不闻不问。有变则传谕飞檄征调，哪里知道士兵怨愤异常，一朝爆发，其势将不可收拾。难怪那些官兵，要叛君投敌了！"洪承畴说时，一个劲地叹息，帐下的将士，也皆怒形于色。这样沉默了一会，洪承畴突然厉声说道："今外敌入侵，敌众我寡，吾辈身受国恩，身负重望，势不能束手就擒。列位有何良策？"这一句话，把帐下的诸将问住了，各人你看着我，我看着你，作声不得。过了好一会，总兵曹腾蛟拱手说道："末将无知，愿听大帅指挥。"

洪承畴微微地笑了笑道："今夜最关键，是防敌人劫寨，咱们应该做好准备了。"众将一齐朗声道："末将等听令。"洪承畴便拔下一支令箭来，唤总兵吴家禄吩咐道："你引本部人马，伏在大寨左侧，听得帐中鼓炮齐响，即领兵作战。"又命总兵郑醉云，领本部人马，去埋伏大寨右边，听见炮声，拥出并力杀敌。又令副总兵李明辅，引本部人马，去埋伏寨后接应吴郑两总兵。又命总兵王国永、陈其祥上账，命令道："敌人驻军的地方，叫锦云棚，棚之两侧，有旧土垒多个，是从前武宗皇帝征蒙古时留下的，两人各率领本部人马，乘着月光，快疾行军，到那土垒旁埋伏。令兵卒暗暗侦探，见清兵出发，待到其走远，你两人快攻入清军大寨，杀散敌兵后，夺了寨棚，由王将军驻守，以防敌兵偷袭。陈将军可领本部人马，从敌军背后杀回，倘遇见败下的敌兵，最好一个不留，令其无法归队。切记！切记！"又命副将王翰道："距此二十里处，有一土冈，虽不高，下面可以埋伏人马，你领了1000人马，去等在那里。见敌兵败下，等他们有一半人过冈，便挥兵杀出。"

又令指挥仇雄、马杰率兵2000名，埋伏在十里外之查家沟，敌兵若败，必逃往那里，一定不要放他过去！又令游击夏其本、王为蔚两人，各引兵1000名，守在锦云栅的北面，多设旌旗，以疑敌兵，并截断敌兵的归路。又令指挥黄宜孙、杜雄，各率领兵500名，埋伏在查家沟南面，准备好挠钩套索，以捉拿敌人的马军。又令游击曹省之、项充各引500名骑兵，往锦云栅东面驻屯，多准备强弓硬弩，看见敌兵就射，阻他的后队援兵。又令总兵马雄、唐通，各引500大刀队步兵，伏在寨内。敌人劫寨，必定是铁骑先行冲入，那时大刀队拼力砍他的马足。又令总兵王延梁，率领步兵100名，各藏一串小纸炮，见敌马冲营，即燃炮投去，以惊敌人的马。

洪承畴布置已定，自和总兵李辅国、白遇春据守营寨，专等敌兵到来，又令先锋营总兵官姚恭，严守寨栅，只准强弓射敌，不可轻举妄动。这时气坏了总兵曹腾蛟，大声嚷道："咱蒙大帅不弃，职任先锋，今逢大显身手之时，为何使咱落后？"洪承畴笑道："将军莫急，还有一处最重要而功绩也最大的地方等着，我担心将军未必能去。"曹腾蛟挺身说道："为国效劳，虽赴汤蹈火在所不辞，哪能不去？大帅未免太小看咱家了。"洪承畴正色道："将军能去，是最好不过了！"说罢，抽出一支令箭，递给曹腾蛟道："你引本部骑兵1000人，要日夜兼程，至三更时分，必可抵横石堡了。那里是敌兵屯粮之所，你却多带火种，去烧他的粮草，一旦得手，便引兵杀出。这是第一件大功劳，切记小心从事！"曹腾蛟领命，自去点齐人马，高高兴兴地去了。

再说大清兵马，分四路来攻，把一座大同城，围得水泄不通。四路人马，睿亲王多尔衮的一路，最是勇猛善战。还有东路郑亲王齐尔哈朗，南路武英郡王阿济格，北路肃郡王豪格，这三路人马，也很厉害。那时睿亲王多尔衮得知明朝救兵已到，领兵的主帅，是经略洪承畴。于是多尔衮便召集众将，密商对策。多尔衮说道："向来听说洪承畴，是明朝唯一的将才，文武双全，今日来此督师，大家要小心一下才好。"话还没说完，贝勒莽古尔泰大叫道："九弟何故长他人志气，灭自己威风？咱们自行兵以来，和明军交战，哪一次不是如同秋风扫落叶？现在小小一个洪蛮子，岂能怕他不成？"多尔衮说道："不是说咱怕他，那姓洪的的确很狡猾。从前十贝勒巴尔泰，在蓟州中他的诡计，几乎被明兵擒住。前车之鉴，五哥，咱们还是小心一点为是！"莽古尔泰自以为勇猛，哪里听得进去，立刻要领兵和洪承畴见个高下，多尔衮多次劝住。贝勒巴布海，也竭力劝阻。莽古尔泰执意出战，多尔衮无奈，忙去邀请肃郡王豪格，武英郡王阿济格，郑亲王齐尔哈朗等，来营中商议。

不一会儿，肃郡王等人，各骑了一匹快马，带同五六名护兵，陆续来到多尔衮营中。等都到齐了，多尔衮把贝勒莽古尔泰，坚决要出兵去攻打洪承畴的话，细细讲了一遍。武英郡王阿济格说道："如欲出战，也不无道理，乘明军远来，阵脚不稳，咱们偷偷地前去劫寨，杀他一个下马威也是好的。"莽古尔泰拍手大笑道："妙哉！正合吾意，就这样办吧。"多尔衮摇头道："这个方略，怕未必能行。须知洪承畴是个驰骋沙场的名将，连这点也想不到吗?"莽古尔泰大怒道："老九如此多疑，你这么胆怯，将来怎样夺得明朝的天下？还是逃回去吧！"说得多尔衮哑口无言。当下由郑亲王齐尔哈朗征求将士的意见。清军因连日来攻无不克，战无不胜，早已目中无人，自然是主张去劫寨的人多。

齐尔哈朗见众口一词，下令将士预备出发。把人马分为三路：第一路贝勒莽古尔泰和巴布海，引兵15000去劫寨；第二路肃郡王豪格与贝勒布巴拉图，接应第一路；第三路齐尔哈朗自己率同睿亲王多尔衮充当后备支援。又命武郡王阿济格与章京图赖，驻守大寨。安排已罢，看看黄昏已至，军士饱餐一顿，贝勒莽古尔泰的第一路，早已飞一般地去了。第二路肃郡王豪格，担心莽古尔泰有失，忙领兵随后去接应。郑亲王齐尔哈朗也统率大队出发。那莽古尔泰凭着勇敢，飞奔杀入明军大寨，见是一个空营，才知中计，慌忙退兵，后面兵丁蜂拥进来，马队被步兵阻挡，一时退不出来。明军寨中，连珠炮响，王廷梁命兵士燃了纸炮，往清兵队中乱抛。那马受惊，乱奔不已。清兵步队，都被践踏得哀声一片。总兵马雄、唐通，各领步兵，持着大刀来砍马足。恰逢清兵铁骑乱窜，将马雄和唐通，并1000名步兵踏得稀巴烂。李成栋见势不妙，忙令长枪队倒退，幸得寨外总兵吴家禄、郑醉云左右杀到，李明辅从后面杀来，清兵大败，莽古尔泰弃甲溃逃，正遇总兵陈其祥杀回。

莽古尔泰慌慌张张，转身往东而逃。忽见一员大将，银盔锦袍，手拿令旗在那里指挥。莽古尔泰心中明白定是洪承畴无疑，便不敢投东，又折回从北面而逃，正遇着豪格的人马，巴布海也单骑赶来。半路上，又碰到副将王翰大杀一阵。豪格逼促残卒，向正西而进，希望齐尔哈朗前来解救。忽然半途上夏其本、王为蔚左右杀出。清兵吓得魂飞魄散，弃戈抛甲落荒而逃。又遇指挥仇雄、马杰两人并力杀到。莽古尔泰慌不择路，却被杜雄、黄宜孙的伏兵，伸出挠钩套索来，将骑在马上的将士一一钩下。豪格与莽古尔泰、巴布海等，落荒而逃，越过土冈，见一队人马驰来，莽古尔泰吓得魂飞魄散。细看才知是齐尔哈朗和多尔衮的人马，因被明兵游击曹省之、项充领弩手射住，使得不能救援接应。三路人马，合在一路，沮丧地回去，又见武英郡王阿济格和章京图赖也溃不成军，报告大营被明兵夺去。多尔衮大叫道："罢了！罢了！这洪蛮子果然厉害。咱们回去，休整人马再来报仇。"那清兵大败溃逃，这里洪承畴旗开得胜，鸣金收兵，检点人马，损伤不及千人。可惜总兵马雄、唐通被马踏死，还有烧粮的曹腾蛟，因深入重地，给清军活捉去了。洪承畴叹道："这是咱太莽撞轻敌，害了曹总兵了！"当下大犒将士，设宴庆贺旗开得胜，又修成表章，飞马进京报捷，并下令休兵三日。

## 绝色佳人勾魂魄

一天晚上，洪承畴因多喝了几杯酒，不免又心事重重，便领着两名小卒，出寨去散步。但见月光如水，万籁俱寂。忽听得琴声悠扬，远远地顺风吹来，异常清越。洪承畴不觉诧异道："塞外荒地，哪里来的古乐？难道沙漠之地，也有高人隐居吗？"洪承畴似有所触，不由自主地循着琴声走去。只见野外一个小小的帐篷，那琴声便是从篷中发出来的。洪承畴慢慢地走近篷去。那篷门半掩半虚，篷内灯光明亮。由灯光下望去，正见一个绝色美人，舒开春葱般的十指，在那里鼓曲。

笳声哀婉，刁斗清寒，一轮皓月，高悬在空，使快乐的人们见了这样如水的月色，不禁兴趣盎然。曾学过诗词的，还要哼上几句，点缀这可爱的明月哩。同一的月色照在身在异乡人的身上，就觉得凄清异常，不免要动思乡之念了。这时有三个人在月光里行走。前面穿着锦袍玉带，幞头乌靴的，正是明经略洪承畴，带着两名亲随，踏着月色在小帐篷前，侧耳倾听。帐篷内正发出美妙的琴声来，铮锹之音，如大珠小珠落玉盘，把个戎马倥偬的洪大帅，听得神迷心醉，不由自主地推门进帐篷去。只见一个花容月貌的佳人，在帐内盘着双膝，坐在锦绣的毡毯上，轻挑玉弹着一张古桐琴，声韵铿锵，动人心弦。那丽人见洪承畴突然闯了进来，不觉吃了一惊，洪承畴也怔住了。两人呆望着对方许久，那丽人把洪承畴上下打量了一番，见是明朝装束，身披蜀锦绣袍，头戴浑银兜鍪，足登粉底朝靴，面白微须，相貌清秀中带有威武，就形装上看起来，绝非下级将士，谅必是明朝统兵的将帅。

丽人将洪承畴看了一会，现出惊诧的样儿，又似恍然大悟，笑盈盈地站起身来，让洪承畴坐下，又亲自去倒了一杯热腾腾的马乳来，纤纤玉手端给承畴，并笑问将军贵姓。这时洪承畴已身不由己，一面去接马乳，一面笑着答道："下官姓洪。"那丽人听见一个"洪"字，似又呆了片刻，忙带笑说道："难道是此次督师来关外的明朝洪经略吗？"洪承畴因她是个女子，实话实说也无关紧要，当下随口应道："正是下官。"那丽人听了，现出似笑非笑的姿态，在洪承畴的眼中，只觉异常的可爱。这位洪经略,生平爱的就是女色,他曾经自称为中原才子,必得一个绝色佳人,才心满意足。家中那个爱姬阿香,虽也娇丽可人,但是远远比不上丽人的妖冶。心下暗想,世间有此尤物,我洪某能娶她做个姬妾,以慰那暮年的晚景,这才不枉一生啊。

洪承畴暗暗想着,借着灯光,再把丽人细看一遍,见她是旗装打扮,头上戴着珠额,鬓边微微垂下一缕秀发,梳的是个盘龙扁髻,两条燕尾,似乌云般地堆着。那雪白粉红的脸蛋上,施着薄薄的胭脂,红白相间,望去又娇嫩又柔媚。真是双眸秋水一泓,黛眉春山八字,加之她穿一件盘金秋葵绣袍,脚下登一双尖头的蛮靴。衣须人袭,人赖衣装,因此越显得貌美如花,袅娜娉婷了。洪承畴越看越爱,瞪着两眼,痴痴瞅着那丽人缄口不言。那丽人被洪承畴看得有点难为情,不禁嫣然一笑,慢慢地把粉颈低垂下去。洪承畴见她那种娇羞的样儿,越见得撩人,竟有些心神荡漾,便大胆伸手去摸她的玉臂,那丽人忙缩手不迭,洪承畴也自觉太冒失了,心里很是懊悔,于是顿了顿神经,喝了口马乳,和那丽人说着闲话。那丽人反应机敏,对答如流,洪承畴甚为惊奇。回顾几上的桐琴,洪承畴本来是个行家,此时不免有点技痒,就起身走到几前,略略把弦儿一挑,声音异常清越。只要是喜好丝竹琴筝的人,见到良好乐器,谁都不肯放过。洪承畴见琴音浑而不激,知道是良琴,便也坐在毯上,弹了一阕。那丽人等洪承畴弹毕,笑着说道:"琴声悠扬,不愧高手!"洪承畴谦让道:"姑娘神技,俗人哪比得上?"说罢起身请那丽人重弹。那丽人不好拒绝,只得坐了下来,弹了一段小曲。她先把宫商调准了,才轻舒纤腕,玉指勾挑,弹得如泣如诉,哀婉动人,听得洪承畴赞不绝口。那丽人一曲终了,笑着立起身来,和洪承畴相对而坐。两人谈起琴中的门径来,气氛融洽,互相吹捧,大有相见恨晚之慨。

那丽人忽然笑道:"这么好的夜里,又逢贵人,无酒未免不欢。"说着走入篷后,唤醒侍女。丽人自己也忙着点炉温酒,又拿了鹿脯羊烩,摆放洪承畴的面前。那丽人亲自替洪承畴斟酒,自己也斟了一杯,两人慢慢地对饮着。洪承畴的酒量,本就甚佳,一二十杯也不在话下。那丽人见洪承畴酒兴正浓,吩咐侍女换上大杯来。侍女便去取出一双碧玉的高爵,能容酒半升。丽人满满地倒了一杯,笑眯眯地捧给洪承畴。洪承畴这时被美色所迷,接过酒来,喝个底朝天。如此接连喝了五六杯,洪承畴已饮得半酣了。那丽人也陪饮几杯,粉脸微红并泛着朵朵桃花,娇嫩的玉肤中,白里显红,红中透白,愈比未饮酒时妖艳了。

洪承畴坐对美人,真是秀色可餐,越饮越有兴。那丽人一面劝酒,又顿开珠喉,击着玉盅,低声唱着陪酒。洪承畴其时兴致勃勃,把一切都抛到脑后,丽人不断斟酒，洪承畴尽量狂饮，直吃到月上三更，已喝得玉山颓倒，酩酊大醉了。洪承畴醉倒帐篷内，那外面的两名亲随，因等得困倦了，倚在帐篷的竹篱下，睡得死猪一般。次日东方露白，寒气逼人，那两名亲随，忽然惊醒过来，急忙起立，向帐篷内瞧时，里面空空如也，完全没有洪承畴的踪影。两个亲随，皆吃惊道："咱两个怎会睡到这个地方来了？主人又到何处去了？"两人惊诧不已，便慌慌张张地奔回大寨来。

到了寨中，那个侍候洪承畴的护兵，一见两个亲随回来，忙问主人何在。两个亲随以为戏言，也就应道："主人吃大虫背去了。"那护兵正色道："谁和你瞎闹，刚才各总镇纷纷进账探询机务，咱回说大帅昨晚出去，还不曾回帐。他们听了，兀是在那里焦躁哩！"那两名亲随，听了护兵的话，心下将信将疑，忙三步并作两步赶到帐中，众口一词说道："主人未回。"那两个亲随，这时方才相信，便把昨夜随着洪承畴踏月，帐篷中遇见美人，主人进去，和那美人畅饮欢笑，自己在门外，迷迷糊糊不一会儿睡着了。待到惊醒，帐中已不见了美人和主人，所以赶紧奔回来探听的等情况一一说来。众侍仆一听，都惊诧不已，大家窃窃私语，有的说那美人必是个妖怪，主人或者被她迷死了；有的说美人是间谍，主人遭了敌手了，大家这样暗暗私议。外面陈其祥、李辅国、王国永、吴家禄等一班总兵，却都等候得焦躁不安了。看看日已亭午，仍不见洪承畴点鼓升帐，警骑的探报，如同雪片般飞来，急得众将领一个个不知所措。大家都说洪大帅也太鲁莽了，军情如此关键的时候，怎么可以这样呢？岂不误了大事？总兵王国永大叫道："督师的人又不在寨中，不能发号施令，万一敌兵打来，咱们不是等死吗？"王国永这一叫，把大家惊醒过来，便你一句我一句的，在帐外争噪起来。那两名跟洪承畴出去的亲随，吓得躲在后账不敢出来。日落西山，军中巡柝号乱鸣，转眼要掌上灯号了，这位洪大帅声信全无。那清兵已离明军三十里下寨，战书投来，催索回书，已经两次，怎奈洪承畴未曾回来，又没有委托代理的，军机要务，各总兵不好自作主张，只好在帐外哗噪。

这样闹到了黄昏时分，还是总兵吴家禄，见洪承畴依旧不见，心知不妥，急召服侍洪承畴的左右亲随至帐外，吴家禄亲自盘问。那两个亲随实话实说，把洪承畴散步野外，奇遇丽人的经过，详细地述说了一遍。吴家禄听了大吃一惊，半晌顿足道："你这两个奴才，大帅既出了岔儿，何不早说？差点误了大事。"说着，吩咐侍兵把两个亲随，各捆打五十背花，暂时关押起来。一面点鼓，传集诸将，把洪承畴失踪的经过，对众人如实讲了。诸将听罢，你看我，我看你，不敢说话。吴家禄朗声说道："目下军中无主，军心必乱，应即由众人推戴一个人出来，暂时接掌一切,代行督师的职权,大家以为怎样?"众将齐声赞成。当下经总兵王国永为首,共推吴家禄为总兵官,代行督师职务。吴家禄谦让了一番,随即升帐,点名已毕,把清军战书批准来日交战。一面令参议处拟了奏稿,将洪承畴失踪的情形,差飞马进京奏告。

再说洪承畴喝得烂醉如泥,人事不知。及至酒醒,睁眼看时,见自己睡在一张绣榻上,锦幔绣被,香气逼人,洪承畴不觉大惊失色。一骨碌爬起来,向外面一望,有四名蓬头侍女,打扮得甚是秀美。她们见洪承畴已醒,便走进来,两名服侍着洪承畴起身,两名忙去煎参汤、煮燕粥。等洪承畴下得榻来,什么盥漱水、梳洗具,都已在镜台前置得整整齐齐。洪承畴被弄得摸不着头脑,草草漱洗毕,侍女抢着喂他,洪承畴还不晓得自己在什么地方,便随便吃了些茶汤,边吃边问侍女们:"这里何处?我记得昨天晚上,在帐篷内饮酒的,还有一个丽人相伴。此刻丽人何处去了?我怎的会到这里来?"听到这里,内中一个侍女,只是掩口微笑,洪承畴更加莫名其妙了。还有一个侍女,嬉笑着道:"你已到了此地,还问她做甚?"洪承畴正要诘问,那一个年龄稍长的侍女道:"你且不要忙,我告诉你吧。此地为芙蓉沟,咱们都是大清皇宫的宫人。"洪承畴听了叫声"哎呀"连手里的茶盏也掉在地上,脸色全变,身体不住地发抖道:"咱着了道儿了!"说罢就昏了过去。

那些侍女们慌忙扶持着他,一个附着洪承畴的耳朵,高声叫喊,一个竭力地替他掐着人中。大家手忙脚乱地忙了一会,洪承畴方才渐渐醒转。原来这芙蓉沟,是清朝的属地,洪承畴自己落入狼窝了。洪承畴苏醒了过来,想起昨夜的情状,和美人对饮,不知怎么迷迷糊糊会到这个地方来,那个美人当然是清朝的间谍了。但不知清朝的皇帝,要骗自己来做什么?又想起了家中和阿香依依不舍离别的情景,他还希望自己此次征战大胜,奏凯回去,一家团聚。如今身羁异邦,不知阿香分娩没有,万一生了,又不知是男是女。倘阿香知道自己被人所擒,堕入牢笼,不知她要怎样的悲痛欲绝咧。洪承畴越想越觉伤心,忍不住放声大哭起来了。那些侍女们见洪承畴这样悲痛,便上前不停劝慰。那年龄最长的侍女,还低低地对洪承畴说道:"经略切务悲伤过度,既来则安。咱们万岁爷是个仁爱的主子,比明朝的昏君,至少要胜上十倍!咱们万岁爷决不会薄待经略的。"那侍女话音未了,洪承畴已听得怒气冲冲,只听得啪的一声,侍女的脸上,早着了一下,她粉面上现出五个印儿,哇的一声哭着出去了。洪承畴又气又恼又是悲伤,干脆拍案打桌地高声号哭。

正哭得悲痛欲绝的时候,有人轻轻地勾住他的肩,接着伸过一只纤纤的玉腕来，替他拭着眼泪。洪承畴觉得她那幅罗巾上，有一股勾人魂魄的香味儿，直扑入自己的鼻管。洪承畴只当是侍女又来捣鬼了，待要发作，眼前只觉光儿一闪，细看替自己拭泪的不是别人，正是昨夜帐篷里的丽人。洪承畴蓦然见了那美人，就像异乡遇故人，又似奶孩见了乳母，分外亲热，恨不得好好倾诉，两行热泪，不由自主地流了下来。又想起自己被骗到此，都是那美人的伎俩。想到此处看那美人一眼，说一声："你害得我好苦！"不禁又大哭起来。

那美人含着笑嘤声娇语地说道："那都是我的不好，望经略看我的情分，千万不要见怪，我就千恩万谢了！经略是个聪明人，我此番作为，也是迫于无奈。但若照情理上讲起来，我对经略，实在抱歉！常听说经略大度，哪一件事看不穿？想对于我种种得罪经略的地方，必能见谅的。况经略正在壮年，前途无量，那么经略应该善待自己的身体，如果过于悲伤，弄出些病来，不但使我心上不安，就是经略也愧对自己。谁不知道经略是中原才子，咱们万岁爷，早就听说经略英名，想要把经略请来，推心置腹地交谈一下，以慰平日钦慕之情，怎奈天各一方。经略是明朝的大臣，万岁爷是大清的皇帝，在从前虽同是朝臣，现今却反目成仇，两下里要想见面畅谈，势必是办不到的。迫于无奈，想出一个最后的方法，把经略邀请到这里来，总算苍天保佑，竟告成功。只有我对经略，却未免深感惭愧，我只求经略海涵，原谅小女子一回！"那美人说到这里，声音已是抽泣了，一汪盈盈的秋水，珠泪散落，头倒在洪承畴的怀里，呜咽地哭起来。

这时洪承畴已止了哭，那美人一片甘言，说得他心早软了。看到那美人也哭了，那种娇啼婉转，粉颊上泪痕点点，好似荷花带雨，不禁怜悯之心顿起，便轻轻地拉起那美人儿，只见那美人儿，已哭得和泪人儿似的，一头仍倒了下去。洪承畴待要再去扶持时，猛然想到这正是美人之计！不要被她骗了，立刻就把脸儿一沉，霍地推开那美人道："你不用在我面前做作了。我既被骗到此，唯有以死报国。你说要我和清朝皇帝相见，我堂堂天朝大臣，去对那鞑靼俯首称臣，那是绝不可能的！老实对你说了吧，若想我归降清朝I，除非是太阳从西边出。"洪承畴说毕，双目紧闭。任凭那美人甜言蜜语，他只当不曾听见。那美人知道他主意已决，只得叹了口气，懒懒的走出去了。

## 异域情亦真亦幻

自那日起，洪承畴便咬紧牙根，预备绝食，无论什么佳肴摆在他的眼前，他都置之不理。这样过了三天，真是滴水不进。洪承畴觉得身体疲乏，有些坐不住了，干脆去睡榻上等死，到了第四天，洪承畴已是支持不了，浑身无力，睁眼便觉天旋地转，耳鸣目眩，心里苦不堪言，不由得泪如雨下。时光如梭，转眼是第五天，洪承畴饿得奄奄一息，连哭都哭不动了，眼中的热泪也流干了，离死不远了。这个时候，忽见那天的美人，又姗姗地进来，往洪承畴的榻上一坐，附到他耳边，低声说道："经略何苦呢？你难道不想回去了吗？昨天豫亲王的营中，解来十几名俘虏，内中一个，自说是您府上的仆人。据说经略的五夫人已产下一个贵子，遣他特地来报喜信的，还说经略府中，大小均安宁，经略大可放心。"洪承畴这时尽管卧在榻上，到底不是身染重病，不过是饿得没了气力，心上甚是清醒，他听了那美人说五夫人生了儿子，心上不觉一动。因阿香是他第五房姬妾，美人能说得有理有据，谅不是说谎的，于是把眼睛略略睁开了，上气不接下气地说道："我的家人在哪里？"那美人笑了笑道："经略想与他们相见吗？"洪承畴点点头。那美人说道："这里的规矩，是不能召外仆进来的。经略真个要和家仆说话，须得到外面去。可惜经略已饿到这个样儿，怎么走得动呢？我劝经略，还是多少吃点吧。倘你这样做贱自己，京师得知这一消息，不是叫你那几个夫人担忧死了吗？"美人说着，走下榻去。倒了一杯热腾腾的参汤来，叫侍女们帮着扶起洪承畴，那美人用香唇试了试汤的冷热，举着杯儿，送到洪承畴的口边。洪承畴想美人说的也有道理，又牵挂着阿香，非常想见那仆人，探问家中的情形，所以美人劝他进食，便不再拒绝了，把一杯参汤，大口大口地喝进肚里。那美人见洪承畴已有了转意，就忙着递茶献汤，亲自服侍着洪承畴。到了晚上，还和衣睡在洪承畴的身旁。如此四五天，洪承畴的精神已慢慢恢复了。他本来是个酷嗜女色的人，早晚对着美人，怎能不动心，于是不过几天，两下里已打得难舍难分了。

一天，洪承畴忽然想起那个家人，坚持让美人领着他出去，那美人一口应允，只见一侍女捧进一包衣物，美人便叫洪承畴改装起来。洪承畴见包中衣服，却是些萤衣外褂，红顶花翎之类，并不是明朝衣冠，死活不肯穿。那美人笑道："咱们这里，像那样的装束，是不行的。"

那美人哄着洪承畴去看家仆，强迫洪承畴改装。洪承畴犹豫不从，那美人不待他说话，早唤进两名太监来，扶洪承畴坐下了，取出一把小刀来，三下五除二将洪承畴顶发剃去，结了一条辫子垂在脑后。洪承畴心下虽有千万个不愿，但自思身处敌地，不得不任人摆布，于是又脱去绣袍，穿上天青的外套，黄缎的马褂，腰里悬了荷包，戴了大红晶顶的纬帽，尖头的朝靴，颈中又套了一串朝珠。打扮完后，洪承畴忙向衣镜一照，完全是个满洲人了。看了再看，自己也哑然失笑。那美人立在旁边，见洪承畴换了一个样儿，掩着口笑个不住。笑得洪承畴满脸通红，躲在房里无论如何也不肯走出去。

外面的侍卫官催促了好几次，内监在门口高叫，仪仗已准备就绪，请洪大人登车。洪承畴吃惊地问道："我自去看我家的仆人谈话，为何要他们这样做？"那美人笑道："那是这里待遇邻邦大臣的规例。到了那里，你自然会明白的。"洪承畴无奈地跟着侍卫，出门上车，见车前旌旗麾钺等，一对对地列着，就像郡王的车驾一般，不知葫芦里卖得什么药。走了半晌，那车辆越来越快，终不见停车。洪承畴心下纳闷，便问那侍卫道："我只要到大营中去看俘虏，为何还没见着？"那侍卫答道："此次被我们掳得的明朝官吏很多，不止大人的仆役一人，现在已解押到白堡城去了。"洪承畴得知，暗暗吃惊道："白堡城不是清帝的行宫吗？我到那里去干什么？"洪承畴那时已身不由己，只能任他们拥车前进。路上经过清军不知多少营垒，都是旌旗飘飘，刀枪耀目。这样走了一程又一程，直达白堡的行宫面前停车。早有祖大寿、陈如松、白广恩、范文程、田维钧等一班明朝的降将，立在宫前相迎，洪承畴还觉诧异。众人待洪承畴下车，不等他问，便一齐拥了洪承畴入宫。

## 皇后赐座承畴恐

走进盘龙门，便是一个大殿，殿额上题着"天运"两个大字。到了大殿上，就有内监屈着半膝禀道："上谕众官留步，只召洪大人进见。"祖大寿等见说，一齐停住，肃立两边，让洪承畴独自一人进去。洪承畴一见如此阵势，心里怦怦地狂跳不已，但势如骑虎，无奈之下壮起胆子，跟了那内监，向甬道中走去。经过了端谨殿，由一个小监递上一叠手本来，如肃郡王豪格、郑亲王齐尔哈朗、贝勒莽古尔泰、睿亲王多尔衮、豫王多铎、贝勒巴尔海、武英郡王阿济格、贝勒巴布泰、额附克鲁图、贝勒代善、大学士雪福庚论、贝勒慕赖布、章京冷僧机、庆王阿巴泰、贝勒巴布台等，这一大群亲王贝勒，都来迎接洪承畴。洪承畴一一和他们打招呼。众人让洪承畴走前，大家簇拥着，一路慢慢走着。又过了仁寿殿，远远已瞧见仁极殿上，银帘深垂，丹墀上静立着雪青绣衣、白边凉帽的 24 名侍卫。殿内静悄悄，寂然无声。洪承畴跨上丹墀，只听见殿门的银帘响处，已高高地卷起。大殿的正中，露出金碧辉煌的龙案。四边金龙抱柱，案的两边，列着 16 名内侍。上面绣龙宝座中，清太宗皇帝端坐其上，气势庄严威武，令人胆战心惊。洪承畴到了此时，不由得屈膝跪下，俯伏着不敢抬起头来。殿下传下一声赐座，便走过两名内侍，把洪承畴拉起，扶持上殿，到金龙的绣墩上坐下。

洪承畴一面谢恩，偷眼瞟了一眼太宗皇帝，见他生得面方耳大，广额高颧，两颊丰颐，双目炯炯，完全是个龙凤之姿，帝王之貌。洪承畴看了，暗暗称叹。那太宗皇帝，却和颜悦色说道："朕慕先生才名久矣，今日幸得相见，望先生多加指教！"洪承畴见说，惊慌失措起来，额上的汗珠滴个不停，半晌才跪下顿首道："下臣愚昧，荷蒙陛下赐恩，不加斧钺之诛，臣虽万死，也不足报陛下于万一！"太宗皇帝听了甚是高兴，忙令内侍扶起洪承畴，吩咐在笃恭殿大摆酒席，款待洪承畴。洪承畴又拜谢了，退下殿来，由肃郡王、郑亲王、武英郡王、豫王、睿亲王、大学士雪福庚伦等一班亲王大臣，遵皇上圣谕，赴笃恭殿陪宴。

洪承畴下殿，身上的冷汗，已湿透了朝衣，晓得清朝的皇帝，对于自己格外优遇，因此心里也感恩戴德。宴罢，循例要进宫谢恩。其时由内监传旨，皇上在勤政殿，宣洪经略大人进见。洪承畴领旨，跟着内监向勤政殿来，那班亲王大臣，却在笃恭殿上候旨。洪承畴到了勤政殿，谢宴完毕，太宗仍命赐座。洪承畴叩头起身，突然发现太宗的身边，还坐着一个黄龙绣袍、金额流苏的美人，想必是皇后了。洪承畴慌忙又行下礼去，只听得上面莺声燕语道："赐座！"又清脆又尖利，冲破殿上沉寂的空气，直冲进洪承畴的耳朵里，觉得这声音异常耳熟。洪承畴忍不住微微地偷看一下，不由得大惊失色，身体只是发颤，低头伏在地上，再也不敢起身。那皇后却妩媚一笑，太宗皇帝命内侍把洪承畴扶起，在绣墩上赐座。这时洪承畴已大汗淋漓，坐在绣墩上，惶恐不安。那皇帝见洪承畴那种诚惶诚恐的样儿，不由得掩口微笑。太宗皇帝便向洪承畴温言慰藉了一番，接着就问些关内的风俗民情，山水地理及明朝的政治状况。洪承畴原是明末的才子，博览群书。太宗有问，洪承畴必答，真是对答如流，把清朝的太宗皇帝乐得笑逐颜开，看了看文皇后说："朕要推翻明朝，非洪先生辅佐不可。朕有洪先生，真称得上如鱼得水。卿这番功劳，真是不小！"文皇后听说，只是微笑着，一双盈盈的秋水，不时地向洪承畴瞧看，看得洪承畴只顾低下头去，再也不敢抬头看。太宗皇帝询问了一会，才命洪承畴退去，暂在馆驿中候旨。又令亲王大臣等，也各自归第。太宗皇帝谕毕起身，握着文皇后的玉腕，一同回宫。洪承畴退归馆驿，身上好似卸下了千斤担子，想起了他被骗的经过，不由得连连咋舌，呆坐半晌。第二天太宗皇帝圣旨下来，赐封洪承畴为体仁殿大学士，参与机宜，并赏戴双眼花翎，钦赐宝石顶，入朝照三孤例，免行跪拜礼，上朝得赐茶，出入准带卫士两名，伴随皇上可以骑马，乘车落式与亲王相同，准赐银灯红仗一对。汉人受这样的殊宠，自清朝入帝中国以前，仅有洪承畴一人。一时边地的明臣，听得洪承畴大获宠幸,无不羡慕。所以后来明朝的臣子,大半投诚清朝,就是这个缘故。

洪承畴被骗入满洲,那骗洪承畴的美人是谁?洪承畴见了文皇后,为何要吓得抬不起头来?原来当洪承畴受命经略,督师大同的消息传到了满洲,那个太宗皇帝,得知洪承畴是中原才子,文武双全,想要收他做个左膀右臂,于是召亲王大臣,私下里商议。大臣们多半主张设计把洪承畴擒住,然后劝他归降。太宗皇帝说道:"这姓洪的非同常人,万一逼急了,他就自尽,或者擒来之后,他宁死不屈。那又怎么办呢?况且他又用兵如神,手下勇士猛将数人,擒住他这句话,又谈何容易?"说着召明朝降将祖大寿等上殿,太宗皇帝说道:"卿等和洪承畴同殿为臣,可知他平素所喜而最所嗜的是什么东西?"祖大寿忙跪下禀道:"洪承畴曾经自诩为风流才子,他生平所嗜好的,就是美色,所以他家中姬妾盈庭,一个个都是艳丽如仙的。"太宗皇帝点头道:"这样说来,非得有绝色的女子,想办法把他迷惑住了,然后再慢慢诱他投降。"众亲王大臣齐声称是。可是一时既没有绝色的女子,即便有了,又怎样去迷惑洪承畴?

太宗皇帝退朝回宫,心事重重,脸上自然难看。那位文皇后在旁,便问道:"陛下有何不快,这样坐立不安?"太宗皇帝叹息道:"这事和你说了,也无济于事。"文皇后一本正经地说道:"陛下有为难的事,臣妾理当分忧。且说说看,看臣妾有办法也未可知。"太宗皇帝被催迫不过,便把想招降洪承畴的话,简略说了一遍。又道:"此人极好色,可惜没有绝色去引诱他。因为姓洪的是个才士,于关中的地理民情、政治风俗,全都知晓。朕要取明朝天下,须得他辅助,才能成功。"那文皇后听了,过了半晌,忽然微笑道:"这姓洪的只怕他未必嗜色如命吧?"太宗说道:"这话也是一个明朝臣子讲的,和洪承畴是一殿之臣,当然假不了。"文皇后道:"如他的确是好色的,臣妾倒有法可施,唯须陛下答应,任臣妾做去,三个月之内,保你把姓洪的取来,与陛下相见。可是不晓得这洪承畴现在何处?"太宗皇帝说道:"洪承畴此刻方视师大同,和本朝的兵马对垒。卿如能招降洪承畴,或使他投诚于朕,不管怎样去做,朕无有不依的。"文皇后嫣然笑道:"此话当真?"太宗皇帝正色道:"国家大事,怎好相戏?"文皇后道:"陛下既答应臣妾,明日臣妾必亲赴大同了。"太宗皇帝说道:"卿只要办得到就是,但这件事交卿去做,千万秘密小心,不要弄巧成拙,那可绝非儿戏!"文皇后点头道:"臣妾知晓,陛下尽管放心。"太宗皇帝大悦,马上召额驸克鲁图,秘密地叮嘱他,暗中保护文皇后启程,潜赴大同。克鲁图领旨,自去料理。

翌日,文皇后只带了一个小宫人和额附克鲁图,乘着骡车,昼夜兼程,没几天到了大同。当时洪承畴统领大军,正和清军交战。一场大战,把清兵杀得落荒而逃。肃郡王豪格、武英郡王阿济格、睿亲王多尔衮、郑亲王齐尔哈朗,都抱头鼠窜。文皇后便在明营的附近,搭了一个帐篷。每天到了黄昏时分,就烧着香儿端坐在那里,铮铮锹锹地弹起琴来。那一天晚上,恰好被洪承畴听得,循声寻到帐篷内,见文皇后生得国色天姿,不禁心迷神荡。两人说说笑笑,由论琴谈曲,直至相坐欢饮。文皇后施展她狐媚的手段,将洪承畴灌得酩酊大醉。一声暗号,额驸克鲁图从后账迅速跳出,一把挟起了洪承畴,跃上日行八百里的良驹,飞一般地离去,一昼夜将洪承畴直送到芙蓉沟。芙蓉沟离白堡城 50 里,白堡城离赫图阿拉百余里,文皇后见大功告成,便和小官人从容地从后赶去。到了芙蓉沟时,正碰上洪承畴大哭,文皇后便扮得妩媚动人,想去勾引洪承畴,被洪承畴拒绝。文皇后没法,恰好明军中没了将帅,给清兵杀得狼狈而逃,俘虏的人甚多,其中一个俘囚,自称是洪经略的家仆。豫亲王多铎,奉旨前来助战,知道文皇后骗洪承畴的事,于是把那个家人,送到文皇后处。经文皇后细细盘问,供出洪承畴的第五个爱妾,已生了儿子,那家人是特来报信的。文皇后听了,不觉欢呼起来道:"有这个机会,可以诱降洪承畴了。"当下又来看望洪承畴,故意用家事打动洪承畴,说得洪承畴思乡心切,果然慢慢地回心转意。文皇后哄他去见家人,逼洪承畴改了装,竟驱车去白城堡,引他拜见太宗。洪承畴时已骑虎难下,只得听人摆布了。文皇后又进入宫中,令太宗装扮得十分威风,使洪承畴心生畏惧,自然而然地虔心归顺了。洪承畴见了太宗,果然不出文皇后所料,感恩戴德,竟心甘情愿俯伏称臣。及洪承畴在勤政殿二次召见,一眼瞥见了文皇后,吓得洪承畴浑身颤抖。原来那皇后不是别人,正是月夜诱骗自己,曾在芙蓉沟同衾共枕的丽人。洪承畴到了这时,才知太宗皇帝爱自己之深,甚至不惜牺牲皇后。洪承畴怎会不感知遇之恩呢?从此便十二分愿意地效命清朝了。

太宗皇帝又赐洪承畴建造学士府第,又赏赐美姬十名,于是洪承畴倒也乐不思蜀起来。当他初次召见后,忙回到馆驿,传那个被掳来的家人时,左右回道:"那家人被文皇后盘诘一过,随即遣回北京去了。"文皇后想洪承畴见了家仆,询问起家中的情形来,以致思乡心切,未免降志不坚,故特地不令他主仆见面。文皇后哄洪承畴去会见被俘的家人,实是骗他投降,其实那个家人,早已到了北京了。

# 多尔衮与嫂嫂私通

## 丑汉艳福难销魂

太宗皇帝的文皇后，是科尔沁部博尔济吉特塞桑贝勒的大女儿，芳名叫玉姑，她虽生长在关外的大漠，却出落得桃腮粉脸，秋水盈盈，两道弯弯的峨眉，衬上她朱砂似的樱桃小口，轻盈一笑，显出深深的酒晕，加之她身材袅娜，柳腰纤纤，玉颜撩人，体态动人，娉娉婷婷，真正是月里嫦娥，洛水仙女，因此在关外芳名远扬，称作第一美人。她还有个妹妹小玉姑，生得和她姊姊一般婀娜妩媚，芳龄才十三四岁，已是花容月貌，玉骨冰肌。看见的人，谁不赞一声"好一对姊妹花，正不知谁家郎君能消受这样的艳福咧！"那玉姑到了十八岁，吉特塞桑贝勒把她嫁给叶赫部的世子德尔格勒做了妻子。吉特塞桑贝勒只考虑门楣问题，以为自己是科尔沁部，和叶赫部缔婚，同是皇族，门当户对，也不算辱没了自己的女儿。老贝勒是这般着想，却没想到女婿一层是否配得上玉姑，只稀里糊涂地允了婚事。

多尔衮

到了洞房花烛之夜，玉姑偷偷瞧瞧她那个丈夫，不觉吃了一惊，芳心里好不酸楚，早扑簌簌地泪流满面。因那德尔格勒世子，生得又黑又肥，身材胖得长不满三尺，体形臃肿得不成个模样儿，一双眼睛贼溜溜的，深深地凹在眶内，嘴唇斜缺，鼻孔撩天，倒翻着一对耳朵，颔下蓬松的茅柴胡须，说起话来，又哑又破碎的喉咙，加上他一张天生奇丑的面孔，分外令人生厌。玉姑有关外第一美人之称，后来连洪承畴经略都心醉神迷，现在嫁了这样一个奇丑无比的丈夫，怎不叫她心酸落泪呢？偏偏那个不识趣的德尔格勒见玉姑珠泪簌簌，以为她是别母离亲暗自伤心,所以做出十二分的温存样儿,再三地慰劝玉姑道:“你不要这要伤心,哭坏了身体使我心痛,你如果想念你的母亲,我明天和你一起到岳家去,咱们两个就在科尔沁部游玩几天再回来不迟。”玉姑见德尔格勒做出一副又似笑又似哭的怪相,笑起来张开血盆般的大口,那副嘴脸厌恶至极。一气之下,伸手把德尔格勒一推,回过头去痛哭不止。德尔格勒自觉没趣,但娶了这美貌娇妻,心下实在快活得不行,别说玉姑不去睬他,就是打他几个嘴巴子,他也心甘情愿。玉姑一味地哭着,德尔格勒只是一味地向玉姑歪缠,从黄昏直闹到三更多天,玉姑知道命该如此,只得叹了一口气,起身安寝,德尔格勒自然异常巴结,忙着替玉姑脱衣解带,还跪在地上给玉姑褪去了蛮靴,更了罗袜,一切收拾停当,夫妻双双共入罗帏。

第二天清晨,德尔格勒极早便起身,吩咐卫兵备了两乘绣幔的大轿,摆起了盛大仪仗,带着64名亲兵,和玉姑上了轿,往科尔沁部岳家来。吉特塞桑贝勒与老妻祖袪儿福晋,得知新姑爷来了,忙叫家人悬灯结彩,准备宴席。将近晌午,一骑马飞奔前来报告:“新姑爷离此只有一箭多路了!”吉特塞桑贝勒吩咐大开中门,自己和祖袪儿福晋在门前亲迎。片刻,锣声不绝于耳,接着是一阵喝道声,便见仪仗结对而来,都排列在大门外的两旁,64名护兵拥着两乘绣缦珠帘的大轿,直抬到二门前停下。64名护兵,异口同声地吆喝一声。吉特塞桑贝勒家的卫兵,也列在两边,自大门前起,直立到中门止,个个鲜衣华甲,刀枪雪亮。他们见叶赫部的护兵吆喝一声,科尔沁部的卫兵也吆喝一声,算是答礼。随着这吆喝声,那轿面前的珠帘慢慢地卷起,早有科尔沁部男女厮仆,快步跑至轿前,男仆侍候着新姑爷下轿,女婢已拥了玉姑,群星捧月似的,由祖袪儿福晋接着,众婢女蜂拥般地进内室去了。吉特塞桑贝勒便也迎接新姑爷德尔格勒进了中门,翁婿相见,行了一个拘腰礼。这是满洲最尊敬的意思,只有在接待贵客的时候才行此大礼。翁婿行礼完后,家役们已摆上宴来,吉特塞桑贝勒让德尔格勒上坐,自己在侧首陪。又将叶赫部随来的卫兵人员一概在外厅设宴款待。正厅上翁婿两人谈笑风生地开怀畅饮。

那玉姑经祖袪儿福晋和众婢迎入内室,玉姑一语不发,一下扑在她母亲扭袪儿福晋的怀里,哽哽咽咽地哭了起来。祖袪儿福晋被弄糊涂了,忙把爱女往怀内一搂,亲密地问道:“好女儿,什么事这样伤心?你尽管说,有母亲替你做主。”玉姑哭得更加凄惨,含泪说道:“父亲配得好亲事,你去看看那人的嘴脸是怎样儿的!”祖袪儿福晋听了,不禁吃惊地问道:“叶赫部的世子,人家不是说生得很雄俊的吗？我此刻倒没有在意看他。”

正在此时，女婢禀报新姑爷来拜见岳母了。祖祜儿福晋听后，便起身出房，见吉特塞桑贝勒带着一个又黑又矮的丑汉边笑边走进来，那丑汉遍体华服，非但不见一些好看，反而越显出他的丑陋来。祖祜儿福晋猜想那丑汉就是自己的大女婿了，心里寻思道：“怪不得玉儿要伤心了，看他这副尊容，的确十分难看。咱家这样娇艳无比的好女儿，去配这样一个丑汉，不是要使亲戚朋友们笑话吗？”祖祜儿福晋一恼火，霍地回到房中，就是不肯出去见礼。女婢仆妇一再相劝，祖祜儿福晋哪里肯听？后来吉特塞桑贝勒亲自入内劝慰，祖祜儿福晋无法推却，一千个不愿意地出来和她女婿德尔格勒相见了，连半句话也没有说，只不过见了个礼，就进房去了。

吉特塞桑贝勒又陪着德尔格勒到了外厅，又入席畅饮。等到兴尽席散，德尔格勒起身告辞。照例新女婿上门，岳家要留他住几天的。这时因祖祜儿福晋不喜欢这个姑爷，吉特塞桑贝勒也并不款留。不料玉姑却依在祖祜儿福晋怀里，死也不肯回去了。祖祜儿福晋附着她耳语几句，玉姑才含泪出房。只见她妹妹小玉姑蹦蹦跳跳地进来，看着玉姑笑道：“姊姊还要随同那丑汉回去吗？”祖祜儿福晋忙喝道：“油嘴的丫头！姊丈也不叫一声，啥丑汉不丑汉！”小玉姑瞪着两只小眼睛，偏了小嘴儿，把头一侧道：“啥姊丈，咱家放马的黑奴，都比他好看百倍！”一句话说得一班婢女仆妇都掩口而笑。祖祜儿福晋待要去打小玉姑，她已飞快地逃走了。玉姑听了她妹妹小玉姑的话，不禁又愁容满面，直哭得痛不欲生。祖祜儿福晋又好话说尽宽慰她，玉姑只得拭去眼泪，匆匆地上轿回去。

光阴似箭，转眼三朝，蒙人的俗例：女儿嫁了人，三朝要归宁探父母的。玉姑熬到了三朝，便一个人坐了一顶小轿，带了四名护兵回到母家，一面让轿夫和护兵回去，并由婢女传出话来，告之那叶赫部跟随来的护兵说道：“禀告你们姑爷，咱家姑娘须盘桓几天再回去，你们别来接我们，咱家自会送姑娘回来的。”护兵领命，自和轿夫抬了空轿回叶赫部去了。从此玉姑住在母家，一晃半载有余，平日和她妹妹小玉姑有说有笑好不痛快，再也不想回夫家了。那叶赫部的世子德尔格勒，也曾派人来接过几次，终是空轿打回。末了，那德尔格勒再也忍无可忍了，便亲自来接玉姑回去，祖祜儿福晋不便劝阻，无奈只好让玉姑回家，但过不上几天，玉姑又回到母家了，她一到了母家，就再也不想回去，必定要德尔格勒心急，亲来催逼她回去，才勉强到夫家去住上十日八天，至多十五天，又要想到回母家了。德尔格勒不让玉姑归宁，她就寻死觅活，弄刀系绳，吓得德尔格勒不敢阻挡。于是玉姑归宁，甚至整年不回去。初时德尔格勒亲自来接，还勉强跟了他就走；到了后来，任德尔格勒咆哮如雷，玉姑干脆不去理睬他了。她自己想回去就回去，她自己不愿意回去，任叶赫部的老部主金特石来劝她都无济于事。德尔格勒知道终究是得不到这个娇妻的心，只恨自己生得太丑陋了些，不得人欢心，德尔格勒心里一发狠，竟悄悄地跑到莽葛尔山中披发修道去了。玉姑听到这个消息，好似罪囚获释，顿觉轻松了许多。于是快乐地天天和妹妹小玉姑到别尔台山的围场中去打猎。

## 英雄美人定深情

这别尔台山在科尔沁、叶赫、玛赛别、建州卫四大部落交界的地方，地面一半是科尔沁部的边域，但是个公共的围场。山上的狐兔野鹿等兽类不计其数。叶赫、建州、玛赛别三大部的王孙公子常常带了护兵到山下来打猎。那围场也算得是一处贵族猎场，因为普通的平民是禁止到这里来打猎的。玉姑和她妹妹到这里来打猎，一半也是为了择婿。有一天，事有凑巧，恰好建州的八皇子皇太极领着一班侍卫，驾着鹰犬，到别尔台山来打围，打了一会，山下突然跳出一只白兔来。皇太极弯弓一箭射去，正射在白兔的尾巴上，那只白兔一蹶一跳地拼命逃窜，皇太极控着怒马，加上两鞭向前追赶，转过山坡，那白兔被山石绊倒在地，皇太极翻身下马，伸手待去捉时，那兔儿抖了两抖，爬起来翘着尾巴又逃走了。皇太极扑了个空，因用力太猛了，差点向前跌倒，连忙一个鹞子翻身，双脚才勉强立稳。忽听得山坡下面有人喝彩，皇太极面红耳赤。抬起头来向山坡下瞧看，原来是一群粉白黛绿的美人儿，也在那里打猎，里面有两个美人，一个有二十来岁，一个约有十五六岁，一般的生得玉肤花貌，身上都是贵族打扮，其余的人穿的虽也富丽，终没有那两个华贵，大约是婢女了。皇太极倚在马旁，两只眼睛好似定了神似的，呆呆地愣住了。那个二十来岁的美人，骑在银鬃马上，忍不住把罗巾掩着的唇，对着皇太极妩媚一笑，这笑真是娇媚并显，看得皇太极身体酥麻了半边。那美人便娇滴滴地吩咐婢女道："咱们回去了吧！"这一声在皇太极的耳朵里，真好似雏莺出谷，直叫人神魂颠倒。那美人说了这一句，旁边的婢女就围绕着如飞地出了围场去了。皇太极哪里舍得，忙也跨上了鞍马，疾驰从后追上去。眼见一群女子走进一座皇府中跳下马来，那年长的美人，又回头来瞅着皇太极一笑，姗姗地进二门去了。皇太极直等到连个人影也看不见了，才兜转了马头，无精打采地回到围场，也没有心思打猎了，一路回到盛京，四处打发人来打听，才知那美人是科尔沁部吉特塞桑贝勒的格格，已经嫁给了叶赫部的世子。皇太极听说，不禁心冷了半截，半晌说不出话来。从这时起，皇太极的脑海里，深深留下了那美人的印象。

这年因叶赫部帮助明朝进攻清朝的盛京，松山一战，明兵大败。清朝英明皇帝班师回来迁怒叶赫部，亲统大兵出征，一场血战，战胜了叶赫部，恰好先锋官是皇太极，他一打进叶赫部，带着士兵大肆劫掠，部下的兵士掳了一个美人献上，那美人自称是科尔沁部的格格来此走亲戚的。皇太极出来一瞧心中狂喜，见那美人不是别人正是那天打猎遇见、魂系梦牵的心上人。原来那时正是叶赫部部主金特石六旬大庆，世子德尔格勒虽已出家，玉姑的翁媳名分还在，所以吉特塞桑贝勒叫女儿玉姑前来拜寿。正在大摆筵席，鼓乐喧天，忽报建州人马已漫山遍野地杀来了。叶赫部主金特石匆匆下令调兵遣将，准备御敌。外面清兵已将其团团围住，玉姑来不及逃回母家，也被困在里面。清兵攻破城堡，玉姑带了两名婢女从后宫逃走，仍被清兵俘获，送到皇太极的营中。皇太极喜出望外，不亚于凭空掉下一件宝贝来，这一夜就在军营的大帐内和玉姑巫山云雨了，其间的欢爱自不用说。

第二天，皇太极派了亲信护卫玉姑回科尔沁部，一面禀知英明皇帝，一面派人向吉特塞桑贝勒求婚。吉特塞桑贝勒见叶赫部已亡，建州正蒸蒸日上，自己女儿迟早要醮人的，既有了这个机会，正求之不得，便一口答应下来。英明皇帝欣赏皇太极英武，一切要求自然满口答应。当即派使臣下聘，择日替皇太极迎娶。过门之后，皇太极和玉姑情深意笃，真是到了十二分。及至英明皇帝驾崩，皇太极恃着威权，居然据了大位，就封玉姑为孝庄文皇后。那时睿亲王多尔衮，还只有十四五岁，皇帝是他第八个哥哥，又因他年纪尚幼，常常出入后宫，并不避嫌。

## 后宫寂寞觅少年

皇太极自从做了皇帝，又纳了两个美貌妃子，对于文皇后不无影响，又因军国事务繁重，经常住在御书房内，一个月进宫不到七八次，还要顾及妃子，对文皇后的爱情，渐渐没有从前亲密了。那文皇后天性风流，见太宗皇帝这般冷淡，春花雪月，自然产生一种香衾辜负的怨怼，于是触景生情，见她小叔多尔衮也生得英俊潇洒,齿白唇红,不免生了爱慕之心。多尔衮正在情窦初开的时候,见嫂嫂这样多情,岂有不笑纳的道理。叔嫂间起初只暗送秋波,后来到了情热百度不可遏止时,就在幽宫冷殿偷偷地去了他们的心愿。

但似这般偷偷摸摸的,文皇后终嫌不能随心所欲,便假装出宫去打猎,在外面挑选了两名镶黄旗的美貌子弟,扮作宫女混进了晋福宫,从此就天天寻欢作乐,好不快活。万不料事不凑巧,被多尔衮冲进宫来撞见,一缕醋意由脚跟直冲到脑门,怒冲冲地走出宫去,文皇后见事情弄糟,忙亲身跑到宫外,不停地叫:“老九!你回来,我有事和你商量!”多尔衮一面走,一面摇头道:“没有什么可商量的,没有什么可商量的!”急得文皇后三脚两步地赶上去,一把扯住多尔衮的衣袖,狠狠地瞪了一眼道:“老九!你真的这样铁石心肠吗?”这句话才出口,文皇后早已泪流满面了。多尔衮不由得笑了笑,两人相拥着进了宫,让宫女和那两名侍寝的少年,一并退出宫外。那些宫女们,只听得内室中一会儿欢愉声,一会儿哀恳声,唧唧哝哝地从午后直闹到深夜。忽然文皇后叫两个亲信宫侍进去,稍后,传出一口宝剑来,令将两个宫娥立刻赐死。这两名宫娥,就是镶黄旗的少年子弟所改扮,只有文皇后亲信宫人明白此中秘密。

睿亲王多尔衮,别人都称他为九王爷,为人精明强干,在十二三岁时随着英明皇帝征战沙场,已能运筹帷幄,策划军机,所以英明皇帝十分喜欢他。当太宗继统时,多尔衮年龄还小,时常出入后宫,到了十六七岁,竟和文皇后勾搭上了。但太宗皇帝认为多尔衮才略超群,每每派他去出征,因此不能常常和文皇后厮守在一块,把个少年风流的文皇后弄得好不煎熬,好容易盼到多尔衮回来,亲热一会,多尔衮又要奉命出征去了。这一次出征和明朝军马大战,建州人败了两阵。及至一打听明督师的主帅,才知就是号称中原才子的洪承畴。太宗皇帝听了不断搓手叹息,又极力赞许洪承畴,有意想叫那洪承畴来投诚自己。与众亲王郡王、文武大臣商量,终想不出两全的法儿。后来被文皇后获知,就自愿去骗洪承畴,居然被她得手了,硬是把洪承畴骗到建州。洪承畴虽投降了清朝,太宗皇帝对文皇后的爱情却比从前更加冷漠了,文皇后也明知其中的缘故,只有自怨自艾,想到了伤心时便痛哭一会。哪知多尔衮自拥有征伐大权,也不大有闲工夫进宫,文皇后怎肯香衾独抱?便暗地里弄了两个少年进宫,暂时打发一下她的寂寞。

实际上多尔衮的威权日渐强大,公卿大夫、亲王贝勒多半是他的党羽。只要朝中出了杰出的人物,自有那些蝇蚁去附他的腥膻,因此朝廷内外杂事,一举一动，多尔衮全都知晓。文皇后有了两个小情人，早有他的心腹内侍去秘密报知，多尔衮听了，醋意大发，便乘文皇后不备，冲进宫去。好在多尔衮是走惯的，不用请旨和宣召等手续。当多尔衮跨进晋福宫门，恰碰上文皇后和两个少年在那里调情。多尔衮一眼瞥见，心里就明白，断定那宫人是男子改装的，这等伎俩只能瞒过太宗皇帝，怎能骗得了多尔衮？所以他毫不停留，回身便走。文皇后毕竟心虚，忙把多尔衮喊住，还想要遮掩一下，被多尔衮说破，文皇后没法争辩，心里急了。文皇后的宫女从窗隙中偷看，见多尔衮仰着脖子坐在绣椅上，眼瞧着屋顶，头摇晃不停。文皇后斜靠在椅旁，嘴里叽叽咕咕地说了半晌，多尔衮依旧摇头；一会儿文皇后坐在多尔衮的膝上撒娇，伸出藕似的玉臂，搂住多尔衮的头颈私语一番，只见多尔衮把文皇后一推，起身要走，文皇后真急了，一下跪在多尔衮的面前，将头搁在多尔衮膝上，珠泪盈盈地哭了。这时见多尔衮微微一笑，霍地从腰间拔出佩着的宝剑，一手递给文皇后。宫女见此，不觉手脚发颤，正不知多尔衮授宝剑给文皇后干什么。不久见文皇后握着宝剑，回头向宫门外低低地唤了一声，就跑进两名亲信宫女，文皇后命她们传出剑去，命令那两个改扮的宫娥立刻自刎。文皇后一头吩咐着宫女，她一双盈盈的秋水，兀是含满了一泡眼泪。宫女领了懿旨，捧了宝剑出去，半晌后，进来回禀两宫娥已自刎了。文皇后点点头，又皱着额眉问道："他们两人的尸体又怎么办呢？"多尔衮笑道："叫他们乘黑夜，丢在御河里就是！"文皇后听说，心里十分不忍，但一时也无上策，只得叮嘱了宫侍们，照多尔衮的主意去做。文皇后杀了两个侍候的美少年，宫中更冷清了。还好多尔衮知趣，便天天进宫来和文皇后幽会，两人的情热与日俱增，竟然双宿双飞起来。

## 叔嫂勾搭成奸情

那时二贝勒代善已死，代善的长子恭郡王慕赖海本来不满他父亲的大位被皇太极占去，自己稳稳地一个皇太子成了泡影，所以慕赖海在私底下结党缔群，想要把皇帝的名分夺回来。他平日最愤恨的，就是他那个九叔多尔衮。因慕赖海常想控制兵权，以为一旦有了兵马的实力，就胜券在握了。似慕赖海那样的平庸之辈，怎能和多尔衮较量？结果兵权被多尔衮夺了去。慕赖海几乎气得发疯。这时多尔衮和文皇后的秽行，传遍京城无人不知，蒙在鼓里的只有太宗皇帝一人。慕赖海听得已有机可乘，不由得直跳起来道："我若不趁此机会报仇，更待何时?”后来转念一想,满朝尽是他九叔父的党羽,自己一个没势力的挂名郡王,即使明知多尔衮秽迹昭彰,又能如何呢?思来想去,忽然记起一个人来,便是肃郡王豪格。

豪格是太宗皇帝的义儿,为人有勇有谋,在建州称得上是数一数二的人物。太宗继统后,经常和明朝开战,豪格领了建州人马,居然独挡一面,立下的疆场功劳,很是不小。太宗皇帝见豪格英勇,早存下了立储之心。豪格听到太宗口吻,知道自己将来很有前途,于是战必身先士卒,建州的武将当中,谁不赞肃郡王忠勇无双?太宗也越发喜欢他了。哪里晓得天不由人,这年文皇后忽然怀孕了,太宗皇帝倒还不在意,那个肃郡王豪格可急坏了,唯恐文皇后生了儿子,自己失宠。偏偏到了文皇后临盆,生了一个儿子,把太宗皇帝乐得合不拢嘴。其实这个儿子,是太宗皇帝的亲骨血还是多尔衮的遗种,局外人都弄不清楚,便是太宗皇帝自己,也是模模糊糊,只有文皇后的心里,或者是明白的。但她如果不说出来,怕连多尔衮都拿不准呢。

光阴似箭,文皇后所生的太子,转眼是弥月了。到了那天,满洲的亲王、郡王、贝勒、贝子和硕亲王、蒙古王公及满汉文武大臣,都一同进宫,替太宗和文皇后叩贺。太宗皇帝传谕,亲王、郡王、蒙古王公、贝勒贝子在勤安殿赐宴,满汉文武大臣在义恭殿赐宴。太宗皇帝自己和文皇后在晋宫设宴庆祝。这天的盛京,凡街巷通衢,无一不张灯结彩,商民一例休息一天,鼓乐庆祝。下午文皇后升坐坤宁宫,犒赏宫女内侍及亲王大臣。当时满汉王公,大小臣工,无不欢呼畅饮。其中满肚子不高兴的,只有一个肃郡王豪格。太宗皇帝哪里知晓他的心事,还叫豪格随驾前往太庙祭拜。礼毕回来,由礼部拟名,定了一个福字。太宗皇帝见太子相貌堂堂,啼声洪亮,又赶上武英郡王阿济格打胜了明军,满载珠玉金宝班师归来,太宗皇帝乐坏了,便笑着对文皇后说道:“这孩子真好福分!”正说着,礼部恰好拟呈一个福字,太宗皇帝大喜道:“巧极了,这样就赐名福临吧!”

## 父辅儿皇更尽心

日月如穿梭般过去,福临慢慢长大,转眼已经九岁了。太宗皇帝对于豪格虽然宠爱有加。而于立储两字,却闭口不提。豪格也暗地打算,脸上丝毫不露。在这个时候,朝臣里面有要巴结文皇后的,背地里主张上疏,请太宗皇帝立储。消息传出来,豪格急得像热锅上的蚂蚁,想不出用什么手段去对付。事有凑巧,恭郡王慕赖海要报多尔衮的仇恨，亲自来拜访豪格。豪格和慕赖海既有兄弟的名分，又是同窗，从前交往十分密切，后来豪格授了武职，慕赖海被多尔衮排挤，两人的交情就一天天地疏远了。现在豪格听得慕赖海来了，忙亲自迎入，两人手挽手进了书斋，寒暄了几句，豪格命家人摆上宴席，二人痛饮起来。

酒至半酣，慕赖海巧言试探豪格道："兄弟近来听人传言，皇上有立储的意思，老哥知否？"豪格见说，正中心事，加之酒后，听了慕赖海的话，不觉冷笑一声道："皇帝既有了亲生的太子，那是应该立储了，还有什么话说？"慕赖海故意吃惊地说："此话怎讲？老哥是皇上的长子，倘实行立储，除了老哥还有谁呢？"豪格越发气愤，面红耳赤悻悻地说道："我不过是形同虚设罢了，你和我是兄弟，怎么也来讥笑我？"慕赖海正色道："兄弟怎敢讥笑老哥？说句实在话，你老哥都只虚名一个，那么谁还算个实在？"豪格见慕赖海说话有因，忙改笑道："那福临不是皇上实在的儿子吗？"慕赖海听完，做了一个鬼脸，鼻子里嗤地笑了一声，又喝了口酒，才慢吞吞地说道："老哥不要在那里装傻了，九叔的事，难道不曾知道一些吗？"豪格被慕赖海一提，红着脸道："我听是也听见过好几次了，只是听说的都真真假假，究竟怎样，却不能断定。"慕赖海神秘一笑，正要开口，忽地环顾四周，见豪格身旁立着三四个亲随，慕赖海欲言又止。豪格会意，吩咐左右退去，慕赖海才低低地将多尔衮和文皇后的秽史原原本本地和盘托出。豪格听罢，直气得拍案大叫："我若不杀这灭伦的淫贼，还有什么面目活在这个世上？"慕赖海慌忙起身掩住豪格的口道："老哥莫这般莽撞，要防隔墙有耳，这厮的耳目甚多，哪一个亲王府中没有他的奸细？假如泄露风声，老兄和兄弟的脑袋就怕要搬家了。"豪格这才忍气坐下，两人对酌密谈。直到半夜三更，慕赖海才辞去。

次日五更，亲王大臣循例入朝排班，朝参完毕，只议了些寻常政事，谕旨令退朝。亲王大臣纷纷离去，只有肃郡王豪格却随驾左右，竟跟着太宗皇帝进御书房去了。到了晌午，肃郡王退出，御书房内传出上谕，命内侍备辇进宫。左右内侍，见太宗皇帝龙颜大怒，愤愤地登辇，大家吓得连大气都不敢出，静悄悄地随辇进宫。太宗皇帝的銮辇正经过德正殿，早有一个内监上气不接下气地奔出来，一直跑到御槽中，口称有急旨宣召近臣，匆匆地选了两匹关外有名的骏马，骑了一匹牵了一匹，箭一般地出大清门去了。稍许，便见那起先选马的内监跟在后面，前头一匹马上，正是睿王多尔衮，跑得上气不接下气，兀是不住地加鞭，但看地上尘土飞扬，八只马蹄缭乱，风驰电掣似的奔向大清门而去。那些值日的官吏和侍卫，见了这种情形，猜测朝中必有变故，皇上这样飞召睿亲王进宫，不为军机要事，必要戮杀亲王或大臣。果然睿亲王多尔衮进宫还没有一会儿，就见内宫跑出八九名内监来，脸上都现出慌乱不堪的样儿，各人跑到御槽内手忙脚乱地各自要一匹马，有几个连鞍也不及配好，飞身上了秃背马，扬鞭飞驰出大清门去了。

那时侍卫官长努勒梅，是个精于世故的人，他瞧内监这般匆忙，料定不是好事，急下令传集通班侍卫戎装侍候，以防不测。600名侍卫，不论日班夜班，一齐集起队来，点名刚完，道上马蹄声不绝于耳，只见郑亲王齐尔哈郎、英武郡王阿济格、恭郡王慕赖海、豫亲王多铎、肃郡王豪格、贝勒慕赖布、阿巴泰，满达海、汤古马、巴布泰、巴布海、阿拜、莽古尔泰、搭拜、德勒格拉、岳立台，贝子阿达礼、罗尼洛、度艾、济尔顿、博勒和、齐喀、屯礼托达、密度礼，大学士希福刚林、冷僧机、章京图岸巴、梅勒章京礼巴，蒙古亲王克鲁图南，汉大臣范文程，大学士洪承畴，都督祖大寿，将军祖大远、祖大弼、陈光新、耿仲明、孔有德、尚可喜等，都行色匆匆、大汗淋漓地在大清门前下马，蜂拥地进去了。众亲王大臣，到得内廷的温恭殿前，早在内监传谕娘娘懿旨：亲王大臣在此候旨。众人听说“懿旨”两字，料定宫内有了变故。原来内监去宣召时，并未细说，只说皇上有急旨火速宣亲王大臣进宫。七八名内监分头传谕，那些亲王大臣正不知有什么紧急大事，有的朝衣还没有脱下，一听有旨宣召，马上上马赶进宫来。这时众大臣呆怔怔地恭候在温恭殿前，吉凶难料，狐疑不定。忽听得靴声橐橐，睿亲王多尔衮手捧着诏书出来，高声叫诸臣跪听遗诏。众亲王大臣一听“遗诏”两字，惊诧不已，大家你看着我，我看着你，作声不得，只好跪伏在地，多尔衮便朗声诵道：

朕不幸暴病不起，所遗大位，着太子福临继统，众卿可协共辅，勿负朕意。至朝廷大政，可令孝庄文皇后会同睿亲王多尔衮协商办理。钦遵！

多尔衮读罢诏书，众亲王大臣才知太宗皇帝已经驾崩。想刚刚上朝，皇帝还生龙活虎，怎的一眨眼就会驾崩了？众人面面相觑，什么也说不出来。多尔衮便朗声说道：“大行皇帝既有遗诏，咱们就遵诏办吧！”说毕即返身进宫，扶着九岁的太子福临登了宝座。多尔衮率先跪伏在地，众亲王大臣到了这时，也做不了主了，只得循例山呼万岁。于是改明年为顺治元年，封赏功臣，大赦天下。追谥太宗为孝睿毅皇帝，庙号太宗，尊文皇后为皇太后。后又传出懿旨，尊叔父睿亲王为摄政王。这样一来，朝事由睿亲王把持，独断专行，亲王大臣都语塞，一句话也不敢说。

## 太后享尽鱼水欢

一天忽报明朝的平西伯派使者前来，多尔衮看罢大惊道："原来明朝的皇帝已被流贼逼得殉国了！"于是命使者退去，多尔衮便召集亲王大臣，把明崇祯已死、平西伯吴三桂借兵定乱的事对众人简要地说了一遍。又道："值此明朝无主的机会，咱们借定国乱为名，借机以图明疆，你们意下如何？"亲王大臣齐声应道："悉听王爷处断！"多尔衮非常高兴，当即打发吴三桂的使者回去，并吩咐道："我们此番统兵入关，特意为你国驱贼定乱，你可告知吴平西，叫他带了轻骑来关前迎接我们的大兵就是。"使者叩头起身，日夜兼程回关报知吴三桂。

多尔衮以豫王多铎为前锋，肃郡王豪格为先锋，留郑亲王齐尔哈朗辅佐幼主，自己和武英郡王阿济格、大将扈尔赫等，率领20万大兵，辞了太后，浩浩荡荡地挺进山海关。大部队很快抵达山海关，前锋报明军驻扎关前，多尔衮正要使人探问，早见一队人马素服剃发，直奔多尔衮的军前，正是平西伯吴三桂。当时进营见了多尔衮，吴三桂自愿为大军带路，多尔衮便递一支令箭给吴三桂，命他带明军作为向导。吴三桂拿了令箭，率着部下飞速向前行进，多尔衮统领清兵随后进关，一路斩关夺锁，攻破贼兵城邑，势如破竹，很快进入通州。

李自成在京中得知吴三桂的大兵已进通州，忙下令收拾起金银宝物共载七百多车，预备兵败时退守陕西。同时亲领贼兵，列队作战。两军相遇，正要大战，蓦然清兵一拥而出，李自成的贼兵从未见过这种装束，慌忙叫道"妖兵来了"，各自抛了戈矛，回身逃命。李自成大败，退走五六十里。多尔衮不动一枪一刀进了北京，又分兵两万交给吴三桂，令他追赶贼兵。李自成也恐吴三桂来追，和牛金星等商议抵御，正逢吴三桂人马赶到，贼兵一见满洲人马，回身便走。牛金星大叫："形势紧迫，速弃陈圆圆，以缓吴三桂的追逐！"李自成正护着陈圆圆快马加鞭，听了此话不免难舍难分。吴三桂赶上以后，亲自牵着陈圆圆的马缰，李自成才趁势逃脱。

吴三桂夺得陈圆圆，便不再追赶。九王多尔衮听说吴三桂逗留不进，担心他回京有变，急令督促吴三桂统兵向西追贼。多尔衮就在北京定都，并令飞骑出关，迎幼主进关，在北京登基，又命多铎领大兵攻打江南。当多尔衮定都燕京，满洲亲王大臣都怀疑这大位必是多尔衮自己的了，没想到他迎接幼主进关，第一个先俯首称臣，他这开国的功勋可就大了。那时满汉大臣提议酬功的办法，汉臣中有了解多尔衮和皇太后暧昧关系的，主张皇太后下嫁给摄政王。这议论一出，汉大学士钱谦益竟上书奏请，多尔衮读了表章，非常高兴，忙进宫和皇太后密议，认为这办法不错，于是下旨准奏。好在那班满洲王公大臣，都不懂得礼义廉耻，任凭多尔衮胡作非为。哪里晓得清朝开国，已留下污点了。

龙凤旌旗，白旄银钺，一对对地走过；一阵鼓乐喧天，绿衣黄带，戴大凉帽的侍卫，整队前进。侍卫过去，接下来便是黄盖紫伞，龙头幡、丹凤旗，金爪、立爪、卧爪，金钺、仪刀、红杖，青灯，日月珍珠旗、朱雀玄武旗、青龙旗、白虎旗，曲盖、日月掌扇、龙凤掌扇、功德旌、褒功旌，双龙赤帜、双凤青帜，豹旗、虎旗、狮旗、风雨旗、雷电旗，龙凤大旗，这一面大旗算是押队。龙凤大旗之后，是掮豹尾枪的侍卫官，黄衣黄裤，金带碧靴，状貌都特别严肃。黄衣侍卫列着队伍过去，接着是锦衣内监，捧着宝瓶、金盆、金唾壶、金水盂、金交椅、金鼎、金盒、金烟袋、金提壶等，分作四人一排，齐刷刷地走着。接着是24名宫女，列为十二对，红杖四对，金纱灯两对，红纱灯两对，珠拂尘两对，金提炉两对，炉中香烟袅袅，御道上非常寂静。这时只见64名内监众星捧月般地拥着金碧銮辇，120名内监拥护在凤辇的四围，凤辇上端坐着珠冠凤帔、花容月貌的皇太后，满朝的相卿，亲王贝勒以及各部大臣，都步行随辇。那一天是皇太后下嫁多尔衮的良辰吉日，凡銮辇凤辇经过的地方，大街小巷都张灯结彩，露天盖起了彩棚，自午门起直达摄政王府第门前，地上铺满黄沙，护卫的羽林军，五武一步兵，十武一马兵，大街小巷中的闲杂之辈，此时都已被赶走了，道上寂然无哗，只是偶尔会出现几个身穿鲜衣、身佩刀剑的武官，在四处巡逻。等到了銮辇和着凤辇穿过之后，摄政王才传下一道谕旨，撤离了羽林军马。

太后被摄政王多尔衮迎到了府中，由宫女们搀扶着下了凤辇，被亲王贝勒的眷属福晋格格们迎进了凤仪轩。献茶进点地小憩了片刻，忽听得堂上乐声齐鸣，内侍跪报吉时，宫女们搀扶皇太后出堂，摄政王多尔衮已貂袍龙衮地立在红缎毡上，宫女扶皇太后并立与他盈盈交拜。婚礼完后，宫女们献了合卺杯，亲王贝勒都叩贺于堂前，直到摄政王和皇太后受贺已罢，才将这对新人送入洞房。又有一班亲王大臣的官眷来新房中叩贺，皇太后心上欣喜不已，吩咐一声："赏！"早有宫女们抬过宫中带来的金珠宝玉等，赏赐给亲王大臣的眷属。那些福晋格格及满汉大臣的夫人们，一齐谢恩退出。当时摄政王府中正在摆宴席，宴请宾客，府内热闹空前。摄政王多尔衮亲自与宾客们同乐，这喜宴直闹到三更时分才结束。摄政王多尔衮回他的新房去陪伴皇太后。两人对饮了几杯合欢酒，酒兴初浓，相拥入帏。这一夜中，多尔衮和皇太后新婚旧爱，纵情作乐。第二天早上，多尔衮入朝谢恩，皇帝下谕封多尔衮为父皇摄政王，与皇帝并肩听政，同受百官的朝贺。从此多尔衮和皇太后做了名正言顺的夫妻，尽情享受他们的鱼水之乐。

# 清才子袁枚好色不分男女

## 袁枚好色无所顾忌

袁枚（公元1716～1798年），字子才，号简斋，浙江钱塘即今浙江杭州人。因他一直居住在南京小仓山下的随园，被世人称之为随园先生。有名的桐城派古文大家姚鼐传其生平时，这样写道：

君钱塘袁氏，讳枚，字子才。祖讳錡，考讳滨，叔父鸿，皆以贫游牧四方。君之少也，为学自成。年二十一，自钱塘至广西，省叔父于巡抚幕中。巡抚金公鉷一见异之，试以《铜鼓赋》，立就，甚瑰丽。会开博学鸿词科，即举君。时举二百余人，惟君最少，及试报罢。中乾隆戊午科顺天乡试，次年成进士，改庶吉士，散馆又改发江南为知县，最后调江宁知县。江宁故巨邑难治，时尹文端公为总督，最知君才，君亦遇事尽其能，无所回避，事无不举矣。既而去职家居，再起发陕西，甫及陕，遭父丧归，终居江宁。君本以文章入翰林有声，而忽摈外；及为知县著才矣，而仕卒不进。自陕归，年甫四十，遂绝意仕宦，尽其才以为文辞歌诗，足迹造东南山水佳处皆遍，其瑰奇幽邈，一发于文章，以自喜其意。四方士至江南，必造随园，投诗文几无虚日。君园馆花竹水石，幽深静丽，至

袁枚

棂槛器具皆精好，所以待宾客者甚盛。与人留连不倦，见人善，称之不容口。后进少年，诗文一言之美，君必能举其词，为人诵焉。君古文、四六体，皆能自发其思，通乎古法。于为诗尤纵才力所至，世人心所欲出不能达者，悉为达之。士多效其体，故随园诗文集，上自朝廷公卿，下至市井负贩，皆知贵重之。

袁枚因其所做的诗歌深受世人欢迎而出名。他竭力倡导性灵，文才卓异，词兼众体，标新立异，这样，他也就渐渐成了当时的诗坛领袖。凭借他在诗坛上取得的这种名士的地位，袁枚在生活上非常悠闲，达官贵士、豪商巨贾更是络绎不绝，自动奉以馈仪。因此，他的声色之求很自然地也就得到了保证，名利双收，历尽繁华。在《惜抱轩文集》第十三卷中，姚鼐就这样说他："君仕虽不显，而世谓百余年来，极山林之乐，获文章之名，盖未有及君也。"《随园轶事》的作者蒋敦更是赞叹不已："随园先生年少登科，壮岁归隐，享园林之乐，极声色之娱。桃李门墙遍及巾帼，王侯为之倾倒，走卒识其姓名。文采风流，论者推为昭代第一人，非过语也。"

袁枚背地里好色也就罢了，但是，他却从不避人耳目。在他看来，好色不算丑事，也就不去避世人耳目了。明朝李贽提倡人应该修养"童心"，袁枚更是用自己的行动和诗文将这种童心无遮无掩地展现在世人面前。在《小仓山房文集·卷十九·再答彭尺木进士书》中，他讲"人欲当处，即是天理"，"屏声色、绝思为，是生也而以死自居，人也而以木石自待也"，就是他在诗文中展现童心的证据。在《答相国劝独宿》中他更是写道："夫子循循善诱，教以隔绝群花，单身独宿，且以雏凤将鸣之语宛转劝之。甚矣，先生之迂我也！夫有子克家，身后之事；非人不暖，病中之需。且枚之居处，不避群花，更有说焉：人唯与花相远，故闻香破戒者有之，逢花必折者有之。故夫邓尉种梅之夫，洞庭栽橘之叟，终日见花，如不见花者。何也，狎而玩之，故淡而忘之也。枚自幼以人为畜，迄今四十年矣，横陈嚼蜡，习惯自然。颜渊侍于孔子，自称坐忘；若枚者，可称卧忘者也。愿夫子之勿虑也。"从这段话中，我们可以看出袁枚是如此无遮无掩地展现童心，更可见其好色自为人之常情的坦白心态了。

袁枚以人为田，无日不耕。更确切地说，他的田花中是雌雄皆具的。《随园轶事·卷五·桂官》中有言，雄花如钱郎桂官："先生昵桂官。一日寻春扬州，与桂偕行。桂善歌，舟中为先生度曲，先生以洞箫和之，有姜石帚'小红低唱我吹箫'之趣。先生时年六十，行市中不扶杖，而桂为之挽手。市中人观而羡之，目为神仙焉。"六十岁的老头子还手牵着年方二八的娇男，很悠然地在街市上闲游，他感到非常得意。旁人有的固然会视为神仙，但还有一部分人会拿他当人妖看。袁枚显然是在炫耀自己的风骚，但他不仅仅在街头上表现自己，还要作诗来永传于后世。他作诗记云：

六十明年届，三春不敢游。
闲情拾芳草，打桨下真州。
柳絮风初软，桃花水乱流。
日长人渡缓，萧寺且勾留。
小字桂枝仙，钱郎剧可怜。
肯歌周史曲，同泛鄂君船。
挽手胜肤杖，吹箫屡拍肩。
妙莲花中染，恰是并对眠。

这首诗中用到的"鄂君绣被"等典故，足以表明袁枚与桂官的那种非同寻常的关系。清代有这样一个笑话：一老翁纳一少妇为妾，翁曰："我就是喜爱你漆黑的头发，雪白的肌肤。"妇答："我也喜欢你漆黑的肌肤，雪白的头发。"如果把少妇换成少男，或者不换也行，这对于随园老人都是很贴切的。

## 不管男女，只求貌美

袁枚的好男色有这样一大特点，即他这种好色并不是因为觉得男色与女色比较有更加吸引人的地方，而是出于他对美色的总体欣赏。因此，只要美丽，不管男女袁枚都会喜欢。他是一个对男女二色同时兼嗜，也不会去厚此薄彼的人，这就是说，他是一个双性恋者。在他一生之中，除去桂官、金凤等男宠，陶、方、陆、钟诸姬妾已可以凑成他所拥有的十二金钗。但有一缺憾，诸姬虽然生养了几位千金，但是袁枚想要个男儿的愿望却迟迟不能实现。陆氏姬人也曾生过一个儿子，不幸却又夭折。年纪渐高的随园先生深感到老仍无男嗣真是凄凉无奈，哀吟"半日为人父，三生事可嗟。""真是庶人命，雌风吹不清。""五旬翁五年，三梦投三瓦。"弄璋之喜难望，袁枚六十岁时只好抱来了堂弟袁树的儿子，取名阿通，以娱晚景，以续香烟。谁也没有想到这一抱养举动真的给随园先生"通"来了好运，在袁枚六十三岁那年，钟姬就生下了亲儿阿迟。袁枚高兴万分，《小仓山房诗集》卷二十五中的一首诗就是他在感慨万分之时作的：

海内争传伯道名，今朝湔雪赋添丁。

老树看花秋色好，余霞返照暮山青。

第二年，袁枚便携尚在襁褓之中的阿迟返乡省亲。先人冢前，随园先生快慰地看到的是这样一幅场景：

周晬娇儿索乳忙，抱来学拜祖茔旁。

春风似解人间事，一缕香烟吹渐长。

有了儿子也就对祖先有了交代，袁枚的欢欣之情更是表露无遗。虽说他是荡逸通脱，但是随园老人的孝悌伦常观念还是颇牢固的。

随园结纳的美男大都是优伶。在二十几岁刚中进士那会儿，他在北京还只不过是一个穷翰林。“乾隆己未，京师伶人许云亭名冠一时，群翰林慕之，纠金演剧。余虽年少，而敝车羸马，无足动许者。许流目送笑，若将昵焉。余心疑之，未敢问也。次日清晨，竟叩门而至，情款绸缪，余喜过望。”袁枚知道伶人不会白来，他当然有他喜出望外的理由。优伶的目的总是为钱才与士相交。如果士人没有钞票，优人却还自动相就，这便是最使士人们自鸣得意的事了：在金钱交易的买卖场所，却能得到卖者抛掉金钱后的真心，可见自己是多么地倜傥风流！乾隆年间北京曾经出过一位芳名鼎鼎的“状元夫人”——名优李桂官。李桂官在名士毕沅未成名之前曾给他提供过许多帮助。乾隆二十五年，也就是1760年，毕沅高中状元，李桂官便因而得此美称。袁枚和李桂官有过交往，和毕沅关系也很密切，他心里一定有过许多忌妒和惋惜，一定想过：如果自己中的是赫赫状元而不是二甲第五名的一般进士，说不定许云亭也是一位“状元夫人”了，那样一来，自己岂不更是风流名士存情史，又给后人留下一段佳话吗？

袁枚曾给许云亭写过几首赠诗，用来表示他对知己的爱慕之情。

其一：

笙清簧暖小排当，绝代飞琼最擅扬。

底事一泓秋水剪，曲终人反顾周郎。

（《随园诗话》卷二）

其二：

皮弦金柱小琵琶，上巳浮桥阿紫家。

引得周郎屡回顾，长安春在一枝花。

其三：

霓裳曾已列仙班，天上重来解珮环。

应是玉皇怜绝艺，特留一阕在人间。

（《小仓山房诗集》卷二）

袁枚在京的时候，还和几位内廷的供奉歌伶关系密切。“歌郎吴文安者，年少美丰姿，供奉大内，声名藉甚，先生与之甚契。吴亦以先生为南人，颇以萍水相逢为乐，时来先生寓中。每遇考试，吴为吮笔磨墨，摒当周至。及先生成进士，入词林，吴为之欣喜者累日。嗣后先生以知县出都，吴送至紫竹林而别。河梁携手，不尽依依，所谓桃花潭水深千尺，不及汪伦送我情也。”而“都中名伶陆才官者，亦苏州人也。供奉大内，色艺与吴文安埒。先生先识吴后识陆，陆齿略稚于吴。两人时来先生寓中，时人目为双璧。及先生外用出都，遂相契阔。三十余年后，先生游吴中，忽遇两人于虎阜。初皆不相识，可中亭司客者以彼此皆盛名鼎鼎，两为通姓名，乃各恍然。时陆年已近五十，吴更五十外，先生则六十余岁矣。吴、陆俱以葬亲归里，不复作京师游。先生则春明旧梦，握手嘘唏，回首前尘，不胜故人何戡之感。”于是“惘惘情深，凄然成咏”：

宜春苑里归来客，三十年前识面多。

绝代何戡都白发，贞元朝士更如何？

握手临岐话再逢，泪痕吹下虎丘风。

自言身比天花坠，一到人间一世终。

## 袁枚公务之暇不忘选色征歌

袁枚是乾隆四年中的进士，三年后以翰林散馆，出任江南某地方的知县一职。身为一方父母，他还算兢兢业业地干好自己的分内之事。可风流成性，他在公务闲暇一直想着选色征歌。结果引起上司的极度不满，告诫他“剔齱歌郎”的行为是“破老有伤盛德”。一般下属受到上司这样的警告表面上会赶忙表示要改过，袁枚却没有这样做，他为自己的行为辩解道：

枚闻夏后上三嫔而得《九辨》，板板非上帝之心；周官操六计以驭群才，休休乃用人之道。是以情在理先，圣人且以为田矣；瑜不瑕掩，良工乃以观玉矣。枚赤紧滥膺，丙丁趋走。深虑莱芜不能辟，丝灼不能清，悼耄不能仁，强宗不能拔。故前者三肃崇阶，五内震动。恐诸葛垂问，何祇之吏事不修；曹公共谈，子扬之精神未葳。不意明公宽负子之责，入飞耳之谈。怒枚剔齱歌郎，抵触金布。枚始而惊，继而喜。惊者，惊公于东方未明之时，容光必照；喜者，喜枚于国风好色之外，余罪无他。不敢抵拦，不求道地。但愿陈其悃愫，请一考之诗书。昔李西平，郡将也，而营妓自随；白太傅，司马也，而商妇度曲。颇逾规矩，难律官箴。乃其人皆功在山河，名香竹素。枚自莅官以来，未尝一刻忘简书，不肯一言枉讯刺。待至五花判毕，四郊雨甘，乃敢弹筝酒歌，掎裳月坐。爱鄂君而流连翠被，赋《洛神》而惆怅惊鸿。事有甚于画眉，盗非同于掩耳。盖以为靖节闲情，何瑕白璧；东山女妓，即是苍生。连犿无伤，小德出入可耳。不图阁内之悍妻见赦，闺中之妒妾包容；而转蒙大府搜牢，长官狙伺。嘻，过矣！夫采兰赠芍，不见削于宣尼；闭阁尊经，翻自附于新莽。余中请禁探花，而以赃败；傅玄善言儿女，而以直闻。张翰有小史之诗，高风岳峻；卢杞无侍儿之奉，丑迹风驰。杲卿忠臣，征求花粉；辅国逆竖，静学沙门。古来君子之非，贤于小人之是。布在方策，偻指难陈。枚所仰止高山，耻居下流者，盖有在矣。然明公必以两庑相期，一流见待，谓破老亦伤盛德，瞀淫何以斋心。则枚虽不迷复于此时，亦必味回于他日。若徒铺张令甲，震耀风闻，舍簿领而调阴私，谈床笫以为恫喝。则萧何律上，不禁笙歌；宓子堂前，岂无琴瑟？而况李元忠不以饮酒易仆射，徐骑省肯以歌曲换中书。人孰无情，士各有志。黄鹄举矣，青天廓然。丈夫溺死何妨，而拘游哉？公幸毋以寻约之绳，困奇佅之士也。

《随园轶事》卷一中记叙了一个有关袁枚在做江宁知县时手札召歌郎的故事："先生宰江宁时，而宰上元者，许令也。同官一处，相得甚欢。许以道学自矜，屏绝声色。一日，秦淮小集，座有歌郎，许目慑之，郎即引去。先生迂许怜郎，而格于同在官场，不便诮让。未终席先生先回署，遣人召郎至。郎误先生犹许意也，不敢来。先生手书小札贻郎，自明其相慕之意，郎乃至。郎固花容月貌，韶秀有姿者，先生大悦之。由是郎出入衙署，习以为常。"看来袁枚的剔嬲歌郎确有其事，这或许就是他为什么一直仕途不畅的原因之一吧！

以袁氏的性情和才学，辞官从文是最恰当的选择。所以他壮岁归隐，居住在江宁随园，随着诗才文气渐渐被世人所知，名望地位比以前提高得反而更快。在这种名士地位下，得到歌童娈宠也就比较容易。例如杨华官，"先生始遇于吴门，极爱慕之意。时华演《长生殿》，先生以二十金作赏赉费。先生看花不轻解囊，此其破格也。华以先生为知己，愿随之归，后居随园数年。"在观看华官演《长生殿》后，袁枚曾赠诗云：

一曲歌成杨白花，生男从此重杨家。

泥金替写坤灵扇，当作三生系臂纱。

美如任育兼看影，清比荀郎似有香。

禁得风前诉幽咽，华清阁下咏霓裳。

再就是曹玉田。“曹玉田者，吴门歌伶也。先生游吴门，与桂官俱。桂官便道请假省亲，盖桂亦苏州人也。先生倦游将归，而桂犹未来。先生不能待，思挟华官同行。华又以勾当未了，一时不能即行。而先生固自谓不肯离花过一宵者也。先生反棹，玉田送之京口，大喜。先生年已六旬外，人谓其老兴正复不浅。”袁枚也曾对这件事写过一首诗：

不肯离花过一宵，花迎花送两回潮。

桂枝月下香才谢，玉树风前影又飘。

何必吴娘夸打桨，但逢子晋便吹箫。

笑侬雅抱生春手，到处鸾弦续断胶。

诗中的“不肯离花过一宵”，从字面上理解就是不肯离开李桂官自己一个人睡觉。实际上就是为了消解情欲，袁枚是需要有人天天晚上在床上陪着他的。

再就是庆郎，开始袁枚对他只是心中渴望能有他相伴：

蛱蝶雌雄且莫分，女儿香赠女儿熏。

遥知烧处双烟起，化作仙童一朵云。

客窗寒重夜眠迟，赠汝吴棉有所思。

愿得他生为翠被，鄂君身上覆多时。

接着小佳人相配老才子，袁枚的这种渴望变成了现实：

卷帘招月坐萧斋，意欲留春事竟谐。

寄语阿瞒私誓了，他生争及此生佳。

开过红榴鸟欲飞，相思能不梦依依。

愿卿身似春潮长，早到胥江晚即归。

## 袁枚喜欢自己的男学生

乾隆四十七年，也就是 1782 年，袁枚已经六十七岁了，刘霞裳秀才开始频频出现在袁枚诗作当中，他是袁枚的学生同时又是旅游外出时的陪伴。这年袁枚到天台游玩，约刘同往，写道：

未免多情枉费才，狎游颇被里人猜。

须知玉貌张雕武，终向儒林传上来。

老我颓唐色界天，熏香傅粉忆当年。

自怜一往情深处，也是楞严十种仙。

翩翩一少与风流一老相伴远游，自然是会被人们猜测的。袁枚却不把它当回事，山间美景让他留连忘返，身边美男更使他兴致勃勃。原来这次出游，除去刘秀才，他还带了一位金凤随行。《随园轶事》载："先生好男色，如桂官、华官、曹玉田辈不一而足。而有名金凤者，其最昵爱也，先生出门必与凤俱。某年游天台，凤亦同行。刘霞裳秀才，先生弟子也。时刘亦同在舟中，一见凤而悦之。刘年少美风姿，凤亦颇属意也。先生揣知两人意，许刘与凤同宿。"由此，袁、刘之间关系怎样，我们暂且不去讨论，刘霞裳本人已可以确定是同性恋者了。袁枚也专为此事写过的诗曰：

蝴蝶爱花香，花爱蝴蝶小。

底事不吹开，春风也道好。

元珪大师言，万事莫为己。

成就野鸳鸯，诸天色欢喜。

第二年，刘霞裳娶了汪氏，他几天看不到袁枚就感到坐立不安，他半贺半醋地作诗以自我调节情绪，同时也算给汪氏一个交代吧：

五日愔愔住洞房，定如努力作鸳鸯。

藁砧滋味亲尝后，示我房中曲一章。

《关雎》弹出正声希，回首桑间事事非。

从此仓山桃李树，好花不逐乱风飞。

绣被原该覆鄂君，书来何必借殷勤。

只嫌山里名香少，还倩荀郎身上熏。

中间一句诗里的"乱风"出自《尚书·伊训》："敢有远耆德，比顽童，时谓乱风。"后面一句使用了"鄂君绣被"的典故。因此，这种同性恋的含义很明显地存在于诗中。为了能与爱徒再相聚，近七十岁的袁枚竟和李霞裳约定，等他新婚弥月后，两人便将一同到黄山游玩。对此袁枚很是得意：

戏题花叶寄妆楼，好作羹汤代束修。

莫恼袁丝太无赖，夺人夫婿出山游。

于是新婚弥月后，刘霞裳离别了初婚新妇，又陪着自己的先生去水观山游玩。一年多后，在陪游桂林时，刘霞裳曾作诗以志：

压船山影十分险，洗月江光万派清。

夜半聊吟同剪烛，人间应少此师生。

刘诗写出了“夜半聊吟同剪烛”，这不禁让人想到唐代李商隐《夜雨寄北》中的名句：“何当共剪西窗烛，却话巴山夜雨时。”把师生关系写得如同夫妇，这确实是人间少有此师生啊！

袁枚毕竟老了，刘郎从学经年，在他那里心领身受，学问渐增，也到了该离师自立的时候。于是离别的怅惘以及相隔两地的相思开始频频出现了其后期的随园诗作里：

十年前是相逢日，今唱骊歌亦此时。

似是安排天早定，不须惆怅为分离。

记得离筵烛影孤，两人倚枕听啼乌。

无端忽下伤心泪，洒向君衣干也无？

贾勇登华顶，无言度石梁。

桃花含薄怒，向我索刘郎。

再后来，耄耋之年的随园老人逐渐走了他生命的尽头，刘霞裳也曾寄来药方，并关切地询问病中景况。可生老病死，天命难违。嘉庆二年，袁枚怀着对人世的无尽依恋离开了人世，同时也结束了他与刘郎数年的师生深情，李霞裳若再想见到自己的先生只能是在睡梦中了。

值得一提的是，“霞裳”只是一个字号，《小仓山房诗文集》中一直未曾明确指出刘郎之名。不过袁枚所编《续同人集·庆贺类》收有一首《随园先生春秋七十，海内以诗祝者甚多，鹏从游最晚，行路最遥，受恩最重，纪事抒怀赋长律七十四韵》，此诗署名刘志鹏。根据诗文内容，诗作者曾经陪着袁枚出游天台黄山，两广湘鄂，并且是“从游朝腊屐，共寝夜连床。”“寒暑三年共，文章一路商。”这些正与刘霞裳的经历相符，所以刘志鹏就是刘霞裳。

## 袁枚对剃头匠“水银泻地”

袁枚同性恋活动的特点是涉及面广泛，同性恋经历更是曲折，有许多事情都出乎他人意料。满洲权贵尹继善谥号文端，曾多年为官两江总督，与袁氏诗酒往来，关系密切。“李郎者，尹文端公侍者也。公督两江时，与先生唱和，每一诗成，必为郎所持来。积日既久，始而稔熟，继而狎昵。盖李郎年轻而貌俊，为先生刮目也。为文端所知，驰书让之曰：‘子真如水银泻地，所谓无孔不入者。’而书则仍遣李郎走送，在文端固并无妒意。先生对李郎启书读之，不禁匿笑。李郎惶愧交集，先生为之慰藉久之。及文端移节去，先生与李郎阔别多年。某年李郎重来白下，文端已归道山，先生与之检文端手迹，所赠诗章简札庋积如束笋。感触前情，相与于邑不已。”为此，袁枚曾诗赠李郎：

风台月榭几回新，世事沧桑那可论！

一个渔郎比前老，桃花相见也销魂。

上相当年赐和章，是谁骑马替传将？

而今同启纱笼看，一纸云烟泪万行。

让人想不到的是，袁枚在搞他的“水银泻地”时，同样会涉及像剃头匠这样的下层人物。有一次，他到上元县拜访李县令后，从县署返回，归途中见一枷犯“嫣然少年”，美丽动人。袁枚马上为其美色所吸引，回家后很快就给李县令写了一封信，希望能释放这个枷犯，信中写道：“从尊署归，过北门桥，见荷校者饶有姿媚，问何修而获此，曰为赌博耳。仆记《汉书·列侯功臣年表》，以博掩失侯者十余人，可见天性好赌，自古有之。王侯将相且然矣，况里巷子弟乎？且造物虽巧，生人易，生美人难。谈何容易于千万人中，布置眉目，略略妥当。而地方官不护惜之，反学牛羊，从而践踏之，忍乎哉？问何业，曰修发匠也。余发如此种种矣，可速释之，命原差送来，一试其技。”这个修发匠是因赌博在众目睽睽之下被抓，袁枚却要求县令速予释放。如果不是袁枚凭着自己大名士的地位，其他那些平民谁敢这样要求李县令呢？李县令接信后立即同意，很快就把剃头匠送进了袁宅。可此匠色技却让袁枚很是失望，他在给李知县的另一封信中写道：“荷校者来，仆拥髻而出，急令沐薙。谁知奏刀茫然，发未落而头先伤，竟是以怨报德。方知彼固店家之酒旗，以貌招以体荐而非以伎奏者也。且谛视之，貌亦不佳，自觉前书之无谓。虽然，彼虽伎不佳貌不佳，而能遇雾里看花之老叟，又能遇肯听下情之好官，则其流年月建，固已佳矣。”根据这封信的内容我们可以知道，这个修发匠其实只是以剃头为招牌，出卖的不是技艺而是肉身。按说袁枚对他是有恩之人，可这个家伙却不领他的情，《随园轶事》补充记道：“此人姓陈名全宝，善唱青衫。释放之后住随园数月，无赖如故，戒之屡不悛。后逃入某盐商家戏班中为私家供奉。”陈全宝既在随园住有数月，说明他还是给过随园老人一些报答的，但过后他便离开随园，说明随园老人对他并没有太大的吸引力。分析他离开随园的原因，袁枚虽然有名，可毕竟已是“老叟”年纪，并且又不想花太多的金钱养护他所看之“花”。而少年陈全宝看来所需要的一是刺激感，二是实实在在的获得。两者既然得不到充分满足，因此只有逃走。他虽属心性无常、朝三暮四之辈，但性格坦诚直率，这一点倒和袁枚相似。袁枚对其出走想必是又恼又怜，没料到自己名声的力量竟会有失灵的时候！《板桥杂记》曾载妓者刘元事，她“齿亦不少，而佻达轻盈，目睛闪闪。曾有一过江名士与之同寝，元转面向里帷，不与之接。拍其肩曰：‘汝不知我为名士耶？’元转面曰：‘名士是何物？值几文钱耶？’”想必袁枚也能读到这则笑谈，再联系一下自己和陈全宝，大概他读时比谁都要笑得开心。

## 袁枚喜好以诗文称赞同性恋

既然袁枚有丰富的同性恋经历，相应地他也就会有丰富的同性恋见闻。袁枚也知道很多他人的男色活动，并且喜好以诗文加以彰显称赞。他曾同意刘霞裳和少年金凤同宿，那是三人一起到浙江天台游玩的时候。而“在粤东时，袁郎师晋年十七，明慧善歌，为吴明府司阍。乍见霞裳，推襟送抱，苦不一得沾接。再三谋得，私约某日两情可申。忽主人奉大府檄，火速凿行，郎不得留，与霞裳别江上，涕如绠縻。”这是刘郎又一次当着老师的面和别人相恋，袁枚竟然乐于接受事实，还以为两个男人相互欣赏，特别稀罕，于是写了一首诗记叙这种情事：

珠江吹断少男风，珠泪离离坠水红。
缘浅变能生顷刻，情深谁复识雌雄。
鄂君翠被床才叠，荀令香炉座忽空。
我有青词诉真宰，散花折柳太匆匆。

后来袁枚也曾携严小秋到名城扬州游玩。大概是物以类聚、人以群分的缘故，袁枚身边的陪伴大都有相同的嗜好。严小秋不但和刘霞裳一样都是秀才，而且还做了类似的情事。在扬州，有“计五官者，风貌儒雅，慕严不已，竟得交欢尽意焉”。并且，“为严郎贫故，转有所赠”。袁枚受到他们的感染，还为五官在扇子上题诗曰：

计然越国有精苗，生小能吹子晋箫。
哺啜可观花欲笑，芳兰竟体笔难描。
洛神正挟陈思至，严助刚为宛若招。

自是人天欢喜事，老夫无分也魂消。

上面二首只是字数有限、篇幅很短的七言律诗。长诗更能表达出袁枚对男风的感情，也更能让他自由充分地抒发激昂慨叹之情。《朱长官歌》写的是南京优伶朱长官的悲欢遭遇，可以说是明代徐学谟《头陀生行》的姊妹篇。诗云：

一江春水秦淮香，一眷情绪谁家长？
陌上乱飞雄蛱蝶。情长谁比朱家郎？
朱郎窈窕歌清曲，小字长春人似玉。
生来兰质妒红鸾，弹罢鹍弦吹紫竹。
召平捧檄过江东，欲采芙蓉露正浓。
半夜绿鞲呼董偃，一生花底活春宫。
缠头便与教师说，书券亲同阿母封。
使君出宰河阳土，子都骖乘调鹦鹉。
拥髻初愁离别难，双栖那识风霜苦！
可惜花封百里遥，桑麻不种种樱桃。
秃巾小袖春骑马，水榭风廊夜听箫。
行乐竟忘公府召，多情且把一官抛。
人生祸福真难定，饮章先有郎君姓。
逻骑争为瓜蔓抄，龟头不顾青铜印。
公家簿录到园田，大索横搜信入燕。
南北竟张四面网，将军不值一文钱。
岂有胡椒倾八百，但闻珠履掷三千。
待头争卖鸳鸯牒，市上传观七宝鞭。
使君官罢返秦淮，满目河山玉笛哀。
汉帝有怀寻故剑，楚襄无梦恋阳台。
巫云晓散留难住，旧雨门关打不开。
唯有朱郎如落叶，破船尾上载归来。
三年重过板桥头，杨柳霜经几度秋。
往日儿郎多娶妇，旧时伙伴半貂裘。
琴声都唱秋胡怨。请郎别索同行伴。
谁识心同古井深，肯教柱促朱弦断。
当时舞罢旧霓裳，且付长沙库内藏。

上供憔悴青衫客，下养婆娑白发娘。

乌鸦声逐金丸冷，紫竹床悬断袖凉。

燕子不惊三瓦漏。芙蓉同死一天霜。

官场相聚论纷纷，羡杀江头白使君。

不见雕栏搜绛树，居然海上伴朝云。

君不见，五侯门前车似雾，朝秦暮楚人无数。

将军府第略萧条，几个任安能不去？

笔记小说方面，在《子不语》《续子不语》中，我们会发现多篇对社会上的男风进行详述表彰的文章，如《兔儿神》《双花庙》《多官》等。

最后需要说明的一点是，袁枚生前身后虽然一直声望甚隆，但这只是现象的一个方面。诗倡性灵则易流于浮艳，赋性通脱则易流于荡逸。朱庭珍谓："袁既以淫女狡童之性灵为宗，误以鄙俚浅滑为自然，尖酸佻巧为聪明，谐谑游戏为风趣，粗恶颓放为雄豪，轻薄卑靡为天真，淫秽浪荡为艳情。倡魔道妖言，以溃诗教之防。实风雅之蠹，六义之罪魁也。"钱咏谓袁枚"著作如山，名满天下。而于'好色'二字，不免少累其德。余有吊先生诗云'英雄事业知难立，花月因缘有自来'，实为先生补过也。"可以说，清朝文人对袁枚的评价是毁誉参半的，誉之弥隆，则毁之愈甚。一提及对男色的批评，章学诚就《随园诗话》发表评论："诗话论诗，非论貌也。就使论貌，所以称丈夫者，或魁梧奇伟，或丰硕美髯，或丰骨棱峻，或英姿飒爽，何所不可？今则概未所闻。惟于少年弱冠之辈，不曰美好如女，必曰顾影堪怜；不曰玉映冰肤，必曰兰薰蕙质。不知其意将何为也？甚至盛称邪说，以为礼制。但旌节妇，不褒贞男，以见美男之不防作嬖。斯乃人首畜鸣，而毅然笔为《诗话》，人可戮而书可焚矣。"黎简也对随园先生的人品发表自己的看法："近有一翁，自以为才士，无骨气，人从而谀之。看其诗与人品，皆卑鄙不堪。彼只知以门生为弄儿耳，恶足以知名岳也。""今此老惟以淫靡宣著于天下，则以为才子风流之所不讳者，不复知天下有羞愧之事。以此为性情，可以为天下好恶之本心耶？愚谓此老直以书生为□□，以文章为宣淫之具。嗟夫！才子固如是乎？"清代是一个道学社会，难怪袁枚的风流被许多人视为罪过。

# 郑板桥拥少妇揽男童

## “藕丝不断莲心苦”的初恋

郑板桥在清王朝怀柔政策的影响下，从小就苦读经史，打算参加科举考试，成就仕途之路。

郑板桥的读书生活，大约持续到二十一二岁。二十三岁时，他第一次踏上去燕京的路途。当年读书人都想在仕途上有所作为，郑板桥当时正值青春年少，当然也不想错过这样的机会。

他第一次独自去京城，人生地不熟，无人可以依靠。此次去京，恰值秋天，霜风凄厉，万木凋谢。郑板桥住在西山佛寺，晨钟暮鼓，孤月寥星，与山僧为伴，同野坟结邻，无依无靠，犹如飘零的枫叶被风吹打，甚是凄惨。

郑板桥画像

郑板桥困守禅院，唯有作书消遣。他把欧阳修的《秋声赋》写了一遍又一遍。当他写完最后一遍时，百感交集，想到远方的家乡，想到家乡的父老师友，想到自己前途渺茫，禁不住悲痛起来，提笔在《秋声赋》后面缀下几行小跋，以表当时心境：

乙未九秋，山中寻菊，感黄叶之半零，望孤云而不返，残阳水面，渺渺寒涛；古寺山腰，凄凄晚磬。栖鸦欲定而犹惊，凉月虽升而未明。偶翻欧赋，钞录是篇，吟咏未终。百端交集。村醪数盏，任凉露之侵衣；清梦半床，听山鸡之送晓。聊书所历，有愧前贤。板桥郑燮写于燕山之碧云轩。

他写完这些后就把笔扔在地上，禁不住仰天叹曰：

“郑燮呀郑燮，难道我生不逢时，连天也不相佑？”

对面山坡上一群寒鸦似乎被什么惊动了一下，瑟缩着、哀鸣着向空中逃去。

燕京之行，郑板桥一无所获，回到家乡，老父催促他完婚。

郑板桥曾在婚姻问题上做过温馨的梦，他有过一段令他念念不忘的初恋。

当他还是小孩时，立庵公曾去真州毛家桥设塾授徒，十来岁的小郑板桥当然跟着同去。毛家桥距真州三十多里地，那儿有大片大片的竹林，青翠凉爽，水流潺潺，菱藕飘香，风景极为秀丽。郑板桥很少远离家乡，初到那儿，对什么都觉得新鲜，日日嬉游不倦，也很用心读书。更使他高兴的是，在那里他找到了知心的小伙伴——王一姐。

王一姐仅比郑板桥大个把月，同郑板桥是表姊弟。她俊俏，而且聪明、伶俐。郑板桥和他父亲的到来，使她喜出望外。她和郑板桥初一见面，便有似曾相识之感，于是两人极为亲热，整日形影不离。有时，他们到竹林中折取青竹当马，在竹林内外和庭院之中戏耍游玩，玩得连吃饭和睡觉都顾不上；有时，郑板桥让王一姐以竹当马在前骑着，他则用竹枝当马鞭在后面赶着马，学夫妻走亲家的样子，两人高兴地笑着、闹着；有时，郑板桥放学回来，撂下书包就跑去找王一姐一起玩耍。王一姐高兴起来，便向郑板桥讨笔以作画眉之用，郑板桥会取笔相赠。他俩两小无猜，耳鬓厮磨，天真可爱，两颗童心连在一起，大人看着也感到很高兴。

他俩渐渐长大后，心中便产生一种很朦胧的感情。郑板桥一日不见王一姐，就觉得十分惆怅不悦，见面又觉得心怦怦地跳；王一姐也是如此，不见郑板桥就失魂落魄，见了就害羞得想躲避。这种初恋之情，在两人心中慢慢地生长起来。

对青年人来说，初恋是人生道路上初绽的春花，有一种说不清楚的美；然而，也像春花似的，有的可以结出果实，有的刚露出花骨朵就会凋零。在封建宗法制的社会里，男女自由恋爱是不被允许的。父母之命，媒妁之言，似乎是雷打不动的金科玉律，必须遵循。那初绽的春花，很多都是因此而凋零的。

郑板桥和王一姐的初恋，也很快受到风霜摧残而凋零枯萎了。

他们被生生地拆散了。是什么原因？是门户不当，是两家大人反目，或者还有别的原因？总之，他们的初恋之花凋零了！

“中表姻亲，诗文情愫，十年幼小娇相护。不必燕子引人行，画堂得到重重户。颠倒思量，朦胧劫数，藕丝不断莲心苦。分明一见怕销魂，却愁不到销魂处。”在此词中郑板桥描写了他们当时的真挚情感以及被拆开后的痛苦心情。

“颠倒思量，朦胧劫数，藕丝不断莲心苦。”对情人刻骨铭心的相思，藕虽断丝犹连，此情绵绵难以斩断。在这种似断还连、似连还断、断断连连之中，其痛苦根本无以言表。这“劫数”真是太不近人情了！

郑板桥陷入了深深的痛苦之中。他经常会一个人跑到池塘边的竹林里，蓬头跣足，在潮湿的沙地上盲目地走着。青青的竹叶，笔直的竹竿，裸露的竹根，碧绿的水草，在竹根水草间的水中，偶尔可见几条鲦鱼游动，它们是那般悠然自得，无拘无束。郑板桥一见到这些，便十分伤感寂寞。有时他大呼狂奔，有时则折竹为笔，在沙地上大书狂草，画起狂风中摇曳的竹枝，直到把竹林的地面写完画完为止，似乎只有这样，他才能排遣胸中的郁闷！

私奔的念头曾在他脑海中闪现过。历史上司马相如、卓文君都可以如此，我们为何不能呢？可他仍是个孩子，脱离家庭后，又如何栖身呢？

他只有献身艺术才可寻求解脱。他爱上了怀素的狂草，他觉得，那样能够无拘无束、无滞无碍地抒发情怀。他大画兰竹，把自己的幽思、情操寄托于此。

但两人的感情实在太深了，当他们十年之后有幸再碰面时，郑板桥还心猿意马，抑制不住欣喜之情，挥笔写下了《贺新郎·赠王一姐》一词，以记当时之心痕：

竹马相过日，还记汝云鬟复颈，胭脂点额。阿母扶携翁负背，幻作儿郎妆饰，小则小寸心怜惜。放学归来犹未晚，向红楼存问春消息，问我索，画眉笔。

廿年湖海长为客，都付与风吹梦杳，雨荒云隔。今日重逢深院里，一种温存犹昔，添多少周旋形迹！回首当年娇小态，但片言微忤容颜赤，只此意，最难得。

## 郑板桥艰苦的婚后生活

郑板桥中秀才之后，理应马上准备乡试，即康熙五十六年（公元 1717 年）丁酉、五十九年（公元 1720 年）庚子，雍正元年（公元 1723 年）癸卯、四年（公元 1726 年）丙午、七年（公元 1729 年）己酉，就是说一直到他雍正十年（公元 1732 年）壬子中举人之前，他有五次参加乡试的机会。是没有参加，还是屡试未中，或者还有其他原因？在《刘柳村册子》中郑板桥透露了这一消息：

板桥貌寝，既不见重于时，又为忌者所阻，不得入试。愈愤怒，愈迫窘，愈敛厉，愈微细，遂作《渔父》一首，倍其调为双叠，亦自立门户之意也。

这首《渔父·本意》词，载入《郑板桥集·词钞》中：

宿雨新晴江气凉，湿烟初破柳丝黄。才上巳，又清明，桃花村店酒瓶香。漠漠海云微漏日，茫茫春水渐盈塘。波澹荡，燕低昂，小舟丝网晒鱼梁。

他一开始踏上仕途，就遭受了这么沉重的打击，因而他十分矛盾，过着世外桃源般的渔父生活，借以调整一下心态。其实，他并不甘心于这样的生活。

康熙五十四年（公元 1715 年），23 岁的郑板桥与徐氏结了婚，婚后生养了两男一女，稚儿绕膝，琴瑟和谐，夫妻共度危困生活。但是，由于经济上十分窘迫，郑板桥只好辍学谋生。

靠什么谋生呢？这时候郑板桥画兰、竹、石已经十分出色，而扬州更是闻名全国的艺术品销售市场。开始，郑板桥也卖过画。但是，他的画立意高雅，与世俗相悖，他又一点名气也没有，当然卖不出去。即便有时卖出几幅，收入也很不稳定。于是他决定教馆以维持生计。

这段时期，郑板桥仍在读四书五经之类的书。他的书法也是练习正楷，为科举考试做准备。因为清代前期的科举考试，主考官特别注重书法，字写得好坏成了能否录取的重要标准之一。他们对书法提出“乌”“光”“方”的要求，即墨要使用浓墨，而且要黑得发亮，字要写得方整划一。这种模式化的书法人称“馆阁体”。练好馆阁体是入仕的首要条件。《清代名人轶事》云：“彭刚直不能作楷书，试卷誊正，往往出格，几经童试，皆坐是被斥。”后来有个考官帮了他的忙，他才被录取，可见是否会写馆阁体对于仕途是至关重要的。于是，一些聪明人，只是将馆阁体当作敲门砖；一旦金榜题名，就弃之如敝履。郑板桥就是这样。《清史列传·郑燮传》说他“少工楷书”。可见江村教馆时，他主要练习的是小楷。

这期间，由于儿女增多，郑板桥家越来越穷困。“贫贱夫妻百事哀”，徐氏与丈夫分挑着生活的重担。郑板桥有时满怀希望地出门借钱，“出门气颇壮，半道神已微。相遇作冷语，吞话还来归”，总是空手而回。徐氏却宽慰他，拿出自己旧日的钗簪衣物，去当铺当了，勉强混口饭吃，暂时解决全家人的温饱。郑板桥在一首题为《贫士》的五言古诗中真实地记载了这段困苦的生活，诗中的“贫士”就是郑板桥自己。

更不幸的是，在郑板桥家境最窘困时，他最疼爱的儿子犉儿死了。突如其来的打击，使他一蹶不振。他写有《哭犉儿五首》，倾诉了自己的悲伤：

其一：

天荒食粥竟为长，惭对吾儿泪数行。

今日一匙浇汝饭，可能呼起更重尝？

其二：

歪角鬏儿好戴花，也随诸姊要盘鸦。

于今宝镜无颜色，一任朝光满碧纱。

其三：

坟草青青白水寒，孤魂小胆怯风湍。

荒涂野鬼诛求惯，为诉家贫楮镪难。

其四：

可有森严十地开，儿魂一去几时回？

啼号莫倚娇怜态，逻刹非而父母来。

其五：

蜡烛烧残尚有灰，纸钱飘去做尘埃。

浮图似有三生说，未了前因好再来。

他们贫穷得只能以稀饭来祭儿，他回忆起犉儿天真活泼的娇态，想到他现在孤单单一个人睡在荒野孤坟里，风吼兽叫，野鬼欺凌，不禁痛心万分！他明知犉儿死了，无法复生，却依旧期待着能够出现奇迹。这首诗有很多设想的成分，我们从设想的犉儿在阴间受欺凌，大致可以想象出郑板桥全家在现实中的状况。

由于卖画的不顺利和夫人的多病，郑板桥家又一次陷入困顿之中，他谱写了《道情十首》。当时是雍正七年(公元1729年)，他37岁。

道情源于唐代的《九真》《承天》等道曲，是用道教宣传出世的思想。南宋时道曲开始用渔鼓和简板作乐器来伴奏，因此也叫“渔鼓”或“鼓儿词”。明清之后，道曲流传广泛，题材也有了创新，在各地同民间歌谣相结合而发展成多种曲艺，演唱者也不一定是道士了，在郑板桥家乡有很多会唱道情。郑板桥的《道情十首》是流传极广、脍炙人口之作，乍看很平淡世俗，但他修改了无数次，历经14年才定下稿来，由门人司徒文膏刻版后，不知怎的传了出去，和尚乞儿在唱，樵夫道士在唱，诗人墨客、王侯卿相也在唱。不仅风靡当时，而且至今仍在流传着。鲁迅先生在《怎么写》一文里，对《道情十首》也给予了好评。

有人会问为什么在那样苦闷、奔波的环境下，郑板桥可以沉浸到如此苍茫、淡泊、静谧的境地？其实这两者之间并不矛盾。如果说，郑板桥30岁左右所作《七歌》是抢天呼地、长歌当哭；那么，37岁时所做的《道情十首》则充满了对悲情的抒发、对穷途的解脱，何况《道情十首》是在14年漫长的人生旅程上不断琢磨与凝炼的结晶，而且，随着阅历的增加，经过无数的变故和挫折，郑板桥的出世思想也日益浓厚，《道情十首》正是这种思想发展的轨迹。现将《道情十首》移录于此：

枫叶芦花并客舟，烟波江上使人愁，劝君更尽一杯酒，昨日少年今白头。自家郑板桥道人是也。我先世元和公公，流落人间，教歌度曲。我如今也谱得道情十首，无非唤醒痴聋，消除烦恼。每到山青水绿之处，聊以自遣自歌。若遇争名夺利之场，正好觉人觉世。这也是风流世业，措大生涯。不免将来请教诸公，以当一笑。

老渔翁，一钓竿，靠山崖，傍水湾；扁舟来往无牵绊。沙鸥点点轻波远，荻港萧萧白昼寒，高歌一曲斜阳晚，一霎时波摇金影，蓦抬头月上东山。

老樵夫，自砍柴，捆青松，夹绿槐；茫茫野草秋山外。丰碑是处成荒冢，华表千寻卧碧苔，坟前石马磨刀坏。倒不如闲钱沽酒，醉醺醺山径归来。

老头陀，古庙里，自烧香，自打钟；兔葵燕麦闲斋供。山门破落无关锁，斜日苍黄有乱松，秋星闪烁颓垣缝。黑漆漆蒲团打坐，夜烧茶炉火通红。

水田衣，老道人，背葫芦，戴袱巾；棕鞋布袜相厮称。修琴卖药般般会，捉鬼拿妖件件能。白云红叶归山径。闻说道悬岩结屋，却教人何处相寻？

老书生，白屋中，说黄虞，道古风；许多后辈高科中。门前仆从雄如虎，陌上旌旗去似龙。一朝势落成春梦。倒不如蓬门僻巷，教几个小小蒙童。

尽风流，小乞儿，数莲花，唱竹枝；千门打鼓沿街市。桥边日出犹酣睡，山外斜阳已早归，残杯冷炙饶滋味。醉倒在回廊古庙，一凭他雨打风吹。

掩柴扉，怕出头，剪西风，菊径秋；看看又是重阳后。几行蓑草迷山郭，一片残阳下酒楼，栖鸦点上萧萧柳。撮几句盲辞瞎话，交还他铁板歌喉。

邈唐虞，远夏殷。卷宗周，入暴秦。急雄七国相兼并。文章两汉空陈迹，金粉南朝总废尘，李唐赵宋慌忙尽。最可叹龙盘虎踞，尽消磨燕子春灯。

吊龙逢，哭比干。羡庄周，拜老聃。未央宫里王孙惨，南来薏苡徒兴谤，七尺珊瑚只自残。孔明枉作那英雄汉；早知道茅庐高卧，省多少六出祁山。

拨琵琶，继续弹，唤庸愚，警懦顽；四条弦上多哀怨。黄沙白草无人迹，古戍寒云乱鸟还，虞罗惯打孤飞雁。收拾起渔樵事业，任从他风雪关山。

风流家世元和老，旧曲翻新调；扯碎状元袍，脱却乌纱帽，俺唱这道情儿归山去了。

道情写得漂亮优雅，富于韵味，前六首通过描写渔翁、樵夫、道人、头陀、书生、乞儿、郑板桥自己、父亲立庵公、老师陆种园先生等形象反映了当时的民间生活。后四首写历代兴亡，反映了作者所认识的封建统治阶级内部互相倾轧、争权夺利的丑恶面目。这十首道情充满了出世思想。郑板桥在《瑞鹤仙·官宦家》中说："霎时间雾散云销，门外雀罗张径。"在《念奴娇·孝陵》中说："蛋壳乾坤，丸泥世界，疾卷如风烛。"与《道情十首》的思想是一致的。但实际上郑板桥并不是真正想出世，而是由于生活所迫，人事的杌陧，不能照自己的理想去"立功天地，字养生民"，只得退而期与渔父农夫一样罢了。

这个时期，除了偶尔外出游览和回兴化小住外，他主要还是住在扬州，这里成了他的第二故乡。他常和一些书画朋友游玩于虹桥、瘦西湖、平山堂一带。坐落在蜀冈中峰大明寺西南串角的平山堂，可以说是登临纵目的极佳地点。北宋庆历八年，欧阳修到扬州来做官，在这儿筑下平山堂，作为游宴之所。因为从这里望去，唯见江南诸山拱揖栏前，若可攀跻，故取名"平山堂"。郑板桥《赠潘桐冈》云："十千沽酒醉平山，便拉欧苏共歌泣"，是对自己生活的真实描写。

郑板桥 39 岁时，与他同甘共苦的徐夫人病殁了，他又一次遭受了失去亲人的打击。第二年，郑板桥就要参加南京的乡试，考试是他数十载寒窗苦读的目的，而命运却抢先一步夺去了他的妻子，令他终生痛苦不已。他在 50 岁任范县县令时还刻了一印："常恨富贵迟"，我们结合他的《贫士》诗："待我富贵来，鬓发短且稀。莫以新花枝，诮此蘼芜非。"可以理解此"恨"实是包含了对妻子的深情。

给妻子办丧事花了一些钱，字画又卖不出去，这年冬天，郑板桥的家境极其困难，他只能裹着亡妻生前补缀过的破裘御寒。除夕前的辞年祭祖，也只有一瓶白水可供，眼看到了乡试的日子，哪里有盘缠呢？又没人肯借钱给自己。但是，倘若放弃这个机会，那么他数十载的辛苦岂不白白浪费？他"致君泽民"的抱负又如何得以实现啊？希望与痛苦折磨着这位穷秀才。

人在困难的时候，往往好想入非非，心里惦记着朋友，总希望能有人伸出友谊的手来帮自己一下。他想来想去，最后想起了汪芳藻，汪芳藻原先是兴化县教席，很欣赏郑板桥的才华，曾有过往来，不过郑板桥去扬州后，他们之间的交往就少了。郑板桥回到家，听人说汪芳藻新近已升任县令，就没有贸然去拜访他。人们是很了解郑板桥的怪脾气的，他不轻易去巴结人，更何况汪已升县令，虽然他们以前认识，但很多人现在一富了，就不认以前的穷朋友了，他会不会变？贸然去了，若落个自讨没趣，实在不值得，考虑了一下他仍没去。眼下，已到山穷水尽，又听人说，汪荣升后，对穷朋友们很照顾，郑板桥内心几番斗争后，决定先试探一下，于是便写了一首诗托人送给汪。诗写道：

琐事家贫日万端，破裘虽补不禁寒。

瓶中白水供先祀，窗外梅花当早餐。

结网纵勤河又冱，卖书无主岁偏阑。

明年又值抡才会，愿向秋风借羽翰。

见诗后，汪芳藻心中很是不安。他想，像郑板桥这样的人才，邑中少见，况又性格耿介，不会轻易向人求援，除非是到了山穷水尽的地步，是不会前来求援的。他自感平日对邑中才士关照不周，十分惭愧。于是，他立即令人取来大包银两，足足有二百两之多，并写了一封信，差人送到郑家。

郑板桥让人拿走诗文以后，突然觉得很冒失，大除夕的去打扰别人，实在有点不够礼貌。正当他心绪不宁之时，突然听到有人叩门，忙去开门，见是县衙来人，忙请进屋来，来人取出银两，说明来意，道了几句新年祝词后，便告辞离去。

对郑板桥来说，县令赠银不仅是物质上的支持，在精神上对他也是一种鼓励。郑板桥终于可以雄心勃勃地踏上了南京乡试的征途。

## 作词勾来饶五娘

科举的规定是每三年举行大比，逢子、卯、午、酉年为乡试年，逢丑、辰、未、戌年为会试年。乡试年在省里举行考试，中试者为举人，第一名曰解元。会试在京师举行，中试者为贡士。第一名曰会元，二甲第一名曰传胪。皇帝在朝廷举行策对，称殿试，取一、二、三甲。

一甲三人，名为状元、榜眼、探花，赐进士及第。二甲若干人，赐进士出身。三甲若干人，赐同进士出身。

乡试时间为八月，会试时间为三月，都是在初九日首场，十二日二场，十五日三场。

郑板桥来到金陵，八月正是秋高气爽的好日子。此刻，他的心情反而非常镇定。大概是几年的苦功没有白费吧，他轻而易举地连下三场，对试题还很有把握。出场后，又和几位朋友对一下，自认为差错并不十分大，才松了一口气。谁知这口气一松，他几乎倒了架，全身瘫软。几年来，他几乎耗尽了心力。他倒下后，整整在馆驿内睡了三天三夜。朋友们都给吓坏了，他们日夜轮流守护着他，直到他安然醒来，才知这是虚惊一场。

反正，已经考试完了，结果如何，到放榜时再说。郑板桥决定游玩金陵。他邀了几位朋友开始了他们的行动。

乡试的消息还没有下来，他干脆又奔向了杭州，以解多年神往之渴。

郑板桥在杭州灵隐寺西北的韬光庵中借宿。传说这儿是唐代高僧韬光结庵修行的地方，是杭州颇有名气的佛地。这里环境幽静，完全没有世间的繁杂。庵旁山上有观海亭，伫立亭中，可远望钱塘江入海，亭柱上刻有"楼观沧海日，门对浙江潮"的诗联。曾有很多文人雅士游玩至此，或住宿在这里，金农在杭州游玩时，也曾在这儿落脚，同庵中琳长老相处很投机，有诗记之："隙尘抖擞上方眠，飞雨轩中暂息缘。试问蒲团琳长老，可曾听厌满山泉？"

乾隆二年，郑板桥由北京回到了扬州。回扬州后，他住在枝上村，与饶氏结婚，程羽宸给郑板桥500两银子作为娶亲的费用。

提起纳妾饶氏，还有一段原委。

郑板桥中举后，亲戚朋友又为他续弦郭氏，郭氏虽人还算漂亮，但体贴丈夫方面比起已去世的夫人则差得很远，他心里常为此而感到遗憾。他对郭氏很冷淡，除了《潍县署中寄舍弟墨》第二书、第三书提及外，没有在诗词文章中再提及。

在他赴考的时候，一件偶然发生的事情，重又搅起他心中的爱情波澜，现在想起来，不免心潮澎湃，魂牵梦萦。事情是这样的：

雍正十三年二月，郑板桥去焦山读书前，客居扬州。此时正是春天，东风送暖，柳丝染绿，百花竞放，是踏春的大好时光，郑板桥本就喜爱游览，又碰上这样的大好时机，当然不肯放过了。

有一天，郑板桥一大早起来，慢慢地散着步，大口呼吸着清新空气，贪婪地嗅着道旁浓郁的花香，不知不觉由傍花村直过虹桥，到了雷塘，快步向玉沟斜走去。一路上，遍地是盛开的野花，姹紫嫣红，碧绿的花叶上挂着晶莹的露珠，微风轻摇便滚落下来，在阳光的斜照下，晶莹剔透，犹如颗颗珍珠。高大的树木，茂密挺耸，空中枝叶交叉，阳光从缝隙中洒落下来，迷人极了。郑板桥沉迷于这美丽的大自然的怀抱中，也不知走到什么地方了。突然，他发现前面翠竹绿树之间，掩映着一面红色的围墙，在那围墙之中，一棵高大的文杏，伸展着遒枝老干，直冲云霄。郑板桥看了，喜出望外，他想，已经走了很长时间，也该找个地方歇歇脚,讨杯茶吃,也可顺便问问是何地方。于是他紧走几步,到了近前,见一竹门,一老媪听见叩门声后,探出头来,延请进去,只见满院子皆是花草,紫的丁香,红的牡丹,绿的芍药,白的玉兰,各色山茶,迎春杜鹃……争相开放,五彩缤纷。郑板桥看得入了迷,仿佛进入了百花仙子的王国。老媪把郑板桥让进茅亭小坐,自去沏茶。郑板桥便抬头浏览小亭四壁,见清一色贴满自己的词作。其中有:

《浪淘沙·暮春》:

春气晚来晴,天淡云轻,小楼忽洒夜窗声。卧听潇潇还淅淅,湿了清明。

节序太无情,不肯留停,留春不住送春行。忘却罗衣都湿透,花下档笙。

《贺新郎·落花》:

小立梅花下,问今年暖风未破,如何开也?不是花开偏怨早,总为早开先谢,被断雨零烟飘洒。粉蝶游蜂谁念旧,背残枝飞过秋千架,只落得,蛛丝挂。江南二月花抬价,有多少游童陌上,春衫细马。十里香车红袖小,婉转翠眉如画,佯不解傍人觑咱。忽见柳花飞乱絮,念海棠春老谁能嫁?泪暗湿,香罗帕。

郑板桥看后,正在迷惑不解,恰值老媪持茶出来。郑板桥便问这是什么人抄写的,老媪说是她的小女所为。郑板桥指着上面“郑板桥”三字问老媪是否认识此人?老媪笑笑说久闻大名,不识其人,郑板桥站起来说就是在下。老媪一听,心中大喜,笑容满面地向内房跑去,大声告诉女儿,郑板桥先生来到这里了。

此时已日上三竿,知板桥未用早膳,老媪赶快为他准备了早点。待郑板桥用毕,其女已梳洗罢,艳妆出来相见。施礼毕,便请求郑板桥将《道情十首》写下来。

郑板桥细看此女,身材婀娜,眉清目秀,谈吐举止文雅大方,风姿绰约,眉宇间透着一种灵气,站在那里,亭亭玉立。郑板桥对她真乃一见钟情。

女子取来淞江蜜色花笺,湖颖笔,紫端石砚,摆在案上。接着锦袖轻挽,纤手磨墨,那姿势,那神态,如清风拂柳,如纤云弄月,如三月桃花,如绝壁幽兰,郑板桥看得如痴如醉。女子磨好墨,轻轻递过笔来。郑板桥接笔在手,此时创作心绪已达到极佳境界。他理好纸,大笔挥洒,时而如疾风骤雨,江涛翻卷,时而如小桥流水,微风细雨,时而如惊蛇入草,飞鸟出林,时而又如寒猿饮水,壮士拔山。今日他腕下似有神助,不知不觉中已似风卷残云,洋洋洒洒地写成了一幅长卷。写完,停笔一看,郑板桥自己也暗暗吃惊,近些年,不知写了多少遍,自己都不称心，没想到，平日百般追求得不到的，今日竟全然在腕下表现出来，他禁不住露出自豪的微笑。

接着下面是题款，板桥笑问女子尊姓大名，女子轻启朱唇，告诉他自己叫饶五娘。

郑板桥听那女子答话，似有余音绕梁，也不好明露，挥笔题好款，觉得文思澎湃，无法自己，便又挥笔书出一卷《西江月》：

微雨晓风初歇，纱窗旭日才温；绣帷香梦半蒙腾，窗外鹦哥未醒。

蟹眼茶声静悄，虾须慊影轻明；梅花老去杏花均，夜夜胭脂怯冷。

下面落款为，“赠饶五娘，乙卯仲春，板桥书”。

母女细品词意，都明白了什么意思。女子脸上略泛红晕，道过谢，双手接了过去。这时老媪表示如果郑板桥不嫌弃，愿把小女许给他做妾。

郑板桥说今年是乙卯年，明年丙辰年是京城大比之年，如能成进士，须待后年方归，如能等待就可以。母女俩说一定等待。

郑板桥当下表示，由于身边没有什么贵重物品，就以所赠词为订婚信物。母女俩也欣然同意了。

郑板桥已是心驰神飞，归心似箭了。

他回到了扬州。尽管他仅得了一顶进士的红帽子，但此时的扬州等待他的是更热烈的场面，是更肆无忌惮奉承。甚至他的书法作品一夜间价钱也加了好几倍。他似乎没把这一切当回事，他急切要办的，是迎娶饶五娘。

但是，迎娶饶五娘哪能那么随随便便？这银子往哪里去筹？

就在他发愁的时候，恰有一位不速之客来访。此人一进门，就向郑板桥自我介绍。原来，他叫程羽宸，江西蓼洲人。

郑板桥见此人很豪爽，便十分热情地招待他。叙话间，觉得他谈吐不凡，对诗词具有很深造诣，便刮目相看。二人叙谈至投机处，郑板桥微微叹了一口气，此一细微动作，被程羽宸发现，便笑问原因。

郑板桥笑了笑，想支吾过去。但程羽宸不依不饶。郑板桥叹了口气，欲言又止。

这时，程羽宸问他是否因饶五娘之事。

郑板桥大惊，迷惑地望着程羽宸。

程羽宸又朗声大笑，接着便讲述了下面这段故事。

原来，程羽宸生性好游，多年来，游踪几乎遍布大江南北及楚越齐鲁之地。

他最喜爱登临的是黄山，自己都数不清登过多少次了。他又善于写诗，写下了不少歌咏名山大川之作，他那咏黄山诗卷，更是杰出之作。他去年远游过真洲，看到了郑板桥写在江阁上的“山光扑面因新雨，江水回头为晚潮”的对联，十分惊异于那奇特的书法，工整的对仗，便问茶肆主人郑板桥为何人，主人故意拐弯抹角，并告诉他，只要到扬州，就能打听明白一切。他急切地奔至扬州，一打听，知道了郑板桥的人品学识，十分佩服，便想与郑板桥见面。谁知此时郑板桥却在北京，程羽宸很失望，不过又听说了饶氏一事。这位侠肝义胆的程羽宸，便产生了成人之美的念头，赶至饶氏家中。饶氏家中此时正发生了一件令母女十分头疼的事情。

原来自打郑板桥走后，饶氏家中因为贫困，变卖了能卖的所有东西，包括房前的五亩小园。这时，有一个富商，乘人之危，提出愿出700两银子为聘礼迎娶饶姑娘。母亲因贫困所迫，开始有些动心。但饶五娘坚决不依，正气凛然地说："已同郑公有约，背之不义，况700两银子也有用尽的时候。不过一年，郑公必归，请母亲耐心等待。"

程羽宸来的时候，她们正发愁此事呢。听罢母女的叙述程羽宸告诉她们，是郑板桥托他来给饶五娘送聘金的。说罢，取出500两银子递与饶氏。这真是雪中送炭！饶氏母女高兴万分，感谢这位受托人。她们不知，站在面前的竟是赠金的恩人！

郑板桥听罢这番叙述，感激得纳头便拜。程羽宸一把拉起他，又从随身携包内取出500两银子，放在桌上，请他权充迎娶之资。

此情此景，郑板桥感慨良深。

中国数千年的历史长河中，维系人际关系的纽带有种种，其中最重要的是"义"字，尤其是在下层人中。程羽宸与郑板桥仅仅是萍水相逢，在郑板桥遇上困难的时候，慷慨解囊，义不容辞，这不是最好的例证吗？

郑板桥做梦也想不到，会有人千金相助。在程羽宸和其他朋友的帮助下，他买下了扬州有名的李氏小园，当作新住处，然后热热闹闹地把饶五娘迎娶过来。

程羽宸比郑板桥年长，郑板桥便称他为兄。其实，夫妻俩待他胜过亲兄长。郑板桥陪他游遍了扬州诸名胜，又陪同他与扬州诸名流相见。

程羽宸随身带来很多游黄山所作的诗卷，请郑板桥作题。郑板桥爽快地答应了，提笔为之题下数百言长诗，以评价其雄浑的诗卷。

伟哉程羽宸，旷世义侠，绝代风骚，文坛艺林，其名永标！

## 士子风流招歌妓

郑板桥44岁中进士，生活状况逐渐好转，又喜获娇女，所以他常常带着愉快的心情描写他们的爱情生活。如：

楼上佳人架上书，烛光微冷月来初。偷开绣帐看云鬟，擘断牙签拂蠹鱼。(《怀扬州旧居》)

小妇窃窥廊，红裙扬疏篱。黄精煨正熟，长跪奉进之。(《赠梁魏金国手》)

小妇便为客，红袖对金尊。(《雨中》)

闺中少妇，好乐无猜。(《止足》)

无疑，诗中的“小妇”“少妇”都是指饶五娘。在一首题为《细君》的诗中，郑板桥对楚楚动人的饶氏用轻灵的笔触进行描写：

为折桃花屋角枝，红裙飘惹绿杨丝。

无端又坐青莎上，远远张机捕雀儿。

对于天真俏皮、活泼艳丽的少妇风情，郑板桥是十分欣赏的。乾隆九年，饶氏生下一子。《潍县署中寄舍弟墨第二书》云：“余52岁始得一子，岂有不爱之理?”又云：“可将此书读与郭嫂、饶嫂听，使二妇人知爱子在此不在彼也。”《潍县寄舍弟墨第三书》云：“又有五言绝句四首，小儿顺口好读，令吾儿且读且唱，月下坐门槛上，唱与二太太、两母亲、叔叔、婶娘听，便好骗果子吃也。”上引家书中的“吾儿”即指饶氏所生的儿子。因为郭氏是郑板桥续弦的正室夫人，而饶氏是如夫人。“二太太”可能分别是郭、饶之母。

直到乾隆六年郑板桥第三次入京前，他都是在扬州和兴化度过的。此前，郑板桥在扬州的住处变化不定，他曾在大盐商汪边璋园子里住过，在盐商兼藏书家马日官家住过，在城北竹林寺和一些寺院中也住过。这回由于新中了进士，他的画名、书名、诗名、狂名再加上科名，在扬州可以说是人人皆知。他就在李氏小园定居。郑板桥《怀扬州旧居》题下注云：“即李氏小园，卖花翁汪髯所筑”。按钱祥保《甘泉县续志》卷十三云：“勺园在北门外，种花人汪希文宅也。希文吴人，善歌，乾隆初来扬州卖茶枝上村，与李复堂、郑板桥友善；后购是地种花，复堂为题‘勺园’额，板桥为书‘移花得蝶，买石饶云’联句。有几处的水廊，湖水粼粼，景色优美，是园中最美的地方。今绿杨村茶肆迤东，即其故址。”可知李氏小园即扬州城北的勺园。郑板桥生活在这样幽美宜人的环境中，又新娶了年轻貌美的饶氏，是十分惬意的。

郑板桥如期赴京了。行前，朋友们轮番为其设宴送行，举杯祝愿他好运。饶氏却喜忧参半，喜的是郑板桥此次入京，或许可以获个一官半职，也好抚慰他那颗几乎破碎的心；忧的是，此行万一碰壁，郑板桥那刚烈的个性，再有个什么三长两短的……她不敢再往下想。在酬酢的空闲间，她多次提醒郑板桥，入京后不管成与不成，都要想开些，千万不要太认真了，要尽早回来团聚。

大运河两岸的秋色十分美丽。田畴千里，遍地金黄，火红的柿子树，装饰着农家茅舍村庄。运河中，蒹葭蔽天，白鹭横飞，鱼儿在水草中自由自在地游着。运输的船只川流不息，渔歌声、船工的号子声此起彼伏，一派繁荣景象。

郑板桥无心读书，很多时候是坐在船头眺望远方。两岸的景物匆匆而过，他无心欣赏。此时的郑板桥，心早已飞到了燕京。

他终于到了燕京。西山的朋友早已望穿秋水，等待他的到来了。他们热情地欢迎他，为他接风洗尘。那儿清净的气氛，使焦躁的郑板桥渐渐静下来，勖宗上人索诗，他很高兴地写了三首相赠：

罨画溪边髻尚佳，便拈荷叶作袈裟。

一条水牯斜阳外，种得山头十亩霞。

髯公美似晋司空，识取云间紫气浓。

手把干将日磨淬，匣中抽出秋芙蓉。

诗清云淡两无心，人自青春韵自深。

好待菊花重九后，万山红叶冷相寻。

郑板桥离乡日久，也有些魂不守舍，搞些拈花惹草的韵事。他在燕京结识了一位年仅15岁的歌妓招哥。这是一位美丽动人而又聪明伶俐的少女。事也凑巧，郑板桥的《道情》不知什么时候传到京师，恰恰被她唱红了。郑板桥因此对她的感情更深了一层。一段时间里，郑板桥与她简直形影不离。他写了一首词，赠给招哥，其中可看得出二人的情意：

玉笛声迟，琵琶索缓，几回欲唱还停。拈花微笑，小立绣围屏。待把金尊相劝，又推迟宿酒还醒。秋堂静，露华俏俏，银烛冷三更。

轻轻喉一转，未曾入破，响迸秋星。又低声小叠，暗袅柔情。试问青春几许，是莫愁未嫁芳龄。吾惭甚，髭黄鬓苦，未敢说销魂。

在此之前，郑板桥也常去妓馆。

旧时代的文人士子在宴席上常常与一些歌妓舞女檀板丝弦，在放浪形骸的掩饰下，满足醉生梦死的淫欲，或排遣颓丧的情绪。这是所谓的“时尚”。

自古扬州就是声色繁华之地，正像郑板桥在《沁园春·西湖夜月怀扬州旧游》中说的：“十年梦破江都，奈梦里繁华扫除。更红楼夜宴，千条绛蜡；彩船春泛，四座名姝。”郑板桥在扬州居住前后十几年，也结交了很多烟花巷陌中的红颜知己。从现存资料看，郑板桥在扬州、燕京和海陵都有出身低下的情人，与一些风尘女子结为“尊前知己”。当然，《郑板桥集》中既有鄙视封建礼法和严格恪守爱情的坚贞之诗，也不无耽吟香艳、风流自赏之作。后者如《满庭芳·赠歌儿》《贺新郎·有赠》。兹录《柳梢青·有赠》于下，以见一斑：

韵远情亲，眉梢有话，知底生春。把酒相偎，劝还复劝，温又重温。

柳条江上鲜新，有何限莺儿唤人。莺自多情，燕还多态，我只卿卿。

由此可见，郑板桥与这个女子已达到圆满结合的境地。这里不想对郑板桥的风流多加考叙，也不打算讨论这种“时尚”。值得指出的是，郑板桥不仅用赞美的笔触描写那些风尘女子的美貌，同时对她们的哀愁、飘零的命运充满同情。他认为，身份低的人，不是血统低，他们也应有“黄帝尧舜之子孙”的权利。基于这种思想，他特别同情下层子女，如《玉女摇仙珮·有所感》云：

绿杨深巷，人倚朱门，不是寻常模样。旋浣春衫，薄梳云鬟，韵致十分娟朗。向芳邻潜访，说自小青衣，人家厮养。又没个怜香惜媚，落在煮鹤烧琴魔障。顿惹起闲愁，代他出脱千思万想。

究竟人谋空费，天意从来，不许名花擅长。屈指千秋，青袍红粉，多少飘零肮脏。且休论已往，试看予十载醋瓶齑盎。凭寄语，雪中兰蕙，春将不远，人间留得娇无恙，明珠未必终尘壤。

他由青衣小婢女沉沦的困境想到自己遭受的不幸，并屈指千秋，推想到“多少人才”的“飘零肮脏”，由此产生了一种平生知己的共鸣，并且发出了“春将不远”的安慰之语。

就是因为这个原因，有些下层女子不仅爱郑板桥，而且对他的事业也有所帮助。在《郑板桥集》中唯一留名的风尘女子是“招哥”。按《寄招哥》云：

十五娉婷娇可怜，怜渠尚少四三年。宦囊萧瑟音书薄，略寄招哥买粉钱。

《刘柳村册子》云：“《道情十首》作于雍正七年，改削于十四年，而后梓而问世，传至京师，幼女招哥首唱之，老僧起林又唱之，诸贵亦颇传颂，与词刻并行。”可以说招哥是推广郑板桥作品的“首唱”之功臣了。因此对郑板桥与娼女等下层女子的酬酢交往，不能完全认为是风流、狎邪，而应该深入探究，得出公允的结论。

可能是由于慎郡王的努力，很快，吏部通知郑板桥去山东范县任知事，届时赴任。在郑板桥五十余岁的时候，终于等到了这个盼望已久的消息，这是喜，还是悲呢？试问，人生能有几个五十？

## 风流县官成好事

这天，初任县令，郑板桥还处于兴奋状态，夜里常常失眠。在静谧的夜里，二更的梆声显得特别清脆、悠长。梆声消失后，郑板桥隐约听到了来自大牢的声音。他侧起右耳细听，像是女人在啼泣。监中已无女犯，哪来的女人哭声？于是他问手下的衙役。

衙役告诉他，是天仙庵的小尼在哭。她因和石佛寺的和尚私通，被人当场抓住，今天下午捆着游了街，才送到这里，暂且收监，准备明天再禀报。

郑板桥回到后宅的东屋好久都没睡着。快清明节了，好心的尹安还把炕烧得这样热，像潍县人烙饼的鏊子一般，滚烫滚烫的。他掀开被子，露出半截身子，才舒服了一些。

远处似乎有哭声传来。他翻向左侧，把右耳放在上面细听，一切都归入寂静，声音又没有了。连那啼哭的小尼，大概也暂时忘记了面临的危险和不幸，进入了梦乡。

郑板桥想到狱中的小僧、小尼，心情复杂。常言道："好做的和尚，难度的五更"。血气方刚的男子，情窦初开的女人，岂可陷身佛门，终生与木鱼、铁磬、木雕、泥塑为伴，过那枯木、行尸般的生活，把青春耗尽在晨钟、暮鼓、黄卷、青灯之中！只有那些被挫折和灾难蚀尽欲念和尘心的人，才如此打发余生！唉，向来为自己敬羡的僧道，多么值得怜悯和同情！那些捉奸人，倒是十分可恶——多管闲事！

这样想来，觉得自己"明早升堂审问"的决定，似乎不妥。因为单是那两行虎视眈眈的站班衙役，就把两个年轻人的一切真情封闭在心中了。

想到这里，他决定天亮后，干脆先到刑房东庑密审，让两个贴笔躲在屏风后面录供……

第二天，郑板桥一到刑房，蒯典史就把一张奇特的状子交给了他：

天仙庵内,青龙井旁,僧尼私通,捉奸成双。玷辱佛门,难容纪纲!

阖邑善男信女具呈

郑板桥看完落款,冷笑一声,随手将状子扔到案上,吩咐带人犯。

两名身穿黑袈裟,足蹬遮膝白布袜的出家人很快就被押了上来。他们跪在地上,头触地面。县太爷看不清楚他们的面目,只看到两个光秃秃的头顶和上面整齐地排列着的各九颗戒疤。

在郑板桥的要求下,两张苍白的脸缓缓地抬了起来,但仍低垂双目,不敢向上看。那两张脸上,满是泪痕和污垢。县太爷端详了很久,才分出,左边跪着的那个,秀气中显出英俊,痛苦中露着愤怒。右边的那个,端庄中显出妩媚,惶恐中露着羞涩。看来,左面是僧,右边是尼了。看着看着,郑板桥心里感叹道:

咳,你两个多情种!既然都尘心未了,为何要皈依佛门,做那不食人间烟火的苦行者呢?看起来,无情的戒火,能在光头皮上烧出戒疤,少年的相思却是无尽的!这样一想,明人陈铎的一首散曲《水仙子·尼姑》浮上他的心头:

卸却簪珥拜莲台,断却荤腥吃素斋,远离持清戒。空即空,色是色。两般儿祛遣不开。相思病,难医治。失心风,无药解。则不如留起头来!

这一对青年人真该留起头来拜天地,做夫妻。但不知是何种难以躲避的困厄和不幸,逼得他们走上了这条路?

这个小僧叫泓慧,今年20岁。那个尼姑叫妙云,刚刚18岁。

他们俩都是凤凰屯人,全是正经人家出身。县太爷温和地问:"妙云,因何出家?"

小尼瞅了小僧一眼,吞吞吐吐地说是出于自愿。

郑板桥却说是有人逼迫,她才出家的。在大堂上不能如此问案,否则便有"引供"之嫌。郑板桥为了问出真情,不管这些清规戒律了。

他就是想弄清事实,成全这对年轻人。

郑板桥连续催促了几遍后,小尼竟坐在地上,痛哭起来。

这时泓慧忽然抬起头来,说愿意替她回答。

审案常例,犯人不经询问,自行开口,是要遭训斥甚至打板子的。小僧的草率请求,使县太爷感到吃惊,看来,小尼不愿开口,必有其苦衷。先问小僧也好。

小僧指指小尼,怒冲冲地说自己出家是因为这个小尼姑的爹。

郑板桥暗自笑了,看着跪在面前的两个出家人,原来他们真的是一对被拆散的鸳鸯。

小僧抬起充满泪水的大眼睛，将实情告诉了慈祥的县太爷。

潍县城东南角，有一座著名的天仙庵。天仙庵的大殿后面，有一个大园子。园中在幽深的花木之中，有一口不知什么年代留下来的古井。

这古井上口细，下口粗，青砖砌成。井口盖着一块当中凿上圆洞的大青石板。年深日久，汲水的井绳竟将圆洞口磨出了道道深痕。古井极深，晴天不见底，阴天雾沉沉。对着井口吆喝一声，井底便发出沉雷般的回声。

潍县这两年闹饥荒，这古井忽然显了灵。在风雨飘摇的黄昏，或者浓雾弥漫的清晨，井中经常有“嗡嗡”的响声。用心倾听，井底仿佛有波浪翻滚，狂风怒吼。有时，在黎明的晨曦中，隐约可见几缕淡淡的青烟，自井口袅袅飘出，缭绕升起，与浮云相合。

于是，“天仙庵古井里驻有青龙”的消息，便不胫而走。很快方圆几十里就都知道了。人们纷纷来天仙庵烧香许愿，拜求青龙驱除旱魔、扫荡瘟君；还希望可以亲眼看到龙王爷怎样取水升天，驾云布雨。甚至有些好事的人趁天黑，溜进庵内，在井边彻夜等待。但是，谁也没福气见到“青龙”。

庵中的小尼妙云，有一天傍晚，到井上打水，见井台边站着个 40 岁的细高个子男人。他不看井中有没有青龙，而是直勾勾地盯在小尼的脸上。妙云羞得差点把水桶掉进井里。她提上水，急忙回到厨房。她第二天傍晚去打水时，又看见那个男人站在那儿。

那男人的眼光，像两把锥子直扎得妙云起了一身鸡皮疙瘩。她两手颤抖着把木桶放下井去，正用力往上拉的时候，那男人猛扑上来，一只手抱住她，另一只手在她身上乱摸。吓得她松开了双手，“扑通”一声，水桶掉进井里。她喊了一声“救人呀！”便晕倒在井台上……好在有人及时赶过来相救，才没出危险，老尼听后竟说一定是青龙显灵，是小尼姑的造化！

从此以后，她却因这“造化”害了“恐井症”——打水时，不等走近井台，她便浑身颤抖。别说水打不上来，连自己的身子都支撑不住。老尼只好派别的弟子打水。而那个接替她的小尼，实在无“造化”，竟一次也未碰到过“青龙显灵”。

过了一段时间，一个早晨，天仙庵来了个婆娘，40 多岁了，脸上皱皱巴巴，擦着一层厚厚的脂粉。她说自己姓吴，儿子病重，许过菩萨的愿。如今儿子病好了，特来还愿。住持老尼便命妙云“伺候施主上香”。

妙云陪那婆娘到了佛殿，婆娘献上十个大面供，拈了三炷香恭敬地插入香炉，然后双手合十，跪在拜垫上。妙云便敲着木鱼，念起了《金刚般若波罗蜜经》。正在她闭目诵经的时候，不知什么时候，那婆子来到了她的身边，告诉她本城有一个官最大、钱最多、人最好的老爷，相中了她，要娶她回去享清福。

妙云气得两眼圆睁，朝婆子脸上狠唾一口，掉头便走了。

婆娘走后，一直没露面。不料三天前，妙云到后园拔菜，她竟等在那儿。她见了妙云，上前靠了一靠，一本正经地说她此次前来，一来是给师傅赔不是，二来是告诉她一件大事……婆娘瞅瞅四周，神秘地向前凑了凑，说那位大爷要县太爷派人抓她，大难临头了。婆子说完，慌慌张张地走了。

妙云却是被吓得六神无主，好半天仍呆站在那里，就像大殿里那尊泥塑一般……

外面传来香纸小贩的叫卖声，她急忙溜出去，把削发时从头上卸下的一只金钗，悄悄送给小贩，托他送个口信给石佛寺的泓慧，约他在后花园见面。昨天，泓慧按时到了后花园，但没等两人说上几句话，便被四条汉子"捉了奸"……

"因祸得福啊！"听完这番诉说，郑板桥深为这对钟情的年轻人庆幸。假如不被"捉奸"，送来衙门，他二人只有在眼泪和叹息声中度完光阴岁月，才能了却不尽的相思和怨恨。郑板桥甚至觉得那四个恶棍反倒做了一件好事。郑板桥问小僧和小尼，倘使他们果真定过亲，那么他就准他们成婚，他俩是不是愿意？

县老爷竟会如此断案，太令这对有情人吃惊了，他们连连叩头，大声说愿意，郑板桥马上派人去他们的两家核实情况。

很快，去凤凰屯的皂隶归来报告，泓慧俗名任小山，5 岁那年，确由父母主婚与不满 3 岁的俗名叫钟小秀的妙云订婚。后来，因钟家再三逼胁，才把婚事退了。小僧小尼的供词完全属实。

郑县令的烦恼并没有因此而减轻。几天来，师爷一再劝他要谨慎从事，并意在言外地告诫上司：当堂答应"成全"小僧小尼，似属不当之举！

僧尼二人的婚约早已解除，已无夫妻名分，其双双被捉，不加惩戒，已有为奸人张目之嫌，退而言之，即令他们确无不端之举，对两个出家人加以"成全"，也有伤风、渎佛、授人以柄之嫌。

果然，几天后，外面流言纷传。在夜里还有人，在县衙前的照壁上，贴上了一首打油诗：

天下奇闻出潍县，莲花座下淫浪翻。

青天老爷做月老，和尚尼姑遂其奸！

恶毒的攻讦使郑板桥十分震怒。然而好事不出门，坏事传千里，没两天，潍县全城都知道小僧小尼被"捉奸"的事情。现在，还不到升堂时间，大堂院子，连同衙前大街，被看热闹的人挤了个水泄不通。

大堂正中是"正堂"公案，左侧，斜放一案，后面端坐着典史蒯弼。两名准备笔录的帖笔，则坐在了右侧的一张长案后。升堂的全部工具已经准备好了。

辰正时分，众衙役拖着长腔，齐声喊起"升堂——"

声音未落，正七品顶戴的郑县令，从屏风后迈步走出。他在公案后的太师椅上坐下来，高声吩咐："带人犯！"

两名被告和两名证人被带上来。郑板桥问过四人的姓名、年龄、住址之后，命证人站立，开始了审问：

"妙云、泓慧，你们是在天仙庵后花园被人捉住的吗？"他从容地问道。

"是的，老爷。"两名被告一块儿回答。

"大胆！"郑板桥一拍惊堂木，"既然已经剃度受戒，皈依佛门，就该六根清净，潜心修行，岂可在菩萨的莲座底下，干那苟且之事！倘若天下的出家人，都像你们这样，佛殿岂不成了喜房，经坛岂不成了婚床？你们说荒唐不荒唐？"

院内顿时寂静了下来。

"大老爷，俺没做那越轨的事！"小僧低声辩解。

"不干风流勾当，怎会被人双双捉住呢？讲！"县太爷今天的嗓音特别响亮。

"俺俩站在那里说话，他们硬说俺们'通奸'……"小僧带着哭腔说。

"哼，有没有通奸，哪是你说不是就不是呢？来呀！"随着县太爷的声音，一个狱婆上前来施礼。"将小尼妙云，带下去验看！"

狱婆带走了妙云以后，郑板桥便问天仙庵住持老尼："老方丈，泓慧、妙云在宝刹私通，可有此事？"

老尼答道："回老爷，贫尼并未亲见。"

此时，狱婆带着妙云回来禀告"启禀老爷，小尼妙云乃是处子之身。"

大院中，悄无声息，静得吓人。

"原来如此。"郑板桥故作吃惊地点点头，问道："泓慧、妙云，这么说你们是被冤枉的了？"

“是,大老爷。俺冤枉!”小僧小尼齐声痛哭起来。

郑板桥又问:“泓慧,你在石佛寺出家,去天仙庵作甚?”

“老爷,有人要抢妙云,他叫俺带她逃走。”

“天仙庵有住持和众尼,出什么主意不成,偏要去找你,而且两寺相距二里之遥,她又是怎样认识你的?嗯?”

小僧小尼已听明县令大人的话外之意,便当众把二人定亲之事重新说了一遍。

“老爷,俺俩是同庄人,又是自幼定亲,她有难,要跟俺商议。”

“怎么?原来你们自幼定了亲?”

大院中一片嗡嗡声。

“是。俺5岁那年订的。”小僧答道。

“妙云,你是跟泓慧定过亲吗?”

“是。”妙云声音不高,却很清晰。

“既定过亲,为何双双出家?”

“他爹嫌贫爱富,又将她许给富人做妾。她一怒之下,削发为尼,小人也就出家为僧了。”泓慧愤怒地嚷道。

“荒唐!”郑板桥愤怒地猛拍惊堂木,大声喊道:“一对订了终身的夫妻,妻子遇到恶人的算计,找丈夫商议,本是情理中事,难道不行吗?大胆的恶棍,无中生有,竟敢诬告人家‘通奸’?不但捉住打骂,还绑人游街,太可恶了!”

郑板桥望望堂下的两个年轻人,又瞅了瞅院中黑压压的观众,语气有所缓和,说道:“泓慧、妙云,你们既有了重归凡尘之心,分明已经忘却戒律,不可继续参禅佛门。”他向老僧和老尼问道:“两位禅师,你们看该如何发落?”

老和尚双手合十,率先表态要驱逐小和尚。老尼姑也拒绝小尼姑回尼姑庵。郑板桥因此断道:“二人脱下袈裟,还俗去吧!小尼已经18岁,也到了成亲的年纪。既然早已许配给泓慧,就随他回家去吧。”

两个年轻人一齐磕起头来。

郑板桥命二人回家之后,立即成亲。往后,男耕女织,孝敬老母;夫唱妇随,永偕百年之好。

大院之中,一片哗然!一对小夫妻眼含热泪,连连磕头。

## 天生“鸳鸯”板桥配

一次外出，路上一个贫士认出了郑板桥，便向郑板桥告了一状。说他和大财主某人家的千金，从小由双方父母聘订终身。后因自己家道没落，对方赖婚，自己又无力与之相争，故只有告官。

原来，大财主的长女是贫士的邻居。这个小姐幼年时，天天跟贫士一起玩耍，自从贫士家道没落后，两家便不来往了。两人青梅竹马、两小无猜。郑板桥听到此，想到了自己和饶五娘的姻缘，如果不是好心人赠银相助，恐怕也是一个遗憾的结局。他问贫士，他和小姐已多年未见面了，小姐会不会变心呢？

贫士认定小姐心地纯厚，视他如亲兄长，绝不像她的父亲！

心中有数后，郑板桥神秘地给他十两银子，让贫士母亲派人去财主家订结婚日子，如他家再不准，就来喊冤。

正如预料的那样，去财主家通知结婚日期的人，不但被拒之门外，而且遭到了财主老婆一顿辱骂。财主还口口声声地说，郑大老爷是他女婿的朋友，不怕去县太爷面前告状打官司！

这样，郑板桥就有机会审这个案子了。

当衙役去传财主到案时，财主婆自告奋勇要代丈夫出庭。衙役不准，她竟坐上轿子，来到衙门口，硬往衙门里面闯。门口衙役将她拦在外面，她仍不愿走开，赖在衙门口喊冤叫屈，呼喊县太爷替她做主！

预审先在刑房西庑进行。此财主，衣衫华贵，肥头脑，两眼红肿，一副肝火内攻的样子。郑板桥拿着案上的状纸，大声问他可知潍县县令被百姓告了状？

财主满脸疑惑之色。

郑板桥说：“他告本堂对恃富赖婚的恶豪不加制裁。本堂本不愿过问这些民间细事，但那人又声言要越衙告状，一旦上宪怪罪下来，本堂担当不起呀！”

财主听明白了，忙说：“那人游手好闲，家徒四壁。小女一旦嫁给他，岂不要冻饿而死！所以劝他退婚，实属万不得已。”

郑板桥装出一副可以理解财主的表情，说：“千金小姐去做挑夫娘子，免不了要受饥寒之苦。做父母的心疼骨肉，也是人之常情。”然后，不露声色地说一方要退婚，一方不退婚，实在为难，让财主自己想一个办法。

财主胸有成竹地说，只要那穷小子同意退婚，他情愿出 50 两银子，送与穷书生与门当户对的人家另结姻缘。

郑板桥考虑到财主出的50两银子太少，所以又故意引他自己抬高价钱，结果财主愿意出200两银子。听到此，郑板桥故意思考许久，然后慢慢点头说："好吧，既然你自己情愿多出银子，老爷答应你的请求。立即交付韩家纹银200两，婚书作废，以后，两家永无攀扯！"

此时，财主似乎领悟到了什么，赶紧说："如此大数目，小人哪里挪借得出？再说，100两也不少哇！"

郑板桥狠狠地挖苦了财主一顿，说："你只知拿出200两银子就心疼，那个贫士丢了媳妇就不心疼？别看你出了'血'，要让人家应允，老爷我还得费许多口舌呢。休在这儿啰唆，快命人回家取银子！"财主没办法，只得掏钱结案。

"老爷，县太爷来访！"财主交清银子后半个月，仆人慌里慌张到内院来报。

财主愣了愣，急忙赶到大门口恭迎。他嘴里跟郑老爷寒暄，心里却犯嘀咕："他来干什么呢？"

进了客厅，献茶、敬烟之后，不等他多问，县太爷就问："令嫒既已退婚，总不能终老闺中吧，本县做媒，为令嫒觅一佳婿。"

财主一颗悬着的心，这才稍稍稳定了下来。但这提亲一事，他得仔细想想。不久前，他使自己白花了200两雪花银。现在，却来做媒，其中机关难以看透。于是婉转地拒绝了。

郑老爷走后，财主回到内院，把事情告诉了老婆，俩人一商量，心思活了。一则，县太爷亲自登门做媒，在潍县绝无仅有，光这一层，就面上生光；二则，三女嫁给蒯弼，虽事先并未告知父母，但"初嫁由父母，再嫁随自己"。再说，好歹人家是衙门中的官儿、正九品顶戴。

老两口仔细一合计，决定同去县衙相一相。若中意，自不必说；若不中意，也好交代。若连看都不看，就不好交代了。大老爷不可得罪！

第二天两口子到衙门求见。县太爷亲自相迎，郑重地把他们接进花厅献茶，向他们讲明了男方的家庭籍贯、生辰日时。末了，笑着道："家境虽不能同老先生相比，但不久之后，就需另眼相看了。到那时，只怕老先生也要矮他三分呢！至于妆奁，勿须女家破费，统由男家筹划。"

财主夫妇，相互对视一下，那眼神，只有他们夫妇懂得。财主婆心想：男家不要妆奁，看来也是个富贵人家。财主想：凭自己在潍县的名声，找一户门当户对的人家，少了500两银子的妆奁绝对不行。他前几天还心疼被韩家要走了

200两，现在收支相抵之后，还净赚300哩！

话音刚落，廊下立即走过来一位倜傥青年。黑缎小帽，青绸长衫，外罩紫缎坎肩，青鞋粉袜，腰系八宝罗丝带，潇洒英俊，一表人才。财主上前，瞪大了红肿昏花的老眼，把县太爷的“好朋友”仔细打量了一番后，回头躬身施礼，夸老爷慧眼。

县太爷并不急于求成，说：“令嫒也可来相一相。”

财主夫妇告辞县太爷后，一路上都很高兴。他们至此都不知道那个县令朋友就是贫士书生。

那小姐得知此事，便哭了起来，死活不允。

财主夫妇不管她同不同意，一挥手，一乘轿子把父女拉到县衙来。

郑板桥打量了一眼在北间坐着的富家小姐，只见她身材窈窕，容貌秀丽，头上斜插着一支素淡珠花。上身穿一件肥袖葱芽绿偏襟夹袄，下身系一条窄平折、宽幅彩绦压边的水红长裙。长裙下露出一双尖尖的绣花荷色木屐鞋。她低垂双目，有一股聪明和秀气劲儿。

咳，这女子与那贫士书生真是天生一对呢！

郑桥板对低头擦泪的小姐说：“不必难过，上前相一眼新郎，如不中意，老爷我决不勉强。”

那小姐因为父亲嫌贫悔婚，县太爷公断，让他的心上人打赢官司，不料，县太爷竟和他钻进钱眼的父亲一个鼻孔出气，竟打散了一双鸳鸯。她又伤心又绝望，没有心思再活下去了，哪里还有心思相“新郎”！可是，心里苦闷得说不出来。只得抬起头来，隔着帘子，狠狠瞪了青年一眼。谁知，这一看惊得她浑身一颤，急忙从大襟上抽出手绢，擦了擦双眼，近前两步，仔细看看，转身向县太爷施礼：“小女子愿请大老爷做主！”

郑板桥大笑两声说：“小姐对我的朋友是不会嫌弃的！”郑板桥见那小姐连连点头，便高声说道：“既然老先生与小姐一齐相中了新姑爷，千里姻缘一线牵，美满姻缘，早早玉成。”今天恰好是黄道吉日，本县主婚，两位新人到花厅行礼。行礼完毕，回家庆贺洞房花烛。

县太爷的话刚出口，“呼啦”一声，四名女子走进北屋。她们七手八脚，给小姐开脸绾头，插翠花戴螺钿，换上大红嫁衣，扶至中路花厅。花厅里已经是红烛高烧，彩绸纷呈，一斗大的“喜”字贴在屏风之上。

## 爱美女又喜男儿

“兴化郑板桥与余从未识面。有误传余死者,板桥大哭,余闻而感焉。后廿年,与余相见于卢雅雨席间。板桥言‘天下虽大,人才屈指不过数人’。余故赠诗云:‘闻死误抛千点泪,论才不觉九州宽。’板桥多外宠,曾言欲改律文笞臀为笞背,闻者笑之。”(《随园诗话》卷九)袁枚的这段叙述引出了清代著名书画家郑板桥郑燮。名列于扬州八怪的郑燮,书法绘画自成一路,“人才天下不过数人”,是说有他和袁枚在那数人之中。他艺术造诣较高,故而恃才傲物。

郑燮正如袁枚所言,确从他的心理出发曾主张将刑律的笞臀为笞背,千古奇文,请共赏之:

刑律中之笞臀,实属不通之极。人身上用刑之处亦多,何必定要责打此处。设遇犯者美如子都,细肌丰肉,堆雪之臀,肥鹅之股,而以毛竹板加诸其上,其何忍乎?岂非大煞风景乎!夫堆雪之臀,肥鹅之股,为全身最佳最美之处,我见犹怜,此心何忍!今因犯法之故,以最佳最美最可怜之地位,迎受此无情之毛竹大板,焚琴煮鹤,如何惨怛?见此而不动心怜惜者,木石人也。女人之两乳,男子之两臀,同为物之最可爱者。人无端而犯法,其臀则未尝犯法,乃执法者不问青黄皂白,动辄当堂吆喝,以笞臀为刑罚之第一声,此理实不可解。我又不知当初之制定刑律者,何恶于人之臀,惩罚时东也不打,西也不打,偏欲笞其无辜之臀也。臀若有口,自当呼冤叫屈。昔宰范县时,有一美男被捉,问治何罪,按律须责四十大板,当堂打放。余谓刑罚太重,曷不易之?吏对不可。余无奈坐堂,但闻一声呼喝,其人之臀已褪露于案前,洁如玉,白如雪,丰隆而可怜,笞责告终,几至泪下。人身上何处不可打,而必打此臀,始作俑者,其无后乎!足下尝谓犯法妇女之掴颊掌嘴,最为可怜可痛。桃腮樱口,岂是受刑之所在乎?板桥则谓男子笞臀,尤可痛惜。圣朝教化昌明,恩光普照,将来省刑薄税,若改为笞臀为笞背。当为天下男子馨香而祝之!

郑燮自己承认男风之好。在《板桥自叙》中他曾写道:“板桥居士姓郑氏,名燮,扬州兴化人。酷嗜山水,又好色,尤多椒风弄儿之戏。然自知老且丑,此辈利吾金币来耳。”这说明郑板桥并未仅有一位或几位男宠。对于他们,他以一种随之来去的心态并未给予更多的情感关注。然而什么事都不能绝对,他的旧仆王凤就一直被他怀念着,他后来做官去山东,于是赋诗遣怀:

喝道前行忽掉头，风情疑是旧从游。

问渠了得三生恨，细雨空斋好说愁。

口辅依然性亦温，差他吮笔墨花痕。

可怜三载浑无梦，今日舆前远近魂。

小印青田寸许长，抄书留得旧文章。

纵然面上三分似，岂有胸中百卷藏。

乍见心惊意便亲，高飞远鹤未依人。

楚王幽梦年年断，错把衣冠认旧臣。

乾嘉年间《小豆棚》中记载了郑板桥做山东县令时与一个小皂隶的同性恋关系，刚巧可以对应前诗："郑素有余桃癖。一日听事，见阶下一小皂隶执板遥立，带红牙帽，面白衣黑，颇觉动人，遂见爱嬖。有友戏问曰：'侮人者恒受侮于人。使其行反噬之谋，倒戈而相向焉，何以御之？'郑曰：'诗酒图书画，银钱……'后对写郑因故失官，当他去县之日，止用驴子三头。其一板桥自乘，其一驮两书夹板，其一则小皂隶而娈童者，骑以前导。"（《小豆棚·卷十六·郑板桥》）

如此记述郑板桥喜好男色的一面似乎有些过分了，其实他妻妾成群，不仅好男而且好女。其《止足》诗写道："年过五十，得免孩埋。情怡虑谈，岁月方来。时时作画，乱石秋苔。闺中少妇，好乐无猜。花下青童，慧黠适怀。"左揽青童，右拥少妇，郑板桥的生活的确悠然自得。

# 李渔描写同性恋

## 李渔对同性恋现象相当了解

有很多清代名人都和同性恋有关，其中较早的一位是著名文学家李渔，他对写同性恋的作品十分熟悉，在《十二楼》中描写被严世蕃蹂躏的少年，在《连城璧》中写福建男风，在《怜香伴》中写同性恋，都情节新奇，文辞流畅，说明作者对同性恋现象有相当的了解。如《十二楼》萃雅楼第一回：

有个年少的朋友，是扬州人，姓权，字汝修，生得面似何郎，腰同沈约，虽是男子,却赛过美貌的妇人,与金、刘二君都有后庭之好。金、刘二君只以交情为重,略去一切嫌疑,两个朋友拥着一个龙阳,不但不生醋念,反借他为联络形骸之具。人只说他两个增为三个,却不知道三人并作一人。

《连城璧》外编卷之五:

他道:"美男的姿色,有一分就是一分,有十分就是十分,全无一毫假借,从头至脚,一味自然。任我东南西北,带了随身,既少嫌疑,又无挂碍,做一对洁净夫妻,何等不妙?"听者道:"别的都说得是了,只是'洁净'二字,恐怕过誉了些。"他又道:"不好此者,以为不洁;那好此道的,闻来别具有一种异香,尝来也有一种异味。这个道理,可为知者道。难为俗人言也。"

在名著《闲情偶记》中,有两段话表现了李渔对男色的态度,该书《卷六·一心钟爱之药》中有一段文字:

一心钟爱之人可以当药。人心钟爱,必有所钟。常有君精神所注,性命以之者,即是钟情之物也。或是娇妻美妾,或为狎客娈童,或系至亲密友。思之弗得或得而弗亲,皆可以致疾。即使致疾之由非关于此,一到疾痛无聊之际,势必念及私爱之人。忽使相亲,如鱼得水,未有不耳清目明、精神陡健若病魔之辞去者。此数类之中,惟色为甚,少年之疾,强半犯此。凡有少年子女,情窦已开,未经婚嫁而致疾,疾而不能遽瘳者,唯此一物可以药之。若闺门以外之人,致之不难,处之更易。使近卧榻,相昵相亲,非招人与共,乃赎药使尝也。

这里,李渔对"狎客娈童"的称谓是一心钟爱之人,还尤其突出了"闺门以外之人"的作用,这就体现了他对男色的肯定态度。可《偶记·卷六·家庭行乐之法》则谓:

世间第一乐地,无过家庭。"父母俱存,兄弟无故,一乐也"。圣贤行乐之方,不过如此。而后世人情之好向,往往与圣贤相左。如弃现在之天亲而拜他人为父,撇同胞之手足而与陌路结盟,避女色而就娈童,舍家鸡而寻野鹜,是皆情理之至悖,而举世习而安之。其故无他,总由一念之恶旧喜新,厌常趋异所致。

文中"避女色而就娈童"的行为被认为是"情理之至悖",这又反映了李渔反对男色的态度。

## 李渔对男风评价不一

李渔在《连城璧》中通过将同性恋与异性恋进行对比,也曾对同性恋表示过反对：

男风一事，不知起于何时，创自何人，沿流至今，竟与天造地设的男女一道争锋比胜起来，岂不怪异？怎见男女一道是天造地设的？但看男子身上凸出一块，女子身上凹进一块。这副形骸岂是造作出来的？只为顺阴阳交感之情，法乾坤覆载之义，象造化陶铸之功，自然而然，不假穿凿，所以亵狎而不碍于礼，玩耍而有益于正。至于男风一事，论形则无有余不足之分，论情则无交欢共乐之趣，论事又无生男育女之功，不知何所取义，创出这桩事来，有苦于人，无益于己，做他何用？亏那中古之时，两个男子好好地立在一处，为什么这一个忽然就想……如今世上，偏是有妻有妾的男子酷好此道，偏是丰衣足食的子弟喜做此道，所以更不可解。

这桩事不是天造地设的道理，所以做到极致的所在，也无当于人论。我劝世间的人，断了这条斜路不要走，留些精神施于有用之地，为朝廷添些户口，为祖宗绵绵嗣续，岂不有益！为什么把金汁一般的东西，流到那污秽所在去？有诗为证：

阳精到处便成孩，南北虽分总受胎。

莫道龙阳不生子，蛆虫尽自后庭来。

在著作中，李渔对男风做出了完全不一样的评论，那么他自己是否男风中人呢？为了回答这一问题，仔细看一下《肉蒲团》中的未央生是非常有必要的。

## 李渔可能是《肉蒲团》的作者

在明清色情文学里，《肉蒲团》这部小说是较有价值的。其情节和语言都胜出一般的同类作品。现在难以明确其作者，从内容趣旨和情节来看，李渔是作者的可能性最大。刘廷玑《在园杂志》卷一曾谓：“李笠翁渔，一代词客也，著述甚伙。《闲情偶记》《无声戏》《肉蒲团》各书，造意创词，皆极尖新。”

风流浪子未央生是《肉蒲团》中的主人公，他对女色孜孜以求，心醉神靡，就不必细说了，然而男色对未央生来说也并不是禁忌。据第七回的内容，他和年少龙阳可谓是做过不少的勾当，但在第七、八回时，他决定改造阳物，以便在和女子交媾时尽兴，改阳物前最后一次性事却是和男子进行的。

未央生别了术士，回到寓中，独自一个睡了，就把改造阳物以后与妇人的光景预先揣摩起来，不觉淫兴大发，一时难禁，只得叫随身一个家僮上床去睡，把他权当了妇人，恣其淫乐。他有两个家僮，一个叫作书笥，一个叫作剑鞘。两个人物都一样妖姣姿色，都与标致妇人一般。剑鞘不会作娇态，未央生不觉十分得意。书笥性极狡猾，与未央生行乐之时，能如妇人一般迎合，口里也会做些浪声，未央生最钟爱他，所以这一晚不用剑鞘，单叫他上床，好发泄狂性……

未央生和李渔在人性上有许多地方可比，他们的性格都是权变流通的，都沉迷女色。男色上，未央生没有十分用心，或者当作年轻之嬉乐，或者作为逃避孤独的方法，他做起这种事来也不会有什么困难。李渔正是这样，他一生固然离不开女人，但未央生那种寻觅男色的背景他也会遇到，就算他入清之后已经中年了，不再喜好男风，但年轻时呢？难道李渔年轻时在明代男风最烈的时候可以毫不沾染吗？总体来考虑，我们可以这样认为：李渔总的来说是异性恋者，然而尽管他不热衷于同性恋，可能也曾经历过同性恋。

# 慈禧太后钟情李莲英

## 慈禧未入宫前便和荣禄有染

这一天是十七名戴红顶子的一品大臣的女儿们值得纪念的一天，因为这一天咸丰皇帝下诏，召十七名一品大臣的千金，进宫面圣备选妃子。北京城里城外都在谈论着咸丰帝选妃的事。十七名秀女和他们的父母们都非常高兴。因为一旦被选上了，就立刻成了皇亲国戚，因此十七名秀女，心里都七上八下的，担心自己会落选。

只有兰姑娘一点都不着急，因为她心里清楚，自己不会落选，这里面的原因只有她的父亲知道，她也只把这个原因告诉过父亲。

兰姑娘是个虔诚的佛门弟子，当第一道敕书里列出她的名字之后，她就求佛祖保佑赐福。她每天在花园的一角焚香跪拜神灵，求神保佑她随心顺意，实现愿望——这个希望荣禄是绝对想不到的。

下面的事情就是兰姑娘告诉她父亲的事：

“父亲，我在神座前焚香，香烟缭绕，却变成了一个我没见过的人的脸，但是我知道这个人是谁。父亲，你说这是不是预兆？也许命中注定我一定是皇帝的妃子。”

她的父亲对她的话表示怀疑。他从没好好了解过他的这个女儿。父亲是一个现实主义者，而她则是一个虚幻主义者。

有一次，兰姑娘与荣禄私会，两人站在凉亭外的假石山上，看着园中的景色，此时正巧有一个列队经过，其中有一个人立即吸引了兰姑娘的注意。她转身向荣禄道：“那个十分神气的人是谁呀？”

荣禄见她问到别的男子，心中非常不高兴，他抿了一下嘴唇答道：“他是当今的皇帝。”

兰姑娘听后，立刻露出了思考的神色，她自言自语地说：“他就是香烟缭绕而形成的人。”

慈禧太后

这是一个预兆！是吉兆还是凶兆，现在还无法知道。

可是从那次开始，兰姑娘就开始疏远荣禄了，她越远离荣禄，荣禄就越爱她。

今天对于兰姑娘和十六名大臣的千金来说这是极为重要的一天。

十七名如花似玉的姑娘，穿着五颜六色的旗袍，踏着高底的满洲鞋子，戴着黑色的中间绣着荷花的高冠，各人的嘴唇上都涂着一点腥红。从她们眼神中可以看出，她们每个人都对自己成为皇妃抱着极大的希望。

兰姑娘面圣的时候，比其他的千金都要迟。也许这是有意的，也可能是无意的。但这是不可以迟到的，但兰姑娘却来迟了。或许就是因为这一两分钟的延迟，改写了中国的历史。

兰姑娘进紫禁城时，荣禄正站在城门当值。他穿着一身禁卫军统领的戎装，十分神气，十分伟岸。他的脸上既有高兴的表情，又悲哀的表情。因为这时的兰姑娘即使他骄傲，又使他失望。他很爱兰姑娘，所以希望她能被皇上选上，成为一宫之主。而她一旦被选上的话，自己就永远失去了她。并且不管她被选上，还是没被选上，在后宫里都是不会开心的，这一点荣禄十分清楚。虽然荣禄心里想着这些事，但在兰姑娘进入皇城的时候，他却没有任何表示。

他的眼睛一直看着兰姑娘的眼睛，又强迫自己的嘴唇不颤抖，他说道："兰姑娘，你今天美丽极了！"

她笑了一下，她知道荣禄此时的心情，但她是一个胸怀大志的人，因此，她头也不回地离开了荣禄。

## 兰姑娘初见咸丰帝

兰姑娘进宫的时候，其余的十六位千金早已到了。她们嘻嘻哈哈的，都怀着成为妃子的希望。这是一间套殿，内外殿之间用一层摆满许多珍贵古玩的架子隔开，窗子的茶几在靠窗边的墙边摆放着，上面也摆满了玉器、瓷器、景泰器、金器和各种宝石，墙上挂着许多名人的字画，从这一点上，可以看出皇帝与皇后风雅不凡。满洲姑娘们的高底鞋子踩在地上，来来往往所发出的声音十分悦耳。这些满洲的千金们到处欣赏宫内的古玩，并偷偷地向咸丰帝抛媚眼。

这间殿里，除了千金外，还有太监、佣仆与侍从宫女，因此这里十分热闹。当这些千金经过皇后和皇上的面前时，皇后不用说是一脸不高兴的样子，而咸丰却显得十分无聊。

然后，兰姑娘翩然来到殿内。

兰姑娘见到咸丰帝，并没有装出讨好的样子。她还是以她的本来面目，进宫参见中国的两个最高级人物。兰姑娘的举止显得十分自然，她既不顾盼飞扬，也不有意讨好卖乖。她好像和咸丰帝一样的无聊。不用说，她是十七人中最美丽的一个，别人都看出来了。于是，羡慕的眼光和敌视的眼光都集中在她身上，但是她并不把这些放在心上。

十七位秀女来齐后，总管太监安德海就以低沉的声调，将十七个人的姓名与年岁报告给咸丰听。皇后对于咸丰选妃子的事情也在旁边说着自己的意见。这些千金向咸丰朝拜完毕后，咸丰指着其中的一个问皇后："你看这个怎么样？"

皇后就拉着这位姑娘仔细看一会儿后，说："她不行！她的手太粗了！不是高贵人的手。"

皇后说的是宫中的话，这些千金们都听不懂。

咸丰指着另一个问："这一个怎么样?"

"她也不行。她走路的样子一点都不文雅。"

"那你说她们中到底谁最合适?"

"我觉得那个叫宝玉的不错。"

听完此话，咸丰差点没有笑出声来，因为宝玉的脸上不仅长有麻子，还是斜眼。而且她走路的样子也极为泼辣，她由于当皇妃心切，所以总是对咸丰皇帝卖弄风骚，向他抛媚眼，由于她的斜眼，反而弄巧成拙。所以皇帝一听到宝玉，就有这样的反应。

咸丰最后说道："朕喜欢那个叫兰的秀女，她仪态端庄，既不装腔作势，又华贵大方。"

"我觉得她不适合，因为她太美了，说不定会因她的美丽而惹出祸事。"

咸丰再次摇头，可是这次摇头却是因为另一种心情。兰姑娘察言观色，早已知道咸丰对自己有了意思。聪慧的兰姑娘早注意到咸丰的眼神在她的身上凝视过。在这时候，她已经将荣禄忘到一边了。此刻兰姑娘已经将皇后看作是一个敌人了。她非常希望自己能够取代这个可恶的皇后。每当咸丰不注意自己的时候，兰姑娘就仔细地看他的脸，她越来越觉得咸丰的脸就是那香烟形成的人相。

这时候，其余的十六名秀女，看到咸丰注意兰姑娘的情景，心里也都有了数，于是大家都不约而同地向兰姑娘发出既嫉妒又羡慕的眼光。兰姑娘虽然心里十分高兴，但是她的脸上却丝毫没有体现出来。这十六个人明知已经没希望了，但仍然各施所媚，希望咸丰能改变主意。

兰姑娘没有再朝咸丰看，因为她已经知道了她想要知道的事。

参见大礼已接近尾声，咸丰皇帝再次将他的眼神放在兰姑娘的身上，并凝视了一会。这一眼再次证实兰姑娘是这些秀女中最美丽的一位。

没过多久，总管太监向墙上的大钟看了一眼，宣报道："朝见结束，请各位暂且退回。"

难道没有人被选上吗? 那是不可能的，这十七个人中已有一个被选上了，让十七人一齐退的意思是要叫那些没被选上的人不丢"面子"。虽然是十七人一齐离宫，但其中一个还是要被召进宫来的。

于是十七名满洲姑娘都齐齐给皇帝皇后磕头，离开了皇宫。兰姑娘到紫禁城门口时，望了一眼荣禄，然后上了轿，她心里正在想着自己不久就要被召回宫去，因此根本没有注意到荣禄脸上的忧愁。

当时她是否真的知道她已经被选上了呢？

多年之后，她对人说："当我进皇宫的时候，就知道我不会再从皇宫中出来。"

在哈德门大街上，她停了下来，去一家铺子里买了东西。店里的伙计因为店里生意不好，对她十分不礼貌。兰姑娘对于伙计的无礼十分不高兴，便说道："等我做了咸丰皇上的妃子，一定让你的脑袋搬家。"

店伙计听后哈哈大笑，但是兰姑娘始终记着这一句话，那一名店伙计到最终也记住了这句话。后来兰姑娘将这事说给别人听，自己还觉得好笑。

兰姑娘真的忘记荣禄了吗？这一点只有她和荣禄知道，荣禄对于她一片痴情，甚至肯为兰姑娘死，但她从未向任何人说过。

兰姑娘回到了家，静静地等候圣上的召见，就在这时候，她悄悄地做了一顶花样讲究、满洲妇女婚后必用的冠子。

兰姑娘在家里静静等着圣上召见。她知道圣旨是迟早会来的。她从出生起就知道自己必是富贵命。这一件大喜事虽超过她的奢望范围，但她却从没感到过意外。因为她敢于梦想。

终于，传旨的太监来了，这一次来传旨的太监的态度跟上次是完全不同的呀！第一次下诏的太监们，神情十分傲慢，并且出言不逊，那路神情就好像是将珍珠投在猪面前一样。这一次，许许多多的太监捧了大批的礼物来赠予兰姑娘的父母，同时还抬了一乘富丽堂皇的大轿来接兰姑娘。

静候召见的兰姑娘应该兴奋不已，不料当大喜到来的时候，她却反倒显得十分镇静，好像这似乎就是一件很自然的事情一样。她一直期待着这一天，现在她终于等到了，这一切都是因为她的美丽。

父母看见了这价值几千两库银的赏赐，早已喜得心花怒放了，对于女儿今天的幸福，他们已高兴到了极点。他们将太监恭敬地迎了进去，收下御赐后，将兰姑娘交给他们。兰姑娘离开了她曾经做过富贵梦的家，两名太监在前面开路，两名太监尾随其后。那种风光就如同她已经成了咸丰的妃子一样。兰姑娘上了轿，太监将轿升起，抬着兰姑娘向宫内走去。

轿夫们抬着兰姑娘，就像抬着一朵娇滴滴的鲜花似的。兰姑娘被轿夫们慢慢地、谨慎地，抬进了紫禁城，进城之后，紫禁城的两扇大门立即又关上了。

在兰姑娘走进月洞门去参见皇帝以前，她又看见了那个曾说过爱她而且她也对他表示过爱意的荣禄。荣禄此时的脸色极其难看，对于他而言，那道致命的诏书到底下来了。这就如同一把刀斩断了他与兰姑娘的情丝。从此以后，他只能以庶民的资格和她遥遥相望了。兰姑娘此刻也情不自禁地犹豫了片刻，凝视着荣禄。或许她的双唇轻微地动了一下，但她又用力地克制住了，并将头举得更高。荣禄的嘴唇也颤抖了，可是他此刻却无言以对。他唯一能做的就是痴望着她的眼睛，心乱跳不已，几乎要跳出来了。

荣禄此刻的心情，兰姑娘自然明白，但是她把心一横，将眼光移开了，然后在太监的簇拥之下，向月洞门走去。刚进门时，她又猛一回头，向荣禄瞟了一眼，这次的眼神却是极为得意。荣禄仍然站在那儿，眼睛没有看她，而是看着前面一片空洞的世界。他像是已经觉察到她的秋波，故意望向天空，并转身离开。

## 小兰儿一曲情歌迷咸丰

广西、湖南两省大吏，奏报皇上，说两省偷盗的气氛很浓。咸丰看过奏折后，叹息道："师傅不在身边，谁能帮我出点子呢。"原来杜受田于本年七月离开了人世，咸丰因为他屡建奇功，为之失声痛哭，并洒酒祭奠，停朝三日，赐祭九坛，追封为太师，予谥文正，饰终之典，很是优渥。直到今天，咸丰仍记着杜受田，于是他立即召见军机大臣，并拟旨革去了钦差大臣赛尚阿、湖广总督程裔采之职，留在军营效力。授徐广缙为钦差大臣，巡抚叶名琛为湖南总督。这时天下大乱，烽烟四起，一个洪秀全，已把咸丰弄得心神不安，然而，台湾地方，又出了一个洪纪揭竿造反。四处战乱不断，危机四伏，警报到京城，咸丰皱着眉头道："为什么总是姓洪的跟我们过不去！"咸丰不高兴地回到宫里，此刻太后却来了旨，要召见他，于是咸丰只好换上衣服，赶去慈宁宫，向太后问过安后，便站在一旁听太后训话。只见太后道："阿哥，我叫你来也不为别的，皇后离世，差不多一年了，六宫没人主持，那也是很重要的事情，我看众妃嫔里头，钮祜禄氏人品极好，就册立她为皇后吧！不知你觉得怎样？"咸丰道："皇太后赏识的人，一定不错，那就依太后意思册立她吧！"又讲了几句别的话，咸丰才离开，他笑着对身边侍卫说："皇太后这么费心，不从她也是不行的了。"于是择定吉日，将贵妃钮祜禄氏册为皇后。

这钮祜禄氏虽然成了皇后，但咸丰对她并不是很恩宠，乾清宫总管太监崔福，请咸丰去圆明园游玩，顺便散心。咸丰又到太后宫中，请太后一起去，太后道："我不想走，你先去吧。过一段时间，我再去。"咸丰道："那么儿臣先去了，到那时再迎请太后。"第二天，摆驾圆明园，咸丰来到圆明园后，只见园中花朵已谢，只剩下几枝傲霜残菊，兀自披着黄金甲，与西风宣战呢。咸丰道："今年连赏菊花的时期都错过了，真是有负良辰佳节。"此时上林春色的领袖武林春、牡丹春、海棠春、杏花春等，羊车望辛，早已盼断秋波，不意椒房雨露，不到蓬莱。

这天晚上，咸丰在桐阴深处住下了。第二天，咸丰起床，太监侍候他洗漱完毕，咸丰去上朝听政。走出回廊，突然看到一女子在太湖石畔，掐取残菊花儿，玉腕玲珑，柳腰苗条，看上去十分美丽。因为急于上朝，咸丰没有时间回看。这日朝上，没什么大事，台湾叛乱，已由镇道督兵平定，闽督季芝昌，奏报了这个消息。咸丰看完奏折后，就提笔批了几道："另有旨""钦此，知道了""钦此"之类的例话，然后同军机大臣谈论了一会时务，便退朝了。咸丰脱去朝服，然后衔着一杆旱烟袋，散步去了。走出回廊，看见梧桐树下，有八九个宫中婢女，蹲在地下，收拾枯草。仔细一看，却没有看见刚才那个女子，咸丰心中疑惑，想指名呼召，可又不知道她的名字。此刻太监跪请咸丰用膳，吃完饭，咸丰又到别处逛了一圈，觉得没什么意思，便带着小太监，沿着山路一路走了回来。却突然听见从远处传来了一曲情歌，那声音极其甜美，就如同三春雏燕，九峠黄莺，咸丰情不自禁地停了下来，只听见那歌声道：

月亮弯弯照九州，几家欢乐几家愁。

几家夫妇同罗帐，几个分离在外头。

咸丰道："这是南方人唱的，谁在唱呢？"小太监跪着奏道："是兰儿。"咸丰道："谁是兰儿？我怎么没听过这个名字？"小太监道："是桐阴深处一名当值的宫女。"咸丰心里一动，心想莫非就是早上看到的那个女子？一边想，一边飞快地向桐阴深处走去，小太监哪里跟得上，咸丰走入桐阴深处，没有坐下，一连叫了几声"快传兰儿。"太监于是立即去传，没有多长时间，太监就将一个女子带了进来，咸丰一看，果然就是早上瞧见的那个女子。这个女子见了咸丰，叩头见礼，口吐莺声道："婢女兰儿，叩见万岁，愿万岁爷吉祥万福。"咸丰此时，仔细地看她，只见她身材苗条，体格轻盈，杏脸含春，柳眉紧锁，那一双剪水秋波，活泼有神，足可使人看了心旷神怡。咸丰立即问道："你姓什么？多大了？来这里多长时间了？"兰儿道："婢女姓那拉，十八岁了，来这里三年了，婢子是道光三十五年五月来这里的。"咸丰道："刚才那歌儿，是你唱的？"兰儿叩头道："婢女一时该死，惊动了圣驾。”咸丰道：“没关系，朕很喜欢听你刚才的调儿，你既然是咱们旗人，怎么会唱南边人的调儿？”兰儿道：“婢女的父亲，蒙圣上恩典，在南边做官，婢子也随父亲去了南边，所以南边各样小调，婢子也懂一些。”咸丰道：“你父亲叫什么名字？”兰儿道：“父亲名叫惠昌，曾经做过广东知县，后获恩典，调升湖北同知，后又调浙江协领。”咸丰道：“大概你们如今住在浙江了。”兰儿道：“婢子父亲在四年前就去世了。”咸丰道：“你兄妹有几人？”兰儿道：“婢女有两位姐姐，都已出嫁，一个妹子还小呢。”咸丰见她口齿清朗，应对如流，于是爱由心生，接着便说：“兰儿，你的歌调儿唱得很好，起来起来，朕赐你坐在廊栏上，拣好的唱几个，为朕解解闷儿。”兰儿见龙颜大悦，又幸望自己，不免感激不尽，立即叩头谢恩，立起娇躯，遵旨坐在了廊栏上，放开歌喉，婉转地唱了起来。

咸丰听着，觉得兰儿歌声赛过钧天九奏，月殿羽衣，于是他连声赞妙。过了一会儿，皇帝想喝茶，太监立即给他倒茶，谁知咸丰却生气地骂道：“谁要你们倒，快给我滚开。”吓得太监立即都退了出去。兰儿早已听出了咸丰的话中意思，不免脸上羞得红红的。咸丰道：“兰儿，你来替朕倒茶。”兰儿只得走进里边，倒了一杯茶，含羞带怯地给咸丰送上。咸丰没有去接茶杯，而是就她的手喝了一口，然后说：“赐你喝了，不用谢恩，你就喝。”一边说，一边将兰儿玉腕捏住，咸丰此刻只觉得肤滑如脂，如同无骨，似乎六宫粉黛，都不及她的温柔细腻。只见她羞羞怯怯，梨颊娇姿，柳眉巧样，不禁越看越爱。这天晚上，那拉兰姑娘就和咸丰同枕而眠。第二天，已经日上三竿，咸丰才起床，上朝的大臣都等不及了，正是：

春宵苦短日高起，从此君王不早朝。

## 兰儿在龙床上对咸丰极尽温柔

兰儿有幸遇到咸丰之后，仗着她的聪明才智，提足精神，百般奉承，枕边衾里，鞠躬尽瘁，一缕情丝竟把咸丰的一颗龙心捆得紧紧的。没过几天，皇上就另封兰儿为贵人。过了四五个月，那拉竟怀上了龙子，咸丰知道后高兴得不得了，向那拉贵人道：“如果生下一个皇子，朕立即封你作妃子。”那拉贵人听说，立即下跪谢恩，咸丰笑着说道：“我还从没见过这么心急的人，等封了之后，再谢恩也不迟。”那拉贵人道：“万岁爷天语亲许，我知道这个皇妃我做定了。”咸丰道：“你就这么肯定是男孩吗？”那拉贵人道：“万岁爷这样的龙马精神，一定不会生女孩子。"咸丰大喜。

自此咸丰对待那拉贵人，更是宠爱有加，大有三千宠爱集一身的势头，嫔妃们无不由嫉生恨的。皇后虽然贤淑，但见她这么受宠，心里也十分不自在。据清朝制度，宫里头妃嫔贵人，都有册籍，这些册籍都存放在皇后宫里。皇帝晚上在哪里休息，与哪位妃子在一起，这个宫里的太监都要上奏皇后，在册籍上登记。皇后有权稽查各宫嫔妃，如果有过激行为，举止不端，皇后可传来杖责，皇帝如果酣睡忘记政事，皇后可以直接闯进其寝宫，开读祖训。皇帝此刻必须披衣跪地，恭敬谛听，这是祖宗为了防止后人荒淫，想出的一个好办法。

自从那拉贵人得宠以后，咸丰早朝，经常迟到，皇后为此也经常不高兴。这一夜，咸丰又在那拉贵人宫里，不知道为什么，早朝时间已过，咸丰还没传旨上朝。皇后生气地说道："兰儿这狐媚子，把主子迷到这样儿，今天哀家一定不能轻饶她。"接着便命令宫婢，请出祖训，领着宫娥、太监，直接向那拉贵人宫里走去。不一会儿便来到寝室门前，皇后站在门外，太监传话："皇后在此，请万岁听读祖训。"咸丰听说"读祖训"三个字，脑袋都大了，于是立即披衣起身，叫众人止步，并说道："朕立刻上朝听政，请皇后别读祖训。"皇后见咸丰这么说了，也只能算了。皇后接着说："妾原不想多事，可是总是这样，一来有伤龙体，二来皇太后知道了，不仅要责备妾，还会责备皇上呢。"咸丰道："皇后所说，都是良言，朕立即早朝，请皇后回宫。"皇后听了十分生气，知道咸丰怕自己进去，为难那拉贵人，便冷笑道："圣上也太费心了，妾总不敢抗旨吧。"说完便领着众人回宫去了。那拉贵人问咸丰道："皇后走了吗？圣上可一定要为妾多说几句好话，请皇后原谅妾。"咸丰道："你别怕，有我呢。皇后不敢为难你。"那拉贵人于是替咸丰梳了一条辫子，服侍妥当，咸丰坐了软舆，太监抬着他上朝去了。

那拉贵人对镜刚理妆完毕，就见一个太监，匆匆进来说："皇后召那拉贵人到坤宁宫问话。"那拉贵人听说皇后要召见自己，顿觉五雷轰顶，顿时面如色土，立即叫自己身边的小太监，去通知咸丰。小太监道："爷在朝上，奴才无法通知。"那拉贵人着急地说；"你不会在屏风后等爷上朝下来奏一声吗？"小太监听后，立即去通知咸丰。你知道那拉贵人为什么这么着急吗？因为这坤宁宫，是皇后的正宫，平时是不怎么去的，只有赏罚时皇后才去。这个时候又不是什么节日，特旨宣召，绝对是有罚无赏。偏偏咸丰上了朝，没人解救，但她没有办法，又不好不去坤宁宫，于是只好跟着那太监，一步挪不到三寸，向坤宁宫走去。刚到宫门口，就见几个皇后身边的宫婢看着自己，抿着嘴儿暗笑，瞧她们那神气，显然没把自己放在眼里。刚才领路的太监入内上报皇后,道:“兰儿来了。”只听皇后极为严厉地说:“叫她进来!”那拉贵人听得这个声音儿,已吓得魂都没有了,但也只好壮着胆子走进去,兰儿叩头见礼后,偷瞧皇后,只见皇后如同西池王母、南海观音,正襟危坐在那里。不觉有点害怕,不敢起来。皇后道:“好一个兰儿,你真有能耐,你侍奉圣上,竟侍奉得圣上连早朝都不上了。为此,我是该罚罚你了。”接着便对身旁的太监道:“快取宫杖来,把这狐媚子重打四十大杖,看她下次还敢不敢迷人。谁要给皇上通风报信,我就找谁算账。”那拉贵人吓得只知道叩头求饶。皇后道:“这是祖宗定下来的制度,你要求饶,就去求圣上把这个祖宗定的制度给毁了。”说完便连声喊:“快打!”接着只见一个太监取出竹枝一根,足有四个指头粗,又有两个太监,将那拉贵人的手脚按住,那拉贵人暗想道:“完了完了,今天这杖罚是免不掉了。”

太监把那拉贵人按倒在地,正准备杖打,只见一个太监跑入说:“圣上驾到。”一句话没说完,就听见鼓点似的一阵靴声,咸丰已进来了。咸丰进来就立即说道:“皇后千万别杖打那拉贵人,她已经怀孕了。”按那拉贵人的两个太监,见咸丰进来,早已松开那拉贵人。皇后立即起身迎驾,说道:“圣上为何不早通知我,如果我为了遵守祖制,而打掉龙脉,我的罪孽就大了。”说完,皇后竟流下泪来。咸丰道:“算了算了,这也没什么关系。兰儿过来,给皇后磕头。”那拉贵人正好趁此下台,立即跪在皇后前,一连磕了几个响头,把方砖碰得怦怦直响。皇后道:“兰儿,宫里头规矩,你也知道,怎么能误了皇上上朝的时间呢?你宫中也挂着时辰钟,每日五点钟,你就应该把圣上喊醒。”皇后说一句,那拉贵人应一声。虽然教训着,但皇后已不像刚才那样严厉了。训了半天,才让那拉贵人离去。那拉贵人又叩谢皇后免责之恩,谢恩完后方才离开。

咸丰这夜就在皇后宫里休息。那拉贵人没多久便产下了一位公主,可不到一年,这个小公主就夭折了。咸丰四年,那拉贵人又怀了孕,咸丰此刻对她更加怜爱,就把她晋封为懿嫔。十个月后,那拉贵人又生下一位公主。直到咸丰六年三月里,那拉贵人才生了皇子载淳,被晋封为懿妃,此刻,她只低皇后一级了。后人有诗叹道:

纳兰一部首歼除,婚媾仇雠篮脱弧。

二百年来成倚伏,两朝妃后侄从姑。

那拉贵人被皇后教训后,回到自己宫里,便打鸡骂犬,生了一天的气。只可怜本宫的宫婢太监,没一个人不遭斥责的。等到夕阳西下,咸丰又没来,宫廷寂寂,她觉得无聊,便回廊里,扶在栏杆旁,看满园花草,都憔悴不堪,便把小太监传来,问道:“你们一天到晚吃了饭在干什么?连花都不浇。你们瞧这满园花朵,憔悴得像什么样子?”一个太监辩道:“我们每日朝晚浇两遍。我们早晨浇水时,娘娘还没醒呢。”那拉贵人见太监顶嘴,气愤地说:“竟然敢顶嘴,好,我也该如此管管你。”她喝令掌嘴。那两个小太监,立即走过来,举起手刚准备打时,那拉贵人骂道:“你们这两个王八蛋,谁让你们打,让他自己打。一会儿,你们再各打自己也不迟。”吓得那两个小太监,立即站在那里不动了。那个太监果然左右开弓,打了自己几千个嘴巴子。贵人忽然要喝茶,一个宫女立即把茶倒上,贵人就她手里喝了一口,觉得有点烫,一扬手,就给了这个宫女一耳光。那宫女被她一耳光打晕,把手中的康熙空窑细瓷茶杯抛在地上,摔了个粉碎。贵人骂道:“故意烫了我不算,还把茶杯摔了,你以为不能责罚你吗?”于是她立即命令总管,责打一百板子。总而言之,这一天贵人宫里的人,没一个免遭责罚的。直到第二天,咸丰来了,那拉贵人才消了气。

## 垂帘听政始得志

咸丰帝非常喜欢那拉贵人。后来那拉氏经常出入裁理政务的殿阁,帮助身体虚弱的咸丰料理政事。咸丰十年,那拉氏随咸丰帝逃往热河。离京之前,那拉氏曾极力谏阻咸丰离京,咸丰帝很恼火,两人至此才在感情上有了裂痕。那拉氏惊人的记忆力和果断的判断力崭露头角,她的政治野心也慢慢表现出来。咸丰帝惊讶、钦佩之余,也对那拉氏的参政感到气恼。逃奔热河以后,辅弼大臣肃顺乘机劝奏皇上效仿汉武帝那样立太子杀生母,除掉那拉氏以除后患。咸丰此刻却不忍心,拿不定主意。而那拉氏此刻却心惊胆战,惶惶不可终日,唯恐哪一日咸丰会除掉自己。

咸丰十一年七月,咸丰帝驾崩,太子载淳即位,即清穆宗,改年号同治。同治帝尊生母那拉氏为圣母皇太后,尊咸丰正宫皇后钮祜禄氏为母后皇太后。回到北京皇宫,两宫皇后加徽号慈禧、慈安。慈安钮祜禄氏住钟粹宫。钟粹宫在后宫东部,为东六宫的首宫,南边是承乾宫,北边是御花园,因此慈安被称为东太后,慈禧那拉氏被称为西太后。

咸丰临死前有遗旨,命怡亲王载垣、郑亲王端华、协办大学士户部尚书肃顺、御前大臣景寿、军机大臣穆荫、匡源、杜翰、焦佑瀛八人为赞襄政务王大臣,总管大清朝的政务，辅佐六岁的皇太子载淳。慈禧西太后那拉氏当时年仅27岁，她不甘心被人摆布，特别是不能容忍所谓八大辅臣总摄朝政。实际上，八大辅臣都听命于肃顺，而肃顺与那拉氏一直针锋相对，似同仇敌。

慈禧西太后首先将东太后钮祜禄氏拉到自己一边，对抗八大辅臣。然后她秘密联络留守北京办理涉外事务的咸丰帝六弟恭亲王奕昕。奕昕几天以后，在各国大使的默许下，以奔丧的名义，赶到热河和西太后那拉氏商量对抗八大辅臣的计划。商量后，奕䜣又返回了北京，开始实施计划。御史董元醇乘此机会讨好两宫太后，奏请两宫皇太后摄政。两太后召见载垣等辅臣进行商议，载垣等以本朝从来没有皇太后摄政为由，驳回了两宫的计划。西太后那拉氏却将折旨留在手中不予告于天下，于是引起了一场激烈的争论。

一个月后，西太后那拉氏命令肃顺等八大臣护送咸丰帝灵柩回京，自己则带着幼子载淳和端华、载垣等从小道先赶回皇宫。入宫后那拉氏立即召见恭亲王奕昕。次日便下令逮捕端华、载垣、肃顺三人。第三天，便下旨封奕昕为议政王，处理军务。接着，处死肃顺，令瑞华、载垣自尽，并将景寿等五人革职、充军。两宫太后十月十一日在太和殿举行载淳的登基大典，改年号为同治，以下一年为同治元年。十二月二日，两宫太后便开始垂帘听政。

两宫太后和同治帝临御养心殿，自此慈禧开始统治中国达四十年之久。当时颁谕天下时写道，垂帘并非两宫太后心愿，只是因国事繁多，亲王大臣等不能面面俱到，因此请两宫太后参政；等皇帝能处理政务时，两宫太后将远离政事。从此以后，两宫皇太后每天都召军机大臣和议政王入宫商议政务。所有奏章必须经两太后过目。一般由大臣拟旨，第二天呈两宫太后，由两宫太后裁定以后，再用咸丰所赐同道堂小玺钤识，以圣旨颁行。

在控制权位的过程中，西太后一直表现出了卓越的政治才华。她为了实现垂帘听政的目的，曾指使大臣周培祖等人上劝进疏，举顺治的母亲孝庄皇后为先例，说她当年虽无垂帘之名，却有听政之实。然后以同治帝的名义下诏废除遗命。并传旨南书房、上书房、翰林院将历代垂帘听政编成书籍，赐名为《治平家鉴》，然后广为颁行。东太后听政后主张大诛赏、大举劾，西太后那拉氏却申明利弊，主张召对臣下，判阅奏章，谘访利弊，裁理庶政。东太后仁厚有余，但处理问题不果断。两太后听政，其实只有西太后一人有权。

## 后宫藏“嫪毐”以饱淫欲

那拉氏一举一动都效仿那武则天皇帝，她那泼辣的手段，猜忌的心性，风骚的行为，简直和武则天是一个模子里刻出来的。武则天在宫里妙选面首，什么内监安德海、优伶金俊生，整天和她打得火热，一会儿不见两人，她心里如同丢了什么似的。那金俊生是个戏子，是个健全的人，那拉氏与他还可让人理解，可安德海是个太监，不能人道，怎么也与慈禧难舍难分呢？

那拉氏一双俏眼，水汪汪的不仅能勾引男人，还能够分清谁对她忠心。武则天知道狄梁公对她忠心，便对他信任不疑，知道周兴、来俊臣靠不住，也有方法去对付他。那拉氏一双眼睛，早就看出了曾国藩是她的顶梁柱，她因曾国藩调度有方，攻克安庆，升任他为协办大学士，并兼任两江总督，所有的湘皖赣江浙的将帅，都要受他的管制，依照咸丰帝七年的规划，慈禧令曾国藩责成曾国荃，攻取南京；责成李鸿章，攻取苏州；责成左宗棠，攻取浙江，务在削平大憝，克奏肤功。廷寄一去，曾国藩自然弄个奏折，叙明曾国荃攻取了安庆，并带领大军，由芜湖进攻东西梁山，直逼大胜关，渐渐围攻南京，攻取南京指日可待；李鸿章已经练好淮军，纠合张树声、树珊，周盛波、盛传弟兄、潘鼎新、齐铭传等，赶往上海。现在洋人戈登、白齐文、华尔都愿意帮助大清政府，李鸿章从他们手中购买新式枪炮，很快就可以攻克苏州；左宗棠已向浙江进发。现在大致情形是，太平军死守金陵，李秀成、李世贤已攻取江浙，金陵洪秀全此刻已四面楚歌。就像棋局一样，用这三路围攻，反贼必然无法招架，但值得考虑的是太平军战败后一定会四处逃窜，甚至会惊扰圣驾，同时望格外防范。那拉氏读了这一起奏折后，觉得曾国藩想得非常周到，那太平天国可以不放在心上，但折尾提到北路捻军，却是令人头痛的，心中暗想：“老曾这一句话，很有意思。我瞧胜保读书不多。学识浅薄，这次他说苗霈霖诚意投降，这苗姓却是十分靠不住，莫非胜保那个草包中了别人的计？僧格林沁又是一介武夫，听说他军纪极不严明，到处奸淫掳掠，同那些太平军、捻军，没有什么分别，这个人有勇无谋。”思考了很长时间，当即将恭亲王找来，要求派选出一得力人员去剿捻军，恭亲王想了一想，说：“现在山东按察司丁宝桢，兵备道袁甲三，都是极有才能的人，我们可以让他们统带多营，独当一面。”那拉氏说：“既然如此，就加袁甲三提督军门，叫他赶赴前敌。那丁宝桢的才干，我是知道的。我的意思是要召他回京，当面问问他剿捻的把握后，再重用他。”恭亲王奉了懿旨，一面敕谕袁甲三赶赴前敌剿捻，一面诏传丁宝桢，立刻回京面见太后。

不用说，两位大臣立即奏旨，前往安徽的前往安徽，进京的进京。丁宝桢这一进京可不得了，宫闱尴尬，秘密手术，都被他瞧明白了。大家不必着急，往下看你们就会知道这其中的故事了。记得这年是同治元年五月的当儿，天气非常热，丁宝桢穿了一身单袍褂，戴着顶翎，踏着朝靴面见太后。可不巧的是这日是内廷召见，两宫起床较晚，姓丁的早早赶进朝房，并由太监领入宫内一间安静的房子。这间房子里只有他一个人，此时他又热又饿，于是取出一柄扇子信手扇起来，但越扇汗越是流个不停，肚子也更饿，口也更渴，就在这个时候，他看见旁边厢房里有一张黑漆茶几，上面摆着个玻璃瓶子，里面似乎装着奶饼茶果，他不禁高兴起来，暗想："我今天运气真不错！"赶过来，揭开盖子，伸手去摸瓶中茶果，这才发现原来不是什么饼干茶果，这种东西一粒有如葡萄大小，鼻子一闻，一种芳香，非脑非麝，非常好闻。丁宝桢此刻饥不择食，先嚼了一颗，觉得味道很好，于是他又一连嚼了四五颗，此刻他只觉得干渴难忍，没有茶，他也只好忍着，谁知他肚子热度渐渐增高，光是肚子热度升高不要紧，他的下身也不由自主地挺拔起来！这真是太奇怪了！大家想想，这样的东西留在这后宫深处，这里都是太监，太监要这种药又有什么用？哈哈！其实也不必揭穿这些内幕，如果说是安德海、崔长礼、刘承恩那般没魂大帝，每夜必须的，那就没什么意思了。此刻，忽然内廷传旨，太后让丁宝桢立刻进见。丁宝桢往下一看，一件单薄花衣，全被顶了起来，此时他陷入了进退两难的境地，来传话的太监是崔长礼，他看到丁宝桢这种狼狈情形，便立即问："丁老，你怎么愁眉苦脸的？"丁宝桢只是哈着腰，用扇子挡着下身，一个大脑袋，连摇了几下，翎顶也晃了晃，他苦着脸说："我嘴馋，误吃了玻璃瓶子里的丸药，谁知道弄成这个样子！"崔长礼立即明白了过来，心想：不好了！宫闱的纰漏，被这个家伙撞着了。他忙问丁宝桢说："什么丸药？是谁放在这里的？一定是你临时发痧，既然有病，咱们就回明太后，以后再见也不迟。"丁宝桢也乘此机会，说："此事还劳你多费心了。"崔长礼一笑，去禀告太后了，过一会儿，又转了回来，说太后有旨，叫丁宝桢赶快回去调理，接着又招呼两个内监，用藤床将丁宝桢抬回家。

## 宫闱春药威力大

丁宝桢回到家，休息了一会儿，药性渐渐过了，下身也恢复了原形，后来经秘密调查。丁宝桢才搞清了这丸药的巧妙。他有个名字叫作贾铎的同年,是位监察御史,这日来看丁宝桢,丁宝桢就把前日的笑话,讲给他听。贾铎摇头晃脑说:"稚璜兄,这件宫闱秘密,是被你碰上了,但你可知道那主家婆的面首嫪毐是谁?我告诉你,第一是安德海,还有很多优伶戏子,其中就有一位唱小生的金俊生和一位唱须生的谭鑫培和另一位唱须生的余三胜,听说这几位戏曲家经常在宫里走动。"丁宝桢说:"难道主家婆还是顾曲周郎,通晓音律吗?"贾铎说:"怎么会不了解。我听说她从小就随着他父亲承恩公惠征,在芜湖关道任上,及广州都统任上,便能登台演戏,那西皮二簧,唱得可是一绝。我们的咸丰皇帝,才过世不久,她便召集京都菊部梨园,在皇宫里开锣演戏,什么小生俊生,就因唱了一出《白门楼》便被她看中了。经常地把他召进宫中。须生谭鑫培,一名小叫天,她瞧过这小叫天几出拿手好戏,便经常地把他召进宫来,那余三胜也因此得宠。你仔细想想看,这些唱戏的,年纪又轻,脸蛋又白,常往宫里窜,这还能干什么好事?"丁宝桢咂咂嘴摇头,笑了笑说:"我看那班戏子,做此尴尬之事,秽渎宫闱,即便得宠,也掀不起什么大浪来。不过如果太监一旦得宠,兼着有些暧昧,就不堪设想了。那安德海有朝一日,如果落在我的手里,我一定让他不得好死。"贾铎也连连点头说:"如今这安德海,已是招权纳贿,搞得一团糟,老兄是要他来惹你,兄弟偏偏要前去惹他。"宝桢说:"这事必须小心行事,千成不可操之过急。"贾铎笑说:"我知道。"一转身离开了。过了两天,丁宝桢便被封为山东巡抚,并赶着去上任,御史贾铎,拿着安德海一些把柄,实实在在地参了他一折。折子入宫后,大多由军机处过目。恭亲王是军机主管,打开贾铎的奏折,看过一遍后,心想:"这姓贾的胆子也真大,明参安德海,实际却是同西太后作对。不过这婆子近日行为,也的确让人看不惯,咸丰才离世不久,她便在宫里胡作非为,虽于政事还是出了点力,但宫闱丑闻却四方传播。太监安德海,戏班子里金俊生、谭鑫培、余三胜,因为得宠,而在宫里摇头晃脑,神气十足,此时我不拿主意,他们还怕谁?"心一横,他拿着贾铎这本奏折赶到东宫,给慈安太后看。慈安因为奕䜣是先皇胞弟,又是顾命大臣、军机处主管,因此有很多话对奕䜣讲。一见面,便说到那拉:"现在这婆子是作威作福,独断专行,根本不把我放在眼里,此刻我对以前的做法真感到后悔。"恭亲王立即问:"为什么要后悔?"慈安立即让心腹宫女取出咸丰帝那一道遗诏,递给恭亲王看。恭亲王说:"先皇英明,料事如神。太后为什么不将这诏书早日发布?"慈安叹了口气说:"都因为国事艰难,劈竹碍笋。"恭亲王说:"如今她羽翼丰满,想动她也难了。"说完便在袖子里,取出御史贾铎的奏折,双手呈给慈安看。慈安气恼地说:“这个安德海,最是无礼了!记得皇儿在六岁时,我就看出姓安的无礼,前年更为严重,到今天提到安德海这三个字,我就生气,有朝一日姓安的落到我的手里,我一定不会轻饶他!”恭亲王想了一会说:“太后,现在贾铎的折子如何发落?”慈安笑着说:“你先放在这,他有才华会写,难道我文理不通,不会写吗?”恭亲王连声答应几个“是”后,立即离开了。慈安提笔拟旨,很快写完一道长谕:

据御史贾铎奏,风闻内务府有太监演戏,将库存进贡缎匹,裁做戏衣,每演一日,赏费几至千金,请整饬速行禁止,用以杜渐防微等语。上年八月,因皇帝将次释服,咸丰显皇帝梓宫,尚未永远奉安,曾特降谕旨,将一切应行庆典,酌议停止,所有升平署岁时照例供奉,俟山陵奉安后,候旨遵行,并将咸丰十年所传之民籍人等,永远裁革。原以皇帝冲龄践阼,必宜绝戏娱之渐,戒奢侈之萌,乃本日据贾铎奏称,风闻太监演戏,日费千金,并有用库存缎匹,裁做戏衣之事,览奏实堪骇异。方今各省军务未平,百姓疮痍满目,库帑支绌,国用不充;先帝山陵未安,梓宫在殡,兴言及此,隐痛实深,又何至有该御史折内所称情事!况库存银缎,有数可稽,非奏准不得擅动,兹事可断其必无。惟深宫耳目,恐难周知,外间传闻,必非无自,难保无不肖太监人等,假名在外招摇,亦不可不防其渐。着部管内务府大臣等严密稽查,如果实有其事,即着从严究办,毋得稍有瞻徇,致干戾咎。皇帝典学之余,务当亲近正人讲求治道,倘或左右近习,恣为娱耳悦耳之事,冒贡非几,所系实非浅鲜,并着该大臣等随时查察,责成总管太监,认真严禁所属。嗣后各处太监,如有似此肆意妄行,在外倚势招摇等事,并着步军统领衙门,一体拿办;总管太监不能举发,定将该总管太监革退,从重治罪;若总管内务府大臣不加查察,别行发觉,必将该大臣等严加惩处,其各凛遵毋忽。此旨并着敬事房内务府,各录一通,敬谨存记。

慈安这手绝作,的确有较大的折射力,但里面仍有含而不吐之处。

## 暗结珠胎露私情

在慈安心里,仍是劈竹碍笋,只暗暗给那拉氏提个醒,让她收敛自己。哪知那拉氏不仅没收敛,反而恼羞成怒,不见这篇文字,她还不敢明目张胆,一见这篇文字,她便大张旗鼓,内廷戏文,日夜唱个不停。那金俊生、谭鑫培、余三胜害怕连累自己,想溜,可那拉氏却不让,并与他们整夜纠缠在一起。导致例假三个月不来，那拉氏心想，假如真的又怀龙种，纸是包不住火的，到时一定会受众人耻笑，于是她不知从哪里找来偏方，吃后忍痛排泄，最后不得不深锁宫门，卧床不起。慈安不知其中缘由，还误以为那拉氏受了自己的职责，心里难受，懊恼自己的过错而生病，因此，很觉得过意不去。这天她抽了个空，一个人来到西宫外，太监忙告知慈安，慈禧有事不能相见，慈安不信，闯入内宫，只见两个宫女，在那里小声谈论着什么，慈安急忙走到跟前，只见两个人故意咳嗽，像在给慈禧报信似的，慈安双手齐摇，两个宫女胆小，一时不知该如何是好，慈安忙伸手把门帘一揭，只见炕床上横躺着个男人，慈安立即进房去，此刻那个男人卧又不是，坐又不是。慈安此时连声叫："妹子，妹子！"那拉氏听出是钮祜禄氏声音，立即将那男人推下床，说："我的身子好多了，不要你推拿了。"那男人趁势一骨碌爬起，趿着靴子正要走出，慈安两眼一瞪说："你叫什么名字？你从哪里来的？现在又想去哪里？"那男子急得不知该怎样回答。慈禧忙解释说："姐姐不必生气，妹子因病体缠身，浑身酸痛，所以找了一个推拿医生，这人是位摇串铃的郎中，推拿的高手。"慈安冷冷地笑道："好了，这是什么地方，摇串铃的郎中也敢进来！房里就你们两人，一个陌生的男子，怎么躺在你的炕上？"那拉氏知道理亏，只好双膝往下一跪说："是妹子一时糊涂，望姐姐宽恕。"慈安本想发作，但扪心一想："算了算了，这事也不能张扬出去，不然我那过世的亡人，现在的儿子，两副面孔都没地方挂。她既说是推拿的郎中，那我就将计就计。"忙喝着说："你这个该死的，这么胆大，进宫胡混，难道也没有太监带领引见吗？"男子立即跪在地上只是磕头说："有、有。"慈安忙向两个宫女喝道："你们还不替我把这个王八杂种赶走！"两个宫女忙上前揪住那个男子的头发，打了两个耳光，然后将他赶出了宫。其实这男人不是别人，正是那《白门楼》中演吕布的一等名角小生金俊生。这姓金的走了，那拉氏仍伏在地上小声哭泣着，她知道慈安心地仁厚，可以博得她的原谅，嘴里连哭带说，只说自己无脸见人，自己的儿子要慈安另眼看待。慈安此刻心又软了，又像上次不顾咸丰密旨放了慈禧。本以为放她一马，她会知恩图报，可事情并不像她想的那样。比如下棋，只要走错一步，就会满盘皆输，慈安日后就是死在了慈禧手中。俗话说"放虎归山"，正是说的这事。慈禧跪在地上撒刁，慈安觉得过意不去，便扶起慈禧，并流着泪说："年轻，想必你也是一时糊涂，只要以后……"慈安说到这里，慈禧又哭着说："以后姐姐只管明察暗访，妹子如果再这样，任凭姐姐处理。"慈安听后便笑着说："我妹妹是精明强干的人，一定能改掉这个过错的，也一定能顾全皇儿和亡夫的面子的。咱们就不要说这些事了，我看妹子病体还没康复，再调养两三日，等病好了还是出去处理政事，免得为姐的一个人处事不周，误了事。”慈禧听了这句话，又殷勤地对慈安说了一会儿好话，谈了些家事国事后，今天的事就不了了之了。

慈禧受了这场羞辱，没处发泄，便将怒气发在了两个宫女身上，狠狠地鞭打了她们一顿，然后又把崔长礼、刘承恩、安德海叫到面前，哭着说：“你们这帮负心人，都对不住我。”崔、刘无话可说，倒是安德海说道：“要得碗盛碟盖，必须拔去眼中钉。”原来安德海早知道恭亲王在慈安面前说了自己很多坏话，那慈安一道严切手谕，也是针对自己的，如果不给她一点颜色，不能出自己一口恶气，一时便在慈禧面前指指画画，出了一条毒计，这计策是要先除掉恭亲王，然后再将慈安太后毒死，并说：“如果太后不依奴才这个办法，日后一定还会被人鱼肉，并且会后患无穷。”

## 李莲英与慈禧是一对风流冤孽

河间府城东街，有一个李大麻子，仍是个光棍，仅与一个娼妓混在一起，这个娼妓叫黑翠子。这黑翠子接的客人很多，不知怀上了谁的孩子，在临产的时候，她梦见一位俊俏郎君，说他叫作张六郎，借黑翠子肚子出生，黑翠子还没来得及说话，儿子已生出来了。碰巧李大麻子到得很勤，中年无子，于是孩子便跟他性了李，取名扣子，李扣子长大后十分聪明、顽皮，送进私塾后，他也认识不少字，晓得不少道理。扣子十岁那年，那李大麻子死了，黑翠子老了，姿色一去，哪有客人光顾，此时她自己都顾不了自己，哪还会去管这私生子，可这李扣子偏长得眉清目秀，一些阔佬便想将他勾去做娈童，为了争他，有些阔佬竟产生怨气，弄得他不知如何是好。后来有个硝皮坊的老板，给他茶饭吃，他也就跟着做了杂工，后来人们就叫他皮硝李。那硝皮坊老板姓牛，有个姓崔的老表，把扣子勾到手后，便炫耀着自己有个叫作崔长礼的族弟，现在是慈禧太后面前第一红人，说他如何在河间开店铺，购办田产，拉拢亲戚朋友等。李扣子听后，就央求姓崔的召见，姓崔的满口答应说：“只要你愿意当太监，送你入宫包在我身上。”好个李扣子，真的找人给他净了身，原来河间府专门有人净身，太监也是这里的盛产，李扣子现在已净了身，姓崔的就没办法推辞了，于是立即给崔长礼写了一封信，让李扣子上北京找崔长礼。长礼看过信后，便领李扣子到总管太监处验身，随手在内监总册上，记下了李扣子的名字，暂时在崔长礼身边效力。这时安德海已死，崔刘二太监服侍慈禧，慈禧总觉得不满意，但慈禧因崔长礼办事比较谨慎，还经常招呼他上炕，和自己亲热。同治九年，皇上已经开始处理政务了，慈禧不理朝事，更感到深宫寂寞，除了听那小叫天演几出拿手好戏，白天让慧妃、髭妃过来唱唱弹弹聊聊天外，其余的时候总感到寂寞无比。这天，崔长礼服侍得有点顺慈禧的意，慈禧便伸手在崔长礼大腿上一掐，说："你这蠢材，和小安子比真是差远了。"长礼说："孩子倒替老娘物色了个人才，不知老娘中意不中意。"慈禧听了这话，立即把嘴向长礼脸上一靠，说："我的老儿子，你也该替做娘的想想了。你物色的人才，现在在哪里，还不领过来，让做娘地看一看。"此时长礼立即下去，不一会儿便将李扣子带进来，这一见面正是五百年前风流冤孽再起，一个是则天花身，一个是六郎转世，一个是莲花比貌，一个是狐媚工馋，两人眼神相撞，不免惹起那刻骨相思。慈禧太后一看见皮硝李，便伸手一把将他拖到跟前，说："你叫什么名字?"扣子吐出清脆的声音说："奴才没有名字，记得我娘生我的时候，梦见过张六郎。"慈禧点一点头说："不错，我就知道你是大有来历的，那张六郎就是唐朝的张昌宗，长得貌似莲花。在那莲花上取义，给你取个名字吧，你姓什么?"皮硝李答姓李，慈禧说："好，以后你就叫李莲英。"皮硝李立即叩头谢恩，从此李莲英三字，不但全国皆知，就连全球也都知道李莲英是慈禧肚腹里的蛔虫。慈禧见了李莲英，立即要他在宫里为她梳头。原来慈禧十分注重梳头，她的发式必须每日换一次。李莲英心灵手巧，能翻陈出新，今天为她梳的是水中波影，明天梳的是百卉异态，还有什么蝴蝶穿花呀，蜻蜓点水呀，百鸟朝凤呀，鸳鸯戏荷呀，随口乱说，也能妙语成章。李莲英还有一种绝技，他一边梳着头，一边还会讲着笑话，刚开始讲的笑话还比较文雅，到亲热不过的时候竟把那市井秽语、床笫淫词，也给慈禧讲。有时李莲英抱着慈禧求欢，有时慈禧抱着李莲英亲嘴，有时慈禧还给李莲英吃那葡萄般大小的丸药，有时……

## 太监树"旗杆"

五月初五为端午节，这天，孝哲皇后给两宫太后请安，偏偏先到西宫，来的时候，慈禧还没起床，孝哲后以为太后在休息，便踱进房间。一进去，正好看见李莲英和慈禧在一起，遮盖着一床黄绫绣被，慈禧还在熟睡。李莲英一看见孝哲后，立即从被子里爬了出来。孝哲后本想离开，但看见李莲英爬起，不由得道："大胆奴才，一点礼法都不懂!"慈禧也惊醒了，用手揉揉眼睛，嚷着说："谁在这里?”孝哲后忙说:“是臣媳来给太后请安。”慈禧此刻恼羞成怒,立即怒喝内监宫婢在哪里。几个太监宫女,听到太后的发怒声,提心吊胆地跑来。慈禧嚷道:“你们这班大胆的东西,一点规矩都没有了!”说着用手将李莲英一推说:“你还不替我狠狠地鞭打这些狗男女。”李莲英趁势下炕去找皮鞭,孝哲后挺起身来说:“皇母不必生气,如要打,也该打这无礼的李莲英。”慈禧连连冷笑说:“好个利嘴!难道你又抓到为娘什么把柄了?他是个太监,躺睡在炕上,又有什么关系,依你的意思,好像是在这里捉住嫪毐了?”孝哲后被慈禧这么一说,当时真是无言以对,毕竟这是宫廷丑闻,不便声张,于是她立即赶回东宫,去给慈安请安。慈安瞧着孝哲后,发现她似乎受了委屈,便问她出了什么事,孝哲后于是将刚才的事大致说了一遍。慈安叹了口气说:“国家将亡,必生妖孽。安德海刚除去,又冒出个李莲英,我看这李莲英比安德海还狡猾,慈禧对他更是宠爱有加,只怕这个劫数终究难逃了!”姑媳正在交谈,同治帝驾到,几人见过礼后,慈安忙问:“你可去过西宫?”同治帝说:“还没有。”慈安冷笑着说:“你到那边讲话一定要小心。”同治帝知道话中有话,立即问出了什么事,慈安便将孝哲后入宫看到的情形,说了一遍。同治帝还没听完,便转身向西宫走去,慈安连连叫着:“到了西宫不要太激动。”同治勉强答应了个“是”字,就赶去西宫。此时慈禧已梳妆完毕,一见同治帝到来,满面慈祥地说:“儿从哪里来的?”同治帝一腔怒火立即被慈禧这句话去了五分,立即回答说:“儿臣刚从东宫过来。”慈禧又笑着说:“娘有一句话想对你说,刚才媳妇前来,为娘仍在熟睡,李莲英在一旁侍候我,你想想看,从古到今,这内宫里设置太监,到底是干什么用的?宫禁体制,太后不能让皇帝儿子和媳妇在身边相伴,所以只好让太监宫女代替。她既然看不得李莲英,那让她日夜在身边照顾我好了。”同治帝被这么一说,怒气全消了,连忙赔罪说:“这都是媳妇的错。”就在这个时候,恰好慧妃、懿妃打扮得花枝招展地进来了,照例先叩见太后,然后才叩见皇上,礼毕后,慈禧一齐赐座,慈禧这才笑着向皇帝说:“那不贤的媳妇也没有什么,只不过脾气大了一点。”说到这里,她用手指着慧妃、懿妃,说:“我看她俩生得极其美貌,性格温和,不知皇儿是否合意?”同治帝此刻开始注视二妃,二妃自然是连投秋波以迎合圣上,慈禧知道同治入了套,便忙对同治帝说:“如果你觉得合意,就可与那不贤的媳妇分居了,从此歇宿在她俩宫内,听娘的话,不会错的。”同治帝当即便答应了。从这天开始,同治不是住在慧妃那里,就是住在懿妃那里,二妃尽显狐媚手段,把同治的心套得牢牢的。同治整日在温柔乡里泡着不说,还赏识内务府叫文喜和桂宝的散秩大臣,这两人是嫖客,所作所为,和咸丰朝端华、肃顺没什么两样。咸丰帝出外嫖妓,化名四川陈贡生、江西木客,胡闹了七八年;同治帝出去,总用文喜、桂宝做导线,虽然他不说自己的名字,但在宣南熟路,以前他曾同贝勒载澂,穿着两件绣花黑衣,在街市上穿来穿去,很多人都认识他是当今的皇帝。这时天下太平,北洋大臣用曾国藩,南洋大臣用李鸿章,那征回的左宗棠,又经常佳音捷报,恭亲王奕昕仍然做着军机大臣首领,只有李鸿藻、翁同龢被那文祥、沈桂芬换了下来。这种状况使得同治一点忧虑都没有,皇帝仍然从街市经过,也没什么人感到大惊小怪,只有那些青楼妓女,看到同治帝及文喜、桂宝到来,无不喜上眉梢,侍候得好,银钱就像泥土一样滚滚而来,可惜那皇恩浩荡,不能尽占。结果,同治帝因和妓女淫乐而染上梅毒,于次年十二月在养心殿东暖阁逝世。西太后立即换其妹和醇亲王奕譞的儿子载湉登基称帝,这便是德宗光绪皇帝,当时年仅四岁。西太后再次管理政务。

## 慈禧淫乱生光绪

西太后特别爱吃汤卧果。宫里每天早晨派人带二十四两银子到宫门口买四枚汤卧果,让金华饭馆的伙计送入后宫。金华饭馆有一个姓史的伙计,皮肤白皙,长得一表人才。史某由于经常进宫送汤卧果,渐渐和李莲英混熟了,于是他经常偷偷溜入后宫,找李莲英游玩。有一天,两人在玩耍的时候,正好被西太后看见了,西太后发现李莲英身边站着一个英俊少年,便问他是谁。李莲英当时非常害怕,因为带外人入宫严重违反宫规,但又不能撒谎,只好老实回答。西太后知道后,不但没有生气,反而还非常高兴,将史某留在宫中,昼夜与他淫乐。一年以后,慈禧便生下了光绪皇帝。寡妇生下了孩子怎能养在宫中?西太后便命妹夫醇亲王代为抚养并作为儿子,后又派人将史某灭口。人们由此推测,同治帝死后,西太后立同治的弟弟为君,而没有立同治的下一代,这违反了宫中常规,里面一定有不可告人的秘密,这个秘密就是光绪是她的私生子。

而清代文廷式在《闻尘偶记》中却有这样一段记载。光绪八年春天,琉璃厂来了一位姓白的在此做古董生意。白某经李莲英引荐,与西太后相见。西太后于是和白某淫乐,后来便生下了小龙子。东太后派人侦察,得知西太后与人苟合怀孕了。东太后十分生气,召来礼部大臣,商议废后的事。礼部大臣得知是要废西太后,个个惊慌失措,跪在那里说道:"此事不可为,希望太后明哲保身!”谁知,东太后当晚便死在了东宫,原来是西太后得知东太后和礼部大臣的密谈以后,派人送去毒药,将东太后毒死的。

东太后死于光绪七年,确实是暴死,但死因不详。东太后去世以后,西太后更是无所顾忌了。光绪帝十六岁的时候,西太后宣布次年十月光绪归政,自己训政。光绪十五年,光绪帝才亲政。西太后于光绪二十四年发动戊戌政变,将光绪帝囚禁在瀛台,并以光绪帝的名义诏告天下:太后训政。这也是慈禧太后第三次参政,直到光绪三十四年她离开人世,才结束了她的政治生涯。

光绪三十四年,清王朝呈献摇摇欲坠的状况,许多国事等着西太后处理,可此时她已心力交憔悴。这年六月,西太后开始觉得身体不舒服了。十月份出现腹泻,十月初十,西太后在西苑度过了七十四岁生日。十天以后,光绪帝在瀛台涵元殿含恨死去。西太后又立光绪同父异母的弟弟醇亲王载沣之子、当时只有三岁的溥仪为帝。次日,她还来不及给予新任摄政王载沣以训示,便离开了人世。死后,她的丧礼和皇帝的一样,十六字徽号全部保留,谥孝钦慈禧端佑康颐昭豫庄诚寿恭钦献崇熙配天兴圣显皇后,简称孝钦显皇后。

## 杨秀清钟爱男宠

东王最得意的男宠是侯裕宽。《贼情汇纂》曾对侯裕宽有一个简要记述,讲他是“广西老贼,年约三十,身中面白,微髭,状类妇人,素不识字。初为萧朝贵厨役。壬子八月,萧逆授首。其妇向充杨贼婢媵,甚见宠幸,裕宽仍为厨役。癸丑二月至江宁,七月升职指挥。甲寅三月,调为东殿户部二尚书”。《汇纂》并未把侯裕宽明指为男宠,但既然他“状类妇人”,也就容易受人注意,而有的记载对其娈宠身份是予以指实的:“侯裕宽者,貌妍美妖丽,如娼家妇,尤善媚术。东杨虽盛怒或不适,得其颦笑,辄颜为之霁,情为之怡。一日,东杨欲裕宽搔背,适裕宽不在侧,乃命李寿晖者进。裕宽之党飞报于裕宽,即疾返匿杨室后。俟寿晖出,手刃之。东杨闻之,仅借吸烟为名,荷校三日而已。盖

杨秀清塑像

裕宽以一乞怜，杨即不复问其杀人罪也。其后有人求于杨者，但贿裕宽，无不如愿以偿。”(《太平天国轶闻·卷一·东杨宠幸侯裕宽》)又:“侯裕宽，与其妻均貌美，军中艳称之。裕宽初为萧朝贵掌庖厨，朝贵惑之，至图其貌而张之壁间。太平元年，朝贵战死于长沙，洪宣娇借事下裕宽狱，将杀之。杨秀清驰至，兼其军，索裕宽，使典东厨而以其妻供使役，均有宠。一日，秀清小疾，宣娇临视之。至寝室，侍者以病辞之。宣娇曰:‘予东王奏请之天医也。’掴侍者，排闼入。秀清侧卧，裕宽伏足后，以手捶拍之，秀清闭目似甚适。宣娇遽抽壁上剑刺裕宽，裕宽抱秀清足呼救。秀清以身格之，佯笑曰:‘天妹弗尔，请推乌屋爱而舍之。’宣娇厉声曰:‘身秉朝政而荒乱纵淫，何以治天下!’悻悻而出。”(《太平天国野史·卷之十九·侯裕宽》)

涉及杨侯关系的记载，还有《江南春梦庵笔记》:“侯裕宽者，湖北人。年十八，为洪逆掠，甚嬖之。妻曹氏为杨逆掠，洪逆乞出之，一见大悦，纳入伪宫，给四女为裕宽配。杨逆怒入伪宫，夺曹氏等十余人去。裕宽善迎杨逆意，掌伪宫事，出入不禁，秽声四布，洪逆甘之。”《金壶七墨·遁墨卷二·男妾》有:“贼掳幼童年十二三以上者六千余人，尽行阉割，而误去外肾死者十六七。秀清选其姿色秀丽者，敷粉裹足，着绣花衣，号为男妾，如侯裕宽、李寿春、钟启芳、王俊良等皆极妍美，有巧思，能以侧媚得诸逆欢。久而出入帘幕，渐与伪妃嫔通，狎亵几不堪言，诸逆纵之以为乐。”《盾鼻随闻录》卷五:“杨逆喜渔男色，福建晋江人黄启芳、黄贻桢容貌美秀，并蒙嬖宠。又有侯裕宽色尤妍丽，充伪府掌庖，后封恩赏丞相。”

据多种文献反映，太平军曾阉割幼童以供使役。《金陵纪事杂咏》有三首诗对此加以描写:

其一:

谁使雄飞竟雌伏，难分扑朔与迷离。

血光涌处刀光灿，重到转轮殿上时。

贼取幼童，十三岁以上者六千余人，尽行阉割，连肾囊剜去，得活者仅七百人。

其二:

么凤香尘步步莲，砑罗双幅绣行缠。

如钩新月纤纤样，纵不凌波亦可怜。

阉割幼童姿色粗笨者俱令服役，名为打扇；端丽者悉行裹足。有一童子不肯，即斩足示众。

其三：

幻缘忽现女人身，鸾镜蛾眉赧效颦。

踯躅街前分队立，黄罗帕子素罗巾。

裹足幼童俱作女装，杨逆先行挑选，合意者给黄罗手帕，剩下者给素罗手帕，分赏给群贼，蓄为男妾。

杨秀清以男为妾，则童男的遭遇可知。关于男妾，《盾鼻随闻录》卷五的说法是："杨逆因阉割幼童十难活一，后挑择容色娇艳者不复阉割，只令裹足穿耳，号为男妾。杨逆拣取四十余人，余分给伪王、伪侯及伪丞相等。"

## 荣禄后宫偷懿妃

光绪帝因为慈禧面恶不喜欢和她在一起，而喜欢和十分慈祥的慈安在一起。起初，慈禧带他在身边，百般哄他，他也不开心。后来被慈安抱去，祖孙相依倒十分开心，因此慈禧十分痛恨慈安，于是便和李莲英计划，想除去慈安，好让她一手遮天。荣禄此刻也和李莲英结为死党，什么慧妃、懿妃，只要是慈禧喜欢，都联络在一起，哥哥妹妹，情投意合，不女不男，暗中苟和。慈禧明知这些事却不去管，因为她自己性情风流，加之舞唱轻歌，又是她的一贯伎俩，为此人们都非常羡慕荣禄这位皇亲国戚，能够无所顾忌地偷尝禁果，享不尽艳福温柔！这天荣禄进宫，正好碰上慈禧在炕床打盹，李莲英和那懿妃分别站在左右。只见李莲英向懿妃挤一挤眼，小声地说："你看谁来了！"懿妃也是风流人物，立即将身子一扭，一看是荣禄，不由得喜笑颜开。手里拿着一条洒花汗巾子，抿住一张樱桃小口，像是搽了香油一样立即滑出房间，去见荣禄，不料慈禧却咳嗽起来。唉，真是天公不作美！

荣禄

那懿妃准备去见荣禄，不料在炕上的慈禧咳嗽起来。懿妃心底着慌，又蹑手蹑脚地赶到炕前。原来慈禧并没有醒，只是咳嗽了一声。那李莲英摇一摇手，说："咱在这里，你去吧，没事的。"懿妃听了这句话，大胆地离开了。荣禄伸手握住懿妃的手，笑嘻嘻地小声说道："卿卿，咱们还在老地方坐坐怎么样?"懿妃并不作声，只是连连点头，接着便和他一起走进旁边的厢房。一进房间，便将窗帷子放了下来。里边摆设十分整齐，有张炕床，还有象棋等物，都是海梅安着螺钿，都十分精致。大家想一想，一男一女，混入一间屋子，能干出什么好事?此时又是秋高气爽，只听见屋子里有时是娇喘微微，有时又是笑言格格。正在极度逍遥之时，窗纱上闪过一个人影。荣禄以为是李莲英在偷瞧他俩。还是懿妃眼快，看出是个女人家站在窗外。原来那窗扇，有玻璃的，用窗帷遮住；没玻璃的，都用透视的碧纱糊着。大家想想，这薄如蝉翼的碧纱，又不能隔音，里面的一切声响还不都让外面人听得一清二楚?要是懿妃聪明一点，最好咳嗽一声，也许外面的人站不住脚，也就知趣走了。可她却是一个木头脑袋，嘴里不由地嚷道："是谁?"这一句话刚说出口，外面的人便高声回答道："是我，我是从东太后那边来的。"懿妃当时一听，不由得吃了一惊，那荣禄也心虚起来。两人此刻已听出外面来人是谁，原来是东宫那边的七格格。

七格格是慈安的侄女，这天她奉慈安懿旨，来同慈禧商量一件重要的事情。进宫后，太监告诉她太后在休息。七格格一想，如果现在回去，到时又要来，这来往的路又长，加上慈安在等着慈禧回话，不如找间屋子坐坐，等慈禧醒来。后宫东西旁厢，一般都是宫女们的休息寓所。此刻她正好看见一间房子，窗户关着，想必里面一定有人。她便来到窗前，听到里面有男女之声。隔着碧纱窗格一瞧，却看到荣禄与懿妃正在苟和。此时七格格看到这等景致，都不忍动手了。谁知正看得兴起，却惊动了室内鸳鸯。懿妃一嚷，七格格便立即答应，这叫作无心捉奸，却被逼无奈。七格格有了这个把柄，却冷笑说："如今这内宫深处真是太糟糕了，青天白日，竟出些牛鬼蛇神。"接着她便指着两个太监说："皇家养你们，难道是让你们给一些狗男女把门的吗?"可怜荣禄、懿妃在屋里听着。此时正巧慧妃从外面进来，看出事情的缘故，于是上前劝七格格不必认真。七格格冷笑说："这禁宫里藏着男人，如果这种事不认真，什么王八杂种到时候都冒出来了，那还成个体统吗!"七格格刚说完这句话，里面的慈禧已睡醒，于是立即问外面是谁在乱叫。李莲英知道是荣禄、懿妃两人的事情被人知道了，于是立即出去说："谁在这里大呼小叫?有话到老佛爷面前再讲!"接着他又指着两个太监说："你们这些不管事的东西，等会儿看我怎么收拾你们。"说完便去伺候慈禧了。七格格此时不再说话，立即跟着李莲英来见慈禧。见到慈禧，她便将慈安要与慈禧商量的事告诉了她，然后便将荣禄同懿妃厮混的事说了出来。慈禧不等七格格说完，便假装惊讶地说："这件事可奇怪了，这内宫深处能让男女厮混?!"于是立即对李莲英说："你快替我把两个不要脸的东西叫来!"不一会儿，懿妃和荣禄就到了。两个人跪在地上，只知道叩头。慈禧装出一副气愤的样子喝道："你俩在一起，到底干了些什么?"此时的懿妃只是泣哭，倒是荣禄硬着胆子说："奴才是因有要事想找太后商量，只因太后正在休息，不敢打扰，便找了一间房子休息。谁料懿妃也在那间房子里，奴才便唐突了些，这个……"慈禧忙抢着说："你虽是我的内侄，但尊卑不分，你让我怎能容忍？来人啊，把他给我叉出去!"于是两个太监立即上前，像从前叉那金俊生一样，把荣禄衣领辫发一揪，推推搡搡地，赶出了宫。荣禄走了，慈禧忙对懿妃说："并非我想为难你，可你太不自重了！你还是好好求求七格格替你在东太后那边讲些好话。"懿妃站立一旁，等待发落，叫慈禧这么一说，她立即笑着向七格格说："姐姐，自古讲得好，得饶人处且饶人。你不看我的面子，也该给西太后一点面子。就算我求你，这件事就算了吧!"七格格当时无话可说，只好转开话题说："东太后叫妹子到这边问话的，如今已知道西太后的意思，我要赶回去通报了。"说完，向慈禧见过礼便离开了。

慈禧同懿妃给七格格说了不少好话，这件事情也并未完结。因为东西两宫，本已水火不容，如今七格格好不容易抓住了把柄，怎能不把它当成笑料。再说七格格也是个寡妇，大凡守节的人，对不守贞节的妇女都是十分痛恨的，再加上孝哲后一条性命是慈禧活活害死的。这懿妃是慈禧的心腹，荣禄又是慈禧的至亲。七格格心想，如果能把这两个人弄倒，慈禧一定会很没面子，也可替孝哲后出一口气。所以回到东宫见着慈安，她便将这件事一五一十地讲给慈安听。慈安只是摇头，气愤地说："该死！该杀!"七格格说："咱们去同恭亲王商量该怎么办。"慈安便说道："也好。"于是两人立即赶往恭亲王府，正巧昌寿公主也在恭王府。两人先交谈了一会儿，便一起见恭王，并把来意告诉了恭亲王。恭亲王冷笑说："宫闱混浊，但一直苦无证据。如今既有真凭实据，我一定容不得那些狗男女。"当时便让心腹太监去请师傅翁同龢过来。这恭王为何要请翁同龢来这里是有缘故的。原来光绪帝有两位师傅，一位是孙毓汶，一位是翁同龢。但姓孙的与李鸿藻结为了死党，这党内却笼络了许多人物，这里面有潘祖荫、张之洞、张佩纶、黄体芳、陈宝琛、刘恩溥、邓承修、王先谦，还有个宗室宝廷，他们都推李鸿藻做党首,并取名为清流党。这清流党专门干一些无风也起千层浪的事情。慈禧也非常信任这班清流党,其实那一班人所争执的、所弹劾的,都是些芝麻小事,试问对于立储问题、宫闱浊乱、阉宦弄权这种大事,谁又提起过?姓翁的是位状元宰相,极有学问,然与孙毓汶不和。从系统上分别,孙毓汶附和李鸿藻是慈禧一党,翁同龢联合恭亲王,是慈安一党。

这天恭亲王把七格格在慈禧宫内的所见所闻向翁同龢叙述一遍。姓翁地叹了一口气说:"唉,这真是国之耻辱!这种宫廷淫浊之事,我如果再不闻不问,谁还敢去过问啊?"当时就在恭王府内取出纸笔,写起奏折来,写完后递给恭亲王瞧了,恭亲王连称:"写得好!"事后,翁同龢离开了恭王府,并商量好第二天早朝便将奏折递入军机处。七格格赶回宫后,告知了慈安,在家中等候。到了第二日,翁同龢果然将奏折递入了军机处,但姓翁的也是位军机处官员。由于这个原因,递完奏折后,他便回避了此事。李鸿藻打开奏折一看,吓得舌头都伸了出来。本想退掉奏折,但清朝从未有过这种先例,给慈安,又会得罪慈禧,最后竟把奏折递给了慈禧。慈禧此时心里极不是滋味,暗想:"宫内的秘密,外臣怎么会知道?并且昨天的事情,今日便有了参案,这分明是七格格回宫告诉慈安,慈安又授意恭亲王,由恭亲王传给翁同龢来和我作对!"当即,她把银牙一咬说:"不牺牲一两个男女,恐怕我会落入把柄。"于是她立即在奏折上写道:"宫禁森严,何容外臣搅入。步兵统领荣禄,虽系内亲,究属不避嫌疑,着即革职,永不叙用。钦此。"这道旨意一下,便将荣禄、懿妃两人叫过来说:"并不是我不给你们留情面,但东边一直跟我作对,如今把柄又在他们手上,我只能这样做了。"荣禄无话可说,倒是懿妃一直在哭。慈禧急了,对她说:"谁叫你偷油吃了不擦嘴?算了……不要再让我生气了。"懿妃听了这话,知道再哭也没用了,便擦了擦眼泪回自己的宫院去了。毕竟女人心眼小,懿妃想到自己的私情被人揭破,颜面无存,与其整天被人指指点点,倒不如死了干净。主意已定,她便解下那洒花汗巾,悬梁自尽了。唉!好端端一条的性命,就这样葬送在荣禄手里了。

## 胡雪岩用女人做生意

### 胡雪岩遇初恋情人不忍玩弄

胡雪岩小时候,家境不错,但因他的祖父爱上了大烟,几年下来,把良田、家财、房屋卖得一干二净,搬家搬了很多次,最后只能住在祠堂边族人的公房里,全族人都拿他们当笑话。胡雪岩的父亲每天都为生活忙碌,没有时间照顾胡雪岩。小雪岩刚会走路,便摇晃着出去玩,经常到邻居孙家,找他家的小女儿玩耍。小雪岩一天天长大,知道孙家以卖糖葫芦为生。孙家小女儿叫孙幺妹,比他小几个月,是他的好朋友。贫穷人家的孩子都彼此关心爱护,胡雪岩和孙幺妹每天都在一起,白天一起拾柴火,玩过家家的游戏;夜晚并膝听故事,数星星。有一次,胡雪岩和孙幺妹一夜都没回来,家人四处找他们。到了天明,才发现他俩睡在稻草堆里。他们俩真可以说是青梅竹马、两小无猜了。

胡雪岩

但这样的生活没过多久,为了生计,十岁时,胡雪岩的叔父便带他去杭州谋生,从此与孙幺妹分开,再也没联系过。

十年后,胡雪岩做了老板,有了钱。有一天,他和众朋友到“杏花村”酒店饮酒,见到一个叫黄姑的女子在酒店里唱小曲,举手投足之间,极像孙幺妹。他回想起小时候自己砍柴受伤,孙幺妹给他吹伤口;两人在堆火旁烧山芋,互相推让;有狗追他们,自己挺身而出护卫孙幺妹……往事历历在目,捐了候补道台的胡雪岩想起这些往事既感慨,又自卑、尴尬,这时觉得童年时光最美丽,孩子的心是最真实的。

这让胡雪岩有一股莫名的冲动,要设法私会黄姑。

众人喝完酒,听完曲子,赏了黄姑几个钱都要走了。胡雪岩付了账,也和大家一起走了。才走了一小会儿,胡雪岩借口褡裢丢在了酒店里,和他的小厮又折了回去。

黄姑还没走,见胡雪岩返回,十分奇怪。胡雪岩颤声道:“孙幺妹,还记得我们在山洞里烧芋头吗?”

黄姑愣住了,小时候的事都浮现在脑海,她豁然醒悟:“你是胡雪岩!”与儿时的伙伴相认,黄姑泪水涟涟、泣不成声,把自己的遭遇都说给他听。孙幺妹十岁时,遇到一场瘟疫,父母均病亡,一家姓黄的收养了她,所以她改姓黄。黄家系江湖艺人，以卖艺为生。黄姑学唱旦角，也混出了点名声，在安庆班成了重要的角儿。

黄姑带胡雪岩去后院看养父。养父得了重病，躺在床上，已经瘦得不成样子。胡雪岩忙掏出十两银子，让他看大夫。一连几日，胡雪岩都在为他们忙乎，为他们租下院宅，还请了佣人；又和杭州城的戏班"三元班"老板谈妥，让黄姑去那儿唱。做完这些，胡雪岩心里很舒服，仿佛还清很久前的感情债。他对乡邻的感情很好，凡有家乡来的故人，不管他是穷是富，都好生招待，致送馈赠。而黄姑既是自己的乡亲，又是儿时的好友，对她更有一种另样的情感。

由于胡雪岩的关照，黄姑生活好了起来，也不再伤心忧郁了。渐渐地，胡雪岩来看她的次数越来越频繁，不单是乡亲情分，更有喜爱她的意思。胡雪岩本来就十分好色，经常寻花问柳。黄姑也是个十七八岁的妙龄少女，对胡雪岩百依百顺，让他开心。两人日久生情，又因青梅竹马，胡雪岩并不想这么随便。他对黄姑是认真的，他希望还是儿时的纯真情感，然后明媒正娶，顺理成章结成夫妻，这才对得起她。在生意场上互相欺骗，互相利用，久了，胡雪岩特别希望得到真情实意，来抚慰他的心灵。

胡雪岩花了很多钱，替黄姑的养父买到衙门的一个差事。这样，黄姑的身份提高，成了官家的千金小姐。黄姑体谅到胡雪岩的良苦用心，感动万分，早把胡雪岩看作自己的夫君，关爱倍加。

但有一件意想不到的事发生了。一大早，王有龄便差人送来一份官报，上面说："江南大营被太平军攻破，逼近上海，苏南三十余州县都被太平军占领。"胡雪岩这下可吓坏了。阜康有一个分号在苏南的高邮，进出数十万两银子，若给太平军没收了，可是一笔很大的损失。胡雪岩心急如焚，立刻去询问那里的情况。分号的档手叫田世春，从前在信和当小伙计，十分机警，是个会做生意的人。一打仗，乱军打劫钱庄最多。阜康这家分号恐怕是保不住了，胡雪岩吃不香，睡不稳，密切注视苏南方面的情况。

到了第八天夜晚，阜康门外传来一阵急促的敲门声。伙计打开门，一个满身是血的人滚了进来，把伙计吓了一跳。所有的人都出来了，大家点灯一照，不是那田世春又是谁？胡雪岩闻讯赶来，急忙叫人扶田世春上床躺着，灌了一碗参汤，田世春慢慢醒转过来。

田世春果然十分机灵，他不单埋头做生意，还注视着社会状况和局势。早在太平军大败湘军回到安庆前，他想太平军一定趁兵强马壮，打下江南。田世春便只做短期生意，见好就收，尽量把账收回来，应付突变。太平军对江南大营一开战，田世春已将钱庄存银四十万雇了几辆马车向杭州启运，以免遭灾。但马车还是慢，毕竟比不上太平军的战马快，一天运银的马车与太平军马碰了个正面，是太平军的前哨手。见马队只有十来个士兵，田世春一不做，二不休，叫伙计们操刀备家伙，跟太平军拼了。

太平军虽然征战有素，但毕竟人少，又没想到这些人敢奋力反抗，一时也慌了。田世春本来就会武艺，便拼命奋战，虽受伤几十处，一身是血，也不胆怯。伙计们见档手如此，也都豁出去了。这下可把太平军吓坏了，也不敢抢银子，四下散去。钱庄的银子得以保全。

"了不起！了不起！田世春千里护银，可歌可泣。"胡雪岩激动万分，一个劲儿地夸田世春，像田世春这样的忠诚之人，实在是难找啊！自然要对他大大赏赐。但光给他银子，好像并不够奖赏，他要收买田世春，还要用别的什么。胡雪岩为了奖赏田世春，下了一个让人想不到的决定。他知道自己的事业需要大发展，田世春这样的人自然少不了，所以要让他死心塌地地相信自己，全心全意为自己干活。

田世春原本是个父母双亡的孤儿，现在还是单身的毛头小子一个，如果能帮他张罗一门亲事，让他成家立业，他自然会感恩戴德，把胡雪岩当成自己的再生父母。这样做，比送他很多的钱强。

## 胡雪岩把爱人送给了伙计

胡雪岩前思后想，杭州城里有没有既有家世又貌美的姑娘。想了半天，就是没找到一个合适的。给田世春找的女人，不单要有才有貌，更重要的要和胡雪岩有关系，听胡雪岩的话，又能管住田世春。花街柳巷有几个风尘女子虽然胡雪岩都享用过，又是他的干女儿，但没身份没地位，反而有辱田世春，弄巧成拙。一定要是个黄花闺女，田世春又喜欢，才能达到自己的目的。

冥思苦想，忽然想到一个人，把他自己都吓了一跳。理智告诉他，把黄姑嫁给田世春，最好不过。胡雪岩有一种负罪感，他对黄姑感情很深，她是他最爱的人，生意人做交易，可从不拿自己的感情做买卖。胡雪岩作为一个商人，不由自主地盘算起这桩交易的好处与坏处，尽管是极不情愿，但人生总是有很多无奈，在利益的驱使下，什么都干得出来。

黄姑是自己的同乡,家乡的人向来都是最好的。黄姑对自己的一往情深,俩人又是青梅竹马,这是什么都换不来的情义,少女的痴情是她一生最忠实的保证。黄姑和自己的关系世人皆知,而一旦把她嫁给田世春,他便会感激涕零。更重要的是主人能把初恋的女人毫不犹豫地转让给伙计,可见对他是一种最大的信任。

胡雪岩也不知自己为什么这么高尚,他庆幸自己没有轻率地占有黄姑,因而可以把一个处女送给田世春。但自己又何尝不心痛呢?白白把一个可以让男人神魂颠倒的尤物送人。但这遗憾只几分钟便被男子汉大丈夫固有的骄傲替代了:女人像衣服,说换就换,天下漂亮的女人多得是,有了钱,再好的女人都能到手。人生便是一场交易,没有别的,只有输赢。胡雪岩打定主意,丢掉那些所谓的感情。他是个精明的商人,决定把黄姑的情义当成交易的筹码,忘掉这份感情。

后来,胡雪岩私底下和黄姑的养父商量,许以重金,要把黄姑嫁给田世春。养父见胡雪岩主意已定,又觉得田世春也不错,瞒了黄姑,一口答应下来。

按照杭州人家嫁女的规矩,胡雪岩差媒人前去黄家下聘。黄姑从此只能待在家中,等候成亲的日子到来。可怜的黄姑还满怀喜悦之情,以为是胡雪岩要娶她为妻。

迎亲的日子到了,黄姑头顶红帕,离开娘家,坐上花轿一路向夫家走去。朦胧中,她看到胡雪岩在他面前晃动,十分忙碌,心中更是高兴。进夫家,拜天地,拜祖宗,夫妻对拜,一切行礼如仪,黄姑一直都被蒙在鼓里。进了洞房,独自一人坐在婚床上,听着门外喧嚷的人声,只希望这宴筵早完,和她夫君相见。

一直到午夜,洞房门开,田世春喝得大醉,被人拥入洞房。房门一关,就只剩下新娘、新郎了。田世春见新娘貌美如花,顾不得去揭红帕,抱着她亲个不停。黄姑也等不及了,任他为所欲为,身子早倒在他身上,春心萌动。一番云雨之后,他才知道黄姑是个处女。田世春更是对胡雪岩感激万分,心想老板把自己的女人送给他,是对他最大的信任。

黄姑后来发现自己的夫君竟不是胡雪岩,而是田世春,自然是不愿意,又哭又闹。但事已至此,一切都无可挽回。

这事过去很长时间,让王有龄知道了。他大为惊叹,还不断地夸赞:“雪岩老弟真是有远见,把自己的爱人让给别人,实在是令人佩服啊!”

田世春从此死心塌地地为胡雪岩效命,忠贞不贰,把胡雪岩看作再生父母,直至胡雪岩破产，也从未变心。

胡雪岩把女人和感情当成交易的筹码，以达到自己的目的，确实令人不敢恭维。但他就是借此，才能获得众多人的信任以及更多的利益。

胡雪岩对黄姑薄情，寻常人只怕做不到。从最初的真情，到当断就断，实在是狠心啊！这正印证了一句老话："商人重利轻别离。"所以，在经商之途不为儿女情长所困的，才是真正干大事的人。

## 胡雪岩性无能充作柳下惠

咸丰四年(公元1854年)初，太平军节节胜利，声势很盛，先是定都金陵，接着便要北伐，安徽、湖北两省十分危险。

一天傍晚，胡雪岩忙完钱庄的事，关了店门正要休息。忽然门外有人叫门。开门一看，是"梨花春"鸨母派人来，说"梨花春"刚刚从外地买回一个姑娘，原是官宦人家的千金小姐，父亲吃了官司，全家遭查抄，这才落难于此。

胡雪岩十分好色，把什么都打听了一遍，就匆匆换了衣服，急忙向"梨花春"赶去，一路上还十分兴奋。原来他是贫苦人家出身，觉得很没面子，十分自卑。如今手里有了钱，当然想要个千金小姐做姨太太，但又不忍让同甘共苦的妻子伤心，况且有钱人家谁会让自己的千金给人家做妾？所以终难如愿，只能寻花问柳。眼下听说有如此可心的千金小姐，当然急着去相见。心生急念，脚下生风，胡雪岩很快到了"梨花春"。鸨母李妈笑脸相迎，指向后房。烛光映照下，窗口现出一个婀娜多姿的少女的身影。胡雪岩似乎嗅到了一股幽兰香味，心里一阵陶醉。他顾不上规矩，塞给李妈五百两银票，说道："李妈多担待，今日打扰了。"

那姑娘在窗前像一尊观音，气质高雅、仪态大方，一举一动，一看便知是个大家闺秀。胡雪岩停了下来，被小姐的魅力所征服。刚才在路上还想要玩个痛快，此刻却不敢轻薄。他小心翼翼地走上前，彬彬有礼地拱手道："让小姐久等了，小生有礼。"小姐慌忙起身还礼道："罪过，罪过，待罪之妾，怎敢受公子大礼。"她见胡雪岩举止大方，还以为：是个大家子弟。胡雪岩心里舒服极了，美人如此抬举他，还是第一回。他有些受宠若惊，就决定就扮个大家子弟，博取她的芳心。胡雪岩并不着急，装模作样地坐在姑娘跟前，说："小生虽不才，也曾饱读诗书。听说院里来了位小姐，十分惊奇。此处是污垢之地，怎容得下小姐清白之身？所以唯恐小姐受辱，急忙赶来看个究竟。”

一番花言巧语把自己变成了饱读诗书的好人。姑娘受了许多委屈，正无处倾诉，见他如此体贴通情，不由得掉下泪来，把自己的身世说了出来。她名芸香，广东惠州人，世代为官宦门第。祖父是个藩台，父亲当了个学政。不料年前乡试，有人把一桩贿赂考官案告到了京城。皇上十分气愤，严令勘查。查明情况，芸香父亲被革职流放伊犁，全家遭拍卖为奴。李妈看得准，手又快，以两千两银子买下她，这才来到杭州。

胡雪岩暗暗惊叹："实在是妙，果然是地地道道的大家闺秀、千金小姐。观其双目有神，聚而不散，脖颈细长而不臃圆，腰身窈窕而不柔软，腹部深凹而不鼓突。依经验来看，必定是个处女身子。多亏李妈有心，我今天才有此艳福，真是千载难逢！"

胡雪岩热血上冲，便想与她云雨，又恐露出粗鄙本性，小姐瞧不起他，于是依旧举止文雅，叫来一桌酒菜，与芸香小姐喝起酒来，好言相劝，哄得她高兴。芸香小姐刚喝了几杯，便脸色红润，冲淡了不少忧愁。她自小过惯了富家生活，哪里清楚人生的是非，即使在家破人亡后也没认识到，以为凭借美色非凡，会有贵人相助。今晚遇见的胡雪岩，是个穿着得体的俊俏书生，言语文雅，还以为是仗义相助的豪门公子，便有以身相托之意。

胡雪岩是摘花老手，早就看出她的意思。他心里一热，抱住她的肩头，致歉道："小姐身份高贵，唯恐亵渎了你，小生不敢张狂。"

芸香不由多说，倒在他怀里，嘤嘤啜泣道："公子不弃，奴愿以身相托……"说话间，吹灭烛光，拥向牙床。

然而胡雪岩的艳福却落了空。两人虽相偎相抱，一个以身相许，另一人却力不能胜，无法享受，十分沮丧也无可奈何。胡雪岩一看好事不成，索性好人做到底。脑子里突然灵光一闪，有了个自己都叫绝的好主意！芸香任他为所欲为，不料许久不见动静，胡雪岩也不说话，芸香心里有些慌乱，忙问："公子不喜欢我？""哪里话！这样的美人，谁人不爱？""那你是坐怀不乱的柳下惠？"胡雪岩不知道柳下惠，但也知道她的意思，索性与她说："我只是个钱庄的伙计，不是富家公子，只恐身份低微亵渎了小姐。"

芸香又羞又呆："那你来此为何？"

"前来搭救小姐，以求脱身之计。"

"此话当真？"

“自然当真。我刚才对小姐是秋毫无犯,并无恶意。”

芸香想想,羞得脸都红了,蒙住脸道:“天下真有坐怀不乱的柳下惠,就是你胡先生。”

胡雪岩十分得意,道:“我其实是常来院里走动,因为敬重小姐,才止住心猿意马。此心之诚,唯天可表。”

芸香感动得泪如泉涌,道:“你若能救我出来,我愿伺候你一辈子。”

“那大可不必,”胡雪岩道,“我是要你做官夫人,享受荣华富贵。”

“如果这样的话,愿为你效犬马之劳。”

“太好了!”胡雪岩拍手笑道,“说了半天,就等你表这个态。”于是两人整衣束冠,重摆夜酒,谈了一宿。直到天明,胡雪岩才步出房门,对鸨母李妈吩咐道:“从今儿起,没我的允许,芸香概不接客。”

胡雪岩掏出一千两银子的银票给她:“这是包银。看管好了,另有重赏。”

## 胡雪岩安在官府的眼线是他的“口中之食”

李妈见钱眼开,十分高兴,千恩万谢。

胡雪岩走出院门,深吸一口气,头脑似乎才清醒。他拍着脑门儿惋惜道:“可惜,一朵娇花,自己消受不了,却要拱手相送,真是一段‘今生奇观’哪。”用他那精明的生意头脑一算,便知是一本万利的好买卖。美女换万锭银,当然要干。

王有龄还睡着,便听出胡雪岩匆匆的脚步声。他俩见面无须通报,没有这么多的礼节。王有龄探起身子,诧异道:“这么早赶来,有什么急事吗?”

“自然是天大的喜事,特来向大哥道喜。”胡雪岩兴冲冲道,表现得十分兴奋。王有龄十分迷惑:“我还没到湖州上任,还能有什么喜事?”

“大哥,你一个人去湖州上任,无人在旁照料,小弟很不放心。我已找了个美人,陪你上任,以解大哥孤寂之苦。”

王有龄一听,自是高兴。他原本家有妻室,千里求官,抛下家小单身赴任,寻花问柳也落得个快活自在。听胡雪岩此说,问道:“此为何处美女?”“梨花春。”王有龄失声笑道:“老弟真会开玩笑,杭州的妓院我都去过,都是些低俗的货色,做不了知府的姨太太。若别人知道我竟如此,岂不是丢人现眼。”

“大哥有所不知,”胡雪岩一本正经地说,“梨花春新来一名姑娘,系广东学政之女。因她父亲犯了案，才被官府卖为妓。小弟刚去见过，果然国色天香，做大哥的红粉知己，一定为大哥长脸，正是天作之合的姻缘。”

“哦！”王有龄意味深长道，“你既已见过，与她呆了多久？”“仅昨晚一宿。”“行了，老弟你既然已上了手，我怎么能夺人所爱？还不如我牵个红线，要你娶了人家，我也替你高兴。”

“大哥误会了，”胡雪岩着急道，“小弟见她天姿国色，正好与大哥相配。我对她秋毫无犯，不敢占为己有。大哥若不信，可亲去察看，足证小弟一片苦心。”

“果真如此？”王有龄呆住了，难得胡雪岩如此忠心，竟能坐怀不乱，实在是难为他了。当下，王有龄同胡雪岩急急忙忙用过早茶，乘两乘小轿，悄悄溜到梨花春看个明白。

王有龄一见芸香，果然是个美人，十分惊叹，怜香惜玉起来。芸香诗书文章样样精通，引经据典，对答如流，果然是个女才子。王有龄越看越高兴，有心要纳她为妾。芸香急切要跳出这个火坑，两人情投意合，迫不及待相拥上床。初试云雨，芸香果然是处女身子。王有龄更是对胡雪岩感激万分。

胡雪岩见他俩一拍即合，便悄然离开梨花春，心里又妒又喜。妒的是美人让给别人享用，心里不是滋味儿；喜的是自己的人情送得妙，在王有龄身边安插了一位忠心的眼线，今后王有龄一应公事，芸香自会通知他，令他早做准备。利弊的大小，胡雪岩掂量一番，心里也觉得自己并没有吃亏。

王有龄赎芸香花了五千两银子，娶为姨太太，心满意足地前去湖州赴任。从此他的一举一动无不掌握在胡雪岩手中，而他的筹划谋断无不听从芸香。直至他官至浙江巡抚，到太平军攻破杭州他被迫自杀身亡，也不知这其中的秘密。

## 美貌妇人帮胡雪岩做生意

胡雪岩一生遇到不少女人，这其中就有帮助他事业有成、有“帮夫命”的几个女人。上海的“奇绣行”因为绣件精美，价格不贵，十分受游人喜爱。“奇绣行”的老板却是一个姑娘家，名叫阳琪。这女子长得十分美丽动人。一天阳琪正在绣制订货，把一朵硕大的牡丹绣在缎面上。这时，一个青年走进店中，这青年看她巧妙地在绣架绣出美丽的图案。阳琪被他看得不好意思，脸都红了。抬头一看，青年急忙避开目光，道：“你的货我都要了。”阳琪一惊，知道这是个大客户，便说：“除了货柜上的陈品，另外可以制定。”这一批货，阳琪从中获利十两。当阳琪把绣制品按青年的吩咐送到枫桥路阜康钱庄时,才知道那个青年就是钱庄老板胡雪岩,同时他还买卖苏绣、顾绣、蜀绣和经营丝绸生意。阳琪对他十分敬佩,不由多看了几眼。

时间一长,两人便熟识了。彼此很谈得来,产生了好感。胡雪岩常常借游六和塔来阳琪店中闲聊,阳琪也十分想他来自己店中。母亲陈氏把一切都看在眼里。一天,陈氏把阳琪叫到房中,说道:“闺女,你已十七芳龄,该出嫁了。胡先生精明能干,一表人才,对你又有爱慕之心。不知你意下如何?”母亲的问话让阳琪满脸通红,不好意思开口说话。陈氏又继续说道:“胡先生与你很般配呢!”阳琪心里自然高兴,低声答道:“全凭母亲做主。”

人有旦夕祸福。奇绣行生意正好,陈氏的丈夫陈定生不幸染上风寒,因病身亡。母女俩悲痛万分,终日以泪洗面,连节都没过好。清明节这一天,下着绵绵细雨,杭州城里人山人海,钱塘江边挤满了游客。只见钱塘江上画舫舟船都等着游人乘坐,优美的箫声传出很远。钱塘大堤被男女老少挤了个水泄不通,连平时很少出门的富家千金也出门看放河灯。胡雪岩却无心观看,他心中想着阳琪。

胡雪岩悄悄穿过大街来到“奇绣行”。店门紧关,敲门也无人应答。他正欲再敲,阳琪把门打开了,见是胡雪岩,很是高兴,连忙请他进屋。胡雪岩专程送来所欠的五百两银子,他双手把钱递给阳琪,握住她的手,两只渴望的眼睛望着她。她忙低垂双目,轻轻说道:“你坐吧。”胡雪岩却一把拉她入怀。阳琪却不挣脱,她幸福地依偎在胡雪岩的怀中。两人忘情地拥抱亲吻。后院传来“阳琪”的喊声,二人大惊,还以为陈氏看灯回来了。阳琪推开胡雪岩,忙让他躲起来,然后她整理一番,走出屋。原来是邻居刘妈前来借剪刀。送走了刘妈,她惊魂未定,对胡雪岩说:“被人看见不好。母亲快回来了,你快走吧!”胡雪岩很不情愿地走出院外。

一晃十一年过去了。这一年的初夏,杭州遭太平军攻打,阳琪携母亲逃难到上海,在上海用积蓄开了一家绣行。因为绣行开在上海的繁华地带十里洋场,生意还不错。一天,一群人走进绣行,对自己的绣品赞不绝口,忽然,听到一个中年男子被称为“胡雪岩”,只见他正用双眼凝视着自己,似乎若有所悟,连东西都没买就走了。次日一早,店里来了位大嫂,只见她身着红色缎面旗袍,头戴金簪、耳坠宝石、体态丰腴,一看便知是富人家的太太。她笑着问这问那,阳琪都用心回答,最后,贵妇只买床缎面被子,给了她一张银票。阳琪接过一看,竟是阜康钱庄,心里一惊。她对杭州阜康钱庄的面貌仍记忆犹新,不由得又打量了一下贵妇。下午,又来了一顶轿子,贵妇走出轿子迈向绣行。通过上午的交谈,阳琪热情地招呼她进店中,请她坐下。贵妇问道:"这些手工活全都是你绣的?"阳琪答道:"只有少数是我绣制的,其他是请人代绣的。"二人一问一答,逐渐熟悉起来。贵妇问起阳琪的身世,阳琪很是伤心,娓娓道来。听完阳琪的身世,贵妇问道:"你没有忘记胡雪岩吧?"阳琪愣了一下,说道:"不太记得。"贵妇又拣些绣品便坐轿而回了。

听到胡雪岩的消息,阳琪十分激动,十一年前的胡雪岩又浮现在眼前。她当然没有忘了自己日夜思念的情人。前日他一来到店中就被认了出来,但现实让她不敢贸然相认。莫非这贵妇人就是她夫人?心念至此,内心无限凄苦,泪水夺眶而出,只叹自己命苦。

第二日,贵妇又借故而来,现在她们彼此已经熟悉。贵妇人说她姓李,排行老三,人称李三姐,她来此买东西是送给自己的亲戚胡雪岩。阳琪急忙问起胡雪岩的近况。李三姐把胡雪岩的状况说了一遍,并说自己十分佩服胡雪岩,最后又说道:"胡雪岩并没有忘了你,你们还是见一见吧。"阳琪心中想到:如果他没有忘了我,自然会来,到时我一切便知;不来,说什么都没用。她柔声说道:"你引他一见吧。"

第二日,胡雪岩果然来了。二人相见,少不了惊喜,说了些客套话。胡雪岩说,杭州失陷过了一年,他就到了上海,当时生意顺畅。杭州一收复,他又回到杭州。现在生意大都在杭州。这次为左帅借款而来上海。阳琪听得心中欢喜,便问道:"事务繁重,难为你一个人了。"胡雪岩顿时神色黯然,喁喁细语:"没有办法啊!她什么都不懂。""她"像针似的刺了阳琪的心,使她失望地低下头,顿时没了谈话的兴趣,只是简简单单地说了自己的遭遇。胡雪岩却听得眼泪都差点儿流下来了。两人随便闲谈一会儿,胡雪岩便走了。胡雪岩经过这一回,有事没事便去阳琪绣行。日子一长,旧情难免复燃。一天,胡雪岩说:"你目前境遇较差,我给你一万两银子,你一定要收下。"阳琪见不好推辞,说道:"好,我暂时替你收下。"接过万两银票,揣进衣包。两人你一言我一语仿佛一双夫妻一般。

胡雪岩走后,阳琪怀揣万两银票兴冲冲来到江海关想买南京路一块地皮,由于阳琪每月要替他们绣一面大清国旗,因而早就和主管混熟了。江海关守门的士兵又得了阳琪好处,因而放她进去。她敲了敲总署大人的门,总署见是貌美的阳琪，忙问："你有什么事啊？"等到听明阳琪来意后，忙道："阳琪你真有眼光，南京路虽说离城较远，但马路将要通上，平房一修，地皮自然要涨，但是这酬劳，你看如何？"阳琪顺手掏出五百两银票递给总署大人。有钱好办事，总署大人与阳琪一同到了洋人那"挂号"。有了海关总署大人的引见，洋人便把手续给阳琪办了。办理好手续后，阳琪高兴地回到家里。胡雪岩正好在等她。阳琪笑容满面，十分得意，把买地皮的手续凭证都交给胡雪岩。胡雪岩打开一看，全是买地皮的契单。他十分困惑，忙问道："这是你的吗？"见胡雪岩面露疑惑，她便又说道："我自己做主，用你的万两银票替你买了南京路东段的地皮。"胡雪岩这才明白。但他说道："我对炒地皮并不熟悉，更何况要办理权柄单、道契，手续繁琐，时间拖得长，最少半个月才能办下来。你怎么这么快就办成了，真叫人佩服。"听了胡雪岩的夸奖，阳琪就把买这块地皮的想法说给他听，胡雪岩连连称赞她有眼光。他多么希望阳琪能成为他的帮手，如果自己的妻室能答应就好了。

正如阳琪所说，一个月后，洋人开始在南京路大兴土木，胡雪岩所购地皮一路攀升。胡雪岩十分高兴，他决定邀请李三姐夫妇、阳琪一同在"天星"宾馆吃大菜。四人在饭桌上愉快地交谈，胡雪岩不断地夸阳琪，李三姐夫妇也十分佩服她。吃完饭，李三姐把阳琪拉入自己的轿中，十分亲热。李三姐问："你也看出来了，胡雪岩多么希望你能成为他的贤内助啊！"对于李三姐的询问，阳琪不知怎么回答才好。她没有回答，心里其实很不平静。她害怕做了小老婆受欺辱，所以心里十分矛盾，拿不定主意。她把自己的顾虑说给李三姐听。李三姐暗想："她有心相嫁，只是有顾虑而已"，就不以为然地说："你是他在生意上的好助手，他又怎么把你当'小'呢？更何况你身在上海，能照顾胡先生的生活，没有人会为难你。胡先生离不开你，我们大家都看到了。"李三姐一番颂扬，阳琪心动了。

一回到家，李三姐就把阳琪的心意说给胡雪岩听。胡雪岩听后欣喜若狂，托李三姐为媒，向阳琪求婚。胡雪岩终于如愿以偿，娶了阳琪。胡雪岩有了阳琪这个贤内助，生意自然越做越顺畅。

### 寻花老手看中厨中女郎

胡雪岩风流成性，经常寻花问柳。他常常自谓："一不做官，二不图名，但只

为利。娶妻纳妾，风流一生，此生足矣！”只要是他看上的人，他一定想办法得到。‘

胡雪岩在创业期间遇到的女人，大都为他的事业服务，成为他事业有成的交易品，有的有幸被他娶来做“小”。凡做“小”者，也定是在事业上对他有帮助的，也正是这些有“帮夫命”的小妾们，使胡雪岩成为威名一时的“红顶商人”。

胡雪岩见过许多女子，对那些只会浓妆艳抹、撒娇扭捏的女子十分厌烦。但钱塘江边“醉瑶台”酒家的一个女厨工却令他耳目一新，使他不由得心动了。胡雪岩只看了一眼，便觉二人有缘。听酒家老板介绍，她名叫翠环，祖上曾是嘉庆爷宫中的御厨。她得了真传，烧得一手好菜，成为杭州烹调高手，其烹制的“东坡肘子”一菜，曾国藩吃了都连连叫好。

胡雪岩知道自己不会看走眼，他觉得翠环并非寻常女子，不是那种头脑简单、空有一副好皮囊的女子。人长得漂亮又精明能干，有才有艺便能辅助男人干一番事业。俗话说：女主内，男主外。女子主内，把家中的生活安排得妥妥当当，才称得上贤内助。

胡雪岩现在的太太，由父母指婚，虽颇有几分姿色，但不是精明能干的人，且不善应酬客人。一来客人，胡雪岩总说她上不了台面，不让她见客。作为成功的商人，没有另一半支持实在是遗憾。所以胡雪岩虽然寻花问柳、风流成性，却常常有知音不遇的感叹，心中也常感孤单。

翠环的出现自然让胡雪岩高兴，既是御厨之后、烹调高手，主持家政、调节筹划，当然是轻车熟路。若能娶来家中，当自己的贤内助，一定可免自己后顾之忧。美人坐怀中，又能吃上美味佳肴，出门有人惦记，回家有人关心，这才算不虚度此生。

胡雪岩对翠环有了好感，每天必到“醉瑶台”吃饭，而且一定要点“东坡肘子”，点明要翠环亲自做给他吃。食后自然赞不绝口，还赏不少银子给翠环。

有一天，胡雪岩正在“醉瑶台”用饭，面对“东坡肘子”却不动筷子，只想让翠环出来，再赏她些银钱。不一会儿，翠环出来了。胡雪岩十分高兴，便要赏她，却见翠环掏出一卷契纸让胡雪岩过目。

胡雪岩见是一张购买万福桥地段百余亩地的土地契约。胡雪岩知道，这万福桥虽不是黄金地段，却挨着钱塘江，如今五口通商，洋人送货不断来到这里。要不了多久，万福桥必定是很繁荣的码头，地价一涨，准能赚钱。

胡雪岩十分惊讶：一个女子，眼光如此厉害，看得比自己还远，实在难得！

不由得想起了自己的爱人阳琪。俩人都是这样有眼光,可惜的是阳琪却因病早已去世,失去了贤内助让他痛心不已。看着眼前的翠环,他久久才说:“姑娘好眼光,令人敬佩!这是我送与你的银子,这地契本应归你。”

翠环正色道:“你我素昧平生,却赠予我这么多银子。胡老板如此挥金如土,再多银子也经不起你挥霍!”翠环说完便走,留下胡雪岩愣在一边,半天没回过神来。

经此一事,胡雪岩下定决心:一定要把翠环娶到手。

胡雪岩托人请“醉瑶台”谢老板出面做媒。谢老板明白胡雪岩的意思,当然很高兴。满城杭州,胡雪岩是最有名的富商,成全了他,自己当然有好处。

翠环原在京城居住,父亲在恭王府家中掌厨,一次,不慎误烹了毒蘑菇,恭王吃后中毒得病,一怒之下,定下个“谋杀未遂”的罪名将她父亲流放黑龙江晖春,翠环的父亲就老死在晖春。翠环为求生存南下杭州,到“醉瑶台”做厨工,一晃也有几年了。她性情刚烈,许多富家子弟想娶她都被她一口回绝。谢老板见她做得一手好菜,又不是攀富求贵之人,十分喜爱,把她当成自己的女儿看待。此时受人之托,便在适当之时,把胡雪岩的心意说给她听。

然而,翠环听后,却扔下一句话:“胡先生想娶我,我必须做‘大’的。”

胡雪岩一听此意,很是为难。胡太太是父母做主,明媒正娶。休了她,就是与母亲作对,落个“不孝”的臭名声。再说了,胡太太虽然差了点,但恪守妇道,并无大的过错,是同甘苦、共患难的夫妻。糟糠之妻不下堂,自己这么做,以后在官商两界遭人耻笑,又将如何做人?思来想去,决不能这么做。

但他又不愿放弃翠环。找了这么长时间,好容易遇到这等聪慧女子,又怎能轻言放弃。胡雪岩还想:自己后半生事业的发展,翠环可作左右手,将是自己值得信赖的贤内助。因此,一定要娶翠环为妻。

## 胡雪岩不忍割爱犯下“重婚罪”

胡雪岩一时不知如何是好,这可不好办啊,一时焦躁万分。他的朋友田世春把一切看在眼里。他自认为自己了解胡雪岩,胡先生有什么难处,他都明白。

田世春给他出了个好主意:“这事不难。有人娶妾,害怕正室与小妾争风吃醋、家中不得安宁,便想法在外面另买一处住房,金屋藏娇,仍以夫妻相称。娶来的妾也穿红衣,叫作‘两头大’。这样,就可避免内讧。”胡雪岩得此提醒,大为高兴。他原来也娶过不少妾,只是从没这样做过。田世春的建议就是现在所说的“重婚”,在清代却没有人管,也并不触犯王法。胡雪岩便传话给翠环,愿以“两头大”的方法娶翠环。

翠环本来就愿意,只是怕做小妾委屈而已。她是聪明人,知道适可而止。现在见胡雪岩这么做,便应允了这门亲事。但她也有个条件,把远在黑龙江的父亲坟墓迁回北京,胡雪岩也办到了。而且他还派人到北京恭王府打点上下,让恭王原谅了翠环父亲,奏请朝廷赦免了他,恢复了御厨身份。

翠环当然感动,从此死心塌地地跟着胡雪岩。胡雪岩在杭州城外选了一处僻静地方建造了一座公馆,与京城府第一样的豪华。为掩人耳目,取名赵公馆,盖借他母亲姓氏。办好一切,选好了日子,迎了娶翠环。礼仪均按正妻待遇:穿红衣、坐花轿、戴盖头,放二十响炮,十分体面热闹。只有胡太太还蒙在鼓里,杭州城人都知道胡财神娶有两个“正妻”,一时间议论纷纷。

要想人不知,除非己莫为。胡雪岩娶了翠环以后,见翠环不但人长得漂亮,待人接物也十分得体,便每次都带翠环在生意场上应酬,向外人介绍为“胡太太”。久而久之,生意场上的人都知道“胡财神”娶了位既漂亮又精明能干的老婆。

身在杭州的胡太太没能为胡家续上香火,只生了两个千金,由于怀愧疚,对于胡雪岩“两头大”的做法,自然也不说什么。

此后,翠环登堂入室,成了胡家名副其实的“正房”,人称“罗四太太”。她知道胡雪岩喜爱美女,便给胡雪岩连娶了十二房姨太太,使胡雪岩享受不尽,当然更加喜爱她。

大丈夫行事做人,切不可优柔寡断,拖拖拉拉,要当机立断,收放自如。前面说过,胡雪岩面对几个女人,都为了自己的事业而放弃,未免有些绝情。这一回,胡雪岩却是当机立断,娶翠环为“正房”,使她成为“掌印夫人”,真可谓“大丈夫能屈能伸”。胡雪岩逢场做欢笑固然疯狂为之,但招小、纳妾之事,则谨慎为之。至于花钱,则更不吝啬,该花的决不心疼。

## 大太太为胡雪岩娶回“十二金钗”

胡雪岩有十二个姨太太,个个都是由大夫人罗四太太亲手物色。罗四太太为他娶这十二个姨太太,是担心胡雪岩整日寻花问柳,只顾酒色,不但损害名誉、伤了身体，还可能把生意都耽搁了。特别是如果手下的钱庄、典当、丝号、药店都效仿他的话，偌大的生意便要荒废，辛苦挣来的家业也要败落。

正因为如此，罗四太太为丈夫物色了十二个良家妇女做他的姨太太，因此，深得胡雪岩的欢心。

第一个姨太太叫阿妹。重阳节时，胡雪岩在西子湖畔碰上了她，一眼就看上了。

重阳节那天，胡雪岩携妻子罗四及一丫鬟小梅游览西湖。胡雪岩来到断桥，不由得想起白蛇娘子和许仙的故事，感慨万分。于是他站在桥头向远处望去，内心十分澎湃。忽然发现一貌美女子在湖边洗衣，只见她青丝秀发，脸儿红润，穿着粉色衣裙。已是深秋，但姑娘却累得娇汗直冒。她扬手轻轻理了理眼前的刘海，不断地搓洗。这美貌女子好像浣纱西施，胡雪岩不由心动。他随即将桥面一块石子丢入湖中，只听“咚”的一声，溅起了水花。少女抬头一看，忽然发现一个头戴翎子的官员正看着她，一害羞又低下了头。胡雪岩被女子的美貌迷住了，怦然心动，希望能再见一面。然而，他不得不失望地回去。罗四将丈夫的一举一动都看在眼里，但她并没有说话。胡雪岩游兴全无，败兴而回。

第二天。罗四扮成尼姑来到少女家。轻敲柴门，只见一个瘦骨嶙峋的老太婆出来开门。罗四口中念念有词，念珠在她手中移动，她说：“施主，讨口水喝。”老太婆见是化缘的尼姑，就让她进屋。房子矮小昏暗，进了客堂，“观音菩萨”和“妈祖”像供奉在上，香案桌点着香。“阿妹，快去给师傅倒碗水。”客堂里一位正在纺纱的少女站了起来，果然是一个美貌女子。罗四边喝水边拉家常，知道他们家原有五口人，两个儿子打仗死了，老伴被西湖鱼霸关起来了，只剩下母女二人。阿妹年方十七，与邻村渔民周乐生指腹为婚，两人常常偷着会面，感情很不错。双方互换生辰，要找个好日子成亲。哪知飞来横祸，由于阿妹出落得貌若天仙，来提亲的人踏破了门槛，但都被拒绝了。然而，有个西湖鱼霸仗势欺人，说他家儿子是太平军，还说阿妹的老爹抗交鱼税，硬是把他关了起来。另叫人捎信说：只要阿妹答应嫁给他的“白痴”儿子，便放了她爹。阿妹誓死不从，鱼霸就想来强抢。阿妹为了她爹不知怎么办好。

罗四听了阿妹娘的叙述，也十分伤心，临别时送了她五十两银子。阿妹捧着银子连连称谢。一回到家里，罗四立即嘱咐管家给阿妹家送去百两黄金，还安排人叫鱼霸放了阿妹爹，同时又嘱咐了管家几件事，让他去办。

这一天午后，阿妹正在家中织布，忽然，周家的人来报信说：周乐生今早溺水而死。阿妹一听真是痛不欲生。她本想随乐生而去，但又舍不得年迈的父母，只能独自神伤。几日后，心情稍平静些，仔细想想、鱼霸又怎能放过自己，一定要她嫁给"白痴"。心里极不愿意，却又不知如何是好。正当她一筹莫展的时候，父亲被放回来了。阿妹赶紧给父亲生火煮饭。饭后，父亲有了精神，问道："这些日子鱼霸来过吗？"阿妹又气又急，说："他还想抢婚呢！爹，他们为什么放了你？"父亲说："鱼霸告诉我，有人替咱们交了钱。我不知是谁，问了多次，他们才不情愿地告诉我，是一个叫罗四的太太替我交的钱。"父亲回来了，全家人都很高兴。傍晚时分，胡雪岩的管家揣着百两黄金来到阿妹家。管家说："我家太太给你们送银子来了。"阿妹全家丈二和尚摸不着头脑，不知为什么。管家说："前些日子，我家太太去灵隐寺还愿，曾来你家讨水喝。"母女俩这才明白："真是大好人。"管家也说罗四太太是个好人，末了很惋惜地说："我们家太太膝下无子，偌大的家业无人继承。"阿妹娘一听也十分伤心，问道："为什么不找个小妾传宗接代，是不是没有合适的人家？"管家又接着说："你们家阿妹不是还没许配人家吗？"阿妹娘却很无奈："这可使不得，人家是好人家，我家阿妹未出嫁未婚夫就死了，是个命苦的女子，配不上人家，当个下人都不敢想。看来，她的大恩大德我们只有来生再报。"管家见阿妹心里有意，满怀希望地看着自己，不由高兴起来，说道："我回去把这事儿给我们家太太说说，天已不早，我回去了。"阿妹全家人送他到门外。

没过多久，胡家办了喜事。人们拥着一对新人胡雪岩、陈阿妹来到大厅。大厅正中，大红"喜"字端挂墙壁，一对红烛高高燃起。新人参拜完毕，被迎入东楼洞房。人们喝酒吃菜，十分快乐。

经过此事，胡雪岩与罗四感情更加好了，与新欢如胶似漆，事业也更上一层楼。

## 胡雪岩为建藏娇楼遍请天下名匠

同治年间，有一位名士，姓尹名芝，祖籍湖北，学富五车，精通六艺。他曾经是京师某个王爷门下的清客。只要是王爷修建花园，布置绿地，皆是他一手操办，精巧绝伦，所以闻名于天下。这回浙江一位富商请他来杭州修建一座花园。那园本是新造的，富翁不满意，须得重新拆造。他命人把建好的亭台拆去，自己先绘起图来。费了许多心血，绘了四五种图式，但富翁总是不满意。他能想到的办法都想了。

浙江人都称赞西湖为天下第一名胜，西湖到底好在哪里？有人说是西湖名胜数不胜数，山森奇郁，第一当数飞来峰。

尹芝也觉得的确如此，即日便带了家僮，袱被买舟，去往飞来峰，在云林寺借住。每日游前山后洞便加入自己的想法，绘出一幅幅图样，寻找奇景，心里颇为得意。

这天色明亮，心里没事，来了兴致，便呼家僮尹儿去向三天竺沽一壶酒来，自己却抱着琴，径先往冷泉亭上凭栏小坐，喝酒弹琴，鼓起《广陵散》开头的一曲流水来。

刚弹了两段，忽然有人在亭外咳嗽。停琴看时，却是一位白衣老叟，拄着拐杖，飘飘然有神仙之态。他走进亭中，与自己似曾相识地笑道：

“这几日辛苦尹先生了。”

尹芝忙推琴起立道：

“多谢老丈关心，没什么。敢问老丈贵姓？”

那老者道：

“先生你不认识我吗？我姓袁。”

尹芝点点头，便也不好多问。那袁公道：

“这几日看先生在测量山前山后的形势，听说是在为人家建一座园亭，要仿造是不是啊？”

尹芝道：

“是。”

袁公笑道：

“却不知是为何人？”

尹芝道：“老先生难道不知道吗？他可是当今第一富商。现在又受圣上恩赐，实在是无人能比。若说他姓什么，连孺子妇人都知道。”

袁公笑道：

“这人到底是谁，有这等权势威望？”

尹芝伸出一个指头道：

“此人便是胡雪岩。当日国家收还伊犁，俄国人又狡猾，关内外防营又缺粮饷，协借迫不及待，旋又议给伊犁守费，筹饷实在是困难。而当时陕、豫先进省却遇荒旱，西征之饷十分困难，三次均经胡公一手措借华洋商款，有二百五十余万之巨。当蒙圣恩予以极品，赐黄马褂入朝。还在钱江义渡难民局，做了许多好事。凡浙江最大的善举，都有他参与，所以闻名于天下。人们都十分信任胡雪岩，把金银都交给他收储。迄今凡十有八省，各省皆设有金银等号。即使石崇、邓通再在，也比不过他。"

袁公听罢，不禁呵呵大笑起来，道：

"原来先生只知其来历如此！实话对你讲，此人本来与我是好友，但目下移气养体，早就不比往昔了。土木经年，宅第埒于王侯，朝野风气未开，人怎么能争得过天呢？虽然他在激烈的商战中得以立足，但并不明白经商的学问，只是凭着天生的宿根。要与外人争胜，切记不要骄奢顽固，否则遭遇灾祸，盛极必衰，弹指之间，什么都没了。先生不但不提醒于他，反而要为他修建园亭，先生休矣！"

尹芝听说，不禁愕然道：

"话虽这样说，他现在正如日中天，我又怎能用冷水浇醒他呢？"

袁公笑道：

"先生不信，待日后便知晓。"

说罢，拄着拐杖要走。

尹芝忙一把扯住他道：

"老丈，你说我该怎么办？"

袁公道：

"呸！你们都在做黄粱美梦，还问我什么？"

言罢狂笑一声，竟化为白猿而去。等尹芝惊呆了，尹儿打酒回来，这才缓过神。四下一看，明月挂在中天，周围无人，树影婆娑，只听到瀑布声，但刚才发生的，却好像不在眼前。

这时已经是半夜了，远听寺钟已打百八下。他害怕再遇到什么鬼怪，便抱琴携酒回到寺院去了。坐下细想一番，不禁奋起道："算了，既然不能做到，我不如退休，免得受人讥笑。我明日就起身，还做我的王侯清客罢了。"转念又想："我让他把新造的亭台都拆了，如今不替他监造起来，可也没这理。"想着又为难起来。忽想到："有了。我昔年在此曾有一位好友，姓魏字实甫，住在湖墅。他也是修亭建园的高手。推荐他做此事，再好也不过了。"

主意定了，第二天一大早，便叫尹儿收拾起琴樽书剑，回到杭州城。见了雪岩，先将绘图呈上。

雪岩看了大喜，说：

"先生奇才，照此图而造，实在是别有洞天啊！"

接着，尹芝借口自己要回乡探问母亲病状，执意要走。有了图纸，要一个监造之人就行了，尹芝遂得魏实甫保荐了上去。雪岩留他不住，只好同意，款待了他一天。

当晚大排筵宴，尹芝写了一封书信，请魏实甫来。

魏实甫应时来到胡府，在管家的带领下，转入厅后，见迎面居中朝南是一个极大的墙门，两边都有备巷，均有小小的两座石库便门，西面又是一座大墙门，再往里看是一带回廊甬道，东面是一座月洞门，上面标着"芝园"二字，便向这里走进。

魏实甫跟着进来，见尹芝正在等候。两人互相问好，说了一会儿，魏实甫这才定下神来。尹芝切入正题：

"我这次是帮胡先生修建亭园，因这假山修得不好，大池又贮不满水，虽说还算牢固，不过这山却是没一点空灵奇气。所以我到飞来峰，把那里的景象绘成一图，想让您监造，您看看图纸如何？"

说着，转身回房，从文具橱内抽出一幅素绢画的卷子来。

魏实甫接来看时，果然是一片好山，形状奇特，注着亩弓地位，洞窟高低，大小尺寸，把一线天、百狮洞这样的美景都收在其中，不由得拍手称奇。

刚说着，听有人在门口报道：

"大老爷来了。"

魏实甫忙小声问是谁，尹芝低声道：

"这就是胡雪岩。"

实甫心里便动了两下，两人站起来等候胡雪岩。见从窗外游廊坐踱进一个人来，果然好一副模样，面貌堂皇，身体肥胖，两道浓眉，一张方脸，只下颌略形尖些，却被一部好髭须盖住，越觉方福，精神颇足，双目灼灼有光。那身上衣服，却并不十分华丽。一个俊俏可爱、眉毛如画的小丫头跟在后面，一手提着一支烟袋，一手执一柄轻罗小扇，紧跟着也进来了。

两人迎上去，雪岩便满面笑容道：

"魏先生到了？"

眼光转到实甫身上，道：

"这位可是的？"

实甫忙退一步道：

“实甫向您见礼了。”

说着便待侧身拜下，却被雪岩拦住不让。

三人分宾主先后坐下，小厮送上茶来，分头摆下。那小丫头站在雪岩身旁，将那小扇儿轻轻地替他扇着，那一双俏眼，却似含情凝睇的，颇不自胜。

只听雪岩问道：

“尹先生画的那张山图，想必你已经看过。如今要照此建造起来，要多少时日？”

魏实甫道：

“只要工匠手多，石实一应俱全，五十天便可完成。”

雪岩点头，问道：

“要多少工匠手啊？”

魏实甫道：

“一百二十人差不多。先以十人一圈，五天捣和枭桨，准备够用了，随后即分四十人搬运石料。此山照图共有洞壑四处，最好能聘请胸有丘壑者四人，分监一处。每一处派工匠廿名，大约五日便可完成一洞。合力计之，二十日四洞俱成，再留十天，以备改作。若不有改进，就让他们休息十天，余十天以便结顶。但此山形势既高，工匠难免死伤，结顶的时候，就不用运石了，即以运石之四十人，也加进去，才不至于耽误了工期。”

尹芝道：

“工匠既多，怕有人浑水摸鱼，只怕百二十人只六十人可以用呢。”

魏实甫道：

“这也不难，发给工匠工资，一概不许先支代领，每天干完活，再发工资。在园门口放一张八尺高凳，每散一班十二人，将十二人工资排列凳上，让他们自己取，不能代取。由此取不到的年轻学徒，辞退便是。”

尹芝不禁大笑起来，道：

“确实是个好办法，但身矮手短之人便委屈了。”

实甫道：

“这只是挑选人才的方法，身矮手短者，做起活来没有力气，当然要辞退。他一次取不到工资，下次自己也就走了。”

雪岩一面吸着烟，一面听着，不由哈哈大笑起来，道：

"好极！好极！果然是名不虚传呀！明日便传总管进来，要用什么您只管吩咐，以便早日开工。"

魏实甫便答应下来。

这时天快黑了，早有三四个家人各捧着一具大长木盘，中间摆满了各色洋灯芯子，都点着了火。四五个小厮都手提着绿油小老虎凳，踩在凳上，把檐灯之处都摆上这些洋灯。霎时，整个园子灯火通明。

三人又谈了一会儿，便有三个小厮掌着羊角风灯进来，说是大花厅已摆好宴席，请定席去。于是雪岩携两人前往，命小丫头添掌一灯照着，到大花厅饮酒去了。

## 胡雪岩效隋炀帝建"镜槛"

却说魏实甫自入胡府之后，尹芝便回京去了。于是魏实甫便开工了。除魏实甫而外，又请来了冯凝、程欢、蔡蓉庄三位清客，又给四洞起了名字，一曰"滴翠"，一曰"颦黛"，一曰"皱青"，一曰"悬碧"，各人负责一洞。魏实甫当日虽说得容易，五十天却十分困难，再加这位胡先生的心思又活，才造好了一处，立即请人鉴赏，不满意者，立刻让人拆去，再行改造，一定要都满意，方才算了。工人死伤众多，幸亏这位大先生有钱，善后的事也做得妥当，因此那些工匠也算尽心尽力。要造好，当然要费些时间。过了许多时间，那座神工鬼斧的假山竟自落成，总管报上信去，一时传话下来，让工人先退出来，等候嘉奖。定于明日在大花园上设宴，酬谢四位师傅，并令总管把园子内外各处打扫干净，收拾妥当，以便请客赏鉴标题。一面着书启房发贴出去，要求只请些名士高人，不请官宦。

只因官宦场中学识高者不多，邀了来不过是请他们吃杯酒，讲讲恭维的话，题字命名他们可不行。胡雪岩虽是个富翁，不解文墨，却了解这些人，所以单请那些骚人名士到来。

第二天一大早，诸名士俱陆续到齐。雪岩还没起床，便派他三个兄弟出来陪话。那些名士也知道自己是来干什么的，吃了席，便都打叠腹稿，唤两个抄吏备纸笔伺候。一众人出了大厅，先向各处游玩一番，也看看大局，再拿主意。遂从园门口看起，见入门第一处是个四方半亭，两头是抄手游廊，向南去是一带随山随高的游廊，沿着游廊向上去便是新造假山，向北游廊上转去，却是一座小小的暗阁，便题了个"绿暗瑶厢"的小额。

出来向东走去，便是大花厅的后轩，在后轩的天井里也造了一座假山，数株石笋，假山石做的峭壁作为靠西边的墙，上面嵌着一块六尺多高的秋叶式石碑。

程欢介绍道：

“新开的门，通里面正院的翻轩。外左厢藏春亭，那亭子是新盖起的，也是因这门露出来十分难看，想用五色玻璃门窗遮蔽过来，这也不行，所以做了这块假碑。”

众人都道：

“实在是巧妙。”

说着，蔡蓉庄上来，众人沿着东边的花墙洞门走出去。

接着是一道夹廊，从大花厅前面台下六角井边起直接过来，在墙上开了一座洞门。盖了一所朝南的大三间西洋式的楼厅，映入眼帘，天井里的花木扶疏，左道墙角盖了一座半圆亭子，装满朱红栅子，里面关着一双金翠孔雀，就是前儿德藩台送的，众人起了个“锁春院”的名字。

出来以后，从游廊上向东进一小门，尹芝以前在这里住过，天井对面花墙上新开了一座月洞，往里一瞧，却也添造了一座半圆亭角，可以摆一桌酒席，补种几株芭蕉，有一对鹤在那里哈喊哈喊地叫。众人便拟了个“绿梦亭”，把尹芝住过的所在叫作“洗秋院”。

出来，仍沿那游廊向南走去，却是一带曲曲的花墙，便是洗秋院和绿梦亭的围墙外面，都造了回廊，一直蜿蜒到假山上去，半中间高处，一座亭角突现在外，亭外面一座牌楼，有些西湖上“日月光华”的神气，因题了“水木湛华”四字。

再上去，便是山顶的第一处，是一座三间楼阁，靠山口凌空架出一座月台，是用青石亭柱从平地撑起来的，望下去，十分危险。众人连连叫好，因便题这台叫作“扑凉台”，把楼阁叫作“冷香院”。

向东进一重月洞门，是一所三开间大厅，四面都是这样，望下去正好看到了延碧堂，那边的飞楼画阁，碧槛红窗，都隐约在花哨树杪之间，十分漂亮，众人因题这处叫作“荟锦堂”。

冯凝上前道：

“这上面还有三层楼着，还须麻烦各位。”

蔡蓉庄道：

“蔡锦堂后面便是悬碧洞，还有一所镜槛，也要起个名字。”

魏实甫也来指东首垂花门道：

"那边也有一座镜槛,后面下去是皱青洞,也须题额。"

众人见这么多的好地方,因笑道:

"且待把这些院子题完,再去下面的山洞游玩,如今先上这楼去看看。"

冯凝听说,便忙去开了中间的落地风窗进去,正中央是一座云石嵌成大十景槅子,形成一幅山水美图,转过槅子后面是一所翻轩,低窗绣槛,十分的精细,看来看去却没找到楼梯。众人便要问,冯凝随手推开那十景槅子横面的一块嵌云石的门,现出楼梯,原来这槅子有夹层,把楼梯隐藏起来了。

上得楼梯不多步,便是第二层楼,看那楼板却都是用磨砖砌成的,不是用木板制成的。四面绕转赶台栏杆,却是用红砖琢出空心花儿的,向赶台上一望,满园美景,上房楼院尽收眼底,高而无顶的是座晒台,高顶而圆是亭子,位于东南边的一座大楼,飞檐四起,碧瓦盖顶,琉窗五色,层层相映,四面楼栏又有不同,却是蔡蓉庄指着那楼道:

"那便是在下负责建的那座百狮楼,是敝东太太住的地方。主人吩咐要与众不同,所以想出用一百个紫檀磨成的狮子,用黄金做了眼睛,装作栏杆,便觉光彩四射,十分的高贵华丽。"

众人都赞好极,起了个好名字"蹑云"。

再上第三层看时,那满园的景致却隐在树木之中,只能看到远景,如湖墅、江干、吴山、西湖等处。正是十月初的天气,起了一阵风,把人的衣裙都倒吹起来,仿佛人要乘风而去,便取这楼名叫做"御风楼"。

从楼上下来,就从刚才魏实甫指的东首垂花门进去,看是一所横长精舍,落地风扇放在中央,两旁却是和合低窗,用紫檀打成葵花槅子,嵌着五色琉璃,花结子用黄杨木嵌成。那窗臼都是用云铜铸成半个香炉式子的,用大螺蛳鏇在上面,十分古香古色。那窗榏踢脚却用紫檀独块板,雕有五云捧月,用云石嵌在里面,精巧别致。再往里面,中间也不用分间,两边云石砌墙,嵌了两大块八尺之阔、五分多厚的金边大镜,是英国的一位钦使送的。两面镜光互相照应,十分好看。再居中悬着一架十三层的水法塔灯,由日本而来,府里共有三十余架,因地方大了,并不惹人注意,此地有了两面镜子映起,便显出它独特好看的一面。况这灯又全是湖色洋瓷描金花的,六角挑起水法龙条,上面擎着灯,下面坠着瓷做的檐铎。风一吹,便琳琅作响,比皇宫后院里的宫灯还漂亮。众人连连称奇,便题了"影怜院"三字。

走出前天井,向循山游廊上走去,魏实甫道:

"从那里下去,便是园门口出去的岔路了穿过'影怜院'和假山洞,便由山坡转了几道弯,直下山去。两边都有栏杆扶手,栏杆十分特别,中心用铁杆子做成,用五色彩瓷做了竹节式,烧出长短不一的样子,再也不能移截一点,只要不打碎,便经一百年也不会霉烂。"

下了山,走几步,便是平地。

抬头看那山洞,两丈多宽,三丈多高,结顶的山石形态各异,狮象、人物、凤凰、鬼怪仿佛是真的一样,一块块都凌空扑出,好像要掉下来,其实十分结实,五丁去开,一时也开不下来。

众人都赞好极,因道:

"的确是巧夺天工,但这许多奇石,又从哪儿来的呢?"

蔡蓉庄道:

"这里四洞的石子来自各处,这悬碧洞的是从贡院西桥赵文华的祠堂里买来的,那顶上面石额上的'绿天'两字,是天然生成的。"

蔡蓉庄又道:

"夏日在此避暑最好,所应用的石桌凳,已派专人去宜兴用紫砂定烧去了。"

正说着,见小厮跑进来,道:"快些,老爷来了!"众人都出洞迎接。

众人迎出洞去,见两个小厮扶着胡雪岩缓缓下来,十分从容,一面走着,一面看那座盖在水面上的石桥。石桥两边没有扶栏,曲曲折折直入洞中。洞壁四周的假山石子都做得奇形怪状直扑下来,离桥面只有一人多高,下面一泓清水映着山石,十分的清澈。一看有这么多学问雅士迎接他,仿佛自己是仙境主人一般,十分地惬意。和众人见来,谈笑之间,山洞回声不断,因问蔡蓉庄道:

"这洞可是叫作'悬碧'?"

蓉庄连忙答道:

"不是'悬碧',此处叫'皱青洞'便是。"

许多名士都道:"好个'皱青'两字。"

于是雪岩让蔡蓉庄带领,从右首石道上转去,到了刚才蔡蓉庄指点有那"绿天"两字的"悬碧洞"。雪岩看了一遍,十分满意。蔡蓉庄和魏实甫、程欢、冯凝见主人满意,心里自然得意。

向西首山嘴里转去,见鸟道暗处,开着一井,四周围着石栏,效仿方池的样子,却用一支铜管,一头接入井内,一头从山壁上直盘上去,看不出是做什么用的。

胡雪岩转过头问蔡蓉庄,可他没说话,径引着转出鸟道,便看见一个奇甃甓成的大洞,洞里四面峭壁嵌满了碑迹,顶上面有石乳累累下坠,泉水一滴滴从乳上渗下,水声悦耳。众人这才明白那铜管的用处,是根据过山龙的样子仿制的,便问道:

“这就是所谓的‘滴翠’吧?”

蓉庄连连点头。

雪岩一边点头一边说道:

“真是鬼斧神工啊!”

再转入西去,便是一段漆黑的暗道,走五六步,转过一角,一丝光线从顶上射进来,迎面石扇掩映。蓉庄上前开了,顿感别有洞天,靠西危岩下又建了一所半边跌角的楼阁,那楼却望石洞上直穿上去,看不见楼顶,下面立脚是青石凿成的平台,由红色栏杆所围。狭长式的窗槛,嵌着一色蓝玻璃,仿佛神仙炼丹用的丹房。一株六尺多高的珊瑚树种在阶梯下,满洞宝气弥漫,还有一只白鹤,见有人来便躲到了山石背后。蓉庄提早上前去,一齐打开阁门,众人打眼望去,见那阁子却又是四面开门的了。那里面也有一株珊瑚树,高低与外面的一般。阶下也很觉宽空,也是一群人,一只鹤。进入楼阁里面,方才明白,原来这阁子的两面墙壁就是两块镜砖,把前面的栏杆山石树木门窗都照了下来,仿佛在四面墙上都开了窗。看那山色,越显得黛绿相映,好像新化妆的美女,因名这洞叫作“颦黛”,这阁便名做“镜槛”。

雪岩前前后后赏鉴了一回,想起隋炀帝的乌铜镜屏的艳事,便不禁心神荡漾。因道:“这园美景数不胜数。”因问:“这楼通向哪里?”

蔡蓉庄道:“通冷香院的后轩平地。再往前走便通‘水木湛华’的游廊。”

雪岩问游过的几处都起什么名字,两个抄吏立即呈上册府。雪岩接来看时,都是以“院”来命名的,与隋炀帝的十六院的一般,暗自一算,果然自己刚正十六所院子,恰恰缺一座迷楼。尤其是太太的百狮楼,五花八门,曲折无穷,是费尽心机了。想到此处,不觉一手拈着髭须,笑容满面,立即吩咐小厮传下话去:

“午席便这里开下一桌,冷香院一桌,余多的在荟锦堂、影怜院两处摆开罢了。”

众小厮一片答应了“是”,便去准备。

起好了名字，雪岩甚是得意，因那镜槛造得有趣，心中又十分羡慕隋朝的迷楼。一日，想到住宅里的楼屋是处处皆通的走马楼，地方曲折又多，比得上那迷楼，便叫各位姨太太一律搬上楼去住，让儿女住到平地院子里去。主意定了，便开了单子来给各房看，安排得十分妥当：

大小姐和二小姐住红芸院

三小姐和四小姐住凝香院

五小姐住澄碧轩

二房住安吉院

二房两位小姐住春晖院

二房大少爷和二少爷住古香院

二房三位小少爷住后面藏翠轩

三房和一位小姐住对薇轩

三房两位少爷住左边带青馆

四房住碧梧院

小姐住绮红轩

本房大少爷住静绿轩

本房二少爷和三少爷住红药山房

且说那各楼都起好名字，很容易辨认。胡雪岩害怕因为地方宽窄不同，远近不一，各房势必又要争一番，因也派下一单道：

戴姨太太住红芸院软尘楼

太太住凝香院之梦香楼

宋娘子住澄碧轩之麝月楼

太太住安吉院之百狮楼

朱姨太太住春晖院之花影楼

倪姨太太住古香院之攀挂楼

兰姨太太住藏翠轩之玉笙楼

顾姨太太住对薇轩之醉春楼

周姨太太住带青山馆之仆翠楼

福建姨太太住碧梧院之秋声楼

苏州姨太太住绮红轩之听莺楼

小扬州住静绿轩之琴梦楼

大扬州住红药山房之宝香楼

## 胡雪岩把到手的美妓拱手送他人

胡雪岩作为一个商人,自然极重利益。在他眼里,再好的女人也比不上利益,钱能买到一切。生意场上最重要的是有钱,即使你生得再漂亮,身上缺钱别人也是瞧你不起。所以即使他娶了十二房姨太太,还是爱去寻花问柳。有天晚上,胡雪岩在怡春院为争一名叫李翠喜的妓女,和一个素不相识的黑脸大汉闹翻了脸。

两个男人怒目相向,互不退让。鸨母也不知劝谁是好。恰在这时,走进一男人,看见此景,当场大笑。此人便是上海金行的老板童德元,胡雪岩商场上的老朋友。黑脸大汉也认识童德元,也忙招呼。听童老板一说,胡雪岩才知道黑脸大汉是河北恒林货栈的老板孙明伦。生意场中人,最怕别人说他贪酒贪色。童德元与孙明伦本是朋友,约好了今晚来这里快活快活。孙明伦是北方人,自然知道李翠喜的艳名,对她一见倾情,就要拥为己有。童德元明知胡雪岩专宠李翠喜,但只要是妓女谁都能找,胡雪岩又不常来,在上海,李翠喜自然要接别的客人,于是便让孙明伦出钱包了她。谁知偏偏遇上了,童德元很不好意思。胡雪岩却冲他一笑,说:“咱们不打不相识!”

众人一笑,这事就算过去了。

于是鸨母急忙掌灯开宴,摆一桌佳肴。三人坐定,你来我往地就喝上了,刚才的不快,早就忘得一干二净了。

今晚偶遇孙明伦,胡雪岩当然高兴。阜康钱庄分店遍布东南,甚至开到了湖南长沙,实力实在雄厚。然而,若谈到钱财,他还远在“孙半天”之下,充其量不过是苏杭地方的土财主。要想做中国真正的富商,自然要把事业向北方拓展。

北方地处京畿范围,钱多,在朝廷的控制之下,信息又灵,机会自然不少。胡雪岩早就想在那里开钱庄了,无奈北方商界强手太多,“陕西帮”“山西帮”“齐鲁帮”等商家派系经营多年,有各自的势力范围,排斥他人,南方人想进入更是难上加难。“孙半天”系河北人士,家族庞大,根基雄厚,能与他搞好关系,以后生意上的事自然好办。

在杯酒谈笑之间,胡雪岩便有了想法,决心讨好孙明伦,与他共图大业。但因为刚才的不快,孙明伦只做表面文章,并且两眼不时朝隔壁厢房望去,有恋恋不舍之意。胡雪岩见状,便明白了:原来此人是个好色之徒。对付这种人是胡雪岩的拿手好戏,他便开门见山地说把李姑娘让与他孙明伦。

孙明伦听了大为高兴,十分感激胡雪岩,于是开怀畅饮,谁知酒后吐真言,不慎露了生意上的机密。原来他刚刚谈成一笔上百万银子的生意,忙着回家筹款交割,否则过期违约,生意自然做不成,所以今晚就想放松放松。

胡雪岩了解孙明伦的心思,但他想的却是孙明伦的生意:上百万银子的生意,若以两分利润计,则有二十多万银子的利润,这样一笔大生意要是给自己就好了。想到这里,他不动声色,把话题一转,说杭州的美女众多,个个都是绝色。孙明伦听了春心大动,便求胡雪岩带他去杭州。

童德元见胡雪岩这么一说,便明白了他有什么想法,于是顺水推舟,也劝孙明伦去杭州住上几天。孙明伦觉得还有时间,便跟胡雪岩商定下行期。

胡雪岩一离开怡春院,回到寓所,便叫来一名心腹伙计,让伙计回杭州安排去了。

第二天,孙明伦和胡雪岩坐小火轮赶往杭州。胡雪岩一路上陪他消遣,闭口不谈生意的事。这一天,孙明伦手风很正,赢了不少钱,自然高兴。不知不觉,船到杭州,二人立刻被抬到胡宅。

初次到胡雪岩家,为拜见胡老太太,孙明伦在路上买了些礼品。胡雪岩为了表示亲近,把孙明伦当成亲人看待,叫出胡太太和两个女儿和孙明伦见面。孙明伦见胡雪岩把自己当兄弟看待,还要太太和女儿出面见他,自然十分感动。胡太太身后的两个女儿荷花和荷珠,也趋步上前,叫声:“孙叔叔好!”

孙明伦看了一眼,好象中了魔法,愣在那儿,眼珠一转也不转。

胡雪岩的两个女儿,一个十六,一个十四,都出落得亭亭玉立,是标准的美人胚子。姐姐荷花,冰肌玉骨,芳香袭人,一对水汪汪大眼如两汪清泉,撩人心扉;樱桃小口发出的声音更是摄人魂魄。孙明伦暗暗惊叹:“遇过这么多风尘女子,竟不知道天下有如此美人儿。”

两个女儿见过客人便回避了。孙明伦还呆立着,半晌未回过神来,眼光一直跟着她们。胡雪岩轻轻咳了一声,孙明伦才回过神来,忙掩饰窘态道:“雪岩老弟好福气,有如此好的女儿。”

原来孙明伦也有三十多了,却从未婚娶。因为从小订了“娃娃亲”,成年后待要成亲,女方得病死了。测字先生算孙明伦八字冲,命中克妻,让他晚些婚娶。孙明伦乐得成天寻花问柳，自由自在，也不着急自己的婚事。这些事，胡雪岩早已从童德元那儿打听到了。

胡雪岩见他如此，并不说明，只是顾左右而言他。待安顿好孙明伦后，胡雪岩才去找太太商量。

一见面，胡太太便说此人不规矩，怪他交友不慎。

胡雪岩并没有把太太的话放在心上，心里想，眼下最要紧的是让孙明伦高兴，找准了时机提亲。成了这门亲事，孙老板那笔百万两银子的买卖自然是他的了。

一连几日，胡雪岩带着孙明伦游西湖山水，漫步白堤，去西泠凭吊南齐名妓小小墓，到葛岭探访仙人葛洪的遗迹，夜夜出入青楼妓院，孙明伦丝毫没有回去的意思。胡雪岩看在眼里，喜在心头，更下功夫讨他欢心。

一日，二人从"醉春院"尽兴而归，孙明伦执意要请胡雪岩到"味腴楼"喝酒，以致谢意。胡雪岩不好推辞，一同去楼上，临窗而坐。凭窗远眺，见远山含黛，湖光潋滟，景色宜人。孙明伦感慨道："上有天堂，下有苏杭，我看杭州比天堂还美。"

胡雪岩故意道："明伦兄，不是还有大生意等着你做？怎能沉迷山水，不想回去呢？"

孙明伦叹道："我当然想回去，但无缘认识此地一绝色佳人，故而不甘心就此离去。"

胡雪岩问："谁家姑娘惹得你如此失魂落魄？你不妨说出，在下愿助你一臂之力，一定让老弟如愿以偿。"

孙明伦却迟疑不肯说出。胡雪岩虽然明白，但是不好当面说出，便旁敲侧引道："杭州姑娘看重面子，明伦兄看上谁，可到西门麻蓬桥下求做媒的李大妈，让她替你说个媒，娶了那姑娘。李大妈伶牙俐齿，专替官宦富豪人家拉纤做媒。杭州大豪的女儿，她个个都熟。明伦兄只要舍得花钱，准能成事。"

经胡雪岩一说，孙明伦茅塞顿开。刚喝完酒，孙明伦坐不住了，便借口有事，先走了。胡雪岩看他雇了轿子，直奔麻蓬桥，高兴得大笑起来。

正如胡雪岩所料，不到两个时辰，李大妈来到胡宅提亲。李大妈命人送上聘礼，计绸缎一百匹、金元宝五十锭、上好花雕十罐，一看便是富有人家。胡太太一见，便不好多说。

一切都在胡雪岩意料之中，遂商定好了亲事。孙明伦一个人行商在外，考虑不了很多，一切从简。

孙明伦特意在杭州购下一处大宅院，当作新房，日后来杭州也有了住处。新婚之夜，孙明伦洞房花烛。胡雪岩果然神机妙算。

过了三日，胡雪岩借空请了孙明伦到他书房。此时两人已是翁婿身份，孙明伦恭敬道："岳丈大人有何见教？"

胡雪岩问："你耽搁多日，那笔大生意如何啊？"

孙明伦直摇头："本来谈妥十日之内付现银，现在早过去了，生意也丢了。"

胡雪岩道："我们现在是一家人，不如我做这笔生意吧。"

孙明伦道："此事甚好，岳丈有意到北方发展，小婿一定全力支持。"

没过几年，阜康钱庄向京津扩展，在北方设立了若干分号。阜康的银票也得到京城贵官名流的信任，阜康钱庄也跻身于中国一流钱庄之列。

有人宁可牡丹花下死，有人视红颜为粪土。胡雪岩当然是后者。对待女人，他首先想到的就是自己的利益，他拿女人当筹码，不惜把爱妾让给别人；把女人当商田，不惜把爱女嫁入豪门……

正所谓"商人重利轻别离"，胡雪岩在这一点上表现得淋漓尽致。

# 曹雪芹在《红楼梦》中记述的同性恋风习

读过《红楼梦》的人都知道，它主要描写了贾府从显赫走向衰败的过程，其中最动人的莫过于宝黛之恋了。不过，读罢此书，在为宝玉、黛玉的爱情悲剧唏嘘的同时，我们也对清代中叶的社会生活有了较为深刻的了解，比如男子同性恋现象。可以说，贾宝玉就是一个同性恋者，这一点，洪秋蕃、王希廉等人早就指出了。

## 贾宝玉的男风之嗜

1.贾宝玉与秦钟

贾宝玉与秦钟的初识是在第七回。书中讲道，秦钟和贾宝玉一样，都是美少年。宝玉一见秦钟就非常喜欢，马上约他到自家的私塾里做自己的同窗。而秦钟对宝玉，也是"一见倾心"。他们之间的这种喜欢，其实就是男子之间的

“爱慕之情”，也就是同性恋。洪秋蕃在他的《红楼梦抉隐》中也是这么评述的。

第九回描写了宝玉、秦钟在贾府私塾读书，二人来往亲密。在《新评绣像红楼梦全传》中，王希廉认为，宝玉自幼在脂粉堆中长大，见惯了美女，遇见秦钟之后，又爱上了美男，从此，便成了一个双性恋者。

第十五回的馒头庵中，贾秦二人同榻“细细的算账”，姚燮认为他二人算的是“烧饼”状。“烧饼”指的就是同性的性行为。而洪秋蕃则认为二人“算账”其实是宝玉以秦钟与智能偷情的事相要挟，使得自己以后可以随心所欲地找秦钟“贴烧饼”。王希廉更是将秦钟的夭折归因于他与智能偷情的同时，又与宝玉勾勾搭搭。

2.贾宝玉与蒋玉菡

第二十八回中，贾宝玉、蒋玉菡首次见面，宝玉就送了一条身上系的腰带给蒋玉菡，蒋玉菡则回赠一条红色的汗巾。姚燮认为，这好比交换定情信物，汗巾就像红线，拴定了彼此。洪秋蕃对此的评价是，当时梨园中人名气愈大，就愈发有断袖之癖。蒋玉菡是个名闻天下的琪官，很可能就是一个同性恋者，何况他与宝玉初次见面就赠送贴身衣物，可见有些来者不拒。

第三十三回中，忠顺王派人到贾府讨回蒋玉菡。洪秋蕃认为琪官本是忠顺王的恋人，忠顺王府待他肯定不薄，但他却吱都不吱一声，就偷偷跑到紫檀堡居住，成了宝玉等人的“相好”，应了那句老话：婊子无情，戏子无义。

第一百二十回中，宝玉的贴身丫鬟袭人嫁给了蒋玉菡。蒋玉菡是宝玉的娈童，谓为外宠。袭人让宝玉初试云雨情，算是内宠。这外宠内宠分别到一块，洪秋蕃讽刺二人是旗鼓相当。

3.贾宝玉与柳湘莲

第四十七回，薛蟠调戏柳湘莲。洪秋蕃认为是苍蝇不叮无缝的蛋。呆霸王薛蟠之所以调戏湘莲，不仅是因为薛蟠有此爱好，更因为湘莲自己行为不检。他和宝玉秦钟过从甚密，不知道的人还以为他是个优伶，其实他也是个中人哪！青山山农在他的《红楼梦广义》中曾以自问自答的形式评价了秦钟和蒋玉菡。他也将秦钟的早夭归因于他与智能和宝玉之间的“私情”，而对于蒋玉菡，他的评价是男色和女色一样会祸国殃民，害人不浅。你看《红楼梦》中，宝玉为了蒋玉菡差点被他父亲给打死。

秦钟和蒋玉菡可算是男色中的两朵奇葩。对痴情的秦钟，人们曾以诗歌这样来评咏他：

风流腼腆胜婵娟，扑朔雌雄别有缘。

良会都生欢喜地，优尼戏罢伴僧眠。

（《悼红吟草》）

秦家小子太憨生，绝世温柔玉性情。

不是同车恩义重，也教分爱到鲸卿。

（《红楼梦竹枝词》）

花底秦宫窈窕身，温柔腼腆不胜春。

怜君才折菩提果，又把余桃赠予人。

（《红楼梦本事诗》）

而对于风流的蒋玉菡则是：

翩尔惊鸿求供奉，樱桃只合檀郎宠。

过后相思马耳风，依稀花底活秦宫。

（《红楼梦图咏》）

## 《红楼梦》中涉及的男人之间的亲昵行为

其实，《红楼梦》中还有两个涉及同性恋的问题。

其一，香怜与柳湘莲之间的关系。

柳湘莲的首次出场是在第四十七回，许多与《红楼梦》有关的论文、论著或词典也认为这是他的第一次出现。但当我们细细阅读这回内容时，就会发现其实并非如此。

当众人在赖尚荣处喝酒，薛蟠与柳湘莲都去了，书中说薛蟠对湘莲是“自上次会过一次，已念念不忘”，但书中哪儿说过薛蟠之前见过柳湘莲？

而在喝酒的过程中，赖尚荣对柳湘莲说过这样一番话：“方才宝二爷又嘱咐我，才一进门虽见了，只是人多不好说话，叫我嘱咐你散的时候别走，他还有话说呢。”如此看来，贾宝玉和湘莲算是旧识了，但书中又在哪儿讲了他们俩之前的结识了？

宝玉、湘莲见面后，宝玉问他最近几天有没有去过秦钟的坟前。湘莲说是两天前和别人放鹰玩时，特地背着别人去了，而且见秦钟的坟因为雨多被水冲动了，特地花钱请人给弄好了。既然湘莲对秦钟的墓这么上心，他二人在秦钟生前肯定非常要好，这又是为什么呢？这三个问题真是令人百思不得其解。其实想想第九回中出现与“湘莲”同音的“香怜”就会明白了。

首先薛蟠本有断袖之好，当他得知贾府私塾中有许多青年子弟，“不免偶动了龙阳之兴，也假来上学读书”。读书期间，学问自是没有一点长进，却仗着自己有钱，哄了几个学生做了他的娈童。这些娈童中有两个最是貌美，也最是风流多情，学堂中的人给他二人取了两个代号，一个是“香怜”，一个则是“玉爱”。因他二人长得太过漂亮，自是惹人垂涎，但其他人慎于薛蟠的权势不敢来招惹。由此可见，薛蟠见过香怜。

其次，宝玉、秦钟入学后，见了“香怜”“玉爱”。素来多情的贾秦自是看上了，香玉二人呢，也是郎有情妾有意。在此，每天到学堂后，四人另坐各处，却八目勾留，或设言托意，或咏桑寓柳，遥以心照。因此，宝玉、秦钟都曾和香怜来往过。

最后，贾、秦、香、玉四个人中，秦钟和香怜尤其和得来。每天上课时，秦钟和香怜“都会挤眉弄眼，递暗号儿，二人假装出小恭，走至后院说梯己话……”他二人如此情投意合，秦钟死后，香怜常去坟墓前看望以寄托思念之情，以及为他整理坟墓就是情理之中的事了。

这样一来，四十七回中的三个问题就都有了答案。

然而如此一来，新的问题又产生了：如果湘莲就是香怜，那怎么一个人前后性情大变呢？香怜温柔妩媚，为了钱，对薛蟠曲意迎合；湘莲则心高气傲，把薛蟠对他的调戏当作一种不能忍受的侮辱。其问的差异，我们不妨做以下解释：柳湘莲本是世家子弟，但他“父母早丧”，数年中家势日微，他“读书不成”，便逐渐变得喜好舞枪弄棒，从此“眠花卧柳，吹笛弹筝，无所不为”，原先的柔弱依顺变成了现在的自台自爱。

这时的他回顾往昔，想想自己本是一名须眉，却常与薛蟠行那苟且之事，深觉荒唐，因此对薛蟠便也有了一种厌恶之情。本来嘛，少年同性恋者，很多都是环境造成的。他们由于年少不懂事，很容易被同性伙伴和尊长诱入歧途。但随着年龄和社会阅历的增长，他们会接触到年轻的女性，并且考虑到娶妻生子。所以，大多数少年同性恋者在青年期或以后会变为异性恋或双性恋者，其中不少人还会为自己当初的荒唐行为感到羞耻。湘莲就是这样。有这样一个故事，说的是某公养了一娈童，开始时，这一娈童连续哭了好几天，眼睛都哭肿了。某公问他为什么，他说以前他们同榻而眠并不觉得什么，但那天看见别人做这事时，觉得恶心。想想本是男儿身，却自甘堕落，悔不该有当初，简直羞愤要死。

某公百般安慰,不见成效。终于有一天,这娈童逃走了。诚然,湘莲不是那娈童,但同样为往昔的行为感到耻辱。因此,在四十七回中,在酒席上见薛蟠还是那样,便想躲,不想与他恢复作为香怜时曾有过的关系。最后实在躲不开了,便愤而以拳头和马鞭作答了。

不过这样还存在着一个小问题,那就是依四十七回的意思,在此之前薛蟠只见过湘莲一次,而第九回却是多次接触。但这时间题与前三个问题相比,简直可以忽略不计,望读者不要拘泥于小节。

其二,薛霸王的呆。

呆霸王即薛蟠,因他既粗又愚,人家便送他一个"呆霸王"的绰号。《红楼梦》有其他地方对他的呆描写得挺好,但在第四十七回中却有点不尽人意。

文中写道,赖大、赖尚荣父子宴请薛蟠、贾琏等人,并请了几个当官的和世家子弟作陪,其中就有柳湘莲。薛蟠对湘莲(香怜)是"自上次会过一次,已念念不忘",又听说他最喜欢串戏,且串的都是风花雪月之类戏中的旦角,以为可以与他再续前缘,便出言调戏。但湘莲已是今非昔比,早已不干那种伤风败俗的事。他看穿了薛蟠的企图后便想躲,但却躲不掉。后来他被薛蟠当众说的非礼粗话给激怒了,一气之下,心生一计,诳薛蟠道:"既如此,这里不便。等坐一坐,我先走,你随后出来,跟我到下处,咱们索性喝一夜酒。我那里还有两个绝好的孩子,从没出门。你可连一个跟的人也不用带,到了那里,服侍的人都是现成了。"那薛呆一听,自是正中下怀,乐颠颠地赶到城外,以为自有番好事,没料到却被却湘莲狠狠地修理一番。最后好长一段时间,他都装病躲在家里,没脸见人。在这一段描述中,薛蟠之举体现了他轻信柳湘莲的谎话,自己送上门挨揍。但实际上,这样的描写有点不在常理之中。柳湘莲开始是以良人面目出现的,只是一个喜欢串戏的少年侠士,但当他对薛蟠说"我那里还有两个绝好的孩子,从没出门"时,他就由高尚的侠士变为了低贱的娈童师傅。对于娈童,《红楼梦》七十五回中曾经有过描写,那是薛蟠、邢大舅一干人在贾珍那儿聚众赌博的一段:

此间服侍的小厮都是十五岁以下的孩子,若成年的男子到不了这里。其中有两个十六七岁娈童以备奉酒的,都打扮的玉琢粉妆。

薛蟠兴头了,便搂着一个娈童吃酒。

傻舅嗔着两个娈童不理输家了,因骂道:"你们这起兔子,就是这样专洑上水。天天在一处,只不过我这一会子输了几两银子,你们就三六九等了。"两个娈童都是演就的局套，忙说:“我们这行人，师傅教的不论远近厚薄，只看一时有权势就亲敬。便是活佛神仙，一时没了钱势了，也不许去理他。”

这一个年少的纨绔道:“我且问你两个:舅太爷虽然输了，输的不过是银子钱……怎就不理他了?”

由此可见，娈童赚钱谋生靠的就是色相，他们既是优伶又是娼妓。而优倡在清朝完全是社会地位卑微的贱民，被摒弃在士、农、工、商之外。按文章的意思，柳湘莲若真养了两个孩子，那他就是利用娈童赚钱，那他本人就是个优伶了。

这样一来，湘莲的谎话便与前文的叙述形成了一个显而易见的矛盾。柳湘莲既然有资格与薛蟠、贾琏等及当官的人同坐一席，说明他不是属于贱民的优伶。薛蟠一开始就应该认识到这一点，因此，他才会对湘莲许诺，有你这个哥，你要做官发财都容易。读者要注意，清朝的官并非人人能做，优伶就绝对没资格。因此，湘莲对薛蟠说他“养了两个孩子”，又说去“下处”，在明清的北京，“下处”通常指的就是优伶的住所。薛蟠就应该知道，柳湘莲是在骗他。但在文中，薛蟠却失去了这种起码的判断能力，兴冲冲地去自取其辱，让人不能理解。

因此，有人以为湘莲说这一通话不妥。谎固然要撒，但不应该是这种一戳就穿的谎言。他可以这样说，既然如此，此处不便，哥且坐一坐，弟先走，哥随后跟来，与弟到一下处，咱们索性喝一夜酒，那里有两个绝好的孩子，从没出门。这样一来，湘莲仍是在假意邀薛蟠去玩，却没有了显而易见的破绽，下处也不再是他的居处，不会让人对他的身份起疑。而后薛蟠的欣然赴约才显现了他呆笨的合情合理，而不是如同一点判断能力都没有的小孩一般。

## 《红楼梦》中的同性恋描写

《红楼梦》中或明或暗地描写男子同性恋的地方很多:

第四回中，冯渊在见到英莲之前“酷爱男风，最厌女子”，而在见到被拐卖的英莲后，则是“立意买来做妾，立誓再不交结男子”。这就是一个同性恋转变为异性恋的例子。

第九回写风流俊俏的贾蔷和贾蓉住在一块，平常非常亲昵，但贾蓉之父贾珍，怕不得志的下人们造言诽谤主人，也为了自己避嫌，竟命贾蔷搬出宁府，自立门户过活去了。这说明贾蔷与贾蓉甚至贾珍关系暧昧。由此可见贾珍不但扒灰,连自己儿子的同性相好也要染指。

二十一回中,贾琏是"离了凤姐便要寻事。独寝了两夜,便十分难熬,便暂将小厮们有清俊的选来出火"。这说明,贾琏是个双性恋者。

第三十三回中,忠顺王派人到贾府向宝玉讨还蒋玉菡,说是甚合他心,"断断少不得此人";又说蒋玉菡曾长住王府,深得王爷喜爱。这说明俩人关系暧昧。

第五十三回中,贾珍骂贾芹在家庙中"夜夜招聚匪类赌钱,养老婆小子"。小子指的就是娈童。

第六十五回中,贾珍、贾琏的奴仆喜儿、隆儿、哥儿仨人一起喝酒。喜儿醉后曾道:"咱们今儿可要公公道道贴一炉子烧饼。"前面已经说过贴烧饼的意思了。

第八十回中,宝玉让道士王一贴猜他的病,当时宝玉让他的贴身仆人茗烟坐在他身边,茗烟却倚在他身上。见此,王一贴心一动,便说:"我可猜着,想是哥儿如今有了房中的事情,要滋助的药,可是不是?"他之所以这样猜,有可能是见宝玉和茗烟非常亲昵,怀疑宝玉沉迷于男色,把身子弄亏了。

第八十六回中,薛蟠与偶遇的蒋玉菡在饭馆中吃酒,只因为当槽的多看了蒋玉菡几眼,便把他打死了。薛蟠这就是吃醋。

第一百十九回中写贾芸等"赌钱喝酒闹小旦"。这一闹小旦指的就是男同性恋行为。

## 袁世凯的妻妾个个是色中饿狼

### 私通小白菜

袁世凯的第一个妻子姓于,由于人丑,并且十分愚蠢,袁世凯不喜欢她,经常在外面拈花惹草。袁世凯在所有的相好中间,十分喜欢小白菜。小白菜的父亲叫黄甲,是开豆腐店的。小白菜长得皮肤白净,十分漂亮,为此当时的人们编了一句顺口溜:"白豆腐烧小白菜,人人见了心中爱。"

袁世凯的家离黄甲的豆腐店不远。一天,袁世凯同朋友出外游玩,刚出门,他就瞧见坐在门槛里洗衣裳的小白菜。他立即被小白菜的美貌吸引了,一时间竟看出了神。袁世凯的一个朋友见他这般样子,便调侃他说:“您想把她弄到手,还不易如反掌?”袁世凯回到家后,翻来覆去睡不着觉,一直在想怎样把小白菜搞到手,最后终于想出了一个办法。袁世凯第二天派仆人把小白菜的父亲黄甲叫来,对他说自己每天早上要喝一碗豆浆,并问黄甲是自己派人去取,还是黄甲派人送。黄甲知道袁世凯是大家子弟,如今能放下架子和自己打交道,正是求之不得。因此,黄甲十分高兴听从袁世凯意见。

袁世凯

袁世凯为了讨好小白菜,从此以后,每天早晨必定去小白菜家喝豆浆,并且经常给她母亲一些钱,想通过她讨好小白菜。小白菜母亲清楚袁世凯的用意,也不加以制止。时间久了,袁世凯和小白菜还真的私好上了。袁世凯又同小白菜的母亲商量,打算把小白菜买回去。小白菜的母亲知道袁世凯钟情于自己的女儿,便索要一千两银子。袁世凯拿不出这么多钱,便恳求减一半。并且答应日后定有重谢。小白菜的母亲听信了他的话,答应减一半。袁世凯多方筹措了三百两银子,但还是差一截,为此他将夫人的衣服首饰偷出去卖了,凑够了剩下的银两。

原来,袁世凯从小就不学好,家里人因此一直瞧不起他,所以在家中他也没什么地位,掌钱掌权更是不可能的,而且纳妾也不是什么正当行为,即便向父母说,父母也不会给他钱,所以他只好去偷卖夫人的衣饰。夫人知道此事后,立即告诉了公婆。袁世凯的父亲袁保中狠狠地训了袁世凯一顿,并让他悔改。袁世凯只好和小白菜商量,暂时不把她接到家中,小白菜勉强同意了。袁世凯后来想去吴长庆手下谋职,但是却没有盘缠。小白菜知道后便拿出自己所有的钱,又向别人借了一些,全部给了袁世凯作路费。袁世凯非常感激她,便摸着她的后背说:“您真是我的女鲍叔牙啊!我如果发达了,一定不会忘记你的。”于是,袁世凯去投靠吴长庆将军了。吴长庆因为曾是袁世凯的叔祖袁甲三的部下,所以非常照顾袁世凯。后来吴长庆驻朝鲜，袁世凯也跟他一起去了。袁世凯几年之后代替了吴长庆的职位，便派亲信去接小白菜。

## 高丽姨太

这时，袁世凯便为闵妃出谋划策，使闵妃掌握了政权。闵妃因此非常佩服袁世凯。从此以后，她便常常把袁世凯召进宫，同他商量政事。一天，闵妃以盛宴款待袁世凯，在席间向袁世凯频送秋波。袁世凯心领神会，风流人物怎么会不知道闵妃的意思呢？于是两人便暗中苟合了。

闵妃怕李泳及宫监知道了自己与袁世凯的事，便去游说李泳说："我母亲的养女碧蝉，可以许给袁大使做小妾。"李泳答应了。闵妃便以去看碧蝉为由，经常去袁世凯的寓所，同袁世凯幽会。碧蝉知道此事便对袁世凯说："快把于夫人接来吧，这样闵妃便不会这么三天两头地来找你了，否则你的名誉一定会受到影响，说不定还会招来杀身之祸。"袁世凯想到自己与于夫人向来感情不和，不如干脆把小白菜接来。于是他便再次派人去接小白菜，并亲自到轮头去接。见到小白菜后，袁世凯便告诉她，自己已纳碧蝉为妾了，让小白菜假冒夫人。小白菜知道袁世凯娶了小妾，十分生气，但最终还是听从了袁世凯的吩咐。碧蝉一直以为小白菜是于夫人，所以对她很尊敬。后来知道小白菜并不是于夫人，便不再尊敬了。因此两人开始发生摩擦，仆人们都叫碧蝉为高丽姨太太，叫小白菜为中国姨太太。闵妃得知袁世凯接来小白菜是碧蝉出的主意，想借此来阻止自己与袁世凯继续幽会时，便和小白菜搞好了关系，一起对付碧蝉。

## 私通仆人的小老婆

袁世凯的第五个小老婆是一个戏子，名叫红红，长得十分漂亮，并且十分精通音律，尤其擅长唱梆子戏。相传，袁世凯在小站练兵时，清政府正在创办山东德州兵工厂，于是清政府任命袁世凯为该厂督办，袁世凯受命后便来到德州。袁世凯是个好色之徒，离开女人一天他就活不了。所以他到德州后，便经常泡在青楼妓院中，后来便和红红好上了。袁世凯有一大特点，凡是被他看中的女子，便一定会被他弄到手，红红便是其中之一。袁世凯纳红红为妾之后，十分宠爱她，把心思全花在她身上。当袁世凯出任山东巡抚时，红红偷偷地与仆人私通了。此事被袁世凯知道后，他便设计将红红及那个同她私通的仆人除掉了。

## 最受尊敬的姨太

洪姨太在袁世凯的妻妾中按次序排在第六。袁世凯十分宠爱她，其他几位姨太太对此特别嫉妒，便给洪姨太取了个外号叫“潘六儿”，暗指她是潘金莲。袁世凯的第一小妾被称为大姨太，其他的便按嫁给袁世凯的早晚类推，唯独洪姨太被称为“姨太”，以表示对她的尊重。袁世凯担任直隶总督时，患了失眠症。医生告诉他，需要喝人参汤补养。袁世凯便拿出了在朝鲜时闵妃所赠送给他的两只古董碗。袁世凯让仆人用这两只碗来盛参汤，并叮嘱仆人说：“千万不要把我的稀世宝物打碎了。”后来，仆人不小心把碗给打碎了，怕袁世凯怪罪便想自尽。另一仆人看见他很可怜，便让他去求洪姨太。仆人去找洪姨太，洪姨太便给他出了一个主意，让他用一只盛着开水的碗把打了的碗的碎片放在开水中，乘袁世凯睡熟时，端到他身边然后惊叫一声，把碗丢到地下，袁世凯一定会从梦中惊醒，询问到底是出了什么事，这时你便说你看见有一条又长又粗通体赤红的巨蛇缠绕在主人身上，情形特别吓人，因此一不小心把主人心爱的宝物打碎了。洪姨太的主意还真有用，仆人按洪姨太所说的去做了，袁世凯不但没有责备他，而且还告诫仆人不要将此事说出去。原来袁世凯曾经遇见一个相面地告诉他，日后一定会做皇帝。袁世凯只把这件事告诉了洪姨太一个人。洪姨太教仆人的办法，只是投袁世凯所好罢了。这件事情之后，袁世凯害怕这个仆人向外人说出此事，便无故杀了这个仆人。

## 私通侍婢

袁世凯出生之后，他的生母没有奶喂他，便雇了一个姓范的奶妈。这个奶妈是一个农妇，只有一个女儿陪着她，丈夫死后她便带着女儿来到袁家居住。范氏的女儿名叫凤儿，比袁世凯小十多岁，十分漂亮。袁世凯的大老婆于氏十分喜欢她，便收她为婢女，让她去侍候自己。凤儿长大之后，长得更加漂亮了。袁世凯暗中同她私通，时间长了，凤儿便怀了身孕。于夫人见凤儿肚子大了起来，以为是男仆人与她通奸，便把她叫到密室中来，严厉地盘问她到底是谁的孩子。凤儿只好将实情告诉了于夫人。于夫人听后十分恼火，想到袁世凯如此不要脸,并且好色成性,连自己身边的丫鬟也不放过,于是便和袁世凯大闹起来。经过其他姨太太从中调停,于夫人才停下来,并将凤儿列为第七姨太太。凤儿十月怀胎生下一个儿子,名为袁克济。为此当时的人们作了一副嘲讽袁世凯的对联:“今宵侍婢为姬妾,昔日同知过道班。”

## 委任状换来的姬妾

叶巽死了之后,他的妻子过得十分艰苦。邻居聋老太太替她出了一个主意,让她把女儿卖掉,用卖女儿的钱过日子。她将已成人的女儿卖给了项城县的张镇芳家。张夫人见女子长得十分漂亮,便醋意大发,和张镇芳大吵起来。张镇芳没有办法,只好让女子寄住在一个好朋友家中。牛夫人作为袁世凯的叔父袁保庆的妻子,对袁世凯有养育和教诲之恩。袁世凯当了官以后便想孝敬牛夫人,将她接到身边。但是,牛夫人不习惯远行,所以就没有和袁世凯在一起。这时,牛夫人在老家病逝,袁世凯得知后立即回乡给牛夫人办丧事。张镇芳同袁世凯是表兄弟关系,他早就想通过袁世凯这层关系讨个官位,以便光宗耀祖。听说袁世凯回来了,张镇芳便前去拜见,并准备将买来的姓叶的孩儿送给袁世凯。袁世凯在返回故里时没有携带妻妾,好色成性的他怎么耐得住寂寞,一看到姓叶的女子,他便占有了她。袁世凯后来因查办盛宣怀案件而从家乡返回官署,便推荐张镇芳做了长芦盐运使。张镇芳当官后便经常以表弟的身份去袁世凯的官署。叶氏听说张镇芳来了,羞于和他见面,便藏在居室中不出来。后来张镇芳因事而被撤职,他又再次要求袁世凯另外给他安排。袁世凯因为众人议论太多,一直没有给他答复。张镇芳便要袁世凯把叶氏还给他。袁世凯不舍得失去叶氏,便给张镇芳颁了委任状。从此,张镇芳经常以此事要挟袁世凯,袁世凯无奈,只好一一答应他的要求。

## 色中饿狼

袁世凯向清政府请假给叔母办丧礼,慈禧太后嘱咐他暗中查办盛宣怀的案件。袁世凯到达上海后,便来到盛宣怀的住宅,假装是来看看盛宣怀。盛宣怀便以盛宴款待袁世凯。袁世凯在席间看上了盛宣怀的婢女桂儿,便想强迫盛宣怀把桂儿送给他。盛宣怀不好公然拒绝,便换了一个丫头送给袁世凯。袁世凯识破了此事后，便责问被送来的女子到底是谁。那女子只好以实情相告，说自己是桂儿的妹妹。袁世凯听后很生气，准备将她送回盛宣怀府中，但又看她模样长得不错，便将她留下来了。盛宣怀知道此事后，便笑着对家人说："我说过袁世凯这人是个大色狼，就像一个兼收古董的收藏家一样，即使给他一个伪造的假鼎，他也乐于收藏，想不到今天真应了我的话。"袁世凯给假桂儿起名为贵姨，带回天津后便成了他的第九姨太太。贵姨同袁世凯前不久新纳的小妾叶氏关系最好，因为她俩都是扬州人。

此时袁世凯共有妻妾十人，儿子九个，女儿十二个。一天，袁世凯又看上了洪姨太身边的两个婢女，很喜欢她们。从此，又和这两个婢女私通了。到袁世凯五十寿辰这天，妻妾子女都登堂给袁世凯祝寿，这两个婢女也随着袁世凯的妻妾们一起跪拜。于夫人觉得奇怪，便问她们是谁。仆人们立即告诉于夫人说是十姨太和十一姨太。于夫人气恼地对袁世凯说："没想到我回老家给儿子克良完婚才两个月，你又弄来了这两个孽障。"

## 强买渔家女

袁世凯自从退居彰德以来，整日不出远门，带着他的儿子和哥哥乘小船往返于洹水之上。他自己则坐在船头，一手持船桨，一手执钓鱼竿，陶醉于清澈的碧波之间。袁世凯有时当带上几个妻妾，让她们装扮成村女的模样，驾着小舟，靠着自己的船而行，以此来取乐。知道几个姨太太都不会划船后，袁世凯便出钱请来船夫的女儿教她们。船夫的女儿只有十六七岁，不施脂粉，看上去有一种清新自然的美。袁世凯又看上了船夫的女儿，便叫来船夫，给了一些金子，让他把女儿卖给自己。当知道这女子已经送给别人时，袁世凯便命令船夫悔婚。男方由于害怕袁世凯的势力，不敢与袁争夺。但是男方有个舅舅是远近出名的讼师，听说袁世凯仗势欺人，强抢民女，便让男方父亲去告袁世凯，就说船夫把女儿卖为妓女。官府接收这个案件后，便将船夫拘押到案，还没有开始审理，袁世凯的秘信和银钱已经送到。因此，官府立刻改变了态度，反而指责男方的父亲陷害他人。官府受袁世凯指使被讼师得知后，便让男方的父亲在群众中间散布消息，说要去京城告御状。清政府此刻虽然放袁世凯返回故乡，但暗中却在挑他的毛病，想找机会给他判罪，所以讼师才让男方去散播这个消息。袁世凯听到这个消息后，立即让亲信将讼师邀请到府上来秘密谈判，并承诺给讼师三千元为见面礼，并且每月另给津贴，条件是让他不要唆使男方上告。讼师见钱眼开，立即答应了袁世凯的条件，事情就这样过去了。从此，这个讼师便为袁世凯效劳。袁世凯十分欣赏他，便推荐他到某省的制军当幕府，他因此非常高兴，再三向袁世凯表示感谢。袁世凯对他说："你立即动身，如果你缺路费，我再给你五百元。"这位讼师立即前去某县上任去了。但是他的妻子不久却听到了丈夫在途中遇上强盗被人杀死的消息。袁世凯为安慰讼师的妻子，便将她叫到府上，假装伤心地对她说："没想到你丈夫的命这么薄，我一定要为你丈夫报仇，抓住这些强盗，将他们治重罪。这里有几百元钱，你先拿去当生活费吧。"讼师的妻子拿着袁世凯给的钱离开了袁府。其实，讼师是被袁世凯派干练的仆人在路上截杀的。

## 贴身女秘书

在彰德隐居的时间久了，袁世凯想遍游天下名山大川和各地的名胜古迹。袁世凯和徐东海到了浙江，他十分喜欢西湖的风景。在西湖他又看上了妓女忆秦楼，于是他给鸨母许多钱，替忆秦楼赎了身。从此，袁世凯便和忆秦楼住在湖心亭，打算入秋之后再返回故乡。当时正是辛亥年七月，武昌起义不久便爆发，袁世凯只好带着忆秦楼从浦口北上，转陇海铁路返回彰德。到彰德之后，袁世凯对诸位姨太太撒谎说："我给你们带回了一位女老师，日后你们可要跟她好好学习读书写字。"几天之后，清政府便开始重用袁世凯。袁世凯认为是忆秦楼给自己带来了好运，其他姨太太没办法跟她比，因此便对她特别好。袁世凯做了总统以后，凡是重要文件，全都归忆秦楼打理，其他姨太太非常嫉妒，便给她取了一个外号叫"女秘书"，表面上是尊称，其实是在讽刺她。

## 采阴补阳得阿香女

民国二年春天，袁世凯因劳累过度，经常觉得头晕耳鸣。有一个江南名医来为袁世凯治病，他不用参、苓、芪、术等治疗这种病的常用药，而是让袁世凯找一些不足十六岁的处女，每晚轮番让二人陪他而眠，以少阴补老阳，很快就可病愈，但不能同她们发生肉体关系。袁世凯相信了这个名医的话，便先从丫鬟中选了一些不足十六岁的处女。袁世凯觉得不够，又从民间购买了一些。几十个处女轮流陪不到二十天，袁世凯的病还真好了。这些女子中也有十分好看且情窦大开的，一旦同袁世凯同床共枕，很难不动情。有一个名叫阿香的女子，还不到成人年龄，便同无赖小子姘居而怀上了珠胎，她的父母却一直蒙在鼓里，阿香被袁世凯买回后，知道他是一国元首，便十分殷勤地卖弄风骚。袁世凯忍不住和她有了关系。阿香的肚子没过几个月便鼓起来了，袁世凯便把她纳为妾，她便成了袁世凯的第十四姨太太。袁世凯不知内情，高兴不已，还以为自己晚年得子。阿香仗着袁世凯宠爱自己，便乘机为自己的老相好在袁府谋出路。她假称的老相好是自己的表哥。袁世凯信以为直，便命令侍从官把他增补为卫士。袁府中规定，凡采购物品，一律由司务人员办理，可阿香破了此规定，让已成为袁世凯卫士的老相好办理此事。洪姨太知道了其中的真相后，把阿香囚禁在另外的房子里，事情就这样结束了。